SOERGEL

Kommentar zum
Bürgerlichen Gesetzbuch

Band 5/1

Bürgerliches Gesetzbuch

mit Einführungsgesetz und Nebengesetzen

Kohlhammer-Kommentar

begründet von
Dr. Hs. Th. Soergel, Bayer. Hofrat (†)

neu herausgegeben von
Dr. W. Siebert, o. Professor der Rechte in Heidelberg (†)

Universitätsprofessor (em.) Dr. **Jürgen F. Baur,** Richter am Hanseatischen Oberlandesgericht a. D., Köln
Universitätsprofessor (em.) Rechtsanwalt Dr. **Volker Beuthien,** Marburg
Universitätsprofessor (em.) Rechtsanwalt Dr. **Jürgen Damrau,** Richter am Landgericht a. D., Konstanz
Universitätsprofessor (em.) Dr. **Albrecht Dieckmann,** Freiburg/Br. · Universitätsprofessor Dr. **Hans-Werner Eckert,** Greifswald.
Honorarprofessor Dr. **Hermann Fahse,** Kanzler der Universität a. D., Kaiserslautern
Universitätsprofessor (em.) Dr. **Hans Friedhelm Gaul,** Bonn · Universitätsprofessor (em.) Dr. **Walther Hadding,** Mainz
Vorsitzender Richter am Oberlandesgericht a. D. Dr. **Otmar Häberle,** Stuttgart
Universitätsprofessor Dr. **Franz Häuser,** Rektor der Universität, Leipzig
Universitätsprofessor Dr. **Manfred Harder,** Richter am Oberlandesgericht a. D., Mainz (†)
Richter am Bundesverwaltungsgericht a. D. Dr. **Werner Hartmann,** Berlin
Universitätsprofessor (em.) Dr. Dr. h. c. **Wolfgang Hefermehl,** Heidelberg, Honorarprofessor an den Universitäten Mannheim und Salzburg (†) · Notarin Dr. **Irmgard Heinrich,** Hamburg
Präsident des Landgerichts a. D. Dr. **Walther Heintzmann,** Lüneburg, Honorarprofessor an der Universität Hannover
Universitätsprofessor Dr. **Günther Hönn,** Saarbrücken · Universitätsprofessor (em.) Dr. **Bernd von Hoffmann,** Trier
Universitätsprofessor Dr. **Gerhard Hohloch,** Richter am Oberlandesgericht (Stuttgart), Freiburg
Universitätsprofessor (em.) Dr. **Ulrich Huber,** Bonn · Universitätsprofessor (em.) Dr. Dr. h. c. **Gerhard Kegel,** Köln (†)
Akad. Rat Dr. **Erik Kießling,** Mainz
Universitatsprofessor Dr. **Eckart Klein,** Potsdam
Universitätsprofessor (em.) Dr. **Horst Konzen,** Mainz · Universitätsprofessor (em.) Dr. **Alfons Kraft,** Mainz
Universitätsprofessor Dr. **Herbert Kronke,** Generalsekretär, UNIDROIT (Rom), Heidelberg
Richter am Oberlandesgericht a. D. **Wolfgang Kummer,** München
Universitätsprofessor (em.) Dr. **Hermann Lange,** Tübingen
Vorsitzender Richter am Hanseatischen Oberlandesgericht Dr. **Ulrich Leptien,** Hamburg (†)
Präsident des Landgerichts a. D. Dr. **Stephan Liermann,** Honorarprofessor an der Universität Köln, Düsseldorf
Universitätsprofessor (em.) Dr. **Walter Lindacher,** Richter am Oberlandesgericht a. D. (Koblenz), Trier
Universitätsprofessor Dr. **Martin Lipp,** Gießen · Rechtsanwalt Dr. **Helmut Lorentz,** Mainz
Universitätsprofessor Dr. **Karl-Georg Loritz,** Bayreuth · Universitätsprofessor Dr. **Alexander Lüderitz,** Köln (†)
Universitätsprofessor (em.) Dr. **Hans-Joachim Mertens,** Frankfurt/M.
Rechtsanwalt, Präsident der Fachhochschule des Bundes für öffentliche Verwaltung a. D. Dr. **Hubert Minz,** Köln
Bundesrichter (BVerwG) a. D. Universitätsprofessor (em.) Dr. **Otto Mühl,** Mainz (†)
Dr. **Klaus Neuhoff,** Leiter, Institut Stiftung und Gemeinwohl, Private Universität Witten/Herdecke, Witten
Universitätsprofessor (em.) Dr. **Hans Peter Pecher,** Mainz
Universitätsprofessor Dr. **Thomas Raab,** Trier
Abteilungsleiter a. D. (LVA Rheinprovinz) Dr. **Dietmar Schmeiduch,** Düsseldorf
Universitätsprofessor Dr. **Klaus Schurig,** Passau
Professor an der Fachhochschule a. D. Dr. **Axel Stein,** Münster · Universitätsprofessorin Dr. **Ursula Stein,** Dresden
Universitätsprofessor Dr. **Hans-Wolfgang Strätz,** Konstanz
Universitätsprofessor Dr. **Rolf Stürner,** Richter am Oberlandesgericht (Karlsruhe), Freiburg/Br.
Universitätsprofessor (em.) Dr. **Arndt Teichmann,** Richter am Oberlandesgericht a. D. (Koblenz), Mainz
Dr. **Harald Vinke,** Staatsbetrieb Sächs. Immobilien- und Baumanegement, Dresden
Richter am Oberlandesgericht **Eckard Vorwerk,** Celle
Universitätsprofessor Dr. **Gerhard Walter,** Bern/Genf · Universitätsprofessor Dr. **Reinhard Welter,** Leipzig
Universitätsprofessor (em.) Dr. **Herbert Wiedemann,** Richter am Oberlandesgericht a. D. (Düsseldorf), Köln
Universitätsprofessor Dr. **Gerrit Winter,** Hamburg
Universitätsprofessor (em.) Rechtsanwalt Dr. **Manfred Wolf,** Richter am Oberlandesgericht a. D., Frankfurt/M. (†)
Universitätsprofessor (em.) Dr. **Walter Zeiss,** Bochum (†) · Universitätsprofessor (em.) Dr. Dr. h. c. **Albrecht Zeuner,** Hamburg
Notar Dr. **Stefan Zimmermann,** Köln

Zwölfte neubearbeitete Auflage

Verlag W. Kohlhammer

Bürgerliches Gesetzbuch

mit Einführungsgesetz und Nebengesetzen

Band 5/1

Schuldrecht IV/1

(§§ 705–822)

Wissenschaftliche Redaktion
Universitätsprofessor (em.) Dr. Walther Hadding, Mainz

Stand: Frühjahr 2007

Verlag W. Kohlhammer

Zitiervorschlag:

Soergel/ . . . [Bearbeiter] § . . . Rz . . .

z. B. Soergel/Hadding § 710 Rz 4

oder

Soergel/Hadding Rz 14 vor § 705

Gesamtherstellung: W. Kohlhammer Druckerei GmbH + Co. KG, Stuttgart

Printed in Germany

ISBN 978-3-17-009690-5

Vorwort

Endlich wird mit dem Band 5/1 (§§ 705–822 BGB) nach langen Jahren die 12. Auflage des Soergel abgeschlossen. Die Bezieher des Kommentars, denen eine außergewöhnliche Verzögerung zugemutet worden ist, werden hiermit ausdrücklich um die kaum noch erwartbare Nachsicht für die Verspätung gebeten. Es kamen zahlreiche unglückliche, bisweilen tragische Umstände zusammen. Die anhaltende Erkrankung des bisherigen Bandredaktors, Herrn Professor Dr. Otto Mühl, führte dazu, dass er schließlich diese Aufgabe sowie die Aktualisierung seiner umfangreichen Kommentierungen in diesem Band (§§ 765–778; 809–811; 812–822 BGB) nicht mehr wahrnehmen konnte. Von den Bearbeitern, die sich bereit erklärt hatten, seine Kommentierungen zu übernehmen, ist Herr Professor Dr. Manfred Harder als Autor für den Abschnitt „Bürgschaft" plötzlich verstorben; der Autor für den Abschnitt „Ungerechtfertigte Bereicherung" musste aus nachvollziehbaren Gründen absagen. Als die Nachfolge geklärt war, traten bei anderen Autoren berufliche Veränderungen auf, wie etwa die Übernahme des Rektoramts einer großen Universität. Bei schon fertiggestellten Manuskripten wurden durch die Verzögerung bei anderen Teilen erneute Überarbeitungen erforderlich. Es liegt auf der Hand, dass Gesetzgebung, Rechtsprechung und Literatur seit dem Erscheinen der Vorauflage (Bd. 4 mit Stand: Frühjahr 1985) eine Fülle von Veränderungen und zusätzlichen Stoff ergeben haben. Die Bearbeiter haben in der Tradition des „Soergel" insbesondere die Rechtsprechung in kritischer Sichtung eingearbeitet und waren bemüht, die Kommentierung auch mit eigenständigen Stellungnahmen auf den aktuellen Stand der rechtswissenschaftlichen Diskussion zu bringen.

Es haben in Band 5/1 bearbeitet:

§§ 705–740	Universitätsprofessor (em.) Dr. Walther Hadding, Mainz, in Zusammenarbeit mit Akad. Rat Dr. Erik Kießling, Mainz (§§ 721–740)
§§ 741–758	Universitätsprofessor (em.) Dr. Walther Hadding, Mainz
§§ 759–761	Universitätsprofessor Dr. Reinhard Welter, Leipzig
§§ 762–764	Universitätsprofessor Dr. Franz Häuser, Rektor der Universität Leipzig
§§ 765–778	Universitätsprofessor Dr. Franz Häuser, Rektor der Universität Leipzig. Universitätsprofessor (em.) Dr. Hans Peter Pecher, Mainz
§ 779	Universitätsprofessor Dr. Helmut Lorentz, Mainz
§§ 780–782	Universitätsprofessor Dr. Franz Häuser, Rektor der Universität Leipzig
§§ 783–792	Universitätsprofessor Dr. Franz Häuser, Rektor der Universität Leipzig
§§ 793–808	Universitätsprofessor Dr. Reinhard Welter, Leipzig
§§ 809–811	Universitätsprofessor (em.) Dr. Walther Hadding, Mainz
§§ 812–822	Universitätsprofessor (em.) Dr. Walther Hadding, Mainz auf der Grundlegung von Universitätsprofessor (em.) Dr. Otto Mühl (†), Mainz
Abkürzungsverzeichnis, Stichwortverzeichnis	Rechtsanwalt Dr. Michael Matthiessen, Greifswald

Inhaltsverzeichnis

zu Band 5/1

Buch 2

RECHT DER SCHULDVERHÄLTNISSE

Abkürzungsverzeichnis

Bei **Kommentaren und Lehrbüchern** sind die neuesten Auflagen genannt; in Zweifelsfällen ist die Auflage in den Fußnoten angegeben. Bei Kommentaren ist im Abkürzungsverzeichnis auf Bearbeiter und/oder auf Herausgeber verwiesen.

Bei **Zeitschriften, Entscheidungssammlungen und Gesetzblättern** ist neben der jeweils am Ende angegebenen Zitierweise, soweit möglich, auch angeführt, in welcher Zeit sie erschienen sind. Soweit die Erscheinungsdauer nicht überprüft werden konnte, ist auf die Angabe bei Kirchner/Butz, „Abkürzungsverzeichnis der Rechtssprache", 5. Auflage 2003, zurückgegriffen worden.

In den Fußnoten sind von den **Gerichten** die Oberlandesgerichte in der Regel nur mit Ortsnamen, die übrigen mit Abkürzungen und, soweit erforderlich, mit Ortsnamen zitiert. Bei mehreren aufeinanderfolgenden Zitaten von Entscheidungen desselben Gerichts ist das Gericht im allgemeinen nur vor der ersten Fundstelle genannt.

In der **alphabetischen Reihenfolge** werden die Umlaute ä, ö, ü wie a, o, u angesehen; sie stehen also nicht als ae, oe, ue hinter ad, od, ud.

A

AblEG	Amtsblatt der Europäischen Gemeinschaften, Luxemburg (1.1958 ff; ab 11.1968: Ausg C: Mitteilungen u Bekanntmachungen) (Jahr, Seite)
AcP	Archiv für civilistische Praxis (1.1818 – 149.1944; 150.1948/49 ff) (Band [Jahr], Seite)
AG	Die Aktiengesellschaft (1.1956 ff) (Jahr, Seite)
AgrarR	Agrarrecht (1.1971 ff) (Jahr, Seite)
ALR	Allgemeines Landrecht für die Preußischen Staaten von 1794, hrsg v H Hattenhauer, 1970
ÄnderungsG	Änderungsgesetz
AnnSächsOLG	s SächsOLG
AnwBl	Anwaltsblatt. Nachrichten für die Mitglieder des Deutschen Anwaltsvereins eV (13.1926 – 20.1933; NF 1.1950/51 ff; vorher: NachrDtAnwV) (Jahr, Seite)
AöR	Archiv des öffentlichen Rechts (bis 26.1910: für öffentliches Recht) (1.1886 ff) (Band [Jahr] Seite)
AP	Arbeitsrechtliche Praxis, Sammlung der Entscheidungen des Bundesarbeitsgerichts, der Landesarbeitsgerichte und Arbeitsgerichte (1.1950 – 5.1954) (Jahr, Nr), Arbeitsrechtliche Praxis, Nachschlagewerk des Bundesarbeitsgerichts, (Nr zu § . . . Stichwort)
AppG	Appellationsgericht
ArbR	Arbeitsrechtszeitschrift für das gesamte Dienstrecht der Arbeiter, Angestellten und Beamten (1.1914–20.1933) (Jahr, Seite)
ArbRSamml	s ARS
ArbRspr	Rechtsprechung in Arbeitssachen (1927 – 1932) (Jahr, Seite)
ArbuR	Arbeit und Recht, Zeitschrift für Arbeitsrechtspraxis (1.1953 ff) (Jahr, Seite)
ArchBürgR	Archiv für bürgerliches Recht (1.1888 – 43.1919) (Band, Seite)
ARS	Arbeitsrechts-Sammlung. Entscheidungen des Reichsarbeitsgerichts und des Reichsehrengerichtshofes, der Landesarbeitsgerichte, Arbeitsgerichte und Ehrengerichte (19.1934 bis 47.1944; früher Bensheimer Sammlung) (Band, Seite)
Assman/Schneider, WpHG	H D Assmann/U H Schneider (Hrsg), Wertpapierhandelsgesetz, Kommentar, 4. Aufl 2006

B

BadLR	Badisches Landrecht
BadRPr, BadRspr, BadRPrax	Badische Rechtspraxis (ab 2.[= 66.] u Annalen der, bis 20.[=84.] 1918: Großh) Badischen Gerichte (1. [= 65.] 1899 – 38. [= 102.] 1936) (Jahr, Seite)
BadWürtt	Baden-Württemberg

BAGE	Entscheidungen des Bundesarbeitsgerichts (1.1954 ff) (Band, Seite)
BAKred-Schreiben	Schreiben des Bundesaufsichtsamtes für das Kreditwesen
Bamberger/Roth/. . .(Bearb)	H G Bamberger/H Roth, Kommentar zum Bürgerlichen Gesetzbuch, versch Bearb, 3 Bde, 2003
BankArch, BankA	Bank-Archiv. Zeitschrift für Banken- u Börsenwesen (1.1901/02 – 43.1943; dann: BankWi) (Jahrgang, Seite; ab 39.1939: Jahr, Seite)
BankR	Bankrecht
Bankrechts-Hb	s Schimansky/Bunte/Lwowski, Bankrechts-Handbuch
Baumbach/Hefermehl, UWG	Wettbewerbsrecht: UWG, PrAngVO (Kommentar), begr v A Baumbach, fortgef v W Hefermehl, 24. Aufl 2006
Baumbach/Hefermehl, WertpapierR	s Baumbach/Hefermehl, WG und ScheckG
Baumbach/Hefermehl, WG und ScheckG	Kommentar Wechselgesetz und Scheckgesetz, begr v A Baumbach, fortgef v W Hefermehl, 22. Aufl 2000
Baumbach/Hefermehl, WPR	s Baumbach/Hefermehl, WG und ScheckG
Baumbach/Hopt	K J Hopt/H Merkt, Kommentar zum Handelsgesetzbuch, begr v A Baumbach, 32. Aufl 2006
Baumbach/Hueck, AktG	Kommentar zum Aktiengesetz, begr v A Baumbach, fortgef v A Hueck, 13. Aufl 1968
Baumbach/Hueck/. . .(Bearb) GmbHG	Kommentar GmbH-Gesetz, begr v A Baumbach, fortgef v A Hueck, 18. Aufl 2006
Baumbach/Lauterbach ZPO	Zivilprozeßordnung Kommentar, begr v A Baumbach, fortgef v W Lauterbach, 64. Aufl 2006
Baumgärtel/. . .(Bearb), Beweislast I	G Baumgärtel, Handbuch der Beweislast im Privatrecht, mehrere Bde, 2. Aufl 1999
BauR	Baurecht (1.1970 ff) (Jahr, Seite)
Baur, SachenR	Lehrbuch des Sachenrechts, begr v F Baur, fortgef v J Baur und R Stürner, 18 Aufl 2006
Baur/Stürner, ZwangsvollstreckungsR	Zwangsvollstreckungsrecht, begr v A Schönke, fortgef v F Baur u R Stürner, 13. Aufl 2006
BayJMBl	Bayerisches Justizministerialblatt (NF Bd I-III) [Zusammenfassung der geltenden Vorschriften seit 1863] (4.1932 – 6.1934; 1947 ff) (Jahr, Seite)
BayObLGZ	Sammlung von Entscheidungen des Bayerischen Obersten Landesgerichts in (C) Zivilsachen (bis 17.1900. obersten Gerichtshofes für Bayern in Gegenständen des Civilrechts u Civilprozesses) (1.1872 ff NF 1.1901 – 34.1934/35; NF 1.1948/50 ff:) Entscheidungen des Bayerischen Obersten Landesgerichts in Zivilsachen (Band, Seite; ab 1948/50 u teilw seit 1901) (Jahr, Seite)
BayVerfGH	Bayerischer Verfassungsgerichtshof
BayZ	Zeitschrift für Rechtspflege in Bayern (1.1905 – 30.1934; vorher SeuffBl) (Jahr, Seite; teilw Jahrgang, Seite)
BB	Der Betriebs-Berater (1.1946 ff) (1946: Jahr, Heft, Seite; dann: Jahr, Seite)
BBauBl	Bundesbaublatt (1.1952 ff) (Jahr, Seite)
BFH/NV	Sammlung amtlich nicht veröffentlichter Entscheidungen des Bundesfinanzhofs (1.1985 ff) (Jahr, Seite)
BFHE	Sammlung der Entscheidungen und Gutachten des Bundesfinanzhofs (55.1952 ff; vorher RFH) (Band, Seite)
BGBl I	Bundesgesetzblatt Teil I (1951 ff) ([Jahr,] Seite)
BGBl II	Bundesgesetzblatt Teil II (1951 ff) ([Jahr,] Teil, Seite) (Teil, Gliederungsnummer)
BGBl	Bundesgesetzblatt (1949/1950) ([Jahr,] Seite)
BGHR	Systematische Sammlung der Entscheidungen des Bundesgerichtshofs, hrsg v den Richtern des Bundesgerichtshofs, 1986 ff
BGH-Rep, BGH-Report	Schnelldienst zur Rechtsprechung des Bundesgerichtshofs (2001 ff) (§, Nr.)
BGHSt	Entscheidungen des Bundesgerichtshofs in Strafsachen (1.1951 ff) (Band, Seite)
BGHZ	Entscheidungen des Bundesgerichtshofs in Zivilsachen (1.1951 ff) (Band, Seite)
BJM	s BMJ
BKR	Zeitschrift für Bank- und Kapitalmarktrecht (1.2001 ff) (Jahr, Seite)
BlfGBW, BlfGBWR	Blätter für Grundstücks-, Bau- und Wohnungsrecht (1.1952–34.1985) (Jahr, Seite)

BlGenW	Blätter für Genossenschaftswesen (13.1866 ff) (Jahr, Seite)
BMF	Bundesministerium der Finanzen
BMJ	Bundesministerium der Justiz
Boos/. . .(Bearb) KWG	Kommentar zu KWG und Ausführungsvorschriften, hrsg v K H Boos, 2. Aufl 2004
BRAK-Mitt	Mitteilungen der Bundesrechtsanwaltskammer (12.1981 ff) (Jahr, Seite)
BraunschwZ	Zeitschrift für Rechtspflege im Herzogt(h)ume Braunschweig (1854–1918; ab 1919: Braunschweigische Zeitung für Rechtspflege) (Jahr, Seite)
BR-Drucks	Drucksache des Deutschen Bundesrates (Nummer, Jahr)
BreslauAK	Zeitschrift der Anwaltskammer im Oberlandesgerichtsbezirk Breslau (1.1888 ff; nach 1933 aufgegangen in: Kammerzeitung f d Bezirk d OLGe Breslau, Dresden und Naumburg aS) (Jahr, Seite)
Brox, ErbR	H Brox, Erbrecht, 21. Aufl 2004
Bruck/Möller, VVG	H Möller/E Bruck, Kommentar zum Versicherungsvertragsgesetz und zu den Allgemeinen Versicherungsbedingungen unter Einschluss des Versicherungsvermittlerrechtes, 8. Aufl 1994
Bruchner/Ott/Wagner -Wieduwilt, VerbrKrG	H Bruchner/C Ott/K Wagner-Wieduwilt, Kommentar Verbraucherkreditgesetz, 2. Aufl 1994
Bruns, ZivilprozeßR	R Bruns, Zivilprozeßrecht: Eine systematische Darstellung, 2. Aufl 1979
BSGE	Entscheidungen des Bundessozialgerichts (1.1955 ff) (Band, Seite)
BStBl I, II, III	Bundessteuerblatt Teil I; II; III (1.1951 ff) (Jahr, Teil, Seite)
BT-Drucks	Drucksache des Deutschen Bundestages (Wahlperiode, Nummer)
BuB	T Hellner/S Steuer (Hrsg), Bankrecht und Bankpraxis, mehrere Bde, versch Bearb, 1979 ff
Buchholz	Sammel- und Nachschlagewerk der Rechtsprechung des Bundesverwaltungsgerichts, begr v K Buchholz, hrsg v d Mitgliedern des BVerwG (1957 ff) (Nummer . . . zu Gesetz § . . .)
Bülow VerbrKrG	P Bülow, Kommentar Verbraucherkreditgesetz, 5. Aufl 2002
Burchardt/Pfülb, Arge-Kommentar	H P Burchardt/W Pfülb, ARGE-Kommentar, 4. Aufl 2006
BVerfGE	Entscheidungen des Bundesverfassungsgerichts (1.1952 ff) (Band, Seite)
BVerwGE	Entscheidungen des Bundesverwaltungsgerichts (1.1954 ff) (Band, Seite)
BWNotZ	Mitteilungen aus der Praxis, Zeitschrift für das Notariat in Baden-Württemberg (21.1955 ff; vorher WürttNotV) (Jahr, Seite)

C

Caemmerer, GesSchriften	E v Caemmerer, Gesammelte Schriften, hrsg v H G Leser, mehrere Bde, 1968–1983
Canaris, BankvertragsR	C W Canaris, Bankvertragsrecht, Bd 5 des Großkommentars zum Handelsgesetzbuch, begr v H Staub, 4. Aufl 2005
Canaris, Vertrauenshaftung	C W Canaris, Die Vertrauenshaftung im deutschen Privatrecht, 1971
Capelle/Canaris, HandelsR	Handelsrecht: Ein Studienbuch, begr v K H Capelle, fortgef v C W Canaris
Clemente, Sicherungsgrundschuld	C Clemente, Recht der Sicherungsgrundschuld, 4. Aufl 2005
Coing, Europäisches PrivatR I	H Coing, Europäisches Privatrecht, Teil 1: Älteres gemeines Recht, 1985
CR	Computer und Recht (1.1985 ff) (Jahr, Seite)
Crome, System Bd 2	C Crome, System des Deutschen Bürgerlichen Rechts, Bd 2: Recht der Schuldverhältnisse, 1902

D

DAR	Deutsches Autorecht (1.1926 – 18.1943; [20.] 1951 – [21.] 1952 vereinigt mit RdK; 22.1953 ff; seit 26.1956 wieder vereinigt mit RdK)(bis 14.1939: Jahr, Spalte; dann: Jahr, Seite)
DB	Der Betrieb (1.1948 ff) (Jahr, Seite)
Dernburg, Pandekten	H Dernburg, Pandekten, versch Bde, 7. Aufl 1902 f
DGVZ	Deutsche Gerichtsvollzieher-Zeitung (1.1881 – 64.1914; 65. 1950 ff) (Jahr, Seite)
DGWR	Deutsches Gemein- und Wirtschaftsrecht (1.1935–7.1942) (Jahr, Seite)
Diss	Dissertation

DJ	Deutsche Justiz. Rechtspflege und Rechtspolitik. Amtliches Blatt der deutschen Rechtspflege (95.1933 – 107. [= 13.] 1945; vorher PrJMBl) (Jahr, Seite)
DJZ	Deutsche Juristen-Zeitung (1.1896 – 41.1936) (bis 8.1903; Jahr, Seite; dann: Jahr, Spalte)
DNotV	Zeitschrift des Deutschen Notarvereins (1.1901 – 33.1933; dann: DNotZ) (Jahr, Seite)
DNotZ	Deutsche Notar-Zeitschrift (33.1933 – 44.1944; 1950 ff); vorher: Zeitschrift des Deutschen Notarvereins (1.1901 – 33.1933) (Jahr, Seite)
DÖD	Der Öffentliche Dienst (1.1948 ff) (Jahr, Seite)
DÖffVers	Die Öffentliche Versicherung (ab 67.1935: Deutsche öffentlich-rechtliche Versicherung) (61.1929 – 74.1943; vorher: VersuGeldw) (Jahr, Seite)
DÖV	Die Öffentliche Verwaltung (1.1948 ff) (Jahr, Seite)
DR	Deutsches Recht (1.1931 – 15.1945; ab 9.1939: Ausg A: Wochenausg, vereinigt mit JW) (Jahr, Seite)
DRiZR	Rechtsprechung, Beilage zur Deutschen Richterzeitung (17.1925 – 27.1935; 28.1950 ff) (Jahr, Nummer)
DRZ, DRiZ	Deutsche Richterzeitung (1.1909 – 27.1935; 28.1950 ff; dazwischen DRpfl) (Jahr, Seite)
DStR	Deutsche Steuer-Rundschau (1.1951 – 11.1961); Deutsches Steuerrecht (1.1962/63 ff) (Jahr, Seite)
DStRE	DStR-Entscheidungsdienst (1.1997 ff) (Jahr, Seite)
DtZ	Deutsch-Deutsche Rechts-Zeitschrift, Beil z NJW (1990 ff) (Jahr, Seite)
DtZ-Inf	DtZ-Informationen zum Recht der Bundesrepublik (1.1990 ff) (Jahr, Seite)
DuD	Datenschutz und Datensicherung (1.1977 ff) (Jahr, Seite)
Dür/Hach/Geiler	A Düringer/M Hachenburg/K Geiler (Hrsg), Das Handelsgesetzbuch, Kommentar, 3 Bde, versch Bearb, 1932 – 1935
DVBl	Deutsches Verwaltungsblatt (65.1950 ff; vorher DV u RVerwBl) (Jahr, Seite)
DVP	Deutsche Versicherungs-Presse (1.1872 – 71.1943; dann: Deutsche Versicherung) (Jahr, Seite)
DWW	Deutsche Wohnungswirtschaft (1.1949 ff) (Jahr, Seite)
DZWiR, DWiR	Deutsche Zeitschrift für Wirtschafts- und Insolvenzrecht (1.1991 ff) (Jahr, Seite)

E

EA	Einigungsamt und Mietschöffengericht (1.1921 – 9.1929; dann: DMietR) (Jahr, Seite)
EE	s EisenbE
EFG	Entscheidungen der Finanzgerichte (1.1953 ff)
E I	Erster Entwurf
EisenbE	Eisenbahnrechtliche Entscheidungen und Abhandlungen; ab Bd 27 Eisenbahn- und verkehrsrechtliche Entscheidungen und Abhandlungen (Band, Seite)
Eisenhardt, GesellschaftsR	U Eisenhardt, Gesellschaftsrecht, 12. Aufl 2005
ElsLothZ	Juristische Zeitschrift für (bis 36.1911: das Reichsland) Elsaß-Lothringen (1.1876 – 44.1919) (Jahr, Seite)
Emmerich, SchuldR BT	V Emmerich, BGB-Schuldrecht Besonderer Teil, 10. Aufl 2003
Enn/Lehmann, SchuldR	L Enneccerus/H Lehmann, Schuldrecht, 15. Aufl 1958
Enn/Nipperdey, Allg Teil I	L Enneccerus/H C Nipperdey, Lehrbuch des Bürgerlichen Rechts, Bd 1: Allgemeiner Teil des bürgerlichen Rechts, Halbbd 1: Allgemeine Lehren, 15. Aufl 1959
Enn/Wolff/Raiser, SachenR	M Wolff/L Raiser, Sachenrecht, begr v L Enneccerus, 10. Aufl 1957
ERA	Einheitliche Richtlinien und Gebräuche für Dokumenten-Akkreditive
Erman/. . .(Bearb)	W Erman, Handkommentar zum Bürgerlichen Gesetzbuch, begr v W Erman, neu hrsg v H P Westermann, 11. Aufl 2004
Esser, SchuldR	J Esser, Schuldrecht, 2. Aufl 1960
Esser/Schmidt, SchuldR I	J Esser/E Schmidt, Schuldrecht, Großes Lehrbuch; Bd I: Allgemeiner Teil, 1. Teilb: 8. Aufl 1995, 2. Teilbd: 8. Aufl 2000

Esser/Weyers, SchuldR II	J Esser/H-L Weyers, Schuldrecht, Großes Lehrbuch; Bd II, Besonderer Teil, 1. Teilb: 8. Aufl 1998, 2. Teilb: 8. Aufl 2000
EuGRZ	Europäische Grundrechte-Zeitschrift (1.1974 ff; bis 3.1976: Grundrechte)
EuZW	Europäische Zeitschrift für Wirtschaftsrecht (1.1990 ff) (Jahr, Seite)
EWG	Europäische Wirtschafts-Gemeinschaft
EWiR	Entscheidungen zum Wirtschaftsrecht, Rechtsprechung mit Kurzkomm für die Praxis (1985 ff) (Jahr, Seite)
EWIV	Europäische wirtschaftliche Interessenvereinigung
EWS	Europäisches Wirtschafts- und Steuerrecht (1.1990 ff) (Nummer, Band, Seite)

F

FamRZ	Ehe u Familie im privaten u öffentlichen Recht. Zeitschrift für das gesamte Familienrecht (1.1954 ff), ab 9.1962 ff: Zeitschrift für das gesamte Familienrecht, Ehe u Familie im privaten u öffentlichen Recht (Jahr, Seite)
FAZ	Frankfurter Allgemeine Zeitung
FestG, Festg	Festgabe
Fikentscher, SchuldR	W Fikentscher, Schuldrecht, 9. Aufl 1997
Fikentscher/Heinemann, SchuldR	W Fikentscher/A Heinemann, Schuldrecht, 10. Aufl 2006
FIW-Heft	Schriftenreihe des Forschungsinstituts für Wirtschaftsverfassung und Wettbewerb e. V. Köln (Nr, Jahr)
FLF	Finanzierung, Leasing, Factoring (27.1980 ff) (Jahr, Seite)
Flume, AllgTeil	W Flume, Allgemeiner Teil des Bürgerlichen Rechts, 4. Aufl 1992
Flume, Personengesellschaft	W Flume, Die Personengesellschaft, 1977
Flume, Rechtsgeschäft	W Flume, Allgemeiner Teil des Bürgerlichen Rechts, Bd 2: Das Rechtsgeschäft, 4. Aufl 1992
Förster/Eccius, PreußPrivatR	F Förster/M E Eccius, Preußisches Privatrecht, 4 Bde, 7. Aufl 1896 f
Forsthoff, VerwR	E Forsthoff, Lehrbuch des Verwaltungsrechts, 10. Aufl 1973
FR	Finanzrundschau. Deutsches Steuerblatt (1.1946 ff; vorher: Deutsches Steuerblatt)
FrankfRundsch	Frankfurter Rundschau. Sammlung von Entscheidungen in Rechts- und Verwaltungssachen aus dem Bezirk des Oberlandesgerichts Frankfurt am Main (1.1867–51./52.1917/18) (Band, Seite)
FS, Festschr	Festschrift

G

GA	s GoldtArch
Gedächtnisschr	Gedächtnisschrift
Gernhuber, HBSchuldR	Handbuch des Schuldrechts in Einzeldarstellungen, hrsg v J Gernhuber, mehrere Bde, 1979 ff
Gernhuber/Coester-Waltjen, FamilienR	J Gernhuber/D Coester-Waltjen, Lehrbuch des Familienrechts, 4. Aufl 1994
GewArch	Gewerbearchiv (1.1955 ff) (Jahr, Seite)
GmbHR, GmbHRdsch	Rundschau für (G.m.b.H.) GmbH (1.1910 – 35.1944; 41.1950 ff) (Jahr, Spalte; seit 41.1950: Jahr, Seite)
Godin/Wilhelmi AktG	Kommentar Aktiengesetz vom 6. September 1965, begr v F v Godin/H Wilhelmi, neubearb v S Wilhelmi, mehrere Bde, 1967–1971
GoldtArch, GoldtA	Goltdammer's Archiv für Strafrecht (1853–1933, 1953 ff; 1934–1944: Deutsches Strafrecht) (Jahr, Seite)
GroßkommHGB/. . .(Bearb)	Handelsgesetzbuch, Großkommentar der Praxis in 5 Bd, begr v H Staub, neu bearb v D Brüggemann/R Fischer ua, 4. Aufl 1995
GrS	Großer Senat
Gruch, Gruchot, GruchotsB	Beiträge zur Erläuterung des (bis 15.1871: preußischen) Deutschen Rechts, begr v Gruchot (1.1857–73.1933) (Band, Seite)
GrundE	Das Grundeigentum (1.1876–62.1943) (Jahr, Seite)
Grunewald, GesellschaftsR	B Grunewald, Gesellschaftsrecht, 6. Aufl 2005
GRUR	Gewerblicher Rechtsschutz und Urheberrecht (1.1896 – 49. 1944; 50.1948 ff) (Jahr, Seite)

Güthe/Triebel GBO	Güthes Grundbuchordnung für das Deutsche Reich und die preußischen Ausführungsbestimmungen, hrsg v F Triebel, 2 Bde, 4. Aufl 1923/25
GVBl	Gesetz- und Verordnungsblatt

H

Hachenburg/Ulmer GmbHG	Großkommentar zum GmbH-Gesetz, hrsg v M Hachenburg u P Ulmer, 3 Bde, 8. Aufl 1992–1997; 9. Aufl 2005 – 2007 (Hrsg: Ulmer/Habersack/ M Winter)
Hadding/Nobbe, BankR	W Hadding/G Nobbe, Bankrecht 2000, 2000
Hahn, Mat zur KO	C Hahn/E Stegemann (Hrsg), Die gesamten Materialien zu den Reichsjustizgesetzen, Bd 4: Materialien zur Konkursordnung, 2. Aufl 1881
Handbuch zum InternetR	D Kröger/M A Gimmy, Handbuch zum Internetrecht, 2. Aufl 2002
HannRpfl	Hannoversche Rechtspflege (1945 – 1947, dann Niedersächsische Rechtspflege) (Jahr, Seite)
HansGZ, HansRGZ, HansRZ	Hanseatische Rechts- u Gerichtszeitschrift (11.1928 – 26.1943; vorher HansGZ und HansRZ) Abt A u B (Jahr A od B Spalte)
Härting, InternetR	N Härting, Internetrecht, 2. Aufl 2005
Häsemeyer, InsolvenzR	L Häsemeyer, Insolvenzrecht, 3. Aufl 2003
Heck, SchuldR	P Heck, Grundriß des Schuldrechts, 1929
Heiermann/Riedl/Rusam VOB	W Heiermann/R Riedl/M Rusam, Handkommentar zur VOB: Teile A und B, 9. Aufl 2000
Heinsius/Horn/Than, DepotG	T Heinsius/ A Horn/J Than, Kommentar Depotgesetz, 1975
Hellner/Steuer, Bankrecht und Bankpraxis	T Hellner/S Steuer (Hrsg), Bankrecht und Bankpraxis, mehrere Bde, 1979
HessRspr	Hessische Rechtsprechung (1.1900/01 – 35.1935) (Band, Seite; teilw Jahr, Seite)
Heymann/. . .(Bearb) HGB	Kommentar zum Handelsgesetzbuch, begr v E Heymann, hrsg v N Horn, versch Bearb, 2. Aufl 1995
HFR	Höchstrichterliche Finanzrechtsprechung (1.1961 ff) (Jahr, Seite)
Hofmann, HandelsR	P Hofmann, Handelsrecht, 11. Aufl 2002
HoldhMSchr	Monatsschrift für Handelsrecht (bis 1896: für Aktienrecht) und Bankwesen, Steuer- und Stempelfragen, begründet von Holdheim (1.1892–28.1918) (Jahr, Seite)
HRR	Juristische Rundschau, Bd II: Die Rechtsprechung (1.1925–3.1927; dann:) Höchstrichterliche Rechtsprechung (4.1928–18.1942) (Jahr, Nummer)
Hueck, OHG	A Hueck, Das Recht der offenen Handelsgesellschaft, 1971
Hueck, Gleichbehandlung	G Hueck, Der Grundsatz der gleichmäßigen Behandlung im Privatrecht, 1958
Hueck/Canaris, WertpapierR	Recht der Wertpapiere, begr v A Hueck, fortgef v C W Canaris, 12. Aufl 1986
Hüffer, GesellschaftsR	U Hüffer, Gesellschaftsrecht, 6. Aufl 2003
HW, HuW	Hauswirtschaft und Wissenschaft (1.1953 ff) (Jahr, Seite)
HZ, HEZ	Höchstrichterliche Entscheidungen, Sammlungen von Entscheidungen der Oberlandesgerichte u der Obersten Gerichte in Zivilsachen (1.1938 – 3.1950,1) (Band, Seite)

I

IBR	Immobilien- und Baurecht (1.1990 ff) (Jahr, Seite)
ICC	Internationale Handelskammer Paris
IherJb	s JherJb
ImmobBauR	s IBR
INF	Information über Steuer und Wirtschaft (1.2003 ff) (Jahr, Seite)
InVo	Insolvenz und Vollstreckung (1.1996 ff) (Jahr, Seite)
IPR	Internationales Privatrecht
IPRax	Praxis des Internationalen Privat- und Verfahrensrechts (1.1981 ff) (Jahr, Seite)
Ipsen, VölkerR	K Ipsen, Völkerrecht: Ein Studienbuch, 4. Aufl 1999
ITRB	Der IT-Rechtsberater (1.2001 ff) (Jahr, Seite)

J

JA, JABl	Juristische Arbeitsblätter (1.1969 ff) (Jahr, Seite)
Jäger/Henckel, KO	Insolvenzordnung: Großkommentar, begr v E Jaeger (zur Konkursordnung), hrsg v W Henckel, 2004
Jauernig/. . .(Bearb)	Bürgerliches Gesetzbuch, hrsg v O Jauernig, versch Bearb, 12. Aufl 2007
JB, JBl	Juristische Blätter (1.1872–67.1938, 68.1946 ff) (Jahr, Seite)
JFG	Jahrbuch für Entscheidungen in Angelegenheiten der freiwilligen Gerichtsbarkeit und des Grundbuchrechts, begr v Ring (1.1924–23.1943) (Band, Seite)
JherJB	Jahrbücher für die Dogmatik des heutigen römischen Rechts und deutschen Privatrechts (ab Folge II 1. [= 37.] 1897: Jherings Jahrbücher der Dogmatik des bürgerlichen Rechts) (1.1958–90. [= II 54] 1942) (Band [Jahr], Seite)
JM	Justizministerium
JMBl	Justizministerialblatt
JR	Juristische Rundschau (Bd I: Aufsätze 1.1925–3.1927) (Jahr, Spalte; Bd II s. HRR) (4.1928–11.1935; 1.1947 ff) (Jahr, Seite)
JRfPrV, JRPV	Juristische Rundschau für die Privatversicherung (1.1924 – 0.1943; bis 7.1930: Beil zu NeumannsZ) (Jahr, Seite)
Jura, JURA	Jura – Juristische Ausbildung, (1.1979 ff) (Jahr, Seite)
JurBl	Juristische Blätter (seit 1932: vereinigt mit AllgÖsterGerZ; 1.1872–67.1938; 68.1946 ff) (Jahr, Seite)
JurBüro	Das juristische Büro (7.1956 ff; vorher: Das Büro) (Jahr, Spalte)
JuS	Juristische Schulung, Zeitschrift für Studium und Ausbildung (1.1961 ff) (Jahr, Seite)
Justiz	Die Justiz. Amtsblatt des Justizministeriums Baden-Württemberg (1.1952 ff) (Jahr, Seite)
JW	Juristische Wochenschrift (1.1872–68.1939, dann DR) (Jahr, Seite)
JZ	Juristenzeitung (6.1951 ff; Fortsetzung von DRZ u SJZ) (Jahr, Seite)

K

K&R	Kommunikation und Recht (Jahr, Seite)
Kaser, Das römische PrivatR	M Kaser, Das römische Privatrecht, 2. Aufl 1975
KGBl	Blätter für Rechtspflege im Bezirk des Kammergerichts (1.1890 – 44.1934) (Jahr, Seite; teilw Band, Seite)
KGJ	Jahrbuch für Entscheidungen des Kammergerichts in Sachen der freiwilligen Gerichtsbarkeit, in Kosten-, Stempel- u Strafsachen (bis 19.1899: in Sachen der nichtstreitigen Gerichtsbarkeit) (1.1881 – 53.1922) (Band, Seite; von Band 20 bis 39: Band, Abteilung, Seite)
KGPräs	Präsident des Kammergerichts Berlin
Kilger/Schmidt, InsG KO	J Kilger, Insolvenzgesetze: KO/VglO/GesO, neubearb v K Schmidt, 17. Aufl 1997
Kipp/Coing, ErbR	T Kipp/ H Coing, Erbrecht: Ein Lehrbuch, 14. Bearb 1990
Kirchhof/. . .(Bearb) EstG	P Kirchhof (Hrsg), Kompaktkommentar Einkommensteuergesetz, 2. Aufl 2002
KölnKommAktG/. . .(Bearb) AktG	Kölner Kommentar zum Aktiengesetz, hrsg v W Zöllner, mehrere Bde, 3. Aufl 2004 ff
Kraft/Kreutz, GesellschaftsR	A Kraft/P Kreutz, Gesellschaftsrecht, 11. Aufl 2000
Kress, Bes SchuldR	H Kress, Lehrbuch des besonderen Schuldrechts, 1934
KTS, KuT	Konkurs- und Treuhandwesen. Monatsschrift für Wirtschaft und Recht (1.1927 – 15.1941; dann:) Konkurs-, Treuhand- und Schiedsgerichtswesen (1.1955 ff) (Jahr, Seite)
Kübler, GesellschaftsR	F Kübler, Gesellschaftsrecht, 5. Aufl 1999
Kübler/Assmann, GesellschaftsR	F Kübler/H-D Assmann, Gesellschaftsrecht, 6. Aufl 2006
Kübler/Prütting/. . .(Bearb) InsO	B M Kübler/H Prütting, InsO-Kommentar zur Insolvenzordnung, 2. Aufl 2001
Kuhn/Uhlenbruck, KO	s Mentzel/Kuhn/Uhlenbruck, KO

Kümpel, Bank- und KapitalmarktR	S Kümpel, Bank- und Kapitalmarktrecht, 3. Aufl 2004

L

Lackner/. . .(Bearb) StGB	K Kühl, Kommentar zum Strafgesetzbuch, begr v E Dreher/K Lackner, 25. Aufl 2004
Lambsdorff/Skora, Hb BürgschaftsR	HG Lambsdorff/B Skora, Handbuch des Bürgschaftsrechts, 1994
Larenz, AllgTeil	K Larenz, Allgemeiner Teil des Bürgerlichen Rechts, 9. Aufl 2004
Larenz, SchuldR I, II	K Larenz, Lehrbuch des Schuldrechts, Bd. 1: Allgemeiner Teil, 14. Aufl 1987, Bd 2: Besonderer Teil, 13. Aufl 1986
Leonhard, SchuldR II	F Leonhard, Das Schuldrecht des BGB, Teil 2: Besonderes Schuldrecht, 1931
Leser, Rücktritt	H G Leser, Der Rücktritt vom Vertrag: Abwicklungsverhältnis und Gestaltungsbefugnisse bei Leistungsstörungen, 1975
LM	Nachschlagewerk des Bundesgerichtshofes, Leitsätze u Entscheidungen mit Anmerkungen, hrsg v Lindenmaier u Möhring (LM Nummer . . . zu Gesetz § . . .; ohne Gesetzesangabe: BGB)
LMK	Kommentierte BGH-Rechtsprechung, hrsg v F Lindenmaier u P Möhring (1.2003 ff) (Jahr, Seite)
LS	Leitsatz
Lutter, UmwG	Umwandlungsgesetz Kommentar, hrsg v M Lutter, versch Bearb, 3. Aufl 2004
Lutter/Hommelhoff GmbHG	M Lutter/P Hommelhoff, Kommentar zum GmbH-Gesetz, 16. Aufl 2004
LZ	Leipziger Zeitschrift für Deutsches Recht (bis 7.1913: für Handels-, Konkurs- und Versicherungsrecht) (1.1907 – 27.1933) (Jahr, Spalte)

M

Marcks MaBV	P Marcks, Kommentar zur Makler- und Bauträgerverordnung, 7. Aufl 2003
MDR	Monatsschrift für Deutsches Recht (1.1947 ff) (Jahr, Seite)
Medicus, Bürgerl Recht	D Medicus, Bürgerliches Recht, 20. Aufl 2004
Medicus, SchuldR I	D Medicus, Schuldrecht I: Allgemeiner Teil, 16. Aufl 2005
Medicus, SchuldR II	D Medicus, Schuldrecht II: Besonderer Teil, 13. Aufl 2006
MedR	Medizinrecht (1.1983 ff) (Jahr, Seite)
Meisner/Stern/Hodes, NachbarR	C Meisner/H Stern/C Hodes, Nachbarrecht im Bundesgebiet und West-Berlin, 6. Aufl 1982
Mentzel/Kuhn/Uhlenbruck, KO	F Mentzel/G Kuhn/W Uhlenbruck, Konkursordnung Kommentar, 10. Aufl 1986
Meyer-Cording/Drygala, WertpapierR	U Meyer-Cording/T Drygala, Wertpapierrecht, 3. Aufl 1995
MinBl	Ministerialblatt
Mitt	Mitteilungen
MittBayNot, MittBayNotV	Mitteilungen des Bayerischen Notarvereins (1.1924 – 10.1933; vorher u später: BayNotZ) (Jahr, Seite)
MittPatAnw, MittDPatAnw	Mitteilungen vom Verband Deutscher Patentanwälte (ab 34.1934: Mitteilungen der Deutschen Patentanwälte) (1.1901 ff) (Jahr, Seite)
MittRhNotK, MittRheinNotK	Mitteilungen der Rheinischen Notarkammer (1961 ff; bis 1976: Mitteilungen Rheinische Notarkammer) (Jahr, Seite)
MMR	Multi Media und Recht (1.1998 ff) (Jahr, Seite)
Motive I-V	Motive zum Entwurf eines Bürgerlichen Gesetzbuches für das Deutsche Reich, Bd I Allgemeiner Teil; Bd II Recht der Schuldverhältnisse; Bd III Sachenrecht; Bd IV Familienrecht; Bd V Erbrecht, 1888
Motive Mugdan	s. Mugdan, Materialien
Mugdan, Materialien	Die gesamten Materialien zum Bürgerlichen Gesetzbuch für das Deutsche Reich, hrsg v B Mugdan, Bd I-V, 1899 (Band, Seite)
Müller-Christmann/Schnauder, WertpapierR	B Müller-Christmann/F Schnauder, Wertpapierrecht: Eine falldidaktische Einführung, 1992
MünchKomm/. . .(Bearb)	Münchener Kommentar zum Bürgerlichen Gesetzbuch. Bd I-XI, hrsg v K Rebmann/F Säcker, versch Bearb, 4. Aufl 2000 ff; Bd I: Allgemeiner Teil,

	4. Aufl 2001; Bd Ia: Allgemeiner Teil (Auszug), 4. Aufl 2003; Bd II: Schuldrecht Allgemeiner Teil, 4. Aufl 2001; Bd IIa: Schuldrecht Allgemeiner Teil, 4. Aufl 2003 (zit mit [Jahreszahl]); Bd III: Schuldrecht Besonderer Teil 1, 4. Aufl 2004; Bd IV: Schuldrecht Besonderer Teil 2, 4. Aufl 2005; Bd V: Schuldrecht Besonderer Teil 3, 4. Aufl 2005; Bd VI: Sachenrecht, 4. Aufl 2004; Bd VII: Familienrecht 1, 4. Aufl 2000; Bd VIII: Familienrecht 2, 4. Aufl 2002; Bd IX: Erbrecht, 4. Aufl 2004; Bd X: Internationales Privatrecht, 4. Aufl. 2006; Bd: XI Internationales Handels- Gesellschaftsrecht EGBGB, 4. Aufl. 2006
MünchKomm/. . .(Bearb) HGB	Münchener Kommentar zum Handelsgesetzbuch, hrsg v K Schmidt, 7 Bde, versch Bearb, 1996–2004
MünchKomm/. . .(Bearb) InsO	Münchener Kommentar zu Insolvenzordnung, hrsg v H-P Kirchhof/ H-J Lwowski/R Stürner, 3 Bde, versch Bearb, 2001–2003
MünchKomm/. . .(Bearb) ZPO	Münchener Kommentar zur Zivilprozessordnung, hrsg v G Lüke/P Wax, versch Bearb, 3 Bde, 2. Aufl 2000–2002
Musielak/. . .(Bearb) ZPO	Kommentar zur Zivilprozeßordnung, hrsg v H J Musielak, 4. Aufl 2005
MuW	Markenschutz und Wettbewerb. Monatsschrift für Marken-, Muster-, Patent-, Urheber- u Verlagsrecht (6.1906/07 – 41.1941; vorher: Unlauterer Wettbewerb [1.1901/02 – 5.1905/06]) (Jahr, Seite; bis 27./28.1927/28 jeweils Doppeljahreszahl)

N

NdsRpfl	Niedersächsische Rechtspflege (1.1947 ff; vorher HannRpfl) (Jahr, Seite)
NJ	Neue Justiz (ehem DDR) (1.1947 ff) (Jahr, Seite)
NJW	Neue Juristische Wochenschrift (1.1947/48 ff) (Jahr, Seite)
NJWE-WettbR	NJW-Entscheidungsdienst Wettbewerbsrecht (1.1996 ff) (Jahr, Seite)
NJW-RR	NJW-Rechtsprechungsreport Zivilrecht (1.1986 ff) (Jahr, Seite)
NStZ	Neue Zeitschrift für Strafrecht (1.1981 ff) (Jahr, Seite)
NVwZ	Neue Zeitschrift für Verwaltungsrecht, vereinigt mit Verwaltungsrechtsprechung (1.1982 ff) (Jahr, Seite)
NVwZ-RR	Neue Zeitschrift für Verwaltungsrecht, Rechtsprechungs-Report (1.1988 ff)
NWB	Neue Wirtschafts-Briefe für Steuer- und Wirtschaftsrecht, Loseblatt (1.1947 ff) (Jahr, Seite)
NZA	Neue Zeitschrift für Arbeits- und Sozialrecht (1.1984 ff) (Jahr, Seite)
NZBau	Neue Zeitschrift für Baurecht und Vergaberecht (1.2000 ff) (Jahr, Seite)
NZG	Neue Zeitschrift für Gesellschaftsrecht (1.1998 ff) (Jahr, Seite)
NZI	Neue Zeitschrift für das Recht der Insolvenz und Sanierung (1.1998 ff) (Jahr, Seite)
NZM	Neue Zeitschrift für Miet- und Wohnungsrecht (1.1998 ff) (Jahr, Seite)

O

ÖABGB	Österreichisches Allgemeines Bürgerliches Gesetzbuch
OAppG, OAG	Oberappellationsgericht
ÖBA	Österreichisches Bank-Archiv (1.1988 ff) (Jahr, Seite)
ÖffAnz	Öffentlicher Anzeiger für das Vereinigte Wirtschaftsgebiet (1. 1948–2.1949; dann BAnz; zitiert nach Jahr, Nummer)
OG, OGH DDR	Oberstes Gericht der Deutschen Demokratischen Republik
OGH	Oberster Gerichtshof
OGHZ	Amtliche Sammlung der Entscheidungen des OGH in Zivilsachen (1.1949 ff) (Band, Seite)
OldZ	Zeitschrift für Verwaltung und Rechtspflege in (bis 1918: im Großherzogtum) Oldenburg (1.1874–65.1939) (Band, Seite)
OLG, OLGE, OLGRspr	Die Rechtsprechung der Oberlandesgerichte auf dem Gebiete des Zivilrechts (1.1900 – 46.1928) (Band, Seite)
OLG-NL, OLGR-NL	OLG-Rechtsprechung Neue Länder für Brandenburg, Mecklenburg-Vorpommern, Sachsen, Sachsen-Anhalt, Thüringen, hrsg von den Oberlandesgerichten der Neuen Länder (1.1994 ff) (Jahr, Seite)
OLGR, OLG-Rep	OLG-Report

OLGZ	Entscheidungen der Oberlandesgerichte in Zivilsachen einschl der freiwilligen Gerichtsbarkeit (1.1965 ff) (Jahr, Seite)
östOGH	Österreichischer Oberster Gerichtshof Wien
OTr	Tarifordnung

P

Palandt/. . .(Bearb), Pal/. . .(Bearb)	Palandt, Bürgerliches Gesetzbuch u EG-BGB, Kurz-Komm, versch Bearb, 66. Aufl 2007
PIN	Persönliche Identifikations-Nummer
Planck/. . .(Bearb)	G Plancks Kommentar zum Bürgerlichen Gesetzbuch nebst Einführungsgesetz, versch Bearb, 4./5. Aufl 1913 – 1938
POS	Point of Sale
PosMSchr	Juristische Monatsschrift für Posen, Ost- und Westpreußen (1.1898–21.1918) (Jahr, Seite)
PostArch	Postarchiv. Zeitschrift für das gesamte Post- und Fernmeldewesen (68.1940 – 72.1944; vorher: Archiv für Post und Telegraphie, später: ArchPF) (Jahr, Seite)
POZ	Point of Sale ohne Zahlungsgarantie
PrALR, PreußALR	s ALR
Prölss/Martin, VVG	Kommentar zu VVG und EGVVG sowie Kommentierung wichtiger Versicherungsbedingungen, begr v E R Prölss, fortgef v A Martin, 27. Aufl 2004
Protokolle I-V	Protokolle der Kommission für die zweite Lesung des Entwurfs des Bürgerlichen Gesetzbuchs. Bd I u IV, 1897; Bd II, 1898; Bd III u V, 1899
Protokolle Mugdan	s. Mugdan, Materialien
PrOTr	Preußische Tarifordnung
PucheltsZ	Zeitschrift für französisches Civilrecht (ab 31.1900: Zeitschrift für deutsches bürgerliches Recht und französisches Civilrecht), begr v Puchelt (1.1870 – 38.1907; dann: RheinZ) (Band, Seite)

R

RabelsZ	Zeitschrift für ausländisches u internationales Privatrecht, begr v Rabel (1.1927 – 14.1942; 15.1949/50 ff) (Band, Jahr, Seite)
RdA	Recht der Arbeit (1.1948 ff) (Jahr, Seite)
RdE	Recht der Energiewirtschaft (1.1992 ff) (Jahr, Seite)
RdJ	Recht der Jugend (ab 13.1965:) und des Bildungswesens (1.1953 ff) (Jahr, Seite)
RdL	Recht der Landwirtschaft (1.1949 ff) (Jahr, Seite)
RechKredVO	Verordnung über die Rechnungslegung der Kreditinstitute
Recht	Das Recht mit wechselndem Untertitel, begr v Soergel (1.1897 – 48.1944; 32.1928 – 37.1933 Beil zu ZBlHR, ab 39.1935 Beil zu DJ; bis 1905 u 1925 – 1930; Jahr, Seite, 1906 – 1924 u ab 1931: Jahr, Spalte. Entscheidungen: Jahr, Nummer, teilw Jahr, Spalte od Jahr, Spalte, Nummer)
Redeker/. . .(Bearb) VwGO	K Redeker (Hrsg) Kommentar Verwaltungsgerichtsordnung, 13. Aufl 2000
RegE	Regierungsentwurf
Rehbein/Reincke, Allg LandR	H Rehbein/O Reincke, Allgemeines Landrecht für die Preußischen Staaten, mehrere Bde, 5. Aufl 1894
Reinhard/Schultz, GesellschaftsR	R Reinhardt/D Schultz, Gesellschaftsrecht, 2. Aufl 1981
Reinicke/Tiedtke, BürgschaftsR	D Reinicke/K Tiedtke, Bürgschaftsrecht, 2. Aufl 2000
Reinicke/Tiedtke, Kreditsicherung	D Reinicke/K Tiedtke, Kreditsicherung, 4. Aufl 2000
Reuter/Martinek, HBSchuldR	D Reuter/M Martinek, Ungerechtfertigte Bereicherung, Bd 4 d Handbuchs für Schuldrecht v J Gernhuber (s Gernhuber, HBSchuldR), 1983
RFH	Reichsfinanzhof, auch Sammlung der Entscheidungen u Gutachten des Reichsfinanzhofs (54.1952: u des Obersten Finanzgerichtshofs) (1.1920 – 54.1952; dann: BFH) (Band, Seite)
RGBl	Reichsgesetzblatt (1871 – 1921) (Jahr, Seite)
RGBl I	Reichsgesetzblatt, Teil I (1922 – 1945) (Jahr, Teil, Seite)
RGBl II	Reichsgesetzblatt, Teil II (1922 – 1945) (Jahr, Teil, Seite)

RGFestG	Festgabe für das Reichsgericht
RGRK/. . .(Bearb)	Das Bürgerliche Gesetzbuch mit besonderer Berücksichtigung der Rechtsprechung des Reichsgerichts und des Bundesgerichtshofes. Komm, hrsg v Mitgliedern des Bundesgerichtshofes, 12. Aufl 1974 – 2000
RGSt	Entscheidungen des Reichsgerichts in Strafsachen (1.1880 – 77.1944) (Band, Seite)
RGZ	Entscheidungen des Reichsgerichts in Zivilsachen (1.1880 – 172.1945) (Band, Seite)
RIW/AWD	Recht der internationalen Wirtschaft (1.1954/55 – 3.1957; 21.1975 ff; 4.1958 – 20.1974: Außenwirtschaftsdienst des BB) (Jahr, Seite)
ROHG	Reichsoberhandelsgericht
ROHGE	Entscheidungen des Reichsoberhandelsgerichts (3.1872 – 25.1880; vorher: Entscheidungen des Bundesoberhandelsgerichts (Band, Seite)
Rosenberg, Beweislast	L Rosenberg, Die Beweislast auf der Grundlage des Bürgerlichen Gesetzbuchs und der Zivilprozeßordnung, 5. Aufl 1965
Rosenberg/Gaul/Schilken, ZwangsvollstreckungsR	Zwangsvollstreckungsrecht, begr v L Rosenberg, fortgef v H F Gaul, E Schilken, 11. Aufl 1997
Rosenberg/Schwab/Gottwald, ZivilprozeßR	L Rosenberg/K H Schwab/P Gottwald, Zivilprozessrecht, 16. Aufl 2004
RRa	ReiseRecht aktuell (1.1993 ff) (Jahr, Seite)
RPfleger	Der Deutsche Rechtspfleger (1.1889–46.1935, 54.1943–55.1944, 56/57.1948/49 ff) (Jahr, Seite)
Rs	Rechtssache
Rspr BauZ	s Schäfer/Finnern/Hochstein
RT-Drs	Drucksache des Deutschen Reichstags (Wahlperiode, Nummer)

S

SächsArch	Sächsisches Archiv für Bürgerliches Recht und Prozeß (1.1891 – 15.1905; ab 14.1904: Sächsisches Archiv für Deutsches Bürgerliches Recht); Sächsisches Archiv für Rechtspflege (1.1906 – 15 – 1920); Archiv für Rechtspflege in Sachsen, Thüringen und Anhalt (1.1924 ff) (Band, Seite; auch Jahr, Seite)
SächsBGB	Sächsisches Bürgerliches Gesetzbuch
SächsOLG	Annalen des Sächsischen Oberlandesgerichts zu Dresden (1880 – 1920) (Jahr, Seite)
Sandkühler, BankR	G Sandkühler, Bankrecht: Ein Leitfaden für Ausbildung und Praxis, 2. Aufl 1993
Savigny, ObligationenR I, II	F C v Savigny, Das Obligationenrecht als Teil des heutigen römischen Rechts, 2 Bde, 2 Neudr 1987
SavZ	Zeitschrift der Savigny-Stiftung für Rechtsgeschichte, Germanistische (1.1880 ff), Kanonistische (1.1911 ff) u Romanistische (1.1880 ff) Abteilung (Band [Jahr], Seite)
Schäfer/Finnern/Hochstein	H Schäfer/R Finnern/R Hochstein, Rechtsprechung zum privaten Baurecht, Loseblatt, 1978 ff
Schaub, Handb ArbR	G Schaub, Arbeitsrechts-Handbuch, 11. Aufl 2005
Schimansky/Bunte/Lwowski, Bankrechts-Hb	Bankrechts-Handbuch, hrsg v H Schimansky, H-J Bunte, H. Lwowski, 3 Bde, 2. Aufl 2001
Schlechtriem, SchuldR BesTeil	P Schlechtriem, Schuldrecht, Besonderer Teil, 6. Aufl 2003
Schleg/. . .(Bearb) HGB	Kommentar zum Handelsgesetzbuch, hrsg v F Schlegelberger, versch Bearb, 5. Aufl 1986
SchlHA, SchlHAnz	Schleswig-Holsteinische Anzeigen (NF 1.1873 ff) (Jahr, Seite)
Schmidt, GesellschaftsR	K Schmidt, Gesellschaftsrecht, 4. Aufl 2002
Schmidt, Gutachten	K Schmidt, Gutachten und Vorschläge zur Überarbeitung des Schuldrechts, 1983
Schmidt, HandelsR	K Schmidt, Handelsrecht, 5. Aufl 1999
Schmidt/. . .(Bearb) EStG	L Schmidt, Einkommensteuergesetz Kommentar, 24. Aufl 2005
Schmidt-Salzer, UmwelthaftungsR	J Schmidt-Salzer, Kommentar zum Umwelthaftungsrecht, 1992
Scholz/. . .(Bearb) GmbHG	F Scholz, Kommentar zum GmbH-Gesetz, 9. Aufl 2002; 10. Aufl Bd I, 2006
Schönle, Bank- und BörsenR	H Schönle, Bank- und Börsenrecht. Ein Studienbuch, 2. Aufl 1976

Schwarz/. . .(Bearb) AO	B Schwarz, Kommentar zur Abgabenordnung, mehrere Bde, 3. Aufl 1994 f
SchwBG	Schweizerisches Bundesgericht
SchweizBGE	Entscheidungssammlung des Schweizerischen Bundesgerichts (1.1874 ff) (Band, Nr)
SchweizJZ	s SchwJZ
Schwintowski/. . .(Bearb), BankR	H P Schwintowski/F A Schäfer Bankrecht: Commercial Banking – Investment Banking, 2. Aufl 2004
SchwJZ	Schweizerische Juristenzeitung, Zürich (1.1905 ff) (Jahr, Seite)
SchwOR	Schweizerisches Obligationenrecht, fünfter Teil des Schweizerischen Zivilgesetzbuches (ZGB)
SeuffA, SeuffArch	Seufferts Archiv für Entscheidungen der obersten Gerichte in den deutschen Staaten (1.1847 – 98.1944) (Band, Nummer; teilw Band, Seite)
SeuffBl	Seufferts Blätter für Rechtsanwendung (bis 71.1906: Blätter für Rechtsanwendung, zunächst in Bayern) (1.1836 – 78.1913; dann: BayZ) (Band, Seite; teilw Jahr, Seite)
Siber, SchuldR	H Siber, Schuldrecht, 1931
SJZ	Süddeutsche Juristen-Zeitung (1.1946 – 5.1950; dann: JZ) (1946: Jahr, Seite; danach: Jahr, Spalte)
SK/. . .(Bearb) StGB	HJ Rudolphi/E Horn/E Samson/H L Schreiber, Systematischer Kommentar zum Strafgesetzbuch, Loseblatt, 1975 ff
Slg	Sammlung
Smid/. . .(Bearb) InsO	Insolvenzordnung Kommentar, hsrg v S Smid, 2. Aufl 2001
SoergRspr	Soergel(s) Rechtsprechung zum BGB, EGzBGB, CPO, KO, GBO und RFG (ab 7.1906: zum gesamten Zivil-, Handels und Prozeßrecht; ab 19.1918: Jahrbuch der Rechtsprechung und Rechtslehre zum gesamten . . .; 20.1919: Jahrbuch des Zivilrechts; ab 33.1922: Jahrbuch des Zivil-, Handels- und Prozeßrechts) (1./2.1900 – 42.1941) (Jahr, §, Nummer; teilw Jahr, Seite)
Sonderbeil.	Sonderbeilage
Spark, Sparkasse	Die Sparkasse (1.1881 – 63.1943; 67, 1950 ff; 1947 – 1949: Sparkassen-Mitteilungen) (Jahr, Seite)
Staud/. . .(Bearb)	J v Staudingers Kommentar zum Bürgerlichen Gesetzbuch, begr v J v Staudinger, 12. Aufl 1978 ff, 13. Bearb 1993 ff
Stein/Jonas/. . .(Bearb), ZPO	Kommentar zur Zivilprozessordnung, begr v F Stein u M Jonas, fortgef v W Grunsky, versch Bearb, 8 Bde, 22. Aufl 2002 ff
Stelkens/Bonk/. . .(Bearb), VwVfG	P Stelkens/H J Bonk, Verwaltungsverfahrensgesetz Kommentar, 6. Aufl 2001
Stobbe/Lehmann, Deutsches PrivatR III	J E O Stobbe, Deutsches Privatrecht, 1887
StudKommBGB/. . .(Bearb)	Studienkommentar zum BGB (1. – 3. Buch), hrsg v V Beuthien u W Hadding, 2. Aufl 1979
StV	Der Strafverteidiger (1.1981 ff) (Jahr, Seite)
StW, StuW	Steuer und Wirtschaft (ab 7.1928), Band bzw (ab 11.1932) Teil I: Abhandlungen; Teil II: Rechtsprechung (bis 23.1944: des Reichsfinanzhofs) (1.1922 – 23.1944; 24.1947 ff) (Jahr, teilw Band bzw Teil, Seite)
SZ	Entscheidungen des österreichischen Obersten Gerichtshofes in Zivil- und Justizverwaltungssachen (1.1919 ff; zitiert nach Band und Seite bzw Nr)
SZW/RSDA	Schweizerische Zeitschrift für Wirtschafts- und Finanzmarktrecht/ Revue suisse de droit des affaires et du marché financier (62.1990 ff) (Jahr, Seite)

T

Thomas/Putzo ZPO	H Thomas/H Putzo, Zivilprozeßordnung mit Gerichtsverfassungsgesetz u den Einführungsgesetzen, versch Bearb, 27. Aufl 2005
Tiedtke, BürgschaftsR	K Tiedtke/D Reinicke, Bürgschaftsrecht, 2. Aufl 2000
Tipke/Kruse/. . .(Bearb) AO	K Tipke/H W Kruse, Kommentar zur AO 1977 und FGO, 16. Aufl 1996
Tuhr, Allg Teil	A v Tuhr, Der Allgemeine Teil des Deutschen Bürgerlichen Rechts, Bd I: 1910; Bd II/1: 1914; Bd II/2: 1918

U

UFITA, Ufita	Archiv für Urheber-, Film-, (ab 18.1954:) Funk- und Theaterrecht (1.1928 – 17.1944; 18.1954 ff) (Band, Seite)
Ulmer/Brandner/Hensen, AGB-Ges	P Ulmer/E Brandner/H D Hensen, Kommentar zum Gesetz zur Regelung des Rechts der Allgemeinen Geschäftsbedingungen, 9. Aufl 2001
URDG	Uniform Rules for Demand Guarantees (Einheitliche Richtlinien für auf Anfordern zahlbare Garantien der Internationalen Handelskammer)
UStR	Umsatzsteuer-Rundschau (1.1952 ff) (ab 16.1967, 10 ff m Untertitel: Mehrwertsteuer-Rundschau [= Beil zur Finanzrundschau]) (Jahr, Seite)

V

VDStRL, VVDStRL	Veröffentlichungen der Vereinigung der Deutschen Staatsrechtslehrer (1.1924 – 7.1932; 8.1949 ff) (Heft, Seite)
VersR	Versicherungsrecht. Juristische Rundschau für die Individualversicherung (1.1950 ff) (Jahr, Seite)
VersuGeldw	Versicherung und Geldwirtschaft (57.1925–60.1928; dann: DÖffVers; vorher: MittÖffFeuerVers) (Jahr, Seite)
VerwA, VerwArch	Verwaltungsarchiv (1.1893 – 47.1942; 48.1956/47 ff) (Jahr, Seite bzw Band, Seite)
VIZ	Zeitschrift für Vermögens- u Investitionsrecht (1.1991 ff) (Jahr, Seite)
VOBl	Verordnungsblatt
VR, VRS	Verkehrsrechtliche Rundschau (1.1921/22 – 23.1944) (Jahr, Seite; teilw Band, Seite)
VuR	Verbraucher und Recht (1.1986 ff) (Jahr, Seite)

W

Warn, WarnR, WarnRspr	Warneyer Rechtsprechung des Bundesgerichtshofes in Zivilsachen (1.1962 ff) (Jahr, Nummer)
WBl	Wirtschaftsrechtliche Blätter (1.1987 ff) (Jahr, Seite)
Wendt, Pandekten	O Wendt, Lehrbuch der Pandekten, 1888
Westermann, Handb I	Handbuch der Personengesellschaften, hrsg v H P Westermann, I. Teil: Gesellschaftsrecht, Loseblatt, 1994 (Stand 2007)
Westermann, SachenR	Sachenrecht, begr v H Westermann, fortgef v H-P Westermann, versch. Bearb, 11. Aufl 2005
Westphalen/Emmerich/v Rottenburg, VerbrKrG	F v Westphalen/V Emmerich/F v Rottenburg, Kommentar Verbraucherkreditgesetz, 2. Aufl 1996
WiB	Wirtschaftsrechtliche Beratung (1.1994–4.1997) (Jahr, Seite)
Wieczorek-Schütze/. . .(Bearb) ZPO	Großkommentar Zivilprozeßordnung und Nebengesetze, begr v B Wieczorek, hrsg v R A Schütze, mehrere Bde, 3. Aufl 1994 ff
Wiedemann, GesellschaftsR I, II	H Wiedemann, Gesellschaftsrecht, Bd 1: Grundlagen, 1980, Bd II: Personengesellschaft, 2004
Wieling, BereicherungsR	H J Wieling, Bereicherungsrecht, 3. Aufl 2004
WiGBl	Gesetzblatt der Verwaltung des Vereinigten Wirtschaftsgebietes (1947, 1: Gesetz- u Verordnungsblatt des Zweizonen-Wirtschaftsrates; bis 1948, 18: Gesetz- u Verordnungsblatt des Wirtschaftsrates des Vereinigten Wirtschaftsgebietes) (1.1947 – 3.1949) (Jahr, Seite)
Windscheid/Kipp, Pandekten	B Windscheid/T Kipp, Lehrbuch des Pandektenrechts, 3 Bde, 2. Neudr d 9. Aufl 1906
WM	Wertpapier-Mitteilungen, (1.1947 ff) Teil IV B (Jahr, Seite)
Wolf, AllgTeil	E Wolf, Allgemeiner Teil des Bürgerlichen Rechts, 3. Aufl 1982
Wolf, SachenR	E Wolf, Sachenrecht, 2. Aufl 1979
Wolff/Bachof, VerwR Bd III	HJ Wolff/O Bachof, Verwaltungsrecht: Ein Studienbuch, Bd 3, 5. Aufl 2004
WRP	Wettbewerb in Recht und Praxis (1.1955 ff) (Jahr, Seite)
WuB	Wirtschafts- und Bankrecht. Entscheidungssammlung, bearb v H-J Lwowski, Loseblatt (1985 ff)
WuM	Wohnungswirtschaft und Mietrecht (1948 ff) (Jahr, Seite)
WürttJ	Jahrbücher der Württembergischen Rechtspflege (1.1888 – 29.1920) (Band, Seite)

WuW	Wirtschaft und Wettbewerb (1./2.1951/52 ff) (Jahr, Seite)
WuW/E	WuW-Entscheidungssammlung zum Kartellrecht (Nr.)

Z

ZAkDR	Zeitschrift der Akademie für Deutsches Recht (1.1934 – 11.1944) (Jahr, Seite)
ZBB	Zeitschrift für Bankrecht und Bankwirtschaft (1.1989 ff) (Jahr, Seite)
ZBernJV	Zeitschrift des bernischen Juristenvereins (1.1864/65 ff) (Band [Jahr] Seite)
ZBH	Zentralblatt für Handelsrecht (1.1926 ff) (Jahr, Seite)
ZBlFG	Zentralblatt (zunächst Central-Blatt) für freiwillige Gerichtsbarkeit u Notariat (ab 12.1911/12: für freiwillige Gerichtsbarkeit, Notariat u Zwangsversteigerung) (1.1900/01 – 22.1921/22) (Jahrgang, Seite)
ZBlfHR	Zentralblatt für Handelsrecht (1.1926 – 8.1933; fortgef in HansRGZ)
ZBR	Zeitschrift für Beamtenrecht (1.1953 ff) (Jahr, Seite)
ZEV	Zeitschrift für Erbrecht und Vermögensnachfolge (1.1994 ff) (Jahr, Seite)
ZfA	Zeitschrift für Arbeitsrecht (1.1970 ff) (Jahr, Seite)
ZfBR	Zeitschrift für deutsches und internationales Baurecht (1.1978 ff) (Jahr, Seite)
ZfIR	Zeitschrift für Immobilienrechte (1.1997 ff) (Jahr, Seite)
ZfKrW	s ZGesKredW
ZfRV	Zeitschrift für Rechtsvergleichung (1.1960) (Jahr, Seite)
ZfSchweizR	Zeitschrift für Schweizerisches Recht (1.1852 ff) (Jahr, Seite)
ZfVers	Zeitschrift für Versicherungswesen (1.1950 ff) (Jahr, Seite)
ZgesGenW, ZGenW	Zeitschrift für das gesamte Genossenschaftswesen (1.1951 ff) (Band [Jahr], Seite)
ZGesKredW	Zeitschrift für das gesamte Kreditwesen (1.1948 ff) (Jahr, Seite)
ZGR	Zeitschrift für Unternehmens- u Gesellschaftsrecht (1.1972 ff) (Jahr, Seite)
ZHR	Zeitschrift für das gesamte Handelsrecht (ab 60.1907:) und Konkursrecht, (ab 124.1962:) für das gesamte Handelsrecht und Wirtschaftsrecht, begr v Goldschmidt (1.1858 – 110.1944; 111.1946/47 ff) (Band (Jahr), Seite)
Zinkahn/Bielenberg/...(Bearb) BauGB	W Zinkahn/W Bielenberg, Baugesetzbuch Kommentar, Loseblatt, 1987 ff
ZInsO	Zeitschrift für das gesamte Insolvenzrecht (1.1998 ff) (Jahr, Seite)
ZIP	Zeitschrift für Wirtschaftsrecht und Insolvenzpraxis (1.1980 ff) (Jahr, Seite)
ZKredW	s ZGesKredW
ZLW	Zeitschrift für Luftrecht und Weltraumrechtsfragen (ab 24.1975: für Luft- u Weltraumrecht) (6.1960 ff; vorher: Zeitschrift für Luftrecht) (Jahr, Seite)
ZMR	Zeitschrift für Miet- und Raumrecht (5.1952 ff; vorher HMR) (Jahr, Seite)
Zöller/...(Bearb) ZPO	Zivilprozeßordnung mit Gerichtsverfassungsgesetz, Kommentar, begr v R Zöller, fortgef v R Geimer ua, 25. Aufl 2005
Zöllner, WertpapierR	W Zöllner, Wertpapierrecht: Ein Studienbuch, 14. Aufl 1987
ZOV	Zeitschrift für offene Vermögensfragen (1.1991 ff) (Jahr, Seite)
ZRG RA, ZRG Rom Abt	Zeitschrift der Savigny-Stiftung für Rechtsgeschichte: romanistische Abteilung (1.1880 ff) (Band [Jahr], Seite)
ZRP	Zeitschrift für Rechtspolitik (1.1968 ff) (Jahr, Seite)
ZS	Zivilsenat
ZStW	Zeitschrift für die gesamte Staatswissenschaft (1.1844 – 104.1944; 105.1948/49 ff) (Band, Seite)
ZUM	Zeitschrift für Urheber- und Medienrecht (29.1985 ff; vorher: Film und Recht) (Jahr, Seite)
ZVersWes	s ZfVers
ZVersWiss	Zeitschrift für die gesamte Versicherungswirtschaft (1.1901 – 43.1943; 44.1955 – 48.1959 als Versicherungswissenschaftliches Archiv; 49.1960 ff) (Jahrgang, Seite)
ZZP	Zeitschrift für (bis 62.1942: Deutschen) Zivilprozeß, begr v H Busch, hrsg v F Baur, D Leipold, K H Schwab, R Stürner (1.1879–63.1943; 64.1950/51 ff) (Band, Seite)

Titel 16

Gesellschaft

Vorbemerkungen*

ÜBERSICHT

* Die verdienstvolle Kommentierung durch Professor *Dr. Hermann Schultze-v Lasaulx* in der 10. Aufl (Frühjahr 1969) hat Rspr und Lehre über 15 Jahre lang vielfältig befruchtet und mitgeprägt. Die seit Erscheinen der 11. Aufl (1985) eingetretene Rechtsentwicklung, insbes auf Grund der Rspr des II. Zivilsenats des BGH, hat wiederum weithin eine Neubearbeitung erforderlich gemacht; das gilt namentlich für die Erläuterungen zu § 705 und §§ 714–720. Hinsichtlich der §§ 721–740 danke ich Herrn Akad. Rat *Dr. Erik Kießling* für die engagierte und zuverlässige Mitwirkung. – Um die Rechtsentwicklung zu dokumentieren, wird zT weiterhin auch auf ältere Rspr und Lit hingewiesen.

Schrifttum: **Kommentare**: Düringer/Hachenburg HGB[3] Bd II 1 (Allg Einl: Das Gesellschaftsrecht des bürgerlichen Rechts, bearb v Geiler), Bd II 2 (§§ 105 ff, bearb v Flechtheim), 1932; RGRKommHGB/Weipert, Bd II, 1950[2]; Schlegelberger/Geßler HGB, Bd II, 1965[4]; Bd III/1, 1992[5]; Bd III/2, 1986[5] (K-P Martens u K Schmidt); GroßKommHGB Bd II 1 (bearb v R Fischer, 1967[3], u Ulmer, 1973[3]), Bd II 2 (bearb v Schilling, 1970[3]); Bd II/1: §§ 105–160 HGB (bearb v Ulmer, 1988[4] u 1999[4], u Habersack 1997[4] u 1999[4]), Bd II 2: §§ 161–177 a, 230–237 HGB (bearb v Schilling, 1987[4], u Zutt, 1990[4]); Heymann HGB, 1995[2]; RGRKomm/BGB/v Gamm, 1974[2]; StudKommzBGB (1.–3. Buch)/Hadding, 1979[2]; Staud/Keßler BGB, 1991[12]; Staud/Habermeier BGB, 2003[13]; MünchKomm BGB/Ulmer Bd 5, 2004[4]; MünchKomm HGB/K Schmidt ua Bd. 2, 2006[2]; Bd 3 (bearb v. K Schmidt, Grunewald, Mülbert), 2007[2]; Erman/H P Westermann BGB, 2004[11]; AlternativKommBGB/Teubner, 1981; Timm/Schöne, in: Bamberger/H Roth, BGB, 2003; Baumbach/Hopt HGB, 2006[32]; Pal/Sprau BGB, 2007[66]; Jauernig/Stürner BGB, 2007[12]; Prütting/Wegen/Weinreich/von Ditfurth, BGB, 2007[2].

Gesamtdarstellungen und Lehrbücher: P Knoke, Das Recht der Gesellschaft nach dem Bürgerlichen Gesetzbuch für das Deutsche Reich, 1901; Heck, SchuldR, 1929, §§ 122–126; H Würdinger, Gesellschaften I, 1937; Enn/Lehmann, SchuldR, 1958[15], §§ 175–182; Lehmann/Dietz, GesellschaftsR, 1970[3]; A Hueck, Das Recht der offenen Handelsgesellschaft, 1971[4]; Reinhardt, GesellschaftsR, 1973; L Fischer, Die Gesellschaft bürgerlichen Rechts, 1977; Flume, Allg Teil des bürgerlichen Rechts I/1, Die Personengesellschaft, 1977; Wiedemann, GesellschaftsR I: Grundlagen, 1980; Larenz, SchuldR II, 1981[12]; Reinhardt/Schultz, GesellschaftsR, 1981[2]; H P Westermann ua in: H P Westermann (Hrsg), Handbuch der Personengesellschaften, 1994[4] (Losebl); I. Teil: GesellschaftsR, Stand: Juli 2006; G Hueck/Windbichler, GesellschaftsR, 2003[20]; U Hüffer, GesellschaftsR, 2003[6]; Hopt/Hehl/Vollrath, GesellschaftsR, 1997[4]; K Schmidt, GesellschaftsR, 2002[4]; Kübler/Assmann, GesellschaftsR, 2006[6]; Grunewald, GesellschaftsR, 2005[6]; Kraft/Kreutz, GesellschaftsR, 2000[11]; Wiedemann, GesellschaftsR II: Personengesellschaft, 2004.

Rechtsprechungsberichte: Möhring, Die Rechtsprechung des OGH und des BGH zum Gesellschaftsrecht, GmbHRdsch 1951, 70; Kuhn, Die Rechtsprechung des BGH zur stillen und zur bürgerlichrechtlichen Gesellschaft, WM 1963, 1170; 1968, 1114; 1975, 718; 1977, 126, 1979 Sonderbeil 1, U Fischer, Die Rechtsprechung des BGH zur Gesellschaft bürgerlichen Rechts und zur stillen Gesellschaft, WM 1981, 638; Brandes WM 1986 Sonderbeil 1; 1987 Sonderbeil 1; 1989, 1357; 1990, 1221; 1992 Sonderbeil 7; 1994, 569; 1998, 1; 2000, 385; Reuter JZ 1986, 16, 72; H P Westermann/V Rebmann DZWir 1993, 272; 327; Kellermann/Stodolkowitz, Höchstrichterliche Rechtspr z PersonengesellschaftsR[4], 1994; Grunewald/H-F Müller JZ 1997, 698; 1999, 442; 2001, 1120; Grunewald JZ 2004, 439; Hirte NJW 2005, 718; Wertenbruch NZG 2006, 408.

Zur **Rechtsfortbildung**: Stimpel, Personalhandelsgesellschaftsrecht, in: Pehle/Stimpel, Richterliche Rechtsfortbildung, 1969, S 15; ders, Aus der jüngeren Rechtsprechung des BGH zum Gesellschaftsrecht, ZGR 1973, 73; ders, Aus der Rechtsprechung des II. Zivilsenats, 25 Jahre Bundesgerichtshof, 1975, S 13; Schulte, Zu den Gesichtspunkten des BGH bei der Fortbildung des Gesellschaftsrechts, in: Festschr für H Westermann, 1975, S 525; Mühl, Zur Rechtsfindungsmethode des Reichsgerichts und des Bundesgerichtshofs im Gesellschaftsrecht, in: Festschr für R Fischer, 1979, S 509; F Häuser, Unbestimmte „Maßstäbe" als Begründungselement richterlicher Entscheidungen, dargestellt anhand von Entscheidungen des II. Zivilsenats des BGH zum Recht der Personalgesellschaften, 1981 (dazu: Müller-Graff ZHR 147 [1983], 598); Röhricht, Von Rechtswissenschaft und Rechtsprechung, ZGR 1999, 445, 453 ff; H P Westermann, Die Gestaltungsfreiheit im Personengesellschaftsrecht in den Händen des Bundesgerichtshofs, in: BGH-Festgabe aus der Wissenschaft, Bd II, 2000, S 245.

Einzeldarstellungen: Wiedemann, Die Übertragung und Vererbung von Mitgliedschaftsrechten bei Handelsgesellschaften, 1965; U Huber, Vermögensanteil, Kapitalanteil und Gesellschaftsanteil an Personalgesellschaften des Handelsrechts, 1970; M Nitschke, Die körperschaftlich strukturierte Personengesellschaft, 1970; Teichmann, Gestaltungsfreiheit in Gesellschaftsverträgen, 1970; H P Westermann, Vertragsfreiheit und Typengesetzlichkeit im Recht der Personengesellschaften, 1970; K Schmidt, Zur Stellung der oHG im System der Handelsgesellschaften, 1972; Schulze-Osterloh, Das Prinzip der gesamthänderischen Bindung, 1972; Heckelmann, Abfindungsklauseln in Gesellschaftsverträgen, 1973; Reuter, Privatrechtliche Schranken der Perpetuierung von Unternehmen, 1973 (dazu K Schmidt, in: Kessal-Wulf/Martinek/Rawert [Hrsg], Formale Freiheitsethik oder materiale Verantwortungsethik, 2006, S 9); Schulze-Osterloh, Der gemeinsame Zweck der Personengesellschaften, 1973; W B Schünemann, Grundprobleme der Gesamthandsgesellschaft, 1975; B Hennecke, Das Sondervermögen der

Gesamthand, 1976; J o h n , Die organisierte Rechtsperson, 1977; L A d e r h o l d , Das Schuldmodell der BGB-Gesellschaft, 1981; L e u t h e , Die gewerblich geprägte Gesellschaft bürgerlichen Rechts, 1991; G ö - b e l , Mehrheitsentscheidungen in Personengesellschaften, 1992; S i e g m a n n , Personengesellschaftsanteil und Erbrecht, 1992; H e r m a n n s , Unverzichtbare Mitverwaltungsrechte des Personengesellschafters, 1993; B e c k e r , Verwaltungskontrolle durch Gesellschafter, 1997; H ü t t e m a n n , Leistungsstörungen bei Personengesellschaften, 1998; A r m b r ü s t e r , Die treuhänderische Beteiligung an Gesellschaften, 2001.

Gesellschaftsrecht der EG-Staaten: Jura Europae, Gesellschaftsrecht I-III, Losebl (Stand: 1983).

Zur **Gesetzgebungsgeschichte**: H a d d i n g , Die Initiativen des Reichsjustizamts und des Reichsjustizministeriums zur Gestaltung des Gesellschaftsrechts, Vom Reichsjustizamt zum Bundesministerium der Justiz, 1977, S 263, 270 ff; F T h o m a s , Die persönliche Haftung von Gesellschaftern von Personengesellschaften in der historischen Entwicklung der Neuzeit, 2003; zur **Rechtspolitik**: K S c h m i d t , Gesellschaft bürgerlichen Rechts, Welche Änderungen und Ergänzungen sind im Recht der BGB-Gesellschaft geboten? Gutachten und Vorschläge zur Überarbeitung des Schuldrechts (hrsg v Bundesminister der Justiz), Bd III, 1983, S 413 ff (dazu: U l m e r , Rückbesinnung als Fortschritt?, ZGR 1984, 313; H ü f f e r AcP 184 [1984], 584, 588).

Bibliographie zum gesamten Gesellschaftsrecht: K i r c h n e r ZGR 1972, 104, 223, 345, laufend fortgesetzt für 1982: ZGR 1983, 581; für 1983; ZGR 1984, 679; für 1984: ZGR 1985, 609; für 1985: ZGR 1986, 672; für 1986: ZGR 1987, 584; für 1987: ZGR 1988, 614; für 1988: ZGR 1989, 564; für 1989: ZGR 1990, 709; für 1990: ZGR 1991, 579; für 1991: ZGR 1992, 662.

Weiteres Schrifttum s bei den einzelnen Paragraphen, insbes zum **Gesellschaftsvertrag**: § 705 vor Rz 1; zur **Einzelklagebefugnis (actio pro socio)**: § 705 vor Rz 48; zur **fehlerhaften Gesellschaft**: § 705 vor Rz 70; zum **Gesellschafterbeschluss**: § 709 vor Rz 24; zur **Vertretung und Haftung bei der Gesellschaft bürgerlichen Rechts**: § 714 vor Rz 1; zu **GbR und Zivilverfahren**: § 714 vor Rz 51; zur **Gesellschafternachfolge**: § 727 vor Rz 1; zur **Auseinandersetzung**: § 730 vor Rz 1; zur **Abfindung beim Ausscheiden eines Gesellschafters**: § 738 vor Rz 1.

I. Begriff und Abgrenzung

1. **Weiter Begriff der Gesellschaft**. Eine Gesellschaft ist der auf einem privatrechtlichen Rechtsgeschäft beruhende Zusammenschluss mehrerer Personen, die sich verpflichtet haben, durch ihr Zusammenwirken die Erreichung eines gemeinsamen Zwecks zu fördern. Mit dem wirksamen Zustandekommen des Rechtsgeschäfts (**Abschlusstatbestand**: Gesellschaftsvertrag = Satzung = Statut) ist die Gesellschaft errichtet und zwischen den Beteiligten das **Gesellschaftsverhältnis** entstanden. Dieser weite Begriff erfasst alle aus einer freien Entscheidung der Beteiligten hervorgehenden Personenvereinigungen, welcher **Organisationsform** sie sich auch zur Erreichung des gemeinsamen Ziels bedienen. Demnach fallen unter den weiten Begriff sowohl die **körperschaftlich** (korporativ) **organisierten Zusammenschlüsse** (Grundmodell: Verein; ferner Aktiengesellschaft, Kommanditgesellschaft auf Aktien, eingetragene Genossenschaft, Versicherungsverein auf Gegenseitigkeit, die auf wechselnden Mitgliederbestand angelegt sind (vgl GenG § 1 Abs 1: Gesellschaften „von nicht geschlossener Mitgliederzahl"), als auch die **nichtkörperschaftlich strukturierten Gesellschaften** (Grundmodell: Gesellschaft bürgerlichen Rechts; ferner offene Handelsgesellschaft, Partnerschaftsgesellschaft, Europäische Wirtschaftliche Interessenvereinigung, Kommanditgesellschaft, stille Gesellschaft; Gesellschaft mit beschränkter Haftung). Diese grundlegende Unterscheidung deckt sich nur teilweise mit der Einteilung in **Kapitalgesellschaften** und **Personalgesellschaften**, bei denen nach dem gesetzlichen Leitbild entweder das Ausmaß des Kapitaleinsatzes des Gesellschafters oder die Person des einzelnen Mitglieds die rechtliche Struktur des Zusammenschlusses bestimmt (zB Stimmrecht, Gewinn- und Verlustanteil). Insbes die Gesellschaft mit beschränkter Haftung ist zwar Kapitalgesellschaft, aber nicht körperschaftlich organisiert[1]. Umgekehrt ist die eingetragene Genossenschaft körperschaftlich organisiert, jedoch Personalgesellschaft. Ob eine Gesellschaft „juristische Person" ist, besagt nur etwas darüber, auf welche Weise sie Rechtsfähigkeit erlangt hat[2]. Alle diese 1

1 Vgl näher Hadding, Festgabe Zivilrechtslehrer 1934/1935, 1999, S 147, 166 ff.

2 Vgl. Hadding, Festschr für Kraft, 1998, S 137 ff; ders ZGR 2001, 712, 718 f.

„Gesellschaften im weiten Sinne“[3] unterscheiden sich von anderen Gemeinschaften und rechtlichen Tatbeständen durch folgende Merkmale: die auf privatautonomer Willenserklärung der Beteiligten beruhende rechtsgeschäftliche Grundlage, den Zusammenschluss von grundsätzlich mehreren Personen und die Organisation einer Zweckgemeinschaft mit Förderungspflicht.

2 2. **Abgrenzung des weiten Begriffs**. – a) **Fehlen eines gesellschaftsvertraglichen Zusammenschlusses**. Keine Gesellschaften im weiten Sinne sind Zusammenschlüsse, die als rechtlicher Grundlage eines Gesellschaftsvertrags, dh einer privatrechtlichen Übereinkunft, entbehren.

3 aa) **Körperschaften des öffentlichen Rechts**. Keine „Gesellschaften“ sind mithin die Körperschaften des öffentlichen Rechts, die durch hoheitlichen Akt (zB Errichtungsgesetz) oder auf Grund öffentlichrechtlicher Vereinbarung geschaffen und mit öffentlichen, auch hoheitlichen Aufgaben betraut sind. Um diese Aufgaben zu erfüllen, sind sie meistens mit hoheitlichen Befugnissen ausgestattet. Personal- oder Gebietskörperschaften des öffentlichen Rechts (zB Gemeinden, Kommunalverbände, Zweckverbände, berufsständische Zusammenschlüsse, insbes Industrie- und Handelskammern, Handwerkskammern, Rechtsanwaltskammern) scheiden deshalb aus. **Öffentliche Aufgaben** können aber auch in **Rechtsformen des Privatrechts** erfüllt und zu diesem Zweck von Körperschaften des öffentlichen Rechts privatrechtliche Gesellschaften errichtet werden (zB Unternehmen der Daseinsvorsorge als Aktiengesellschaften[4]). Umgekehrt können **privatrechtliche Verbände** durch **Beleihung** damit betraut werden, öffentliche (hoheitliche) Aufgaben wahrzunehmen (zB Abnahme der Führerscheinprüfung, Untersuchung von Kraftfahrzeugen durch Sachverständige der Technischen Überwachungsvereine). So können Rechtsverhältnisse entstehen, die sowohl von privatrechtlichen als auch von öffentlichrechtlichen Elementen geprägt sind. Dann ist im einzelnen Fall jeweils zu prüfen, welche Regelung des privaten oder des öffentlichen Rechts anwendbar ist. Vgl auch § 89 Rz 36 ff.

4 bb) **Gemeinschaft im Sinne der §§ 741 ff**. Keine „Gesellschaften“ sind ferner die **Gemeinschaften nach Bruchteilen** im Sinne der §§ 741 ff. Ihnen fehlt oft schon die vertragliche Grundlage und immer die vereinbarte Verfolgung eines gemeinsamen Zwecks[5]. Meistens entstehen diese Gemeinschaften kraft Gesetzes aufgrund eines tatsächlichen und/oder rechtlichen Vorgangs (zB § 947; PatG § 6 S 2); nur seltener werden sie vertraglich begründet[6]. Wegen der Einzelheiten vgl Rz 1, 10 ff vor § 741 u § 741 Rz 1 f.

5 cc) **Familien- und erbrechtliche Gemeinschaften**. Keine „Gesellschaften“ sind schließlich die familien- und erbrechtlichen Gemeinschaften, die besonderen Vorschriften unterliegen, die ihren andersartigen Zielsetzungen Rechnung tragen. Die Eheschließung ist kein Vertrag mit gesellschaftsrechtlichem Inhalt, weil sein Zweck (Begründung einer ehelichen Lebensgemeinschaft) vorgegeben ist. Der gesetzliche Güterstand von Ehegatten (Gütertrennung mit Zugewinnausgleich, § 1363) und die Erbengemeinschaft (§ 2032) werden nicht vertraglich begründet. Diese Gemeinschaften können aber uU durch eine vertraglich entstehende Gesellschaft ergänzt oder in sie umgewandelt werden. Dazu bedarf es einer bewussten Umstellung im Sinne einer, wenn auch nicht notwendig ausdrücklichen, Vereinbarung der Förderung eines gemeinsamen Zwecks[7]. Vgl dazu § 705 Rz 7 und zur Innengesellschaft zwischen Ehegatten s unten Rz 55 ff.

6 b) **Fehlen eines Personenzusammenschlusses**. Eine Gesellschaft im weiten Sinne setzt grundsätzlich einen Zusammenschluss von mehreren Personen voraus. Bei den Personalgesellschaften[8] kann eine sog **Eine-Person-Gesellschaft** weder gegründet werden noch später entstehen[9]; durch eine Vereinigung aller Beteiligungen in einer Hand wird die Gesellschaft aufge-

3 Vgl J v Gierke ZHR 119 (1956), 141 ff.; Wiedemann, GesellschaftsR I, § 1 I 1; K. Schmidt, GesellschaftsR § 3 I 1; Kübler/Assmann, GesellschaftsR § 1 I.
4 Vgl. dazu Stober NJW 1984, 449.
5 Vgl unten Rz 7 ff.
6 Vgl unten Rz 13.
7 BGHZ 8, 249 = NJW 1953, 418 = LM Nr 4 zu § 705 (mAnm Fischer); 17, 299 = NJW 1955, 1227.
8 S oben Rz 1.
9 Vgl RGZ 163, 149. Neuerdings aber Kießling, Festschr für Hadding, 2004, S 477, 494 ff.

löst[10]. Demgegenüber ist bei den Kapitalgesellschaften (AG, GmbH) eine Eine-Person-Gesellschaft heute, auch gesetzlich, anerkannt. Eine GmbH kann gem GmbHG § 1[11] sogar durch nur eine Person gegründet werden[12]; ebenso eine AG gem AktG § 2[13]. Ein Personenzusammenschluss fehlt bei einer **Stiftung** als Sondervermögen, dessen Zweck allein der Stifter festlegt; ferner bei den stiftungsähnlichen Formen eines zweckgebundenen Sammelvermögens und des Sammelvermögens nach § 1914 sowie bei Stiftungen und Anstalten des öffentlichen Rechts. Vgl Rz 33 ff vor § 80.

c) **Fehlen einer Zweckgemeinschaft und einer Förderungspflicht**. Jede Gesellschaft im weiten Sinne ist auf die Erreichung eines gemeinsamen Zwecks gerichtet, den zu fördern die Gesellschafter sich verpflichtet haben[14]. Um den Zweck zu erreichen, bedarf es in der Regel einer **Organisation**, dh der Bildung eines Gesellschaftsvermögens und einer organschaftlichen Zuständigkeitenregelung. Doch ist eine Organisation nicht stets notwendig (zB bei einer sog Innengesellschaft[15]). Eine vorhandene Organisation kann je nach der Gesellschaftsform unterschiedlich und mehr oder weniger intensiv ausgestaltet sein. 7

Immer muss ein **gemeinsamer Zweck** vereinbart worden sein, den zu fördern die Gesellschafter sich verpflichtet haben. Der in Betracht kommende gemeinsame Zweck ist bei den einzelnen Gesellschaftsformen verschieden begrenzt. Die GbR, die AG, die KGaA, die GmbH und der nicht eingetragene Verein können zu jedem rechtlich erlaubten Zweck gegründet werden[16]. Die OHG (HGB § 105 Abs 1) und die KG (HGB § 161 Abs 1) sind auf den Betrieb eines Handelsgewerbes unter gemeinschaftlicher Firma gerichtet (HGB §§ 1–3) oder das Unternehmen ist als OHG oder als KG unter einer Firma im Handelsregister eingetragen (HGB §§ 105 Abs 2, 2; 161 Abs 2); die stille Gesellschaft (HGB § 230) bezweckt die Beteiligung an dem Handelsgewerbe eines anderen. Der rechtsfähige Verein kann auf ideelle (§ 21) oder wirtschaftliche (§ 22) Zwecke gerichtet sein. Die eG (GenG § 1 Abs 1) bezweckt die Förderung des Erwerbs oder der Wirtschaft ihrer Mitglieder mittels gemeinschaftlichen Geschäftsbetriebs; zum gemeinsamen Zweck des VVaG vgl VAG §§ 7, 15. Fehlt eine vereinbarte Zweckgemeinschaft oder/und eine entsprechende Förderungspflicht (zB insbes bei Austauschverträgen)[17], so können die §§ 705 ff nicht unmittelbar angewandt werden. Meistens sind dann die Vorschriften über andere „einzelne Schuldverhältnisse" anwendbar, je nach dem Schwerpunkt der vertraglichen Regelung. Enthält das Rechtsverhältnis daneben einzelne „typische" Merkmale einer Gesellschaft, kommt eine entsprechende Anwendung einzelner gesellschaftsrechtlicher Vorschriften in Betracht. Falls keine **atypische Gesellschaft** vorliegt[18], kann ein **gemischter Vertrag**[19] oder nach der Rechtsprechung ein sog gesellschaftsähnliches Rechtsverhältnis[20] gegeben sein.

aa) **Austauschverträge**. Im Gegensatz zu Austauschverträgen, bei denen die Leistung und die Gegenleistung jeweils dem anderen Beteiligten, insbesondere zur Mehrung seines Vermögens, erbracht wird, werden bei der Gesellschaft die Leistungen der Gesellschafter (Beiträge im weitesten Sinne[21]) vereint, um die Erreichung des gemeinsamen Zwecks zu fördern[22]. Während die Interessen der Beteiligten eines Austauschvertrags also **gegenläufig** sind, nämlich jeweils auf das Erlangen von Leistung oder Gegenleistung des anderen Teils, ist es für die Gesellschaft kenn- 8

10 Vgl Rz 14 vor § 723.
11 IdF des ÄnderungsG v 4. Juli 1980.
12 Vgl dazu K Schmidt ZHR 145 (1981), 540; Fezer JZ 1981, 608; Flume ZHR 146 (1982), 205; Hüffer JuS 1983, 161, 168.
13 IdF des Gesetzes für kleine AG und zur Deregulierung des Aktienrechts v 2. August 1994.
14 Vgl RGZ 141, 145; BGH NJW 1951, 308.
15 S hierzu unten Rz 29 ff.
16 Vgl zum gemeinsamen Zweck und zur Förderungspflicht bei der GbR: § 705 Rz 35 ff.
17 Vgl Rz 8, 9; zu societas leonina vgl § 705 Rz 36.
18 Zu den Erscheinungsformen bei der GbR vgl unten Rz 27 ff.
19 S unten Rz 17.
20 S unten Rz 19.
21 Vgl hierzu § 706 Rz 1.
22 Vgl BGH NJW 1951, 308.

zeichnend, dass die auf die Erreichung des Gesellschaftszwecks gerichteten Förderungsmaßnahmen auf **gleichgerichteten Interessen** beruhen[23].

9 Ist zB allein eine Gewinnerzielung der Gesellschaftszweck, so setzt dies eine gemeinsame Förderung der Gewinnerzielung voraus[24]. Dagegen ist die Einräumung des Alleinvertriebs bestimmter Waren gegen die Verpflichtung des ausschließlichen Bezugs vom Hersteller **Kauf** und keine Gesellschaft[25]; ebenso sind andere Lieferungsverträge mit **Ausschließlichkeitsklauseln** nach der Rechtsprechung des RG Austauschverträge[26]. Auch liegt ein Kauf vor, wenn Interessenten sich an ausgeschriebenen Lieferungen in der Weise beteiligen, dass sie mit dem, der im Hauptlieferungsvertrag als Beteiligter auftritt, Lieferungsverträge schließen[27]; dagegen soll ein gesellschaftsähnliches Verhältnis gegeben sein bei Verkauf von Anteilscheinen zur Verwertung eines Patents[28]. Bei Nachweis von An- und Verkäufen von Grundstücken und von Grundstücksteilen gegen Gewinnbeteiligung ist ein **Maklervertrag**, nicht eine Gesellschaft, anzunehmen, wenn der andere die freie Entscheidung über An- und Verkauf behält[29]. Zur Frage, ob eine gesellschaftsvertragliche Vereinbarung zugleich **Schenkung** oder Schenkungsversprechen sein kann, vgl § 516 Rz 37 ff u § 705 Rz 11. Über Abgrenzung zur **Miete** vgl Rz 343 vor § 535, zur **Pacht** vgl Rz 11 vor § 581, zum **Dienstvertrag**, insbesondere dem partiarischen Dienstvertrag vgl Rz 48 vor § 611 u unten Rz 12, über Dienstverschaffungsvertrag als Gesellschaftsvertrag vgl Rz 49 f vor § 611.

10 bb) **Partiarische Rechtsverhältnisse**. Sie sind durch das Merkmal gekennzeichnet, dass für eine Leistung als Gegenleistung (ganz oder teilweise) eine **Gewinnbeteiligung** versprochen worden ist. Trotz des gemeinsamen Zwecks möglichst hoher Gewinnerzielung **mangelt** es an der **Gemeinsamkeit der Zweckverfolgung**. Nach außen wird nämlich zur Gewinnerzielung nur ein Beteiligter im eigenen Namen und für eigene Rechnung tätig. Der andere Beteiligte hat nur intern einen schuldrechtlichen Anspruch auf eine Gewinnbeteiligung. Da diese Kennzeichen freilich auch bei der sog Innengesellschaft, insbesondere der stillen Gesellschaft, gegeben sind, ist die Abgrenzung oft schwierig. Bei den partiarischen Rechtsverhältnissen steht nach dem Willen der Beteiligten im Gegensatz zum Gesellschaftsverhältnis der Austausch von Leistung und Gegenleistung im Vordergrund. Jeder Beteiligte verfolgt hier in erster Linie seine eigenen Interessen und hat sich nicht mit dem anderen zur Erreichung eines gemeinsamen Zwecks im Zusammenwirken verbunden[30]. Je nachdem, ob die Gewinnbeteiligung als Entgelt für eine Kapitalnutzung, Dienstleistung oder Gebrauchsüberlassung von Sachen oder Rechten zugesagt wird, unterscheidet man **partiarische Darlehen, Dienstverträge und Miet- oder Pachtverhältnisse**[31].

11 Die **Abgrenzung zur Gesellschaft** hat unter Berücksichtigung des Vertragszwecks und der wirtschaftlichen Ziele der Beteiligten zu geschehen[32]. Anzeichen für ein Gesellschaftsverhältnis sind die **Zweckbindung** der zur Verfügung gestellten Leistung, die Festlegung unterschiedlicher, selbständiger **Tätigkeitsbereiche** der Beteiligten[33], die Einräumung von **Mitwirkungs- und Kontrollbefugnissen** als Merkmalen des Zusammenwirkens oder zur Sicherung von Ansprüchen[34]. Eine Einschränkung von Kontrollbefugnissen unter den Umfang von HGB § 233 spricht

23 Zur Abgrenzung des Gesellschaftsvertrags vom gegenseitigen Vertrag iS der §§ 320 ff vgl § 705 Rz 44.
24 RGZ 73, 286; auch BGH DB 1955, 47. Vgl Rz 10.
25 RG JW 1907, 104.
26 RGZ 74, 33; 95, 66; RG WarnRspr 1929 Nr 52.
27 RG MuW 1916, 151; s auch RGZ 77, 223: Hoffnungskauf.
28 RG MuW 1920, 19; vgl auch unten Rz 19. Vgl zur sog **Partenfischerei** AG Eckernförde MDR 1950, 48: partiarisches Rechtsverhältnis; LG Kiel MDR 1950, 49: Gesellschaft.
29 RG WarnRspr 1908 Nr 144; vgl auch Rz 4 vor § 652.
30 BGHZ 3, 75, 81 = NJW 1951, 710; BGH WM 1967, 321; Koenigs, Die stille Gesellschaft, 1961, S 29.
31 Vgl auch H Huffer, Das partiarische Geschäft als Rechtstypus, 1970; Schön, Gibt es partiarische Darlehen?, ZGR 1993, 210.
32 BGH LM Nr 1 zu HGB § 335; WM 1965, 1052; WM 1967, 321.
33 BGHZ 8, 249, 255 = NJW 1953, 418 = LM Nr 4 zu § 705 (mAnm Fischer).
34 RGZ 57, 175; 141, 143, 145; RG WarnRspr 1940 Nr 151; BGH LM Nr 1 zu HGB § 335.

allerdings für ein partiarisches Rechtsverhältnis[35]. Auf ein Gesellschaftsverhältnis kann ferner hindeuten die Fortsetzung schon bestehender persönlicher oder geschäftlicher Beziehungen[36] oder ein Abtretungsausschluss hins vertraglicher Ansprüche[37]. Der von den Beteiligten gewählten Bezeichnung kommt nur eine Indizfunktion zu; maßgebend sind die von ihnen gewollten Rechtsfolgen[38]. Eine **Beteiligung am Verlust** ist den partiarischen Rechtsverhältnissen entsprechend ihrer Zielsetzung eines Austausches fremd, so dass bei einer vertraglich vorgesehenen Verlustbeteiligung immer von einem Gesellschaftsverhältnis auszugehen ist[39]. Freilich kann auch bei der stillen Gesellschaft eine Verlustbeteiligung gesellschaftsvertraglich ausgeschlossen sein (vgl HGB § 231 Abs 2 Halbsatz 1). **Fehlt** eine **Gewinnbeteiligung**, wird weder eine Gesellschaft (vgl HGB § 231 Abs 2 Halbsatz 2) noch ein partiarisches Rechtsverhältnis vorliegen.

Insbesondere die Abgrenzung des **partiarischen Darlehens** von der **stillen Gesellschaft** ist oft schwierig und hängt von den Umständen des konkreten Falls ab[40]. Über **partiarische Miete und Pacht** vgl RG DR 1942, 1161; BGH NJW 1951, 308; OGH HEZ 2, 245; Stuttgart/Karlsruhe SJZ 1950, 339; auch LG Verden MDR 1950, 733; vgl auch Rz 343 vor § 535; Rz 11 vor § 581; zum **Automatenaufstellungsvertrag** vgl Rz 381–412 vor § 535. Beim **partiarischen Dienstvertrag** werden Dienste gegen eine Gewinnbeteiligung zugesagt; Dienste können aber auch als Beitrag zu einer Gesellschaft versprochen werden (vgl § 706 Abs 3). Für eine Gesellschaft spricht hier die Zuweisung selbständiger Tätigkeitsbereiche. Hat hingegen ein Beteiligter Weisungsbefugnisse gegenüber dem anderen oder ist das Rechtsverhältnis sonst durch Elemente einer Über- und Unterordnung geprägt, wird eher ein Dienst- oder Arbeitsverhältnis vorliegen[41]. 12

cc) **Vertraglich begründete schlichte Rechtsgemeinschaften.** Eine Zweckgemeinschaft und eine mitgliedschaftliche Förderungspflicht fehlen auch bei vertraglich begründeten sog **schlichten Interessengemeinschaften**, zB beim Sammeldepot (DepotG §§ 5 ff), Sammellager (vgl HGB § 469), uU auch bei Sammelladung[42], gemeinschaftlicher Vermietung einer Wohnung durch die Miteigentümer des Hauses[43]. In so gelagerten Fällen erschöpft sich das Rechtsverhältnis in der bloßen Mitberechtigung an dem gemeinschaftlichen Gegenstand[44]. 13

3. **Enger Begriff der Gesellschaft und Abgrenzung von anderen Personenvereinigungen.** – a) **Personalgesellschaften und Vereine.** Gegenüber dem weiten Begriff der Gesellschaft[45] lässt sich ein enger Begriff der Gesellschaft umreißen, wenn man die körperschaftlich (korporativ) organisierten Personenzusammenschlüsse ausnimmt, dh den Verein und die auf diesem Grundmodell aufbauenden Personenvereinigungen (AG, KGaA, eG, VVaG); vgl auch HGB § 6 Abs 2: „Vereine". Dann verbleiben für einen engen Begriff der Gesellschaft die **nicht körperschaftlich strukturierten Gesellschaften**, bei denen sich in ihrem gesetzlichen Leitbild meistens **personale Elemente strukturbestimmend** auswirken. Von solchen Personalgesellschaften ist die **GbR** das **Grundmodell** (vgl HGB §§ 105 Abs 3, 161 Abs 2) für die **OHG** (HGB §§ 105 ff), die **KG** (HGB §§ 161 ff) und die **stille Gesellschaft** (HGB §§ 230 ff). Demgegenüber ist die GmbH zwar nicht körperschaftlich strukturiert, aber Kapitalgesellschaft und die eG zwar Perso- 14

35 Ebenso Koenigs, Die stille Gesellschaft S 32; anders BFH NJW 1978, 1280 = WM 1978, 994 = BB 1978, 649 (mAnm Zärban S 1043).
36 BGH WM 1964, 1052.
37 MünchKommHGB²/K Schmidt, Bd 3, 2007, § 230 Rz 65.
38 BGH LM Nr 1 zu HGB § 335; WM 1967, 321; BFH NJW 1978, 1280 (= Fn 35); WM 1984, 1207.
39 BGHZ 127, 176, 181 = NJW 1995, 192; BGH WM 1965, 1052, 1053.
40 Vgl iE Koenigs, Die stille Gesellschaft S 28; H Kühnle, Stille Gesellschaft und partiarisches Darlehen, Diss Köln 1967; Schön ZGR 1993, 210 sowie Rz 47, 48 vor § 607; aus der Rspr: RGZ 141, 143, 145; 168, 284; BGH WM 1965, 1052; WM 1967, 321; Nürnberg DB 1968, 166; BFH NJW 1978, 1280 (= Fn 35); WM 1983, 1066; FG Berlin EFG 1967, 549.
41 Zur Abgrenzung vgl aus der Rspr RGZ 142, 13, 18; RG WarnRspr 1914 Nr 37; JW 1920, 645; BGHZ 8, 249, 255 = NJW 1953, 418 = LM Nr 4 zu § 705 (mAnm Fischer); OGH HEZ 2, 248; BayObLG Recht 1916 Nr 1877 sowie Rz 48 vor § 611; zur Abgrenzung vom **Werkvertrag** vgl BGH BB 1951, 547.
42 RGZ 88, 389, 391.
43 RGZ 89, 177.
44 Vgl Rz 4, Rz 13 vor § 741.
45 Vgl oben Rz 1.

nalgesellschaft, aber körperschaftlich organisiert[46] Das Gesellschaftsverhältnis besteht bei den zuvor genannten Gesellschaftsformen nicht nur zwischen jedem Gesellschafter und der Gesellschaft, sondern auch zwischen den einzelnen Gesellschaftern (vgl § 705: „gegenseitig"). Die Rechte und Pflichten aus der Mitgliedschaft richten sich nicht nach dem Ausmaß des Kapitaleinsatzes. Jeder Gesellschafter hat vielmehr grundsätzlich eine Stimme und gleiche Anteile an Gewinn und Verlust. Auch die Verfassung (Organisation) wird durch das Gewicht der Personen beeinflusst. In der Wahrnehmung von Geschäftsführung und Vertretung können grundsätzlich nur Gesellschafter als Organe der Gesellschaft tätig werden (Grundsatz der sog Selbstorganschaft)[47]. Die Mitgliedschaft ist grundsätzlich unübertragbar[48]; das Ausscheiden eines Gesellschafters bewirkt grundsätzlich die Auflösung der Gesellschaft (Kündigung nach § 723, Tod eines Gesellschafters § 727; vgl auch §§ 725, 728). Kennzeichnend sind ferner die persönliche Haftung der Gesellschafter für Gesellschaftsverbindlichkeiten[49] und die Unübertragbarkeit von Mitverwaltungsrechten (sog Abspaltungsverbot[50]). Die Personalgesellschaften sind zwar in der Regel keine juristischen Personen mit Rechtsfähigkeit kraft Eintragung in ein Register (Ausnahme: eG) oder kraft staatlicher Verleihung. Das zwingt aber nicht zu dem häufig gezogenen Gegenschluss, dass den Personalgesellschaften die eigene Rechtsfähigkeit fehle. Die OHG und die KG sind „im Rahmen von HGB § 124 ein eigenes Rechtssubjekt" (HGB § 161 Abs 2)[51]. Auch die Gesellschaft bürgerlichen Rechts (Gesamthand) ist inzwischen in Rechtsprechung und Lehre überwiegend bei zweckbedingtem Auftreten nach außen als „rechtsfähig" anerkannt[52]. Keine Rechtssubjektivität hat nur die Innengesellschaft, insbesondere die stille Gesellschaft. Die **Unterscheidung** von nicht körperschaftlich strukturierten Gesellschaften, dh meistens Personalgesellschaften (Gesellschaften im engeren Sinne), und Vereinen liegt mithin nicht maßgeblich bei der fehlenden oder gegebenen Rechtsfähigkeit[53]. Entscheidend ist vielmehr die **fehlende körperschaftliche** (**korporative**) **Organisation**.

15 Demgegenüber ist bei **Vereinen** nach ihrem gesetzlichen Leitbild die **körperschaftliche** (**korporative**) **Organisation** strukturbestimmend. **Grundmodell** ist der **eingetragene Idealverein** (**e.V.**). Vereine sind der **eingetragene** oder **nicht eingetragene Idealverein** (§§ 21, 55 ff; 54) und der **konzessionierte** oder **nicht konzessionierte wirtschaftliche Verein** (§§ 22, 54). Wirtschaftliche Vereine (vgl auch HGB § 6 Abs 2) in besonderer Rechtsform sind die **AG** (AktG §§ 1 ff), die **KGaA** (AktG § 278 ff), die **eG** (GenG) und der **VVaG** (VAG §§ 7, 15–53). Auch die **Reederei** (HGB §§ 489 bis 509) ist weitgehend körperschaftlich ausgestaltet[54]. Die **bergrechtliche Gewerkschaft** (PrABG 1865 iVm EGBGB Art 67 Abs 1) kann nach BBergG §§ 163 ff[55] nicht mehr gegründet werden und bestand als Vereinigungsform nur noch bis Ende 1985. Nach einem Gesetzentwurf des BMJ v 25. 8. 2004 soll der wirtschaftliche Verein abgeschafft werden (vgl dazu Hadding ZGR 2006, 137).

Die körperschaftliche (korporative) Organisation ist auf einen wechselnden Bestand einer Vielzahl von Mitgliedern angelegt, deren Eintritt oder Ausscheiden die Fortdauer der Personenvereinigung rechtlich unberührt lässt (vgl GenG § 1 Abs 1). Demgemäß ist auch die Verfassung (Organisation) von einem Wechsel der Mitglieder unabhängig. Durch konstitutive Eintragung in ein Register (Vereinsregister, Handelsregister, Genossenschaftsregister) oder durch staatliche Genehmigung (Konzession, vgl § 22) werden die Vereine „juristische Person", dh sie erlangen die ei-

46 Vgl Hadding, Festgabe Zivilrechtslehrer 1934/1935, 1999, S 147, 166 ff.
47 Vgl hierzu § 709 Rz 22.
48 § 719 Rz 2, 11.
49 § 714 Rz 29 ff.
50 Vgl § 717 Rz 20 f.
51 So schon BGHZ 10, 91, 100 = NJW 1953, 1217; BGH NJW 1973, 2198; vgl auch BFH DB 1977, 2212: „selbständiger Rechtsträger".
52 Vgl §§ 714 Rz 2 ff; 718 Rz 3.
53 S auch nicht eingetragener oder nicht konzessionierter Verein (§ 54) und nicht eingetragene Genossenschaft, die keine juristischen Personen sind.
54 AA Reinhardt/Schultz, GesellschaftsR Rz 307 ff iVm Rz 292; Personengesellschaft besonderer Art; s zur Partenreederei insbes K Schmidt, GesellschaftsR § 65.
55 Vom 13. August 1980 (BGBl I, S 1310).

gene Rechtsfähigkeit[56]. Die Grundlage ihrer Verfassung ist die von den Gründern vereinbarte Satzung (bei der eG: Statut)[57]. Kein Abgrenzungsmerkmal zwischen Gesellschaften im engeren Sinne und Vereinen ist das Auftreten unter einem Gesamtnamen[58], weil auch die Personalgesellschaften einen Gesamtnamen führen können (vgl HGB §§ 19, 105 Abs 1, 124 Abs 1; 161 Abs 1 u 2)[59].

Einige der wirtschaftlichen Vereine (nämlich die AG und die KGaA) sowie die GmbH (als Nichtverein) werden als sog **Kapitalgesellschaften** zusammengefasst (vgl UmwandlungsG § 3 Abs 1 Nr 3). Denn bei ihnen ist der Umfang der vermögensmäßigen Beteiligung sowohl für den Inhalt der Mitgliedschaft als auch für die Verfassung ausschlaggebend[60]. Die Anzahl der Stimmen eines Gesellschafters und seine Teilhabe an Gewinn und Verlust richten sich hier nach der Höhe seines Kapitaleinsatzes. Die Willensbildung, die Geschäftsführung und die Vertretung der Personenvereinigung sind von der Individualität der Gesellschafter abgelöst und besonderen Organen übertragen, deren Mitglieder nicht Gesellschafter sein müssen (sog Fremdorganschaft).

b) **Nicht eingetragener Verein.** Es ist heute allgemein anerkannt, dass der nicht eingetragene 16
Verein eine körperschaftlich organisierte, unter einem Gesamtnamen im Rechtsverkehr auftretende Personenvereinigung ist und deshalb unabhängig von der Verweisung in § 54 Satz 1 auf das Recht der GbR (§§ 705 ff) in erster Linie die Vorschriften über Vereine (§§ 25 ff) entsprechend anwendbar sind[61]. Allerdings kommen Mischformen in Betracht, auf die zum Teil die Vorschriften des Vereinsrechts, zum Teil die §§ 705 ff anzuwenden sind[62].

c) **Gemischte Verträge.** – aa) **Allgemein.** Unter den sog gemischten Verträgen[63], bei denen 17
die Abrede der Beteiligten inhaltlich nicht nur einem der gesetzlich geregelten Vertragstypen („Einzelne Schuldverhältnisse" im Sinne der §§ 433 ff) entspricht, sondern Elemente verschiedener Vertragstypen verbindet, können auch Verträge vorkommen, in denen Elemente zB eines Kaufs, Darlehens oder einer Geschäftsbesorgung **mit Elementen einer Gesellschaft** verknüpft sind. Auch ein Vertrag eigener Art (sui generis) mit gesellschaftsrechtlichen Elementen kommt in Betracht. Hier ist in der Regel durch die besondere Ausgestaltung oder infolge der Begleitumstände ein Zusammenwirken der Beteiligten auf längere Sicht auf der Grundlage persönlichen Vertrauens zu einem Element des vertraglich begründeten Rechtsverhältnisses geworden, ohne dass die erforderlichen Merkmale einer Gesellschaft vorliegen[64]. Dieses Zusammenwirken muss, wenigstens in der Regel, die Grundlage der wirtschaftlichen Folgen und Gewinnregelung sein[65]. Hingegen genügt eine Gewinnbeteiligung in der Regel ebensowenig[66] wie ein ausschließlich vermögensrechtlicher Zusammenschluss[67], um in dem Vertrag gesellschaftsrechtliche Elemente feststellen zu können.

bb) **Rechtliche Beurteilung.** Hinsichtlich der rechtlichen Beurteilung von gemischten Ver- 17a
trägen mit Elementen einer Gesellschaft gelten keine Besonderheiten. Es ist zu prüfen, ob entweder einzelne Vorschriften aus den für den konkreten Vertrag in Betracht kommenden gesetzlichen Vertragstypen, also zB auch aus dem Recht der GbR (§§ 705 ff), entsprechend anwendbar sind oder ob aufgrund einer Gesamtanalogie eine aus mehreren gesetzlichen Vorschriften abge-

56 Vgl zum nicht eingetragenen Verein unten Rz 16 u bei § 54.
57 Vgl dazu Hadding, Festschr für R Fischer, 1979, S 165 ff.
58 Vgl § 12 Rz 137.
59 S § 705 Rz 68 f.
60 Vgl näher Hadding, Recht der Kapitalgesellschaften, Handwörterb der Wirtschaftswiss Bd 4, 1978, S 404 ff; Th Raiser/Veil, Recht der Kapitalgesellschaften, 2006⁴; J Wilhelm, Kapitalgesellschaftsrecht, 2005².
61 RGZ 143, 212, 213; BGHZ 13, 5, 10 = NJW 1954, 833; 25, 316 = NJW 1957, 1800; 50, 325, 328 f = NJW 1968, 1830; wegen der Einzelheiten vgl § 54 Rz 8 ff.
62 BGH NJW 1979, 2304, dazu Häuser JA 1980, 244; Reuter ZGR 1981, 364: für den Austritt aus einer Werbegemeinschaft; grundsätzlich zum „nichtrechtsfähigen Verein" Flume ZHR 148 (1984), 503.
63 Vgl § 305 Rz 27–35.
64 RGZ 142, 212, 214; BGH LM Nr 6 zu § 723 = WM 1959, 857 = DB 1959, 733 = MDR 1959, 637.
65 RGZ 122, 70; 126, 65.
66 RGZ 73, 286.
67 OGHZ 3, 372, 374 für Ehegatten.

leitete Regelung im Rahmen des Rechtsverhältnisses für maßgebend zu erachten ist[68]. Aus dem Recht der GbR kann in erster Linie § 723 heranzuziehen sein, insbesondere § 723 Abs 3 (Unentziehbarkeit des Kündigungsrechts). Ob eine jederzeitige Kündigung nach § 723 Abs 1 Satz 1 zulässig ist, lässt sich aber selbst bei einem zum Teil gesellschaftsrechtlichen Inhalt des Vertrags nicht ohne weiteres bejahen, sondern muss aus Sinn und Zweck des Vertrags hergeleitet werden. Dabei kann eine Gesamtanalogie (vgl außer § 723 auch §§ 565, 620) hinsichtlich der Kündigungsfrist uU sogar sachgerechter sein als eine analoge Anwendung des § 723[69]. Ferner kann § 726 entsprechend heranzuziehen sein, nicht jedoch in der Regel §§ 730 ff hinsichtlich der Auseinandersetzung oder § 708 hinsichtlich des Vertretenmüssens. Einzelne gesetzliche Vorschriften aus dem Gesellschaftsrecht sind stets nur insoweit entsprechend anwendbar, als dies nach dem Willen der Beteiligten und dem Vertragszweck billig ist[70].

18 cc) **Beispiele für gemischte Verträge mit gesellschaftsrechtlichen Elementen**. Hierher gehören die sog **Lizenzverträge** und sonstigen **urheberrechtlichen Nutzungsverträge**. Sie sind Verträge eigener Art[71], die neben pacht- oder werkvertraglichen Elementen auch gesellschaftsvertragliche enthalten können[72]. Eine Beteiligung des Lizenzgebers an dem vom Lizenznehmer durch die Ausnutzung des Schutzrechts erzielten Umsatz oder Gewinn begründet für sich allein kein Gesellschaftsverhältnis[73]. Der Lizenzvertrag hat aber dann auch gesellschaftsrechtliche Elemente, wenn der Lizenzgeber zur Mitarbeit verpflichtet ist, auch etwa zur persönlichen Vermittlung des Know-how[74], und zur Kontrolle der Geschäftsbücher des Lizenznehmers berechtigt ist und dadurch besonders enge Beziehungen auf Vertrauensgrundlage geschaffen sind[75]. Für Verwertung eines **Patents** s oben Rz 9. Endet das Verhältnis durch Aufgabe der Patente, sind §§ 726, 730 anwendbar. **Urheberrechtsgemeinschaften** (vgl UrhG § 8) liegt oft ein ausdrücklich oder stillschweigend geschlossener Gesellschaftsvertrag zugrunde, so dass die §§ 719 Abs 1, 709, 714 unmittelbar anwendbar sind. Es kann aber ein solches ausgeprägtes Gesellschaftsverhältnis fehlen[76]. Auch ein **Verlagsvertrag** kann gesellschaftsrechtliche Elemente enthalten[77], und zwar dann, wenn der Verfasser am Reingewinn des Verlegers beteiligt ist; ebenso der Vertrag zweier Herausgeber mit dem Verleger einer Zeitschrift gegen Gewinnbeteiligung[78]. Bei einem **Filmherstellungs- und Filmverwertungsvertrag** liegt ein Vertrag eigener Art vor, in dem neben werkvertraglichen Elementen gesellschaftsvertragliche stehen[79]. Es ist zu prüfen, ob das Gesellschaftselement oder das Werkvertragselement für die konkrete Vertragsbestimmung entscheidend ist. Ein erheblicher gesellschaftsvertraglicher Einschlag kann es rechtfertigen, ein Kündigungsrecht aus wichtigem Grund analog § 723 zu geben; die Ausführung kann soweit gediehen sein, dass nur noch § 723 unter Ausschluss von §§ 325, 326 aF gerechtfertigt ist[80], wenn auch auf solche Verträge grundsätzlich §§ 320 ff anwendbar sind[81]. Gesellschaftselemente ergeben sich auch bei einer sog **Gemeinschaftsproduktion** mehrerer Hersteller[82]. Als „zumindest gesellschaftsähnlich" wird teilweise der **Automatenaufstellungsvertrag** angesehen[83]. Zwischen **Bank und Kunden** kann

68 Vgl Ballerstedt JuS 1963, 253, 261; H Köhler, Über die Anwendbarkeit von Gesellschaftsrecht auf die sog gesellschaftsähnlichen Rechtsverhältnisse, Diss Münster, 1974, mBspn S 9–68.
69 S auch BGH LM Nr 6 zu § 723 = WM 1959, 857 = DB 1959, 733 = MDR 1959, 637.
70 RG JW 1937, 2970.
71 RGZ 142, 212, 213; BGHZ 2, 331, 335 = NJW 1951, 705.
72 Vgl auch BGH WM 1982, 588, der im konkreten Fall einen Austauschvertrag annimmt.
73 BGH BB 1955, 78; Ballerstedt JuS 1963, 253, 261.
74 Goerdeler JR 1960, 398.
75 RG SeuffA 89 Nr 81; vgl auch RGZ 122, 70, 75; 142, 212; RG JW 1929, 1247; 1934, 475; 1937, 2970; 1938, 1897.
76 Vgl BGH BB 1964, 238; G Spindler, Festschr für Schricker, 2005, S 539 ff. Zur **Verwertungsgemeinschaft** gem UrhG § 9 vgl BGH GRUR 1973, 382; NJW 1982, 641; NJW 1983, 1192; Frankfurt/M GRUR 2006, 578. Über **Erfindungsgemeinschaften** vgl W Lüdecke, Erfindungsgemeinschaften, 1962; D Wunderlich, Die gemeinschaftliche Erfindung, 1962.
77 RGZ 81, 233; 87, 215.
78 RGZ 115, 358; vgl aber auch Stuttgart SeuffA 66 Nr 117.
79 RGZ 161, 321, 323.
80 RGZ 158, 321, 326.
81 RGZ 158, 321, 330; BGHZ 2, 331, 335 = NJW 1951, 705: für Filmverwertungsverträge unter Vergleich mit Verlagsvertrag.
82 Über den **Bühnenaufführungsvertrag** s BGHZ 13, 115 = NJW 1954, 1081.
83 Vgl dazu Rz 381–412 vor § 535.

ein Rechtsverhältnis mit gesellschaftsrechtlichen Elementen bestehen, wenn die Bank auf Waren, die der Kunde kauft und weiterverkauft, Kredit einräumt, aber die Bank den ganzen Verkehr zwischen Lieferanten und Abnehmern vermittelt und der Kunde die Bank hierbei unterstützt[84]. Über **Vergleichsgläubiger** s unten Rz 44, 49. Über gesellschaftsrechtliche Elemente iVm **Miete** s Rz 343 vor § 535.

d) **Gesellschaftsähnliche Verträge**? Ein Vertrag oder ein Rechtsverhältnis wird in der Recht- 19
sprechung oder im Schrifttum nicht selten als „gesellschaftsähnlich" qualifiziert[85]. Diese Qualifizierung eines Rechtsverhältnisses ist nicht geeignet, zur Feststellung der in Frage stehenden Rechtsfolgen beizutragen. Denn entweder handelt es sich um ein Gesellschaftsverhältnis, mag es auch abweichend vom gesetzlichen Leitbild, dh atypisch, ausgestaltet worden sein[86]; dann gelten ergänzend in erster Linie gesellschaftsrechtliche Vorschriften. Oder es handelt sich um einen sog gemischten Vertrag mit gesellschaftsrechtlichen Elementen[87]; dann gelten die allgemeinen Regeln für gemischte Verträge. Eine gleichsam dazwischen liegende verschwommene Tatbestandsbildung, wie sie mit angeblich „gesellschaftsähnlichen" Rechtsverhältnissen vorgenommen wird, ist überflüssig[88].

II. Merkmale der Gesellschaft bürgerlichen Rechts (GbR)

Für die GbR als Grundmodell der nicht körperschaftlich strukturierten Gesellschaften, die 20
meistens sog Personalgesellschaften sind (Gesellschaften im engeren Sinne[89]), lassen sich bestimmte tatbestandliche Merkmale feststellen. Die GbR ist die Gruppe der am Gesellschaftsverhältnis beteiligten Personen. Diese Gruppe (Gesamthand) hat – entgegen der früher herrschenden Meinung – eigene Rechtssubjektivität; sie ist rechtsfähig[90]. Das Gesellschaftsverhältnis ist das Schuldverhältnis zwischen jedem Gesellschafter und der Gesellschaft sowie unter den Gesellschaftern. Es enthält in der Regel auch eine Organisationsregelung, dh die Zuständigkeitenverteilung unter den Gesellschaftern. Der Gesellschaftsvertrag begründet demnach die GbR als rechtsfähige **Gesamthand** und das Gesellschaftsverhältnis als **Schuldverhältnis** und **Organisationsverhältnis** zwischen den Gesellschaftern und der GbR sowie unter den Gesellschaftern.

1. **Die GbR (Gesamthand) als eigenes Zuordnungssubjekt**. Mit dem Zustandekommen des 21
Gesellschaftsvertrags entstehen aufgrund der einzelnen Versprechen der Gesellschafter in der Regel die Beitragsforderungen als die ersten Gegenstände des Gesellschaftsvermögens (vgl § 718 Abs 1), das der Erreichung des gemeinsamen Zwecks gewidmet ist. **Rechtsinhaber** der zum Gesellschaftsvermögen gehörenden Gegenstände (Sachen und Rechte) sind nicht die einzelnen Gesellschafter („in ihrer Zusammenfassung" oder ähnlich); vielmehr stehen die Gegenstände des Gesellschaftsvermögens der **GbR** selbst zu. Die GbR als Gruppe der am Gesellschaftsverhältnis beteiligten Personen[91] ist hinsichtlich der Gegenstände des Gesellschaftsvermögens und hinsichtlich der „gemeinschaftlichen Schulden" die **Gesamthand**. Die **Gesamthand** ist als solche ein **eigenes Zuordnungssubjekt**. Die GbR (Gesamthand) ist zwar **keine juristische Person**, dh ein gegenüber den Mitgliedern völlig verselbständigtes Rechtssubjekt, das durch Eintragung in ein Register oder durch staatliche Genehmigung entsteht. Diese Feststellung erlaubt aber nicht den

84 RG SeuffA 84 Nr 61; auch 81 Nr 161.
85 Vgl BGH LM Nr 6 zu § 723 = WM 1959, 857 = DB 1959, 733 = MDR 1959, 637; WM 1962, 1086; WM 1972, 1128, 1129; JZ 1979, 101; WM 1983, 1157, 1158; ZIP 1992, 191, 194; Köln JMBl NRW 1962, 269; Celle NJW 1965, 399; KG ZIP 1980, 963, 964; Staud[12]/Keßler Rz 160; Schulze-Osterloh, Der gemeinsame Zweck der Personengesellschaften S 60.
86 Vgl dazu unten Rz 27 ff.
87 Vgl oben Rz 17, 18.
88 So namentlich Soergel[10] Rz 34, 35 vor § 705, zust MünchKomm/Ulmer Rz 106 vor § 705; H Köhler, Über die Anwendbarkeit von Gesellschaftsrecht auf die sog gesellschaftsähnlichen Rechtsverhältnisse, Diss Münster 1974, S 162 f; vgl auch Ballerstedt JuS 1963, 253, 261.
89 Vgl oben Rz 14.
90 Vgl § 718 Rz 3.
91 Vgl oben Rz 20.

Gegenschluss, dass der GbR „deshalb" jede eigene Rechtsfähigkeit fehle[92]. Angesichts der gesetzlichen Sonderung des Gesellschaftsvermögens (§ 718 Abs 1) und der gemeinschaftlichen Schulden (zB § 733 Abs 1) von den privaten Vermögen und Verbindlichkeiten der Gesellschafter ist davon auszugehen, dass die durch den Gesellschaftsvertrag in der Regel entstehende Gesamthand **vermögensrechtsfähig** ist. Für die OHG und die KG ist dies im Gesetz zweifelsfrei zum Ausdruck gekommen (vgl HGB §§ 124 Abs 1, 161 Abs 2). Für das Grundmodell dieser handelsrechtlichen Personalgesellschaften (vgl §§ 105 Abs 3, 161 Abs 2) kann nichts anderes gelten[93]. Nur wenn eine sog **Innengesellschaft**[94] ohne Gesellschaftsvermögen vereinbart worden ist, entsteht keine Gesamthand. Vgl zu den Auswirkungen der Rechtssubjektivität der GbR im Zivilprozess- und Zwangsvollstreckungsrecht § 714 Rz 51 bis 56; zur Insolvenzfähigkeit § 728 Rz 1 f; zur Wechsel- und Scheckrechtsfähigkeit § 714 Rz 22; zur Grundbuchfähigkeit § 718 Rz 4; zur Erbfähigkeit § 718 Rz 5; zur Mitgliedsfähigkeit § 718 Rz 6.

22 2. **Das Gesellschaftsverhältnis als Schuldverhältnis**. – a) **Schuldverhältnis im weiteren Sinne**. Nach dem Inhalt der Willenserklärungen, die den Gesellschaftsvertrag ergeben, verpflichten sich die Beteiligten als Gesellschafter gegenüber der Gesellschaft (Gesamthand) und gegenüber den Mitgesellschaftern. Das durch den Gesellschaftsvertrag entstehende **Gesellschaftsverhältnis** ist daher ein **Schuldverhältnis** (in dem heute geläufigen weiteren Sinne, dh nicht im Sinne einer einzelnen Forderung[95]). Dieser Qualifizierung entspricht die systematische Stellung des „Titel 18" (§§ 705–740) im Abschnitt 8 „Einzelne Schuldverhältnisse" im Buch 2 des BGB (Recht der Schuldverhältnisse). Für das Gesellschaftsverhältnis gelten daher grundsätzlich sowohl die Vorschriften des **Allgemeinen Teils** (Buch 1 des BGB) als auch die Vorschriften des **Allgemeinen Schuldrechts** (§§ 241–432).

23 b) **Besonderheiten**. Bei der Qualifizierung des Gesellschaftsverhältnisses als Schuldverhältnis ergeben sich jedoch einige **Besonderheiten**: – aa) Da durch den Gesellschaftsvertrag in der Regel auch die GbR als Gesamthand im Sinne eines eigenen Zuordnungssubjekts[96] entsteht, ist das **Gesellschaftsverhältnis** nicht nur ein Schuldverhältnis unter den einzelnen Gesellschaftern. Das Gesellschaftsverhältnis besteht als Schuldverhältnis **sowohl zwischen allen einzelnen Gesellschaftern**, aber vor allem **auch zwischen jedem Gesellschafter und der Gesellschaft** (Gesamthand). Demgemäß können Rechte und Pflichten aus dem Gesellschaftsverhältnis in erster Linie zwischen der Gesellschaft (Gesamthand) und jedem Gesellschafter entstehen[97]; außerdem kommen Rechte und Pflichten zwischen den einzelnen Gesellschaftern in Betracht[98]. – bb) Ferner ist zu berücksichtigen, dass die **Leistungen der Gesellschafter** (Beiträge im weitesten Sinne[99]) **nicht im Austausch** erbracht, **sondern** vereint werden, **um die Erreichung des gemeinsamen Zwecks** zu fördern[100]. Für die GbR sind es notwendige rechtliche Merkmale, dass die als Gesellschafter Beteiligten sich über einen gemeinsamen Zweck (**Gesellschaftszweck**), dh eine gemeinschaftlich zu erfüllende Aufgabe, einig sind[101] und die Pflicht übernommen haben, die Erreichung des gemeinsamen Zwecks zu fördern (**Förderungspflicht**), dh sich zu bemühen, durch die vereinbarten Maßnahmen, insbesondere durch Beiträge (§§ 705 bis 707), zur Erfüllung der Gemeinschaftsaufgabe beizutragen[102]. Die Vorschriften über gegenseitige Verträge (§§ 320 ff) betr synallagmatische Leistungspflichten sind daher grundsätzlich nicht anwendbar[103]. – cc) Schließlich ist zu beachten, dass eine Gesellschaft meistens für einen längeren Zeitraum gegründet wird, so dass das Gesellschaftsverhältnis als **Dauerschuldverhältnis** entsteht[104]; manche

92 Vgl oben Rz 14.
93 Vgl zur Begründung § 718 Rz 2 u 3; ferner die Angaben § 714 Rz 5; ebenso iE MünchKomm/Ulmer Rz 9 ff vor § 705 u vor allem § 705 Rz 303–317 mNachw; nunmehr BGHZ 146, 341 (= § 714 Fn 7 = mBespr Hadding ZGR 2001, 712).
94 Vgl unten Rz 29 ff.
95 Vgl auch § 705 Rz 42, 46; Hadding, Festschr für Konzen, 2006, S 193, 196.
96 Vgl oben Rz 21.
97 Vgl § 705 Rz 47–53.
98 Vgl § 705 Rz 54.
99 Vgl § 706 Rz 1.
100 Vgl oben Rz 8.
101 Vgl § 705 Rz 35 f.
102 Vgl § 705 Rz 37.
103 Vgl § 705 Rz 44 f.
104 Vgl zu den Besonderheiten des im BGB bisher nur in § 314 nF allgemein geregelten Dauer-

allgemeinen schuldrechtlichen Vorschriften (zB über den Rücktritt) sind unanwendbar; vgl seit 1.1.2002: § 314 (Kündigung von Dauerschuldverhältnissen aus wichtigem Grund). Aus dem Gesellschaftsverhältnis entsteht für die Beteiligten eine **Treupflicht**[105]. Für sog **fehlerhafte Gesellschaften** (in Vollzug gesetzte Gesellschaften auf mangelhafter Vertragsgrundlage) gelten besondere Regelungen[106].

3. **Das Gesellschaftsverhältnis als Organisationsverhältnis**. Das durch den Gesellschafts- **24**
vertrag entstehende Gesellschaftsverhältnis ist in der Regel nicht nur als Schuldverhältnis zu qualifizieren[107]. Denn nach dem Inhalt der Willenserklärungen, durch die der Gesellschaftsvertrag geschlossen wird, enthält das Gesellschaftsverhältnis in der Regel auch die unter den Gesellschaftern maßgebliche **Organisationsregelung**, dh die Zuständigkeitenverteilung hinsichtlich der **Geschäftsführung** (vgl §§ 709–713) und organschaftlichen **Vertretung** (§§ 714, 715) sowie die Regelung über die Art und Weise der **Gesamtwillensbildung** (zB einstimmige oder Mehrheitsbeschlüsse; Mehrheit nach Köpfen oder nach dem Verhältnis der Einlagen). Für den einzelnen Gesellschafter ergeben sich aus dem Gesellschaftsverhältnis als Organisationsverhältnis die verschiedenen **Mitverwaltungsrechte**[108], namentlich das Stimmrecht (vgl § 709 Abs 2), die Geschäftsführungsbefugnis (§§ 709, 710), das Widerspruchsrecht (§ 711), die organschaftliche Vertretungsmacht (§ 714), uU eine Einzelklagebefugnis[109] und das besonders wichtige unabdingbare Kündigungsrecht (§ 723). Das Gesellschaftsverhältnis ist deshalb in der Regel zugleich ein **Organisationsverhältnis**[110]. Allerdings kann bei der GbR eine Organisation auch fehlen, wenn sie (ausnahmsweise und selten) als bloße Innengesellschaft ohne Gesellschaftsvermögen, dh nicht als Gesamthand, vereinbart worden ist. Etwa verabredete Zuständigkeiten eines Beteiligten werden dann nicht für die Gesellschaft, dh nicht organschaftlich, wahrgenommen. Ist aber durch den Gesellschaftsvertrag ein Gesellschaftsvermögen und damit die GbR als Gesamthand entstanden, so handeln die geschäftsführenden Gesellschafter im Innenverhältnis wie im Außenverhältnis als **Organe** der Gesellschaft. Früher wurde zwar ein organschaftliches Handeln weithin nur bei Vereinen[111] angenommen. Inzwischen hat sich jedoch mit Recht die Auffassung durchgesetzt, dass auch bei den Personalgesellschaften[112], soweit ihnen als OHG, KG und grundsätzlich auch GbR eigene Rechtssubjektivität zukommt, die Gesellschafter bei der Geschäftsführung (Vertretung) der Gesellschaft sowie in der Regel bei der Gesamtwillensbildung in einer Gesellschafterversammlung organschaftlich handeln[113].

III. Systematische Stellung der GbR

1. **Die GbR als Grundmodell der nichtkörperschaftlichen Personalgesellschaften**. Für **25**
die sog Personalgesellschaften, bei denen das gesetzliche Leitbild der Gesellschaftsform in seiner Struktur durch personale Elemente bestimmt wird[114], bildet die GbR – soweit die Personalgesellschaften nicht körperschaftlich strukturiert sind (anders zB die eG) – das Grundmodell. Der auf diese Funktion gerichtete Gesetzesinhalt tritt darin zu Tage, dass für das Recht der **OHG** (vgl **HGB § 105 Abs 3**) und der **KG** (vgl **HGB § 161 Abs 2 iVm § 105 Abs 3**), soweit keine handelsrechtlichen Vorschriften eingreifen, „die Vorschriften des Bürgerlichen Gesetzbuchs über die Gesellschaft“ anzuwenden sind (vgl auch EGHGB Art 2 Abs 1). Ebenso baut das Recht der **stillen Gesellschaft** (HGB §§ 230 ff) erkennbar auf den Regelungen zur GbR auf (vgl HGB §§ 233 Abs 2, 234 Abs 1 Satz 2). Die handelsrechtlichen Personalgesellschaften (OHG, KG, stille Gesellschaft) sind zwar die dogmengeschichtlich älteren Gesellschaftsformen; doch ist ihnen im HGB von 1897

schuldverhältnisses ausführlich H Weber, Die fehlerhafte Gesellschaft, 1978, S 108–142.

105 Vgl § 705 Rz 58–64.

106 Vgl § 705 Rz 70–92.

107 Vgl oben Rz 22, 23.

108 Vgl näher § 705 Rz 53; § 717 Rz 5, 20.

109 Vgl § 705 Rz 48–50.

110 Vgl auch § 705 Rz 43.

111 Vgl oben Rz 15.

112 Vgl oben Rz 14.

113 Vgl BGH WM 2007, 501; eingehend Mülbert/Gramse WM 2002, 2085 ff.

114 Vgl oben Rz 14.

im Zusammenhang mit der Kodifikation des BGB von 1896 die „Gesellschaft bürgerlichen Rechts" (§§ 705 ff) als gemeinsame Grundform unterlegt worden[115]. Zahlreiche Vorschriften zum Recht der GbR gewinnen daher eine hohe praktische Tragweite gerade im Recht der handelsrechtlichen Personalgesellschaften, namentlich die §§ 705–708, 713, 716[116], 717–720, 722 Abs 2, 725 Abs 2, 732, 735, 738–740. Da auch die GbR, wenn sie – wie in aller Regel – als Gesamthand entsteht, ein eigenes Zuordnungssubjekt ist[117], können nicht im Hinblick auf die Vermögensrechtsfähigkeit der OHG und der KG (vgl HGB §§ 124 Abs 1, 161 Abs 2) angebliche Strukturunterschiede zwischen diesen Gesellschaftsformen angenommen werden[118]. Sonst wäre es ua nicht möglich, dass eine OHG oder eine KG, wenn der Betrieb eines Handelsgewerbes unter gemeinschaftlicher Firma (vgl HGB §§ 105 Abs 1, 161 Abs 1) als Gesellschaftszweck entfällt, sich ohne weiteres, dh kraft Gesetzes, in eine GbR umwandelt[119]. Ein solcher gesetzlicher Rechtsformwechsel auf Grund einer bloßen Änderung des im HGB vorausgesetzten Gesellschaftszwecks setzt eine gemeinsame Struktur der Gesellschaftsformen von GbR, OHG und KG voraus. In diesem Zusammenhang ist hervorzuheben, dass das Recht der GbR auf entsprechender gesellschaftsvertraglicher Grundlage alle Organregelungen ermöglicht, die für eine OHG oder KG in Betracht kommen[120]. Die systematische Stellung der GbR als Grundmodell der nichtkörperschaftlichen Personalgesellschaften und die strukturelle Parallelität dieser Gesellschaftsformen ist daher unbezweifelbar[121].

26 2. **Gesellschaftsrechtliche Vertragsfreiheit**. Mit der systematischen Stellung als Grundmodell der nichtkörperschaftlichen Personalgesellschaften ist bei der GbR die weitreichende gesellschaftsrechtliche Vertragsfreiheit verknüpft. Die Gesellschafter können das Gesellschaftsverhältnis grundsätzlich privatautonom, dh in Selbstbestimmung nach ihrem einverständlichen Willen, inhaltlich ausgestalten[122]. Die im **Gesellschaftsvertrag** oder später durch **Beschlüsse** der Gesellschafter getroffene Regelung hat unter den Gesellschaftern grundsätzlich **Vorrang** gegenüber den überwiegend nur dispositiven (abdingbaren) gesetzlichen Vorschriften der §§ 705 ff. Für die GbR gilt insoweit derselbe Grundsatz wie für die OHG (vgl HGB § 109), die KG (vgl HGB § 163), die GmbH (vgl GmbHG § 45) und die stille Gesellschaft (HGB §§ 230 ff). **Zwingende Vorschriften** für die GbR enthalten die §§ 705, 712, 716 Abs 2, 719 Abs 1, 723 Abs 3, 724 Satz 1, 725 Abs 1, 728. Durch den Gesellschaftsvertrag oder durch Beschlüsse der Gesellschafter können die Beteiligten demnach die konkrete GbR abweichend vom gesetzlichen Leitbild („atypisch") ausgestalten[123]. Die GbR und die genannten Gesellschaftsformen stehen mit dem Vorrang der gesellschaftsvertraglichen Gestaltung systematisch im **Gegensatz zu anderen Gesellschaftsformen**, bei denen die **gesetzliche Regelung** den **Vorrang** gegenüber der privatautonomen Ausgestaltung des Gesellschaftsverhältnisses hat. So kann die Satzung einer AG (= Gesellschaftsvertrag, vgl AktG § 2) von den Vorschriften des AktG nur abweichen, wenn es dort ausdrücklich zugelassen ist; ergänzende Bestimmungen der Satzung sind nur zulässig, wenn das AktG keine abschließende Regelung enthält (AktG § 23 Abs 5). Entsprechendes gilt für das Statut einer eingetragenen Genossenschaft (GenG § 18 Satz 2). Vgl dazu die Kommentierungen zum AktG und zum GenG. Bemerkenswert ist, dass diese systematische Linie nicht etwa genau zwischen den Personalgesellschaften und den Kapitalgesellschaften[124] verläuft. Denn für die GmbH als Kapitalgesellschaft gilt dennoch der Vorrang der gesellschaftsrechtlichen Vertragsfreiheit (vgl GmbHG § 45) und für die eG als (körperschaftliche) Personalgesellschaft ist die statutarische Gestaltungsfreiheit beschränkt (GenG § 18 Satz 2).

115 Vgl zur Entstehungsgeschichte § 718 Rz 2.
116 Vgl BGHZ 14, 53 = NJW 1954, 1564.
117 Vgl oben Rz 21; § 718 Rz 3.
118 So noch Schlegelberger/Geßler HGB[4] § 105 Rz 28, § 124 Rz 1; GroßKommHGB[3]/Fischer § 105 Rz 7 f; Hueck, OHG § 19; Larenz, SchuldR II § 60 IV c; vgl auch BGH NJW 1974, 2198 = JZ 1975, 178.
119 S dazu § 705 Rz 3.
120 Vgl BGHZ 19, 269, 275 = NJW 1956, 297.
121 Wie hier Flume, Personengesellschaft § 5; MünchKomm/Ulmer Rz 16 f vor § 705; ferner schon Hohner NJW 1975, 718, 720; Hadding JZ 1975, 159, 162.
122 Vgl zu diesem Strukturelement Hadding, Festgabe Zivilrechtslehrer 1934/1934, 1999, S 147, 163 ff.
123 Vgl dazu unten Rz 27 ff.
124 Vgl oben Rz 14, 15.

IV. Rechtliche Strukturtypen der GbR

27 1. **Dauergesellschaft und Gelegenheitsgesellschaft**. Das Gesellschaftsverhältnis zwischen den Beteiligten einer GbR ist zwar stets ein Dauerschuldverhältnis mit den entsprechenden Besonderheiten[125]. Dennoch kann die GbR nach ihrem jeweiligen Gesellschaftszweck und ihrer mehr oder weniger ausgeprägten Organisation entweder langfristig als **Dauergesellschaft** oder nur vorübergehend als **Gelegenheitsgesellschaft** vereinbart werden. Im ADHGB waren noch ausdrückliche Vorschriften (Art 266–270) über die sog Gelegenheitsgesellschaft enthalten, unter der die „Vereinigung zu einem oder mehreren einzelnen Handelsgeschäften für gemeinschaftliche Rechnung" verstanden wurde. In der Denkschrift des Reichsjustizamts von 1896 zum Entwurf eines HGB (S 187) wurde sodann festgehalten, dass die Vorschriften im BGB über die GbR „auch für Vereinigungen zu vorübergehenden kaufmännischen Zwecken ausreichend" seien, so dass sich entsprechende Vorschriften im HGB erübrigten. Wenn heute bestimmte „Anschauungstypen" der GbR zu „rechtlichen Strukturtypen" dieser Gesellschaftsform geordnet werden[126], so wird für eine Gelegenheitsgesellschaft kein einheitliches Verständnis zu Grunde gelegt. Von manchen wird eine „Gelegenheitsgesellschaft" nur bei einem (erwerbs-)wirtschaftlichen Zweck der GbR angenommen; dabei wird die Gelegenheitsgesellschaft auch mit einem Konsortium gleichgesetzt[127]. Nach *Ulmer*[128] handelt es sich bei Gelegenheitsgesellschaften um Zusammenschlüsse, die der Durchführung eines oder einer begrenzten Anzahl von Einzelgeschäften auf gemeinsame Rechnung dienen. Es sollte allgemein auf den nur **vorübergehenden gemeinsamen Zweck** im Sinne der Begriffsbestimmung im ADHGB abgestellt werden, ohne dass es noch darauf ankommt, ob ein „kaufmännischer" oder „wirtschaftlicher" Zweck vereinbart ist[129]. Das gesetzliche Leitbild der GbR steht nur mit der Grundregel der gemeinschaftlichen Geschäftsführung durch alle Gesellschafter (§ 709) und dem Regelfall eines Anspruchs auf den Rechnungsabschluss nebst Gewinnverteilung erst nach Auflösung (§ 721 Abs 1) der Gelegenheitsgesellschaft näher. Im übrigen eignet sich die gesetzliche Regelung der GbR auch für Dauergesellschaften[130]. Freilich kann bei einer langfristig eingegangenen GbR das **Bestandsinteresse** der Gesellschafter durch eine diesbezügliche Vertragsgestaltung akzentuiert und rechtlich stärker sichergestellt werden (zB Bestimmungen über die Gewinn- und Verlustverteilung, Erschwernis der Kündigung, Fortsetzungs- und Nachfolgeklauseln. Auch eine **ergänzende Vertragsauslegung** in dieser Richtung kommt in Betracht, durch die zugleich dispositive gesetzliche Vorschriften verdrängt werden können.

28 2. **Außengesellschaft und Innengesellschaft**. – a) **Unterscheidung**. Eine GbR wird in der Regel dahingehend vereinbart, dass sie zur Erreichung ihres Zweckes als solche am **Rechtsverkehr mit Dritten** teilnehmen soll, so dass sie nach außen als Personenvereinigung in Erscheinung tritt (sog **Außengesellschaft**[131]). Demgegenüber kann eine GbR auch so ausgestaltet sein, dass sie **nicht** am Rechtsverkehr mit Dritten teilnehmen soll, so dass das Gesellschaftsverhältnis oft gar nicht zu Tage tritt (sog **Innengesellschaft**). Ob eine Außen- oder Innengesellschaft vorliegt, beurteilt sich mithin in erster Linie nach dem erklärten Willen der Gesellschafter (nicht nach der Erkennbarkeit für Dritte); nach dem objektiven Sachverhalt nur dann, wenn er sich als Auswirkung einer gesellschaftsvertraglichen Regelung darstellt[132]. Es besteht keine tatsächliche Vermutung für eine Außengesellschaft[133]. Die Unterscheidung (vgl auch „offene" Handelsgesellschaft im Gegensatz zur „stillen" Gesellschaft) wirkt sich naheliegend vor allem auf den Inhalt und

125 Vgl oben Rz 23.
126 Terminologie bei K Schmidt, Gutachten S 448.
127 Vgl Dür/Hach/Geiler Einl Rz 325; Soergel[10] Rz 82, aber auch Rz 78 vor § 705; L Fischer, Die Gesellschaft bürgerlichen Rechts, 1977, S 176f; Staud[12]/Keßler Rz 63 b.
128 MünchKomm Rz 87 vor § 705.
129 So auch O Bick, Die Gelegenheitsgesellschaft, 1968[2], S 13.
130 AA offenbar MünchKomm/Ulmer Rz 88 vor § 705: „abweichend vom gesetzlichen Normfall"; ähnlich Staud/Habermeier Rz 66: „geprägt von dem Leitbild der Gelegenheitsgesellschaft".
131 Vgl BGHZ 12, 308, 314; zum Tatbestand der Außengesellschaft: Hadding ZGR 2001, 712, 714f.
132 BGH WM 1966, 31; WM 1973, 296.
133 BGHZ 12, 308, 315 = NJW 1954, 1159; BGH NJW 1960, 1851 = WM 1960, 863, 864; Köln DB 1973, 1065.

Umfang der **Geschäftsführungsbefugnis** und **Vertretungsmacht** der Gesellschaft aus[134]. Dagegen läuft die Unterscheidung von Außengesellschaft und Innengesellschaft **nicht** notwendig mit dem Vorhandensein oder Fehlen eines **Gesellschaftsvermögens** (und damit einer Gesamthand!) parallel[135]. Zwar wird auch von der Rechtsprechung[136] das Vorhandensein eines Gesamthandvermögens als Abgrenzungskriterium zwischen Innen- und Außengesellschaft gesehen. Jedoch müssen auch Außengesellschaften nicht notwendig ein Gesellschaftsvermögen haben[137], wenngleich schon die Beitragsforderung gegen einen Gesellschafter in der Regel ein der Gesamthand zustehendes Gesellschaftsvermögen ergibt. Demgemäß ist auch bei der Innengesellschaft die Bildung eines **Gesamthandvermögens nicht ausgeschlossen**[138]. Meist wird jedoch der Innengesellschafter seinen Beitrag unmittelbar in das Vermögen des „Geschäftsinhabers" zu leisten haben (so HGB § 230 Abs 1 für die stille Gesellschaft), der dadurch gegenüber dem Innengesellschafter zum Treuhänder wird[139]; auch kann ein dritter Treuhänder als Rechtsinhaber des Gesellschaftsvermögens auftreten oder Rechtszuständigkeit nach Bruchteilen (§§ 741 ff[140]) vereinbart werden. Die Anwendung von Gesamthandregelungen auf bloße Innengesellschaften wird daher selten vorkommen. Warum sie jedoch „rechtspolitisch fragwürdig" werden kann[141], ist nicht ohne weiteres ersichtlich, weil auch bei Innengesellschaften ein dem gemeinsamen Zweck gewidmetes Sondervermögen oft sinnvoll sein wird. Ob auf eine AußenGbR als Darlehensnehmer das Verbraucherkreditrecht anwendbar ist[142], erscheint fragwürdig[143].

b) **Innengesellschaft.**

Schrifttum: H Steckhan, Die Innengesellschaft, 1966; Geck, Auseinandersetzungsansprüche bei Auflösung einer Innengesellschaft, DStR 1991, 622.

29 Ist es für das Erreichen des Gesellschaftszwecks nicht erforderlich, dass die Gesellschaft am Rechtsverkehr teilnimmt, werden die für ihre Rechnung abgeschlossenen Rechtsgeschäfte nur im Namen eines der Gesellschafter abgeschlossen. Dann liegt eine Innengesellschaft vor. Dagegen ist es **kein Kennzeichen** der Innengesellschaft, dass sie gegenüber Dritten geheim gehalten wird[144]. Bei der Innengesellschaft geschieht der Abschluss der Geschäfte durch einen der Gesellschafter im eigenen Namen, wenn auch für Rechnung und im Interesse der Gesellschaft, so dass eine **Vertretung der Gesellschaft gegenüber Dritten fehlt**[145]. Der geschäftsführende Gesellschafter ist nach außen alleiniger „Geschäftsinhaber". Ist ein Innengesellschafter bevollmächtigt (zB durch Prokuraerteilung[146], dann muss er es für den „Geschäftsinhaber" sein; er kann die Gesellschaft als solche nicht vertreten[147]. Aus der Erteilung einer solchen Vollmacht kann nichts für das Bestehen einer Außengesellschaft hergeleitet werden[148].

30 Das **Innenverhältnis** kann grundsätzlich frei gestaltet werden. Der „Geschäftsinhaber" bedarf für seine **Geschäftsführung**, falls nichts anderes vereinbart ist, der Zustimmung des Innengesellschafters (§ 709 Abs 1). Es kann aber dem Innengesellschafter eine gleichrangige, ja vor-

134 So auch MünchKomm/Ulmer Rz 91 vor § 705, § 705 Rz 253 ff.
135 Str, wie hier MünchKomm/Ulmer § 705 Rz 253 ff; H Steckhan, Die Innengesellschaft, 1966, S 74 mweitNachw in Fn 2; im Erg auch H P Westermann, Vertragsfreiheit S 187 f, 201 ff; abl dagegen Blaurock, Unterbeteiligung und Treuhand an Gesellschaftsanteilen, 1981, S 93 ff mweitNachw; offenbar auch Flume, Personengesellschaft S 6 f.
136 BGH WM 1965, 793; NJW 1982, 99 = WM 1981, 876; Frankfurt/M BB 1969, 1411; Köln DB 1973, 1065.
137 Vgl § 718 Rz 9.
138 So auch BGH WM 1973, 296, 297.
139 Vgl Düsseldorf DB 1982, 536.
140 Vgl BGHZ 8, 157, 168 = NJW 1953, 818 = LM Nr 4 zu HGB § 335 (mAnm Fischer).
141 So K Schmidt, Gutachten S 448, 449; vgl auch K Schmidt JuS 1988, 444.
142 So BGHZ 149, 80 = WM 2001, 2379.
143 Vgl ausführlich Mülbert WM 2004, 905.
144 BGH NJW 1966, 1851 f.
145 HM; BGHZ 12, 308, 314 = NJW 1954, 1159; BGH WM 1973, 296; NJW 1982, 99 = WM 1981, 876; Frankfurt/M BB 1969, 1411.
146 Vgl BGH WM 1973, 296.
147 BGH WM 1961, 574.
148 BGH WM 1964, 296 für stille Gesellschaft; nach Köln DB 1973, 1065 lässt jedoch gemeinsames Auftreten der Gesellschafter auf Außengesellschaft schließen.

rangige Geschäftsführung im Verhältnis zum „Geschäftsinhaber" eingeräumt werden[149]. Die Gesellschaft verliert dadurch nicht den Charakter als Innengesellschaft, da hierfür entscheidend das fehlende Auftreten der Gesellschaft im Rechtsverkehr ist[150]. Daher braucht eine Arbeitsgemeinschaft, selbst mit leitender Mitinhaberschaft, nicht Außengesellschaft zu sein, insbesondere ist die **steuerliche Behandlung** des Innengesellschafters hierfür **nicht entscheidend**[151]. Liegt das Schwergewicht beim „Geschäftsinhaber", wird ihm das Recht zu **alleiniger** Geschäftsführung zustehen. Dem von der Geschäftsführung ausgeschlossenen Innengesellschafter stehen die **Kontrollrechte** nach § 716[152] – aber nicht nach Auflösung der Gesellschaft, dann gilt § 810[153] –, das Recht auf Entziehung der Geschäftsführung nach § 712, sowie das Stimmrecht bei Beschlussfassung über Grundlagengeschäfte[154] zu. Ein **Widerspruchsrecht** nach § 711 hat er nur, soweit ihm Geschäftsführungsbefugnis zusteht. Die Haftung des geschäftsführenden Gesellschafters richtet sich nach § 708[155].

Zur Auflösung, Beendigung und Auseinandersetzung der Innengesellschaft vgl Rz 8 ff vor § 730; **31**
zur fehlerhaften Innengesellschaft § 705 Rz 92; über die **Aufnahme** eines Innengesellschafters **ohne Einlage** aus dessen eigenen Mitteln vgl § 706 Rz 6.

c) Zur **stillen Gesellschaft** als Unterart der Innengesellschaft vgl Soergel[10], Rz 55–61 vor **32**
§ 705; Blaurock, Handbuch der Stillen Gesellschaft, 2003[6]; Singhof/Seiler/Schlitt, Mittelbare Gesellschaftsbeteiligungen, 2004, Rz 1 ff, sowie die Kommentierungen der HGB §§ 230 ff mNachw; zur Abgrenzung vom partiarischen Rechtsverhältnis oben Rz 12.

3. Unterbeteiligung

Schrifttum: Herzfeld, Die Unterbeteiligung, AcP 137 (1933), 270; Janberg, Die Unterbeteiligung im Gesellschaftsrecht, DB 1953, 77; Esch, Die Unterbeteiligung an Handelsgesellschaftsanteilen, NJW 1964, 902; H Schneider, Über die Unterbeteiligung an Anteilen an einer Personengesellschaft als stille Gesellschaft, in: Festschr für Möhring, 1965, S 115; Merkel, Zur Problematik der Unterbeteiligung an einer OHG-Beteiligung, NJW 1966, 1552; Winterstein, Die Unterbeteiligung an OHG- und KG-Anteilen als stille Gesellschaft, Diss Hamburg 1969; Paulick, Die Unterbeteiligung in gesellschaftsrechtlicher und steuerrechtlicher Sicht, ZGR 1974, 253; Friehe, Die Unterbeteiligung bei Personengesellschaften, 1975; U Wagner, Die Unterbeteiligung an einem OHG-Anteil, 1975; Flume, Personengesellschaft § 1 III; Thomsen, Die Unterbeteiligung an einem Personengesellschaftsanteil, 1978; Durchlaub, Überlegungen zur Unterbeteiligung an Unternehmen, DB 1978, 873; MünchKomm/Ulmer, Rz 92–103 vor § 705; Blaurock, Unterbeteiligung und Treuhand an Gesellschaftsanteilen, 1981 (umfassend); Ulbrich, Die Unterbeteiligungsgesellschaft an Personengesellschaftsanteilen, 1982; W u M Obermüller, Die Unterbeteiligung im Bankgeschäft, in: Festschr W Werner, 1984, S 607; Zapp, Die Unterbeteiligung am mittelständischen Unternehmen, 1990; von der Heydt, in: Münchener Vertragshdb, Bd 1, 2005[5]; Tebben, Unterbeteiligung und Treuhand an Gesellschaftsanteilen, 2000; Armbrüster, Die treuhänderische Beteiligung an Gesellschaften, 2001, S 22 ff; K Schmidt, GesellschaftsR, 2002[4], § 63; Singhof/Seiler/Schlitt, Mittelbare Gesellschaftsbeteiligungen, 2004, Rz 342 ff; Pal/Sprau, 2007[66] § 705 Rz 40–42.

Die Unterbeteiligung ist eine **Form der Innengesellschaft**[156]. Sie tritt nicht nach außen auf, **33**
und es wird bei ihr in der Regel kein Gesamthandvermögen gebildet. Sie ist dadurch gekennzeichnet, dass ein Gesellschafter einen Dritten an seinem Gesellschaftsanteil schuldrechtlich beteiligt[157]; die Unterbeteiligung ist also **Beteiligung an der Beteiligung**. Die nur **teilweise** mittelbare Teilhabe an den Rechten und Pflichten aus der Hauptbeteiligung ist für die Unter-

149 BGH WM 1961, 574; BGH WM 1966, 31; für die stille Gesellschaft: BGH WM 1964, 296 u BGH WM 1966, 29.
150 BGH WM 1966, 31.
151 BGH NJW 1960, 1851.
152 BGH WM 1982, 1403.
153 BGH WM 1968, 1245 für stille Gesellschaft; aA Frankfurt/M BB 1967, 1182.
154 Vgl § 709 Rz 11, 24 ff.
155 BGHZ 12, 308, 315 (= Fn 145).
156 BGH WM 1965, 458 = LM Nr 14 zu § 705; auch BGHZ 50, 316, 320 = NJW 1968, 2003; BGH WM 1967, 685; Hamm DB 1974, 424 u hM im Schrifttum: Staud/Habermeier Rz 64; Wiedemann, Übertragung und Vererbung von Mitgliedschaftsrechten, 1965, S 312, 387; Blaurock, Unterbeteiligung und Treuhand. . ., 1981, S 109 ff; K Schmidt, GesellschaftsR § 63 II 2.
157 Vgl auch Paulick JuS 1967, 481, 488.

beteiligung begriffswesentlich[158]. Sie ist das entscheidende Abgrenzungskriterium zur Treuhand, die in der Regel eine Vollrechtsübertragung voraussetzt[159]. Der Unterbeteiligte hat nur einen schuldrechtlichen Anspruch gegen den Hauptbeteiligten auf Teilhabe an den Vor- und Nachteilen, die durch die Hauptbeteiligung entstehen[160]. Die Gewinn- und Verlustchancen werden auf die Mitglieder der Unterbeteiligungsgesellschaft verteilt[161]. Der Hauptgesellschafter kann daher nicht ohne Zustimmung des Unterbeteiligten seine Einlage erhöhen und damit den Gewinnverteilungsschlüssel ändern[162]. Nur zwischen dem Hauptbeteiligten und dem Unterbeteiligten entsteht eine Innengesellschaft. Das Verhältnis zwischen dem Hauptbeteiligten und dessen Mitgesellschaftern wird durch die Unterbeteiligung nicht berührt[163]. Deshalb müssen die Mitgesellschafter der Hauptgesellschaft der Unterbeteiligung auch nicht zustimmen[164]. Auch zwischen dem **Unterbeteiligten** und den **übrigen Hauptgesellschaftern** bestehen **keine gesellschaftsrechtlichen Beziehungen**[165]. Die Unterbeteiligung kann auch in Form der **Bruchteilsgemeinschaft** eingeräumt werden[166]. Findet die Unterbeteiligung **unentgeltlich** statt, so bedarf der Vertrag nach Ansicht des BGH der Form des § 518, es sei denn, dass die Zuwendung zum Zweck der Ausstattung erfolgt und nicht das den Umständen entspr Maß übersteigt[167].

Typische **Erscheinungsformen** sind die Unterbeteiligung an einem **Konsortialanteil** (insbesondere beim Emissionskonsortium[168], die Unterbeteiligung an Anteilen an **Personalhandelsgesellschaften** (zB zum gemeinsamen Anteilserwerb, zur Kapitalbeschaffung, zur verdeckten Beteiligung, zur Erbfolgeregelung, zur Förderung des wirtschaftlichen Interesses, zur Zusammenfassung von Splitteranteilen oder Familienstämmen) oder die Unterbeteiligung aus **steuerrechtlichen Gründen**[169]. Zur Unterbeteiligung als Publikumsgesellschaft vgl BGH WM 1977, 997; zur vormundschaftsgerichtlichen Genehmigung einer Unterbeteiligung Minderjähriger Hamm DB 1974, 424.

34 Bei der Unterbeteiligung handelt es sich um eine **Innengesellschaft bürgerlichen Rechts**, für die grundsätzlich die §§ 705 ff gelten[170]. Dies schließt jedoch nicht aus, an Stelle der dispositiven Vorschriften der §§ 705 ff auf einzelne Fallgruppen der Unterbeteiligung ergänzend einzelne Vorschriften aus dem **Recht der stillen Gesellschaft entsprechend** anzuwenden, soweit das Unterbeteiligungsverhältnis Ähnlichkeit mit dem gesetzlichen Modell der stillen Gesellschaft aufweist[171]. Zur Vertragsgestaltung einer Unterbeteiligung vgl von der Heydt, in: Münchener Vertragshandbuch, Bd 1, 6. Aufl. 2005, VIII. 8.

35 Die **Geschäftsführung** in der Unterbeteiligungsgesellschaft liegt beim Hauptbeteiligten. Er hat die Rechte in der Hauptgesellschaft als dortiger Gesellschafter im Rahmen dieses Gesellschaftsvertrags im Interesse aller Beteiligten an der Unterbeteiligungsgesellschaft auszuüben[172] und haftet dem Unterbeteiligten nach § 708. Letzterer hat ein Recht auf **Rechnungslegung** und Vorlage einer **Bilanz**, soweit sie die Unterbeteiligungsgesellschaft betrifft, also einer Bilanz über den Gesellschaftsanteil, aus der sich die Entwicklung des Anteils ersehen lässt[173]; das ergibt sich

158 Esch NJW 1964, 903.
159 Vgl den Fall BGH WM 1977, 525 (mRezension Wank JuS 1979, 402, 407) u § 705 Rz 28 ff.
160 Hamburg HansGZ 1923 B 159; auch BGH WM 1965, 458: Unterbeteiligung an einem Kreditkonsortium.
161 RG LZ 1915, 1011; RG WarnR 1931 Nr 51.
162 BGH WM 1966, 188.
163 BGH WM 1959, 595 f; vgl auch Paulick JuS 1967, 481, 488.
164 Blaurock, Unterbeteiligung und Treuhand…, 1981, S 153.
165 Hamm DB 1974, 424.
166 S Buchwald JR 1967, 367; vgl auch oben Rz 28.
167 BGH WM 1967, 685; aA die hL, vgl Blaurock Unterbeteiligung und Treuhand…, 1981 S 155 ff u § 705 Rz 11 f.
168 Vgl unten Rz 47 f.
169 Fallgruppen nach Blaurock, Unterbeteiligung und Treuhand…, 1981, S 49 ff.
170 HM, vgl BGHZ 50, 316, 320; Paulick ZGR 1974, 259; Blaurock, Unterbeteiligung und Treuhand…, 1981, S 113 f; aM Esch NJW 1964, 902; H Schneider, Festschr für Möhring S 115; Winterstein, Diss Hamburg 1969: regelmäßig stille Gesellschaft iS HGB §§ 230 ff.
171 Vgl unten Rz 35 f.
172 Vgl Näheres bei Wagner, Die Unterbeteiligung an einem OHG-Anteil, S 66 ff.
173 BGHZ 50, 316, 323 = NJW 1968, 2003.

aus § 716[174]. Einen weitergehenden Rechnungslegungsanspruch hat der Unterbeteiligte nicht, insbesondere kann er nicht Vorlage der Steuer- und Handelsbilanzen, der Gewinn- und Verlustrechnungen der Hauptgesellschaft verlangen; er hat **kein Recht auf Einsicht** in die Geschäftsbücher, denn das Unterbeteiligungsverhältnis wird nicht durch die aus dem Hauptgeschäftsanteil sich ergebenden Mitgliedsrechte, sondern nur durch die daraus erwachsenden Gewinnanteilsrechte bestimmt[175]. Die dem Hauptgesellschafter zustehenden Rechte in der Hauptgesellschaft stehen nicht indirekt auch dem Unterbeteiligten zu. Jedoch kann der Hauptgesellschafter durch eine **Stimmrechtsbindung**[176] zu einem bestimmten Abstimmungsverhalten in der Hauptgesellschaft verpflichtet werden[177]. Die bindungswidrige Stimmabgabe ist jedoch wirksam und braucht von den Mitgesellschaftern nicht geprüft zu werden; auch die Grundsätze über den Vollmachtsmissbrauch sind auf diesen Fall nicht anwendbar[178]. Die Bindung des Hauptgesellschafters in der Hauptgesellschaft verpflichtet ihn zur **Verschwiegenheit**, die nur durch besondere Vertragsvereinbarung oder Beschluss in der Hauptgesellschaft zu Gunsten des Unterbeteiligten für den Hauptgesellschafter gelockert werden kann[179]. Die **Gewinnbeteiligung** richtet sich, wenn eine gesellschaftsvertragliche Bestimmung fehlt, im Zweifel nicht nach § 722, sondern nach HGB § 231 Abs 1; maßgebend ist dann das Verhältnis der Beteiligungsquoten[180].

Für die **Kündigung** einer Unterbeteiligung gilt im Regelfall § 723[181] und nicht HGB §§ 234 36
Abs 1, 132 entsprechend[182]. Denn der Abzug von Mitteln beim Hauptgesellschafter beeinträchtigt hier – anders als bei der stillen Gesellschaft – unmittelbar weder die Hauptgesellschaft selbst noch deren Gläubiger. Eine **für die Dauer der Hauptgesellschaft abgeschlossene Unterbeteiligung** kann gem § 723 Abs 1 Satz 1 mit Abs 3 wie eine für unbestimmte Zeit vereinbarte Unterbeteiligung gekündigt werden, wenn die Dauer der Hauptgesellschaft in keiner Weise begrenzt und damit aus der Sicht der Unterbeteiligungsgesellschaft zeitlich weder bestimmt noch bestimmbar ist[183]. Die Unterbeteiligung endet ferner mit **Auflösung der Hauptgesellschaft** oder mit **Tod des Hauptgesellschafters**, wenn durch seinen Tod auch die Hauptgesellschaft aufgelöst wird oder die Beteiligung nicht auf die Erben übergeht. Entsprechend HGB § 234 Abs 2 führt der **Tod des Unterbeteiligten** im Zweifel **nicht** zur Auflösung der Unterbeteiligungsgesellschaft[184]. Zur Frage, wie das **Abfindungsguthaben** bei Ausscheiden des Unterbeteiligten infolge Kündigung zu berechnen ist, vgl BGH WM 1967, 685.

4. **„Personalistische" und „kapitalistische" Gesellschaft**. Die GbR ist nach ihrem gesetz- 37
lichen Leitbild eine Personalgesellschaft[185]. Aber ebenso wie eine Kapitalgesellschaft (AG, KGaA, GmbH)[186] im zum Teil begrenzten Spielraum gesellschaftsvertraglicher Gestaltungsfreiheit[187] mit „personalistischen" Elementen ausgestattet werden kann[188], ist es auf Grund weiter Vertragsfreiheit bei den Personalgesellschaften erst recht möglich, die rechtliche Struktur des Gesellschafts-

174 Str, wie hier Wagner, Die Unterbeteiligung an einem OHG-Anteil, S 105 ff; Blaurock, Unterbeteiligung und Treuhand..., 1981, S 182 ff; aA die wohl hM (vgl die Nachw bei Blaurock, Unterbeteiligung und Treuhand..., 1981, S 182 Fn 9; auch BGHZ 50, 316, 328 = NJW 1968, 2003: HGB § 338, nunmehr § 233 analog).

175 Frankfurt LZ 1929, 793.

176 S § 709 Rz 34 ff.

177 Vgl Blaurock, Unterbeteiligung und Treuhand..., 1981, S 189 ff.

178 BGH WM 1977, 525 (mBespr Wank JuS 1979, 402), vgl auch § 705 Rz 29.

179 Str; so zutr BGHZ 50, 316, 323 f = NJW 1968, 2003; Merkel BB 1963, 455, 457; aM Herzfeld AcP 137 (1933), 307; nicht genügt nach BGHZ 50, 316, 325 = NJW 1968, 2003 bloße Bekanntgabe oder vertragliche Zulässigkeit der Unterbeteiligung.

180 Vgl Wagner, Die Unterbeteiligung an einem OHG-Anteil, S 107–114; Blaurock, Unterbeteiligung und Treuhand..., 1981, S 116 ff.

181 So auch Blaurock, Unterbeteiligung und Treuhand..., 1981, S 163 mweitNachw in Fn 1.

182 So die hL, vgl die Nachw bei Blaurock, Unterbeteiligung und Treuhand..., 1981, S 163 Fn 2; offen gelassen von BGHZ 50, 316, 321 = NJW 1968, 2003.

183 BGHZ 50, 316, 322 = NJW 1968, 2003; BGH WM 1960, 90; aM Herzfeld AcP 137 (1937), 317.

184 Blaurock, Unterbeteiligung und Treuhand..., 1981, S 165 ff, dort auch zu den weiteren Auflösungsgründen und zur Übernahme gem HGB § 140 Abs 1 Satz 2, früher § 142.

185 Vgl oben Rz 14.

186 Vgl oben Rz 15.

187 Vgl oben Rz 26.

188 Vgl statt aller Immenga, Die personalistische Kapitalgesellschaft, 1970.

verhältnisses mit körperschaftlichen und/oder „kapitalistischen" Elementen zu prägen[189]. Das hat – insbesondere aus steuerrechtlichen Gründen – zur Entwicklung von sog **Massen- oder Publikumsgesellschaften**, vor allem in der Rechtsform einer KG, geführt[190]. Ob auch eine **GbR** als Publikumsgesellschaft ausgestaltet werden kann, wird von *Ulmer*[191] noch zurückhaltend beurteilt (Nähe zum „nichtrechtsfähigen Verein"). Inzwischen hat jedoch die Rechtsprechung auch über Fälle einer Publikums-GbR entschieden[192]. Der BGH ist auch bei dieser vom gesetzlichen Leitbild stark abweichenden Gesellschaftsform zur Rechtsfortbildung und Inhaltskontrolle[193] genötigt[194].

38 5. **Erwerbsgesellschaft und Gesellschaft ohne Unternehmen**. Als „Erwerbsgesellschaften" sind schon im 19. Jahrhundert solche Gesellschaften bezeichnet worden, die **Träger eines Unternehmens** sind[195]; heute wird für die GbR weiterhin von Erwerbsgesellschaft[196] oder von „Mitunternehmer-BGB-Gesellschaft"[197] gesprochen. Die Unterscheidung einer GbR als Erwerbsgesellschaft (Mitunternehmergesellschaft) von einer GbR als Gesellschaft **ohne Unternehmen** ist nicht gleichzusetzen mit einer Unterscheidung von wirtschaftlichem und ideellem Gesellschaftszweck[198]. Eine **GbR als Erwerbsgesellschaft** kommt nur in Betracht, wenn nicht kraft Gesetzes (HGB §§ 105 Abs 1, 161 Abs 1) eine OHG oder KG gegeben ist[199]. Hierher rechnen – (1) Gesellschaften, die ein gewerbliches Unternehmen, aber kein Handelsgewerbe im Sinne von HGB § 1 Abs 2 betreiben, und nicht nach HGB § 2 oder § 3 Abs 2 oder 3 im Handelsregister eingetragen sind; – (2) Personenvereinigungen von nichtgewerblichen, insbesondere freiberuflich oder künstlerisch Tätigen[200]. Für diese Erwerbsgesellschaften (Mitunternehmer-BGB-Gesellschaften) hat *K Schmidt* ein „neues Modell" im Sinne einer verselbständigten gesetzlichen Regelung vorgeschlagen[201].

39 6. **Vorgründungsgesellschaft und Vorgesellschaft**[202]. – a) **Vorgründungsgesellschaft**. Bei der Gründung einer AG (KGaA, GmbH) sind mehrere Phasen zu unterscheiden[203]. Zunächst vereinbaren die Beteiligten in der Regel verbindlich, die Gründung einer AG (KGaA, GmbH) als gemeinsamen Zweck in bestimmter Weise zu fördern. Es entsteht durch diese Abrede die sog Vorgründungsgesellschaft (auch „Nebengesellschaft" genannt). Sie ist als **GbR im Sinne der §§ 705 ff** zu beurteilen[204] und dauert in der Regel so lange, bis ihr Zweck, dh die Entstehung der AG (KGaA, GmbH) durch Eintragung im Handelsregister, erreicht ist (§ 726). Sie ist dann gegebenenfalls noch abzuwickeln. Die Vorgründungsgesellschaft ist zu unterscheiden vom Vorvertrag, durch den sich mehrere Personen verpflichten, in Zukunft einen Gesellschaftsvertrag zu schließen[205].

40 b) **Vorgesellschaft**. Wird der Gesellschaftsvertrag der AG (KGaA, GmbH), dh die Satzung, durch notarielle Beurkundung der Gründererklärungen festgestellt, so enthält die Satzung ua die Übernahme aller Aktien (Stammeinlagen) durch die Gründer. Mit der Feststellung der Satzung ist die AG (KGaA, GmbH) „errichtet". Von der Errichtung der AG (KGaA, GmbH) an besteht **neben** der Vorgründungsgesellschaft[206] nunmehr die sog Vorgesellschaft (auch „Gründungsgesell-

189 Vgl statt aller M Nitschke, Die körperschaftlich strukturierte Personengesellschaft, 1970.
190 Vgl zu der einschlägigen Rspr des BGH: U H Schneider ZGR 1978, 1; ZHR 142 (1978), 228; Kraft, Festschr für R Fischer, 1979, S 321; Stimpel, Festschr für R Fischer, 1979, S 771; Hüffer JuS 1979, 457; Krieger, Festschr für Stimpel, 1985, S 307; K Schmidt, GesellschaftsR, 2002[4], § 57.
191 MünchKomm Rz 3 vor § 705.
192 BGH NJW 1982, 877 = WM 1982, 40; WM 1983, 1407; NJW 2000, 3558; s auch § 723 Rz 6.
193 Vgl § 705 Rz 34.
194 Vgl. auch Reusch, Die stille Gesellschaft als Publikumspersonengesellschaft, 1989.
195 Vgl ua Art 810 ff Dresdner Entwurf.
196 So MünchKomm/Ulmer Rz 36 ff, 89 f vor § 705.
197 So K Schmidt JuS 1973, 85; ders, Gutachten S 449 f; BGHZ 61, 59, 69 = NJW 1973, 1691.
198 Vgl iE K Schmidt, Gutachten S 450.
199 Vgl § 705 Rz 3, 6.
200 Vgl K Schmidt, Gutachten S 450; zu den Erscheinungsformen vgl unten Rz 42 ff.
201 Gutachten S 496 ff (krit dazu Ulmer ZGR 1984, 313; Hüffer AcP 184 [1984], 584, 588 ff).
202 Eingehend: Kießling, Vorgründungs- und Vorgesellschaften, 1999.
203 Vgl dazu KölnerKommAktG/Kraft § 1 Rz 27 ff.
204 BGH NJW 1984, 2164 = WM 1984, 929.
205 S dazu § 705 Rz 15.
206 Vgl oben Rz 39.

schaft" genannt). Denn ehe nicht die AG (KGaA, GmbH) in das Handelsregister eingetragen ist, besteht die Gesellschaft als solche nicht. Für die Vorgesellschaft als „**Organisationsform eigener Art**" ist nach Rechtsprechung und herrschender Meinung das Recht der AG (KGaA, GmbH) maßgebend, soweit es nicht die eigene Rechtspersönlichkeit der Gesellschaft voraussetzt[207]. Die Vorgesellschaft dauert bis zur Eintragung der AG (KGaA, GmbH) in das Handelsregister. Der BGH[208] hat die Vorgesellschaft ohne nähere Erläuterung als „gesamthänderische Personenvereinigung" qualifiziert. Da die Gesellschafter der Vorgesellschaft (Gründer) nach der Rechtsprechung[209] aber nicht unbeschränkt gegenüber Dritten haften, kann die Vorgesellschaft schwerlich als GbR beurteilt werden.

V. Erscheinungsformen

1. **Im Alltagsleben**. Im Alltagsleben liegt eine GbR vor, sobald mehrere Personen sich zur Förderung eines gemeinsamen Zwecks zusammenschließen. Dies kann der Fall sein, wenn mehrere den **gemeinsamen Erwerb und das gemeinsame Halten einer Sache** vereinbaren, zB Ehegatten Errichtung und Innehabung eines Familienheims[210]. Zwischen mehreren Mietern eines Hauses kann eine **Heizungsgemeinschaft** bestehen[211]; **Zählergemeinschaft** bei der Abnahme von Gas und Strom[212]. Im Einzelfall kann auch unter den Mitgliedern einer **Wohngemeinschaft** ein Gesellschaftsverhältnis angenommen werden[213]. Eine GbR liegt in der Regel vor bei **Kfz-Fahrgemeinschaft**[214]. Über **Reisegesellschaften** vgl Leiss JR 1958, 161 u §§ 651 a ff[215], über **Jagdgesellschaften** München SeuffBl 78, 386; Karlsruhe AgrarR 1982, 75; über Gelegenheitsgesellschaften im **Bergsport** Schünemann VersR 1982, 825; 1130; Galli, Haftungsprobleme bei alpinen Tourengemeinschaften, 1995; aber auch RG HansGZ 1905 B 250. Eine GbR kann ferner vorliegen bei **Spiel- und Wettgemeinschaften**, zB bei einer Toto/Lotto-**Tippgemeinschaft**[216]. Jedoch haftet ein Gesellschafter in der Regel nicht für unterlassene oder fehlerhafte Ausfüllung von Wettscheinen[217]. Ein Gesellschaftsverhältnis wird auch begründet beim gemeinsamen Ausspielen desselben **Lotterieloses**[218]. Zu den Spiel- und Wettverträgen vgl ferner § 762 Rz 7 ff u § 763 Rz 2 ff. 41

207 Vgl BGHZ 17, 385, 389 = NJW 1955, 1229; 20, 281, 286 = NJW 1956, 946; 21, 242 = NJW 1956, 1435; 51, 30 = NJW 1969, 509; 80, 129 = NJW 1981, 1373 = WM 1981, 400; 80, 212, 214 = NJW 1981, 2125 = WM 1981, 645; 86, 122 = NJW 1983, 876 = WM 1983, 86; BGH WM 1978, 115; ausführlich John, Die organisierte Rechtsperson, 1977, S 307 ff; zur Rspr Fleck ZGR 1975, 212; Flume, Festsch für v Caemmerer, 1978, S 517; Wiedemann, GesellschaftsR I, § 3 I 1 a; Autenrieth JA 1981, 391; K Schmidt NJW 1981, 1345; Flume NJW 1981, 1753; Schultz JuS 1982, 732; Roth ZGR 1984, 597; MünchKomm/Ulmer Rz 24.

208 WM 1980, 955, 956; auch BGHZ 80, 129 = NJW 1981, 1373 = WM 1981, 400.

209 BGH NJW 1996, 1210; BAG NJW 1996, 3165; ebenso BSG, vgl GmbHR 1996, 763.

210 BGH NJW 1982, 170 = WM 1981, 1334; vgl auch BGH WM 1962, 1086 und JZ 1972, 88: Sportflugzeug; zum gemeinsamen Halten und Verwalten eines Gegenstands als Gesellschaftszweck vgl § 705 Rz 35 f; zur Ehegattengesellschaft unten Rz 54 ff.

211 Vgl Hamburg OLGZ 45, 168; KG BayZ 1932, 297; LG Berlin KGBl 22, 108; LG Konstanz NJW 1987, 2521 (dazu K Schmidt JuS 1988, 444).

212 Vgl Mölln MDR 1948, 249; Arnold MDR 1948, 278; auch Schindelsmeier MDR 1948, 455 u Hermes ZMR 1953, 108 sowie Rz 13 vor § 741.

213 Weimar MDR 1973, 907; Hamm BB 1976, 529; vgl auch LG Berlin JR 1950, 245; NJW 1952, 30.

214 Vgl BGHZ 46, 313, 315 = NJW 1967, 558; BGH VersR 1960, 802; VersR 1960, 913; JZ 1979, 101; Weimar DAR 1975, 34; Hiller/Dietrich DAR 1980, 72; Mädrich NJW 1982, 859; zum **Haftungsmaßstab** vgl § 708 Rz 3; anders BGHZ 39, 156 = NJW 1963, 1099 (mablAnm Schöpe S 1606) für auf kameradschaftlicher Grundlage beruhende Teilnahme an einer Motorsportveranstaltung.

215 Vgl auch Saarbrücken NJW 1985, 811: Kegelclub mit gemeinsamer Reisekasse als GbR.

216 Vgl BGH DB 1955, 47; WM 1968, 376; NJW 1974, 1705; BayObLG NJW 1971, 1664; Braunschweig MDR 1954, 354; Düsseldorf WM 1982, 969; Karlsruhe NJW-RR 1988, 1266; München NJW-RR 1988, 1268; LG Kassel MDR 1954, 38.

217 BGH NJW 1974, 1705 (mBespr Kornblum JuS 1976, 571); abl Plander AcP 176 (1976), 425.

218 RGZ 43, 148; RG JW 1904, 360; DJZ 1906, 879.

42 2. **Freiberufliche Zusammenschlüsse.** Schließen sich mehrere Angehörige freier Berufe zur **gemeinschaftlichen Berufsausübung** zusammen, so liegt zwischen ihnen eine GbR vor, sofern sie nicht (ab 1.7.1995) eine Partnerschaftsgesellschaft gem PartGG[219] oder eine GmbH oder AG gegründet haben[220]. An der gemeinschaftlichen Berufsausübung fehlt es jedoch in den Fällen der bloßen **Praxisgemeinschaft**, in denen die Beteiligten lediglich zur Kostenersparnis gemeinsame Einrichtungen (Praxisräume und -geräte, Personal) unterhalten, ihren Beruf jedoch getrennt ausüben. Auch in diesen Fällen liegt jedoch meistens eine GbR mit begrenztem Gesellschaftszweck (sog schlicht kooperative Gesellschaft), uU auch Rechtsgemeinschaft (§§ 741 ff), vor.

Verbreitet sind **Rechtsanwaltsozietäten**[221]. Mandatserteilung an einen Sozius führt in der Regel zur Beauftragung aller[222]. Bei Pflichtverletzungen eines Sozius haften die übrigen grundsätzlich als Gesamtschuldner[223]. Ebenso sind Sozietäten häufig zwischen **Notaren**, zwischen **Steuerberatern**[224] oder zwischen **Wirtschaftsprüfern. Gemischte Sozietäten** – zB zwischen Notaren und Steuerberatern oder Wirtschaftsprüfern[225], zwischen Rechtsanwalt und Steuerbevollmächtigtem[226] – können **unzulässig** sein (nicht aber zB Bürogemeinschaft oder Sozietät von Rechtsanwalt mit Steuerberater oder Wirtschaftsprüfer[227]). Maßgebend sind neuerdings BRAO § 59 a, StBerG § 56; WPO § 44 b, BNotO § 9 Abs 1 Satz 1. Für **Steuerberatungs-** und **Wirtschaftsprüfungsgesellschaften** ist die Rechtsform der **Handelsgesellschaften** zwingend vorgeschrieben (StBerG § 49 Abs 1; WPO § 27 Abs 1; dazu VG Düsseldorf BB 1965, 1165).

Auch **Ärzte** können ihren Beruf gemeinschaftlich in Form der **Gemeinschaftspraxis** – oft auch als Gruppenpraxis bezeichnet – ausüben[228]. Entsprechendes gilt für Architekten.

43 3. **Gewerblicher Bereich.** – a) **Allgemeines.** Betreiben mehrere Personen gemeinschaftlich ein **Gewerbe**, ohne dass ein Handelsgewerbe gem HGB § 1 Abs 2 gegeben oder eine Firma gem HGB § 2 eingetragen ist, liegt zwischen ihnen eine GbR vor[229]. Entsprechendes gilt für Betriebe der **Land- und Forstwirtschaft**, wenn die Gesellschafter auf die Eintragung im Handelsregister verzichten (vgl HGB § 3, insbesondere Abs 2 und 3)[230]. Hier handelt es sich, falls die Beteiligten die

219 Vom 25. Juli 1994 (BGBl I, S 1744).
220 Vgl auch Kirchesch, Die Berufsfähigkeit der Handelsgesellschaft im Gewerberecht und im Recht der Freien Berufe, 2002, S 220 ff.
221 Vgl Kornblum BB 1973, 218; Steindorff, Festschr für R Fischer, 1979, S 747; K Schmidt NJW 2005, 2801: BRAO § 59 a; zur Abgrenzung von der Bürogemeinschaft (nunmehr in BRAO § 59 a Abs 4); vgl LG Stuttgart NJW 1960, 918; Eibofner NJW 1963, 2009; Baldringer/Jordans JurBüro 2006, 286.
222 BGHZ 56, 355, 359 = NJW 1971, 1801 = WM 1971, 1386; BGHZ 83, 328 = NJW 1982, 1866 = WM 1982, 743; W Müller NJW 1969, 1416.
223 So nunmehr BRAO § 51 a Abs 2 Satz 1; zuvor RGZ 85, 306; 88, 342; BGHZ 56, 355, 361; BGH VersR 1973, 232; NJW 1988, 1973; NJW 1991, 49, 50; NJW 1991, 1225; NJW 1992, 3037, 3038; Hamm NJW 1970, 1791; Bamberg NJW-RR 1989, 233; Kornblum BB 1973, 218, 225; Odersky, Festschr für Merz, 1991, S 439, 449 f; Henssler NJW 1993, 2137 f; zur Haftung nach der neueren Rspr des BGH (BGHZ 142, 315, 318; 146, 341, 358) vgl Grunewald, Festschr für Peltzer, 2001, S 129; Sieg WM 2002, 1432 mNachw Fn 8; zur Rechtsscheinhaftung einer als Sozietät auftretenden Bürogemeinschaft vgl BGHZ 70, 247, 251 = NJW 1978, 996; BGH NJW 1991, 1225; NJW-RR 1988, 1299 f; Karlsruhe NJW-RR 1987, 867 f.
224 Vgl Wilke DStR 1982, 95
225 BGHZ 64, 214; Frankfurt/M DNotZ 1975, 236; Schleswig DNotZ 1977, 125.
226 BGH NJW 1978, 2254; vgl auch BGH NJW 1979, 1052.
227 Vgl BGHZ 35, 385, 390 = NJW 1961, 1723; 49, 244 = NJW 1968, 844; 83, 328 = NJW 1982, 1866 = WM 1982, 743; BGHSt 27, 390 = NJW 1978, 2254.
228 Vgl RG Recht 1908 Nr 1539; Recht 1925 Nr 1270; Gruchot 48, 263; Henke NJW 1974, 2035; seit 1995 Musterberufsordnung der deutschen Ärzte (MBO) §§ 23 ff mit Kommentar v Ratzel/Lippert; Schirmer MedR 1995, 341, 346 ff; Haack MedR 2005, 631; Bridts MedR 2006, 102; zuvor Ahrens MedR 1992, 141; Taupitz MedR 1993, 367; Elsmann MedR 1994, 141. Für Belegärztegemeinschaft: BGHZ 165, 36 (= § 714 Fn 152).
229 Zur Umwandlung einer Personalhandelsgesellschaft in eine GbR vgl § 705 Rz 3, auch oben Rz 25.
230 Zur Neufassung durch das HRefG 1998 vgl v Olshausen JZ 1998, 717; P Hofmann, HandelsR, 2000[10], B II 2; zum Recht vor der Änderung des HGB § 3 im Jahr 1976 Upmeier zu Belzen, Die landwirtschaftliche Familiengesellschaft als Gesellschaft bürgerlichen Rechts, 1966; nunmehr Steding NL-BzAR 2005, 130.

gemeinsame Tätigkeit – insbesondere Berufsausübung – als gemeinschaftlichen Zweck verfolgen, um **Berufsausübungsgesellschaften**[231] in Form der **Erwerbsgesellschaft**[232]. Diese Erscheinungsform findet sich häufig im Bereich der freien Berufe[233], der Kleingewerbe- und Handwerktreibenden[234], im Dienstleistungsgewerbe[235], der Gastronomie[236], dem Freizeitgewerbe[237] oder der Urproduktion[238]; zur „Arge" in der Bauwirtschaft vgl unten Rz 45.

Einzelfälle: Überlassen von Räumen zum Gewerbebetrieb gegen Anteil am Ertrag und Verpflichtung zur Vertretung des Geschäftsinhabers in gewissem Umfang[239]; **Handwerksbetriebe** unter Mitarbeit des Sohnes[240]; **Kraftfahrzeugbetriebe** durch mehrere[241]; Vertrag über den gemeinsamen Betrieb zweier **Schiffahrtslinien**[242]; gemeinsame Anschaffung von Fährfahrzeugen zur Ausnutzung einer gepachteten Fährgerechtigkeit[243]; anders aber bei bloßem Miteigentum an einem Schiff[244]; gemeinsame Anschaffung von Maschinen zur gemeinschaftlichen Nutzung, insbesondere in der Landwirtschaft (sog **Maschinengesellschaften**[245]; gemeinschaftliche Verwaltung von Gesellschaftsanteilen, zB an einer GmbH[246]; **Gläubigergesellschaft**[247]; außergerichtliche **Vergleichsgläubiger** bilden in der Regel eine GbR, die durch Zustimmungserklärung zum Vergleich zustande kommt[248]; zum **Poolvertrag** vgl unten Rz 49. Bei **Teilzahlungsfinanzierungen** kann eine GbR entstehen zwischen Kreditgeber und Käufer, wenn Kreditgeber sich im Kaufvertrag als Mitkäufer einsetzen lässt[249]. Die sog **Eigengruppe** (Akkordkolonne, Musikkapelle, Baukolonne, Gänge der Hafenarbeiter, Heimleiterehepaar) ist in der Regel Gesellschaft[250]. Arbeiten zwei Personen unabhängig voneinander und selbständig bei Erledigung von Aufträgen und teilen sich den Verdienst aus diesen Aufträgen, dann bilden sie eine GbR[251]. Über Gesellschaft zwischen **Hofeigentümer** und **Hofnachfolger** s Pikalo DNotZ 1968, 77. 44

b) **Arbeitsgemeinschaft („Arge") im Baugewerbe**

Schrifttum: H Giefers, Arbeitsgemeinschaften, 1966; A Barner, Die Arbeitsgemeinschaft in der Bauwirtschaft als besonderer gesellschaftsrechtlicher Typus, Diss Mannheim 1971; Hochstein/Jagenburg, Arge-Vertrag, 1974; Anderson BauR 1977, 225; Festge/Seibert, Das Pfandrecht nach § 24.9 II des Arbeitsgemeinschaftsvertrags im Baugewerbe, BB 1983, 1697; K Schmidt, Gesellschaft bürgerlichen Rechts, in: Gutachten und Vorschläge zur Überarbeitung des Schuldrechts, Bd III, 1983, S 413, 453; Kleine-Möller/Merl/Oelmaier, Handbuch des privaten Baurechts, 1997², § 3 Rz 77 ff; Burchardt/Pfüll, ARGE-Kommentar, 1998³; Weise, Ist die Bau-ARGE Kaufmann?, NJW-Spezial 2005, 405; Pal-Sprau, 2007[66] § 705 Rz 37.

Im Bereich der Bauwirtschaft schließen sich häufig mehrere selbständige Unternehmer in Form der Gelegenheitsgesellschaft[252] zur **Ausführung eines bestimmten Projekts** zusammen. Sie verpflichten sich gemeinschaftlich gegenüber dem Auftraggeber zur Erstellung eines bestimmten Vorhabens[253]. Die Annahme einer „Arge" in der Rechtsform einer GbR erfordert eine Vereinba- 45

231 Von K Schmidt, Gutachten S 449 als „Mitunternehmer-GbR" bezeichnet; zum rechtspolitischen Ausblick vgl dort S 496 ff.
232 S dazu oben Rz 38.
233 S dazu oben Rz 42.
234 Vgl BGH NJW 1955, 1393; VersR 1962, 733; WM 1970, 90; WM 1979, 366; Stuttgart MDR 1954, 169; Hamburg BB 1972, 417; F Muschiol, Die Ausübung des Handwerks durch juristische Personen und Personengesellschaften, Diss Berlin 1980.
235 Vgl BGH WM 1965, 1037; WM 1967, 346.
236 BGH WM 1966, 513; NJW 1983, 748 = WM 1983, 305.
237 Karlsruhe FamRZ 1975, 341.
238 Vgl BGH NJW 1960, 719.
239 Hamburg HansGZ 1924 B 229.
240 OGH HEZ 2, 248.
241 Oldenburg VR 1 (1921), 260.
242 Hamburg HansRGZ 1929 B 99.
243 Frankfurt/M Recht 1907 Nr 3078.
244 Vgl § 741 Rz 9.
245 Vgl Henning RdL 1962, 249; Grothus DB 1972, 1008.
246 BGH WM 1969, 790; vgl auch unten Rz 47, 49.
247 RGZ 70, 32; RG Recht 1911 Nr 3806.
248 Celle NJW 1965, 399; vgl auch Mühl NJW 1956, 401, 403.
249 LG Frankfurt/M JR 1958, 180 (mAnm Baumann). Vgl im übrigen auch Emmerich JuS 1971, 273, 279.
250 Zur Abgrenzung vgl BAG AP Nr 2 zu § 611: Akkordkolonne; LAG Hamm ArbuR 1966, 28; Rüthers ZfA 1977, 1; s auch Rz 71–73 vor § 611.
251 LAG BadWürtt DB 1966, 466.
252 S oben Rz 27.
253 Vgl schon BGH NJW 1952, 217; Oldenburg OldZ 1939, 330; LAG Hamm DB 1959, 1114; aus der weiteren Rspr BGHZ 61, 338 = NJW 1974, 451; 72, 267 = NJW 1979, 308; 86, 300 = NJW 1983,

rung über die Ausgestaltung der Innenbeziehungen und die Abgabe eines gemeinsamen Angebots[254]. Der Hauptverband der Deutschen Bauindustrie hat einen **„Arge-Mustervertrag"** entwickelt, der auf die Regelungen der §§ 705 ff verweist, diese im einzelnen jedoch abwandelt[255]. Gesellschafterversammlung ist die **Aufsichtsstelle** (Arge-Mustervertrag § 6), der die **technische** (§ 7), die **kaufmännische Geschäftsführung** (§ 8) und die **Bauleitung** (§ 9) mit Einzelgeschäftsführungsbefugnis oder Untervollmacht im Rahmen ihrer Tätigkeitsbereiche unterstellt sind. Hins der Beiträge vgl Arge-Mustervertrag §§ 4, 11, 12, 14. Das geschäftsführende Unternehmen hat ohne Vereinbarung keinen Vergütungsanspruch[256]. Für die Auseinandersetzung gelten mangels abweichender Abrede die §§ 730 ff[257].

Atypische Ausgestaltungen sind die **Los-Arge**, bei der der Auftrag in einzelne Leistungsabschnitte (Lose) aufgeteilt und an die Gesellschafter als Subunternehmer vergeben wird[258] und die **Beihilfegemeinschaft**, eine Innengesellschaft ohne Gesamthandvermögen.

c) **Metaverbindungen**

Schrifttum: Richter, Zum Begriff des Metageschäfts, ZBlfHR 1928, 150; Schottelius, Das Kredit-Meta-Geschäft, ZGesKredW 1953, 472; Riedl, Nochmals: Das Kredit-Meta-Geschäft, ZGesKredW 1954, 603; W Obermüller/M Obermüller, Die Unterbeteiligung im Bankgeschäft, in: Festschr für W Werner, 1984, S 607, 611 f; Hadding, in: Bankrechts-Hdb 2001², § 87 Rz 17 ff; Kümpel, Bank- und Kapitalmarktrecht, 2004³, Rz 9.235 f;

46 Eine Erscheinungsform der Innengesellschaft ist die Metageschäftsverbindung (von „à conto metà" = hälftige Beteiligung), bei der sich die Gesellschafter (Metisten) für eine bestimmte oder unbestimmte Anzahl von **Umsatzgeschäften** (zB in Waren oder Wertpapieren) **auf gemeinschaftliche Rechnung mit hälftiger Gewinnbeteiligung** in der Weise verbinden, dass die Geschäfte von jedem Metisten nach außen **im eigenen Namen** geschlossen und abgewickelt werden, die übrigen Metisten aber einen schuldrechtlichen Anspruch auf Gewinnbeteiligung haben, zB Aktienerwerb für gemeinschaftliche Rechnung[259] oder Export und Vermittlung von Industrieanlagen[260]. Im **Effekten-Arbitrage-Metaverkehr** gehen die erworbenen Papiere in das Alleineigentum des erwerbenden Metisten über und bleiben darin bis zur endgültigen Abwicklung des Geschäfts[261]. Das gilt auch dann, wenn die angeschafften Wertpapiere in den Geschäftsbüchern des Metisten dem Partner gutgeschrieben werden[262]. Der **Kauf à conto metà** ist eine Gelegenheitsinnengesellschaft ohne Gesamthandvermögen[263]; bei **Aufwendungsersatzansprüchen** eines Metisten gegenüber den Mitgesellschaftern ist § 707 zu beachten; meist sind jedoch die Aufwendungen für Anschaffung der zu veräußernden Gegenstände vorab aus dem Erlös der Weiterveräußerung zu erstatten. Bei sog **Metakrediten**, die als Großkredite von den Genossenschaftsbanken oder Sparkassen unter Mitwirkung der jeweiligen Zentralinstitute eingeräumt werden, handelt es sich rechtlich um Unterbeteiligungen[264].

4. **Wirtschaftsorganisatorischer Bereich**. – a) **Konsortien**.

Schrifttum: H Scholze, Das Konsortialgeschäft, ZGesKredW 1954, 160; ders, Vorfinanzierung und Emission, ZGesKredW 1954, 216; ders, Das Konsortialgeschäft der deutschen Banken, 1973; H Delorme/Hoessrich, Konsortial- und Emissionsgeschäft, 1971²; H P Westermann, Das Emissionskonsortium als Beispiel der gesellschaftsrechtlichen Typendehnung, AG 1967, 285; U Bosch, Emis-

1114 = WM 1983, 366; 86, 340 = NJW 1983, 1123 = WM 1983, 213; 146, 341 = NJW 2001, 1056; BGH NJW 1982, 2816; Köln DB 1996, 2173; Schleswig NZG 2001, 796.

254 BGH WM 1974, 754.

255 Vgl die Kommentierung bei Burchardt/Pfrüll, Arge-Kommentar.

256 Koblenz NJW-RR 1987, 24.

257 Schleswig NZG 2001, 796. Zum Ausscheiden durch Insolvenzeröffnung BGH ZIP 1991, 1220.

258 Langen Jahrbuch BauR 1999, 64; zur Abgrenzung Hamm NZBau 2001, 28.

259 RG JW 1905, 719; WarnR 1915 Nr 207; BGH DB 1964, 67 = BB 1964, 12.

260 BGH WM 1982, 1403.

261 Reichsschuldenverwaltung JW 1928, 1249.

262 LG Berlin West WM 1951, 808,

263 BGH DB 1964, 67 = BB 1964, 12.

264 Hadding, in: Bankrechts-Hdb, 2001², § 87 Rz 19.

sionsgeschäft, in: Bankrecht und Bankpraxis, Bd 5, 10. Tl, Losebl (Stand: 12/1997); Canaris, Bankvertragsrecht, in: GroßKommHGB³ Bd III/3, 2. Bearb 1981, Rz 2236 ff; Immenga, Die Stellung der Emissionskonsortien in der Rechts- und Wirtschaftsordnung, 1981; Assmann, Zur Haftung von Konsortien für das rechtsgeschäftliche Handeln ihrer Vertreter, ZHR 152 (1988), 371; Hopt, Emissionsgeschäft und Emissionskonsortien – Recht und Praxis in Deutschland und in der Schweiz, in: Festschr für Kellermann, 1991, S 181; Schaub, Der Konsortialvertrag, 1991; DeMeo, Bankenkonsortien, 1994; Timm/Schöne, Zwingende gesamtschuldnerische Haftung der Mitglieder eines Übernahmekonsortiums?, ZGR 1994, 113; Grundmann, Konsortien, Gesellschaftszweck und Gesamthandsvermögen – Typendehnung oder Typenmischung im Gesellschaftsrecht?, in: Festschr für Boujong, 1996, S 159; Singhof, Die Außenhaftung von Emissionskonsorten für Aktieneinlagen, 1997 (dazu Kort ZHR 163 [1999], 134); Hadding, in: Bankrechts-Hdb, 2001², § 87 Konsortialkredit; Scheef, Konsortialvertrag – Auswirkungen von Nachtragsforderungen auf das Innenverhältnis der Konsorten, MDR 2005, 603.

Konsortien sind Gelegenheitsgesellschaften[265] mit wirtschaftlichem – nicht gewerblichem, weil nicht auf Dauer angelegtem – Zweck, deren Mitglieder sich zur gemeinsamen Durchführung eines oder mehrerer Einzelgeschäfte zusammenschließen. Hierunter fallen die **Emissionskonsortien**, **Kredit- und Finanzierungskonsortien** zur gemeinsamen Kreditvergabe (sog Konsortialkredit[266]), **Verwertungskonsortien** zur gemeinsamen Verwertung von Vermögenswerten, nicht selten im Rahmen von Sicherheitenpools[267], **Beteiligungskonsortien** (**Schutzgemeinschaftsverträge**) zur gemeinsamen Übernahme einer Beteiligung an einer Gesellschaft[268]. Sonderfälle sind die **Stillhalte-** oder **Sanierungskonsortien**[269], bei denen eine Vereinigung von Kreditgebern ihre Forderungen stundet, sich mit ratenweiser Tilgung begnügt oder sie (teilweise) erlässt. Konsortien sind in der Regel als Gesellschaften bürgerlichen Rechts anzusehen[270]; entsprechend ihrer unterschiedlichen Zielsetzung werden die dispositiven Vorschriften der §§ 705 ff im Konsortialvertrag in unterschiedlicher Weise abgewandelt (zB hinsichtlich des Gesellschaftsvermögens). **47**

Beim **Emissionskonsortium** schließen sich die Konsorten (Banken) zu gemeinsamer Mitwirkung an einer bestimmten Emission von Aktien oder Obligationen zusammen, wobei „die Bildung eines irgendwie gearteten Gesellschaftsvermögens und die gemeinsame Übernahme des mit der Emission verbundenen Risikos dadurch ausgeschlossen werden, dass jeder Konsorte nur einen seiner Beteiligungsquote entspr Anteil an der Emission zu Alleineigentum erhält und diesen im eigenen Namen auf eigene Rechnung an die Dritterwerber weitergibt“[271]. Dadurch ergeben sich erhebliche Abweichungen vom gesetzlichen Regelfall der GbR[272]. Zum **Innenverhältnis** zwischen den Mitgliedern eines Emissionskonsortiums vgl Canaris, Bankvertragsrecht Rz 2304–2324; zur Gestaltung des Konsortialvertrages Szantyr, in: Hellner/Steuer (Hrsg), Bankrecht und Bankpraxis Rz 10/30 ff. **48**

b) **Poolverträge**. Beim **Stimmrechtspool** (teilweise auch als Stimmrechtskonsortium bezeichnet) verpflichtet sich eine Gruppe von Gesellschaftern einer Kapital- oder Personalgesellschaft, ihre Stimmen in der Gesellschafterversammlung einheitlich abzugeben; zwischen den an der **Stimmrechtsbindung**[273] Beteiligten besteht dann eine GbR[274]. Bedeutung hat in letzter Zeit **49**

265 S dazu oben Rz 27.
266 Vgl näher Hadding, in: Bankrechts-Hdb § 87; MünchKomm/Ulmer Rz 51–64.
267 Vgl Rz 49.
268 Vgl RGZ 111, 405; 161, 296; BGH WM 1969, 790; BGHZ 126, 226, 234 f = NJW 1994, 2536; Schrötter NJW 1979, 2592; Baumann/Reiss ZGR 1989, 157, 181 f; Ulmer/Schäfer ZGR 1995, 134, 144 ff; Westermann ZGR 1996, 272. Die Grenzen zum Stimmrechtspool – unten Rz 49 – sind fließend.
269 Vgl Scholze, Konsortialgeschäft S 119 ff.
270 Vgl RGZ 56, 206, 210 für Emissionskonsortium.
271 H P Westermann AG 1967, S 286; zur Außenhaftung von Emissionskonsorten für Aktieneinlagen insbes Singhof, Die Außenhaftung von Emissionskonsorten. . ., 1997 (im Anschluss an BGHZ 118, 83).
272 S dazu oben Rz 26.
273 Vgl dazu § 709 Rz 34 ff u das dort zitierte Schrifttum.
274 Vgl RGZ 133, 90, 93; BGH NJW 1951, 268; WM 1970, 962; BGHZ 125, 74: Wahrnehmung der Rechte als stille Gesellschafter. S Simon/Rubner NJW-Spezial 2005, 27.

der sog **Sicherheitenpool**[275] erlangt, bei dem mehrere Sicherungsnehmer (zB kreditgebende Banken) ihre Sicherungsrechte in eine GbR zur gemeinsamen Geltendmachung (insbesondere in der Insolvenz des Sicherungsgebers) einbringen[276].

50 c) **Interessengemeinschaften, Konzerne und Kartelle.** Vereinbaren mehrere Unternehmen, bestimmte unternehmerische Teilfunktionen auf Dauer gemeinsam auszuüben, kann zwischen ihnen eine **Zweck- oder Interessengemeinschaft im weiten Sinne** in Form einer GbR[277] vorliegen[278]. Intensiver ist die Verbindung zwischen den Unternehmen im Falle einer **Gewinngemeinschaft** (**Interessengemeinschaft** im engeren Sinne, vgl AktG § 292 Nr 1); auch hier liegt in der Regel eine GbR vor[279]. Entsprechendes gilt beim **Gleichordnungskonzern** (AktG § 18 Abs 2), in dem rechtlich selbständige Unternehmen, ohne dass ein Unternehmen von einem anderen abhängig ist, unter einheitlicher Leitung (zB durch **Verwaltungsgemeinschaft**) zusammengefasst sind[280]. Dagegen ist der **Beherrschungsvertrag** (AktG § 291 Abs 1 Satz 1 Alternative 1) nach herrschender Meinung nicht Gesellschafts-, sondern **Organisationsvertrag**[281]. Beim **faktischen Konzern** (vgl AktG § 18) wird es in der Regel bereits an einem Gesellschaftsvertrag zwischen den Konzernunternehmen fehlen[282]. Zwischen mehreren herrschenden Unternehmen – etwa beim mehrgliedrigen Gemeinschaftsunternehmen – kann jedoch ein Beteiligungskonsortium[283] oder ein Stimmrechtspool[284] bestehen[285]. Zur Stellung der Personalgesellschaft im Konzern vgl U H Schneider ZGR 1975, 253; ZHR 143 (1979), 485; ZGR 1980, 511; Reuter ZHR 146 (1982), 1; G Wiedemann ZHR 146 (1982), 296; weitere Nachw bei Hopt; HGB, 2006[32], § 105 Rz 101; näher Emmerich/Habersack, Konzernrecht, 2005[8], §§ 26–28; MünchKomm HGB/Mülbert, Bd 3, 2007[2], S 573 ff; Koppensteiner, Festschr für Ulmer, 2003, S 349.

51 Schließen sich selbständige Unternehmen zum Zweck der **Marktbeeinflussung durch Wettbewerbsbeschränkung** zusammen, liegt zwischen ihnen ein **Kartell** vor (vgl GWB § 1; EG-Vertrag Art 87). Insbesondere bei lockeren Zusammenschlüssen wird es sich dabei meist um eine GbR handeln, sofern die Marktbeeinflussung gemeinsamer Zweck der Beteiligten ist[286]; erfordert das Kartell eine besondere Organisation, werden die Beteiligten eher die Rechtsform einer GmbH wählen[287]. Nach der Intensität der Marktbeeinflussung unterscheidet man **Konditionen- und Preiskartelle**[288], **Gebiets- und Kundenschutzkartelle**, **Kontingentierungskartelle**[289] und **Syndikate**. Kartelle im Sinne von GWB § 1 sind nur nach Maßgabe von GWB §§ 2, 3 zulässig (zum Anwendungsbereich des GWB vgl auch GWB §§ 28, 30, 130); vgl dazu im einzelnen das Schrifttum zum GWB.

275 Eingehend: Bohlen, Der Sicherheitenpool, 1984 Martinek/Oechsler, in: Bankrechts-Hdb, 2001[2], § 97.

276 Vgl BGH WM 1982, 482; Karlsruhe DB 1978, 1636; NJW 1979, 2317; Eberding BB 1974, 1004; Kilger KTS 1975, 163; Berges BB 1976, 388; Heilmann BB 1976, 987; Marx NJW 1978, 246; Reinicke/Tiedtke WM 1979, 186; Jauernig ZIP 1980, 319; M Obermüller, Insolvenzrecht in der Bankpraxis, 2002[6], Rz 6.122 ff; H Lwowski, Insolvenzpraxis für Banken, 1983, S 131 ff; Ganter, in: Bankrechts-Hdb, 2001[2], § 90 Rz 170; als bloße Rechtsgemeinschaft ordnen den Sicherheitenpool dagegen ein Stürner ZZP 94 (1981) 263, 275; Weitnauer, Festschr für Baur, 1981, S 709; W Uhlenbruck, Gläubigerberatung in der Insolvenz, 1983, S 343.

277 Zur sog schlichen Interessengemeinschaft vgl Rz 11 ff vor § 741.

278 Vgl Fikentscher, Die Interessengemeinschaft, 1966.

279 Würdinger, Aktienrecht und das Recht der verbundenen Unternehmen, 1981[4], § 68 I 1 a.

280 Vgl Würdinger, Aktienrecht und das Recht der verbundenen Unternehmen § 65 IV 2, § 68 I 2; H P Westermann, Vertragsfreiheit S 178 ff, 180; E-Th Kraft, in: Lutter (Hrsg), Holding-Hdb, 2004[4], B5.

281 Vgl Flume, Personengesellschaft § 14 X; U H Schneider ZGR 1980, 515 jeweils mweitNachw; aM Harms, Konzerne im Recht der Wettbewerbsbeschränkungen, 1968, S 145 ff; dagegen zu Recht H P Westermann, Vertragsfreiheit S 183 ff.

282 Vgl U H Schneider BB 1981, 249, 255.

283 S oben Rz 47.

284 S oben Rz 49.

285 Westermann, Handb Rz I 500.

286 Vgl Lukes, Der Kartellvertrag, 1959.

287 Zur GmbH als Ausführungsorgan einer Kartell-GbR vgl RGZ 151, 321.

288 Vgl RGZ 82, 395; 95, 193; 162, 100.

289 Vgl RGZ 169, 232.

5. **Bauherrengemeinschaften**

Schrifttum: B r y c h , Zivilrechtliche Aspekte des Bauherrenmodells, DB 1979, 1589; d e r s , Das Bauherrenmodell, Jura 1981, 248; W o l f s t e i n e r , Bauherrenmodelle in der notariellen Praxis, DNotZ 1979, 579; v H e y m a n n , Rechtliche und wirtschaftliche Aspekte von Bauherren- und Ersterwerbermodellen, BB 1980, Beilage 12; L a u e r , Rechtsfragen des „Kölner Modells", WM 1980, 766; d e r s , Personenmehrheiten bei Bauherrenmodellen, WM 1982, 1346; d e r s , Bauherrenmodell und Bauträgermodell, WM 1983, 1254; M a s e r , Bauherrenmodelle im Spiegel der neueren Gesetzgebung und Rechtsprechung, NJW 1980, 961; W o e b e r , „Bauherr" und „Bauherrengemeinschaft" nach dem BFH-Urteil vom 22.4.1980, DB 1980, 2164; C r e z e l i u s , Zivilrechtliche Beziehungen beim Bauherrenmodell, JuS 1981, 494; D ö r i n g , Fragen zum Bauherrenmodell, BWNotZ 1981, 25; L u t z , Außengesellschaft oder Innengesellschaft – Zum Problem der rechtlichen Form des Zusammenschlusses von Bauherren zur gemeinsamen Errichtung einer Eigentumswohnanlage, DB 1981, 1953; G M a a ß , Bauherrengemeinschaften, 1981²; H L o c h e r / K ö n i g , Bauherrenmodelle in zivil- und steuerrechtlicher Sicht, 1982; N i e m e i e r , Erwerb eines Grundstücks zur Bebauung – Erwerb eines bebauten Grundstücks, NJW 1982, 73; G r e u n e r / W a g n e r , Beurkundungsfragen im Bauherrenmodell, NJW 1983, 193; C R e i t h m a n n / B r y c h / M a n h a r t , Kauf vom Bauträger und Bauherrenmodelle, 1983⁵; D o r n f e l d , Handbuch der Bauherrenmodelle (Losebl), Stand 1984; G o l d b e c k / U d e , Das Bauherrenmodell in Recht und Praxis, 1984; B r y c h , Inhaltskontrolle von Bauherrenmodell-Verträgen, BB 1985, 158; L o c h e r / K o e b l e , Baubetreuungs- und Bauträgerrecht, 1985⁴; B r y c h / P a u s e , Bauträgerkauf und Baumodelle, 1999³, Rz 800 ff; W e i t n a u e r , WEG, 2005⁹, Anh § 3.

Beim sog **großen Bauherrenmodell** schließen sich mehrere Personen zum gemeinsamen Erwerb, zur gemeinsamen Bebauung eines Grundstücks und zum späteren Erwerb der errichteten Wohnungen als Wohnungseigentum zusammen. Aus steuerlichen Gründen ist erforderlich, dass die Beteiligten sich **als Bauherren zusammenschließen**. Da sich die Bauherren in der Regel wechselseitig unter Einschaltung eines Treuhänders zur Förderung des Bauvorhabens, zur Bereitstellung der erforderlichen Mittel, zur Vergabe der Bauaufträge (durch einen Baubetreuer), zur Abnahme sowie zur Aufteilung in Wohnungseigentum verpflichten, liegt zwischen ihnen eine GbR vor[290]. Die Gesellschafter haben einen Anspruch gegeneinander auf Leistung des Eigenkapitals an den Treuhänder, bei dessen Liquidation an sich selbst[291]. In Betracht kommt auch eine actio pro socio auf die Beitragsleistung[292]. Fehlt die mitgliedschaftliche Förderpflicht im Sinne einer wechselseitigen Verpflichtung, so handelt es sich um eine **werdende Wohnungseigentümergemeinschaft**, auf die die Vorschriften der WEG §§ 10 bis 29, BGB §§ 741 ff Anwendung finden[293]. Der Vertrag über die Bauherrengemeinschaft bedarf wegen § 311 b Abs 1, WEG § 4 der **notariellen Beurkundung**[294]. Umstritten ist, ob die Bauherrengemeinschaft aus grunderwerbssteuerlichen Gründen als **Außengesellschaft** organisiert sein muss oder ob eine **Innengesellschaft** ausreicht[295]. Durch die aus steuerrechtlichen Gründen (Bauherreneigenschaft) erteilte **Vollmacht** an den Baubetreuer zur Vergabe der Aufträge im Namen der Bauherren werden die Bauherren aus den abgeschlossenen Verträgen berechtigt und verpflichtet[296]. Persönlich **haften** die zukünftigen Wohnungseigentümer für die Herstellungskosten allerdings nur **entsprechend ihrem zukünftigen Miteigentumsanteil**[297]. 52

290 Vgl den Fall BGHZ 74, 240 = NJW 1979, 1821 = WM 1979, 774 (mBespr Wiesner JuS 1981, 331); auch BGH NJW-RR 1988, 220; Lauer WM 1980, 786, 787; Maser NJW 1980, 961, 962; Reithmann/Brych/Manhart, Kauf von Bauträger und Bauherrenmodell Rz 423; MünchKomm/Ulmer Rz 47–50; vgl auch WEG § 3 Rz 13.

291 BGH NJW-RR 1986, 1419; WM 1987, 1515.

292 BGH WM 1987, 1001; WM 1987, 1515; WM 1988, 661.

293 So allgemein für die Bauherrengemeinschaft im Gegensatz zur hM Reithmann/Brych/Manhart, Kauf vom Bauträger und Bauherrenmodell Rz 140 b.

294 BayObLG DNotZ 1982, 770; Wolfsteiner DNotZ 1979, 588; aA Reithmann/Brych/Manhart, Kauf von Bauträger und Bauherrenmodell Rz 140 b mweitNachw in Fn 24; zur Vertragsgestaltung vgl das Muster bei Schmidt/Eue, in: Münchener Vertragshandbuch, Bd 5, 2003⁵, I.31.

295 Vgl dazu Dornfeld DB 1981, 1691; Lutz DB 1981, 1953; Niemeier NJW 1982, 79; BGH NJW-RR 1996: In der Regel Innengesellschaft. Für das Außenverhältnis nimmt BGH NJW 1992, 1881 Bruchteilsgemeinschaft an.

296 BGH NJW 1977, 294 = WM 1977, 57 (insoweit nicht abgedruckt in BGHZ 67, 334); NJW 1980, 992 = WM 1980, 439 (insoweit nicht in BGHZ 76, 86); dazu Crezelius JuS 1981, 25.

297 BGHZ 75, 26 = NJW 1979, 2101 = WM 1979, 1000; bestätigt auch bei Auftreten als Außen-GbR: WM 2002, 958; ferner BGH NJW 1959,

6. Gesellschaften unter Angehörigen

Schrifttum: Sezdel, Gesellschaftsverhältnis unter Ehegatten. Neue Wirtschaftsbriefe Fach 18, 71; Schönle, Stillschweigend abgeschlossene Gesellschaftsverträge zwischen Ehegatten, ZHR 121 (1958), 161; Tiefenbacher BB 1958, 565; Boesebeck DB 1958, 1147; Tiedau MDR 1959, 253; Eiselt JZ 1960, 562; R Fischer NJW 1960, 937; Knur, Entwicklungslinien im Recht der Familiengesellschaft, JurJB 2 (1961), 103; Müller-Freienfels, Die Gesellschaft zwischen Ehegatten, Festschr Maridakis II, 1963, S 357; ders, Ausgleich für Mitarbeit im Beruf oder Geschäft des Ehepartners, in: Festschr für Nipperdey I, 1965, S 625; Upmeier zu Belzen, Die landwirtschaftliche Familiengesellschaft als Gesellschaft bürgerlichen Rechts, 1966; Fenn, Die Mitarbeit in den Diensten Familienangehöriger, 1970; Lieb, Die Ehegattenmitarbeit im Spannungsfeld zwischen Rechtsgeschäft, Bereicherungsausgleich und gesetzlichem Güterstand, 1970; H Schaab, Das Familienunternehmen, 1980; Brüning, Ehegatten-Innengesellschaft und Anfangsvermögen beim Ausgleich des Zugewinns, NJW 1974, 1802; Kühne JR 1975, 157; ders, JZ 1976, 487; Maiberg, Ehegatten-Innengesellschaften nach der Rechtsprechung des Bundesgerichtshofs, DB 1975, 385; Giesen, Ehe, Familie und Erwerbsleben, 1977; O Mutze, Ehegatten-Gesellschaftsverträge, 1977[3]; Palmer, Aspekte ehelicher Mitarbeit unter besonderer Berücksichtigung der Ehegatteninnengesellschaft, MittRhNotK 1980, 197; R Frank, Gesellschaften zwischen Ehegatten und Nichtehegatten, FamRZ 1983, 541; Battes, Auseinandersetzung, Rückabwicklung, Entgelt – Leistungen an den Partner..., in: Festschr für H Hübner, 1984, S 379; Rothemund, Erklärungstatbestand und eherechtliche Schranken bei der Begründung einer Ehegatteninnengesellschaft, 1987; Blumenröhr, Zum Vermögensausgleich nach gescheiterter Ehe in: Festschr für Odersky, 1996, S 517; C h Münch, Die Ehegatteninnengesellschaft, FamRZ 2004, 233; W Schulz, Ausgleichsansprüche für die Mitarbeit einer Ehegatten-Ehegatteninnengesellschaft und familienrechtlicher Kooperationsvertrag, FamRB 2005, 111; 142; Hoppenz, Zugewinnausgleich in der Ehegatteninnengesellschaft, FamRZ 2006, 610.

53 a) **Familiengesellschaft**. Mehrere Angehörige können ein **Unternehmen gemeinsam** in der Rechtsform einer GbR betreiben. Jedoch muss die Verbindung zu einer Erwerbs- und Wirtschaftsgemeinschaft **über die allgemeine Familiengemeinschaft hinausgehen**, indem sich jeder zur Förderung des gemeinsamen Zwecks verpflichtet[298]. Die Förderpflicht muss zB bei Kindern über die nach § 1619 geschuldeten Dienste hinausgehen[299]. Häufig werden Kinder im Wege der **vorweggenommenen Erbfolge** als Gesellschafter in das elterliche Unternehmen aufgenommen[300] oder es wird eine Grundstücksverwaltungsgesellschaft gegründet, an der Eltern und Abkömmlinge beteiligt sind[301].

54 b) **Ehegattengesellschaft**. Zwischen Ehegatten kann eine GbR vorliegen, wenn zwischen ihnen ein **über die eheliche Lebensgemeinschaft** (§ 1353 Abs 1) und die damit verbundenen Pflichten **hinausgehender** gemeinsamer **Zweck** und entsprechende **Förderpflichten** vereinbart sind. Die Besonderheit der ehelichen Lebensgemeinschaft und die Vorschriften über die **Güterstände** (§§ 1363 ff) stehen dem nicht entgegen[302]. Eine **Außengesellschaft** kann zB angenommen werden bei ausdrücklichem Abschluss eines entsprechenden Gesellschaftsvertrags[303] oder wenn

2160; NJW 1977, 294 = WM 1977, 57; NJW 1980, 992 = WM 1980, 439 jeweils unter Offenlassen des zwischen ihnen bestehenden Rechtsverhältnisses; für eine ausdrückliche Haftungsbeschränkung auf den jeweiligen Kapitalanteil BGH NJW 1984, 2100 = WM 1984, 970; WM 1985, 56; WM 1989, 377; vgl auch § 714 Rz 32.

298 Vgl auch Staud[12]/Keßler Rz 159; Staud/Habermeier § 705 Rz 24.

299 Vgl § 1619 Rz 16 mweitNachw.

300 Zur Gesellschafternachfolge beim Tod eines Gesellschafters vgl § 727 Rz 15 ff.

301 Zur Vertragsgestaltung vgl das Muster eines Gesellschaftsvertrages einer Familien-OHG bei Oldenburg, in: Münchener Vertragshandbuch, Bd 1, 2000[5], II. 4, S 118 ff; ferner Schücking, in: Münchener Hdb des Gesellschaftsrechts, Bd I, 1995, § 4 Rz 109; Langenfeld NJW 1994, 2601, 2602 ff; Spiegelberger, Vermögensnachfolge, 1994, Rz 212. Vgl auch Hamm FamRZ 1983, 496: Bei Ausbau eines Wohnhauses familienrechtl Vertrag sui generis (ferner unten Rz 58 aE).

302 BGH WM 1973, 1243; NJW 1974, 1554 = WM 1974, 947; NJW 1974, 2045 = WM 1974, 1024; NJW 1974, 2278 = WM 1974, 1162; zu den bei der Gütergemeinschaft auftretenden Schwierigkeiten vgl BGHZ 65, 79 = NJW 1975, 1774; BGH FamRZ 1994, 295; § 705 Rz 23 u Rz 25 ff vor § 1408, insbes hier Rz 29; vgl zu den steuerrechtlichen Gesichtspunkten Horn BB 1984, 1352 mit Überblick über die Praxis der Finanzverwaltung u die Rspr des BFH.

303 BGH NJW 1982, 170 = WM 1981, 1334: Erwerb und Halten eines Familienheims.

der Ehepartner als **Mitinhaber** des gemeinsamen Geschäftsbetriebs nach außen in Erscheinung tritt[304].

Von der Rechtsprechung[305] entwickelt wurde die Rechtsfigur der **Ehegatteninnengesellschaft**, die durch Annahme des **konkludenten** Abschlusses eines Gesellschaftsvertrags einen gerechten und billigen Vermögensausgleich nach Ende der Ehe ermöglichen soll, der durch den güterrechtlichen Ausgleich oder nach allgemeinen schuldrechtlichen Vorschriften nicht erreicht werden kann[306]. Vielfach kann aus dem Vorliegen objektiver Umstände auf den konkludenten Abschluss eines Gesellschaftsvertrags geschlossen werden. Dabei müssen sich die Ehegatten nicht bewusst gewesen sein, dass ihre Beziehungen als gesellschaftsrechtlich zu beurteilen sind[307]. Dagegen sind nach der Rechtsprechung des BFH[308] Gesellschaftsverträge zwischen Ehegatten nur anzuerkennen, wenn sie ernsthaft und klar vereinbart und tatsächlich durchgeführt werden. 55

Der von den Ehegatten verfolgte **Zweck** muss, um die Annahme eines konkludenten Abschlusses eines Gesellschaftsvertrags zu rechtfertigen, über die bloße **Verwirklichung der ehelichen Lebensgemeinschaft**, zu der die Beteiligten bereits auf Grund § 1353 Abs 1 verpflichtet sind, **hinausgehen**[309]. Dies ist zB der Fall, wenn sie durch Einsatz von Vermögenswerten und Arbeitsleistungen **gemeinsam ein Unternehmen oder Vermögen aufbauen**[310] oder eine **berufliche oder gewerbliche Tätigkeit gemeinsam ausüben**, um zu Wohlstand zu gelangen[311]. Nicht ausreichend ist jedoch der Erwerb, die Errichtung oder Einrichtung eines Familienwohnheims[312] oder die Sicherung eines Kredits, durch den ein Ehegatte wirtschaftlich selbständig werden soll[313]. 56

Dementsprechend muss auch die **mitgliedschaftliche Förderpflicht** (**Beitragspflicht**) des Gesellschafter-Ehegatten über das hinausgehen, was dieser dem anderen bereits aus der ehelichen Lebensgemeinschaft schuldet; insbes ist ein Partner bereits aus § 1353 Abs 1 Satz 2 und § 1360 – uU gegen Vergütung – zur **Mitarbeit im Beruf oder Geschäft des Ehegatten** verpflichtet[314]. Nur soweit die Leistungen des Ehegatten darüber hinausgehen, kann der stillschweigende Abschluss eines Gesellschaftsvertrages angenommen werden[315]. Auch müssen die Leistungen **gleichwertig** und **gleichgeordnet** sein, Mitarbeit muss zB selbständig, qualifiziert und nicht in abhängiger Stellung geleistet werden[316]. Die Beiträge können in Dienstleistungen (Mitarbeit), 57

304 BGH WM 1965, 1134; Karlsruhe FamRZ 1975, 341; vgl auch BGH WM 1973, 296.
305 Grundlegend BGHZ 8, 249 = NJW 1953, 418, zuletzt BGH NJW 1995, 3383; BGHZ 142, 137, 143 ff = NJW 1999, 2962; BGHZ 165, 1, 5 ff = NJW 2006, 1268 = WM 2006, 607.
306 Johannsen WM 1978, 505, der jedoch (aaO S 510) auf den – wenn auch stillschweigenden – Abschluss eines Gesellschaftsvertrags verzichten will; so auch BGHZ 84, 388, 389 f = NJW 1982, 2863 = WM 1982, 1122, der auf die nicht eheliche Lebensgemeinschaft die §§ 730 ff im Einzelfall entsprechend anwenden will; dagegen zu Recht Diederichsen NJW 1983, 1017, 1023 Fn 121; grundsätzlich krit gegenüber der Rspr zB Lieb, Die Ehegattenmitarbeit im Spannungsfeld. . ., 1971, S 40 ff; Gernhuber FamRZ 1958, 243; Braga FamRZ 1960, 456; Müller-Freienfels, Festschr für Maridakis II S 357 ff; Fenn FamRZ 1968, 291. Vgl nunmehr BGHZ 165, 1, 9 f = NJW 2006, 1268 = WM 2006, 974 = FamRZ 2006, 607 (mAnm M Volmer S 844).
307 BGHZ 8, 249 = NJW 1953, 418; 31, 197 = NJW 1960, 428; 84, 361 = NJW 1982, 2236 = WM 1982, 1080 (dazu Schulte ZGR 1983, 437); BGHZ 87, 265 = NJW 1983, 1845 = WM 1983, 708; BGH LM Nr 5 zu § 705; FamRZ 1962, 110; NJW 1974, 2278 = WM 1974, 1162; BSG FamRZ 1983, 485; Karlsruhe FamRZ 1973, 649.
308 BFHE 67, 450; 71, 206; 74, 574; BFH BB 1983, 233.
309 BGHZ 8, 249; 31, 197; 47, 157 = NJW 1967, 1275; NJW 1951, 352; WM 1960, 679; NJW 1974, 1554 = WM 1974, 947; NJW 1974, 2045 = WM 1974, 1024; NJW 1974, 2278 = WM 1974, 1162.
310 BGHZ 142, 137 (= Fn 305).
311 Vgl BGH NJW 1995, 3383 sowie neben der bereits genannten Rspr auch BGH LM Nr 5 zu § 705; FamRZ 1960, 104; FamRZ 1961, 301; FamRZ 1961, 519; FamRZ 1961, 522; LM Nr 44 zu BEG 1956 § 64; WM 1973, 296; WM 1973, 1242.
312 BGHZ 84, 361, 366 = NJW 1982, 2236 = WM 1982, 1080; 87, 265 = NJW 1983, 1845 = WM 1983, 708; BGH WM 1960, 74; WM 1966, 679; NJW 1974, 1554 = WM 1974, 947; anders aber bei ausdrücklichem Vertragsschluss: BGH NJW 1982, 170 = WM 1981, 1334.
313 BGH NJW-RR 1988, 260.
314 Vgl. dazu § 1356 Rz 26 ff, § 1360 Rz 16 sowie BGHZ 77, 157 = NJW 1980, 2196.
315 BGHZ 84, 361, 365.
316 Vgl BGHZ 8, 249; 31, 197; BGH WM 1961, 945; WM 1963, 529; WM 1973, 296; NJW 1974, 2045

Einsatz von Kapital[317] oder Eingehen von Verpflichtungen (zB Mithaft für Darlehensschulden) bestehen[318].

58 Kann nach den dargestellten Grundsätzen vom Vorliegen einer Ehegatteninnengesellschaft ausgegangen werden, so hat bei **Beendigung der Ehe** durch Tod eines Ehegatten (vgl § 727) oder Scheidung (vgl §§ 723, 726) ein Ehegatte den anderen **abzufinden**[319]. Der gesellschaftsrechtliche Ausgleichsanspruch kann unter Umständen auch Leistungen vor der Eheschließung erfassen[320]. Liegt kein Gesellschaftsverhältnis vor, können Ansprüche aus anderen schuldrechtlichen Verträgen (zB Dienstvertrag, Darlehen, Auftrag, Schenkung), ungerechtfertigter Bereicherung (vgl § 1356 Rz 29) oder wegen Wegfalls der Geschäftsgrundlage (§ 1356 Rz 30) – insbes eines familienrechtlichen Vertrags sui generis[321] – bestehen.

7. Nichteheliche Lebensgemeinschaft

59 Vgl dazu Soergel[11] aaO Rz 59–61 und nunmehr Soergel[12], Bd 7, S 1343 ff: Hermann Lange, Die nichteheliche Lebensgemeinschaft. Für gleichgeschlechtliche Paare enthält das LebenspartnerschaftsG v 16. Februar 2001 (BGBl I, S 266) eine Regelung, die das BVerfG NJW 2002, 2543 für verfassungsgemäß hält.

§ 705 Inhalt des Gesellschaftsvertrags

Durch den Gesellschaftsvertrag verpflichten sich die Gesellschafter gegenseitig, die Erreichung eines gemeinsamen Zweckes in der durch den Vertrag bestimmten Weise zu fördern, insbesondere die vereinbarten Beiträge zu leisten.

ÜBERSICHT

= WM 1974, 1024; NJW 1974, 2278 = WM 1974, 1162; Nürnberg FamRZ 1966, 512.

317 Vgl BGH FamRZ 1960, 104; FamRZ 1962, 110; FamRZ 1963, 279; WM 1964, 965; FamRZ 1965, 197; NJW 1968, 245 = WM 1967, 1241; WM 1973, 1242.

318 Vgl BGHZ 47, 157 = NJW 1967, 1275; BGH WM 1973, 1242; NJW 1974, 2278 = WM 1974, 1162; FamRZ 1990, 973.

319 BGH WM 1973, 296; NJW 1974, 2278 = WM 1974, 1162; Johannsen WM 1978, 502, 508; vgl auch Rz 8 ff vor § 730.

320 Celle NJW-RR 2000, 1675.

321 BGHZ 84, 361, 367 = NJW 1982, 2236 = WM 1982, 1080; Hamm FamRZ 1983, 494; 1983, 496.

Schrifttum: Riegger/L Weipert (Hrsg), Münchener Handbuch des Gesellschaftsrechts, Bd 1: BGB-Gesellschaft..., 2004[2]; M Heidenhain/Meister (Hrsg), Münchener Vertragshandbuch, Bd 1, Gesellschaftsrecht, 2005[6]; Langenfeld, Die Gesellschaft bürgerlichen Rechts, 2003[6]; Siefers/Ott, Die Gesellschaft bürgerlichen Rechts als Unternehmensform, 1992; Sudhoff, Personengesellschaften

2005[8]; Giefers/Ruhkamp, Die Gesellschaft bürgerlichen Rechts, 2003[5]; A Eickhoff, GbR-Verträge (RWS-Vertragsmuster 13), 1999; Welf Müller/W-D Hoffmann (Hrsg), Becksches Handbuch der Personengesellschaften, 2002[2]; Gummert ua (Hrsg), Münchener Anwaltshandbuch Personengesellschaftsrecht, 2005.

I. Entstehung der Gesellschaft bürgerlichen Rechts (GbR)

1 1. **Gesellschaftsvertrag als Grundlage.** Das Dauerrechtsverhältnis einer GbR setzt als Entstehungstatbestand einen Gesellschaftsvertrag voraus. Der Gesellschaftsvertrag ist ein mehrseitiges Rechtsgeschäft mit schuldrechtlichem und organisationsrechtlichem Inhalt[1]. Durch ihn verpflichten sich zwei oder mehr Beteiligte, einen **gemeinsamen Zweck** insbesondere durch die **Leistung von Beiträgen**[2] zu fördern. Der Abschluss eines Gesellschaftsvertrags ist **notwendige Voraussetzung** für das Entstehen einer GbR. Leidet der Gesellschaftsvertrag an Mängeln, kann die GbR trotzdem als **fehlerhafte Gesellschaft** zeitweilig wirksam sein[3].

2 2. **Entstehung durch Umwandlung.** – a) **Rechtsgeschäftliche formwechselnde Umwandlung.** Durch notariell beurkundeten **Umwandlungsbeschluss** der Anteilsinhaber des formwechselnden Rechtsträgers (§§ 193 Abs 1, Abs 3; 194; 191 Abs 1 UmwandlungsG[4]) kann als „Rechtsträger neuer Rechtsform" eine GbR entstehen (UmwG § 191 Abs 2 Nr 1), und zwar in der Weise, dass der „formwechselnde Rechtsträger", insbesondere eine Kapitalgesellschaft (UmwG §§ 191 Abs 1 Nr 1, 3, Abs 1 Nr 2, 226, 228 Abs 2), unter **Wahrung der Identität** nunmehr als GbR weiter besteht (UmwG § 202 Abs 1 Nr 1)[5]. Ist der formwechselnde Rechtsträger insbesondere eine Kapitalgesellschaft, bedarf der Umwandlungsbeschluss der Anteilsinhaber (UmwG § 234) der Zustimmung aller in der Versammlung anwesenden und auch der nicht erschienenen Anteilsinhaber (UmwG § 233 Abs 1). Die Umwandlung in eine GbR als „Rechtsträger neuer Rechtsform" ist zur Eintragung in das Register anzumelden, in dem die formwechselnde Gesellschaft eingetragen ist (UmwG § 235). Die Eintragung wirkt rechtsbegründend (konstitutiv) im Sinne des Weiterbestehens des bisherigen „formwechselnden Rechtsträgers" als GbR (UmwG § 202 Abs 1 Nr 1). Die Firma der formwechselnden Gesellschaft erlischt (UmwG § 200 Abs 5). – An Verschmelzungen (UmwG §§ 2 ff) oder Spaltungen (UmwG §§ 123 ff) kann eine GbR mangels Erwähnung im UmwG § 3 (§ 124) nicht beteiligt sein.

3 b) **Gesetzliche formwechselnde Umwandlung.** Eine OHG oder KG wandelt sich kraft Gesetzes in eine GbR um, wenn ihr Zweck nicht mehr auf den Betrieb eines Handelsgewerbes gerichtet ist; vgl aber auch HGB § 5[6]. Dies ist insbesondere der Fall, wenn die Handelsgesellschaft unter (dauernder) Stillegung ihres Unternehmens ihren **Geschäftsbetrieb** oder die **Betriebsgrundstücke vermietet oder verpachtet**[7]. Die Handelsgesellschaft kann aber auch **rechtsgeschäftlich** (Änderung des Gesellschaftszwecks) in eine GbR umgewandelt werden[8]. In diesen Fällen einer formwechselnden Umwandlung bleiben Gesellschaft, Gesellschafterbestand und Gesellschaftsvermögen **identisch**; eine Gesamtrechtsnachfolge findet nicht statt[9]. Die Änderung der Eigentümerverhältnisse wird bei zum Gesellschaftsvermögen gehörenden **Grundstücken** im Wege der Grundbuchberichtigung (Richtigstellung) vermerkt[10]. Grundsätzlich gelten auch nach der Umwandlung in eine GbR die für die Handelsgesellschaft, insbesondere die KG, maßge-

1 Vgl unten Rz 42 ff.
2 S § 706 Rz 1.
3 Vgl unten Rz 70 ff, insbes Rz 85 zur inzwischen überholten Lehre von der „faktischen Gesellschaft".
4 Vom 28. Oktober 1994 (BGBl I, S 2310), geändert durch Ges v 22. Juli 1998 (BGBl I, S 1878).
5 Zum Verständnis der „Identität": Hennrichs ZIP 1995, 794, 796; zur „damit von Gesetzes wegen anerkannten Rechtsubjektivität der GbR" als Außengesellschaft: Timm ZGR 1996, 247, 251; nunmehr auch BGHZ 146, 341, 346 (= § 718 Fn 14).
6 RGZ 155, 75, 83; BGHZ 32, 307, 312 = NJW 1960, 1664; BGH WM 1962, 10; WM 1975, 99; WM 1976, 1053; vgl auch Hamburg VersR 1982, 338.
7 Vgl BGHZ 32, 307, 312; BGH WM 1962, 1012; WM 1975, 99; WM 1976, 1053; Sudhoff DB 1979, 437, 438.
8 BayObLG NJW 1952, 28 f.
9 Vgl BGH NJW 1967, 821.
10 RGZ 155, 75, 85; BayObLG NJW 1952, 28 f; BB 1983, 333; LG Darmstadt DNotZ 1960, 388; anders KG JFG 12, 279, 285: GBO § 22 Abs 1.

benden Regeln über Geschäftsführung[11], Vertretung und Haftung fort, da dies in der Regel dem (hypothetischen) Willen der Gesellschafter entspricht[12]. Dagegen ist für die Umwandlung einer **sonstigen Gesamthandgemeinschaft** (etwa einer Erbengemeinschaft oder ehelichen Gütergemeinschaft), auch einer aufgelösten GbR, oder einer **Bruchteilsgemeinschaft** in eine GbR der zumindest konkludente Abschluss eines Gesellschaftsvertrags und die Übertragung der einzelnen gesamthänderisch gebundenen Gegenstände in das Gesellschaftsvermögen der GbR erforderlich[13]. Übertragen alle Gesellschafter einer OHG oder KG ihre Beteiligungen auf eine vorhandene GbR, so wird diese Inhaberin des kaufmännischen Geschäftsbetriebs und damit zur Handelsgesellschaft[14].

II. Gesellschaftsvertrag als Abschlusstatbestand

1. **Abschluss und Form.** – a) **Allgemeines.** Der Abschluss des Gesellschaftsvertrags unterliegt als zivilrechtliches Rechtsgeschäft grundsätzlich den **allgemeinen Vorschriften der §§ 145 ff.** Die GbR **entsteht** zu dem Zeitpunkt, in dem der **Gesellschaftsvertrag wirksam wird.** 4
In der Regel wird dies der **Zeitpunkt des Vertragsschlusses** sein. Bei der mehr als zweigliedrigen GbR kommt der Gesellschaftsvertrag erst zustande, wenn die entsprechenden Willenserklärungen der Beteiligten (Beitrittserklärungen) **allen** anderen Vertragspartnern **zugegangen** sind (§ 130 Abs 1, vgl aber auch § 151 Satz 1 Fall 2). Die Einigung der Beteiligten braucht nicht gleichzeitig zu erfolgen[15]; die Erklärungen können nacheinander abgegeben werden, oder es kann ein weiterer Beteiligter später beitreten[16]. Der Gesellschaftsvertrag kann unter einer **aufschiebenden Bedingung** (§ 158 Abs 1) oder **Befristung** (§ 163 Fall 1) geschlossen werden[17]. Ist der Gesellschaftsvertrag **auflösend bedingt** (§ 158 Abs 2) oder **befristet**[18], wird die Gesellschaft mit Eintritt des Ereignisses für die Zukunft (ex nunc) aufgelöst[19]. Die Beteiligten können dem Vertragsabschluss **im Außenverhältnis keine rückwirkende Kraft** beilegen. Dagegen können die Gesellschafter mit Wirkung für das **Innenverhältnis** vereinbaren, dass die Gesellschaft mit einem Zeitpunkt, der **vor Abschluss des Vertrags** liegt, als **entstanden** gilt[20].

Es müssen sich alle Gesellschafter über alle Vertragspunkte **geeinigt** haben, über die auch nur 5
einer von ihnen eine vertragliche Regelung für erforderlich hielt. Wohl kann trotz Offenbleibens einiger Punkte (etwa Höhe der Einlagen, Regelung über die Gewinn- und Verlustbeteiligung) eine Gesellschaft in Vollzug gesetzt werden, so dass dann ein wirksamer Gesellschaftsvertrag vorliegt, wenn nur eine Einigung über die wesentlichen Punkte (insbes den Gesellschaftszweck) erzielt wurde und die Auslegung im übrigen ergibt, dass die fehlende Vertragsregelung später ergänzt oder durch die dispositiven Normen des Gesetzes ausgefüllt werden sollte[21]. Die Auslegungsregel

11 Vgl § 709 Rz 20.
12 Str, wie hier BGH NJW 1971, 1698; WM 1976, 1053; NJW 1987, 3124, 3126; MünchKomm/Ulmer Rz 14; Staud[12]/Keßler Rz 134 vor § 705; Jens Petersen, Der Gläubigerschutz im Umwandlungsrecht, 2001, S 50 f; vgl auch BGH WM 1972, 21; differenzierend K Schmidt BB 1973, 1612; abw insbes hins der Haftung der ehemaligen Kommanditisten Beyerle NJW 1972, 229; Kornblum BB 1972, 1032.
13 Vgl KG DR 1940, 977; Hamm DNotZ 1958, 416, 418; BayObLG NJW 1982, 109: für Aufspaltung einer GbR in mehrere personengleiche Gesellschaften bürgerlichen Rechts; auch Staud[12]/Keßler § 719 Rz 18, 19; aA Ganßmüller DNotZ 1955, 172; dagegen zutr R Fischer DNotZ 1955, 172.
14 BGH ZIP 1990, 505.
15 RGZ 163, 385, 392.
16 Über die Weigerung eines Gesellschafters, einen in seinem Auftrag vorbereiteten Vertrag zu unterschreiben, s RGZ 132, 26. Über eine unbeachtliche protestatio facto contraria bei Abschluss eines Gesellschaftsvertrags s BGHZ 22, 240 = NJW 1957, 218 = LM Nr 12 zu HGB § 105 (mAnm R Fischer).
17 RG JW 1936, 2065; vgl auch BGH WM 1979, 612; WM 1985, 125; Koblenz WM 1979, 1435, 1437; Koller/Buchholz DB 1982, 2172 zum aufschiebend bedingten Beitritt.
18 S § 163 Fall 2.
19 Vgl Rz 8 ff vor § 723.
20 BGH WM 1976, 972, 974; NJW 1978, 264, 266; WM 1979, 889, 891; Koblenz WM 1979, 1435 f; U H Schneider AcP 175 (1975), 279, 297.
21 BGHZ 11, 190, 192 = NJW 1954, 231; BGH WM 1958, 1105, 1107; NJW 1960, 430; WM 1970, 889, 891; NJW 1982, 2816; RGZ 103, 73, 75; enger noch RGZ 95, 147, 149; vgl zum konkludenten Vertragsschluss unten Rz 7.

des **§ 154 Abs 1** gilt also **nicht**, wenn die Gesellschaft **in Vollzug** gesetzt wurde, dh mit der Durchführung des Gesellschaftsvertrags, zB durch Geschäftsaufnahme, begonnen wurde. Die Ergänzung kann auch vereinbarungsgemäß durch einen der Gesellschafter oder durch einen Dritten, auch einen Schiedsgutachter, nicht aber durch ein Schiedsgericht[22] bestimmt werden, vgl §§ 317, 319.

6 Der Wille der Beteiligten muss **nicht** auf die Gründung einer Gesellschaft in der **Rechtsform einer GbR** gerichtet sein. Ausreichend ist vielmehr die Vereinbarung der in § 705 genannten Hauptbestandteile (essentialia), nämlich einen gemeinsamen Zweck in bestimmter Art und Weise zu fördern[23]. Bei dem Gesellschaftszweck darf es sich jedoch **nicht** um den **Betrieb eines Handelsgewerbes** handeln, da ansonsten infolge des **Rechtsformzwangs** von HGB §§ 105, 161 eine Handelsgesellschaft, nämlich eine OHG oder KG, entsteht. Ist Zweck der Gesellschaft, ein **Handelsgewerbe** gem HGB § 1 Abs 2 zu betreiben, so entsteht mit Wirksamwerden des Gesellschaftsvertrags eine OHG oder KG (HGB §§ 105 Abs 1, 161 Abs 1)[24]. Richtet sich der Gesellschaftszweck auf den Betrieb eines **Gewerbes**, das erst **mit der Eintragung** ins Handelsregister als Handelsgewerbe gilt (HGB §§ 2, 3 Abs 2, 3), oder auf die Verwaltung von nur eigenem Vermögen, wird auch die Gesellschaft erst mit der Eintragung zur Handelsgesellschaft (HGB § 105 Abs 2); vorher besteht eine GbR[25]. Für diese gelten im Innenverhältnis ergänzend zu den Bestimmungen des Gesellschaftsvertrags die Vorschriften von HGB §§ 105 ff, soweit diese nicht das Bestehen einer Handelsgesellschaft voraussetzen[26]. Wollten die Beteiligten jedoch eine Handelsgesellschaft gründen, entsteht diese nur als GbR, wenn es sich bei dem Gesellschaftszweck **nicht** um ein **Handelsgewerbe** handelt[27]. Kam es einem oder mehreren Beteiligten erkennbar entscheidend auf die Rechtsform einer Handelsgesellschaft an, zB wegen der beschränkten Haftung als Kommanditist, kann der Betroffene den Gesellschaftsvertrag bis zum Vollzug der Gesellschaft nach § 119 Abs 1 **wegen Inhaltsirrtums anfechten** oder die in Vollzug gesetzte „fehlerhafte Gesellschaft" nach § 723 Abs 1 Satz 2 **aus wichtigem Grund kündigen**[28].

7 b) **Konkludenter Vertragsabschluss**. Ein Gesellschaftsvertrag kann auch **durch schlüssiges Verhalten** geschlossen werden. Bei **Gelegenheitsgesellschaften**[29] kann oftmals vom **wirtschaftlichen Interesse** der Beteiligten auf ihren **Rechtsbindungswillen** geschlossen werden. Der einverständliche **Beginn der Durchführung** von Unternehmungen von nicht nur untergeordneter Bedeutung auf gemeinsame Rechnung kann hier auf einen Vertragsschluss hindeuten[30]. Der Schluss auf einen konkludenten Vertragsschluss liegt nahe, wenn mehrere Personen durch gemeinsame Ausübung der Unternehmerinitiative und gemeinsame Übernahme des Unternehmensrisikos auf einen bestimmten Zweck hin tatsächlich zusammenwirken[31]. Dagegen bedarf es bei schon anderweitig verbundenen Personen, zB Ehegatten oder einer Erbengemeinschaft, deutlicher Anzeichen, dass eine Umstellung auf gesellschaftsvertragliche Basis stattgefunden hat, wofür alle Begleitumstände zu berücksichtigen sind[32]; über die Ehegattengesellschaft, die in der Regel Innengesellschaft ist, vgl Rz 54–58 vor § 705.

22 GroßKommHGB/Fischer § 105 Rz 48 zu Recht gegen RG JW 1935, 1783.
23 Zum Inhalt des Gesellschaftsvertrags vgl unten Rz 31 ff.
24 Vgl BGHZ 10, 91, 96 = NJW 1953, 1217; 22, 240, 244 = NJW 1957, 218; BGH WM 1962, 10, 12; RGZ 112, 280, 281.
25 BGHZ 59, 179, 181 = NJW 1960, 1664; BGH WM 1977, 841, 843; zur Haftung vgl BGHZ 63, 45, 47 = NJW 1956, 297.
26 GroßKommHGB/Fischer Rz 62 b vor § 105.
27 BGHZ 32, 307, 310; vgl auch BGHZ 19, 269, 272, wonach es einer Umdeutung (§ 140) bedarf.
28 Vgl unten Rz 76 ff.
29 Vgl dazu Rz 27 vor § 705.
30 MünchKomm/Ulmer Rz 26; vgl auch oben Rz 5.
31 BFH BB 1980, 1835.
32 Vgl BGHZ 17, 299 = NJW 1955, 1227; BGHZ 30, 391 = NJW 1959, 211; BGHZ 32, 67 = NJW 1960, 958; BGH NJW 1951, 311, 312; NJW 1985, 136 (mAnm K Schmidt); München ZEV 1998, 68, 71; zur Fortführung eines Handelsgeschäfts in ungeteilter Erbengemeinschaft M Wolf AcP 181 (1981), 492; krit dazu R Fischer ZHR 144 (1980), 9.

c) **Form des Gesellschaftsvertrages**. Der Gesellschaftsvertrag der GbR bedarf **grundsätzlich keiner Form**[33]. Er kann jedoch formbedürftig sein, wenn für **einzelne Vertragsbestimmungen** ein **Formerfordernis** besteht, insbesondere wenn er eine formbedürftige Beitragsverpflichtung enthält. Dann ist der Gesellschaftsvertrag **im ganzen** formbedürftig, weil er eine Einheit bildet[34]. 8

aa) **§ 311 b Abs 1**[35]. **Verpflichtet** sich im Gesellschaftsvertrag ein Gesellschafter oder die Gesellschaft, das **Eigentum an einem Grundstück zu übertragen oder zu erwerben**, so bedarf dieser der **notariellen Beurkundung** gem BeurkundungsG §§ 6 ff. Die Verpflichtung zur Grundstücksveräußerung oder zum Grundstückserwerb muss sich jedoch immer **unmittelbar** aus der betreffenden vertraglichen Bestimmung ergeben; ist sie bloße **Folge** des Gesellschaftsvertrags, ist dieser nicht formbedürftig. So ist der Gesellschaftsvertrag formbedürftig, wenn sich ein oder mehrere Gesellschafter verpflichten, Grundeigentum **an die Gesellschaft** zu übertragen[36] oder der GbR ein **Vorkaufsrecht** einzuräumen[37]. Dies gilt auch dann, wenn der Gesellschafter das einzubringende Grundstück erst noch selbst erwerben muss. Formbedürftig ist auch die Verpflichtung, ein Grundstück im Interesse der Gesellschaft **an einen Dritten** zu veräußern[38]. **Keiner** Beurkundung bedarf hingegen die Verpflichtung zur Gebrauchsüberlassung[39] sowie die **Einbringung dem Werte nach** („quoad sortem")[40], falls nicht die Gesellschaft, zB in der Liquidation, zur Veräußerung des Grundstücks berechtigt sein soll[41]. Ebenso ist ein Gesellschaftsvertrag nicht formbedürftig, wenn ein Gesellschafter ein Grundstück bereits für Rechnung der Gesellschaft, aber im eigenen Namen gekauft hat und sich nun verpflichtet, das gekaufte Grundstück auf die Gesellschaft zu übertragen, da hier die Übertragungsverpflichtung nur Folge der Geschäftsbesorgung nach §§ 713, 667 ist[42]; anders aber nach der Neufassung des § 311 b Abs 1 Satz 1[43], wenn die Abrede gleichzeitig eine Erwerbsverpflichtung des Gesellschafters oder der Gesellschaft enthält. 9

Dem Formerfordernis des § 311 b Abs 1[44] unterliegt auch die Vereinbarung von **Erwerbspflichten** über Grundstücke[45]. Formbedürftig ist danach die Abrede, ein **bestimmtes** Grundstück gesamthänderisch zu erwerben; ebenso die Verpflichtung eines Gesellschafters, ein bestimmtes Grundstück von der Gesellschaft zu erwerben[46]. Ist der Zweck der Gesellschaft dagegen **allgemein** auf den **Erwerb und die Veräußerung von Grundstücken** an die Gesellschafter gerichtet (sog Grundstückserwerbsgesellschaften), ist § 311 b Abs 1[47] nach seinem Schutzzweck nicht anwendbar; denn die Gesellschaft erwirbt das Grundeigentum nur im Durchgang und ist nur in Erfüllung ihres gesellschaftsvertraglichen Auftrags zur Veräußerung verpflichtet[48]. Ebenso wenig bedarf ein Gesellschaftsvertrag der notariellen Beurkundung, der den Zweck einer Grundstücksgesellschaft mit „Verwaltung und Verwertung" beschreibt, einen Verkauf der Gesellschaftsgrundstücke aber 10

33 BGH WM 1962, 880; RGZ 151, 321, 327; 163, 385, 392.
34 Vgl BGH BB 1955, 203; RGZ 79, 303 f.
35 Vor dem 1.1.2002: § 313 aF. Eingehend Ulmer/Löbbe DNotZ 1998, 711–741; Grunewald, Festschr für Hagen, 1999, S 277 ff; Heckschen, Die Formbedürftigkeit mittelbarer Grundstücksgeschäfte, 1987.
36 BGH BB 1955, 203; WM 1967, 609, 951; NJW 1972, 480; WM 1977, 783; NJW-RR 1991, 613; NJW 1992, 3237; RGZ 68, 260, 262; 79, 303, 304.
37 RGZ 110, 327, 333; 125, 261, 263.
38 BGH WM 1977, 196 f; RGZ 162, 78, 84; vgl auch RG JW 1905, 73 f.
39 RGZ 109, 380 ff.
40 Vgl § 706 Rz 23; BGH WM 1965, 744 f; 1967, 951 f; NJW 1974, 2278 f; RGZ 166, 160, 163; RG JW 1927, 1687.
41 BGH WM 1967, 609 f; RGZ 162, 78, 81; 166, 160, 165.
42 BGH WM 1961, 1076, 1080; WM 1962, 880; WM 1966, 398; RGZ 82, 299, 302; RG JW 1935, 3529.
43 Bis 31.12.2001: § 313 Satz 1 aF.
44 Bis 31.12.2001: § 313 aF.
45 Dazu Petzold BB 1975, 905.
46 Vgl BGH NJW 1978, 2505 f: Erwerbsverpflichtung in einer Beitrittserklärung zu einer Publikums-KG; Schmeinck MittRhNotK 1982, 102.
47 Bis 31.12.2001: § 313 aF.
48 BGH NJW 1978, 2505; RGZ 68, 260, 262; differenzierend nach der Geschäftsführungsregelung Petzold BB 1975, 905, 907; MünchKomm/Ulmer Rz 39; für eine allg Beurkundungspflicht Schwanecke NJW 1984, 1585, 1588.

nicht bindend festlegt[49]. § 311 b Abs 1 kann allenfalls dann eingreifen, wenn allein die Umgehung dieser Vorschrift bezweckt wird[50].

Rechtsfolge des Formmangels ist die Nichtigkeit (§ 125 Satz 1) der entsprechenden Regelung. **Heilung** (§ 311 b Abs 1[51]) durch Vollzug der Veräußerung oder des Erwerbs des Grundstücks ist möglich[52]. Zur Möglichkeit einer Umdeutung und zu den Nichtigkeitsfolgen vgl § 706 Rz 23 und unten Rz 73, 76 ff.

11 bb) **§ 518**. Der notariellen Beurkundung bedarf das **Versprechen einer schenkweisen Zuwendung der Beteiligung** an einer GbR, auch in Form einer **Aufstockung einer schon bestehenden Beteiligung**. Es muss ein Schenkungsversprechen vorliegen, dh die zugesagte Beteiligung muss das Vermögen des Empfängers mehren und die Beteiligten müssen über die Unentgeltlichkeit der Zuwendung einig sein (vgl § 516 Abs 1, beachte aber § 1624). Auch wenn sich ein Gesellschafter nicht zur Leistung von Beiträgen im engeren Sinne[53] verpflichtet, wird bei der Aufnahme in eine **Außengesellschaft** in der Regel keine unentgeltliche Zuwendung vorliegen, da den Aufgenommenen die Pflichten eines Gesellschafters (Pflicht zur Geschäftsführung, Verlustbeteiligung und persönliche Haftung) treffen[54]. **Kein Schenkungsversprechen** liegt auch im Zweifel vor, wenn der Wert der Einlage oder der Gewinnanteil unverhältnismäßig hoch festgesetzt wird. Allerdings kann in Ausnahmefällen eine **gemischte Schenkung** vorliegen, die in beschränktem Umfang[55] dem Formerfordernis des § 518 Abs 1 Satz 1 unterliegt, wenn der Wert der Beteiligung oder Aufstockung die Belastung durch persönliche Haftung und Tätigkeitspflichten übersteigt und sich die Beteiligten der Unentgeltlichkeit der Zuwendung bewusst sind[56]. Umgekehrt kann bei der „beitragsfreien" Beteiligung an einer **Innengesellschaft** in der Regel auf eine Schenkung geschlossen werden[57]. Die Schenkung einer GbR-Beteiligung an einen Minderjährigen bedarf der Genehmigung entsprechend § 1822 Nr 3 Alternative 2[58]. Ob die schenkweise Einräumung eines KG-Anteils nach §§ 530, 532 widerrufbar ist, hat der BGH offengelassen[59].

12 Ein **Formmangel** kann durch Bewirken der versprochenen Leistung **geheilt** werden (§ 518 Abs 2). Bei der **Außengesellschaft** ist dies mit Erlangung der Gesellschafterstellung der Fall, die zur Beteiligung am Gesellschaftsvermögen und zur Außenhaftung führt[60]. Dagegen kann bei der **GbR-Innengesellschaft** oder einer **stillen Gesellschaft** ein Vollzug der Zuwendung im Sinne des § 518 Abs 2 **nicht** in der bloßen **Ein- oder Umbuchung** der Beteiligung gesehen werden, da es hier in der Regel kein Gesamthandvermögen gibt, an dem der Begünstigte beteiligt wird; vielmehr wird in diesen Fällen der (formnichtige) Anspruch aus dem Schenkungsversprechen durch einen anderen schuldrechtlichen Anspruch (auf Teilnahme am Gewinn und am Auseinandersetzungsergebnis) aus dem Gesellschaftsvertrag ersetzt[61]. **Anderer Meinung** unter Hinweis auf die Rechte und Pflichten oder den „Wertanteil" des Begünstigten ist die wohl herrschende Lehre[62].

49 BGH NJW 1996, 1279.
50 BGHZ 86, 367, 371 = NJW 1983, 1110 = WM 1983, 358; BGH WM 1997, 2220, 2222.
51 Bis 31.12.2001: § 313 Satz 2 aF.
52 Wiesner NJW 1984, 95; Tiedau NJW 1984, 1447.
53 Vgl § 706 Rz 1.
54 BGH LM Nr 3 zu § 516; BB 1965, 472 zur OHG.
55 Vgl § 516 Rz 24; § 518 Rz 2.
56 Vgl BGH LM Nr 3 zu § 516; U Huber, Vermögensanteil, Kapitalanteil und Gesellschaftsanteil an Personalgesellschaften des Handelsrechts, 1970, S 202 ff; differenzierend A Hueck DB 1966, 1043 f.
57 MünchKomm/Ulmer Rz 42; zur stillen Unterbeteiligung vgl Bilsdorfer NJW 1980, 2785; gegen das Vorliegen einer Gesellschaft in diesem Fall E Herrmann ZHR 147 (1983), 313, 324 ff; dagegen Hengeler ZHR 147 (1983), 329.
58 LG Aachen NJW-RR 1994, 1319.
59 BGH NJW 1967, 1081, 1082.
60 BGHZ 112, 40, 46 = NJW 1990, 2618 = WM 1990, 1379: für Kommanditanteil; Frankfurt/M NJW-RR 1996, 1123, 1124 = DB 1996, 1177: für GbR-Anteil; s auch § 719 Rz 15.
61 BGHZ 7, 174, 179 = NJW 1952, 1412; 7, 378, 380 = NJW 1953, 138; BGH WM 1967, 685; R Fischer JR 1962, 201 ff; Westermann, Handb Rz I 130; Huber, Vermögensanteil, Kapitalanteil und Gesellschaftsanteil an Personengesellschaften des Handelsrechts S 154 ff.
62 A Hueck ZHR 83 (1920), 9, 14; NJW 1953, 138; Würdinger JZ 1953, 226; v Godin JR 1953, 171; Siebert NJW 1953, 806; MünchKomm/Ulmer Rz 45 mwNachw; offen gelassen von BFHE 111, 85, 89; 113, 558, 562; vgl auch Bilsdorfer NJW 1980, 2785.

cc) **Weitere gesetzliche Formerfordernisse**. Nach **GWB § 30 Abs 2** bedürfen Vereinbarungen über die Preisbindung von Verlagserzeugnissen der Schriftform. Ein Gesellschaftsvertrag muss ferner notariell beurkundet sein, wenn sich ein Gesellschafter dazu verpflichtet, sein Vermögen im ganzen oder einen Bruchteil einzubringen (§ 311 b Abs 3[63]) oder sich zur Abtretung von GmbH-Anteilen verpflichtet oder schon im Gesellschaftsvertrag selbst darüber verfügt (GmbHG § 15 Abs 4)[64]. 13

dd) **Gewillkürte Form**. Unabhängig von den gesetzlichen Formvorschriften können die Gesellschafter für den Gesellschaftsvertrag eine Form (häufig Schriftform, §§ 126, 127[65], oder notarielle Beurkundung) vereinbaren. Jedoch wird diese in der Regel nach dem Willen der Beteiligten nur der Klarstellung und Beweissicherung dienen, so dass die Auslegungsregeln der **§§ 125 Satz 2, 154 Abs 2 keine Anwendung** finden, insbesondere wenn die Gesellschafter ohne Erfüllung der Form einverständlich die Verfolgung des Gesellschaftszwecks begonnen haben[66]. Die Schriftformklausel kann sich auch auf die Vollständigkeit des schriftlich Vereinbarten beziehen. Zum Formerfordernis bei Vertragsänderungen und -ergänzungen vgl unten Rz 17. 14

2. **Vorvertrag**. Durch einen Vorvertrag verpflichten sich die zukünftigen Gesellschafter, unter bestimmten Voraussetzungen einen Gesellschaftsvertrag zu schließen[67]. Der Inhalt des zukünftigen Gesellschaftsvertrags, insbesondere hinsichtlich Gesellschaftszweck und Beitragspflicht, muss im Vorvertrag bereits **bestimmt**, zumindest aber bestimmbar (vgl §§ 315, 317) sein[68]. Soll der Gesellschaftsvertrag formbedürftige Bestimmungen enthalten, so ist auch der Vorvertrag **formbedürftig**[69]. Der Vorvertrag gewährt einen – gegebenenfalls nach ZPO § 894 durchsetzbaren – **Erfüllungsanspruch** auf Abschluss des Gesellschaftsvertrags; er kann aus wichtigem Grund **gekündigt** werden[70]. Nur wenn durch den Vorvertrag schon ein gemeinsamer Zweck, zB die Errichtung einer Kapitalgesellschaft, festgelegt wird, handelt es sich bei dem dadurch entstehenden Rechtsverhältnis bereits um eine Gesellschaft, nämlich eine **Vorgründungsgesellschaft**[71]. 15

3. **Änderung des Gesellschaftsvertrags**. Für Vertragsänderungen gelten die gleichen Grundsätze wie für den Vertragsabschluss selbst. Es handelt sich um ein **Grundlagengeschäft**[72], das einen einstimmigen **Gesellschafterbeschluss**[73] voraussetzt[74]. Bei Publikumsgesellschaften[75] kann auch ein Geschäftsführer oder ein mit der Gesellschaft verbundener Dritter zur Änderung des Gesellschaftsvertrags (zB Aufnahme neuer Gesellschafter) ermächtigt werden[76]. Der Gesellschaftsvertrag kann auch **konkludent** durch eine vom ursprünglichen Gesellschaftsvertrag abweichende Praxis geändert werden. Jedoch bedarf es, insbesondere beim Abweichen von ausdrücklichen Regelungen[77], einer andauernden, vom übereinstimmenden Willen der Gesellschafter getragenen Übung[78]. 16

Einer **gesetzlich bestimmten Form** bedarf die Änderung nur, wenn durch sie formbedürftige Regelungen getroffen oder geändert werden[79]. Häufig bestimmt der Gesellschaftsvertrag, dass **Vertragsänderungen der Schriftform** bedürfen (gewillkürte Schriftform, §§ 126, 127). Dies gilt 17

63 Bis 31.12.2001: § 311 aF.
64 Vgl dazu Hadding ZIP 2003, 2133.
65 Römermann NZG 1998, 978, 979 f.
66 BGHZ 49, 364, 366 = NJW 1968, 1378 zu § 125 S 2; dagegen A Hueck DB 1968, 1207; Tiefenbacher BB 1968, 608; MünchKomm/Ulmer Rz 49; vgl auch RGZ 103, 73, 75; BGHZ 11, 190, 192 = NJW 1954, 231: stillschweigender Abschluss eines vorläufigen Gesellschaftsvertrags.
67 Vgl auch Rz 39 ff vor § 145.
68 BGH LM Nr 3 zu § 705; RGZ 106, 174, 177; Frankfurt/M MDR 1973, 759; vgl auch RGZ 66, 115, 121: zur GmbH; RGZ 156, 129, 138: zur AG; Staud/Habermeier Rz 8.
69 Vgl BGH NJW 1969, 1856; Reinicke NJW 1969, 1830: zur GmbH.
70 Vgl allg BGH DB 1958, 955.
71 Missverständlich Staud[12]/Keßler Rz 118 vor § 705; vgl Rz 39 vor § 705.
72 S § 709 Rz 11.
73 S § 709 Rz 24 ff.
74 Zum Mehrheitsgrundsatz bei Grundlagengeschäften vgl § 709 Rz 40 f.
75 S Rz 37 vor § 705.
76 S § 709 Rz 12.
77 BGH NJW 1966, 826.
78 Vgl BGHZ 70, 331 f = NJW 1978, 1001; BGH NJW 1966, 826; BB 1967, 1307; NJW 1968, 1378, 1379; WM 1978, 300 f.
79 Zur Übertragung der Mitgliedschaft vgl § 719 Rz 15.

nicht für den Beitritt neuer Gesellschafter[80]. Bei der **Publikums-KG** reicht dazu die Protokollierung des Gesellschafterbeschlusses aus[81]. Steht eine Vertragsänderung unter Verstoß gegen ein gewillkürtes Formerfordernis in Frage, so ist zunächst zu prüfen, ob nicht die Gesellschafter durch formfrei und konkludent mögliche Aufhebung des Formerfordernisses auf die Einhaltung der Form **verzichtet** haben[82]. Steht dagegen der Formverstoß fest, kann die **Auslegung** der Formvereinbarung im Gegensatz zur Auslegungsregel des § 125 Satz 2 ergeben, dass das Formerfordernis entsprechend dem bei einem Dauerschuldverhältnis auf Bestandsschutz gerichteten Willen der Beteiligten nur der Klarstellung und Beweissicherung dienen, **nicht** aber **Wirksamkeitsvoraussetzung** sein soll[83].

18 4. **Beteiligte des Gesellschaftsvertrages.** – a) **Anzahl.** Die **Mindestanzahl** der Gesellschafter beträgt **zwei.** Da dem geltenden Recht die Figur einer Eine-Person-GbR fremd ist (anders zB GmbHG § 1, AktG § 2 und UmwG § 197 Satz 2), führt der Wegfall des vorletzten Gesellschafters zur Beendigung der GbR[84]. Eine **Höchstzahl** der Gesellschafter einer GbR sieht das Gesetz nicht vor.

19 b) **Natürliche Personen.** Gesellschafter einer GbR kann jeder rechtsfähige (§ 1) Mensch sein. – aa) **Nicht voll Geschäftsfähige. Geschäftsunfähige** (§ 104) und **beschränkt geschäftsfähige** (§ 106) Personen bedürfen zum Abschluss eines Gesellschaftsvertrags der **Mitwirkung des gesetzlichen Vertreters,** uU auch des **Vormundschaftsgerichts.** Der Mitwirkung bedarf es **nicht,** wenn ein beschränkt Geschäftsfähiger mit Genehmigung des Vormundschaftsgerichts von seinem gesetzlichen Vertreter zum selbständigen Betrieb eines Erwerbsgeschäfts ermächtigt ist und der Abschluss des Gesellschaftsvertrags zum Geschäftsbetrieb gehört (§ 112 Abs 1 Satz 1); dies gilt jedoch nicht für die Beteiligung an einer Erwerbsgesellschaft (§ 112 Abs 1 Satz 2 iVm §§ 1643 Abs 1, 1822 Nr 3). **Zustimmungsfrei** ist der Abschluss eines Gesellschaftsvertrags für einen beschränkt Geschäftsfähigen, wenn jener dem Betreffenden „lediglich einen rechtlichen Vorteil" bringt (§ 107). Dies wird aber nur bei der schenkweisen Beteiligung an einer Innengesellschaft der Fall sein, in der der Minderjährige nicht am Verlust teilnimmt und in der ihm keine besonderen Pflichten obliegen[85].

20 **Geschäftsunfähige** (§ 104) müssen beim Abschluss des Gesellschaftsvertrags durch den gesetzlichen Vertreter, in der Regel die Eltern (§ 1629 Abs 1), vertreten werden. Bei **beschränkt Geschäftsfähigen** muss der gesetzliche Vertreter einwilligen (§ 107) oder genehmigen (§ 108). Das Widerrufsrecht bis zur Genehmigung nach § 109 steht jedem der übrigen Gesellschafter zu. Die Eltern sind jedoch von der Vertretung **ausgeschlossen,** wenn ein Elternteil oder beide am Gesellschaftsvertrag beteiligt sind (§§ 181, 1629 Abs 2 Satz 1, 1795 Abs 1 Nr 1). Dann ist vom Vormundschaftsgericht, uU für jedes Kind, ein Pfleger (§ 1909) zu bestellen[86]. Das Vertretungsverbot gilt jedoch nicht, wenn der Vertragsabschluss in Erfüllung einer Verbindlichkeit geschieht[87] oder dem Minderjährigen lediglich rechtliche Vorteile bringt[88]. Zur gesetzlichen Vertretung bei der Beschlussfassung in laufenden Angelegenheiten vgl § 709 Rz 28.

80 BGH WM 1983, 118, 120; WM 1985, 125, 126.
81 BGHZ 66, 82, 86 = NJW 1976, 958.
82 Vgl BGH NJW 1966, 826; A Hueck DB 1968, 1207, 1209 f; für Publikums-Personalgesellschaften: BGH WM 1981, 121. S auch Düsseldorf NJW 1977, 2216.
83 In BGHZ 49, 364, 366 = NJW 1968, 1378 für den Regelfall einer OHG bejaht; dagegen A Hueck DB 1968, 1207; Tiefenbacher BB 1968, 608; vgl auch oben Rz 14.
84 Vgl Rz 14 vor § 723; zum Übernahmerecht vgl Rz 22 ff vor § 730.
85 Klamroth BB 1975, 525, 527; MünchKomm/Ulmer Rz 69; vgl auch oben Rz 11 f.
86 KG RJA 10, 42; KGJ A 92; BayObLG NJW 1959, 989; Hamm MDR 1972, 783; Zweibrücken OLGZ 1980, 213; U Hübner, Interessenkonflikt und Vertretungsmacht, 1978, S 265 ff; Rosenau BB 1969, 356, 359.
87 Vgl BGH NJW 1961, 724.
88 Vgl BGHZ 59, 236, 240 = NJW 1972, 2262; BGH NJW 1975, 1885; BFHE 111, 85, 87; Tiedtke DB 1977, 1065 f.

Ist der Gesellschaftszweck auf den **Betrieb eines Erwerbsgeschäfts** gerichtet, bedarf es zusätzlich der **Genehmigung des Vormundschaftsgerichts** gem §§ 1643 Abs 1, 1822 Nr 3[89], zB beim Beschluss über die Fortsetzung einer aufgelösten Handelsgesellschaft[90] oder die Fortführung eines Einzelunternehmens durch die Erben[91]; zur Aufnahme als Kommanditist[92]; zur stillen Gesellschaft und zur Unterbeteiligung[93]. Der Begriff des Erwerbsgeschäfts ist weiter zu fassen als der des Handelsgewerbes im Sinne von HGB §§ 1–3 und umfasst jede berufsmäßig ausgeübte, auf selbständigen Erwerb gerichtete Tätigkeit, die dem Minderjährigen ein gewisses Unternehmerrisiko aufbürdet[94]. **Änderungen des Gesellschaftsvertrags** sind grundsätzlich nicht genehmigungsbedürftig[95], es sei denn, dass sie die erstmalige Aufnahme eines Erwerbsgeschäfts als Gesellschaftszweck zum Inhalt haben[96]. Auch kann eine Vereinbarung über das Ausscheiden des minderjährigen Gesellschafters unter das Genehmigungserfordernis des § 1822 Nr 3 Alternative 1 (Veräußerung eines Erwerbsgeschäfts) fallen[97]. 21

Zu den Rechtsfolgen der fehlerhaften Beteiligung nicht voll Geschäftsfähiger vgl unten Rz 82[98].

bb) **Ehegatten**. Verpflichtet sich ein Ehegatte, der im gesetzlichen Güterstand der Zugewinngemeinschaft steht, sein **Vermögen im ganzen** in eine GbR einzubringen, so bedarf diese Vereinbarung der Einwilligung (§ 1365 Abs 1 Satz 1) oder Genehmigung (§ 1366 Abs 1) des anderen Ehegatten. Fehlt die Zustimmung des Ehegatten, ist auch das Erfüllungsgeschäft gem § 1365 Abs 1 Satz 2 unwirksam[99]. Dies gilt auch, wenn die Einlageverpflichtung nur einen Gegenstand betrifft, der jedoch wirtschaftlich das wesentliche Vermögen des Ehegatten ausmacht und dies den Mitgesellschaftern bekannt war[100]. 22

Lebt ein Gesellschafter im vertraglichen Güterstand der **Gütergemeinschaft,** kann der Gesellschaftsanteil zum selbständig verwalteten **Vorbehaltsgut** (§ 1418), zum gemeinschaftlich verwalteten **Gesamtgut** (§ 1416) oder zum selbständig für Rechnung des Gesamtguts verwalteten **Sondergut** (§ 1417) gehören. Letzteres wird wegen der grundsätzlichen Unübertragbarkeit des Gesellschaftsanteils[101] häufig der Fall sein. Probleme bereitet die Gründung einer **GbR unter in Gütergemeinschaft lebenden Ehegatten** mit Mitteln des Gesamtguts[102]. Nach dem BGH[103] müssen die Ehegatten die Gesellschaftsanteile **in der Form des Ehevertrags** (§ 1410) zu **Vorbehaltsgut** erklären; andernfalls sei der Gesellschaftsvertrag **formnichtig**, weil einerseits wegen der Identität der Vermögensmassen kein Gesamtgut, andererseits auf Grund vertraglicher Vereinbarung aber auch kein Sondergut entstehen könne. Dem ist jedoch im Hinblick auf die grundsätz- 23

89 S dazu § 1822 Rz 20 ff; vgl Hamm BB 1983, 791; NJW-RR 2001, 1086; Winkler ZGR 1973, 177 ff.
90 RG JW 1935, 3154.
91 RGZ 127, 153, 157; BGH NJW 1983, 748 = WM 1983, 305.
92 Vgl BGHZ 17, 160 = NJW 1955, 1067; Köln DNotZ 1976, 621; BayObLG BB 1977, 669.
93 Vgl Hamm DB 1974, 424 sowie § 1822 Rz 24.
94 Vgl § 1822 Rz 12; Hamm DB 1974, 424; BayObLG DB 1979, 2314.
95 Str, wie hier die Rspr, zB BGHZ 17, 160, 163; 38, 26, 28; BGH BB 1968, 932; vgl § 1822 Rz 25 mNachw.
96 MünchKomm/Ulmer Rz 71.
97 RGZ 115, 172, 174; 122, 370, 373; BGHZ 17, 160, 164 = NJW 1955, 1067; 38, 26 f = NJW 1962, 2344; Karlsruhe NJW 1973, 1977; Winkler ZGR 1973, 177, 202.
98 Zum ganzen vgl ferner Rosenau, Beteiligung Minderjähriger an gesellschaftsrechtlichen Unternehmensformen, BB 1965, 1393; Biddermann, Der minderjährige Gesellschafter, 1965; Stöber, Der minderjährige Gesellschafter einer OHG oder KG, Rpfleger 1968, 1; Friess, Erfordernis der vormundschaftsgerichtlichen Genehmigung bei Verträgen nach §§ 1821 Abs 1, 1822 Ziff 3 BGB, DB 1969, 957; J Haarländer, Die vormundschaftsgerichtliche Genehmigung nach § 1822 Nr 3 2. Alt BGB bei Änderungen des Gesellschaftsvertrages von Personengesellschaften, Diss Hamburg 1971; Riedlinger, Minderjährige in der Familienkommanditgesellschaft, Diss Frankfurt 1978; Hilsmann, Minderjährigenschutz durch das Vormundschaftsgericht bei der Änderung von Gesellschaftsverträgen, 1993.
99 Zum ganzen vgl Sandrock, Festschr für Duden, 1977, S 513 ff.
100 Vgl § 1365 Rz 7 ff; zu den Folgen fehlender Zustimmung vgl unten Rz 84.
101 S § 719 Rz 2, 11 ff.
102 Zur Ehegattengesellschaft vgl Rz 54–58 vor § 705.
103 Vgl BGHZ 65, 79, 81 = NJW 1975, 1774 (zust Schünemann FamRZ 1976, 138; krit Beitzke FamRZ 1975, 574; Tiedtke FamRZ 1975, 675; Reuter/Kunath JuS 1977, 376.

liche Unübertragbarkeit und die Rechtsqualität der Gesellschaftsanteile, die personen- und vermögensrechtliche Elemente umfassen[104], sowie den Schutzzweck des § 1410 zu widersprechen. Die durch den Abschluss des Gesellschaftsvertrags entstehenden Mitgliedschaftsrechte sind vielmehr – wie bei der Beteiligung eines Ehegatten an einer Personalgesellschaft mit Dritten[105] – dem **Sondergut** zuzurechnen, das beide Ehegatten jeweils selbständig, aber für Rechnung des Gesamtguts verwalten[106].

24 c) **Gemeinschaften**. – aa) **Personalgesellschaften**. **OHG** und **KG** können wegen ihrer rechtlichen Verselbständigung (vgl HGB §§ 124, 161) Gesellschafter einer GbR sein[107]. Aber auch eine GbR kann Gesellschafter einer anderen GbR werden[108]. Die rechtliche Qualifizierung dieser Gesellschaften als Gesamthandgemeinschaften steht dem ebenso wenig wie bei der allgemein anerkannten Doppel-OHG[109] entgegen, weil die Mitglieder der Gesellschafter-GbR/OHG/KG nicht selbst, sondern die Gesellschaft als (rechtsfähige) Gesamthand Mitglied der GbR wird. Auch fordert das Gesetz bei der GbR – anders als bei den Personalhandelsgesellschaften – keine Durchsichtigkeit des Gesellschafterbestandes für den Rechtsverkehr. Dies erklärt auch die **abweichende Beurteilung** durch die bislang herrschende Meinung **bei der OHG und der KG, deren Gesellschafter eine GbR nicht sein können soll**[110]. Denn dort erfordert die Handelsregistereintragung des Gesellschafterbestandes Klarheit über die an der Gesellschaft beteiligten Personen. Bei der Mitgliedschaft einer GbR können sich bei einem Gesellschafterwechsel in der GbR sowie hinsichtlich der gesetzlichen Vertretungsregelung entsprechend HGB §§ 125, 126 Unklarheiten ergeben[111]. Zur **Geschäftsführungs-** und **Vertretungsbefugnis** der Gesellschafter-GbR in der anderen Gesellschaft vgl § 709 Rz 6; zur **Beschlussfassung** § 709 Rz 38.

25 bb) **Sonstige Gesamthandgemeinschaften**. Ein **nicht eingetragener Verein** kann Gesellschafter einer GbR sein[112]. Wegen seiner körperschaftlichen Struktur und seines Auftretens unter einem Vereinsnamen ist seine organisationsrechtliche Einheit noch stärker ausgeprägt als bei der OHG, für die allgemein anerkannt ist, dass sie Mitglied einer GbR sein kann[113]. Die trotz § 54 durch die Rechtsprechung entwickelte weitgehende Beschränkung der Haftung der Mitglieder auf ihre Anteile am Vereinsvermögen[114] steht dem nicht entgegen, da im Gegensatz zur OHG (vgl HGB § 128) eine unbeschränkte gesamtschuldnerische Haftung für die Gesellschafter einer GbR nicht zwingend vorgeschrieben ist[115]. Dagegen kann eine **Erbengemeinschaft nicht** Gesellschafter einer GbR werden, da sie im Rechtsverkehr nicht als geschlossene Einheit auftreten

104 So insbes MünchKomm/Ulmer Rz 75.
105 RGZ 146, 282; BGHZ 57, 123, 128 = NJW 1972, 48; BGH LM Nr 1 zu § 260; BayObLG DB 1981, 519.
106 So auch Lutter AcP 161 (1962), 163, 170; Beitzke FamRZ 1975, 575; Reuter/Kunath JuS 1977, 376, 381; aA BFHE 94, 165, 167; Tiedtke FamRZ 1975, 675: Gesamtgut.
107 BGH WM 1959, 288; RGZ 142, 13, 21; zur Problematik der Personalgesellschaft als abhängiges Unternehmen vgl Schulze-Osterloh, Festschr für H Westermann, 1974, S 541; U H Schneider ZGR 1975, 253; ders ZGR 1980, 511; Reuter ZHR 146 (1982), 1; Emmerich, Festschr für Stimpel, 1985, S 743; Münch KommHGB/Mülbert, Bd 3, 2007², KonzernR Rz 114 ff.
108 RGZ 136, 236, 240; 142, 13, 21; BGH NJW 1998, 376 = WM 1997, 2220 = WuB II J. § 705 BGB 3.98 (Fleischer) = JZ 1998, 145 (mAnm Einsele); MünchKomm/Umer Rz 79; Flume, Personengesellschaft § 4 IV; Westermann, Handb Rz I 171; aM wegen der fehlenden Klarheit RGRK/v Gamm Rz 12, auch BGHZ 46, 291, 296 = NJW 1967, 826 (obiter dictum).
109 Vgl dazu GroßKommHGB³/Fischer § 105 Rz 27.
110 So noch RGZ 123, 366, 369; BGHZ 46, 291, 296 obiter; BGH WM 1966, 188, 190; Zweibrücken OLGZ 1982, 155; GroßKommHGB⁴/Ulmer § 105 Rz 96; Hohner NJW 1975, 718; aM bislang nur Klamroth BB 1983, 796; vgl aber nunmehr § 718 Rz 6.
111 So Flume, Festschr für L Raiser, 1974, S 27, 36).
112 Staud/Habermeier Rz 29; MünchKomm/Ulmer Rz 80; Westermann, Handb Rz I 167; dagegen für die OHG zutr GroßKommHGB³/Fischer § 105 Rz 28; Westermann, Handb Rz I 166, wegen mangelnder Klarheit über den Mitgliederbestand; s oben Rz 24.
113 S oben Rz 24.
114 Vgl § 54 Rz 36 ff.
115 Vgl § 714 Rz 30 ff; aA nunmehr BGHZ 142, 315, 318 ff; 146, 341, 358: HGB §§ 128 f analog.

kann[116]. Auch eine **familienrechtliche Gütergemeinschaft** kann wegen ihres vermögensrechtlichen Charakters[117] nicht Gesellschafter einer GbR werden[118].

cc) **Bruchteilsgemeinschaften** können **nicht** Mitglied einer GbR sein[119], da die Gesellschafterstellung auch bei ihrer Übertragbarkeit[120] eine Stellung in einem **Rechtsverhältnis** ist, die ideell unteilbar ist und damit nicht mehreren nach Bruchteilen zustehen kann[121]. 26

d) **Juristische Personen und Vorgesellschaften. Juristische Personen** des Privatrechts und des öffentlichen Rechts[122] können – ebenso wie natürliche Personen – Gesellschafter einer GbR sein (vgl HGB §§ 130 a, 177 a[123]). Auch die Fähigkeit einer **Vor-GmbH** oder **Vor-AG** oder **Vor-eG**, Gesellschafter einer GbR zu sein, dürfte im Hinblick auf die rechtliche Verselbständigung der Vorgesellschaft zu bejahen sein[124]. 27

e) **Sonderfälle**. – aa) **Treuhänder**

Schrifttum: G Bott, Der Treuhänder als Mitglied von Personalgesellschaften, Diss Hamburg 1959; H Kümmerlein, Erscheinungsformen und Probleme der Verwaltungstreuhand bei Personalhandelsgesellschaften, Diss Münster 1970; M Markwardt, Rechtsgeschäftliche Treuhandverhältnisse bei Personalhandelsgesellschaften, Diss Marburg 1973; Beuthien, Treuhand an Gesellschaftsanteilen, ZGR 1974, 26; Bälz, Der Treuhandkommanditist, ZGR 1980, 1; U Blaurock, Unterbeteiligung und Treuhand an Gesellschaftsanteilen, 1981; Maulbetsch, Beirat und Treuhand in der Publikumspersonengesellschaft, 1984; Hegmanns, Die Sicherung des Treugebers bei Treuhandverträgen für Geschäftsanteile, ZIP 1989, 900; Eden, Treuhandschaft an Unternehmen und Unternehmensanteilen, 1989[2]; Krenzel, Treuhand an Kommanditanteilen, 1991; K Schmidt, GesellschaftsR, 2002[4], § 61 III; Schiemann, Haftungsprobleme bei der Treuhand an Gesellschaftsanteilen, in: Festschr für Zöllner, 1998, S 503; Tebben, Unterbeteiligung und Treuhand an Gesellschaftsanteilen, 2000; ders, Die qualifizierte Treuhand im Personengesellschaftsrecht, ZGR 2001, 586; Armbrüster, Die treuhänderische Beteiligung an Gesellschaften, 2001; Wiesner, Zur Haftung des Treugeber-Kommanditisten bei der qualifizierten Treuhand, in: Festschr für Ulmer, 2003, S 673; Singhof/Seiler/Schlitt, Mittelbare Gesellschaftsbeteiligungen, 2004, Rz 492 ff.

Die **Begründung** eines Treuhandverhältnisses an der Gesellschaftsbeteiligung einer GbR geschieht meist als Verwaltungstreuhand, seltener als Sicherungstreuhand[125]. Das Treuhandverhältnis kann in der Weise begründet werden, dass ein bisheriger Gesellschafter seine Mitgliedschaft treuhänderisch **auf einen Dritten**, den Treuhänder, überträgt und künftig die Stellung als Treugeber innehat[126]. Da hierdurch der Treuhänder zum Vollrechtsinhaber der Gesellschafterstellung wird, die Mitgliedschaft aber grundsätzlich unübertragbar ist[127], bedarf die Begründung eines Treuhandverhältnisses als Gesellschafterwechsel (Änderung des Gesellschaftsvertrags) der **Zustimmung der Mitgesellschafter**. Anderes gilt, wenn nur vermögensrechtliche Ansprüche gem § 717 Satz 2 treuhänderisch übertragen werden oder der Gesellschaftsvertrag die Übertragung der Mitgliedschaft zulässt. Soll dagegen ein Gesellschafter seine Beteiligung in Zukunft für Rechnung eines **dritten Treugebers** halten, findet normalerweise kein Gesellschafterwechsel statt. Bei einer derartigen **verdeckten Treuhand** wird man daher ein Zustimmungserfordernis nur in Ausnahmefällen bei der Gefahr von Interessenkollisionen zwischen Treugeber und Gesellschaft 28

116 Str, so aber die zutr hM, vgl die Darstellung bei § 727 Rz 21.
117 So die zutr Begründung von Reuter/Kunath JuS 1977, 376, 380.
118 Einh M, vgl auch oben Rz 23.
119 MünchKomm/Ulmer Rz 83.
120 Vgl § 719 Rz 11 ff.
121 Vgl § 741 Rz 12.
122 RGZ 163, 142, 149; BAG NJW 1989, 3034.
123 GroßKommHGB/Fischer § 105 Rz 26 für die Personalhandelsgesellschaften, insbes die GmbH & Co KG.
124 So jetzt auch BGHZ 80, 129, 132, 143 = NJW 1981, 1373 = WM 1981, 400; BGH WM 1985, 165; dazu K Schmidt NJW 1981, 1345; Flume NJW 1981, 1753; Ulmer ZGR 1981, 593, 614; Schultz JuS 1982, 732; anders noch BGHZ 63, 45, 47; K Schmidt NJW 1975, 665, 669; Kühn, Festschr für Hefermehl, 1976, S 159 ff; offen gelassen von BGHZ 69, 95, 98 = NJW 1977, 1683; 70, 132, 134 = NJW 1978, 636; vgl auch Rz 40 vor § 705.
125 Zu den verschiedenen Erscheinungsformen vgl Rz 64 ff vor § 164; Beuthien ZGR 1974, 26, 32, Blaurock, Unterbeteiligung und Treuhand an Gesellschaftsanteilen S 66 ff.
126 Vgl § 719 Rz 20.
127 S § 719 Rz 2, 11 ff.

auf Grund der gesellschaftsrechtlichen Treupflicht annehmen können[128]. Bei der **offenen Treuhand** (qualifizierten Treuhand) ist Zustimmung der Mitgesellschafter erforderlich, wenn dem Treugeber unmittelbare Rechte gegenüber der Gesellschaft eingeräumt werden sollen.

29 **Inhaber der Gesellschafterstellung** ist der **Treuhänder**; allein ihn, nicht den Treugeber, treffen die aus dem Gesellschaftsvertrag sich ergebenden Rechte und Pflichten[129]. Der Treuhänder handelt insoweit nicht im Namen des Treugebers, sondern nur für dessen Rechnung[130]. Die Ausübung des **Stimmrechts** liegt allein beim Treuhänder[131], der Treugeber kann höchstens durch einen Stimmbindungsvertrag[132] Einfluss ausüben. Bei einem offenen Treuhandverhältnis können allerdings mit Zustimmung der Mitgesellschafter dem Treugeber **Kontroll- und Anweisungsbefugnisse** gegenüber der Gesellschaft eingeräumt werden[133]. Das sog Abspaltungsverbot[134] gilt insoweit nicht. Eine **Ausschließung des Treuhänders** gem § 737 kann auch auf in der Person oder im Verhalten des Treugebers liegende Gründe gestützt werden[135]. **Verfügungen** des Treuhänders **über die Mitgliedschaft** (Gleiches gilt für Vertragsänderungen und sonstige Beschlussfassungen) sind wirksam auch bei **Missbrauch der Treuhänderstellung**; sie können nicht unter analoger Anwendung der Grundsätze zum Vollmachtsmissbrauch[136] zu Fall gebracht werden[137]. Der Treuhänder kann am Vertretungshandeln für die GbR wegen Interessenwiderstreits (§ 181) gehindert sein[138]. Auch bei **Beendigung des Treuhandverhältnisses** bleibt der Treuhänder Gesellschafter[139]. Seine Beteiligung kann er nur mit Zustimmung der übrigen Gesellschafter auf seinen Treugeber übertragen[140]; eine Zustimmungsverpflichtung der Gesellschafter kann sich aber bei einem offenen Treuhandverhältnis aus der besonderen Stellung des Treugebers zu den anderen Gesellschaftern ergeben[141]. Zur Kündigung des Treuhandverhältnisses durch den Treugeber wegen Pflichtverletzung des Treuhandkommanditisten bei einer Publikums-KG vgl BGH NJW 1979, 1503; Hamm NJW-RR 2000, 916; zur Haftung des Treuhandkommanditisten vgl BGHZ 84, 141 = NJW 1982, 2493 = WM 1982, 758; WM 1982, 760; zum Rückgriff vgl BGHZ 93, 246 (mBespr Hadding, ZGR-Festschr für Fleck, 1988, S 71).

30 bb) **Beteiligte bei Belastungen und Verfügungsbeschränkungen**. Zur **Verpfändung** des Gesellschaftsanteils vgl § 717 Rz 17; zum **Nießbrauch** § 717 Rz 18; zur **Testamentsvollstreckung** und **Nachlassverwaltung** § 727 Rz 48 ff; zur **Insolvenz** die Bemerkungen zu § 728.

5. **Inhalt des Gesellschaftsvertrags**

Schrifttum: Ballerstedt, Der gemeinsame Zweck als Grundbegriff des Rechts der Personengesellschaften, JuS 1963, 253; Teichmann, Gestaltungsfreiheit in Gesellschaftsverträgen, 1970; H P Westermann, Vertragsfreiheit und Typengesetzlichkeit im Recht der Personengesellschaften, 1970; Schulze-Osterloh, Der gemeinsame Zweck der Personengesellschaften, 1973; Fikentscher, Zu Begriff und Funktion des „gemeinsamen Zwecks" im Gesellschafts- und Kartellrecht, in: Festschr für H Westermann, 1974, S 87; H P Westermann, Kautelarjurisprudenz, Rechtsprechung und Gesetz-

128 Vgl Erman/Westermann Rz 24; Beuthien ZGR 1974, 26, 46.
129 BGHZ 31, 258, 263; BFH WM 1971, 306; Celle ZIP 1985, 100, 102.
130 BGHZ 3, 354, 360 = NJW 1952, 178; 32, 17, 29 = NJW 1960, 866; WM 1962, 1353.
131 BGHZ 3, 354, 360.
132 Vgl § 709 Rz 34 ff.
133 BGHZ 10, 44, 50 = NJW 1953, 1548 (mAnm Merkel NJW 1954, 338); Koblenz WM 1989, 260; Köln BB 1996, 2058; vgl auch zur GmbH BGH WM 1976, 1247; Reuter ZGR 1978, 633; Fleck, Festschr für R Fischer, 1979, S 107; Ulmer, Festschr für Odersky, 1996, S 878.
134 S § 717 Rz 20 ff.
135 Vgl BGHZ 32, 17, 33.
136 Vgl § 177 Rz 15 ff.
137 Zutr BGH NJW 1968, 1471 (mablAnm Kötz; mzustAnm U Huber JZ 1968, 791 unter Hinweis auf die Vollrechtsstellung des Treuhänders; so auch Beuthien ZGR 1974, 26, 60; abl dagegen Erman/Westermann Rz 25); MünchKomm/Umer Rz 90; Blaurock, Unterbeteiligung und Treuhand an Gesellschaftsanteilen S 130 ff; vgl auch BGH WM 1977, 525 (mRezension Wank JuS 1979, 402) für eine Unterbeteiligung.
138 BGH WM 1991, 1753, 1754.
139 Vgl BGHZ 73, 294 (Bespr Kraft ZGR 1980, 399): für treuhänderisch organisierte Publikums-KG.
140 Zur Übertragung vgl BGHZ 13, 186 = NJW 1954, 1155; 24, 106, 114 = NJW 1957, 1026; 77, 392, 396; BGH BB 1971, 368.
141 Vgl für GmbH: BGH DB 1965, 698.

gebung im Spannungsfeld zwischen Gesellschafts- und Wirtschaftsrecht, AcP 175 (1975), 375; U H Schneider, Inhaltskontrolle von Gesellschaftsverträgen, ZGR 1978, 1.

a) **Allgemeines**. – aa) **Mindestanforderungen**. Der Gesellschaftsvertrag muss mindestens Vereinbarungen enthalten über den gemeinsam zu verfolgenden **Gesellschaftszweck** und über die **Pflicht**, den gemeinsamen Zweck in bestimmter Weise **zu fördern**. Diese notwendigen Bestandteile sind Ausdruck der gemeinschaftsrechtlichen und der schuldrechtlichen Elemente, die den Gesellschaftsvertrag kennzeichnen[142]. Unerheblich ist es dagegen, ob die Beteiligten ihrerseits das Verhältnis rechtlich als Gesellschaft angesehen haben[143]; vielmehr kommt es darauf an, ob objektiv die Voraussetzungen einer Gesellschaft gegeben sind[144]. Die Bezeichnung, welche die Vertragsparteien dem Gesellschaftsverhältnis gegeben haben, hat für die Abgrenzung des Gesellschaftsvertrags von Austauschverträgen, partiarischen Rechtsverhältnissen, societas leonina nur die Bedeutung eines Anzeichens[145]. 31

bb) **Weitere Bestandteile**. Der Gesellschaftsvertrag kann, muss aber nicht, weitere Vereinbarungen enthalten, zB über Geschäftsführung und Vertretung, Stimmrecht, Beschlussfassung, Kontrollrechte, Gewinnverteilung, Gesellschafterwechsel und -nachfolge, Auflösung und Auseinandersetzung[146]. Fehlen solche nicht notwendigen Vereinbarungen, so sind entsprechende Regelungen durch ergänzende Vertragsauslegung oder aus dem dispositiven Gesetzesrecht der §§ 706 ff zu ermitteln[147]. 32

cc) **Grenzen der Vertragsfreiheit**. Schranken werden dem Inhalt des Gesellschaftsvertrags zum einen durch die allgemeinen Vorschriften, zum anderen durch gesellschaftsrechtliche Grundsätze gezogen. Vereinbarungen des Gesellschaftsvertrags, insbesondere über den Gesellschaftszweck und die Beitragspflicht, dürfen nicht gegen **gesetzliche Verbote** (**§ 134**[148]) oder die **guten Sitten** (**§ 138**[149]) verstoßen. Letzteres kann bei einer **groben Ungleichbehandlung** eines oder mehrerer Gesellschafter der Fall sein, zB bei einer unverhältnismäßig niedrigen Bewertung der Einlage eines Gesellschafters[150], bei Klauseln, die den unverzichtbaren **Mindestbestand an Gesellschafterrechten beschränken** oder entziehen[151] oder bei den ausscheidenden Gesellschafter unverhältnismäßig **benachteiligenden Abfindungsklauseln**[152] oder ein **übersteigertes nachvertragliches Wettbewerbsverbot** (als Sanktion)[153]. Gesetzliche gesellschaftsrechtliche **Inhaltsschranken für Gesellschaftsverträge** ergeben sich aus § 716 Abs 2 (kein Ausschluss des Kontrollrechts[154]), § 723 Abs 3 (kein Ausschluss und keine Beschränkung des Kündigungsrechts[155]) und dem aus § 717 Satz 1 herzuleitenden sog Abspaltungsverbot von Gesellschafterrechten[156]. „**Bewegliche Ausübungsschranken**"[157] für gesellschaftsvertragliche Vereinbarungen bilden die nicht ausdrücklich geregelten **allgemeinen Grundsätze des Gesellschaftsrechts**, namentlich die **Treupflicht** der Gesellschafter untereinander und gegenüber sowie seitens der Gesellschaft[158], die Pflicht zur **Gleichbehandlung** aller Gesellschafter[159] und das Gebot des **Minderheitenschutzes,** zB der von der Rechtsprechung entwickelte **Bestimmtheitsgrundsatz**, der für Mehrheitsbeschlüsse bei Grundlagengeschäften gelten soll[160]. In der Rechtsprechung[161] wird vertreten, dass der Widerruf eines Finanzierungsdarlehens nach HTWG § 1 Abs 1 Nr 1 (= § 312 Abs 1 Satz 1 33

142 Wiedemann, GesellschaftsR I, § 1 I 1 1 b; MünchKomm/Ulmer Rz 128.
143 BGHZ 31, 198, 201 = NJW 1960, 428; BGH BB 1961, 1292.
144 Für OHG: BGHZ 10, 97 = NJW 1953, 1217; 22, 245 = NJW 1957, 218; s oben Rz 6.
145 BGH WM 1966, 188; vgl auch Rz 8 ff vor § 705 u unten Rz 36 f.
146 Vgl die Vertragsmuster bei v Dalwigk/Mentz, in: Münchener Vertragshandbuch, Bd I, 2000^5, S 1–65.
147 S dazu unten Rz 38; vgl auch oben Rz 16.
148 S dazu unten Rz 81.
149 S dazu unten Rz 81, 83.
150 Vgl BGH WM 1975, 325, 327.
151 Vgl BGHZ 44, 158, 161 = NJW 1965, 2147.
152 S § 738 Rz 42 ff.
153 BGH NJW 2005, 3061 = WM 2005, 1752 = ZIP 2005, 1778.
154 S dazu § 716 Rz 12 f.
155 S dazu § 723 Rz 55 ff.
156 S dazu § 717 Rz 20.
157 So H P Westermann AcP 175 (1975) 375, 414.
158 S unten Rz 58 ff.
159 Vgl unten Rz 65 ff.
160 S dazu § 709 Rz 40 f.
161 Stuttgart ZIP 2001, 322.

Nr 1) auch die Unwirksamkeit des Beitritts zu einer GbR (geschlossener Immobilienfonds) herbeiführe, wenn der Beitritt und das Darlehen eine wirtschaftliche Einheit bilden; das ist zweifelhaft[162].

34 dd) **Inhaltskontrolle von Gesellschaftsverträgen**. Gesellschaftsvertragliche Regelungen unterliegen nach § 310 Abs 4 Satz 1[163] nicht der Inhaltskontrolle nach §§ 307–309[164]. Denn diese Vorschriften sind auf Austauschverträge zugeschnitten, zu denen der Gesellschaftsvertrag nicht gehört[165]. Im Einzelfall kann jedoch eine **teleologische Reduktion** von § 310 Abs 4 Satz 1 zu einer Anwendung der §§ 305–309 führen, wenn der Gesellschaftsvertrag formularmäßig für eine Vielzahl von Mitgliedschaften vorformuliert ist oder es sich zB um eine zweigliedrige Innengesellschaft mit Ähnlichkeit zu einem partiarischen Rechtsverhältnis handelt[166]. Darüber hinaus hat der **BGH**[167] im Anschluss an Teichmann[168] und andere[169] zum Zweck des Anlegerschutzes bei der **Publikums-KG** mit einem von den Gründergesellschaftern vorformulierten Gesellschaftsvertrag die Möglichkeit einer **auf § 242 gestützten richterlichen Inhaltskontrolle** bejaht[170]. Dies gilt auch nach Inkrafttreten der §§ 305–310[171]. Dementsprechend kann auch bei einem einseitig vorformulierten Gesellschaftsvertrag einer GbR, die auf eine Vielzahl von Mitgliedern und wechselnden Gesellschafterbestand angelegt ist, eine Inhaltskontrolle nach § 242 stattfinden[172].

35 b) **Gemeinsamer Zweck**. Der Inhalt des Gesellschaftsvertrags kann auf die Förderung eines **jeden erlaubten Zwecks** gerichtet sein. Der verfolgte Gesellschaftszweck darf nicht gegen ein gesetzliches Verbot (§ 134) oder die guten Sitten (§ 138) verstoßen[173]. Innerhalb der erlaubten Zwecke sind die Gesellschafter in der Zwecksetzung frei; das Ziel kann ein wirtschaftliches oder ideelles sein; durch die Gesellschaft kann ein für die Gesellschafter materielles oder ein altruistisches (wohltätiges) Interesse verfolgt werden; der Zweck kann eine dauernde oder nur eine vorübergehende Tätigkeit erfordern[174]. Gesellschaftszweck kann auch das gemeinsame Halten und Verwalten einer beweglichen oder unbeweglichen Sache sein, zB der Erwerb und das Halten eines Familienheims durch Ehegatten[175] oder das Verwalten und Bewohnen eines einem Beteiligten gehörenden Hauses durch mehrere Verwandte[176]; zur nichtehelichen Lebensgemeinschaft vgl Rz 59

162 Vgl Habersack ZIP 2001, 327; nunmehr auch BGH WM 2005, 124; BGHZ 159, 280.
163 Bis 31.12.2001: AGB-Ges § 23 Abs 1.
164 Bis 31.12.2001: AGB-Ges §§ 9–11.
165 Vgl unten Rz 44.
166 Ulmer/Brandner/Hensen AGB-Ges 2001[9] § 23 Rz 24; anders LG Koblenz ZIP 1982, 165 für eine stille Gesellschaft; zur Abgrenzung der GbR vom partiarischen Rechtsverhältnis vgl Rz 10–12 vor § 705.
167 BGHZ 64, 238, 241 = NJW 1975, 1318; 84, 11, 14 = NJW 1982, 2303 = WM 1982, 760; zust H P Westermann AcP 175 (1975), 375, 408; Schulte ZGR 1976, 97; U H Schneider ZGR 1978, 1; Stimpel, Festschr für R Fischer, 1979, S 771 ff; Wiedemann, GesellschaftsR I S 172; krit dagegen Martens JZ 1976, 511; Reuter AG 1979, 321; Kraft, Festschr für R Fischer, 1979, S 321, 331, 333.
168 Gestaltungsfreiheit in Gesellschaftsverträgen S 109 ff.
169 Martens DB 1973, 1413, 1418; Wiedemann, Festschr für H Westermann, 1974, S 585, 590; R Fischer DRiZ 1974, 209, 213 u Festschr für Barz, 1975, S 33, 38.
170 Für eine weitergehende Inhaltskontrolle zu Gunsten des Gesellschafter-Erben Wiedemann, GesellschaftsR I S 585, 590; dagegen zu Recht U H Schneider ZGR 1978, 1, 9; MünchKomm/Ulmer Rz 141; vgl auch Schulte, Festschr für H Westermann, 1974, S 525, 535; Balser, Die richterliche Inhaltskontrolle von Gesellschaftsverträgen, Diss Frankfurt 1979; J Schmid, Die richterliche Kontrolle des Inhalts der Gesellschaftsverträge von Publikumspersonengesellschaften, Diss Tübingen 1979.
171 Bis 31.12.2001: AGB-Ges §§ 9–11, 23–24 a; vgl BGHZ 84, 11, 14; BGH NJW 1979, 2102 = WM 1979, 672; WM 1983, 1407; Stimpel, Festschr für R Fischer, 1979, S 771, 775; anders wohl Kraft, Festschr für R Fischer, 1979, S 321, 332.
172 Vgl die Fälle BGH NJW 1982, 877 = WM 1982, 40; WM 1983, 1407.
173 Vgl oben Rz 33 sowie unten Rz 81, 83.
174 Führung eines Rechtsstreits: Hamburg OLG 33, 119; Sanierungsgesellschaft: RG Recht 1911 Nr 3806; Spiel- und Wettgemeinschaft (bei Lotto und Toto; vgl Rz 41 vor § 705): BGH NJW 1974, 1705; Braunschweig MDR 1954, 354; zum Emissionskonsortium vgl Rz 45 vor § 705.
175 BGH NJW 1982, 170 = WM 1981, 1334; Flume DB 1973, 2470; Petzoldt BB 1973, 1332; zustimmend – von der Rechtslage de lege lata ausgehend – auch K Schmidt AcP 182 (1982), 481, 506 f; anders Köln DNotZ 1967, 501 (mablAnm Faßbender); Düsseldorf DNotZ 1973, 91 (mabl Anm Petzoldt); BB 1973, 1325.
176 BGH NJW-RR 1991, 422; auch BGH BB 1982, 349.

vor § 705. Zweck einer GbR kann auch der selbständige Betrieb eines Handwerks sein (HandwO § 1)[177]; um im Sinne der Handwerksordnung anerkannt zu werden, muss nur ein Gesellschafter, der mit der technischen Leitung betraut ist, den Befähigungsnachweis erbringen. Ist der Zweck der Gesellschaft der Betrieb eines Handelsgewerbes (HGB § 1 Abs 2) unter gemeinsamer Firma, so entsteht eine OHG[178]. Ob ein Gesellschaftszweck vorliegt, sollte nicht engherzig beurteilt werden[179].

Entscheidend ist, dass der Zweck ein **gemeinsamer** ist[180]. Durch den Gesellschaftsvertrag ver- 36
pflichtet sich jeder Gesellschafter, den Zweck gleichermaßen als eigenen und als Zweck der anderen zu fördern[181]. Dabei können auch Drittinteressen verfolgt werden, solange nur der gemeinsame Zweck der Hauptzweck bleibt[182]. Nicht genügen gleichartige Zwecke (Bruchteilseigentümer vereinbaren Bebauung des gemeinsamen Grundstücks, aber nur einer von ihnen führt Bau durch und verpflichtet sich nur, danach die Anteile der anderen zu erwerben[183]). Dagegen müssen die von den einzelnen Gesellschaftern verfolgten **Endzwecke**, die persönlichen Beweggründe für ihre Beteiligung, **keine gemeinschaftlichen** sein; es reicht vielmehr aus, wenn die Gesellschaft ein **gemeinschaftliches Mittel** (**Vorzweck**) zur Verwirklichung unterschiedlicher persönlicher Endzwecke ist[184]. Ein gemeinsamer Zweck ist dann vereinbart, wenn die Vorzwecke der einzelnen Gesellschafter, die sich – zumindest teilweise – **inhaltlich decken** müssen, zum **Vertragsinhalt** erhoben werden und künftig im **Zusammenwirken verfolgt** werden sollen[185]. Nicht zum gemeinsamen Zweck gehört, dass auch alle Gesellschafter am Gewinn und Verlust teilnehmen, auch wenn es sich um einen erwerbswirtschaftlichen Gesellschaftszweck handelt[186]. Ob eine Beteiligung an einer GbR nämlich aus eigennützigen oder aus uneigennützigen Gründen erfolgt, ist Frage des vom Gesellschaftszweck zu unterscheidenden Endzwecks. Jedoch kann die Tatsache, dass die Beteiligten das wirtschaftliche Risiko gemeinsam tragen, Anzeichen für eine den Gesellschaftsvertrag kennzeichnende Zweckgemeinschaft sein[187]. Außerdem obliegen auch dem uneigennützig, zB schenkweise Beteiligten Förderungspflichten (Beiträge im weiten Sinne[188]). Es ist nicht erforderlich, dass die Gesellschafter vereinbaren, auf welche Weise der Gesellschaftszweck verwirklicht werden soll[189]. Dies kann der Vertragsausführung für später überlassen bleiben[190] oder sich durch Auslegung[191] im Hinblick auf den vereinbarten Zweck ergeben.

Da die **Gewinnbeteiligung aller Gesellschafter** – auch bei der erwerbswirtschaftlich orientierten GbR – **kein** für das Vorliegen einer Gesellschaft **kennzeichnendes Merkmal** ist, kann auch bei einer **societas leonina**[192] eine GbR vorliegen[193]. Bei dieser nehmen ein oder mehrere Gesellschafter lediglich am Verlust teil, während sie von der Teilnahme am Gewinn ausgeschlossen sind; den übrigen Gesellschaftern steht dann der „Löwenanteil" am Gewinn zu. Auch in diesen Fällen kann jedoch ein **gemeinsamer Zweck** und eine entsprechende **Förderpflicht** der bloß am

177 Vgl Nauermann DB 1965, 1084 f.
178 S oben Rz 6.
179 So Böhmert JZ 1994, 982.
180 Vgl RGZ 95, 147, 149; RG JW 1930, 2655; 1938, 1025; BGH NJW 1951, 308; BB 1960, 15.
181 Vgl Ballerstedt JuS 1963, 253, 255; Flume, Personengesellschaft § 3 I, S 37.
182 Vgl. Böhmert JZ 1994, 982 ff.
183 München NJW 1968, 1384.
184 Vgl BGH NJW 1951, 308; DB 1959, 1397; BB 1960, 15.
185 Vgl Fikentscher, Festschrift für H Westermann S 87, 94 ff.
186 Str, wie hier GroßKommHGB³/Fischer § 105 Rz 9 a; MünchKomm/Ulmer Rz 149 f; Flume, Personengesellschaft § 3 II, S 44; Teichmann, Gestaltungsfreiheit in Gesellschaftsverträgen S 145 ff; Müller-Gugenberger, Gedächtnisschr für Rödig, 1978, S 274, 280; auch BGH NJW 1987, 3124, 3125; aA RGZ 95, 147, 149; RG JW 1930, 2655; Ballerstedt JuS 1963, 253, 255; Schulze-Osterloh, Der gemeinsame Zweck der Personengesellschaften S 25, 66.
187 BGH NJW 1983, 1188 = WM 1982, 1226.
188 Vgl § 706 Rz 6, oben Rz 11.
189 RG HRR 1928 Nr 1409.
190 RG Gruchot 72, 750.
191 Vgl unten Rz 38.
192 Zur Fragwürdigkeit der Bezeichnung zu Recht Flume, Personengesellschaft § 3 V Fn 43.
193 Str, wie hier Flume, Personengesellschaft § 3 V Fn 43; MünchKomm/Ulmer Rz 151; Hueck, OHG § 1 I 1 b; Sonnenhol WuB II, § 714 BGB 1.87; sowie eingehend Müller-Gugenberger, Gedächtnisschr für Rödig, 1978, S 274; aM Ballerstedt JuS 1963, 253, 255; Reinhardt/Schultz, GesellschaftsR² Rz 64; Schulze-Osterloh, Der gemeinsame Zweck der Personengesellschaften S 25 f, 66; dagegen H P Westermann JR 1977, 78.

Verlust beteiligten Gesellschafter vorliegen, was zur Annahme einer GbR ausreicht; bei der GmbH u Co KG ist die GmbH als Komplementär sogar in der Regel nicht am Gewinn beteiligt[194]. Der Ausschluss der Gewinnbeteiligung kann jedoch uU gegen § 138 oder die gesellschaftsrechtliche Gleichbehandlungspflicht[195] verstoßen. Fehlt es an diesen Voraussetzungen, nimmt der ausschließlich am Verlust Beteiligte zB nur an der Verfolgung eines fremden Zwecks (dem seines Vertragspartners) teil[196], kann ein Auftrag, eine Schenkung oder ein Garantievertrag vorliegen.

37 c) **Förderungpflicht**. Die Gesellschafter müssen sich verpflichten, den Gesellschaftszweck zu fördern. Gegenstand der Förderungspflicht kann **jede Leistung im Sinne des § 241 Abs 1** sein (**Beitragspflicht im weiten Sinne**[197]). Sind **vermögenswerte Leistungen** zu erbringen, handelt es sich um **Beiträge im engeren Sinne**[198]. Die Förderungspflicht ist, da es sich bei der GbR um ein Dauerschuldverhältnis handelt, eine **dauernde Hauptpflicht**[199]. Fehlt die Förderungspflicht, zB bei Gefälligkeitsverhältnissen, oder ergibt sie sich schon aus einem anderen zwischen den Beteiligten bestehenden Rechtsverhältnis (zB Ehe, Erbengemeinschaft) oder ist sie nur Nebenleistungspflicht (vgl § 241 Abs 2), so liegt keine Gesellschaft vor. Art und Höhe der Beiträge müssen sich nicht ausdrücklich aus dem Gesellschaftsvertrag ergeben; uU kann auch aus dem Gesellschaftszweck auf den Inhalt der Beitragspflicht geschlossen werden[200].

38 6. **Auslegung des Gesellschaftsvertrags**. Für die Auslegung des Gesellschaftsvertrags gelten zunächst die allgemeinen Regeln der **§§ 133, 157**. Danach ist, ausgehend vom Wortlaut, der **subjektive Wille** der Beteiligten unter Berücksichtigung von Sinn und Zweck der Regelung und der allgemeinen Lebenserfahrung zu ermitteln[201]. Dagegen hat sich die Auslegung von Gesellschaftsverträgen bei **Publikumsgesellschaften** wegen ihrer weithin körperschaftlichen Struktur am **objektiven Erklärungsbefund** zu orientieren[202]. Entsprechendes gilt für vielköpfige Familiengesellschaften[203]. Auch wird, der Gesellschaft als Dauerschuldverhältnis entsprechend, dem Willen der Gründungsgesellschafter, insbesondere bei zwischenzeitlichem **Gesellschafterwechsel** oder einverständlicher abweichender **Handhabung**[204], durch Zeitablauf bei der Auslegung immer weniger Gewicht zukommen[205]. Ferner sind bei der Auslegung der **Bestandsschutz**, zB bei Fortsetzungs- und Nachfolgeregelungen[206], und die **Treupflicht** der Gesellschafter[207] zu berücksichtigen. Besondere Bedeutung für den Gesellschaftsvertrag kommt der **richterlichen ergänzenden Auslegung** zu; sie setzt voraus, dass die vertragliche Regelung eine von den Beteiligten nicht gesehene Lücke aufweist. Die Lücke wird dann durch den **hypothetischen Parteiwillen** geschlossen, der sich auf Grund der Frage ergibt, welche Rechtsfolge die Beteiligten vereinbart hätten, wenn sie den im Vertrag nicht geregelten Sachverhalt gesehen hätten. Der ergänzenden Auslegung des Gesellschaftsvertrags kommt in der Regel **Vorrang vor dem dispositiven Gesetzesrecht** zu[208]. Die Grundzüge des konkreten Gesellschaftsvertrags sind „zu Ende zu denken".

194 Nach BGH NJW 1987, 3124 (dazu H Schmidt EWiR § 714 BGB 1/87) genügt als Erfolgsbeteiligung eine zugesagte Geschäftsführervergütung.
195 S unten Rz 65 ff.
196 Vgl RG DJZ 1922, 321.
197 ZB auch Unterlassen von Wettbewerb.
198 Vgl § 706 Rz 1.
199 MünchKomm/Ulmer Rz 153 f.
200 RG Gruchot 72, 56; zu den **Beitragsarten** vgl § 706 Rz 7, 8; zur **Beitragshöhe** und der **Gleichbehandlungspflicht** § 706 Rz 9, § 707 u unten Rz 65 ff.
201 Vgl BGHZ 23, 17, 29 = NJW 1957, 591; BGH BB 1973, 166; WM 1957, 512 f; WM 1975, 662; Wiedemann DNotZ 1977, Sonderheft 1, 99; ders, GesellschaftsR I, 1980, § 3 II 2; Coing ZGR 1978, 659, 666; Grunewald ZGR 1995, 68; K Schmidt, GesellschaftsR § 5 I 4; Erman/Westermann Rz 32–34. Zur Auslegung scheinbar widersprüchlicher Bestimmungen BGH NZG 2005, 594 = NJW-Spezial 2005, 316.
202 BGH NJW 1979, 2102 = WM 1979, 672; WM 1985, 195; Hamburg NJW-RR 1996, 1436; Teichmann, Gestaltungsfreiheit in Gesellschaftsverträgen S 133.
203 BGH NJW 1989, 1259 = ZIP 1989, 1052.
204 Grunewald ZGR 1995, 68, 70; s auch BGH NJW 1966, 826 = WM 1966, 159: abweichende Gewinnverteilung in OHG.
205 Zum Parallelfall bei konkludenten Vertragsänderungen vgl oben Rz 16.
206 Vgl BGHZ 68, 225, 229 = NJW 1977, 1339; BGH NJW 1978, 264, 266.
207 Vgl BGH WM 1977, 1140 = BB 1977, 1271; WM 1979, 891.
208 BGH NJW 1979, 1705 = WM 1979, 327; NJW 1982, 2816; NJW 1985, 192, 193; WM 1986, 68, 69 = BB 1986, 241; BGHZ 123, 281, 286 = NJW 1993, 3192.

7. **Mängel des Gesellschaftsvertrags**. – a) **Unwirksamkeitsgründe**. Der Gesellschaftsvertrag kann aus den für alle Rechtsgeschäfte geltenden Unwirksamkeitsgründen **im ganzen oder teilweise nichtig** sein. Ferner können die Beitrittserklärungen einzelner Gesellschafter unwirksam sein[209]. Als **Fehlerquelle** kommen in Betracht: – aa) Verstoß des Gesellschaftzwecks gegen ein gesetzliches Verbot (§ 134) oder die guten Sitten (§ 138)[210]; – bb) Anfängliche Unmöglichkeit des Gesellschaftszwecks (§ 311 a)[211]; – cc) Formnichtigkeit (§ 125)[212]; – dd) Versteckter Einigungsmangel (§ 155)[213]; – ee) Scheingeschäft (§ 117)[214]; – ff) Anfechtung des Gesellschaftsvertrags wegen Irrtums, Täuschung oder Drohung (§§ 119, 123, 142)[215]; – gg) Fehlen oder Wegfall der Geschäftsgrundlage (§ 313)[216] – hh) Fehlerhafte Mitwirkung nicht voll Geschäftsfähiger (§§ 105 ff)[217]; – ii) Vertretungsmängel (fehlende Vollmacht, Missbrauch der Vertretungsmacht, Insichgeschäft). 39

b) **Objektive Teilnichtigkeit**. Die genannten Fehlerquellen können zur **Nichtigkeit** des Gesellschaftsvertrags **im ganzen** führen[218], zB bei gesetz- oder sittenwidrigem Gesellschaftszweck. Es können aber auch nur eine oder einige Bestimmungen des Vertrags nichtig sein, so dass eine **Teilnichtigkeit im Sinne des § 139** vorliegt, zB wenn der Absatz der Waren, deren Vertrieb zum Zweck der Gesellschaft gehört, verboten wird[219] oder bei einer Klausel, die eine Knebelung eines Gesellschafters enthält[220]. Es fragt sich, ob in diesen Fällen die Auslegungsregel des § 139 eine Gesamtnichtigkeit des Gesellschaftsvertrags herbeiführt. § 139 findet jedenfalls keine Anwendung, wenn der Gesellschaftsvertrag eine **salvatorische Klausel** des Inhalts enthält, dass die Ungültigkeit einzelner Bestimmungen die Gültigkeit des ganzen Vertrags nicht berühren soll, es sei denn, dass die nichtige Regelung von grundlegender Bedeutung ist[221]. Aber auch wo eine salvatorische Klausel fehlt, wird die Vermutung des § 139 in der Regel durch das **Bestandsschutzinteresse** der Gesellschafter im Wege der ergänzenden Vertragsauslegung widerlegt werden können, wenn die Gesellschaft schon in **Vollzug gesetzt** worden ist[222]. Zur **fehlerhaften Änderung** des Gesellschaftsvertrags vgl unten Rz 91. 40

c) **Subjektive Teilnichtigkeit**. Sind nur die auf Abschluss des Gesellschaftsvertrags gerichteten **Willenserklärungen eines oder einzelner Gesellschafter nichtig**, ist **§ 139** nach seinen Voraussetzungen **nicht anwendbar**, weil die einzelnen Beitrittserklärungen nicht abtrennbare Teile des Rechtsgeschäfts Gesellschaftsvertrag, sondern dessen Tatbestand bilden[223]. Einigkeit besteht jedoch darüber, dass der Gesellschaftsvertrag bei der mehr als zweigliedrigen Gesellschaft **zwischen den übrigen Gesellschaftern wirksam** ist, wenn die Auslegung der 41

209 Zu den Nichtigkeitsfolgen vgl unten Rz 70 ff.
210 S dazu oben Rz 33, unten Rz 81.
211 Bis 31.12.2001: § 306 aF. – Da der Gesellschaftsvertrag auch bei anfänglicher Unmöglichkeit (anfänglichem Unvermögen) wirksam bleibt (§§ 311 a Abs 1, 275 Abs 1), wird fraglich, wie § 311 a Abs 2 sich zur Abwicklung als fehlerhafte Gesellschaft verhält (vgl Rz 76–79).
212 S dazu oben Rz 8–13.
213 Vgl RG DR 1943, 1221; BGHZ 3, 285 = NJW 1952, 97; zum offenen Einigungsmangel vgl oben Rz 5.
214 S dazu unten Rz 72.
215 S dazu unten Rz 73, 83.
216 RGZ 165, 193, 199; BGHZ 10, 44, 51 = NJW 1953, 1548; BGH NJW 1974, 1656; vgl § 242 Rz 199 ff.
217 S dazu oben Rz 19–21 u unten Rz 82.
218 Zu den Rechtsfolgen vgl unten Rz 70 ff insbes Rz 74.
219 RGZ 104, 349.
220 BGHZ 37, 381 = NJW 1962, 1811; BGH WM 1976, 1027, 1029 = DB 1976, 2106.
221 BGH WM 1976, 1027, 1029; vgl auch BGH WM 1973, 900, 902 und H Westermann, Festschr für Mohring, 1975, S 135.
222 In diesem Sinne auch BGHZ 47, 293, 301 = NJW 1967, 1961; 49, 364, 365 = NJW 1968, 1378; BGH WM 1955, 1054; WM 1962, 462; Erman, Personalgesellschaften auf mangelhafter Vertragsgrundlage, 1947, S 29; Wiesner, Die Lehre von der fehlerhaften Gesellschaft, 1980, S 106; ders NJW 1984, 95, 99; krit dagegen Hj Weber, Zur Lehre von der fehlerhaften Gesellschaft, 1978, S 50; vgl auch BGH NJW 1982, 877, 879 = WM 1982, 40.
223 Str, wie hier Hueck, OHG § 7 I 2; Münch Komm/Ulmer Rz 54; aA die wohl hM zB Groß KommHGB[3]/Fischer § 105 Rz 48 a; Staud[12]/Keßler Rz 101 ff; Westermann, Handb Rz I 177; Hj Weber, Zur Lehre von der fehlerhaften Gesellschaft S 57; Erman, Personalgesellschaften auf mangelhafter Vertragsgrundlage S 34; offenbar auch BGH NJW 1983, 748 = WM 1983, 305.

wirksamen Willenserklärungen ergibt, dass die übrigen Gesellschafter den Gesellschaftsvertrag auch ohne Mitwirkung des fehlerhaft Beigetretenen abgeschlossen hätten. Darauf kann das Vorhandensein einer **Fortsetzungsklausel** (§ 736) hindeuten; aber die Vereinbarung der Fortsetzungsklausel muss nicht in jedem Fall zu diesem Schluss oder das Fehlen der Klausel zum Gegenschluss führen; denn der Wille zum Fortbestehen bei Ausscheiden eines Gesellschafters umschließt nicht ohne weiteres den Willen zum Ingangsetzen bei Nichteintritt eines Gesellschafters[224]; auch beim Fehlen der Fortsetzungsklausel kann ausnahmsweise die Bedeutung der Mitwirkung des fehlerhaft Beigetretenen so gering sein, dass auf einen Willen der übrigen Gesellschafter, die Gesellschaft trotzdem zu gründen, geschlossen werden kann. Setzen die übrigen Gesellschafter die Gesellschaft in Kenntnis des Mangels in Vollzug, so kann darin eine **konkludente Neugründung** liegen. Zu den Rechtswirkungen in diesen Fällen nichtiger Gesellschaftsverträge oder nichtiger bzw unwirksamer einzelner Beitrittserklärungen vgl die Ausführungen über die fehlerhafte Gesellschaft unten Rz 70 ff; zum fehlerhaften Eintritt in eine bestehende Gesellschaft Rz 89.

42 8. **Rechtliche Einordnung des Gesellschaftsvertrags.** – a) **Schuldrechtlicher Vertrag**[225]. Nach seiner systematischen Stellung im Recht der Schuldverhältnisse ist der Gesellschaftsvertrag zunächst als **schuldrechtlicher Vertrag** einzuordnen[226]. Denn der Gesellschaftsvertrag lässt Rechte und Pflichten zwischen den Gesellschaftern untereinander und zwischen den Gesellschaftern und der Gesellschaft entstehen. Auf ihn finden die Vorschriften des allgemeinen Schuldrechts grundsätzlich Anwendung, soweit sie nicht speziellen Vorschriften oder ungeschriebenen Rechtsgrundsätzen des Gesellschaftsrechts widersprechen. Deshalb sind zB die §§ 315 ff, insbesondere hinsichtlich der Einlageverpflichtungen, anwendbar; gem § 317 können Entscheidungen über Gesellschaftsangelegenheiten Dritten überlassen werden[227]. Der Verschuldensmaßstab des § 276 wird durch § 708 modifiziert.

43 b) **Organisationsvertrag**. Durch den Gesellschaftsvertrag wird zugleich eine **Personengemeinschaft** (die „**Gesamthand**“[228]) errichtet. Der Gesellschaftsvertrag ist damit Entstehungstatbestand und fortdauernde Rechtsgrundlage für die rechtlich verselbständigte Gruppe der Gesellschafter, die GbR mit ihrer Organisation. Der Gesellschaftsvertrag der GbR ist daher auch und vor allem **Organisationsvertrag**[229]. Die Gesellschaft kann jedoch auch auf eine Organisation verzichten, wie die Zulässigkeit der Innengesellschaft[230] ohne Gesamthandvermögen und Gesellschaftsorgane deutlich macht. Mit Abschluss des Gesellschaftsvertrags gründet sich die Gruppe der Gesellschafter als Wirkungseinheit im Rechtsverkehr[231]. Im Außenverhältnis tritt die Gesamthand als **Einheit der Gesellschafter in ihrer Verbundenheit** auf. Die Gesamthand ist rechtsfähiger Träger des **Gesellschaftsvermögens**[232]; dieses ist der Inbegriff aller Sachen und Rechte, die der Verfolgung des gemeinsamen Zwecks zu dienen bestimmt sind[233]. Aus der Sicht des einzelnen Gesellschafters ist seine Beteiligung an der Gesamthand die **Mitgliedschaft**[234]. Die Mitgliedschaft umfasst personenrechtliche (Mitverwaltungsrechte) und vermögensrechtliche Elemente (zB Anspruch auf einen Anteil am Gewinn). Ebenso ist die Gesamthand, indem sie als Einheit im Rechtsverkehr auftritt, **Personengemeinschaft** und zugleich als Träger des Gesell-

224 Vgl Hueck, OHG § 7 I 2 mBeisp, der nur bei Vorhandensein einer Fortsetzungsklausel eine Teilnichtigkeit für möglich hält; wie hier Erman/Westermann Rz 16.
225 Vgl zunächst Rz 22 vor § 705.
226 Zur Entstehungsgeschichte der §§ 705 ff vgl Hadding, Vom Reichsjustizamt zum Bundesministerium der Justiz, 1977, S 263, 270; Flume, Personengesellschaft § 1 II.
227 BGH NJW 1960, 963 = JZ 1960, 490 (mzustAnm A Hueck).
228 Vgl Rz 21 vor § 705.
229 Ebenso insbes Wiedemann ZGR 1996, 286, 287; G Hueck, Festschr für Zöllner, 1998, S 275, 278; zu den unterschiedlichen Funktionen des Vertrags vgl L Raiser, Festschr zum 100-jährigen Bestehen des Deutschen Juristentages Bd I, 1960, S 101, 109 f.
230 S Rz 29–31 vor § 705.
231 So Flume, Personengesellschaft § 2 I, II, S 11 ff und § 5 S 69 ff; zust Teichmann AcP 179 (1979), 475 ff.
232 S § 718 Rz 3–6.
233 Vgl § 718 Rz 10 ff.
234 S dazu unten Rz 46 u § 719 Rz 11 ff.

schaftsvermögens **Vermögensgemeinschaft**. Geht man davon aus, dass durch den Gesellschaftsvertrag eine Organisation, nämlich die der Gesamthand, gebildet wird, ergeben sich hinsichtlich des Bestands und des Auftretens der organisierten Gesamthand im Rechtsverkehr folgende Besonderheiten: Die Gesamthand genießt im Vergleich zu anderen Schuldverhältnissen erhöhten **Bestandsschutz** bei Mängeln des Gründungsakts[235]; die Gesamthand ist als Personengemeinschaft fähig, Träger von Rechten und Pflichten zu sein; ihre **Rechtsfähigkeit** ist nunmehr in Rechtsprechung und ganz überwiegender Lehre anerkannt[236]. Damit ist jedoch nichts darüber ausgesagt, unter welcher Bezeichnung die GbR im Rechtsverkehr auftreten kann[237].

c) **Gegenseitiger Vertrag**. Geht man vom Wortlaut des § 705 aus, verpflichten sich die Ge- **44**
sellschafter durch den Gesellschaftsvertrag **gegenseitig**, den Gesellschaftszweck zu fördern. Im Gesellschaftsvertrag übernehmen die Gesellschafter demnach **wechselseitige Verpflichtungen**; dadurch unterscheidet sich der Gesellschaftsvertrag von einseitig verpflichtenden und unvollkommen zweiseitig verpflichtenden Verträgen. Die wechselseitigen Verpflichtungen der Gesellschafter sind jedoch **nicht** in der Weise verbunden, dass zwischen ihnen ein **synallagmatisches Gegenseitigkeitsverhältnis** im Sinne eines **Austauschverhältnisses** besteht. Denn der einzelne Gesellschafter erbringt seine Leistung nicht, um Leistungen der Mitgesellschafter oder der Gesellschaft zu erlangen, sondern zur Förderung des gemeinsamen Zwecks[238]. Es fehlt somit die für Austauschverträge typische Gegenläufigkeit der mit der Leistung verfolgten Interessen[239]. Die Gesellschafter leisten ihre Beiträge vielmehr auf Grund von Interessen, die auf das gleiche Ziel gerichtet sind, nämlich die Förderung des Gesellschaftszwecks. Dies entspricht dem **gemeinschaftsbegründenden Charakter** des Gesellschaftsvertrags. Der Gesellschaftsvertrag ist daher grundsätzlich **nicht** als **gegenseitiger Vertrag im Sinne der §§ 320 ff** anzusehen, weil diese Vorschriften über das Gegenseitigkeitsverhältnis hinaus eine synallagmatische Verknüpfung der wechselseitigen Leistungspflichten voraussetzen, die bei den wechselseitigen Verpflichtungen der Gesellschafter nicht gegeben ist[240]. Mit Recht werden jedoch von der herrschenden Lehre die § 320 ff für anwendbar gehalten bei der **zweigliedrigen GbR**[241], da hier die Leistungen im gegenseitigen Abhängigkeitsverhältnis stehen und dritte Personen von der Geltendmachung der Rechte aus den §§ 320 ff nicht betroffen sind[242].

Bei **Leistungsstörungen** in der mehrgliedrigen Gesellschaft sind somit nicht die §§ 320 ff, **45**
sondern zunächst die **besonderen gesellschaftsrechtlichen Vorschriften** (insbesondere die §§ 712, 715; 723, 726, 727; 737) maßgebend. UU kann auch eine **ergänzende Vertragsauslegung** oder **Vertragsanpassung** im Rahmen der gesellschaftsrechtlichen Treupflicht Platz greifen. Ferner gelten die **allgemeinen schuldrechtlichen Grundsätze**, zB über den Wegfall der Geschäftsgrundlage (§ 313)[243] und **allgemeinen Vorschriften**, die nicht auf synallagmatische Leis-

235 Zur Lehre von der fehlerhaften Gesellschaft vgl unten Rz 70 ff, insbes Rz 85 ff.
236 S dazu iE § 718 Rz 3–6.
237 S dazu unten Rz 68 f.
238 Vgl oben Rz 35 ff.
239 Vgl Rz 8 vor § 705.
240 So die wohl hL; vgl Larenz, SchuldR II[12] § 60 I b, Reinhardt/Schultz, GesellschaftsR[2] Rz 56; Erman/Westermann § 705 Rz 41; MünchKomm/Ulmer Rz 161 ff, 170; Staud/Habermeier § 706 Rz 18 (mit Unterscheidung von Gesellschaftsverhältnis und „Beitragsverhältnis"); **aM** (§§ 320 ff grundsätzlich, aber mit Einschränkungen oder entspr anwendbar) RGZ 76, 276, 279; 78, 303, 305; 100, 1, 3; 112, 280, 283; 145, 274, 282; 147, 340, 342; 158, 321, 326; 163, 385, 388; Enn/Lehmann, SchuldR § 176 III 1; A Hueck, OHG § 6 II; Pal/Sprau Rz 13; differenzierend H Westermann, Handb Rz I 136 ff; Flume, Personengesellschaft § 2 IV, S 29 ff; in BGH LM Nr 11 zu HGB § 105; WM 1959, 53, 54 ist die Frage offen gelassen; die Anwendbarkeit der §§ 320 ff wird im Einzelfall geprüft; so auch GroßKommHGB[3]/Fischer § 105 Rz 47 b ff; RGRK/v Gamm Rz 8 ff; vgl auch BGH NJW 1951, 308, der den Gesellschaftsvertrag als gegenseitigen Vertrag ansieht, aber auf den Unterschied zum Austauschvertrag hinweist. Vgl zum Stand der Ansichten: Hüttemann, Leistungsstörungen im Gesellschaftsrecht, 1998, S 402 ff; Wertenbruch NZG 2001, 306.
241 Vgl hierzu H P Westermann, Festschr für Röhricht, 2005, S 655; Raible, Die zweigliedrige BGB-Gesellschaft, 2006.
242 AM nur Staud[12]/Keßler Rz 11.
243 Vgl BGHZ 10, 49, 51 = NJW 1953, 1548; BGH DB 1972, 2201.

tungspflichten abstellen, insbesondere die §§ 273 ff. Im einzelnen gilt folgendes: Anstelle der **Einreden nach §§ 320, 322** ist bei der GbR die Pflicht zur Gleichbehandlung aller Gesellschafter zu beachten[244]. Ein Gesellschafter kann daher seine Beitragspflicht nicht mit dem Hinweis verweigern, ein anderer Gesellschafter habe auch nicht erfüllt[245], denn er schuldet seinen Beitrag nicht nur diesem säumigen Gesellschafter, sondern der Gesellschaft. Entsprechendes gilt für die laufenden Verpflichtungen, zB zur Geschäftsführung und Vertretung[246]. Wenn die Gesellschaft einseitig unmotiviert (zB bei Säumnis aller Gesellschafter) gegen einen Gesellschafter die Beitragsklage erhebt, kann der Gesellschafter unter Berufung auf die Pflicht zur gleichmäßigen Behandlung der Gesellschafter die Beitragsleistung verweigern. UU kann der in Anspruch Genommene auch die Einrede der Arglist erheben. An Stelle des Leistungsverweigerungsrechts wegen **mangelnder Leistungsfähigkeit (§ 321)** sind die Vermögensverhältnisse der Mitgesellschafter oder der Gesellschaft im Rahmen einer Kündigung (§ 723 Abs 1), einer Ausschließung (§ 737) oder der Auflösung wegen Erreichung oder Unmöglichkeit des Gesellschaftszwecks (§ 726) zu berücksichtigen[247].

Tritt für die Beitragsleistung eines Gesellschafters eine von keiner Seite zu vertretende **Unmöglichkeit** ein, so wird dieser Gesellschafter von der konkreten Beitragspflicht frei (§ 275 Abs 1), aber entgegen § 326 Abs 1 Satz 1 Halbsatz 1 nicht auch die anderen[248]. Auch die Gesellschaft wird nicht frei von der Pflicht, diesen Gesellschafter am Gewinn zu beteiligen. Es ist allerdings zu fragen, ob nach dem Zweck dieser Beitragspflicht ersatzweise Geldleistung bei Unmöglichkeit der ursprünglich vereinbarten Leistung gefordert werden kann; dann tritt keine Befreiung nach § 275 Abs 1 ein. Entfällt aber die Leistung, dann besteht entweder Grund zur Kündigung[249] oder zur Anwendung von § 726 oder zur Herabsetzung der Gewinnbeteiligung aus dem Gesichtspunkt der gesellschaftsrechtlichen Treupflicht. Ist die Unmöglichkeit **von einem Mitgesellschafter oder der Gesellschaft zu vertreten** (Fall des § 326 Abs 2 Satz 1), wird der Beitragspflichtige ebenfalls nach § 275 Abs 1 frei. Der Gesellschaft steht uU ein Schadenersatzanspruch im Rahmen des Verschuldensmaßstabs nach § 708 oder ein Anspruch auf das stellvertretende commodum gem § 285 zu. Hat dagegen der **beitragspflichtige Gesellschafter** die Unmöglichkeit **selbst zu vertreten**, so ist er der Gesellschaft nach Maßgabe der §§ 280 Abs 1, Abs 3, 281; 708 zum Schadenersatz verpflichtet. UU besteht ein Kündigungsrecht nach § 723 Abs 1 oder die Möglichkeit der Auflösung nach § 726[250]. Bei **Verzug** mit der Leistungspflicht (§ 286) gilt § 280 Abs 2[251].

III. Inhalt des Gesellschaftsverhältnisses

46 1. **Überblick**. Durch den Abschluss des Gesellschaftsvertrags wird das **Gesellschaftsverhältnis** begründet. Das **Gesellschaftsverhältnis** ist einerseits **Schuldverhältnis** zwischen den Gesellschaftern untereinander sowie zwischen der Gesellschaft und dem einzelnen Gesellschafter; es begründet zwischen ihnen Rechte und Pflichten[252]. Es enthält aber auch die **Organi-**

244 Vgl unten Rz 65 ff.
245 BGH LM Nr 11 zu HGB § 105.
246 BGH WM 1959, 53, 54.
247 MünchKomm/Ulmer Rz 168; für Anwendbarkeit des § 321 dagegen zB GroßKommHGB³/Fischer § 105 Rz 47 d; RGRK/v Gamm Rz 9; vgl auch BGH WM 1968, 876: bei Vermögensverschlechterung der Gesellschaft soll auf die Zumutbarkeit der Beitragsleistung abzustellen sein.
248 AM RGZ 158, 321, 326; RGRK/v Gamm Rz 9.
249 München NZG 2000, 1124, 1125 (wenn Einbringungsvertrag zur Rückabwicklung der Gesellschaft führt).
250 So im Erg für die in Vollzug gesetzte Gesellschaft – unter Hinweis auf die Lehre von der fehlerhaften Gesellschaft – auch RGZ 78, 303, 305; 89, 333, 335; 112, 280, 283; 145, 274, 283; 158, 321, 326; 165, 193, 199; BGH WM 1967, 419, 420.
251 So auch RGZ 81, 303, 305; 89, 398, 400 für in Vollzug gesetzte Gesellschaften; anders wohl RGZ 123, 23, 25; vgl ferner BGH NJW 1983, 1188 = WM 1982, 1226. Die von Hüttemann, Leistungsstörungen im Gesellschaftsrecht S 409 vertretene Anwendbarkeit des § 326 aF wird von Wertenbruch NZG 2001, 306, 307 zutreffend abgelehnt, weil § 723 unterlaufen würde.
252 Vgl oben Rz 42 u unten Rz 47 ff.

sationsregelung[253], dh die Zuständigkeitenverteilung unter den Gesellschaftern hinsichtlich der Geschäftsführung (§§ 709–713) und Vertretung (§§ 714, 715) sowie die Art und Weise der Gesamtwillensbildung (einstimmige oder Mehrheitsbeschlüsse, Mehrheit nach Köpfen oder dem Verhältnis der Einlagen). Das Gesellschaftsverhältnis umfasst außerdem das **Gesamthandverhältnis** der Gesellschafter, soweit durch Beitragspflichten der Gesellschafter (§§ 706–707) und für die GbR erworbene Gegenstände ein Gesellschaftsvermögen (§§ 718, 719) besteht. Die Gesamtheit der Rechte und Pflichten eines Gesellschafters aus dem Gesellschaftsverhältnis einschließlich der Stellung als Gesamthänder ist seine **Mitgliedschaft**, die auch als **Gesellschaftsanteil** bezeichnet wird[254]. Sie ist kein subjektives Recht, sondern die **Stellung als Beteiligter des Gesellschaftsverhältnisses**[255] (vgl näher Rz 67 a). Über die Mitgliedschaft als Rechte- und Pflichtengesamtheit sowie auch über einzelne, sich aus dem Gesellschaftsverhältnis ergebende Rechte kann grundsätzlich nicht verfügt werden[256].

Ist streitig, ob überhaupt eine Mitgliedschaft besteht, so kommt es darauf an, ob ihre Vertragsgrundlage und damit das Rechtsverhältnis der Gesellschafter untereinander wirksam ist. Danach kann ein Anspruch auf **Feststellung des Bestehens einer Mitgliedschaft** oder des Ausscheidens eines Gesellschafters von jedem Gesellschafter für sich klagweise gegen den Mitgesellschafter, nicht aber gegen die Gesellschaft geltend gemacht werden[257]; zwischen mehreren beteiligten Gesellschaftern besteht keine notwendige Streitgenossenschaft gem ZPO § 62[258]. Jedoch wirkt die Rechtskraft des feststellenden Urteils auch gegenüber der Gesellschaft, wenn am Vorprozess alle Gesellschafter beteiligt waren[259].

Die Rechte und Pflichten aus dem Gesellschaftsverhältnis lassen sich einteilen nach dem Gegenstand in **Vermögens- und Verwaltungsrechte und -pflichten**[260] oder nach dem jeweils **Berechtigten oder Verpflichteten**. Danach sind zu unterscheiden Rechte und Pflichten zwischen der **Gesamthand und den einzelnen Gesellschaftern**[261] und die **Rechte und Pflichten der Gesellschafter untereinander**[262]. Die Rechte und Pflichten aus dem Gesellschaftsverhältnis werden oft als „**Sozialansprüche**" oder „**Sozialverpflichtungen**" der Gesellschaft mit entsprechenden „**Individualverpflichtungen**" oder „**Individualansprüchen**" des Gesellschafters bezeichnet. Das ist verwirrend, zumal bei Ansprüchen **unter den Gesellschaftern** von Individualansprüchen mit Individualverpflichtungen gesprochen wird. Da bestimmte Rechtswirkungen (zB die Einzelklagebefugnis[263]) nur daran geknüpft sind, dass Entstehungstatbestand das Gesellschaftsverhältnis ist, sollten jene systematisch wertlosen Bezeichnungen aufgegeben werden[264]. Dagegen ist zu beachten, dass Rechte und Pflichten zwischen der Gesellschaft und einem Gesellschafter oder unter den Gesellschaftern auch aus einem anderen, neben dem Gesellschaftsverhältnis bestehenden Rechtsverhältnis entstehen können, zB Darlehen, Anstellungsverhältnis, Geschäftsbesorgung, Kauf, Miete (sog **Drittgläubigeransprüche**). Dann stehen die Beteiligten

253 Vgl oben Rz 43.
254 Grundlegend Lutter AcP 180 (1980), 84 ff.
255 Str, vgl Hadding, Festschr für R Reinhardt, 1972, S 249, 255 mweitNachw; Sernetz, Die Rechtsnachfolge in die Verbandsmitgliedschaft insbesondere beim Unternehmerwechsel, 1973, S 41–43: Rechtsverhältnis; Helms, Schadenersatzansprüche wegen Beeinträchtigung der Vereinsmitgliedschaft, 1998, S 4 ff mNachw; aA zB Flume, Personengesellschaft § 9, S 125 ff; Lutter AcP 180 (1980), 84, 101 ff; K Schmidt GesellschaftsR § 19 I 3: Rechtsverhältnis *und* subjektives Recht, § 19 I 1 b: Rechtsstellung; Habersack, Die Mitgliedschaft – subjektives und sonstiges Recht, 1996; MünchKomm/Ulmer Rz 180. Vgl auch Bippus AcP 195 (1995), 13.
256 Vgl § 717 Rz 3 ff; § 719 Rz 4 ff; § 725 Rz 11 ff; § 727 Rz 48 ff.
257 BGHZ 48, 175, 177 = NJW 1967, 2159; 81, 263 = NJW 1981, 2565 = WM 1981, 1023; 85, 350, 353; 91, 132, 133 = NJW 1984, 2104 = WM 1984, 964; WM 1990, 309 = BB 1990, 371 (für GmbH u Co KG; dazu eingehend Bork ZGR 1991, 125 143).
258 Str, wie hier BGHZ 30, 195, 198 = NJW 1959, 1683: für OHG; BGHZ 48, 175 = NJW 1967, 2159; Wiedemann WM 1975 Sonderbeil 4 S 46; krit Beitzke JR 1965, 22; vgl auch Westermann, Handb Rz I 375.
259 BGHZ 48, 175, 177.
260 S dazu unten Rz 47, 51 ff.
261 S unten Rz 47 ff.
262 S unten Rz 54.
263 S dazu unten Rz 48 ff.
264 R Heinsheimer, Über die Teilhaberschaft, 1930, S 41; Hadding, Actio pro socio, 1966, S 11.

sich wie Dritte gegenüber[265]. Daneben bestehen im **Außenverhältnis Ansprüche der GbR aus Rechtsverhältnissen zu Dritten**[266]. Maßgebend für den Inhalt der Rechtsverhältnisse zwischen der Gesellschaft und den Gesellschaftern sowie unter den Gesellschaftern sind weiter die **Treupflicht**[267] und die Pflicht zur **Gleichbehandlung**[268].

47 2. **Rechte und Pflichten aus dem Gesellschaftsverhältnis**. – a) **Rechtsverhältnis zwischen Gesamthand und einzelnem Gesellschafter**. – aa) **Ansprüche der Gesamthand gegen einen Gesellschafter** (sog Sozialansprüche). – (1) **Allgemeines**. Inhaber dieser Ansprüche ist die Gesamthand; Anspruchsgegner ist der einzelne Gesellschafter. Vermögensrechtliche Ansprüche der Gesamthand sind Bestandteile des Gesellschaftsvermögens[269]. Die Ansprüche werden für die Gesamthand von den geschäftsführenden Gesellschaftern, die Vertretungsmacht haben, gegenüber dem einzelnen Gesellschafter geltend gemacht. Der Anspruch richtet sich auf **Leistung an die Gesamthand**, bei vermögenswerten Leistungen **in das Gesellschaftsvermögen**. Nur ausnahmsweise richtet sich der Anspruch auf Auskunft und Rechnungslegung (§§ 713, 666) auf Erfüllung an den klagenden Gesellschafter[270]. Nur durch Leistung an die Gesamthand kann der Gesellschafter erfüllen[271].

(2) **Einzelfälle**. Hierher gehört vor allem die **Beitragspflicht** des einzelnen Gesellschafters[272]. Die mit Abschluss des Gesellschaftsvertrags entstehende Forderung auf Leistung von Beiträgen im engeren Sinne gehört zum Gesellschaftsvermögen[273]; ebenso der Anspruch auf Ersatz eines der Gesamthand wegen Nichterfüllung der Beitragspflicht entstandenen Schadens[274]. Auch eine Zinsforderung ist als Sozialanspruch zu qualifizieren, wenn sie eine aus dem Gesellschaftsverhältnis herrührende Verpflichtung des Gesellschafters betrifft[275]. Weiter gehören zu den Ansprüchen der Gesamthand gegen den einzelnen Gesellschafter der **Anspruch** auf einen **Nachschuss** (§§ 735, 739), auf Ausgleich eines **Anteils am Verlust** (§ 722, 740 Abs 1 Satz 1), Ansprüche auf **Erfüllung von Gesellschafterpflichten**, zB der Pflicht zur Geschäftsführung (§§ 709, 710)[276], zur Auskunftserteilung, Rechnungslegung[277] und Herausgabe (§§ 713, 666, 667), zur Stimmabgabe (§ 709 Rz 27), zur Einhaltung der Zuständigkeitenregelung (zB Unterlassen eines Geschäfts bei Widerspruch gem § 711), zum Unterlassen treuwidrigen Verhaltens[278]. Zum Gesellschaftsvermögen gehören ferner sekundäre Ansprüche der Gesamthand auf **Schadenersatz wegen zu vertretender Verletzung von Gesellschafterpflichten aus pFV** (§ 280 Abs 1), insbesondere der Geschäftsführungspflicht und der Treupflicht[279].

(3) **Geltendmachung von Gesamthandansprüchen aus dem Gesellschaftsverhältnis durch den einzelnen Gesellschafter (sog actio pro socio oder Einzelklagebefugnis)**.

Schrifttum: Schumann, Die Geltendmachung von Schadensersatzansprüchen aus pflichtwidriger Geschäftsführung bei Personalgesellschaften, DR 1942, 1670; A Hueck, Die Geltendmachung von Sozialansprüchen bei der offenen Handelsgesellschaft, ZAkDR 1944, 103; Nitschke, Die Geltendmachung von Gesellschaftsforderungen durch den einzelnen Gesellschafter einer Personalgesellschaft (Gesamthänderklage), ZHR 128 (1965), 48; Hadding, Actio pro socio, Die Einzelklagebefugnis des Gesellschafters bei Gesamthandansprüchen aus dem Gesellschaftsverhältnis, 1966 (dazu Diederichsen ZHR 132 [1969], 290); Immenga, Die Minderheitsrechte des Kommanditisten, ZGR 1974, 385, 411; Hadding, Zur Einzelklagebefugnis des Gesellschafters einer Personalgesellschaft, JZ 1975, 159; Flume, Die Personengesellschaft, 1977, § 10 IV; Teichmann, Die Personengesellschaft als Rechtsträger, AcP 179 (1979), 475, 485; Lutter, Theorie der Mitgliedschaft, AcP 180 (1980), 84, 134; Hassold, Actio pro socio, JuS 1980, 32; Wiedemann, Gesellschaftsrecht I, 1980, § 8 IV 1c); F Häuser, Unbestimmte „Maßstäbe“ als Be-

265 Vgl unten Rz 57.
266 S dazu unten Rz 55 ff.
267 S unten Rz 58 ff.
268 S unten Rz 65 ff.
269 RGZ 76, 276, 278; 111, 77, 83; BGH WM 1961, 426; Hadding JZ 1975, 159, 163.
270 BGH WM 1966, 1037, 1038.
271 Vgl BGH NJW 1960, 433.
272 Vgl § 706 Rz 1, 6.
273 S oben Rz 21 vor § 705.
274 BGHZ 25, 47, 49 = NJW 1957, 1358; BGH WM 1961, 426, 427: zur Schadenersatzpflicht gegenüber einem Mitgesellschafter vgl unten Rz 54.
275 BGH NJW 2001, 1210, 1211.
276 S dazu § 709 Rz 8.
277 Vgl BGH WM 1972, 1229, 1230.
278 Vgl BGH WM 1972, 1229, 1230.
279 Vgl RGZ 89, 398, 400; 123, 23, 26; BGH NJW 1973, 2198; s unten Rz 64 ff sowie § 708 Rz 4 ff.

gründungselement richterlicher Entscheidungen, 1981, S 138–184; Roitzsch, Der Minderheitenschutz im Verbandsrecht, 1981, S 164 ff; Walter JZ 1983, 261; Zöllner, Die sog Gesellschafterklagen im Kapitalgesellschaftsrecht, ZGR 1988, 392; Raiser, Das Recht der Gesellschafterklagen ZHR 153 (1989), 1; Grunewald, Die Gesellschafterklage in der Personengesellschaft und in der GmbH, 1990; Höfler, Die actio pro socio, JuS 1992, 388; Schütz, Sachlegitimation und richtige Prozesspartei bei innergesellschaftlichen Streitigkeiten in der Personengesellschaft, 1994; W Lüke, Prozessführung bei Streitigkeiten im Innenverhältnis der BGB-Gesellschaft, ZGR 1994, 266; Hoerstel, Wird die „actio pro socio" unzulässig, sobald der Gesellschafter aus der BGB-Gesellschaft ausscheidet?, NJW 1995, 1271 (dazu Früchtl NJW 1996, 1327); Bork/Oepen, Einzelklagebefugnisse des Personengesellschafters, ZGR 2001, 515–543; K Schmidt, Gesellschaftsrecht, 2002[4], § 21 IV; M Schwab, Das Prozessrecht gesellschaftsinterner Streitigkeiten, 2003, § 2; Erman/Westermann, 2004[11], § 705 Rz 55–58; Altmeppen, Zur Rechtsnatur der actio pro socio, in: Festschr für Musielak, 2004, S 1 ff; Kreutz, Die actio pro socio im Recht der BGB-Gesellschaft, in: Festschr für Hadding, 2004, S 513 ff.

Die Geltendmachung von Ansprüchen einer Personalgesellschaft gegen einen Gesellschafter, die aus dem Gesellschaftsverhältnis herrühren[280], richtet sich grundsätzlich nach der **Zuständigkeitenverteilung** und Organisationsregelung, die sich für die Gesellschaft aus dem Gesellschaftsvertrag und dem Gesetz ergibt. Die Befugnis, einen Anspruch geltend zu machen, steht grundsätzlich allein dem Rechtsinhaber zu. Betrachtet man bei der OHG und der KG (HGB §§ 124 Abs 1, 161 Abs 2), aber auch bei der GbR[281] als Rechtsinhaber der Gegenstände des Gesellschaftsvermögens die Gesellschaft (Gesamthand) als solche, so ist ein ihr zustehender Anspruch, auch gegen einen Gesellschafter aus dem Gesellschaftsverhältnis, **grundsätzlich** allein **von der Gesellschaft selbst** geltend zu machen, und zwar vertreten durch einen oder mehrere vertretungsberechtigte Gesellschafter[282]. Dabei handelt es sich schon um die Durchführung der Geltendmachung; sie ist eine Geschäftsführungsmaßnahme durch Vertretungshandeln. Vorausgehen muss aber die interne **Willensbildung**, ob der Anspruch überhaupt geltend gemacht werden soll. Ausschlaggebend für die Feststellung, wer für diese Gesamtwillensbildung zuständig ist, muss hier sein, dass nicht irgendein Anspruch der Gesellschaft gegen einen Dritten[283], sondern ein Anspruch gegen einen Gesellschafter aus dem Gesellschaftsverhältnis geltend gemacht werden soll (sog Sozialanspruch)[284]. Die Willensbildung über die Geltendmachung ist deshalb nicht etwa nur ihrerseits eine Geschäftsführungsmaßnahme (weder gewöhnliche noch außergewöhnliche im Sinne von HGB §§ 116, 161 Abs 2)[285], sondern ein sog **Grundlagengeschäft**, über das die **Gesellschaftergesamtheit** – mit Ausnahme des (oder der) gegebenenfalls in Anspruch zu nehmenden Gesellschafter(s) – zu beschließen hat[286] (vgl auch ausdrücklich HGB §§ 113 Abs 2, 161 Abs 2). 48

Das Problem der **actio pro socio** liegt darin, ob sich neben der normalen Zuständigkeitenregelung eine **Einzelklagebefugnis** eines Gesellschafters begründen lässt, die von der Gesamtwillensbildung sowie der Geschäftsführungsbefugnis und der organschaftlichen Vertretungsmacht für die Gesellschaft unabhängig ist[287]. Bei der actio pro socio (auch „interne Gesamthänderklage" oder „Gesellschafterklage"[288]; „Klage als Gesellschafter"[289]) handelt es sich mithin tatbestandlich um die Befugnis des einzelnen Gesellschafters[290], Ansprüche der Gesellschaft (Gesamthand) ge- 49

280 Vgl oben Rz 47.
281 Vgl § 718 Rz 3.
282 Vgl auch BGH NJW 1960, 433: „in erster Linie von den übrigen geschäftsführenden und vertretungsberechtigten Gesellschaftern geltend zu machen".
283 Vgl unten Rz 55 f.
284 Vgl oben Rz 47.
285 Ebenso BGH NJW 1985, 2830 = WM 1985, 1227 (mAnm Emmerich WuB § 119 HGB 2.85) = ZIP 1985, 1137: für Verzicht auf einen Schadenersatzanspruch wegen Verletzung der Geschäftsführungspflichten.
286 Staud[12]/Keßler Rz 59: Gesamthand der übrigen Gesellschafter.
287 Vgl auch Hassold JuS 1980, 32: Verwaltungsproblem der Gesamthand.
288 Nitschke ZHR 128 (1965), 48, 50 f; BGH NJW 1973, 2198, 3. Leitsatz.
289 Flume, Personengesellschaft § 10 IV Fn 31.
290 Die actio pro socio wird unzulässig, sobald der Gesellschafter ohne Nachfolger aus der Gesellschaft ausscheidet (Karlsruhe NJW 1995, 1296 [dazu Hoerstel NJW 1995, 1271; Früchtl NJW 1996, 1327]; Bork/Oepen ZGR 2001, 515, 529 f). Bei einer Übertragung der Mitgliedschaft ist ZPO § 265 Abs 1 Satz 1 entsprechend anwendbar (Hadding, Actio pro socio S 102; Bork/Oepen ZGR 2001, 515, 529 mNachw Fn 69).

gen einen Mitgesellschafter aus dem Gesellschaftsverhältnis, unabhängig von der Regelung der Geschäftsführung und Vertretung, im eigenen Namen (grundsätzlich) auf Leistung an die Gesellschaft (außergerichtlich oder gerichtlich) geltend zu machen. Eine derartige Einzelklagebefugnis ist von der **Rechtsprechung** seit langem **anerkannt**[291]. Auch in der **Literatur** wird die actio pro socio überwiegend für **grundsätzlich gegeben** erachtet[292]. Eine **Einschränkung** der actio pro socio soll sich nach herrschender Meinung nur ergeben, wenn mit der Geltendmachung die **Treupflicht** verletzt wird, weil überwiegende Interessen der Gesellschaft beeinträchtigt werden[293]. Es wird aber auch die **Auffassung** vertreten, dass angesichts der normalen Zuständigkeitenregelung die actio pro socio nur **ausnahmsweise** als subsidiäre (Not-)Kompetenz in Betracht kommt[294]. Dies wird vom BGH[295] dann erwogen, wenn nichtgeschäftsführende Gesellschafter „wegen besonderer Umstände" begehren, bestimmte einfache Geschäftsführungsmaßnahmen zu unterlassen, was grundsätzlich *nicht* möglich sein soll, weil ein solches Urteil „unmittelbar in das Geschäftsführungsrecht eingreifen und überwiegende Interessen der Gesellschaft, insbesondere die gesellschaftsvertraglich festgelegte Zuständigkeitsverteilung verletzen" würde[296].

50 Der kontroverse Meinungsstand zum Verhältnis von Regel und Ausnahme und damit möglicherweise zum Anwendungsbereich der actio pro socio beruht darauf, dass immer noch die Frage nach ihrer **Rechtsgrundlage** uneinheitlich beantwortet wird. Einig ist man sich zwar heute darin, dass die actio pro socio ihre Rechtsgrundlage im Gesellschaftsvertrag hat, genauer: dass sie aus dem Gesellschaftsverhältnis hervorgeht und Bestandteil der Mitgliedschaft ist[297]. Die gängige Begründung der bislang herrschenden Meinung lautet, die Gesellschafter hätten sich ihre Pflichten „gegenseitig" zugesagt (vgl § 705). Deshalb habe auch der einzelne Gesellschafter einen eigenen materiellrechtlichen „Anspruch" auf Erfüllung dieser Pflichten aus dem Gesellschaftsverhältnis, den er mit der actio pro socio geltend mache[298]. Diese Argumentation vernachlässigt die Vermögensordnung in der Gesellschaft; sie läuft darauf hinaus, dass neben dem geltend zu machenden sog Sozialanspruch der Gesellschaft zusätzlich inhaltsgleiche Individualansprüche der einzelnen Gesellschafter gegen jeden Mitgesellschafter bestehen. Damit wäre eine Gläubigermehrheit gegeben, die sich in die §§ 420 ff nicht einordnen lässt und zahlreiche rechtliche Schwierigkeiten mit sich bringen würde[299]. Verkannt wird aber vor allem, dass mit der Entstehung der GbR (OHG, KG)

291 Vgl zur Rspr des ROHG u des RG die Übersicht bei Hadding, Actio pro socio S 110 f; BGHZ 10, 91, 99 = NJW 1953, 1217; BGH WM 1956, 88, 89; BGHZ 25, 47, 49 = LM Nr 2 zu HGB § 109 (mAnm R Fischer) = JZ 1957, 624 (mAnm A Hueck); BGH BB 1958, 603; BGH NJW 1960, 433 = WM 1960, 47; NJW 1960, 964 = WM 1960, 399, 400; WM 1971, 723, 725; WM 1972, 1229, 1230; NJW 1973, 2198; 2199; NJW 1974, 1555, 1556; BGHZ 76, 160, 167/168 = NJW 1980, 1463, 1465 = WM 1980, 1141; NJW 1985, 2830 (= Fn 280); NJW 1992, 1890; NJW-RR 1994, 996; NZG 2000, 199; NJW 2001, 1210; Karlsruhe ZIP 1983, 445; Düsseldorf NZG 2000, 475 (mAnm Grunewald).

292 ZB Soergel[10], Rz 56, 57; GroßKommHGB[3]/Fischer § 124 Rz 11; A Hueck, OHG § 18 II 3; RGRK/v Gamm Rz 23; Westermann, Handb Rz I 423; Flume, Personengesellschaft § 10 IV; Rosenberg/Schwab, ZivilprozeßR, 1977[12], S 227; R Fischer ZGR 1979, 251, 260; Staud[12]/Keßler Rz 61; G Hueck, GesellschaftsR, 1983[18], S 50.

293 So BGHZ 25, 47, 50; verneint im Fall BGH NZG 2000, 199; vgl auch ua Soergel[10], Rz 57; RGRK/v Gamm Rz 23; krit Auseinandersetzung mit dieser Einschränkung bei Häuser, Unbestimmte „Maßstäbe"..., 1981, S 162 ff.

294 Vgl insbes Nitschke ZHR 128 (1965), 48, 84 ff; Hadding, Actio pro socio; Esser, SchuldR II, 1971[4], § 95 IV 3; Reinhardt, GesellschaftsR Rz 167; Teichmann AcP 179 (1979), 84, 134; auch Staud/Habermeier Rz 47.

295 BGHZ 76, 168 letzter Abs (= Fn 289) unter Hinweis auf § 744 Abs 2.

296 Zustimmend Zöllner ZGR 1988, 392, 430 ff; Erman/Westermann Rz 55; iE auch Raiser ZHR 153 (1989), 1, 32; ähnlich K Schmidt, GesellschaftsR § 21 V 3 b; aA Lutter AcP 180 (1980), 83, 139 f; Grunewald, Die Gesellschafterklage in der Personengesellschaft und in der GmbH § 29 ff; dies, GesellschaftsR I A Rz 62.

297 Verfehlt sind Analogien zu §§ 432, 2039 und AktG §§ 93 Abs 4, 147; vgl Diederichsen ZHR 132 (1969), 290; Hassold JuS 1980, 32.

298 Vgl BGHZ 25, 47, 49; BGH NJW 1960, 964 = WM 1960, 399; Flume, Personengesellschaft § 10 IV, anders aber: Die juristische Person, 1983, § 8 V 1 mFn 163; ferner R Fischer ZGR 1979, 251, 260; G Hueck, GesellschaftsR, 1983[18], S 50.

299 Vgl iE Hadding, Actio pro socio, S 41 f; Schumann DR 1942, 1670, 1673 (unter VIII); Wiedemann ZGR 1996, 286, 292.

das **Gesamthandverhältnis** alle Gegenstände des Gesellschaftsvermögens, dh auch Forderungen gegen einen Gesellschafter aus dem Gesellschaftsverhältnis, voll und **ausschließlich** erfasst. Der einzelne Gesellschafter als solcher hat insoweit nicht mehr teil an der Rechtsinhaberschaft; vielmehr ist materiellrechtlicher Träger der Gegenstände des Gesellschaftsvermögens allein die Gesellschaft (Gesamthand). Auch der BGH betrachtet seit langem nicht nur die OHG (KG) ausdrücklich als „eigenes Rechtssubjekt“[300], sondern hat auch für die GbR schon früh deutlich zwischen der Gesellschaft und den Gesellschaftern unterschieden[301]. Nunmehr wird in BGHZ 146, 341, 343 die (Außen-)GbR ausdrücklich als rechtsfähig und parteifähig anerkannt[302].

Wer dem folgt und die Rechtssubjektivität der Gesellschaft (Gesamthand) anerkennt, kann die Rechtsgrundlage der actio pro socio nicht in einem angeblichen zusätzlichen Individualanspruch des einzelnen Gesellschafters sehen[303]. Die Einzelklagebefugnis lässt sich systematisch einwandfrei nur als ein **Mitverwaltungsrecht** begründen. Der Gesellschafter macht ein „fremdes“ Recht, nämlich den Anspruch der Gesellschaft (Gesamthand), **im eigenen Namen auf Leistung an die Gesellschaft** geltend[304]. Das Mitverwaltungsrecht besteht in einer aus dem Gesellschaftsverhältnis **kraft ergänzender Vertragsauslegung** hervorgehenden **Ermächtigung,** für die Gesellschaft unter bestimmten Voraussetzungen[305] sog Sozialansprüche im eigenen Namen auf Leistung an die Gesellschaft als Rechtsinhaber geltend zu machen. Im Rechtsstreit handelt es sich dann zwanglos um eine **Prozessstandschaft**[306].

Der **Anwendungsbereich** der actio pro socio, dh ob eine Einzelklagebefugnis grundsätzlich oder nur ausnahmsweise aus dem Gesellschaftsverhältnis hervorgeht, muss sich danach richten, dass die normale Zuständigkeitenregelung, nach der die **Gesamtwillensbildung** zu dieser Frage **grundsätzlich den Gesellschaftern obliegt**[307], nicht untergraben werden darf[308]. Deshalb kann die ergänzende Vertragsauslegung allein ergeben, dass die Einzelklagebefugnis als ein Mitverwaltungsrecht **nur unter bestimmten tatbestandlichen Voraussetzungen** aus dem Gesellschaftsverhältnis entsteht. Da die Zuständigkeiten der Gesellschafterversammlung zur Gesamtwillensbildung und der geschäftsführungs- und vertretungsbefugten Gesellschafter zur Durchführung der Geltendmachung nach der gesellschaftsvertraglichen und gesetzlichen Organisationsregelung grundsätzlich vorrangig sind, besteht die Einzelklagebefugnis nur dann, wenn

300 BGH NJW 1973, 2198 = JZ 1975, 178.

301 Vgl BGHZ 74, 240 = NJW 1979, 1821 = WM 1979, 774; BGHZ 78, 311 = NJW 1981, 682 = WM 1981, 163; BGHZ 79, 374 = NJW 1981, 1213 = WM 1981, 359.

302 Vgl näher § 718 Rz 3.

303 Wenig folgerichtig deshalb bisher Flume, Personengesellschaft § 10 IV; Raiser ZHR 153 (1989), 1, 11 mNachw.

304 So auch Reinhardt, GesellschaftsR, 1973, Rz 167; Reinhardt/Schultz, GesellschaftsR, 1981², Rz 162; Rosenberg/Schwab, ZivilprozeßR, 1977¹², S 227; Teichmann AcP 179 (1979), 475, 485; Lutter AcP 180 (1980), 84, 134; Münch Komm/Ulmer Rz 208; zutr gegen eine „Rechtsträgerschaft“ des Gesellschafters als Grundlage der actio pro socio auch Wiedemann, GesellschaftsR I § 8 IV 1 c; Hassold JuS 1980, 32, 34 bei Fn 38.

305 S dazu sogleich im Text.

306 Vgl schon R Heinsheimer, Über die Teilhaberschaft, 1930, S 46; Esser, SchuldR, 1960², S 725; Wiedemann, GesellschaftsR I § 8 IV 1 c; ders ZGR 1996, 286, 291; Grunewald, GesellschaftsR 1. A Rz 63; Erman/Westermann Rz 55; ders NZG 2001, 289, 292; Hadding ZGR 2001, 712, 733; seit MünchKomm² auch Ulmer (4. Aufl) Rz 208; eingehend Bork/Oepen ZGR 2001, 515, 520–529; Bamberger/H Roth/Timm/Schöne § 705 Rz 117; gegen eine Prozessstandschaft noch BGH NJW 1960, 964 = WM 1960, 399; vgl aber auch BGHZ 31, 279, 280 f = NJW 1960, 523: Fehlt es an den Voraussetzungen einer actio pro socio, ist die Klage mangels Prozessführungsbefugnis als unzulässig abzuweisen; ferner BGH NJW 2000, 505 = ZIP 2000, 136 = NZG 2000, 199: Der mit der actio pro socio in Anspruch genommene Gesellschafter kann nicht ein Leistungsverweigerungsrecht geltend machen, weil der klagende Mitgesellschafter seinerseits Sozialansprüche zu erfüllen habe; dazu Bork/Oepen ZGR 2001, 515, 522; Schuschke EWiR § 705 BGB 2/2000, S 669.

307 Vgl oben Rz 48.

308 S auch BGH NJW 1974, 1555, 1556: die Anspruchsverfolgung durch einzelne Gesellschafter sei „nur als Hilfsrecht gegeben“; BGHZ 76, 160, 168: vorrangig „die gesellschaftsvertraglich festgelegte Organisationsordnung“; ferner BGH WM 1982, 928 zur Einzelklagebefugnis bei der GmbH: ggf nach dem Organisationsrecht, GmbHG § 46 Nr 8, Vorrang der Gesellschaft bei der Verfolgung von Ansprüchen.

– (1) die **Gesamtwillensbildung** in der Gesellschafterversammlung **keine Mehrheit**, sondern ein non liquet ergibt, oder – (2) wenn der formal ordnungsgemäß gebildete **Gesamtwille rechtswidrig** ist, weil der Beschluss, den Anspruch nicht geltend zu machen, gegen den Gesellschaftsvertrag (Pflicht zur Förderung des Gesellschaftszwecks) oder gegen gesetzliche Vorschriften verstößt, oder – (3) die Gesellschaft sich **in der Abwicklung** befindet. Unter diesen klaren tatbestandsmäßigen Voraussetzungen wird in die normale Zuständigkeitenordnung nicht eingegriffen; die Einzelklagebefugnis besteht nur **ergänzend und hilfsweise**[309], wenn es zur Förderung des Gesellschaftszwecks dienlich erscheint. In der Abwicklung kann eine actio pro socio die innergesellschaftliche Kompetenzordnung (Zuständigkeit der Liquidatoren) nicht unterlaufen, weil sie nur demselben Ziel dienen kann, alle Aktiva des Gesellschaftsvermögens zu realisieren[310]. Ist die geltend zu machende Forderung der letzte Vermögensbestandteil der Gesellschaft und gebührt er in der Auseinandersetzung gerade dem Gesellschafter, der mit der actio pro socio vorgehen will, so kann er **ausnahmsweise** die Leistung **an sich selbst** verlangen[311]. Es ist auffällig, dass die weitaus überwiegende Anzahl höchstrichterlicher Urteile eine actio pro socio gerade in Fällen bejaht hat, in denen die dargelegten tatbestandlichen Voraussetzungen gegeben waren[312].

Das Mitverwaltungsrecht in Gestalt einer Ermächtigung ergibt nur die **Einziehungs- und Prozessführungsbefugnis**, nicht aber die materiellrechtliche Verfügungsbefugnis. Der Gesellschafter, der im Wege einer actio pro socio vorgeht, kann also zB die Schuld nicht erlassen (§ 397) oder einen Vergleich über sie schließen (§ 779). Verfügungen der Gesellschaft können den Sozialanspruch zum Erlöschen bringen und damit der Einzelklage den Gegenstand entziehen[313]. Der Verzicht auf einen Sozialanspruch ist nach Ansicht des BGH[314] ohne eindeutige gesellschaftsvertragliche Bestimmung nicht durch einen einfachen Mehrheitsbeschluss möglich. Dies bestätigt die hier vertretene Rechtsansicht[315], dass der Beschluss, mit dem die Willensbildung über die Geltendmachung oder Nichtgeltendmachung von Sozialansprüchen geschieht, ein Grundlagengeschäft ist. Ob die actio pro socio „zur Disposition der Gesellschafter" steht, dh zB gesellschaftsvertraglich abdingbar ist, oder „ihr die Bedeutung eines unentziehbaren und unverzichtbaren Minderheiten- und Kontrollrechts" zukomme, hat der BGH (Fn 310) offen gelassen. Das Prozessrisiko geht zu Lasten des klagenden Gesellschafters. Nach herrschender Meinung findet keine Rechtskrafterstreckung auf die Gesellschaft oder die übrigen Gesellschafter statt. Das ist jedoch nicht folgerichtig[316].

51 bb) **Ansprüche eines Gesellschafters gegen die Gesamthand (sog Sozialverpflichtungen)**. Bei Ansprüchen eines Gesellschafters gegen die Gesellschaft ist wegen unterschiedlicher Haftungsobjekte[317] zunächst danach zu fragen, ob der Anspruch **aus dem Gesellschaftsverhältnis** herrührt oder außerhalb des Gesellschaftsverhältnisses begründet worden ist (sog **Drittgläubigeranspruch**)[318]. Die Ansprüche aus dem Gesellschaftsverhältnis richten sich **grundsätzlich nur gegen die Gesamtheit der übrigen Gesellschafter**, die eine „Sozialverpflichtung" zu erfüllen haben[319]. Zur Parteistellung im Zivilprozess vgl § 714 Rz 51 ff; zur Feststellungsklage auch gegenüber den Mitgesellschaftern vgl Koblenz BB 1980, 855 = DB 1980, 247. Hierher sind zu rechnen die Ansprüche auf Feststellung und Auszahlung des Gewinnanteils (§ 721), auf das Auseinandersetzungsguthaben oder auf eine Abfindung (§§ 733, 734, 738), auf

309 Ebenso Bork/Oepen ZGR 2001, 515, 531 mNachw.
310 Vgl RGZ 158, 502, 314; BGHZ 10, 91, 102 = NJW 1953, 1217; BGH BB 1958, 603; WM 1971, 723, 725; Düsseldorf NZG 1999, 989; Hadding, Actio pro socio S 81 ff mNachw.
311 Vgl die soeben genannten Entscheidungen.
312 Vgl die Übersicht bei Hadding, Actio pro socio S 110 f.
313 Vgl iE Hadding, Actio pro socio S 93 ff; dort auch (S 101 ff) zu den materiellrechtlichen und prozessrechtlichen Wirkungen einer Ausübung der Einzelklagebefugnis; nunmehr Bork/Oepen ZGR 2001, 515, 540 ff.
314 NJW 1985, 2830 (= Fn 285).
315 S oben Rz 48.
316 Vgl Hadding, Actio pro socio S 104 ff; zustimmend R Bruns, ZivilprozeßR S 430; Bork/Oepen ZGR 2001, 515, 523 f, 540.
317 S unten Rz 52.
318 S dazu unten Rz 57.
319 RGZ 120, 135, 137.

Aufwendungsersatz und Vergütung für Geschäftsführungstätigkeit[320], auf Ausgleich bei gesamtschuldnerischer Inanspruchnahme[321], auch Ansprüche auf Ersatz eines dem einzelnen Gesellschafter durch Geschäftsführungsmaßnahmen entstandenen Schadens[322] oder auf Ersatz von Schäden an der Gesellschaft nur zum Gebrauch überlassenen Sachen.

Haftungsobjekt für die vermögenswerten Ansprüche des Gesellschafters ist während des 52
Bestehens der Gesellschaft grundsätzlich nur das **Gesellschaftsvermögen**, da einer Inanspruchnahme des einzelnen Gesellschafters § 707 entgegensteht[323]. Daher haftet ein Gesellschafter, der seinen Beitrag geleistet hat, während des Bestehens der Gesellschaft seinen Mitgesellschaftern für deren Ansprüche aus dem Gesellschaftsverhältnis grundsätzlich nicht mit seinem Privatvermögen[324]. Um in das Gesellschaftsvermögen vollstrecken zu können, genügt ein Titel gegen „die übrigen Gesellschafter"[325]. Reicht aber das Gesellschaftsvermögen nicht aus, muss der Gesellschafter-Gläubiger grundsätzlich bis zur Auseinandersetzung nach Auflösung der Gesellschaft warten und kann dann gem § 735 Nachschüsse von den Gesellschaftern direkt pro rata[326] oder als Leistung in die Gesellschaftskasse verlangen. Eine andere Regelung kann – auch stillschweigend – getroffen werden[327]. Hiervon muss eine **Ausnahme** gemacht werden, wenn der Gesellschafter schon während des Bestehens der Gesellschaft auf Grund seiner persönlichen Verpflichtung als Gesellschafter **Gesamthandgläubiger befriedigt** und kein oder ein nur ganz unzulängliches Gesellschaftsvermögen vorhanden ist. Dann steht ihm schon während des Bestehens der Gesellschaft ein **Ausgleichsanspruch nach § 426 Abs 1** gegen seine Mitgesellschafter zu, da es im Hinblick auf die Gleichbehandlungspflicht[328] unbillig wäre, ihn, der die persönliche Haftung aller Gesellschafter abgefangen hat, auf das Auseinandersetzungsverfahren zu vertrösten[329]. Da es sich in diesen Fällen um einen vorweggenommenen Innenausgleich unter den Gesellschaftern handelt, kann er von Mitgesellschaftern Befriedigung **nur pro rata**, dh entsprechend dem jeweiligen Verlustanteil (§ 735) des in Anspruch genommenen Mitgesellschafters, verlangen.

Mitverwaltungsrechte. Diese Rechte sind an die Mitgliedschaft gebunden, weil sie dem Ge- 53
sellschafter zum Zweck seiner Mitwirkung in der Gesellschaft zustehen. So wie die Mitgliedschaft als Rechtsgesamtheit in der GbR grundsätzlich unübertragbar ist[330], sind es auch die zu der Mitgliedschaft gehörenden Mitverwaltungsrechte, § 717 Satz 1 (sog **Abspaltungsverbot**)[331]. Die Mitverwaltungsrechte des einzelnen Gesellschafters richten sich grundsätzlich **gegen die Gesamthand**. Sie können allerdings jederzeit auch gegen den **einzelnen Mitgesellschafter**, der ihre Wahrnehmung verhindert, geltend gemacht werden. Dann treffen die Prozesskosten zu Recht gerade diesen Gesellschafter. Es kann also die Vorlegung der Geschäftsbücher und Papiere nach § 716 unmittelbar vom geschäftsführenden Gesellschafter oder dem die Papiere besitzenden Gesellschafter verlangt werden[332]. Auch kann der Gesellschafter einen Anspruch auf Zahlung des

320 Koblenz BB 1980, 855; Bamberger/H Roth/Timm/Schöne § 705 Rz 125; vgl § 713 Rz 10 ff.
321 Vgl § 714 Rz 36.
322 RGZ 143, 213.
323 RGZ 80, 268, 272; 120, 135; 163, 385, 388; 170, 392, 395; BGH NJW 1955, 1068; DB 1964, 67; ZIP 1989, 852 (mit irriger Terminologie: „Sozial*anspruch*"); vgl § 707 Rz 1.
324 BGH DB 1964, 67; WM 1968, 697.
325 HM; Staud/Habermeier Rz 37 mNachw.
326 Vgl aber auch § 730 Rz 8.
327 RGZ 151, 321, 328; BGH NJW 1980, 339 = WM 1979, 1182.
328 S unten Rz 65 ff.
329 BGHZ 37, 299, 302 = NJW 1962, 1863; BGH WM 1974, 749, 751; NJW 1980, 339 = WM 1979, 1182; NJW 1981, 1095, 1096 = WM 1981, 139 = JA 1981, 300 (mAnm Häuser); NJW 1988, 1375; Koblenz BB 1980, 855 = DB 1980, 247; Groß KommHGB[3]/Fischer § 128 Rz 39 ff; F Häuser, Unbestimmte „Maßstäbe" als Begründungselement richterlicher Entscheidungen, 1981, S 185 ff; Walter JuS 1982, 81, 83; weitergehend – auch bei Aufwendungsersatzansprüchen gem §§ 713, 670 – RGZ 153, 305, 314; MünchKomm/Ulmer § 713 Rz 15; Wiedemann, GesellschaftsR I S 270 f; Hadding/Häuser WM 1988, 1585, 1588 f; vgl auch § 707 Rz 1; § 713 Rz 10; § 718 Rz 20–23.
330 Ausnahmen s § 719 Rz 11 ff.
331 Vgl iE hierzu § 709 Rz 28 u § 717 Rz 20.
332 RG DR 1944, 245, 246; BGH WM 1955, 1585, 1586; WM 1962, 883; NJW 2000, 2276: Auskunft über den Jahresabschluss.

Gewinnanteils aus der Gesellschaftskasse unmittelbar gegen den geschäftsführenden Gesellschafter geltend machen[333].

Zu den Mitverwaltungsrechten gehören das Recht auf Geschäftsführung[334], das Widerspruchsrecht (§ 711 Rz 1), das Informations- und Kontrollrecht[335], das Recht auf Rechenschaftslegung[336], das Stimmrecht[337], das Recht zur Vertretung (§ 714), die Einzelklagebefugnis[338], das Recht auf gleichmäßige Behandlung[339], das Recht zur Kündigung der Geschäftsführung (§ 712), das Recht zur Entziehung der Geschäftsführungs- und Vertretungsbefugnis[340], das Kündigungsrecht (§ 723), das Recht auf Mitwirkung bei der Liquidation[341], das Recht auf Ausschließung eines Mitgesellschafters (§ 737)[342].

Den Mitverwaltungsrechten entsprechen, da jeder Gesellschafter zur Förderung verpflichtet ist, weithin auch **Pflichten** gleichen Inhalts[343].

54 b) **Ansprüche eines Gesellschafters aus dem Gesellschaftsverhältnis gegen einen Mitgesellschafter.** In erster Linie bestehen Ansprüche aus dem Gesellschaftsverhältnis zwischen der Gesamthand und den einzelnen Gesellschaftern[344]. Solche Ansprüche der Gesamthand können nur ausnahmsweise außerhalb der Geschäftsführung von einem einzelnen Gesellschafter geltend gemacht werden[345]; ebenso sind Ansprüche einzelner Gesellschafter gegen die Gesamthand nur ausnahmsweise auch gegenüber Mitgesellschaftern durchsetzbar[346]. Da das Gesellschaftsverhältnis aber auch zwischen den Gesellschaftern besteht[347], können **Gesellschafterpflichten** nicht nur gegenüber der Gesamthand, sondern **auch gegenüber dem einzelnen Mitgesellschafter** entstehen. Erwächst aus der Verletzung von Gesellschafterpflichten ein **Schaden unmittelbar bei einem Mitgesellschafter**, insbesondere ohne dass auch bei der Gesamthand ein Schaden entstanden ist, so kann dieser Nachteil **jederzeit** von dem schädigenden Gesellschafter ersetzt verlangt werden[348]. Dies ist zB der Fall, wenn ein Gesellschafter einen Kredit aufnimmt, um einen Schaden abzuwenden, der der Gesellschaft durch die Nichterfüllung der Beitragspflicht eines Mitgesellschafters droht[349] oder wenn ein Mitgesellschafter gegen die Treupflicht oder Geschäftsführungspflichten verstößt und einem Gesellschafter dadurch ein Schaden entsteht[350], zB wenn ein Gesellschafter auf Grund mangelhafter Geschäftsführung durch andere Gesellschafter Steuernachteile erleidet[351] oder Mitgesellschafter von ihrem Ausschließungsrecht gegenüber einem Gesellschafter rechtswidrig Gebrauch machen[352]. Gleiches gilt, wenn ein Gesellschafter bei Abschluss des Gesellschaftsvertrags in zu vertretender Weise eine Pflicht verletzt (culpa in contrahendo: nunmehr § 311 Abs 2, Abs 3 iVm § 280 Abs 1)[353].

55 3. **Rechte und Pflichten außerhalb des Gesellschaftsverhältnisses.** – a) **Ansprüche der Gesamthand.** – aa) Auch Ansprüche, deren Entstehungsgrund **außerhalb des Gesellschaftsverhältnisses** liegt, zB aus Kauf, Miete, Darlehen, Dienstvertrag, Werkvertrag usw stehen der

333 RGZ 170, 392, 396; BGH WM 1961, 1075; WM 1970, 1223, 1224.
334 Vgl § 709 Rz 5–7.
335 Vgl § 716 Rz 1.
336 Vgl § 721 Rz 7 ff.
337 Vgl § 709 Rz 26 ff.
338 Vgl oben Rz 48 ff.
339 Vgl unten Rz 65 ff.
340 Vgl § 712 Rz 1, § 715.
341 Vgl § 730 Rz 3, 12.
342 Vgl dazu Düsseldorf WM 1983, 1320.
343 Vgl oben Rz 47.
344 Vgl oben Rz 47.
345 Vgl dazu oben Rz 48 ff.
346 Vgl oben Rz 52 aE, 53.
347 Vgl oben Rz 44.
348 Zur Rechtslage während der Auseinandersetzung vgl § 730 Rz 8, 11.
349 BGH WM 1962, 881.
350 BGH NJW 1962, 859 = WM 1962, 390 = JZ 1962, 440 (mAnm Duden); vgl auch BGH WM 1978, 1205, 1207.
351 BGH WM 1967, 275.
352 Düsseldorf WM 1983, 1320, 1321.
353 Vgl dazu BGH WM 1961, 426, 427. Zur weitergehenden Haftung der Gründer, Initiatoren und Geschäftsführer, insbes wegen unrichtiger Prospektangaben, bei der Publikums-KG vgl BGHZ 71, 284 = NJW 1978, 1625; 72, 382 = NJW 1979, 718; 79, 337 = NJW 1981, 1449 = WM 1981, 483; 83, 222 = NJW 1982, 1514 = WM 1982, 554; BGH NJW 1985, 380; Coing WM 1980, 206; Wiedemann/Schmitz ZGR 1980, 129; Assmann WM 1983,138,143.

Gesamthand zu und sind Bestandteile des Gesellschaftsvermögens[354]. Schuldner ist in der Regel ein **gesellschaftsfremder Dritter**. Die Geltendmachung dieser Ansprüche ist eine Maßnahme der Geschäftsführung[355], im Außenverhältnis in Vertretung der Gesamthand[356]. **Schuldner** eines solchen Anspruchs kann auch **ein Gesellschafter** sein, der dann grundsätzlich wie ein Dritter zu behandeln ist. Jedoch ist stets zu prüfen, ob die geschuldete Leistung nicht in einem rechtlichen Zusammenhang mit dem Gesellschaftsverhältnis steht, also als Beitrag geschuldet wird[357]. In diesem Fall gelten die oben Rz 47 dargestellten Regelungen.

bb) **Einzelklagebefugnis für Ansprüche aus Drittverhältnissen**? Die Geltendmachung ei- 56
nes Anspruchs der GbR (Gesamthand) aus einem Drittverhältnis – nicht aus dem Gesellschaftsverhältnis – ist eine Maßnahme der Geschäftsführung und Vertretung, die nach der normalen Zuständigkeitenregelung allein dem (den) **geschäftsführungs- und vertretungsberechtigten Gesellschafter(n)** obliegt[358]. Das gilt auch dann, wenn Schuldner ein Mitgesellschafter ist. Eine von Geschäftsführungsbefugnis und Vertretungsmacht unabhängige **Einzelklagebefugnis** eines Gesellschafters, mit der ein solcher Anspruch im eigenen Namen auf Leistung an die Gesellschaft geltend gemacht wird, besteht hier **nicht** – im Gegensatz zur actio pro socio bei Ansprüchen der Gesamthand aus dem Gesellschaftsverhältnis[359]. Für die **OHG** und **KG** ist dies in der Rechtsprechung seit langem klargestellt[360]. Für die **GbR** hat freilich der BGH früher – wenn auch unter immer stärker eingeschränkten Voraussetzungen – eine Befugnis des einzelnen Gesellschafters zur Geltendmachung von Gesellschaftsforderungen gegen Dritte nach § 432 angenommen[361]. § 432 ist jedoch auf Gesamthandforderungen nicht anwendbar, weil Rechtsinhaber (Gläubiger) hier allein die Gesellschaft ist[362]. Mit Hinweis auf angebliche Unterschiede in der Rechtsträgerschaft zwischen der OHG (KG) und der GbR lässt sich jene Rechtsprechung daher ebenfalls nicht mehr verteidigen[363]. In der Tat fehlt auch bei der GbR das Bedürfnis, eine Einzelklagebefugnis gegenüber Dritten aus § 432 herzuleiten. Denn sollte **ausnahmsweise** die Geltendmachung einer Gesellschaftsforderung aus einem Drittverhältnis nach der normalen Zuständigkeitenregelung im konkreten Fall nicht möglich sein, zB bei tatsächlicher oder rechtlicher Handlungsunfähigkeit der geschäftsführungs- und vertretungsberechtigten Gesellschafter, kommt ein **Notgeschäftsführungsrecht** des einzelnen Gesellschafters **entsprechend § 744 Abs 2** in Betracht[364]. Ein solches ergänzendes Mitverwaltungsrecht, wenn die normale Zuständigkeitenregelung sich als funktionsuntüchtig erweist, begrenzt auf die „zur Erhaltung des Gegenstands notwendigen Maßregeln", umfasst auch die Ermächtigung zur Geltendmachung der Forderung im Außenverhältnis;

354 Vgl § 718 Rz 11.
355 Vgl § 709 Rz 9.
356 Vgl § 714 Rz 12 ff.
357 Vgl § 706 Rz 3.
358 Vgl iE Hadding JZ 1975, 159, 160 f; Bork/Oepen ZGR 2001, 515, 543 ff.
359 Vgl oben Rz 48 ff.
360 Vgl BGH WM 1963, 962, 964; WM 1964, 651 = BB 1964, 823; WM 1971, 723, 725; NJW 1973, 2198 = JZ 1975, 178: kein Gesellschafter brauche „zu dulden, dass ein nichtberechtigter Gesellschafter die in der klageweisen Geltendmachung einer Forderung gegen Dritte liegende Geschäftsführungsmaßnahme allein trifft und damit die gesetzlichen oder gesellschaftsvertraglichen Bestimmungen über die Geschäftsführungsbefugnis durchbricht"; anders Düsseldorf NZG 2000, 475: für Kommanditist.
361 BGHZ 12, 308, 311 = NJW 1954, 1159; 17, 340, 346 = NJW 1955, 1393; 39, 14, 15 = NJW 1963, 641; zur Rspr des RG vgl die Übersicht bei Hadding, actio pro socio S 111.
362 Vgl § 718 Rz 11. Zutreffend Dresden NZG 2000, 248 (auch nach Auflösung einer GbR). § 432 setzt mehrere Gläubiger mit mehreren Forderungen voraus (vgl Hadding, Festschr für Canaris, 2007).
363 So aber noch BGH NJW 1973, 2198; deutlich distanziert nunmehr BGH WM 1979, 366 mNachw = JA 1979, 677 (mAnm Häuser); wiederum an BGHZ 39, 14, 20 (= Fn 361) anknüpfend BGHZ 102, 152, 155 = NJW 1988, 588 = WM 1988, 12 = ZIP 1988, 12; in einem „fast identisch gelagerten Fall" Karlsruhe WM 1999, 589, 590. Bemerkenswert ist es, dass hier § 432 nicht mehr genannt wird (wohl aber erneut in BGH NJW 2000, 734), freilich auch keine andere Rechtsgrundlage. S ferner BayObLGZ 1990, 260, 261; Dresden NZG 2000, 248; Düsseldorf ZIP 1985, 1000 f; NZG 2000, 475; Zweibrücken OLGZ 1973, 316; LG Saarbrücken NJW-RR 1992, 781, 782.
364 Vgl auch BGHZ 17, 181, 183 = NJW 1955, 1027; Dresden NZG 2000, 248.

der Gesellschafter hat im eigenen Namen zu handeln (Prozessstandschaft)[365]. Bei dieser Einschränkung verlieren die Bedenken gegenüber einer Heranziehung von § 744 Abs 2[366] an Gewicht.

57 b) **Ansprüche als Dritter gegen die Gesellschaft**. Für außerhalb des Gesellschaftsverhältnisses begründete Ansprüche gegenüber der GbR haftet diese mit dem **Gesellschaftsvermögen** und die einzelnen Gesellschafter mit ihrem **Privatvermögen**[367]. Ist der Gläubiger zugleich Gesellschafter der verpflichteten GbR, handelt es sich um einen sog **Drittgläubigeranspruch**. Für die Geltendmachung von Drittgläubigeransprüchen gelten grundsätzlich nicht die oben Rz 52 dargelegten Einschränkungen. Der Gesellschafter-Gläubiger kann während des Bestehens der Gesellschaft **ihr** gegenüber die Forderung **in voller Höhe** geltend machen[368]. Daneben kann er unmittelbar gegen einzelne Mitgesellschafter vorgehen, die ihm nach §§ 427, 431 als Gesamtschuldner verpflichtet sind[369]. Beim Vorgehen gegen die **Mitgesellschafter** muss er sich aber den auf ihn entfallenden Verlustanteil anrechnen lassen, weil seine Forderung gegenüber den Mitgesellschaftern durch seine Beteiligung an der Gesellschaft vermindert ist. Der Gesellschafter-Gläubiger kann somit nach seiner Wahl von jedem Mitgesellschafter die volle Leistung abzüglich seines eigenen Verlustanteils verlangen (sog **Haftung minus rata**)[370]. Einschränkungen bei der Geltendmachung und Durchsetzung des Anspruchs können sich aus der gesellschaftsrechtlichen Treupflicht ergeben[371]; keine Durchsetzungssperre nach Auflösung der GbR (§ 730 Rz 11).

4. **Allgemeine Regelungen des Gesellschaftsverhältnisses**. – a) **Treupflicht**.

Schrifttum: A Hueck, Der Treuegedanke im Recht der OHG, in: Festschr für Hübner 1935, S 72 ff; ders, Der Treuegedanke im modernen Privatrecht, 1947; ders, OHG § 13; R Fischer NJW 1954, 777; Zöllner, Die Schranken mitgliedschaftlicher Stimmrechtsmacht bei den privatrechtlichen Personenverbänden, 1963, S 330 ff mweitNachw S 336 Fn 2; G Freese, Die positive Treuepflicht, Diss Münster 1970; Meier-Hayoz/M Zweifel, Der Grundsatz der schonenden Rechtsausübung im Gesellschaftsrecht, in: Festschr für H Westermann, 1974, S 383; Flume, Personengesellschaft § 15 I; Wiedemann, GesellschaftsR I, § 8 II 3; Lutter, Theorie der Mitgliedschaft, AcP 180 (1980), 84, 102 ff; F Häuser, Unbestimmte „Maßstäbe" als Begründungselement richterlicher Entscheidungen, 1981, S 176 ff; Bartsch, Die Entwicklung der personengesellschaftsrechtlichen Treuepflicht in der Rechtsprechung, Diss Göttingen 1989; Hüffer, Zur gesellschaftsrechtlichen Treupflicht als richterrechtlicher Generalklausel, in: Festschr für Steindorff, 1990, S 59 ff; Wiedemann, Zu den Treuepflichten im Gesellschaftsrecht, in: Festschr für Heinsius, 1991, S 949 ff; Hennrichs, Treupflichten im Aktienrecht, AcP 195 (1995), 222, 228 ff; Martin Weber, Vormitgliedschaftliche Treubindungen, 1999; M Janke, Gesellschaftsrechtliche Treuepflicht, 2003; K Schmidt, GesellschaftsR, 2002[4], § 20 IV.

58 aa) **Grundlage** der Treupflicht, die sowohl zwischen Gesellschafter und Gesellschaft als auch unter den Gesellschaftern besteht, ist das **Gesellschaftsverhältnis**, das mit dem Abschlusstatbestand des Gesellschaftsvertrags entsteht[372]. Von manchen wird die Treupflicht als **Verdichtung** im Sinne einer Intensitätssteigerung des **allgemeinen Grundsatzes von Treu und Glauben** (§ 242) gesehen[373]. Diese Intensitätssteigerung soll durch die dauernde enge vermö-

365 Vgl Hadding JZ 1975, 159, 161; Nitschke ZHR 128 (1965), 48, 81; Bork/Oepen ZGR 2001, 515, 549: in ergänzender Auslegung des Gesellschaftsvertrags.

366 Vgl BGH NJW 1963, 641, 644; Diederichsen MDR 1963, 632, 635; U Huber, Vermögensanteil, Kapitalanteil und Gesellschaftsanteil an Personalgesellschaften des Handelsrechts, 1970, S 132.

367 Vgl § 714 Rz 29 ff u § 718 Rz 20 ff.

368 AA MünchKomm/Ulmer Rz 203: Auch gegenüber der GbR Kürzung entspr dem eigenen Verlustanteil.

369 RGZ 85, 157, 162; 153, 305, 311; BGH NJW 1983, 749 = JZ 1983, 259 f (mAnm Walter); Prediger BB 1971, 245, 248; aA – nur subsidiäre Haftung der Mitgesellschafter – Walter JuS 1982, 81, 85 mweitNachw; offen gelassen von BGH WM 1973, 280.

370 So auch RGZ 85, 157, 163; 153, 305, 311; BGH WM 1970, 280; NJW 1983, 749 = JZ 1983, 259 (mAnm Walter); RGRK/vGamm Rz 26; MünchKomm/Ulmer Rz 220; aM – Haftung nur pro rata, dh entspr dem jeweiligen Verlustanteil des in Anspruch genommenen Gesellschafters – Prediger BB 1971, 245, 248; Walter JuS 1982, 81, 86.

371 Vgl RG JW 1937, 1986; BGH WM 1970, 280, 281 u unten Rz 60 f.

372 Vgl MünchKomm/Ulmer Rz 222; Staud/Habermeier Rz 50.

373 Soergel[10] Rz 66; Staud[12]/Keßler Rz 42 vor § 705; Becher NJW 1961, 1998; Schmiedel ZHR 134

gensmäßige und persönliche Verbundenheit der Gesellschafter im Rahmen des Gesellschaftsverhältnisses als Gemeinschaftsverhältnis[374] bewirkt werden. Andere sehen dagegen in der Treupflicht eine eigenständige gesellschaftsrechtliche Hauptpflicht[375]. Maßgebend sollten folgende Erwägungen sein: § 242 bestimmt nur, auf welche Art und Weise eine (schon) geschuldete Leistung zu erbringen ist; deshalb ist es zweifelhaft, wie **positive Handlungspflichten** der Gesellschafter im Sinne von Hauptpflichten aus dem Gesellschaftsverhältnis durch § 242 begründet werden sollen. Eine aus § 242 hergeleitete Treupflicht kann allenfalls eine **Ausübungsschranke** für schon bestehende Gesellschafterrechte ergeben. Demgegenüber werden spezifisch gesellschaftsrechtliche Gesichtspunkte eher berücksichtigt, wenn man die Treupflicht als **Hauptpflicht** aus dem Gesellschaftsverhältnis im Sinne einer aus § 705 sich ergebenden **mitgliedschaftlichen Förderpflicht** versteht[376]. Inhalt und Umfang dieser generalklauselartig verstandenen mitgliedschaftlichen Förderpflicht (oder eben „Treupflicht") richten sich nach der Ausgestaltung des konkreten Gesellschaftsverhältnisses, nach Art und Inhalt des Gesellschaftszwecks und den Umständen des einzelnen Falles. Aus der Treupflicht ergeben sich **aktive** und **passive Förderpflichten** (Unterlassungs- und Loyalitätspflichten) des Gesellschafters gegenüber der Gesamthand sowie **Pflichten** der Gesamthand und der Mitgesellschafter zu **rücksichtsvollem Verhalten** gegenüber dem einzelnen Gesellschafter hins seiner mitgliedschaftlichen sowie in Ausnahmefällen auch seiner privaten Interessen (vgl § 241 Abs 2)[377].

bb) **Umfang**. Der **Umfang** der Treupflicht ist zunächst abhängig von den Gegebenheiten der konkreten Gesellschaft. Je enger die **persönliche Verbundenheit** der Gesellschafter, je stärker die **Stellung des einzelnen Gesellschafters** in der Gesellschaft ist, desto eher trifft ihn eine Treupflicht gegenüber der Gesamthand und den Mitgesellschaftern. Bei der Ausübung von **Mitgliedschaftsrechten** ist zu unterscheiden, ob es sich um eigennützige (dem Gesellschafter zur Wahrung eigener Interessen zustehende) oder **uneigennützige** (dem Gesellschafter im Interesse der Gesellschaft eingeräumte) Befugnisse handelt. Uneigennützige Befugnisse, zB die mit der Geschäftsführung in Zusammenhang stehenden Rechte (§§ 709 ff) oder die actio pro socio[378], dürfen **nur im Interesse der Gesellschaft** ausgeübt werden. Widerstreitet das Gesellschaftsinteresse dem Individualinteresse des einzelnen Gesellschafters, so hat letzteres hier zurückzustehen[379]. Demgegenüber fordert die Treupflicht bei der Wahrnehmung **eigennütziger** Mitgliedschaftsrechte, zB des Gewinnanspruchs, der Informations- und Kontrollrechte, des Kündigungsrechts[380], eine bloße **Rücksichtnahme** auf die Interessen der Gesellschaft und der Mitgesellschafter. Der Gesellschafter darf nicht ohne sachlichen Grund sein Individualinteresse über das Interesse der Gesamthand und der Mitgesellschafter an der Förderung des Gesellschaftszwecks stellen[381]. 59

cc) **Inhalt**. Die gesellschaftsrechtliche Treupflicht im Sinne einer aus § 705 sich ergebenden mitgliedschaftlichen Förderpflicht ist **Hauptpflicht** jedes einzelnen Gesellschafters. Sie äußert sich einmal in der Pflicht **gegenüber der Gesellschaft**, deren Interessen wahrzunehmen, schä- 60

(1970), 173, 182; Kraft/Kreutz, GesellschaftsR S 116; Hennrichs AcP 195 (1995), 222, 228 ff.

374 Vgl oben Rz 43, 46.

375 Vgl Stimpel, Personalhandelsgesellschaftsrecht, in: Pehle/Stimpel, Richterliche Rechtsfortbildung, 1969, S 15, 18; ders, in: 25 Jahre BGH, 1975, S 13, 19; GroßKommHGB³/Fischer § 105 Rz 31 a; auch Zöllner, Die Schranken mitgliedschaftlicher Stimmrechtsmacht..., 1963, der die Treupflicht aus der Intensität der Gemeinschaftsbeziehung, dem Vertrauensverhältnis und der eingeräumten Machtstellung (Geschäftsführung) herleitet.

376 So auch schon RG JW 1935, 1773; H Eichler, Die Rechtslehre vom Vertrauen, 1950, S 31 Fn 54; Lutter AcP 180 (1980), 84, 102 ff; differenzierend H Schneider/U H Schneider ZGR 1972, 52, 69; Häuser, Unbestimmte „Maßstäbe" als Begründungselement richterlicher Entscheidungen S 176 ff mHinw zur Entstehungsgeschichte des § 705; vgl auch BGHZ 9, 157, 163 = NJW 1953, 780: „Pflicht, sich für die Belange der Gesellschaft einzusetzen".

377 Vgl Lutter AcP 180 (1980), 84, 122 Fn 178.

378 S oben Rz 48 ff.

379 Vgl BGHZ 76, 160, 168; RGRK/v Gamm Rz 17; Bamberger/H Roth/Timm/Schöne § 705 Rz 103.

380 Jena NZG 1998, 343 (mAnm Michalski).

381 MünchKomm/Ulmer Rz 224; Erman/Westermann Rz 47.

digende Einflüsse von ihr fern zu halten oder auf sie aufmerksam zu machen und gesellschaftsschädigende Handlungen zu unterlassen[382]. Die Treupflicht ist besonders **ausgeprägt** bei den **geschäftsführenden** Gesellschaftern, deren Geschäftsführungspflicht nach Inhalt und Umfang maßgebend durch die Treupflicht bestimmt wird. Hier muss sich der Gesellschafter vorwiegend nach den Gesellschaftsinteressen richten. Bei der Wahrnehmung **eigennütziger** mitgliedschaftlicher Rechte darf der Gesellschafter **nicht willkürlich** handeln; er muss sich vielmehr im Hinblick auf die Interessen der Gesamthand des **schonendsten Mittels** bedienen (Grundsatz der **Verhältnismäßigkeit**)[383].

Zum anderen verlangt die Treupflicht von der Gesamthand und den Mitgesellschaftern, die **mitgliedschaftlichen Belange einzelner Gesellschafter** insoweit zu **berücksichtigen**, als dies die Zusammenarbeit oder der Gesellschaftszweck erfordern[384]. Die Gesellschafter sind zu gegenseitiger Rücksichtnahme bei der Wahrnehmung ihrer eigenen Interessen verpflichtet[385]. So darf ein Gesellschafter nicht Vermögenswerte der Gesellschaft der Kontrolle und Verfügungsmacht seines Mitgesellschafters gegen dessen Willen entziehen[386]. Dagegen umfasst sie **keine Fürsorgepflicht** für die Interessen der Mitgesellschafter[387]. Doch kann das Interesse der Mitgesellschafter durch erhöhte Rücksichtnahme in besonderen Fällen (etwa wegen des Erfolgs bisheriger Zusammenarbeit) zu berücksichtigen sein, vgl den Fall BGH LM Nr 10 zu HGB § 142: Ausschluss des Übernahmerechts, das nicht zur Erhaltung des Unternehmens, sondern zur Sicherung eines Liquidationsgewinns zu Lasten des anderen Gesellschafters erstrebt wurde. Mit der gesellschaftsrechtlichen Treupflicht lässt es sich nicht vereinbaren, wenn sich ein Gesellschafter oder eine Gruppe von Gesellschaftern zu Lasten eines anderen einen wesentlichen Teil der Vermögenswerte oder immateriellen Güter des abgewickelten Unternehmens (fernere Tätigkeit in gleicher Branche unter Ausnutzung der früheren Verbindung zur Kundschaft) nutzbar macht, ohne dem anderen Gesellschafter einen entsprechenden Ausgleichsbetrag zu zahlen[388]. Unter den Gesellschaftern gebietet die Treupflicht, einen **Machtmissbrauch der Mehrheit** gegenüber der Minderheit zu unterlassen (**Loyalitätsgebot**)[389]. Bei **Eingriffen** in die Interessen oder die Rechtsstellung einzelner Gesellschafter durch die Gesamthand oder einzelne Mitgesellschafter gilt der **Grundsatz der Verhältnismäßigkeit**: Die Maßnahme muss zur Förderung des Gesellschaftszwecks geeignet, erforderlich und das den Gesellschafter am wenigsten belastende Mittel sein[390].

Ausnahmsweise können auch die **privaten Interessen** eines Gesellschafters zu berücksichtigen sein, wenn der Widerstreit sich aus der Gesellschafterstellung ergibt und sich auf das Interesse der Gesellschaft an einer störungsfreien Verwirklichung des Gesellschaftszwecks auswirken kann[391].

Die **Treupflicht** findet ihre **Grenzen** an den eigenen berechtigten Interessen, die jeder neben der Berücksichtigung der Gemeinschaftsinteressen in billiger Weise verfolgen kann[392]; der Gesell-

382 RG JW 1935, 1773; OGHZ 4, 66, 73; BGHZ 14, 25, 38 = NJW 1954, 1401; BGH NJW 1986, 584 = WM 1985, 1444; Nürnberg WM 1962, 731.

383 Vgl Karlsruhe ZIP 1983, 445; Zöllner, Die Schranken mitgliedschaftlicher Stimmrechtsmacht. . ., 1963, S 349 ff; Meier-Hayoz/M Zweifel, Festschr für H Westermann S 383.

384 Vgl BGHZ 34, 80, 83 = NJW 1961, 504 = WM 1961, 171; WM 1962, 390.

385 BGH WM 1966, 511: für Poolvertrag.

386 Nürnberg WM 1962, 731, 732.

387 OGHZ 4, 66, 73; Hueck, OHG § 13 I 3.

388 BGH WM 1958, 777; NJW 1980, 1628 = WM 1980, 496; zur Treupflicht im Abwicklungsstadium der GbR vgl § 730 Rz 4.

389 Vgl BGHZ 65, 15, 19 = NJW 1976, 191 (mAnm Ulmer u Wiedemann JZ 1976, 392): für GmbH; auch E Rehbinder ZGR 1976, 386; zum Loyalitätsgebot vgl Wiedemann, GesellschaftsR I § 8 II 3, S 432 ff; zur Treupflicht im Rahmen eines Beherrschungs- und Eingliederungsvertrags vgl BGH NJW 1980, 231 = WM 1979, 937; zum Mehrheitsprinzip bei Grundlagengeschäften vgl § 709 Rz 40 f.

390 Vgl Zöllner, Die Schranken mitgliedschaftlicher Stimmrechtsmacht. . ., 1963 S 351 ff; BGH NJW 1995, 194: Erlaubte Konkurrenztätigkeit eines Kommanditisten rechtfertigt nicht völlige Entziehung des gesellschaftsvertraglichen Informationsrechts; auch BGHZ 71, 40, 46 = NJW 1978, 1316 = WM 1978, 401: für Bezugsrechtsausschluss bei einer Kapitalerhöhung in einer AG.

391 Lutter AcP 180 (1980), 84, 128 f.

392 BGH WM 1964, 1127; Hueck, Der Treuegedanke im modernen Privatrecht, 1947, S 1 ff.

schafter ist nicht genötigt, auf grundsätzliche Gleichbehandlung zu verzichten[393] oder schutzwürdige eigene Interessen zu opfern[394]. So kann zwar im Gesellschaftsvertrag von ihm als Geschäftsführendem der Einsatz der vollen Arbeitskraft für die Gesellschaft verlangt werden, dh Zurückstellung der Privatinteressen; es würde aber gegen § 138 mit der Folge der Nichtigkeit verstoßen, wenn der Gesellschafter verpflichtet wäre, Einnahmen aus anderweitiger Tätigkeit jeder Art zu einem Teil an die Gesellschaft, die für dreißig Jahre eingegangen ist, abzuführen; denn die außerhalb seiner Arbeitsleistung für die Gesellschaft verbleibende Zeit muss ihm in der Auswertung voll erhalten bleiben[395].

dd) **Einzelfälle**. Die Treupflicht ergibt eine **Mitwirkungspflicht** bei Gesellschafterbeschlüssen[396], zB bei einer Neuordnung der Geschäftsführung[397], bei Maßnahmen der Geschäftsführung[398], bei Auskunftspflichten oder Pflicht zur Einsichtsgewährung in die Geschäftsbücher[399]. Zur Mitwirkungspflicht bei Änderungen des Gesellschaftsvertrags vgl unten Rz 63. **61**

Sie ergibt weiter **Unterlassungspflichten**, die in gleicher Weise für geschäftsführende wie nicht geschäftsführende Gesellschafter gelten: Verrat von Geschäftsgeheimnissen an Außenstehende[400]; Pflichtverletzung eines geschäftsführenden Gesellschafters, um unter Ausschließung des Mitgesellschafters sich selbst einen Vorteil zu verschaffen[401]; Herstellung fingierter Rechnungen zur Verdeckung von Entnahmen[402]; Nutzung einer Wohnung in einem der GbR gehörenden Mietshaus für eigene Zwecke des Geschäftsführers[403]. Nicht geschäftsführende Gesellschafter haben jede Beeinflussung der Geschäftsführer zu pflichtwidrigen Maßnahmen zu unterlassen[404]. Ein Gesellschafter kann auch verpflichtet sein, eine Beeinträchtigung seiner gesellschaftsvertraglichen Rechte **zeitweilig zu dulden**[405].

Insbesondere hat der Gesellschafter eine die Gesellschaft oder die Gesellschafter **schädigende Rechtsausübung** zu unterlassen; – Ein Gesellschafter darf seine Drittgläubigeransprüche gegen die Gesellschaft nicht ohne Rücksicht auf die Interessen der Gesellschaft geltend machen[406]; Zinsen für ein als Beitrag gewährtes Darlehen können nicht verlangt werden, wenn dies zum Zusammenbruch der Gesellschaft führen könnte[407]. Die befugte Entnahme von Geld aus der Gesellschaftskasse darf die Erfüllung fälliger Verbindlichkeiten der Gesellschaft nicht verzögern oder unmöglich machen[408]; unzulässiges Verlangen sofortiger Auszahlung der Abfindungssumme[409]. Ein Gesellschafter kann sich nicht auf ein vertragliches Übernahmerecht berufen, wenn eine durch seine Treupflichtverletzung veranlasste Kündigung des Mitgesellschafters zur Auflösung der Gesellschaft geführt hat[410]; der Gesellschafter muss sich zur Übernahme des Geschäfts der gesetzlichen und darf sich nicht unlauterer Mittel bedienen[411]; Ausübung des Widerspruchsrechts (§ 711) ist nur im Interesse der Gesellschaft statthaft[412]. Den Interessen der Gesellschaft zuwiderlaufende actio pro socio ist zu unterlassen[413]. Die Treupflicht kann gebieten, Widerstand gegen ein seriöses Sanierungsvorhaben zu unterlassen[414]. Aber einzelne Gesellschafter dürfen **das Insolvenzver-**

393 OGHZ 4, 66, 74.
394 BGH LM Nr 8 zu HGB § 105; Hueck, OHG § 13 I 3.
395 BGHZ 37, 381 = NJW 1962, 1811 = WM 1962, 903.
396 Vgl § 709 Rz 27, 33.
397 RG JW 1924, 671.
398 RGZ 163, 38: Zustimmungspflicht; BGH NJW 1970, 706: Zustimmung zur Stimmrechtsausübung durch einen Vertreter; auch RG Recht 1920 Nr 629.
399 RGZ 117, 332; OGH NJW 1950, 781.
400 RG JW 1935, 1773; RGZ 107, 171
401 RGZ 82, 10.
402 Hamburg HansGZ 1922 Beibl 279; BGH DB 1960, 873.
403 KG OLGZ 1969, 311.
404 BGHZ 65, 15 = NJW 1976, 191 (mAnm Ulmer u Anm Wiedemann JZ 1976, 392) für GmbH; BGH NJW 1973, 2198 für KG.
405 BGH WM 1979, 1058: Aufnahme eines Komplementärs ohne Zustimmung eines Mitgesellschafters zur Fortführung einer KG.
406 RG JW 1937, 1986.
407 Koblenz WM 1984, 1051; BGH WM 1985, 195.
408 RGZ 98, 300.
409 RG HRR 1939, 937.
410 RGZ 162, 388, 394.
411 BGH WM 1964, 1127.
412 RGZ 158, 302 u 163, 35, 39.
413 BGHZ 25, 47, 50 = NJW 1957, 1358.
414 Vgl Häsemeyer ZHR 160 (1996), 109, 111, 126 ff.; vgl dazu auch BGHZ 30, 195, 200 ff = NJW 1959, 1683 u oben Rz 48 ff.

fahren der Gesellschaft betreiben, wenn die Lage der Gesellschaft aussichtslos wird und eine schnelle Liquidierung objektiv im Interesse aller liegt[415].

ee) **Sonderfälle**. – (1) **Wettbewerbsverbot**

Schrifttum: Becher, Wettbewerbsverbot und gesellschaftsmäßige Treupflicht, NJW 1961, 1998; A Kardaras, Das Wettbewerbsverbot in den Personalgesellschaften, Diss Köln 1967; Hueck, OHG § 13 II; Salfeld, Wettbewerbsverbote im Gesellschaftsrecht, 1987; Kanzleiter, Schranken der Zulässigkeit von Wettbewerbsverboten in Gesellschaftsverträgen, DNotZ 1989, 195; Röhricht, Das Wettbewerbsverbot des Gesellschafters und des Geschäftsführers, Wpg 1992, 766; Armbrüster, Grundlagen und Reichweite von Wettbewerbsverboten im Personengesellschaftsrecht, ZIP 1997, 261, 272: zur GbR; Nelle, Exklusivverbindungen bei Bieterkonsortien und ihre Durchsetzung, ZIP 2000, 1232; K Schmidt, GesellschaftsR[4], 2002, § 20 V.

62 Zu den **Unterlassungspflichten** auf Grund gesellschaftsrechtlicher Treupflicht gehört ferner das Wettbewerbsverbot, welches für die OHG in HGB § 112 gesetzlich bestimmt ist. Aber auch ohne gesetzliche Regelung gilt das Wettbewerbsverbot als Rechtsfolge der gesellschaftsrechtlichen Treupflicht auch für die (erwerbswirtschaftliche) GbR[416]. Entsprechend der im Gesellschaftsvertrag übernommenen Verpflichtung, die Erreichung des gemeinsamen Zwecks zu fördern, haben die Gesellschafter alles zu unterlassen, was die Verwirklichung dieses Zwecks beeinträchtigt. Da bei der Geschäftsführung die Interessen der Gesellschaft denen der einzelnen Gesellschafter vorgehen, gilt das Wettbewerbsverbot zunächst für die **geschäftsführenden Gesellschafter**. Hinsichtlich der **nicht geschäftsführenden Gesellschafter** richtet sich der Umfang des Wettbewerbsverbots – anders als bei der OHG – nach den tatsächlichen Gegebenheiten der betreffenden GbR und der Rechtsstellung der betroffenen Gesellschafter, insbesondere nach den ihnen eingeräumten Informations- und Kontrollrechten[417]. Das Wettbewerbsverbot kann durch den Gesellschaftsvertrag oder mit Einwilligung aller Gesellschafter beschränkt oder erweitert werden[418]. Ein nachvertragliches Wettbewerbsverbot für einen Gesellschafter, der aus einer Freiberuflersozietät ausscheidet, ist bei hinreichender gegenständlicher und räumlicher Bestimmtheit für die Dauer von zwei Jahren wirksam (Mandantenschutzklausel)[419]; als Sanktion mit übersteigerten Bedingungen ist es nichtig[420]. Über Kollision des Wettbewerbsverbots mit GWB § 1 s BGHZ 38, 306, 311 ff = NJW 1963, 646 = LM Nr 1 zu HGB § 113 (mAnm Fischer); hierzu Lutz NJW 1963, 625; Magen BB 1963, 333; Gleiß/Hootz NJW 1963, 1338; Götz JuS 1963, 384; Knur DNotZ 1963, 643[421]; BGHZ 70, 331, 334 = NJW 1978, 1001; Kellermann, Festschr für R Fischer, 1979, S 307 ff. Zu den Rechtsfolgen der Verletzung des Wettbewerbsverbots s unten Rz 64. Daneben ist hier zu beachten, dass entsprechend HGB § 113 der Gesellschaft wahlweise ein Eintrittsrecht zur Verfügung steht. Der Verletzer wird so behandelt, als ob er das Geschäft im Auftrag der Gesellschaft ausgeführt habe und muss deshalb das Erlangte herausgeben[422].

(2) **Zustimmungspflicht bei Grundlagengeschäften**

Schrifttum: A Hueck, Inwieweit besteht eine gesellschaftsrechtliche Pflicht des Gesellschafters einer Handelsgesellschaft zur Zustimmung zu Gesellschafterbeschlüssen?, ZGR 1972, 236; Kollhosser, Zustimmungspflicht zur Abänderung von Gesellschaftsverträgen bei Personenhandelsgesellschaften, in: Festschr für H Westermann, 1974, S 275; ders, Noch einmal: Zustimmungspflicht zur Abänderung von Gesell-

415 BGH WM 1968, 874 für KG.
416 Kardaras, Diss Köln 1967, S 34.
417 Vgl § 716 Rz 12; so auch MünchKomm/Ulmer Rz 236; Lutter AcP 180 (1980), 84, 112; Salfeld, Wettbewerbsverbot im Gesellschaftsrecht S 112 f; Erman/Westermann Rz 48; Armbrüster ZIP 1997, 261, 272: unabhängig von Informationsrechten; aA – striktes Wettbewerbsverbot auch für nichtgeschäftsführende Gesellschafter – Becher NJW 1961, 1998, 1999; Soergel[10] Rz 73; Staud/Habermeier Rz 52; zum Umfang der Treupflicht vgl schon oben Rz 59.
418 Westermann, Handb Rz I 470 b.
419 BGH NJW 2000, 2584; zuvor Römermann BB 1988, 1489.
420 BGH NJW 2005, 3061 = WM 2005, 1752 = ZIP 2005, 1778; dazu Henssler/Bank LMK 2005, II, 140; M Kilian WuB B II J. § 737 BGB 1.06.
421 Eindringlich Schütte, Wettbewerbsverbote der Personenhandelsgesellschafter und ihre Beurteilung nach § 1 GWB, 1971; Beuthien, Gesellschaftsrecht und Kartellrecht, ZHR 142 (1978), 259.
422 Westermann, Handb Rz I 462.

schaftsverträgen bei Personenhandelsgesellschaften, in: Festschr für Bärmann, 1975, S 533; G P a b s t , Mitwirkungspflichten bei Klagen nach §§ 117, 127, 140 HGB und bei der Anpassung von Verträgen im Recht der Personenhandelsgesellschaften, BB 1977, 1524: H P W e s t e r m a n n , Die Anpassung von Gesellschaftsverträgen an veränderte Umstände, in: Festschr für Hefermehl, 1976, S 225; N i c k e l , Probleme der Ausschlussklage bei OHG und KG – BGHZ 64, 253, JuS 1977, 14; M e r l e , Die Verbindung von Zustimmungs- und Ausschlussklage bei den Personenhandelsgesellschaften, ZGR 1979, 67; U H S c h n e i d e r , Mehrheitsprinzip und Mitwirkungspflicht bei Gesellschafterbeschlüssen, AG 1979, 57; Z ö l l n e r , Die Anpassung von Personengesellschaftsverträgen an veränderte Umstände, 1979 S 25 ff; F l u m e , Die Problematik der Zustimmungspflicht des Gesellschafters. . ., in: Festschr für Rittner, 1991, S 119; W i e d e m a n n , Zu den Treuepflichten im Gesellschaftsrecht, in: Festschr für Heinsius, 1991, S 949; H ä s e m e y e r , Obstruktion gegen Sanierungen und gesellschaftsrechtliche Treupflichten, ZHR 160 (1996), 109; S e s t e r , Treupflichtverletzung bei Widerspruch und Zustimmungsverweigerung im Recht der Personengesellschaften, 1996; d e r s , Zustimmungspflicht und Zustimmungsfiktion bei Personengesellschaften, BB 1997, 1; K o r e h n k e , Treuwidrige Stimmen in Personengesellschafts- und GmbH-Recht, 1997, S 188 ff; L e t t l , Die Anpassung von Personengesellschaftsverträgen (GbR, OHG) aufgrund von Zustimmungspflichten der Gesellschafter, AcP 202 (2002), 3; MünchKomm/U l m e r § 705 Rz 231 ff; K S c h m i d t , GesellschaftsR^4, 2002, § 5 IV.

Grundsätzlich verbietet die **Privatautonomie**, einen Gesellschafter zur Mitwirkung bei der Änderung des Gesellschaftsvertrags zu zwingen. Ausnahmsweise kann sich jedoch aus der mitgliedschaftlichen **Förderpflicht** (Treupflicht) ergeben, zur weiteren Förderung des Gesellschaftszwecks die vertragliche Grundlage des Gesellschaftsverhältnisses geänderten Verhältnissen anzupassen. Insoweit überschneidet sich die Förderpflicht mit den Rechtsfolgen eines Wegfalls der Geschäftsgrundlage[423]. Dann besteht eine **Verpflichtung** des einzelnen Gesellschafters, bei der Änderung der Grundlagen des Gesellschaftsverhältnisses **mitzuwirken**. Das setzt jedoch voraus, dass die Änderung im Hinblick auf das bestehende Gesellschaftsverhältnis zur Weiterverfolgung des Gesellschaftszwecks **dringend erforderlich** und dem betroffenen Gesellschafter unter Berücksichtigung seiner Interessen **zumutbar** ist[424]. Allerdings wird eine Vertragsänderung dem betroffenen Gesellschafter in der Regel **unzumutbar** sein, wenn dadurch seine **Pflichten erweitert** oder seine **Rechtsstellung verschlechtert** wird[425]. Außerdem kommt der ergänzenden Vertragsauslegung und den Regeln über einen Wegfall der Geschäftsgrundlage Vorrang vor einer allgemeineren Zustimmungspflicht aus der mitgliedschaftlichen Förderpflicht zu[426]. 63

Im einzelnen Fall kann eine Zustimmungspflicht bestehen zur Veräußerung des unrentablen Geschäftsbetriebs[427], zur Auflösung der GbR[428], zum freiwilligen Ausscheiden eines insolvenzgefährdeten Gesellschafters[429], zur Mitwirkung an der Entsendung von Beiratsmitgliedern für einen Familienstamm[430], zur Abberufung eines Beiratsmitglieds[431], zur Fortsetzung der Gesellschaft unter Ausscheiden des betroffenen Gesellschafters[432], zur Wiederaufnahme eines nach HGB § 135 ausgeschiedenen Gesellschafters[433], zur Erhebung der Ausschließungsklage gem HGB § 140[434], zur

423 S § 242 Rz 199 ff; seit 1.1.2002: § 313.

424 BGHZ 44, 40 = NJW 1965, 1960 (= auch Fn 435); 64, 253, 257 = NJW 1975, 1410; BGH LM Nr 8 zu HGB § 105; NJW 1960, 434 = WM 1960, 105; NJW 1961, 724 = WM 1961, 301; NJW 1985, 974 = WM 1985, 195; bestätigt in BGHZ 98, 276, 279 = NJW 1987, 189; WM 1994, 2244, 2246; Hamm NZG 2000, 252; München NZG 2001, 793. Aus der Lit: GroßKommHGB^3/Fischer § 105 Rz 31 c; Hueck, OHG § 11 III 3; Nickel JuS 1977, 14, 17; Pabst BB 1977, 1524, 1527; H P Westermann, Festschr für Hefermehl S 228 ff; großzügiger dagegen Zöllner, Die Anpassung von Personengesellschaftsverträgen. . ., 1979 S 40 ff; grundsätzlich ablehnend Kollhosser, Festschr für H Westermann S 275 ff u NJW 1976, 144; Konzen AcP 172 (1972), 317, 339; Flume, Personengesellschaft § 15 IV.

425 Vgl BGH LM Nr 8 zu HGB § 105.

426 Vgl BGH NJW 1974, 1656 = WM 1974, 831; dazu Reuter ZGR 1976, 88; BGH WM 1977, 1140; WM 1979, 889, 891; Bremen NJW 1972, 1952; Flume, Personengesellschaft § 15 IV.

427 BGH NJW 1960, 434 = WM 1960, 105.

428 Celle NZG 2000, 585.

429 BGH NJW 1961, 724 = WM 1961, 301.

430 Düsseldorf BB 1994, 2306; dazu Sester BB 1997, 1.

431 BGH LM Nr 8 zu HGB § 109 = NJW 1970, 706.

432 BGH WM 1973, 990, 992.

433 BGHZ 30, 195, 201 = NJW 1959, 1683.

434 BGHZ 64, 253, 257 = NJW 1975, 1410 (mAnm Kollhosser NJW 1976, 144); BGHZ 68, 81 = NJW 1977, 1013; BGH NJW 1984, 173.

Erhöhung der Vergütung des geschäftsführenden Gesellschafters[435]; zu einer Nachfolgeregelung[436]. UU kann von dem betroffenen Gesellschafter nicht die Zustimmung zu einer Vertragsänderung, sondern nur die zeitweilige Duldung eines vertragswidrigen Zustands verlangt werden[437]. Zur Treupflicht bei Mehrheitsentscheidungen über Vertragsänderungen vgl § 709 Rz 41.

64 ff) **Rechtsfolgen bei Verstoß gegen die Treupflicht.** Bei den **aktiven Förderpflichten** besteht ein **Erfüllungsanspruch** auf Vornahme der durch die Treupflicht gebotenen Handlung, zB auf Vertragsanpassung[438], auf Mitwirkung bei Ausschluss- oder Entziehungsklagen[439]. Dieser Anspruch ist grundsätzlich im Wege der Leistungsklage, zB auf Abgabe einer Willenserklärung (Vollstreckung dann nach ZPO § 894), durchsetzbar[440]. Die Klage auf Zustimmung zu Vertragsänderungen wird für verzichtbar gehalten, wenn der Beschluss keine „Außenwirkung" hat[441]. Auch das Berufen auf das Fehlen einer Zustimmung kann ausgeschlossen sein[442]. Verstößt eine Rechtsausübung gegen **passive Förderpflichten** (Unterlassungs- und Loyalitätspflichten), so ist die treuwidrige Handlung **unbeachtlich**; sie braucht von der Gesamthand und den Mitgesellschaftern nicht berücksichtigt zu werden[443]. Ob eine Maßnahme gegen die Treupflicht verstößt, kann in diesen Fällen durch Unterlassungs- oder Feststellungsklage gerichtlich geklärt werden. Entsprechendes gilt für **Rücksichtspflichten** der Gesamthand oder der Mitgesellschafter gegenüber einzelnen Gesellschaftern. Hat der Verstoß gegen die Treupflicht einen Schaden der Gesamthand oder eines Mitgesellschafters herbeigeführt, so ergibt dies – Vertretenmüssen vorausgesetzt (§ 708) – einen **Schadenersatzanspruch** wegen positiver Forderungsverletzung (§ 280 Abs 1)[444]. Darunter kann auch der durch vorzeitige Beendigung des Gesellschaftsverhältnisses entstandene Schaden fallen[445]. Je nach Schwere oder Dauer des Treupflichtverstoßes kann auch die **Entziehung der Geschäftsführungs- und Vertretungsbefugnis** oder der **Ausschluss** aus der Gesellschaft aus wichtigem Grund gerechtfertigt sein[446].

b) **Pflicht zur gleichmäßigen Behandlung der Gesellschafter**

Schrifttum: G Hueck, Der Grundsatz der gleichmäßigen Behandlung im Privatrecht, 1958, S 35 ff, 278 ff und das dort S 40 Fn 2 erwähnte Schrifttum; A Hueck, OHG § 9 III; Wiedemann, Gesellschaftsrecht I, 1980, § 8 II 2; K Schmidt, GesellschaftsR, 2002[4] § 16 II 4 b.

65 aa) **Bedeutung.** Die Pflicht zur gleichmäßigen Behandlung ist gerade im Recht der Personenvereinigungen seit langem anerkannt und hat für die GbR in § 706 Abs 1 (gleiche Beiträge), § 709 Abs 1 (Geschäftsführung aller), § 711 (Einzelgeschäftsführung mit Widerspruchsrecht), § 709 Abs 2 (Stimmenmehrheit gleichmäßig nach Köpfen), § 722 Abs 1 (gleichmäßige Gewinn- und Verlustbeteiligung) gesetzlichen Ausdruck erhalten. Darüber hinaus wirkt die Pflicht als **allgemeines Prinzip** des Gesellschaftsrechts (vgl AktG § 53 a für die AG[447]) und kann aus den ge-

435 BGHZ 44, 40 = JR 1965, 386 (mAnm A Hueck) = LM Nr 5 zu HGB § 114 (mAnm Fischer); BGH WM 1967, 1099, 1101; WM 1974, 375; WM 1977, 1140; WM 1978, 1230; vgl hierzu § 713 Rz 15.

436 BGH NJW 1987, 952; aber auch München DB 1997, 567; vgl auch BGH NJW 1985, 974 = WM 1985, 195: Zustimmungspflicht zur vorübergehenden Aufhebung der Verzinsung von Kapitalanlagen in Publikums-KG; ebenso BGH NJW 1985, 972.

437 Vgl BGH WM 1979, 1058, 1060 f.

438 BGHZ 44, 40 = NJW 1965, 1960; BGH WM 1979, 889, 891.

439 Vgl BGHZ 64, 253, 257 = NJW 1975, 1410; 68, 81 = NJW 1977, 1013.

440 BGH WM 1986, 1556, 1557; NJW-RR 1987, 285; anders nur, wenn der Gesellschafterbeschluss für die Gesellschaft von existentieller Bedeutung ist (BGH WM 1979, 1058, 1059 f); für Publikumsgesellschaften: BGH NJW 1985, 974 = WM 1985, 195, 196; WM 1985, 256, 257.

441 So MünchKomm/Ulmer[3] Rz 197 a. Nunmehr (aaO Rz 241) für Unterscheidung nach Grundlagenbeschlüssen und Geschäftsführungsmaßnahmen (vgl Sester, Treuepflichtverletzung bei Widerspruch, 1996, S 134 ff).

442 RGZ 109, 50; 158, 310; BGH NJW 1960, 434; BGH WM 1985, 195; U H Schneider AG 1979, 57, 63 f.

443 RGZ 158, 302, 310; 163, 35, 39; vgl auch Flume, Personengesellschaft § 15 II.

444 Vgl RGZ 82, 10; BGH WM 1978, 1205, 1207; Düsseldorf WM 1983, 1320; s oben Rz 47, 54.

445 RGZ 89, 398.

446 RGZ 163, 35, 38.

447 Vgl dazu BGHZ 120, 141, 150 = NJW 1993, 400, 402.

nannten Vorschriften rechtsanalog hergeleitet werden[448]. Die Pflicht bedeutet jedoch **nicht**, dass die Gesellschafter innerhalb der Gesellschaft formal **gleichberechtigt** sein müssen – das Gesetz (etwa § 706 Abs 1) gibt insoweit nur **Auslegungsregelungen**; vielmehr kann der Gesellschaftsvertrag den Gesellschaftern unterschiedliche Rechte geben[449]. Die **Vertragsfreiheit** hat – bis zur Grenze der Sittenwidrigkeit (§ 138) – den **Vorrang**. Die Pflicht verbietet nur eine durch sachliche Gründe nicht gerechtfertigte, **willkürliche** Ungleichbehandlung. Art und Umfang gesellschaftsvertraglicher Rechte können daher nach der wirtschaftlichen Beteiligung[450], den sonstigen Leistungen, der übernommenen Haftung[451] oder auch nach steuerrechtlichen Gesichtspunkten[452], der Einbringung eines Unternehmens oder Aufnahme neuer Gesellschafter verschieden gestaltet sein[453]. Aber selbst bei gleichen Leistungen muss ein Gesellschafter **ungleiche Behandlung** insoweit hinnehmen, als er sich mit dieser im Gesellschaftsvertrag oder in sonstiger Weise mit ihr einverstanden erklärt hat[454]. Es können einem Gesellschafter für besondere Leistungen besondere Vergünstigungen gewährt werden. Kommt der **Wille zu ungleicher Behandlung nicht unzweifelhaft zum Ausdruck**, hat die Auslegung von der Gleichbehandlungspflicht auszugehen. Es wird dann aber keine gleichförmige Behandlung, sondern eine Behandlung nach gleichem Maßstab unter Ausschluss sachfremder, willkürlicher unterschiedlicher Behandlung gefordert[455].

bb) **Anwendungsbereich**. Die Pflicht beherrscht die gesamte **rechtliche Stellung jedes Gesellschafters**[456], was sich unmittelbar auf die Beitragspflicht, die Gewinnbeteiligung, die Geschäftsführungsbefugnis usw auswirkt. Sie ist bei der **Auslegung** und **Ergänzung** des Gesellschaftsvertrags sowie bei der **Vertragsanpassung** und **-änderung**[457] zu berücksichtigen. Sie gilt aber auch für jede innergesellschaftliche konkrete Einzelmaßnahme[458], so dass ein Mehrheitsbeschluss nicht gegen die Pflicht zu gleichmäßiger Behandlung verstoßen darf[459]; ein **Abweichen** von diesem Grundsatz mit Mehrheitsbeschluss kann im Gesellschaftsvertrag nicht generell, sondern nur konkretisiert zugelassen werden[460]. Die Berechnung von Quoten im Rahmen eines **Kartells** hat sowohl die den Gesellschafter belastenden als auch die ihn begünstigenden Umstände zu berücksichtigen[461], die Lasten für **Benutzung von Gesellschaftseinrichtungen** müssen gleichmäßig verteilt werden[462]. Die Gesellschaft darf nicht unter Benachteiligung einzelner Gesellschafter durch Gewährung vertraglicher Vorteile an andere Gesellschafter eine verdeckte Gewinnausschüttung vornehmen[463]. Das Recht zur Erhöhung der Kapitalanteile durch Mehrheitsbeschluss kann nur allen Gesellschaftern in gleicher Weise zuerkannt werden[464]. Die Treupflicht nötigt nicht zum Verzicht auf grundsätzliche Gleichberechtigung im Sinne der Gleichbehandlung, weil die Treupflicht diese voraussetzt[465]. 66

cc) **Rechtsfolgen bei Verstoß gegen die Gleichbehandlungspflicht**. Wie bei Verstoß gegen die Treupflicht[466] kommen Ansprüche auf **Erfüllung** und auf **Schadenersatz** in Betracht. In erster Linie hat der begünstigte Gesellschafter den Vorteil zurückzugewähren[467]. Ein Verstoß gegen die Gleichbehandlungspflicht kann aber auch dazu führen, dass die benachteiligten Gesellschafter so 67

448 Zum Geltungsgrund vgl auch MünchKomm/Ulmer Rz 244; Bamberger/H Roth/Timm/Schöne § 705 Rz 109.
449 BGH WM 1966, 1036.
450 RGZ 151, 321, 329: Umsatz.
451 BGH WM 1965, 1284.
452 Vgl BGH WM 1977, 1022, 1024: Beschränkung des Entnahmerechts.
453 Vgl dazu auch Westermann, Handb Rz I 528 f.
454 BGH WM 1965, 1284; Karlsruhe ZIP 1983, 445, 447.
455 Hueck, OHG § 9 III.
456 G Hueck, Der Grundsatz der gleichmäßigen Behandlung... S 278.
457 S oben Rz 63.
458 G Hueck, Der Grundsatz der gleichmäßigen Behandlung... S 41, 287.
459 RGZ 151, 321, 326; BGHZ 8, 35, 42 = NJW 1953, 102; 20, 363, 369 = NJW 1956, 1138.
460 RGZ 151, 321, 326; GroßKommHGB³/Fischer § 109 Rz 3; vgl zum Bestimmtheitsgrundsatz auch § 709 Rz 39 ff.
461 BGHZ 16, 59, 70 = NJW 1955, 384.
462 Für Genossenschaften: BGH NJW 1960, 2142; für GbR: Saarbrücken NJW 1985, 811.
463 BGH WM 1972, 931: für GmbH; Karlsruhe ZIP 1983, 445; vgl dazu auch Winter ZHR (1984), 579, 597.
464 BGH WM 1974, 1151, 1153: für KG.
465 OGHZ 4, 66, 74.
466 Vgl oben Rz 64.
467 Karlsruhe ZIP 1983, 445.

zu stellen sind wie die bevorzugten: Herabsetzung der Nutzungsgebühr durch eine Wohnungsbaugenossenschaft[468]. Unterschiedliche Bemessung von Vereinsbeiträgen ist auszugleichen[469]; Ausgleichszahlung, wenn zumutbar und sachgerecht[470]. Die Vorteilsgewährung an alle kann aber zu wirtschaftlichen Schwierigkeiten führen, so dass dann nur gleichmäßige Aufteilung des gewährten Vorteils unter alle verlangt werden kann[471]. Eine Verletzung der Gleichbehandlungspflicht kann zur Unwirksamkeit der getroffenen Maßnahme oder – falls gesellschaftsvertraglich vorgesehen – zur Anfechtung eines Beschlusses führen[472]. Die **Unwirksamkeit wirkt nur intern**; durch Zustimmung kann nachträglich die Wirksamkeit erreicht werden[473]. Auch kann dem benachteiligten Gesellschafter bei schuldhaftem Verstoß gegen die Gleichbehandlungspflicht ein Schadenersatzanspruch gegen die Gesamthand oder einzelne Mitgesellschafter zustehen.

67 a 5. **Rechtliche Qualifizierung der Mitgliedschaft und begrifflich-systematische Einordnung**. Die Mitgliedschaft ist die Stellung als Mitglied im Rechtsverhältnis zu der Gesellschaft und den Mitgesellschaftern. Sie umfasst (aktuell) die Gesamtheit der einzelnen Mitgliedschaftsrechte und Mitgliedschaftspflichten, die durch die Beteiligung an der Gründung oder den Eintritt in die Gesellschaft aufgrund des Gesellschaftsvertrags und kraft Gesetzes für den Gesellschafter aus dem Rechtsverhältnis zu der Gesellschaft und den Mitgesellschaftern entstanden sind. Außerdem können aus diesem Rechtsverhältnis für das Mitglied (potentiell) fortlaufend neue Mitgliedschaftsrechte und Mitgliedschaftspflichten entstehen, wenn die jeweils erforderlichen Tatbestandselemente gegeben sind. Die Mitgliedschaft kann demnach als **aktuelle und potentielle Inhaberschaft der Gesamtheit von Rechten und Pflichten des einzelnen Gesellschafters aus dem Rechtsverhältnis zu der Gesellschaft und den Mitgesellschaftern** qualifiziert werden[474]. Demgegenüber wird die Mitgliedschaft oft als „Rechtsverhältnis" und zugleich/oder als „subjektives Recht" gekennzeichnet[475]. Dazu ist festzuhalten:

(1) Die Mitgliedschaft ist *nicht* selbst ein Rechtsverhältnis, weil ein solches immer nur *zwischen* zwei oder mehreren Beteiligten (hier Gesellschafter und Gesellschaft sowie Mitgesellschaftern) bestehen kann. Es handelt sich vielmehr um die **Stellung als Beteiligter** dieses Rechtsverhältnisses, aus dem für das Mitglied Rechte und Pflichten entstanden sind und entstehen können, die insgesamt jene Stellung bilden. Ebensowenig wie die Stellung als Käufer (oder Verkäufer) mit dem Schuldverhältnis Kauf identisch ist, kann die Mitgliedschaft mit dem Rechtsverhältnis des Gesellschafters zu der Gesellschaft und den Mitgesellschaftern gleichgesetzt werden[476].

(2) Die Mitgliedschaft ist **kein** subjektives Recht; denn sie ist nicht ein einzelnes Recht des Mitglieds (wie etwa ein Anspruch aus dem Gesellschaftsverhältnis), sondern eine **Gesamtheit mehrerer Mitgliedschaftsrechte und Mitgliedschaftspflichten**[477]. Außerdem können aus dem

468 BGH NJW 1960, 2142.
469 BGH LM Nr 2 zu § 39.
470 BGH WM 1972, 931, 933.
471 BGH NJW 1960, 2143.
472 RGZ 118, 67; RG JW 1935, 1776; MünchKomm/Ulmer Rz 252.
473 Vgl RGZ 80, 86; 120, 180; G Hueck, Der Grundsatz der gleichmäßigen Behandlung... S 319.
474 Vgl. für die Mitgliedschaft in einer OHG oder KG schon Hadding, Festschr für Reinhardt, 1972, S 249, 262 mNachw S 255 Fn 47–51; allgemein: Hadding, Festschr für Steindorff, 1990, S 31, 36 ff; im Verein: Hadding, Festschr für Kellermann, 1991, S 91, 103 f; ebenso Klink, Diss Mainz 1993, S 132 ff; Helms, Diss München 1997/98, S 4 ff, 65 ff; Reichert/van Look, Vereins- u VerbandsR Rz 470; Steinbeck DB 1995, 761, 762: für Personalgesellschaften; Hennrichs ZIP 1995, 794, 798; Staud/Weick § 35 Rz 25. Von „Mitgliedschaft" ist zutreffend gegenwärtig nicht mehr nur bei Vereinen und Kapitalgesellschaften oder nur bei körperschaftlich organisierten Gemeinschaften (so O v Gierke, Die Genossenschaftstheorie und die deutsche Rechtsprechung, 1887, S 240 ff; 353 ff; J v Gierke ZHR 119 [1956], 141, 150) die Rede.
475 Vgl aus neuerer Zeit namentlich Flume, Die juristische Person § 8 I; Lutter AcP 180 (1980), 84, 101 f; K Schmidt, GesellschaftsR § 19 I 3; Wiedemann, GesellschaftsR I § 2 I 1 b bb, S 95; Habersack, Die Mitgliedschaft S 62 ff, 98 ff.
476 Nicht *aus* der Mitgliedschaft als Teilhabe an einem Verband „resultiert ... das mitgliedschaftliche Rechtsverhältnis" (so K Schmidt, GesellschaftsR § 19 I 3 a), sondern umgekehrt aus dem Rechtsverhältnis zu einem Verein entsteht die Mitgliedschaft als Stellung eines Beteiligten.
477 Wenn die Mitgliedschaft „eine Fülle von Rechten und Pflichten in einem Verband" vermittelt, also eindeutig eine Gesamtheit mehrerer

Gesellschaftsverhältnis weitere Mitgliedschaftsrechte und/oder -pflichten als Bestandteile der Stellung des Gesellschafters entstehen. Aus einem subjektiven Recht können aber, auch wenn man von einem „Mutterrecht" („Quellrecht", „Stammrecht") spricht[478], keine anderen subjektiven Rechte („Tochterrechte", „Folgerechte") und erst recht keine Pflichten sehr unterschiedlichen Inhalts für den „Rechtsinhaber" (hier: Mitglied) entstehen. Entstehungsgrundlage ist insoweit das Rechtsverhältnis[479]. Die Mitgliedschaft ist hiernach auch kein „sonstiges Recht iS des § 823 Abs 1[480].

(3) Die Mitgliedschaft ist *kein* Gegenstand im Sinne des Zivilrechts (vgl § 90), dh eine einzelne Sache oder ein einzelnes subjektives Recht[481], sondern hinsichtlich der Mitgliedschaftsrechte eine **Gesamtheit** („Inbegriff von Gegenständen", vgl § 260 Abs 1). Nach dem Spezialitätsgrundsatz des BGB kann aber eine Verfügung nur über *ein* einzelnes Recht getroffen werden, nicht über eine Gesamtheit[482]. Verfügungen über die Mitgliedschaft sind daher nicht ohne weiteres möglich. Der jeweilige Vorgang muss den Anforderungen Rechnung tragen, die dadurch bedingt sind, dass es um die mehrere (aktuelle und potentielle) Rechte und Pflichten umfassende Stellung des Gesellschafters im Rechtsverhältnis zu der Gesellschaft und den Mitgesellschaftern geht.

IV. Name und Namensschutz der GbR

1. **Begriff**. Die GbR kann als Gesamthand und (rechtsfähige) Außengesellschaft[483] im Rechtsverkehr unter einer einheitlichen Bezeichnung (**Gesamtname**) auftreten. Hat diese Bezeichnung die Unterscheidungsfunktion, die dem Namen der natürlichen Person eigen ist und ebenso für den Gesamtnamen (Firma) einer juristischen Person oder Personalhandelsgesellschaft gilt[484], kann eine solche Bezeichnung zum „Namen" der GbR werden[485]. Der Name der GbR kann sich aus den Namen mehrerer oder aller Gesellschafter – auch abkürzungsweise – zusammensetzen, eine **Geschäftsbezeichnung** oder einen das Gesellschaftsverhältnis andeutenden Zusatz (zB „GbR") 68

Rechte und Pflichten ist, lässt sich nicht der Bereich subjektiver Rechte nach geltendem Recht „ganz offen um die Mitgliedschaft erweitern" (so aber Lutter AcP 180 [1980], 84, 102). Auch die Kennzeichnung als „ein in sich geschlossenes Rechtsinstitut" erlaubt es nicht, die Mitgliedschaft als ein subjektives Recht zu qualifizieren (so jedoch K Schmidt, GesellschaftsR § 19 I 3 b). Auch die „Einheitlichkeit" der mitgliedschaftlichen Rechte und Pflichten erklärt nicht ohne weiteres ihre „Verdichtung" zu einem subjektiven Recht, das zudem weder mit beschränkt dinglichen Rechten noch mit familienrechtlichen Rechtsverhältnissen vergleichbar ist (so aber Habersack, Die Mitgliedschaft S 70 ff, 98; krit auch Helms, Diss München 1997/98, S 66 f).

478 Vgl Wiedemann, Die Übertragung und Vererbung von Mitgliedschaftsrechten bei Handelsgesellschaften, 1965, S 39, 301; 296; U Huber, Vermögensanteil, Kapitalanteil und Gesellschaftsanteil an Personalgesellschaften des Handelsrechts, 1970, S 163; auch Staud/Weick Rz 3.

479 Zutreffend hält v Tuhr, AllgTeil I § 5 II 2, S 125, 126 die Unterscheidung zwischen einem Rechtsverhältnis und einem subjektiven Recht für „systematisch unentbehrlich". Vgl auch Enn/Nipperdey § 71 I 4, S 428; Lehmann/Hübner, AllgTeil[16] § 10 II, III, S 80; E Wolf, AllgTeil[3] § 2 A, B I, F I; Larenz/Wolf, AllgTeil[8] § 13 I, II, § 14 I; Hübner, AllgTeil, 1996, Rz 96.

480 Ausführlich Hadding, Festschr für Kellermann, 1991, S 91, 102 ff; ebenso Klink, Diss Mainz 1993, S 135 ff; Reichert/van Look, Vereins- u VerbandsR Rz 473 a; Helms, Diss München 1997/98, S 76 ff. Anders BGHZ 110, 323 = NJW 1990, 2877 = WM 1990, 1539 = WuB II L. § 31 BGB 1.91 (mAnm Beuthien/Kießler = ZIP 1990, 1067 (dazu Hadding EWiR 1990, 745).

481 Vgl aber Lutter AcP 180 (1980), 84, 98, 99: die Mitgliedschaft sei „als Gegenstand verselbständigt"; auch K Schmidt, GesellschaftsR § 19 IV 1: „einheitlicher Rechtsgegenstand". Mit dieser Qualifizierung wird offenkundig erschlichen, dass die Mitgliedschaft ohne weiteres ein „taugliches Objekt von Verfügungen" sein kann; vgl dazu im Text.

482 Vgl BGHZ 1, 294, 304 f; v Tuhr, AllgTeil II/1 § 54 I, S 239; Lehmann/Hübner, AllgTeil[16], § 15 II 1, S 113; Flume, Das Rechtsgeschäft § 11, 5 a, S 140; Hübner, AllgTeil, 1996, Rz 388.

483 Vgl Rz 28 vor § 705.

484 Vgl hierzu § 12 Rz 29 ff.

485 Ganz hM, vgl Karlsruhe BB 1978, 519; Holstein, Der Name der BGB-Gesellschaft, Diss Münster 1968, S 3 mweitNachw; GroßKommHGB[4]/Hüffer § 17 Rz 13; Hadding ZGR 2001, 712, 720; aM Wessel BB 1978, 1084; zur Bezeichnung im Zivilprozess vgl § 714 Rz 53.

enthalten[486]. Jedoch darf keine Verwechselungsgefahr mit einer kaufmännischen Firma (vgl HGB § 37 Abs 1) bestehen[487], auch sind Rechte Dritter im Rahmen der BGB § 12, MarkenG §§ 5, 15 zu beachten. Bei gewerblicher Tätigkeit, die nicht nach HGB §§ 1 Abs 2; 2 Satz 2; 105 Abs 2 ein Handelsgewerbe begründet, bleibt GewO § 15b einschlägig. Der Namensbestandteil „und Partner" oder „Partnerschaft" ist nunmehr gemäß PartGG § 11 Satz 1 auf freiberufliche Partnerschaften im Sinne dieses Gesetzes begrenzt, es sei denn es wird der Zusatz „GbR" hinzugefügt (PartGG § 11 Satz 3)[488]. Im Hinblick auf die grundsätzlich unbeschränkte Haftung der Gesellschafter einer GbR[489] ist der Zusatz „GbRmbH" unzulässig[490].

69 2. **Namensschutz**. Da der maßgebende Gesichtspunkt für die Anwendung von § 12 auf Personenverbände die Unterscheidungsfunktion ihres „Namens" (Firma) ist, ist die Anwendung dieser Schutznorm bei allen Personenvereinigungen, die unter einem Gesamtnamen im Rechtsverkehr auftreten, gerechtfertigt, auch wenn sie keine juristischen Personen sind. Dies ist für die Firma der **OHG** und **KG** anerkannt[491], ebenso für die Namen **rechtsfähiger Vereine**, die regelmäßig unter einem Gesamtnamen handeln[492], auch für Gewerkschaften[493]. Ob der Name schon **Verkehrsgeltung**, dh Anerkennung im Rechtsverkehr, gefunden hat, ist unerheblich[494]. Maßgeblich ist allein die **Unterscheidungsfunktion** und die **Identifizierungsfunktion** hinsichtlich der Gesamthand als Namensträger. Wird der Name der GbR im **geschäftlichen Verkehr** benutzt, so besteht gemäß **MarkenG §§ 15, 5** ein Unterlassungsanspruch gegen die Verwender verwechslungsfähiger, prioritätsjüngerer Bezeichnungen. Dagegen findet auf den Namen der GbR das **Firmenrecht** (HGB §§ 19ff), insbesondere HGB §§ 24, 25, **keine Anwendung**[495]. Führt eine GbR jedoch unzulässigerweise eine Firma oder eine firmenähnliche Bezeichnung, so kann gegen sie ein **Firmenmissbrauchsverfahren** gem HGB § 37 Abs 1 durchgeführt werden[496].

V. Fehlerhafte Gesellschaft

Schrifttum: Aus den Darstellungen in **Kommentaren** und **Lehrbüchern**: GroßKommHGB[4]/Ulmer § 105 Rz 327ff; Westermann, Handb Rz I 172–199; Flume, Personengesellschaft § 2 II; MünchKomm/Ulmer § 705 Rz 323–378; Reinhardt/Schultz, GesellschaftsR 1981[2], Rz 233–255; K Schmidt, GesellschaftsR, 2002[4], § 6; Grunewald, GesellschaftsR, 2005[6], 1.A. Rz 156ff.

Aus dem umfangreichen älteren Schrifttum: Siebert, Die „faktische" Gesellschaft, in: Festschr für Hedemann, 1938, S 266; Haupt, Über faktische Vertragsverhältnisse, in: Festschr für Siber Bd II, 1943, S 5; ders, ZAkDR 1943, 238; Erman, Personalgesellschaften auf mangelhafter Vertragsgrundlage, 1947; Sp Simitis, Die faktischen Vertragsverhältnisse als Ausdruck der gewandelten Funktion der Rechtsinstitute des Privatrechts, 1957, S 107ff, 184ff, 232ff; Siebert, Faktische Vertragsverhältnisse (Jur Studiengesellschaft Karlsruhe H 41), 1958; Kuhn, Die Rechtsprechung des BGH zur offenen Handelsgesellschaft, WM 1965, 2. Weiteres **Schrifttum bis 1968** vgl Soergel[10] Rz 80 vor § 705.

Seit 1969: Gursky, Das fehlerhafte Ausscheiden eines Gesellschafters aus einer Personengesellschaft, Diss Köln 1969; A Schmidt-Hern, Ausschluß- und Übernahmeklage bei der fehlerhaften OHG, Diss Münster 1970; Ronke, Der fehlerhafte Beitritt zu einer Gesellschaft und die fehlerhafte Gesellschaft nach der Rechtsprechung des Reichsgerichts, in: Festschr für Laufke, 1971, S 217; ders, Die Rechtsprechung des Bundesgerichtshofs zur fehlerhaften Gesellschaft, in: Festschr für Paulick, 1973, S 55; M Lieberich, Feh-

486 Vgl MünchKomm/Ulmer § 705 Rz 270f.

487 BayObLG BB 1960, 996; Hamm DB 1968, 479; Frankfurt BB 1975, 247; Karlsruhe BB 1978, 519; Karlsruhe BB 1985, 2156; LG Berlin BB 1985, 1691; Zwernemann BB 1987, 774.

488 BGHZ 135, 257, 258f; Karlsruhe NJW 1998, 1160.

489 S § 714 Rz 10, 32a.

490 Vgl BGHZ 142, 315, 317f; BayObLG NJW 1999, 297; München NJW-RR 1998, 1728. Vgl. schon Mieses JW 1930, 2650 gegen Pomme JW 1930, 309.

491 Vgl § 12 Rz 31; Bamberger/H Roth/Timm/Schöne § 705 Rz 148.

492 Vgl § 12 Rz 31.

493 BGHZ 43, 245 = NJW 1965, 859.

494 So auch BGH GRUR 1976, 644 (mAnm Fezer) für ein Vereinsemblem; MünchKomm/Ulmer Rz 227.

495 Zweifelhaft deshalb Nürnberg BB 1999, 652 = NJW-RR 2000, 700: HGB § 24 entsprechend, wenn ein Gesellschafter einer unternehmerisch tätigen GbR das Geschäft allein weiterführt (Vortäuschen einer OHG); auch München NZG 2000, 367 (dazu Henssler S 645).

496 Vgl BayObLG BB 1960, 996; Frankfurt/M BB 1975, 248; Karlsruhe BB 1978, 519.

lerhafte Abänderungen des Gesellschaftsvertrags bei Personenhandelsgesellschaften, Diss Bonn 1972; J Rödig, Bereicherung ohne Rechtfertigung durch Gesellschaftsvertrag, 1972; Reindl, Zur Haftung des fehlerhaft eingetretenen Gesellschafters, in: Festschr für Demelius, 1973, S 427; H Plutta, Grundsätze über fehlerhafte Gesellschaftsverhältnisse, Diss Marburg 1975 (mit Verzeichnis der Rspr S 134 ff); K D Hartmann, Der fehlerhafte Vertrag über das Ausscheiden aus einer Personengesellschaft, in: Festschr für Schiedermair, 1976, S 257; Möschel, Das Außenverhältnis der fehlerhaften Gesellschaft, in: Festschr für Hefermehl, 1976, S 171; G Falkenstein, Fehlerhaftes Ausscheiden eines Gesellschafters aus einer OHG, Diss Tübingen 1977; Hansjörg Weber, Zur Lehre von der fehlerhaften Gesellschaft, 1978 (dazu: Wiesner ZHR 142 [1978], 511); Ulmer, Die Lehre von der fehlerhaften Gesellschaft – gesicherter Bestand des Gesellschaftsrechts oder methodischer Irrweg?, in: Festschr für Flume Bd II, 1978, S 301; Wiese, Die Scheinhandelsgesellschaft und die fehlerhafte Gesellschaft nach Neufassung des § 15 HGB, Diss Münster 1979; F Dannull, Wandlungen bei der Behandlung fehlerhafter Gesellschaften, Diss Gießen 1980; G Wiesner, Die Lehre von der fehlerhaften Gesellschaft, 1980; ders, Neue Entwicklungen im Recht der fehlerhaften Gesellschaft, österrGesRZ 1981, S 91; S Psichomanis, Die fehlerhafte Personengesellschaft im griechischen und deutschen Recht, Diss Gießen 1983; K Schmidt, „Fehlerhafte Gesellschaft" und allgemeines Verbandsrecht, AcP 186 (1986), 421, 430 ff; Schwintowski, Grenzen der Anerkennung fehlerhafter Gesellschaften, NJW 1988, 937; K Schmidt, Grenzen des Minderjährigenschutzes im Handels- und Gesellschaftsrecht, JuS 1990, 517, 520; Goette, Fehlerhafte Personengesellschaftsverhältnisse in der jüngeren Rechtsprechung des Bundesgerichtshofs, DStR 1996, 266; Ulmer, Hundert Jahre Personengesellschaftsrecht: Rechtsfortbildung bei OHG und KG, ZHR 161 (1997), 102, 115–120; Pörnig, Die Lehre von der fehlerhaften Gesellschaft – ein Personen- und Kapitalgesellschaftsrecht verbindendes Konzept, 1999; Carsten Schäfer, Die Lehre vom fehlerhaften Verband, 2002.

1. **Übersicht**. Der **Gesellschaftsvertrag** zur Errichtung einer GbR kann – wie jeder Vertragsschluss – ganz oder teilweise **unwirksam** (nichtig) sein, weil das Rechtsgeschäft insgesamt oder in einem Teil von einem Unwirksamkeitsgrund (Nichtigkeitsgrund) betroffen ist. Es kann auch die auf den Abschluss des Gesellschaftsvertrags gerichtete Willenserklärung eines oder mehrerer Gesellschafter unwirksam (nichtig) oder anfechtbar sein. Ferner können **Änderungen** des Gesellschaftsvertrags (vgl § 311 Abs 1) oder die Vereinbarung über den **Eintritt** oder das **Ausscheiden** eines Gesellschafters unwirksam (nichtig) oder anfechtbar sein. Ist der Gesellschaftsvertrag als Entstehungstatbestand der GbR (Gesamthand) und damit des geplanten Gesellschaftsverhältnisses unwirksam (nichtig), so ist weder das Schuldverhältnis noch das Organisationsverhältnis unter den Beteiligten rechtlich begründet worden; es besteht keine wirksame Gesellschaft. Mangels einer vertraglichen Grundlage kommen deshalb **an sich** nur gesetzliche Ansprüche nach **§§ 749 ff, 985 ff, 812 ff** in Betracht, soweit eine Auseinandersetzung zwischen den Beteiligten stattfinden muss. Die Abwicklung nach diesen Vorschriften kann sich jedoch als **schwierig** erweisen, wenn das wegen mangelhafter Vertragsgrundlage rechtlich nicht entstandene Gesellschaftsverhältnis von den Beteiligten schon **in Vollzug gesetzt** worden ist. Mit der Durchführung des Gesellschaftsvertrags kann sowohl im Innenverhältnis (zB durch Leistung von Beiträgen) als auch im Außenverhältnis (zB durch Abschluss von Geschäften für die Gesellschaft) begonnen worden sein. Die mangelhafte Vertragsgrundlage des (nicht bestehenden) Gesellschaftsverhältnisses wird hier durch seinen tatsächlichen Vollzug in Gestalt weiterer rechtlicher Maßnahmen der Beteiligten (untereinander und gegenüber Dritten) überlagert. Soweit die Beteiligten von einem vermeintlich wirksamen Gesellschaftsverhältnis ausgehen, können der gebotene Bestandsschutz (im Innenverhältnis) und der erforderliche Verkehrsschutz (im Außenverhältnis) eine **spezifisch gesellschaftsrechtliche Beurteilung** der Rechtsfolgen aus der Unwirksamkeit (Nichtigkeit) des Gesellschaftsvertrags rechtfertigen. Diesem Anliegen wird durch die im Wege **richterlicher Rechtsfortbildung** entwickelten Regelungen zur **„fehlerhaften Gesellschaft"** (früher: „faktische Gesellschaft") Rechnung getragen[497]. Die Entwicklungsschritte der Rechtsprechung werden durch die Entscheidungen RGZ 127, 186; 142, 98; 153, 274; 165, 193; BGHZ 44, 235 = NJW 1966, 107 markiert[498]. Die Regelungen zur fehlerhaften Gesellschaft sind 70

497 Heute grundlegend BGHZ 3, 285 = NJW 1952, 97; zusammenfassend BGHZ 55, 5 = NJW 1971, 375; vgl zur rechtsdogmatischen Begründung unten Rz 85 ff.

498 Vgl zur Rspr des BGH: Ronke, Festschr für Paulick, 1973, S 55; Kuhn WM 1977, 126; Wiesner, Die Lehre von der fehlerhaften Gesellschaft S 43 ff; Goette DStR 1996, 266.

überwiegend anhand mangelhafter Gesellschaftsverträge von Personalhandelsgesellschaften herausgebildet worden; sie gelten jedoch gleichermaßen für die **GbR**[499].

71 Aufgrund der Rechtsentwicklung liegt der **Tatbestand** einer fehlerhaften Gesellschaft vor, wenn – (1) ein **Gesellschaftsvertrag** zwischen den Beteiligten (auch nur stillschweigend) vereinbart worden ist, der wegen eines rechtlichen „Fehlers" (zB §§ 125 Satz 1; 155; 142 Abs 1) unwirksam (nichtig) oder anfechtbar ist[500], und – (2) die Gesellschaft **in Vollzug gesetzt** worden ist, und zwar entweder im Innenverhältnis durch nicht ohne weiteres rückgängig zu machende Vermögensumschichtungen zur Bildung des Gesellschaftsvermögens oder im Außenverhältnis durch Aufnahme von rechtlichen Verbindungen zu Dritten[501]. Die **Rechtsfolgen** einer fehlerhaften Gesellschaft ergeben sich grundsätzlich aus dem jeweils anwendbaren Gesellschaftsrecht; die zivilrechtlich vorgesehenen Rechtsfolgen der Unwirksamkeit (Nichtigkeit) sind eingeschränkt. Im **Innenverhältnis**[502] gilt die gesellschaftsvertragliche (und ergänzend: gesetzliche) Regelung mit Ausnahme etwa der fehlerhaften Absprache, die durch ergänzende Vertragsauslegung oder dispositive gesetzliche Vorschriften ersetzt wird. Die Fehlerhaftigkeit des Gesellschaftsvertrags kann als wichtiger Grund zur außerordentlichen Kündigung (§ 723 Abs 1 Satz 2) geltend gemacht werden; die fehlerhafte Gesellschaft wird dann mit Wirkung für die Zukunft (ex nunc) aufgelöst. Die Abwicklung richtet sich nach der gesellschaftsvertraglichen Regelung, ergänzend nach §§ 730 ff. Im **Außenverhältnis**[503] wird die fehlerhafte Gesellschaft bis zur Auflösung und endgültigen Abwicklung ebenfalls als wirksam betrachtet; es gelten die gesellschaftsvertraglichen und gesetzlichen Regelungen über die Vertretung und die Haftung. Diese besonderen Regelungen zur fehlerhaften Gesellschaft gelten jedoch nach der Rechtsprechung **nicht**, wenn „gewichtige Interessen der Allgemeinheit oder einzelner schutzwürdiger Personen" entgegenstehen (zB beim Verstoß gegen ein gesetzliches Verbot [§ 134] oder gegen die guten Sitten [§ 138] oder bei Beteiligung eines Minderjährigen). In diesen Fällen ist kein Gesellschaftsrecht anwendbar; vielmehr bleibt es bei einer Abwicklung nach §§ 749 ff, 985 ff, 812 ff[504]. Hingegen sind die Regelungen zur fehlerhaften Gesellschaft grundsätzlich auch bei fehlerhaften Änderungen des Gesellschaftsvertrags, insbesondere bei fehlerhaften Vereinbarungen über den Eintritt oder das Ausscheiden eines Gesellschafters entsprechend anwendbar[505].

72 2. **Voraussetzungen einer fehlerhaften Gesellschaft**. – a) **Fehlerhafter Gesellschaftsvertrag**. – aa) **Abgrenzung**. Es muss ein wegen eines rechtlichen „Fehlers" unwirksamer (nichtiger) oder anfechtbarer **Gesellschaftsvertrag** vorliegen[506]. Demgemäß müssen auf den Abschluss eines Gesellschaftsvertrags gerichtete **Willenserklärungen** abgegeben worden sein[507]. Ein bloß **tatsächliches Zusammenwirken** nach Art von Gesellschaftern **reicht nicht aus**, weil dadurch kein Gesamthandvermögen gebildet werden kann und deshalb kein Vollzug der Gesellschaft stattfindet[508]. Deshalb keine Anwendbarkeit der Regelungen zur fehlerhaften Gesellschaft auf nur gesellschaftsähnliche Rechtsverhältnisse[509]. Es genügt auch **nicht**, dass der Gesellschaftsvertrag als Scheingeschäft (§ 117 Abs 1) unwirksam ist[510]. Denn bei einer **Scheingesellschaft** verfolgen die Beteiligten in Wahrheit keinen Gesellschaftszweck, sondern individuelle Ziele[511] und wollen ihre Verhältnisse gerade nicht nach Gesellschaftsrecht regeln. Sowohl bei bloß tatsächlichem Zusammenwirken als auch bei einer Scheingesellschaft kommt jedoch im Außenverhältnis eine

499 RG DR 1943, 801; BGH NJW 1982, 877 = WM 1982, 40; NJW 1983, 748 = WM 1983, 305.
500 Vgl iE unten Rz 73.
501 Vgl iE unten Rz 75.
502 Vgl unten Rz 77.
503 Vgl unten Rz 79.
504 Vgl unten Rz 80 ff.
505 Vgl unten Rz 89 f.
506 HM; vgl BGHZ 11, 190, 191 = NJW 1954, 231; BGH WM 1961, 1024, 1025; WM 1965, 795, 796; WM 1976, 180, 181; NJW 1988, 1321.
507 Zum stillschweigenden (konkludenten) Abschluss eines Gesellschaftsvertrags vgl oben Rz 7.
508 AA die Lehre von der „faktischen Gesellschaft" und die Gegner einer fehlerhaften Gesellschaft, dazu unten Rz 85, 87.
509 Hamm NZG 2000, 1169 für Franchisevertrag.
510 BGH LM Nr 4 zu HGB § 105 = NJW 1953, 1220; WM 1960, 805.
511 Vgl BGH WM 1976, 1026; RG JW 1930, 2655. Zu Scheinsozietäten vgl Grunewald, Festschr für P Ulmer, 2003, S 141.

Rechtsscheinhaftung in Betracht, wenn ein Beteiligter **zurechenbar** einen **Vertrauenstatbestand** geschaffen hat, der den Rechtsschein des Bestehens einer Gesellschaft oder einer Gesellschafterstellung vermittelt. Nicht zurechenbar ist der Rechtsschein zB bei mangelnder Geschäftsfähigkeit des Veranlassers. Ein **gutgläubiger Dritte** muss im Vertrauen auf den Rechtsschein **Vermögensdispositionen** getroffen haben[512]. Der Veranlasser muss sich gegenüber dem Dritten entsprechend dem gesetzten Rechtsschein behandeln lassen, insbesondere haften, als bestehe die Gesellschaft oder seine Gesellschafterstellung[513]. Es ist aber stets auch zu prüfen, ob in der Geschäftsaufnahme etwa eine **Bestätigung** des nichtigen Gesellschaftsvertrags (§ 141) liegt[514].

bb) **Fehlertatbestände**[515]. Der Gesellschaftsvertrag kann **von Anfang an nichtig** sein. Es können **Formvorschriften**[516] nicht beachtet worden sein (§ 125 zB iVm § 311 b Abs 1 Satz 1 oder § 1410[517]). Die Auslegungsregeln der §§ 125 Satz 2; 154 Abs 1 Satz 1, Abs 2 gelten hier in der Regel nicht, wenn der Gesellschaftsvertrag einverständlich in Vollzug gesetzt worden ist[518]. Sind der Gesellschaftszweck oder einzelne grundlegende Beitragsleistungen **anfänglich unmöglich**, so lässt dies den Gesellschaftsvertrag (seit 1.1.2002) wirksam bleiben (§ 311 a Abs 1 iVm § 275 Abs 1)[519]. In Betracht kommen ferner ein versteckter **Einigungsmangel** (Dissens)[520], ein **Fehlen oder Wegfallen der Geschäftsgrundlage**[521] oder ein **Vollmachtsmissbrauch**[522]. Zum Verstoß des Gesellschaftszwecks gegen ein gesetzliches Verbot (§ 134) oder gegen die guten Sitten (§ 138) vgl unten Rz 81, auch oben Rz 33. Der Gesellschaftsvertrag kann auch mangelhaft sein infolge **unwirksamer Willenserklärungen schutzwürdiger Personen** insbesondere wegen Geschäftsunfähigkeit oder beschränkter Geschäftsfähigkeit[523]. Hier gelten die Regelungen zur fehlerhaften Gesellschaft zwar nicht für die geschützte Person selbst[524], wohl aber für die Mitgesellschafter. Schließlich kann der Gesellschaftsvertrag durch Ausübung eines **Anfechtungsrechts** (§§ 119, 120, 123) von Anfang an nichtig sein (§§ 142 Abs 1; 143)[525]. 73

cc) **Gesamtnichtigkeit/Teilnichtigkeit**. Der Gesellschaftsvertrag muss infolge des Fehlers grundsätzlich **im ganzen unwirksam** (**nichtig**) sein. Sind nur **einzelne Klauseln** unwirksam, wird die Lücke in der Regel entsprechend dem Willen der Gesellschafter, der allgemein auf Bestandsschutz gerichtet ist, durch **ergänzende Vertragsauslegung** und/oder **dispositives Gesetzesrecht** zu schließen sein. Der Gesellschaftsvertrag ist in diesen Fällen nur dann nach **§ 139** insgesamt nichtig, wenn die nichtige Klausel von so wesentlicher Bedeutung ist, dass das Interesse an Bestandsschutz dahinter zurücktreten muss[526]. Zudem enthalten viele Gesellschaftsverträge eine sog **salvatorische Klausel**, die den Vertrag bis auf die unwirksame Klausel aufrechterhält[527]. Die bloße **Teilnichtigkeit** kann eintreten, wenn nur einzelne, nicht grundlegende Beitragspflichten unwirksam vereinbart sind oder einzelne Klauseln aus gesellschaftsrechtlichen Gründen keinen Bestand haben, zB unzulässige Abfindungsklauseln[528] oder Klauseln, die gegen die not- 74

512 Zur Schutzwürdigkeit des Dritten vgl BGHZ 17, 13, 16 = NJW 1955, 985.
513 Vgl auch Loritz WM 1980, 294: hins der Vertretung HGB § 56 analog.
514 Flume, Personengesellschaft § 2 III, S 20 f.
515 Vgl hierzu oben Rz 39.
516 S dazu Rz 8 ff.
517 S dazu oben Rz 8 ff; BGHZ 8, 157, 165 = NJW 1953, 818; 65, 79, 81 = NJW 1975, 1774; BGH WM 1976, 1027 f.
518 BGHZ 49, 364 f = NJW 1968, 1378; BGH NJW 1960, 430; s oben Rz 5, 14; aA Weber, Zur Lehre von der fehlerhaften Gesellschaft S 45.
519 Dagegen früher § 306: Nichtigkeit.
520 § 155; RGZ 165, 193, 197; BGHZ 3, 285, 288; BGH ZIP 1992, 247, 248; vgl oben Rz 5.
521 BGHZ 10, 44, 51 = NJW 1953, 1548; BGH BB 1959, 318; RGZ 165, 193, 199; seit 1.1.2002: § 313.
522 BGHZ 26, 330, 336 = NJW 1958, 668.
523 BGHZ 17, 160, 167 = NJW 1955, 1067; 38, 26, 29 = NJW 1962, 2344; BGH NJW 1983, 748; BayObLG BB 1977, 669, 671; oben Rz 19 ff.
524 Vgl unten Rz 82.
525 Vgl BGHZ 3, 285, 289 = NJW 1952, 97; 13, 320, 322 = NJW 1954, 1562; 26, 330, 335 = NJW 1958, 668; 47, 293, 300 = NJW 1967, 1961; 55, 5, 10 = NJW 1971, 375; 63, 338, 345 = NJW 1975, 1022; BGH NJW 1969, 1483; 1972, 1466; RGZ 142, 98, 102; 165, 193, 201; RG JW 1935, 2617; DR 1941, 1943; Stuttgart NJW 1951, 29.
526 Vgl oben Rz 40, BGHZ 49, 364 f = NJW 1968, 1378; BGH WM 1962, 462; NJW 1982, 877 = WM 1982, 40; Koblenz WM 1979, 1437; Wiesner NJW 1984, 95, 99.
527 Vgl BGH WM 1973, 900, 902; aber auch BGH WM 1976, 1027, 1029.
528 Vgl § 738 Rz 42.

wendige Selbstorganschaft[529] oder das Verbot der Stimmrechtsabspaltung[530] verstoßen. Zur subjektiven Teilnichtigkeit vgl oben Rz 41.

75 b) **Vollzug des Gesellschaftsvertrags**. Die Gesellschafter müssen die Gesellschaft in Vollzug gesetzt, dh mit der **Durchführung** des Gesellschaftsvertrags **begonnen** haben. Entscheidend ist, ob der tatsächlich geschaffene Zustand einer Organisation[531], vor allem hinsichtlich des Gesamthandvermögens, eine Anwendung gesellschaftsrechtlicher Regelungen erfordert. Die Gesellschaft ist jedenfalls dann in Vollzug gesetzt, wenn **nach außen Geschäfte aufgenommen** worden sind[532], insbesondere wenn die Gesamthand aus Rechtsgeschäften, zB auch Vorbereitungsgeschäften, berechtigt und/oder verpflichtet worden ist. Aber auch **Maßnahmen des Vollzugs im Innenverhältnis** können wegen des Interesses der Gesellschafter an einem Bestandsschutz die Anwendung von Gesellschaftsrecht geboten sein lassen[533]. Nicht ausreichend ist allerdings die bloße Entstehung von Gesamthandvermögen, das schon mit Abschluss des Gesellschaftsvertrags in Gestalt der Beitragsforderungen gegen die Gesellschafter gegeben ist[534]. Haben jedoch im Innenverhältnis **Vermögensverschiebungen** stattgefunden, zB durch Erfüllung von Beitragspflichten, dh Einlagen, die nicht ohne weiteres gegenständlich rückgängig gemacht werden können, so ist der dadurch geschaffene Zustand durch eine Anwendung gesellschaftsrechtlicher Regelungen anzuerkennen, zB über die Abwicklung des Gesellschaftsvermögens[535]. Ist hiernach die Gesellschaft noch **nicht** in Vollzug gesetzt, kann jeder Gesellschafter sich auf die anfängliche Unwirksamkeit (Nichtigkeit) des Gesellschaftsvertrags berufen oder eine Anfechtung gegenüber allen Mitgesellschaftern[536] mit der Wirkung nach § 142 Abs 1 erklären. Die Abwicklung richtet sich dann nach den §§ 749 ff; 985 ff; 812 ff, nicht nach gesellschaftsrechtlichen Regelungen[537].

76 3. **Rechtsfolgen der fehlerhaften Gesellschaft**. Grundsatz: Ist der Tatbestand einer fehlerhaften Gesellschaft gegeben[538], wird sie nicht als von Anfang an unwirksam (nichtig), sondern bis zur Geltendmachung des Mangels nach **innen und außen** als **wirksam** und nur **für die Zukunft auflösbar** beurteilt[539].

77 a) **Innenverhältnis**. Im Verhältnis der Gesellschafter zu der Gesellschaft und untereinander gilt zunächst die **gesellschaftsvertragliche Regelung**[540], zB hinsichtlich der Beitragspflicht[541], der Geschäftsführung und Vertretung, der Gewinn- und Verlustverteilung und der Auseinandersetzung. Auch besteht eine **Treupflicht** der Gesellschafter gegenüber der Gesellschaft und den Mitgesellschaftern[542]. Nicht anwendbar ist hingegen diejenige Regelung, deren Unwirksamkeit den Mangel des Gesellschaftsvertrags ergibt. Sie ist durch **ergänzende Vertragsauslegung** zu ersetzen[543]. Die Vertragsergänzung hat sich am mutmaßlichen Willen der Gesellschafter, hilfsweise am dispositiven Gesetzesrecht, zu orientieren[544]. So kann eine wegen §§ 311 b Abs 1, 125 Satz 1 formnichtige Verpflichtung, ein Grundstück einzubringen, in eine Verpflichtung umzudeuten sein, das Grundstück zur Nutzung zu überlassen[545]. Bei einzelnen von Anfang an un-

529 Vgl § 709 Rz 22.
530 Vgl § 717 Rz 20.
531 S dazu oben Rz 43.
532 RGZ 165, 199, 204; RG DR 1941, 1943; 1943, 1221; BGHZ 3, 285, 287 = NJW 1952, 97.
533 Str, wie hier BGH NJW 1992, 1501; MünchKomm/Ulmer Rz 331; Ulmer, Festschr für Flume II S 301, 311; Flume, Personengesellschaft § 2 III, S 17; Westermann, Handb Rz I 185; aA Wiesner, Die Lehre von der fehlerhaften Gesellschaft S 117 ff; Kübler/Assmann, GesellschaftsR § 25 II 2; Staud/Habermeier Rz 66; GroßKommHGB[3]/Fischer § 105 Rz 85.
534 So zu Recht Wiesner, Die Lehre von der fehlerhaften Gesellschaft S 118.
535 Vgl auch BGHZ 13, 320 f = NJW 1954, 1562; RGZ 166, 51, 59: Leistung der Einlage genügt für den Vollzug einer Vor-GmbH.
536 BGH BB 1976, 528 f.
537 Frankfurt/M NJW-RR 1996, 101.
538 Vgl oben Rz 72 ff.
539 Vgl BGHZ 3, 285, 288 = NJW 1952, 97; 55, 5, 8 = NJW 1971, 375; BGH NJW 2000, 3558 = WM 2000, 1685.
540 Vgl BGHZ 26, 330, 335 = NJW 1958, 668; 47, 293, 301 = NJW 1967, 1961; 63, 338, 344 = NJW 1975, 1022; BGH WM 1976, 1027, 1030.
541 BGHZ 26, 330, 335.
542 BGHZ 17, 160, 167 = NJW 1955, 1067.
543 BGHZ 47, 293, 301; BGH WM 1976, 1027, 1030; NJW 1982, 877 = WM 1982, 40.
544 Vgl BGH NJW 1979, 1705.
545 Vgl BGH NJW 1972, 480; NJW 1977, 1820 = WM 1977, 783.

wirksamen (nichtigen) Klauseln wird es sich meistens um nur schuldrechtliche Regelungen handeln, die den Bestand und die Organisation der Gesellschaft nicht unmittelbar berühren[546].

Auch die **Auflösung** der fehlerhaften Gesellschaft richtet sich nach Gesellschaftsrecht. Es bedarf einer **außerordentlichen Kündigung** nach § 723 Abs 1 Satz 2[547]. Als **wichtiger Grund** gilt der Mangel des Gesellschaftsvertrags, weil ein Bestandsschutz für die Zukunft nicht geboten ist[548]. Bis zur Kündigung kann ein auf Rückgewähr der Einlagen gerichteter Anspruch wegen cic nicht durchgesetzt werden[549]. Liegt der Auflösungsgrund nur bei einem Gesellschafter vor, kommt – bei entsprechender vertraglicher Gestaltung – auch die Ausübung eines **Ausschließungs- und Übernahmerechts** in Betracht[550]. Die Geltendmachung des Mangels kann sich als **rechtsmissbräuchlich** erweisen, wenn im Zeitpunkt der Kündigung kein schutzwürdiges Interesse an der Auflösung der Gesellschaft besteht[551]. Die **Abwicklung** der aufgelösten fehlerhaften Gesellschaft richtet sich nach §§ 730 ff und dem Gesellschaftsvertrag, soweit von der gesetzlichen Regelung abweichende Bestimmungen enthalten sind[552]. Sind eingebrachte Gegenstände – uU auch teilweise – noch als solche vorhanden, sind sie entgegen § 733 Abs 2 Satz 2 in natura zurückzugewähren[553]. **78**

b) **Außenverhältnis.** Die fehlerhafte Gesellschaft wird auch nach außen als wirksam beurteilt; es gelten daher die **gesetzlichen Vorschriften** zur GbR, insbesondere hinsichtlich der **Vertretung** und **Haftung**[554]. Vom dispositiven Gesetzesrecht abweichende Bestimmungen des **Gesellschaftsvertrags** sind zu berücksichtigen. Auf den **guten Glauben eines Dritten** an das Bestehen einer wirksamen GbR kommt es **nicht** an, weil es sich nicht um eine Haftung für zurechenbar veranlassten Rechtsschein handelt[555]. Auch gegenüber Dritten, die die Mangelhaftigkeit des Gesellschaftsvertrags kannten, wird die Gesellschaft als wirksam angesehen, jedoch kann uU die Einrede der Arglist gegeben sein[556]. **79**

4. **Ausnahmen von der Anerkennung einer fehlerhaften Gesellschaft.** Die rechtliche Anerkennung einer fehlerhaften Gesellschaft findet nach der Rechtsprechung dort ihre Grenzen, „wo gewichtige Interessen der Allgemeinheit oder einzelner schutzwürdiger Personen entgegenstehen“[557]. **80**

a) **Verstoß des Gesellschaftszwecks gegen ein gesetzliches Verbot**[558] **oder gegen die guten Sitten.** Sind nur **einzelne Klauseln** des Gesellschaftsvertrags wegen Verstoßes gegen ein gesetzliches Verbot oder gegen die guten Sitten nach § 134 oder § 138 nichtig: Benachteiligung der Ehefrau durch Gesellschaftsgründung mit der Geliebten[559]; Knebelung und Übervorteilung eines Gesellschafters[560]; unzulässige Beschränkung des Abfindungsanspruchs[561]; Umgehung von GüKG (§ 22), so kann dies gem § 139[562] zur Gesamtnichtigkeit des Gesellschaftsvertrags führen[563]. Da **81**

546 Vgl zB BGH NJW 1969, 1483: Täuschung über den Abfindungsbetrag; ferner sittenwidrige Gewinnverteilungs- oder benachteiligende Abfindungsklauseln; übermäßige Beschränkung von Gesellschafterrechten; vgl dazu auch MünchKomm/Ulmer Rz 344.
547 So schon RG DR 1943, 801; vgl auch BGH NJW 1982, 877 = WM 1982, 40; NJW 1983, 748 = WM 1983, 305; für die OHG gilt grundsätzlich HGB § 133. vgl BGHZ 3, 285, 289 = NJW 1952, 97; 47, 293, 300 = NJW 1967, 1961; zur Publikums-KG vgl BGHZ 63, 338, 345 = NJW 1975, 1022.
548 Heute hM, zB BGHZ 3, 285, 290 ff; BGH WM 1973, 900; WM 1974, 318 f; anders noch RG DR 1943, 1221, 1223.
549 BGH NJW 2000, 3558; NJW-RR 2000, 1576.
550 Vgl BGHZ 47, 293, 301.
551 Vgl § 723 Rz 34 ff, 53.
552 BGHZ 3, 285, 288 ff.
553 MünchKomm/Ulmer Rz 346.
554 Vgl für OHG/KG: BGHZ 44, 235 f = NJW 1966, 107; 55, 5, 8 = NJW 1971, 375; 63, 338, 344 = NJW 1975, 1022.
555 Vgl BGHZ 44, 235, 237; s auch oben Rz 72 u unten Rz 87.
556 Flume, Personengesellschaft § 2 III, S 18 f.
557 So BGHZ 3, 285, 288 = NJW 1952, 97; 55, 5, 9 = NJW 1971, 375; 62, 234, 241 = NJW 1974, 1201; krit zu dieser Formel Häuser, Unbestimmte „Maßstäbe“ als Begründungselement richterlicher Entscheidungen, 1981, S 44 ff.
558 Vgl Barth, Öffentliches Interesse, insbes kartellrechtliche Interessen, als Grenze der Anerkennung fehlerhafter Gesellschaften, 1994.
559 Vgl BGH NJW 1970, 1540 = WM 1970, 850.
560 WM 1972, 900; WM 1976, 1027, 1028.
561 WM 1978, 1044.
562 Dazu oben Rz 40, 74.
563 Hamm VRS 39, 251.

hier nur individuelle Belange zu schützen sind, sind in diesen Fällen die **Regelungen zur fehlerhaften Gesellschaft anwendbar**. Ebenso machen einzelne ungesetzliche oder sittenwidrige Betätigungen der Gesellschaft den Gesellschaftsvertrag nicht nach § 134 oder § 138 nichtig: unzulässige Firma[564]; sittenwidriger Erwerb des Gesellschaftsvermögens[565]; Steuerhinterziehung[566]. – **Anders** sind jedoch die Fälle zu beurteilen, in denen der **Gesellschaftszweck** gegen ein gesetzliches Verbot (§ 134) oder gegen die guten Sitten (§ 138) verstößt und damit die Interessen der Allgemeinheit berührt werden[567]. Hier wäre es widersprüchlich, den Bestand einer Organisationseinheit rechtlich anzuerkennen, den die genannten Vorschriften gerade verhindern sollen. Als Verbotsgesetze im Sinne des § 134 kommen in Betracht die Vorschriften des GüKG[568], des RechtsberatungsG[569], des ApothekenG[570], der Berufsordnung für öffentlich bestellte Vermessungsingenieure in N-W[571], der HandwerksO[572] oder des Steuerrechts[573]. Ob auch dann, wenn GWB § 1 als Verbotsgesetz einen Gesellschaftsvertrag insgesamt unwirksam macht, die Regelungen zur fehlerhaften Gesellschaft nicht anwendbar sind, wird unterschiedlich beurteilt, ist aber zu bejahen[574]. Nur in Ausnahmefällen kann hier eine fehlerhafte Gesellschaft nach Sinn und Zweck des Verbotsgesetzes anzuerkennen sein: Nicht vorwerfbarer Verstoß gegen Genehmigungspflicht in Übereinstimmung mit der Genehmigungsbehörde[575]. Wegen **Sittenwidrigkeit** ist der Gesellschaftsvertrag von Anfang an nichtig (§ 138), wenn nach seinem Inhalt ein sittenwidriger Tatbestand verwirklicht werden soll, wenn also der nach dem Gesellschaftsvertrag zu verfolgende **Gesellschaftszweck** gegen die guten Sitten verstößt[576]. Die Beweggründe der Gesellschaftserrichtung oder einzelne sittenwidrige Betätigungen haben außer Betracht zu bleiben[577].

82 b) **Beteiligung schutzwürdiger Personen**. – aa) Ist ein **nicht voll Geschäftsfähiger** an der Gründung einer GbR beteiligt[578], so ist seine Beitrittserklärung ohne Mitwirkung des gesetzlichen Vertreters bei Geschäftsunfähigkeit nichtig (§ 105 Abs 1)[579], bei beschränkter Geschäftsfähigkeit schwebend unwirksam (§ 108 Abs 1). Bei Beteiligung an einer Erwerbsgesellschaft ist außerdem die Genehmigung des Vormundschaftsgerichts erforderlich (§§ 1822 Nr 3, 1643 Abs 1). Ist hiernach die Beitrittserklärung des nicht voll Geschäftsfähigen (schwebend) unwirksam, so kann gem § 139 die Gesamtnichtigkeit des Gesellschaftsvertrags eintreten und – bei Vollzug der Gesellschaft – zur Anwendung der Regelungen zur fehlerhaften Gesellschaft führen. Aus Sinn und Zweck der Vorschriften über den Schutz nicht voll Geschäftsfähiger (insbesondere Minderjähriger) folgt jedoch, dass der nicht voll Geschäftsfähige **nicht Mitglied** der fehlerhaften Gesellschaft wird[580]. Die (schwebend) unwirksame Beitrittserklärung des nicht voll Geschäftsfähigen (zB eines Minderjährigen) kann für ihn **keine rechtlich nachteiligen Wirkungen** auf Grund der Regelungen zur fehlerhaften Gesellschaft haben – ebenso wie es für eine Rechtsscheinhaftung an der Zurechenbarkeit fehlt. Der nicht voll Geschäftsfähige kann aber **auch nicht nur die rechtlich vorteilhaften Wirkungen** seiner fehlerhaften Beteiligung, etwa die Teilnahme am Gewinn,

564 Vgl BGH WM 1966, 736.
565 NJW 1967, 36, 39 = WM 1966, 1143, 1146.
566 WM 1976, 1026; Koblenz WM 1979, 1435, 1437.
567 Koblenz NJW-RR 1994, 493; Hamm NJW-RR 2000, 1565.
568 BGH WM 1967, 229.
569 BGHZ 62, 234, 241 = NJW 1974, 1201.
570 BGHZ 75, 214, 217 = NJW 1980, 638 = WM 1980, 12, 14.
571 BGHZ 97, 243, 250.
572 Hamm NJW-RR 2000, 1565.
573 Steuerhinterziehung als Gesellschaftszweck, vgl Koblenz WM 1979, 1435, 1437.
574 Ebenso Hamm WuW/E OLG 3748 = NJW-RR 1986, 1487; WuW/E OLG 4033; MünchKomm/Ulmer Rz 334; aA Stuttgart WuW/E OLG 1083/1090; K Schmidt AcP 186 (1986), 421, 426, 428; Schwintowski NJW 1988, 937, 939; Wertenbruch FIW-Heft 138, 1990, S 59 ff.
575 BGH LM Nr 8 zu HGB § 105.
576 Bspe: Hamm NZG 2001, 747: Betrieb einer ungenehmigten Spielhalle; gewerbsmäßiger Schmuggel.
577 Vgl BGH NJW 1967, 36, 39 = WM 1966, 1143, 1146; NJW 1970, 1540 = WM 1970, 850; WM 1974, 749; WM 1974, 1151; WM 1976, 1026 f; NJW 1982, 877 = WM 1982, 40; in allen genannten Fällen hat der BGH eine anfängliche Nichtigkeit gem § 138 verneint.
578 S dazu oben Rz 19 ff.
579 Entsprechendes gilt bei einer Erklärung in einem Zustand vorübergehender Störung der Geistestätigkeit (BGH NJW 1992, 1503, 1504: für Ausscheiden, vgl Rz 90).
580 BGHZ 17, 160, 167 = NJW 1955, 1067; BGH NJW 1983, 748 = WM 1983, 305; BayObLG BB 1977, 669.

in Anspruch nehmen[581]. Denn die Mitgliedschaft lässt sich nicht eindeutig in Vorteile und Nachteile aufspalten und eine bloß berechtigende, nicht aber verpflichtende Gesellschafterstellung ist bedenklich[582]. Vielmehr besteht bei mehr als zweigliedrigen Gesellschaften eine **fehlerhafte Gesellschaft unter den übrigen Gesellschaftern**, falls sich analog § 139 (subjektive Teilnichtigkeit[583]) die Gesamtnichtigkeit des Gesellschaftsvertrags ergibt und die Gesellschaft in Vollzug gesetzt worden ist[584]. Die Auslegung des Gesellschaftsvertrags kann aber auch ergeben, dass die Gesellschaft unabhängig von der Mitgliedschaft des nicht voll Geschäftsfähigen unter den übrigen Gesellschaftern von vornherein und auf Dauer rechtlichen Bestand haben soll, zB wenn der Gesellschaftsvertrag eine sog Fortsetzungsklausel enthält.

bb) **§§ 123, 138. Kein Vorrang** schutzwürdiger Interessen Einzelner ist gegeben bei einer schwerwiegenden **arglistigen Täuschung** oder **widerrechtlichen Drohung** oder **sittenwidrigen Übervorteilung**[585]. Denn auch in diesen Fällen ist eine Willenserklärung als Ausdruck **zurechenbarer**, wenn auch mangelhafter **Selbstbestimmung** abgegeben worden, so dass eine Ausnahme von der Anwendbarkeit der Regelungen zur fehlerhaften Gesellschaft nicht geboten ist[586]. Der Benachteiligte kann hier durch Vertragsanpassung oder im Rahmen der fehlerhaften Gesellschaft durch Gegenansprüche wegen cic oder nach § 826 oder durch die Arglisteinrede ausreichend geschützt werden. **83**

cc) **Ehegatte, § 1365**. Die Regelungen zur fehlerhaften Gesellschaft sind auch dann anwendbar, wenn ein im gesetzlichen Güterstand lebender **Ehegatte**[587] ohne die gem § 1365 erforderliche Einwilligung des anderen Ehegatten sein gesamtes Vermögen in die Gesellschaft einbringt[588]. Fehlt die Zustimmung des anderen Ehegatten, ist die Beitragspflicht und ihre Erfüllung gem § 1365 Abs 1 grundsätzlich unwirksam. Kann die Lücke im Gesellschaftsvertrag nicht durch ergänzende Vertragsauslegung ausgefüllt werden, sind die Regelungen zur fehlerhaften Gesellschaft anzuwenden. Der übergangene Ehegatte kann gem § 1368 die erbrachten Einlagen zurückfordern und das außerordentliche Kündigungsrecht ausüben. **84**

5. **Rechtsdogmatische Begründung**. – a) **Dogmengeschichtliche Entwicklung**. Die Rechtsprechung[589] hat zunächst abgestellt auf die **Tatsache des Zusammenwirkens** mehrerer Personen nach Art einer Gesellschaft sowie auf das Interesse des Rechtsverkehrs am **Vertrauenschutz** und der Gesellschafter am **Bestandschutz** hinsichtlich der vermeintlichen Gesellschaft. Die fehlerhafte Gesellschaft wurde demgemäß in der Literatur zunächst als Fall eines „faktischen Vertragsverhältnisses", nämlich als „**faktische Gesellschaft**", angesehen[590]. Die Lehre von den **85**

581 So aber Ganßmüller DB 1955, 257, 260; NJW 1958, 1067; Westermann, Handb Rz I 177; Reinhardt/Schulz, GesellschaftsR[2] Rz 48; Staud/Habermeier Rz 69; differenzierend Kraft/Kreutz, GesellschaftsR S 212 f.

582 So auch GroßKommHGB[3]/Fischer § 105 Rz 100; MünchKomm/Ulmer Rz 337; Kübler/Assmann, GesellschaftsR § 25 IV 4.

583 Vgl oben Rz 41.

584 BGHZ 38, 26, 29 = NJW 1962, 2344; BGH NJW 1983, 748 = WM 1983, 305. Nach K Schmidt Jus 1990, 517, 520 ff soll der Minderjährige ebenfalls Mitglied der fehlerhaften Gesellschaft sein, jedoch ohne Erfüllungs- und Haftungsansprüche gegen ihn und mit Anspruch auf rechnerische Abwicklung im Innenverhältnis ex tunc, dh ohne Abweichung im Ergebnis.

585 S aber RGRK/v Gamm Rz 41; Staud[12]/Keßler Rz 135; obiter BGHZ 13, 320, 323 = NJW 1954, 1562; 55, 5, 9 = NJW 1971, 375, wenn ein Gesellschafter sich einen überaus günstigen Gewinn- und Abwicklungsanteil zugestehen lässt und ein Schadenersatzanspruch in der Auseinandersetzung keinen genügenden Ausgleich ermöglicht; vgl auch Stuttgart NJW 1951, 29; LG Berlin NJW 1951, 281.

586 So auch MünchKomm/Ulmer Rz 340; Flume, Personengesellschaft § 2 III, S 24; Wiesner, Die Lehre von der fehlerhaften Gesellschaft S 134 ff; Staud/Habermeier Rz 70; vgl auch BGH WM 1975, 512, 514 zur sittenwidrigen Übervorteilung; ferner BGHZ 63, 338, 345 = NJW 1975, 1022; Hamm NJW 1978, 225 zur Publikums-KG; BGH NJW-RR 1988, 1379 und Stuttgart ZIP 2001, 692, 697 zu § 123.

587 S dazu oben Rz 22.

588 Str, wie hier Sandrock, Festschr für Duden, 1977, S 513, 524; MünchKomm/Ulmer Rz 341; Wiesner, Die Lehre von der fehlerhaften Gesellschaft S 136 f; aM GroßKommHGB[3]/Fischer § 105 Rz 102 a; Tubbesing BB 1966, 829.

589 Vgl Ronke, Festschr für Laufke, 1971, S 217 u Festschr für Paulick, 1973, S 55; zur jüngeren Rspr des BGH: Goette DStR 1996, 266.

590 Haupt, Festschr für Siber II, 1943, S 5, 16 ff; Siebert, Festschr für Hedemann, 1938, S 266;

„faktischen Vertragsverhältnissen" ist jedoch heute überwunden, weil es der Privatautonomie (GG Art 2 Abs 1) widerspricht, von dem Erfordernis eines – wenn auch mangelhaften – Gesellschaftsvertrags abzusehen und nur den Vollzug einer „Gesellschaft" genügen zu lassen.

86 b) **Lehre von der Modifikation der Nichtigkeitsfolgen und Abwicklungsregelungen**. Diese Lehre geht davon aus, dass die Abwicklung einer uU jahrelang vollzogenen Gesellschaft bei anfänglicher oder rückwirkender Nichtigkeit des Gesellschaftsvertrags nach §§ 749 ff, 985 ff, 812 ff erhebliche Schwierigkeiten bereiten würde. Deshalb sei dem Interesse am **Bestandschutz** im Innenverhältnis und erst recht dem Interesse am **Vertrauenschutz** im Außenverhältnis entsprechend der Eigenart des Gesellschaftsverhältnisses als einem vollzogenen Dauerschuldverhältnis Rechnung zu tragen durch eine **Beschränkung** (teleologische Reduktion) **der allgemeinen Nichtigkeitsfolgen** und **die entsprechende Anwendung gesellschaftsrechtlicher Regelungen**[591]. Aufgrund einer offenbar nur schuldrechtlichen Sicht des Gesellschaftsvertrags vermag diese Ansicht aber das Erfordernis des Vollzugs der Gesellschaft **nur pragmatisch** mit den Schwierigkeiten bei der Rückabwicklung zu begründen. Auch die zeitweilige Geltung des mangelhaften Gesellschaftsvertrags lässt sich mit bloßen Rückabwicklungsschwierigkeiten nur unzureichend erklären. Zudem ist der Schluss vom Innenverhältnis „erst recht" auf das Außenverhältnis nicht überzeugend, weil diese Verhältnisse rechtlich gleichrangig sind. Die Lehre von einer Beschränkung der Nichtigkeitsfolgen ist deshalb dadurch zu ergänzen, dass organisationsrechtliche Inhalte des Gesellschaftsverhältnisses zu berücksichtigen sind[592].

87 c) **Ablehnende Ansichten**. In der Literatur ist auch darauf hingewiesen worden, dass besondere Regelungen zur fehlerhaften Gesellschaft nicht notwendig seien[593]. Der **Gesellschaftsvertrag** sei bei entsprechendem Mangel als **von Anfang an nichtig** zu beurteilen. Die Belange der Gläubiger der „Gesellschaft" seien durch eine etwaige **Haftung für veranlassten Rechtsschein** ausreichend gewahrt. Unter den Gesellschaftern sei eine interessengerechte **Auseinandersetzung** nach den allgemeinen Vorschriften, insbesondere **§ 818 Abs 1–3**, möglich. Wenn die Beteiligten mit dem „Gesellschaftsvermögen" kraft veranlassten Rechtsscheins haften sollen, so ist freilich erklärungsbedürftig, wie ein Gesamthandvermögen ohne eine rechtsgeschäftliche Grundlage, dh unabhängig von einem – wenn auch mangelhaften – Gesellschaftsvertrag, entstehen soll[594]. Außerdem gebietet der organisationsrechtliche Inhalt des vermeintlich wirksamen Gesellschaftsverhältnisses eine rechtliche Gleichbehandlung von Innen- und Außenverhältnis[595].

88 d) **Organisationsrechtlicher Ansatz**. In der neueren Literatur[596] wird zutreffend hervorgehoben, dass die Personalgesellschaft nicht nur als Schuldverhältnis, sondern auch als Organisation zwischen den Beteiligten besteht und eine bewusst und gewollt, nämlich durch den Gesellschaftsvertrag, herbeigeführte „Wirkungseinheit" im Rechtsverkehr ist[597]. Die **gesellschaftsrechtliche Organisation** findet ihren Ausdruck vor allem in der Bildung der **Gesamthand**, die

Sp Simitis, Die faktischen Vertragsverhältnisse ..., 1957, S 232.

591 So etwa A Hueck AcP 149 (1944), 1, 19; ders OHG § 7; Erman, Personalgesellschaften auf mangelhafter Vertragsgrundlage, 1947, S 53, 68 ff; W Siebert, Faktische Vertragsverhältnisse, 1958, S 47 ff; Beitzke, Nichtigkeit, Auflösung und Umgestaltung bei Dauerrechtsverhältnissen, 1948, S 61 ff; H Lehmann NJW 1958, 1, 3; GroßKommHGB[3]/Fischer § 105 Rz 77–80; Staud/Habermeier Rz 63; auf die Abwicklung beschränkend Larenz, SchuldR II § 60 VII.

592 Vgl unten Rz 88.

593 So Canaris, Vertrauenshaftung, 1971, S 120 ff, 172 ff; Rödig, Bereicherung ohne Rechtfertigung durch Gesellschaftsvertrag; Schulze-Osterloh, Das Prinzip der gesamthänderischen Bindung, 1972, S 278; Möschel, Festschr für Hefermehl S 171 ff; H Weber Zur Lehre von der fehlerhaften Gesellschaft S 170 ff (dazu krit Wiesner ZHR 142 [1978], 511); Müller-Graff JuS 1979, 24, 28.

594 Eingehend Ulmer, Festschr für Flume II, 1978, S 301, 306 ff.

595 Vgl Wiesner, Die Lehre von der fehlerhaften Gesellschaft S 79.

596 Grundlegend Flume, Personengesellschaft § 23 III; Ulmer, Festschr für Flume II, 1978, S 301, 308 ff; ebenso MünchKomm/Ulmer Rz 356; Wiesner, Die Lehre von der fehlerhaften Gesellschaft S 81 ff; Kübler/Assmann, GesellschaftsR § 25 I 4 c.

597 S oben Rz 43.

im Rechtsverkehr als selbständiges Zuordnungssubjekt von Rechten und Pflichten auftritt[598]. Dieser organisationsrechtliche Inhalt des Gesellschaftsvertrags wird bei einer fehlerhaften Gesellschaft mit der Voraussetzung ihres **Vollzugs** berücksichtigt. Als Vollzug der Gesellschaft ist dann jede Maßnahme zu beurteilen, die die Gesamthand im Innen- oder Außenverhältnis festigt oder fortentwickelt. Werden mithin die (fehlerhaften) nur schuldrechtlichen Verhältnisse der Gesellschafter durch einen Vollzug der Gesellschaft zu einer Organisation verfestigt, müssen sich die Gesellschafter zunächst an der mangelhaften Vertragsgrundlage festhalten lassen, weil die **allgemeinen Nichtigkeitsfolgen nicht auf die Abwicklung einer Organisation zugeschnitten** sind. Der organisationsrechtliche Inhalt des vermeintlich wirksamen Gesellschaftsverhältnisses gebietet eine **rechtliche Gleichbehandlung von Innen- und Außenverhältnis**, so dass ein „erst recht"-Schluss entbehrlich wird. Die Lehre von einer Beschränkung der Nichtigkeitsfolgen[599] erfährt daher eine rechtsdogmatisch notwendige Ergänzung, wenn die organisationsrechtlichen Inhalte des Gesellschaftsverhältnisses bei einer Personalgesellschaft auf mangelhafter Vertragsgrundlage berücksichtigt werden. Die von der Rspr entwickelten Regelungen lassen sich so am ehesten rechtsdogmatisch begründen[600].

6. **Einzelne Fälle**. – a) **Beitrittserklärung**. Ist die Beitrittserklärung eines Gesellschafters zu **89**
einer fehlerfreien Gesellschaft von Anfang an unwirksam (nichtig) oder rückwirkend vernichtbar, sind die Regelungen zur fehlerhaften Gesellschaft anwendbar, wenn der Beitritt auf einem rechtsgeschäftlichen Handeln der Gesellschafter beruht und vollzogen worden ist[601]. Die Beitrittsvereinbarung muss dabei vom tatsächlichen Willen aller Gesellschafter getragen sein[602]. Der Beitritt ist **vollzogen**, wenn er sich auf die Organisation der Gesamthand ausgewirkt hat[603]. Bei fehlerhaftem Beitritt kann den anderen Gesellschaftern neben dem außerordentlichen Kündigungsrecht ein **Ausschließungsrecht** (entsprechend § 737) zustehen. Ist ein fehlerhafter Gesellschafterwechsel durch Übertragung des Kommanditanteils an einen Dritten vollzogen, sind die Mitgesellschafter allerdings nach Treu und Glauben gehindert, das neue Mitglied auszuschließen, wenn der bisherige Kommanditist verbindlich erklärt hat, aus dem Mangel keine Rechte herzuleiten[604]. Der fehlerhaft Beigetretene ist grundsätzlich verpflichtet, seinen **Beitrag** zu leisten[605] ihm steht jedoch uU die **Arglisteinrede** zu, wenn zB die Einlage ganz oder vorwiegend einem oder mehreren täuschenden Mitgesellschafter(n) zugute käme[606]. Zur Fortsetzung mit einem vermeintlichen Erben vgl § 727 Rz 42 ff.

b) **Ausscheiden**. Ist eine **mangelhafte Vereinbarung über das Ausscheiden** eines Gesell- **90**
schafters vollzogen worden, gelten auch hier die Regelungen zur fehlerhaften Gesellschaft[607]. Das Ausscheiden wird dadurch **vollzogen**, dass zB die Gesellschaft unter den verbliebenen Gesellschaftern fortgeführt oder der Ausgeschiedene abgefunden wird. Das fehlerhafte Ausscheiden hat zur Rechtsfolge, dass die Gesellschafterstellung zeitweilig als nicht mehr bestehend zu beurteilen ist. Der Ausgeschiedene hat jedoch einen **Anspruch auf Wiederaufnahme**, bei der ihm die vorherige Mitgliedschaft einzuräumen ist, es sei denn, der Ausgeschiedene hat zB den Anfech-

598 Vgl § 718 Rz 3.
599 Vgl oben Rz 86.
600 Ebenso schon Soergel[11] Rz 86 aE, 88.
601 Vgl BGHZ 26, 330, 334 = NJW 1958, 668; 44, 234 ff = NJW 1966, 107; BGH NJW 1977, 1820; dazu Müller-Graff JuS 1979, 24; für den Beitritt zu Immobilien-Fonds-GbR: BGH NJW 2000, 3558 = WM 2000, 1685; BGH NJW-RR 2000, 1576 = WM 2000, 1687 (dazu Westermann WuB IG 5. – 17.00); für Beitritt zu Publikumsgesellschaft: Frankfurt/M NJW-RR 1994, 1321.
602 Vgl BGH WM 1962, 1153; zur Publikums-KG: BGH NJW 1978, 1000.
603 Vgl MünchKomm/Ulmer Rz 367.
604 BGH NJW 1988, 1324 = WM 1988, 418; krit K Schmidt, GesellschaftsR § 6 V 2 b, weil die Anteilsveräußerung „kein verbandsrechtliches Satzungsgeschäft", sondern eine Verfügung über die Mitgliedschaft sei.
605 BGHZ 26, 330, 335; BGH NJW 1973, 1604; Köln BB 1970, 1460.
606 BGHZ 26, 330, 335; zum Beitritt über einen Treuhänder: BGH NJW 2001, 2718.
607 BGH NJW 1969, 1483 = WM 1969, 791; WM 1975, 512; NJW 1992, 1503, 1504; Gursky, Diss Köln 1969; K D Hartmann, Festschr für Schiedermaier S 257 ff; zur Teilanfechtung eines Auseinandersetzungsvertrags vgl BGH DB 1956, 65.

tungsgrund selbst herbeigeführt[608] oder war nicht voll geschäftsfähig (auch im Fall des § 105 Abs 2)[609].

91 c) **Andere Änderungen**. Sind **andere Änderungen des Gesellschaftsvertrags** rechtsgeschäftlich mangelhaft, aber vollzogen, sind die Regelungen zur fehlerhaften Gesellschaft nach der Rechtsprechung[610] „nicht ohne weiteres anzuwenden“. Es muss vielmehr ein „Bedürfnis nach Bestandsschutz“ bestehen[611]. Daran soll es fehlen, wenn eine Nachfolgeklausel nach Eintritt des Nachfolgefalls wegen Irrtums über die Geschäftsgrundlage unwirksam aufgehoben worden ist[612]; hier sei der „Status“ der Gesellschaft nicht berührt. Auf Grund des organisationsrechtlichen Ansatzes[613] kommt es darauf an, ob die fehlerhafte Änderung sich auf die Organisation der Gesellschaft (Gesamthand) ausgewirkt hat, zB auf das Gesellschaftsvermögen, die Regelung der Geschäftsführung und Vertretung oder die Haftung. Unter dieser Voraussetzung gelten die Regelungen zur fehlerhaften Gesellschaft, während bei nur schuldrechtlichen Auswirkungen (zB Änderung des Schlüssels der Gewinnverteilung) der Fehler mit Wirkung von Anfang an geltend gemacht werden kann[614]. Dies gilt auch bei einem **mangelhaften Auflösungsbeschluss**, wenn mit der Abwicklung begonnen worden ist. Dem Gesellschafter, der sich auf den Mangel beruft, steht ein Anspruch auf einen Beschluss über die Fortsetzung der Gesellschaft als werbender Gesellschaft zu[615].

92 d) **Innengesellschaft**. Für die **Innengesellschaft**[616], insbesondere die stille Gesellschaft, hat die Rechtsprechung die **Anwendbarkeit** der Regelungen zur fehlerhaften Gesellschaft für alle Erscheinungsformen **bejaht**[617]. Rechtfertigt man die Regelungen zur fehlerhaften Gesellschaft mit den organisationsrechtlichen Inhalten des vermeintlich wirksamen Gesellschaftsverhältnisses[618], ist die Auffassung der Rechtsprechung bedenklich, wenn die Innengesellschaft **kein** für die Organisation kennzeichnendes **Gesamthandvermögen** hat[619]. Die Abwicklung einer von Anfang an fehlerhaften Innengesellschaft ohne Gesamthandvermögen sollte nach §§ 749 ff, 985 ff, 812 ff (insbes § 818 Abs 1–3) stattfinden, dh wie beim verwandten partiarischen Rechtsverhältnis[620].

§ 706 Beiträge der Gesellschafter

(1) **Die Gesellschafter haben in Ermangelung einer anderen Vereinbarung gleiche Beiträge zu leisten.**

608 BGH NJW 1969, 1483; vgl auch Däubler BB 1966, 1292.
609 BGH WM 1992, 696, 694 f.
610 BGHZ 62, 20, 27 = NJW 1974, 498; BGH NJW 1992, 300.
611 Krit dazu Finger ZGR 1976, 240, 243; Häuser, Unbestimmte „Maßstäbe“ als Begründungselement richterlicher Entscheidungen, 1981, S 45 f.
612 BGHZ 62, 20, 27 = NJW 1974, 498; vgl auch BGH DB 1956, 65: wegen Täuschung angefochtene Abfindungsvereinbarung.
613 Vgl oben Rz 88.
614 Vgl Ulmer, Festschr für Flume II S 301, 319 f.
615 Vgl iE W Steines, Die faktisch aufgelöste offene Handelsgesellschaft, 1964.
616 Vgl Rz 28–31 vor § 705.
617 BGHZ 55, 5, 8 = NJW 1971, 375; 75, 214 = NJW 1980, 638 = WM 1980, 12, 14; BGH WM 1973, 900; WM 1977, 196 f; NJW-RR 1991, 613; Hamm GmbH-Rdsch 1979, 255; noch differenzierend zwischen typischer und atypischer stiller Gesellschaft BGHZ 8, 157, 167 = NJW 1953, 818; zweifelnd offenbar BGH WM 1990, 1543 = BB 1990, 1997. Nunmehr bejahend BGH (Urteile v 21. 3. 2005) ZIP 2005, 753, 755; NJW 2005, 1784, 1785; ZIP 2005, 763, 764; BGH NJW-RR 2006, 178, 180.
618 Vgl oben Rz 88.
619 So auch Ulmer, Festschr für Flume II S 301, 317; Wiesner, Die Lehre von der fehlerhaften Gesellschaft S 162 ff; dagegen der Rspr folgend die wohl hL, vgl Staud[12]/Keßler Rz 138 ff mNachw; Grunewald, GesellschaftsR Rz 1 A 167; differenzierend offenbar wie hier K Schmidt, GesellschaftsR § 6 II 3 d: Anwendbarkeit nur bei „verbandsrechtlich verfasster Innengesellschaft“; dazu Erman/Westermann Rz 83.
620 S dazu Rz 10–12 vor § 705; zur Abwicklung vgl BGH WM 1976, 1307; abw Wiesner, Die Lehre von der fehlerhaften Gesellschaft S 171 f: Abwicklung der fehlerhaften Innengesellschaft im Rahmen eines gesetzlichen Vertrauensschutzverhältnisses.

(2) **Sind vertretbare oder verbrauchbare Sachen beizutragen, so ist im Zweifel anzunehmen, dass sie gemeinschaftliches Eigentum der Gesellschafter werden sollen. Das Gleiche gilt von nicht vertretbaren und nicht verbrauchbaren Sachen, wenn sie nach einer Schätzung beizutragen sind, die nicht bloß für die Gewinnverteilung bestimmt ist.**

(3) **Der Beitrag eines Gesellschafters kann auch in der Leistung von Diensten bestehen.**

ÜBERSICHT

1. **Begriff des Beitrags.** – a) **Beitrag im engeren Sinne und Beitrag im weiteren Sinne.** 1
Als Beiträge im weiteren Sinne werden die Leistungen der Gesellschafter bezeichnet, die sie aufgrund des Gesellschaftsvertrags zur Förderung des Gesellschaftszwecks zu erbringen haben[1]. Beiträgen im weiteren Sinne muss nicht notwendig ein Vermögenswert zukommen. Demgegenüber sind **Beiträge im engeren Sinne** die **vermögenswerten Leistungen** der Gesellschafter, die das Gesellschaftsvermögen (§ 718 Abs 1) bilden oder mehren sollen. Dies entspricht der gesetzlichen Unterscheidung in § 705 zwischen Förderungspflicht (Beitragspflicht im weiteren Sinne) und der gegebenenfalls entstehenden Pflicht, „insbesondere" vermögenswerte Leistungen (Beiträge im engeren Sinne) zu erbringen. Die §§ 706, 707 regeln nur die Beiträge im engeren Sinne[2].

b) **Abgrenzung von anderen Leistungen.** Keine Beiträge sind: 2

aa) **Leistungen ohne Förderungsfunktion.** Bei jeder Leistung an die Gesellschaft, die als „Beitrag" erbracht wird, ist festzustellen, ob sie auch im Dienst der Förderung des Gesellschaftszwecks steht[3]. Die bloße Beteiligung am etwa entstehenden Verlust der Gesellschaft ist kein Beitrag[4]. Eine aufgrund der sich aus § 735 iVm § 722 ergebenden Deckungspflicht erbrachte Leistung ist kein Beitrag, da sie nur eine Art der Verwirklichung der persönlichen Haftung ist.

bb) **Leistungen**, zu denen sich der Gesellschafter **außerhalb seiner Beitragspflicht** der Ge- 3
sellschaft gegenüber durch besonderen Vertrag verpflichtet hat (etwa Materiallieferungen, Kreditgewährung, Dienstleistungen). In solchen Fällen steht der Gesellschafter grundsätzlich zur Gesellschaft wie ein außenstehender **Dritter**. Es wird sich in der Regel um einen Austauschvertrag

1 Vgl § 705 Rz 37.
2 Vgl MünchKomm/Ulmer Rz 2, 3.
3 RGZ 77, 223: Abgrenzung von Beitrag, partiarischem Darlehen und Hoffnungskauf.
4 RG HoldhMschr 1909, 321.

(Warenlieferung gegen Kaufpreis, Darlehen gegen Zinsen oder Mitarbeit in der Gesellschaft gegen Entgelt) handeln. Grundsätzlich kann er seine Ansprüche aus diesen **Drittgeschäften** jederzeit geltend machen[5], wie auch die Gesellschaft ihre ihm gegenüber[6]. Ausnahmsweise kann aber die Gesellschafterstellung (Förderungspflicht, Treupflicht) von Bedeutung werden, da der Leistungsaustausch sich doch innerhalb der Gesellschaftssphäre vollzieht[7], so dass die Nichterfüllung dieser außergesellschaftlichen Verpflichtungen Grund für eine Kündigung nach § 723 bilden kann[8]. Ob die Leistung eines Gesellschafters ein Beitrag im weiteren Sinne ist oder auf einem Drittgeschäft beruht, ist durch Auslegung festzustellen, bei der die gesamten Umstände des Vertragsschlusses zu berücksichtigen sind[9]. Ist die Verpflichtung schon äußerlich im Gesellschaftsvertrag enthalten oder in diesem Zusammenhang eingegangen, so spricht dies dafür, dass die Leistung als Beitrag zu beurteilen ist; sie unterliegt dann den aus dem Gesellschaftsverhältnis folgenden Bedingungen und Beschränkungen[10]. Ist im Gesellschaftsvertrag eine Kapitalleistung vorgesehen, so spricht eine Vermutung dafür, dass sie als Beitrag geschuldet ist[11]. Im übrigen ist ausschlaggebend, ob die Leistung in **rechtlichem Zusammenhang** mit der Gesellschafterstellung erbracht wird. Auch die Gegenleistung der GbR und ihre Höhe ist zu berücksichtigen. Je geringeren Wert die Gegenleistung hat, desto eher wird es sich bei der Leistung des Gesellschafters um einen Beitrag im weiteren Sinne handeln, für den das Äquivalent – zumindest teilweise – in den eingeräumten Gesellschafterrechten liegt. Geschäfte im Rahmen der gesellschaftsvertraglichen Förderungspflicht sind gegenüber Drittgeschäften in erhöhtem Maße vom Fortbestand der Gesellschafterstellung abhängig[12].

4 c) **Aufwendungen**, die ein Gesellschafter im Interesse der GbR macht, sind keine Beiträge. Für solche Aufwendungen steht ihm ein Ersatzanspruch zu (§§ 713, 670). Allerdings können die Gesellschafter – uU auch stillschweigend – bestimmte Aufwendungen durch Änderung des Gesellschaftsvertrags als nachträglich erbrachte Einlagen bewerten[13]. Keine Einlagen[14] sind – mangels abweichender Vereinbarung – auch nicht abgerufene Gewinnanteile, auf die ein Gesellschafter einen Anspruch aus dem Gesellschaftsverhältnis hat[15].

5 d) **Beiträge, Einlagen**. Das Gesetz spricht von „Beiträgen" und „Einlagen", vgl zB § 707. Einlagen sind Leistungen, die schon in das Gesellschaftsvermögen übergegangen sind und dort einen rechnerisch, bilanzmäßig erfassbaren Vermögenswert haben, denn einen solchen setzen die gesetzlichen Vorschriften über die „Einlagen" voraus[16]. Als Beiträge werden zum Teil nur die noch zu erbringenden gesellschaftsvertraglich festgelegten Leistungen angesprochen[17]. Sieht man im Beitrag den Gegenstand der gesellschaftsvertraglichen Leistungspflicht des Gesellschafters zum Gesellschaftsvermögen, so ist „Beitrag" der Oberbegriff für zu bewirkende wie schon bewirkte Leistungen[18].

5 Vgl § 705 Rz 57.
6 RGZ 128, 295, 298.
7 RFH 26, 124.
8 Lehmann/Dietz, GesellschaftsR § 13 II 1 c; im einzelnen zu „Drittgläubigeransprüchen" eines Gesellschafters: § 705 Rz 57.
9 Vgl München NZG 2000, 1124.
10 BGHZ 70, 61, 63 = NJW 1978, 376; WM 1978, 85; BGH NJW 1982, 2253 (mAnm K Schmidt) = JA 1983, 86 (mAnm Häuser); WM 1985, 195; Köln ZIP 1983, 310: Darlehen im Zusammenhang mit dem Beitritt zu einer Publikums-KG als Beitrag; vgl auch RGZ 153, 105, 110 sowie § 705 Rz 47.
11 BGHZ 93, 159. Zur Stellung des Gesellschafters als Verbraucher bei Darlehensaufnahme (oder -beitritt) zwecks Finanzierung der Gesellschaft oder des Beitritts als Gesellschafter vgl Mülbert, Festschr für Hadding, 2004, S 575 ff.
12 BGHZ 70, 61 = NJW 1978, 376: kein Anspruch auf Darlehensrückerstattung ohne Beendigung des Gesellschaftsverhältnisses; BAG NJW 1979, 999: keine Kündigung des Mitarbeitervertrags eines Kommanditisten ohne gleichzeitige Kündigung des Gesellschaftsverhältnisses.
13 BGH WM 1975, 196.
14 Vgl unten Rz 5.
15 Vgl auch Köln NZG 2000, 979.
16 BGH NJW 1980, 1744 = JA 1982, 144 (mAnm Häuser); RGZ 76, 287; RG DR 1942, 141.
17 RG DR 1942, 141; BGH NJW 1980, 1744 = JA 1982, 144; RGRK/v Gamm Rz 1; vgl auch Ganssmüller DB 1970, 285.
18 So auch MünchKomm/Ulmer Rz 4 mFn 6; Staud/Habermeier Rz 2.

2. **Beitragspflicht**. Sie ergibt sich aus dem **Gesellschaftsvertrag**. Schweigt dieser über die Beitragspflicht, so kann uU aus dem Zweck der Gesellschaft auf Inhalt und Umfang der Beitragspflicht geschlossen werden, etwa aus dem begrenzten Gesellschaftszweck auf Art und Höhe der Beiträge[19]. Da die Bildung eines Gesellschaftsvermögens für eine GbR nicht begriffsnotwendig ist[20], braucht sich auch nicht jeder Gesellschafter an der Aufbringung eines Gesellschaftsvermögens zu beteiligen[21]. Vielmehr können ein oder mehrere Gesellschafter von dieser Art der Beitragspflicht befreit werden, sogar alle Gesellschafter, wenn kein Gesellschaftsvermögen zu bilden ist; sie müssen sich nur verpflichtet haben, den Gesellschaftszweck auf irgendeine Weise zu fördern[22], dh Beiträge im weiteren Sinne zu leisten. Unter „**beitragsfrei**" kann daher nur die Befreiung von Vermögensbeiträgen, Dienstleistungen, sonstiger Mittelbeschaffung (Beiträge im engeren Sinne) verstanden werden, nicht aber eine „förderungspflichtfreie" Beteiligung, die es nicht gibt[23]. Tritt zB eine besonders kreditwürdige Person bei, so kann ihr „Beitrag" bereits in dem Beitritt bestehen, wenn gerade ihre Kreditwürdigkeit in den Dienst der Gesellschaft gestellt werden soll[24]. In dem Gesellschaftsvertrag kann vorgesehen werden, dass Beiträge in bestimmter Höhe zu verschiedenen Terminen fällig sind oder dass durch Mehrheitsbeschluss weitere Beiträge eingefordert werden können; doch bedarf ein solcher Beschluss einer bestimmten Grundlage schon im Gesellschaftsvertrag[25]. Die Gesellschafter können auch die Höhe der Beiträge im Gesellschaftsvertrag noch unbestimmt lassen und erst nachträglich durch Beschluss festsetzen[26]. Formbedürftig sind Vereinbarungen über Beiträge nur in den gesetzlich bestimmten Fällen (zB §§ 311 b Abs 1, 518[27]). **Änderung der Beitragspflicht** ist Änderung des Gesellschaftsvertrags, bedarf also im Zweifel der Zustimmung aller Gesellschafter[28]; zur Erhöhung der Beitragspflicht s die Bem zu § 707; zur Bewertung der Einlagen unten Rz 10. 6

3. **Beitragsarten**. Unter „Beitrag" versteht das Gesetz jede Leistung, zu der man sich verpflichten kann (vgl § 241 Abs 1). 7

a) **Inhalt**. Der jeweilige **Inhalt** ist aus dem Gesellschaftsvertrag zu ermitteln und kann ganz verschiedenartig sein. Der Beitrag kann in der **Übertragung vermögenswerter Sachen und Rechte** bestehen, also in Geld oder geldwerten Leistungen wie Barzahlungen, Forderungen[29], Wertpapieren, oder in der Überlassung von Sachwerten jeder Art wie Maschinen, Inventar, Gebäuden, Grundstücken, oder in immateriellen Gütern und sonstigen Vermögenswerten wie Erfinderrechten, gewerblichen Schutzrechten[30] Firma, Namen, aber auch in einer Gebrauchsgestattung zu gemeinschaftlicher Nutzung[31]. Die Gesellschafter können Dienstleistungen jeder Art erbringen (§ 706 Abs 3), zB die Übernahme der Geschäftsführung oder irgendeiner Geschäftsbesorgung[32] oder die Zurverfügungstellung einer dritten Dienstperson[33] oder den Einsatz der eigenen Arbeitskraft[34] oder Werkleistungen[35]. Die Beiträge können ferner bestehen im Nachweis von Bezugsquellen, Geschäftsgeheimnissen[36], im Vertrieb eines von einem Mitgesellschafter hergestellten Produkts[37], in der Überlassung eines Kundenkreises[38] oder eines „**know how**", dh auf

19 RG Gruchot 72, 56; so auch Westermann, Handb Rz I 377.
20 Vgl § 718 Rz 9.
21 RGZ 80, 268, 271.
22 RGZ 80, 268, 271, worauf RG JW 1937, 2971 verweist.
23 Zur unentgeltlichen Zuwendung einer Beteiligung vgl § 705 Rz 11.
24 IdS RGZ 80, 268, 271; Staud[12]/Keßler Rz 3; Flume, Personengesellschaft § 3 I.
25 Vgl § 709 Rz 40.
26 BGH WM 1976, 1053, 1055.
27 Vgl § 705 Rz 8 ff.
28 Vgl § 705 Rz 16 f.
29 Über die Umwandlung einer Darlehensforderung in eine gesellschaftsrechtliche Beteiligung vgl BGH WM 1963, 1230.
30 BGH DB 2000, 1394.
31 Gebrauchsüberlassung eines Grundstücks: Bay ObLG Recht 1905 Nr 2084.
32 RG HoldhMschr 1909, 321.
33 BGH VersR 1963, 862.
34 S RGZ 142, 13, 21; unten Rz 30 ff; zur steuerrechtlichen Behandlung und zum Begriff der „Mitunternehmerschaft" vgl Priese DB 1953, 452 und insbes K Schmidt, Gesellschaft bürgerlichen Rechts, in: Gutachten und Vorschläge zur Überarbeitung des Schuldrechts, Bd III, 1983, S 413, 481, 496 ff.
35 BGH NJW 1980, 1744 = WM 1980, 402.
36 RGZ 95, 147, 150.
37 BGH NJW 1983, 1188 = WM 1982, 1226, 1227.
38 KG NZG 1999, 489: Abonnentenstamm.

Erfahrung beruhender Fertigkeiten, Kunstgriffe oder Hilfsmittel, die bisher nicht allg bekannt sind, für die Anwendung eines bestimmten Verfahrens[39], aber auch in **Unterlassungen** (Unterlassung des Eigenverkaufs zu Gunsten der Ablieferung an eine Zentrale, Aufteilung von Absatzgebieten), zB bei Kartellen und Syndikaten[40]. Jede Zuwiderhandlung ergibt dann bei Vertretenmüssen eine positive Forderungsverletzung, die zu einem Schadenersatzanspruch der Gesellschaft führt (§ 280 Abs 1). Außerdem steht der Gesellschaft nach wie vor ein Anspruch auf Erfüllung zu. Über die Bewertung des Beitrags in den letztgenannten Fällen vgl unten Rz 10.

8 b) **Ungleiche Beiträge**. Die Leistungen können **einmalige** oder **wiederkehrende**, für die einzelnen Gesellschafter **verschiedenartige** sein[41]. Wenn im Gesellschaftsvertrag nichts bestimmt ist, sollen sie gleichartig sein[42]. Unter „gleich" in § 706 Abs 1 ist aber wohl nur der Wert zu verstehen[43].

9 4. **Beitragshöhe**. Grundsätzlich ist die – gegebenenfalls auch stillschweigende – Vereinbarung im Gesellschaftsvertrag maßgebend. Es genügt, dass die Gesellschafter sich dort die Bestimmung vorbehalten haben[44]. § 706 Abs 1 bestimmt nur **ergänzend**, dass Beiträge **in gleicher Höhe** zu leisten sind. Wer unterschiedlich hohe Beiträge behauptet, hat dies zu beweisen. Die Vorschrift ist Ausdruck der Pflicht zur gleichmäßigen Behandlung der Gesellschafter[45]. Diese verlangt jedoch nicht äußerlich rechnerische Gleichheit, sondern sachlich gerechte Gleichheit, so dass die Festsetzung verschieden hoher Beiträge nicht gegen die Pflicht zur gleichmäßigen Behandlung verstößt. Die Anwendung des § 706 Abs 1 setzt voraus, dass die Beiträge in vertretbaren Sachen (Geld) oder geldwerten Leistungen bestehen. Lässt sich aus dem Gesellschaftsvertrag auf verschiedene Beteiligungsquoten schließen, sind iZw auch entsprechend verschiedene Beitragsquoten zu erbringen. So kann das verschiedene Produktionsvolumen der Gesellschafterbetriebe oder ihr unterschiedlicher Umsatz als Grundlage zur Berechnung der Beitragshöhe genommen werden[46].

10 5. **Bewertung der Beiträge**. Die Rechtslage hinsichtlich der bilanzmäßigen Bewertung der Beiträge ist bei GbR, OHG, Komplementären der KG anders als bei AG, GmbH und Kommanditisteneinlage; nur hier hat die Einlage eine Gläubigerschutzfunktion, während in den ersteren Fällen diese Garantiefunktion entfällt, weil der Gesellschafter mit seinem persönlichen Vermögen unabhängig von seiner Einlage haftet. Deshalb spielt dabei die Bewertung nur eine Rolle für **das Verhältnis der Gesellschafter untereinander** wegen der Beteiligung am Gewinn oder am Liquidationserlös. Daher kann hier der Gesellschafterwille – allerdings beschränkt durch § 138 – frei bestimmen; die Bewertung ist dem freien Ermessen der Gesellschafter überlassen[47]. Insbesondere können die Gesellschafter für die Einlage einen geringeren als den Verkehrswert ansetzen[48]. Die Grenze des § 138 Abs 1 ist jedoch überschritten, wenn im einzelnen Fall zwischen der Bewertung der Sacheinlage in der Eröffnungsbilanz und ihrem tatsächlichen Wert ein besonders grobes Missverhältnis besteht[49].

11 6. **Erfüllung der Beitragsleistung**. – a) **Allgemeines**. Die Beiträge sind der Gesellschaft zu erbringen, und zwar sofort mit Wirksamwerden des Gesellschaftsvertrags (§ 271 Abs 1), falls nichts Abweichendes vereinbart ist. Allerdings kann sich aus den Umständen eine stillschweigende Befristung der Beitragspflicht ergeben. Die Vereinbarung, ein gemeinschaftlich aufgenommenes Darlehen anteilig zurückzuzahlen, kann als Leistung rückständiger Beiträge auszulegen sein[50]. Zu den Rechtsfolgen von **Leistungsstörungen** im Zusammenhang mit der Beitragspflicht, insbe-

39 Vgl zum Begriff: RG MuW 1934, 63, 65; BGH GRUR 1957, 468, 472; zur Einbringungsfähigkeit s Barz, Festschr für Walter Schmidt, 1959, S 157.
40 Vgl RGZ 37, 61; auch Rz 51 vor § 705.
41 RGZ 80, 268, 271.
42 Soergel[10] Rz 3.
43 Vgl Staud/Habermeier Rz 12.
44 Vgl BGH BB 1982, 1327: Auslegungsfrage.
45 Vgl § 705 Rz 65–67; G Hueck, Gleichbehandlung, 1958, S 36, 254.
46 RGZ 151, 321, 329.
47 BGHZ 17, 130 = NJW 1955, 1025 = LM Nr 1 zu § 138 (mAnm Fischer); BGH WM 1968, 223.
48 BGH WM 1974, 1151.
49 BGH WM 1975, 325, 327. Zur Frage der Bewertung von know how vgl Barz, Festschr für Walter Schmidt S 157, von Dienstleistungen Sudhoff NJW 1964, 1249.
50 Karlsruhe WiB 1996, 75.

sondere der Anwendbarkeit der **§§ 320 ff** vgl § 705 Rz 44 f. Auf die Zumutbarkeit der Beitragsleistung kommt es nicht an[51]. Etwas anderes kann ausnahmsweise gelten, wenn sich die Verhältnisse der Gesellschaft zwischen Verpflichtungserklärung und vereinbartem Leistungszeitpunkt so verschlechtert haben, dass die Gesellschaftsziele nun aussichtslos sind und eine schnelle Liquidierung angezeigt erscheint[52]. Über die **Einbringung** der Beiträge, insbesondere auch die hierbei zu beachtenden **bilanzmäßigen** Vorgänge zur OHG u KG vgl schon Sudhoff NJW 1956, 321 u 1422, dessen Ausführungen weitgehend auch auf die GbR zutreffen.

aa) **Einbringungsarten im allgemeinen**. Bei der Einbringung ist zu unterscheiden, ob die Überführung zu voller Rechtsinhaberschaft in das Vermögen der Gesellschaft (quoad dominium)[53] oder nur dem Werte nach so erfolgen soll, dass der Einbringende zwar Eigentümer bleibt, der Gegenstand aber in seinem wirtschaftlichen Wert der Gesellschaft (auch haftungsmäßig) voll zur Verfügung steht, diese intern verfügungsberechtigt ist (quoad sortem)[54], oder schließlich, ob nur zur Gebrauchsüberlassung oder Nutznießung (quoad usum) der Gegenstand überlassen werden soll[55]. Ist streitig, welche Art der Einbringung gemeint ist, trifft – soweit nicht § 706 Abs 2 klärend wirkt – die Gesellschaft die **Beweislast** für ihren Anspruch auf Übereignung[56]. **Wesentlich** ist immer, dass für die Einbringung **Gesellschafterrechte** gewährt und die Leistungen zur Verwirklichung des Gesellschaftszwecks erbracht werden[57]. Da das Gesellschaftsverhältnis die Grundlage bildet, sind die Vorschriften des Kauf-, Miet-, Dienstvertragsrechts oder anderer schuldrechtlicher Vertragstypen, die nach dem Inhalt der Beitragsleistung heranzuziehen wären, nur insoweit entsprechend anzuwenden, als der fehlende Austauschzweck des Gesellschaftsverhältnisses dem nicht entgegensteht[58]. 12

bb) **Auslegungsregel des § 706 Abs 2**. Die Auslegungsregel des **§ 706 Abs 2 Satz 1** stellt die **Vermutung** auf, dass vertretbare (§ 91) und verbrauchbare (§ 92) Sachen in das gemeinschaftliche Gesellschaftsvermögen zu Eigentum eingebracht werden. Dies gilt nach Satz 2 auch für nicht vertretbare u nicht verbrauchbare Sachen, die nach einer nicht bloß für die Gewinnverteilung bestimmten Schätzung eingebracht werden. Der überlassende Gesellschafter muss also beweisen, dass die Schätzung nur für die Gewinnverteilung (§ 722) bestimmt ist, soll dargetan werden, dass sein Beitrag nur zur Gebrauchsüberlassung vorgesehen war[59]. Ehe die Auslegungsregel des § 706 Abs 2 angewandt wird, ist – wenn über die Einbringungsart nichts vereinbart ist – freilich zunächst zu prüfen, ob sich aus Sinn und Zweck der Beitragsverpflichtung im Gesellschaftsvertrag die Art und Weise der Einbringung ermitteln lässt[60]. Die Auslegungsregel lässt sich nicht dahin umkehren, dass bei nicht vertretbaren oder verbrauchbaren Sachen eine Vermutung gegen eine Einbringung zu Eigentum spricht[61]. Bei Immaterialgüterrechten wird im Zweifel eine Gebrauchsüberlassung gewollt sein[62]. 13

b) **Übertragung zu voller Rechtsinhaberschaft (quoad dominium)**. Es ist zu unterscheiden zwischen der Einbringung von Sachen einerseits, sowie von Forderungen und sonstigen Rechten andererseits. 14

aa) **Sachen** sind der Gesellschaft **zu Eigentum**, also in der Regel in ihr **Gesamthandvermögen** zu übertragen. Die Gesellschaft wird dabei als Erwerber durch die geschäftsführenden Gesellschafter vertreten. Grundstücke sind durch Auflassung (§ 925) und Eintragung (BGB § 873; iZw GBO § 47) zu übereignen, bewegliche Sachen durch Eigentumsübertragung gem §§ 929 ff. Für die Übergabe im Fahrnisrecht genügt es allerdings, dass der Gesellschafter nunmehr für die Gesellschaft besitzt und sich entsprechend verhält (Offenkundigkeit). Der böse Glaube nur eines 15

51 BGH WM 1968, 876.
52 BGH WM 1968, 876.
53 Vgl unten Rz 14 ff.
54 Vgl unten Rz 23.
55 Vgl unten Rz 24.
56 RG HRR 1935 Nr 1585.
57 Vgl oben Rz 2 f.
58 HM, vgl Staud[12]/Keßler Rz 16.
59 RGZ 109, 380, 381.
60 RGRK/v Gamm Rz 3.
61 MünchKomm/Ulmer Rz 9 aE.
62 RG WarnR 1936 Nr 142.

Gesellschafters, mag es auch nur der des Einbringenden sein, verhindert den Eigentumserwerb vom Nichtberechtigten, da alle Gesamthänder gutgläubig sein müssen[63].

16 bb) **Forderungen** und andere **Rechte** sind gem §§ 398 ff, 413 an die Gesellschaft zu übertragen.

17 cc) **Einbringung eines Unternehmens**. Die gleichen Grundsätze gelten für den häufigen Fall, dass ein Gesellschafter ein **Unternehmen** in die Gesellschaft einbringt[64]. Er hat die einzelnen zum Unternehmen gehörenden Gegenstände nach §§ 929 ff, 873, 925, 398, 413 zu übertragen. Handelt es sich um ein kaufmännisches Unternehmen, ist HGB § 28 zu beachten. Für die GbR gilt HGB § 28 dagegen nicht[65]. Eine etwaige Haftung der GbR wegen Vermögensübernahme (§ 419 aF), die von der Rechtsprechung[66] wegen fortbestehender, wenn auch gesamthänderischer Inhaberschaft des einbringenden Gesellschafters verneint wurde, ist mit Streichung des § 419 aF obsolet. Im übrigen wäre jedoch die fortbestehende Inhaberschaft des Gesellschafters im Hinblick auf die nunmehr anerkannte Rechtsfähigkeit abzulehnen.

18 dd) **Alleineigentum eines Gesellschafters**. Wenn kein gesamthänderisches Vermögen vorhanden ist, sondern das Vermögen, mit dem gearbeitet werden soll, im Alleineigentum eines Gesellschafters stehen soll[67], ist der Vermögensgegenstand durch Übertragung des Eigentums oder Abtretung des Rechts auf diesen Gesellschafter einzubringen.

19 ee) **Entsprechende Anwendung des Kaufrechts**. Auf das der Übertragung zu Grunde liegende Verpflichtungsgeschäft kann Kaufrecht **nicht unmittelbar**, sondern allenfalls entsprechend angewandt werden[68]. Insbesondere sind die Gewährleistungsvorschriften nur insoweit analogiefähig, als sie mit den Besonderheiten der Einbringung einer Sacheinlage vereinbar sind[69]. Da § 493 aF seit 1. 1. 2002 gestrichen ist, liegt es nahe, grundsätzlich das neue allgemeine Recht der Leistungsstörungen (vgl insbesondere § 280) anzuwenden[70].

20 Wenn der Verlust der Einlage für den Bestand der Gesellschaft wesentlich ist, kommt eine **Kündigung nach § 723**, uU auch Ausschließung nach § 737 in Betracht. Auch wird bei der Einbringung einer Forderung die Haftung sich im Sinne der „Übernahme . . . eines Beschaffungsrisikos" (vgl § 276 Abs 1 Satz 1) nicht nur auf den Bestand, sondern auch auf die Einbringlichkeit des Rechts erstrecken[71].

21 Für **Sachmängel** haftet der Gesellschafter analog § 437 Nr 1 iVm § 439 auf Nacherfüllung, doch kann dies bei einer in Vollzug gesetzten Gesellschaft nicht gem § 437 Nr 2 Alt 1 zur Rückgängigmachung der Beitragspflicht führen. Der Gesellschafter ist vielmehr zur Leistung einer mangelfreien Sache, zur Beseitigung des Mangels oder zur Einbringung des Wertersatzes in das Gesellschaftsvermögen verpflichtet[72]. Hat die mangelhafte Sache eine wesentliche Bedeutung für die Gesellschaft, kann uU **Kündigung nach § 723** in Betracht kommen. Die **Verjährungsfristen** (§ 438) gelten auch hier, **nicht** dagegen die **Mängelrüge** nach HGB § 377[73]. Beruht die Haftung für Rechts- oder Sachmängel auf Verschulden, ist das Vertretenmüssen gemäß § 708 zu beachten.

22 Auch die Vorschriften über den **Gefahrübergang** (§§ 446, 447) sind nur modifiziert anwendbar. Während regulär die Gefahr für den einbringenden Gesellschafter entsprechend § 446 übergeht, muss jedoch aus dem Sinn der Einbringung in das Gesellschaftsvermögen gefolgert werden, dass

63 BGH WM 1959, 348; vgl auch BGH NJW 1961, 1022: Es genügen die jeweiligen Umstände in der Person eines einzelnen Gesellschafters. S auch § 718 Rz 4.
64 IdR dann aber in eine OHG, vgl § 705 Rz 6.
65 BGH WM 1972, 21; NJW 2000, 1193; dazu Westermann NZG 2000, 681.
66 BGH BB 1954, 700; WM 1964, 114; vgl § 718 Rz 16; s auch § 736 Rz 19.
67 Vgl Rz 29 vor § 705; § 718 Rz 9.
68 Gegen die Analogie MünchKomm/Ulmer Rz 22, der Mängel nach den §§ 275 ff aF oder § 242 – Vertragsanpassung – beurteilen will.
69 Vgl BGHZ 45, 338 für GmbH = NJW 1966, 131 (mAnm Schönle, S 2161).
70 Vgl dazu Staud/Habermeier Rz 19–23.
71 Ebenso RGRK/v Gamm Rz 6.
72 Sudhoff NJW 1956, 323; Westermann, Handb Rz I 395.
73 Staud[12]/Keßler Rz 27.

beim Versendungskauf entgegen § 447 erst mit dem Vollzug dieser Einbringung und nicht schon mit der Absendung die Gefahr übergeht[74]. Zum Begriff des Gefahrübergangs vgl § 447 Rz 1.

c) **Einbringung dem Werte nach (quoad sortem)** bedeutet, dass der Gesellschaft der ganze wirtschaftliche Wert, aber ohne Eigentumsübergang, zur freien Verfügung zustehen soll; sie wird oft gewählt, um Auflassungskosten und Steuern zu sparen. Im Innenverhältnis wird die eingebrachte Sache ihrem jeweiligen Wert entsprechend wie Gesellschaftseigentum behandelt; nach außen aber bleibt sie im Alleineigentum eines Gesellschafters oder im Bruchteilseigentum mehrerer Gesellschafter[75]. Im Wege der Zwangsvollstreckung in das Gesellschaftsvermögen (ZPO § 736) kann bei dem Werte nach eingebrachten Gegenständen nur der gegenwärtige Anspruch der GbR auf die Nutzungen (§ 100) gepfändet werden[76]. Im Innenverhältnis sind kaufrechtliche Vorschriften im gleichen Umfang analog anwendbar wie bei der Einbringung quoad dominium. – Aus der Nichteinhaltung der Form des § 311 b Abs 1 für die Verpflichtung eines Gesellschafters, sein **Grundstück** der Gesellschaft zu überlassen, kann im Wege der Auslegung oder Umdeutung der formnichtigen Abrede auf die Pflicht zur Einbringung quoad sortem geschlossen werden[77]. Doch besteht grundsätzlich keine Vermutung für eine Auslegung der Einbringung quoad dominium oder quoad sortem[78]. Der Gesellschaftsvertrag bedarf aber der Form des § 311 b Abs 1, wenn sich die Verfügungsbefugnis der Gesellschaft auch auf den Erwerb oder die Veräußerung eines Grundstücks erstrecken soll[79], andernfalls nicht[80]. Für die Beurteilung der Frage, ob ein Grundstück nur dem Werte nach eingebracht wurde, kommt der bilanzmäßigen Behandlung des Grundstücks keine ausschlaggebende Bedeutung zu, wenn es sich um eine Steuerbilanz handelt, in der es notwendig als Aktivposten des Betriebsvermögens auch bei Einbringung quoad sortem erscheinen muss[81]. Der Gesellschaft fließen die **Nutzungen** zu, sie hat die **Lasten** und auch die Gefahr des Verlustes zu tragen, so dass bei einer Auseinandersetzung der Wert nach § 733 Abs 2 Satz 2 zu ersetzen und in die Liquidationsschlussbilanz auch die inzwischen eingetretene Wertsteigerung einzustellen ist[82]. Scheidet der Gesellschafter durch Tod aus, haftet der Erbe auf Zahlung des Werts des Gegenstands[83]. 23

d) **Gebrauchsüberlassung (quoad usum)**. Hier kommt es auf den Einzelfall an, inwieweit Miet- oder Pachtrecht entsprechend anzuwenden ist. Nicht anwendbar ist § 550. Es kann auch im Einzelfall statt Überlassung zum Gebrauch ein selbständiger Mietvertrag gewollt sein[84]. Aus der Nichteinhaltung der Form des § 311 b Abs 1 ergibt sich noch nicht zwingend, dass der Gesellschafter das Grundstück nur zur Nutzung oder als Kreditunterlage der Gesellschaft zur Verfügung stellen muss[85]. 24

aa) **Umfang**. Zur Gebrauchsüberlassung sind **alle Sachen** und **Rechte geeignet**, die ohne Aufbrauchen der Substanz ge und benutzt werden können. Die Gesellschaft darf nur in solchem **Umfang** den Gegenstand gebrauchen, als dies durch den Gesellschaftszweck gestattet ist, zu jeder anderen Benutzung bedarf sie der Zustimmung des Gesellschafters. Bei **Wertanrechnungspflicht** in der Auseinandersetzung kann die Gesellschaft auch dann nicht Übereignung verlangen, wenn das Auseinandersetzungsguthaben des Eigentümers geringer ist als der Wert der Sache; es ist nur die Differenz zu erstatten. 25

bb) **Stellung des Eigentümers**. Bei unberechtigten Nutzungen hat der Gesellschafter (Rechtsinhaber) den Anspruch auf Unterlassung nach § 541. Im einzelnen Fall kann er berechtigt 26

74 Staud[12]/Keßler Rz 28; RGRK/v Gamm Rz 6; Erman/Westermann Rz 3; Esser/Weyers, SchuldR II[4] § 95 I; aM für analoge Anwendung Pal/Sprau Rz 2.
75 BGH WM 1965, 746; vgl auch RGZ 54, 278; 109, 380.
76 AA Ullrich NJW 1974, 1486, 1490: Pfändbar sei der Anspruch der GbR gegen den Gesellschafter auf Begleichung von Gesellschaftsschulden bis zum Wert des eingebrachten Gegenstandes.
77 BGH WM 1967, 951.
78 RG JW 1905, 719; HRR 1935 Nr 1585.
79 RGZ 162, 78, 82.
80 RGZ 109, 380; BGH WM 1965, 744 zu § 313 aF; vgl auch § 705 Rz 9 f.
81 BGH WM 1965, 746.
82 BGH WM 1965, 744; WM 1967, 951.
83 Köln ZEV 1997, 210 (mBespr Siegmann S 182).
84 S oben Rz 6.
85 BGH WM 1967, 951.

sein, der GbR analog § 543 Abs 1 Satz 1 den Gebrauch zu entziehen. Bei Rechtsmängeln kommt eine analoge Anwendung des § 536 Abs 3 iVm Abs 1 und 2 in Betracht. Der Eigentümer ist durch die Gebrauchsüberlassung nicht gehindert, die Sache zu **veräußern**. Die Gesellschaft ist dem Erwerber gegenüber durch § 986 Abs 2 geschützt. Ob § 566 angewandt werden kann[86], ist zweifelhaft, weil der Erwerber nicht in die Gesellschafterstellung des Veräußerers eintritt[87].

27 cc) **Sachmängel**. Bei Mängeln der Sache können die Vorschriften des Mietrechts §§ 536 ff entsprechend angewandt werden[88]; insbesondere bestehen der Aufwendungsersatzanspruch nach Beseitigung des Mangels durch die Gesellschaft bei Verzug des Gesellschafters nach § 536 a Abs 2 und die Schadenersatzpflicht des Gesellschafters im Unterschied zum Kaufrecht nach § 536 a Abs 1. Aber auch hier kann, wie im Fall der Einbringung zu voller Rechtsinhaberschaft, Vergütung des Gebrauchsminderwertes, ja sogar Kündigung nach § 723 in Betracht kommen.

28 dd) **Gefahrtragung**. Die Sachgefahr der Einlage trägt der Gesellschafter, da er nach § 732 Satz 2 keinen Ersatz für den Untergang der Sache von der Gesellschaft verlangen kann. Die Gesellschaft trägt aber die Benutzungsgefahr, da den Gesellschafter nach § 707 keine Erneuerungspflicht trifft[89]. Die Versicherungssumme muss aber der Gesellschafter für eine Wiederbeschaffung verwenden[90].

29 ee) **Unterhaltungskosten**. Unterhaltungskosten wie die Erneuerungskosten treffen dann die Gesellschaft, wenn nach dem Gesellschaftsvertrag sie als der wahre Inhaber der Sache angesehen werden soll. Die §§ 535 Abs 1 Satz 2, 538 sind in der Regel nicht anwendbar; es kommt auf die Stellung des Einbringenden zur Gesellschaft in Bezug auf die Sache an[91].

30 7. **Beitrag durch Dienstleistungen**. Besteht der Beitrag in Diensten **(§ 706 Abs 3)**, so ist hinsichtlich einer analogen Anwendung von Dienstvertragsrecht (§§ 611 ff) zurückhaltend vorzugehen[92]. Wird die gesellschaftsvertragliche Dienstleistungspflicht schlecht erfüllt, kann eine positive Forderungsverletzung (§ 280 Abs 1) vorliegen[93]. Für den wichtigsten Fall, die Geschäftsführung, verweist § 713 auf Auftragsrecht. Ein selbständiger Dienstvertrag wird nur in Betracht kommen, wenn die Pflicht zur Mitarbeit sich nicht schon aus dem Gesellschaftsvertrag ergibt[94]. Der zur Beitragsleistung in Gestalt von Diensten verpflichtete Gesellschafter ist kein Arbeitnehmer im Sinne des Arbeitsrechts und weder lohnsteuer-, noch sozialversicherungspflichtig, da als Gegenleistung die Vorteile der Gesellschafterstellung anzusehen sind[95]. Zur Frage der Bilanzierung und Bewertung von Dienstleistungen vgl schon Sudhoff NJW 1964, 1249.

31 a) **Entsprechende Anwendung der §§ 611 ff** führt dazu, dass im Zweifel die Dienste **in Person** zu leisten sind (§ 613 Satz 1; vgl auch § 664). Nicht vereinbar mit dem Gesellschaftsverhältnis sind die §§ 616, 617, 624, 630. Arbeitsverweigerung oder Arbeitsunfähigkeit kann die Erreichung des Gesellschaftszwecks unmöglich machen oder zur Kündigung nach § 723 berechtigen. Der Gesellschaftsvertrag kann aber auch dahin auszulegen sein, dass der an der Dienstleistung gehinderte Gesellschafter anstelle der ausgefallenen Dienstleistung einen Geldbetrag zu erbringen hat[96].

32 b) **Vergütung**. Eine Vergütung für die Tätigkeit des Gesellschafters kann vereinbart werden[97]. Soll eine Vergütung für die Geschäftsführung eines Gesellschafters ausgeworfen werden, bedarf es ausdrücklicher Vereinbarung[98].

86 So Soergel[10] Rz 23.
87 Vgl MünchKomm/Ulmer Rz 13 Fn 33.
88 AA MünchKomm/Ulmer Rz 28.
89 HM; vgl Pal/Sprau § 707 Rz 2.
90 Staud[12]/Keßler Rz 38.
91 Vgl Staud[12]/Keßler Rz 35.
92 Grundsätzlich gegen eine Analogie MünchKomm/Ulmer Rz 14.
93 BGH NJW 1983, 1188 = WM 1982, 1226.
94 BAG NJW 1979, 999.
95 Vgl dazu Schnorr von Carolsfeld, Festschr für Hueck, 1959, S 261; zur Abgrenzung vom Arbeitnehmer als „Scheingesellschafter" s Köln NZG 2001, 165 (mAnm Gitter).
96 BGH DB 1972, 2201.
97 RGZ 151, 329.
98 RGZ 170, 392, 396; vgl auch BGH NJW 1966, 501 u § 713 Rz 12 ff.

c) **Gesellschafter-Erfindung**. Macht ein **Gesellschafter** bei seiner Tätigkeit für die GbR eine Erfindung, so steht das Recht an der Erfindung oder das Patent **ihm** persönlich zu (vgl PatG § 6); es fällt nicht etwa unmittelbar in das Gesellschaftsvermögen. Der Gesellschafter kann sich jedoch – uU auch schon im Voraus – zur Übertragung dieser Rechte auf die GbR verpflichten. Aus dem Gesellschaftsvertrag kann sich auch bei hinreichender Bestimmtheit eine Vorausverfügung über das Recht ergeben, so dass es mit seiner Entstehung schon dem Gesellschaftsvermögen zugehört[99]. Die Erfindung fällt nicht unter das Ges über Arbeitnehmererfindungen[100], weil der Gesellschafter nicht Arbeitnehmer im Sinne dieses Gesetzes ist[101]. 33

8. **Herstellung eines Werkes**. Auf die Herstellung eines Werkes, die als Beitrag geschuldet sein kann[102], sind die Vorschriften über den Werkvertrag entsprechend anwendbar. Beim Werklieferungsvertrag ist der Wert des an die Gesellschaft abgelieferten Werkes in der Regel als Kapitaleinlage des Gesellschafters zu behandeln. Ist das Werk **mangelhaft**, so ist in besonders schweren Fällen Kündigung nach § 723 denkbar, im übrigen finden §§ 633–639 Anwendung. 34

§ 707 Erhöhung des vereinbarten Beitrags

Zur Erhöhung des vereinbarten Beitrags oder zur Ergänzung der durch Verlust verminderten Einlage ist ein Gesellschafter nicht verpflichtet.

Schrifttum: N Scherf, Die Nachschußpflicht im Gesellschaftsrecht, 2002; Abrasse, Die Nachschußpflicht des Gesellschafters einer Publikums-Personengesellschaft, MDR 2006, 7; K-R Wagner, Nachschußpflichten bei notleidenden geschlossenen GbR-Immobilienfonds, WM 2006, 1273.

1. **Grundsatz**. – a) Die **Beitragspflicht** wird durch die Gesellschaftervereinbarung **begrenzt**; diese in § 707 zum Ausdruck gebrachte Grundregel gilt allgemein im Gesellschaftsrecht[1], so dass § 707 nicht nur für die GbR Bedeutung hat. Verweigern die Gesellschafter trotz Notlage die Erhöhung, bleibt nur Auflösung der Gesellschaft nach § 726 übrig[2]. Keine unzulässige Beitragserhöhung im Sinne des § 707 liegt vor, wenn die Höhe der Beiträge im Gesellschaftsvertrag nicht abschließend bestimmt ist, sich aber aus einem sachlich und wirtschaftlich begrenzten Gesellschaftszweck ergibt, zu dessen Erreichung die Gesellschafter entsprechend ihrer Beteiligung das Erforderliche beizutragen versprechen[3]. Haben die Gesellschafter die Höhe der Beiträge freilich in einem Finanzierungsplan festgelegt, dann können vor Auflösung der Gesellschaft keine Nachschüsse verlangt werden[4]. Hat ein Gesellschafter eine **Gesellschaftsverbindlichkeit beglichen**, kann er jedoch aus dem Gesellschaftsvermögen keinen Ersatz erlangen, so kann er auch während des Bestehens der Gesellschaft einen **Ausgleichsanspruch** gem § 426 Abs 1 gegen seine Mitgesellschafter pro rata (§ 735) geltend machen[5]. Ausreichend ist, dass die Gesellschaft keine frei verfügbaren Mittel zur Erstattung hat[6]. Auch **Aufwendungsersatzansprüche eines geschäftsführenden Gesellschafters** (§§ 713, 670) richten sich grundsätzlich gegen die Gesellschaft und können erst im Auseinandersetzungsverfahren anteilig gegen die Mitgesellschafter geltend ge- 1

99 BGH LM Nr 1 zu PatG § 3 aF (mAnm Lindenmaier) = NJW 1955, 541 (mAnm Vollmer S 789).
100 Vom 25. Juli 1957 (BGBl I 756).
101 E Reimer/Schade/Schippel, Recht der Arbeitnehmererfindung, 2000[7], § 1 Rz 6. Vgl auch § 709 Rz 9 aE.
102 BGH NJW 1980, 1744 = WM 1980, 402.

1 RGZ 68, 93, 96; 163, 385, 391.
2 BGH WM 1961, 32; RG JW 1938, 1522.
3 BGH WM 1961, 32; NJW 1980, 339 = WM 1979, 1182.
4 BGH WM 1961, 32, 34; BGH WM 2005, 1608 = WuB II J. § 707 BGB 1.05 (H-F Müller) = ZIP 2005, 1455 = NJW-RR 2005, 1347; BGH WM 2006, 577 = WuB II J. § 707 BGB 1.06 (Wulff) = ZIP 2006, 562 = NJW-RR 2006, 827; BGH WM 2006, 774 = WuB II J. § 707 BGB 2.06 (M Zimmermann) = ZIP 2006, 754; dazu C Schäfer EWiR 2006, 301 = NJW-RR 2006, 829. Zu dieser Rspr: Barta/Geiseler-Bonse BKR 2006, 265. Vgl auch Celle WM 2006, 30 = WuB II E. § 707 BGB 1.06 (M Stöber).
5 BGHZ 37, 299, 302 = NJW 1962, 1863; BGH WM 1974, 749, 751; NJW 1981, 1095 = WM 1981, 139; vgl auch § 705 Rz 52; § 714 Rz 36.
6 BGH NJW 1980, 339 (= Fn 3).

macht werden[7]. Jedoch kann sich eine Ausgleichspflicht ausdrücklich oder konkludent aus dem Gesellschaftsvertrag ergeben[8].

2 b) Der Grundsatz schließt nicht aus, dass der Gesellschafter bei der **Auseinandersetzung** nach § 735 Ergänzung der durch Verlust verminderten Einlage oder sonstige Nachschüsse zu leisten hat[9]. Das Gleiche gilt auch bei seinem Ausscheiden (§ 739).

3 2. **Abänderbarkeit**. § 707 ist durch Gesellschafterübereinkunft **abänderbar**, sowohl schon im Gesellschaftsvertrag als auch durch späteren Beschluss. Grundsätzlich ist Einstimmigkeit erforderlich (sog Grundlagengeschäft)[10]. Unter dem Schutzzweck des § 707 entsprechenden engen Voraussetzungen ist jedoch auch eine Beitragserhöhung durch **Mehrheitsbeschluss** zulässig[11]. Die Zulässigkeit einer solchen Bestimmung muss sich aus dem Gesellschaftsvertrag ergeben; auf sie kann entweder aus dem Sinn und Zweck der Gesellschaft (zB Wohltätigkeitsgesellschaft[12]) oder aus schlüssigem Verhalten aller Gesellschafter geschlossen werden[13]. Die Ermächtigung muss allerdings eindeutig sein. Es genügt nicht, wenn der Gesellschaftsvertrag nur ganz allgemein durch Mehrheitsbeschluss geändert werden kann[14] oder Verluste der Gesellschaft auf Darlehenskonten der Gesellschafter verbucht werden sollen[15]. Ferner müssen sich schon aus dem Gesellschaftsvertrag eine Obergrenze für die Beitragserhöhung oder zumindest eindeutige Kriterien für den Erhöhungsmaßstab ergeben[16]. Dieses Erfordernis gilt jedoch nicht bei einer **Publikums-KG**, wenn den Kommanditisten nur das Recht zur Teilnahme an der Kapitalerhöhung eingeräumt wird[17]. Bei Mehrheitsbeschlüssen ist außerdem die Gleichbehandlungspflicht[18] zu beachten; allen Gesellschaftern muss also das Recht zur Teilnahme an der Erhöhung eingeräumt werden[19]. Dementsprechend verbietet die gesellschaftsrechtliche Treupflicht Erhöhungsbeschlüsse ohne entsprechenden Kapitalbedarf der Gesellschaft[20]. Dasselbe gilt im Zweifel, wenn die Kapitalerhöhung nicht der Förderung des Gesellschaftszwecks dienen soll, sondern zB der Befriedigung der Gläubiger[21].

4 3. Der einzelne Gesellschafter kann **freiwillig** seine Leistung an die Gesellschaft **erhöhen**. Damit diese erhöhte Leistung als Beitrag anerkannt wird, bedarf es aber der Zustimmung der übrigen Gesellschafter, weil deren Rückerstattungspflicht und die Gewinn- und Verlustquote dadurch berührt werden[22]; ohne Zustimmung hat er nur einen Anspruch aus ungerechtfertigter Bereicherung. Die **Verweigerung der Zustimmung** kann aber gegen die gesellschaftsrechtliche **Treupflicht** verstoßen[23].

7 RGZ 80, 268, 272; BGHZ 37, 299, 301 = NJW 1962, 1863; BGH NJW 1980, 339, 340 (= Fn 3); Koblenz BB 1980, 855 = DB 1980, 247; weitergehend, nämlich bei unzulänglichem Gesellschaftsvermögen auch schon während des Bestehens der Gesellschaft gegen Mitgesellschafter durchsetzbar: RGZ 153, 305, 314; MünchKomm/Ulmer § 713 Rz 15.

8 Vgl BGH NJW 1980, 339 (= Fn 3); RGZ 151, 321, 328. Vgl auch § 713 Rz 10; § 705 Rz 52.

9 RG Recht 1927 Nr 896; BGHZ 23, 17, 30 = NJW 1957, 591.

10 BGH WM 2005, 1608, 1609; WM 2006, 577; WM 2006, 774 (= Fn 4). S § 709 Rz 11.

11 Vgl § 709 Rz 39 ff.

12 Enn/Lehmann, SchuldR § 177 II 1 d.

13 BGHZ 8, 35, 39 = NJW 1953, 102; 66, 82, 85 = NJW 1976, 958; RGZ 151, 321, 326; 163, 385, 391; für ausdrückliche Erwähnung noch RGZ 91, 166; 106, 403.

14 RGZ 151, 326; 163, 385, 391.

15 BGH NJW 1983, 164 = WM 1982, 1311.

16 Vgl neben der zitierten Rspr BGH WM 1976, 1053, 1055; U H Schneider ZGR 1972, 357, 375 f; Barfuß DB 1977, 571; aA Teichmann, Gestaltungsfreiheit in Gesellschaftsverträgen, 1970, S 173 ff.

17 BGHZ 66, 82, 85 = NJW 1976, 958; dazu Wiedemann ZGR 1977, 690; vgl auch Kaligin DB 1981, 1172. Vgl aber BGH WM 2006, 774; WM 2007, 835.

18 Vgl § 705 Rz 65–67.

19 BGH WM 1974, 1151, 1153.

20 MünchKomm/Ulmer Rz 7.

21 BGH NJW 1979, 419.

22 HM, vgl Staud[12]/Keßler Rz 7; MünchKomm/Ulmer Rz 8.

23 Stuttgart MDR 2000, 778. Hueck, OHG § 14 IV.

§ 708 Haftung der Gesellschafter

Ein Gesellschafter hat bei der Erfüllung der ihm obliegenden Verpflichtungen nur für diejenige Sorgfalt einzustehen, welche er in eigenen Angelegenheiten anzuwenden pflegt.

1. **Grund der Haftungsprivilegierung**. Den Grund für die **Haftungsmilderung**, die der dem römischen Recht folgenden Auffassung des Gemeinen Rechts des 19. Jahrhunderts entspricht, sieht das Gesetz in dem engen persönlichen Vertrauensverhältnis der Gesellschafter untereinander, das die Gesellschafter veranlasse, sich so zu nehmen, wie sie sind, in der Erwartung, dass jeder die Gesellschaftsinteressen wie die eigenen wahren werde[1]. Wenn dies schon für größere Gesellschaften und solche, die sich wirtschaftlich betätigen, kaum Gültigkeit beanspruchen kann, so erscheint es überhaupt zweifelhaft, ob diese Erwägung eine beschränkte Haftung rechtfertigt, da der Gesellschafter außer den eigenen Interessen stets die Interessen der Mitgesellschafter zu berücksichtigen hat, also immer zugleich im Fremdinteresse tätig wird und deshalb gerade sorgsamer verfahren müsste als in ausschließlich eigenen Angelegenheiten[2]. 1

2. **Anwendungsbereich**. Da § 708 **nachgiebigen** Rechts ist, kann die rechtspolitisch nicht unbedenkliche gesetzgeberische Entscheidung durch den Gesellschaftsvertrag abgeändert werden. Die Gesellschafter können dabei entweder die Einhaltung der verkehrsüblichen Sorgfalt vereinbaren oder aber das Vertretenmüssen von Fahrlässigkeit ausschließen (vgl § 276 Abs 3). Ob eine stillschweigend vereinbarte Haftungsverschärfung, dh Abdingung des § 708 vorliegt, ist zurückhaltend zu beurteilen, weil die Gesellschafter sich in der Regel keine Gedanken in dieser Richtung machen[3]. § 708 kann auch wegen der eindeutigen gesetzlichen Entscheidung **nicht generell** für Gesellschaftsverträge **unter Kaufleuten als abbedungen** angenommen werden[4]. Die Haftungsmilderung des § 708 ist für Interessengemeinschaften ohne gemeinschaftliches Vermögen und ohne engere Zusammenarbeit[5] sowie für Kartelle niederer Ordnung ohne besondere Organisation[6] abzulehnen[7], ebenso für die **Gemeinschaft**[8]. Auf **Gefälligkeitsfahrten** unter Beteiligung an den Benzinkosten ist § 708 **nicht anwendbar**[9]. Der Haftungsmaßstab des § 708 soll auch nicht für sog **gesellschaftsähnliche Rechtsverhältnisse**[10] gelten, es sei denn bei einem besonderen Vertrauensverhältnis[11]. Auch beim **nicht eingetragenen Verein** ist trotz der Verweisung in § 54 Satz 1 wegen der zumeist großen und wechselnden Mitgliederzahl die Anwendung des § 708 unangebracht[12]. § 708 gilt nicht, wenn ein Gesellschafter einem anderen Gesellschafter vor dessen Beitritt schuldhaft falsche Informationen gibt; es verbleibt beim allgemeinen Haftungsmaßstab des § 276[13]. Auch bei partiarischen Vertragsverhältnissen kommt § 708 nicht zur Anwendung, weil hier die wirtschaftlichen Eigeninteressen der Parteien im Vordergrund stehen[14]. Dagegen gilt § 708 auch für die Personalgesellschaften des Handelsrechts (**OHG** und **KG**) kraft der Verweisung in HGB §§ 105 Abs 3, 161 Abs 2. Von diesem Grundsatz ist nur im Wege der teleologischen Reduktion für den Fall der **Publikums-KG** eine Ausnahme zu machen, weil das Gesellschaftsverhältnis in diesem Fall von keinem besonderen persönlichen Vertrauen geprägt ist und eine professionelle Geschäftsführung seitens der Anleger erwartet wird[15]. Ebenfalls keine Anwen- 2

1 Mugdan, Materialien II, S 984; RGZ 143, 212, 215.
2 Vgl zur rechtspolitisch umstrittenen Regelung des § 708 Ballerstedt JuS 1963, 253, 258; auch Hueck, OHG § 9 IV Fn 10; Hauß, Festschr für Möhring, 1965, S 345, 361; Müller-Graff, Der Maßstab der „diligentia quam in suis" für Geschäftsführer in Personengesellschaften, AcP 191 (1991), 475 ff.
3 BGHZ 46, 313, 317 = NJW 1967, 558.
4 AM J v Gierke, HandelsR § 33 II 1 b.
5 S Rz 50 vor § 705.
6 S Rz 51 vor § 705.
7 Enn/Lehmann, SchuldR § 177 IV.
8 BGHZ 62, 243, 245 = NJW 1974, 1189.
9 Stuttgart MDR 1959, 388 (mzustAnm Böhmer); vgl auch Soergel[10] § 276 Rz 63.
10 S Rz 19 vor § 705.
11 RGRK/v Gamm Rz 4; vgl aber auch BGH JZ 1979, 101: Bei einer Fahrgemeinschaft soll durch einen stillschweigenden Haftungsverzicht die Rechtsfolge des § 708 wieder hergestellt werden.
12 RGZ 143, 212, 215; s auch § 54 Rz 7.
13 KG NZG 1999, 199, 201.
14 BGH BB 1988, 12 = WM 1988, 172.
15 BGHZ 69, 207, 209 = NJW 1977, 2311; 76, 160 = NJW 1980, 1463; BGH NJW 1980, 589 = WM 1980, 30, 31; vgl auch U H Schneider ZGR 1978, 1, 31 f u Grunewald, Rechtswidrigkeit und Verschulden bei der Haftung von Aktionären und Personengesellschaftern, in: Festschr für Kropff, 1997, S 91 ff.

dung findet § 708 auf die deutsche Europäische Wirtschaftliche Interessenvereinigung (EWIV); gemäß EWIV-AusführungsGes § 5 Abs 1 haben die Geschäftsführer im Einklang mit dem Wortlaut von AktG § 93 Abs 1 die Sorgfalt eines ordentlichen und gewissenhaften Geschäftsleiters anzuwenden.

3 Umstritten ist, ob das Haftungsprivileg des § 708 auch dann gilt, wenn Mitgesellschafter durch eine Verletzung von Gesellschafterpflichten im **Straßenverkehr** geschädigt werden. In Fällen dieser Art ist zunächst zu prüfen, ob es sich bei der Fahrgemeinschaft um eine GbR, insbesondere um eine Gelegenheitsgesellschaft[16], oder um ein bloßes Gefälligkeitsverhältnis oder gesellschaftsähnliches Rechtsverhältnis handelt, bei denen § 708 ohnehin nicht gilt[17]. Nach der Rechtsprechung des BGH ist die Haftung eines Gesellschafters dann **nicht auf konkrete Fahrlässigkeit (§§ 277, 708) beschränkt**, wenn es zu seinen **Gesellschafterpflichten** gehört, im Straßenverkehr ein Kraftfahrzeug zu lenken, und ein **Mitgesellschafter** aufgrund einer Pflichtverletzung einen Schaden erleidet[18]. Zur Begründung wurde zunächst darauf abgestellt, dass § 708 nur den Haftungsmaßstab für Vermögensschäden, nicht aber für Körperschäden herabsetze. Dann müsste allerdings die Anwendung des § 708 nicht nur im Straßenverkehr ausgeschlossen sein. Entscheidend ist jedoch, dass das Verhalten im Straßenverkehr aufgrund seiner besonderen Gefährlichkeit eingehend gesetzlich geregelt ist und somit keine individuelle Sorglosigkeit im Sinne der §§ 277, 708 erlaubt, zumal der Fahrer eines Kraftfahrzeugs hier regelmäßig nicht nur sich selbst, sondern auch andere Verkehrsteilnehmer gefährdet[19]. Außerdem wird die im Vergleich zu § 708 verschärfte Haftung im Straßenverkehr durch die gesetzliche Pflichtversicherung aufgefangen und belastet den Gesellschafter nicht persönlich[20]. Mit dieser Begründung ist mit dem BGH der Anwendungsbereich des § 708 teleologisch zu reduzieren. Den Ausschluss des Haftungsprivilegs im Straßenverkehr hat der BGH später auf den Haftungsmaßstab des § 1359 unter Ehegatten ausgedehnt[21]. Dieser Haftungsmaßstab aus §§ 708, 1359 ist analog auch auf die nichteheliche Lebensgemeinschaft anzuwenden, da diese ebenfalls auf einem persönlichen Vertrauensverhältnis beruhen und das enge Zusammenleben der Partner leicht zu einer Schädigung des einen durch den anderen führen kann[22]. Ob der Ausschluss des § 708 auch für den **Luftverkehr** gilt, hat der BGH für die Sportfliegerei verneint, für den allgemeinen Luftverkehr jedoch offen gelassen[23].

4 3. **Voraussetzungen der Haftungsbeschränkung**. – a) **Erfüllung von Gesellschafterpflichten**. Die Beschränkung der Haftung bezieht sich nur auf die Erfüllung gesellschafterlicher Pflichten. Gleichgültig ist, ob der Gesellschafter als Geschäftsführer – uU auch gegen Vergütung[24] – oder als „einfacher" Gesellschafter aufgrund des Gesellschaftsvertrags tätig wird. Zu den Gesellschafterpflichten gehören auch aus dem Gesellschaftsverhältnis sich ergebende **Nebenleistungs-(Schutz-)pflichten**, für deren Verletzung nicht schärfer gehaftet werden kann als für die

16 S dazu Rz 27, 41 vor § 705.
17 S oben Rz 2; vgl auch BGHZ 39, 156, 158 = NJW 1963, 1099 (mablAnm Schöpe S 1606): für eine auf kameradschaftlicher Grundlage beruhende Teilnahme an einer Motorsportveranstaltung; Mädrich NJW 1982, 859; Schünemann VersR 1982, 825, 1130: für Bergsportkameraden.
18 BGHZ 46, 313, 318 = JZ 1967, 255 (mzustAnm Böhmer) = LM Nr 1 zu § 708 (mzustAnm Hauss); in derselben Richtung: BGH VersR 1967, 882; LAG Düsseldorf DB 1966, 386; anders noch BGH VersR 1960, 802; krit zur BGH-Rspr Deutsch JuS 1967, 496 ff; Hoffmann NJW 1967, 1207; Schütz VersR 1968, 633; Döpp JR 1969, 14; ders NJW 1969, 1472; Medicus, Bürgerl Recht, 2002[19], Rz 930; dem BGH zustimmend dagegen Böhmer NJW 1969, 595; ders JR 1969, 178; Schlechtriem, Vertragsordnung und außervertragliche Haftung, 1972, S 418 ff; Larenz, Festschr für H Westermann, 1974, S 299 ff.
19 BGH JZ 1972, 88; Larenz, Festschr für H Westermann, 1974, S 299, 305.
20 Deutsch JuS 1967, 496, 497.
21 BGHZ 53, 352, 355 = NJW 1970, 1271; BGHZ 61, 101, 105 = NJW 1973, 1654; BGHZ 63, 51, 57 = NJW 1974, 2124; BGH NJW 1992, 1227, 1228.
22 Oldenburg NJW 1986, 2259.
23 BGH JZ 1972, 88; dazu Brandenburg JuS 1974, 16.
24 Einschränkend Erman/Westermann Rz 4, demzufolge ein – auch konkludenter – Ausschluss des § 708 zumindest sehr nahe liegt, wenn die Geschäftsführervergütung einen erheblichen Teil des Überschusses verbraucht.

Verletzung von Hauptleistungspflichten[25]. Dagegen gilt § 708 **nicht**, wenn der Gesellschafter den übrigen Gesellschaftern als **Dritter** (Verkäufer, Vermieter, Arbeitnehmer) kraft besonderen Rechtsverhältnisses gegenübertritt[26], etwa in seinem außerhalb der Gesellschaft liegenden Beruf (Architekt, Rechtsanwalt) für die Gesellschaft tätig wird. Für die Berufung auf § 708 ist ferner kein Raum bei der Verletzung besonderer, über das Gesellschaftsverhältnis hinausgehender Pflichten[27]. Zu unterscheiden sind auch Pflichtverletzungen nur bei Gelegenheit eines Gesellschafterhandelns ohne unmittelbaren inneren Zusammenhang mit der Gesellschaftertätigkeit, für die § 708 ebenfalls nicht gilt.

b) **Überschreitung der Geschäftsführungsbefugnis**. Die Fälle, bei denen der Gesell- 5
schafter-Geschäftsführer seine ihm eingeräumten Geschäftsführungsbefugnisse überschreitet, bedürfen einer differenzierten Betrachtung. Zunächst ist anhand des Maßstabes des § 708 zu prüfen, ob dem Geschäftsführer der Kompetenzverstoß vorgeworfen werden kann[28]. Nur bei schuldhafter Überschreitung der Geschäftsführungsbefugnis kommt eine Haftung des Geschäftsführers in Betracht; ansonsten bleibt es bei der Anwendung von Gesellschaftsrecht. Umstritten ist, nach welchen Vorschriften eine solche Haftung zu behandeln ist. Das RG nahm in diesen Fällen eine Geschäftsführung ohne Auftrag an und unterwarf den Handelnden der strengen Haftung der §§ 677 ff[29]. Dem ist der BGH nun entgegengetreten, da es sich bei der Überschreitung der Geschäftsführungskompetenz um die Verletzung von vertraglichen Pflichten handele und die §§ 677 ff gerade das Fehlen einer vertraglichen Bindung voraussetzten. Dem RG sei zwar darin zuzustimmen, dass es sich bei Überschreiten der Geschäftsführungsbefugnis nicht um die Erfüllung einer gesellschaftlichen Verpflichtung handele. Daraus folge aber noch keine quasivertragliche Haftung, denn unzweifelhaft bestehe der Pflichtenverstoß in der Verletzung der vertraglichen Verpflichtung, die gesellschaftsvertraglich gezogene Grenze der Geschäftsführungsbefugnis zu beachten und die unbefugte Maßnahme zu unterlassen[30].

4. **Schaden**. Die zu vertretende Pflichtverletzung muss **der Gesellschaft einen Schaden** 6
verursacht haben[31]. Der Schadenersatzanspruch der GbR kann auch gegebenenfalls mit der actio pro socio geltend gemacht werden. Ist jedoch der Schaden allein einem **Mitgesellschafter** entstanden, so kann dieser den Schädiger unmittelbar auf Schadenersatz in Anspruch nehmen[32].

5. **Rechtsfolgen**. Der **Haftungsrahmen** für Sorgfalt wie in eigenen Angelegenheiten (dili- 7
gentia quam in suis rebus) schließt nach § 277 immer die Haftung für Vorsatz und grobe Fahrlässigkeit ein. Da § 708 die Haftung des Gesellschafters erleichtern und nicht verschärfen soll, hat die Haftung ihre **obere Grenze** an der **verkehrsüblichen Sorgfalt**; dh der Gesellschafter haftet nicht entsprechend strenger, wenn er in eigenen Angelegenheiten über die verkehrsübliche Sorgfalt hinaus sorgfältig verfährt[33]. Ob der Gesellschafter innerhalb des Bereichs zwischen grober Fahrlässigkeit einerseits bis zur verkehrsüblichen Sorgfalt andererseits (also für leichte Fahrlässigkeit) haftet, hängt nach der Regelung des § 708 davon ab, wie er sich in eigenen Angelegenheiten zu verhalten pflegt. Verhält er sich verkehrsüblich sorgfältig, so haftet er dementspr für jede leichte Fahrlässigkeit; pflegt er in eigenen Angelegenheiten sorgfältiger zu sein als verkehrsüblich, dann haftet er nur für leichte Fahrlässigkeit, nicht aber für Verletzung seiner gesteigerten Sorgfalt;

25 MünchKomm/Ulmer Rz 7; Müller-Graff, Der Maßstab der „diligentia quam in suis" für Geschäftsführer in Personengesellschaften, AcP 191 (1991), 475 ff; aA Larenz, Festschr für H Westermann, 1974, S 299, 301, 307.
26 RGZ 89, 99, 102.
27 BGH NJW 1980, 231, 232 = WM 1979, 937: für die Partner eines Beherrschungs- und Eingliederungsvertrags; vgl auch BGH WM 1985, 194.
28 RGZ 158, 302, 313; BGH NJW 1997, 314 = ZIP 1996, 2164: für die OHG.
29 RGZ 158, 302, 313; auch MünchKomm/Ulmer Rz 8 ff.
30 BGH NJW-RR 1988, 996 = WM 1988, 968, 970; Köln NJW-RR 1995, 547, 548 nimmt Haftung aus pVV des Geschäftsführungsvertrags an. S zum ganzen die Darstellung bei MünchKomm/Ulmer Rz 8 ff sowie eindringlich Häuser, Festschr für Kraft, 1998, S 147 ff.
31 RG LZ 1932, 1141.
32 BGH NJW 1962, 859 = JZ 1962, 440 (mzust Anm Duden) = WM 1962, 390; vgl auch § 705 Rz 54.
33 Vgl auch Soergel[10] § 277 Rz 7.

pflegt er sich in eigenen Angelegenheiten fahrlässig oder gar grobfahrlässig zu verhalten, so entfällt die Haftung für leichte Fahrlässigkeit (für grobe nie wegen § 277). Zur Haftung für Erfüllungsgehilfen vgl § 713 Rz 5. **Einzelfälle**: Der Gesellschafter **haftet nicht**, wenn ein Bankier aufgrund eines Unterkonsortialvertrags einem Kunden für die Beteiligung an der Begebung von Wertpapieren Rat erteilt[34] oder wenn beim Metageschäft[35] der geschäftsführende Gesellschafter trotz Abratens des Mitgesellschafters den Verkauf der Ware hinausgeschoben und dadurch einen Verlust verursacht hat[36]. Der Gesellschafter **haftet** aber stets für eine durch ihn unterlassene Untersuchung und Rüge empfangener Ware, zu der er verpflichtet war[37], oder wenn er einen anderen Gesellschafter veranlasst, der Gesellschaft Geld ohne Sicherheit zu leihen, wobei er verschweigt, dass er für gleich hohe Forderungen Sicherheit erhalten hat[38]. Ebenso handelt ein geschäftsführender Gesellschafter fahrlässig, wenn er zulässt, dass das Konto eines Angestellten auf den Geschäftspapieren der Gesellschaft angegeben wird und dadurch zum Schaden der Gesellschaft Fehlbuchungen eintreten[39]. Der Gesellschafter ist auch schadenersatzpflichtig, wenn er unredlich oder arglistig die Gesellschaft dadurch schädigt, dass er ein Gesellschaftsgeschäft für sich privat abschließt[40] oder Gesellschaftswerte verschleudert, um daraus für sich Vorteile zu ziehen[41]; dann hat er im Wege des Schadenersatzes den übrigen Gesellschaftern den anteiligen Gewinn zukommen zu lassen. Ergibt die zu vertretende Pflichtverletzung zugleich eine unerlaubte Handlung im Sinne der §§ 823 ff, so gilt auch insoweit der Verschuldensmaßstab des § 708[42].

8 6. **Beweislast**. Zur Schadensbegründung ist eine genaue Darlegung der Pflichtverletzung und der Gestaltung der Lage bei Pflichterfüllung durch den Kläger erforderlich[43]. Ist Vorsatz oder grobe Fahrlässigkeit nachgewiesen, so steht damit die Haftung des schädigenden Gesellschafters fest (§ 277). Ist nur **leichte Fahrlässigkeit** nachgewiesen, so trifft den in Anspruch genommenen Gesellschafter die Beweislast dafür, dass er in eigenen Angelegenheiten eine geringere als die im Verkehr erforderliche Sorgfalt anzuwenden pflegt[44]. Allerdings sind an diesen Beweis strenge Anforderungen zu stellen. Der Umstand, dass der Gesellschafter sich durch die schadensbegründende Handlung zugleich selbst geschädigt hat, reicht zum Nachweis des allgemein nachlässigen Verhaltens des Schädigers in eigenen Angelegenheiten nicht aus. Denn das fahrlässige Verhalten im konkreten Fall ist zu vergleichen mit dem generellen Verhalten des Schädigers in dem entsprechenden Pflichtenkreis; das heranzuziehende vergleichbare Verhalten ist also nicht zu beschränken auf solche Situationen, die derjenigen im konkreten Schädigungsfall entsprechen. Der BGH[45] hat sich damit der in der Literatur vertretenen Ansicht angeschlossen. Wegen der Beweislastverteilung für den Fall, dass der schädigende Gesellschafter als Geschäftsführer schuldhaft seine Geschäftsführerpflichten verletzt hat, vgl § 713 Rz 4. Schwierigkeiten in der Beweisführung können nicht im Ergebnis dazu führen, dem anderen Teil die Beweislast zuzuschieben; gegebenenfalls hat der Schädiger den sich aus der gesetzlichen Beweislast ergebenden Nachteil zu tragen[46].

§ 709 Gemeinschaftliche Geschäftsführung

(1) **Die Führung der Geschäfte der Gesellschaft steht den Gesellschaftern gemeinschaftlich zu; für jedes Geschäft ist die Zustimmung aller Gesellschafter erforderlich.**

34 RGZ 67, 394.
35 Vgl Rz 46 vor § 705.
36 Hamburg OLG 45, 170.
37 RG JW 1931, 1795.
38 Hamburg HansGZ 1912 H 13.
39 BGH WM 1965, 290.
40 RGZ 89, 99; BGH NJW 1986, 584; BGH NJW 1989, 2087, dazu allgemein Kübler/Waltermann ZGR 1991, 162 ff.
41 RGZ 82, 10.
42 BGHZ 46, 313, 316 = NJW 1967, 558; vgl auch Rz 43 vor § 823.
43 RG Recht 1907 Nr 1433.
44 BGH NJW 1990, 573, 575.
45 NJW 1990, 573, 575.
46 Ebenso Rother, Haftungsbeschränkung im Schadensrecht, 1965, S 189 mAnm 3 u E Böhmer VersR 1964, 1124; aM Wilts VersR 1964, 455, 459.

(2) **Hat nach dem Gesellschaftsvertrag die Mehrheit der Stimmen zu entscheiden, so ist die Mehrheit im Zweifel nach der Zahl der Gesellschafter zu berechnen.**

ÜBERSICHT

I. Allgemeines

1. **Gesetzeslage**. Das BGB unterscheidet scharf zwischen „Geschäftsführung“ (§§ 709–713) und „Vertretung“ der Gesellschaft und der Gesellschafter (§§ 714, 715); dabei ist im Gegensatz zum Recht der OHG (vgl HGB §§ 114, 115; 125, 126) sowohl hinsichtlich der Grundlage der Vertretungsmacht als auch ihres Umfangs wenigstens „im Zweifel“, also nach der subsidiär geltenden gesetzlichen Regelung, eine enge Abhängigkeit der Vertretungsmacht von der Geschäftsführungsbefugnis hergestellt (§ 714). Eine Legaldefinition für Geschäftsführung fehlt; doch gibt ihre Abgrenzung zur „Vertretung“ schon einen allgemeinen Hinweis. 1

2. **Abgrenzung zur Vertretung**. Im Bereich der Geschäftsführung wird sehr oft ein rechtsgeschäftliches Handeln namens der GbR erforderlich. Dann muss der Handelnde neben entsprechender Geschäftsführungsbefugnis auch organschaftliche Vertretungsmacht für die GbR haben oder besonders bevollmächtigt worden sein. Ein und dieselbe Handlung kann also zugleich eine Maßnahme der Geschäftsführung und der Vertretung sein. Die Trennung zwischen Geschäftsführung und Vertretung ist also nur eine Frage der **Zuständigkeiten**. Es darf nicht der unzutreffende Eindruck entstehen, als finde Geschäftsführung allein im Rechtsverhältnis der Gesellschafter untereinander (Innenverhältnis) und im Rechtsverhältnis der GbR zu Dritten (Außenverhältnis) nur Vertretung statt[1]. Es gibt keine Maßnahme der Vertretung (rechtsgeschäftliches Handeln im Außenverhältnis), die nicht zugleich eine Maßnahme der Geschäftsführung ist (wenn kein sog Grundlagengeschäft in Rede steht). Dieselbe Maßnahme wird aus zwei rechtlichen Blickwinkeln betrachtet: Die **Geschäftsführungsbefugnis** ergibt, ob der Gesellschafter die Maßnahme im Verhältnis zu den Mitgesellschaftern rechtmäßig vornehmen darf oder sogar muss. 2

1 So zB Berg JuS 1974, 685, 687.

Die **Vertretungsmacht** ergibt, ob der Gesellschafter die Maßnahme als rechtsgeschäftliches Handeln namens der Gesellschaft gegenüber Dritten wirksam vornehmen kann. Vertretungsfälle im Gesellschaftsrecht sind immer zugleich Geschäftsführungsfälle, aber nicht umgekehrt. Für die Innenbeziehung gilt also das Recht der Geschäftsführung, §§ 709–713 iVm Auftragsrecht, §§ 664 ff, für die Außenbeziehung das Recht der Vertretung §§ 714, 715 iVm Stellvertretungsrecht, §§ 164 ff.

3 3. **Begriff**. „**Geschäftsführung**" ist **jede zur Förderung des Gesellschaftszwecks für die Gesamthand vorgenommene Tätigkeit, soweit sie sich nicht auf die Grundlagen der Gesellschaft erstreckt**. Keine Geschäftsführungsmaßnahme ist die Wahrnehmung persönlicher Rechte und Pflichten eines Gesellschafters aus dem Gesellschaftsverhältnis zur Förderung des Gesellschaftszwecks, zB Beitragsleistung, Stimmrechtsausübung. Allerdings kann durch die Tätigkeit als Geschäftsführer eine Beitragspflicht im Sinne des § 706 Abs 3 erfüllt werden[2].

II. Geschäftsführung und Gesellschafterstellung

4 1. **Allgemeines**. Die Geschäftsführung nach §§ 709 ff wurzelt im Gesellschaftsverhältnis, ist **Bestandteil der Mitgliedschaft**[3], gehört zu den Mitverwaltungsrechten[4]. Deshalb ist **jeder** Gesellschafter grundsätzlich geborener Geschäftsführer. Allerdings steht nach § 709 Abs 1, falls der Gesellschaftsvertrag nichts anderes bestimmt[5], dem Gesellschafter die Führung der Geschäfte **nur gemeinschaftlich** mit den Mitgesellschaftern zu; dagegen kennt das OHG-Recht grundsätzlich Einzelgeschäftsführung (HGB § 115).

5 2. **Recht auf Geschäftsführung**. Da das Recht auf Geschäftsführung Bestandteil der Mitgliedschaft ist, bedarf es zu seiner Begründung – im Gegensatz zum Auftrag – keiner besonderen rechtsgeschäftlichen Handlung. Der Gesellschafter hat dieses ihm im Rahmen des Gesellschaftsvertrags oder subsidiär im Rahmen der gesetzlichen Bestimmungen zustehende Recht auf ungestörte Geschäftsführungstätigkeit **kraft seiner Gesellschafterstellung**; es kann notfalls klageweise durchgesetzt werden. Mit Recht bestimmt § 713 nur eine analoge Anwendung des Auftragsrechts, da der geschäftsführende Gesellschafter hinsichtlich seiner Geschäftsführung nicht in einem Arbeits- oder Auftragsverhältnis zur Gesellschaft steht, sondern eine gesellschaftsrechtliche Organisationsposition einnimmt. Deshalb ist die Geschäftsführungsbefugnis entgegen dem Auftragsrecht (vgl § 671) **nicht frei widerruflich**, sondern nur aufhebbar unter den Voraussetzungen des § 712 (§ 671 ist in § 713 nicht mit erwähnt) oder kraft eines im Gesellschaftsvertrag verankerten Kündigungsrechts. Das Recht auf Geschäftsführung kann, zB durch Blockierung der Geschäftsführung aus gesellschaftsfremden Beweggründen, verwirkt werden[6]. Zur Frage einer Vergütung für Geschäftsführungstätigkeit vgl § 706 Rz 32; § 713 Rz 12 ff.

6 Ist Gesellschafter eine **juristische Person**, so übt sie das Geschäftsführungsrecht durch ihren gesetzlichen Vertreter, also den Vorstand, Geschäftsführer oder ein sonst dazu berufenes Organ, im Einzelfall auch durch einen Bevollmächtigten[7] aus[8], ebenso der Vorstand eines **nicht eingetragenen Vereins**[9] oder die vertretungsberechtigten Gesellschafter einer **OHG, KG** oder **GbR**[10]. Da danach bei der **Doppel-GbR** die Gesellschafter der „Gesellschafter-GbR" bei Gesamtvertretungsrecht (gesetzliche Regel) nur zusammen ihr Geschäftsführungs- und Vertretungsrecht in der anderen GbR ausüben können, ist es zweckmäßig, im Gesellschaftsvertrag der „Gesellschafter-GbR" die Ausübung dieses Geschäftsführungs- und Vertretungsrechts in der anderen GbR unter

2 Vgl § 706 Rz 30 ff.
3 BayObLG DB 1991, 33.
4 RGZ 142, 13, 18; Koblenz WM 1986, 590: ein durch den Gesellschaftsvertrag begündetes Sonderrecht. Vgl § 705 Rz 53.
5 Vgl unten Rz 20 ff.
6 BGH NJW 1972, 862, 864.
7 Vgl § 26 Rz 18.
8 RGZ 123, 289, 299.
9 Vgl § 54 Rz 20.
10 Gleiches gilt für PartG, EWIV.

den Gesellschaftern der ersteren besonders zu regeln. Zur Gesellschafterstellung der Vereine und Gesamthandsgemeinschaften in einer GbR vgl § 705 Rz 24–27.

Ein **Minderjähriger** kann ebenfalls Geschäftsführungshandlungen vornehmen, soweit es sich um tatsächliche Maßnahmen handelt und seine körperlichen und geistigen Fähigkeiten dazu ausreichen. Rechtsgeschäfte und rechtsgeschäftsähnliche Handlungen eines Minderjährigen sind als Geschäftsführungsmaßnahmen nur dann wirksam, wenn sie durch seinen gesetzlichen Vertreter oder mit dessen Zustimmung erfolgen. Denn durch die rechtsgeschäftliche Geschäftsführungshandlung verpflichtet der Minderjährige neben der GbR (Gesamthand) im Zweifel auch sich selbst (sog Doppelverpflichtung) oder begründet jedenfalls seine persönliche Haftung für die Gesellschaftsverbindlichkeit (analog HGB §§ 128 f)[11]. Der gesetzliche Vertreter kann jedoch mit Genehmigung des Vormundschaftsgerichts analog § 112 den Minderjährigen allgemein zur selbständigen Geschäftsführung ermächtigen[12]. Schuldhafte Pflichtverletzungen des gesetzlichen Vertreters hat der Minderjährige nach § 278 zu vertreten; sie können zur Entziehung der Geschäftsführungsbefugnis (§ 712) führen; in diesem Fall ist uU nach § 1909 ein Pfleger zu bestellen. 7

3. **Pflicht zur Geschäftsführung**. Der Gesellschafter hat auch die **Pflicht zur persönlichen Mitwirkung** bei der Geschäftsführung[13]. Er kann zwar mit Zustimmung der anderen Gesellschafter einzelne Geschäftsführungsaufgaben auf einen Dritten **übertragen**[14], die Geschäftsführerstellung erlaubt aber grundsätzlich nicht, sich allgemein durch einen Bevollmächtigten vertreten zu lassen oder ihre Ausübung einem Dritten zu überlassen[15]. Der Gesellschaftsvertrag kann jedoch die Übertragung der Geschäftsführerstellung auf einen Dritten zulassen[16]. Der Dritte wird dann nicht aufgrund des Gesellschaftsverhältnisses, sondern eines besonderen Rechtsverhältnisses (Dienstvertrag, Auftrag, Geschäftsbesorgung) tätig[17]. Im Einzelfall kann der Mitgesellschafter nach Treu und Glauben verpflichtet sein, der Übertragung von Geschäftsführungsaufgaben auf einen Dritten zuzustimmen. Von seinen Pflichten kann sich der Geschäftsführer entbinden lassen, gegebenenfalls nach § 712 Abs 2 kündigen; ihm kann auch die Geschäftsführung entzogen werden (§ 712 Abs 1). Der **Umfang** der Pflicht richtet sich nach dem Gesellschaftsvertrag. Ist Einsatz der ganzen Arbeitskraft vereinbart und jegliche andere Tätigkeit untersagt, hat dies seine Grenze in § 138[18]. 8

III. Gegenstand der Geschäftsführung, Geschäftsführungsbefugnis

1. **Geschäftsführungsmaßnahmen**. Die Geschäftsführung umfasst sämtliche laufenden Maßnahmen der GbR, um im Rahmen des bestehenden Gesellschaftsverhältnisses den Gesellschaftszweck zu erreichen, insbesondere die Ausführung von Beschlüssen der Gesellschafter. Die Geschäftsführung kann **tatsächlicher** Art sein, etwa Buchführung, Produktionsleitung, Kontrolle der Angestellten, Bilanzaufstellung, Verwaltung des Gesellschaftsvermögens, oder auch **rechtsgeschäftlicher** Art, etwa Einkauf und Verkauf von Waren, Einstellung des Personals, Geltendmachung von Gesellschaftsforderungen[19], Erfüllung von Verbindlichkeiten der Gesellschaft, Kündigung von Verträgen[20]. Gegenstand der Geschäftsführung ist auch die (ausführende) Geltendmachung von sog Sozialansprüchen der Gesellschaft gegen Mitgesellschafter, etwa die Einziehung von Beiträgen[21], von Nachschüssen nach Auflösung der Gesellschaft (§ 735) und von 9

11 So nunmehr BGHZ 146, 341, 358 (mBespr Hadding ZGR 2001, 712, 735 ff mNachw); vgl dazu § 714 Rz 10 ff.
12 MünchKomm/Ulmer Rz 27; für OHG: Hueck, OHG § 20 V 1 a; auch Biddermann, Der minderjährige Gesellschafter, 1965, S 183.
13 Vgl BGH NJW 1972, 862; § 713 Rz 5.
14 RG JW 1929, 369; Hamm MDR 1979, 848.
15 Vgl § 664 Abs 1 Satz 1 iV mit § 713; OGH SJZ 1948, 754 (mAnm Hueck).
16 RGZ 123, 289, 299; Hueck, OHG § 10 V 2. S unten Rz 20 ff.
17 BGHZ 36, 292 f = NJW 1962, 738; BGH WM 2007, 110 (im Hinblick auf RBerG Art 1 § 1).
18 BGHZ 37, 381, 385.
19 BGHZ 12, 308, 312 = NJW 1954, 1149; vgl § 705 Rz 55 ff.
20 BGH NJW 1982, 641 = WM 1981, 1339.
21 RGZ 76, 276, 279; vgl § 705 Rz 47 ff.

Schadenersatzforderungen der Gesellschaft gegen Mitgesellschafter. Solche sog Sozialansprüche können aber gegebenenfalls auch mit der actio pro socio geltend gemacht werden[22]. Zum Bereich der Geschäftsführung gehört ferner die Prozessführung namens der GbR (Gesamthand). Bei Erfindungen in Ausübung der Geschäftsführungstätigkeit (etwa unter Einsatz der Mittel der Gesellschaft oder im Rahmen einer Tätigkeitsart, der solcherlei Erfindungen zugerechnet werden können) ist der Gesellschafter in der Regel nach § 667 verpflichtet, die Rechte aus der Erfindung auf die Gesellschaft zu übertragen[23]. Bei Erfindungen außerhalb der Geschäftsführungstätigkeit kann er in besonders gelagerten Fällen aus seiner Treupflicht gegenüber der Gesellschaft dazu verpflichtet sein[24].

10 Auf die Vertretungsmacht des Gesellschafters kommt es auch an bei **Weisungen an Angestellte**, weil sie Dritte sind und Weisungen als Maßnahmen der Gesellschaft zur Konkretisierung der Arbeitspflicht zu qualifizieren sind[25]. Zur Geschäftsführung (mit erforderlichem Vertretungshandeln nach außen) gehört ferner die Begründung einer stillen Gesellschaft mit einem Dritten, weil und soweit dadurch der Gesellschaftsvertrag nicht geändert wird.

11 2. **Außerhalb der Geschäftsführung** stehen alle Akte, die nicht der Förderung des Gesellschaftszwecks dienen können oder die Grundlagen der Gesellschaft berühren. Zu den sog **Grundlagengeschäften**, durch die das Gesellschaftsverhältnis geändert wird[26], gehören zB Änderungen des Zwecks, des Namens, der Organisation, etwa der Geschäftsführung[27], Fragen der Mitgliedschaft[28], Neuaufnahme oder Ausschluss eines Gesellschafters[29], Fragen des Bestandes[30], Gewinnverteilung, Erhöhung der Beiträge[31], Auflösung usw. Für eine solche Änderung der gesellschaftsvertraglichen Grundlagen ist grundsätzlich die Zustimmung aller Gesellschafter nötig – **Einstimmigkeitsgrundsatz** –, es sei denn, dass die Gesellschafter vertraglich für bestimmte Akte einen Mehrheitsbeschluss für zulässig erklärt haben[32].

12 In Ausnahmefällen kann der Gesellschaftsvertrag eine **Ermächtigung der geschäftsführenden Gesellschafter oder mit der Gesellschaft verbundener Dritter** enthalten, bestimmte Grundlagengeschäfte vorzunehmen, zB Aufnahme neuer Gesellschafter[33], allenfalls in engen Grenzen auch zur Erhöhung oder Herabsetzung der Beiträge[34].

13 3. **Sonderaufträge**. Nicht zur Geschäftsführung gehört die sachlich beschränkte Betrauung mit einzelnen Aufgaben im Interesse der Gesellschaft. Für sie gilt das Auftrags- und Geschäftsbesorgungsrecht unmittelbar. Da die Tätigkeit aufgrund solcher Sonderaufträge aber in innerem Zusammenhang mit dem Gesellschaftsverhältnis steht, gilt auch für dieses Rechtsverhältnis der Haftungsmaßstab des § 708. Ansprüche des beauftragten Gesellschafters aus dem Auftragsverhältnis sind auch nicht etwa Drittgläubigerforderungen, sondern Ansprüche aus dem Gesellschaftsverhältnis mit den für diese geltenden Beschränkungen (Durchsetzungssperre)[35]. Allein aus der Vereinbarung einer **Vergütung** für die Tätigkeit kann jedoch noch nicht auf einen Sonder-

22 Vgl § 705 Rz 48 ff.
23 BGH BB 1955, 141.
24 Für OHG vgl Hueck, OHG § 16 III 2 b; vgl auch Barella, Erfindungen des geschäftsführenden Gesellschafters, DB 1954, 341; § 706 Rz 33.
25 So auch Schleg/Geßler HGB § 126 Rz 5; auf die Geschäftsführungsbefugnis wollen dagegen abstellen: Großmann JW 1912, 775; v Godin JR 1948, 62. Differenzierend MünchKommHGB/K Schmidt § 126 Rz 4.
26 Vgl dazu näher Hadding, Festschr für Lutter, 2000, S 851, 859 ff.
27 BGHZ 8, 35 = NJW 1953, 102.
28 RGZ 153, 371, 373.
29 RGZ 128, 172, 176; BayObLG Recht 1908 Nr 1784: Mitglied eines nicht eingetragenen Vereins.
30 RGZ 136, 236, 242: Aufgabe einer Beteiligung, die Gegenstand der Gesellschaft ist; RGZ 162, 370, 372: Übertragung des ganzen Vermögens an einen Dritten.
31 RGZ 151, 321, 327; vgl § 707 Rz 3.
32 Vgl § 705 Rz 32 u unten Rz 38 ff.
33 BGHZ 76, 160 = NJW 1980, 1463; BGH WM 1976, 15; NJW 1978, 1000 = WM 1978, 136; NJW 1982, 877 = WM 1982, 40; WM 1985, 125: für Publikumsgesellschaft.
34 BGH NJW 1979, 419 = WM 1978, 1399; NJW 1983, 1117 = WM 1983, 118: für Publikums-KG.
35 Vgl § 705 Rz 52; vgl RGRK/v Gamm Rz 5.

auftrag geschlossen werden, weil eine Vergütung auch für die mitgliedschaftliche Geschäftsführung geleistet werden kann[36].

4. **Geschäftsführungsbefugnis**. Von der Beurteilung einer Maßnahme als „Geschäftsführung" zu trennen ist die Frage nach der Geschäftsführungsbefugnis, ob also der Gesellschafter im Verhältnis zu seinen Mitgesellschaftern für die Tätigkeit zuständig ist. **Inhalt** und **Umfang** der Geschäftsführungsbefugnis ergeben sich regelmäßig aus dem Gesellschaftsvertrag. Fehlt eine gesellschaftsvertragliche Regelung, muss zur Bestimmung der Geschäftsführungsbefugnis auf den Gesellschaftszweck zurückgegriffen werden, weil Geschäftsführungsmaßnahmen dessen Förderung zu dienen haben. Die Geschäftsführungsbefugnis wird **organschaftlich** für die GbR ausgeübt[37]. Gleichgültig ist bei der GbR, ob es sich um eine **gewöhnliche** oder **außergewöhnliche Maßnahme** handelt[38]. Wohl aber kann durch den Gesellschaftsvertrag eine dem HGB § 116 entsprechende Regelung, also ein Vorbehalt der Entscheidung über ungewöhnliche Maßnahmen zugunsten aller Gesellschafter, getroffen werden. 14

Eine **Überschreitung** der Geschäftsführungsbefugnis liegt zum einen dann vor, wenn die Maßnahme überhaupt nicht zum Bereich der Geschäftsführung gehört (insbes bei zweckfremden Maßnahmen oder Grundlagengeschäften), zum anderen, wenn der Gesellschafter aufgrund eines gesellschaftsvertraglichen Vorbehalts für die Maßnahme nicht oder nicht in dieser Form zuständig war. Im letzteren Fall handelt es sich zwar um Geschäftsführung, die Rechtsfolgen des Handelns bestimmen sich jedoch – wenn der Gesellschafter die Überschreitung kannte oder im Rahmen des § 708 hätte erkennen können – nach dem Recht der positiven Forderungsverletzung gem § 280 Abs 1[39].

IV. Formen der Geschäftsführung

1. **Allgemeines**. Das Gesetz kennt mehrere Formen der Geschäftsführung, wobei es **drei Gruppen** unterscheidet, die **Gesamtgeschäftsführung aller Gesellschafter** (§ 709), die an einen oder mehrere Gesellschafter **übertragene Geschäftsführung** (§ 710) sowie die **Einzelgeschäftsführung** (§ 711). Da es sich bei der Regelung der Geschäftsführungsbefugnis um die Ausgestaltung des Innenverhältnisses der GbR handelt, kann der Gesellschaftsvertrag auch andere Formen der Geschäftsführung vorsehen. 15

2. **Gesamtgeschäftsführung**. Gesetzliche Regelzuständigkeit ist mangels anderer Vereinbarung die Gesamtgeschäftsführungsbefugnis aller Gesellschafter, und zwar nach dem Einstimmigkeitsgrundsatz (§ 709 Abs 1). 16

a) **Einstimmigkeitsgrundsatz (§ 709 Abs 1)**. Für jeden Geschäftsführungsakt ist die **Zustimmung aller Gesellschafter** erforderlich, die auch stillschweigend, insbesondere bei weniger wichtigen Fällen, erteilt werden kann[40]. Zulässig ist auch eine allgemeine oder auf bestimmte Handlungen bezogene Ermächtigung von anderen Gesellschaftern, letztere insbesondere bei zwischen den Gesellschaftern vereinbarter Arbeitsteilung[41]. Die ausnahmsweise bestehende **Pflicht**, einer Geschäftsführungsmaßnahme zuzustimmen, kann klageweise durchgesetzt werden, wenn der gemeinsame Zweck und das Interesse der Gesellschaft die Zustimmung fordern, so dass die

36 RGZ 142, 13, 22; vgl § 713 Rz 12 ff.
37 Wiedemann, Gedächtnisschr für Lüderitz, 2000, S 839, 840.
38 Zur Abgrenzung (bei KG): RGZ 158, 302, 308.
39 Vgl § 708 Rz 5; BGH NJW 1997, 314; NJW-RR 1989, 1255. Vgl zum ganzen F Häuser, Zur Haftungsordnung bei kompetenzwidriger Geschäftsführung des Gesellschafters einer Personalgesellschaft, in: Festschr für A Kraft, 1998, S 147 ff; W Glasenapp, Verletzung der Geschäftsführungsbefugnisse eines Gesellschafters der Personengesellschaft, Diss München 1970; Münch Komm/Ulmer Rz 25, § 708 Rz 8 ff. Zu den strafrechtlichen Konsequenzen vgl LG Bonn NJW 1981, 469; Schäfer NJW 1983, 2550; Schulte NJW 1984, 1671.
40 Enn/Lehmann, SchuldR § 178 A I 1; s auch BGH WM 1966, 876.
41 S dazu unten Rz 21.

Weigerung gegen Treu und Glauben verstoßen würde[42], nicht dagegen, wenn es sich um eine Zweckmäßigkeitsfrage handelt[43]. Soweit die Zustimmung fehlt, muss das Geschäft unterbleiben, andernfalls haftet der Handelnde wegen positiver Forderungsverletzung (§ 280 Abs 1). Bei treuwidriger Weigerung werden aber die anderen oder der verbleibende Gesellschafter ohne weiteres zum Handeln befugt[44]; eine treuwidrige Verweigerung der Zustimmung ist unbeachtlich[45]. Das Recht, seine Zustimmung aus Zweckmäßigkeitserwägungen zu verweigern, kann ein Gesellschafter **verwirken**, wenn er sich beharrlich aus sachfremden Gründen weigert, an der Geschäftsführung mitzuwirken; dann kann er – auf Zustimmung verklagt – nur noch einwenden, die Geschäftsführungsmaßnahme sei pflichtwidrig[46]. Inwieweit der die Zustimmung verweigernde Gesellschafter seine Gründe offenlegen muss, ist von Fall zu Fall zu entscheiden[47]. Überspannt man die Begründungspflicht, läuft dies dem privatautonomen Charakter der Zustimmungsentscheidung zuwider[48]. Auch in Notfällen gilt Einstimmigkeit; doch kann der einzelne Gesellschafter kraft der ihm analog § 744 Abs 2 zustehenden Notgeschäftsführungsbefugnis im eigenen Namen die Verwaltungsmaßnahme auch ohne vorherige Zustimmung treffen und analog § 748 seine Aufwendungen ersetzt verlangen[49]. Die analoge Anwendung ist gerechtfertigt, weil die Gesellschafter noch enger miteinander verbunden sind als die Bruchteilsgemeinschafter, sie ist aber auf Notfälle zu beschränken, jedoch nicht nur dann, wenn einem Gegenstand des Gesellschaftsvermögens, sondern auch, wenn der Gesellschaft Gefahr droht.

17 b) **Mehrheitsgrundsatz (§ 709 Abs 2)**. – aa) **Voraussetzungen.** Die Beschlüsse der Gesamtgeschäftsführung können aber auch durch vertragliche Vereinbarung der Gesellschafter dem Mehrheitsprinzip unterstellt werden. Der Gesellschaftsvertrag hat dann zu bestimmen, ob die Höhe der Einlagen, der Vermögensanteile, der Gewinnanteile oder welche anderen Umständen für die Berechnung der Mehrheit zu Grunde zu legen sind. Ist nichts bestimmt, gilt nach § 709 Abs 2 Berechnung nach Köpfen. Dem Gesellschaftsvertrag ist auch zu entnehmen, ob für die Beschlussfassung die einfache Mehrheit ausreicht oder eine qualifizierte Mehrheit erforderlich ist. Das Mehrheitsprinzip kann auch durch ständige, von den Gesellschaftern als selbstverständlich betrachtete Übung oder stillschweigend begründet werden. Je formloser der Gesellschaftsvertrag geschlossen wurde, desto formloser kann auch das Mehrheitsprinzip für die Geschäftsführung durch die Gesellschafter vereinbart werden[50]. Über **Zulässigkeitsgrenzen** und die **Berechnung des Abstimmungsergebnisses** beim Mehrheitsprinzip vgl unten Rz 38.

bb) **Wirkungen**. Da die Geschäftsführung auch hier allen zusteht, ist die Minderheit kraft des vorausgegangenen Einverständnisses mit dem Mehrheitsgrundsatz an den Mehrheitsbeschluss gebunden. Die Minderheit ist verpflichtet, falls dies für die Vertretung gegenüber Dritten erforderlich ist, bei Ausführung des Mehrheitsbeschlusses mitzuwirken.

18 3. **Übertragung der Geschäftsführung (§ 710)**. Durch den Gesellschaftsvertrag oder eine spätere Vereinbarung kann die Geschäftsführung auf einen oder mehrere Gesellschafter übertragen werden; im letzteren Falle kann wieder Einstimmigkeit, Mehrheitsentscheid oder Einzelentscheid bestimmt werden. Im Zweifel gilt wiederum Gesamtgeschäftsführung der mehreren Gesellschafter nach dem Einstimmigkeitsgrundsatz (§ 709 Abs 1 iVm § 710). Sieht der Gesell-

42 RGZ 97, 329, 331; 162, 78, 83; BGHZ 44, 40, 41 = NJW 1965, 1960; NJW 1982, 641; NJW 1983, 1192, letztere für eine Verwertungsgemeinschaft gem UrhG § 9; vgl auch Flume, Personengesellschaft § 15 II 1.

43 BGH NJW 1972, 862; NJW 1986, 844; München NJW 2001, 613; Dresden OLG 34, 340.

44 BGH BB 1960, 1, 12.

45 Vgl Flume, Personengesellschaft § 15 II 4; ders, Festschr für Rittner, 1991, S 119 ff.

46 BGH NJW 1972, 862; krit MünchKomm/Ulmer Rz 43: Entziehung der Geschäftsführungsbefugnis analog § 712 Abs 1.

47 Vgl BGH NJW 1972, 862: „regelmäßige" Begründungspflicht.

48 Gegen Begründungspflicht daher Flume, Personengesellschaft § 15 II 2 für den Widerspruch nach § 711; vgl auch MünchKomm/Ulmer Rz 44.

49 HA: RGZ 112, 361, 367; BGHZ 17, 182 ff = NJW 1955, 1027; Hadding JZ 1975, 159, 161; vgl § 705 Rz 56; ferner BGH NJW 1982, 641; NJW 1983, 1192.

50 BGHZ 16, 394, 396 = NJW 1955, 825.

schaftsvertrag Mehrheitsentscheidungen der Geschäftsführer vor, so ist die Mehrheit nach Köpfen zu berechnen (§ 709 Abs 2 iVm § 710 Satz 2). Vgl im übrigen die Bem zu § 710.

4. **Einzelgeschäftsführung** (**§ 711**). Der Gesellschaftsvertrag kann bestimmen, dass jeder oder einzelne Gesellschafter allein zu handeln berechtigt sein sollen. Das kann formlos stillschweigend vereinbart werden[51]. Der geschäftsführende Gesellschafter ist dann innerhalb seiner Befugnis zu allen Maßnahmen ohne Zustimmung der Mitgesellschafter und -geschäftsführer berechtigt. Den anderen geschäftsführenden Gesellschaftern steht nur das Widerspruchsrecht nach § 711 zu. Inwieweit der einzelne seine Mitgeschäftsführer vor der Entscheidung zu Rate ziehen muss, hängt von der Beurteilung des Einzelfalles unter dem Gesichtspunkt der gesellschaftsrechtlichen Treupflicht ab[52]. Steht die Einzelgeschäftsführungsbefugnis nicht allen Gesellschaftern zu, sondern sind manche von der Geschäftsführung ausgeschlossen, liegt zugleich ein Fall von übertragener Geschäftsführung (§ 710) vor[53]. 19

5. **Vertragliche Abweichungen**. – a) **Allgemeines**. Von den gesetzlich vorgesehenen Formen kann der Gesellschaftsvertrag Abweichungen bestimmen, weil die Regelung der Geschäftsführung das Innenverhältnis der Gesellschafter untereinander ausgestaltet und dies nach dem Grundsatz der Vertragsfreiheit ihrer Disposition unterliegt. 20

Die Abweichungen dürfen jedoch nicht zwingenden gesetzlichen Bestimmungen widerstreiten. Die Geschäftsführungsbefugnis kann bei wichtigen Geschäften an die Zustimmung aller oder mehrerer Gesellschafter geknüpft, zeitlich begrenzt oder sachlich aufgegliedert werden[54]. Die abweichende Gestaltung kann auch stillschweigend, zB durch andauernde, einverständliche Übung, vereinbart werden[55].

Bei der körperschaftlich strukturierten Personalgesellschaft, insbesondere bei der **Publikums-KG**, können Geschäftsführungsmaßnahmen der Zustimmung und Kontrolle von **Gesellschaftsausschüssen** („Beirat“, „Verwaltungsrat“) unterliegen, denen auch gesellschaftsfremde Dritte angehören können[56].

Handelt es sich bei der Gesellschaft um eine wegen Änderung des Gesellschaftszwecks oder Schrumpfung des Geschäftsbetriebs zur GbR umgewandelte **ehemalige OHG** oder **KG**, so gilt in der Regel die bisherige Geschäftsführungsregelung im Rahmen der neuen Zweckbestimmung weiter[57]. Ebenso gilt die für eine KG beabsichtigte Geschäftsführungsregelung auch für die kraft Gesetzes entstandene GbR, wenn es mangels in kaufmännischer Weise eingerichteten Geschäftsbetriebs nicht zur Eintragung und Entstehung der KG kommt[58]. Dem ist aus dem Gesichtspunkt der ergänzenden Vertragsauslegung zu folgen, weil die für die Handelsgesellschaft getroffene Regelung noch am ehesten auf den Parteiwillen hinsichtlich der Geschäftsführung bei einer GbR schließen lässt[59]. Der Geschäftspartner kann mangels Hinweises auf eine abweichende Vereinbarung darauf vertrauen, dass der Geschäftsführer die Gesellschafter in dem für die bisherige Ge-

51 Vgl BGHZ 16, 394, 396 = NJW 1955, 825; s oben Rz 17.
52 Vgl § 705 Rz 60; § 711 Rz 2.
53 Vgl oben Rz 18.
54 Bspe bei Sudhoff, Der Gesellschaftsvertrag der Personengesellschaften, 1985[6], S 677 f (nicht mehr in 2004[8]).
55 MünchKomm/Ulmer Rz 16.
56 Zur Stellung und Haftung solcher Organe vgl BGHZ 69, 207 = NJW 1977, 2311; 87, 84 = NJW 1983, 1675 = WM 1983, 472; BGH BB 1961, 304; WM 1968, 98; BB 1970, 437; WM 1975, 767; NJW 1978, 425; WM 1979, 1425; WM 1983, 555; DB 1984, 179; ZIP 1985, 31; Rutenfranz NJW 1965, 238; U H Schneider DB 1973, 953; Wiedemann, Festschr für Schilling, 1973, S 105 ff; Hüffer ZGR 1980, 320 ff; Voormann, Die Stellung des Beirats im Gesellschaftsrecht, 1981; Maulbetsch, Beirat und Treuhand in der Publikumspersonengesellschaft, 1984; Reuter, Festschr für Steindorff, 1990, S 229 ff; Westermann, Handb Rz I 488.
57 BGH NJW 1971, 1698; für ehemalige KG abl Beyerle NJW 1972, 229; Kornblum BB 1972, 1036; vgl auch K Schmidt DB 1971, 2345; Stimpel ZGR 1973, 73, 80 ff.
58 BGH WM 1972, 21, 22; aA Beyerle BB 1973, 1376; K Schmidt BB 1973, 1612: Gesamtgeschäftsführung gemäß § 709 Abs 1.
59 So auch MünchKomm/Ulmer Rz 19.

sellschaftsform geltenden Rahmen, dh als Komplementär oder Kommanditist, verpflichten kann[60]. Zur formwechselnden Umwandlung vgl § 705 Rz 3.

21 b) **Sachlich beschränkte Einzelgeschäftsführung**. Die Geschäftsführungsbefugnis kann in der Weise geregelt sein, dass für bestimmte Tätigkeiten oder Bereiche (zB technische und kaufmännische Leitung, Einkauf, Verkauf, Produktion, Verwaltung) bestimmte Gesellschafter unter Ausschluss der übrigen als Geschäftsführer allein zuständig sind[61]. Den übrigen Gesellschaftern steht dann in der Regel auch kein Widerspruchsrecht nach § 711 zu[62]. Stets ist jedoch zu prüfen, ob nicht eine bloße **Arbeitsteilung** im Sinne einer allgemeinen Ermächtigung der übrigen Geschäftsführer im Rahmen der Gesamtgeschäftsführung nach § 709 Abs 1 vorliegt[63].

22 c) **Ausschluss aller Gesellschafter**. Für die Geschäftsführungs- und Vertretungsbefugnis bei Personalgesellschaften gilt der **Grundsatz der Selbstorganschaft** (keine Fremd- oder Drittorganschaft). Eine Regelung, durch die alle Gesellschafter von der organschaftlichen Geschäftsführung und damit gemäß § 714 in der Regel auch von der Vertretung ausgeschlossen werden und die Geschäftsführungsbefugnis auf einen **Dritten** übertragen wird, ist daher unzulässig[64]. Allerdings können die Gesellschafter einen Dritten in weitem Umfang mit Geschäftsführungsmaßnahmen betrauen und ihm umfassende Vollmacht erteilen[65]; dann steht die organschaftliche Geschäftsführungsbefugnis jedoch weiterhin gemäß § 709 den Gesellschaftern zu, die dem Dritten aufgrund des zwischen ihm und der Gesellschaft bestehenden Rechtsverhältnisses Weisungen erteilen und ihm gegebenenfalls die Befugnisse entziehen können[66]. Der Grund für die nicht zulässige Drittorganschaft liegt darin, dass nicht privatautonom ein Herrschaftsverhältnis über eine Personengruppe und – wegen der persönlichen Gesellschafterhaftung – über einzelne Personen begründet werden soll[67]. Die Verantwortung im Innenverhältnis und die Kontrolle über alle anderen Handelnden muss daher bei mehreren oder mindestens einem Gesellschafter verbleiben[68].

60 BGH NJW 1987, 3124.
61 Vgl RG HansRGZ 1931 B 630 u Schwamberger NJW 1965, 279.
62 Vgl MünchKomm/Ulmer Rz 17, § 711 Rz 4.
63 Vgl RG Recht 1914 Nr 1677 u oben Rz 16.
64 BGHZ 36, 292 = JZ 1962, 362 (mAnm Hueck) = LM Nr 1 zu HGB § 114 (mAnm Fischer); BGH NJW 1982, 877 = WM 1982, 40; NJW 1982, 2495 = WM 1982, 583; NJW-RR 1994, 98; anders noch KG OLG 42, 214, 215; München JFG 16, 65; vgl auch BGHZ 51, 198, 200 = NJW 1969, 507; zur zeitlich begrenzten, ausnahmsweisen Fremdorganschaft bei der Vertretung: BGHZ 33, 105, 108 = NJW 1960, 1997 = JZ 1961, 89 (mAnm Hueck), BGHZ 41, 367, 369 = NJW 1964, 1624.
65 Vgl BGH WM 2004, 372 = WuB IV A. § 242 BGB 1.04 (Brehm); WM 2005, 1698; dazu im Hinblick auf Art 1 § 1 RBeratG: Schimansky WM 2005, 2209 gegenüber Ulmer ZIP 2005, 1341; Habersack BB 2005, 1695. S auch Schmidt-Morsbach BKR 2005, 424; Jungmann WuB VIII D. Art 1 § 1 RBerG 8.05. Ferner BGH WM 2006, 1673; WM 2007, 62.
66 BGHZ 36, 292; BGH NJW 1982, 1817; auch NJW 1982, 877 = WM 1982, 40; NJW 1982, 2495 = WM 1982, 583; KG BauR 2000, 114: Publikums-Gesellschaft.
67 Flume, Personengesellschaft § 14 VIII; Hüffer ZHR 151 (1987), 386, 408: Verbot der Selbstentmachtung.
68 Wie hier auch Buchwald DB 1957, 109; Wiedemann JZ 1969, 471; Nitschke, Die körperschaftlich strukturierte Personengesellschaft, 1970, S 252 ff; John, Die organisierte Rechtsperson, 1977, S 271 ff, 295; im Ergebnis auch K Schmidt, Gedächtnisschr für Knobbe-Keuk, 1997, S 307, 314 f; für Zulässigkeit der Drittorganschaft dagegen H P Westermann, Vertragsfreiheit und Typengesetzlichkeit, 1970, S 148 ff, 328 ff; ders, Festschr für Lutter, 2000, S 955 ff; Chr Weber, Privatautonomie u Außeneinfluß im Gesellschaftsrecht, 2000, S 74 ff; Beuthien ZIP 1993, 1589 betr fremdorganschaftliche Leitung in Unternehmensverbindungen; kritisch auch Grunewald, GesellschaftsR 1. A. Rz 41 ff; vgl ferner Dellmann, Freundesgabe für Hengeler, 1972, S 64; Stimpel, 25 Jahre BGH, 1975, S 17; Oldenburg, Fremdgeschäftsführung und Vertretung in den Personengesellschaften, Diss Tübingen 1973; Werra, Zum Stand der Diskussion um die Selbstorganschaft, 1991; Heidemann, Der zwingende und dispositive Charakter des Prinzips der Selbstorganschaft bei Personengesellschaften, 1999; A Bergmann, Die fremdorganschaftlich verfaßte OHG, KG u BGB-Gesellschaft als Problem des allgemeinen Verbandsrechts, 2002; Arlt NZG 2002, 407.

Die vorübergehende Einsetzung eines Dritten als Geschäftsführer ist jedoch zulässig durch **einstweilige Verfügung** im Rahmen eines Rechtsstreits um die Ausschließung des geschäftsführenden Gesellschafters oder die Entziehung der Geschäftsführungsbefugnis[69].

23 Der **Wegfall des einzigen geschäftsführenden Gesellschafters** oder der Verlust seiner Geschäftsführungs- und Vertretungsbefugnis (zB nach § 712) führt dazu, dass wieder der gesetzliche Regelfall der Gesamtgeschäftsführung und -vertretung durch alle Gesellschafter eintritt[70].

V. Gesellschafterbeschlüsse

Schrifttum: v Tuhr, Der Allg Teil des Deutschen Bürgerl Rechts, Bd 1, 1910, § 36 IV; Heck, Gesellschafterbeschlüsse und Willensmängel bei der BGB-Gesellschaft, in: Festgabe für Gierke 1911, S 319 ff; Ludewig, Stimmrecht der geschäftsführenden Gesellschafter, JW 1925, 2586; Herzfelder, Stimmrecht und Interessenkollision, 1927; A Hueck, Gesellschafterbeschlüsse bei der OHG, in: Festschrift für Heymann, 1931, II S 700 ff; Bartholomeyczik, Der Körperschaftsbeschluß als Rechtsgeschäft, ZHR 105 (1938), 293 ff; W Küster, Inhalt und Grenzen der Rechte der Gesellschafter, insbes des Stimmrechts, 1954; Zöllner, Die Schranken mitgliedschaftlicher Stimmrechtsmacht bei den privatrechtlichen Personenverbänden, 1963, S 10 ff; Baltzer, Der Beschluß als rechtstechnisches Mittel organschaftlicher Funktion im Privatrecht, Beiträge zum Zivilrecht und Zivilprozeß, Heft 14, 1965; Spengler, Mehrheitsbeschlüsse bei Personengesellschaften und deren Schranken, in: Festschr für Möhring 1965, S 165; Merkel, Die Grenzen der Änderung eines OHG-Gesellschaftsvertrags durch Dreiviertelmehrheitsbeschluß, NJW 1968, 1366; U H Schneider, Die Änderung eines Gesellschaftsvertrages durch Mehrheitsbeschluß, ZGR 1972, 357; Winnefeld, Stimmabgabe und Beschluß, ihre Rechtsnatur und Behandlung, DB 1972, 1053; Martens, Bestimmtheitsgrundsatz und Mehrheitskompetenz im Recht der Personengesellschaften, DB 1973, 413; ter Beck, Das Stimmrecht des Gesellschafters einer Personenhandelsgesellschaft in eigener Sache, in: Festschr für Westenberger, 1973, 37; Klamroth, Selbstkontrahierungsverbot bei Abstimmung über laufende Angelegenheiten in Familiengesellschaften?, BB 1974, 160; Menk, Das Verhältnis des Bestimmtheitsgrundsatzes zur Kernbereichslehre im Recht der oHG, 1975; Schilling, Gesellschafterbeschluß und Insichgeschäft, in: Festschr für Ballerstedt; 1975, S 257; H Schneider / U H Schneider, Die Organisation der Gesellschafterversammlung bei Personengesellschaften, in: Festschr für Möhring, 1975, S 271; Bernstein / Schultze-v Lasaulx, Gilt für Änderungen des Gesellschaftsvertrags einer GmbH & Co KG das Verbot des Selbstkontrahierens?, ZGR 1976, 33; Wilhelm, Stimmrechtsausschluß und Verbot des Insichgeschäfts, JZ 1976, 674; U Hübner, Interessenkonflikt und Vertretungsmacht, 1977, § 22; K Schmidt AG 1977, 205, 243; ders, in: Scholz, GmbHG, 2002[9], § 45 Rz 18; Hadding, Mehrheitsbeschlüsse in der Publikums-Kommanditgesellschaft, ZGR 1979, 636; U H Schneider, Mehrheitsprinzip und Mitwirkungserfordernis bei Gesellschafterbeschlüssen, AG 1979, 57; Köster, Anfechtungs- und Nichtigkeitsklage gegen Gesellschafterbeschlüsse bei OHG und KG, 1981; Renkl, Der Gesellschafterbeschluß, 1982; K Schmidt, Die obligatorische Gruppenvertretung im Recht der Personengesellschaften und der GmbH, ZHR 146 (1982), 525; Th Schulte, Die Schrankenproblematik der Mehrheitsbeschlüsse bei der normalen Personengesellschaft, Diss Münster 1982; Autenrieth, Zur Ablösung des Bestimmtheitsgrundsatzes im Personalgesellschaftsrecht, DB 1983, 1034; Hennerkes / Binz, Abschied vom Bestimmtheitsgrundsatz, BB 1983, 713; Köhler, Die Willensbildung in der OHG und KG, JA 1983, 168; Leenen, „Bestimmtheitsgrundsatz" und Vertragsänderungen durch Mehrheitsbeschluß im Recht der Personengesellschaften, in: Festschr für Larenz, 1983, 371; Marburger, Abschied vom Bestimmtheitsgrundsatz im Recht der Personengesellschaften?, NJW 1984, 2252; Schiessl, Zur Zukunft des Bestimmtheitsgrundsatzes im Recht der Personengesellschaft, DB 1986, 735; Hüffer, 100 Bände BGHZ: Personengesellschaftsrecht, ZHR 151 (1987), 396, 406; Mecke, Vertragsändernde Mehrheitsbeschlüsse in der OHG und KG, BB 1988, 2258; Marburger, Zum „Verzicht" auf den Bestimmtheitsgrundsatz in einer Personenhandelsgesellschaft, ZGR 1989, 146; J Löffler, Der Kernbereich der Mitgliedschaft als Schranke für Mehrheitsbeschlüsse bei Personengesellschaften, NJW 1989, 2656; Röttger, Die Kernbereichslehre im Recht der Personenhandelsgesellschaften, 1989; Tiedtke, Der Inhalt des Bestimmtheitsgrundsatzes bei Erlaß eines Mehrheitsbeschlusses durch die Gesellschafter einer Personengesellschaft, DB 1989, 813; Göbel, Mehrheitsentscheidungen in Personengesellschaften, 1992; K Schmidt, Mehrheitsregelungen in GmbH & Co.-Verträgen, ZHR 158 (1994), 205; M Hermanns, Bestimmtheitsgrundsatz und Kernbereichslehre – Mehrheit und Minderheit in der Personengesellschaft, ZGR 1996, 103; Goette, Minderheitenschutz bei gesellschaftsvertraglicher Abweichung vom Einstimmigkeitsprinzip, in: Festschr für Sigle, 2000, S 145; Mülbert / Gramse, Gesellschafterbeschlüsse bei der rechtsfähigen Personengesellschaft, WM 2002, 2085; Zöllner,

69 Flume, Personengesellschaft § 14 VIII; BGHZ 33, 105, 107 = NJW 1960, 1997 für OHG.

70 Vgl für KG : BGHZ 51, 198, 201 = NJW 1969, 507, für OHG: BGHZ 33, 105, 108 = NJW 1960, 1997; aA für OHG Buchwald BB 1961, 1342: Einzelvertretung.

Die Zulässigkeit von Mehrheitsregelungen in Konsortialverträgen, in: Festschr für P Ulmer, 2003, S 725; N Heinrichs, Mehrheitsbeschlüsse bei Personengesellschaften, 2006. Vgl ferner das vor Rz 34 angegebene Schrifttum.

24 1. **Allgemeines**. Der Beschluss ist im Gesellschaftsrecht das Verfahren, in dem der Gesellschaftergesamtwille aus einem Akt kollektiver Willensbildung – der Beschlussfassung – hervorgeht[71]. Diese Willensbildung ergibt sich aus den **Stimmabgaben** der Gesellschafter, in denen sich ihr Einzelwille ausdrückt. Da die Stimmabgaben empfangsbedürftige Willenserklärungen sind[72], ist der Beschluss ein **mehrseitiges Rechtsgeschäft**[73].

Der Beschluss unterliegt daher den allgemeinen für Rechtsgeschäfte geltenden Auslegungsgrundsätzen[74]. Allerdings erschöpft sich die **Abstimmung** nicht in der Abgabe der einzelnen Willenserklärungen, sondern besteht in der Mitwirkung an der Beschlussfassung[75], denn erst durch die Zusammenfassung der einzelnen Stimmabgaben unter Beachtung der jeweils im Gesellschaftsvertrag oder subsidiär durch Gesetz gegebenen Beschlussfassungsprinzipien wird der Gesellschaftergesamtwille im Beschluss ermittelt[76]. Der Beschluss wirkt nur im **Innenverhältnis**, bindet also grundsätzlich nur die Gesellschafter untereinander, während für die Wirkung nach außen regelmäßig ein besonderes Rechtsgeschäft mit dem Dritten vorgenommen werden muss[77]. Die Besonderheit des Beschlusses wird deutlich beim **Mehrheitsbeschluss**, der insofern nicht mit einem Vertrag vergleichbar ist, da er auch diejenigen bindet, die gegen den Beschlussantrag gestimmt oder sich der Stimme enthalten haben; diese haben aber zuvor dem Verfahren der Gesamtwillensbildung zugestimmt. Der einstimmig gefasste Beschluss bleibt Beschluss, er hat nur unmittelbar die gleiche Wirkung wie eine entsprechende vertragliche Übereinkunft[78]. In jedem Falle ist ein fehlerfreier Beschluss also auch für diejenigen Gesellschafter verbindlich, die nicht durch eine Stimmabgabe entspr Inhalts an ihm mitgewirkt haben.

Soweit die Rspr[79] für die GmbH bestimmte Beschlüsse als nicht rechtsgeschäftliche „**Sozialakte**" qualifiziert, um § 181 oder im Einzelfall bestehende Stimmverbote nicht anzuwenden, ist dem nicht zu folgen[80].

25 2. **Beschlussgegenstände**. Gesellschafterbeschlüsse sind immer dann herbeizuführen, wenn durch Einstimmigkeit oder Mehrheitsentscheidung ein **Gesamtwille der Gesellschafter** festgestellt werden muss. Dies ist erforderlich zu Änderungen des Gesellschaftsverhältnisses, insbesondere des Gesellschaftsvertrags, durch sog **Grundlagengeschäfte**[81]. Andererseits kann die Beschlussfassung sich auf Geschäftsführungsmaßnahmen beziehen, so zur Feststellung des einheitlichen Geschäftswillens, wenn Gesamtgeschäftsführung aller oder mehrerer Gesellschafter gilt (anders bei Einzelgeschäftsführung), wie in den Fällen, in denen der Gesellschaftsvertrag für bestimmte Geschäfte die Wirksamkeit der Geschäftsführungsmaßnahme von einem Gesell-

71 Vgl Zöllner, Die Schranken mitgliedschaftlicher Stimmrechtsmacht S 11.
72 S unten Rz 26.
73 HM; vgl Wiedemann, GesellschaftR I § 13 III 1 b; K Schmidt, in: Scholz GmbHG § 45 Rz 21; Schilling, Festschr für Ballerstedt, 1975, S 257, 261 ff; anders noch RGZ 122, 367, 369 zur GmbH; vgl auch § 32 Rz 29.
74 BGHZ 14, 264, 267 = NJW 1954, 1563; Nürnberg NJW 1965, 1382.
75 BGHZ 48, 163, 173 = NJW 1967, 1963.
76 Vgl dazu auch § 32 Rz 30.
77 BGH WM 1966, 737: Aufnahme eines neuen Gesellschafters.
78 Vgl. dazu eingehend Mülbert/Gramse WM 2002, 2085.
79 BGHZ 33, 189, 191 = NJW 1960, 2285; 48, 163, 167 = NJW 1967, 1963; 51, 209, 217 = NJW 1969, 841; 52, 316, 318 = NJW 1970, 33.
80 Vgl für Personalgesellschaften auch BGH LM Nr 8 zu HGB § 138 = NJW 1961, 724; BGHZ 65, 93, 96 f = NJW 1976, 49; BGH WM 1979, 71, 72; aA für GmbH u. Co KG: Bernstein/Schultze-v Lasaulx ZGR 1976, 33, 39; auch Röll NJW 1979, 627, 630, der sich zu Unrecht auf die Rspr des BGH beruft; krit zur Rechtsfigur des „Sozialakts", der sich nicht in die Rechtsquellenlehre einfügen lässt, mit Recht die hL, zB Schilling, Festschr Ballerstedt, 1975, S 259 ff; vgl auch unten Rz 28.
81 S oben Rz 11; vgl BGHZ 65, 93 = NJW 1976, 49; MünchKomm/Ulmer Rz 53; zur Geltung des Mehrheitsgrundsatzes bei Grundlagengeschäften s unten Rz 40.

schafterbeschluss abhängig macht[82]. Hier beschließen die Gesellschafter als Organ der GbR. Der **Gesellschaftsvertrag ist in der Zuweisung einer Entscheidung** über bestimmte Gegenstände an die Beschlussfassung der Gesellschafter im Rahmen des zwingenden Rechts und des § 138 **frei**. Das Gesetz stellt auf Gesellschafterbeschluss ab in §§ 712, 715 (Entziehung des Geschäftsführungs- oder Vertretungsrechts), § 737 (Ausschließung eines Gesellschafters). Dies sind Grundlagengeschäfte.

3. **Stimmrecht und Stimmabgabe**. – a) **Allgemeines**. Der Beschluss setzt sich aus den ein- **26**
zelnen **Stimmabgaben** zusammen[83]. Diese sind Willenserklärungen, die auf eine Rechtsfolge gerichtet sind und (bei der GbR) jede einzeln gegenüber den anderen an der Beschlussfassung beteiligten Gesellschaftern abzugeben sind. Sie sind deshalb **empfangsbedürftige Willenserklärungen** mit der Besonderheit, dass sie erst in der Zusammenfassung im Beschluss zur bindenden Wirkung kommen. Auf sie finden die allgemeinen Vorschriften über Nichtigkeit, Anfechtbarkeit und Zugang von Willenserklärungen, sowie die für diese geltenden Auslegungsregeln (§§ 133, 157) Anwendung[84]. Der Gesellschaftsvertrag kann vorsehen, dass die Stimmabgabe innerhalb einer Gruppe von Gesellschaftern (zB eines Familienstamms) einheitlich zu geschehen hat; dann können innerhalb der Gruppe auch ohne besondere Abrede Mehrheitsentscheidungen genügen[85].

b) **Recht und Pflicht zur Stimmabgabe** sind Bestandteil der Mitgliedschaft. Bei Maßnahmen **27**
der Geschäftsführung und bei Geltung des Einstimmigkeitsgrundsatzes kann eine **Pflicht zur Stimmabgabe** bestehen[86], wenn eine bestimmte Beschlussfassung im Interesse der Gesellschaft erforderlich ist[87]. Das folgt aus der Förderungspflicht der Gesellschafter. Demgegenüber besteht grundsätzlich keine Stimmpflicht oder Zustimmungspflicht bei Beschlüssen über Änderungen des Gesellschaftsverhältnisses, insbesondere des Gesellschaftsvertrags (Grundlagengeschäfte); insoweit kann sich nur ausnahmsweise aus der Treupflicht etwas anderes ergeben[88].

c) **Stimmabgabe durch Vertreter**. Das Stimmrecht kann, weil es in der Personalgesellschaft **28**
vereinbarungsgemäß höchstpersönlich ist, nicht übertragen werden (Abspaltungsverbot)[89]. Die **Ausübung des Stimmrechts durch** einen **Bevollmächtigten** kann aber der Gesellschaftsvertrag von vornherein oder ein Gesellschafterbeschluss zulassen – auch durch schlüssiges Verhalten in Gestalt des Nichtwidersprechens bei der Abstimmung des Bevollmächtigten[90]. Darüber hinaus kann eine Bevollmächtigung **nicht generell zugelassen** werden, auch wenn durch die Bevollmächtigung im Gegensatz zur Abtretung oder verdrängenden Vollmacht das Recht beim bisherigen Rechtsträger bleibt und nur zusätzlich eine weitere Befugnis in der Person des Bevollmächtigten geschaffen wird[91]. Im einzelnen Fall, zB wenn ein Gesellschafter triftig verhindert ist oder ein sonstiger „wichtiger Grund" vorliegt, können die Mitgesellschafter jedoch aufgrund der Treupflicht gehalten sein, einer Stimmrechtsausübung durch einen **Bevollmächtigten** zuzustimmen[92]. Ein Gesellschafter kann sich uU bei der Stimmabgabe auch durch einen besonders qualifizierten Beistand beraten lassen[93]. Grundsätzlich unbedenklich sind sog **Vertreterklauseln** im Gesellschaftsvertrag, nach denen eine Gruppe von Gesellschaftern (zB Kommanditisten, An-

82 S auch Westermann, Handb Rz I 368. Zu den Voraussetzungen einer Zustimmungspflicht des anderen Gesellschafters in einer zweigliedrigen GbR: Stuttgart OLGR Stuttgart 2006, 523.
83 Vgl oben Rz 24.
84 Vgl KG NJW 1959, 1446; auch BGHZ 14, 264, 267 = NJW 1954, 1563.
85 Düsseldorf NJW-RR 1995, 171.
86 Für die Stimmpflicht in bestimmten Grenzen auch beim Mehrheitsprinzip, Zöllner, Die Schranken mitgliedschaftlicher Stimmrechtsmacht S 354.
87 Hueck, OHG § 11 III 3; Zöllner, Die Schranken mitgliedschaftlicher Stimmrechtsmacht S 353.
88 Vgl dazu § 705 Rz 63 u unten Rz 41.
89 Vgl § 717 Rz 20.
90 RGZ 123, 289, 300.
91 Vgl auch BGHZ 3, 354, 357 = NJW 1952, 178; Siebert, Aktuelle Rechtsfragen zur Mitgliedschaft in Personengesellschaften, Steuerberater-Jahrbuch 1955/56, 321.
92 BGH NJW 1970, 706; H J Kurth, Die Ausübung des Stimmrechts durch einen Bevollmächtigten in der OHG, Diss Mainz 1973.
93 LG Köln BB 1975, 342; Sänger NJW 1992, 348; Kirberger/Kirberger BB 1978, 1390; anders für den Verein BGH NJW 1975, 160.

gehörige eines Familienstamms) das Stimmrecht nur einheitlich durch einen gemeinsamen Vertreter ausüben kann (obligatorische Gruppenvertretung)[94].

Bei Minderjährigen und juristischen Personen findet die Stimmabgabe durch den **gesetzlichen Vertreter** statt[95]. Stimmt ein Gesellschafter für sich und zugleich in Vertretung eines anderen, insbesondere eines minderjährigen, Gesellschafters ab, kann **§ 181** anwendbar sein. Es ist danach zu unterscheiden, ob die Abstimmung nach dem Beschlussgegenstand allein der gemeinschaftlichen Verfolgung des Gesellschaftszwecks oder aber der Gesamtwillensbildung zu Änderungen des Gesellschaftsverhältnisses oder zu Geschäften gegenüber dem abstimmenden und/oder dem vertretenen Gesellschafter dienen soll. Bei einer hier gebotenen wertenden Beurteilung greift das Verbot von Insichgeschäften (§ 181) in der Regel nur bei **Beschlüssen über Grundlagengeschäfte und Geschäften gegenüber einem Gesellschafter** ein, nicht jedoch bei der Stimmabgabe zu Beschlüssen über Geschäftsführungsmaßnahmen[96].

29 d) **Stimmrechtsausschluss bei Interessenkollision**. Obwohl im Gegensatz zum Körperschaftsrecht (§ 34, AktG § 136 Abs 1, GmbHG § 47 Abs 4, GenG § 43 Abs 6) im Recht der Personalgesellschaften keine speziellen Vorschriften zum Stimmrechtsausschluss bei Interessenkollision gegeben sind, so liegt dieser Gedanke doch den §§ 712, 715, 737 Satz 2 zugrunde (Entscheidung durch die „übrigen"). Eine **entsprechende Anwendung der körperschaftsrechtlichen Stimmverbote** ist gerechtfertigt[97]. Allgemein anerkannt ist das Stimmverbot des betroffenen Gesellschafters zB bei der Beschlussfassung über seine Entlastung, die Befreiung von einer Verbindlichkeit, die Abberufung als Geschäftsführer (§ 712 Abs 1)[98], seine Ausschließung und die gerichtliche oder außergerichtliche Geltendmachung von Ansprüchen gegen ihn[99], nicht dagegen bei Übertragung der Geschäftsführung auf den Gesellschafter[100] oder bei anderen intern organisatorischen Fragen, zB Wahlen[101]. Zur Begründung wird auf den Grundsatz verwiesen, dass niemand Richter in eigener Sache sein sollte[102]. Umstritten ist allerdings, nachdem die entsprechenden Vorschriften im Aktien- und Genossenschaftsrecht weggefallen sind, ob ein Stimmrechtsausschluss auch bei der Abstimmung über den **Abschluss von Rechtsgeschäften mit dem betroffenen Gesellschafter** gilt. Zieht man den § 181 zugrunde liegenden Rechtsgedanken heran, der Interessenkollisionen vermeiden soll, ist dies zu bejahen, zumal zur Regelung der Geschäftsführung bei AG und Genossenschaft wesentliche Unterschiede bestehen und sich eine allgemeine Neigung des Gesetzgebers, entsprechende Stimmverbote abzuschaffen, nicht feststellen lässt[103]. Rechtsfolge des Stimmrechtsausschlusses ist die Pflicht des betroffenen Gesellschafters, keine Stimme abzugeben; eine gleichwohl vollzogene Stimmabgabe ist unwirksam. Vgl auch für die Grenzen der Vertretungsmacht § 714 Rz 27.

94 Dazu BGHZ 46, 291 = NJW 1967, 826; Hueck ZHR 125 (1963), 1; K Schmidt ZHR 146 (1982), 525; auch Rz 26 aE.

95 Vgl dazu Knitter, Die Ausübung von Gesellschafterrechten und -pflichten in der OHG durch gesetzliche Vertreter, Diss Marburg 1968.

96 Vgl BGHZ 65, 93, 96 f = NJW 1976, 49; BGHZ 112, 339; aA wohl BFH BStBl 1973 II, 309; vgl hierzu auch Kuntze JR 1975, 45; Wilhelm JZ 1976, 674; BGH LM Nr 8 zu HGB § 138 = NJW 1961, 724; zur stillschweigenden Befreiung vom Verbot des § 181 vgl BGHZ 66, 82, 86, auch U Hübner, Interessenkonflikt und Vertretungsmacht S 274 ff; § 181 Rz 34; § 714 Rz 27.

97 HM; RGZ 136, 245; vgl auch RGZ 162, 373; BGH WM 1974, 842, 844; Hadding, actio pro socio, 1966, S 13 ff.

98 BGHZ 102, 172, 176 f; BGH NJW 1969, 1483, 1484.

99 BGH NJW 1974, 1555; WM 1983, 60.

100 RGZ 104, 182, 186.

101 Düsseldorf NZG 2000, 1121; Spengler, Festschr für Möhring, 1965, S 165, 169.

102 Wiedemann, GesellschaftsR I § 8 I 4 b.

103 So auch Zöllner, Die Schranken mitgliedschaftlicher Stimmrechtsmacht S 184, 193 f; MünchKomm/Ulmer Rz 70; wohl auch Staud/Habermeier Rz 24; im Ergebnis auch Flume, Personengesellschaft § 14 IX, der jedoch § 181 unmittelbar anwendet; aA Hueck, OHG § 11 III 2; RGRK/v Gamm Rz 13; Schleg/Geßler HGB § 119 Rz 3, die ein Stimmverbot nur bei Verstoß gegen die Treupflicht annehmen. Vgl zu den einzelnen Fällen ausführlich Zöllner aaO S 188 ff, der unter besonderen Umständen für eine großzügige ausdehnende Interpretation dieser Stimmverbote eintritt (S 268).

e) **Stimmrechtsentzug** durch Gesellschaftsvertrag oder Beschluss ist im Gesetz nicht geregelt, wird aber als zulässig anerkannt[104]. Begrenzt wird die Zulässigkeit des Stimmrechtsentzugs durch die Gleichbehandlungspflicht[105] und § 138; danach darf durch den Beschluss nicht die Rechtsstellung des stimmrechtslosen Gesellschafters verschlechtert werden. In diesem Fall besteht das Stimmrecht des betroffenen Gesellschafters fort[106]. Nicht vom Stimmrechtsausschluss berührt sind die Informations-, Kontroll- und Mitwirkungsrechte des Gesellschafters in der Gesellschafterversammlung[107]. 30

f) **Einräumung eines zusätzlichen Stimmrechts an einen Dritten** ist zulässig, da die Entscheidung über Gesellschaftsangelegenheiten analog § 317 einem Dritten übertragen werden kann[108]. Dem Dritten wird dadurch ein besonderes Vertrauen geschenkt, so dass Stimmrechtsentzug aus wichtigem Grund jederzeit möglich sein muss; das Stimmrecht wird sich idR nur auf Geschäftsführungsmaßnahmen erstrecken[109]. 31

g) Als **empfangsbedürftige Willenserklärung** unterliegt die Stimmabgabe den allgemeinen Vorschriften über Bindung und Zugang (§ 130). Die Stimmabgaben müssen nicht gleichzeitig stattfinden. Wer einem Beschlussantrag zugestimmt hat, ist grundsätzlich bis zur Abgabe der letzten Stimme gebunden[110]. Die einzelne Stimmabgabe ist aber **widerruflich**, bis sie allen Gesellschaftern zugegangen ist, da sie diesen, nicht der Gesellschaft, gegenüber abzugeben ist[111]. Findet die Abstimmung in einer Gesellschafterversammlung statt, so ist die einzelne Stimme dem Versammlungsleiter gegenüber abzugeben und mit dem Zugang bei ihm wirksam, da er als zur Entgegennahme aller Stimmabgaben durch die Gesellschafter bevollmächtigt anzusehen ist[112]; erfolgt die Beschlussfassung durch Erbitten der Zustimmung der anderen Gesellschafter, so wird in der jeweiligen Zustimmung zugleich die Bevollmächtigung für die Entgegennahme der Stimme liegen[113]. Handelt es sich jedoch um die **Beschlussfassung über eine Geschäftsführungsmaßnahme**, wird man einen Widerruf bis zur Ausführung der Maßnahme zulassen, allerdings nicht frei (analog § 183), sondern nur, wenn ein wichtiger Grund für den Widerruf vorliegt[114]. Ein solcher kann in einer Änderung der Verhältnisse liegen oder gegeben sein, wenn der Gesellschafter später nach treupflichtgemäßer Prüfung aus sachlichen Gründen zu der Überzeugung kommt, dass der Beschluss die Gesellschaft schädigen wird[115]. 32

h) **Nichtige Stimmabgabe**. Die Stimmabgabe kann wegen **Willensmangels** (insbesondere § 119 oder § 123) angefochten werden[116]. Anfechtungsberechtigt ist der abstimmende Gesellschafter nur für **seine Stimmabgabe**. Die Geltendmachung der Anfechtung unterliegt aber der durch die gesellschaftsrechtliche Treupflicht gezogenen Grenze[117]; das kann zB dazu führen, dass statt innerhalb der Jahresfrist nach § 124 Abs 1 sofort nach dem in § 124 Abs 2 Satz 1 genannten Zeitpunkt anzufechten ist. Die Stimmabgabe kann wegen **Geschäftsunfähigkeit** oder beschränkter Geschäftsfähigkeit unwirksam sein; im letzteren Fall sind §§ 107, 111 anzuwenden. Die Zustimmung des gesetzlichen Vertreters zum Abschluss eines Gesellschaftsvertrags (beachte 33

104 BGHZ 20, 363, 367 = NJW 1956, 1198: für Kommanditisten; BGHZ 14, 264, 269 = NJW 1954, 1563: für GmbH; Spengler, Festschr für Möhring, 1965, S 165, 169 ff; RGRK/v Gamm Rz 12; MünchKomm/Ulmer Rz 63; aA Wiedemann, GesellschaftsR I § 7 II 1 a; vgl auch Teichmann, Gestaltungsfreiheit in Gesellschaftsverträgen, 1970, S 207 ff.

105 Vgl § 705 Rz 66.

106 BGHZ 20, 363, 370 = NJW 1956, 1198; aA Martens DB 1973, 413.

107 BGHZ 14, 264, 270 f = NJW 1954, 1563: für GmbH.

108 BGH NJW 1960, 963; im Ergebnis zustimmend wohl Flume, Personengesellschaft § 14 VII; aA Teichmann, Gestaltungsfreiheit in Gesellschaftsverträgen, 1970, S 218 ff. S auch Jena OLG-NL 1997, 250: Stichentscheid auch durch einen Dritten.

109 Hierzu vgl Hueck JZ 1960, 492.

110 Vgl Köln NZG 1998, 767.

111 RGZ 163, 385; eingehend Messer, Festschr für Fleck, 1988, S 221 ff.

112 Hueck, OHG § 11 II 3; GroßKommHGB[3]/Fischer § 119 Rz 3.

113 Hueck, OHG § 11 II 3.

114 Schleg/Gessler HGB § 115 Rz 14.

115 Weitergehend wohl GroßKommHGB[3]/Fischer § 115 Rz 21.

116 RGZ 115, 385; 142, 123.

117 Hueck, OHG § 11 V 1.

§§ 1643, 1822 Nr 3) kann auch die Zustimmung zu den erforderlichen Stimmabgaben enthalten, soweit keine vermögensrechtliche Haftung des Minderjährigen begründet wird[118]. Unwirksam ist eine Stimmabgabe auch bei gesellschaftsrechtlicher Treupflichtverletzung[119]. Dies ist der Fall, wenn der Gesellschafter sich bei der Stimmabgabe in Geschäftsführungsangelegenheiten nicht vom Interesse der Gesellschaft leiten lässt. Außerhalb der Geschäftsführung darf der Gesellschafter bei der Stimmabgabe zwar seine Individualinteressen wahrnehmen; das Stimmrecht darf jedoch nicht zur Erlangung gesellschaftsfremder Vorteile zum Schaden der Gesellschaft unter Verletzung der Sorgfalt gem § 708 ausgeübt werden[120]. Vgl zum Verbot gem § 181 und zur Interessenkollision oben Rz 28, 29; zu den Grenzen des Mehrheitsprinzips unten Rz 39–41. Über die Bedeutung einer nichtigen Stimmabgabe für die Wirksamkeit des Beschlusses vgl unten Rz 44, 45 und § 32 Rz 27.

4. Stimmrechtsbindung

Schrifttum: Zluhan, Abstimmungsvereinbarungen des privaten Gesellschaftsrechts, AcP 128 (1928), 62 ff, 257 ff; Janberg, Praktische Auswirkungen von Stimmrechtsbindungen, DB 1952, 96; R Fischer, Zulässigkeit und Wirkung von Abstimmungsvereinbarungen, GmbHRdsch 1953, 65; ders, Zur Methode revisionsrechtlicher Rspr auf dem Gebiet des Gesellschaftsrechts, dargestellt anhand der Rspr zu den Stimmbindungsverträgen, in: Festschr für Kunze, 1969, S 95; Busse, Zur Problematik der Stimmbindungsverträge, BB 1961, 261; Hueck, Stimmbindungsverträge bei Personalhandelsgesellschaften, in: Festschr für Nipperdey, 1965, I S 401; J Willenberg, Voting Trust und Stimmrechtsbindung, Diss Hamburg 1965; Wiedemann, Verbandssouveränität und Außeneinfluß, in: Festschr für Schilling, 1973, S 105; Beuthien, Treuhand an Gesellschaftsanteilen, ZGR 1974, 26; Leyendecker, Stimmbindungsverträge bei Personengesellschaften, Diss Mannheim, 1974; Overrath, Die Stimmrechtsbindung, 1974; Happ, Stimmrechtsbindungsverträge und Beschlußanfechtung, ZGR 1984, 168; Zöllner, Zu Schranken und Wirkung von Stimmbindungsverträgen, insbesondere bei der GmbH, ZHR 155 (1991), 168.

34 a) **Begriff und Zulässigkeit**. Durch eine Stimmrechtsvereinbarung verpflichtet sich ein Gesellschafter gegenüber einem oder mehreren Mitgesellschafter(n) oder gegenüber einem außenstehenden Dritten, sein Stimmrecht durch Stimmabgabe mit bestimmten Inhalt auszuüben. Die Stimmrechtsbindung als nur schuldrechtliche Abrede ist von der nach § 717 Satz 1 unzulässigen Stimmrechtsabspaltung[121] zu unterscheiden. Die Bindung kann alle Abstimmungen erfassen oder auf bestimmte Beschlussgegenstände beschränkt sein. Stimmbindungsvereinbarungen kommen bei Personalgesellschaften häufig vor in Familiengesellschaften, wenn die Glieder eines Familienstammes ihre Stimmen einheitlich abzugeben erstreben[122]; s auch die **Poolverträge**[123]. Die **Zulässigkeit** solcher Stimmbindungsverträge ist im Hinblick auf § 138 umstritten. Es ist zu unterscheiden zwischen Stimmbindungen gegenüber Mitgesellschaftern und gegenüber gesellschaftsfremden Dritten.

35 Stimmbindungen sind **unter Gesellschaftern** grundsätzlich zulässig[124] und verstoßen auch nicht gegen die gesellschaftsrechtliche Treupflicht[125], müssen diese aber beachten[126]. Die Stimmbindung darf auch nicht auf eine Umgehung eines im Gesellschaftsvertrag verankerten Zustimmungserfordernisses eines Gesellschafters hinauslaufen[127]. Die Bindung ist von der Zustimmung der übrigen Gesellschafter unabhängig[128]. Im einzelnen Fall kann die Bindung unwirksam sein, wenn beide Gesellschafter dadurch gegen die Treupflicht verstoßen oder ein Geschäftsführer seine Pflicht zur uneigennützigen und eigenverantwortlichen Geschäftsführung verletzt, indem er sein

118 KG OLG 15, 324.
119 Vgl § 705 Rz 64 ff; Zöllner, Die Schranken mitgliedschaftlicher Stimmrechtsmacht S 335 ff.
120 BGHZ 14, 25, 38 = NJW 1954, 1401: für GmbH, gilt wegen der persönlichen Verbundenheit um so mehr für GbR; vgl auch § 705 Rz 53, 59.
121 S dazu § 717 Rz 20.
122 Vgl oben Rz 26 aE.
123 Rz 49 vor § 705.
124 RGZ 112, 273; 160, 257, 262; 165, 78; BGH NJW 1983, 1910 = WM 1983, 334: für GmbH.
125 BGH NJW 1951, 268: für OHG.
126 Eingehend hierzu Hueck, Festschr für Nipperdey, 1965, I S 409 ff.
127 BGHZ 24, 106, 115 = NJW 1957, 1026.
128 Beuthien ZGR 1974, 26, 45; aA Flume, Personengesellschaft § 14 VI.

Stimmrecht der Weisung eines, uU sogar von der Geschäftsführung ausgeschlossenen, Mitgesellschafters unterstellt[129]. Ebenso ist eine Bindung unwirksam, durch die ein Gesellschafter sich für Beschlüsse, die seine eigene Rechtsstellung verschlechtern, den Weisungen eines anderen unterwirft[130]. Wirksam ist hingegen ein Stimmbindungsvertrag, der eine Beschlussfassung mit einfacher Mehrheit vorsieht, auch wenn dann in der Kapitalgesellschaft der Beschluss eine qualifizierte Mehrheit erfordert[131].

Dagegen sind unbeschränkte Stimmrechtsbindungsverträge mit **außenstehenden Dritten** 36
grundsätzlich **unzulässig**[132]. Eine unbeschränkte Bindung würde nämlich wie eine unzulässige Stimmrechtsabspaltung (vgl § 717 Satz 1) wirken und zu einer nach § 138 Abs 1 unwirksamen Selbstentmündigung führen. Diese Bedenken sind jedoch nicht durchschlagend, wenn die Mitgesellschafter der Vereinbarung über die Ausübung des Stimmrechts zugestimmt haben[133] oder diese auf bestimmte Beschlussgegenstände begrenzt oder durch ein besonderes Rechtsverhältnis zwischen dem Gesellschafter und dem Dritten (zB Treuhandverhältnis)[134] gerechtfertigt ist[135].

b) **Wirkungen**. Durch die Stimmrechtsvereinbarung wird der Gesellschafter verpflichtet, ge- 37
mäß den Weisungen des Berechtigten abzustimmen. Handelt der Gesellschafter den Weisungen zuwider, hat er Schadenersatz oder eine vereinbarte Vertragsstrafe zu leisten. Auch eine **Klage auf Erfüllung** ist unter den Voraussetzungen von ZPO § 259 zulässig, weil grundsätzlich jede schuldrechtliche Verpflichtung einklagbar ist und dem aus der Stimmabrede Berechtigten in erster Linie an der Erfüllung der Verpflichtung und nicht an Schadenersatzansprüchen gelegen ist. Das Leistungsurteil auf eine Stimmabgabe bestimmten Inhalts ist vollstreckbar, und zwar nach ZPO § 894[136]. In Betracht kommt nach der Rechtsprechung[137] auch eine einstweilige Verfügung, um die Einhaltung einer Stimmrechtsbindung oder die sonstige Pflicht zur Stimmabgabe mit bestimmtem Inhalt durchzusetzen, nicht hingegen zur Untersagung der Stimmrechtsausübung[138]. Verstößt ein Gesellschafterbeschluss gegen eine von allen Gesellschaftern eingegangene Stimmrechtsbindung, so ist er nichtig[139]. Schließt hingegen der Gesellschaftsvertrag eine Stimmrechtsbindung aus, ist eine gleichwohl weisungsgebundene Stimmabgabe unwirksam. Liegt bei dem weisungsbefugten Partner eine **Interessenkollision** vor[140], so kann der gebundene Gesellschafter das Stimmrecht weisungsfrei ausüben, weil der Begünstigte hier das Weisungsrecht nicht ausüben kann. Im übrigen ist stets zusätzlich zu beurteilen, ob unabhängig von einer wirksamen Stimmrechtsbindung die Ausübung des Stimmrechts im einzelnen Fall gegen die Treupflicht verstößt; dann ist die Stimmabgabe selbst unwirksam[141]. Dies ist insbesondere dann der Fall, wenn die Bindung zum Nachteil der Gesellschaft eingegangen ist oder der Gesellschaftsvertrag Stimmrechtsvereinbarungen ausschließt.

5. **Beschlussfassung** – a) **Grundsätze**. Über das **Einstimmigkeits-** und **Mehrheitsprinzip** 38
vgl oben Rz 16 f. Für die **Berechnung** des Abstimmungsergebnisses hat der Gesetzgeber für die GbR keine besondere Regelung getroffen, wohl aber für die OHG in HGB § 119. Die dort ge-

129 MünchKomm/Ulmer § 717 Rz 24.
130 Flume, Personengesellschaft § 14 VI; vgl auch oben Rz 30.
131 Karlsruhe NZG 2005, 636 = AG 2005, 814.
132 Busse BB 1961, 261; Overrath, Die Stimmrechtsbindung S 48 ff; Wiedemann, Festschr für Schilling S 115; Flume, Personengesellschaft § 14 VI; aA Hueck, OHG § 11 I 3; ders, Festschr für Nipperdey I, 1965, S 401, 416 ff.
133 Beuthien ZGR 1974, 26, 44 ff.
134 Vgl § 705 Rz 28.
135 MünchKomm/Ulmer § 717 Rz 26.
136 BGHZ 48, 163 = NJW 1967, 1963 = GmbHRdsch 1968, 100 (Anm Barz): für GmbH; ferner Fischer GmbHRdsch 1953, 65, 68 ff; iE auch Mertens JR 1967, 462 u E Peters JZ 1968, 27, die aber Vollstreckung nach ZPO § 887 annehmen; gegen Vollstreckbarkeit noch RGZ 112, 273, 279; 160, 257, 262; 165, 68, 78; Teichmann, Gestaltungsfreiheit in Gesellschaftsverträgen, 1970, 231; Hueck, Festschr für Nipperdey I, 1965, S 401, 407 mNachw.
137 Vgl Koblenz NJW 1986, 1693; Stuttgart NJW 1987, 2449; Hamburg NJW 1992, 186; aA Frankfurt/M WM 1982, 282 = BB 1982, 274; krit von Gerkan ZGR 1985, 167 ff.
138 Koblenz NJW 1991, 1119.
139 Vgl BGH NJW 1983, 1910 = WM 1983, 334: für GmbH.
140 S oben Rz 29.
141 Hueck, Festschr für Nipperdey I, 1965, S 401, 425 f.

troffene Regelung entspricht der Gleichberechtigung aller Gesellschafter und ist deshalb auch auf die GbR anzuwenden. Danach bedarf es zu einem Beschluss grundsätzlich der Einstimmigkeit (HGB § 119 Abs 1). Bei Geltung des Mehrheitsgrundsatzes wird die Mehrheit im Zweifel nach der Anzahl der Gesellschafter berechnet (HGB § 119 Abs 2). Hierbei kommt es aber nur auf die **stimmberechtigten** Gesellschafter an, da ein Stimmrechtsausschluss zulässig ist[142]. Konsequenterweise kann danach ein Mehrheitsbeschluss nur vorliegen, wenn die Mehrheit aller Stimmberechtigten (mögen sie sich an der Beschlussfassung beteiligt haben oder nicht) zugestimmt hat. Die nicht erschienenen sind also als ablehnende Stimmen zu werten. Abweichendes kann im Gesellschaftsvertrag vereinbart werden. Die Berechnung des Abstimmungsergebnisses bei Mehrheitsprinzip nach Vereinsrecht[143] ist nicht anwendbar[144]. Eine **OHG** oder **KG** oder **GbR**, die Gesellschafterin einer GbR ist, hat bei dieser **nur eine** Stimme[145]. Besondere Förmlichkeiten sowohl bei der Einberufung der Gesellschafterversammlung als auch bei der Beschlussfassung und Feststellung des Beschlussergebnisses kennt das Recht der GbR grundsätzlich nicht[146]. Es herrscht **Formfreiheit**; der Gesellschaftsvertrag kann aber bestimmte Voraussetzungen festlegen. Jeder kann **einberufen**, der ein Stimmrecht hat[147]. Denn das Recht zur Einberufung folgt aus der Entscheidungszuständigkeit über alle Gesellschaftsangelegenheiten, die jedem stimmberechtigten Gesellschafter zusteht. Für die Entscheidung über eine Geschäftsführungsmaßnahme kann nur ein geschäftsführender Gesellschafter einberufen[148], da diese Entscheidung und damit auch die Herbeiführung einer solchen durch die Gesamtheit der Gesellschafter in die Kompetenz der geschäftsführenden Gesellschafter fällt; bei Einzelgeschäftsführung[149] kann jeder Geschäftsführer einberufen, bei Gesamtgeschäftsführung[150] nur alle Geschäftsführer gemeinsam. Wer einberufen kann, ist auch befugt, die Beschlussfassung der Gesellschafter herbeizuführen[151]. – Die **Beschlussfassung** kann **stillschweigend** vollzogen werden[152]; sie kann mittels **schriftlicher** Abstimmung[153] oder durch **Einzelabsprache** stattfinden. Gleichzeitigkeit der Stimmabgabe ist nicht nötig[154]. Es gibt keine besonderen Ladungsfristen, auch keinen Zwang zur vorherigen Bekanntgabe der Tagesordnung. Doch kann der **Gesellschaftsvertrag** die Einhaltung bestimmter Fristen und Formen vorschreiben. Solche Formvorschriften können die Gesellschafter aber im einzelnen Fall außer acht lassen, wenn sie mündlich oder schlüssig einstimmig eine andere Handhabung vereinbaren[155]. Zur Bedeutung eines im Gesellschaftsvertrag festgelegten Zwangs zur Niederschrift über Gesellschafterversammlungen und Beschlüsse sowie zum Inhalt der Niederschrift vgl Rutenfranz BB 1965, 601. Im besonderen Fall (vor allem, wenn das Mehrheitsprinzip gilt), kann es die gesellschaftsrechtliche Treupflicht[156] erfordern, dass zur Versammlung rechtzeitig vorher geladen und der Beschlussgegenstand bekanntgegeben wird[157]. Ist sofortige Stellungnahme für einen Gesellschafter unzumutbar, kann er Vertagung oder nachträgliche Stimmabgabe verlangen[158].

39 b) **Mehrheitsgrundsatz**. – aa) **Allgemeines**. Soll ein Beschluss der Gesellschafter auch dann wirksam sein, wenn nicht alle, sondern nur die Mehrheit sich durch die Stimmabgabe für eine bestimmte Entscheidung ausgesprochen hat (vgl HGB § 119 Abs 2), so muss für den konkreten Be-

142 Vgl oben Rz 30.
143 Vgl § 32 Rz 26.
144 So auch BGH ZIP 1994, 1523.
145 Für OHG vgl GroßKommHGB[3]/Fischer § 119 Rz 21; mit Anerkennung der Mitgliedsfähigkeit der GbR (zB BGH WM 1997, 2220, 2221: in GbR) und ihrer allgemeinen Rechtsfähigkeit (BGHZ 146, 341) kann dies auch für die GbR nicht mehr bezweifelt werden.
146 Vgl dazu Zöllner, Festschr für Lutter, 2000, S 821. Zur Organisation der Gesellschafterversammlung vgl H Schneider/U H Schneider, Festschr für Möhring, 1975, S 271.
147 Hueck, OHG § 11 II 2.
148 S auch Westermann, Handb Rz I 480.
149 S oben Rz 19.
150 Oben Rz 16.
151 BGHZ 102, 172.
152 RGZ 163, 385, 392; BGH WM 1957, 1130: Beschlussfassung unter Änderung des Gesellschaftsvertrags.
153 RGZ 101, 78; Karlsruhe ZIP 1983, 445, 447: Umlaufverfahren.
154 Hueck, OHG § 11 II 2; RGRK/v Gamm § 709 Rz 10.
155 BGHZ 58, 115 = NJW 1972, 623; vgl auch OGHZ 4, 66, 68; Düsseldorf NJW 1977, 2216.
156 Vgl § 705 Rz 58–64.
157 RG HRR 1937 Nr 1220; Düsseldorf NZG 2000, 588; aM RG SeuffA 41 Nr 13.
158 Hueck, OHG § 11 II 2.

schlussgegenstand der Mehrheitsgrundsatz im Gesellschaftsvertrag vereinbart sein: sog **Bestimmtheitsgrundsatz**[159]. Das gilt namentlich für Grundlagengeschäfte[160]. Eine allg gehaltene Klausel im Gesellschaftsvertrag, nach der unter den Gesellschaftern der Mehrheitsgrundsatz gelten soll, bezieht sich in der Regel nur auf Entscheidungen über Maßnahmen der Geschäftsführung[161].

bb) **Mehrheitsgrundsatz bei Grundlagengeschäften**. Im Rahmen des Bestimmtheitsgrundsatzes kann auch der **Gesellschaftsvertrag** durch Mehrheitsbeschluss **geändert** werden[162]. 40
Der **Minderheitenschutz** verlangt, dass sich aus dem Gesellschaftsvertrag ergibt, inwieweit der einzelne Gesellschafter den Willen der Mehrheit anerkennt. Für jeden Beschlussgegenstand, auf den der Mehrheitsgrundsatz sich beziehen soll, muss daher ein entspr **Vertragswille**, zumindest im Wege der Auslegung, feststellbar sein[163]. Die Anforderungen des Bestimmtheitsgrundsatzes sind um so höher, je stärker durch den Mehrheitsbeschluss in den **Kernbereich der Gesellschafterstellung** bei der überstimmten Minderheit eingegriffen wird. Von einer allgemeinen Zulassung des Mehrheitsgrundsatzes für Änderungen des Gesellschaftsvertrages **nicht** gedeckt sind daher **ungewöhnliche** Beschlüsse, durch die die Rechtsstellung des(r) Gesellschafter(s) einschneidend verändert wird. Hier muss die Geltung des Mehrheitsgrundsatzes für den konkreten Beschlussgegenstand sich, zumindest durch Auslegung, zweifelsfrei aus dem Gesellschaftsvertrag ergeben. Ein ungewöhnlicher Beschluss liegt insbesondere vor bei Erhöhung der Beiträge[164], Änderung der Gewinnverteilung[165], Verlust schon entstandener Zinsansprüche[166], Entziehung der Geschäftsführerstellung[167], Aufnahme eines neuen Gesellschafters[168], Verlängerung des Gesellschaftsverhältnisses[169], Änderung der Rechtsform der Gesellschaft[170], Änderung des Gesellschaftszwecks[171] und Änderung von Kündigungs-und Liquidationsfolgen, insbesondere Fortsetzungsbeschluss[172]; ferner Stilllegung der einzigen Produktionsstätte als Beschluss über die Auflösung[173]. Zu den Grenzen des Mehrheitsgrundsatzes bei Änderungen des Gesellschaftsvertrags vgl eingehend U H Schneider ZGR 1972, 357, insbesondere S 370 ff; ders AG 1979, 57; Wiedemann WM 1990 Sonderbeil Nr 8, S 11 f.

Wird freilich ein umfangreicher Katalog von Grundlagengeschäften im Gesellschaftsvertrag konkret aufgeführt, droht der Bestimmtheitsgrundsatz kautelarisch sein Ziel zu verfehlen, den einzelnen Gesellschafter vor unerwarteten Mehrheitsbeschlüssen zu schützen, die seine Rechtsstellung beeinträchtigen. Deshalb hat sich ergänzend die sog **Kernbereichslehre** entwickelt, mit der diejenigen Rechte des einzelnen Gesellschafters aus dem Gesellschaftsverhältnis als „Kernbereich" der Mitgliedschaft zusammengefasst werden, die durch Mehrheitsbeschluss unentziehbar sind. Zu diesem „mehrheitsfesten Kernbereich" gehören insbesondere das Stimmrecht, das 40 a

159 Vgl ua BGHZ 8, 35, 42 = NJW 1953, 102; 48, 251, 253 = NJW 1967, 2157; BGH WM 1973, 100; WM 1976, 661; WM 1977, 1136, 1138; BGHZ 85, 350 = NJW 1983, 1056 = WM 1983, 208 (mAnm Wiedemann JZ 1983, 559).
160 S unten Rz 40 f.
161 BGH WM 1961, 303; NJW 1985, 2830; für Feststellung des Jahresabschlusses BGH WM 2007, 501 unter Aufgabe von BGHZ 132, 263, 268 = WM 1996, 772.
162 HM; vgl Wiedemann, GesellschaftsR I § 8 I 2 a; abw Flume, Personengesellschaft § 14 III, der Mehrheitsbeschlüsse nur bei Änderung des Status der Gesellschaft, nicht aber bei Eingriffen in die Rechtsstellung einzelner Gesellschafter zulassen will; vgl hierzu Hadding ZGR 1979, 636, 638 ff.
163 St Rspr: RGZ 91, 166; 151, 321; 163, 385; BGHZ 8, 35, 41 ff = NJW 1953, 102; 48, 251 = NJW 1967, 2157; BGH WM 1973, 100, 102; NJW 1973, 1602; WM 1976, 661 = BB 1976, 948 (mAnm Ulmer); BGHZ 85, 350 = NJW 1983, 1056 = WM 1983, 208 (mAnm Wiedemann JZ 1983, 559); Düsseldorf NJW 1977, 2216; BB 1983, 459; Hamm BB 1978, 120.
164 RGZ 91, 166, 168; 151, 321, 327; 163, 385, 391; vgl auch BGHZ 66, 82 = NJW 1976, 958 = WM 1976, 472 u § 707 Rz 3.
165 BGH WM 1976, 661 = BB 1976, 948 (mAnm Ulmer); Hamm BB 1978, 120.
166 BGH WM 1975, 662.
167 BGH WM 1973, 100.
168 Zweibrücken OLGZ 1975, 402.
169 BGH WM 1973, 1602; Düsseldorf NJW 1977, 2216.
170 Düsseldorf BB 1983, 459; vgl auch BGHZ 85, 350 (mAnm Wiedemann JZ 1983, 559).
171 Vgl BGHZ 69, 160 = NJW 1977, 2160; 71, 53 = NJW 1978, 1382.
172 Vgl BGHZ 8, 35, 44; 48, 251, 254; BGH WM 1966, 707; WM 1966, 876.
173 Hamm DB 1989, 815 (mBespr Tiedtke S 813).

Recht auf einen Gewinnanteil, das Recht zur Geschäftsführung und das Recht auf einen Anteil am Abwicklungserlös. Hier muss der Gesellschafter einer Einschränkung konkret zustimmen oder jedenfalls zur Zustimmung verpflichtet sein[174]. Jenseits des mehrheitsfesten Kernbereichs, bei dem es auf die Disposition des betroffenen Gesellschafters ankommt, wird weitergehend noch ein „verzichtsfester Kernbereich" angenommen, der vor allem die Kontrollrechte der Minderheit umfassen soll[175]. Der BGH[176] hat für eine Verkürzung oder den Entzug der Informations- und Kontrollrechte des Gesellschafters durch Mehrheitsbeschluss eine „besondere sachliche Rechtfertigung" verlangt (zB Vertragsänderung im Gesellschaftsinteresse geboten und dem Gesellschafter im Hinblick auf seine schutzwerten Belange zumutbar).

41 Die Geltung des Bestimmtheitsgrundsatzes[177] ist eingeschränkt bei der **Publikums-KG**, da hier in der Regel das Interesse der Gesellschaft an notwendigen, aber nach dem Einstimmigkeitsgrundsatz praktisch unmöglichen Änderungen des Gesellschaftsvertrags das Interesse der Minderheit an einer vorherigen Festlegung des Beschlussgegenstands im Gesellschaftsvertrag übersteigt. Daher sind bei der Publikums-KG ungewöhnliche vertragsändernde Mehrheitsbeschlüsse auch dann zulässig, wenn die Beschlussgegenstände im Gesellschaftsvertrag **nicht** näher bezeichnet sind[178]. Dem Minderheitenschutz ist hier durch die bei dem Mehrheitsbeschluss zu beachtende gesellschaftsrechtliche Treupflicht, die Grundsätze des geringstmöglichen Eingriffs und der Gleichbehandlung aller Gesellschafter sowie durch die Gewährung eines außerordentlichen Kündigungsrechts für den überstimmten Kommanditisten[179] ausreichend Rechnung getragen. In der bisherigen Rechtsprechung[180] wird die Tendenz erkennbar, anstelle des Bestimmtheitsgrundsatzes im Einzelfall auf die gesellschaftsrechtliche Treupflicht abzustellen, aus der sich die Unwirksamkeit des Mehrheitsbeschlusses wegen **Missbrauchs der Mehrheitskompetenz**, aber auch eine **Zustimmungspflicht der Minderheit** zu notwendigen Vertragsänderungen ergeben kann[181]. Demgegenüber erscheint es ausreichend, unter Aufgabe des zu formalen Bestimmtheitsgrundsatzes den konkreten Beschluss einer flexibleren **Inhaltskontrolle nach § 138 Abs 1** unter dem Gesichtspunkt des Machtmissbrauchs der Mehrheit zu unterziehen, anstatt auf eine problematische Kollektiv-Treupflicht der Mehrheit gegenüber der Minderheit abzustellen[182].

42 c) **Fehlerhafte Beschlüsse**. Ein Beschluss der Gesellschafter kann im einzelnen Fall fehlerhaft sein. Als Fehlertatbestände kommen in erster Linie Nichtigkeitsgründe in Betracht. Sodann ist zu fragen, welche Rechtsfolgen ein fehlerhafter Beschluss nach sich zieht.

43 aa) **Fehlertatbestände**. Die Beschlüsse einer Gesellschafterversammlung, die satzungswidrig durch unzuständige Personen einberufen wurde, sind nichtig[183]. Ist ein Gesellschafter zur Versammlung gar nicht geladen worden, so ist jeder in dieser Versammlung gefasste Beschluss nichtig, es sei denn, dass alle Gesellschafter anwesend sind oder der Fehler das Abstimmungsergebnis

174 BGH NJW 1985, 972, 973; BGH NJW 1985, 974; dazu Marburger ZGR 1989, 146; Löffler NJW 1989, 2656; BGH NJW 1999, 571; Wiedemann, Gedächtnisschr für Lüderitz, 2000, S 839, 857 f; MünchKomm/Ulmer Rz 90–93.

175 So Hermanns ZGR 1996, 103, 107 ff.

176 BGH NJW 1995, 194 = WM 1994, 2244 = ZIP 1994, 1942 = DB 1995, 90 = BB 1994, 2372. Vgl zum Ganzen namentlich Goette, Festschr für Sigle, 2000, S 145 ff (mehrstufiges Schutzsystem).

177 S oben Rz 40.

178 BGHZ 66, 82 = NJW 1976, 958 = WM 1976, 472: Beitragserhöhung; BGHZ 69, 160 = NJW 1977, 2160: Fortsetzungsbeschluss; BGHZ 71, 53 = NJW 1978, 1382 = JZ 1978, 610 (mAnm Wiedemann); Bespr Hadding ZGR 1979, 636: Änderung des Gesellschaftswecks; auch BGHZ 85, 350 = NJW 1983, 1056 = WM 1983, 208 (mAnm Wiedemann JZ 1983, 559) für eine körperschaftlich verfasste Familien-KG: Änderung der Rechtsform; vgl auch BGH WM 1985, 195; Düsseldorf DB 1994, 2306.

179 BGHZ 69, 160; 71, 53.

180 BGHZ 71, 53, 58; 85, 350; BGH WM 1985, 195; Düsseldorf BB 1983, 459, 461.

181 In diesem Sinne auch Wiedemann, GesellschaftsR I § 8 I 2 a; Hennerkes/Binz BB 1983, 713.

182 Hadding ZGR 1979, 636, 646 f; vgl auch Leenen, Festschr für Larenz, 1983, S 371; krit Marburger NJW 1984, 2252, insbes S 2256 f.

183 RG Recht 1908 Nr 3385; BGHZ 87, 84 = NJW 1983, 1675 = WM 1983, 472: für GmbH; Düsseldorf NZG 2000, 588: Fehlende Mitteilung vor Gesellschafterversammlung bei überraschendem Beschlussgegenstand.

nicht beeinflusst hat[184]. Bei einem Beschluss kann die notwendige Form nicht eingehalten sein[185]; es können auch die im Gesellschaftsvertrag für ihn festgelegten materiellen Voraussetzungen nicht beachtet worden sein[186]. Der Beschluss kann gegen ein gesetzliches Verbot (§ 134) oder gegen die guten Sitten (§ 138; zB bei einem Machtmissbrauch der Mehrheit[187]), gegen die gesellschaftsrechtliche Treupflicht[188] oder eine von allen Gesellschaftern eingegangene Stimmrechtsbindung[189] verstoßen. Auch die Pflicht zur gleichmäßigen Behandlung aller Gesellschafter kann verletzt sein[190]. Ein Mehrheitsbeschluss kann nicht in Sonderrechte eines Gesellschafters eingreifen, die ihm durch den Gesellschaftsvertrag als nur mit seiner Zustimmung entziehbar eingeräumt worden sind[191]. Entsprechendes gilt für die Begründung von Sonderlasten durch Mehrheitsbeschluss. Ferner kann durch Mehrheitsbeschluss keine Schiedsabrede unter den Gesellschaftern getroffen, abgeändert oder aufgehoben werden[192]; der Beschluss ist auch keine Verfügung im Sinne von ZPO § 1048[193].

bb) **Rechtsfolgen**. Ein fehlerhafter Beschluss ist grundsätzlich **nichtig**. Der Beschluss braucht 44
nicht in einem besonderen Verfahren **angefochten** zu werden. Die Nichtigkeit eines Beschlusses der Gesellschafter kann durch **Feststellungsklage** (ZPO § 256) geltend gemacht werden, die zweckmäßig gegen alle der Unwirksamkeit des Beschlusses widersprechenden Gesellschafter zu richten ist[194]. Bei Organbeschlüssen (Gesamtgeschäftsführung), die der GbR zuzurechnen sind, kann auch diese verklagt werden. Bei einer Publikums-GbR genügt die Feststellungsklage gegen einen Treuhändergesellschafter[195] Der ausgeschiedene Gesellschafter soll nicht klagebefugt sein[196]. Zur Beweislast vgl BGH NJW 1987, 1262.

Doch sind Beschlüsse **wirksam**, wenn nur Ordnungsvorschriften im Sinne von Sollvorschriften 45
verletzt worden sind[197] oder die Regelungen zur fehlerhaften Gesellschaft eingreifen[198]. Ein Beschluss ist auch wirksam, wenn der Mangel (insbes bei Verfahrensfehlern) auf das Beschlussergebnis keinen Einfluss hatte[199]. Sind nur einzelne Stimmabgaben (zB wegen Interessenkollision) unwirksam, so bewirkt dies nicht notwendig die Unwirksamkeit des Beschlusses. Die nichtige Stimmabgabe ist als Enthaltung zu werten. Dadurch kann es an der erforderlichen Einstimmigkeit oder an der erforderlichen Mehrheit fehlen, so dass das Ergebnis des Beschlusses sich ändert[200]. Ein fehlerhafter Beschluss kann uU durch schlüssiges Verhalten aller Beteiligten als wirksam bestätigt werden[201]. Für die Angreifbarkeit eines Beschlusses kann eine Ausschlussfrist vereinbart werden[202]. Wird die Unwirksamkeit eines Beschlusses der Gesellschafter verspätet geltend gemacht, kann dies wegen der gesellschaftsrechtlichen Treupflicht als unzulässige Rechtsausübung (wegen Verwirkung) zu beurteilen sein[203].

184 BGH NJW 1962, 538: für GmbH; WM 1983, 1407: für Publikums-KG; s zu Verfahrensmängeln auch Dresden NZG 2000, 782.
185 S oben Rz 38.
186 BGH WM 1962, 1083: Ablehnung der Fortsetzung einer GmbH mit den Gesellschafter-Erben.
187 Vgl RGZ 107, 202; 151, 326; BGHZ 8, 35, 41 = NJW 1953, 102; BGH WM 1974, 1151, 1153.
188 RGZ 149, 305, 311; BGHZ 14, 25, 38 = NJW 1954, 1401: für GmbH; BGHZ 85, 350 = NJW 1983, 1056 = WM 1983, 208 (mAnm Wiedemann JZ 1983, 559); vgl § 705 Rz 60.
189 BGH NJW 1983, 1910 = WM 1983, 334: für GmbH.
190 RGZ 163, 385, 391; BGHZ 20, 363, 369 = NJW 1956, 1198; 85, 350; Karlsruhe ZIP 1983, 445; München NZG 2001, 558; G Hueck, Gleichbehandlung S 41 mNachw; § 705 Rz 65.
191 Hueck, Festschr für Heymann, 1931, II S 700, 713; MünchKomm/Ulmer Rz 108; BGH WM 1962, 201: für GmbH.
192 Vgl ZPO § 1025 Abs 1: Vertrag zwischen allen Beteiligten; Spengler, Festschr für Möhring, 1965, S 165, 176.
193 BGH NJW 1980, 1049 = WM 1979, 1428.
194 MünchKomm/Ulmer Rz 113; vgl Hamburg BB 1967, 1267; auch BGH WM 1966, 1036; WM 1983, 1407.
195 Köln NJW-RR 1994, 491.
196 Frankfurt/M NZG 1999, 990.
197 Vgl einerseits RGZ 104, 413, 415, andererseits RGZ 122, 367.
198 § 705 Rz 70 ff, 91.
199 BGH WM 1983, 1407.
200 Hueck, OHG § 11 V 1.
201 RG Recht 1921 Nr 72.
202 Stuttgart NZG 2000, 835.
203 BGH WM 1973, 100; NJW 1999, 3113; vgl auch BGH WM 1979, 1058; Brandes NZG 1999, 936. Vgl ergänzend auch § 32 Rz 11 ff.

§ 710 Übertragung der Geschäftsführung

Ist in dem Gesellschaftsvertrag die Führung der Geschäfte einem Gesellschafter oder mehreren Gesellschaftern übertragen, so sind die übrigen Gesellschafter von der Geschäftsführung ausgeschlossen. Ist die Geschäftsführung mehreren Gesellschaftern übertragen, so findet die Vorschrift des § 709 entsprechende Anwendung.

1 1. **Grundsätze**. Die Geschäftsführung kann durch den Gesellschaftsvertrag oder seine spätere Änderung einem oder mehreren Gesellschaftern unter Ausschluss der übrigen Gesellschafter übertragen werden[1]. Diese Fälle regelt § 710. Es gelten die gleichen Grundsätze wie bei der Gesamtgeschäftsführung[2]. Sind mehrere mit der Geschäftsführung betraut, kann Einstimmigkeitsprinzip[3] oder auch Einzelgeschäftsführung[4] gelten. Wegen der Beschlussfassung sind die Ausführungen § 709 Rz 24 ff zu beachten.

2 2. Die **Übertragung** der Geschäftsführung kann auch stillschweigend geschehen[5]. Sie kann sich als **Teilübertragung** auf eine bestimmte Art von Geschäften, zB die technische Leitung oder die Kassenführung, beschränken[6]. Der Gesellschafter, dem die Finanzierung des Gesellschaftsunternehmens und die damit zusammenhängenden Geschäfte selbständig übertragen sind, ist insoweit geschäftsführender Gesellschafter[7]. Die teilweise Übertragung kann sich auch auf gewöhnliche Geschäfte im Sinne von HGB § 116 Abs 1 beschränken. In der Aufteilung in Arbeitsbereiche für den Geschäftsablauf braucht noch nicht eine sachlich aufgegliederte Teilübertragung der Geschäftsführung zu liegen[8].

3 3. **Umfang**. Ist die Geschäftsführung einem Gesellschafter übertragen, so kann er im Rahmen des Geschäftsführungsrechts auch gegen den Widerspruch der anderen handeln, da diese dann von der Geschäftsführung ausgeschlossen sind. Er kann aber nicht ohne besondere Ermächtigung Geschäfte mit sich selbst abschließen (§ 181), nicht einseitig für sich eine Vergütung bewilligen[9]. Sein Geschäftsführungsrecht ist auch ausgeschlossen bei Interessenkollision[10].

4 4. Sind **mehrere** Gesellschafter zur Geschäftsführung befugt, so gilt unter ihnen gemäß § 710 Satz 2 iVm § 709 Abs 1 das Einstimmigkeitsprinzip. Der Gesellschaftsvertrag kann aber auch die Geltung des Mehrheitsgrundsatzes (§ 710 Satz 2 iVm § 709 Abs 2) unter den Geschäftsführern vorsehen. Eine Übertragung der Rechte des einen auf den anderen ist grundsätzlich nicht möglich, zulässig ist jedoch eine allgemeine oder eingeschränkte Ermächtigung, insbesondere bei vereinbarter Arbeitsteilung[11]. Ist ein Geschäftsführer verhindert, müssen die anderen warten oder alle Gesellschafter den Gesellschaftsvertrag ändern[12].

5 5. Die **nicht mit der Geschäftsführung betrauten** Gesellschafter sind gemäß § 710 Satz 1 von der Geschäftsführung ausgeschlossen, sie haben also auch kein Widerspruchsrecht nach § 711. Sie müssen die Geschäfte als für Rechnung der Gesellschaft geschlossen gelten lassen, auch wenn sie ausdrücklich widersprochen haben[13]. Die ausgeschlossenen behalten aber ihre sonstigen Verwaltungsrechte, insbesondere das Kontrollrecht (§ 716) und die Notgeschäftsführungsbefugnis entsprechend § 744 Abs 2; ihnen verbleibt auch das Recht aus § 712 gegenüber den Geschäftsführern.

6 6. **Fällt** der vorletzte Gesamtgeschäftsführer **weg** oder ist er auf Dauer an der Geschäftsführung **verhindert**, so gilt im Zweifel nach § 709 Abs 1 Gesamtgeschäftsführung aller Gesell-

1 Vgl § 709 Rz 18.
2 Vgl deshalb wegen der Rechte und Pflichten des Geschäftsführers § 709 Rz 4 ff u § 713, wegen des Umfangs § 709 Rz 9 ff.
3 Vgl hierzu § 709 Rz 16.
4 Vgl § 709 Rz 19 u § 711.
5 BGHZ 16, 394, 396 = NJW 1955, 825.
6 RG HansRGZ 1931 B 630.
7 RG HansRGZ 1929 B 135.
8 Vgl § 709 Rz 21.
9 RG JW 1901, 406.
10 Vgl § 709 Rz 29 für das Stimmrecht.
11 Vgl hierzu § 709 Rz 16.
12 RGZ 103, 417.
13 RGZ 102, 410, 412.

schafter und nicht etwa Einzelgeschäftsführung des verbleibenden Geschäftsführers[14]. Wegen des **Erlöschens** übertragener Geschäftsführung vgl § 730 Abs 2, wegen der Entziehung § 712.

§ 711 Widerspruchsrecht

Steht nach dem Gesellschaftsvertrag die Führung der Geschäfte allen oder mehreren Gesellschaftern in der Art zu, dass jeder allein zu handeln berechtigt ist, so kann jeder der Vornahme eines Geschäfts durch den anderen widersprechen. Im Falle des Widerspruchs muss das Geschäft unterbleiben.

1. **Rechtliche Einordnung**. Das Widerspruchsrecht ist Bestandteil des Geschäftsführungsrechts, denn es ist zum Schutz der Interessen aller Gesellschafter den **Mitgeschäftsführern** zur Geltendmachung ihrer abweichenden Auffassung gegenüber der Maßnahme eines Einzelgeschäftsführers gegeben[1]. Es ist ein Ausgleich für die weggefallene, sonst notwendige Zustimmung der Mitgeschäftsführer. Bei Meinungsunterschieden unter den Geschäftsführern soll durch den Widerspruch der bisherige Zustand erhalten bleiben. Da der Widerspruch eine Wahrnehmung der Geschäftsführung ist, kann er sich **nur gegen Geschäftsführungsmaßnahmen** richten und nur von geschäftsführenden Gesellschaftern ausgesprochen werden. Ein Geschäftsführer, der nur zusammen mit einem anderen handeln kann (Gesamtgeschäftsführungsbefugnis), kann auch nur mit dem anderen zusammen den Widerspruch erklären[2]. Das Widerspruchsrecht ist grundsätzlich **nicht übertragbar**. 1

2. **Voraussetzungen**. Vorliegen muss **Einzelgeschäftsführung** aller oder mehrerer Gesellschafter, dh jeder Geschäftsführer kann ohne die Zustimmung der übrigen selbständig Maßnahmen der Geschäftsführung treffen[3]. Da gleichsam die Zustimmung ersetzt werden soll, ist § 711 auch anwendbar, wenn die Geschäftsführung – sei es als Einzel- oder Gesamtgeschäftsführung – zwischen mehreren **Gruppen von Geschäftsführern** aufgeteilt ist[4]. Der Widerspruch muss **vor** Abschluss des beanstandeten Geschäfts erklärt werden (empfangsbedürftige Willenserklärung), **nachträgliche** Geltendmachung ist **wirkungslos**. Ist bei Maßnahmen nach ihrer Bedeutung anzunehmen, dass der oder die Mitgeschäftsführer auf eine vorherige Unterrichtung Wert legen, so besteht eine **Informationspflicht**, um den Mitgeschäftsführern die Gelegenheit zu geben, einen Widerspruch geltend zu machen. Unterbleibt die gebotene Unterrichtung, so ist die Maßnahme, soweit es im Interesse der Gesellschaft vertretbar erscheint, auf Verlangen des oder der übergangenen Mitgeschäftsführer rückgängig zu machen[5]. Der Widerspruch kann formlos erklärt werden. Aufgrund der gesellschaftsrechtlichen Treupflicht kann der Widerspruch zu begründen sein[6]. Über die eventuellen Folgen eines trotz Aufforderung nicht begründeten Widerspruchs vgl unten Rz 4. 2

3. **Gegenstand des Widerspruchs**. Der Widerspruch kann sich nur gegen geplante Geschäftsführungsmaßnahmen richten, nicht gegen Notmaßnahmen eines Gesellschafters entsprechend § 744 Abs. 2[7]. Er kann sich **nicht** erstrecken **auf die ganze Tätigkeit** des Mitgeschäftsführers[8], sondern nur auf ein oder mehrere Geschäfte oder eine bestimmte Art von Geschäften. Es kann auch die Durchführung eines Plans mit mehreren Geschäften verhindert werden[9]. Zulässig ist ferner ein **vorbeugender Widerspruch** gegen befürchtete Maßnahmen. Maßgebend ist, dass durch den Widerspruch nicht die Geschäftsführungstätigkeit des anderen Gesellschafters ganz 3

14 Vgl BGHZ 41, 367, 368 = NJW 1964, 1624.

1 Vgl Schmidt-Rimpler, Festschr für Knur, 1972, S 235, 244; Weygand AcP 158 (1959/60), 150 ff.
2 Heute hM.
3 Vgl § 709 Rz 19.
4 MünchKomm/Ulmer Rz 7.
5 BGH NJW 1971, 1613 = WM 1971, 819.
6 Vgl § 709 Rz 16 zur Begründungspflicht, wenn eine Zustimmung verweigert wird.
7 Vgl § 709 Rz 16 (BGHZ 17, 183 = NJW 1955, 1027).
8 RGZ 84, 136, 139.
9 RGZ 109, 54, 58.

blockiert werden kann oder die Wirkung eines Beschlusses nach § 712 vorweggenommen wird. Ein Widerspruch gegen einen Widerspruch ist unzulässig, da dem Mitgeschäftsführer sein Widerspruchsrecht als Teil seines Rechts auf Geschäftsführung ebenso wenig einseitig (sondern nur durch Gesellschafterbeschluss) genommen werden kann wie sein Stimmrecht[10].

4 4. **Wirkung.** Liegt ein wirksamer Widerspruch vor[11], so muss gem § 711 Satz 2 die Geschäftsführungsmaßnahme unterbleiben. Nimmt der Geschäftsführer die Maßnahme trotzdem vor, so verletzt er seine Geschäftsführungspflicht. Im **Innenverhältnis** ist er wegen positiver Forderungsverletzung (§ 280 Abs 1) zum Schadenersatz verpflichtet, wenn er unter Nichtbeachtung der eigenüblichen Sorgfalt (§ 708) sich über den Widerspruch hinweggesetzt hat. Hält der handelnde Geschäftsführer den trotz Aufforderung nicht begründeten Widerspruch des Mitgeschäftsführers für pflichtwidrig, stellt sich aber bei einer Schadenersatzklage des letzteren heraus, dass der Widerspruch nicht pflichtwidrig war, so kann das Verhalten des Geschäftsführers uU nicht als fahrlässig angesehen oder dem Schadenersatz begehrenden Mitgesellschafter ein Mitverschulden angelastet werden[12]. Der **Widerspruch hebt** die Geschäftsführungsbefugnis des Handelnden **nicht auf**; der Handelnde kann nur auf Unterlassung verklagt werden (notfalls einstweilige Verfügung). Ein nicht geschäftsführender Gesellschafter kann nicht durch Unterlassungsklage dem Widerspruch eines Mitgeschäftsführers Geltung verschaffen, wohl aber auf Unterlassung einer gesellschaftszweckwidrigen oder außerhalb der Geschäftsführung liegenden Maßnahme klagen[13].

5 Durch den Widerspruch wird die Vertretungsmacht (§ 714) des Geschäftsführers nicht berührt. Dem Widerspruch kommt somit grundsätzlich **keine Außenwirkung** zu[14]. Denn jede Änderung oder Beschränkung der Geschäftsführungsbefugnis, die dann erst nach § 714 eine solche der Vertretungsmacht nach sich zieht, bedarf als Eingriff in die Organisation der Gesellschaft eines Gesellschafterbeschlusses.

6 Der Widerspruch hat also auch keine Außenwirkung, wenn dem Geschäftsgegner der Widerspruch **bekannt** ist, wenn er zB in dessen Anwesenheit erklärt wurde, zumal die Beachtlichkeit des Widerspruchs[15] in diesen Fällen meistens umstritten sein wird[16]. Eine Außenwirkung kommt dem Widerspruch jedoch dann zu, wenn die allg Grundsätze zu einem **Missbrauch der Vertretungsmacht**[17] eingreifen oder wenn der Vertragspartner der Geschäftsführungsmaßnahme ein Mitgesellschafter ist, weil sich hier die Vertretungsmacht jedenfalls nach der Geschäftsführungsbefugnis richtet[18].

7 5. **Unwirksamer Widerspruch.** Da das Widerspruchsrecht dem einzelnen Gesellschafter als Bestandteil des Geschäftsführungsrechts zusteht, hat er bei einem Widerspruch die **Interessen der Gesellschaft** pflichtgemäß zu berücksichtigen. Ein willkürlich erklärter, offensichtlich gegen die Treupflicht verstoßender Widerspruch ist **pflichtwidrig** und deshalb **unwirksam**[19]. Es ist jedoch nicht Aufgabe des Gerichts, die Zweckmäßigkeit des Widerspruchs nachzuprüfen; das Gericht kann vielmehr nur feststellen, ob die Geschäftsführer ihr Ermessen bei der Ausübung des Widerspruchsrechts unter Verstoß gegen die Treupflicht wahrgenommen haben. Der pflichtwidrige Widerspruch braucht von den übrigen Gesellschaftern nicht beachtet zu werden, weil er zum Schadenersatz verpflichtet, der in erster Linie (§ 249 Satz 1) durch Rücknahme des Wider-

10 Vgl hierzu Gogos, Geschäftsführung der OHG, 1953, S 46.
11 Vgl unten Rz 7.
12 So Westermann, Handb Rz I 369 c.
13 RG DR 1944, 576; vgl auch Grunewald DB 1981, 407.
14 So hM, vgl BGHZ 16, 394, 398 = LM Nr 1 zu § 711 (mAnm Fischer) = NJW 1955, 825; RGRK/v Gamm Rz 3; MünchKomm/Ulmer Rz 15; aM Baur JZ 1955, 609; Schmidt-Rimpler, Festschr für Knur, 1972, S 235, 247; Flume, Personengesellschaft § 15 II 4; Loritz WM 1980, 294, 296.
15 S unten Rz 7.
16 MünchKomm/Ulmer Rz 15; offen gelassen in BGHZ 16, 394, 399 = NJW 1955, 825; bedenklich in einem Sonderfall RGZ 81, 92, 94.
17 S § 177 Rz 15 ff.
18 Vgl BGH NJW 1974, 1555: für OHG.
19 BGH LM Nr 11 zu HGB § 105; RGZ 109, 54, 59; 158, 302, 310; Düsseldorf MDR 1947, 289; Hamburg OLGE 24, 408, 410; Fischer NJW 1954, 777; Staud/Habermeier Rz 10.

spruchs zu leisten ist[20]. Der durch den Widerspruch gestörte Geschäftsführer kann auf Feststellung der Unwirksamkeit klagen, nicht auf Zustimmung[21]. Ein Widerspruch ist ferner dann unbeachtlich, wenn der Gesellschafter wegen **Interessenkollision** von der Geschäftsführung und Beschlussfassung ausgeschlossen wäre[22], zB ein Widerspruch gegen die gerichtliche oder außergerichtliche Geltendmachung eines Anspruchs der Gesamthand gegen ihn[23].

6. Entsprechendes gilt, wenn ein Mitgeschäftsführer unter Verstoß gegen die Treupflicht einen Widerspruch gegen eine gesellschaftsschädigende Geschäftsführungsmaßnahme **pflichtwidrig** und schuldhaft (§ 708) **unterlässt**. Der Unterlassende haftet dann zusammen mit dem Handelnden als Gesamtschuldner, wird sich aber an dem Handelnden als Hauptverantwortlichen schadlos halten können (§ 426). 8

7. § 711 ist **nachgiebiges Recht**; auf das Widerspruchsrecht kann im Gesellschaftsvertrag sowohl allgemein als auch hinsichtlich bestimmter Geschäfte[24] verzichtet werden. 9

§ 712 Entziehung und Kündigung der Geschäftsführung

(1) **Die einem Gesellschafter durch den Gesellschaftsvertrag übertragene Befugnis zur Geschäftsführung kann ihm durch einstimmigen Beschluss oder, falls nach dem Gesellschaftsvertrag die Mehrheit der Stimmen entscheidet, durch Mehrheitsbeschluss der übrigen Gesellschafter entzogen werden, wenn ein wichtiger Grund vorliegt; ein solcher Grund ist insbesondere grobe Pflichtverletzung oder Unfähigkeit zur ordnungsmäßigen Geschäftsführung.**

(2) **Der Gesellschafter kann auch seinerseits die Geschäftsführung kündigen, wenn ein wichtiger Grund vorliegt; die für den Auftrag geltende Vorschrift des § 671 Abs. 2, 3 finden entsprechende Anwendung.**

I. Entziehung der Geschäftsführungsbefugnis (Absatz 1)

1. **Anwendungsbereich**. Nach dem Wortlaut ist § 712 nur anwendbar, wenn die Geschäftsführungsbefugnis dem Gesellschafter **durch den Gesellschaftsvertrag übertragen** ist, also im Fall des § 710. Eine Entziehung der Geschäftsführungsbefugnis ist daher – im Gegensatz zur OHG (HGB § 117) – nach herrschender Meinung nicht möglich, wenn es bei der **gesetzlich** (§ 709) vorgesehenen Zuständigkeitenregelung verbleibt, sei es Gesamtgeschäftsführungsbefugnis oder Einzelgeschäftsführungsbefugnis aller Gesellschafter[1]. Eine **entsprechende Anwendung** des § 712 entgegen dem ersten Eindruck des Gesetzeswortlauts auch auf die gesetzlich vorgesehene Geschäftsführungsbefugnis nach § 709 erscheint zwar bedenklich, weil dem Gesellschafter das hierin enthaltene Minimum an Mitwirkungsbefugnis bei Entscheidungen zur Geschäftsführung nicht ohne seine Zustimmung genommen werden sollte. Die Gesellschafter können aber statt einer Entziehung der Geschäftsführungsbefugnis gem § 712 Abs 1 durch eine Änderung des Gesellschaftsvertrags im Sinne einer Regelung nach § 710 den betreffenden Gesellschafter von der Geschäftsführung ausschließen. Ein insoweit nach dem Gesellschaftsvertrag zulässiger Mehrheitsbeschluss entsprechenden Inhalts führt dann im Ergebnis zu einer Regelung, die nach § 712 wenigstens daran gebunden ist, dass ein wichtiger Grund vorliegt! Dies verdeutlicht, dass es wenig fruchtet, die entsprechende Anwendung abzulehnen. In Wahrheit beruht auch die Geschäftsführungsbefugnis nach § 709 für die jeweils konkrete GbR auf dem **Gesellschaftsvertrag**. Die 1

20 Hueck, OHG § 10 III 5.
21 Staud[12]/Keßler Rz 14.
22 Vgl § 709 Rz 29.
23 BGH NJW 1974, 1555.
24 Letzteres insbes bei sachlich beschränkter Einzelgeschäftsführungsbefugnis, vgl § 709 Rz 21.

1 Staud/Habermeier Rz 5; RGRK/v Gamm Rz 1; GroßKommHGB[3]/Fischer § 117 Rz 2; Link, Die Amtsniederlegung durch Gesellschaftsorgane, 2003, S 99 f; aM Ganßmüller GmbHRdsch 1962, 228; MünchKomm/Ulmer Rz 5 f, 24: § 712 analog bei Gesamtgeschäftsführungsbefugnis nach § 709.

Entziehung unter den strengen Voraussetzungen des § 712 Abs 1 sollte daher **bezüglich jeder Art von Geschäftsführungsbefugnis** möglich sein, die einem Gesellschafter kraft ausdrücklicher Regelung im Gesellschaftsvertrag oder nach § 709 zusteht.

Nicht anwendbar ist § 712, wenn ein **gesellschaftsfremder Dritter** mit Geschäftsführungsmaßnahmen betraut ist[2]. Hier können die Gesellschafter die Geschäftsführungsbefugnis jederzeit wieder an sich ziehen[3].

2 2. **Voraussetzungen der Entziehung**. – a) **Wichtiger Grund**. Die im Gesetz genannten Fälle „grober Pflichtverletzung" und „Unfähigkeit" sind nur Beispiele. Allgemein lässt sich sagen, dass ein „wichtiger Grund" vorliegt, wenn die **Belassung der Geschäftsführungsbefugnis** bei dem betroffenen Gesellschafter für die übrigen Gesellschafter **unzumutbar** ist und die Interessen der Gesellschaft **erheblich gefährdet**[4]. Es bedarf daher einer sorgfältigen Abwägung aller Umstände und Gesichtspunkte des einzelnen Falles unter Beachtung der gesellschaftsrechtlichen **Treupflicht**, insbesondere bei langjährigen Beziehungen unter den Gesellschaftern oder bei einer Familiengesellschaft[5]. Maßgebend sind die gleichen Gesichtspunkte, die zu einer Kündigung der GbR aus wichtigem Grund berechtigen[6], insbesondere in der Person eines Gesellschafters liegende Umstände. Nur muss der wichtige Grund sich hier auf die unzumutbare Fortdauer der Geschäftsführungsbefugnis des Gesellschafters beziehen. In Betracht kommen tiefgreifende Störungen des Vertrauensverhältnisses[7], arglistiges oder sittenwidriges Verhalten des Geschäftsführers[8], unheilbare Zerwürfnisse unter den Gesellschaftern[9], grundloses Blockieren der Geschäftsführung[10] oder die eigennützige Ausnutzung der Stellung als Geschäftsführer für eigene vorteilhafte Geschäfte unter Umgehung der Gesellschaft[11]. Die **Unfähigkeit** im Sinne des § 712 Abs 1 Halbsatz 2 zB aufgrund langer Krankheit oder Altersschwäche muss **nicht verschuldet** sein. Dagegen muss die Pflichtverletzung nach § 712 Abs 1 Halbsatz 2 schuldhaft stattgefunden haben; die „Grobheit" des Pflichtverstoßes kann entweder in der objektiven Schwere der Pflichtverletzung oder im subjektiven Ausmaß des Verschuldens liegen[12]. Entscheidend ist jeweils, wie die Umstände aus Vergangenheit und Gegenwart sich **auf die Zukunft** auswirken. Bei der Interessenabwägung sind auch die positiven Leistungen des Geschäftsführers, insbesondere eine persönliche Bedeutung für die Gesellschaft, zu berücksichtigen. UU sind auch (zunächst) mildere Mittel ausreichend, zB Abmahnung durch einen Beschluss der Gesellschafter oder eine Beschränkung der Geschäftsführungsbefugnis mit Zustimmung des Betroffenen. Es muss **keine Frist zur Abhilfe der Pflichtverletzung bestimmt oder erfolglos abgemahnt** werden (so § 314 Abs 2). Denn Rechtsfolge ist nicht die „Kündigung" des Gesellschaftsverhältnisses (Ausschließung), sondern (nur) die Entziehung der Geschäftsführungsbefugnis. § 712 bleibt als lex specialis durch § 314 Abs 2 und 3 unberührt.

3 b) Die Entziehung geschieht durch **Beschluss der übrigen Gesellschafter**; der betroffene Gesellschafter darf wegen Interessenkollision nicht mitstimmen. Demgegenüber setzt die Entziehung bei der OHG eine Klage voraus (HGB § 117). Bei der GbR können einzelne Gesellschafter, insbesondere der betroffene, auf Feststellung der Unwirksamkeit des Entziehungsbeschlusses klagen. Der Gesellschaftsvertrag kann für den Beschluss oder allgemein für vertragsändernde Beschlüsse den **Mehrheitsgrundsatz** vorsehen[13]. Nicht ausreichend ist es, wenn der Mehrheitsgrundsatz nur für die Geschäftsführung vereinbart ist (§ 709 Abs 2), weil es sich bei der Entzie-

2 Vgl § 709 Rz 20.
3 BGHZ 36, 292, 294 = NJW 1962, 738; BGH NJW 1982, 2495 = WM 1982, 583: für eine Publikums-GbR.
4 Vgl nunmehr allgemein für Dauerschuldverhältnisse § 314 Abs 1 Satz 2.
5 BGH WM 1967, 417: zur OHG.
6 S § 723 Rz 34 ff.
7 BGH WM 1967, 417; RG HansRGZ 1931 B 630; vgl auch BGH BB 1952, 1023 f.
8 RG JW 1935, 696.
9 RGZ 162, 78, 83; RG JW 1924, 671.
10 Vgl BGH NJW 1972, 862.
11 BGH JZ 1967, 497 = MDR 1967, 820: für GmbH; Köln DB 2005, 2571.
12 So Staud[12]/Keßler Rz 3; nunmehr Staud/Habermeier Rz 7.
13 Vgl § 709 Rz 39 ff.

hung um eine Änderung des Gesellschaftsvertrags handelt[14]. Im einzelnen Fall kann sich aus der gesellschaftsrechtlichen Treupflicht ergeben, an dem Entziehungsbeschluss **mitwirken** zu müssen[15]; einzelne Gesellschafter können von den übrigen auf Zustimmung zu dem Entziehungsbeschluss verklagt werden; versagt ein Gesellschafter pflichtwidrig seine Mitwirkung, so macht er sich uU schadenersatzpflichtig[16]. Bei der nur zweigliedrigen Gesellschaft geschieht die Entziehung durch einseitige Erklärung des anderen Gesellschafters[17]. Der Beschluss wird mit der Bekanntgabe an den Betroffenen wirksam (vgl § 737 Satz 3). Über die Beschlussfassung vgl § 709 Rz 24 ff.

3. Die **Wirkung** des Entziehungsbeschlusses ist nach **herrschender Meinung** nicht etwa Wegfall jeglicher Geschäftsführungsbefugnis für den Betroffenen, sondern es tritt im Zweifel der gesetzliche Regelfall der **Gesamtgeschäftsführungsbefugnis** nach § 709 ein. Denn nach herrschender Meinung kann dem Gesellschafter sein Mitwirkungsrecht im Rahmen der Gesamtgeschäftsführung nach § 709 nicht ohne seine Zustimmung entzogen werden[18]. Nach der **hier vertretenen Ansicht** entfällt die Geschäftsführungsbefugnis des betroffenen Gesellschafters, so dass sich **Einzel- oder Gesamtgeschäftsführungsbefugnis der verbleibenden Geschäftsführer** ergibt, wie es ohnehin der Gesellschaftsvertrag auch ausdrücklich für den Fall der Entziehung vorsehen kann. Die Entziehung der Geschäftsführungsbefugnis bewirkt in der Regel zugleich den Wegfall der entsprechenden Vertretungsmacht (vgl § 714). Im Umkehrschluss aus § 715 ergibt sich jedoch, dass die Geschäftsführungsbefugnis auch für sich, dh unter Belassung der Vertretungsmacht, entzogen werden kann[19]. Ein entsprechender Wille der Gesellschafter, von der Regel des § 714 abzuweichen, muss jedoch dem Beschluss zu entnehmen sein. Durch einen Beschluss nach § 712 Abs 1 **nicht** erreichbar ist eine **Beschränkung** der Geschäftsführungsbefugnis; diese ist nur durch Änderung des Gesellschaftsvertrags möglich[20]. Eine solche Beschränkung der Geschäftsführungsbefugnis durch einen Beschluss der Gesellschafter ist jedoch zulässig, wenn der Gesellschaftsvertrag dies vorsieht oder der Betroffene zustimmt. 4

4. **Abweichende vertragliche Regelung**. Der Gesellschaftsvertrag kann § 712 abändern; die Vorschrift ist **nachgiebigen** Rechts. Durch den Gesellschaftsvertrag kann entweder eine Erleichterung der Entziehung oder eine Erschwerung erreicht werden, zB durch Verzicht auf das Erfordernis eines wichtigen Grundes oder abschließende Aufzählung aller Entziehungsgründe. 5

Umstritten ist aber, ob die in § 712 vorgesehene Entziehung im Gesellschaftsvertrag **ganz ausgeschlossen** werden kann. Da die das Innenverhältnis regelnden Vorschriften bis zur Grenze des § 138 dispositiv sind, ist dies zu bejahen[21]. Die übrigen Gesellschafter sind nicht sittenwidrig gebunden, weil ihnen das im Gegensatz zu § 712 ausdrücklich als unentziehbar ausgestaltete (§ 723 Abs 3) Kündigungsrecht verbleibt. 6

14 MünchKomm/Ulmer Rz 13; Staud/Habermeier Rz 9; Flume, Personengesellschaft § 15 III.
15 BGH NJW 1984, 173.
16 RGZ 162, 388, 397; dazu Herschel DR 1940, 721.
17 RGZ 162, 78, 83; aA München DRZ 1950, 280; Zweibrücken NZG 2005, 508 = DStZ 2005, 499 (bei wechselseitigen Vorwürfen).
18 Vgl BGHZ 33, 105, 108 = NJW 1960, 1997; München DRZ 1950, 280; RGRK/v Gamm Rz 4; Staud[12]/Keßler Rz 5; Fischer NJW 1959, 1061; Pal/Sprau Rz 2 aE; aM Enn/Lehmann, SchuldR § 178 A II 3 a; MünchKomm/Ulmer Rz 20 für den Fall, dass neben dem Betroffenen auch andere Gesellschafter Einzelgeschäftsführer sind; auch Staud/Habermeier Rz 13.
19 MünchKomm/Ulmer Rz 16; aA Staud/Habermeier Rz 11; RGRK/v Gamm § 715 Rz 1.
20 RG WarnR 1913 Nr 51.
21 Ebenso Hueck, OHG § 10 VII 11 a; Gogos, Die Geschäftsführung der OHG, 1953, S 67; MünchKomm/Ulmer Rz 23; Staud/Habermeier Rz 6; GroßKommHGB[3]/Fischer § 117 Rz 9; aA RG LZ 1931 1252; JW 1935, 696 bei arglistigem oder sittenwidrigem Verhalten des Geschäftsführers; RGRK/v Gamm Rz 1; Erman/Westermann Rz 2; Schleg/Geßler HGB § 117 Rz 14.

II. Kündigung (Absatz 2)

7 Dem Recht auf Geschäftsführung entspricht eine Pflicht zur Geschäftsführung[22]. Deshalb kann der mit Geschäftsführungsbefugnis ausgestattete Gesellschafter gegen den Willen der anderen Gesellschafter diese Rechtsstellung nicht frei aufgeben. Er kann sie nach § 712 Abs 2 nur bei Vorliegen eines **wichtigen Grundes kündigen**. Dieses Kündigungsrecht ist aber nach herrschenden Meinung[23] **nur bei der nach § 710 übertragenen Geschäftsführung** gegeben, nicht für die gem § 709 gesetzliche Geschäftsführungspflicht, da diese gesetzliche Pflicht zu den unaufgebbaren, alle Gesellschafter gleichermaßen treffenden Mitgliedschaftspflichten gehören soll[24]. Anders mag es bei der **OHG** liegen, für die § 712 Abs 2 auch gilt, aber nach überwiegender Meinung auch auf die **gesetzliche Geschäftsführungspflicht** zu erstrecken sei, da hier aufgrund der Einzelgeschäftsführung (HGB § 115 Abs 1), wegen der regelmäßigen Beanspruchung der ganzen Arbeitskraft und des Gewichts der Geschäftsführungsaufgaben eine solche Kündigungsmöglichkeit aus wichtigem Grund besonders dringend sei[25]. Ein wichtiger Grund zur Kündigung der Geschäftsführung liegt vor, wenn die **Fortführung** der Geschäfte der Gesellschaft in dem übertragenen Umfang **für den Geschäftsführer** unter Abwägung aller Umstände des einzelnen Falles **unzumutbar** ist[26]. In § 712 Abs 2 wird auf § 671 Abs 2 und 3 verwiesen; die Kündigung ist nicht an eine Frist gebunden (§ 671 Abs 1 ist in § 712 nicht erwähnt!), darf aber, will der Gesellschafter nicht schadenersatzpflichtig werden, nicht zur Unzeit erklärt werden (§ 671 Abs 2 Halbsatz 1); insbesondere muss Ersatzregelung möglich sein. Von dieser Schadenersatzpflicht wird er nur befreit, wenn er einen wichtigen Grund für unzeitige Kündigung hat (§ 671 Abs. 2 Halbsatz 2). Die Kündigung wird als empfangsbedürftige Willenserklärung wirksam, wenn sie allen Mitgesellschaftern zugeht[27]. Nach herrschender Meinung tritt dann **Gesamtgeschäftsführung** ein[28]. Grenze für **abweichende vertragliche Gestaltungen** ist § 671 Abs 3 iVm § 712 Abs 2: Auf das Recht zur Kündigung aus wichtigem Grund kann der Geschäftsführer nicht wirksam verzichten.

§ 713 Rechte und Pflichten der geschäftsführenden Gesellschafter

Die Rechte und Verpflichtungen der geschäftsführenden Gesellschafter bestimmen sich nach den für den Auftrag geltenden Vorschriften der §§ 664 bis 670, soweit sich nicht aus dem Gesellschaftsverhältnis ein anderes ergibt.

I. Geltung des Auftragsrechts bei Geschäftsführungstätigkeit

1 1. Über das **Recht** des Gesellschafters zur Geschäftsführung und dementsprechend seine **Pflicht**, sich an der Geschäftsführung zu beteiligen, beides als Bestandteil seiner mitgliedschaftlichen Stellung, vgl § 709 Rz 4–8. Über den Gegenstand (Umfang) der Geschäftsführung vgl § 709 Rz 9–14.

2 2. **Allgemeines zu § 713**. – a) **Verhältnis zum Auftragsrecht**. In erster Linie sind die Bestimmungen des **Gesellschaftsvertrags** zu beachten, hilfsweise die Vorschriften des Auftragsrechts. Daraus folgt, dass für Pflichtverletzungen bei der Geschäftsführung der Haftungsmaßstab des § 708 gilt[1]. Der Schadenersatzanspruch der Gesellschaft gegen den geschäftsführenden Gesellschafter besteht wegen positiver Forderungsverletzung des Gesellschaftsverhältnisses (§§ 705, 280 Abs 1, 708), nicht aus § 713, der § 662 (Auftragsverhältnis) nicht erwähnt[2]. Übernimmt allerdings ein Gesellschafter, der nach dem Gesellschaftsvertrag seine ganze Arbeitskraft ausschließlich der Geschäftsführung widmen soll, ein **Bundestagsmandat**, so steht der GbR wegen

22 Vgl § 709 Rz 8.
23 S oben Rz 1.
24 MünchKomm/Ulmer Rz 24.
25 Vgl Hueck, OHG § 10 VII 12.
26 Vgl auch oben Rz 2.
27 Staud/Habermeier Rz 19.
28 Vgl dazu oben Rz 4.

1 Schumann DR 1942, 1670.
2 Köln NJW-RR 1995, 547.

GG Art 48 Abs 2 Satz 1 überhaupt **keine** Schadenersatzforderung zu[3]. Für die Zeit der Abgeordnetentätigkeit entfällt allerdings der Anspruch auf eine besondere Tätigkeitsvergütung. Das gleiche gilt, wenn der geschäftsführende Gesellschafter durch Krankheit oder sonstige **unverschuldete Umstände** an der Führung der Geschäfte verhindert ist[4]. Durch das besondere gesellschaftsrechtliche Entziehungs- und Kündigungsrecht gem § 712 ist das Widerrufs- und Kündigungsrecht gem § 671 Abs 1 ersetzt, der in § 713 auch nicht erwähnt ist. Im übrigen trifft jeden Gesellschafter eine Mitwirkungspflicht, die Geschäftsführer die Pflicht zu besonders sorgfältigem Verhalten. Sie sind zur Offenheit und Ehrlichkeit verpflichtet[5]. Ein Mitgeschäftsführer hat die Geschäftsführung der anderen mitzuüberwachen[6].

b) **Unter § 713 fällt** nur die Geschäftsführungstätigkeit, **nicht** aber Handlungen aufgrund eines **Sonderauftrags** als Drittgeschäft[7], für die das Auftragsrecht (§§ 662 ff) oder Geschäftsbesorgungsrecht (§ 675 Abs 1) unmittelbar gilt. Zur Reichweite für den Kommanditisten vgl U Huber ZGR 1982, 539, insbesondere S 542 ff: kein Vorrang von HGB § 166 vor § 713; S 546: der Kommanditist als Gläubiger des Anspruchs aus § 713; offen gelassen in BGH WM 1983, 910, 911. Wegen der Haftung bei Überschreitung der Geschäftsführungsbefugnis vgl § 708 Rz 5. 3

c) **Beweis.** Der Geschäftsführer muss sich durch den Beweis pflichtgemäßen Handelns oder des Schadenseintritts auch bei Beachtung der erforderlichen Sorgfalt entlasten, wenn die klagende Gesellschaft beweist, dass der Gesellschaft durch eine Handlung oder Unterlassung des geschäftsführenden Gesellschafters ein Schaden entstanden ist[8]. 4

II. Anwendbarkeit der Vorschriften über den Auftrag im einzelnen

1. **Substitution (§ 664).** Die Geschäftsführerstellung ist grundsätzlich **nicht übertragbar** (§ 664 Abs 1 Satz 1)[9]. Lässt der Gesellschaftsvertrag es zu, einzelne Geschäftsführungsaufgaben auf einen **selbstverantwortlichen Dritten** zu übertragen[10], so haftet der Geschäftsführer nur für eigenes **Verschulden bei der Auswahl** des Substituten, nicht aber für dessen Fremdverschulden (§ 664 Abs 1 Satz 2). Ist die Übertragung unerlaubt, haftet der Geschäftsführer im Rahmen des § 708 auch für ein Verschulden des Dritten. 5

Setzt der Geschäftsführer zu seiner Unterstützung **eigene Angestellte** ein, so hat er ihr Verschulden zu vertreten (§ 664 Abs 1 S 3 iVm § 278). Er haftet jedoch nicht für Angestellte der Gesellschaft[11].

2. **Bindung an Weisungen (§ 665).** Grundsätzlich handelt der Geschäftsführer eigenverantwortlich; eine Bindung an Weisungen der übrigen Gesellschafter ist mit seiner selbständigen, auf der Mitgliedschaft beruhenden Stellung unvereinbar. Allerdings kann er aufgrund des Gesellschaftsvertrags an **Mehrheitsbeschlüsse** der Geschäftsführer (§ 709 Abs 2) **gebunden** und zu ihrer Ausführung verpflichtet sein[12]. Dann kann er unter den Voraussetzungen des § 665 Satz 1 von der Weisung **abweichen** und hat die **Anzeigepflicht** gegenüber den übrigen Gesellschaftern nach § 665 Satz 2. 6

3. **Benachrichtigungs-, Auskunfts- und Rechenschaftspflicht (§ 666).** – a) Die Pflicht aus §§ 713, 666 besteht **gegenüber der Gesamthand**; dagegen steht das Informations- und Nachprüfungsrecht gem § 716 jedem einzelnen Gesellschafter zu[13]. Beide Ansprüche bestehen selb- 7

3 BGHZ 43, 384 = NJW 1965, 1958 (mAnm Ganßmüller); vgl dazu Konzen AcP 172 (1972), 317.
4 BGHZ 43, 387.
5 RG Recht 1908 Nr 1752.
6 RG SeuffA 95 Nr 30.
7 Vgl § 709 Rz 13.
8 RG DR 1944, 452; BGH LM Nr 1 zu HGB § 116.
9 Vgl § 709 Rz 8.
10 S § 709 Rz 22.
11 Hueck, OHG § 10 V 2.
12 Vgl auch MünchKomm/Ulmer Rz 7; Pal/Sprau Rz 3: Weisungen schon im Gesellschaftsvertrag, anlässlich der Übertragung der Geschäftsführung oder durch Beschluss der Gesellschafterversammlung.
13 Vgl auch U Huber ZGR 1982, 539.

ständig nebeneinander, weil sie sich in Voraussetzungen und Umfang unterscheiden[14]. Der Anspruch der Gesamthand aus §§ 713, 666 kann auch durch den einzelnen Gesellschafter unter den Voraussetzungen einer actio pro socio verfolgt werden[15]. Die im Rahmen des § 666 zu erteilenden Informationen sind an die Gesamtheit der übrigen Gesellschafter zu richten (zB schriftlich oder mündlich in einer Gesellschafterversammlung). Ein Gesellschafterbeschluss, der den geschäftsführenden Gesellschafter von der gesetzlichen Pflicht zur Rechnungslegung **schlechthin** und für die gesamte Dauer des Gesellschaftsvertrags entbindet, verstößt gegen die guten Sitten, § 138[16].

8 b) **Inhalt und Umfang der Pflichten aus § 666**. Der Geschäftsführer hat **von sich aus** den übrigen Gesellschaftern die erforderlichen Informationen zu geben; zusätzlich hat er **auf Verlangen** Auskunft über den Stand der Geschäfte zu erteilen. Dabei wird für die Vorlage eines Bestandsverzeichnisses gem § 260 in der Regel wegen der jährlichen Rechnungslegungspflicht nach § 721 Abs 2 kein Bedürfnis bestehen. Die **Rechenschaftspflicht** entsteht erst mit **Beendigung** der Geschäftsführungstätigkeit und richtet sich inhaltlich nach § 259. Die Überlassung der Bücher zur Einsicht reicht deshalb nur unter besonderen Umständen (großer Umfang der Geschäfte) aus[17]. Die Rechenschaftslegung muss ein genaues Bild über Einnahmen und Ausgaben, sowie eine Aufstellung des Vermögensbestands enthalten. Ob der Geschäftsführer zur Buchführung verpflichtet ist, richtet sich nach der Art der Gesellschaft und ihrer Geschäfte[18]. Es ist auch über Geschäfte Auskunft zu erteilen, die mit Billigung der anderen Gesellschafter nicht oder nicht richtig verbucht worden sind[19], oder über Umstände, die den Gesellschaftszweck nachhaltig gefährden[20]. Zurückgewiesene Rechnungsaufstellungen gelten nach Ablauf der für die Nachprüfung vorgeschriebenen Frist nicht als genehmigt[21]. Das Verlangen nach einer detaillierten Rechnungslegung gem § 259 kann im einzelnen Fall **rechtsmissbräuchlich** sein, wenn es ausreichend wäre, die Rechte aus §§ 716, 721 auf Information wahrzunehmen. Der Pflicht zur Rechenschaftslegung entspricht ein **Anspruch des Geschäftsführers auf Entlastung**. Die Auskunftspflicht besteht nicht mehr, wenn die Gesellschafter abgerechnet oder sich durch Vergleich endgültig auseinandergesetzt haben; zwecks Anfechtung des Vergleichs wegen arglistiger Täuschung kann nicht Auskunft zur Beschaffung des Materials über die arglistige Täuschung verlangt werden[22].

9 4. **Herausgabe- und Verzinsunspflicht (§§ 667, 668)**. Gem § 667 hat der Geschäftsführer alles aus seiner Geschäftsführung Erlangte an die Gesellschaft herauszugeben, dh in das Gesellschaftsvermögen zu überführen. Die Vorschrift ist aber nur anwendbar, wenn der Geschäftsführer **im eigenen Namen** auftritt; im Wege offener Vertretung für die Gesellschaft erworbene Gegenstände werden unmittelbar Bestandteil des Gesellschaftsvermögens (vgl § 718 Abs 1). Er hat ein auf eigenen Namen eingetragenes, für die Gesellschaft erworbenes Grundstück gem § 667 herauszugeben, ohne dass es einer Vereinbarung nach § 311 b Abs 1 bedarf[23]. Herauszugeben sind auch **alle Vorteile**, die dem Geschäftsführer in einem inneren Zusammenhang mit seiner Tätigkeit zugeflossen sind[24]. Der Geschäftsführer hat den Verbleib der eingenommenen Gelder nachzuweisen[25] und sie, soweit er sie für eigene Zwecke verwendet hat, zu verzinsen (§ 668). Zu dem Recht an einer **Erfindung** im Rahmen der Geschäftsführungstätigkeit vgl § 706 Rz 33, § 709 Rz 9.

10 5. **Anspruch auf Vorschuss und Aufwendungsersatz (§§ 669, 670)**. – a) Dem Geschäftsführer steht ein Anspruch auf Ersatz seiner **Aufwendungen** zu; zu diesen freiwilligen Vermögensopfern wird allgemein auch das von einem Gesellschafter zur Erfüllung von Verbindlichkeiten

14 RGZ 148, 279.
15 Vgl § 705 Rz 48 ff.
16 BGH WM 1965, 709, 710.
17 Frankfurt OLGE 20, 230; München OLGE 34, 70; vgl aber auch RG JW 1927, 368; WarnR 1931 Nr 202; wie hier Pal/Sprau Rz 6; Staud/Habermeier Rz 8; aM RGRK/v Gamm Rz 3; Staud[12]/Keßler Rz 9, die grundsätzlich § 716 anwenden.
18 RGZ 103, 72.
19 BGH WM 1972, 1121.
20 Vgl Wagner NZG 1998, 657: Immobilien-Fonds.
21 RG MuW 1920, 18.
22 RG LZ 1929, 928.
23 RG JW 1927, 1409; vgl § 705 Rz 9 f; § 313 aF Rz 12.
24 RGZ 96, 53, 55: Provisionsvorteile; RGZ 99, 34: Schmiergelder; zur umstr Frage vgl § 667 Rz 11, ferner RGZ 146, 194, 205; 164, 98, 103.
25 RGZ 90, 129, 134.

der GbR aus seinem Privatvermögen Geleistete gerechnet[26]. Der Geschäftsführer kann jedoch nur solche Aufwendungen ersetzt verlangen, die er nach den Umständen für **erforderlich** halten durfte. Bei Aufwendungen, für die das Gesellschaftsvermögen nicht aufkommen kann, besteht allenfalls ein Anspruch wegen ungerechtfertigter Bereicherung[27]. Für die objektiv notwendigen Aufwendungen kann er gem § 669 einen **Vorschuss** verlangen. Diese Ansprüche richten sich **gegen die Gesellschaft** (Gesamthand) und sind bei der Auseinandersetzung vorweg zu berichtigen[28]. Aufwendungen werden nur insoweit erstattet, als das Gesellschaftsvermögen dafür ausreicht. Eine **persönliche Inanspruchnahme** der Mitgesellschafter im Sinne einer Nachschusspflicht ist vor der Auseinandersetzung im Hinblick auf § 707 **ausgeschlossen**[29]. Der Grundsatz gilt jedoch **nicht** im Verhältnis der Gesellschafter untereinander, wenn der Geschäftsführer aufgrund seiner persönlichen Verpflichtung als Gesellschafter Gesamthandgläubiger befriedigt. Zwar muss der Geschäftsführer auch hier zunächst versuchen, Ausgleich aus dem Gesellschaftsvermögen zu erhalten; ist dies nicht möglich, zB weil der Gesellschaft keine frei verfügbaren Mittel zur Verfügung stehen, so kann er die Mitgesellschafter nach § 426 anteilig in Anspruch nehmen[30]. Von dieser Ausnahme abgesehen kann ein Geschäftsführer die Mitgesellschafter wegen Aufwendungen nur dann persönlich in Anspruch nehmen, wenn sich ein entsprechender Verpflichtungswille, sei es ausdrücklich oder stillschweigend nach dem Gesellschaftszweck aus dem Gesellschaftsvertrag ergibt[31]. Zu Aufwendungsersatzansprüchen eines nicht geschäftsführenden Gesellschafters vgl § 714 Rz 36.

b) Der Anspruch nach § 670 umfasst auch den Ersatz von **Verlusten**, dh zufälligen Vermögensschäden des Geschäftsführers an Person oder Sachwerten, die er als **risikotypische Begleitschäden** erlitten hat. Nach herrschender Meinung[32] sind diese Nachteile wie Aufwendungen zu ersetzen. Für die handelsrechtlichen Personalgesellschaften bestimmt HGB § 110 Abs 1, dass Verluste, die durch die Geschäftsführung oder aus mit ihr untrennbar verbundenen Gefahren entstehen, dem Geschäftsführer von der Gesellschaft zu ersetzen sind. Bei der GbR ergibt sich diese Rechtsfolge schon aus der Verweisung des § 713 auf das Auftragsrecht mit seinem weiten Aufwendungsbegriff, so dass es der Analogie zu HGB § 110 Abs 1 nicht bedarf[33]. Zu ersetzen sind Schäden aus **Gefahren**, die mit der Art der Geschäftsführung im konkreten Fall oder nach den Umständen, unter denen sie wahrzunehmen ist (zB den Eigentümlichkeiten des Gesellschaftsunternehmens) **erkennbar und mit gewisser Wahrscheinlichkeit verbunden** sind. Kein Ersatzanspruch besteht dagegen für Schäden, in denen sich das allgemeine Lebensrisiko verwirklicht, sowie grundsätzlich für immaterielle Schäden (§ 253 Abs 1; aber Abs 2). Zu berücksichtigen ist auch § 254. Hat der Geschäftsführer mit der Geschäftsführung ein eigenes Geschäft verbunden, so kann er einen dabei erlittenen Schaden nicht von der Gesellschaft ersetzt verlangen[34]. **11**

6. **Geschäftsführervergütung**. Nicht auf den gebotenen Aufwendungsersatz stützen lässt sich ein Anspruch des Geschäftsführers auf Vergütung seiner Tätigkeit als solcher, weil er durch sein Tätigwerden nur eine mitgliedschaftliche Gesellschafterpflicht erfüllt. Seine Arbeitsleistung ergibt keine Aufwendungen im Sinne von § 670[35]. Er kann auch bei der Auseinandersetzung keine Vorabvergütung verlangen[36]. Die Vergütung der Geschäftsführertätigkeit bedarf vielmehr der **ausdrücklichen oder stillschweigenden**, aus einem bestimmten Verhalten der Beteiligten auf- **12**

26 Vgl § 714 Rz 36.
27 So BGH NJW 1980, 339.
28 RGZ 126, 186, 189; vgl § 707 Rz 1.
29 BGHZ 37, 299, 301 = NJW 1962, 1868; BGH NJW 1980, 339, 340 = WM 1979, 1182; RG JW 1912, 240; vgl § 705 Rz 50.
30 BGHZ 37, 299, 301 ff = NJW 1962, 1863; BGH NJW 1980, 339, 340; NJW 1981, 1095, 1096 = WM 1981, 139 (mAnm Häuser JA 1981, 300); zur Ausgleichspflicht vgl im übrigen § 718 Rz 20.
31 BGH NJW 1980, 339, 340; RGZ 151, 321, 328; weitergehend RGZ 153, 305, 314; MünchKomm/Ulmer Rz 15: allg bei Unzulänglichkeit des Gesellschaftsvermögens. Vgl aber auch § 718 Rz 20 f, 23.
32 S § 670 Rz 16 ff.
33 Anders noch Soergel[10] Rz 12; vgl auch Genius AcP 173 (1973), 481, 511 ff, der HGB § 110 Abs 1 als Ausdruck eines allgemeinen Haftungsprinzips ansieht.
34 BGH NJW 1960, 1568; vgl § 670 Rz 14.
35 Koblenz WM 1986, 590.
36 Düsseldorf NJW 1956, 1802.

grund gemeinsamer Vorstellungen herzuleitenden **Vereinbarung** der Gesellschafter[37]. Bei der Festsetzung der Tätigkeitsvergütung findet § 317 Abs 2 keine Anwendung, weil die Gesellschafter nicht unbeteiligte Dritte sind[38].

13 Ist eine Geschäftsführervergütung vereinbart, so ist umstritten, wie sie – insbesondere im Hinblick auf Leistungsstörungen – rechtlich zu qualifizieren ist. Während die wohl herrschende Meinung[39] mit gewissen Einschränkungen das **Dienstvertragsrecht analog** anwendet, sieht *Ulmer*[40] in der Tätigkeitsvergütung einen **Gewinnvoraus**[41]. Demzufolge sollen Leistungsstörungen nach den zur Änderung der Geschäftsgrundlage entwickelten Grundsätzen[42] oder nach den Besonderheiten der jeweiligen Gesellschaft unter Heranziehung der §§ 323 ff[43] (seit 1.1.2002: §§ 280 ff) behandelt werden. Welchen Einfluss der Wegfall der Geschäftsführertätigkeit auf den Vergütungsanspruch hat, richtet sich zunächst nach dem **Gesellschaftsvertrag**, uU im Wege ergänzender Auslegung. Dabei wird zu berücksichtigen sein, ob die Vergütungsregelung mehr von dienstvertraglichen Elementen (Unabhängigkeit vom tatsächlich erwirtschafteten Gewinn; Versorgungscharakter, insbesondere für den Fall des Ausscheidens) oder mehr von unternehmens- und gewinnbezogenen Elementen (Gewinn- und Leistungsbezogenheit, Anrechnung der Vergütung auf Gewinnverteilung) bestimmt ist[44]. Im ersten Fall werden Lücken eher durch **entsprechende Anwendung des Dienstvertragsrechts**, im zweiten Fall im Wege einer durch die gesellschaftsrechtliche Treupflicht modifizierten **Analogie zu den §§ 323 ff** (seit 1.1.2002: §§ 280 ff) zu schließen sein.

14 Grundsätzlich kann die Vergütung, abgesehen von einer zeitlich unbedeutenden Verhinderung, durch Krankheit oder sonstige unverschuldete Umstände, **nur** für die Zeit verlangt werden, in der der Gesellschafter die Geschäftsführungstätigkeit tatsächlich **ausübt**[45]. Jedoch sind die Umstände zu berücksichtigen, die zum Wegfall der Tätigkeit geführt haben. So kann der Vergütungsanspruch fortbestehen bei unverschuldetem Wegfall des dem Geschäftsführer zugewiesenen Tätigkeitsbereichs[46]. Überwiegen dienstvertragliche Elemente, kann die Vergütung **entsprechend § 616 Abs 1** bei einer unverschuldeten vorübergehenden Verhinderung fortzuentrichten sein. Der Schadenersatzanspruch des Geschäftsführers gegen einen **Dritten**, der die Verhinderung zu verantworten hat, wird von der Fortentrichtung nicht berührt[47]. Der Schaden umfasst die ausfallbedingte, anteilige Gewinnminderung, die weggefallene Geschäftsführervergütung und die Kosten für das Stellen einer Ersatzkraft[48]. Ist der Geschäftsführer nur am Gewinn beteiligt, besteht der Schaden nur in der ausfallbedingten Schmälerung des Gewinns und damit seines Anteils[49].

15 Eine **Erhöhung** der im Gesellschaftsvertrag vereinbarten **Tätigkeitsvergütung** ist keine Geschäftsführungsmaßnahme, sondern **Änderung des Gesellschaftsvertrags**[50]. Dabei ist ein Gesellschafter nur ausnahmsweise unter dem Gesichtspunkt der gesellschaftsrechtlichen Treupflicht

37 BGH NJW 1986, 1556, 1557; BGHZ 17, 299, 301 = NJW 1955, 1227; BGH BB 1951, 654; RGZ 170, 392, 396; RG JW 1938, 2769; Koblenz BB 1980, 855 = DB 1980, 247; vgl auch BGH WM 1976, 446: für eine Publikums-KG.
38 BGH WM 1967, 1099.
39 BGH NJW 1963, 1051, 1052 (mAnm Ganßmüller S 1446) = WM 1963, 459; RGRK/v Gamm § 706 Rz 8; Staud[12]/Keßler Rz 18; Pal/Sprau § 706 Rz 2.
40 MünchKomm/Ulmer § 709 Rz 33.
41 Vgl Celle OLGZ 1973, 343; Hamm DB 1977, 717; auch BAG NJW 1983, 2869 = WM 1983, 514: zum geschäftsführenden Kommanditisten einer GmbH u Co KG; dazu Riegger DB 1983, 1909.
42 MünchKomm/Ulmer § 709 Rz 34 aE, 36.
43 Koblenz BB 1980, 855 = DB 1980, 247; Groß KommHGB[3]/Fischer § 114 Rz 7, 16; Ganßmüller, Die Tätigkeitsvergütung geschäftsführender Gesellschafter der OHG und KG, 1961, S 23 ff; ders NJW 1965, 1948.
44 Vgl auch Hueck, OHG § 17 II 3.
45 BGHZ 10, 44, 52 f = NJW 1953, 1548.
46 Koblenz BB 1980, 855 = DB 1980, 247, 249.
47 BGH NJW 1963, 1951; WM 1964, 1271, 1272; Ganßmüller NJW 1963, 1446; ders NJW 1965, 1948; Kollhosser ZHR 129 (1967), 121, 127 ff; iE auch MünchKomm/Ulmer § 709 Rz 35 unter dem Gesichtspunkt der Vorteilsausgleichung; vgl auch BGH DB 1966, 1964.
48 Vgl BGH VersR 1963, 433, 585; DB 1972, 2201; Karlsruhe FamRZ 1975, 341, 343; krit zu letzterem MünchKomm/Ulmer § 706 Rz 29, § 709 Rz 34.
49 BGH WM 1964, 1271, 1272; aM Kollhosser ZHR 129 (1967), 121, 143 mit dem Argument, der Gewinn enthalte einen Unternehmerlohn.
50 BGH BB 1967, 143.

gehalten, einer solchen Erhöhung zuzustimmen, zB bei Gefahr des Verlusts des geschäftsführenden Gesellschafters[51]. Dies gilt insbesondere bei **gewinnbezogener** Vergütung, weil hierbei der Gewinnverteilungsschlüssel geändert wird. Ist die Geschäftsführervergütung dagegen mehr **tätigkeitsbezogen**, dh dienstvertragsähnlich[52], so sind die Mitgesellschafter bei einer wesentlichen Änderung der Verhältnisse zu einer **Anpassung nach billigem Ermessen (§ 315)** verpflichtet. Denn auch wenn dem Geschäftsführer im Gesellschaftsvertrag eine Vergütung in bestimmter Höhe zugebilligt wurde, kann die Auslegung (§ 157) ergeben, dass ihm eine **angemessene** Vergütung im Sinne eines Entgelts für seine Arbeit zusteht[53]. Zur Anpassung der Geschäftsführervergütung im einzelnen: Ganßmüller DB 1966, 1505; zur Auslegung einer gesellschaftsvertraglichen Änderungsklausel im Sinne einer Anpassung der Vergütung an die wirtschaftliche Entwicklung und zur Verwirkung der Rückforderung durch die Gesellschaft gegenüber einem Gesellschafter, der seine Vergütung eigenmächtig erhöht hat, vgl BGH WM 1966, 448. Zur Herabsetzung der Vergütung Dänzer-Vanotti BB 1983, 999. Vgl ferner Ganßmüller, Die Tätigkeitsvergütung geschäftsführender Gesellschafter der OHG und KG, 1961; ders DB 1968, 2067.

§ 714 Vertretungsmacht

Soweit einem Gesellschafter nach dem Gesellschaftsvertrag die Befugnis zur Geschäftsführung zusteht, ist er im Zweifel auch ermächtigt, die anderen Gesellschafter Dritten gegenüber zu vertreten.

ÜBERSICHT

51 BGHZ 44, 40, 42 = LM Nr 3 zu HGB § 114 (mAnm Fischer); BGH WM 1967, 1099; WM 1974, 375; WM 1977, 1140; WM 1978, 1230; Hueck ZGR 1972, 237, 245; vgl auch BGH WM 1965, 1284; WM 1976, 664 = BB 1976, 948 (mAnm Ulmer).

52 S oben Rz 13.

53 In diesem Sinne BGH WM 1977, 1140; iE auch MünchKomm/Ulmer § 709 Rz 36 unter Berufung auf die Lehre von der Geschäftsgrundlage.

Schrifttum: Fabricius, Zur Haftung der BGB-Gesellschaft für unerlaubte Handlungen aus der Geschäftsführung von Gesellschaftern, in: Gedächtnisschr für R Schmidt, 1966, S 171; Hoffmann, Haftung für Gesamthandsverpflichtungen bei der BGB-Gesellschaft, NJW 1969, 724; Kornblum, Die Haftung der Gesellschafter für Verbindlichkeiten der Personengesellschaften, 1972, S 7–70; Thielmann, Bereicherung des Gesellschaftsvermögens und der Eigenvermögen der Gesellschafter, ZHR 136 (1972), 397; Reinhardt, Gesellschaftsrecht, 1973, §§ 8, 9; Reinhardt/Schultz, GesellschaftsR, 1981[2] Rz 78f, 81, 85f; Nicknig, Die Haftung der Mitglieder einer BGB-Gesellschaft für Gesellschaftsschulden, 1973 (mBespr Thielmann ZHR 137 [1973], 368 u Buchner AcP 175 [1975], 265); K Schmidt, Haftungsprobleme der „bürgerlichrechtlichen Kommanditgesellschaft", DB 1973, 653, 703, ders, Geschäftsführungs- und Vertretungsbefugnis der Gesellschafter bei gesetzlicher Umwandlung einer Kommanditgesellschaft in eine BGB-Gesellschaft, BB 1973, 1612; Ernst, Schuld und Haftung bei der BGB-Gesellschaft, Diss Heidelberg 1973; Flume, Schuld und Haftung bei der Gesellschaft des bürgerlichen Rechts, in: Festschr für Westermann, 1974, S 115; ders, Die Personengesellschaft, 1977, § 16 IV; Meincke, Zur Bereicherungshaftung von BGB-Gesellschaftern, DB 1974, 1001; Beuthien, Die Haftung von Personengesellschaftern, DB 1975, 725, 773; Hadding, StudKomm BGB, 1975 (1979[2]), Erl zu §§ 714–715; Wiedemann, Juristische Person und Gesamthand als Sondervermögen, WM 1975, Sonderbeilage Nr 4, 41; ders, Gesellschaftsrecht, Bd I Grundlagen, 1980, § 5 II; Sellert, Zur Anwendung der §§ 831, 31 BGB auf die Gesellschaft bürgerlichen Rechts, AcP 175 (1975), 77; Hennecke, Das Sondervermögen der Gesamthand, 1976, S 72ff; W Schünemann, Grundprobleme der Gesamthandsgesellschaft, 1976, S 146ff; H P Westermann, Bereicherungshaftung der Gesellschafter einer BGB-Gesellschaft, ZGR 1977, 552; Schmiedel, Die sogenannte Organhaftung und die Gesellschaft bürgerlichen Rechts, in: Gedächtnisschr für Rödig, 1978, S 261; Ulmer, Vertretung und Haftung bei der Gesellschaft bürgerlichen Rechts, in: Festschr für R Fischer, 1979, S 785; Lindacher, Grundfälle zur Haftung bei Personengesellschaften, JuS 1981, 431; 1981, 818; 1982, 36; 1982, 592; Aderhold, Das Schuldmodell der BGB-Gesellschaft, 1981; Wiesner, Die Haftungsordnung der BGB-Gesellschaft – BGHZ 74, 240, JuS 1981, 331; Lipp, Zwischen Gesamthand und Gesamtschuld, BB 1982, 74; Thein, Die Haftung bei der BGB-Gesellschaft unter besonderer Berücksichtigung von Erwerbsgesellschaften, Diss Erlangen 1982; K Schmidt, Gesellschaft bürgerlichen Rechts, in: Gutachten und Vorschläge zur Überarbeitung des Schuldrechts, Bd III, 1983, S 413, 475, 532; K Schmidt, Zum Haftungsstatus unternehmenstragender BGB-Gesellschaften, in: Festschr für Fleck, 1988, S 271; Habersack, Zur Rechtsnatur der Gesellschaft bürgerlichen Rechts – BAG, NJW 1989, 3034, JuS 1990, 179, 183; I Wolf, Vertragliche Haftungsbeschränkungen der Gesellschafter bürgerlichen Rechts gegenüber gesellschaftsexternen Gläubigern, 1990; Gummert, Haftung und Haftungsbeschränkung bei der BGB-Außengesellschaft, Diss Bonn, 1991; Hadding, Haftungsbeschränkung in der unternehmerisch tätigen Gesellschaft bürgerlichen Rechts, in: Festschr für Rittner, 1991, S 133;

Heckelmann, Die GbR mbH als (neue) Gesellschaftsform, in: Festschr für Quack, 1991, S 243; Kowalski, Zur Bereicherungshaftung in Gesellschaften bürgerlichen Rechts, NJW 1991, 3183; G H Roth, Die kleine Erwerbsgesellschaft zwischen bürgerlichem Recht und Handelsrecht, ZHR 155 (1991), 24, 38 ff; Schlichting, Gesetzliche und vertragliche Haftung bei unternehmerisch tätigen Gesellschaften bürgerlichen Rechts, 1991; Schwark, Voraussetzungen und Grenzen der persönlichen Gesellschafterhaftung in der GbR, in: Festschr für Heinsius, 1991, S 753, 758 f; Wiedemann, Zur Selbständigkeit der BGB-Gesellschaft, in: Festschr für Kellermann, 1991, S 529, 539 ff; Beuthien/Ernst, Die Gesellschaft bürgerlichen Rechts als Mitglied einer eingetragenen Genossenschaft, ZHR 156 (1992), 227, 231 f; Gummert, Zur Zulässigkeit einseitiger Haftungsbeschränkung auf das Vermögen der BGB-Außengesellschaft, ZIP 1993, 1063; Habersack, Die Haftungsverfassung der Gesellschaft bürgerlichen Rechts – Doppelverpflichtung und Akzessorietät, JuS 1993, 1; Henssler, Anwaltsgesellschaften, NJW 1993, 2137, 2138; Wellkamp, Risikobegrenzung in der Unternehmer-BGB-Gesellschaft, NJW 1993, 2715; Zöllner, Rechtssubjektivität von Personengesellschaften?, in: Festschr für Gernhuber, 1993, 563, 572 ff; Brandes, Die Rechtsprechung des Bundesgerichtshofs zur Personengesellschaft, WM 1994, 569, 571 f; Heermann, Haftungsbeschränkungen in der BGB-Außengesellschaft, BB 1994, 2421; Wiedemann, Rechtsverhältnisse der BGB-Gesellschaften zu Dritten, WM 1994, Sonderbeil Nr 4; Fehl, Schuld und Haftung bei der (Gesamthands-)Gesellschaft bürgerlichen Rechts im Hinblick auf die sich in der Zwangsvollstreckung ergebenden Problemlagen, in: Festschr für Trinkner, 1995, S 135; Gummert, Die persönliche Haftung der BGB-Gesellschafter für Steuerschulden der Gesellschaft, WiB 1995, 185; Kögel, Unternehmerische BGB-Gesellschaft: Möglichkeiten und Grenzen der Haftungsbeschränkung bei Verträgen, DB 1995, 2201; Timm, Die Rechtsfähigkeit der Gesellschaft bürgerlichen Rechts und ihre Haftungsverfassung, NJW 1995, 3209, 3215 ff; Altmeppen, Haftung der Gesellschafter einer Personengesellschaft für Delikte, NJW 1996, 1017; Reiff, Die Haftungsverfassungen nichtrechtsfähiger unternehmenstragender Verbände, 1996, S 345 ff; Petersen, Die GmbH & Co. GbR, GmbHR 1997, 1091; K Schmidt, Quotenhaftung von BGB-Gesellschaftern, NJW 1997, 2201; Beuthien, Zur Theorie der Stellvertretung im Gesellschaftsrecht, in: Festschr für Zöllner, 1998, S 83, 103; Cordes, Die Gesellschaft bürgerlichen Rechts auf dem Weg zur juristischen Person?, JZ 1998, 545, 548; Dauner-Lieb, Unternehmen in Sondervermögen, 1998, S 547 ff; dies, Die BGB-Gesellschaft mit beschränkter Haftung – Phantom oder zulässige Spielart der GbR?, DStR 1998, 2014; Hasselbach, Die Gesellschaft bürgerlichen Rechts mit beschränkter Haftung, MDR 1998, 1200; Heil, Die Gesellschaft bürgerlichen Rechts mit beschränkter Haftung im Lichte des Handelsrechtsreformgesetzes und des AGB-Gesetzes, MittRhNotK 1998, 348; Hommelhoff, Wider das Akzessorietätsdogma in der Gesellschaft bürgerlichen Rechts, ZIP 1998, 8; G Hueck, Drei Fragen zur Gesamthandsgesellschaft, in: Festschr für Zöllner, 1998, S 275, 292 ff; Zöllner, Rechtsfähigkeit der BGB-Gesellschaft – ein Sachverstands- oder Kommunikationsproblem?, in: Festschr für Kraft, 1998, S 701, 710 ff; Ulmer, Die Gesamthandsgesellschaft – ein noch immer unbekanntes Wesen?, AcP 198 (1998), 113, 137 ff; Beck, Die Haftung der Gesellschafter bei der BGB-Erwerbsgesellschaft, 1999; ders, Analoge Anwendung bürgschaftsrechtlicher Normen auf die Haftung von BGB-Gesellschaftern, WM 1999, 1753; Dauner-Lieb, Das Ende der BGB-Gesellschaft mit beschränkter Haftung – was nun?, DStR 1999, 1992; Habersack, Haftung der Mitglieder eine GbR für Bürgschaftsverpflichtungen der Gesellschaft, BB 1999, 61; Hennrichs/Kießling, Die „GbR ohne persönliche Gesellschafterhaftung", WM 1999, 877; Henze, Beschränkung der Gesellschafterhaftung – Teilrechtsfähigkeit der GbR im Wandel?, BB 1999, 2260; Heil, Zur Haftungsbeschränkung in der Gesellschaft bürgerlichen Rechts: Bestätigung oder Abschied von der Gruppenlehre? MittRhNotK 1999, 337; Kindl, Der Streit um die Rechtsnatur der GbR und seine Auswirkungen auf die Haftung der Gesellschafter für rechtsgeschäftlich begründete Gesellschaftsverbindlichkeiten, NZG 1999, 517; Kirberger, Die BGB-Gesellschaft auf dem Weg zur Rechtspersönlichkeit – eine Zwischenbetrachtung, in: Festschr für Leser, 1999, S 219, 221 ff; Mülbert, Die rechtsfähige Personengesellschaft, AcP 199 (1999) 38, 67 ff; Nacke, Steuerrechtliche Haftung der Gesellschafter einer Personengesellschaft, NWB Fach 2 (1999), S 7187; Petersen/Rothenfußer, Privatautonomie und Verkehrsschutz bei der GbR mbH, GmbHR 1999, 757; Reiff, Wider die unternehmenstragende Gesellschaft bürgerlichen Rechts ohne Gesellschafterhaftung, ZIP 1999, 517; ders, Die Beschränkung der persönlichen Gesellschafterhaftung in der GbR nach der Akzessorietätstheorie, ZIP 1999, 1329; Ulmer, Wege zum Ausschluß der persönlichen Gesellschafterhaftung in der Gesellschaft bürgerlichen Rechts, ZIP 1999, 509; ders, Gesellschafterhaftung in der Gesellschaft bürgerlichen Rechts: Durchbruch der Akzessorietätstheorie?, ZIP 1999, 554; Blenske, Die Haftung der Gesellschafter eine GbR mbH, NJW 2000, 3170; U Huber, Rechtsfähigkeit, juristische Person und Gesamthand, in: Festschr für Lutter, 2000, S 107, 114 ff; Huep, Die Haftungsbeschränkung zugunsten der Gesellschafter einer BGB-Gesellschaft, NZG 2000, 285; Kindl, Abschied von der Doppelverpflichtungstheorie bei der BGB-Gesellschaft, WM 2000, 697; Peres, Abschied von der Doppelverpflichtungslehre und persönliche Haftung der Gesellschafter freiberuflicher Sozietäten bürgerlichen Rechts, DStR 2000, 639; Petersen/Rothenfußer, Die GbR mbH im System des Gesellschafts- und Steuerrechts, GmbHR 2000, 801; Reiff, Die Haftungsverfassung der GbR nach dem Urteil des BGH vom 27. 9. 1999 (II ZR 371/98), NZG 2000, 281; Röhricht, in: VGR (Hrsg), Gesellschaftsrecht in der Diskussion, Bd 2, 2000, S 3, 26 ff: Haftungsbeschränkung durch „Firmierung" als „GbR mbH"?; Ulmer, Unbeschränkte Gesellschafterhaftung in der Gesellschaft bürgerlichen Rechts, ZGR 2000, 339; Martin Wolf, Ausbau des Gläubigerschutzes statt Totalverbots der „GbR mit beschränkter Haftung", WM 2000, 704; Bieder, Rechtsfähigkeit der (Außen-)

GbR, NZI 2001, 235, 236 f; Dauner-Lieb, Ein neues Fundament für die BGB-Gesellschaft, DStR 2001, 356, 358 f; Derleder, Die Aufgabe der monistischen Struktur der Gesellschaft bürgerlichen Rechts durch Verleihung der Rechtsfähigkeit, BB 2001, 2485, 2491 f; K Eichele, Sozietätshaftung? Denkbare Folgen zur Rechtsfähigkeit der BGB-Gesellschaft, BRAK-Mitt 2001, 156; Gesmann-Nuissl, Die Rechts- und Parteifähigkeit sowie Haftverfassung der Gesellschaft bürgerlichen Rechts nach dem Urteil des BGH II ZR 331/00 = WM 2001, 208, WM 2001, 973, 977 ff; Grunewald, Folgerungen aus der Aufgabe der „Doppelverpflichtungstheorie" für die Sozietäten der Freiberufler, in: Festschr für Peltzer, 2001, S 129; Habersack, Die Anerkennung der Rechts- und Parteifähigkeit der GbR und der akzessorischen Gesellschafterhaftung durch den BGH, BB 2001, 477, 481 f; Hadding, Zur Rechtsfähigkeit und Parteifähigkeit der (Außen-)Gesellschaft bürgerlichen Rechts sowie zur Haftung ihrer Gesellschafter für Gesellschaftsverbindlichkeiten, ZGR 2001, 712, 735 ff; Heil, Parteifähigkeit der GbR – der Durchbruch der Gruppenlehre?, NZG 2001, 300, 304; Peifer, Der BGH und die GbR mbH – Rückschlag oder Fortschritt auf dem Weg zum Verständnis der Gesamthand? NZG 2001, 193, 195; ders, Rechtsfähigkeit und Rechtssubjektivität der Gesamthand – die GbR als oHG?, NZG 2001, 296, 298 f; Nagel, Gibt es eine OHG mbH?, NZG 2001, 202; K Schmidt, Die BGB-Außengesellschaft: rechts- und parteifähig, NJW 2001, 993, 998 f; Timme / Hülk, Rechts- und Parteifähigkeit der Gesellschaft bürgerlichen Rechts – BGH, NJW 2001, 1056, JuS 2001, 536, 538 f; Ulmer, Die höchstrichterlich „enträtselte" Gesellschaft bürgerlichen Rechts, ZIP 2001, 585, 589 f; Westermann, Erste Folgerungen aus der Anerkennung der Rechtsfähigkeit der BGB-Gesellschaft, NZG 2001, 289, 291; Baumann, Rechtsnatur und Haftungsverfassung der Gesellschaft bürgerlichen Rechts im Spannungsfeld zwischen Grundrechtsgewährleistung und Zivilrechtsdogmatik, JZ 2001, 895, 900 f; Lang / Fraenkel, Die Gesellschaft bürgerlichen Rechts, WM 2002, 260, 262 f; O Lange, Die Haftung des Gesellschafters einer GbR für Altverbindlichkeiten, NZG 2002, 401; ders, Haftung des eintretenden GbR-Gesellschafters für Altschulden, NJW 2002, 2002; K-St Scholz, Die BGB-Gesellschaft nach dem Grundsatzurteil des BGH vom 29. 1. 2001, NZG 2002, 153, 161 f; O Sieg, Auswirkungen der neuen Rechtsprechung zur BGB-Gesellschaft auf die persönliche Haftung der Mitglieder von Rechtsanwalts-, Steuerberater- und Wirtschaftsprüfersozietäten, WM 2002, 1432; Wunderlich, Das Ende der Doppelverpflichtungstheorie?, WM 2002, 271; Dauner-Lieb, § 130 HGB: Weitere Rechtsfortbildung im Recht der BGB-Gesellschaft?, in: Festschr für Ulmer, 2003, S 73; Reiff, Die unbeschränkte Gesellschafterhaftung in der (Außen-)Gesellschaft bürgerlichen Rechts und ihre Ausnahmen, ZGR 2003, 550; Wertenbruch, Publizität der Vertretungsmacht einer GbR-Geschäftsführers, DB 2003, 1099; Altmeppen, Deliktshaftung in der Personengesellschaft, NJW 2003, 1553; Ulmer, Die Haftungsverfassung der BGB-Gesellschaft, ZIP 2003, 1113; K Schmidt, Die Gesellschafterhaftung bei der Gesellschaft bürgerlichen Rechts als gesetzliches Schuldverhältnis, NJW 2003, 1897; C Schäfer, Offene Fragen der Haftung des BGB-Gesellschafters, ZIP 2003, 1225; J Wössner, Akzessorische Gesellschafterhaftung und „Vielgestaltigkeit" der Gesellschaft bürgerlichen Rechts – ein Widerspruch?, ZIP 2003, 1235; Habersack / Schürnbrand, Die Haftung des eintretenden Gesellschafters für Altverbindlichkeiten der Gesellschaft bürgerlichen Rechts – BGH, NJW 2003, 739, JuS 2003, 739; Arnold / Dötsch, Persönliche Haftung für Altschulden beim Eintritt in eine GbR, DStR 2003, 1398; Boehme, Neue Grundsätze zur Haftung des Beitretenden für alte GbR-Schulden, NZG 2003, 764; Beuthien, Zur Systemvergessenheit im deutschen Gesellschaftsrecht, JZ 2003, 969; Flume, Die persönliche Haftung der Gesellschafter einer BGB-Gesellschaft für deliktisches Handeln der geschäftsführenden Gesellschafter, DB 2003, 1775; Altmeppen, Verfassungswidrigkeit der akzessorischen Haftung in der GbR? NJW 2004, 1563; Canaris, Die Übertragung des Regelungsmodells der §§ 125–130 HGB auf die Gesellschaft bürgerlichen Rechts als unzulässige Rechtsfortbildung contra legem, ZGR 2004, 69; Funke / Falkner, Das Haftungssystem der BGB-Gesellschaft nach der neuen BGH-Rechtsprechung. Bestehen noch Unterschiede zwischen BGB-Gesellschaft und oHG?, Jura 2004, 721; Klerx, Haftung der GbR-Gesellschafter für Delikte wegen Vertrauens in die Rechtsform?, NJW 2004, 1907; Armbrüster, Die Schranken der unbeschränkten persönlichen Gesellschafterhaftung in der BGB-Gesellschaft, ZGR 2005, 34; Hadding, Nochmals: Rechtsfähigkeit der Gesellschaft bürgerlichen Rechts und persönliches Verpflichtetsein ihrer Gesellschafter, in: Festschr für Th Raiser, 2005, S 129; Häublein, Die Gesellschaft bürgerlichen Rechts im Mietrecht, PiG Bd 70 (2005), 39; Kleindiek, Eintrittshaftung in der BGB-Gesellschaft, in: Festschr für Röhricht, 2005, S 315; Lingl, Haftung von Gesellschaft und Gesellschaftern bei der Außen-Gesellschaft bürgerlichen Rechts (GbR), JuS 2005, 595; J-H Schulze, Die akzessorische Haftungsverfassung der Außengesellschaft bürgerlichen Rechts, 2006; Segna, Neues zur Haftung des Eintretenden für Altverbindlichkeiten der GbR: Das partielle Ende des Vertrauensschutzes für Altfälle, NJW 2006, 1566; Wertenbruch, in: H P Westermann, Handb, Lfg 36, 2006, § 32 (Rz I 726 ff).

I. Grundlagen

1 Wenn und soweit einzelne Maßnahmen der Geschäftsführung[1] darin bestehen, dass ein **Rechtsgeschäft** namens der Gesellschaft bürgerlichen Rechts vorzunehmen ist, muss eine **Vertretung** stattfinden (§ 164). Die Voraussetzungen und Wirkungen des Vertretungshandelns von

1 Vgl § 709 Rz 3, 9 f.

Gesellschaftern hängen davon ab, ob die GbR (Gesamthand) als selbständiges Zuordnungssubjekt gegenüber den einzelnen Gesellschaftern beurteilt und demgemäß zwischen Gesellschaftsschulden und einem persönlichen Verpflichtetsein der Gesellschafter getrennt wird.

1. **Herkömmliche Auffassung**. Sie hat eine eigene Rechtssubjektivität der GbR verneint. 2
Dementsprechend ist man davon ausgegangen, dass es sich bei Vertretungshandlungen für eine GbR „immer nur um eine Vertretung der Gesellschafter, nicht der Gesellschaft, handelt"; eine „gesetzliche Vertretung" kenne das BGB für die GbR nicht[2]. Hiernach gibt es kein Vertretungshandeln im Namen der GbR, so dass auch keine rechtsgeschäftlich begründeten Gesellschaftsschulden entstehen können. Beteiligte des Rechtsgeschäfts, zB Vertragspartner, sind die Gesellschafter, nicht ist Beteiligter die GbR als solche. Es wird nur hinsichtlich der Zugriffsobjekte für Gläubiger gefragt, ob die Gesellschafter außer mit dem Gesellschaftsvermögen auch mit ihrem Privatvermögen haften[3].

2. **Gegenwärtig vorherrschende Auffassung**. – a) Im Gegensatz zu der herkömmlichen An- 3
sicht[4] wird mit der eingangs[5] getroffenen Feststellung (es „muss" eine Vertretung stattfinden) ein anderes rechtliches Verständnis der Gesamthand zugrunde gelegt: Die **Gesellschaft bürgerlichen Rechts** wird selbst der Beteiligte des vorzunehmenden Rechtsgeschäfts; der **Vertretene** ist die GbR (Gesamthand) als selbständiges Zuordnungssubjekt. Auch dann also, wenn alle Gesellschafter durch eigene Willenserklärungen an dem Rechtsgeschäft namens der GbR mitwirken, liegt eine **Vertretung der Gesellschaft** (und zwar Gesamtvertretung) vor, nicht hingegen ein „Selbsthandeln der Gesamthand" („überhaupt keine Vertretung")[6]. Aufgrund der **Verpflichtungsfähigkeit der GbR** als Teilaspekt der nunmehr vom BGH (II. Zivilsenat)[7] anerkannten **Rechtsfähigkeit der (Außen-)GbR** treten die rechtlichen Wirkungen eines Vertretungshandelns namens der Gesellschaft nicht ohne weiteres bei den Gesellschaftern persönlich, sondern in erster Linie bei der GbR (Gesamthand) selbst ein. Ein solches Vertretungshandeln setzt eine **organschaftliche Vertretungsmacht** von Gesellschaftern voraus[8]. Die organschaftliche Vertretungsmacht für die GbR beruht wie bei der OHG und der KG (HGB §§ 125, 126; 161 Abs 2, 170) als Bestandteil der Mitgliedschaft im Sinne der Gesellschafterstellung auf dem Gesellschaftsvertrag (hier wie dort keine „gesetzliche" Vertretungsmacht)[9]. Bei einer solchen rechtlichen Betrachtung wird folgerichtig zwischen **Gesellschaftsschulden** (gesamthänderische Haftung mit dem Gesellschaftsvermögen) und **Gesellschafterschulden** (persönliche Haftung mit dem Privatvermögen) unterschieden.

b) Legt man die Unterscheidung von Gesellschaftsschulden und Gesellschafterschulden zu- 4
grunde, ist es eine andere, weitergehende Frage, ob und inwieweit durch ein **Vertretungshandeln** von Gesellschaftern nicht nur die GbR selbst, sondern daneben und zusätzlich auch der **einzelne Gesellschafter** persönlich berechtigt und verpflichtet wird oder jedenfalls für Gesellschafts-

2 So Soergel[10] Rz 1.
3 So noch BGHZ 23, 307, 313 = NJW 1957, 750; Düsseldorf MDR 1980, 679; Buchner AcP 169 (1969), 489, 498; U Huber, Vermögensanteil, Kapitalanteil und Gesellschaftsanteil an Personalgesellschaften des Handelsrechts, 1970, S 86; Nicknig, Die Haftung der Mitglieder einer BGB-Gesellschaft für Gesellschaftsschulden S 8; Ernst, Diss Heidelberg 1973, S 81; Jauernig/Stürner §§ 714, 715 Bem 1; Hopt/Hehl/Vollrath, GesellschaftsR Rz 214; Kraft/Kreutz, GesellschaftsR[11], 2000, S 104 f; Zöllner, Festschr für Kraft, 1998, S 701; nicht eindeutig BGHZ 17, 340, 342 = NJW 1955, 1393; Staud[12]/Keßler Rz 14 (aber § 718 Rz 8); G Hueck, GesellschaftsR § 3 II.
4 S oben Rz 2.
5 S oben Rz 1.
6 Soergel[10] Rz 1.
7 BGHZ 146, 341 = NJW 2001, 1056 = LM Nr 52 zu ZPO § 50 (mAnm J Wilhelm) = WM 2001, 408 (mAnm Wertenbruch WuB II J. § 705 BGB 1.01) = DStR 2001, 310 (mAnm Goette) = ZIP 2001, 333; dazu Prütting EWiR 2001, 341 (§ 50 ZPO 1/01) = JZ 2001, 655 (mAnm Wiedemann) = DB 2001, 423 (mAnm Römermann) = BB 2001, 374 = DNotZ 2001, 234 (mAnm Schemmann) = MittBayNot 2001, 192 (mAnm Ann) = NZG 2001, 311 = NZI 2001, 241 = JuS 2001, 509 Nr 11 (K Schmidt) = MDR 2001, 459 (mAnm Müther).
8 Vgl auch MünchKomm/Ulmer Rz 16 f, sowie eingehend Beuthien, Festschr für Zöllner, 1998, S 87, 103 ff.
9 BGH NJW 1971, 1698 = WM 1971, 1198, 1199 unterscheidet noch zwischen organschaftlicher Vertretungsmacht bei OHG sowie KG und „rechtsgeschäftlicher Vollmacht" bei der GbR.

schulden haftet. Diese Frage ist namentlich für rechtsgeschäftlich begründete primäre Erfüllungsansprüche und sekundäre Schadenersatzansprüche, aber auch für Ansprüche aus gesetzlichen Schuldverhältnissen (§§ 677 ff; 987 ff; 823 ff; 812 ff) zu beantworten[10].

5 c) Der Ausgangspunkt der gekennzeichneten Auffassung, nämlich die eigene Verpflichtungsfähigkeit der GbR, ist nunmehr vom **BGH** zutreffend anerkannt worden[11]. Auch in der **Rechtslehre** wird eine Vertretung der GbR als solcher aufgrund ihrer Rechtssubjektivität inzwischen überwiegend für möglich erachtet, wenngleich die Ansichten zur Begründung einer persönlichen Verpflichtung oder Haftung der Gesellschafter (mit ihrem Privatvermögen) auseinandergehen[12]. Zum rechtlichen Ausgangspunkt gem den Angaben vor Rz 1: Reinhardt, Flume, Beuthien, Hadding, Wiedemann, H P Westermann, Ulmer, Lindacher, Kübler, Schultz, Hüffer, Thielmann (S 400), Hennecke (S 74), Schünemann (S 192), Aderhold (S 146), Wiesner, K Schmidt, Habersack, U Huber (Festschr für Lutter S 122 ff), Timm, Dauner-Lieb, Reiff, Mülbert, Wertenbruch.

II. Organschaftliche Vertretung der Gesellschaft und § 714 als Auslegungsregel

6 1. **§ 714 als Auslegungsregel**. Nach § 714 ist ein Gesellschafter im Rahmen gesellschaftsvertraglicher Geschäftsführungsbefugnis im Zweifel auch ermächtigt, „die anderen Gesellschafter Dritten gegenüber zu vertreten". Die Vorschrift enthält vor allem eine **Auslegungsregel**: Dem Gesellschaftsvertrag ist im Zweifel zu entnehmen, dass einem Gesellschafter mit ihm zustehender Geschäftsführungsbefugnis auch die entsprechende Vertretungsmacht für rechtsgeschäftliche Maßnahmen nach außen zukommt. Während bei der OHG und der KG die Vertretungsmacht der Gesellschafter durch die einschlägigen Vorschriften (HGB §§ 125, 126; 161 Abs 2) nicht mit der Geschäftsführungsbefugnis verknüpft wird, hält § 714 für die GbR die Vertretungsmacht von Gesellschaftern hinsichtlich ihres Vorhandenseins und ihres Umfangs im Zweifel mit der gesellschaftsvertraglich gegebenen Geschäftsführungsbefugnis in Einklang.

7 2. **Rechtsgrundlage organschaftlicher Vertretungsmacht**. Der Wortlaut des § 714 legt es nahe, dass die Vertretungsmacht im Umfang vorhandener Geschäftsführungsbefugnis für „die anderen Gesellschafter", dh die nicht geschäftsführungsbefugten oder im konkreten Fall nicht tätigen geschäftsführungsbefugten Mitgesellschafter besteht. Von einer Vertretungsmacht für die GbR selbst ist nicht die Rede. Das hängt mit der Entstehungsgeschichte des Gesetzes zusammen[13]. Der in der 2. Kommission zum BGB mit einer knappen Mehrheit vollzogene Übergang von einer nur schuldrechtlich verstandenen GbR zur Gesamthand[14] hat nicht mehr in allen Teilen der gesetzlichen Regelung in den §§ 705 ff einen konsequenten Niederschlag gefunden[15]. Es **fehlt** mithin eine vielleicht zu erwartende **ausdrückliche Vorschrift** über die organschaftliche Vertretungsmacht für die GbR-Gesamthand als solche. Bei näherem Zusehen ist jedoch eine derartige Vorschrift durchaus entbehrlich. Denn es ist bei einer mit Rechtssubjektivität ausgestatteten GbR (Gesamthand) eine zwangsläufige **Rechtswirkung des Gesellschaftsvertrags**, dass die Mitgliedschaft eines jeden Gesellschafters im Zweifel eine **organschaftliche Vertretungsmacht** für die Gesellschaft enthält, und zwar mindestens als organschaftliche Gesamtvertretungsmacht zu-

10 Vgl dazu unten Rz 38 ff.

11 BGHZ 146, 341, 344 f (= Fn 7); vgl schon BGHZ 72, 267, 271 = NJW 1979, 308 = WM 1978, 1404 = JuS 1979, 590 (K Schmidt); BGHZ 74, 240 = NJW 1979, 1821 = WM 1979, 774 (mzustAnm Hommelhoff JR 1979, 505; ablAnm Wiedemann JZ 1980, 195, 196; zustAnm Ulmer JZ 1980, 354); dazu auch Bespr Wiesner JuS 1981, 331; BGHZ 79, 374, 377 = NJW 1981, 1213 = WM 1981, 359; BGHZ 116, 86, 88 = NJW 1992, 499 = WM 1992, 12 = WuB II D. § 15 GenG 1.92 (Hadding); BGHZ 136, 254, 257 = NJW 1997, 2754 = WM 1997, 1666 = WuB I D 3. – 1.98 (Livonius).

12 Vgl dazu unten Rz 11.

13 Vgl zur neueren Rechtsentwicklung Münch Komm/Ulmer Rz 2–6 mNachw.

14 Vgl Hadding, Vom Reichsjustizamt zum Bundesministerium der Justiz, 1977, S 263, 271.

15 Vgl dazu Häuser, Unbestimmte „Maßstäbe" als Begründungselement richterlicher Entscheidungen, 1981, S 166 ff; auch BGHZ 146, 341, 346/347 (= Fn 7).

sammen mit allen anderen Gesellschaftern[16]. § 714 muss also nicht notwendig als Rechtsgrundlage der organschaftlichen Vertretungsmacht für die GbR ausgelegt werden[17], sondern bestimmt insoweit als Auslegungsregel[18] nur im Zweifel den *Umfang vorhandener Vertretungsmacht* nach der jeweils bestehenden Geschäftsführungsbefugnis. Wer dieser Auffassung nicht zu folgen vermag, wird § 714 bei konsequenter Zugrundelegung von Rechtssubjektivität der Gesamthand dahin auslegen, dass diese Vorschrift auch die organschaftliche Vertretungsmacht begründe, weil „die anderen Gesellschafter" bei geläutertem Verständnis eben in erster Linie die Gesamthand seien[19].

3. **Abgrenzung zur sog Sondervollmacht.** Die organschaftliche Vertretungsmacht ist ein **Mitverwaltungsrecht** des Gesellschafters; sie ist wie die Geschäftsführungsbefugnis[20] **unübertragbar** (entsprechend § 717 Satz 1) und kann nur unter den Voraussetzungen des § 715 entzogen werden. Soll nicht die organschaftliche Vertretungsmacht übertragen werden, kann ein alleinvertretungsberechtigter Gesellschafter allerdings einen Dritten **bevollmächtigen**, ihn als Vertreter der GbR zu vertreten[21]. Nicht nur einem Dritten, sondern auch einem Gesellschafter kann jenseits organschaftlicher Vertretungsmacht und unabhängig von § 714 jederzeit eine Vollmacht (auch Generalvollmacht) im Sinne einer sog **Sondervollmacht** erteilt werden[22]. Die Bevollmächtigung eines Dritten begründet keine Fremdorganschaft. Ein Gesellschafter kann auch stillschweigend[23] oder kraft Rechtsscheins bevollmächtigt sein. Eine Vollmacht ist auch in der GbR frei widerruflich (§ 168 Satz 2). Ein nicht zu den Gesellschaftern gehörender **Verwalter**, der zur Geschäftsführung und Vertretung bestellt worden ist, kann aus wichtigem Grund mit einfacher Mehrheit abberufen werden. Eine hierfür die qualifizierte Mehrheit vorsehende Regelung im Gesellschaftsvertrag ist unwirksam, wenn der Fremdgeschäftsführer nicht durch ein Sonderrecht mit der Gesellschaft verbunden ist[24]. Zur Übertragung der Geschäftsführung auf einen Dritten vgl § 709 Rz 8, 22. **8**

4. **Vertretungsmacht für „die anderen Gesellschafter".** – a) Erübrigt es sich, § 714 als Rechtsgrundlage der organschaftlichen Vertretungsmacht für die GbR heranzuziehen[25], so gewinnt diese Vorschrift – neben ihrer Aufgabe als Auslegungsregel[26] – insbesondere den Inhalt, dass ein geschäftsführungsbefugter Gesellschafter im Zweifel **„auch" ermächtigt** ist, **„die anderen Gesellschafter" persönlich** gegenüber Dritten zu vertreten. Der **Gesellschaftsvertrag** enthält also **nach § 714 im Zweifel** für jeden geschäftsführungsbefugten Gesellschafter „auch" eine **Vollmacht**, bei rechtsgeschäftlichen Maßnahmen „die anderen Gesellschafter" als einzelne Personen zu vertreten. Wird ein geschäftsführungsbefugter Gesellschafter als solcher rechtsgeschäftlich tätig, vertritt er mithin nicht nur kraft organschaftlicher Vertretungsmacht die GbR (Gesamthand), sondern im Zweifel kraft gesellschaftsvertraglicher Vollmacht (§ 714) „auch" die anderen Gesellschafter persönlich. Durch das Vertretungshandeln des geschäftsführungsbefugten Gesellschafters entstehen daher sowohl Gesellschaftsschulden als im Zweifel auch inhaltsgleiche Gesellschafterverbindlichkeiten (sog **Doppelverpflichtung**). Tritt eine GbR durch ihre Geschäftsführer nach außen hin auf, ohne dass im Gesellschaftsvertrag oder in sonstiger Weise zum Ausdruck kommt, dass die Vertretungsmacht begrenzt ist, werden neben der Gesellschaft (Gesamthand) die handelnden und die übrigen **Gesellschafter in der Regel auch persönlich verpflichtet**[27]. Hierfür ist es nicht erforderlich, dass der geschäftsführende Gesellschafter ausdrücklich namens der GbR und namens der Gesellschafter handelt (§ 164 Abs 1 Satz 2). Fraglich kann nur sein, ob und unter welchen Umständen die nach § 714 im Zweifel im Gesellschaftsvertrag **9**

16 Vgl Beuthien DB 1975, 725, 728; auch Esser, SchuldR, 1960², S 721: zur Geschäftsführungsbefugnis; Dür/Hach/Geiler Allg Einl Rz 106, 114, 90 c; oben Rz 3 aE.
17 So freilich MünchKomm/Ulmer Rz 15.
18 S oben Rz 6.
19 So MünchKomm/Ulmer Rz 13.
20 S § 709 Rz 8.
21 LG Bochum DNotZ 1965, 308.
22 BGHZ 36, 292, 295 = NJW 1962, 738.
23 BGH WM 2005, 563 = WuB II J. § 714 BGB 1.06 (Singer/Schreiber) = ZIP 2005, 524 = DB 2005, 822; dazu Wiedemann/Wimber EWiR 2005, 629; Wertenbruch NZG 2005, 462.
24 BGH NJW 1982, 2495 = WM 1982, 583.
25 S oben Rz 7.
26 S oben Rz 6.
27 So BGH NJW 1979, 2304, 2306 = WM 1979, 969, 971: für Werbegemeinschaft. Vgl Rz 29.

enthaltene Vollmacht des geschäftsführungsbefugten Gesellschafters ausgeschlossen oder in ihrem Umfang begrenzt ist[28].

10 b) Der **BGH** hatte bislang die **Lehre von der sog Doppelverpflichtung** übernommen[29]. Im Schrifttum ist diese Auffassung zuvor insbesondere von *Beuthien*[30] und *Hadding*[31] sowie im einzelnen bisher von *Ulmer*[32] vertreten worden[33].

Freilich hatten sich Stellungnahmen gemehrt, die stattdessen eine **akzessorische Gesellschafterhaftung** „kraft Gesetzes" für sämtliche Gesellschaftsverbindlichkeiten nach dem Vorbild der Regelung für die OHG (KG) befürworteten[34]. Es wurde hauptsächlich dahin argumentiert, dass die auf dem rechtsgeschäftlichen Vertretungshandeln aufbauende Lehre von einer Doppelverpflichtung der GbR und der Gesellschafter nicht auch zu einer Haftung der Gesellschafter bei gesetzlich entstandenen Gesellschaftsschulden führe und wegen des gestaltbaren Umfangs der Vollmacht einseitig einen Ausschluss oder eine Beschränkung der Verpflichtung der Gesellschafter mit ihrem privaten Vermögen ermögliche (sog Haftungsbeschränkung der Gesellschafter auf das Gesellschaftsvermögen der GbR). Schließlich hat die Sorge, die „spezifischen Haftungsbeschränkungsmöglichkeiten" bei anderen Gesellschaftsformen, insbesondere der GmbH, „würden unterlaufen, wenn man es den Gesellschaftern einer GbR ermöglichen würde, einseitig die Haftung auf das Gesellschaftsvermögen zu beschränken", den **II. Zivilsenat des BGH**[35] dazu bewogen, einen Ausschluss oder eine Beschränkung der persönlichen Gesellschafterhaftung für Verbindlichkeiten der GbR nur noch durch eine „Individualvereinbarung" mit dem jeweiligen Gläubiger der GbR zuzulassen. Es ist also ersichtlich das für die Gesellschafter einer OHG (KG) geltende Haftungsmodell nach HGB § 128 (§ 161 Abs 2) auf die Gesellschafter einer GbR übertragen worden. Denn der Gesellschafter einer OHG haftet – ganz unabhängig von einer Vertretung seiner Person – kraft Gesetzes (HGB § 128 Satz 1) für Gesellschaftsverbindlichkeiten, und zwar weithin akzessorisch (vgl HGB § 129)[36]. Diese gesetzliche Haftung ist, wie aus HGB § 128 Satz 2 allgemein gefolgert wird, nur durch eine Vereinbarung mit dem Gläubiger der OHG abdingbar. Während in diesem Urteil des BGH vom 27. 9. 1999 die Rechtsgrundlage der dort angenommenen Haftung „kraft Gesetzes" noch nicht benannt worden war[37], hat der II. Zivilsenat[38] seine Rechtsprechung mit Urteil vom 29. 1. 2001 nunmehr dahin „fortgeführt", dass „das Verhältnis zwischen der Verbindlichkeit der Gesellschaft und der Haftung der Gesellschafter demjenigen bei der OHG

28 Vgl dazu unten Rz 31 ff.
29 BGHZ 72, 267, 271; 74, 240, 241; 79, 374, 377; BGH WM 1987, 689; BGH WM 1990, 1035, 1037; BGHZ 117, 168, 176; BGHZ 136, 254, 258 f = WM 1997, 1666 = NJW 1997, 2754, 2755; vgl Rz 5.
30 DB 1975, 725, 728.
31 StudKommBGB, 1975[1], §§ 714, 715 Bem 2.
32 Festschr für R Fischer, 1979, S 785 ff; Münch Komm[3] Rz 26.
33 Ebenso Hommelhoff JR 1979, 505; Wiesner JuS 1981, 331, 333; Reinhardt/Schultz, GesellschaftsR Rz 85; Kübler, GesellschaftsR S 56; Hüffer, GesellschaftsR 1998[5], § 12; vgl auch schon Thielmann ZHR 136 (1972), 394, 401; Nicknig, Die Haftung der Mitglieder einer BGB-Gesellschaft für Gesellschaftsschulden S 8. Aus neuerer Zeit: Habersack JuS 1993, 1; ders BB 1999, 61, 62; ders JZ 1999, 46; Brandes WM 1994, 569, 571 f; Hommelhoff ZIP 1998, 8, 15; Kübler, GesellschaftsR, 1998[5], § 6 III 4 b, aa; Grunewald, GesellschaftsR, 2000[4], Teil 1. A Rz 54 ff; Hennrichs/Kießling WM 1999, 877; Kindl NZG 1999, 517; Huep NZG 2000, 285; Pal[60]/Sprau § 718 Rz 7; Heil NZG 2001, 300, 304; Wunderlich WM 2002, 271; Beuthien JZ 2003, 969, 974 ff (für „nichtwirtschaftliche" GbR).
34 Vgl dazu Rz 11.
35 BGHZ 142, 315, 318 ff = NJW 1999, 3483 = LM § 705 BGB Nr 74 (mAnm J Wilhelm) = WM 1999, 2071 = WuB II J § 705 BGB 1.00 (mAnm Hadding) = ZIP 1999, 1755; dazu Keil EWiR 1999, 1053 = NZG 1999, 1093 (mAnm H Weber NZG 2000, 30). Vgl zu dieser weitreichenden Entscheidung des BGH außer den Genannten: Altmeppen ZIP 1999, 1758; Dauner-Lieb DStR 1999, 1992; Goette DStR 1999, 1707; Henze BB 1999, 2260; Heil MittRNotK 1999, 337, 353; Ulmer ZGR 2000, 339; U Huber, Festschr für Lutter S 107, 114 ff; Hasselbach MDR 2000, 95; Kindl WM 2000, 697; Martin Wolf WM 2000, 704; Reiff NZG 2000, 281; Röhricht (Hrsg), Gesellschaftsrecht in der Diskussion, Bd 2, S 3, 26 ff; Blenzke NJW 2000, 3171; Peifer NZG 2001, 193. Dem BGH folgend: Stuttgart WM 2002, 667.
36 Vgl dazu Hadding ZGR 1973, 137, 147 ff mNachw zu früher anders lautenden Ansichten.
37 Kritik in dieser Hinsicht bei Ulmer ZGR 2000, 339, 343 ff; Hadding WuB II J § 705 BGB 1.00 (unter 1.).
38 BGHZ 146, 341, 358 (= Fn 7).

(Akzessorietät) entspreche"[39]. Für die **Rechtspraxis** ist mithin davon auszugehen, dass der für Gesellschaftsrecht zuständige II. Zivilsenat des BGH gegenwärtig die persönliche Haftung der Gesellschafter einer GbR für Gesellschaftsschulden entsprechend „§§ 128 f HGB" beurteilt[40].

c) **Akzessorische Gesellschafterhaftung**? Da die entwickelte Auslegung des § 714 (Rz 9) 11
dazu führt, dass durch ein Vertretungshandeln im Zweifel auch die Gesellschafter persönlich verpflichtet werden, wird für den Bereich rechtsgeschäftlich entstehender Gesellschaftsschulden eine allgemeine persönliche Haftung der Gesellschafter „kraft Gesetzes" für Verbindlichkeiten der GbR entbehrlich. Wenn eine derartige persönliche Gesellschafterhaftung für Gesellschaftsschulden – parallel zu HGB §§ 128, 129; 161 Abs 2 – im BGB nicht vorgesehen ist, lässt sich also wegen der auf § 714 beruhenden Möglichkeit einer „Doppelverpflichtung" von GbR und Gesellschaftern im Bereich rechtsgeschäftlich entstehender Gesellschaftsschulden **keine Lücke im Gesetz** feststellen[41]. Vor allem diese Feststellung spricht gegen die zunehmend in der Rechtslehre vertretene Auffassung, auch bei der GbR bestehe durchgängig eine **akzessorische gesetzliche Gesellschafterhaftung** für Gesellschaftsschulden[42]. Die meistens als Begründung angeführte Analogie zu HGB § 128 scheitert im Bereich **rechtsgeschäftlich** entstandener Gesellschaftsschulden – wie gesagt – daran, dass eine Lücke im Gesetz fehlt[43]. Aber auch für gesetzlich entstandene Gesellschaftsschulden erfordert das etwaige Einstehenmüssen der Gesellschafter nicht eine allgemeine akzessorische Gesellschafterhaftung[44].

III. Umfang und Grenzen organschaftlicher Vertretungsmacht

1. **Maßgeblichkeit des Gesellschaftsvertrags**. Da sich aus dem Gesellschaftsverhältnis für 12
jeden Gesellschafter nur im Zweifel auch organschaftliche Gesamtvertretungsmacht für die GbR ergibt[45], richtet sich konkret das Vorhandensein und der Umfang organschaftlicher Vertretungs-

39 Zuvor schon Hamm WM 1989, 1572 (mAnm Sundermann WuB II J § 128 HGB 1.89) = NJW-RR 1990, 615.

40 Vgl zu der Enscheidung BGHZ 146, 341 hinsichtlich der Gesellschafterhaftung (S 358) außer den in Fn 7 Genannten: Ulmer ZIP 2001, 585; Westermann NZG 2001, 289; K Schmidt NJW 2001, 993; Habersack BB 2001, 477; Dauner-Lieb DStR 2001, 356; Derleder BB 2001, 2485; Gesmann-Nuissl WM 2001, 973; Ann JA 2001, 441; Timme/Hülk JuS 2001, 536; Peifer NZG 2001, 296; Heil NZG 2001, 300; K Eichele BRAK-Mitt 2001, 156; Lang/Fraenkel WM 2002, 260; Wunderlich WM 2002, 271; Bieder NZI 2001, 235.

41 Vgl zu dieser „Frage der Methode" Hadding ZGR 2001, 712, 737 f; auch Zöllner, Festschr für Gernhuber, 1993, S 563, 573: „freischwebend erfundene Akzessorietätshaftung ohne Rechtsgrundlage"; U Huber, Festschr für Lutter, 2000, S 107, 122: „. . . fehlt es für die Analogie einfach an einer Lücke im Gesetz"; ebenso Erman[10]/Westermann, § 714 Rz 11; Beuthien JZ 2003, 969, 973 mFn 45.

42 Für eine akzessorische Gesellschafterhaftung auch bei der GbR sind eingetreten: Kornblum, Die Haftung der Gesellschafter für Verbindlichkeiten der Personengesellschaften S 30 ff, 40, 46; Flume, Personengesellschaft § 16 IV 3, jedoch nicht bei Ansprüchen von Deliktsgläubigern: § 16 IV 6; Wiedemann WM 1975 Sonderbeil 4 S 42; nunmehr einschränkend bloß für GbR mit wirtschaftlichen Zielen: GesellschaftsR I S 284; JZ 1980, 195, 196; ebenso bei Betreiben eines Unternehmens durch die GbR: Raisch BB 1969, 1361, 1366; Reinhardt JZ 1974, 770: bei minderkaufmännisch tätiger GbR; Schünemann, Grundprobleme der Gesamthandsgesellschaft S 144; H P Westermann ZGR 1977, 552, 562; nur für deliktische Verbindlichkeiten von Erwerbsgesellschaften: Nicknig, Die Haftung der Mitglieder einer BGB-Gesellschaft für Gesellschaftsschulden S 46 ff; vgl auch Beuthien DB 1975, 773, 775 Fn 69; Hennecke, Das Sondervermögen der Gesamthand S 74 ff; Aderhold, Das Schuldmodell der BGB-Gesellschaft S 146 ff; sodann vor allem K Schmidt, Festschr für Fleck, 1988, S 271, 284; ders, GesellschaftsR, 1997[3], § 60 III 2; G H Roth ZHR 155 (1991), 24, 38 ff; Schwark DZWiR 1992, 441; Wiedemann WM 1994 Sonderbeil 4 S 12 f; Timm NJW 1995, 3214, 3215; Dauner-Lieb DStR 1998, 2014, 2018; Bälz, Festschr für Zöllner, 1998, S 35, 53; Mülbert AcP 199 (1999), 38, 67 ff; Reiff ZIP 1999, 517, 521; Eisenhardt, GesellschaftsR, 2003[11], Rz 82 f; zuletzt auch Ulmer ZIP 1999, 554, 559; Grunewald, GesellschaftsR, 2005[6], Teil 1. A Rz 104 ff.

43 Ebenso bisher auch MünchKomm[3]/Ulmer Rz 25.

44 Vgl unten Rz 38 f; gegen die Theorie einer akzessorischen Gesellschafterhaftung ausdrücklich noch BGHZ 74, 240, 242 f = NJW 1979, 1821 = WM 1979, 774; BGH ZIP 1992, 695, 698/699; BGHZ 136, 254, 258 f = NJW 1997, 2754, 2755 = WM 1997, 1666.

45 S oben Rz 7.

macht in erster Linie nach den im **Gesellschaftsvertrag** oder durch seine Änderung ausdrücklich oder stillschweigend getroffenen Vereinbarungen[46].

13 a) **Mögliche Gestaltungen**. Die Gesellschafter können unmittelbar die organschaftliche Vertretungsmacht regeln. Dabei können sie **Einzelvertretungsmacht** eines Gesellschafters oder einiger oder aller Gesellschafter festlegen, aber auch **Gesamtvertretungsmacht** bestimmter oder aller oder jeweils mehrerer Gesellschafter vorsehen. Es können mithin Gesellschafter abredegemäß an der organschaftlichen Vertretungsmacht auch **nicht** teilhaben. Die organschaftliche Vertretungsmacht kann parallel zu der Geschäftsführungsbefugnis geregelt werden. Es kommt aber auch Vertretungsmacht ohne Geschäftsführungsbefugnis in Betracht. Ferner kann Einzelvertretungsmacht mit Gesamtgeschäftsführungsbefugnis oder Gesamtvertretungsmacht mit Einzelgeschäftsführungsbefugnis, auch Einzelvertretungsmacht und Gesamtvertretungsmacht miteinander verknüpft werden[47]. Enthält freilich der Gesellschaftsvertrag für die Geschäftsführungsbefugnis Beschränkungen, so gelten sie nach allgemeiner Lebenserfahrung in der Regel auch für die Vertretungsmacht[48].

14 b) **Regelung der Geschäftsführungsbefugnis und § 714**. Wenn die Gesellschafter nicht unmittelbar die organschaftliche Vertretungsmacht geregelt haben, kann jedoch im Gesellschaftsvertrag die **Geschäftsführungsbefugnis** geregelt worden sein[49]. Dann gilt für die organschaftliche Vertretungsmacht die **Auslegungsregel des § 714**[50], nach der die jeweilige Geschäftsführungsbefugnis eines Gesellschafters im Zweifel mit entsprechender Vertretungsmacht verbunden ist. Anders als bei der OHG und der KG (HGB §§ 125, 126; 161 Abs 2, 170) ist also die organschaftliche Vertretungsmacht als solche und ihr Umfang bei der GbR nicht unmittelbar gesetzlich festgelegt. Ist zB Gesamtgeschäftsführungsbefugnis mit Mehrheitsbeschlüssen vorgesehen (§§ 710 S 2, 709 Abs 2), ergibt sich Gesamtvertretungsmacht der jeweiligen Mehrheit.

15 c) **§§ 709 Abs 1, 714**. Enthält der Gesellschaftsvertrag **keine Regelung**, dh weder zur organschaftlichen Vertretungsmacht für die GbR noch zur Geschäftsführungsbefugnis, so besteht gemäß §§ 709 Abs 1, 714 Gesamtgeschäftsführungsbefugnis und organschaftliche Gesamtvertretungsmacht aller Gesellschafter.

16 d) **Grenzen**. – aa) **Grundlagengeschäfte**. Da die organschaftliche Vertretungsmacht stets **für die GbR** besteht, umfasst sie von vornherein **nicht** solche rechtsgeschäftlichen Maßnahmen, die jenseits der Geschäftsführung die sog **Grundlagen der Gesellschaft** berühren[51]. Denn für sog Grundlagengeschäfte[52] sind die Gesellschafter selbst zuständig (nicht die GbR), und zwar unter Umständen auch dann, wenn ein Rechtsgeschäft namens der Gesellschaft in Rede steht, zB die Veräußerung des gesamten Gesellschaftsvermögens, wenn hierdurch der Gesellschaftszweck geändert wird[53]. Soweit für die rechtsgeschäftliche Mitwirkung eines Gesellschafters an sog Grundlagengeschäften, insbesondere bei der Stimmabgabe zur Bildung des Gesamtwillens, eine Vertretung zulässig ist[54], bedarf es einer besonderen Bevollmächtigung (§ 167).

17 bb) **Maßnahmen außerhalb des Gesellschaftszwecks**. Liegt eine rechtsgeschäftliche Maßnahme außerhalb des Gesellschaftszwecks, so wird sie von der Geschäftsführungsbefugnis **nicht umfasst**[55] und damit wohl in den meisten Fällen auch nicht von der in der Regel parallelen organschaftlichen Vertretungsmacht. Besteht jedoch die organschaftliche Vertretungsmacht nach dem Gesellschaftsvertrag unabhängig von der Geschäftsführungsbefugnis und auch ohne eine erkennbare Beschränkung ihres Umfangs (selten), wird man die Wirksamkeit des Rechts-

46 Vgl dazu Michalski NZG 2000, 355.
47 RGZ 90, 21, 22.
48 BGHZ 38, 26, 34 = NJW 1962, 2344.
49 Vgl zu den einzelnen Gestaltungsmöglichkeiten § 709 Rz 15–22.
50 S oben Rz 6.
51 S § 709 Rz 11.
52 S § 705 Rz 16.
53 Vgl iE Schlüter, Die Vertretungsmacht des Gesellschafters und die „Grundlagen der Gesellschaft“, 1964; für OHG und KG: Hadding, Festschr für Lutter, 2000, S 851, 859 ff.
54 Vgl § 717 Rz 22.
55 S § 709 Rz 11.

geschäfts namens der GbR schwerlich an der mangelnden Vertretungsmacht scheitern lassen können[56].

cc) **Innengesellschaft.** Ist die GbR eine sog Innengesellschaft[57], so nimmt sie in der Regel nach dem Gesellschaftsvertrag nicht als Gesamthand am Rechtsverkehr teil. Daher besteht aufgrund des Gesellschaftsvertrags auch **keine organschaftliche Vertretungsmacht**; die Auslegungsregel des § 714 greift nicht ein[58]. 18

2. **Einzelne Voraussetzungen und Wirkungen.** – a) **Allgemeines Vertretungsrecht.** Rechtsgeschäftliches Handeln kraft organschaftlicher Vertretungsmacht wirkt nur dann unmittelbar für und gegen die GbR, wenn nach den Umständen für den Dritten erkennbar **im Namen** gerade der Gesellschaft gehandelt wurde, § 164 Abs 1 Satz 2, Abs 2[59]. Bei Handeln im eigenen Namen kommt eine sog mittelbare Stellvertretung in Betracht. Auch im übrigen sind weithin die Regelungen des allgemeinen Vertretungsrechts (§§ 164 ff) ergänzend anwendbar. Eine von einem kraft Gesellschaftsvertrags einzelvertretungsberechtigten Gesellschafter abgegebene einseitige empfangsbedürftige Willenserklärung (Kündigung) kann von dem Empfänger entsprechend § 174 zurückgewiesen werden[60] Bei **Gesamtvertretung** müssen grundsätzlich alle gesamtvertretungsberechtigten Gesellschafter gemeinsam handeln, soweit sie nicht im zulässigen Rahmen[61] sich zum Alleintätigwerden ermächtigt haben[62]. Jeder Gesamtvertreter kann jedoch empfangsbedürftige Willenserklärungen an die GbR allein entgegennehmen. Auch reicht die Kenntnis oder das Kennenmüssen bei **einem** Gesamtvertreter aus, um davon bei **allen** mit der Wirkung des § 166 Abs 1 auszugehen. Erlischt die Vertretungsmacht des einen gesamtvertretungsberechtigten Gesellschafters, zB durch Tod, so wird der andere im Zweifel nicht alleinvertretungsberechtigt, weil sonst die im Gesellschaftsvertrag vorgesehene Gesamtvertretung hinfällig würde; dies gilt grundsätzlich auch in Not- und Eilfällen[63]. Verbleibt allerdings nur noch ein Gesellschafter, der die Gesellschaft vertreten kann, so wird er alleinvertretungsberechtigt[64]. 19

b) **Organschaftliche Vertretungsmacht kraft Rechtsscheins.** Auch kraft Rechtsscheins kann organschaftliche Vertretungsmacht begründet sein. Die von der Rechtsprechung entwickelten Grundsätze zur sog Duldungsvollmacht und sog Anscheinsvollmacht[65] gelten entsprechend[66]. Die Wirkungen des rechtsgeschäftlichen Handelns treffen dann die GbR. Davon ist zu unterscheiden, ob auch die einzelnen Gesellschafter kraft eines zurechenbaren Rechtsscheins von Vertretungsmacht verpflichtet worden sind[67]. Der für die GbR auftretende **Schein-Gesellschafter** kann wegen cic schadenersatzpflichtig sein[68]. 20

c) **„Kommanditgesellschaft" als Gesellschaft bürgerlichen Rechts.** Ändern die Gesellschafter einer **KG** den Gesellschaftszweck derart (zB durch Verpachtung des Unternehmens), dass die Gesellschaft sich **in eine GbR** umwandelt (sog formwechselnde Umwandlung[69]), so gilt nach der Rechtsprechung im Zweifel die bisherige Regelung der Geschäftsführungsbefugnis und Ver- 21

56 Keine ultra vires-Lehre; anders offenbar Münch Komm/Ulmer Rz 25 aE; s auch Wiedemann JZ 2001, 661, 664: Grundsätzlich Begrenzung durch den nach außen erkennbaren Gesellschaftszweck.
57 S Rz 28 ff vor 705.
58 Vgl BGHZ 12, 308, 314 = NJW 1954, 1159; BGH WM 1966, 31, 33.
59 Vgl RG JW 1911, 540.
60 BGH NJW 2002, 1194 = WM 2001, 2492 (mAnm Wertenbruch WuB II J. § 705 BGB 1.02) = DB 2002, 89; dazu Wertenbruch DB 2003, 1099.
61 BGH ZIP 1986, 501: keine allgemeine Ermächtigung; Köln WM 2001, 2340 (mAnm van Look WuB I B 2.-1.02): keine formularmäßige unbeschränkte Einzelkontovollmacht.
62 Vgl eingehend Schwarz NZG 2001, 529.
63 BGHZ 41, 367, 368 f = NJW 1964, 1624; vgl auch BGH LM Nr 1 zu HGB § 125 (mAnm Fischer).
64 BGHZ 41, 367, 369.
65 § 167 Rz 23 ff.
66 Vgl BGH NJW-RR 1996, 673; zuvor Loritz WM 1980, 294: HGB § 56 analog.
67 Vgl dazu Rz 34; zB für Wechselhaftung der Gesellschafter einer GbR, die im Rechtsverkehr durch einen Gesellschafter als KG aufgetreten ist: BGHZ 61, 59, 66 = NJW 1973, 1691 = WM 1973, 896; BGH NJW 1980, 784, 785 = WM 1980, 102; s unten Rz 22.
68 Ullrich MDR 2000, 1227; vgl auch BGHZ 146, 341, 359 mit Hinweis auf BGHZ 17, 13, 15; Saarbrücken NJW 2006, 2862 (mBespr Lepczyk S 3391).
69 Vgl § 705 Rz 3.

tretungsmacht fort[70]. Auch für eine als **„KG"** gegründete, aber nach früherer Rechtslage kraft Gesetzes wegen nicht vollkaufmännischer Tätigkeit **nur als GbR** entstandene oder zur GbR „geschrumpfte" Gesellschaft (HGB § 4 Abs 2 aF) galt nach der Rechtsprechung die für die „KG" vereinbarte Regelung der Geschäftsführungsbefugnis und Vertretungsmacht[71].

22 d) **Wechsel- und Scheckrechtsfähigkeit**. Ist namens einer als GbR organisierten Grundstückseigentümergemeinschaft ein **Wechsel** angenommen worden, so wurde nach früherer Rechtsprechung keine wechselmäßige Haftung der GbR oder einzelner Gesellschafter begründet, weil die GbR mangels Registerpublizität und damit fehlender Klarheit über den Wechselschuldner angeblich nicht wechselrechtsfähig sei, die einzelnen Gesellschafter aber nicht namentlich als Bezogene benannt und auch nicht vertreten worden seien[72]. Bei **eindeutiger Kennzeichnung** der GbR ist jedoch die **Wechselrechtsfähigkeit** anzuerkennen[73]; ebenso die **Scheckrechtsfähigkeit**[74].

23 e) **Wirkungen**. Durch rechtsgeschäftliche Maßnahmen namens der GbR kraft organschaftlicher Vertretungsmacht (§ 164 Abs 1 Satz 1 und Abs 3) kann die GbR **berechtigt und verpflichtet** werden („für die Gesellschaft erworbene Gegenstände" im Sinne des § 718 Abs 1; „gemeinschaftliche Schulden" im Sinne des § 733 Abs 1). Die Vertretungsmacht deckt außerdem **Verfügungen** namens der GbR über Gegenstände des Gesellschaftsvermögens (§ 719 Abs 1). Umfasst wird auch das rechtsgeschäftliche **Handeln** namens der GbR **gegenüber einem Gesellschafter**; allerdings ist die organschaftliche Vertretungsmacht hier grundsätzlich auf den Umfang der Geschäftsführungsbefugnis beschränkt[75].

24 3. **Umfang**. Der Umfang der organschaftlichen Vertretungsmacht für die GbR wird sich in der Regel aufgrund der Auslegungsregel des § 714 nach dem Umfang der Geschäftsführungsbefugnis bestimmen[76]. Im Gesellschaftsvertrag kann jedoch die organschaftliche Vertretungsmacht unmittelbar auch hinsichtlich ihres Umfangs geregelt sein.

25 a) **Beschränkungen**. Ein Wille, die organschaftliche Vertretungsmacht in ihrem Umfang auf Verpflichtungen nicht über das Gesellschaftsvermögen hinaus zu beschränken, kann sich schon daraus ergeben, dass die Haftung eines oder mehrerer Gesellschafter nach dem Gesellschaftsvertrag auf die Einlage beschränkt sein sollte[77]. In allen Fällen ist es für die GbR fraglich, ob Dritte sich etwaige Beschränkungen des Umfangs der organschaftlichen Vertretungsmacht entgegenhalten lassen müssen (im Unterschied zu Beschränkungen der Vertretungsmacht für die Gesellschafter)[78]. Da für die GbR entsprechende Vorschriften wie HGB §§ 126 Abs 2; 161 Abs 2; BGB §§ 26 Abs. 2 Satz 1, 70 fehlen, muss der **Dritte**, wenn er sichergehen will, das Vorhandensein und den Umfang von organschaftlicher Vertretungsmacht gegebenenfalls **prüfen** (keine Pflicht, sondern allenfalls eine Obliegenheit)[79]. Das ist schon wegen der sehr unterschiedlichen Gestaltungsmöglichkeiten mit gesetzestypischer Abhängigkeit von der Geschäftsführungsbefugnis

70 BGH NJW 1971, 1698 = WM 1971, 1198; aA K Schmidt BB 1973, 1612, 1614.

71 BGH WM 1972, 21; dazu Stimpel ZGR 1973, 73, 80 ff; zust K Schmidt BB 1973, 1612, 1613 f; aA Beyerle NJW 1972, 229; Kornblum BB 1972, 1032; vgl § 709 Rz 20 u unten Rz 34.

72 Frankfurt/M MDR 1968, 589; Hamm NJW 1976, 1752; dazu Hüffer JuS 1978, 231. Zur Wechselzeichnung für eine noch nicht eingetragene KG mit Handelsgewerbe nach früherem HGB § 2: BGHZ 59, 179, 184 = NJW 1972, 1660 = WM 1972, 904 (mBespr K Schmidt JuS 1973, 83 u Schwerdtner JR 1973, 319); BGHZ 61, 59, 62 = NJW 1973, 1691 (mAnm Canaris NJW 1974, 455) = WM 1973, 896; dazu Emmerich JuS 1974, 52.

73 So jetzt ausdrücklich BGHZ 146, 341, 358 (= Fn 7); vgl zuvor schon K Schmidt JuS 1973, 83, 85 f; StudKommBGB/Hadding §§ 718–720 Anm 1; Flume, Personengesellschaft § 7 III; Zöllner, Wertpapierrecht, 1982[13], § 12 I 1.

74 BGHZ 136, 254 = WM 1997, 1666 = WuB I D 3. – 1.98 Livonius = DStR 1997, 1501.

75 BGHZ 38, 26, 34 = NJW 1962, 2344; BGH WM 1973, 637 = LM Nr 10 zu HGB § 119; ferner BGH NJW 1974, 1555 = WM 1974, 834; NJW 1983, 2498 = WM 1983, 929; vgl dazu H Westermann, Festschr für Meier-Hayoz, 1982, S 445, 451 ff.

76 Vgl oben Rz 14, 17, 23 aE.

77 Stuttgart MDR 1954, 169; vgl auch RGZ 63, 57, 65; 155, 75, 87.

78 Vgl unten Rz 30.

79 Vgl dazu auch RG Gruchot 54, 94; RGZ 155, 75, 87; BGHZ 61, 59 = NJW 1973, 1691; BGH NJW 1979, 2304, 2306 = WM 1979, 969.

(§§ 709, 710; 714) erforderlich. Für den Umfang und etwaige Beschränkungen der organschaftlichen Vertretungsmacht ist also auch für Dritte in erster Linie der **Gesellschaftsvertrag** maßgebend Die Drittwirkung von Beschränkungen der organschaftlichen Vertretungsmacht setzt **nicht Offenkundigkeit oder Kenntnis** des Dritten voraus[80]. Die genannte Rechtsprechung stellt freilich darauf ab, ob bei einer Prüfung des Dritten etwaige Beschränkungen **erkennbar** waren. **Überschreitet** ein Gesellschafter den Umfang seiner gesellschaftsvertraglich gegebenen organschaftlichen Vertretungsmacht, kann der Dritte durch sein Vertrauen auf einen Rechtsschein geschützt sein[81]. Im übrigen gelten die §§ 177–180. Für das Gesellschaftsverhältnis ist hier die Geschäftsführungspflicht verletzt[82].

b) **Einfluss eines Widerspruchs**. Da der Widerspruch gegen eine Geschäftsführungsmaßnahme gem § 711 nicht die Geschäftsführungsbefugnis aufhebt[83], beeinflusst er auch nicht mittelbar nach § 714 die organschaftliche Vertretungsmacht; der Widerspruch hat **keine Außenwirkung**[84]. Die vorhandene organschaftliche Vertretungsmacht bleibt auch dann in ihrem Umfang unberührt, wenn das Geschäftsführungshandeln im sog Innenverhältnis sich als pflichtwidrig erweist. 26

c) **Insichgeschäfte**. Soweit nicht der Gesellschaftsvertrag oder ein Beschluss der Gesellschafter allgemein oder bestimmte Insichgeschäfte bei der Geschäftsführung gestattet, gilt das **Verbot gem § 181**, so dass ein geschäftsführender Gesellschafter nicht namens der GbR mit sich im eigenen Namen oder als Vertreter eines Dritten rechtsgeschäftlich handeln kann[85]. Nach der Rechtsprechung[86] wird § 181 nicht unzulässig umgangen, wenn der mit der GbR kontrahierende Gesamtvertreter einen anderen gesamtvertretungsberechtigten Gesellschafter zum alleinigen Handeln für die Gesellschaft ermächtigt hat[87]. In RGZ 103, 417; 116, 117 war nur festgestellt worden, dass ein Gesamtvertreter nicht Einzelvertretungsmacht erhält, wenn der andere Gesamtvertreter verhindert ist. Zweifelhaft ist allerdings, ob der durch § 181 betroffene Gesamtvertreter einen anderen wirksam ermächtigen kann. Die GbR ist aber im Ergebnis vor einseitiger Interessenwahrnehmung hinreichend geschützt, wenn der hier allein handelnde Gesamtvertreter von dem Interessenwiderstreit nicht betroffen ist und erkennbar nicht mit dem durch § 181 betroffenen Gesamtvertreter zu dessen Gunsten zusammengewirkt hat[88]. Steht bei einer zweigliedrigen GbR ein Gesellschafter in einem Interessenwiderstreit, ist fraglich, ob der andere Gesellschafter die Gesellschaft vertreten kann[89]. 27

d) **Missbrauch**. Ein Gesellschafter missbraucht seine organschaftliche Vertretungsmacht, wenn er durch sein rechtsgeschäftliches Handeln namens der GbR eine Pflicht aus dem Gesellschaftsverhältnis verletzt (abrede-, weisungs- oder interessenwidriger Gebrauch oder bewusstes Handeln zum Nachteil der GbR). Nach der Rechtsprechung zur OHG (KG) hat die Gesellschaft dann gegenüber dem Dritten, der den Missbrauch kannte, den Einwand unzulässiger Rechtsausübung[90]. Ein mitwirkendes Verschulden auf Seiten der Gesellschaft (zB Unterlassen zumutbarer Kontrollmaßnahmen durch die übrigen Gesellschafter) wird nach dem „Rechtsgedanken" des § 254 berücksichtigt[91]. Um klare Verhältnisse sicherzustellen, sollte von Folgendem ausgegangen werden: Hat der Dritte den Missbrauch **gekannt**, kann der Vertretene (hier die GbR) ihm einen 28

80 ZT abw Soergel[10] Rz 9.
81 Vgl oben Rz 20.
82 Vgl § 709 Rz 14.
83 S § 711 Rz 4.
84 S § 711 Rz 5 mNachw.
85 Vgl dazu § 181 Rz 34. Baetzgen RNotZ 2005, 193.
86 BGHZ 64, 72, 76 = NJW 1975, 1117 = WM 1975, 378.
87 Krit Klamroth BB 1975, 851; Plander BB 1975, 1493, 1496; U Hübner, Interessenkonflikt und Vertretungsmacht, 1977, S 327 f; vgl auch BGH NJW 1984, 2085 = WM 1984, 998: für GmbH.
88 Ähnlich U Hübner, Interessenkonflikt und Vertretungsmacht S 186 ff, 238 f.
89 Vgl BGH NJW-RR 1991, 1441. S auch BGHZ 112, 339, 341 f.
90 Vgl schon RGZ 71, 219, 222; BGH JZ 1964, 420; NJW 1966, 1911 = WM 1966, 452; BGHZ 50, 112, 114 = NJW 1968, 1379; dazu insbes R Fischer, Festschr für Schilling, 1973, S 3 ff; Geßler, Festschr für v Caemmerer, 1978, S 531 ff; John, Festschr für Mühl, 1981, S 349 ff; Jüngst, Der Mißbrauch organschaftlicher Vertretungsmacht, 1981.
91 Vgl auch § 177 Rz 15 ff: entsprechende Anwendung der §§ 177–180.

Schadenersatzanspruch wegen cic entgegenhalten. Im übrigen trifft den Dritten, der keinen Einblick in das Innenverhältnis der Gesellschaft hat, **keine Prüfungspflicht**, ob die vorhandene Vertretungsmacht missbräuchlich ausgeübt wird. Es genügt daher nicht, wenn der Dritte den Missbrauch nur leicht oder grob fahrlässig nicht kennt[92].

IV. Verpflichtetsein der einzelnen Gesellschafter bei rechtsgeschäftlich entstandenen Gesellschaftsschulden

29 1. **Gesellschaftsvertragliche Vollmacht gem § 714**. Wird bei **rechtsgeschäftlichen** Geschäftsführungsmaßnahmen aufgrund organschaftlicher Vertretungsmacht in erster Linie die GbR (Gesamthand) selbst berechtigt und verpflichtet[93], so bleibt zu klären, ob und unter welchen Voraussetzungen auch die **einzelnen Gesellschafter** entsprechend verpflichtet werden, so dass sie dem Gläubiger mit ihrem privaten Vermögen einzustehen haben[94]. Nach der hier vertretenen Auffassung (Lehre von der sog Doppelverpflichtung[95]) ergibt sich aus dem **Gesellschaftsvertrag** nicht nur im Zweifel für jeden Gesellschafter eine organschaftliche Gesamtvertretungsmacht[96], sondern **gem § 714** im Zweifel „auch" eine **Vollmacht**, „die anderen Gesellschafter Dritten gegenüber zu vertreten"[97]. Diese im Zweifel bestehende **gesellschaftsvertragliche Vollmacht** lässt bei rechtsgeschäftlichen Geschäftsführungsmaßnahmen neben der Verbindlichkeit der GbR (Gesamthandschuld) inhaltlich entsprechende persönliche Verpflichtungen der einzelnen Gesellschafter entstehen, die nicht selbst gehandelt haben[98]. Zugleich verpflichtet (oder verpflichten) sich der (oder die) selbst handelnde(n) Gesellschafter persönlich. Die so entstehenden Verbindlichkeiten der Gesellschafter **(Gesellschafterschulden)**, deren Inhalt grundsätzlich der Gesamthandschuld entspricht, bilden bei der GbR die Parallele zu der gesetzlichen Gesellschafterhaftung bei der OHG und der KG (HGB §§ 128, 129; 161 Abs 2; 171, 172; 176 Abs 1). Die im Zweifel gem § 714 bestehende gesellschaftsvertragliche Vollmacht ist deshalb zweckentsprechend hinsichtlich ihres Umfangs dahin auszulegen, dass die einzelnen Gesellschafter **nur verpflichtet** werden, und zwar soweit Gesamthandschulden der GbR entstehen. Die Gesellschafter werden durch dieses Vertretungshandeln nicht auch neben der GbR (schuldrechtlich oder sachenrechtlich) berechtigt. Die Lehre von der sog Doppelverpflichtung ist hier gegenüber der bisherigen Ansicht von Ulmer[99] in folgender Hinsicht modifiziert: Die gesellschaftsvertragliche Vollmacht, „auch" die einzelnen Gesellschafter zu vertreten, wird aus **§ 714** hergeleitet[100] und besteht daher im Zweifel bei **jeder GbR**. Die der Gesamthandschuld inhaltlich entsprechenden Gesellschafterschulden entstehen nicht kraft „Verkehrsauffassung" (§ 157) im Zweifel nur bei Erwerbsgesellschaften des bürgerlichen Rechts (so bisher Ulmer, MünchKomm Rz 27 f), sondern im Zweifel bei jeder GbR, dh unabhängig vom Gesellschaftszweck[101]. Bei einer Personalgesellschaft ohne gesetzliche Sicherstellung eines Mindestgesellschaftsvermögens sollte es grundsätzlich nicht vom Gesellschaftszweck abhängen, ob dem Gläubiger auch die privaten Vermögen der einzelnen Gesellschafter haften. Der einem Idealverein entsprechende Gesellschaftszweck einer GbR ergibt nicht schon als solcher, dass keine gesellschaftsvertragliche Vollmacht besteht, auch die Gesellschafter persönlich zu verpflichten. Der Struktur der GbR und dem Sicherungsinteresse der Gläubiger angemessen erscheint vielmehr eine positive Vermutung im Sinne der Auslegungsregel des § 714, die allenfalls durch besondere Umstände entkräftet werden kann[102], unbeschadet noch einer etwaigen Vollmacht kraft Rechtsscheins[103].

92 Demgegenüber soll nach BAG ZIP 1997, 603 schon fahrlässige Unkenntnis des Dritten genügen.
93 S oben Rz 3, 23.
94 Vgl oben Rz 4.
95 S Rz 10 mNachw.
96 S oben Rz 7, 15.
97 S oben Rz 9.
98 So noch BGHZ 136, 254, 258 f = WM 1997, 1666 = NJW 1997, 2754, 275, sowie die RsprNachw in Fn 28.
99 MünchKomm³ Rz 27 f.
100 S oben Rz 9.
101 Vgl auch Lindacher JuS 1981, 818, 822 Fn 30, 31.
102 Vgl Rz 30–33.
103 S unten Rz 34; vgl ferner Rz 37.

Im Hinblick auf § 714 und seine hier vertretene Auslegung ergibt sich mithin ohne weiteres eine gesetzesnahe Lösung im Sinne einer (vermuteten) sog Doppelverpflichtung auch der Gesellschafter persönlich. An dieser rechtlichen Beurteilung der „Haftung" der Gesellschafter einer jeden GbR wird ausdrücklich festgehalten.

Demgegenüber geht der II. Zivilsenat des BGH[104] entgegen seiner bisherigen Rechtsprechung[105] nunmehr allgemein, dh auch bei rechtsgeschäftlich entstandenen Gesellschaftsschulden, von einer „kraft Gesetzes" bestehenden akzessorischen Haftung der Gesellschafter entsprechend HGB §§ 128f aus. Dies ist methodisch zweifelhaft[106] und übergeht die bislang vom II. Zivilsenat des BGH[107] selbst vorgebrachte Argumentation: „Die unterschiedliche Ausgestaltung der Gesellschafterhaftung in der Gesellschaft bürgerlichen Rechts und in der Personenhandelsgesellschaft finde ... ihre Rechtfertigung darin, dass die Rechtsform der Gesellschaft bürgerlichen Rechts einer Vielzahl recht unterschiedlicher Personenverbindungen zur Verfügung stehe, die unterschiedslose Strenge der handelsrechtlichen Haftungsvorschriften zur Vielgestaltigkeit dieser Erscheinungsformen wenig passend erscheine, dem Interesse der Beteiligten häufig nicht gerecht werde und im Rechtsverkehr in vielen Fällen nicht geboten erscheine. Belasse man es hingegen bei den allgemeinen Grundsätzen des bürgerlichen Rechts, könnten die diesem Rechtsbereich adäquaten differenzierenden Haftungsfolgen erreicht werden". Die jetzt vom II. Zivilsenat des BGH intendierte Abwehr von einseitigen Haftungsbeschränkungen auf das Gesellschaftsvermögen (keine „GbRmbH")[108] lässt sich auch auf der Grundlage der insgesamt vorzugswürdigen Doppelverpflichtungslehre bewerkstelligen[109].

2. **Ausschluss oder Begrenzungen**. Da das rechtsgeschäftliche Handeln der geschäftsführenden Gesellschafter nicht nur eine Verbindlichkeit der GbR (Gesamthandschuld), sondern im Zweifel auch inhaltlich entsprechende Verpflichtungen der einzelnen Gesellschafter begründet[110], ist es fraglich, ob und unter welchen Voraussetzungen das **persönliche Verpflichtetsein** der Gesellschafter **ausgeschlossen** oder **begrenzt** ist. In Betracht kommen verschiedene rechtliche Möglichkeiten: 30

a) **Vereinbarung mit dem Gläubiger**. Zunächst kann ausdrücklich oder stillschweigend mit dem Gläubiger der GbR vereinbart sein, dass nur eine Verbindlichkeit der Gesellschaft (Gesamthandschuld) entstehen soll. Eine solche Haftungsbeschränkung auf das Gesamthandvermögen ist zulässig[111]. Schon der Inhalt der vereinbarten Leistungspflicht oder andere Umstände, die dem Gläubiger beim Vertragsschluss bekannt oder erkennbar waren, können auf sein Einverständnis schließen lassen, nicht auch die einzelnen Gesellschafter persönlich in Anspruch zu nehmen[112]. Nach der neueren Rechtsprechung des II. Zivilsenats des BGH[113] ist eine „wirksame Beschränkung der Haftung der Gesellschafter einer Gesellschaft bürgerlichen Rechts ... nur im Wege einer mit dem Vertragspartner *individualvertraglich* getroffenen Vereinbarung möglich" (Hervorheb v Verf). Das ist dann folgerichtig, wenn man die Gesellschafterhaftung bei der GbR entsprechend HGB §§ 128f begründet[114]. Vgl HGB § 128 Satz 2. Freilich hat der II. Zivilsenat des BGH[115] als „Ausnahme" eine *formularmäßig* vereinbarte Haftungsbeschränkung zugelassen für GbR-Gesellschafter von geschlossenen Immobilienfonds. Ferner hat der BGH (XI. Zivilsenat)[116] entschieden, dass die im Darlehensvertrag mit einer GbR enthaltene Verpflichtung der Gesellschafter, sich in Höhe der 31

104 BGHZ 146, 341, 358 (= Fn 7).
105 Vgl die Angaben Fn 29, 44.
106 Vgl oben Rz 11.
107 Urteil vom 10. 2. 1992, ZIP 1992, 695, 699 als Zusammenfassung von BGHZ 74, 240, 243.
108 BGHZ 142, 315, 318ff (= Fn 35).
109 Vgl unten Rz 30ff.
110 S oben Rz 29.
111 Vgl für den Ausschluss der Haftung gem HGB § 128: BGH WM 1971, 1451, 1452.
112 Vgl Breslau OLG 32, 362, 363: gemeinnütziger Gesellschaftszweck und den Gläubigern bekannte Umstände.
113 BGHZ 142, 315, 318 (= Fn 35).
114 BGHZ 146, 341, 358 (= Fn 7). Vgl dazu Rz 11.
115 BGHZ 150, 1 = NJW 2002, 1642 = WM 2002, 958 (mAnm Hadding WuB II J. § 705 BGB 4.02) = ZIP 2002, 851 = DStR 2002, 816 (mAnm Goette); dazu eingehend Reiff ZGR 2003, 550 mwNachw.
116 BGH WM 2006, 177 = NJW-RR 2006, 683.

auf ihre jeweilige Gesellschaftsbeteiligung entfallenden Verbindlichkeit der sofortigen Zwangsvollstreckung zu unterwerfen, auch dazu dient, die darlehensvertragliche Haftung der Gesellschafter zu beschränken.

32 b) **Regelung im Gesellschaftsvertrag**. Können in genannter Hinsicht keine Anhaltspunkte festgestellt werden, so wurde bislang in der Rechtsprechung[117] darauf abgestellt, ob die gem § 714 im Zweifel bestehende gesellschaftsvertragliche Vollmacht der geschäftsführenden Gesellschafter, „auch" die anderen Gesellschafter zu vertreten, **im Gesellschaftsvertrag** abbedungen oder in ihrem Umfang beschränkt worden ist. Insoweit sollte es unerheblich sein, ob dies offenkundig oder dem Gläubiger der GbR bekannt oder erkennbar war. Wie bei jeder Vollmacht hat der **Dritte**, wenn er sichergehen will, ihr Vorhandensein und ihren Umfang ggf zu **prüfen**[118]. Es handelt sich jedoch nicht um eine Pflicht, sondern allenfalls um eine Obliegenheit[119]. Demgegenüber stellte die oben Rz 25 genannte bisherige Rechtsprechung darauf ab, ob die Beschränkung der Vertretungsmacht dem Dritten zumindest nach einer Prüfung erkennbar war[120]. Von dieser Rechtsprechung ist der II. Zivilsenat des BGH[121] nunmehr abgerückt: „Auf die ... Frage der Erkennbarkeit der Haftungsbeschränkung für die Klägerin kommt es nicht an. Eine wirksame Beschränkung der Haftung der Gesellschafter einer Gesellschaft bürgerlichen Rechts kann nicht durch einen entsprechenden Namenszusatz oder einen anderen, den Willen, nur beschränkt zu haften, verdeutlichenden Hinweis erreicht werden"[122]. Dies ändert freilich nichts an dem allein zutreffenden zivilrechtlichen Ausgangspunkt: Fehlt eine gesellschaftsvertragliche Vollmacht oder ist ihr Umfang überschritten worden, so sind die §§ 177 bis 180 anwendbar. Allerdings ist zuvor darauf zu achten, ob etwa eine entsprechende Vollmacht kraft Rechtsscheins gegeben war[123]. Hat ein vollmachtlos vertretener Gesellschafter nach Vertragsschluss mit einem Dritten seine Beteiligung an der GbR übertragen, so geht die Befugnis, den insoweit zunächst schwebend unwirksamen Vertrag zwischen der GbR und dem Dritten zu genehmigen, auf den Erwerber der Beteiligung über; die Rechtsnachfolge in der Beteiligung an der GbR wirkt unmittelbar auch im Außenverhältnis gegenüber dem Dritten als Vertragspartner[124]. Insgesamt gilt hier das gleiche wie bei der im Ausgangspunkt anderen Frage, ob die organschaftliche Vertretungsmacht in ihrem Umfang beschränkt worden ist[125].

32a Will man allerdings – wie nunmehr der II. Zivilsenat des BGH[126] – das persönliche Verpflichtetsein der Gesellschafter in gleichem Umfang wie rechtsgeschäftlich entstandene Verbindlichkeiten der GbR sicherstellen und eine Haftungsbeschränkung zugunsten der Gesellschafter nur bei individualvertraglicher Abrede mit dem Gläubiger anerkennen[127], so sollte die Argumentation dahingehen, dass die nach allgemeinem Zivilrecht mögliche Beschränkung rechtsgeschäftlich erteilter Vertretungsmacht ihrerseits bei der GbR **personalgesellschaftsrechtlichen Grenzen** unterliegt. Es muss also nicht von der „Doppelverpflichtung" von GbR und ihren Gesellschaftern zur „akzessorischen Haftung" der Gesellschafter kraft Gesetzes (entsprechend HGB §§ 128f) gewechselt werden, um eine Haftungsbeschränkung (entsprechend HGB § 128 Satz 2) zu vermeiden. Vielmehr ist der sachliche Grund, dass es bei der GbR als Gesellschaftsform – ebenso

117 Vgl BGHZ 91, 139, 142f = NJW 1984, 2100 = WM 1984, 970; BGH WM 1990, 1113, 1114 = ZIP 1990, 715, 716 = NJW-RR 1990, 867; BGHZ 134, 224 = NJW 1997, 1580 = LM Nr 60 zu HGB § 366 (mAnm Westermann) = WM 1997, 767 (sog quotale Haftungsbeschränkung); dazu K Schmidt NJW 1997, 2201.
118 AA bisher MünchKomm³/Ulmer Rz 31.
119 Vgl Rz 25.
120 BGH NJW 1985, 618 = WM 1985, 56, 57 mNachw; ebenso noch BGH WM 1989, 377, 379 = NJW-RR 1989, 465; BGH WM 1990, 1035, 1037; BGH WM 1990, 1113, 1114; BGHZ 113, 216, 219 = WM 1991, 404 (mAnm Uhlenbruck WuB VI B. § 109 KO 1.91).
121 BGHZ 142, 315, 318 (= Fn 35).
122 Allerdings soll es nach BGHZ 150, 1 (= Fn 115) weiterhin auf die Erkennbarkeit einer Haftungsbeschränkung ankommen bei schon bestehenden geschlossenen Immobilienfonds als GbR („Vertrauensschutz").
123 Vgl unten Rz 34.
124 BGHZ 79, 374 = NJW 1981, 1213 = WM 1981, 359, 260.
125 Vgl oben Rz 25.
126 BGHZ 142, 315, 319 (= Fn 35).
127 Ausnahme gemäß BGHZ 150, 1 (= Fn 115).

wie bei der OHG/KG – kein gesetzlich garantiertes Mindestgesellschaftsvermögen gibt, dahin zu gewichten, dass die Gesellschafter ihr persönliches Verpflichtetsein (im Wege der „Doppelverpflichtung") grundsätzlich nicht durch eine Beschränkung der nach § 714 vermuteten gesellschaftsvertraglichen Vollmacht ausschließen können. Man braucht daher nur die **in § 714 enthaltene Vermutung**[128] als **grundsätzlich unwiderleglich** zu betrachten und nur die **Ausnahme einer individualvertraglichen Abrede mit dem Gläubiger der GbR** über eine Haftungsbeschränkung zugunsten der Gesellschafter zuzulassen, um die Rechtsfolge von HGB § 128 Satz 2 (§ 161 Abs 2) herbeizuführen. Auch dies ergibt, dass es für eine Analogie zu HGB §§ 128 f[129] an einer planwidrigen Lücke fehlt[130]. Das Recht der GbR hält insoweit als lex specialis zum allgemeinen Recht der Stellvertretung und ohne methodisch zweifelhafte Anleihe bei dem Recht der OHG/KG die Lösung zu einer grundsätzlich unbeschränkbaren Gesellschafterhaftung selbst bereit[131].

c) **Begrenzung im Zweifel durch Umfang der organschaftlichen Vertretungsmacht**. Der Umfang und etwaige Beschränkungen der organschaftlichen Vertretungsmacht für die GbR wirken sich dahin aus, dass die im Zweifel bestehende gesellschaftsvertragliche Vollmacht, „auch" die anderen Gesellschafter persönlich zu vertreten, grundsätzlich nicht weiter reicht, als Gesamthandschulden der GbR entstehen[132]. Die gesellschaftsvertragliche Vollmacht gem § 714 geht also in ihrem Umfang im Zweifel nicht über den Umfang organschaftlicher Vertretungsmacht hinaus. Wer dies dennoch behauptet, muss besondere Umstände darlegen, dass ausnahmsweise die Verpflichtungen der einzelnen Gesellschafter weitergehend als die Gesellschaftsschuld sein sollten. Eine nach der Rspr des II. Zivilsenats des BGH[133] grundsätzlich nur individualvertraglich beschränkbare Haftung der Gesellschafter einer GbR (analog HGB § 128 Satz 2) paßt systematisch nicht zu der Prüfungspflicht Dritter hinsichtlich etwaiger Beschränkungen der *organschaftlichen* Vertretungsmacht für die GbR, die nach wie vor besteht (Rz 25). 33

d) **Persönliche Haftung kraft Rechtscheins**. Auch wenn eine gesellschaftsvertragliche Vollmacht fehlt oder ihr Umfang überschritten worden ist, weil zB eine zulässige Beschränkung[134] nicht beachtet worden ist, kann sich noch eine persönliche Haftung der Gesellschafter kraft Rechtsscheins ergeben[135]. Nach der Rechtsprechung zur sog Duldungsvollmacht oder sog Anscheinsvollmacht[136] genügt schon – wie *Ulmer*[137] es formuliert – „die dauernde, den Mitgesellschaftern erkennbare, wenn nicht von ihnen sogar geduldete Tätigkeit einzelner Gesellschafter für die Gesellschaft ohne Offenlegung ihrer auf die Gesamthand beschränkten Vertretungsmacht, um im Rechtsverkehr das Vertrauen auf das Bestehen entsprechender Einzelvollmachten der Geschäftsführer gegenüber den Mitgesellschaftern persönlich hervorzurufen". Die nicht selbst handelnden Gesellschafter sind im Sinne des § 171 Abs 2 gehalten, den Rechtsschein einer in Wirklichkeit nicht vorhandenen gesellschaftsvertraglichen Vollmacht zu verhindern oder durch geeignete Maßnahmen zu beseitigen, zB besondere Mitteilung an einen Dritten oder öffentliche Bekanntmachung. Ist dies nicht geschehen, kann Dritten, die auf den Rechtsschein vertraut haben, nicht entgegengehalten werden, sie hätten das Vorhandensein oder den Umfang „auch" einer gesellschaftsvertraglichen Vollmacht prüfen müssen (keine Pflicht, allenfalls Obliegenheit)[138]. Ist freilich eine GmbH u Co **KG** wegen ihres Handelsgewerbes im Sinne von HGB § 2 aF infolge unterbliebener Eintragung in das Handelsregister **nur als GbR entstanden**[139], so besteht nach der Rechtsprechung für die „Kommanditisten" keine über die vorgesehene „Haftsumme" hinausgehende persönliche Haftung[140]. Entsprechendes ist bei der **formwechselnden** 34

128 Vgl oben Rz 9, 29.
129 So BGHZ 146, 341, 358 (= Fn 7).
130 Vgl dazu oben Rz 11.
131 Vgl zu diesem Ansatz Hadding ZGR 2001, 712, 739; ders, Festschr für Th Raiser, 2005, S 129, 142.
132 Vgl oben Rz 29.
133 Vgl bei Fn 112–115.
134 Vgl Rz 31–32 a.
135 Ebenso Lindacher JuS 1981, 818, 822.
136 Vgl § 167 Rz 23 ff.
137 MünchKomm³ Rz 31; jetzt (4. Aufl) Rz 28.
138 Vgl Rz 25, 32.
139 Vgl § 705 Rz 3; Rz 25 vor § 705.
140 BGHZ 61, 59, 66 (= Fn 67); BGHZ 69, 95, 99 = NJW 1977, 1683 = WM 1977, 841; BGH NJW 1980, 784 = WM 1980, 102.

Umwandlung einer KG in eine GbR wegen „geschrumpften“ Handelsgewerbes angenommen worden[141].

35 3. **Inhalt des Verpflichtetseins.** – a) **Grundsätzliche „Erfüllungspflicht“ und Ausnahmen.** Die aufgrund der gesellschaftsvertraglichen Vollmacht abgegebenen Verpflichtungserklärungen des (der) handelnden Gesellschafter(s)[142] sind dahin auszulegen, dass die einzelnen Gesellschafter persönlich **im Zweifel die gleiche Leistung** schulden **wie die GbR**. Nur wenn das persönliche Verpflichtetsein eines jeden Gesellschafters grundsätzlich den gleichen Inhalt hat wie die Gesamthandschuld, genügt dies dem Sicherungszweck der Gesellschafterschulden. Demgegenüber lässt sich aus dem „Gesamtschuldcharakter der Gesellschafterhaftung“[143] nichts für ihren Inhalt im Sinne einer grundsätzlichen „Erfüllungspflicht“ herleiten[144]. Die grundsätzliche „Erfüllungspflicht“ der Gesellschafter der GbR entspricht im Ergebnis wiederum dem heute ganz überwiegend so verstandenen Inhalt der gesetzlichen Gesellschafterhaftung bei der OHG und der KG (HGB §§ 128, 129; 161 Abs 2). Der parallele Inhalt des persönlichen Verpflichtetseins gilt für Geldschulden, Gattungsschulden und Verpflichtungen zur Vornahme von vertretbaren Handlungen (vgl ZPO § 887)[145]. Hingegen entsteht die grundsätzliche „Erfüllungspflicht“ der Gesellschafter dann **nicht**, wenn der Vertrag zwischen der GbR und dem Gläubiger zugleich als eine das persönliche Verpflichtetsein der Gesellschafter **inhaltlich abändernde Vereinbarung** auszulegen ist. Das ist regelmäßig der Fall, wenn die Verpflichtung – auch aus der Sicht des Gläubigers – von vornherein nur durch die GbR erfüllbar ist[146], zB bei Speziesschulden, Verpflichtungen zu unvertretbaren Handlungen (vgl ZPO § 888), Unterlassungen (vgl ZPO § 890) oder Abgabe von Willenserklärungen (vgl ZPO § 894). Bei den zuletzt genannten Schuldinhalten sind die Verpflichtungserklärungen aufgrund der gesellschaftsvertraglichen Vollmacht dahin auszulegen, dass der einzelne Gesellschafter **persönlich nur das „Interesse“** des Gläubigers in Geld schuldet, falls die GbR die primäre Leistung nicht oder nicht pflichtgemäß erbringt[147].

36 b) **Gesamtschulden der einzelnen Gesellschafter.** Die **einzelnen Gesellschafter** persönlich sind (neben der Gesamthandschuld der GbR) dem Gläubiger und untereinander als **Gesamtschuldner** im Sinne der §§ 421–426 verpflichtet[148]. Dies folgt für teilbare Leistungen aus **§ 427**, für unteilbare Leistungen aus **§ 431**[149]. Hinsichtlich der Gesellschafterschulden tritt demgemäß im Zweifel nach §§ 422–424 sog Gesamtwirkung ein[150], nach § 425 sog Einzelwirkung. Die Rechtsanwälte einer Sozietät haben jedoch alle für den Fehler einzustehen, den einer von ihnen begangen hat[151]. Ebenso wird sich in anderen Fällen „aus dem Schuldverhältnis“ oft ergeben (vgl § 425), dass der Inhalt der persönlichen Gesellschafterschulden nach der Verkehrsauffassung auch

141 BGH NJW 1971, 1698 = WM 1971, 1198; vgl § 705 Rz 6 u oben Rz 21. – Vgl zur Haftung bei der „bürgerlich-rechtlichen KG“ eingehend K Schmidt DB 1973, 653; 703. Gegen diese Rspr wendet sich Flume, Personengesellschaft § 16 IV 5. Wenn aber HGB § 176 Abs 1 Satz 1 nicht anwendbar ist (vgl Abs 1 Satz 2), ist das Handeln namens einer „KG“ in der Tat ein Umstand, der dem Dritten hinreichend deutlich macht, dass ein „Kommanditist“ keine gesellschaftsvertragliche Vollmacht erteilt hat, ihn über die „Haftsumme“ hinaus persönlich zu verpflichten (vgl schon Rz 31). Der Dritte vertraut dann nicht auf einen Rechtsschein einer weitergehenden gesellschaftsvertraglichen Vollmacht des „Kommanditisten“.

142 S oben Rz 29–34.

143 Vgl dazu Rz 36.

144 So aber die Begründung bei MünchKomm³/Ulmer Rz 38; nunmehr (4. Aufl) Rz 44: differenzierend.

145 Vgl auch BGHZ 73, 217, 221 = NJW 1979, 1361 = WM 1979, 487 (mBespr Hadding ZGR 1981, 577).

146 Vgl Hadding ZGR 1973, 137, 149 f.

147 Demgegenüber insoweit noch nicht hinreichend differenzierend BGHZ 146, 341, 358 (= Fn 7): „der jeweilige Bestand der Gesellschaftsschuld“ sei „auch für die persönliche Haftung maßgebend“.

148 Vgl auch BGHZ 72, 267, 271 = NJW 1979, 308 = WM 1978, 1404.

149 Wer die Gesellschafterhaftung entsprechend HGB § 128 herleitet, kann sich für die Stellung der Gesellschafter gegenüber dem Gläubiger und untereinander auf eben diese Vorschriften berufen (s auch BGHZ 146, 341, 358 = Fn 7).

150 Vgl zu § 423: BGH WM 1972, 929.

151 BGHZ 56, 355, 362 = NJW 1971, 1801 = WM 1971, 1386; BGHZ 70, 247, 251 = NJW 1978, 996 = WM 1978, 411; zust Steindorff, Festschr für R Fischer, 1979, S 751, 756. Vgl Rz 42 vor § 705 in Fn 223.

das Einstehen für zu vertretende Pflichtverletzungen eines Mitgesellschafters umfasst[152]; eine allgemeine Regel lässt sich aber schwerlich aufstellen und jedenfalls nicht aus § 278 herleiten[153]. Ist ein Gesellschafter persönlich in Anspruch genommen worden, so besteht während der Dauer der werbenden GbR grundsätzlich **kein Ausgleichsanspruch gegen die Mitgesellschafter** nach § 426 Abs 1 Satz 1. Denn das persönliche Verpflichtetsein der einzelnen Gesellschafter soll die Erfüllung der Gesamthandschuld sichern und erlaubt daher grundsätzlich nur einen Rückgriff gegen die GbR (§§ 713, 670[154]). Nur hilfsweise (subsidiär), wenn eine Befriedigung aus dem Gesellschaftsvermögen nicht zu erlangen ist, kommt ein Ausgleichsanspruch gegen die anderen Gesellschafter als Gesamtschuldner in Betracht (§ 426 Abs 1 Satz 1), der sich dann im Zweifel nach ihrem Verlustanteil richtet (vgl § 735)[155]. Der ausgeschiedene Gesellschafter, der eine Gesellschaftsschuld erfüllt hat, kann sich ohne weiteres auch an die Mitgesellschafter halten[156]. Hat ein früherer Mitgesellschafter durch eine Leistung an Erfüllungs Statt eine Gesamthandschuld beglichen, so steht ihm ein Ausgleichsanspruch grundsätzlich auch gegen einen Gesellschafter zu, der durch Übertragung seiner Beteiligung aus der GbR ausgeschieden ist[157]. Während der Abwicklung der GbR findet grundsätzlich kein gesonderter Rückgriff statt; nur wenn feststeht, dass mindestens in dieser Höhe ein Ausgleichsanspruch gegen diesen Mitgesellschafter besteht[158].

c) **Verhältnis der Gesellschafterschulden zur Gesellschaftsschuld**. Das Verhältnis der Gesellschafterschulden zur Gesamthandschuld ist **nicht gesetzlich geregelt**. **Insoweit** besteht **keine Gesamtschuld**, weil eine Vorschrift fehlt, die dies anordnet. Die §§ 421–426 sind deshalb auf dieses Verhältnis – wie bei der OHG und der KG – nicht anwendbar. Es ist ein rechtsdogmatischer Fehlgriff, wenn der II. Zivilsenat des BGH[159] meint: „Für die Gesellschaft als originär Verpflichtete ist die entsprechende Anwendung der Gesamtschuldregeln im Verhältnis zur Gesellschafterhaftung grundsätzlich angebracht". Wenn eine akzessorische Gesellschafterhaftung anzunehmen ist – wie der II. Zivilsenat meint –, dh einseitige rechtliche Abhängigkeit besteht, dann kann die rechtsfähige GbR als Hauptschuldnerin nicht ihrerseits „wie eine Gesamtschuldnerin" verpflichtet sein[160]. Es sollte auch keine sog unechte Gesamtschuld angenommen werden[161]. Denn mit dieser gesetzlich nicht vorgesehenen Schuldnermehrheit werden mehr Probleme aufgeworfen als gelöst[162]. Das zeigen zB die Schwierigkeiten, die sich bei der Anwendung des § 425 ergeben[163]. Gemäß dem Sicherungszweck der **Gesellschafterschulden** sind vielmehr die rechtsgeschäftlichen Erklärungen, durch die diese Verpflichtungen begründet werden, dahin auszulegen, dass sie von der Gesamthandschuld **einseitig rechtlich abhängig** sind. Die Gesellschafterschulden sind mithin **vereinbarungsgemäß** akzessorisch zu der Gesamthandschuld, der sie inhaltlich entsprechen[164]. Der BGH[165] hat – wenn auch in anderem Zusammenhang – anerkannt, dass Akzessorietät vereinbart werden kann. Nicht nur der Inhalt der Gesellschafterschulden[166], sondern auch **Änderungen** sowie der **Fortbestand** oder das **Erlöschen** richten sich daher im Zweifel nach der Gesamthandschuld. Dies wird auch vom II. Zivilsenat des 37

152 So für Belegärztegemeinschaft BGHZ 165, 36, 39 = NJW 2006, 437 = VersR 2006, 361 = MDR 2006, 751; auf BGHZ 146, 341 komme es nicht an (BGHZ 165, 36, 42 f).
153 Vgl Beuthien DB 1975, 773, 774.
154 Vgl § 713 Rz 10; analog bei nicht geschäftsführenden Gesellschaftern; vgl bei OHG und KG HGB §§ 110 Abs 1, 161 Abs 2.
155 BGHZ 37, 299, 302 = NJW 1962, 1863; BGH WM 1974, 749, 751; NJW 1980, 339 = WM 1979, 1282; Koblenz BB 1980, 855 = DB 1980, 247; Walter JuS 1982, 81; vgl § 705 Rz 50.
156 BGH NJW 1980, 339 = WM 1979, 1282.
157 BGH NJW 1981, 1095 = WM 1981, 139 (mAnm Häuser JA 1981, 300).
158 BGH WM 1974, 749, 751.
159 BGHZ 146, 341, 358, 359 (= Fn 7).
160 Vgl dazu Hadding ZGR 2001, 712, 741 f.
161 So aber MünchKomm³/Ulmer Rz 34; zutreffend nunmehr Rz 47 (4. Aufl) für Haftung nach HGB § 128: „Unanwendbarkeit der §§ 422–425".
162 Vgl dazu H Dilcher JZ 1967, 110; Hillenkamp, Zur Lehre von der unechten Gesamtschuld, 1966.
163 MünchKomm³/Ulmer Rz 35, 36.
164 So auch Lindacher JuS 1981, 818, 822; Habersack JuS 1993, 1, 5; Beuthien JZ 2003, 969, 976.
165 NJW 1982, 275 = WM 1981, 1204; dazu Jauernig NJW 1982, 268; Tiedtke DB 1982, 1709; Bähr NJW 1983, 1473.
166 S oben Rz 35.

BGH[167] im Ergebnis so gesehen, wenn er feststellt, „der jeweilige Bestand der Gesellschaftsschuld" sei auch für „die persönliche Haftung maßgebend", die freilich entsprechend HGB §§ 128 f gegeben sein soll. Die einseitige Abhängigkeit der Verpflichtungen der Gesellschafter von der Verbindlichkeit der GbR wirkt sich folgendermaßen aus: Wird zB der GbR die Leistung – etwa die Lieferung einer Maschine – unmöglich, so wird die GbR entweder von der Leistungspflicht frei oder hat eine Einrede (§ 275 Abs 1 – Abs 3), muss aber, wenn die Unmöglichkeit zu vertreten ist, zB Schadenersatz statt der Leistung (§§ 275 Abs 4, 283, 280 Abs 1) leisten oder Aufwendungsersatz (§§ 275 Abs 4, 284) oder Ersatzherausgabe (§§ 275 Abs 4, 285). Dann schulden auch die einzelnen persönlich verpflichteten Gesellschafter nicht mehr „Erfüllung", sondern sind ebenfalls entweder frei oder zB schadenersatzpflichtig (idR §§ 251, 252). Entsprechend wirken sich alle Änderungen der Gesamthandschuld infolge von **Leistungsstörungen** im Bereich der GbR auf die Gesellschafterschulden aus. Dies ist keine inkonsequente „Anleihe" bei der Lehre von der Analogie zur gesetzlichen Gesellschafterhaftung nach HGB §§ 128, 129[168]; vielmehr fügt sich eine vereinbarte Akzessorietät zwanglos in die Lehre von der Doppelverpflichtung ein[169]. Der einzelne Gesellschafter haftet demnach, wenn er bei einer primären Leistungspflicht der GbR kraft gesellschaftsvertraglicher Vollmacht ebenfalls verpflichtet ist, auch für sekundäre Schadenersatzansprüche infolge von Leistungsstörungen, die die GbR zu vertreten hat (§§ 280 ff). Ebenso hat er für sekundäre Rückgewährpflichten der GbR einzustehen (zB § 346 Abs 1). Zur Herausgabepflicht wegen einer gegen die GbR gerichteten Leistungskondiktion (§§ 812 Abs 1 Satz 1 Fall 1, Satz 2, 817 Satz 1) vgl Rz 43.

V. Gesellschafterhaftung anlässlich gesetzlich entstandener Gesellschaftsschulden

38 Eine persönliche Haftung der einzelnen Gesellschafter mit ihrem privaten Vermögen (neben der GbR mit dem Gesellschaftsvermögen) ist nicht nur bei rechtsgeschäftlich begründeten Gesellschaftsschulden, sondern auch bei **gesetzlich entstandenen Verbindlichkeiten der GbR** in Betracht zu ziehen. Solche Ansprüche gegen die GbR können insbesondere aus gesetzlichen Schuldverhältnissen (cic, §§ 677 ff, § 687 Abs 2, §§ 987 ff, §§ 812 ff, §§ 823 ff) bestehen. Hier ist klarzustellen, ob und unter welchen Voraussetzungen etwa auch die einzelnen Gesellschafter persönlich dem Gläubiger der GbR einzustehen haben. Nimmt man nunmehr mit dem II. Zivilsenat des BGH[170] und zahlreichen Befürwortern im Schrifttum[171] eine generelle Gesellschafterhaftung entsprechend HGB §§ 128 f an, so ist davon auszugehen, dass bei der GbR eine gesetzliche Gesellschafterhaftung für alle Gesamthandschulden (nach dem Vorbild der HGB §§ 128, 129) besteht[172]. Diesen Schritt hat der II. Zivilsenat des BGH[173] unterdessen anlässlich eines Schadenersatzanspruchs nach § 826 gegen eine Grundstücks-GbR ausdrücklich getan. Es gebe „keinen überzeugenden Grund", die akzessorische persönliche Haftung der Gesellschaft als Gesamtschuldner für Verbindlichkeiten der GbR in ihrem jeweiligen Bestand auf rechtsgeschäftlich begründete Verbindlichkeiten zu beschränken. Überzeugend zu begründen ist jedoch umgekehrt die Erstreckung einer solchen Haftung auf gesetzliche Verbindlichkeiten der GbR. Hierfür spreche „insbesondere der Gedanke des Gläubigerschutzes". Die Gläubiger könnten sich bei einer gesetzlichen Verbindlichkeit „ihren Schuldner nicht aussuchen". Das ist indes bei jeder gesetzlichen Verbindlichkeit der Fall. Die „ausnahmslose" Haftung für gesetzliche Verbindlichkeiten sei zudem

167 BGHZ 146, 341, 358 (= Fn 7).
168 Vgl Rz 11.
169 Vgl Rz 10 und öfter.
170 BGHZ 146, 341, 358 (= Fn 7).
171 Vgl Rz 11.
172 Vgl oben Rz 11.
173 BGHZ 154, 88 = NJW 2003, 1445, 1446 f = WM 2003, 830, 831 f (mAnm Wunderlich WuB II J. § 705 BGB 4.03 [zu 2.]) = VersR 2003, 650 (m Anm Reiff) = ZIP 2003, 664. Stellungnahmen: Ausführlich (kritisch) Altmeppen NJW 2003, 1553 ff; Flume DB 2003, 1775 ff; zustimmend Ulmer ZIP 2003, 1113, 1114 f; K Schmidt NJW 2003, 1897, 1900 f; Arnold/Dötsch DStR 2003, 1398, 1402; kritisch jedoch C Schäfer ZIP 2003, 1225, 1227 ff; ders DStR 2003, 1078, 1083; Wössner ZIP 2003, 1235, 1238. Wie BGH (II. Zivilsenat) nunmehr Koblenz VersR 2005, 655 = MDR 2005, 1302 (bei ärztlicher Gemeinschaftspraxis).

„im Modell der akzessorischen Haftung angelegt"; ohne sie bliebe die Rechtssubjektivität der GbR „unvollkommen". Die Akzessorietät ist jedoch nur eine Modalität, nicht der Grund der Haftung, und die Rechtssubjektivität der GbR ist sogar ohne eine Haftung der Gesellschafter „vollkommen"[174]. Die Haftung für deliktisches Handeln eines Gesellschafters, soweit dieses der GbR nach § 31 zugerechnet werden kann, sei den übrigen Gesellschaftern auch „zumutbar", weil sie in aller Regel „auf Auswahl und Tätigkeit der Organmitglieder entscheidenden Einfluss besitzen". Aber gerade im konkreten Fall fehlte es hieran. Die „Zumutbarkeit" ist überdies ebensowenig ein Haftungsgrund wie die Akzessorietät. Demgegenüber wird deshalb hier an einer differenzierenden Beurteilung festgehalten[175]: Wie bei rechtsgeschäftlich begründeten Gesamthandschulden nur eine verpflichtende Willenserklärung von geschäftsführenden Gesellschaftern auch namens der nicht handelnden Gesellschafter aufgrund der im Zweifel bestehenden gesellschaftsvertraglichen Vollmacht (§ 714) dazu führen kann, dass die einzelnen Gesellschafter persönlich verpflichtet werden (oben Rz 29 ff), muss auch bei gesetzlich entstehenden Gesamthandschulden ein **besonderer Verpflichtungstatbestand** in der Person des jeweils in Anspruch genommenen Gesellschafters erfüllt sein, durch den seine persönliche Einstandspflicht begründet wird. Bei gesetzlich entstehenden Ansprüchen bedingt dies, dass zwischen **handelnden Gesellschaftern**, die durch ihr Verhalten einen besonderen Verpflichtungstatbestand setzen, und **nicht handelnden Gesellschaftern** zu unterscheiden ist, die allenfalls aufgrund einer besonderen gesetzlichen Vorschrift auch bei fremdem Verhalten einzustehen haben. Zur gegebenenfalls in Frage kommenden Haftung der Gesellschafter nach Verteilung des Gesellschaftsvermögens vgl § 733 Rz 1.

1. **Gesetzliche Schadenersatzpflichten**. – a) **Haftung von handelnden Gesellschaftern**. 39
Bei einer gesetzlichen Schadenersatzpflicht der GbR (Gesamthandschuld[176]) besteht **nicht** auch ohne weiteres eine **akzessorische Gesellschafterhaftung**[177]. Der einzelne Gesellschafter ist hier mit seinem privaten Vermögen nur dann schadenersatzpflichtig, wenn er selbst durch eigenes Verhalten den Tatbestand einer gesetzlichen Schadenersatzregelung erfüllt hat. In Betracht kommt zB eine Schadenersatzpflicht von **handelnden Gesellschaftern** nach § 179 Abs 1, Abs 2 oder wegen cic bei eigener Inanspruchnahme von Vertrauen und persönlichem Interesse[178]. Eine eigene Schadenersatzpflicht eines handelnden Gesellschafters kann insbesondere wegen einer unerlaubten Handlung bestehen (BGB §§ 823 ff; StVG § 18); hierbei sind die §§ 830, 840 Abs 1 zu beachten. Ferner kann ein handelnder Gesellschafter nach § 678 selbst schadenersatzpflichtig sein, auch wenn er die Geschäftsführung ohne Auftrag in erster Linie für die GbR gegenüber einem Dritten als Geschäftsherrn übernommen hat. Hingegen entsteht keine persönliche Schadenersatzpflicht eines Gesellschafters zB nach §§ 989, 990 Abs 1, wenn und soweit allein die GbR (Gesamthand) als Besitzer einer Sache anzusehen ist[179].

b) **Haftung von nicht handelnden Gesellschaftern**. Bei einem **nicht handelnden Gesell- 40
schafter** wird in der Regel keine persönliche Schadenersatzpflicht gegeben sein. In Betracht kommt jedoch zB eine Schadenersatzpflicht nach § 831 für eigenes Auswahl- und Überwachungsverschulden beim Einsatz von Verrichtungsgehilfen[180]; die **anderen** (geschäftsführenden) **Gesellschafter** sind freilich grundsätzlich **keine sog Verrichtungsgehilfen**[181]. Bei einem zum Gesellschaftsvermögen gehörenden Kraftfahrzeug ist Halter im Sinne von StVG § 7

174 Vgl. auch Flume DB 2003, 1775, 1776: „Geradezu kurios".
175 Ebenso Beuthien JZ 2003, 969, 972 f m Fn 35: „interessengliedernd"; Altmeppen, C Schäfer, Wössner (Fn 173).
176 Vgl § 718 Rz 23.
177 Zutr Beuthien DB 1975, 773, 775; bisher ebenso MünchKomm³/Ulmer Rz 39; auch Flume, Personengesellschaft § 16 IV 6, allerdings entgegen dem eigenen Grundansatz; aA Wiedemann, GesellschaftsR I § 5 IV 1 c; im Ergebnis auch Schmiedel, Gedächtnisschr für Rödig, 1978, S 261, 269 f; vgl zur Haftung für unerlaubte Handlungen insbes Altmeppen NJW 1996, 1017; NJW 2003, 1553.
178 Vgl bei cic offenbar generell: Lindacher JuS 1982, 36, 40.
179 § 718 Rz 17 ff.
180 BGH NJW 1975, 533, 534, 535.
181 Ebenso im Rahmen der herkömmlichen Betrachtungsweise zur GbR: BGHZ 45, 311 = NJW 1966, 1807; Fabricius, Gedächtnisschr für R Schmidt S 171, 173 ff; Sellert AcP 175 (1975), 77, 90 ff.

die GbR als Gesamthand; auch die Geschäftsführung begründet **nicht** eine (Mit-)**Haltereigenschaft des einzelnen Gesellschafters**[182]. Entsprechendes gilt für die verschuldensunabhängige Haftung gem §§ 833–838, wenn das Tier oder das Gebäude zum Gesellschaftsvermögen gehört. Zur akzessorischen Schadenersatzpflicht von Gesellschaftern bei Leistungsstörungen innerhalb rechtsgeschäftlich begründeter Rechtsverhältnisse vgl Rz 37.

41 2. **Herausgabepflicht wegen ungerechtfertigter Bereicherung**. Wird die GbR als selbständiges Zuordnungssubjekt des Gesamthandvermögens qualifiziert[183], so ist, wenn das **Gesellschaftsvermögen** „durch die Leistung eines anderen oder in sonstiger Weise" gemehrt worden ist (§ 812 Abs 1 Satz 1), **allein die GbR** (Gesamthand) der **Bereicherungsschuldner**[184]. Ob durch die Mehrung des Gesellschaftsvermögens sich auch der Vermögenswert der Beteiligung des einzelnen Gesellschafters erhöht hat, ist bereicherungsrechtlich unerheblich, weil sich dies erst nach einer Auseinandersetzung im privaten Vermögen der Gesellschafter auswirkt[185]. Das enthebt jedoch nicht der Frage, ob und in welchem Umfang neben der bereicherungsrechtlichen Gesellschaftsschuld (zB nach § 812 Abs 1 Satz 1) auch eine entsprechende **gesellschaftsrechtliche** persönliche **Haftung der einzelnen Gesellschafter** entsteht, wie dies gesetzlich bei der OHG oder KG vorgesehen ist (HGB §§ 128, 129; 161 Abs 2, 171).

42 a) **Rechtsprechung des BGH zur aufgelösten GbR**. Der BGH[186] hat bisher ausgeführt: Ist die ungerechtfertigt bereicherte **GbR aufgelöst**, das Gesamthandvermögen verteilt und die ursprünglich dort durch eine Leistung eingetretene Bereicherung an die Gesellschafter ausgeschüttet worden, dann sind die Gesellschafter persönlich **in entsprechender Anwendung des § 427** grundsätzlich herausgabepflichtig, und zwar als Gesamtschuldner. Wenn allerdings die Bereicherung schon im Gesellschaftsvermögen, dh vor der Ausschüttung an die Gesellschafter, weggefallen sei, dann könne der persönlich in Anspruch genommene Gesellschafter die Entreicherung einwenden (analog § 818 Abs 3), sofern nicht §§ 818 Abs 4, 819 Abs 1 analog eingreifen[187]. An dieser Auffassung hat der BGH festgehalten; eine gesamtschuldnerische Haftung der Gesellschafter sei unter vergleichbaren Umständen auch dann gegeben, wenn der Bereicherungsgläubiger die Leistung an die GbR ohne ein vermeintliches Vertragsverhältnis, aber in der Erwartung erbracht habe, es werde später eine wirksame Verpflichtung zu seinen Lasten entstehen[188]. Der wiedergegebenen Rspr ist zuzustimmen[189].

43 b) **Rechtslage bei werbender GbR**. Ob auch die Gesellschafter einer sog **werbenden GbR** für deren Herausgabepflicht wegen einer im Gesellschaftsvermögen noch vorhandenen ungerechtfertigten Bereicherung persönlich[190] einzustehen haben, hat der BGH[191] im Sinne einer vollen Haftung jedes Gesellschafters bejaht, wenn alle oder einer für alle die zurückzugewährende Leistung entgegengenommen haben. Wer auch bei der GbR grundsätzlich eine akzessorische Gesellschafterhaftung (analog HGB §§ 128, 129) annimmt[192], muss folgerichtig bei jeder Be-

182 Ebenso Flume, Personengesellschaft § 16 IV 6; aA im Ergebnis Lindacher JuS 1982, 36, 40, 41 wegen der Lage bei der schlichten Rechtsgemeinschaft; auch Zöllner, Festschr für Kraft, 1998, S 701, 714 („alle Gesellschafter").
183 Vgl BGHZ 146, 341, 343 (= Fn 7); § 718 Rz 17 ff.
184 Vgl namentlich Flume, Personengesellschaft § 16 IV 2; Beuthien JZ 2003, 969, 972; auch Aderhold, Das Schuldmodell der BGB-Gesellschaft S 172.
185 AA Thielmann ZHR 136 (1972), 397, 402 f; Jauernig/Schlechtriem § 818 Rz 19; dagegen zutr Reinhardt JZ 1974, 768, 769; H P Westermann ZGR 1977, 552, 559; Lindacher JuS 1982, 36, 39.
186 BGHZ 61, 338, 341 ff = NJW 1974, 451 = WM 1974, 235; BGH WM 1985, 89, 90; dazu Reinhardt JZ 1974, 768; Meincke DB 1974, 1001; H P Westermann ZGR 1977, 522; Flume, Festschr für H Westermann, 1974, S 141.
187 Ebenso im Ergebnis Nicknig, Die Haftung der Mitglieder einer BGB-Gesellschaft für Gesellschaftsschulden S 62; H P Westermann ZGR 1977, 552, 566.
188 BGH NJW 1983, 1905 = WM 1983, 674; so auch Hamburg BB 1984, 14.
189 Vgl auch § 818 Rz 10.
190 Gesamtschuldnerisch oder teilschuldnerisch, so Thielmann ZHR 136 (1972), 397, 405; Meincke DB 1974, 1001, 1002.
191 BGH NJW 1985, 1823; wohl weitergehend Frankfurt/M NJW 1986, 3144: wenn Gläubiger rechtsgrundlos eine Leistung in das Gesellschaftsvermögen erbracht hat; zusammenfassend bis dato Kowalski NJW 1991, 3183.
192 Vgl oben Rz 11.

reicherungsschuld der Gesellschaft eine entsprechende persönliche Haftung der einzelnen Gesellschafter bejahen. Nunmehr ergibt sich deshalb nach BGHZ 146, 341, 358 (= Fn 7) eine Gesellschafterhaftung entsprechend HGB §§ 128f immer dann, wenn die (rechtsfähige) GbR zu einem Bereicherungsausgleich verpflichtet ist. Dabei wird der in Anspruch genommene Gesellschafter in der Regel gemäß § 818 Abs 2 zum Wertersatz verpflichtet sein[193]. Auf die Kondiktionsart („durch die Leistung eines anderen oder in sonstiger Weise") kann es dann nicht ankommen[194]. Eine solche Gesellschafterhaftung mit dem privaten Vermögen widerspricht jedoch der den §§ 812ff vorbehaltenen Aufgabe, eine ungerechtfertigte Bereicherung (nur) dort abzuschöpfen, wo sie (noch) besteht, dh hier im Gesellschaftsvermögen der GbR. Allenfalls bei einer **Leistungskondiktion** (§§ 817 Satz 1, 812 Abs 1 Satz 2, 812 Abs 1 Satz 1 Fall 1) im Gefolge eines **fehlgeschlagenen Rechtsgeschäfts** sollte das geplante Verpflichtetsein auch der einzelnen Gesellschafter aufgrund der im Zweifel bestehenden gesellschaftsvertraglichen Vollmacht (§ 714[195]) den Anlass bilden, die Gesellschafter mit einer persönlichen Haftung für die Rückabwicklung zu belasten, und zwar als Gesamtschuldner (analog § 427 oder 431)[196]. Gemäß dem Sicherungszweck der persönlichen Gesellschafterhaftung für den Gläubiger der GbR stehen dem in Anspruch genommenen Gesellschafter alle Einwendungen und Einreden der Gesellschaft gegen die Leistungskondiktion zu. Ist eine gegenständliche Herausgabepflicht der GbR für den Gesellschafter nicht erfüllbar, schuldet er nur Wertersatz (§ 818 Abs 2 analog).

3. **Sonstige Ansprüche aus gesetzlichen Schuldverhältnissen**. Die GbR (Gesamthand) als solche kann aus einem gesetzlichen Schuldverhältnis zu einer anderen Leistung verpflichtet sein als Schadenersatz[197] oder Bereicherungsherausgabe[198]. In Betracht kommen insbesondere Ansprüche gegen die GbR auf **Ersatz von Aufwendungen** wegen Geschäftsführung ohne Auftrag (§§ 683, 684 Satz 2, 670) oder zB auf **Herausgabe des Erlangten** aus Geschäftsführung ohne Auftrag (§§ 681 Satz 2, 667) oder unerlaubter Eigengeschäftsführung (§§ 687 Abs 2 Satz 1, 681 Satz 2, 667); ferner auf **Herausgabe von Nutzungen** (§§ 987 Abs 1, 990 Abs 1, 991 Abs 1; 988; 993 Abs 1) oder **Ersatz von Verwendungen** (§§ 994 Abs 1 Satz 1, Abs 2, 995, 996, 999). Auch hier ist die Frage nach einem persönlichen Verpflichtetsein der einzelnen Gesellschafter zu beantworten. Da eine allgemeine akzessorische Gesellschafterhaftung (analog HGB §§ 128, 129) bei der GbR abzulehnen ist[199], lässt sich eine Pflicht einzelner Gesellschafter zum Ersatz von Aufwendungen allenfalls begründen (§§ 683 Satz 1, 670), wenn die Geschäftsführung eines Dritten ohne Auftrag für die GbR zugleich im Interesse dieser Gesellschafter lag und ihrem wirklichen oder mutmaßlichen Willen entsprach oder von ihnen genehmigt worden ist (§ 684 Satz 2)[200]. Hingegen besteht keine Gesellschafterhaftung für die Herausgabepflicht oder die Verwendungsersatzpflicht bezüglich der Gegenstände, die sich im Gesellschaftsvermögen befinden. 44

4. **Steuerschulden**. Für gesetzlich entstandene Steuerschulden und Verpflichtungen zu anderen öffentlichrechtlichen Abgaben sowie sozialversicherungsrechtlichen Beiträgen, soweit sie die rechtsfähige (Außen-)GbR treffen, haften die Gesellschafter mit ihrem privaten Vermögen, und zwar unbeschränkbar[201]. Nach BGHZ 146, 341, 358 (=Fn 7) wäre diese Haftung aus einer 44a

193 Vgl hierzu Rz 35.

194 So offenbar Flume, Personengesellschaft § 16 IV 6; Wiedemann, GesellschaftsR I § 5 IV 1c; Aderhold, Das Schuldmodell der BGB-Gesellschaft S 175; nach vollzogener Abwicklung auch H P Westermann ZGR 1977, 552, 562f.

195 Vgl oben Rz 29ff.

196 Vgl schon StudKommBGB/Hadding §§ 714, 715 Bem 3b; bisher auch MünchKomm³/Ulmer Rz 40 mNachw Fn 88; Lindacher JuS 1982, 36, 40: „soweit es um die Rückabwicklung nichtiger Versprechensverträge und die Rückabwicklung von Zuvielleistungen geht"; im Ergebnis auch Reinhardt JZ 1974, 768, 770; Flume, Personengesellschaft § 16 IV 6; zustimmend obiter BGH WM 1985, 89, 90.

197 Vgl oben Rz 39f.

198 Vgl oben Rz 41ff.

199 Anders nunmehr BGHZ 146, 341, 358 (= Fn 7) und zahlreiche Stimmen im Schrifttum (vgl Rz 11).

200 So auch bisher MünchKomm³/Ulmer Rz 40; Lindacher JuS 1982, 36, 40; ebenso Beuthien JZ 2003, 969, 972f.

201 Vgl UStG § 2 Abs 1; GewStG § 5 Abs 1 Satz 3; BFH NJW 1986, 2969; BB 1986, 121; ZIP 1990, 643; NJW 1990, 2086 u 3294; NJW-RR 1998, 1185; Hamm WM 1989, 1572 (mAnm Sundermann WuB II J. § 128 HGB 1.89) = NJW-RR

entsprechenden Anwendung von HGB §§ 128f herzuleiten. Jedoch ergibt sich das persönliche Verpflichtetsein der Gesellschafter selbst in der Regel schon aus den maßgeblichen öffentlich-rechtlichen Vorschriften, die meistens noch nicht von eigener Rechtsfähigkeit der (Außen-)GbR und damit von einer Unterscheidung zwischen GbR und Gesellschaftern hinsichtlich des Abgaben- oder Beitragspflichtigen ausgehen.[202]

VI. Haftung bei Eintritt, Ausscheiden, Gesellschafterwechsel

45 1. **Einfluss auf die Gesellschaftsschuld**. Soweit bei der GbR (neben der Gesamthandschuld) ein persönliches Verpflichtetsein der einzelnen Gesellschafter mit ihrem privaten Vermögen in Betracht kommt[203], ist zu fragen, welchen Einfluss der **Eintritt** oder das **Ausscheiden** eines Gesellschafters oder ein **Gesellschafterwechsel** unter Lebenden oder von Todes wegen hinsichtlich solcher Gesellschafterschulden hat[204]. Diese Änderungen im Bestand der Gesellschafter lassen eine Gesellschaftsschuld (Gesamthandschuld) **unberührt**, weil die GbR aufgrund ihrer Rechtssubjektivität als Schuldner identisch bleibt[205]. Vom Zeitpunkt des Ausscheidens an genügt zur Vollstreckung in das Gesellschaftsvermögen ein Titel gegen die übrigen Gesellschafter (ZPO § 736).

46 2. **Eintritt**[206]. Da für die GbR eine Vorschrift, die HGB § 130 oder HGB § 173 entspricht, fehlt, ergibt sich aus dem Eintritt grundsätzlich **keine Haftung** des neuen Gesellschafters **für** sog **Altschulden der GbR**. Für solche vor seinem Eintritt begründeten Gesellschaftsschulden „haftet" der neue Gesellschafter nur aufgrund einer Schuldübernahme[207] oder kraft einer besonderen Vereinbarung mit dem Gläubiger[208]. Beurteilt man freilich nunmehr mit BGHZ 146, 341, 358 (= Fn 7) die Gesellschafterhaftung bei der GbR entsprechend dem Verhältnis von Gesellschaftsverbindlichkeit und Haftung der Gesellschafter bei der OHG, so war es wohl naheliegend, die Haftung des Eintretenden entsprechend HGB § 130 für die vorhandenen Altschulden der GbR anzunehmen[209]. Auch diesen Schritt hat der II. Zivilsenat des BGH[210] nunmehr getan. Über-

1990, 615; BVerwG NJW 1994, 602, 603: gemeinsame Tatbestandsverwirklichung. Aus der Lit: Gummert WiB 1995, 185; Nacke NWB (1999) Fach 2, S 7187.

202 Die GbR für rechtsfähig hält schon BFH BStBl II 1989, S 237, 238f; vgl. auch BFH NZG 2000, 280.

203 S Rz 29ff, 38ff.

204 Vgl Lindacher JuS 1982, 504ff.

205 Vgl BGHZ 146, 341, 343 (= Fn 7): GbR „ist rechtsfähig"; Flume, Personengesellschaft § 16 IV 2; aA vom Ausgangspunkt herkömmlicher Betrachtung Buchner AcP 169 (1969), 483, 489ff, 494; zu den zivilprozessualen Auswirkungen: Lindacher JuS 1982, 592, 596; vgl auch Kraft/Kreutz, GesellschaftsR, 2000[11], S 166: die Vollstreckung in das Gesellschaftsvermögen wegen sog Altschulden lasse sich nach dem Eintritt eines neuen Gesellschafters ohne Verselbständigung der Gesamthand „kaum plausibel" begründen.

206 Vgl § 736 Rz 14ff; § 727 Rz 15ff.

207 BayObLG Recht 1907 Nr 1823.

208 BGHZ 74, 240, 242 = NJW 1979, 1821 = WM 1979, 774; bislang ganz hM; aA wohl nur Flume, Personengesellschaft § 16 IV: der Beitretende mache sich die ihm bekannten Gesellschaftsschulden „zur Eigensache".

209 So Habersack BB 2001, 477, 482; Ulmer ZIP 2001, 585, 598; K Schmidt NJW 2001, 993, 999; Gesmann-Nuissl WM 2001, 973, 978; anders Wiedemann JZ 2001, 661, 664; H P Westermann, NZG 2001, 289, 295f; Dauner-Lieb, Festschr für Ulmer, 2003, S 73, 80; wohl auch Wertenbruch WuB II J. § 705 BGB 1.01 (unter 7.).

210 BGHZ 154, 370 = NJW 2003, 1803 (mAnm Eberl-Borges LMK 2003, 168) = WM 2003, 977 (mAnm Wunderlich WuB II J. § 705 BGB 4.03 [zu 3.]) = ZIP 2003, 899 (dazu Westermann EWiR 2003, 513) = BB 2003, 1081 (mAnm Römermann) = DB 2003, 1164 (mAnm Hasenkamp) = VersR 2003, 771 (mAnm Reiff) = NZG 2003, 577 = DStR 2003, 1084 = JuS 2003, 815 (K Schmidt). Vgl hierzu Ulmer ZIP 2003, 1113, 1115f; K Schmidt NJW 2003, 1897, 1901; C Schäfer DStR 2003, 1075; ders ZIP 2003, 1225, 1229f; Habersack/Schürnbrand JuS 2003, 739; Arnold/Dötsch DStR 2003, 1398; Wössner ZIP 2003, 1235, 1239. – Vorausgegangen waren in der Rspr München NZG 2000, 477, 478; Hamm ZIP 2002, 527, 529 = NJW-RR 2002, 495 = NZG 2002, 282 = VersR 2002, 889; dazu O Lange NJW 2002, 2002; Kowalski EWiR 2002, 863. Ablehnend wie die frühere Rspr (Fn 208) Düsseldorf ZIP 2002, 616 = NZG 2002, 284. Zur Maßgeblichkeit nur für künftige Beitrittsfälle LG Frankenthal NJW 2004, 3190; Begrenzung des Vertrauensschutzes bei (Wieder-)Eintritt: BGH WM 2006, 187 (mAnm Wunderlich WuB II J. § 705 BGB 1.06); dazu Segna NJW 2006, 1566;

zeugend ist das nicht. Wenn für die GbR beim *Ausscheiden* eines Gesellschafters eine Nachhaftung vorgesehen ist (§ 736 Abs. 2; vgl Rz 47), jedoch für den *Eintritt* – trotz Kenntnis von HGB § 130 anlässlich der Modifikation von § 736 (im Jahr 1993) – keine derartige Vorschrift in das BGB aufgenommen worden ist, so kann dies nur als ein beredtes Schweigen des Gesetzgebers im Sinne der bewussten Ablehnung einer allgemeinen gesetzlichen Haftung des Eintretenden für sämtliche Altschulden der GbR gedeutet werden. Dann aber fehlt es erneut für den vom II. Zivilsenat des BGH vorgenommenen „Analogieschritt“[211] von vornherein an der entscheidenden Voraussetzung, nämlich einer unbewussten Regelungslücke. Es mangelt ferner an einer ernsthaften Auseinandersetzung mit der Argumentation der bisherigen Rspr, insbesondere dem Hinweis auf die „Vielgestaltigkeit der Erscheinungsformen“ der GbR (BGHZ 74, 240, 243)[212]. Die schlichte Aussage, dem II. Zivilsenat des BGH sei früher die analoge Anwendung von HGB § 130 durch die von ihm damals vertretene sogenannte Doppelverpflichtungslehre „verschlossen“ gewesen, verkennt, dass man sich mit § 714 auf dem Boden des geltenden Gesetzes befand (und befindet) und dass außerdem der II. Zivilsenat seinerzeit mit anderen Erwägungen argumentiert hat. Die vom BGH jetzt angeführten Gründe für die gegenteilige Auffassung sind bei näherem Zusehen wenig tragfähig[213]. Das gesetzlich nicht sichergestellte Mindestvermögen der Personalgesellschaften (abgesehen von HGB § 172 Abs 4 keine Vorschriften über Kapitalerhaltung) mag das Erfordernis der grundsätzlich unbeschränkten persönlichen Haftung der Gesellschafter mit ihrem privaten Vermögen rechtfertigen, nicht aber auch die Haftung des Eintretenden für *Alt*schulden, deren Gläubiger hierdurch eine unverhoffte Zugriffsmöglichkeit erhalten, auf die sie bei Eingehung der Gesellschaftsschuld nicht vertrauen konnten. Der Eintretende erlangt, gerade wenn man die GbR selbst als rechtsfähig und damit Träger des Gesellschaftsvermögens qualifiziert, *keine* Mitberechtigung an den Aktiva der Gesellschaft, sondern für deren Dauer nur die Teilhabe am Gewinn und Verlust (§§ 721, 772); es gibt überdies bei der GbR für den einzelnen Gesellschafter kein Entnahmerecht (entsprechend HGB § 122) und damit nicht einen jederzeitigen Zugriff (wie der BGH jedoch meint). Die unbeschränkte Haftung des Eintretenden für Altschulden mag bei der OHG (HGB § 130) und der KG (HGB § 161 Abs 2, §§ 173, 176) die Kreditwürdigkeit dieser Handelsgesellschaften strukturell (als Gesellschaftsform) steigern – nämlich als ein zusätzliches, eigentlich nicht erwartbares „Alt-Gläubiger-Bonbon“, zumal bei Dauerschuldverhältnissen oder langfristigen Krediten. Solange der II. Zivilsenat aber seine neue Rspr zur Rechtsfähigkeit und zur Gesellschafterhaftung bei der GbR – zutreffend – *nicht* auf sogenannte unternehmenstragende Gesellschaften als GbR zurückfährt[214], sondern für alle GbR annimmt[215], ist die durchgängige („analoge“) Anwendbarkeit von HGB § 130 nur schwach fundiert. Ist ein „häufiger Gesellschafterwechsel“, der die Gläubiger gefährden könnte, wirklich ein typisches Merkmal von GbR (auch von „unternehmenstragenden“)? Schließlich wird die Beweis-Erleichterung für die Gläubiger angesprochen, die sich nach HGB § 130 nicht auf einen Streit über die Zeitpunkte des Entstehens ihrer (Alt-)Forderungen und der (neuen) Mitgliedschaft des Beitretenden einlassen müssen[216]. Die hinsichtlich des Entstehens der Mitgliedschaft nicht rechtsbegründende Publizität des Handelsregisters (HGB § 107) hilft aber insoweit schon bei der OHG/KG nicht weiter; so dass die fehlende Registerpublizität der GbR kein Argument sein kann. „Es geht damit an sich, um eine rein praktische Frage“[217]. Kann aber die „Beweisproblematik“ für eine derart einschneidende

Hoger DB 2006, 153; Abram DZWIR 2006, 168; zuvor Dresden WM 2005, 1364 = WuB II J. § 705 BGB 2.05 (Ring); Brandenburg NotBZ 2005, 263.

211 So mit voller Befürwortung Ulmer ZIP 2003, 1113, 1115f; zustimmend auch Habersack/Schürnbrand JuS 2003, 739, 742; C Schäfer ZIP 2003, 1225, 1229f; Reiff VersR 2003, 773; Arnold/Dötsch DStR 2003, 1398, 1399ff.

212 Zutreffend kritisch K Schmidt NJW 2003, 1897, 1901: „Viel Federlesens wird mit der strengeren Haftung auch hier nicht gemacht“; vgl auch Wössner ZIP 2003, 1235, 1239; Boehme NZG 2003, 764; zuvor schon O Lange NZG 2002, 401.

213 Ebenso Eberl-Borges LMK 2003, 168f, wenngleich „im Ergebnis zu begrüßen“.

214 So seit jeher das Postulat von K Schmidt (zuletzt NJW 2003, 1897, 1903); für die Frage der Haftung auch Beuthien JZ 2003, 969, 972 1. Sp.

215 Vgl dazu Hadding ZGR 2001, 712.

216 Vgl schon Gesmann-Nuissl WM 2001, 973, 978; Ulmer ZIP, 2001, 585, 598; ders ZIP 2003, 1113, 1116 („tritt als Grund zurück“).

217 So Eberl-Borges LMK 2003, 168, 169.

Rechtsfolge wie die unbeschränkte Haftung des Eintretenden für Altschulden bei sämtlichen GbR ausschlaggebend sein? Deshalb ist mE auch hier ein **besonderer Verpflichtungstatbestand** erforderlich[218]; zB rechtsgeschäftlicher Schuldbeitritt bei Übernahme einer Beteiligung. HGB § 28 ist bei Eintritt in ein Einzelunternehmen, das dadurch zur GbR wird, nicht anwendbar[219]. Dementsprechend tritt bei Neugründung einer Anwaltssozietät als GbR keine Haftung für Altschulden des bisher allein tätigen Rechtsanwalts ein[220] (Wertungswiderspruch zu BGHZ 154, 370 = Fn 210!).

47 3. **Ausscheiden**[221]. Wenn ein Gesellschafter aus der fortbestehenden GbR ausscheidet (vgl §§ 736, 737; Austritt; Übertragung der Mitgliedschaft), ist dies nirgends als gesetzlicher Erlöschenstatbestand für die in diesem Zeitpunkt begründeten persönlichen Gesellschafterschulden vorgesehen (vgl auch HGB §§ 160 Abs 1; 161 Abs 2: für OHG und KG). Die einer sog **Alt-Gesamthandschuld** parallele Gesellschafterschuld bleibt daher trotz des Ausscheidens grundsätzlich bestehen; der Gesellschafter hat freilich gegen die „übrigen Gesellschafter", dh gegen die GbR, einen Anspruch, „ihn von den gemeinschaftlichen Schulden zu befreien" (§ 738 Abs 1 Satz 2 Fall 2 und Satz 3[222]); anders bei Übertragung der Mitgliedschaft[223], soweit nichts anderes vereinbart ist. Für ab dem 26. 3. 1994 begründete Verbindlichkeiten einer GbR gilt jetzt die zeitliche Begrenzung der Haftung des ausgeschiedenen Gesellschafters gemäß § 736 Abs 2 iVm HGB § 160. Für sog **Neu-Gesamthandschulden**, die nach dem Ausscheiden begründet worden sind, entsteht mangels fortdauernder Gesellschaftereigenschaft keine parallele persönliche Verpflichtung des Gesellschafters mehr, es sei denn, dass der Ausgeschiedene sich wegen eines **veranlassten Rechtsscheins** noch als „Gesellschafter" behandeln lassen muss[224].

48 a) **Altschuld oder Neuschuld**. Aus dem Blickwinkel des ausgeschiedenen Gesellschafters sind Altschulden oder Neuschulden der GbR danach abzugrenzen, ob im Zeitpunkt des Ausscheidens (oder bei Wegfall des Rechtsscheins der Gesellschaftereigenschaft) das **Rechtsverhältnis**, dh das Schuldverhältnis im weiten Sinne als Entstehungsgrundlage, zwischen dem Dritten und der GbR schon bestand, aus dem sodann die einzelnen Verpflichtungen „ohne Hinzutreten weiterer rechtsgeschäftlicher Akte" von seiten der GbR entstehen[225]. Nicht erheblich ist also der Zeitpunkt, in dem die einzelne Forderung des Gläubigers gegen die GbR entstanden ist, wenn nur schon das Rechtsverhältnis als Entstehungsgrundlage im Zeitpunkt des Ausscheidens wirksam entstanden war[226]. Diese Auffassung wird dadurch gestützt, dass wegen des Schuldbefreiungsanspruchs (§ 738 Abs 1 Satz 2 Fall 2) auch bei noch **nicht fälligen „gemeinschaftlichen Schulden"** dem ausgeschiedenen Gesellschafter zumindest Sicherheit zu leisten ist (§ 738 Abs 1 Satz 3).

49 b) **Einzelfragen: Sekundäre Pflichten, Dauerschuldverhältnisse, Verjährung**. Von diesem Ausgangspunkt her lassen sich bestimmte Einzelfragen beantworten: Steht fest, dass das Rechtsverhältnis zwischen dem Gläubiger und der GbR sowie die entsprechende primäre persönliche Gesellschafterschuld vor dem Ausscheiden (oder Wegfall des Rechtsscheins der Gesellschaftereigenschaft) begründet worden sind, so haftet der ausgeschiedene Gesellschafter auch für alle **später entstandenen sekundären Pflichten** der GbR[227]; auf den eigenen Entstehungszeitpunkt solcher Schadenersatz- oder Rückgewährpflichten kommt es nicht an. Es bedarf auch zB keiner Mahnung (§ 286 Abs 1) und uU Fristsetzung (§ 281 Abs 1 Satz 1) gegenüber dem ausgeschiedenen Gesellschafter. Da die Gesamthandschuld und die insoweit rechtlich einseitig abhängige Gesellschafterschuld (analog § 767 Abs 1 Satz 2) weder vor noch nach dem Ausscheiden

218 Vgl bisher ebenso MünchKomm³/Ulmer Rz 47.
219 BGH NJW 2000, 1193; dazu Westermann NZG 2000, 681; s auch § 736 Rz 19.
220 BGH (IX. ZS) BGHZ 157, 361, 364 ff = NJW 2004, 836 = WM 2004, 483; dazu Henssler LMK 2004, 118; Jüngk/Chab BRAK-Mitt 2/2004, 73.
221 Vgl § 736 Rz 6 ff; § 727 Rz 1, 3.
222 Vgl § 738 Rz 15 ff.
223 Vgl § 719 Rz 19.
224 Vgl für OHG und KG: HGB §§ 143 Abs 2, 161 Abs 2; 15 Abs 1. Bsp: KG GrundE 2005, 431.
225 Heymann/Kötter HGB, 1971²¹, § 128 Bem 1, S 423; Hadding ZGR 1973, 137, 151; Hüffer BB 1978, 454, 458; Lindacher JuS 1982, 504, 505.
226 Vgl auch BGHZ 55, 267, 269 f = NJW 1971, 1286 = WM 1971, 556: bei Werkvertrag.
227 Vgl oben Rz 37.

eine Gesamtschuld bilden, ist § 425 weder unmittelbar noch im einzelnen Fall entsprechend anwendbar[228]. – Aus **Dauerschuldverhältnissen**, die vor dem Ausscheiden begründet worden sind, bleibt der Gesellschafter grundsätzlich zu den einzelnen Leistungen weiterhin verpflichtet[229]. Denn der Gläubiger hat möglicherweise gerade auf das persönliche Verpflichtetsein des nunmehr ausgeschiedenen Gesellschafters vertraut; jedenfalls konnte er dies bis zum nächsten Kündigungszeitpunkt **für die GbR**[230]. Die Risikoentlastung des ausscheidenden Gesellschafters ist grundsätzlich im Innenverhältnis zur GbR anlässlich des Ausscheidens zu regeln[231]. Der **BGH** hat für die OHG bei einem Stromlieferungsvertrag auf die nächste **Kündigungsmöglichkeit für den Gläubiger** nach der Eintragung des Ausscheidens des Gesellschafters im Handelsregister abgestellt[232]. Daran hat der BGH festgehalten für „Ansprüche, die auf Verträgen über einen längerwährenden Leistungsaustausch im allgemeinen Wirtschaftsverkehr mit Kündigungsfristen unter fünf Jahren beruhen"[233]. Demgegenüber ist zutreffend darauf hingewiesen worden, dass es wenig einleuchtet, den Gläubiger vor die Alternative zu stellen, „entweder auf die Durchführung eines für ihn günstigen Vertrags oder auf die Forthaftung eines ursprünglichen Schuldners zu verzichten, obschon das Ereignis Wechsel des Gesellschafterbestands sicher nicht in seiner Sphäre liegt"[234]. Anknüpfen ließ sich allenfalls an die Wertung in HGB § 159 Abs 1 aF, die Haftung des ausgeschiedenen Gesellschafters zeitlich auf **fünf Jahre** nach der Eintragung des Ausscheidens im Handelsregister zu begrenzen, und zwar mit ebensolcher Verjährung der einzelnen Ansprüche seit Kenntnis des Gläubigers von dem Ausscheiden[235]. Auch zur **Verjährung** der Verpflichtung des ausgeschiedenen Gesellschafters war bei der GbR HGB § 159 Abs 1 analog anzuwenden[236]. Eine Unterbrechung der Verjährung gegenüber der GbR wirkte sich auf die insoweit akzessorische Gesellschafterschuld aus. Die Verjährung konnte aber auch unmittelbar gegenüber dem ausgeschiedenen Gesellschafter unterbrochen werden[237]. Aufgrund des Gesetzes zur **Begrenzung der Nachhaftung** ist für nach dem 26. 3. 1994 begründete Verbindlichkeiten der GbR beim Ausscheiden eines Gesellschafters für die Dauer seiner Haftung von § 736 Abs 2 iVm HGB § 160 auszugehen (vgl Bem zu § 736).

4. **Gesellschafterwechsel**[238]. Ein Gesellschafterwechsel kann unter Lebenden durch die Ver- 50
knüpfung von Ausscheiden und Eintritt oder durch eine rechtsgeschäftliche Übertragung der Mitgliedschaft stattfinden[239] sowie von Todes wegen durch eine Nachfolge in die Mitgliedschaft des Erblassers ermöglicht werden. Haftungsrechtlich gelten dann grundsätzlich die dargestellten Re-

228 Vgl Kühne ZHR 133 (1969), 149, 174; Hadding ZGR 1973, 137, 153 f für die OHG; Lindacher JuS 1982, 504, 507.

229 Nicknig, Die Haftung der Mitglieder einer BGB-Gesellschaft für Gesellschafterschulden S 88 ff; für OHG: Hadding ZGR 1973, 137, 151 ff.

230 Vgl insoweit auch Vollmer DB 1978, 921, 922 f.

231 Vgl im Ergebnis ebenso BAG NJW 1978, 391; NJW 1983, 2283 = WM 1983, 848; LAG Frankfurt/M BB 1983, 1101: Auch § 613 a sei nicht anwendbar; Hüffer BB 1978, 454, 458 f; krit Durchlaub BB 1978, 1174.

232 BGHZ 70, 132, 136 = NJW 1978, 636 = WM 1978, 118 (mAnm K Schmidt NJW 1978, 638); zust Binz GmbH-Rdsch 1978, 145; vgl auch Budde NJW 1979, 1683; eingehend Ulmer/Wiesner ZHR 144 (1980), 393; v Stebut ZGR 1981, 183.

233 BGHZ 87, 286 = NJW 1983, 2254 = WM 1983, 698; in demselben Rechtsstreit zuvor BGH WM 1981, 814.

234 So Lindacher JuS 1982, 504, 506.

235 Vgl Reinhardt, Gesellschaftsrecht, 1973, Rz 148; Lindacher JuS 1982, 504, 506: Für die GbR HGB § 159 analog; so auch BGHZ 87, 286 = NJW 1983, 2254 = WM 1983, 698: zur Haftung eines Komplementärs für „Ansprüche aus Dauerschuldverhältnissen, bei denen entweder eine baldige Kündigung aus tatsächlichen Gründen ausgeschlossen, nicht zumutbar oder, weil im Vertrage nicht vorgesehen, (ohne wichtigen Grund) rechtlich nicht möglich ist" (dazu Wiesner ZIP 1983, 1032; vgl auch BGH NJW 1983, 2256 = WM 1983, 700; WM 1983, 703; ZIP 1983, 821). Zur Haftung für vor dem Ausscheiden zugesagte, aber erst danach gewährte **Darlehen** vgl Gamp/Werner ZHR 147 (1983), 1.

236 Lindacher JuS 1982, 504, 506; aA Flume, Personengesellschaft § 16 IV 7, der aber mit Hilfe von „Verwirkung" zu weithin gleichen Ergebnissen gelangt.

237 Vgl Flume, GesellschaftsR § 16 II 2 b; Hadding ZGR 1981, 577, 588 ff; Lindacher JuS 1982, 504, 506.

238 § 736 Rz 14 ff; § 727 Rz 15 ff.

239 S dazu eingehend § 719 Rz 11 ff.

gelungen beim Eintritt und Ausscheiden entsprechend, soweit die Beteiligten nicht besondere Vereinbarungen treffen.

VII. Gesellschaft bürgerlichen Rechts und Zivilverfahren

Schrifttum: Brüggemann, Die Vollstreckung gegen Personenmehrheiten des BGB und des HGB, DGVZ 1961, 33; Eickmann, Vollstreckungstitel und Vollstreckungsklausel gegen Personengesellschaften, Rpfleger 1970, 113; Kornblum, Die Rechtsstellung der BGB-Gesellschaft und ihrer Gesellschafter im Zivilprozeß – Erkenntnisverfahren und Zwangsvollstreckung, BB 1970, 1445; Nicknig, Die Gesellschaft bürgerlichen Rechts in der Zwangsvollstreckung, JR 1971, 223; W B Schünemann, Grundprobleme der Gesamthandsgesellschaft unter besonderer Berücksichtigung des Vollstreckungsrechts, 1975, S 207 ff; K Schmidt, Der unveräußerliche Gesamthandsanteil – ein Vollstreckungsgegenstand?, JR 1977, 177; Paschke, Zwangsvollstreckung in den Anteil eines Gesellschafters am Gesellschaftsvermögen einer Personengesellschaft, 1981; Winterstein, Probleme der Zwangsvollstreckung gegen Personen- und Kapitalgesellschaften, DGVZ 1984, 17; Hüffer, Die Gesamthandsgesellschaft in Prozeß, Zwangsvollstreckung und Konkurs, in: Festschr für Stimpel, 1985, S 165; E Reichert, Die BGB-Gesellschaft im Zivilprozeß, 1988; Heller, Der Zivilprozeß der Gesellschaft bürgerlichen Rechts, 1989; Winterstein, Zustellung und Zwangsvollstreckung gegen Personen- und Kapitalgesellschaften, DGVZ 1991, 18; Göckeler, Die Stellung der Gesellschaft des bürgerlichen Rechts im Erkenntnis-, Vollstreckungs- und Konkursverfahren, 1992; Paulus, Die Gesellschaft bürgerlichen Rechts als Schuldner und Drittschuldner, DGVZ 1992, 65; Fehl, Schuld und Haftung bei der (Gesamthands-)Gesellschaft bürgerlichen Rechts im Hinblick auf die sich in der Zwangsvollstreckung ergebenden Problemlagen, in: Festschr für Trinkner, 1995, S 135; Müther, Die BGB-Gesellschaft im Zivilprozeß, MDR 1998, 625; Wertenbruch, Die Haftung von Gesellschaften und Gesellschaftsanteilen in der Zwangsvollstreckung, 2000, S 213 ff; Hadding, Zur Rechtsfähigkeit und Parteifähigkeit der (Außen-)Gesellschaft bürgerlichen Rechts sowie zur Haftung ihrer Gesellschafter für Gesellschaftsverbindlichkeiten, ZGR 2001, 712, 729 ff; Wieser, Rechtsfähige BGB-Gesellschaft – Neue Rechtslage nach der BGH-Entscheidung, MDR 2001, 421; Kemke, Die Gesellschaft bürgerlichen Rechts im Prozess – Parteibezeichnung und Kostendrittwiderklage gegen die Gesellschafter, NJW 2002, 2218; Müther, Zivilprozessuale Probleme der „neuen" BGB-Gesellschaft, MDR 2002, 987; C Engels, Prozessrechtliche Sicherung von Ansprüchen gegen die vermögenslose BGB-Gesellschaft, MDR 2003, 1028; Jacoby, Die Folgen der GbR-Rechtsfortbildung in Altprozessen, NJW 2003, 1644; Pohlmann, Rechts- und Parteifähigkeit der Gesellschaft bürgerlichen Rechts – Folgen für Erkenntnisverfahren, Zwangsvollstreckung und freiwillige Gerichtsbarkeit, WM 2002, 1421; Wertenbruch, Die Parteifähigkeit der GbR – die Änderungen für die Gerichts- und Vollstreckungspraxis, NJW 2002, 324; Wertenbruch, Die Stellung der BGB-Gesellschaft im Rechtsverkehr- . . .Prozess und Zwangsvollstreckung, in: H P Westermann, Handbuch der Personengesellschaften, Lfg 30, 2003, § 33 III., IV. (Rz I 860–910).

51 1. **Erkenntnisverfahren.** – a) **Rechtslage nach bislang herrschender Meinung.** Nach bislang herrschender Meinung war die GbR als solche im Sinne herkömmlicher Betrachtung nicht parteifähig[240]. Demgemäß wurden im **Aktivprozess** die Gesellschafter, dh sämtliche an der GbR beteiligten Personen, als mehrere Parteien, und zwar als **notwendige Streitgenossen** im Sinne von ZPO § 62 Abs 1 Fall 2 angesehen[241]. Letzteres wurde aus der Zugehörigkeit des geltend gemachten Rechts zum Gesamthandvermögen gefolgert. Ein gleichwohl nur gegen einen Gesellschafter ergangenes Urteil sollte (wenngleich prozessual unzulässig) auch gegen die anderen Gesellschafter wirken[242]. Auch im **Passivprozess** waren hiernach die Gesellschafter mehrere Parteien, und zwar in der Regel **einfache Streitgenossen** im Sinne von ZPO § 59[243]. Das entsprach der Auffassung, dass nur die Gesellschafter als Gesamtschuldner verpflichtet seien (wenn auch haftend mit dem Gesamthandvermögen und gegebenenfalls dem Privatvermögen). Konnte freilich die Verpflichtung nur im Zusammenwirken der Gesellschafter erfüllt werden oder wurde nur eine Leistung aus dem Gesamthandvermögen gefordert (zB Auflassung eines zum Gesamthandvermögen gehörenden Grundstücks), dann sollte **ausnahmsweise notwendige Streitgenossenschaft** gegeben sein[244].

240 Vgl Stein/Jonas/Leipold ZPO, 1977[20], § 50 Rz 17.
241 BGH WM 1963, 728, 729; Soergel[10] Rz 12.
242 BGH WM 1963, 728, 729.
243 Vgl RGZ 68, 223.
244 So zB Rosenberg/Schwab, ZivilprozeßR, 1981[13], § 43 II 4; Stein/Jonas/Leipold ZPO § 62 Rz 19, 20.

b) **Parteifähigkeit.** Wird jedoch die GbR als selbständiges Zuordnungssubjekt von Rechten und Pflichten anerkannt[245], so ist im Aktivprozess die Gesamthand als Rechtsinhaber der Gegenstände des Gesellschaftsvermögens folgerichtig auch als selbständige Partei zu betrachten; das gleiche gilt im Passivprozess, soweit Gesamthandschulden („gemeinschaftliche Schulden") geltend gemacht werden. Auf der Grundlage eigener Rechtssubjektivität der Gesamthand, dh Rechtsträgerschaft und Verpflichtungsfähigkeit, ist die **GbR** als **aktiv und passiv parteifähig** zu betrachten[246]. Es ist geboten, „die auf die Gesamthandsgesellschaft bezogenen prozeßrechtlichen Regelungen auf die materiellrechtliche Strukturentscheidung abzustimmen"[247]. Dies hat der II. Zivilsenat des BGH[248] mit der Anerkennung der vollen Parteifähigkeit der (Außen-)GbR nunmehr getan. In anhängigen Verfahren über eine von den Gesellschaftern als notwendigen Streitgenossen eingeklagte Gesamthandforderung ist das Rubrum zu berichtigen (kein Parteiwechsel)[249]. 52

c) **Bezeichnung der GbR als Partei; Prozessvertretung; Parteivernehmung.** Fraglich kann nur sein, wie die **GbR als Partei** zu **bezeichnen** ist. Da kein gesetzlicher Name (entsprechend der Firma bei der OHG oder KG) vorgesehen ist, kann entweder der gesellschaftsvertraglich festgelegte und im Rechtsverkehr gebrauchte **Name der GbR** angeführt werden[250], **oder** es sind die **Gesellschafter**, dh die jeweils an der GbR beteiligten Personen, **namentlich oder mit ihrer Firma** zu benennen[251]. Dabei sollte „das für die Gemeinschaft maßgebende Rechtsverhältnis" (vgl GBO § 47) durch einen entsprechenden Gesellschaftszusatz („als GbR") bezeichnet werden (zB A, B, C, X-GmbH als GbR). Bei begründetem Zweifel, wer der GbR zugehört, kann eine Klage namens aller Personen erhoben werden, die der Geschäftsführer nach pflichtgemäßer Prüfung für Gesellschafter hält[252]. Klagen alle Gesellschafter, ist in der Regel davon auszugehen, dass sie sowohl im Namen der GbR als auch im eigenen Namen klagen[253]. Insbesondere für Passivprozesse der GbR, bei denen eine Vollstreckung „in das Gesellschaftsvermögen" in Betracht kommt, ist in ZPO § 736 die namentliche Anführung der Gesellschafter als Parteibezeichnung der GbR vorgesehen („ein gegen alle Gesellschafter ergangenes Urteil"). Selbst wenn der historische Gesetzgeber bei ZPO § 736 aus herkömmlicher Sicht auch oder in erster Linie an die einzelnen Gesellschafter als Gesamtschuldner gedacht haben mag[254], steht dies der wiedergegebenen Auslegung nicht entgegen. Vielmehr erhält ZPO § 736 erst bei Anerkennung von Rechtssubjektivität der GbR als Gesamthand, indem hier die zulässige Partei- und Vollstreckungsschuldnerbezeichnung festgelegt wird, einen rechten Sinn. Sieht man nämlich im Sinne herkömmlicher Betrachtung als Vollstreckungsschuldner die einzelnen Gesellschafter als Gesamtschuldner an (insoweit mit dem Gesellschaftsvermögen als Haftungsobjekt), dann wäre es eigentlich auch ohne die gesetzliche Anordnung in ZPO § 736 selbstverständlich, dass zur Vollstreckung in das dem einzelnen nicht allein verfügbare Haftungsobjekt (vgl § 719) ein Urteil gegen alle Gesellschafter ergangen sein muss[255]. 53

245 S § 718 Rz 1 ff.
246 Vgl schon Reinhard/Schultz, GesellschaftsR Rz 92; Schünemann, Grundprobleme der Gesamthandsgesellschaft, 1975, S 212 ff, in Fortführung von Kornblum BB 1970, 1445 ff; ders ZZP 91 (1978), 346 f; Lindacher JuS 1982, 592, 593; ders MünchKomm ZPO § 50 Rz 23 ff; Soergel[11]/Hadding Rz 52; Hüffer, Festschr für Stimpel, 1985, S 165, 168 ff; Wiedemann WM 1994 Sonderbeil 4, S 9 f; Wertenbruch, Die Haftung von Gesellschaftern und Gesellschaftsanteilen in der Zwangsvollstreckung, S 213 ff; für die Mitunternehmer-GbR auch K Schmidt, GesellschaftsR § 60 IV 1.
247 So Lindacher JuS 1982, 592; ders ZZP 96 (1983), 486, 492 ff.
248 BGHZ 146, 341, 347 ff (= Fn 7); kritisch Schemmann, Parteifähigkeit im Zivilprozeß, 2002, S 43 ff.
249 BGH NJW 2003, 1043 = WM 2003, 1742; BGH WM 2004, 1291, 1292 (unter II.); BGH NJW-RR 2006, 42 = NZM 2005, 942 (GbR als Vermieter).
250 Vgl § 705 Rz 68 f; zB ARGE-Mainzbau-GbR, vertreten durch ...
251 Frankfurt/M NJW-RR 2002, 1277.
252 Hamburg LZ 1917, 78.
253 BFH NZG 2000, 280.
254 Vgl Rz 51, 55.
255 Vgl dazu auch Brehm KTS 1983, 21; Winter KTS 1983, 349 sowie nunmehr eingehend BGHZ 146, 341, 353 ff unter Bezugnahme auf Wertenbruch, Die Haftung von Gesellschaften und Gesellschaftsanteilen in der Zwangsvollstreckung

In einem Rechtsstreit für oder gegen die als parteifähig zu erachtende GbR (Gesellschaftsschuldklage) ist eine **einheitliche Prozessvertretung** erforderlich. Es sind also nur die Prozesshandlungen (oder zB die Säumnis) von insoweit befugten organschaftlichen Vertretern oder des für die GbR zu bestellenden Prozessbevollmächtigten maßgebend. Ein im ersten Rechtszug (noch) als Streitgenosse unterlegener Gesellschafter bleibt aber rechtsmittelbefugt[256]. Zur Einzelklagebefugnis von Gesellschaftern (insbesondere actio pro socio), aufgrund derer unter bestimmten Umständen Rechte der Gesellschaft im eigenen Namen geltend gemacht werden können, vgl § 705 Rz 48 ff. **Alle Gesellschafter** – nicht etwa nur die vertretungsberechtigten[257] – sind **als Partei zu vernehmen**[258]. Zu den zivilprozessualen Auswirkungen, wenn während eines Rechtsstreits der Bestand der Gesellschafter sich ändert[259], vgl BGHZ 146, 341, 351 ff; Lindacher JuS 1982, 592, 596 mNachw; Hadding ZGR 2001, 712, 732; Wertenbruch NJW 2002, 324, 327 (unter II.9.). Zur Bestimmung des Gerichtsstands gemäß ZPO § 17 Abs 1 vgl Bamberger/H Roth/Timm/Schöne § 714 Rz 55. Zur Zustellung des Zwangsverwaltungsbeschlusses BGH WM 2007, 519.

Zur GbR als Partei eines **Schiedsgerichtsverfahrens** vgl H Westermann, Festschr für Baur, 1981, S 723; zu weiteren Folgerungen aus der Parteifähigkeit der GbR für die Gerichts- und Vollstreckungspraxis: Wertenbruch NJW 2002, 324 ff; Pohlmann WM 2002, 1421 ff (auch FG); Müther MDR 2002, 987. Vgl auch H Koch, Sammelklagen durch eine BGB-Gesellschaft, NJW 2006, 1469.

54 d) **Gesellschaftsschuldklage und Gesellschafterschuldklage**. Wird die GbR als Partei wegen einer Gesellschaftsschuld (Gesamthandschuld = „gemeinschaftliche Schuld" im Sinne des BGB) verklagt, so ist diese Klage gegen die Gesellschaft von etwaigen Klagen gegen die einzelnen Gesellschafter wegen ihres möglicherweise parallelen persönlichen Verpflichtetseins, gegebenenfalls als Gesamtschuldner[260], zu unterscheiden. Wie bei der OHG und der KG (vgl HGB §§ 124 Abs 1, 161 Abs 2; 128, 129, 161 Abs 2, 171 f) können auch bei der GbR die Gesellschaftsschuldklage (Gesamthandschuldklage) und die Gesellschafterschuldklage (in der Regel Gesamtschuldklage) miteinander **verbunden** werden (zB Klage des D: 1. gegen A, B, C als GbR, vertreten durch ..., 2. gegen A, 3. gegen B, 4. gegen C, zu 2.–4. als Gesamtschuldner)[261]. Die Gesellschaft und die einzelnen Gesellschafter sind dann untereinander **einfache Streitgenossen**[262]. Bei nur persönlichen Einwendungen aller oder einzelner Gesellschafter kann der zugleich erhobenen Gesellschaftsschuldklage stattzugeben, hingegen können die Gesellschafterschuldklagen sämtlich oder für einzelne Gesellschafter abzuweisen sein. Zur nachträglichen Parteiänderung vgl Lindacher JuS 1982, 592, 594.

55 2. **Zwangsvollstreckung**. – a) **Rechtslage nach bislang herrschender Meinung**. Für die **OHG/KG** wird gesetzlich das Gesellschaftsvermögen und das private Vermögen der einzelnen Gesellschafter auch in der Vollstreckung genau getrennt: Zur Vollstreckung in das Gesellschaftsvermögen ist ein gegen die Gesellschaft gerichteter Titel erforderlich (HGB §§ 124 Abs 2; 161 Abs 2); ein Titel gegen sämtliche Gesellschafter als Gesamtschuldner genügt nicht (ganz herrschende Meinung). Aus einem gegen die Gesellschaft gerichteten Titel findet keine Vollstreckung gegen die Gesellschafter statt (HGB §§ 124 Abs 4; 161 Abs 2); der Titel über die Gesellschaftsschuld kann auch nicht analog ZPO § 727 in Titel gegen die einzelnen Gesellschafter als Gesamtschuldner umgeschrieben werden[263]. Für die **GbR** soll hingegen nach (noch) herrschender Mei-

S 122 ff, S 290 ff; s auch Wertenbruch NJW 2002, 324, 326 (unter II.4.).

256 BGH WM 2004, 1054.

257 So zuletzt RGZ 82, 131.

258 Vgl Lindacher JuS 1982, 592, 597; aA Wertenbruch NJW 2002, 324, 326 (unter II.6.) mit Hinweis auf BGHZ 42, 230, 231 = NJW 1965, 106: für die OHG.

259 S oben Rz 45 ff.

260 Vgl oben Rz 29 ff, 38 ff.

261 Vgl BGHZ 146, 341, 357: „praktisch immer ratsam"; Ulmer ZIP 2001, 585, 591; Wertenbruch NJW 2002, 324, 325 (unter II.1.). Die Gesellschafter können sich neben der GbR anwaltlich vertreten lassen (Stuttgart NJW-RR 2006, 1005: Notwendig iSv ZPO § 91).

262 Vgl für OHG/KG zB BGHZ 54, 251 = NJW 1970, 1740; ebenso für GbR jetzt Frankfurt/M ZIP 2001, 1884; Stein/Jonas/Leipold ZPO § 62 Rz 12.

263 BGHZ 62, 131, 133 = NJW 1974, 750.

nung ZPO § 736 dahin auszulegen sein, dass ein oder mehrere (gegebenenfalls auch nacheinander ergangene) **Titel gegen sämtliche Gesellschafter** als Gesamtschuldner (oder Teilschuldner) genügen, um in das Gesellschaftsvermögen zu vollstrecken[264]. Bei einer titulierten Gesamtschuld aller Gesellschafter soll es unerheblich sein, ob es sich um eine in der gesellschaftlichen „Sphäre" begründete Schuld der Gesellschafter handelt oder nicht; es soll auch in das private Vermögen der einzelnen Gesellschafter vollstreckt werden können[265].

b) **Die GbR als Vollstreckungsschuldner**. Wird hingegen die **Rechtssubjektivität der GbR** 56
(Gesamthand) anerkannt[266], gilt hier Entsprechendes wie für die OHG/KG nach HGB §§ 124 Abs 2 und 4; 161 Abs 2[267]. Aus einem **Titel gegen die GbR** über eine Gesellschaftsschuld (Gesamthandschuld) kann in das Gesellschaftsvermögen vollstreckt werden[268], nicht aber in das private Vermögen der einzelnen Gesellschafter[269]. Der Titel gegen die GbR über eine Gesellschaftsschuld kann auch nicht gegen die einzelnen Gesellschafter (gegebenenfalls als Gesamtschuldner) umgeschrieben werden[270]. Ist ein **Titel** oder sind mehrere Titel **gegen** insgesamt **alle Gesellschafter** als Gesamtschuldner ergangen, so kann dies entweder wegen des parallelen persönlichen Verpflichtetseins (neben einer entsprechenden Gesellschaftsschuld) oder auch wegen nicht gesellschaftsbezogener Verbindlichkeiten geschehen sein. Da der Anlass des Titels nicht ohne weiteres aus dem Urteilstenor erkennbar ist, sollte aus einem derartigen Titel grundsätzlich nicht in das Gesellschaftsvermögen vollstreckt werden können, das vorrangig den Gläubigern der Gesellschaft als Zugriffsobjekt vorzubehalten ist[271]. Die Vollstreckung in das Gesellschaftsvermögen erfordert eben die eindeutige Bezeichnung der Gesamthand als Vollstreckungsschuldner im Titel[272]. Ist jedoch aus einer vollständigen Ausfertigung des Urteils (vgl ZPO § 317 Abs 2 Satz 2) über die Gesamtschuld aller Gesellschafter ersichtlich, dass es sich um das parallele Verpflichtetsein der Gesellschafter zur Sicherung einer Gesellschaftsschuld handelt, sollte der Gläubiger den Titel analog ZPO § 727 auch auf die Gesellschaft (Gesamthand) erstrecken können, weil in ihm mittelbar auch eine Gesellschaftsschuld festgestellt ist[273]. Wenn der II. Zivilsenat des BGH[274] dies für den gekennzeichneten Fall anscheinend für entbehrlich hält, um ZPO § 736 einen „eigenständigen Regelungsgehalt" zuzusprechen, so ist dies inkonsequent. Bei voller Rechts- und Parteifähigkeit der (Außen-)GbR kann hinsichtlich der Einzelzwangsvollstreckung in das Gesellschaftsvermögen nichts anderes gelten als bei der OHG (KG) gemäß HGB §§ 124 Abs 2; 161 Abs 2[275]. Ein Titel nur gegen einen Gesellschafter erlaubt hinsichtlich des Gesellschaftsvermögens nur die Vollstreckung in seinen „Anteil" (ZPO § 859 Abs 1)[276]. Aus einer wirksam in eine Grundschuldurkunde aufgenommenen und im Grundbuch eingetragenen Unterwerfungserklärung der Gesellschafter einer GbR (ZPO § 800 Abs 1) kann in ein Grundstück des Gesellschaftsvermögens der im Grundbuch eingetragenen GbR vollstreckt werden[277].

264 Statt vieler: Stein/Jonas/Münzberg ZPO § 736 Rz 1, 3; Thomas/Putzo ZPO § 736 Rz 1; RGRK/v Gamm Rz 10.
265 Vgl Stein/Jonas/Münzberg ZPO § 736 Rz 5; Noack MDR 1974, 813.
266 Vgl § 718 Rz 1 ff.
267 Vgl Lindacher JuS 1982, 592, 595.
268 Schünemann, Grundprobleme der Gesamthandsgesellschaft unter besonderer Berücksichtigung des Vollsteckungsrechts S 223 ff; Kornblum BB 1970, 1445, 1452.
269 Schüneman, Grundprobleme der Gesamthandsgesellschaft unter besonderer Berücksichtigung des Vollstreckungsrechts S 231 f; Wertenbruch NJW 2002, 324, 329 (unter III.3.); insoweit unzutr Kornblum BB 1970, 1445, 1452.
270 Hadding ZGR 2001, 712, 734.
271 Vgl Wiedemann, GesellschaftsR I § 5 I 2a; Schünemann, Grundprobleme der Gesamthandsgesellschaft unter besonderer Berücksichtigung des Vollstreckungsrechts S 228 f; Kornblum BB 1970, 1445, 1450 f.
272 Lindacher JuS 1982, 592, 595; aA wohl Kornblum BB 1970, 1445, 1450 f.
273 So Lindacher JuS 1982, 592, 595.
274 BGHZ 146, 341, 356 (= Fn 7); ebenso Schleswig WM 2006, 583 (mAnm Walker/Stomps WuB VI D. § 736 ZPO 1.06).
275 Ebenso zutreffend Habersack BB 2001, 477, 481; Gesmann-Nuissl WM 2001, 973, 976: „Systembruch"; aA Wertenbruch NJW 2002, 324, 328 f (unter III.1.); Bamberger/H Roth/Timm/Schöne § 714 Rz 57.
276 Vgl auch Paschke, Zwangsvollstreckung in den Anteil eines Gesellschafters am Gesellschaftsvermögen einer Personengesellschaft, Diss Berlin 1982.
277 BGH NJW 2004, 3632 = WM 2004, 1827 (mAnm Wertenbruch WuB VI E. § 800 ZPO 1.04); BGH NJW 2006, 2191 = WM 2006, 1221.

§ 715 Entziehung der Vertretungsmacht

Ist im Gesellschaftsvertrag ein Gesellschafter ermächtigt, die anderen Gesellschafter Dritten gegenüber zu vertreten, so kann die Vertretungsmacht nur nach Maßgabe des § 712 Abs. 1 und, wenn sie in Verbindung mit der Befugnis zur Geschäftsführung erteilt worden ist, nur mit dieser entzogen werden.

1 1. **Anwendungsbereich.** – a) Das Entziehungsrecht nach § 715 bezieht sich auf die **organschaftliche Vertretungsmacht** von Gesellschaftern **für die GbR** (Gesamthand)[1]. Nach bisheriger Meinung[2] soll allerdings nur diejenige organschaftliche Vertretungsmacht entzogen werden können, die im Gesellschaftsvertrag unmittelbar oder mittelbar über eine besondere Regelung der Geschäftsführungsbefugnis erteilt worden ist, und zwar abweichend von der im Zweifel geltenden gesetzlichen Grundregelung der §§ 709 Abs 1, 714. In Wahrheit beruht aber auch die organschaftliche Gesamtvertretungsmacht im Sinne der §§ 709 Abs 1, 714 für die konkrete GbR auf dem **Gesellschaftsvertrag**. Mit der entsprechenden Argumentation wie zur Entziehung der Geschäftsführungsbefugnis[3] ist daher das Entziehungsrecht nach § 715 auf **jede Art** von organschaftlicher Vertretungsmacht[4] zu erstrecken[5]. Soll nur der **Umfang** von organschaftlicher Vertretungsmacht eingeschränkt werden, gilt nicht § 715; es muss vielmehr der Gesellschaftsvertrag geändert werden (sog Grundlagengeschäft)[6].

2 b) **Nicht** unmittelbar erfasst wird die nach § 714 im Zweifel bestehende **gesellschaftsvertragliche Vollmacht**, „auch" die anderen (nicht handelnden) Gesellschafter **persönlich** mit ihrem privaten Vermögen zu verpflichten[7]. Da jedoch eine solche gesellschaftsvertragliche Vollmacht im Zweifel durch das Vorhandensein und den Umfang von organschaftlicher Vertretungsmacht begrenzt ist[8], trifft denjenigen die Darlegungs- und Beweislast, der behauptet, dass trotz Entziehung der organschaftlichen Vertretungsmacht die gesellschaftsvertragliche Vollmacht noch fortbestehe und nicht ebenfalls durch schlüssiges Verhalten von den anderen einzelnen Gesellschaftern widerrufen sei (§ 168). **Nicht** erfasst wird auch eine sog **Sondervollmacht**[9] für einen oder mehrere Gesellschafter[10], für die allgemeines Vertretungsrecht (§§ 168 ff) maßgebend ist.

3 c) Das Entziehungsrecht hinsichtlich der organschaftlichen Vertretungsmacht (§ 715) ist ebenso **abdingbar** wie dasjenige hinsichtlich der Geschäftsführungsbefugnis[11].

4 2. **Voraussetzungen und Wirkungen.** – a) Die organschaftliche Vertretungsmacht kann ebenso wie die Geschäftsführungsbefugnis nur aus **wichtigem Grund**[12] und nur durch **Beschluss**[13] **der übrigen Gesellschafter**[14] entzogen werden. Ein Beschluss über die Entziehung der Geschäftsführungsbefugnis (§ 712 Abs 1) ist im Zweifel, aber nicht notwendig dahin auszulegen, dass auch die im Zweifel entsprechende organschaftliche Vertretungsmacht (§ 714 als Auslegungsregel[15]) entzogen werden sollte[16]. Ein Beschluss über die Entziehung von organschaftlicher Vertretungsmacht kann bei Vorhandensein entsprechender Geschäftsführungsbefugnis nur wirksam gefasst werden, wenn zugleich auch diese Geschäftsführungsbefugnis entzogen wird (§ 715: „nur mit dieser"). Auch dies bezieht sich nicht nur auf eine Geschäftsführungsbefugnis nach § 710, sondern auch auf die Gesamtgeschäftsführungsbefugnis nach § 709 Abs 1[17].

1 Vgl § 714 Rz 7, 12 ff.
2 ZB Staud[12]/Keßler Rz 1.
3 Vgl § 712 Rz 1.
4 Vgl § 714 Rz 13–15.
5 So auch MünchKomm/Ulmer Rz 3.
6 AA Erman/Westermann Rz 2; Münch Komm/Ulmer Rz 3.
7 Vgl § 714 Rz 9, 29 ff; aA Erman/Westermann Rz 1; Pal/Sprau § 715 Rz 1. Arg Gesetzeswortlaut „anderen Gesellschafter" u Gleichlauf von organschaftlicher Vertretungsmacht und Befugnis.
8 S § 714 Rz 33.
9 Hier zustimmend Erman/Westermann Rz 1, ebenso Pal/Sprau Rz 1.
10 S § 714 Rz 8.
11 Vgl § 712 Rz 5, 6.
12 Vgl § 712 Rz 2.
13 MünchKomm/Ulmer Rz 1 verlangt Zustimmung des betroffenen Gesellschafters.
14 Vgl § 712 Rz 3.
15 S § 714 Rz 6.
16 Vgl § 712 Rz 4 mNachw, zustimmend: Erman/Westermann Rz 3; MünchKomm/Ulmer Rz 4.
17 Zustimmend MünchKomm/Ulmer Rz 3.

b) Wird die organschaftliche Vertretungsmacht entzogen, hat dies die entsprechenden **Wirkungen** wie eine Entziehung der Geschäftsführungsbefugnis nach § 712 Abs. 1; es kann sich also organschaftliche Einzel- oder Gesamtvertretungsmacht der verbleibenden Gesellschafter ergeben[18]. 5

3. Der Gesellschafter kann die organschaftliche Vertretung – anders als die Geschäftsführung (§ 712 Abs 2) – **nicht** aus wichtigem Grund **kündigen**[19]. Denn es gibt keine selbständige Pflicht zur Vertretung der GbR; vielmehr ist das Handeln als organschaftlicher Vertreter immer eine Wahrnehmung der Pflicht zur Geschäftsführung[20]. Wenn allerdings ein Gesellschafter seine **Geschäftsführung** nach § 712 Abs 2 **kündigt, entfällt** nach § 714 als Auslegungsregel[21] **im Zweifel auch** seine entsprechende **organschaftliche Vertretungsmacht**. Das geschieht aber nicht notwendig[22]. 6

§ 716 Kontrollrecht der Gesellschafter

(1) Ein Gesellschafter kann, auch wenn er von der Geschäftsführung ausgeschlossen ist, sich von den Angelegenheiten der Gesellschaft persönlich unterrichten, die Geschäftsbücher und die Papiere der Gesellschaft einsehen und sich aus ihnen eine Übersicht über den Stand des Gesellschaftsvermögens anfertigen.

(2) Eine dieses Recht ausschließende oder beschränkende Vereinbarung steht der Geltendmachung des Rechts nicht entgegen, wenn Grund zu der Annahme unredlicher Geschäftsführung besteht.

Schrifttum: Saenger, Hinzuziehung von Stellvertreter oder Beistand bei Beschlussfassung und Kontrolle im Gesellschaftsrecht, NJW 1992, 348; Weyand, Ausübung von Einsichts- und Auskunftsrechten von Gesellschaftern unter Hinzuziehung des steuerlichen Beraters, Information StW 1995, 343; Horn, Abgrenzung des stillen Gesellschafters von der Stellung des atypisch stillen Gesellschafters, insbesondere aufgrund der Ausweitung der Informations- sowie Kontrollrechte gem § 716 BGB, GmbH Rdsch 2000, 711.

1. **Voraussetzungen und Abgrenzung**. – a) Nach § 716 Abs 1 steht in der GbR, auch bei Innengesellschaften ohne Gesamthandvermögen[1], **jedem Gesellschafter**, auch den nicht geschäftsführenden Gesellschaftern, ein **Recht auf Unterrichtung** von den Angelegenheiten der Gesellschaft zu, das sich gegen die Gesamthand, dh gegen die übrigen Gesellschafter richtet[2], aber auch unmittelbar gegen die geschäftsführenden Gesellschafter geltend gemacht werden kann, die zuständig sind, die Unterrichtung zu dulden und die Einsicht zu gewähren[3]. Das Unterrichtungsrecht ist als Mitverwaltungsrecht einzuordnen[4] und wird als „höchstpersönlich" gekennzeichnet[5]. Es dient in erster Linie „der vermögensrechtlichen Anteilnahme des Gesellschafters an der Gesellschaft"[6]; seine Ausübung wird **durch die gesellschaftsrechtliche Treupflicht begrenzt**[7]. Der Vorschrift des § 716 entspricht bei der OHG HGB § 118, bei der KG HGB §§ 161 Abs 2, 118; 166 und bei der stillen Gesellschaft HGB § 233. Das **Unterrichtungsrecht** der Gesellschafter besteht nicht nur während der Dauer der sog werbenden GbR, sondern **auch während der Ab-** 1

18 Vgl § 712 Rz 4; keine Einzelvertretung automatisch, Erman/Westermann Rz 2: ultima ratio Gesamtvertretung, -geschäftsführung (Prinzip der Selbstorganschaft).
19 Staud/Habermeier Rz 4; aA offenbar Staud[12]/Keßler Rz 2 mwN.
20 Vgl § 709 Rz 2.
21 S § 714 Rz 6.
22 Ebenso MünchKomm/Ulmer Rz 6; aA noch Soergel[10] Rz 2; Staud[12]/Keßler Rz 3, die sich zu Unrecht auf § 168 Satz 1 berufen, der auf die organschaftliche Vertretung aber nicht anwendbar ist.

1 BGH WM 1982, 1403 f.
2 BGH WM 1962, 883 = BB 1962, 899.
3 RG DR 1944, 245, 246; BGH WM 1962, 883. Vgl K Schmidt, Informationsrechte in Gesellschaften und Verbänden, 1984, S 65; Erman/Westermann Rz 1.
4 Vgl § 705 Rz 53; MünchKomm/Ulmer Rz 13.
5 So MünchKomm/Ulmer Rz 1, 13.
6 Vgl schon R Heinsheimer, Über die Teilhaberschaft, 1930, S 55.
7 § 705 Rz 59.

wicklung[8]. Als Ausfluss der Mitgliedschaft muss **kein besonderes oder sogar rechtliches Interesse** nachgewiesen werden[9]. Ein Interesse der GbR, bestimmte Tatsachen geheim zu halten, ist kein Grund, den Gesellschafter an seinen Maßnahmen eigener Unterrichtung zu hindern[10]. Hat ein geschäftsführender Gesellschafter geschäftliche und persönliche Aufzeichnungen nicht getrennt, berechtigt dies ihn nicht, die Einsicht zu verweigern[11].

2 b) **Kein Recht** auf Unterrichtung nach § 716 Abs 1 hat der **ausgeschiedene Gesellschafter**; er kann aber, um sein Auseinandersetzungsguthaben zu berechnen, nach **§ 810** Einsicht in die Geschäftsbücher und die Papiere der GbR verlangen[12]. Ist ihm bis zur Auszahlung seines Guthabens vertraglich ein Unterrichtungsrecht nach § 716 Abs 1 eingeräumt, so ist dies gem § 242 entsprechend seiner jetzigen Stellung nach Zeit und Umfang beschränkt[13]; es kann ihm aber nicht dadurch genommen werden, dass gerichtlich ein Sachverständiger beauftragt wird, die von den verbleibenden Gesellschaftern aufgestellte Rechnung nachzuprüfen[14]. Zur Einsicht in die Jahresbilanz durch einen ausgeschiedenen Gesellschafter für die Zeit seiner Zugehörigkeit zur Gesellschaft s BGH DNotZ 1962, 413. Auch der nicht in die Mitgliedschaft nachgefolgte, abfindungsberechtigte **Erbe** eines Gesellschafters hat kein Recht aus § 716 Abs 1[15], kann aber nach **§ 810** in den Grenzen von § 242 eine etwa erforderliche Einsicht (Auskunft) verlangen[16]. Der **stille Gesellschafter**[17] hat nach seinem Ausscheiden ebenfalls nur einen Anspruch nach § 810[18]. Für den **Unterbeteiligten** soll nach herrschender Meinung[19] HGB § 233 entsprechend anwendbar sein[20]. Bei einer Gesellschaftsbeteiligung an einer anderen Gesellschaft, steht dem Gesellschafter **kein** direktes Informationsrecht gegen die Geschäftsführung der Beteiligungsgesellschaft zu[21]. Er kann jedoch indirekt Auskunft von seiner Gesellschaft über die Vorgänge bei der Beteiligungsgesellschaft verlangen[22], MünchKomm/Ulmer § 716 Rz 3 lässt aber ein jährliches Informations- und Einsichtsrecht entsprechend HGB § 233 zu; Ausnahme bei 100 % Anteil der Gesellschaft am Beteiligungsunternehmen[23].

3 c) Das Recht der einzelnen Gesellschafter auf Unterrichtung nach § 716 Abs 1, das dauerhaft bis in das Liquidationsstadium hinein besteht[24], ist zu **unterscheiden** von dem Recht der Gesellschaft (Gesamthand) gegen die geschäftsführenden Gesellschafter auf die erforderlichen Nachrichten, Auskunft und Rechenschaft nach **§§ 713, 666**[25]. Es ist auch zu unterscheiden von dem Anspruch der einzelnen Gesellschafter auf den Rechnungsabschluss nach **§ 721**[26].

8 RGZ 148, 278, 280; BGH BB 1970, 187.
9 Vgl RGZ 148, 278, 279: Das Unterrichtungsrecht nach § 716 Abs 1 besteht auch dann, wenn die Geschäftsführerpflichten gem §§ 713, 666 erfüllt sind und die Gesellschafter die Bilanz festgestellt haben; aA K Schmidt, Informationsrechte in Gesellschaften und Verbänden, 1984, S 63.
10 Vgl R Fischer NJW 1954, 777; aA wohl noch RG LZ 1912, 545.
11 RGZ 103, 71, 73; BGH BB 1970, 187.
12 RG JW 1927, 2416; BGH WM 1994, 1925, 1928; WM 1989, 878 = NJW 1989, 3272; Frankfurt/M BB 1982, 143; WM 1996, 160; BGH WM 1988, 1447, 1448: zu GmbHG § 51 a; Wohlleben, Informationsrechte der Gesellschafter, 1989, S 63.
13 Vgl Hueck OHG § 12, 3 Fn 7.
14 BGH DB 1959, 428.
15 RG JW 1927, 2416; Kiel OLG 16, 91.
16 OGHZ 4, 39, 42.
17 Erman/Westermann Rz 4 befürwortet während der Mitgliedschaft des stillen Gesellschafters ebenfalls ein Auskunftsrecht aus allgemeiner Erwägung.
18 BGHZ 50, 316, 324 = NJW 1968, 2003 = WM 1968, 1245; aA Hamburg MDR 1961, 324; Hamm MDR 1970, 546, die offenbar § 810 übersehen. Zur Abgrenzung des stillen Gesellschafters vom atypischen stillen Gesellschafter im Hinblick auf die Rechtsstellung nach § 716, vgl Horn GmbHRdsch 2000, 711 ff.
19 So BGHZ 50, 316, 323.
20 Vgl zum Stand der Meinungen U Wagner, Die Unterbeteiligung an einem OHG-Anteil, 1975, S 29 ff, der insbes (S 97 ff) zu Recht § 716, HGB § 118 anwendet; vgl auch BGH BB 1984, 1271 f u 1273 f; ferner Rz 35 vor § 705.
21 Erman/Westermann Rz 4.
22 MünchKomm/Ulmer Rz 5 mweitNachw; BGH BB 1984, 1271, 1272; Karlsruhe BB 1984, 2016.
23 BGHZ 25, 115, 118 = NJW 1957, 1555.
24 BGH BB 1970, 187, RGZ 148, 278, 280; Wohlleben, Informationsrechte der Gesellschafter, 1989, S 64; BayObLG BB 1987, 2184 (zu HGB § 166).
25 Vgl § 713 Rz 7, 8; RGZ 148, 279.
26 Vgl § 721 Rz 7 ff.

2. **Inhalt der Rechte nach § 716 Abs 1.** Die Rechte des Gesellschafters, sich zu unterrichten, Unterlagen einzusehen und sich eine Übersicht über den Stand des Gesellschaftsvermögens anzufertigen, sind in erster Linie darauf gerichtet, **eigene Maßnahmen** der Wahrnehmung und Kenntniserlangung von seiten der Geschäftsführung zu **dulden**, auch wenn ein Geschäftsführer geschäftliche und persönliche Aufzeichnungen nicht getrennt aufbewahrt[27]. **Zum Handeln** für die Gesamthand sind die geschäftsführenden Gesellschafter grundsätzlich nur insoweit verpflichtet, als sie dem Gesellschafter zB **Zugang** zu Räumen, verschlossenen Unterlagen usw zu **gewähren** haben. Nur ausnahmsweise kann der Gesellschafter auch eine Auskunft verlangen[28]. Zur Ausübung der Rechte nach § 716 Abs 1 vgl Rz 9ff. 4

a) Der Gesellschafter kann **„sich von den Angelegenheiten der Gesellschaft unterrichten"**. Er darf nicht gehindert werden, sich von allen Zuständen, Ereignissen und Vorgängen, die die Lage der GbR, insbesondere ihre Organisation und ihr Gesellschaftsvermögen betreffen, **umfassende Kenntnis** zu verschaffen. Die Tragweite des Unterrichtungsrechts korrespondiert namentlich für die nicht geschäftsführenden Gesellschafter damit, dass sie vor allem durch Maßnahmen der Geschäftsführung aufgrund der im Zweifel bestehenden gesellschaftsvertraglichen Vollmacht[29] mit ihrem privaten Vermögen verpflichtet werden können. Aber auch für die geschäftsführenden Gesellschafter untereinander besteht das Recht, sich selbst von allen Angelegenheiten der GbR zu unterrichten. 5

b) Der Gesellschafter kann **„die Geschäftsbücher und die Papiere der Gesellschaft einsehen"**. Das Einsichtsrecht erstreckt sich auf **alle Unterlagen**, auch auf Datenverarbeitungssysteme mit elektronisch gespeicherten Formen[30], allerdings nicht durch eigene EDV-Geräte, die einen ständigen Zugriff ermöglichen[31], die für Angelegenheiten der GbR, insbesondere geschäftliche Vorgänge, aufschlussreich sein können. Darüber hinaus ist die Mitnahme bei unzumutbarer Erschwerung der Einsicht zulässig[32]; sein **Umfang** entspricht dem Recht des Gesellschafters einer OHG (Komplementärs einer KG) nach HGB §§ 118; 161 Abs 2; es ist somit **weitergehend als das Recht des Kommanditisten nach HGB § 166**. Die Einsicht umfasst, selbst wenn es nicht nur um den „Stand des Gesellschaftsvermögens" geht[33], die Anfertigung von Notizen, soweit die unmittelbare Wahrnehmung von Einzelheiten schwerlich im Gedächtnis haften bleiben kann. Solche bei Durchsicht der Unterlagen gemachten Notizen darf der Gesellschafter auch außerhalb der Geschäftsräume der GbR mitnehmen[34]. Aus § 716 Abs 1 folgt kein Recht, an der Führung der Geschäftsbücher mitzuwirken oder an der Anfertigung von Papieren der Gesellschaft teilzunehmen[35]. 6

c) Schließlich kann der Gesellschafter sich aus den Geschäftsbüchern und Papieren der Gesellschaft **„eine Übersicht über den Stand des Gesellschaftsvermögens anfertigen"**. Um eine Übersicht über den Stand des Gesellschaftsvermögens zu erhalten, kann der Gesellschafter sich diesbezüglich **Auszüge, Abschriften oder Kopien aus den Unterlagen** auf seine Kosten anfertigen[36]. Sagen einzelne Unterlagen nichts über Gegenstände des Gesellschaftsvermögens oder Verpflichtungen der GbR (Gesamthandschulden) aus, besteht allenfalls das Recht, sich Notizen anzufertigen[37]. 7

d) Ein **Recht auf Auskunft**, die von dem oder den (zuständigen) geschäftsführenden Gesellschafter(n) zu gewähren ist, besteht für den einzelnen Gesellschafter nach § 716 Abs 1 **nur** 8

27 BGH BB 1970, 187; Wohlleben, Informationsrechte der Gesellschafter, 1989, S 119f; vgl auch BGH WM 1983, 910, 911; ebenso MünchKomm/Ulmer Rz 2, der so zu § 721 abgrenzt.
28 S unten Rz 8.
29 S § 714 Rz 29ff.
30 MünchKomm/Ulmer Rz 8.
31 Wohlleben, Informationsrechte der Gesellschafter, 1989, S 116f mweitNachw.
32 RGRK/v Gamm Rz 3.
33 Vgl insoweit Rz 7.
34 Hamburg OLG 20, 229.
35 Betr Ermittlung und Prüfung von Steuerschulden der GbR vgl Schäfer BB 1964, 1139, 1141.
36 Erman/Westermann Rz 1 hält in gewissem Umfang die Gesellschaft sogar zur Vornahme von Kopien verpflichtet. Vgl auch Köln ZIP 1985, 800, 802; Wohlleben, Informationsrechte der Gesellschafter, 1989, S 126f.
37 Vgl oben Rz 6.

dann, wenn die „Angelegenheiten der Gesellschaft" oder „die Geschäftsbücher und die Papiere der Gesellschaft" derart **unklar**, unvollständig, undurchsichtig oder schlecht geführt sind, dass die eigenen Maßnahmen der Wahrnehmung und Kenntniserlangung unzulänglich bleiben müssen und daher die Unterrichtung und Einsicht des Gesellschafters als Grundlage einer Kontrolle nicht ausreicht[38]. Dann kann die Auskunftspflicht selbst zu einem Verschaffungsanspruch führen[39]. Fehlt hingegen dem Gesellschafter der nötige Sachverstand, führt dies nicht zu einem Auskunftsrecht, sondern nur zu der Befugnis, einen Sachverständigen hinzuzuziehen[40].

9 3. **Ausübung der Rechte nach § 716 Abs 1.** Für die Rechtsausübung gem § 716 Abs 1 ist zu beantworten, **wer** bei der Unterrichtung von den Angelegenheiten der GbR, bei der Einsicht in die Unterlagen und bei der Anfertigung einer Übersicht über das Gesellschaftsvermögen tätig werden kann, **wo** diese Tätigkeiten stattzufinden haben und **wie** sie durchzuführen sind.

10 a) Der **Gesellschafter** hat die Rechte nach § 716 Abs 1 grundsätzlich **„persönlich"** auszuüben. Daraus wird einhellig gefolgert, dass diese Rechte **nicht** selbständig **übertragbar** sind[41]. Ist die Mitgliedschaft auf einen oder mehrere **nachfolgeberechtigte Erben** übergegangen, stehen nunmehr ihm (ihnen) als Gesellschafter(n) die Rechte nach § 716 Abs 1 zu, und zwar auch für Zustände oder Vorgänge in der Zeit vor dem Erbfall. Ein **Testamentsvollstrecker** ist nur ausübungsbefugt, wenn ihm die Mitgliedschaft (treuhänderisch) übertragen worden ist oder die anderen Gesellschafter mit einer Ermächtigung einverstanden sind[42]. Für einen Gesellschafter kann ein **gesetzlicher Vertreter** oder ein **Pfleger** tätig werden[43]. Mangels Anwendung gesellschaftsrechtlicher Treupflichten besteht aber Verschwiegenheitspflicht[44]. Dagegen scheidet die **Rechtsausübung durch einen Bevollmächtigten** grundsätzlich aus; sie ist nur zulässig, wenn die anderen Gesellschafter einverstanden sind oder der Gesellschafter an einer persönlichen Ausübung nachhaltig länger durch Umstände gehindert ist, die einem „wichtigen Grund" gleich zu erachten sind (zB dauernde Krankheit, längere Abwesenheit oder ähnliche Ereignisse)[45]. Freilich dürfen als Bevollmächtigte keine ungeeigneten Personen auftreten[46], durch die eine Schädigung eintreten kann[47] oder die persönlichen Beziehungen der Gesellschafter untereinander verschlechtert werden[48]. Bei der persönlichen Ausübung kann aber der selbst nicht hinreichend befähigte Gesellschafter einen hierfür geeigneten und beruflich zur Verschwiegenheit verpflichteten **Sachverständigen** (zB Wirtschaftsprüfer, Steuerberater, Rechtsanwalt, Notar) hinzuziehen, gegen den von seiten der anderen Gesellschafter keine besonderen Gründe vorgebracht werden können, um ihn abzulehnen[49]. Die Verantwortung für die nicht selbständige, sondern weisungsgebundene Einsicht des Sachverständigen und die Verhandlungen hierüber mit dem (den) geschäftsführenden

38 Vgl München OLG-Rep 1993, 210; BGH MDR 1984, 27; BGH BB 1984, 1271, 1272; ausführlich Wohlleben, Informationsrechte der Gesellschafter, 1989, S 82 ff. Weitergehend Goerdeler, Festschr für Stimpel, 1985, S 125, 132 ff; BGH BB 1972, 1245; WM 1983, 910, 911: „wenn die erforderlichen Angaben nicht aus den Büchern und Papieren der Gesellschaft ersichtlich sind und sich demgemäß der Berechtigte ohne die Auskunft keine Klarheit über die Angelegenheiten der Gesellschaft verschaffen kann"; vgl auch schon BGHZ 14, 53, 59 = NJW 1954, 1564 für die GmbH; aA aber U Huber ZGR 1982, 546 ff: zu HGB §§ 118, 166; RGRK/von Gamm Rz 3, der gar keine Auskunft gewährt.

39 Ähnlich Hamm NJW 1986, 1693, 1694: zu HGB § 166, GmbHG § 51 a; Wohlleben, Informationsrechte der Gesellschafter, 1989, S 134 ff.

40 Vgl unten Rz 10.

41 BGHZ 25, 115, 122 = NJW 1957, 1555 = WM 1957, 1059; Erman/Westermann Rz 3.

42 RGZ 170, 392, 395.

43 BGHZ 44, 98, 100 ff = NJW 1965, 1961 = LM Nr 1 zu HGB § 118 (mAnm R Fischer).

44 Goerdeler, Festschr für Stimpel, 1985, S 125, 135 f.

45 Vgl RG DR 1944, 245; BGHZ 25, 115, 122 f = NJW 1957, 1555 = WM 1957, 1059; BGH WM 1962, 883.

46 KGJ 30 A 123.

47 RG DR 1942, 279; Breslau OLG 36, 129.

48 BGH WM 1962, 883.

49 RGZ 170, 392, 395; RG DR 1942, 279; BGHZ 25, 115, 123; BGH WM 1962, 883, 884 = BB 1962, 899 f; Köln BB 1961, 953 = DB 1961, 269; Hirte BB 1985, 2208; Saenger NJW 1992, 348, 351; Pal/Sprau Rz 1 erwägt sogar, das Recht hierauf uU zu beschränken; vgl zum ganzen: Weyand, Ausübung von Einsichts- und Auskunftsrechten unter Hinzuziehung des steuerlichen Beraters, Information StW 1995, 343 ff.

Gesellschafter(n) müssen von dem Gesellschafter wahrgenommen werden[50]. Allerdings muss der Gesellschafter bei der Einsicht nicht persönlich anwesend sein[51]. Ist der Gesellschafter gegenwärtig oder **potentiell als Wettbewerber** der GbR tätig, so ist die Ausübung der Rechte nach § 716 Abs 1 auf die Wahrnehmung durch einen zur Verschwiegenheit verpflichteten (Buch-)Sachverständigen beschränkbar[52]. Der Sachverständige hat hier nur diejenigen Umstände vor dem Gesellschafter geheim zu halten, aus denen dieser unmittelbar oder mittelbar Vorteile als Wettbewerber ziehen kann[53].

b) Die Rechte nach § 716 Abs 1, insbesondere das Einsichtsrecht ist in der Regel **in den Geschäftsräumen** der Gesellschaft auszuüben, aus „wichtigem Grund" aber auch anderenorts[54], was ausnahmsweise die vorübergehende Überlassung der Unterlagen bedingt[55]. Die Rechte des Gesellschafters dürfen **weder missbräuchlich noch treuwidrig** ausgeübt werden[56], insbesondere nicht zur Unzeit (was jedoch nicht bedeutet: nur während der Geschäftsstunden) oder um sich Kenntnisse für ein vertragswidriges Verhalten zu beschaffen[57] oder den Geschäftsablauf zu stören. Ein besonderes rechtliches Interesse muss für das Einsichtsrecht als Bestandteil der Mitgliedstellung aber nicht nachgewiesen werden[58]. 11

4. **Abweichende Vereinbarungen (§ 716 Abs 2)**. – a) Wie in § 716 Abs 2 vorausgesetzt wird, ist die Vorschrift des § 716 Abs 1 grundsätzlich **dispositiv**. Die Rechte des Gesellschafters auf Unterrichtung, Einsicht und Anfertigung einer Übersicht über den Stand des Gesellschaftsvermögens können im Gesellschaftsvertrag, durch einen (einstimmigen) Beschluss oder eine besondere Vereinbarung der Gesellschaft **erweitert** oder aber **beschränkt** oder sogar **ausgeschlossen** werden (vorbehaltlich der Grenze nach § 716 Abs 2)[59]. So kann einerseits insbesondere eine **Auskunftspflicht** der geschäftsführenden Gesellschafter gegenüber dem einzelnen Gesellschafter[60] oder eine Berichtspflicht oder eine Übermittlung von Unterlagen auf Kosten der GbR vorgesehen werden. Die Rechte nach § 716 Abs 1 können auch **anderen Personen** als den einzelnen Gesellschaftern eingeräumt werden, zB Unterbeteiligten, ausgeschiedenen Gesellschaftern, nicht nachfolgeberechtigten Erben, einem Beirat. Andererseits kann festgelegt werden, dass keine umfassende Unterrichtung von allen Angelegenheiten der GbR und keine Anfertigung einer Übersicht über den Stand des Gesellschaftsvermögens stattfinden soll, sondern nur die Einsicht in begrenzte Unterlagen und nur zu bestimmten Zeitpunkten oder nur durch bestimmte Personen, zB einen von der GbR benannten Wirtschaftsprüfer. Eine solche Beschränkung oder gar ein Ausschluss aller Rechte des Gesellschafters nach § 716 Abs 1 ist wirksam, solange kein „Grund zu der Annahme unredlicher Geschäftsführung" besteht (§ 716 Abs 2). 12

b) Beschränkende oder ausschließende Vereinbarungen[61] finden eine **Grenze** ihrer Wirksamkeit, wenn **„Grund zu der Annahme unredlicher Geschäftsführung"** besteht; sie stehen dann einer „Geltendmachung" der Rechte nach § 716 Abs 1 nicht entgegen **(§ 716 Abs 2)**. Unter der genannten zusätzlichen Voraussetzung ist § 716 Abs 1 ausnahmsweise zwingend. Einer beschränkenden oder ausschließenden Vereinbarung ist ein entsprechender einseitiger **Verzicht** des 13

50 Dies meint wohl BGHZ 25, 115, 123 mit „Leitung der Büchereinsicht".
51 Zustimmend Erman/Westermann Rz 3; insgesamt dazu kritisch Goerdeler, Festschr für Stimpel, 1985, S 124 ff.
52 RGZ 103, 71, 73; BGH BB 1970, 187; BB 1979, 1315, 1316 für die KG; BGH WM 1982, 1403; Wohlleben, Informationsrechte der Gesellschafter, 1989, S 62 f; enger („nur") Staud[12]/Keßler Rz 13.
53 BGH WM 1982, 1403, 1404; BGH NJW 95, 194 f: zu HGB § 166; zB Namen und Anschriften von Geschäftspartnern der Gesellschaft.
54 Nicht in der Wohnung des anderen Gesellschafters, wenn persönlicher Kontakt unzumutbar (Zweibrücken DStR 2005, 499 = NZG 2005, 508 – Ls).
55 Vgl Köln BB 1961, 953 = DB 1961, 269; RGRK/v Gamm Rz 3.
56 Pal/Sprau Rz 1 erwähnt § 242.
57 RGZ 148, 278, 280 f.
58 RGZ 148, 278, 280; Erman/Westermann Rz 1.
59 Vgl insgesamt BGH WM 1984, 807, 808; BGH WM 1988, 1447 f: zu GmbHG § 51 a; dazu auch Grunewald ZGR 1989, 545, 549 ff; Authenrieth DStZ 1990, 173.
60 Vgl oben Rz 6.
61 Vgl oben Rz 12.

Gesellschafters gleich zu erachten[62]. Ein „Grund zu der Annahme unredlicher Geschäftsführung" liegt nicht schon bei unsubstantiierten Vermutungen vor; vielmehr müssen **konkrete Tatsachen** glaubhaft behauptet werden, aus denen auf eine rechtswidrige, dh **pflichtwidrige Geschäftsführung** geschlossen werden kann, ohne dass dieser Verdacht ausgeräumt worden ist. Eine „unredliche Geschäftsführung" setzt nicht voraus, dass die GbR oder einzelne Gesellschafter im Sinne von § 826 bewusst geschädigt werden[63]. Der Gesellschafter ist für die unredliche Geschäftsführung **nicht beweispflichtig**, weil erst die Ausübung der Rechte nach § 716 Abs 1 ihn in der Regel in die Lage versetzt, den Verdacht zu untermauern oder fallen zu lassen[64]. Wer die an sich beschränkten oder ausgeschlossenen Rechte nach § 716 Abs 1 unter Berufung auf § 716 Abs 2 geltend macht, handelt grundsätzlich nicht rechtsmissbräuchlich[65], unterliegt aber ebenfalls den Ausübungsgrenzen gem § 242.

14 c) Die Rechte des Gesellschafters nach § 716 Abs 1 können **nicht** analog § 712 Abs 1 **entzogen** werden, und zwar auch nicht mit der Einschränkung, dass sie bei „Grund zu der Annahme unredlicher Geschäftsführung" belassen bleiben sollen[66]. Denn § 716 Abs 2 setzt eine beschränkende oder ausschließende „Vereinbarung" voraus, dh das Einverständnis des Gesellschafters[67]. Für die Handelsgesellschaft hat BGH NJW 1995, 194, 196 als äußersten Notbehelf die Entziehung zugelassen[68].

§ 717 Nichtübertragbarkeit der Gesellschafterrechte

Die Ansprüche, die den Gesellschaftern aus dem Gesellschaftsverhältnis gegeneinander zustehen, sind nicht übertragbar. Ausgenommen sind die einem Gesellschafter aus seiner Geschäftsführung zustehenden Ansprüche, soweit deren Befriedigung vor der Auseinandersetzung verlangt werden kann, sowie die Ansprüche auf einen Gewinnanteil oder auf dasjenige, was dem Gesellschafter bei der Auseinandersetzung zukommt.

Schrifttum: Wiedemann, Die Übertragung und Vererbung von Mitgliedschaftsrechten bei Handelsgesellschaften, 1965 (dazu R Fischer ZHR 130 [1968], 359); Ganßmüller, Abtretung „nicht gewinngedeckter" Auszahlungsansprüche bei Personengesellschaften, DB 1967, 1531; Riegger, Das Auseinandersetzungsguthaben in einer Personalgesellschaft als Kreditsicherung, BB 1972, 115; K Schmidt, Der unveräußerliche Gesellschaftsanteil – ein Vollstreckungsgegenstand?, JR 1977, 177; Winnefeld, Übertragung und Pfändung des Kapital-Entnahmeanspruchs iS des § 122 Abs 1 HGB, DB 1977, 897; Fleck, Stimmrechtsabspaltung in der GmbH?, in: Festschr für R Fischer, 1979, S 107; Hadding, Pfandrecht und Nießbrauch an der Mitgliedschaft einer OHG oder KG als Kreditsicherheit, in: Hadding/U H Schneider (Hrsg), Gesellschaftsanteile als Kreditsicherheit, 1979, S 37; John, Die treuhänderische Übertragung von Anteilen an einer handelsrechtlichen Personengesellschaft als Kreditsicherheit, in: Hadding/U H Schneider (Hrsg), Gesellschaftsanteile als Kreditsicherheit, 1979, S 83; Schüller, Nießbrauch und Pfandrecht am Anteil einer Personengesellschaft, MittBayNotV 1981, 101; Muth, Übertragbarkeit und Pfändbarkeit des Kapitalentnahmeanspruchs von Personenhandelsgesellschaftern, DB 1986, 1761; Bitz, Der Nießbrauch an Personengesellschaftsanteilen, DB 1987, 1506; Marotzke, Zwangsvollstreckung in Gesellschaftsanteile nach Abspaltung der Vermögensansprüche, ZIP 1988, 1509; Ulmer, Zur Bedeutung des gesellschaftsrechtlichen Abspaltungsverbots für den Nießbrauch am OHG (KG)-Anteil, in: Festschr für Fleck, 1988, S 383; Petzoldt, Nießbrauch an Personengesellschaften, DStR 1992, 1171; Haas, Nießbrauch an Gewinnanteilen an Personengesellschaften, in: Festschr für L Schmidt, 1993, S 315; Müller, Vorausverfügung über gesellschaftsrechtliche Einzelansprüche und Übertragung der Mitgliedschaft, ZIP 1994, 342; Schön, Der Nießbrauch am Gesellschaftsanteil, ZHR 155 (1994), 229; Behr, Zur Vollstreckung in Personengesellschaften, RpflStud 1995, 30; K Schmidt, Das Vollstreckungs- und Insolvenzrecht der stillen Gesellschaft, KTS 1997, 65; Suffel, Der Nießbrauch an Personengesellschafts-

62 Zum Verzicht von Informationsrechten vgl Wellkamp Information StW 1994, 625 ff.
63 Ebenso MünchKomm/Ulmer Rz 19; enger Staud[12]/Keßler Rz 9.
64 BGH WM 1984, 807 f.
65 Vgl oben Rz 1.
66 RGZ 148, 278, 280; vgl R Fischer NJW 1959, 1058; Peters NJW 1965, 1212 zu HGB § 117; MünchKomm/Ulmer Rz 6; Erman/Westermann Rz 6.
67 Für eine Analogie zu HGB § 117 beim Unterrichtungsrecht der Kommanditisten hingegen OGHZ 1, 33, 39.
68 Vgl Erman/Westermann Rz 6.

anteilen aus zivilrechtlicher und steuerrechtlicher Sicht, in: Festschr für 50 Jahre Arbeitsgemeinschaft der Fachanwälte für Steuerrecht, 1999, S 375; Behr, Die Vollstreckung in Personengesellschaften, NJW 2000, 1137; Wertenbruch, Die Haftung von Gesellschaften und Gesellschaftsanteilen in der Zwangsvollstreckung, 2000, S 483 ff; Hermanns, Übertragung von Mitgliedschaftsrechten an Dritte – Gestaltungsmöglichkeiten und -grenzen, ZIP 2005, 2284.

ÜBERSICHT

I. Anwendungsbereich

1 1. **Verhältnis zu §§ 718, 719**. – a) **Entstehungsgeschichte**. Um den Anwendungsbereich des § 717 zutreffend abzugrenzen, ist vor allem das Verhältnis der Vorschrift zu den §§ 718, 719 zu klären. Dies erfordert einen Hinweis auf die **Entstehungsgeschichte**[1]: § 717 Satz 1 entspricht noch beinahe wörtlich dem § 644 des 1. Entwurfs. Die GbR sollte zunächst rein schuldrechtlich ausgestaltet werden (kein Gesamthandvermögen) und nur dadurch eine etwas stärkere Geschlossenheit erhalten, dass die aus dem Gesellschaftsverhältnis einem Gesellschafter gegen die übrigen Gesellschafter zustehenden Forderungen nicht übertragbar sein sollten[2]. Erst im 2. Entwurf ist die GbR zu einer Gemeinschaft mit einem Gesamthandvermögen ausgestaltet worden[3], vgl §§ 718–720. Geht man aber von einem gesamthänderisch gebundenen Gesellschaftsvermögen aus, das von vornherein auch die Beitragsansprüche und andere sog Sozialansprüche der Gesellschaft gegen die Gesellschafter aus dem Gesellschaftsverhältnis umfasst[4], so hat § 717 Satz 1 die ihm ursprünglich zugedachte Regelungsaufgabe an § 719 Abs 1 Halbsatz 1 verloren[5]. Der Gesetzgeber hat es seinerzeit versäumt, § 717 Satz 1 der letztlich getroffenen Entscheidung für ein Gesamthandvermögen (§§ 718–720) inhaltlich und redaktionell anzugleichen.

1 Vgl dazu Hadding, Vom Reichsjustizamt zum Bundesministerium der Justiz, 1977, S 263, 270 ff; Häuser, Unbestimmte „Maßstäbe“ als Begründungselement richterlicher Entscheidungen, 1981, S 165, 168 ff.
2 Motive Mugdan II, S 331.
3 Protokolle Mugdan II, S 989 ff.
4 Vgl § 718 Rz 10.
5 Vgl Häuser, Unbestimmte „Maßstäbe“ als Begründungselement richterlicher Entscheidungen S 168 unter Hinweis auf RGZ 76, 276, 280/281.

2 b) **Eingeschränkte Anwendung des § 717 Satz 1**. Für die Auslegung des § 717 Satz 1 ist demnach zu beachten, dass „Ansprüche, die den Gesellschaftern aus dem Gesellschaftsverhältnis gegeneinander zustehen", **nicht** auch die Ansprüche der GbR (Gesamthand) gegen einen Gesellschafter aus dem Gesellschaftsverhältnis (sog **Sozialansprüche**) sind, die von ihrer Entstehung an zum Gesellschaftsvermögen gehören[6]. Von § 717 Satz 1 **nicht** erfasst wird ferner ein dem einzelnen Gesellschafter zukommender **„Anteil an dem Gesellschaftsvermögen"** (vgl §§ 719 Abs 1 Halbsatz 1, 725). Schließlich erklärt § 717 Satz 1 nur einzelne „Ansprüche ... aus dem Gesellschaftsverhältnis" für grundsätzlich unübertragbar, so dass aus der Vorschrift **nichts** zu der anders gelagerten Frage hergeleitet werden kann, ob und unter welchen Voraussetzungen die gesamte **Mitgliedschaft** eines Gesellschafters[7] rechtsgeschäftlich übertragen werden kann[8].

3 2. **Von § 717 erfasste „Ansprüche"**. – a) **Sog Individualansprüche**. Für den Anwendungsbereich des § 717 verbleiben mithin[9] in erster Linie die Ansprüche der einzelnen Gesellschafter gegen die Gesellschaft (Gesamthand) aus dem Gesellschaftsverhältnis (sog **Individualansprüche**, denen sog **Sozialverpflichtungen** gegenüberstehen[10]). Die wichtigsten sog Individualansprüche gegen die GbR sind die in § 717 **Satz 2** genannten vermögensrechtlichen Ansprüche des Gesellschafters, die – nach der gesetzlichen Systematik „ausnahmsweise" – übertragbar sind. Soweit neben diesen Ansprüchen vertraglich noch **andere vermögensrechtliche Ansprüche** des Gesellschafters aus dem Gesellschaftsverhältnis hervorgehen (zB auf eine betragsmäßig festgelegte Vorausdividende), ist § 717 Satz 2 **entsprechend** anwendbar[11]. Für § 717 **Satz 1** wirkt sich der Verlust der ursprünglichen Regelungsaufgabe[12] dahin aus, dass es nur wenige „Ansprüche" (im Sinne des § 194) aus dem Gesellschaftsverhältnis gibt, die nicht übertragbar sind. Bei näherem Zusehen verbleiben aus dem gesetzlichen Spektrum nur der Anspruch des einzelnen Gesellschafters gegen die GbR auf Duldung von Maßnahmen zur eigenen Unterrichtung (§ 716 Abs 1) und gegebenenfalls ein Anspruch auf Auskunft[13] sowie die Ansprüche auf Rechnungslegung (§ 713) und -abschluss (§ 721) und der Anspruch auf eine Gewinnverteilung (§ 721) oder auf Auseinandersetzung (§ 730). Hinzu treten möglicherweise nichtvermögensrechtliche Ansprüche einzelner Gesellschafter gegen einen oder mehrere einzelne Mitgesellschafter aus dem Gesellschaftsverhältnis (sog **Individualansprüche**, denen sog **Individualverpflichtungen** gegenüberstehen[14]).

4 b) **„Aus dem Gesellschaftsverhältnis"**. Entscheidend für die Anwendbarkeit des § 717 ist stets, dass es sich um Ansprüche „aus dem Gesellschaftsverhältnis" handelt; die **Entstehungsgrundlage** muss das **Gesellschaftsverhältnis** sein. Ist hingegen ein anderes Rechtsverhältnis (zB Kauf, Miete, Darlehen, Dienstvertrag) die Entstehungsgrundlage des Anspruchs, der dem Gesellschafter gegen die GbR (Gesamthand) oder einen Mitgesellschafter zusteht (sog **Drittgläubigerforderung**[15]), so ist § 717 **nicht** anwendbar.

5 3. **Mitverwaltungsrechte und § 717**. Entgegen dem Wortlaut („Ansprüche"; vgl § 194) wird § 717 Satz 1 von der herrschenden Meinung ohne weiteres auf die Mitverwaltungsrechte des Gesellschafters erstreckt[16]. Die Mitverwaltungsrechte (zB Stimmrecht[17], Geschäftsführungsbefugnis, organschaftliche Vertretungsmacht, Einzelklagebefugnis) sind in der Tat nicht selbständig übertragbar, dh sie können nicht von der Mitgliedschaft getrennt werden (sog Abspaltungsverbot[18]). Dieses Ergebnis kann jedoch allenfalls mit einer **analogen Anwendung des § 717 Satz 1** begründet werden. Der **Regelungszweck** des § 717 Satz 1, mögliche Einflussnahmen Dritter und

6 Vgl § 718 Rz 10.
7 Vgl § 705 Rz 46.
8 Vgl Reinhardt ZBernJV 103 (1967), 329, 340; vgl dazu § 719 Rz 2, 11 ff.
9 Vgl oben Rz 2.
10 Vgl § 705 Rz 47.
11 Vgl unten Rz 10.
12 Vgl oben Rz 1.
13 Vgl § 716 Rz 8.
14 Vgl § 705 Rz 54.
15 Vgl § 705 Rz 57; § 706 Rz 3.
16 Vgl Staud/Habermeier Rz 1; MünchKomm/Ulmer Rz 5; ebenso Erman/Westermann Rz 2; aM U Huber, Vermögensanteil, Kapitalanteil und Gesellschaftsanteil an Personalgesellschaften des Handelsrechts, 1970, S 352.
17 S dazu BGHZ 36, 293.
18 Vgl unten Rz 20.

Gewichtsverlagerungen unter den Gesellschaftern zu verhindern, trifft nämlich außer bei nichtvermögensrechtlichen „Ansprüchen“ aus dem Gesellschaftsverhältnis gerade und erst recht **auch bei Mitverwaltungsrechten** der Gesellschafter zu. Indessen folgt die Unübertragbarkeit von Mitverwaltungsrechten bei den Personalgesellschaften auch ohne eine notwendige Bezugnahme auf § 717 Satz 1 nach dem Inhalt des Gesellschaftsverhältnisses als Organisationsverhältnis schon ohne weiteres aus ihrer funktionalen **Bindung an die Mitgliedschaft**[19].

4. **Abdingbarkeit.** – a) **§ 717 Satz 1.** Wenn im Hinblick auf die unübertragbaren Mitverwaltungsrechte – sozusagen im Rückschluss – **§ 717 Satz 1** entweder gänzlich[20] oder jedenfalls für „Verwaltungsrechte“[21] als **zwingend** betrachtet wird, so ist dies wegen der allenfalls analogen Anwendung des § 717 Satz 1 auf **Mitverwaltungsrechte**[22] **methodisch zweifelhaft**. Früher wurde weithin angenommen, § 717 Satz 1 enthalte nur ein relatives Veräußerungsverbot im Sinne des § 135, auf das die Gesellschafter verzichten können[23]. Die Frage ist jedoch bei dem eingeschränkten Anwendungsbereich des § 717 Satz 1[24] praktisch nicht sehr erheblich. Denn die unmittelbar unter § 717 Satz 1 fallenden „Ansprüche“ des Gesellschafters nach § 716 Abs 1 und § 721 sind ohnehin wegen ihres spezifischen Inhalts nicht übertragbar[25]. Für die Mitverwaltungsrechte aber steht – unabhängig von § 717 Satz 1 – außer Streit, dass sie grundsätzlich nicht selbständig übertragen werden können. 6

b) **§ 717 Satz 2.** Die in **§ 717 Satz 2** vorgesehene Übertragbarkeit der vermögensrechtlichen Ansprüche des Gesellschafters aus dem Gesellschaftsverhältnis ist **abdingbar**[26]. Die Gesellschafter können daher die Übertragbarkeit der in § 717 Satz 2 genannten vermögensrechtlichen Ansprüche einschränken oder sogar ausschließen. Das ist durch **Auslegung des Gesellschaftsvertrags** zu ermitteln (§§ 133, 157); § 399 beschränkt die Auslegung nicht auf einen objektiven Maßstab, insbesondere nicht auf den Wortlaut und Umstände, die der Allgemeinheit erkennbar sind[27]. 7

II. Die übertragbaren Vermögensrechte (§ 717 Satz 2)

1. **Allgemeines.** Bei den in § 717 Satz 2 durch „Ausnahme“ von § 717 Satz 1 für übertragbar erklärten „Ansprüchen“ handelt es sich um vermögensrechtliche Ansprüche (im Sinne des § 194) eines Gesellschafters, die ihm aus dem Gesellschaftsverhältnis entweder gegen die GbR (Gesamthand) oder gegen einen oder mehrere Mitgesellschafter zustehen[28]. Die Ansprüche sind in aller Regel auf eine Geldleistung aus dem Gesellschaftsvermögen oder aus dem privaten Vermögen eines Mitgesellschafters gerichtet. Als **Ansprüche aus dem Gesellschaftsverhältnis** unterliegen diese Vermögensrechte allen dadurch bedingten Entstehungsvoraussetzungen sowie Einwendungen und Einreden; insbesondere kann ihre sofortige **Durchsetzbarkeit durch die Treupflicht** (§ 705) **eingeschränkt** sein[29]. Die in § 717 Satz 2 genannten Vermögensrechte des Gesellschafters sind auch als **künftige oder bedingte** Ansprüche übertragbar, weil das Gesellschaftsverhältnis als Entstehungsgrundlage mit seinem Inhalt die hinreichende Bestimmbarkeit ergibt[30]. Schon entstandene und künftig oder bedingt entstehende vermögensrechtliche Ansprüche im Sinne des § 717 Satz 2 können von dem Gesellschafter auch **sicherungshalber** übertragen 8

19 Vgl R Heinsheimer, Über die Teilhaberschaft, 1930, S 52; ferner Beuthien ZGR 1974, 26, 55; Häuser, Unbestimmte „Maßstäbe“ als Begründungselement richterlicher Entscheidungen S 168 Fn 157.
20 RGRK/v Gamm Rz 10.
21 MünchKomm/Ulmer Rz 7.
22 Vgl oben Rz 5.
23 Vgl RG JW 1919, 933; LZ 1921, 617; Soergel[10] Rz 1, 4.
24 Vgl oben Rz 2.
25 Vgl § 716 Rz 10; § 721 Rz 9.
26 AllgM; vgl BGH WM 1978, 514, 515.
27 BGH WM 1978, 514, 515.
28 Sog **Individualansprüche** vgl § 705 Rz 46.
29 Vgl § 705 Rz 37, 61; möglicherweise missverständlich MünchKomm/Ulmer Rz 14, 30: die Ansprüche hätten sich nach ihrer Entstehung „von der Mitgliedschaft gelöst“.
30 Vgl § 398 Rz 5, 7.

werden[31]. Die Übertragung der durchwegs schuldrechtlichen Ansprüche aus dem Gesellschaftsverhältnis findet durch **Abtretung** (§ 398) statt. Der Gesellschafter als Gläubiger bedarf hierzu nicht der Zustimmung des Schuldners, der Gesellschaft oder des ihm verpflichteten Mitgesellschafters. Die Übertragung künftiger oder bedingter Ansprüche im Sinne des § 717 Satz 2 durch **Vorausabtretung** ist zwar gegen abweichende Zwischenverfügungen über diese Ansprüche geschützt (§ 161; vorbehaltlich der §§ 404–406[32]). Die Vorausabtretung geht aber ins Leere, wenn das „Rechtsverhältnis", das die künftige Forderung begründen soll, vor deren Entstehung beendet wird oder auf einen anderen übergeht (zB durch Vertragsübernahme). Der Erbe allerdings, der durch Gesamtrechtsnachfolge in die Rechtsstellung des Zedenten einrückt, ist nicht Dritter, so dass dieser wie der Erblasser gebunden bleibt, die Abtretung daher nicht ins Leere geht[33]. Sind künftige Ansprüche des Gesellschafters auf Gewinnanteile oder auf ein Auseinandersetzungsguthaben im Voraus abgetreten worden, so muss im Zeitpunkt ihrer Entstehung die Mitgliedschaft des Gesellschafters als Rechtsgrundlage noch bestehen. Ist hingegen die Mitgliedschaft des Gesellschafters, der die künftigen Ansprüche abgetreten hat, **zwischenzeitlich weggefallen** (zB durch Übergang auf einen Erwerber), so können die Ansprüche nicht mehr in der Person des Abtretungsempfängers entstehen[34]. Zutreffend hat der BGH[35] hierzu auf die Mitgliedschaft als Rechtsverhältnis abgestellt[36]. Eine entsprechende Anwendung des § 566 b aF[37] ist abzulehnen[38].

9 2. **Die einzelnen Ansprüche im Sinne des § 717 Satz 2.** – a) **Ansprüche aus der Geschäftsführung.** Als übertragbar sind genannt **„die einem Gesellschafter aus seiner Geschäftsführung zustehenden Ansprüche**, soweit deren Befriedigung vor der Auseinandersetzung verlangt werden kann". Abtretbar ist somit der Anspruch des geschäftsführenden Gesellschafters auf Ersatz von **Aufwendungen**, die er den Umständen nach für erforderlich halten durfte (§§ 713, 670[39]); nicht hingegen der Anspruch auf Vorschuss für solche Aufwendungen (§§ 713, 669), weil der Vorschuss nur „zur Ausführung" von Geschäftsführungsmaßnahmen beansprucht werden kann, dh zweckgebunden ist[40]. Ein Anspruch auf Aufwendungsersatz (§§ 713, 670) ist auch der **Ausgleichsanspruch** eines **Gesellschafters gegen die GbR**, wenn er wegen einer Gesellschaftsschuld (Gesamthandschuld) einen Gläubiger aus seinem privaten Vermögen befriedigt hat[41]. Dem ist der hilfsweise bestehende Ausgleichsanspruch gegen die gesamtschuldnerisch mitverpflichteten anderen Gesellschafter (§ 426 Abs 1) gleich zu erachten[42]. Der Anspruch auf eine vereinbarte **Geschäftsführervergütung**[43] geht „aus der Geschäftsführung" hervor und ist deshalb ebenfalls übertragbar[44].

10 b) **Ansprüche auf Gewinnanteile.** Übertragbar sind **„die Ansprüche auf einen Gewinnanteil"**[45], dh entstandene oder auch künftige (bedingte) Ansprüche des Gesellschafters gegen die GbR auf Auszahlung (oder Entnahme) von auf ihn entfallenden Anteilen eines festgestellten und zur Verteilung vorgesehenen Gewinns (vgl § 721). Sind einem Gesellschafter unabhängig von einem Gewinn Zinsen oder eine bestimmte „Vorausdividende" oder sonst **regelmäßige Geld-**

31 Riegger BB 1972, 115; John, in: Hadding/U H Schneider, Gesellschaftsanteile als Kreditsicherheit, 1979, S 83, 99.
32 Vgl BGH NJW 1982, 2371 = WM 1982, 690 (zu II 2 a).
33 Vgl BGH NJW 1997, 3371, 3372. Offen lassend aber Erman/Westermann Rz 7. Vgl allgemein dazu BGH JZ 1987, 880 (mAnm Ulmer); NJW 1991, 606, 607 f: für Durchgangserwerb.
34 So allgemein BGHZ 88, 205 = NJW 1984, 492 = WM 1983, 1235 mNachw anlässlich der Vorausabtretung von Auseinandersetzungsansprüchen bei einer GmbH; zum Gewinnanspruch: RGZ 98, 318.
35 BGHZ 88, 205 (= Fn 34).
36 Nicht auf ein angebliches „Stammrecht"; so aber MünchKomm/Ulmer, Rz 7; 15: „Gewinnstammrecht".
37 So R Fischer ZHR 130 (1967), 359, 364 für den Gewinnanspruch; ebenso Marotzke ZIP 1988, 1509, 1519.
38 BGHZ 88, 205 (= Fn 34) mNachw.
39 Vgl dazu BGH NJW 1980, 339 = WM 1979, 1282, 1283; bei OHG und KG: HGB §§ 110 Abs 1, 161 Abs 2.
40 Ebenso MünchKomm/Ulmer Rz 34.
41 Vgl § 713 Rz 10; § 714 Rz 36.
42 Vgl dazu § 714 Rz 36.
43 Vgl § 713 Rz 12 ff.
44 Vgl Staud/Habermeier Rz 15; im Ergebnis auch MünchKomm/Ulmer Rz 34.
45 Vgl §§ 721, 722.

leistungen aus dem Gesellschaftsvermögen zugesagt, so sind derartige vermögensrechtliche Ansprüche den Ansprüchen auf einen Gewinnanteil **gleichzustellen**[46]. Dagegen begründet ein gesellschaftsvertragliches **Entnahmerecht**, das unabhängig von einem auszuzahlenden Gewinnanteil ausgeübt werden kann, für den Gesellschafter nur die mitgliedschaftliche Befugnis, im festgelegten Rahmen Beträge aus dem Gesellschaftsvermögen in das private Vermögen zu überführen. Ein solches **Entnahmerecht** ist als Anspruch (im Sinne von § 194) nur auf Duldung gerichtet, nicht auf Geldleistungen der GbR, und fällt daher **nicht** unter § 717 Satz 2[47].

c) **Ansprüche aus der Auseinandersetzung**. Übertragbar sind die **Ansprüche „auf dasjenige, was dem Gesellschafter bei der Auseinandersetzung zukommt"**. Solche Ansprüche können nach Auflösung der GbR im Rahmen der Auseinandersetzung entstehen (vgl §§ 731–735) oder beim **Ausscheiden** des Gesellschafters aus der fortbestehenden GbR (vgl §§ 738 Abs 1 Satz 2, 740 Abs 2). 11

aa) **Verhältnis zu dem „Anteil an dem Gesellschaftsvermögen"**. Der „Anteil an dem Gesellschaftsvermögen" (vgl §§ 719 Abs 1, 725 Abs 1), über den der Gesellschafter während seiner Zugehörigkeit zu der GbR nicht verfügen kann (§ 719 Abs 1), gliedert sich bei einer Auseinandersetzung in die vereinbarten oder gesetzlich vorgesehenen vermögensrechtlichen Ansprüche auf, die sodann oder auch schon zuvor als künftige (bedingte) Ansprüche übertragbar sind. Vor allem die Übertragbarkeit der künftigen Ansprüche auf dasjenige, was dem Gesellschafter bei der Auseinandersetzung zukommt, erlaubt es, den in der Mitgliedschaft enthaltenen Vermögenswert schon gegenwärtig als Sicherheit einzusetzen (zB durch Sicherungsabtretung oder Verpfändung dieser Ansprüche[48]). Berücksichtigt man diese durch § 717 Satz 2 eröffnete Möglichkeit und den Schutz von Vorausabtretungen durch § 161[49], so besteht schwerlich ein Bedürfnis, den „Anteil an dem Gesellschaftsvermögen" mit Zustimmung aller Gesellschafter entgegen § 719 Abs 1 für selbständig übertragbar zu erachten[50]. In § 725 ist insoweit ausdrücklich nur die Pfändbarkeit zugelassen, und zwar mit der begrenzten Wirkung, dass der Gläubiger, solange die GbR besteht, nur den Anspruch auf einen Gewinnanteil geltend machen kann (§ 725 Abs 2).

bb) **Die einzelnen Ansprüche**. Eine **Abtretung** der Ansprüche aus der Auseinandersetzung erfasst diese in dem **Umfang**, der sich **bei ihrer Entstehung** aus einer Vereinbarung (zB im Gesellschaftsvertrag) oder dem Gesetz ergibt; also im Zweifel die Ansprüche auf **Rückgabe von Gegenständen** (§ 732)[51], auf Rückerstattung der Einlage (§ 733 Abs 2), auf einen Anteil am Abwicklungsüberschuss (§ 734) sowie uU auf Ausgleich gegen Mitgesellschafter nach Ausfalltragung (vgl § 735 Satz 2). Die Abtretung des Rückgabeanspruchs (§ 732) kann bei zum Gebrauch überlassenen Sachen als Übereignung (zB nach §§ 929 Satz 1, 931) auszulegen sein (bei einem Grundstück sind selbstverständlich §§ 873 Abs 1, 925 zu berücksichtigen). 12

3. **Die Rechtsstellung des Abtretungsempfängers**. Überträgt der Gesellschafter durch Abtretung einen gegenwärtigen oder künftigen (bedingten) vermögensrechtlichen Anspruch aus dem Gesellschaftsverhältnis[52], so erwirbt der Abtretungsempfänger **nur diesen Anspruch** gegen die GbR oder einen Mitgesellschafter. Mit der Abtretung gehen etwaige akzessorische **Sicherheiten** kraft Gesetzes über (§ 401) oder es entsteht die Verpflichtung, nicht akzessorische Sicherheiten dem Abtretungsempfänger zu übertragen. Dagegen erwirbt der Abtretungsempfänger **kein Mitverwaltungsrecht**, mit dem zB die künftige Entstehung, der Inhalt, Umfang oder die Durchsetzung des übertragenen Anspruchs beeinflusst werden kann[53]. Die unübertragbaren Mit- 13

46 Vgl § 101 Nr 2; BGH WM 1985, 1343; vgl auch Ganßmüller DB 1967, 1531, 1534; aA noch RGZ 67, 13, 17 = Recht 1913 Nr 1130.
47 Vgl Wiedemann, Die Übertragung und Vererbung von Mitgliedschaftsrechten bei Handelsgesellschaften S 294 ff; aM Ganßmüller DB 1967, 1531, 1534; Teichmann, Gestaltungsfreiheit in Gesellschaftsverträgen, 1970, S 156 ff; Erman/Westermann Rz 6; Muth DB 1986, 1761 ff; Winnefeld DB 1977, 897: zu HGB § 122 Abs 1.
48 Vgl Rz 8, 17.
49 Vgl Rz 8.
50 So aber MünchKomm³/Ulmer Rz 36.
51 BGH NJW 1998, 1551.
52 Vgl oben Rz 8.
53 BGH WM 1983, 1279.

verwaltungsrechte[54] verbleiben bei dem Gesellschafter. Auch die Ansprüche des Gesellschafters auf persönliche Unterrichtung sind nicht übertragbar[55].

14 a) **Künftige Ansprüche auf Gewinnanteile**. Der Abtretungsempfänger künftiger Ansprüche auf Gewinnanteile hat demnach **kein Einsichtsrecht** (§ 716 Abs 1) und kann nicht den Rechnungsabschluss[56] und die Gewinnverteilung verlangen (§ 721) oder sogar an den Maßnahmen der Gewinnfeststellung[57] in irgendeiner Weise (etwa auch nur kontrollierend) mitwirken. Der Abtretungsempfänger erwirbt die Ansprüche auf Gewinnanteile nur mit dem **Inhalt** und in dem **Umfang**, in dem sie **in der Person des Gesellschafters** entstehen würden (§§ 404–406). Der Abtretungsempfänger ist (bis zur Grenze der §§ 138, 826) nicht davor geschützt, dass die Gesellschafter vor der Entstehung eines künftigen Gewinnanspruchs, zB den **Gewinnverteilungsmaßstab ändern**, die Gewinnfeststellung beeinflussen oder eine Gewinnverteilung, dh die Auszahlung eines festgestellten Gewinns, einschränken oder ausschließen[58]. Der Abtretungsempfänger hat jedoch einen **Anspruch auf Mitteilung**, ob und in welcher Höhe ein Anspruch auf einen auszahlbaren Gewinnanteil entstanden ist[59]. Ein Übergang der Mitgliedschaft auf einen anderen Inhaber verhindert, dass zuvor abgetretene künftige Ansprüche auf Gewinnanteile in der Person des Abtretungsempfängers entstehen[60]. Es ist deshalb ratsam, sich (gegebenenfalls zusätzlich) die „Mitgliedschaft" verpfänden oder sicherungshalber übertragen zu lassen[61].

15 b) **Künftige Ansprüche aus der Auseinandersetzung**. Der Abtretungsempfänger **künftiger Ansprüche auf dasjenige, was dem Gesellschafter bei der Auseinandersetzung zukommt**, hat kein Recht, die GbR aufzulösen (zB durch Kündigung nach § 723[62]). Die **Auflösung** der GbR ist nur für den Gläubiger eines Gesellschafters auf dem Wege des § 725 erreichbar. Im übrigen kann die Auflösung der GbR oder das Ausscheiden des Gesellschafters allenfalls dadurch herbeigeführt werden, dass ein Gläubiger den Antrag auf Eröffnung des Insolvenzverfahrens über das Vermögen des Gesellschafters stellt[63]. Der Abtretungsempfänger kann auch **nicht** verlangen, **an der Auseinandersetzung**, insbesondere an der Aufstellung der Auseinandersetzungsbilanz oder Abschichtungsbilanz, in irgendeiner Weise (etwa auch nur kontrollierend) **mitzuwirken**[64]. Der Abtretungsempfänger erwirbt – wie bei künftigen Ansprüchen auf Gewinnanteile[65] die Ansprüche aus der Auseinandersetzung nur mit dem Inhalt und in dem Umfang, in dem sie in der Person des Gesellschafters entstehen würden (§§ 404–406). Der Abtretungsempfänger muss es deshalb (in den Grenzen der §§ 138, 826) hinnehmen, wenn die Gesellschafter zwischenzeitlich eine vom bisherigen Gesellschaftsvertrag oder vom Gesetz abweichende Art der Auseinandersetzung beschließen oder die Ansprüche des Gesellschafters bei einem Ausscheiden im zulässigen Rahmen beschränken[66]. Der Abtretungsempfänger kann aber auch hier[67] eine **Mitteilung** verlangen, ob und welche Ansprüche des Gesellschafters entstanden sind[68]. Ein zwischenzeitlicher Übergang der Mitgliedschaft lässt eine Abtretung der künftigen Ansprüche aus der Auseinandersetzung nicht mehr in der Person des Abtretungsempfängers entstehen[69]. Eine etwaige Pfändung nach ZPO § 859 Abs 1 muss der Abtretungsempfänger ebenfalls gegen sich gelten lassen[70].

54 Vgl oben Rz 5.
55 Vgl § 716 Rz 10.
56 Vgl RGZ 52, 35, 36; 90, 19, 20; 95, 231; KG OLG 33, 118.
57 Vgl RGZ 52, 35, 36.
58 BGH WM 1985, 1343.
59 Vgl schon RGZ 52, 35, 37; BGH WM 1975, 1299 = BB 1976, 11.
60 Vgl Rz 8; BGHZ 104, 351, 353 f= NJW 1989, 458 = WM 1988, 1747.
61 So BGHZ 88, 205 = NJW 1984, 492 = WM 1983, 1235: für GmbH.
62 Vgl RGZ 60, 126, 130; 90, 19, 20.
63 InsO § 14, BGB §§ 728, 736.
64 Vgl RGZ 90, 19, 20; Riegger BB 1972, 115, 117; aM noch Staud[12]/Keßler Rz 13.
65 Vgl oben Rz 14.
66 Vgl RGZ 91, 429, 431; Riegger BB 1972, 115, 116.
67 Vgl oben Rz 14.
68 Vgl RGZ 52, 35, 37; BGH WM 1975, 1299 = BB 1976, 11.
69 Vgl Rz 8, 14.
70 BGH NJW 1989, 458: zu GmbH-Anteil; BGH JZ 1987, 880; BGH NJW 1997, 3370; Köln NJW-RR 1994, 1517; aA Armbruster NJW 1991, 606.

III. Pfändung, Verpfändung, Nießbrauch

Die Beurteilung von Pfändung, Verpfändung und Nießbrauch bezüglich der Mitgliedschaft ist 16
abhängig vom umstrittenen Verständnis der Rechtsqualität der Mitgliedschaft als angeblichen Rechtsobjekt oder aber als Stellung des Gesellschafters im Rechtsverhältnis zu der GbR und den Mitgesellschaftern (vgl § 705 Rz 67 a). S auch Bem zu § 725 sowie zu Testamentsvollstreckung und Nachlass(insolvenz-)verwaltung Bem zu § 727.

1. **Pfändung**. Die gem § 717 Satz 2 übertragbaren Ansprüche des Gesellschafters sind **pfänd-** 16 a
bar, wenn sie entstanden sind oder entstehen[71] (ZPO § 851 Abs 1). Ist für diese Ansprüche ein Abtretungsausschluss vereinbart (§ 399[72]), hindert dies nicht die Pfändbarkeit (ZPO § 851 Abs 2). Die Pfändung kann antragsmäßig auf **künftige und bedingte Ansprüche** im Sinne des § 717 Satz 2 erstreckt werden[73]. Die Pfändung setzt einen **in das private Vermögen des Gesellschafters vollstreckbaren Titel** voraus. Die Pfändung künftiger vermögensrechtlicher Ansprüche des Gesellschafters wird durch einen zwischenzeitlichen Übergang der Mitgliedschaft vor Entstehung dieser Ansprüche beeinträchtigt[74]. Etwas anderes gilt aber im Falle des Übergangs der Mitgliedschaft durch Gesamtrechtsnachfolge[75]. Der Pfändungsgläubiger erlangt allerdings ebensowenig wie ein Abtretungsempfänger[76] irgendwelche Mitverwaltungsrechte, mit denen die Entstehung oder der Inhalt und Umfang der gepfändeten künftigen Ansprüche beeinflusst werden kann[77]. Die **Mitverwaltungsrechte** sind unübertragbar[78] und daher auch **nicht** selbständig **pfändbar**.

Für den Vollstreckungsgläubiger ist es deshalb erfolgversprechender, den **„Anteil an dem Gesellschaftsvermögen" pfänden** zu lassen (ZPO § 859 Abs 1), um den Weg einer **Kündigung** der GbR beschreiten zu können (§ 725). Zur Reichweite einer Pfändung des „Geschäftsanteils" bei einer GbR: Bem zu § 725. Eine solche Pfändung des „Anteils an dem Gesellschaftsvermögen" (ZPO § 859 Abs 1) überspielt auch eine vorherige Abtretung einzelner (gegenwärtiger oder auch künftiger) Ansprüche zB aus der Auseinandersetzung[79].

2. **Verpfändung**. Als übertragbare Rechte können die (gegenwärtigen und künftigen) **An-** 17
sprüche des Gesellschafters im Sinne des § 717 Satz 2 **verpfändet** werden (§§ 1273 Abs 1, 1274 Abs 2, 1280). Ist die **„Mitgliedschaft"** (der „Gesellschaftsanteil") verpfändet worden, so kann dies parallel zu § 1085 Satz 1 (Nießbrauch an einem Vermögen) als Verpfändung der einzelnen übertragbaren Rechte ausgelegt werden. Es entstehen Pfandrechte an den einzelnen übertragbaren Vermögensrechten des Gesellschafters, die Bestandteile der Mitgliedschaft sind oder werden[80]. Demgegenüber wird oft der „Gesellschaftsanteil" (die Mitgliedschaft) selbst für verpfändbar gehalten, aber nur, wenn er (sie) – angeblich entgegen § 719 Abs 1 – ausnahmsweise übertragbar sei[81]. Nach hier vertretener Ansicht (§ 705 Rz 67 a) steht jedoch der Spezialitätsgrundsatz entge gen, weil die Mitgliedschaft eine Rechtsgesamtheit ist; außerdem sind die Pflichten als Bestandteil der Mitgliedschaft nicht pfändbar. Die **Verpfändungsanzeige** an die Gesellschaft (§ 1280) ist nur dann entbehrlich, wenn man für die Verpfändung des „Gesellschaftsanteils" die Zustimmung der anderen Gesellschafter fordert[82]. Wird die Verpfändung auf die nach § 717 Satz 2 übertragbaren Vermögensrechte beschränkt, ist eine **Zustimmung** der anderen Gesellschafter ebensowenig wie

71 BGHZ 88, 205.
72 Vgl oben Rz 7.
73 Vgl RGZ 135, 139, 140.
74 Vgl oben Rz 8; MünchKomm/Ulmer Rz 43.
75 Vgl BGH NJW-RR 1987, 989; für die Abtretung vgl Rz 8.
76 Vgl Rz 13–15.
77 Vgl RG LZ 1908, 541.
78 Vgl oben Rz 5.
79 BGH NJW-RR 1987, 989; Flume, Personengesellschaft § 17 III; MünchKomm/Ulmer Rz 35 aE; aA noch RGZ 95, 231, 234; Staud[12]/Keßler § 725 Rz 18.
80 So auch BGH WM 1972, 81, 82 = LM Nr 5 zu ZPO § 859; vgl schon R Heinsheimer, Über die Teilhaberschaft, 1930, S 74; ferner K Schmidt JR 1977, 177, 178; im einzelnen Hadding, in: Hadding/U H Schneider, Gesellschaftsanteile als Kreditsicherheit, 1979, S 37, 42 ff.
81 Vgl RGZ 57, 414, 415; 67, 391, 392; Hamm Rpfleger 1977, 136, 137; MünchKomm/Ulmer Rz 45.
82 Vgl zB Wiedemann, Die Übertragung und Vererbung von Mitgliedschaften bei Handelsgesellschaften S 423; Flume, Personengesellschaft § 17 VII.

bei der Übertragung erforderlich; wohl aber die Verpfändungsanzeige (§ 1280)[83]. Die Mitverwaltungsrechte, insbesondere das Stimmrecht, stehen weiterhin dem Gesellschafter, nicht dem Pfandgläubiger zu; § 1258 Abs 1 ist auch nicht entsprechend anwendbar[84].

3. **Nießbrauch**

Schrifttum: Sudhoff NJW 1971, 481; 1974, 2205; Kreifels, Freundesgabe für Hengeler, 1972, S 158; Teichmann ZGR 1972, 1; Finger DB 1977, 1033; Hadding, in: Hadding/U H Schneider, Gesellschaftsanteile als Kreditsicherheit 1997, S 37, 66 ff; zuvor Hadding, Festschr für Reinhardt, 1972, S 249, 258 ff; Schüller, MittRhNotK 1980, 97 ff; Petzoldt, DStR 1992, 1171 ff; Haas, Festschr für Ludwig Schmidt, 1993, S 315 ff; Schön ZHR 158 (1994), 229 ff; Geschwendtner, NJW 1995, 1875; Hepp-Schwab, Die Mitgliedschaft des Personengesellschafters und der Nießbrauch an seinem Gesellschaftsanteil, 1998; K Schmidt, Stimmrecht beim Anteilsnießbrauch, ZGR 1999, 601 ff; Goebel, Der Nießbrauch an Personengesellschaftsanteilen, 2004.

18 a) Als übertragbare Rechte können die (gegenwärtigen und künftigen) **Ansprüche** des Gesellschafters **im Sinne des § 717 Satz 2** mit einem **Nießbrauch** belastet werden (§§ 1068 Abs 1, 1069 Abs 2). Die von der GbR geschuldeten Leistungen gebühren dann als Erträge (zB Gewinn einschließlich Zinsen)[85] dem Nießbraucher (§§ 1068 Abs 2, 1030 Abs 1, 100, 99 Abs 3[86]). Das gilt jedoch nicht für ausgeschüttete stille Reserven (= Anteilsminderung) und das Auseinandersetzungsguthaben[87]. Ist die **„Mitgliedschaft"** (der „Gesellschaftsanteil") mit einem Nießbrauch belastet worden, so ist dies entsprechend § 1085 Satz 1 (Nießbrauch an einem Vermögen) dahin auszulegen, dass nur die **einzelnen** (gegenwärtigen und künftigen) **übertragbaren Vermögensrechte** des Gesellschafters belastet worden sind[88]. Zur Zulässigkeit allgemein vgl BGHZ 58, 316; BGH BB 1975, 295; NJW 1989, 3152; NJW 1999, 571. Die Bestellung eines solchen Nießbrauchs, der auf eine Abschöpfung der Nutzungen begrenzt ist, erfordert nur die Einigung zwischen dem Gesellschafter und dem Erwerber des Nießbrauchs, ohne dass die anderen Gesellschafter zustimmen müssen[89]. Die Mitverwaltungsrechte, insbesondere das Stimmrecht, stehen weiterhin dem Gesellschafter, nicht dem Nießbraucher zu; § 1066 Abs 1 ist auch nicht entsprechend anwendbar[90].

18a b) Die Bestellung eines Nießbrauchs am Gesellschaftsanteil als solchem scheidet dagegen ebenso aus wie die Verpfändung des Gesellschaftsanteils[91]. Das beruht hier wie dort auf der Überlegung, dass die Arbeits- und Haftungsgemeinschaft zwischen den Gesellschaftern eine Fremdverwaltung des Gesellschaftsanteils, insbesondere eigene Mitverwaltungsrechte des Nießbrauchers, ausschließt. Soll das beschränkt dingliche Recht den gesamten Gesellschaftsanteil erfassen, verbleibt wie bei der Testamentsvollstreckung[92] nur die Möglichkeit einer Treuhand- oder Vollmachtlösung. Während erstere das Risiko zu weitgehender Rechtsübertragung auf den Nieß-

83 Vgl Hadding, in: Hadding/U Schneider, Gesellschaftsanteile als Kreditsicherheit S 45 ff.
84 Vgl im einzelnen Hadding, in: Hadding/U Schneider, Gesellschaftsanteile als Kreditsicherheit S 49 ff mNachw.
85 BGH WM 1985, 1343; NJW 1999, 571.
86 Vgl Hamm DB 1977, 579.
87 BFH NJW 1995, 1918; Bitz DB 1987, 1506; Biergans EStG S 1181; Petzoldt DStR 1992, 1171 1175: weiter differenzierend.
88 Vgl schon R Heinsheimer, Über die Teilhaberschaft, 1930, S 76; im einzelnen Hadding, in: Hadding/U Schneider, Gesellschaftsanteile als Kreditsicherheit S 67 ff mNachw.
89 Vgl MünchKomm/Ulmer § 705 Rz 107. Für eine Zustimmungspflicht Düsseldorf DNotZ 1999, 440; s auch Hadding, in: Hadding/U Schneider, Gesellschaftsanteil und Kreditsicherheit S 69 ff mNachw.
90 BGH NJW 1999, 571, 572 (für Beschlüsse über Grundlagen); vgl im einzelnen Hadding, in: Hadding/U Schneider, Gesellschaftsanteile und Kreditsicherheit S 75 ff mNachw.
91 AA Karlsruhe MDR 1989, 160; MünchKomm/Ulmer § 705 Rz 96 ff, sowie Schön ZHR 158 (1994), 229, 238 f; zustimmend Erman/Westermann § 718 Rz 8 f; K Schmidt ZGR 1999, 601 mit allerdings weitergehender Differenzierung im Hinblick auf die verbleibenden Mitverwaltungsrechte, insbesondere Stimmrecht; noch weitergehend dagegen BFH NJW 1995, 1919, 1920: Nicht nur Nießbrauchbestellung am Gesellschaftsanteil möglich, sondern (partielle) Verdoppelung von Mitverwaltungsrechten.
92 S eingehend zu Treuhand und Vollmacht bei der Testamentsvollstreckung § 727 Rz 57 f.

brauchsinhaber in sich birgt (im Innenverhältnis volle Gesellschafterstellung), vermag letztere dem Nießbraucher in nur sehr eingeschränktem Maße Beteiligungsrechte zu übertragen.

c) In der Literatur will man zum Teil die Gewinnansprüche zu einem sog **Gewinnstammrecht** 19
zusammenfassen[93]. Die Annahme eines „Gewinnstammrechts" soll vor allem einen Nießbrauch ermöglichen, bei dem die Gewinnansprüche selbst die Nutzungen sind, die dem Nießbraucher zustehen. Die Bestellung eines Nießbrauchs an der „Mitgliedschaft" oder am „Gewinn" soll in der Tat nach dem Willen der Beteiligten in der Regel nicht auf das Ergebnis gerichtet sein, dass gem §§ 1074 Satz 1, 1075 Abs 2, 1067 der Nießbraucher zwar die Forderung einziehen kann, aber schließlich die fraglichen Beträge herausgeben müsste. Ihm blieben nur die zwischenzeitlich angefallenen Zinsen. Dem Willen der Beteiligten lässt sich aber dadurch Rechnung tragen, dass man **§ 1067** als **abbedungen** ansieht[94]. Gegen diese Lösung spricht nicht, dass sie angeblich die mit dem Nießbrauch gewollte dingliche Sicherung verfehlt[95]. Jedenfalls lässt der numerus clausus der Sachenrechte, der freilich auch dem Sicherungsbedürfnis gewisse Schranken setzt, sich nicht durch die Schöpfung von „Stammrechten" überspielen. Weil die Stellung des Nießbrauchers somit sogar hinter der des Abtretungsempfängers künftiger Gewinnansprüche zurückbleibt, ist es zutreffend, den Gewinn nicht dem Nießbraucher, sondern dem Gesellschafter **steuerlich** zuzurechnen[96]. Im übrigen lässt sich methodisch zulässig nur die Frage stellen, ob **§ 1073 analog** auf Gewinnansprüche eines Gesellschafters anzuwenden ist[97]. Dies wird nur schwer zu begründen sein[98]. Zur Testamentsvollstreckung am Gesellschaftsanteil vgl § 727 Rz 48 ff.

IV. Die unübertragbaren Mitverwaltungsrechte (sog Abspaltungsverbot)

1. **Grundsatz.** – a) **Begründung.** Die Mitverwaltungsrechte des Gesellschafters[99] können nach 20
dem Inhalt des Gesellschaftsverhältnisses als Organisationsverhältnis von der Mitgliedschaft nicht getrennt werden und sind daher (auch ohne Bezugnahme auf § 717 Satz 1 analog) **nicht selbständig** auf einen Dritten **übertragbar**[100]; sog **Abspaltungsverbot**[101]. Die Gesellschafter können nichts anderes vereinbaren, dh weder im Gesellschaftsvertrag (vereinzelt gebliebene Ausnahme[102]) noch durch Beschluss oder Zustimmung die Übertragbarkeit von Mitverwaltungsrechten eines Gesellschafters allgemein oder im einzelnen Fall zulassen[103]. Werden vermögensrechtliche Ansprüche aus dem Gesellschaftsverhältnis übertragen (§ 717 Satz 2)[104], so gehen Mitverwaltungsrechte des Gesellschafters auch dann nicht über, wenn durch ihre Ausübung die künftige Entstehung, der Inhalt oder der Umfang des übertragenen Anspruchs beeinflusst werden kann[105]. Sie können weder mit dem Anspruch übertragen werden, noch ist etwa § 401 hier entsprechend anwendbar.

93 Siebert BB 1956, 1126 ff; U Huber, Vermögensanteil S 143, 164 ff: Wertrecht; unentschieden BGH WM 1975, 174 = DNotZ 1975, 735, 737; in diesem Sinne aber BGH NJW 1999, 571 = BB 1999, 175 = DB 1999, 208.

94 Hadding, in: Hadding/U Schneider, Gesellschaftsanteile als Kreditsicherheit S 73.

95 So MünchKomm^2/Ulmer § 705 Rz 71 Fn 158; kritisch auch Erman/Westermann § 718 Rz 8 f.

96 So im Ergebnis auch BFHE 119, 63, 66 = NJW 1976, 1656.

97 Dazu R Welter, Wiederkehrende Leistungen im Zivilrecht und im Steuerrecht, 1984, S 191.

98 So auch Rohlff NJW 1971, 1337, 1342.

99 Vgl iE § 705 Rz 53.

100 Vgl oben Rz 8.

101 Ebenso für Kapitalgesellschaften; für AG: BGH NJW 1987, 780; für GmbH: BayObLG GmbHR 1986, 87.

102 R Fischer NJW 1960, 936 f.

103 Vgl BGHZ 3, 354, 357 = NJW 1952, 178: „Wesen" (?) der Personalgesellschaft; BGHZ 20, 363, 365 = NJW 1956, 1198; BGHZ 36, 292, 293 = NJW 1962, 738 = JZ 1962, 362 (mAnm Hueck); BGH LM Nr 6 zu HGB § 105; NJW 1970, 468 = WM 1970, 292; s zur Begründung auch Wiedemann, Die Übertragung und Vererbung von Mitgliedschaften bei Handelsgesellschaften S 276 ff; Reuter ZGR 1978, 633; ders, Festschr für Steindorff, 1990, S 229, 232 ff; Westermann, Festschr für Lutter, 2000, S 955 ff; K Schmidt, GesellschaftsR, 2002^4, § 14 II 2 e.

104 S oben Rz 8 ff.

105 Vgl oben Rz 13.

21 b) **Abgrenzung**. Vom Abspaltungsverbot zu unterscheiden ist die Frage, ob und unter welchen Voraussetzungen die Gesellschafter im Gesellschaftsvertrag oder durch Beschluss das Recht und die Pflicht zur Geschäftsführung und/oder die organschaftliche Vertretungsmacht für die Gesellschaft allein einem Dritten einräumen können (sog **Drittorganschaft** bzw Fremdorganschaft[106]). Die Feststellung, dass einzelne Mitverwaltungsrechte nicht selbständig übertragbar sind, hindert es nicht, dass bei einem **Gesellschafterwechsel** unter Lebenden[107] oder von Todes wegen[108] durch Übergang der gesamten Mitgliedschaft grundsätzlich auch die Mitverwaltungsrechte des Gesellschafters mit übergehen, soweit die Beteiligten nichts anderes vereinbaren[109]. Nicht das Abspaltungsverbot hinsichtlich einzelner Mitverwaltungsrechte, sondern andere Rechtsfragen bezüglich der gesamten Mitgliedschaft stehen in Rede, wenn eine **Treuhand**[110] oder eine **Unterbeteiligung**[111] vereinbart oder eine **Testamentsvollstreckung**[112] angeordnet worden ist.

22 2. **Überlassung zur Ausübung**. Die Mitverwaltungsrechte sind zwar unübertragbar; sie müssen jedoch nicht notwendig immer durch den Gesellschafter persönlich ausgeübt werden. Vielmehr kann der Gesellschafter, wenn alle **übrigen Gesellschafter einverstanden** sind, die Ausübung einzelner Mitverwaltungsrechte auch einem Dritten überlassen[113]. Der Gesellschafter kann in allseitigem Einvernehmen den Dritten auf der Grundlage eines Auftrags (§ 662) oder einer vereinbarten Geschäftsbesorgung (§ 675 Abs 1) bevollmächtigen (§ 167 Abs 1) oder ermächtigen (§ 185 Abs 1 entsprechend), ein bestimmtes Mitverwaltungsrecht (oder auch mehrere) in fremdem oder eigenem Namen auszuüben. Das ist möglich zB hinsichtlich des **Stimmrechts**[114] oder der **Geschäftsführungsbefugnis** und **organschaftlichen Vertretungsmacht**[115]. Auch die nicht übertragbaren Ansprüche des Gesellschafters (§ 717 Satz 1) auf eigene Unterrichtung (§ 716 Abs 1) sowie auf den Rechnungsabschluss und die Gewinnverteilung (§ 721) können einvernehmlich von einem Dritten ausgeübt werden[116]. Auch **ohne das Einverständnis** aller anderen Gesellschafter ist eine Bevollmächtigung oder Ermächtigung eines Dritten, Mitverwaltungsrechte des Gesellschafters auszuüben, im einzelnen Fall zulässig, wenn ein **„wichtiger Grund“** vorliegt[117]. Zur Einräumung eines zusätzlichen Stimmrechts für einen Dritten vgl § 709 Rz 31; zur Stimmrechtsbindung vgl § 709 Rz 34–37. Eine unwirksame Übertragung von Mitverwaltungsrechten (§ 134) kann nach § 140 in eine wirksame Überlassung zur Ausübung **umgedeutet** werden[118]. Soll allerdings eine Vollmacht oder Ermächtigung zur Ausübung eines Mitverwaltungsrechts auch bei einem wichtigen Grund unwiderruflich sein, so läuft das bei einem gleichzeitigen Ausübungsverzicht des Gesellschafters im Ergebnis auf eine Übertragung hinaus, die nach § 134 unwirksam ist[119].

§ 718 Gesellschaftsvermögen

(1) **Die Beiträge der Gesellschafter und die durch die Geschäftsführung für die Gesellschaft erworbenen Gegenstände werden gemeinschaftliches Vermögen der Gesellschafter (Gesellschaftsvermögen).**

106 Vgl dazu § 709 Rz 8, 20 ff; MünchKomm/Ulmer Rz 7.
107 S § 719 Rz 11 ff.
108 § 727 Rz 15 ff.
109 Vgl dazu BGHZ 45, 221 = NJW 1966, 1359 = WM 1966, 615; Teichmann NJW 1966, 2336; Ganßmüller DB 1967, 891.
110 Vgl § 719 Rz 20.
111 Vgl Rz 33 ff vor § 705.
112 § 727 Rz 48 ff.
113 AA Erman/Westermann Rz 4.
114 BGHZ 3, 354, 357= NJW 1952, 178; vgl § 709 Rz 28.
115 BGHZ 36, 292, 295 = NJW 1962, 738.
116 Vgl § 716 Rz 10; § 721 Rz 9.
117 Vgl für das Stimmrecht § 709 Rz 28.
118 BGHZ 20, 363, 366 = NJW 1956, 1198; BGH NZG 1999, 995. Für den Fall der Umdeutung einer unwirksamen Stimmrechtsübertragung Koblenz ZIP 1992, 844, 846, vgl auch Hamburg ZIP 1989, 298, 300: zur GmbH.
119 BGHZ 3, 354, 358 f = NJW 1952, 178; BGH NJW 1970, 468 = WM 1970, 292; vgl aber auch BGH WM 1976, 1247.

(2) **Zu dem Gesellschaftsvermögen gehört auch, was auf Grund eines zu dem Gesellschaftsvermögen gehörenden Rechts oder als Ersatz für die Zerstörung, Beschädigung oder Entziehung eines zu dem Gesellschaftsvermögen gehörenden Gegenstands erworben wird.**

Schrifttum: Schafheutle, Gesellschaftsbegriff und Erwerb in das Gesellschaftsvermögen, 1931; U Huber, Vermögensanteil, Kapitalanteil und Gesellschaftsanteil an Personalgesellschaften des Handelsrechts, 1970; Flume, Gesellschaft und Gesamthand, ZHR 136 (1972), 177; Reinhardt, Gesellschaftsrecht, 1973, § 4 II (Rz 36–44); W Schünemann, Grundprobleme der Gesamthandsgesellschaft, 1975; Wiedemann, Juristische Person und Gesamthand als Sondervermögen, WM 1975 Sonderbeil 4, 27; Hennecke, Das Sondervermögen der Gesamthand, 1976; Flume, Die Personengesellschaft, 1977, §§ 1–8; Wiedemann, Gesellschaftsrecht I, 1980, § 5 m umfangreichen Nachw; Weber-Grellet, Die Gesamthand – ein Mysterienspiel? AcP 182 (1982), 316; K Schmidt, Gesellschaft bürgerlichen Rechts, in: Gutachten und Vorschläge zur Überarbeitung des Schuldrechts, Bd III, 1983, S 413, 466; Stoche, Die Gesamthand im Steuerrecht, 1984; Brandes, Die Rechtsprechung des Bundesgerichtshofs zur Personengesellschaft, WM 1989, 1357, 1359; WM 1990, 1221, 1224; WM 1994, 569, 571 f; WM 1998, 261, 263; WM 2000, 385; Habersack, Zur Rechtsnatur der Gesellschaft bürgerlichen Rechts – BAG, NJW 1989, 3034, JuS 1990, 179; Breuninger, Die BGB-Gesellschaft als Rechtssubjekt im Wirtschaftsverkehr, 1991; G H Roth, Die kleine Erwerbsgesellschaft zwischen bürgerlichem Recht und Handelsrecht, ZHR 155 (1991), 24; Wiedemann, Zur Selbständigkeit der BGB-Gesellschaft, in: Festschr für Kellermann, 1991, S 529; Beuthien/Ernst, Die Gesellschaft bürgerlichen Rechts als Mitglied einer eingetragenen Genossenschaft, ZHR 156 (1992), 227; Henssler, Anwaltsgesellschaften, NJW 1993, 2137; Zöllner, Rechtssubjektivität von Personengesellschaften?, in: Festschr für Gernhuber, 1993, S 563; Timm, Die Rechtsfähigkeit der Gesellschaft bürgerlichen Rechts und ihre Haftungsverfassung, NJW 1995, 3209; Seibert, Die rechtsfähige Personengesellschaft, JZ 1996, 785; Cordes, Die Gesellschaft bürgerlichen Rechts auf dem Weg zur juristischen Person?, JZ 1998, 545, 548; Dauner-Lieb, Unternehmen in Sondervermögen, 1998, S 547 ff; Hadding, Zum Erlangen von Rechtsfähigkeit nach deutschem Zivilrecht, in: Festschr für Kraft, 1998, S 137; G Hueck, Drei Fragen zur Gesamthandsgesellschaft, in: Festschr für Zöllner, 1998, S 275; Zöllner, Rechtsfähigkeit der BGB-Gesellschaft – ein Sachverstands- oder Kommunikationsproblem?, in: Festschr für Kraft, 1998, S 701; Ulmer, Die Gesamthandsgesellschaft – ein noch immer unbekanntes Wesen?, AcP 198 (1998), 113, 137 ff; Kirberger, Die BGB-Gesellschaft auf dem Weg zur Rechtspersönlichkeit – eine Zwischenbetrachtung, in: Festschr für Leser, 1998, S 219; Berndt/Boin, Zur Rechtsnatur der Gesellschaft bürgerlichen Rechts, NJW 1998, 2854; Kindl, Der Streit um die Rechtsnatur der GbR und seine Auswirkungen auf die Haftung der Gesellschafter für rechtsgeschäftlich begründete Gesellschaftsverbindlichkeiten, NZG 1999, 517; Mülbert, Die rechtsfähige Personengesellschaft, AcP 199 (1999) 38, 67 ff; Th Raiser, Der Begriff der juristischen Person. Eine Neubesinnung, AcP 1999 (1999), 104, 105–108; H Schulte, Juristische Person und Gesamthand: Fiktion und Mysterium, in: Festschr für Großfeld, 1999, S 1075; U Huber, Rechtsfähigkeit, juristische Person und Gesamthand, in: Festschr für Lutter, 2000, S 107, 114 ff; Dauner-Lieb, Ein neues Fundament für die BGB-Gesellschaft, DStR 2001, 356; Ulmer, Die höchstrichterlich „enträtselte" Gesellschaft bürgerlichen Rechts, ZIP 2001, 585; K Schmidt, Die BGB-Außengesellschaft: rechts- und parteifähig, NJW 2001, 993; Habersack, Die Anerkennung der Rechts- und Parteifähigkeit der GbR und der akzessorischen Gesellschafterhaftung durch den BGH, BB 2001, 477; Gesmann-Nuissl, Die Rechts- und Parteifähigkeit sowie Haftverfassung der Gesellschaft bürgerlichen Rechts nach dem Urteil des BGH II ZR 331/00 = WM 2001, 408, WM 2001, 973; Peifer, Rechtsfähigkeit und Rechtssubjektivität der Gesamthand – die GbR als oHG?, NZG 2001, 296; Heil, Parteifähigkeit der GbR – der Durchbruch der Gruppenlehre?, NZG 2001, 300; Bieder, Rechtsfähigkeit der (Außen-)GbR, NZI 2001, 235; Timme/Hülk, Rechts- und Parteifähigkeit der Gesellschaft bürgerlichen Rechts – BGH, NJW 2001, 1056, JuS 2001, 536; Hadding, Zur Rechtsfähigkeit und Parteifähigkeit der (Außen-)Gesellschaft bürgerlichen Rechts sowie zur Haftung ihrer Gesellschafter für Gesellschaftsverbindlichkeiten, ZGR 2001, 712; Derleder, Die Aufgabe der monistischen Struktur der Gesellschaft bürgerlichen Rechts durch Verleihung der Rechtsfähigkeit, BB 2001, 2485; K Eichele, Sozietätshaftung? Denkbare Folgen zur Rechtsfähigkeit der BGB-Gesellschaft, BRAK-Mitt 2001, 156; Baumann, Rechtsnatur und Haftungsverfassung der Gesellschaft bürgerlichen Rechts im Spannungsfeld zwischen Grundrechtsgewährleistung und Zivilrechtsdogmatik, JZ 2001, 895; Westermann, Erste Folgerungen aus der Anerkennung der Rechtsfähigkeit der BGB-Gesellschaft, NZG 2001, 289; Lang/Fraenkel, Die Gesellschaft bürgerlichen Rechts, WM 2002, 260; K-St Scholz, Die BGB-Gesellschaft nach dem Grundsatzurteil des BGH vom 29. 1. 2001, NZG 2002, 153; Beuthien, Zur Begriffsverwirrung im deutschen Gesellschaftsrecht, JZ 2003, 715; Wertenbruch, Die Stellung der BGB-Gesellschft im Rechtsverkehr – Rechtsfähigkeit. . ., in: Westermann, Handbuch der Personengesellschaften, Lfg 30, 2003, § 33 I. (Rz I 840–851); Kießling, Das Gesamthandsprinzip bei Personalgesellschaften, in: Festschr für Hadding, 2004, S 477; Seiferlein, Die Rechtsfähigkeit der BGB-Außengesellschaft unter Betrachtung ausgewählter Folgeprobleme, Diss Würzburg, 2004; Hadding, Nochmals: Rechtsfähigkeit der Gesellschaft bürgerlichen Rechts und persönliches Verpflichtetsein ihrer Gesellschafter, in: Festschr für Th Raiser, 2005, S 134;

G Wagner, Grundbuchfähigkeit der Gesellschaft bürgerlichen Rechts, ZIP 2005, 637; Meschkowski, Zur Rechtsfähigkeit der BGB-Gesellschaft, 2006.

ÜBERSICHT

I. Das „Gesellschaftsvermögen“

1 1. **Die Gesellschaft (Gesamthand) als Rechtsinhaber der zum Gesellschaftsvermögen gehörenden Gegenstände**. § 718 bestimmt, dass bei der GbR grundsätzlich ein von den privaten Vermögen der Gesellschafter gesondertes **„Gesellschaftsvermögen“** entsteht, und regelt, welche Gegenstände zu dem Gesellschaftsvermögen gehören. Dieses „Gesellschaftsvermögen“ als ein der Erreichung des gemeinsamen Zwecks (vgl § 705) gewidmetes **Sondervermögen** wird in anderen Vorschriften (§§ 716 Abs 1, 719, 720, 725 Abs 1, 730, 733, 735, 738, 739) vorausgesetzt. In § 718 Abs 1 wird das Gesellschaftsvermögen als „gemeinschaftliches Vermögen der Gesellschafter“ gekennzeichnet (vgl auch § 706 Abs 2: „gemeinschaftliches Eigentum der Gesellschafter“). Dem stehen die „gemeinschaftlichen Schulden“ (§§ 733–735, 738 Abs 1, 739) gegenüber. Mit der gesetzlichen Formulierung in § 718 Abs 1 ist aber noch nichts darüber ausgesagt, ob Rechtsinhaber der zum Gesellschaftsvermögen gehörenden Gegenstände die Gesellschafter („in ihrer Zusammenfassung“ oder ähnlich) sind oder ob das Gesellschaftsvermögen der Gesellschaft (Gesamthand) zusteht.

2 a) **Entstehungsgeschichte**. Aus der Entstehungsgeschichte ist zu entnehmen, dass die Zweite Kommission von dem 1. Entwurf („kein Eigentum der Gesellschaft im Gegensatze zu den Gesellschaftern“[1]) bewusst abgerückt ist und die GbR in den §§ 718–720 als **Gesamthand** ausgestaltet hat[2], allerdings ohne die Merkmale der gesellschaftsrechtlichen Gesamthand genau zu bestimmen[3]. Es ist jedoch unverkennbar, dass mit der gesellschaftsrechtlichen Gesamthand nicht

1 Vgl Motive Mugdan II, S 335.
2 Vgl § 717 Rz 1.
3 Vgl K Schmidt, Gutachten S 413, 471 ff.

nur ein „Vermögensprinzip" im Gegensatz zu einem „Verbandsprinzip"[4] für die GbR festgelegt werden sollte. Vielmehr war es kodifikatorisch notwendig, beim Übergang vom Allgemeinen Deutschen Handelsgesetzbuch (ADHGB von 1861) zu einem das BGB ergänzenden HGB den dort zu regelnden handelsrechtlichen Personalgesellschaften (namentlich der OHG und der KG) ein angemessenes **Grundmodell im BGB** in Gestalt der GbR zu unterlegen[5]. Für die OHG und die KG war eine weitgehende Rechtssubjektivität schon gesetzlich anerkannt[6]. Behält man diesen entstehungsgeschichtlichen Zusammenhang im Auge[7], so leuchtet es unmittelbar ein, dass von der Mehrheit der Zweiten Kommission mit der Ausgestaltung der GbR als Gesamthand ihre vermögensrechtliche Rechtssubjektivität angestrebt worden ist. Bei dem Streit der Meinungen[8] konnte dies freilich nicht mit der wünschenswerten Klarheit im Gesetzeswortlaut zum Ausdruck kommen. Bei der GbR muss die Gesamthand jedenfalls vorrangig im **gesellschaftsrechtlichen Systemzusammenhang mit der OHG und der KG** gesehen werden, weniger hingegen als strukturelle Parallele zur Erbengemeinschaft und ehelichen Gütergemeinschaft. Die kodifikatorische Notwendigkeit, den gesellschaftsrechtlichen Systemzusammenhang der Personalgesellschaften zu beachten, hat sich auch später bei der Einführung des deutschen HGB von 1897 in Österreich deutlich gezeigt[9]. Zur rechtspolitischen Bewertung der „Verselbständigung" von Gesellschaften bürgerlichen Rechts vgl K Schmidt, Gutachten S 413, 466, 480 ff.

b) **Vermögensrechtsfähigkeit der GbR.** Da in § 718 das „Gesellschaftsvermögen" von den privaten Vermögen der Gesellschafter gesondert wird, lässt sich dies rechtssystematisch am klarsten durchführen, wenn die **Gesellschaft** (Gesamthand) als selbständiger, alleiniger Rechtsinhaber der zum Gesellschaftsvermögen gehörenden Gegenstände angesehen wird. Die **Rechtssubjektivität der GbR** erklärt zahlreiche rechtliche Gegebenheiten und Anforderungen: Der einzelne Gesellschafter hat hinsichtlich der Gegenstände des Gesellschaftsvermögens keine Befugnisse, die normalerweise mit der Rechtsinhaberschaft verbunden sind; es fehlt ihm insbesondere die Verwaltungs- und Verfügungsbefugnis[10]. Einzubringende Gegenstände müssen auf die GbR im Sinne eines Wechsels des Rechtsinhabers übertragen werden (§§ 929 ff; 873 Abs 1 925; 398, 413[11]), ohne dass hinsichtlich des einbringenden Gesellschafters ein Insichgeschäft (§ 181) anzunehmen ist. Aus dem Gesellschaftsverhältnis entstehen Rechte und Pflichten der GbR gegenüber den einzelnen Gesellschaftern[12], ohne dass hinsichtlich des einzelnen Gesellschafters ein teilweises Erlöschen eintritt, weil etwa bei ihm sich Forderung und Schuld vereinigen (Konfusion). Für „gemeinschaftliche Schulden" als Verbindlichkeiten der GbR haftet in erster Linie das Gesellschaftsvermögen (vgl § 733, 735), nicht auch in jedem Falle der einzelne Gesellschafter. Beim Ausscheiden aus der Gesellschaft besteht bezüglich eingebrachter Sachen kein Herausgabeanspruch des Gesellschafters nach §§ 985, 986; es tritt vielmehr „Anwachsung" ein (§ 738 Abs 1 Satz 1). Die GbR ist nach alledem als **vermögensrechtsfähig** zu beurteilen; sie ist als Gesamthand selbständiges Zuordnungssubjekt des Gesellschaftsvermögens. Dieser Rechtsansicht[13] ist der II. Zivilsenat des BGH[14] nunmehr ausdrücklich gefolgt: „Nach neuerer Rechtsprechung des Bun- 3

4 So aber Wiedemann WM 1975 Sonderbeil 4 S 27.
5 Vgl auch O v Gierke ZHR 45 (1896), 475, 476.
6 Vgl ADHGB Art 111 Abs 1, 164 Abs 1; heute HGB §§ 124 Abs 1, 161 Abs 2; BGH NJW 1973, 2198: „im Rahmen des § 124 HGB ein eigenes Rechtssubjekt".
7 Vgl dazu näher Hadding, Vom Reichsjustizamt zum Bundesministerium der Justiz, 1977, S 263, 270 ff.
8 Vgl Protokolle Mugdan II, S 989 ff.
9 Vgl 4. VO z Einf handelsrechtl Vorschr im Lande Österreich v 24. Dezember 1938, Art 7 (RGBl I, S 1999); dazu Kastner, Grundriß des österreichischen Gesellschaftsrechts 1979[3], S 32.
10 Vgl § 719 Rz 1, 4.
11 Vgl § 706 Rz 14 ff.
12 Vgl § 705 Rz 47–51.
13 Vgl schon Soergel[11] aaO (1985).
14 BGHZ 146, 341, 343 = NJW 2001, 1056 = LM Nr 52 zu ZPO § 50 (mAnm Wilhelm) = DStR 2001, 310 (mAnm Goette) = WM 2001, 408 (mAnm Wertenbruch WuB II J. § 705 BGB 1.01) = ZIP 2001, 330 (dazu Prütting EWiR 2001, 341 [§ 50 ZPO 1/01]) = JZ 2001, 655 (mAnm Wiedemann) = DB 2001, 423 (mAnm Römermann) = BB 2001, 374 = NZG 2001, 311 = DNotZ 2001, 234 (mAnm Schemmann) = MittBayNot 2001, 192 (mAnm Ann) = NZM 2001, 299 = NZI 2001, 241 = JuS 2001, 509 Nr 11 (K Schmidt) = MDR 2001, 459. Ergänzend zur Reichweite von BGHZ 146, 341 im Hinblick auf andere BGH-Zivilsenate und andere oberste Bundesgerichte: BGH NJW

desgerichtshofs kann die Gesellschaft bürgerlichen Rechts als Gesamthandsgemeinschaft ihrer Gesellschafter im Rechtsverkehr grundsätzlich, das heißt soweit nicht spezielle Gesichtspunkte entgegenstehen, jede Rechtsposition einnehmen (BGHZ 116, 86, 88; 136, 254, 257; im Ansatz auch bereits BGHZ 79, 374, 378 f). Soweit sie in diesem Rahmen eigene Rechte und Pflichten begründet, ist sie (ohne juristische Person zu sein) rechtsfähig (vgl § 14 Abs 2 BGB)." Wenn das gesellschaftsrechtliche Gesamthandvermögen als „sachenrechtliche Rechtsfigur" bezeichnet wird[15], ist dies zu eng, weil das Gesellschaftsvermögen in aller Regel nicht nur Rechte an Sachen (insbesondere Eigentum) umfasst, sondern meistens auch Forderungen (insbesondere die Ansprüche auf die Beiträge) und andere Rechte[16]. Die Gläubigerstellung der GbR ist nicht „sachenrechtlich". Vgl zu den Auswirkungen der Rechtssubjektivität der GbR im Zivilprozess- und Zwangsvollstreckungsrecht § 714 Rz 51–56; zur Wechsel- und Scheckrechtsfähigkeit der GbR § 714 Rz 22; zur Insolvenzfähigkeit § 728 Rz 1; zur einkommensteuerrechtlichen Behandlung Weber-Grellet DStR 1982, 699 u 1983, 16. Zur Frage, ob ein geschäftsführender Gesellschafter Untreue (StGB § 266) zum Nachteil der Gesellschaft begehen kann, vgl LG Bonn NJW 1981, 469; Schäfer NJW I983, 2850; Schulte NJW 1984, 1671. Zur GbR als Wohnungseigentumsverwalter vgl Drasdo NZM 2001, 258; C Schäfer NJW 2006, 2160 (zu BGH NJW 2006, 2189: ablehnend); als Inhaber von Kennzeichenrechten vgl Fezer, Festschr für P Ulmer, 2003, S 119.

4 c) **Grundbuchfähigkeit**. Die Vermögensrechtsfähigkeit der GbR wird dadurch verdeckt, dass sie keinen gesetzlich anerkannten eigenen Namen hat[17]. Es gibt keine „Firma" der GbR. Deshalb ist es folgerichtig, dass zB als Eigentümer eines zum Gesellschaftsvermögens gehörenden Grundstücks nach **GBO § 47** im Grundbuch die Gesellschafter „A, B, C . . . als Gesellschaft bürgerlichen Rechts" einzutragen sind. Überwindet man so die Schwierigkeit, den Rechtsinhaber zu bezeichnen, dann wird nur bestätigt, dass das im Grundbuch in dieser Weise eingetragene Recht als ein Gegenstand des Gesellschaftsvermögens nicht den einzelnen Gesellschaftern zusteht, denen jede Verfügungsbefugnis fehlt (§ 719 Abs 1 Fall 2), sondern die GbR als Rechtsinhaber anzusehen ist[18]. Hat die GbR als rechtsfähige Außengesellschaft einen gesellschaftsvertraglich festgelegten eigenen Namen[19], kann sie unter diesem Namen einschließlich des Gesellschaftszusatzes „GbR" (wie eine OHG oder KG unter ihrer Firma) als Rechtsinhaber in das Grundbuch eingetragen werden. Die rechtsfähige **(Außen-)GbR** ist demnach ebenso wie die OHG und die KG **grundbuchfähig**[20]. Es ist selbstverständlich, dass auch in diesem Zusammenhang der grundbuchrechtliche Bestimmtheitsgrundsatz zu beachten ist[21]. Die bisherige Rechtsprechung[22] bedarf im Hinblick auf

2002, 1207 f; dazu Hadding, Festschr für Th Raiser, 2005, S 134, 136 ff.

15 So noch MünchKomm[3]/Ulmer Rz 2; nunmehr (4. Aufl) Rz 2: „vermögensrechtliche (dingliche) Komponente".

16 Entgegen BGH (I. ZS) DB 2000, 2117 = NJW-RR 2001, 114 = LM Nr 1 zu MarkenG § 7 (mAnm Westermann) = MittPatAnw 2000, 500 (mAnm Ann) kann eine GbR auch Inhaber einer Marke sein; zutr Fezer MarkenG, 1999[2], § 7 Rz 36; Wertenbruch DB 2001, 419, 420; Ulmer ZIP 2001, 585, 588; Hadding ZGR 2001, 712, 727.

17 Vgl § 705 Rz 69.

18 Zutreffend LG Itzehoe Urt v 3. 3. 2006 – 10 O 75/06.

19 Vgl § 705 Rz 68.

20 Zutr Rostock NJW-RR 2004, 260; auch Dresden ZIP 2003, 130; Flume, Personengesellschaft § 5, S 70; ders ZHR 148 (1984), 503, 509; Breuninger, Die BGB-Gesellschaft als Rechtssubjekt im Wirtschaftsverkehr S 84 f; Timm NJW 1995, 3209, 3214; U Huber, Festschr für Lutter, 2000, S 107, 128; Ulmer ZIP 2001, 585, 594 f; Wertenbruch WuB II J. § 705 BGB 1.01 (unter 6.); Eickmann ZfIR 2001, 433, 437; Ulmer/Steffek NJW 2002, 330 mwNachw; G Wagner ZIP 2005, 637; Knöfel AcP 2005 (2005), 646, 660 ff; zweifelnd K Schmidt, Gutachten S 413, 477/478; ders NJW 2001, 993, 1002; Westermann NZG 2001, 289, 294; Wiedemann JZ 2001, 661, 663; Derleder BB 2001, 2485, 2490.

21 Als ein Vorbehalt betont von Ulmer/Steffek NJW 2002, 330, 333 ff.

22 BGHZ 45, 338, 348 = NJW 1966, 1311; Hamm MDR 1973, 763; Frankfurt/M Rpfleger 1975, 177; Rpfleger 1982, 469; Düsseldorf NJW 1997, 1991 = WM 1997, 2032 = DNotZ 1997, 737 (mAnm Demharter) = Rpfleger 1997, 737; dazu krit Muth EWiR § 47 GBO 1/97, 515, 516; LG Wuppertal EWiR § 705 BGB 1/96, 1119 (mKurzkomm Witzorrek); LG Stuttgart NJW-RR 1999, 743 = NZG 1999, 443 = Rpfleger 1999, 272; BayObLG NJW 2003, 70; NZG 2004, 1107; dazu Lautner MittBayNot 2005, 93; Celle NJW 2006, 2194; dazu Knöfel ZfIR 2006, 428; offen gelassen in BGH NJW 2004, 3632.

BGHZ 146, 341, 343 jedenfalls einer Überprüfung[23]. Bei der formwechselnden **Umwandlung** einer OHG/KG in eine GbR werden die Gesellschafter „als GbR" wegen der Identität des Gesellschaftsvermögens im Wege (klarstellender) Grundbuchberichtigung (Richtigstellung) eingetragen[24]. Demgegenüber bedarf es bei der **Übertragung** des Grundstücks einer fortbestehenden Personalgesellschaft in das Vermögen einer anderen, wenn auch personengleichen Gesellschaft sowie bei der Aufspaltung einer GbR in mehrere personengleiche Gesellschaften der Auflassung und (konstitutiven) Eintragung der Gesellschafter[25]. Nicht einzutragen sind Anteilshöhe und ihre Veränderung für einzelne Gesellschafter[26].

d) **Erbfähigkeit**. Die OHG und die KG können aufgrund von HGB §§ 124 Abs 1, 161 Abs 2 als Erbe eingesetzt werden[27]. Demgegenüber soll die **GbR** nicht erbfähig sein; sie könne nur Vermächtnisnehmer werden[28]. Als Begründung wird angeführt, die erbrechtlichen Regelungen seien „auf einzelne Personen und nicht auf Personengruppen als Erben zugeschnitten"[29]. Die genannten Vorschriften des Erbrechts sprechen jedoch nicht grundsätzlich gegen die Erbfähigkeit auch der GbR, wenn man ihre Vermögensrechtsfähigkeit zugrunde legt[30]. Vielmehr ist jeweils zu fragen, wie diese Vorschriften sachgerecht auf eine Personalgesellschaft als Erbe anzuwenden sind. Im übrigen sollen die Gesellschafter persönlich als Erben „mit der Auflage eingesetzt werden [können], daß sie die Erbschaft der Gesellschaft zuwenden"; bei einer testamentarischen Erbeinsetzung der Gesellschaft sei „jeweils zu prüfen, ob die Erbeinsetzung der Gesellschaft als eine solche der Gesellschafter mit der Auflage der Zuwendung an die Gesellschaft umgedeutet werden kann"[31]. Bei dem hier notwendigen Umweg einer rechtsgeschäftlichen Übertragung aller Nachlassgegenstände durch die Gesellschafter als Miterben in das Gesellschaftsvermögen kann es leicht geschehen, dass der Wille des Erblassers nicht verwirklicht wird. Die unmittelbare Erbeinsetzung der GbR sollte deshalb zu ihrer gesetzlichen Gesamtrechtsnachfolge (§ 1922 Abs 1) führen. Da eine etwaige Umgehung erbrechtlicher Vorschriften durch die Erbeinsetzung einer GbR anderweitig unterbunden werden kann, sollte anerkannt werden, dass die vermögensrechtsfähige GbR auch **erbfähig** ist[32]. 5

e) **Mitgliedsfähigkeit**. Ob und an welchen anderen Gesellschaften und juristischen Personen eine GbR als Mitglied beteiligt sein kann, ist umstritten[33]. Für die **GmbH** hat der BGH[34] entschieden, dass eine GbR Gründungsmitglied sein kann[35]. Eine GbR kann auch einen Geschäftsanteil an einer GmbH erwerben. Ebenso kann eine GbR als Gründer oder späterer Aktionär an einer **AG** beteiligt sein[36]. Entsprechendes muss für die Mitgliedschaft einer GbR in einer **einge-** 6

23 Zum herkömmlichen Verständnis in der grundbuchrechtlichen Lit vgl die umfänglichen Nachw bei Ulmer/Steffek NJW 2002, 330, Fn 1, 15–19.

24 S § 705 Rz 3 mNachw.

25 BayObLG NJW 1982, 109.

26 So München NJW-RR 2005, 1609 = DNotZ 2005, 923 = DB 2005, 1621; dazu Demharter Rpfleger 2005, 531.

27 HM, vgl Wiedemann, GesellschaftsR I § 5 II 2 b, S 262; aM Flume, Personengesellschaft § 7 III 6, S 107 f.

28 Vgl Soergel[10] aaO Rz 5; Staud[12]/Keßler Rz 6; RGRK/v Gamm Rz 7.

29 Flume, Personengesellschaft § 7 III 6, S 107 ff; S 108.

30 Vgl auch Fabricius, Relativität der Rechtsfähigkeit, 1963, S 236.

31 So Flume, Personengesellschaft S 107 Fn 61.

32 Ebenso jetzt Erman[11]/Westermann § 718 Rz 7; Ulmer ZIP 2001, 585, 596; Staud/Habermeier Rz 11; aA Derleder BB 2001, 2485, 2490/2491.

33 Vgl dazu Schünemann, Grundprobleme der Gesamthandsgesellschaft S 203 ff; Flume, Personengesellschaft § 4 IV; § 7 III 6, S 109 f; Wiedemann, GesellschaftsR I § 5 II 2 b, S 262; MünchKomm/Ulmer § 705 316 f; Klamroth BB 1983, 796; G u A Hartmann, Festschr für W Werner, 1984, S 217 mNachw; Hauschke, Die Gesellschaft bürgerlichen Rechts als Gesellschafterin, 2005.

34 BGHZ 78, 311, 313 = NJW 1981, 682 = WM 1981, 163; dazu Koch ZHR 146 (1982), 118; Ulmer ZIP 2001, 585, 587.

35 Ebenso gegen die früher hM schon Hachenburg/Ulmer GmbHG § 2 Rz 67 ff; Flume, Personengesellschaft § 4 IV; § 7 III 6, S 109 f; zum dabei auftretenden Publizitätsproblem vgl K Schmidt BB 1983, 1697.

36 BGHZ 118, 83, 99 = NJW 1992, 2222 = WM 1992, 1225 (mAnm Schöne WuB II A. § 186 AktG 1.93) = ZIP 1992, 995; ebenso schon Flume, Personengesellschaft § 4 IV; § 7 III 6, S 109 f.

tragenen Genossenschaft gelten[37]. Demgegenüber sollte nach bisher herrschender Meinung eine GbR nicht Mitglied einer **OHG** oder **KG** sein können[38]. Inzwischen ist die Mitgliedsfähigkeit einer GbR als **Kommanditist** aber auch vom BGH[39] anerkannt. Offen geblieben ist noch, ob eine GbR als solche Komplementär[40] oder Gesellschafter einer OHG sein kann. An einer **GbR** kann sich nach herrschender Meinung eine andere GbR als Mitglied beteiligen[41]. – Wer die Rechtssubjektivität der GbR und die organschaftliche Stellung der geschäftsführenden Gesellschafter bejaht[42], wird es zwar nicht „aus Gründen der Praktikabilität"[43] scheitern lassen, dass eine GbR (als Außengesellschaft) auch **Mitglied einer OHG** oder **Komplementär einer KG** sein kann[44]; allerdings sollte aus Gründen des Verkehrsschutzes und der Publizität (Klarheit über den Gesellschafterbestand) die **Eintragung aller Mitglieder der Gesellschafter-GbR ins Handelsregister** gefordert werden (parallel zu GBO § 47). In diesem Sinne hat der BGH[45] für die GbR als Kommanditist zutreffend verlangt, dass neben der GbR als solcher auch die ihr im Zeitpunkt des Beitritts zur KG angehörenden Gesellschafter mit Namen, Geburtstag und Wohnort (entsprechend HGB § 106 Abs 2) zur Eintragung in das Handelsregister anzumelden sind. Entsprechendes gilt für jeden späteren Wechsel in der Zusammensetzung der Gesellschafter der GbR.

7 2. **Die Mitgliedschaft des Gesellschafters und seine Stellung als Gesamthänder**. – a) **Keine Teilhabe an der Rechtsinhaberschaft**. Das Gesellschaftsvermögen steht der GbR als Gesamthand zu, die aus den jeweiligen Gesellschaftern besteht. Die Mitgliedschaft des Gesellschafters umfasst daher seine **Stellung als Gesamthänder**[46]. Im Gesetz wird die Stellung als Gesamthänder, dh als Mitglied der Gesamthand, missverständlich als „Anteil an dem Gesellschaftsvermögen" bezeichnet (§§ 719 Abs 1 Fall 1, 725, 738 Abs 1 Satz 1). Der einzelne Gesamthänder hat jedoch **weder unmittelbar noch mittelbar** (partiell oder quotal) **an der Rechtsinhaberschaft** der GbR hinsichtlich der Gegenstände des Gesellschaftsvermögens teil[47]. Die Stellung als Gesamthänder wird auch nicht durch die Höhe des Beitrags oder der Einlage beeinflusst; als Mitglied der GbR und damit als Gesamthänder konstituiert jeder Gesellschafter in gleicher Weise mit den anderen die Gesamthand als alleinigen Rechtsinhaber des Gesellschaftsvermögens.

8 b) **Auflösung der GbR und Änderungen im Bestand der Gesellschafter**. Wird die GbR **aufgelöst** (§§ 723 ff), ändert sich dadurch nichts an der Rechtsinhaberschaft der Gesamthand und damit an der Stellung der Gesellschafter als Gesamthänder. Das zunächst fortbestehende Gesellschaftsvermögen ist nunmehr abzuwickeln (§§ 730–735). Beim **Ausscheiden** (§§ 736–740) verliert der Gesellschafter mit der Mitgliedschaft auch die Stellung als Gesamthänder („Anteil am Gesellschaftsvermögen"); die Gesamthänderstellung „wächst . . . den übrigen Gesellschaftern zu" (§ 738 Abs 1 Satz 1), dh die Gesamthand als Rechtsinhaber des Gesellschaftsvermögens besteht fortan nur noch aus den verbleibenden Gesellschaftern[48]. Umgekehrt erwirbt ein neuer Gesell-

37 So jetzt auch BGHZ 116, 86, 88 = NJW 1992, 499 = WM 1992, 12 (mAnm Hadding WuB II D. § 15 GenG 1.92); Brandenburg WM 2006, 2360 (mAnm Schöpflin WuB II D. § 65 GenG 1.07).

38 Vgl § 705 Rz 24 mNachw.

39 BGHZ 148, 291 = NJW 2001, 3121 = WM 2001, 1764 auf Vorlage des BayObLG BB 2000, 2380 = DStR 2001, 1168 = ZIP 2000, 2165 = JZ 2001, 417 (mAnm Piepenstock), wegen Abweichung von Zweibrücken OLGZ 1982, 155. Vgl zur Lit die Angaben des BGH sowie zuletzt Wiedemann JZ 2001, 661, 663; Ulmer ZIP 2001, 585, 595; ausführlich Wertenbruch BB 2001, 737; Steinbeck DStR 2001, 1162, 1164.

40 Dafür LG Berlin NZG 2003, 580; dazu Ch R Schmidt/Bierly NJW 2004, 1210.

41 RGZ 136, 236, 240; 142, 13, 21; BGH NJW 1998, 376 = WM 1997, 2220, 2221 (mAnm Fleischer WuB II J. § 705 BGB 3.98) = JZ 1998, 145 (mAnm Einsele); Flume, Personengesellschaft § 4 IV; § 7 III 6, S 109 f; MünchKomm/Ulmer § 705 Rz 317, Wiedemann, GesellschaftsR I § 5 II 2 b, S 262; aM wohl nur RGRK/v Gamm § 705 Rz 12.

42 Vgl oben Rz 3.

43 So Flume, Personengesellschaft § 4 IV; § 7 III 6, S 109 f.

44 Ebenso Schünemann, Grundprobleme der Gesamthandsgesellschaft S 204 f; Klamroth BB 1983, 796, 977 ff; Steinbeck DStR 2001, 1162, 1164 ff; für Kommanditbeteiligung auch G u A Hartmann, Festschr für W Werner (= Fn 33).

45 BGHZ 148, 291 (= Fn 39).

46 Vgl auch § 705 Rz 46.

47 Vgl näher § 719 Rz 5.

48 Vgl zur „Anwachsung": Kießling, Festschr für Hadding, 2004, S 477, 489; K Schmidt, Festschr für U Huber, 2006, S 969 ff.

schafter durch den **Eintritt** auch ohne weiteres die Stellung als Gesamthänder; wenn man hier sagt, dass bei den bisherigen Gesellschaftern insoweit eine „Abwachsung" (wenig treffende Wortbildung!) stattfinde, so bedeutet dies nichts anderes, als dass bei Änderungen im Bestand der Gesellschafter das Gesellschaftsvermögen weiterhin allein der Gesamthand, dh „stets dem jeweiligen Gesellschafterkreis zugeordnet"[49] bleibt. Gehören Rechte an einem Grundstück zum Gesellschaftsvermögen, ist das Grundbuch nur zu berichtigen[50], sofern nicht künftig ohnehin die GbR mit ihrem Namen eingetragen ist.

3. **Gesellschaften bürgerlichen Rechts ohne Gesellschaftsvermögen**. Ein Gesellschafts- **9**
vermögen entsteht immer schon dann, wenn im Gesellschaftsvertrag ein Gesellschafter einen Beitrag versprochen hat, weil schon der Anspruch auf den Beitrag der Gesamthand zusteht[51]. Nach § 718 Abs 1 kann es daher ein Gesellschaftsvermögen nicht nur bei sog Außengesellschaften geben, sondern möglicherweise auch bei sog Innengesellschaften (umstritten[52]). Nur wenn eine Innengesellschaft als **stille Gesellschaft** im Sinne von HGB §§ 230 ff oder zB mit einem **Treuhänder als Rechtsinhaber** vereinbart worden ist, entsteht kein gesamthänderisches Gesellschaftsvermögen[53]. Die Gesellschafter können ferner sowohl bei einer Außengesellschaft als auch bei einer Innengesellschaft vereinbaren, dass bestimmte Gegenstände, die der Erreichung des gemeinsamen Zwecks dienen (zB ein Grundstück), ihnen als **Gemeinschaft nach Bruchteilen** im Sinne der §§ 741 ff zustehen[54], dh einverständlich von der gesamthänderischen Rechtsinhaberschaft gemäß § 718 ausgenommen sind. Bei einem rechtsgeschäftlichen Erwerb durch die „Gesellschaft" muss dies mit dem Veräußerer vereinbart sein, weil sonst § 718 Abs 1 Fall 2 eingreift[55].

II. Die Bestandteile des Gesellschaftsvermögens

1. **Beiträge**. Nach § 718 Abs 1 Fall 1 werden die „Beiträge" der Gesellschafter (vgl § 706) Be- **10**
standteile des Gesellschaftsvermögens. Aber nicht erst die von den Gesellschaftern durch Verfügungen an die Gesamthand geleisteten Beiträge (Einlagen) ergeben Gesellschaftsvermögen. Schon die mit dem Abschluss des Gesellschaftsvertrags entstandenen Beitragspflichten der Gesellschafter stehen als **Beitragsforderungen** der Gesellschaft (Gesamthand) zu (sog Sozialansprüche[56]) und sind die ersten Bestandteile des Gesellschaftsvermögens (heute wohl allgemeine Meinung). Bei als Beitrag dem Werte nach oder zum Gebrauch überlassenen Gegenständen[57] wird nicht die Rechtsinhaberschaft (zB das Eigentum an der Sache) Bestandteil des Gesellschaftsvermögens, sondern nur das Recht auf die Nutzungen (§ 100) oder den Gebrauch.

2. **Durch die Geschäftsführung erworbene Gegenstände**. Nach § 718 Abs 1 Fall 2 werden **11**
ferner die „durch die Geschäftsführung für die Gesellschaft erworbenen Gegenstände" Bestandteile des Gesellschaftsvermögens. Da **„Gegenstände"** im BGB (vgl § 90) Sachen und Rechte sind, können alle beweglichen oder unbeweglichen Sachen und alle absoluten oder relativen Rechte zum Gesellschaftsvermögen erworben werden. Neben **Eigentum** oder anderen Rechten an Sachen können vor allem **Forderungen** (vgl auch § 720) für die GbR durch Maßnahmen der Geschäftsführung gegen einen Dritten oder einen Gesellschafter erworben werden, insbesondere aufgrund eines Rechtsgeschäfts namens der GbR (ursprüngliche Entstehung der Forderung, zB durch einen schuldrechtlichen Vertrag, oder abgeleiteter Erwerb durch Abtretung). Auch **sonstige Rechte**, zB in Wertpapieren, ferner Patente (beachte PatG § 6) oder andere gewerbliche Schutzrechte, Urheberverwertungsrechte (beachte UrhG §§ 8, 9), Anwartschaften, dingliche An-

49 BGHZ 86, 367 = NJW 1983, 1110 = WM 1983, 358.
50 RGZ 106, 63, 65 für KG; Düsseldorf Rpfleger 1969, 177.
51 Vgl unten Rz 10.
52 Vgl Rz 28 vor § 705.
53 Ebenso MünchKomm/Ulmer Rz 10; vgl schon StudKommBGB/Hadding Bem 2 vor § 705; RGZ 80, 263; 91, 428; 92, 341; 109, 381; 142, 13; München NJW 1968, 1384.
54 Vgl BGHZ 8, 157, 168 = LM Nr 4 zu HGB § 335 (mAnm R Fischer).
55 Vgl § 719 Rz 6; MünchKomm/Ulmer Rz 11.
56 S § 705 Rz 47.
57 Vgl § 706 Rz 23, 24.

sprüche können auf diesem Weg Bestandteile des Gesellschaftsvermögens werden. Für den (ursprünglichen oder abgeleiteten) **Erwerbsvorgang** gelten die jeweils maßgeblichen allgemeinen Vorschriften. Um **„für die Gesellschaft"** zu erwerben, ist ein organschaftliches Handeln namens der GbR erforderlich[58], sei es eines Gesellschafters oder mehrerer Gesellschafter (§ 710) oder aller Gesellschafter (§ 709 Abs 1). Ein rechtsgeschäftlicher Erwerb für die GbR setzt organschaftliche Vertretungsmacht oder eine Vollmacht voraus (§ 164 Abs 1, 3). Erwirbt ein Gesellschafter einen Gegenstand zunächst im eigenen Namen (zB bei verdeckter Stellvertretung/Geschäftsführung oder bei einer Innengesellschaft), so ergibt sich die Zugehörigkeit zum Gesellschaftsvermögen nicht schon unmittelbar „durch die Geschäftsführung für die Gesellschaft" im Sinne des § 718 Abs 1, sondern erst durch eine (interne) Übertragung auf die GbR aufgrund der §§ 713, 667. Ob auch diese Fälle von § 718 Abs 1 (§ 720) erfasst werden, ist umstr[59]. Mit einem Erwerb „für die Gesellschaft" wird nach § 718 Abs 1 ersichtlich Offenkundigkeit im Sinne von § 164 Abs 1 vorausgesetzt; bei einem nicht erkennbaren Handeln „für die Gesellschaft" (vgl § 164 Abs 2) tritt auch keine Surrogation gem § 718 Abs 2 ein[60]. Eine Ausnahme gilt bei einem Geschäft „für den, den es angeht" (für die GbR). In § 718 Abs 1 ist als hauptsächlicher Fall ein Erwerb **„durch die Geschäftsführung"** genannt. Lässt sich der Erwerb nicht als Maßnahme der „Geschäftsführung" qualifizieren, sondern als sog Grundlagengeschäft (zB bei einem Erwerb, durch den der gemeinsame Zweck geändert wird), so schließt das nicht aus, dass der Gegenstand ein Bestandteil des Gesellschaftsvermögens wird[61].

12 3. **Erwerb durch Surrogation.** Nach § 718 Abs 2 wird der Bestand des Gesellschaftsvermögens durch gesetzliche Surrogation geschützt[62]. Zum Gesellschaftsvermögen gehört (Fall 1), „was auf Grund eines zu dem Gesellschaftsvermögen gehörenden Rechtes" erworben wird, dh alle **Nutzungen** eines Rechts (§ 100), insbesondere die **Früchte** (§ 99 Abs 2 u Abs 3), zB die der GbR als Nießbraucher ua zustehenden Miet- oder Pachtzinsen[63] oder die ihr gebührenden Erzeugnisse von Sachen (§§ 953 ff; 99 Abs 1). Nicht erfasst wird ein rechtsgeschäftlicher Erwerb für die GbR, zB der Anspruch auf die Gegenleistung bei Veräußerung einer zum Gesellschaftsvermögen gehörenden Sache. Zum Gesellschaftsvermögen gehört ferner (Fall 2), was „als Ersatz für die Zerstörung, Beschädigung oder Entziehung eines zu dem Gesellschaftsvermögen gehörenden Gegenstandes" erworben wird, zB Ansprüche auf Schadenersatz, Entschädigung, Versicherungsleistungen oder Herausgabe, Wertersatz sowie die hierauf erbrachten Leistungen (soweit auf sie nicht schon § 718 Abs 1 zutrifft); vgl auch § 818 Abs 1; § 285 Abs 1.

13 4. **Sonstiger Erwerb.** § 718 enthält keine abschließende Vorschrift. Außer den dort genannten Tatbeständen[64] kommen noch andere Erwerbsvorgänge in Betracht, die Gegenstände zu Gesellschaftsvermögen werden lassen, zB eine **Gesamtrechtsnachfolge** der GbR (§ 1922 Abs 1[65]) oder ein Erwerb jenseits des Bereichs der Geschäftsführung, zB durch ein sog **Grundlagengeschäft**[66]. Ein Erwerb aufgrund eines Vertrags zu Rechten der GbR (§ 328 Abs 1) fällt – ebenso wie eine schenkweise Zuwendung – schon unter § 718 Abs 1, weil zumindest stillschweigend die Annahme erklärt wird, wenn die geschäftsführenden Gesellschafter den Forderungserwerb nicht gem § 333 zurückweisen[67]. In Betracht kommt schließlich ein Erwerb der GbR durch **Verbindung, Vermischung oder Verarbeitung** (§§ 946–950). Durch die Tätigkeit der GbR kann auch ein besonderer **Geschäftswert** entstehen, der Bestandteil des Gesellschaftsvermögens wird[68].

58 Vgl RGZ 54, 103, 106; RGRK/v Gamm Rz 5; Staud/Habermeier Rz 6; MünchKomm/Ulmer Rz 18.
59 Bejahend zB Westermann, Handb Rz I 571; M Wolf JuS 1975, 710, 714; nunmehr auch MünchKomm/Ulmer Rz 18.
60 Ein vor Gründung der GbR durch einen späteren Gesellschafter geschlossener Mietvertrag geht nicht von selbst auf die Gesellschaft über: BGH NJW 2001, 2251.
61 Vgl unten Rz 13.
62 Vgl M Wolf JuS 1975, 710, 712: „Erhaltung der Verwaltungseinheit und Verwaltungszuständigkeit".
63 Vgl KG SeuffA 68 Nr 8.
64 Vgl oben Rz 10–12.
65 Vgl oben Rz 5.
66 Vgl oben Rz 11 aE.
67 AM wohl MünchKomm/Ulmer Rz 22 aE.
68 BGH BB 1967, 95: Anwaltssozietät.

III. Entstehung, Änderungen und Endigung des Gesellschaftsvermögens

1. **Abhängigkeit vom Bestand der Gesellschaft**. Das „Gesellschaftsvermögen" als ein Sondervermögen, das als solches nicht rechtsfähig ist, hängt in seinem Bestehen davon ab, dass die GbR als Rechtsinhaber der zu dem Gesellschaftsvermögen gehörenden Gegenstände[69] vorhanden ist. Da schon die Ansprüche auf die versprochenen Beiträge allein der GbR (Gesamthand) zustehen[70], **entsteht** das Gesellschaftsvermögen in der Regel mit dem Abschluss des Gesellschaftsvertrags, dh zugleich mit er Entstehung der GbR. Eine GbR und damit ein gesamthänderisches Gesellschaftsvermögen kann auch dadurch entstehen, dass eine Kapitalgesellschaft (AG, KGaA oder GmbH) nach dem UmwG[71] §§ 191 Abs 2 Nr 1, 226, 228 Abs 2 durch Formwechsel in eine GbR **umgewandelt** wird[72]. Wird der Umwandlungsbeschluss in das Handelsregister eingetragen, entsteht die GbR; das bisher der Kapitalgesellschaft als juristischer Person zustehende Vermögen wird unter Wahrung der Identität des Rechtsträgers Gesellschaftsvermögen der GbR (UmwG §§ 190 Abs 1, 235). Eine GbR kann jedoch nicht auf diesem Wege in eine Kapitalgesellschaft umgewandelt werden. Das Gesellschaftsvermögen ändert sich auch nicht, wenn eine GbR „formwechselnd" in eine OHG oder KG oder eine solche handelsrechtliche Personalgesellschaft in eine GbR umgewandelt wird[73]. Das Gesellschaftsvermögen besteht, bis die GbR **beendet** ist. Weder die Auflösung der GbR noch Änderungen im Bestand der Gesellschafter[74] ändern das Gesellschaftsvermögen, weil und solange die Gesamthand als Rechtsinhaber fortbesteht[75]. Solange noch mindestens zwei Gesellschafter vorhanden sind und in der Abwicklung noch nicht alle Gegenstände verteilt sind, ist die GbR nicht beendet und damit auch das Gesellschaftsvermögen noch vorhanden. Nur wenn in einer zweigliedrigen GbR der vorletzte Gesellschafter ausscheidet[76] oder ein Gesellschafter ein Übernahmerecht[77] ausübt, wird der verbleibende „Gesellschafter" durch **Anwachsung** alleiniger Rechtsinhaber der Gegenstände, die bisher das Gesellschaftsvermögen bildeten. Die Gesamthand und damit auch das Gesellschaftsvermögen hat durch Rechtsnachfolge geendet, sobald das Ausscheiden oder die Übernahme wirksam werden. 14

2. **Erwerb und Verfügungen**. Das Gesellschaftsvermögen ändert sich in seiner Zusammensetzung vor allem durch rechtsgeschäftlichen oder gesetzlichen **Erwerb von Gegenständen** für die GbR[78]. Die erworbenen Gegenstände erhöhen in der Regel den Umfang und Wert des Gesellschaftsvermögens, ohne dass der einzelne Gesellschafter daran unmittelbar teilhat; es erhöht sich allenfalls der Umfang und Wert seines Anspruchs auf das Auseinandersetzungsguthaben. Umgekehrt wird das Gesellschaftsvermögen in seinem Umfang und Wert durch **Verfügungen** namens der GbR[79] über einzelne dazugehörende Gegenstände gemindert. Auch dies wirkt sich nur mittelbar auf den Anspruch des einzelnen Gesellschafters auf sein Auseinandersetzungsguthaben aus. 15

3. **Haftung wegen Vermögensübernahme**. Geht das Gesellschaftsvermögen der GbR nicht durch gesetzliche Rechtsnachfolge auf einen anderen Rechtsinhaber über, sondern wird es insgesamt **rechtsgeschäftlich** von einem Dritten oder einem Gesellschafter **übernommen**, so war früher zu beurteilen, ob der Übernehmer nach **§ 419 Abs 1 aF** haftet. Die Vorschrift ist mit Inkrafttreten der InsO am 1. 1. 1999 entfallen. 16

IV. Die Gesellschaft als Besitzer

Schrifttum: M Wolff, Der Mitbesitz nach dem Recht des BGB für das Deutsche Reich, JherJb 44 (1902), 143; Steindorff, Besitzverhältnisse beim Gesamthandsvermögen in OHG und KG, in: Festg für

69 Vgl oben Rz 3.
70 Vgl oben Rz 10.
71 Vom 28. Oktober 1994 (BGBl I, S 3210).
72 Vgl § 705 Rz 2.
73 Vgl BGH NJW 1967, 821; MünchKomm/Ulmer Rz 28; vgl § 705 Rz 3. Zur Haftung der Gesellschafter bei Umwandlung einer KG in eine GbR: BGH NJW 1987, 3124.
74 Vgl auch BGH WM 1975, 99.
75 Vgl oben Rz 8.
76 S Rz 14 vor § 723; Rz 22 ff vor § 730.
77 S Rz 22 ff vor § 730.
78 Vgl oben Rz 10–13.
79 Vgl § 714 Rz 23.

Kronstein, 1967, S 151; G Flick, Der Besitz in gesellschafts- und arbeitsrechtlicher Beziehung, Diss München 1970; E Göppner, Besitzverhältnisse bei Personengesellschaften, Diss München 1970; U Huber, Vermögensanteil, Kapitalanteil und Gesellschaftsanteil an Personalgesellschaften des Handelsrechts, 1970, S 111 ff; Flume, Die Gesamthand als Besitzer, in: Freundesg für Hengeler, 1972, S 76; ders, Personengesellschaft § 6; Kuchinke, Die Besitzlage bei Sachgütern des Gesellschaftsvermögens, in: Festschr für Paulick, 1973, S 45; Schünemann, Grundprobleme der Gesamthandsgesellschaft S 256 ff; Klett, Die Besitzverhältnisse bei der Personengesellschaft, 1989.

17 1. **Zum Stand der Meinungen.** Die unterschiedlichen Auffassungen zur rechtlichen Selbständigkeit der GbR wirken sich auch bei der Beurteilung aus, wer bei der GbR den **Besitz** an den zum Gesellschaftsvermögen gehörenden Sachen hat. Auch terminologisch ist nicht immer klar, was unter „gesamthänderischem Mitbesitz“[80] und „Mitbesitz zur gesamten Hand“[81] verstanden wird. In der Rechtsprechung[82] wurde bisher davon ausgegangen, dass bei der **GbR** der Besitz „von den **Gesellschaftern als unmittelbaren (Mit-)Besitzern** ausgeübt“ werde, dh „nicht von einem Gesellschaftsorgan“, wie dies bei der **OHG** oder **KG** der Fall sei[83]. Geht man hingegen – wie nunmehr der II. Zivilsenat des BGH[84] – davon aus, dass die GbR „grundsätzlich . . . jede Rechtsposition einnehmen“ kann, so ist es folgerichtig, die **GbR selbst** als **Besitzer** zu betrachten[85]. In der **Literatur** wurde wohl überwiegend für die **GbR** ebenso wie in der Rechtsprechung als Regeltatbestand **„schlichter Mitbesitz“ aller Gesellschafter** (§ 866) angenommen[86]. Darüber hinaus wird nach der **Geschäftsführungsbefugnis** unterschieden: Unmittelbare Besitzer seien der oder die geschäftsführenden Gesellschafter; die anderen Gesellschafter seien mittelbare Mitbesitzer[87]. Ein Gesellschafter könne alleiniger unmittelbarer Fremdbesitzer sein (zB bei einem Sonderauftrag), die anderen Gesellschafter seien dann (zugleich mit ihm) mittelbare Eigenmitbesitzer[88]. Gegenüber diesen Auffassungen vertreten namentlich Flume[89] und Ulmer[90] die Ansicht, dass für „die gesellschaftsrechtliche Gesamthand als teilrechtsfähige Personengruppe mit eigenen Organen“ hinsichtlich des Besitzes nichts anderes gelten könne als für eine juristische Person[91].

18 2. **Stellungnahme.** – a) **Grundsatz.** Die Gesellschaft (Gesamthand) ist zutreffend als selbständiger, alleiniger Rechtsinhaber der zum Gesellschaftsvermögen gehörenden Gegenstände zu qualifizieren[92]; die geschäftsführenden Gesellschafter sind Organe der GbR[93]. Dann ist es folgerichtig, die **Besitzverhältnisse bei der GbR** ebenso zu beurteilen wie bei der OHG (KG) und juristischen Personen. Der unmittelbare Besitz als Sachherrschaft wird hier für die Gesellschaft (Gesamthand) oder juristische Person durch ihre **Organe** oder **Besitzdiener** ausgeübt. Entscheidend ist daher, ob die natürliche Person, die die Sachherrschaft hat, ihre tatsächliche Gewalt über bestimmte Sachen **mit dem Willen** ausübt, **für die GbR** (Gesamthand) tätig zu sein. Hierfür spricht auch Folgendes: Selbst wenn man zweifeln sollte, ob der Besitz selbst ein Recht oder eine

80 IS von „Mitverschluß“ – so Wolff JherJb 44 (1902), 159 f; Baur, SachenR, 1983[12], § 7 D II 1 b: nicht nur bei Gesamthandsverhältnissen!
81 Vgl RG HRR 1927 Nr 802; Steindorff, Festg für Kronstein S 169; ders JZ 1968, 70; Kuchinke, Festschr für Paulick S 53; Ballerstedt JuS 1965, 272, 276: gesamthänderisch gebundener Mitbesitz bei Geschäftsführung gem § 709.
82 BGH (VIII. Zivilsenat) BGHZ 86, 340 = NJW 1983, 1123 = WM 1983, 213; LM Nr 7 zu § 987 = WM 1963, 560, 561; WM 1964, 788.
83 BGH JZ 1968, 69 (mAnm Steindorff) = WM 1967, 938; BGHZ 86, 300 = NJW 1983, 1114 = WM 1983, 36; BGHZ 86, 340 = NJW 1983, 1123 = WM 1983, 213; offen gelassen in BGHZ 57, 166 = NJW 1972, 43 (mAnm Schwerdtner JR 1972, 116 u Anm Braxmaier LM Nr 5/6 zu § 854); ferner Düsseldorf NJW 1957, 27; KG NJW 1977, 1160; vgl auch BGH NJW 1969, 1383 = JZ 1970, 105 (mAnm Steindorff).
84 BGHZ 146, 341, 343 (= Fn 14).
85 Vgl unten Rz 18. Als Folgerung aus dem BGH-Urteil (Fn 84) auch Habersack BB 2001, 477, 479; Gesmann-Nuissl WM 2001, 973; Hadding ZGR 2001, 712, 723; Derleder BB 2001, 2485, 2491.
86 Soergel[10] Rz 17; MünchKomm/Joost § 854 Rz 41; RGRK/Kregel § 866 Rz 8 u § 854 Rz 19; Pal/Bassenge[59] § 854 Rz 14; Staud/Bund § 866 Rz 11.
87 Soergel/Mühl § 866 Rz 2; Ballerstedt JuS 1965, 272, 277 Fn 19; Herm Lange/Scheyhing, Fälle zum Sachenrecht, 1977, S 8; aM Steindorff, Festg für Kronstein S 164: das Gesellschaftsverhältnis allein begründe kein Besitzmittlungsverhältnis.
88 Soergel[10] Rz 18; so allgemein E Wolf, SachenR, 1979[2], § 2 E II b 2; vgl auch Baur NJW 1967, 22.
89 Personengesellschaft § 6 II, S 79 ff.
90 MünchKomm Rz 36.
91 Ebenso schon Schünemann, Grundprobleme der Gesamthandsgesellschaft S 270.
92 Vgl oben Rz 3.
93 Vgl § 714 Rz 3, 7, 12 ff.

„Rechtsposition“ im Sinne von BGHZ 146, 341, 343 ist[94], sind jedenfalls die auf den Besitz gegründeten Ansprüche (vgl §§ 859 ff) Bestandteile des Gesellschaftsvermögens, deren Rechtsinhaber nach der hier vertretenen Auffassung[95] die GbR ist. Dem entspricht es, die **GbR selbst** als **Besitzer** der Sachen aufzufassen, hinsichtlich derer einzelne Ansprüche zum Gesellschaftsvermögen gehören. Der (oder die) geschäftsführende(n) Gesellschafter (§ 710) oder alle Gesellschafter (§ 709) üben mithin ihre tatsächliche Gewalt als Organe entsprechend diesem Willen für die **GbR als unmittelbaren Besitzer** aus. Das gleiche gilt für Angestellte der GbR als Besitzdiener (§ 855). Die „Organisationsstruktur“ ist auch „für die Besitzfrage als solche“ maßgebend[96].

b) **Folgerungen**. Ist die Gesellschaft (Gesamthand) unmittelbarer Besitzer der Sachen, bezüglich derer die Gesellschafter als Organ (Angestellte der GbR als Besitzdiener) mit dem entsprechendem Willen die tatsächliche Gewalt ausüben[97], so beeinflusst dies zahlreiche **Rechtsfolgen**, die mit den Besitzverhältnissen verbunden sind[98]. Beim **Eigentumserwerb** an beweglichen Sachen für die GbR findet die Übergabe (vgl § 929 Satz 1) an die Gesellschaft statt, für die ein oder mehrere oder alle Gesellschafter als Organ oder ein Angestellter als Besitzdiener die tatsächliche Gewalt erlangt. Es muss nicht die Lehre von der „Geheißperson“ herangezogen werden[99]. Die GbR ist gegen einen **gutgläubigen Erwerb Dritter** geschützt, wenn andere Gesellschafter verfügen, die nicht organschaftliche Vertretungsmacht haben (§ 935 Abs 1)[100]. Der GbR stehen **Besitzschutzansprüche** (§§ 859 ff) zu, wenn ein Gesellschafter als Organ oder ein Angestellter als Besitzdiener seinen Willen ohne das Einverständnis der Gesamthand dahin ändert, künftig nicht mehr für die GbR, sondern für sich zu besitzen. Hier wird gegenüber der Gesellschaft (Gesamthand) **verbotene Eigenmacht** (§ 858) begangen[101]. Das gilt auch, wenn ein ausscheidender Gesellschafter die Sachherrschaft behält, die zuvor für die GbR ausgeübt worden ist. Auch **Ansprüche zugunsten des Besitzers** gem §§ 987 ff, 1007 Abs 1 oder Abs 2, 823 Abs 1 stehen der GbR zu. Die in §§ 937, 955, 1006 mit dem Besitz verknüpften Rechtsfolgen treten unmittelbar bei der GbR ein (nicht bei den geschäftsführenden Gesellschaftern). Ein Herausgabeanspruch nach §§ 985, 986 ist gegen die GbR, dh die Gesamthand aller Gesellschafter, zu richten (nicht gegen die geschäftsführenden Gesellschafter persönlich)[102]. Stirbt ein Gesellschafter, lässt dies den Besitz der GbR unberührt; es geht nicht etwa gem § 857 Mitbesitz auf den Erben über[103]. Ein neuer Gesellschafter erlangt durch den Eintritt keinen Mitbesitz an den Sachen der GbR, sondern wird Mitglied der Gesamthand, die ihrerseits unverändert unmittelbarer Besitzer ist. 19

V. Verbindlichkeiten der Gesellschaft (Gesamthandschulden)

1. **Allgemeines**. Dem Gesellschaftsvermögen als „gemeinschaftlichem Vermögen“ im Sinne des § 718 stehen **„gemeinschaftliche Schulden“** (vgl §§ 733–735, 738 Abs 1, 739) gegenüber, die im BGB deutlich von persönlichen Verbindlichkeiten der Gesellschafter unterschieden werden. Solche „gemeinschaftlichen Schulden“ können gegenüber einem **Dritten** oder auch einem **Gesellschafter als Gläubiger** bestehen (vgl § 733 Abs 1 Satz 1: „gemeinschaftliche Schulden“, für die „einem Gesellschafter die übrigen Gesellschafter als Schuldner haften“). Da bei „gemeinschaftlichen Schulden“ gegenüber einem Gesellschafter kein teilweises Erlöschen durch Vereinigung von Forderung und Schuld in einer Person (Konfusion) eintritt, geht auch das BGB davon 20

94 Vgl dazu Rz 5 vor § 854.
95 Vgl oben Rz 3.
96 Vgl Herm Lange/Scheyhing, Fälle zum Sachenrecht, 1977, S 8.
97 Vgl oben Rz 18.
98 Vgl Flume, Personengesellschaft § 6 III, S 81 ff; MünchKomm/Ulmer Rz 38.
99 So aber Huber, Vermögensanteil, Kapitalanteil . . ., 1970, S 113.
100 Vgl auch BGHZ 57, 166, 168 = NJW 1972, 43; Flume, Personengesellschaft § 6 III, S 83.
101 AM wohl U Huber, Vermögensanteil, Kapitalanteil . . ., 1970, S 113.
102 Vgl auch § 714 Rz 44.
103 Ebenso Steindorff, Festg für Kronstein S 167 f; aM U Huber, Vermögensanteil, Kapitalanteil . . ., 1970, S 113.

aus, dass Träger der „gemeinschaftlichen Schulden" die Gesamthand ist, und zwar als ein von den einzelnen Gesellschaftern verschiedenes Rechtssubjekt. Der einzelne Gesellschafter hat bei „gemeinschaftlichen Schulden" an der Trägerschaft hinsichtlich der Verbindlichkeit nicht teil. Vielmehr ist **Schuldner allein die Gesellschaft (Gesamthand)**, nicht etwa die Gesellschafter („in ihrer Zusammenfassung" oder ähnlich). Dem entspricht es, dass aus dem Gesellschaftsvermögen, das der GbR als Rechtsinhaber zusteht[104], „zunächst die gemeinschaftlichen Schulden" zu berichtigen sind (§ 733 Abs 1 Satz 1). Die eigene **Verpflichtungsfähigkeit der GbR** ist heute in der Rechtsprechung[105] und weithin auch in der Rechtslehre anerkannt[106]. Demgemäß ist zwischen **Gesellschaftsschulden** (gesamthänderische Haftung mit dem Gesellschaftsvermögen) und **Gesellschafterschulden** (persönliche Haftung mit dem Privatvermögen) zu unterscheiden[107].

21 2. **Entstehungstatbestände**. Gesellschaftsschulden (Gesamthandverbindlichkeiten) können – wie allgemein – durch **Rechtsgeschäft** oder durch **Gesetz** entstehen. Entscheidend ist, dass ein Verhalten von natürlichen Personen (Gesellschafter, Angestellte der GbR) aufgrund eines bestimmten **Zurechnungstatbestands** die rechtsgeschäftlich oder gesetzlich begründete Verbindlichkeit **als eine Gesellschaftsschuld** entstehen lässt.

22 a) **Rechtsgeschäftliche Gesellschaftsschulden**. Die GbR (Gesamthand) kann als solche durch Rechtsgeschäfte verpflichtet werden, die in ihrem Namen aufgrund **organschaftlicher Vertretungsmacht** von Gesellschaftern[108] oder aufgrund einer **Vollmacht**[109] abgeschlossen werden (§ 164 Abs 1, 3). Das gilt auch für sekundäre Verbindlichkeiten infolge von Leistungsstörungen[110]. Soweit hier **Schadenersatzpflichten** entstehen können (zB §§ 280–283, 311 a; 437 Nr 3, 536 a Abs 1, 634 Nr 4), hat die GbR für das Verschulden von Gesellschaftern (oder uU leitenden Angestellten), die Organaufgaben wahrgenommen haben, **entsprechend § 31** einzustehen[111]. Denn organschaftlich handelnde Personen sind keine „Erfüllungsgehilfen" im Sinne des § 278, derer sich die GbR „bedient"[112]. Nur bei **nicht organschaftlich** für die GbR handelnden Personen ist **§ 278** anwendbar. – Außerdem können Gesellschaftsschulden gegenüber einem Gesellschafter aufgrund des Gesellschaftsvertrags aus dem Gesellschaftsverhältnis entstehen (sog Sozialverbindlichkeiten)[113].

23 b) **Gesetzliche Gesellschaftsschulden**. Die GbR (Gesamthand) kann als solche auch durch gesetzliche Vorschriften verpflichtet werden, wenn der jeweilige Tatbestand, insbesondere das Verhalten von Gesellschaftern, Angestellten oder sonstigen Personen, ihr zuzurechnen ist. Vor allem aus **gesetzlichen Schuldverhältnissen** (§ 311 Abs 2, Abs 3 iVm § 280 Abs 1, §§ 677 ff, § 687 Abs 2, §§ 987 ff, §§ 812 ff, §§ 823 ff) können Gesellschaftsschulden entstehen[114]. Neben einer Herausgabepflicht der GbR wegen ungerechtfertigter Bereicherung[115] oder Gesellschaftsschulden verschiedenen Inhalts aus anderen gesetzlichen Schuldverhältnissen[116] kommen **insbesondere Schadenersatzpflichten** der GbR (Gesamthand) in Betracht. Bei einem zum Gesellschaftsvermögen gehörenden Kraftfahrzeug ist Halter im Sinne von StVG § 7 die GbR. Entsprechendes gilt für die verschuldensunabhängige Haftung gem §§ 833–838, wenn das Tier oder das Gebäude zum Gesellschaftsvermögen gehört[117]. Für ein zum Schadenersatz verpflichtendes Verhalten von

104 Vgl oben Rz 3.
105 Vgl zuletzt BGHZ 146, 341, 343: Die GbR ist „rechtsfähig", soweit sie „... eigene Rechte und Pflichten begründet".
106 Vgl § 714 Rz 5.
107 Vgl iE § 714 Rz 29 ff, 38 ff.
108 Vgl § 714 Rz 6 ff.
109 Vgl § 714 Rz 8.
110 Vgl § 714 Rz 37.
111 Vgl Fabricius, Gedächtnisschr für Schmidt, 1966, S 171, 194 ff; Reinhardt, GesellschaftsR, 1973, Rz 86; Beuthien DB 1975, 725, 730; Stud KommBGB/Hadding §§ 714–715 Bem 3 a; im Ergebnis auch Wiedemann, GesellschaftsR I § 5 II 3 a, S 263 f; Schmiedel, Gedächtnisschr für Rödig, 1975, S 261, 265 ff; K Schmidt, GesellschaftsR § 60 II 4 u NJW 2001, 993, 998. Vgl nunmehr auch BGHZ 154, 88 (= § 714 Fn 173).
112 So aber noch Flume, Personengesellschaft § 16 IV 2, S 321; MünchKomm/Ulmer § 705 Rz 260.
113 Vgl § 705 Rz 51–53.
114 Vgl hierzu und zu einer etwaigen persönlichen Haftung der einzelnen Gesellschafter § 714 Rz 38–44.
115 Vgl § 714 Rz 41–43.
116 Vgl § 714 Rz 44.
117 Vgl schon § 714 Rz 40.

Gesellschaftern (oder uU leitenden Angestellten) in Ausübung von **Organaufgaben** hat die GbR mit dem Gesellschaftsvermögen **entsprechend § 31** einzustehen[118]. Dies ist zumindest für **gesetzliche** Schadenersatzpflichten der GbR jetzt überwiegend anerkannt[119]. Bei **nicht organschaftlich** für die GbR handelnden Personen kommt im außerrechtsgeschäftlichen Bereich eine Schadenersatzpflicht der GbR nach **§ 831** in Betracht. Gesellschafter sind in aller Regel keine sog Verrichtungsgehilfen der GbR[120]. Das Auswahl- oder Überwachungsverschulden von zuständigen Gesellschaftern (oder uU leitenden Angestellten) ist der GbR wiederum entsprechend § 31 zuzurechnen[121]. Eine **persönliche Haftung** der einzelnen Gesellschafter für gesetzliche Schadenersatzpflichten der GbR tritt nach der hier vertretenen Rechtsansicht nur aufgrund eines besonderen Verpflichtungstatbestands ein[122]. Begründet man freilich die persönliche Haftung der Gesellschafter als gesetzliche akzessorische Einstandspflicht (entsprechend HGB §§ 128 f)[123], gilt diese ohne weiteres für sämtliche Verbindlichkeiten der als rechtsfähig anerkannten (Außen-) GbR[124]. Die GbR haftet ihrerseits grundsätzlich nicht für private Verbindlichkeiten einzelner Gesellschafter (Gesellschafterschulden), und zwar auch dann nicht, wenn sie alle Gesellschafter aus demselben Verpflichtungsgrund gleichartig treffen[125].

§ 719 Gesamthänderische Bindung

(1) **Ein Gesellschafter kann nicht über seinen Anteil an dem Gesellschaftsvermögen und an den einzelnen dazu gehörenden Gegenständen verfügen; er ist nicht berechtigt, Teilung zu verlangen.**

(2) **Gegen eine Forderung, die zum Gesellschaftsvermögen gehört, kann der Schuldner nicht eine ihm gegen einen einzelnen Gesellschafter zustehende Forderung aufrechnen.**

ÜBERSICHT

118 Vgl oben Rz 22 mNachw in Fn 111.
119 Vgl Altmeppen NJW 1996, 1017, 1026; MünchKomm/Ulmer § 705 Rz 264 mNachw; Derleder BB 2001, 2485, 2491 (für „deliktische Haftung"); neuerdings auch BGHZ 154, 88, (= § 714 Fn 173).
120 BGHZ 45, 311, 313 = NJW 1966, 1807; s aber BGH NJW 1975, 533, 534 (unter 5.); vgl § 714 Rz 40.
121 Ebenso MünchKomm/Ulmer § 705 Rz 261.
122 Vgl § 714 Rz 39, 40.
123 BGHZ 146, 341, 358 (= Fn 14).
124 So nunmehr BGHZ 154, 88, 94; zutreffend kritisch Canaris ZGR 2004, 69, 109 ff.
125 AA Soergel[10] Rz 8; wie hier zB Wiedemann, GesellschaftsR I, § 5 I 2 a, S 250; vgl näher § 714 Rz 56.

I. Die Regelungen des § 719

1 1. **Tragweite.** – a) **Rechtliche Sonderung des Gesellschaftsvermögens.** § 719 schließt bestimmte rechtliche Befugnisse des einzelnen Gesellschafters (Absatz 1) oder eines Gesellschaftsschuldners (Absatz 2) aus und regelt dadurch (mittelbar) die **Rechtssubjektivität der Gesamthand** hinsichtlich des Gesellschaftsvermögens und der dazu gehörenden Gegenstände. Im einzelnen werden gesetzlich ausgeschlossen: – (a) die Verfügungsbefugnis des Gesellschafters über seinen „Anteil an dem Gesellschaftsvermögen" (§ 719 Abs 1 Fall 1), – (b) die Verfügungsbefugnis des Gesellschafters über einen Anteil an den einzelnen zum Gesellschaftsvermögen gehörenden Gegenständen (§ 719 Abs 1 Fall 2), – (c) ein Anspruch des Gesellschafters auf „Teilung" des Gesellschaftsvermögens oder einzelner dazu gehörender Gegenstände (§ 719 Abs 1 Halbsatz 2), – (d) ein Aufrechnungsrecht eines Schuldners der GbR mit einer Forderung gegen einen Gesellschafter (§ 719 Abs 2). Das **Gesellschaftsvermögen** und die dazu gehörenden Gegenstände werden hierdurch von den privaten Vermögen der Gesellschafter **rechtlich gesondert** und der GbR als selbständigem Rechtsinhaber zugewiesen. Der einzelne Gesellschafter hat keinen verfügbaren „Anteil an dem Gesellschaftsvermögen" und auch hinsichtlich der Gegenstände des Gesellschaftsvermögens (Sachen und Rechte) keine Befugnisse, die sonst mit der Rechtsinhaberschaft verbunden sind (vgl § 903). Vielmehr steht die **Verwaltungs- und Verfügungsbefugnis** über die Gegenstände des Gesellschaftsvermögens **der GbR** zu, für die nach der maßgeblichen Organisationsregelung im Gesellschaftsvertrag die geschäftsführungsbefugten und vertretungsberechtigten Gesellschafter handeln und die genannten Befugnisse der GbR ausüben. Das Gesellschaftsvermögen, das als **Sondervermögen** der Erreichung des Gesellschaftszwecks gewidmet ist, wird in seinem Bestand dadurch erhalten, dass es geschützt wird gegen Verfügungen einzelner Gesellschafter, die nicht als Organ der GbR handeln (§ 719 Abs 1 Fall 1 und 2), gegen das Verlangen eines Gesellschafters nach vorzeitiger „Teilung", ohne dass ein Auflösungsgrund eingetreten ist (§ 719 Abs 1 Halbsatz 2), und gegen die Aufrechnung eines Gesellschaftsschuldners, der seinerseits nicht Gläubiger der GbR, sondern nur eines Gesellschafters ist (§ 719 Abs 2).

2 b) **Kein Einfluss auf die Übertragbarkeit der Mitgliedschaft.** Wenn die Verfügungsbefugnis des Gesellschafters über seinen „Anteil an dem Gesellschaftsvermögen" ausgeschlossen ist (§ 719 Abs 1 Fall 1), so wird damit nur festgelegt, dass die **Rechtsstellung** des Gesellschafters **als Gesamthänder** nicht durch eine Verfügung von seiner Mitgliedschaft getrennt werden kann. Die Mitgliedschaft des Gesellschafters umfasst immer auch die (nicht abspaltbare) Teilhabe an der Gesamthand, die selbständiger Rechtsinhaber der Gegenstände des Gesellschaftsvermögens ist. Dagegen lässt sich aus § 719 Abs 1 Fall 1 **nicht** entnehmen, dass eine **Übertragung der Mitgliedschaft** insgesamt rechtlich unmöglich sei. Wie in anderem Zusammenhang dargelegt, steht die Unübertragbarkeit mancher Ansprüche des Gesellschafters aus dem Gesellschaftsverhältnis (§ 717 Satz 1)[1] und das sog Abspaltungsverbot hinsichtlich einzelner Mitverwaltungsrechte des Gesellschafters[2] einer Übertragbarkeit der gesamten Mitgliedschaft nicht entgegen. Ebensowenig hindert der Ausschluss der Verfügungsbefugnis des Gesellschafters über seinen „Anteil an dem Gesellschaftsvermögen" eine rechtsgeschäftliche Übertragung der Mitgliedschaft als solcher. Das ist nunmehr anerkannt[3].

1 Vgl § 717 Rz 2.
2 Vgl § 717 Rz 20.
3 Vgl Wiedemann, Übertragung u Vererbung von Mitgliedschaftsrechten bei Handelsgesellschaften, 1965, S 58 ff; Reinhardt ZBernJV 103 (1967), 329, 340; U Huber, Vermögensanteil und Gesellschaftsanteil an Personalgesellschaften des Handelsrechts, 1970, S 349 ff, 360 f; Flume, Personengesellschaft, 1977, § 17 II; MünchKomm/Ulmer Rz 3; dazu iE Rz 11 ff.

c) **Unabdingbarkeit.** Die in § 719 enthaltenen Regelungen sind durchweg **zwingend**, weil die Ausgestaltung der GbR als Gesamthand nur kraft Gesetzes möglich ist und daher nicht der Disposition der Gesellschafter unterliegen kann. Da die Übertragung der Mitgliedschaft im ganzen von § 719 Abs 1 gar nicht erfasst wird[4], muss auch nicht mit Rücksicht hierauf etwa nur § 719 Abs 1 Fall 1 als dispositiv aufgefasst werden[5]. 3

2. **Ausschluss von Verfügungsbefugnis des Gesellschafters (§ 719 Abs 1 Halbsatz 1).** Um die alleinige Verfügungsbefugnis der GbR (Gesamthand) als Rechtsinhaber der Gegenstände des Gesellschaftsvermögens sicherzustellen, wird in § 719 Abs 1 die Verfügungsbefugnis einzelner Gesellschafter sowohl hinsichtlich ihres „Anteils an dem Gesellschaftsvermögen" als auch hinsichtlich eines Anteils an den zum Gesellschaftsvermögen gehörenden „Gegenständen" ausgeschlossen. Über einen **Gegenstand des Gesellschaftsvermögens** (Sache oder Recht) kann ein Gesellschafter nur **namens der GbR** als Rechtsinhaber aufgrund organschaftlicher Vertretungsmacht (§ 164) **verfügen**; im eigenen Namen nur mit Zustimmung der GbR (§ 185[6]). Zu den Gegenständen des Gesellschaftsvermögens im Sinne des § 719 Abs 1 Fall 2 gehören auch die Ansprüche der GbR gegen einen Gesellschafter aus dem Gesellschaftsverhältnis (sog Sozialansprüche[7]); sie fallen daher nicht unter § 717 Satz 1, der auf Ansprüche des Gesellschafters aus dem Gesellschaftsverhältnis beschränkt ist[8]. Die Einzelklagebefugnis (actio pro socio) umfasst keine Verfügungsbefugnis über den geltend gemachten sog Sozialanspruch der GbR[9]. 4

a) **Der „Anteil an dem Gesellschaftsvermögen".** Der „Anteil an dem Gesellschaftsvermögen" (**§ 719 Abs 1 Fall 1**) bezeichnet nur die rechtliche Stellung des Gesellschafters als Beteiligter des Gesamthandverhältnisses (vgl auch §§ 725, 738 Abs 1 Satz 1). Als **Gesamthänder** ist der Gesellschafter Mitglied der Gemeinschaft, die als GbR (Gesamthand) selbständiger Rechtsinhaber der Gegenstände des Gesellschaftsvermögens ist. Der einzelne Gesamthänder hat weder unmittelbar noch mittelbar (partiell oder quotal) an dieser Rechtsinhaberschaft der GbR teil. Die „Gesamthandsbeteiligung" des Gesellschafters ist daher nicht eine „Mitberechtigung an der Gesamtheit der der Gesellschaft zugeordneten Gegenstände"[10]. Denn dann müsste zB bei Forderungen der GbR eine Gläubigermehrheit (GbR und jeder „mitberechtigte" Gesellschafter) angenommen werden. **Rechtsinhaber** der Gegenstände des Gesellschaftsvermögens ist **allein die GbR**[11]. Der „Anteil an dem Gesellschaftsvermögen" ist also nur ein Ausdruck dafür, dass der Gesellschafter durch seine Mitgliedschaft zusammen mit den anderen Gesellschaftern die GbR als Rechtsinhaber der Gegenstände des Gesellschaftsvermögens konstituiert. Die rechtliche Stellung als Gesamthänder ist deshalb ein **untrennbarer Bestandteil der Mitgliedschaft** des Gesellschafters[12] und unabhängig von gesellschaftsinternen Vereinbarungen[13]. Scheidet ein Gesellschafter aus, findet insoweit eine **„Anwachsung"** bei den verbleibenden Gesellschaftern statt, dh die Gesamthand als Rechtsinhaber besteht nur noch aus ihnen (§ 738 Abs 1 Satz 1[14]). Tritt ein Gesellschafter ein, findet insoweit eine **„Abwachsung"** bei den bisherigen Gesellschaftern statt, dh die Gesamthand als Rechtsinhaber besteht nunmehr auch aus dem neuen Gesellschafter, der jetzt ebenfalls (ohne irgendeinen Rechtsübergang[15]) einen „Anteil an dem Gesellschaftsvermögen" hat, dh Gesamthänder (Mitglied der Gesamthand als Rechtsinhaber) geworden ist[16]. Auch bei einem Mitgliederwechsel bleibt das Gesellschaftsvermögen allein der Gesamthand, dh „stets dem jeweiligen Gesellschafterkreis zugeordnet"[17]. Trotz der sprachlichen Bezeichnung 5

4 Vgl oben Rz 2.
5 Vgl zB noch BGHZ 13, 179, 183 = NJW 1954, 1155; RGRK/v Gamm Rz 1; Staud[12]/Keßler Rz 4 mit nicht stichhaltiger Berufung auf § 2033 Abs 1, denn die nicht freiwillig entstehende Erbengemeinschaft ist auf Auseinandersetzung angelegt; s auch Staud/Habermeier Rz 1, 3. S auch BGH NJW-RR 1987, 989.
6 Hamburg SeuffA 73 Nr 71.
7 Vgl § 705 Rz 47 ff.
8 Vgl § 717 Rz 2.
9 Vgl § 705 Rz 50; aM MünchKomm/Ulmer § 719 Rz 10: ausnahmsweise Verfügungsberechtigung.
10 So MünchKomm/Ulmer Rz 4.
11 Vgl § 718 Rz 3.
12 BGH NJW 1997, 860.
13 BayObLG NJW-RR 1999, 687.
14 Vgl § 738 Rz 3 ff.
15 BayObLGZ 1991, 301.
16 Vgl § 736 Rz 15.
17 BGHZ 86, 367, 370 = NJW 1983, 1110 = WM 1983, 358; BGH NJW 1999, 715.

„Anteil" handelt es sich also **nicht** um eine **wertmäßige Quote** des Gesellschaftsvermögens im Sinne eines selbständigen, verwertbaren Objekts im privaten Vermögen des Gesellschafters. Der „Anteil" ist **kein subjektives Recht an einem Bruchteil des Gesellschaftsvermögens**. Der „Anteil an dem Gesellschaftsvermögen" ist auch **nicht** etwa die **Gesamtheit der vermögensrechtlichen Ansprüche**, die dem Gesellschafter aus dem Gesellschaftsverhältnis gegen die GbR zustehen. In diesem Zusammenhang ist Folgendes zu beachten: Auch die von dem „Anteil an dem Gesellschaftsvermögen" scharf zu unterscheidende Rechtsgesamtheit der vermögensrechtlichen Ansprüche des Gesellschafters („Inbegriff" im Sinne des BGB) kann als solche wegen des zwingenden Spezialitätsgrundsatzes ebenfalls **nicht Gegenstand einer Verfügung** sein. Das lässt sich auch nicht mit Hilfe der gesetzlich nirgends anerkannten Figur eines angeblichen „Stammrechts" erreichen; ebensowenig besteht insoweit ein „Wertrecht"[18]. Als einer Verfügung zugängliche Vermögensrechte des Gesellschafters bestehen nur **einzelne bestimmte Ansprüche** gegen die GbR aus dem Gesellschaftsverhältnis, insbesondere auf auszahlbare Gewinnanteile und auf ein Auseinandersetzungsguthaben (§§ 734, 738 Abs 1 Satz 2), die übertragbar sind (§ 717 Satz 2). Dem entspricht es, dass bei einer **Pfändung** des „Anteils an dem Gesellschaftsvermögen" (§ 725 Abs 1) dem Gläubiger grundsätzlich nur die fristlose Kündigung der GbR ermöglicht wird und er, solange die GbR besteht, nur den „Anspruch auf einen Gewinnanteil" geltend machen kann (§ 725 Abs 2)[19].

6 b) **Der „Anteil an den einzelnen dazu gehörenden Gegenständen"**. Ein „Anteil an den einzelnen dazu gehörenden Gegenständen" (**§ 719 Abs 1 Fall 2**) besteht für den Gesellschafter hinsichtlich des Gesellschaftsvermögens überhaupt nicht[20]. Dadurch, dass die Verfügungsbefugnis des Gesellschafters über einen solchen „Anteil" ausgeschlossen wird, soll nur der **Unterschied zu der Gemeinschaft nach Bruchteilen** (§§ 741 ff) hervorgehoben werden, bei der den Teilhabern „Anteile" zustehen (vgl § 742), über die sie gesondert verfügen können (§ 747 Satz 1). Demgemäß kann nicht ein „Anteil" des Gesellschafters an einem der GbR gehörenden Grundstück mit einem Grundpfandrecht belastet werden[21]. Auch kann nicht ein „Anteil" des Gesellschafters an einer Mietforderung der GbR gepfändet werden[22]. Den Gesellschaftern bleibt es jedoch unbenommen, an einzelnen Gegenständen des Gesellschaftsvermögens untereinander oder mit einem Dritten eine Gemeinschaft nach Bruchteilen zu begründen. Treten sie im letzteren Fall als GbR auf, fällt der „Anteil" im Sinne des § 742 in das Gesellschaftsvermögen.

7 c) **Gesetzliches Verbot im Sinne des § 134**? Die Regelungen in § 719 Abs 1 Halbsatz 1 werden meistens als gesetzliche „Verfügungsverbote" qualifiziert[23]. Demgemäß wird die gleichwohl vorgenommene Verfügung eines Gesellschafters über seinen „Anteil an dem Gesellschaftsvermögen" oder den „Anteil" an einzelnen dazu gehörenden Gegenständen als nichtig beurteilt (§ 134). Das eröffnet eine mögliche Umdeutung (§ 140[24]). Sieht man hingegen in § 719 Abs 1 Halbsatz 1 einen gesetzlichen **Ausschluss von Verfügungsbefugnis**, kann der einzelne Gesellschafter „Verfügungen" dieses Inhalts von vornherein nicht vornehmen. Die abgegebenen rechtsgeschäftlichen Erklärungen des Gesellschafters sind dann gem §§ 133, 157 **auszulegen** (nicht nichtig und nur umdeutbar). Meistens wird der Gesellschafter die übertragbaren vermögensrechtlichen Ansprüche im Sinne des § 717 Satz 2 abtreten (gegebenenfalls sicherungshalber) oder verpfänden wollen[25].

18 So U Huber, Vermögensanteil u Gesellschaftsanteil . . ., 1970, S 164; ablehnend auch Wiedemann WM 1975 Sonderbeil Nr 4, 33.

19 Vgl RG JR 1927 Nr 2181; Zweibrücken Rpfleger 1982, 413; Hamm DB 1987, 574; LG Hamburg ZIP 1986, 1592: kein Verfügungsverbot hinsichtlich einzelner Gegenstände des Gesellschaftsvermögens bei Pfändung des Anteils eines Gesellschafters (dazu W Rupp/G Fleischmann Rpfleger 1984, 223). Keine Verwertung irgendeines sonstigen vermögenswerten Objekts!

20 Vgl Flume, Personengesellschaft § 17 II.

21 KGJ 24 A 126.

22 Vgl ZPO § 859 Abs 1 Satz 2; KG SeuffA 68 Nr 8; Hamm DB 1987, 574.

23 So noch MünchKomm³/Ulmer Rz 3, 6.

24 Vgl MünchKomm/Ulmer Rz 6.

25 Vgl auch RGRK/v Gamm Rz 5; Staud/Habermeier Rz 4; OGH v 10. 6. 1948 bei Delbrück MDR 1948, 393, 394.

3. **Ausschluss eines Anspruchs des Gesellschafters auf „Teilung"** (**§ 719 Abs 1 Halbsatz 2**). Um den Bestand des Gesellschaftsvermögens zu erhalten, ist vorgesehen, dass kein Gesellschafter während der Dauer der GbR als werbender Gesellschaft die „Teilung" des Gesellschaftsvermögens oder einzelner dazu gehörender Gegenstände verlangen kann. Der Gesellschafter muss vielmehr entweder die GbR **kündigen** (§ 723), so dass die Abwicklung stattzufinden hat (§§ 730 ff), oder sein **Ausscheiden** mit den anderen Gesellschaftern vereinbaren, so dass es zur Auseinandersetzung mit der fortbestehenden GbR kommt (§§ 738 ff). Anders als der Teilhaber einer Gemeinschaft nach Bruchteilen (§ 749 Abs 1) kann der Gesellschafter einer GbR also nicht „jederzeit die Aufhebung der Gemeinschaft verlangen". Die Gesellschafter können sich jedoch darauf verständigen, ohne eine Auflösung der GbR eine **Teilauseinandersetzung** hinsichtlich des Gesellschaftsvermögens oder einzelner dazu gehörender Gegenstände vorzunehmen und im übrigen die GbR fortzusetzen. 8

4. **Aufrechnung bei Forderungen der GbR**. – a) **Aufrechnung mit und gegen Gesamthandforderungen**. Gegenüber der Forderung eines Gläubigers der GbR kann die **Gesellschaft** mit einer eigenen Forderung, die zum Gesellschaftsvermögen gehört (Gesamthandforderung), durch Erklärung einer vertretungsberechtigten Person (§ 164 Abs 1), insbesondere eines Gesellschafters mit organschaftlicher Vertretungsmacht, aufrechnen (§§ 387 ff). Auch gegenüber dem Anspruch eines Gesellschafters auf Auszahlung eines Gewinnanteils kann nur mit Forderungen der Gesamthand aufgerechnet werden[26]. Umgekehrt kann ein **Schuldner der GbR** gegenüber einer Gesamthandforderung mit einer ihm zustehenden Forderung gegen die Gesellschaft durch Erklärung an eine vertretungsberechtigte Person (§ 164 Abs 3) aufrechnen. Der Gesellschaftsschuldner kann jedoch gegen die Gesamthandforderung **nicht** mit einer Forderung aufrechnen, die ihm nur gegen einen **einzelnen** oder gegen **alle Gesellschafter persönlich** zusteht. Betrachtet man die GbR als selbständiges Rechtssubjekt[27], fehlt es schon an der Gegenseitigkeit im Sinne des § 387[28]. In **§ 719 Abs 2** wird dies zusätzlich klargestellt. Allerdings soll eine trotzdem erklärte Aufrechnung des Gesellschaftsschuldners die Verjährung der zur Aufrechnung gestellten Forderung gegen den einzelnen Gesellschafter unterbrechen[29]. Umgekehrt kann der einzelne Gesellschafter gegenüber einer Forderung, die sich gegen ihn persönlich richtet, nicht mit einer Forderung der GbR aufrechnen[30]; auch hier fehlt die Gegenseitigkeit im Sinne des § 387 (selbst wenn der Gesellschafter kraft organschaftlicher Vertretungsmacht über die Gesamthandforderung verfügen kann[31]). 9

b) **Rechtsstellung des Gesellschafters**. Wird ein **Gesellschafter** wegen seines persönlichen Verpflichtetseins (insbesondere parallel zu einer Gesamthandschuld[32]) in Anspruch genommen, kann er sich gegenüber dem Gläubiger **einredeweise** auf ein **Aufrechnungsrecht der GbR** aufgrund einer Gesamthandforderung berufen (analog HGB § 129 Abs 3; BGB § 770 Abs 2[33]). Im übrigen kann er mit einer eigenen (privaten) Forderung aufrechnen (§§ 387 ff[34]). Dann entstehen Ausgleichsansprüche gegen die GbR oder uU gegen die Mitgesellschafter[35]. Die **GbR** kann bei der Inanspruchnahme wegen einer Gesamthandschuld sich nicht auf die persönliche Gegenforderung eines Gesellschafters gegen den Gesellschaftsgläubiger berufen. Für eine Aufrechnung der GbR fehlt die Gegenseitigkeit. Ist parallel zu der Gesamthandschuld auch der Gesellschafter **persönlich verpflichtet**, kann zwar er selbst mit seiner privaten Gegenforderung aufrechnen. Diese 10

26 Celle WM 2001, 2444 (mAnm R Weber WuB II J § 705 BGB 2.02).
27 Vgl § 718 Rz 3.
28 So auch BGHZ 80, 222, 227 = NJW 1981, 1953 = WM 1981, 621; Düsseldorf ZIP 1996, 1749. Zweifelhaft LSG N-W MedR 2006, 310 (Verrechnung von Altschulden eines Vertragsarztes mit Abschlagsforderungen einer neu betriebenen Gemeinschaftspraxis durch Kassenärztliche Vereinigung).
29 BGHZ 80, 222, 227 (= Fn 28): „Rechtsgedanke" des § 209 aF.
30 Dresden OLG 6, 25: auch nicht mit Zustimmung der anderen Gesellschafter.
31 Vgl RGRK/v Gamm Rz 10.
32 Vgl § 714 Rz 29 ff.
33 Vgl BGHZ 38, 122, 127 f = NJW 1963, 244 = JZ 1963, 47 (mAnm Scheyhing): für Erbengemeinschaft.
34 Vgl BGHZ 26, 241, 243 = NJW 1958, 666.
35 Vgl § 714 Rz 36.

Aufrechnungslage ergibt jedoch **keine Einrede zugunsten der GbR**, weil die Gesamthandschuld nicht von der Gesellschafterschuld rechtlich abhängig, sondern dies nur umgekehrt der Fall ist; HGB § 129 Abs 3 ist deshalb hier nicht analog anwendbar (§ 422 Abs 2 ist mangels Gesamtschuldnerschaft zwischen der GbR und dem Gesellschafter nicht einschlägig[36]).

II. Die Übertragung der Mitgliedschaft

11 1. **Rechtsentwicklung**. Früher wurde bei den Personalgesellschaften (GbR, OHG, KG) eine Übertragung der Mitgliedschaft eines Gesellschafters auf einen Erwerber, dh ein rechtsgeschäftlich bewirkter Übergang der gesamten Gesellschafterstellung unter Lebenden auf einen unmittelbaren Nachfolger, weithin für unzulässig gehalten[37]. Man berief sich ua darauf, dass Ansprüche aus dem Gesellschaftsverhältnis grundsätzlich nicht übertragbar seien (§ 717 Satz 1) und der Gesellschafter nicht über seinen Anteil an dem Gesellschaftsvermögen und an den einzelnen dazu gehörenden Gegenständen verfügen könne (§ 719 Abs 1). Hiernach blieb es nur übrig, den **Austritt** eines Gesellschafters mit dem gleichzeitigen **Eintritt** eines neuen Gesellschafters zu verknüpfen[38]. Bei näherem Zusehen soll jedoch § 717 Satz 1 nur für wenige einzelne Ansprüche aus dem Gesellschaftsverhältnis eine „Abspaltung" von der Mitgliedschaft verhindern[39]; § 719 Abs 1 bestimmt lediglich, dass die Gesamthänderstellung nicht von der Gesellschafterstellung getrennt werden kann[40] und dem Gesamthänder keine Einzelverfügungsbefugnis über Gegenstände des Gesellschaftsvermögens oder über „Anteile" daran zusteht[41]. Inzwischen hat sich deshalb zu Recht die Auffassung durchgesetzt, dass ein **Gesellschafterwechsel durch rechtsgeschäftliche Übertragung** zulässig ist, **wenn die übrigen Gesellschafter einverstanden sind**. Die Mitgliedschaft geht von dem ausscheidenden Gesellschafter **unmittelbar** auf den Nachfolger in die Gesellschafterstellung über[42]. Selbstverständlich bleibt es den Beteiligten unbenommen, nach wie vor den rechtlichen Weg einer Verknüpfung von Austritt und Eintritt zu gehen[43]. Dieser Weg ist jedoch bei einer nur zweigliedrigen Gesellschaft und auch dann nicht gangbar, wenn alle Gesellschafter zugleich ihre Mitgliedschaften auf mehrere Erwerber unter Aufrechterhaltung der identischen Gesellschaft übergehen lassen wollen. Hier bleibt nur die Übertragung[44]. Zulässig ist auch die gleichzeitige Übertragung aller Mitgliedschaften auf einen Erwerber, sei es einen Dritten oder den letzten verbleibenden Gesellschafter[45]. Dann endet die Gesellschaft; der Erwerber wird durch Anwachsung Alleininhaber des bisherigen Gesellschaftsvermögens[46]. Übertragen alle Gesellschafter einer OHG oder KG ihre Beteiligungen gleichzeitig auf eine GbR, so wird diese zur Inhaberin des Geschäftsbetriebs und dadurch zur Handelsgesellschaft[47]. Hält man freilich die GbR als rechtsfähige Außengesellschaft für mitgliedsfähig auch in einer OHG oder in einer KG als Komplementär/Kommanditist[48], besteht die ursprüngliche OHG/KG fort.

12 2. **Rechtssystematische Einordnung**. Trotz der im Ergebnis nunmehr wohl einhelligen Auffassung, dass die Mitgliedschaft insgesamt durch Rechtsgeschäft im Einverständnis der Mit-

36 Vgl § 714 Rz 37.
37 Vgl etwa Buchwald BB 1955, 52.
38 Vgl § 736 Rz 17.
39 Vgl § 717 Rz 3.
40 Vgl oben Rz 2.
41 Vgl oben Rz 4.
42 Vgl BGHZ 13, 179, 185 f = NJW 1954, 1155 = LM Nr 1 zu § 719 (mAnm R Fischer) = JZ 1954, 503 (mAnm Hueck) = GmbHRdsch 1954, 106 (mAnm H Schneider); BGH WM 1961, 303; vor allem BGHZ 44, 229, 231 = NJW 1966, 499 = LM Nr 21 zu HGB § 105 (mAnm R Fischer) = WM 1965, 1283; BGH NJW 1975, 166 = WM 1974, 1244; BGHZ 71, 296, 299 = NJW 1978, 1525 = WM 1978, 671; BGHZ 81, 82, 84 = NJW 1981, 2747 = WM 1981, 841; Reinhardt ZBernJV 103 (1967), 329, 337 ff; Hadding, Festschr für Reinhardt, 1972, S 249, 256 f; Flume, Festschr für Larenz, 1973, S 769 ff; ders, Personengesellschaft § 17 II; Wiedemann, GesellschaftsR I, S 256 f; Lutter AcP 180 (1984), 84, 98 f; Bamberger/H Roth/Timm/Schöne § 719 Rz 8 ff; Münch Komm/Ulmer Rz 21: „heute im Ergebnis außer Streit".
43 Vgl dazu § 736 Rz 17.
44 Vgl BGHZ 44, 229, 231 = NJW 1966, 499.
45 Vgl LG Stuttgart BWNotZ 1973, 151, 152; BGH DB 1978, 1583.
46 BGHZ 71, 296, 299 = NJW 1978, 1525; BGH WM 1979, 249; aM Zweibrücken OLGZ 1975, 405.
47 So BGH NJW-RR 1990, 798.
48 Vgl § 718 Rz 6.

gesellschafter übertragen werden kann[49], wird noch uneinheitlich beurteilt, wie der gesetzlich nicht besonders geregelte Vorgang rechtssystematisch einzuordnen ist. Das hängt damit zusammen, dass die **Mitgliedschaft** zum Teil als ein „subjektives Recht", überwiegend aber wohl als **„Rechtsverhältnis"**, genauer: Stellung als Beteiligter des Gesellschaftsverhältnisses, angesehen wird[50].

13 a) **„Abtretung" eines angeblichen „subjektiven Rechts" mit „Zustimmung" der Mitgesellschafter**? Betrachtet man die Mitgliedschaft als ein **„subjektives Recht"**, dann ist es an sich folgerichtig, sie für **grundsätzlich abtretbar** zu halten (§§ 413, 398). Hiernach müsste freilich für eine wirksame Abtretung von Gesetzes wegen die Einigung zwischen dem bisherigen Gesellschafter und dem Erwerber genügen. Dennoch wird eine **„Zustimmung" aller übrigen Gesellschaft** im Sinne der §§ 182 bis 184 für notwendig erachtet. Dieses Erfordernis ist bei einer „Abtretung" (§§ 413, 398) aus dem Gesetz **nicht erklärbar**. Es wird meistens „aus dem höchstpersönlichen Charakter des Zusammenschlusses in der Personengesellschaft" hergeleitet[51]. Dieser „höchstpersönliche Charakter" ist als angeblich durchgängiges Strukturmerkmal zweifelhaft und kann in zahlreichen konkreten Fällen nach der gesellschaftsvertraglichen Ausgestaltung oder der Anzahl der Gesellschafter (Publikumsgesellschaft!) oder sonstigen Umständen durchaus fehlen. Es muss deshalb eine vom „typischen Charakter" der Personalgesellschaft und von „persönlicher Verbundenheit" („persönlicher Zusammenarbeit") unabhängige **rechtliche Begründung** dafür gegeben werden, dass die übrigen Gesellschafter für eine wirksame Übertragung der Mitgliedschaft stets einverstanden sein müssen. Bedenklich ist es im übrigen, dass eine Zustimmung im Sinne der §§ 182–184 grundsätzlich widerruflich ist (§ 183) und als Genehmigung, ohne gesetzlich vorgesehen zu sein, zurückwirken soll (§ 184); fraglich ist ferner, ob die zusammengefassten Zustimmungen der übrigen Gesellschafter den Anforderungen an ein sog **Grundlagengeschäft** genügen (müssen), das hier wegen der Änderung des Gesellschaftsverhältnisses in Rede steht[52]. Schließlich ist zu berücksichtigen, dass bei einem Gesellschafterwechsel nicht selten **einzelne Ansprüche, Verbindlichkeiten oder Mitverwaltungsrechte** des bisherigen Gesellschafters gegenüber der Gesellschaft vom Übergang **ausgenommen** sind[53]. Hier müsste rechtssystematisch begründet werden, weshalb bei einer „Abtretung" der Mitgliedschaft als angeblich subjektivem Recht einzelne „Tochterrechte" („Folgerechte") oder eben auch Verpflichtungen das angebliche „Mutterrecht" („Stammrecht") verlassen, dh erlöschen oder sich sonst von ihm trennen. In Wahrheit liegt gar nicht mehr die Übertragung eines „Rechts" vor, wenn einzelne „Bestandteile", dh hier wiederum Rechte oder Verpflichtungen, dabei „abgespalten" werden können und nicht übergehen[54]. Soweit im übrigen **Verpflichtungen** des bisherigen Gesellschafters von dem Erwerber der Mitgliedschaft **übernommen** werden, bleibt offen, warum und wie dieser Rechtserfolg durch eine „Abtretung" (§§ 413, 398) und nicht durch eine „Schuldübernahme" (§§ 414, 415) herbeigeführt werden soll. Die rechtssystematische Einordnung einer rechtsgeschäftlichen Übertragung der Mitgliedschaft als eine „Abtretung" im Sinne der §§ 413, 393 mit Zustimmung der anderen Gesellschafter im Sinne der §§ 182–184 ist daher **nicht haltbar**.

14 b) **„Vertragsübernahme" als mehrseitiges Rechtsgeschäft aller Beteiligten über den Wechsel in der Gesellschafterstellung**. Wird die Mitgliedschaft zutreffend als rechtliche **Stellung des Gesellschafters** aufgrund seiner Beteiligung an dem Gesellschaftsverhältnis qualifiziert[55], so scheint auf den ersten Blick einer rechtsgeschäftlichen Übertragung entgegenzustehen, dass eine solche Gesamtheit von Rechten und Pflichten gemäß dem Spezialitätsgrundsatz einer

49 Vgl oben Rz 11.
50 Vgl dazu § 705 Rz 46 u 67a sowie zu einzelnen sonstigen Auswirkungen § 717 Rz 3ff; § 725 Rz 5ff; § 727 Rz 48ff.
51 MünchKomm/Ulmer Rz 27; vgl auch Flume, Personengesellschaft § 17 II: „Personenbezogenheit" der Mitgliedschaft; Wiedemann, Übertragung u Vererbung . . ., 1965, S 58, 66; U Huber, Vermögensanteil u Gesellschaftsanteil . . ., 1970, S 388.
52 U Huber, Vermögensanteil u Gesellschaftsanteil . . ., 1970, S 390: die Abtretung sei eine „außergewöhnliche Angelegenheit".
53 Vgl dazu unten Rz 16ff.
54 Vgl v Tuhr, Allg Teil Bd I, 1910, § 12 I, S 219.
55 Vgl § 705 Rz 46 u 67a.

Verfügung nicht zugänglich ist. Eine Verfügung ist nach ihrem im BGB zugrunde gelegten Begriff nur über ein einzelnes Recht möglich. Eine wirksame Verfügung „über eine Vertragsposition“[56] gibt es im geltenden Recht nicht. Die „Verselbständigung der Gesamthand“ macht nicht die Mitgliedschaft zu einem „selbständiger Verfügung fähigen“ Recht[57]. Nach **§ 311 Abs 1** kann jedoch die „Änderung des Inhalts eines Schuldverhältnisses“ durch einen Vertrag der Beteiligten herbeigeführt werden. Das gilt auch für die rechtsgeschäftliche Nachfolge in die gesamte Stellung als Beteiligter eines Schuldverhältnisses (sog **Vertragsübernahme**); hier muss jeder Partner an der Änderung des Rechtsverhältnisses durch eine Vertragserklärung mitwirken. Zur Übertragung der Mitgliedschaft als „Stellung im Gesellschaftsverhältnis“ ist daher in jedem Fall gem § 311 Abs 1 das **Einverständnis der Mitgesellschafter** notwendig, ohne dass auf den „höchstpersönlichen Charakter“ des Zusammenschlusses in der Personalgesellschaft als fragwürdiges Argument zurückgegriffen zu werden braucht[58]. Es müssen daher gem § 311 Abs 1 grundsätzlich alle Gesellschafter im Sinne einer **Vertragserklärung** (§§ 145 ff) ihr Einverständnis mit der Übertragung der Mitgliedschaft erklären, sei es, dass schon **im Gesellschaftsvertrag** die Mitgliedschaft als übertragbar gestaltet worden ist[59], oder sei es, dass die Gesellschafter **im einzelnen Fall** ihr Einverständnis erklären. Wird das Einverständnis von den Mitgesellschaftern erst nach der Einigung zwischen dem ausscheidenden Gesellschafter und dem Erwerber der Mitgliedschaft erklärt, geht diese erst mit dem Zugang der letzten zustimmenden Äußerung über (keine sog Rückwirkung nach § 184[60]). Die zuerst zustimmenden Gesellschafter sind hieran bis zur letzten Stimmabgabe gebunden, wenn ein solcher Bindungswille ausdrücklich oder stillschweigend erklärt worden ist[61].

15 3. **Voraussetzungen im einzelnen.** Die Einigung zwischen dem veräußernden Gesellschafter und dem Erwerber sowie die Einverständniserklärungen der Mitgesellschafter ergeben das **mehrseitige Rechtsgeschäft der Mitgliedschaftsübertragung**. Diese Übertragung ist von einer gegebenenfalls vorausgehenden **Abrede** zwischen dem bisherigen Gesellschafter und dem künftigen Erwerber zu unterscheiden, in der ersterer sich zu der Übertragung der Mitgliedschaft, letzterer zur Leistung eines Entgelts **verpflichtet** hat. Diese Abrede bedarf nicht des Einverständnisses der Mitgesellschafter[62]. Weder der Vertrag, durch den jemand sich verpflichtet, die Mitgliedschaft in einer Personalgesellschaft zu übertragen oder zu erwerben, noch die Übertragung der Mitgliedschaft selbst bedarf nach dem Gesetz einer **Form**, und zwar auch dann nicht, wenn zB Grundstücke oder GmbH-Anteile zum Gesellschaftsvermögen der GbR gehören[63]. Das Grundbuch ist, wenn zur Individualisierung der GbR die Gesellschafter namentlich aufgeführt sind (GBO § 47), aufgrund entsprechender Bewilligungen aller Beteiligten, zu berichtigen[64]. Ist die Übertragung der Mitgliedschaft **schenkweise**, dh unentgeltlich, zugesagt worden, so wird der Mangel einer notariellen Beurkundung durch die wirksame Übertragung geheilt (§ 518 Abs 2)[65]. Wird in einer notariellen Urkunde ausdrücklich erklärt, dass der Anteil eines ausscheidenden Gesellschafters bestimmten Gesellschaftern „anwachsen“ solle, so kann dies angeblich nicht dahin ausgelegt werden, dass die Mitgliedschaft auf diese Gesellschafter übertragen werden soll[66]. Ist nicht schon im Gesellschaftsvertrag die Übertragbarkeit der Mitgliedschaft vorgesehen, ist eine Übertragung bis zur letzten Einverständniserklärung schwebend unwirksam; verweigert ein Mit-

56 So noch MünchKomm[3]/Ulmer Rz 16.
57 So aber MünchKomm/Ulmer Rz 22.
58 Vgl Pieper, Vertragsübernahme und Vertragsbeitritt, 1963, S 191 ff; Reinhardt ZBernJV 103 (1967), 329, 341 f; Hadding, Festschr für Reinhardt, 1972, S 249, 257; vgl auch Teichmann AcP 179 (1979), 475, 483 f.
59 BGH WM 1961, 303, 304.
60 AM MünchKomm/Ulmer Rz 27, 38.
61 BGH NJW-RR 1990, 798, 800.
62 BGH BB 1958, 57.
63 Vgl BGHZ 86, 367, 369 = NJW 1983, 1110 = WM 1983, 358; BGH NJW 1996, 1280, 1281; Hamm OLGZ 1986, 318 = Rpfleger 1986, 429; Frankfurt/M NJW-RR 1996, 1123; s auch Petzold BB 1975, 905, 907: § 313 aF nicht anwendbar; ebensowenig §§ 873, 925; GmbHG § 15.
64 BGHZ 138, 82, 85 = NJW 1998, 1220 = WM 1998, 1455; Frankfurt/M NJW-RR 1996, 1123, 1124 = DB 1996, 1177 mNachw.
65 BGHZ 112, 40, 46 = NJW 1990, 2618 = WM 1990, 1379: für Kommanditanteil; Frankfurt/M NJW-RR 1996, 1123, 1124 = DB 1996, 1177: für GbR-Anteil.
66 Hamm Rpfleger 1985, 289 (mE für die Beteiligten „Steine statt Brot“).

gesellschafter sein Einverständnis, ist sie endgültig unwirksam[67]. Der (oder die) geschäftsführende(n) Gesellschafter können im Gesellschaftsvertrag oder durch Beschluss **bevollmächtigt** werden, das Einverständnis der Mitgesellschafter zu erklären. Der Gesellschaftsvertrag kann statt allgemein der Übertragbarkeit auch einen **Anspruch auf Einverständnis** der Mitgesellschafter vorsehen oder die Übertragbarkeit unter den **Vorbehalt eines Widerrufs** durch einen (oder mehrere) Gesellschafter aus wichtigem Grund stellen[68]. Liegt beim Erwerber ein Umstand vor, der eine Ausschließung (§ 737) rechtfertigen würde, ist eine Übertragung – trotz allgemeiner Zulassung im Gesellschaftsvertrag – als rechtsmissbräuchlich von vornherein unwirksam. Auch soll die Übertragung eines (Kommandit-)Anteils dann grundsätzlich nicht wirksam sein, wenn sie an einen Gesellschafter vorgenommen wird, der zuvor seine Beteiligung auf einen nach der Übertragung liegenden Zeitpunkt gekündigt hat[69]. Im konkreten Fall kann zur Übertragung die Genehmigung des Vormundschaftsgerichts (§ 1822 Nr 3) oder die Einwilligung des Ehegatten (§ 1365) erforderlich sein. Erweist die Übertragung sich wegen eines Nichtigkeits- oder Unwirksamkeitsgrundes als **fehlerhaft**, kann dies – wie bei einem fehlerhaften Eintritt[70] – nicht rückwirkend, sondern nur für die Zukunft geltend gemacht werden, wenn die Übertragung vollzogen wurde, dh sich auf die Organisation der Gesamthand ausgewirkt hat. Die Beteiligten sind verpflichtet, von einem bestimmten Zeitpunkt an, wieder von der unveränderten Mitgliedschaft des bisherigen Gesellschafters auszugehen[71].

4. **Rechtswirkungen**. Durch die Übertragung der Mitgliedschaft **scheidet der bisherige Gesellschafter** ohne eine Auseinandersetzung mit der GbR **aus**, an seiner Stelle wird der **Erwerber** ohne einen besonderen Aufnahmevertrag **neuer Gesellschafter**, einschließlich der Stellung als Gesamthänder[72]. Der Erwerb der Mitgliedschaft ermöglicht keinen gutgläubigen Erwerb (§ 892) des Eigentums an einem Grundstück als einzigem Gegenstand des Gesellschaftsvermögens einer GbR[73]. Werden sämtliche Mitgliedschaften in einer GbR auf einen Erwerber übertragen, so erlischt die Gesellschaft[74]. Die Mitgliedschaft geht im Zweifel vollständig mit demjenigen Inhalt an Rechten und Pflichten auf den Erwerber über, den sie zuletzt für den veräußernden Gesellschafter hatte[75]. Allerdings können sich im konkreten Fall Abweichungen hinsichtlich einzelner Rechte oder Pflichten ergeben. 16

a) **Mitverwaltungsrechte**. Da einzelne Mitverwaltungsrechte[76] nicht „abspaltbar" sind[77], können die Beteiligten nicht vereinbaren, dass solche Rechte von der Übertragung ausgenommen sind und bei dem bisherigen Gesellschafter verbleiben[78]. Die Übertragung der Mitgliedschaft umfasst **im Zweifel alle Mitverwaltungsrechte des bisherigen Gesellschafters**. Die anderen Gesellschafter sind durch das Erfordernis ihres Einverständnisses gegen das Eindringen nicht genehmer Personen geschützt. Die Einigung mit dem Erwerber und die Einverständniserklärungen der Mitgesellschafter sind deshalb daraufhin **auszulegen**, ob etwa einzelne Mitverwaltungsrechte des bisherigen Gesellschafters (zB ein persönliches Mehrstimmrecht) anlässlich der Mitgliedschaftsübertragung **erlöschen oder** nur **modifiziert fortbestehen**. Umgekehrt kann ausdrücklich oder stillschweigend vereinbart sein, dass dem Erwerber der Mitgliedschaft von nun an bestimmte übliche Mitverwaltungsrechte (zB Geschäftsführungsbefugnis und organschaftliche Vertretungsmacht) zustehen, die nach dem Gesellschaftsvertrag für den bisherigen Gesellschafter aufgrund besonderer Umstände (zB Alter, mangelnde Befähigung) nicht bestanden[79]. Auch außergewöhnliche Mitverwaltungsrechte können für den Erwerber **neu begründet** werden. Wird die Mit- 17

67 BGHZ 13, 179, 185f = NJW 1954, 1165; BGH WM 1964, 878, 879.
68 BGH WM 1961, 303, 304.
69 BGH NJW-RR 1989, 1259 = DB 1989, 1718 (dazu W Müller EWiR § 719 BGB 1/89, S 876).
70 Vgl BGHZ 44, 235 = NJW 1966, 499; BGH DB 1977, 1249; § 705 Rz 89.
71 Vgl K Schmidt BB 1988, 1053, 1059.
72 Vgl dazu oben Rz 5.
73 BGH NJW 1997, 860, 861 = DNotZ 1998, 741.
74 Düsseldorf NJW-RR 1999, 619.
75 BGH NJW 1999, 715, 717 (rSp). Auch eine Schiedsvereinbarung geht formfrei auf den Erwerber über (BGH NJW 1998, 371: für Übertragung eines Kommanditanteils).
76 Vgl § 705 Rz 53.
77 Vgl § 717 Rz 5, 20.
78 Teichmann NJW 1966, 2236, 2238f.
79 Ebenso MünchKomm/Ulmer Rz 41.

gliedschaft anlässlich ihrer Übertragung derart verringert oder erweitert, lässt sich dies nicht auf bloße Zustimmungen der Mitgesellschafter im Sinne der §§ 182–184 stützen, sondern erfordert ihre das Gesellschaftsverhältnis ändernden Vertragserklärungen (§§ 311 Abs 1, 145 ff)[80].

18 b) **Vermögensrechtliche Ansprüche**. Die Übertragung umfasst **im Zweifel alle vermögensrechtlichen Ansprüche des bisherigen Gesellschafters** aus dem Gesellschaftsverhältnis. Einzelne übertragbare (gegenwärtige oder künftige) Ansprüche (§ 717 Satz 2) können jedoch in der Einigung mit dem Erwerber von der Übertragung **ausgenommen** werden[81]. Das gilt insbes für auszuzahlende oder für den bisherigen Gesellschafter gebuchte, entnehmbare Gewinnanteile[82]. Dagegen gehören sog **Drittgläubigerforderungen** des Gesellschafters[83] nicht zur Mitgliedschaft[84]. Findet die Übertragung aufgrund einer Bilanz statt, so verbleiben iZw die dort nicht aufgeführten Ansprüche des bisherigen Gesellschafters bei ihm[85].

19 c) **Verbindlichkeiten aus dem Gesellschaftsverhältnis**. Wird für eine wirksame Übertragung der Mitgliedschaft nach der hier vertretenen Auffassung[86] das vertragliche Einverständnis der anderen Gesellschafter vorausgesetzt, so ist zugleich dem Erfordernis einer **Schuldübernahme** (§ 414 oder § 415) genügt. Deshalb **gehen** auch die bestehenden Verbindlichkeiten des bisherigen Gesellschafters aus dem Gesellschaftsverhältnis **auf den Erwerber** der Mitgliedschaft **über**, wenn sich dem Einverständnis mit der Übertragung der Mitgliedschaft auch eine Zustimmung zu der „Enthaftung" des Ausscheidenden entnehmen lässt. Warum eine im Gesellschaftsvertrag allgemein anerkannte Übertragbarkeit der gesamten Mitgliedschaft hier „keinesfalls" ausreichen soll[87], ist nicht ersichtlich. Der bisherige Gesellschafter und der Erwerber sind im Ausgangspunkt frei darin, bestimmte entstandene Verbindlichkeiten von der Übertragung der Mitgliedschaft auszunehmen. Dann hängt es allerdings von den anderen Gesellschaftern ab, ob sie sich mit einer Übertragung der Mitgliedschaft ohne eine „Haftung" des Erwerbers für die sog Sozialansprüche der GbR gegen den bisherigen Gesellschafter (zB auf rückständige Beiträge; Schadenersatz wegen Pflichtverletzungen) einverstanden erklären[88]. Das Einverständnis der anderen Gesellschafter mit einer Übertragung der Mitgliedschaft wird allerdings **in der Regel** dahin auszulegen sein, dass der **Erwerber neben dem bisherigen Gesellschafter** als Gesamtschuldner für die bis dahin begründeten Sozialansprüche der GbR „haften" soll (Schuldbeitritt[89]). Abweichende Vereinbarungen zwischen dem bisherigen Gesellschafter und dem Erwerber ohne das Einverständnis der Mitgesellschafter beeinflussen daher im Zweifel nur den Ausgleich zwischen ihnen (§ 426 Abs 1). Zur Haftung im Außenverhältnis vgl § 714 Rz 45 ff.

20 5. **Treuhänderische Übertragung**. Die Mitgliedschaft kann **zur Verwaltung** oder **sicherungshalber** im Einverständnis der Mitgesellschafter auf einen Erwerber übertragen werden, der neuer Gesellschafter wird, aber als Treuhänder im Verhältnis zu dem bisherigen Gesellschafter als Treugeber gemäß der getroffenen Treuhandabrede schuldrechtlich gebunden ist **(offene Treuhand)**[90]. Im Verhältnis zu der Gesellschaft und zu Dritten ist grundsätzlich der Treuhänder als Gesellschafter anzusehen[91]. Im Zusammenhang mit der treuhänderischen Übertragung können jedoch einvernehmlich dem bisherigen Gesellschafter als Treugeber bestimmte Rechte, auch einzelne Mitverwaltungsrechte, gegenüber der Gesellschaft vorbehalten bleiben. Das sog Abspal-

80 Vgl oben Rz 14.
81 BGHZ 45, 221, 222 = NJW 1966, 1307 = WM 1966, 615; BGH WM 1986, 1314, 1315. Vgl auch Köln NZG 2000, 979.
82 BGH NJW 1973, 328 = WM 1973, 169; BGH WM 1986, 1314, 1315; Ganßmüller DB 1967, 891, 892; aA Flume, Personengesellschaft § 17 III.
83 S § 705 Rz 57.
84 Vgl auch BGH WM 1978, 342, 343 f = DB 1978, 877.
85 Vgl BGHZ 45, 221, 223.
86 Vgl oben Rz 14, 15.
87 MünchKomm/Ulmer Rz 44.
88 Insoweit zu weitgehend BGHZ 45, 221, 222; BGH WM 1968, 892; vgl dazu Teichmann NJW 1966, 2336, 2339 f; Ganßmüller DB 1967, 891, 893; Flume, Personengesellschaft § 17 III.
89 Ebenso MünchKomm/Ulmer Rz 45.
90 Vgl Beuthien ZGR 1974, 26, 29, 31.
91 S § 705 Rz 29.

tungsverbot[92] steht hier nicht entgegen[93]. Von der treuhänderischen Übertragung zu unterscheiden ist die Vereinbarung einer Treuhand, bei der (verdeckt oder offen) der **Gesellschafter** Mitglied bleibt, aber nunmehr seine Stellung als **Treuhänder für einen Dritten** ausübt[94].

6. **Teilübertragung**. Eine Teilübertragung der Mitgliedschaft ergibt nicht einen Gesellschafterwechsel, vielmehr tritt in der Regel ein neuer Gesellschafter dadurch hinzu, dass ein bisheriger Gesellschafter, der selbst in der Gesellschaft verbleibt, einen bestimmten Teil seiner Mitgliedschaft auf einen Erwerber überträgt[95]. Der Erwerber kann auch ein Gesellschafter sein; dann tritt nur eine interne rechtliche Gewichtsverlagerung ein. Im **Einverständnis der Mitgesellschafter** ist eine Teilübertragung der Mitgliedschaft zulässig[96]. Die allgemein im Gesellschaftsvertrag zugelassene Übertragbarkeit der Mitgliedschaft umfasst jedoch nicht auch eine Teilübertragung, weil in der Person des Erwerbers zusätzliche Mitverwaltungsrechte entstehen können[97], namentlich im Zweifel ein zusätzliches Stimmrecht (nach Köpfen), aber auch zusätzliche Ansprüche nach § 716 und § 721 sowie das Kündigungsrecht eines jeden Gesellschafters nach § 723. Im einzelnen richtet sich die Rechtsstellung des teilweisen Veräußerers und des Erwerbers nach den zwischen allen Beteiligten zu treffenden Vereinbarungen. **21**

§ 720 Schutz des gutgläubigen Schuldners

Die Zugehörigkeit einer nach § 718 Abs. 1 erworbenen Forderung zum Gesellschaftsvermögen hat der Schuldner erst dann gegen sich gelten zu lassen, wenn er von der Zugehörigkeit Kenntnis erlangt; die Vorschriften der §§ 406 bis 408 finden entsprechende Anwendung.

1. **Zweck.** § 720 soll den **Schuldner** einer nach § 718 Abs 1 zum Gesellschaftsvermögen erworbenen Forderung der GbR **schützen**, solange er die Zugehörigkeit zum Gesellschaftsvermögen und damit die Beschränkungen gem § 719 nicht kennt. **1**

a) **Zugehörigkeit zum Gesellschaftsvermögen**. Eine Forderung ist **nach § 718 Abs 1 zum Gesellschaftsvermögen erworben**, wenn ein Gesellschafter sie als **Beitrag durch Abtretung** an die GbR eingebracht hat oder die GbR sie **„durch die Geschäftsführung** für die Gesellschaft" gegen einen Dritten oder einen Gesellschafter erlangt hat, insbesondere aufgrund eines Rechtsgeschäfts namens der GbR (ursprüngliche Entstehung der Forderung für die GbR, zB durch einen schuldrechtlichen Vertrag, oder abgeleiteter Erwerb durch Abtretung). Erwirbt ein Gesellschafter eine Forderung zunächst **im eigenen Namen** (zB bei nicht offen gelegter Geschäftsführung oder bei einer Innengesellschaft), so ergibt sich die Zugehörigkeit zum Gesellschaftsvermögen nicht schon unmittelbar „durch die Geschäftsführung für die Gesellschaft" im Sinne des § 718 Abs 1, sondern erst durch eine (interne) Abtretung an die GbR aufgrund der §§ 713, 667. Ob auch diese Fälle von den §§ 718 Abs 1, 720 erfasst werden, ist umstr[1]. Die Frage hat im Zusammenhang mit § 720 keine praktische Bedeutung. Soweit nämlich die GbR eine Forderung **durch Abtretung** (§ 398) erwirbt, sind zugunsten des Schuldners im Verhältnis zu der GbR als neuem Gläubiger die **§§ 404 ff**, dh auch die §§ 406–408, ohnehin **unmittelbar** anzuwenden, ohne dass auf § 720 zurückgegriffen werden muss.

b) **Rechtsgeschäftliche Forderungen der GbR**. Entsteht eine Forderung der GbR durch rechtsgeschäftliches Handeln namens der Gesellschaft, wird der Schuldner in der Regel **Kenntnis** **2**

92 S § 717 Rz 20.
93 Ebenso MünchKomm/Ulmer § 705 Rz 86, § 717 Rz 11; vgl auch BGHZ 10, 44, 50 = NJW 1953, 1548.
94 Vgl dazu § 705 Rz 28 f.
95 Vgl Staudenmaier DNotZ 1966, 724.
96 Frankfurt/M NJW-RR 1996, 1123; MünchKomm/Ulmer § 719 Rz 48 f.
97 Wiedemann, Übertragung u Vererbung ..., 1965, S 65.
1 Vgl dazu § 718 Rz 11.

davon haben, dass sie zum Gesellschaftsvermögen erworben wird[2]. Es verbleibt mithin wohl nur der Fall, dass jemand sich der „GbR" als **vermeintlich mehreren Personen** verpflichtet, weil er das Gesamthandverhältnis unter den Gesellschaftern nicht erkennt oder nicht zutreffend einschätzt. Da nach **§ 420** zu vermuten ist, dass bei einer Mehrheit von Gläubigern die auf eine teilbare Leistung gerichtete Forderung ihnen zu gleichen Teilen zusteht, kann es geschehen, dass der Schuldner in Unkenntnis des Gesamthandverhältnisses **Teilleistungen an einzelne Gesellschafter** erbringt. Geht man hier von einer wirksam entstandenen Forderung der GbR aus, könnte der Schuldner Gefahr laufen, erneut an die Gesamthand leisten zu müssen. Gem § 720 sind jedoch die §§ 406–408 (insbesondere § 407 Abs 1) entsprechend anwendbar[3]. Solange der Schuldner die Zugehörigkeit der Forderung zum Gesellschaftsvermögen nicht kennt, kann er deshalb wirksam gegenüber dem einzelnen Gesellschafter aufrechnen, an ihn leisten, mit ihm eine Stundung vereinbaren usw.

3 2. **Erweiterter Anwendungsbereich**. – a) **Forderungen nach § 718 Abs 2**. Der Schutz des Schuldners entsprechend den §§ 406–408 erscheint auch gegenüber Forderungen geboten, die **nach § 718 Abs 2** aufgrund eines Rechts der GbR (vgl § 99 Abs 2) oder als Ersatz (Surrogat) für einen zerstörten, beschädigten oder entzogenen Gegenstand der GbR zum Gesellschaftsvermögen erworben worden sind[4]. Solange der Schuldner die Zugehörigkeit zum Gesellschaftsvermögen nicht kennt, ist **§ 720 entsprechend** anzuwenden[5]. Ob die fehlende Einbeziehung von § 718 Abs 2 in § 720 mit einem „Redaktionsversehen" erklärt werden kann[6], ist fraglich, weil § 720 auf den ebenfalls erst im 2. Entwurf formulierten § 718 Abs 1 Bezug nimmt[7].

4 b) **Gesetzliche Forderungen**. Darüber hinaus sollte **§ 720** auch dann **entsprechend** angewandt werden, wenn eine Forderung der GbR nicht als Beitrag oder „durch die Geschäftsführung" (§ 718 Abs 1) oder als Rechtsfrucht oder Surrogat (§ 718 Abs 2), sondern **kraft Gesetzes** abgeleitet zum Gesellschaftsvermögen erworben wird (vgl § 412, zB nach § 774 Abs 1, oder aufgrund einer Gesamtrechtsnachfolge, zB nach § 1922). Bei Ansprüchen der GbR gegen Dritte wegen unerlaubter Handlungen gilt vorrangig § 851.

§ 721 Gewinn- und Verlustverteilung

(1) **Ein Gesellschafter kann den Rechnungsabschluss und die Verteilung des Gewinns und Verlusts erst nach der Auflösung der Gesellschaft verlangen.**

(2) **Ist die Gesellschaft von längerer Dauer, so hat der Rechnungsabschluss und die Gewinnverteilung im Zweifel am Schluss jedes Geschäftsjahrs zu erfolgen.**

ÜBERSICHT

2 Vgl § 718 Rz 11; aM RGRK/v Gamm Rz 2; bei Zweifeln trägt die GbR die Beweislast.

3 Vgl Protokolle II, S 434; Reinhardt/Schultz, GesellschaftsR Rz 83; parallel §§ 1473 Abs 2, 2019 Abs 2.

4 Vgl § 718 Rz 12.

5 Ebenso MünchKomm/Ulmer Rz 2; Pal/Sprau Rz 1; aA Staud[12]/Keßler Rz 1.

6 So MünchKomm/Ulmer Rz 3.

7 Vgl Protokolle VI, S 195.

Schrifttum: Huber, Vermögensanteil, Kapitalanteil und Gesellschaftsanteil an Personalgesellschaften des Handelsrechts, 1970; Schulze zur Wiesche, Gewinnermittlung und Gewinnverwendung, 1982; Huber, Gesellschafterkonten in der Personengesellschaft, ZGR 1988, 1; Pauli, Das Eigenkapital der Personengesellschaften, 1990; Sieker, Eigenkapital und Fremdkapital der Personengesellschaft, 1991; Crezelius, Gewinnermittlung vs Gewinnverwendung, in: Festschr 100 Jahre GmbH-Gesetz, 1992; Wachter, Die Gewinnermittlung und Gewinnverteilung in der stillen Gesellschaft, 1996; Wiedemann, Gedanken zur Vermögensordnung der Personengesellschaft, in: Festschr für Odersky, 1996; Bormann/Hellberg, Ausgewählte Probleme der Gewinnverteilung in der Personengesellschaft, DB 1997, 2415; Rückle, Jahresabschlussaufstellung und -feststellung bei Personengesellschaften, in: Festschr für Beisse, 1997.

1. **Überblick**. Aus den Geschäften der Gesellschaft kann ein Gewinn oder Verlust entstehen, der unter den Gesellschaftern aufgeteilt werden muss. Die §§ 721, 722 statuieren in Bezug darauf den Anspruch eines jeden Gesellschafters auf den **Rechnungsabschluss** (§ 721), den Anspruch auf die Verteilung des Gewinns (§ 721) sowie den Anspruch, einen ihm zustehenden **Anteil am Gewinn** (§ 722) ausgezahlt zu erhalten; sowie umgekehrt die Pflicht, einen auf jeden Gesellschafter entfallenden **Anteil am Verlust** (§ 722) zu tragen. **Gewinn** ist ein Überschuss des Gesellschaftsvermögens über die Gesellschaftsschulden und die Einlagen (vgl § 734). Ein **Verlust** liegt vor, wenn das Gesellschaftsvermögen nicht ausreicht, die Gesellschaftsschulden zu tilgen und die Einlagen zurückzuerstatten (vgl § 735). 1

Rechnungslegung sowie Gewinn- und Verlustverteilung müssen nicht nur in einer **werbend tätigen Gesellschaft** vorgenommen werden; insbesondere auch bei **Auflösung** und Auseinandersetzung der Gesellschaft (§§ 730 Abs 1, 734, 735) sowie beim **Ausscheiden** eines Gesellschafters aus der fortbestehenden Gesellschaft (§§ 738 Abs 1 Satz 2, 739) muss ein schuldrechtlicher Ausgleich unter den Beteiligten herbeigeführt werden, der je nach Anlass eine nach Art und Umfang unterschiedliche Rechnungslegung sowie Gewinn- und Verlustverteilung bedingt. Auch wenn strukturell keine Unterscheide in der Rechnungslegung sowie der Gewinn- und Verlustverteilung zwischen den verschiedenen Phasen der Gesellschaft bestehen, enthalten die §§ 730 ff doch abschließende Sonderregelungen dazu. Zu den Einzelheiten s die Bem dort. 2

Die §§ 721, 722 sind **abdingbar**, sodass Regelungen im Gesellschaftsvertrag (gegebenenfalls nach Auslegung) oder durch Beschluss der Gesellschafter vorgehen. 3

2. **Rechnungsabschluss bei der GbR**. Als Rechnungsabschluss ist bei der GbR **gesetzlich** nur eine Rechenschaftslegung **gemäß § 259 Abs 1** erforderlich. Das bedeutet eine geordnete Zusammenstellung aller Ausgaben und Einnahmen, die im Zusammenhang mit der Geschäftstätigkeit **bei der Gesellschaft** entstanden sind. Diese Zusammenstellung muss so detailliert und verständig sein, dass jeder Gesellschafter ohne fremde Hilfe die Möglichkeit hat, seine Ansprüche gegenüber der Gesellschaft zu überprüfen. Die in § 259 Abs 1 ebenfalls vorgesehene Pflicht zur Vorlage von Belegen wird regelmäßig durch das umfassende Kontrollrecht eines jeden, auch nicht geschäftsführenden Gesellschafters aus § 716 verdrängt. 4

Diese Rechenschaftslegung ist bei Gesellschaften stets **zweigeteilt**: Zum einen muss der **Rechnungsabschluss aufgestellt** werden; zuständig hierfür ist der bzw sind die Geschäftsführer der GbR. Zum anderen muss der **Rechnungsabschluss festgestellt** werden; denn der Rechnungsabschluss bildet die Grundlage für die Verteilung des Gewinns bzw Verlusts an die einzelnen Gesellschafter. Die Feststellung des Rechnungsabschlusses obliegt der Gesellschafterversammlung, die mittels eines Beschlusses agiert. Mittels der Feststellung wird die **inhaltliche Richtigkeit** des aufgestellten Rechnungsabschlusses bestätigt; zugleich geht es um die **Verbindlicherklärung** desselben im Verhältnis der Gesellschaft zu den Gesellschaftern und (str)[1] im Verhältnis der Gesellschafter untereinander sowie um die Schaffung der **Grundlagen für die Rechnungslegung des kommenden Geschäftsjahres**. Nach der Feststellung des Rechnungs- 5

1 AA MünchKomm²-HGB/Priester § 120 Rz 61; dem widerspricht aber, dass es sich beim Feststellungsbeschluss um einen Organbeschluss der Gesellschafterversammlung handelt (dort Rz 57).

abschlusses sind die Gesellschafter und die Gesellschaft grundsätzlich sowohl an die darin enthaltenen Berechnungsgrundlagen als auch an die Ergebnisse gebunden. Der Rechnungsabschluss wird mittels Beschlusses der Gesellschafter festgestellt; ein derartiger Beschluss unter allen Gesellschaftern kommt grundsätzlich nur einstimmig zustande (§ 709)[2]. Nach überwiegender Meinung handelt es sich um ein Grundlagengeschäft; der BGH geht demgegenüber neuerdings von einem Organbeschluss der Gesellschafterversammlung aus[3]. Sind – was bei der GbR die Regel ist (§ 709 Abs 1) – alle Gesellschafter auch geschäftsführungsbefugt, können Aufstellung und Feststellung aber auch zusammenfallen.

6 Jedenfalls **für wirtschaftlich tätige Gesellschaften** ist die einfache Rechnungslegung nach § 259 Abs 1 allerdings **unzureichend**. Das Informationsbedürfnis der nicht geschäftsführenden Gesellschafter über den Erfolg des Unternehmens steigt zwangsläufig mit dem Umfang der Geschäfte; ebenso das Bedürfnis, die geschäftsführenden Gesellschafter zu überwachen. Bei einem wirtschaftlichen Gesellschaftszweck liegt es deshalb nahe, dem Gesellschaftsvertrag die stillschweigend getroffene Abrede zu entnehmen, wie bei einer Handelsgesellschaft zu verfahren[4], dh neben der kontinuierlichen Aufzeichnung aller Geschäftsvorfälle (Buchführung) und einer periodischen Bestandsaufnahme aller Gegenstände zu einem bestimmten Stichtag (Inventur) einen kaufmännischen Rechnungsabschluss (HGB § 242 Abs 3) zu erstellen. Erforderlich ist dann sowohl die Aufstellung einer **Bilanz** als auch die Aufstellung einer **Gewinn- und Verlustrechnung**. Die Bilanz enthält stichtagsbezogen eine Gegenüberstellung des Gesellschaftsvermögens und des Gesellschaftskapitals; die Gewinn- und Verlustrechnung bildet den Erfolg der vorausgegangenen Wirtschaftsperiode durch eine Gegenüberstellung der Erträge und Aufwendungen ab. Die Regelungen von HGB §§ 242 ff gelten entsprechend; insbesondere muss die Rechnungslegung den **Grundsätzen der ordnungsgemäßen Buchführung** entsprechen.

7 3. **Anspruch auf Rechnungsabschluss.** – a) **Entstehung**. Der Anspruch entsteht bei einer **GbR „von kürzerer Dauer"**, insbesondere einer Gelegenheitsgesellschaft, wenn keine Gewinnverteilung vor dem Ende der GbR vereinbart worden ist, gemäß § 721 Abs 1 erst nach dem Eintritt eines Auflösungsgrundes (§§ 723 bis 728). Hier gelten primär die Regelungen über die Auseinandersetzung (§§ 730 bis 735), so dass sich die Bedeutung von § 721 Abs 1 im Wesentlichen darauf beschränkt, den Anspruch auf Rechnungslegung bis zum Zeitpunkt der Auflösung der Gesellschaft auszuschließen. Bei **Gesellschaften „von längerer Dauer"** ist im Zweifel am Schluss eines jeden Geschäftsjahres, das in der Regel mit einem Kalenderjahr übereinstimmt, Rechnungsabschluss zu legen. Gesellschaften „von längerer Dauer" sind – gemessen am Gesellschaftszweck und den sich daraus ergebenden tatsächlichen Verhältnissen – nicht nur die auf Dauer angelegten Gesellschaften, bei denen die Erwirtschaftung laufender Einkünfte angestrebt wird. Nach dem Sinn und Zweck von § 721 Abs 1 handelt es sich schon dann um eine Gesellschaft „von längerer Dauer", wenn sie das Ende mehrerer Abrechnungsperioden überdauert; denn immer dann besteht ein anerkennenswertes Bedürfnis eines jeden Gesellschafters, periodisch über die Lage der Gesellschaft informiert und an den Geschäftsergebnissen beteiligt zu werden. Vor allem im Hinblick auf letzteres kann sich allerdings Abweichendes dann ergeben, wenn die Gesellschaft nur der Durchführung eines einzigen oder einiger weniger Projekte dient und aus den Umständen der allseitige Wille der Beteiligten erkennbar war, erst nach Abschluss der gemeinsamen Tätigkeit Gewinne und Verluste zu verteilen.

8 b) **Inhalt**. Der Rechnungsabschluss (§ 721) dient dazu, die wirtschaftlichen **Verhältnisse der Gesellschaft** zu einem bestimmten Zeitpunkt **festzustellen**; der Anspruch eines jeden Gesellschafters auf Rechnungsabschluss hilft mittelbar festzustellen, ob und in welchem Umfang ein

2 BGH NJW 1999, 571; BGHZ 132, 263 (KG); BGHZ 80, 357; Staud/Habermeier Rz 4, 7 f; MünchKomm/Ulmer Rz 4, 8; Bamberger/Roth/Timm/Schöne Rz 4.

3 BGH ZIP 2007, 475; so zutreffend schon MünchKomm[2]-HGB/Priester § 120 Rz 57.

4 BGHZ 80, 357; MünchKomm/Ulmer 6; Bamberger/Roth/Timm/Schöne Rz 4; Staud/Habermeier Rz 7.

Anspruch auf einen ihm auszuzahlenden (laufenden) Gewinnanteil besteht oder ob und in welchem Umfang ein Gesellschafter verpflichtet ist, einen auf ihn entfallenden Verlustanteil zu tragen. Der Anspruch richtet sich **gegen die Gesellschaft, soweit** es um die **Aufstellung** des Rechnungsabschlusses geht; die Gesellschaft erfüllt ihre Verpflichtung durch den oder die Gesellschafter-Geschäftsführer[5]. Der Anspruch kann mittels einer Leistungsklage auf Vornahme einer unvertretbaren Handlung (ZPO § 888) gegen die Gesellschaft geltend gemacht werden. Soweit es um die **Feststellung** des Jahresabschlusses geht, besteht ein **Anspruch auf Mitwirkung am Beschluss gegenüber jedem Mitgesellschafter**[6]. Wird ein solcher Anspruch zugleich gegen mehrere Mitgesellschafter geltend gemacht, besteht keine notwendige Streitgenossenschaft[7]. Umgekehrt kann ein opponierender Gesellschafter die Fehlerhaftigkeit des Beschlusses insgesamt oder einzelner Positionen daraus feststellen lassen. Einwendungen eines nicht geschäftsführenden Gesellschafters gegen den Inhalt eines Rechnungsabschlusses können immer nur im Rahmen der Feststellung, nicht aber schon im Rahmen der Ausstellung geltend gemacht werden.

c) **Besonderheiten**. Der Anspruch des Gesellschafters auf Ausstellung des Rechnungsabschlusses entsteht aus dem Gesellschaftsverhältnis (sog Individualanspruch) und richtet sich gegen die GbR (sog Sozialverpflichtung); er ist nicht übertragbar (§ 717 Satz 1), kann aber mit Zustimmung der anderen Gesellschafter von einem Dritten ausgeübt werden. Der Anspruch entsteht bei periodischer Rechnungslegung (§ 721 Abs 2) in der Regel zum 31. 12. eines jeden Jahres; das Gesetz legt dabei keine Frist fest, innerhalb derer die Aufstellung zu erfolgen hat. Insoweit ist nach Art und Umfang der Geschäfte sowie Struktur der Gesellschaft zu differenzieren; eine Rechnungslegung hat – wie auch bei OHG und KG – dabei spätestens nach 6 Monaten zu erfolgen[8]. **9**

Der Anspruch nach § 721 ist **zu unterscheiden** von dem Anspruch des Gesellschafters auf **eigene Unterrichtungsmaßnahmen** (§ 716 Abs 1) und von dem **Anspruch der GbR gegen** einen für den Rechnungsabschluss zuständigen geschäftsführenden **Gesellschafter** (sog Sozialanspruch) auf Auskunft und Rechenschaft (§§ 713, 666). Nach der Rechtsprechung kann jeder Gesellschafter diesen Anspruch der GbR (Gesamthand) unmittelbar gegen den (oder die) geschäftsführenden Gesellschafter geltend machen und die Anfertigung des Rechnungsabschlusses verlangen[9]. Das ist **nur als Mitverwaltungsrecht** in Gestalt einer Ermächtigung und für einen Rechtsstreit als actio pro socio erklärbar und dann auch nur in deren Grenzen ausübbar[10]. Der Antrag, eine (Auseinandersetzungs-)Bilanz zu erstellen, ist prozessual hinreichend bestimmt; welche Handlungen im Einzelnen geschuldet werden, kann dem Vollstreckungsverfahren vorbehalten bleiben[11]. **10**

4. **Anspruch auf Gewinnverteilung**. Der Anspruch auf die Verteilung des Gewinns (§ 721) ist eine Vorstufe und deutlich **zu unterscheiden** von dem Anspruch des Gesellschafters, einen ihm zustehenden **Anteil** am Gewinn (§ 722) **ausgezahlt** zu erhalten. Der Anspruch auf die individuelle Gewinnverteilung ist ebenfalls strikt vom **Anspruch auf Rechnungslegung** zu unterscheiden[12]; die Rechnungslegung ist Gewinnfeststellung, die Gewinnverteilung ist Bestandteil der Gewinnverwendung. Der Anspruch jedes Gesellschafters auf Gewinnverteilung entsteht in der Regel mit Feststellung des Rechnungsabschlusses. **11**

Der aufgrund eines Rechnungsabschlusses ermittelte und festgestellte Gewinn der Gesellschaft wird ebenfalls in **zwei Schritten** auf die Gesellschafter „verteilt". Zum einen muss von den zuständigen **geschäftsführenden Gesellschaftern** namens der GbR rechnerisch **ermittelt** werden, welcher **Anteil** an dem Gewinn jedem Gesellschafter zusteht. Zugrunde zu legen ist dabei der **12**

5 BGHZ 132, 263 (KG); BGHZ 80, 357; BGH WM 1979, 1330; MünchKomm²-HGB/Priester § 120 Rz 47.
6 BGH NJW 1999, 571; BGHZ 132, 263 (KG).
7 BGH NJW 1999, 571; MünchKomm/Ulmer Rz 4; aA Staud/Habermeier Rz 7.
8 MünchKomm²-HGB/Priester § 120 Rz 51.
9 BGH NJW-RR 2003, 169 (bei der Liquidation); BGH WM 1983, 1279; BGH BB 1980, 121; BGH WM 1970, 1223; Saarbrücken NZG 2002, 669.
10 § 705 Rz 48 ff.
11 BGH NJW 1993, 1395; Koblenz NJW-RR 2002, 827.
12 Bamberger/Roth/Timm/Schöne Rz 4 f; aA Münch Komm/Ulmer Rz 6, 8.

Gewinnverteilungsschlüssel des Gesellschaftsvertrages oder – in Ermangelung von Vereinbarungen – § 722. HGB § 121 Abs 1 ist ohne dahingehende Vereinbarung nicht entsprechend anwendbar, so dass den Gesellschaftern **keine Vorabdividende** zu gewähren ist[13]. Hinsichtlich der Aufstellungsfrist gilt entsprechendes wie bei der Aufstellung des Rechnungsabschlusses. Aufstellung des Rechnungsabschlusses und Ermittlung der individuellen Gewinnverteilung können, müssen aber nicht in einem Akt zusammenfallen[14]. Zum anderen müssen die **Gesellschafter mittels Beschlusses feststellen**, dass der Gewinn (durch Vollausschüttung, Rücklagenbildung usw) vereinbarungsgemäß verwendet wird und der zugewiesene Anteil zutreffend ermittelt sowie im Verhältnis zwischen allen Beteiligten verbindlich ist. Denn nicht (nur) der Rechnungsabschluss bei der Gesellschaft, sondern (auch) die – darauf aufbauende – individuelle Gewinnverteilung an jeden Gesellschafter bildet die unverzichtbare Grundlage für den Zahlungsanspruch jedes Gesellschafters auf Gewinn. Dieser Beschluss stellt, da er sich unmittelbar auf die Vermögensrechte der Gesellschafter auswirkt, ein Grundlagengeschäft dar, der in der Regel einstimmig ergehen muss.

13 Die beiden Rechtsakte der Gesellschafter – Feststellung des Rechnungsabschlusses der Gesellschaft und Feststellung der individuellen Gewinnverteilung – werden in der Regel in einem Beschluss zusammengefasst sein, vor allem dann, wenn sich aus dem Gesellschaftsvertrag die Gewinnverwendung und Gewinnverteilung eindeutig ergibt und der Rechnungsabschluss kaufmännischen Regeln folgt. Denn hier wird der Gewinnanteil jedes Gesellschafters zumeist schon im Rahmen des Gesellschaftskapitals ermittelt und dargestellt (HGB § 266 Abs 3). Die beiden Beschlüsse müssen aber nicht zwangsläufig ineins fallen. Schon das bilanzrechtliche Gebot der hinreichenden Aufgliederung verbietet es nicht, jeweils anstelle der rechnerisch für jeden Gesellschafter ermittelten Teilbeträge eine Gesamtsumme zu bilden und in die Bilanz einzustellen[15]. Eine Trennung ergibt sich bei der GbR vor allem dann, wenn sich die individuelle Gewinnzuweisung nicht eindeutig aus dem Gesellschaftsvertrag ergibt oder die Gewinnverwendung insgesamt einem besonderen Beschluss vorbehalten ist. Rechtlich sind die beiden Beschlüsse strikt voneinander zu unterscheiden[16]; nur die zweite Feststellung enthält das kausale Schuldanerkenntnis (§ 781), das sich nach allgemeiner Auffassung mit der „Bilanzfeststellung" hinsichtlich der einzelnen Zahlungsansprüche der Gesellschafter verbindet[17].

14 5. **Anspruch auf Gewinnanteile**. – a) **Allgemeines**. Der Anspruch eines Gesellschafters auf den ihm zustehenden Anteil am Gewinn (Gewinnanspruch) ist auf eine Geldleistung aus dem Gesellschaftsvermögen gerichtet[18]. Bei rechtsfähigen Gesellschaften ist Schuldner nur die Gesellschaft; eine Haftung der Mitgesellschafter für Sozialverbindlichkeiten kommt während des Bestehens der Gesellschaft grundsätzlich nicht in Betracht[19]. Der Anspruch auf einen Gewinnanteil **entsteht** im Zweifel, sobald durch die Verteilung des Gesellschaftsgewinns der dem Gesellschafter zustehende Anteil festgestellt worden ist, dh mangels anderer Abrede entweder erst **mit Auflösung der Gesellschaft** (§§ 721 Abs 1, 734) oder mit der **Feststellung des Rechnungsabschlusses** (§ 721 Abs 2)[20]. Insbesondere läuft vorher keine Verjährungsfrist, die gem § 195 drei Jahre beträgt.

15 Als selbstständiger **Individualanspruch** ist der Anspruch auf einen Gewinnanteil übertragbar, pfändbar, verpfändbar und belastbar (§ 717 Satz 2). Bei Verfügungen über den künftigen Gewinnanspruch (Abtretung, Verpfändung, Belastung) ist es zu deren Wirksamkeit aber notwendig, dass der Gewinnanspruch in der Person des Verfügenden entsteht; überträgt dieser die Mitglied-

13 MünchKomm²-HGB/Priester § 120 Rz 10; aA für unternehmenstragende GbR K Schmidt, GesellschaftsR § 58 V 2.
14 S hierzu Rz 13.
15 MünchKomm²-HGB/Priester § 120 Rz 28 f.
16 So auch MünchKomm²-HGB/Priester § 120 Rz 56 ff, 64, 72, 81; Crezelius, Festschr 100 Jahre GmbH-Gesetz S 315.
17 MünchKomm/Ulmer Rz 8; Bamberger/Roth/Timm/Schöne Rz 4; Staud/Habermeier Rz 8.
18 BGH WM 1960, 187; RGZ 170, 392, 395 zur Klage und Vollstreckung gem ZPO § 736 vgl § 705 Rz 52; missverständlich im Hinblick auf die Passivlegitimation BGH NJW-RR 2003, 1392.
19 S § 705 Rz 52.
20 BGHZ 80, 357.

schaft vor der Auseinandersetzung der Gesellschaft (§ 721 Abs 1) bzw vor Feststellung des Rechnungsabschlusses (§ 721 Abs 2), entsteht der Gewinnanspruch in der Person des Neugesellschafters, und zwar unbelastet. Das Gleiche gilt für dingliche Belastungen der Mitgliedschaft vor Entstehung des Gewinnrechts, die darauf bezogenen Verfügungen vorgeht. Zu den Einzelheiten vgl § 717 Rz 8.

b) **Stehen gelassene Gewinne**. Nicht sofort ausgezahlte, sondern bei der Gesellschaft **stehen gelassene Gewinne** können durch den Gesellschafter – vorbehaltlich anders lautender Vereinbarungen unter den Gesellschaftern – **jederzeit und in voller Höhe ausgezahlt** verlangt werden, das folgt aus dem Grundsatz der Vollausschüttung der Gewinne bei Personalgesellschaften; anders als für OHG und KG (HGB § 122 Abs 1 Halbsatz 2, Abs 2) kennt das Recht der GbR **keine gesetzliche Entnahmebeschränkung**. Allerdings kann der Gesellschafter kraft der Treuepflicht verpflichtet sein, eine Entnahme zu unterlassen, die „zum offenen Schaden der Gesellschaft gereicht" (HGB § 122 Abs 1 Halbsatz 2); allerdings greift diese Pflicht wesentlich später als bei OHG und KG, denn zum einen wird das Bestandsinteresse an der GbR nicht in gleichem Umfang wie bei OHG und KG geschützt; zum anderen können stehen gelassene Gewinne zu einer verdeckten Beitragserhöhung führen, zu der ein Gesellschafter nicht verpflichtet ist (§ 707). Stehen gelassene Gewinne erhöhen deshalb, vorbehaltlich einer anderen Vereinbarung unter den Gesellschaftern und anders als bei OHG und KG (HGB § 120 Abs 2), grundsätzlich nicht den Kapitalanteil eines Gesellschafters; sie sind kontenmäßig auf einem Darlehenskonto des Gesellschafters zu verbuchen. 16

c) **Gewinnstammrecht**? Im Schrifttum wurde zum Teil vertreten, dass neben den einzelnen Ansprüchen auf einen Gewinnanteil ein sog Gewinnstammrecht des Gesellschafters als Bestandteil der Mitgliedschaft bestehe[21]. Dieses angebliche Gewinnstammrecht soll Gegenstand eines Pfandrechts und vor allem eines Nießbrauchs sein können, bei dem dann die einzelnen Ansprüche auf Gewinnanteile die dem Nießbraucher zustehenden Nutzungen sein sollen. Der **numerus clausus der Sachenrechte** lässt sich jedoch nicht durch die freie Schaffung von sog Stammrechten überspielen, die im Gesetz nirgends vorgesehen sind. Stattdessen sollte stets genau zwischen dem Gesellschaftsverhältnis und den daraus entstehenden Ansprüchen und Mitverwaltungsrechten (als subjektiven Rechten) unterschieden werden. Insbesondere dann, wenn man die Mitgliedschaft selbst als subjektives Recht und damit als Gegenstand des Rechtsverkehrs begreift[22], besteht auch keinerlei praktisches Bedürfnis mehr für die Anerkennung eines „Wertrechts". Reduziert man deshalb das Gewinnstammrecht auf das der Gesellschafterstellung immanente Recht auf Beteiligung am Gewinn, das unselbstständiger Teil der Mitgliedschaft ist[23], verbindet sich damit keine über Rz 1 hinausgehende Bedeutung. 17

d) **Gewinnunabhängiges Entnahmerecht**. Zugunsten eines Gesellschafters kann auch das Recht vereinbart werden, Geld aus dem Gesellschaftsvermögen **gewinnunabhängig** zu **entnehmen**[24]. Ein gesetzliches Entnahmerecht – entsprechend HGB § 122 Abs 1 Halbsatz 1 für OHG und KG – besteht für die GbR nicht[25]. Stehen derartige Gesellschafterentnahmen fest, so muss der entnehmende Gesellschafter seine Berechtigung – eine Vereinbarung der Gesellschafter – dartun und beweisen. Ansonsten könnte er sich durch eine solche Eigenmächtigkeit in eine günstigere Beweislage setzen. 18

6. **Verlustbeteiligung**. Die Pflicht des Gesellschafters gegenüber der GbR, einen auf ihn entfallenden Anteil am Verlust zu tragen, setzt voraus, dass aufgrund des Rechnungsabschlusses ein 19

21 Huber, Vermögensanteil, Kapitalanteil und Geschäftsanteil an Personengesellschaften des Handelsrecht, 1970, S 143, 164ff; Siebert BB 1956, 1126ff; Sudhoff NJW 1971, 481.

22 S § 705 Rz 67 a.

23 BGH NJW-RR 1987, 989; MünchKomm^2-HGB/Priester § 121 Rz 9.

24 BGH NJW 2000, 505; BGH NJW-RR 1994, 996; BGHZ 80, 357.

25 MünchKomm/Ulmer Rz 13; aA für unternehmenstragende GbR K Schmidt, GesellschaftsR § 58 V 2; Staud/Habermeier Rz 10.

Verlust der GbR ermittelt und durch die „Verteilung" des Verlusts der auf den Gesellschafter entfallende Anteil festgestellt worden ist. Eine **„Verteilung" des Verlusts** wird aber **nur** in **§ 721 Abs 1**, nicht aber auch in § 721 Abs 2 vorgesehen; soll also mangels abweichender Vereinbarung erst „nach der Auflösung der Gesellschaft", dh nach dem **Eintritt eines Auflösungsgrundes** (§§ 723–728) erfolgen. Das folgt aus dem Umstand, dass kein Gesellschafter in der werbend tätigen Gesellschaft zu Beitragserhöhungen verpflichtet ist (§ 707); Nachschusspflichten können erst im Liquidationsstadium entstehen (§ 735). Bis dahin ist ein Verlust der Gesellschaft auf die Rechnung vorzutragen. Eingedenk dieses Zusammenhangs spricht aber nichts dagegen, die Ermittlung des Verlusts und seine rechnerische Aufteilung auf die Gesellschafter nach § 721 auch im Rahmen der periodischen Rechnungslegung zuzulassen, solange gesichert ist, dass keine effektive Verlustbeteiligung des Gesellschafters stattfindet; eine Buchung darf demnach nicht auf dem (positiven) Darlehenskonto, sondern muss entweder auf dem Kapitalkonto oder auf einem eigenständigen Verlustkonto gebucht werden[26].

§ 722 Anteile am Gewinn und Verlust

(1) Sind die Anteile der Gesellschafter am Gewinn und Verlust nicht bestimmt, so hat jeder Gesellschafter ohne Rücksicht auf die Art und die Größe seines Beitrags einen gleichen Anteil am Gewinn und Verlust.

(2) Ist nur der Anteil am Gewinn oder am Verlust bestimmt, so gilt die Bestimmung im Zweifel für Gewinn und Verlust.

1 1. **Allgemeines und Anwendungsbereich**. – a) **Maßstab der Verteilung**. § 722 enthält keine Anspruchsgrundlage, sondern regelt für die „Verteilung des Gewinns und Verlusts" gem § 721[1] den im Zweifel geltenden **Maßstab**, nach dem die Anteile der Gesellschafter am Gewinn und Verlust zu bestimmen sind. Die Regelung gleicher Anteile an Gewinn und Verlust des § 722 Abs 1 greift allerdings erst ein, wenn dem Vertrag weder eine ausdrückliche noch eine schlüssige Vereinbarung entnommen werden kann und auch eine ergänzende Vertragsauslegung keine abweichende Verteilung ergibt[2]. Die Verteilung soll **im Zweifel** nicht mit Rücksicht auf die Art und die Größe der Beiträge (Einlagen) geschehen, sondern für jeden Gesellschafter einen **„gleichen Anteil"** am Gewinn oder Verlust ergeben (§ 722 Abs 1). Nicht die vermögensmäßige Beteiligung ist im Zweifel maßgebend, vielmehr findet eine Verteilung von Gewinn oder Verlust **nach Köpfen** statt; dieser Grundsatz ist ein personales Strukturelement, das die GbR nach ihrem gesetzlichen Leitbild als Personalgesellschaft ausweist.

2 b) **Innen- und stille Gesellschaften**. § 722 gilt auch für bloße **Innengesellschaften**[3]; für **stille Gesellschaften** allerdings erst in zweiter Linie, nämlich nachrangig gegenüber HGB § 231 Abs 1. So ist etwa § 722 Abs 2 anzuwenden, wenn nur der Anteil am Gewinn oder am Verlust bestimmt ist[4]. Fehlt ein Handelsgewerbe im Sinne von HGB § 230 Abs 1, ist bei dieser „stillen Gesellschaft" bürgerlichen Rechts und ebenso bei einer Unterbeteiligung vorrangig **HGB § 231 Abs 1 entsprechend** anwendbar[5].

3 2. **Abweichende Regelungen zu Gewinn und Verlust**. Obgleich § 722 als dispositive Vorschrift **abdingbar** ist, hat die Rechtsprechung früher nur sehr zurückhaltend im Sinne ergänzender Ver-

26 MünchKomm²-/Ulmer Rz 10; Erman/Westermann Rz 2; Staud/Habermeier Rz 8; MünchKomm²-HGB/Priester § 121 Rz 25; enger Bamberger/Roth/Timm/Schöne Rz 7.

1 Vgl § 721 Rz 11 ff.

2 BGH WM 1990, 877 = NJW-RR 1990, 736; Düsseldorf NJW-RR 1995, 420; BGH NJW 1999, 2962, 2967. Zu Einzelheiten vgl Rz 3.

3 RGZ 147, 112, 113; BGH WM 1967, 346, 347; BGH NJW-RR 1990, 736: Ehegatteninnengesellschaft; BGH NJW 1999, 2962, 2964: Ehegatteninnengesellschaft.

4 RG Recht 1917 Nr 1037; LZ 1911, 58; Brandenburg NJW-RR 1996, 156, 157; BFH NJW-RR 2003, 31.

5 Vgl Rz 35 vor § 705; MünchKomm/Ulmer Rz 4.

tragsauslegung einen von Absatz 1 abweichenden Maßstab der Verteilung von Gewinn und Verlust angenommen. Der besonders starke oder etwa fehlende Einsatz eines Gesellschafters sollte die Gewinn- und Verlustverteilung auch dann nicht beeinflussen, wenn der Gesellschaftszweck auf eine wirtschaftliche Tätigkeit gerichtet war[6]. In neuerer Zeit lässt der BGH jedenfalls dann etwas anderes gelten, wenn **gewerbliche Unternehmer** zusammenarbeiten, die offen gelassen haben, in welchem Umfang Beiträge zu leisten sind und wie das Ergebnis zu verteilen ist. Hier soll sich gegenüber § 722 Abs 1 die Erfahrung durchsetzen, dass es unter Kaufleuten als sachgerecht angesehen wird, die **Ergebnisverteilung anhand der jeweils eingesetzten Vermögenswerte** vorzunehmen[7]. Auch bei einer Innengesellschaft zwischen Ehegatten können gravierend ungleiche Beträge Bedeutung erlangen; es sind keine Gründe erkennbar, die es rechtfertigen, Parteien bei einer gemeinsamen gewerblichen Betätigung nur deshalb anders zu behandeln, weil sie miteinander verheiratet sind. Daher sind die unterschiedlich hohen Beträge ein gewichtiges Indiz für eine vom Grundsatz gleicher Gewinn- und Verlustanteile abweichenden Regelung[8]. Ist hingegen kein wirtschaftlicher Gesellschaftszweck vereinbart, bleibt es ohne Weiteres bei der Ergebnisverteilung in der Auseinandersetzung (§ 734), die § 722 Abs 1 vorsieht[9]. Wer eine vorrangige gesellschaftsvertragliche Regelung behauptet, die von § 722 abweicht, trägt hierfür die **Beweislast**[10]. Eine ursprüngliche gesellschaftsvertragliche Regelung kann durch eine langjährige abweichende Übung verdrängt werden[11]. Hier soll sogar derjenige die Beweislast tragen, der sich auf die fortdauernde Geltung der gesellschaftsvertraglichen Regelung beruft[12]. Eine Verlustbeteiligung kann nicht nur für die Dauer der werbenden GbR, sondern auch für die Auseinandersetzung **ausgeschlossen** werden[13]. Entsprechendes gilt für eine Gewinnbeteiligung[14]. In der Praxis sind vielgestaltige Regelungen zur Ergebnisverteilung anzutreffen, die sich oft an HGB §§ 120 ff orientieren[15].

Vorbemerkungen vor § 723

ÜBERSICHT

6 Vgl RG JW 1909, 160; RGZ 95, 147, 150; Hamburg HansGZ 1920 H 249 = LZ 1921, 30; Düsseldorf NJW 1956, 1802 (dazu krit Heins NJW 1957, 345); ferner BGHZ 17, 299, 302 = NJW 1955, 1227, für eine OHG als Familiengesellschaft.

7 BGH NJW 1982, 2816, 2817 = BB 1982, 1326; s a MünchKomm/Ulmer Rz 2.

8 BGH WM 1990, 877, 878 = NJW-RR 1990, 736 f; vgl insoweit auch Hamm FamRZ 1993, 1200; Schleswig NJW-RR 2004, 972.

9 KG NJW 1982, 1886, 1887.

10 RG SoergRspr 1910 zu § 722; Rosenberg AcP 94 (1903), 111; BGH NJW 1999, 2962, 2967.

11 Vgl § 705 Rz 16.

12 BGH NJW 1966, 826.

13 BGH WM 1967, 346; generell zur Zulässigkeit isolierter Regelungen zur Verlustbeteiligung BAG NJW 1993, 2460.

14 Zur Abgrenzung zwischen Gesellschaftsvertrag mit Gewinnausschluss zulasten eines Gesellschafters und unselbständiger Beschäftigung vgl LG Stuttgart, Urt v 7.8.2003 – 27 O 228/03.

15 Vgl iE Masch-Barner, in: Münchener Vertragshandbuch, Bd I, 2005[6], S 27, 35, 42, 58; Bormann/Hellberg DB 1997, 2415.

I. Auflösung, Abwicklung und Beendigung der Gesellschaft

1 1. **Überblick**. Die §§ 723–728 regeln Gründe für die **Auflösung** einer Gesellschaft. Durch das Eintreten eines solchen Grundes wird eine Gesellschaft aber grundsätzlich nicht sofort endgültig beendet. Vielmehr müssen vorher die verschiedenen Rechtsbeziehungen, die aufgrund der gesellschaftlichen Betätigung zwischen der Gesellschaft zu Dritten und zu den Gesellschaftern entstanden sind, abgewickelt werden (**„Auseinandersetzung"**, vgl §§ 730 ff; zur Bedeutung des schuldrechtlichen Ausgleichs zwischen den Gesellschaftern s Rz 3 vor § 730). Ist daher die Gesellschaft bereits in **Vollzug** gesetzt worden, so kann das Gesellschaftsrechtsverhältnis sowohl als Schuldverhältnis als auch als Organisationsverhältnis nur noch für die Zukunft aufgelöst, dagegen nicht mehr rückwirkend zur Abwicklung gebracht werden; das gilt insbesondere auch bei Mängeln im Gesellschaftsvertrag, die nach allgemeinem Zivilrecht zu dessen Nichtigkeit oder Anfechtbarkeit führen (fehlerhafte Gesellschaft[1]). Deshalb tritt die Gesellschaft mit ihrer Auflösung zunächst in ein neues Stadium, sie ändert ihren Zweck. An die Stelle des ursprünglich vereinbarten Zwecks tritt der **Abwicklungszweck**. Aus einer „werbend tätigen Gesellschaft" wird eine „Abwicklungs-" oder „Auseinandersetzungsgesellschaft".

2 Erst wenn alle Rechtsbeziehungen des Verbandes (organisatorisch und vermögensrechtlich) abgewickelt sind, findet die Gesellschaft ihr endgültiges Ende; sie fällt (bei eigener Rechtsfähigkeit auch als Rechtssubjekt) ersatzlos weg. Dieser **Vollbeendigung** steht allerdings nur Aktivvermögen bei der Gesellschaft (auch nur in Form von Nachschussansprüchen gegen die Gesellschafter, § 735) entgegen; besteht das Gesellschaftsvermögen hingegen nur (noch) aus Verbindlichkeiten, so wird die Gesellschaft dennoch vollbeendet. Die Gläubiger sind durch die persönliche Haftung der Gesellschafter grundsätzlich hinreichend geschützt. Dass noch ein schuldrechtlicher Ausgleich unter den Gesellschaftern herbeigeführt werden muss, steht einer Vollbeendigung der Gesellschaft ebenso wenig im Wege wie Gesamthandsverbindlichkeiten.

3 2. **Systematik des Gesetzes**. Das Gesetz regelt in den §§ 723–728 einige Auflösungsgründe, ohne abschließend zu sein. In den §§ 730–735 wird das aufgrund eines Auflösungstatbestands eintretende Auseinandersetzungsverfahren geregelt, an dessen Ende die Beendigung der Gesellschaft steht. Dagegen befassen sich §§ 736–740 mit der Fortsetzung der Gesellschaft, obwohl an sich ein Auflösungsgrund gegeben ist. Wenn aber die Gesellschafter für den Fall des Eintritts eines Auflösungsgrundes die Fortsetzung der Gesellschaft vereinbart haben (Fortsetzungsklausel im Gesellschaftsvertrag oder später gefasster Fortsetzungsbeschluss, jeweils Grundlagengeschäft), scheidet der den Auflösungsgrund verursachende Gesellschafter aus der Gesellschaft aus (§§ 736, 737). Diese besteht – vorbehaltlich der Zweipersonen-Gesellschaft (s vor § 730) – unverändert fort; die durchzuführende Auseinandersetzung (§§ 738 bis 740) beschränkt sich hier auf einen schuldrechtlichen Ausgleich zwischen der Gesellschaft und den Gesellschaftern auf der einen und dem Ausgeschiedenen auf der anderen Seite.

II. Auflösungsgründe

4 1. **Die im Gesetz geregelten Auflösungsgründe**. – a) **Überblick**. Das Gesetz beginnt mit dem auch für die Praxis wichtigsten Auflösungsgrund der **Kündigung** in § 723 Abs 1 und § 724. Weitere Auflösungsgründe sind die Kündigung der Gesellschaft durch den Pfändungsgläubiger eines Gesellschafters (§ 725 Abs 1), die **Zweckerreichung** oder das **Unmöglichwerden** des Gesellschaftszwecks (§ 726), der **Tod** eines Gesellschafters (§ 727 Abs 1) und die **Insolvenz** der Gesellschaft (§ 728 Abs 1) oder eines Gesellschafters (§ 728 Abs 2). Der Auflösungsgrund der Zweckerreichung oder des Unmöglichwerdens des Gesellschaftszwecks (§ 726) führt ebenso wie die Eröffnung des Insolvenzverfahrens über das Vermögen der Gesellschaft (§ 728 Abs 1) zwingend zur Auflösung; die Wirkung aller anderen Auflösungsgründe kann durch die Gesellschafter

1 S hierzu § 705 Rz 70 ff.

dahin abgeändert werden, dass statt der Auflösung der Gesellschaft das Ausscheiden des Gesellschafters, in dessen Person der Umstand eingetreten ist, aus der unverändert fortbestehenden Gesellschaft erfolgen soll (§ 736).

b) **Bedeutung der gesetzlichen Regelung**. Die §§ 723 bis 728 prägen ganz wesentlich die **personalistische Struktur der GbR**. Nach der zugrunde liegenden gesetzgeberischen Vorstellung wird der Gesellschaftsvertrag „... eingegangen in der Regel im Vertrauen auf die Individualität der einzelnen Kontrahenten; es entsteht durch ihn deshalb regelmäßig ein höchstpersönliches Vertragsverhältnis."[2] Die Gesellschaft beruht deshalb auf der Persönlichkeit eines jeden Beteiligten und damit auf einem steten Konsens unter allen Mitgliedern. Jede Änderung führt zwangsläufig zu einem Auflösen der Gesellschaft; insbesondere geht das Interesse einzelner Gesellschafter an der Beendigung der Gesellschaft dem Bestandsschutzinteresse der übrigen Gesellschafter regelmäßig vor. Geht der Konsens unter den Beteiligten verloren, kann die Gesellschaft gekündigt werden (§ 723 Abs 1); beim Tod eines Gesellschafters löst sich die Gesellschaft von selbst auf. Auch im Fall eines Gläubigerzugriffs auf den Vermögenswert einer Beteiligung wird das personalistische Prinzip aufrechterhalten: Die Gesellschaft wird aufgelöst (§§ 725 Abs 1, 728 Abs 2) und der Haftungsfonds wird (nur) aus den aus der Mitgliedschaft fließenden Vermögensrechten (§ 717) gebildet. 5

Bei den **handelsrechtlichen Personalgesellschaften**, aber auch bei der Partnerschaftsgesellschaft (PartGG § 9 Abs 1), werden **berechtigte Interessen** der nicht ausscheidungswilligen Gesellschafter **am Erhalt erschaffener wirtschaftlicher Werte** gegenüber dieser unbedingten Personenbezogenheit bei der GbR schon von Gesetzes wegen berücksichtigt. So führt weder der Tod eines Kommanditisten noch der Tod eines Komplementärs zur Auflösung der Gesellschaft (HGB §§ 131 Abs 3 Nr 1, 177). Ebenso wenig löst die Insolvenz eines Gesellschafters den werbenden Verband auf (HGB §§ 131 Abs 3 Nr 2, 161 Abs 2). Auch im Falle einer ordentlichen Kündigung durch einen der Gesellschafter und bei der Kündigung durch Privatgläubiger kommt es allein zur Beendigung der betroffenen Mitgliedschaft (HGB §§ 131 Abs 3 Nr 3 und 4, 161 Abs 2); das Gesellschaftsverhältnis als solches wird davon nicht betroffen. Des Weiteren kann ein Gesellschafter – unter Fortbestand des Zusammenschlusses – aus wichtigem Grund aus der Personalhandelsgesellschaft auch ohne dahingehende Vereinbarung unter den Gesellschaftern ausgeschlossen werden, HGB §§ 140 Abs 1, 161 Abs 2. Außerdem wird in für den Einzelnen und die Vereinigung wesentlichen Angelegenheiten an die Stelle eines Gesellschafterbeschlusses eine gerichtliche Entscheidung gesetzt. Dies betrifft zum einen die „außerordentliche Kündigung" durch einen der Gesellschafter (HGB §§ 131 Abs 1 Nr 4, 133 Abs 1, 161 Abs 2) und zum anderen den Ausschluss eines der Mitglieder (HGB §§ 140 Abs 1 Satz 1, 161 Abs 1), jeweils aus wichtigem Grund. 6

2. **Nicht im Gesetz geregelte Auflösungsgründe**. – a) **Überblick**. Das Gesetz ist bei Aufzählung der Auflösungsgründe nicht abschließend; aus allgemeinen rechtlichen Erwägungen sind sowohl solche, die durch **äußeren Umstand** (Zeitablauf, Vereinigung aller Anteile in einer Hand), wie solche, die durch den **Willen der Gesellschafter** (zB. Gesellschafterbeschluss, Aufhebungsvertrag) eintreten, ergänzend zu berücksichtigen. Im Gegensatz zu HGB § 131 werden diese Gründe bei der GbR im Gesetz nicht erwähnt, ohne dass daraus der Schluss gezogen werden könnte, dass diese hier nicht in Betracht kommen. Abschließend sind die gesetzlichen Regelungen allerdings insoweit, als die notwendigen Voraussetzungen für eine außerordentliche Kündigung oder auch der Ausschluss eines Gesellschafters nicht mit dem Rückgriff auf § 242 umgangen werden dürfen[3]. **Keine Auflösungsgründe** sind vor allem **Vermögenslosigkeit** ohne Eröffnung eines Insolvenzverfahrens[4] sowie die **Auflösung** einer an der GbR als **Gesellschafter** beteiligten Gesellschaft; diese bleibt als aufgelöste Gesellschaft unverändert Gesellschafter. 7

2 Motive zum BGB II, S 591.
3 BGH NJW 1998, 3771.
4 S § 728 Rz 5.

8 b) **Zeitablauf**. Dieser Auflösungsgrund ergibt sich aus § 723 Abs 1 Satz 1, da die Vorschrift einen solchen Auflösungsgrund als Gegensatz voraussetzt, sowie aus HGB § 131 Abs 1 Nr 1. Ob eine Gesellschaft für bestimmte Zeit geschlossen ist, kann sich ausdrücklich aus dem Gesellschaftsvertrag ergeben, sogar mit fester Zeitangabe; eine exakte kalendermäßige Bestimmung ist aber nicht nötig[5]. Eine Befristung der Gesellschaft kann sich vor allem auch aus den Umständen, vor allem dem Zweck der Gesellschaft ergeben, wobei in diesen Fällen zumeist auch der weitere Auflösungsgrund der Zweckerreichung (§ 726) vorliegen wird. Eine Befristung ist anzunehmen, wenn die Gesellschaft zur Durchführung eines einzigen oder einiger weniger Vorhaben gegründet worden ist (Durchführung einer einzigen Ausstellung[6], Verwertung eines Patents[7], Anmietung einer Wohnung durch befristeten Vertrag[8], Erwerb eines Grundstücks[9], Abwicklung eines speziellen größeren Bauvorhabens[10]). Eine auf bestimmte Zeit eingegangene Gesellschaft liegt auch für die Dauer einer Unterbeteiligung an einer Hauptgesellschaft vor, deren Dauer zeitlich oder durch ihren Zweck begrenzt ist[11], oder bei der Belieferung einer Zeche durch eine Partei, längstens bis zum Tod der anderen Partei[12]. Selbst die Ausnutzung einer Geschäftsverbindung kann eine Zeitbestimmung für die Gesellschaft darstellen[13]. Gesellschaften mit bestimmter Zeit sind auch die **Vorgründungsgesellschaften** zu Körperschaften, insbesondere zu AG und GmbH. Vorgründungsgesellschaften werden aufgelöst mit Erreichung ihres Zwecks: Errichtung und Entstehung des endgültig angestrebten Verbandes[14]. Voraussetzung ist in allen diesen Fällen, dass trotz der längeren Dauer der Bindung ihre **Wirkungen** bei Vertragsschluss für die Gesellschafter **überschaubar** sind[15]. Denn ansonsten werden die Gesellschafter in ihrer persönlichen und wirtschaftlichen Betätigungsfreiheit unvertretbar eingeengt. Bei unüberschaubaren Bindungen ergibt eine ergänzende Vertragsauslegung zumeist, dass anstelle der überlangen eine angemessene Zeitbegrenzung der Gesellschaft gewollt ist[16]; nur wenn eine solche Auslegung nicht möglich ist, liegt eine auf unbestimmte Zeit eingegangene Gesellschaft vor[17]; zu Einzelheiten vgl § 723 Rz 25 f.

9 Die Möglichkeit, dass die Gesellschaft sich unter bestimmten Voraussetzungen (Nichtausübung eines Kündigungsrechts, Gesellschafterbeschluss, Umfang der Geschäfte usw) **jeweils um eine bestimmte Zeit verlängert**, steht der Annahme einer auf bestimmte Zeit geschlossenen Gesellschaft nicht entgegen[18]. Ein gegebenenfalls dazu erforderlicher Fortführungsbeschluss kann auch konkludent zu Stande kommen[19]. Bei einer Befristung der Gesellschaft muss ein Endtermin – weder bei der zeitmäßigen Festlegung noch bei einer zeitlichen Limitierung des Gesellschaftszwecks – hinsichtlich seines Eintritts **nicht genau** bestimmt zu sein; ausreichend ist die objektive **Bestimmbarkeit**; ist das „Wann“ nicht hinreichend bestimmbar, liegt eine unzumutbare Bindung der Beteiligten vor[20]; lässt sich das „Ob“ des Termineintritts nicht bestimmen, liegt keine Befristung, sondern eine auflösende Bedingung vor.

10 Eine vereinbarte Befristung der Gesellschaft ist in der Regel zugleich Höchst- und Mindestzeit, dh eine **ordentliche Kündigung** ist **bis zum Zeitablauf unzulässig**. Ist die Zeitbestimmung nur als **Mindestdauer** auszulegen, dann besteht die Gesellschaft nach Ablauf der Zeit als eine solche

5 BGHZ 10, 91; RG Recht 1911 Nr 3807.
6 Frankfurt/M NZG 1999, 492.
7 RG LZ 1911, 298 (in der Regel bis zum Erlöschen des Patents abgeschlossen).
8 BFH NJW 1979, 2304.
9 BGH WM 1962, 880.
10 Köln NZG 2001, 1082.
11 BGH NJW 1994, 2886; BGHZ 50, 316.
12 RG SeuffA 79 Nr 74.
13 RG JW 1911, 322; Hamm NZG 2000, 1383.
14 Kießling, Vorgründungs- und Vorgesellschaften, 1999, S 342 ff. S auch Rz 39 vor § 705.
15 BGH NJW 1994, 2886; BGH NJW 1992, 2696; BGHZ 50, 316; BGH WM 1967, 315; Düsseldorf NZG 2000, 588; Karlsruhe NZG 2000, 304; K Schmidt, GesellschaftsR § 50 II 4 c; Nitschke, Körperschaftlich strukturierte Personengesellschaft S 367 ff; Reuter, Privatrechtliche Schranken der Perpetuierung von Unternehmen S 281 ff; Gersch BB 1977, 874.
16 MünchKomm/Ulmer Rz 65; Bamberger/Roth/Timm/Schöne Rz 29; Erman/Westermann Rz 22.
17 Düsseldorf NZG 2000, 588.
18 RGZ 136, 236; RGZ 82, 395.
19 S hierzu Rz 17.
20 S hierzu Rz 8.

auf unbestimmte Zeit mit Kündigungsmöglichkeit fort[21]; ist sie nur als **Höchstdauer** zu werten, kann bis zu diesem Zeitpunkt gekündigt werden. Es kommt jeweils auf den durch Auslegung zu ermittelnden Parteiwillen an. Die auf bestimmte Zeit geschlossenen Gesellschaften können immer vor Zeitablauf gekündigt werden, wenn ein wichtiger Grund vorliegt (§ 723 Abs 1 Satz 2). Bei der Vereinbarung, dass nach Zeitablauf die Gesellschaft **fortbestehen** soll, verwandelt sie sich in eine solche auf unbestimmte Zeit[22].

c) **Auflösende Bedingung**. Der Eintritt eines künftigen, ungewissen Ereignisses als auflösende **11**
Bedingung ist ein Auflösungsgrund für die Gesellschaft. Eine Auflösung tritt mit Wirkung **für die Zukunft** ein; die durch das Bestehen der Gesellschaft hervorgerufenen mannigfachen Rechtsbeziehungen müssen abgewickelt werden, so dass die Gesellschaft als Abwicklungsgesellschaft bis zur Vollbeendigung fortbesteht. Bei einer Rückbeziehung (§ 159) kann es sein, dass die Grundsätze zur fehlerhaften Gesellschaft[23] eingreifen. Die unter einer auflösenden Bedingung geschlossene Gesellschaft ist für die Frage, ob sie auf bestimmte oder unbestimmte Zeit geschlossen ist, als eine solche für **unbestimmte** Zeit geschlossene anzusehen[24]; die Gesellschaft ist daher anders als die auf bestimmte Zeit eingegangene Gesellschaft grundsätzlich nicht nur aus wichtigem Grund, sondern auch ordentlich kündbar (§ 723 Abs 1 Satz 1).

d) **Gesellschafterbeschluss, Aufhebungsvertrag**. Die Auflösung durch Beschluss oder Ver- **12**
trag der Gesellschafter ist jederzeit zulässig (vgl auch HGB § 131 Abs 1 Nr 2)[25], auch stillschweigend, nicht notwendig ist ein einstimmiger Beschluss, auch Mehrheitsbeschluss bei wirksamer Vereinbarung[26] ist möglich. In einem das ganze Unternehmen der Gesellschaft erfassenden **Veräußerungsbeschluss** liegt in der Regel zugleich ein Auflösungsbeschluss[27]; es kommt hier auf den Parteiwillen an, so dass uU auch eine gesellschaftliche Fortsetzungsabsicht trotz Unternehmensveräußerung oder -stilllegung[28] oder trotz Verpachtung auf lange Zeit[29] anzunehmen ist mit der Folge, dass die Gesellschaft fortbesteht. Lebt ein Gesellschafter im gesetzlichen Güterstand der **Zugewinngemeinschaft**, dann bedarf seine Willenserklärung unter den Voraussetzungen des § 1365 Abs 1 (das Vermögen des Gesellschafters besteht im Wesentlichen aus der Mitgliedschaft) der **Zustimmung** des anderen Ehegatten, da zumindest nicht ausgeschlossen werden kann, dass nach Auseinandersetzung an Stelle der Gesellschafterstellung lediglich ein schuldrechtlicher Ausgleichsanspruch (§ 734) besteht. Bei einem nicht voll geschäftsfähigen Gesellschafter bedarf dessen Willenserklärung dann der **vormundschaftsgerichtlichen Zustimmung** durch den gesetzlichen Vertreter, Vormund bzw Betreuer, wenn es sich bei der Beteiligung um den wesentlichen Vermögensgegenstand des Gesellschafters handelt (§§ 1643 Abs 1, 1822 Nr 1, 1908 i Abs 1 Satz 1). Eine Zustimmungsbedürftigkeit ergibt sich hingegen nicht schon aus dem Umstand, dass die GbR ein Erwerbsgeschäft betreibt (§ 1822 Nr 3). Denn hier lässt sich aus § 1823 im Umkehrschluss entnehmen, dass der Gesetzgeber die Auflösung einer Gesellschaft nicht einer Veraußerung des Erwerbsgeschäfts gleichstellt[30]. Eine Auflösung ohne Zustimmung verletzt zwar § 1823; die Kündigung ist aber wirksam, denn hierbei handelt es sich lediglich um eine Ordnungsvorschrift[31]. Zustimmungsbedürftig ist die Auflösung allerdings dann, wenn zugleich die Veräußerung des betriebenen Unternehmens vereinbart wird (§ 1822 Nr 3). Zu den Einzelheiten der Zustimmungsbedürftigkeit s § 723 Rz 19ff.

Zu Fragen der Zustimmungsbedürftigkeit bei Verpfändung und Nießbrauchsbestellung an der **13**
Mitgliedschaft s § 717 sowie zur Rechtslage bei der Pfändung s § 725. Bei Vor- und Nacherbschaft ist das Mitauflösungsrecht des Vorerben nicht von einer Zustimmung des Nacherben abhängig

21 BGHZ 10, 91; RGZ 82, 395.
22 Zum umgekehrten Fall Zweibrücken NZG 1998, 939.
23 S § 705 Rz 70ff.
24 MünchKomm/Ulmer Rz 21; Staud/Habermeier Rz 8; Erman/Westermann Rz 4.
25 Koblenz NJW-RR 2002, 827; Naumburg NZG 1999, 111.
26 S § 709 Rz 16f.
27 BGH NJW 1960, 434; BGH WM 1958, 1105; BGHZ 26, 130.
28 RGZ 110, 422; Zweibrücken BZG 1998, 940.
29 RG JW 1906, 478.
30 BGHZ 52, 316 (für den Auflösungsbeschluss bei einer GmbH).
31 Soergel/Zimmermann § 1823 Rz 5 mweitNachw.

(§ 2112); eine durch den Vorerben mitvereinbarte gesellschaftsvertragliche Anteilsschmälerung kann aber gegen § 2113 Abs 2 verstoßen[32]. Zur Rechtslage bei einer aufschiebend bedingten Verfügung über die Mitgliedschaft unter Lebenden auf den Todesfall (rechtsgeschäftliche Nachfolgeklausel) s § 727.

14 e) **Vereinigung aller Anteile in einer Hand.** Eine Gesellschaft bürgerlichen Rechts wird nach ganz herrschender Meinung **zwangsläufig aufgelöst**, wenn alle Gesellschaftsanteile in einer Hand vereint werden; denn eine Einpersonen-Gesellschaft gibt es nicht[33]. Das Herabsinken der Gesellschafterzahl auf nur eine Person kann auf verschiedene Weise eintreten: durch den **Tod** des vorletzten Gesellschafters, ohne dass an seiner Stelle ein Erbe im Wege einer erbrechtlichen Nachfolgeklausel nachrückt[34], durch (rechtsgeschäftliche oder erbrechtliche) **Übertragung** aller anderen Mitgliedschaften auf einen Gesellschafter, wenn bis auf einen alle Mitgesellschafter durch **Austrittskündigung** aus der Gesellschaft ausscheiden (§ 736) oder durch **Verschmelzung** der an der GbR beteiligten juristischen Personen. In allen diesen Fällen ist die Gesellschaft im Moment der Vereinigung aller Anteile zugleich aufgelöst und sofort vollbeendet; einer Auseinandersetzung des Gesellschaftsvermögens (der Liquidation) bedarf es nicht. Bei Zweipersonengesellschaften kommt es auf die Vereinbarungen unter den Gesellschaftern an: Steht einem der beiden Gesellschafter ein Übernahmerecht zu und übt er dieses aus, geht das Gesellschaftsvermögen im Wege der Gesamtrechtsnachfolge auf ihn über und der andere Gesellschafter ist damit aus der Gesellschaft ausgeschieden[35]. Liegen diese Voraussetzungen nicht vor, wird die Zweipersonengesellschaft wie eine GbR unter mehreren Beteiligten aufgelöst und muss abgewickelt werden.

III. Wirkung der Auflösung für die Gesellschaft

15 1. **Umwandlung in eine Liquidationsgesellschaft.** Durch die Auflösung die Gesellschaft ändert sich lediglich ihr Zweck, ihre **Identität** bleibt demgegenüber **gewahrt**[36]. Weder kommt es zu unmittelbaren Änderungen im Gesellschaftsvermögen noch hat die Auflösung der Gesellschaft Auswirkungen auf die gegenüber Dritten begründeten Rechtsverhältnisse. Allerdings sind fällige **Gesellschaftsschulden** nach § 733 Abs 1 zu erfüllen, für noch nicht fällige Gesellschaftsverbindlichkeiten sind Rücklagen zu bilden. Auch die Haftung der Gesellschafter für Verbindlichkeiten der Gesellschaft wird von der Auflösung der Gesellschaft nicht berührt. Die Auflösung entfaltet grundsätzlich nur Wirkungen im Innenverhältnis der Gesellschaft. Die **Förderungspflicht** der Gesellschafter beschränkt sich auf die **Erreichung des Abwicklungszwecks**. Diese sind vom Eintritt des Auflösungsgrunds ab nicht mehr verpflichtet, den ursprünglichen Zweck der werbenden Gesellschaft zu unterstützen, brauchen **Beiträge**, die nicht für die Abwicklung benötigt werden, nicht mehr zu leisten. Eine Nachschusspflicht besteht nur nach § 735. Die Gesellschafter sind nicht mehr gehalten, **Konkurrenzverbote** oder sonstige Leistungsbindungen einzuhalten, es sei denn, dass sich aus dem Zweck der konkreten Gesellschaft, dem Gesellschaftsvertrag oder bestimmten Abwicklungsmodalitäten (vor allem bei „Fortführung" des Unternehmens durch einen ehemaligen Mitgesellschafter) etwas Gegenteiliges ergibt. Das Sonderrecht zur **Geschäftsführung** erlischt; an die Stelle der bisherigen Geschäftsführungs- und Vertretungsregelung tritt Gesamtgeschäftsführung und -vertretung aller gem § 730 Abs 2 Satz 2, wenn nichts anderes vereinbart ist. Einzelansprüche zwischen Gesellschaft und Gesellschaftern sowie zwischen den Gesellschaftern können nicht mehr isoliert geltend gemacht werden, sondern sind im Rahmen einer Schlussabrechnung zu saldieren. Zu den Einzelheiten vgl § 730.

32 BGHZ 78, 177; für generelle Unanwendbarkeit von § 2113 Abs 2 MünchKomm/Ulmer Rz 10.

33 BGH NJW-RR 2002, 704; BGB NZG 2000, 474; RGZ 163, 142; BayObLG NZG 2001, 889; s auch Baumann BB 1998, 225; Eckhardt NZG 2000, 449; Fett/Brand NZG 1999, 45; s auch § 705 Rz 18.

34 S § 727 Rz 119 ff.

35 S § 723 Rz. 9.

36 RGZ 106, 63; RGZ 74, 62.

2. **Streitigkeiten um die Auflösung**. Einwendungen gegen die (Wirksamkeit der) Auflösung einer Gesellschaft sind grundsätzlich mittels Feststellungsklage gegen die Mitgesellschafter geltend zu machen; gegen die Gesellschaft nur dann, wenn dies durch Gesellschaftsvertrag zugelassen wird[37]. **16**

3. **Rückumwandlung in eine werbende Gesellschaft**. Die Auflösungswirkung können die Gesellschafter jederzeit – nach außen **nur ex nunc** – aufheben, da die Identität der Gesellschaft gewahrt bleibt und dadurch nur wieder ihr Zweck geändert wird. Voraussetzung für die Fortsetzung der Gesellschaft als werbende Gesellschaft ist die bislang **fehlende Vollbeendigung** des Verbandes, der **Wegfall des Auflösungsgrundes** sowie grundsätzlich ein einstimmiger **Fortsetzungsbeschluss** der Gesellschafter. Ein solcher Beschluss (Grundlagengeschäft) kann auch konkludent gefasst werden. Verweigert ein Mitgesellschafter seine notwendige Mitwirkung an der Liquidation, so kann aber allein aus der nach außen unveränderten Fortführung der GbR nicht auf einen Fortführungsbeschluss geschlossen werden; vielmehr ist anzunehmen, dass die Gesellschafter die Auseinandersetzung bis zum Abschluss ihrer Verhandlungen aufschieben wollen[38]. Im Innenverhältnis können die Gesellschafter mit ex tunc-Wirkung vereinbaren, sich so zu behandeln, als ob nie eine Auflösung eingetreten sei. Diese Fortsetzungsmöglichkeit besteht bei der Gläubiger-Kündigung (§ 725 Abs 1) und der Auflösung durch Insolvenz der Gesellschaft oder einzelner Gesellschafter (§ 728) nur mit Zustimmung des Gläubigers bzw des Insolvenzverwalters. Ein Mehrheitsbeschluss ist nur wirksam, wenn dieser im Gesellschaftsvertrag für diesen Fall zugelassen ist; über die Wirksamkeit von Mehrheitsbeschlüssen und ihren Grenzen (Bestimmtheitsgrundsatz, Kernbereichslehre) s §§ 709 Rz 23 ff, 39 ff. Die Gesellschafter können aber durch entsprechende Gestaltung des Gesellschaftsvertrags von vornherein die oft verlustreichen Wirkungen der Auflösung verhindern, indem sie von den in den §§ 736, 737 eröffneten Möglichkeiten (Fortsetzungsklausel) Gebrauch machen. Nicht möglich ist eine Fortsetzung bei Erreichung oder Unmöglichwerden des Gesellschaftszwecks (§ 726); hier können die Gesellschafter nur einen neuen Gesellschaftszweck vereinbaren. **17**

Die Gesellschafter können auch, ohne die Rückumwandlung in eine werbende Gesellschaft zu beschließen, die **Abwicklung** der aufgelösten Gesellschaft **aufschieben**. Möglich ist dies allerdings nur im Einverständnis aller Gesellschafter und nur für einen absehbaren Zeitraum; zu den Einzelheiten vgl vor § 730. **18**

§ 723 Kündigung durch Gesellschafter

(1) **Ist die Gesellschaft nicht für eine bestimmte Zeit eingegangen, so kann jeder Gesellschafter sie jederzeit kündigen. Ist eine Zeitdauer bestimmt, so ist die Kündigung vor dem Ablauf der Zeit zulässig, wenn ein wichtiger Grund vorliegt. Ein wichtiger Grund liegt insbesondere vor,**

1. **wenn ein anderer Gesellschafter eine ihm nach dem Gesellschaftsvertrag obliegende wesentliche Verpflichtung vorsätzlich oder aus grober Fahrlässigkeit verletzt hat oder wenn die Erfüllung einer solchen Verpflichtung unmöglich wird,**
2. **wenn der Gesellschafter das 18. Lebensjahr vollendet hat.**

Der volljährig Gewordene kann die Kündigung nach Nummer 2 nur binnen drei Monaten von dem Zeitpunkt an erklären, in welchem er von seiner Gesellschafterstellung Kenntnis hatte oder haben musste. Das Kündigungsrecht besteht nicht, wenn der Gesellschafter bezüglich des Gegenstands der Gesellschaft zum selbständigen Betrieb eines Erwerbsgeschäfts gemäß § 112 ermächtigt war oder der Zweck der Gesellschaft allein der Befriedigung seiner persönlichen Bedürfnisse diente. Unter den gleichen Voraussetzungen

37 BGHZ 85, 350; BGH WM 1966, 1036.

38 BGH NJW 1995, 2843.

ist, wenn eine Kündigungsfrist bestimmt ist, die Kündigung ohne Einhaltung der Frist zulässig.

(2) **Die Kündigung darf nicht zur Unzeit geschehen, es sei denn, dass ein wichtiger Grund für die unzeitige Kündigung vorliegt. Kündigt ein Gesellschafter ohne solchen Grund zur Unzeit, so hat er den übrigen Gesellschaftern den daraus entstehenden Schaden zu ersetzen.**

(3) **Eine Vereinbarung, durch welche das Kündigungsrecht ausgeschlossen oder diesen Vorschriften zuwider beschränkt wird, ist nichtig.**

ÜBERSICHT

Schrifttum: Molitor, Die Kündigung, 1951[2]; Audoerfer, Ausschluss und Beschränkungen des Kündigungsrechts bei Personalgesellschaften, Diss Köln 1967; A Hueck, Zur Problematik langfristiger Gesellschaftsverträge, in: Festschr für Larenz, 1973, S 741; Merle, Personalgesellschaften auf unbestimmte Zeit und auf Lebenszeit, in: Festschr für Bärmann, 1975, S 631; Gersch, Die Grenzen zeitlicher Beschränkungen des ordentlichen Kündigungsrechts bei Personalgesellschaften, BB 1977, 871; van Venr o o y, Unwirksamkeit der unzeitigen Kündigung in den gesetzlich geregelten Fällen, JZ 1981, 53; U l m e r, Kündigungsschranken im Handels- und Gesellschaftsrecht, in: Festschr für Möhring, 1985, S 295; G u m m e r t, Unzulässige Beschränkung des Kündigungsrechts des Gesellschafters einer BGB-Innengesellschaft, WiB 1994, 685; O e t k e r, Das Dauerschuldverhältnis und seine Beendigung, 1994; N o a c k, Zur Beschränkung des Kündigungsrechts nach BGB § 723 Abs. 3, JR 1995, 240; L a u m / D y l l a - K r e b s, Der Minderjährige mit beschränkter Haftung, in: Festschr für Vieregge, 1995, S 513; W e s t e r m a n n, Kündigungsbeschränkungen durch Schutzgemeinschaftsvertrag, ZGR 1996, 272; B e h n k e, Minderjährige als Gesellschafter – MhbeG und Beratungspraxis, NZG 1999, 244; G r u n e w a l d, Haftungsbeschränkungs- und Kündigungsmöglichkeiten für volljährig gewordene Personengesellschafter, ZIP 1999, 597; H a b e r s a c k, Das neue Gesetz zur Beschränkung der Haftung Minderjähriger, FamRZ 1999, 1; W i e d e m a n n / S c h u l t z, Grenzen der Bindung bei längerfristigen Kooperationen, ZIP 1999, 1; K r a t z / Q u a n t i u s, Zur außerordentlichen Kündigung von Sportsponsoringverträgen bei Dopingfällen, in: Festschr für Fenn, 2000, S 177; H o c h n e r, Das Sonderkündigungsrecht des volljährig gewordenen Gesellschafters, ZEV 2001, 47; B a i e r, Die Störung der Geschäftsgrundlage im Recht der Personengesellschaften, NZG 2004, 356; S t e i n b e c k, Zur Kündbarkeit der Gesellschaft bürgerlichen Rechts, in: Festschr für Hadding, 2004, S 675; H e n s s l e r / K i l i a n, Zulässigkeit und Grenzen einer gemeinschaftlichen Kündigung der Mitgliedschaft in der Mitunternehmer-Personengesellschaft, ZIP 2005, 2229.

I. Allgemeines

1. **Bedeutung des Kündigungsrechts**. – a) **Ordentliche Kündigung**. Die GbR als Grundtyp der Personalgesellschaft wird „... eingegangen in der Regel im Vertrauen auf die Individualität der einzelnen Kontrahenten; es entsteht deshalb regelmäßig ein höchstpersönliches Vertragsverhältnis."[1] Die Existenz der Gesellschaft hängt maßgeblich von der ununterbrochenen Zugehörigkeit aller ursprünglichen Vertragspartner ab. Eine im Belieben des Einzelnen stehende Übertragung der Gesellschaftsanteile ist grundsätzlich ebenso ausgeschlossen wie ein freier Ein- oder Austritt von Gesellschaftern. Allerdings muss das Dauerschuldverhältnis zum Schutz der persönlichen Freiheit lösbar sein[2]. Denn der Gesellschaftsvertrag greift in sonst nicht vergleichbarer Weise in die Sphäre der Mitglieder ein, da nicht nur Einlage (§ 705), sondern persönlicher Einsatz geschuldet wird (§ 709 Abs 1), unbegrenzte persönliche Haftungsrisiken für jeden Gesellschafter entstehen können (§ 714) und die Beteiligung an unternehmerisch tätigen Gesellschaften üblicherweise die Grundlage der wirtschaftlichen Existenz der Beteiligten ist. Als Ausgleich für die Unveräußerlichkeit, Unverwertbarkeit und Unvererblichkeit der Mitgliedschaft steht deshalb jedem Gesellschafter eine im Kern unabdingbare Möglichkeit zur ordentlichen Kündigung des Gesellschaftsverhältnisses zu. 1

b) **Kündigung aus wichtigem Grund**. Anders verhält es sich bei der Kündigung aus wichtigem Grund. Diese übernimmt für das Gesellschaftsverhältnis als Dauerschuldverhältnis die Funktion, die bei Austauschverträgen dem Rücktritt zukommt: Jeder Vertragspartner soll sich bei erheblichen Vertragsstörungen, die im Laufe der Vertragsausführung auftreten und zu einer unzumutbaren Bindung zumindest eines der Beteiligten führen, vom Vertrag lösen können. Darüber hinaus kompensiert das außerordentliche Kündigungsrecht diejenigen Einschränkungen, die sich – im Interesse des Verkehrsschutzes – mit den Grundsätzen der fehlerhaften Gesellschaft[3] verbinden: Beruht der Gesellschaftsvertrag (oder spätere Änderungen) auf nichtigen oder anfechtbaren Rechtshandlungen der Beteiligten, so kann das Gesellschaftsverhältnis nach dessen Vollzug zwar nicht mehr rückabgewickelt werden; allerdings kann sich jeder Gesellschafter durch außerordentliche Kündigung von den bestehenden Bindungen lösen. 2

2. **Konkurrenzen**. – a) **§§ 313, 314**. § 314 statuiert ganz allgemein ein **Recht zur Kündigung von Dauerschuldverhältnissen aus wichtigem Grund**; der Sinn und Zweck dieses Kündigungsrechts ist derselbe wie beim außerordentlichen Kündigungsrecht nach § 723 Abs 1 Satz 2. 3

1 Motive II, S 591.
2 BGH NZG 2006, 425; BGHZ 126, 226; BGHZ 50, 316; BGZ 23, 10; BGH NJW 1954, 106 (OHG); RGZ 136, 236.
3 S § 705 Rz 70 ff.

Nach dem Willen des Gesetzgebers geht § 723 Abs 1 Satz 2 allerdings als lex spezialis § 314 vor[4]; dies hat insofern Bedeutung, als es für eine außerordentliche Kündigung des Gesellschaftsverhältnisses – anders als nach § 314 Abs 2 – weder auf den Ablauf einer angemessenen Frist zur Abhilfe einer Leistungsstörung noch auf eine erfolglose Abmahnung ankommt; umgekehrt sind bei der GbR das Kündigungsverbot zur Unzeit (§ 723 Abs 2 Satz 1) und sonstige, sich vor allem aus der Treuepflicht ergebende Einschränkungen des Kündigungsrechts zu beachten. Praktisch ergeben sich daraus allerdings kaum Unterschiede, denn angesichts der Treuepflicht kann sich auch im Gesellschaftsrecht für den von der Vertragsstörung Betroffenen die Pflicht ergeben, vor Kündigung abzumahnen oder eine Frist zur Abhilfe der Störung zu setzen. Die Pflicht, binnen einer angemessenen Frist nach Kenntniserlangung vom Grund zu kündigen (§ 314 Abs 3), ist jedenfalls entsprechend auf § 723 Abs 1 Satz 2 anwendbar[5].

4 Im Hinblick auf die in § 313 kodifizierten Grundsätze zum **Wegfall der Geschäftsgrundlage** ergibt sich hingegen kein Vorrang von § 723 Abs 1 Satz 2. Zum einen kann jede erhebliche Störung der Geschäftsgrundlage, gleichgültig, ob sie sich bei Ausführung des Vertrages ergibt oder von Anfang an vorlag, einen wichtigen Grund zur Kündigung bilden; § 723 Abs 1 Satz 2 und § 313 Abs 3 regeln insofern unterschiedslos dasselbe. Zum anderen entspricht es einem allgemeinen, auch schon bislang bei § 723 Abs 1 Satz 2 anerkannten Grundsatz, dass die Auflösung eines Rechtsverhältnisses ultima ratio ist. § 313 Abs 3 Satz 2 statuiert eben diesen allgemeinen Grundsatz im Hinblick auf eine Vertragsanpassung. Zu einer derartig zweckdienlichen und notwendigen Vertragsanpassung sind dann die Gesellschafter ohnehin aus **Treuepflicht**[6] gehalten. Ergibt sich der wichtige Grund zur Kündigung aus einer Störung der Geschäftsgrundlage, besteht daher vorrangig die Pflicht zur Vertragsanpassung (§ 313 Abs 3 Satz 2 bzw Treuepflicht); erst wenn diese nicht möglich oder dem Betroffenen nicht zumutbar ist, kann das Dauerschuldverhältnis außerordentlich gekündigt werden[7].

5 b) **Rücktritt**. Nach allgemeiner Doktrin tritt das Recht zur außerordentlichen Kündigung an die Stelle des Rücktrittsrechts, wenn ein Dauerschuldverhältnis in Vollzug gesetzt worden ist (vgl §§ 313 Abs 3 Satz 2, 314 Abs 1 Satz 1); bis zum Vollzug ist aber auch bei Dauerschuldverhältnissen – einen entsprechenden Grund vorausgesetzt – Rücktritt möglich. Dies muss ebenso bei der GbR gelten: Bis zur Invollzugsetzung einer Gesellschaft kann aus wichtigem Grund Rückabwicklung statt Auflösung und Auseinandersetzung verlangt werden[8]. Eine gewisse Ungereimtheit ergibt sich daraus, dass das Kündigungsrecht aus jedem wichtigen Grund gewährt wird (§ 314 Abs 1 Satz 1), der Rücktritt hingegen grundsätzlich nur bei einer Leistungsstörung (§§ 323, 324, 326) und Störungen der Geschäftsgrundlage (§ 313 Abs 3 Satz 1). Allerdings gilt zu beachten, dass bei einem Rücktritt aus wichtigem Grund sich die Unzumutbarkeit eines Festhaltens am Vertrag nicht (nur) auf die Zukunft, sondern gerade auf die Vergangenheit beziehen muss, denn das Schuldverhältnis soll rückabgewickelt werden. Unter dieser Einschränkung spricht dann aber nichts dagegen, jedem Gesellschafter bis zum Vollzug des Gesellschaftsvertrages die Möglichkeit einzuräumen, aus wichtigem Grund vom Vertrag zurückzutreten. Ungeachtet dessen kann auch eine noch nicht in Vollzug gesetzte Gesellschaft gekündigt, also nur mit Wirkung für die Zukunft beendet werden[9].

6 c) **Schadensersatz**. Konkurrenzprobleme zwischen dem Schadensersatzrecht und dem Kündigungsrecht aus wichtigem Grund entstehen, wenn beim Abschluss eines Gesellschaftsvertrages oder beim Beitritt zu einer bestehenden Gesellschaft die entsprechende Willenserklärung eines Gesellschafters wegen einer unzulässigen Einwirkung (Irreführung, Täuschung usw) fehlerhaft ist. Eingedenk der Grundsätze zur fehlerhaften Gesellschaft[10] hat der Betroffene nach Vollzug anstelle des Anfechtungsrechts (nur) das Recht zur **außerordentlichen Kündigung** der Gesell-

4 BT-Drucks 14/6040 S 177.
5 MünchKomm/Ulmer Rz 5.
6 S § 705 Rz 58 ff.
7 MünchKomm/Ulmer Rz 4; aA Beier NZG 2004, 356.
8 BGH WM 1967, 419.
9 BGH NJW-RR 1995, 1061.
10 S hierzu § 705 Rz 70 ff.

schaft (§ 723 Abs 1 Satz 2) bzw – bei einer entsprechenden Fortsetzungsklausel (§ 736) – ein Recht zum Austritt. Außerdem (zum Nebeneinander vgl § 314 Abs 4) entsteht ein **Schadensersatzanspruch** gegen den handelnden Gesellschafter und/oder – bei entsprechendem Zurechnungstatbestand – die Gesellschaft selbst (Einzelheiten zu Rz. 43). Im Rahmen des großen Schadensersatzes erlangt der Gesellschafter die Lösung von der Gesellschaft und die Rückgewähr seiner Einlage, ohne den Beschränkungen unterworfen zu sein, die sich aus den Grundsätzen zur fehlerhaften Gesellschaft ergeben: Hier fließen die einzelnen Vermögensansprüche des Kündigenden in die Schlussabrechnung zwischen allen Beteiligten ein[11] und unterliegen bis dahin grundsätzlich der Durchsetzungssperre[12]. Den Konflikt zwischen Schadensersatzrecht und den Grundsätzen zur fehlerhaften Gesellschaft vermeidet man daher sachgerecht, wenn man den großen Schadensersatzanspruch zwingend an die Ausübung des Kündigungsrechts aus wichtigem Grund bindet und bis zur Schlussauseinandersetzung der gesellschaftsrechtlichen Durchsetzungssperre unterwirft[13].

Dass der geschädigte Innengesellschafter (Anleger) bei stillen Anlagebeteiligungen sofort 7
Schadensersatz (zumindest) in Höhe seiner erbrachten Einlage verlangen kann[14], beruht nicht auf dem Umstand, dass der zum Schadensersatz Verpflichtete zugleich als Inhaber des Handelsgeschäfts Vertragspartner des Innengesellschafters ist. Auch kommt es nicht auf eine aus Billigkeitsgründen gebotene Ausnahme vom Vorrang der Grundsätze zur fehlerhaften Gesellschaft an, die auf Innengesellschaften in der Regel ohnehin nicht anwendbar sind[15]. Entscheidend ist vielmehr, dass die die Durchsetzungssperre bei Außengesellschaften tragenden Erwägungen – kein Hin- und Herzahlen zwischen den Beteiligten bis zur vollständigen Liquidation der Gesellschaft[16] – zwar auch für die Auseinandersetzung von Innengesellschaften grundsätzlich zutreffen[17], allerdings bei der Auseinandersetzung einer stillen Anlagebeteiligung zumeist von vorn herein feststeht, dass dem Innengesellschafter der als Schadensersatz geltend gemachte Betrag ohnehin als Auseinandersetzungsanspruch zusteht; und für diesen Fall wird eine Ausnahme von der Durchsetzungssperre allgemein anerkannt[18].

3. **Anwendungsbereich**. – a) **Handelsrechtliche Personalgesellschaften**. Das HGB enthält 8
für die ordentliche Kündigung der OHG und KG abschließende, vom Recht der GbR abweichende Regelungen (HGB §§ 132, 131 Abs 3 Nr 3, 161 Abs 2), so dass sich ein Rückgriff auf § 723 Abs 1 Satz 1 verbietet. Demgegenüber findet das Verbot der Beschränkung des Kündigungsrechts (§ 723 Abs 3) auf die ordentliche Kündigung einer handelsrechtlichen Personalgesellschaft[19] sowie einer stillen Gesellschaft Anwendung[20]. Auch das außerordentliche Kündigungsrecht wird für OHG und KG durch die Auflösungsklage aus wichtigem Grund (HGB §§ 133, 161 Abs 2) verdrängt; hier besteht mit HGB § 133 Abs 3 auch eine gegenüber § 723 Abs 3 vorrangige Regelung. Dagegen verweist HGB § 234 Abs 1 Satz 2 für die außerordentliche Kündigung der stillen Gesellschaft des Handelsrechts auf § 723 Abs 1 Satz 2.

b) **Zweigliedrige Gesellschaften**. Eine Kündigung ist ebenfalls in zweigliedrigen Gesell- 9
schaften für jeden der Beteiligten möglich. Sie führt – sofern eine Fortsetzungsklausel (dazu § 736) im Gesellschaftsvertrag vereinbart worden ist – mit dem Zeitpunkt der Wirksamkeit der Erklärung zum **sofortigen Ausscheiden** des Kündigenden und zur **sofortigen Vollbeendigung**

11 S § 730 Rz 25 ff.
12 S § 730 Rz 6 ff.
13 BGH NJW 2001, 2718 (für einen Widerruf aufgrund eines Haustürgeschäfts); BGH NJW 2000, 3558; BGH NJW-RR 2000, 1576; Stuttgart ZIP 2001, 692.
14 BGH NJW-RR 2006, 178; BGH NJW 2005, 1784; BGH NJW-RR 2005, 627; BGH NJW-RR 2004, 1407; Überblick bei Geibel BB 2005, 1009.
15 Schleswig ZIP 2003, 74; Jena ZIP 2003, 1444; Schäfer, Die Lehre vom fehlerhaften Verband, 2002, S 144 f; Hey NZG 2004, 1097; aA BGH NJW-RR 2006, 178; BGH NJW-RR 2005, 627. S auch § 705 Rz 92.
16 S § 730 Rz 6.
17 S Rz 8 ff vor § 730.
18 S § 730 Rz 9.
19 BGH NJW 1998, 892; BGH NJW 1985, 192; BGH NJW 1954, 106; München OLGR 2006, 516.
20 BGH NJW 2001, 1270; BGH NJW 1992, 2697; BGHZ 23, 10.

der Gesellschaft. Es erfolgt keine Umwandlung der werbenden in eine Abwicklungsgesellschaft; vielmehr wächst der Anteil des Ausscheidenden (das Gesellschaftsvermögen) dem Verbleibenden ipso iure zu[21]. Bei wechselseitigen Kündigungen in einer zweigliedrigen Gesellschaft kommt es für die Rechtsfolgen auf den Zeitpunkt der ersten zugehenden Kündigungserklärung an; dessen Empfänger hat dann ggfl die Liquidationslast allein zu tragen. Gegen den ausgeschiedenen Gesellschafter können sich allerdings Zahlungsansprüche entsprechend § 739 ergeben. Zur gegenseitigen schuldhaften Verursachung der Kündigung s Rz 42. Ohne Fortsetzungsklausel wird auch die zweigliedrige Gesellschaft grundsätzlich in eine Abwicklungsgesellschaft umgewandelt und muss durch Liquidation vollbeendet werden[22]. In einem solchen Fall vermag ein später übernahmewilliger Mitgesellschafter das Unternehmen nicht durch einseitige Erklärung allein zu übernehmen; vielmehr bedarf es eines Konsenses unter den beiden an der Liquidationsgesellschaft Beteiligten (zur Rückumwandlung in eine werbende Gesellschaft s Rz 17 vor § 723).

10 c) **Sonstige Gesellschaftsverhältnisse**. § 723 findet auch auf **Innengesellschaften** Anwendung[23]; typisch stille Gesellschaften des bürgerlichen Rechts sind demgegenüber HGB § 234 zu unterstellen[24]. § 723 ist insbesondere auch auf **fehlerhafte Gesellschaften**[25] anwendbar; **nicht** hingegen auf nicht eingetragene **Vereine**, bei ihnen gilt § 39[26], ebenfalls nicht auf Vorgesellschaften zu AG und GmbH, die schon dem Recht der jeweils angestrebten Gesellschaft unterstehen sollen[27].

11 d) **„Gesellschaftsähnliche" Rechtsverhältnisse**. Für „gesellschaftsähnliche Rechtsverhältnisse"[28] ist in der Vergangenheit oftmals das Kündigungsrecht nach § 723 Abs 1 herangezogen worden[29]. Angesichts des durch die Schuldrechtsreform 2002 neu eingeführten § 314 besteht dafür jedenfalls im Hinblick auf die Kündigung aus wichtigem Grund keine Notwendigkeit mehr. Soweit man im Übrigen Verträge von längerer Dauer; bei denen eine persönliche Zusammenarbeit und gütliches Einvernehmen erforderlich sind, als „gesellschaftsähnliche" Rechtsverhältnisse ansieht, ist das ordentliche Kündigungsrecht nach § 723 Abs 1 Satz 1 (entsprechend) anwendbar, wenn der Vertrag nach Zweck und Parteiwillen[30] als auf unbestimmte Zeit abgeschlossen und die Kündigung nicht zeitweilig vereinbarungsgemäß als ausgeschlossen zu gelten hat[31]. Zu Einzelfällen vgl die Zusammenstellung in Soergel, 11. Aufl.

12 4. **Abdingbarkeit**. Nach § 723 Abs 3 kann weder das ordentliche noch das außerordentliche Kündigungsrecht ausgeschlossen oder gegenüber den Regelungen in Absatz 1 und 2 beschränkt werden; darüber hinaus ist § 723 allerdings dispositiv, insbesondere kann der wichtige Grund für eine außerordentliche Kündigung konkretisiert und weitere Kündigungsgründe vereinbart werden; zu den Einzelheiten s unter Rz 55 ff.

II. Ausübung des Kündigungsrechts

13 1. **Kündigungsberechtigter**. Zur Kündigung ist jeder Gesellschafter berechtigt. Im Rahmen des rechtlich Zulässigen können zwischen den einzelnen Gesellschaftern sowohl die Kündigungsvoraussetzungen unterschiedlich ausgestaltet sein[32] wie auch die Rechtsfolgen (etwa Ausscheiden

21 BGH, ZIP 2006, 851; BGH NJW-RR 2006, 322; BGH NJW-RR 2002, 704; München OLGR 2006, 516; Hamm NZG 2005, 175; Stuttgart NZG 2004, 766; vgl auch Rz 14 vor § 723.
22 S Rz 14 vor § 723; Rz 5 vor § 730.
23 Schleswig OLGR 2002, 452; Bamberg NZG 1998, 897; einschränkend MünchKomm/Ulmer Rz 2.
24 MünchKomm/Ulmer Rz 2.
25 S § 705 Rz 70 ff.
26 AA noch RGZ 78, 134.
27 Hamm NJW-RR 1995, 551; aA Kießling, Vorgründungs- und Vorgesellschaften, 1999, S 195 ff.
28 S Rz 19 vor § 705.
29 München NJW-RR 1996, 561; BGH LM Nr 4 zu PatG § 9; RGZ 158, 321; RGZ 87, 215; RG DR 1939, 1521; RG MuW 1931, 36; RG JW 1927, 2415; Hamburg HamRGZ 1929 B 99; Dresden MuW 1929, 355; KG MuW 1923, 246; KG JW 1922, 1215.
30 BGH WM 1959, 857.
31 RG HRR 1939 Nr 1300; RG WarnR 1942, Nr 93.
32 RGZ 156, 129 (Mindestdauer der Gesellschaft nicht für alle Gesellschafter vereinbart).

anstelle Auflösung nach § 736 nur für einige Gesellschafter); der Gleichbehandlungsgrundsatz steht dem grundsätzlich nicht entgegen. Das Kündigungsrecht ist untrennbar mit der Mitgliedschaft verbunden und kann nicht auf Dritte übertragen werden (§ 717 Satz 1). Zum Kündigungsrecht des Pfändungspfandgläubigers eines Gesellschafters s zu § 725; zum Kündigungsrecht des Testamentsvollstreckers und des Nachlassverwalters bei Verwaltungstestamentsvollstreckung und Nachlassverwaltung s zu § 727. Zur Rechtslage bei der Verpfändung und bei der Nießbrauchsbestellung an einer Mitgliedschaft s zu § 717.

2. **Kündigungserklärung**. – a) **Einseitige empfangsbedürftige Willenserklärung**. Die Kündigung ist die einseitige Erklärung eines Gesellschafters, gerichtet auf Auflösung der Gesellschaft (zur Austrittskündigung vgl § 736). Das Kündigungsrecht muss gegebenenfalls durch den gesetzlichen Vertreter ausgeübt werden; Stellvertretung ist zulässig[33]. Da sie die gesellschaftsvertragliche Grundlage betrifft, ist sie **an alle Gesellschafter** zu richten, und da sie empfangsbedürftig ist, muss sie ihnen allen **zugehen** (§ 130). Die Kündigung gegenüber einem oder einigen Mitgesellschaftern ist wirksam, wenn sie noch fristgemäß allen Gesellschaftern mitgeteilt wurde[34]; verzögert der Empfänger der Erklärung die Weiterleitung fahrlässig, so haftet er dem Kündigenden auf Schadenersatz, aber eventuell begrenzt nach § 254. Die Erklärung der Kündigung gegenüber dem Geschäftsführer genügt nicht[35], ausgenommen, wenn der Geschäftsführer durch Gesellschaftsvertrag oder Beschluss hierzu ermächtigt ist, was sich – insbesondere bei Anlagegesellschaften – auch aus den Umständen ergeben kann[36]. Handelt es sich bei einer kreditfinanzierten Anlagebeteiligung um ein verbundenes Geschäft zwischen Darlehen und Anteilserwerb (§ 359), so soll nach dem BGH die Kündigungserklärung auch gegenüber der finanzierenden Bank abgegeben werden können[37]. Bei der durch einen Treuhänder vermittelten mittelbaren Gesellschaftsbeteiligung, bei der „wirtschaftlicher Vertragspartner" des Anlegers die Gesellschaft selbst ist, erlaubt die Rechtsprechung die Kündigung des Treuhandverhältnisses unmittelbar gegenüber der Gesellschaft[38]. 14

b) **Auslegung, Umdeutung**. Die Kündigung braucht nicht ausdrücklich erklärt zu werden; eine dahingehende Erklärung kann sich auch aus sonstigen Umständen ergeben, solange sich der Wille zur Auflösung und Auseinandersetzung der Gesellschaft **eindeutig** erkennen lässt. Das ist etwa bei Rücktritts-, Austritts-, Anfechtungserklärungen sowie Auszahlungsverlangen bezüglich des Auseinandersetzungsguthabens der Fall[39], aber auch bei einem Auszug aus der gemeinsam gemieteten Wohnung[40], bei dem Erteilen eines Hausverbots zum Betreten eines gemeinsam bewirtschafteten Grundstücks[41] und bei Veräußerung eines Gegenstandes durch einen Mitgesellschafter, wodurch die gemeinsame Zweckerreichung vereitelt wird[42]. Auch eine Klage, mit der typische Folgen der Auflösung festgestellt werden sollen (keine Rechte mehr aus dem Gesellschaftsvertrag, Grundbuchberichtigung usw), kann eine sinngemäße Kündigungserklärung darstellen[43]. 15

Eine fristlose außerordentliche Kündigung kann, wenn kein wichtiger Grund gegeben ist, **in eine ordentliche Kündigung umgedeutet** werden, wenn dies den Mitgesellschaftern aus dem Verhalten des Kündigenden erkennbar ist und dem Willen des Kündigenden entspricht[44]. Voraus- 16

33 RG JW 1929, 368.
34 BGH NJW 1993, 1002; RGZ 21, 93; Celle NZG 2000, 586.
35 MünchKomm/Ulmer Rz 11; Staud/Habermeier Rz 9; Bamberger/Roth/Timm/Schöne Rz 6; Erman/Westermann Rz 9.
36 BGH NJW 2000, 3560 (Fondsgesellschaft mit einer Vielzahl anonymer Beteiligungen).
37 BGH NJW 2003, 2821; aA noch BGH NJW 2000, 1576.
38 BGH NJW 2001, 2718.
39 BGH NJW-RR 2002, 704; BGH NJW 1993, 1002 (Gläubigerkündigung); RGZ 165, 193; RGZ 89, 398.
40 Düsseldorf NJW-RR 1998, 658; LG Oldenburg WuM 2000, 212.
41 Karlsruhe NZG 2003, 324.
42 Düsseldorf NZG 2001, 746; Zweibrücken NZG 1998, 940.
43 BGH WM 1558, 1335.
44 BGH NJW 1998, 1551; BGH NJW 1998, 76; BGH NJW 1982, 2603; BGH NJW 1981, 976; Brandenburg Urt v 21. 7. 2004 – 7 U 221/03; Münch

setzung ist deshalb, dass die Rechtsfolgen der ordentlichen und der außerordentlichen Kündigung nach dem Gesellschaftsvertrag dieselben sind[45]. Eine **verspätete Kündigung** kann als rechtzeitig zum nächsten Termin aufrechterhalten werden; es kommt aber dabei auf den Kündigungsgrund an[46]. Möglich ist auch die Umdeutung einer (form-)unwirksamen Kündigung in das Angebot des ausscheidungswilligen Gesellschafters auf Abschluss eines Aufhebungsvertrags, und zwar sowohl der gesamten Gesellschaft als auch zu seiner Gesellschafterstellung; ein solches Angebot kann von den übrigen Gesellschaftern wiederum stillschweigend angenommen werden[47].

17 c) **Bedingung**. Die Kündigungserklärung muss vom Beginn der Kündigungsfrist an klare, für die Mitgesellschafter berechenbare Verhältnisse schaffen. Deshalb kann einer Kündigung in der Regel keine Bedingung hinzugefügt werden[48]. Allerdings ist eine bedingte Kündigung zulässig, wenn der Eintritt der Bedingung nur vom Willen des Empfängers abhängig ist **(Potestativbedingung)**, oder sich die Bedingung auf ein **bevorstehendes, leicht festzustellendes Ereignis** (etwa Ablauf der Mindestlaufzeit des Vertrages) bezieht, so dass für die Mitgesellschafter als Empfänger keine unsichere Rechtslage entsteht[49]. Zulässig ist daher eine Änderungskündigung, bei der die unbedingte Kündigung mit dem Antrag zu einer Vertragsänderung verbunden wird[50]. In einer Änderungskündigung ist zugleich die Bereitschaft enthalten, einverständlich die Kündigungsfolgen (Liquidationsgesellschaft) rückgängig zu machen, wenn es noch im Stadium der Auseinandersetzung zur angestrebten Vertragsänderung kommt.

18 d) **Form, Inhalt, Frist**. Die Kündigung kann grundsätzlich formlos erklärt werden. Oft wird jedoch im Gesellschaftsvertrag Schriftform oder eingeschriebener Brief verlangt, dann sind §§ 127 Abs 1, 125 Satz 1 zu beachten. Bei der außerordentlichen Kündigung muss der Kündigungsgrund angegeben werden, wenn er nicht allen Gesellschaftern bekannt ist; dies gebietet schon die Treuepflicht[51]. Allerdings hängt die Wirksamkeit der Kündigung nicht von der Angabe des Kündigungsgrundes ab. Die ordentliche Kündigung ist nach dem Gesetz an keine Kündigungsfristen gebunden. Eine entsprechende Anwendung von HGB § 132 kommt nicht in Betracht[52]. Bei der außerordentlichen Kündigung ist neben der allgemeinen Verwirkung insbesondere die Frist des § 314 Abs 2 sowie die Kündigungsfrist von § 723 Abs 1 Satz 4 zu beachten. Alle Arten von Kündigungen dürfen zudem nicht zur Unzeit erfolgen (§ 723 Abs 2); ein Verstoß dagegen führt allerdings nicht zur Unwirksamkeit der Kündigung, sondern begründet gegebenenfalls einen Schadensersatzanspruch[53]. Kündigungsfristen können im Übrigen auch vereinbart werden oder sich aus den Umständen ergeben[54]. Vereinbarte Kündigungsfristen unterliegen nur dann der Schranke des Absatzes 3, wenn sie zu einer übermäßigen Beschränkung des Kündigungsrechts führen[55]. Tritt bis zum Erreichen der Kündigungsfrist ein anderer Auflösungsgrund (Insolvenz, Tod usw) ein, wird die Kündigung nicht wirksam. Zur Kündigung der Gesellschaft schon vor deren Invollzugsetzung s Rz 5. Zur Austrittskündigung im Liquidationsstadium s § 736.

19 3. **Zustimmungsbedürftigkeit**. Lebt der Gesellschafter im gesetzlichen Güterstand der **Zugewinngemeinschaft**, dann bedarf er unter den Voraussetzungen des § 1365 Abs 1 (das Vermögen des Gesellschafters besteht im Wesentlichen aus der Mitgliedschaft) der **Zustimmung** des anderen Ehegatten zur ordentlichen Kündigung der Gesellschaft, die nur zum **Ausscheiden** des Kündigenden (bei Fortsetzungsklausel) führt. Denn diese Austrittskündigung steht einer Ver-

Komm/Ulmer Rz 17; Bamberger/Roth/Timm/Schöne Rz 7.

45 BGH LM Nr 1 zu HGB § 131.

46 RG LZ 1908, 699; RG WarnR 1908 Nr 616.

47 Naumburg NZG 1999, 111 (mAnm Behnke).

48 RGZ 146, 234; RGZ 91, 307; RGRK/v Gamm Rz 10; Staud/Habermeier Rz 13.

49 MünchKomm/Ulmer Rz 16; Bamberger/Roth/Timm/Schöne Rz 5; Erman/Westermann Rz 9.

50 MünchKomm/Ulmer Rz 14; Erman/Westermann Rz 9; MünchKomm²-HGB/K Schmidt § 132 Rz 18.

51 MünchKomm/Ulmer Rz 27.

52 Steinbeck, Festschr für Hadding S 675; aA Strothmann/Vieregge, Festschr für Oppenhoff, 1985, S 451.

53 S hierzu Rz 52.

54 Unten Rz 60 sowie Steinbeck, Festschr für Hadding S 675.

55 S hierzu Rz 55 ff.

äußerung eines übertragbaren Anteils rechtlich insoweit gleich, als in beiden Fällen der Ehegatte unter Aufgabe seiner Gesellschafterstellung lediglich einen obligatorischen Ausgleichsanspruch (§ 738 Abs 1 Satz 2) erhält[56]. Das Gleiche gilt auch für eine ordentliche Kündigung, die zur **Auflösung** der Gesellschaft führt, auch wenn hier die Gesellschafterstellung an sich unberührt bleibt; denn der grundsätzlich auf Realteilung gehende Verteilungsanspruch (§§ 734, 731) kann abbedungen und das Gesellschaftsvermögen so versilbert werden[57]. Aufgrund ihres Sinn und Zwecks hängt hingegen die außerordentliche Kündigung der Gesellschaft nicht von der Zustimmungsbedürftigkeit des Ehegatten ab[58].

Bei einem nicht voll geschäftsfähigen Gesellschafter bedarf die ordentliche Kündigung durch **20** den gesetzlichen Vertreter, Vormund bzw Betreuer dann einer vormundschaftsgerichtlichen Zustimmung (§§ 1643 Abs 1, 1822 Nr 1, 1908 i Abs 1 Satz 1), wenn es sich bei der Beteiligung um den wesentlichen Vermögensgegenstand des Gesellschafters handelt; insoweit gilt das Gleiche wie zu § 1365. Die außerordentliche Kündigung hängt hingegen nicht von einer Zustimmung ab. Eine Zustimmungsbedürftigkeit ergibt sich nicht schon aus dem Umstand, dass die GbR ein Erwerbsgeschäft betreibt (§ 1822 Nr 3). Denn hier lässt sich aus § 1823 im Umkehrschluss entnehmen, dass der Gesetzgeber die Auflösung einer Gesellschaft nicht einer Veräußerung des Erwerbsgeschäfts gleichstellt[59]. Eine Kündigung ohne Zustimmung verletzt zwar § 1823; die Kündigung ist aber wirksam, denn hierbei handelt es sich lediglich um eine Ordnungsvorschrift[60].

Zu Fragen der Zustimmungsbedürftigkeit bei Verpfändung und Nießbrauchsbestellung an der **21** Mitgliedschaft s zu § 717 sowie zur Rechtslage bei der Pfändung s zu § 725. Bei Vor- und Nacherbschaft ist das Kündigungsrecht des Vorerben nicht von einer Zustimmung des Nacherben abhängig (§ 2112); eine durch den Vorerben mitvereinbarte gesellschaftsvertragliche Anteilsschmälerung kann aber gegen § 2113 Abs 2 verstoßen[61]. Zur Rechtslage bei einer aufschiebend bedingten Verfügung über die Mitgliedschaft unter Lebenden auf den Todesfall (rechtsgeschäftliche Nachfolgeklausel) s zu § 727.

4. **Teilkündigung**. Eine Teilkündigung ist entgegen bisheriger Auffassung[62] **grundsätzlich** **22** **zulässig**[63]. Das Recht zur **außerordentlichen Teilkündigung** eines Vertrages ergibt sich bereits aus den Grundsätzen zum Wegfall der Geschäftsgrundlage, wie sie zB in §§ 712, 715 ihren Niederschlag auch im Gesellschaftsrecht gefunden haben. Denn die Teilkündigung ist zumindest ein Mittel zur Vertragsanpassung, die ein Betroffener verlangen kann, wenn sich die für den Vertrag und seinen Vollzug maßgeblichen Umstände wesentlich geändert haben. Besteht die Vertragsanpassung in der Beseitigung einzelner vertraglicher Vereinbarungen, so spricht nichts dagegen, den Vollzug der Vertragsänderung dem Betroffenen selbst zu ermöglichen. Auch gegen die Möglichkeit zur **ordentlichen Teilkündigung** eines Gesellschaftsvertrages bestehen keine Bedenken. Weder der Grundsatz „pacta sunt servanda“ noch das Gebot der Rechtssicherheit und Rechtsklarheit stehen dem entgegen. Die gesetzlich normierten Möglichkeiten zur Teilkündigung (§§ 489 Abs 1, 573 b Abs 1, 608 Abs 2, HGB § 355 Abs 3, VVG § 30 Abs 1 ua) lassen sich sehr wohl verallgemeinern. Schützenswerte Interessen der Mitgesellschafter werden mit einer Teilkündigung in der Regel nicht tangiert. Entweder greift die Teilkündigung nicht (wesentlich) in das Ordnungsgefüge des Vertrages ein oder sie wird durch bereits vom Gesetz vorgesehene Mechanismen kompensiert: Die übrigen Gesellschafter können ihrerseits den Vertrag aus wichtigem Grund umfassend kündigen.

56 Fischer NJW 1960, 937; Beitzke DB 1961, 21; Tubbesing BB 1966, 829.
57 Beitzke DB 1961, 21; Tubbesing BB 1966, 829; aA Fischer NJW 1960, 937.
58 MünchKomm/Ulmer Rz 9.
59 BGHZ 52, 316 (für den Auflösungsbeschluss bei einer GmbH).
60 Soergel/Zimmermann § 1823 Rz 5 mweitNachw.
61 BGHZ 78, 177; für generelle Unanwendbarkeit von § 2113 Abs 2 MünchKomm/Ulmer Rz 10.
62 BGH NJW-RR 1989, 1259; BGHZ 24, 106; MünchKomm/Ulmer Rz 15; Ferner, Die Teilkündigung von Dauerschuldverhältnissen, 1988, S 49 ff; Molitor, Die Kündigung S 45.
63 Eingehend Kießling/Becker WM 2002, 578.

23 5. **Wirkung**. Die Kündigung wirkt **rechtsgestaltend**; die Gesellschaft ist mit Zugang bei den Mitgesellschaftern – vorbehaltlich anders lautender Vereinbarungen (Fortsetzungsklausel) – aufgelöst. Das Interesse einzelner Gesellschafter an der Beendigung der Gesellschaft geht bei der GbR – anders als bei den Personalgesellschaften des Handelsrechts (HGB §§ 131 Abs 2 Nr 3 und 4, 161 Abs 2) – dem Bestandsschutzinteresse der übrigen Gesellschafter regelmäßig vor. Ist die Kündigungserklärung allen Mitgesellschaftern zugegangen, kann sie deshalb nicht zurückgenommen werden, um ihre Folgen (auch Schadensersatz bei unzeitiger Kündigung) zu beseitigen[64]. In einer solchen Rücknahme kann ein Angebot zur Rückumwandlung in eine werbend tätige Gesellschaft oder im Falle des Ausscheidens des kündigenden Gesellschafters (§ 736) zum **Wiedereintritt** in die Gesellschaft liegen. Wird die Kündigungserklärung begründet **angefochten** oder ist sie aus einem anderen Grunde **nichtig**, so kann dies nur geltend gemacht werden, solange mit der Abwicklung noch nicht begonnen worden ist. Danach gelten die Regelungen zur fehlerhaft aufgelösten Gesellschaft. Zur Zweipersonen-Gesellschaft vgl Rz 9.

III. Die ordentliche Kündigung, Abs 1 Satz 1

24 1. **Allgemeines**. Das Recht zur ordentlichen Kündigung kompensiert bei Personalgesellschaften die mit dem Gesellschaftsvertrag grundsätzlich auf Dauer eingegangene Arbeits- und Haftungsgemeinschaft zwischen den Gesellschaftern; dementsprechend kennt das Recht der GbR grundsätzlich weder eine Übertragbarkeit der Mitgliedschaft noch ein freies Austrittsrecht oder einen Austritt aus wichtigem Grund unter Fortbestand des Verbandes mit den übrigen Gesellschaftern, hingegen aber die jederzeit mögliche, grundlose Kündigung.

25 2. **Auf unbestimmte Zeit eingegangene Gesellschaft**. Die ordentliche Kündigung ist nur bei einer auf unbestimmte Zeit eingegangenen Gesellschaft möglich (Abs 1 Satz 1); einer solchen Gesellschaft steht die auf Lebenszeit eines Gesellschafters eingegangene Gesellschaft gleich (§ 724 Satz 1). Ein unter auflösender Bedingung geschlossener Gesellschaftsvertrag ist auf unbestimmte Zeit eingegangen. Wird eine Gesellschaft nach Ablauf der bestimmten Zeit stillschweigend fortgesetzt, handelt es sich mit dem Zeitpunkt des Fristablaufs ebenfalls um eine auf unbestimmte Zeit eingegangene Gesellschaft (§ 724 Satz 2). Von einer dahingehenden Regelung ist im Zweifel bei Vereinbarung einer **Mindestdauer** der Gesellschaft auszugehen; hier ist die ordentliche Kündigung nur bis zum vereinbarten Zeitpunkt ausgeschlossen. Die zeitliche Begrenzung einer Gesellschaft kann sich aus dem **Gesellschaftsvertrag**, aber auch aus dem **Zweck** des Verbandes und den **sonstigen Umständen** ergeben[65]. Notwendig ist allerdings stets, dass der Endzeitpunkt hinreichend bestimmbar ist; ermangelt es daran, liegt keine auf bestimmte Zeit eingegangene Gesellschaft, sondern die Vereinbarung einer auflösenden Bedingung und damit eine auf unbestimmte Zeit eingegangene Gesellschaft vor[66]. Als auf **unbestimmte Zeit** eingegangen sind auch solche Gesellschaften anzusehen, die auf **überlange**, die Dispositionsfreiheit der davon betroffenen Gesellschafter über Gebühr einschränkenden **Zeit** eingegangen worden sind; derartige Vereinbarungen verstoßen gegen § 723 Abs 3[67]. Lässt sich dem Gesellschaftsvertrag auch im Wege der Auslegung keine zeitliche Begrenzung entnehmen, gilt im Zweifel eine auf unbestimmte Zeit eingegangene Gesellschaft (Abs 1 Satz 1); die zeitliche Begrenzung ist im Streitfall gegebenenfalls zu beweisen[68].

26 Bei befristeten Gesellschaften tritt der Zeitablauf an die Stelle des ordentlichen Kündigungsrechts. Die Möglichkeit zur ordentlichen Kündigung kann hier zwischen den Gesellschaftern ver-

64 AA Zweibrücken NZG 1998, 940; MünchKomm/Ulmer Rz 18 (bei Zustimmung aller Mitgesellschafter).

65 BGH NJW 1992, 2698; Köln NZG 2001, 1082; Karlsruhe NZG 2000, 304; Frankfurt NZG 1999, 492; Zweibrücken NZG 1998, 939. – Zu den Einzelheiten s vor § 723.

66 Düsseldorf NZG 2000, 588; Karlsruhe NZG 2000, 304.

67 Im Einzelnen s Rz 55 ff.

68 Oldenburg OldZ 32, 115.

einbart werden; eine solche Vereinbarung kann sich auch aus den Umständen ergeben, was insbesondere dann anzunehmen ist, wenn für die Gesellschaft eine **Höchstdauer** vereinbart wurde. Ergibt eine Auslegung, dass die vereinbarte Zeit zugleich eine Höchst- und Mindestzeit der Gesellschaft darstellt, so wird die Gesellschaft mit Eintritt des Termins aufgelöst; bis dahin ist zugleich aber eine ordentliche Kündigung ausgeschlossen.

3. **Einschränkung des ordentlichen Kündigungsrechts**. Ausnahmsweise bedarf auch die ordentliche Kündigung **sachlicher Gründe**. So hat der BGH bereits mehrfach entschieden, dass das dem Inhaber eines Handelsgeschäfts, an dem stille Gesellschafter rein kapitalmäßig beteiligt sind, eingeräumte Recht zur freien Hinauskündigung der Kapitalgeber – ebenso wie der freie Ausschluss von Mitgesellschaftern bei Publikumsgesellschaften und mittelbaren Beteiligungen durch Zwischenschaltung eines Treuhandgesellschafters (§ 737) – dann unangemessen ist, wenn es dergestalt als Disziplinierungsmittel wirkt, dass die Betroffenen in ihrer Entscheidungsfreiheit bei der Wahrnehmung ihrer gesellschaftsvertraglichen Rechte unangemessenem Druck ausgesetzt sind und/oder der zur Kündigung Berechtigte die Kündigungsmöglichkeit dazu ausnutzen kann, sich die wirtschaftlichen Vorteile der Unternehmung unter Ausschluss der Kapitalgeber einzuverleiben, ohne deren Risiken tragen zu müssen[69]. Zu den Einzelheiten s bei § 737. 27

IV. Die Kündigung aus wichtigem Grund, Abs 1 Satz 2

1. **Allgemeines**. Der außerordentlichen Kündigung liegt der allgemeine Rechtsgedanke zugrunde, dass Dauerschuldverhältnisse, die die Beteiligten besonders binden, mit sofortiger Wirkung gelöst werden können, wenn einem der Beteiligten – aus welchem Grund auch immer – das Festhalten am Vertrag nicht mehr zugemutet werden kann („wichtiger Grund"). Demgegenüber besteht von Gesetzes wegen das seiner Funktion nach der außerordentlichen Kündigung entsprechende Rücktrittsrecht (nur) bei Leistungsstörungen (§§ 323 Abs 1, 324, 326 Abs 5) und Störungen der Geschäftsgrundlage (§ 313 Abs 3 Satz 1). Liegt ein wichtiger Grund zur Kündigung vor, ist das dadurch getragene Individualinteresse des Betroffenen an der Auflösung des Dauerrechtsverhältnisses höher zu werten als das entgegenstehende Interesse der Mitgesellschafter an einer Aufrechterhaltung der Gesellschaft. Das außerordentliche Kündigungsrecht besteht sowohl bei befristeten Gesellschaften als auch bei Gesellschaften, die auf unbestimmte Zeit eingegangen worden sind; bei letzteren kommt dem außerordentlichen Kündigungsrecht dann besondere Bedeutung zu, wenn die ordentliche Kündigung zulässigerweise auf Zeit ausgeschlossen oder von einer Kündigungsfrist abhängig gemacht ist. Die Kündigung **bewirkt** immer sofort die **Auflösung** der Gesellschaft bzw im Fall des § 736 das **Ausscheiden** eines Gesellschafters; im Gegensatz zu den handelsrechtlichen Personalgesellschaften (HGB § 133) bedarf es keines Auflösungsurteils. 28

2. **Zu berücksichtigende Gründe**. Maßgebend für die Wirksamkeit der außerordentlichen Kündigung sind die „wichtigen Gründe", die im **Zeitpunkt des Zugangs der Kündigungserklärung** vorhanden sein müssen und grundsätzlich mit der Kündigungserklärung auch anzugeben sind[70]. Deshalb kann eine Kündigung **weder** auf (möglicherweise) **künftig eintretende Gründe** gestützt werden[71] **noch** können neue, **später eingetretene** Gründe **nachgeschoben** werden[72]. Wohl aber können nachträglich entstandene Kündigungsgründe **zur weiteren Unterlegung** des ursprünglichen Kündigungsgrundes **nachträglich noch geltend gemacht** werden[73]. Außerdem ist das Vertrauen der Mitgesellschafter dann nicht schützenswert, wenn zwischen den vorgebrachten und den nachgeschobenen Gründen ein **innerer Zusammenhang** besteht. Erst nach 29

69 BGHZ 125, 74; für den Ausschluss: BGH NJW-RR 1996, 235; BGHZ 107, 351; BGHZ 105, 213.
70 S hierzu Rz 18.
71 Molitor, Die Kündigung S 257.
72 München NZG 1998, 937 (für Übernahme aus wichtigem Grund); aA Köln NZG 2001, 1082; Erman/Westermann Rz 14.
73 BGH NJW 2000, 3492 (dazu K Schmidt JuS 2001, 184); BGH LM Nr 4 zu PatG § 9; RGZ 142, 268; RG JW 1938, 1392.

Zugang der Kündigungserklärung entstandene Gründe dieser Art führen daher zur Auflösung der Gesellschaft im Zeitpunkt ihres Eintritts, ohne dass es einer erneuten Kündigung bedürfte[74]. Eine neue Kündigungserklärung ist nur dann erforderlich, wenn der geltend gemachte Kündigungsgrund mit dem nachgeschobenen nicht in innerem Zusammenhang steht[75]; im Rahmen der erneuten Gesamtabwägung können aber die vorausgegangene erfolglose Kündigung und deren Gründe berücksichtigt werden.

30 Die außerordentliche Kündigung kann aber nicht nur auf die im Zeitpunkt der Kündigung bekannten und in der Erklärung aufgenommenen wichtigen Gründe gestützt werden, sondern auch auf diejenigen Gründe, die zum Kündigungszeitpunkt vorhanden waren, aber nicht in die Kündigungserklärung aufgenommen wurden; das Gleiche gilt für Gründe, die im Zeitpunkt der Erklärung schon vorhanden waren, aber erst später bekannt geworden sind und mit deren Geltendmachung die anderen Gesellschafter rechnen mussten[76].

31 Auch wenn §§ 723 ff als Auflösungsgründe für eine Gesellschaft nicht abschließend sind[77], so enthalten die §§ 723, 737 doch eine abschließende gesetzliche Regelung zur Kündigung aus wichtigem Grund bzw zum Ausschluss eines Gesellschafters aus wichtigem Grund, deren Voraussetzungen („wichtiger Grund") nicht unter Rückgriff auf § 242 durch Statuierung eines außergesetzlichen Kündigungsgrundes wegen „Zerrüttung" zwischen den Gesellschaftern umgangen werden können[78]. Zur Zulässigkeit der **Umdeutung** einer außerordentlichen unwirksamen Kündigung in eine ordentliche Kündigung oder aber in das Angebot auf Abschluss eines Aufhebungs- oder Abänderungsvertrages s Rz 15 f.

32 3. **Verzicht, Verwirkung, Wegfall des Grundes**. Das Recht auf außerordentliche Kündigung ist **unverzichtbar** (§ 723 Abs 3). Dagegen kann ein Gesellschafter auf die **Geltendmachung bestimmter Tatsachen** als Kündigungsgrund verzichten. Ein Verzicht durch schlüssiges Verhalten ist anzunehmen, wenn der Kündigungsberechtigte trotz Kenntnis des Kündigungsgrundes längere Zeit widerspruchslos am Vertrag festhält oder die Geschäfte fortführt[79]. Lässt sich ein Verzichtswille nicht feststellen, übt der Kündigungsberechtigte sein Kündigungsrecht aber dennoch nicht aus, kann unter den Voraussetzungen der **Verwirkung** (Kenntnis des Grundes beim Rechtsinhaber, Vertrauen auf Nichtausübung bei den Mitgesellschaftern) die spätere Ausübung des Rechts als Rechtsmissbrauch erscheinen. Jedoch hat der zur Kündigung Berechtigte für die Entscheidung darüber, ob er die Gesellschaft kündigen will, nach § 314 Abs 3 eine angemessene **Bedenkzeit**, deren Länge von den jeweiligen Umständen des Falls abhängt[80]. Lässt der Rechtsinhaber die Bedenkzeit ungenutzt verstreichen, so bringt er damit in der Regel zum Ausdruck, dass er das Gesellschaftsverhältnis fortsetzen will[81].

33 Macht ein Gesellschafter von seinem außerordentlichen Kündigungsrecht längere Zeit keinen Gebrauch, dann besteht eine tatsächliche Vermutung (widerlegbar, Beweislast: Kündigungsberechtigter) dafür, dass der Kündigungsgrund nachträglich durch die spätere Entwicklung der gesellschaftlichen Beziehungen **weggefallen** ist[82]. Ein tatsächlicher Wegfall des Kündigungsgrundes ist nicht anzunehmen, wenn die Fortsetzung durch den Kündigungsberechtigten nichts mit einer Wiederherstellung der gesellschaftlichen Vertrauensgrundlage zu tun hatte, was Letzterer zu beweisen hat, auch wenn er sich die Kündigung vorbehalten hatte[83].

74 BGHZ 24, 30; RG JW 1938, 1392; RG Recht 1927 Nr 28.
75 RGRK/v Gamm Rz 20; Staud/Habermeier Rz 27.
76 BGH NZG 1999, 937 (mAnm Eckardt); BGH NJW 1958, 1136; Köln NZG 2001, 1084.
77 S Rz 7 ff vor § 723.
78 BGH NJW 1998, 3771 (dazu K Schmidt JuS 1999, 188).
79 BGH WM 1959, 134; RGZ 153, 274; RG JW 1935, 2490; RGZ 51, 89; MünchKomm/Ulmer Rz 47.
80 Zu Einzelheiten s bei § 314.
81 BGH WM 1965, 976; KG NZG 2001, 956.
82 BGH NJW 1999, 2820; BGH NJW 1966, 2160; Stuttgart ZIP 2001, 698; Hamm NZG 2000, 1383; München ZIP 2000, 2301; Hamm NJW-RR 1993, 1384.
83 BGH NJW 1966, 2160.

4. **Wichtiger Grund**. – a) **Allgemeine Merkmale**. Der Begriff kann kaum näher bestimmt werden. Nach § 314 Abs 1 Satz 2 liegt ein wichtiger, zur außerordentlichen Kündigung berechtigender Grund vor, wenn „dem kündigenden Teil unter Berücksichtigung aller Umstände des Einzelfalls und unter Abwägung der beiderseitigen Interessen die Fortsetzung des Vertragsverhältnisses bis zur vereinbarten Beendigung oder bis zum Ablauf einer Kündigungsfrist nicht zugemutet werden kann". Die zu berücksichtigenden „Umstände des Einzelfalls" lassen sich praktisch nicht von denjenigen Umständen trennen, die die beiderseitigen Interessen der Beteiligten tragen und „gegeneinander abgewogen" werden sollen. Primär geht es daher um die Feststellung, ob das **Individualinteresse** des Kündigenden an der Beendigung des Gesellschaftsverhältnisses gegenüber dem **Gemeinschaftsinteresse** der übrigen Gesellschafter an dessen Fortbestand überwiegt. Da die Gesellschaft ein Zusammenschluss zur gemeinschaftlichen Förderung und Erreichung eines gemeinsamen Zieles ist, wird ein Kündigungsgrund regelmäßig nur dann vorliegen, wenn das **Vertrauensverhältnis** zwischen den Gesellschaftern nachhaltig **gestört** ist oder die gemeinschaftliche **Verfolgung des Gesellschaftszwecks** aus anderen Gründen **nicht mehr möglich** ist. 34

Zu berücksichtigen sind dabei nicht nur Art und Schwere des eigentlichen Kündigungsgrundes, sondern auch alle Umstände aus dem Gesellschaftsverhältnis, wie die Gesellschaftsart, Dauer der Gesellschaft, der Gesellschaftszweck, die Stellung und die persönlichen Beziehungen der einzelnen Gesellschafter, die wirtschaftlichen Folgen bei einer Auflösung der Gesellschaft usw[84]. Aus § 314 Abs 2 lässt sich zudem entnehmen, dass der wichtige Grund nicht zwangsläufig aus dem Vertragsverhältnis selbst herrühren muss, sondern sich auch aus Umständen außerhalb der eigentlichen Vertragsbeziehungen ergeben kann. Bei der Abwägung zu berücksichtigen sind daher grundsätzlich auch äußere Umstände, soweit sie für die Verfolgung des gemeinsamen Zwecks und das Vertrauensverhältnis zwischen den Beteiligten von Bedeutung sind. Aus alledem wird deutlich, dass es für einen „wichtigen Grund" grundsätzlich nicht darauf ankommt, ob ein Mitgesellschafter den in seiner Person eingetretenen Umstand schuldhaft verursacht hat; es kommt noch nicht einmal darauf an, dass der Umstand gerade in der Person eines Mitgesellschafters liegt. 35

Dem Rechtsinhaber kann uU zugemutet werden, anstelle der Kündigung bis zum Zeitablauf der Gesellschaft oder zum Ablauf einer ordentlichen Kündigungsfrist abzuwarten. Bei der Abwägung ist insbesondere zu beachten, dass die **Kündigung ultima ratio** ist; kann die Vertragsstörung auf andere, dem von der Störung betroffenen Gesellschafter zumutbare Weise als durch Auflösung der Gesellschaft beseitigt werden, insbesondere durch eine Änderung des Gesellschaftsvertrages, ist dieser Weg vorrangig (§ 314 Abs 3 Satz 2). Dementsprechend kann bei einer Änderung der Geschäftsführungs- und Vertretungsverhältnisse (§§ 712, 715) dem Kündigenden die **Fortsetzung** der Gesellschaft **zumutbar** sein[85]. Unter Umständen gebietet auch die gesellschaftsrechtliche **Treupflicht** – namentlich bei lange bestehenden Gesellschaften –, dass der einzelne Gesellschafter Opfer auf sich nehmen und er den unzumutbaren Zustand in der Gesellschaft hinnehmen muss, wenn dadurch nicht seine Existenz bedroht wird[86]. 36

b) **Fehlerhafte Gesellschafterstellung**. Ein wichtiger Grund zur Kündigung liegt grundsätzlich dann vor, wenn der Gesellschaftsvertrag oder die spätere Begründung der Gesellschafterstellung fehlerhaft ist, die Beteiligung an der Gesellschaft aber wegen der Grundsätze zur fehlerhaften Gesellschaft[87] zustande gekommen ist. Die Fehlerhaftigkeit kann dabei gleichermaßen auf Mängeln der eigenen Willenserklärung (Geschäftsunfähigkeit, Irrtum), auf Drohung oder Täuschung zum Beitritt und sonstigen Gründen (Widerruf nach §§ 312 Abs 1 Satz 1, 355 Abs 1 Satz 1) beruhen, die zur Unwirksamkeit bzw zum Lösen von der eigenen Willenserklärung geführt haben; 37

84 BGH NJW-RR 2006, 322; BGH NJW 1996, 2573; BGH NJW-RR 2002, 704.
85 BGH WM 1985, 997; MünchKomm/Ulmer Rz 9, 32.
86 RGZ 146, 169; RG JW 1934, 2403; KG NZG 1999, 1055.
87 S § 705 Rz 70 ff.

in allen diesen Fällen kann der vom Fehler betroffene Gesellschafter die Gesellschaft bzw – bei Fortsetzungsklausel – seine Gesellschafterstellung außerordentlich kündigen[88].

38 c) **In der Person eines Gesellschafters liegende Gründe**. Das Gesetz nennt als wichtigen Grund zur außerordentlichen Kündigung beispielhaft (§ 723 Abs 1 Satz 3 Nr 1) die vorsätzliche oder grob fahrlässige **Verletzung einer wesentlichen Gesellschafterpflicht**. Daraus folgt, dass nicht jedes gesellschaftswidrige Verhalten im Sinne schuldhafter Pflichtverletzung und nicht jede Unstimmigkeit unter den Gesellschaftern zu einem Kündigungsgrund führt. Beitrittstäuschungen eines Mitgesellschafters, die zur Anfechtung der eigenen Willenserklärung berechtigen und damit zur fehlerhaften Gesellschaft führen, bilden aber grundsätzlich einen Kündigungsgrund[89]. Das Gleiche gilt, wenn ein Mitgesellschafter sich dauernd begründeten Ansprüchen oder billigen Wünschen eines Gesellschafters widersetzt[90], wesentliche Zusagen nicht einhält[91] oder an bestimmten Finanzierungsvoraussetzungen der Gesellschaft nicht mitwirkt[92]. Auch das Drängen auf Liquidation kann treuwidrig sein und den Mitgesellschaftern die außerordentliche Kündigung ermöglichen, wenn eine Sanierung des Unternehmens nach entsprechenden finanziellen Zusagen von Banken in greifbarer Nähe ist[93]. Ein schwerwiegendes unredliches Verhalten, aber auch schon ein dahingehender begründeter Verdacht, kann die Fortsetzung der Gesellschaft unzumutbar machen und ein Kündigungsrecht für den oder die anderen Gesellschafter begründen[94].

39 Auf ein Verschulden kommt es allerdings nicht an; auch andere, **unverschuldete persönliche Gründe** können die Fortsetzung der Gesellschaft unzumutbar machen (anhaltende Krankheit eines mitarbeitenden Mitgesellschafters, Alter, Unmöglichkeit der Beitragsleistung wegen Vermögensverfalls, Verlust einer besonderen Eigenschaft oder Fähigkeit usw)[95].

40 Die in der Person eines Mitgesellschafters liegenden Gründe müssen nicht dem Gesellschaftsverhältnis entspringen; sie müssen sich allerdings darauf auswirken, damit eine weitere Zusammenarbeit gerade in der Gesellschaft unzumutbar werden kann. So können nach dem BGH Verfehlungen eines Gesellschafters, die sich ihrem Wesen nach im persönlichen Lebensbereich des Gesellschafters ereignen, in der Regel nur dann als gesellschaftswidrig betrachtet werden, wenn sie sich als schwere Verletzung der gebotenen Achtung des anderen Gesellschafters darstellen (zB ehebrecherische Beziehungen zu der Ehefrau des Mitgesellschafters)[96] oder die Seriösität der Unternehmung in Frage stellen[97], oder wenn sich die Wirkungen auch auf den geschäftlichen Teil der Gesellschaft mit der Folge der Schädigung des Gesellschaftsunternehmens erstrecken (zB Ehescheidung bei Familiengesellschaft)[98]. Selbst geschäftsbezogene Vorwürfe und Beleidigungen gegenüber Verwandten des Kündigenden können das Vertrauensverhältnis endgültig zerstören[99].

41 d) **Objektive Umstände**. Der wichtige Grund zur Kündigung braucht nicht in der Person eines Gesellschafters oder aller anderen Gesellschafter zu liegen. Schon der objektive Tatbestand einer tief greifenden **Zerrüttung des Vertrauensverhältnisses** und die dadurch verursachte Unmöglichkeit der nach dem Gesellschaftszweck erforderlichen Zusammenarbeit der Gesellschafter kann

88 BGH NJW-RR 2006, 178; BGH NJW 2005, 2821; BGH NJW 2005, 1784; BGH NJW 2003, 2821; BGH NJW 2000, 3558; BGH NJW-RR 2000, 1576; Stuttgart ZIP 2001, 692 (jeweils ertäuschter Beitritt); BGH NJW-RR 2005, 278; BGH NJW 2001, 2718 (jeweils Haustürwiderruf).
89 BGH NJW-RR 2005, 986; BGH NJW 2003, 2821; BGH NJW 2000, 3558; BGH NJW-RR 2000, 1576; BGH NJW 1993, 2107; KG NZG 2001, 955; München ZIP 2000, 2295.
90 RG JW 1937, 3155.
91 BGH NJW 2005, 1784; BGH WM 1976, 1030; München NJW-RR 1995, 485.
92 Köln NZG 2001, 1083.
93 KG NZG 1999, 1055.
94 BGH ZIP 2005, 753; ZIP 2005, 766; Brandenburg Urt v 21. 7. 2004–7 U 221/03, Rn 33; BGH NJW 1985, 997; BGH NJW 1960, 625; BGHZ 31, 295.
95 MünchKomm/Ulmer Rz 33.
96 BGHZ 4, 108.
97 München NZG 2002, 85 (Strafanzeige gegen Mitgesellschafter an Geschäftspartner); Jena NZG 1998, 345 (strafrechtliche Vorwürfe gegen Mitgesellschafter eines juristischen Repetitoriums); RG WarnR 1916 Nr 49 (das Ansehen des Mitgesellschafters gefährdendes Verhalten).
98 BGH NJW 1973, 92; Lindacher NJW 1973, 1169.
99 BGH WM 1976, 1030.

als wichtiger Grund angesehen werden[100]. Auch kann einem Gesellschafter uU nicht mehr zugemutet werden, in der Gesellschaft zu bleiben, wenn die **Gesellschaft unrentabel** arbeitet und weitere Verluste drohen[101], nicht dagegen nur bei augenblicklichen Verlusten, bei Ausbleiben des Erfolgs oder des erhofften Gewinns, auch nicht beim bloßen Fehlschlagen einer bei der Gründung gehegten Hoffnung[102]. Das Vorliegen eines wichtigen Grundes kann aber nicht schon deswegen verneint werden, weil das Unternehmen trotz des zerstörten Vertrauens noch Erträge abwirft[103]. Droht einem Gesellschafter aus der Fortsetzung der wirtschaftliche Zusammenbruch, so berechtigt das zur Kündigung[104]. Auch bei völliger wirtschaftlicher Umgestaltung eines für die Gesellschaft wesentlichen Unternehmens oder **wesentlicher Änderung des Gesellschaftszwecks** durch Mehrheitsbeschluss liegt möglicherweise ein wichtiger Grund vor[105]. Ein Kündigungsgrund kann auch dann gegeben sein, wenn zwar der Gesellschaftszweck (abstrakt betrachtet) noch erreicht werden kann, dies aber keinen Sinn mehr macht[106].

e) **Mitverursachung, Mitverschulden**. Schon ein objektiv bestehendes Zerwürfnis unter den Gesellschaftern berechtigt zur Kündigung, wenn den Gesellschaftern eine Fortführung der Gesellschaft nicht zugemutet werden kann. Beruht aber das Zerwürfnis auf dem schuldhaften Verhalten eines Mitgesellschafters, so ist dieser von der Kündigung ausgeschlossen[107]. Bei einer wechselseitigen Verursachung kommt es – auch wenn § 254 nicht anwendbar ist – grundsätzlich darauf an, wer den Kündigungsgrund überwiegend zu verantworten hat, insbesondere wer das Zerwürfnis ausgelöst und maßgeblich geschürt hat[108]. 42

5. **Zusätzliche Schadensersatzforderung**. Der Gesellschafter, der durch sein schuldhaftes Verhalten (vgl § 708) den **Grund** zur Kündigung wegen wichtigen Grundes **gesetzt** hat, kann von dem Kündigenden auf Schadensersatz in Anspruch genommen werden; zum Nebeneinander von Kündigung und Schadensersatz vgl § 314 Abs 4. Der Schadensersatz erstreckt sich auf die durch die vorzeitige Beendigung entstandenen wirtschaftlichen Nachteile[109], etwa Verlust der früheren Existenzgrundlage[110]. Wenn ein Mitgesellschafter (oder Dritter) einen fehlerhaften Beitritt zu einer Gesellschaft verursacht hat, haftet er etwa wegen einer culpa in contrahendo (§§ 280 Abs 1 Satz 1, 311 Abs 2) oder – bei Täuschungshandlungen – aus Delikt (§ 823 Abs 2 iVm StGB, § 826) dem Neugesellschafter auf Schadensersatz; dieser umfasst alle wirtschaftlichen Nachteile, die mit der Beteiligung an der Gesellschaft verbunden sind[111]. Ist ein Beitritt zu einer GbR durch pflichtwidriges Verhalten von Organen oder Mitarbeitern verursacht worden, kommt auch ein Schadensersatzanspruch gegen die Gesellschaft selbst in Betracht (§§ 31, 831)[112]. Da aber mit dem Beitritt eine fehlerhafte Gesellschaft entsteht, muss diese zuerst außerordentlich gekündigt werden, bevor ein auf Rückgewähr der Einlage gerichteter Schadensersatzanspruch geltend gemacht werden kann; ein solcher Anspruch unterliegt zudem bis zur Schlussabrechnung der Durchsetzungssperre[113]; zum Konkurrenzproblem s Rz 61. Eine Zurechnung von Organhandeln usw **verbietet sich aber bei Publikumsgesellschaften**, so dass diese selbst keinen Schadensersatz schuldet, denn zum einen bezieht sich hier das schutzwürdige Vertrauen des Neugesellschafters 43

100 BGH NJW 2000, 3492; BGH NJW 1998, 3771 (im konkreten Fall verneint); Köln NZG 2001, 1082; KG NZG 1999, 1056; München NJW-RR 1993, 334.
101 BGH NJW 1992, 2697; RG JW 1913, 265; RG SeuffA 68 Nr 125.
102 RG Recht 1911 Nr 3808; MünchKomm/Ulmer Rz 35.
103 BGH WM 1966, 1051; BGH WM 1959, 134 (OHG); BGHZ 4, 108.
104 BGH NJW-RR 2006, 322; RG JW 1913, 265.
105 BGH WM 1980, 868; RGZ 142, 212; Hamm GesR 2004, 185.
106 Frankfurt/M NZG 1999, 492 (geplante Nachausstellung zur dokumenta 9, wenn mittlerweile 10 Jahre vergangen sind).
107 BGH NJW-RR 2006, 322; BGH NJW 2000, 3492; BGH WM 1975, 329; BGH WM 1960, 49.
108 BGH NJW-RR 2006, 322; BGH NJW 2005, 3061; BGH NJW-RR 2002, 704; BGH NJW 1996, 2573; RG JW 1937, 3155.
109 RGZ 162, 388; RGZ 89, 398; KG JW 1926, 607.
110 BGH WM 1963, 282.
111 BGH NJW 2005, 1784; BGH NJW-RR 2005, 986; BGH NJW-RR 2005, 627.
112 BGH NJW 2000, 3558; BGH NJW-RR 2000, 1576.
113 BGH NJW 2003, 2821; München NJW-RR 2000, 624; Celle ZIP 1999, 1128.

ausschließlich auf den Handelnden selbst; zum anderen würde eine Zurechnung wirtschaftlich zu einer Mithaftung untereinander unbekannter Kapitalgeber führen, die keinerlei Einfluss auf die Geschäftsführung in der Gesellschaft haben[114]. In diesen Fällen vermag der Getäuschte zwar die Gesellschafterstellung zu kündigen, nicht aber seine Einlage im Wege des Schadensersatzes von der Gesellschaft zurück zu verlangen.

44 6. **Gerichtliche Nachprüfung**. Nach ZPO §§ 549, 550 vermag das Revisionsgericht nur Rechtsverletzungen, nicht aber auch Tatsachenfragen zu überprüfen. Die Kündigung ist daher vom **Revisionsgericht** jedenfalls daraufhin nachprüfbar, ob der **Rechtsbegriff des „wichtigen Grundes" verkannt** worden ist[115]. Die Prüfung hat zudem objektiviert in der Richtung zu erfolgen, ob die umfassende Berücksichtigung aller Umstände im angegriffenen Urteil erfolgt ist und – unter Berücksichtigung eines tatrichterlichen Beurteilungsspielraums – die sich daraus ergebenden Gesichtspunkte für die rechtliche Bewertung beachtet worden sind[116].

V. Minderjährigen-Haftungsbegrenzung

45 1. **Allgemeines**. § 723 Abs 1 ist durch das Gesetz zur Beschränkung der Haftung Minderjähriger mit Wirkung ab 1. 1. 1999 neu gefasst worden[117]. Eingefügt wurden Satz 3 Nr 2, Satz 4 und 5, womit die in § 1629 a geregelte Beschränkung der Minderjährigenhaftung für das Gesellschaftsrecht umgesetzt wird. **Ziel** der Neuregelungen ist die Beschränkung der Haftung Minderjähriger für selbst begründete rechtsgeschäftliche Verbindlichkeiten, für ererbte Verbindlichkeiten sowie für Verbindlichkeiten, die durch die Eltern oder sonst vertretungsberechtigte Personen und Rechtsgeschäft oder sonstige Handlungen zu Lasten des Minderjährigen begründet wurden. Mittel zum Zweck ist eine dem Minderjährigen ab dem Zeitpunkt seiner Volljährigkeit durch § 1629 a eingeräumte Einrede. Beruft sich der Minderjährige auf die Beschränkung seiner Haftung, so finden die §§ 1990, 1991 entsprechende Anwendung; die Haftung für Verbindlichkeiten aus der Vergangenheit ist also auf den Vermögensbestand im Moment der Volljährigkeit beschränkt. Diese Haftungsbeschränkung erstreckt sich auf alle Ansprüche (von Mitgesellschaftern, von Gläubigern oder der Gesellschaft selbst) gegen den volljährig Gewordenen aus dem Gesellschaftsverhältnis.

46 Davon in der Sache zu unterscheiden ist § 723 Abs 1 Satz 3 Nr 2. Die Vollendung des 18. Lebensjahres stellt für den betreffenden Gesellschafter einen **wichtigen Grund zur außerordentlichen Kündigung** der Gesellschaft dar. Der volljährig Gewordene kann also nicht nur seine Haftung für in der Vergangenheit begründete Gesellschafter-Verbindlichkeiten beschränken, sondern außerdem seine Beteiligung in der GbR (nur bei entsprechender Fortsetzungsklausel unter Fortbestand der Gesellschaft) für die Zukunft beenden, wenn er noch als Minderjähriger Gesellschafter wurde. Eine gedankliche Verbindung zu § 1629 a besteht insoweit, als der volljährig Gewordene mit der Kündigung Haftungsrisiken, die zum Zeitpunkt seiner Minderjährigkeit entstanden, für die Zukunft ausschließen kann[118]. Will der volljährig gewordene Gesellschafter nach Kündigung der Nachhaftung für bis zum Ausscheiden begründete Verbindlichkeiten (§ 736 Abs 2) entgehen, muss er die Einrede des § 1629 a erheben. Auch dann bleibt es dabei, dass der volljährig gewordene Gesellschafter für bis zum Ausscheiden entstandene Verbindlichkeiten der Gesellschaft zumindest mit dem Vermögen haftet, dass im Zeitpunkt der Vollendung des 18. Lebensjahres – auch in Form der vermögenswerten Beteiligung an einer Gesellschaft – gegenüber Gläubigern haftet.

47 2. **Voraussetzungen**. Die Mitgliedschaft des volljährig Gewordenen muss in der Zeit seiner Minderjährigkeit begründet worden sein; durch ihn selbst, durch Erwerb von Todes wegen oder in

114 BGH NJW 2003, 2821; Stuttgart ZIP 2001, 692; München NJW-RR 2000, 624.
115 BGH WM 1966, 1051.
116 BGH DB 1977, 87; BGH WM 1966, 1051; BGHZ 46, 392; BGHZ 4, 108; eingehend MünchKomm/Ulmer Rz 36 f; Bamberger/Roth/Timm/Schöne Rz 23.
117 MHbeG v 25. August 1998 (BGBl I, S 2487).
118 BR-Drucks 366/96 S 21, 29.

Vertretung durch Dritte. Das Kündigungsrecht ist nach § 723 Abs 1 Satz 5 ausgeschlossen, wenn der Minderjährige zum selbstständigen Betrieb des Erwerbsgeschäfts nach § 112, und zwar gerade im Hinblick auf den Gegenstand der Gesellschaft, ermächtigt war oder der Zweck der Gesellschaft allein der Befriedigung seiner persönlichen Bedürfnisse diente. Letzteres soll nach der Vorstellung des Gesetzgebers etwa beim „Betreiben einer Musikgruppe in Gesellschaftsform" der Fall sein[119]. Diese Regelung entspricht § 1629 a Abs 2. Gemäß § 723 Abs 1 Satz 4 kann der volljährig Gewordene – im Interesse von Klarheit – das Kündigungsrecht **nur binnen drei Monaten** von dem Zeitpunkt an erklären, zu dem er von seiner Gesellschafterstellung Kenntnis hatte oder haben musste. Diese Frist beginnt allerdings frühestens mit dem Eintritt der Volljährigkeit an zu laufen. Sie ist strikt zu trennen von der Haftungsbegrenzung nach § 1629 a; versäumt hier der volljährig Gewordene die Dreimonatsfrist (Abs 4 Satz 1), geht er der Möglichkeit der Haftungsbegrenzung nicht verlustig, sondern unterliegt nur den Vermutungen von § 1629 a Abs 4 (im Zweifel ist die betreffende Verbindlichkeit nach Eintritt der Volljährigkeit entstanden; im Zweifel war das jetzige Vermögen bereits bei Vollendung des 18. Lebensjahres vorhanden). Mit anderen Worten: Der ehemals minderjährige Gesellschafter muss nicht zwangsläufig seine Gesellschafterstellung aufgeben, um in den Genuss einer nur beschränkten Haftung für Altverbindlichkeiten zu kommen.

3. **Rechtsfolgen, Abdingbarkeit**. Mit Kündigung des volljährig Gewordenen ist die Gesell- **48**
schaft aufgelöst und abzuwickeln[120]. Allerdings sind gesellschaftsvertragliche Vereinbarungen für den Fall einer Kündigung wie auch sonst zu beachten. Bei einer entsprechenden Fortsetzungsklausel scheidet der volljährig Gewordene daher unter Abfindung aus der fortbestehenden GbR aus (§ 736). Hinsichtlich einer Einschränkung des Abfindungsanspruchs ist zu beachten, dass die betreffende Regelung auch dann sachlich gerechtfertigt und angemessen sein muss, wenn – wie wohl in der Regel – das Kündigungsrecht des volljährig Gewordenen davon nicht tangiert wird[121]. Denn wenn der Kündigende das Ausscheiden aus der Gesellschaft mit einer Haftungsbeschränkung nach § 1629 a verbindet, gehen derartige Vereinbarungen unmittelbar zu Lasten der Gläubiger. Insoweit verhält es sich ähnlich wie bei vereinbarten Abfindungsbeschränkungen bei Kündigung des Pfändungspfandgläubigers (§ 725 Abs 1) und in der Insolvenz eines Gesellschafters (§ 728 Abs 2); zu den Einzelheiten s § 738.

§ 723 Abs 1 Satz 3 Nr 2 gilt auch bei fehlerhaften Gesellschaften, bei denen die Fehlerhaftigkeit **49**
auf der Mitwirkung eines Minderjährigen beruht, der ohne notwendige vormundschaftliche Genehmigung (§§ 1643 Abs 1, 1822 Nr 3) handelte. Zwar haftet in diesem Fall der Minderjährige in Abweichung von den Regeln zur fehlerhaften Gesellschaft nicht für die Verbindlichkeiten der GbR, allerdings soll der volljährig Gewordene das Haftungsrisiko, das jedenfalls mit der Beteiligung an der Gesellschaft angelegt ist, auch für die Zukunft vollständig ausschließen können.

VI. Schranken der Kündigung

1. **Allgemeines**. Die Kündigung kann nach dem Gesetz grundsätzlich **jederzeit** und ohne **50**
Kündigungsfrist erfolgen. Hiervon kann der **Gesellschaftsvertrag** bis zur Grenze des § 723 Abs 3 **abweichen**, was häufig geschieht. Ist eine Kündigungsfrist gesetzt, wirkt die Kündigung erst mit Ablauf der Frist. Weitere Grenzen des Kündigungsrechts können sich aus der Treuepflicht eines jeden Gesellschafters ergeben; nur zwei Unterfälle davon stellen das Missbrauchsverbot sowie § 723 Abs 2 Satz 1 dar, der eine Kündigung „zur Unzeit" verbietet. Bei der Prüfung eines Treupflichtverstoßes ist zum einen zu beachten, dass das Kündigungsrecht seiner Natur nach ein eigennütziges Recht darstellt, dass in der Regel gerade gegen (berechtigte) Interessen von Mitgesellschaftern ausgeübt wird. Zum anderen tangieren Grenzen des Kündigungsrechts immer

119 BR-Drucks 366/96 S 30.

120 AA Klump ZEV 1998, 413: Ausscheiden des Kündigenden auch ohne Fortsetzungsklausel; dies widerspricht aber den insoweit eindeutigen gesetzgeberischen Vorstellungen (BR-Drucks 366/96 S 25).

121 Grunewald ZIP 1999, 598; Habersack FamRZ 1999, 7.

zugleich die durch § 723 Abs 3 besonders geschützte Kündigungsfreiheit als notwendiges Korrelat einer Vertragsbindung mittels Dauerschuldverhältnisses[122]. Eingedenk dessen kann eine Treupflichtverletzung nur in seltenen Fällen angenommen werden[123].

51 2. **Kündigung „zur Unzeit"**. – a) **Begriff**. Das Gesetz bestimmt in § 723 Abs 2 Satz 1 für alle Arten von Kündigungen eines Gesellschaftsverhältnisses, dass diese nicht zur Unzeit erfolgen dürfen. Eine **unzeitige Kündigung** liegt vor, wenn zwar zu dem gewählten Zeitpunkt ein Kündigungsgrund vorlag, aber ohne wichtigen Grund der **Zeitpunkt schuldhaft so gewählt** wurde, dass gerade dadurch die Gesellschaft **geschädigt** wurde[124]. Vor den ohnehin eintretenden Kündigungsfolgen will § 723 Abs 2 Satz 1 nicht schützen, sondern nur vor einem unangemessenen Verfrühungsschaden. Ein **„wichtiger Grund"** für eine Kündigung zum gewählten Zeitpunkt liegt vor, wenn das darauf bezogene Interesse des Kündigenden **schutzwürdiger** erscheint als das Interesse der Mitgesellschafter an einem anderen Auflösungszeitpunkt der Gesellschaft[125]. Ein solches Interesse der Mitgesellschafter am Aufschub einer Kündigung ergibt sich vor allem bei nicht befristeten Kündigungen, denn hier können sich die Beteiligten nicht auf die Folgen der Auflösung der Gesellschaft einstellen, die bei unternehmerischer Betätigung oftmals die eigene Existenzgrundlage bildet. Bei der Überprüfung einer außerordentlichen Kündigung muss daher in zweierlei Hinsicht sorgfältig ein wichtiger Grund untersucht werden.

52 b) **Wirkung**. Die zur Unzeit erfolgte Kündigung ist wirksam, löst also das Gesellschaftsverhältnis auf, verpflichtet aber den Kündigenden bei Vorsatz oder Fahrlässigkeit zum Schadenersatz (§ 723 Abs 2 Satz 2). Anspruchsinhaber sind nur die Mitgesellschafter, denen gegenüber gekündigt wurde (Individualanspruch). Der Anspruch umfasst nicht den gesamten Schaden infolge der Auflösung, sondern nur die Nachteile, die den Mitgesellschaftern durch die Wahl des (unzeitigen) Kündigungszeitpunkts entstanden sind.

53 3. **Abgrenzung zum Rechtsmissbrauch**. Auch eine rechtsmissbräuchliche Kündigung ist unwirksam. Die Abgrenzung gegenüber der Kündigung zur Unzeit ohne wichtigen Grund ist schwierig, weil auch diese immer einen Treuverstoß darstellt, also im weiteren Sinne missbräuchlich ist[126], sie ist aber wegen der unterschiedlichen Rechtsfolgen (unzeitige Kündigung ist wirksam, nur Schadenersatz, missbräuchliche Kündigung ist nichtig) notwendig. Bei der Abgrenzung ist von **§ 723 Abs 2 als Regel** auszugehen; Rechtsmissbrauch greift nur in den Fällen, in denen der Schadenersatzanspruch keinen billigen Ausgleich gewährt[127]. Die Nichtigkeit einer Kündigung wegen missbräuchlicher Rechtsausübung wird darüber hinaus nur in **besonders schwerwiegenden Fällen** anzunehmen sein, zB bei einem Handeln in Schädigungsabsicht, bei Ausnutzung einer arglistig herbeigeführten Kündigungslage oder einer besonderen Notlage des anderen Teils[128].

54 4. **Massenkündigungen**. Bei einer vereinbarten Fortsetzungsklausel scheidet der kündigende Gesellschafter aus der werbend fortbestehenden Gesellschaft aus. Trotz Fortsetzungsklausel kann es aber bei einer **Massenkündigung** vieler Gesellschafter zu einer Auflösung und Auseinandersetzung unter notwendiger Beteiligung der Kündigenden kommen. Denn in diesen Fällen wäre es unangemessen und im Ergebnis treuwidrig, den oder die verbleibenden Gesellschafter mit der Last und den Risiken der Abwicklung zu belasten[129]. Insbesondere bei Massenkündigungen von Kapitalanlegern einer Publikumsgesellschaft kann hinzukommen, dass durch den vielfachen Austritt der Gesellschaftszweck insgesamt unmöglich wird[130]; wegen des aus § 726 folgenden schwer-

122 Vgl BGH WM 1977, 737; BGH NJW 1957, 461; BGH JZ 1954, 195.
123 Eingehend dazu MünchKomm/Ulmer Rz 51.
124 BGH GRUR 1959, 384; RG SeuffA 85 Nr 3; Karlsruhe NZG 2003, 324.
125 BGH WM 1976, 1030; RG WArnR 1933 Nr 116.
126 BGH NJW 1954, 195.
127 Bamberger/Roth/Timm/Schöne Rz 26, 32; RGRK/v Gamm Rz 25; Koehler JZ 1954, 196.
128 BGH NJW 2000, 3492; BGHZ 30, 195; OGHZ 3, 250; RGZ 164, 257; Molitor, Die Kündigung S 162 ff; Ulmer, Festschr für Möhring S 295.
129 BGH DStR 1999, 171.
130 Stuttgart, JZ 1982, 766 (mAnm U H Schneider); s auch Dresden DStZ 2003, 743; Hamm NJW-RR

wiegenden Eingriffs in die Gesellschaftsstruktur ergeben sich allerdings hohe Anforderungen an das Merkmal der Unmöglichkeit (Einzelheiten zu § 726). Wenn die Vielzahl von Austrittskündigungen zur Unangemessenheit einzelner Austritte unter Abfindung der Ausgeschiedenen und/oder zur Unmöglichkeit der Zweckerreichung bei der Gesellschaft führt, ergibt eine Auslegung anhand der erkennbaren wirtschaftlichen Situation in diesen Fällen, dass die Fortsetzungsklausel nicht auch für einen Massenaustritt von Gesellschaftern Geltung hat, sondern sich auf den „Grundfall" einzelner, nicht bestandsgefährdender Austritte beschränken soll.

VII. Kündigungsbeschränkungen, Absatz 3

1. **Allgemeines**. Nach § 723 Abs 3 ist jede das Kündigungsrecht ausschließende oder beschränkende Vereinbarung nichtig. Das Verbot ist sowohl für die ordentliche wie die außerordentliche Kündigung **zwingend**; dies ergibt sich aus dem Sinn und Zweck des Kündigungsrechts selbst[131]: Das Recht zur ordentlichen Kündigung (Abs 1 Satz 1) schützt die Freiheit jedes Gesellschafters vor persönlichen und wirtschaftlichen Bindungen ohne zeitliche Beschränkung. Das Recht ist unverzichtbar, denn eine Personalgesellschaft wird in der Regel im besonderen Vertrauen auf die Mitgesellschafter eingegangen und es entsteht unter allen Beteiligten eine nicht nur zeitweilige Arbeits- und Haftungsgemeinschaft (§§ 709, 714). Das Recht zur außerordentlichen Kündigung schützt Gesellschafter vor unzumutbaren Bindungen aus dem Gesellschaftsvertrag als einem Dauerschuldverhältnis, die entweder bereits bei Vertragsschluss vorlagen (fehlerhafte Gesellschaft) oder sich im Laufe der Zeit ergeben (Vertragsstörungen). Eingedenk dessen kann der Einzelne nicht beliebig über das außerordentliche Kündigungsrecht disponieren. 55

Unzulässige Beschränkungen des Kündigungsrechts sind nichtig; an ihre Stelle tritt die gesetzliche Regelung. In nicht wenigen Fällen kann eine ergänzende Vertragsauslegung allerdings ergeben, dass an die Stelle einer unwirksamen eine (noch) wirksame Klausel tritt, die dem Willen der Vertragspartner besser als die gesetzliche Regelung entspricht, ohne § 723 Abs 3 zu verletzen; zu Einzelheiten s jeweils die Bem zu den verschiedenen Arten der Beschränkung.

2. **Ausschlussverbot**. Sowohl die ordentliche als auch die außerordentliche Kündigung dürfen nicht insgesamt ausgeschlossen werden. Unzulässig ist daher auch die Bestimmung, dass die Kündigung nur von drei Mitgliedern zugleich erfolgen kann[132]; ebenso die Ersetzung des Kündigungsrechts durch das Recht der Gesellschaft zum Ausschluss eines Gesellschafters[133]. Dasselbe gilt für eine Vereinbarung, wonach der Gesellschaftsvertrag nur mit Zustimmung aller aufgehoben werden kann[134]. 56

Ein Recht zur ordentlichen Kündigung räumt das Gesetz allerdings nur bei „auf unbestimmte Zeit" geschlossenen Gesellschaften ein (§ 723 Abs 1 Satz 1); zu Einzelheiten s Rz 25 f. Die ordentliche Kündigung lässt sich daher grundsätzlich dadurch vermeiden, dass die Lebensdauer der Gesellschaft befristet wird. Derartige Vereinbarungen können – über eine sittenwidrige Knebelung der Beteiligten hinaus[135] – aber den Schutzzweck des § 723 Abs 3 tangieren: Je länger die vereinbarte Laufzeit einer Gesellschaft ist, umso stärker wirkt die Regelung wie ein Ausschluss der ordentlichen Kündigung bei Gesellschaften auf unbegrenzte Dauer. Gesellschaften dürfen daher nicht auf **überlange Zeit** eingegangen werden, so dass sie in ihren **Wirkungen nicht mehr überschaubar** und die Gesellschafter dadurch in ihrer persönlichen und wirtschaftlichen Betätigungsfreiheit unvertretbar eingeengt sind[136]. Die Gesellschaft ist dann allerdings grundsätzlich 57

2000, 916 (im konkreten Fall wegen der Treuhandbeteiligung abgelehnt).
131 S oben Rz 1 f.
132 RG LZ 1911, 455.
133 Jena NZG 1998, 345.
134 RG DJZ 1924, 231.
135 Dazu RGRK/v Gamm Rz 12 f; A Hueck, Festschr für Larenz, 1973, S 741.
136 BGH NJW 1994, 2886; BGH NJW 1992, 2696; BGHZ 50, 316; BGH WM 1967, 315; Düsseldorf NZG 2000, 588; Karlsruhe NZG 2000, 304; K Schmidt, GesellschaftsR § 50 II 4 c; Nitschke, Körperschaftlich strukturierte Personengesell-

nicht als Gesellschaft von unbegrenzter Dauer anzusehen; vielmehr ist der Wille der Gesellschafter zu respektieren, für eine bestimmte Zeit die ordentliche Kündigung der Gesellschaft auszuschließen und im Rahmen einer ergänzenden Vertragsauslegung eine angemessene zeitliche Begrenzung des ordentlichen Kündigungsrechts zu ermitteln[137]. Nur dann, wenn sich ein dahingehender Wille der Gesellschafter nicht ermitteln lässt, tritt gemäß § 139 an die Stelle der unwirksamen Vereinbarung die gesetzliche Regelung (§ 723 Abs 1Satz 1)[138].

58 Wann eine Befristung unangemessen ist, ergibt sich aus einer umfassenden Abwägung der gegenseitigen, rechtlich geschützten Interessen unter Berücksichtigung aller Umstände des Einzelfalls[139]. Die Rechtsprechung hat bislang – zutreffender Weise – eine feste Zeitspanne oder auch nur einen Richtwert vermieden[140]. Denn nicht selten ist der vorübergehende Ausschluss der ordentlichen Kündigung zur Erreichung des gemeinsamen Zwecks geradezu unabdingbar[141]. Hinzu kommt, dass die beschränkenden Wirkungen der Befristung durch gesellschaftsvertragliche Regelungen hinreichend kompensiert sein können, insbesondere durch eine vereinbarte freie Übertragbarkeit der Anteile[142]; dies allerdings nur dann, wenn es unter „normalen" Umständen für die Anteile auch einen Markt gibt, auf dem sich der Verkehrswert erzielen lässt[143]. Darüber hinaus kommt es maßgeblich darauf an, in welcher Intensität die Vergesellschaftung in die persönlichen und wirtschaftlichen Belange der Gesellschafter eingreift; je größer das finanzielle Risiko und je umfangreicher die geschuldete Mitarbeit, desto eher muss eine Lösung vom Vertrag möglich sein.

59 3. **Beschränkungen des Kündigungsrechts**. – a) **Allgemeines**. Nach § 723 Abs 3 ist nicht nur der Ausschluss des Kündigungsrechts, sondern auch eine Beschränkung desselben nichtig. Das gilt allerdings nicht ausnahmslos. Zum einen ergeben sich zwei Beschränkungen des Kündigungsrechts aus dem Gesetz selbst (Abs 1 Satz 4, Abs 2 Satz 1). Zum anderen verhindert Absatz 3 nur solche Vereinbarungen, die „diesen Vorschriften zuwider" das Kündigungsrecht beschränken; in Bezug genommen wird damit Absatz 1 und damit vor allem der Sinn und Zweck des ordentlichen und des außerordentlichen Kündigungsrechts[144]. Mit anderen Worten: **Unzulässig** sind **nur** solche Beschränkungen, die die persönliche und wirtschaftliche Freiheit eines Gesellschafters durch **übermäßige, unzumutbare Bindungen** an den Gesellschaftsvertrag beeinträchtigen. Eingedenk dessen ist vor allem die Fortsetzungsklausel als solche zulässig, die – ohne sonstige Nachteile – zum Ausscheiden des Kündigenden unter Fortbestand der Gesellschaft führt (§ 736). Zulässig sind grundsätzlich auch Vereinbarungen bestimmter Form- und Verfahrenserfordernisse für eine Kündigung.

60 b) **Kündigungsfristen**. Grundsätzlich zulässig ist die Vereinbarung von **Kündigungsfristen und -terminen**, sofern sie keine übermäßige lange Bindung der Gesellschafter bewirken. Derartige Fristen werden vor allem im Interesse der anderen Gesellschafter vereinbart, sich auf die veränderten Gegebenheiten einstellen zu können; dies vor allem deshalb, weil bei unternehmerisch tätigen Gesellschaften die Beteiligung zumeist die eigentliche Existenzgrundlage bildet. Das gilt grundsätzlich auch für die außerordentliche Kündigung[145]; hier zeigt das Gesetz selbst in unterschiedlichem Zusammenhang (§§ 490 Abs 2 Satz 1, 544 Satz 1, 563 Abs 4, 564 Satz 2 usw), dass eine befristete außerordentliche Kündigung keine per se unzulässige Rechtsgestaltung darstellt. Auch bei Personalgesellschaften erkennt das Gesetz in gewisser Weise eine Befristung der

schaft S 367 ff; Reuter, Privatrechtliche Schranken der Perpetuierung von Unternehmen S 281 ff; Gersch BB 1977, 874.

137 MünchKomm/Ulmer Rz 65; Bamberger/Roth/Timm/Schöne Rz 29; Erman/Westermann Rz 22.

138 Düsseldorf NZG 2000, 588.

139 BGH NZG 2006, 426; BGH NJW 2005, 1784; BGH NJW 1995, 2350; BGHZ 64, 288.

140 BGH NZG 2006, 426 (5 Jahre: ja); BGH NJW 2005, 1784 (10–12 Jahre: ja); BGH WM 1967, 315 (30 Jahre: ja).

141 Dresden DStZ 2003, 743; Düsseldorf NZG 2000, 588; Hamm NZG 2000, 500.

142 Dresden DStZ 2003, 743.

143 Grunewald, Festschr für Clausen S 103 ff; stark einschränkend Dresden DStZ 2003, 743.

144 S oben Rz 1 f.

145 AA RGZ 162, 388; MünchKomm/Ulmer Rz 74; RGRK/v Gamm Rz 22.

außerordentlichen Kündigung an (§ 723 Abs 2 Satz 1); nämlich dann, wenn erhebliche Interessen der Mitgesellschafter gegen eine sofortige Auflösung der Gesellschaft sprechen. Eine vereinbarte Kündigungsfrist muss aber, soll sie zulässig sein, einen gerechten Interessenausgleich gegenüber dem Kündigenden beinhalten, dem bei wichtigem Grund eine Fortsetzung der Gesellschaft unzumutbar ist.

c) **Abfindungsvereinbarungen**. Zu Einzelheiten vgl im Einzelnen die Bem zu § 738. Es ver- 61
stößt gegen § 723 Abs 3, wenn dem Gesellschafter, der aus einer Gesellschaft ausscheiden möchte, für den Fall seiner Kündigung im Gesellschaftsvertrag vermögensmäßige Nachteile – durch den Ausschluss oder die Beschränkung von Auseinandersetzungs- oder (bei Fortsetzungsklausel) Abfindungsansprüchen – auferlegt werden, die zwar formal sein Kündigungsrecht nicht tangieren, im Ergebnis aber dazu führen, dass er nicht mehr frei entscheiden kann, ob er von dem Kündigungsrecht Gebrauch macht oder nicht. Eine solche Sachlage kommt faktisch einem Ausschluss des Kündigungsrechtes gleich und ist grundsätzlich unzulässig[146].

Nach § 723 Abs 3 **unzulässig** ist daher grundsätzlich ein **Ausschluss des Abfindungsgut-** 62
habens (§ 738 Abs 1 Satz 2); etwas anderes kann sich bei Gesellschaften mit ideeller Zwecksetzung[147] und gegenüber Beteiligten ergeben, die ohne eigene (oder geringfügige) Vermögenseinlage an der Gesellschaft beteiligt sind; im zuletzt genannten Fall aber nur, wenn das selbst erwirtschafte Vermögen (stehen gelassene Gewinne usw) im Wesentlichen erhalten bleibt[148]. Abfindungsklauseln, die den Abfindungsanspruch der Höhe nach beschränken, sind ohne sachliche Rechtfertigung (Existenzsicherung bei der fortbestehenden Gesellschaft, Vermeidung komplizierter und streitanfälliger Wertermittlungen usw) ebenfalls unzulässig. Von Sachgründen getragene **Abfindungsklauseln** sind hingegen **grundsätzlich zulässig**, wenn nicht wahrer Anteilswert und vereinbarter Abfindungsbetrag so weit auseinander fallen, dass sie den Kündigungswilligen in nicht mehr zumutbarer Weise beschränken. Auch hier hat die Rechtsprechung bislang feste Größen vermieden; nach gängiger Praxis ist aber ein Abfindungswert von unter 50 % des realen Anteilswertes grundsätzlich unzulässig[149]. Unzulässig können letztlich auch vereinbarte Auszahlungsmodalitäten (Fälligkeit usw) sein; bei ratenweiser Auszahlung des Abfindungsguthabens zieht die Rechtsprechung eine Grenze regelmäßig bei spätestens 10 Jahren[150]; doch können auch hier aufgrund besonderer Gegebenheiten längere Fristen zulässig sein[151].

Die Beweislast für den erheblichen, die Entscheidungsfreiheit nicht unwesentlich be- 63
schränkenden Auseinanderfall von wahrem Anteilswert und vereinbartem Abfindungswert trägt der Kündigende[152]. Besteht die Diskrepanz zwischen Abfindungswert und wirtschaftlichem Wert der Beteiligung bereits bei Vertragsschluss, ist die Vereinbarung insoweit nach § 138 unwirksam; an ihre Stelle tritt der wahre Anteilswert (§ 738 Abs 1 Satz 2)[153]. Entsteht ein solches Missverhältnis erst nach Vertragsschluss (insbesondere aufgrund günstiger Geschäftsentwicklung), so

146 BGH NZG 2006, 426; BGHZ 126, 226; BGH NJW 1989, 3272; BGH NJW 1993, 2101; BGH WM 1979, 1064; Naumburg NZG 2001, 658 (im konkreten Fall verneint); Bamberg NZG 1998, 897.

147 BGH DStR 1998, 1368; BGHZ 135, 387; Siegle ZGR 1999, 675; Grunewald, Ausschluss aus Gesellschaft und Verein S 177.

148 BGH NJW 2002, 3536; Düsseldorf NZG 2005, 352.

149 BGH NZG 2006, 426 (30 % des Liquidationswertes: nein); BGHZ 123, 281 (KG, 45 % des Verkehrswerts: nein); BGH NJW 1993, 2101 (OHG, 10 % des realen Werts: nein); BGH NJW 1989, 2685 (50 % des Buchwerts: nein); BGH NJW 1973, 651 (OHG, 20 % des Anteilswerts: nein); München NZG 2004, 1055 (KG, 34 %: nein); Hamm NZG 2003, 440 (GmbH, 1/3 des Zeitwerts: nein); Naumburg NZG 2000, 698 (83 % des wahren Werts: ja).

150 BGH NJW 1989, 2685; Karlsruhe ZIP 2006, 306 (GmbH, 10 Jahre: nein); München OLGR 2006, 516 (5 Jahre: ja); München NZG 2004, 1055 (KG, 5 Jahre: ja); Hamm NZG 2003, 440 (GmbH, 5 Jahre: nein); Dresden NZG 2000, 1042 (Staffelung bis zu 10 Jahren: nein).

151 Vgl BGH NJW-RR 2006, 178; BGH NJW 2005, 1784; BGB NJW-RR 2005, 627 (bis 40 Jahre bei beabsichtigter Verrentung des Anspruchs).

152 BGH NJW 1989, 3272; Naumburg NZG 2001, 658.

153 BGHZ 116, 359 (GmbH); Hamm NZG 2003, 440 (GmbH).

ist ein nach §§ 157, 242 an die geänderten Umstände angepasster Preis zu zahlen (ergänzende Vertragsauslegung)[154].

64 Abfindungsregelungen, die den wirtschaftlichen Wert der Beteiligung des Ausscheidenden (deutlich) übersteigen, sind hingegen nicht an § 723 Abs 3 zu messen[155]. Etwas anderes gilt aber dann, wenn ein besonders hohes Guthaben an einen Gesellschafter zu zahlen ist, dass über der Regel liegt[156]; denn hier wird umgekehrt die Entscheidungsfreiheit des anderen Mitgesellschafters unzulässig verkürzt. Auch wenn eine Abfindungsvereinbarung die Entschließungsfreiheit eines Gesellschafters nicht (wesentlich) beschränkt, so kann sie doch aus anderen Gründen unwirksam sein, etwa bei willkürlicher, sachlicher nicht gerechtfertigter Ungleichbehandlung der Gesellschafter hinsichtlich der finanziellen, und sonstigen Modalitäten bei der Kündigung, was den Grundsatz der Gleichbehandlung im Gesellschaftsrecht verletzt[157].

65 d) **Andere wirtschaftliche Erschwerungen**. Eine unzulässige Beschränkung des Kündigungsrechts liegt vor, wenn dem Kündigenden **vermögensrechtliche Verpflichtungen** auferlegt werden, die im Ergebnis dazu führen, dass er nicht mehr frei entscheiden kann, ob er von seinem Kündigungsrecht Gebrauch macht oder nicht. Es ist daher unzulässig, wenn der Kündigende einen Geldbetrag als Austrittsgeld, Abfindungs- oder Abstandszahlung, Vertragsstrafe oder sonstige Gesellschafterleistungen an die Gesellschaft zu erbringen hat[158]. Nur eine andere Form der unzulässigen Beschränkung stellt es dar, wenn die Gesellschaft die vom Kündigenden eingebrachten, nach § 738 Abs 1 Satz 2 sofort zurück zu gewährenden Gegenstände für längere Zeit weiternutzen und darüber verfügen darf[159]. Selbst ein nachvertragliches Wettbewerbsverbot stellt eine unzulässige Einschränkung des Kündigungsrechts dar, wenn es sich nicht in den gebotenen zeitlichen, räumlichen und gegenständlichen Grenzen hält[160]; innerhalb dieser Grenzen wird der vom Wettbewerbsverbot Betroffene allerdings hinreichend von seinem Abfindungsanspruch (§ 738 Abs 1 Satz 2) sowie dadurch geschützt, dass gegebenenfalls Schadensersatzansprüche gegen den die Kündigung verursachenden Mitgesellschafter entstehen. Zu den Einzelheiten nachvertraglicher Wettbewerbsverbote s im Übrigen die Bem zu § 738.

66 Möglich ist demgegenüber eine Klausel, die den Ausscheidungswilligen vorrangig verpflichtet, seine Mitgliedschaft Mitgesellschaftern anzubieten. § 723 Abs 3 widerspricht ebenfalls nicht die Vereinbarung, dass bei Kündigung der andere Gesellschafter die Wahl haben soll, welche von beiden Geschäftsabteilungen er übernehmen will, vorausgesetzt, dass eine angemessene Wertverrechnung stattfindet[161]. Das Gleiche gilt, wenn die Abfindung des Kündigenden wahlweise durch Mitnahme des Kundenstamms oder Auszahlung erfolgen kann[162]. Dass der Ausscheidende den bei Innengesellschaften selbst gehaltenen Vermögensgegenstand Mitgesellschaftern andienen muss, stellt grundsätzlich keine Verletzung von § 723 Abs 3 dar, denn insoweit wird gesellschaftsvertraglich lediglich das vereinbart, was auch bei Außengesellschaften ohnehin gilt: Der Ausscheidende muss das Gesellschaftsvermögen bei dieser belassen und wird lediglich wertmäßig abgefunden[163].

67 e) **Vereinbarungen über den wichtigen Grund**. Die Vereinbarung, dass nur bestimmte Gründe zur außerordentlichen Kündigung berechtigen sollen, verstößt gegen § 723 Abs 3[164]. Wichtige Kündigungsgründe können vertraglich aber konkretisiert werden; auch können weitere, einen zusätzlichen Kündigungsgrund bildende Umstände als zur außerordentlichen Kündigung

154 BGHZ 126, 226; BGHZ 123, 281; BGH NJW 1993, 2101 (OHG); BGHZ 116, 359 (GmbH); München NZG 2004, 1055 (KG); Naumburg NZG 2000, 700 (GmbH).
155 München OLGR 2006, 516 (eine Grenze für derartige – in der Praxis seltene – Vereinbarungen bildet allerdings § 138).
156 Bamberg NZG 1998, 879.
157 BGHZ 116, 359.
158 BGH NJW 2001, 1270 (im konkreten Fall zulässig); RGZ 61, 328; Schleswig MedR 2004, 56; Bamberg NZG 1998, 897.
159 RGZ 87, 215.
160 BGH NJW 2005, 2618 (im konkreten Fall verneint).
161 RGZ 106, 128.
162 Schleswig NZG 2001, 659.
163 BGHZ 126, 226.
164 BGH NJW 1994, 2886.

berechtigend vereinbart werden. Soweit der Gesellschaftsvertrag oder ein Beschluss bestimmte Umstände als konkrete oder allgemein als „wichtige Gründe" ausschließt, kann die Vereinbarung aber bei der auf den einzelnen Fall bezogenen Beurteilung der Zumutbarkeit als Anzeichen gegen das Vorliegen eines wichtigen Grundes berücksichtigt werden[165].

§ 724 Kündigung bei Gesellschaft auf Lebenszeit oder fortgesetzter Gesellschaft

Ist eine Gesellschaft für die Lebenszeit eines Gesellschafters eingegangen, so kann sie in gleicher Weise gekündigt werden wie eine für unbestimmte Zeit eingegangene Gesellschaft. Dasselbe gilt, wenn eine Gesellschaft nach dem Ablauf der bestimmten Zeit stillschweigend fortgesetzt wird.

Schrifttum: Simon, Gesellschaftliche Bindungen auf Lebenszeit?, DB 1961, 1679; A Hueck, Zur Problematik langfristiger Gesellschaftsverträge, in: Festschr für Larenz, 1973, S 741; Merle Personengesellschaften auf unbestimmte Zeit und auf Lebenszeit, in: Festschr für Bärmann, 1975, 631; Flume, Personengesellschaft, § 13 II.

1. **Voraussetzungen**. Eine unkündbare lebenslängliche Bindung widerspricht dem Grundsatz 1
der freien Entfaltung der Persönlichkeit (GG Art 2) und birgt in besonderem Maße die Gefahr unüberschaubarer Bindungen. **Satz 1** wird deshalb teilweise für **unabdingbar** gehalten[1]. Dem ist *Flume*[2] überzeugend entgegengetreten. Soweit der Gesellschaftsvertrag nichts anderes ergibt, ist jeweils zu prüfen, ob noch eine **Lösung** von der Gesellschaft auf irgendeine Weise **offen bleibt** oder ob eine feste Bindung für die ungewisse Lebenszeit eines Gesellschafters gewollt ist. Kein Fall des § 724 liegt deshalb vor, wenn der gebundene Gesellschafter nach dem Gesellschaftsvertrag die Umwandlung der Gesellschaft in eine Kapitalgesellschaft verlangen[3] oder seinen Gesellschaftsanteil übertragen kann[4] oder wenn die Gesellschaft zeitlich begrenzt ist, aber die Begrenzung die Lebenserwartung eines Gesellschafters mit Sicherheit übersteigt[5] oder wenn jeder der Gesellschafter noch zu Lebzeiten durch Kündigung nach § 723 ausscheiden kann. Ist für den Gesellschafter nicht zugleich ein (freies) Austrittsrecht aus der Gesellschaft vereinbart worden (§ 736), verhindert allerdings nicht schon die theoretische Möglichkeit, die eigene Mitgliedschaft auf Dritte übertragen zu können, die Anwendbarkeit von Satz 1. Denn eine übermäßige Bindung wird nur dann effektiv verhindert, wenn der Betreffende auch tatsächlich einen Markt (also prospektive Käufer) für seine Beteiligung vorfindet[6]. § 724 ist **eng auszulegen**. Seine Voraussetzungen sind aber erfüllt, wenn nur ein Gesellschafter bis an sein Lebensende gebunden ist, etwa dadurch, dass für diesen Gesellschafter auf Lebenszeit die Kündigung ausgeschlossen ist[7] oder die Gesellschaft mit dem Tod des erstversterbenden Gesellschafters aufgelost werden soll[0]. Ist fur eine Gesellschaft eine bestimmte (zur auch stillschweigend vereinbarten Befristung s Rz 8 vor § 723), wenn auch langjährige Zeitspanne festgelegt, so kann nach den Grundsätzen über den Wegfall der Geschäftsgrundlage (§ 313) eine Anpassung des Vertrags in der Weise geboten sein, dass statt einer auf Lebenszeit eingegangenen eine auf eine bestimmte Zeit eingegangene Gesellschaft angenommen wird[9].

165 Hamm GesR 2004, 185; RG JW 1938, 522; MünchKomm/Ulmer Rz 75.

1 Vgl BGH WM 1967, 315; s auch Mugdan II S 347; RGZ 156, 129, 136.

2 Personengesellschaft § 13 II.

3 RGZ 156, 129, 136; aM Erman/Westermann Rz 2.

4 Düsseldorf NZG 2000, 588 (im konkreten Fall allerdings verneint); Simon DB 1961, 1679, 1682.

5 HM; MünchKomm/Ulmer Rz 6; Simon DB 1961, 1679, 1681; RGRK/v Gamm Rz 1; Staud/Habermeier Rz 4; Westermann, Handb Rz I 623; Barz JW 1938, 490; Ebenroth/Bougong/Joost HGB § 134 Rz 4; Baumbach/Hopt HGB[32] § 134 Rz 3; aM Reuter, Privatrechtliche Schranken der Perpetuierung von Unternehmen, 1973, S 278 ff.

6 Grunewald, Festschr für Claussen S 103 ff; stark einschränkend Dresden DStZ 2003, 743.

7 RGZ 156, 129, 136; MünchKomm/Ulmer Rz 7; Erman/Westermann Rz 1; das Kündigungsrecht steht dann allen Gesellschaftern zu.

8 Hueck, OHG § 24 Fn 6.

9 So BGH WM 1967, 315; aM MünchKomm/Ulmer Rz 9 (ergänzende Vertragsauslegung).

2 2. Ist die Gesellschaft für die **Dauer des Bestehens einer juristischen Person** oder einer **OHG** oder **KG**, die Gesellschafter einer GbR sein können[10], abgeschlossen, so kann § 724 **keine Anwendung** finden, da der Schutzzweck der Norm (gegen Bindung auf die Lebenszeit einer natürlichen Person) nicht passt[11]. Ist die Dauer der juristischen Person bestimmt, ist es damit auch die der Gesellschaft, da mit dem Ende eines Gesellschafters grundsätzlich auch die Gesellschaft aufgelöst wird (§ 727). Ist dagegen die Dauer der juristischen Person unbestimmt, aber nicht auf ihre Dauer die GbR abgeschlossen, so liegt der Fall des § 724 nicht vor. Es kommt dann auf den Parteiwillen an, ob die Gesellschaft auf unbestimmte oder bestimmte Zeit geschlossen worden ist[12]. Hätte § 724 schlechthin vor jeder ungewissen längeren Bindung schützen wollen, hätte er anders formuliert werden müssen. Da die Vorschrift eng auszulegen ist[13], ist sie auf die dort vorgesehenen zwei klar abgegrenzten Fälle zu beschränken, zumal für die GmbH & Co KG und ähnliche Fälle, worauf *Hueck*[14] hinweist, ein berechtigtes Interesse an gleicher Dauer beider Gesellschaften besteht.

3 3. **§ 724 Satz 2** enthält eine **Auslegungsregel** für den Fall, dass die Gesellschafter vor oder nach der durch Zeitablauf eingetretenen Auflösung schlüssig ohne neue Zeitbestimmung die Fortsetzung beschließen. Dann gilt die Gesellschaft als solche auf **unbestimmte Zeit** und unterliegt der **ordentlichen Kündigung** nach § 723 Abs 1 Satz 1. Einen schlüssig gefassten Fortsetzungsbeschluss[15] wird man vor allem dann annehmen können, wenn die Gesellschafter in Kenntnis der Auflösung der Gesellschaft auf Liquidationsmaßnahmen verzichten und den Geschäftsbetrieb weitgehend unverändert fortsetzen. Die Vorschrift des Satzes 2 **gilt entsprechend** bei einem ausdrücklichen Fortsetzungsbeschluss oder bei stillschweigender Fortsetzung und Eintritt eines sonstigen Auflösungsgrunds[16]. Stets ist jedoch zu beachten, dass Satz 2 nachgiebig ist, so dass ein feststellbarer anderweitiger Wille der Gesellschafter vorgeht. Verweigert ein Gesellschafter seine Mitarbeit an der Liquidation, und verlaufen die Verhandlungen auf Abschluss eines neuen Gesellschaftsvertrags ergebnislos, kann man deshalb grundsätzlich nur schließen, dass die Gesellschafter die Auseinandersetzung bis zur Beendigung ihrer Verhandlungen aufschieben wollen[17].

4 4. § 724 ist **anwendbar** auch auf Personalgesellschaften, bei denen die kapitalmäßige Beteiligung im Vordergrund steht, also auf die stille Gesellschaft. Dagegen ist die Vorschrift **nicht** anwendbar auf den nicht eingetragenen Verein, für den der zwingende § 39 entsprechend[18] gilt[19].

§ 725 Kündigung durch Pfändungspfandgläubiger

(1) **Hat ein Gläubiger eines Gesellschafters die Pfändung des Anteils des Gesellschafters an dem Gesellschaftsvermögen erwirkt, so kann er die Gesellschaft ohne Einhaltung einer Kündigungsfrist kündigen, sofern der Schuldtitel nicht bloß vorläufig vollstreckbar ist.**

(2) **Solange die Gesellschaft besteht, kann der Gläubiger die sich aus dem Gesellschaftsverhältnis ergebenden Rechte des Gesellschafters, mit Ausnahme des Anspruchs auf einen Gewinnanteil, nicht geltend machen.**

10 Vgl § 705 Rz 24.
11 MünchKomm/Ulmer Rz 8; RGRK/v Gamm Rz 2; Simon DB 1961, 1679, 1681; Baumbach/Hopt HGB[32] § 134 Rz 3.
12 S § 723 Rz 25 f.
13 Vgl oben Rz 1.
14 OHG § 24 Fn 6 Abs 3.
15 S Rz 17 vor § 723.
16 Bamberger/Roth/Timm/Schöne Rz 7; RGRK/v Gamm Rz 4; aM MünchKomm/Ulmer Rz 13 (für andere Auflösungsgründe).
17 BGH NJW 1995, 2843, sowie Rz 17 vor § 723.
18 Vgl § 39 Rz 3.
19 Bamberger/Roth/Timm/Schöne Rz 2; RGZ 78, 134, 136 ist überholt.

ÜBERSICHT

Schrifttum: R Heinheimer, Über die Teilhaberschaft, 1930, S 70 ff; Schumann, Die Kündigung einer Gesellschaft durch einen Gläubiger eines Gesellschafters, JurBüro 1950, 152; Furtner, Pfändung der Mitgliedsrechte bei Personengesellschaften, MDR 1965, 613; Flume, Die Personengesellschaft, 1977, § 17 III; K Schmidt, Der unveräußerliche Gesamthandsanteil – ein Vollstreckungsgegenstand?, JR 1977, 177; Zimmer, Zwangsvollstreckung gegen den Gesellschafter einer Personengesellschaft, Diss Bochum 1978; Poschke, Zwangsvollstreckung in den Anteil eines Gesellschafters am Gesellschaftsvermögen einer Personengesellschaft, Diss Berlin 1981; K Schmidt, Pfändung und Verwertung der Beteiligung an einer BGB-Gesellschaft, JuS 1992, 799; Habersack, Die Mitgliedschaft – „subjektives" und sonstiges Recht, 1996; Eckardt, Zum Ausschluss aus einer GbR wegen Pfändung des Gesellschaftsanteils, NZG 1999, 991; Behr, Die Vollstreckung in Personengesellschaften, ZGR 2001, 187; ders, Die Vollstreckung gegen die BGB-Gesellschaft nach der aktuellen BGH-Entscheidung zur Parteifähigkeit, InVo 2001, 357; Wertenbruch, Die Haftung von Gesellschaften und Gesellschaftsanteilen in der Zwangsvollstreckung, 2001; Wössner, Die Pfändung des Gesellschaftsanteils bei den Personengesellschaften, 2001.

1. **Überblick**. Gesellschafts- und Gesellschaftervermögen sind wegen der unterschiedlichen Rechtsträgerschaft strikt voneinander zu trennen; das gilt zwangsläufig auch in einem gerichtlichen Erkenntnisverfahren und in der Zwangsvollstreckung. 1

Eine Vollstreckung in das Gesellschaftsvermögen ist nur auf Grund einer Forderung gegen die Gesellschaft und eines Titels gegen die – als solche parteifähige[1] und damit als Schuldnerin zu benennende – Gesellschaft selbst möglich. Probleme entstehen allein im Hinblick auf die zutreffende Bezeichnung der Gesellschaft, da die GbR anders als Personalhandelsgesellschaften nicht zwangsläufig einen bestimmten Namen führen muss. Im Urteil ist die Gesellschaft daher mit dem gesellschaftsvertraglich bestimmten oder aber dem im Rechtsverkehr gebrauchten Namen zu bezeichnen; nur hilfsweise erfolgt die Bezeichnung der Gesellschaft mit Hilfe der Namen aller Gesellschafter und unter Angabe des für die Gemeinschaft maßgeblichen Rechtsverhältnisses („als Gesellschaft bürgerlichen Rechts", vgl GBO § 47 sowie § 714 Rz 53). Genau darin ist auch der Sinn und Zweck von ZPO § 736 zu sehen, der die Zwangsvollstreckung in das Gesellschaftsvermögen wegen einer Verbindlichkeit der Gesellschaft auch auf Grund eines Titels „gegen alle Gesellschafter" ermöglicht. Auch wenn die Entstehungsgeschichte dieser Vorschrift diese Auslegung nicht zu tragen vermag, so entspricht dieses Verständnis doch dem systematischen Zusammenhang und korreliert mit der auch verfahrensrechtlich umfassend anerkannten Rechtsfähigkeit der Gesellschaft bürgerlichen Rechts[2]. 2

In der Konsequenz dieser Ansicht liegt es, dass auch bei einem oder mehreren Titeln gegen alle Gesellschafter grundsätzlich[3] selbst dann nicht in das Gesellschaftsvermögen als solches vollstreckt werden kann, wenn die Gesellschafter als Gesamtschuldner für eine Verbindlichkeit der Gesellschaft haften[4]. Unzutreffend ist es insbesondere, wenn – trotz Anerkennung der Rechtsfähigkeit der GbR – die Verpfändung (nicht aber die Pfändung im Wege der Zwangsvollstreckung) eines „GbR-Anteils" eines Gesellschafters in das Grundbuch eingetragen werden soll, wenn sich das betreffende Grundstück im alleinigen Eigentum der Gesellschaft selbst befindet[5]. Der Gesell- 3

1 BGH NJW 2003, 1043; BGH NJW 2002, 1207; BGH NJW 2001, 1056; Düsseldorf NJW-RR 2003, 1043; MünchKomm²-ZPO/Lindacher § 50 Rz 26; Musielak/Weth ZPO⁵ § 50 Rz 22; Rosenberg/Schwab/Gottwald ZPO¹⁶ § 43 Rz 18; Hadding ZGR 2001, 712; Pohlmann ZZP 115 (2002), 103; aA Stein/Jonas/Bork ZPO²² § 50 Rz 23; eingehend Rz 21 vor § 705; § 714 Rz 51 ff.

2 S § 714 Rz 56.

3 Ausnahme s § 714 Rz 56.

4 AA BGH NJW 2001, 1060; Stein/Jonas/Münzberg ZPO²² § 736 Rz 1; Musielak/Lackmann ZPO⁵ § 736 Rz 4; im Einzelnen § 714 Rz 55 f.

5 So aber Düsseldorf NZG 2004, 415; LG Hamburg, RPfleger 1982, 142; Hamm, DB 1977, 579; wie hier MünchKomm/Ulmer § 719 Rz 56.

schafter hat weder einen „Anteil am Gesellschaftsvermögen" noch an den einzelnen zum Gesellschaftsvermögen gehörenden Gegenständen[6]; mit anderen Worten: Die Verpfändung eines „GbR-Anteils" führt mitnichten zu einer Verfügungsbeschränkung bei der Gesellschaft selbst.

4 Völlig von einer Haftung der Gesellschaft selbst zu trennen ist eine Haftung der Gesellschafter, sei es für Verbindlichkeiten außerhalb des Gesellschaftsverhältnisses (Privatsphäre), sei es wegen ihres möglicherweise parallelen persönlichen Verpflichtetseins für die Verbindlichkeiten „ihrer" Gesellschaft (Gesellschafterschuldklage[7]). Insoweit umfasst auch die Mitgliedschaft in einer GbR jedenfalls bei wirtschaftlich tätigen Gesellschaften einen Vermögenswert, der gegenüber Gläubigern einzelner Gesellschafter nicht aus deren Haftungsmasse herausgelöst werden kann und soll. Da aber die Mitgliedschaft selbst – jedenfalls dann, wenn diese nach dem Gesellschaftsvertrag nicht übertragbar gestellt wurde[8] – grundsätzlich nicht Gegenstand des Rechtsverkehrs ist und damit auch nicht Objekt einer Pfändung sein kann[9], ermöglicht § 725 die „Pfändung des Anteils des Gesellschafters am Gesellschaftsvermögen". Der Gläubiger kann nach dieser Pfändung nur die Gesellschaft kündigen und Befriedigung aus den vermögenswerten Gegenständen suchen, auf die sein Schuldner nach Auslösung und Auseinandersetzung der Gesellschaft Anspruch hätte (vor allem auf das Auseinandersetzungsguthaben).

5 2. **Anwendungsbereich von § 725**. Die Regelung des § 725 ist im Zusammenhang mit den §§ 717, 719, ZPO § 859 Abs 1 und insbesondere der (umstrittenen[10]) Dogmatik zur Mitgliedschaft in Personalgesellschaften zu sehen. Danach ergibt sich Folgendes: Vermag der Schuldner seine Mitgliedschaft ohne den Willen der übrigen Gesellschafter an Dritte zu übertragen[11], so ist diese kraft Vereinbarung unter den Beteiligten Gegenstand der Rechtsordnung und daher auch taugliches Objekt einer Pfändung geworden. Insoweit gilt nichts anderes als bei Körperschaften. Soweit die Mitgliedschaft übertragbar und vermögenswert ist, erfolgt die Pfändung nach ZPO §§ 857 Abs 1, 851 Abs 1. Hält man mit der herrschenden Meinung die Mitgliedschaft selbst für ein subjektives Recht und damit für einen tauglichen Gegenstand des Rechtsverkehrs, so findet auf die **Pfändung der Mitgliedschaft** § 725 gerade keine Anwendung: Denn die Mitgliedschaft als solche ist für den pfändenden Gläubiger verwertbar; es bedarf für ihn keiner Kündigung der Gesellschaft, um auf die Vermögenswerte der ihm haftenden Mitgliedschaft zuzugreifen.

6 Ermangelt es daran, so kann der Gläubigerzugriff auf den Vermögenswert der Mitgliedschaft auf zweierlei Art und Weise erfolgen: Entweder **pfändet** der Gläubiger die **einzelnen vermögenswerten Ansprüche des Gesellschafters** in der Gesellschaft. Die Pfändung und Verwertung erfolgt in diesem Fall nach ZPO §§ 851 Abs 1, 835, 828 ff. Zwar hat der Gesellschafter keinen Anteil an den einzelnen Gegenständen des Gesellschaftsvermögens (§ 719 Abs 1, ZPO § 859 Abs 1 Satz 2), wohl aber Gesellschafterrechte, die nicht dem Abspaltungsverbot[12] unterliegen, sondern unter den Voraussetzungen des § 717 Satz 2 übertragbar sind (Gewinnrechte, Entnahmerechte, Ersatzansprüche aus der Geschäftsführung, Abfindungsansprüche usw). Von einer solchen Pfändung können auch künftige Ansprüche des Gesellschafters (auf Gewinn, auf das Auseinandersetzungsguthaben) erfasst werden. Voraussetzung ist dabei allerdings, dass diese Ansprüche später in der Person des Gesellschafter-Schuldners tatsächlich noch entstehen. Wird die Mitgliedschaft vor der Entstehung dieser Ansprüche übertragen oder ersatzlos beendet, geht die Pfändung dieser künftigen Ansprüche ins Leere. Auch auf diesen Fall der Pfändung der einzelnen vermögenswerten und isoliert abtretbaren Ansprüche ist **§ 725 nicht anwendbar**. Der pfändende Gläubiger kann keinerlei Einfluss auf die Geschicke der Gesellschaft selbst nehmen (insbesondere nicht kündigen), sondern lediglich Befriedigung aus den einzelnen gepfändeten Gegenständen suchen.

6 S § 719 Rz 5, 6.
7 S § 714 Rz 54.
8 S § 719 Rz 1 ff.
9 Zum Streit um die Mitgliedschaft als subjektives Recht vgl § 705 Rz 67 a sowie insbes Habersack, Die Mitgliedschaft – subjektives und „sonstiges" Recht, 1996.
10 S hierzu § 705 Rz 67 a.
11 Vgl § 719 Rz 13 f.
12 S § 717 Rz 20 ff.

Oder aber der Gläubiger betreibt die **Zwangsversteigerung** in den **„Anteil des Gesellschafters am Gesellschaftsvermögen“** nach § 725, ZPO § 859 Abs 1 Satz 1. Gemeint ist damit gerade nicht die Mitgliedschaft als solche[13]. Tatsächlich existiert ein vergegenständlichter „Anteil am Gesellschaftsvermögen“ als selbstständiger, verwertbarer Bestandteil des Gesellschaftsvermögens nicht, und zwar weder als ein subjektives Recht an einem Bruchteil des Gesellschaftsvermögens noch als Gesamtheit der vermögensrechtlichen Ansprüche, die dem Gesellschafter aus dem Gesellschaftsverhältnis gegen die Gesellschaft zustehen. Abzulehnen ist daher der Versuch, die vermögensrechtliche Seite der Mitgliedschaft als „Wertrecht“ oder als „Stammrecht“ zu verselbstständigen[14]. Bezeichnet wird mit dem „Anteil des Gesellschafters am Gesellschaftsvermögen“ lediglich die rechtliche Stellung des Gesellschafters als Beteiligter des Gesamthandsverhältnisses. Diese Stellung ist untrennbarer Bestandteil der Mitgliedschaft des Gesellschafters. ZPO § 859 Abs 1 Satz 1 ermöglicht zwar ausnahmsweise die Pfändung dieser an sich nicht selbst verkehrsfähigen rechtlichen Stellung, folgerichtig ist die vom Gläubiger erlangte Position aber nur durch Kündigung der Gesellschaft realisierbar, an die sich die vermögensmäßige Auseinandersetzung in der Gesellschaft anschließt. Die Bedeutung von § 725, ZPO § 859 Abs 1 liegt also darin, dass der Gläubiger auch dann, wenn die Mitgliedschaft als solche nicht übertragbar gestellt wurde und damit auch nicht als selbst verkehrsfähiges Rechtsobjekt pfändbar ist, dennoch dadurch in einfacher Form und umfassend auf alle vermögensmäßigen Teile der Mitgliedschaft zugreifen kann, dass er nach Pfändung des „Anteils des Gesellschafters am Gesellschaftsvermögen“ die Gesellschaft kündigen und so eine vollständige vermögensmäßige Auseinandersetzung unter den Gesellschaftern erzwingen kann. 7

3. **Voraussetzungen**. – a) **Pfändung des Anteils**. Voraussetzung ist zum einen die **Pfändung des „Anteils“** nach ZPO § 859 Abs 1 Satz 1, die sich in der Globalpfändung aller abtretbaren Forderungen im Sinne einer lediglich technischen Zusammenfassung derselben erschöpft[15]. Die sich daraus ergebende Schwäche der Pfändung künftiger Ansprüche gegenüber Verfügungen des Gesellschafters über die Mitgliedschaft ist mit der erlangten Position des Gläubigers zwangsläufig verbunden und deren unvermeidbare Schwäche[16]. Sie lässt sich nur dadurch vermeiden, dass der Gläubiger die Mitgliedschaft als solche (als eigenständiges Rechtsobjekt) pfändet, was allerdings deren Übertragbarkeit voraussetzt[17]. Da Vollstreckungsgegenstand ein Inbegriff von dem Gesellschafter zustehenden Vermögensrechten ist und nicht eine Forderung, wird die Pfändung nach ZPO § 857, nicht aber primär nach ZPO § 829 durchgeführt[18]. Nach Pfändung des „Anteils“ und Kündigung der Gesellschaft kann sich der Gläubiger die einzelnen Vermögensansprüche überweisen lassen. Für die Zustellung des Titels an den Drittschuldner (ZPO §§ 857 Abs 1 Satz 1, 829) genügt nach der Rechtsprechung die Zustellung an die geschäftsführenden Gesellschafter[19]. Da die Rechte aller Gesellschafter durch die Pfändung berührt werden, muss der Beschluss zwar nicht an alle Gesellschafter zugestellt werden[20]; allerdings ist die Gesellschaft verpflichtet, alle Gesellschafter von der Anzeige in Kenntnis zu setzen. 8

b) **Pfändung durch Privatgläubiger**. Die Möglichkeit zur Pfändung des „Anteils am Gesellschaftsvermögen“ hat nur der **Privatgläubiger** eines Gesellschafters. Dieser kann selbst dann nicht in das Gesellschaftsvermögen vollstrecken, wenn er einen Titel gegen alle Gesellschafter hat, die ausgeurteilte Forderung aber keinen Anspruch gegen die Gesellschaft (Gesamthandsschuld), 9

13 So aber Köln NJW-RR 1994, 1518; MünchKomm/Ulmer Rz 10 aE; Bamberger/Roth/Timm/Schöne Rz 3; Staud/Habermeier Rz 7; MünchKomm²-ZPO/Smid § 859 Rz 4; Zöller/Stöber ZPO²⁶ § 859 Rz 2, K Schmidt, GesellschaftsR S 1322 ff; Flume, Festschr für Larenz S 779.

14 Vgl § 721 Rz 17 u § 719 Rz 5 f.

15 BGHZ 116, 222, 229; Thomas/Putzo ZPO²⁷ § 859 Rz 1; K Schmidt JR 1977 S 178; Ensthaler, Liquidation S 77.

16 S aber Marotzke ZIP 1988, 1509.

17 S § 719 Rz 11 ff.

18 HM, Staud/Habermeier Rz 9; MünchKomm/Ulmer Rz 12; Zimmer, Diss Bochum 1978, S 48 ff; aA K Schmidt JR 1977, 177 f; vgl auch BGH WM 1972, 81 u Düsseldorf WM 1981, 1316 zu HGB § 135.

19 BGHZ 97, 392; auch Erman/Westermann Rz 2; MünchKomm/Ulmer Rz 12; Staud/Habermeier Rz 9; MünchKomm²-ZPO/Smid § 859 Rz 6.

20 So aber RGRK/v Gamm Rz 2.

sondern nur die Gesellschafter betrifft[21]. Der Privatgläubiger muss sodann die Gesellschaft kündigen. Die nicht allen Gesellschaftern gegenüber erklärte Kündigung des Gläubigers wird wirksam, sobald alle Gesellschafter davon Kenntnis erhalten[22]. Da das Vorgehen des Gläubigers zur Auflösung der Gesellschaft führt, ist § 725 auf die dringendsten Fälle zu beschränken[23]. Allerdings kann auch ein Mitgesellschafter Privatgläubiger eines anderen Mitgesellschafters sein, insbesondere wenn seine Forderung als sog Drittgläubigeranspruch[24] nicht aus dem Gesellschaftsverhältnis stammt; es ist dann sein Vorgehen nach § 725 unter dem Gesichtspunkt der gesellschaftsrechtlichen Treuepflicht zu beurteilen[25]. Ihm steht zB nicht das Kündigungsrecht des § 725 zu, wenn er die Forderung gegen den Mitgesellschafter zwecks Auflösung der Gesellschaft erwirbt, nur weil ihm kein anderer Auflösungsgrund zur Seite steht oder weil er bei Erwerb der Forderung schon mit der Zahlungsunfähigkeit des Mitgliedschafters rechnen musste. Zur Anwendbarkeit von § 725 auf **Testamentsvollstrecker** und **Nachlass (insolvenz-) verwalter** s unter § 727 Rz 48 ff, 60 f.

10 c) **Vollstreckungstitel**. Zur Geltendmachung des Gewinnanspruchs (§ 725 Abs 2) reicht auch ein vorläufig vollstreckbarer Titel aus. Will der Gläubiger jedoch die Gesellschaft kündigen, so bedarf es eines **nicht nur vorläufig vollstreckbaren Titels** (§ 725 Abs 1 aE). In diesem Fall steht dem Gläubiger selbst dann das Recht zur fristlosen Kündigung zu, wenn die Gesellschaft auf bestimmte Zeit eingegangen ist (§ 723 Abs 1 Satz 2[26]) oder der Gesellschaftsvertrag Fristen vorsieht[27].

11 4. **Wirkung der Pfändung**. Mit der Pfändung des „Anteils" iSv § 725[28] kommt es zur Verstrickung aller aus der Mitgliedschaft folgenden vermögensmäßigen Rechte. Der Gesellschafter-Schuldner ist so an allen Verfügungen über die Mitgliedschaft und die aus ihr folgenden abspaltbaren Rechte gehindert, soweit damit das Pfändungspfandrecht des Gläubigers beeinträchtigt wird[29]. Die Verwertung des Pfandrechts durch Einziehung der aus dem Gesellschaftsanteil fließenden Vermögensrechte setzt allerdings noch deren Überweisung voraus (ZPO §§ 835 Abs 1, 857 Abs 1); § 725 Abs 2 macht davon keine Ausnahme. Nach einer Überweisung des gepfändeten „Anteils des Gesellschafters an dem Gesellschaftsvermögen" vermag der Gläubiger allerdings nicht nur den Anspruch auf den Gewinnanteil (so Absatz 2), sondern darüber hinaus in singgemäßer Anwendung dieser Vorschrift alle diejenigen vermögensmäßigen Rechte des Gesellschafters geltend zu machen, die aus der Mitgliedschaft folgen und nicht dem Abspaltungsverbot unterliegen[30]. Das gilt nicht für den Anspruch auf das Auseinandersetzungsguthaben, denn dieser entsteht erst nach der Kündigung der Gesellschaft. Die in der Mitgliedschaft enthaltenen Mitverwaltungsrechte bleiben uneingeschränkt beim Gesellschafter[31]. Nur die Gesellschafter können über das Gesellschaftsvermögen und die dazu gehörenden Gegenstände verfügen; sie können den Gläubiger analog § 268 befriedigen und so dessen Kündigungsrecht abwenden. Der Gläubiger erlangt mit der Pfändung (und Überweisung) allein kein Mitverwaltungsrecht an der bis zur Gläubigerkündigung werbend tätigen Gesellschaft. Er kann insbesondere auch nicht einer seiner Kündigung zeitlich vorausgehenden Auflösung der Gesellschaft aus einem anderen Grund widersprechen. Allerdings vermag er die Gesellschaft fristlos zu kündigen (Absatz 1). Der Gesellschafter-Schuldner hat dieses Recht nicht, kann aber als Bevollmächtigter des Gläubigers – beachte § 180 Satz 2 – auftreten[32].

21 S oben Rz 2.
22 BGH NJW 1993 1002; s im Einzelnen zu § 723.
23 HM; MünchKomm/Ulmer Rz 16; Roth ZGR 2001, 194; ferner Schönle NJW 1966, 1797 f (unter III).
24 Vgl § 705 Rz 57.
25 BGHZ 91, 84, 87; BGH WM 1978, 675.
26 Vgl § 723 Rz 25 f.
27 Vgl Furtner MDR 1965, 613 ff.
28 S hierzu oben Rz 7.
29 MünchKomm/Ulmer Rz 27; Staud/Habermeier Rz 18; Erman/Westermann Rz 6; Smid JuS 1988, 613.
30 S § 717 Rz 8 ff.
31 RGZ 90, 19; RGZ 52, 35, 37; MünchKomm/Ulmer Rz 25; Erman/Westermann Rz 3; Bamberger/Roth/Timm/Schöne Rz 9. Im Einzelnen s § 717 Rz 5.
32 RG LZ 1916, 592; s insoweit auch zu § 723.

5. **Wirkung der Kündigung**. Das Recht zur Kündigung hat nach dem eindeutigen Wortlaut von Absatz 1 schon derjenige Gläubiger, der „den Anteil des Gesellschafters an dem Gesellschaftsvermögen“ gepfändet hat. Nicht erforderlich für die Kündigung ist damit, dass der Gläubiger sich die gepfändeten Vermögensrechte des Gesellschafters auch hat überweisen lassen[33]; die Überweisung ist jedoch Voraussetzung für die Einziehung der Vermögensrechte der Mitgliedschaft. Mit Zugang der Kündigungserklärung wird die Gesellschaft aufgelöst[34]. Ab diesem Zeitpunkt können die Gesellschafter die Auflösung der Gesellschaft nicht mehr durch Befriedigung des Gläubigers (§ 268) abwenden[35]. Jedoch können die übrigen Gesellschafter auf Grund der gesellschaftsrechtlichen Treuepflicht zur Fortsetzung der Gesellschaft mit dem Gesellschafter-Schuldner verpflichtet sein, wenn der kündigende Gläubiger vor der Beendigung der Gesellschaft[36] befriedigt wird[37]. Im Fall einer Fortsetzungsklausel kann dem Anspruch des Gesellschafters auf Wiederaufnahme in die Gesellschaft nicht entgegengehalten werden, dass die Wiederaufnahme mit den in der Zwischenzeit geschaffenen tatsächlichen Verhältnissen nicht zu vereinbaren sei[38]. 12

Das Pfandrecht am „Anteil am Gesellschaftsvermögen“ verwandelt sich – auf der Grundlage der hier zugrunde gelegten Systematik[39] – mit der Kündigung in ein solches an den Vermögensansprüchen in der Auseinandersetzung, insbesondere also am Auseinandersetzungsguthaben (dingliche Surrogation analog §§ 1274 Abs 2, 1258 Abs 3)[40]. Der Anspruch auf das Auseinandersetzungsguthaben entsteht in der Regel erst nach Schlussabrechnung, ausnahmsweise auch schon vorher[41]; der Gesellschafter-Gläubiger kann den Anspruch klageweise geltend machen[42]. Im Hinblick auf die einzelnen Vermögensansprüche des Gesellschafter-Schuldners aus der Mitgliedschaft ist allerdings zu beachten, dass diese in der Regel bis zur Schlussabrechnung der Durchsetzungssperre unterliegen[43]. Sie können daher zwar gepfändet (ZPO § 851 Abs 2), nicht aber mehr selbstständig geltend gemacht werden. Der die Auseinandersetzung der Gesellschaft herbeiführende Gesellschafter-Gläubiger muss sich diese Einschränkung entgegenhalten lassen; das führt im Ergebnis dazu, dass er wirtschaftlich immer auf das Abfindungsguthaben verwiesen wird, wie es sich rechnerisch nach Saldierung aller wechselseitigen Ansprüche aus der Schlussabrechnung ergibt. 13

Anders als vor der Kündigung erlangt der Gläubiger in der Auseinandersetzungsgesellschaft auch weitgehend die Mitverwaltungsrechte des Gesellschafter-Schuldners[44]. Insoweit ist die Interessenlage mit der bei der Abwicklungstestamentsvollstreckung vergleichbar[45]. Weder das Abspaltungsverbot noch die Kernbereichslehre werden durch eine einheitliche Wahrnehmung aller Verwaltungsrechte durch den Gläubiger tangiert; vor allem auch deshalb, weil grundsätzlich ab dem Auflösungszeitpunkt keine neuen Haftungsrisiken für den Gesellschafter-Schuldner entstehen[46]. Vor allem ist auch die Arbeits- und Haftungsgemeinschaft unter den Gesellschaftern durch die Umwandlung in eine Liquidationsgesellschaft weit weniger intensiv als in der werbenden Gesellschaft[47], so dass ihnen für einen begrenzten Zeitraum und für den begrenzten Zweck der Beendigung der Gesellschaft die Mitwirkung eines Dritten zugemutet werden kann. Nach Pfän- 14

33 MünchKomm/Ulmer Rz 13; Staud/Habermeier Rz 11; Bamberger/Roth/Timm/Schöne Rz 10, 16; MünchKomm²-ZPO/Smid § 859 Rz 10; Stein/Jonas/Brehm ZPO²² § 859 Rz 5; aA Behr NJW 2000, 1137.
34 S § 723 Rz 14, 23.
35 Dresden JW 1937, 717.
36 S § 730 Rz. 35.
37 BGH WM 1964, 1127; BGHZ 30, 195, 201; RGZ 169, 155 f; MünchKomm/Ulmer Rz 23.
38 BGH WM 1964, 420.
39 S oben Rz 7.
40 Stuttgart NZG 2004, 766.
41 S § 730 Rz 31.
42 BGHZ 116, 222.
43 S § 730 Rz 6 ff.
44 BGHZ 116, 222 (für den Anspruch auf Auseinandersetzung); MünchKomm/Ulmer Rz 20; Roth ZGR 2001, 190; aA RGZ 95, 231, 232; LG Hamburg MDR 1982, 1028; Bamberger/Roth/Timm/Schöne Rz 14; Heller, Der Zivilprozess der GbR S 234; offen gelassen bei Erman/Westermann Rz 6.
45 S § 727 Rz 48 ff.
46 S § 730 Rz 15.
47 S § 730 Rz 1 f.

dung und Kündigung kann der Gläubiger daher insbesondere das Recht des Schuldners auf Auseinandersetzung[48] geltend machen und einklagen.

15 6. **Abdingbarkeit**. Die Bestimmung des § 725 ist zum Schutz der Gläubiger zwingend. Einschränkungen des Kündigungsrechts (insbesondere durch Abfindungsklauseln, durch die der Gesellschafter einen geringeren als den wahren Anteilswert erhält) unterliegen grundsätzlich den gleichen Schranken wie beim Kündigungsrecht zugunsten der Gesellschafter selbst[49]. Unzulässig (dh anfechtbar nach InsO oder AnfG) sind zudem Klauseln, die das Kündigungsrecht nur für den Fall einer Kündigung durch Gesellschafter-Gläubiger erschweren[50]. Im Gesellschaftsvertrag kann aber für den Fall der Kündigung oder auch für den der Pfändung gem § 725 das Ausscheiden des Gesellschafter-Schuldners und die Fortsetzung der Gesellschaft unter den Übrigen vereinbart werden; §§ 736, 738 gelten entsprechend, der Gläubiger kann sich dann nur an das Abfindungsguthaben seines ausgeschiedenen Gesellschafter-Schuldners halten[51]. Fehlt eine solche Vereinbarung, bedarf es zur Fortsetzung der Zustimmung aller übrigen Gesellschafter und des Gläubigers[52].

§ 726 Auflösung wegen Erreichens oder Unmöglichwerdens des Zweckes

Die Gesellschaft endigt, wenn der vereinbarte Zweck erreicht oder dessen Erreichung unmöglich geworden ist.

1 1. **Bedeutung**. Die Vorschrift unterscheidet **zwei Fälle**, in denen das Ende der Gesellschaft von selbst ohne Kündigung eintritt, dh die Gesellschaft grundsätzlich aufgelöst wird und liquidiert werden muss.

a) Durch **Zweckerreichung**, insbesondere bei sog Gelegenheitsgesellschaften[1]; vgl auch die sog Vorgründungsgesellschaft bei der Entstehung einer GmbH oder AG[2]. Der Zweck muss jedoch im Gesellschaftsvertrag **eindeutig begrenzt** sein[3]. Wenn Zweckerreichung eintritt, endet die Gesellschaft. Der Zweck muss voll erreicht sein. Eine Bauherrengemeinschaft endet nicht schon mit Fertigstellung der Wohnanlage, wenn noch Einlagen von Gesellschaftern offen sind[4].

2 b) Durch **Unmöglichkeit der Zweckerreichung**. Dabei regelt § 726 nicht nur den Fall der ursprünglichen Unmöglichkeit (§ 311 a)[5], sondern vor allem den, dass sich **während des Bestehens der Gesellschaft** ergibt, dass der Gesellschaftszweck unmöglich geworden ist. Im Fall der anfänglichen Unmöglichkeit greifen die Grundsätze zur fehlerhaften Gesellschaft. Der Begriff „Unmöglichkeit" ist hier umstritten; da aber Krisen bei einer auf Dauer angelegten gemeinschaftlichen Tätigkeit keine Seltenheit darstellen, hat sich die Ansicht durchgesetzt, dass es sich um eine **dauernde und ganz offenbare Unmöglichkeit** handeln müsse[6]. Eine relative Unmöglichkeit, bei welcher der Gesellschaftszweck unter großen Opfern noch erreichbar ist, genügt

48 S § 730 Rz 3, 12.
49 S § 723 Rz 55 ff; § 738 Rz 42 ff.
50 MünchKomm/Ulmer Rz 7; Erman/Westermann Rz 5.
51 BGH WM 1964, 420; Stuttgart NZG 2004, 766; MünchKomm/Ulmer Rz 7, 21; Pal/Sprau Rz 3.
52 BGHZ 51, 84.

1 S Rz 27 vor § 705.
2 Eingehend Kießling, Vorgründungs- und Vorgesellschaften 1999, S 346 ff.
3 Ausnutzung eines Verlagsrechts: RGZ 111, 77; Verwertung einer Erfindung: RG DJ 1937, 1008; eines Patents: RG JW 1930, 1730; Bebauung eines Grundstücks: BGH NJW 1981, 749; Errichtung einer produktionsreifen Gesamtanlage: Zweibrücken NZG 1998, 939.
4 BGH NJW-RR 1988, 616; BGH NJW-RR 1986, 1419; MünchKomm/Ulmer Rz 3.
5 Vgl. BGH DStR 1995, 1723 (mAnm Goette): Unmöglichkeit der angestrebten Gemeinschaftspraxis, da die Zulassung als Facharzt kurzfristig nicht zu erlangen war; aM Staud/Habermeier Rz 5; Bamberger/Roth/Timm/Schöne Rz 7.
6 Köln OLGR 2002, 315; BGHZ 24, 279, 293 = NJW 1957, 1279; BGH NJW 1982, 2821 = WM 1982, 974; MünchKomm/Ulmer Rz 4; Erman/Westermann Rz 1; Bamberger/Roth/Timm/Schöne Rz 7.

grundsätzlich nicht[7]. Unterhalb der hohen Unmöglichkeitsschwelle verbleibt den Gesellschaftern die Möglichkeit der Kündigung. Hier tritt die Auflösung allerdings nicht von selbst ein, sondern muss durch rechtsgestaltende Erklärung gegenüber allen Mitgesellschaftern[8] herbeigeführt werden.

2. **Einzelfälle.** Unmöglich ist die Erreichung des Zwecks nicht schon dann, wenn er mit den nach dem Vertrag zur Verfügung stehenden Mitteln nicht erreicht werden kann[9], wohl aber dann, wenn endgültig feststeht, dass die Gesellschafter zu den erforderlichen weiteren Einlagen nicht bereit sind[10], wenn die Selbstfabrikation eines Gegenstandes durch einen Gesellschafter, auf der der Vertrag beruht, diesem unmöglich wird[11], bei Insolvenz desjenigen, zu dessen Stützung sich die Gesellschaft gebildet hatte[12] oder dann, wenn bei einer Unterbeteiligung der Geschäftsanteil, an dem sie besteht, veräußert wird[13]. Auch kann der Verlust der Rechtsanwaltszulassung bei einem Sozius zur Unmöglichkeit der Zweckerreichung der Rechtsanwalts-GbR führen[14]. Unmöglichkeit, Gewinn zu erzielen, wird nur in Ausnahmefällen (eindeutige und längerfristige Unrentabilität) einen Beendigungsgrund bilden[15]. Unmöglichkeit liegt dann nicht vor, wenn das Interesse der Gesellschafter am Gesellschaftszweck wegfällt[16]. Bei **vorübergehender Unmöglichkeit** der Zweckerreichung tritt nur zeitweises Ruhen der Gesellschaft ein[17]. **3**

3. **§ 726** gilt **auch** für **nicht eingetragene Vereine**[18]. **4**

4. **§ 726 ist zwingend**, deshalb kann der Gesellschaftsvertrag nichts Abweichendes enthalten[19]. Wohl aber können im Gesellschaftsvertrag **Eventualzwecke** von Anfang an vorgesehen werden, so dass die Voraussetzungen des § 726 erst erfüllt sind, wenn alle Zwecke erreicht oder unmöglich geworden sind, nicht nur der Hauptzweck[20]. Möglich ist auch eine **Fortsetzung** der Gesellschaft im Auseinandersetzungsstadium mit neuem Gesellschaftszweck[21]. **5**

§ 727 Auflösung durch Tod eines Gesellschafters

(1) **Die Gesellschaft wird durch den Tod eines der Gesellschafter aufgelöst, sofern nicht aus dem Gesellschaftsvertrag sich ein anderes ergibt.**

(2) **Im Falle der Auflösung hat der Erbe des verstorbenen Gesellschafters den übrigen Gesellschaftern den Tod unverzüglich anzuzeigen und, wenn mit dem Aufschub Gefahr verbunden ist, die seinem Erblasser durch den Gesellschaftsvertrag übertragenen Geschäfte fortzuführen, bis die übrigen Gesellschafter in Gemeinschaft mit ihm anderweit Fürsorge treffen können. Die übrigen Gesellschafter sind in gleicher Weise zur einstweiligen Fortführung der ihnen übertragenen Geschäfte verpflichtet. Die Gesellschaft gilt insoweit als fortbestehend.**

7 Nürnberg BayJMBl 1954, 85; Erman/Westermann Rz 1; Staud/Habermeier Rz 5; RGRK/v Gamm Rz 3.
8 S § 723 Rz 14, 23.
9 RG HoldhMschr 1909, 321.
10 Köln OLGR 2002, 315; RG JW 1938, 1522.
11 RG SoergRspr 1914 zu § 726; Zweibrücken NZG 1998, 939, 941.
12 RG LZ 1930, 1451.
13 Hamm NJW-RR 1994, 999 (im konkreten Fall allerdings abgelehnt).
14 BGH NJW-RR 2004, 472 (hier wegen einer damit einhergehenden Zweckänderung allerdings verneint).
15 München Recht 1916 Nr 1287; MünchKomm/Ulmer Rz 5.
16 BGH WM 1970, 962; anders aber in einem besonderen Fall Stuttgart BB 1983, 13.
17 BGHZ 24, 279, 296 = NJW 1957, 1279; Erman/Westermann Rz 1; MünchKomm/Ulmer Rz 4.
18 RG JW 1928, 3111; Bamberger/Roth/Timm/Schöne Rz 2; Pal/Sprau Rz 1.
19 BGH WM 1963, 728, 730; MünchKomm/Ulmer Rz 9.
20 Hamm NJW-RR 1994, 999; MünchKomm/Ulmer Rz 9.
21 BGH NJW-RR 2004, 472; vgl auch § 730 Rz 34 ff.

ÜBERSICHT

Schrifttum: Hinsichtlich des bis 1985 erschienen Literatur vgl die eingehende Literaturüberschrift in der Vorauflage; iÜ s Raddatz, Die Nachlasszugehörigkeit vererbter Personengesellschaftsanteile, 1991; Stodolkowitz, Nachlasszugehörigkeit von Personengesellschaftsanteilen, in: Festschr für Kellermann, 1991, S 439; Siegmann, Personengesellschaftsanteil und Erbrecht, 1992; Siegmann, Zur Fortbildung des Rechts der Anteilsvererbung, NJW 1995, 481; ders, Zur Fortbildung des Rechts der Anteilsvererbung, NJW 1995, 481; Grunewald, Die Rechtsfähigkeit der Erbengemeinschaft, AcP 197 (1997), 305; Winkler, Reduzierung der Ansprüche der bei der Gesellschafter-Nachfolge übergangenen Pflichtteilsberechtigten durch gesellschaftsvertragliche Abfindungsklauseln?, BB 1997, 1697; Windel, Über die modi der Nachfolge in das Vermögen einer natürlichen Person beim Todesfall, 1998; Zöller, Nachfolge von Todes wegen bei Beteiligungen an Personalgesellschaften, MittRhNotK 1999, 121; Becker, Die Übertragung eines Personengesellschaftsanteils durch Rechtsgeschäft unter Lebenden auf den Todesfall, AcP 201 (2001), S 629; Mock, Anwendbarkeit des § 139 HGB auf die GbR, NZG 2004, 118 – Lit zu den Einzelfragen vgl dort.

I. Gesetzliche Regelung

1 1. **Auflösungsgrund**. Da die GbR auf dem grundsätzlich unveränderlichen, weil durch personale Elemente geprägten Zusammenschluss beruht, ist es folgerichtig, dass beim Tod eines Ge-

sellschafters nach § 727 die Auflösung der Gesellschaft eintritt. Die Gesellschaft wird Abwicklungsgesellschaft, für die Auseinandersetzung gelten die §§ 730 ff. An dieser nehmen die Erben des verstorbenen Gesellschafters teil[1]. Tritt der Tod eines Gesellschafters während des Bestehens einer Abwicklungsgesellschaft ein, so werden auch dann dessen Erben Gesellschafter der Abwicklungsgesellschaft[2]. Die gegensätzlichen Vorschriften des Handelsrechts (HGB §§ 131 Abs 3 Nr 1, 177 für OHG und KG) beruhen auf dem Umstand, dass hier der Gesetzgeber die Interessen der nicht ausscheidungswilligen Gesellschafter am Erhalt geschaffener wirtschaftlicher Werte sowie ein erhöhtes Interesse an Rechtssicherheit gegenüber der unbedingten Personenbezogenheit der Verbände bevorzugt.

Viele Gründe (geringer Einfluss des Erblassers in der Gesellschaft, bevorstehende Zweck- 2
erreichung, Erhaltung des Unternehmens, Sicherung der Position des Erblassers in der Gesellschaft für seine Familie usw) können aber dafür sprechen, **trotz des Todes** unter Vermeidung einer Auflösung **die Gesellschaft fortzusetzen**. Deshalb bestimmt das Gesetz ausdrücklich, dass die Auflösung nur eintritt, „sofern nicht aus dem Gesellschaftsvertrag sich ein anderes ergibt". Über die verschiedenen sich bietenden **Möglichkeiten der Fortsetzung** vgl unten Rz 12 ff sowie § 1922 Rz 62 ff; § 2032 Rz 13 ff. Wegen des personalen Charakters der GbR kommt gerade einer **vertraglichen Regelung** besondere Bedeutung zu.

2. **Entsprechende Tatbestände wie Tod**. Dem Tod steht die **Todeserklärung** (VerschG § 9) 3
gleich, **nicht** aber schon die **Verschollenheit**; auch der Eintritt der **Geschäftsunfähigkeit** eines Gesellschafters löst die Gesellschaft nicht auf, kann aber zur Kündigung berechtigen. Im Fall des Verschwindens oder der Verschollenheit ist ein **Pfleger** zu bestellen (§ 1911 Abs 1). Ist eine **juristische Person** Gesellschafter, ist erst ihre Beendigung, nicht schon der Eintritt des Auflösungsgrunds, dem Tod gleichzuachten[3]. Solange die Abwicklungsgesellschaft an der GbR als Gesellschafter beteiligt ist, ist Erstere nicht beendet, so dass dann nur die Auflösung der juristischen Person einen wichtigen Grund zur Kündigung (§ 723) oder zum Ausschluss nach § 737 bietet[4]. Im Rahmen der Vollbeendigung der juristischen Person wird allerdings zumeist auch schon über das Schicksal der Beteiligung an der GbR entschieden worden sein. Für die Auflösung einer **OHG**, **KG** oder **GbR**, die Gesellschafter in einer GbR ist, gilt Entsprechendes wie für juristische Personen[5]. Etwas anderes gilt nur dann, wenn Auflösung und Vollbeendigung ausnahmsweise zusammenfallen[6].

3. **Stellung der Erben nach der gesetzlichen Rechtslage** (bei Auflösung der Gesellschaft). 4
– a) **Allgemeines**. Die Erben treten in die Rechtsstellung des Erblassers ein, die dieser sonst in der Abwicklungsgesellschaft eingenommen hätte, und zwar nicht nur in die vermögensrechtlichen Beziehungen[7], sondern auch in die personen- und verwaltungsrechtlichen Gesellschafterbeziehungen, wie in sein Geschäftsführungs-, Vertretungs-, Informations-, Kontroll- und Stimmrecht, soweit diese in der Abwicklungsgesellschaft noch von Bedeutung sind[8]. Handelt es sich um **mehrere Erben**, so hat die Erbengemeinschaft als Gesamthand[9] diese Rechtsstellung inne, nicht etwa gliedert diese sich nach der Zahl der Miterben auf[10]. Der Gesellschaftsanteil des Erblassers ist in diesen Fällen Teil des Nachlasses[11].

1 Vgl unten Rz 4 ff.
2 KG OLG 28, 216.
3 RGZ 122, 253, 257 für Genossenschaft; RGZ 123, 289, 194 für AG.
4 Vgl Erman/Westermann Rz 2; MünchKomm/Ulmer Rz 8.
5 Vgl BGHZ 108, 187; BGH NJW 1982, 2821 = WM 1982, 974: KG als Gesellschafter-Geschäftsinhaber einer stillen Gesellschaft.
6 S hierzu Rz 5 vor § 730.
7 So noch RGZ 106, 63, 65.
8 Vgl § 730 Rz 2 ff, 15 ff; hM: KG DR 1942, 973; BGHZ 1, 324, 327 = NJW 1951, 650; BGH NJW 1995, 3315; Staud/Habermeier Rz 7; MünchKomm/Ulmer Rz 13; Siebert NJW 1955, 810.
9 Zum Streit um die Rechtsfähigkeit der Erbengemeinschaft vgl Grunewald AcP 197 (1997), 305.
10 HM: BGH NJW 1995, 3315; BGH NJW 1982, 171; RGZ 106, 63, 65; MünchKomm/Ulmer Rz 14; Staud/Habermeier Rz 10; Bamberger/Roth/Timm/Schöne Rz 3; Erman/Westermann Rz 3; aM RGRK/v Gamm Rz 5 unter Berufung noch auf BGHZ 22, 186, 192 = NJW 1957, 180; Liebisch ZHR 116 (1954), 128, 179.
11 BGHZ 108, 187, 192; BGHZ 98, 48, 58.

5 b) **Rechte und Pflichten der Erben**. Da die Erben als Gesamthand in die Rechtsstellung des Gesellschafter-Erblassers als Liquidationsgesellschafter eintreten, müssen sie grundsätzlich ihre Rechte innerhalb der Abwicklungsgesellschaft **gemeinschaftlich** ausüben (§ 2038 Abs 1 Satz 1), so auch das Stimmrecht. Für die Wahrnehmung der Gesellschafterrechte gilt, soweit es sich um Maßnahmen der ordnungsgemäßen Verwaltung des Gesellschaftsanteils handelt, das **Mehrheitsprinzip** nach § 745 Abs 1 iVm § 2038 Abs 2 Satz 1[12]. Ansonsten gilt der Grundsatz der **Einstimmigkeit** nach § 2038 Abs 1 Satz 1[13]. Wollen die Erben einen gemeinsamen Vertreter wählen, so gilt in der Regel das Mehrheitsprinzip nach § 745 Abs 1 iVm § 2038 Abs 2 Satz 1.

6 Besonderes gilt für den **Fortsetzungsbeschluss**, durch den die Abwicklungsgesellschaft wieder in die „werbende Gesellschaft" zurückverwandelt werden soll. Ein solcher „Umwandlungsbeschluss" ist bis zur Vollbeendigung der aufgelösten Gesellschaft ohne Einschränkungen zulässig[14]. Hier müssen grundsätzlich **alle Miterben** dem Fortsetzungsbeschluss (§ 736) **zustimmen**, da durch diesen Beschluss die Miterben einzeln Gesellschafter der „werbenden" Gesellschaft werden[15]: Die Fortsetzung mit den Erben beinhaltet eine auf den ererbten Anteil beschränkte Nachlassteilung[16]. Sind nur noch die Erben zweier verstorbener Gesellschafter vorhanden, so haben diese den Beschluss zu fassen[17].

7 Die **Erbengemeinschaft** als Mitglied der Abwicklungsgesellschaft **haftet** nach § 708 für die Sorgfalt wie in ihren eigenen Miterben-Angelegenheiten. Da die Miterben Mitglied der Abwicklungsgesellschaft nur als Erben sind, haften sie für die sich aus der gesellschaftlichen Mitgliedstellung ihres Erblassers ergebenden Verbindlichkeiten (Alt- oder Erbfallschulden) aber nur **wie für Nachlassverbindlichkeiten**[18]. Sie können ihre (als Gesellschafter grundsätzlich unbeschränkte) Haftung daher gem §§ 1975 ff, 2059 beschränken. Bei der Haftung für Gesellschaftsschulden für Verpflichtungen, die bei der Verwaltung des Nachlasses nach Erbfall eingegangen werden, handelt es sich um Nachlasserbenschulden[19] (§ 1967 Rz 8 ff).

8 c) **Besondere Pflichten nach § 727 Abs 2**. Die Pflichten bestehen vom Zeitpunkt des Erbfalls an, Annahme der Erbschaft ist nicht Voraussetzung; allerdings hebt eine Ausschlagung die Pflichten rückwirkend auf (§ 1953 Abs 1). Es handelt sich um Mitverwaltungspflichten aus der Mitgliedschaft[20].

9 aa) **Anzeigepflicht**. Die Erben müssen unverzüglich (§ 121) den Tod ihres Erblassers allen anderen Gesellschaftern anzeigen (§ 727 Abs 2 Satz 1); diese Pflicht entfällt, wenn der Todesfall den anderen Gesellschaftern bekannt ist; sie ist erfüllt, wenn **ein Erbe der Pflicht genügt** hat, zB durch Absendung der Anzeige. Es gilt auch bei dieser Pflicht der Haftungsmaßstab des § 708; gegenüber den anderen Gesellschaftern können sich die Erben uU auf § 254 berufen.

10 bb) **Notgeschäftsführungspflicht**. Soweit der Erblasser allein oder einzeln neben anderen Gesellschaftern (also nicht bei Gesamtgeschäftsführung und bei Ausschluss des Erblassers von der Geschäftsführung) mit Maßnahmen der Geschäftsführung für die GbR betraut war, ist der Erbe oder sind die Erben **verpflichtet**, die **Geschäftsführung** des Erblassers **fortzusetzen**; aber nur, **soweit** bei einer verzögerten Vornahme der Geschäftsführungsmaßnahme (zB durch einen oder die anderen Gesellschafter) der GbR ein **Schaden droht**. Unter diesen Voraussetzungen ist der

12 MünchKomm/Ulmer Rz 20; Erman/Westermann Rz 3; aA wohl Hueck, OHG § 32 III 1.
13 Vgl auch MünchKomm/Ulmer Rz 20; Erman/Westermann Rz 4; Bamberger/Roth/Timm/Schöne Rz 9.
14 Frankfurt/M NJW-RR 1988, 225.
15 BGHZ 1, 324, 328 = NJW 1951, 650; BGH NJW 1982, 170; KG KGJ 26, A 219; MünchKomm/Ulmer Rz 14, 20; vgl auch Celle Rpfleger 1979, 197.
16 Neustadt, DNotZ 1965, 439 (Grundbuchberichtigungsantrag als Teilerbauseinandersetzung und Fortsetzungsbeschluss); MünchKomm/Ulmer Rz 14; Erman/Westermann Rz 3; Bamberger/Roth/Timm/Schöne Rz 5.
17 BGHZ 1, 324, 328.
18 BGH NJW 1995, 3314; RGZ 72, 119; 92, 341; MünchKomm/Ulmer Rz 21; Erman/Westermann Rz 5.
19 § 1967 Rz 8 ff.
20 Vgl § 705 Rz 53.

Erbe oder sind die Erben zur Geschäftsführung berechtigt und verpflichtet; insoweit haben sie gem § 714 Vertretungsmacht. Durch diese gesetzliche Pflicht sollen nur drängende Situationen überbrückt werden (zB Ablieferung verkaufter Waren, um Verzugsfolgen zu verhindern). Recht und Pflicht zur Notgeschäftsführung bestehen nur so lange, bis die Gesellschafter Maßnahmen im Rahmen der gemeinschaftlichen Geschäftsführung nach § 730 Abs 2 Satz 2 Halbsatz 2 treffen können. Für besondere Aufträge des Erblassers gilt auch § 673.

4. **Notgeschäftsführungspflicht der anderen Gesellschafter**. Auch sie haben nach § 727 Abs 2 Satz 2 bei übertragener Geschäftsführung das Recht und die Pflicht zur einstweiligen Fortführung der Geschäfte. Insoweit gilt die Gesellschaft nach § 727 Abs 2 Satz 3 als fortbestehend; die bisherige Geschäftsführungs- und Vertretungsregelung bleibt bestehen, § 730 Abs 2 gilt nicht. Vgl für das Recht zur Geschäftsführung und Vertretung bis zur Kenntnis der Auflösung § 729; beide Bestimmungen sind nebeneinander anwendbar. 11

5. **Fortsetzung der Gesellschaft nach § 736**. Bei einer Fortsetzung der Gesellschaft nach § 736 ist § 727 Abs 2 Satz 1 **nicht entsprechend** anwendbar, weil die Sach- und Rechtslage nicht vergleichbar ist[21]. 12

II. Fortsetzung der Gesellschaft auf Grund gesellschaftsvertraglicher Bestimmung

1. **Kundgabe des Fortsetzungswillens**. Der Wille der Gesellschafter, dass die Gesellschaft beim Tod eines Gesellschafters fortgesetzt werden soll, muss **nicht ausdrücklich** im Gesellschaftsvertrag hervorgehoben werden; er kann sich auch aus dem Zweck der Gesellschaft oder aus dem Zusammenhang verschiedener Bestimmungen des Gesellschaftsvertrags ergeben[22]. Der Fortsetzungswille kann sich oft **bei Dauergesellschaften**[23] mit wirtschaftlicher Zielsetzung ergeben. Doch ist für jeden Todesfall dieser Wille neu zu prüfen[24]. Bei Gelegenheitsgesellschaften kommt ein Fortsetzungswille insbesondere dann in Betracht, wenn die GbR nicht schon durch den Tod eines Gesellschafters, sondern erkennbar erst durch die Erreichung des Gesellschaftszwecks aufgelöst werden soll und die Zweckförderung den verbleibenden Gesellschaftern noch möglich ist. 13

2. **Fortsetzung durch die übrigen Gesellschafter**. Soll die Gesellschaft bei Tod eines Gesellschafters durch die übrigen Gesellschafter fortgesetzt werden, dann scheidet dieser aus und sein Anteil wächst den übrigen Gesellschaftern an (§ 738 Abs 1 Satz 1), **Fortsetzungsklausel** (§ 736 Abs 1). Zur Zulässigkeit einer Wiederverheiratungsklausel vgl BGH WM 1965, 1035. Bei einer Fortsetzungsklausel steht dem oder den Erben (Erbengemeinschaft) insbesondere der Abfindungsanspruch des Erblassers (§ 738 Abs 1 Satz 2) zu. Dieser Abfindungsanspruch kann allerdings durch den Gesellschaftsvertrag für alle oder auch nur einen Mitgesellschafter ausgeschlossen werden, **qualifizierte Fortsetzungsklausel**. Das ist wohl unstreitig möglich, wenn der Ausschluss anderweitig kompensiert wird (zB erhöhte Gewinnbeteiligung zugunsten des vom Ausschluss Betroffenen). Qualifizierte Abfindungsklauseln sind aber auch dann **zulässig**, wenn der Abfindungsausschluss **kompensationslos** erfolgt[25]. Dazu bedarf es weder der Einhaltung der Formvorschriften des § 2301 Abs 1 noch der Annahme, bei einem allseitigen Ausschluss liege tatsächlich ein entgeltliches Geschäft vor (da alle Betroffenen gleichmäßig riskieren und gewinnen, „Russisches Roulette"). Denn bei einem bereits gesellschaftsvertraglich vereinbarten Abfindungsausschluss handelt es sich um eine Verfügung unter Lebenden, wenngleich auf den Todeszeitpunkt bezogen. Auch wenn der Abfindungsausschluss kompensationslos (unentgeltlich) erfolgt, scheitert die dahingehende Vereinbarung nicht an § 518 Abs 1, denn die Leistung (Zuwendung des Vermö- 14

21 MünchKomm/Ulmer Rz 24 f.
22 BayObLG NJW-RR 1991, 361; RG DJZ 1906, 879.
23 S Rz 27 vor § 705.
24 Hamburg HansRGZ 1935 B 65.
25 Köln ZEV 1997, 210; BGHZ 98, 48, 56; BGH NJW 1978, 264; BGHZ 22, 186, 194 f; MünchKomm/Ulmer § 738 Rz 40, 61; Bamberger/Roth/Timm/Schöne Rz 12; K Schmidt, GesellschaftsR § 45 V 3; aA Wiedemann, Übertragung und Vererbung S 136, 188 f; Engel NJW 1986, 348; kritisch auch Staud/Habermeier Rz 22.

genswertes der betroffenen Mitgliedschaft an die überlebenden Mitgesellschafter) ist bereits zu Lebzeiten „bewirkt“ (§ 518 Abs 1).

15 3. **Fortsetzung auf Grund einer Eintrittsklausel**. Hier kann der benannte Erbe oder ein Dritter, der nicht Erbe ist, sich **frei entscheiden**, ob er nach dem Tode des Gesellschafters in die unter den übrigen Gesellschaftern fortbestehende werbende Gesellschaft **eintreten** will. Die Klausel kann lauten: „Nach dem Tode des Gesellschafters X hat der Erbe des X das Recht, die Mitgliedschaft fortzusetzen“. Der **Begünstigte** erhält im Gesellschaftsvertrag, seinen Ergänzungen[26] oder durch die Bestimmung eines dazu berechtigten Dritten das **Recht**, in die Gesellschaft einzutreten; die **übrigen Gesellschafter sind verpflichtet**, ihn aufzunehmen. In der Regel liegt ein Vertrag zugunsten Dritter vor (§ 328 Abs 1); denkbar ist aber auch eine Zuwendung des „Eintrittsrechtes“ durch Vermächtnis des Erblassers[27]. Der Eintritt des Berechtigten erfolgt auf Grund besonderer **Eintrittserklärung**[28], wozu ein minderjähriger Erbe der (elterlichen Mitwirkung und der) vormundschaftsgerichtlichen Genehmigung bedarf, falls der Gegenstand der Gesellschaft der Betrieb eines Erwerbsgeschäfts ist (§ 1822 Nr 3). Der Eintrittsberechtigte muss seine Entscheidung innerhalb angemessener Frist treffen und den anderen Gesellschaftern mitteilen[29]. Für die Erklärung kann eine **Frist** gesetzt werden; ist keine bestimmt, können die übrigen Gesellschafter eine angemessene Frist analog § 177 Abs 2 oder § 350 setzen. Die Eintrittserklärung genügt zur Aufnahme, wenn der Erblasser selbst seinen Nachfolger mit bindender Wirkung bestimmt hat oder in der Eintrittserklärung die Annahme eines schon im Gesellschaftsvertrag enthaltenen Angebots der anderen Gesellschafter erblickt werden kann. Das ist aber nur möglich, wenn die gesellschaftsrechtlichen Beziehungen zwischen dem Eintretenden und den anderen Gesellschaftern ohne weitere Vereinbarung als geklärt angesehen werden können. Andernfalls bedarf es immer eines **Aufnahmevertrags**[30]. Im Innenverhältnis kann die Gesellschafterstellung „rückwirkend“ mit dem Tod des Ausscheidenden begründet werden[31]. Stirbt jedoch ein Mitglied einer zweigliedrigen GbR, bedarf es einer Neugründung mit dem Eintrittsberechtigten[32]. Aus der Eintrittsklausel ergibt sich weiter der Wille zur Fortsetzung, so dass die übrigen Gesellschafter bis zur Erklärung die Gesellschaft fortsetzen, darüber hinaus aber nur, wenn die Auslegung ergibt, dass auch trotz Verweigerung des Eintritts eine Fortsetzung gewollt ist; andernfalls löst sich die Gesellschaft nach § 727 Abs 1 auf.

16 Eine **Pflicht des Erben** oder Drittberechtigten zum Eintritt auf Anfordern der übrigen Gesellschafter kraft Eintrittsklausel kann durch Gesellschaftsvertrag (an dem er nicht teil hat) nicht verbindlich auferlegt werden, da die geltende Rechtsordnung einen Vertrag zu Lasten Dritter nicht kennt[33]. Wohl aber kann eine (mittelbare) Eintrittspflicht durch den Erblasser durch **Verfügung von Todes wegen** entweder durch eine die Eintrittspflicht begründende Auflage (§ 1940) oder durch aufschiebend bedingte Erbeinsetzung bzw Vermächtnisanordnung (§§ 2074, 2105, 2177) begründet werden.

Den **Vermögenswert** der Mitgliedschaft des Erblassers kann der Eintretende dadurch erwerben, dass der Erblasser den an sich den Erben zustehenden **Abfindungsanspruch** durch letztwillige Verfügung (Erbeinsetzung mit Teilungsanordnung oder Vermächtnis) dem Eintrittsberechtigten **zuwendet**. Mit dem Abfindungsanspruch kann dann der Eintretende gegen die Ein-

26 Wiedemann, Die Übertragung und Vererbung. . ., 1965, § 6 II 2; Hueck, OHG § 28 II 1 a.
27 BGH NJW-RR 1987, 989.
28 BGH WM 1977, 1323, 1326 (insoweit in NJW 1978, 264 nicht abgedruckt), RG ZAkDR 1938, 638; Hueck, OHG § 28 II 1 a Fn 7.
29 BGH WM 1977, 1327.
30 BGH WM 1977, 1326; MünchKomm/Ulmer Rz 57; Bamberger/Roth/Timm/Schöne Rz 22; Wiedemann, Die Übertragung u Vererbung . . ., 1965, § 6 II 2 b; Siebert, Gesellschaftsvertrag und Erbrecht S 13.
31 BGH NJW 1978, 264, 266 f.
32 Ulmer BB 1977, 806, 807; s auch Rz 14 vor § 723.
33 Umstr; wie hier BGHZ 68, 225, 232 = NJW 1977, 1339 = JZ 1977, 685 (mAnm Wiedemann); Bamberger/Roth/Timm/Schöne Rz 22; Ulmer BB 1977, 806; Siebert, Gesellschaftsvertrag und Erbrecht S 12; Wiedemann, Die Übertragung u Vererbung. . ., 1965, § 6 II 2 c; aM Hueck, OHG § 28 II 1 a Abs 3.

lagenforderung der GbR (die an sich in Höhe des Abfindungswertes entsteht, wenn der Eintretende die vermögensmäßige Stellung des Erblassers erlangen will) **aufrechnen**. Ferner kann der Gesellschafter dem Eintrittsberechtigten seinen zukünftigen Abfindungsanspruch durch Schenkung unter Lebenden auf den Todesfall zuwenden, wobei die Formvorschriften des § 2301 zu beachten sind. Eine weitere Gestaltungsmöglichkeit ist ein **Vertrag zwischen den Gesellschaftern zu Gunsten des Eintrittsberechtigten** (§§ 328 Abs 1, 331) unter Ausschluss von Abfindungsansprüchen der Erben[34]. Der Nachfolger hat dann gegen die übrigen Gesellschafter einen Anspruch auf Einräumung der Mitgliedschaft des Verstorbenen, die die verbleibenden Gesellschafter in der Schwebezeit bis zur Entscheidung des Begünstigten über seinen Eintritt treuhänderisch halten[35]. Ohne Regelungen zum Vermögenswert der Mitgliedschaft fällt der Abfindungsanspruch in den Nachlass und steht (nur) dem oder den Erben zu. Über die Frage, ob das Kindes-Eintrittsrecht beim Tod des letztversterbenden Elternteils entfällt, wenn der überlebende Elternteil zu seinen Lebzeiten aus der Gesellschaft ausscheidet, vgl BGH WM 1967, 1275. Zu etwaigen Ausgleichsansprüchen der weichenden Erben, Pflichtteilsberechtigten und Nachlassgläubiger eingehend Marotzke AcP 184 (1984), 541, 571; Winkler, BB 1997, 1699.

4. **Fortsetzung auf Grund einer Nachfolgeklausel**. – a) **Allgemeines**. Diese Klauseln lauten etwa: „Nach dem Tode des Gesellschafters A (oder jedes Gesellschafters) soll die Gesellschaft mit den Erben (oder einem bestimmten oder dem einzigen Erben oder einem Dritten) fortgesetzt werden. Die Klauseln bezwecken einen **unmittelbaren Übergang der Mitgliedschaft**. Eine Entscheidungsfreiheit wie bei der Eintrittsklausel hat der Erbe nicht, ausgenommen sein Ausschlagungsrecht (§ 1942). Die Klausel bewirkt, dass der grundsätzlich unvererbliche **Gesellschaftsanteil vererblich** (also beschränkt auf den Erbfall übertragbar) gestaltet wird[36], was im Gesellschaftsvertrag oder durch (grundsätzlich einstimmig zu fassenden) Gesellschafterbeschluss angeordnet werden muss. Die Nachfolge regelt sich dann nach Erbrecht; der **Nachfolger** wird mit dem Tode des bisherigen Gesellschafters an dessen Stelle **Gesellschafter**[37]. Da die Nachfolge stets voraussetzt, dass der durch die gesellschaftsrechtliche Klausel Begünstigte auch durch gesetzliche Erbfolge oder letztwillige Verfügung **Erbe geworden** ist, werden solche Regelungen als **erbrechtliche Nachfolgeklauseln** bezeichnet. Dagegen sind sog **rechtsgeschäftliche Nachfolgeklauseln**, durch die ein Nichterbe automatisch Nachfolger eines Gesellschafters werden soll, nur in engen Grenzen zulässig[38]. 17

In der Bestimmung des Nachfolgers sind die Gesellschafter für die **vertragliche Ausgestaltung frei**. Sie können eine bestimmte Person oder bestimmte Qualitätsvoraussetzungen für den Nachfolger oder sonstige Umstände festlegen. Sie können **alle Erben** eines Gesellschafters oder nur **einen** oder **mehrere** von den **Erben**[39], aber auch einen **Dritten**, der nicht Erbe ist, zum Nachfolger bestimmen[40]. Weiter ist festzulegen, wer das Bestimmungsrecht haben soll, wenn keine bestimmte Person genannt ist. Wenn im Gesellschaftsvertrag das **Nachfolgebestimmungsrecht** nicht ausdrücklich den Erben eingeräumt ist, kann sich ein solches Recht der Erben aus der Auslegung des Gesellschaftsvertrags ergeben; es besteht aber kein gesellschaftsrechtlicher Erfahrungssatz, dass bei Personalhandelsgesellschaften die Nachfolgebestimmung allgemein nur dem Erblasser vorbe- 18

34 Zur Zulässigkeit eines solchen Abfindungsausschlusses vgl BGHZ 98, 48, 56; BGH NJW 1978, 264; BGHZ 22, 186, 194 f; MünchKomm/Ulmer § 738 Rz 40, 61; kritisch Staud/Habermeier Rz 22; vgl auch Rz 14 und zu § 738.

35 BGH NJW 1978, 264, 265 = WM 1977, 1323; Ulmer ZGR 1972, 195, 324; MünchKomm/Ulmer Rz 59; Bamberger/Roth/Timm/Schöne Rz 23; Siebert, Gesellschaftsvertrag u Erbrecht S 13 ff; krit zu den Konstruktionen der hM: Flume, Personengesellschaft § 18 II.

36 Vgl BGHZ 68, 225, 229 = NJW 1977, 1339 = JZ 1977, 685 (mAnm Wiedemann); BGH NJW 1978, 264; Hamm DB 1993, 158; s auch BGHZ 13, 179; gegen das Erfordernis einer „Vererblichstellung" Marotzke AcP 184 (1984), 541, 543 für OHG.

37 HM; BGHZ 22, 186, 191 = NJW 1957, 180; BGHZ 68, 225 = NJW 1977, 1339; MünchKomm/Ulmer Rz 31; RGRK/v Gamm Rz 8.

38 S unten Rz 37 f; zur Umdeutung unzulässiger rechtsgeschäftlicher Nachfolgeklauseln in Eintrittsklauseln vgl unten Rz 39 ff.

39 München MDR 1981, 587.

40 Zum Letzteren s aber unten Rz 37 f.

halten werde[41]. Vgl zu den Fragen der **Auswahl** und verbindlichen Bestimmung des Nachfolgers, auch zu einer **Zwischenlösung** für die Zeit zwischen Erbfall und endgültiger Bestimmung des Nachfolgers eingehend Westermann, Festschr für Möhring, 1965, 183 ff. Es kann auch die Fortsetzung mit den **Erben eines Gesellschaftererben** schon im Gesellschaftsvertrag vereinbart werden, so dass anstelle des in die Gesellschaft eingetretenen Erben bei dessen Tod seine Erben eintreten, wozu genügt, dass die „Fortsetzung mit den Erben eines Gesellschafters" vereinbart ist; ausdrücklich braucht auf die Erbeserben nicht abgestellt zu werden, da der vorher eingetretene und nun verstorbene Gesellschafter volle Gesellschafterposition hatte[42].

19 b) **Erbrechtliche Nachfolgeklauseln**. Durch eine gesellschaftsvertragliche Klausel, nach der die GbR mit dem oder den (uU bestimmten) Erben fortgesetzt werden soll, erreichen die Gesellschafter die **Vererblichkeit der Mitgliedschaft**. Rechtsgrund für den Übergang der auf diese Weise vererblich gestalteten Mitgliedschaft ist jedoch die **Erbenstellung des Begünstigten**, die auf letztwilliger Verfügung oder gesetzlicher Erbfolge beruhen kann[43]. Ist der Begünstigte nicht Erbe geworden, liegt eine rechtsgeschäftliche Nachfolgeklausel vor[44]. Bei erbrechtlichen Nachfolgeklauseln fällt der vererbte Gesellschaftsanteil immer in den Nachlass. Das gilt auch dann, wenn einige von mehreren Erben dem Erblasser in die Mitgliedschaft nachfolgen. In diesen Fällen erfolgt der Anfall der Mitgliedschaft zwar insofern am Erbrecht vorbei, als nicht die Erbengemeinschaft als solche, sondern jeder einzelne zum Gesellschafter berufene Erbe in die Gesellschaft nachrückt[45]. Abgewichen wird damit allerdings nur vom Grundsatz, dass der Nachlass ungeteiltes Gesamthandsvermögen der Erben ist (§ 2032 Abs 1). Im Übrigen aber bleibt es dabei, dass der Gesellschaftsanteil des Erblassers in dem Sinn Nachlassvermögen ist, als er Teil des vom Erblasser hinterlassenen Vermögens ist. Diese Absonderung der zum Nachlass gehörenden Gegenstände vom sonstigen Vermögen des Rechtsinhabers ist vor allem im Hinblick auf die unterschiedlichen Zugriffsmöglichkeiten der Gläubiger einerseits und der Privatgläubiger andererseits (vgl §§ 2058 ff) notwendig[46].

20 aa) **Einfache Nachfolgeklausel**. Wird die Person des Nachfolgers in der gesellschaftsvertraglichen Regelung nicht bestimmt, sondern nur angeordnet, dass die Mitgliedschaft (der Anteil) des Verstorbenen auf den oder die Erben übergeht, so ist zu unterscheiden, ob der Erblasser von einem Alleinerben oder einer Erbengemeinschaft beerbt wird. Bei Nachfolgeklauseln, die den oder die Nachrückenden nicht ausdrücklich benennen und aus denen sich auch im Wege der Auslegung keine Einschränkung ergibt, kann auch der Staat in die Gesellschafterstellung einrücken (§ 1936 Abs 1 Satz 1)[47].

Nachfolge durch den einzigen Erben. Der einzige Erbe rückt nach § 1922 in die Rechte und Pflichten, die sich aus der Gesellschafterstellung des Erblassers ergeben, ein. Hier tritt keine Diskrepanz zwischen Erben- und Gesellschafterstellung ein. Im Wege der erbrechtlichen **Gesamtrechtsnachfolge** erwirbt der Alleinerbe den Gesellschaftsanteil in allen seinen Beziehungen, auch hins der Mitverwaltungsrechte, also des Geschäftsführungs-, Vertretungs-, Kontroll-, Informations- und Stimmrechts[48]. Der einheitliche Übergang der Rechte findet seine Begründung darin, dass der Erbe nicht nur Vermögensnachfolger ist, sondern in die Rechtsstellung des Erblassers, mit Ausnahme der höchstpersönlichen Rechte, einrückt; Letztere erlöschen in der Regel ersatzlos. Aber der Gesellschaftsvertrag kann in dem Umfang des Übergangs dieser Rechte gestaltend eingreifen.

41 BGH WM 1966, 1035.
42 Zutr Hueck, OHG § 28 II 4; Sudhoff DB 1959, 1391; aM Schleg/Geßler HGB § 139 Rz 12; der ausdrückliche Erwähnung der Erbeserben verlangt.
43 BayObLG DB 1980, 2028.
44 S dazu unten Rz 37 f.
45 Zu den Einzelheiten der Singularsukzession s unten Rz 23, 25.
46 BGH NJW 1996, 1284; BGHZ 108, 187, 192; BGHZ 98, 48, 51; MünchKomm/Ulmer Rz 35 ff; Bamberger/Roth/Timm/Schöne Rz 13; Erman/Westermann Rz 11; anders noch BGHZ 91, 132.
47 BGH KTS 2003, 259.
48 BGH LM Nr 2 zu HGB § 139; MünchKomm/Ulmer Rz 32; Fischer BB 1956, 389.

Nachfolge durch alle Erben. Wird der Ausscheidende durch mehrere Erben beerbt, so ergibt sich eine Diskrepanz zwischen Erbrecht und Gesellschaftsrecht, da nach Erbrecht die mehreren Erben den Nachlass, also auch den Anteil, in Erbengemeinschaft erwerben würden, aber eine **Erbengemeinschaft nicht Mitglied** einer GbR sein kann[49]. Die Gegenmeinung, nach der die Erbengemeinschaft als solche Gesellschafter wird, kann nicht darüber hinweghelfen, dass die Erbengemeinschaft im Rechtsverkehr nicht als geschlossene Einheit auftreten[50], insbesondere sich nicht verpflichten kann. Nicht zu der Stellung als Gesellschafter passen auch das Einstimmigkeitsprinzip (§ 2038 Abs 1), die notwendig gemeinschaftliche Verfügung über Nachlassgegenstände (§ 2040), die Veräußerlichkeit der Anteile (§ 2033)[51] und das Auseinandersetzungsrecht (§§ 2042 ff). Schließlich ist unvereinbar mit der grundsätzlich unbeschränkbaren Gesellschafterhaftung die beschränkte Haftung der Miterben nach § 2059. Die Erbengemeinschaft kann also schon aus rechtlichen Gründen nicht als solche Gesellschafterin werden. 21

Die sich zwischen den Grundsätzen für die Erbengemeinschaft und denen des Gesellschaftsrechts ergebenden Widersprüche überbrückt die herrschende Meinung unter Bevorzugung des Gesellschaftsrechts dadurch, dass sie den bis zum Erbfall einheitlichen **Anteil** in die Zahl der Miterben **aufgliedert**, so dass jeder Miterbe für sich als Gesellschafter in die Gesellschaft tritt, die Verwaltungsrechte sich entspr vervielfältigen, die einer Abstufung fähigen Rechte, wie die vermögensrechtliche Beteiligung und der Gewinn- und Verlustanteil des Erblassers, hingegen nach den Erbquoten aufgeteilt werden[52]. 22

In der **dogmatischen Begründung**[53] weichen in der herrschenden Literatur die das Gesellschaftsrecht bevorzugenden Ansichten voneinander ab. Die herrschende Meinung[54] löst den Konflikt zwischen Gesellschaftsrecht und Erbrecht zugunsten des Gesellschaftsrechts mit der Annahme einer **Sonder(rechts)nachfolge**. Danach vollzieht sich die Nachfolge in der Weise, „daß die Miterben den Anteil entsprechend ihrer erbrechtlichen Beteiligung am Nachlaß unmittelbar geteilt erwerben und demgemäß mit dem Tode ihres Erblassers automatisch Gesellschafter nach Maßgabe ihres so erworbenen Gesellschaftsanteils werden“[55]. 23

Der **Erwerb der Mitgliedschaft** tritt dabei für die einzelnen Nachfolger/Erben **nach § 1922** ein. Allerdings wird das Gesamthandverhältnis als Merkmal der Erbengemeinschaft (§ 2032) durch die aus HGB § 139 herleitbare Rechtswirkung einer **Einzelnachfolge** verdrängt. Dieser HGB § 139 zugrunde liegende Rechtsgedanke[56] lässt sich auch auf die GbR übertragen, wie die 24

49 So eine bislang gefestigte Ansicht: RGZ 16, 40, 56; RGZ 171, 345, 349; BGHZ 22, 186, 192; BGHZ 58, 316, 317; BGHZ 68, 225, 237; BGH NJW 1981, 749; BGH NJW 1983, 2376; MünchKomm/Ulmer § 705 Rz 81; RGRK/v Gamm Rz 9; Erman/Westermann Rz 8; Wiedemann, Die Übertragung u Vererbung ..., 1965, § 8 I 1; Ulmer ZGR 1972, 195, 198; ders BB 1977, 806; H P Westermann JuS 1979, 766; hiergegen: Börner AcP 166 (1966), 426; Stötter DB 1970, 528; Kruse, Festschr für Laufke, 1971, S 184 ff; Flume, Personengesellschaft § 18 III; Schröder ZGR 1978, 600; Knieper/Fromm NJW 1980, 2681.

50 AA Flume, Festschr für Raiser S 37; Grunewald AcP 197 (1997), 305 ff, 310 ff.

51 Maßgeblich darauf abstellend Kießling, Vorgründungs- und Vorgesellschaften, 1999, S 182 f.

52 RGZ 16, 40, 56; RGZ 171, 345, 349; BGHZ 22, 186, 192; BGHZ 55, 267, 269; BGH NJW 1981, 749; BGH NJW 1983, 2376; BGHZ 98, 48, 50; BGHZ 108, 187, 192 f; BGH NJW 1996, 1284, 1285; BGH NJW 1999, 571, 572; MünchKomm/Ulmer Rz 33, des BB 1977, 806; RGRK/v Gamm Rz 9; Bamberger/Roth/Timm/Schöne Rz 16; Staud/Habermeier Rz 15; Erman/Westermann Rz 8; Pal/Sprau Rz 3; Wiedemann, Die Übertragung u Vererbung ..., 1965, S 196 ff; Säcker, Gesellschaftsvertragliche u erbrechtliche Nachfolge ..., 1970, S 22 ff; aM die oben in Rz 49 f Genannten, die die Erbengemeinschaft Mitglied werden lassen.

53 Zusammenfassend Ulmer ZGR 1972, 195, 205 ff.

54 BGHZ 22, 186; BGHZ 68, 225; BGH NJW 1981, 749; BGH NJW 1983, 2376; BGH NJW 1984, 2104; BGH NJW 1996, 1284, 1285; Frankfurt/M NJW 1983, 1806; BayObLG WM 1983, 1092; RGRK/ v Gamm Rz 9; MünchKomm/Ulmer Rz 33, ders BB 1977, 806; Staud/Habermeier Rz 15; Bamberger/Roth/Timm/Schöne Rz 16; Erman/Westermann Rz 8; Kipp/Coing, ErbR § 91 IV 8 e; im Erg zustimmend auch Marotzke AcP 184 (1984), 541, 551.

55 BGHZ 22, 186, 192 = NJW 1957, 180.

56 Zur Analogie zu HGB § 139 im Übrigen vgl unten Rz 34 f.

Gesetzgebungsgeschichte belegt[57]. Die Sonderrechtsnachfolge in den Gesellschaftsanteil wird gelegentlich schon als Gewohnheitsrecht qualifiziert[58]. Durch eine Sonderrechtsnachfolge wird am einfachsten erklärt, warum **jeder Miterbe** in eine **selbständige Gesellschafterstellung kraft Erbrechts** einheitlich einrückt und diese Rechtsstellung jeweils von seiner Erbquote hins der teilbaren (vermögensmäßige Beteiligung mit entsprechender Stimmrechtsquote [falls dieses vermögensmäßig gestuft ist], Gewinn- und Verlustbeteiligung) Rechte abhängt, hinsichtlich der unteilbaren Rechte (Verwaltungsrechte, in der Regel auch das Stimmrecht) aber zur Vervielfältigung der Rechte führt. Vor allem aber kann das Einrücken kraft Sondererbfolge die besonders häufigen Fälle der Nachfolge durch nur einen oder einige der Miterben zu sachgerechter Behandlung am leichtesten erfassen[59]. In die gesamthänderische Bindung der Erbengemeinschaft fallen auch nicht die einzelnen aus der Mitgliedschaft fließenden, selbständig übertragbaren Vermögensrechte[60].

25 bb) **Qualifizierte Nachfolgeklausel: Nachfolge durch einen oder mehrere aus dem Kreis der Erben**. Von dieser Möglichkeit wird häufig Gebrauch gemacht, um nur einen oder einzelne geeignete Erben in der Gesellschaft weiterarbeiten zu lassen. Hier wird die Mitgliedschaft nur für den oder die durch die Klausel bezeichneten oder bestimmbaren Erben vererblich gestaltet. Die **grundsätzliche Zulässigkeit** solcher qualifizierter Nachfolgeregelungen ergibt sich daraus, dass es den Gesellschaftern überlassen bleiben muss, wie weit sie die vom Gesetz als Regel vorgesehene Unvererblichkeit der Mitgliedschaft lockern; sie können daher den Anteil hinsichtlich eines bestimmten („qualifizierten") Personenkreises unter Ausgrenzung anderer Miterben vererblich gestalten[61]. Auch in diesem Fall werden der oder die in der Nachfolgeklausel Bestimmten kraft **Sonderrechtsnachfolge** unmittelbar mit dem Tod des Erblassers Mitglied der GbR, falls sie im Wege gewillkürter oder gesetzlicher Erbfolge den Ausscheidenden beerben[62].

26 Fraglich war lange Zeit allerdings, in welchem **Umfang** der Nachfolger in die Stellung des Erblassers einrückt. Der **BGH**[63] hatte die Ansicht vertreten, dass der einrückende Erbe nur einen seiner **Erbquote** entsprechenden Anteil erwirbt, aber der restliche Gesellschaftsanteil sich in einen Abfindungsanspruch (§ 738) der Gesamthandsgemeinschaft der übrigen Erben verwandelt; andererseits seien die übrigen Gesellschafter verpflichtet, den ihnen beim Tode zugewachsenen Teil des Gesellschaftsanteils des Verstorbenen auf den Nachfolger zu übertragen.

27 Demgegenüber geht man nunmehr von einer **unmittelbaren vollen Rechtsnachfolge** des bezeichneten Erben **in die Gesellschafterstellung** des Ausscheidenden aus[64]. Es wird so vermieden, dass der Gesellschaftsanteil teils kraft Erbrechts, teils kraft Übertragung durch die anderen Mitgliedschafter vom Gesellschafter-Erben erworben wird. Vor allem wird aber nur die unmittelbare Nachfolge des oder der durch die Nachfolgeklausel erbrechtlich Berechtigten in den ganzen Gesellschaftsanteil des Erblassers dessen Willen, dem **Willen** der Gesellschafter und dem von ihnen mit der Nachfolgeklausel für die Gesellschaft erstrebten **Zweck** gerecht. Diese Gesellschafterinteressen müssen den Vorzug haben vor den Interessen der Miterben an der internen Auseinandersetzung. Allerdings steht den übrigen Miterben ein Ausgleichsanspruch gegen den Nachfolger zu; dafür behält die Erbquote ihre Bedeutung[65].

57 Vgl dazu auch Hadding, Vom Reichsjustizamt zum Bundesministerium der Justiz, 1977, S 263, 270 ff.
58 Rüthers AcP 168 (1968), 276; Wiedemann JZ 1977, 690 f; in diese Richtung auch BGHZ 68, 225, 237; als Geltungsgrund zweifelhaft.
59 Vgl unten Rz 25 ff.
60 BGH NJW 1996, 1284; BGHZ 98, 48, 51, 56 f; aA wohl BGHZ 108, 187, 192; KG NJW-RR 1991, 835, 836; s oben Rz 19.
61 Vgl München MDR 1981, 587; Hadding JuS 1970, 624, 628.
62 S oben Rz 24.
63 BGHZ 22, 186, 194 = NJW 1957, 180. So auch RGZ 170, 98, 106; 171, 358.
64 Vgl BGH NJW 1996, 1284; BGHZ 68, 225, 237 f; BGH NJW 1983, 2376; BayObLG DB 1980, 2028; MünchKomm/Ulmer Rz 43 f; ders ZGR 1972, 195, 206; Staud/Habermeier Rz 20; Erman/Westermann Rz 8; Bamberger/Roth/Timm/Schöne Rz 17 f.
65 Dazu unten Rz 31 f.

cc) **Rechtsfolgen**. – (1) **Nachfolge in die Gesellschafterstellung**. Wird die Nachfolge in die Mitgliedschaft durch nur **eine Person** angetreten (den Alleinerben oder einzigen durch eine qualifizierte Nachfolgeklausel begünstigten Miterben), so rückt diese **in vollem Umfang** in die Gesellschafterstellung des Verstorbenen ein. **Sonderrechte** (zB Mehrstimmrecht, erhöhter Gewinnanteil) des Erblassers gehen nur dann auf den Erben über, wenn sie nach dem Gesellschaftsvertrag (Auslegung) nicht individuell der Person des Erblassers zugedacht und damit höchstpersönlich waren. Ob hinsichtlich der **Geschäftsführung** und **Vertretung** der Gesellschaft der Nachfolger in die Stellung des Erblassers eintritt, hängt in erster Linie vom Gesellschaftsvertrag ab (Auslegung). Da jedem Gesellschafter nach §§ 709, 714 eine Beteiligung an der Geschäftsführung und Vertretung der Gesellschaft zusteht, ist aber bei Schweigen des Gesellschaftsvertrags davon auszugehen, dass auch dem Erben ein solches Recht auf Geschäftsführungs- und Vertretungsmacht zusteht. Das hat ebenso zu gelten, wenn nicht allen, aber dem Erblasser die Geschäftsführungs- und Vertretungsmacht zustand[66]. Stand sie dem Erblasser nicht oder nicht in vollem Umfang zu, so wird sie auch dem Erben nicht oder nur beschränkt zustehen[67]. Für die Auslegung des Gesellschaftsvertrags ist zu beachten, ob die von § 709 abw Regelung gerade nur im Hinblick auf die persönlichen Fähigkeiten und Qualitäten des Erblassers als Folge eines besonderen Vertrauensbeweises getroffen wurde oder diesem nur wegen seiner Gesellschafterstellung zugefallen war, in die der Erbe dann einrücken kann[68]. Grundsätzlich gehen diese Verwaltungsrechte aber auf den Erben über[69]. 28

Werden **mehrere Erben** Nachfolger des Verstorbenen in der Gesellschaft, so erhält jeder den seiner **Erbquote** entsprechenden vermögensmäßigen Teil der Beteiligung des Erblassers, während die unteilbaren **Verwaltungsrechte** sich entsprechend der Zahl dieser Erben **vervielfältigen**. Sind Rechte und Pflichten teilbar und nach der Höhe des Anteils gestuft (zB auf Teilhabe an Gewinn und Verlust), so erwirbt jeder Nachfolger die Rechte und Pflichten in Höhe seiner Beteiligung[70]. 29

Der Gesellschaftsvertrag kann auch vorsehen, dass zwar alle Erben Gesellschafter werden sollen, sie aber einen gemeinschaftlichen Vertreter bestellen müssen, der ihre Rechte gegenüber der Gesellschaft wahrzunehmen hat (sog **Vertreterklausel**). Eine solche Klausel entrechtet die Gesellschafter nicht derart, dass sie unzulässig wäre[71]. 30

(2) **Ausgleichsanspruch bei qualifizierter Nachfolgeklausel**. Auf Grund der vollen Rechtsnachfolge des oder der durch die qualifizierte Nachfolgeklausel begünstigten Miterben ist in der Regel **kein Raum für Abfindungsansprüche der Erbengemeinschaft**, dh insbesondere der nicht nachfolgeberechtigten Miterben, **gegen die Gesellschaft**. Denn ein solcher Abfindungsanspruch gegen die Gesellschaft kommt **nur beim ersatzlosen Ausscheiden** eines Gesellschafters in Betracht. Allerdings besteht im Ergebnis Einigkeit darüber, dass die Interessen der übrigen Nachlassbeteiligten berücksichtigt werden müssen, wenn die Gesellschafterstellung durch Sonderrechtsnachfolge gewissermaßen am Nachlass vorbei unmittelbar auf den oder die begünstigten Erben übergeht[72]. Denn der Nachfolger/Erbe darf wirtschaftlich gesehen nicht mehr erhalten, als ihm nach seiner Erbquote zusteht. Die **Erbquote** stellt mangels anderweitiger Regelung (etwa durch Gesellschaftsvertrag oder letztwillige Verfügung) den einzigen Anhaltspunkt dar für einen entsprechenden mutmaßlichen Willen der Beteiligten, insbesondere des Erblassers[73]. 31

66 Ebenso Hueck, OHG § 28 II 1 b; Fischer BB 1956, 839.
67 Für den Nachfolger eines Kommanditisten BGHZ 41, 368 = NJW 1964, 1624.
68 BGH NJW 1959, 192; dazu krit Merkel MDR 1963, 102.
69 So auch MünchKomm/Ulmer Rz 33; Bamberger/Roth/Timm/Schöne Rz 17; Erman/Westermann Rz 8; Staud/Habermeier Rz 20.
70 MünchKomm/Ulmer Rz 33, 76.
71 BGHZ 46, 291, 294 ff = NJW 1967, 826 für KG; Hueck ZHR 125 (1963), 1 ff; K Schmidt ZHR 146 (1982), 525; vgl auch § 709 Rz 28.
72 Vgl BayObLG DB 1980, 2028 sowie die ausführliche Literaturübersicht bei Häuser, Unbestimmte Maßstäbe als Begründungselement richterlicher Entscheidungen, 1981, S 101–126.
73 BGHZ 68, 225, 238 = NJW 1977, 1339; dazu Häuser, Unbestimmte Maßstäbe als Begrün-

Dementsprechend wird der **Wert des Gesellschaftsanteils** auf den erbrechtlichen Auseinandersetzungsanspruch des Nachfolgers **angerechnet** oder der Miterbengemeinschaft ein entsprechender **Ausgleichsanspruch** gegen den oder die Nachfolger wegen einer vorweggenommenen Teilauseinandersetzung zuerkannt.

32 **Rechtsgrundlage** für den Ausgleichsanspruch[74] ist eine **analoge Anwendung des § 1978**, wenn man im Anteilsübergang eine vorweggenommene Teilauseinandersetzung sieht[75]; denkbar ist auch eine **Analogie zu §§ 2050 ff**, die den Ausgleich lebzeitiger Zuwendungen regeln, wobei die Vorschrift des § 2056 (keine Herausgabe des Überschusses) nicht anwendbar ist[76]. Die **Rechtsprechung** scheint den Ausgleichsanspruch auf **Treu und Glauben** zu stützen[77]. **Problematisch** erscheint es, ob sich die durch volle Nachfolge erworbene Mitgliedschaft in der Weise aufspalten lässt, dass zur gegenständlichen Sicherung des Ausgleichsanspruchs der anderen Miterben sowie der Nachlassgläubiger der **Anspruch auf das Auseinandersetzungsguthaben**, der gem §§ 717 S 2, 725 selbständig abtretbar und pfändbar ist, **nicht** auf den Nachfolger übergeht, sondern (zunächst) in den Nachlass fällt[78]. Dies widerstreitet einer aus HGB § 139 hergeleiteten Sonderrechtsnachfolge, die aus gesellschaftsrechtlichem Blickwinkel grundsätzlich auf die **volle Mitgliedschaft** als einheitliche Rechtsstellung bezogen sein muss. Zur Sicherung des Ausgleichsanspruchs der anderen Miterben kann eine insoweit **treuhänderische Innehabung** der Mitgliedschaft durch den Nachfolger/Erben angenommen werden[79]. Der Ausgleichsanspruch der übrigen Miterben kann vom Erblasser in den Formen des Erbrechts durch ein **Vorausvermächtnis** des Anteils an den Nachfolger (§ 2150) **ausgeschlossen** werden[80].

33 dd) **Haftung der Erben**. – (1) **Erbrechtliche Haftungsbeschränkungen**. Wird der Erblasser hinsichtlich seines Gesellschaftsanteils von nur einem Erben (sowohl durch einfache als auch durch qualifizierte Nachfolgeklausel) beerbt, entstehen keine Besonderheiten gegenüber dem erbrechtlichen Haftungsregime (§§ 1975 ff). Rücken demgegenüber alle oder einige von mehreren Erben als Nachfolger des Erblassers in die Gesellschaft ein, kollidieren erb- und gesellschaftsrechtliche Grundsätze im Hinblick auf mögliche Haftungsbeschränkungen. Einerseits haftet das ererbte Vermögen den Altgläubigern des Erblassers vorrangig (§§ 1984 Abs 2, ZPO §§ 784, 785, InsO § 321); die Erben können zudem die Haftung für diese Altverbindlichkeiten mit ihrem (nicht ererbten) Privatvermögen beschränken (§§ 2059 Abs 1 Satz 1, 1975 ff). Andererseits tritt der Rechtsnachfolger eines Gesellschafters ohne Änderungen auch in dessen haftungsrechtliche Position ein; bei einer nicht nur quotalen Sonderrechtsnachfolge in die Mitgliedschaft des Erblassers sind aber Erben- und Erblasservermögen jedenfalls auf den ersten Blick nicht mehr getrennt. Unter den verschiedenen Auffassungen[81] hat sich nunmehr Folgendes durchgesetzt[82]: Die vererbte Mitgliedschaft fällt auch dann in den Nachlass, wenn mehrere Erben in die Gesellschafterstellung des Erblassers nachfolgen. Gesellschaftsrecht ist insoweit vorrangig, als bei mehreren Erben jeder für sich im Wege der Einzelrechtsnachfolge (§ 1922) in die Gesellschaft nachfolgt, wodurch eine (an sich eintretende) gesamthänderische Bindung der Erben im Hinblick auf

dungselement richterlicher Entscheidungen S 99 f.

74 Zusammenfassend Ulmer ZGR 1972, 324, 326 u Tiedau NJW 1980, 2446, 2448.

75 So Rüthers AcP 168 (1968), 263, 281; MünchKomm/Ulmer Rz 45; ders, Festschr für Schilling S 79, 87; Staud/Habermeier Rz 20; Bamberger/Roth/Timm/Schöne Rz 18; Erman/Westermann Rz 12; Staud/Habermeier Rz 20.

76 Brox, ErbR Rz 794; Flume, Personengesellschaft § 18 VI 2; Reinhardt/Schultz, GesellschaftsR Rz 227.

77 BGHZ 22, 186, 197 = NJW 1957, 180; vgl auch Wiedemann JZ 1977, 691; krit dazu Häuser, Unbestimmte Maßstäbe als Begründungselement richterlicher Entscheidungen S 93 ff, 126 ff.

78 So aber Ulmer, Festschr für Schilling S 79, 87; ders BB 1977, 807; ders NJW 1984, 1496, 1500; dagegen zu Recht Wiedemann JZ 1977, 691; Flume DB 1983, 2272.

79 Vgl Hadding JuS 1970, 624, 628; Reinhardt, GesellschaftsR, 1973, Rz 230.

80 MünchKomm/Ulmer Rz 45; ders ZGR 1972, 324, 328; ders BB 1977, 807; Staud/Habermeier Rz 20; für weitergehenden Ausschluss des Ausgleichsanspruchs: Tiedau NJW 1980, 2448.

81 Eingehende Darstellung vor allem bei MünchKomm/Ulmer Rz 35 ff mweitNachw.

82 BGH NJW 1996, 1284; MünchKomm/Ulmer Rz 40; Ulmer/Schäfer ZHR 160 (1996), 413; Stodolkowitz, Festschr für Kellermann S 439.

diese Mitgliedschaft ausscheidet. Im Übrigen aber besteht keine Notwendigkeit, von erbrechtlichen Regelungen abzuweichen. Insbesondere verbindet sich mit einer Nachfolgeklausel nicht zwangsläufig eine (partielle) Auseinandersetzung unter den Erben; ebenso wenig kommt es auf eine Wertrelation zwischen ererbter Mitgliedschaft und sonstigem Nachlass des Erblassers oder eine Differenzierung zwischen Vermögensrechten (als Teil des gesamthänderisch gebundenen Nachlasses) und Verwaltungsrechten der vererbten Mitgliedschaft an. Vielmehr ermöglicht die Zurechnung auch der Mitgliedschaft zum Nachlass die Separierung zweier unterschiedlicher Vermögensmassen und damit einen unterschiedlichen Zugriff von Nachlass- und Privatgläubigern.

(2) **HGB § 139 analog?**[83] Die nunmehr überwiegend angenommene unbeschränkte Haftung 34
der Gesellschafter für alle Verbindlichkeiten der GbR[84] führt zu einem neuen Konflikt zwischen Erb- und Gesellschaftsrecht, der durch HGB § 139 für die personenrechtlichen Handelsgesellschaften bereinigt wird. HGB § 139 schützt die Möglichkeit einer Haftungsbeschränkung von Erben, wenn diese einen Gesellschaftsanteil erlangen, mit dem sich eine unbeschränkte Gesellschafterhaftung verbindet. Ohne diese Vorschrift müsste der Erbe die Erbschaft (und damit die gesellschaftsrechtliche Beteiligung) ausschlagen, um der persönlichen unbeschränkten Haftung für Gesellschaftsverbindlichkeiten (Altschulden und Zwischenneuschulden[85]) zu entgehen. Eine analoge Anwendung von HGB § 139 im Recht der GbR scheidet jedenfalls dann aus, wenn diese einen Zweck verfolgt, der nicht zu einer Eintragung in das Handelsregister (HGB §§ 2 Satz 2, 3 Abs 2) und damit zu einem Rechtsformwechsel zu einer KG[86] berechtigt. Denn allein mithilfe dieser Rechtsform ergibt sich die Möglichkeit für den oder die Erben, in die Rechtsstellung eines „beschränkt haftenden Personalgesellschafters" zu wechseln.

Aber auch im Übrigen ist eine Analogie zu HGB § 139 im Recht der GbR abzulehnen[87]. Das folgt 35
nicht nur aus dem Umstand, dass hier – anders als das Recht der Personalhandelsgesellschaften – bei Gesellschaftern keine Differenzierung nach dem Grad des Einstehenmüssens für Gesellschaftsverbindlichkeiten gesetzlich vorgesehen ist. Mit anderen Worten: Der Erbe kommt in eine Gesellschaft, deren Recht gerade nicht unterschiedliche Formen der Beteiligung kennt. Hinzu kommt vor allem auch, dass mit den speziell kaufmännischen Regelungen, aber etwa auch mit Regelungen zur Geschäftsführung und Vertretung (HGB §§ 115 Abs 1, 116 Abs 1, 125 Abs 1, 126 Abs 1) sowie zu den internen Vermögensverhältnissen (Entnahmerecht, Verzinsungspflicht usw) auch im Übrigen gravierende Unterschiede zwischen GbR auf der einen und oHG sowie KG auf der anderen Seite bestehen[88]. Die Altgesellschafter haben aber gerade durch ihre ursprüngliche Rechtsformwahl gezeigt, diesen anderen Regelungen nicht unterstehen zu wollen. Dann können sie legitimerweise auch nicht durch ein Wahlrecht des Erben gezwungen werden, in die nicht gewollte Rechtsform zu wechseln. Dass die Altgesellschafter einen Wechsel nicht akzeptieren müssen (HGB § 139 Abs. 2), kompensiert die mit einem Rechtsformwechsel einhergehenden Nachteile keinesfalls, denn mit einem sonst erfolgenden Ausscheiden des Erben verbindet sich regelmäßig ein Abfindungsanspruch zu seinen Gunsten (§ 738 Abs 1 Satz 2) und damit ein nicht gewollter Kapitalabfluss aus der Gesellschaft. Umgekehrt belastet der Ausschluss einer Analogie zu HGB § 139 den Gesellschafter-Erben nicht übermäßig. Denn er vermag die GbR ordentlich und außerordentlich zu kündigen, wodurch er der künftigen persönlichen Haftung für Gesellschaftsverbindlichkeiten entgeht, ohne dass er hierzu die Erbschaft als Ganzes ausschlagen müsste.

83 So MünchKomm/Ulmer Rz 47 f; Mock NZG 2004, 118; Erman/Westermann Rz 11.
84 S § 714 Rz 29 ff.
85 Baumbach/Hopt HGB[32] § 139 Rz 44 f.
86 Zum Rechtsformwechsel zwischen Personalgesellschaften eingehend Kießling WM 1999, 2391, sowie § 705 Rz 2, Rz 29 f vor § 730.
87 So auch Bamberger/Roth/Timm/Schöne Rz 13; Staud/Habermeier Rz 16; anscheinend auch Pal/Sprau Rz 3; Schröder ZGR 1978, 578, 599.
88 Auflistung aller relevanten Unterschiede bei Kießling WM 1999, 2393.

36 Das bedeutet nicht, dass sich die Gesellschafter unter Einschluss des Erben nicht einvernehmlich auf eine Vertragsänderung dahingehend einigen können, dass die GbR – sollte sie ein im Handelsregister eintragungsfähiges Gewerbe betreiben – zukünftig in der Rechtsform einer KG unter Beteiligung des Erben als Kommanditisten fortgeführt wird. Erfolgt dieser Rechtsformwechsel binnen drei Monaten ab Kenntnis des Erben vom Erbfall, scheidet eine unbeschränkte Haftung für Altverbindlichkeiten und Zwischenneuschulden aus. Darüber hinaus kann der Erbe zwar nicht die Umwandlung in eine KG verlangen, wohl aber – binnen dreier Monate – sein Ausscheiden aus der Gesellschaft. Ob und in welcher Höhe dabei ein Abfindungsanspruch in seiner Person entsteht, ist angesichts der ursprünglich vereinbarten Eintrittsklausel unter dem Gesichtspunkt des Wegfalls der Geschäftsgrundlage und damit einhergehend der Notwendigkeit einer Vertragsanpassung zu überprüfen.

37 c) **Rechtsgeschäftliche Nachfolgeklauseln**. Durch eine rechtsgeschäftliche Nachfolgeklausel im Gesellschaftsvertrag soll erreicht werden, dass die Rechtsstellung eines ausscheidenden Gesellschafters unmittelbar und ohne dessen Mitwirkung auf einen in der Klausel bezeichneten Dritten übergeht, der **nicht Erbe** ist[89]. Im Schrifttum werden solche Regelungen unter Berufung auf HGB § 139 als **Verfügungen zugunsten Dritter** auf den Todesfall teilweise für zulässig gehalten[90]. Dagegen hält die **herrschende Meinung** rechtsgeschäftliche Nachfolgeklauseln für **unzulässig**. Dies geschieht zum einen, weil nach §§ 328 ff zwar Verpflichtungen, nicht aber Verfügungen zugunsten Dritter zulässig seien[91]. Entscheidend ist aber, dass der Übergang der Gesellschafterstellung für den Nachfolger nicht nur den Erwerb der mit der Gesellschafterstellung verbundenen Rechte, sondern auch **gesellschaftsrechtliche Verpflichtungen** mit sich bringt. Mangels allgemein gültiger Maßstäbe für die Bewertung gesellschaftsrechtlicher Pflichten ist auch kein Raum für eine wirtschaftliche Betrachtungsweise, nach der die mit dem Anteilserwerb verbundenen Vorteile die Nachteile überwiegen sollen[92]. Da rechtsgeschäftliche Nachfolgeklauseln somit teilweise als **Vertrag zu Lasten Dritter** zu beurteilen sind, können sie, solange der Begünstige nicht mitwirkt, rechtlich **keinen Bestand** haben[93].

38 Eine **Ausnahme** gilt jedoch, wenn der begünstigte Nichterbe selbst **an der Nachfolgevereinbarung beteiligt** war. Dies kommt insbesondere in Betracht, wenn der Anteil mit dem Tod des Ausscheidenden unmittelbar auf einen **Mitgesellschafter** übergehen soll, der nicht Erbe ist[94]. Dann handelt es sich um eine (zulässige) Anteilsübertragung unter Lebenden, aufschiebend bedingt durch die Tatsache, dass der Begünstigte den Tod des Ausscheidenden erlebt[95]. Da die Klausel im Gesellschaftsvertrag enthalten ist, liegt die erforderliche Zustimmung der übrigen Gesellschafter vor. Die Formvorschrift des **§ 2301 Abs 1** ist **nicht anwendbar**, weil es sich bei der aufschiebend bedingten Übertragung um eine schon zu Lebzeiten des Erblassers vollzogene Zuwendung handelt. Da der Begünstigte hier nicht Erbe ist, besteht kein Ausgleichsanspruch der Erben des verstorbenen Gesellschafters gegen ihn[96].

39 d) **Auslegung und Umdeutung von Nachfolgebestimmungen**. Bei der Auslegung unklarer Nachfolgeregelungen kommt es auf den von den Interessen der Gesellschaft und der Gesell-

89 Zusammenfassend: MünchKomm/Ulmer Rz 49 ff; ders ZGR 1972, 212.

90 So vor allem Flume, Festschr für Schilling, 1973, S 23, 30 ff; ders, Personengesellschaft § 18 IV, VII: für ausschließlich rechtsgeschäftliche Übertragung von OHG-Anteilen.

91 BGHZ 41, 95; BGHZ 68, 225, 231; Staud/Habermeier Rz 23; aA Bamberger/Roth/Timm/Schöne Rz 19.

92 So aber Säcker, Gesellschaftsvertragliche u erbrechtliche Nachfolge ..., 1970, S 54, 63 f.

93 BGHZ 68, 225, 231; BGH NJW 1978, 264, 265; Staud/Habermeier Rz 23; MünchKomm/Ulmer Rz 50; Rüthers AcP 168 (1968), 263, 274; Ulmer BB 1977, 806, aA Säcker, Gesellschaftsvertragliche u erbrechtliche Nachfolge ..., 1970, S 49 ff; Brox, ErbR Rz 754; H P Westermann JuS 1979, 765.

94 BGHZ 68, 225, 234; BayObLG DB 1979, 86; BayObLG DB 1980, 2028.

95 Vgl BGH NJW 1959, 1433; MünchKomm/Ulmer Rz 51; Bamberger/Roth/Timm/Schöne Rz 19; Staud/Habermeier Rz 23; Siebert NJW 1955, 811 f; ders BB 1957, 18; Marotzke AcP 184 (1984), 541, 557.

96 So auch Marotzke AcP 184 (1984), 541, 560 ff; aA MünchKomm/Ulmer Rz 52; aber den Erben entgeht hier kein Abfindungsanspruch.

schafter bestimmten **Willen der Beteiligten** an. Bei der Abgrenzung zwischen Nachfolge- und Eintrittsklauseln ist **im Zweifel**, insbesondere bei namentlicher Bezeichnung des Nachfolgers, der **Nachfolgeklausel** und damit dem unmittelbaren Rechtsübergang der Vorzug zu geben, da dadurch der bis zur Ausübung des Eintrittsrechts bestehende Schwebezustand und ein Kapitalabfluss durch Abfindungsansprüche bei Nichtausübung des Eintrittsrechts weitgehend vermieden wird[97]. Ob die Beteiligten die Begriffe „Nachfolge", „Eintritt" oder „Übergang" gewählt haben, ist dabei nur von untergeordneter Bedeutung. In der Regel liegt daher eine **erbrechtliche Nachfolgeklausel** vor, durch die der Gesellschaftsanteil vererblich gestaltet wird und über das endgültige Einrücken des Nachfolgers das Erbrecht entscheidet[98].

Ist der durch eine erbrechtliche Nachfolgeklausel begünstigte Erbe schon **vor Eintritt des Erbfalls weggefallen**, entsteht die Frage, ob dessen Erben, soweit sie gleichfalls Erben des verstorbenen Gesellschafters sind, anstelle des Benannten in die Gesellschaft **einrücken**. Hierzu kann nur auf die konkrete Situation bei Vereinbarung der Klausel und den Charakter der Gesellschaft (zB Familiengesellschaft) abgestellt werden. War bei Vereinbarung der Klausel absehbar, dass der oder die Begünstigten nicht zum Kreis der Erben gehören werden, so liegt es nahe, bereits durch Auslegung der Nachfolgebestimmung zur Annahme einer **Eintrittsklausel** zu kommen[99]. Für die Annahme einer rechtsgeschäftlichen Nachfolgeklausel zu Gunsten eines Mitgesellschafters bedarf es allerdings zusätzlicher Anhaltspunkte dafür, dass der Ausscheidende sich schon zu Lebzeiten der Dispositionsmöglichkeit über seinen Anteil begeben wollte. Im Zweifel liegt daher eine **erbrechtliche Nachfolgeregelung** vor[100]. Zur Abgrenzung von rechtsgeschäftlicher Nachfolgeklausel und erbvertraglicher Nachfolgeregelung im Gesellschaftsvertrag vgl BayObLG DB 1979, 86. 40

Eine **Umdeutung** gem § 140 kann erforderlich werden, wenn die Auslegung ergibt, dass es sich um eine (unzulässige) rechtsgeschäftliche Nachfolgeklausel zu Gunsten eines Nichtgesellschafters handelt. Beerbt der Begünstigte den Ausscheidenden, so kann die Bestimmung in eine **erbrechtliche Nachfolgeklausel** umgedeutet werden. Wird der Bezeichnete dagegen nicht Erbe des Verstorbenen, so ist diesem wenigstens ein Eintrittsrecht wie auf Grund einer Eintrittsklausel zuzuerkennen[101]. Die durch eine erbrechtliche Nachfolgeklausel getroffene Nachfolgeregelung kann daran scheitern, dass der Begünstigte gar nicht Erbe geworden ist. Auch in diesem Fall kann die Nachfolgeklausel in eine **Eintrittsklausel** umgedeutet werden[102]. 41

5. Fortsetzung mit einem vermeintlichen Erben

Schrifttum: R Fischer, Die Stellung des vermeintlichen Erben in der OHG, in: Festschr für Heymanns Verlag, 1965, S 271; S Bode, Der Irrtum über die Person des fortsetzungsberechtigten Gesellschafter-Erben bei der OHG, Diss Hamburg, 1969; Roloff, Der Scheinerbe eines Personenhandelsgesellschafters, Diss Münster, 1969; Konzen, Der vermeintliche Erbe in der OHG, ZHR 145 (1981), 29.

a) **Allgemeines**. In diesen Fällen tritt ein vermeintlicher Erbe in die Gesellschaft ein, entweder weil die übrigen Gesellschafter die Gesellschaft mit ihm **fortsetzen** wollen, um die Auszahlung des Abfindungsguthabens zu vermeiden, oder weil im Gesellschaftsvertrag eine **Eintritts**- oder eine **Nachfolgeklausel** enthalten ist und man annahm, dass der vermeintliche der wahre Erbe sei. Die Rechtslage ist nicht einheitlich; darüber hinaus ist die Rechtsstellung des wahren Erben von 42

97 BGHZ 68, 225, 231 = NJW 1977, 1339; MünchKomm/Ulmer Rz 60; ders BB 1977, 807; Staud/Habermeier Rz 26; Bamberger/Roth/Timm/Schöne Rz 25; zweifelnd Erman/Westermann Rz 15.
98 Vgl BGH NJW 1978, 264.
99 MünchKomm/Ulmer Rz 62.
100 BGHZ 68, 225, 234 = NJW 1977, 1339; BayObLG DB 1980, 2028; Ulmer BB 1977, 808.
101 BGHZ 68, 225, 233.
102 BGH NJW 1978, 264; vgl auch BGH NJW-RR 1987, 989 = WM 1987, 981 = JZ 1987, 880 (mAnm Ulmer).

der des vermeintlichen Erben zu unterscheiden sowie der Umstand zu berücksichtigen, ob der vermeintliche Erbe sich durch Erbschein ausgewiesen hat oder nicht[103].

43 b) **Nachfolge auf Grund einer Eintrittsklausel**. War der vermeintliche Erbe auf Grund eines auf mangelnder Geschäftsgrundlage beruhenden **Aufnahmevertrags** (der jedoch nur bei Fortsetzungsbeschluss oder Eintrittsklausel geschlossen wird) aufgenommen, so kann der Gesellschaftsvertrag nicht rückwirkend beseitigt werden. Da die Gesellschafter aufgrund eines erkennbaren rechtsgeschäftlichen Willens den wegen der Mitwirkung des vermeintlichen Erben fehlerhaften Gesellschaftsvertrag **in Vollzug** gesetzt haben, gelten hier die Grundsätze der fehlerhaften Gesellschaft[104]. Die übrigen Gesellschafter haben einen **Ausschließungsgrund** gegen den vermeintlichen Erben; die Ausschließung wirkt jedoch nur ex nunc[105]. Der vermeintliche Erbe ist für die Dauer seiner Mitgliedschaft in der fehlerhaften GbR **Träger aller Rechte und Pflichten**. Den **Vermögensanteil** des Erblassers erlangt er allerdings nur, wenn Abfindungsansprüche ausgeschlossen sind und die übrigen Gesellschafter den ihnen zunächst angewachsenen Anteil auf den vermeintlichen Erben übertragen. Die **Gewinn- und Verlustverteilung** richtet sich nach der Abgrenzung von Tätigkeits- und Kapitalbezogenheit[106]. Dem vermeintlichen Erben steht bei seinem Ausscheiden der **Auseinandersetzungsanspruch** und **Befreiungsanspruch** gem § 738 zu[107]. Der wahre Erbe kann noch eintreten oder Abfindung verlangen. Nach seinem Eintritt sind Vertragsänderungen, an denen der vermeintliche Erbe mitgewirkt hat, rückgängig zu machen[108].

44 War dagegen der auf Grund Aufnahmevertrags (Fortsetzungsbeschluss oder Eintrittsklausel) aufgenommene vermeintliche Erbe durch einen **Erbschein** ausgewiesen, so ist jedenfalls die **Abfindungsleistung** an den Scheinerben gem § 2367 wirksam. Weiter reicht die Wirkung des Erbscheins jedoch **nicht**, weil der Erwerb der Mitgliedschaft auf dem Aufnahmevertrag und nicht auf Vererbung beruht; insbes wirkt die Ausübung des Eintrittsrechts durch den vermeintlichen Erben nicht (nach § 2019) gegen den wahren Erben[109]. Entsprechend anwenden lässt sich § 2367 aber auf **Gewinnauszahlungen** und **Entnahmen**, in gewissen Grenzen auch auf **Änderungen des Gesellschaftsvertrags**[110]. Der **wahre Erbe** hat in diesen Fällen gegen den Scheinerben **Ansprüche nach §§ 2018 ff**. Dem vermeintlichen Erben steht bei seiner Ausschließung der **Befreiungsanspruch nach § 738** zu[111]. Zu dem Fall, dass bei **mehreren Erben** einer als Erbe angesehen wird, der in Wahrheit nicht Erbe ist, vgl Fischer, Festschr für Heymanns Verlag S 283, auch Bode, Diss Hamburg 1969.

45 c) **Nachfolge auf Grund einer Nachfolgeklausel**. Bei Vorliegen einer **Nachfolgeklausel** wird der wahre Erbe „automatisch" Gesellschafter, **ohne** dass ein **Vertrag** geschlossen wird, so dass auch ein fehlerhafter Vertrag mit dem vermeintlichen Erben nicht vorliegen kann. Für die Anwendung der Grundsätze über die fehlerhafte Gesellschaft, die immer einen (wenn auch fehlerhaften) Vertrag voraussetzen[112], ist daher kein Raum[113]. War **kein Erbschein** vorhanden, so wird die Rechtsstellung des wahren Erben grundsätzlich nicht geschmälert, der gute Glaube der anderen Gesellschafter wird nicht geschützt. Hat jedoch der vermeintliche Erbe in der **Geschäftsführung** mitgewirkt, so steht dem wahren Erben auch dann ein nachträgliches **Widerspruchsrecht nicht** zu, wenn er geschäftsführungsberechtigt ist; sind Geschäfte vorgenommen

103 Vgl auch § 2367 Rz 4.
104 S § 705 Rz 70 ff, insbes Rz 89.
105 Fischer, Festschr für Heymanns Verlag S 279; MünchKomm/Ulmer Rz 66.
106 Konzen ZHR 145 (1981), 49 ff, der hilfsweise auf HGB § 168 Abs 2 zurückgreift.
107 Fischer, Festschr für Heymanns Verlag S 280
108 Konzern ZHR 145 (1981), 53.
109 So aber Fischer, Festschr für Heymanns Verlag S 280 f; wie hier Konzen ZHR 145 (1981), 54 ff; MünchKomm/Ulmer Rz 67.
110 Vgl im Einzelnen Konzen ZHR 145 (1981), 58 ff.
111 Ebenso Fischer, Festschr für Heymanns Verlag S 283.
112 Vgl § 705 Rz 72 f.
113 Vgl Bode, Diss Hamburg 1969; MünchKomm/Ulmer Rz 63; im Ergebnis ebenso Fischer, Diss Hamburg 1969, S 281 f; aA Konzen ZHR 145 (1981), 61 ff, der auch ohne fehlerhaften Vertragsschluss eine fehlerhafte Gesellschaft und damit eine Verdrängung des wahren Erben annimmt.

worden, die außerhalb der Geschäftsführung liegen[114] und ist eine Rückgängigmachung noch rechtlich möglich, so kann er seine Zustimmung verweigern. Den Maßnahmen im **Außenverhältnis** hat der wahre Erbe zuzustimmen, soweit diese im Interesse der Gesellschaft lagen. Leistungen der Gesellschafter an den vermeintlichen Erben haben gegenüber dem wahren Erben keine Wirkung. Lag dagegen ein **Erbschein** vor, so werden die übrigen Gesellschafter durch § 2367 geschützt. Der wahre Erbe hat gegen den Scheinerben die Ansprüche nach §§ 2018 ff. Außer dem Befreiungsanspruch gem § 738 stehen dem vermeintlichen Erben sonst keine gesellschaftsrechtlichen Ansprüche zu. Er hat gegen die Gesellschafter evtl einen Anspruch aus Geschäftsführung ohne Auftrag. Dritten gegenüber haftet er nach den Grundsätzen der Rechtsscheinveranlassung.

6. Vor- und Nacherbschaft

Schrifttum: Picot, Vor- und Nacherbschaft an der Gesellschafterstellung einer Personenhandelsgesellschaft, Diss Münster, 1966; Rohlff, Nießbrauchsvermächtnis oder Vor- und Nacherbschaft im Unternehmertestament, Diss Göttingen, 1968; Baur / Grunsky, Eine „Einmann-OHG", zugleich ein Beitrag zur Vor- und Nacherbschaft an einem OHG-Anteil, ZHR 133 (1970), 209; Hefermehl, Vor- und Nacherbfolge bei der Beteiligung an einer Personenhandelsgesellschaft, in: Festschr für Westermann, 1974, S 223; Lutter, Zur Beschränkung des Vorerben im Gesellschaftsrecht, ZGR 1982, 108; Schmidt, Vor- und Nacherbfolge im Recht der Personalgesellschaften, BWNotZ 1983, 102; Paschke, Nacherbenschutz in der Vorerbenpersonengesellschaft, ZIP 1985, 129; Siegmann, Personengesellschaftsanteil und Erbrecht, 1992; Stimpel, Festschr für Rowedder 1994, S 477 ff; Langner, Vor- und Nacherbschaft an Personengesellschaftsanteilen, 1999; Tett / Brand, Die sog Einmann-Personengesellschaft, NZG 1999, 45; Timmann, Vor- und Nacherbschaft innerhalb der zweigliedrigen OHG oder KG, 2000; Tielmann, Die Vor- und Nacherbschaft als langfristige erbrechtliche Nachfolgeregelung eines persönlich haftenden Gesellschafters, 2001.

Durch die testamentarische Anordnung von Vor- und Nacherbfolge erhält bei Eintritt des Erbfalls der **Vorerbe** die dem Erben aus dem Gesellschaftsverhältnis zustehenden Rechte und Pflichten. Bei Vereinbarung einer **Eintrittsklausel** ist er zum Eintritt in die Gesellschaft berechtigt; liegt eine **Nachfolgeklausel** vor, wird er „automatisch" Nachfolger des Erblassers. Bis zum Eintritt der Nacherbfolge ist der Vorerbe Mitglied der Gesellschaft mit allen Rechten und Pflichten. Der nicht befreite Vorerbe unterliegt zwar keinen **Verfügungsbeschränkungen** im Sinne des § 2113 Abs 1 hinsichtlich der zum Gesellschaftsvermögen gehörenden Gegenstände[115], wohl aber hinsichtlich einer unentgeltlichen Verfügung über den Gesellschaftsanteil als Ganzem (§ 2113 Abs 2). Unzulässig ist demnach die Veräußerung des Gesellschaftsanteils gegen eine Leibrente, weil hier die Gegenleistung nicht dem Nachlass zufließt[116]. Eine unentgeltliche Verfügung im Sinne des § 2113 Abs 2 liegt jedoch nicht vor, wenn der Vorerbe an einer Änderung des Gesellschaftsvertrags mitwirkt, durch die seine mitgliedschaftliche Stellung im Interesse der Gesellschaft geschmälert wird[117]. Für die Dauer seiner Mitgliedschaft gebühren dem Vorerben die entnahmefähigen **Gewinne** als Nutzungen im Sinne des § 2111 Abs 1 Satz 2, während die gesellschaftsrechtlich gebundenen, kapitalerhöhenden Gewinne mit dem Anteil auf den Nacherben übergehen[118]. Zur Rechtslage bei Personalhandelsgesellschaften vgl auch § 2112 Rz 8. 46

Mit **Eintritt des Nacherbfalls** scheidet der Vorerbe aus der Gesellschaft aus. Liegt eine **Eintrittsklausel** vor, so entsteht ein Eintrittsrecht des Nacherben, sofern er durch die Klausel begünstigt ist. Nach seiner Eintrittserklärung tritt er als Rechtsnachfolger des Erblassers an die Stelle des Vorerben. War allerdings der Vorerbe nicht eingetreten, so wirkt die Auszahlung der Abfindung an diesen gem § 2112 gegen den Nacherben, der im Falle seines Eintritts dann die Einlage neu erbringen muss[119]. Bei einer **Nachfolgeklausel** geht der Anteil mit Eintritt des Nacherbfalls vom Vorerben auf den Nacherben über, sofern dieser zum Kreis der durch die Klausel 47

114 Vgl § 709 Rz 11 f.
115 MünchKomm/Ulmer Rz 68; Hefermehl, Festschr für Westermann S 227 f.
116 BGHZ 69, 47.
117 BGHZ 78, 177; MünchKomm/Ulmer Rz 69; krit Paschke ZIP 1985, 129, 134.
118 Hefermehl, Festschr für Westermann S 228; Hadding, Festschr für Bartholomeyczik S 83 ff.
119 Vgl Picot, Diss Münster 1966, S 94 f.

begünstigten Personen gehört. Andernfalls steht der durch das Ausscheiden des Vorerben entstandene Abfindungsanspruch dem Nacherben zu[120].

III. Testamentsvollstreckung für den Gesellschafter-Erben

Schrifttum: Hinsichtlich des bis 1985 erschienenen Schrifttums vgl die eingehende Literaturübersicht in der Vorauflage. Hüfner, Testamentsvollstreckung an Personengesellschaftsanteilen, 1990; Ulmer, Testamentsvollstreckung am Kommanditanteil – Voraussetzungen und Rechtsfolgen, NJW 1990, 73; Martinek, Der Kommanditanteil als Nachlassurrogat – ein neuer Konflikt zwischen Erb- und Gesellschaftsrecht?, ZGR 1991, 75; Raddatz, Die Nachlasszugehörigkeit vererbter Personengesellschaftsanteile 1991; Stodolkowitz, Nachlasszugehörigkeit von Personengesellschaftsanteilen, in: Festschr für Kellermann, 1991, S 439ff; Thume, Die Nachlasszugehörigkeit der Beteiligung an einer Personengesellschaft in ihrer Bedeutung für Testamentsvollstreckung, Nachlassverwaltung und Nachlasskonkurs und Surrogatserwerb, ZHR 155 (1991), S 501; Siegmann, Personengesellschaftsanteil und Erbrecht, 1992; Weidlich, Die Testamentsvollstreckung im Recht der Personengesellschaften, 1992; Muscheler, Die Haftungsordnung der Testamentsvollstreckung, 1994; ders, Testamentsvollstreckung über Erbteile, AcP 195 (1995), 35; Lorz, Testamentsvollstreckung und Unternehmensrecht: ein Beitrag zur Fortschreibung unternehmensstrategischer Kompetenzen fremdnütziger Vermögensverwalter, Diss 1995; Dörrie, Reichweite der Kompetenzen des Testamentsvollstreckers an Gesellschaftsbeteiligungen, ZEV 1996, 370; Ulmer/Schäfer, Die Zugriffsmöglichkeiten der Nachlass- und Privatgläubiger auf den durch Sondervererbung übergegangenen Anteil an einer Personengesellschaft, ZHR 160 (1996), 413; Weidlich, Befugnisse des Testamentsvollstreckers bei der Verwaltung von Beteiligungen einer werbenden BGB-Gesellschaft, 1996; Plank, Die Eintragungsfähigkeit des Testamentsvollstreckervermerks im Handelsregister, ZEV 1998, 325; Schmid, Die Dauertestamentsvollstreckung an dem Anteil einer Gesellschaft bürgerlichen Rechts, BWNotZ 1998, 37; Faust, Die Testamentsvollstreckung am Anteil eines persönlich haftenden Gesellschafters, DB 2002, 189.

48 1. **Allgemeines**. Ein Bedürfnis für die Durchführung von Testamentsvollstreckungen besteht aufgrund des wirtschaftlichen Zusammenhalts der Gesellschaft auch über den Tod eines Gesellschafters hinaus vor allem bei OHG und KG; sie kommt aber auch bei der GbR vor. Hier wie dort liegen die Rechtsfragen im Grundsätzlichen gleich, da auch hier Gesellschaftsrecht und Erbrecht aufeinander treffen. Aus der Beteiligung des gesellschaftsfremden Testamentsvollstreckers ergeben sich zum einen **gesellschaftsrechtliche Probleme**, die auch bei der Pfändung und Verpfändung sowie beim Nießbrauch an Gesellschaftsanteile[121] auftreten: Die bei Personalgesellschaften grundsätzlich entstehende Arbeits- und Haftungsgemeinschaft zwischen allen Gesellschaftern steht einer Beteiligung Dritter grundsätzlich entgegen (deshalb von Gesetzes wegen keine Übertragbarkeit und Vererbbarkeit der Mitgliedschaft usw). Wenn die Gesellschafter in voller Höhe und unbeschränkt für die Verbindlichkeit der Gesellschaft haften, obliegt allein ihnen die Verwaltung des Verbandes (Einheit von Herrschaft und Haftung, deshalb keine Fremdorganschaft, Abspaltungsverbot usw). Über diese gesellschaftsrechtlichen Probleme hinaus ergeben sich bei der Testamentsvollstreckung zum anderen auch **Konflikte aus dem Aufeinandertreffen von Erb- und Gesellschaftsrecht**: So verwaltet der Testamentsvollstrecker einen Nachlassgegenstand (Beteiligung des Erblassers), der insbesondere bei mehreren Erben aber mit dem Erbfall vom übrigen Nachlass bereits separiert ist[122]. Hinzu kommt, dass der Testamentsvollstrecker nur den Nachlass zu verpflichten vermag (§ 2206 Abs 1), die Geschäftsführung in der Gesellschaft aber grundsätzlich zu einer unbeschränkten Einstandspflicht aller Gesellschafter für die daraus entstehenden Verbindlichkeiten führt[123]. Auch gegenständlich sind die Handlungsbefugnisse des Testamentsvollstreckers beschränkt (insbesondere § 2205 Satz 3).

49 2. **Abwicklungstestamentsvollstreckung**. Sicherlich ist eine reine Abwicklungstestamentsvollstreckung im dem gesetzlichen Regelfall des § 727 zulässig, bei dem mit dem Todesfall die Gesellschaft ausgelöst wird[124]. Im Hinblick auf die Altgesellschafter ergeben sich durch die Mit-

120 MünchKomm/Ulmer Rz 71.
121 S § 717 Rz 16ff.
122 Zur Sonderrechtsnachfolge s oben Rz 23, 25.
123 S § 705 Rz 29ff, 38ff.
124 BGHZ 108, 187; BGHZ 98, 48; BGH NJW 1981, 749; MünchKomm/Ulmer Rz 22; Staud/Habermeier Rz 12; Erman/Westermann Rz 9; aA BayObLG NJW-RR 1991, 361 (für die Nachlassverwaltung).

wirkung des Testamentsvollstreckers keine Bedenken; insoweit gilt das Gleiche wie für den bzw die Erben (in ungeteilter Erbengemeinschaft) selbst: Diese rücken im Todeszeitpunkt des Erblasser-Gesellschafters in die Abwicklungsgesellschaft ein, ohne dass die Beteiligung im Gesellschaftsvertrag vererblich gestellt wurde; also auch ohne den Willen der anderen Gesellschafter[125]. Das ist hinnehmbar, weil der Zweck der Abwicklungsgesellschaft zeitlich und gegenständlich auf die Vollbeendigung der Gesellschaft und den Ausgleich unter den Gesellschaftern beschränkt ist[126]. Dadurch werden nicht nur die Vermögensrechte, sondern insbesondere auch die Mitverwaltungsrechte aller Gesellschafter erheblich eingeschränkt[127]. Auch im Hinblick auf den oder die Erben ergeben sich angesichts dieser Einschränkungen keine Bedenken dagegen, dass der Testamentsvollstrecker an seiner/ihrer Stelle die Abwicklung der ererbten Beteiligung vornimmt.

3. **Verwaltungstestamentsvollstreckung auf Grund gesellschaftsrechtlicher Vereinbarung**. Darüber hinaus ist umstritten, ob auch eine Verwaltungstestamentsvollstreckung zulässig ist und bejahendenfalls, welche Rechtsstellung der Testamentsvollstrecker einnimmt. Zu einer solchen Verwaltungstestamentsvollstreckung kann es nur kommen, wenn die Gesellschaft nach dem Tod eines Gesellschafters mit dem oder den Erben fortgeführt wird. 50

a) **Zulässigkeit**. Eine durch letztwillige Verfügung angeordnete Verwaltungstestamentsvollstreckung über den Gesellschaftsanteil ist jedenfalls dann zulässig, wenn alle Mitgesellschafter zugestimmt haben[128]. Zum einen hat der BGH zutreffend darauf hingewiesen, dass die im Wege der Singalursukzession an die Erben gelangten Gesellschaftsanteile des Erblassers trotz der Sonderrechtsnachfolge zum Nachlass gehören und so grundsätzlich einer Testamentsvollstreckung zugänglich sind[129]. Denn mit der Annahme einer Sonderrechtsnachfolge verbindet sich der Vorteil, dass der Gesellschaftsanteil ohne Auseinandersetzung und ohne, aus Rechtsgründen auch nicht mögliche[130], Beteiligung einer Erbengemeinschaft weitergeleitet wird. Nicht beabsichtigt wird damit aber, den Gesellschaftsanteil des Erblassers aus dem hinterlassenen Vermögen, eben dem Nachlass, herauszulösen. Das gilt umso mehr, als nur die Nachlasszugehörigkeit des ererbten Gesellschaftsanteils eine angemessene Haftungsordnung zwischen Eigengläubigem des Erben und Nachlassgläubigern gewährleistet, da es mit der Nachlasszugehörigkeit wie auch sonst zu einer Absonderung des Gesellschaftsanteils vom sonstigen Vermögen des Rechtsinhabers (Erben) kommt[131]. 51

Auch das Abspaltungsverbot steht einer Dauertestamentsvollstreckung nicht entgegen. Das ergibt sich schon aus dem Umstand, dass der Erbe mit einer durch die Testamentsvollstreckung von Anfang an belasteten Mitgliedschaft in die Gesellschaft einrückt. Zudem bedarf es im Verhältnis zum Testamentsvollstrecker keines Schutzes des Gesellschafters von einer Selbstentrechtung, die ansonsten insbesondere wegen seiner unbeschränkten Haftung für die Verbindlichkeiten der Gesellschaft geboten ist. Das gilt vor allem deshalb, weil der Testamentsvollstrecker nur den Nachlass zu verpflichten vermag (§§ 2206 Abs 1). Letztlich lässt sich auch die beschränkte Rechtsmacht des Testamentsvollstreckers (§§ 2206 Abs 1, 2205 Satz 3, 2203, 2208 Abs 1 Satz 1, 2) mit gesellschaftsrechtlichen Grundsätzen in Einklang bringen; allerdings nur dann, wenn man mit der hier vertretenen Auffassung die Haftung der Gesellschafter für Verbindlichkeiten der Gesellschaft grundsätzlich auf die rechtsgeschäftliche Mitverpflichtung stützt[132]. Denn nur unter dieser Voraussetzung lässt sich begründen, dass sich Gesellschafts- und Gesellschafterverbindlichkeit im

125 S oben Rz 4.
126 S oben Rz 1.
127 Vgl im Einzelnen die Bem vor § 730 u zu § 730.
128 So auch BGH NJW 1996, 1284; BGHZ 108, 187 (Kommanditanteil); Hamm ZIP 1989, 505; Stuttgart ZIP 1988, 1335; BayObLG WM 1983, 1092; MünchKomm/Ulmer § 705 Rz 111, 115; ders NJW 1990, 73; Erman/Westermann Rz 9, 10; Staud/Habermeier Rz 12; Bamberger/Roth/Timm/Schöne § 717 Rz 12; Marotzke JZ 1986, 457.
129 BGH NJW 1996, 1284.
130 S § 705 Rz 25.
131 Eingehend s oben Rz 33.
132 Daher der Vorbehalt bei BGHZ 108, 187; s auch MünchKomm/Ulmer § 705 Rz 114; Erman/Westermann Rz 9. S auch § 714 Rz 29 ff.

Umfang unterscheiden können[133]. Das wiederum ermöglicht es, den Testamentsvollstrecker auch mit der Geschäftsführung, insbesondere Vertretung der Gesellschaft, zu betrauen[134]. Ohne diese Befugnisse wird eine Verwaltungstestamentsvollstreckung in weiten Teilen um ihre eigentlichen Aufgaben (§§ 2205 Satz 1, 2, 2209) gebracht.

52 b) **Voraussetzungen**. Die Zustimmung der Mitgesellschafter kann schon im Gesellschaftsvertrag enthalten sein (Testamentsvollstreckungsklausel) oder nachträglich, auch nach Eintritt des Erbfalls, erklärt werden. Sie kann sich auf alle, einige oder eine einzige Mitgliedschaft beziehen. Insbesondere kann der Testamentsvollstrecker über alle aus der Mitgliedschaft folgenden Vermögensrechte (insbesondere Gewinnrecht, Auseinandersetzungsguthaben, vereinbartes Entnahmerecht) verfügen. Die besondere Zustimmung ist jedoch überflüssig, wenn der Testamentsvollstrecker zugleich Gesellschafter-Erbe ist oder die Anordnung der Testamentsvollstreckung den Gesellschaftern bekannt war und ihr stillschweigendes Einverständnis damit angenommen werden kann. Allein von einer Vererblichstellung der Mitgliedschaft im Gesellschaftsvertrag kann allerdings noch nicht sicher auf das Einverständnis zur Testamentsvollstreckung geschlossen werden[135]. Denn damit mögen die Gesellschafter zwar zu erkennen geben, dass ihnen die konkrete Person des Mitgesellschafters unwesentlich ist, nicht aber zugleich auch, dass Gesellschafterrechte durch einen Gesellschaftsfremden ausgeübt werden können, was angesichts der unbeschränkten Haftung der Gesellschafter für Gesellschaftsverbindlichkeiten von nicht unwesentlicher Bedeutung ist. Die Vererblichstellung erlaubt allerdings dann eine Testamentsvollstreckung, wenn anstelle des Erblassers Mitgesellschafter in den vererblichen Gesellschaftsanteil einrücken.

53 c) **Vermögens- und Verwaltungsrechte des Testamentsvollstreckers**. Bei einer Dauertestamentsvollstreckung unter Zustimmung aller Gesellschafter vermag der Testamentsvollstrecker die betreffende Beteiligung umfassend zu verwalten. Insbesondere über die aus der Mitgliedschaft fließenden Vermögensrechte (Gewinnrecht, Abfindungsguthaben, vereinbartes Entnahmerecht usw) kann er – im Rahmen der erbrechtlichen Bindungen – frei verfügen. Auch die Mitverwaltungsrechte, die sich aus der von der Testamentsvollstreckung betroffenen Beteiligung ergeben, können umfassend vom Testamentsvollstrecker ausgeübt werden. Dazu zählen nicht nur Einsichts- und Kontrollrechte, das Teilnahmerecht an Gesellschafterversammlungen, Verwaltungs- und Vertretungsbefugnisse[136] und das Stimmrecht. Dass die zum Teil erbrechtlich beschränkten Befugnisse des Testamentsvollstrecker (insbesondere § 2206 Abs 1) nicht im Widerspruch zu gesellschaftsrechtlichen Grundsätzen (vor allem der unbeschränkten Gesellschafterhaftung) stehen, wurde soeben in Rz 51 beschrieben; der Testamentsvollstrecker kann daher auch zur Verwaltung und Vertretung in der Gesellschaft berufen werden[137]. Auch über die Mitgliedschaft als solche[138] kann er verfügen und damit insbesondere (bei entsprechender Regelung im Gesellschaftsvertrag) diese übertragen und die Gesellschaft kündigen (§ 723)[139]. Demgegenüber werden heute Vorbehalte gegen diese umfassende Berechtigung vor allem auf das Abspaltungsverbot und die Kernbereichslehre[140] gestützt[141]. Indes kommt es bei einer umfassend möglichen Testamentsvollstreckung gerade nicht zu einer Aufspaltung von Rechten und Befugnissen zwischen Gesellschafter und Drittem.

133 S § 714 Rz 32 f.
134 S unten Rz 53.
135 Hamburg ZIP 1984, 1226; Erman/Westermann Rz 10; Faust DB 2002, 194; Muscheler, Die Haftungsordnung der Testamentsvollstreckung S 475; aA MünchKomm/Ulmer § 705 Rz 115.
136 AA BGH NJW 1996, 1284; Weidlich, Die Testamentsvollstreckung im Recht der Personengesellschaften S 63 ff.
137 MünchKomm/Ulmer § 705 Rz 118–120; aA Erman/Westermann Rz 10; Hehemann BB 1995, 1301.
138 S § 705 Rz 67 a.
139 MünchKomm/Ulmer § 705 Rz 116; ders NJW 1990, 73; Mayer ZIP 1990, 976; Erman/Westermann Rz 10; Brandner, Festschr für Kellermann S 45; Muscheler, Die Haftungsordnung der Testamentsvollstreckung S 504 ff.
140 S § 717 Rz 20 ff.
141 Erman/Westermann Rz 10; Bamberger/Roth/Timm/Schöne § 717 Rz 12; Mayer ZIP 1990, 976; Quack BB 1989, 2271.

Aufgrund dieser sehr weitgehenden Befugnisse trifft den Testamentsvollstrecker umgekehrt auch die gesellschaftsrechtliche Treuepflicht[142]. Der Umfang der Verwaltungsbefugnis des Testamentsvollstreckers gehört solange nicht in das Testamentsvollstreckerzeugnis (§ 2368 Abs 1), wie der Erblasser mit seiner letztwilligen Verfügung nicht von den gesetzlichen Regelungen bzw in der Rechtsprechung entwickelten Grundsätzen abweicht[143].

4. **Verwaltungstestamentsvollstreckung ohne gesellschaftsvertragliche Vereinbarung**? 54
– a) **Unzulässigkeit der Testamentsvollstreckung**. Fehlt eine Regelung zur Testamentsvollstreckung über den vererbten Gesellschaftsanteil im Gesellschaftsvertrag und treffen die Gesellschafter auch später keine dahingehende Regelung, so soll nach neuerer Auffassung in der Rechtsprechung eine durch letztwillige Verfügung angeordnete echte Testamentsvollstreckung an Gesellschaftsanteilen einer GbR jedenfalls „nicht schlechthin ausgeschlossen" sein[144]. Das kann allerdings nur für besondere Fälle gelten; in der Regel ist eine Dauertestamentsvollstreckung ohne Zustimmung aller Gesellschafter nicht zulässig. Das folgt zwar noch nicht aus den eingangs genannten Bedenken, die aus der Sonderrechtsnachfolge in die Mitgliedschaft, dem Abspaltungsverbot von Verwaltungsrechten und der gesetzlich begrenzten Rechtsmacht des Testamentsvollstreckers hergeleitet werden. Allerdings ergibt sich diese Unzulässigkeit aus dem höchstpersönlichen Charakter der Personalgesellschaft und dem daraus folgenden Grundsatz, dass kein Gesellschafter ohne seinen Willen einen Wechsel in einer anderen Mitgliedschaft hinnehmen muss. Einem solchen Wechsel würde es aber gleichstehen, wenn anstelle des Erben ein Testamentsvollstrecker mit der Verwaltung des vererbten Gesellschaftsanteils betraut wäre. Die Rechtslage ist auch insofern nicht mit der KG vergleichbar, als dort der Kommanditist grundsätzlich nicht zur Geschäftsführung berufen ist und für die Mitgesellschafter keine (der Höhe nach unbeschränkten) Verpflichtungen zu begründen vermag.

b) **Ausübung der Vermögensrechte durch den Testamentsvollstrecker**? Teilweise will man 55
bei einer fehlenden Zustimmung aller Gesellschafter zumindest die vermögensrechtlichen Gesellschafterrechte dem Testamentsvollstrecker zuweisen; Grund hierfür soll deren grundsätzliche Übertragbarkeit sein (§ 717 Satz 2)[145]. Indes verbinden sich mit einem solchen Übergang von einzelnen Vermögensrechten[146] nicht etwa auch Verwaltungsbefugnisse, die vom Testamentsvollstrecker anstelle des Erben ausgeübt werden können. Insbesondere das Recht, bei der Feststellung und Verwendung des Gewinns und des Auseinandersetzungsguthabens beteiligt zu sein, gehört zu den nicht von einer Mitgliedschaft abspaltbaren Mitverwaltungsrechten[147]. Wenn aber die Verwaltungsrechte umfassend beim Erben bleiben, macht eine Verwaltungstestamentsvollstreckung angesichts der ihr gesetzlich zugewiesenen Aufgaben (§ 2203 ff) keinen Sinn und sollte umfassend verneint werden[148]. Soweit man – zur Behebung dieser Schwäche – dem Testamentsvollstrecker in Analogie zu § 725 ein Kündigungsrecht zubilligt[149], verletzt man den Willen der Gesellschafter, die mit dem Fehlen einer Testamentsvollstreckungsklausel zeigen, gerade keine fremden Handlungsbefugnisse begründen zu wollen, ohne dass dafür eine Notwendigkeit besteht: Denn bei der Testamentsvollstreckung bedarf es anders als bei § 725 (und teilweise bei Nachlassverwaltung und

142 MünchKomm/Ulmer § 705 Rz 117; ders NJW 1990, 73; Mayer ZIP 1990, 976; aA Faust DB 2002, 189; Muscheler, Die Haftungsordnung der Testamentsvollstreckung S 527 ff.

143 BGH NJW 1996, 1284, 1285.

144 BGH NJW 1996, 1284 = ZEV 1996, 110 (mAnm Lorz); anders noch die vorausgegangene Rechtsprechung: BGHZ 108, 187 (Kommanditbeteiligung); BGHZ 98, 48, 54; BGH NJW 1983, 2376; Frankfurt/M NJW 1983, 1806; BayObLG WM 1983, 1092; RGZ 170, 392. Gegen eine solche Möglichkeit MünchKomm/Ulmer § 705 Rz 115 (allerdings die Übertragung von Vermögensrechten bejahend, Rz 116; s im Folgenden Rz 55).

145 BGHZ 91, 132 (aber noch von der überholten Prämisse ausgehend, dass der Gesellschaftsanteil als solcher nicht in den Nachlass falle); MünchKomm/Ulmer § 705 Rz 75 f; Marotzke JZ 1986, 457; Bommert BB 1984, 178; Esch NJW 1981, 2222; ders NJW 1984, 339; im Grundsatz auch Siebert, Festschr für Hueck S 339.

146 S § 717 Rz 13.

147 S § 717 Rz 20 ff.

148 Hueck, OHG § 28 II 5; Richardi, Das Verwaltungsrecht des Testamentsvollstreckers ..., 1961, S 65 ff; RG ZAkDR 1943, 233.

149 So aber MünchKomm/Ulmer § 725 Rz 4.

Nachlassinsolvenz[150], keines Schutzes von Drittgläubigern, die nur durch Kündigung der Gesellschaft auf den Vermögenswert der Mitgliedschaft zugreifen können.

56 c) **Ersatzkonstruktionen**. Verneint man wie hier die Möglichkeit einer Verwaltungstestamentsvollstreckung, wenn nicht alle Gesellschafter dem zugestimmt haben, so kann nach bisheriger Doktrin dasselbe Ergebnis auf drei unterschiedlichen Wegen erreicht werden (sog Vollmacht- und Treuhandlösungen):

57 aa) **Treuhand**. Die Anordnung der Testamentsvollstreckung kann als **Auflage** an den Erben verstanden werden, den Gesellschaftsanteil auf den Testamentsvollstrecker als Treuhänder zu übertragen[151]. Der Testamentsvollstrecker übt dann die Gesellschafterrechte im eigenen Namen, aber für Rechnung des Erben aus. Der Gesellschaftsanteil kann auch durch schlüssiges Verhalten übertragen werden[152]. Diese Gestaltung hat jedoch den Nachteil, dass der Testamentsvollstrecker als treuhänderischer Inhaber der Mitgliedschaft voll haftet, während sein Anspruch auf Aufwendungsersatz gegen den Erben auf den Wert des Nachlasses beschränkt ist[153]. Der Testamentsvollstrecker wird daher in der Regel zur treuhänderischen Verwaltung des Gesellschaftsanteils nur dann bereit sein, wenn er Mitgesellschafter ist und deshalb schon auf Grund seiner eigenen Gesellschafterstellung haftet.

58 bb) **Vollmacht**. Der Gesellschafter-Erbe kann den Testamentsvollstrecker zur Ausübung der Mitverwaltungsrechte **bevollmächtigen**[154]. Dieser Bevollmächtigung sind jedoch die gleichen **Beschränkungen** auferlegt wie der Stimmrechtsvollmacht[155], wodurch die Bevollmächtigung nur geringen praktischen Wert hat, zumal sie stets frei widerruflich bleiben muss[156]. Bei gleichzeitigem Handeln ist immer die Willenserklärung der Erben wirksam[157]. Die verdrängende Vollmacht hat auch hier keinen Platz[158].

59 cc) **Überlassung zur Ausübung**. Darüber hinaus sollte nach RG und BGH der Erblasser im Weg einer **Auflage**[159] oder einer **Bedingung**[160] den Gesellschafter-Erben verpflichten können, dem Testamentsvollstrecker die **Befugnis zur Ausübung der Mitverwaltungsrechte** (etwa Stimmrecht, Geschäftsführungs- und Vertretungsbefugnis) einzuräumen, so dass der Testamentsvollstrecker die Vollziehung der Auflage verlangen und über den Rahmen des §§ 2206 hinaus eine unbeschränkte persönliche Haftung des Gesellschafter-Erben begründen könnte, wenn letzterer Geschäftsführungs- und Vertretungsbefugnis hat[161]. Dies würde aber bedeuten, dass der Gesellschafter-Erbe sich sehr weitgehend der Verpflichtungsmacht eines Dritten unterwerfen muss, ohne dessen Entscheidung beeinflussen zu können[162]. Es würde also eine **unzulässige Verpflichtungsermächtigung** vorliegen[163]. Dem Testamentsvollstrecker stehen aber die die Haftung

150 S hierzu unten Rz 60 f.
151 BGH NJW 1996, 1284; BHG, NJW 1981, 749; BGHZ 24, 106; BGHZ 12, 100; RGZ 172, 199; zu dieser Möglichkeit auch Siebert, Festschr für Hueck S 337; Richardi, Das Verwaltungsrecht des Testamentsvollstreckers…, 1961, S 57; Durchlaub DB 1977, 1399.
152 BGH NJW 1981, 749, 750.
153 Letzteres ist allerdings umstr; wie hier Münch Komm/Ulmer § 705 Rz 124; Siebert, Festschr für Hueck, 1959, S 337 f; Wiedemann, Die Übertragung u Vererbung…, 1965, § 13 IV S 343; aA BGHZ 12, 104; Holch DNotZ 1958, 292.
154 BGHZ 12, 100 = NJW 1954, 636; Siebert, Festschr für Hueck S 330; Ahlborn, Diss Hamburg 1963, S 74; Klußmann BB 1966, 1209, 1211; Wiedemann, Die Übertragung u Vererbung…, 1965, § 13 II 1 a, S 323 f.
155 Vgl § 709 Rz 28 u § 717 Rz 22.
156 BGHZ 3, 354, 359 = NJW 1952, 178 für Stimmrechtsvollmacht.
157 BGHZ 20, 363, 366 = NJW 1956, 1198; Baur, Festschr für Dölle S 256.
158 Vgl hierzu § 168 Rz 30 mweitNachw.
159 BGH, NJW 1996, 1284; BGHZ 12, 100, 103; RHZ 172, 199.
160 BGHZ 12, 103.
161 RGZ 172, 205; BGHZ 12, 100, 103; BayObLG BB 1969, 974; Holch DNotZ 1958, 294; Rehlinger, Diss Hamburg 1958, S 72; Westermann, Handb Rz I 509 hält diesen Weg aus rein praktikablen Erwägungen für gangbar; Wiedemann, Die Übertragung u Vererbung…, 1965, S 331 ff will differenzieren.
162 Siebert, Festschr für Hueck S 335.
163 Gegen die Wirksamkeit einer solchen Auflage auch BGH WM 1969, 492 (obiter dictum); MünchKomm/Ulmer § 705 Rz 123; Richardi, Das Verwaltungsrecht des Testamentsvollstreckers…, 1961, S 45 ff; Baur, Festschr für

des Gesellschafter-Erben nicht berührenden **Informations- und Kontrollrechte** zu, auch ein, allerdings den Gesellschafter-Erben nicht bindendes, **Anhörungsrecht**.

IV. Nachlass(Insolvenz-)verwaltung

Schrifttum (s oben vor Rz 48): Ulmer, Die Sonderzuordnung des vererbten OHG-Anteils, in: Festschr für Schilling, 1973, S 79, 98; H P Westermann, Haftung für Nachlassschulden bei Beerbung eines Personengesellschafters durch eine Erbengemeinschaft, AcP 173 (1973), 24, 37 ff; Flume, Die Nachlasszugehörigkeit der Beteiligung an einer Personengesellschaft in ihrer Bedeutung für Testamentsvollstreckung, Nachlassverwaltung und Nachlasskonkurs sowie Surrogatserwerb, ZHR 155 (1991), 501; Siegmann, Personengesellschaftsanteil und Erbrecht 1992.

Für den Nachlass(insolvenz)verwalter muss im Hinblick auf die Gesellschafterstellung des Erben grundsätzlich das Gleiche gelten wie beim Testamentsvollstrecker. Damit ist die Nachlassverwaltung und das Nachlassinsolvenzverfahren an Anteilen an der Liquidationsgesellschaft grundsätzlich möglich[164]. Im Übrigen – bei einer Fortsetzung der Gesellschaft mit dem oder den Erben des Gesellschafter-Erblassers – kann der Nachlassverwalter grundsätzlich **nicht** unmittelbar **Mitverwaltungsrechte** des Gesellschafter-Erben geltend machen, denn ebenso wie bei der Testamentsvollstreckung[165] wird nur in den seltensten Fällen eine Zustimmung aller Gesellschafter zur Nachlassverwaltung bzw zur Nachlassinsolvenzverwaltung vorliegen; allein aus der Fortsetzungsklausel kann nicht auf eine solche Zustimmung geschlossen werden. Das Gleiche gilt sowohl für die Anfechtung des Gesellschaftsvertrags als auch die Geltendmachung seiner Nichtigkeit[166]. Ebenso wenig vermag der Nachlass(insolvenz)verwalter Forderungen der Gesellschaft gegen Dritte geltend zu machen; die Geschäftsführung obliegt allein den Gesellschaftern[167]. 60

Der Nachlassverwalter hat allerdings den Nachlass zu verwalten und die Nachlassverbindlichkeiten aus dem Nachlass zu bereinigen (§ 1985 Abs 1, InsO §§ 80 Abs 1, 1 Satz 1). Das erfolgt – anders als bei der Testamentsvollstreckung – vorrangig im Interesse von Drittgläubigern, deren Forderungen gegenüber nur der Nachlass als Haftungsfonds zur Verfügung steht. Daraus ergibt sich aber – für den Fall, dass die Mitgesellschafter der Nachlass(Insolvenz-)verwaltung nicht zugestimmt haben – ebenso wenig wie bei der Testamentsvollstreckung, dass die vermögensrechtlichen Ansprüche aus der Mitgliedschaft umfassend und ausschließlich vom Nachlassverwalter geltend gemacht werden können[168]. Zwar gebührt der Wert des Gesellschaftsanteils den Nachlassgläubigern. Indes genügt es, wenn man bei der Nachlassverwaltung und der Nachlassinsolvenz analog § 725 ein Kündigungsrecht des Verwalters annimmt, mit dessen Hilfe dieser auf den gesamten Anteilswert zugreifen kann[169]. Denn hier besteht (anders als bei der Testamentsvollstreckung[170]) das Risiko, dass außenstehende Gläubiger durch die Beschränkung auf den Nachlass mit ihren Forderungen (teilweise) ausfallen. Allerdings wird in nicht wenigen Fällen bereits eine analoge Anwendung von § 728 Abs 2 bei Nachlassverwaltung und Nachlassinsolvenz zu einer ipso iure eintretenden Auflösung der Gesellschaft führen, was ein zusätzliches Kündigungsrecht entbehrlich macht. Das betrifft diejenigen Fälle, in denen der Erbe den Antrag auf Verfahrensöffnung stellt (§§ 1980, 1981), denn hier zeigt der Erbe, dass er die Alt- 61

Dölle S 256; Hueck, OHG § 28 Fn 51; Schilling, Festschr für Möhring S 257.

164 Vgl schon oben Rz 48 sowie MünchKomm/Ulmer Rz 23; Staud/Habermeier Rz 12; Erman/Westermann Rz 9; Marotzke EWiR 1991, 155 f; aA BayObLG NJW-RR 1991, 362; BayObLG RamRZ 1988, 1102.

165 S Rz 52.

166 BGHZ 47, 293, 297.

167 BGH KTS 2003, 259; BayObLG NJW-RR 1991, 361.

168 So aber BGH KTS 2003, 259; BayObLG NJW-RR 1991, 361; BGH NJW 1984, 2104; BGHZ 47, 293, 297.

169 So auch MünchKomm/Ulmer § 725 Rz 4. Gegen ein Kündigungsrecht und (bei Fortsetzungsklausel) ein Ausschließungsrecht BGHZ 47, 293.

170 S hierzu oben Rz 55.

gläubiger nicht mit seinem Privatvermögen befriedigen will, diese vielmehr (zum Teil) mit ihren auf den Nachlass beschränkten Forderungen ausfallen werden[171].

§ 728 Auflösung durch Insolvenz der Gesellschaft oder eines Gesellschafters

(1) **Die Gesellschaft wird durch die Eröffnung des Insolvenzverfahrens über das Vermögen der Gesellschaft aufgelöst. Wird das Verfahren auf Antrag des Schuldners eingestellt oder nach der Bestätigung eines Insolvenzplans, der den Fortbestand der Gesellschaft vorsieht, aufgehoben, so können die Gesellschafter die Fortsetzung der Gesellschaft beschließen.**

(2) **Die Gesellschaft wird durch die Eröffnung des Insolvenzverfahrens über das Vermögen eines Gesellschafters aufgelöst. Die Vorschrift des § 727 Abs. 2 Satz 2, 3 findet Anwendung.**

Schrifttum (vgl auch allgemein die insolvenzrechtliche Spezialliteratur): Oehlerking, Die Auswirkungen des Konkurses der Gesellschafter auf die Stellung der Gesellschaftsgläubiger, KTS 1980, 14; Neumann, Der Konkurs der BGB-Gesellschaft, 1986; Gerhardt, Zur Anfechtbarkeit der Übertragung des einzigen Vermögensgegenstandes einer Gesellschaft bürgerlichen Rechts, JZ 1992, 724; Prütting, Ist die Gesellschaft bürgerlichen Rechts insolvenzfähig?, ZIP 1997, 1725; Kübler/Prütting/Noak, InsO, Sonderband 1 (Gesellschaftsrecht), 1999; Gerhardt, Zur Haftung des ausgeschiedenen Gesellschafters im Rahmen des § 93 InsO, ZIP 2000, 2181; K Schmidt/Bitter, Doppelberücksichtigung, Ausfallprinzip und Gesellschafterhaftung in der Insolvenz, ZIP 2000, 1077; Müller, Der Verband in der Insolvenz, 2002; Gundlach/Schmidt/Schirrmeister, Die Gesellschaft ohne Rechtspersönlichkeit im Anwendungsbereich von § 11 Abs 2 und 3 InsO, DZWiR 2004, 449; Schmidt, Die Gesellschafterbürgschaft in der Insolvenz der Personenhandelsgesellschaft, 2006.

1 1. **Allgemeines.** § 728 ist im Rahmen der Insolvenzrechtsreform[1] wesentlich umgestaltet worden. Anders als unter Geltung der KO ist die GbR seit dem 1. 1. 1999 **selbst insolvenzfähig** (InsO § 11 Abs 2 Nr 1). Entgegen dem Wortlaut der Regelung („Gesellschaft ohne Rechtspersönlichkeit") erkennt der Gesetzgeber damit nicht nur ein hinreichend verselbständigtes Gesellschaftsvermögen auch bei Gesellschaften bürgerlichen Rechts an, sondern weist dieser einmal mehr **Rechtssubjektivität**, nämlich Insolvenzfähigkeit, zu (anders InsO § 11 Abs 2 Nr 2, der insolvenzfähige Sondervermögen statuiert)[2]. Die bisherige Regelung zur Insolvenz eines Gesellschafters ist auch im Wortlaut unverändert in § 728 Abs 2 aufgenommen worden.

2 2. **Anwendungsbereich.** Absatz 1 regelt ausschließlich die **Insolvenz der Gesellschaft.** Nicht alle Gesellschaften des bürgerlichen Rechts sind insolvenzfähig. Mit Hilfe des Insolvenzverfahrens wird eine Rechtsperson in einem gesetzlich vorgeschriebenen Verfahren zur gleichmäßigen Befriedigung aller Gläubiger aus einem insgesamt unzureichenden Vermögen des Schuldners abgewickelt. Ziel des Verfahrens ist nicht nur Haftungsverwirklichung, sondern (grundsätzlich, s aber InsO § 1) auch die Vollbeendigung eines Rechtsträgers[3]. Voraussetzung ist daher zumindest die Rechtsfähigkeit der GbR, ohne die die Gesellschaft materiell-rechtlich weder Schuldner noch verfahrensrechtlich Beteiligter sein kann. Ein Insolvenzverfahren über Innengesellschaften scheidet daher aus[4]. Dem Insolvenzverfahren unterworfen sind aber auch nur **Außengesellschaften**, die ein **Gesellschaftsvermögen** (Gesamthandsvermögen) aufweisen, ansonsten ist eine geordnete Auseinandersetzung eines Gesellschaftsvermögens im Interesse der Gläubiger nicht möglich[5].

171 AA MünchKomm/Ulmer § 705 Rz 126 (nie anwendbar); BGHZ 91, 132 (in der Begründung überholt: Die Mitgliedschaft falle nicht in den Nachlass); nicht eindeutig BGH KTS 2003, 259; S im Einzelnen zu § 728.

1 EGInsO vom 5. Oktober 1994, BGBl I, S 2911; Begründung BR-Drucks 511/92.
2 Vgl zur Rechtsfähigkeit der GbR Rz 21 vor § 705.
3 K Schmidt ZGR 1998, 633.
4 AA Erman/Westermann Rz 2.
5 MünchKomm/Ulmer Rz 5; Prütting ZIP 1998, 1732; K Schmidt ZGR 1998, 640.

Für einen darüber hinausgehenden Ausschluss des Insolvenzverfahrens ganz generell bei Gelegenheitsgesellschaften und Gesellschaften mit nicht wirtschaftlicher Zwecksetzung[6] besteht indes kein Anlass. Das Insolvenzverfahren kann auch über das Vermögen einer bereits aus anderen Gründen aufgelösten Gesellschaft durchgeführt werden, solang deren Abwicklung noch nicht abgeschlossen, insbesondere noch Gesellschaftsvermögen vorhanden ist (InsO § 11 Abs 3). Auch eine fehlerhafte Gesellschaft wird nach ihrem Vollzug durch Insolvenz aufgelöst[7].

a) **Antrag, Wirkungen**. Zur Eröffnung des Verfahrens **antragsberechtigt** sind sowohl die **Gläubiger** der Gesellschaft (InsO § 14) als auch jeder (weil persönlich haftende) **Gesellschafter** (InsO § 15 Abs 1). Letzteres widerspricht der auch organisationsrechtlichen Verselbstständigung der Gesellschaft gegenüber ihren Mitgliedern[8]. Das Insolvenzantragsrecht sollte deshalb auch bei Personalgesellschaften den Geschäftsführern vorbehalten bleiben (konsequent daher InsO § 18 Abs 3); das sind in der Regel (§§ 709, 710) nur alle Gesellschafter. Eine **Antragspflicht** sieht das Gesetz nur dann vor, wenn kein Gesellschafter eine natürliche Person ist (analog HGB § 130 a); sie kann sich aber aus der Treuepflicht (bei Gesellschafter-Geschäftsführern) und/oder als nebenvertragliche Pflicht aus dem (bei Gesellschaftern nur ausnahmsweise vorliegenden[9]) Geschäftsführungsvertrag ergeben[10]. 3

Allgemeiner **Insolvenzeröffnungsgrund** ist die **Zahlungsunfähigkeit der Gesellschaft** (InsO § 17 Abs 1). Auf die Zahlungsfähigkeit der Gesellschafter kommt es schon deshalb nicht an, weil es sich bei Gesellschaft und Gesellschaftern um verschiedene Rechtspersonen handelt. Bei einem Eigenantrag der Gesellschaft wird Insolvenz auch bei drohender Zahlungsunfähigkeit (InsO § 18 Abs 1) sowie bei Überschuldung dann eröffnet, wenn an der Gesellschaft keine natürliche Person als haftender Gesellschafter beteiligt ist (InsO § 19 Abs 3). Das sich an die Insolvenzeröffnung anschließende Insolvenzverfahren stellt ein besonderes Liquidationsverfahren über eine Gesellschaft dar, das die rein gesellschaftsrechtliche Auseinandersetzung durch die Gesellschafter nach **§ 730 Abs 1 vollständig verdrängt**. Nicht vom Insolvenzverfahren tangiert wird allerdings der rein schuldrechtliche Ausgleich unter den Gesellschaftern; dieser gehört nicht zur eigentlichen Auseinandersetzung im Hinblick auf das Gesellschaftsvermögen[11]. Aus §§ 728 Abs 1 Satz 2 und 730 Abs 1 folgt, dass die Gesellschaft bei Aufhebung oder Einstellung des Insolvenzverfahrens aufgelöst bleibt, an die Stelle des Insolvenzverfahrens tritt aber die Auseinandersetzung unter den Gesellschaftern nach §§ 730 ff. Die Gesellschafter können allerdings – vorbehaltlich anderer Auflösungsgründe – die Fortsetzung der Gesellschaft beschließen, soweit diese im Insolvenzverfahren noch nicht vollbeendigt wurde. 4

b) **Verfahrenseröffnung**. Die GbR wird mit dem – auch rechtsfehlerhaften[12] – Beschluss des Insolvenzgerichts über die Eröffnung des Verfahrens aufgelöst (Abs 1 Satz 1 iVm InsO § 27 Abs 1 Satz 1), dh mit Herausgabe des vom Richter unterzeichneten Beschlusses durch die Geschäftsstelle zur Bekanntmachung. Wird der Eröffnungsbeschluss im Beschwerdeverfahren aufgehoben, entfällt rückwirkend der Auflösungsgrund, so dass die Gesellschaft nie aufgelöst gewesen ist, sondern als werbende fortbestanden hat. Allerdings wird die Wirksamkeit zwischenzeitlicher Rechtshandlungen des Insolvenzverwalters für die Gesellschaft davon nicht berührt (InsO § 34 Abs 3 Satz 3). Wird die Eröffnung des Insolvenzverfahrens mangels die Verfahrenskosten deckender Masse abgelehnt, bleibt die Gesellschaft dagegen als werbende Gesellschaft solange bestehen, bis die Gesellschafter die Auflösung beschließen oder ein anderer Auflösungsgrand eintritt[13]. Denn in diesem Fall kommt es gerade nicht zur zwangsweisen Durchsetzung eines gesetzlich besonders 5

6 So MünchKomm-InsO/Ott § 13 Rz 53.
7 MünchKomm/Ulmer Rz 5; MünchKomm-InsO/Ott § 11 Rz 47; Häsemeyer, InsolvenzR Rz 31.05.
8 S Rz 24 vor § 705.
9 S hierzu § 709 Rz 5.
10 MünchKomm/Ulmer Rz 12; aA Erman/Westermann Rz 5.
11 S Rz 3 vor § 730.
12 Prütting ZIP 1997, 1731.
13 BGH NJW 1995, 196; BGHZ 96, 151; MünchKomm/Ulmer Rz 9; MünchKomm-InsO/Haarmeyer § 26 Rz 48; aA Schlegelberger/K Schmidt HGB § 131 Rz 50.

geregelten Auseinandersetzungsverfahrens ohne oder gegen den Willen der Gesellschafter. Voraussetzung ist allerdings, dass zumindest eine natürliche Person als Gesellschafter an der Gesellschaft beteiligt ist. Außerdem erfolgt eine Eintragung der Gesellschaft in das Schuldnerverzeichnis (InsO § 26 Abs 2). Allgemein zur Ertrags- und Vermögenslosigkeit der Gesellschaft als Auflösungsgrund s § 723 Rz 16.

6 c) **Besonderheiten im Insolvenzverfahren**. Vom Insolvenzverfahren betroffen sind unmittelbar nur die Gesellschaft und ihr Vermögen, nicht aber auch die Gesellschafter[14]. Die Handlungsorganisation der Gesellschaft wird im Außenverhältnis (Ausnahme: massefreies Vermögen) weitgehend vom Insolvenzverwalter verdrängt. Nach einem Insolvenzeröffnungsbeschluss ist ausschließlich der Insolvenzverwalter mit der Geschäftsführung in der Gesellschaft betraut (InsO § 80 Abs 1; „obligatorischer Fremdliquidator"). Sozialansprüche der Gesellschaft gegen ihre Gesellschafter[15] können nur noch von ihm geltend gemacht werden; ebenso die persönliche Haftung der Gesellschafter für die Verbindlichkeiten der Gesellschaft (InsO § 93)[16]. Diese Einschränkung gilt nicht, wenn der Gesellschafter aus einem anderen Grund für die Verbindlichkeiten der Gesellschaft haftet[17]. Denn InsO § 93 will einen Wettlauf zwischen den Gläubigern der Gesellschaft verhindern. Der Höhe nach haften die Gesellschafter nur insoweit, als die Haftungsmasse der Gesellschaft nicht zur Befriedigung der Gläubiger ausreicht[18]. Der Rechtsstreit gegen die Gesellschafter einer Gesellschaft bürgerlichen Rechts, mit dem die persönliche Haftung für Verbindlichkeiten der Gesellschaft verfolgt wird, ist (entsprechend AnfG § 17 Abs 1 Satz 1 oder ZPO § 240) unterbrochen, wenn über das Vermögen der Gesellschaft das Insolvenzverfahren eröffnet wird. Das Verfahren kann vom Insolvenzverwalter nach InsO § 85 allerdings wieder aufgerufen werden[19].

7 Für Verbindlichkeiten, die nach Eröffnung des Insolvenzverfahrens eingegangen werden, haftet nur das Gesellschaftsvermögen[20]. Die persönliche Haftung der Gesellschafter kann nach Aufhebung des Insolvenzverfahrens wieder durch die Gläubiger geltend gemacht werden (InsO § 201 Abs 1), es sei denn, die Gläubiger wurden auf Grund eines Insolvenzplans befriedigt (InsO § 227 Abs 2). Vor Insolvenzeröffnung ausgeschiedene Gesellschafter stehen anderen Insolvenzgläubigern grundsätzlich gleich. Zur Haftung des ausgeschiedenen Gesellschafters nach InsO § 93 vgl Gerhardt ZIP 2000, 2181. Sozialverpflichtungen der Gesellschaft gegen ihre Gesellschafter[21] sind einfache Insolvenzforderungen, soweit sie bereits vor der Eröffnung des Insolvenzverfahrens in der Person des Gesellschafters entstanden sind. Im Insolvenzverfahren entstandene Sozialverpflichtungen sind – vorbehaltlich anders lautender Bestimmungen im Insolvenzplan (InsO §§ 217 ff) – grundsätzlich nicht durchsetzbar.

8 Zur Geschäftsführung bei einer Eigenverwaltung der Insolvenzmasse durch den Schuldner unter Aufsicht eines Sachwalters s InsO §§ 270 ff. Im vorläufigen Insolvenzverfahren – zwischen Insolvenzantrag und Insolvenzeröffnungsbeschluss – wird die Gesellschaft nicht nach Absatz 1 aufgelöst und es bleibt, vorbehaltlich richterlich angeordneter vorläufiger Sicherungsmaßnahmen (InsO § 21 Abs 1 Satz 1), grundsätzlich bei den gesellschaftsrechtlichen Handlungszuständigkeiten. Zu Verfügungsbeschränkungen in der vorläufigen Insolvenz s Kießling/

14 MünchKomm/Ulmer Rz 13; MünchKomm-ZPO/Ott § 80 Rz 113; Kübler/Prütting InsO § 11 Rz 22, 25; aA noch Häsemeyer, InsolvenzR Rz 31.10, 31.71; Wellkamp KTS 2000, 331.

15 S § 705 Rz 47 ff.

16 Jena NZG 2002, 172; Stuttgart NZI 2002, 495.

17 BGH NZG 2002, 345; LG Bayreuth ZIP 2001, 1363; MünchKomm/Ulmer Rz 21; Kübler/Prütting/Lüke InsO § 93 Rz 18 ff; Theissen ZIP 1998, 1625; generell zum Konflikt zwischen InsO §§ 43, 52, 93 K Schmidt/Bitter ZIP 2000, 1077.

18 BT-Drucks 12/2443 S 140; Staud/Habermeier Rz 13; Erman/Westermann Rz 3; Pal/Sprau Rz 1; enger MünchKomm/Ulmer Rz 21 (Gesellschafter kann insoweit nur die Erfüllung verweigern).

19 BGH NJW 2003, 590; Stuttgart NZI 2002, 495; MünchKomm/Ulmer Rz 21; MünchKomm-ZPO/Ott § 80 Rz 84.

20 Vgl MünchKomm/Ulmer Rz 21; Erman/Westermann Rz 3; Bamberger/Roth/Timm/Schöne Rz 6; MünchKomm-ZPO/Brandes § 93 Rz 7 ff; Kübler/Prütting/Lüke InsO § 93 Rz 26 ff; Prütting ZIP 1997, 1732.

21 S § 705 Rz 51 ff.

Singhof DZWiR 2000, 353. Neben einigen wenigen auch im Außenverhältnis bei der Gesellschaft bzw ihren Geschäftsführern verbleibenden Aufgaben (zB InsO §§ 97, 101, 176 Satz 2, 184) bleibt die **interne** Organisationsverfassung und **Handlungsorganisation** vom Insolvenzverfahren im Wesentlichen unberührt. Insbesondere verbleiben alle Grundlagengeschäfte[22] in der alleinigen Kompetenz der Gesellschafter[23].

d) **Fortsetzung der Gesellschaft**. Nach § 728 Abs 1 Satz 2 können die Gesellschafter die Fortsetzung der Gesellschaft beschließen, wenn das **Insolvenzverfahren** auf Antrag der Gemeinschuldner-Gesellschaft **eingestellt** (InsO §§ 212, 213) oder nach der **Bestätigung des Insolvenzplans,** der den Fortbestand der Gesellschaft vorsieht, aufgehoben wird. Entsprechend ist § 728 Abs 1 Satz 2 anzuwenden bei einer Einstellung des Insolvenzverfahrens wegen **Massearmut** (InsO §§ 207, 211). Im Übrigen kann eine Fortsetzung der Gesellschaft nur unter Zustimmung des Insolvenzverwalters beschlossen werden. 9

3. **Insolvenzeröffnung über das Vermögen eines Gesellschafters**. – a) **Anwendungsbereich**. Die GbR wird auch durch die Eröffnung des Insolvenzverfahrens über das Vermögen eines ihrer Gesellschafter aufgelöst (Absatz 2). Anders als bei Auflösung durch Insolvenz der Gesellschaft erstreckt sich Absatz 2 grundsätzlich auf alle Arten von Gesellschaften bürgerlichen Rechts, insbesondere auch auf Innengesellschaften und stille Gesellschaften[24], da es um die Realisierung des Wertes der Mitgliedschaft des Insolvenzschuldners selbst zugunsten seiner Gläubiger geht. Da InsO § 35 anders als die KO auch das nach Insolvenzeröffnung erworbene Vermögen mit Beschlag belegt, gilt § 728 Abs 2 Satz 1 auch bei einem Erwerb der Gesellschafterstellung nach Insolvenzeröffnung. Zur Nachlassverwaltung und zur Nachlassinsolvenz s § 727 Rz 60f. Eine entsprechende Anwendung von § 728 Abs 2 in diesen Fällen würde die Möglichkeit des Erben vereiteln, mit seinem Privatvermögen die Erblasserverbindlichkeiten zu bereinigen und sich so die Beteiligung an der Gesellschaft zu erhalten. Anders verhält es sich hingegen, wenn der Erbe selbst den Antrag als Nachlassverwaltung bzw Nachlassinsolvenz gestellt hat. Damit zeigt der Erbe, dass er zu einer solchen Erfüllung der Nachlassverbindlichkeiten nicht bereit ist; in diesem Fall findet § 728 Abs 2 entsprechend Anwendung, so dass die Gesellschaft mit Eröffnung der Nachlassverwaltung bzw des Nachlassinsolvenzverfahrens aufgelöst ist[25]. 10

Nicht anwendbar ist Absatz 2 hingegen dann, wenn die Gesellschaft aus einem anderen Grund bereits aufgelöst oder der Gesellschafter-Schuldner vor Insolvenzeröffnung bereits aus der werbend fortbestehenden Gesellschaft ausgeschieden ist, auch wenn die Abwicklung der wechselseitigen Vermögensbeziehungen noch nicht abgeschlossen ist. In die Insolvenzmasse fallen hier nur die vermögensmäßigen Ansprüche des Insolvenzschuldners gegen die Gesellschaft oder gegen Mitgesellschafter. Eingedenk des Sinn und Zwecks von Absatzes 2 scheidet eine Auflösung auch dann aus, wenn die Gesellschafterbeteiligung selbst nicht vermögenswert ist, was insbesondere dann der Fall ist, wenn der Insolvenzschuldner nicht am Gesellschaftsvermögen beteiligt ist oder überhaupt kein Gesellschaftsvermögen gebildet wurde[26]. Die Auflösung kraft Gesetzes scheidet auch dann aus, wenn die Eröffnung des Insolvenzverfahrens mangels Masse abgelehnt wird (InsO § 26 Abs 1 Satz 1). Allerdings kann dann die Gesellschaft durch Gläubiger unter der Voraussetzung von § 725 gekündigt werden. 11

b) **Verhältnis zur Insolvenz der Gesellschaft**. Neben dem sonstigen Vermögen des Schuldners ist **insolvenzbefangen** vor allem auch dessen **„Anteil am Gesellschaftsvermögen“**. Ge- 12

22 S § 709 Rz 11.
23 MünchKomm/Ulmer Rz 16.
24 Brandenburg GmbHR 2004, 1390; BGH NJW 1983, 1855; BGHZ 51, 352; MünchKomm/Ulmer Rz 33; Erman/Westermann Rz 6.
25 Str, für eine generelle Anwendung von Absatz 2 Baumbach/Hopt HGB[32] § 131 Rz 22; K Schmidt, Festschr für Uhlenbruck S 658, Raddatz, Die Nachlasszugehörigkeit vererbter Personengesellschaftsanteile S 144ff; generell gegen eine Anwendung BGHZ 91, 132; MünchKomm/Ulmer Rz 35.
26 Wernicke WM 1981, 862; aA MünchKomm/Ulmer Rz 33; Erman/Westermann Rz 4; K Schmidt KTS 1977, 1; Bamberger/Roth/Timm/Schöne Rz 2.

meint ist damit entweder – soweit man entgegen der hier vertretenen Auffassung den Gesellschaftsanteil an der Personalgesellschaft selbst als Rechtsobjekt und damit Gegenstand des Rechtsverkehrs ansieht[27] – die Mitgliedschaft als solche oder aber die rechtliche Stellung des Insolvenzschuldners als Beteiligter des Gesellschaft bürgerlichen Rechts. Insolvenzbefangen ist grundsätzlich nur der Anteil des betreffenden Gesellschafters, nicht aber das Gesellschaftsvermögen als solches[28]. Absatz 2 entspricht insoweit der Regelung in § 725, als der bzw die Gläubiger auf den Vermögenswert der Beteiligung zugreifen können, dieser also aus der gesamthänderischen Bindung herausgelöst wird, in der Einzelzwangsvollstreckung nach Kündigung der Gesellschaft, in der Insolvenz durch Auflösung der Gesellschaft ipso iure und Insolvenzbeschlag der Beteiligung an der Liquidationsgesellschaft. Die **bisherige Rechtsprechung**, wonach sich bei Insolvenz aller Gesellschafter die Insolvenzbefangenheit aller Anteile auch auf die zum gemeinschaftlichen Vermögen gehörenden Gegenstände erstreckt, und zwar so, dass sie von allen gemeinsam ergriffen werden[29], ist angesichts der Rechts- und damit auch Insolvenzfähigkeit der GbR[30] – aber auch **nur in diesem Umfang – überholt**: Das Gesellschaftsvermögen kann nur bei einem Insolvenzverfahren über die Gesellschaft selbst mit Beschlag belegt werden[31]. Ein Prozess gegen die Gesellschaft wird daher auch nicht nach ZPO § 240 durch die Eröffnung des Insolvenzverfahrens über das Vermögen eines oder aller Gesellschafter unterbrochen[32]. Allerdings kann das Insolvenzverfahren über das Vermögen eines Gesellschafters auch während des laufenden Insolvenzverfahrens über das Vermögen der GbR eröffnet werden; vor allem dann, wenn sich herausstellt, dass das Vermögen des persönlich für Gesellschaftsschulden haftenden Gesellschafters für deren Begleichung nicht ausreicht[33].

13 c) **Verfahren**. Die Auflösungswirkung tritt wie bei der Insolvenz der Gesellschaft mit dem Erlass des Insolvenzeröffnungsbeschlusses ein. Die Beschwerde gegen die Eröffnung des Insolvenzverfahrens (InsO § 34 Abs 2) hat keine aufschiebende Wirkung (vgl InsO § 6 Abs 3). Allerdings kann das Gericht nach freiem Ermessen bei Zulässigkeit der Beschwerde die Vollziehung des angefochtenen Beschlusses aussetzen, ZPO § 570 Abs 2. Die rechtskräftige Aufhebung des Eröffnungsbeschlusses beseitigt dessen Rechtswirkungen rückwirkend, so dass die Gesellschaft nicht aufgelöst worden ist[34]. Davon zu unterscheiden ist die Aufhebung des Insolvenzverfahrens nach InsO §§ 200, 258 bzw dessen Einstellung nach InsO §§ 207 ff. Beide beenden ein ganz oder teilweise durchgeführtes Verfahren nur mit Wirkung für die Zukunft, so dass davon die bisherigen Folgen des Eröffnungsbeschlusses unberührt bleiben.

14 Ebenso wenig wie bei der Testamentsvollstreckung[35] bestehen Bedenken dagegen, dass der Insolvenzverwalter anstelle des Gemeinschuldners dessen Rechte in der Abwicklungsgesellschaft wahrnimmt, und zwar sowohl in vermögensmäßiger Hinsicht wie auch im Hinblick auf die Mitverwaltungsrechte[36]. Eine solche Einbeziehung gerät weder mit dem Abspaltungsverbot noch mit der Kernbereichslehre in Konflikt; das Gleiche gilt Hinblick auf die unter den Gesellschaftern bestehende Arbeits- und Haftungsgemeinschaft, denn die Liquidationsgesellschaft verfolgt ab dem Zeitpunkt der Auflösung die Vollbeendigung, so dass alle Rechte und Kompetenzen darauf ausgerichtet sind[37]. Zu den Besonderheiten bei der Eigenverwaltung vgl InsO §§ 270 ff.

27 S § 705 Rz 46, 67 a; zu den einzelnen Auswirkungen s § 717 Rz 16 ff; § 725 Rz 5 ff.
28 Rostock NJW-RR 2004, 260; Dresden NJW-RR 2003, 46; Zweibrücken ZIP 2001, 1209; MünchKomm/Ulmer Rz 37; Bamberger/Roth/Timm/Schöne Rz 14.
29 BFH NJW-RR 1997, 28; BGHZ 23, 307; krit Oehlerking KTS 1980, 14, 20 ff.
30 S oben Rz 1.
31 Bamberger/Roth/Timm/Schöne Rz 17; MünchKomm-ZPO/Stodolkowitz § 84 Rz 9; K Schmidt ZGR 1998, 640 f.
32 Frankfurt/M NJW-RR 2002, 1277.
33 Eingehend Fuchs ZIP 2000, 1089.
34 MünchKomm-ZPO/Schmal § 34 Rz 86.
35 S § 727 Rz 48.
36 MünchKomm/Ulmer Rz 37 f; Erman/Westermann Rz 7; Bamberger/Roth/Timm/Schöne Rz 13.
37 S im Einzelnen die Bem zu § 730.

15 Bei der Auseinandersetzung vertritt der Insolvenzverwalter den Gesellschafter-Insolvenzschuldner[38]. Zu den auf den Liquidationszweck beschränkten Geschäftsführungs- und Vertretungsbefugnissen s § 730 Rz 15 ff. Hinsichtlich des Fortbestehens einer vertraglich eingeräumten Geschäftsführungsbefugnis zugunsten des gutgläubigen Insolvenzschuldners vgl § 729 und §§ 169 ff. Zur Notgeschäftsführung durch die Mitgesellschafter (Abs 2 Satz 2), die auch zugunsten des Insolvenzverwalters begründet ist[39], s § 727 Rz 11. An früher getroffene Abfindungsvereinbarungen ist der Insolvenzverwalter, unbeschadet einer eventuell möglichen Insolvenzanfechtung (InsO §§ 129 ff), gebunden. Zum Schutz der Gläubiger vor unangemessenen Abfindungsklauseln s § 738 Rz 42 ff. Die Auseinandersetzung findet außerhalb des Insolvenzverfahrens statt (InsO § 84 Abs 1 Satz 1); dies ist selbstverständlich, da sich sonst der Insolvenzbeschlag des Schuldnervermögens auf die übrigen Gesellschafter als Außenstehende erstrecken würde. Nach InsO § 84 Abs 1 Satz 2 können die übrigen Gesellschafter der GbR für Ansprüche aus dem Gesamthandsverhältnis abgesonderte Befriedigung verlangen. Das schützt den Grundsatz in der Auseinandersetzung nach Auslösung einer Gesellschaft, dass wechselseitige Ansprüche nicht isoliert geltend gemacht werden dürfen, sondern in die Auseinandersetzungsbilanz eingestellt und wechselseitig verrechnet werden müssen[40]. Das gilt nicht nur für die Ansprüche der Gesellschafter untereinander, sondern auch für die Ansprüche der Gesellschaft gegen den Gesellschafter-Insolvenzschuldner (Sozialverbindlichkeiten); etwas anderes gilt nur für den Anspruch auf Ausgleich eines Fehlbetrages (§ 735), der als Insolvenzforderung zur Tabelle anzumelden ist (Ausnahme: InsO § 118 Satz 1).

16 Deshalb können Gläubiger, denen keine aus dem Gesellschaftsverhältnis beruhende Forderung zusteht, nicht ein Recht auf abgesonderte Befriedigung am Gesellschaftsanteil des Insolvenzschuldners geltend machen. Das Gleiche gilt für Gesellschaftsgläubiger, denen die Gesellschafter und damit auch der Insolvenzschuldner mit dem Privatvermögen grundsätzlich unbeschränkt haften[41]; Ansprüche aus der Haftung des Insolvenzschuldners für Verbindlichkeiten der Gesellschaft können vom Gläubiger immer nur als Insolvenzforderung geltend gemacht werden[42]; allerdings in voller Höhe (InsO § 43)[43]. Ohne Einschränkungen kann der Gläubiger weiterhin Befriedigung bei der Gesellschaft und/oder den anderen Gesellschaftern suchen. Erlangt er Befriedigung, nimmt er zwangsläufig nicht mehr an der Verteilung der Insolvenzmasse teil. Aus neuen Verpflichtungen zulasten der Gesellschaft, die nach der Eröffnung des Insolvenzverfahrens über das Vermögen des Gesellschafter-Insolvenzschuldners eingegangen werden, kann keine Mithaftung des Gesellschafter-Insolvenzschuldners mehr entstehen. Das folgt, wenn man mit der hier vertretenen Auffassung diese Mithaftung auf eine rechtsgeschäftliche Verpflichtung stützt[44], bereits aus dem Umstand, dass der Handelnde mit Insolvenzeröffnung nicht mehr zur Vertretung des Insolvenzschuldners berechtigt ist (InsO § 80); jedenfalls aber aus der Sperrwirkung von InsO § 38. Treffen Gesellschafts- und Gesellschafterinsolvenz zusammen, so kann auch in diesem Fall die Haftung der Gesellschafter für die Verbindlichkeiten der Gesellschaft nur vom Verwalter der Gesellschaft selbst geltend gemacht werden (InsO § 93)[45].

17 d) **Abweichende Vereinbarungen**. § 728 enthält nur insoweit zwingendes Recht, als die Gesellschaft trotz Vorliegens eines Insolvenzgrundes nach Eröffnung des Verfahrens bzw mit einem Gemeinschuldner als Gesellschafter nicht fortgesetzt werden kann. Die Gesellschaft kann aber kraft Gesellschaftsvertrages unter den Übrigen fortgeführt werden (§ 736). Der Gemeinschuldner scheidet mit der Eröffnung des Insolvenzverfahrens über sein Vermögen aus der Gesellschaft aus.

38 Zweibrücken ZIP 2001, 1207; RG SeuffA 89 Nr 82; vgl auch HGB § 146 Abs 3.
39 AA MünchKomm/Ulmer Rz 39; zweifelnd Erman/Westermann Rz 7.
40 S § 730 Rz 5 ff.
41 S § 714 Rz 29 ff, 38 ff.
42 MünchKomm/Ulmer Rz 41; Bamberger/Roth/Timm/Schöne Rz 16; MünchKomm-ZPO/Brandes § 93 Rz 39; Kübler/Prütting/Lüke InsO § 93 Rz 27; aA bei Vorrechten gegenüber der Gesellschaft BGHZ 34, 293, 298.
43 Bamberger/Roth/Timm/Schöne Rz 17; MünchKomm-ZPO/Lwowski/Bitter § 43 Rz 1, 34; aA K Schmidt ZIP 2000, 1085 f.
44 S § 714 Rz 29 ff.
45 Häsemeyer InsR Rz 31.27.

In diesem Fall fällt der Auseinandersetzungsanspruch (§ 738) in die Insolvenzmasse. Umgekehrt sind Ausgleichsansprüche der Gesellschaft als Insolvenzforderungen zur Tabelle anzumelden[46]. Ohne eine solche Regelung kann der Insolvenzverwalter den insolvenzbefangenen Gesellschaftsanteil des Gemeinschuldners aus der Insolvenzmasse freigeben; dies ermöglicht die Fortsetzung der Gesellschaft mit diesem[47]. Ansonsten bedarf es der Zustimmung des Insolvenzverwalters, um die Gesellschaft ohne den Insolvenzschuldner fortzuführen. Ist das Insolvenzverfahren eingestellt oder aufgehoben worden, können die Gesellschafter mit dem ehemaligen Gemeinschuldner die Fortsetzung der Gesellschaft beschließen, soweit die Gesellschaft noch nicht vollbeendet worden ist.

§ 729 Fortdauer der Geschäftsführungsbefugnis

Wird die Gesellschaft aufgelöst, so gilt die Befugnis eines Gesellschafters zur Geschäftsführung zu seinen Gunsten gleichwohl als fortbestehend, bis er von der Auflösung Kenntnis erlangt oder die Auflösung kennen muss. Das Gleiche gilt bei Fortbestand der Gesellschaft für die Befugnis zur Geschäftsführung eines aus der Gesellschaft ausscheidenden Gesellschafters oder für ihren Verlust in sonstiger Weise.

1 1. Satz 1 ist im Rahmen der Handelsrechtsreform 1998[1] geändert und Satz 2 neu eingefügt worden. Die Vorschrift entspricht § 674; sie soll den gutgläubigen geschäftsführenden Gesellschafter schützen, indem sie ihm die Geschäftsführungsbefugnis und damit nach § 714 auch die Vertretungsbefugnis[2] entgegen dem regulären Erlöschenszeitpunkt nach § 730 Abs 2 Satz 2 weiter erhält, bis er von der Auflösung Kenntnis hat oder sie hätte haben müssen. Da die Vorschrift die Innenbeziehungen in der Gesellschaft regelt, ist sie nachgiebigen Rechts.

2 2. Als Schutzvorschrift zugunsten der bisherigen Geschäftsführer findet § 729 Satz 1 unabhängig davon Anwendung, auf welchem Grund die Auflösung der Gesellschaft beruht. Auflösungsgründe sind nur zum Teil durch das Gesetz (§§ 723–728) normiert worden: Eigenkündigung der Gesellschafter, Kündigung durch Pfändungspfandgläubiger, Zweckerreichung und Zweckverfehlung, Tod eines Gesellschafters, Insolvenz der Gesellschaft und Insolvenz eines Gesellschafters. Darüber hinaus existieren weitere Auflösungsgründe, insbesondere Zeitablauf, auflösende Bedingung, Gesellschafterbeschluss und Vereinigung aller Anteile in der Hand eines Gesellschafters[3]. Bei der Auflösung durch Kündigung ist allerdings besonders zu beachten, dass die Kündigungserklärung grundsätzlich allen Beteiligten gleichermaßen zugehen muss[4]; eine schutzwürdige Gutgläubigkeit des Geschäftsführers kann sich demnach nur ergeben, wenn einer oder einzelne Gesellschafter gesellschaftsvertraglich zum Empfang der Kündigungserklärung ermächtigt sind.

3 § 729 findet auch bei Auflösung der Gesellschaft durch Insolvenz der Gesellschaft (§ 728 Abs 1) Anwendung[5]. Denn da die Gesellschaft bereits zum Zeitpunkt der Wirksamkeit des Insolvenzeröffnungsbeschlusses eintritt, diese Wirksamkeit aber schon mit der Herausgabe des vom Richter unterzeichneten Beschlusses durch die Geschäftsstelle zur Bekanntmachung[6] eintritt, werden die Gesellschafter nur in den wenigsten Fällen Kenntnis vom exakten Zeitpunkt der Auflösung erlangen. Dass § 80 Abs 1 InsO die Verwaltungs- und Verfügungsbefugnisse über die Insolvenzmasse umfassend und ausschließlich dem Verwalter zuweist, steht einer Anwendbarkeit von Absatz 1 nicht entgegen; einer wie in § 729 enthaltenen Fiktion bedarf es gerade, wenn nicht

46 MünchKomm/Stodolkowitz InsO § 84 Rz 8; vgl auch InsO § 118.
47 MünchKomm/Ulmer Rz 44; Hueck, OHG § 23 V 1.

1 HRefG v 22. Juni 1998, BGBl I, S 1474.
2 Zu den Auswirkungen der Unterscheidung zwischen der organschaftlichen Rechtsmacht für die Gesellschaft u der rechtsgeschäftlichen Vertretungsmacht für die Mitgesellschafter s Rz 6.
3 S Rz 7 ff vor § 723.
4 S § 723 Rz 14, 23.
5 AA MünchKomm/Ulmer Rz 6; Staud/Habermeier Rz 5.
6 Vgl zur Regel § 728 Rz 6.

nur das rechtliche „Dürfen", sondern weitergehend das rechtliche „Können" einem Rechtssubjekt entzogen worden ist[7].

3. Anders als § 729 aF begrenzt Satz 1 den Anwendungsbereich nicht auf Gesellschaften, bei denen die Geschäftsführungsbefugnis auf bestimmte Gesellschafter durch Vereinbarung übertragen worden ist; entweder ausdrücklich, durch Ausschluss einzelner Gesellschafter von der an sich allen gemeinschaftlich zustehenden Rechtsmacht oder durch die Begründung allseitiger Einzelgeschäftsführung (§ 711). Allerdings ergibt sich diese Begrenzung des Anwendungsbereichs aus dem Sinn und Zweck der Vorschrift[8]. Denn im gesetzlichen Regelfall der Gesamtgeschäftsführung (§ 709 Satz 1) führt das Ausscheiden eines Mitgesellschafters dazu, dass nunmehr die Geschäftsführung und Vertretung allen verbleibenden Gesellschaftern obliegt; auf eine Fiktion kommt es daher nicht an. Nicht durch § 729 Satz 1 geschützt wird außerdem der von der organschaftlichen Geschäftsführung und Vertretung ausgeschlossene Gesellschafter, dem die Vornahme einzelner Geschäfte übertragen worden ist. In diesem Fall erfolgt der Gutglaubensschutz allein nach § 674 (Innenverhältnis) und den Grundsätzen zur sog Duldungs- und Anscheinsvollmacht (Außenverhältnis). **4**

4. Satz 2 erweitert die Regelung auf Sachverhalte, bei denen der betroffene Geschäftsführer gleichermaßen wie bei Satz 1 schutzwürdig ist; bis zur Handelsrechtsreform wurde Satz 1 darauf entsprechend angewendet[9]. Das betrifft zum einen Fälle, bei denen ein Gesellschafter aus der Gesellschaft ausscheidet; zwangsläufig entfallen damit auch alle Mitverwaltungsrechte[10]. Erfasst sind zum anderen aber auch Sachverhalte, bei denen der Betroffene Gesellschafter bleibt und nur seine Geschäftsführungsbefugnis verliert. In dem einen wie dem anderen Fall ist ein dahingehender Beschluss aller Gesellschafter und/oder eine dahingehende Regelungen im Gesellschaftsvertrag erforderlich. Eingedenk dessen hat Satz 2 vor allem für die Fälle Bedeutung, bei denen dem Betroffenen der Zeitpunkt des Ausscheidens aus der Gesellschaft bzw des Verlusts der Geschäftsführungsbefugnis unverschuldet verborgen bleibt. **5**

5. Als Rechtsfolge wird das **Fortbestehen** der gesellschaftsvertraglich übertragenen Geschäftsführungsbefugnis in dem bisherigen Umfang gegenüber den übrigen Gesellschaftern **fingiert**; ferner die Fortgeltung des **Sorgfaltsmaßstabs** nach § 708. Während dieser Zeit kann der Gesellschafter Geschäftsführervergütung und Aufwendungsersatz gem §§ 713, 670 beanspruchen[11]. Eine Inanspruchnahme im Außenverhältnis als falsus procurator (§ 179) ist ausgeschlossen. Unter Berücksichtigung von § 169 wirkt der Fortbestand **gegenüber Dritten** nur dann, wenn weder der geschäftsführende Gesellschafter noch der Dritte von der Auflösung Kenntnis haben oder haben müssen[12]. Zum „Kennen müssen" vgl § 122 Rz 5. Als Schutzbestimmung wirkt § 729 **nur zu Gunsten des Gesellschafters**; dieser ist nicht zugleich verpflichtet, die Geschäfte fortzuführen. Eine Haftung wegen unterlassener Geschäftsführung scheidet daher aus. Vom Standpunkt der Doppelverpflichtungslehre aus[13] perpetuiert die Fiktion der §§ 729, 714 nur die organschaftliche Geschäftsführungsbefugnis und Vertretungsmacht des oder der Handelnden für den Verband selbst, **nicht** aber die dem geschäftsführenden Gesellschafter im Hinblick auf die auch persönliche Verpflichtung der Mitgesellschafter eingeräumte (nicht organschaftliche) Vertretungsmacht, die in der Regel mit der Auflösung der GbR erlischt (Auslegung). Insoweit kommt nur eine Haftung auf Grund einer sog Duldungs- oder Anscheinsvollmacht in Betracht; der gute Glaube an die interne Rechtsmacht wird über § 674 geschützt. **6**

7 Eingehend zu den Wirkungen Kießling/Singhof DZWiR 2000, 353 für das vorläufige Insolvenzverfahren.
8 MünchKomm/Ulmer Rz 3; Staud/Habermeier Rz 4; aA Bamberger/Roth/Timm/Schöne Rz 2 (allerdings relativierend).
9 BR-Drucks 340/97 S 46.
10 S § 705 Rz 53.
11 MünchKomm/Ulmer Rz 11; Bamberger/Roth/Timm/Schöne Rz 8; Staud/Habermeier Rz 8; Erman/Westermann Rz 2.
12 RG LZ 1909, 310; MünchKomm/Ulmer Rz 13; Bamberger/Roth/Timm/Schöne Rz 9; Staud/Habermeier Rz 9; Erman/Westermann Rz 2.
13 § 714 Rz 6 ff.

7 6. § 729 und die einzelnen Sonderbestimmungen zur Notgeschäftsführung (§§ 727 Abs 2 Satz 2, 728 Abs 2 Satz 2) sind grundsätzlich nebeneinander anwendbar[14]. Unterschiede ergeben sich sowohl im Tatbestand als auch in der Rechtsfolge. § 729 bezweckt den Schutz des gutgläubigen Geschäftsführers; die Notgeschäftsführungsbefugnis soll demgegenüber die Handlungsfähigkeit der Gesellschaft dann erhalten, wenn die eigentliche Handlungsorganisation gestört ist. In dem einen Fall ergibt sich die Berechtigung zur Geschäftsführung, in dem anderen Fall die Verpflichtung dazu, was bei Verletzung entsprechende Sanktionen auslösen kann. Darüber hinaus wirken die zugewiesenen Geschäftsführungsbefugnisse unterschiedlich lang: Während es bei § 729 auf die Gutgläubigkeit der Beteiligten ankommt, bestehen die Notgeschäftsführungspflichten solange, bis die Notsituation bei der Gesellschaft durch Eingriffsmöglichkeiten der regulären Organe beendet ist. Letztlich bestehen wesentliche Unterschiede auch im Hinblick auf den Umfang der Geschäftsführungsbefugnisse: Während § 729 BGB die bisher zugewiesene Rechtsmacht als fortbestehend fingiert, berechtigen die Notgeschäftsführungsbefugnisse allein zu Maßnahmen der Gefahrenabwehr. Allerdings bedarf es eines Schutzes nach § 729 durch Fiktion der fortbestehenden Geschäftsführungsbefugnis nicht, wenn diese in einer Notsituation nach §§ 727 Abs 2 Satz 2, 728 Abs 2 Satz 2 tatsächlich besteht.

Vorbemerkungen vor § 730

ÜBERSICHT

I. Die Auseinandersetzung nach den §§ 730 bis 735

1 1. **Überblick über das Verfahren**. Die „Auseinandersetzung" soll nach dem Eintritt des Auflösungsgrundes die Beendigung der Gesellschaft herbeiführen. Die Summe der Rechtsvorgänge, die zur Beendigung der Gesellschaft führen, wird mit „Auseinandersetzung" bezeichnet. Das HGB spricht bei der OHG von „Liquidation" (HGB §§ 145 ff); für die GbR, die Außengesellschaft ist, bedeutet „Auseinandersetzung" der Sache nach das Gleiche wie „Liquidation". Jeder Gesellschafter hat einen **Anspruch** auf Durchführung der Auseinandersetzung und auf Mitwirkung der Mitgesellschafter[1]; eine gesellschaftsvertragliche Bestimmung, die diesen Anspruch ausschließt,

14 S auch § 727 Rz 11.

1 S § 730 Rz § 3, 12.

ist nichtig[2]. Gläubiger der Gesellschaft können grundsätzlich nicht die Auseinandersetzung verlangen; anders nur, wenn ein Gläubiger den Gesellschaftsanteil eines Beteiligten gepfändet und die Gesellschaft gekündigt hat[3].

Die **Beendigung** der Gesellschaft tritt erst ein, wenn alle Rechtsbeziehungen zwischen der Gesellschaft zu Dritten und zu den Gesellschaftern abgewickelt sind und kein (gesamthänderisch gebundenes oder – bei rechtsfähigen Gesellschaften – in der Alleinberechtigung der Gesellschaft stehendes[4]) Gesellschaftsvermögen mehr vorhanden ist. Dass noch **Gesellschaftsverbindlichkeiten** vorhanden sind, **hindert** für sich betrachtet **nicht** die Vollbeendigung der Gesellschaft. Gläubigerinteressen werden dadurch – anders als bei Kapitalgesellschaften – nicht verletzt, weil die Gesellschafter für die Verbindlichkeiten der Gesellschaft grundsätzlich persönlich und unbeschränkt haften[5], und zwar auch über den Zeitpunkt der Beendigung der Gesellschaft hinaus (§ 736 Abs 2, HGB § 159 Abs 1[6]). Allerdings ist zu beachten, dass bei nicht durch Gesellschaftsvermögen gedeckten Verbindlichkeiten grundsätzlich ein **Anspruch der Gesellschaft** gegen alle Gesellschafter **auf Ausgleich** des Fehlbetrages besteht (§ 735; Einzelheiten s dort). Dieser Anspruch fällt in das Gesellschaftsvermögen und bildet aktive Liquidationsmasse. 2

An die Abwicklung des Gesellschaftsvermögens schließt sich in der Regel ein **interner schuldrechtlicher Ausgleich** unter den Gesellschaftern an, der nach dem Gesetz nicht Teil der Auseinandersetzung und Voraussetzung für die Vollbeendigung der Gesellschaft ist (vgl § 730 Abs 1: Auseinandersetzung „in Ansehung des Gesellschaftsvermögens")[7]. Denn mit der Schlussabrechnung[8] stehen zwar die sich nach der Saldierung aller wechselseitigen Ansprüche ergebenden Restansprüche zwischen der Gesellschaft und ihren Gesellschaftern (Überschuss oder Nachschuss) fest; damit geht aber nicht zwangsläufig auch ein Wertausgleich zwischen den Gesellschaftern einher. Wenn etwa das Gesellschaftsvermögen aus einem einzigen Grundstück besteht, das einer der Gesellschafter zur Nutzung oder dem Werte nach in die Gesellschaft eingebracht hatte, so ist dieses im Rahmen der Auseinandersetzung zwar an den Einbringenden zurückzugeben[9]; ein finanzieller Ausgleich zwischen den Gesellschaftern steht aber noch aus. Allerdings wird **allgemein anerkannt**, dass bei der Erstellung der Schlussrechnung **auch** die **wechselseitigen Ansprüche der Gesellschafter** gegeneinander so weit wie möglich einzubeziehen und bei der Berechnung des jeweiligen Guthabens bzw Fehlbetrages zu berücksichtigen sind[10]. Das beruht entweder auf einer Regelung im Gesellschaftsvertrag oder dem dahingehenden Willen der Beteiligten, der sich aus den weiteren Umständen ermitteln lässt. Soweit eine solche Einbeziehung erfolgt, geht die Auseinandersetzung über die §§ 730–735 hinaus[11]. 3

2. **Geltungsbereich**. – a) **Allgemeines**. Die Auseinandersetzung folgt auf alle Auflösungstatbestände; sie hat immer einen **Auflösungsgrund** zur notwendigen Voraussetzung[12]. Die Auseinandersetzung erstreckt sich grundsätzlich auf das **gesamte Gesellschaftsvermögen**. Das Verfahren der Auseinandersetzung nach §§ 730–735 ist aber sowohl im Ganzen als auch in Teilen durch Vereinbarung der Gesellschafter abdingbar. Die Vertragsfreiheit ist nur insoweit begrenzt, als die Gesellschafter bei der Auflösung die Abwicklung nicht ausschließen können, ohne statt dessen eine andere Form der Auseinandersetzung zu vereinbaren[13]; wohl aber kann im gegenseitigen Einvernehmen ein **Aufschub der Abwicklung**, in dessen Verlauf auch wieder werbende Geschäfte durchgeführt werden können, erreicht werden, er darf nur **nicht faktisch zum Aus-** 4

2 RG DR 1940, 806.
3 BGHZ 116, 227.
4 S Rz 21 vor § 705.
5 S § 714 Rz 29 ff, 38 ff.
6 S § 730 Rz 18 ff.
7 BGH ZIP 1993, 1307; BGH DB 1966, 1966; RGZ 161, 330, 338 f; MünchKomm/Ulmer § 730 Rz 2 f; aA Erman/Westermann § 730 Rz 1: das Gesellschaftsverhältnis unter den Gesellschaftern sei bis zur Durchführung des internen Ausgleichs nicht beendet.
8 S § 730 Rz 25 ff.
9 § 732 Rz 1.
10 § 730 Rz 25.
11 Zu Einzelheiten s § 730 Rz 25 u die Bem zu §§ 734, 735.
12 S Rz 3 vor § 723.
13 BGHZ 1, 324, 329; Köln OLGR 2002, 406.

schluss der Abwicklung führen[14]. Wird die Gesellschaft durch Eröffnung des **Insolvenzverfahrens** über ihr Vermögen aufgelöst (§ 728 Abs 1), so tritt an die Stelle des gesellschaftlichen Liquidationsverfahrens im Interesse einer gleichmäßigen Gläubigerbefriedigung das Insolvenzverfahren[15]; die §§ 730 ff werden umfassend verdrängt (§ 730 Abs 1 aE). Scheidet ein Gesellschafter aus einer fortbestehenden Gesellschaft aus (§§ 736, 737), bestimmt sich die Auseinandersetzung zwischen ihm und der Gesellschaft bzw den Mitgesellschaftern nach §§ 738–740; diese Bestimmungen enthalten der Sache nach die entsprechenden Regelungen zu §§ 730–735.

5 b) **Wegfall der Auseinandersetzung**. Eine Auseinandersetzung **entfällt**, wenn die Gesellschaft nicht in Vollzug gesetzt worden ist[16]. Die Grundsätze zur fehlerhaften Gesellschaft finden insoweit keine Anwendung[17]. Eine Auseinandersetzung ist **überflüssig**, soweit **kein Gesellschaftsvermögen** (insbesondere bei Innengesellschaften) vorhanden ist[18]. Auch wenn noch Gesellschaftsschulden zu begleichen sind und deshalb ein Kontenausgleich zwischen den Gesellschaftern notwendig wird, ist, falls sonst keinerlei Aktivvermögen vorhanden ist, keine Auseinandersetzung erforderlich[19]. Das Gleiche gilt, wenn sich **alle Anteile an einer GbR in einer Hand** vereinigen, auch wenn noch ein schuldrechtlicher Ausgleich zwischen ehemaligen Gesellschaftern erforderlich ist[20]. Bei der **Auflösung einer Zweipersonen-Gesellschaft** kommt es auf die Vereinbarungen unter den Gesellschaftern an. Wird das ehemals gemeinsame Unternehmen von einem der Gesellschafter fortgeführt, bedarf es nur noch eines schuldrechtlichen Ausgleichs mit dem anderen Gesellschafter[21]. Ohne eine solche Übernahme ist die Zweipersonen-Gesellschaft wie eine Gesellschaft mit vielfacher Beteiligung auseinanderzusetzen und zu beenden. Bedarf es keiner Auseinandersetzung des Gesellschaftsvermögens, so besteht grundsätzlich ein Anspruch auf Abrechnung und schuldrechtlichen Ausgleich zwischen den Gesellschaftern.

In **einfach gelagerten Fällen**, bei denen zwar eine Auseinandersetzung des Gesellschaftsvermögens erfolgt, aber nicht erst eine Schlussabrechnung zwischen Gesellschaft und Gesellschaftern bzw zwischen den Gesellschaftern[22] herbeigeführt werden muss, kann sofort die Zahlung des Auseinandersetzungsguthabens gegenüber ausgleichspflichtigen Mitgesellschaftern begehrt werden[23].

6 c) **Konkurrenzen**. Wird eine Gesellschaft mit Eintritt eines Auslösungsgrundes nicht sofort vollbeendet, findet eine **Auseinandersetzung** statt. In diesem Stadium sind alle Rechtsverhältnisse der Gesellschaft abzuwickeln und – wenngleich dies nicht mehr Teil des eigentlichen Liquidationsverfahrens ist[24] – ein schuldrechtlicher Ausgleich unter den Gesellschaftern herbeizuführen. Dieser Ausgleich erfolgt **allein nach den §§ 730–735**, so dass ein gleichzeitiger schuldrechtlicher Ausgleich zwischen Gesellschaft und Gesellschaftern bzw zwischen den Gesellschaftern nach anderen Regelungen, insbesondere nach den Grundsätzen zur Geschäftsgrundlage (§ 313), Auftragsrecht (§ 662) und Bereicherungsrecht (§ 812) grundsätzlich ausgeschlossen ist; dies gilt im Hinblick auf bereicherungsrechtliche Ansprüche insbesondere auch dann, wenn die Gesellschaft vor Erreichung des gemeinschaftlichen Zwecks aufgelöst wird (§ 812 Abs 1 Satz 2, Alternative 2)[25]. Soweit die Regelungen der §§ 730–735 überhaupt anwendbar sind[26], gilt dieser Vorrang auch für die vermögensrechtliche Auseinandersetzung zwischen den Gesellschaftern einer Innengesellschaft[27].

14 S hierzu Rz 7.
15 Zu Einzelheiten s § 728.
16 BGH ZIP 1993, 1307; Frankfurt/M NJW-RR 1996, 101.
17 Vgl dazu § 705 Rz 70 ff.
18 BGH NJW-RR 2007, 245; BGH NJW 1983, 1188; RG JW 1937, 2971.
19 S Rz 2 vor § 723.
20 Zu Einzelheiten s vor § 723.
21 S hierzu Rz 22 ff.
22 S oben Rz 3.
23 S § 730 Rz 25 ff.
24 S oben Rz 3.
25 Karlsruhe NZG 2003, 324; BGH WM 1995, 1277; RGZ 90, 328, 330.
26 S Rz 17 ff.
27 BGH NJW 1999, 2962; aA Erman/Westermann Rz 2.

3. **Vertagung der Auseinandersetzung**. Die Auseinandersetzung kann auch für absehbare Zeit aufgeschoben werden. Das kann etwa dann notwendig werden, wenn eine sofortige Verwertung des Gesellschaftsvermögens nur unter Wert erfolgen kann und so wirtschaftliche Schäden bei den Gesellschaftern entstünden[28]. Denkbar ist auch, dass sich die Verhandlungen unter den Gesellschaftern über die Art und die genauen Umstände der Auseinandersetzung über einen längeren Zeitraum hinziehen und die sofortige Einstellung des Geschäftsbetriebs das Gesellschaftsvermögen entwerten würde[29]. Die Vertagung darf die Gesellschaft aber nicht in einen dauernden Abwicklungszustand versetzen. Entgegen der Rechtsprechung[30] ist jedoch kein „verständiger Grund" für eine Vertagung der Auseinandersetzung erforderlich. Bei Kenntnis aller Gesellschafter vom Auflösungsgrund und dem allseitigen Absehen von Liquidationsmaßnahmen können unter Umständen ein Fortsetzungsbeschluss der Gesellschafter und damit eine Rückumwandlung der aufgelösten in eine werbende Gesellschaft vorliegen. Allein der zeitliche Aufschub der Auseinandersetzung begründet einen solchen Schluss allerdings noch nicht hinreichend. Aus den Umständen muss vielmehr sicher geschlossen werden können, dass die Beteiligten endgültig von einer Auseinandersetzung absehen. Das ist etwa der Fall bei einer einvernehmlichen Fortführung der Geschäfte oder dem Abschluss längerfristiger neuer Verträge. Demgegenüber bleibt es insbesondere dann bei einer Liquidationsgesellschaft, wenn auf Grund von Streitigkeiten keine Auseinandersetzungsmaßnahmen ergriffen werden.[31] 7

II. Die Auseinandersetzung besonderer Gesellschaftsformen

1. **Innengesellschaft**. Zu Innengesellschaften s eingehend Rz 28 ff vor § 705. Eine Auseinandersetzung nach den §§ 730–735 findet statt, wenn die Innengesellschaft Gesamthandsvermögen gebildet hat[32] oder wenn der Gesellschaftsvertrag Abwicklungsmodalitäten vorsieht, die sich an die Regelungen der §§ 730–735 anlehnen[33]. Auch hat der BGH bei der Umwandlung einer Außen- in eine Innengesellschaft die §§ 730 ff zutreffendermaßen für anwendbar gehalten[34]. Wenn bei der Innengesellschaft kein Gesamthandsvermögen vorhanden ist, ist die Gesellschaft bereits mit dem Eintritt des Auflösungsgrundes beendet. Anders als der Ausgleich zwischen den Gesellschaftern ist ein Ausgleich zwischen Gesellschaft und Gesellschaftern damit ausgeschlossen; für eine Auseinandersetzung gem §§ 730–735 („in Ansehung des Gesellschaftsvermögens") ist grundsätzlich kein Raum[35]. 8

Im Hinblick auf den **schuldrechtlichen Ausgleich** zwischen den Gesellschaftern bestehen allerdings **wie in der Außengesellschaft** auch wechselseitige Auskunfts-, Rechenschafts- und Mitwirkungspflichten[36]. Bei entsprechender Interessenlage können für den schuldrechtlichen Ausgleich zwischen den Gesellschaftern zudem **einzelne Vorschriften der §§ 730 ff** herangezogen werden; insbesondere bei einer Auseinandersetzung zwischen Ehegatten und eheähnlichen Lebensgemeinschaften. Das gilt vor allem für einen auf § 738 Abs 1 Satz 2 gestützten Anspruch auf Zahlung eines **Auseinandersetzungsguthabens**, wenn die dingliche Rechtslage nicht zu einem – angesichts des Wertes der Innenbeteiligung unangemessenen – Vermögensausgleich bei den Beteiligten führt[37]. Dabei steht der Ausgleichsanspruch aus § 738 Abs 1 Satz 2 neben einem Anspruch auf Zugewinnausgleich; wenn eine Innengesellschaft unter Lebenspartnern bestand, ist für 9

28 RG WarnR 1915, Nr. 80: Ausnutzung von Weidekulturen auf gepachteten Grundstücken.
29 BGH NJW 1995, 2843: Keine Einstellung der Steuerberaterkanzlei während der Verhandlungen.
30 BGH NJW 1995, 2843; BGHZ 1, 324, 329.
31 BGH NJW 1995, 2843.
32 S Rz 28 vor § 705.
33 BGH NJW 1983, 2375; BGH WM 1960, 1121.
34 BGH WM 1975, 268.
35 BGH NJW 1990, 573; MünchKomm/Ulmer Rz 12; Staud/Habermeier Rz 6.
36 Hamburg NJW-RR 2001, 1012; Erman/Westermann Rz 2.
37 BGH NJW 2006, 1268; BGH NJW 1999, 2967; BGH NJW-RR 1990, 736; BGH NJW 1983, 2375; BGH NJW 1982, 99; RGZ 166, 160; Schleswig NJW-RR 2004, 972; Celle NZG 1999, 651; Köln NJW 1995, 2232.

den Ausgleichsanspruch **nicht** Voraussetzung, dass der Zugewinnausgleich zu einem unangemessenen Ergebnis führt[38].

10 Zur wertmäßigen Auseinandersetzung bedarf es außerdem auch bei der Innengesellschaft grundsätzlich einer Schlussabrechnung[39], die eine Bestandsaufnahme und eine Vermögensbewertung vornimmt sowie – soweit vorhanden – die wechselseitigen Ansprüche zusammenzieht, gegeneinander verrechnet und in ein Schlusssaldo (mit einem Überschuss zugunsten oder einer Nachzahlung zulasten eines der Gesellschafter) überführt[40]. Die einzelnen Ansprüche aus dem Gesellschaftsverhältnis unterliegen bis zu diesem Zeitpunkt einer **Durchsetzungssperre**[41]; denn wie bei der Auseinandersetzung einer Außengesellschaft muss verhindert werden, dass zwischen den Gesellschaftern ein Hin- und Herzahlen eintritt. Zu Ausnahmen von der Durchsetzungssperre, die gerade bei Innengesellschaften häufig zum Tragen kommen, vgl § 730 Rz 6 ff. Zum Anspruch auf das Auseinandersetzungsguthaben, dass in einfach gelagerten Fällen (in der Regel dann, wenn nur ein Vermögensgegenstand bei der Gesellschaft vorhanden ist) sofort als Zahlungsanspruch gegen den ausgleichspflichtigen Gesellschafter geltend gemacht werden kann, s § 730 Rz 31 und die Bem zu § 734.

11 Wenn die gemeinsam geschaffenen Vermögenswerte dinglich nur dem Außengesellschafter zugeordnet sind, hat der Innengesellschafter nur einen schuldrechtlichen Auseinandersetzungsanspruch entsprechend § 738 Abs 1 Satz 2 auf Zahlung eines Geldbetrages. Er kann weder die Versilberung des in Alleinberechtigung des anderen Gesellschafters stehenden Gesellschaftsvermögens (§ 733 Abs 3) noch eine sachenrechtliche Beteiligung an den einzelnen Vermögensgegenständen (§§ 731 Satz 2, 752 Satz 1) verlangen[42]. Umgekehrt ist der Innengesellschafter auch nicht verpflichtet, eine geleistete Sacheinlage (wohl aber eine zum Gebrauch überlassene Sache, § 732) gegenständlich zurückzunehmen (§ 733 Abs 2 Satz 1) und sich auf das Auseinandersetzungsguthaben anrechnen zu lassen. Er kann zudem verlangen, dass die Verbindlichkeiten, die nach den Vereinbarungen die Innengesellschaft als solche treffen sollten, aus dem zur gemeinsamen Zweckverfolgung gebundenen Vermögen beglichen werden[43]. Der Innengesellschafter ist nicht zur Abwicklung der Gesellschaft (der Außenrechtsbeziehungen) berechtigt (anders § 730 Abs 2 Satz 2). Nur dann, wenn der Außengesellschafter die Schlussabrechnung verzögert, kann der Innengesellschafter auf Rechnungslegung klagen; er kann auch die dazu erforderlichen Unterlagen herausverlangen, die Schlussabrechnung selbst erstellen und auf Zustimmung des Außengesellschafters klagen[44]. Wie auch bei der Außengesellschaft kann für den Fall der Auflösung einer Innengesellschaft anstelle der Auseinandersetzung die Zahlung eines festen Betrages vereinbart werden[45]; zu den Grenzen von Abfindungsregelungen s § 738.

12 Wenn der oder die Innengesellschafter aufgrund ausdrücklicher oder stillschweigender Vereinbarung so beteiligt sind, als ob den Beteiligten das Vermögen gemeinschaftlich zur gesamten Hand zustehen würde, was insbesondere bei Innengesellschaften zwischen Ehegatten und eheähnlichen Lebensgemeinschaften der Fall sein kann, ist der **Wert der Innenbeteiligung** grundsätzlich wie bei Außengesellschaften (§ 738 Abs 1 Satz 2) zu ermitteln[46]. Der Innengesellschafter ist dann an den Wertsteigerungen des Gesellschaftsvermögens, an den stillen Reserven und am Goodwill der Gesellschaft zu beteiligen. Anders als bei der Außengesellschaft ist Stichtag für die Berechnung

38 BGH NJW 2006, 1268; BGHZ 155, 249.
39 S § 730 Rz 25 ff.
40 Str, wie hier BGH NJW 1999, 2967; BGH NJW-RR 1991, 1049; BGH NJW-RR 1991, 422; BGH NJW-RR 1988, 997; BGH WM 1976, 789; MünchKomm/Ulmer Rz 16; Bamberger/Roth/Timm/Schöne Rz 6; aA Erman/Westermann Rz 3.
41 S § 730 Rz 6 ff.
42 BGH NJW 2006, 1268; BGH NJW 1999, 2967; BGH NJW 1983, 2375; RG JW 1934, 2368; Schleswig NJW-RR 2004, 972; Köln NJW 1995, 2232.
43 Braunschweig OLGR 2000, 204. S § 733 Rz 2.
44 AA für die Zustimmung BGH NJW-RR 1986, 1419 (allerdings entfaltet der Gesellschaftsvertrag gerade als Schuldvertrag auch nachvertragliche Pflichten).
45 Hamm NJW-RR 2001, 247.
46 BGH WM 1977, 973; BGHZ 7, 174; RGZ 166, 160; MünchKomm/Ulmer Rz 19; Bamberger/Roth/Timm/Schöne Rz 6.

des Innenanteils allerdings der Zeitpunkt der Auflösung und damit Vollbeendigung der Gesellschaft, so dass der Innengesellschafter nicht an Wertveränderungen im Abwicklungszeitraum teilnimmt[47]. Der Auflösungszeitpunkt der Innengesellschaft fällt nicht zwangsläufig mit der Beendigung der Lebensgemeinschaft zusammen[48]. Die Gewinn- und Verlustanteile der einzelnen Gesellschafter bestimmen sich vorbehaltlich abweichender, in einer Vielzahl von Fällen nur durch Auslegung ergebender Regelungen dann nach Kopfteilen (§ 722)[49]. Hinsichtlich der Einzelheiten bei der Berechnung des Wertes des Gesellschaftsvermögens und des Anteilswertes vgl im Übrigen zu § 738 sowie hinsichtlich der Berechnung des auf jeden Gesellschafter entfallenden Anteils die Bem zu §§ 722, 734.

2. **Sonstige Gesellschaftsformen.** – a) **Fehlerhafte Gesellschaft.** Auch auf die fehlerhafte **13**
Gesellschaft sind die §§ 730 ff anwendbar[50]. Der einzelne Gesellschafter kann auch hier grundsätzlich nur den sich für ihn aus der Auseinandersetzung ergebenen Überschuss verlangen, nicht aber schlechthin das Eingebrachte zurückfordern[51].

b) **Nichteheliche Lebensgemeinschaft.** Je nach Art der Vergesellschaftung erfolgt die Aus- **14**
einandersetzung einer Innengesellschaft[52] oder einer Außengesellschaft nach den Regeln der §§ 730–735 BGB.

c) **Stille Gesellschaft.** Auf die Abwicklung der **typisch** stillen Gesellschaft des bürgerlichen **15**
Rechts[53] finden die §§ 730–735 grundsätzlich **keine Anwendung**. Bei Auflösung der stillen Gesellschaft ist eine Abrechnung entsprechend HGB § 235 vorzunehmen[54]. Der stille Gesellschafter hat gegen den Außengesellschafter nur einen Anspruch in Höhe des Wertes seiner Einlage zuzüglich nicht ausgeschütteter Gewinne und abzüglich auf ihn entfallender Verluste[55]. Vor allem findet kein vermögensmäßiger Ausgleich zwischen mehreren stillen Beteiligungen am Geschäft des Außengesellschafters statt. Zu den Einzelheiten vgl die Komm zu HGB § 235.

3. **Fehlendes Gesellschaftsverhältnis.** Die §§ 730 ff finden **keine Anwendung** auf die ver- **16**
mögensmäßige Auseinandersetzung zwischen Personen, zwischen denen kein Gesellschaftsverhältnis besteht. Das gilt insbesondere auch für den schuldrechtlichen Ausgleich zwischen Partnern einer **nichtehelichen Lebensgemeinschaft**; eine Auseinandersetzung nach §§ 730 ff kann nur dann erfolgen, wenn zwischen den Beteiligten zumindest konkludent eine gemeinsame Zweckverfolgung – über die Lebensgemeinschaft hinaus – vereinbart wurde[56]. Ermangelt es an einem Gesellschaftsvertrag, hat der Ausgleich nach den übrigen schuldrechtlichen Regelungen (vertragliche Rückabwicklung, Bereicherungsrecht usw) zu erfolgen. Die Annahme von faktischen Gesellschaften bzw gesellschaftsähnlichen Verträgen[57], die einen schuldrechtlichen Ausgleichsanspruch nach § 738 Abs 1 Satz 2 ermöglichen sollte, wenn durch eine gemeinschaftliche Arbeit, finanzielle Aufwendungen und sonstige Leistungen ein gemeinsamer Wert geschaffen wurde, der wirtschaftlich nur einem der Beteiligten zugewiesen ist, ist von der Rechtsprechung ausdrücklich aufgegeben worden[58].

47 Str, wie hier BGH NJW 2006, 1268; BGH NJW 1999, 2962; BGH NJW 1978, 424 (im konkreten Fall anders vereinbart).
48 BGH NJW 2006, 1268.
49 BGH NJW 1999, 2962; BGH NJW-RR 1990, 736; RGZ 147, 112; Schleswig NJW-RR 2004, 972.
50 BGH NJW 2000, 2586; BGHZ 3, 285, 289 = NJW 1952, 97.
51 RGZ 166, 51, 59, vgl § 705 Rz 78.
52 S Rz 8 ff.
53 S Rz 32 vor § 705.
54 BGH NJW 2001, 3777; BGH NV 1997, 838 (atypisch still); BGH WM 1961, 1121; Baumbach/Hopt HGB[32] § 235 Rz 1.
55 Koenigs, Die stille Gesellschaft S 283 ff.
56 AA BGH NJW-RR 1993, 1475; BGH NJW 1992, 906; BGH NJW 1992, 427; Stuttgart NJW-RR 1993, 1475; Hamm NJW-RR 1990, 1223.
57 S Rz 19 vor § 705.
58 BGH NJW 2006, 1268.

III. Vom Gesetz abweichende Auseinandersetzungsverfahren

17 1. **Allgemeines.** Die Vorschriften der §§ 730 ff, die nur das Innenverhältnis betreffen, sind **dispositiv**. Sie können daher schon im Gesellschaftsvertrag oder vor oder nach der Auflösung[59] insgesamt oder in Teilen abgeändert werden. Dieser Gesellschafterbeschluss muss grundsätzlich einstimmig gefasst werden[60]; zu den Voraussetzungen und Grenzen von Mehrheitsbeschlüssen vgl § 709 Rz 39 ff. Wenn nur ein Gesellschafter von den Regelungen der §§ 730 ff abweichen will, kann sich die Zustimmungspflicht des oder der Mitgesellschafter aus der gesellschaftsrechtlichen Treuepflicht ergeben; etwa dann, wenn es unwirtschaftlich ist, das Gesellschaftsvermögen real zu teilen (§§ 734, 752) oder zu versilbern (§ 733 Abs 3), anstelle es auf die Gesellschafter zu Miteigentum zu übertragen[61]. Die Gesellschafterübereinstimmung kann sich auch stillschweigend, etwa durch schlüssiges Verhalten der Gesellschafter nach der Auflösung, ergeben[62]. Immer ist aber zu prüfen, ob sich die Abweichung von der gesetzlichen Regelung auf **alle Auflösungsgründe** oder nur auf einen **bestimmten Auflösungsgrund** (etwa Todesfall) erstrecken soll[63].

18 Die Gesellschafter können vor allem Vereinbarungen über die dingliche Zuordnung des Gesellschaftseigentums treffen; so etwa die Überführung in Miteigentum der Gesellschafter oder aber in das Alleineigentum eines Gesellschafters unter finanziellem Ausgleich des bzw der Mitgesellschafter[64]. Auch ist eine Regelung möglich, wonach einer der Gesellschafter allein die Geschäftsräume der bisherigen Gesellschaft übernimmt, die Gegenstände der Praxiseinrichtung aufgeteilt werden und jeder Gesellschafter um die Patienten der bisherigen Gemeinschaftspraxis wirbt[65]. In allen diesen Fällen ist eine Übertragung der einzelnen Vermögensgegenstände nach den jeweils einschlägigen Bestimmungen (§§ 398 ff, 413, 929 ff, 873, 925) notwendig; nicht übertragbare Vermögensgegenstände können nicht übergeleitet, sondern müssen abgewickelt werden[66]. Zur von dieser Einzelrechtsnachfolge abweichenden Gesamtrechtsnachfolge vgl Rz 22 ff.

19 Der Anspruch auf das Auseinandersetzungsguthaben kann unter den gleichen Voraussetzungen wie der Abfindungsanspruch bei Ausscheiden eines Gesellschafters (§ 738 Abs 1 Satz 2) begrenzt werden[67]. Durch solche Vereinbarungen werden sowohl der nach § 725 kündigende Gläubiger als auch der Insolvenzverwalter (§ 728) und die Erben eines Gesellschafters (§ 727) gebunden, wenn die Vereinbarung vor Eintritt dieser Auflösungsgründe liegt, sonst bedarf es ihrer Zustimmung. Hervorzuheben sind folgende, häufiger vorkommende Vereinbarungen:

20 2. **Veräußerung des ganzen Gesellschaftsvermögens an einen Dritten.** Ein solches Geschäft bedarf nicht der Form des § 311 b Abs 3 (Schutzzweck!), wohl aber der des § 313 b Abs 1 oder GmbHG § 15 Abs 3, wenn Grundstücke oder GmbH-Anteile zum Gesellschaftsvermögen gehören. Auch hier müssen die Gegenstände des Gesellschaftsvermögens (Sachen und Rechte) einzeln auf den Übernehmer übertragen werden. Beim Verkauf der Freiberufler-Praxis, bei der es in erster Linie auf den Goodwill ankommt, treffen den Verkäufer über die tatsächliche Übergabe des Unternehmens hinausgehende Pflichten; insbesondere zur Einweisung in die Unternehmensorganisation, Mitteilung von Know-how und Geschäftsgeheimnissen sowie zur Empfehlung bei den bisherigen Geschäftspartnern[68]. Werden vom Übernehmer nur die **Aktiven** erworben, dann sind die Abwicklungsvorschriften (§§ 733–735) auf den Verkaufserlös anzuwenden. Werden die Aktiven **einschließlich der Passiven** übernommen, dann kann darin eine Schuldübernahme seitens des Übernehmers liegen, die für die Gesellschafter befreiend wirkt, soweit in dem Verhalten der Gläubiger ein Entlassen der Gesellschafter aus der Schuld nach §§ 414, 415 erblickt werden kann. Das ist aber wohl die Ausnahme.

59 RGZ 91, 428, 431.
60 BGH DStR 1999, 383; Köln NZG 1999, 153; Köln NZG 1998, 377; RGZ 67, 331.
61 Hamm NZG 2004, 1106.
62 RG JW 1938, 667.
63 BGH NJW 1994, 796; RG Recht 1919 Nr 246.
64 BGH ZIP 1993, 1307; BGH WM 1967, 609; RG HRR 1930 Nr 608; Köln NZG 2000, 1171.
65 BGH NJW 1994, 796.
66 Zu Einzelheiten s § 733.
67 BGH NJW 1994, 796; zu Einzelheiten s dort.
68 BGH NJW 1995, 2845.

3. **Einbringung in eine GmbH oder AG.** Das Gesellschaftsvermögen einer GbR kann dergestalt in eine zu gründende oder bereits bestehende GmbH oder AG eingebracht werden, dass die Gesellschafter Mitglieder der Kapitalgesellschaft werden. Mit Vollzug der Einbringung ist die GbR beendet. Die neue Gesellschaft erhält die **Anteile** der Gesellschafter **einzeln** von den Gesellschaftern und dadurch das Gesellschaftsvermögen[69] oder die Gesellschafter übertragen das Gesellschaftsvermögen. Die Kapitalgesellschaft wird Alleininhaber des Gesellschaftsvermögens und Rechtsnachfolger der GbR. Die Gesellschafter erhalten als Gegenwert Geschäftsanteile oder Aktien in Höhe des Werts ihrer Beteiligung an der GbR. Daneben bleibt für Liquidations- oder Teilungstätigkeit kein Raum mehr[70]. Enthält schon der Gesellschaftsvertrag der GbR die Verpflichtung zur Einbringung in eine Kapitalgesellschaft, so muss der Gesellschaftsvertrag den Anforderungen an einen Vorvertrag über eine GmbH oder AG[71] genügen, insbesondere notariell beurkundet sein[72]. 21

4. **Übernahme durch einen Gesellschafter.**

Schrifttum: Schwarze, Die Vermögensauseinandersetzung bei Ausscheiden eines Gesellschafters aus einer Personalgesellschaft (Veröffentl des Schmalenbach-Vereins, Heft 9), 1937; Schulze, Die vermögensrechtliche Wirkung des Ausscheidens aus einer zweigliedrigen Gesellschaft des bürgerlichen Rechts, Diss Münster 1963; Canter, Das Recht auf Übernahme des Geschäfts bei der bürgerlichrechtlichen Zweimanngesellschaft, NJW 1965, 1553; Gieser, Das gesetzliche Recht auf Übernahme des Gesellschaftsvermögens bei einer aus zwei Personen bestehenden Gesellschaft des bürgerlichen Rechts, Diss Hamburg 1967; Riegger, Die Rechtsfolgen des Ausscheidens eines Gesellschafters aus einer zweigliedrigen Personalgesellschaft, 1969; Rimmelspacher, Das Recht auf Übernahme des Gesellschaftsvermögens in der Zweimann-Gesellschaft des Bürgerlichen Rechts, AcP 173 (1973); Hillers, Personengesellschaft und Liquidation, 1988; Brandani, Die BGB-Gesellschaft in der Liquidation, 2002; Raible, Die zweigliedrige BGB-Gesellschaft, 2006.

a) **Allgemeines.** Die wichtigste abweichende Regelung gegenüber den §§ 730 ff greift ein, wenn nur **ein Gesellschafter** das Gesellschaftsvermögen mit allen Aktiven und Passiven übernimmt und den oder die anderen Gesellschafter abfindet[73]. Da es eine GbR mit nur einem Gesellschafter nach ganz herrschender Meinung nicht gibt[74], wird die Gesellschaft automatisch mit der Übernahme aller Anteile durch den bisherigen Gesellschafter vollbeendet. Ein **Übernahmerecht** für nur einen der bisherigen Gesellschafter ist im Recht der GbR (s HGB § 140 Abs 1 Satz 2) **gesetzlich nicht geregelt**; auch der Vollzug einer Übernahme wird nicht angesprochen. Im Detail ist daher vieles umstritten. 22

b) **Vereinbartes Übernahmerecht.** Die Gesellschafter können die Übernahme des Gesellschaftsvermögens durch einen von ihnen vereinbaren (§ 731)[75]. Das Übernahmerecht kann schon im **Gesellschaftsvertrag** oder auch **später vor oder nach der Auflösung** bei Einverständnis aller Gesellschafter (sog Grundlagengeschäft) vereinbart werden[76]. Auch die **Fortsetzungsklausel** im Gesellschaftsvertrag einer zunächst mehrgliedrigen Gesellschaft, die später nur noch zwei Gesellschafter hat, ist im Zweifel dahin auszulegen, dass für diesen Fall ein Übernahmerecht vereinbart worden ist[77]. Ebenso ist im Zweifel von einem vereinbarten Übernahmerecht in einer GbR auszugehen, wenn sie durch Einschränkung des Geschäftsbetriebs oder Änderung des Gesellschaftszwecks **aus einer handelsrechtlichen Personalgesellschaft entstanden** ist, in der HGB § 140 Abs 1 Satz 2 galt[78]. Vom Inhalt der gesellschaftsvertraglichen oder späteren Vereinbarung hängt es ab, unter welchen **Voraussetzungen** das Übernahmerecht entsteht, zB Kündigung durch 23

69 BGHZ 71, 269, 299 f.
70 RGZ 91, 428, 431.
71 S Rz 39 f vor § 705.
72 Eingehend zu dieser Frage Kießling, Vorgründungs- und Vorgesellschaften, 1999, S 18 ff.
73 Zur Abgrenzung gegenüber der Auseinandersetzung: BGH NJW 1994, 796; Schleswig NZG 1998, 808.
74 S § 723 Rz 18.
75 Gegen eine solche Möglichkeit, wenn die GbR kein Unternehmen betreibt, Raisch JuS 1967, 533, 540.
76 BGH NJW 1994, 796; Schleswig NZG 1998, 808.
77 BGH DStR 1996, 31; Hamm NJW-RR 2000, 482; Rimmelspacher AcP 173 (1973), 1, 21 f.
78 BGH NJW 1960, 1664, 1666 f; MünchKomm/Ulmer Rz 70; Bamberger/Roth/Timm/Schöne Rz 38; Rimmelspacher AcP 173 (1973), 1, 9 f.

den Gläubiger des anderen Gesellschafters. Ein vereinbartes Übernahmerecht bindet auch die pfändenden Privatgläubiger, den Insolvenzverwalter über das Vermögen des Gesellschafters sowie die Erben eines Gesellschafters.

24 Das vertraglich eingeräumte Übernahmerecht muss **grundsätzlich** an das **Vorliegen eines wichtigen Grundes** gebunden werden; die Einräumung eines in das **Belieben** des Rechtsinhabers gestelltes Übernahmerecht ist in der Regel **unzulässig**. Denn die Möglichkeit zur Hinauskündigung von Mitgesellschaftern ohne besonderen Anlass führt zu einer nicht erheblichen Einschränkung der wirtschaftlichen und persönlichen Freiheit, die schon deshalb nicht hinnehmbar ist, weil der davon Betroffene bei Vereinbarung der entsprechenden Klausel im Gesellschaftsvertrag oder durch Beschluss die Tragweite seiner Entscheidung zumeist nicht zu überblicken vermag und – ähnlich wie in Situationen, die die Kernbereichslehre[79] und das Abspaltungsverbot[80] tangieren – seine Gesellschafterstellung weitestgehend in fremde Hände legen und sich einer Fremdbestimmung unterstellen würde, die insbesondere mit der Arbeits- und Haftungsgemeinschaft in der GbR unvereinbar ist. Zu Einzelheiten vgl zu § 737.

25 c) **Gesetzliches Übernahmerecht.** Ob und unter welchen Voraussetzungen ohne eine Vereinbarung bei der GbR ein Übernahmerecht bestehen kann, ist umstritten. Teilweise wird ein Übernahmerecht analog zu gesetzlichen Vorschriften allgemein verneint[81]. Andere befürworten eine analoge Anwendung von HBG § 140 Abs 1 Satz 2, wenn der Zweck der GbR auf den Betrieb eines Unternehmens gerichtet ist[82]. Zutreffend ist es, § 737 analog heranzuziehen[83]. Denn Störungen in der Person eines Gesellschafters sollen bei der GbR nur unter den Voraussetzungen des § 737 statt der Auflösung das Fortbestehen der Gesellschaft unter Ausschließung des betreffenden Gesellschafters herbeiführen können (vgl §§ 723 Abs 1, 725 Abs 1, 727 Abs 1, 728 gegenüber HGB § 140 Abs 1). Dem Fortbestehen der Gesellschaft ist bei der zweigliedrigen GbR die **Bestandserhaltung** des bisherigen Gesellschaftsvermögens zur weiteren Zweckverfolgung gleich zu erachten. Enthält also der Gesellschaftsvertrag eine Fortsetzungsklausel, wenn ein Gesellschafter kündigt, so besteht in der zweigliedrigen GbR analog § 737 ein gesetzliches Übernahmerecht, falls in der Person des anderen Gesellschafters ein **wichtiger Grund im Sinne des § 723 Abs 1 Satz 2** eintritt, der bei einer mehrgliedrigen GbR seine Ausschließung rechtfertigen würde. Eine weitergehende Analogie lässt die erkennbare gesetzliche Wertung für die GbR nicht zu. Liegt eine Fortbestandsklausel für den Fall der Kündigung vor, kommt es folgerichtig nicht darauf an, ob der Zweck der Gesellschaft auf den Betrieb eines Erwerbsgeschäfts gerichtet ist[84]. Zum wichtigen Grund vgl im Übrigen § 723.

26 d) **Wegfall.** Das Übernahmerecht entfällt für den Gesellschafter, der durch ein von ihm **zu vertretendes Verhalten** einen wichtigen Grund zur Kündigung gegeben hat[85]. Die Ausübung des Übernahmerechts darf ebenso wenig wie ein Widerspruch dagegen dazu ausgenutzt werden, den Partner zu sachfremder, **sittlich zu missbilligender Entscheidung** zu veranlassen (§ 138). Können beide Gesellschafter aus dem gleichen oder jeweils aus einem eigenen Grund das Übernahmerecht geltend machen, so ist die Ausübung dieses Rechts für beide Gesellschafter grundsätzlich dann **ausgeschlossen**, wenn es sich um objektive, **nicht im Verhalten der Beteiligten liegende wichtige Gründe** handelt (§§ 725 Abs 1, 728 Abs 2, s im Übrigen zu derartigen wichtigen Gründen § 723: Vermögensverfall, Alter, Krankheit, dauernde Ertraglosigkeit der Gesellschaft usw). Andernfalls käme es zu einem Wettlauf zwischen den Beteiligten und einer vom Zufall abhängenden Verteilung von Unternehmensfortführung bzw Auseinandersetzungslast auf der einen

79 S § 709 Rz 40 a.
80 S § 717 Rz 20.
81 Canter NJW 1965, 1553 ff; Soergel[10] Rz 34.
82 ZB K Schmidt, GesellschaftsR § 58 V 2 a; Raisch JuS 1967, 533, 540; Wagner JuS 1961, 123, 125.
83 BGH WM 1965, 1037; BGH WM 1962, 880, 881; BGHZ 32, 307, 317/318; Hamm NJW-RR 2000, 483; München NZG 1998, 937; Rimmelspacher AcP 173 (1973), 1, 10 ff, 23; MünchKomm/Ulmer Rz 74 f; Bamberger/Roth/Timm/Schöne Rz 39.
84 So auch bei vereinbartem Übernahmerecht BGH NJW 1966, 827; ferner Celle MDR 1978, 846; aA die Befürworter der Analogie zu HBG § 140.
85 BGH WM 1964, 419; RG SeuffA 98, 24.

und Auseinandersetzungsanspruch nach § 738 Abs 1 Satz 2 auf der anderen Seite. Im Falle der **wechselseitigen Verursachung** einer zur Übernahme berechtigenden Krise gilt Entsprechendes wie zum Kündigungsrecht aus wichtigem Grund[86]: Bei in der Person beider Gesellschafter liegenden Gründen kommt es in der Regel darauf an, von welchem der beiden Gesellschafter die Zerrüttung ausgegangen ist und wer sie überwiegend verschuldet hat; für diesen ist dann die Kündigung aus wichtigem Grund ebenso wie die Ausübung des Übernahmerechts aus wichtigem Grund ausgeschlossen[87]. Lässt sich dies nicht sicher feststellen, bleibt nur die Auflösung der Gesellschaft und deren Liquidation.

e) **Ausübung des Übernahmerechts**. Besteht ein Übernahmerecht, muss es als Gestaltungs- **27**
recht durch eine **empfangsbedürftige Willenserklärung** des übernahmeberechtigten Gesellschafters ausgeübt werden. Diese kann auch in einer Übernahmevereinbarung zwischen den Gesellschaftern enthalten sein[88]. Einer förmlichen Beschlussfassung bedarf es demgegenüber ebenso wenig wie einer Gestaltungsklage; letztere kann weder vereinbart werden noch ergibt sich ihre Zulässigkeit aus einer Analogie zu HGB § 140 Abs 1 Satz 1[89]. Ebenfalls kann **nicht** vereinbart werden, dass die **Übernahme „automatisch"** mit Eintritt des zur Übernahme berechtigenden Ereignisses stattfindet, auch wenn dieses sicher festgestellt werden kann (vor allem bei § 727 Abs 1 und § 728 Abs 2)[90]. Der verbleibende Gesellschafter muss auch jetzt noch entscheiden können, ob er das Gesellschaftsvermögen übernimmt oder dies ablehnt, wenngleich die Voraussetzungen einer Übernahme vorliegen. Denn **anders als bei einem Gesellschafterausschluss**, der auch in Form eines „automatischen"Ausscheidens des davon betroffenen Gesellschafters im Zeitpunkt des Eintritts des Ausschließungsgrundes vereinbart werden kann[91], könnte hier dem anderen Gesellschafter das Risiko der Unternehmensfortführung aufgezwungen werden. Eine Übernahmeerklärung kann sich aber aus einem entsprechenden Verhalten (tatsächliche Fortführung eines Unternehmens) ergeben[92].

f) **Vollzug der Übernahme**. Mit der Ausübung eines vereinbarten oder analog § 737 be- **28**
stehenden Übernahmerechts tritt eine **Gesamtrechtsnachfolge** des übernahmeberechtigten Gesellschafters in die bisherige Rechtsträgerschaft der GbR hinsichtlich des Gesellschaftsvermögens ein. Der andere Gesellschafter scheidet aus der GbR aus, die dadurch – ohne Auseinandersetzung – zugleich aufgelöst und beendet ist. An ihre Stelle tritt kraft Gesetzes **(Anwachsung analog § 738 Abs 1 Satz 1)** unmittelbar der übernahmeberechtigte Gesellschafter, der alleiniger Rechtsträger der Aktiva und Passiva des bisherigen Gesellschaftsvermögens sowie Beteiligter in den bislang mit der Gesellschaft bestehenden Rechtsverhältnissen zu Dritten wird[93]. Die mit der Anwachsung hier stattfindende Gesamtrechtsnachfolge dient der praktischen Vereinfachung. Es bedarf weder einer – an sich möglichen – Einzelübertragung der Gegenstände des Gesellschaftsvermögens[94] noch einer Ubertragung der Mitgliedschaft des ausscheidenden Gesellschafters auf den übernehmenden Gesellschafter[95]. Zu Umfang und Grenzen der Gesamtrechtsnachfolge vgl § 1922 Rz 14–124 sowie die Kommentierungen zu HGB § 140. Die Rechtsstellung des ausgeschiedenen Gesellschafters bestimmt sich nach §§ 738–740[96]; zu den Einzelheiten s jeweils dort. Ein gegebenenfalls entstehender Auseinandersetzungsanspruch ist auf den Zeitpunkt der Wirksamkeit der Übernahme, also Zugang der Übernahmeerklärung, zu berechnen[97]. Der Übernehmer hat zu beweisen, dass er bereits gezahlt oder auf andere Weise erfüllt hat[98]. Belastungen an der Mitgliedschaft setzen sich am Anspruch auf das Auseinandersetzungsguthaben

86 § 723 Rz 42.
87 München NZG 1998, 937.
88 BGH NJW 1999, 3557; BGH NJW 1999, 2438; Nürnberg NJW-RR 2000, 700.
89 Hamm NJW-RR 2000, 482.
90 BGH WM 1980, 496; Erman/Westermann Rz 18; aA BGH NJW-RR 2002, 538; MünchKomm/Ulmer Rz 72, 78; Bamberger/Roth/Timm/Schöne Rz 38.
91 BGH NJW 2003, 1729; s auch zu § 737.
92 BGH NJW-RR 2002, 538; KG NZG 2002, 862; Schleswig NZG 1998, 808.
93 BGH NJW 2002, 1207; BGH NJW 1999, 3557; BAG ZIP 1998, 1974; BGH NJW-RR 1993, 1443; Köln NJW 1995, 2232; Eckhardt NZG 2000, 449.
94 So noch Soergel[10] Rz 24.
95 So Flume, Personengesellschaft § 17 VIII, S 373.
96 Hamm NZG 2005, 175.
97 BGH WM 1965, 626.
98 BGH WM 1966, 513.

im Wege der dinglichen Surrogation (analog §§ 1274 Abs 2, 1258 Abs 3) fort[99]. Zur Nachhaftung des ausgeschiedenen Gesellschafters und ihrer Begrenzung vgl die Bem zu § 736 Abs 2. Hinsichtlich des Übernehmenden ist zu beachten, dass dieser zum einen als Rechtsnachfolger der Gesellschaft haftet; insoweit ohne die Möglichkeit einer Nachhaftungsbegrenzung. Der Übernehmer haftet zum anderen auch als Gesellschafter der beendeten Gesellschaft fort; insoweit mit der Möglichkeit der Nachhaftungsbegrenzung entsprechend HGB § 160.

IV. Umwandlung, Rechtsformwechsel

29 1. **Überblick**. Zur Entstehung einer GbR durch gesetzliche oder rechtsgeschäftliche Umwandlung vgl § 705 Rz 2 f. Für den umgekehrten Fall sind die rechtlichen Gestaltungsmöglichkeiten begrenzt. Eine GbR kann sich **nicht nach dem UmwG** umwandeln. Eine Beteiligung ist nur beim Rechtsformwechsel vorgesehen, allerdings kann die GbR nur Rechtsträger neuer Rechtsform sein (UmwG § 191 Abs 2 Nr 1). Da das UmwG im Übrigen abschließend ist (UmwG § 1 Abs 2), scheiden insoweit auch Verschmelzungen, Spaltungen und Vermögensübertragungen unter Beteiligung einer GbR aus. Nicht durch das UmwG erfasst sind sonstige Arten umwandelnder Strukturänderungen, vor allem nicht die Übertragung von Anteilen zwischen Gesellschaftern, insbesondere im Wege der An- und Abwachsung (§ 738 Abs 1 Satz 1), oder auf Nichtgesellschafter; auch dann nicht, wenn sich damit alle Anteile in einer Hand vereinen[100] oder das von der GbR betriebene Unternehmen auf einen Rechtsträger neuer Rechtsform übergeht (übertragende Umwandlung). Ebenfalls nicht durch das UmwG geregelt werden die verschiedenen Arten der Umwandlung einer GbR in eine andere Personalgesellschaftsform (OHG, KG, Partnerschaftsgesellschaft).

30 2. **Umwandlung in eine andere Personalgesellschaft**. Wenn eine Gesellschaft bürgerlichen Rechts ein Handelsgewerbe nach HGB § 1 Abs 2 aufnimmt, wandelt sie sich kraft Rechtsformzwangs in eine OHG (bei entsprechender Gestaltung: KG) um; auf eine Handelsregistereintragung kommt es dabei nicht an (HGB § 123 Abs 2). Betreibt die GbR ein minderkaufmännisches Gewerbe (HGB § 2), Land- und Fortwirtschaft (HGB § 3) oder verwaltet sie eigenes Vermögen (HGB § 105 Abs 2), so kann sie sich durch grundsätzlich einstimmigen Gesellschafterbeschluss (Grundlagengeschäft) in eine OHG oder KG (HGB § 161 Abs 2) umwandeln; die Gesellschaft neuer Rechtsform entsteht allerdings erst mit Handelsregistereintragung (HGB § 123 Abs 1). Die Umwandlung einer GbR in eine Partnerschaftsgesellschaft setzt voraus, dass alle Gesellschafter natürliche Personen sind und einen freien Beruf ausüben (PArtGG § 1 Abs 1 Satz 1 und 3); die Partnerschaftsgesellschaft entsteht auf eine entsprechende Vertragsänderung hin (Grundlagengeschäft) erst mit Eintragung im Partnerschaftsregister (PartGG § 7 Abs 1). Alle diese Rechtsformwechsel erfolgen – nach allerdings bestrittener Auffassung – „automatisch"[101]; die Identität des Rechtsträgers bleibt von einem solchen Wechsel unberührt, so dass es insbesondere zu keiner wie auch immer gearteten Vermögensübertragung kommt[102]. Mit Vollzug der Umwandlung ist die GbR als Rechtsträger alter Rechtsform aufgelöst und zugleich vollbeendet. Zur Nachhaftungsbegrenzung zugunsten von Kommanditisten für den Fall, dass die GbR in die Rechtsform einer KG wechselt (HGB § 160 Abs 3), vgl § 736 Rz 20 ff.

99 Stuttgart NZG 2004, 766.
100 S Rz 14 vor § 723.
101 BFH/NV 1998, 830; BAG DB 1988, 126; BGHZ 32, 307; Staub/Habersack HGB § 123 Rz 4 f; Kraus, Fragen der Rechtsformverfehlung und des automatischen Rechtsformwechsels bei den Personengesellschaften, 1990, S 12, 65 f, 68, 75 f, 154 ff; krit Kießling WM 1999, 2391.
102 Zur Dogmatik des Rechtsformwechsels (Identität oder Fiktion) vgl Wiedemann ZGR 1999, 568; Mülbert AcP 199 (1999), 57; Hennrichs ZIP 1995, 795; Cordes JZ 1998, 549.

§ 730 Auseinandersetzung; Geschäftsführung

(1) Nach der Auflösung der Gesellschaft findet in Ansehung des Gesellschaftsvermögens die Auseinandersetzung unter den Gesellschaftern statt, sofern nicht über das Vermögen der Gesellschaft das Insolvenzverfahren eröffnet ist.

(2) Für die Beendigung der schwebenden Geschäfte, für die dazu erforderliche Eingehung neuer Geschäfte sowie für die Erhaltung und Verwaltung des Gesellschaftsvermögens gilt die Gesellschaft als fortbestehend, soweit der Zweck der Auseinandersetzung es erfordert. Die einem Gesellschafter nach dem Gesellschaftsvertrag zustehende Befugnis zur Geschäftsführung erlischt jedoch, wenn nicht aus dem Vertrag sich ein anderes ergibt, mit der Auflösung der Gesellschaft; die Geschäftsführung steht von der Auflösung an allen Gesellschaftern gemeinschaftlich zu.

ÜBERSICHT

Schrifttum: H Wimpfheimer, Die Gesellschaften des Handelsrechts und des bürgerlichen Rechts im Stadium der Liquidation, 1908; Schwarze, Die Vermögensauseinandersetzung bei Ausscheiden eines Gesellschafters aus einer Personalgesellschaft (Veröffentl des Schmalenbach-Vereins, Heft 9), 1937; Knöchlin, Abfindungsvereinbarungen bei Personalhandelsgesellschaften, DNotZ 1960, 452; Sudhoff, Gewinnanteil und Auseinandersetzungsquote des stillen Gesellschafters, NJW 1960, 452; ders, Auseinandersetzung zwischen Gesellschaftern einer Personalgesellschaft, DB 1964, 1324; Hintzen, Auflösung und Liquidation von Personengesellschaften, 1965; Hillers, Personengesellschaft und Liquidation, 1988; Berninger, Die Societas Quoad Sortem, 1994; Mörstel, Der Auseinandersetzungsanspruch bei Ausscheiden einzelner Gesellschafter sowie der Liquidation von Gesellschaften und gesellschaftsähnlichen Rechtsverhältnissen, NJW 1994, 2268; Brandani, Die BGB-Gesellschaft in der Liquidation, 2002; Scherf, Die Nachschusspflicht im Gesellschaftsrecht, 2002.

I. Die Liquidationsgesellschaft

Durch die Auflösung wird die personen- und vermögensrechtliche Identität der Gesellschaft nicht verändert. Das **Gesellschaftsvermögen** bleibt Gesamthandvermögen und wird nicht ipso 1 iure Miteigentum nach Bruchteilen[1]. Bis zur Vollendung der Auseinandersetzung bleibt jeder Gesellschafter an Wertveränderungen im Gesellschaftsvermögen beteiligt; etwas anderes gilt insbes für die Innengesellschaft[2]. Die Gesellschaft besteht fort unter Wahrung ihrer Identität, nicht nur kraft gesetzlicher Fiktion (irreführende Formulierung des Gesetzes in § 730 Abs 2 Satz 1: „gilt die Gesellschaft als fortbestehend"). Sie **ändert** nur ihren **Zweck**; aus einer werbenden Gesellschaft wird eine Abwicklungsgesellschaft[3]; an die Stelle des bisherigen Zwecks tritt die Herbeiführung der Vollbeendigung. Nach der gesetzlichen Regelung, die abdingbar ist, sind die schwebenden Geschäfte zu beenden, erforderlichenfalls neue Geschäfte einzugehen sowie das Gesellschaftsvermögen insgesamt zu erhalten und zu verwalten (§ 730 Abs 2 Satz 1). Im Anschluss daran sind zunächst die von einem Gesellschafter der GbR zur Benutzung überlassenen **Gegenstände zurückzugeben**, soweit sie nicht zur Auseinandersetzung benötigt werden (§ 732). Sodann sind die **Gesellschaftsschulden** („gemeinschaftliche Schulden") **zu begleichen** und den Gesellschaftern ihre **Einlagen zurückzuerstatten**; nur soweit es dazu erforderlich ist, ist das Gesellschaftsvermögen zu veräußern (§ 733). Ein etwa verbleibender **Überschuss** wird an die Gesellschafter nach dem Verhältnis ihrer Gewinnanteile **ausgeschüttet** (§ 734). Angesichts der durch § 733 Abs 3 beschränkt notwendigen Versilberung des Gesellschaftsvermögens geht die gesetzliche Vorstellung auf eine Teilung des Restvermögens in Natur (§§ 731 Abs 2, 752). Reicht dagegen das Gesellschaftsvermögen zur Tilgung der Gesellschaftsschulden und Rückerstattung der Einlagen nicht aus, so besteht eine **Nachschusspflicht**, die sich nach dem Verhältnis der Verlustanteile bestimmt (§ 735). Zur Fortsetzung der Gesellschaft mittels Gesellschafterbeschlusses und dadurch bewirkter Rückumwandlung der Liquidationsgesellschaft in eine werbend tätige Gesellschaft vgl Rz 17 f vor § 723 und Rz 34 ff.

II. Inhalt des Gesellschaftsverhältnisses während der Auseinandersetzung

2 1. **Grundsätzliches**. Die Gesellschafter bestimmen auch nach der Auflösung die Geschicke der Gesellschaft. Nur bei einer Kündigung der GbR durch Pfändungspfandgläubiger (§ 725 Abs 1) und in der Insolvenz eines Gesellschafters (§ 728 Abs 2) sowie beim Tod eines Gesellschafters (§ 727 Abs 1) können Mitspracherechte Dritter hinzukommen (s jeweils dort). Die Gesellschafter können weiterhin den Vertrag und die personelle Zusammensetzung der GbR (Austritt, Eintritt, Übertragung der Mitgliedschaft) ändern[4]. Demgegenüber sind eine Austrittskündigung (§ 736 Abs 1), ein Ausschluss eines Mitgesellschafters (§ 737 Satz 1) sowie die Ausübung eines gesetzlichen bzw vertraglich eingeräumten Übernahmerechts[5] während des Liquidationsverfahrens aufgrund der Mitwirkungspflicht aller Gesellschafter an der Auseinandersetzung grundsätzlich ausgeschlossen; eine Ausnahme gilt dann, wenn die zur Ausübung des Rechts führenden Gründe so gewichtig sind, dass eine Abwicklung ohne Ausscheiden des betroffenen Gesellschafters vereitelt oder schwerwiegend gefährdet würde oder für die verbleibenden Gesellschafter unzumutbar wäre[6].

3 2. **Pflichten der Gesellschafter**. – a) **Pflicht zur Auseinandersetzung**. Jeden Gesellschafter trifft ganz generell die Pflicht zur Durchführung der Auseinandersetzung; dh zur Durchführung des gesetzlich vorgesehenen (§§ 730–735) oder gesellschaftsvertraglich vereinbarten[7] Liquidationsverfahrens und zur Mitwirkung daran. Diese Pflicht besteht sowohl gegen die Gesellschaft selbst als auch gegenüber allen Mitgesellschaftern.

1 RGZ 65, 227, 233.
2 S Rz 8 ff vor § 730.
3 S Rz 1 ff, 15 vor § 723.
4 Vgl zum Fortsetzungsbeschluss Rz 34 ff.
5 S Rz 22 ff vor § 730.
6 BGH WM 1969, 591; BGHZ 1, 324, 330; Münch Komm/Ulmer Rz 25.
7 S Rz 17 ff vor § 730.

b) **Einzelne Pflichten**. Entsprechend des auf Auseinandersetzung gerichteten Zwecks der Abwicklungsgesellschaft[8] ändern sich die Pflichten der Gesellschafter. Die Gesellschafter sind **verpflichtet**, die **Abwicklung** zügig und sachgemäß (dh insbesondere auch wirtschaftlich sinnvoll) **durchzuführen**, insbesondere entsprechende Auskünfte zu erteilen, die zur Beendigung schwebender Geschäfte erforderlichen Rechtshandlungen vorzunehmen und die Schlussrechnung zu erstellen[9]. Eine schuldhafte Verletzung dieser Pflichten kann eine Schadenersatzpflicht gegenüber den Mitgesellschaftern begründen[10]. Die auch während der Abwicklung noch bestehende gesellschaftsrechtliche **Treuepflicht** wird inhaltlich durch den Abwicklungszweck bestimmt und schwächt sich mit fortschreitender Abwicklung nach und nach ab[11]. Sie verbietet zwar nicht jeden Wettbewerb auf dem Geschäftsgebiet der in Liquidation befindlichen Gesellschaft[12], schließt es aber aus, dass sich ein Gesellschafter immaterielle Vermögenswerte und -positionen (zB Geschäftsbeziehungen) allein ohne Ausgleich nutzbar macht; in diesem Fall entsteht eine zusätzliche Pflicht zum Ausgleich[13]. Des Weiteren kann aus der Treuepflicht folgen, dass ein Mitgesellschafter einer anderen Art der Verwertung des Gesellschaftsvermögens zustimmen muss, wenn dies dem Gebot der Wirtschaftlichkeit entspricht[14]. Auch eine schuldhafte Verletzung der Treuepflicht während der Abwicklung verpflichtet zum Ersatz eines der Gesellschaft entstandenen Schadens, den jeder Mitgesellschafter aufgrund der actio pro socio[15] geltend machen kann[16]. Zur Geschäftsführungspflicht vgl unten Rz 15 ff. 4

Rückständige Beiträge und Schadenersatzansprüche gegen einen Gesellschafter können von der Gesellschaft nur noch insoweit eingefordert werden, als sie für die Abwicklung benötigt werden[17]; also insbesondere zur Berichtigung der Gesellschafterschulden (§ 733 Abs 1 Satz 1) erforderlich sind[18]. Ansonsten verringert sich der Auseinandersetzungsanspruch des Schuldner-Gesellschafters um den rückständigen Beitrag. Ihm obliegt die Beweislast dafür, dass der rückständige Beitrag für die Abwicklung nicht gebraucht wird[19]. Zur Durchsetzungssperre allgemein vgl unten Rz 6. 5

3. **Durchsetzungssperre für Ansprüche**. – a) **Allgemeines**. Die einzelnen Vermögensrechte der Gesellschaft und der Gesellschafter bestehen über den Auflösungszeitpunkt hinaus unverändert fort; zudem können sich im Rahmen der Auseinandersetzung neue Ansprüche ergeben. Diese Ansprüche können jedoch während der Liquidation nicht selbstständig geltend gemacht werden; sie unterliegen einer sog **Durchsetzungssperre**. Sinn und Zweck ist, ein Hin- und Herzahlen **zwischen den Beteiligten** zu vermeiden; vielmehr werden die wechselseitigen Ansprüche unselbstständige Rechnungsposten in der Auseinandersetzung, die durch die Schlussabrechnung[20] unter Bildung eines Abschlusssaldos gegeneinander verrechnet werden[21]. Voraussetzung der Durchsetzungssperre ist daher, dass der betroffene Gesellschafter in eine vermögensmäßige Auseinandersetzung einzubeziehen ist. Auch bei einer **zweigliedrigen Gesellschaft** greift grund- 6

8 S Rz 1, 15 vor § 723.
9 BGH NJW-RR 2003, 169; BGH NJW 1999, 3486; BGH NJW 1981, 749; BGH WM 1977, 617; BGH WM 1969, 591; BGHZ 1, 324, 332; Oldenburg MedR 2005, 355; AG Kiel NJW-RR 2001, 154; Hamm NZG 1999, 996; Schleswig NZG 1998, 808.
10 BGH NJW-RR 2003, 169; BGH NJW 1968, 2005; Erman/Westermann Rz 6.
11 BGH NJW-RR 2003, 169; BGH NJW 1971, 802; Hamm NZG 1999, 996; Düsseldorf NJW-RR 1995, 420.
12 BGH NJW 1971, 802.
13 BGH NJW-RR 1995, 1182; BGH NJW 1980, 1628; BGH NJW 1971, 802; MünchKomm/Ulmer Rz 9; aA Oldenburg NZG 1999, 1157.
14 Hamm NZG 2004, 1106.
15 S § 705 Rz 48 ff, sowie unter Rz 14
16 BGH WM 1971, 723, 725.
17 BGH NJW-RR 1992, 544; BGH NJW 1978, 424; BGH WM 1977, 617; BGH WM 1966, 639; Köln NZG 2000, 1171; Düsseldorf NZG 1999, 990; Köln ZIP 1983, 310.
18 Zu Einzelheiten s die Bem zu § 733.
19 BGH NJW 1980, 1522; BGH WM 1978, 898 unter Aufgabe von BGH WM 1977, 617; Düsseldorf NZG 1999, 990; aA MünchKomm/Ulmer Rz 31; Bamberger/Roth/Timm/Schön Rz 20; Bedenken auch bei Erman/Westermann Rz 6; Staud/Habermeier Rz 17.
20 S unten Rz 25 ff.
21 BGH DStR 2002, 228; BGH NJW-RR 2000, 1296; BGH NJW 1999, 3557; BGH NJW 1998, 376; BGH NJW 1995, 2844; BGH NJW 1995, 189; BGH NJW-RR 1993, 1187; BGH NJW 1992, 2758; BGH NJW-RR 1991, 549; Saarbrücken OLGR 2006, 200; Köln NZG 2000, 645; Koblenz NJW-RR 1988, 1250.

sätzlich die Durchsetzungssperre[22], und zwar unabhängig davon, ob der Mitgesellschafter das Unternehmen fortführt[23] oder die beiden Gesellschafter die Gesellschaft liquidieren. Sie kann auch dem **Zessionar** einer Forderung aus dem Gesellschaftsverhältnis entgegen gehalten werden[24]. Da die Durchsetzungssperre sich aber letztlich aus dem Gesellschaftsvertrag (ergänzende Vertragsauslegung) ergibt, bleiben von ihr betroffene Ansprüche **ohne Einschränkungen pfändbar** (ZPO § 851 Abs 2). Die Durchsetzungssperre betrifft außerdem nur solche Vermögensrechte, die in die Schlussabrechnung einstellbar und verrechenbar sind. Dementsprechend können andere als Zahlungsansprüche, etwa der Anspruch auf gegenständliche Rückgabe eingebrachter Sachen (§ 732), ohne Einschränkungen geltend gemacht werden.

7 b) **Reichweite der Durchsetzungssperre**. Grundsätzlich können alle Ansprüche aus dem Gesellschaftsverhältnis **nach Eintritt des Auflösungsgrundes** nicht mehr gesondert geltend gemacht werden. Das gilt sowohl für Ansprüche der **Gesellschaft gegen Gesellschafter** als auch für Ansprüche eines **Gesellschafters gegen die Gesellschaft**. Von der Durchsetzungssperre betroffen sind nicht nur Entnahmerechte und die laufenden Gewinnansprüche[25]. An die Schlussrechnung gebunden sind auch die Vergütungsansprüche und Aufwendungsersatzansprüche eines Gesellschafters gegen die Gesellschaft[26]; ebenso – in Abweichung von § 733 Abs 2 Satz 1 – der Anspruch auf Rückerstattung der (Bar-)Einlage[27]. Von einer selbstständigen Geltendmachung ausgenommen sind ferner Schadensersatzansprüche eines Gesellschafters gegen die Gesellschaft aus dem Gesellschaftsverhältnis[28]. Umgekehrt vermag die Gesellschaft Rückzahlungsansprüche für unzulässige Entnahmen nicht isoliert geltend zu machen[29]. Zu rückständigen Beiträgen eines Gesellschafters und Schadensersatzansprüchen gegen einen Gesellschafter, die ebenfalls der Durchsetzungssperre auf Seiten der Gesellschaft unterliegen, vgl oben Rz 5.

8 Unmittelbare Ansprüche **zwischen den Gesellschaftern** aus dem Gesellschaftsverhältnis bestehen nur selten[30]. In Betracht kommen vor allem Schadensersatzansprüche wegen eines dem Gesellschafter persönlich entstandenen Schadens sowie Rückgriffsansprüche gegen Mitgesellschafter, wenn der von Gläubigern in Anspruch genommene Gesellschafter keinen Ersatz von der Gesellschaft zu erlangen vermag[31]. Im Hinblick auf diesen **schuldrechtlichen Ausgleich** zwischen den Gesellschaftern wird man **differenzieren** müssen. Grundsätzlich gehört der vermögensmäßige Ausgleich zwischen den Gesellschaftern nicht zum eigentlichen Liquidationsverfahren der §§ 730 ff[32], so dass an sich keine Durchsetzungssperre greift. Wenn aber der interne Ausgleich zwischen den Gesellschaftern schon im Liquidationsverfahren herbeigeführt werden soll[33], unterliegen auch die gegenseitigen Gesellschafteransprüche der Durchsetzungssperre[34]. Selbst wenn dieser Ausgleich nicht im eigentlichen Liquidationsverfahren vorgenommen wird, ist eine Verrechnung und Saldierung der wechselseitigen Gesellschafteransprüche mittels einer einfachen Schlussabrechnung regelmäßig geboten[35]; bis dahin können sie auch nicht selbstständig geltend gemacht werden[36].

22 BGH NJW-RR 2000, 1296; BGH NJW 1999, 3557; BGH NJW 1992, 2758; Brandenburg Urt v 21. 7. 2004 – 7 U 221/03; Hamm NZG 2004, 765.
23 Zur Entbehrlichkeit einer Auseinandersetzung s Rz 5 vor § 730; zu Differenzierungen im Hinblick auf die Durchsetzungssperre in diesem Fall s Rz 8.
24 BGH WM 1977, 840.
25 BGH WM 1970, 90; BGH WM 1964, 740; BGH LM Nr 5 zu § 730.
26 BGH NJW 1998, 376; BGH WM 1976, 789; BGH WM 1964, 1052; BGH SoergRspr 1911 Nr 1 zu § 730.
27 BGH NJW 2000, 2586; Düsseldorf NZG 1999, 878.
28 BGH NJW 1968, 2005; BGH WM 1957, 1027.
29 BGH NJW 1999, 2438.
30 S § 705 Rz 54.
31 Dazu, dass diese Ansprüche in der werbend tätigen Gesellschaft isoliert geltend gemacht werden können, s § 705 Rz 52 sowie Hadding/Häuser WM 1988, 1585.
32 S Rz 3 vor § 730.
33 S Rz 3 vor § 730.
34 BGH NJW 1978, 424.
35 BGH ZIP 1993, 1307; BGH NJW 1991, 549; Karlsruhe DStR 1995, 1072.
36 BGHZ 103, 72; BGHZ 37, 299 (Regressanspruch); BGH WM 1984, 1605; BGH NJW 1968, 2005 (für Schadensersatzanspruch); MünchKomm/Ulmer Rz 52; aA BGH WM 1966, 706; BGH NJW 1962, 859.

c) **Ausnahmen von der Durchsetzungssperre**. Die Durchsetzungssperre für einzelne Ansprüche aus dem Gesellschaftsverhältnis während der Abwicklung ist jedoch von einigen Ausnahmen durchbrochen. So kann ein Gesellschafter einen Anspruch gegen die Gesellschaft oder einzelne Mitgesellschafter jedenfalls dann selbstständig geltend machen, wenn ausdrücklich oder sinngemäß zwischen den Beteiligten **vereinbart** wurde, dass der betreffende Anspruch seine Selbstständigkeit auch für den Fall der Auflösung und Liquidation der Gesellschaft behalten soll[37]. Allen übrigen Ausnahmen ist gemeinsam, dass hier die die Durchsetzungssperre tragende Gefahr nicht besteht, dass es zu einem Hin- und Herzahlen zwischen den Beteiligten kommt: Der Gesellschafter-Gläubiger kann einen Zahlungsanspruch vor der Schlussabrechnung dann isoliert geltend machen, wenn feststeht, dass der klagende Gesellschafter **jedenfalls einen bestimmten Betrag** verlangen kann; entweder von der Gesellschaft oder von Mitgesellschaftern[38]. Das ist insbesondere der Fall, wenn es zwischen den Beteiligten nur noch um den **Ausgleich einer einzigen Forderung der Gesellschaft** geht[39]. Ebenso kann ein Anspruch auf **Rückerstattung der geleisteten Einlagen** (§ 733 Abs 2 Satz 1) sofort geltend gemacht werden, wenn die Verlustbeteiligung des Gesellschafter-Gläubigers ausgeschlossen ist[40]; jedenfalls dann, wenn sonstige gegenseitige Ansprüche nicht bestehen. Verfügt die **Gesellschaft** über **keinerlei eigenes Vermögen**[41], kommt nur noch ein schuldrechtlicher Ausgleich zwischen den Beteiligten in Betracht. Hier entscheidet sich die selbstständige Geltendmachung der wechselseitigen Ansprüche nach der unter Rz 8 dargestellten Differenzierung; danach besteht auch hinsichtlich der Ansprüche der Gesellschafter untereinander eine Durchsetzungssperre, soweit diese Ansprüche aus dem Gesellschaftsvermögen folgen. 9

d) **Abgrenzungen**. – (1) **Schadensersatzansprüche**. Schadensersatzansprüche im Verhältnis zwischen Gesellschaft und Gesellschaftern unterliegen der Durchsetzungssperre, soweit sie ihren Grund im Gesellschaftsverhältnis haben. Das Gleiche gilt für das Verhältnis der Gesellschafter untereinander, soweit der schuldrechtliche Ausgleich zwischen ihnen Bestandteil des eigentlichen Liquidationsverfahrens ist[42]. Die Rechtsprechung ermöglicht demgegenüber eine unmittelbare Geltendmachung von Schadensersatzansprüchen gegen Mitgesellschafter generell[43] und besonders in den Fällen, in denen ein Anleger durch Täuschung stille Beteiligungen an kapitalistisch organisierten Fondsgesellschaften erworben hat[44]. Die uneingeschränkte Durchsetzbarkeit von Schadensersatzansprüchen kollidiert mit den Grundsätzen zur fehlerhaften Gesellschaft, denn die Einlage soll ein fehlerhaft beigetretener Gesellschafter nur nach Kündigung und im Wege einer vollständigen Auseinandersetzung der wechselseitigen vermögensmäßigen Ansprüche zurück erlangen können. Auch wenn man die Anwendbarkeit der Grundsätze zur fehlerhaften Gesellschaft für Innengesellschaften in der Regel ablehnt[45], so gilt doch die Durchsetzungssperre auch bei einer Auseinandersetzung von Innengesellschaften[46]. Zu den Einzelheiten der Konkurrenz zwischen einem Schadensersatzanspruch und dem Anspruch auf das Auseinandersetzungsguthaben s § 723 Rz 6 f). 10

(2) **Drittgläubigeransprüche**. Ansprüche, die sich außerhalb des Gesellschaftsverhältnisses zwischen Gesellschaftern ergeben (etwa aus deliktischer Schädigung), sind generell nicht Gegenstand der Schlussabrechnung[47]; sie können während der Auseinandersetzung selbstständig geltend 11

37 BGH NJW 1998, 376; KG NZG 2001, 556.
38 BGH NJW 1998, 376; BGH NJW 1995, 2844; BGH NJW-RR 1995, 1182; BGH NJW 1995, 188; BGH NJW-RR 1991, 549; BGHZ 37, 299; KG NZG 2001, 556.
39 BGH NJW 1995, 2844; BGH NJW 1995, 188.
40 BGH NJW 1992, 2696; BGH WM 1967, 346; KG NZG 2001, 556.
41 Zur Entbehrlichkeit eines Liquidationsverfahrens s Rz 5 vor § 730.
42 BGH NJW 1971, 375; BGH NJW 1958, 668; Gehrlein WM 2005, 1941. S auch Rz 3 vor § 730.
43 BGH WM 1967, 275; BGH NJW 1962, 859; s auch Gehrlein WM 2005, 1494 f.
44 BGH NJW-RR 2006, 178; BGH NJW 2005, 1784; BGH NJW-RR 2005, 627; BGH NJW-RR 2004, 1407; Überblick bei Geibel BB 2005, 1009.
45 S § 705 Rz 92.
46 S Rz 10 vor § 730.
47 S Rz 25 ff.

gemacht und eingeklagt werden[48]. Das gilt auch für einen Abfindungsanspruch nach § 738 Abs 1 Satz 2, wenn nach dem Ausscheiden eines Gesellschafters die Gesellschaft aus einem anderen Grund aufgelöst wird[49]. Zur allgemeinen Schranke der Treuepflicht auch bei der Geltendmachung von Drittansprüchen vgl § 705 Rz 58 ff. Etwas anderes gilt dann, wenn sich der Anspruch des Gesellschafters gegen den Mitgesellschafter zugleich auch aus dem Gesellschaftsverhältnis ergibt. So liegt der Fall etwa, wenn sich die deliktische Schädigung eines Mitgesellschafters zugleich als Treuepflichtverletzung zwischen den Beteiligten darstellt. Das gilt auch für den Rückgriffsanspruch nach § 426 Abs 2 (Drittgläubigeranspruch), wenn der Gesellschafter eine Verbindlichkeit der Gesellschaft erfüllt und deshalb nach § 426 Abs 1 (Individualanspruch) Rückgriff nehmen kann[50]. Der Anspruch unterliegt dann grundsätzlich der Durchsetzungssperre[51] und kann dementsprechend auch nicht isoliert geltend gemacht werden.

12 4. **Gerichtliche Geltendmachung der Ansprüche**. – a) **Ansprüche aus dem Gesellschaftsverhältnis**. – (1) **Anspruch auf Auseinandersetzung**. Der generelle wechselseitige Anspruch auf Auseinandersetzung sowie auf Mitwirkung an der Liquidation[52] kann jederzeit eingeklagt werden. Eine Leistungsklage auf „Durchführung der Auseinandersetzung" oder auf „Mitwirkung an der Liquidation" ist allerdings im Antrag zu unbestimmt und daher unzulässig (ZPO § 253 Abs 2 Nr 2)[53]. Aus einem entsprechenden Tenor ergäbe sich keine konkrete Handlungspflicht des Beklagten, die vollstreckbar wäre. Möglich ist eine Leistungsklage aber dann, wenn der klagende Gesellschafter die Vornahme bestimmter Liquidationsmaßnahmen verlangt[54]. So kann auf die Zustimmung zu einem eigenen Auseinandersetzungsplan geklagt werden, wobei das stattgebende Urteil die fehlende Zustimmung ersetzt (ZPO § 894). Nach der Rechtsprechung ist auch ein Klageantrag auf „Erstellung einer Auseinandersetzungsbilanz" (Schlussabrechnung) hinreichend bestimmt[55]. Auf die Aufstellung einer Schlussabrechnung durch das Gericht selbst kann aber nicht geklagt werden[56]. Dagegen ist eine Feststellungsklage immer zulässig, mit der festgestellt werden soll, dass die Mitgesellschafter verpflichtet sind, „an der Auseinandersetzung mitzuwirken"; eine unzulässige (weil zu unbestimmte) Leistungsklage kann grundsätzlich in eine solche Feststellungsklage umgedeutet werden[57]. Auch im Übrigen sind Feststellungsklagen zulässig, soweit sie der Liquidation förderlich sind; so etwa zur Bestimmung des exakten Auflösungszeitpunktes der Gesellschaft[58].

13 (2) **Zahlungsansprüche**. Die einzelnen **Sozialansprüche** und **Sozialverbindlichkeiten** zwischen Gesellschaft und Gesellschaftern unterliegen während der Auseinandersetzung grundsätzlich einer Durchsetzungssperre[59] und sind deshalb auch **nicht selbstständig einklagbar**. Zu Ausnahmen der Durchsetzungssperre, die dann auch zu einer isolierten Klagbarkeit der betreffenden Ansprüche führen, vgl oben Rz 9. Eine wegen der Durchsetzungssperre unbegründete Leistungsklage eines Mitgesellschafters kann aber dahingehend in eine Feststellungsklage umgedeutet werden, dass die betreffende Forderung in die Auseinandersetzungsbilanz einzustellen ist[60]. Auch wenn damit das Risiko einer Vielzahl von einzelnen Verfahren einhergeht, so wird damit die Durchsetzungssperre nicht tangiert. Das Gleiche gilt für **Individualansprüche**. Der schuldrechtliche Ausgleich zwischen den Gesellschaftern gehört zwar grundsätzlich nicht zum eigentlichen Liquidationsverfahren; allerdings ist es zweckmäßig, diese Individualansprüche soweit als

48 BGH NZG 2006, 459; BGH NJW-RR 2000, 1295; BGH WM 1986, 68; MünchKomm/Ulmer Rz 53; Bamberger/Roth/Timm/Schöne Rz 30; Erman/Westermann Rz 12; aA BGH WM 1978, 89; Düsseldorf BB 1991, 946; Karlsruhe NZG 2001, 748.
49 Hamm NJW-RR 2000, 916.
50 BGH NJW 2005, 2618; BGH WM 1988, 446.
51 S oben Rz 6.
52 S oben Rz 3 f.
53 BGH NJW 1981, 749.
54 Hamm NZG 2004, 765; Koblenz NJW-RR 2002, 827; Hamm BB 1983, 1304.
55 Koblenz NJW-RR 2002, 827.
56 BGHZ 26, 25.
57 BGH NJW 1981, 749.
58 München NJW-RR 1995, 485.
59 S oben Rz 6.
60 BGH DStR 2002, 228; BGH NJW 2000, 2586; BGH NJW 1995, 2843; BGH NJW 1995, 188; BGH NJW 1992, 2757; BGH NJW 1984, 2295; BGH NJW 1984, 1455; Hamm NZG 2004, 765; Köln OLGR 2002, 315; Hamm NZG 2000, 1383. AA Erman/Westermann Rz 13.

möglich in die Schlussabrechnung einzubeziehen, um einen möglichst einfachen und umfassenden gegenseitigen Ausgleich herbeizuführen[61]. Werden derartige Individualansprüche in die Auseinandersetzungsbilanz einbezogen und der Schlussabrechnung zugrunde gelegt, gilt für ihre selbstständige Durchsetzung das Gleiche wie für Sozialansprüche und Sozialverbindlichkeiten; aber auch im Übrigen unterliegen Individualansprüche einer Durchsetzungssperre bis zur schuldrechtlichen Schlussabrechnung untereinander[62].

b) **actio pro socio**[63]. Zur Einzelklagebefugnis jedes Gesellschafters für Ansprüche der Gesellschaft gegen Mitgesellschafter aus dem Gesellschaftsverhältnis während der Liquidationsphase vgl zu § 705 Rz 48 ff. Die durch die Rechtsprechung in der Vergangenheit vorgenommene Unterscheidung zwischen Beitragsansprüchen gegen einen Gesellschafter (actio pro socio prinzipiell ausgeschlossen) und Schadensersatzansprüchen gegen einen Mitgesellschafter (actio pro socio unter den allgemeinen[64] und besonderen[65] Voraussetzungen möglich)[66] wird in der neueren Rechtsprechung[67] zutreffender Weise aufgegeben. Dass ein Gesellschafter auf Zahlung an sich selbst klagen kann, wenn die Gesellschaft nur noch im Hinblick auf einen Anspruch auseinanderzusetzen ist[68], beruht regelmäßig nicht auf einer actio pro socio, sondern auf der Entbehrlichkeit der Schlussabrechnung in diesen Fällen und der dadurch eröffneten Möglichkeit, den Anspruch auf das Auseinandersetzungsguthaben sofort geltend zu machen[69]. 14

5. **Geschäftführung und Vertretung**. – a) **Allgemeines**. Mit der Auflösung tritt die bisherige Geschäftsführungs- und Vertretungsregelung außer Kraft. Die Geschäftsführung und Vertretung steht allen Gesellschaftern gemeinschaftlich zu (Abs 2 Satz 2). Im Gegensatz zur OHG (HGB § 146) kennt die gesetzliche Regelung des BGB keine besonders ernannten Liquidatoren. Im Hinblick auf die Regelungen in der werbend tätigen Gesellschaft ist die den bisher geschäftsführenden Gesellschafter schützende Vorschrift des § 729 iVm der sich aus §§ 714, 169 ergebenden Außenwirkung zu beachten; das Gleiche gilt für die Notkompetenzen der §§ 727 Abs 2 Satz 1, 728 Abs 2 Satz 2. Der Insolvenzverwalter anstelle des Gesellschafter-Gemeinschuldners (§ 728 Abs 2) und der Erbe bzw der Testamentsvollstrecker (§ 727) werden Mitgeschäftsführer, ebenso der nach § 725 Abs 1 kündigende Gläubiger[70]. Im Hinblick auf mehrere Erben fehlt eine HGB § 146 Abs 1 Satz 2 entsprechende Regelung, so dass von Gesetzes wegen kein gemeinsamer Verwalter zu bestellen ist, vielmehr wird bei mehreren Erben die Erbengemeinschaft Verwalter der Liquidationsgesellschaft[71]. Der Umfang der Geschäftsführungsbefugnis und damit auch der Vertretungsmacht wird nach herrschender Meinung[72] grundsätzlich durch den Abwicklungszweck begrenzt. Bei darüber hinausgehenden Verpflichtungen haftet die GbR mit dem Gesamthandsvermögen nur nach Rechtsscheinsgrundsätzen[73]. In einem Rechtsstreit gegen den einen Gesellschafter kann der andere gesamtvertretungsberechtigte Gesellschafter die Abwicklungsgesellschaft vertreten[74]. Die Grundsätze zur actio pro socio[75] finden auch im Liquidationsstadium Anwendung[76]. Bei der Innengesellschaft bleibt die alleinige Geschäftsführungsbefugnis bei dem nach außen auftretenden Gesellschafter. 15

61 S Rz 3 vor § 730.
62 S oben Rz 8.
63 Köln NZG 2000, 1171; Düsseldorf NZG 1999, 989; BGH NJW 1953, 1217.
64 S § 705 Rz 50.
65 S oben Rz 10.
66 BGH NJW 1960, 433; RGZ 100, 165 (für rückständige Beiträge); BGH NJW 1977, 617; BGHZ 10, 91 (für Schadensersatzansprüche).
67 Köln NZG 2000, 1171 (Schadensersatzansprüche); Düsseldorf NZG 1999, 989 (Beiträge); s auch MünchKomm/Ulmer Rz 34.
68 BGH WM 1971, 723; BGH NJW 1953, 1217; MünchKomm/Ulmer Rz 35; Bork/Oepen ZGR 2001, 515.
69 S Rz 25 ff.
70 S zu diesen Vorschriften.
71 BGH NJW 1981, 749; Erman/Westermann Rz 7; Bamberger/Roth/Timm/Schöne Rz 24; aA Staud/Habermeier Rz 14; MünchKomm/Ulmer Rz 41.
72 BGH NJW 1984, 982; MünchKomm/Ulmer Rz 43; Bamberger/Roth/Timm/Schöne Rz 27; Staud/Habermeier Rz 16; Erman/Westermann Rz 8.
73 MünchKomm/Ulmer Rz 43; aA K Schmidt AcP 184 (1984), 529, 534.
74 BGH WM 1964, 740.
75 S § 705 Rz 48 ff.
76 Düsseldorf NZG 1999, 989.

16 b) **Abweichungen**. Von der gesetzlichen Regelung können Abweichungen im Gesellschaftsvertrag oder später durch einstimmigen Gesellschafterbeschluss festgelegt werden[77]. Insbesondere können entsprechend der Regelung bei der OHG (HGB §§ 145 ff) **Abwickler** bestellt werden. Es muss dabei allerdings klar der Wille der Beteiligten erkennbar sein, gerade Regelungen (auch) für das Liquidationsstadium zu treffen. Demzufolge führt die Vereinbarung von Einzelgeschäftsführungsbefugnis oder die Übertragung der Geschäftsführungsbefugnis auf einen oder mehrere Gesellschafter in der werbenden Gesellschaft noch nicht dazu, dass diese Bestimmungen auch für die Abwicklungsgesellschaft gelten[78]. Zur Bestellung und Abberufung von Liquidatoren vgl die Komm zu HGB §§ 145 ff. Anders als in der werbend tätigen Gesellschaft kann die Geschäftsführung weitestgehend auf Dritte übertragen werden, ohne dass damit der Grundsatz der Selbstorganschaft[79] verletzt wird (vgl HGB § 146 Abs 1 Satz 1, Abs 2 Satz 1)[80].

17 c) **Tätigkeitsbereich**. Er wird umrissen durch Abs 2 Satz 1. Der normale Ablauf hält folgende **Reihenfolge** ein: Feststellung des Vermögens – Aussonderung fremder Vermögensbestandteile (§ 732) – Schuldentilgung (§ 733 Abs 1) – Rückerstattung der Einlagen (§ 733 Abs 2) – Gewinnverteilung oder Verlustausgleich (§§ 734, 735) – Schlussabrechnung[81]. **Schwebende Geschäfte** sind solche, die im Zeitpunkt der Auflösung bereits eingegangen, aber noch nicht erledigt sind[82], jedoch nicht schon solche, die von gleicher Art sind wie die während des Bestehens abgeschlossenen Geschäfte, vielmehr muss es sich um **Fortführung** von etwas bereits Begonnenem handeln[83]. Die Rechtsprechung legt den Begriff weit aus[84]. Soweit dies dem Liquidationszweck (Veräußerung des Gesellschaftsvermögens) dient, sind auch **neue Geschäfte** zulässig[85], also nicht nur Beendigung der alten Geschäfte. Auch der Tätigkeitsbereich kann durch Gesellschafterbeschluss über die Abwicklungsaufgabe hinaus **erweitert** werden. Dem entspricht dann eine Erweiterung der Vertretungsmacht. Zu den Grenzen vgl Rz 7 vor § 730. Auch die Genehmigung einzelner abwicklungsfremder Geschäfte durch die Gesellschafter ist möglich[86]. Rückständige Gesellschafterbeiträge sind einziehbar, wenn diese für die Auseinandersetzung erforderlich sind[87]. Ein zum Liquidator bestellter Gesellschafter kann grundsätzlich **keine besondere Vergütung** beanspruchen, es sei denn, dass dies der Gesellschaftsvertrag oder ein Beschluss ausdrücklich angeordnet hat; eine stillschweigende Zusicherung kann nur unter besonderen Umständen angenommen werden[88].

III. Stellung der Gläubiger

18 1. **Allgemeines**. Zu den sog Drittgläubigeransprüchen im Verhältnis zwischen Gesellschaft und Gesellschaftern vgl oben Rz 11. Durch die Auflösung der Gesellschaft und deren Umwandlung in eine Abwicklungsgesellschaft wird die Rechtsstellung der Gläubiger grundsätzlich nicht tangiert. Diese können weiterhin Befriedigung aus dem Gesellschaftsvermögen erlangen; auch die Gesellschafterhaftung besteht unverändert fort[89]. Gläubigerinteressen können aber im Auseinandersetzungsverfahren berührt werden, und zwar insbesondere dann, wenn entgegen der gesetzlichen Regelung die Einlagen an die Gesellschafter zurückerstattet werden (§ 733 Abs 2 Satz 1) und gegebenenfalls ein Überschuss an sie ausgekehrt (§ 734) wird, bevor die Verbindlichkeiten der Gesellschaft berichtigt worden sind (§ 733 Abs 1). Indes werden die Gläubiger durch die grundsätzlich bestehende persönliche Haftung aller Gesellschafter für die Verbindlichkeiten der Gesell-

77 S Rz 17 ff vor § 730.
78 BGH NJW-RR 1995, 1182; Dresden NZG 2000, 249; Köln NJW-RR 1996, 28.
79 S § 709 Rz 22.
80 MünchKomm/Ulmer Rz 47; Bamberger/Roth/Timm/Schöne Rz 13, 23; Erman/Westermann Rz 10.
81 S hierzu Rz 25 ff.
82 RGZ 71, 133.
83 RG Recht 1909 Nr 820.
84 RGZ 72, 236, 240.
85 BGH WM 1964, 152; RG JW 1938, 3184.
86 BGH NJW 1984, 982 (KG).
87 S oben Rz 5.
88 BGH WM 1967, 682.
89 S auch § 714 Rz 47 für den Austritt.

schaft[90] hinreichend geschützt, so dass keine Notwendigkeit zu einem besonderen Gläubigerschutz besteht. Deshalb wirkt die in § 733 vorgesehene Reihenfolge bei der Auseinandersetzung nur im Innenverhältnis zwischen den Gesellschaftern; die Bestimmung ist insbesondere kein Schutzgesetz im Sinne von § 823 Abs 2; zu Einzelheiten vgl die Bem zu §§ 733, 734.

2. **Haftungsbeschränkungen**. Nach durchgeführtem Auseinandersetzungsverfahren kommt es zur Beendigung der Gesellschaft und damit zum ersatzlosen Wegfall des Rechtsträgers, wenn die GbR selbst rechtsfähig ist[91]. Zu einem solchen Wegfall kommt es insbesondere auch dann, wenn nur noch Verbindlichkeiten der Gesellschaft gegenüber Dritten bestehen[92]. Der Gläubigerschutz wird über die persönliche und unbeschränkte Mithaftung der Gesellschafter für die Verbindlichkeiten der Gesellschaft[93] hinreichend gewährleistet. Ist die persönliche Haftung der Gesellschafter ausnahmsweise ausgeschlossen, so können die Gläubiger zwar weder auf das Privatvermögen der Gesellschafter unmittelbar zugreifen noch die Nachschussverpflichtung der Gesellschafter nach § 735 geltend machen; letztere besteht ausschließlich gegenüber der Gesellschaft[94]. Diese Ansprüche auf Nachschuss gehören aber zum Gesellschaftsvermögen und damit zum Haftungsfonds; Gläubiger können gegebenenfalls die Ansprüche der Gesellschaft gegen ihre Gesellschafter pfänden und sich zur Einziehung überweisen lassen (ZPO §§ 828 ff). Auch wenn alle Sozialansprüche der Gesellschaft bis zur Schlussabrechnung der Durchsetzungssperre unterliegen, so können sie doch ohne Einschränkungen durch Dritte gepfändet werden (ZPO § 851 Abs 2). 19

Die Risiken für Gläubiger potenzieren sich, wenn die nicht mit ihrem Privatvermögen für die Verbindlichkeiten der Gesellschaft haftenden Gesellschafter von der Auseinandersetzungsfolge der §§ 733, 734 abweichen und vor der Schuldentilgung Einlagen zurückgewähren (§ 733 Abs 2) und/oder einen Überschuss an sich ausschütten (§ 734). Auch in diesem Fall können Gesellschafts-Gläubiger nicht verlangen, dass vor Einlagenrückgewähr und Überschussverteilung die Verbindlichkeiten der Gesellschaft zu befriedigen sind. Allerdings haften in einem solchen Fall auch die an sich von der Haftung befreiten Gesellschafter persönlich, wenn die Verteilung des Gesellschaftsvermögens vor der Berichtigung der Verbindlichkeiten erfolgte; jedoch nur bis zur Höhe des aus dem Gesellschaftskapital Erlangten[95]. 20

3. **Nachhaftungsbegrenzung**. § 736 Abs 2 verweist für die Nachhaftung eines aus einer fortbestehenden Gesellschaft ausgeschiedenen Gesellschafters auf die „für Personalhandelsgesellschaften geltenden Regelungen über die Begrenzung der Nachhaftung“. In Bezug genommen wird damit HGB § 160, nicht aber auch HGB § 159, der eine entsprechende Nachhaftungsbegrenzung für Gesellschafter bei Auflösung und Vollbeendigung einer Handelsgesellschaft anordnet. Jedoch wurde schon vor der Einfügung von § 736 Abs 2[96] die **entsprechende Anwendung aller nachhaftungsbegrenzenden Reglungen des HGB** (§ 159 aF, §§ 159, 160 nF) auf die GbR allgemein anerkannt[97]. Dementsprechend ist auch die Nachhaftung der Gesellschafter einer vollbeendeten GbR analog HGB § 159 zeitlich beschränkt[98]. Die Analogie rechtfertigt sich aus zwei Überlegungen. Zum einen verbietet die vergleichbare Interessenlage zum Recht der OHG und KG, dort eine besondere Nachhaftungsbegrenzung vorzunehmen, im Recht der GbR aber nicht. Zum anderen wäre es widersprüchlich, über den Verweis in § 736 Abs 2 zwar HGB § 160, nicht aber auch HGB § 159 auf die GbR anzuwenden. 21

90 S § 714 Rz 29 ff.
91 S Rz 21 vor § 705.
92 S Rz 2 vor § 730.
93 S § 714 Rz 29 ff, 38 ff.
94 S § 735 Rz 2, 6 f.
95 S § 733 Rz 1.
96 Ges zur zeitlichen Begrenzung der Nachhaftung von Gesellschaftern v 8. März 1994 (BGBl I, S 560).
97 BGHZ 117, 168, 179; BGH DStR 1994, 32 (mAnm Goette); Staub/Habersack HGB⁴ § 159 Rz 5; Frey ZIP 1992, 700; Lieb GmbHR 1992, 561.
98 BFH NJW-RR 1998, 1185; MünchKomm/Ulmer § 736 Rz 21 f, 28; Bamberger/Roth/Timm/Schöne § 736 Rz 21; Erman/Westermann § 736 Rz 8; Kapp DB 1993, 869; Seibert DB 1994, 464.

22 **HGB § 159** ist auch auf den Fall der Auflösung und Liquidation einer **zweigliedrigen Gesellschaft** anwendbar; etwas anderes gilt nur dann, wenn einer der beiden Gesellschafter das Gesellschaftsvermögen im Wege der Gesamtrechtsnachfolge übernimmt. Hier ist HGB § 160 entsprechend anzuwenden, denn durch die Gesamtrechtsnachfolge in das Gesellschaftsvermögen haftet der Übernehmende, soweit es diesen Haftungstatbestand betrifft, ohne die Möglichkeit einer Haftungsbeschränkung. Da die Gesellschaftsverbindlichkeiten insoweit ohne Änderung fortbestehen, entspricht die Rechtslage für den anderen, ausscheidenden Gesellschafter eher HGB § 160. Zu Einzelheiten dieser Nachhaftungsbegrenzung vgl § 736 Rz 20 ff.

23 § 159 betrifft nur **Ansprüche gegen die Gesellschaft**, für die der Gesellschafter als solcher mit seinem Privatvermögen haftet[99]; dazu gehören auch Ansprüche, die ein Gesellschafter wie ein Dritter gegen die Gesellschaft hat (Drittgläubigerforderungen) sowie Ansprüche ausgeschiedener Gesellschafter gegen die Gesellschaft (§ 738 Abs 1 Satz 2). **Nicht** von der Nachhaftungsbegrenzung erfasst werden Ansprüche gegen einen Gesellschafter wegen Verbindlichkeiten der Gesellschaft, die sich für diesen aus einem **eigenständigen Rechtsgrund** (Bürgschaft, Schuldbeitritt usw) ergeben; nicht erfasst werden ebenfalls Ansprüche zwischen den Gesellschaftern neben dem oder aus dem Gesellschaftsverhältnis (Individualansprüche). Damit unterfällt insbesondere der Rückgriffsanspruch aus § 426 Abs 1 nicht der Verjährung nach HGB § 159 Abs 1; in Ausnahme des Grundsatzes, dass Drittgläubigeransprüche an sich der Nachhaftungsbegrenzung unterfallen, hat dies wegen des engen Bezugs auch für den Rückgriff nach § 426 Abs 2 zu gelten.

24 HGB § 159 begründet eine **eigenständige Einrede** zugunsten der Gesellschafter. Angesichts der allgemeinen Verjährungsfrist von drei Jahren ist diese Vorschrift ohne größere praktische Bedeutung. Wird eine GbR aufgelöst, so **verjähren** die Ansprüche gegen die Gesellschafter aus Verbindlichkeiten gegen die Gesellschaft **in fünf Jahren** nach diesem Zeitpunkt, wenn nicht der Anspruch in kürzerer Zeit verjährt (HGB § 159 Abs 1). Bei einer solchen kürzeren Verjährungsfrist kann sich der Gesellschafter zusätzlich auf HGB § 129 Abs 1 analog stützen. Wird der Anspruch des Gläubigers erst nach der Auflösung fällig, so beginnt die Verjährungsfrist gegen die Gesellschafter erst zu diesem Zeitpunkt (HGB § 159 Abs 3); wie in Absatz 1 kommt es auch hier auf die Forderung gegen den Gesellschafter, nicht aber die Forderung gegen die Gesellschaft an[100]. Zu den Einzelheiten der Nachhaftungsbegrenzung vgl im Übrigen die Kommentarliteratur zu HGB § 159. Da allerdings die GbR **keiner Registerpublizität** unterliegt, muss für den Fristbeginn an die Stelle der für OHG und KG maßgeblichen Handelsregistereintragung (HGB § 159 Abs 2) ein anderes Ereignis treten. Das kann im Interesse einer sicheren Feststellung[101] nur die Auflösung der Gesellschaft, nicht aber deren Vollbeendigung sein[102]. Darüber hinaus kommt es nicht auf diesen fixen Zeitpunkt selbst an; maßgeblich ist vielmehr der Zeitpunkt, zu dem die jeweiligen **Gläubiger Kenntnis von der Auflösung** der Gesellschaft erhalten[103].

IV. Schlussabrechnung und Beendigung der Gesellschaft

25 1. **Schlussabrechnung**. Am Ende der Auseinandersetzung über das Vermögen der Gesellschaft steht die Schlussabrechnung, mittels derer alle der Durchsetzungssperre unterliegenden, bereits vor der Auflösung der Gesellschaft bestehenden oder aber im Rahmen der Auseinandersetzung entstehenden **Zahlungsansprüche gegeneinander** soweit wie möglich **verrechnet** werden; zum Umfang der Schlussabrechnung (schuldrechtlicher Ausgleich nicht nur zwischen Gesellschaft und Gesellschaftern, sondern auch zwischen den Gesellschaftern) s Rz 3 vor § 730. Aus der Schlussabrechnung ergibt sich, ob dem Gesellschafter ein Überschuss zusteht oder ob er

99 S § 714 Rz 29 ff, 38 ff.
100 Staub/Habersack HGB[4] § 159 Rz 18.
101 S Rz 2 vor § 730.
102 Dazu K Schmidt DB 1990, 2357; Ulmer/Timmann ZIP 1992, 1; Lieb GmbHR 1992, 561.
103 BFH NJW-RR 1998, 1185; MünchKomm/Ulmer § 736 Rz 30; Bamberger/Roth/Timm/Schöne § 736 Rz 21; Erman/Westermann § 736 Rz 8; Kapp DB 1993, 869; Seibert DB 1994, 464.

einen Fehlbetrag gegenüber Gesellschaft oder Mitgesellschaftern auszugleichen hat[104]. Maßgeblicher Stichtag für den Wertausgleich zwischen allen Beteiligten ist der Zeitpunkt der Vollbeendigung der Gesellschaft; diese tritt, auch wenn noch Verbindlichkeiten der Gesellschaft bestehen sollten, mit der Verwertung des letzten Gegenstandes aus dem Aktivvermögen der Gesellschaft ein[105]. Wird Gesellschaftsvermögen gegenständlich zwischen den Gesellschaftern geteilt, können auch insoweit Wertausgleichsansprüche untereinander entstehen. Zum Verhältnis zwischen Schlussabrechnung und Überschussverteilung (§ 734) bzw Nachschusspflicht (§ 735) vgl die Bem zu § 734.

Eine besondere Form ist für die Schlussabrechnung nicht vorgeschrieben; das gilt nicht nur für die GbR, sondern gleichermaßen auch für OHG, KG und Partnerschaftsgesellschaft. Zur umstrittenen Frage, ob bei Auflösung der Gesellschaft und in Ansehung des auseinander zu setzenden Gesellschaftsvermögens eine **Auseinandersetzungsbilanz** bzw eine Abschichtungsbilanz wie beim Ausscheiden aus einer fortbestehenden Gesellschaft zu erstellen ist, vgl die Bem zu §§ 734, 738. Eine Schlussabrechnung geht in dem einen wie dem anderen Fall über die (partielle) Auseinandersetzung des Gesellschaftsvermögens hinaus; und zwar nicht nur wegen des auch ansonsten notwendigen Ausgleichs zwischen Gesellschaft und Gesellschaftern, sondern auch wegen des in der Regel einbezogenen schuldrechtlichen Ausgleichs zwischen den Gesellschaftern und vor allem wegen der notwendigen Zuweisung der individuellen Überschuss- oder Verlustanteile an die Gesellschafter. **26**

Aus dem Sinn und Zweck der Schlussabrechnung folgt aber, dass ihre Bestandteile denen der Auseinandersetzungsbilanz bzw Abschichtungsbilanz gleichen. Die Schlussabrechnung ist **von den Abwicklern aufzustellen**; das sind in der Regel alle Gesellschafter als Liquidatoren der Gesellschaft[106]. Diese Aufstellung ist eine Geschäftsführungsmaßnahme, mit der das Rechenwerk erstellt und die Saldierung vorgenommen wird. Das **Ergebnis** der Schlussabrechnung ist hingegen von allen Gesellschaftern **mittels Beschlusses festzustellen**. Dieser Feststellungsbeschluss stellt ein Grundlagengeschäft dar, er muss grundsätzlich einstimmig gefasst werden; zu Mehrheitsbeschlüssen und ihren Grenzen (Kernbereichslehre, Bestimmtheitsgrundsatz) vgl § 709 Rz 39 ff. Mit dem Gesellschafterbeschluss wird die **Richtigkeit** der Schlussabrechnung in den Berechnungsgrundlagen und im Ergebnis **bestätigt** und allseits als **verbindlich anerkannt**. Entsteht Streit unter den Beteiligten um die zutreffende Bewertung einzelner Vermögensgegenstände oder die Angemessenheit des zugrunde gelegten Verteilungsschlüssels, so entfaltet die **Abschlussrechnung** wie jede Schlussrechnung **Sperrwirkung**: Der der Schlussabrechnung zustimmende Gesellschafter bleibt daran grundsätzlich gebunden[107], der nicht zustimmende Gesellschafter muss gegebenenfalls mittels Klage die Nichtigkeit des Beschlusses feststellen lassen. Zu den Einzelheiten bzgl Beschlussmängeln und deren Rechtsfolgen vgl § 709 Rz 42 ff. Zum **deklaratorischen Schuldanerkenntnis** im Feststellungsbeschluss im Hinblick auf die jeweiligen Salden s § 721. **27**

Zu Mitwirkungspflichten aller Gesellschafter-Geschäftsführer an der Aufstellung und aller Gesellschafter an der Feststellung der Schlussabrechnung s Rz 3, zur Durchsetzbarkeit dieser Ansprüche s Rz 12 und vor allem die Bem zu § 721.

2. **Anspruch auf das Auseinandersetzungsguthaben**. Das Auseinandersetzungsguthaben ist das zugunsten eines Gesellschafters **in der Schlussabrechnung** errechnete Saldo. Er richtet sich gegen die Gesellschaft selbst; wenn deren Vermögen verteilt ist, gegen die jeweils ausgleichspflichtigen Mitgesellschafter[108]. Der Anspruch auf Auszahlung **entsteht** dem Grunde nach bereits **mit der Auflösung der Gesellschaft**, er wird aber erst mit der **Schlussabrechnung** und der dort **28**

104 Koblenz NJW-RR 2002, 827; Saarbrücken NZG 2002, 670.
105 S Rz 2 vor § 730.
106 S oben Rz 15.
107 Schleswig OLGR 2004, 172.
108 BGH NJW 1999, 3557; BGH NJW 1995, 188; BGH ZIP 1993, 1307; Hamm NZG 2003, 279; Saarbrücken NJW-RR 2000, 876; Oldenburg NJW-RR 2000, 542; MünchKomm/Ulmer Rz 62.

vorgenommenen Saldierung aller wechselseitigen Ansprüche nach der Veräußerung des Gesellschaftsvermögens und Berichtigung der Gesellschaftsverbindlichkeiten beziffert und damit **fällig**[109]. Der Gesellschafter-Gläubiger kann über den Anspruch auf das Auseinandersetzungsguthaben im Liquidationsverfahren als gegenwärtigen, nicht nur zukünftigen Anspruch verfügen[110]. Bedeutung erlangt dies vor allem bei kreditfinanzierten Anlagebeteiligungen, bei denen der Beteiligungserwerb und der Kreditvertrag ein verbundenes Geschäft darstellen (§ 358); der auf Rückzahlung des Kredits in Anspruch genommene Gesellschafter kann der Bank den Anspruch auf das Auseinandersetzungsguthaben als Einwendung in gleicher Weise entgegenhalten wie der Gesellschaft selbst[111].

29 Eine verfrüht erhobene Leistungsklage auf Zahlung des Saldos kann – ähnlich wie bei einer Leistungsklage, die auf Grund der Durchsetzungssperre derzeit noch unbegründet ist[112] – in eine Feststellungsklage dahingehend umgedeutet werden, dass Einzelansprüche des Klägers oder bestimmte Vermögensgegenstände der Gesellschaft in die Schlussabrechnung zur Bezifferung des Auseinandersetzungsguthabens einzustellen sind[113]. Eine Leistungsklage auf Erstellung oder Mitwirkung an der Schlussabrechnung und der daraus sich ergebenden Bezifferung des Auseinandersetzungsguthabens ist allerdings möglich.

30 Der Anspruch auf das Auseinandersetzungsguthaben ist ebenso wie der Abfindungsanspruch nach Auflösung der Gesellschaft (§ 738 Abs 1 Satz 2) dergestalt „im Gesellschaftsverhältnis" angelegt, dass er als künftiger Anspruch hinreichend bestimmt ist und Verfügungsgegenstand schon vor der Auflösung der Gesellschaft bzw dem Ausscheiden aus der Gesellschaft sein kann. Bei **Vorausverfügungen** (Abtretungen, Pfändungen, Verpfändungen, Belastungen) kommt es für deren Wirksamkeit darauf an, dass der Anspruch tatsächlich in der Person des Verfügenden entsteht; wurde die Mitgliedschaft vor Auflösung übertragen, entsteht der Auseinandersetzungsanspruch in der Person des neuen Gesellschafters, und zwar unbelastet. Das Gleiche gilt für dingliche Belastungen der Mitgliedschaft vor Entstehung des Anspruchs auf das Auseinandersetzungsguthaben, die darauf bezogenen Verfügungen vorgeht. Zu den Einzelheiten vgl § 717 Rz 8. Der Anspruch auf das Auseinandersetzungsguthaben und der Abfindungsanspruch nach § 738 Abs 1 Satz 2 sind wirtschaftlich identisch; wenn der Gesellschafter vorab über den Anspruch auf das Auseinandersetzungsguthaben wirksam verfügt hat oder dieser Anspruch im Wege der Zwangsvollstreckung mit Beschlag belegt wurde, erfasst das zwangsläufig auch den Abfindungsanspruch, wenn der Gesellschafter-Schuldner nicht durch Auflösung der Gesellschaft, sondern einseitig aus der fortbestehenden Gesellschaft ausscheidet.

Zu Möglichkeiten und Grenzen einer Beschränkung des Anspruchs auf das Auseinandersetzungsguthaben s die Bem zu § 738.

31 3. **Entbehrlichkeit der Schlussabrechnung**. Zur Entbehrlichkeit einer Liquidation insgesamt, wenn kein Gesellschaftsvermögen auseinanderzusetzen ist, vgl Rz 5 vor § 730. Nicht das Liquidationsverfahren insgesamt, sondern nur die **Schlussabrechnung** ist dann **entbehrlich**, wenn die Verhältnisse bei der Auseinandersetzung des Gesellschaftsvermögens so einfach gelagert sind, dass sofort und eindeutig Zahlungsverpflichtungen zulasten oder Auseinandersetzungsguthaben zugunsten einzelner Gesellschafter erkennbar sind. Das ist vor allem der Fall, wenn sich die Gesellschafter nur über einen Vermögensgegenstand der Gesellschaft auseinanderzusetzen haben

109 BGH NJW-RR 2005, 627; MünchKomm/Ulmer § 734 Rz 10; Bamberger/Roth/Timm/Schöne § 734 Rz 2; Staud/Habermeier Rz 26; Erman/Westermann Rz 15.

110 Hamm NJW-RR 2000, 916 (Abtretung vor Bezifferung).

111 BGH NJW 2003, 2821; München ZIP 2000, 2295 (im konkreten Fall verneint); aA Stuttgart ZIP 2001, 692.

112 S Rz 13.

113 BGH DStR 2002, 228; BGH NJW 2000, 2586; BGH NJW 1995, 2843; BGH NJW 1995, 188; BGH NJW 1992, 2757; BGH NJW 1984, 2295; BGH NJW 1984, 1455; Hamm NZG 2004, 765; Köln OLGR 2002, 315; Hamm NZG 2000, 1383.

oder aber nur noch ein schuldrechtlicher Ausgleich zwischen den Gesellschaftern herbeigeführt werden muss[114]. In diesen Fällen kann der ausgleichsberechtigte Gesellschafter unmittelbar Leistung vom ausgleichsverpflichteten Gesellschafter verlangen. Abweichend von der Regel wird der Anspruch auf das Abfindungsguthaben dann sofort fällig. Oftmals bleibt in der Praxis allerdings unklar, ob der Kläger einen Altanspruch (zum Teil) verfolgt[115] (dann Frage der Durchsetzungssperre und seiner Durchbrechung) oder aber das (selbst ermittelte) Saldo zu seinen Gunsten, also den Auseinandersetzungsanspruch, geltend macht (dann Frage der Selbstvornahme bzw Entbehrlichkeit der Schlussabrechnung)[116].

4. **Nachtragsliquidation**. Die GbR bleibt als Auseinandersetzungsgesellschaft so lange be- 32
stehen, als überhaupt noch aktives Gesellschaftsvermögen vorhanden ist. Solange ein etwaiger Abwicklungsüberschuss noch nicht verteilt ist oder die Gesellschafter über seine Verteilung streiten, ist die Gesellschaft noch nicht beendet[117]. Stellt sich nachträglich heraus, dass noch Gesellschaftsvermögen vorhanden ist, so ist die Gesellschaft noch nicht beendet worden und die Auseinandersetzung wieder aufzunehmen[118]; insoweit ist die Geschäftsführungs- und Vertretungsmacht der Abwickler erneut vorhanden[119]. Es können auch dann noch, soweit erforderlich, rückständige Beiträge eingezogen werden[120]. Stellt sich nachträglich nur eine Forderung gegen einen Gesellschafter heraus, können die übrigen Gesellschafter – wie schon im eigentlichen Liquidationsverfahren selbst – unmittelbar auf Leistung klagen.

Das Vorhandensein von **Gesellschaftsschulden** rechtfertigt allein noch **nicht** die Annahme 33
eines Fortbestehens der Liquidationsgesellschaft. Auch ein noch nicht oder nicht umfassend durchgeführter schuldrechtlicher Ausgleich zwischen den Gesellschaftern bedingt selbst dann nicht eine Nachtragsliquidation unter Fortbestand der Gesellschaft, wenn nach den getroffenen Vereinbarungen dieser schuldrechtliche Ausgleich Bestandteil der Auseinandersetzung und damit Teil der Schlussabrechnung sein sollte. Denn soweit nur noch Ansprüche zwischen den Gesellschaftern bestehen, bedarf es keines Fortbestandes der Gesellschaft selbst als Rechtsträger eines Gesellschaftsvermögens mehr. Eine gegebenenfalls erforderliche Nachtragsliquidation beschränkt sich in diesem Fall auf den erneut vorzunehmenden Ausgleich zwischen den Gesellschaftern; und zwar auf der Grundlage des Saldos der Schlussabrechnung und Berücksichtigung der bislang unberücksichtigten gegenseitigen Ansprüche.

VI. Fortsetzung der Gesellschaft

1. **Allgemeines**. Die Gesellschafter können grundsätzlich die aufgelöste Gesellschaft als wer- 34
bende fortsetzen. Die Rückumwandlung kann auch nach Jahren erfolgen, solange das Auseinandersetzungsverfahren noch nicht beendet und die Gesellschaft vollbeendet ist[121]. Nicht möglich ist aber eine Fortführung der Gesellschaft bei Erreichung oder Unmöglichwerden des Gesellschaftszwecks (§ 726); hier können die Gesellschafter nur einen neuen Gesellschaftszweck vereinbaren[122]. Die Gesellschafter können aber durch entsprechende Gestaltung des Gesellschaftsvertrages von vornherein die oft verlustreichen Folgen der Auflösung der Gesellschaft verhindern, indem sie von den in den §§ 736, 737 eröffneten Möglichkeiten zur Fortsetzung der Gesellschaft ohne den Gesellschafter, in dessen Person der Auflösungsgrund eintrat, Gebrauch machen.

114 BGH NJW-RR 2007, 245; BGH NJW-RR 2006, 468; BGH NJW 1999, 3557; BGH NJW 1999, 1180; BGH NJW-RR 1995, 1182; BGH ZIP 1993, 1307; BGH NJW-RR 1991, 549; BGH NJW-RR 1990, 736 (Innengesellschaft); Köln NZG 1999, 152; Karlsruhe DStR 1995, 1072.
115 S oben Rz 13.
116 Vgl etwa BGH NJW-RR 1991, 549.
117 BayObLG WM 1983, 353 (OHG).
118 RGZ 114, 131, 135; MünchKomm/Ulmer Rz 39.
119 BGH NJW 1979, 1987; einschränkend BayObLG NJW-RR 2000, 1348 (für Publikums-KG).
120 RG JW 1911, 809.
121 BGH WM 1964, 152.
122 S § 726 Rz 5.

35 2. **Voraussetzungen**. Voraussetzung für die Fortsetzung der Gesellschaft als werbende Gesellschaft ist die bislang fehlende Vollbeendigung des Verbandes[123], der Wegfall des Auflösungsgrundes[124] sowie ein Fortsetzungsbeschluss der Gesellschafter. Dieser Fortsetzungsbeschluss ist grundsätzlich einstimmig zu fassen[125]. Ein Mehrheitsbeschluss ist nur wirksam, wenn dieser im Gesellschaftsvertrag für diesen Fall zugelassen ist[126]; über die Wirksamkeit von Mehrheitsbeschlüssen und ihre Grenzen s § 709 Rz 33 ff. In den Fällen der Gläubigerkündigung (§ 725), der Auflösung der Gesellschaft wegen Eigeninsolvenz (§ 728 Abs 1) oder Insolvenz eines Gesellschafters (§ 728 Abs 2) bedarf die Fortsetzung der Zustimmung des Gläubigers bzw des Insolvenzverwalters[127]. Falls sonst für einen Gesellschafterbeschluss die Genehmigung des Vormundschaftsgerichts nötig sein sollte, ist diese ebenso wenig wie für einen Änderungsbeschluss[128] für einen Fortsetzungsbeschluss erforderlich[129]. Für den Fall, dass anstelle eines Gesellschafters ein Dritter die Mitgliedschaftsrechte in der Liquidationsgesellschaft wahrnimmt, wie dies etwa ausnahmsweise bei der Testamentsvollsteckung zulässig ist[130], bedarf es der Mitwirkung des Dritten anstelle des jeweiligen Gesellschafters. Dagegen steht dem Zessionar, dem der Anspruch auf das Abfindungsguthaben abgetreten ist[131], kein Recht auf Zustimmung zu, da er nicht Gesellschafter ist. Da Ein- und Austritt zulässig sind[132], kann die Gesellschaft auf eine entsprechende Beschlussfassung hin dann auch mit einem veränderten Personenkreis fortgesetzt werden.

36 3. **Rechtsfolgen**. Mit dem Fortsetzungsbeschluss beenden die Gesellschafter die Liquidationsgesellschaft und gehen wieder zu einer werbenden Gesellschaft über. Ebenso wie bei der Umwandlung einer werbend tätigen Gesellschaft in eine Auflösungsgesellschaft[133] bleibt auch bei der Fortsetzung einer aufgelösten Gesellschaft die Identität der Gesellschaft gewahrt. Nur ihr Zweck ändert sich, womit freilich wesentliche Änderungen in den Gesellschaftsstrukturen einhergehen können. Vor allem ist die Geschäftsführungsbefugnis nicht mehr durch das Ziel der Vollbeendigung der Gesellschaft begrenzt, sondern orientiert sich am neuen Gesellschaftszweck[134]. Im Außenverhältnis können die Auflösungswirkungen bei der Gesellschaft nur mit Wirkung für die Zukunft aufgehoben werden. Liquidierte Vermögensteile sind neu zu erwerben; es bedarf aber keiner Übertragung der noch bei der Liquidationsgesellschaft vorhandenen Aktiven auf die werbende Gesellschaft, denn die Gesellschaft hat mit der Rückumwandlung nicht aufgehört zu bestehen. Für die Altschulden haften die Gesellschafter unverändert weiter, wodurch die Interessen der Gläubiger voll gewahrt werden. Die Gesellschafterpflichten, die in der werbenden Gesellschaft bestanden, entstehen erneut mit dem Fortsetzungsbeschluss; ob bereits zurückgezahlte Einlagen wieder einzubringen sind, unterliegt der freien Vereinbarung unter den Gesellschaftern; aus dem Fortsetzungsbeschluss allein ergibt sich dies noch nicht ohne weiteres. Demgegenüber können die Gesellschafter für das Innenverhältnis mit ex-tunc-Wirkung vereinbaren, sich so zu behandeln, als ob nie eine Auflösung eingetreten sei.

§ 731 Verfahren bei Auseinandersetzung

Die Auseinandersetzung erfolgt in Ermangelung einer anderen Vereinbarung in Gemäßheit der §§ 732 bis 735. Im Übrigen gelten für die Teilung die Vorschriften über die Gemeinschaft.

123 S Rz 17 f vor § 723.
124 S Rz 4 ff vor § 723.
125 BGH NJW 1995, 2844; BGH NJW 1953, 102; RGZ 106, 63, 67; Zweibrücken NZG 1998, 939; Frankfurt/M NJW-RR 1988, 255.
126 S § 709 Rz 17.
127 S § 725 Rz 15, § 728 Rz 9, 17.
128 S § 705 Rz 21.
129 BGHZ 38, 26.
130 S § 727 Rz 48 ff.
131 S § 717 Rz 11 ff.
132 S Rz 2.
133 S Rz 15 vor § 723.
134 S § 709 Rz 9.

1. **Allgemeines**. Die Vorschriften der §§ 730 bis 735 betreffen nur das Innenverhältnis der Gesellschaft und sind daher dispositiv. Für die Auseinandersetzung anzuwenden sind daher **vorrangig** die Bestimmungen des **Gesellschaftsvertrages** oder eines vor oder nach der Auflösung der Gesellschaft gefassten[1] Gesellschafterbeschlusses. Mittels Vereinbarungen können die Gesellschafter von den gesetzlichen Regelungen insgesamt oder nur in Teilen abweichen. Ein **Gesellschafterbeschluss** muss grundsätzlich einstimmig gefasst werden; zu den unterschiedlichen Beschlussgegenständen (Grundlagengeschäfte, Geschäftsführungsmaßnahmen) vgl § 709 Rz 25, zu Mehrheitsentscheidungen und zu den Grenzen des Mehrheitsgrundsatzes (Bestimmtheitsgrundsatz, Kernbereichslehre) vgl § 709 Rz 17, 39 ff. 1

§ 731 **Satz 1** hat eine nur **klarstellende Funktion**. Fehlen gesellschaftsvertragliche Regelungen zum Auseinandersetzungsverfahren oder darauf bezogene Beschlüsse der Gesellschafter, sind die §§ 732 bis 735 heranzuziehen. Bedeutung erlangt die Klarstellung **vor allem für § 733 Abs 1 Satz 1**, Abs 2 Satz 1, 734: Die Gesellschafter können die Einlagen aus dem Gesellschaftsvermögen zurückerstatten und einen Überschuss unter sich verteilen, auch bevor sie die Verbindlichkeiten der Gesellschaft gegenüber Gläubigern berichtigt haben. Diese sind angesichts der grundsätzlich persönlichen und unbeschränkten Haftung der Gesellschafter für die Verbindlichkeiten der Gesellschaft[2] hinreichend geschützt, auch wenn die Nachhaftung der Gesellschafter nach Beendigung der Gesellschaft zeitlich limitiert ist (§ 736 Abs 2). Ist die Gesellschafterhaftung ausnahmsweise ausgeschlossen, kommt es zu einer persönlichen Haftung der Gesellschafter mit dem aus dem Gesellschaftsvermögen Erlangten, wenn Verbindlichkeiten der Gesellschaft wegen der vorgezogenen Einlagenrückgewähr bzw der Überschussverteilung nicht erfüllt werden können. Zu den Einzelheiten vgl die Bem zu §§ 733, 734. 2

Nach Satz 2 gilt **Gemeinschaftsrecht subsidiär** gegenüber Vereinbarungen zur Auseinandersetzung und §§ 730 ff. Daraus folgt zum einen, dass nur die Regelungen zur Auseinandersetzung der Gemeinschaft (§§ 749 bis 758) Anwendung finden können. Da die Auseinandersetzung der GbR jedenfalls primär[3] „in Ansehung des Gesellschaftsvermögens" stattfindet, folgt daraus zum anderen, dass die §§ 749 ff nur dann Anwendung finden können, wenn **teilbares Gesellschaftsvermögen** vorhanden ist. Im Übrigen, vor allem bei der Anwendbarkeit des in § 756 Satz 1 enthaltenen Befriedigungsvorrechts, kommt es darauf an, welches Verhältnis von der Auseinandersetzung des Gesellschaftsvermögens zur Auseinandersetzung zwischen den Gesellschaftern man den §§ 730 ff zugrunde legt[4]. Im Grundsatz ist davon auszugehen, dass die Regelungen der §§ 730 ff nur die Auseinandersetzung des Gesellschaftsvermögens als solches erfassen. Die §§ 752 ff können dann für die Auseinandersetzung zwischen den Gesellschaftern Bedeutung erlangen. Dieser Ausgleich zwischen den Gesellschaftern gehört zwar nicht mehr zum eigentlichen Liquidationsverfahren, er wird aber auf Grund (auch nur stillschweigend getroffener) Vereinbarung zumeist im Rahmen einer umfassenden Auseinandersetzung in die Schlussabrechnung zwischen allen Beteiligten mit einbezogen[5]. In diesem Fall verdrängen die §§ 730 ff weitestgehend die §§ 752 ff. 3

2. **Ergänzende Geltung des Rechts der Bruchteilsgemeinschaft**. Das Recht zur Kündigung (§§ 723 ff) entspricht dem Aufhebungsanspruch des § 749 und verdrängt diesen bei der GbR vollständig. Die §§ 752, 753 sind nicht anwendbar, wenn weder Gesamthandsvermögen[6] noch eine Gemeinschaft nach Bruchteilen bezüglich eines oder mehrerer Gegenstände der GbR[7] besteht. Sieht der Gesellschaftsvertrag entgegen der Regel des § 733 Abs 3 eine Veräußerung des Gesellschaftsvermögens nicht nur im für die Schuldentilgung und die Einlagenrückgewähr erforderlichen Umfang, sondern vollständig (HGB § 149 Satz 1) vor, scheidet eine Teilung in Natur nach § 752 insgesamt aus. Das Gleiche gilt bei tatsächlich oder auch nur wirtschaftlich unteilbaren 4

1 RGZ 91, 428, 431.
2 S § 714 Rz 29 ff, 38 ff.
3 S Rz 3 vor § 730.
4 S Rz 3 vor § 730; § 730 Rz 8, 25.
5 S § 730 Rz 25 ff.
6 So häufig bei der Innengesellschaft s Rz 28 vor § 705.
7 Vgl dazu § 718 Rz 9.

Gegenständen[8] des Gesellschaftsvermögens. In diesen Fällen und dann, wenn Gegenstände des Gesellschaftsvermögens zur Schuldenbereinigung (§ 733 Abs 1) oder zur Einlagenrückgewähr (§ 733 Abs 2) veräußert werden müssen (§ 733 Abs 3), hat die Verwertung nach § 753 durch Pfandverkauf (§§ 1235 ff) zu erfolgen; bei Grundstücken durch Zwangsversteigerung. Noch nicht fällige Forderungen sind nach § 754 Satz 1 zu verkaufen; ansonsten sind Forderungen durch die Gesellschaft einzuziehen[9]. Die allseitige Pflicht, Forderungen gemeinschaftlich einzuziehen (§ 754 Satz 2), ergibt sich bereits aus der Stellung aller Gesellschafter als Liquidatoren[10] und der jeden Gesellschafter treffenden Pflicht, bei der Abwicklung der Gesellschaft mitzuwirken[11]. Nicht anwendbar ist § 755, weil die vorrangige Berichtigung der Gesellschaftsverbindlichkeiten („gemeinschaftlichen Schulden") sich schon aus § 733 Abs 1 und 3 ergibt. § 757 regelt die Sach- und Rechtsmängelhaftung der übrigen Gesellschafter, wenn ein Mitgesellschafter im Zuge der Auseinandersetzung einzelne Gegenstände des Gesellschaftsvermögens übernimmt. Da dem Anspruch auf Aufhebung der Gemeinschaft (§ 749) bei der GbR das Kündigungsrecht (§ 723) entspricht, wird § 759, der die Unverjährbarkeit des Aufhebungsanspruchs vorsieht, schwerlich anwendbar.

5 Für die Anwendbarkeit des in § 756 Satz 1 enthaltenen Befriedigungsvorrangs kommt es auf das Verhältnis von Gesellschaftsliquidation und Auseinandersetzung zwischen den Gesellschaftern an. Haben die Gesellschafter ausdrücklich oder stillschweigend vereinbart, dass im Rahmen der Schlussabrechnung nicht nur das Gesellschaftsvermögen auseinanderzusetzen, sondern auch die wechselseitigen Ansprüche zwischen den Gesellschaftern auszugleichen sind, können diese Ansprüche nicht mehr isoliert geltend gemacht werden[12], sondern sie sind soweit wie möglich gegeneinander zu verrechnen und fließen in das Gesamtsaldo zugunsten oder zulasten eines Gesellschafters ein. § 756 Satz 1 findet aber dann Anwendung, wenn der schuldrechtliche Ausgleich zwischen den Gesellschaftern außerhalb des eigentlichen Liquidationsverfahrens über das Vermögen der Gesellschaft stattfindet[13]. Zu den Einzelheiten vgl die Bem zu § 734.

6 3. **Anwendbarkeit auf Innengesellschaften**. Auch bei Innengesellschaften richtet sich die Auseinandersetzung vorrangig nach den Vereinbarungen zwischen den Gesellschaftern. Zur Anwendbarkeit der §§ 730 bis 735 vgl Rz 8 ff vor § 730 und die Bem zu den einzelnen Vorschriften. Eine Anwendbarkeit der §§ 752 ff scheidet demgegenüber zwangsläufig aus, wenn kein Gesamthandsvermögen gebildet wurde.

§ 732 Rückgabe von Gegenständen

Gegenstände, die ein Gesellschafter der Gesellschaft zur Benutzung überlassen hat, sind ihm zurückzugeben. Für einen durch Zufall in Abgang gekommenen oder verschlechterten Gegenstand kann er nicht Ersatz verlangen.

1 1. **Allgemeines**. § 732 betrifft nur **Gegenstände**, die ein Gesellschafter **beitragsweise** der Gesellschaft überlassen hat; nicht hierzu gehören die auf Grund besonderen Miet-, Pacht- oder sonstigen Schuldvertrages überlassenen Gegenstände, deren Rückgabe sich nach dem jeweiligen Vertrag bestimmt[1]. Die Auflösung der Gesellschaft kann aber uU zum Wegfall der Geschäftsgrundlage bei diesen Verträgen führen; vor allem dann, wenn der Abschluss des Austauschvertrages in Erfüllung einer gesellschaftsvertraglichen Pflicht erfolgte. Hinsichtlich der zur

8 Zum Wirtschaftlichkeitsgebot s § 730 Rz 4.
9 S § 733 Rz 15.
10 S § 730 Rz 15.
11 S § 730 Rz 3 f.
12 Zur Durchsetzungssperre s § 730 Rz 6 ff.
13 AA MünchKomm/Ulmer Rz 4; Staud/Habermeier Rz 4; Erman/Westermann Rz 2 (allerdings vom Standpunkt einer auch die wechselseitigen Gesellschafteransprüche umfassenden Liquidation aus).

1 BGH WRP 2001, 1328 (Treuhandverhältnis).

Benutzung überlassenen Sachen ist zu differenzieren[2]: Sachen, die der Gesellschaft zu Eigentum, also in der Regel in ihr Gesamthandsvermögen übertragen wurden (quad dominium), werden dem Gesellschafter nicht zurückgegeben, sondern dem Wert nach ersetzt (§ 733 Abs. 2 Satz 2). Demgegenüber sind die nicht zum Gesellschaftsvermögen gehörenden, für die Gesellschaft fremden Gegenstände, die ihr nur zum Gebrauch überlassen wurden (quoad usum), zurückzugeben (§ 732). Umstritten ist, wie die „dazwischen" liegende Gruppe von Gegenständen zu behandeln ist, die der Gesellschaft dem Wert nach überlassen wurden (quoad sortem). Da diese Gegenstände im Eigentum des Gesellschafters verbleiben[3], sind sie ihm nach Auflösung der Gesellschaft auch zurückzugewähren; § 732 ist demnach zumindest entsprechend anwendbar[4]. Gegenüber den zum Gebrauch überlassenen Gegenständen ergibt sich allerdings die Besonderheit, dass der Wert des Gegenstandes in das Gesellschaftsvermögen eingebracht wurde. Während Nutzungen wertmäßig nicht rückzuerstatten sind (§ 733 Abs 2 Satz 3), führt die Besitzrückgabe bei dem Werte nach eingebrachten Gegenständen an den Gesellschafter (§ 732) dazu, dass damit zugleich dessen Wert an den Gesellschafter ausgekehrt wurde; dieser hat sich den Wert des Gegenstandes dementsprechend von seinem Kapitalkonto abziehen zu lassen. Zu Einzelheiten dieser Einlage vgl § 706 Rz 23.

2. **Modalitäten des Rückgabeanspruchs**. – a) **Entstehung**. Der Rückgabeanspruch entsteht grundsätzlich **bereits im Zeitpunkt der Auflösung** der Gesellschaft[5], denn die gesellschaftsvertragliche Überlassungspflicht endet in der Regel zu diesem Zeitpunkt. Allerdings kann die Gesellschaft auf die Einlagen ihrer Gesellschafter auch noch im Liquidationsstadium angewiesen sein; sie vermag in diesem Fall ebenso noch ausstehende Einlagen einzufordern[6] wie zur Vollbeendigung erforderliche, ihr von Gesellschaftern im Wege der Einlage zur Nutzung überlassene Gegenstände weiter zu verwenden. Der Rückgabeanspruch des betreffenden Gesellschafters entsteht dann erst zu dem Zeitpunkt, zu dem die Nutzung des eingebrachten Gegenstandes nicht mehr für die Auseinandersetzung erforderlich ist. Die Beweislast dafür, dass die Einlage nicht mehr zu Liquidationszwecken benötigt wird, trägt in dem einen wie dem anderen Fall der Gesellschafter[7]. Die „Erforderlichkeit" des weiteren Überlassens der Einlage bestimmt sich maßgeblich nach dem Liquidationszweck und dem das Auseinandersetzungsverfahren beherrschenden Gebot der Wirtschaftlichkeit. Danach kann die vorübergehende Belassung eines Gegenstandes bei der Gesellschaft insbesondere dann notwendig sein, wenn dessen Verwendung durch die Gesellschaft nur unter erheblichen wirtschaftlichen Nachteilen für das Gesellschaftsvermögen sofort beendet werden kann (sofortige Aufgabe der eigenen unternehmerischen Tätigkeit, Auslösung einer Vertragsstrafe gegenüber Dritten usw). 2

b) **Inhalt**. Bei zur Nutzung überlassenen Sachen ist dem einbringenden Gesellschafter der ursprüngliche Besitz wieder zu verschaffen. Eine gegenständliche Rückgabepflicht scheidet bei zur Nutzung eingebrachten Rechten (Patente, Gebrauchs- und Geschmacksmusterrechte, Marken, Urheberrechte usw) aus; statt dessen endet im Zeitpunkt der Entstehung des Rückgabeanspruchs die am Recht eingeräumte Nutzungsbefugnis. Bei der Bestellung beschränkt dinglicher Rechte an einem Grundstück des Einlegers muss unterschieden werden: Handelt es sich um ein dingliches Nutzungsrecht (Grunddienstbarkeit, beschränkt persönliche Dienstbarkeit, Nießbrauch), das die schuldrechtliche Nutzung als Einlage verstärkt, erlöschen diese dinglichen Rechte mit der Rück- 3

2 § 706 Rz 14 ff.
3 § 706 Rz 23.
4 FG Schleswig-Holstein BB 1988, 1221; BGH WM 1967, 952 f; MünchKomm/Ulmer Rz 10; Erman/Westermann Rz 1; Staud/Habermeier Rz 2; K Schmidt, GesellschaftsR § 20 II 2 d; Berninger, Die societas quoad sortem, 1994, S 136 ff, aA Pal/Sprau Rz 1: der Gesellschafter muss im Zuge der Liquidation sein Eigentum an der Sache auf die Gesellschaft oder Dritte übertragen, erhält dafür aber entspr § 733 Abs 2 Satz 2 Wertersatz.
5 BGH NJW 1981, 2802; Hamm JR 1948, 323; RG JW 1937, 3155; Bamberger/Roth/Timm/Schöne Rz 2; Staud/Habermeier Rz 4; Erman/Westermann Rz 2; teilw aA MünchKomm/Ulmer Rz 3.
6 S § 730 Rz 5.
7 Düsseldorf NZG 1999, 990; BGH NJW 1980, 1522; BGH NJW 1978, 898; aA MünchKomm/Ulmer § 730 Rz 31; Bamberger/Roth/Timm/Schöne § 730 Rz 20; Bedenken auch bei Erman/Westermann § 730 Rz 6; Staud/Habermeier § 730 Rz 17.

gabe des Grundstücks. Bei Grundpfandrechten hingegen kommt es darauf an, ob diese der Gesellschaft zur Nutzung (zB als Kreditsicherheit, dann soweit möglich Rückübertragung), dem Werte nach (dann soweit möglich Rückübertragung gegen Anrechnung auf dem Kapitalkonto II) oder zur vollen Rechtsinhaberschaft (nur wertmäßige Rückgabe) überlassen wurden; zur regelmäßigen Abbedingung von Letzterem vgl § 733 Rz 14.

4 c) **Durchsetzbarkeit**. Die Erfüllung der Rückgabepflicht ist Teil der Auseinandersetzung und Voraussetzung für die Vollbeendigung der Gesellschaft. Da der der Gesellschaft zur Nutzung überlassene Gegenstand nicht mit Ansprüchen der Gesellschaft oder von Mitgesellschaftern verrechnet werden kann, ist der Rückgabeanspruch des einbringenden Gesellschafters zwangsläufig nicht Bestandteil der Schlussabrechnung[8]. Da keine Gefahr des gegenseitigen Hin- und Herzahlens besteht, kann der Anspruch auch während des laufenden Liquidationsverfahrens gegen die Gesellschaft geltend gemacht werden; der Anspruch unterliegt ausnahmslos nicht der Durchsetzungssperre[9]. Wie auch sonst kann die Gesellschaft dem Rückgabeanspruch aber Einwendungen und Einreden entgegenhalten; von besonderer Bedeutung ist insoweit ein Zurückbehaltungsrecht der Gesellschaft wegen Ansprüchen gegen den betreffenden Gesellschafter, insbesondere wegen den Gesellschafter-Gläubiger treffen Nachschusspflichten (§§ 735, 739)[10]. Das Zurückbehaltungsrecht folgt mangels Fälligkeit des Nachschussanspruchs[11] nicht aus § 273, sondern aus dem allgemeinen Rechtsgrundsatz[12], dass vor der Schlussabrechnung Leistungen von der Gesellschaft nur beansprucht werden können, wenn feststeht, dass dem Gesellschafter Ansprüche mindestens in diesem Umfang zustehen[13]. Zu den Einhelheiten der Durchsetzungssperre und Ausnahmen s § 730 Rz 6 ff. Das Zurückbehaltungsrecht der Gesellschaft besteht schon dann, wenn aufgrund der Abrechnungsunterlagen mit hoher Wahrscheinlichkeit feststeht, dass der Gesellschafter gem § 735 nachschusspflichtig ist[14]. Es setzt voraus, dass die Gegenforderung, wegen der zurückbehalten wird, ebenfalls aus dem Gesellschaftsverhältnis (§ 273: „demselben rechtlichen Verhältnis") resultiert[15]; das Zurückbehaltungsrecht darf zudem nicht als Druckmittel eingesetzt werden[16].

5 d) **Gewährleistung, Haftung**. Nach Satz 2 liegt die Gefahr des zufälligen **Untergangs** und der **Verschlechterung** der überlassenen Sache **beim Gesellschafter**. Das Gleiche muss gelten für die **Abnutzung** des herauszugebenden Gegenstandes infolge des bestimmungsgemäßen Gebrauchs. Da die Sachgefahr beim Gesellschafter liegt, kann er im Fall des Untergangs oder der Verschlechterung zwar keinen Schadensersatz, wohl aber Herausgabe des dafür erlangten Surrogats (§ 285 Abs 1) verlangen. Demgegenüber trägt die **Gesellschaft** die **Benutzungsgefahr**[17]. Die Gesellschaft haftet für eine schuldhafte Pflichtverletzung ihrer geschäftsführenden Gesellschafter[18] analog § 31, für Angestellte nach § 278[19]. Für Gesellschafter gilt der Haftungsmaßstab des § 708. Zur in der Regel nicht gegebenen persönlichen Haftung der Gesellschafter für die Herausgabepflicht der Gesellschaft vgl die Darstellung zu § 714.

6 3. **Abdingbarkeit**. § 732 ist sowohl hinsichtlich seines Anwendungsbereichs als auch hinsichtlich der einzelnen Tatbestandsvoraussetzungen abdingbar[20]. Wird eine Rückübertragung auch der zu Eigentum der Gesellschaft eingebrachten Gegenstände vereinbart, muss die Gesellschaft über die Rückgabe des Gegenstandes hinaus auch rückübereignen. Übersteigt der bei einer Einlage

8 S § 730 Rz 25 ff.
9 S § 730 Rz 6.
10 BGH NJW 1998, 1552; BGH NJW 1981, 2802 (das Ausscheiden eines Gesellschafters betreffend); RG JW 1938, 457; RG JW 1937, 3138; Hamburg VersR 1962, 1169.
11 S § 735 Rz 6.
12 BGH NJW 1998, 376; BGH NJW 1995, 2844; BGH NJW-RR 1995, 1182; BGH NJW 1995, 188; BGH NJW-RR 1991, 549; BGHZ 37, 299; KG, NZG 2001, 556.
13 MünchKomm/Ulmer Rz 4; Bamberg/Roth/Timm/Schöne Rz 3; Erman/Westermann Rz 1; aA Pal/Sprau Rz 1; Piltz DStR 1991, 251 f.
14 BGH NJW 1998, 1552; BGH NJW 1981, 2802.
15 Hamburg VersR 1962, 1169.
16 Karlsruhe NJW 1961, 2802.
17 S § 706 Rz 28.
18 S § 730 Rz 15: im Zweifel alle Gesellschafter als Liquidatoren.
19 S § 718 Rz 22 ff.
20 Rz 17 ff vor § 730.

quoad sortem geschuldete Geldbetrag, den der Gesellschafter an die Gesellschaft als Wertausgleich dafür zu leisten hat, dass er in entsprechender Anwendung von § 732 die Einlage zurückerhält, seinen Anspruch gegen die Gesellschaft auf Auszahlung des im Übrigen berechneten Auseinandersetzungsguthabens, muss er im Rahmen der Schlussabrechnung insgesamt an die Gesellschaft nachzahlen; ein Wahlrecht dergestalt, dass der betreffende Gesellschafter den Gegenstand bei der Gesellschaft belassen und zu Eigentum übertragen kann, besteht ohne dahingehende Vereinbarung zwischen den Beteiligten nicht[21].

§ 733 Berichtigung der Gesellschaftsschulden; Erstattung der Einlagen

(1) **Aus dem Gesellschaftsvermögen sind zunächst die gemeinschaftlichen Schulden mit Einschluss derjenigen zu berichtigen, welche den Gläubigern gegenüber unter den Gesellschaftern geteilt sind oder für welche einem Gesellschafter die übrigen Gesellschafter als Schuldner haften. Ist eine Schuld noch nicht fällig oder ist sie streitig, so ist das zur Berichtigung Erforderliche zurückzubehalten.**

(2) **Aus dem nach der Berichtigung der Schulden übrig bleibenden Gesellschaftsvermögen sind die Einlagen zurückzuerstatten. Für Einlagen, die nicht in Geld bestanden haben, ist der Wert zu ersetzen, den sie zur Zeit der Einbringung gehabt haben. Für Einlagen, die in der Leistung von Diensten oder in der Überlassung der Benutzung eines Gegenstands bestanden haben, kann nicht Ersatz verlangt werden.**

(3) **Zur Berichtigung der Schulden und zur Rückerstattung der Einlagen ist das Gesellschaftsvermögen, soweit erforderlich, in Geld umzusetzen.**

I. Allgemeines

1. **Vorrang der Schuldentilgung.** Jeder **Gesellschafter** hat einen **Anspruch** darauf, dass vor Rückerstattung der Einlagen und Gewinnverteilung die **Schulden der Gesellschaft getilgt** werden[1]. Dieser Anspruch ist von erheblicher praktischer Bedeutung. Zum einen kann jeder Gesellschafter so verhindern, dass die Gesellschaft vollbeendet wird und Gläubiger der Gesellschaft deshalb auf das Privatvermögen des Gesellschafters zugreifen, womit der Aufwand und das Ausfallrisiko beim Rückgriff gegen die ehemaligen Mitgesellschafter einhergeht. Zum anderen hat der Anspruch Relevanz, wenn die persönliche Haftung der Gesellschafter für die Verbindlichkeiten der Gesellschaft ausgeschlossen ist[2]. Wird in einem solchen Fall das Gesellschaftsvermögen unter den Gesellschaftern verteilt, ohne dass vorab die Verbindlichkeiten der Gesellschaft erfüllt werden, entsteht eine anteilige persönliche Außenhaftung eines jeden Gesellschafters bis in Höhe des an ihn ausgekehrten Betrages[3]. Dementsprechend haben **Gläubiger** der Gesellschaft **keinen Anspruch** darauf, dass die Gesellschafter bei der Auseinandersetzung des Gesellschaftsvermögens die in § 733 vorgesehene Reihenfolge einhalten; § 733 Abs 1 ist **kein Schutzgesetz** zugunsten der Gläubiger[4]. Denn wenn die Gesellschafter für die Verbindlichkeiten der Gesellschaft persönlich und unbeschränkt haften, ist der ersatzlose Wegfall der Gesellschaft als Schuldner durch Vollbeendigung hinnehmbar. Ist die Haftung einiger oder aller Gesellschafter hingegen ausgeschlossen, bedarf es zwar einer Sicherung der Gläubiger. Indes ist es lediglich erforderlich, dass der Haftungsfonds dem Gläubiger wirtschaftlich in dem Umfang erhalten bleibt, wie er im Moment der Vermögensverteilung unter den Gesellschaftern bestand. Wer Rechtsträger dieses Haf- 1

21 AA FG Brandenburg EFG 2006, 1475; Berninger, Die societas quoad sortem, 1994, S 142.

1 Köln NZG 1999, 152; MünchKomm/Ulmer Rz 12; Erman/Westermann Rz 4.

2 S § 714 Rz 30 ff, 38 ff.

3 RGRK/v Gamm § 730 Rz 2; Hoffmann NJW 1969, 724; Nicknig, Die Haftung der Mitglieder einer BGB-Gesellschaft für Gesellschaftsschulden, 1972, S 105 ff; für unbeschränkte Haftung Thielmann ZHR 136 (1972), 397.

4 MünchKomm/Ulmer Rz 11; Bamberger/Roth/Timm/Schöne Rz 2; Staud/Habermeier Rz 4; Erman/Westermann Rz 4; aA Leuthe, Die gewerblich geprägte Gesellschaft bürgerlichen Rechts, 1993, S 170 ff mweitNachw.

tungsfonds ist, ist demgegenüber nicht von wesentlicher Bedeutung, denn auch im „Regelfall" der persönlichen und unbeschränkten Haftung der Gesellschafter für Verbindlichkeiten der Gesellschaft[5] musste der Gläubiger damit rechnen, Erfüllung nur bei den Gesellschaftern erlangen zu können.

2 2. **Geltungsbereich**. Eine Auseinandersetzung des Gesellschaftsvermögens nach § 733 findet bei Außengesellschaften und Innengesellschaften mit Gesamthandsvermögen[6] statt. Bei **Innengesellschaften** ohne Gesamthandsvermögen ist zu differenzieren. Eine **sinngemäße Anwendung von Absatz 1** ist dann geboten, wenn der Innengesellschafter im Außenverhältnis Verbindlichkeiten begründen kann, diese aber vereinbarungsgemäß aus dem Gesellschaftsvermögen zu erfüllen sind, das dinglich nur dem anderen Gesellschafter zugeordnet ist[7]. Der Außengesellschafter ist nach Absatz 1 zur Erfüllung gegenüber dem Drittgläubiger oder zur Übernahme der Verbindlichkeit des Innengesellschafters verpflichtet. **Absatz 2** ist **stets** auf Innengesellschaften, insbesondere auch stille Gesellschaften, **anwendbar**; Sacheinlagen (bei Dienstleistungen ist allerdings Satz 3 zu beachten) sind dem Werte nach zu vergüten, (Rück-)Zahlungsansprüche sind im Rahmen der Schlussabrechnung gegebenenfalls um den Innengesellschafter treffende Verluste (§ 735; bei typisch stillen Beteiligungen HGB § 235) zu mindern. **Absatz 3** ist hingegen grundsätzlich **nicht anwendbar**, wenn die Innengesellschaft kein Gesamthandsvermögen gebildet hat; der Innengesellschafter kann weder eine Versilberung einzelner Gegenstände noch eine dingliche Beteiligung an denselben verlangen.

3 3. **Abdingbarkeit**. Die Regelungen des § 733 sind umfassend abdingbar; so insbesondere, wenn die Gesellschafter den Übergang des Gesellschaftsvermögens auf einen Mitgesellschafter oder Dritten im Wege der Gesamtrechtsnachfolge (Übernahme[8] oder durch Einzelrechtsnachfolge (Einbringung in eine andere Gesellschaft, übertragende Umwandlung, Anteilsübertragung) vereinbaren. Im letztgenannten Fall kann je nach Rechtsgestaltung noch Raum für eine vorwegzunehmende Berichtigung der gemeinsamen Schulden (Absatz 1) bleiben. Die Gesellschafter können sich ebenso auf die Abänderung einzelner Regelungen des § 733 beschränken, insbesondere eine bestimmte dingliche Zuordnung oder aber die Realteilung des Gesellschaftsvermögens bzw umgekehrt die vollständige Versilberung des gesamten Gesellschaftsvermögens vereinbaren. Zur vereinbarten Ausschüttung des Gesellschaftsvermögens vor Schuldentilgung s oben Rz 1.

II. Schuldenberichtigung, § 733 Abs 1

4 1. **Grundsatz**. Vor der Erstattung der Einlagen an die Gesellschafter (Abs 2 Satz 1) und der Verteilung des Überschusses unter den Gesellschaftern (§ 734) sind die „gemeinschaftlichen Schulden" zu berichtigen. Jeder Gesellschafter hat darauf einen Anspruch[9], den er notfalls mit einer Leistungsklage (auf Mitwirkung oder Unterlassung) verteidigen kann. Der Anspruch bezieht sich nur auf **Gesamthandschulden**[10], nicht auf außerhalb des Gesellschaftsverhältnisses begründete persönliche Verbindlichkeiten aller Gesellschafter, auch wenn der Gläubiger dieser Schulden nach überkommener, aber unzutreffender Vorstellung[11] unter der Voraussetzung des ZPO § 736 auf das Gesellschaftsvermögen zugreifen kann. Den Gesellschafter, der das Gesellschaftsvermögen allein abgewickelt hat, trifft die Beweislast dafür, inwieweit der Erlös für die Bezahlung von Gesellschaftsschulden verbraucht und dadurch die Einlage der Mitgesellschafter aufgezehrt worden ist[12]; das folgt aus der Rechenschaftspflicht[13].

5 2. **Gemeinschaftliche Schulden**. Folgende nebeneinander, nicht in einem Rangverhältnis stehende Schulden sind zu unterscheiden: – a) Die durch den Gesellschaftsbetrieb entstandenen

5 S § 714 Rz 29 ff, 38 ff.
6 S Rz 28 vor § 705.
7 Braunschweig OLGR 2000, 204.
8 S Rz 22 vor § 730.
9 S oben Rz 1.
10 § 718 Rz 20 ff.
11 § 725 Rz 3.
12 BGH WM 1966, 1052.
13 BGH WM 1960, 13.

Gesamthandverbindlichkeiten gegenüber Dritten, gleichgültig aus welchem Rechtsverhältnis, für die neben der GbR grundsätzlich alle Gesellschafter haften[14]. Maßgeblich für die Frage, ob „gemeinschaftliche Schulden" vorliegen, ist weniger eine formal-juristische als vielmehr eine wertende Betrachtung. Zu den „gemeinschaftlichen Verbindlichkeiten" gehören daher auch Schulden, die einzelne Gesellschafter „privat" begründet haben, die aber nach den Willen aller Gesellschafter dem gemeinsamen Gesellschaftszweck zu dienen bestimmt waren und daher von der Gesellschaft getragen werden sollten[15].

b) Zu den gemeinschaftlichen Schulden, die nach § 733 Abs 1 Satz 1 vorab zu berichtigen sind, gehören auch die außerhalb des Gesellschaftsverhältnisses (zB aus Kauf, Miete, Darlehen, unerlaubte Handlung) entstandenen Forderungen eines Gesellschafters gegen die GbR (sog **Drittgläubigerforderungen eines Gesellschafters**); der Gesellschafter steht hier der Gesamthand wie ein Dritter gegenüber. Diese Ansprüche kann der Gesellschafter-Gläubiger grundsätzlich ohne die sich aus der Durchsetzungssperre ergebenden Einschränkungen gegen die Gesellschaft geltend machen[16]. Zur allgemeinen Schranke der Treuepflicht auch bei der Durchsetzung von Drittansprüchen vgl § 705 Rz 58 ff. 6

c) Ferner sind gemeinschaftliche Schulden die Forderungen eines Gesellschafters gegen die GbR aus dem Gesellschaftsverhältnis (sog **Sozialverbindlichkeiten der Gesamthand**), zB Ansprüche auf Vergütung, Aufwendungsersatz, rückständige Gewinnanteile, Schadenersatz wegen Verletzung von Pflichten[17]. Anders als es der Wortlaut von Absatz 1 vermuten lässt, lassen sich diese Ansprüche eines Mitgesellschafters gegen die Gesellschaft allerdings nicht isoliert durchsetzen; sie können umgekehrt auch nicht vorab durch die Liquidatoren gegenüber dem Gesellschafter-Gläubiger berichtigt werden[18]. Das ergibt sich aus der **Durchsetzungssperre**: Wechselseitige Ansprüche zwischen Gesellschaft und Gesellschaftern sind grundsätzlich in die Schlussabrechnung[19] einzustellen und gegeneinander zu verrechnen[20]; allein das sich aus der Schlussabrechnung ergebende Saldo kann als Überschuss (§ 734) geltend gemacht werden. Mit dieser Durchsetzungssperre soll verhindert werden, dass es noch während der Auseinandersetzung der Gesellschaft zu einem Hin- und Herzahlen zwischen den Beteiligten kommt. Zu Ausnahmen von der Durchsetzungssperre vgl § 730 Rz 9. Die Bedeutung von Absatz 1 beschränkt sich im Hinblick auf die Sozialverbindlichkeiten daher auf die **Einräumung einer Vorrangstellung** zugunsten des Gesellschafter-Gläubigers: Einlagen dürfen erst dann an die Gesellschafter zurückerstattet bzw – bei nicht ausreichendem Gesellschaftsvermögen – Verlustanteile erst dann allen Mitgesellschaftern zugeordnet werden, wenn die Sozialverbindlichkeiten aus dem Gesamthandsvermögen im Wege der Verrechnung mittels der Schlussabrechnung erfüllt wurden[21]. 7

d) Für **nicht fällige** oder **streitige** gemeinschaftliche Schulden ist nach § 733 Abs 1 Satz 2 das zu ihrer Berichtigung Erforderliche zurückzubehalten. Die Auflösung der Gesellschaft bewirkt also nicht die Fälligkeit der Gesellschaftsschulden. Streitige Forderungen sind nur solche, die bei vorsichtiger Prognose gegebenenfalls doch noch zu erfüllen sind; dazu gehören insbesondere nicht rechtsmissbräuchlich geltend gemachte und offensichtlich nicht unbegründete Forderungen. Falls die Gesellschafter keine andere Regelung treffen, sind die dergestalt gebildeten Rücklagen nach den §§ 372 ff zu hinterlegen. Solange die Hinterlegung andauert, besteht die GbR fort, es sei denn, die Rücknahme ist ausgeschlossen (§§ 376 Abs 2, 378)[22]. **Reicht** das **Gesellschaftsvermögen** zur Erfüllung der Verbindlichkeiten **nicht aus** und haben die Gesellschafter keine von Absatz 1 ab- 8

14 § 714 Rz 29 ff, 38 ff.
15 BGH NJW 1999, 2439: Darlehensaufnahmen von Gesellschaftern zur Gründung und Durchführung der Gesellschaft; vgl auch Braunschweig OLGR 2000, 204: Verbindlichkeiten eines Innengesellschafters; Schleswig NJW-RR 2004, 972 (dto).
16 S § 730 Rz 11.
17 § 705 Rz 51 f.
18 MünchKomm/Ulmer Rz 7; Staud /Habermeier Rz 6; Bamberger/Roth/Timm/Schöne Rz 6.
19 S § 730 Rz 25.
20 S § 730 Rz 6.
21 Bamberger/Roth/Timm/Schöne Rz 6; Erman/Westermann Rz 2.
22 BayObLG WM 1979, 655.

weichende Regelung getroffen, kann und muss die Gesellschaft noch ausstehende Beiträge der Gesellschafter einfordern[23].

9 3. **Nicht** zu den **Gesellschaftsschulden** sind zu rechnen Einzelansprüche eines Gesellschafters gegen einen einzelnen Mitgesellschafter, auch wenn diese ihren Rechtsgrund im Gesellschaftsverhältnis haben (Individualansprüche[24]), so zB für Vorschüsse, die er seinem Mitgesellschafter auf dessen Einlage geleistet hat[25] oder Schadenersatzansprüche wegen schuldhafter Schädigung durch den Mitgesellschafter. Denn in diesen Fällen handelt es sich nicht um „gemeinschaftliche Schulden"[26]. In diesem Fall entsteht allerdings in der Person des Gesellschafter-Gläubigers ein **Befriedigungsvorrecht** am Anspruch des Gesellschafter-Schuldners auf das Auseinandersetzungsguthaben gemäß §§ 756, 731 Satz 2[27]. Anders verhält es sich hingegen, wenn – wie dies in der Praxis regelmäßig der Fall ist – der schuldrechtliche Ausgleich zwischen den Gesellschaftern in die gesellschaftsrechtliche Auseinandersetzung einbezogen wird[28]. Zur dadurch bedingten Einbeziehung der Individualansprüche in die Schlussabrechnung vgl § 730 Rz 25; zur dadurch ausgelösten Durchsetzungssperre s § 730 Rz 6.

III. Einlagenrückerstattung, § 733 Abs 2

10 1. **Grundsatz.** Zu den unterschiedlichen Arten von Einlagen vgl § 706 Rz 14 ff. § 733 Abs 2 gilt **nur** für **Einlagen**, die **zur vollen Rechtsinhaberschaft** der Gesellschaft auf diese übertragen wurden (quoad dominum). Zur Nutzung überlassene Gegenstände (quoad usum) sind nach § 732 gegenständlich zurückzugewähren; das Gleiche gilt zutreffender Auffassung nach für dem wirtschaftlichen Wert nach in die Gesellschaft eingebrachte Gegenstände (quoad sortem), die im Eigentum des einbringenden Gesellschafters bleiben und deshalb an ihn gegenständlich zurückgegeben werden müssen; umgekehrt muss sich der Gesellschafter den Wert in Anrechnung bringen (§ 733 Abs 2 Satz 2), insbesondere im Rahmen der Schlussabrechnung[29] vom Kapitalkonto II abziehen lassen[30].

11 Die Rückerstattung erfolgt, falls nichts anderes vereinbart ist, **grundsätzlich nur in Geld**; für Sacheinlagen ist **Wertersatz** zu leisten. Ein Anspruch auf Rückgabe der als Einlage eingebrachten Gegenstände (quoad dominum) besteht ebenso wenig wie eine Pflicht zur Rücknahme durch den Gesellschafter[31]. Eine Besonderheit bei der GbR gegenüber der Abwicklung bei der OHG besteht darin, dass zwischen Einlagenrückerstattung und Überschussauskehr (§ 734) unterschieden wird, und erstere vor dieser zu erfolgen hat. Die Einlagenrückerstattung setzt die Schuldentilgung voraus (Rz 4 ff); erst aus dem verbleibenden Erlös kann die Bareinlage zurückgezahlt bzw Wertersatz für die Sacheinlage geleistet werden. Reicht das verbleibende Gesellschaftsvermögen zur Rückerstattung der Einlagen nicht aus, werden die jeweiligen Ansprüche der am Verlust beteiligten Gesellschafter (§ 722) quotal gekürzt (§ 735). Ist hinreichend Gesellschaftsvermögen vorhanden, wenngleich nicht in Geldmitteln, sind Vermögensgegenstände im für die Einlagenrückerstattung erforderlichen Umfang zu versilbern (Absatz 3). Grundsätzlich können auch noch ausstehende Einlagen der Gesellschafter insoweit von der Gesellschaft eingefordert werden, als sie nicht nur zur Schuldentilgung[32], sondern auch zur Einlagenrückgewähr erforderlich sind[33]. Das gilt allerdings ohne Einschränkungen nur für Sacheinlagen, denn ausstehende Bareinlagen sind ebenso wie Geldzahlungsansprüche nach § 733 Abs 2 Satz 1 und 2 in die Schlussabrechnung einzustellen[34]; bis

23 S § 730 Rz 5.
24 § 705 Rz 54.
25 RG JW 1928, 2368.
26 Vgl § 705 Rz 54.
27 S § 734 Rz 13.
28 S Rz 3 vor § 730.
29 S § 730 Rz 25.
30 S § 732 Rz 1.
31 Hamm NJW-RR 2001, 245; RG HRR 1930 Nr 1606.
32 S Rz 1, 4 ff.
33 S § 730 Rz 5.
34 S § 730 Rz 25.

zu ihrer Saldierung und der Feststellung des jeweiligen Überschusses oder Verlustes (§§ 734, 735) unterliegen sie der Durchsetzungssperre[35].

Kein Wertersatz ist nach dem Wortlaut von Abs 2 Satz 3 für Dienstleistungen und Gebrauchs- **12** überlassungen zu leisten. Nach der Vorstellung des Gesetzgebers schlagen sich Dienstleistungen eines Gesellschafters und Gebrauchsüberlassungen durch einen Gesellschafter im Gesellschaftsvermögen nicht als unmittelbar messbare Steigerung nieder; jedenfalls wäre ihre nachträgliche Bewertung schwierig und würde leicht zu Streit unter den Gesellschaftern führen[36]. Ein Wertausgleich erfolgt daher in der Regel nur durch eine entsprechende Vergütungsvereinbarung mit dem Dienstleistenden[37] und über die Verteilung des Überschusses (§ 734). Dienste im Sinne des § 733 Abs 2 Satz 3 sind zwar nicht nur Leistungen nach den §§ 611 ff[38]. Eingedenk des Sinns und Zwecks ist Wertersatz aber grundsätzlich für werkvertragliche Einlagen zu leisten, etwa bei einer als Sacheinlage eingebrachten Architektenleistung[39]. Zu abweichenden, auch stillschweigenden Vereinbarungen im Übrigen s Rz 14.

2. **Wertersatz**. Bei Sacheinlagen ist der objektive Wert im **Zeitpunkt der Einbringung** zu be- **13** rechnen (§ 733 Abs 2 Satz 2); deshalb ist trotz des fehlenden gesetzlichen Bewertungszwanges Festsetzung des Einbringungswertes bei Beginn ratsam. Eine im Zeitpunkt der Einbringung **mangelhafte Sache** ist mit dem wahren Wert zu taxieren[40]. Da das Gesetz für die Bewertung der Sacheinlage auf den Zeitpunkt der Einbringung abstellt, fließen **Wertsteigerungen** ab diesem Zeitpunkt der Gesellschaft und – über den Auseinandersetzungsanspruch – im Endergebnis allen Gesellschaftern zu; umgekehrt trägt die Gesellschaft und – über den Vermögenswert der Beteiligung – mittelbar alle Gesellschafter die Gefahr des Untergangs sowie der Verschlechterung. Dem Grundsatz nach gilt das Gleiche für die Innengesellschaft, die nicht nur in einer stillen Beteiligung an einem anderen Gewerbe besteht; anders als bei der Außengesellschaft gehen bei der Innengesellschaft aber Wertschwankungen während der Auseinandersetzungsphase allein zugunsten bzw zulasten des Außengesellschafters, denn die Innengesellschaft ist im Zeitpunkt ihrer Auflösung zugleich beendet[41]. Zur **Bewertung des Gesellschaftsvermögens** im Einzelnen, insbesondere des Goodwill, des Kundenstamms und immaterieller Gegenstände, s eingehend § 738 Rz 30 ff; zur Realteilung von Vermögensgegenständen im Rahmen der Überschussverteilung s Bem zu § 734. Zur Einlage in Form eines **beschränkten dinglichen Rechts** an einem Grundstück des Gesellschafters vgl § 732 Rz 3.

3. **Abweichende Vereinbarungen, Auslegung**. Insbesondere bei der Einlagenrückgewähr **14** werden in der Praxis von der gesetzlichen Regelung abweichende Vereinbarungen getroffen; insbesondere die dingliche Rückgabe von eingebrachten Gegenständen und die Wertfestsetzung für eingebrachte Gegenstände. Abweichende Vereinbarungen ergeben sich oft auch nur aus einer Auslegung der sonstigen Vereinbarungen unter Berücksichtigung aller Umstände. Wird für Sacheinlagen bei Einbringung ein **bestimmter Wert festgesetzt** und dieser Betrag dem Kapitalkonto des betreffenden Gesellschafters gutgeschrieben, so ist im Zweifel davon auszugehen, dass dieser Wert auch im Rahmen der Auseinandersetzung maßgeblich sein soll[42]. Da eine Sacheinlage zumeist aus steuerlichen Gründen nur **zu Buchwerten eingebracht** wird, lässt sich demgegenüber aus dieser Bewertung noch nicht sicher darauf schließen, dass auch nur die Buchwerte an den einbringenden Gesellschafter zurückzuerstatten sind; bei Einbringung bereits vorhandene stille Reserven bleiben dem Einbringenden im Zweifel also erhalten[43]. Vor allem dann, wenn an einem Grundstück des Gesellschafters zugunsten der Gesellschaft ein **beschränkt dingliches Recht**

35 Saarbrücken OLGR 2006, 200. S § 730 Rz 6.
36 BGH NJW 1980, 1744.
37 S § 706 Rz 32.
38 BGH NJW 1980, 1744.
39 BGH NJW 1980, 1744; MünchKomm/Ulmer Rz 18; aA Erman/Westermann Rz 5.
40 BGH WM 1986, 51; BGH WM 1985, 1263.
41 Rz 8 vor § 730.
42 MünchKomm/Ulmer Rz 14; Staud/Habermeier Rz 10; Bamberger/Roth/Timm/Schöne Rz 11.
43 BGH WM 1967, 682; MünchKomm/Ulmer Rz 15; Bamberger/Roth/Timm/Schöne Rz 12; Erman/Westermann Rz 9; aA BGH WM 1972, 213.

bestellt und dieses als Einlage quoad dominum in die Gesellschaft eingebracht wurde, ist im Zweifel nur dann von einem Wertersatz nach § 733 Abs 2 Satz 2 anstelle Rückübertragung oder Löschung auszugehen, wenn das Recht über den Auflösungszeitpunkt der Gesellschaft hinaus fortbestehen sollte[44]. Auch im Hinblick auf eingebrachte Dienstleistungen kann sich – vor allem auch angesichts des Sinns und Zwecks von Abs 2 Satz 3 – die Pflicht zum Wertersatz aus sinngemäß getroffener Vereinbarung (Einbuchung eines Wertes bei Gründung der Gesellschaft auf dem Kapitalkonto) oder aus den Umständen ergeben. Letzteres ist grundsätzlich immer dann anzunehmen, wenn die Dienstleistung nicht schon mit der Gewinnbeteiligung abgegolten ist und der Erfolg der **Dienste** im Gesellschaftsvermögen **als** fest umrissener und **messbarer Vermögenswert vorhanden** ist[45]. Nicht zur Berechnung herangezogen werden kann der objektive Wert der Dienstleistung (§ 612 Abs 2), denn es kommt ausschließlich darauf an, welcher Wert bei der Gesellschaft selbst in deren Vermögen vorhanden ist[46].

IV. Umsetzung des Gesellschaftsvermögens in Geld, § 733 Abs 3

15 1. **Allgemeines**. Falls nichts anderes vereinbart ist, ist das Gesellschaftsvermögen nur insoweit zu versilbern, als Schuldentilgung und Einlagenrückgewähr dies erfordern (Absatz 3). Dazu sind fällige Forderungen der Gesellschaft einzuziehen und andere Gegenstände des Gesellschaftsvermögens in Geld umzusetzen. Sind danach die Verbindlichkeiten der Gesellschaft getilgt und die Einlagen in Geld zurückerstattet, muss das verbleibende Gesellschaftsvermögen grundsätzlich real geteilt werden (§§ 734, 752). Besteht das Gesellschaftsvermögen aus nur einem Gegenstand, muss dieser grundsätzlich veräußert werden. Bedarf es einer Umsetzung des Gesellschaftsvermögens in Geld, können dafür erforderliche, noch ausstehende Sacheinlagen von Gesellschaftern eingefordert werden; zur Rechtslage bei noch ausstehenden Bareinlagen vgl Rz 11.

16 2. **Verwertungsart**. Die Gesellschafter sind grundsätzlich in der Wahl der Verwertungsart frei; die Praxis kennt vielfältige, von den gesetzlichen Regelungen abweichende Gestaltungsmöglichkeiten[47]. Fehlt eine solche Vereinbarung, muss nach §§ 731 Satz 2, 753 Abs 1 Satz 1, 1235 ff, ZVG §§ 15 ff an sich eine Verwertung nach den Vorschriften des Pfandverkaufs erfolgen; dem entspricht die Regelung in § 755 Abs 3. Das ist allerdings in einer Vielzahl von Fällen nicht sachgerecht. Dementsprechend wird man in der Regel davon ausgehen können, dass die Gesellschafter stillschweigend anstelle der Pfandverwertung eine Veräußerung auf verkehrsüblichem Weg, zu angemessener Zeit und zum bestmöglichen Preis vereinbart haben (§ 731 Satz 1)[48]. Die Verwertung erfolgt in den meisten Fällen daher freihändig und nur in Ausnahmefällen durch öffentliche Versteigerung[49]. Aber auch darüber hinaus hat sich die Auseinandersetzung am Gebot der Wirtschaftlichkeit zu orientieren[50]; § 1246 Abs 1 räumt deshalb jedem Beteiligten – auch gegen den ausdrücklichen Willen der anderen – das Recht ein, von den Vorschriften der Pfandverwertung abzuweichen, wenn dies aus Billigkeitsgründen geboten ist. Das kann gegebenenfalls auch einen Anspruch auf Übertragung zu Alleineigentum eines Gesellschafters begründen[51].

44 MünchKomm/Ulmer Rz 13; Bamberger/Roth/Timm/Schöne Rz 13.
45 Schleswig OLGR 2002, 45; BGH NJW-RR 1991, 422; BGH NJW 1986, 51; BGH NJW 1966, 501.
46 Schleswig OLGR 2002, 45.
47 Vgl Rz 3 sowie Rz 17 ff vor § 730.
48 BGHZ 116, 222, 228; RGZ 166, 164; RG LZ 1924, 698; MünchKomm/Ulmer Rz 23; Staud/Habermeier Rz 13; Bamberger/Roth/Timm/Schöne Rz 19; aA Erman/Westermann Rz 7.
49 LG Hamburg MDR 1957, 419; RG JW 1934, 3268.
50 S § 730 Rz 4.
51 Hamm NJW-RR 2001, 245 (im konkreten Fall verneint).

§ 734 Verteilung des Überschusses

Verbleibt nach der Berichtigung der gemeinschaftlichen Schulden und der Rückerstattung der Einlagen ein Überschuss, so gebührt er den Gesellschaftern nach dem Verhältnis ihrer Anteile am Gewinn.

ÜBERSICHT

1. **Systematik**. Die Verteilung des Überschusses (§ 734) ist Bestandteil des Liquidationsverfahrens über das Vermögen der Gesellschaft. Voraussetzung jeder Überschussverteilung ist, dass sich nach der Rückgabe der zur Benutzung überlassenen Gegenstände (§ 732), nach Bereinigung der Gesellschaftsverbindlichkeiten (§ 733 Abs 1 Satz 1) und Rückerstattung der geleisteten Einlagen (§ 733 Abs 2 Satz 1) ein Aktivvermögen bei der Gesellschaft ergibt; dieses Aktivvermögen gilt es unter den Gesellschaftern aufzuteilen. Die Schlussabrechnung als Gesamtausgleich aller wechselseitigen Ansprüche zwischen Gesellschaft und Gesellschaftern[1] kann sich in der Überschussverteilung nach § 734 erschöpfen; in der Regel stellt die **Überschussverteilung** aber nur einen **Bestandteil der** umfassenderen **Schlussabrechnung** dar. Gerade weil das Gesetz bei der Überschussverteilung von einer Realteilung in die verbliebenen Gegenstände des Gesellschaftsvermögens ausgeht (§§ 731 Satz 2, 752 Satz 1), können nicht immer bislang noch offene, in die Schlussabrechnung eingestellte und der Durchsetzungssperre unterliegende Forderungen im Verhältnis zwischen Gesellschaft und Gesellschaftern (sowohl Sozialansprüche wie auch Sozialverbindlichkeiten[2]) durch Verrechnung zum Ausgleich gebracht werden. Überschussverteilung und Schlussabrechnung fallen insbesondere dann auseinander, wenn die Gesellschafter auch den schuldrechtlichen Ausgleich untereinander im Rahmen der Schlussabrechnung vornehmen, was in der Praxis zumeist der Fall ist[3]. Hier führt die quotale Verteilung des verbliebenen Gesellschaftsvermögens regelmäßig nicht zum umfassenden wertmäßigen Ausgleich zwischen allen Beteiligten. 1

2. **Abdingbarkeit, Anwendbarkeit**. § 734 ist sowohl im Ganzen als auch in Teilen dispositiv. 2
Die Gesellschafter können insbesondere den Übergang des gesamten Gesellschaftsvermögens auf Dritte oder einen Mitgesellschafter unter wertmäßigem Ausgleich gegenüber den übrigen Gesellschaftern oder aber die Versilberung des gesamten Gesellschaftsvermögens und die Teilung in den Erlös vereinbaren. Möglich ist ebenso die dingliche Zuordnung einzelner Gegenstände an und entsprechenden Wertausgleich durch einen Gesellschafter. Ohne Vereinbarung kann ein Mitgesellschafter nur unter der Voraussetzung des § 1246 Abs 1 die Überführung eines Gegenstandes in sein (Mit-)Eigentum verlangen[4]. § 734 ist auf Innengesellschaften dann anwendbar, wenn der Innengesellschafter kraft Vereinbarung wertmäßig wie ein Gesamthänder am „Gesellschaftsvermögen“ beteiligt ist[5].

1 S § 730 Rz 25.
2 Zu diesen s § 705 Rz 47 ff, 51 ff.
3 S Rz 3 vor § 730.
4 Hamm NZG 2004, 1106; Köln OLGR 2002, 406 (im konkreten Fall verneint); Hamm NJW-RR 2001, 245.
5 S Rz 8 ff vor § 730.

3 3. **Überschuss.** – a) **Ermittlung des Überschusses.** Der Überschuss ist das Aktivvermögen, das bei der Gesellschaft nach Rückgabe zur Nutzung überlassener Gegenstände (§ 732), nach Berichtigung der Verbindlichkeiten der Gesellschaft (§ 733 Abs 1) und nach Rückerstattung der Einlagen an die Gesellschafter (§ 733 Abs 2) besteht. Er entsteht im Wesentlichen durch die Gewinne der gemeinschaftlich betriebenen Geschäfte, durch Wertsteigerungen an den Gegenständen des Gesellschaftsvermögens und durch stille Reserven. Auch während des Auseinandersetzungsverfahrens können noch Geschäfte eingegangen (§ 730 Abs 2 Satz 1) und Gewinn erzielt werden; der Gewinn ist selbst dann unter den Gesellschaftern zu verteilen, wenn diese abweichend von §§ 730 ff anstelle der Auseinandersetzung die Übernahme des Gesellschaftsvermögens durch einen Mitgesellschafter vereinbart haben[6]. Auch an sonstigen Wertveränderungen des Gesellschaftsvermögens im Abwicklungsstadium nehmen grundsätzlich alle Gesellschafter teil; das gilt nicht für Innengesellschafter[7].

4 Insbesondere bei unternehmerisch tätigen Gesellschaften ist es zur sicheren Feststellung des Gesellschaftsvermögens notwendig, dass auf den maßgeblichen Zeitpunkt der Vollbeendigung der Gesellschaft eine **Auseinandersetzungsbilanz** erstellt wird. Aus dieser lassen sich unabhängig davon, ob es zu einer Realteilung in einzelne Gegenstände oder zu einer Überschussverteilung in Geld kommt, alle Gegenstände des Gesellschaftsvermögens und deren Wert entnehmen und so insbesondere auch der notwendige Wertausgleich zwischen den Gesellschaftern herstellen, der durch die grundsätzlich notwendige Realteilung gegebenenfalls erforderlich wird[8]. Zu den **Einzelheiten** der Bewertung vgl im Übrigen detailliert die Bem zu § 738; anders als bei der Fortführung einer Gesellschaft unter Ausscheiden eines Mitgesellschafters ist bei der Bewertung allerdings zwangsläufig von der **Substanzwertmethode** auszugehen, wenn nicht das Unternehmen im Ganzen an einen Dritten veräußert oder von einem Mitgesellschafter übernommen wird. Die Werte der einzelnen Gegenstände sind zudem nicht mit Fortführungswerten, sondern mit **Liquidationswerten** (dh also Veräußerungswerten) anzusetzen[9].

5 b) **Verteilung des Überschusses.** – (1) **Verteilungsschlüssel.** Das nach Schuldentilgung und Einlagenrückgewähr verbliebene Gesellschaftsvermögen ist unter den Gesellschaftern zu verteilen; jeder Gesellschafter hat einen Anspruch gegen die Gesellschaft auf Ausschüttung des auf ihn entfallenden Überschussanteils (Sozialverpflichtung der Gesellschaft). Die einzelnen Quoten bestimmen sich nach den für die Festsetzung der Anteile am Gewinn maßgeblichen Grundsätzen; in erster Linie gelten die besonderen Vereinbarungen unter den Gesellschaftern, nur im Zweifel gelten gleiche Anteile als vereinbart (Einzelheiten zu § 722)[10]. Dieser Gewinnverteilungsschlüssel ist gleichermaßen auf die gegenständliche Teilung in Natur wie auch die wertmäßige Teilung hinsichtlich jener Gegenstände des Gesellschaftsvermögens anzuwenden, die unteilbar sind und deshalb vor Verteilung in Geld umgesetzt worden sind.

6 (2) **Verteilung und Beendigung der Gesellschaft.** Fehlen abweichende Vereinbarungen zwischen den Gesellschaftern, ordnet das Gesetz die Realteilung in die verbliebenen Gegenstände des Gesellschaftsvermögens an (§§ 731 Satz 2, 752 Satz 1). Die Vermögensgegenstände der Gesellschaft (auch Einlagen bei Banken und Bargeld) müssen nicht nur zwischen den Gesellschaftern aufgeteilt werden, damit die Gesellschaft vollbeendet werden kann, sondern auch von der Rechtsträgerschaft der Gesellschaft in die Rechtsträgerschaft der Gesellschafter im Wege der Einzelrechtsübertragung übertragen werden. Ist die Verteilung des Restvermögens unter den Gesellschaftern streitig, kann es – unter den Voraussetzungen von § 372 – hinterlegt werden; nur

6 BGH NJW-RR 2003, 169; RGZ 114, 131, 135.
7 S Rz 12 vor § 730.
8 S Rz 1.
9 Hamm NZG 1999, 655 (realer Marktwert); BGH WM 1972, 213; RGZ 80, 104; MünchKomm/Ulmer Rz 5.
10 BGHZ 19, 42, 48; RGZ 114, 131, 135, Münch Komm/Ulmer Rz 6.

dann, wenn dabei die Rücknahme ausgeschlossen wird (§§ 376, 387), ist die Gesellschaft damit vollbeendet[11].

Bei **Freiberuflern**, bei denen in der Regel der Kundenstamm das maßgebliche Gesellschaftsvermögen bildet, erfolgt die Realteilung dadurch, dass den Gesellschaftern die unbeschränkte Möglichkeit eingeräumt wird, um die ehemalig gemeinsamen Mandanten/Patienten zu werben[12], denn diese trifft keine Rechtspflicht zur Fortsetzung der „Geschäftsbeziehung". Eine Realteilung erfolgt selbst dann entsprechend der Gewinn- und Verlustbeteiligung, wenn sich der überwiegende Teil der Mandanten/Patienten nur für einen der ehemaligen Partner entscheidet[13]; vorausgesetzt, es bestand die reale Möglichkeit, in gleichem Umfang Mandate an sich zu binden[14]. 7

Eine Realteilung scheidet allerdings dann aus, wenn diese nach der Art des Gegenstandes ausgeschlossen oder mit einer Wertminderung an dem oder den zu teilenden Gegenständen verbunden ist (§ 752 Satz 1). Allerdings genügt insoweit wohl nicht jedwede Wertminderung; diese muss vielmehr nicht unerheblich sein[15]. Eine Unteilbarkeit kann sich auch aus rechtlichen Gründen (unteilbare Forderung) ergeben. In diesen Fällen setzt die Ermittlung des Überschusses die Verwertung der unteilbaren Gegenstände des Gesellschaftsvermögens zumeist durch Verkauf nach den Regeln über den Pfandverkauf (§§ 753 Abs 1 Satz 1, 1235 ff) oder durch eine andere Art der Verwertung (§ 1246 Abs 1) voraus. Auch noch nicht einziehbare Forderungen der Gesellschaft sind zu verkaufen (§ 754 Satz 1). 8

(3) **Berücksichtigung in der Schlussabrechnung**. Die Überschussverteilung stellt in der Regel nur einen Teil der umfassenderen Schlussabrechnung hinsichtlich aller wechselseitigen Ansprüche zwischen Gesellschaft und Gesellschaftern, vor allem aber auch zwischen den Gesellschaftern dar[16]. Soweit unteilbare Gegenstände der Gesellschaft in Geld umgesetzt wurden, können die jeweiligen Ansprüche der Gesellschafter auf den Anteil deshalb ebenso wenig wie andere Vermögensansprüche isoliert geltend gemacht werden (Durchsetzungssperre[17]); vielmehr sind sie in die Schlussabrechnung einzustellen und dort zu saldieren. Wenn der Anspruch auf den Überschuss mit einer Leistungsklage vorab geltend gemacht wird, so ist diese zwar unbegründet. Allerdings ist zu beachten, dass in einer solchen Leistungsklage grundsätzlich der Feststellungsantrag enthalten ist, den Anspruch in die Auseinandersetzungsbilanz einzubeziehen. 9

Die wertmäßige Berücksichtigung der real geteilten Gegenstände im Rahmen der Schlussabrechnung erfolgt dadurch, dass der Wert dieser Gegenstände – in der Regel aus der Auseinandersetzungsbilanz – ermittelt, dieser Wert unter Zugrundelegung des Verteilungsschlüssels unter den Gesellschaftern aufgeteilt und die so gebildeten Anteile als Rechengröße in die Schlussabrechnung einbezogen werden. Dies führt insbesondere dazu, dass stille Reserven der Gesellschaft und Wertsteigerungen an den einzelnen Gegenständen vollständig unter den Gesellschaftern ausgeglichen werden, was bei einer Vollbeendigung der Gesellschaft zwangsläufig erforderlich ist[18]. In der Bewertung sind die Gesellschafter allerdings frei; Vermögensgegenstände können gegenüber dem einen Gesellschafter höher bewertet werden als gegenüber dem anderen[19]. Im Übrigen kommt es für die Wertverteilung grundsätzlich auf den Zeitpunkt der Realteilung und Übertragung auf die Gesellschafter an, nicht hingegen auf den Auflösungszeitpunkt der Gesellschaft. 10

(4) **Vorrang der Schuldentilgung und der Einlagenrückgewähr**. Jeder Gesellschafter hat einen Anspruch darauf, dass vor der Ausschüttung des Gesellschaftsvermögens an die Gesellschafter die Schulden der Gesellschaft getilgt werden; zur Bedeutung und Abdingbarkeit dieses 11

11 BayObLG WM 1979, 655.
12 BGH NJW 1994, 796; Schleswig OLGR 2004, 172; München NZG 2002, 235; Karlsruhe NZG 2001, 654 (Ausscheiden aus fortbestehender GbR).
13 München NZG 2002, 235.
14 Schleswig OLGR 2004, 172.
15 Köln OLGR 2002, 406.
16 S oben Rz 1.
17 S dazu § 730 Rz 6.
18 BGH WM 1972, 213; BGHZ 19, 42, 48; BGHZ 17, 130, 133.
19 BayObLG Recht 1912 Nr 403.

Anspruchs s § 733 Rz 1. Jeder Gesellschafter hat außerdem einen Anspruch darauf, dass vor Überschussermittlung und -verteilung die Einlagen an die Gesellschafter zurückerstattet werden (§ 733 Abs 2 Satz 1). Dieser Anspruch hat angesichts der in der Regel notwendigen Schlussabrechnung[20] keine Bedeutung, da in die Schlussabrechnung alle wechselseitigen Ansprüche zwischen Gesellschaft und Gesellschaftern einzustellen und gegeneinander zu verrechnen sind; im Schlusssaldo sind die Einlagen eines jeden Gesellschafters wertmäßig zwangsläufig enthalten. Bei nicht hinreichendem Gesellschaftsvermögen führt der Vorrang der Einlagenrückgewähr aber dazu, dass gegebenenfalls kein Überschuss nach § 734 festgestellt und verteilt werden kann.

12 4. **Auseinandersetzungsguthaben**. Das Auseinandersetzungsguthaben ist das zugunsten eines jeden Gesellschafters **in der Schlussabrechnung errechnete Saldo**. Zum Verhältnis des Anspruchs auf das Auseinandersetzungsguthaben zum Anspruch auf Auskehr des Überschusses vgl Rz 1. Zu den Einzelheiten der Schlussabrechnung und des Anspruchs auf das Auseinandersetzungsguthaben vgl § 730 Rz 25 ff.

13 5. **Befriedigungsvorrecht**. Erfolgt der schuldrechtliche Ausgleich zwischen den Gesellschaftern im Rahmen der Auseinandersetzung des Gesellschaftsvermögens, werden auch Individualansprüche zwischen den Gesellschaftern[21] in die Schlussabrechnung eingestellt und saldiert. Angesichts von § 733 Abs 1 führt das zu einem Vorrang der Berichtigung der Individualverpflichtungen vor der Einlagenrückgewähr und vor der Überschussverteilung. Beschränkt sich hingegen die Liquidation der GbR auf das Gesellschaftsvermögen, bleiben Individualansprüche außen vor. Da sich diese aber aus dem Gesellschaftsverhältnis ergeben, stellt der Gesellschaftsanteil des Gesellschafter-Schuldners den primären Haftungsfonds für diese Ansprüche dar. Dementsprechend gewähren die §§ 731 Satz 2, **756 Satz 1** dem Gesellschafter-Gläubiger ein **Befriedigungsvorrecht** am Auseinandersetzungsguthaben des Schuldners, wenn dieses durch Vollbeendigung der Gesellschaft wertmäßig an die Stelle des Gesellschaftsanteils tritt[22]. Folgerichtig gewährt **InsO § 84 Abs 1 Satz 2** dem Mitgesellschafter dieses **Befriedigungsvorrecht** auch dann, wenn die Gesellschaft durch Eröffnung des Insolvenzverfahrens über das Vermögen des Gesellschafter-Schuldners aufgelöst wurde (§ 725 Abs 2), wobei die gesellschaftsrechtliche Auseinandersetzung außerhalb des Insolvenzverfahrens durchgeführt wird (InsO § 84 Abs 1 Satz 1) und nur der Anspruch des Gesellschafter-Schuldners auf das Auseinandersetzungsguthaben in die Insolvenzmasse fällt. Dazu, dass auch beim schuldrechtlichen Ausgleich zwischen den Gesellschaftern eine (eigenständige) Schlussabrechnung erforderlich ist und insoweit eine zusätzliche Durchsetzungssperre entsteht, s § 730 Rz 8.

§ 735 Nachschusspflicht bei Verlust

Reicht das Gesellschaftsvermögen zur Berichtigung der gemeinschaftlichen Schulden und zur Rückerstattung der Einlagen nicht aus, so haben die Gesellschafter für den Fehlbetrag nach dem Verhältnis aufzukommen, nach welchem sie den Verlust zu tragen haben. Kann von einem Gesellschafter der auf ihn entfallende Beitrag nicht erlangt werden, so haben die übrigen Gesellschafter den Ausfall nach dem gleichen Verhältnis zu tragen.

20 S § 730 Rz 25.
21 S § 705 Rz 54; Rz 3 vor § 730.
22 RGRK/v Gamm § 731 Rz 2; Pal/Sprau § 733 Rz 6; aA Staud/Habermeier § 731 Rz 4; Münch Komm/Ulmer § 731 Rz 4; Bamberger/Roth/Timm/Schöne § 731 Rz 4; Erman/Westermann § 731 Rz 2.

ÜBERSICHT

Schrifttum: Scherf, Die Nachschusspflicht im Gesellschaftsrecht, 2002.

1 1. **Systematik**. Die Regelung des § 735 entspricht spiegelbildlich der des § 734. Eine Nachschusspflicht der Gesellschafter ergibt sich, wenn das Gesellschaftsvermögen nicht ausreicht, die Verbindlichkeiten der Gesellschaft zu berichtigen (§ 733 Abs 1) und/oder die Einlagen an die Gesellschafter zurückzugewähren (§ 733 Abs 2). Die Nachschusspflicht ist in der Regel Bestandteil der Schlussabrechnung[1], so dass ein entsprechender Sozialanspruch der Gesellschaft nicht isoliert geltend gemacht werden kann, sondern dort einzustellen und im Rahmen aller wechselseitigen Ansprüche zu saldieren ist. Dass die Nachschusspflicht nur als Rechnungsposten in die Schlussabrechnung einfließt, gilt vor allem dann, wenn die Gesellschafter den schuldrechtlichen Ausgleich untereinander – was die Regel ist – bereits im Rahmen der Liquidation des Gesellschaftsvermögens vornehmen. Zu den Einzelheiten s § 734 Rz 1.

2 2. **Geltungsbereich, Abdingbarkeit**. § 735 statuiert eine Nachschusspflicht nach Auflösung der Gesellschaft und steht deshalb nicht in einem Spannungsverhältnis zu den §§ 705 bis 707, die die Beiträge und Einlagen ausschließlich in der werbend tätigen Gesellschaft betreffen[2]. § 735 gilt **nur im Innenverhältnis** zwischen Gesellschaft und Gesellschaftern und ist dort grundsätzlich ohne Einschränkungen **abdingbar**[3]. Gesellschaftsgläubiger können weder eine Einhaltung der gesetzlich vorgesehenen Reihenfolge – Schuldentilgung vor Einlagenrückgewähr, diese wiederum vor Überschussauskehr – verlangen, noch handelt es sich bei § 735 um ein unabdingbares Schutzgesetz zu ihren Gunsten, noch können sie Nachschussansprüche selbst geltend machen. Gesellschaftsgläubiger sind grundsätzlich durch die persönliche und unbeschränkte Haftung aller Gesellschafter für die Verbindlichkeiten der Gesellschaft[4] hinreichend geschützt. Darüber hinaus können die Gläubiger auf den Sozialanspruch der Gesellschaft gegen die Gesellschafter auf Nachschuss zugreifen, denn dieser gehört zum Gesellschaftsvermögen und ist damit Teil des Haftungsfonds. Auch wenn alle Sozialansprüche der Gesellschaft bis zur Schlussabrechnung der Durchsetzungssperre unterliegen, so können sie doch ohne Einschränkungen durch Dritte gepfändet werden (ZPO § 851 Abs 2). Zur Haftung der Gesellschafter, die persönlich nicht für die Verpflichtungen der Gesellschaft einstehen müssen, an die aber Gesellschaftsvermögen vor Schuldentilgung (anteilig) ausgeschüttet wird, s § 733 Rz 1.

3 Für die Anwendbarkeit von § 735 auf Innengesellschaften kommt es auf die vereinbarte Stellung des Innengesellschafters zum „Gesellschaftsvermögen" an[5]. § 735 gilt nicht für typisch stille Gesellschaften[6].

4 3. **Verlust**. – a) **Ermittlung des Verlustes**. Ein Nachschusspflichten auslösender Verlust liegt vor, wenn das Gesellschaftsvermögen nicht ausreicht, die Verbindlichkeiten der Gesellschaft zu berichtigen (§ 733 Abs 1); eine Einlagenrückgewähr nach § 733 Abs 2 ist dann – wegen der gesetzlich vorgesehenen Nachrangigkeit gegenüber der Schuldentilgung – ohnehin nicht mehr möglich. Eine Nachschusspflicht ergibt sich auch dann, wenn zwar die Gesellschaftsverbindlichkeiten berichtigt, nicht aber mehr die Einlagen der Gesellschafter (vollständig) dem Wert nach zurückgewährt werden können (§ 733 Abs 2). Zur Schuldentilgung und zur Einlagenrückgewähr

1 S § 730 Rz 25.
2 RG SoergRspr 1916 Nr 1 zu § 735; MünchKomm/Ulmer Rz 1; Staud/Habermeier Rz 1; Bamberger/Roth/Timm/Schöne Rz 1.
3 MünchKomm/Ulmer Rz 2; Staud/Habermeier Rz 1; aA Aderhold, Das Schuldmodell der BGB-Gesellschaft, 1981, S 284 ff.
4 S § 714 Rz 29 ff, 38 ff.
5 S Rz 8 ff vor § 730.
6 BGH WM 1977, 973.

müssen gegebenenfalls im Gesellschaftsvermögen vorhandene Gegenstände versilbert werden (§ 733 Abs 3); bis dahin kann keine Nachschusspflicht der Gesellschafter entstehen. Für die Berechnung des Verlustes maßgeblicher Zeitpunkt ist der der Vollbeendigung der Gesellschaft.

5 b) **Verlustbeteiligung**. Vorbehaltlich abweichender Vereinbarungen nehmen alle Gesellschafter am Verlust teil; im Zweifel haften alle Gesellschafter zu gleichen Teilen (§ 722). Die gesellschaftsvertragliche Regelung zur Verlustbeteiligung gilt im Zweifel auch für das Verhältnis zu leistender Nachschüsse. Ist im Gesellschaftsvertrag die Beteiligung eines Gesellschafters am Verlust ausgeschlossen, so trifft ihn auch keine Nachschusspflicht in der Auseinandersetzung[7]. Strikt davon zu trennen ist aber die Frage, ob dieser Gesellschafter nicht nach allgemeinen Grundsätzen für die Verbindlichkeiten der Gesellschaft auch mit seinem Privatvermögen haftet[8]. Vereinbart werden kann auch eine Beteiligung am Gewinn und Verlust eines Gesellschafters in der werbend tätigen Gesellschaft und zugleich ein Ausschluss der Nachschusspflicht zu seinen Gunsten bei Auflösung der Gesellschaft[9].

6 c) **Anspruch auf Verlustausgleich**. Der **Anspruch der Gesellschaft** auf Nachschuss (Sozialanspruch) gehört zum Gesellschaftsvermögen; er entsteht erst mit der Auflösung der Gesellschaft[10]. Er kann unter den diesbezüglichen Voraussetzungen[11] im Wege der actio pro socio geltend gemacht werden. Solange der Anspruch nicht erfüllt oder verwertet wird, scheidet eine Vollbeendigung der Gesellschaft wegen dieser Rechtsträgerschaft aus; Verbindlichkeiten einer Gesellschaft stehen deren Vollbeendigung hingegen nicht entgegen[12], das gilt auch bei Sozialverbindlichkeiten[13], etwa der Verbindlichkeit aus § 734[14]. Der Anspruch auf Nachschuss ist in die Schlussabrechnung einzustellen und unterliegt bis zur Saldierung aller wechselseitigen Ansprüche der **Durchsetzungssperre**[15]. Zu Ausnahmen von der Durchsetzungssperre, wenn sich ein Anspruch im geltend gemachten Umfang unzweifelhaft auch nach einer Schlussabrechnung ergibt, s § 730 Rz 9; zur ausnahmsweisen Entbehrlichkeit einer Schlussabrechnung s § 730 Rz 31; zur Umdeutung einer unbegründeten Leistungs- in eine Feststellungsklage s § 730 Rz 13. Lassen sich Nachschussansprüche gegen einzelne Gesellschafter nicht durchsetzen, sind die Mitgesellschafter nach **§ 735 Satz 2** zum Ausgleich dieses **Ausfalls** im Verhältnis ihrer jeweiligen Verlustanteile verpflichtet.

7 Jeder Gesellschafter hat einen Anspruch gegen seine Mitgesellschafter darauf, dass die Tilgung der Gesellschaftsschulden vor der Einlagenrückgewähr und diese vor der Überschussverteilung vorgenommen wird[16]. Demgegenüber haben die **Gesellschafter** untereinander **grundsätzlich keinen eigenen Anspruch** auf Nachschüsse nach § 735. Wird insbesondere ein Gesellschafter von Gläubigern der Liquidationsgesellschaft in Anspruch genommen oder erfüllt er freiwillig eine Verbindlichkeit der Gesellschaft, so kann er Ausgleichsansprüche gegen Mitgesellschafter allein auf § 426 Abs 1 stützen; der Anspruch unterliegt allerdings bis zum Schlussausgleich der Durchsetzungssperre[17]. Nehmen die Gesellschafter den schuldrechtlichen Ausgleich untereinander schon im Rahmen der Liquidation des Gesellschaftsvermögens vor, kann in einfach gelagerten Fällen, in denen ausnahmsweise die Schlussabrechnung entbehrlich ist[18] und der **Nachschuss lediglich zum Ausgleich** zwischen den Gesellschaftern benötigt wird, der Anspruch auf Zahlung des Ausgleichsbetrages (Nachschusses) durch den anspruchsberechtigten **Gesellschafter** aber **unmittelbar** gegen Mitgesellschafter geltend gemacht werden[19]. Auch kann vereinbart werden,

7 BGH WM 1967, 346.
8 S § 714 Rz 29 ff, 38 ff.
9 Hamm FamRZ 1993, 1203.
10 RGZ 166, 65, 68; Köln NZG 1999, 152.
11 S § 705 Rz 48 ff.
12 S Rz 2 vor § 723.
13 S § 705 Rz 54.
14 S aber § 734 Rz 6.
15 BGH DStR 2002, 228; Schleswig NZG 2001, 796; Köln NZG 1999, 153; BGH NJW-RR 1993, 1187; BGH WM 1977, 973. – S § 730 Rz 6.
16 S § 733 Rz 1.
17 Hadding/Häuser WM 1988, 1591 f.
18 S § 730 Rz 31.
19 Schleswig OLGR 2001, 152 (Innengesellschaft); Hamm NZG 2001, 747 (im konkreten Fall abgelehnt); Köln NZG 1999, 153; Hamm FamRZ 1993, 1201; MünchKomm/Ulmer Rz 6; Staud/Haber-

dass ein Mitgesellschafter Nachschüsse an sich selbst einzufordern berechtigt ist[20]. Zur Leistung verpflichtet sind allerdings nur diejenigen Gesellschafter, die ihrerseits ausgleichsverpflichtet sind, insbesondere Nachschüsse nach § 735 in das Gesellschaftsvermögen schulden[21]. Zur anteiligen **Ausfallhaftung** der Gesellschafter für Nachschussverpflichtungen eines Mitgesellschafters s Rz 6[22]. Die anteilige Ausfallhaftung entsteht auch gegenüber ausgeschiedenen Gesellschaftern (§ 739).

§ 736 Ausscheiden eines Gesellschafters, Nachhaftung

(1) **Ist im Gesellschaftsvertrag bestimmt, dass, wenn ein Gesellschafter kündigt oder stirbt oder wenn das Insolvenzverfahren über sein Vermögen eröffnet wird, die Gesellschaft unter den übrigen Gesellschaftern fortbestehen soll, so scheidet bei dem Eintritt eines solchen Ereignisses der Gesellschafter, in dessen Person es eintritt, aus der Gesellschaft aus.**

(2) **Die für Personenhandelsgesellschaften geltenden Regelungen über die Begrenzung der Nachhaftung gelten sinngemäß.**

ÜBERSICHT

Schrifttum: Ulmer/Timmann, Die Enthaftung ausgeschiedener Gesellschafter, ZIP 1992, 1; Armbrüster, Zur Nachhaftung ausgeschiedener Gesellschafter von Personengesellschaften, DZWiR 1997, 55; ders, Grundlage und Reichweite von Wettbewerbsverboten im Personengesellschaftsrecht, ZIP 1997, 161; Altmeppen, Zur Enthaftung des ausscheidenden Personengesellschafters, NJW 2000, 2529; Hülsmann, Anwaltssozietät: Rechtsprechungsreport zu Austrittsfolgen, NZG 2001, 630.

I. Allgemeines zum Weiterbestehen der Gesellschaft

1 1. **Systematik des Gesetzes**. In den §§ 736 bis 740 regelt das Gesetz das Ausscheiden eines Gesellschafters aus einer fortbestehenden Gesellschaft. Die **§§ 736 Abs 1, 737** geben nur eine beispielhafte Aufzählung von **Voraussetzungen** für ein solches Ausscheiden; weitere Fälle können durch die Gesellschafter vereinbart werden. In den **§§ 736 Abs 2, 738 bis 740** werden die **Wir-**

meier Rz 4; Bamberger/Roth/Timm/Schöne Rz 5; Erman/Westermann Rz 1. – S § 730 Rz 25 ff.

20 KG NZG 2001, 556.
21 BGH WM 1975, 268.
22 BGH WM 1975, 268.

kungen des Fortbestehens der Gesellschaft trotz Ausscheidens eines Gesellschafters festgelegt; § 738 enthält die Hauptregel, §§ 736 Abs 2, 739 und 740 regeln Sonderfragen.

2 2. **Rechtsgedanke des § 736 Abs 1**. Das Gesetz geht vom **Grundsatz der Höchstpersönlichkeit** jeder Beteiligung in einer GbR aus, dh die Existenz der Gesellschaft ist abhängig vom unveränderten Gesellschafterbestand. Daraus folgt, dass auch die in den §§ 723, 724, 727, 728 erwähnten Fälle kraft Gesetzes zur Auflösung der Gesellschaft und ihrer Vollbeendigung im Wege der Liquidation führen. Dieser Grundsatz, der **schon im Auseinandersetzungsstadium** durch die Beteiligung des kündigenden Pfandgläubigers[1], von Erben bzw des Testamentsvollstreckers[2] bzw des Insolvenzverwalters[3] eine **Durchbrechung** erfährt, betrifft allerdings nur das Innenverhältnis zwischen den Gesellschaftern und ist deshalb nicht zwingend. §§ 736 Abs 1, 737 tragen der für Gesellschaftsverhältnisse geltenden Gestaltungsfreiheit Rechnung, die es den Gesellschaftern ermöglicht, Ausnahmen vom obigen Grundsatz zu vereinbaren. Den Vorschriften liegt der **allgemeine Rechtsgedanke** zugrunde, dass Änderungen im Gesellschafterbestand **auf rechtsgeschäftlicher Grundlage zulässig** sind, ohne dass dadurch die Identität der Gesellschaft berührt wird[4].

3 § 736 Abs 1 bietet den Gesellschaftern eine solche Ausnahme für die Fälle der Kündigung, des Todes oder der Insolvenz eines Mitgesellschafters ausdrücklich an. Der daraus zu entnehmende allgemeine Rechtsgedanke beansprucht darüber hinaus **Geltung für weitere Gründe** für ein Ausscheiden von Mitgesellschaftern[5]. § 737 erkennt den unveränderten Fortbestand der Gesellschaft auch bei einem vereinbarten **Ausschluss eines Mitgesellschafters** aus wichtigem Grund an. Aus der Höchstpersönlichkeit des Gesellschaftsverhältnisses folgt zwar, dass sich kein Gesellschafter einen neuen Mitgesellschafter aufzwingen zu lassen braucht, jedoch kann ein **Beitritt neuer Gesellschafter** grundsätzlich zu jeder Zeit und ohne Einschränkungen vereinbart werden[6]. Dem Rechtsgedanken des § 736 Abs 1 gemäß können die Gesellschafter auch im Auseinandersetzungsstadium die Fortsetzung der Gesellschaft beschließen[7], nur dass sich in diesem Fall die Zweckrichtung der Gesellschaft (werbende Gesellschaft – Liquidationsgesellschaft – werbende Gesellschaft) und damit grundsätzlich auch die Rechtsstellung der Gesellschafter[8] doppelt ändert.

4 3. **Anwendungsbereich**. § 736 findet nicht nur auf werbend tätige, sondern grundsätzlich auch auf aufgelöste, sich bereits im **Liquidationsstadium** befindliche Außengesellschaften Anwendung. Eine solche Möglichkeit kann unter den Gesellschaftern ausdrücklich vereinbart sein, sie kann sich aber auch aus den Umständen durch Auslegung einer allgemein getroffenen Fortsetzungsklausel ergeben[9]. Tritt nach Auflösung der Gesellschaft (etwa nach §§ 726, 728 Abs 1) ein zum Ausscheiden eines Gesellschafters führender Grund ein, scheidet der betreffende Gesellschafter aus der Liquidationsgesellschaft aus und die Auseinandersetzung der Gesellschaft findet nur noch unter den verbleibenden Gesellschaftern statt. Bei der Auslegung einer nicht ausdrücklich auch das Liquidationsstadium einbeziehenden Fortsetzungsklausel ist allerdings zu beachten, dass diese in der Regel das Bestandsinteresse der verbleibenden Gesellschafter gerade im Hinblick auf die werbend tätige Gesellschaft schützt. Für den praktisch wichtigsten Fall einer Kündigung aus wichtigem Grund nach § 723 kommt es daher darauf an, ob den bisherigen Gesellschaftern eine Abwicklung gemeinsam mit dem Gesellschafter zugemutet werden kann, in dessen Person der wichtige Grund eintrat[10].

5 § 736 Abs 1 kann auch bei **mehrgliedrigen Innengesellschaften**, auch stillen Gesellschaften, Anwendung finden. Da das „Gesellschaftsvermögen" allerdings dem Außengesellschafter zu al-

1 S § 725 Rz 15.
2 S 727 Rz 4, 13 ff, 48 ff.
3 S § 728 Rz 14, 17.
4 RGZ 106, 63, 66, 67.
5 S unten Rz 6.
6 RGZ 82, 160.
7 S § 730 Rz 34 ff.
8 S § 705 Rz 46 ff; Rz 15 ff vor § 723; § 730 Rz 34 ff.
9 BGH WM 1964, 1086; BGH WM 1963, 728; grundsätzlich auch MünchKomm/Ulmer Rz 16; enger Bamberger/Roth/Timm/Schöne Rz 5 (nicht bei Kündigung durch einen Gesellschafter möglich).
10 S § 723 Rz 28.

leiniger Rechtsinhaberschaft zugeordnet ist, ergeben sich in der Regel Besonderheiten bei den Rechtsfolgen eines Ausscheidens aus der Innengesellschaft. Eine Anwachsung nach § 738 Abs 1 Satz 1, ein Anspruch auf das Auseinandersetzungsguthaben nach § 738 Abs 1 Satz 2 und eine Nachschusspflicht nach § 739 setzen voraus, dass der Innengesellschafter wirtschaftlich wie ein Gesamthänder an der Gesellschaft beteiligt war[11]. Außerdem kommt es auf die getroffenen Vereinbarungen an, ob Anwachsung und Ausgleich nur zwischen den verbliebenen Innengesellschaftern oder auch unter Einbeziehung des Außengesellschafters erfolgen. Eine Befreiung von „gemeinsamen Schulden" nach § 738 Abs 1 Satz 2 und 3 setzt voraus, dass der Innengesellschafter eigene Verpflichtungen im Außenverhältnis übernommen hatte, die vereinbarungsgemäß aus dem Gesellschaftsvermögen zu begleichen waren[12].

Zur **Zweimann-Gesellschaft** vgl Rz 22 ff vor § 730.

II. Ausscheiden eines Gesellschafters nach § 736 Abs 1

1. **Voraussetzungen**. – a) **Gründe des Ausscheidens**. § 736 Abs 1 nennt als Grund des Ausscheidens eines Gesellschafters dessen Kündigung (§ 723), dessen Tod (§ 727 Abs 1) und die Eröffnung des Insolvenzverfahrens über sein Vermögen (§ 728 Abs 2). Da diese Vorschrift nur im Innenverhältnis zwischen den Gesellschaftern gilt und Ausdruck der allgemeinen Gestaltungsfreiheit der Gesellschafter ist, können diese über die aufgezählten Gründe hinaus auch weitere Gründe für das Ausscheiden eines Mitgesellschafters unter Fortbestand der Gesellschaft vereinbaren. Das kann schon die Pfändung oder aber erst die Kündigung durch einen Pfändungspfandgläubiger eines Gesellschafters sein (§ 725); darüber hinaus alle Fälle, in denen der Gesellschaftsvertrag in zulässiger Weise (§ 138) das Ausscheiden eines Gesellschafters vorsieht: Alter, dauernde Krankheit, Wegzug ins Ausland, Verlust der für die Gesellschaftszugehörigkeit vorausgesetzten Eigenschaften oder Fähigkeiten, Fristablauf, Wiederverheiratung usw[13]. 6

b) **Fortsetzungswille**. Eine Abweichung von der gesetzlichen Regel der Auflösung der Gesellschaft bei Eintritt eines Auflösungsgrundes muss bei der GbR aber **immer vereinbart** werden. Die GbR unterscheidet sich insofern erheblich von OHG und KG, bei denen von Gesetzes wegen bestimmte Auflösungsgründe nicht zur Auseinandersetzung der Gesellschaft, sondern nur zum Ausscheiden des Gesellschafters führen, in dessen Person der betreffende Umstand eingetreten ist (HGB § 131 Abs 3 Satz 1 Nr 1 bis 5). § 736 Abs 1 setzt daher voraus, dass die Fortsetzung der Gesellschaft ohne den Ausgeschiedenen bereits **im Gesellschaftsvertrag** mittels einer **Fortsetzungsklausel**[14] vereinbart worden ist. 7

Darüber hinaus können die Gesellschafter aber auch einen entsprechenden **Fortsetzungsbeschluss** fassen. Das ist möglich sowohl vor dem Eintritt eines Auflösungstatbestandes als auch nach Auflösung der Gesellschaft (aber vor deren Vollbeendigung). Im letztgenannten Fall handelt es sich um einen Rückumwandlungsbeschluss in eine werbend tätige Gesellschaft; zu den Rechtsfolgen dieses Beschlusses s im Einzelnen zum allgemeinen Rückumwandlungsbeschluss[15]. Nicht nur der vorausgehende, sondern auch der nach Eintritt eines Auflösungsgrundes gefasste Fortsetzungsbeschluss bedarf grundsätzlich der **Einstimmigkeit**, insbesondere immer auch der Mitwirkung des Gesellschafters, in dessen Person der Auflösungsgrund eingetreten ist und der kraft des Beschlusses nicht mehr an der dann wieder werbend tätigen Gesellschaft beteiligt werden soll[16]. Zur Zulässigkeit von Mehrheitsbeschlüssen und deren Grenzen (Bestimmtheitsgrundsatz, Kernbereichslehre) vgl § 709 Rz 23 ff, 39 ff. An die **vor Eintritt** des Auflösungsgrundes vereinbarte Fortsetzung ohne den die Auflösung verursachenden Gesellschafter sind Pfändungspfand- 8

11 S Rz 8 ff vor § 730.
12 S § 733 Rz 5.
13 BGH NJW 2003, 1729 (KG); BGH WM 1965, 1035; BayObLG DB 1990, 168; Frankfurt/M NZG 1999, 990.
14 S § 727 Rz 13 f.
15 S § 730 Rz 35.
16 MünchKomm/Ulmer Rz 17; Erman/Westermann Rz 4; Bamberger/Roth/Timm/Schöne Rz 4.

gläubiger ebenso wie Erben und Testamentsvollstrecker sowie Insolvenzverwalter **gebunden**; mit Eintritt des Auflösungsgrundes scheidet der davon betroffene Gesellschafter aus und nur der Anspruch auf das Auseinandersetzungsguthaben fällt dem Zugriff durch Dritte anheim. Für **Fortsetzungsbeschlüsse**, die **erst im Liquidationsstadium** gefasst werden, bedarf es – auch wenn der den Auflösungsgrund setzende Gesellschafter nicht an der fortgesetzten Gesellschaft beteiligt wird – anstelle des ausscheidenden Gesellschafters[17] gegebenenfalls der Mitwirkung des kündigenden Pfändungspfandgläubigers eines Gesellschafters[18], des oder der Erben[19] oder des Testamentsvollstreckers[20] bzw des Insolvenzverwalters über das Vermögen des Gemeinschuldner-Gesellschafters; gibt im letztgenannten Fall der Verwalter die vom Insolvenzbeschlag betroffene Mitgliedschaft aus der Masse frei, kann der Fortsetzungsbeschluss (nur) unter allen Gesellschaftern gefasst werden[21].

9 Keine gesellschaftsrechtlichen Bedenken bestehen bei einer Vereinbarung, nach der im Kündigungsfall die übrigen Gesellschafter entscheiden sollen, ob die Gesellschaft fortgesetzt werden oder ob es bei der Auflösung bleiben soll **(Fortsetzungsrecht)**; dies liegt im Rahmen der Dispositionsfreiheit der Gesellschafter[22]. In diesem Fall ist der Fortsetzungsbeschluss allein unter den übrigen Gesellschaftern ohne den von der Ausschließung Betroffenen zu fassen.

10 c) **Auslegung der Fortsetzungsklausel**. Trotz Fortsetzungsklausel kann es bei einer **Massenkündigung** vieler Gesellschafter zu einer Auflösung und Auseinandersetzung unter Beteiligung der Kündigenden kommen. Denn in diesen Fällen wäre es unangemessen und im Ergebnis treuwidrig, die verbleibenden Gesellschafter mit der Last und den Risiken der Abwicklung zu belasten[23]. Insbesondere bei Massenkündigungen von Anlegern einer Publikumsgesellschaft kann hinzukommen, dass durch den vielfachen Austritt der Gesellschaftszweck insgesamt unmöglich wird[24]; wegen des aus § 726 folgenden schwerwiegenden Eingriffs in die Gesellschaftsstruktur ergeben sich allerdings hohe Anforderungen an das Merkmal der Unmöglichkeit[25]. Wenn die Vielzahl von Austrittskündigungen zur Unangemessenheit einzelner Austritte unter Abfindung der Ausgeschiedenen und/oder zur Unmöglichkeit der Zweckerreichung bei der Gesellschaft führen, ergibt eine Auslegung anhand der erkennbaren wirtschaftlichen Situation in diesen Fällen, dass die Fortsetzungsklausel nicht auch für einen Massenaustritt von Gesellschaftern Geltung hat, sondern sich auf den „Grundfall“ einzelner, nicht bestandsgefährdender Austritte beschränken soll.

11 Im Übrigen ist ganz allgemein Voraussetzung, dass die getroffene Fortsetzungsklausel den jeweils in Frage stehende Auflösungsgrund umfasst. Haben die Gesellschafter nur eine allgemein gefasste Fortsetzungsklausel vereinbart, wird man in der Regel von der Einbeziehung aller denkbaren Auflösungsgründe ausgehen können. Zweifelhaft ist das allein für die **Kündigung aus wichtigem Grund**[26]. Doch kommt dem Kündigenden eine solche Einbeziehung in der Regel entgegen, denn er scheidet dann nicht erst nach der Auseinandersetzung, sondern bereits mit Zugang der Kündigungserklärung aus der Gesellschaft aus. Auch die anderen Gesellschafter sind in der Regel an einer Austrittskündigung statt einer Auflösungskündigung interessiert, denn nur so wird ihr Bestandsinteresse an der Gesellschaft geschützt. Die Fortsetzungsklausel umfasst daher im Zweifel auch den Fall einer Kündigung aus wichtigem Grund[27]. Wird allerdings die Austrittskündigung mit ungünstigen Folgen verbunden, insbesondere der Auseinandersetzungsanspruch

17 S soeben zu Fn 16.
18 S § 725 Rz 15.
19 S § 727 Rz 6.
20 S § 727 Rz 48 ff.
21 S § 728 Rz 17.
22 BGH MW 1968, 697; MünchKomm/Ulmer Rz 17; Bamberger/Roth/Timm/Schöne Rz 3.
23 BGH DStR 1999, 171.
24 Stuttgart JZ 1982, 766 (mAnm U H Schneider); s auch Dresden DStZ 2003, 743; Hamm NJW-RR 2000, 916 (im konkreten Fall wegen der Treuhandbeteiligung abgelehnt).
25 Zu Einzelheiten s § 726.
26 BGHZ 30, 195; RG DR 1944, 187; RGZ 162, 388, 394
27 MünchKomm/Ulmer Rz 11; Bamberger/Roth/Timm/Schöne Rz 8.

gekürzt, so kann diese Begrenzung zwar unwirksam sein[28], im Übrigen aber den Kündigenden eher zur Auflösungskündigung hin drängen. Dann kommt es darauf an, ob der wichtige Grund zur Kündigung mit der Folge der Liquidation das Bestandsinteresse der verbleibenden Gesellschafter übersteigt. Letztlich kann sich die Berufung auf die Fortsetzungsklausel auch als rechtsmissbräuchlich darstellen[29]. Zum möglichen, neben dem Anspruch auf das Auseinsandersetzungsguthaben nach § 738 Abs 1 Satz 2 entstehenden Schadensersatzanspruch des aus wichtigem Grund Kündigenden s § 723 Rz 43.

Zur Auslegung einer Fortsetzungsklausel in einer **Zweimann-Gesellschaft** s Rz 13 und Rz 23 vor § 730.

2. **Rechtsfolgen des Ausscheidens**. Zu den Rechtsfolgen des Ausscheidens für die Gesell- 12
schaft und den ausscheidenden Gesellschafter, insbesondere zu nachvertraglichen Pflichten, einem nachvertraglichen Wettbewerbsverbot und dem Anspruch auf das Auseinandersetzungsguthaben, s die Bem zu § 738. Zum Ausscheiden aus einer Zweipersonen-Gesellschaft s Rz 28 vor § 730.

III. Übernahme durch einen Gesellschafter

Die Fortsetzung der Gesellschaft setzt zwingend voraus, dass mindestens zwei Gesellschafter 13
verbleiben, weil es nach zutreffender, wenngleich bestrittener Auffassung eine nur aus einem Gesellschafter gebildete GbR nicht gibt[30]. Die Gesellschaft ist mit Eintritt eines Ausscheidungsgrundes bei einem der beiden Gesellschafter zugleich aufgelöst und beendet[31]. Jedoch kann das Gesellschaftsvermögen durch nur einen Gesellschafter übernommen werden; eine Fortsetzungsklausel kann hier in der Regel als Übernahmerecht ausgelegt werden. Bei dem anderen „Gesellschafter" wächst das Gesellschaftsvermögen analog § 738 Abs 1 Satz 1 oder HGB § 140 Abs 1 Satz 2 an, allerdings nicht als Gesamthandvermögen, sondern zu alleiniger Berechtigung; zur Übernahme ist kein besonderer Übertragungsakt notwendig[32]. Das Übernahmerecht kann unter den Gesellschaftern vertraglich vereinbart worden sein[33]; es kann sich aber auch bei einer Fortsetzungsklausel analog § 737 ergeben, wenn in der Person des Mitgesellschafters ein wichtiger Grund zur Kündigung der Gesellschaft eintritt[34]. Die Wirkungen der Übernahme treten jedoch im Gegensatz zu den Wirkungen des Ausscheidens aufgrund einer Fortsetzungsklausel nicht von selbst bei der Entstehung des Übernahmerechts ein, sondern bedürfen nach zutreffender, wenngleich bestrittener Auffassung einer entsprechenden Gestaltungserklärung des Übernehmenden. Bei der Übernahme des Gesellschaftsvermögens ohne Liquidation durch einen Gesellschafter haftet dieser als Rechtsnachfolger der Gesellschaft – insofern ohne die Möglichkeit der Nachhaftungsbegrenzung nach § 736 Abs 2, HGB § 160 – und als früherer Gesellschafter des Verbandes – insoweit mit der Möglichkeit der Nachhaftungsbegrenzung[35]. Zu den **Einzelheiten** des Übernahmerechts vgl **vor § 730**.

IV. Andere Arten des Gesellschafterwechsels

1. **Allgemeines zum Eintritt in eine GbR**. Zum Eintritt eines Erben nach dem Tod eines Ge- 14
sellschafters in die GbR kraft einer Eintrittsklausel s zu § 727. Der Eintritt in eine bereits bestehende GbR ist gesetzlich nicht geregelt, wird aber allgemein anerkannt[36]. Die Aufnahme eines

28 S § 738 Rz 47 ff.
29 RGZ 162, 388, 392.
30 S § 705 Rz 18.
31 S Rz 14 vor § 723; Rz 28 vor § 730.
32 BAG ZIP 1998, 1974; BGH NJW 1994, 796; BGH NJW-RR 1993, 1444; BGH NJW 1992, 2758; BGHZ 113, 132, 133; Stuttgart NJWE-WettbR 2000, 166; Köln NJW 1995, 2232.
33 BGHZ 142, 324; BGH NJW 1999, 3557; BGH NJW 1999, 2438; BGH NJW-RR 1993, 1444; Nürnberg NJW-RR 2000, 700; BayObLG NJW-RR 2000, 1700.
34 BGHZ 32, 307, 317; Stuttgart NZG 2004, 766; Hamm NJW-RR 2000, 483; München NZG 1998, 937.
35 BAG ZIP 1998, 1974; BGHZ 113, 132, 134. – S auch Rz 28 vor § 730.
36 RGZ 82, 160.

neuen Gesellschafters stellt ein **Grundlagengeschäft** dar, mit dem der Gesellschaftsvertrag geändert wird; es bedarf stets eines Vertragsschlusses zwischen dem neu eintretenden Gesellschafter und den bisherigen Gesellschaftern[37]. Die Zustimmung aller Gesellschafter braucht nicht gleichzeitig zu erfolgen; sie kann für bestimmte Dritte im Voraus im Gesellschaftsvertrag oder einem Vorvertrag erteilt werden[38]. Im Gesellschaftsvertrag kann von vornherein einem Dritten ein Eintrittsrecht in der Weise eingeräumt werden, dass dieser einen Rechtsanspruch auf Aufnahme erhält; in diesem Fall schließen die Gesellschafter im Gesellschaftsvertrag einen Vertrag zugunsten eines Dritten (§ 328 Abs 1). Sie können sich im Gesellschaftsvertrag für die Aufnahme neuer Mitglieder einem Mehrheitsbeschluss oder sogar der pflichtgemäßen Auswahl des Aufzunehmenden durch einen einzigen Gesellschafter unterwerfen[39]. Auch bei Publikumsgesellschaften muss die Ermächtigung einzelner Gesellschafter zur Aufnahme von Mitgesellschaftern hinreichend bestimmt im Gesellschaftsvertrag zum Ausdruck kommen[40]. Der zur Auswahl Berechtigte muss dann für die Aufnahme Vertretungsmacht von allen anderen Gesellschaftern haben und darf sein Recht nur unter strenger Beachtung der Gesellschaftsinteressen ausüben[41]. Handelte der Gesellschafter ohne die erforderliche Zustimmung oder überschritt er seine Vertretungsmacht, so wird der Aufnahmevertrag erst mit Zustimmung aller wirksam, wobei diese Zustimmung auch in einem schlüssigen Verhalten liegen kann. Zum fehlerhaften Beitritt und den Grundsätzen zur fehlerhaften Gesellschaft vgl § 705 Rz 70 ff.

15 Auf die Rechtsänderung sind die Grundsätze der §§ 736, 738 entsprechend anzuwenden. Da die Gesellschaft unverändert bestehen bleibt und diese selbst Träger des Gesellschaftsvermögens ist[42], brauchen **keine Übertragungshandlungen** vorgenommen zu werden; uU bedarf es aber einer Berichtigung des Grundbuchs[43]. Der die Neumitgliedschaft begründende Vertrag zwischen allen Beteiligten unterliegt nicht der Formpflicht des § 311 b Abs 1[44]. In der Person des Eintretenden wird eine neue Mitgliedschaft begründet. Bei den bisherigen Gesellschaftern kommt es entsprechend § 738 Abs 1 Satz 1 – spiegelbildlich zur Anwachsung – zur **Abwachsung**: Um die mit der neuen Mitgliedschaft verbundenen Herrschaftsrechte werden die bisherigen Mitgliedschaften eingeschränkt; das Stimmgewicht in der Gesellschafterversammlung reduziert sich, die Gewinn- und Verlustbeteiligung geht anteilig zurück usw. Die Haftung des Neugesellschafters für vor seinem Beitritt begründete Verbindlichkeiten der Gesellschaft kann sich aus besonderen Verpflichtungstatbeständen ergeben, zB einer dahingehenden Vereinbarung mit dem Gläubigern. Im Übrigen scheidet eine Haftung des Eintretenden aus; insbesondere kann **HGB § 130** entgegen überwiegender Auffassung[45] mangels einer planwidrigen Gesetzeslücke und der nicht vergleichbaren Interessenlage zu OHG und KG nicht **entsprechend angewendet** werden; zu Einzelheiten, insbesondere durch die Rechtsprechung ohnehin vorgenommenen Ausnahmen (Vertrauensschutz, Berufsträgerhaftung, Publikumsgesellschaft) vgl § 714 Rz 46. Ob und inwieweit der bisherige Gesellschaftsvertrag auch nach dem Eintritt eines neuen Gesellschafters unverändert weiter gilt, ist im Übrigen Auslegungsfrage[46].

16 2. **Übertragung der Mitgliedschaft**. Zur Fortsetzung einer Gesellschaft anstelle des Erblassers mit einem Dritten aufgrund einer Nachfolgeklausel s zu § 727. Bei der Übertragung der Mitgliedschaft sind zwei Fälle zu unterscheiden. – a) **Verfügung über die Mitgliedschaft**. Dass der Übergang der Mitgliedschaft als solcher vom Gesetz anerkannt wird, zeigt schon § 727. Eine Übertragung ist auch unabhängig vom Todesfall eines Gesellschafters **durch Rechtsgeschäft**

37 Frankfurt/M NJW-RR 1994, 1322; RGZ 128, 172, 176.
38 RGZ 92, 163, 167.
39 Frankfurt/M NJW-RR 1994, 1322; RGZ 128, 172, 176; RGZ 92, 163, 166.
40 Frankfurt/M NJW-RR 1994, 1322.
41 RGZ 92, 163, 167.
42 S Rz 21 vor § 705.
43 Jena Rpfleger 2001, 125; LG Hamburg Rpfleger 1999, 389; Düsseldorf Rpfleger 1997, 322; BayObLG NJW-RR 1992, 229; RGRK/v Gamm Rz 4.
44 RGZ 82, 160.
45 BGHZ 154, 370; Hamm NJW-RR 2002, 495; München NZG 2000, 477; MünchKomm/Ulmer § 714 Rz 73; Schäfer ZIP 2003, 1225; aA Düsseldorf NZG 2002, 284; Armbrüster ZGR 2005, 34; Boehme NZG 2003, 764.
46 Oldenburg NZG 1999, 1157.

zulässig. Für die Dogmatik des Übertragungsvorgangs kommt es auf das Verständnis zur Rechtsnatur der Mitgliedschaft an. Begreift man diese auch als „subjektives Recht“[47], dann ist die Mitgliedschaft nach §§ 413, 398 abtretbar. Qualifiziert man hingegen die Mitgliedschaft wie hier als aktuelle und potentielle Inhaberschaft an der Gesamtheit von Rechten und Pflichten des einzelnen Gesellschafters aus dem Rechtsverhältnis zu der Gesellschaft und zu den Mitgesellschaftern[48], so handelt es sich bei der Übertragung der Mitgliedschaft um eine Vertragsübernahme als mehrseitiges Rechtsgeschäft aller Beteiligten über den Wechsel in der Gesellschafterstellung. In dem einen wie dem anderen Fall bedarf es nicht nur der Mitwirkung des Neugesellschafters, sondern stets aller Gesellschafter einschließlich des ausscheidenden Gesellschafters, denn mittels eines Grundlagengeschäfts muss die Übertragbarkeit der wegen des höchstpersönlichen Zusammenschlusses grundsätzlich nicht übertragbaren Mitgliedschaft hergestellt werden[49]. Zu den Einzelheiten der Übertragung der Mitgliedschaft als Ganzes s § 719 Rz 11 ff.

b) **Kombinierter Ein- und Austritt**. Ein- und Austritt können auch rechtlich unabhängig voneinander vollzogen werden, so dass der neu Eintretende nur wirtschaftlich die Stellung des Austretenden in der Gesellschaft einnimmt. Dies kann durch ein zeitliches Auseinanderfallen, aber auch durch entsprechende Willensrichtung der Gesellschafter gegründet werden[50]. Hier liegen zwei von den Gesellschaftern abzuschließende Verträge vor, der eine mit dem Ausscheidenden, der andere mit dem Eintretenden. Der Eintretende ist hier nicht Rechtsnachfolger des Ausscheidenden. Zwischen beiden sind keine innergesellschaftlichen Rechtsbeziehungen entstanden. Bei der zweigliedrigen Gesellschaft erlischt die alte Gesellschaft[51]; mit dem neu Eintretenden wird eine neue Gesellschaft geschlossen[52]. Der Ausscheidende wird nach § 738 Abs 1 Satz 2 abgefunden[53]. Der Eintretende kann die Abfindungssumme wieder neu in die Gesellschaft einbringen. Denkbar ist aber auch, dass der Ausscheidende dem Eintretenden den Abfindungsanspruch gegen die Gesellschaft unmittelbar zuwendet, so dass dieser mit Eintritt bereits vermögensmäßig beteiligt ist. 17

c) **Abgrenzung**. Ob die Beteiligten eine Anteilsübertragung oder aber einen kombinierten Ein- und Austritt gewollt haben, muss durch Auslegung ermittelt werden[54]. Eine solche Abgrenzung ist vor allem auch im Hinblick auf § 738 Abs 1 Satz 2 erforderlich, denn der die Mitgliedschaft Übertragende kann weder von der Gesellschaft Befreiung von den gemeinschaftlichen Verbindlichkeiten verlangen noch entsteht in seiner Person ein Anspruch auf das Auseinandersetzungsguthaben. Ein zeitliches Auseinanderfallen zwischen Ausscheiden des alten und Eintritt des neuen Gesellschafters spricht in der Regel für die Vereinbarung der Kombinationslösung; für die Übertragung der Mitgliedschaft spricht hingegen, wenn der neue Gesellschafter ohne eigene Einlageleistungen in die Gesellschaft aufgenommen wird. 18

3. **Beitritt zu einem Einzelunternehmen**. Der Beitritt eines Neugesellschafters kann auch durch Beteiligung an einem bereits betriebenen Einzelunternehmen erfolgen; der Sache nach handelt es sich um eine originäre Gründung einer Gesellschaft unter Einbringung eines Unternehmens im Wege der Sacheinlage. Zu den Einzelheiten der Gründung selbst vgl die Bem zu § 705, zur Sacheinlage in Form eines Unternehmens s § 706 Rz 17. **HGB § 28** ist **nicht** entsprechend anwendbar[55], so dass sich eine Haftung des Neugesellschafters für die bisherigen Verbind- 19

47 Habersack, Die Mitgliedschaft – subjektives und sonstiges Recht, 1996, S 62 ff, 98 ff mweitNachw.
48 S § 705 Rz 67 a.
49 Kießling, Vorgründungs- und Vorgesellschaften, 1999, S 173 f; Michel ZGR 1991, 417 ff; Teichmann NJW 1966, 2339.
50 BGH BB 1951, 487; Stuttgart NZG 2004, 766; Wiedemann, Übertragung und Vererbung von Mitgliedschaftsrechten, 1965, S 53.
51 S Rz 14 vor § 723.
52 Stuttgart NZG 2004, 766; RGRK/v Gamm Rz 5.
53 Zu den Einzelheiten des Anspruchs auf das Auseinandersetzungsguthaben s § 738.
54 BGH NJW 1995, 3313 (KG); BGH NJW 1975, 1661.
55 BGHZ 157, 361 (aber Besonderheit Anwaltskanzlei); Düsseldorf NZG 2002, 284; BGH NJW 2000, 1193; BGH WM 1972, 21; Römermann BB 2003, 1084; Westermann NZG 2000, 681; aA K Schmidt NJW 2003, 1903; tendenziell auch MünchKomm/Ulmer § 714 Rz 75.

lichkeiten des Unternehmens nur aus besonderen Verpflichtungstatbeständen ergeben kann (Schuldbeitritt usw); zu den Einzelheiten s § 714 Rz 46 aE.

V. Nachhaftungsbegrenzung

20 Der mit Gesetz vom 18. März 1994 neu in das BGB eingefügte § 736 Abs 2[56] verweist für die Nachhaftung eines aus einer fortbestehenden Gesellschaft ausgeschiedenen Gesellschafters auf die „für Personalhandelsgesellschaften geltenden Regelungen über die Begrenzung der Nachhaftung", geregelt in **HGB § 160**. Nicht umfasst von dieser Verweisung ist HGB § 159, der die Nachhaftung von Gesellschaftern einer aufgelösten Gesellschaft regelt; HGB § 159 findet auf diesen Fall aber entsprechend Anwendung; zu den Einzelheiten s § 730 Rz 21 ff. Erfasst werden alle Arten des Ausscheidens eines Gesellschafters aus einer fortbestehenden Gesellschaft. HGB § 160 ist (nur) dann auf den Fall der Auflösung und Liquidation einer **zweigliedrigen Gesellschaft** anwendbar, wenn einer der beiden Gesellschafter das Gesellschaftsvermögen im Wege der Gesamtrechtsnachfolge übernimmt[57], und zwar unabhängig davon, ob die Übernahme zeitgleich mit der Auflösung der Gesellschaft oder erst im Rahmen der Auseinandersetzung im Liquidationsstadium erfolgt[58]. In diesem Fall ist allerdings zu beachten, dass der Übernehmende nicht nur als bisheriger Gesellschafter der GbR haftet, sondern zugleich als Rechtsnachfolger des Verbandes; auf diese Haftung finden die Regelungen zur Nachhaftungsbegrenzung keine Anwendung.

21 HGB § 160 betrifft nur **Ansprüche gegen die Gesellschaft**, die vor dem Ausscheiden eines Gesellschafters entstanden sind und für die dieser gerade als Gesellschafter mit seinem Privatvermögen haftet[59]; dazu gehören auch Ansprüche, die ein Gesellschafter wie ein Dritter gegen die Gesellschaft hat (Drittgläubigerforderungen) sowie Ansprüche ausgeschiedener Gesellschafter gegen die Gesellschaft (§ 738 Abs 1 Satz 2). **Nicht** von der Nachhaftungsbegrenzung erfasst werden Ansprüche gegen einen Gesellschafter wegen Verbindlichkeiten der Gesellschaft, die sich für diesen aus einem **eigenständigen Rechtsgrund** (Bürgschaft, Schuldbeitritt usw) ergeben; nicht erfasst werden ebenfalls Ansprüche zwischen den Gesellschaftern neben dem oder aus dem Gesellschaftsverhältnis (Individualansprüche). Damit unterfällt insbesondere der Rückgriffsanspruch aus § 426 Abs 1 nicht HGB § 160 Abs 1; in Ausnahme des Grundsatzes, dass Drittgläubigeransprüche an sich der Nachhaftungsbegrenzung unterfallen, hat dies wegen des engen Bezugs auch für den Rückgriff nach § 426 Abs 2 zu gelten.

22 HGB § 160 statuiert anders als HGB § 159 nicht nur eine besondere Verjährung. Nach dem Willen des Gesetzgebers[60] sollen mit der Neuregelung insbesondere die Unzulänglichkeiten der bisherigen Regelung von HGB § 159 aF behoben werden. Das betrifft vor allem Dauerschuldverhältnisse, die noch zur Zeit der Beteiligung des Ausgeschiedenen von der Gesellschaft eingegangen wurden. Wurden einzelne Ansprüche daraus erst nach dem Ausscheiden eines Gesellschafters fällig, so führte das nicht selten zu einer zeitlich deutlich über fünf Jahre hinausgehenden Haftung des Ausgeschiedenen[61]. HGB § 160 ersetzt die bisherige fünfjährige Sonderverjährung durch einen **Haftungsausschluss** nach Ablauf von fünf Jahren nach Ausscheiden eines Gesellschafters. Zu einer Haftung für Altverbindlichkeiten kommt es nur dann, wenn innerhalb dieses Zeitraums fällige Ansprüche gegen die Gesellschaft gegenüber dem ausgeschiedenen Gesellschafter gerichtlich geltend gemacht werden (gleichgestellte Tatbestände s HGB § 160 Abs 1 und 2). Bei einer Haftung für Verbindlichkeiten aus Dauerschuldverhältnissen kommt es immer da-

56 Gesetz zur zeitlichen Begrenzung der Nachhaftung von Gesellschaftern (BGBl I, S 560).

57 BGHZ 142, 324; KG NZG 1999, 392; BAG ZIP 1998, 1974; LG Duisburg NJW 1998, 1499; aA LG Berlin NZM 1998, 758; AG Dortmund NZM 2001, 95.

58 AA Staub/Habersack HGB[4] § 159 Rz 7.

59 S § 714 Rz 29 ff, 38 ff.

60 BT-Drucks 12/1868.

61 Zur Rechtslage bis 1994 und hierzu richterrechtlich entwickelten Korrekturen s Ulmer/Wiesner ZHR 144 (1980), 393; Ulmer/Timmann ZIP 1992, 1.

rauf an, ob diese im Zeitpunkt des Ausscheidens bereits als Rechtsgrund angelegt waren[62]. Die vom BGH für Dauerschuldverhältnisse entwickelte sog Kündigungstheorie ist mit dem neu eingeführten Haftungsausschluss entbehrlich geworden[63].

Zu den Einzelheiten des Haftungsausschlusses vgl im Übrigen die Kommentarliteratur zu HGB **23**
§ 160. Zum Übergangsrecht vgl EGBGB Artt. 35, 36. Darüber hinaus ergibt sich eine Besonderheit daraus, dass die GbR **keiner Registerpublizität** unterliegt; für den Fristbeginn muss an die Stelle der für OHG und KG maßgeblichen Handelsregistereintragung (HGB § 160 Abs 1 Satz 2) daher ein anderes Ereignis treten. Ein der Registerverlautbarung bei OHG und KG vergleichbarer Publizitätsakt ist nicht das Ausscheiden aus der Gesellschaft[64]; abzustellen ist vielmehr auf den Zeitpunkt, zu dem die jeweiligen **Gläubiger Kenntnis vom Ausscheiden** des Gesellschafters erhalten[65].

Die Regelung des Absatzes 2 ist zwar dispositiv, doch kann – entsprechend der neuen Recht- **24**
sprechung des BGH zur akzessorischen Haftung der Gesellschafter und zur Haftungsbegrenzung zugunsten der Gesellschafter einer GbR[66] – eine für Gläubiger ungünstigere Nachhaftung nur durch Vereinbarung mit diesen erreicht werden.

§ 737 Ausschluss eines Gesellschafters

Ist im Gesellschaftsvertrag bestimmt, dass, wenn ein Gesellschafter kündigt, die Gesellschaft unter den übrigen Gesellschaftern fortbestehen soll, so kann ein Gesellschafter, in dessen Person ein die übrigen Gesellschafter nach § 723 Abs. 1 Satz 2 zur Kündigung berechtigender Umstand eintritt, aus der Gesellschaft ausgeschlossen werden. Das Ausschließungsrecht steht den übrigen Gesellschaftern gemeinschaftlich zu. Die Ausschließung erfolgt durch Erklärung gegenüber dem auszuschließenden Gesellschafter.

ÜBERSICHT

Schrifttum: S c h r a m m , Vertragliche Vereinbarungen über die Ausschließung eines Gesellschafters aus der OHG, Diss München 1962; M a n k e , Das Recht zur Ausschließung aus einer Personengesellschaft kraft

62 BAG NJW 2004, 3287; BGH NJW 2002, 2170; KG NZG 2001, 164 (im konkreten Fall verneint); Siems/Maas WM 2000, 2328.

63 BGHZ 142, 324; Dresden NJW-RR 1997, 163; MünchKomm/Ulmer Rz 25; Bamberger/Roth/Timm/Schöne Rz 12; Schneider MDR 1998, 1254; Armbrüster DZWiR 1997, 57; aA LG Duisburg NJW 1998, 1499; Altmeppen NJW 2000, 2534.

64 So etwa Groth, Die analoge Anwendung von OHG-Recht auf BGB-Gesellschaften, 1994, S 178 f.

65 BGHZ 142, 324; BFH NJW-RR 1998, 1185; Dresden NJW-RR 1997, 163; MünchKomm/Ulmer Rz 27; Altmeppen NJW 2000, 2534; Nitsche ZIP 1994, 1922; Reichold NJW 1994, 1617; K Schmidt ZIP 1994, 244; zum alten Recht BGHZ 117, 168, 178.

66 S § 714 Rz 10 f.

Vertrages, 1978; U Huber, Der Ausschluss des Personengesellschafters ohne wichtigen Grund, ZGR 1980, 177; Grunewald, Der Ausschluss aus Gesellschaft und Verein, 1987; Behr, Neue Tendenzen im Recht der Ausschließung aus der Personengesellschaft, ZGR 1990, 370; Fastrich, Unwirksame Hinauskündigungsklausel und geltungserhaltende Reduktion, ZGR 1991, 306; Piehler, Der Ausschluss eines Gesellschafters aus einer Personengesellschaft, DStR 1991, 686; Mayer, Zur Mitwirkungspflicht zum Ausschluss von Personengesellschaftern, BB 1992, 1497; Schöne, Gesellschafterausschluss bei Personengesellschaften, 1993; Blanke, Das Recht zur Ausschließung aus der Personengesellschaft, 1994; Cöster, Der Ausschluss lästiger Gesellschafter, 1994; Brandes, Die Rechtsprechung des Bundesgerichtshofs zur Personengesellschaft, WM 2000, 385; Dohnan, Gesellschaftsrechtliche Abfindungsklauseln und ergänzende Vertragsauslegung, 2003; Benecke, Inhaltskontrolle im Gesellschaftsrecht oder: „Hinauskündigung" und das Anstandsgefühl aller billig und gerecht Denkenden, ZIP 2005, 1437; Gehrlein, Neue Tendenzen zum Verbot der freien Hinauskündigung eines Gesellschafters, NJW 2005, 1969; Kilian, Die Trennung vom „missliebigen" Personengesellschafter, WM 2006, 1567.

I. Allgemeines

1 1. **Normzweck**. Bestimmte Umstände in der Person eines Mitgesellschafters können die weitere Zusammenarbeit unter Beteiligung aller Gesellschafter erheblich behindern oder unmöglich machen. Das dann gegebene Recht zur Kündigung aus wichtigem Grund entspricht nicht immer den Interessen der Beteiligten, denn es führt in der Regel zur Beendigung der Gesellschaft und damit zur Zerschlagung der gemeinsam geschaffenen Werte (§§ 723 Abs 1, 730 Abs 1). Die Gesellschafter können zwar die Fortsetzung der Gesellschaft auch für den Fall der Kündigung vereinbaren, indes scheidet dann nicht der den wichtigen Grund setzende, sondern der Gesellschafter aus, dem die weitere Zusammenarbeit durch die Störung unmöglich gemacht wird, und die Gesellschaft wird ihrerseits mit dem Störenden fortgesetzt. Eingedenk dessen schützt § 737 das Interesse der übrigen, verbandstreuen Gesellschafter an der weiteren, ungestörten Verfolgung des Verbandszwecks. Die Unterschiede zur entsprechenden Regelung in HGB § 140 liegen darin, dass bei der GbR bereits im Gesellschaftsvertrag eine Fortsetzungsvereinbarung enthalten sein muss und der Ausschluss nicht durch Klage, sondern gegenüber dem Betroffenen mitzuteilenden Beschluss erfolgt.

2 2. **Anwendungsbereich**. Das Recht zum Ausschluss eines Gesellschafters aus wichtigem Grund stellt ein allgemeingültiges, verbandsrechtliches Prinzip dar, das nicht nur bei Personalgesellschaften (§ 737, HGB § 140), sondern auch beim Verein, bei der GmbH, bei der AG und bei der Genossenschaft Geltung beansprucht[1]. Auch bei einer **bereits aufgelösten GbR** kann es noch zum Ausschluss eines Mitgesellschafters kommen[2], wenngleich hier angesichts des eingeschränkten Liquidationszwecks erhöhte Anforderungen an den wichtigen Grund für einen Ausschluss zu stellen sind[3]. Ein Ausschluss ist bei zweigliedrigen Innengesellschaften gegenstandslos[4]. Denn der Außengesellschafter vermag sich bereits durch Kündigung sofort vom Innengesellschafter zu trennen; umgekehrt vermag der Innengesellschafter mit einem Ausschluss nichts zu erreichen. Anders verhält es sich allerdings bei **mehrgliedrigen Innengesellschaften** im Verhältnis mehrerer Innengesellschafter zueinander[5]. Letztlich kann sich ein Bedürfnis zum Ausschluss eines Mitgesellschafters auch bei **zweigliedrigen Außengesellschaften** ergeben; da nach ganz überwiegender Auffassung eine GbR mit nur einem Gesellschafter grundsätzlich nicht möglich ist[6], wirkt eine hier getroffene Fortsetzungsklausel dann regelmäßig als Übernahme- und Ausschlussrecht[7].

1 Hamm NJW-RR 1995, 551 (Vor-GmbH); eingehend Grunewald, Der Ausschluss aus Verein und Gesellschaft S 57 ff; Wiedemann, GesellschaftsR I S 385; Kießling, Vorgründungs- und Vorgesellschaften, 1999, S 185 ff.

2 BGH WM 1961, 32; BGHZ 1, 324, 331.

3 S unten Rz 9.

4 Bamberg NZG 1998, 897; RGRK/v Gamm Rz 3; Pal/Sprau Rz 1; aA Bamberger/Roth/Timm/Schöne Rz 3.

5 BGHZ 125, 74; MünchKomm/Ulmer Rz 5; Staud/Habermeier Rz 3; Erman/Westermann Rz 2.

6 S § 705 Rz 18.

7 BGHZ 32, 307, 317; BFH NJW 1993, 160; Hamm NJW-RR 2000, 482; München NZG 1998, 937.

Gemeinsam mit § 723 ist § 737 insoweit abschließend, als es um die zwangsweise Beendigung einer Gesellschafterstellung in einer GbR geht; insbesondere lässt sich ein sonstiger Entzug der Gesellschafterrechte nicht auf § 242 stützen[8].

II. Der Ausschluss eines Mitgesellschafters nach § 737

1. **Fortsetzungsvereinbarung**. Im Gesellschaftsvertrag muss die Fortsetzung der Gesellschaft gerade **bei Kündigung** derselben vereinbart sein. Darüber hinaus kann jedwede andere, ausdrücklich nur für den Fall der Auflösung aus einem anderen Grund (§§ 727 Abs 1, 728 Abs 2) oder eine ganz **allgemein gehaltene Fortsetzungsklausel** für jeden grundsätzlich zur Auflösung der Gesellschaft führenden Umstand genügen[9]. Diese Sichtweise relativiert nicht etwa die erhöhten Voraussetzungen an einen Ausschluss, denn dieser kann in allen Fällen einer Fortsetzungsvereinbarung nur bei Vorliegen eines wichtigen Grundes in der Person des Auszuschließenden[10] erfolgen. Für das Vorliegen einer Fortsetzungsvereinbarung im Sinne des § 737 ist nur erforderlich, dass die Gesellschafter ihren Willen zur Fortsetzung bei einer Störung der innerverbandlichen Verhältnisse in irgendeiner Form erkennen lassen; in allen diesen Fällen kann auf ein Bestandsinteresse bei ihnen geschlossen werden, das durch den Ausschluss eines Störers aus wichtigem Grund geschützt wird. Bei allgemeinen oder auf andere personelle Veränderungen als die Kündigung bezogenen Fortsetzungsklauseln kann sich aber aus den Umständen der übereinstimmende Wille aller Gesellschafter ergeben, die Gesellschaft bei einer Kündigung nicht fortsetzen zu wollen; nur in diesem Fall scheidet dann ein Ausschluss von Mitgesellschaftern aus wichtigem Grund aus. 3

Ebenso wie beim Übernahmerecht[11] ist bei einer GbR, die durch Einschränkung des Geschäftsbetriebs oder Änderung des Gesellschaftszwecks aus einer handelsrechtlichen Personalgesellschaft (OHG, KG) entstanden ist, auch ohne ausdrückliche Regelung im Zweifel von einer Fortsetzungsvereinbarung unter den Gesellschaftern auszugehen[12]; denn der Fortsetzungswille wird bei an sich zur Auflösung der Gesellschaft führenden personellen Veränderungen im Handelsrecht grundsätzlich vermutet (HGB §§ 131 Abs 3 Nr 1 bis 4, 133, 140); mit der Änderung der Rechtsform der Gesellschaft geht aber zumeist keine Willensänderung bei den Gesellschaftern einher. 4

Zur Auslegung einer Fortsetzungsklausel als gesetzliches Übernahmerecht entsprechend § 737 bei einer **Zweipersonen-Gesellschaft** vgl Rz 23 vor § 730.

2. **Wichtiger Grund zum Ausschluss**. – a) **Subsidiarität des Ausschlusses**. Der Ausschluss eines Mitgesellschafters ist nur möglich, wenn in seiner Person ein wichtiger Grund dergestalt vorliegt, dass die übrigen Gesellschafter die Gesellschaft kündigen können, also die Fortsetzung der Gesellschaft mit dem Betroffenen unmöglich oder unzumutbar ist[13]. Die damit umschriebene Subsidiarität des Ausschlusses gegenüber milderen Mitteln folgt letztlich aus der allseitigen Treupflicht im Verband und entspricht dem allgemeinen Rechtsgrundsatz, dass die (teilweise) Auflösung eines Rechtsverhältnisses bei Störungen ultima ratio ist. Kündigung und Ausschluss aus wichtigem Grund übernehmen im Hinblick auf den Gesellschaftsvertrag als Dauerschuldverhältnis und als Organisationsakt die Funktionen, die bei gewöhnlichen Austauschverträgen den Rechtsinstituten bei einer Störung der Geschäftsgrundlage zukommen. Eingedenk dessen handelt es sich bei §§ 723 Abs 1 Satz 2, 737 Satz 1 lediglich um Sonderbestimmungen zu § 313. Daraus folgt, dass **vorrangig** eine Pflicht zur **Vertragsanpassung** besteht (§ 313 Abs 3)[14]; erst wenn diese nicht möglich oder dem bzw den Betroffenen nicht zumutbar ist, kann die Gesellschaft (teilweise) aufgelöst werden. Zu Einzelheiten s § 723 Rz 3 f, 28. 5

8 BGH NJW 1998, 3771.
9 Grunewald, Der Ausschluss aus Gesellschaft und Verein S 32 f; MünchKomm/Ulmer Rz 7; Staud/Habermeier Rz 8.
10 S unten Rz 8.
11 S Rz 22 ff vor § 730.
12 MünchKomm/Ulmer Rz 4; Bamberger/Roth/Timm/Schöne Rz 4.
13 S § 723 Rz 34 ff.
14 BGH WM 1963, 282; München NZG 1998, 937 (Entziehung der Geschäftsführung); Horn AcP 181 (1981), 272.

6 Gegenüber einer **Abmahnung** ist das Ausschlussrecht insofern subsidiär[15], als es an einem wichtigen Grund für den Ausschluss fehlt, wenn die Störung zwischen den Gesellschaftern dadurch behoben werden kann. Gegenüber der **Auflösung** ist das Recht zum Ausschluss hingegen **nicht** subsidiär; dies beruht auf dem Willen der Gesellschafter, die mit der Fortsetzungsklausel gerade ihren Willen zur Fortsetzung der Gesellschaft manifestiert haben.

7 b) **Verhältnis zur Kündigung aus wichtigem Grund**. Die Regelung des **§ 737 Satz 1** ist gegenüber § 723 Abs 1 Satz 2 insofern **enger**, als hier nicht jedweder wichtige Grund zum Ausschluss berechtigt, sondern lediglich solche wichtigen **Gründe**, die gerade **in der Person des Auszuschließenden** eintreten. Deshalb ist bei einem Zerwürfnis zwischen den Gesellschaftern ein Ausschluss nur dann möglich, wenn der vom Ausschluss Betroffene für die Zerrüttung ganz überwiegend verantwortlich ist[16]. Im Übrigen besteht zwischen Ausschluss und außerordentlicher Kündigung aber **kein Stufenverhältnis** dergestalt, dass es sich beim Ausschluss um „eine Art verschärfter Kündigung" handelt und der „wichtige Grund" im Gegensatz zu § 723 Abs 1 Satz 2 deshalb besonders eng auszulegen ist[17]. Das folgt nicht nur aus dem gleichen Zweck beider Rechte[18], sondern auch dem Umstand, dass – mit oder ohne Fortsetzungsklausel – die wirtschaftlichen Folgen für alle Beteiligten grundsätzlich gleich sind; entweder über die fortgesetzte Beteiligung an der Gesellschaft oder über den Anspruch auf das Auseinandersetzungsguthaben. Ein Stufenverhältnis wird auch nicht durch vertraglich unterschiedlich ausgestaltete Modalitäten der Kündigung und des Ausschlusses geschaffen, insbesondere ungünstigere Abfindungsregelungen beim Ausschluss. Übermäßig beschränkende Vereinbarungen führen nicht zur Unwirksamkeit des Ausschlusses, sondern nur zur Unwirksamkeit der Abfindungsregelung[19].

8 c) **Wichtige Gründe**. Wichtige Gründe zum Ausschluss müssen **in der Person** des betreffenden Gesellschafters vorliegen. Ganz generell kommt es darauf an, ob der in Rede stehende Grund unter Berücksichtigung aller weiteren Umstände die weitere Zusammenarbeit mit dem Gesellschafter unmöglich macht oder für die Mitgesellschafter unzumutbar werden lässt[20]. Der wichtige Grund wird zumeist in einer **schuldhaften Pflichtverletzung** des betreffenden Gesellschafters liegen; zu Einzelfällen vgl § 723 Rz 38. Mitverschulden der anderen Gesellschafter hindert wie bei der Kündigung zwar grundsätzlich nicht den Ausschluss eines Mitgesellschafters[21]; anders als bei einer Kündigung aus wichtigem Grund ist aber Voraussetzung für einen Ausschluss, dass der davon Betroffene das Zerwürfnis unter den Gesellschaftern **ganz überwiegend verursacht** hat[22], denn der Ausschluss erfolgt gegen den Willen des Betroffenen und primär zum Nutzen der verbleibenden Gesellschaftern. Eine allseits gleichermaßen verursachte Zerrüttung liegt nicht mehr in der Person eines Gesellschafters, sondern aller Gesellschafter begründet. Bei nicht unerheblichem Mitverursachen des Ausschlussgrundes ist die Ausübung des Ausschließungsrechts treuwidrig; trotz entsprechender Fortsetzungsklausel bleibt gegebenenfalls nur die Auflösung und Auseinandersetzung der Gesellschaft[23]. Wie bei der außerordentlichen Kündigung können auch **objektive Umstände in der Person des Auszuschließenden** einen Ausschluss rechtfertigen, wenn sie unter Würdigung aller Umstände von entsprechendem Gewicht sind, etwa Krankheit,

15 So Frankfurt/M NZG 2001, 144.
16 S hierzu Rz 8.
17 BGH NZG 2003, 625; KG NZG 1999, 1056; MünchKomm/Ulmer Rz 9; Bamberger/Roth/Timm/Schöne Rz 5; Staud/Habermeier Rz 9; Erman/Westermann Rz 3; aA BGH WM 1965, 1037; BGH WM 1961, 32; München NZG 1998, 937; Pal/Sprau Rz 2.
18 S hierzu Rz 1, 5.
19 BGHZ 164, 98 (für GmbH); BGHZ 107, 351, 354; BGHZ 105, 213, 219 f. – S auch § 738 Rz 56.
20 BGH WM 1975, 329; BGH WM 1965, 1037; RGZ 146, 169, 180; KG NZG 1999, 1056.
21 OGH MDR 1950, 81.
22 Mit unterschiedlichen Abstufungen im Einzelnen BGH NZG 2003, 625; MünchKomm/Ulmer Rz 8; Bamberger/Roth/Timm/Schöne Rz 9; Staud/Habermeier Rz 9.
23 München NZG 1998, 938; Köln MedR 1992, 221; RGZ 122, 312.

der Verlust einer erforderlichen Berufszulassung oder die Aufgabe einer Eigentümerstellung in einer Wohnungseigentümergemeinschaft[24]. Zu den Einzelheiten s § 723 Rz 39.

Bei der bereits **aufgelösten Gesellschaft**[25] liegt **nur** dann ein wichtiger Grund zum Ausschluss eines Mitgesellschafters aus der Liquidationsgesellschaft vor, wenn gerade die **Abwicklung** und Vollbeendigung der Gesellschaft unter Beteiligung des Betreffenden unmöglich oder für die Mitgesellschafter **unzumutbar** ist. Das stellt keine Ausnahme dar, sondern entspricht der Regel, dass der wichtige Grund unter Würdigung aller Umstände zu prüfen ist. Dementsprechend kann in einer Abwicklungsgesellschaft der Ausschluss eines Mitgesellschafters schon dann möglich sein, wenn die übrigen Gesellschafter eine Rückumwandlung in eine werbend tätige Gesellschaft beabsichtigen, dies aber durch Gründe in der Person eines der Gesellschafter verhindert wird. Allein die verweigerte Mitwirkung an der Rückumwandlung in eine werbend tätige Gesellschaft kann als legitime Ausübung der Gesellschafterrechte aber grundsätzlich noch nicht zum Ausschluss führen[26]; ansonsten könnten die Gesellschafter nach Eintritt eines wichtigen Grundes das Ausschließungsrecht auch gegen den Willen des Betroffenen begründen[27]. 9

Der **wichtige Grund** zum Ausschluss kann auch zugleich **bei mehreren Mitgesellschaftern** vorliegen, die dann alle ausgeschlossen werden können[28]; verbleibt nur noch ein Gesellschafter, wirkt die Fortsetzungsvereinbarung im mehrgliedrigen Gesellschaftsvertrag wie eine Übernahme- und Ausschlussklausel in zweigliedrigen Gesellschaften[29]. Zwar kommt es dabei grundsätzlich **nicht** auf die **Beteiligungsverhältnisse** zwischen den Gesellschaftern an, so dass auch ein nur geringfügig Beteiligter die Gesellschaft aus wichtigem Grund in den Personen aller Mitgesellschafter übernehmen kann. In der Regel werden hier aber erhöhte Anforderungen an den wichtigen Grund zu stellen sein, der es dem geringfügig Beteiligten, der in der Regel auch nur untergeordneten Einfluss auf die Geschicke der Gesellschaft hat, unzumutbar macht, mit den anderen Gesellschaftern weiter an der Gesellschaft beteiligt zu sein[30]. 10

3. **Ausschlussverfahren**. – a) **Beschluss der übrigen Gesellschafter**. Bei dem Ausschließungsrecht handelt es sich nicht um ein Recht der Gesellschaft, sondern um ein Individualrecht eines jeden Gesellschafters[31]. Allerdings bestimmt § 737 Satz 2, dass das allseitige Recht zum Ausschluss den **übrigen Gesellschaftern** gemeinschaftlich zusteht, von diesen ohne den Betroffenen also im Wege eines Beschlusses ausgeübt werden muss. Da der Beschluss ohne den Betroffenen zustande kommt, muss dieser auch nicht zur Gesellschafterversammlung geladen werden[32]. Der Beschluss muss grundsätzlich **einstimmig** gefasst werden. Zu Mehrheitsbeschlüssen bei Grundlagengeschäften und ihren Grenzen (Bestimmtheitsgrundsatz, Kernbereichslehre) vgl § 709 Rz 23 ff, 39 ff. Kommt der Beschluss nur unter einigen statt allen übrigen Mitgesellschaftern zustande, ist er wirksam, wenn die Nichtbeteiligten ihn für verbindlich erklären. Wie auch sonst[33] kann uU **aus der Treuepflicht eine Mitwirkungspflicht** für Gesellschafter zum Ausschluss eines Mitgesellschafters entstehen[34]; diese Pflicht ist in § 313 normiert[35]: Verträge sind durch die Beteiligten anzupassen, wenn sich die bisherige Geschäftsgrundlage geändert hat und die Störung durch die Vertragsänderung behoben wird. Beim Ausschluss aus einer Zweipersonen-Gesellschaft und dann, wenn mehrere Mitgesellschafter durch nur einen verbleibenden Gesellschafter aus- 11

24 BGH NJW-RR 2003, 820; Karlsruhe NZG 2002, 1118 (im konkreten Fall wegen Verstoßes der Klausel gegen § 134 abgelehnt); BGHZ 105, 213; RG JW 1933, 98; KG NZG 1999, 1056.
25 Zur Anwendbarkeit von § 737 s oben Rz 2.
26 MünchKomm/Ulmer Rz 11.
27 S hierzu Rz 17.
28 MünchKomm/Ulmer Rz 6; Bamberger/Roth/Timm/Schöne Rz 3.
29 S Rz 23 vor § 730.
30 MünchKomm/Ulmer Rz 6; für eine Mindestbeteiligung von 25 % hingegen v Stetten GmbHR 1982, 105.
31 Düsseldorf WM 1983, 1320.
32 Köln DStR 1993, 405.
33 S hierzu § 705 Rz 63.
34 BGH NJW 1977, 1013; BGH NJW 1975, 1410 (für OHG); RGZ 162, 388, 395; MünchKomm/Ulmer Rz 13; Mayer BB 1992, 1497.
35 Zum Verhältnis zu § 737 s Rz 1, 5.

geschlossen werden sollen, tritt an die Stelle des Beschlusses die einseitige Willensbildung des Ausschließenden[36].

12 b) **Mitteilung an den Betroffenen**. Nach § 737 Satz 3 erfolgt die Ausschließung durch Erklärung gegenüber dem auszuschließenden Gesellschafter; das gilt gleichermaßen für den Ausschließungsbeschluss wie die einseitige Ausschließungserklärung. Erst in diesem Zeitpunkt ist die **Ausschließung wirksam**[37]. Da es sich bei der Ausschließung nicht um eine Geschäftsführungsmaßnahme handelt und das Ausschlussrecht jedem Gesellschafter zusteht, genügt die Mitteilung des Beschlusses durch einen, auch nicht geschäftsführungsbefugten Gesellschafter. Dem Auszuschließenden ist immer auch der Grund des Ausschlusses mitzuteilen[38], das gebietet schon die gegenseitige Treue- und Rücksichtnahmepflicht; eine unterlassene Mitteilung führt aber nicht zur Unwirksamkeit des Ausschlusses.

13 c) **Anhörung des Betroffenen?** Nach umstrittener, aber zutreffender Auffassung ist der Auszuschließende vor Ausübung des Ausschlussrechts grundsätzlich nicht anzuhören[39]; weder in einem irgendwie formalisierten Verfahren vor der Gesellschafterversammlung oder informell durch einen oder alle Mitgesellschafter. Ein solches Rechtsinstitut ist dem Recht der Personalgesellschaften auch sonst fremd. Im Vereinsrecht kompensiert es die sog Vereinsstrafgewalt; vor allem dann, wenn man diese statt als Vertragsstrafe als „Unterwerfungsfolge" begreift, die zudem einer nur eingeschränkten richterlichen Kontrolle unterliegen soll[40]. Jedenfalls der Ausschluss aus der GbR ist ohne Einschränkungen richterlich überprüfbar[41]. Ohne Anhörung des Auszuschließenden laufen die Mitgesellschafter allerdings Gefahr, dass sie zu Unrecht von einem wichtigen Grund ausgehen, so dass der Ausschluss rechtswidrig ist, sein Vollzug rückgängig zu machen ist und gegebenenfalls Schadensersatzansprüche auszulösen vermag[42].

14 4. **Wirkungen des Ausschlusses**. Zu den Rechtsfolgen des Ausscheidens für die Gesellschaft und den ausscheidenden Gesellschafter, insbesondere zu nachvertraglichen Pflichten, einem nachvertraglichen Wettbewerbsverbot und dem Anspruch auf das Auseinandersetzungsguthaben, s die Bem zu § 738. Zu den Rechtsfolgen eines Ausschlusses aus einer Zweipersonengesellschaft s Rz 28 vor § 730.

15 5. **Richterliche Überprüfung**[43]. Der Ausgeschlossene kann sich mit Hilfe der Feststellungsklage gegen den Ausschluss zur Wehr setzen. Richterliches Prüfungsrecht besteht **in vollem Umfang**, das Gericht ist nicht beschränkt auf die Prüfung des Ausschlussverfahrens. Insbesondere kann das Gericht nachprüfen, ob ein **wichtiger Grund** für die Ausschließung vorliegt[44].

16 Erfolgte der Ausschluss zu Unrecht, wurde er aber vollzogen, greifen die Grundsätze zur fehlerhaften Gesellschaft ein[45]. Insofern kann die Unwirksamkeit eines Ausschlusses nie rückwirkend geltend gemacht werden; eine Leistungsklage nach vollzogenem Ausschluss kann sich nur auf die Wiedereinräumung der entzogenen Gesellschafterstellung für die Zukunft richten; daraus folgt aber auch die Zulässigkeit vorläufigen Rechtsschutzes[46]. Der vom Ausschluss Betroffene kann allerdings uneingeschränkt Feststellungsklage auf Unwirksamkeit der Ausschließung erheben[47]. Der Betroffene kann auch im Hinblick auf den vorübergehenden (faktischen oder – unter Berück-

36 BGHZ 97, 28; Hamm NJW-RR 2000, 482; München NZG 1998, 937; MünchKomm/Ulmer Rz 6; Erman/Westermann Rz 10.
37 BGHZ 31, 295; KG NZG 1999, 1058.
38 BayObLGZ 9, 179, 185 (für nichtrechtsfähigen Verein).
39 MünchKomm/Ulmer Rz 15; Bamberger/Roth/Timm/Schöne Rz 16; RGRK/v Gamm Rz 7; aA Frankfurt/M NZG 2001, 144; Erman/Westermann Rz 5; Pal/Sprau Rz 3.
40 Gegen das eine wie das andere Soergel/Hadding § 25 Rz 37 f, 57 ff.
41 Für den Verein ebenso Soergel/Hadding § 39 Rz 16. – S auch Rz 15 f.
42 Zu Einzelheiten s Rz 16.
43 S insoweit auch § 723 Rz 44.
44 BGHZ 31, 295, 299; BGHZ 13, 5, 10; MünchKomm/Ulmer Rz 12; Erman/Westermann Rz 5.
45 S § 705 Rz 70 ff.
46 Kiethe NZG 2004, 114.
47 BGH NJW 1999, 3113; BGH NJW-RR 1992, 227; Köln NZG 2000, 835; KG NZG 1999, 1056; Köln DStR 1993, 405.

sichtigung der Grundsätze zur fehlerhaften Gesellschaft – tatsächlichen) Entzug seiner Mitgliedschaft Schadensersatzansprüche geltend machen[48]; ermöglicht der Gesellschaftsvertrag einen Mehrheitsbeschluss für die Ausschließung, haften die nicht zustimmenden Gesellschafter nicht auf Schadensersatz[49]. Rechtsstreitigkeiten sind vorbehaltlich abweichender, bei Publikumsgesellschaften in der Regel zu unterstellender Vereinbarungen[50] zwischen den Gesellschaftern zu führen, denn bei dem Ausschließungsrecht handelt es sich um ein Individualrecht eines jeden Gesellschafters, nicht aber um ein Recht der Gesellschaft selbst[51].

III. Abweichende Vereinbarungen

1. **Willkürlicher Ausschluss?** – a) **Grundsatz**. Das vertraglich eingeräumte Recht zum Ausschluss eines Mitgesellschafters muss **grundsätzlich** an das **Vorliegen eines wichtigen Grundes** gebunden werden; ein im **Belieben** des Rechtsinhabers stehendes Ausschluss- oder Übernahmerecht ist nach § 138 grundsätzlich **unzulässig**[52]. Denn die Möglichkeit zur Hinauskündigung von Mitgesellschaftern ohne besonderen Anlass führt zu einer erheblichen Einschränkung der wirtschaftlichen und persönlichen Freiheit, die schon deshalb nicht hinnehmbar ist, weil der davon Betroffene bei Vereinbarung der entsprechenden Klausel im Gesellschaftsvertrag oder durch Beschluss die Tragweite seiner Entscheidung zumeist nicht zu überblicken vermag. Die Möglichkeit, auch aus sachfremden Erwägungen Mitgesellschafter ausschließen zu können, übt auf deren Entschließungsfreiheit den Druck aus, von eigenen Rechten keinen Gebrauch zu machen und sich jedweden Wünschen des Rechtsinhabers zu beugen. Das führt – ähnlich wie in Situationen, die die Kernbereichslehre[53] und das Abspaltungsverbot[54] tangieren – dazu, dass die eigene Gesellschafterstellung weitestgehend in fremde Hände gelegt wird und die Betreffenden sich einer Fremdbestimmung unterstellen, die insbesondere mit der Arbeits- und Haftungsgemeinschaft in der GbR unvereinbar ist. 17

Im freien Belieben stehende Ausschlussrechte sind auch dann unzulässig, wenn dem Ausgeschlossenen ein Auseinandersetzungsanspruch zugestanden wird, der sich am wahren Wert der Beteiligung orientiert, denn damit wird nur zu einem geringen Teil der Druck kompensiert, der gegenüber dem Rechtsinhaber zu wohlgefälligem Verhalten besteht. Hinzu kommt vor allem bei Publikumsgesellschaften – ebenso bei mittelbaren Beteiligungen in Form der Zwischenschaltung eines Treuhandkommanditisten –, dass sich der Rechtsinhaber, der selbst keine wesentliche Einlage erbracht hat, durch freien Ausschluss der Kapitalgeber die Früchte und fortwirkenden Chancen des erfolgreichen Wirtschaftens zu sichern vermag, ohne zugleich die Risiken der Unternehmung zu tragen[55]. 18

b) **Ausnahmen**. Ausnahmsweise kann ein Recht zum Ausschluss eines Mitgesellschafters ohne sachlichen Grund dann bestehen, wenn außergewöhnliche Umstände vorliegen. Das ist etwa der Fall, wenn der betreffende Gesellschafter erst unlängst in eine sehr lange bestehende Gesellschaft eingetreten ist und das Ausschließungsrecht den Altgesellschaftern – wie auch bei einer vorbehaltenen Probezeit bei unselbstständig Beschäftigten – dazu dient, die Voraussetzungen für eine gedeihliche Zusammenarbeit mit dem Neugesellschafter zu überprüfen[56]. Dasselbe Bedürfnis kann bestehen, wenn ein Erbe durch Nachfolgeklausel in die Gesellschaft eingetreten ist[57]. Ebenso 19

48 BGHZ 31, 295, 302; Düsseldorf WM 1983, 1320.
49 Düsseldorf WM 1983, 1320.
50 BGH NJW 2003, 1729; BGH NJW 1999, 3113.
51 S hierzu auch Rz 11.
52 BGH NJW 1998, 3771; BGH NJW-RR 1996, 235; BGHZ 125, 74; BGHZ 107, 351; BGHZ 105, 213; Frankfurt/M NJW-RR 2006, 405; MünchKomm/Ulmer Rz 19; Gehrlein NJW 2005, 1969; aA Erman/Westermann Rz 6 (aber Ausübungskontrolle); RGRK/v Gamm Rz 9; Grunewald, Der Ausschluss aus Gesellschaft und Verein S 220 ff (im Regelfall); Kübler Festschr für Siegle S 183; Bunte ZIP 1985, 915; Kreutz ZGR 1983, 109.
53 S § 709 Rz 40 a.
54 S § 717 Rz 20.
55 BGHZ 125, 74.
56 BGH NJW 2004, 985; Frankfurt/M NJW-RR 2006, 405; Details bei Gehrlein NJW 2005, 1969.
57 BGHZ 105, 213.

wie die Probezeit darf das Ausschlussrecht aber nur für einen kurzen Zeitraum eingeräumt werden. Wenn die Unwirksamkeit einer Ausschlussklausel in ihrer übermäßigen Laufzeit begründet liegt, kommt zudem eine geltungserhaltende Reduktion auf den rechtlich noch zulässigen Zeitraum in Betracht[58]; mit Hilfe von § 139 kann außerdem eine Ausschlussregelung insoweit wirksam bleiben, als bei ihr unwirksame Regelungen (freies Ausschlussrecht) mit wirksamen Regelungen (bestimmte Verfahrensvoraussetzungen) zusammentreffen[59].

20 c) **Entzug der Rechtsgrundlage**. Verschenkt ein Gesellschafter einen Anteil an der GbR mit freiem Widerrufsvorbehalt, so entspricht seine Position der des Gesellschafters, der Mitgesellschafter nach freiem Belieben ausschließen kann. Dass bei Ausübung des Widerrufsrechts der Beschenkte die Mitgliedschaft rechtsgeschäftlich zurückübertragen muss und zudem keinen Anspruch auf ein Auseinandersetzungsguthaben hat, schafft nur unwesentliche Unterschiede zum grundlosen Ausschluss. Da aber die Rechtsposition eines Beschenkten gegenüber den Fällen des entgeltlichen Erwerbs ohnehin leichter angreifbar ist, wird man diese Schwäche auch im Gesellschaftsrecht hinnehmen müssen[60].

21 Ein ähnliches Problem ergibt sich, wenn gesellschaftsrechtliche Mitarbeiterbeteiligungen bzw Beteiligungen von Organen dergestalt an die Laufzeit der Anstellungsverträge gebunden werden, dass mit deren Beendigung die Mitgliedschaft von selbst endet oder die Anteile zurück übertragen werden müssen. Das Kündigungsrecht im Hinblick auf die Anstellung liegt zwar bei der Gesellschaft selbst, indes vermögen die Gesellschafter auf die Gesellschaft nicht nur unwesentlich einzuwirken, so dass zwischen Mitgesellschaftern ein ähnlicher Disziplinierungsdruck wie im Grundfall des beliebigen Ausschlussrechts bestehen kann. Da Mitarbeiterbeteiligungen – als Motivations- und Bindungsprogramme – ihre Legitimation in sich selbst tragen, wird man es dabei bewenden lassen müssen, dass allein schon bei einem rechtmäßigen „Entzug" der Anstellung des Mitarbeiters oder Organs die Gesellschafterstellung entfällt bzw entzogen werden kann[61].

22 2. **Zulässige Gestaltungen**. § 737 Satz 1 ist Ausdruck der Gestaltungsfreiheit der Gesellschafter und daher nicht zwingend. Das Recht zum **Ausschluss** kann **ausgeschlossen** werden. Die Ausschließung aus wichtigem, zur Kündigung berechtigenden Grund kann im Gesellschaftsvertrag unter **strengeren** als den **Voraussetzungen** des § 737 vereinbart (nur vorsätzliche Pflichtverletzungen) werden. Andere Ausschlussgründe können zugelassen werden, solange sie im Ergebnis nicht zu einer sachlich ungerechtfertigten Hinauskündigung[62] führen. Ein Ausschluss kann insbesondere für die **Pfändung** oder Kündigung der Gesellschaft durch **Privatgläubiger** eines Gesellschafters[63], für der **Tod eines Mitgesellschafters** (Fortsetzungsklausel[64])[65] und für die Beantragung oder **Eröffnung des Insolvenzverfahrens**[66] vereinbart werden. Im Übrigen kommt es ganz generell darauf an, ob mit dem Ausschlussgrund ein – am Gesellschaftszweck gemessen – legitimer Zweck verfolgt wird[67]; zudem kann insoweit auf die gesetzliche Regel der §§ 737 Satz 1, 723 Abs 1 Satz 2 zurückgegriffen werden, als die Fortsetzungsinteressen der verbleibenden Gesellschafter das Erhaltungsinteresse des auszuschließenden Gesellschafters überwiegen müssen[68].

23 **Abbedungen** werden kann insbesondere auch **§ 737 Satz 2**. So kann das Ausschließungsrecht selbst erst durch späteren Beschluss geschaffen oder modifiziert werden; dies allerdings nur unter Mitwirkung aller Gesellschafter, wenn nicht der Gesellschaftsvertrag Mehrheitsbeschlüsse zulässt; zu Mehrheitsbeschlüssen bei Grundlagengeschäften und ihren Grenzen (Bestimmtheitsgrundsatz, Kernbereichslehre) vgl § 709 Rz 23 ff, 39 ff. Ein Gesellschafterbeschluss, der das Recht zur

58 BGHZ 105, 213; Frankfurt/M NJW-RR 2006, 405.
59 BGHZ 107, 351.
60 Eingehend MünchKomm/Ulmer Rz 21 mweit Nachw.
61 BGHZ 164, 98 (für GmbH); eingehend Habersack/Verse ZGR 2005, 451 mweitNachw.
62 S hierzu Rz 17.
63 S § 725 Rz 15.
64 S § 727 Rz 14.
65 BGHZ 103, 213.
66 BGH NJW-RR 2000, 1295; Naumburg NZG 2000, 541. – S auch § 728 Rz 17.
67 S hierzu oben Rz 1, 5.
68 Fallgruppenbildung bei Schlegelberger/K Schmidt HGB § 140 Rz 80 ff.

Ausschließung nach Eintritt des wichtigen Grundes schafft, kann gegen den Willen des von der Ausschließung Betroffenen deshalb nicht gefasst werden. Zum Fortsetzungsbeschluss und zu einer möglichen Ausschließung im Liquidationsstadium s Rz 2. Werden abweichend von Satz 1 andere wichtige Gründe als Ausschlussgründe zugelassen, die zu einem bestimmten Zeitpunkt eintreten und sicher festgestellt werden können (§§ 725 Abs 1, 727 Abs 1, 728 Abs 2), so liegt darin in der Regel auch der Verzicht auf einen besonderen Ausschließungsbeschluss; vielmehr tritt die Ausschließung „von selbst" im Augenblick des Eintritts des wichtigen Grundes ein. Auch im Übrigen kann das Verfahren durch Vereinbarung anders als gesetzlich vorgesehen ausgestaltet werden (Anhörung des Betroffenen, internes Schiedsverfahren usw). Angesichts des Rechtsgedankens von § 151 Satz 1 ist **auch § 737 Satz 3** abdingbar.

§ 738 Auseinandersetzung beim Ausscheiden

(1) **Scheidet ein Gesellschafter aus der Gesellschaft aus, so wächst sein Anteil am Gesellschaftsvermögen den übrigen Gesellschaftern zu. Diese sind verpflichtet, dem Ausscheidenden die Gegenstände, die er der Gesellschaft zur Benutzung überlassen hat, nach Maßgabe des § 732 zurückzugeben, ihn von den gemeinschaftlichen Schulden zu befreien und ihm dasjenige zu zahlen, was er bei der Auseinandersetzung erhalten würde, wenn die Gesellschaft zur Zeit seines Ausscheidens aufgelöst worden wäre. Sind gemeinschaftliche Schulden noch nicht fällig, so können die übrigen Gesellschafter dem Ausscheidenden, statt ihn zu befreien, Sicherheit leisten.**

(2) **Der Wert des Gesellschaftsvermögens ist, soweit erforderlich, im Wege der Schätzung zu ermitteln.**

ÜBERSICHT

Schrifttum: Sudhoff, Die Berechnung des Auseinandersetzungsguthabens bei Personengesellschaften, ZGR 1972, 157; Heckelmann, Abfindungsklauseln in Gesellschaftsverträgen, 1973; Lubitz, Vertragliche Grundlagen des gesellschaftsrechtlichen Abfindungsanspruchs und ihre Einordnung unter einen bestimmten Rechtsgeschäftstypus, Diss Münster 1982; von Westphalen, Die Abschichtungsbilanz beim

Ausscheiden eines Gesellschafters aus der BGB-Gesellschaft, BB 1982, 1894; Baumann, Abfindungsregelungen für ausscheidende Gesellschafter von Personenhandelsgesellschaften, Diss Stuttgart, 1987; Neuhaus, Unternehmensbewertung und Abfindung, 1990; Saufleber, Abfindungsklauseln in Gesellschaftsverträgen, 1990; Büttner, Flexible Durchsetzbarkeit von Abfindungsbeschränkungen in Personengesellschaftsverträgen, in: Festschr für Nirk, 1992, S 119; Piltz, Die Unternehmensbewertung in der Rechtsprechung, 1993; Dauner-Lieb, Abfindungsklauseln bei Personalgesellschaften, ZHR 158 (1994), 271; Rasner, Abfindungsklausel bei Personalgesellschaften, ZHR 158 (1994), 292; Brückner, Die Kontrolle von Abfindungsklauseln in Personalgesellschafts- und GmbH-Verträgen, 1995; Ulmer/Schäfer, Die rechtliche Beurteilung vertraglicher Abfindungsbeschränkungen bei nachträglich eintretendem grobem Missverhältnis, ZGR 1995, 135; Aurnhammer, Die Abfindung von BGB-Gesellschaftern im Spannungsfeld zwischen Wissenschaft, Rechtsprechung und Betriebswirtschaftslehre, 1996; Hüttemann, Unternehmensbewertung als Rechtsproblem, ZHR 162 (1998), 563; Behnke, Abfindungsausschluss bei Ausscheiden eines Gesellschafters aus wichtigem Grund, NZG 1999, 112; Sigle, Gedanken zur Wirksamkeit von Abfindungsklauseln in Gesellschaftsverträgen, ZGR 1999, 659; Drukarczyk, Unternehmensbewertung, ZIP 2001, 450; Lange, Neues zu Abfindungsklauseln, NZG 2001, 635; Mecklenbrauck, Abfindungsbeschränkungen in Gesellschaftsverträgen, BB 2000, 2001; Böcker, Bewertung und Bilanzerfordernis, DB 2002, 1949; Großfeld, Unternehmen und Anteilsbewertung im Gesellschaftsrecht, 2002; Hülsmann, Abfindungsklauseln: Kontrollkriterien der Rechtsprechung, NJW 2002, 1673; Dohnau, Gesellschaftsrechtliche Abfindungsklauseln und ergänzende Vertragsauslegung, 2003; Drukarczyk, Unternehmensbewertung, 2003; ders, Branchenorientierte Unternehmensbewertung, 2006.

I. Allgemeines

1 1. **Systematik**. Die §§ 738 bis 740 bestimmen das Schicksal der Beteiligung des Ausscheidenden an der Gesellschaft und regeln die zwischen der Gesellschaft auf der einen und dem ausgeschiedenen Gesellschafter auf der anderen Seite zu vollziehende vermögensmäßige Auseinandersetzung. Der schuldrechtliche Ausgleich zwischen den Gesellschaftern ist – ebenso wenig wie bei der Auflösung und Liquidation der Gesellschaft[1] – von Gesetzes wegen Bestandteil der vermögensmäßigen Auseinandersetzung nach den §§ 738 bis 740, wird aber, soweit er notwendig ist, in der Regel von den Gesellschaftern mit einbezogen. § 738 enthält den Grundsatz und die Hauptregeln, die §§ 739, 740 behandeln Sonderfragen (Nachschusspflicht bei Fehlbetrag und schwebende Geschäfte). Die **schuldrechtlichen Vorschriften** der §§ 738 Abs 1 Sätze 2 und 3, Abs 2, 739, 740 sind **nachgiebigen Rechts**, so dass die Abwicklung im Innenverhältnis weitgehend der Gestaltungsfreiheit der Beteiligten unterworfen ist, wovon regelmäßig Gebrauch gemacht wird. **Zwingend** ist dagegen die **gesellschaftsrechtliche** (bei Rechtsfähigkeit der GbR) bzw **sachenrechtliche** (bei nichtrechtsfähiger GbR) **Regelung** des § 738 Abs 1 Satz 1; scheidet ein Mitgesellschafter aus der fortbestehenden Gesellschaft aus, kommt es zwangsläufig und unabdingbar zur An- und Abwachsung.[2]

2 2. **Anwendungsbereich**. § 738 gilt sowohl für das Ausscheiden aus einer rechtsfähigen als auch aus einer nichtrechtsfähigen Gesellschaft. Allerdings ergeben sich insoweit ganz erhebliche Unterschiede im Hinblick auf die dingliche Rechtslage (An- und Abwachsung, Abs 1 Satz 1). § 738 gilt mangels besonderer handelsrechtlicher Bestimmungen auch für OHG, KG und Partnerschaftsgesellschaft. § 738 ist entsprechend anwendbar bei der Übernahme des Gesellschaftsvermögens bei Auflösung der **zweigliedrigen GbR** durch Übernahme eines Gesellschafters[3]. Zur Auseinandersetzung der **Innengesellschaft**, insbesondere zwischen Ehegatten und bei nichtehelichen Lebensgemeinschaften, und der Anwendbarkeit von § 738 Abs 1 Satz 2 für den schuldrechtlichen Ausgleich zwischen den Beteiligten vgl Rz 8 ff vor § 730; zur **stillen Gesellschaft** s Rz 15 vor § 730. Keine Anwendung findet § 738 beim Eintritt in ein Einzelunternehmen (Sachgründung), da

1 S Rz 3 vor § 730.
2 BGH DStR 1993, 1530 (mAnm Goette); RGZ 56, 206, 208; Stuttgart NZG 2004, 766; MünchKomm/Ulmer Rz 13; Staud/Habermeier Rz 6; RGRK/v Gamm Rz 1.
3 BGH NJW-RR 2002, 538 (KG); BGH NJW 1999, 3557; BGH NJW 1994, 796, BGH NJW 1993, 160; Hamm NZG 2005, 175; Schleswig NJW 2004, 972; Stuttgart NZG 2004, 766; Köln NJW-RR 1997, 161. – S Rz 22 ff vor § 730.

kein Gesamthandvermögen vorhanden war[4]; zur umstrittenen analogen Anwendbarkeit von HGB § 28 s § 736 Rz 19. § 738 ist auch **nicht anwendbar bei der Übertragung der Mitgliedschaft**, da die vermögensrechtliche Abwicklung des Ausscheidens nur zwischen dem Veräußerer und dem Erwerber des Anteils stattfindet[5]. Nicht anwendbar ist § 738 auf den nicht eingetragenen Verein und andere Körperschaften sowie die Miteigentümergemeinschaft nach WEG[6].

II. Gesellschaftsrechtliche Folgen des Ausscheidens

1. **Ausscheiden und Anwachsung nach § 738 Abs 1 Satz 1**. – a) **Grundlagen**[7]. Einordnung und rechtliche Bedeutung des An- und Abwachsungsprinzips hängen maßgeblich vom zugrunde gelegten Verständnis des **Gesamthandsprinzips** ab. Bei der rechtsfähigen Gesellschaft ist diese selbst alleiniger Rechtsträger des gesamten Gesellschaftsvermögens. Die „gesamthänderischen Beteiligung" aller Gesellschafter ist dann ausschließlich eine andere Bezeichnung für deren Mitgliedschaft bzw den Geschäftsanteil in der GbR[8]; die „Gesamthand" ist in diesem Fall die Gesellschaft selbst[9]. Die An- und Abwachsung kann bei **rechtsfähigen Gesellschaften** daher nur die **„Verteilung" der Mitgliedschaft** des Ausscheidenden betreffen. Anders verhält es sich bei nichtrechtsfähigen Gesellschaften; hier sind (nur) die Gesellschafter Träger des Gesellschaftsvermögens. Das Gesamthandsprinzip bezeichnet nicht nur die mitgliedschaftliche Beteiligung an einer Gesellschaft, sondern umschreibt insoweit zugleich als echtes Vermögensprinzip, wie auch bei den anderen Gesamthandsgemeinschaften des bürgerlichen Rechts (Erbengemeinschaft, eheliche Gütergemeinschaft, Urhebergemeinschaft), eine besondere Art der gemeinschaftlichen Berechtigung mehrerer Personen an einzelnen Gegenständen; das Gesamthandprinzip ist neben der Bruchteilsgemeinschaft die zweite Art einer solchen Mehrfachbeteiligung. Die An- und Abwachsung bedeutet daher bei **nichtrechtsfähigen Gesellschaften** ein „Mehr" als bei rechtsfähigen Verbänden, denn (nur) hier kommt es zu einer echten **Änderung der dinglichen Rechtslage** durch das Ausscheiden eines Rechtssubjekts aus der Menge der an einem Gegenstand Beteiligten. Zur Bedeutung der Anwachsung beim Ausscheiden aus einer Zweipersonen-Gesellschaft, bei der der verbleibende „Gesellschafter" das Unternehmen fortführt, s Rz 22 ff vor § 730. 3

Die An- und Abwachsung bezieht sich allein auf die gesellschaftsrechtliche bzw dingliche Ebene; was den **schuldrechtlichen Ausgleich** mit dem ausgeschiedenen Gesellschafter anbelangt, bestehen **keine** strukturellen **Unterschiede** zwischen rechtsfähigen und nichtrechtsfähigen Gesellschaften. In dem einen wie dem anderen Fall entsteht nach § 738 Abs 1 Satz 2 anstelle der Mitgliedschaft des Ausgeschiedenen ein Abfindungsanspruch, der – vorbehaltlich abweichender Abfindungsvereinbarungen – wertmäßig die ehemalige Mitgliedschaft fortsetzt. Eingedenk dessen hat das Ausscheiden eines Mitgesellschafters grundsätzlich keinen Einfluss auf den Beteiligungswert der verbliebenen Mitgliedschaften: Einerseits verringert sich zwar die Anzahl der Gesellschafter, die sich wirtschaftlich in das Gesellschaftsvermögen teilen, andererseits ist das Gesellschaftsvermögen aber mit dem Abfindungsanspruch des Ausgeschiedenen belastet. Nichts anderes ergibt sich im Hinblick auf die mit dem Ausscheiden veränderte Gewinn- und Verlustbeteiligung (§ 722) der verbliebenen Gesellschafter, die sich zwar anteilig erhöht, sich aber auf das um das Auseinandersetzungsguthaben des Ausgeschiedenen verminderte Gesellschaftsvermögen bezieht. 4

b) **Rechtsfähige Gesellschaften**. – (1) **Stellung der Gesellschaft**. Durch das Ausscheiden eines Gesellschafters aus der Gesellschaft verringert sich der Gesellschafterbestand, die Gesellschaft selbst bleibt davon jedoch unberührt, und zwar sowohl in ihrem Bestand als auch als Rechtsträger des Gesellschaftsvermögens. Eine Einzelübertragung der Vermögensgegenstände 5

4 LG Dortmund NJW 1969, 137.

5 BGH NJW 1981, 1095; BGH NJW 1975, 166; Karlsruhe NZG 2005, 627.

6 BGHZ 109, 179.

7 Kießling, Das Gesamthandsprinzip bei Personalgesellschaften, in: Festschr für Hadding, 2004, S 477.

8 S § 705 Rz 46; § 718 Rz 7.

9 S Rz 21 vor § 705.

kommt nicht in Betracht[10]. Nur dann, wenn die Gesellschaft als Eigentümer eines Grundstücks zwar selbst, aber unter dem Namen aller Gesellschafter im Grundbuch eingetragen ist (GBO § 47), bedarf es einer Grundbuchberichtigung (§ 718 Rz 4)[11]. Scheidet ein Gesellschafter nach Rechtshängigkeit einer Klage oder im Vollstreckungsverfahren für und gegen die Gesellschaft aus, so hat das auf das Verfahren keinerlei Einfluss[12]; wird die Gesellschaft mit dem Namen ihrer Gesellschafter bezeichnet, muss dieser ggfl berichtigt werden. Anders verhält es sich bei Zweipersonen-Gesellschaften, wenn diese beim Ausscheiden eines Mitgesellschafters durch den anderen Gesellschafter fortgesetzt werden soll; hier wird die Gesellschaft im Zeitpunkt des Ausscheidens eines Mitgesellschafters zugleich aufgelöst und vollbeendet, das Gesellschaftsvermögen wächst im Wege der Gesamtrechtsnachfolge beim anderen Gesellschafter an; zu den Einzelheiten der Übernahme vgl Rz 22 ff vor § 730.

6 (2) **Stellung der Gesellschafter**. Ausscheiden eines Gesellschafters bedeutet die Beendigung der Gesellschafterstellung des Ausscheidenden bei Fortsetzung der Gesellschaft unter den verbleibenden Gesellschaftern. Seine gesellschaftsrechtlichen Mitsprache-, Geschäftsführungs- und Kontrollrechte erlöschen; zu Informationsrechten im Rahmen der Schlussabrechnung s Rz 26; zu nachvertraglichen Pflichten vgl Rz 11 f. In der Regel endet mit dem Ausscheiden aus der GbR nicht nur die kraft Mitgliedschaft bestehende Geschäftsführungsbefugnis, sondern auch eine auf besonderem Rechtsgrund beruhende Organstellung[13]. Aus der Mitgliedschaft fließende, vor Ausscheiden aus der Gesellschaft bereits entstandene Vermögensrechte (etwa auf Gewinn) bleiben dem Ausgeschiedenen erhalten, sind aber in die Schlussabrechnung einzustellen und unterliegen bis zum Abschluss der Durchsetzungssperre.

7 Anstelle der Mitgliedschaft entsteht in der Person des Ausgeschiedenen der **Abfindungsanspruch** nach § 738 Abs 1 Satz 2. Dingliche Belastungen an der Mitgliedschaft erlöschen; sie setzen sich allerdings im Wege der **dinglichen Surrogation** entsprechend §§ 1258 Abs 3, 1273 Abs 2 am Anspruch auf das Auseinandersetzungsguthaben fort[14]. Die bereits begründete Haftung eines Gesellschafters für die Verbindlichkeiten der Gesellschaft wird vom Ausscheiden aus der Gesellschaft vorbehaltlich anders lautender Vereinbarungen mit dem Gläubiger nicht berührt. Ein Verzicht des Gläubigers auf eine Nachhaftung muss sich eindeutig aus einer Vereinbarung oder aus den Umständen ergeben[15]. Zur **Nachhaftungsbegrenzung** s § 736 Rz 20 ff.

8 Mit dem **Ausscheiden eines Mitgesellschafters** werden die übrigen Gesellschafter von dessen bislang bestehenden Mitbestimmungsrecht befreit. Die Mitgliedschaft des Ausscheidenden geht allerdings nicht ersatzlos unter, vielmehr wird diese unter den verbliebenen Gesellschaftern dergestalt „aufgeteilt", dass sich deren Teilhaberschaft an der Gesellschaft nach vereinbarten Anteilen oder entsprechend der gesetzlichen Regel (§ 722) erhöht. Einer Übertragung des Gesellschaftsanteils bedarf es nicht; ebenso wenig einer vormundschaftlichen Genehmigung nach § 1821. Diese sog **Anwachsung** der Teilhaberschaft des Ausscheidenden zu Gunsten der Übrigen vollzieht sich kraft Gesetzes[16]. Für den Zeitpunkt des Ausscheidens und der Anwachsung kommt es darauf an, ob mit Eintritt des Ausscheidungsgrundes die Beteiligung von selbst enden sollte oder ein dahingehender Beschluss der Mitgesellschafter zu fassen war; letzteres ist die Regel beim Ausschluss (§ 737).

9 c) **An- und Abwachsung bei nichtrechtsfähigen Gesellschaften**. Bei nichtrechtsfähigen Gesellschaften kommt dem An- und Abwachsungsprinzip im Verhältnis zwischen den Gesellschaftern eine **andere Bedeutung** zu. Da alle Gesamthänder – jeder vollständig und alle zugleich – die Gegenstände des „gemeinschaftlichen Vermögens" innehaben, besteht die Beteili-

10 BGHZ 18, 380, 382; RGZ 68, 410; Köln NJW-RR 2002, 519; Düsseldorf MDR 2000, 728; KG NZG 1999, 1058; Köln NJW 1995, 2232.
11 Köln NJW-RR 2002, 519; KG NZG 1999, 1058.
12 BGHZ 146, 341; Hadding ZGR 2001, 712; Wertenbruch NJW 2002, 324.
13 München NZG 2002, 390.
14 BGHZ 104, 351 (GmbH); Stuttgart NZG 2004, 766; MünchKomm/Ulmer § 725 Rz 21.
15 BGH NJW 2000, 208.
16 RGZ 136, 97, 99.

gung des Einzelnen weder in einem Bruchteil noch in einer realen oder ideellen Quote, nicht an einzelnen Gegenständen und nicht am Vermögen als Ganzem (§ 719). Zwangsläufig ausgeschlossen ist daher auch hier, dass mit dem Ausscheiden eines Gesellschafters ein (rechtsgeschäftlicher oder gesetzlich angeordneter) Vermögensübergang verbunden ist[17], allerdings **entfällt** die **dingliche Mitberechtigung** des Ausscheidenden, die die Berechtigung der übrigen Gesamthänder bislang eingeschränkt hatte. Insoweit erhöht sich der „Anteil" (exakt: die Berechtigung) der verbleibenden Mitglieder. Aktiv- oder Passivprozesse der Gesamthand werden in notwendiger Streitgenossenschaft aller Gesellschafter geführt[18]; weil gerade kein Vermögensübergang stattfindet, ist ZPO § 265 Abs 2 nicht anwendbar, vielmehr findet eine gesetzliche Parteiänderung dergestalt statt, dass die aktive und passive Parteistellung des Ausgeschiedenen entfällt und das Verfahren unter Beteiligung der verbliebenen Gesellschafter fortgesetzt wird[19]. Das Rubrum ist entsprechend zu berichtigen. Selbst dann, wenn der einzige Geschäftsführer-Gesellschafter ausschied, bedarf es keiner Unterbrechung des Verfahrens (ZPO § 241), denn in diesem Fall tritt im Zweifel Gesamtgeschäftsführungsbefugnis aller übrigen Gesellschafter ein. Auch für das Vollstreckungsverfahren für und gegen die Gesamthand hat das Ausscheiden eines Gesellschafters keine Auswirkung[20].

Nur zu einem Ausscheiden und zum schuldrechtlichen Ausgleich, nicht aber auch zu einer Anwachsung bei den verbleibenden Gesellschaftern nach § 738 Abs 1 Satz 1 kommt es, wenn die Gesellschaft kein Gesamthandsvermögen gebildet hat, entweder weil überhaupt kein „gemeinschaftliches Vermögen" gebildet wurde oder weil – was zulässig ist – das Gesamthandsprinzip durch Bruchteilsberechtigung abbedungen wurde[21]. **10**

2. **Nachvertragliche Verpflichtungen des Ausgeschiedenen**. – a) **Allgemeines**. Wie auch sonst bei (Dauer-)Schuldverhältnissen können sich für den ausgeschiedenen Gesellschafter im Hinblick auf seine bisherige Gesellschafterstellung nachvertragliche Verpflichtungen ergeben. Obwohl der Ausscheidende bereits mit dem Eintritt des Ausscheidungsgrundes seine Gesellschafterstellung verliert, bleibt er verpflichtet, an der Auseinandersetzung zwischen ihm und der Gesellschaft im erforderlichen Umfang mitzuwirken[22]. Muss das Grundbuch berichtigt werden, weil die Gesellschaft mit dem Namen aller Gesellschafter bezeichnet wurde, ist der Ausscheidende verpflichtet, seine Zustimmung dazu (§ 894) zu geben[23]; bis zur Zahlung des Abfindungsguthabens steht ihm aber ein Zurückbehaltungsrecht nach § 273 zu[24]. Nachvertragliche Pflichten können sich vor allem im Hinblick auf die Treuepflicht als Ausprägung der allgemeinen mitgliedschaftlichen Förderpflicht ergeben; so kann der Ausgeschiedene etwa verpflichtet bleiben, sich nicht in die Geschäftsführung des für ihn jetzt fremden Unternehmens einzumischen[25] und Stillschweigen über Geschäftsgeheimnisse usw zu wahren. Auch kann der Ausgeschiedene verpflichtet sein, die Auszahlung seines Abfindungsanspruchs in Raten hinzunehmen, wenn der einmalige Mittelabfluss den Fortbestand der Gesellschaft in Frage stellen würde[26]. **11**

b) **Nachvertragliches Wettbewerbsverbot**. Ein nachvertragliches Wettbewerbsverbot muss hingegen – anders als in der werbend tätigen Gesellschaft, bei der sich ein entsprechendes Verbot auch ohne ausdrückliche Vereinbarung aus dem Gesellschaftsvertrag ergibt[27] – grundsätzlich zwischen den Beteiligten vereinbart worden sein. Eine solche **Vereinbarung** kann sich auch aus den Umständen ergeben, insbesondere aus Regelungen zum Auseinandersetzungsguthaben[28]. Wenn das Auseinandersetzungsguthaben den vollen Wert der Beteiligung unter Einschluss der **12**

17 BGHZ 50, 309; BGHZ 32, 317; BGHZ 18, 380.
18 BGH NJW 2000, 281; MünchKomm/Ulmer § 718 Rz 50 f.
19 MünchKomm/Ulmer § 718 Rz 60.
20 MünchKomm/Ulmer § 718 Rz 64.
21 S § 718 Rz 9.
22 S hierzu Rz 26.
23 Köln NJW-RR 2002, 519; KG NZG 1999, 1058; Zweibrücken Rpfleger 1996, 192.
24 Köln NJW-RR 2002, 519; BGH NJW 1990, 1171 (im konkreten Fall verneint).
25 BGH NJW 1980, 462.
26 S § 705 Rz 61.
27 S § 705 Rz 62; vgl auch HGB § 112.
28 BGH NJW 2005, 2618; BGH NJW 2000, 2584; BGH DStR 1996, 1254; BGH WM 1979, 1064; München NZG 2002, 390; Schleswig NZG 2001, 658.

stillen Reserven und des Goodwill der Gesellschaft widerspiegelt, wird der Kundenstamm (Mandantenstamm) der Gesellschaft bereits mit dem Auseinandersetzungsguthaben abgegolten, so dass es dem Ausscheidenden – vorbehaltlich anderer, zulässiger Vereinbarungen[29] – nicht nochmals über sogleich nach Ausscheiden abgeworbene Kunden zufließen darf. Allein auf schadensersatzrechtliche Erwägungen lässt sich ein nachvertragliches Wettbewerbsverbot indes nicht stützen[30]. Das nachvertragliche Wettbewerbsverbot muss zudem, um wirksam zu sein, **hinreichend gegenständlich, räumlich und zeitlich bestimmt** sein[31]; dies ist nur dann der Fall, wenn die Beschränkung des Ausgeschiedenen notwendig ist, um die Betätigung der verbleibenden Gesellschafter in der GbR in wirtschaftlich effektiver Weise zu gewährleisten, nicht hingegen, wenn die Beschränkung zu einer „Bestrafung" des oder zu einer Verhinderung des Wettbewerbs für den Ausgeschiedenen verwendet wird. Ein dergestalt erforderliches nachvertragliches Wettbewerbsverbot verstößt nicht gegen das Kartellverbot des GWB[32]. Bei Freiberuflern liegt die zeitliche Grenze nachvertraglicher Wettbewerbsverbote bei etwa 2 Jahren[33]. Ein zeitlich zu weitgehendes Wettbewerbsverbot ist unwirksam; allerdings kann es durch Auslegung der betreffenden Klausel auf das rechtlich noch zulässige Maß zurückgenommen werden. Demgegenüber können räumlich oder gegenständlich zu weit reichende Wettbewerbsverbote nicht geltungserhaltend reduziert werden[34]. Zu den Einzelheiten des Wettbewerbsverbotes vgl im Übrigen § 705 Rz 62.

III. Vermögensmäßige Auseinandersetzung zwischen Gesellschaft und Ausgeschiedenem

13 1. **Überblick**. Bei der Auseinandersetzung zwischen Gesellschaft und ausgeschiedenem Gesellschafter handelt es sich der Sache nach um eine Teilliquidation; daher entsprechen sich die jeweiligen Verfahren weitgehend: Nach Rückgabe der zur Nutzung überlassenen Gegenstände (§§ 738 Abs 1 Satz 2, 732) ist der Ausgeschiedene im Innenverhältnis zur Gesellschaft von dem „gemeinschaftlichen Verbindlichkeiten" zu befreien (§§ 738 Abs 1 Satz 2, 733 Abs 1); aus dem – um die Einlagen der anderen Gesellschafter (§ 733 Abs 2) und alle Gesellschaftsverbindlichkeiten (§ 733 Abs 1) rechnerisch bereinigten – überschüssigen Gesellschaftsvermögen ist dem ausgeschiedenen Gesellschafter der ihm zustehende Anteil auszukehren (§§ 738 Abs 1 Satz 2, 734); im Verlustfall trifft den Ausgeschiedenen eine anteilige Nachschusspflicht (§§ 739, 735). Die Einlagen selbst sind anders als bei der Liquidation (§ 733 Abs 2) nicht an den Ausscheidenden zurückzugewähren, denn sie müssen der werbend tätig bleibenden Gesellschaft weiterhin zur Verfügung stehen; allerdings schlägt sich der Wert der Einlage im Abfindungsguthaben des Ausscheidenden nieder und wird so wirtschaftlich zurückgewährt. Die Ermittlung und Auskehr dieses Abfindungsguthabens an den ausgeschiedenen Gesellschafter schließt die vermögensmäßige Auseinandersetzung mit ihm ab.

14 2. **Rückgabe, § 738 Abs 1 Satz 2 Fall 1**. Zu den Einzelheiten des Rückgabeanspruchs, der sich auch auf dem Werte nach eingebrachte Gegenstände erstreckt, vgl die Bem zu § 732. Rückgabeschuldner ist die selbst rechtsfähige Gesellschaft. Da es sich um eine Sozialverbindlichkeit handelt, haften die Gesellschafter ebenso wenig wie für den Abfindungsanspruch[35] mit ihrem Privatvermögen[36]. Die Gesellschaft kann vor allem dann, wenn der Ausgeschiedene zu Nachschüssen in das Gesellschaftsvermögen verpflichtet ist (§ 739), ein Zurückbehaltungsrecht an den überlassenen Gegenständen geltend machen[37]. Abweichend von der Rechtslage bei der Liquidation der Gesellschaft trifft den Ausgeschiedenen aber nur in seltenen Fällen die nachvertragliche Pflicht,

29 BGH NJW 2000, 2584; BGH NJW 1995, 1551.
30 Düsseldorf ZIP 1990, 861; aA MünchKomm/Ulmer § 705 Rz 237; Paefgen ZIP 1990, 839.
31 BGH NJW 2005, 3061; BGH NJW 2005, 2618; BGH NJW 2000, 2584; BGH NJW 1997, 3089; BGH NJW 1991, 699; Stuttgart NJW 2002, 1431.
32 München Urt v 14. 4. 2005 – U (K) 5728/03; Koblenz OLGR 2001, 93; MünchKomm/Ulmer § 705 Rz 237.
33 BGH NJW 2004, 66; BGH NJW 2000, 2584; Stuttgart NJW 2002, 1431.
34 BGH NJW 2005, 3061; Celle NZG 2002, 862; Stuttgart NJW 2002, 1431.
35 S hierzu Rz 40f.
36 AA Bamberger/Roth/Timm/Schöne Rz 7.
37 BGH 1998, 1552 (bei der Liquidation); BGH NJW 1981, 2802; MünchKomm/Ulmer Rz 76.

von der Gesellschaft vorübergehend benötigte Gegenstände für einen Übergangszeitraum bei ihr zu belassen[38]; in diesem Fall steht dem Ausgeschiedenen ein Nutzungsentgelt zu.

3. **Schuldbefreiung, § 738 Abs 1 Satz 2 Fall 2, Satz 3.** Die bereits begründete Haftung eines Gesellschafters gegenüber Gläubigern wird durch sein Ausscheiden aus der Gesellschaft grundsätzlich nicht berührt; zur zeitlichen Nachhaftungsbegrenzung s § 736 Abs 2. Der ehemalige Gesellschafter kann aber nach § 738 Abs 1 verlangen, von dieser Außenhaftung befreit zu werden. Der Anspruch auf Schuldbefreiung richtet sich **gegen die Gesellschaft**. Er bezieht sich auf die **bis zum Ausscheiden begründeten Gesellschaftsschulden**; diese müssen bislang weder durch den Gläubiger geltend gemacht noch fällig sein, sie müssen aber durch die Gesellschaft erfüllbar sein. Bei einer beim Ausscheiden bestehenden **Kontokorrentschuld** der Gesellschaft haftet der Ausscheidende nur für den niedrigsten nach seinem Ausscheiden gezogenen Saldo eines periodischen Rechnungsabschlusses[39]. Die Freistellung kann **nur** durch **Erfüllung** der Gesellschaftsverbindlichkeit **oder Vereinbarung mit dem Gläubiger** erfolgen, nach der der Ausgeschiedene aus der Haftung entlassen wird[40]. Zum Umfang der „gemeinschaftlichen Schulden" vgl die Bem zu § 733. Die Gesellschaft kann nach ihrer Wahl eine Sicherheit stellen. Hat der ausgeschiedene Gesellschafter für Gesellschaftsschulden Sicherheit (Bürgschaft, Grundpfandrecht) geleistet, kann er analog Abs 1 Satz 2 Ablösung verlangen; dies auch schon vor Fälligkeit der besicherten Forderung[41]. Im Fall eines Prozesses gilt die übliche Beweislast: Der Ausgeschiedene muss die Gesellschaftsschuld, die Gesellschaft das nachträgliche Erlöschen des Befreiungsanspruchs beweisen[42]. 15

Der Ausgeschiedene kann auch dann Freistellung verlangen, wenn die Gesellschaft gegen ihn einen Anspruch auf Nachschuss nach § 739 hat, weil das Gesellschaftsvermögen nicht zur Schuldentilgung und Einlagenrückgewähr ausreicht, denn mit § 738 Abs 1 Satz 2 soll ein Gleichlauf zwischen dem Wegfall der Gesellschafterstellung und der Rechtsstellung des Betroffenen gegenüber Dritten herbeigeführt werden. Die Gesellschaft hat in diesem Fall aber nach § 273 ein Zurückbehaltungsrecht bis zur Leistung des Nachschusses[43]. Ist der Ausgeschiedene bereits durch Gesellschaftsgläubiger in Anspruch genommen worden, kann er gegenüber der Gesellschaft sowohl nach §§ 713, 670 als auch analog § 738 Abs 1 Satz 2 **Rückgriff** nehmen, Rückgriffsansprüche gegen ehemalige Mitgesellschafter bestehen nur bei unzulänglichem Gesellschaftsvermögen[44]; zu beachten ist, dass diese Ansprüche nicht isoliert geltend gemacht werden können, sondern bis zur Schlussabrechnung grundsätzlich der Durchsetzungssperre unterliegen. 16

Für **noch nicht** durch die Gesellschaft **erfüllbare Gesellschaftsverbindlichkeiten** kann die Gesellschaft gegenüber dem Ausgeschiedenen an Stelle der Schuldbefreiung **Sicherheit** leisten, § 738 Abs 1 Satz 3; dass es entgegen des Wortlauts nicht auf die Fälligkeit, sondern die Erfüllbarkeit ankommt, folgt aus dem Gebot der effektiven Schuldbefreiung. Noch nicht erfüllbare Verbindlichkeiten können sich insbesondere aus im Zeitpunkt des Ausscheidens schwebenden Geschäften der Gesellschaft ergeben (§ 740). Dabei soll es sich um eine Ersetzungsbefugnis der Gesellschaft handeln, so dass der Ausgeschiedene nur Freistellung – bei noch nicht erfüllbaren Verbindlichkeiten der Gesellschaft dann nur durch Freistellungsvereinbarung mit dem Gläubiger – verlangen kann[45]. 17

Für **streitige Gesellschaftsschulden** kann keine Freistellung verlangt werden; ebenso wenig ist die Stellung von Sicherheiten erforderlich[46]. 18

38 RG JW 1938, 457; MünchKomm/Ulmer Rz 76; Bamberger/Roth/Timm/Schöne Rz 7.
39 BGHZ 50, 277.
40 BGH NJW 1999, 2438; RGZ 132, 29, 32; Stuttgart BB 1964, 346.
41 BGH NJW 1974, 899; BGH BB 1974, 1269; RGZ 132, 29.
42 Zu Ersterem RGZ 132, 29, 31; RGZ 60, 155, 159; zu Letzterem BGH NJW 2000, 1641.
43 BGH NJW 1974, 899; MünchKomm/Ulmer Rz 77; Bamberger/Roth/Timm/Schöne Rz 8.
44 Hadding/Häuser WM 1988, 1585.
45 MünchKomm/Ulmer Rz 80; Bamberger/Roth/Timm/Schöne Rz 12.
46 RGZ 60, 155; Bamberger/Roth/Timm/Schöne Rz 12.

19 Dem durch **Übertragung der Mitgliedschaft** ausgeschiedenen Gesellschafter steht **kein Freistellungsanspruch** zu. Durch unmittelbare Nachfolge in die Mitgliedschaft kommt es zu keiner Anwachsung nach § 738 Abs 1 Satz 1; ein Schuldbefreiungsanspruch bedarf der gesonderten Vereinbarung zwischen Anteilsveräußerer und Anteilserwerber[47].

20 4. **Schlussabrechnung, Abfindungsguthaben**. – a) **Allgemeines**. Fehlen abweichende Vereinbarungen, so entspricht das Abfindungsguthaben des ausgeschiedenen Gesellschafters wertmäßig seiner bisherigen vermögensmäßigen Beteiligung an der Gesellschaft, also dem wirtschaftlichen Wert seiner Mitgliedschaft. Abfindungsguthaben und positives Saldo auf dem Kapitalkonto des ausgeschiedenen Gesellschafters können nur in den seltensten Fällen ineins gesetzt werden. Wenn – wie in der Regel – zumindest einfache Kontenführung in der Gesellschaft praktiziert wird, gibt das feste Kapitalkonto I nur die Höhe der ursprünglich geleisteten Einlage wieder, das variable Kapitalkonto II stellt hingegen, neben den Entnahmen, nur den fortlaufend ermittelten Stand dem Gesellschafter gutgeschriebener Gewinne und zugewiesener Verluste dar, wie sie sich aus den periodischen Rechnungsabschlüssen bei der Gesellschaft (§ 721) ergeben.

21 Das Abfindungsguthaben ist daher grundsätzlich in der gleichen Weise wie der Anspruch auf das Auseinandersetzungsguthaben aller Gesellschafter nach Auflösung der Gesellschaft (§§ 730, 734) zu berechnen, nämlich durch umfassende Schlussabrechnung. Dabei sind alle **wechselseitigen Zahlungsansprüche** zu ermitteln und soweit wie möglich gegeneinander zu saldieren. Die Auseinandersetzung mit dem Ausgeschiedenen beschränkt sich nach den Regelungen der §§ 738 bis 740 auf die vermögensmäßigen Ansprüche **zwischen Gesellschaft und ausgeschiedenem Gesellschafter**. Jedoch beziehen die Gesellschafter und der Ausgeschiedene in der Regel – wie auch bei der Auflösung und Liquidation der Gesellschaft[48] – auch den vermögensmäßigen **Ausgleich untereinander** in diese Auseinandersetzung mit ein, soweit ein solcher erforderlich ist. Insoweit gilt Entsprechendes wie bei der Auseinandersetzung bei Auflösung der Gesellschaft: Der Abfindungsanspruch im engeren Sinn nach § 738 Abs 1 Satz 2 bzw die Nachschusspflicht nach § 739 ist dann ein Bestandteil der umfassenderen Schlussabrechnung[49].

22 **Nicht berücksichtigt** werden die Drittgläubigeransprüche des Ausgeschiedenen sowie Ansprüche der Gesellschaft gegen den Ausgeschiedenen außerhalb des Gesellschaftsverhältnisses, die grundsätzlich ohne Einschränkungen geltend gemacht werden können[50]. Zu den in die Auseinandersetzung einzustellenden Ansprüchen gehören aber nach dem Ausscheiden begründete Ansprüche, soweit sie auf dem Gesellschaftsverhältnis beruhen[51]; insoweit gilt nichts anders als für das Liquidationsstadium nach Auflösung der Gesellschaft, auch wenn anderes als dort beim Ausscheiden die Mitgliedschaft sofort endet.

23 Aus der **Schlussabrechnung** ergibt sich entweder ein Überschuss zugunsten des Ausgeschiedenen (§ 738 Abs 1 Satz 2) oder aber – bei einem nach Abzug der Gesellschaftsverbindlichkeiten und Einlagen bedürftigen Gesellschaftsvermögen – ein Nachschuss zu seinen Lasten (§ 739). Die in die Schlussabrechnung eingestellten gegenseitigen **Zahlungsansprüche** unterliegen bis zur Ermittlung des Saldos einer **Durchsetzungssperre**[52]; mit dieser sollen Hin- und Herzahlungen zwischen den Beteiligten verhindert werden, bis feststeht, wer noch einen Anspruch hat oder aber wen Nachschusspflichten treffen. Auch wenn der schuldrechtliche Ausgleich zwischen den Gesellschaftern nicht in die Auseinandersetzung nach §§ 738 bis 740 einbezogen wird, gebietet sich regelmäßig eine Verrechnung und Saldierung der wechselseitigen Gesellschafteransprüche mittels einer einfachen Schlussabrechnung[53]; bis dahin können sie ebenfalls

47 BGH NJW 1981, 1095; BGH NJW 1975, 166.
48 S Rz 3 vor § 730.
49 BGH WM 1979, 937; BGH WM 1978, 89; Münch Komm/Ulmer Rz 18. – S auch § 734 Rz 1.
50 Hamm NJW-RR 2000, 918; Köln NJW-RR 1997, 161.
51 BGH NJW 2005, 2618.
52 BGH NJW 2005, 2618; BGH NJW 2000, 2586; BGH NJW 1999, 3557; BGH NJW 1992, 2757; Karlsruhe NZG 2001, 654. – S auch § 730 Rz 6.
53 Für das Liquidationsstadium: BGH ZIP 1993, 1307; BGH NJW 1991, 549; Karlsruhe DStR 1995, 1072.

nicht selbstständig geltend gemacht werden[54]. Eine Leistungsklage, mit der ein der Durchsetzungssperre unterliegender Anspruch eingeklagt wird, ist zurzeit unbegründet; allerdings lässt sich der Klageantrag regelmäßig in einen Feststellungsantrag umdeuten, dass die betreffende Forderung in die Schlussabrechnung einzubeziehen ist[55].

Die Gesellschafter können allerdings vereinbaren, dass ein Anspruch seine Selbstständigkeit behalten soll, also isoliert geltend gemacht werden kann[56]. Darüber hinaus kommt es zu einer **Durchbrechung der Durchsetzungssperre** dann, wenn feststeht, dass der ausgeschiedene Gesellschafter jedenfalls einen bestimmten Betrag geltend machen kann[57]; etwa wenn die Gesellschaft über kein eigenes Vermögen verfügt und der schuldrechtliche Ausgleich zwischen den Gesellschaftern überschaubar ist. Zu Einzelheiten der Durchsetzungssperre und Ausnahmen vgl § 730. Andere als Zahlungsansprüche (Herausgabeansprüche, Freistellungsansprüche) können hingegen ohne Einschränkungen geltend gemacht werden. 24

Die **maßgebliche Position** in der Schlussabrechnung zugunsten des Ausgeschiedenen ist dessen **„Anteil am Gesellschaftsvermögen"**. Im Hinblick darauf ist – nach der auf Personalgesellschaften grundsätzlich anzuwendenden „indirekten Methode"[58] – in einem ersten Schritt der Wert des Gesellschaftsvermögens insgesamt und in einem zweiten Schritt die wertmäßige Beteiligung des Ausgeschiedenen am Gesamtvermögen zu ermitteln; über letzteres entscheidet im Zweifel – also vorbehaltlich abweichender Vereinbarungen – der Gewinn- und Verlustanteil, den der ausgeschiedene Gesellschafter in der werbend tätigen Gesellschaft innehatte (§ 722). Ob für die Wertermittlung des Gesellschaftsvermögens eine **Abschichtungs- bzw Auseinandersetzungsbilanz** im betriebswirtschaftlichen Sinn (HGB §§ 242 ff gelten nicht direkt) aufzustellen ist, entscheidet sich anhand der Verhältnisse der Gesellschaft (vgl § 721) und der Vereinbarungen zwischen den Beteiligten. Eine Auseinandersetzungsbilanz ist jedenfalls immer dann notwendig, wenn das Vermögen der unternehmerisch tätigen Gesellschaft zum Stichtag des Ausscheidens eines Gesellschafters auf der Grundlage der einzelnen Substanzwerte bei der Gesellschaft ermittelt werden soll oder eine andere Wertermittlung der Sache nach ausscheidet oder der Substanzwert deshalb zu bestimmen und zugrunde zu legen ist, weil unter Verwendung anderer Wertermittlungsmethoden ansonsten bestimmte Aktivposten im Gesellschaftsvermögen unberücksichtigt blieben[59]. Sie ist immer entbehrlich, wenn das Gesellschaftsvermögen aus nur einem Gegenstand besteht oder wertmäßig einfach zu erfassen ist; das Gleiche gilt, wenn die Beteiligten eine Abfindung nach Buchwerten vereinbart haben, die aus den periodischen Abschlüssen der Gesellschaft (§ 721) entnommen werden können[60]. 25

b) **Mitwirkung, Durchsetzung**. Grundsätzlich gilt für die Schlussabrechnung zum Zeitpunkt des Ausscheidens das Gleiche wie bei der periodischen Rechnungslegung (§ 721). Die **Schlussabrechnung** ist von den **geschäftsführenden Gesellschaftern** der GbR als Rechenwerk **aufzustellen**. Bei der Aufstellung haben alle Gesellschafter, einschließlich des Ausgeschiedenen, im erforderlichen Umfang mitzuwirken; das bedeutet in erster Linie die Verpflichtung zur Information[61]. Zwangsläufig scheidet insoweit ein Zurückbehaltungsrecht des Ausgeschiedenen bis zur Zahlung des Abfindungsguthabens an ihn aus. Soweit im Rahmen der Schlussabrechnung zur Be- 26

54 Für das Liquidationsstadium: BGHZ 103, 72; BGHZ 37, 299 (Regressanspruch); BGH WM 1984, 1605; BGH NJW 1968, 2005 (für Schadensersatzanspruch); MünchKomm/Ulmer Rz 52; aA BGH WM 1966, 706; BGH NJW 1962, 859.

55 BGH NJW 2000, 2586 (KG); BGH NJW 1992, 2758.

56 Für das Liquidationsstadium: BGH, NJW 1998, 376; KG, NZG 2001, 556.

57 BGH NJW 1999, 3557; BGH NJW 1988, 1249; BGH ZIP 1981, 612; Hamm NZG 2005, 175; Karlsruhe NZG 2001, 654; bei Liquidation: BGH NJW 1998, 376; BGH NJW 1995, 2844; BGH NJW-RR 1995, 1182; BGH NJW 1995, 188; KG, NZG 2001, 556.

58 Großfeld, Unternehmens- und Anteilsbewertung S 32 ff. Eine direkte Anteilsbewertung kommt nur dort in Betracht, wo es einen funktionierenden Markt für derartige Anteile gibt (uU Publikumsgesellschaften).

59 S hierzu Rz 34.

60 BGH NJW 1980, 1362.

61 BGH NJW-RR 2003, 169 (für Liquidation); BGH NJW 2000, 2276; BGH WM 1999, 910; Naumburg NZG 1999, 112.

stimmung des Gesellschaftsvermögens eine Abschichtungsbilanz erforderlich ist[62], ist diese nie Sache des Gerichts[63], sondern diese ist (nur) von der Gesellschaft zu erstellen; tätig werden dabei (nur) die geschäftsführenden Gesellschafter. Im Übrigen kann der **Ausgeschiedene** in Geschäftsbücher und Unterlagen der Gesellschaft nach § 810 **Einsicht nehmen**, falls er ein rechtliches Interesse daran hat[64]; dieses ist insbesondere zur Überprüfung der Schlussabrechnung insgesamt und damit auch der Abschichtungsbilanz gegeben. Notfalls kann der Ausgeschiedene einen Sachverständigen hinzuziehen[65]. Das Recht auf Einsicht hat der Ausgeschiedene auch, wenn ein gerichtlicher Sachverständiger zur Berechnung eingesetzt ist[66].

27 Bei den **gegenseitigen Ansprüchen** auf Mitwirkung handelt es sich um **Sozialansprüche**, die im Verhältnis zwischen Gesellschaft und Ausgeschiedenem mittels Leistungsklage geltend zu machen sind[67]. Soweit die Rechtsprechung auch einen unmittelbaren Anspruch zwischen den Gesellschaftern annimmt[68], so ist dies nur im Hinblick auf das Mitverwaltungsrecht der actio pro socio zu erklären; dementsprechend sind Ansprüche zwischen den Gesellschaftern auch nur unter deren Voraussetzungen[69] zulässig; zu den Einzelheiten vgl § 721 Rz 10. Der Antrag, eine „Auseinandersetzungsbilanz zu erstellen, ist hinreichend bestimmt[70]. Der Anspruch auf Aufstellung einer Schlussabrechnung kann auch auf der ersten Stufe eines Zahlungsanspruchs im Wege der Stufenklage auf das Abfindungsguthaben geltend gemacht werden[71]. Auch kann im Rahmen einer bezifferten Leistungsklage auf Abfindung um die Berechtigung anderer Rechnungsposten der Schlussabrechnung prozessiert werden[72].

28 Bei der ebenfalls notwendigen **Feststellung der Schlussabrechnung** (nicht der Abschichtungsbilanz) ist der Ausgeschiedene zu beteiligen. Zwar ist dieser mit dem Ausscheiden nicht mehr Gesellschafter, indes beruht die Schlussabrechnung noch auf dem Gesellschaftsverhältnis. Die Feststellung der Schlussabrechnung erfolgt ebenso wie bei der Auseinandersetzung nach Auflösung der Gesellschaft **durch alle Beteiligten**; und zwar (trotz des Ausscheidens) durch Beschluss; dieser bestätigt die Richtigkeit der Schlussabrechnung und erkennt das Ergebnis als allseits verbindlich an; zu den Einzelheiten des Feststellungsakts s die Bem zu § 721. Die Mitwirkung am Beschluss kann wechselseitig – sowohl im Verhältnis zur Gesellschaft als auch im Verhältnis zu den Mitgesellschaftern – geltend gemacht werden. Will der Ausgeschiedene einzelne Positionen der Schlussabrechnung (etwa die Abschichtungsbilanz) nicht hinnehmen, kann er seine Zustimmung verweigern und diese Positionen mittels Feststellungsklage zur gerichtlichen Nachprüfung stellen; er muss allerdings deren Unrichtigkeit substantiiert bestreiten, eben deshalb hat er das Recht, die Unterlagen der Gesellschaft zu überprüfen.

29 c) **Wertermittlung des Gesellschaftsvermögens**. – (1) **Maßgeblicher Zeitpunkt**. Bei der Wertermittlung des Gesellschaftsvermögens kommt es – anders als bei der Auflösung der Gesellschaft – maßgeblich auf den Zeitpunkt des Ausscheidens aus der Gesellschaft an, denn zu diesem Zeitpunkt endet die Gesellschafterstellung und der Abfindungsanspruch tritt wertmäßig an ihre Stelle. Nach dem Zeitpunkt des Ausscheidens entstehende Kosten und Verluste danach dürfen dementsprechend nicht mehr zu Lasten des Ausgeschiedenen berücksichtigt werden[73].

30 (2) **Substanzwertmethode**. In der Regel ist der Wert des Gesellschaftsvermögens **konkret** zu ermitteln. Das bedeutet im Ausgangspunkt die Wertfeststellung aller Einzelgegenstände des Gesellschaftsvermögens **(Substanzwertmethode)**. Zu taxieren sind nicht nur die **materiellen**, sondern auch alle **immateriellen Rechtsgüter** des Gesellschaftsvermögens (Patente, Warenzeichen,

62 S hierzu Rz 25.
63 BGHZ 26, 25, 28.
64 BGH NJW 2000, 2276; BGH NJW 1989, 3272; Koblenz NJW 2001, 654; Karlsruhe NZG 2001, 654; Frankfurt BB 1982, 143 (für GmbH).
65 BGHZ 25, 115, 123.
66 BGH WM 1959, 595.
67 MünchKomm/Ulmer Rz 30.
68 BGH NJW 2000, 2276.
69 S § 705 Rz 48 ff.
70 Koblenz NJW-RR 2002, 827.
71 BGH FamRZ 1975, 35; Naumburg NZG 1999, 112 (erste Stufe Auskunft); Karlsruhe BB 1977, 1475; Stötter BB 1977, 1219.
72 BGH NJW 1999, 2438; BGH NJW-RR 1987, 1386.
73 RG HansRGZ 1931, B 360.

Lizenzen usw). Da es bei der Abfindung des ausgeschiedenen Gesellschafters auf den wahren Wert der Beteiligung ankommt, sind insoweit die **Wiederbeschaffungskosten**, nicht aber die Herstellungs- oder Anschaffungskosten maßgeblich. Da vorbehaltlich anders lautender Vereinbarungen zur Wertbestimmung auch nicht auf Buchwerte zurückgegriffen werden darf, werden im Rahmen der Substanzwertmethode auch **stille Reserven** im Gesellschaftsvermögen berücksichtigt[74]. In die Wertermittlung einzubeziehen ist vor allem, wenn die GbR selbst unternehmerisch tätig ist, der **Geschäfts- oder Firmenwert** (Goodwill)[75]. Der Goodwill entspricht dem Betrag, den ein Käufer als Ganzes unter Berücksichtigung künftiger Gewinnchancen und erwarteter nachhaltiger Ertragssteigerung des Unternehmens über den Wert aller materiellen und immateriellen Vermögenswerte nach Abzug der Schulden bereit ist zu zahlen. Der durch die Geschäftstätigkeit des Unternehmens entstehende und daher von der Gesellschaft selbst geschaffene (originäre, nicht in eine Handelsbilanz aufnehmbare) Geschäfts- oder Firmenwert setzt sich vor allem aus nicht objektivierbaren Werten wie Organisation, Know-how, Kundenstamm, Qualität des Managements usw zusammen. Bei diesen Wertermittlungen ist, da die Gesellschaft unter Ausscheiden eines Gesellschafters fortgesetzt wird, entgegen des Wortlauts von § 738 Abs 1 Satz 2 nicht von Liquidationswerten, sondern von **Fortführungswerten** (fiktiver Verkauf des Unternehmens als Ganzem) auszugehen[76].

Nur dann, wenn sich der Wert der einzelnen Gegenstände nicht nach einem objektiven Maßstab **31** (Nominalwert, Marktwert, Börsenwert usw) bestimmen lässt, ist er nach § 738 Abs 2 im Wege der **Schätzung** zu ermitteln, diese Schätzung ist durch alle verbliebenen Gesellschafter (zumeist unter Zuhilfenahme eines Sachverständigen) vorzunehmen; nur im Rechtsstreit obliegt sie dem Gericht (ZPO § 287 Abs. 2), das sich in der Regel ebenfalls eines Gutachters bedient. Das Ergebnis bei Ausscheiden schwebender Geschäfte darf nicht geschätzt, sondern muss nach dem tatsächlichen Erfolg dieser Geschäfte nachträglich abgerechnet werden (§ 740); zu den Einzelheiten s dort.

(3) **Ertragswertmethode**. Betreibt die GbR ein **Unternehmen**, ist die **Substanzwert- 32 methode** allerdings **ungeeignet**. Denn im Wirtschaftsverkehr ist weniger die Substanz eines Unternehmens als vielmehr der daraus ziehbare Nutzen von Bedeutung. In der Betriebswirtschaftslehre sind zur Berechnung des Unternehmenswertes eine Reihe von Verfahren entwickelt worden, deren Gebräuchlichste die **Ertragswertmethode** ist, die auch die Rechtsprechung in der Regel zugrunde legt[77]. Mit dieser werden die voraussichtlichen künftigen Jahreserträge geschätzt und unter Zugrundelegung eines geeigneten Kapitalisierungszinssatzes[78] auf den Bewertungszeitpunkt abgezinst. Der Prognose zugrunde gelegt werden die Ergebnisse der Vergangenheit, wie sie sich aus der Gewinn- und Verlustrechnung (HGB § 242) ergeben; nach dieser ergibt sich der Jahresertrag aus einer Gegenüberstellung der tatsächlichen Aufwendungen und Erträge eines Geschäftsjahres. Für das weitere Verfahren existieren zwei unterschiedliche Methoden: Entweder ermittelt man den nachhaltig erzielbaren Zukunftsertrag anhand von Planungsrechnungen durch Schätzung zukünftiger Umsätze und wesentlicher Aufwandspositionen, geplanter Investitionen, dem künftigen Liquiditätsbedarf usw (analytische Methode) oder man ermittelt den Zukunftsertrag anhand der Durchschnitteserträge der letzten 3 bis 5 Geschäftsjahre, die um zukünftige Ereignisse bereinigt werden (pauschale Methode).

74 BGHZ 138, 371; BGHZ 17, 130; RGZ 106, 128.
75 BGH NJW 1999, 2439; BGH NJW 1995, 1551; BGH NJW-RR 1995, 1182; BGH NJW 1979, 1987; Schleswig OLGR 2004, 172; Karlsruhe NZG 2001, 654; BayObLG NJW-RR 2000, 1348; Hamm NZG 1999, 655.
76 BGHZ 116, 359; BGH NJW 1985, 192; BGHZ 17, 130; MünchKomm/Ulmer Rz 32; Großfeld, Unternehmens- und Anteilsbewertung S 5.
77 BGH NJW 1999, 283; BGHZ 138, 371 (anders im konkreten Fall); BGH NJW 1993, 2101; BGHZ 116, 359; BGH NJW 1985, 192; BGH NJW 1982, 2441; Hamburg NZG 2001, 471; Düsseldorf NZG 2000, 1079; Großfeld, Unternehmens- und Anteilsbewertung S 152 ff; Hüttemann ZHR 162 (1998), 563; Müller, Festschr für Bezzenberger S 705; Ulmer, Festschr für Quack S 477.
78 Munkert, Der Kapitalisierungszinssatz in der Unternehmensbewertung, 2005.

33 Eine Abwandlung der Ertragswertmethode stellt das **Discounted Cashflow-Verfahren** dar, das sich stärker an der Liquidität des Unternehmens orientiert[79], in der Rechtsprechung aber bislang noch keinen Niederschlag gefunden hat[80]. Hierbei werden die zukünftigen Zahlungsüberschüsse (auch Cashflow, Zahlungsstrom) durch periodische Gegenüberstellung der Ausgaben und Einnahmen bestimmt und diese mit Hilfe von Kapitalkosten auf den Bewertungsstichtag diskontiert; berücksichtigt werden außerdem die zu zahlenden Einkommenssteuern. Der maßgebliche Unterschied gegenüber der reinen Ertragswertmethode liegt darin, dass bei der Ermittlung von Gewinnen die periodischen Abschreibungen durch die tatsächlich geplanten Investitionen ersetzt werden.

34 Das Abstellen auf den Ertrag oder den Einnahmeüberschuss versagt allerdings dann, wenn das Unternehmen unrentabel arbeitet[81]. Große Ungenauigkeiten ergeben sich bei Gesellschaften mit regelmäßig hohen stillen Reserven oder stichtagsbedingten stillen Lasten, typischerweise Immobilien- und Beteiligungsgesellschaften[82]. Im Übrigen bleibt bei der Unternehmensbewertung nach der Ertragswertmethode das nicht betriebsnotwendige Vermögen bei der Gesellschaft außen vor[83]. Vor allem bei Freiberufler-Gesellschaften kommt hinzu, dass sich der Ertragswert nicht von der konkreten Person des Freiberuflers trennen lässt, so dass eine Schätzung äußerst ungenau ist[84]. Letztlich können auch besondere Umstände einer Bewertung nach der Ertragswertmethode entgegenstehen, etwa wenn die Gesellschaft nach dem Ausscheiden eines Mitgesellschafters nur noch zur Abwicklung schwebender Geschäfte fortgesetzt wird[85]. Dennoch haben sich in der Praxis weder – vorbehaltlich des im Steuerrecht praktizierten Stuttgarter Verfahrens – ein **Kombinationsverfahren** aus Substanzwertmethode und ertragsorientierter Methode noch – vorbehaltlich freiberuflicher Unternehmungen, da diese in der Regel nur geringen wirtschaftlichen Schwankungen unterliegen – die **Multiplikator-Methode** durchgesetzt, die an Größen wie Gewinn und Umsatz anknüpft und mittels Multiplikation mit bestimmten, durch Erfahrungssätze gewonnenen Faktoren den Unternehmenswert ermittelt. Ganz überwiegend wird allerdings **zugleich** zu einer Unternehmensbewertung nach der **Ertragswertmethode** der **Substanzwert** ermittelt, da dieser das Mindestvermögen der Gesellschaft und damit die untere Wertgrenze bei der Berechnung des Abfindungsanspruchs des ausscheidenden Gesellschafters darstellt[86]. Die Ermittlung des Substanzwertes des Gesellschaftsvermögens stellt gleichsam eine Plausibilitätskontrolle dar, die erforderlich ist, weil mit der Zukunftsbezogenheit der Ertragswertmethode eine hohe Unsicherheit in der Bewertung einhergeht. Deshalb kann grundsätzlich auch nicht auf die Erstellung einer **Abschichtungs- und Auseinandersetzungsbilanz** verzichtet werden.

35 d) **Anspruch auf Abfindung**. Der Anspruch auf das Abfindungsguthaben richtet sich **gegen die Gesellschaft**. Der Abfindungsanspruch geht regelmäßig auf die **Zahlung eines Geldbetrages**. Allerdings können die Gesellschafter davon vertraglich abweichen; insbesondere bei Sozietäten zwischen Freiberuflern wird nicht selten die Teilung der Sachwerte dergestalt vereinbart, dass der Ausscheidende einen Teil der Mandanten/Patienten „mitnimmt"[87]. Zu einer möglichen Verpflichtung aus nachvertraglicher Treuepflicht, **Ratenzahlungen** zuzustimmen, s Rz 11.

36 Der Abfindungsanspruch ist ebenso wie der Anspruch auf das Auseinandersetzungsguthaben nach Auflösung der Gesellschaft (§§ 730, 734) dergestalt bereits „im Gesellschaftsverhältnis" angelegt, dass er als künftiger Anspruch hinreichend bestimmt ist und über ihn schon vor dem Aus-

79 Großfeld, Unternehmens- und Anteilsbewertung S 159ff.
80 MünchKomm/Ulmer Rz 36; Hülsmann ZIP 2001, 450; Müller, Festschr für Bezzenberger S 706.
81 Großfeld, Unternehmens- und Anteilsbewertung S 209f.
82 BGH NZG 2006, 425.
83 BGH NJW 1993, 2101; Hülsmann ZIP 2001, 540f.
84 BGH NJW 1991, 1547; Schleswig OLGR 2004, 172; Ahrens, Festschr für Geiß, 2001, S 223.
85 Hamm NZG 2005, 175.
86 BGH NZG 2006, 425; BGH NJW 1993, 2101; Hamburg NZG 2001, 471; Erman/Westermann Rz 5; Großfeld, Unternehmens- und Anteilsbewertung S 203ff; einschränkend Münch Komm/Ulmer Rz 24.
87 BGH NJW 1995, 1551; BGH NJW 1994, 796.

scheiden aus der Gesellschaft verfügt werden kann[88]. Bei **Vorausverfügungen** (Abtretung, Verpfändung, Belastung) kommt es für deren Wirksamkeit darauf an, dass der Anspruch in der Person des Verfügenden entsteht; überträgt der Gesellschafter seine Mitgliedschaft, kann der Abfindungsanspruch nur in der Person des Neugesellschafters entstehen, und zwar unbelastet. Das Gleiche gilt für dingliche Belastungen der Mitgliedschaft vor Entstehung des Abfindungsanspruchs, die darauf bezogenen Verfügungen vorgehen. Zu den Einzelheiten vgl § 717 Rz 8. Beide Ansprüche sind wirtschaftlich identisch; wenn der Gesellschafter vorab über den Anspruch auf das Auseinandersetzungsguthaben wirksam verfügt hat oder dieser Anspruch im Wege der Zwangsvollstreckung mit Beschlag belegt wurde, erfasst das zwangsläufig auch den Abfindungsanspruch, wenn der Gesellschafter-Schuldner nicht durch Auflösung der Gesellschaft, sondern einseitig aus der Gesellschaft ausscheidet.

Der Abfindungsanspruch **entsteht im Zeitpunkt des Ausscheidens** aus der Gesellschaft[89]. 37
Der Anspruch auf das Abfindungsguthaben ist auf diesen Zeitpunkt zu berechnen. **Fällig** wird der Anspruch hingegen **erst mit seiner Bezifferung**, die sich grundsätzlich erst aufgrund der Schlussabrechnung ergibt[90]. Auch wenn die Saldenfeststellung in der Schlussabrechnung nur deklaratorisch wirkt, so ergibt doch eine Auslegung des Gesellschaftsvertrages, dass die Fälligkeit des Abfindungsanspruchs bis zur exakten Bezifferung hinausgeschoben sein soll[91]. Das wird in gleicher Weise für den Anspruch auf das Auseinandersetzungsguthaben (§ 734), vor allem aber auch für den „Grundfall" des Gewinnanspruchs nach periodischer Rechnungslegung in der werbend tätigen Gesellschaft (§§ 721, 722) anerkannt. Gegen Verzögerungen ist auch der ausgeschiedene Gesellschafter nicht besonders geschützt. Allerdings kann der Abfindungsanspruch – wie der Auseinandersetzungsanspruch bei Auflösung der Gesellschaft (§ 730) – dann sofort geltend gemacht werden, wenn eine Schlussabrechnung wegen der einfachst gelagerten Verhältnisse entbehrlich ist und der Abfindungsbetrag deshalb feststeht[92], oder aber, trotz einer noch notwendigen Schlussabrechnung, schon vorab feststeht, dass der Ausgeschiedene zumindest diesen Betrag von der Gesellschaft verlangen kann[93].

Gerät die Gesellschaft mit der Auszahlung des Abfindungsguthabens in Verzug, können Ver- 38
zugszinsen geltend gemacht werden; allerdings nur nach § 288 Abs 1, nicht hingegen nach § 288 Abs 2, denn es handelt sich nicht um eine Geldforderung aus einem gegenseitigen Vertrag, die die Gegenleistung für eine vom Gläubiger erbrachte oder zu erbringende Leistung von Diensten oder Lieferung darstellt[94]. Ohne Verzug oder besondere Vereinbarung ist der Abfindungsbetrag grundsätzlich nicht zu verzinsen.

Bis zur Auszahlung des Abfindungsguthabens kann der Ausgeschiedene ein **Zurück- 39
behaltungsrecht** nach § 273 gegenüber den ihn treffenden Pflichten geltend machen; etwa hinsichtlich seiner Pflicht, der Grundbuchberichtigung zuzustimmen (§ 894)[95]. Kein Zurückbehaltungsrecht besteht hinsichtlich der Pflichten zur Aufstellung und Feststellung der Schlussabrechnung. Eine verfrüht erhobene Leistungsklage auf Zahlung des Saldos kann – wie auch bei der Klage auf das Auseinandersetzungsguthaben nach Auflösung der Gesellschaft (§ 730) – in eine Feststellungsklage dahingehend umgedeutet werden, dass Einzelansprüche des Klägers oder bestimmte Vermögensgegenstände der Gesellschaft in die Schlussabrechnung einzustellen sind[96].

88 BGH NJW 1989, 453.
89 Hamm NJW-RR 2000, 917; RG DNotZ 1932, 728; MünchKomm/Ulmer Rz 19.
90 RGZ 118, 295, 299; RG LZ 1928, 253; Karlsruhe NZG 2001, 654; Erman/Westermann Rz 4; Hörstel NJW 1994, 2268; aA (Zeitpunkt der theoretisch möglichen Erstellung der Schlussabrechnung) MünchKomm/Ulmer Rz 20; Bamberger/Roth/Timm/Schöne Rz 19; Pal/Sprau Rz 6.
91 Heckelmann, Abfindungsklauseln in Gesellschaftsverträgen, 1973, S 26 ff.
92 BGH NJW 1999, 2438.
93 BGH NJW-RR 1987, 1386; BGH WM 1976, 1030; MünchKomm/Ulmer Rz 21.
94 Karlsruhe NZG 2005, 627.
95 Köln NJW-RR 2002, 519; BGH NJW 1990, 1171 (im konkreten Fall verneint).
96 Karlsruhe NZG 2001, 654; für die Liquidation: BGH DStR 2002, 228; BGH NJW 2000, 2586; Hamm NZG 2004, 765; Köln OLGR 2002, 315; Hamm NZG 2000, 1383.

40 e) **Haftung der Gesellschafter?** Der Anspruch auf das Auseinandersetzungsguthaben richtet sich gegen die Gesellschaft; dass „die übrigen Gesellschafter" das Auseinandersetzungsguthaben zu zahlen haben (so der Wortlaut § 738 Abs 1 Satz 2), bedeutet nur, dass die Verpflichtung aus dem „gemeinschaftlichen Vermögen", dh dem Gesellschaftsvermögen zu erfüllen ist[97]. Umstritten ist, ob auch die in der Gesellschaft verbliebenen **Gesellschafter** für diese Verbindlichkeit der Gesellschaft mit ihrem Privatvermögen **haften**. Der BGH geht nunmehr von einer analogen Anwendbarkeit von HGB § 128 Satz 1 aus und bejaht dementsprechend eine Haftung der Gesellschafter für den Auseinandersetzungsanspruch[98]. Dem ist aus mehreren Gründen **nicht zu folgen**[99]. Bei dem Abfindungsanspruch handelt es sich um eine **Sozialverpflichtung**, nicht aber eine Drittgläubigerforderung, denn auch wenn der Forderungsinhaber im Zeitpunkt der Anspruchsentstehung aus der Gesellschaft ausscheidet, beruht der Anspruch noch auf dem Gesellschaftsverhältnis. Sozialverpflichtungen sind aber grundsätzlich[100] nur gegen die Gesellschaft selbst, nicht aber gegen Mitgesellschafter durchsetzbar. Das gilt auch dann, wenn der Gesellschafter-Gläubiger nach Anspruchsbegründung seine Gesellschafterstellung in einer fortbestehenden Gesellschaft aufgibt oder verliert. Denn die Nichthaftung der Mitgesellschafter für Sozialverbindlichkeiten ergibt sich nicht nur aus **§ 707** und dem dort statuierten Grundsatz, dass die Gesellschafter untereinander zu keinen höheren als den ursprünglich versprochenen Beiträgen verpflichtet sind. Sie folgt vielmehr auch aus dahingehenden **Erwartungshaltungen** aller Beteiligten, dass Ansprüche aus dem Gesellschaftsverhältnis aus dem zweckgebundenen Vermögen zu erfüllen sind. Anders als möglicherweise externe Gläubiger bedarf ein ehemaliger Mitgesellschafter auch **keines besonderen Schutzes**. Denn wenn die Schlussabrechnung ein Abfindungsguthaben zu seinen Gunsten ergibt, ist zwangsläufig hinreichendes Gesellschaftsvermögen zur Erfüllung dieses Anspruchs vorhanden. Wird der Abfindungsanspruch durch die künftige Entwicklung vereitelt, so kann ein Ausfall gegebenenfalls über Schadensersatzansprüche gegen die Handelnden kompensiert werden; insbesondere dann, wenn das Gesellschaftsvermögen vor Schuldentilgung an die Gesellschafter ausgekehrt wird, denn im Verhältnis zu einem ehemaligen Mitgesellschafter handelt es sich dabei regelmäßig um eine Treuepflichtverletzung.

41 **Auch bei** einem Ausscheiden aus einer **Zweipersonen-Gesellschaft** unter Fortführung des Unternehmens durch einen der Beteiligten kommt es grundsätzlich nicht zu einer unbeschränkten Haftung des Übernehmers mit seinem Privatvermögen für den Abfindungsanspruch des Ausgeschiedenen. Zwar haftet dieser für die Verbindlichkeiten der Gesellschaft nicht nur als (ehemaliger) Gesellschafter, sondern zugleich auch als deren Rechtsnachfolger. Allerdings konnten beim Ausscheidenden keine schutzwürdigen Haftungserwartungen entstehen, die über die wirtschaftliche Teilung in das Vermögen, dass bei Auflösung der Gesellschaft vorhanden war, hinausgehen. Dementsprechend ist der dem Ausgeschiedenen zur Verfügung stehende Haftungsfonds dem Umfang nach auf das begrenzt, was die Gesellschaft im Moment der Vollbeendung als eigenes Vermögen hatte.

IV. Abweichende Abfindungsvereinbarungen

42 1. **Überblick**. Da § 738 Abs 1 Satz 2 und Abs 2 abdingbar sind, sind von der gesetzlichen Regelung **abweichende Vereinbarungen** der Beteiligten grundsätzlich **zulässig** und in der Praxis in der Regel im Gesellschaftsvertrag auch enthalten[101]. Sie sind empfehlenswert vor allem zur Umgehung von Bewertungsproblemen sowie im Interesse des Fortbestands der Gesellschaft, die durch den Mittelabfluss in ihrer Existenz gefährdet werden kann. Weitere Motive sind etwa die

97 AA Pal/Sprau Rz 2.
98 BGHZ 148, 201, 206; Oldenburg NZG 2000, 543; Saarbrücken OLGR 2000, 216; Hamm NJW-RR 2000, 916; Naumburg NZG 1999, 112; Münch Komm/Ulmer Rz 17.
99 So auch Frankfurt/M NZG 2005, 712; Köln NZG 2001, 467; Bamberger/Roth/Timm/Schöne Rz 18; Michalski NZG 2000, 355.
100 Ausnahme s § 714 Rz 36.
101 Überblick bei Hülsmann NJW 2002, 1673; Lange NZG 2001, 635.

Erschwerung eines Ausscheidens zur Erhaltung der personellen Zusammensetzung der Gesellschaft oder steuerliche Gestaltungen. Nicht selten bedürfen Vereinbarungen über Abfindungsansprüche in der Praxis allerdings – sowohl den Inhalt als auch den Anwendungsbereich betreffend – richterlicher (ergänzender) Vertragsauslegung[102]. Abfindungsvereinbarungen unterliegen im Hinblick auf ihre **schuldrechtlichen Elemente** den allgemeinen Rechtsregeln (Rücktritt, Anfechtung usw)[103]; die Grundsätze zur fehlerhaften Gesellschaft finden insoweit keine Anwendung.

Die Spannbreite vereinbarter Abfindungsklauseln reicht von der Ratenvereinbarung des in voller Höhe entstehenden Anspruchs über eine Andienungspflicht zugunsten der Mitgesellschafter zu bestimmten Konditionen bis hin zum vollständigen Ausschluss einer Abfindung. Abfindungsvereinbarungen lassen sich am besten nach ihrem Inhalt systematisieren. **Regelungen zur Art und Weise** der Abfindung lassen die Höhe des Abfindungsanspruchs, die nach dem Gesetz durch den wahren Anteilswert bestimmt wird, grundsätzlich unberührt. Nicht selten wird gerade bei Freiberuflern die Realteilung in das Gesellschaftsvermögen (Mandantenstamm) vereinbart[104]. Üblicherweise werden auch Zahlungsmodalitäten des Abfindungsanspruchs geregelt, etwa eine Stundung zugunsten der Gesellschaft oder eine Ratenzahlung des Abfindungsguthabens[105]. Vereinbarungen können sich auch auf das Verfahren der Anteilswertberechnung beziehen, etwa die Zugrundelegung einer bestimmten Wertermittlungsmethode[106] oder die Zuhilfenahme einer dritten Person, etwa eines Sachverständigen, der mittels Schiedsgutachtens den Anteilswert festsetzt[107]; dieses ist dann lediglich im Rahmen von § 319 überprüfbar. In einer Vielzahl von Fällen wird aber die **Höhe des Abfindungsanspruchs** geregelt[108], vor allem mittels der **Buchwertklausel**: Hier ist der zugrunde zu legende Wert des Gesellschaftsvermögens dem letzten Rechnungsabschluss zu entnehmen und entsprechend der jeweiligen Gewinn- und Verlustbeteiligung auf den ausgeschiedenen Gesellschafter herunter zu rechnen. 43

2. **Kontrollmaßstab**. Aufgrund der mit Abfindungsvereinbarungen regelmäßig einhergehenden erheblichen wirtschaftlichen Verluste für den von der Klausel Betroffenen unterwirft die Rechtsprechung diese einer umfassenden rechtlichen Überprüfung. Dabei handelt es sich um keinen unzulässigen Eingriff in die Vertragsautonomie, sondern um die Wahrung allgemeiner Grenzen der Rechtsausübung. Die richterliche Kontrolle setzt beim **Verbot sittenwidriger Geschäfte** (§ 138 Abs 1) an: Fallen realer Anteilswert und vereinbarter Abfindungswert erheblich auseinander, vermag der Gesellschafter wegen der wirtschaftlichen Folgen beim Ausscheiden aus der Gesellschaft seine Gesellschafterrechte nicht mehr eigenständig auszuüben. Eine solche Knebelung (objektiver Tatbestand) kann von der Rechtsordnung jedenfalls dann[109] nicht hingenommen werden, wenn die Mitgesellschafter in Kenntnis der die Sittenwidrigkeit begründenden Umstände handelten oder sich dieser Kenntnis bewusst verschlossen (subjektiver Umstand)[110]. 44

Die Verhaltenskontrolle nach § 138 Abs 1 muss zwangsläufig auf den Moment der Vereinbarung der Abfindungsklausel, dh in der Regel den Zeitpunkt des Abschlusses des Gesellschaftsvertrages, abstellen (**Inhaltskontrolle**)[111]. Ist die ursprüngliche Abfindungsvereinbarung zulässig, kann sich aufgrund der wirtschaftlichen Entwicklung der Gesellschaft eine erhebliche, nicht hinzunehmende Diskrepanz zwischen wahrem Anteilswert und vereinbartem Abfindungsanspruch im Laufe der Zeit ergeben. Müsste der davon betroffene Gesellschafter einen solchen Zustand im Zeitpunkt des 45

102 Vgl nur BGH NJW 2004, 2449; BGH DStR 2002, 461; BGH NJW 1995, 3313; BGH NJW 1995, 1551; BGH NJW 1993, 3193; allgemein Dohnau, Gesellschaftsrechtliche Abfindungsklauseln und ergänzende Vertragsauslegung, 2003.

103 BGH NZG 2005, 809; BGH ZIP 1982, 1322.

104 BGH NJW 1995, 1551; BGH NJW 1994, 796; Schleswig OLGR 2004, 172; Karlsruhe NZG 2001, 654.

105 BGH NJW-RR 2006, 178; BGH NJW 2005, 1784; BGH NJW-RR 2005, 627.

106 München OLGR 2006, 516.

107 BGH NZG 2005, 394; BGH NJW 1995, 1551.

108 BGHZ 126, 226.

109 Zum Streit um subjektive Voraussetzungen s Soergel/Hefermehl § 138 Rz 31 ff.

110 BGHZ 116, 359 (GmbH); BGH NJW 1989, 2685 (KG); Hamm NZG 2003, 440 (GmbH); MünchKomm/Ulmer Rz 45.

111 BGHZ 116, 359 (GmbH); Hamm NZG 2003, 440 (GmbH).

Vertragsschlusses nicht hinnehmen (§ 138 Abs 1), ist die Abfindungsregelung im Moment des Ausscheidens zwar nicht unwirksam, allerdings kann dem Betroffenen das Festhalten an dieser Regelung nicht zugemutet werden (**Ausübungskontrolle**). Nach der Rechtsprechung ist die getroffene Vereinbarung grundsätzlich durch **Vertragsauslegung** nach Treu und Glauben unter Berücksichtigung aller Umstände um eine an die Gegebenheiten angepasste Abfindung zu ergänzen[112]. Zu berücksichtigende Umstände sind vor allem: Verhältnis zwischen Anteilswert und Abfindungsbetrag, Zumutbarkeit der Regelung für den Betroffenen, Erforderlichkeit der Beschränkung für das Bestandsinteresse der Gesellschaft, Dauer der Mitgliedschaft, Anteil am Aufbau und am wirtschaftlichen Erfolg der Gesellschaft, sonstige Zahlungsmodalitäten.

46 Für den Fall des Ausscheidens nach Kündigung sind Abfindungsbeschränkungen zudem an § 723 Abs 3 zu prüfen. Nach dieser zwingenden Vorschrift sind **Beschränkungen des Kündigungsrechts** verboten; geschützt wird damit die persönliche Freiheit des Gesellschafters; dauernde persönliche und wirtschaftliche Bindungen in der Gesellschaft müssen deshalb frei lösbar sein. Dagegen verstoßen Regelungen, die zwar formal das Kündigungsrecht nicht beeinträchtigen, die durch die mit der Kündigung einhergehenden wirtschaftlichen Folgen aber dazu führen, dass der Gesellschafter nicht frei entscheiden kann, ob er vom Kündigungsrecht Gebrauch macht oder nicht. Das ist insbesondere dann der Fall, wenn zwischen dem realen Wert der Mitgliedschaft und dem vereinbarten Abfindungswert ein erhebliches Missverhältnis besteht. Derartige wirtschaftliche Zwänge kommen faktisch einem Ausschluss des Kündigungsrechtes gleich und sind unzulässig[113]. Eine schon bei Vereinbarung das freie Kündigungsrecht beschränkende Abfindungsregelung ist unwirksam; bei einer später eintretenden Kündigungsbeschränkung ist der Abfindungswert wegen partiellen Wegfalls der Geschäftsgrundlage anzupassen.

47 3. **Grenzen der Gestaltungsfreiheit**. – a) **Regelungen über die Höhe**. Der Höhe nach beschränkende Abfindungsklauseln sind grundsätzlich zulässig. Ab welchem Verhältnis zwischen realem Anteilswert und vereinbartem Abfindungsbetrag eine sittenwidrig knebelnde bzw nicht mehr zumutbare Beschränkung des ausgeschiedenen Gesellschafters vorliegt, ergibt sich aus einer umfassenden Bewertung der gegenseitigen, rechtlich schützenswerten Interessen. Die Rechtsprechung hat es bislang – zutreffender Weise – immer vermieden, von einem festem Prozentsatz oder auch nur einem Richtwert auszugehen; allerdings scheint eine unter 50 % des realen Anteilswerts liegende Abfindung grundsätzlich nicht zulässig zu sein[114]. In der Literatur werden unterschiedliche Richtwerte vorgeschlagen[115]. Unangemessen sind Abfindungsregelungen immer dann, wenn auf Seiten der Gesellschaft kein schützenswertes Interesse an einer Verkürzung des Abfindungsanspruchs besteht; aber auch dann, wenn den Kapitalschutzinteressen auf Seiten der Gesellschaft mittels besonderer Zahlungsmodalitäten (Stundung, Ratenzahlung) hinreichend genügt werden kann. Darüber hinaus ist eine Beschränkung des Abfindungsguthabens zu korrigieren, wenn sie vollkommen außer Verhältnis zu der Beschränkung steht, die erforderlich ist, um im Interesse der verbleibenden Gesellschafter den Fortbestand der Gesellschaft und die Fortführung des Unternehmens zu sichern.

48 Ein solches Missverhältnis kann sich vor allem für die weit verbreiteten **Buchwertklauseln** bei schon länger bestehenden Gesellschaften ergeben, mittels derer der Abfindungswert aus dem (periodischen oder stichtagsbezogenen) Rechnungsabschluss der Gesellschaft berechnet wird

112 BGHZ 126, 226; BGHZ 123, 281 (KG); BGH NJW 1993, 2101 (OHG); München NZG 2004, 1055 (KG); eingehender Überblick über abweichende Auffassungen bei Bamberger/Roth/Timm/Schöne Rz 36 ff.

113 BGH NZG 2006, 425; BGHZ 126, 226; BGHZ 123, 281 (KG); BGH NJW 1985, 192 (KG).

114 BGH NZG 2006, 426 (30 % des Liquidationswertes: nein); BGHZ 123, 281 (KG, 45 % des Verkehrswerts: nein); BGH NJW 1993, 2101 (OHG, 10 % des realen Werts: nein); BGH NJW 1989, 2685 (50 % des Buchwerts: nein); BGH NJW 1973, 651 (OHG, 20 % des Anteilswerts: nein); München NZG 2004, 1055 (KG, 34 %: nein); Hamm NZG 2003, 440 (GmbH, 1/3 des Zeitwerts: nein); Naumburg, NZG 2000, 698 (83 % des wahren Werts: ja).

115 MünchKomm/Ulmer Rz 52 (2/3 des Anteilswerts); Mecklenbrauck BB 2000, 2001 (50 % des Anteilswerts).

(Kontensaldo des Gesellschafters zzgl des Anteils an offenen Rücklagen der Gesellschaft). Das führt insbesondere dazu, dass stille Reserven bei der Gesellschaft und der selbst geschaffene Geschäfts- oder Firmenwert (Organisation, Know-how, Kundenstamm, Qualität des Managements usw) beim Ausgleich mit dem Ausgeschiedenen nicht berücksichtigt werden; diese Werte sind in der Regel noch nicht bei der Gründung der Gesellschaft vorhanden, sondern entstehen erst im Laufe der Geschäftstätigkeit und bilden vor allem bei Freiberuflern schnell den wesentlichen Teil des gesamten Gesellschaftsvermögens.

Beschränkungen des Abfindungsanspruchs sind nach § 138 Abs 1 unwirksam, die nur für den 49
Fall des durch **Gläubigerpfändung** (§ 725 Abs 1) oder **Insolvenzeröffnung** (§ 728 Abs 2) bedingten Ausscheidens eines Gesellschafters getroffen worden sind[116]. Für derartige Klauseln fehlt es regelmäßig an einer sachlichen Rechtfertigung, da sie allein darauf abzielen, den Geschäftsanteil des Gesellschafter-Schuldners in der Hand des Pfandgläubigers bzw Insolvenzverwalters wirtschaftlich auszuhöhlen und damit den gesetzlich zugrunde gelegten Zweck der Vollstreckung vereiteln, das im Gesellschaftsanteil des Schuldners steckende Vermögen zu realisieren. Dass die betreffende Satzungsbestimmung gegebenenfalls durch Gläubiger angefochten werden kann (AnfG § 3 Abs 1, InsO §§ 133 Abs 1), kompensiert die Nachteile schon wegen der dort vorgesehenen Anfechtungsfristen nicht hinreichend[117].

Bei einem **Ausschluss** eines Mitgesellschafters **aus wichtigem Grund** gelten die gleichen 50
Maßstäbe für die Wirksamkeit einer Abfindungsbeschränkung; und zwar selbst dann, wenn der wichtige Grund in der Person des Mitgesellschafters von diesem schuldhaft herbeigeführt wurde[118]. Dies kann auch nicht dadurch umgangen werden, dass man die Beschränkung der Abfindung als Vertragsstrafe qualifiziert[119]. § 737 sichert den ungestörten Fortbestand der Gesellschaft ohne den Ausgeschlossenen, wenn Gründe in seiner Person die weitere gemeinsame Zusammenarbeit erheblich behindern oder unmöglich machen[120]. Das Bestandsinteresse hängt dabei ausschließlich vom Fortsetzungswillen der Gesellschafter ab; des wichtigen Grundes bedarf es nur, um den Ausschluss gegen den Willen eines Gesellschafters zu legitimieren. Dann hängt aber auch das aus dem Bestandsinteresse folgende Kapitalinteresse der anderen Gesellschafter mitnichten vom Grund ab, der zum Ausscheiden eines Mitgesellschafters führt; anders gewendet: Die Wirksamkeit von Abfindungsbeschränkungen bestimmt sich für alle Fälle des Ausscheidens gleichermaßen nur anhand einer Abwägung zwischen dem Kapitalschutz in der Gesellschaft und den Vermögensinteressen des Ausgeschiedenen.

Bei **Gesellschaftern „minderen Rechts“** sind keine über das allgemein Zulässige hinaus- 51
gehenden Abfindungsbeschränkungen zulässig. Tritt ein Gesellschafter **ohne Kapitaleinlage** in die Gesellschaft ein, etwa ein neuer Gesellschafter während der „Probezeit“ oder ein leitender Angestellter aufgrund einer gesellschaftsrechtlichen Mitarbeiterbeteiligung, so verdient er im Hinblick auf seine erlangte Stellung **den gleichen Vermögensschutz** wie ein mit Einlage eintretender Gesellschafter. Der eigene wirtschaftliche Gegenwert der Mitgliedschaft, der sich grundsätzlich im Abfindungsanspruch niederschlagen muss, wird dabei aber nur durch stehen gelassene Gewinnanteile oder Wertsteigerungen am Gesellschaftsvermögen, die während seiner Gesellschafterstellung entstehen, gebildet[121]. Das Gleiche gilt für die **unentgeltliche Zuwendung**

116 BGHZ 144, 365 (GmbH); BGHZ 65, 22 (GmbH); Erman/Westermann Rz 12.

117 MünchKomm/Ulmer Rz 48; aA Heckelmann Abfindungsklauseln in Gesellschaftsverträgen S 116 ff.

118 Behnke NZG 1999, 113; aA BGH NJW 1993, 2101 (OHG); BGH NJW 1989, 2685; Naumburg NZG 2001, 658; Naumburg NZG 1999, 112; Erman/Westermann Rz 18; Heckelmann, Abfindungsklauseln in Gesellschaftsverträgen S 163, 166.

119 So aber für schwerwiegende Pflichtverletzungen MünchKomm/Ulmer Rz 61; Bamberger/Roth/Timm/Schöne Rz 31; Kort DStR 1995, 1961.

120 S § 737 Rz 1.

121 BGH NJW 2002, 3536; Düsseldorf NZG 2005, 352; MünchKomm/Ulmer Rz 58; Habersack/Verse ZGR 2005, 477 f.

einer Mitgliedschaft (Schenkung, Erbfolge)[122]. Hier wird – angesichts der Abfindungsklausel – wirtschaftlich nur ein eingeschränkter Kapitalanteil zugewendet, dieser ist aber, zzgl der erwirtschafteten Gewinnanteile und der Wertsteigerungen am Gesellschaftsvermögen, in gleicher Weise schutzwürdig wie bei anderen Gesellschaftern; die der unentgeltlichen Zuwendung typischerweise anhaftende Schwäche im Rechtsgrund lässt sich nur außerhalb des Gesellschaftsrechts geltend machen.

52 b) **Ausschluss des Anspruchs**. Der Ausschluss des Abfindungsanspruchs ist grundsätzlich unzulässig, da dies die berechtigten Interessen des ausgeschiedenen Gesellschafters außer Acht lässt[123]. Ein Abfindungsausschluss kann aber bei Gesellschaften zulässig sein, die keinen wirtschaftlichen, sondern einen ideellen Zweck verfolgen[124]. Denn dann beruht die Beteiligung an der Gesellschaft in der Regel auf altruistischen Vorstellungen und dient nicht der Vermehrung des eigenen Vermögens. Selbst wenn ein nicht unbedeutendes Gesellschaftsvermögen vorhanden sein sollte, verbietet sich ein Abfindungsausschluss nicht, solange dieses Vermögen nicht im Wesentlichen von den Beteiligten unter Einschluss des Ausgeschiedenen aufgebracht wurde. Denn die Gesellschafter haben hier der Sache nach die Stellung von Treuhändern. Etwas anderes gilt erst dann, wenn ein nicht unerhebliches Gesellschaftsvermögen aufgrund der Vertragsgestaltung am Ende einem verbleibenden Gesellschafter zufallen würde[125].

53 **Zulässig** ist auch der Ausschluss des Abfindungsanspruchs, wenn dieser allseits oder auch nur für einen Gesellschafter **auf den Todesfall** vereinbart wurde. Zwar werden hier die Erben des Gesellschafters in ähnlicher Weise wie bei auf die Anteilspfändung und die Gesellschafterinsolvenz bezogenen Abfindungsklauseln betroffen, allerdings handelt es sich hier um eine auf den Todesfall bezogene, vorweggenommene unentgeltliche gesellschaftsvertragliche Verfügung über den Anteilswert[126]; die Form des § 2301 Abs 1 muss nicht eingehalten werden, da es sich um eine rechtsgeschäftliche Verfügung unter Lebenden handelt.

54 Vor allem bei **Gesellschaften unter Freiberuflern** kommt es maßgeblich auf alle Umstände des Einzelfalls an. Der Unternehmenswert besteht hier in der Regel vor allem aus dem Goodwill, so dass für die Zeit, bis dieser entsteht, Abfindungsansprüche ausgeschlossen werden können[127]. Darüber hinaus ist es grundsätzlich wirtschaftlich gleichwertig, ob eine Abfindung auf den gesamten Unternehmenswert einschließlich des Kundenstammes vereinbart wird oder eine Abfindung zum Teil (Teilung in die Sachwerte des Unternehmen) oder ganz ausgeschlossen wird und jeder Freiberufler berechtigt ist, um die bislang von ihm betreuten Mandanten/behandelten Patienten der Gesellschaft zu werben[128]; das gilt selbst dann, wenn der ganz überwiegende Teil der ehemals gemeinsamen Mandanten mit nur einem ehemaligen Gesellschafter die Geschäftsbeziehungen fortführt[129], solange nur die Fortführung von Mandaten ehemaligen Gesellschafter realistisch ist[130]. Immer zulässig sind Vereinbarungen, mit denen der Ausscheidende besser gestellt wird, etwa volle Abfindung und Konkurrenzerlaubnis, so dass der wesentliche Teil des Goodwills einer Freiberuflerpraxis, die Geschäftsbeziehungen zu Mandanten, doppelt abgegolten wird[131]. Zum nachvertraglichen Wettbewerbsverbot, dass sich insbesondere auch aus der Auslegung von Abfindungsregelungen ergeben kann, s Rz 12.

55 c) **Modalitäten der Abfindung**. Nach der Rechtsprechung sind Ratenzahlungsvereinbarungen und hinausgeschobene Fälligkeitstermine grundsätzlich nicht zu beanstanden[132]. Denn

122 MünchKomm/Ulmer Rz 59; darüber hinausgehend BGH NJW 1989, 2685.
123 AA Heckelmann, Abfindungsklauseln in Gesellschaftsverträgen S 104 ff.
124 BGH DStR 1998, 1368; BGHZ 135, 387; Sigle ZGR 1999, 675; Grunewald, Ausschluss aus Gesellschaft und Verein S 177.
125 BGHZ 135, 387.
126 KG JW 1959, 101; MünchKomm/Ulmer Rz 61; Notthoff DStR 1998, 210.
127 BGH NJW 2000, 2276.
128 BGH NJW 2000, 2584; BGH NJW 1995, 1551; BGH NJW 1994, 796; Schleswig OLGR 2004, 172; München NZG 2002, 235; Karlsruhe NZG 2001, 654; Schleswig NZG 2001, 658.
129 München NZG 2002, 235.
130 Schleswig OLGR 2004, 172.
131 BGH NJW 2000, 2584; BGH NJW 1995, 1551; Karlsruhe NZG 2001, 654.
132 BGH NJW 2004, 2449; BGH NJW 1989, 2685.

auf Seiten der Gesellschaft stellt es nicht selten eine erhebliche Belastung dar, wenn größere Abfindungsbeträge innerhalb einer kurzen Frist bereitgestellt werden müssen. Allerdings kommt es auch hier auf ein angemessenes Verhältnis zu den mit derartigen Regelungen verbundenen Einschränkungen auf Seiten des Ausgeschiedenen an. Da eine angemessene Verzinsung des Abfindungsguthabens die sich ergebenden Nachteile zumindest teilweise kompensiert, ist eine solche grundsätzlich notwendig[133]. Auch darüber hinaus bedarf es sachlicher Gründe, um eine längere Ratenzahlungsvereinbarung gemessen an § 138 zu rechtfertigen. Die Rechtsprechung zieht die Grenze regelmäßig spätestens bei etwa 10 Jahren[134]; doch stellt selbst eine 40-jährige Laufzeit keine übermäßige wirtschaftliche Beschränkung des von der Vereinbarung Betroffenen dar, wenn die Beteiligung als Steuersparmodell angelegt wurde und vereinbarungsgemäß der Altersvorsorge des Ausscheidenden dient[135]; auch eine lebenslange Rente ohne zeitliche Begrenzung anstelle einer Abfindung ist möglich[136].

4. **Folgen**. Hinsichtlich der Rechtsfolgen ist zu differenzieren: War die Abfindungsklausel von Anfang an unangemessen, so ist (grundsätzlich nur[137]) sie unwirksam; an ihre Stelle tritt die gesetzliche Regelung, dh volle Abfindung nach § 738 Abs 1 Satz 2[138]. Entsteht die Unangemessenheit zwischen Anteilswert und Abfindungsbetrag erst im Laufe der Zeit durch eine wirtschaftlich günstige Entwicklung der Gesellschaft, muss durch Auslegung des Gesellschaftsvertrages nach den Grundsätzen von Treu und Glauben unter Berücksichtigung aller Umstände des Einzelfalles entsprechend den veränderten Verhältnissen eine angemessene vertragliche Abfindungsregelung ermittelt werden, die an die Stelle der unwirksamen Abfindungsklausel tritt[139]. Das darf nicht dazu führen, dass man den gerade noch zumutbaren Abfindungsbetrag zu Lasten des Ausgeschiedenen ermittelt. Der ursprünglichen Intention der Gesellschafter wird man vielmehr am besten dadurch gerecht, dass man die Höhe der Abfindung anhand der Wertrelation bestimmt, die im Zeitpunkt des ursprünglichen Vertragsschlusses vereinbart und zulässig war. Eine unangemessene Abfindungsklausel berührt grundsätzlich nicht die Wirksamkeit einer Regelung zum Ausscheiden eines Gesellschafters aus der Gesellschaft[140]; bei einer unangemessenen Abfindungsregelung ist diese lediglich anzupassen. 56

§ 739 Haftung für Fehlbetrag

Reicht der Wert des Gesellschaftsvermögens zur Deckung der gemeinschaftlichen Schulden und der Einlagen nicht aus, so hat der Ausscheidende den übrigen Gesellschaftern für den Fehlbetrag nach dem Verhältnis seines Anteils am Verlust aufzukommen.

ÜBERSICHT

133 BGH NJW 1989, 2685.
134 BGH NJW 1989, 2685; Karlsruhe ZIP 2006, 306 (GmbH, 10 Jahre: nein); München OLGR 2006, 516 (5 Jahre: ja); München NZG 2004, 1055 (KG, 5 Jahre: ja); Hamm NZG 2003, 440 (GmbH, 5 Jahre: nein); Dresden NZG 2000, 1042 (Staffelung bis zu 10 Jahren: nein).
135 BGH NJW-RR 2006, 178; BGH NJW 2005, 1784; BGH NJW-RR 2005, 627.
136 BGH NJW 2004, 2449.
137 Zu Grundsatz und Ausnahmen s Soergel/Hefermehl § 139 Rz 58.
138 BGHZ 116, 359 (GmbH); Hamm NZG 2003, 440 (GmbH); MünchKomm/Ulmer Rz 75; Bamberger/Roth/Timm/Schöne Rz 44; Notthoff DStR 1998, 210; aA Erman/Westermann Rz 20.
139 BGHZ 126, 226; BGHZ 123, 281; BGH NJW 1993, 2101 (OHG); BGHZ 116, 359 (GmbH); München NZG 2004, 1055 (KG); Naumburg NZG 2000, 700 (GmbH).
140 BGHZ 105, 213; BGH NJW 1973, 1606; BGH NJW 1973, 651.

1 1. **Allgemeines**. Die Fehlbetragshaftung des ausgeschiedenen Gesellschafters nach § 739 entspricht systematisch der Nachschusspflicht der Gesellschafter bei Auflösung und Auseinandersetzung der Gesellschaft (§ 735). Hier wie dort ist Voraussetzung, dass – nach Rückgabe der der Gesellschaft zur Nutzung überlassenen und dem Wert nach eingebrachten Gegenstände (§ 732) – das Gesellschaftsvermögen nicht zur Tilgung der Gesellschaftsschulden (§ 733 Abs 1) und zur Rückerstattung der Einlagen (§ 733 Abs 2) ausreicht; bei der Auflösung der Gesellschaft tatsächlich, beim Ausscheiden eines Gesellschafters nur rechnerisch.

2 § 739 gilt – mangels besonderer handelsrechtlicher Bestimmungen – auch für OHG, KG und Partnerschaftsgesellschaft; für Kommanditisten ist allerdings HGB § 167 Abs 3 zu beachten. Die Vorschrift ist auch bei Übernahme einer Zweipersonen-Gesellschaft durch einen der Beteiligten[1] und auf Innengesellschaften[2] anwendbar. Die Bestimmung findet keine Anwendung auf die (rechtsgeschäftliche oder erbrechtliche) Übertragung der Mitgliedschaft[3]; in diesem Fall entstehen Rechtsbeziehungen nur zwischen dem Veräußerer und dem Erwerber der Mitgliedschaft, nicht aber auch zwischen „ausscheidendem Gesellschafter" und Gesellschaft.

3 2. **Berechnung**. Der vom Ausgeschiedenen nachzuschießende Fehlbetrag und der negative Saldo aus dem Kapitalkonto des ausgeschiedenen Gesellschafters können nur in den seltensten Fällen ineins gesetzt werden. Wenn – wie in der Regel – zumindest einfache Kontenführung in der Gesellschaft praktiziert wird, gibt das feste Kapitalkonto I nur die Höhe der ursprünglich geleisteten Einlage wieder, das variable Kapitalkonto II stellt hingegen, neben den Entnahmen, nur den fortlaufend ermittelten Stand dem Gesellschafter gutgeschriebener Gewinne und zugewiesener Verluste dar, wie sie sich aus den periodischen Rechnungsabschlüssen bei der Gesellschaft (§ 721) ergeben. Der vom ausgeschiedenen Gesellschafter zu tragende Fehlbetrag ist vielmehr der **Saldo**, der sich im Rahmen der grundsätzlich notwendigen[4] **Schlussabrechnung** zu seinen Lasten ergibt[5]. Dazu ist der Unternehmenswert der Gesellschaft zu bestimmen (§ 738) und unter Herausrechnung der Einlagen der Gesellschafter (§ 739) entsprechend der Verlustbeteiligung (§ 722) der Anteil des Ausgeschiedenen zu ermitteln; außerdem sind in der Schlussabrechnung alle wechselseitigen Zahlungsansprüche zu berücksichtigen, und zwar zwingend die sich aus dem Verhältnis zwischen Gesellschaft und Gesellschafter ergebenden Ansprüche, grundsätzlich aber auch die Zahlungsansprüche im Verhältnis zwischen den Gesellschaftern[6]. Der sich im erstgenannten Fall ergebende Saldo stellt den eigentlichen Fehlbetrag nach § 739 dar, im letztgenannten Fall ergibt der negative Saldo den insgesamt auszugleichenden Fehlbetrag zulasten des Ausgeschiedenen; zum systematischen Zusammenhang s § 734 Rz 1.

4 Alle in die Schlussabrechnung eingestellten Ansprüche unterliegen bis zur Saldenbildung der **Durchsetzungssperre**[7]. Nur wenn mit hoher Wahrscheinlichkeit feststeht, dass der Ausgeschiedene einen (Mindest-)Betrag in das Gesellschaftsvermögen zu leisten hat, können bereits bestehende Altansprüche der Gesellschaft gegen den Ausgeschiedenen weiter geltend gemacht werden[8]. In der Schlussabrechnung werden die gegenseitigen Ansprüche ermittelt und gegeneinander verrechnet. Stichtag für die Berechnung ist der Tag des Ausscheidens des Gesellschafters aus der Gesellschaft. Das **Rechenwerk** selbst ist (nur) von allen geschäftsführenden Gesellschaftern der GbR **aufzustellen**; der Ausgeschiedene hat gegebenenfalls erforderliche Informationen zu erteilen, er kann seinerseits aber Einsicht in die Unterlagen der Gesellschaft nehmen

1 S Rz 22 ff vor § 730.
2 S Rz 8 ff vor § 730.
3 Hamm Rpfleger 1985, 289; MünchKomm/Ulmer Rz 1; Bamberger/Roth/Timm/Schöne Rz 1.
4 BGH WM 1978, 299; Düsseldorf NZG 1999, 876 (KG); MünchKomm/Ulmer Rz 1; Bamberger/Roth/Timm/Schöne Rz 3; Erman/Westermann Rz 1.
5 AA anscheinend MünchKomm/Ulmer Rz 5 (sonstige Zahlungsansprüche der Gesellschaft); Bamberger/Roth/Timm/Schöne Rz 3 (Aufrechung des Gesellschafters mit Einlagerückforderungen).
6 S Rz 3 vor § 730.
7 BGH NJW 2005, 2618; BGH NJW 2000, 2586; BGH NJW 1999, 3557; BGH NJW 1992, 2757; Karlsruhe NZG 2001, 654; Düsseldorf NZG 1999, 876 (KG).
8 S § 730 Rz 31.

(§ 810)[9]. Demgegenüber ist die **Schlussabrechnung** von allen Gesellschaftern, einschließlich des Ausgeschiedenen, **festzustellen**; mit diesem Beschluss wird die Richtigkeit des Rechenwerks bestätigt und das Ergebnis allseitig als verbindlich anerkannt. Auf die Schlussabrechnung selbst kann nur in einfachst gelagerten Fällen verzichtet werden; Ausgleich im Sinne von § 739 kann dann unmittelbar verlangt werden, wenn sofort und eindeutig feststeht, welchen Fehlbetrag der ausgeschiedene Gesellschafter zu leisten hat. Zu den Einzelheiten der Schlussabrechnung beim Ausscheiden eines Gesellschafters vgl im Übrigen die Bem zu § 738.

3. **Anspruch, Durchsetzung. Gläubiger** des Ausgleichsanspruchs nach § 739 ist die **Gesellschaft** (Sozialanspruch)[10]. Die Haftung auf den Fehlbetrag entsteht bereits im Zeitpunkt des Ausscheidens; fällig wird der entsprechende Anspruch der Gesellschaft grundsätzlich erst mit der Bezifferung durch Schlussabrechnung[11]. Der Anspruch kann von den in der Gesellschaft verbliebenen Gesellschaftern im Wege der actio pro socio geltend gemacht werden. Ein eigener **Anspruch eines Gesellschafters** gegen den Ausgeschiedenen kann sich **nur beim Ausscheiden aus einer Zweipersonen-Gesellschaft** ergeben; hier wird der verbliebene „Gesellschafter" im Wege der Gesamtrechtsnachfolge Träger des Gesellschaftsvermögens und damit auch Gläubiger des ausgeschiedenen Gesellschafters. Besteht das Vermögen einer mehrgliedrig weiter bestehenden Gesellschaft (auch) aus dem Ausgleichsanspruch gegen den Ausgeschiedenen, bleibt es hingegen – anders als bei Auflösung und Auseinandersetzung der Gesellschaft – dabei, dass der Anspruch nur der Gesellschaft selbst zusteht. Zu den Einzelheiten vgl im Übrigen die Bem zu § 735. 5

Der Anspruch auf den Fehlbetrag ist nicht etwa subsidiär gegenüber noch ausstehenden Einlagen des ausgeschiedenen Gesellschafters oder besteht neben einem solchen Anspruch; diese sind lediglich in der Schlussabrechnung zu berücksichtigen und erhöhen gegebenenfalls den Fehlbetrag zulasten des Ausgeschiedenen[12]. Die Gesellschaft kann die Befreiung von den gemeinschaftlichen Verpflichtungen (§ 738 Abs 1 Satz 2) so lange verweigern bzw an den ausgeschiedenen Gesellschafter herauszugebende Gegenstände (§§ 738 Abs 1 Satz 2, 732) zurückbehalten, bis dieser den Fehlbetrag nach § 739 ausgeglichen hat[13]. Entsprechend kann der Ausgeschiedene die Zahlung verweigern, bis die Gesellschaft die sie treffenden Pflichten nach § 738 Abs 1 Satz 2 erfüllt hat[14]. Eine Zahlungsverweigerung kann allerdings nicht auf erwartete Gewinne aus noch schwebenden Geschäften (§ 740 Abs 1) oder die noch ausstehende Rechnungslegung nach § 740 Abs 2 gestützt werden, denn mittels § 740 soll die Auseinandersetzung gerade um Ansprüche aus schwebenden Geschäften entlastet werden[15]. Da die Gesellschaft beim Ausscheiden eines Beteiligten weiter besteht, kann eine Ausfallhaftung der Mitgesellschafter für einen nicht realisierbaren Ausgleichsanspruch entsprechend § 735 Satz 2 nicht entstehen[16]. Bis zur Auflösung und Auseinandersetzung stellt dies lediglich einen Verlust der Gesellschaft dar, der nach § 707 nicht ausgeglichen werden muss. Nach Auflösung der Gesellschaft geht der Verlust aber zulasten der Auseinandersetzungsguthaben der Gesellschafter. Auch beim gleichzeitigen Ausscheiden mehrerer Gesellschafter haftet jeder für den auf ihn entfallenden Fehlbetrag[17]. 6

Ein negatives Kapitalkonto II begründet keine Forderung der Gesellschaft gegen den ausgeschiedenen Gesellschafter, sondern bringt lediglich den wirtschaftlichen Wert seiner (negativen) 7

9 BGH NJW 2000, 2276; BGH NJW 1989, 3272; Karlsruhe NZG 2001, 654; Düsseldorf NZG 1999, 876 (KG); Frankfurt/M BB 1982, 143 (für GmbH).
10 RGZ 11, 130; Bamberger/Roth/Timm/Schöne Rz 2.
11 AA MünchKomm/Ulmer Rz 3 iVm § 738 Rz 20; Staud/Habermeier Rz 1 iVm § 738 Rz 9.
12 BGH WM 1965, 974; Düsseldorf NZG 1999, 876 (KG); aA MünchKomm/Ulmer Rz 5; Staud/Habermeier Rz 1.
13 BGH 1998, 1552 (bei der Liquidation); BGH NJW 1981, 2802; MünchKomm/Ulmer Rz 76.
14 BGH NJW 1974, 899.
15 BGH WM 1969, 494; MünchKomm/Ulmer Rz 3; Bamberger/Roth/Timm/Schöne Rz 3; aA Hamm NZG 2005, 175.
16 MünchKomm/Ulmer Rz 4; Bamberger/Roth/Timm/Schöne Rz 4.
17 Bamberger/Roth/Timm/Schöne Rz 2.

Beteiligung am Gesellschaftsvermögen in Form einer buchmäßigen Rechnungsziffer zum Ausdruck und ist daher Rechnungsposten in der Schlussabrechnung[18].

§ 740 Beteiligung am Ergebnis schwebender Geschäfte

(1) **Der Ausgeschiedene nimmt an dem Gewinn und dem Verlust teil, welcher sich aus den zur Zeit seines Ausscheidens schwebenden Geschäften ergibt. Die übrigen Gesellschafter sind berechtigt, diese Geschäfte so zu beendigen, wie es ihnen am vorteilhaftesten erscheint.**

(2) **Der Ausgeschiedene kann am Schluss jedes Geschäftsjahrs Rechenschaft über die inzwischen beendigten Geschäfte, Auszahlung des ihm gebührenden Betrags und Auskunft über den Stand der noch schwebenden Geschäfte verlangen.**

ÜBERSICHT

1 1. **Anwendungsbereich**. § 740 ist mangels besonderer handelsrechtlicher Vorschriften entsprechend anwendbar auf OHG, KG und Partnerschaftsgesellschaft; im Hinblick auf die Verlustbeteiligung an schwebenden Geschäften ist bei Kommanditisten allerdings HGB § 167 Abs 3 zu beachten. Die Vorschrift ist auch auf Zweipersonen-Gesellschaften anwendbar, wenn einer der beiden Gesellschafter unter Übernahme des Unternehmens durch den anderen ausscheidet[1]. § 740 kann ebenfalls auf Innengesellschaften und atypisch stille Gesellschaften anwendbar sein; im Einzelnen s Rz 8 ff vor § 730. Die Vorschrift ist nicht zwingend[2]; wird sie abbedungen, liegt die Beweislast bei dem, der den Ausschluss behauptet[3].

2 2. **Grundsätzliches**. Sinn und Zweck der Vorschrift ist, die vermögensmäßige Auseinandersetzung mit dem ausgeschiedenen Gesellschafter durch solche Geschäfte, die sich im Zeitpunkt des Ausscheidens in Abwicklung befinden, nicht bis zum Abschluss dieser Geschäfte zu verzögern bzw die Auseinandersetzung nicht mit den Unsicherheiten einer ansonsten notwendigen Schätzung der Ergebnisse dieser Geschäfte zu belasten[4]. An den schwebenden Geschäften muss der ausscheidende Gesellschafter aber teilhaben, denn sie sind noch während seiner Mitgliedschaft angelegt worden. Dementsprechend wird die Auseinandersetzung nach §§ 738, 739 von den schwebenden Geschäften dergestalt abgekoppelt, dass diese Geschäfte beim Ausgleich zunächst unberücksichtigt bleiben, nach deren Durchführung aber zwischen Gesellschaft und ausgeschiedenem Gesellschafter abzurechnen und auszugleichen sind[5].

3 Diese gesetzlich zugrunde gelegte Trennung bedeutet, dass die schwebenden Geschäfte wirtschaftlich weder unmittelbar noch mittelbar durch (bilanzielle) Rückstellungen, Schätzungen, Sicherheiten, steuerliche Abschreibungssätze, Teilgewinne usw bei der Auseinandersetzung nach §§ 738, 739 berücksichtigt werden dürfen[6]. Eine solche Trennung ist allerdings nicht mehr möglich, wenn der Unternehmenswert der Gesellschaft nicht mehr einzelgegenständlich mit Hilfe der Substanzwertmethode, sondern im Ganzen nach der Ertragswertmethode bestimmt wird; von

18 BGH NJW 1999, 2438; BGHZ 68, 225 , 227; RGZ 117, 238 , 242.

1 BGH NJW 1993, 1194; Hamm NZG 2005, 175.
2 BGH NJW-RR 1991, 1381; BGH WM 1960, 1121.
3 BGH WM 1979, 1064.
4 BGH NJW 1993, 1194; BGH WM 1979, 432; BGH WM 1965, 765; BGH NJW 1959, 1963.
5 BGH WM 1980, 212; BGH WM 1965, 765; BGH NJW 1959, 1963.
6 BGH NJW 1993, 1194; BGH BB 1960, 14 (stille Gesellschaft); BGH NJW 1959, 1963.

dieser Wertermittlungsmethode geht auch die Rechtsprechung mittlerweile grundsätzlich aus[7]. Im Ertragswert eines Unternehmens sind die schwebenden Geschäfte zwangsläufig enthalten. Eine „Herausrechnung" der schwebenden Geschäfte aus dem Ertragswert ist noch nicht einmal rechnerisch möglich, denn der Ertragswert eines Unternehmens ist in der Regel etwas anderes als nur die Summe des Substanzwertes aller materiellen und immateriellen Rechtsgüter des Unternehmens einschließlich seines Goodwill[8]. Immer dann, wenn der Unternehmenswert nicht mit der Substanzwertmethode berechnet wird, verbietet sich daher eine Anwendung von § 740; kraft teleologischer Reduktion ist ihr Anwendungsbereich eingeschränkt[9]. Dies kollidiert nicht mit dessen Sinn und Zweck, denn bei der Gesamtbewertung des Unternehmens kommt es auf noch schwebende Geschäfte der Gesellschaft nicht (wesentlich) an; die zu vermeidende Unsicherheit bei der Bewertung kann daher nicht entstehen.

3. **Beteiligung an schwebenden Geschäften**. – a) **Allgemein**. Schwebende Geschäfte sind **unternehmensbezogene Rechtsgeschäfte**, an die die Gesellschaft im Zeitpunkt des Ausscheidens des Gesellschafters schon gebunden ist (Vertragsschluss, Vertragsangebot, sonstige Bindungen), die aber beide Vertragspartner bis dahin **noch nicht voll erfüllt** haben[10]; kennzeichnend ist, dass der wirtschaftliche Erfolg aus diesen Geschäften noch nicht endgültig festgestellt und in die Schlussabrechnung nach § 738 aufgenommen werden kann. Dauerschuldverhältnisse sind grundsätzlich keine schwebenden Geschäfte, denn ihre Berücksichtigung könnte dazu führen, dass der Ausgeschiedene noch über Jahre am Erfolg oder Misserfolg der Gesellschaft wie ein Gesellschafter teilnimmt[11]. Derartige Bindungen widersprechen aber dem Ausscheiden eines Gesellschafters vor allem dann, wenn die Geschäfte noch über einen längeren Zeitraum abzuwickeln sind und den eigentlichen wirtschaftlichen Gegenstand der Gesellschaft ausmachen. Gewinne und Verluste aus Dauerschuldverhältnissen sind deshalb bereits im Rahmen der Schlussabrechnung nach § 738 zu berücksichtigen, und zwar im Wege der Schätzung. Dem Sinn und Zweck entsprechend kann sich ein schwebendes Geschäft auch nicht aus gesetzlichen Rechtsverhältnissen ergeben. 4

Das Ausscheiden eines Gesellschafters hat keinen Einfluss auf dessen schon entstandene, grundsätzlich persönliche und unbeschränkte Haftung für die Verbindlichkeiten im Außenverhältnis gegenüber Gläubigern. Der ausgeschiedene Gesellschafter kann deshalb nach § 738 Abs 1 Satz 2 von der Gesellschaft Freistellung bzw Sicherheitsleistung auch für Verbindlichkeiten aus schwebenden Geschäften verlangen; Freistellung und wirtschaftliche Beteiligung an diesen Geschäften bestehen nebeneinander[12]. Aus besonderen Abwicklungshandlungen der Gesellschaft im Hinblick auf die schwebenden Geschäfte haftet der ausgeschiedene Gesellschafter den Gläubigern aber nicht. 5

b) **Teilnahme, Absatz 1**. Die Teilnahme an schwebenden Geschäften beschränkt sich auf die wirtschaftliche Beteiligung am Ergebnis an diesen Geschäften. Der Ausgeschiedene ist zur Mitwirkung bei der Abwicklung dieser Geschäfte weder berechtigt noch verpflichtet. Die Durchführung der schwebenden Geschäfte ist allein Sache der Gesellschaft, die im Interesse ihrer Gesellschafter sowie entsprechend den Regeln redlicher Geschäftsführung – und in diesem Rahmen auch im Interesse des ausgeschiedenen Gesellschafters – handelt. Die Gesellschaft haftet gegen- 6

7 BGH NJW 1999, 283; BGHZ 138, 371 (anders im konkreten Fall); BGH NJW 1993, 2101; BGHZ 116, 359; BGH NJW 1985, 192; BGH NJW 1982, 2441; Hamburg NZG 2001, 471; Düsseldorf NZG 2000, 1079; Großfeld, Unternehmens- und Anteilsbewertung S 152 ff; Hüttemann ZHR 162 (1998), 563; Müller, Festschr für Bezzenberger S 705; Ulmer, Festschr für Quack S 477.

8 Zu den Einzelheiten der Unternehmensbewertung s § 738.

9 Hamm NZG 2005, 175; MünchKomm/Ulmer Rz 3; Großfeld, Unternehmens- und Anteilsbewertung S 87 f; für stillschweigendes Abbedingen in diesen Fällen Bamberger/Roth/Timm/Schöne Rz 3.

10 BGH NJW 1993, 1194; BGH NJW-RR 1986, 1160; BGH NJW-RR 1986, 454; BGH WM 1985, 1166.

11 BGH NJW-RR 1986, 1160 (OHG); BGH NJW-RR 1986, 454 (KG); BGH WM 1960, 1121; K Schmidt DB 1983, 2401.

12 MünchKomm/Ulmer Rz 2.

über dem Ausgeschiedenen für Pflichtverletzungen, aber unter Beachtung des Haftungsmaßstabes von § 708 bei der Zurechnung des Handelns geschäftsführender Gesellschafter (§ 31)[13]. Die Gesellschafter haften gegenüber dem ausgeschiedenen Mitgesellschafter für diese Sozialverbindlichkeiten der Gesellschaft grundsätzlich nicht[14].

7 Der Gewinnauszahlungsanspruch entsteht und wird fällig mit dem objektiv feststehenden Ergebnis aus dem schwebenden Geschäft[15]; die Rechnungslegung nach § 740 Abs 2 hat weder konstitutive Bedeutung noch kann – anders als im Rahmen der Schlussabrechnung nach § 738 – regelmäßig der allseitige Wille unterstellt werden, die Fälligkeit des Auszahlungsanspruchs bis dahin hinauszuschieben. Darüber hinaus kann der Ausgeschiedene Teilgewinne ausgezahlt verlangen, wenn diese mit Rechnungslegung bei der Gesellschaft am Schluss eines Geschäftsjahrs (§ 721) festgestellt werden (Absatz 2); insoweit gilt nichts anderes als in werbend tätigen Gesellschaften ohne Ausscheiden eines der Beteiligten (§ 721). Wenn zum Zeitpunkt der endgültigen Abrechnung des schwebenden Geschäfts allerdings die Schlussabrechnung mit dem Ausgeschiedenen nach § 738 noch nicht abgeschlossen ist, entspricht es dem Sinn und Zweck von § 740, das Ergebnis des schwebenden Geschäfts in diese Schlussabrechnung einzubeziehen[16]; der Schuldner aus der Einzelabrechnung kann jedenfalls im Hinblick auf die noch ausstehende Schlussabrechnung ein Zurückbehaltungsrecht geltend machen[17].

8 c) **Rechenschaft und Auskunft, Absatz 2**. Der aus der Gesellschaft ausgeschiedene Gesellschafter verfügt nicht mehr über die Kontrollrechte nach § 716[18]; er kann deshalb – zur Berechnung des auf ihn entfallenden Anteils am Gewinn daraus – am Schluss eines jeden Geschäftsjahres (§ 721) Rechenschaft über die inzwischen beendeten Geschäfte verlangen, maßgeblich ist der jeweilige Zahlungseingang[19]. Der Umfang der Rechnungslegung bestimmt sich grundsätzlich nach § 259 Abs 1[20]. Gegebenenfalls kann der Ausgeschiedene Versicherung an Eides statt fordern (§ 259 Abs 2); Rechenschaft und eidesstattliche Versicherung sind nicht durch die Gestattung von Einsicht in die Bücher abwendbar[21]. Der Ausgeschiedene kann außerdem – im Hinblick auf künftige Gewinnanteile – Auskunft über den Stand wegen der schwebenden Geschäfte verlangen. Zu Auskunft und Rechenschaft verpflichtet ist die Gesellschaft. Über diese beiden Ansprüche hinaus kann der Ausgeschiedene, wenngleich begrenzt auf die schwebenden Geschäfte, Einsicht in die Geschäftsunterlagen der Gesellschaft nehmen (§ 810)[22]; die nach § 259 Abs 1 notwendige Belegvorlage wird dem Informationsinteresse des Ausgeschiedenen in der Regel aber genügen. Der Anspruch entspringt noch aus dem Gesellschaftsverhältnis; er ist höchstpersönlich und nicht abtretbar (§ 717 Abs 1); der Zessionar des Gewinnanspruchs kann daher keine Rechenschaft verlangen, wohl aber von seinem Vertragspartner, der seinerseits gegen die Gesellschaft vorgehen muss.

13 MünchKomm/Ulmer Rz 6; Bamberger/Roth/Timm/Schöne Rz 5; Erman/Westermann Rz 4.
14 S § 705 Rz 52.
15 BGH NJW 1993, 1194; BGH WM 1980, 212, 213.
16 AA BGH NJW 1993, 1194.
17 Hamm NZG 2005, 175.
18 RGZ 56, 16.
19 BGH WM 1969, 494.
20 BGH WM 1961, 173; BGH NJW 1959, 1963; Hamm NZG 2005, 175.
21 BGH BB 1961, 190.
22 AA BGH NJW 1959, 1963.

Titel 17

Gemeinschaft

Vorbemerkungen

ÜBERSICHT

Schrifttum: Aus dem **älteren** Schrifttum vgl Crome, Moderne Teilungsprobleme, SeuffBl 72, (1907), 1; Saenger, Gemeinschaft und Rechtsteilung, 1913; Engländer, Die regelmäßige Rechtsgemeinschaft, 1914; K Schultz, Gemeinschaft und Miteigentum, 1924; de Boor, Die Kollision von Forderungsrechten, 1928; Larenz, Zur Lehre von der Rechtsgemeinschaft, JherJb 83 (1933), 108; W G Becker, Bruchteilsgemeinschaft, RvglHWB, Bd V (1936), 743.

Neueres Schrifttum (seit 1945): A Esser, Rechtsprobleme der Gemeinschaftsteilung, 1951; Krönig, Die Beweislast-Probleme der §§ 752 bis 754 BGB, MDR 1951, 602; Wüst, Die Gemeinschaftsteilung als methodisches Problem, 1956; G Hueck, Der Grundsatz der gleichmäßigen Behandlung im Privatrecht, 1958, S 28 ff, 281 ff; Tzermias, Zur Regelung des Gebrauchs beim Miteigentum, AcP 157 (1958/59), 455; A Blomeyer, Einzelanspruch und gemeinschaftlicher Anspruch von Miterben und Miteigentümern, AcP 159 (1961), 385; Lüdecke, Erfindungsgemeinschaften, 1962; Fabricius, Relativität der Rechtsfähigkeit, 1963, S 117; Herold, Auseinandersetzung über gemeinschaftliche Mietrechte an Wohn- und Geschäftsräumen, BlGBW 1963, 12; Buchwald, Die Bruchteilsgemeinschaft als Form der Beteiligung an einem Handelsgewerbe, JR 1967, 367; K Hansen, Die Rechtsnatur von Gemeinschaftskonto und -depot, 1967, Schopp, Die Kündigung des Mietverhältnisses durch eine Erben- oder Bruchteilsgemeinschaft, ZMR 1967, 193; Furtner, Zwangsvollstreckung in Bruchteilsmiteigentum, NJW 1969, 871; Roesch, Aktivlegitimation zur Kündigung eines Mietverhältnisses über Wohnraum, dessen Eigentümerin eine Personen-Mehrheit ist, WM 1970, 3; R Hoffmann, Zwangsvollstreckung in Miteigentumsanteile an Grundstücken – OLG Köln, OLGZ 1969, 338, JuS 1971, 20; Grothus, Zur Abtretung von Anteilen an Apparate- und Maschinengemeinschaften, DB 1972, 1008; Lipps, Die Beteiligung an Personengesellschaften durch geschlossene Industriefonds nach BGB-Gemeinschaftsrecht, BB 1972, 860; Welteke, Rechtsformen landwirtschaftlicher Maschinengemeinschaften, 1972; Pikart, Die Rechtsprechung des Bundesgerichtshofs zum Miteigentum, WM 1975, 402; M J Schmid, Das Vorkaufsrecht des Miteigentümers bei Teilungsversteigerung, MDR 1975, 191; Schubert, Zur schuldrechtlichen Seite der Rechtsgemeinschaft, JR 1975, 363; Koller, Der gutgläubige Erwerb bei der Übertragung von Miteigentumsanteilen, JZ 1976, 646; Fleitz, Erwerb durch Miteigentümer, BWNotZ 1977, 36; W Merle, Das Wohnungseigentum im System des bürgerlichen Rechts, 1979; K Schmidt, Prozeß- und Vollstreckungsprobleme der Gemeinschaftsteilung, JR 1979, 317; Kümpel, Der Bestimmtheitsgrundsatz bei Verfügungen über Sammeldepotguthaben, WM 1980, 422; G Ropeter, Die Beteiligung als Bruchteilsgemeinschaft, Diss Göttingen 1980; Schiffhauer, Besonderheiten der Teilungsversteigerung, ZIP 1982, 526; K Schmidt, Ehegatten-Miteigentum oder „Eigenheim-Gesellschaft"?, AcP 182 (1982), 481; N Hilger, Miteigentum der Vorbehaltslieferanten gleichartiger Ware – zugleich ein allgemeiner Beitrag zur Theorie der Rechtsgemeinschaft, Diss Göttingen 1983; Heß, Miteigentum der Vorbehaltslieferanten und Poolbildung, 1985; Marbach, Rechtsgemeinschaft am Immaterialgüterrecht, 1987;

Lothmann, Die mehrere Bruchteilsgemeinschaften überlagernde Ehegatten-Innengesellschaft, BB 1987, 1014; D Gramentz, Die Aufhebung der Gemeinschaft nach Bruchteilen durch den Gläubiger eines Teilhabers, Diss Bonn 1989 (dazu J Kohler, ZZP 104 [1991], 83); A Wacke, Drittwirkung und Rechtskraftgrenzen richterlicher Gemeinschaftsteilung, in: Festschrift für G Baumgärtel 1990, S 603; Panz, Benutzungsregelungen bei Nutzungsgemeinschaften, BWNotZ 1990, 67; Pause, Umwandlung von Altbauten: Bruchteilseigentum statt Wohnungseigentum?, NJW 1990, 807; Reiss, Bruchteilsgemeinschaften und gewerblicher Grundstückshandel, FR 1992, 364; Venjakob, Die Untergemeinschaft innerhalb der Erbengemeinschaft, Rpfleger 1993, 2; Leipold, Wirtschaftsgemeinschaft oder Güterindividualismus, Das Eigentum am Hausrat in Ehe und nichtehelicher Lebensgemeinschaft, in: Festschr für Gernhuber, 1993, S 695; Schubel, Zur Rechtslage der Bürgergemeinschaften nach dem (Wieder-)Inkrafttreten des BGB in den neuen Bundesländern, ZGR 1993, 245; Habermeier, Schadenersatzanspruch und Eingriffskondiktion bei Berechtigung mehrerer am Gegenstand des Eingriffs, AcP 193 (1993), 365; L Röll, Die faktische Gemeinschaft im Wohnungseigentum, DNotZ 1993, 315; Becker-Eberhard, Die Räumungsvollstreckung gegen Ehegatten und sonstige Hausgenossen, FamRZ 1994, 1296; U Möning, Bruchteilsgemeinschaft und Mitberechtigung an Surrogaten, Diss Münster 1994; Schlicker, Das Außen- und Innenverhältnis bei der Bruchteilsgemeinschaft am Familienheim, Diss Münster 1997; Erbarth, Das Verhältnis der §§ 741 ff BGB zu den miet- und pachtrechtlichen Vorschriften, NZM 1998, 740; Amann, Das im Grundbuch verlautbarte Gemeinschaftsverhältnis – eine Halbwahrheit? Vom Facettenreichtum der Gemeinschaftsverhältnisse an dinglichen Rechten, in: Festschr für Hagen, 1999, S 75; G Dietz, Offene Fragen der Bruchteilsgemeinschaft, Diss Mainz 2000; Brach, Die Funktionen der Gesellschaft bürgerlichen Rechts und der Bruchteilsgemeinschaft, 2001; Hilbrandt, Der Bruchteil bei der Bruchteilsgemeinschaft, AcP 202 (2002), 631; M Janke, Die Verwaltungsbeschränkung des § 1365 Abs 1 BGB bei der Aufhebung einer Gemeinschaft im Wege der Zwangsversteigerung, 2002; K Schmidt, Das Gemeinschaftskonto: Rechtsgemeinschaft am Rechtsverhältnis, in: Festschr für Hadding, 2004, S 1093; Schnorr, Die Gemeinschaft nach Bruchteilen, 2004; Reichard, Der Verzicht auf einen Miteigentumsanteil, in: Festschr für Otte, 2005, S 265; Hadding, Zur Abgrenzung von Gläubigermehrheiten und Bruchteilsgemeinschaft an einer Forderung, in: Festschr für Canaris, 2007.

Lehrbücher und **Kommentierungen** des Schuldrechts: Heck, 1929, § 122; Enn/Lehmann, 1958[15], §§ 183–186; MünchKomm/K Schmidt, Band 5, 2003[4], §§ 741 ff; Larenz, SchuldR II/1, 1986[13], § 61; Staudinger/U Huber, 1982[12], Staudinger/Langhein, 1996[13], Neubearbeitung 2002, §§ 741 ff; Esser/E Schmidt, SchuldR I/2, 2000[8], § 38 IV, Erman/Aderhold, 2004[11]; Pal/Sprau, 2007[66]; juris PK-BGB/Habermeier, 2006[3].

Zur sog **Interessengemeinschaft** (Rz 10–14 vor § 741): H Friedländer, Die Interessengemeinschaft als Rechtsform der Konzernbildung, 1921; F Langen, Probleme der Interessengemeinschaft, 1929; Würdinger, Theorie der schlichten Interessengemeinschaft, 1934 (ZHR Beiheft 1); Wüst, Die Interessengemeinschaft, ein Ordnungsprinzip des Privatrechts, 1958 (dazu Reinhardt AcP 160 [1962], 432); Wüst, Ausgleichspflichten auf der Grundlage gemeinsamer Interessen, JZ 1961, 78; Fikentscher, Die Interessengemeinschaft, eine gesellschafts- und kartellrechtliche Untersuchung, 1966 (FIW-Schriftenreihe, H 30).

Schrifttum zu Sondergesetzen: – (a) **DepotG**: Hansen, Die Rechtsnatur von Gemeinschaftskonto u -depot, 1967, S 17, 82 ff, 136 ff; Heinsius/Horn/Than, DepotG, 1975, § 2 Rz 11; Canaris, BankvertragsR, 1981, Rz 2080 ff; 2095; BankrechtsHdb/Gößmann, 2001[2], § 72; MünchKommHGB/Einsele, Bd 5, 2001; Baumbach/Hopt, HGB, 2006[32] (13); – (b) **Ges über Kapitalanlagegesellschaften**: Canaris, BankvertragsR, 1981, Rz 2325 ff; 2394 ff; Assmann/Schütze, Hdb des Kapitalanlagerechts, 1997[2]; BankrechtsHdb/Köndgen, 2001[2], § 113; jetzt **InvestmentG** v 15. Dezember 2003 (BGBl I, S 2676); Köndgen/Schmies WM 2004, Sonderbeil 1; Kaune/Oulds ZBB 2004, 114; Kümpel, Bank- und Kapitalmarktrecht, 2004[3], Rz 12.1 ff; – (c) **Ges über Wohnungseigentum**: Weitnauer, WEG, 2005[9]; Bärmann/Pick/Merle, WEG, 2003[9]; Bärmann/Pick, WEG, 2006[17], sowie Soergel/Stürner, Band 6, 1989[12] (nach § 1011).

I. Gemeinschaft als schlichte Rechtsgemeinschaft (Bruchteilsgemeinschaft)

1 1. **Allgemeiner Grundsatz**. Das Gesetz versteht unter Gemeinschaft in § 741 nur die **Gemeinschaft in der Rechtsinhaberschaft** (etwa Miteigentum, Patentgemeinschaft). Es wird also vorausgesetzt, dass ein Recht mehreren Personen gemeinschaftlich zusteht, **ohne dass sie hinsichtlich dieses Rechts in einer Zweckgemeinschaft verbunden sind**[1]. Das Gesetz nennt sie

1 Vgl Rz 1, 5 und 20 vor § 705. Ausnahmsweise soll auch eine Mehrheit von Rechten in Betracht kommen: Rz 2.

„Gemeinschaft nach Bruchteilen“ (§ 741). Die Interessenverbindung entspringt aus der Gemeinschaftlichkeit des Rechts und erschöpft sich in ihr[2]. Die Teilhaber können darüber hinaus divergierende Einzelinteressen verfolgen. Eine regelungsbedürftige Situation tritt nur auf, soweit die Verfolgung des Einzelinteresses die Interessen der Mitberechtigten beeinträchtigt. Die Regelung ist daher begrenzt auf die Art der Mitberechtigung (§§ 741–743), auf eine nur auf Werterhaltung und schließlich völlige Teilung gerichtete Verwaltung (§§ 744–748) und auf die Auseinandersetzung (§§ 749–758) unter dem Gesichtspunkt der Gleichbehandlung der Mitberechtigten[3]. Liegt eine Gemeinschaft vor, entsteht zwischen den Teilhabern ein **gesetzliches Schuldverhältnis**. In dem Fehlen des gemeinsamen Interesses an einer Zweckerreichung liegt der Hauptunterschied zur Gesellschaft[4].

2. **Gegenstand**. Gegenstand der Bruchteilsgemeinschaft ist danach immer **ein Recht** (oder nach BGH auch eine **Mehrheit von Rechten**[5]), mag es ein privatrechtliches Recht (Eigentum) oder ein öffentlich-rechtliches Recht (Konzession) sein. Es können Rechte jeder Art sein, wenn sie nur einer Mehrheit von Personen zustehen können. Ein solcher gegenständlicher Anknüpfungspunkt kann bei einer Gesellschaft fehlen[6]. Bei ihr ist Grundlage der Interessenverbindung die gemeinsame Zweckverfolgung, hier dagegen das gemeinsame Recht. Es ist immer sorgfältig zu prüfen, ob nicht auf der Grundlage des gemeinsamen Rechts doch eine **Zweckgemeinschaft** entstanden ist, auf die dann die §§ 705 ff anzuwenden sind. Insbesondere kann auch das bloße „Halten und Verwalten“ eines einzigen Gegenstandes einen gemeinsamen Zweck ergeben[7]. Auch ist es möglich, dass neben dem oder sogar statt des Gesellschaftsvermögen(s) einer Gesamthand zweckgebundenes Miteigentum der Gesellschafter besteht[8]. Für die Überführung des Gegenstandes der Rechtsgemeinschaft in eine Zweckgemeinschaft (Gesellschaft), auch wenn Personengleichheit besteht, bedarf es immer eines besonderen Übertragungsaktes[9]. 2

3. **Rechtliche Struktur**. Die rechtliche Struktur der Gemeinschaft nach Bruchteilen ist durch den Gesetzgeber nicht in jeder Hinsicht klargestellt worden. Sie ergibt sich aber aus den Wirkungen. Hierbei ist die dingliche und die schuldrechtliche Seite zu unterscheiden. 3

a) **Dingliche Seite**. Die dingliche Seite betrifft die Rechtsinhaberschaft am gemeinsamen Recht; ihre rechtliche Deutung ist umstritten[10]. – aa) **Kein isoliertes Teilrecht, keine besondere Art der Gesamthand**. Es liegt keine Aufteilung des Rechts derart vor, dass sich die Inhaberschaft des Einzelnen nur auf einen Teil des Rechts erstreckt, wie etwa im Fall des § 420 oder auch beim Sondereigentum an der Wohnung nach dem WEG, das allerdings untrennbar mit dem Miteigentumsanteil am Grundstück – also einem Bruchteilseigentum – verbunden ist. Ein solches **Teilrecht** wäre ein **isoliertes**, das keine Rücksichtnahme auf die Mitberechtigten zu kennen braucht. In der Bruchteilsgemeinschaft hat aber der einzelne Teilhaber ein **Recht am ganzen Gegenstand** (Recht), das sich in seinem Mitwirkungsrecht (§ 747 Satz 2) zeigt; auch gehört zu dieser Gemeinschaft die im gemeinsamen Recht begründete Interessenverbindung, die zur Rücksichtnahme auf die Mitberechtigten nötigt (§ 743 Abs 2). Das Recht als Gegenstand von Rechtsinhaberschaft steht aber auch **nicht ungeteilt jedem** Mitberechtigten **ganz zu**, ebensowenig 4

2 BGH WM 1984, 873; Neubrandenburg NJW-RR 1998, 1564.
3 Vgl G Hueck, Der Grundsatz der gleichmäßigen Behandlung im Privatrecht S 28 ff.
4 Vgl Rz 7, 13 vor § 705; zur Abgrenzung vgl Karlsruhe NJW-RR 1992, 722 f.
5 So BGHZ 140, 63 = NJW 1999, 781 = LM § 741 BGB Nr 14 (mAnm Wilhelm) = WM 1999, 17 = WuB IV A. § 743 BGB 1.99 Schulze-Osterloh = ZIP 1999, 29; dazu R Weber/Tamm EWiR 1999, 153: Gesamtbestand von Grundstücken (Rittergut). Kritisch Hadding, Festschr für Canaris, 2007 (unter III.1.e).
6 Vgl Rz 20 vor § 705 u § 706 Rz 6.
7 Vgl Karlsruhe NJW-RR 1992, 722 f.
8 Vgl BGH NJW 1989, 1030 = WM 1989, 102; MünchKomm/K Schmidt Rz 4; Staud/Langhein § 741 Rz 12 ff.
9 RGZ 57, 432, 435; BGHZ 21, 229, 231 = NJW 1956, 1433; Colmar OLG 12, 92: Umwandlung von Miterbengesamthandeigentum in Bruchteilseigentum; § 705 Rz 3 aE; zum Bruchteilseigentum als Gesellschaftsvermögen vgl Rz 28 vor § 705.
10 Vgl Enn/Lehmann, SchuldR § 183 II; E Wolf, AllgTeil, 1982³, § 16 B II b 1; eingehend Staud/Langhein Rz 8 ff vor § 741; Schnorr, Die Gemeinschaft nach Bruchteilen, 2004.

ausschließlich nur **allen** Teilhabern **zusammen**, so dass die ideelle Quote des einzelnen Teilhabers nur eine rechnerische Beteiligungsziffer, die Bruchteilsgemeinschaft nur eine besondere Art der Gesamthandgemeinschaft wäre[11]. Denn in der Bruchteilsgemeinschaft hat der einzelne Teilhaber **ein eigenes**, nur ihm zustehendes **Recht an dem gemeinschaftlichen Gegenstand**, über das er allein verfügen kann. So widerspricht auch die für die Rechtsgemeinschaft wesentliche freie Durchsetzbarkeit der Individualinteressen (§§ 743 Abs 1, 747 Abs 1, 749 Abs 1) der Rechtlage bei einer Gesamthand. – Die Grundlagen der neueren, nunmehr weitgehend übereinstimmenden Lehre schufen *Engländer*[12] und *Larenz*[13], die die **Ungeteiltheit** der in der Rechtsinhaberschaft gewöhnlich enthaltenen Befugnisse bei der Bruchteilsgemeinschaft betonten und die „Gemeinschaftlichkeit“ sowohl in der gemeinsamen Ausübung des Rechts wie in der durch die Rücksichtnahme auf die übrigen Teilhaber gebotenen Einschränkung der Einzelausübung erblickten[14].

5 bb) **Unterschiedliche Rechtsmacht am Gegenstand**. Bei der Rechtsgemeinschaft ist der „Anteil“ (§ 747 Satz 1), der nicht Sach-, sondern Rechtsanteil ist, die durch ein rechnerisches Verhältnis ausgedrückte **Teilhabe an der Rechtsinhaberschaft** des gemeinschaftlichen Gegenstands, die dem Teilhaber, soweit die Einzelausübung möglich ist, freie Disposition gewährt (§§ 747 Satz 1, 743 Abs 1, 749 Abs 1); mit seinem „Anteil“ genießt der Teilhaber gegebenenfalls Besitz- und Rechtsschutz, der „Anteil“ wird für seine Individualdisposition dem ganzen Gegenstand gleichgesetzt[15]. Zum „Anteil am Gesellschaftsvermögen“ vgl § 718 Rz 7. Deshalb sind auf die **Veräußerung des Anteils** die gleichen Vorschriften anzuwenden wie diejenigen für die Veräußerung des Gegenstandes selbst, also bei beweglichen Sachen §§ 929 ff[16], bei Grundstücken §§ 925, 873[17], auch § 311 b Abs 1[18], GBO § 47[19] und die Vorschriften des GrdstVG[20]. Vgl im übrigen § 747 Rz 3; Rz 4 ff vor § 1008. Sondervorschriften enthalten § 1066 (Nießbrauch), § 1095 (Vorkaufsrecht), § 1106 (Reallast), § 1114 (Hypothek), § 1258 (Pfandrecht). Von dem **Individualbereich** des einzelnen Teilhabers ist aber der **Gesamtbereich**, der sich auf die Einflussnahme auf den ganzen Gegenstand erstreckt, zu unterscheiden. In letzterem kann der Teilhaber nur mit den Mitteilhabern **gemeinschaftlich** die Rechtsinhaberschaft ausüben oder aber nur insoweit einzeln vorgehen, als dadurch die Interessen der Mitteilhaber nicht gestört werden (§§ 747 Abs 2, 743 Abs 2). Deshalb kann auch ein Miteigentümer nach § 1011 iVm § 432 **Herausgabe nur an alle** verlangen[21]. In den gekennzeichneten beiden Bereichen ist also die Rechtsinhaberschaft des einzelnen Teilhabers unterschiedlich. Deshalb kann hier insofern von einer **unterschiedlichen Rechtsinhaberschaft am Gegenstand** gesprochen werden, als im Individualbereich die Teilung mit Einzelausübung, im Gesamtbereich die Bindung der Rechtsinhaberschaft in einer „Gemeinschaftlichkeit“ des Handelns sich durchsetzt. Die jetzt herrschende Meinung vertritt eine im Grundsätzlichen annähernd gleiche Auffassung[22].

6 cc) **Zwingende Regelung**. Die Vorschriften, welche die dingliche Seite betreffen, sind unabdingbar, so vor allem das Recht des einzelnen, über seinen Anteil frei verfügen zu können **(§ 741 Satz 1)**, ein Recht, das zwar mit schuldrechtlicher, aber nicht mit dinglicher Wirkung beschränkt werden kann (§ 137). Auch **§ 741** ist zwingend, so dass die Teilhaber einer Rechtsgemeinschaft nicht frei ihre dingliche Berechtigung am gemeinsamen Gegenstand gestalten können, also nicht

11 So Saenger, Gemeinschaft und Rechtsteilung, 1913.
12 Die regelmäßige Rechtsgemeinschaft S 105, 134 ff.
13 JherJb 83 (1931), 108 ff, 123 ff.
14 Vgl dazu G Dietz, Diss Mainz 2000, S 71–84.
15 RGZ 56, 96, 100; 69, 36, 40.
16 RGZ 139, 114, 117.
17 RGZ 52, 274; München MDR 1949, 758.
18 RG SeuffA 78 Nr 11.
19 Neubrandenburg NJW-RR 1998, 1564.
20 Genehmigungsbedürftigkeit bei Veräußerung eines Miteigentumsanteils an einem land- und forstwirtschaftlichen Grundstück nach GrdstVG §§ 1 u 2; BayObLG NJW 1963, 1455.
21 BGHZ 121, 21, 24 = NJW 1993, 727 = WM 1993, 339; BGHZ 106, 222, 226 = NJW 1989, 1091 = WM 1989, 312.
22 Enn/Lehmann, SchuldR § 183 II; Enn/Nipperdey, AllgTeil I § 69; Esser/E Schmidt, SchuldR I/2 § 38 IV 1 a; Larenz JherJb 83 (1931), 120 ff u SchuldR II/1 § 61 I; Blomeyer AcP 159 (1961), 385; MünchKomm/K Schmidt § 741 Rz 2 f; Staud/U Huber § 741 Rz 159 ff; Staud/Langhein Rz 12 vor §§ 741 ff. Vgl auch Hilbrandt AcP 202 (2002), 631, 639 ff, 649 ff.

statt Bruchteilsvermögen Gesamthandvermögen vereinbaren können, ohne zugleich eine Gesellschaft zu bilden; dies folgt aus der Fassung des Gesetzes in § 741: „sofern sich nicht aus dem Gesetz ein anderes ergibt“[23].

b) **Obligatorische Seite**[24]. Die Gemeinschaft selbst ist kein Schuldverhältnis, aber ein Tatbestand, an den das Gesetz einzelne schuldrechtliche Verpflichtungen und Berechtigungen im Sinne eines **gesetzlichen Schuldverhältnisses** knüpft[25]. Diese schuldrechtlichen Beziehungen bilden den hauptsächlichen Inhalt der gesetzlichen Regelung in §§ 742 ff. Sie erstrecken sich auf die gemeinsame Werterhaltung und Verwaltung sowie auf die Auseinandersetzung, also überwiegend auf die **Innenbeziehungen**, sind aber vereinzelt mit Drittwirkung, insbesondere gegenüber dem Rechtsnachfolger in den „Anteil“ ausgestattet (vgl §§ 744 Abs 2, 745 Abs 1, 746, 747, 751 Satz 1, 755 Abs 2). Die §§ 742 ff sind **nachgiebigen** Rechts. Die Abänderbarkeit findet aber ihre Grenze an den allgemeinen Vorschriften (§§ 134, 138); eine solche Grenze bildet § 749 Abs 3. Eine der Gesamthand nachgebildete „Anwachsung“ des Anteils bei dessen Veräußerung (wie in § 738) kann nicht vereinbart werden[26], wohl aber ein rechtsgeschäftliches Vorkaufsrecht, so dass die Rechtsgemeinschaft der gesamthänderischen Erbengemeinschaft (§ 2034) in diesem Punkt angeglichen werden kann. 7

c) **Allgemeine Schuldrechtsvorschriften und IPR**. Die allgemeinen schuldrechtlichen Vorschriften mit Ausnahme der über gegenseitige Verträge (§§ 320 ff) finden Anwendung, also auch §§ 242, 276, 280; § 708 gilt nicht[27]. Internationalprivatrechtlich gilt das für das gemeinschaftliche Recht maßgebende Statut[28]. Für ehemalige DDR beachte EG BGB Art 232 § 9. 8

d) **Fehlerhafte Gemeinschaft**. Die Grundsätze über die fehlerhafte Gesellschaft[29] finden auf die Gemeinschaft keine Anwendung[30], weil sie eine – wenn auch fehlerhafte – vertragliche Grundlage voraussetzen[31], während die Gemeinschaften überwiegend ungewollt oder zufällig zustandekommen[32]. Es ist jederzeit die Aufhebung (§§ 749 ff) möglich. 9

II. Gemeinschaft als Interessengemeinschaft

1. **Der umfassende Begriff**. Der vom Gesetz gewählte Ausdruck „Gemeinschaft“ lässt nicht erkennen, dass an dieser Stelle nur eine Regelung für die sog schlichten **Rechts**gemeinschaften gegeben wird[33], wenn auch die §§ 741 ff in einem begrenzten Umfang[34] darüber hinaus Bedeutung haben. Der Ausdruck „Gemeinschaft“, vor allem „Interessengemeinschaft“, wird aber im Schrifttum häufig in **viel weiterem Sinn** gebraucht als in dem der „Rechtsgemeinschaft“. Unter dem **Begriff „Interessengemeinschaft“** werden dann gesellschaftsrechtliche Verbindungen (so die nur auf „Gewinngemeinschaft“ gerichtete, in der Regel in der Form der bürgerlichrechtlichen Gesellschaft in Erscheinung tretende Interessengemeinschaft[35]) und Rechtsgemeinschaften wie auch die Fälle zusammengefasst, bei denen „der den einzelnen in einer gemeinsamen Notsituation 10

23 Vgl auch RG SeuffA 88 Nr 8.
24 Vgl dazu Schubert JR 1975, 363. Nach Schnorr, Die Gemeinschaft nach Bruchteilen § 1 und passim, besteht grundsätzlich kein Schuldverhältnis unter den Teilhabern. Der hM stellt er ein „dingliches Einheitsmodell der Gemeinschaft“ gegenüber, das weithin am Miteigentum orientiert ist.
25 BGHZ 62, 243, 246 = NJW 1974, 1189, 1190; LG Köln NJW 1963, 1851; Köln VersR 1997, 709; Münhen NJW 2005, 2932 = MDR 2005, 1159; Pal/Sprau § 741 Rz 8; aM Düsseldorf NJW 1959, 580. In BGHZ 42, 374, 380 = NJW 1965, 389 noch dahingestellt.
26 KG OLG 2, 88; R Fischer NJW 1957, 894.
27 BGHZ 62, 243, 245 = NJW 1974, 1189.
28 BGH NJW 1998, 1321 für Miteigentum.
29 Vgl 705 Rz 70 ff.
30 BGHZ 34, 367 = NJW 1961, 1299 = WM 1961, 603.
31 S § 705 Rz 72.
32 Vgl oben Rz 1; zur besonderen Lage bei Wohnungseigentümern vor dem endgültigen Rechtserwerb vgl P Finger BauR 2/84, 108 zu BGH NJW 1983, 1615 (mAnm Röll).
33 Vgl oben Rz 1.
34 Vgl unten Rz 12–14.
35 S Rz 50 vor § 705; Fikentscher, Die Interessengemeinschaft S 19 begrenzt so: „Risikominimierung durch Gewinngemeinschaft und Ausschüttung nach anderen Grundsätzen oder Wegen, als es der Wettbewerb bewirkt“.

treffende Schaden von allen, die bei gleichgerichteten Interessen der gleichen Gefahr ausgesetzt gewesen sind, gemeinschaftlich getragen" werden soll[36]. Teilweise bezieht man sogar alle Fälle ein, bei denen „gleichlaufende Belange oder gleichliegende Positionen in einen engeren Kontakt geraten sind und darum eine gleichmäßige Behandlung verlangen"[37]. Der Begriff der „schlichten Interessengemeinschaft" bedarf einer engeren Abgrenzung, um ihn – wenn überhaupt – für die Rechtsanwendung fruchtbar zu machen, insbesondere eine entsprechende Anwendung der §§ 741 ff zu ermöglichen.

11 2. **Sog schlichte Interessengemeinschaft**. – a) **Abgrenzung**. Eine engere Abgrenzung wurde durch die grundlegende Arbeit *Würdingers* (Theorie der schlichten Interessengemeinschaft, 1934) erstrebt. Er trennt zutreffend die auf **gemeinschaftlicher Zweckverfolgung** beruhenden Gemeinschaften[38], zu denen die Gesellschaften im weitesten Sinne zu rechnen sind[39], auch die oben erwähnten Gewinngemeinschaften[40], von denjenigen, bei denen trotz **Fehlens einer Zweckgemeinschaft** doch eine besondere Gleichrichtung der Interessen in einer konkreten Notsituation gegeben ist, die er „schlichte Interessengemeinschaften" nennt, zu denen dann aber auch die sog schlichten Rechtsgemeinschaften gehören. Denn die Regelung in den §§ 741 ff beruht nicht so sehr auf der Gemeinsamkeit der Rechtsinhaberschaft, sondern auf der notwendigen Gleichrichtung der Interessen wegen sonst drohender Kollision gegensätzlicher Interessen[41]. Hieraus wird eine entsprechende Anwendung der §§ 742 ff über die Anwendung von § 242 hinaus auf solche Fälle besonders gelagerter Gleichrichtung der Interessen gefolgert.

12 Schwierig und noch immer umstritten ist aber die **Abgrenzung gegenüber sonstigen** in unübersehbarer Variationsbreite auftretenden Fällen von **Interessenverbindungen** schlechthin. In diesem Zusammenhang erscheint es fraglich, ob der Begriff „Interessengemeinschaft" als Ordnungsprinzip überhaupt fruchtbar ist[42]. Die von *Wüst* vorgeschlagene Grenzziehung, die auf eine „Gravitätsstufe", eine „meßbare, enge Interessenverflechtung"[43] oder ein aus dem „Madaritätsverhältnis"[44] abstellen will, ist zu unbestimmt und birgt die Gefahr unangemessener Ausdehnung in sich[45]. Es müssen in Anlehnung an die vom Gesetzgeber bereits getroffenen – zT unterschiedlichen – Regelungen (Große Haverei: HGB §§ 700 ff, 706, 716; Insolvenzgläubiger; Sammellagerung: HGB § 469 Abs 2; Sammeldepot: DepotG § 6) die Fälle herausgehoben werden, in denen **eine isolierte Verfolgung der Rechte notwendig auf Kosten der an einem begrenzten Vermögensbereich Parallelinteressierten** gehen würde, und deshalb diese isolierte Verfolgung zu missbilligen ist[46]. Wichtig erscheint, dass ein begrenzter Vermögensbereich Gegenstand des Interesses ist; **weitergehende Fälle** sind auszuscheiden und fallen nur unter § 242.

13 b) **Anwendungsfälle**. Neben den Fällen der sog schlichten Rechtsgemeinschaft und den gesetzlichen Fällen[47], in denen eine Gemeinschaftsbindung zum Zweck eines notwendigen internen Ausgleichs stattfindet, gehören zu dieser begrenzten Gruppe der „schlichten Interessengemeinschaft" mit entsprechender Anwendung der §§ 742 ff ua: die **mehreren Gläubiger** einer be-

36 BGH JZ 1961, 91; Beispiele sind: Große Haverei, Insolvenzgläubiger, Sammelsendung, Gläubiger einer durch unverschuldete Teilunmöglichkeit reduzierten beschränkten Gattungsschuld.

37 Wüst JZ 1961, 78. Vgl Wüst, Interessengemeinschaft, 1958, S 63 ff; Beispiele sind die partielle Interessenverbindung zwischen Abzahlungsverkäufer und -käufer oder der instruktive Fall BGH JZ 1961, 91 (zur Ausgleichspflicht der am Ölheringsfang beteiligten Genossen einer Genossenschaft). Vgl auch Reinhardt AcP 160 (1961), 432 ff; Wiedemann, Gesellschaftsrecht I, 1980, § 1 I; Esser/Schmidt, SchuldR I/2 § 38 IV 3.

38 Vgl Würdinger, Theorie der schlichten Interessengemeinschaft S 15 f.

39 Vgl Rz 1 vor § 705.

40 Vgl hierzu Fikentscher, Die Interessengemeinschaft.

41 Würdinger, Theorie der schlichten Interessengemeinschaft S 16, 70.

42 Sehr skeptisch auch Reinhardt AcP 160 (1962), 432, 439.

43 Wüst, Interessengemeinschaft, 1958, S 36 f.

44 Wüst JZ 1961, 78.

45 Beispielhaft die zu begrüßende Tendenz zur Einschränkung in BGH JZ 1961, 91, 93 u WM 1979, 111.

46 Vgl hierzu auch Würdinger, Theorie der schlichten Interessengemeinschaft S 71, 78; ähnl Esser/E Schmidt, SchuldR I/2 § 38 IV 3; Münch Komm/K Schmidt § 741 Rz 62 ff.

47 Vgl oben Rz 12.

schränkten **Gattungsschuld** als Gefahrtragungsgemeinschaft, etwa bei der Sammelsendung[48]; die Gläubiger einer **Sammellagerung** und eines **Sammeldepots**, soweit kein Miteigentum entstanden ist, also bei nur konkurrierenden schuldrechtlichen Ansprüchen der Beteiligten, etwa wegen Lagerungsschäden oder sonstiger Verluste[49]; die **Schadensgemeinschaft der Kunden** und Verbraucherkreise bei unverschuldet nicht ausreichendem Warenbestand mit Verteilungsrecht des Verkäufers nach Gemeinschaftsgrundsätzen[50]; keine schlichte Interessengemeinschaft liegt im Fall BGH JZ 1961, 91, 93 vor[51]. Bei einer sog **Zählergemeinschaft** wird in der Regel keine Rechtsgemeinschaft am Zähler, aber uU eine schlichte Interessengemeinschaft bestehen[52].

c) **Rechtsgrundsätze**. Soweit keine spezielle Regelung vorliegt, sind die §§ 742 ff auf die schlichten Interessengemeinschaften **entsprechend** anzuwenden[53]. Das gilt insbesondere für den **Grundsatz der Gleichbehandlung** entsprechend den Größen der Anteile bei der Verwaltung und Benutzung der gemeinsamen Substanz (§§ 743, 744 Abs 1, 745 Abs 3) wie bei der Auseinandersetzung (§§ 752, 753)[54]. Das **Eingriffsrecht** des Einzelnen im Notfall (§ 744 Abs 2) gilt hier ebenso wie das **Mehrheitsprinzip** nach § 745. Jeder Teilhaber der Interessengemeinschaft kann die Klagen aus §§ 744 Abs 2 Halbsatz 2 und 745 Abs 2 erheben. Doch ist jeweils zu prüfen, inwieweit aufgrund der besonderen Struktur einer konkreten „schlichten Interessengemeinschaft" die einzelne, zunächst nur für die Rechtsgemeinschaft gedachte Vorschrift anwendbar ist, so zB das Mehrheitsprinzip nur, soweit ein Erhaltungsinteresse und deshalb fortdauerndes Verwaltungsinteresse besteht[55]. Das Mehrheitsprinzip gemäß § 745 Abs 1 gilt auch im Fall der obligatorischen Gruppenvertretung eines Gesellschafterstammes, der durch eine Vertreterklausel im Gesellschaftsvertrag zusammengefasst ist. Durch die Gruppenvertretung entsteht zwar keine Bruchteilsgemeinschaft, wohl aber ein gemeinschaftsähnliches Verhältnis, auf welches die §§ 741 ff entsprechende Anwendung finden. Die Stimmrechte werden daher ausgeübt, als wenn es sich um einem gemeinschaftlichen Anteil handelt[56]. 14

§ 741 Gemeinschaft nach Bruchteilen

Steht ein Recht mehreren gemeinschaftlich zu, so finden, sofern sich nicht aus dem Gesetz ein anderes ergibt, die Vorschriften der §§ 742 bis 758 Anwendung (Gemeinschaft nach Bruchteilen).

ÜBERSICHT

48 RGZ 88, 389; Naumburg OLGE 28, 65, 67: Konzentration der Schuld auf die Sendung und Pflicht der Empfänger, den Verlust anteilig zu tragen. Vgl Würdinger, Theorie der schlichten Interessengemeinschaft mNachw; aA E Wolf JuS 1962, 104.

49 Würdinger, Theorie der schlichten Interessengemeinschaft S 59; aM de Boor, Die Kollision von Forderungsrechten S 80.

50 RGZ 84, 125: Teilunmöglichkeit; Würdinger, Theorie der schlichten Interessengemeinschaft S 78; Wüst, Interessengemeinschaft S 98 ff.

51 AM Wüst JZ 1961, 79 ff; vgl auch MünchKomm/K Schmidt § 741 Rz 63; Staud/U Huber § 741 Rz 93–97.

52 Arnold MDR 1948, 278; 1949, 414; Trendelenburg JR 1950, 649 (unter IV 3); Hermes ZMR 1953, 108; LG Oldenburg MDR 1949, 303 (mkritAnm Beitzke); AG Dortmund-Hörde ZMR 1952, 249; wegen Kündigung einer Zählergemeinschaft AG Meldorf SchlHA 1955, 59. Vgl auch Rz 41 vor § 705.

53 Ablehnend Staud/U Huber § 741 Rz 98.

54 Vgl G Hueck, Der Grundsatz der gleichmäßigen Behandlung im Privatrecht § 6 S 28 ff.

55 Vgl Esser/E Schmidt, SchuldR I/2 § 38 IV 3 d.

56 BGHZ 119, 346, 354 = NJW 1993, 1265 = WM 1993, 18; BGH NJW-RR 1990, 99 = WM 1989, 1809; Düsseldorf WM 1994, 1799, 1801; MünchKomm/K Schmidt Rz 67.

1 1. **Entstehung und Endigung**[1]. – a) **Kraft Gesetzes.** § 741 lässt eine Bruchteilsgemeinschaft entstehen, wenn ein Recht mehreren gemeinschaftlich zusteht, sofern nicht eine andere gesetzliche Regelung getroffen ist. Da diese Vorschrift **unabdingbar** ist[2], entsteht die Bruchteilsgemeinschaft in der Regel kraft Gesetzes. Der häufigste Fall ist der des Miteigentums. Hierunter fallen aber auch die Fälle **tatsächlichen Zusammenwirkens**, die zu einer Mitberechtigung führen, wie etwa die gemeinsame Erfindung, und diejenigen Fälle, bei denen eine Rechtsinhaberschaft mehrerer Teilhaber auf dem Gesetz beruht. Vgl im Einzelnen Rz 3–14.

2 b) **Kraft rechtsgeschäftlicher Vereinbarung**. Ein Gegenstand kann auch von mehreren rechtsgeschäftlich zu Bruchteilen erworben werden, zB gemeinschaftlicher Forderungserwerb oder bei Übertragung eines Erbteils an mehrere Erwerber[3] oder ideelle Teilung von Eigentum durch volle oder teilweise Übertragung auf mehrere Personen. Einem solchen Erwerb wird nicht selten ein bestimmter darüber hinausgehender gemeinsamer Zweck zugrunde liegen, so dass dann eine Zweckgemeinschaft und damit eine Gesellschaft bürgerlichen Rechts (§ 705), nicht aber eine Bruchteilsgemeinschaft vorliegt. Es kann aber auch das einer Zweckgemeinschaft (Gesellschaft) dienende Vermögen ausnahmsweise als Bruchteilsvermögen gestaltet sein[4]. Ein Bruchteilsvermögen ist anzunehmen, wenn außer einer gemeinsamen Verwaltung keine weitere Zweckverfolgung vereinbart ist[5]. Ehegatten können – auch stillschweigend – eine Bruchteilsberechtigung des Ehegatten, der nicht Kontoinhaber ist, an einer Kontoforderung vereinbaren[6]. Ist einmal die Mitberechtigung zu ideellen Anteilen nach GBO § 47 in das Grundbuch eingetragen, so ist Bruchteilseigentum gegeben; ebenso, wenn dem Grundbuch nicht eindeutig entnehmbar ist, ob Gesamthandeigentum oder Bruchteilseigentum[7]. Zur Überführung in Gesamthandeigentum bedarf es einer besonderen Eigentumsübertragung[8]; ebenso bei der Umwandlung von Gesamthandeigentum in Bruchteilseigentum[9].

2a c) **Endigung**. Die Bruchteilsgemeinschaft endigt, wenn die gemeinschaftliche Rechtsinhaberschaft am konkreten Gegenstand wegfällt, ohne dass es einer Auseinandersetzung zwischen den Teilhabern bedarf.

3 2. **Gegenstände der Bruchteilsgemeinschaft**[10]. – a) **Dingliche Rechte**. – aa) **Miteigentum**. Der häufigste Fall einer Bruchteilsgemeinschaft ist das Miteigentum; hier gelten neben den §§ 742 ff die Sonderregeln der §§ 1008–1011, für die Belastung des Anteils mit einer Hypothek die Einschränkung des § 1114[11]. Miteigentum nach Bruchteilen kann bestehen bei untrennbarer **Vermischung** der Trümmer der Häuser mehrerer Grundstückseigentümer[12], nicht aber an einem Gebäude, das auf der Grenze zweier verschiedenen Personen gehörenden Grundstücke steht; es besteht dann **Alleineigentum an den Gebäudeteilen**[13]. Zu den Eigentumsverhältnissen bei **Grenzmauern** (Giebel-, Kommunmauern), bei Anbau an halbscheidige Giebel-

1 Über die rechtliche Einordnung der Bruchteilsgemeinschaft vgl Rz 3 ff vor § 741.
2 Vgl Rz 6 vor § 741.
3 LG Berlin Rpfleger 1996, 472 (mAnm Bestelmeyer).
4 Vgl § 718 Rz 9.
5 Zum Erwerb durch Ehegatten vgl unten Rz 5.
6 BGH NJW 2002, 3702, 3703 = WM 2002, 2238 (mAnm H Langbein WuB I C 2.-1.03). Vgl bei Fn 79.
7 LG Neubrandenburg NJ 1998, 543 (mAnm Fritsche).
8 RG SeuffA 88 Nr 8; Colmar OLG 12, 92; BGHZ 21, 229 = NJW 1956, 1433.
9 BGH NJW 1991, 420 f = WM 1990, 2067.
10 Alphabetische Übersicht der Rsprfälle bei G Dietz, Diss Mainz 2000, S 39–71.
11 Vgl auch § 1066 und § 1258.
12 SchlHA 1946, 46.
13 RGZ 70, 200.

mauern und zur Geltung der Auslegungsregel des § 742 in diesen Fällen s die Bem zu § 912 u insbesondere zu § 921[14]. Im Fall des Anbaus an eine halbscheidige Griebelmauer muss nicht immer Miteigentum zu 1/2 entstehen[15]. Wird von zwei Häusern mit gemeinsamer halbscheidiger Giebelmauer das eine durch Kriegseinwirkung zerstört, ändert sich dadurch am Miteigentum an der stehenden Giebelmauer nichts[16]. Eine Bruchteilsgemeinschaft an einem Bruchteil gibt es grundsätzlich nicht; die **mehreren Erwerber** eines Grundstücksmiteigentumsanteils bilden keine besondere Gemeinschaft an dem Anteil, sondern treten mit ihren **entsprechenden Anteilen** in die bisherige Bruchteilsgemeinschaft ein[17]. Etwas anderes gilt jedoch für Wohnungseigentum[18]. Eine Gemeinschaft nach Bruchteilen bilden die Miteigentümer einer Holzung **(Waldinteressentenschaft)**[19]; sie kann sich eine Organisation korporativer Art unter eigenem Namen geben, ZPO § 50 Abs 2 ist entsprechend anwendbar[20]; sie wird von ihrem Vorstand vertreten[21], vgl auch EGBGB Art 83 u preuß Ges über gemeinschaftliche Holzungen v 14. März 1881.

Auch das **Wohnungseigentum** nach dem WEG[22] richtet sich – wenigstens subsidiär – nach §§ 741 ff; primär gilt weitgehend Sonderrecht (WEG §§ 10, 11, wodurch die §§ 749–758 ausgeschlossen, WEG § 20–29, wodurch §§ 744–746 modifiziert werden). Ein **dingliches Wohnungsrecht** nach § 1093 kann dagegen nicht mehreren Personen in Bruchteilsgemeinschaft zustehen, weil es gem § 1092 Abs 1 unübertragbar ist und eine Aufhebung der Gemeinschaft daher entgegen § 749 ausgeschlossen wäre[23]. Eine gesamthänderische Innehabung in Gestalt einer Gesellschaft bürgerlichen Rechts ist hingegen möglich[24]. Die §§ 741 ff können auf **nachbarliche Gemeinschaftsverhältnisse** anwendbar sein[25]. 4

Eheleute können, sofern sie nicht in Gütergemeinschaft leben (§§ 1415 ff), hinsichtlich einzelner gemeinschaftlich oder zur Deckung des Lebensbedarfs (§ 1357 Abs 1) erworbener Gegenstände in Miteigentumsgemeinschaft leben[26] (beachte § 1370), uU aber auch bei gemeinsamer Zweckverfolgung eine Gesellschaft bilden[27]. Bei **nicht ehelicher Lebensgemeinschaft** kann hinsichtlich der für den gemeinschaftlichen Haushalt angeschafften Gegenstände Miteigentumsgemeinschaft angenommen werden, soweit Erwerb zu Alleineigentum aus den Umständen nicht erkennbar ist[28]. Miteigentum setzt voraus, dass der gemeinsam benutzte Gegenstand nach beiderseitiger Vorstellung auch den Partnern gemeinsam gehören soll[29]. Vgl LPartG § 8. 5

14 Im Einzelnen dazu Meisner/Stern/Hodes/Dehner, Bundesnachbarrecht, 1981[6].
15 BGHZ 36, 46, 55 = NJW 1962, 149 = WM 1962, 152; BGH NJW 1963, 1868; O Hauck, Diss Marburg 1970. Über die Eigentumsverhältnisse bei Verwendung einer Mauer, die ausschließlich auf dem Nachbargrundstück steht, s BGHZ 41, 177 = NJW 1964, 1221.
16 BGHZ 43, 127 = WM 1965, 291.
17 BGHZ 13, 133, 140 f = NJW 1954, 1035, 1036; BayObLG DNotZ 1980, 98, 99 f; KGJ 51, 198; LG Berlin NJW 1956, 471.
18 BGHZ 49, 250, 252 = NJW 1968, 499; Neustadt NJW 1960, 295 (mAnm Bärmann).
19 BGHZ 25, 311 = NJW 1957, 1800; Neustadt DNotZ 1959, 243.
20 BGHZ 25, 311 = NJW 1957, 1800.
21 Neustadt DNotZ 1959, 243.
22 Vom 15. März 1951 (BGBl I, S 175); abgedr u erl nach § 1011.
23 Köln DNotZ 1965, 686; Stuttgart NJW 1969, 1176; abl auch Bader DNotZ 1965, 673; Faßbender DNotZ 1965, 662.
24 Vgl § 705 Rz 35.
25 Vgl Heisecke MDR 1961, 462.
26 RGZ 67, 397; 124, 325, 327; RG Gruchot 63, 614, 616; KG JR 1951, 439; BGHZ 68, 299 = NJW 1977, 1234; vgl § 1357 Rz 23; es kommt aber immer auf den Einzelfall an; eine dingliche Wirkung hat § 1357 Abs 1 nicht, vgl BGHZ 114, 74 = NJW 1991, 2283 = JZ 1992, 217 (mAnm Kick); Soergel[12]/Lange § 1357 Rz 23. Eingehend Leipold, Festschr für Gernhuber, 1993, S 695 ff.
27 Vgl Rz 54–58 vor § 705; zuletzt BGH WM 1995, 1365; BGH FamRZ 94, 295; BGH NJW-RR 1988, 260; unzutreffend München NJW 1972, 542, das auch ohne Bejahung eines Gesellschaftsverhältnisses Gesamthandeigentum annimmt; vgl hierzu RGZ 152, 349, 355.
28 Umstr; vgl Gernhuber/Coester-Waltjen, FamilienR, 1994[4], § 44 III 1; BGH NJW-RR 1995, 463; Hamm FamRZ 2003, 529; LG Aachen FamRZ 1983, 61; anders Düsseldorf NJW 1992, 1706 = FamRZ 1992, 670; Leipold, Festschr für Gernhuber S 705 ff.
29 BGHZ 77, 55 = NJW 1980, 1520 = WM 1980, 803; BGH NJW 1981, 1502 = WM 1981, 526. Celle NJW 1983, 1065. Zur gemeinschaftlichen Ehewohnung vgl BGHZ 87, 265 = NJW 1983, 1845 = WM 1983, 708; LG Berlin NJW 1961, 1406 (mAnm Breetzke) sowie § 745 Rz 11 a.

6 bb) **Sammellagerung, -sendung, -verwahrung**. Bei **Sammellagerung** entsteht mit Vermischung Miteigentum; es gelten neben HGB § 419 auch BGB §§ 741 ff. Gleiches gilt für die **Sammelsendung**, die ihre besondere Entwicklung vom Seefrachtrecht her genommen hat[30]; auch bei ihr kann eine Empfängergemeinschaft mit Miteigentum an der Gesamtladung durch Übertragung nach § 931 entstehen[31]. Die **Sammelverwahrung**, die vor allem in der Form der Wertpapiergemeinschaft besteht (DepotG §§ 5, 6), gehört ebenfalls hierher[32].

7 cc) **Kapitalanlagegesellschaften**. Eine besondere Ausgestaltung hat die Wertpapiergemeinschaft in den gesetzlich geregelten **Kapitalanlage-** oder **Investmentgesellschaften** gefunden[33]. Das Gesetz überlässt es der vertraglichen Gestaltung, ob das für gemeinschaftliche Rechnung der Einleger in dem Sondervermögen angelegte Geld treuhänderisches Eigentum der Gesellschaft oder Miteigentum der Anteilsinhaber wird (KAGG § 6 Abs 1 Satz 2). Die Gesellschaften in der Bundesrepublik Deutschland haben bisher die **Miteigentumslösung** gewählt, also Bruchteilseigentum. Bei Grundstücks-Sondervermögen ist diese Gestaltung jedoch unzulässig (KAGG § 30). Die Gesellschaften können mehrere selbständige Sondervermögen und deshalb mehrere Bruchteilsgemeinschaften bilden (KAGG § 6 Abs 3; etwa Fonds-Anteile an industriellen Spezialwerten, Fondak-Anteile an deutschen Aktien, Fondra-Anteile an Renten und Aktien). Der Anteilsinhaber hat alle Rechte nicht nur gegenüber der Gesellschaft, sondern auch am Sondervermögen. Das Sondervermögen haftet nicht für Verbindlichkeiten der Kapitalanlagegesellschaft (KAGG § 10 Abs 2 Satz 1); in der Insolvenz der Kapitalanlagegesellschaft steht den Anlegern ein Aussonderungsrecht zu, das von der Depotbank geltend gemacht wird (vgl KAGG §§ 13 Abs 3 Satz 2, 14). Die über den Anteil ausgestellten Anteilscheine sind sachenrechtliche Wertpapiere; sie verbriefen die Miteigentumsquote am wechselnden Bestand des Anlagevermögens, sind also **Inhaberanteilscheine**, keine Inhaberschuldverschreibungen (Ausnahme für früher ausgegebene Inhaberzertifikate, KAGG § 24 Abs 2). Die **Besonderheit** gegenüber der Struktur der gewöhnlichen Bruchteilsgemeinschaft beruht darauf, dass die Anteilsinhaber durch die gemeinschaftliche Verwaltung des Wertpapiervermögens, welche ausschließlich der Gesellschaft verantwortlich übertragen ist (die Depotbank verwahrt nur die Bestände, gibt Anteilsscheine aus und nimmt sie zurück; sie ist an die Weisungen der Gesellschaft gebunden, KAGG § 12 Abs 1 Satz 1, Abs 2 Satz 2), Vorteile erstreben und die Gemeinschaft auf Dauer angelegt ist. Hierin zeigen sich gewisse Parallelen zum Wohnungseigentum[34]. Die Sonderregelung zielt insbesondere auf Absicherung des Sondervermögens zugunsten der Anteilsinhaber; so haftet das Sondervermögen nicht für die Schulden der Gesellschaft, und die Anteilsinhaber haften nicht persönlich aus der Verwaltung[35]. Vgl nunmehr InvestmentG v 15. Dezember 2003 (BGBl I, S 2676); dazu Kümpel (Fn 35); Köndgen/Schmies; Kaune/Oulds (vor Rz 1 vor § 741 aE).

8 dd) **Sonstige dingliche Rechte**. Gegenstand einer Bruchteilsgemeinschaft kann eine Dienstbarkeit, insbesondere ein **Nießbrauch**[36], ein **Erbbaurecht**[37], ein **Pfandrecht** sein, nicht jedoch ein dingliches Wohnrecht nach § 1093[38]. Auch an einem **Eigentümergesamtgrundpfandrecht** (in der Regel: Grundschuld, §§ 1172 Abs 1, 1163, 1177 Abs 1) kann eine Bruchteilsgemeinschaft bestehen[39]; dies gilt, wenn eine Hypothek als Gesamthypothek an mehreren ideellen Grundstücks-

30 Vgl Würdinger, Interessengemeinschaft S 34 ff; zum Teilverlust der Sammelsendung RGZ 88, 389, 390.

31 Würdinger, Interessengemeinschaft S 41 ff; vgl auch RG SeuffA 62 Nr 66 bei lose verladenem Getreide zugunsten des Ladungsempfängers.

32 S auch Philipp WM 1965, 214; Kümpel WM 1980, 422; Canaris, BankvertragsR Rz 2196 f: zur **Sammelverwahrung von Globalurkunden** und zu den dabei entstehenden gemeinschaftsrechtlichen Problemen. Vgl weiter Rz 13 vor § 741.

33 Ges über Kapitalanlagegesellschaften v 16. April 1957 – KAGG – (BGBl I, S 378) idF v 9. September 1998 (BGBl I, S 2726); vgl Schrifttum dazu vor Rz 1 vor § 741 aE.

34 Vgl oben Rz 4.

35 Vgl zu den Besonderheiten Canaris, BankvertragsR Rz 2325 ff; Kümpel, Bank- und KapitalmarktR, 2004[3], Rz 12.1 ff.

36 KG JW 1936, 2747; BGH NJW 1993, 3326.

37 Vgl BGH NJW 1987, 2674, 2676.

38 Vgl oben Rz 4.

39 Umstr; wie hier BGH NJW-RR 1986, 233; RG JW 1938, 3236; KG JW 1938, 230 mit eing Begr; AG

anteilen bestellt wurde[40]. Bestellen Miteigentümer eines Grundstücks an ihren Anteilen eine Grundschuld für sich als Gesamtberechtigte nach § 428, so entsteht teilweise eine Eigentümergrundschuld, teilweise eine Fremdgrundschuld[41]. Eine Bruchteilsgemeinschaft besteht auch bei einer Belastung mehrerer Grundstücke verschiedener Eigentümer mit einer Gesamthypothek, die durch gemeinschaftliche Befriedigung zum Eigentümergrundpfandrecht geworden ist[42]. Es kann jeder Mitberechtigte über seinen Anteil verfügen, nicht aber über die Gesamthypothek im ganzen. Das Gleiche soll auch gelten, wenn an einem im Bruchteilseigentum stehenden Grundstück eine Hypothek bestellt wurde, weil diese dann Gesamthypothek an den Anteilen sei[43].

ee) **Beteiligung an Seeschiffen**. Auch an eingetragenen Seeschiffen ist nach SchiffsG Bruchteilsgemeinschaft möglich, obwohl dies nicht – wie in § 929 a für nicht eingetragene Schiffe[44] – im SchiffsG ausdrücklich erwähnt wird[45], denn die Anerkennung der Bruchteilsgemeinschaft setzen SchiffsG §§ 8 Abs 3 und 28 Abs 1 voraus[46]. Dagegen ist der **Schiffspart** bei der Partenreederei nicht[47] Anteil am Bruchteilseigentum, sondern gesellschaftsrechtlicher Anteil[48]. 9

b) **Besitz**. Bruchteilsgemeinschaft ist im Rahmen des **Mitbesitzes** (§ 866) anzuerkennen; insofern kann Rechtsgemeinschaft am Besitz – als einer dem subjektiven Recht gleichartigen Rechtsposition – bestehen[49]. Die §§ 742 ff können neben § 866 ergänzend angewandt werden[50]. 10

c) **Urheber- und Erfinderrecht**. Das Rechtsverhältnis der **Miturheber** ist nach UrhG[51] § 8 Abs 2 Satz 1 im Gegensatz zu den außer Kraft gesetzten LitUG § 6 und KunstUG § 8 statt Bruchteilseigentum nunmehr **Gesamthandsgemeinschaft**[52]. Bei **Erfinderrechten** und **Patentgemeinschaften** besteht dagegen nach PatG § 6 Satz 2 mangels besonderer Vereinbarung nach wie vor **Bruchteilsgemeinschaft**[53]. Vgl auch Haedicke GRUR 2007, 23: Marken. 11

d) **Gesellschaftliche Beteiligung**. Bruchteilsgemeinschaft an einer gesellschaftlichen Beteiligung ist für die Kapitalgesellschaften möglich: an einem GmbH-Geschäftsanteil[54], an einer Aktie nach AktG § 69. Dagegen kann eine Beteiligung an einer Personalgesellschaft nicht bruchteilsmäßig aufgegliedert werden[55]. Bei einer Miterbengemeinschaft kann auch der Bruchteil eines Anteils übertragen werden[56]. Dann entsteht zwischen dem Übertragenden und dem Erwerber eine Bruchteilsgemeinschaft. RGZ 169, 232, 235 bejaht eine Bruchteilsgemeinschaft an einer ver- 12

Obernburg MDR 1964, 846; § 1172 Rz 7; Westermann, SachenR Bd 2[6] § 125 V 2; Güthe/Triebel GBO, 1936/37[6], § 22 Bem 14; aM v Tuhr, Allg Teil I, S 91 bei Fn 42; Enn/Wolff/Raiser, SachenR § 148 VII 1, die Gesamthandgemeinschaft annehmen, was aber dem numerus clausus der Gesamthandgemeinschaften widerspricht.

40 RG JW 1938, 3236.

41 HM; BGH NJW 1975, 445; MünchKomm/K Schmidt Rz 12: § 428 analog. Krit G Dietz, Diss Mainz 2000, S 132.

42 RG WarnR 1939 Nr 75: keine Verfügung des Einzelnen über das ganze Grundpfandrecht; ob Bruchteilsgemeinschaft vorliegt – was zu bejahen ist –, wird dahingestellt gelassen.

43 HM: RGZ 146, 363; vgl aber § 747 Rz 5. Vgl auch § 1172 Rz 7 ff.

44 Hierzu Stoldt SchlHA 1950, 205.

45 Abwegig AG Bremerhaven MDR 1950, 110.

46 Ebenso Lindenmaier MDR 1950, 110; v Laun MDR 1953, 468.

47 Wie Wüstendörfer, Neuzeitliches SeehandelsR 1950, S 149 meint.

48 Vgl Rz 15 vor § 705.

49 BGHZ 62, 243, 245 = NJW 1974, 1189; KG NJW 1982, 1886, 1887; aA MünchKomm/K Schmidt Rz 17.

50 Hamburg OLG 43, 208: Besitz von Eheleuten an gemeinsam gemieteten Räumen; RGRK/v Gamm Rz 7; Enn/Lehmann, Schuldverhältnisse § 183 III; Staud/U Huber Rz 70.

51 Ges über Urheberrechte und verwandte Schutzrechte v 9. September 1965 (BGBl I, S 1273).

52 Vgl dazu L Steffen, Die Miturhebergemeinschaft, 1989, S 22 ff.

53 RG Recht 1927 Nr 2249; RGZ 118, 46; RG MuW 1938, 164, 167; RG JW 1939, 239. Verschmelzung mehrerer Erfindungen zu einheitlicher Patentanmeldung; für Gebrauchsmuster: RGZ 117, 47, 49. Näheres zum Verhältnis von Miterfindern vgl W Lüdecke, Erfindungsgemeinschaften, 1962: im Zweifel Bruchteilsgemeinschaft (S 110); Sefzig GRUR 1995, 302; V Henke GRUR 2007, 89; BGH GRUR 1971, 210, 213; BGH NJW-RR 2001, 477, 478; BGH GRUR 2003, 702, 704; BGHZ 162, 342 = NJW-RR 2005, 1200; BGH GRUR 2006, 401 = MDR 2006, 766. Vgl auch MünchKomm/K Schmidt Rz 54 ff mNachw; Ubertazzi GRUR (Int) 2004, 805. Wegen gesellschaftsrechtlicher Verbindung vgl Rz 18, 72 vor § 705; über Gesellschafter-Erfindung § 706 Rz 33.

54 RGZ 135, 70, 74.

55 Wegen Unterbeteiligung vgl Rz 33–36 vor § 705.

56 BGH NJW 1963, 1610 = WM 1963, 999.

schiedenen Firmen zustehenden **Kartellgesamtquote**, soweit nicht eine gesellschaftsvertragliche Übereinkunft vorliegt; dies ist jedoch nicht präjudiziell für die Frage einer mitgliedschaftlichen Beteiligung in einer Personalgesellschaft[57].

13 e) **Obligatorische und sonstige Rechte**. Die Möglichkeit, dass ein **schuldrechtlicher Anspruch** Gegenstand einer Bruchteilsgemeinschaft sein kann, ist unbezweifelbar; auch der Gesetzgeber geht in § 754 hiervon aus. Zur Regelung der Rechtsbeziehungen der Teilhaber untereinander sind die §§ 741 ff anwendbar; so vor allem bei Forderungen, die anlässlich eines in Bruchteilsgemeinschaft stehenden Gegenstands entstehen[58] oder im Rahmen der Verwaltung eines zu einer schlichten Rechtsgemeinschaft gehörenden Rechts, etwa bei einer Schadenersatzforderung wegen Entziehung oder Beschädigung der gemeinsamen Sache[59] oder wegen Nichterfüllung[60] oder der Anspruch auf Rückgewähr einer Grundschuld, die auf einem Grundstück in Miteigentum lastet[61], oder für den Bereicherungsanspruch aus § 816 Abs 1 Satz 2 wegen wirksamer Verfügung eines Nichtberechtigten[62], nicht aber bei einer Schadenersatzforderung, die an die Stelle der zerstörten Sache tritt; wegen Beendigung der Gemeinschaft gilt hier § 420[63]. Gemeinschaft können auch die Geschwister an ihrem **Mietrecht** haben, wenn sie zusammen Mieter einer Wohnung sind[64]; das Gleiche gilt für Eheleute, die gemeinsam gemietet haben[65], oder für sonstige Personen, wenn eine Aufteilung der Wohnung nicht vorgenommen worden ist[66]. Eine Mietaufhebungsklage ist gegen alle gemeinschaftlichen Mieter zu richten[67]. Für **Vermietergemeinschaften**, die dann nur gemeinsam Mietverträge schließen und kündigen[68] und nur gemeinsam den Mietzins einziehen können[69], kann ebenfalls Bruchteilsgemeinschaftsrecht gelten[70]; auch wenn verschiedene Erwerber einer Wohnung und einer Garage in einen darüber bestehenden einheitlichen Mietvertrag eintreten (§ 571 Abs 1)[71]. Rechtssystematisch unterscheidet sich die Bruchteilsgemeinschaft hinsichtlich einer Forderung von den **Gläubigermehrheiten** (§§ 420; 428–430; 432) dadurch, dass bei letzteren **mehrere Forderungen** bestehen[72]. Maßgeblich ist der Entstehungstatbestand, dh bei rechtsgeschäftlicher Begründung der Parteiwille (im Zweifel Gläubigermehrheit).

13a Bei einem **Gemeinschaftskonto** ist zu differenzieren zwischen unterschiedlichen, im Geschäftsverkehr mit Kreditinstituten typisierten Vertragsgestaltungen, für die sich die Bezeichnungen „Oder-Konto“ bzw „Und-Konto“ eingebürgert haben. Von einem **Oder-Konto** wird gesprochen, wenn vereinbart ist, dass jeder einzelne mehrerer Kontoinhaber allein berechtigt ist, über das jeweilige Guthaben zu verfügen. Ein **Und-Konto** liegt hingegen vor, wenn die mehreren

57 So auch RGRK/v Gamm Rz 9; vgl auch unten Rz 14.
58 Für Versicherungsforderung oder -summe: Frankfurt/M NJW-RR 1996, 101, 102; Düsseldorf WM 1998, 1875, 1879 = WuB I F 3.-1.99 Rösler; für Kaufpreisanspruch: Zweibrücken NJW-RR 1997, 973; dazu Lehleiter EWiR 1998, 11; für Rückgewähranspruch betr Grundschulden: BGH NJW 1982, 928 = WM 1982, 154; NJW 1986, 2108, 2110; Bamberg NJW-RR 1997, 81; für Erlös aus Versteigerung eines gemeinschaftlichen Hausgrundstücks und Mietzinsforderung gegen einen Teilhaber: BGH NJW-RR 2001, 369.
59 RG LZ 1916, 326; aber auch BGH MDR 1992, 1035. Vgl näher Habermeier AcP 193 (1993), 365 ff.
60 BGH NJW 1984, 795 = WM 83, 1413.
61 BGH aaO (Fn 58); Clemente EWiR 1999, 693, 694.
62 MünchKomm/K Schmidt Rz 41; Staud/U Huber Rz 62; Habermeier AcP 193 (1993), 365 ff.
63 RGRK/v Gamm Rz 8; aA MünchKomm/K Schmidt Rz 41, der sich zu unrecht auf Soergel[11]/Hadding beruft; ausführlich nunmehr Habermeier AcP 193 (1993), 365, 368 ff.
64 KG JW 1930, 1314.
65 Vgl auch LG Berlin NJW 1961, 1406, §§ 535, 536 Rz 59 ff.
66 LG Hamburg ZMR 1964, 307; vgl auch BGH WM 1984, 1575 für ein Dauernutzungsrecht.
67 LG Hamburg HMR 1951 Nr 75.
68 RGZ 89, 176, 180; 97, 79, 81.
69 BGH NJW 1958, 1723; NJW 1969, 839 = WM 1969, 396; WM 1983, 604; WM 1984, 1575, 1577; NJW-RR 2001, 369, 370.
70 Vgl auch RG HRR 1940 Nr 1294 = DR 1940, 2169. Vgl aber auch Rz 41 vor § 705; §§ 535–536 Rz 46–51; § 743 Rz 3 f.
71 BGH NJW 2005, 3781 = MDR 2006, 380.
72 Vgl iE Hadding, Festschr für E Wolf S 107, 118 ff; ders, Festschr für Canaris, 2007; gründlich und zutreffend Staud/Langhein § 741 Rz 109–122.

Inhaber nur gemeinschaftlich berechtigt sind, über das jeweilige Bankkonto zu verfügen[73]. Nach den bis zum 31. 12. 1992 verwendeten AGB-Banken Nr 2 Abs 3 Satz 1 (= Nr 2 Satz 1 AGB-Sparkassen) wurde bei der Kontoeröffnung durch mehrere Personen im Zweifel ein Oder-Konto mit alleiniger Verfügungsberechtigung eines jeden Inhabers begründet. Ein Konto mit gemeinschaftlicher Verfügungsberechtigung sollte dagegen nur dann vereinbart sein, wenn die Kontoinhaber dem Kreditinstitut schriftlich eine entsprechende Weisung erteilt haben. In den seit dem 1. 1. 1993 verwendeten neuen AGB-Banken und AGB-Sparkassen ist keine Regelung über Gemeinschaftskonten mehr enthalten. Ob ein Oder-Konto oder ein Und-Konto vereinbart wurde, hängt nunmehr allein davon ab, welcher fomularmäßige Antrag bei der Kontoeröffnung oder -änderung verwendet wird[74]. Die zivilrechtliche Qualifizierung der Gemeinschaftskonten ist umstritten. Bei den **Oder-Konten** hat sich die Auffassung durchgesetzt, dass die mehreren Kontoinhaber bei kreditorischem Kontostand als Gesamtgläubiger im Sinne des § 428 anzusehen sind[75]. Demgegenüber lässt sich eine allgemeingültige Feststellung bei **Und-Konten** nicht treffen[76]. Es kommt in Betracht, dass die mehreren Inhaber der Guthabenforderung dem Kreditinstitut als Beteiligte eines Gesamthandverhältnisses (zB Erbengemeinschaft, Eheleute in Gütergemeinschaft, Miturheber) gegenübertreten[77]. Liegt ein derartiger Tatbestand nicht vor, so ist im Zweifel eine Bruchteilsgemeinschaft nach §§ 741 ff anzunehmen[78]. Auch wenn kein Oder-Konto besteht, kann im Innenverhältnis eine Bruchteilsgemeinschaft hinsichtlich einer Sparforderung eines Teilhabers gegen das Kreditinstitut gegeben sein[79].

Der wirtschaftliche Wert eines **Unternehmens** kann Gegenstand gemeinschaftlicher Berechti- 14
gung sein[80]. So kann auch unter besonderen Umständen ein Zeitungsunternehmen Gegenstand einer Bruchteilsgemeinschaft sein[81]; in der Regel wird aber eine Zweckgemeinschaft vorliegen[82]. Die gemeinsame **Kartellquote**, an der mehrere Firmen partizipieren (Gesamtkartellquote), kann Gegenstand einer Bruchteilsgemeinschaft sein, wenn nicht eine Gesellschaft vorliegt[83]. An einem Familiengrab kann eine Gemeinschaft der Interessenten bestehen[84].

3. **Anwendungsbereich**. – a) **Unmittelbare Anwendung**. In den Fällen, in denen eine 15
Rechtsgemeinschaft besteht oder durch tatsächliches Zusammenwirken entsteht[85], liegt kraft Gesetzes (§ 741) eine Bruchteilsgemeinschaft vor. Die §§ 742 ff finden unmittelbar Anwendung. Eine Änderung ist dem Parteiwillen entzogen; es kann also nicht durch Privatvereinbarung Gesamthandvermögen gebildet werden, ohne dass die hierfür vom Gesetz festgelegten Voraussetzungen vorliegen[86]. Dies gilt aber nur, soweit sich nicht aus dem Gesetz – auch Landesgesetz – etwas anderes ergibt. Für Bruchteilsgemeinschaften in der früheren DDR gilt als Übergangsvorschrift

73 Vgl iE Hadding, WM-Festgabe für Thorwald Hellner, 1994, S 4 ff; ders, in: Schimansky/Bunte/Lwowski (Hrsg), Bankrechts-Handbuch, 2001², § 35 mNachw; Staud/Langhein § 741 Rz 87 ff.

74 Vgl iE Hadding, WM-Festgabe für Thorwald Hellner S 4 ff.

75 BGH NJW 1991, 420 = WM 1990, 2067; BGHZ 95, 185, 187 = NJW 1985, 2698 = WM 1985, 1059; BGHZ 93, 315, 320 f = NJW 1985, 1218 = WM 1985, 344; BGH WM 2000, 1253, 1255; Rieder WM 1987, 29, 30.

76 Hadding, WM-Festgabe für Thorwald Hellner S 8.

77 Vgl BGH WM 1987, 318, 319. Generell für Bruchteilsgemeinschaft am „Rechtsverhältnis" bei Gemeinschaftskonten: K Schmidt, Festschr für Hadding S 1093 ff.

78 BGH WM 1987, 318; 1990, 2067, 2068. Vgl iE Hadding, WM-Festgabe für Thorwald Hellner S 4; Canaris, BankvertragsR, 1988³, Rz 224 ff; Staud/U Huber Rz 54–59; MünchKomm/K Schmidt Rz 49–51.

79 So BGH NJW 2000, 2347, 2348 = WM 2000, 1253, 1255 = WuB I C 2.-3.00 (Meder) = ZIP 2000, 1245 = FamRZ 2000, 948; BGH NJW 2002, 3702, 3703 (= Fn 6); Bremen NJW-RR 2005, 1667; Sachsen-Anhalt v 26.6.2006 – 10 U 23/06.

80 RGZ 33, 31, 33.

81 Ausdrücklich RG Gruchot 53, 982, 984 f; Buchwald BB 1968, 1181, 1183 verkennt die Entscheidung, wenn er meint, dass das RG hier nur die Mitberechtigung an einem Verlagsrecht anerkennt; s aber auch RG SeuffA 59 Nr 5; aA MünchKomm/K Schmidt Rz 23, der eine Bruchteilsgemeinschaft nur für einzelne Anlagegüter anerkennt.

82 Vgl § 705 Rz 35 f; zu den Erscheinungsformen Rz 41 ff vor § 705.

83 RGZ 169, 232, 235.

84 Hamburg HansRZ 1926, 676.

85 Vgl oben Rz 3–14.

86 RGZ 152, 349, 355. Deshalb sollen bei einer Publikums-KG auf das Verhältnis der Anleger als Treugeber (Treuhänder ist Kommanditist)

EGBGB Art 232 § 9; internationalprivatrechtlich kommt es auf das für das gemeinschaftliche Recht maßgebliche Statut an[87].

16 b) **Ergänzende Anwendung**. Den §§ 742 ff gehen Sonderregeln vor, insbesondere für die Gesamthandgemeinschaften. Solche Sonderregeln enthalten §§ 705 ff (Gesellschaft), § 866 (Mitbesitz), §§ 921–923 (Grenzverhältnisse)[88], §§ 947 ff (Verbindung, Vermischung), § 963 (Bienenschwarm), § 984 (Schatz), §§ 1008 ff (Miteigentum), § 1172 (Eigentümergesamthypothek), §§ 1066, 1258 (Nießbrauch oder Pfandrecht am Anteil eines Miteigentümers), §§ 1415 ff, 1483 ff (Gütergemeinschaftsrecht), §§ 2032 ff (Erbengemeinschaft), § 2093 (Gemeinschaftlicher Erbteil), die Vorschriften des WEG[89], des KAGG[90] und des SchRG[91]. Ferner ist auf EGBGB Art 67, 83, 113, 119, 164 hinzuweisen. In allen diesen Fällen einer Sonderregelung können aber die §§ 742 ff ergänzende Anwendung finden; teilweise wird auf die unmittelbare oder entsprechende Anwendung verwiesen, so vor allem für die Verwaltung und Auseinandersetzung in §§ 731 Satz 2, 1477 Abs 1, 2038 Abs 2, 2042 Abs 2, 2044 Abs 1.

17 c) **Entsprechende Anwendung**. Die §§ 742 ff finden darüber hinaus analoge Anwendung auf die sog **schlichten Interessengemeinschaften**[92]. Hierher rechnet nicht das Verhältnis der Teilhaber einer Eigentümergemeinschaft, die von Dauernutzungsberechtigten Kostentragung verlangen[93].

18 4. **Wirkungen**. Mit dem Entstehen einer Bruchteilsgemeinschaft sind sowohl dingliche als auch schuldrechtliche Wirkungen verbunden. Wegen der besonders gearteten dinglichen Wirkung vgl Rz 4–6 vor § 741. Der Schwerpunkt der gesetzlichen Regelung betrifft die schuldrechtlichen Bindungen unter den Mitberechtigten (§§ 743 ff)[94].

19 Die **Wirkungen nach außen** gegenüber Dritten richten sich nach den allgemeinen Vorschriften. Zumeist haften die Teilnehmer nach §§ 427, 431, 769, 830 als Gesamtschuldner, ausnahmsweise nach § 420 nur anteilig. Das gemeinsame Recht kann grundsätzlich nur gemeinsam geltend gemacht werden[95].

§ 742 Gleiche Anteile

Im Zweifel ist anzunehmen, dass den Teilhabern gleiche Anteile zustehen.

1 1. Die Anteilsgleichheit gilt nur als **Auslegungsregel**[1], Parteivereinbarungen gehen vor. § 742 ergibt, dass bei Fehlen von Vereinbarungen oder in Ermangelung von Unterlagen für einen anderen Maßstab gleiche Teile anzunehmen sind[2]. Sprechen aber besondere Umstände gegen gleiche Anteile, dann sind die diesen Umständen entspr Teile zu ermitteln, notfalls ist eine der Billigkeit

§§ 741 ff anwendbar sein (so Frankfurt/M NZG 1999, 819).
87 BGH NJW 1998, 1321: für Miteigentum.
88 S dazu BGHZ 42, 374, 380 = NJW 1965, 389; LG Köln NJW 1963, 1831.
89 WohnungseigentumsG v 15. März 1951 (BGBl I, S 175).
90 Ges über Kapitalanlagegesellschaften v 16. April 1957 (BGBl I, S 378).
91 Ges über Rechte an eingetragenen Schiffen und Schiffsbauwerken v 15. November 1940 (RGBl I, S 1499).
92 Vgl hierüber Rz 14 vor § 741.
93 BGH WM 1979, 111.
94 Vgl Rz 7 f vor § 741 u die Bem zu den einzelnen Paragraphen.
95 Vgl Rz 5–7 vor § 741 u § 747 Rz 7; BGHZ 121, 21, 24 = NJW 1993, 727 = WM 1993, 339; BGHZ 106, 222, 226 = NJW 1989, 1091 = WM 1989, 312. Beachte neuerdings BFH NJW 2004, 2773 und 2774: Beteiligtenfähigkeit und Klagebefugnis der Bruchteilsgemeinschaft.

1 So für rechtsgeschäftlich begründete Bruchteilsgemeinschaft BGH NJW 1997, 1434 = WM 1997, 667 (mAnm Koller WuB I G 3.-1.97) = ZIP 1997, 674; dazu Rehbein EWiR 1998, 111 (zB Gemeinschafts-Depot als sog Oder-Depot, vgl § 741 Rz 13 a). Vgl auch Hertel WuB I C 3.-1.98 zu Düsseldorf WM 1998, 550.
2 RGZ 169, 232, 239: Kartellquote; RG MuW 1938, 167: Miterfinder; Köln WM 2000, 2485, 2487: Oder-Depot; Bremen MDR 2004, 1004: Gemeinschaftsdepot.

entsprechende Schätzung vorzunehmen, da § 742 nur subsidiär gilt[3]. Dies wird zB bei einem Oder-Depot hinsichtlich der verwahrten Wertpapiere der Fall sein[4]. Der andere Maßstab kann sich auch aus dem Gesetz ergeben[5]. Der gute Glaube Dritter an gleiche Bruchteile wird durch § 742 nicht geschützt[6]. Tragen Ehegatten durch ihre beiderseitige Mitarbeit zur Schaffung gemeinsamer Vermögenswerte bei[7], so sind mit Rücksicht auf das Wesen der Ehe mangels anderweitiger Vereinbarungen die beiderseitigen Leistungen als gleichwertig anzusehen, auch wenn sie tatsächlich unterschiedlich sind[8]. Auch am Guthaben eines Gemeinschaftskontos sind Ehegatten in der Regel zu gleichen Teilen berechtigt[9].

Für **Grundbucheintragungen** sind die Anteile nach GBO § 47 genau zu bezeichnen und durch Urkunden oder übereinstimmende Erklärungen, der Teilhaber nachzuweisen[10]; der Grundbuchrichter ist nicht durch die Vermutung des § 742 gebunden[11], da **§ 742** nur für die „Teilhaber", also im Innenverhältnis[12], **nicht** aber **gegenüber** Dritten gilt. Da je nach Art der gemeinschaftlichen Berechtigung die Verfügungsbefugnis des einzelnen Teilhabers unterschiedlich ist, erfordert der Bestimmtheitsgrundsatz des GBO § 47, Art und Inhalt der Gemeinschaft einzutragen, um Art und Umfang der Verfügungsbefugnis der einzelnen Teilhaber ersichtlich zu machen[13]. 2

2. **Aus dem Gesetz sich ergebende andere Maßstäbe**. Für die Reallastenberechtigung gilt § 1109, für die Eigentümergesamthypothek § 1172 Abs 2[14], für das Miteigentum beim Wertpapiersammeldepot DepG § 6 Abs 1 Satz 2, bei Verbindung, Vermischung und Vermengung §§ 947 Abs 1, 948[15]. Für die Bruchteilsgemeinschaft, die als Folge der Aufspaltung eines Rechtsträgers entstehen kann, gilt UmwG § 131 Abs 3; ist der Gegenstand im Spaltungsvertrag keinem der übernehmenden Rechtsträger zugeordnet, so geht der Gegenstand auf alle übernehmenden Rechtsträger in dem Verhältnis über, das sich aus dem Spaltungsvertrag für die Aufteilung des Überschusses der Aktivseite der Schlussbilanz über deren Passivseite ergibt[16]. 3

3. Umstritten ist, welcher Maßstab gelten soll, wenn das zur Zeit der Verbindung oder Vermischung bestehende **Wertverhältnis** (§§ 947 Abs 1, 948) **nicht nachweisbar** ist, eine Frage, die durch Zulassung des sog **verlängerten Eigentumsvorbehalts**[17] häufiger auftaucht[18]. Einige wollen § 742 ergänzend anwenden[19], andere sprechen dem Besitzer Alleineigentum nach § 1006 zu, soweit der Fordernde beweisfällig geworden ist[20]. 4

Die §§ 947 Abs 1, 948 haben einen **besonderen Quotenmaßstab** aufgestellt, weshalb § 742 ausscheidet[21]. Auch kann die Anwendung von § 742 nicht damit gerechtfertigt werden, dass die §§ 947, 948 das maßgebende Wertverhältnis als feststehend unterstellen, also entfallen, wenn die Wertquoten nicht feststellbar sind; denn aus dem Gesetz ergibt sich nicht, dass die Anwendung des besonderen Maßstabs in § 947 von seiner Feststellbarkeit abhängt, sondern nur, dass die Anwendung ein objektiv feststehendes Wertverhältnis voraussetzt, was in jedem Fall gegeben ist; es fehlt höchstens seine subjektive Nachweisbarkeit. Eine Gleichteilung kann auch nicht unter Hinweis auf § 920 Abs 1 Satz 2 (Grenzverwirrung[22]) und auf § 2073 (ungenaue Bezeichnung des Bedachten) begründet werden, da diese Sonderregelungen wegen ihrer anders gearteten Wertungsgrundlagen 5

3 RGZ 169, 239.
4 BGH NJW 1997, 1434; Köln WM 2000, 2485.
5 Vgl unten Rz 3.
6 Pal/Sprau Rz 1; MünchKomm/K Schmidt Rz 1 Fn 2; BGHZ 13, 133, 138 = NJW 1954, 1035.
7 Vgl § 741 Rz 5.
8 LG Münster FamRZ 1960, 117: gemeinschaftlicher Erwerb eines Grundstücks und Hausbau.
9 Saarbrücken OLGRspr 2003, 5 = BKR 2003, 263.
10 RGZ 54, 85.
11 KG OLG 4, 327; 8, 225; BayObLGZ 5, 177, 179.
12 BGHZ 13, 133, 138 = NJW 1954, 1035.
13 BGH DNotZ 1979, 499, 501; NJW 1981, 176 = WM 1980, 1288.
14 RG JW 1938, 3236; vgl 13. Aufl, § 1172 Rz 3 ff.
15 RGZ 112, 102, 104; BGH NJW 1958, 1534 (mAnm Hoche).
16 Vgl. dazu Teichmann, in: Lutter (Hrsg), UmwG, 2004[3], § 131 Rz 14 ff.
17 Vgl § 398 Rz 8; Rz 2 vor § 455; § 929 Rz 20 ff; § 950 Rz 9 ff.
18 Vgl auch § 948 Rz 4.
19 Raape JW 1926, 799; Schirdewahn, Festschr für Salomonsohn, 1929, S 189; Flume NJW 1959, 922.
20 So die bislang hM; RGZ 112, 102; Hamburg SeuffA 76 Nr 21; § 948 Rz 4.
21 Vgl oben Rz 1, 3.
22 So Raape JW 1926, 799.

nicht auf die hiesigen Fälle erstreckt werden können[23]; vor allem aber würde der Gleichteilungsmaßstab zu unbilligen Ergebnissen führen, wenn aus den Umständen hervorgeht, dass sicherlich stark unterschiedliche Wertquoten vorliegen, aber ihre Höhe nicht nachweisbar ist. Es lässt sich andererseits auch nicht mit der herrschenden Meinung bei Fehlen des Nachweises der Quote ohne weiteres Alleineigentum des Besitzers aus § 1006 ableiten[24]; denn bei nachweisbarer Vermischung ist die Vermutung des § 1006 bereits widerlegt[25]; es steht dann fest, dass Miteigentum vorliegt, dessen Entstehen nicht von dem Nachweis des Umfangs der Quote abhängig ist[26]. Außerdem würde diese Ansicht bei einem Besitzer, der keinerlei Mengen beigemischt hat, zu einem unbilligen Ergebnis führen.

6 Vielmehr ist über die Aufteilung der Quoten bei Ungewissheit nach den **Grundsätzen der Beweislast**[27], aber auch der **Beweiswürdigung** mit eventueller Umkehrung der Beweislast bis hin zur entsprechenden Anwendung von ZPO § 287 Abs 2 zu entscheiden; das Gericht hat notfalls unter Würdigung aller Umstände das Quotenverhältnis nach Billigkeit zu schätzen, was im einzelnen Fall auch zur Gleichteilung führen kann[28]. **Hinter der Ungewissheit über die Quote** kann sich aber auch eine solche **über die Mitberechtigung selbst** verbergen; dann fehlen die Voraussetzungen für das geltend gemachte Miteigentum, das in jedem Fall zu beweisen ist; es liegt entweder Alleineigentum oder Miteigentum der Übrigen vor.

§ 743 Früchteanteil; Gebrauchsbefugnis

(1) **Jedem Teilhaber gebührt ein seinem Anteil entsprechender Bruchteil der Früchte.**

(2) **Jeder Teilhaber ist zum Gebrauch des gemeinschaftlichen Gegenstands insoweit befugt, als nicht der Mitgebrauch der übrigen Teilhaber beeinträchtigt wird.**

1 1. **§ 743 Abs 1** gibt einen schuldrechtlichen Individualanspruch des Einzelnen gegenüber den Teilhabern, also im Innenverhältnis, auf Beteiligung an den Früchten (§ 99) nach dem Verhältnis seines „Anteils"[1]. Da es sich um einen Individualanspruch handelt, kann er nicht ohne Zustimmung des Berechtigten beeinträchtigt werden (§ 745 Abs 3 Satz 2)[2]. Gemäß § 2038 Abs 2 Satz 1 ist § 743 auf die Erbengemeinschaft anwendbar[3].

2 2. Der Anspruch geht nur auf anteilsmäßige Beteiligung am **Ertrag**. Denn die Einziehung der Früchte und Nutzungen ist immer Verwaltungshandlung (§ 744)[4], so dass der einzelne Teilhaber nicht einen seinem Anteil entsprechenden Teil der Forderung unmittelbar einklagen[5] oder abtreten und sein Gläubiger einen solchen Anteil nicht pfänden kann[6]; dies gilt auch für den Anteilsnießbrauch[7]. Die Übernahme des ganzen Grundstücks bei der Enteignung kann der einzelne Teilhaber nicht verlangen, wohl aber seine anteilige Entschädigung[8].

23 Vgl auch BGH NJW 1958, 1534 (mAnm Hoche).
24 BGH NJW 1958, 1534; Planck/Brodmann § 948 Rz 2.
25 Zutr Westermann, SachenR Bd 1, 1990[6], § 52 III a.
26 So auch BGH NJW 1958, 1534 = WM 1958, 899; vgl dazu näher Staud/Langhein § 742 Rz 18 ff.
27 So zutr BGH NJW 1958, 1534, 1535 (mzustAnm Hoche); abl Leiß JZ 1959, 24.
28 Auch Hoche NJW 1958, 1534 u MünchKomm/K Schmidt Rz 8 befürworten Anwendung von ZPO § 287; ebenso Erman/Aderhold Rz 5; zu beachten ist ferner die Ausschaltung von § 742 zugunsten einer Schätzung nach den Umständen in RGZ 169, 232, 239, vgl oben Rz 1; Hamburg SeuffA 76 Nr 21 billigt dem Beweispflichtigen keine Quote zu.

1 RGZ 70, 167; BGH NJW 1958, 1723. Demgegenüber ordnet Schnorr, Die Gemeinschaft nach Bruchteilen § 8, die Fruchtziehung einem von der hM abweichenden Verständnis des § 743 Abs 2 unter (vgl Fn 27).
2 RG JW 1931, 2722; vgl auch § 745 Rz 4.
3 Vgl dazu BGH NJW 1984, 45 = WM 1983, 1063.
4 RG HRR 1940 Nr 1294 = DR 1940, 2169; BGH NJW 1958, 1723.
5 BGH NJW 1958, 1723; KG JW 1932, 3008.
6 BGH NJW 1969, 839; Köln JW 1932, 3013; ausführlich dazu Staud/Langhein § 743 Rz 19 ff.
7 KG NJW 1964, 1808.
8 RG FrankfRundsch 41, 117. Vgl zur steuerrechtlichen Zurechnung der Einkünfte BFH NJW 1979, 80.

Ist der gemeinschaftliche Gegenstand vermietet oder verpachtet, so sind die **Miet-** bzw **Pachtzinsen an alle Teilhaber gemeinsam** zu zahlen[9]. An den Mietzinsforderungen eines gemeinschaftlichen Grundstücks ist der einzelne Teilhaber nicht etwa mit seinem Anteil berechtigt (§ 420[10]), sondern die Einziehung obliegt der Gemeinschaft der Miteigentümer, sofern es sich bei der Einziehung nicht um eine notwendige Erhaltungsmaßnahme nach § 744 Abs 2 handelt[11]. Nach der Rechtsprechung kann der einzelne gem § 432 Leistung an die Gemeinschaft verlangen[12]. Dies gilt auch bei Untervermietung einer durch mehrere Mieter gemeinschaftlich gemieteten Sache[13]. Hat ein Teilhaber die Mieteinnahmen für den gemeinschaftlichen Gegenstand **einzeln eingezogen**, so können von diesem die anderen Teilhaber die **Auskehrung** bestimmter auf sie entfallender Bruchteile der Früchte verlangen; ein einzelner Teilhaber kann aber den für sich beanspruchten Bruchteil von einem anderen Teilhaber nur fordern, wenn die übrigen der geltend gemachten Art der Teilung **zustimmen**[14]; in dem Dulden der Besitzüberlassung kann eine Genehmigung der Vermietung liegen[15]. Die Höhe des Mietzinses richtet sich bei fehlender Vereinbarung nach § 745 Abs 2[16]. 3

Der einzelne Teilhaber hat jenseits der Einziehung[17] einen Anspruch auf **Auskehrung des Ertrags** nach seiner Anteilsquote, die sich im Fall des § 2038 Abs 2 Satz 3 nach der jeweiligen gegenwärtigen Beteiligung am Nachlass richtet[18]. Dieser Ertrag ist durch Abzug der auf dem gemeinschaftlichen Gegenstand ruhenden Lasten und Unterhaltungskosten vom Rohertrag zu ermitteln[19]. Er hat also nur **Anteil am Nettoertrag**; diesen Anteil kann er abtreten oder verpfänden, dieser kann gepfändet werden[20]. Er nimmt aber am Mehrgewinn durch erhöhte Syndikatspreise nach dem Verhältnis seiner Kontingentziffer teil[21] und braucht sich nicht gefallen zu lassen (§ 745 Abs 3 Satz 2), dass von einem verwaltenden Teilhaber Einnahmen (Mieten) als Reservefonds für etwa später vorzunehmende Instandsetzungen zurückbehalten werden[22]. Klagt ein Teilhaber auf Herausgabe des ihm zustehenden Anteils der Nutzungen, hat er den Anfall dieser Nutzungen darzulegen und zu beweisen; der Anspruchsgegner hat den Verbleib der Nutzungen darzulegen und zu beweisen[23]. Bei **Miteigentum an einer Giebelmauer** hat jeder Grundstückseigentümer das uneingeschränkte Nutzungsrecht an der Mauer in Richtung auf sein eigenes Grundstück; deshalb gebühren auch die Früchte, die jeder in Richtung auf sein Grundstück, etwa durch Vermietung der dem Grundstück zugewandten Mauerfläche, zieht, ihm allein[24]. 4

3. **Früchte** im Sinne des § 743 sind sowohl Sachfrüchte, als auch Rechtsfrüchte, also auch Lizenzeinnahmen aus einem Patent, der Gewinn eines Gewerbebetriebs[25]. Auch die Gebrauchsvorteile (§ 100) fallen hierunter[26]. Vgl zu Früchten eines Grenzbaums § 923. 5

4. **§ 743 Abs 2** regelt nur das Maß des Gebrauchs, § 745 dagegen die Benutzungsart[27]. Das Recht auf Gebrauch findet seine Grenze am Mitgebrauch der anderen Teilhaber. Dabei kommt es 6

9 KG OLG 17, 1; 20, 107.
10 BGH NJW 1969, 839 = WM 1969, 396; vgl auch Rz 4 vor § 741. Zur steuerrechtlichen Zurechnung von Vermietungseinkünften: BFH/NV 2006, 1297.
11 Vgl § 744 Rz 4.
12 RG HRR 1940 Nr 1294 = DR 1940, 2170; BGH NJW 1958, 1723; WM 1983, 604; WM 1984, 1575, 1577; NJW-RR 2001, 369, 370; Frankfurt/M NJW 1958, 65; vgl auch Zweibrücken NJW-RR 1997, 973; dazu EWiR 1998, 11 Lehleiter. Kritisch schon Diederichsen MDR 1963, 632, 633; Hadding, Festschr für Canaris, 2007.
13 BGH NJW 1969, 839 = WM 1969, 396.
14 BGH WM 1984, 1575, 1577; vgl auch KG OLG 20, 186.
15 Staud/Langhein Rz 5 ff; vgl auch § 747 Rz 4 ff.
16 BGH NJW 1974, 364; NJW 1984, 45, 46 = WM 1983, 1063.
17 S hierzu oben Rz 3.
18 Hamburg MDR 1956, 107.
19 AllgM RGZ 89, 176, 180; RG DR 1940, 2169; BGH NJW 1958, 1723; BGH WM 1999, 17 = WuB IV A. § 743 BGB 1.99.
20 RGZ 89, 176, 180.
21 RGZ 70, 165.
22 RG JW 1927, 1854. Vgl aber auch Schulze-Osterloh WuB IV A. § 743 BGB 1.99 aE zu BGH WM 1999, 17.
23 BGH WM 1972, 1121 = BB 1972, 1245.
24 BGHZ 43, 127, 133 = NJW 1965, 811 = WM 1965, 291; Köln ZMR 2006, 772. Vgl auch § 741 Rz 3.
25 BGHZ 7, 208, 218 = NJW 1952, 1410.
26 BGH NJW 1966, 1707, 1708 = DB 1966, 1387; s auch § 745 Abs 3 Satz 2.
27 Hamburg SeuffA 57 Nr 34. Nach Schnorr, Die Gemeinschaft nach Bruchteilen § 7, enthält § 743

nur auf den **tatsächlichen Mitgebrauch** an, nicht auf den rechtlich möglichen, den der andere nicht ausübt[28]; der Gebrauchende ist gegenüber dem Nichtgebrauchenden nicht grundlos bereichert[29]. Ein abstrakter Nachteil im Mitgebrauch genügt nicht, nur der tatsächliche Gebrauch wird durch § 743 Abs 2 begrenzt. Übt deshalb ein anderer sein Mitgebrauchsrecht nicht aus, so kann der eine das gemeinschaftliche Eigentum in weiterem Umfang benutzen, ausgenommen, es liegt eine vorübergehende oder in der Natur der Benutzung liegende Unterbrechung des Mitgebrauchs durch den anderen vor[30]. Aber der Nießbraucher einer ideellen Grundstückshälfte ist dem Miteigentümer zum anteiligen Ersatz von Baukosten nur verpflichtet, soweit die Aufwendungen den Rahmen von § 1041 nicht überschreiten[31]. Jedoch können die Teilhaber – auch stillschweigend – vereinbaren (§ 745 Abs 1), dass einer von ihnen zur alleinigen Innehabung und Benutzung der Sache gegen **Entgelt** berechtigt ist[32]. Der entgeltlichen Überlassung des gemeinschaftlichen Gegenstandes an einen Teilhaber kann ein Mietverhältnis, aber auch eine einfache Nutzungsregelung unter den Teilhabern zugrunde liegen[33]. Zur vertraglich vereinbarten Nutzungsbefugnis eines Gebäudeteils ist die Befugnis zu rechnen, die Nutzungsfläche sowohl persönlich als auch durch Vermietung an Dritte wirtschaftlich zu verwerten, es sei denn, dass ausdrücklich ein Vorbehalt nur für den persönlichen Gebrauch besteht[34]. Ein gemeinsamer Gang zwischen zwei Häusern kann gelegentlich zum Durchschieben von Wagen benutzt werden, selbst wenn dadurch zeitweilig die Benutzung für die anderen unmöglich wird[35]; ein Teilhaber kann eine gemeinsame Hausmauer dadurch benutzen, dass er die Stufen seiner Treppe in die Mauer einlegt[36]; es kann ein Anspruch auf Bewilligung einer Zufahrts- oder Wasserleitungsbaulast bestehen[37]. Bei hartnäckiger Behinderung kann auf Schadenersatz oder Unterlassung geklagt werden[38]. Da die selbstständige Befugnis zum Gebrauch nicht auf einem nur schuldrechtlichen Anspruch beruht, muss der gebrauchende Teilhaber nicht einen Widerspruch der anderen erst durch Klage überwinden[39]. Mit der Benutzung können gegebenenfalls auch Eingriffe in den gemeinschaftlichen Gegenstand verbunden sein, wenn die unter den Teilhabern maßgebliche Benutzungsart und der Mitgebrauch der anderen Teilhaber gewahrt bleiben[40]. Wird der gemeinschaftliche Gegenstand beim Gebrauch beschädigt, so haften die Teilhaber untereinander nur gem §§ 823 ff[41]. Wird die dem Teilhaber zustehende Nutzung verweigert, hat er einen Bereicherungsherausgabeanspruch nach § 812 Abs 1 Satz 1 Fall 2[42].

§ 744 Gemeinschaftliche Verwaltung

(1) **Die Verwaltung des gemeinschaftlichen Gegenstands steht den Teilhabern gemeinschaftlich zu.**

Abs 2 nur „die modifizierten Befugnisse des § 903" im Innenverhältnis der Teilhaber (S 170).

28 BGH NJW 1995, 652, 653; BGH NJW-RR 1993, 386, 387 = WM 1993, 849 (mAnm Tiedtke WuB IV A. § 426 BGB 2.93); BGH NJW 1987, 3001 = WM 1987, 1107; MünchKomm/K Schmidt Rz 11; Staud/Langhein Rz 36.

29 BGHZ 87, 265, 271 = NJW 1983, 1845 = WM 1983, 708; NJW 1966, 1707, 1708; BGH NJW-RR 2005, 1200, 1201 (für gemeinschaftliches Patent); Karlsruhe OLG 34, 71.

30 KG NJW 1968, 160, 161 = OLGZ 69, 311, 314. Vgl auch BFH UStR 1996, 124.

31 BGH NJW 1966, 1707. S auch BGH NJW 2007, 149 = WM 2007, 86.

32 BGHZ 87, 265, 271 = NJW 1983, 1845 = WM 1983, 708; NJW 1966, 1707, 1708. Vgl auch BGH NJW 1997, 731.

33 MünchKomm/K Schmidt Rz 15 f mNachw.

34 LG Mannheim ZMR 1965, 303.

35 Celle SeuffA 62 Nr 207.

36 RG SeuffA 66 Nr 189.

37 BGH WM 1991, 821; WM 2004, 2169 = NJW-RR 2004, 809 (s auch § 745 Rz 11 aE). Zum Ausmaß des Gebrauchs bei gemeinsamer Grundstücksentwässerung eines Doppelhauses vgl Hamm OLGZ 1994, 62.

38 BGH NJW 1966, 1707, 1708; BGHZ 87, 265, 271 = NJW 1983, 1845 = WM 1983, 708; Koblenz NJW 1994, 463; Hamm NZG 2000, 642; MünchKomm/K Schmidt Rz 10; Staud/Langhein Rz 38 ff. Vgl im übrigen zur Regelung des Gebrauchs beim Miteigentum Tzermias AcP 157 (1958/59), 455.

39 BGH NJW 1978, 2157 = WM 1978, 1012.

40 BGH WM 1973, 82.

41 BGHZ 62, 243 = NJW 1974, 1189.

42 BGH NJW 1966, 1707, 1708.

(2) Jeder Teilhaber ist berechtigt, die zur Erhaltung des Gegenstands notwendigen Maßregeln ohne Zustimmung der anderen Teilhaber zu treffen; er kann verlangen, dass diese ihre Einwilligung zu einer solchen Maßregel im Voraus erteilen.

1. Die **gesetzliche Verwaltungsregelung** in den §§ 744–746 geht von dem Grundsatz gemeinschaftlicher Verwaltung aus (§ 744 Abs 1). Dieser soll aber nur gelten, soweit nicht durch einstimmigen Beschluss[1] oder durch Mehrheitsbeschluss in bestimmten Grenzen (§ 745 Abs 2) oder durch Urteil (§ 745 Abs 2) eine andere Regelung getroffen worden ist. Durchbrochen wird der Grundsatz gemeinschaftlicher Verwaltung durch das Recht jedes einzelnen Teilhabers, notwendige Erhaltungsmaßnahmen allein zu treffen (§ 744 Abs 2). Die Verwaltungsordnung gilt nur unter den Teilhabern, also im **Innenverhältnis**, wobei jeder Teilhaber gegen den anderen einen Anspruch auf ordnungsmäßige Verwaltung hat[2]. 1

2. Unter **Verwaltung** ist jede Art von Geschäftsführung zu verstehen, die im Interesse aller Teilhaber liegt, mag sie tatsächliche oder rechtliche Änderungen herbeiführen[3]. Darunter können auch Verfügungen fallen[4]. Von der Verwaltung, die dem gemeinsamen Interesse dient, ist der Gebrauch oder die Benutzung des gemeinschaftlichen Gegenstandes durch den Einzelnen, der damit eigene Interessen verfolgt, zu trennen (§ 743 Abs 2). Die Verwaltung entscheidet über die Voraussetzungen der Benutzung, den Eigengebrauch[5]. Nicht zur Verwaltung rechnen zB Organisationsmaßnahmen unter den Teilhabern, Aufhebung der Gemeinschaft und Gemeinschaftsteilung[6]. Der Begriff „Verwaltung" kann in § 744 Abs 1 wegen der Einstimmigkeit weiter gefasst werden, dagegen ist er im Hinblick auf § 745 Abs 3 eingeschränkt; während er hier wesentliche Veränderungen oder Eingriffe in die Individualrechte der Teilhaber[7] nicht umfasst, fallen solche unter § 744 Abs 1. In einem gemeinschaftlich geführten Prozess sind die Teilhaber notwendige Streitgenossen (ZPO § 62)[8]. 2

3. In der **Abänderung** der gesetzlichen gemeinschaftlichen Verwaltung **durch Vereinbarung/Beschluss** sind bei Einstimmigkeit die Teilhaber ganz frei gestellt. Dies kann auch stillschweigend durch langjährige Übung geschehen[9] oder durch konkludende Vereinbarung[10]. Eine Pflicht zur Zustimmung besteht nur nach § 745 Abs 2 und 3[11]. Als Verwalter kann ein Teilhaber oder ein Dritter bestellt werden[12]; dann gilt Dienstvertrags- oder Auftragsrecht, auf das nicht das Sonderrecht der gesellschaftsrechtlichen Geschäftsführung anzuwenden ist[13]; der Haftungsmaßstab richtet sich nach § 276, nicht nach § 708[14]. Ist ein Entgelt für die Verwaltung einer späteren Vereinbarung vorbehalten worden, so kann der Berechtigte, wenn später keine Einigung erzielt wird, gem § 745 Abs 2 ein Entgelt verlangen, das nach billigem Ermessen dem gemeinschaftlichen Interesse an sachgerechter Verwaltung entspricht, und unmittelbar auf Zahlung klagen[15]. Mietet einer von zwei Miteigentümern die gemeinschaftliche Sache, so enthält dies zugleich eine Nut- 3

1 Vgl unten Rz 3.
2 BGH WM 1962, 464.
3 Vermietung: RGZ 89, 176, 178; RG HRR 1940 Nr 1294 = DR 1940, 2169 (mzustAnm Roquette); Karlsruhe JW 1932, 3013; BGHZ 56, 47, 50 = NJW 1971, 1265: für Erbengemeinschaft; Einziehung von Mietzinsen: BGH NJW 1958, 1723; § 741 Fn 69f; vgl auch §§ 535, 536 aF Rz 28; Bewirtschaftung: RGZ 160, 122, 125; Errichtung eines Behelfsheimes: BGH LM Nr 2 zu § 745 = NJW 1953, 1427. Vgl weiterhin Staud/Langhein § 744 Rz 7ff.
4 BGHZ 101, 24, 26 = NJW 1987, 3177; Düsseldorf NJW-RR 1998, 11: gegenüber Mieter.
5 BGH NJW 1995, 2637: time-sharing; Hamm DB 1985, 2400; MünchKomm/K Schmidt Rz 4. Umgekehrte Sichtweise bei Schnorr, Die Gemeinschaft nach Bruchteilen § 9 I (S 216).
6 Köln OLGZ 1970, 276.
7 Vgl § 743 Rz 1.
8 Vgl RGZ 96, 48, 52; 119, 163, 168; A Blomeyer AcP 159 (1961), 405. Zur Prozessführung in gemeinschaftlichen Angelegenheiten Staud/Langhein § 744 Rz 46ff. Vgl auch OVG Münster NZVw-RR 1997, 8.
9 Celle MDR 1998, 397.
10 Stuttgart NJW-RR 1987, 1098; BayObLG NJW-RR 2002, 1022.
11 Düsseldorf DB 1998, 2159.
12 BGHZ 34, 367 = NJW 1961, 1299; BGH NJW 1983, 449; zur Übertragung auf einen Teilhaber vgl MünchKomm/K Schmidt Rz 7.
13 Vgl § 713 Rz 2.
14 Vgl Rz 8 vor § 741.
15 BGH WM 1974, 201.

zungsvereinbarung[16]. Überlässt ein Miteigentümer den übrigen die Alleinnnutzung gegen ein vereinbartes Entgelt, so sind in erster Linie die Regelungen des Gemeinschaftsrechts anzuwenden[17]. Die Übertragung der Verwaltung an einen Teilhaber, auch möglich im Wege eines Pachtvertrags, kann bei Vorliegen eines wichtigen Grundes **gekündigt** werden[18]. Das Widerrufsrecht gem § 671 Abs 1 wird auf das Vorliegen eines wichtigen Grunds beschränkt sein, wenn der Auftrag auch dem Eigeninteresse des Beauftragten dient[19]. Vom Widerrufsrecht ist die Widerrufszuständigkeit zu unterscheiden. Das Widerrufsrecht darf nur unter Berücksichtigung der §§ 744, 745 ausgeübt werden[20]. Auch kann der Verwaltung im Innenverhältnis ein korporativer Charakter gegeben werden, so dass dann Vereinsrecht entspr anwendbar ist[21]. Eine Änderung der vereinbarten Verwaltung auf Verlangen eines Teilhabers[22] kann nur bei erheblichen Lücken oder Änderung der Sachlage beansprucht werden[23].

4 4. **§ 744 Abs 2** regelt das **Eingriffsrecht des Einzelnen** in Notfällen. Es dient der Sicherung des Rechts jedes Teilhabers auf Werterhaltung[24]. – a) **Voraussetzungen**. Der Eingriff muss im Dienst der Erhaltung des gemeinschaftlichen Gegenstandes **notwendig** sein; lediglich nützliche Maßnahmen genügen nicht[25]. Der Begriff der Notwendigkeit entspricht dem in §§ 536 a Abs 2 Nr 2, 994. Das Recht zum Eingriff ist vom Standpunkt eines vernünftigen, wirtschaftlich denkenden Betrachters aus abzugrenzen. Eine **Erhaltungsmaßnahme** kann sowohl in der Erhaltung der Substanz als auch des Wertes, sowie in einer wertsichernden Verwertung verderblicher Sachen (Früchte), in der Ausübung eines gemeinsamen Rechts[26] oder in Reparaturen oder in einer Prozessführung[27], unter besonderen Umständen auch in einer Kündigung[28] bestehen. Verfügungen sind insoweit von § 744 Abs 2 gedeckt, als eine notwendige Erhaltungsmaßnahme eine Verfügung voraussetzt, zB eine Belastung zur Abwendung einer Zwangsvollstreckung[29]. Bei einer Eigentümergrundschuld mehrerer Grundstückseigentümer kann jeder nach §§ 744 Abs 2, 1011 für sich auf Löschungsbewilligung klagen[30]. Über den Rahmen einer Erhaltungsmaßnahme oder einer notwendigen Maßnahme ordnungsmäßiger Verwaltung geht in der Regel ein Wiederaufbau eines kriegszerstörten Gebäudes hinaus[31], ebenso der Abschluss eines zehnjährigen Versicherungsvertrags[32] oder erstmaliger Einbau einer Zentralheizung[33] oder kostspieliger Dachsanierung[34].

5 b) **Rechtliche Einordnung**. Das Eingriffsrecht ist ein dem einzelnen Teilhaber unentziehbar gegebenes Individualrecht im Innenverhältnis. Es handelt sich um eine gesetzliche Prozessführungsbefugnis[35]; der Teilhaber handelt und klagt im **eigenen Namen**[36] auf Leistung an

16 BGH NJW 1974, 364 = WM 1974, 201; BGH MDR 1969, 658.
17 BGH NJW 1998, 372: Bei Verletzung ggf Schadenersatz.
18 BGH WM 1963, 697.
19 BGH WM 1971, 956.
20 MünchKomm/K Schmidt Rz 7.
21 BGHZ 25, 311, 313 = NJW 1957, 1800; vgl auch § 741 Rz 3.
22 Stuttgart NJW-RR 1987, 1098.
23 BGH ZIP 1998, 749.
24 BGHZ 94, 117, 120 = NJW 1985, 1826 = WM 1985, 753 = JZ 1985, 888 (mablAnm Tiedtke). Vgl zu § 744 Abs 2: Schnorr, Die Gemeinschaft nach Bruchteilen § 9 II.
25 LG Essen MDR 1966, 420.
26 Geltendmachung eines Unterlassungsanspruchs aus einem Patent: RGZ 112, 362, 367. Wiederherstellungs- und Verlängerungsantrag nach Alliierte Hohe Kommission Ges Nr 8 v 20. Oktober 1949 (GRUR 1949, 411 – GRUR 1952, 25) für eine Patentinhabergemeinschaft: GRUR 1954, 328.
27 Sofortige Beschwerde gegen eine Verlängerung eines Pachtvertrages: BGH LM Nr 2 zu § 2038; Einklagung einer Forderung, deren Verjährung droht: BGHZ 94, 117, 120 = NJW 1985, 1826 = WM 1985, 753; nicht Feststellungsklage auf Nichtigkeit eines Mietvertrags: Celle NJW-RR 1994, 854.
28 LG Berlin NJW 1961, 1406 (mAnm Breetzke).
29 BGH NJW-RR 1987, 1294 = WM 1987, 984, 985 (mAnm Bülow WuB IV A. § 744 BGB 1.87).
30 RGZ 60, 269, 270. Vgl auch § 1011 Rz 1.
31 BGH LM Nr 14 zu § 1004; WM 1974, 201, 202.
32 Düsseldorf VersR 1963, 56, 57.
33 München WuM 2002, 519.
34 Rostock NJW-RR 2003, 797 = MDR 2003, 698.
35 BGHZ 51, 125, 128 = NJW 1969, 424; BGHZ 94, 117, 120 = NJW 1985, 1826 = WM 1985, 753.
36 RGZ 76, 298; 112, 361; BGHZ 17, 181, 184 = NJW 1955, 1027; BGHZ 51, 125, 128 = NJW 1969, 424; BGHZ 94, 117, 120 = NJW 1985, 1826, 1827 = WM 1985, 753.

alle[37]. Der Teilhaber hat nicht nur das Recht zum Eingriff, sondern aufgrund von § 242 uU auch die Pflicht einzugreifen. Für sein Handeln gilt der Sorgfaltsmaßstab des § 276. Ersatz der **Aufwendungen** kann er nach § 748 verlangen. Handelt er außerhalb des Rahmens[38], muss er den anderen Teilhabern einen entstandenen Schaden wegen pFV (seit 1. 1. 2002: § 280 Abs 1) ersetzen. Umstritten ist es, ob neben § 744 Abs 2 eine berechtigte Geschäftsführung ohne Auftrag in Betracht kommt[39]. Die gekennzeichnete rechtliche Einordnung spricht eher dagegen[40].

c) **§ 744 Abs 2 Halbsatz 2**. Das Eingriffsrecht gibt dem Teilhaber **keine Vertretungsmacht** **6**
für die Gemeinschaft, sondern wirkt nur im **Innenverhältnis**[41]. Deshalb kann er gegenüber den Mitteilhabern auf Erteilung ihrer Einwilligung zu der Maßnahme klagen, zu der die Mitteilhaber verpflichtet sind; das rechtskräftige Urteil ersetzt die Einwilligung (ZPO § 894). Dann kann er im Namen der Gemeinschaft vorgehen, kann nach § 748 Vorschuss verlangen; die Frage der Notwendigkeit der Maßnahme ist damit vorab geklärt.

Durch Beschluss oder Urteil (§ 745 Abs 2) kann eine **andere Benutzungsquote und** dadurch **7**
zugleich **-art** bestimmt werden. So kann einer der Teilhaber den Alleingebrauch als Mieter erhalten[42], oder alle Teilhaber können vom Mitgebrauch ausgeschlossen werden[43]. Ferner kann das Recht auf Nutzung so geregelt werden, dass an die Stelle des Anspruchs auf einen Teil der Früchte der gemeinschaftlichen Sache der **Anspruch auf die Früchte eines realen Teils** der einheitlichen Sache tritt (jeder Miteigentümer erhält eines von mehreren auf einem Grundstück stehenden Häusern zu alleiniger Verwaltung und Nutznießung). Für die Durchführung dieser Vereinbarung haben die Teilhaber zu sorgen; sie haften bei Nichteintritt des Erfolgs (Verhinderung von Ansprüchen aus der vertragsmäßig ausgeschlossenen gesetzlichen Regelung gegen einen Teilhaber) auch ohne Verschulden[44].

d) § 744 Abs 2 ist auf **Gesellschaften** entsprechend anwendbar[45]. Die vertragsmäßige Organi- **8**
sation in den Gesellschaften hat aber grundsätzlich Vorrang[46].

§ 745 Verwaltung und Benutzung durch Beschluss

(1) Durch Stimmenmehrheit kann eine der Beschaffenheit des gemeinschaftlichen Gegenstands entsprechende ordnungsmäßige Verwaltung und Benutzung beschlossen werden. Die Stimmenmehrheit ist nach der Größe der Anteile zu berechnen.

(2) Jeder Teilhaber kann, sofern nicht die Verwaltung und Benutzung durch Vereinbarung oder durch Mehrheitsbeschluss geregelt ist, eine dem Interesse aller Teilhaber nach billigem Ermessen entsprechende Verwaltung und Benutzung verlangen.

(3) Eine wesentliche Veränderung des Gegenstands kann nicht beschlossen oder verlangt werden. Das Recht des einzelnen Teilhabers auf einen seinem Anteil

37 BGHZ 17, 181, 187; KG OLG 20, 107; aA nunmehr BGHZ 94, 117 = JZ 1985, 888 (mablAnm Tiedtke).
38 Vgl oben Rz 4.
39 So Pal/Sprau Rz 3; MünchKomm/K Schmidt Rz 34.
40 Staud/Langhein Rz 29 f; vgl auch RGZ 63, 280, 283: keine Erhaltungsmaßnahme; 126, 287, 292 f.
41 Umstr; wie hier RGRK/v Gamm Rz 13 zu §§ 744–746; MünchKomm/K Schmidt 38; Staud/Langhein Rz 26; Enn/Kipp/Coing, ErbR § 114 IV 4 b zu dem insoweit gleichliegenden § 2038 Abs 1 Satz 2 Halbsatz 2; BGHZ 17, 181, 184; aA Pal/Sprau Rz 3; Bertzel AcP 158 (1959/1960), 107 u NJW 1962, 2280, 2282.
42 Karlsruhe JW 1932, 3013.
43 BGH NJW 1953, 1427; BGH NJW-RR 1995, 267.
44 BGHZ 40, 326 = NJW 1964, 648. Vgl zur Abgrenzung des Gebrauchs von der Verwaltung § 744 Rz 2. Zum Gebrauchsrecht an Immaterialgütern vgl MünchKomm/K Schmidt Rz 17 f.
45 RGZ 112, 361, 367; 158, 302, 311. Vgl § 705 Rz 56; § 709 Rz 16 aE; § 710 Rz 5.
46 BGHZ 17, 181, 183 ff = NJW 1954, 1027; BGHZ 39, 14, 20 (mAnm Hadding JZ 1975, 161). Vgl auch BGH WM 2003, 1974.

entsprechenden Bruchteil der Nutzungen kann nicht ohne seine Zustimmung beeinträchtigt werden.

1 1. Die Vorschrift eröffnet die Möglichkeit der Verwaltungsregelung durch **Mehrheitsbeschluss**, soweit nicht durch einstimmigen Beschluss schon vorher entschieden ist. Ein Mehrheitsbeschluss ist hier aber (im Gegensatz zur Einstimmigkeit[1]), nur in einem begrenzten Rahmen zulässig.

2 a) Die beschlossene Regelung muss sich (§ 745 Abs 1 Satz 1) in den Grenzen einer **ordnungsmäßigen** – nicht nur notwendigen (wie bei § 744 Abs 2)! – **Verwaltung und Benutzung** halten[2]. Sie darf die Rechte der Minderheit nicht übermäßig beeinträchtigen[3] und muss im Rahmen dessen liegen, was unter den Umständen des konkreten Falls als vernünftige Maßnahme anzusehen ist, so die Verpachtung zur Ausfüllung eines zum Sumpf gewordenen Sees[4], die Kündigung eines Pachtvertrags[5], der Abschluss eines Mietvertrags[6], die Rücknahme eines Eintragungsantrags des Erblassers[7], der Ausbau einer Dachwohnung[8], Grundstückstausch bei Rittergut und eventuell die Bildung von Rückstellungen[9], die Kündigung eines gemeinsam bestellten Verwalters[10], die Bestellung eines Vertreters zur Verwaltung eines Grundstücks, nicht aber unter besonderen Umständen die Übertragung der Verwaltung auf den Ehemann einer Teilhaberin[11] oder die Bestellung eines befangenen Verwalters oder Vertreters[12]. Auch **Verfügungen** können zur ordnungsmäßigen Verwaltung gehören[13]; zur Wirkung gegenüber Dritten bedürfen sie aber der Mitwirkung aller (§ 747 Satz 2)[14], zu der diese im Innenverhältnis durch Mehrheitsbeschluss verpflichtet werden können[15].

3 b) Der Mehrheitsbeschluss darf nach **§ 745 Abs 3 Satz 1 nicht** eine **wesentliche Veränderung des Gegenstands** herbeiführen, da dadurch die wirtschaftlichen und sonstigen Bedingungen für die Teilhaber sich grundlegend ändern würden. Eine wesentliche Veränderung liegt vor, wenn Zweckbestimmung oder Gestalt des gemeinschaftlichen Gegenstandes in einschneidender Weise geändert wird[16]. Dies ist zB der Fall bei dem Belegen eines Kiesweges mit Platten[17], dem Bau einer Müllsammelanlage und von Garagen auf einem KFZ-Stellplatz[18] oder eines Parkplatzes auf einem Wiesengrundstück[19] sowie der Nutzung einer Wohnung zu Zwecken der Prostitution[20]. **Keine** wesentliche Veränderung des Gegenstands liegt hingegen vor bei der Gesamtverpachtung einer Hotelanlage[21], dem Auszug des Mehrheitseigentümers aus dem gemeinsamen Haus[22], der Verlegung einer Erdgasleitung unter einem Privatweg[23], der **Wiedererrichtung** eines Gebäudes mit Hilfe der Brandversicherungssumme[24] oder bei dem **Ausbau eines**

1 Vgl § 744 Rz 3.
2 Vgl Düsseldorf NJW-RR 1987, 1256: Sonst Unwirksamkeit. Vgl zu Mehrheitsentscheidungen nach § 747 Abs 1: Schnorr, Die Gemeinschaft nach Bruchteilen § 9 III.
3 RG JW 1912, 193.
4 KG OLG 20, 186.
5 BGH LM Nr 1 zu § 2038.
6 LG Mannheim MDR 1964, 238; BGH NJW 1998, 372: Mietvertrag mit einem Teilhaber; dazu Erbarth NZM 1998, 740.
7 Düsseldorf NJW 1956, 876.
8 Vgl unten Rz 3 aE.
9 BGHZ 140, 63, 72 = NJW 1999, 781 = LM § 741 BGB Nr 14 (mAnm Wilhelm) = WM 1999, 17 = WuB IV A. § 743 BGB Schulze-Osterloh = ZIP 1999, 29; dazu R Weber/Tamm EWiR 1999, 153. Kritisch Hadding, Festschr für Canaris, 2007, (unter III.1.e).
10 BGH NJW 1983, 449 = WM 1982, 1054; vgl auch BGH NJW 1985, 2943 = WM 1985, 281.
11 Dresden SeuffA 65 Nr 164.
12 Düsseldorf NJW-RR 1987, 1256.
13 Kündigung eines Pachtvertrages: BGH LM Nr 1 zu § 2038; Widmung einer Straße: BGHZ 101, 24 = NJW 1987, 3177; Tausch einzelner Grundstücke aus einer in Gemeinschaft stehenden Gesamtheit: BGHZ 140, 63 (= Fn 9).
14 Neustadt DNotZ 1959, 243.
15 RG DR 1944, 572.
16 BGHZ 101, 24, 28 = NJW 1987, 3177; = WM 1987, 1220; BGH NJW-RR 1995, 267 = WM 1995, 500; BGH WM 2004, 2169.
17 BayObLG WuM 1992, 705.
18 Hamburg OLGZ 90, 141, 144 f.
19 LG Hannover NJW-RR 1990, 454.
20 Hamm NJW-RR 1992, 329, 330.
21 BGH NJW-RR 1995, 267 = WM 1995, 500; zweifelnd MünchKomm/K Schmidt Rz 22.
22 Celle NJW-RR 1996, 1221.
23 LG Bonn NJW-RR 1991, 1114.
24 Stuttgart OLG 8, 82.

Daches[25]; auch nicht bei „Umstrukturierung des Gesamtnachlasses" durch Verkauf eines Grundstücks (vgl § 2038 Abs 2 Satz 1)[26].

Der Kostenverteilung unter den Teilhabern (vgl § 748) kommt für die Frage der Wesentlichkeit einer Veränderung[27] nur indizielle Wirkung zu. Die Zweckbestimmung oder Gestalt eines Gegenstandes kann auch in einschneidender Weise geändert werden, wenn dies mit einer finanziellen Belastung eines Teilhabers nicht verbunden ist (zB Bebauung einer KFZ-Stellfläche mit Garagen, wobei ein Teilhaber mit den Baukosten nicht belastet wird[28], oder Ausübung und Duldung von Prostitution in einem Wohnhaus[29]). Gegen eine einseitige wesentliche Veränderung können sich die Teilhaber mit einer Unterlassungsklage wehren[30]. **3a**

c) Der Anspruch auf den **Nutzungsanteil des einzelnen Teilhabers** darf nicht beeinträchtigt werden, **(§ 745 Abs 3 Satz 2)**, da dies ein Individualanspruch des Einzelnen gegen die Gemeinschaft ist[31]. Eine ordnungsmäßige Verwaltung liegt nicht vor, wenn die dem einzelnen Teilhaber zukommende Nutzungsquote beeinträchtigt wird[32]. So hat jeder Grundstückseigentümer ein uneingeschränktes Nutzungsrecht an der Giebelmauer in Richtung auf sein eigenes Grundstück[33]. Ein Mehrheitsbeschluss ist also bei Beeinträchtigung des Nutzungsanteils eines Teilhabers auch dann unwirksam, wenn der Beschluss sich in den Grenzen ordnungsmäßiger Verwaltung hält[34]. Wohl aber kann über die Nutzungsart, ihre Änderung, die Einsetzung eines Verwalters durch die Mehrheit beschlossen werden, selbst wenn dadurch der Reinertrag *für alle* sich mindert[35]. In besonderen Fällen können die Gemeinschafter aber verpflichtet sein, in ihrer Beschlussfassung auf besondere Umstände (etwa ein Auftragsverhältnis) Rücksicht zu nehmen[36]. **4**

d) Der Mehrheitsbeschluss kann aber dann von der Mehrheit ausgeführt werden, wenn andernfalls **vollendete** Tatsachen geschaffen oder entstehen würden[37]. **5**

e) **Beschlussfassung**[38]. Der Mehrheitsbeschluss kann schriftlich in Umlauf oder formlos, also auch stillschweigend[39] gefasst werden, auch durch schriftliche Umfrage[40]. Es sollten zwar alle vorher gehört werden[41]; aber die Mehrheit braucht die Minderheit nicht auf Einwilligung zu verklagen, ein Übergehen ohne Anhörung macht den Beschluss nicht ungültig, sondern kann nur zum Schadenersatz verpflichten[42]. Besteht die Gemeinschaft nur aus zwei Teilhabern mit gleichen Anteilen, ist allein ein einstimmiger Beschluss möglich[43]; verweigert der eine grundlos seine Zustimmung zu einer ordnungsmäßigen Verwaltungsmaßnahme, macht er sich schadenersatzpflichtig[44]. **6**

Die Mehrheit ist nicht nach der Kopfzahl, sondern nach der **Quote der Anteile** zu bestimmen (BGB § 745 Abs 1 Satz 2; anders jedoch WEG § 25 Abs 2 Satz 1: nach Köpfen); hat von zwei Teilhabern einer den größeren Anteil, besitzt er immer die Mehrheit; aber auch er ist durch § 745 Abs 1 und Abs 3 sowie durch § 242 in seiner Entschließung begrenzt. Ergibt sich keine Mehrheit, so ist entweder Anrufung des Richters (§ 745 Abs 2) oder Aufhebung der Gemeinschaft, notfalls aus **7**

25 KG OLG 30, 184. Zum Umgestaltungsrecht des Nießbrauchers vgl BGH NJW 1983, 932 = WM 1983, 314.
26 BGHZ 164, 181 = NJW 2006, 439 = WM 2006, 638, 640; anders als Vorinstanz Frankfurt/M NJW-RR 2004, 1518.
27 Anders noch BGH NJW 1953, 1427 = LM Nr 2 zu § 745. Vgl auch Düsseldorf MDR 1970, 416; BGHZ 101, 24 (= Fn 16).
28 Hamburg OLGZ 90, 141, 145.
29 Hamm NJW-RR 1992, 329, 330.
30 Hamm NJW-RR 1992, 329, 330; vgl auch BGH NJW 1983, 932.
31 BGHZ 6, 76, 83 = NJW 1952, 1252.
32 BGH WM 1962, 464.
33 BGHZ 43, 127, 133 = NJW 1965, 811 = WM 1965, 291; vgl auch § 743 Rz 1, 6.
34 RG JW 1931, 2722: Verwendung von Überschüssen zu Rücklagen.
35 Änderung der Nutzungsart bei zwei Teilhabern: KG NJW 1953, 1592.
36 RGZ 160, 128, dazu v Hippel DR 1939, 1529.
37 BGHZ 49, 183 = NJW 1968, 743 = WM 1968, 218.
38 Vgl Staud/Langhein Rz 15 ff.
39 Stuttgart NJW-RR 1987, 1098, 1099; Celle NZG 1999, 649.
40 HM; statt aller Staud/U Huber Rz 16 f, aA MünchKomm/K Schmidt, Rz 16.
41 Celle JR 1963, 221, 222; Pal/Sprau Rz 1.
42 Kiel OLG 13, 428; KG OLG 20, 187; BGHZ 56, 47, 56 = NJW 1971, 1265, 1268; aA MünchKomm/K Schmidt Rz 16.
43 RGZ 160, 122, 128.
44 KG NJW 1953, 1592.

wichtigem Grund (§ 749), der letzte Ausweg[45]. Eine Klage auf Feststellung der Unwirksamkeit eines Beschlusses hat Vorrang vor der Gemeinschaftsaufhebung aus wichtigem Grund[46]. Entsprechendes muss gelten für die Aufhebung oder den Widerruf eines gefassten Beschlusses[47].

8 Der **Beschluss bindet** die Teilhaber der Gemeinschaft, so dass sie bei **un**veränderter Sachlage den Beschluss nach § 745 nicht wieder umstoßen können. Eine allgemeine Inhaltskontrolle am Maßstab des § 242 ist nicht möglich[48]; Beschlüsse, die sich im Rahmen ordnungsgemäßer Verwaltung und Benutzung halten, können bei unveränderter Sachlage nicht mit einem auf Absatz 2 gestützten Anspruch angegriffen werden[49]. Tritt aber eine **andere** Sachlage ein, die insbesondere einen **wichtigen Grund zur Kündigung** gibt, können die übrigen Teilhaber eine Änderung der bisherigen Verwaltungsregelung fordern[50]. Der mehrheitlich gefasste Verwaltungsbeschluss bindet die überstimmten Teilhaber. Sie können nur unter Aufrechterhaltung der Gemeinschaft die Verwaltungsvereinbarung kündigen[51]. Eine gerichtliche Entscheidung gem § 745 Abs 2 entfällt; es genügt, wenn die Mehrheit entsprechend § 745 Abs 1 sich über die Neuregelung einig ist; gegebenenfalls müssen die für die Ausführung der Kündigung nötigen Teilhaber auf Zustimmung verklagt werden, wobei zur Berechnung der Mehrheit der betroffene, bisher verwaltende Teilhaber nicht mitzurechnen ist, da er kein Stimmrecht hat[52]. Ob der BGH[53], entgegen der hier vertretenen Auffassung[54], die Zustimmungserklärung aller übrigen Teilhaber für erforderlich hält, war bisher nicht eindeutig. Nunmehr soll jedoch „gegebenenfalls" ein Mehrheitsbeschluss genügen[55].

9 Die Beschlussfassung hat insoweit auch **Außenwirkung**, als die Mehrheit die Minderheit nach außen mitvertritt[56], soweit die Bevollmächtigung im Rahmen ordnungsmäßiger Verwaltung liegt[57]. Der überstimmte Teilhaber kann die Unwirksamkeit eines Mehrheitsbeschlusses über eine wesentliche Veränderung des gemeinschaftlichen Gegenstands gegenüber Dritten mit der Abwehrklage (§ 1004) geltend machen[58]. Die **Zustimmung der Minderheit** braucht **nicht** durch Klage (ZPO § 894) erzwungen zu werden[59].

10 Für **Stimmabgabe**, **Ausübung** des Stimmrechts, Stimmrechts**entzug** ist das Gesellschaftsrecht heranzuziehen, das hier entsprechend anwendbar ist[60]. Insbesondere ist ein Teilhaber an der Ausübung seines Stimmrechts wegen Interessenwiderstreits verhindert, wenn Maßnahmen gegen ihn ergriffen werden sollen[61]. Ist ein Teilhaber an einer Gesellschaft beteiligt, mit der ein Rechtsgeschäft abgeschlossen werden soll, so ist er bei der Beschlussfassung grundsätzlich stimm-

45 RGZ 160, 122, 128.
46 BGH NJW-RR 1995, 267 = WM 1995, 500; BayObLG NJW-RR 1995, 588.
47 Auch RGRK/v Gamm Rz 12.
48 Vgl aber LG Hamburg ZMR 2004, 537: Treuwidriger Mehrheitsbeschluss über Parkregelung.
49 Vgl dazu Staud/Langhein Rz 30 ff; aA Münch Komm/K Schmidt Rz 23 f.
50 BGHZ 34, 367, 370 = NJW 1961, 1299 = LM Nr 4 zu § 745 (mAnm R Fischer); BGH NJW 1982, 1753 = WM 1982, 537.
51 BGH WM 1981, 1136 = LM Nr 10 zu § 745; MDR 1982, 207.
52 Vgl unten Rz 9.
53 BGHZ 34, 367, 371 = LM Nr 4 zu § 745 (mAnm R Fischer) = NJW 1961, 1299.
54 Vgl unten Rz 9.
55 BGH NJW 1983, 449 = WM 1982, 1054; vgl auch LG Bonn NJW-RR 1991, 1114; BGH DNotZ 1995, 604, 606 : Mehrheitsbeschluss über Drittnutzung gegen Entgelt.
56 So für die Erbengemeinschaft BGHZ 56, 47, 49 = NJW 1971, 1265. Zum Abschluss eines Mietvertrags mit einem Teilhaber vgl BGH NJW 1998, 372.
57 Vgl LG Bonn NJW-RR 1991, 1114, 1115; Münch Komm/K Schmidt Rz 26; Staud/Langhein Rz 33 ff. Vgl aber hins Verfügungen oben Rz 2; dazu H Lange JuS 1967, 453, 456, der bei § 2038 Abs 2 iVm § 745 die Wirksamkeit von Verfügungen annimmt, da das Mehrheitsprinzip auch insoweit das Außenverhältnis ergreife.
58 BGH NJW 1970, 711; Hamm NJW-RR 1992, 329, 330.
59 Umstr; überwM; aA Pal/Sprau Rz 4; RGRK/v Gamm Rz 10 unter Hinweis auf BGHZ 17, 184 = NJW 1955, 1027. Jedoch liegt der Fall des § 744 Abs 2 anders, da dort dem einzelnen ein Individualrecht im Innenverhältnis gegeben ist, hier sich aber aus dem Mehrheitsbeschluss eine entspr Bevollmächtigung mit Außenwirkung ergibt; vgl auch § 744 Rz 4 ff.
60 Vgl § 709 Rz 26–37.
61 BGHZ 34, 367, 371 = LM Nr 4 zu § 745 (mAnm R Fischer) = NJW 1961, 1299.

berechtigt[62]. Das Stimmrecht wird einem Teilhaber nur dann zu versagen sein, wenn er die Gesellschaft derart beherrscht, dass alle ihre Handlungen ausschließlich von ihm bestimmt werden[63].

2. Die **Verwaltungsregelung durch Urteil** nach **§ 745 Abs 2** setzt voraus, dass noch keine andere Regelung durch Beschluss der Teilhaber oder durch Mehrheitsbeschluss getroffen ist, also Uneinigkeit über die Verwaltung oder Benutzung unter den Teilhabern herrscht[64]. Der Anspruch besteht auch, wenn eine Vereinbarung getroffen, aber in einem konkreten Punkt lückenhaft ist[65] sowie bei einer **veränderten Sachlage**[66], selbst wenn die bisherige Verwaltung oder Benutzung bereits durch Urteil geregelt war[67]. Der Einzelne kann dann eine dem Interesse aller Teilhaber entsprechende Regelung nach billigem Ermessen verlangen[68]. Die konkreten örtlichen Verhältnisse und die bisherige Bestimmung und Benutzung sind dabei zu berücksichtigen[69]. Die gerichtliche Verwaltungsanordnung ist an die durch § 745 Abs 3 gezogenen Grenzen gebunden, darf also nicht zu einer Beeinträchtigung des Nutzungsanteilrechts führen[70]. Die Zustimmung zu einer anderen Verwertung eines Hauses zu höherem Mietpreis kann verlangt werden[71], Zustimmung zur Errichtung eines Geschäftsbehelfsbaues auf einem Trümmergrundstück ist zu erteilen[72], dagegen aber nicht für den über die Errichtung eines Behelfsbaues hinausgehenden Wiederaufbau eines kriegszerstörten Gebäudes[73]. Es kann eine Baulastbewilligung (betr Bewässerungsleitungen, Zugang und Zufahrt) beansprucht werden, wenn sie notwendig ist, um den bestimmungsgemäßen Mitgebrauch der im Gemeinschaftseigentum stehenden Wegparzelle durch einen Miteigentümer zu ermöglichen[74]. Der Mehrheitsbeschluss von Miteigentümern, keine Mobilfunksendestation auf dem Dach des gemeinschaftlichen Wohnhauses errichten zu lassen, stimmt mit einer Verwaltung im Sinne von § 745 Abs 2 überein[75]. 11

In der endgültigen **Trennung von Ehegatten** und dem Auszug eines von ihnen aus dem gemeinsamen Haus ist eine grundlegende Änderung der Verhältnisse zu sehen, die zu einem Neuordnungsverlangen berechtigt[76]. Grundsätzlich entfaltet ein Neuordnungsverlangen keine Rückwirkung; ein Nutzungsentschädigungsanspruch steht dem weichenden Teilhaber erst ab dem Zeitpunkt zu, ab dem dieser gemäß § 745 Abs 2 eine Neuregelung der Verwaltung und Benutzung verlangen kann und tatsächlich mit hinreichender Deutlichkeit verlangt[77]. Umgekehrt kann sich der Teilhaber auch nicht durch einen freiwilligen Nichtgebrauch der Pflicht zur anteiligen Lastentragung entziehen[78]. Dies kann jedoch zu Unbilligkeiten in den Fällen führen, in denen ein alleinverdienender Ehegatte, der während bestehender Ehe Zins und Tilgung der für die Finanzierung des gemeinschaftlichen Hauses aufgenommenen Darlehen allein aufgebracht hat, und dieses auch nach dem Auszug seines Ehegatten weiter tut, diesen einige Zeit nach seinem Auszug auf Übernahme der anteiligen Kosten für Zins und Tilgung der gemeinschaftlichen Darlehen gemäß § 426 Abs 1 in Anspruch nimmt; für die Zeit bestehenden Ehelebens ist ein Gesamtschuld- 11 a

62 BGHZ 56, 47 = NJW 1971, 1265; BGHZ 65, 93 = NJW 1976, 49: für GmbH; Düsseldorf NJW-RR 1998, 11: für Kommanditist.
63 BGH NJW 1971, 1267.
64 BGH NJW 1996, 2153 = WM 1996, 1980; Celle JR 1963, 221. Näher Schnorr, Die Gemeinschaft nach Bruchteilen § 9 IV.
65 BGH NJW 1974, 374.
66 BGH NJW-RR 1993, 386, 387 = WM 1993, 849; NJW 1993, 3326, 3327; NJW 1995, 652, 653.
67 RG HRR 1928 Nr 607.
68 BGH ZIP 1997, 2049 (krit dazu Gerber ZIP 1998, 1196; Erbarth NZM 1998, 74); Düsseldorf DB 1998, 2159.
69 Hamburg SeuffA 57 Nr 34.
70 BGH NJW 1953, 1427 = LM Nr 2 zu § 745; BGHZ 101, 24, 27 f = NJW 1987, 3177.
71 KG NJW 1953, 1592.
72 BGH LM Nr 2 zu § 745 = NJW 1953, 1427.
73 BGH LM Nr 14 zu § 1004; vgl zur Kündigung eines Pachtvertrags BGH LM Nr 1 zu § 2038, zum Wiederaufbau einer abgebrannten Scheune Stuttgart OLG 8, 82, zur Bestellung eines Vertreters statt Überlassung der Verwaltung an einen Teilhaber RG JW 1906, 112.
74 BGH WM 1991, 821, 822 f; WM 2004, 2169, 2170.
75 Karlsruhe Urt v 12. 7. 2006, 1 U 20/06.
76 BGHZ 87, 265, 271 = NJW 1983, 1845 = WM 1983, 708; BGH NJW 1996, 2153 = WM 1996, 1980; vgl auch Nürnberg OLGZ 80, 46; Düsseldorf NJW-RR 1998, 146; aus der Lit: P Huber FamRZ 2000, 129; Erbarth NJW 2000, 1379; Staud/Langhein Rz 62 f; Erman/Aderhold Rz 6 mNachw.
77 BGH NJW-RR 1993, 386, 387 = WM 1993, 849 (mAnm Tiedtke WuB IV A. § 426 BGB 2.93).
78 BGH NJW-RR 1993, 386, 387 = WM 1993, 849 (mAnm Tiedtke WuB IV A. § 426 BGB 2.93).

nerausgleich ausgeschlossen, da der nicht verdienende Ehegatte durch seine Tätigkeit im Haushalt, bei der Kindererziehung uÄ seinen Beitrag zum Familienleben leistet; mit dem Auszug des Ehegatten ist der Grund für weitere Vermögenszuwendungen jedoch entfallen[79]. Der Gesamtschuldnerausgleichsanspruch kann rückwirkend ab dem Zeitpunkt des Auszuges geltend gemacht werden. In diesen Fällen wäre es offensichtlich unbillig, dem Ausgezogenen eine Rückwirkung seines nunmehr geltend gemachten Neuordnungsverlangens abzusprechen. Das Neuordnungsverlangen kann nach Ansicht der Rechtsprechung daher nachträglich im Wege der Einwendung geltend gemacht werden[80]. Richtigerweise wird man wie folgt argumentieren müssen: In dem Verzicht des ausziehenden Ehegatten auf ein sofortiges Neuordnungsverlangen und der Weiterzahlung von Zins und Tilgung durch den anderen Ehegatten ist eine konkludente Neuordnung der Benutzung gemäß § 745 Abs 1 zu sehen[81].

12 Die Klage muss die gewünschte **Maßregel genau bezeichnen** und sich gegen die widerstrebenden Teilhaber richten[82]. Entspricht die gewünschte Regelung nicht dem billigen Ermessen, so ist die Klage abzuweisen; das Gericht hat nicht auf eine interessengerechte Maßnahme nach seinem Ermessen zu erkennen[83]. Eine Korrektur des Klageantrags wird jedoch durch ZPO § 264 Nr 2 gedeckt[84]. Die Klage ist eine **Leistungsklage**[85], die jedoch mit Feststellungsklage wegen Mängeln des Teilhaberbeschlusses gekoppelt werden kann. Statt eines Anspruchs auf Abgabe einer Willenserklärung kann von dem Zeitpunkt an, in dem eine gebotene Anpassung von Geldleistungen gefordert und verweigert wird, ein Zahlungsanspruch geltend gemacht werden[86].

13 3. **Entsprechend anwendbar** ist § 745 auch auf andere Gemeinschaften neben den jeweiligen Sondervorschriften[87]. § 2038 Abs 2 Satz 1 verweist ausdrücklich auf § 745. Auf Gütergemeinschaften ist § 745 nicht anwendbar[88].

§ 746 Wirkung gegen Sondernachfolger

Haben die Teilhaber die Verwaltung und Benutzung des gemeinschaftlichen Gegenstands geregelt, so wirkt die getroffene Bestimmung auch für und gegen die Sondernachfolger.

1 1. Jede Verwaltungsregelung, ob durch einstimmigen Beschluss (§ 744) oder durch Mehrheitsbeschluss (§ 745 Abs 1) oder durch Urteil (§ 745 Abs 2) getroffen, wirkt **für und gegen** die **Sondernachfolger**. Das gilt auch für eine Regelung, die auf Verlangen eines Teilhabers nach § 745 Abs 2 erfolgt ist[1]. Durch die Regelung wird das Miteigentumsverhältnis mit dinglicher Wirkung umgestaltet, so dass das Anteilsrecht nur so übertragen werden kann.

79 Vgl BGH NJW 1995, 652, 653 f.
80 Vgl BGHZ 87, 265, 272 = NJW 1983, 1845 = WM 1983, 708; BGH NJW-RR 1993, 386 = WM 1993, 849 (mAnm Tiedtke WuB IV A. § 426 BGB 2.93); Schleswig NJW-RR 93, 1029; Celle NJW-RR 1990, 265; Bremen OLGR 2005, 315; LG Bad Kreuznach FamRZ 1993, 1448; Dörr/Hansen NJW 1994, 2456, 2465 f; Kotzur NJW 1989, 817.
81 Vgl Tiedtke WuB IV A. § 426 BGB 2.93; s auch Köln NJW-RR 1992, 1348 zum Nutzungsentschädigungsanspruch eines Alleineigentümers, der die gemeinsam mit seiner Ehefrau bewohnte Wohnung verlassen hatte; ferner Karlsruhe NJW-RR 2005, 1240; Düsseldorf NJW-RR 2005, 1241; BGH NJW 1997, 731: zum Freistellungsanspruch der wohnberechtigten Ehefrau, wenn der Ehemann seinen Miteigentumsanteil veräußert hat.
82 RG Gruchot 49, 837. Nach Jena NJW 2006, 703 ist in den Fällen Rz 11 a das Familiengericht zuständig.
83 BGH NJW 1993, 3326, 3327. Vgl auch Hamm NZG 2002, 864: Kein Anspruch des Insolvenzverwalters gegen Ehefrau des Schuldner auf Auszug aus der ehelichen Wohnung und Nutzungsentschädigung.
84 MünchKomm/K Schmidt Rz 32.
85 BGH NJW 1994, 1721; BGH WM 1989, 102; Schleswig NJW-RR 1993, 1029.
86 BGH NJW 1974, 364, 365; NJW 1982, 1753 = WM 1982, 537; NJW 1984, 45, 46 = WM 1983, 1063; Nürnberg OLGZ 1980, 46. Vgl oben Rz 8.
87 KG OLG 20, 187.
88 RGZ 136, 19, 22.

1 HM; Staud/Langhein Rz 8 f.

2. **Sondernachfolger sind** Erwerber des Anteils – auch im Wege der Gesamtrechtsnachfolge –, Nießbraucher, Gläubiger, denen der Anteil verpfändet ist oder die den Anteil gepfändet haben[2]. Auf die Kenntnis oder ein Kennenmüssen des Sondernachfolgers kommt es nicht an[3]. Bei Grundstücken tritt die Wirkung nur bei Eintragung der Regelung als Belastung im Grundbuch ein (§ 1010 Abs 1)[4]. 2

§ 747 Verfügung über Anteil und gemeinschaftliche Gegenstände

Jeder Teilhaber kann über seinen Anteil verfügen. Über den gemeinschaftlichen Gegenstand im Ganzen können die Teilhaber nur gemeinschaftlich verfügen.

1. In der **freien Verfügungsbefugnis** jedes Teilhabers über seinen **Anteil** zeigt sich ein wesentlicher Unterschied gegenüber den gesellschaftsrechtlichen Zweckgemeinschaften mit ihrem Gesamthandvermögen[1]. Dieser Anteil[2] ist ein dem Vermögen des Teilhabers zugeordnetes Recht, über das er frei verfügen kann. Der Anteil gehört zur Insolvenzmasse des Teilhabers, InsO §§ 1 Abs 1, 84. Eine **dingliche Beschränkung** dieser Verfügungsmacht ist wegen § 137 nicht möglich (etwas anderes gilt für Wohnungseigentum, vgl WEG § 12 Abs 1, Abs 3 Satz 1), wohl aber eine obligatorische Bindung der Teilhaber[3], die bei Grundstücken auch durch ein dingliches **Vorkaufsrecht** (§ 1049) verstärkt werden kann (allgemeine Meinung); dabei gibt es allerdings keinen Erfahrungssatz, dass Miteigentümer, die sich wechselseitig Vorkaufsrechte an ihren Anteilen einräumen, diese Rechte auch für den Fall der Veräußerung des ganzen Grundstücks geben wollen[4]. Ein gesetzliches Vorkaufsrecht wie bei der Erbengemeinschaft (§ 2034) fehlt. Eine dingliche Bindung der Sondernachfolger entgegen § 747 Satz 1, die über die Wirkung nach §§ 746, 751, 1010 hinausgehen würde, ist ausgeschlossen. 1

2. **Verfügung ist** jedes Rechtsgeschäft, durch das das Anteilsrecht unmittelbar aufgehoben, übertragen, belastet oder geändert wird. Deshalb ist die **Teilung eines Anteils** Verfügung und frei zulässig, wie auch eine Verfügung über diesen Teil möglich ist[5]. Die **Quotenveränderung** der Anteile dagegen ist Verfügung über den gemeinschaftlichen Gegenstand und deshalb ohne Zustimmung aller Teilhaber unwirksam[6]. Unwirksam ist auch der Verzicht eines Teilhabers auf seinen Miteigentumsanteil an einem Grundstück[7]. Der Teilhaber kann seinen Anteil mit einem Nießbrauch[8] oder Vorkaufsrecht oder einer Reallast oder einem Pfandrecht **belasten**, nicht mit einem Erbbaurecht, einer Grund- oder beschränkten persönlichen Dienstbarkeit, da die Belastung teilbar sein muss[9]. Die Belastung kann auch zugunsten eines Teilhabers vorgenommen werden (§ 1009). Das gesetzliche Pfandrecht des Vermieters am Miteigentumsanteil des Mieters erstreckt sich auf die von diesem eingebrachten Sachen[10]. Ein Gläubiger eines Teilhabers kann dessen Anteil pfänden[11]. 2

3. Für die Verfügung über den Anteil **gelten** die gleichen **Vorschriften** wie für die Verfügung **über das Vollrecht**[12]. Auch bei einer Verfügung unter den Teilhabern wird ihr guter Glaube ge- 3

2 Frankfurt/M NJW 1958, 65.
3 RGZ 78, 273, 275.
4 Vgl § 1010 Rz 1; Staud/Langhein Rz 2 f.

1 Vgl Rz 5 ff vor § 741; Rz 21 vor § 705; § 719 Rz 1 ff.
2 Vgl zum Begriff „Anteil" Rz 5 vor § 741.
3 Neustadt DNotZ 1959, 243.
4 BGH WM 1964, 913.
5 So Brox NJW 1962, 1203 u hM; demgegenüber hält Hilbrandt AcP 202 (2002), 631, 643 ff; die einseitige Teilveräußerung mit überzeugender Argumentation für zustimmungsbedürftig.
6 RGZ 76, 409, 413; aA BayObLG DNotZ 1983, 752; MünchKomm/K Schmidt Rz 13.
7 BGHZ 115, 1, 7 ff = NJW 1991, 2488 = WM 1991, 1605; BayObLG WuM 1991, 298, 299; KG OLGZ 1988, 355; dazu Bärwaldt JuS 1990, 788; Henssler JR 1992, 152, 154; Hilbrandt AcP 202 (2002), 631, 636 ff; Schnorr, Die Gemeinschaft nach Bruchteilen § 11 II 4; Reichard, Festschr für Otte, 2005, S 265 ff.
8 BGH NJW 1983, 932 = WM 1983, 314.
9 Staud/Langhein Rz 13 ff.
10 RGZ 146, 334, 337.
11 BGH NJW 1993, 935, 937 = WM 1993, 902; RG SeuffA 61 Nr 264.
12 RGZ 146, 363, 364. Vgl Rz 5 vor § 741.

schützt[13]. Die Pfändung eines Anteils geschieht in der Regel nach ZPO §§ 857, 828 ff, bei Miteigentum an einer beweglichen Sache nicht nach ZPO § 808[14], da durch die Wegnahme die anderen Teilhaber benachteiligt würden. Der Gläubiger erwirbt auch nicht das Recht, den ganzen Gegenstand zwangsweise zu veräußern[15]. Die Zwangsvollstreckung bei Grundstücken regelt sich nach ZPO § 864 Abs 2[16]. Wird der ideelle Bruchteil eines Grundstücks versteigert, so erlischt eine bis dahin auf dem ganzen Grundstück lastende beschränkte persönliche Dienstbarkeit an dem versteigerten Bruchteil, wenn sie nach den Versteigerungsbedingungen nicht bestehen bleiben soll[17]. Das einzelne Wohnungseigentum oder der zu ihm gehörende Miteigentumsanteil kann mit einer persönlichen Dienstbarkeit nicht belastet werden[18]. Der Miteigentümer eines Grundstücks kann ideelle Bruchteile eines Grundstücks auflassen, solange diese insgesamt nicht größer sind als der Anteil des Miteigentümers[19].

4 4. An der **Verfügung über den Gegenstand im Ganzen**, der in Bruchteilsgemeinschaft steht, müssen alle Teilhaber mitwirken (§ 747 Satz 2)[20]; eine solche Verfügung ist in der Regel auch zugleich Verfügung jedes Teilhabers über seinen Anteil[21]. § 185 oder § 164 bleibt anwendbar. Die Verfügung über den gemeinschaftlichen Gegenstand ist schwebend unwirksam, wenn die Mitwirkung eines Teilhabers unwirksam ist; § 139 ist nicht anwendbar[22]. Der einzelne Teilhaber kann nicht einen seinem Anteil entsprechenden Teil der Gemeinschaftsforderung abtreten[23]; die Einziehung von Mietzinsforderungen obliegt der Gemeinschaft[24]; ebenso die Kündigung des Mietverhältnisses als Vermieter[25]. Eine Verfügung über den ganzen Gegenstand liegt auch vor, wenn ein bezifferter Teilbetrag (mag es auch der Bruchteilsbetrag eines Teilhabers sein) einer gemeinsamen Hypothek abgetreten wird[26]. Ein Teilhaber kann auch nicht an einer solchen gemeinsamen Hypothek für seinen Anteil allein einem anderen Hypothekengläubiger den Vorrang einräumen[27]. Einer Verfügung über den Gegenstand kann auch gleichgesetzt werden, wenn alle Teilhaber ihre einzelnen Anteile uno actu veräußern.

5 Wird eine **Hypothek** an einem im Bruchteilseigentum stehenden Grundstück bestellt, soll nach herrschender Meinung eine Gesamthypothek an den Anteilen, auf die § 1173 anwendbar ist, entstehen[28]. Ist in diesem Fall die Willenserklärung eines Teilhabers nichtig, so ist nach herrschender Meinung gem § 139 zu prüfen, ob das Rechtsgeschäft als Hypothekenbestellung an den übrigen Anteilen aufrechterhalten werden kann[29]. Wird eine Gesamthypothek an zwei Miteigentumsanteilen bestellt, so hat die Unwirksamkeit der Eintragungsbewilligung des einen Teilhabers nicht auch die Unwirksamkeit der Sicherungshypothek an dem Miteigentumsanteil des anderen Teilhabers zur Folge[30].

6 Eine Verfügung ist auch die **Aufrechnung** mit der gemeinschaftlichen Forderung[31]; ferner die **Anfechtung**, der **Rücktritt** und die **Kündigung**[32], grundsätzlich ist also eine gemeinsame Kündigung nötig. Hat eine Bruchteilsgemeinschaft **vermietet**, dann können nur alle Teilhaber ge-

13 Vgl Staud/Langhein Rz 27 f; anders Voraufl.
14 BGH NJW 1993, 935, 937 = WM 1993, 902; RG SeuffA 61, Nr 264.
15 RG JW 1934, 2540.
16 RG WarnR 1925 Nr 19.
17 KG DNotZ 1975, 105.
18 KG MDR 1977, 405.
19 BayObLG MDR 1979, 844.
20 Ausführlich dazu Staud/Langhein Rz 66 ff.
21 BGH WM 1964, 913.
22 BGH NJW 1994, 1470, 1471 = WM 1994, 1175; aA MünchKomm/K Schmidt Rz 22.
23 BGH NJW 1958, 1723.
24 Vgl § 743 Rz 3.
25 Hamburg NJW-RR 2002, 1165, 1167.
26 KG HRR 1935 Nr 663; abwegig KG HRR 1928 Nr 518.
27 Darmstadt HRR 1934 Nr 1603.
28 So RGZ 146, 363; BGHZ 40, 115, 120 = NJW 1963, 2320; BGH NJW 1961, 1352; Staud/Langhein Rz 73; zweifelnd RGRK/v Gamm Rz 5; vgl auch § 1114 Rz 1.
29 RG JW 1910, 473; vgl zum ähnlichen Fall der subjektiven Teilnichtigkeit des Gesellschaftsvertrags § 705 Rz 41.
30 BGH WM 1974, 972. Vgl zur Grundschuldbestellung bei Miteigentum und Alleineigentum an mehreren Grundstücken durch Belastung mit einer Gesamtgrundschuld in Bruchteilsgemeinschaft BayObLGZ 1962, 184 = DNotZ 1963, 186.
31 BGH NJW 1985, 1159, 1161 = WM 1984, 1575, 1577.
32 BGH NJW 1987, 2674; Frankfurt/M SeuffA 74 Nr 132; aA MünchKomm/K Schmidt Rz 3.

meinsam kündigen oder die Mietaufhebungsklage erheben[33]; das Gleiche gilt für eine Mietergemeinschaft, es sei denn, dass die übrigen Mieter und der Vermieter zustimmen. Hat aber ein Teilhaber im Einverständnis der anderen den Mietvertrag abgeschlossen, kann er allein auf Aufhebung der Mietverhältnisse klagen[34]. Eine Verfügung über den gemeinschaftlichen Gegenstand (Übereignungsanspruch) soll auch die Aufforderung nach § 177 Abs 2 sein[35].

Es können auch nur alle gemeinsam das gemeinschaftliche Recht **gerichtlich** geltend machen[36]. 7
Auf Forderungen in Bruchteilsgemeinschaft ist § 432 grundsätzlich nicht anwendbar[37]; beachte jedoch die Sondervorschriften § 1101 iVm § 432. Die Teilhaber sind notwendige Streitgenossen, ZPO § 62[38]; dies gilt jedoch nicht für die Klage mehrerer Miteigentümer nach § 1011, hier liegt nur eine einfache Streitgenossenschaft vor[39]. Neuerdings soll eine als Vermieterin auftretende Bruchteilsgemeinschaft im finanzgerichtlichen Verfahren beteiligtenfähig und klagebefugt sein[40]. Zur **Zwangsvollstreckung** in den gemeinsamen Gegenstand ist ein Schuldtitel gegen alle Teilhaber nötig. Der Gläubiger eines Teilhabers kann nur in den Anteil vollstrecken, nicht in die gemeinschaftliche Sache oder Forderung[41], anderenfalls sind die anderen Teilhaber zur Drittwiderspruchsklage berechtigt[42].

§ 748 Lasten- und Kostentragung

Jeder Teilhaber ist den anderen Teilhabern gegenüber verpflichtet, die Lasten des gemeinschaftlichen Gegenstands sowie die Kosten der Erhaltung, der Verwaltung und einer gemeinschaftlichen Benutzung nach dem Verhältnis seines Anteils zu tragen.

1. Die Vorschrift regelt nur die Tragung der **Lasten und Kosten im Innenverhältnis**. Wer 1
diese nach außen gegenüber Dritten zu tragen hat, bestimmt sich nach den allgemeinen Vorschriften, insbesondere § 427[1]. Es wird dem einzelnen Teilhaber eine anteilmäßige Ausgleichspflicht auferlegt, deren zu vertretende Nichterfüllung zum Schadenersatz verpflichtet. Aus einer Vereinbarung oder besonderen Umständen des Falles kann sich jedoch etwas anderes ergeben[2]. Die Vorschriften über die gegenseitigen Verträge (§§ 320 ff) sind in der Regel nicht anwendbar; es können aber im Einzelfall gegenseitige Verträge über die Lasten und Kosten abgeschlossen werden. § 748 ist entsprechend anwendbar auf die Pflicht jedes Ehegatten zur Tragung der Vermögensabgabe nach dem LAG[3].

33 OG DDR NJ 1951, 560. Wegen des Anspruchs auf Aufhebung (§ 749 Abs 1) können die Teilhaber zur Mitwirkung verpflichtet sein (Hamburg NZG 1999, 1211; Staud/Langhein Rz 69).
34 LG Düsseldorf HW 1954, 231; vgl auch § 743 Rz 2; §§ 535, 536 aF Rz 47.
35 BGH NJW 2004, 2382, 2383. Zur Fristsetzung nach § 326 aF vgl BGHZ 143, 41, 45 = NJW 2000, 506.
36 BGHZ 121, 21, 24 = NJW 1993, 727 = WM 1993, 339: für Wohnungseigentümer; BGHZ 106, 222, 226 = NJW 1989, 1091 = WM 1989, 312; vgl auch Rz 5–7 vor § 741 u § 741 Rz 19.
37 Vgl näher Hadding, Festschr für Canaris, 2007; zutreffend Heerstraßen, Wohnungseigentümer 1996, 6 ff; irrig und unnötig Zweibrücken NJW-RR 1997, 973 (dazu Lehleiter EWiR 1998, 11); Oldenburg NJW-RR 1999, 579; BGH NJW 2004, 2382, 2382.
38 RGZ 76, 298; BGH NJW 1962, 633; A Blomeyer AcP 159 (1961), 405. Vgl zu zivilprozessualen Konsequenzen BGHZ 131, 376 = NJW 1996, 1060 = WM 1996, 1021 = WuB VII A. § 62 ZPO 1.96 (Vollkommer).
39 BGHZ 92, 351, 353 f = NJW 1985, 385 = WM 1985, 172; dem BGH zustimmend MünchKomm/Schilken ZPO § 62 Rz 20; zweifelnd MünchKomm/K Schmidt Rz 31.
40 BFH NJW 2004, 2775.
41 Vgl auch § 743 Rz 2; RGZ 89, 176.
42 BGH FamRZ 1972, 363, 364.

1 Vgl § 741 Rz 19. Näher Schnorr, Die Gemeinschaft nach Bruchteilen § 10.
2 BGHZ 87, 265 = NJW 1983, 1845 = WM 1983, 708; BGH NJW 2000, 1944, 1945: zur ehelichen Lebensgemeinschaft; vgl auch BGH NJW 1984, 795 = WM 1983, 1413.
3 BGH LM Nr 3 zu § 748 = MDR 1966, 909; vgl auch Köln OLGZ 69, 332 betr Einkommensteuer.

2 2. Jeder Teilhaber kann von den anderen **anteilige** Lasten- und Kostentragung verlangen, ohne die Voraussetzungen eines Auftrags, einer Geschäftsführung ohne Auftrag oder ungerechtfertigten Bereicherung nachweisen zu müssen. Nicht zu den nach § 748 zu erstattenden Kosten gehören die Aufwendungen, die eine **wertsteigernde Veränderung** des Gegenstandes bewirken und eine Nutzung ermöglichen, die über die bisherige Gebrauchsbestimmung hinausgeht; handelt ein Teilhaber insoweit mit dem Einverständnis der anderen, so entspricht es im Zweifel dem Willen der Teilhaber, dass der Vorleistende gegen die Übrigen einen anteiligen Erstattungsanspruch hat[4]. Auch kann ein Ersatz nützlicher Verwendungen nach den Regeln der Geschäftsführung ohne Auftrag (§ 683)[5] oder für den Fall eines Scheiterns der Ehe aus ungerechtfertigter Bereicherung (Wegfall der Geschäftsgrundlage)[6] in Betracht kommen. Der Ersatzanspruch aus § 748 steht während des Bestehens der Gemeinschaft dem forderungsberechtigten Teilhaber zu; er hat einen sofort fälligen Anspruch auf Zahlung, jedoch kein Zurückbehaltungsrecht neben dem Recht, bei Aufhebung der Gemeinschaft die Berichtigung seiner Forderung gem §§ 756, 755 Abs 3 verlangen zu können[7]. Er kann nicht einen Teilhaber auf Zahlung des ganzen Anspruchs belangen, sondern nur anteilsmäßig, oder Einwilligung in die Befriedigung aus dem gemeinschaftlichen Vermögen fordern[8]. Es kommt auf den Einzelfall an, ob der Teilhaber eine Beitragsleistung im Voraus fordern, so wie er nach § 744 Abs 2 im Voraus Zustimmung zu einer Maßnahme verlangen kann. Grundsätzlich wird dies aus § 242 zu bejahen sein, wenn es sich um eine erforderliche Maßnahme für die ordnungsmäßige Verwaltung handelt. Doch braucht der Miteigentümer eines Grundstücks für die in seiner Besitzzeit notwendig gewordenen, aber nicht ausgeführten Reparaturen dem anderen Miteigentümer, der das Grundstück erstanden hat, aus seinen ihm gebührenden Erträgen keine Mittel zur Verfügung zu stellen[9].

3 3. Die **Erstattungspflicht** erstreckt sich auf Lasten des Gegenstands, Kosten der Erhaltung[10], also auch Kosten der Verwaltung und gemeinschaftlichen Benutzung. Keine zu erstattenden Kosten sind Anforderungen, die eine Veränderung des gemeinschaftlichen Gegenstands und eine über die bisherige Gebrauchsbestimmung hinausgehende Nutzung ermöglichen sollen[11]. **Lasten**[12] sind Leistungen, die aus dem belasteten Gegenstand zu entrichten sind und dessen Nutzungswert mindern; es sind nicht die Rücklagen zur Erfüllung künftiger, noch nicht fälliger Zahlungsverpflichtungen; wohl aber gehören zu ihnen die aus dem Grundstück zu entrichtenden Hypothekenzinsen[13]. Keine Lasten sind tatsächliche Leistungen wie Straßenreinigung und Streupflicht[14].

4 Die **Kosten** müssen sich auf für die Gemeinschaft erforderliche Maßnahmen erstrecken; insbesondere fallen hierunter Aufwendungen im Rahmen des § 744 Abs 2, uU aber auch Ersatz für Geschäftsbesorgungen und Arbeitsleistungen[15]. Auslagen für einen anderen Teilhaber persönlich oder solche für den eigenen Gebrauch des Gegenstandes sind keine Kosten im Sinne von § 748[16]. Zweifelhaft ist es, ob unter § 748 auch Verwendungen zum Wiederaufbau kriegszerstörter Gebäude fallen, wenn diese ausschließlich dem Interesse eines Teilhabers dienen sollen. Anteilige Kostentragung besteht für die Schlepphilfe bei der Probefahrt eines Schiffes[17]. Beachte aber auch § 756 und den Sonderfall des § 753 Abs 2. Der Anspruch nach § 748 besteht auch nach Endigung der Gemeinschaft[18]. Die Verjährungsfrist des § 548 gilt auch dann nicht, wenn der Teilhaber zu-

4 BGH NJW 1992, 114 = WM 1992, 201 (mAnm Smid WuB I E 1.-6.92); BGH WM 1975, 196, 197.
5 BGH NJW 1987, 3001 = WM 1987, 1107; Staud/Langhein Rz 13 ff.
6 BGH NJW 1992, 2282 f = WM 1992, 1538; zustimmend Pal/Sprau Rz 2.
7 So BGHZ 63, 348 = NJW 1975, 687; anders noch RGZ 109, 167, 171; vgl auch BGH WM 1983, 1085.
8 RG JW 1929, 584; JW 1930, 612.
9 RG JW 1927, 1854.
10 BGH WM 1975, 196, 197.
11 BGH NJW 1992, 114 = WM 1992, 201 (mAnm Smid WuB I E 1.-6.92); BGH WM 1975, 196, 197; vgl oben Rz 2.
12 Vgl zum Begriff § 103 Rz 3–5.
13 RGZ 66, 316, 318; RG JW 1931, 2722.
14 Schleswig VersR 1973, 677.
15 Für § 2038 Abs 2 mit § 748: OLG Stuttgart in BGHZ 17, 301 = NJW 1955, 1227; BGH lässt es offen.
16 S auch BGH NJW 1966, 1707, 1709.
17 Vgl RGZ 143, 382.
18 Vgl dazu § 741 Rz 2.

gleich Mieter ist[19]. Die Einkünfte (auch negative) aus Vermietung und Verpachtung eines Grundstücks, das mehreren gehört, sind den Teilhabern, wenn für sie die §§ 741 ff gelten, steuerrechtlich grundsätzlich nach dem Verhältnis ihrer Anteile zuzurechnen[20].

§ 749 Aufhebungsanspruch

(1) Jeder Teilhaber kann jederzeit die Aufhebung der Gemeinschaft verlangen.

(2) Wird das Recht, die Aufhebung zu verlangen, durch Vereinbarung für immer oder auf Zeit ausgeschlossen, so kann die Aufhebung gleichwohl verlangt werden, wenn ein wichtiger Grund vorliegt. Unter der gleichen Voraussetzung kann, wenn eine Kündigungsfrist bestimmt wird, die Aufhebung ohne Einhaltung der Frist verlangt werden.

(3) Eine Vereinbarung, durch welche das Recht, die Aufhebung zu verlangen, diesen Vorschriften zuwider ausgeschlossen oder beschränkt wird, ist nichtig.

1. **Aufhebung im Allgemeinen**. – a) Jede Gemeinschaft im Sinne des § 741 ist auf **völlige Teilung** gerichtet. Die in ihr durch das gemeinsame Recht miteinander verbundenen unterschiedlichen, teilweise sich widerstreitenden Individualinteressen der Teilhaber fordern die mögliche Aufhebung dieser Bindung. Deswegen sind neben den Vorschriften über die Verwaltung des gemeinschaftlichen Gegenstands (§§ 744–746) die Regelungen zur Aufhebung der Gemeinschaft in den §§ 749–758 von zentraler Bedeutung[1]. Das Gesetz spricht nur von **„Aufhebung“**, da, was oft geschieht, eine Teilung in Natur ausgeschlossen werden kann (§ 753). Es findet nicht, wie bei der Gesellschaft, eine Auflösung mit anschließender, die Veräußerung des Gesamthandvermögens und die Ausgleichung von Schulden umfassender Auseinandersetzung (§§ 730 ff) statt, sondern nur eine Lösung der durch den gemeinsamen Gegenstand geschaffenen Bindung (deshalb Teilaufhebung vereinbar[2]) und eine Auseinandersetzung im beschränkten Umfang (§§ 755, 756). Auf Wohnungseigentum findet § 749 keine Anwendung, WEG § 11 Abs 1. 1

b) Die Gemeinschaft wird aufgehoben entweder durch **Geltendmachung des Aufhebungsanspruchs** gegenüber allen anderen Teilhabern[3] oder durch **Vereinbarung** unter den Teilhabern, die der Mitwirkung aller Teilhaber (nicht Mehrheitsbeschluss!) bedarf (§ 747 Satz 2), weil sie Verfügung über den gemeinschaftlichen Gegenstand im Ganzen ist. Dadurch tritt die Gemeinschaft in das Aufhebungsstadium; es dauert an, solange noch gemeinsame Gegenstände vorhanden sind. Durch Verzicht kann ein Teilhaber seinen Miteigentumsanteil an einem Grundstück hingegen nicht aufgeben[4]. Die Aufhebung kann sich entweder auf **alle** gemeinschaftlichen **Gegenstände** erstrecken oder nur auf **einzelne**; jedoch braucht kein Teilhaber die von einem anderen Teilhaber begehrte teilweise Aufhebung, insbesondere hinsichtlich einzelner von mehreren gemeinschaftlichen Gegenständen, hinzunehmen, wohl aber kann eine Teilaufhebung vereinbart werden[5]. Bei der Erbengemeinschaft (vgl § 2042) wird die Teilaufhebung als zulässig angesehen, wenn besondere Gründe sie rechtfertigen und die Belange der anderen Miterben nicht beeinträchtigt werden[6]. Aufhebung und Teilung hinsichtlich der Früchte und Nutzungen kann gesondert verlangt werden, wie sich aus § 743 ergibt. 2

Die Aufhebung verpflichtet zur Teilung; für diese können die Teilhaber eine **Teilungsvereinbarung** treffen, bei deren Fehlen die gesetzlichen Teilungsvorschriften (§§ 752, 753) eingreifen. Die Teilungsvereinbarung ist formfrei, auch bei Grundstücken, wenn sie nicht über die gesetz- 3

19 BGH NJW 1974, 743.
20 BFH NJW 1979, 80.

1 Vgl BGHZ 63, 348, 351 = NJW 1975, 687, 688. Im einzelnen Schnorr, Die Gemeinschaft nach Bruchteilen § 13.
2 RGZ 91, 416, 418.
3 Vgl unten Rz 4.
4 BGHZ 115, 1, 7 ff = NJW 1991, 2488 = WM 1991, 1605 (krit Reichard, Festschr für Otte, 2005 S 265); BayObLG WuM 1991, 298, 299; vgl § 747 Rz 2.
5 RGZ 91, 416, 418; 108, 422. Vgl auch AG Winsen NZM 2000, 717: Keine Teilaufhebung einer Kabelfernsehgemeinschaft.
6 BGH bei Johannsen WM 1977, 270, 271.

lichen Pflichten (§§ 752, 753) hinausgeht, sonst ist die Form des § 311 b Abs 1 Satz 1 zu wahren[7]. Im Gegensatz zu aufhebungshindernden Vereinbarungen kann eine bestimmte Teilungsvereinbarung nicht im Grundbuch eingetragen werden[8].

4 2. **Aufhebungsanspruch**. – a) **Allgemeines**. Er steht jedem Teilhaber jederzeit zu (§ 749 Abs 1), wenn er nicht nach § 749 Abs 2 ausgeschlossen ist[9]. Er ist ein **schuldrechtlicher** Anspruch, der sich gegen jeden widersprechenden Teilhaber richtet[10], keiner Kündigung bedarf, um zur Entstehung zu gelangen[11], und jedem Teilhaber von vornherein zusteht, unabhängig von der Entschließung der anderen Teilhaber[12]. Der Antrag auf Aufhebung enthält auch keine Verfügung über den Anteil des anderen Miteigentümers[13]. Der **einzelne Teilhaber** kann immer nur Aufhebung **für sich** verlangen; den anderen bleibt es unbenommen, die Gemeinschaft fortzusetzen[14]. Wird die Aufhebung der Gemeinschaft an einem Hausgrundstück durch Zwangsversteigerung begehrt, bedarf es keiner Klage auf Zustimmung, da sich die Berechtigung des Begehrenden aus BGB §§ 749 Abs 1, 753 iVm ZVG § 181 ergibt[15]. Der Anspruch auf Aufhebung ist eng mit dem Anteilsrecht verbunden und deshalb grundsätzlich **weder abtretbar**[16], **noch pfändbar**[17]. Allerdings wird man eine Pfändung zulassen können, soweit die Ausübung des Rechts einem anderen überlassen werden kann, wie aus ZPO § 857 Abs 3 zu ersehen ist[18]. Der Pfändungsgläubiger des Miteigentumsanteils kann (neben dem Miteigentümer) die Aufhebung betreiben (§ 751) und Einwilligung zur Versteigerung und zur Verteilung des Erlöses verlangen[19]. Auch der künftige Anspruch auf das, was dem Schuldner bei einer Aufhebung nach § 753 gebührt, ist pfändbar[20].

5 b) **Gerichtliche Geltendmachung**. Die **Klage** ist gerichtet auf Zustimmung zur Aufbebung und ist **Leistungsklage**, die nach ZPO § 894 vollstreckt wird. Zweckmäßig und zulässigerweise wird mit ihr die Klage auf Vollziehung der Teilung oder einer bestimmten Teilungsart (§§ 752, 753[21]) oder auf Vornahme einer Teilungshandlung, da auch zur Teilung die Zustimmung aller erforderlich ist (§ 747 Satz 2), verbunden. Der Antrag muss die Art der Teilungsdurchführung enthalten[22]. Die für einen noch nicht fälligen Anspruch auf Teilung gem §§ 749, 753 eingeleitete Zwangsversteigerung kann nach dem Eintritt der Fälligkeit fortgesetzt werden[23]. Beachte für die Vollstreckung ZPO §§ 894, 887.

6 c) **Irrtümer bei der Teilung**. Der Anspruch besteht auch noch für die Teilung eines **nachträglich** erst festgestellten gemeinschaftlichen Gegenstandes, es bedarf nicht der Anfechtung der

7 OGHZ 1, 206; BGH WM 1973, 82. Vgl näher Staud/Langhein Rz 24 ff. Keine Heilung gemäß § 311 b Abs 1 Satz 2: BGH NJW 2002, 2560, 2561.

8 Köln OLGZ 1970, 276; Frankfurt/M Rpfleger 1976, 397.

9 Hierzu BGHZ 63, 348, 351 = NJW 1975, 687, 688; Hamburg NJW-RR 2002, 1165, 1166 f.

10 RGZ 108, 422, 424; LG Wuppertal NJW 1961, 785; Gramentz, Die Aufhebung der Gemeinschaft nach Bruchteilen, 1988, S 55 ff; Staud/Langhein § 749 Rz 16 ff mweitNachw; aA Esser/E Schmidt, SchuldR I/2 § 38 IV 2, 3; offen lassend BGHZ 63, 348, 352 (= Fn 9), ebenso BGHZ 90, 207, 214 = NJW 1984, 1968 = WM 1984, 440.

11 RGZ 108, 422, 425.

12 RGZ 67, 389; 108, 422, 424.

13 RGZ 67, 396, 398.

14 KG OLG 4, 119; Colmar OLG 12, 92.

15 LG Münster FamRZ 1960, 117.

16 HM; vgl nur BGH NJW-RR 1991, 683, 684 = WM 1991, 549; Gramentz, Die Aufhebung der Gemeinschaft nach Bruchteilen S 105 ff.

17 Umstr; wie hier: KG NJW 1953, 1832; Münch Komm/K Schmidt Rz 23; Staud/Langhein Rz 58; Erman/Aderhold Rz 9; aA die hM, die auf ZPO § 857 Abs 3 hinweist, zB Hamm NJW-RR 1992, 665 (= Fn 21); Köln OLGZ 1969, 338; LG Hamburg MDR 1977, 1017.

18 So BGHZ 90, 207, 215 = NJW 1984, 1968 = WM 1984, 440; BGHZ 154, 64, 69 = WM 2003, 940; Gramentz, Die Aufhebung der Gemeinschaft nach Bruchteilen S 111 ff.

19 LG Berlin JW 1922, 520; LG Wuppertal NJW 1961, 785; BGH WM 2006, 628.

20 LG Aurich Rpfleger 1972, 412, 413; Stein/Jonas/Münzberg ZPO § 864 Rz 14.

21 HM; statt aller: Pal/Sprau Rz 1 vor §§ 749–758; Gramentz, Die Aufhebung der Gemeinschaft nach Bruchteilen S 59 ff; Hamm NJW-RR 1992, 665, 666 = WM 1992, 1676 (mAnm Pankewitz WuB IV A. § 749 BGB 1.93); Rostock NZG 2000, 368; offen gelassen in BGHZ 90, 207, 214 = NJW 1984, 1968 = WM 1984, 440. Kritisch ausführlich Staud/Langhein Rz 19 ff.

22 RGRK/v Gamm Rz 4 mit Hinweis auf BGHZ 26, 28 = NJW 1958, 57.

23 RGZ 47, 363.

abgeschlossenen Teilung nach §§ 119, 779[24]. Ist ein Teilhaber irrtümlich übergangen worden, ist die Teilung wegen seiner fehlenden Zustimmung (§ 747 Satz 2) unwirksam.

d) In der **Insolvenz** eines Teilhabers werden die Mitteilhaber durch InsO § 84 Abs 1 Satz 2 geschützt (abgesonderte Befriedigung). Nach InsO § 84 Abs 1 Satz 1 erfolgt die Teilung außerhalb des Insolvenzverfahrens, so dass §§ 749, 752 ff anzuwenden sind. 7

3. **Ausschluss des Aufhebungsrechts**. – a) **Ausschlussbereich**. Das Aufhebungsrecht kann gesetzlich[25] oder durch **Vereinbarung** (nicht Mehrheitsbeschluss[26]) für immer oder auf Zeit, für alle oder auch nur für Teile der Gemeinschaftsgegenstände, für alle oder nur einzelne Teilhaber, auch für eine besondere Teilungsart ausgeschlossen werden[27]. Eine Vereinbarung, dass das Aufhebungsrecht solange ausgeschlossen sein soll, als nicht bestimmte Personen der Aufhebung zustimmen, ist zulässig[28], ebenso die Abrede, dass die Zwangsversteigerung nur verlangt werden könne, wenn das Meistgebot eine bestimmte Höhe erreicht[29]. Die Vereinbarung kann auch stillschweigend getroffen werden[30]. Die Beweislast für die Vereinbarung eines Aufhebungsverbotes trifft den Teilhaber, der sich darauf beruft[31]. Sind Grundstücke Gegenstand der Aufhebung, kann die Form des § 311 b Abs 1 notwendig werden[32]. Eine solche Beschränkung wirkt gegenüber dem Sondernachfolger (§ 751 Satz 1); bei **Grundstücken** nach § 1010 Abs 1 aber nur, wenn sie als Belastung des Anteils, der dem die Aufhebung Begehrenden zusteht, im Grundbuch eingetragen ist[33]. Ein Ausschluss des Aufhebungsrechts kann sich bei **Ehegatten**, die hinsichtlich ihres Hausgrundstücks in Bruchteilsgemeinschaft (Miteigentum) stehen, auch aus § 1353 Abs 1 ergeben (uU auch aus § 1365)[34], wenn der rechtlich geschützte äußere gegenständliche Lebensbereich des in Anspruch genommenen Ehegatten beeinträchtigt wird; stets ist aber in solchen Fällen eine Interessenabwägung vorzunehmen[35]. Ein Teilhaber kann der von einem anderen Teilhaber betriebenen Zwangsversteigerung zur Aufhebung der Gemeinschaft nicht aufgrund eines Zurückbehaltungsrechts gem § 273 widersprechen[36]. Dies schließt aber nicht aus, dass im einzelnen Fall die Durchsetzung des Anspruchs auf Aufhebung der Gemeinschaft sich als unzulässige Rechtsausübung erweisen kann[37]. 8

b) **Aufhebung aus wichtigem Grund (Absatz 2)**. Der Ausschluss des Aufhebungsrechts ist jedoch nicht bindend, wenn ein wichtiger Grund für die Aufhebung vorliegt. § 749 Abs 2 ist **zwingend**[38]. Die Grenze und Reichweite eines Ausschlusses der Aufhebung regeln §§ 749 Abs 2 und 3, 750[39]. Ein wichtiger Grund für die Aufhebung ist gegeben, wenn die **Fortsetzung der Gemeinschaft** für den die Aufhebung verlangenden Teilhaber **unzumutbar** ist. Auch eine Gesellschaft kann aus wichtigem Grund gekündigt werden[40]; nur können die dort entwickelten Grundsätze nicht ohne weiteres auf die Gemeinschaft übertragen werden, weil diese einerseits leichter auflösbar ist, andererseits wegen der fehlenden Zweckgemeinschaft auch bei gestörtem Vertrauensverhältnis der Teilhaber, etwa wegen persönlicher Spannungen, die Gemeinschaft noch aufrechterhalten werden kann[41]. Es muss nur sichergestellt sein, dass der gemeinschaftliche Gegenstand 9

24 RG SoergRspr 1911, 259.
25 Vgl zB §§ 922, 1066 Abs 2, 1258 Abs 2 usw (Erman/Aderhold Rz 4).
26 Vgl oben Rz 2.
27 RG WarnR 1930 Nr 70; Staud/Langhein Rz 60 f.
28 KG OLG 39, 206.
29 KGJ 33 A 224.
30 RGZ 67, 396 f; Köln RNotZ 2004, 148 (betr Zufahrt für mehrere Häuser).
31 BGH NJW-RR 1991, 946, 947.
32 OGH NJW 1949, 64; vgl auch oben Rz 3.
33 KGJ 33 A 224, 225.
34 BayObLG FamRZ 1981, 47; zu § 1365 Abs 1: M Janke, Die Verwaltungsbeschränkung. . ., 2002.
35 BGHZ 37, 38 = NJW 1962, 1244. Allgemein zur Vermögensauseinandersetzung von Ehegatten-Miteigentümern vgl Wever FamRZ 2003, 565.
36 BGHZ 63, 348, 351 f = NJW 1975, 687; BGH NJW-RR 1990, 133, 134 = WM 1990, 113 (mAnm Emmerich WuB IV A. § 756 BGB 1.90); aA RGZ 109, 167.
37 BGHZ 63, 348, 352 f = NJW 1975, 687; Karlsruhe NZG 1999, 249.
38 Vgl unten Rz 10.
39 Vgl RGZ 89, 292; Staud/Langhein Rz 75 ff.
40 Vgl § 723 Rz 11–22.
41 BGH NJW-RR 1995, 334 = WM 1995, 750 = ZIP 1995, 113; dazu Aderhold EWiR 1995 § 749 1/95; BGH NJW 1983, 449 = WM 1982, 1054; BGH WM 1984, 873.

durch eine sinnvolle Verwaltung in seinem wirtschaftlichen Wert erhalten bleibt[42]. So ist nicht einmal die Zerrüttung der Familienbande innerhalb einer Erbengemeinschaft (vgl § 2042) ein wichtiger Grund für die Aufhebung, wenn ein Testamentsvollstrecker die privaten Spannungen in seiner Person und in seinem Amt korrigiert[43]. Die Aufhebung ist immer ultima ratio, insbesondere bei einschneidenden wirtschaftlichen Folgen für die Teilhaber[44]. Der wichtige Grund muss immer das Gemeinschaftsverhältnis **unmittelbar berühren**; ob dies der Fall ist, richtet sich ua nach der Art der Gemeinschaft. Der wichtige Grund kann zB darin liegen, dass einem Teilhaber der ihm zustehende **Gebrauch** des gemeinschaftlichen Gegenstandes **unmöglich** gemacht wird oder dass ein Teilhaber sich andauernd einer **ordnungsgemäßen Verwaltung** des gemeinschaftlichen Gegenstandes widersetzt[45]; ferner in schikanösem Verhalten[46], im Unterlassen vorheriger Anhörung bei Mehrheitsbeschlüssen oder bei eigenmächtiger Veränderung des gemeinschaftlichen Gegenstandes. Der wichtige Grund kann auch in den persönlichen Beziehungen der Teilhaber begründet sein (Ehescheidung[47]; Trennung der Partner einer nicht ehelichen Lebensgemeinschaft[48]). Es können auch uU der Tod[49] oder eine wesentliche Veränderung der Umstände ein wichtiger Grund sein. Die Aufhebung darf aber keinesfalls zur **Unzeit**[50] stattfinden[51]; ein unzeitiges Aufhebungsverlangen ist unwirksam und kann zu Schadenersatzansprüchen der anderen Teilhaber führen (§ 723 Abs 2 entsprechend). Wegen Rechtsmissbrauchs (§ 242) **ausgeschlossen** ist der Aufhebungsanspruch, wenn seine Geltendmachung für einen der Teilhaber eine existenzielle Gefährdung mit sich bringt[52] oder wenn die Ausübung des Aufhebungsverlangens auf schikanösen Motiven beruht[53], nicht dagegen schon, wenn die Aufhebung und Teilung für einen der Teilhaber einen schwerwiegenden Nachteil mit sich bringt[54].

10 c) **Weitergehende vertragliche Beschränkungen sind nichtig (Absatz 3)**, so zB der Verzicht auf Geltendmachung des Rechts aus Abs 2 Satz 1. Die Zustimmung bestimmter Personen als Bedingung für die Aufhebung fällt ebensowenig unter Absatz 3 wie Vereinbarungen über die Durchführung der Teilung[55].

11 d) In der **Insolvenz** des Teilhabers wirken solche Ausschlussvereinbarungen nach InsO § 84 Abs 2 Satz 1 nicht gegen die Insolvenzmasse.

§ 750 Ausschluss der Aufhebung im Todesfall

Haben die Teilhaber das Recht, die Aufhebung der Gemeinschaft zu verlangen, auf Zeit ausgeschlossen, so tritt die Vereinbarung im Zweifel mit dem Tod eines Teilhabers außer Kraft.

1 Die Vorschrift ist eine **Auslegungsregel**, nicht mehr; es kann sich deshalb die Fortwirkung sehr wohl aus der Vereinbarung ergeben. Dann kann der Tod aber ein wichtiger Grund nach § 749 Abs 2 sein[1].

42 BGH WM 1962, 464.
43 LG Düsseldorf DNotZ 1956, 261.
44 BGH NJW-RR 1995, 267 = WM 1995, 500 = DB 1995, 317.
45 BGH WM 1962, 464, 465; 1984, 873; grundsätzlich geht ein gerichtliches Neuordnungsverlangen aber vor, BGH NJW-RR 1995, 334 = WM 1995, 750 = ZIP 1995, 113.
46 Bamberg MDR 2004, 24.
47 RG JW 1936, 1058, 1059.
48 LG Berlin MDR 1990, 1116; LG Karlsruhe FamRZ 1995, 94.
49 Vgl § 750 Rz 1.
50 Vgl auch § 723 Rz 24–26.
51 RG WarnR 1938 Nr 70; allgM, vgl MünchKomm/K Schmidt Rz 12; aA wohl München NJW-RR 1989, 715.
52 BGH NJW-RR 1995, 334, 336 = WM 1995, 750 = ZIP 1995, 113.
53 LG München II ZMR 1990, 301, 302: für einen gemeinschaftlichen Mietvertrag.
54 BGH NJW-RR 1995, 334 (= Fn 52); München NJW-RR 1989, 715, BGHZ 63, 348, 352 f = NJW 1975, 687, 688.
55 KG OLG 39, 206; vgl auch oben Rz 8 u § 752 Rz 1.

1 Vgl § 749 Rz 9.

§ 751 Ausschluss der Aufhebung und Sondernachfolger

Haben die Teilhaber das Recht, die Aufhebung der Gemeinschaft zu verlangen, für immer oder auf Zeit ausgeschlossen oder eine Kündigungsfrist bestimmt, so wirkt die Vereinbarung auch für und gegen die Sondernachfolger. Hat ein Gläubiger die Pfändung des Anteils eines Teilhabers erwirkt, so kann er ohne Rücksicht auf die Vereinbarung die Aufhebung der Gemeinschaft verlangen, sofern der Schuldtitel nicht bloß vorläufig vollstreckbar ist.

1. Die **Wirkung** der Ausschlussvereinbarung erstreckt sich auch auf den Sondernachfolger, 1
wobei es nicht auf dessen Kenntnis oder sein Kennenmüssen ankommt[1]; vgl dieselbe Folge bei einer Verwaltungsregelung nach § 746[2]. Teilungsvereinbarungen fallen nicht unter § 751[3].

2. **Ausnahmen** sind kraft Gesetzes bestimmt für – a) **Pfändungsgläubiger** (§ 751 Satz 2), 2
die jederzeit Aufhebung verlangen, auch die Verwaltungs- und Nutzungsrechte ausüben können (für die Pfändung eines Anteils vgl ZPO §§ 857, 864 Abs 2, 866)[4]; zum Vertragspfandgläubiger vgl §§ 1258 Abs 2, 1273 Abs 2; der Gläubiger kann auch ein Teilhaber sein[5]; – b) **Miteigentümer** an Grundstücken, für die eine Ausschlusswirkung nur eintritt, wenn die Abrede eingetragen ist (§ 1010 Abs 1); – c) **Insolvenzverwalter** (InsO § 84 Abs 2), da solche Vereinbarungen nicht gegen die Insolvenzmasse wirken. Satz 2 gilt nicht für Wohnungseigentum (WEG § 11 Abs 2)[6].

§ 752 Teilung in Natur

Die Aufhebung der Gemeinschaft erfolgt durch Teilung in Natur, wenn der gemeinschaftliche Gegenstand oder, falls mehrere Gegenstände gemeinschaftlich sind, diese sich ohne Verminderung des Wertes in gleichartige, den Anteilen der Teilhaber entsprechende Teile zerlegen lassen. Die Verteilung gleicher Teile unter die Teilhaber geschieht durch das Los.

Schrifttum: A Esser, Rechtsprobleme der Gemeinschaftsteilung, Prozeßrechtliche Abhandlg Heft 18, 1951; K Schmidt, Prozeß- und Vollstreckungsprobleme der Gemeinschaftsteilung, JR 1979, 317.

1. **Teilungsvertrag**. Die §§ 752–754, die die Art und Weise der Aufteilung des gemeinschaft- 1
lichen Gegenstandes regeln, kommen nur zur Anwendung, wenn keine Einigung der Teilhaber über eine andere Art der Auseinandersetzung zustande kommt[1]. Deshalb kommen in erster Linie Teilungsverträge in Betracht. Diese können auch nur eine **teilweise** Aufhebung vorsehen[2], so dass sich die Teilung nur auf diesen Teil erstreckt. Ein objektiv teilbarer Gegenstand kann auch **durch Vertrag** im Hinblick auf § 752 **für unteilbar erklärt** werden (durch Gesetz zB in § 2047 Abs 2 oder vor allem für Grundstücke durch Sondergesetze; vgl auch EGBGB Art 119). Die Teilhaber können auch, obwohl Naturalteilung möglich, Verkauf beschließen; das Vormundschaftsgericht kann nicht deshalb die Genehmigung verweigern[3]. In jedem Teilungsvertrag wird regelmäßig auch zugleich ein Aufhebungsvertrag (Einigung über die Aufhebung)[4] enthalten sein[5].

Diese Verträge unterliegen hinsichtlich ihrer **Anfechtung** (§§ 119 ff) wie auch ihres **Ab-** 2
schlusses (§§ 145 ff), auch wegen der **Formerfordernisse** (§§ 125, 311 b) den allgemeinen Re-

1 RGZ 78, 273, 275; Staud/Langhein Rz 2.
2 Vgl § 746 Rz 1.
3 Köln OLGZ 1970, 276; Staud/Langhein Rz 15.
4 Vgl auch § 749 Rz 4.
5 Hamm NJW-RR 1992, 665, 666 = WM 1992, 1676 (mAnm Pankewitz WuB IVA. § 749 BGB 1.93); Staud/Langhein Rz 8 ff.
6 Umfassend zu der Vorschrift Gramentz, Die Aufhebung der Gemeinschaft nach Bruchteilen S 68 ff; 147 ff; 244 ff; 261 ff; 326 ff.

1 RGZ 62, 56, 60; 108, 289, 290.
2 RGZ 91, 416, 418.
3 BayObLG OLG 1, 309.
4 Vgl § 749 Rz 9.
5 RGZ 91, 416.

geln. Die Form des § 311 b Abs 1 Satz 1 braucht aber nur gewahrt zu werden, wenn die Vereinbarung von den gesetzlichen Verpflichtungen aus §§ 752 ff abweicht[6]. Es tritt keine Heilung gemäß § 311 b Abs 1 Satz 2 ein[7]. Es müssen alle Teilhaber zustimmen. Mehrheitsbeschlüsse können nicht gefasst werden; widerspricht nur ein Teilhaber, greifen die §§ 752 ff für die gerichtliche Entscheidung ein. Der Vertrag **wirkt** nicht für und gegen Sondernachfolger, er fällt nicht unter §§ 746, 751 Satz 1, 755 Satz 2, 756[8]. Auf die Gewährleistung findet § 757 Anwendung. Die Insolvenz eines Teilhabers ergreift nicht das Teilungsverfahren, InsO § 84 Abs 1 Satz 1.

3 2. **Teilung in Natur**. – a) **Anwendbarkeit**. Der Gesetzgeber nennt zwar an erster Stelle die Naturalteilung und beginnt die Regelung über Teilung durch Verkauf in § 753 mit den Worten: „Ist die Teilung in Natur ausgeschlossen . . .“. Daraus darf aber nicht der Schluss gezogen werden, dass Teilung in Natur die Regel ist. Vielmehr geht auch der Gesetzgeber von der Aufhebung durch Verkauf und Teilung des Erlöses (§ 753) als Normalfall aus und will nur dem einzelnen Teilhaber die durch Klage durchsetzbare Möglichkeit einer Naturalteilung eröffnen. Er knüpft aber die Naturalteilung an bestimmte Voraussetzungen, die strikt einzuhalten sind, so dass **diese Teilungsart** zur **Ausnahme** wird[9]. An den aus der Gemeinschaftsteilung entstehenden Einzelrechten der Teilhaber setzen sich dingliche Belastungen des bisher gemeinschaftlichen Gegenstandes fort[10]. Die Teilung ist für jeden gemeinschaftlichen Vermögensgegenstand gesondert durchzuführen[11].

4 b) **Voraussetzungen**. Der oder die gemeinschaftlichen Gegenstände müssen sich in **gleichartige**, den Anteilen der Teilhaber entspr Teile zerlegen lassen[12]. Es genügt, wenn die Teile gleichartig im Sinne der Verkehrsanschauung sind[13], etwa Wertpapiere, Gebrauchsgegenstände, parzellierte Grundstücksflächen, Briefhypotheken usw. Aber die Teile müssen **wertmäßig den Anteilen der Teilhaber entsprechen**, Differenzen können grundsätzlich nicht durch Geldzahlungen ausgeglichen werden[14]. Bei gleichen Anteilen muss deshalb die Gleichartigkeit zugleich eine Gleichwertigkeit sein, die auch uU von zukünftigen Ereignissen (Erlass eines Bebauungsplans durch die öffentliche Hand) abhängig sein kann, so dass dann aus diesem Grund eine Naturalteilung vorher undurchführbar ist[15].

5 Außerdem darf durch die Teilung **keine Wertminderung** eintreten[16]. Ob eine solche vorliegt, ist nach objektiven Merkmalen, nicht nach den persönlichen Verhältnissen der Teilhaber zu beurteilen; die einzelnen Teile sind für sich zu bewerten, die Teilwerte zusammenzuziehen und mit dem Wert des ungeteilten Ganzen zu vergleichen, den sie mindestens erreichen müssen[17]. Die Tatsache, dass eine Teilung hohe Kosten (etwa Vermessungskosten) verursacht, ist unbeachtlich, es sei denn, dass ausnahmsweise dadurch eine Wertminderung eintritt[18].

6 c) **Einzelfälle**[19]. **Teilbar sind** Forderungen auf Geld[20], vertretbare Sachen, gleichartige Warenbestände oder **Wertpapiere**; Letztere können in der Weise geteilt werden, dass ganze Stücke den Teilhabern zugewiesen werden[21]; **Briefhypotheken** können durch Aushändigung von Teilhypothekenbriefen (§ 1152) geteilt werden[22]. Teilbar sind auch Grundstücke, es sei denn, dass Parzellierungsverbote bestehen. Zu beachten ist aber, dass häufig die Teilung durch eine dann

6 OGHZ 1, 208; BGH WM 1973, 82.
7 BGH NJW 2002, 2560, 2561.
8 Staud[12]/U Huber Rz 33.
9 Ebenso für die Grundstücksgemeinschaft: Hamm Rpfleger 1964, 341 (mzustAnm Haegele).
10 BGH NJW 1972, 1045.
11 BGH NJW-RR 2001, 369.
12 Vgl BGH WM 1973, 82; BayObLG MDR 1972, 143; Staud/Langhein Rz 4 ff.
13 Colmar OLG 12, 92.
14 BGH ZIP 1986, 89; DNotZ 1935 Bay Beil 92; vgl aber § 753 Rz 2, 4.
15 Nürnberg RdL 1960, 22, 23.
16 Schleswig SchlHA 1967, 179 (mkritAnm Thiele).
17 RG Gruchot 54, 632; WarnR 1910 Nr 113; Nürnberg RdL 1960, 22.
18 RG Recht 1901, 17 Nr 22.
19 Vgl Staud/Langhein Rz 14 ff.
20 BGHZ 52, 99, 103 = NJW 1969, 1347.
21 RGZ 91, 416.
22 S RGZ 59, 313, 318; 69, 36, 42; auch Abel, Teilabtretungen von Briefgrundschulden und vorläufigen Eigentümerhypotheken, NJW 1966, 2044; Aufteilung einer Darlehenshypothek: RGZ 65, 7.

eintretende Wertminderung (schlechtere Bebauungsmöglichkeit) ausgeschlossen ist[23]. **Nicht teilbar** ist **Bauland**, wenn dabei Straßenzüge auszuscheiden sind[24], wie es überhaupt bei **Bauplätzen** auf den **Einzelfall** ankommt[25]. Unbebaubare Grundstücke sind nicht teilbar, wenn sie der Erschließung benachbarter Grundstücke dienen[26].

Nicht teilbar sind **Häuser** wegen ihrer natürlich-wirtschaftlichen Einheit[27], da auch kein Stockwerkseigentum neu begründet werden kann, eine Aufteilung in Wohnungseigentum daran scheitert, dass keinem Teilhaber die unauflösliche Gemeinschaft der Wohnungseigentümer (WEG § 11) aufgedrängt werden kann (vgl WEG § 3; auch ist beachtlich, dass die einzelnen Wohnungen in der Regel ungleichwertig sind)[28]. Über Zerlegung eines auf zwei Grundstücken errichteten Gebäudes durch Trennung auf der Grundstücksgrenze vgl Schleswig SchlHA 1967, 179 (mkritAnm Thiele). Über die Ausfüllung der Gesetzeslücke für eine Auseinandersetzung über das **Mietrecht** einer Wohnungsgemeinschaft vgl Roquette DR 1944, 56 u NJW 1952, 1143. Unteilbar sind in der Regel Einfahrten, Hofräume, Scheunentennen, wenn auch eine reale Aufteilung des oder der Häuser vorgenommen ist[29], weiter **Seen**[30], eine Fährgerechtigkeit[31]; gemeinsamer Telefonanschluss mit einer Rufnummer[32]; über **Zeitungsunternehmen** vgl RG SeuffBl 68, 55; Naturalteilung kann auch ausscheiden, wenn ein Teil unter allen Umständen gemeinschaftlich bleiben muss[33]. Vgl auch BGB § 2047 Abs 2; AktG § 8 Abs 5. 7

3. Die **Durchsetzung des Anspruchs** aus § 752 erfolgt durch Klage im ordentlichen Verfahren. Der Antrag ist auf eine bestimmte Art der Naturalteilung zu richten und hat die Gegenstände bestimmt anzugeben, ZPO § 253 Abs 2 Nr 2[34]. Wegen **Beweislastfragen** vgl Krönig MDR 1951, 602. Das Urteil ist **Leistungsurteil**[35] auf Einwilligung zur Teilungsart; danach sind die Rechtsübertragungen nach den allgemeinen Regeln vorzunehmen[36]; zu beachten ist für die Vollstreckung ZPO § 894, für die Gewährleistung BGB § 757; Gutglaubensschutz findet nicht statt[37]. 8

4. Nur bei gleichen Teilen (also gleichartig und gleichwertig) geschieht die Teilung durch das **Los**, die durch Klage erzwungen werden kann[38]. 9

5. Die **Kosten** der Teilung sind im Zweifel nach dem Verhältnis der Anteile zu tragen. 10

§ 753 Teilung durch Verkauf

(1) Ist die Teilung in Natur ausgeschlossen, so erfolgt die Aufhebung der Gemeinschaft durch Verkauf des gemeinschaftlichen Gegenstands nach den Vorschriften über den Pfandverkauf, bei Grundstücken durch Zwangsversteigerung und durch Teilung des Erlöses. Ist die Veräußerung an einen Dritten unstatthaft, so ist der Gegenstand unter den Teilhabern zu versteigern.

23 RG WarnR 1910 Nr 113; Nürnberg RdL 1960, 22, 23 = DRspr I (188) 93 e, f; Köln BlfGBWR 1960, 31 = GrundE 1960, 213.
24 RG Gruchot 54, 632.
25 RG JW 1935, 781; Nürnberg RdL 1960, 22.
26 Hamm NJW-RR 1992, 665, 666 f = WM 1992, 1676 (mAnm Pankewitz WuB IV A. § 749 BGB 1.93).
27 BGHZ 27, 204 = NJW 1958, 118; bedenklich bei der Eigentumsverteilung bei nicht konsentiertem Grenzüberbau nach § 912; vgl dazu § 912 Rz 22 ff; § 94 Rz 8 ff.
28 BGH DB 1952, 968; München NJW 1952, 1297 = JZ 1953, 148 (mzustAnm Raiser); Hamm NJW-RR 1992, 665 (= Fn 26).
29 Aufzählung in SeuffBl 41 (1871), 329.
30 Marienwerder OLG 22, 343.
31 RG JW 1910, 616.
32 Hamm NJW-RR 2001, 245.
33 Karlsruhe BadRpr 1933, 2.
34 RGZ 130, 264, 267; BGHZ 11, 181, 184 = NJW 1954; 716; BayObLGZ 17, 40; Kassel SeuffA 64 Nr 10.
35 Vgl § 749 Rz 5.
36 Vgl Rz 2.
37 RG JW 1927, 2521.
38 Vgl § 749 Rz 5.

(2) **Hat der Versuch, den Gegenstand zu verkaufen, keinen Erfolg, so kann jeder Teilhaber die Wiederholung verlangen; er hat jedoch die Kosten zu tragen, wenn der wiederholte Versuch misslingt.**

1 1. Über die Reihenfolge der Anwendbarkeit von §§ 752, 753 vgl § 752 Rz 1 u 3, über die gerichtliche Durchsetzung des Anspruchs vgl § 752 Rz 8. § 753 ist **dispositiv**.

2 2. Die Teilung geschieht zunächst durch **Verkauf** und dann durch **Verteilung des Erlöses**, der an die Stelle des verkauften Gegenstandes tritt, so dass die den Teilhabern gebührenden Anteile sich nach den bisherigen Miteigentumsanteilen richten[1]; beide Abschnitte des Teilungsverfahrens sind zu trennen. So erstreckt sich die Teilungsversteigerung eines Grundstücks zwar auf die Befriedigung der Kostengläubiger und Realgläubiger aus dem Erlös (ZVG §§ 10, 109, 182), nicht aber auf die Verteilung des Überschusses unter den Teilhabern[2]; der Versteigerungsrichter soll aber den Teilhabern behilflich sein[3]; sind diese einverstanden, kann er verteilen. Wird keine Einigung erzielt, ist der Teilungsplan (ZVG § 113) nicht auszuführen, der Erlös ist zu hinterlegen und der Streit, auch wenn der Teilungsplan rechtskräftig wurde, im Prozesswege zu klären[4]; ein benachteiligter Teilhaber kann noch einen Bereicherungsanspruch geltend machen[5]. Ein Zurückbehaltungsrecht am Erlös steht einem Teilhaber aufgrund von Ansprüchen aus einem anderen Rechtsverhältnis nicht zu[6]. Die mit der Aufhebung der Gemeinschaft gem § 753 Abs 1 verbundenen Härten für einzelne Teilhaber sind grundsätzlich hinzunehmen[7]. Dies gilt auch, wenn eine Realteilung von nicht gleichartig teilbaren Gegenständen oder eine einseitige Zuweisung eines Gegenstandes gegen Ausgleich in Geld zweckmäßiger sind; dieser Weg setzt grundsätzlich eine entsprechende Teilungsvereinbarung voraus[8]. In Ausnahmefällen jedoch kann ein Teilhaber, der die Aufhebung der Gemeinschaft betreibt, nach Treu und Glauben gehalten sein, auf die Zwangsversteigerung des gemeinschaftlichen Grundbesitzes zu verzichten und sich mit einem auch seinen Interessen gerecht werdenden und zumutbaren Realteilungsvorschlag des anderen Teilhabers abzufinden[9]. Dies gilt auch für Ehegatten, die im Güterstand der Zugewinngemeinschaft leben und an einem Grundstück je zur Hälfte Miteigentum erworben haben[10]. Demgegenüber ist die Frage, ob im Betreiben der Teilungsversteigerung gegenüber dem Ehegatten eine schwere Eheverfehlung zu sehen ist, eine Tatfrage[11].

3 Die **Insolvenz** eines Teilhabers erfasst nicht das Teilungsverfahren, InsO § 84 Abs 1 Satz 1; der Insolvenzverwalter tritt an die Stelle des Teilhabers.

4 3. Auf den Verkauf finden bei **beweglichen Sachen** §§ 1233 ff, insbesondere auch § 1246 Anwendung[12]. Es kann also, wenn dies den Interessen der Beteiligten – es genügen auch nur die eines Teilhabers ohne Benachteiligung der anderen – besser entspricht, eine **andere Art des Pfandverkaufs** verlangt werden[13]; darüber hinaus kann der Prozessrichter in besonderen Fällen nach § 242 einen anderen Weg der Aufhebung der Bindung (etwa Zuweisung eines Erinnerungsstückes

1 BGHZ 4, 84 = NJW 1952, 263; BGH NJW 1983, 2449, 2451 = WM 1983, 705; WM 1990, 113, 114; Bremen MDR 2004, 1004.
2 BGHZ 4, 84 (= Fn 1); BGH NJW 1992, 114 = WM 1992, 201 (mAnm Smid WuB I E 1.-6.92); Staud/Langhein Rz 5 ff.
3 Hamm OLGZ 70, 491, 496: „Anstandspflicht des Gerichts"; RGZ 119, 325.
4 BGHZ 90, 194, 195 f = NJW 1984, 2526 = WM 1984, 481; NJW 1984, 2527 = WM 1984, 542.
5 BGHZ 4, 84, 87 = NJW 1952, 263.
6 BGHZ 90, 194, 196 f = NJW 1984, 2526 = WM 1984, 481; vgl aber BGH WM 1990, 113, 114 (mAnm Emmerich WuB IV A. § 756 BGB 1.90): zu der Frage des Zurückbehaltungsrechts, wenn die Teilhaber ihre Auseinandersetzung durch einen besonderen Vertrag abweichend vom Gesetz geregelt haben.
7 BGHZ 58, 146, 147 = NJW 1972, 818, 819; BGHZ 63, 348, 352 = NJW 1975, 687, 688; BGH NJW-RR 2005, 308, 309.
8 MünchKomm/K Schmidt Rz 6.
9 BGHZ 58, 146 (= Fn 7). Vgl auch BGH NJW-RR 2005, 308: Übertragungspflicht gegen Zahlung des Marktwerts (krit Wolfsteiner DNotZ 2005, 207).
10 BGHZ 68, 299 = NJW 1977, 1234.
11 BGHZ 87, 145 = NJW 1983, 1611 = WM 1983, 710; BGH NJW 1983, 2933 = WM 1983, 1084; München NJW-RR 1989, 715.
12 Staud/Langhein Rz 9 f.
13 Vgl § 1246 Rz 1; LG Hamburg MDR 1957, 419.

an einen Teilhaber mit Entschädigung an die übrigen) finden[14]. Im Grundsatz bleibt es aber dabei, dass keinem Teilhaber ein Recht auf den Erwerb des Alleineigentums an dem gemeinschaftlichen Gegenstand zusteht[15]. Im Übrigen ist die Anwendung der gesetzlichen Pfandverkaufsvorschriften dispositiv.

Bei Veräußerung eines **Rechts** gilt § 1277, bei Verkauf **gemeinschaftlicher Forderungen** gilt § 754. 5

Beim Verkauf eines **Hausgrundstücks** ist die **Zwangsversteigerung** durchzuführen (ZVG §§ 180–184)[16]. Hierfür bedarf es keines besonderen vollstreckbaren Titels (ZVG § 181 Abs 1)[17]; aber Antragsteller und -gegner müssen als Miteigentümer im Grundbuch eingetragen sein (ZVG §§ 181, 17). Antragsgegner ist jeder Teilhaber, der nicht Antragsteller ist[18]. Ist das Grundstück nur auf den Namen eines Miteigentümers eingetragen, so muss es vor der öffentlichen Versteigerung zunächst auf alle Miteigentümer eingetragen werden[19]. Der Antragsteller muss das Vorliegen einer Gemeinschaft bei Antragstellung nachweisen[20]. Bei Vereinigung der Bruchteile eines Erbbaurechts in der Hand eines Inhabers ist die Teilungsversteigerung zulässig, wenn ein Bruchteil dem Inhaber als Vorerben zusteht[21]. Ist bei der Zwangsversteigerung entgegen ZVG § 182 Abs 2 der zur Ausgleichung unterschiedlicher Belastungen der Anteile erforderliche Betrag nicht im geringsten Gebot enthalten, so kann die unterschiedliche Belastung noch im Rechtsstreit um die Verteilung des Erlöses ausgeglichen werden[22]. Sind ein oder mehrere, aber nicht alle Grundstücksbruchteile mit einem **Vorkaufsrecht** belastet und erhält ein Teilhaber, dessen Anteil nicht dem Vorkaufsrecht unterliegt, den Zuschlag, so kann das Vorkaufsrecht nicht ausgeübt werden[23]. Ein **Testamentsvollstrecker** ist nicht an die Veräußerungsform durch Zwangsversteigerung zum Zwecke der Erbteilung, mangels Einverständnisses der Erben mit freihändigem Verkauf, gebunden; er kann Letzteren von sich aus durchführen, §§ 2204, 2205[24]. 6

4. **Scheitert der Verkauf**, kann dessen Wiederholung auf Kosten des Antragenden verlangt werden **(§ 753 Abs 2)**. Diese Kostenfolge tritt aber nicht ein, wenn vorher kein Verwertungsversuch unter den Bedingungen des § 753 (also zB bei nach unten limitiertem Meistgebot) stattgefunden hat[25]. Erweist sich der Gegenstand als unverkäuflich, muss entweder die Aufhebung der Gemeinschaft insofern unterbleiben (zu beachten ist dann besonders § 745 Abs 2), oder der Richter muss nach § 242 eine andere der Billigkeit entsprechende Lösung finden[26]. 7

5. Ist die **Veräußerung an einen Dritten unstatthaft**, so findet die Versteigerung unter den Teilhabern statt (§ 753 Abs 1 Satz 2). Die Unstatthaftigkeit der Veräußerung an Dritte kann sich aus **gesetzlichen** (vgl §§ 135, 136, 2047 Abs 2), wie **vertraglichen** (beachte §§ 749 Abs 2, 751), wie **letztwilligen** (vgl § 2048; Anordnung, dass das Gut dem Meistbietenden unter den Abkömmlingen zugeschlagen werden solle)[27] **Veräußerungsverboten** ergeben. Wird außerhalb des Zwangsversteigerungsverfahrens im Verfahren der freiwilligen Gerichtsbarkeit der Meistbietende ermittelt, so bedarf er zum Eigentumserwerb der Auflassung durch die übrigen Teilhaber[28]. Wer sich auf die Unzulässigkeit der Veräußerung an Dritte beruft, muss diese beweisen[29]. 8

14 So zutr Pal/Sprau Rz 8; vgl auch BGHZ 58, 146 (= Fn 7); 68, 299 (= Fn 10) sowie oben Rz 2; Bsp AG Walsrode NJW-RR 2004, 365 (Haustier).
15 Vgl BGH NJW 1983, 2933, 2934 = WM 1983, 1084.
16 Vgl zum Verfahren Schiffbauer ZIP 1982, 526; zur Anwendbarkeit von § 1365 Abs 1: M Janke, Die Verwaltungsbeschränkung. . ., 2002.
17 LG Münster FamRZ 1960, 117; § 749 Rz 4. Nach hM (vgl KG NJW-RR 1999, 434; Pal/Sprau Rz 3) ist ZPO § 765 a anwendbar.
18 BGHZ 79, 249, 254 = NJW 1981, 2065, 2066 = WM 1981, 457.
19 Hamburg HansGZ 1904 B 157.
20 Darmstadt ZblFG 7, 708; Stuttgart Recht 1903 Nr 1197.
21 BGH NJW-RR 2004, 1513.
22 BGH NJW 1983, 2449 = WM 1983, 705; NJW 1984, 2527, 2528 = WM 1984, 542, 543.
23 BGHZ 48, 1 = NJW 1967, 1607. Vgl im Übrigen ausführlich MünchKomm/K Schmidt Rz 15–29.
24 RGZ 108, 289.
25 MünchKomm/K Schmidt Rz 32.
26 Vgl oben Rz 4.
27 RGZ 52, 174.
28 RGZ 52, 174, 177: für Erbengemeinschaft.
29 Vgl auch Krönig, Beweislastprobleme der §§ 752–754, MDR 1951, 602.

§ 754 Verkauf gemeinschaftlicher Forderungen

Der Verkauf einer gemeinschaftlichen Forderung ist nur zulässig, wenn sie noch nicht eingezogen werden kann. Ist die Einziehung möglich, so kann jeder Teilhaber gemeinschaftliche Einziehung verlangen.

1 1. § 754 gibt ein **besonderes**, gegenüber den §§ 752, 753 einschränkendes **Verfahren**, bei dem die Teilung in Natur (§ 752) der Einziehung und weiter die Einziehung dem Verkauf der Forderung (§ 753) vorgeht[1]. Die Leistung auf die gemeinschaftlich eingezogene Forderung ist dann nach §§ 752, 753 zu teilen. Aus der Pflicht zur gemeinschaftlichen Einziehung folgt die Pflicht zur anteilsmäßigen **Kostentragung** nach § 748. Wer den Verkauf verlangt, muss die noch nicht mögliche Einziehung beweisen.

2 2. § 754 findet **Anwendung** bei der Bruchteilsgemeinschaft hinsichtlich einer nicht gem § 752 teilbaren **Forderung**. Oft wird jedoch keine derartige Bruchteilsgemeinschaft vorliegen, sondern eine **Mehrheit von Gläubigern** (§§ 420; 428–430; 432), bei der jeweils **mehrere Forderungen** bestehen; dann kommt es darauf an, ob die Leistung teilbar (§ 420) oder unteilbar (§ 432) ist[2]. Die wichtigste Bedeutung des § 754 liegt in seiner Anwendung auf **Gesamthandgemeinschaften**; §§ 731 Satz 2, 1477 Abs 1, 2042 Abs 2 verweisen auf § 754. § 754 bezieht sich nicht auf eine durch Auseinandersetzung begründete Forderung eines Teilhabers gegen den anderen[3]. Bei Tilgung einer Forderung setzt sich die Rechtsgemeinschaft am Erlös fort[4].

§ 755 Berichtigung einer Gesamtschuld

(1) **Haften die Teilhaber als Gesamtschuldner für eine Verbindlichkeit, die sie in Gemäßheit des § 748 nach dem Verhältnis ihrer Anteile zu erfüllen haben oder die sie zum Zweck der Erfüllung einer solchen Verbindlichkeit eingegangen sind, so kann jeder Teilhaber bei der Aufhebung der Gemeinschaft verlangen, dass die Schuld aus dem gemeinschaftlichen Gegenstand berichtigt wird.**

(2) **Der Anspruch kann auch gegen die Sondernachfolger geltend gemacht werden.**

(3) **Soweit zur Berichtigung der Schuld der Verkauf des gemeinschaftlichen Gegenstands erforderlich ist, hat der Verkauf nach § 753 zu erfolgen.**

1 1. Aus den §§ 755, 756 ergibt sich, dass im Gegensatz zum Gesellschaftsrecht (§§ 733–735, 738–740) der Gesetzgeber im Recht der Gemeinschaft keine umfassende Auseinandersetzungsordnung getroffen hat, sondern nur **zwei spezielle Fälle** regelt, nämlich die interne Berichtigung bestimmter Gesamtschulden (§ 755) und den internen Ausgleich zwischen einem aus einer Gemeinschaftsforderung berechtigten Teilhaber und dem Schuldnerteilhaber (§ 756). Es handelt sich also nur um das **Innenverhältnis**, im Außenverhältnis gelten die allgemeinen Regeln.

2 2. Die Regelung des § 755 Abs 1 setzt voraus, dass die Teilhaber für die Gemeinschaftsschuld nicht nur anteilig, sondern, was die Regel ist[1], **gesamtschuldnerisch** haften. Das Gesamtschuldverhältnis kann auch später (etwa durch Schuldübernahme) entstanden sein oder sich nur auf einzelne der Teilhaber sowie auf ihre Haftung als Bürgen[2] erstrecken. Außerdem muss es sich um eine **Schuld für Lasten und Kosten** im Sinne des § 748 oder eine solche, die zum Zwecke der Erfüllung dieser Schulden eingegangen ist (etwa aufgenommenes Darlehen), handeln. Der Fall, dass ein Teilhaber **anteilige** Ausgleichsansprüche aus §§ 744 Abs 2, 677 ff oder 812 ff gegenüber den anderen Teilhabern hat, wird nur in § 756 berücksichtigt. Ist die Gesamtverbindlichkeit **noch**

1 RGZ 65, 5, 7.
2 Vgl iE Hadding, Festschr für E Wolf, 1985, S 107, 118 ff; ders, Festschr für Canaris, 2007 (unter IV.2.); vgl auch § 741 Rz 13.
3 Stuttgart OLG 1, 251.
4 BGH NJW-RR 1992, 683 = WM 1991, 549.

1 Vgl § 741 Rz 19.
2 Pal/Sprau Rz 3.

nicht fällig, so kann statt des Berichtigungsanspruchs – ähnlich § 733 Abs 1 Satz 2 – verlangt werden, dass das zur Berichtigung Erforderliche zurückbehalten oder hinterlegt wird[3].

3. Die Berichtigung der Schuld nach § 755 Abs 3 **hat so zu erfolgen**, dass der gemeinschaftliche Gegenstand zu dem Teil, der für die Schulderfüllung erforderlich ist, zu verkaufen, der Rest aber – soweit vorhanden – in Natur unter die Teilhaber zu teilen ist[4]. Der Verkauf erfolgt nach § 753. 3

4. Für **Sondernachfolger** im Miteigentum am Grundstück gilt § 1010 Abs 2; sonst kein Schutz des rechtlichen Erwerbers[5]. 4

5. Für den Fall der **Insolvenz** gilt InsO § 84 Abs 1 Satz 2; der Miteigentumsteilhaber kann abgesonderte Befriedigung aus dem Anteil des Gemeinschuldners verlangen[6]. Auch der Verkauf eines Miteigentumsanteils durch den Insolvenzverwalter ist als Auseinandersetzung im Sinne von InsO § 84 Abs 1 Satz 2 anzusehen[7]. 5

§ 756 Berichtigung einer Teilhaberschuld

Hat ein Teilhaber gegen einen anderen Teilhaber eine Forderung, die sich auf die Gemeinschaft gründet, so kann er bei der Aufhebung der Gemeinschaft die Berichtigung seiner Forderung aus dem auf den Schuldner entfallenden Teil des gemeinschaftlichen Gegenstands verlangen. Die Vorschrift des § 755 Abs 2, 3 findet Anwendung.

1. Aus dem **Grundgedanken**, dass jeder Teilhaber bei der Auseinandersetzung nicht mehr erhalten soll, als ihm nach Berichtigung seiner auf die Gemeinschaf bezogenen Schulden zusteht, erklärt sich die Sicherung des forderungsberechtigten Teilhabers durch § 756 (Befriedigung aus dem Anteil des Teilhabers). Der Teilhaber hat damit ein **Vorrecht auf Befriedigung** aus dem Anteil des Teilhaberschuldners vor den anderen Gläubigern, das nach InsO § 84 Abs 1 Satz 2 auch in der Insolvenz wirksam ist. 1

2. Der **Entstehungsgrund** der Forderung des Teilhabers muss **in der Gemeinschaft** liegen, dh, sie muss einem oder mehreren Teilhabern in ihrer Eigenschaft als Teilhaber, also vermöge ihrer Zugehörigkeit zur Gemeinschaft, zustehen[1]. Hierher gehören auch die Forderungen aus **Teilungskosten**. Doch ist der Bereich der von § 756 erfassten Forderungen weiter als in § 755, weil hier eine Beschränkung auf die Lasten und Kosten im Sinne von § 748 fehlt[2]. Auch braucht die Forderung ihren Grund nicht ausschließlich in der Gemeinschaft zu haben[3], wie bei einer Nachlassforderung gegenüber einem Miterben, der sich für seine Anteilsforderung auf seine eigene Schuld an den Nachlass verweisen lassen muss[4]. Ein Anspruch gründet sich auch dann auf die Gemeinschaft, wenn bei der Veräußerung eines ideellen Miteigentumsanteils des bisherigen Grundstücksalleineigentümers eine Vereinbarung darüber getroffen wird, wer im Innenverhältnis die Belastung zu tragen hat[5]. Gleiches gilt bei einer Abrede, nach der die Belastung eines gemeinschaftlichen Grundstücks intern zu Lasten eines Teilhabers gehen soll[6]. 2

Nicht hierher gehören Forderungen, die dem Teilhaber unabhängig von der Gemeinschaft zustehen, zB persönliche Ansprüche auf Schadenersatz wegen Forderungsverletzung oder unerlaubter Handlung oder Ansprüche wegen ungerechtfertigter Bereicherung[7] oder die erst durch 3

3 Pal/Sprau Rz 3; Staud/Langhein Rz 9; Münch Komm/K Schmidt Rz 8; aA RGRK/v Gamm Rz 2.
4 RG SeuffA 74 Nr 173.
5 RGZ 78, 273, 275.
6 BGH BB 1955, 331.
7 RGZ 67, 156; Staud/Langhein Rz 11.

1 RGZ 78, 273, 274.
2 Vgl BGH NJW 1992, 114 = WM 1992, 201 (mAnm Smid WuB I E 1.-6.92) = DB 1992, 83.
3 BGH NJW 1992, 114 = WM 1992, 201 (mAnm Smid WuB I E 1.-6.92) = DB 1992, 83.
4 RGZ 65, 5, 10; 78, 273, 274.
5 BGH WM 1966, 577.
6 Köln FamRZ 1991, 1334, 1335 f.
7 Celle Beschl v 7. 7. 2005 – 4 W 119/05.

Vereinbarung der Teilhaber zum Zweck der Auseinandersetzung begründet sind, letztere, weil sie in dem erst für die Zukunft berechneten Teilungsvertrag ihren Grund haben[8]. § 756 ist nicht entsprechend anwendbar, wenn ein Teilhaber die Verteilung eines Betrags in der Gemeinschaftskasse vor Aufhebung der Gemeinschaft verlangt und der Wert des Anteils des Schuldners an dem gemeinschaftlichen Gegenstand die Forderung des (Gläubiger-) Teilhabers wesentlich übersteigt[9].

4 3. Die **Art der Befriedigung** ergibt sich aus dem der Forderung zugrunde liegenden Schuldverhältnis. Wegen einer Geldforderung kann der Teilhaber nur Befriedigung in Geld, nicht aber Überweisung des auf den anderen Teilhaber entfallenden Anteils am gemeinschaftlichen Gegenstand verlangen[10]. Auch ein Anspruch auf Befreiung von einer auf eine Geldzahlung gerichteten Verbindlichkeit nach § 257 kommt in Betracht[11]. Im übrigen verweist § 756 Satz 2 auf § 755 Abs 3, was bedeutet, dass nicht etwa so viel verkauft werden müsste, dass aus dem Erlösanteil des Teilhaberschuldners die Befriedigung erfolgen kann, sondern nur so viel, dass aus dem ganzen Erlös der Teilhabergläubiger befriedigt werden kann.

5 Die **Anrechnung** einer Erblasserforderung gegen einen Miterben auf dessen Anteil kann der andere Miterbe auch verlangen, wenn die Erblasserforderung bei der Aufhebung verjährt, im Zeitpunkt des Erbfalls aber noch nicht verjährt war[12]. Es können auch die übrigen Miterben die Berichtigung ihres Forderungsanteils aus dem Baranteil des zahlungsunfähigen Miterbenschuldners verlangen[13].

6 4. Neben dem Anspruch aus § 756 hat der Teilhaber auch einen **Zahlungsanspruch**[14]. Ein Zurückbehaltungsrecht[15] scheitert an § 749[16].

7 5. Der Anspruch besteht auch gegenüber den **Sondernachfolgern** des einzelnen Teilhaberschuldners (§ 756 Satz 2 iVm § 755 Abs 2). Zu beachten ist die Beschränkung in **§ 1010 Abs 2**; diese gilt jedoch nicht für eine persönliche Verpflichtung des Sondernachfolgers außerhalb der dinglichen Rechtslage, zB bei Schuldübernahme[17].

§ 757 Gewährleistung bei Zuteilung an einen Teilhaber

Wird bei der Aufhebung der Gemeinschaft ein gemeinschaftlicher Gegenstand einem der Teilhaber zugeteilt, so hat wegen eines Mangels im Recht oder wegen eines Mangels der Sache jeder der übrigen Teilhaber zu seinem Anteil in gleicher Weise wie ein Verkäufer Gewähr zu leisten.

1 1. Die Haftung für **Sach- und Rechtsmängel** regelt § 757 nur für den Fall der Zuteilung eines gemeinschaftlichen Gegenstandes im Rahmen der Aufhebung. Die Zuteilung kann dabei gem § 752 durch Aufteilung unter die Teilhaber oder nach § 753 durch käuflichen Erwerb vonseiten eines Teilhabers geschehen; dagegen liegt sie nicht vor bei Veräußerung eines Anteils.

2 2. Der **Ausgleich erfolgt** nach § 757 anteilsmäßig auf der Grundlage der §§ 434 ff, § 757 ist aber nicht anwendbar, wenn alle verteilten Teile gleich mangelhaft sind, weil dann der Gedanke des anteilsmäßigen Ausgleichs entfällt. § 2042 Abs 2 verweist auf § 757.

8 Stuttgart OLG 1, 251; MünchKomm/K Schmidt Rz 13; Erman/Aderhold Rz 1 aE; dagegen Staud/Langhein Rz 5.
9 BGH WM 1983, 1085.
10 RG SeuffA 74 Nr 173.
11 BGH NJW 1992, 114 = WM 1992, 201 (mAnm Smid WuB I E 1.-6.92) = DB 1992, 83; vgl auch NJW-RR 1993, 386, 388 = WM 1993, 849, 853.
12 Breslau JW 1938, 945.
13 RFH 1, 102.
14 Vgl hierzu auch § 748 Rz 2.
15 So RGZ 109, 167, 171.
16 BGHZ 63, 348 = NJW 1975, 687; BGH NJW 1992, 114, 115 = WM 1992, 201 (mAnm Smid WuB I E 1.-6.92 = DB 1992, 83; vgl aber BGH NJW-RR 1990, 133 = WM 1990, 113, 114 (mAnm Emmerich WuB IV A. § 756 BGB 1.90) sowie § 753 Rz 2.
17 BGH WM 1966, 577.

§ 758 Unverjährbarkeit des Aufhebungsanspruchs

Der Anspruch auf Aufhebung der Gemeinschaft unterliegt nicht der Verjährung.

Ebenso wie der Anspruch auf Aufhebung und Teilung nach § 758 unverjährbar ist, ist es **auch der auf Teilung der Früchte**, § 743 Abs 1. § 2042 Abs 2 verweist für die Erbauseinandersetzung auf § 758. Die anderen sich aus der Gemeinschaft ergebenden Ansprüche unterliegen der gewöhnlichen Verjährung. 1

Titel 18

Leibrente

Vorbemerkungen

ÜBERSICHT

Schrifttum: Eccius, Der Leibrentenvertrag des BGB, Gruchot 45, 1 1; Sepp, Der Leibrentenvertrag nach dem Bürgerlichen Gesetzbuch, 1905; v Gierke, Dauernde Schuldverhältnisse, IherJb 64 (1914), 355; Reifenberg, Leibrenten- und Pensionsvertrag, Diss Göttingen 1930; Maas, Stammrecht und Einzelansprüche bei wiederkehrenden Leistungen, insbes bei Leibrente und Unterhaltsansprüchen, Diss Bonn 1968; Reinhart, Zum Begriff der Leibrente im bürgerlichen Recht, in: Festschr für Wahl, 1976, S 261; Welter, Wiederkehrende Leistungen im Zivilrecht und im Steuerrecht, 1984; P Fischer, Renten und Rentenbesteuerung, StuW 1988, 335; Meyer-Suter, Veräußerungsrenten und Versorgungsrenten, Frankfurt/Main 1990; Niepoth, Renten und rentenähnliche Leistungen im Einkommenssteuerrecht, Diss Köln 1992; Vogels, Verrentung von Kaufpreisen, Kapitalisierung von Renten, 1992[2]; Biergans, Renten, Raten, andere wiederkehrende Zahlungen, 1993[4]; Kiethe, Die Verrentung des Kaufpreises beim Unternehmenskauf: Fehlerquellen und Risikoeinschränkung, MDR 1993, 1034 u 1155; Schneider/Schlund/Haas, Kapitalisierungs- und Verrentungstabellen, 1993[2]; P Fischer, Wiederkehrende Bezüge und Leistungen, 1994; Henssler, Risiko als Vertragsgegenstand, 1994; Koenen, Die Verrentung von Kaufpreisen, MittRhNotK, 1994, 149; Lafrentz, Die Leibrente, Diss Hamburg 1994; Paus, Abgrenzung von Leibrenten von den dauernden Lasten, DStZ 1994, 278; Petzold, Geschäfts- und Grundstücksveräußerung auf Rentenbasis, 1994[7]; Sieg, Das Verhältnis der Leibrente nach §§ 759–761 BGB zur privaten Versicherungsrente, ZVersWiss 1994, 683; Spiegelberger, Vermögensnachfolge – Vorweggenommene Erbfolge, Erbauseinandersetzung und Unternehmertestament, 1994 Rz 38; Brosch, Sind Leibrenten mit Aufschubzeit aufschiebend bedingt?, DB 1995, 2498; Matteikat, Übergang von privatem Grundbesitz gegen Renten bzw dauernde Lasten, DStR 1995, 1091; Trompeter, Optimale Betriebsübertragung im Rahmen einer vorweggenommenen Erbfolge, DStR 1995, 2017; P Fischer, Wiederkehrende Bezüge und Leistungen – steuerrechtliche Aspekte der Vermögensnachfolge, MittBay Not 1996, 137; Medicus, Zur Möglichkeit der Anpassung eines Vermächtnisses einer Leibrente an geänderte wirtschaftliche Verhältnisse, ZEV 1996, 467; Treisch, Die private Leibrentenversicherung, BB 1997, 708; Jansen/Wrede, Renten, Raten, dauernde Lasten, 1998[12]; Mutschler, Marktorientierte Bewertung von sofort beginnenden Leibrentenversicherungen, Ulm 1998; Winkler, Lebzeitige Vermögenszuwendungen gegen Versorgungsleistungen als Auslaufmodell vorweggenommener Erbfolge?, DNotZ 1998, 544; P Fischer, Steuerrechtlicher Typus und rechtsstaatliche Bestimmtheit des Steuergesetzes, DStZ 2000, 885; Gratz, Unternehmensverkauf gegen Leibrente – Ein Ausweg aus der Steuerfalle, DB 2000, 693; Röhrig, Vorweggenommene Erbfolge: Übertragung von Betriebs- und Privatvermögen gegen Renten, Raten und wiederkehrende Leistungen, 2000[2]; Hipler, Vermögensübergabe gegen private Versorgungsleistungen im Einkommensteuerrecht, Diss Augsburg, 2001; Schaller, Steuerliche Auswirkungen und Gestaltungsmöglichkeiten von privaten Grundstücksübertragungsverträgen, Diss Gießen 2001; Kiesewetter/Niemann, Zur Entscheidungsneutralität der Ertragsanteilbesteuerung von Renten, StuW 2002, 48; Stuhrmann, Die einkommensteuerrechtliche Behandlung von Vermögensübergaben gegen Versorgungsleistungen, ZEV 2002, 181; Fleischer, Die einkommensteuerrechtliche Behandlung von Vermögensübergaben gegen Versorgungsleistungen, ZEV 2003, 427; Hipler, Die Vermögensübergabe gegen private Versorgungsleistungen nach den aktuellen Entscheidungen des Großen Senats, FR 2003, 1162; Kempermann, Versorgungsleistungen bei Vermögensübergabe, DStR 2003, 1736; Risthaus, Vermögensübergabe gegen Versorgungsleistungen, DB 2003, 2190; Schoor, Vermögensübertragungen gegen Rente oder dauernde Last nach der Neufassung des Rentenerlasses – Teil I; INF 6/2003, 228, Teil II, INF

7/2003, 271; Tiedtke / Reich, Vermögensübertragungen gegen wiederkehrende Bezüge – aktuelle Gestaltungsmöglichkeiten auf Grund der Übergangsregelung der Finanzverwaltung, NotBZ 2004, 165; Dräger, Die entgeltliche Vermögensübertragung gegen wiederkehrende Leistungen sj 2005, 18; Pickardt-Poremba, Die Behandlung von wiederkehrenden Leistungen in Zusammenhang mit der Übertragung von Privat- oder Betriebsvermögen, StuB 2005, 517; Schneider, Wiederkehrende Leistungen im Zusammenhang mit der Übertragung von Privat- oder Betriebsvermögen, SteuerStud 2005, 438.

1. **Übersicht** über den Inhalt des Titels. Das BGB enthält über die Leibrente nur wenige Vorschriften. § 759 bringt Auslegungsvorschriften über die **Dauer der Rentenzahlung** und den Betrag der Rente, § 760 befasst sich mit der Zahlungsweise und regelt, wie die Rente im Voraus zu entrichten ist. § 761 schreibt für die Erteilung des Versprechens **Schriftform** vor. Eine Begriffsbestimmung fehlt hier ebenso wie bei den in anderem Zusammenhang getroffenen Regelungen (§§ 330, 1073). Die große praktische Bedeutung wird weniger aus dem zivilrechtlichen als aus dem steuerrechtlichen Zusammenhang deutlich[1]. Die Leibrente dient regelmäßig dazu, dem Gläubiger die Altersversorgung aus dem erarbeiteten Vermögen (insbes Immobilien, Gewerbebetrieb oder freiberufliche Praxis) zu sichern. Historisch gesehen geht sie auf das mittelalterliche Leibgeding und den Rentenkauf zurück.[2] Sie war im ALR, im ABGB und im SächsBGB geregelt, und zwar regelmäßig im Zusammenhang aleatorischer Geschäfte[3]. 1

2. **Herkömmliches Begriffsverständnis**. Das durch das RG entwickelte Begriffsverständnis ist vor allem an dem in § 761 festgelegten Schriftformerfordernis orientiert, das vielfach als unangemessen empfunden wurde. Während zunächst periodisch wiederkehrende, im Zweifel auf die Lebensdauer des Gläubigers in Geld oder Naturalien zu entrichtende Leistungen als Leibrente angesprochen wurden[4], grenzte das RG durch weitere Erfordernisse den Anwendungsbereich der §§ 759 ff immer mehr ein. Nach der grundlegenden Entscheidung[5] soll die Lebenslänglichkeit der Leistungen für die Leibrente begriffsnotwendig sein. Aus systematischen und historischen Erwägungen folgerte das RG ferner, dass die Leibrente ein in sich geschlossenes einheitliches Recht **(Stammrecht)** voraussetze, dem die Eigenschaft der Nutzbarkeit im Sinne der §§ 99 Abs 2 und 100 innewohne (Einheitstheorie)[6]. **Nur gleichbleibende Leistungen**, die nicht von Leistungsfähigkeit und Bedürftigkeit abhängig sein dürften, kämen als Früchte eines solchen Stammrechts in Frage. 2

Vollends **zurückgedrängt** wurde das **Formerfordernis** des § 761 dann aber durch weitere Einschränkungen, die über die Stammrechts- oder Einheitstheorie hinausgingen. Das RG verlangte in weiteren Entscheidungen, dass das Rentengrund- oder Stammrecht im Sinne einer **Novation** unabhängig und losgelöst (abstrakt) von den sonstigen Beziehungen und Verhältnissen der Parteien gewährt werde[7]. Mit dieser **Isolierungstheorie**[8], die im Einzelfall durch Hinweise auf die Verkehrsanschauung ergänzt wurde, konnte die unerwünschte Formnichtigkeit von Versprechen lebenslänglicher Leistungen fast ausnahmslos vermieden werden. Der BGH hat an die Rechtsprechung des RG angeknüpft[9], wobei aber die Frage möglicher Formunwirksamkeit immer mehr in den Hintergrund getreten ist. Damit haben die Leibrententheorien im Zivilrecht (im Gegensatz zum Steuerrecht[10]) zunehmend ihre Bedeutung verloren[11] wobei sie aber durchaus überraschend in Erscheinung treten können[12]. Überwiegend liegen allerdings Entscheidungen zur Auslegung von 3

1 Vgl Rz 16.
2 Staud/Amann Rz 1 vor § 759–761; MünchKomm/Habersack § 759 Rz. 1.
3 Vgl Staud/Amann Rz 1 vor §§ 759–761.
4 RGZ 63, 323.
5 RGZ 67, 204.
6 Vgl MünchKomm/Habersack § 759 Rz. 3.
7 RGZ 80, 210; 89, 251; 91, 6; 150, 391.
8 Heck, SchuldR § 121 VI 4; ausführlich dazu Staud/Amann Rz 34 vor §§ 759–761: Isolierungstheorie wird nur auf die Fallgestaltungen angewandt, die nicht unter den historisch überlieferten Begriff des Leibrentenkaufs fallen und bei welchen die Leibrente auch nicht unabhängig von einer Gegenleistung eingeräumt ist.
9 BGH WM 1980, 539; WM 1966, 248 = BB 1966, 305; BGH NJW-RR 1991.
10 S dazu unten Rz 16.
11 Staud/Amann Rz 2 vor §§ 759–761.
12 Zur Stammrechtstheorie BGH NJW-RR 1991, 1035, allerdings letztlich ohne Folgen (zur Rücktrittsproblematik s unten Rz 8).

Wertsicherungsklauseln[13] oder zum Wegfall der Geschäftsgrundlage[14] vor, die unbeeinflusst sind von den Theorien zum Begriff der Leibrente.

4 3. **Einzelfälle**. Die geschilderten Leibrententheorien haben insbesondere in der Rechtsprechung des RG zu einer umfangreichen Kasuistik geführt. Abreden, die auf die **lebenslängliche Versorgung** des Gläubigers gerichtet sind, wurden in der Regel nicht als Leibrentenversprechen beurteilt, weil es an der Bestimmtheit der Bezüge fehle[15]. Eine Ausnahme hat das RG in einem Sonderfall gelten lassen, weil der Unterhaltspflichtige auf seine Rechte aus ZPO § 323 verzichtet habe und dies auf eine Novation hindeute[16]. Bei einem **Altenteil** nach EGBGB Art 96[17] ist die Leibrente dagegen schon deshalb abgelehnt worden, weil es neben wiederkehrenden Leistungen in Geld oder anderen vertretbaren Sachen meistens noch die Unterbringung und Versorgung umfasse[18]. Für **Ruhegehaltsverträge** gilt, dass sie nach der Verkehrsauffassung wegen ihres engen Zusammenhangs mit geleisteten Diensten auch dann **nicht** als Leibrente **zu beurteilen seien,** wenn sie zur Beendigung oder nach Beendigung des Dienst- oder Arbeitsverhältnisses geschlossen sind[19]. Ebenfalls wird keine Leibrente angenommen, wenn beim **Ausscheiden eines Gesellschafters** zu seiner Versorgung oder zur vermögensmäßigen Auseinandersetzung die Verpflichtung lebenslänglicher Zahlungen begründet wird[20]. Entsprechendes gilt für Vereinbarungen im Rahmen schadenersatzrechtlicher Verpflichtungen[21], Abfindungsverträgen[22] und Erbansprüchen[23] sowie das Versprechen lebenslänglicher Zahlung, das der **Ausstattung** einer Tochter dient[24].

5 4. **Auswirkungen der Leibrententheorien**. Die Erfordernisse eines Stammrechts und einer Novation haben dazu geführt, dass das Versprechen lebenslänglicher Leistungen in nahezu allen Fällen nicht dem Formzwang des § 761 unterliegt. Neben diesem erklärten Ziel der Rechtsprechung hat ihr Begriffsverständnis weitere Folgen.

6 Bei einer Leibrente ist demnach zu unterscheiden zwischen dem Rechtsgeschäft[25], durch den sich die eine Partei verpflichtet, der anderen eine Leibrente zu bestellen, und dem zur Erfüllung dieses Vertrages abgegebenen Leibrentenversprechen **(Bestellung des Leibrentenstammrechts)**[26]. Die Vorschrift des § 761 gilt für das Leibrentenversprechen, muss aber, um den Gesetzeszweck nicht zu vereiteln, auch auf den im Gesetz nicht erwähnten **Verpflichtungsvertrag** angewandt werden[27]. Die Begründung des Stammrechts soll insofern zur Heilung entsprechend §§ 311 b Abs 1 Satz 2, 518 Abs 2 und 766 Satz 2 führen[28].

7 Nach der Begründung des Gesamtanspruchs ist der Tod der Bezugsperson eine rechtsvernichtende Tatsache, so dass den Schuldner die Darlegungs- und Beweislast trifft[29]. Damit ist es möglich, für einen auf eine Leibrente lautenden Titel eine vollstreckbare Urkunde zu erteilen,

13 BGH WM 1979, 250; WM 1967, 786.

14 BGH NJW 1997, 3091; BGH WM 1973, 1176, vgl dazu aus der älteren Rspr OGHZ 1, 62, 69 ff; RG DR 1940, 2167; JW 1938, 2135; JW 1935, 2619; LZ 1932, 1432.

15 RG JW 1928, 1287; Warn 1914 Nr 243; 1911 Nr 266; ferner BGHZ 5, 302 u Koblenz OLGZ 78, 245, 247.

16 RGZ 150, 391.

17 Zum Begriff des Altenteils BGH NJW RR 1989, 451; s auch Bay AGBGB § 7 u BaWü AGBGB § 8.

18 RGZ 104, 273.

19 RG DR 1939, 769; JW 1936, 3453; 1938, 370; RGZ 94, 157; RAG JW 1938, 243 1; RAG 11, 331 = JW 1933, 239 (mzustAnm Hueck); BAG NJW 1959, 1749; aM: Eccius Gruchot 45, 15; Titze JW 1919, 184; Siber, SchuldR § 69, 3.

20 BGH WM 1966, 248; RG Warn 1922 Nr 65; BGH NJW RR-1989, 866.

21 RGZ 89, 261; s auch Koblenz OLGZ 78, 245.

22 BGH BB 1966, 305.

23 RGZ 91, 7.

24 RG LZ 1921, 567; RGZ 111, 286.

25 Zu einem Kaufvertrag BGH WM 1980, 593?; denkbar sind auch Vermächtnis und Versorgungsvertrag.

26 Pal/Sprau § 759 Rz 1; ablehnend Welter, Wiederkehrende Leistungen S 43; Staud/Amann Rz 26 vor §§ 759–761; MünchKomm/Habersack § 761 Rz 3 aE.

27 So schon RGZ 67, 204; BGH FamRZ 1991, 918.

28 Vgl Staud/Amann § 761 Rz 5 u 7; die Frage hat allerdings offenbar keine praktische Bedeutung.

29 Vgl Staud/Amann Rz 19 vor §§ 759–761; unten § 760 Rz 3.

ohne dass der Gläubiger gem ZPO § 726 Abs 1 das Weiterleben der Bezugsperson nachweisen muss[30].

8 Mit der Abgabe des Leibrentenversprechens hat der Schuldner des zugrunde liegenden Vertrages seine Verpflichtung **erfüllt**. Der Gläubiger, der zB seinerseits das Eigentum an einem Grundstück als Gegenleistung übertragen hat, hat somit bereits mit der „Bestellung des Stammrechts" sein **Rücktrittsrecht** gem § 323 verloren[31]. Dieses Ergebnis ist vor allem bei einer Leibrente untragbar, durch die sich der Gläubiger unter Hingabe wesentlicher Teile seines Vermögens seine Altersversorgung sichern will. Das RG hat deshalb im Einzelfall eine Kondiktion nach § 812 Abs 1 Satz 2 2. Alternative wegen Verfehlung des Versorgungszwecks zugelassen[32]. Der BGH hat im Einzelfall mit einer Anfechtung nach § 119 Abs 2 (Irrtum über Zahlungsfähigkeit oder -willigkeit des Verpflichteten) geholfen[33]. Die Vertragspraxis ist im Gegenteil bestrebt, im Interesse des Gläubigers an das Ausbleiben einzelner Zahlungen Rechtsfolgen zu knüpfen, die noch über § 323 hinausgehen (Verfall bereits erbrachter Leibrentenzahlungen bei der Rückabwicklung)[34]. Insbesondere in diesem Zusammenhang ist die Stammrechtstheorie als nur begrifflich abzulehnen[35]. Sie führt zu unangemessenen Ergebnissen und versperrt den Blick für die Einsicht, dass es um das allgemeine Problem der Rückabwicklung von Dauerschuldverhältnissen geht[36]. Wird die Bestellung des Stammrechts als Erfüllung verstanden, so müsste sich dies konsequenterweise bei der unentgeltlichen Leibrente auf die Anwendung der §§ 518 Abs 2, 519, 528, 529, 2325, auf die Berechnung der Zehnjahresfrist für Pflichtteilsergänzungsansprüche nach § 2325 sowie auf die Berechnung der Fristen bei Gläubiger- und Insolvenzanfechtung auswirken[37]. Unabhängig von der theoretischen Unterscheidung zwischen Versprechen und Begründung wird eingeräumt, dass sie sich meist in einem Vertrag verbinden[38].

9 5. **Kritik der Leibrententheorien**. Vor allem in jüngerer Zeit sind die Leibrententheorien in der Rechtslehre zunehmend auf Widerspruch gestoßen[39]. Mit Recht wird der begriffliche Ansatz kritisiert, der vielfach auch zu fragwürdigen Ergebnissen führt. Sind andererseits die Ergebnisse sachgerecht, so kann dies nicht auf eine eng verstandene Leibrente beschränkt werden, sondern muss für alle lebenslänglichen oder sogar für sonstige wiederkehrende Leistungen gelten. Deshalb sollte die Vorstellung eines **Stammrechts** nicht gänzlich verworfen werden[40]. Mit der Ergänzung von § 761 Satz 2[41], wo es mit Blick auf die elektronische Form (§ 126 a) darauf ankommt, ob ein Leibrentenversprechen der Gewährung familienrechtlichen Unterhalts dient, hat der Gesetzgeber zur Einordnung der Leibrente eher weitere Verwirrung gestiftet[42].

30 Staud/Amann Rz 20 vor §§ 759–761.
31 Pal/Sprau § 759 Rz 4; Enn/Lehmann § 188 II 1 Fn 4; RGRK/v Gamm § 759 Rz 8, außer wenn der Schuldner etwa von vornherein nichts leistet; aM Celle NJW-RR 1990, 1490 aufgehoben durch BGH NJW-RR 1991, 1035: keine Leibrente; Larenz, SchuldR II § 65 III; Medicus SchuldR II § 114 II Rz 540; Esser/Weyers, SchuldR II § 44 IV 2; MünchKomm/Habersack § 759 Rz. 27 u Staud/Amann Rz 26 vor §§ 759–761.
32 RGZ 106, 95; Hamburg MDR 1964, 414.
33 BGH BWNotZ 1961, 220; zum Widerruf im Falle lebenslänglicher Leistungen BGH NJW 1999, 1623; NJW-RR 1999, 1063.
34 Näher zur dinglichen Sicherung des Leibrentengläubigers BFH NJW 2004, 361; BGHZ 123, 178 = NJW 1993, 2617 = EwiR § 56 ZVG 1/93, 935 (Muth); BGH NJW 1991, 2899 = WM 1991, 1734; Ripfel DNotZ 1969, 84; Amann DNotZ 1993, 222 u MünchKomm/Habersack § 759 Rz. 36: Reallast.
35 Staud/Amann Rz 26 vor §§ 759–761 MünchKomm/Habersack § 759 Rz. 3 u 33, Reinhart, Festschr für Wahl S 274 ff; Welter, Wiederkehrende Leistungen S 43 f, 167 ff; Medicus, SchuldR II § 114 II Rz 540; Staud/Amann Rz 31 vor §§ 759–761.
36 Vgl Rz 14.
37 Vgl dazu Staud/Amann Rz 29 u 38 vor §§ 759–761, der hierauf allerdings die Ablehnung der Leibrententheorie stützt und auf die Einzelleistungen abstellt.
38 Pal/Sprau § 759 Rz 2.
39 Larenz, SchuldR II § 65 III; Erman/Seiler § 759 Rz 1 1; Esser/Weyers, SchuldR II § 44 IV 2; Staud/Amann Rz 33 vor §§ 759–761 Rz 3; MünchKomm/Habersack 759 Rz 4; aus der Rspr Celle NJW RR 91, 1490.
40 Zur Berechtigung der Isolierungstheorie im Hinblick auf den Formzwang gem § 761 vgl § 761 Rz 2.
41 Eingefügt durch das Ges zur Anpassung der Formvorschriften des Privatrechts und anderer Vorschriften an den modernen Rechtsgeschäftsverkehr vom 13. Juli 2001 (BGBl I, S 1542).
42 S dazu § 761 Rz 8.

10 Mit der mittlerweile herrschenden Meinung[43] ist die überkommene begriffliche Einordnung der Leibrente abzulehnen, weitgehend auch die daraus abgeleiteten Folgen. In erster Linie sollte darauf abgestellt werden, dass die betreffende Vereinbarung das für die Leibrente typische Risikomoment der eigentümlichen Dauer erst in das betroffene Rechtsverhältnis hineinführt[44]. Außerdem handelt es sich um Leistungen (in der Regel Geld, jedenfalls vertretbare Sachen)[45] gleichmäßigen Inhalts, die in gleichmäßigen Zeitabständen zu erbringen sind[46]. Der Ausgangspunkt, den Anwendungsbereich der Leibrente zurückzudrängen, um die Formnichtigkeit mangels Schriftform als vielfach unbillig zu vermeiden, sollte dagegen aufgegeben werden[47]. Die Rede von einem Stammrecht kann allerdings im Einzelfall dazu dienen, im Sinne einer Kurzformel oder eines Schlagworts methodisch anspruchsvollere Ableitungen zu kennzeichnen, die dann allerdings auch jenseits der verwendeten Begrifflichkeit näher zu begründen sind.

11 Die Vorstellung eines Stammrechts dient etwa dazu, die Ansprüche des Leibrentengläubigers zu einem einheitlichen Recht zusammenzufassen, das Gegenstand einer **Pfändung** (ZPO § 832)[48] oder von **Verfügungen** (zB Verpfändung gem § 1274) sein kann. § 1073 kann in diesem Zusammenhang als Beleg dafür dienen, dass auch dem Gesetzgeber die Zusammenfassung der einzelnen Ansprüche des Leibrentengläubigers zu einem einheitlichen mit einem **Nießbrauch** zu belastenden Recht nicht fremd war[49]. Die **Abtretung** wird nicht nur auf die einzelnen Ansprüche bezogen, sondern kann sich auf das „Leibrentenstammrecht", also alle Leistungen erstrecken[50]. Soll allerdings die Leibrente den Unterhalt des Berechtigten sicherstellen, ist die Abtretung durch konkludente Vereinbarung gem § 399 ausgeschlossen[51]. In jüngerer Zeit hat die Rechtsprechung eine Leibrente beim Zugewinnausgleich einbezogen, ohne hierbei das Stammrecht zu bemühen[52].

12 Ferner nimmt das Stammrecht in der **Insolvenz des Rentenschuldners** mit seinem Kapitalwert teil[53]. Über diesen Ansatz hinaus hat das RG weitere Einzelheiten der insolvenzrechtlichen Behandlung von Leibrentenschulden entwickelt[54]. In der Insolvenz **des Rentenberechtigten** wurde mit Hilfe des Stammrechts ein konkursfreier Neuerwerb abgelehnt, so dass alle während des Verfahrens fällig werdenden Einzelleistungen zur Masse gehörten[55]. Nach Aufhebung des Verfahrens stehen fällig werdende Einzelleistungen dagegen wieder dem Rentengläubiger zu, und werden nicht nachträglich gem InsO §§ 203 ff verteilt[56].

43 Vgl Fn 35.
44 MünchKomm³/Pecher, § 759 Rz 7; ähnlich Staud/Amann Rz 3 u 36 vor §§ 759–761 u Medicus, SchuldR II § 114 II Rz 540; ferner Henssler, Risiko als Vertragsgegenstand S 399 ff.
45 Staud/Amann Rz 4 vor §§ 759–761.
46 Dies betont MünchKomm/Habersack § 759 Rz 7; Staud/Amann Rz 5 f vor §§ 759–761.
47 Allerdings fällt auf, dass selbst engagierte Gegner der Leibrententheorien den Anwendungsbereich der §§ 759 schließlich anhand ähnlicher Kriterien eingrenzen wie die reichsgerichtliche Rechtsprechung; vgl etwa MünchKomm/Habersack § 759 Rz 7 ff.
48 Vgl dazu BGH WM 2003, 2346, wo allerdings nicht mehr von Stammrecht, sondern von „ausreichend konkretisierter Grundlage" die Rede ist. Beachte ggf ZPO §§ 850 b und 765 a.
49 Abschwächend Staud/Amann Rz 30 vor §§ 759–761.
50 Im Ergebnis ebenso, aber ablehnend zum Stammrecht MünchKomm/Habersack § 759 Rz 37.
51 RGZ 140, 63; Pal/Sprau § 759 Rz 7; einschränkend Staud/Amann § 759 Rz 8; s allerdings zur Überleitung auf Sozialhilfeträger nach BSHG §§ 90 f BGH NJW-RR 1992, 566; NJW 1995, 2790.
52 BGH NJW 2005, 3710.
53 RGZ 68, 342; heute folgt dies aus InsO §§ 41, 46 Satz 2, 45, allerdings nicht beschränkt auf Leibrenten; vgl MünchKomm/Habersack § 759 Rz 30; Staud/Amann Rz 21 vor §§ 759–761; Lafrentz, Diss Hamburg, S 145 ff.
54 RGZ 93, 213; 112, 300; 170, 280: Geltung der Kapitalisierung und Konkursfeststellung unabhängig vom vorzeitigen Tod des Berechtigten über den Konkurs hinaus; ebenso Staud/Amann Rz 21 vor §§ 759–761 auch für die InsO.
55 Jäger/Henckel KO § 1 Bem 94; Mentzel/Kuhn/Uhlenbruck KO § 1 Bem 56; in der älteren Lit wurde darüber hinaus noch von der Verwertung des Stammrechts im Ganzen gesprochen: Sepp, Der Leibrentenvertrag S 53 ff. Insofern hat die InsO (§ 35) einen Paradigmenwechsel vollzogen, so dass sich die Frage des Neuerwerbs im Insolvenzverfahren nicht mehr stellt.
56 Staud/Amann Rz 22 vor §§ 759–761.

Das Stammrecht **lässt** es zu, nicht nur von einer Verjährung der einzelnen Ansprüche, sondern von der **Verjährung** des „Gesamtanspruchs“ auszugehen[57]. Bis zur Schuldrechtsreform 2002 war damit eine Grenze von 30 Jahren gezogen, die nicht durch das Entstehen neuer Einzelansprüche durchbrochen werden konnte. Während dieses Ergebnis weithin gebilligt wurde[58], wird seine Sinnhaftigkeit mit Blick auf die neue Regelverjährung von 3 Jahren (§ 195 nF) zu Recht bezweifelt[59]. 13

Wie auch in anderem Zusammenhang (zB Gewinnstammrecht)[60] dient die Argumentation mit einem Stammrecht zur **bildhaften Verdeutlichung** dogmatischer Konstruktionen und methodischer Gedankengänge. Zum Beispiel verbirgt sich hinter dem Stammrecht die Vorstellung von den besonderen Merkmalen eines **Dauerschuldverhältnisses**, die erst nach der Entwicklung der Leibrententheorien durch das RG auf den heutigen Stand ausgearbeitet worden ist[61]. Insofern ist das Stammrecht verallgemeinert worden und in dem Dauerleistungsanspruch der jüngeren Dogmatik[62] aufgegangen. In anderen Fällen kommt das Bemühen zum Ausdruck, das durch die Leibrente begründete Schuldverhältnis als Gegenstand zu sehen, der **Objekt von Verfügungen** sein kann (vgl § 1073 und auch ZPO § 832) und in dem künftig entstehende Forderungen aktualisiert werden (vgl ZPO § 258). Auch hier handelt es sich aus heutiger Sicht nicht um eine Eigenart der Leibrente, und es bedarf auch nicht eines Stammrechts, um die Rechtsfolgen der angeführten Bestimmungen zu rechtfertigen. 14

Im Übrigen dient die Argumentation mit einem Stammrecht vor allem dazu, Besonderheiten bei der Anwendung allgemeiner Regelungen auf die Leibrente zu begründen. ZB ist die Regelung in § 323 auf eine einmalige Gegenleistung zugeschnitten, und es stellt sich die Frage, was für die Leibrente als zeitlich unbestimmte wiederkehrende Leistung gelten soll. Hier versperrt die Argumentation mit dem Stammrecht allerdings die Einsicht, dass es um das allgemeine Problem geht, wie das Rücktrittsrecht bei Dauerschuldverhältnissen zu modifizieren ist[63]. Die Schuldrechtsreform hat dazu mit § 314 eine gesetzliche Regelung gebracht (Kündigung von Dauerschuldverhältnissen)[64]. Andererseits ist hinter der Vorstellung eines Stammrechts, auf das zB vollstreckungs- und insolvenzrechtliche Bestimmungen anwendbar sind, ein durchaus plausibler Analogieschluss zu sehen, durch den die lückenhaften Regelungen lebenslänglicher wiederkehrender Leistungen ergänzt werden. Eine solche methodische Betrachtung hat gegenüber der Argumentation mit einem Stammrecht vor allem den Vorzug, im Einzelfall eine offene und überprüfbare Begründung für die jeweilige Lösung zu geben. Sie lässt auch je nach Regelungs- und Interessenlage Differenzierungen zu und ist nicht auf die Leibrente beschränkt[65]. Auch der Isolierungstheorie lässt sich der Gedanke abgewinnen, außerhalb des überlieferten Anwendungsbereichs der Leibrente[66] sei der Anwendungsbereich der Leibrente gegenüber den Fallgestaltungen abzugrenzen, die anderen im BGB geregelten Dauerschuldverhältnissen zuzuordnen sind[67]. 15

57 RGZ 136, 427, 430; BGH NJW 1979, 268 für eine Schadenersatzrente; auch LAG Düsseldorf DB 1988, 762 u BAG DB 1971, 1117.
58 Vgl RGRK v Gamm § 760 Rz 2.
59 Staud/Amann Rz 24 vor §§ 759–761; Münch Komm/Habersack § 760 Rz. 5.
60 Dazu Flume, Festschr für Larenz S 769 ff.; Habersack, Die Mitgliedschaft – subjektives und „sonstiges Recht“, 1996, S 82 ff, 88 ff.
61 Vgl v Gierke JherJb 64 (1914), 355 ff; Münch Komm/Kramer Einl vor § 241 Rz 84 ff.
62 H Weber, Zur Lehre von der fehlerhaften Gesellschaft S 121.
63 Dazu MünchKomm/Kramer Einl vor § 241 Rz 90; MünchKomm/Habersack § 759 Rz 28, der allerdings die Lösung in § 323 Abs 5 sucht (einzelne Rentenbeträge als Teilleistung).
64 Dazu mit Vorschlägen zur Anwendung auf die Leibrente Staud/Amann Rz 27 vor §§ 759–761; vgl auch schon BGH DNotZ 1992, 297.
65 Dazu im Einzelnen Welter, Wiederkehrende Leistungen S 176 ff; vgl auch Staud/Amann Rz 31 vor §§ 759–761.
66 Gegenleistung für die Hingabe eines bestimmten Geldbetrages (Leibrentenkauf) oder für eine sonstige einmalige geldwerte Leistung (zB die Übereignung eines Grundstücks).
67 Staud/Amann Rz 35 vor §§ 759–761: Insofern Leibrente nur bei Novation oder neuer abstrakter Verpflichtung; ähnlich auch BGH NJW-RR 1989, 1021 = WM 1989, 1021, wo allerdings auf die Verkehrsauffassung abgestellt wird; ferner BGH NJW-RR 1991, 1035 = WM 1991, 1644.

16 6. **Die Leibrente im Steuerrecht**. Mit der abnehmenden Bedeutung des Formproblems (§ 761) haben die Leibrententheorien im Zivilrecht ihren ursprünglichen Stellenwert weitgehend verloren. Insbesondere die Stammrechtstheorie wird in verschiedenen Zusammenhängen angewandt und nicht auf die Leibrente beschränkt, sondern auch auf andere lebenslängliche oder über einen langen Zeitraum zu erbringende Leistungen bezogen. Im **Einkommensteuerrecht** können jedoch von der Unterscheidung zwischen Leibrenten und sonstigen wiederkehrenden Leistungen weitreichende steuerliche Folgen abhängen[68]. Der Hintergrund der steuerrechtlichen Problematik besteht darin, dass Renten und andere wiederkehrende Leistungen wegen ihrer **periodischen Wiederkehr** als steuerpflichtige Einkünfte schon lange im Blickfeld des Steuergesetzgebers gestanden haben[69]. Abgesehen von dieser äußerlichen Ähnlichkeit mit Einkünften aus Kapital und aus Vermietung und Verpachtung fehlt es hier aber an einer spezifischen Einkunftsquelle, die jeweils die Steuerpflicht in gleicher Weise begründen und rechtfertigen könnte[70]. Entsprechendes gilt für die Abzugsmöglichkeit als Sonderausgaben. Schon die Bezeichnung als „dauernde Lasten" lässt zwar erkennen, dass die Vorstellung einer nachhaltigen Minderung der Leistungsfähigkeit im Raum steht. Sie knüpft aber ebenfalls an die äußere Form an und ist auch nicht mit einem spezifischen Grund verbunden[71]. Dieses steuerrechtliche Gebiet ist daher sowohl im Grundsatz als auch im Detail in hohem Maße umstritten.

17 a) **Besteuerung der Leibrente nach dem Ertragsanteil**. Gem EStG § 22 Nr 1 Buchst a ist bei **Leibrenten,** die nicht einer speziellen Einkunftsart zuzuordnen sind (EStG § 2 Abs 1 Nr 1 bis 6)[72] nur der sog **Ertragsanteil**[73] steuerpflichtig, dessen Höhe sich nach dem Alter des Berechtigten bei Beginn der Leistungen richtet[74]. **Andere wiederkehrende Bezüge** unterliegen dagegen auch bei lebenslänglicher Verpflichtung gem EStG § 22 Nr 1 als sonstige **Einkünfte im vollen Umfang** der Besteuerung[75]. Entsprechendes gilt für die Abzugsfähigkeit solcher Leistungen als **Werbungskosten**[76] (EStG § 9 Abs 1 Nr 1) oder als **Sonderausgaben** (EStG § 10 Abs 1 Nr 1 a). Nachdem diese Unterscheidung durch das Einkommensteuergesetz 1955 bedeutsam geworden ist, hat sich die finanzgerichtliche Rechtsprechung im Interesse der Einheit der Rechtsordnung an dem **zivilrechtlichen Verständnis der Leibrente** orientiert[77]. Hierbei hat das Stammrecht und die daraus abgeleitete Gleichmäßigkeit der Leistungen im Vordergrund gestanden. Auf diese Weise haben die zivilrechtlichen Leibrententheorien im Steuerrecht eine Bedeutung erhalten, die ihnen im Zivilrecht nicht einmal in der Rechtsprechung des RG zugekommen ist[78]. Diesen ursprünglichen Ausgangspunkt hat der BFH dann zwar verlassen[79]. Geblieben ist aber die Gleichmäßigkeit und die grundsätzliche Unabänderbarkeit als Abgrenzungskriterium[80]. Ausgehend von einer vereinzelten reichsgerichtlichen Entscheidung[81] kann zB auch noch in der Gegenwart einem Ausschluss der Rechte aus ZPO § 323 eine unangemessene und steuerlich nicht zu rechtfertigende

68 Vgl dazu im Einzelnen die im Schrifttum angeführte Literatur von Biergans, Fischer, Hipler, Jansen/Wrede, Niepoth und Welter.
69 Welter, Wiederkehrende Leistungen S 71 ff.
70 Welter, Wiederkehrende Leistungen S 216 ff.
71 Welter, Wiederkehrende Leistungen S 221 ff.
72 Sog „private Leibrenten", insbesondere im Gegensatz zu Einnahmen im Rahmen eines Betriebs oder selbständiger Tätigkeit; dazu BFH NJW 1988, 845; ferner Schaller, Diss Gießen, S 8 ff, 18 ff. Neuerdings zu Renten mit teilweise variablen Leistungen BFH DStR 2006, 1501 = BB 2006, 1887: einheitlich nur Ertragsanteil.
73 Dazu im Einzelnen Kiesewetter/Niemann StuW 2002, 48.
74 Bei 60 Jahren zB 32 % und bei 65 Jahren 27 %.
75 Schaller, Diss Gießen, S 8 ff.
76 Für Rente nach BEG vgl BGH MDR 1988, 313.
77 BFH BStBl III 1962, S 304; BStBl II 1986, S 261; BStBl II 1986, S 714; im Einzelnen Welter, Wiederkehrende Leistungen S 110 ff, 114 ff.
78 Kritisch dazu Welter, Wiederkehrende Leistungen S 114 ff; v Elsner BB 1983, 1784; Herzig-Förster BB 1988, 452; Witteler DB 1985, 77; im Rückblick Fischer DB 1993, 1002 ff.; anders noch Schmidt/Wacker EStG, 2002[21], § 22 Rz 26.
79 BFH GrS 1/90, BStBl II 1992, S 78; BFH BStBl II 1992, S 499; BFH BStBl II 1995, S 47; vgl auch Fischer MDR 1996, 137, 138: Abschied von der Rentenstammrecht-Mystik.
80 Vgl etwa Lindberg, in: Frotscher, Einkommensteuergesetz (EStG), Anhang 1 zu § 22 Rz 15 und 29; Schoor INF 6/2003, 228, 232.
81 RGZ 150, 385; dazu Welter, Wiederkehrende Leistungen S 49.

Bedeutung zukommen[82]. Anders soll es sich (insofern immer noch übereinstimmend mit der zivilrechtlichen Stammrechtslehre) grundsätzlich bei Wertsicherungsklauseln verhalten[83].

Mittlerweile ist etwa ein halbes Jahrhundert vergangen, seitdem die Leibrente mit einer Sonderbehandlung in den Zusammenhang der Besteuerung und Abzugsfähigkeit wiederkehrender Bezüge eingeführt worden ist. Die Rechtslage war damit mitnichten geklärt[84]; im Gegenteil ist das einschlägige Schrifttum unüberschaubar geworden[85]. Die Rechtsprechung hat nicht nur weitere Differenzierungen eingeführt, der die Verwaltungspraxis gefolgt ist[86]. Sie hat vielmehr ein weitgehend neues System der Besteuerung privater wiederkehrender Leistungen geschaffen und immer wieder umgebaut[87]. Es ist umstritten, ob es in seiner Grundstruktur und erst recht in seinen Verästelungen noch aus der gesetzlichen Regelung ableitbar und auf den Willen des Gesetzgebers[88] zurückzuführen ist[89]. Zu begrüßen ist jedenfalls, dass hierbei auf allerdings teils verschlungenen Wegen die Unterscheidung zwischen Leibrenten und anderen lebenslänglichen Leistungen wenigstens in einzelnen Zusammenhängen ihre Bedeutung verloren hat. **18**

b) **Lebenslängliche wiederkehrende Leistungen unterschiedlicher Art**. Man unterscheidet bei der steuerlichen Behandlung wiederkehrender privater Bezüge auf Lebenszeit zwischen **19**

1. Wiederkehrende Leistungen, also auch Leibrenten, die **als** (äquivalente) **Gegenleistung für eine entgeltliche Vermögensübertragung** erbracht werden[90];

2. wiederkehrende Leistungen, die für bestimmte[91] Vermögensübertragungen erbracht werden, allerdings nicht als (äquivalentes) Entgelt[92], sondern **zur Versorgung des Übertragenden**, und zwar **aus den Erträgen des übertragenen Wirtschaftsguts**[93];

82 Schreiben des BMF v 26. 8. 2002 (Rentenerlaß) IV C 3 – S 2255 – 420/02 BStBl 2002, 893, Rz 36; Schoor INF 6/2003, 228, 232; BFH NJW 1986, 2456; abschwächend BFH BStBl 1992 II, S 499; BStBl 1992 II, S 499; BFH BStBl 1993 II, S 15; Lindberg, in: Frotscher, Einkommensteuergesetz (EStG), Anhang 1 zu § 22 Rz 59; Schaller, Diss Gießen, S 9, 20; Welter, Wiederkehrende Leistungen S 149 f; bezeichnend Fischer DB 1993, 1002, 1004: „Zauberformel"; ders auch schon StuW 1988, 335, 337.

83 BFH NJW 1986, 2730; Lindberg, in: Frotscher, Einkommensteuergesetz (EStG), Anhang 1 zu § 22 Rz 17.

84 Vgl nur Fischer StuW 1988, 335: Jahrhundertproblem; ferner Niepoth DB 1991, 249.

85 Vgl die Nachweise bei Welter, Wiederkehrende Leistungen S 48 ff; ferner das Literaturverzeichnis der Arbeit von Schaller, Diss Gießen 2001.

86 S den sogenannten Rentenerlaß vom 26. 8. 2002 BStBl I 2002, S 893; dazu jetzt BFH NJW 2003, 3508 u 3511.

87 Vgl die Übersicht bei Schoor INF 6/2003, 228; Staud/Amann Rz 40 ff vor §§ 759–761.

88 Dazu im Einzelnen Welter, Wiederkehrende Leistungen S 82 ff.

89 Vgl etwa einerseits Fischer DStZ 2000, 885, 892; ders MDR 1996, 137 ff u andererseits Seer ZEV 1994, 173; Spiegelberger, Festschr für Offerhaus, 1999, S 547 ff; Hofer NWB Fach 3 S 9453; Stephan DB 1993, 194; Biergans/Koller DStR 1993, 741; Seithel BB 1993, 473 Spiegelberger RdNr 38 u Richter DStR 1993; Weber-Grellet MittBayNot 1995, 104.

90 Lindberg, in: Frotscher, Einkommensteuergesetz (EStG), Anhang 1 zu § 22 Rz 67; Rentenerlaß vom 26. 8. 2002 BStBl I 2002, S 893 Rz 41.

91 Übertragung von Gegenständen, die die Existenz des Übertragenden wenigstens teilweise gesichert haben und deren Erträge sich der Übertragende vorbehält. Bei der Bildung dieses „Typus" orientiert man sich an der herkömmlichen Hof- oder Betriebsübergabe; vgl im Einzelnen BFH BStBl II 1997, S 315; BFH BStBl II 1997, S 813; ferner Rentenerlaß vom 26. 8. 2002 BStBl I 2002, S 893 Rz 7 ff; mit dieser Perspektive schon Fischer StuW 1988, 335, 340 f; im Einzelnen Lindberg, in: Frotscher, Einkommensteuergesetz (EStG), Anhang 1 zu § 22 Rz 35 ff.

92 Vgl Wismeth DStR 1991, 1340, 1341: Rente als „unechte Gegenleistung", die zwar keinen Kaufpreischarakter hat, aber doch eine „Art von Gegegenleistung" ist.

93 BFH GrS 1/90, BStBl II 1992, S 78; BFH BStBl II 1997, S 315; BFH BStBl II 1997, S 813; BFH NV 2004, 1248; BFH NV 2004, 1389; BFH NV 2005, 1789; aus verfassungsrechtlicher Sicht BVerfG DStR 1993, 315; Fischer MittBayNot 1996, 137 ff; Lindberg, in: Frotscher, Einkommensteuergesetz (EStG), Anhang 1 zu § 22 Rz 30.

3. wiederkehrende Leistungen in Fällen, in denen die Voraussetzungen der beiden ersten Alternativen nicht vorliegen, so dass die laufenden Zahlungen **„freiwillig"** erbracht werden und damit nicht abzugsfähig (EStG § 12 Nr 2)[94] und steuerpflichtig (EStG § 22 Abs 1 Satz 2) sind[95].

20 – **Zu 1**: Bei **entgeltlichen Vermögensübertragungen** im Austausch mit einer Gegenleistung hat sich die Frage gestellt, ob allein die Wiederkehr der Leistungen in Anwendung von EStG §§ 22 und 10 dazu führt, dass sie für den Empfänger steuerpflichtig sind und der Verpflichtete die Leistungen abziehen kann, und zwar entweder in vollem Umfang (dauernde Last) oder mit dem Ertragsanteil (Leibrente). Da dieses Ergebnis im Vergleich zur steuerlichen Beurteilung im Falle einer Einmalzahlung als unangemessen angesehen wurde, hat die Rechtsprechung für kauf- und darlehensähnliche Vorgänge eine **Wertverrechnung** vorgesehen[96]. Nur soweit die Leistungen des Verpflichteten den Wert seines Erwerbs überschritten haben, war etwa von Anschaffungskosten auszugehen. Dieses Verfahren ist weiterentwickelt worden, indem die Rechtsprechung die lebenslänglichen Leistungen in einen Tilgungs- und Zinsanteil aufgeteilt hat[97]. Sowohl beim Verpflichteten als auch bei dem Berechtigten ist der **Tilgungsanteil** für die Berechnung von Anschaffungskosten und Veräußerungserlösen relevant, also etwa für Anschaffungskosten im Rahmen der Einkünfte aus Vermietung und Verpachtung und mit Blick auf eine etwaige Berechnung von „Spekulationsgewinnen" nach EStG § 23[98]. Der **Zinsanteil** ist beim Verpflichteten nach allgemeinen Grundsätzen zu behandeln, dh er ist grundsätzlich[99] wie alle „privaten" Zinsen nicht abziehbar[100]. Während bei der Leibrente auf den gesetzlich geregelten Ertragsanteil zurückgegriffen werden kann, ist bei einer dauernden Last der Zinsanteil nach den selben Grundsätzen rechnerisch zu ermitteln. Dementsprechend ist auch der Ertragsanteil bei der Leibrente – entgegen dem Wortlaut der Vorschrift – nicht nach EStG § 10 Abs 1 Nr 1 a abzugsfähig[101]. Beim **Berechtigten** würde diese Einordnung konsequenterweise zu einer Besteuerung als Zinsen gem EStG § 20 Abs 1 Nr 7 führen[102]. Zu diesem Schritt sieht sich allerdings die Finanzverwaltung und die Rechtsprechung für die **Leibrente** nicht in der Lage. Der Ertragsanteil der Leibrente sei nach der eindeutigen gesetzlichen Regelung nach EStG § 22, also unabhängig von den Einkünften aus Kapitalvermögen zu besteuern. Dies wirkt sich dahin aus, dass dem Bezieher einer Leibrente somit nicht der Sparerfreibetrag zugute kommt[103]. Da dies mit dem Gleichheitssatz nicht zu vereinbaren und eine verfassungskonforme Auslegung ausgeschlossen sei, hat der BFH das BVerfG angerufen[104]. Abgesehen von dieser offensichtlichen Unstimmigkeit lässt sich insgesamt zu dieser steuerlichen Behandlung anhand einer wirtschaftlichen Betrachtungsweise feststellen, dass in dieser Fallgruppe wiederkehrende Leistungen ohne Rücksicht auf ihre Dauer und sonstige Modalitäten gleich behandelt werden[105].

94 Vgl zum Hintergrund des Abzugsverbots Welter, Wiederkehrende Leistungen S 187.

95 Stephan, Steuer-Kongreß-Report 1998, S 155, 158; Lindberg, in: Frotscher, Einkommensteuergesetz (EStG), Anhang 1 zu § 22 Rz 103.

96 BFH BStBl III 1963, S 424; BFH BStBl II 1986, S 674; BGH MDR 1988, 315; zu diesem Ansatz Welter, Wiederkehrende Leistungen S 119 ff; Lindberg, in: Frotscher, Einkommensteuergesetz (EStG), Anhang 1 zu § 22 Rz 68; kritisch Biergans DStR 1986, 141; Paus FR 1993, 417; Sauen BB 1987, 1860; im Rückblick Fischer DStZ 2000, 885, 890.

97 Fischer DStZ 2000, 885, 890.

98 Fischer DStZ 2000, 885, 890; Lindberg, in: Frotscher, Einkommensteuergesetz (EStG), Anhang 1 zu § 22 Rz 69, 75; Schmidt/Wacker EStG, 2002[21], § 22 Rz 72.

99 Es sei denn, das erworbene Wirtschaftsgut wird zur Erzielung von Einkünften eingesetzt, so dass EStG § 9 Abs 1 Satz 1 Nr 1 gilt; vgl Fischer DStZ 2000, 885, 890.

100 BFH BStBl II 1992, S 609; BFH BStBl II 1996, S 666; BFH BStBl II 1995, 167; zum Abzugsverbot für diese Zinsen seit 1973 Welter, Wiederkehrende Leistungen S 222 u Fischer DStZ 2000, 885, 890.

101 BFH BStBl II 2002, S 46.

102 BFH BStBl II 1996, S 666; Lindberg, in: Frotscher, Einkommensteuergesetz (EStG), Anhang 1 zu § 22 Rz 85.

103 Kritisch Korn DStR 1997, 137.

104 BFH BStBl II 2002, S 183.

105 Lindberg, in: Frotscher, Einkommensteuergesetz (EStG), Anhang 1 zu § 22 Rz 69.

– **Zu 2**: Hier geht es um die Fälle, für die das **Sonderrecht der unentgeltlichen Vermögensübergabe**[106] gegen Versorgungsleistungen zum Tragen kommt, das jedenfalls nicht ausdrücklich kodifiziert ist[107]. Prägend ist die Übertragung im Wege vorweg genommener Erbfolge von wirtschaftlichen Gütern oder anderer existenzsichernden Wirtschaftseinheiten, deren Ertrag sich der Übergebende auf Lebenszeit ganz oder teilweise vorbehält[108]. Typisch ist die Hof- oder Betriebsübergabe[109]. Der Verpflichtete ist bei diesen Geschäften in dem Sinne privilegiert, dass er ohne Verrechnung und auch ohne Aufteilung in Tilgungs- und Zinsanteil seine Leistungen grundsätzlich **als dauernde Last oder als Leibrente** steuerlich geltend machen kann. Dies ist insofern bemerkenswert, als unterhaltsähnliche Leistungen ohne eine entsprechende Vermögensübertragung steuerlich nicht abzugfähig sind (EStG § 12 Nr 2)[110]. Das BVerfG hat diese Privilegierung auch vor dem Hintergrund des steuerlichen Gleichbehandlungsgebots gebilligt[111]. Grundsätzlich wird hier von veränderlichen Leistungen ausgegangen (Versorgungszweck), so dass sie nicht als Leibrente nur mit einem Ertragsanteil, sondern in vollem Umfang als dauernde Lasten abzugsfähig und beim Empfänger steuerpflichtig sind (vgl. EStG § 10 Abs 1 Nr 1 a und § 22 Nr 1)[112]. Einer „Klausel im Sinne der ZPO § 323" (Anpassung an geänderte Verhältnisse) bedarf es insofern nicht[113]. Ist dagegen eine Vereinbarung getroffen, nach der nicht nur terminologisch, sondern substantiell gleichbleibende Leistungen festgelegt sind, die aber durchaus durch eine Wertsicherungsklausel indiziert sein können, kann auch von einer Leibrente auszugehen sein[114]. In diesem Fall stehen auf beiden Seiten nur die Ertragsanteile der Leibrente zur Debatte. Die Reichweite dieses Vertragstypus[115] war unklar. Insbesondere ging es hierbei um den Fall (Typus 2), dass die Versorgungsleistungen nicht aus dem übergebenen Wirtschaftsgut zu zahlen waren[116]. Hier sollte grundsätzlich von einer Leibrente auszugehen sein, jedenfalls wenn es an einer Klausel gemäß ZPO § 323 fehle[117]. Diese Fallgestaltung ist allerdings in der Rechtsprechung nicht akzeptiert worden[118], so dass insofern nicht das Privileg der Abzugsfähigkeit gegeben ist, dem allerdings auf Seiten des Empfängers auch die Steuerpflicht gegenüberstehen würde. 21

106 Zu dieser Terminologie vgl. Fischer MittBayNot 1996, 137, 138; dazu kritisch Seer ZEV 1994, 173.

107 Zu dieser Frage Fischer DStZ 2000, 885, 890.

108 BFH GrS BStBl II 1990, S 847, BFH GrS BStBl II 1992, S 78; BFH BStBl II 1999, S 813; nunmehr präzisiert durch BFH GrS NJW 2003, 3508 u 3511; vgl auch schon BFH BStBl III 1965, S 706; Lindberg, in: Frotscher, Einkommensteuergesetz (EStG), Anhang 1 zu § 22 Rz 30 ff; Fischer DB 1993, 1002; ders, in: Kirchhof/Söhn EStG § 22 RdNr B 221 f.; Schmidt/Wacker EStG, 2002[21], § 22 Rz 78; kritisch Stephan DB 1993, 194.

109 S zu weiteren Einzelheiten der Rentenerlaß vom 26. 8. 2002 BStBl I 2002, S 893; ferner Lindberg, in: Frotscher, Einkommensteuergesetz (EStG), Anhang 1 zu § 22 Rz 34 ff; Schmidt/Wacker EStG, 2002[21], § 22 Rz 81.

110 Fischer DStZ 2000, 885, 891. Zur Abgrenzung bei Zuwendungen aufgrund Vermächtnis BFH NJW 2004, 2549.

111 BVerfG DStR 1993, 315; vgl. auch BFH BStBl II 1994, S 19; BFH BStBl II 1997, S 317 u Fischer DB 1993, 1002 u FR 2001, 397 einerseits und Weber-Grellet DStR 1993, Beiheft 31, S 7 u FR 1995, 234 andererseits.

112 Lindberg, in: Frotscher, Einkommensteuergesetz (EStG), Anhang 1 zu § 22 Rz 58. BFH NV 2004, 1386 u 1389.

113 BMF vom 26. 8. 2002, IV C 3-S 2255-420/02, BStBl I 2002, S 893 Rz 36; BFH BStBl II 1992, S 499; BFH BStBl II 1997, S 284; Schmidt/Wacker EStG, 2002[21], § 22 Rz 34.

114 BFH BStBl II 1992, S 803; BFH BStBl II 1992, S 526; zur nachträglichen Umwandlung in eine dauernde Last BFH NJW 2004, 3655.

115 Vgl das Schreiben des BMF vom 26. 8. 2002, IV C 3-S 2255-420/02, BStBl I 2002, S 893 Rz 39; zur Typenbildung in diesem Zusammenhang Fischer DStZ 2000, 885, 890 ff.

116 Vgl das Beispiel bei Fischer DStZ 2000, 885, 891: Übertragung einer Immobilie mit jährlichen Mieten von 30 000 DM gegen Versorgungsleistungen von 1,99 Mio DM pa.

117 Lindberg, in: Frotscher, Einkommensteuergesetz (EStG), Anhang 1 zu § 22 Rz 61.

118 BFH GrS NJW 2003, 3508 u 3511; dazu Hipler FR 2003, 1162; Kempermann DStR 2003, 1376; Fleischer ZEV 2003, 427; Risthaus DB 2003, 2190; Weber-Grellet FR 2003, 1092. BMF vom 16. 9. 2004, IV C 3-S 2255-354/04, BStBl I 2004, S 922; Pickhardt-Poremba StuB 2005, 517; Brandenberg NWB Fach 3, 13561; Dräger sj 2005, 18, Schneider SteuerStud 2005, 438. Vgl auch schon BFHE 161, 317 = BStBl II 1990, S 847 = NJW 1991, 254 u BFHE 165, 225 = BFH BStBl II 1992, S 78 = NJW 1992, 710.

22 – **Zu 3**: Einkommensteuerlich neutral sind wiederkehrende Leistungen, einschließlich Leibrenten, auch in allen anderen Fällen. Insbesondere gilt für den Verpflichteten das Abzugsverbot in EStG § 12 Nr 1 und 2[119]. Im Ergebnis stellt es sich also im Vergleich zu den zuvor erörterten Versorgungsleistungen so dar, dass derjenige, der lebenslängliche wiederkehrende Leistungen erbringt, **ohne** einen Vermögenswert erhalten zu haben, der entsprechende Erträge abwirft, diese steuerlich nicht abziehen kann, während andernfalls die Abzugsmöglichkeit gewährt wird. Dieses Ergebnis stößt immer wieder auf den Einwand, dass es nicht einer Besteuerung anhand der jeweiligen steuerlichen Leistungsfähigkeit entspreche[120].

23 c) **Sozialversicherungsrenten**. Es ist bemerkenswert, dass auch die Besteuerung von Sozialversicherungsrenten einerseits und Beamtenpensionen andererseits unter dem Vorzeichen steht, dass nur erstere als Leibrenten im Sinne des EStG § 22 Nr 1 Buchst a angesehen werden[121]. Sie unterliegen daher allein mit ihrem Ertragsanteil der Besteuerung und bleiben deshalb in der Regel steuerfrei, wobei dies zunächst eher ein unbeabsichtigter Nebeneffekt der Reform von 1955 war[122]. Insofern stehen die Leibrente und ihre aus dem Zivilrecht abgeleiteten Merkmale schon seit langem im Mittelpunkt der facettenreichen Diskussion um die **Besteuerung von Alterseinkünften**[123].

§ 759 Dauer und Betrag der Rente

(1) Wer zur Gewährung einer Leibrente verpflichtet ist, hat die Rente im Zweifel für die Lebensdauer des Gläubigers zu entrichten.

(2) Der für die Rente bestimmte Betrag ist im Zweifel der Jahresbetrag der Rente.

1 1. Die Bestimmung enthält **Auslegungsvorschriften** für Dauer (Absatz 1) und Betrag (Absatz 2) der Leibrente.

2. Die **Regelung in Absatz 1** ist mehrdeutig. Hebt man darauf ab, dass die Rente im Zweifel für die **Lebensdauer** des Gläubigers zu entrichten ist, so bezieht sich diese Auslegungsregel auf (die im Zweifel lebenslängliche) Dauer der Rente. Liegt die Betonung aber darauf, dass die Lebensdauer des **Gläubigers** maßgeblich ist, so bezieht sich die Auslegungsregel auf die Person, auf deren Leben die Leibrente gestellt ist. Das RG ist zunächst vom zuerst erwähnten Verständnis des Absatzes 1 ausgegangen und hat auch nichtlebenslängliche Leistungen als Leibrente angesprochen[1]. Später hat es jedoch in ständiger Rechtsprechung die Lebenslänglichkeit der Leistungen als begriffsnotwendig vorausgesetzt (Lip, Lif = Leben) und Absatz 1 als Auslegungsregel allein auf die **Person des Gläubigers** bezogen[2]. Ist die Rente auf das Leben des Schuldners oder eines Dritten gestellt, kann § 759 Abs 1 regelmäßig nicht mit der Folge eingreifen, dass die Leistungspflicht daneben auch nur bis zum Tod des Gläubigers besteht[3]. Ob eine zeitliche Befristung (Mindest-

119 Fischer DStZ 2000, 885, 891 f: sog Unterhaltsrente.

120 Vgl etwa Spiegelberger DStR 2000, 1073, 1077; gegen diesen Einwand Lindberg, in: Frotscher, Einkommensteuergesetz (EStG), Anhang 1 zu § 22 Rz 64; ferner dezidiert Fischer DStZ 2000, 885, 891 f.

121 Anders Staud/Amann Rz 33 vor §§ 759–761; vgl dazu schon Welter, Wiederkehrende Leistungen S 101 ff; kritisch dann auch BFH BStBl II 1992, S 78. Zur verfassungsrechtlichen Beurteilung mit dem Ergebnis eines Änderungsbedarfs BVerfGE 54, 11= NJW 1980, 2569, BVerfGE 86, 369 = NJW 1993, 121; BVerfG NJW 2002, 1103.

122 Die Beschränkung auf den Ertragsanteil spielte seinerzeit keine große Rolle, da Renten selbst bei voller Berücksichtigung idR steuerfrei blieben.

123 Vgl dazu Becker NJW 2003, 3103; Fischer FR 2002, 410; Häreth/Schiegl/Zipfel BB 2002, 1565; Kiesewetter/Niemann StuW 2002, 48; Lehner JZ 2002, 772; Liesenfeld DStR 2002, 1833; Weber-Grellet DStR 2002, 443.

1 RGZ 63, 324.

2 RGZ 67, 204; and wieder MünchKomm/Habersack § 759 Rz 4.

3 Anders Pal/Sprau Rz 9; ferner Staud/Amann Rz 13; der dort erwähnte Fall, dass nach den getroffenen Vereinbarungen auch ausschließlich das Leben einer anderen Person maßgeblich sein könne, dürfte die Regel sein. Letztlich

oder Höchstlaufzeit) die Annahme einer Leibrente ausschließt, hängt davon ab, ob nach den Umständen des Einzelfalls (Dauer der Frist im Verhältnis zur jeweiligen Lebenserwartung) noch die Lebenslänglichkeit im Vordergrund steht[4].

3. Die Auslegungsregel des **Absatzes 2** gibt einen Anhalt für die Auslegung, wenn die Parteien offengelassen haben, auf welchen Zeitraum sich der vereinbarte Rentenbetrag bezieht: Dieser gilt dann als der Jahresbetrag. 3

4. Das Gesetz regelt nicht die Frage der Dauer bei einer **Mehrheit von Berechtigten** oder Verpflichteten. Ist zB für Eheleute eine einheitliche Rente ausgesetzt, so ist in erster Linie aus dem Vertrag zu entnehmen, ob nach dem Tod des einen Ehegatten die Rente in voller Höhe oder nur zur Hälfte dem überlebenden Ehegatten zu entrichten ist[5]. Ist der Gläubiger eine juristische Person, kann die Leibrente auf das Leben einer natürlichen Person gestellt sein, aber auch auf die Existenz der juristischen Person.[6] 4

5. Führt der Rentenverpflichtete schuldhaft den **Tod des Berechtigten** herbei, so wird er sich in entsprechender Anwendung des § 162 Abs 2 in der Regel nicht auf die Beendigung seiner Verpflichtung berufen können, sondern den Erben des Berechtigten während der mutmaßlichen Lebensdauer des Getöteten die Rente weiterschulden[7]. Begeht der Verpflichtete, auf dessen Leben die Rente gestellt ist, Selbstmord, so entfällt die Rente mit seinem Tode. Zwischen dem Freitod und den vertraglichen Pflichten des Schuldners besteht **kein** Zusammenhang. Entsprechendes gilt bei Tötung durch einen Dritten. 5

6. Werden Veräußerungsentgelte als Leibrente vereinbart („verrentet"), lassen sich die Rentenbeträge auf der Grundlage eines angenommenen Zinssatzes und der durchschnittlichen Lebenserwartung der Bezugsperson errechnen. Hierfür stehen Erläuterungen mit entsprechenden Formeln zur Verfügung[8]. Mit Blick auf eine zukünftige Geldentwertung empfiehlt es sich, Leibrenten ebenso wie sonstige Zahlungen über längere Zeiträume durch **Wertsicherungsklauseln** zu dynamisieren[9]. Ändert sich nach der Klausel die Leistungshöhe von alleine („unmittelbar und selbsttätig"), bedarf sie in der Regel der Genehmigung nach § 1 Abs 1 Satz 1 und 2 Preisangaben- und PreisklauselGes[10]. Zuständig ist das Bundesamt für Wirtschaft in Eschborn (PreisklauselVO § 7). 6

Fehlt es an einer Wertsicherung, kann im Einzelfall ein **Wegfall der Geschäftsgrundlage** (§ 313) zum Tragen kommen. Hier kommt es maßgeblich darauf an, ob ein Veräußerungsentgelt lebenslänglich verrentet worden ist oder ob es sich um Vereinbarungen auf der Grundlage gesetzlicher Unterhaltspflichten handelt. Im ersten Fall kann nur die allgemeine Geldentwertung zum Wegfall der Geschäftsgrundlage führen, wenn die Äquivalenz zwischen Leistung und Gegenleistung schwer gestört ist. Da dies durch Wertsicherungsklauseln zu regeln ist, müssen in der Regel weitere Umstände hinzukommen, insbesondere dass der Schuldner jenseits des Synallagmas eine Verantwortung für den Lebensunterhalt des Gläubigers übernommen hat[11]. Alle anderen Risiken (Lebensdauer der Bezugsperson, wirtschaftliche Wertentwicklung des übertragenen Gegenstandes) tragen jeweils Schuldner oder Gläubiger der Leibrente. Bei Vereinbarungen aufgrund gesetzlicher Unterhaltsverpflichtungen liegt nach der überkommenen Auffas- 7

kommt es jedenfalls auf eine Auslegung des Leibrentenversprechens an.

4 Staud/Amann Rz 7 vor §§ 759–761; dort auch zur abgekürzten und verlängerten Leibrente Rz 16.

5 Vgl Staud/Amann Rz 14.

6 Staud/Amann Rz 10.

7 Staud/Amann Rz 7.

8 Schneider/Schlund/Haas, Kapitalisierungs- und Verrentungstabellen, 1992[2]; Vogels, Verrentung von Kautpreisen – Kapitalisierung von Renten, 1992[2]; s auch Heubeck/Heubeck DNotZ 1978, 643 ff und 1985, 469 ff; Kiethe MDR 1993, 1034 u 1155.

9 Vgl Staud/Amann Rz 7 ff mit Blick auf das Erfordernis gleichbleibender Leistungen.

10 Bis zur Einführung des Euro am 1. 1. 1999 galt WährG § 3; vgl im Einzelnen Hartenfels WM-Beilage 1/1999, 45; Schmidt-Räntsch NJW 1998, 3166 ff.

11 MünchKomm/Habersack Rz 34.

sung (Stammrechtstheorie, Isolierungstheorie)[12], die insofern noch in die Gegenwart nachwirkt[13], grundsätzlich keine Leibrente vor. Nur wenn die Parteien im Sinne einer Novation eine neue Rechtsgrundlage schaffen, soll etwas anderes in Betracht kommen[14]. Wenn allerdings das Erfordernis der Schriftform nach § 761, das zu diesen Konstruktionen geführt hat, keine Rolle spielt, wird – jedenfalls außerhalb des Steuerrechts[15] – nicht scharf zwischen Leibrenten und sonstigen lebenslänglichen Rentenleistungen[16] getrennt[17]. Insofern geht es bei näheren Zusehen eher darum, ob und inwieweit entsprechende Vereinbarungen als abschließend anzusehen oder ob nach Sinn und Zweck der Vereinbarung Bedarfsänderungen nach den Grundsätzen zum Wegfall der Geschäftsgrundlage zu berücksichtigen sind[18].

8 Zur **Aufrechnung** ergeben sich bei der Leibrente Besonderheiten. Nach § 394 ist gegebenenfalls ZPO § 850 b zu beachten[19]. Dient die Leibrente der laufenden Versorgung des Gläubigers, fehlt es im Hinblick auf längerfristig künftige Leistungen an der nach § 387 erforderlichen Erfüllbarkeit der Gegenforderung. Der Schuldner kann dann nur mit bereits fälligen und demnächst fällig werdenden Raten aufrechnen[20].

9 Ist die Leibrente nicht an den Vertragspartner, sondern an einen Dritten zu zahlen, liegt im Zweifel ein Vertrag zu Rechten Dritter gem § 328 Abs 1 vor, dh der Dritte erwirbt einen eigenen Anspruch (§ 330). Im Übrigen gelten die allgemeinen Regeln des Vertrages zu Rechten Dritter, zB hinsichtlich eines erforderlichen Valutaverhältnisses[21]. Soll der Dritte dinglich gesichert werden (insbesondere Reallast)[22], muss er hierbei mitwirken (keine Verfügung zugunsten Dritter)[23].

§ 760 Vorauszahlung

(1) **Die Leibrente ist im Voraus zu entrichten.**

(2) **Eine Geldrente ist für drei Monate vorauszuzahlen; bei einer anderen Rente bestimmt sich der Zeitabschnitt, für den sie im Voraus zu entrichten ist, nach der Beschaffenheit und dem Zweck der Rente.**

(3) **Hat der Gläubiger den Beginn des Zeitabschnitts erlebt, für den die Rente im Voraus zu entrichten ist, so gebührt ihm der volle auf den Zeitabschnitt entfallende Betrag.**

1 1. Die Bestimmung enthält dispositives Recht über Entstehung und Fälligkeit des Anspruchs auf die einzelnen Rentenleistungen. Ihre Bedeutung gewinnt sie vor allem daraus, dass Vorschriften zu Schadenersatz- und bestimmte Unterhaltsrenten auf sie verweisen (vgl BGB §§ 528 Abs 1, 843–845, 1614 Abs 2; HaftPflG § 8 Abs 2; StVG § 13 Abs 2; LuftVG § 38 Abs 2).

2 2. Ist abweichend von Absatz 1 **nachschüssige Zahlung** vertraglich vereinbart, so gilt anstelle der in Absatz 3 getroffenen Regelung, dass nach dem Tode des Berechtigten neu fällig werdende Leistungen nicht mehr zu erbringen sind[1]. Im Übrigen gilt Absatz 3 entsprechend, wenn die Rente auch durch ein **sonstiges Ereignis** (zB Wiederheirat) enden soll[2].

3 3. Absatz 3 deutet darauf hin, dass die **Beweislast** für das Leben der Bezugsperson beim Kläger eines Anspruchs auf Leibrente liegt. Auch wenn dies allgemeinen Grundsätzen entspräche (Leben

12 Vgl Rz 2 vor § 759.
13 Vgl Rz 5 vor § 759.
14 Vgl Rz 3 und 15 vor § 759.
15 Vgl Rz 16 vor § 759.
16 Unterhaltsrenten sind per se auf das Leben des Berechtigten begrenzt.
17 Vgl etwa MünchKomm/Habersack Rz 32.
18 Staud/Amann Rz 6; vgl etwa in besonderer Zuspitzung BGH NJW 1995, 1345 ff zu einer nachehelichen Unterhaltsrente geschiedener ehemaliger DDR-Bürger vor dem Hintergrund weitergeltender DDR-Bestimmungen, die eine Erhöhung ausschließen.
19 Zur Pfändung s Rz 11 vor § 759.
20 MünchKomm/Habersack: Im Regelfall 6 Monate im Voraus; vgl BGH NJW 1972, 154.
21 Vgl Soergel/Hadding § 328 Rz 39.
22 Vgl Rz 8 vor § 759.
23 BGH NJW 1993, 2617.

1 MünchKomm/Habersack § 760 Rz 2.
2 Colmar Recht 1910 Nr 681.

der Bezugsperson als anspruchsbegründende Tatsache)[3] spricht vieles dafür, die Beweislast für das Versterben dem Schuldner aufzubürden. Der Tod der Bezugsperson ist regelmäßig leichter zu beweisen als ihr Weiterleben. Vor allem bietet die Todeserklärung gem. VerschG § 2 ein sachgerechtes Mittel, das die Ungewissheit um das Leben der Bezugsperson ausräumt. Ferner ist auf dieser Grundlage die Vollstreckung aus einer vollstreckbaren Urkunde ohne den Nachweis des Lebens der Bezugsperson gem ZPO § 726 möglich. In dem wohl allein praktisch wichtigen Fall, dass die Leibrente auf das Leben des Schuldners oder eines Dritten gestellt wird, ist jedoch zu empfehlen, die Beweislast vertraglich zu regeln. Nicht überzeugend ist die überkommene Meinung, die in Anlehnung an die Stammrechtstheorie mit einer begrifflichen Argumentation die Beweispflicht des Schuldners begründet[4]. Nach seiner Bestellung soll das Stammrecht die einzelnen Leistungen alleine hervorbringen. Der Tod der Bezugsperson sei daher eine rechtsvernichtende Tatsache.

4. Zur **Verjährung** s Rz 13 vor § 759. 4

§ 761 Form des Leibrentenversprechens

Zur Gültigkeit eines Vertrags, durch den eine Leibrente versprochen wird, ist, soweit nicht eine andere Form vorgeschrieben ist, schriftliche Erteilung des Versprechens erforderlich. Die Erteilung des Leibrentenversprechens in elektronischer Form ist ausgeschlossen, soweit das Versprechen der Gewährung familienrechtlichen Unterhalts dient.

ÜBERSICHT

1. **Zweck der Vorschrift**. Die erst von der Reichstagskommission eingefügte Bestimmung bezweckt den **Schutz** des Schuldners vor **Übereilung** angesichts der „Wichtigkeit des Leibrentenvertrages und der langen Dauer seiner Wirksamkeit"[1]. Außerdem wird auf die schwer abschätzbare Dauer der Leibrente verwiesen[2]. Dies erscheint allerdings aus heutiger Sicht fragwürdig, da zB Vereinbarungen über Unterhaltszahlungen, die zudem mit der Unsicherheit zukünftigen Bedarfs belastet sind, trotz ihrer immanenten Lebenslänglichkeit keiner Form bedürfen. § 761 liegt also eine eher unbestimmte Vorstellung zum Schutz des Leibrentenschuldners zugrunde. Nicht zuletzt erklärt dies die Schwierigkeiten, die bei der Anwendung des § 761 entstanden sind. Im Ergebnis hat dies dazu geführt, dass § 761 aufgrund der Leibrententheorien weitgehend bedeutungslos geworden ist[3]. 1

Es kann insbesondere nicht überzeugen, dass der **lange Zeitraum** der Vertragsabwicklung das Formerfordernis rechtfertigt. Dagegen spricht schon das Argument, dass der Schuldner für einen beliebig langen Zeitraum formfrei Verpflichtungen eingehen kann, die nicht von der Lebensdauer eines Menschen abhängig sind. Auch die Vorstellungen zur ratio des § 761, die hinter der Isolierungstheorie[4] stehen, sind bei näherem Zusehen fragwürdig. Danach soll ein Schutz vor Übereilung geboten sein, weil der Leibrentenschuldner eine abstrakte Verbindlichkeit eingehe, die von 2

3 Vgl Rosenberg, Beweislast, 1965[5], S 152.
4 Vgl Planck/Oegg Bem IV 1 vor § 759, § 760 Bem 2; Oertmann Bem 5a vor § 759; anders MünchKomm/Habersack § 760 Rz 2.

1 KommBer S 92.
2 So auch BGH NJW 1978, 1577 = DNotZ 1978, 541.
3 S Rz 5 vor § 759.
4 S Rz 3 und 15 vor § 759.

dem zugrunde liegenden Rechtsverhältnis losgelöst sei[5]. Die Gefahren, die mit einer abstrakten Verpflichtung verbunden sind, begründen jedoch schon das Schriftformerfordernis gem § 780, so dass § 761 neben dieser Bestimmung jeden Sinn verlöre[6]. Am ehesten lässt sich die Entwicklung zum Verständnis des § 761 in dem immerhin plausiblen Ergebnis zusammenfassen, dass die Leibrente einen besonderen Schutz erfordert, weil die **Lebenslänglichkeit** der Leistungen mit der weitgehenden Unveränderlichkeit der Leibrentenzahlungen[7] zusammentrifft, die den Verpflichteten bei veränderten Umständen hart treffen kann[8].

3 Im Übrigen ist aber zu bezweifeln, dass gegenwärtig der Ansatz des RG noch zutreffend ist, die Geltung des Formerfordernisses müsse nach Möglichkeit eingeschränkt werden[9]. Mündliche Leibrentenversprechen dürften auch in dem für das RG bedeutsamen Bereich (Versorgungszusagen jeder Art und Ausstattungsversprechen) keine praktische Rolle mehr spielen. Mittlerweile hat sich mehr und mehr der Standpunkt durchgesetzt, dass der Anwendungsbereich der Leibrenten und insbesondere des § 761 schon dadurch eingeschränkt ist, dass Leistungen, die anderen im BGB geregelten Dauerschuldverhältnissen zuzuordnen sind, nicht alleine wegen ihrer Lebenslänglichkeit als Leibrente angesehen werden[10].

4 2. **Anwendungsbereich**. Das Formerfordernis gilt nur für das **Leibrentenversprechen**, nicht für dessen Annahme. Spätere **Änderungen** des Leibrentenversprechens bedürfen der Schriftform nur, soweit sie die Verpflichtung zum Nachteil des Schuldners ändern. Nach den von der Rechtsprechung entwickelten Leibrententheorien ist zwischen dem Leibrentenversprechen (Bestellung eines Stammrechts) und dem zugrunde liegenden **Verpflichtungsvertrag** zu unterscheiden[11]. Diese Rechtsprechung wendet allerdings § 761 auf beide Verträge an[12].

5 § 761 ist entsprechend anzuwenden, wenn die Leibrente nicht durch Vertrag, sondern durch einseitiges Rechtsgeschäft unter Lebenden (zB **Auslobung**) begründet wird[13].

6 Wird eine Leibrente durch **Vermächtnis** zugewandt, fehlt es an einem Vertrag im Sinne von § 761 und außerdem gehen die strengeren erbrechtlichen Erfordernisse vor[14]. Entsprechendes gilt für das unentgeltliche Leibrentenversprechen, das als **Schenkung** nach § 518 Abs 1 notarieller Beurkundung bedarf[15]. Keine Besonderheiten gelten hinsichtlich der Formbedürftigkeit, wenn der Schuldner verstirbt[16]. Zwar erlischt die Verpflichtung im Falle der Unentgeltlichkeit nach § 520, wenn sie als Unterstützung anzusehen ist. Wenn sich aus dem Versprechen aber etwas anderes ergibt, so dass die Verpflichtung weiterbesteht, liegt eine Nachlassverbindlichkeit vor, die nicht deswegen besonderen Regeln unterliegt, weil die Dauer der Zahlungen vom Leben eines andern abhängt. Ist bei einem Grundstückskauf der Kaufpreis als Leibrente zu zahlen, gilt das Formerfordernis des § 311 b Abs 1 Satz 1 auch für diesen Teil des Vertrags[17]. Fehlt es insofern an der notariellen Beurkundung (Vereinbarung außerhalb des beurkundeten Vertrags), stellt sich die Frage nach der Heilung gem § 311 b Abs 1 Satz 2[18].

7 3. **Schriftform**. Zu ihren Erfordernissen vgl § 126. **Schriftliche Erteilung** des Versprechens bedeutet, dass der Schuldner dem Gläubiger Besitz an der Urkunde verschafft, und zwar am Ori-

5 So Soergel[10] Rz 2 vor § 759.
6 Larenz, SchuldR II § 65 III.
7 Dazu Rz 2 und 4 vor § 759.
8 Staud/Amann § 761 Rz 1; dazu auch Henssler, Risiko als Vertragsgegenstand S 395 ff.
9 Vgl RGZ 67, 210.
10 Staud/Amann Rz 35 vor §§ 759–761: Insofern Leibrente nur bei Novation oder neuer abstrakter Verpflichtung; ähnlich MünchKomm/Habersack § 761 Rz 2; dazu schon Rz 15 vor § 759.
11 S Rz 6 vor § 759; RGZ 67, 204, 211; RG JW 1911, 449.
12 S Rz 6 vor § 759
13 Staud/Amann Rz 3; MünchKomm/Habersack Rz 2; Erman/Terlau Rz 1; aM Pal/Pau Rz 1.
14 Staud/Amann Rz 3; MünchKomm/Habersack Rz 2.
15 BGHR BGB § 516 Abs 1 Leibrentenversprechen 1; MünchKomm/Habersack § 759 Rz 2; zur Heilung s unten Rz 12.
16 Anders MünchKomm/Habersack § 761 Rz 2: § 2247 müsse gewahrt sein.
17 MünchKomm/Habersack § 761 Rz 2.
18 Dazu unten Rz 12.

ginal[19]. Die Überlassung einer Abschrift oder die Zusendung per Fax genügt nicht[20]. Ein briefliches Versprechen ist dagegen wirksam[21]. Die Urkunde muss den wesentlichen Inhalt des Versprechens unmittelbar und vollständig enthalten[22]. Nach § 126 Abs 3 kann die schriftliche Form grds durch die elektronische Form im Sinne des § 126 a ersetzt werden.

Nach Satz 2[23] gilt dies allerdings nicht, wenn das Versprechen der **Gewährung familienrechtlichen Unterhalts** dient. Die Tragweite dieser Regelung ist unklar und umstritten; insbesondere bleibt im dunkeln, wie sie sich zum Stand des Begriffsverständnisses von der Leibrente[24] verhält. Nach einem engen Verständnis ist sie nur anwendbar, wenn Unterhaltspflichten bestehen, zu denen im Sinne einer Novation eine Leibrente vereinbart wird[25]. Ein weiteres Verständnis lässt es ausreichen, dass ein entsprechendes Verwandtschafts- oder Eheverhältnis besteht und das Versprechen wenigstens partiell der Unterhaltssicherung dient[26]. Praktische Bedeutung hat bisher weder diese Regelung gehabt noch der hierzu bestehende Streit und anderes ist wohl auch für die Zukunft nicht zu erwarten. 8

4. **Verstoß gegen die Formvorschrift** hat nach § 125 Satz 1 die Nichtigkeit des Leibrentenversprechens und damit nach § 139 Nichtigkeit des ganzen gegenseitigen Vertrags zur Folge, wenn das Versprechen der Bestellung einer Leibrente Teil eines solchen Vertrages ist[27]. Das Gesetz kennt nicht – wie in BGB §§ 311 b Abs 1 Satz 2, 518 Abs 2, 766 Satz 2 und GmbHG § 15 Abs 4 Satz 2 – Heilung durch Erfüllung. 9

Gerade weil insbesondere in der Zeit nach In-Kraft-Treten des BGB der Sinn des Formerfordernisses kaum einsichtig war, ist jedoch immer wieder für eine entsprechende Anwendung der Vorschriften über die **Heilung** plädiert worden. Einigkeit besteht unter den Vertretern der Leibrententheorien[28] darüber, dass die schriftliche Erteilung des Leibrentenversprechens den gleichfalls nach § 761 formbedürftigen nur mündlichen Verpflichtungsvertrag heilt[29]. Eine analoge Anwendung der Bestimmungen über die Heilung durch Erfüllung (§§ 311 b Abs 1 Satz 2, § 766)[30] ist für den Fall gerechtfertigt, dass der Leibrentenschuldner seine Verpflichtung in vollem Umfange erfüllt hat[31]. Dieser Schuldner bedarf nicht mehr des Schutzes vor Übereilung. Etwas anderes muss jedoch gelten, wenn er einzelne – wenn auch viele – Rentenleistungen erbracht hat[32]. In diesem Fall hat sich das Risiko noch nicht verwirklicht, das in der Unbestimmtheit des Leistungsumfangs liegt. Von der Frage einer analogen Anwendung der Heilungsbestimmungen ist das Problem zu unterscheiden, wie sich die Heilung im Zusammenhang anderer im konkreten Fall eingreifender Formerfordernisse (zB § 518 Abs 2 und 311 b Abs 1 Satz 2) auf die Nichtigkeit eines Leibrentenversprechens auswirkt[33]. 10

5. **Andere Formvorschriften** lässt § 761 unberührt. In Betracht kommen insbesondere § 311 b Abs 1 (Verpflichtung zur Veräußerung oder zum Erwerb von Grundstücken), § 311 b Abs 3 (Verpflichtung zur Vermögensübertragung), § 311 Abs 5 (Regelung unter künftigen Erben über gesetzlichen Erbteil oder Pflichtteil), Schenkung (§ 518) und § 2371 (Erbschaftskauf). Wegen der Unentgeltlichkeit oder der besonderen Gegenleistung ist in diesen Fällen notarielle Beurkundung 11

19 BGHZ 121, 224 = NJW 1993, 1126 zu § 766, wo auch von „Erteilung“ die Rede ist.
20 Einschränkend Staud/Amann Rz 4: Abschrift genügt, wenn weitere besondere Umstände hinzutreten.
21 RG Warn 1914, 166.
22 RGZ 67, 204, 214; BGHZ 57, 53, 59 = NJW 1971, 2227, 2228; MünchKomm/Habersack Rz 5.
23 Eingefügt durch das Ges zur Anpassung der Formvorschriften des Privatrechts und anderer Vorschriften an den modernen Rechtsgeschäftsverkehr vom 13. Juli 2001 (BGBl I, S 1542).
24 Dazu oben Rz 2 ff vor § 759.
25 Staud/Amann Rz 3.
26 MünchKomm/Habersack § 759 Rz. 4.
27 Staud/Amann Rz 5.
28 S Rz 2 vor § 759.
29 So auch Soergel[10].
30 Dazu grds restriktiv BGH WM 1970, 1319.
31 Zustimmend MünchKomm/Habersack Rz 8; ebenso Staud/Amann Rz Rz 6; aM Erman/Terlau Rz 2; RGRK/v Gamm Rz 4; RGZ 67, 208, 91, 6, 8.
32 Zustimmend MünchKomm/Habersack Rz 8; aM Enn/Lehmann, SchuldR § 187 II 3.
33 S Rz 12.

vorgeschrieben, die somit auch für das im jeweiligen Zusammenhang abgegebene Leibrentenversprechen erforderlich ist.

12 Wird der Mangel der notariellen Beurkundung durch Erfüllung nach den jeweils geltenden Bestimmungen geheilt, so stellt sich die Frage, ob diese Heilung auch ein **mündlich erteiltes** Leibrentenversprechen erfasst. Weil § 311 b Abs 1 Satz 1 ebenso wie § 761 dem Schutz vor Übereilung diene, hat der BGH die Heilung nach § 311 b Abs 1 Satz 2 auch für ein mündliches Leibrentenversprechen gelten lassen[34]. Die Gegenmeinung[35] wendet zu Recht ein, die Schutzzwecke der §§ 761 und 311 b gingen nicht ineinander auf. Zwar gehe es jeweils um den Schutz vor Übereilung. Die Auflassung und die Eintragung sind hier jedoch nur mit Blick auf den Grundstücksverkäufer von Bedeutung. Der Grundstückskäufer bedarf dessen ungeachtet des Schutzes davor, seinerseits eine Verpflichtung von unbestimmter Dauer einzugehen. Dagegen ist es zutreffend, die Heilung nach § 518 Abs 2 auch das Leibrentenversprechen des Schenkers erfassen zu lassen. Die versprochene Leistung ist dabei durch die einzelnen Rentenzahlungen im Sinne des § 518 bewirkt[36]. Der Zweck des Formerfordernisses in § 761 bleibt bei dieser Heilung gewahrt, weil der Leibrentenschuldner gleichwohl vor dem Risiko einer in der Zukunft zu erfüllenden unbestimmten Verpflichtung geschützt bleibt.

13 Abgesehen vom Formerfordernis trägt das Gesetz dem Gesichtspunkt keine Rechnung, dass die Leibrente regelmäßig im Zusammenhang anderer Vertragstypen (insbesondere Kauf und Schenkung) vereinbart wird. Hier gelten die allgemeinen Regeln über gemischte Verträge.

34 NJW 1978, 1577; ebenso Staud/Amann Rz 7 u RGRK/v Gamm Rz 4; Pal/Sprau Rz 1; aM MünchKomm/Habersack Rz 10; Erman/Terlau Rz 2; Pohlmann, Die Heilung formnichtiger Verpflichtungsgeschäfte durch Erfüllung, 1992, S 207; Lange AcP 144 (1938), 163.

35 MünchKomm/Habersack Rz 10; Erman/Terlau Rz 2; Pohlmann, Die Heilung formnichtiger Verpflichtungsgeschäfte durch Erfüllung, 1992, S 207; Lange AcP 144 (1938), 163.

36 So auch MünchKomm/Habersack Rz 8; ferner Staud/Amann Rz 5.

Titel 19

Unvollkommene Verbindlichkeiten

Vorbemerkungen

Schrifttum: Elster, Über den Begriff und die systematische Stellung der Spielverträge, ArchBürgR 26, 34; ders, in: Handwörterbuch der Rechtswissenschaft, Bd V, 1928, S 569; W Lehmann, Leistung und Gegenleistung im Rahmen gewagter Verträge unter besonderer Berücksichtigung des Lotterie-, des Versicherungs- und des Bausparvertrages, JW 1934, 2006; Kohlhaas, Rechtsfragen zu Sportwetten, JZ 1951, 135; J Astl/Rathleff, Das Glücksspiel, Sammlung der geltenden Bestimmungen für Glücksspiele, Lotterien, Ausspielungen und andere Spiele, 1965; Schlund, Das Zahlenlotto, 1972; Weimar, Rechtsfragen zu Spiel und Wette, 1975; Klenk, Der Lotteriebegriff in straf- und steuerrechtlicher Sicht, GA 1976, 361; J Schuster, Das gemeinsame Spiel, Diss Köln 1976; W Berg, Zur Konkurrenz zwischen öffentlichen Spielbanken und privaten Glücksspielvereinen, MDR 1977, 277; R Lange, Das Glücksspielrecht – Ein Stück stehengebliebener Strafrechtsreform, in: Festschr für E Dreher, 1977, S 574; E-H Ahlf, Ein neues Urteil zu den sogenannten Beobachtungsspielen, GewArch 1979, 84; Aubin/Kummer/Schroth/Wack, Die rechtliche Regelung der Glücksspiele und Spielautomaten in europäischen Ländern, 1981; Hillenkamp, Risikogeschäft und Untreue, NStZ 1981, 161; Bischoff, Vertragsrisiko und clausula rebus sic stantibus, 1983; Meurer/Bergmann, Tatbestandsalternativen beim Glücksspiel – BayObLG, NJW 1979, 2258, JuS 1983, 668; Kummer/Kummer, Glücksspiele in Deutschland, 1986; Höfling, Gewerbliches Spielrecht und Lotterierecht, GewArch 1987, 222; Kummer, Entwicklung des gewerblichen Spielrechts in der Bundesrepublik Deutschland, 1988; Deselaers, Einführung in das Recht der Sportwette, in: Pfister (Hrsg), Rechtsprobleme der Sportwette, 1989, S 15; Odenthal, Die Strafbarkeit der regelwidrigen Veranstaltung gewerberechtlich erlaubter Spiele, GewArch 1989, 222; Pfister, Zivilrechtliche Probleme der Sportwette, in: Pfister (Hrsg), Rechtsprobleme der Sportwette, 1989, S 75; Wagner, Lotto und Toto in der Praxis, in: Pfister (Hrsg), Rechtsprobleme der Sportwette, 1989, S 1; Weber, Strafrechtliche Aspekte der Sportwette, in: Pfister (Hrsg), Rechtsprobleme der Sportwette, 1989, S 39; Wiltschek, „Gewinnspiele" im Medienbereich – Auswüchse des Wettbewerbsrechts, WBl 1989, 264; Kronisch, Der Lenkungszweck der Spielautomatensteuer. Ein Spiel ohne Grenzen?, NVwZ 1990, 322; Odenthal, Die Veranstaltung erlaubnisfreier Spiele, GewArch 1990, 165; Schöne, Die Dienstleistungsfreiheit nach Art 59 ff EWG-Vertrag und das deutsche Lotterierecht im Spannungsverhältnis, RIW 1990, 550; Schwark, Spekulation – Markt – Recht, in: Festschr für Steindorff, 1990, S 473; Dreher, Die Versicherung als Rechtsprodukt, 1991; Ullmann, Der Staat, die Spieler und das Glück, 1991; Lauer, Staat und Spielbanken, 1992; Fruhmann, Das Spiel im Spiel – Strafbarkeit gewerblicher Spielgemeinschaften, MDR 1993, 822; Lampe, Falsches Glück – BayObLG, NJW 1993, 2820, JuS 1994, 737; Lukes, Rechtliche Schranken für Glücksspiele, Lotterien und Ausspielungen, in: Festschr für Stree und Wessels, 1993, S 1013; Saar, Spiel und Wette, Differenz- und Termingeschäft, DtZ-Inf 1993, 49; Stein, Glücksspiel im Europäischen Binnenmarkt, RIW 1993, 838; Henssler, Das Risiko als Vertragsgegenstand, 1994; Peter, Zur Änderung des gewerblichen Spielrechts, GewArch 1994, 187; Schroeder, Kein Glücksspiel ohne Grenzen, EuGRZ 1994, 373; Gassner, Glücksspiel und Berufsfreiheit, NVwZ 1995, 449; Ossenbühl, Rechtsfragen der Genehmigung öffentlicher Lotterien, VerwArch 86 (1995), 186; Sura, Die grenzüberschreitende Veranstaltung von Glücksspielen im Europäischen Binnenmarkt, 1995; ders, Die gemeinschaftsrechtliche Beurteilung eines Lotterieverbots, NJW 1995, 1470; Schwintowski, Die Rechtsnatur des Versicherungsvertrages, JZ 1996, 702; Voßkuhle, Glücksspiel zwischen Staat und Markt, VerwArch 87 (1996), 395; Adams, Fair Play!, ZRP 1997, 314; Gratzel, Schuldrechtliche Implikationen des Spielbankenrechts, DZWir 1997, 226; Hadding, Schuldverhältnis, Forderung, rechtlicher Grund, in: Festschr für Kroeschell, 1997, S 293; Papier, Staatliche Monopole und Berufsfreiheit – dargestellt am Beispiel der Spielbanken, in: Festschr für Stern, 1997, S 543; Willingmann, Sittenwidrigkeit von Schneeball-Gewinnspielen und Kondiktionsausschluß, NJW 1997, 2932; Weitemeyer, Glück und Pech in der Lotterie, JURA 1997, 147; Ohlmann, Lotterien in der Bundesrepublik Deutschland, WRP 1998, 1043; Pieroth/Störmer, Rechtliche Maßstäbe für die normative und administrative Zulassung von Spielbanken, GewArch 1998, 177; Pönicke, Der Ausschluß gewerblich organisierter Spielgemeinschaften durch den Deutschen Lotto- und Totoblock, WRP 1998, 830; Schreiber, Unvollkommene Verbindlichkeiten, Jura 1998, 270; Fuchs, Naturalobligationen und unvollkommene Verbindlichkeiten im BGB, in: Festschr für Medicus, 1999, S 123; K Schmidt, Staatlich genehmigte Sportwetten, JuS 1999, 399; Tettinger/Ennuschat, Grundstrukturen des deutschen Lotterierechts, 1999; Adams/Tolkemitt, Verkauf von Hoffnung und Jagd auf die Armen, ZBB 2000, 163; Waclawik, Die Verbindlichkeit von Devisenterminvereinbarungen, 2000; Willingmann/Strauß, Aktuelle zivilrechtliche Aspekte von Progressionsmodellen am Beispiel sog Marketing- oder Geldgewinnsysteme, NJ 2000, 7; Klengel/Heckler, Geltung des deutschen Strafrechts für vom Ausland aus im Internet angebotenes Glücksspiel, CR 2001, 243; T h i e l , Spielbankenmonopol und Berufsfreiheitsgarantie, GewArch 2001, 96; R a u s c h , Die verfassungsrechtliche Unzulässigkeit staatlicher Monopole bei Sportwetten, GewArch 2001, 102; A d a m s / T o l k e m i t t , Das Staatliche Glücksspielunwesen, ZBB 2001, 170; K o e n i g , EG-rechtliche Beurteilung der Zulassung von Sportwetten-Anbietern – ein gemeinschaftsrechtliches „rien ne va plus"?, EWS 2001, Beilage 1; O h l m a n n , Die deutschen Lotto- und Totounternehmen – Wettbewerbsakteure oder Kompetenzträger im kooperativen Lotterieförderalismus?, WRP 2001, 672; V o ß k u h l e , Glücksspiel ohne Grenzen, GewArch 2001, 177; P e t e r s , Die Selbstsperre des Glücksspielers, JR 2002, 177; S c h ä f e r / L a n g , Zur Reform des Rechts der Börsentermingeschäfte, BKR 2002, 197; T o l k e m i t t , Die deutsche Glücksspielindustrie, 2001; K l a m , Die rechtliche Problematik von Glückspielen im Internet, 2002; S e n s b u r g , Die Neuentdeckung der Lotterie?, BB 2002, 126; S t ö g m ü l l e r , Glücksspiele, Lotterien und Sportwetten im Internet K&R 2002, 27; T e t t i n g e r , Voraussetzungen einer lotterierechtlichen Konzessionserteilung unter besonderer Berücksichtigung der Bedürfnisprüfung und des Ermessens, GewArch 2002, 81; V o ß k u h l e / B u m k e , Rechtsfragen der Sportwette, 2002; R e i n e r , Daytrading im Niemandsland zwischen Kassa- und Termingeschäft, ZBB 2002, 211; O d e n t h a l , TV-Gewinnspiele – unerlaubtes Glücksspiel? GewArch 2002, 315; L e s c h / W a l l a u , Glücksspiel trotz fehlender Gewinnmöglichkeit?, GewArch 2002, 447; P f e i e r / F i s c h e r , „Glücksspiel trotz fehlender Gewinnmöglichkeit?", GewArch 2003, 21; C a s p e r , Das neue Recht der Termingeschäfte, WM 2003, 161; J a n z , Rechtsfragen der Vermittlung von Oddset-Wetten in Deutschland, NJW 2003, 1694; M e l z e r , Zum Begriff des Finanztermingeschäfts, BKR 2003, 366; S a m t l e b e n , Das Börsentermingeschäft ist tot – es lebe das Finanztermingeschäft, ZBB 2003, 69; S c h u l z e , Verträge zum Schutz gegen sich selbst, in: Festschr für Jayme, Bd 2, 2004, S 1577; B a c k u , Zulässigkeit des Abschlusses und der Vermittlung von Online-Sportwetten, ITRB 2004, 161; F r i t z e m e y e r / R i n d e r l e , Rien ne va plus für das Glücksspielmonopol in Deutschland, CR 2004, 367; H o r n , Zum Recht der gewerblichen Veranstaltung und Vermittlung von Sportwetten, NJW 2004, 2047; K e s s l e r / H e d a , Wahrnehmung von Chancen als Glücksspiel, WM 2004, 1812; F S c h m i d t , Das Ende des staatlichen Glücksspielmonopols, WRP 2004, 576; S e r v a t i u s , Ball im Netz ist Geld auf der Bank – Die zivilrechtliche Behandlung einer an sportliche Erfolge geknüpften Verzinsung von Sparguthaben, WM 2004, 1804; B a h r , Glücks- und Gewinnspielrecht, 2005; N e l l e / B e c k m a n n , Glücksspielmonopol und europäischer Wettbewerb, ZIP 2005, 887; K r i e g e r , Europäische Grundfreiheiten und deutsches Ordnungsrecht am Beispiel des staatlichen Glücksspielmonopols, JZ 2005, 1021; W a g n e r - v o n P a p p , Die privatautonome Beschränkung der Privatautonomie, AcP 205 (2005), 342; R a i t z v o n F r e n t z / M a s c h , Glücksspiele, Sportwetten, Geschicklichkeitsspiele, Lotterie, Unterhaltungsspiele, Spielbanken, Spielhallen und Gewinnspiele in Deutschland, ZUM 2006, 189; E r n s t , Das TV-Zuschauerquiz im BGB zwischen Auslobung und Spiel, NJW 2006, 186; G a b r i e l / B a r t h , Rechtsprobleme bei Gewinnspielen mit Mehrwertdiensten, VuR 2006, 301; S c h i m m e l , Der Schutz des Spielers vor sich selbst, NJW 2006, 958.

ÜBERSICHT

I. Überblick

1 1. **Gesetzliche Ausgestaltung**. Das BGB enthält keine gemeinsamen Vorschriften über „gewagte Verträge" oder allgemeine Bestimmungen über „Glücks-" oder aleatorische Verträge. Der historische Gesetzgeber sah kein praktisches Bedürfnis für eine verallgemeinernde Regelung dieser Vertragstypen[1] und betonte auch die Schwierigkeiten, sie übergreifend und zutreffend zu de-

1 Vgl demgegenüber beispielsweise östABGB §§ 1267 ff.

finieren[2]. Eine solche Definition findet sich aber beispielsweise im italienischen CC, in dessen Art 1002 Abs 1 der Glücksvertrag wie folgt umschrieben ist: „Ein Glücks- oder aleatorischer Vertrag liegt vor, wenn der Vorteil für beide Kontrahenten oder einen von ihnen von einem ungewissen Ereignis abhängt“. Der Gesetzgeber des BGB hielt aus dem Kreis der Glücksverträge allein den **Spiel- und Wettvertrag** (§ 762) sowie den **Lotterie- und Ausspielungsvertrag** (§ 763) wegen ihrer praktischen Bedeutung für regelungsbedürftig[3]. Anders aber als Art 862 des „Dresdner Entwurf eines allgemeinen deutschen Gesetzes über Schuldverhältnisse“ (1866)[4], der den Kommissionsberatungen zum Schuldrecht als Diskussionsvorlage diente, definiert das BGB diese erfassten Vertragstypen nicht, sondern überlässt eine Begriffsbestimmung Rechtsprechung und Rechtswissenschaft[5]. Die ergänzende Vorschrift über Differenzgeschäfte (§ 764), die sie dem Recht des Spielvertrags unterstellte, hat erst durch die Reichstagskommission Eingang in das Gesetz gefunden[6] und wurde ursprünglich nur als eine vorläufige Regelung verstanden. Art 9 des 4. FinMarktFördG vom 21. Juni 2002 (BGBl I, S 2010) hat § 764 zum 1. 7. 2002 aufgehoben, weil diese Vorschrift seit ihrer Schaffung ein unnötiger Auslöser von Streitfragen gewesen sei[7]. Für vor dem Inkrafttreten des 4. FinMarktFördG abgeschlossene Geschäfte gilt das alte Recht fort.

a) **Unverbindlichkeit**. § 762 Abs 1 Satz 1 bestimmt, dass ein Spiel- oder Wettvertrag, die das Gesetz – anders als das römische[8] und gemeine Recht – in den Rechtsfolgen gleichbehandelt, **keine Verbindlichkeit** begründet. Geleistetes unterliegt nach § 762 Abs 1 Satz 2 einem Rückforderungsausschluss, kann also mit dieser Begründung nicht zurückgefordert werden. Zur **Vermeidung von Umgehungen** erfasst § 762 Abs 2 auch Verbindlichkeiten, insbesondere Schuldanerkenntnisse (§ 780), die zum Zwecke der Erfüllung einer Spiel- oder Wettschuld gegenüber dem gewinnenden Teil eingegangen werden. Die eingeschränkte Rechtswirkung eines Spiel- und Wettvertrags wird oft, wenn auch unzulänglich, dahin umschrieben, dass nur eine sog **unvollkommene Verbindlichkeit** entstehe[9], was sich die Überschrift des Titels seit dem Schuldrechtsmodernisierungsgesetz zu eigen gemacht hat. 2

Für den **Lotterievertrag** und den **Ausspielungsvertrag** als Unterarten des Spielvertrags sieht § 763 Satz 1 eine Ausnahme von der Unverbindlichkeit vor, wenn die Lotterie oder die Ausspielung **staatlich genehmigt** ist oder – wie zu ergänzen ist – staatlicherseits veranstaltet wird; andernfalls bleibt es bei der Unverbindlichkeit (§ 763 Satz 2). 3

b) **Verbotene Spiele**. Die Veranstaltung von sowie die Teilnahme an **öffentlichen Glücksspielen ohne behördliche Erlaubnis** ist nach StGB §§ 284 ff verboten[10], und ein Spielvertrag zu einem solchen gesetzlich verbotenen Spiel ist deshalb nach § 134 grundsätzlich nichtig[11]. Der Rückabwicklung steht dann § 762 Abs 1 Satz 2 nicht entgegen, sie geschieht in diesem Fall nach Bereicherungsrecht (§ 817). Die **öffentliche Veranstaltung von Lotterien und Ausspielungen ohne behördliche Erlaubnis** ist nur für den Unternehmer, nicht aber für den Teilnehmer nach 4

2 Protokolle 1. Kommission, in: Jakobs/Schubert (Hrsg), Beratungen des BGB, Recht der Schuldverhältnisse III, 1983, S 439 f; Motive Mugdan II, S 359.
3 Protokolle 1. Kommission, in: Jakobs/Schubert (Hrsg), Beratungen des BGB, Recht der Schuldverhältnisse III, 1983, S 439 f.
4 Vgl dazu Hedemann, Der Dresdner Entwurf von 1866, 1935, S 40 f.
5 Protokolle 1. Kommission, in: Jakobs/Schubert (Hrsg), Beratungen des BGB, Recht der Schuldverhältnisse III, 1983, S 439 f.
6 S dazu Soergel[11] § 764 Rz 1.
7 Begr des RegE, BT-Drucks 14/8017, S 131.
8 Das römische Recht unterschied zwischen dem Vertrag, der über einen künftigen ungewissen Gewinn geschlossen wurde (conventio aleae) und der Wette (sponsio), bei der sich die Bedingung, unter welche die Parteien Gewinn und Verlust stellten, auf die Richtigkeit von Behauptungen bezog, die gegeneinander aufgestellt wurden. Das reine Glücksspiel war verboten, der gleichwohl geschlossene Vertrag nichtig. Der Spielverlust konnte nicht eingeklagt werden, das bereits auf die Spielschuld Gezahlte musste auf Verlangen zurückerstattet werden. Wetten waren demgegenüber gültige und klagbare Verträge. Vgl dazu östOGH JBl 1999, 117, 118; Henssler, Risiko als Vertragsgegenstand S 421 f.
9 Pal/Sprau § 762 Rz 5; Staud/Engel Rz 3 vor § 762; Henssler, Risiko als Vertragsgegenstand S 427. Vgl dazu näher § 762 Rz 5.
10 S Rz 21.
11 S dazu § 762 Rz 39.

StGB § 287 strafbar[12]. Eine unerlaubte Lotterie wird auch veranstaltet, wenn der Veranstalter einer gewerblichen Spielergemeinschaft die Spielverträge mit der Lottogesellschaft für die Spielteilnehmer vermittelt, die Gewinne einzelner Gewinnklassen aber nach dem Prinzip eines Pools unter allen Mitspielern aufgeteilt werden[13].

5 2. **Wirtschaftliche Bedeutung**. Die wirtschaftliche Bedeutung des Glückspielwesens in Deutschland ist erheblich[14]. Einen wesentlichen Vorteil aus den Glücksspielveranstaltungen erlangt der Staat über die Besteuerung. Die größte **praktische Bedeutung** kommt insoweit dem staatlich genehmigten Glücksspiel, insbesondere dem **Zahlenlotto**[15] und dem **Fußballtoto**[16] zu, ferner dem Spielen in **öffentlichen Spielbanken**[17], den staatlich veranstalteten Lotterien[18] sowie den Wetten am Totalisator und mit dem Buchmacher beim Pferderennen[19] zu.

6 3. **Risikoelement als wesentlicher Vertragsinhalt**. Spiel- und Wettverträge erhalten als sog Wagnis- oder Risikoverträge ihren spezifischen Sinn und Zweck durch das **Risikoelement**[20]. Das Element des Zufalls wird von den Beteiligten bei diesen Vertragstypen nicht nur in Kauf genommen, sondern es ist Kernpunkt und wesentlicher Inhalt des Vertrages[21]. Spiel und Wette zielen nämlich auf den Erwerb eines vermögenswerten Vorteils (Gewinn), dem keine physische, wirtschaftlich sinnvoll verwertbare Gegenleistung, sondern nur die Übernahme eines (Verlust-)Risikos gegenübersteht. Die Risikoübernahme ist Hauptgegenstand der Spiel- oder Wettvereinbarung, nicht lediglich eines von mehreren Vertragszielen. Spiel- und Wettverträge liegen damit außerhalb der erwerbswirtschaftlichen oder freigebigen Wertmaßstäbe des staatlichen Rechts und sollen deshalb mit staatlichen Zwangsmitteln nicht durchsetzbar[22] sein.

7 4. **Sonstiges**. Nach den Allgemeinen Bedingungen der **Rechtsschutzversicherung** (ARB) § 3 Abs 2 f ist die Wahrnehmung der Interessen aus „Spiel- und Wettverträgen" mit Rücksicht auf deren Unverbindlichkeit aus dem Versicherungsschutz ausgenommen[23]. Der Risikoausschluss erstreckt sich auch auf Nebenverträge, die Spiel- oder Wettverträge entweder nur anbahnen oder im Zusammenhang mit deren Rückabwicklung geschlossen werden[24]. Konkurrierende deliktsrechtliche Schadenersatzansprüche wegen Warentermingeschäften fallen nicht unter den Risikoausschluss des ARB § 3 Abs 2 f[25]. Allerdings reicht bei einer Firmenrechtsschutzversicherung (ARB § 24 Abs 1) für den notwendigen sachlichen Zusammenhang zwischen der beruflichen Tätigkeit und dem Schaden die Behauptung nicht aus, die Warentermingeschäfte hätten der Anlage von Firmengeldern gedient[26].

II. Abgrenzung gegenüber anderen Vertragstypen

8 1. **Auslobung**. Die Abgrenzung von Spiel und Wette gegenüber der Auslobung (§ 657) wirft dann keine Schwierigkeiten auf, wenn man Spiel und Wette notwendig als gegenseitige Verträge ansieht, da es sich bei der Auslobung um ein einseitiges Rechtsgeschäft handelt[27]. Eine Auslobung liegt nach § 657 vor, wenn jemand durch öffentliche Bekanntmachung eine Belohnung für die

12 Zur Definition des Veranstalters nach österreichischem Recht: VwGH WBl 1995, 299.
13 München WuW/E OLG 5855 = WuW 1997, 809; s auch Fruhmann MDR 1993, 822, 824 f mit Hinweis auf das unveröffentlichte Urt des BGH v 18. 1. 1977 – 1 StR 643, 76.
14 Zu Zahlen vgl Adams/Tolkemitt ZBB 2000, 163, 164; Bahr, Glücks- und Gewinnspielrecht Rz 74 ff.
15 S § 763 Rz 17.
16 S § 763 Rz 18.
17 S § 763 Rz 34 ff.
18 S § 763 Rz 11 ff.
19 S § 763 Rz 28 f.
20 Henssler, Risiko als Vertragsgegenstand S 419, versteht die Bezeichnung als Risikovertrag synonym zum „gewagten Vertrag". Zur Definition ebenfalls Schwintowski JZ 1996, 702, 703.
21 Staud/Engel Rz 4 vor §§ 762 ff.
22 Protokolle II, S 797.
23 BGH WM 1985, 188 = NJW 1985, 920 = VersR 1985, 32 (mAnm Witten S 234).
24 Köln VersR 1995, 656.
25 BGH WM 1985, 188 = NJW 1985, 920 = VersR 1985, 32 (mAnm Witten S 234); Frankfurt/M BB 1986, 1394 = NJW-RR 1986, 516.
26 Frankfurt/M BB 1986, 1394 = NJW-RR 1986, 516.
27 Staud/Engel § 762 Rz 5; Henssler, Risiko als Vertragsgegenstand S 440 ff.

Vornahme einer Handlung, insbesondere für die Herbeiführung eines Erfolges aussetzt. Der Auslobende verpflichtet sich also bindend zur Leistung[28]. Abgrenzungsschwierigkeiten ergeben sich jedoch, wenn man davon ausgeht, dass Spiel und Wette auch als einseitig verpflichtende Verträge abgeschlossen werden können. In der Mehrzahl der Fälle wird dem Auslobenden an der Herbeiführung eines bestimmten Erfolges gelegen sein. Der Abgrenzungsansatz, dass die Auslobung aktivieren, die Wette hingegen widerstreitende Behauptungen bekräftigen soll, erweist sich als unzulänglich, wenn es dem Auslobenden darum geht, die durch das erwartete Misslingen der Nachweisversuche aufgestellte Behauptung zu erhärten oder glaubhaft zu machen. Beide Fallgestaltungen werden von § 657 erfasst.

Wird die Form einer Auslobung gewählt, spricht eine Vermutung dafür, dass auch eine Auslobung gewollt ist[29]. Eine Unverbindlichkeit des Leistungsversprechens wird aber angenommen, wenn es dem Versprechenden an der **Ernstlichkeit** fehlt, weil die zu widerlegende Behauptung eine Selbstverständlichkeit enthält, beispielsweise naturwissenschaftlich zwingend ist[30] oder sonst keine wirklichen Aufgaben zu lösen sind[31]. Ferner soll gegen eine Auslobung sprechen, dass das Versprechen keinen **wirtschaftlichen oder sittlich vertretbaren Zweck** verfolgt[32]. Deshalb ist im Sinne einer Auslobung zu entscheiden, wenn jemand einen Preis für eine ihm unerwünschte und von ihm als unmöglich behauptete Lösung einer wissenschaftlichen Frage aussetzt[33]. Hingegen unterfällt die Ankündigung, Preise für diejenigen Besucher einer Sportveranstaltung auszugeben, die den Sieger der Sportveranstaltung zutreffend vorhersagen, den Vorschriften von Spiel und Wette[34]. Ebenso ist zu entscheiden, wenn ein Margarinehersteller behauptet, er würde neben der Margarine auch Butter in den Verkehr bringen und denjenigen eine Belohnung verspricht, die die Butterpackungen erkennen[35]. Die rechtliche Qualifizierung als Spiel oder Wette ist in den beiden zuletzt genannten Fällen nicht bereits deshalb zu bejahen, weil die Gewinner einen (versteckten) Einsatz zu zahlen hatten, sondern weil es an einem ernsthaften, wissenschaftlichen Zweck fehlte. Bei von Radio- und Fernsehsendern durchgeführten **Zuschauergewinnspielen**, an welchen die Zuschauer mittels Telefonanruf über eine sog 01379 Telefonnummer (in der Regel zu 0,49 Euro je Anruf) teilnehmen können, handelt es sich um Auslobungen, da deren Ausgang nicht von einer streitigen oder ungewissen Tatsache abhängt, und es somit am Merkmal des Zufalls fehlt[36]. Dieses dem Spiel immanente Merkmal wird auch nicht durch den vorhandenen technischen Filter eingeführt, der nur jedem 25. Anrufer die Möglichkeit gibt, am Gewinnspiel teilzunehmen, denn ein solches Zufallselement ist auch der Auslobung nicht fremd[37]. 9

2. **Versicherungsvertrag**. Für den Versicherungsvertrag ist das Merkmal der Ungewissheit oder der Risikoübernahme[38] ebenso kennzeichnend wie für den Spiel- und Wettvertrag[39]. Wegen der berechtigten sozialen oder wirtschaftlichen Zwecke der Versicherungsverträge, die mit ihnen verfolgt werden, und wegen der Unerwünschtheit des Eintritts des versicherten Risikos sind sie aber keine Spielverträge, und zwar auch dann nicht, wenn dem Versicherten im Fall des Erlebens eines bestimmten Zeitpunktes bestimmte Gewinnanteile versprochen sind[40]. Wird eine Versicherung für den Fall des Todes eines anderen abgeschlossen, hängt die Wirksamkeit des Vertrages nach VVG § 159 Abs 2 Satz 1 allein von der Einwilligung der Gefahrperson ab. Diese Ein- 10

28 Hierzu MünchKomm/Seiler § 657 Rz 6.
29 Staud/Wittmann § 657 Rz 6.
30 Henssler, Risiko als Vertragsgegenstand S 461.
31 Düsseldorf NJW 1997, 2122 = JuS 1997, 945 (K Schmidt); Stuttgart MDR 1986, 756.
32 MünchKomm/Seiler § 657 Rz 22 spricht von mangelnder Seriosität; Soergel/Lorentz § 657 Rz 4.
33 BGHZ 17, 366 = NJW 1955, 1473; vgl dazu und zu dem seinerzeit viel erörterten Rechtsstreit Hoensbroch/Dasbach („Der Zweck heiligt die Mittel") Köln DJZ 1905, 393; dazu § 657 Rz 4.
34 RG Recht 1915 Nr 1990.
35 RFH 20, 185.
36 Ernst NJW 2006, 186, 188.
37 Ernst NJW 2006, 186, 188.
38 Zur Begrifflichkeit Schwintowski JZ 1996, 702, 703.
39 S Dreher, Die Versicherung als Rechtsprodukt S 73.
40 RGZ 129, 134, 142.

willigung beugt der Möglichkeit eines Spiels mit Leben oder Gesundheit anderer umfassend vor, so dass nicht auf § 762 Abs 1 Satz 1 zurückgegriffen werden muss[41].

11 Der Versicherungsvertrag weist nach *Schwintowski*[42] Ähnlichkeiten mit einem **Hedgegeschäft** auf, das ebenfalls darauf abzielt, Risiken auszuschließen. Hedging bedeutet den Ausgleich eines vorhandenen Preisrisikos am Kassamarkt durch ein kompensatorisches Risikogeschäfts am Terminmarkt[43]. Das zu sichernde Hauptgeschäft in der Schadensversicherung ist das Interesse des Versicherungsnehmers an der uneingeschränkten Verfügbarkeit über die versicherten Sachen. Ein Risiko wird somit nicht übernommen, sondern ausgeschaltet[44]. Typusprägend ist der Risikoausgleich über eine Risikogemeinschaft der Versicherten als Gefahrengemeinschaft nach dem Gesetz der großen Zahl. An die Stelle des für Hedgeverträge typischen fest vereinbarten Ausübungszeitpunktes tritt die Laufzeit des Versicherungsvertrages.

12 3. **Leibrente**. Es sind Fälle denkbar, in denen die Parteien die Abrede der Leibrente (§ 759) nur wählen, weil sie auf einen zufallsbedingten Geschäftsgewinn hoffen, wenn das Leibrentenversprechen die sofortige Erfüllung der Zahlungspflicht innerhalb eines Austauschvertrages ersetzt. Die Abgrenzung zum Spiel bereitet wegen signifikanter Besonderheiten der Leibrente keine Schwierigkeiten. Wird beispielsweise ein an die Lebensdauer des Begünstigten (oder Dritter) gekoppeltes Rentenversprechen abgegeben, liegt ein verbindlicher Vertrag gemäß den §§ 759 ff vor. Die Wertentscheidung des Gesetzes in den Vorschriften über den Leibrentenvertrag, in denen trotz des Zufallsmomentes eine Anerkennung seiner wirtschaftlichen und sozialen Funktion zum Ausdruck kommt, überlagert § 762[45].

13 4. **Fluchthilfevertrag**. Die primären Hauptleistungspflichten eines Fluchthilfevertrags bestehen darin, dass der Fluchthelfer die geschuldete Flucht organisieren und durchführen muss, während sein Vertragspartner die Auslagen zu ersetzen und eine Vergütung für die Hilfestellung zu erbringen hat. Beide Hauptleistungspflichten sind unbedingt und nicht zufallsgebunden vereinbart. Deshalb ist § 762 nicht anwendbar; es scheidet auch eine entsprechende Anwendung aus[46]. Während das unbedingt versprochene Entgelt die vom Fluchthelfer effektiv zu erbringende Leistung ausgleicht, besteht beim Spiel das Risiko darin, den vermögenswerten Einsatz zu verlieren. Die soziale Gefährlichkeit des Spiels ist daher mit derjenigen des Fluchthelfervertrages nicht zu vergleichen[47]. Wenn der Fluchthilfevertrag gelegentlich auch als „Vertrag sui generis" bezeichnet wird[48], weist er doch eindeutig dienstvertragliche Züge auf.

14 5. **Kauf**. Mit dem „Kauf" eines Loses bei einer Lotterie kommt kein Kaufvertrag im Sinne des § 433 (emptio spei) zustande, sondern bei staatlicher Genehmigung ein rechtwirksamer Spielvertrag[49]. Kaufverträge über Sachen und Rechte, für die Börsenkurse notiert werden oder die einen schwankenden Marktwert haben, enthalten in unterschiedlicher Ausprägung ein spekulatives Element. Das spekulative Element ist besonders deutlich bei Verträgen über Gegenstände, die zu einem laufenden Preis an einer Börse oder auf einem Markt gehandelt werden, sofern dem Kaufpreis der gegenwärtige Kurs oder Tagespreis zugrunde gelegt wird und die Lieferung oder Zahlung zu einem späteren Termin erfolgen soll[50]. Trotz des spekulativen Elements handelt es sich in diesem Fall um einen Kaufvertrag, da der Verkäufer verpflichtet ist zu liefern und der Käufer abzunehmen und zu bezahlen, wenn der festgelegte Termin eintritt. Die Absicht, aus einer erhofften

41 Celle VersR 1995, 405.
42 JZ 1996, 702.
43 Häuser/Welter in: Handb des KapitalanlageR § 16 Rz 173 ff; s ferner Soergel[11] § 764 Rz 14.
44 Henssler, Risiko als Vertragsgegenstand S 547.
45 Vgl Henssler, Risiko als Vertragsgegenstand S 460.
46 S § 762 Rz 2.
47 BGHZ 69, 295, 301 = WM 1977, 1299 = NJW 1977, 2356; BGH WM 1977, 1302 = NJW 1977, 2359, 2360; KG NJW 1976, 197 u 1211; Henssler, Risiko als Vertragsgegenstand S 463; Jauernig/Otto JuS 1977, 108, 111; Liesegang JZ 1977, 87, 89; Crezelius NJW 1976, 1639. Zur Sittenwidrigkeit solcher Verträge BGH NJW 1980, 1574, 1575 = WM 1980, 549.
48 Henssler, Risiko als Vertragsgegenstand S 463.
49 S § 763 Rz 19. S auch Soergel[12]/Huber Rz 76 vor § 433.
50 Vgl dazu Soergel[12]/Huber Rz 314 vor § 433.

Differenz zwischen gegenwärtigem und künftigem Preis Gewinn zu erzielen, ändert an der Qualifizierung nichts[51].

Eine andere Beurteilung ist geboten, wenn der Vertrag von vornherein nicht auf Lieferung und Zahlung, sondern darauf gerichtet ist, bei Eintritt des Termins nur die Differenz zwischen Vertragspreis und Tagespreis auszugleichen. Hierbei handelt es sich um ein aleatorisches Differenzgeschäft, das nach § 764 Satz 1 aF den Vorschriften über das Spiel unterfiel. Dieses Geschäft unterlag also dem **Differenzeinwand**[52]. Seit Aufhebung des § 764 durch das 9. FinMarktFördG werden die bislang von § 764 Satz 1 aF erfassten **zweiseitigen Differenzgeschäfte** unmittelbar von § 762 erfasst. Aus einem Umkehrschluss zu § 764 Satz 2 aF folgt, dass für § 762 die Spielabsicht eines Teils allein nicht länger ausreicht[53]. Daher sind **einseitige Differenzgeschäfte** im Sinne von § 764 Satz 2 aF jetzt ebenfalls verbindlich. Bei zweiseitigen Differenzgeschäften kann gem WpHG § 37 e der Spieleinwand nicht geltend gemacht werden, wenn es sich um Finanztermingeschäfte im Sinne von WpHG § 2 Abs 2 a handelt. Eine Ausnahme von dem Spieleinwand ist anerkannt, wenn das Geschäft der Sicherung des Kurses oder der Sicherung gegen Marktpreisschwankungen dient (sog **Hedge-Geschäft**[54]). Eine tatsächliche Vermutung für das Vorliegen eines ernst gemeinten, wirtschaftlich berechtigten Kurssicherungsgeschäftes ist gegeben, wenn das Geschäft zu den berufsmäßigen Geschäften der Vertragspartner gehört[55]. Auch gegenüber **Kassageschäften**, die innerhalb festgelegter knapper Fristen zu erfüllen sind, ist der Spieleinwand nicht möglich, weil selbst Spekulationsabsichten eines Vertragspartners grundsätzlich nicht dazu führen, dass das Geschäft unwirksam wird[56]. Der Spieleinwand kann bei Kassageschäften allerdings dann durchgreifen, wenn die Parteien ein nur scheinbar „ernst gemeintes" Kassageschäft durchführen, sich tatsächlich aber einig sind, dass im Ergebnis nicht die Erfüllung des einzelnen Kassageschäfts geschuldet wird, sondern nur die Ausgleichung eines aus mehreren Kassageschäften entstandenen Saldos im Sinne einer Differenzzahlung[57]. Sofern bei beiden Parteien Spielabsicht vorliegt fällt darunter auch das sog **Daytrading**[58], bei dem börsengehandelte Finanzinstrumente oder Rohstoffe innerhalb eines einzigen Börsentages an- und wiederverkauft werden. Meistens wird die beteiligte Bank jedoch keine Spielabsicht haben, so dass das Geschäft als einseitiges Differenzgeschäft und damit als verbindlich zu qualifizieren ist. 15

Der Differenz- und Termineinwand gem § 764 aF und BörsG aF §§ 52 ff gehörte nach früherer Rechtsprechung zum deutschen **ordre public**[59]. Nach Abschaffung von § 764 aF und BörsG aF §§ 52 ff durch das 4. FinMarktFördG zum 1. 7. 2002 kann der Differenz- und Termineinwand auch für vor dem 1. 7. 2002 abgeschlossene Geschäfte nicht mehr als Teil des nationalen ordre public angesehen werden, weil der Gesetzgeber bereits vor dem Inkrafttreten des 4. FinMarktFördG die BörsG aF §§ 53 ff als „Fremdkörper" im deutschen Rechtssystem angesehen hat[60].

Bei **Internetversteigerungen** verfolgen die Parteien den ernsthaften wirtschaftlichen Geschäftszweck, einen Gegenstand zu einem – aus ihrer jeweiligen Sicht – günstigen Preis zu erwerben oder zu verkaufen. Dieser Zweck schließt die Annahme eines Spiels trotz des spekulativen Charakters einer Online-Autkon aus[61].

6. **Rennbeteiligung**. Die von Mitgliedern eines Rennvereins zwecks Beteiligung am Rennen abgeschlossenen Verträge (Zahlung von Einsätzen und Reuegeldern gegen Erhalt einer be- 16

51 Vgl BGH WM 1988, 144, 145 f = NJW 1988, 1083; BGHZ 103, 84, 90 = WM 1988, 323 = NJW 1988, 1592 = LM Nr 21 zu BörsG; Soergel[12]/Huber Rz 316 vor § 433.
52 S hierzu Soergel[12]/Huber Rz 317 vor § 433; s auch Soergel[11] § 764 Rz 21 ff.
53 Pal/Sprau § 762 Rz 4.
54 S hierzu Soergel[11] § 764 Rz 14.
55 RGZ 146, 149; RGZ 117, 270; RGZ 107, 269.
56 BGH WM 1988, 323, 325 (mAnm Welter EWiR § 764 BGB 1/88).
57 Häuser/Welter, Handb des KapitalanlageR § 16 Rz 187.
58 BGHZ 149, 294, 298 = WM 2002, 283 = NJW 2002, 892.
59 BGH WM 1987, 1153, 1154; BGH WM 1981, 758 f.
60 BGH WM 2005, 423, 426.
61 BGHZ 149, 129 = WM 2002, 49 = NJW 2002, 363; Hamm NJW 2001, 1142 (mAnm Ulrici NJW 2001, 1112 u Spindler ZIP 2001, 809).

stimmten Geldsumme oder eines Ehrenpreises) sind weder Spiel noch Wette[62], weil sie der Förderung der Pferdezucht und damit ernsthaften wirtschaftlichen Zwecken dienen[63].

17 7. **Prämienversprechen**. Organisiert ein Sportveranstalter einen Wettkampf, bei dem die Teilnehmer Beiträge entrichten und die Gewinner Prämien erhalten, ist die **Abgrenzung zum Geschicklichkeitsspiel** schwierig. Nach einer früher vertretenen, mittlerweile aufgegebenen Ansicht[64] sollten **sportliche Wettkämpfe** nicht den Spielvorschriften unterfallen, weil sie in erster Linie der schützenswerten körperlichen Ertüchtigung dienten. Prämienversprechen für besondere Leistungen zählen nur dann nicht zu den aleatorischen Verträgen, wenn sie über den gesellschaftlich-unverbindlichen Bereich hinausgehend zu wichtigen wirtschaftlichen Zwecken vereinbart werden, wie Schach- oder Tennisturniere. Diese Geschäfte erfordern den Einsatz hoher wirtschaftlicher Mittel an Werbung und Ausrichtung, an deren sozialer Komponente auch die Prämienversprechen teilhaben[65]. Die sportliche Leistung wird hier zum kommerzialisierten Wirtschaftsgut. Wird bei Kapitalmarktprodukten, bei denen das eingesetzte Kapital stets gesichert oder die Basisverzinsung zum Teil sogar garantiert ist, eine gesteigerte Verzinsung an einen **ungewissen sportlichen Erfolg** geknüpft (**„strukturierte Kapitalmarktprodukte"**) und wird dieser Zufallskomponente kein überragendes Gewicht zugewiesen, liegt kein Spiel im Sinne von § 762 vor. Trotz des spekulativen Elements steht für die Parteien ein berechtigter wirtschaftlicher Zweck im Vordergrund[66]. Zudem besteht zwischen den Parteien kein Interessenwiderstreit im Sinne einer entgegengesetzten Erwartungshaltung hinsichtlich der Zufallskomponente[67].

III. Spielvorschriften außerhalb des BGB

18 1. **Gewerbliches Spielrecht**. Das gewerbliche Spielrecht basiert auf einer dualen grundgesetzlichen Kompetenzordnung für die Gesetzgebung[68]. Der Bundeskompetenz für das Recht der Wirtschaft (GG Art 74 Nr 11) steht die Länderkompetenz für das Glückspiel- und Lotteriewesen als Ordnungsrecht[69] gegenüber. – a) **Gewerbeordnung**. GewO §§ 33 c bis i regeln die gewerberechtliche Zulassung **(Gewerbeerlaubnis)** von **öffentlichen Glücks- und Geschicklichkeitsspielen**. Die Änderungen des gewerberechtlichen Spielrechts mit Wirkung vom 29. 12. 1993 durch Änderung der GewO und der SpielV vom 20. Dezember 1993 (BGBl I, S 2254) bezwecken insbesondere, das illegale Glücksspiel zu bekämpfen[70]. Die rechtlichen Rahmenbedingungen für Geldspielgeräte wurden zum 1. 1. 2006 mit der 5. ÄnderungsV zur SpielV (BGBl I, S 280) grundlegend neu gestaltet. Während zuvor auf die Ausgestaltung des einzelnen Spieles abgestellt wurde, sind für den Spielerschutz nunmehr Höchstgrenzen für den Stundenverlust (80 Euro, langfristig 33 Euro) sowie für den Gewinn (500 Euro) entscheidend. Darüber hinaus gibt es noch weitere den Spielerschutz fördernde Restriktionen, zB die Abschaltung des Spielgerätes nach einer Stunde dauernden Betriebes und die anschließende Nullstellung. Fun Games[71] sowie direkte oder indirekte Geld- oder geldwerte Vorteile sind nach der neuen SpielV verboten. Glücksspiele, die nach

62 Karlsruhe Recht 1906 Nr 1916.

63 S auch Staud/Engel Rz 7 vor §§ 762 ff; Erman/Seiler § 762 Rz 2.

64 Vgl Staud[10/11]/Bränd Rz 5 vor § 762; RGRK[11]/Fischer § 762 Rz 3.

65 Staud/Engel Rz 7 vor §§ 762 ff.

66 Kessler/Heda WM 2004, 1812, 1815.

67 Servatius WM 2004, 1804, 1811.

68 Dazu Höfling GewArch 1987, 222.

69 Dazu Höfling GewArch 1987, 222, 224.

70 Ausführlich zur Änderung der GewO: Peter GewArch 1994, 187.

71 Vgl dazu BVerwG GewArch 2006, 123, wonach sog Fun Games, die ähnlich wie Geldspielgeräte aufgemacht sind, aber mit gegen Geld zu erwerbenden Spielmarken, sog Token, oder über entgeltlich aufladbare Speicherchips bespielt werden können, als Geldspielgeräte im Sinne von GewO § 33 c anzusehen sind. Da für sie eine Bauartzulassung der Physikalisch-Technischen Bundesanstalt nicht vorliegt und auch nicht erteilt werden darf, weil keine Geldmünzen verwendet werden (SpielV § 13 Nr 7), sind sie nicht genehmigungsfähig. Die Entscheidung hat nach Inkrafttreten der neuen SpielV nur rückwirkende Bedeutung.

GewO §§ 33 c–g nicht erlaubnisfähig sind, die also nicht genehmigt werden können, sind generell verboten[72].

Das Spielrecht der GewO unterscheidet **verschiedene erlaubnispflichtige Spielformen**. – (1) Nach GewO § 33 c Abs 1 Satz 1 sind **„Spielgeräte mit Gewinnmöglichkeit"** erlaubnispflichtig. Es wird das gewerbsmäßige Aufstellen eines Spielgeräts erfasst, das mit einer den Spielausgang beeinflussenden mechanischen Vorrichtung (Zufallsgenerator) ausgestattet ist und die Möglichkeit eines Gewinns bietet. Es dürfen nur Spielgeräte aufgestellt werden, die von der Physikalisch-Technischen Bundesanstalt zugelassen sind (GewO §§ 33 c Abs 1 Satz 2, 33 e Abs 1) und nicht die Gefahr besteht, dass Spieler unangemessen hohe Verluste erleiden, was in der SpielV konkretisiert wird. – (2) Nach GewO § 33 d Abs 1 Satz 1 sind ferner **„andere Spiele mit Gewinnmöglichkeit"** erlaubnispflichtig. Es dürfen nur solche Spiele erlaubt werden, für die das Bundeskriminalamt eine Unbedenklichkeitsbescheinigung erteilt hat (GewO §§ 33 d Abs 2, 33 e Abs 1)[73] und die nicht wegen ihrer Nähe zum Glücksspiel manipulationsanfällig sind und daher missbraucht werden können (GewO § 33 d Abs 1 Satz 2). Da nach GewO § 33 h Nr 3 die Erlaubnisregelung des GewO § 33 d Abs 1 auf Glücksspiele des StGB § 284 unabhängig von der Höhe des Verlustrisikos keine Anwendung findet, sind nur **Geschicklichkeitsspiele** genehmigungsfähig. Bei ihnen fehlt außerdem in Abgrenzung zu GewO § 33 c Abs 1 Satz 1 eine den Spielausgang beeinflussende technische Vorrichtung. Die gewerberechtliche Genehmigung kann GewO § 33 d Abs 1 Satz 2 insbesondere für „Karten-, Würfel- oder Kugelspiele", die von Glücksspielen im Sinn des StGB § 284 abgeleitet sind, oder für Spiele, die nach den eingereichten Bedingungen nicht wirtschaftlich betrieben werden können, versagt werden. Im Übrigen finden sich in der SpielV Reglementierungen zur zulässigen Anzahl von Spielgeräten zu einer bestimmten Größe der Spielhalle[74]. Nach SpielV aF § 3 Abs 3 Satz 1 galt für über die zulässige Anzahl hinausgehende bis zum 19. 12. 1985 rechtmäßig aufgestellte Spielgeräte bis zum 31. 12. 1990 bzw 31. 12. 1995 ein Bestandsschutz. Dieser griff jedoch nur, wenn die Vorschriften der GewO beachtet wurden[75]. – (3) **Erlaubnisfreie Spiele**[76] sind in SpielV § 5 a erfasst, der sich auf die Ermächtigung in GewO § 33 g Abs 1 Nr 1 stützt und voraussetzt, dass die Spiele überwiegend der Unterhaltung dienen und kein öffentliches Interesse an einer Erlaubnispflicht besteht. Bei den begünstigten Geschicklichkeitsspielen handelt es sich in erster Linie um Preis- und Gewinnspiele. 19

Verstöße gegen die Zulassungserfordernisse werden nach GewO §§ 144 Abs 2 Nr 1 und 3, 148 Nr 1 und 2 als Ordnungswidrigkeiten oder Vergehen geahndet. Die Vorschriften der GewO können nicht ohne weiteres als gesetzliche (Spiel-)Verbote im Sinne von § 134 ausgelegt werden, da sie sich nur an den Veranstalter oder Aufsteller wenden.

b) **Landesrecht**. GewO § 33 h nimmt das **staatlich konzessionierte Glücksspiel** von der GewO aus, nämlich das Kasinospiel in **Spielbanken** (Nr 1) und die Veranstaltung von Lotterien und grundsätzlich Ausspielungen (Nr 2)[77], zu denen insbesondere die Spiele des Deutschen Lotto- und Totoblockes sowie die Klassen- und Fernsehlotterien zählen. Spielbankenrecht und das Recht der Lotterien sowie Ausspielungen unterfallen nämlich nicht als Recht der Wirtschaft (GG Art 74 Nr 11) der konkurrierenden Gesetzgebungszuständigkeit des Bundes, sondern sind als „Recht zur Wahrung der öffentlichen Sicherheit und Ordnung"[78] Landesrecht. Die Zulässigkeit des Betreibens von Spielbanken und der Veranstaltung von Lotterien sowie Ausspielungen ist deshalb landesrechtlich geregelt. Für Spielbanken galt das Ges über die Zulassung öffentlicher Spielbanken vom 14. Juli 1933 (RGBl I, S 955) und die VO über öffentliche Spielbanken vom 27. Juli 1938 (RGBl I, S 955) die als Landesrecht weitergalten[79]. Auch Lotterien und Aus- 20

72 Henssler, Risiko als Vertragsgegenstand S 475.
73 Zur Unbedenklichkeitsbescheinigung BVerwG GewArch 1997, 287, 289.
74 S hierzu auch BVerwG GewArch 1994, 162; OVG NW GewArch 1994, 164, 166.
75 VGH Mannheim GewArch 1994, 417.
76 Dazu Odenthal GewArch 1990, 165.
77 Hierzu auch Tettinger/Ennuschat, Grundstrukturen des deutschen Lotterierechts S 5; ferner Ohlmann WRP 1998, 1043.
78 BVerfGE 28, 119, 147 = NJW 1970, 1363.
79 BVerfGE 28, 119, 144 = NJW 1970, 1363.

spielungen[80] werden dem landesrechtlichen Polizei- und Ordnungsrecht zugeordnet, weil mit dem Erlaubnisvorbehalt für diese Veranstaltungen die öffentliche Aufgabe verfolgt wird, das illegale Glücksspiel einzudämmen und dem nicht zu unterdrückenden Spieltrieb des Menschen eine staatlich überwachte Betätigungsmöglichkeit zu verschaffen. Auf gewerbsmäßige **Lotterien und Ausspielungen**, soweit sie als Ausspielungen auf Volksfesten, Schützenfesten oder ähnlichen Veranstaltungen nach GewO § 33 h Nr 2, für die ein Gewinn in geringwertigen Gegenständen kennzeichnend ist, nicht genehmigungsfähig ist, findet die als Landesrecht fortgeltende[81] VO über die Genehmigung öffentlicher Lotterien und Ausspielungen vom 6. März 1937 (RGBl I, S 283) Anwendung, soweit die Bundesländer inzwischen keine anderweitigen Rechtsvorschriften erlassen haben. Die staatliche Kontrolle gewährleistet dem Spieler, dass sein Gewinn und Verlust nur vom Glück und nicht von Manipulationen des Unternehmers oder seiner Beschäftigten abhängt[82].

21 2. **Strafrecht**. Das öffentlich-rechtliche Spielrecht ist durch ein Nebeneinander von gewerblichem Spielrecht[83] und Strafrecht bestimmt. So betreffen die **Spielverbote** aus StGB § 284 ff[84] alle **öffentlichen Glücksspiele**, die **ohne eine behördliche Genehmigung** betrieben werden. Verboten ist das Veranstalten (StGB § 284 Abs 1), die Werbung (StGB § 284 Abs 4) sowie die Beteiligung (StGB § 285) am nicht konzessionierten öffentlichen Glückspiel. Verbotswidrige Spielverträge sind gemäß § 134 nichtig. Da die strafrechtlichen Verbote dem Schutz der Spieler vor Vermögensschädigungen dienen[85], werden als Glücksspiele nur solche Spiele erfasst, bei denen aufgrund eines wirtschaftlichen Einsatzes ein vermögenswerter Gewinn bei Eintritt eines zufallbedingten Ereignisses erzielt werden kann. Die Verknüpfung mit der gewerberechtlichen Erlaubnis für Spielgeräte besteht in dem Umstand, dass sie bei einer Gefahr, dass die Teilnehmer unangemessen hohe Verluste erleiden, zu versagen ist (GewO § 33 e Abs 1 Satz 1). Nach StGB § 287 ist es unter Strafe verboten, ohne behördliche Erlaubnis eine **öffentliche Lotterie oder Ausspielung** beweglicher oder unbeweglicher Sachen zu veranstalten, also Veranstaltungen, bei denen eine Mehrzahl der Teilnehmer nach einem bestimmten Gewinnplan gegen einen Einsatz einen Geldgewinn (Lotterie) oder einen Warengewinn (Ausspielung) erzielen kann. Die Voraussetzungen, unter denen eine Erlaubnis für eine öffentliche Lotterie oder Ausspielung erteilt werden kann, sind in den landesrechtlichen Lotteriegesetzen und Lotterieverordnungen geregelt[86]. Da der Staat das öffentliche Spiel weitgehend in die eigene Verantwortung genommen hat (zB Staatslotterien[87]) kommt den Strafvorschriften nur eine untergeordnete Bedeutung zu[88]. Ein Verstoß gegen StGB § 284 durch Veranstaltung eines Glücksspiels ohne behördliche Genehmigung verletzt nicht nur eine Marktzutrittsregelung, sondern ist grundsätzlich ein sittenwidriges Marktverhalten im Sinne von UWG § 1[89], da es sich bei StGB § 284 um eine wertbezogene Vorschrift mit unmittelbar wettbewerbsregelndem Charakter handelt. Das gilt selbst dann, wenn die beantragte Erlaubnis rechtswidrig versagt worden sein sollte[90]. Grundsätzlich hat sich der Gewerbetreibende Kenntnis über die Rechtslage zu verschaffen, wobei er im Einzelfall durchaus entschuldigt sein kann[91].

22 Im Bereich der **privaten Spiele und Wetten** wirkt sich der Unterfall des **Bankrotttatbestandes** nach StGB § 283 Abs 1 Nr 2 aus. Danach ist strafbar, wer bei Überschuldung oder bei drohender oder eingetretener Zahlungsunfähigkeit durch Spiel und Wette übermäßige Beträge ver-

80 S § 763 Rz 8.
81 BVerwG NVwZ 1995, 478 = DVBl 1995, 47; BVerwGE 4, 294, 295 = WM 1957, 494; Braunschweig NJW 1954, 1777, 1779.
82 So die parallele Argumentation zum Spielbankenrecht in BVerfGE 28, 119, 148 = NJW 1970, 1363; Höfling GewArch 1987, 222, 224.
83 S Rz 18 ff.
84 Zu den strafrechtlichen Aspekten der Sportwette ausführlich Weber, in: Pfister (Hrsg), Rechtsprobleme der Sportwette S 39 ff; Tettinger/Ennuschat, Grundstrukturen des deutschen Lotterierechts S 7 ff.
85 BVerfGE 28, 119, 148 = NJW 1970, 1363.
86 S § 763 Rz 7.
87 Vgl § 763 Rz 11 ff.
88 Wagner, in: Pfister (Hrsg), Rechtsprobleme der Sportwette S 1 ff u S 39, 40.
89 BGH WM 2002, 1464, 1466 = NJW 2002, 2175; BGH NJW-RR 2002, 395, 396.
90 BG WM 2002, 1464, 1465 = NJW 2002, 2175.
91 BGH NJW-RR 2002, 395, 396.

braucht oder schuldig wird. Die zivilrechtlichen Folgen der Nichtigkeit (§ 134) aufgrund des strafrechtlichen Verbots erstrecken sich auch auf die Mitspieler, die sich selbst nicht strafbar machen[92].

3. **Steuerrecht**. Das **Rennwett- und LotterieGes**[93] enthält Steuervorschriften sowohl für **Pferderennwetten** beim Totalisatoren und Buchmacher als auch für **Lotterien und Ausspielungen** (RennwLottG §§ 17 ff). Der Lotteriesteuer unterliegen im Inland veranstaltete öffentliche Lotterien und Ausspielungen; sie sind allerdings umsatzsteuerfrei nach UStG § 4 Nr 9 b. Die Steuerschuld entsteht im Zeitpunkt der Genehmigung, spätestens in dem Zeitpunkt, in dem die Genehmigung hätte eingeholt werden müssen. Der Veranstalter als Steuerschuldner legt die Steuer in der Weise auf die Spieler um, dass er auszuschüttende Gewinne entsprechend kürzt[94]. Nach Ansicht des EuGH[95] fällt auch die unerlaubte Veranstaltung eines Glücksspiels in den Anwendungsbereich der Sechsten EG-Richtlinie vom 17. Mai 1977 zur Harmonisierung der Rechtsvorschriften der Mitgliedstaaten über die Umsatzsteuern[96]. Den Mitgliedstaaten ist es daher wegen des Grundsatzes der steuerlichen Neutralität verwehrt, unerlaubte Glücksspiele der Umsatzsteuer zu unterwerfen, soweit die Veranstaltung solcher Glücksspiele durch eine zugelassene öffentliche Spielbank steuerfrei ist[97]. 23

Die Besteuerung der **Spielbanken** geschieht durch eine Spielbankabgabe als Landessteuer. Sie setzt beim Bruttospielertrag an. Umsätze zugelassener öffentlicher Spielbanken, die durch den Spielbankbetrieb bedingt sind, sind nach UStG § 4 Nr 9 b steuerfrei. Nach EuGH[98] verstößt die umsatzsteuerrechtliche Ungleichbehandlung von unternehmerischen Betätigungen in zugelassenen öffentlichen Spielbanken und Spielhallen gegen EG-Richtlinie vom 17. Mai 1977[99] Art 13 Teil B Buchstabe f. Nach der Richtlinie können die Mitgliedstaaten die Bedingungen und Grenzen festlegen, unter denen sie Spielumsätze von der Umsatzsteuer befreien. Der Grundsatz der steuerlichen Neutralität verbietet es jedoch, gleichartige und miteinander im Wettbewerb stehende Waren oder Dienstleistungen hinsichtlich der Umsatzsteuer unterschiedlich zu behandeln. Die Identität des Veranstalters oder Betreibers und die Rechtsform, in der diese Tätigkeiten ausgeübt werden, sind für die Prüfung der Gleichartigkeit grundsätzlich nicht von Bedeutung. Wenn hinsichtlich der Umsatzsteuerunterwerfung schon nicht zwischen der unerlaubten Veranstaltung eines Spiels und der erlaubten Veranstaltung des gleichen Spiels unterschieden werden darf[100], muss dies erst recht für rechtmäßig durchgeführte Glücksspiele oder betriebene Spielautomaten in Spielbanken und die Ausübung der gleichen Tätigkeit außerhalb von Spielbanken gelten. 24

Steuern auf **Spielautomaten** werden von Gemeinden erhoben aufgrund von landesrechtlichen **Vergnügungssteuergesetzen** oder von gemeindlichen Satzungen, gestützt auf landesrechtliche Kommunalabgabengesetze[101]. Steuergegenstand ist meistens das gewerbsmäßige Halten eines Spielautomaten. Steuerpflichtig ist der Automatenaufsteller und nicht der Spielteilnehmer. Bemessungsgrundlage ist regelmäßig die Stückzahl der aufgestellten Geräte oder die Anzahl der Spielmöglichkeiten. Es wird je Gerät oder Spielmöglichkeit ein bestimmter Steuersatz in Form einer Pauschalsteuer erhoben. Nachdem seit 1997 sämtliche Spielautomaten mit Gewinnmöglichkeiten mit elektronischen Zählwerken ausgestattet sind, die auch in der Umsatzbesteuerung als manipulationssicher anerkannt werden, ist die Spielautomatensteuer als Pauschalbetrag nach der Zahl der aufgestellten Geräte dann nicht mehr tragbar, wenn über einen längeren Zeitraum gemittelte Einspielergebnisse einzelner Spielautomaten mehr als 50 % von den durchschnittlichen Einspielergebnissen der Automaten im Satzungsgebiet abweichen. Dann müsse ein auf die Ein- 25

92 S hierzu § 762 Rz 41.
93 Vom 8. April 1922 (RGBl I, S 393) idF v 20. Dezember 1993 (BGBl I, S 2254). Es handelt sich bei diesen Vorschriften um nach GG Art 123 fortgeltendes Bundesrecht; vgl BFH/NV 1997, 68, 69.
94 Staud/Engel Rz 11 vor §§ 762 ff mwNachw.
95 EuGH DStRE 1998, 490.
96 77/388/EWG (ABl EG L 145/1, 1).
97 BFH HFR 1999 Nr 265 im Anschluss an EuGH DStRE 1998, 490.
98 EuZW 2005, 210 = DStR 2005, 371.
99 Vgl Rz 23.
100 Vgl Rz 23.
101 Zum Grundsatz der Tatbestandsmäßigkeit der Besteuerung BVerfG JZ 1997, 843 (mAnm Kempen S 845).

spielergebnisse der Spielgeräte bezogener oder ein anderer, die Aufwendungen der Spieler vergleichbar widerspiegelnder Steuermaßstab gewählt werden[102]. Die Steuer wird auf die Spieler umgelegt, indem ihre Gewinnchancen reduziert werden. Ferner ist Umsatzsteuer zu entrichten. Diese richtete sich früher nach dem Umsatz des einzelnen Automaten[103]. Seit einer Entscheidung des EuGH[104] ist die Umsatzsteuer nach dem Kasseninhalt zu ermitteln.

§ 762 Spiel, Wette

(1) **Durch Spiel oder durch Wette wird eine Verbindlichkeit nicht begründet. Das auf Grund des Spieles oder der Wette Geleistete kann nicht deshalb zurückgefordert werden, weil eine Verbindlichkeit nicht bestanden hat.**

(2) **Diese Vorschriften gelten auch für eine Vereinbarung, durch die der verlierende Teil zum Zwecke der Erfüllung einer Spiel- oder einer Wettschuld dem gewinnenden Teil gegenüber eine Verbindlichkeit eingeht, insbesondere für ein Schuldanerkenntnis.**

ÜBERSICHT

102 BVerwGE 123, 218 = GewArch 2005, 332.
103 Für die Unzulässigkeit einer derartigen Bemessung EuGH v 5. 5. 1994, BStBl II, S 548.
104 BStBl 1994 I, S 465.

I. Regelungszweck und rechtssystematische Einordnung der Vorschrift

1. **Zweck der Vorschrift**. Die Vorschrift versagt einem Vertrag, der ein Spiel oder eine Wette zum Gegenstand hat, die volle zivilrechtliche Anerkennung[1]. Wenn der Verlierer den Spiel- oder Wettverlust nicht freiwillig zahlt, kann der Gewinner beispielsweise einen ihm versprochenen Gewinn nicht durchsetzen (§ 762 Abs 1 Satz 1). Der Grund für diese **Einschränkung der Privatautonomie**[2] wird darin gesehen, dass das **Element des Zufalls** wesentlicher Vertragsinhalt ist und somit diesen Geschäften ein ernstlicher wirtschaftlicher oder freigebiger Beweggrund fehlt[3]. Die Unverbindlichkeit der Spiel- und Wettverträge verwirklicht außerdem einen bestimmten **Schutzzweck**; es soll nämlich der wirtschaftlichen Gefährlichkeit des Spiels gerade in den Fällen begegnet werden, in denen ein Spieler mit möglicherweise bedeutenden Verlusten abgeschnitten hat[4]. Hat der verlierende Teil aber erst einmal an den Gewinner tatsächlich gezahlt, so kann er das Geleistete nicht deshalb nach Bereicherungsrecht zurückfordern, weil eine Verbindlichkeit nicht bestanden habe (Abs 1 Satz 2). Es finden also über Spiel- oder Wettschulden keine Prozesse statt, gleichviel ob die vereinbarte Leistung erbracht ist oder nicht[5]. 1

Mit Rücksicht auf den aufgezeigten Regelungszweck ist eine **entsprechende Anwendung** des § 762 Abs 1 Satz 1 auf Verträge mit einem ernst zu nehmenden und sittlich nicht ohne weiteres zu missbilligenden Zweck trotz einer überaus riskanten Leistungspflicht, wie zB bei einem Fluchthelfervertrag, ausgeschlossen[6], wenn das Risiko nicht eigentliches primäres Merkmal des Vertrages ist, sondern von den Beteiligten nur wohl oder übel in Kauf genommen wird[7]. 2

2. **Rechtssystematisches Verständnis**. Spielverträge sind nach der gesetzlichen Wertung weder an sich unsittlich noch werden sie vom Gesetz grundsätzlich missbilligt[8]. Deshalb regelt § 762 Abs 1 Satz 1 keinen besonders erfassten Fall des § 138, und ist § 762 Abs 1 Satz 2 auch kein Fall des Rückforderungsausschlusses nach § 817 Satz 2[9]. Dies verdeutlicht gerade der generelle Rückforderungsausschluss des § 762 Abs 1 Satz 2 sowie auch die Möglichkeit der behördlichen Genehmigung nach § 763. 3

Die rechtsdogmatische Einordnung der Rechtsfolgen von Spiel- und Wettverträgen aufgrund dieser Vorschrift ist im Übrigen strittig; denn mit der Unverbindlichkeit versagt das Gesetz einem Spiel- oder Wettvertrag anders als zB bei einem Verstoß gegen ein gesetzliches Verbot (§ 134) nämlich nicht jede schuldrechtliche Wirkung[10]. Es handelt sich auch nicht um eine Art Beschränkung der Geschäftsfähigkeit; denn § 762 Abs 1 Satz 1 lässt die Wirksamkeit des Vertrags als 4

1 S unten Rz 3.

2 Vgl dazu, dass die Vertragsfreiheit (GG Art 2 Abs 1) grundsätzlich auch die Durchsetzbarkeit vertraglich begründeter Verpflichtungen umfasst, BVerfGE 89, 214 = NJW 1994, 36 = WM 1993, 2199 = JZ 1994, 408 (mAnm Wiedemann S 411). Vgl zum allgemeinen Stellenwert dieser (Bürgschafts-)Entscheidung mit zT unterschiedlicher Gewichtung Dieterich WM 2000, 11; Grün NJW 1994, 713; Adomeit NJW 1994, 2467; Rittner NJW 1994, 3330; Schimansky WM 1995, 461, 464.

3 Vgl Rz 6 vor § 762. Protokolle 1. Kommission, in: Jakobs/Schubert (Hrsg), Beratungen des BGB, Recht der Schuldverhältnisse III, 1983, S 443; Motive Mugdan II, S 360; vgl dazu Waclawik, Die Verbindlichkeit von Devisenterminvereinbarungen, S 352 f; Brandner, Festschr für Schimansky, 1999, S 582: volkswirtschaftlich nutzlos; dazu auch Servatius WM 2004, 1804, 1806. Zum rechtssystematischen Verständnis s Rz 3.

4 So auch Waclawik, Die Verbindlichkeit von Devisenterminvereinbarungen, S 353 f; MünchKomm/Habersack § 762 Rn 4; Brandner, Festschr für Schimansky, 1999, S 582, Henssler, Risiko als Vertragsgegenstand S 430 ff; Servatius WM 2004, 1804, 1806.

5 Protokolle 1. Kommission, in: Jakobs/Schubert (Hrsg), Beratungen des BGB, Recht der Schuldverhältnisse III, 1983, S 443; Motive Mugdan II, S 360.

6 BGHZ 69, 259, 301 = WM 1977, 1299 = NJW 1977, 2356, 2357; BGH WM 1977, 1301 = NJW 1977, 2359, 2360.

7 S dazu Rz 13 vor § 762; Saar DtZ-Inf 1993, 49; Staud/Engel Rz 3 vor §§ 762 ff; dazu kritisch Servatius WM 2004, 1804, 1806.

8 BGHZ 87, 309 = WM 1983, 1134, 1135 = NJW 1983, 2817; Protokolle 1. Kommission, in: Jakobs/Schubert (Hrsg), Beratungen des BGB, Recht der Schuldverhältnisse III, 1983, S 442; Motive Mugdan II, S 360.

9 Vgl BGHZ 87, 309 = WM 1983, 1134, 1135 = NJW 1983, 2817; MünchKomm/Habersack § 762 Rz 1.

10 AA Erman/Terlau § 762 Rz 1.

Rechtsgeschäft unberührt. Es werden nur die Rechtsfolgen aus der an sich rechtswirksamen Vereinbarung „zurückgeschnitten"[11]. Auf Grund eines Spiel- und Wettvertrags entsteht also zwar ein vertragliches **Schuldverhältnis im weiteren Sinne**[12], es ergeben sich aber keine primären Hauptleistungspflichten und auch keine sekundären Pflichten aus Leistungsstörungen als Schuldverhältnisse im engeren Sinne (also **keine Forderungen** im Sinne des § 241)[13]. Eine gleichwohl erhobene Leistungsklage wäre nicht als unzulässig, sondern **unbegründet** abzuweisen[14]. Die verbleibende schuldvertragliche Wirkung des Spiel- oder Wettvertrags beschränkt sich auf die Möglichkeit von wechselseitigen Schutzpflichten[15] und darauf, dass „das auf Grund des Spieles oder der Wette Geleistete" nicht zurückgefordert werden kann (§ 762 Abs 1 Satz 2), so dass man von einem vertraglichen **„Schuldverhältnis minderer Wirkung"** reden kann[16]. Dass die erbrachten Leistungen nach § 762 Abs 1 Satz 2 als schuldvertragliche Wirkung bereicherungsrechtlich nicht zurückgefordert werden können, lässt den Spiel- oder Wettvertrag als einen schlichten **Erwerbs- oder Empfangsgrund** (causa acquirendi) qualifizieren, der als „rechtlicher Grund" im Sinne des § 812 Abs 1 Satz 1 anzusehen ist[17]. Gegen diese Einordnung als Erwerbsgrund lassen sich keine ungünstigen Auswirkungen bei akzessorischen Sicherheiten, wie Bürgschaften oder Pfandrechten anführen[18]. Wenn man es nämlich wegen einer vermeintlichen Naturalobligation[19] für möglich erachtet, zB eine Bürgschaft auch als Naturalobligation zu vereinbaren, so ist man auch nicht gehindert, mit einer Bürgschaft zur Sicherung eines Erwerbsgrundes als Rechtsstellung des Gläubigers ebenfalls nur einen Erwerbsgrund zu verbinden.

5 Auch zu § 762 wird vertreten, es handele sich bei der „Forderung" aus dem Spiel- oder Wettvertrag um eine **unvollkommene Verbindlichkeit** (so seit SchMG vom 21. 11. 2002, BGBl I, S 3139 auch die Überschrift des Titels) oder eine Naturalobligation, die zwar erfüllbar ist, aber nicht eingeklagt werden kann[20]. In Motive II, S 3 ist ausgeführt, der Entwurf verstehe unter einem Schuldverhältnis grundsätzlich „die klagbare Obligation", erkenne aber in wenigen Fällen „unvollkommene Obligationen" an. Diese Ansicht stützt sich unter anderem auf das Fehlen eines gesetzlichen Verbotes von Spiel und Wette[21] und vermischt so öffentlich-rechtliche Spielverbote mit der zivilrechtlichen Wirksamkeit einer eingegangenen Verpflichtung[22]. Der Rückforderungsausschluss des § 762 Abs 1 Satz 2 ist nach dieser Auffassung offenbar eine natürliche Folge der Erfüllbarkeit[23]. Gegen diese Ansicht spricht, dass der Rechtsgrund für das Behaltendürfen einer Leistung im Sinne des § 812 Abs 1 Satz 1 Fall 1 nach wenn auch nicht unbestrittener Auffassung[24]

11 So Brandner, Festschr für Schimansky, 1999, S 582; ähnlich Gernhuber, Das Schuldverhältnis, 1998, § 5 IV 1 a, S 100.
12 S dazu Rz 12 f.
13 Ebenso Waclawik, Die Verbindlichkeit von Devisenterminvereinbarungen S 341.
14 Vgl dazu Wieser, Prozeßrechtskommentar zum BGB, 1999, § 762 iVm § 657 Rz 2; anders AG Dortmund MDR 1995, 1209: Unzulässigkeit der Klage.
15 S Rz 20.
16 Vgl auch RGZ 76, 81, 84: es werde ein Rechtsverhältnis erzeugt, das von § 242 und § 157 beherrscht werde. Ferner Häuser/Welter, in: Handb des KapitalanlageR § 16 Rz 316.
17 Grundlegend dazu Ernst Wolf, Zum Begriff des Schuldverhältnisses, in: Festschr für Herrfahrdt, 1961, S 197, 204, 210; s auch BGHZ 107, 192 = WM 1989, 807 = NJW 1989, 2120; Köln NJW-RR 1997, 1201; Waclawik, Die Verbindlichkeit von Devisenterminvereinbarungen S 343; Grothe, Fremdwährungsverbindlichkeiten S 403; Brandner, Festschr für Schimansky, 1999, S 581; Hadding, Festschr für Kroeschell, 1997, S 293, 302; Gernhuber, Die Erfüllung und ihre Surrogate, 1983, § 1, 5, S 5 u schon Siber, Die schuldrechtliche Vertragsfreiheit, IherJb 70 (1920), 223, 234, 244.
18 So aber Staud/Reuter § 656 Rz 12.
19 S Rz 5.
20 So Staud/Engel Rz 3 vor §§ 762 ff; RGRK/Seibert § 762 Rz 6; Pal/Sprau § 762 Rz 5; Schwintowski JZ 1996, 702, 704; Saar DtZ-Inf 1993, 49; Hammen ZIP 1987, 151, 155; Weimar MDR 1975, 202, 203.
21 RGRK/Seibert § 762 Rz 6.
22 Henssler, Risiko als Vertragsgegenstand S 435 ff.
23 Staud/Engel Rz 3 vor §§ 762 ff u § 762 Rz 17; RGRK/Seibert § 762 Rz 6; Pal/Sprau § 762 Rz 5; Weimar MDR 1975, 202, 203.
24 Hadding, Festschr für Kroeschell, 1997, S 293, 298; Pal/Heinrichs Rz 1 f vor § 362; Schlechtriem, SchuldR BesTeil, 1987, Rz 644, MünchKomm/Lieb § 812, Rz 169 ff. Demgegenüber stellt Kupisch NJW 1985, 2370 zB beim Kauf auf die Austauschabrede zwischen Verkäufer und Käufer ab; mit diesem Argument lässt sich aber nicht erklären, warum die Leistung an einen Zessionar nicht der bereicherungsrechtlichen Rückforderung ausgesetzt ist, obwohl die Aus-

der erfüllte schuldrechtliche Anspruch als Rechtsstellung des Gläubigers ist. Fehlt eine Forderung, was § 762 Abs 1 mit der Formulierung zum Ausdruck bringt, dass eine Verbindlichkeit nicht begründet werde, kann von einer Erfüllung im Sinne des § 362 Abs 1 also nicht die Rede sein. Die dem Römischen Recht entnommene „obligatio naturalis“[25], die selbst von romanistischer Seite als „fragwürdige Rechtsfigur“ bezeichnet wird[26], sollte für das BGB nicht weiter verfolgt werden[27]. Die Regelungstechnik des Ausschlusses der bereicherungsrechtlichen Rückforderung trotz Unverbindlichkeit des Geschäfts hat der Gesetzgeber auch andernorts, nämlich in BörsG aF §§ 52 ff[28] und in § 656 bei der entgeltlichen Heiratsvermittlung angewandt. Auch nach § 656 ist das Vergütungsversprechen des Kunden unverbindlich, die auf Grund dieses Versprechens an den Ehemakler entrichtete Vergütung kann aber gleichwohl nicht zurückgefordert werden[29]. Hierzu hat sich der BGH[30] gegen die in den Beratungen des BGB geäußerte Vorstellung gewandt, solche auf Anbahnung einer Ehe gerichteten Verträge seien sittenwidrig, § 656 mithin ein Sonderfall des § 138. Nach seiner Ansicht widerspricht eine derartige systematische Einordnung insbesondere der Wortfassung der Vorschrift, die mit dem Wortlaut des § 762 insoweit übereinstimme. Zu § 762 hebt der BGH[31] in diesem Zusammenhang hervor: „Die Vorschrift beruht aber unbestritten nicht auf dem Gedanken, dass Spiel oder Wette unsittlich sei“. Zu § 656 folgt er allerdings der von ihm als herrschend bezeichneten Lehre, dass ein Ehemaklervertrag nicht als nichtig anzusehen sei, sondern dass er vielmehr eine „unvollkommene Verbindlichkeit (Naturalobligation)“ begründe, die zwar erfüllt, aber nicht eingeklagt werden könne[32].

Es ist nicht weiterführend, den Rückforderungsausschluss des § 762 Abs 1 Satz 2 rechtssystematisch im Kontext des **§ 814 Satz 1** zu erläutern[33]. Danach wären Spiel- oder Wettverträge unwirksam und würden nicht einmal einen Rechtsgrund für die erbrachte Leistung ergeben. Es wird argumentiert, § 762 Abs 1 Satz 2 wolle wie auch § 814 demjenigen den Rechtsschutz versagen, der sich bewusst über die Wertvorstellungen des Gesetzes hinwegsetze. Diese als Sanktion für **widersprüchliches Verhalten** gedachte Überlegung überzeugt schon deshalb nicht, weil der Rückforderungsausschluss nach § 762 Abs 1 Satz 2 anders als der Ausschluss der Leistungskondiktion nach § 814 Satz 1[34] nicht davon abhängt, dass der Leistende die fehlende Verbindlichkeit kennt. Bei fehlender Kenntnis kann dem Rückfordernden kein widersprüchliches Verhalten vorgehalten werden[35]. Der Rückforderungsausschluss beruht vielmehr auf einer „Restwirkung“ des Spiel- oder Wettvertrages und ist folgerichtig unabhängig davon, ob der Leistende die Unverbindlichkeit des Spiel- oder Wettvertrages gekannt hat. Gegen die Parallele zu § 814 spricht auch die einhellige Auffassung, dass ein Spiel- oder Wettvertrag nicht grundsätzlich sitten- (§ 138) oder gesetzwidrig (§ 134) ist, die rechtsgeschäftliche Spiel- oder Wettvereinbarung also rechtswirksam ist[36]. 6

tauschabrede nur mit dem Zedenten getroffen wird. Andererseits auch Reuter/Martinek, Ungerechtfertigte Bereicherung, 1983, S 106.

25 Kaser, Römisches Recht § 33 III, S 154; Bürge, Römisches Privatrecht, 1999, S 188 ff.

26 So Rabel, in: Enzyklopädie der Rechtswissenschaft, 1915[7], S 399, 454.

27 Larenz, SchuldR AllgTeil, 1987[14], § 2 III S 21, empfiehlt, den Ausdruck „Naturalobligation“ aufzugeben; ferner schon Siber, Gedächtnisschr für Mitteis, 1926, S 1, 85; ebenso MünchKomm[2]/Pecher § 762 Rz 5; s nunmehr MünchKomm/Habersack § 762 Rz 3.

28 S dazu Soergel[11] § 764 Rz 17.

29 Zur Verfassungsmäßigkeit dieser Vorschrift vgl BVerfGE 20, 31 = NJW 1966, 1211.

30 BGHZ 87, 309, 314 = WM 1983, 1134, 1135.

31 BGHZ 87, 309, 315 = WM 1993, 1134, 1135.

32 BGHZ 87, 309, 314 = WM 1983, 1134, 1135; vgl auch B Peters NJW 1986, 2676.

33 So aber MünchKomm/Habersack § 762 Rz 3, Erman/Terlau § 762 Rz 1; beide im Anschluss an Henssler, Risiko als Vertragsgegenstand S 435 ff.

34 § 814 regelt im Übrigen nur die Beweislast hinsichtlich der fehlenden Kenntnis, die ihrerseits Voraussetzung der Leistungskondiktion ist; vgl dazu Wieling, BereicherungsR, 1993, S 22.

35 Ebenso Waclawik, Die Verbindlichkeit von Devisenterminvereinbarungen S 343.

36 S Rz 4.

II. Unterscheidung zwischen Spiel und Wette. Arten der Spielverträge

7 Seit das BGB – im Gegensatz zum gemeinen Recht[37] – Spiel- und Wettverträge hinsichtlich der Unverbindlichkeit gleichbehandelt, hat die **begriffliche Unterscheidung beider Vertragstypen** an rechtlicher Bedeutung eingebüßt. Spiel und Wette abzugrenzen, wird freilich erforderlich, wenn nach anderen, insbesondere strafrechtlichen Vorschriften allein bestimmte Spielverträge verboten sind[38]. Im Hinblick auf § 134 ist dies auch zivilrechtlich von Bedeutung. Für die begriffliche Einordnung ist die **Bezeichnung** als Spiel oder als Wette nicht entscheidend. So sind Rennwetten und Sportwetten im Rechtssinne regelmäßig nicht Wetten, sondern Spiele, da Gewinn oder Verlust nicht primär von der Bestätigung einer gegensätzlichen Behauptung abhängen[39], sondern nur vermittelt durch diese Behauptung von dem zufälligen Ausgang des Wettkampfs.

8 1. **Gemeinsamkeiten von Spiel und Wette**. Der Vertrag über ein Spiel oder eine Wette setzt die ausdrückliche oder stillschweigende **Vereinbarung** voraus **zu spielen oder zu wetten**. Allein das Kennenmüssen der Spielabsicht des anderen Teils genügt hier, anders als beim Differenzgeschäft nach § 764 Satz 2 aF, im Allgemeinen nicht[40]. Die Partner eines Spiel- oder Wettvertrags versprechen sich wechselseitig eine Hauptleistung als Gewinn unter entgegengesetzten Bedingungen und Erwartungshaltungen[41], so dass der Eintritt der einen Bedingung zugleich die Vereitelung der anderen mit sich bringt. Wenn nur ein Teil eine Leistung an den Partner des Spiels verspricht, handelt es sich nicht um ein Spiel im Rechtssinne, sondern um eine bedingte Schenkung[42]. Gemeinsam ist Spiel und Wette als aleatorischen Verträgen das **Zufallselement** in dem Sinne, dass zumindest eine Hauptleistungspflicht dem Grunde oder dem Umfang nach vereinbarungsgemäß von einem Unsicherheitsfaktor als zukünftigem ungewissen Ereignis abhängen und für alle Beteiligten vermögenswerte Verlustrisiken aufweisen muss[43]. Das Ergebnis des Geschäfts hängt also bei Spiel und Wette mindestens teilweise vom Zufall ab und ist zur Zeit des Abschlusses ungewiss[44].

9 2. **Spiel**. Der Gesetzgeber definiert den Begriff des Spieles nicht. Über das Zufallselement hinaus kann der vertragliche Tatbestand des Spieles völlig unterschiedliche Inhalte haben. Für das Spiel ist die **Absicht** der Beteiligten charakteristisch, wegen der Gewinnaussicht ein **Wagnis** einzugehen. Entscheidend für den Spielcharakter ist, dass ein Unsicherheitselement als kennzeichnendes Merkmal der unverbindlichen aleatorischen Verträge vorliegt[45]. Kennzeichnender **Zweck** des Spiels ist die Unterhaltung durch Zeitvertreib und/oder die (bloße) Gewinnmöglichkeit[46]. Deshalb handelt es sich um freies, außerhalb der üblichen wirtschaftlichen oder freigebigen (Geschäfts-)Zwecke stehendes Handeln[47], das im Gegensatz zu anderen „gewagten Verträgen" (zB Versicherungsvertrag[48], Hoffnungskauf[49], Leibrente[50], Auslobung[51]) steht. Gewöhnliche Umsatzgeschäfte, auch riskanter Art, sind deshalb kein Spiel[52], ebenso wenig entgeltliche, riskante sog Fluchthelferverträge, da beide Parteien unbedingte Leistungsverpflichtungen übernommen haben[53].

37 Öst OGH JBl 1999, 117, 118; Waclawik, Die Verbindlichkeit von Devisenterminvereinbarungen S 338.
38 S hierzu Rz 21 vor § 762.
39 S Rz 11.
40 RG BankArch 1911, 232; Henssler, Risiko als Vertragsgegenstand S 444.
41 BGHZ 103, 84, 90 = NJW 1988, 1592 = WM 1988, 323; Henssler, Risiko als Vertragsgegenstand S 443.
42 Waclawik, Die Verbindlichkeit von Devisenterminvereinbarungen S 349/350.
43 S Rz 6 vor § 762.
44 BFH BStBl II 1987, S 516, 519; RG BankArch 1915, 165.
45 Hierzu Henssler, Risiko als Vertragsgegenstand S 442 f.
46 BFH BStBl II 1987, S 516, 519.
47 BGHZ 69, 295, 301 = WM 1977, 1299 = NJW 1977, 2356, 2357; BGH WM 1974, 876, 877 = NJW 1974, 1705 = LM Nr 4 zu § 762; ebenso schon RG SeuffA 43, 169, 170.
48 Dazu Rz 10 vor § 762.
49 Vgl dazu Rz 14 vor § 762.
50 Vgl dazu Rz 12 vor § 762.
51 S Rz 8 vor § 762.
52 BGH WM 1977, 707, 708.
53 S unten Rz 10 u Rz 13 vor § 762.

3. **Arten des Spiels**. Das BGB unterscheidet hinsichtlich der Unverbindlichkeit nicht zwischen Glücksspielen und Geschicklichkeitsspielen. Demgegenüber sind nach StGB §§ 284 ff[54] nur Glücksspiele und nicht auch Geschicklichkeitsspiele verboten. Bei **Glücksspielen** ist die Entscheidung über Gewinn und Verlust, also der Wegfall der Ungewissheit allein oder vorwiegend vom Zufall abhängig, während bei **Geschicklichkeitsspielen** der Spieler das Ergebnis durch körperliche oder geistige Geschicklichkeit mehr oder weniger beeinflussen kann (zB Kegeln, Billard, Schach)[55]. Wird ein Geschicklichkeitsspiel von einem Unkundigen gespielt, kann ein Glücksspiel vorliegen[56]. Maßgebend für die Beurteilung, ob ein Glücks- oder Geschicklichkeitsspiel vorliegt, ist das Publikum, für das das Spiel eröffnet ist und gewöhnlich betrieben wird und nicht der geübtere oder besonders geübte Teilnehmer[57]. Sportwetten zu im Voraus festgelegten festen Gewinnquoten **(Oddset-Wetten)** sind Glücksspiel, denn das Kennzeichen dieser Wetten besteht darin, dass die Entscheidung über Gewinn und Verlust nach den Spielbedingungen und den Verhältnissen, unter denen sie gewöhnlich betrieben werden, nicht wesentlich von den Fähigkeiten, Kenntnissen und der Aufmerksamkeit der durchschnittlichen Spieler abhängt, sondern hauptsächlich von dem ihrer Einwirkungsmöglichkeit entzogenen Zufall[58]. **Lotterievertrag** und **Ausspielvertrag** (§ 763) sind Arten des Glücksspiels. Entgegen einer früher vertretenen Meinung[59] sind auch Wettkämpfe, die auf sportliche Gewandtheit abstellen und bei denen der Veranstalter einen Preis aussetzt, als Spiele zu betrachten wie andere Geschicklichkeits- oder gemischte Geschicklichkeits- und Glücksspiele[60]. 10

4. **Wette**. Im **Wettvertrag** bekräftigen die Partner eine Behauptung durch ein gegenseitiges Versprechen einer Leistung für den Fall, dass ihre Behauptung zutrifft oder sich als unwahr herausstellt[61]. Im Mittelpunkt steht daher die Klärung eines (ernsthaften) Meinungsstreits. Deshalb ist eine sog Spielwette nicht Wette sondern Spiel, weil die Parteien die gegensätzliche Behauptungen nicht aufstellen, um in ihrer Meinung bestätigt zu werden, sondern wegen der Möglichkeit der Gewinnerzielung oder zu Unterhaltungszwecken[62]. 11

III. Spiel und Wette als (gegenseitige) Verträge

Für Spiel- oder Wettverträge gelten die allgemeinen **Vorschriften über Rechtsgeschäfte** und Verträge, insbesondere über Geschäftsfähigkeit (§§ 104, 105). Die **Geschäftsunfähigkeit** oder Versagung der Genehmigung seitens des gesetzlichen Vertreters bei **beschränkter Geschäftsfähigkeit** eines minderjährigen Vertragspartners (§ 108) führen zur Nichtigkeit des Spielvertrags und begründen einen Bereicherungsanspruch gegen Mitspieler. Ferner gelten die Vorschriften über **Anfechtung** wegen Irrtums oder arglistiger Täuschung (§§ 119, 123, 142, 143) und über Nichtigkeit wegen Verstoßes gegen ein **gesetzliches** Verbot (§ 134[63]) oder gegen die **guten Sitten** (§ 138[64]). Bei Nichtigkeit des Spiel- oder Wettvertrags steht § 762 Abs 1 Satz 2 einer Rückforderung aus ungerechtfertigter Bereicherung nicht entgegen, wohl aber uU § 817 Satz 2[65]. 12

54 Vgl Rz 39.
55 Zur Abgrenzung des Glücksspiels vom Geschicklichkeitsspiel VGH Mannheim GewArch 1988, 374, 375; AG Frankfurt/M NJW 1987, 854; Henssler, Risiko als Vertragsgegenstand S 443.
56 RGSt 43, 23; RGSt 42, 155.
57 BGH JZ 2003, 858.
58 BGH JZ 2003, 858; BGH WM 2002 1464, 1465 = NJW 2002, 2175; Horn NJW 2004, 2047, 2048; Janz NJW 2003, 1694, 1695; aA Voßkuhle/Bumke, Rechtsfragen der Sportwette S 24 f; s auch unten Rz 11.
59 Staud[11]/Brändl Rz 5 vor § 762; RGRK[11]/Fischer § 762 Anm 2: sportliche Kampfspiele dienen der körperlichen Ertüchtigung und sind damit Gegenstand öffentlicher Fürsorge.
60 LG Marburg NJW 1955, 346: Preisschießen; Henssler, Risiko als Vertragsgegenstand S 463 f; Erman/Terlau § 762 Rz 3.
61 Jauernig/Vollkommer § 762, Rz 5; Pal/Sprau § 762 Rz 3.
62 Zur Sportwette BGHZ 5, 326; hierzu Henssler, Risiko als Vertragsgegenstand S 428.
63 Vgl hierzu Rz 38 ff.
64 Vgl hierzu Rz 43 f.
65 Vgl Rz 4 vor § 762.

13 Spiel und Wette sind in der Regel **gegenseitig verpflichtende Verträge**; das Synallagma entsteht durch den beiderseitig zu erbringenden Vertragseinsatz. Ein Wettvertrag kann allerdings auch in der Weise als einseitig verpflichtender Vertrag[66] abgeschlossen werden, dass nur der eine für den Verlustfall einen Nachteil auf sich nimmt. Nach anderer Ansicht[67] handelt es sich beim Spiel- und Wettvertrag generell um einen einseitig verpflichtenden Vertrag, da die tatsächliche Leistung nur von der unterliegenden Partei erbracht werden muss. Schließlich sollen Spiel und Wette entsprechend der Entstehungsgeschichte der aleatorischen Verträge[68] stets gegenseitig verpflichtende Verträge sein[69]. Im Übrigen verändere sich der durch die vertragstypischen Gefahren gekennzeichnete Charakter des Rechtsgeschäfts bei Aufgabe der Gegenseitigkeit ebenso wie seine spezifischen Merkmale.

IV. Reichweite der Unverbindlichkeit

14 1. **Unverbindlichkeit**. § 762 Abs 1 Satz 1 versagt den Vertragspartnern eines Spiel- oder Wettvertrags einen durchsetzbaren Erfüllungsanspruch zB auf Entfaltung irgendwelcher auf das Spiel, insbesondere einer Lotterie oder Ausspielung erforderlichen Tätigkeit[70], auf Zahlung des vereinbarten Einsatzes und auf Auszahlung des erzielten Gewinns. Mangels primärer Hauptleistungspflichten (Schuldverhältnis im engeren Sinne) scheiden auch Sekundärpflichten wegen Leistungsstörungen, insbesondere bei nicht ordnungsgemäßer Erfüllung, aus. Es entsteht dann kein Anspruch auf Schadenersatz wegen Nichterfüllung[71]. Es kommt folglich nur ein „Schuldverhältnis minderer Wirkung" zustande[72]. Besteht allerdings der Gewinn einer Verlosung in einem **Gutschein** über eine bestimmte Leistung, kann auf diese Leistung oder auf Ersatz geklagt werden, da es sich hierbei nicht mehr um eine Verbindlichkeit aus Spiel und Wette handelt[73].

15 Rechtssystematisch begründet der Spieleinwand eine **rechtshindernde Einwendung**, die im Rechtsstreit **von Amts wegen** zu berücksichtigen ist[74]. Die Darlegungs- und Beweislast trifft insofern den Gewinner, der einen Anspruchsgrund darzulegen hat[75].

16 2. **Ausschluss des Spieleinwands bei Börsentermingeschäften, Finanztermingeschäften und bei Verstoß gegen Treu und Glauben (§ 242)**. – a) Der Spieleinwand (§ 762 Abs 1 Satz 1) ist nach WpHG § 36e bei **Finanztermingeschäften** ausgeschlossen, bei dem mindestens ein Vertragsteil ein Unternehmen ist, das gewerbsmäßig oder in einem Umfang Finanztermingeschäfte abschließt oder den Abschluss vermittelt oder die Anschaffung, Veräußerung oder Vermittlung von Finanztermingeschäften betreibt, der einen in kaufmännischer Weise eingerichteten Geschäftsbetrieb erfordert. **Finanztermingeschäfte** sind Derivate und Optionsscheine (WpHG § 2 Abs 2 a) und treten an die Stelle der bisherigen Börsentermingeschäfte im Sinne von BörsG aF §§ 50 ff. Derivate sind neben den in WpHG § 2 Abs 2 Nr 2 einzeln genannten Devisentermingeschäften als Festgeschäfte oder Optionsgeschäfte ausgestaltete Termingeschäfte, deren Preis unmittelbar oder mittelbar vom Börsen- oder Marktpreis von Wertpapieren, Geldmarktinstrumenten, Waren, Edelmetallen, Zinssätzen oder anderen Erträgen abhängt (WpHG § 2 Abs 2 Nr 1)[76]. Eine Definition des Begriffs Termingeschäft wird im WpHG nicht vorgenommen. Der

66 RGZ 61, 153, 156; Leonhard, Bes SchuldR des BGB S 242; Erman[9]/Seiler § 762 Rz 2; Medicus, SchuldR II Rz 507; Esser/Weyers, SchuldR II § 45 I 1.
67 MünchKomm/Habersack § 762 Rz 5.
68 Schubert (Hrsg), Die Vorentwürfe der Redaktoren zum BGB, Bd 3, S 373, 394.
69 Henssler, Risiko als Vertragsgegenstand S 440 ff, 444; Staud/Engel § 762 Rz 5.
70 Ebenso Waclawik, Die Verbindlichkeit von Devisenterminvereinbarungen S 338.
71 BGHZ 25, 124, 126 = NJW 1957, 1555.
72 Vgl Rz 4.
73 AG Dortmund MDR 1995, 1209.
74 Vgl BGH WM 1981, 711 = NJW 1981, 1897; RGZ 129, 142; RG BankArch XXVIII (1929), 342, 343: zu § 764; Frankfurt/M WM 1981, 499, 500; Häuser/Welter, in: Handb des KapitalanlageR § 16 Rz 321; Bundschuh WM 1986, 726.
75 RG JW 1929, 39, 41 f.
76 Zum Begriff Melzer BKR 2003, 366; Schäfer/Lang BKR 2002, 197, 202 f.

Gesetzgeber neigt dazu, Termingeschäfte nicht klassifikatorisch, sondern typologisch zu erfassen[77]. Als Typenmerkmale werden aufgeführt: die Möglichkeit, mit verhältnismäßig geringem Kapitaleinsatz überproportional an auftretenden Preisveränderungen zu partizipieren, das über das generell bestehende Insolvenzrisiko des Emittenten bzw. Kontrahenten hinausgehende Risiko eines Totalverlustes der eingesetzten Geldmittel und das Risiko, zusätzlich Geldmittel zur Erfüllung einer eingegangenen Verbindlichkeit entgegen der ursprünglichen Absicht aufbringen zu müssen. Da diese Kriterien im Wesentlichen mit den Merkmalen eines Börsentermingeschäfts übereinstimmen, hat die Rechtsprechung zu Bösentermingeschäften für Termingeschäfte im Sinne von WpHG § 2 Abs 2 Nr 1 weiterhin Bedeutung[78]. Der Ausschluss des Spieleinwands gilt unabhängig davon, ob der Anbieter seinen Informationspflichten im Sinne von WpHG § 37 d nachkommt. Ein Verstoß gegen die Informationspflichten löst eine Schadensersatzpflicht aus und führt nicht mehr zur Unverbindlichkeit des Geschäfts (WpHG § 37 d Abs 4). WpHG § 37 e war nach Ansicht des Gesetzgebers im Interesse der Rechtsklarheit erforderlich, weil bestimmte Finanztermingeschäfte zugleich den objektiven Tatbestand des Spiels im Sinne von § 762 erfüllen können, das abschließende Unternehmen (im Regelfall eine Bank) aber nicht in Spielabsicht handelt. Bei Finanztermingeschäften und damit zusammenhängenden Nebengeschäften zwischen Privaten untereinander bleibt der Spieleinwand ebenso erhalten wie bei spekulativen Geschäften ohne wirtschaftlich anerkennenswertes Interesse, die keine Finanztermingeschäfte sind[79]. Maßgebend hierfür ist die objektive Eignung der Geschäfte zur Kurssicherung, nicht die subjektive Spekulationsabsicht der Beteiligten[80].

b) Für vor dem 1. 7. 2002 abgeschlossene **Börsentermingeschäfte** gilt das alte Recht (§ 764 aF sowie BörsG aF §§ 50 ff) weiter[81]. Nach BörsG aF § 58 Satz 1 war der Spieleinwand des § 762 ebenso wie der Differenzeinwand des § 764 aF gegenüber verbindlichen Börsentermingeschäften, wenn also beide Beteiligte börsentermingeschäftsfähig waren (BörsG aF § 53), ausgeschlossen. Börsentermingeschäfte sind standardisierte Verträge, die von beiden Seiten erst zu einem späteren Zeitpunkt, dem Ende der Laufzeit, zu erfüllen sind und einen Bezug zum Terminmarkt haben, der es ermöglicht jederzeit ein Gegengeschäft abzuschließen[82].

c) Nur in besonderen Ausnahmefällen kann die Berufung auf den Spieleinwand gegen **Treu und Glauben** (§ 242) verstoßen, mit der Konsequenz, dass durchsetzbare Forderungen aus dem Spiel oder Wettvertrag entstehen[83].

3. **Vorvertragliche und vertragliche Nebenpflichten**. Die fehlende Verbindlichkeit von Spiel- und Wettverträgen schließt es nach dem Zweck des § 762 nicht aus, dass gleichwohl vorvertragliche oder vertragliche Nebenpflichten aus § 242 entstehen[84]. Der beabsichtigte Schutz des Verlierers vor einer durchsetzbaren Haftung für Spielverluste[85] rechtfertigt nämlich keine Ausnahme von den allgemein anerkannten schuldrechtlichen Verhaltenspflichten[86]. 17

a) **Vorvertragliche Pflichten**. Aus der Anbahnung eines Spiel- oder Wettvertrags entsteht ein vorvertragliches Schuldverhältnis (§§ 311 Abs 2, 241 Abs 2), aus dem sich unter Berücksichtigung von Treu und Glauben (§ 242) **Aufklärungspflichten** ergeben können, wenn beispielsweise ein Beteiligter hinsichtlich des Spielausgangs einen überlegenen Kenntnisstand besitzt. Eine generelle 18

77 Begr des RegE BT-Drucks 14/8017, S 85.
78 Erman/Terlau Anh § 764 Rz 2; Assman/Schneider WpHG § 2 Rz 40 c.
79 Begr des RegE BT-Drucks 14/8017, S 377.
80 Casper WM 2003, 161, 163.
81 S dazu Soergel[11] § 764 Rz 31 ff.
82 BGH WM 2004, 1172, 1174 = NJW 2004, 2969; BGHZ 150, 164, 168 = WM 2002, 803; BGHZ 149, 294, 301 = WM 2002, 283, 285; BGHZ 142, 345, 350 = WM 1999, 2300; BGHZ 114, 177, 179 = WM 1991, 982 = WuB I G 5.-8.91 (Schwark) = ZIP 1991, 714, 715; s dazu Soergel[11] § 764 Rz 31 ff.
83 Nach Waclawik, Die Verbindlichkeit von Devisenterminvereinbarungen S 343, scheidet eine Berufung auf § 242 generell aus.
84 So schon RGZ 76, 81, 84: es werde ein Rechtsverhältnis erzeugt, das von § 242 und § 157 beherrscht werde; ferner Häuser/Welter, in: Handb des KapitalanlageR § 16 Rz 316.
85 S oben Rz 4.
86 Vgl Waclawik, Die Verbindlichkeit von Devisenterminvereinbarungen S 343.

Verpflichtung, Kenntnisse über den Spiel- oder Wettausgang offen zu legen, kann allerdings nicht angesonnen werden; eine solche Pflicht ist vielmehr abhängig von der Beeinflussbarkeit des Spiel- oder Wettergebnisses und im Übrigen zu bejahen bei reinen Glücksspielen[87]. Auch wenn ein Spieler von vornherein beabsichtigt, sich bei Spielverlust auf die Unverbindlichkeit des § 762 zu berufen, besteht keine Pflicht, dieses Vorhaben zu offenbaren.

19 Mit Rücksicht auf den Zweck des § 762 kann aus einem **vorvertraglichen Verschulden** einer Partei des Spiel- oder Wettvertrags kein Schadenersatzanspruch hergeleitet werden, der auf den Ersatz des Gewinninteresses gerichtet ist[88]. Wird der Gegner arglistig irregeführt, führen die vorvertraglichen Schadenersatzansprüche dazu, dass der status quo ante wiederherzustellen ist[89]. Ausgeglichen wird also nur die durch den Spielvertrag eingetretene Verschlechterung der Vermögenslage im Sinne der Rückerstattung des Einsatzes.

20 b) **Vertragliche Nebenpflichten**. Zu vertraglichen Nebenpflichten aus einem Spiel- oder Wettvertrag ist eine unterschiedliche Beurteilung veranlasst, je nachdem, ob **leistungsbezogene Nebenpflichten** und Obliegenheiten oder **Schutzpflichten** in Frage stehen. Leistungsbezogene Nebenpflichten sichern das Leistungsinteresse der Beteiligten, damit der verfolgte Geschäftszweck interessengerecht erreicht wird. Sie scheiden bei Spiel und Wette aus, da der Gesetzgeber dem Interesse an der Hauptleistung bereits dadurch den Schutz versagt, dass diese nicht durchsetzbar ist. Der Unverbindlichkeit eines Spiel- oder Wettvertrages stehen aber **Schutzpflichten** zugunsten eines Beteiligten als vertragliche Nebenpflichten[90] nicht entgegen. Es handelt sich um solche Schutzpflichten, deren Verletzung zu einem Schadenersatzanspruch aus **positiver Forderungsverletzung** (§ 280 Abs 1) führt; sie würden auch bestehen, wenn die Leistungsvereinbarung nicht nur unverbindlich, sondern sogar rechtsunwirksam wäre[91]. Der Gewinner ist allerdings nicht verpflichtet, den erfüllungsbereiten Verlierer darüber aufzuklären, dass die zu erfüllende Schuld nicht besteht[92].

21 4. **Zurückbehaltungsrecht, Vertragsstrafe**. Eine „Spielforderung" auf den Gewinn begründet hinsichtlich einer anderen Leistung **kein Zurückbehaltungsrecht** (§ 273). Ebenso ist das Versprechen einer Vertragsstrafe für den Fall der Nichterfüllung einer Spiel- oder Wettschuld nach § 344 unwirksam.

22 5. **Sicherungsmöglichkeit**. Da ein Spiel- oder Wettvertrag keine Erfüllungsansprüche begründet, können sie auch nicht rechtswirksam gesichert werden[93]. Akzessorische Sicherungsrechte wie **Bürgschaft**[94] und **Hypothek** setzen eine wirksame Hauptverbindlichkeit voraus, wie auch die Vorschriften über den Rückgriff verdeutlichen (§§ 774 Abs 1; 1143 Abs 1 Satz 1). Daher sind sie ebenso wie eine **Pfandbestellung** für eine Spielschuld unverbindlich; dasselbe gilt für die **Schuldmitübernahme** (Schuldbeitritt) seitens eines Dritten[95]. Der neue Schuldner kann im Falle einer Schuldübernahme die Unwirksamkeit nach § 417 Abs 1 Satz 1 auch selbstständig geltend machen. Ansprüche aus einer **Bankgarantie** kann der Begünstigte nicht geltend machen[96]. Eine Hypothek steht gemäß §§ 1163 Abs 1 Satz 1, 1177 dem Eigentümer zu; bei einer Sicherungsgrundschuld kann der dinglichen Klage des Gläubigers gemäß § 812 Abs 1 Satz 1 der Spielein-

87 Henssler, Risiko als Vertragsgegenstand S 470 f; vgl auch Weber, in: Pfister (Hrsg), Rechtsprobleme der Sportwette S 39, 52.
88 Siemon BB 1991, 81, 84.
89 Henssler, Risiko als Vertragsgegenstand S 473.
90 AA Rössner/Weber BB 1979, 1055.
91 Soergel[12]/Teichmann § 242 Rz 181; Häuser/Welter, in: Handb des KapitalanlageR § 16 Rz 320.
92 So zu BörsG aF § 55 Hamm WM 1996, 2274 = ZIP 1996, 2067, 2069 (mAnm Schwark EWiR 1997, 27); Henssler, Risiko als Vertragsgegenstand S 473.
93 RGZ 140, 132, 136; RGZ 52, 39, 40. Diese Rechtsfolge wurde in BörsG aF § 64 Abs 1 Satz 2 für verbotene Börsentermingeschäfte ausdrücklich hervorgehoben; dasselbe gilt für verbotene Finanztermingeschäfte gem WpHG § 37 g Abs 2 Satz 2 Nr 1.
94 Hamburg EWiR 1997, 73 (Koller): Bürgschaft für Börsentermingeschäfte; Saar DtZ-Inf 1993, 49.
95 BayObLGZ 5, 362 = SeuffA 60 Nr 142.
96 BGH WM 1984, 1242 = NJW 1984, 2037.

wand aus § 762 Abs 1 Satz 1 entgegengesetzt werden. Ist dagegen die Grundschuld an Erfüllungs Statt (§ 364 Abs 1) bestellt worden, so gilt § 762 Abs 1 Satz 2[97].

23 6. **Aufrechnung und Kontokorrent**. – a) **Einseitige Aufrechnung und Aufrechnungsvertrag**. Der Gewinner kann **nicht einseitig** mit einer unverbindlichen „Spielforderung" gegen eine durchsetzbare Forderung des Verlierers **aufrechnen** (§ 387)[98]. Eine solche Aufrechnung würde wie eine Selbstvollstreckung des Gewinners wirken, was im Hinblick auf die durch § 762 Abs 1 Satz 1 angeordnete Unverbindlichkeit und die damit verbundene Undurchsetzbarkeit ausscheidet[99]. BörsG aF § 56 machte hiervon für die Aufrechnung mit einer unverbindlichen „Forderung" aus einem Börsentermingeschäft gegen eine Forderung aus Börsentermingeschäften eine Ausnahme. Rechnet hingegen ein Verlierer mit einer durchsetzbaren Forderung aus einem anderen Schuldverhältnis gegen die „Spielschuld" auf, so tritt gemäß § 389 im Deckungsbereich der Forderungen Erfüllung ein[100]. Es handelt sich um eine kondiktionsfeste Leistung im Sinne von § 762 Abs 1 Satz 2, die durch ein Erfüllungssurrogat erbracht worden ist.

24 Eine Spielschuld kann in einen **Aufrechnungsvertrag** einbezogen werden[101]. Die sich aus der Einigung der Parteien ergebende beiderseitige Freiwilligkeit der Aufrechnung vermag allerdings nichts an der Tatsache zu ändern, dass jedenfalls eine Vertragspartei durch den Vertragsschluss ihre nach § 762 Abs 1 Satz 1 an sich nicht durchsetzbare Forderung vollstreckt[102].

25 b) **Kontokorrent**. Eine Belastungsbuchung im Periodenkontokorrent (HGB § 355) wegen einer gemäß § 762 Abs 1 Satz 1 nicht durchsetzbaren „Forderung" bewirkt weder eine Erfüllung im Sinne von § 762 Abs 1 Satz 1 noch begründet sie eine Verbindlichkeit (§ 762 Abs 2); sie hat vielmehr nur die Bedeutung eines Realakts mit rechtsbekundender (deklaratorischer) Wirkung[103]. Trotz der Kontokorrentbindung ist es aber möglich, dass der Schuldner einzelne Zahlungen mit Erfüllungswirkung zur Abdeckung einer Spielschuld bestimmt[104].

26 Beruft sich beim Kontokorrent der (Überschuss-)Schuldner darauf, in dem von ihm **anerkannten Saldo** seien auch „Forderungen" aus unverbindlichen Spielgeschäften verrechnet worden, so erstreckt die Rechtsprechung[105] die Unverbindlichkeit des Anerkenntnisses (§§ 762 Abs 2, 764 aF; BörsG aF § 59) (unzutreffend) auch auf die zugrunde liegende Verrechnung, da sie ein unselbstständiger Teilakt im Rahmen des kontokorrentrechtlichen Saldoanerkenntnisses sei. Denn der mit dem Saldoanerkenntnis verbundene Verrechnungsvertrag stehe unter der stillschweigenden auflösenden Bedingung, dass alle Geschäfte als wirksame verrechnet seien[106]. Gegen diese Ansicht bestehen durchschlagende Bedenken, weil der Verrechnungsvertrag nicht erst und zugleich mit dem Saldoanerkenntnis zustande kommt, sondern schon die Kontokorrentabrede als

97 Vgl Rz 34.
98 BGH WM 1981, 711 = NJW 1981, 1897; Saar DtZ-Inf 1993, 49, 50.
99 Berger, Aufrechnungsvertrag S 74 ff, 345.
100 RG JW 1919, 568 (mAnm Nußbaum) = Bank Arch 1919, 146; Dresden LZ 1914, 1920; Waclawik, Die Verbindlichkeit von Devisentermin-vereinbarungen S 338; Saar DtZ-Inf 1993, 49, 50; Berger, Aufrechnungsvertrag S 345; Henssler, Risiko als Vertragsgegenstand S 493; Münch Komm/Habersack § 762 Rz 22; Staud/Engel § 762 Rz 19.
101 RGZ 38, 232, 238 f; Berger, Aufrechnungsvertrag S 345; Pal/Sprau § 762 Rz 6; Staud/Engel § 762 Rz 19; MünchKomm/Habersack § 762 Rz 22.
102 Berger, Aufrechnungsvertrag S 345 f.
103 Vgl BGHZ 107, 192, 197 = WM 1989, 807 = NJW 1989, 2120; BGHZ 105, 263, 269 f = WM 1988, 1717 = NJW 1989, 300.
104 Vgl BGH WM 1998, 545 = NJW 1998, 2526; BGHZ 107, 192, 197 f = WM 1989, 807 = NJW 1989, 2120; BGHZ 101, 296, 305 = WM 1987, 1156 = NJW 1987, 3181; RG JW 1936, 2072; RG BankArch XXXVI (1937), 325, 326 = JW 1937, 1245; Häuser WM 1988, 1285, 1292. Zur isolierten Tilgungsvereinbarung außerhalb der kontokorrentmäßigen Verrechnung vgl Kümpel WM 1982, Sonderbeil 6 S 23.
105 BGH WM 1999, 539 = NJW 1999, 3783: für den Termineinwand nach BörsG aF §§ 59, 55; BGH WM 1998, 545 = NJW 1998, 2526; BGHZ 93, 307, 312 = WM 1985, 563, 565 = NJW 1985, 1706; Frankfurt/M ZIP 1993, 1855; RG JW 1939, 566; RG JW 1937, 1245; RG HRR 1936 Nr 1051 = JW 1936, 2072; RG HRR 1935 Nr 28; RGZ 144, 311 = JW 1934, 2130 = HRR 1934 Nr 1249; RGZ 140, 345, 347; RGZ 132, 218 unter Aufgabe der früheren Rechtsprechung; ferner Staud/Engel § 762 Rz 30.
106 Ebenso Karlsruhe WM 1984, 21 (mAnm Häuser).

ein (antizipierter) Verrechnungsvertrag auszulegen ist, so dass die Verrechnung sich am Ende der Rechnungsperiode automatisch vollzieht[107]. Der Verrechnungswirkung dieses vorweggenommenen Vertrags steht nicht eine stillschweigende Bedingung, sondern der Schutzzweck des § 762 Abs 1 Satz 2 entgegen[108]. Für den Rückforderungsausschluss ist ein ausdrückliches Anerkenntnis erforderlich[109], oftmals eine nachträgliche Tilgungsverrechnung[110], die in dem Bewusstsein abgegeben wird, dass die Abrechnung Belastungsbuchungen aus Spiel oder Wette enthält; das Bewusstsein muss sich jedoch nicht darauf erstrecken, dass diese Forderungen unverbindlich sind[111]. Die **Anerkennung eines Saldos** erzeugt keine durchsetzbare Forderung, soweit in ihm der Gewinn aus unverbindlichen Geschäften enthalten ist (§ 762 Abs 1)[112].

27 7. **Vergleich**. Ein Vergleich (§ 779) über eine Spielforderung kann, wenn ein Streit über die Ungewissheit, ob die Forderung aus einem Spielgeschäft oder sonstigen Vertragsverhältnis (zB Kauf) herrührt, beseitigt wird, rechtswirksam geschlossen werden[113]. Einer Forderung aus dem Vergleich steht aber der Spieleinwand entgegen, wenn durch den Vergleich nur andere Streitpunkte als die des Spielcharakters des zugrunde liegenden Vertrags beseitigt werden sollen[114], oder wenn durch den Vergleich nur Abs 1 Satz 1 umgangen werden soll, dann gilt Abs 2[115].

28 8. **Gerichtliches Anerkenntnis**, **Gerichtsstandsvereinbarung**, **Schiedsvertrag**. Ein gerichtliches **Anerkenntnis einer Spiel- oder Wettschuld** ist keine Grundlage für ein Anerkenntnisurteil im Sinne von ZPO § 307. Der gesetzliche Schutzzweck des § 762 Abs 1 Satz 1 erfordert auch im Falle eines prozessualen Anerkenntnisses Beachtung; denn es soll an sich durch das Anerkenntnis dem Gericht die materielle Prüfung des Anspruchs gerade entzogen werden[116]. Eine **Gerichtsstandsvereinbarung** in einem Spielvertrag ist unwirksam[117].

Auch ein **Schiedsvertrag** ist unwirksam[118], es sei denn, dass der Schiedsrichter nur darüber zu entscheiden hat, ob ein Spielvertrag vorliegt[119]. Lässt der Beklagte sich vor dem Schiedsgericht vorbehaltlos auf die Klage ein, so kann er in der Regel mit dem Antrag auf Aufhebung (ZPO § 1059 Abs 1) nicht mehr geltend machen, dem Schiedsspruch habe kein gültiger Schiedsvertrag zugrunde gelegen[120]. Die Vereinbarung eines **ausländischen Schiedsgerichts**, das wegen der Wahl des anzuwendenden Rechts den Differenzeinwand des bisherigen Rechts (§§ 764 aF, 762) nicht beachten würde, verstößt gegen den ordre public (EGBGB Art 6 = Art 30 aF)[121].

107 BGHZ 74, 253, 255 = WM 1979, 719, 720 = NJW 1979, 1658.
108 Vgl RGZ 38, 232, 239.
109 BGH WM 1998, 545 = NJW 1998, 2526; BGH NJW 1996, 121, 122 = WM 1995, 2026; BGHZ 107, 192, 198 f = WM 1985, 807 = NJW 1989, 2120: zu BörsG § 55; BGHZ 102, 204, 207 = WM 1988, 144 = NJW 1988, 1083; Häuser WM 1988, 1285, 1292; Canaris ZIP 1987, 885 ff; abw Piper ZIP 1985, 725.
110 Zum Erfordernis einer ausdrücklichen Verrechnungsvereinbarung BGH WM 1998, 545 = NJW 1998, 2526.
111 BGHZ 107, 192, 198 f = NJW 1989, 2120 = WM 1988, 807.
112 BGHZ 107, 192, 198 f = WM 1989, 807 = NJW 1989, 2120; BGHZ 92, 317 = BGH WM 1984, 1598, 1600 = NJW 1985, 634; BGH WM 1979, 1381, 1383 = NJW 1980, 390; die Frage ist seit jeher in der Literatur streitig; vgl dazu v Seeliger, Die Abrechnung unverbindlicher Termingeschäfte im Kontokorrent, ZBH 1933, 183; Göppert ZHR 102 (1936), 161, 194, 203; ders ZHR 103 (1936), 318; Kümpel WM 1982 Sonderbeil 6 S 18 ff.
113 RGZ 49, 192, 193; Bork, Der Vergleich, 1986, S 393.
114 RG SeuffA 83 Nr 186.
115 RG BankArch XXVIII (1929), 342, 343 = HRR 1929, Nr 311; RGZ 49, 192, 193.
116 Stein/Jonas/Leipold ZPO § 307 Rz 22.
117 Vgl BGH WM 1984, 1245, 1246 = NJW 1984, 2037 zur Versagung der Derogationswirkung einer internationalen Gerichtsstandsvereinbarung zu einem ausländischen Warentermingeschäft; dazu Schwark ZGR 1985, 466; GH Roth IPrax 1985, 198; Häuser/Welter WM 1985 Sonderbeil 8.
118 RG BankArch XXX (1930), 52; RG WarnR 1926 Nr 141; Esser/Weyers, SchuldR II[6] § 45 I 2.
119 S hierzu MünchKomm/Habersack § 762 Rz 39.
120 RGZ 137, 251, 254.
121 BGH WM 1987, 1153, 1154 = NJW 1987, 3193 (mAnm Welter EWiR § 764 BGB 1/87); Frankfurt/M WM 1986, 701 = ZIP 1986, 497, dazu Häuser/Welter WuB I G 5.-3.86 u Ahrens EWiR 1986, 475.

V. Vereinbarungen zum Zwecke der Erfüllung einer Spielschuld

29 § 762 Abs 2 eröffnet den Spieleinwand auch gegenüber solchen Verbindlichkeiten, die der verlierende Teil zum Zweck der Erfüllung einer Spielverbindlichkeit gegenüber dem Gewinner eingeht[122]. Diese Erweiterung der Unverbindlichkeit soll vor Umgehungen des § 762 Abs 1 Satz 1 schützen[123]. § 762 Abs 2 erfasst ausdrücklich die abstrakte Verbindlichkeit aus einem **Schuldanerkenntnis** (§ 781), aber auch ein Schuldversprechen (§ 780) und die Ausstellerhaftung aus einem Scheck (ScheckG Art 12)[124] sowie die Akzeptantenhaftung aus einem Wechsel (WG Art 28)[125], aber auch **Vereinbarungsdarlehen** (§ 607 Abs 2 aF)[126] und Umschuldungsdarlehen[127]. § 762 Abs 2 findet hingegen keine Anwendung, wenn die „Forderung" an den Verlierer einem Dritten an **Erfüllungs Statt** abgetreten wird[128]. Auch die Schuldübernahme gegenüber einem Dritten fällt nicht unter den Anwendungsbereich des § 762 Abs 2.

30 Einem **Schuldanerkenntnis** (§ 781) steht der Spieleinwand gemäß § 762 Abs 2 nur dann entgegen, wenn es der verlierende Teil zum Zwecke der Erfüllung einer Spiel- oder Wettschuld gegenüber dem gewinnenden Teil eingeht. Bezieht sich ein Schuldanerkenntnis auf Rückerstattung erbrachter Zahlungen an den Verlierer, ist es folglich verbindlich, und zwar unabhängig davon, ob die Zahlungen mit Erfüllungswirkung im Sinne des § 762 Abs 1 Satz 2 erfolgt waren[129]. Auch gegen die **Verpflichtung eines Dritten** gegenüber dem verlierenden Teil, dessen entstandene Verluste zu ersetzen, steht kein aleatorisches Wirksamkeitshindernis entgegen[130]; fraglich ist allerdings, ob insoweit die Schenkungsform (§ 518 Abs 1 Satz 1) einzuhalten ist[131].

31 Der Aussteller eines **Wechsels** oder **Schecks** kann den Spieleinwand gegenüber dem gewinnenden Spielpartner immer erheben, gegenüber seinen **Nachmännern** allerdings nur nach Maßgabe von WG Art 17 und SchG Art 22, wenn diese also beim Erwerb des Wechsels oder Schecks bewusst zu seinem Nachteil gehandelt haben. Dafür genügt es nicht, dass der Erwerber wusste, dass der Scheck (Wechsel) zur Begleichung einer Spielschuld dienen sollte. Denn solange der Aussteller des Schecks/Wechsels den Spieleinwand nicht erhebt, ist der Nehmer zur Weitergabe berechtigt. Bewusst zum Nachteil des Ausstellers handelt der Nachmann aber dann, wenn er den Scheck (Wechsel) in der Absicht erwirbt, dem Verpflichteten den Spieleinwand abzuschneiden[132]. § 762 Abs 2 ist **entsprechend** anzuwenden, wenn ein **Dritter im Auftrag des Verlierers** gegenüber dem Gewinner eine Verbindlichkeit zur Erfüllung der Spielschuld, zB als Scheckaussteller gemäß SchG Art 12, eingeht[133].

32 Dem aufgrund der Garantiefunktion der ec-Karte bis zum 31. 12. 2001 bestehenden **garantievertraglichen Einlösungsanspruch** bei Begebung eines Schecks unter Verwendung der ec-Karte konnte die bezogene Bank grundsätzlich keine Einwendungen aus dem Deckungsverhältnis zum Aussteller oder aus dem Valutaverhältnis zwischen Aussteller und Schecknehmer entgegen halten[134]. Sollten mit dem garantierten ec-Scheck Spiel- oder Wettschulden beglichen werden, so war dies als eine **zweckwidrige Verwendung** der ec-Karte anzusehen, mit der nicht dem Deckungsrisiko des Schecknehmers vorgebeugt werden sollte. Dies führte zum Verlust des Ga-

122 Karlsruhe WM 1991, 936, 940.
123 Vgl Waclawik, Die Verbindlichkeit von Devisenterminvereinbarungen S 339; Saar DtZ-Inf 1993, 49, 50.
124 BGH WM 1981, 758 = NJW 1981, 1898; Frankfurt/M WM 1981, 567, 568 = ZIP 1981, 378.
125 BGH WM 1989, 1673 = NJW 1990, 384, 385 = LM Nr 13 zu § 138 = EWiR 1989, 1169 (Brink).
126 BGH NJW 1985, 1956 = WM 1985, 744; BGH WM 1979, 1381 = NJW 1980, 390, 391; RG JW 1937, 1245; Düsseldorf MDR 1984, 757.
127 BGHZ 92, 317, 325 = WM 1984, 1598 = NJW 1985, 634.
128 RGZ 147, 149, 153; LG Trier NJW 1984, 181.
129 BGH WM 1988, 289, 291 = NJW 1988, 1086 (mAnm Pleyer EWiR § 762 BGB 1/88).
130 BGHZ 101, 296 = WM 1987, 1157, 1158 = NJW 1987, 3181, 3182 (mAnm Häuser EWiR § 55 BörsG 1/87); Henssler, Risiko als Vertragsgegenstand S 496.
131 Vgl dazu Häuser EWiR § 55 BörsG 1/87.
132 Vgl RGZ 96, 190, 191; RG WarnR 1921 Nr 13; RG BankArch 1935, 222; RG BankArch 1932, 195.
133 BGH WM 1981, 758 = NJW 1981, 1898.
134 § 675 Rz 346 ff.

rantieanspruchs wegen Rechtsmissbrauchs (§ 242), wenn der Schecknehmer oder dessen Rechtsnachfolger die fehlende Deckung des Schecks aus grober Fahrlässigkeit nicht kannte[135].

33 Die **Gutschrift von Gewinnen** aus Differenzgeschäften (§ 764 aF) durch eine Bank auf einem Girokonto ließ keine durchsetzbare Verbindlichkeit der Bank entstehen[136]. Dies gilt mit Rücksicht auf § 762 Abs 2 auch für ein abstraktes kontokorrentmäßiges Saldoanerkenntnis, in dem Aktivposten wegen „Forderungen" aus einem Spielvertrag berücksichtigt sind[137].

VI. Rückforderungsausschluss

34 § 762 Abs 1 Satz 2 schließt die bereicherungsrechtliche Rückforderung von Leistungen auf eine Spiel- oder Wettschuld grundsätzlich aus, soweit sie damit begründet wird, eine Verbindlichkeit habe wegen § 762 Abs 1 Satz 1 nicht bestanden. Eine „Heilung" des Spiel- oder Wettvertrags tritt dadurch freilich nicht ein. § 762 kennt auch keine dem BörsG aF § 57 entsprechende Vorschrift, nach der eine einverständliche Leistungserbringung das Börsentermingeschäft „von Anfang an verbindlich" machte. Anders als bei dem Ausschluss einer Leistungskondiktion nach § 814 muss der Verlierer bei § 762 Abs 1 Satz 2 nicht in Unkenntnis des Umstandes geleistet haben, dass er eine Leistung auf eine Spielschuld erbracht hat[138]. Unter einer **(Erfüllungs-)Leistung** ist jede, auch von einem Dritten nach § 267 oder von einem Rechtsnachfolger des Verlierers zum Zwecke der Tilgung der „Spielschuld" freiwillig erbrachte Zuwendung anzusehen, durch die der „Anspruch" im Umfang der Zuwendung vollständig und endgültig beseitigt werden sollte. Eine Sicherungsleistung fällt nicht unter den Rückforderungsausschluss, wohl aber eine Leistung an **Erfüllungs Statt** (§ 364 Abs 1)[139]. Die Rückforderung ist aber nur ausgeschlossen, wenn das Spiel beendet und der Verlust eingetreten ist. Unterbleibt das Spiel oder wird es aus Gründen abgebrochen, die in der Sphäre des Veranstalters liegen, hat der andere Teil einen Anspruch auf Rückgewähr **vorausgeleisteter Einsätze** nach §§ 812 ff. Bricht der Spieler das Spiel selbst ab, kann er noch nicht verlorene Einsätze zurückfordern. Voraussetzung ist, dass seine Mitwirkung für die Durchführung des Spiels erforderlich ist. § 815 steht nicht entgegen, da der Spieler zur Fortsetzung eines begonnenen Spiels nicht verpflichtet ist[140].

35 Ob gezahlte sog **Einschüsse** nicht rückforderbare (Voraus-)Erfüllungs- oder rückforderbare Sicherheitsleistungen sind, entscheidet sich danach, was die Parteien vereinbart haben. Bei Auslegungszweifeln spricht eine **tatsächliche Vermutung** dafür, dass ein Einschuss bezweckt, künftige Schulden zu **sichern** und nicht zu tilgen[141]. Eine Sicherung künftiger Gewinnansprüche des Empfängers ist grundsätzlich anzunehmen bei Leistungen auf ein der Abdeckung künftiger Verluste dienendes Konto; eine Erfüllungswirkung ist auch zu verneinen, wenn lediglich ein künftiger Negativsaldo abgedeckt wird[142]. Unzutreffend ist, wenn behauptet wird[143], Einzahlungen bei Optionsgeschäften erfolgten „nach allgemeiner Ansicht" zur Erfüllung der Optionsprämie an den Stillhalter[144]. Formularmäßige Tilgungsabreden sind nicht anzuerkennen[145]. Es ist allerdings ver-

135 In Anlehnung an BGHZ 83, 35 = WM 1982, 484 = NJW 1982 1585; Hadding/Häuser WM 1993, 1357, 1360; Bundschuh WM 1983, 1178, 1182; MünchKomm/Habersack § 762 Rz 26; vgl auch Frankfurt/M WM 1984, 1448; aA Nürnberg NJW 1978, 2513, 2514.

136 BGH WM 1979, 1381, 1383 = NJW 1980, 390.

137 Vgl Rz 26.

138 RGZ 147, 149, 153; Canaris ZIP 1985, 592, 594.

139 RGZ 77, 279; Saar DtZ-Inf 1993, 49, 50; Münch Komm/Habersack § 762 Rz 22.

140 MünchKomm/Habersack § 762 Rz 23.

141 Frankfurt/M WM 1986, 701 = ZIP 1986, 497 (mAnm Häuser WuB I G 5.-3.86 u Ahrens EWiR 1986, 475); Frankfurt/M WM 1986, 499 = NJW-RR 1986, 1377 = WuB I G 5.-1.86 (Schwark); zu diesem Problem allgemein MünchKomm/Habersack § 762 Rz 22.

142 BGHZ 107, 192, 197 f = WM 1985, 807 = NJW 1989, 2120; BGHZ 101, 296, 305 = WM 1987, 1156 = NJW 1987, 3181; Karlsruhe WM 1984, 21, 22 (mAnm Häuser S 23); Häuser WM 1988, 1285, 1292.

143 So Frankfurt/M WM 1986, 701 = ZIP 1986, 497 (mAnm Häuser WuB I G 5.-3.86 u Ahrens EWiR 1986, 475).

144 Krit schon Häuser/Welter WuB I G 5.-3.86.

145 LG Düsseldorf WM 1985, 1184, 1185 = WuB I G 5.-5.85 (Kindermann).

fehlt, eine Vereinbarung, Zahlungen des Kunden erfolgten zur „Vorauserfüllung", als Abrede über eine Sicherheitsleistung auszulegen[146]; entbehrlich ist auch, formularmäßige Vorauserfüllungsklauseln wegen Verstoßes gegen die notwendige Transparenz (§ 307 [= bisher AGB-Ges § 9 Abs 1]) zu verwerfen[147]. Pauschale Vorauserfüllungsvereinbarungen können den damit beabsichtigten Zweck schon deshalb nicht erreichen, weil der Rückforderungsausschluss einen Bezug auf ein bestimmtes Geschäft voraussetzt[148].

Da Sicherungsleistungen nicht Leistungen im Sinne des § 762 Abs 1 Satz 2 sind, kann der **Bürge**[149] (vor seiner Zahlung) Herausgabe der Bürgschaftsurkunde, der Eigentümer Berichtigung des Grundbuchs hinsichtlich einer Hypothek (§§ 1163, 894) und Löschung einer Grundschuld verlangen, es sei denn, dass er Hypothek und Grundschuld an Erfüllungs Statt hat bestellen lassen[150]. Hat der Bürge gezahlt oder der Gläubiger sich aus Hypothek oder Grundschuld befriedigt, so schließt § 762 Abs 1 Satz 2 ihren Bereicherungsanspruch aus. Auch ein vom Spieler gegebener Wechsel, gleichgültig ob Finanzwechsel oder Kundenwechsel, ist keine (Erfüllungs-)Leistung im Sinne des § 762 Abs 1 Satz 2 und unterliegt deshalb der Kondiktion[151]. Löst der Wechselschuldner gezwungenermaßen gegenüber einem nachfolgenden Wechselnehmer den Wechsel ein, so kann er den Einlösungsbetrag vom ersten Nehmer kondizieren. Dieser ist nämlich auf Kosten des Wechselschuldners von seiner eigenen Wechselverbindlichkeit gegenüber seinem Nachmann frei geworden. § 762 Abs 1 Satz 2 steht dem nicht entgegen, weil der Wechselschuldner nicht freiwillig geleistet hat[152]. 36

VII. Nichtige und rechtsunwirksame Spielverträge

Nach § 762 Abs 1 Satz 2 ist eine Rückforderung mit der Begründung, „eine Verbindlichkeit habe nicht bestanden", nur insoweit ausgeschlossen, als damit der Spielcharakter des Vertrags geltend gemacht wird[153]. Die **Nichtigkeit oder Unwirksamkeit des Spielvertrags** aus anderen Gründen führt auch beim Spielvertrag zu einem Bereicherungsausgleich (§ 812 Abs 1 Satz 1)[154], dem aber § 817 Satz 2 entgegenstehen kann[155]. 37

1. **Nichtigkeit wegen Verstoßes gegen ein gesetzliches Verbot**. Ein Spielvertrag kann insbesondere wegen Gesetzesverstoßes nach **§ 134** nichtig sein. Ob ein Verstoß gegen eine Verbotsvorschrift zur Nichtigkeit des Vertrags führt, hängt von ihrem Sinn und Zweck ab. Richtet sich die Verbotsvorschrift nur gegen einen Partner, so führt ein Verstoß in der Regel nicht zur Vertragsnichtigkeit[156]. Eine abweichende Beurteilung ist dann veranlasst, wenn der Zweck der Verbotsregelung anders nicht zu erreichen ist und die rechtsgeschäftlich getroffene Regelung nicht hingenommen werden kann[157]. 38

Insbesondere die Strafvorschriften des StGB, die sich nur auf **Glücksspiele** und nicht auf Geschicklichkeitsspiele, bei denen der Erfolg von den körperlichen oder geistigen Fähigkeiten eines Teilnehmers abhängen[158], beziehen, enthalten solche gesetzlichen Verbote. Für die Veranstaltung 39

146 So aber LG Frankfurt/M WM 1986, 1219.
147 So aber LG Düsseldorf WM 1987, 619.
148 So zu BörsG § 55 aF BGHZ 101, 296 = WM 1987, 1156, 1159 = NJW 1987, 3181 (mAnm Häuser EWiR § 55 BörsG 1/87); ferner Rössner/Lachmair BB 1986, 1377, 1380.
149 Zur Vereinbarung einer Bürgschaft zur Sicherung eines „Schuldverhältnisses minderer Wirkung" s Rz 34.
150 RGZ 147, 149.
151 RGZ 77, 279, 280; RGZ 51, 361.
152 Enneccerus/Lehmann, SchuldR[15] § 189 II 3; vgl auch RG WarnR 1935 Nr 136 = BankArch 1935, 249.
153 S dazu Rz 34.
154 BGHZ 37, 363, 366 ff = WM 1962, 960 = NJW 1962, 1671.
155 BGH MDR 1968, 938.
156 Vgl BGHZ 89, 369, 372 f = WM 1984, 405 = NJW 1984, 1175; BGHZ 88, 240 = WM 1983, 1315 = NJW 1984, 230; BGHZ 46, 24 = NJW 1966, 1507; aber auch BGHZ 37, 258 WM 1962, 1034 = NJW 1966, 2010.
157 BGHZ 78, 269, 271 = WM 1981, 123 = NJW 1981, 387; Henssler, Risiko als Vertragsgegenstand S 476.
158 S Rz 10.

eines **(verbotenen) Glücksspiels** im Sinne des **StGB § 284** verlangt die Rechtsprechung[159], dass die Aussicht auf einen vom Zufall abhängigen Vorteil durch die Leistung eines **Einsatzes** erlangt wird[160]. Ein derartiger Glücksspiel-Einsatz erfordert einen notwendigen Zusammenhang zwischen der Aufwendung des Vermögenswertes und dem Gewinn oder dessen Verlust. Daran soll es bei sog Kettenbriefaktionen fehlen[161] (s zur Sittenwidrigkeit sog Schneeballsysteme Rz 44). In Abgrenzung zum bloßen Unterhaltungsspiel muss der Einsatz nicht ganz unbeträchtlich sein.

40 Auch die bloße Beteiligung an einem öffentlichen Glücksspiel beruht auf einem gemäß § 134 nichtigen Vertrag, weil nach StGB § 285 auch die Beteiligung strafbar ist[162]. Deshalb ist beispielsweise ein Darlehensvertrag, der es dem Darlehensnehmer ermöglicht, an einem verbotenen Glücksspiel teilzunehmen (StGB § 284 a), wegen Beihilfe zu dem verbotenen Glücksspiel nichtig (§ 134, StGB § 27)[163].

41 Jemand, der durch Spiel oder Wette übermäßige Beträge verbraucht oder schuldig wird, verstößt gegen das **Insolvenzdelikt** des StGB § 283 Abs 1 Nr 2 Alternative 2, wenn er überschuldet oder zahlungsunfähig ist oder die Zahlungsunfähigkeit droht. Der Verbrauch oder das Schuldigwerden übermäßiger Beträge erfasst sowohl die tatsächliche Ausgabe wie die schuldrechtliche Verpflichtung zur Leistung[164]. Hierdurch soll verhindert werden, dass der Schuldner seine Leistungsfähigkeit oder seine wirtschaftlichen Verhältnisse überschreitet[165].

42 **Falschspiel** macht den Spielvertrag ebenfalls nichtig und verpflichtet zur Herausgabe des Spielgewinns auch aus unerlaubter Handlung (BGB § 823 Abs 2, StGB § 263)[166]. Dasselbe gilt für die sogenannte Spätwette, dh eine Wette auf ein bereits gelaufenes Pferderennen, dessen Ausgang zwar der Wettende, aber noch nicht der Buchmacher kennt; hier liegt Betrug vor[167].

43 2. **Sittenwidrigkeit**. Spielverträge, die durch Ausnutzung von Unerfahrenheit, Leichtsinn oder Zwangslage eines Beteiligten zustande kommen, können gemäß § 138 als sittenwidrig beurteilt werden[168]. Hinsichtlich einer Sittenwidrigkeit des Inhalts ist allerdings Vorsicht geboten, wenn der Übernahme eines hohen Risikos auch die Chance eines entsprechend hohen Gewinns gegenübersteht.

44 Gewinnspiele nach dem **Schneeballsystem** (einschließlich der zur Finanzierung abgeschlossenen Darlehensverträge)[169], bei denen Zahlungen neuer Spieler dazu dienen, die Gewinne der seit längerem teilnehmenden Spieler zu finanzieren[170], sind sittenwidrig und gemäß § 138 nichtig – und unter Umständen auch wettbewerbswidrig nach **UWG §§ 1 oder 3 aF/§ 3 nF**[171]. Nach Ansicht des BGH[172] profitierten bei diesem System nur die ersten Spieler, da es im Übrigen schnell zusammenbricht. Da die Risiken des Schneeballsystem den Teilnehmern nicht genügend

159 BGH NJW 1987, 851, 852.
160 S hierzu auch Weber, in: Pfister (Hrsg), Rechtsprobleme der Sportwette S 39, 41 ff.
161 Anders zu Kettenbriefaktionen als öffentliche Lotterien nach StGB § 286 (jetzt StGB § 287): Karlsruhe NJW 1972, 1963, 1962; s auch BayObLG NJW 1990, 1862, 1863: zur Strafbarkeit einer bestimmten Kettenbriefaktion.
162 BGH MDR 1968, 938.
163 Celle NJW-RR 1987, 1190 = NdsRpfl 1987, 182.
164 SK-Samson StGB § 283 Rz 12.
165 Lackner/Kühl StGB § 283 Rz 13.
166 Motive II, S 645 f.
167 Ebenso RGSt 62, 415; aM BGHSt 16, 120 = NJW 1961, 1934 (mablAnm Bockelmann) = JZ 1962, 45 (mablAnm Wersdörfer).
168 Henssler, Risiko als Vertragsgegenstand S 477.
169 BGH WM 1979, 299 = NJW 1979, 868 = BB 1979, 341; LG Nürnberg-Fürth NJW-RR 1998, 1519.
170 BGH WM 1997, 1212 = NJW 1997, 2314 = ZIP 1997, 1110 (mAnm Willingmann NJW 1997, 2932); Bamberg NJW-RR 2002, 1393, 1394; Celle OLGR 2000, 255; Celle NJW 1996, 2660; München NJW 1986, 1880 (mAnm Gilles EWiR 1985, 843); Karlsruhe GRUR 1989, 615, 616; LG Hamburg NJW-RR 1996, 796, 797 = VersR 1997, 717; LG Trier NJW-RR 1990, 313, 314; LG Bremen EWiR 1989, 329. Vgl zum Time-Sharing-Handelsvertretersystem BGHZ 125, 218 = WM 1994, 746 = NJW 1994, 1344; Schreiber Jura 1998, 270, 271.
171 BGHZ 15, 356, 361 ff = NJW 1955, 377; RGZ 115, 319, 322 ff; Karlsruhe GRUR 1989, 615 f.
172 BGH WM 1997, 1212 = NJW 1997, 2314 = ZIP 1997, 1110 (mAnm Willingmann NJW 1997, 2932).

verdeutlicht würden, werde die Leichtgläubigkeit, Spielleidenschaft und Unerfahrenheit der Teilnehmer ausgenutzt. Der unerfahrene, leichtgläubige Teilnehmer könne daher seinen gesamten Einsatz vom Veranstalter oder – falls dieser nicht greifbar ist – von anderen Teilnehmern nach § 812 Abs 1 Satz 1 zurückfordern, ohne an dieser Rückforderung durch § 762 oder § 817 Satz 2[173] gehindert zu sein. An einem Spiel fehle es hier, da der Einsatz nicht zwischen den Teilnehmern ausgespielt werde, sondern sogleich nach Zahlung im Schneeballsystem aufgehe[174]. In Betracht kommen auch Ansprüche der Teilnehmer gegen den Veranstalter aus cic (§ 280 Abs 1 iVm §§ 311 Abs 2, 241 Abs 2) und § 826[175]. Der Nachweis des Verschuldens dürfte jedoch Schwierigkeiten bereiten.

Auch eine eheliche Lebensgemeinschaft erlaubt nicht per se einem Ehepartner, Geld des an- **45**
deren Ehepartners zu verspielen. Wer Geld seines Ehepartners – oder eines sonstigen Dritten – ohne dessen Zustimmung beim Spiel einsetzt, handelt vielmehr auch dann sittenwidrig (§ 138), wenn er zwar nicht mit Verlustabsicht spielt, diesen aber in Kauf nimmt und nicht bereit oder in der Lage ist, Verlustausgleich zu schaffen[176].

VIII. Hilfs- oder Nebengeschäfte

§ 762 kann auf Hilfs- oder Nebengeschäfte, zB Darlehensvertrag, Dienstvertrag, Geschäfts- **46**
besorgung oder Gesellschaftsvertrag, anwendbar sein, wenn diese Geschäfte in so naher Beziehung zu einem staatlich aber nicht genehmigten Spiel stehen, dass nach dem Sinn des Gesetzes die gesetzliche Regelung auch für sie passt[177].

1. **Darlehen**. Auf ein Darlehen, das vorab zu Spielzwecken gewährt wird, findet § 762 Abs 1 **47**
Satz 1 grundsätzlich keine Anwendung. Der Anspruch auf Rückerstattung (§ 488 Abs 1 Satz 1 [= § 607 Abs 1 aF]) ist daher grundsätzlich durchsetzbar[178]; dies gilt aber nicht, wenn in Wirklichkeit verschleiert auf Kredit gespielt wird. Demgegenüber begründen Darlehen, die wissentlich für ein Spiel oder eine Wette gewährt werden, nach SchwOR Art 513 Abs 2 keine Forderung[179].

a) **Entsprechende Anwendung des § 762 Abs 1 Satz 1**. Wenn das Darlehen in so enger Be- **48**
ziehung zum Spiel steht, dass nach dem Gesetzeszweck Spiel und finanzierendes Darlehen einheitlich bewertet werden müssen, ist eine entsprechende Anwendung des § 762 Abs 1 Satz 1 zu bejahen[180], so wenn zB ein Spieler einem Mitspieler ein Darlehen gibt, um diesem das Weiterspiel zu ermöglichen oder um ihn überhaupt erst zum Spiel zu animieren[181]. Bilden Darlehens- und Spielvertrag eine wirtschaftliche Einheit im Sinne von § 358 Abs 3 (= bisher VerbrKrG § 9 Abs 1),

173 BGH WM 2006, 335 = NJW 2006, 45 = VersR 2006, 419 = EWiR 2006, 103 (Möller); Köln NJW 2005, 3290, 3291; s hierzu auch Celle OLGR 2000, 255; Celle NJW 1996, 2660, 2661. Kritisch zum subjektiven Erfordernis des § 817 Satz 2 auch Willingmann NJW 1997, 2932, 2933: Die Kondiktionssperre komme bereits dann nicht mehr zur Anwendung, wenn das System für den Teilnehmer schwer durchschaubar sei.

174 Willingmann NJW 1997, 2932, 2933.

175 Vgl Bamberg NJW-RR 2002, 1393, 1394; LG Düsseldorf NJW-RR 1997, 306.

176 BGH WM 1993, 1005, 1006 = NJW-RR 1993, 2.

177 BGH WM 1974, 877, 878 = NJW 1974, 1821 = LM Nr 3 zu § 762; RG SeuffA 61 Nr 202; Düsseldorf MDR 1984, 757. Für das durch einen Gastwirt zum Spielen an seinen Geldautomaten gewährte Darlehen: AG Rendsburg NJW 1990, 916.

178 Vgl dazu die ausführliche Diskussion in der 2. Komm, Mugdan II, S 1006 f; ferner BGH WM 1961, 530 = LM Nr 1 zu § 762 – NJW 1961, 1204 (L); BGH WM 1974, 877 = NJW 1974, 1821 = LM Nr 3 zu § 762; Köln WM 1983, 1072, 1073; ebenso öst OHG ÖBA 2000, 164, 165.

179 SchwOR Art 513: Aus Spiel und Wette entsteht keine Forderung (Absatz 1). Dasselbe gilt von Darlehen und Vorschüssen, die wissentlich zum Behufe des Spieles oder der Wette gemacht werden, sowie von Differenzgeschäften und solchen Lieferungsgeschäften über Waren oder Börsenpapiere, die den Charakter eines Spieles oder einer Wette haben (Absatz 2).

180 BGH WM 1974, 877 = NJW 1974, 1821 = LM Nr 3 zu § 762; ebenso öst OHG ÖBA 2000, 164, 165; MünchKomm/Habersack § 762 Rz 36; Henssler, Risiko als Vertragsgegenstand S 503.

181 Düsseldorf MDR 1984, 757; Celle NdsRpfl 1961, 172; LG Mönchengladbach WM 1994, 1374, 1376.

kann die Unverbindlichkeit des Spielvertrags im Wege des Einwendungsdurchgriffs nach § 359 Satz 1 (= bisher VerbrKrG § 9 Abs 3 Satz 1) einredeweise auch dem Darlehensgeber entgegengesetzt werden[182]. Ebenso beurteilt sich die **Gewährung eines Darlehens durch den Gewinner** nach Abschluss des Spiels, das die Tilgung der Spielschulden bezweckt.

49 Solche **Mitspielerdarlehen** sind vor deutschen Gerichten auch dann nicht klagbar, wenn sie von dem Betreiber eines US-amerikanischen Spielcasinos gewährt werden. Ein trotzdem stattgebendes ausländisches Urteil ist wegen Verstoßes gegen den deutschen ordre public, der auch nach der Neufassung des ZPO § 328 Abs 1 Nr 4 vollständig unter die wesentlichen Grundsätze des deutschen Rechts fällt, nicht vollstreckbar[183]. Ferner sollen auch sämtliche im Zusammenhang mit Spiel und Wette getroffenen Vereinbarungen nicht mit staatlicher, insbesondere gerichtlicher, Hilfe durchgesetzt werden können. Durch die Unklagbarkeit soll sichergestellt werden, dass das Spiel und die sich daraus ergebenden Beziehungen dem Bereich des Rechtlichen entzogen und nur sittlich verpflichtend sind[184]. Die vom Gesetzgeber bewusst getroffene Entscheidung zugunsten einer Beschneidung der Privatautonomie bei Spiel und Wette würde unterlaufen, wenn Spielschulden zwar nicht im Inland titulierbar sind, eine Anerkennung eines ausländischen Urteils im Vollstreckungsverfahren aber möglich wäre. Sie ist daher zu versagen[185].

50 Darlehen, die ein Spiel in einer staatlich konzessionierten **Spielbank** ermöglichen, sind grundsätzlich **durchsetzbar**, wenn keine weiteren Umstände, die für eine Sittenwidrigkeit sprechen könnten[186], vorliegen, also der Darlehensgeber weder zum Spiel veranlasst noch durch das Spiel irgendwelche Vorteile hat[187]. Wird das Darlehen durch einen **Dritten** gewährt und hat dieser kein – auch mittelbares – Interesse an der Mitwirkung des Kreditnehmers am Spiel, besteht kein Anlass, das Risiko des Spielverlustes auf den Kreditgeber zu übertragen, so dass der Darlehensvertrag wirksam ist, sofern er nicht dem Vorwurf der Sittenwidrigkeit ausgesetzt ist[188].

51 Gewinnt der Darlehensnehmer bei einem unwirksamen Spiel oder findet dieses Spiel wider Erwarten nicht statt, hat er das Darlehen nach § 812 Abs 1 Satz 1 **zurückzuzahlen**[189]; der beim Spiel verlierende Darlehensnehmer soll zur Rückzahlung jedoch nicht verpflichtet sein, wenn ihm das Darlehen von einem Gegenspieler oder dem Veranstalter zur Ermöglichung des Spiels zur Verfügung gestellt wurde[190].

52 b) **Verstoß gegen die guten Sitten**. Darlehen zum Zwecke des Spiels sind in erster Linie am Maßstab des **§ 138** zu messen[191], ferner nach **§ 134** unwirksam, wenn es die Teilnahme an einem verbotenen Spiel ermöglichen soll und der Darlehensgeber den Verwendungszweck kennt[192]. Dies gilt vor allem für Darlehen im Zusammenhang mit **verbindlichen Spielgeschäften**[193]. Da bei einem **Darlehen zu wucherischen Konditionen (§ 138)** das Darlehenskapital nicht von der bereicherungsrechtlichen Rückforderung ausgeschlossen ist[194], muss der Gläubiger jedoch als

182 MünchKomm/Habersack § 762 Rz 37 mweit Nachw.
183 LG Mönchengladbach WM 1994, 1374 ff.
184 Motive II, S 644; Protokolle II, S 797.
185 Vgl LG Mönchengladbach WM 1994, 1374, 1377.
186 S Rz 52.
187 BGH WM 1974, 877 = NJW 1974, 1821 = LM Nr 3 zu § 762; RGZ 67, 355: Darlehen in Monte Carlo; RGZ 70, 1: Hohes Darlehen an einen Minderjährigen; RG JW 1914, 296 u WarnR 1921 Nr 11 u 12: Darlehensgeber Kassierer des Spielclubs oder der Club selbst; RG BankArch 17, 9: Darlehen zwecks Deckung von Verlusten aus Differenzgeschäften; OLG 6, 448: Darlehensgeber der Wirt; OLG 40, 335: Darlehen an einen Mitbankhalter; LZ 1921, 450: Darlehen an Spielclub zur Verbesserung der Einrichtung; zum eigenen Gewinnstreben ferner: Hamm NJW-RR 1988, 870.
188 S Rz 52.
189 S auch BGH NJW 1995 1152, 1153 = WM 1995, 566.
190 Unter Berufung auf den Regelungszweck des § 762 Abs 1 Satz 1: MünchKomm/Habersack § 762 Rz 36.
191 BGH WM 1961, 530 = LM Nr 1 zu § 762 = NJW 1961, 1204 (L): Darlehensgeber als Inhaber des Spielsalons; Hamm NJW-RR 1988, 870, 871.
192 Celle NJW-RR 1987, 1190; Nürnberg MDR 1978, 669.
193 Hamm NJW-RR 1988, 870, 871; hierzu auch AG Rendsburg NJW 1990, 916.
194 BGHZ 52, 181 = WM 1969, 857 = NJW 1969, 1484; BGH NJW 1962, 1148 = WM 1962, 606 = BB 1962, 573.

Mitveranlasser das Risiko tragen, dass der Schuldner infolge von Spielverlusten nach § 818 Abs 3 frei ist[195]. Als sittenwidrig sind Darlehen anzusehen, die eine Spielbank Spielern gewährt, um sie zum Weiterspielen mit wachsender Spielschuld zu veranlassen[196]. Hier ist die Darlehensgewährung von eigennützigen Beweggründen der Spielbank geprägt und aus eigenem Gewinnstreben erfolgt. Eine solche Kreditgewährung zu Spielzwecken war nicht anzunehmen, wenn Kassen von Spielbanken Münzgeld gegen Hingabe von garantierten Euroschecks ausgaben[197].

Die Unwirksamkeit des Darlehensvertrages wegen Sittenwidrigkeit (§ 138) lässt die Wirksamkeit von **Wechselbegebungsverträgen** wegen der abstrakten Natur der Wechselverbindlichkeit (WG Art 28) grundsätzlich unberührt[198]. Die Wechselverpflichtung ist jedoch dann ebenfalls nichtig, wenn gerade mit der Begebung des Wechsels ein sittenwidriger Zweck verfolgt wird. Dies ist der Fall, wenn eine Spielbank sich eine sittenwidrige Darlehensforderung durch einen Wechsel absichern lässt. Unter diesen Umständen kann die Spielbank an den Wechseln nicht wirksam Eigentum erwerben. Ein Kreditinstitut kann an solchen Wechseln daher nur Eigentum erwerben, wenn es gutgläubig ist (WG Art 16 Abs 2). Ein Kreditinstitut handelt grob fahrlässig, wenn es von einer Spielbank Wechsel erwirbt, die diese über beträchtliche Summen ausgestellt hat, und es dem sich aufdrängenden Verdacht nicht nachgeht, dass den Wechselforderungen zu Spielzwecken gewährte Darlehen zugrunde liegen[199]. 53

Wird ein Darlehen **vor dem Spiel** von einem Dritten gewährt, ist dieses nicht von vorneherein sittenwidrig, wenn der Darlehensgeber zwar das Spielvorhaben des Darlehensnehmers kennt, er aber die Spielleidenschaft nicht zu eigenen Vorteilen ausnutzt, sondern seine Motive neutral sind[200]. Dasselbe gilt, wenn **nachträglich** von einem Dritten ein Darlehen zur Tilgung von Spielschulden gewährt wird, sofern hiermit keine neuen Spielmöglichkeiten eröffnet werden sollen. Gewährt der Gewinner nachträglich ein Darlehen, ist er als Dritter zu behandeln, wenn durch das Darlehen Spielschulden bei anderen Beteiligten getilgt werden sollen. 54

2. **Auftrag, Geschäftsbesorgung, Arbeitsvertrag**. – a) **Auftrag und Geschäftsbesorgung**. 55
§ 762 hat, anders als BörsG aF § 60 für Börsentermingeschäfte, die Unverbindlichkeit nicht ausdrücklich auf den **unentgeltlichen Auftrag** (§ 662), der auf Beteiligung an einem staatlich nicht genehmigten Spiel gerichtet ist, erstreckt. § 762 Abs 1 Satz 1 ist aber grundsätzlich **entsprechend** anwendbar[201]. Der Auftraggeber kann deshalb weder auf Erfüllung noch auf Schadenersatz wegen Nichterfüllung[202] klagen. Auf der anderen Seite erlangt der Beauftragte auch keinen Anspruch auf Ersatz seiner Aufwendungen[203]. Der BGH[204] hat auch einen geschäftsbesorgungsrechtlichen Anspruch des Auftraggebers auf Gewinnherausgabe aus der Besorgung von Warentermingeschäften (§§ 675, 667) verneint. Anderer Ansicht war zuvor das OLG Frankfurt[205], das sodann mit Rücksicht auf die BGH-Rechtsprechung den bisherigen Differenzeinwand (§ 764 aF) gegenüber der Gewinnherausgabe mit § 242 abschneidet[206]. Dagegen soll der Auftraggeber Herausgabe der Ge-

195 BGH WM 1995, 566 = NJW 1995, 1152, 1153.
196 BGH WM 1991, 1946 = NJW 1992, 316 = EWiR 1991 1239 (Klaas); BGH WM 1974, 877 = NJW 1974, 1821 = LM Nr 3 zu § 762.
197 BGHZ 131, 136, 140 = WM 1996, 20 = NJW 1996, 248.
198 BGH WM 1989, 1673 = NJW 1990, 384: bezüglich der parallelen Problematik beim Scheck.
199 BGH WM 1991, 1946 = NJW 1992, 316 = EWiR 1991, 1239 (Klaas).
200 BGHZ 114, 177, 182 = WM 1991, 982 = NJW 1991, 1956; RGZ 67, 355; RGZ 70, 1; Stuttgart WM 1989, 1723, 1724; Celle NdsRPfl 1961, 172, 173.
201 BGH NJW 1985, 920, 921; BGH WM 1974, 876, 878 = NJW 1974, 1821 = LM Nr 3 zu § 762; RGZ 147, 112, 118; RG SeuffA 61 (1906), Nr 292; Bundschuh WM 1986, 725, 730.
202 OLG 14, 30.
203 BGH WM 1974, 876 = NJW 1974, 1705; RGZ 93, 384; 51, 156; RG JW 1936, 2067; OLG 1, 374.
204 WM 1981, 714 = NJW 1981, 1897; BGH WM 1980, 768, 769 = NJW 1980, 1957; aA RGZ 58, 280; RGZ 51, 156; RGZ 40, 256; OLG 14, 31; 12, 275; 4, 232.
205 WM 1979, 1851. Für eine differenzierende Ansicht je nachdem aus welcher Vermögensmasse der Einsatz geleistet wurde Henssler, Risiko als Vertragsgegenstand S 506 f, ihm folgend MünchKomm/Habersack § 762 Rz 33.
206 Frankfurt/M WM 1981, 500.

winne (§ 667 Fall 2) beanspruchen können. Nach der Rechtsprechung[207] stand der bisherige Differenzeinwand (§ 764 aF) einem Anspruch auf Herausgabe der Optionsprämie (§§ 675, 667 Fall 1) dann nicht entgegen, wenn der Geschäftsbesorger den Auftrag anders als vereinbart ausgeführt hat. Die Unverbindlichkeit des Auftrags steht vorvertraglichen **Schutz- und Aufklärungspflichten** nicht entgegen, deren Verletzung eine Verpflichtung zur Zahlung von Schadenersatz aus cic (§ 280 Abs 1 iVm §§ 311 Abs 2, 241) begründen kann[208].

56 Ein auf Spiel oder Wette gerichtetes **entgeltliches Geschäftsbesorgungsverhältnis** (§ 675 Abs 1) ist in entsprechender Anwendung des § 762 Abs 1 Satz 1 unverbindlich[209]. Das gilt auch für einen Kommissionsvertrag[210]. Der Auftraggeber kann erbrachte Vorschüsse (§ 669) trotz § 762 Abs 1 Satz 1 gem § 812 Abs 1 Satz 1 – ebenso wie bei Verbindlichkeiten des Geschäfts gemäß §§ 675, 667 – zurückverlangen, wenn der Beauftragte nicht oder nicht weisungsgemäß tätig geworden ist; es fehlt dann nämlich schon an einer erfüllbaren „unvollkommenen Verbindlichkeit"[211].

57 b) **Arbeitsvertrag**. Ein Arbeitsvertrag mit einem Vermittler von ausländischen Aktienoptionsgeschäften ist kein gemäß §§ 764 aF, 762 unverbindliches Nebengeschäft[212]. Diese Auffassung überzeugt aber nicht, wenn der Vermittler sich danach gegenüber einem Schadenersatzanspruch seines Auftraggebers nicht auf §§ 764 aF, 762 soll berufen können, wenn sein Arbeitnehmer ohne Weisung des Kunden über dessen Guthaben in Geld oder Wertpapieren (Optionen) verfügt[213].

58 3. **Gesellschaftsvertrag**. Die Verbindlichkeit eines Gesellschaftsvertrags (§ 705), der zum gemeinsamen erlaubten, aber **staatlich nicht genehmigten** Spiel geschlossen worden ist, richtet sich nach denselben Grundsätzen wie beim Auftrag und der Geschäftsbesorgung[214]. Dies entsprach BörsG aF § 60 für Börsentermingeschäfte. Die rechtliche Unverbindlichkeit des Spiels hat die Unverbindlichkeit des Gesellschaftsvertrages zur Folge[215]. Ansprüche auf Mitwirkung, auf Zahlung von Gesellschaftsbeiträgen oder Forderungen nach Aufwendungsersatz sind nicht durchsetzbar[216]. Ein Anspruch auf anteilige Gewinnbeteiligung dürfte nach umstrittener Auffassung[217] nur demjenigen zustehen, der seinen Beitrag bereits geleistet hat, da auch nur dieser ein tatsächliches Verlustrisiko übernommen hatte[218]. Bei einem Gesellschaftsvertrag, nach dem der eine als Innengesellschafter dem anderen als Außengesellschafter durch eine Bareinlage die Möglichkeit verschafft, eine Beteiligung an einem ausländischen, nicht konzessionierten Spielklub zu erwerben, steht der Spieleinwand dem Anspruch auf anteilige Erstattung der Einlage nicht entgegen, der für den Fall vereinbart war, dass der Klub den Spielbetrieb einstellt, denn der Anspruch steht in keiner direkten Abhängigkeit vom Spiel[219]. Wenn ein Strohmann als Konzessionsträger für den Betrieb einer Spielhalle gegenüber den Behörden auftritt, berührt der daraus resultierende Verstoß gegen das Konzessionsverfahren nicht die Wirksamkeit eines zum Zweck des Erwerbs und des Betriebs dieser Spielhalle abgeschlossenen Gesellschaftsvertrages[220].

207 Düsseldorf WM 1980, 1300, 1301 = NJW 1980, 1966; ebenso Frankfurt/M WM 1984, 1369, 1371 bei nicht ausgeführtem Geschäft.
208 S Rz 18. LG Berlin NJW 1992, 2706, 2707.
209 RG JW 1906, 228.
210 RGZ 138, 122.
211 So zu BörsG § 55 BGH WM 1985, 449 = WuB I G 5.-2.85 (Kümpel); Häuser WuB I G 5.-4.86.
212 BAG WM 1986, 997 = NJW 1986, 2663 = WuB I G 5.-4.86 (Häuser).
213 So aber BAG WM 1986, 997 = NJW 1986, 2663; abl Häuser WuB I G 5.-4.86 unter Hinweis auf RG BankArch 1930/31, 16.
214 S dazu Rz 55 f. Vgl zum Gesellschaftsvertrag auf Abschluss von Differenzgeschäften RGZ 147, 112, 118 = BankArch 1935, 374 = JW 1935, 1545 (mAnm Lehmann); zum gemeinsamen Spiel eines Lotterieloses: J Steinhauer, Die Lotteriegesellschaft, Diss Marburg 1936. Zur Lottospielgemeinschaft vgl BGH WM 1968, 376; Düsseldorf WM 1982, 969 u § 763 Rz 4.
215 Henssler, Risiko als Vertragsgegenstand S 508.
216 Hamm NJW-RR 1988, 870, 871; Düsseldorf WM 1987, 767, 768 = NJW-RR 1987, 483; Staud/Engel § 762 Rz 39; MünchKomm/Habersack § 762 Rz 31.
217 Henssler, Risiko als Vertragsgegenstand S 508; im Anschluss hieran MünchKomm/Habersack § 762 Rz 31.
218 AA RGZ 58, 280; Staud/Engel § 762 Rz 39; Lehmann JW 1935, 1548: anteilige Gewinnauszahlung entsprechend § 721.
219 Düsseldorf WM 1987, 767 = NJW-RR 1987, 483 (mkritAnm Moritz WuB II J § 762–1.87); krit auch Henssler, Risiko als Vertragsgegenstand S 509 f.
220 BGH WM 2003, 1328.

Gesellschaften, die zum Zwecke der gemeinsamen Teilnahme an einem nach § 763 **behördlich genehmigten** Spiel gegründet wurden, sind verbindlich. Umstritten ist jedoch auch hier, inwieweit Ansprüche auf Auskehrung des Gewinnanteils sowie Schadenersatzansprüche bei gemäß § 708 zu vertretender Pflichtverletzung bestehen[221]. Wer in einer Lottospielgemeinschaft vereinbarungsgemäß die Lottoscheine ausfüllen und einreichen soll, übernimmt insoweit keine rechtsgeschäftliche Verpflichtung, wenn dies nicht ausnahmsweise durch eine besondere Vereinbarung klargestellt ist[222]. 59

4. **Sonstige Verträge**. Fragwürdig erscheint, dass die Vermietung von Räumen an Spielklubs als sittenwidrig eingeordnet wird[223]; ein Vertrag über Lieferung von Spielgeräten kann bei erheblicher Überforderung des Mieters sittenwidrig sein[224]. Ansprüche aus dem Verkauf eines angeblich gewinnversprechenden Spielsystems sind unverbindlich im Sinne von § 762 Abs 1 Satz 1[225]. 60

IX. Prozessuales

Ist streitig, ob die Klageforderung auf einem voll wirksamen Vertrag oder auf einem Spielvertrag beruht, so hat der Beklagte als **rechtshindernde Einwendung** zu beweisen, dass ein Spielvertrag vorliegt[226]. Die Beweislast dafür, dass einem Klagewechsel Spielgeschäfte zugrunde lagen, trifft den Beklagten[227]. 61

X. Örtliche Geltung

Ob ein inländischer Schuldner die Klaglosigkeit der Spielschuld einwenden kann, wenn das Geschäft nach ausländischem Recht zu beurteilen ist und dieses den Spieleinwand nicht kennt, entscheidet sich nach EGBGB Art 6 (= Art 30 aF)[228]. 62

§ 763 Lotterie- und Ausspielvertrag

Ein Lotterievertrag oder ein Ausspielvertrag ist verbindlich, wenn die Lotterie oder die Ausspielung staatlich genehmigt ist. Anderenfalls findet die Vorschrift des § 762 Anwendung.

ÜBERSICHT

221 Dafür MünchKomm/Habersack § 762 Rz 32; aA in Bezug auf Schadenersatzleistung BGH WM 1974, 876 = NJW 1974, 1705, 1706.

222 BGH WM 1974, 876 = NJW 1974, 1705; dazu Plander AcP 176 (1976), 425.

223 So RG SeuffA 78 Nr 4.

224 RG WarnR 1924 Nr 8.

225 Karlsruhe Justiz 1965, 86.

226 RG SeuffA 87 Nr 140 = WarnR 1933 Nr 98; Rosenberg, Beweislast[4] § 18 II 1.

227 RG BankArch 1935, 223; RG JW 1900, 157.

228 Bejahend BGHZ 58, 1 = WM 1972, 178 = NJW 1972, 382; BGH WM 1975, 676 = NJW 1975, 1600; BGH WM 1978, 1203 = NJW 1979, 488; Dresden Ann Sächs OLG 33, 287; aA für Differenzgeschäfte Kümpel WM 1978, 862; Hadding/Wagner WM 1978, 317; dazu § 764 Rz 26.

I. Bedeutung der Vorschrift

1 Verträge, die im Rahmen von **Lotterien** und **Ausspielungen** zwischen dem veranstaltenden privaten Unternehmen und den Spielern zustande kommen, sind bei **staatlicher Genehmigung** abweichend von § 762 Abs 1 Satz 1 gemäß § 763 Satz 1 in vollem Umfang rechtswirksam[1]. Ansprüchen auf Erfüllung, also auf Auszahlung eines Gewinns oder auf Übereignung einer ausgespielten Sache, oder Schadenersatzansprüche wegen Leistungsstörungen steht der Spieleinwand nicht entgegen. Dasselbe gilt, wenn der Staat selbst die Lotterie betreibt[2], weil in diesem Fall eine der staatlichen Genehmigung vergleichbare Lage gegeben ist[3]. Die Verbindlichkeit der Verträge zu staatlich genehmigten oder vom Staat veranstalteten Lotterien oder Ausspielungen verdeutlicht, dass es nicht zwingend zur Unwirksamkeit des Rechtsgeschäfts führen muss, wenn ein anerkannter Vertragszweck, wie bei Spiel oder Wette, fehlt[4]. § 763 liegt der **Gedanke** zugrunde, dass das Genehmigungserfordernis eine **staatliche Kontrolle des Spielwesens** gewährleistet und den Spielbetrieb so in geordnete Bahnen lenkt[5]. Ferner wird das naheliegende **Vertrauen des Publikums** in die Wirksamkeit der Verträge, die im Rahmen staatlich genehmigter Veranstaltungen geschlossen werden, als schutzwürdig angesehen[6]. Weiterer Hintergrund der Vorschrift ist auch ein **finanzielles Eigeninteresse des Staates**, der aus den von ihm selbst veranstalteten Lotterien sowie über Steuereinkünfte aus genehmigten Spielverträgen erhebliche wirtschaftliche Vorteile zieht. Es wäre schwerlich miteinander zu vereinbaren, dass der Staat einerseits Lotterien billigt, um an ihrem Ertrag teilzuhaben, und andererseits den für die Mitwirkung erforderlichen Verträgen die Verbindlichkeit versagt[7]. **Strafbewehrt** ist die Veranstaltung einer öffentlichen Lotterie oder Ausspielung **ohne behördliche Erlaubnis** (StGB § 287[8]). Im Schrifttum[9] wird mit Rücksicht auf die asymmetrische Informationsstruktur zwischen Veranstalter einer Lotterie und Teilnehmer vorgeschlagen, die Verbindlichkeit einer Lotterie davon abhängig zu machen, dass der Veranstalter die andere Partei über die Höhe seines durchschnittlich zu erwartenden Verlustes aus dem Spiel aufzuklären hat.

II. Begriff der Lotterie und der Ausspielung

2 Die Begriffe „Lotterie" und „Ausspielung" sind gesetzlich nicht definiert. Unter einer **Lotterie** versteht man nach allgemeinem Sprachgebrauch ein Glücksspiel, bei dem sich ein veranstaltender Unternehmer für eigene Rechnung schuldvertraglich gegenüber mehreren Teilnehmern ver-

1 Vgl zur Rechtsentwicklung Henssler, Risiko als Vertragsgegenstand S 513 f.
2 S unten Rz 3 vor § 762.
3 BayVerfGH BB 1964, 326.
4 § 762 Rz 1.
5 MünchKomm/Habersack § 763 Rz 2; Wagner, in: Pfister (Hrsg), Rechtsprobleme der Sportwette S 1, 4; für eine Liberalisierung des deutschen Lotteriemarktes Adams/Tolkemitt ZBB 2001, 170, 181.
6 Mugdan II, S 362.
7 Motive II, S 648.
8 S hierzu Rz 21 vor § 762.
9 Adams/Tolkemitt ZBB 2001, 170, 183; dies ZBB 2000, 163, 167; Adams ZRP 1997, 314.

pflichtet, nach Maßgabe eines bestimmten Spielplanes[10] gegen einen Einsatz[11] die Chance einräumt, durch Verlosung oder in anderer zufallsabhängiger Weise bestimmte **Geldgewinne** zu erzielen[12]. Im **Lotterievertrag** verpflichtet sich ein veranstaltender Unternehmer, die Geldgewinne an die aus dem Kreis der mehreren Einsatzleistenden ermittelten Gewinner auszuzahlen. Bei der **Ausspielung** werden, anders als bei einer Lotterie, nicht Geld- sondern **Sachgewinne** ausgespielt[13]. Deshalb sind, je nachdem, ob Geld- oder Sachpreise ausgespielt werden, die häufig veranstalteten „Lotterien" zur Befriedigung aktueller sozialer oder kultureller Bedürfnisse (Tombola, Wohlfahrtslotterien, Dombaulotterien und Ähnliches) echte Lotterien oder Ausspielungen. Das Glücksspiel in der Form von Ausspielungen ist seit je her auf Jahrmärkten zu Hause.

Eine Lotterie setzt einen **Spielplan** voraus, der bereits festliegen muss, bevor die Veranstaltung 3
stattfindet. Wegen seiner verbindlichen Festlegung darf er während des Spielverlaufs nicht geändert werden. Eine (unzulässige) Änderung liegt aber nicht bereits dann vor, wenn bei einer Tombola im Verlauf der Veranstaltung der Lospreis geändert wird, wohl aber, wenn unzutreffend damit geworben wird, der Hauptpreis sei noch nicht gezogen[14].

Zur Lotterie und zur Ausspielung als besondere Arten des Glücksspiels gehört begriffsnotwen- 4
dig ein **Einsatz der Teilnehmer**[15]. Um von einem Einsatz ausgehen zu können, muss ein notwendiger Zusammenhang zwischen der Aufwendung eines Vermögensvorteils und dem Gewinn und Verlust bestehen. Der Einsatz kann, muss aber nicht zwingend durch den **„Kauf" eines Loses** erbracht werden; es genügt auch, wenn er verschleiert als Vereinsbeitrag, Eintrittsgeld oder Ähnliches geleistet wird[16]. Die Abgrenzung kann im Einzelfall zweifelhaft sein[17].

Als Lotterie ist auch die **Auslosung von Prämien** im Rahmen eines **Gewinnsparens** anzu- 5
sehen[18], ferner die Ausgabe der sog Babyfonds aufgrund des AnleiheGes 1950[19]. **Preisrätsel** und **Preisausschreiben** zu Reklamezwecken sind Lotterie oder Ausspielung, wenn ein (versteckter) Einsatz geleistet werden muss und die vom Teilnehmer verlangte Lösung so leicht ist, dass über die Gewinnberechtigung das Los entscheiden muss[20]. Das Gewinnsparen, das Volks- und Raiffeisenbank anbieten, und das Lotteriesparen einiger Sparkassen, bei denen Kapitalanleger angeregt werden, einen Teil des Nominalbetrages der Anlage aufzuwenden, um an einem Glücksspiel teilzunehmen, sind Lotterien mit staatlicher Genehmigung[21].

III. Lotterie und Ausspielung als Spielformen

Lotterie und Ausspielung sind ungeachtet der Privilegierung durch § 763 Satz 1 **besondere** 6
Formen des Spiels, da insbesondere das Merkmal der unsicheren Gewinnchance auch bei ihnen anzutreffen ist[22]. Nicht erforderlich für eine Lotterie ist, dass es sich um ein **reines Glücksspiel** handelt. Hiergegen spricht das Gesamtkonzept der §§ 762 ff sowie der enge systematische Zu-

10 S Rz 3.
11 S Rz 4.
12 BFH/NV 1997, 68, 69; RGZ 77, 341, 344; Henssler, Risiko als Vertragsgegenstand S 511 mwNachw.
13 Vgl StGB § 287 Abs 1: Ausspielung beweglicher und unbeweglicher Sachen.
14 Köln NJW-RR 1989, 177, 178.
15 BGHSt 34, 170 = BGH NJW 1987, 851, 852; BGHSt 3, 99 = NJW 1952, 1062; Schöne RIW 1990, 550, 553.
16 Vgl BGHSt 11, 209 = NJW 1958, 758; BGHSt 3, 99 = NJW 1952, 1062; BGHSt 2, 79, 139 = NJW 1952, 34; Düsseldorf NJW 1958, 760; RGZ 115, 326; RG WarnR 1915 Nr 216; MünchKomm/Habersack § 763 Rz 6.
17 Vgl BFHE 55, 418; BFHE 56, 525. Zum Los-Topfspiel mit Sammeln von Gewinnlosen FG Düsseldorf EFG 1982 Nr 294.
18 OVG Münster MDR 1956, 701; BVerwG MDR 1957, 314.
19 BGBl I 1950, S 218.
20 RGSt 25, 256; BFHE 55, 289; BFHE 60, 406; Tetzner NJW 1953, 1171; aA mit eingehender Begründung Henssler, Risiko als Vertragsgegenstand S 519 f (auf einen Einsatz komme es nicht an).
21 Dazu Adams/Tolkemitt ZBB 2000, 163 ff.
22 Erman/Terlau § 763 Rz 1; MünchKomm/Habersack § 763 Rz 3; Tettinger/Ennuschat, Grundstrukturen des deutschen Lotterierechts S 12; aA Staud/Engel § 763 Rz 3.

sammenhang zwischen § 762 und § 763[23]. Im Unterschied zu sonstigen Spielen verschaffen Lotterie und Ausspielung bei sorgfältiger Aufstellung des Spielplanes dem veranstaltenden Unternehmer in der Gesamtschau allerdings einen sicheren Gewinn. Die für ein Spiel charakteristische beiderseitige Risikoübernahme von Unternehmer und Spieler ist hier nur mit Blick auf den einzelnen Lotterievertrag gegeben[24]. Deshalb unterfällt eine Lotterie dem § 762, wenn sie nicht staatlich konzessioniert ist (§ 763 Satz 2).

IV. Staatliche Genehmigung

7 Die Zuständigkeit für die in § 763 Satz 1 vorausgesetzte staatliche Genehmigung von Lotterien und Ausspielungen liegt bei den Bundesländern, da die Veranstaltung einer Lotterie oder Ausspielung durch (private) Betreiber keine wirtschaftliche Betätigung im Sinne der konkurrierenden Gesetzgebung nach GG Art 74 Nr 11 ist[25]. Die sog **Lotteriehoheit** liegt also nach GG Art 70 Abs 1, 72 Abs 2 bei den Bundesländern. Ihnen steht die nähere Ausgestaltung der lotterierechtlichen Rechtsgrundlagen zu, und sie sind zuständig, über die Zulassung oder Nichtzulassung einzelner Veranstaltungen zu entscheiden. Die Genehmigung **nicht staatlicher Lotterien und Ausspielungen** richtete sich zunächst nach der LotterieVO[26], die nach GG Art 123 als Landesrecht fortgalt[27]. Die Genehmigung durfte nach LotterieVO § 2 insbesondere nur dann erteilt werden, wenn der Ertrag für billigenswerte Zwecke verwendet wird und Nettoertrag, Gewinne und Kosten in einem angemessenen Verhältnis zueinander stehen[28]. Die Bundesländer haben inzwischen eigene LotterieVO erlassen[29]. Aufgrund länderspezifischer Gegebenheiten sind darin unterschiedliche Voraussetzungen für die Erteilung einer Genehmigung zum Betrieb einer Lotterie oder einer Wette festgelegt, insbesondere hinsichtlich der Wahrung des öffentlichen Interesses. Vor dem Hintergrund der Entwicklung auf EU-Ebene[30] haben die Bundesländer mit dem **Lotteriestaatsvertrag** vom 1. Juli 2004[31] eine einheitliche Grundlage für die ordnungsrechtliche Steuerung des Lotterie- und Glückspielwesens, insbesondere die Zulassung von Lotterieveranstaltern in Deutschland bestimmt. Ziel des Lotteriestaatsvertrages ist es, den natürlichen Spieltrieb der Bevölkerung in geordnete und überwachte Bahnen zu lenken, übermäßige Spielanreize zu verhindern, eine Ausnutzung des Spieltriebs zu privaten und gewerblichen Gewinnzwecken auszuschließen und sicherzustellen, dass Glücksspiele ordnungsgemäß und nachvollziehbar durchgeführt werden und dass ein erheblicher Teil der Einnahmen aus Glücksspielen zur Förderung öffentlicher oder steuerbegünstigter Zwecke verwendet wird (Lotteriestaatsvertrag § 1). Lotteriestaatsvertrag § 5 bestimmt, dass ausnahmslos nur staatliche Anbieter Glückspiele veranstalten dürfen. Lediglich Lotterien und Ausspielungen können unter den engen Voraussetzungen des Lotteriestaatsvertrages § 6 (zB kein übermäßiger Spielanreiz, Höchstgewinn 1 Million Euro, kein Jackpot, keine Bekanntgabe der Ziehungsergebnisse öfter als zweimal wöchentlich, keine interaktive Teilnahme in dem Medien mit zeitnaher Gewinnbekanntgabe) auch privaten Anbietern erlaubt werden. Die Bundesländer setzen den Staatsvertrag durch eigene Gesetze um. Er belässt ihnen Regelungsspielräume und engt sie in ihrer ordnungsrechtlichen Gestaltungsfreiheit hinsichtlich des Lotteriewesens nicht ein (Lotteriestaatsvertrag § 15). Die Lotteriegesetze der Bun-

23 Henssler, Risiko als Vertragsgegenstand S 512 unter Hinweis auf die Entstehungsgeschichte; MünchKomm/Habersack § 763 Rz 5; aA unter Berufung auf einen notwendigen Gleichklang mit den StGB §§ 284, 285, die nur unerlaubte Glücksspiele unter Strafe stellen, BFHE 55, 418; Staud/Engel § 762 Rz 6; Erman/Terlau § 763 Rz 2.
24 Staud/Engel § 763 Rz 4.
25 BVerfGE 28, 119, 148 ff = NJW 1970, 1363; anders für das Buchmacherwesen, das ausdrücklich vom Spielbankenrecht abgegrenzt wird, BVerwG NVwZ 1995, 481, 482 = DVBl 1995, 353.
26 Vom 6. März 1937 (RGBl I, S 283).
27 Braunschweig NJW 1954, 1777, 1779
28 S auch Stein EuZW 2000, 153, 155 (Anm zu EuGH EuZW 2000, 151).
29 Abgedruckt sind die LotterieVO Bayerns, Berlins, Hamburgs, Hessens, Nordrhein-Westfalens, des Saarlandes u Schleswig-Holsteins in der jeweils aktuellen Fassung bei Tettinger/Ennuschat, Grundstrukturen des deutschen Lotterierechts.
30 S Rz 41 f.
31 S GVBl NRW 2004, Nr 20, S 315.

desländer und das Marktverhalten der staatlichen Glücksspiel-Anbieter gewährleisten derzeit jedoch nicht ausreichend, dass das staatliche Angebot an Lotterien und Glücksspielen konsequent in den Dienst einer aktiven Suchtbekämpfung und die Begrenzung der Wettleidenschaft gestellt wird. Vielmehr verfolgen die Bundesländer mit ihrem Monopol erkennbar fiskalische Zwecke, indem sie zur Teilnahme an Sportwetten, Lotterien und sonstigen Glückspielen aufrufen und daraus erhebliche Einnahmen erzielen. Dieses Defizit wird auch nicht durch den von sämtlichen Bundesländern ratifizierten Lotteriestaatsvertrag ausgeglichen. Für **Sportwetten** hat das BVerfG[32] in einer Grundsatzentscheidung, bei der es um die Frage ging, ob deutsche Buchmacher vom Bereich der Sportwetten ausgeschlossen werden dürfen, festgestellt, dass ein staatliches Monopol für Sportwetten dann mit dem Grundrecht der Berufsfreiheit von GG Art 12 Abs 1 unvereinbar ist, wenn es nicht konsequent am Ziel der Bekämpfung von Suchtgefahren ausgerichtet ist. Bundesländer, deren gesetzliche Regelung nicht im Einklang mit dem Grundgesetz steht, sind gehalten, die Veranstaltung und Vermittlung von Sportwetten bis zum 31. 12. 2007 unter Beachtung der sich aus der Entscheidung des Bundesverfassungsgerichts ergebenden verfassungsrechtlichen Vorgaben neu auszugestalten und einen verfassungsmäßigen Zustand entweder durch eine konsequent am Ziel der Bekämpfung von Suchtgefahren ausgerichtete Ausgestaltung des Sportwettenmonopols oder eine gesetzlich normierte und kontrollierte Zulassung gewerblicher Sportwettangebote durch private Wettunternehmen herzustellen[33]. Während der Übergangszeit bleibt die bisherige Rechtslage mit der Maßgabe anwendbar, dass die Bundesländer ein Mindestmaß an Konsistenz zwischen der Begrenzung der Wettsucht einerseits und der tatsächlichen Ausübung des Monopols andererseits herzustellen haben[34]. Darüber hinaus hat das Bundeskartellamt für den Bereich des sonstigen Glücksspielrechts den regionalen Lottogesellschaften sowie dem Lotto- und Totoblock verboten, gewerbliche Spielvermittler am Aufbau von stationären Vermittlungsstellen für Lotterien (zB in Supermärkten und Tankstellen) zu verhindern, eine räumliche Marktaufteilung zwischen den 16 deutschen Lottogesellschaften vorzunehmen und die von den gewerblichen Spielevermittlern eingenommenen Spieleinsätze mit dem Ziel zu erfassen, die Spieleinsätze unter den Bundesländern wettbewerbsneutral aufzuteilen[35]. Durch diese Entscheidungen und die Entwicklung auf EU-Ebene[36] kommt es zu einer Lockerung des bisherigen staatlichen Glücksspiel-Monopols. Ob dies tatsächlich zu einer vollständigen Freigabe des Glückspiel-Marktes führt, ist zweifelhaft[37].

1. **Ordnungsrechtliche Funktion der Genehmigung**. Mit der Entscheidung über die behördliche Zulassung der Veranstaltung eines Glücksspiels (oder einer Spielbank) wird vornehmlich eine **polizeiliche Aufgabe zur Abwehr von Gefahren** für die öffentliche Sicherheit und Ordnung wahrgenommen. Hieraus folgt aber nicht, dass mit der Veranstaltung des Glücksspiels selbst (oder dem Betrieb der Spielbank) öffentlich rechtliche, insbesondere polizeiliche Aufgaben in dem Sinne wahrgenommen werden, dass der Betrieb oder die Veranstaltung als Verwaltungsmonopol von genuin-hoheitlicher Art außerhalb des Schutzbereichs der Berufsfreiheit des GG Art 12 Abs 1 liegen würde[38]. Auch die „Erweiterung des Rechtskreises“ des privaten Bewerbers, die mit der Möglichkeit einer Zulassung als Wettunternehmer verbunden ist, wird vom Grundrechtsschutz von GG Art 12 Abs 1 erfasst[39]. Der Betreiber einer Spielbank oder der Veranstalter eines sonstigen Glücksspiels kann sich beispielsweise auf die Berufsfreiheit berufen, wenn eine befristet erteilte Veranstaltungserlaubnis abgelaufen ist. Eine Erwerbstätigkeit kann nämlich die Eigen- 8

32 BVerfGE 115, 276 = WM 2006, 833 = NJW 2006, 1261.
33 BVerfGE 115, 276 = WM 2006, 833, 838 = NJW 2006, 1261; BVerfG WM 2006, 1644; BVerfGE 115, 276 = WM 2006, 1646.
34 BVerfG WM 2006, 833, 838 = NJW 2006, 1261; BVerfG WM 2006, 1644; BVerfG WM 2006, 1646.
35 Beschl v 23. 8. 2006 – B 10-92713-Kc-148/05.
36 S Rz 41 f.
37 Bahr, Glücks- und Gewinnspielrecht Rz 709 ff.
38 BVerfG Beschl v 23. 4. 1975 – 1 BvR 455/74 (unveröffentlicht): Spielbank; BVerwG NVwZ 1995, 478 f = DVBl 1995, 47: Spielbank; BVerwG NVwZ 1995, 475, 476 = DVBl 1995, 65 – LS: für Sportwetten; BVerwG NVwZ 1995, 481: Rennwetten; vgl zu diesen Urteilen des BVerwG Gassner NVwZ 1995, 449.
39 BVerfG Beschl v 23. 4. 1975 – 1 BvR 455/74 (unveröffentlicht); BVerwG NVwZ 1995, 475, 477 = DVBl 1995, 65 – LS.

schaft eines Berufes im Sinne von GG Art 12 Abs 1 Satz 1 nicht dadurch verlieren, dass sie durch einfaches Gesetz verboten oder für strafbar erklärt wird[40].

9 2. **Verbotene Lotterien oder Ausspielungen**. Der Vertrieb von Waren nach dem sog Hydra-, Cella- oder **Schneeballsystem**, das beispielsweise eine Verminderung des Kaufpreises für Besteller vorsieht, die weitere Kunden werben (Verkaufssystem der progressiven Kundenwerbung)[41] wird von der herrschenden Meinung[42] als **unerlaubte Ausspielung** von Waren im Sinne von StGB § 287 Abs 1 angesehen[43]. Es kann zugleich ein Verstoß gegen UWG § 3 = § 1 aF vorliegen, wenn die Teilnahme an einem Gewinnspiel an einen Warenabsatz gekoppelt wird, mit der Veranstaltung ein übertriebenes Anlocken von Erwerbsinteressen einhergeht, ein psychologischer Kaufzwang damit verbunden ist oder eine Irreführung von Erwerbsinteressen erfolgt[44]. UWG § 16 Abs 2 (= bisher § 6 c)[45] stellt die sog progressive Kundenwerbung (Vertriebs- und Werbesystem nach dem Schneeballsystem) gegenüber Nicht- oder Minderkaufleuten unter Strafe[46]. Unlauter ist ein Gewinnspiel auch dann, wenn der Anlockeffekt im Hinblick auf den Wert der Gewinne so stark ist, dass er von einer sachgerechten Prüfung des Warenangebots ablenkt. Dies gilt auch, wenn die Teilnahme rechtlich nicht vom Erwerb der Ware abhängig ist[47]. Der Vorwurf der Sittenwidrigkeit knüpft an der Gefahr an, dass der Anreiz zu gewinnen das Urteilsvermögen der Kunden herabsetzen kann. Demgegenüber wird eine sog **Kettenbriefaktion** nicht als verbotene Lotterie (StGB § 287) angesehen, da mangels eines Einsatzes schon kein Glücksspiel vorliegt[48].

10 Eine öffentliche, nicht genehmigte und damit verbotene Lotterie liegt ebenfalls vor, wenn eine Wertpapier-Depot-Verwaltung zur Kundenwerbung und Aufbau eines Vertreternetzes sog **Team-Verträge mit freien Mitarbeitern** schließt, die einen Eintrittspreis entrichten müssen, der als Prämie bei erfolgreicher Werbung zurückerstattet wird[49].

V. Besondere Lotterieformen

11 1. **Staatslotterien**. – a) **Klassenlotterien**. **Staatslotterien** werden aufgrund von Staatsverträgen zwischen beteiligten Bundesländern in Verbindung mit entsprechenden landesrechtlichen Zustimmungsgesetzen betrieben. Es handelt sich um die **Nordwestdeutsche Klassenlotterie** für Nordrhein-Westfalen, Niedersachsen, Schleswig-Holstein, Hamburg, Bremen, Sachsen-Anhalt, Brandenburg sowie Mecklenburg-Vorpommern und die **Süddeutsche Klassenlotterie** für Bayern, Baden-Württemberg, Hessen, Rheinland-Pfalz, Sachsen sowie Thüringen[50]. Träger dieser Lotterien sind **Anstalten des öffentlichen Rechts**[51]. Kennzeichnend für eine Klassenlotterie sind eine im Voraus festgelegte **Losauflage**, ein **Gewinnplan** und eine **garan-**

40 BVerfG Beschl v 23. 4. 1975 – 1 BvR 455/74 (unveröffentlicht); BVerwG NVwZ 1995, 475, 477.
41 BGHZ 15, 356 = NJW 1955, 377.
42 Vgl BGHSt 2, 79 = NJW 1952, 34; BGHSt 2, 139 = NJW 1952, 392; RGZ 115, 319; RGZ 60, 379; aA Hamburg NJW 1964, 393; Henssler, Risiko als Vertragsgegenstand S 516; krit RGRK[12]/Seibert § 763 Rz 4; Stellungnahme JM Baden-Württemberg DB 1984, 2681; im Übrigen F Kern, Neue Formen erlaubter und unerlaubter Ausspielungen, 1925. Vgl zum Time-Sharing-Handelsvertretersystem BGHZ 125, 218 = WM 1994, 746 = NJW 1994, 1344.
43 S hierzu auch Rz 21 vor § 762.
44 BGH WRP 1998, 724; BGH WM 1997, 1212 = WuB IV A § 138 BGB 1.98 (Moritz) = NJW 1997, 2314 = ZIP 1997, 1110 (dazu Willingmann NJW 1997, 2932); BGHZ 15, 356 = NJW 1955, 377; Celle NJW 1996, 2660; München NJW 1986, 1880; Karlsruhe GRUR 1989, 615, 616; LG Gießen NJW-RR 1996, 796, 797 = VersR 1997, 717; LG Trier NJW-RR 1990, 313, 314; Tettinger/Ennuschat, Grundstrukturen des deutschen Lotterierechts S 13.
45 Eingefügt durch zweites WiKG Art 4 Nr 1 (vom 15. Mai 1986), gem Art 12 am 1. 8. 1986 in Kraft getreten.
46 Vgl dazu BT-Drucks 10/5058 S 38; Achenbach NJW 1986, 1835, 1840 mwNachw.
47 BGHZ 110, 278, 292 f = WM 1990, 1085 = NJW 1990, 3199; Düsseldorf NJWE-WettbR 1997, 245.
48 BGH WM 1987, 851; aA Karlsruhe NJW 1972, 1963; dazu § 762 Rz 39.
49 Köln OLGZ 1991, 392.
50 Vgl Sura, Die grenzüberschreitende Veranstaltung von Glücksspielen im Europäischen Binnenmarkt, 1995, S 63.
51 S ebenso unten Rz 18.

tierte Anzahl von Gewinnen[52]. Die LotterieVO[53] und ihre landesrechtlichen Nachfolgebestimmungen sind auf Klassenlotterien nicht anwendbar[54].

b) **Lotterie- oder Ausspielvertrag**. Der Lotterievertrag zwischen dem öffentlich-rechtlichen Lotterieveranstalter und den Spielern unterliegt dem **Privatrecht**[55] und kommt durch den Erwerb eines Loses zustande. Der Veranstalter ist verpflichtet, die Ziehung als entscheidenden Akt der Lotterie vorzunehmen und dafür zu sorgen, dass die ermittelten Gewinner die ausgesetzten Preise erhalten. Das Angebot zum Abschluss eines Lotterievertrags durch Erwerb eines Lotterieloses kann von einem Interessenten grundsätzlich nur bis zur Ziehung angenommen werden[56]. Wenn ein vom Veranstalter übermitteltes Los nicht zurückgesandt wird, liegt darin grundsätzlich keine stillschweigende Annahme des Angebotes; eine andere Auslegung ist uU bei längerer Geschäftsverbindung und einer entsprechenden bisherigen Handhabung angebracht. Ein Lotterievertrag kommt nicht stillschweigend zustande, wenn dem Spieler, dessen Los gewonnen hatte, mit dem Gewinn unaufgefordert ein **Ersatzlos** mit Annahmeerklärungsformular zugesandt wird und der Spieler dies nicht zurückschickt[57]. Es besteht auch keine Verkehrssitte, dass der Lotterieeinnehmer zur rechtzeitigen Zusendung eines Erneuerungsloses verpflichtet wäre[58]. Eine solche Verpflichtung besteht aber nach den Amtlichen Lotteriebestimmungen der Süddeutschen Klassenlotterie § 5 Abs 3. Der Losspieler hat einen Anspruch auf den Gewinn, selbst wenn er das Los erst nach Ablauf des Erneuerungstages bezahlt, der Einnehmer sich damit aber stillschweigend einverstanden erklärt hat[59]. Der Vermerk „nur bezahlte Lose haben Anspruch auf Gewinn" ist dahin auszulegen, dass der Vertrag erst mit der Bezahlung des Loses zustande kommt[60]. Der **Lotterieeinnehmer** bei einer staatliche Klassenlotterie schließt den Lotterievertrag im Namen des Veranstalters als Handelsvertreter im Sinne von HGB § 84[61]. 12

Mangels Wahrnehmung einer öffentlichrechtlichen Aufgabe unterliegt der Lotterieträger **keinem Kontrahierungszwang**, und zwar auch nicht gegenüber gewerblich vermittelten Spielgemeinschaften[62]. Da das Glücksspiel nicht zu den Leistungen und Bedürfnissen zählt, deren Gewährung und Befriedigung so schützenswert erscheinen, dass eine Einschränkung des Grundsatzes der Vertragsfreiheit geboten ist, kann ein Kontrahierungszwang auch nicht ausnahmsweise auf § 826 iVm § 249 Satz 1 gestützt werden[63]. 13

Wenn der Vertrag mit einem Verbraucher (§ 13) unter ausschließlicher Verwendung von **Fernkommunikationsmitteln** (§ 312 b Abs 1 [= bisher FernAbsG § 1 Abs 1]) geschlossen werden soll, muss der Unternehmer den Informationspflichten aus § 312 c (= bisher FernAbsG § 2) nachkommen. Dem Verbraucher steht allerdings bei Fernabsatzverträgen „zur Erbringung von Wett- und Lotterie-Dienstleistungen" **kein Widerrufsrecht** zu (§ 312 d Abs 4 [= bisher FernAbsG § 3 Abs 2 Nr 4]). Die Geschäftsbesorgung, die auf Weiterleitung eines Antrags an eine Lotteriegesellschaft gerichtet ist, ist jedoch kein Vertrag zur Erbringung von Wett- oder Lotteriedienstleistungen. Wird eine solche Dienstleistung im Internet angeboten, hat der Unternehmer den Verbraucher über das Widerrufsrecht nach § 312 Abs 1 Satz 1 iVm § 355 zu belehren[64]. Der Vertrag zu einer staatlich genehmigten Lotterie oder Ausspielung unterliegt grundsätzlich **keinem Formerfordernis**. Wenn als Preis von dritter Seite ein **Grundstück** zur Verfügung gestellt worden ist[65], bedarf der Vertrag keiner **notariellen Beurkundung** aus dem Gesichtspunkt der Übereignungspflicht (§ 311 b Abs 1 Satz 1 [= bisher § 313 Satz 1 Fall 1]). Denn der Veranstalter ist 14

52 Eingehend hierzu Staud/Engel § 763 Rz 19.
53 S oben Rz 7.
54 Tettinger/Ennuschat, Grundstrukturen des deutschen Lotterierechts S 16.
55 BayVerfGH BB 1964, 326.
56 RGZ 59, 296.
57 BGH NJW 1957, 1105.
58 RG JW 1927, 2411.
59 RG JW 1929, 362.
60 RG WarnR 1914 Nr 3.
61 BGHZ 59, 87 = WM 1972, 936 = NJW 1972, 1662.
62 AA für Lotto- und Totounternehmen wegen des Monopolcharakters freilich Staud/Engel § 763 Rz 29.
63 BGH WM 1994, 1670, 1671 f = ZIP 1994, 1274, 1275: für die Abschlussfreiheit des Betreibers einer Spielbank.
64 Karlsruhe GRUR 730, 731.
65 Vgl StGB § 287 Abs 1: Ausspielung auch „unbeweglicher Sachen".

aufgrund des Ausspielungsvertrags nur verpflichtet, die Ziehung als entscheidenden Akt der Ausspielung planmäßig vorzunehmen und dafür zu sorgen, dass die ermittelten Gewinner die ausgesetzten Preise erhalten[66]. Weigert der Dritte sich, das Grundstück zu übereignen, hat der Veranstalter dem Gewinner Schadenersatz zu leisten[67]. Eine notarielle Beurkundung kommt nur in Betracht, wenn die Ausspielbedingungen eine **Erwerbspflicht** des Teilnehmers vorsehen (§ 311 b Abs 1 Satz 1 Fall 2 [= bisher § 313 Satz 1 Fall 2])[68].

15 Nach § 309 Nr 7 Halbsatz 3 (= bisher AGB-Ges § 23 Abs 2 Nr 4) findet auf staatlich genehmigte Lotterieverträge oder Ausspielungsverträge und die ihnen gleichstehenden Staatslotterien das Klauselverbot nach § 309 Nr 7 (= bisher AGB-Ges § 11 Nr 7) keine Anwendung. Der Lotterieunternehmer kann sich also sowohl von eigener grober Fahrlässigkeit als auch **Verschulden der Annahmestellen** (§ 278) weitgehend freizeichnen, und zwar auch hinsichtlich der Verletzung vorvertraglicher Pflichten[69].

16 Das **Lotterielos** verbrieft das Versprechen des Lotterieunternehmers, dem Inhaber einen Gewinn, der auf das Los entfallen ist, auszuzahlen. Es handelt sich um eine **Schuldverschreibung auf den Inhaber** (§ 793), denn der Lotterieunternehmer ist wegen der Vielzahl und der Anonymität der Loserwerber daran interessiert, den Gewinn ausschließlich an den Losinhaber zu zahlen[70]. Hat ein Spieler ein **Los** verloren, kann es nach § 799 aufgeboten und für **kraftlos** erklärt werden (ZPO §§ 1003 ff)[71]. Der frühere Inhaber kann seinen Gewinnanspruch dann nach § 800 auch ohne Vorlage des Loses geltend machen[72]. Der Aufdruck auf dem Los, „die Auszahlung erfolgt nur gegen Rückgabe der Gewinnlose", ist nicht schon als eine Ausschließung eines Aufgebotsverfahrens nach § 799 Abs 1 Satz 1 auszulegen.

17 2. **Lotterien des Deutschen Lotto-Toto-Blocks**. Die Lotterien des Deutschen Lotto-Toto-Blocks sind **Zahlenlotterien**[73] (Lotto, Toto, Rennquintett) und **Ziehungslotterien** (Spiel 77, Glücksspirale, Super 6), die von staatlich konzessionierten Lotterieunternehmen betrieben werden.

18 a) **Organisation**. Das **(Zahlen-)Lotto** und das **Fußball-Toto** sind landesgesetzlich geregelt[74]. Ihre Veranstalter sind als Anstalten des öffentlichen Rechts oder als juristische Personen des Privatrechts organisiert, deren Gesellschaftsanteile ganz oder überwiegend von den Bundesländern gehalten werden, in deren Gebiet sie sich niedergelassen haben[75]. Sie sind aufgrund eines **Blockvertrages** in einer Gesellschaft bürgerlichen Rechts (§ 705), dem **Deutschen Lotto- und Totoblock**, zusammengeschlossen und verwenden einheitliche Teilnahmebedingungen. Sie nehmen eine übereinstimmende Gewinnermittlung und eine gemeinsame Gewinnausschüttung (Gewinnpoolung) vor[76]. Die angeschlossenen Unternehmen melden ihre zu poolenden Umsätze aus Lotto und Toto und die Anzahl der ermittelten Gewinne in allen Gewinnklassen bis zu einem fest-

66 Nürnberg OLGZ 1966, 278, 279; aA MünchKomm/Habersack § 763 Rz 15, wenn der Teilnehmer kein Recht zur Ausschlagung des Gewinns hat.

67 Nürnberg OLGZ 1966, 278, 279.

68 Ebenso MünchKomm/Habersack § 763 Rz 15, wenn der Teilnehmer kein Recht zur Ausschlagung des Gewinns hat.

69 S Rz 23; Ulmer, in: Ulmer/Brandner/Hensen AGB-Ges, 2001[8], § 23 Rz 41 ff, Anh §§ 9–11 Rz 481.

70 RG JW 1929, 362; Weitemeyer JURA 1997, 147, 148.

71 Thomas/Putzo ZPO, 1999[22], § 1003 Rz 1.

72 OLG 24, 401.

73 Vgl dazu G Schlund, Das Zahlenlotto, 1972. Zur Entwicklung des Zahlenlottos vgl östOGH JBl 1999, 117, 119.

74 Vgl die Zusammenstellung der einzelnen Vorschriften bei Astl/Rathleff, Das Glücksspiel, Sammlung der geltenden Bestimmungen für Glücksspiele, Lotterien, Ausspielungen und andere Spiele, 1965.

75 Zur Beachtung von kartellrechtlichen Vorgaben (GWB § 1) BGH WM 1999, 1373 = NJW-RR 1999, 1266 = ZIP 1999, 1021.

76 S Auszug der seit 1. 1. 1994 gültigen Fassung des Blockvertrages, unter Einbeziehung wichtiger ab 2. 12. 2000 vorgenommener Änderungen, bei Staud/Engel § 763 Rz 27; ferner Wagner, in: Pfister (Hrsg), Rechtsprobleme der Sportwette S 1, 5.

gelegten Zeitpunkt nach dem Veranstaltungstag an die Verrechnungsstelle. Diese ermittelt die Höhe der einzelnen Gewinnquoten, die von den Unternehmen ausgezahlt werden.

b) **Abschluss des Lotterievertrags**. Zwischen dem Spielteilnehmer und dem Lotterieunternehmen eines Bundeslandes kommt ein **privatrechtlicher Lotterievertrag** zustande[77]. Da die Rechtsverhältnisse zu den Spielteilnehmern – bedingt durch die **Gewinnpoolung**[78] – einheitlich ausgestaltet sein müssen, haben die Toto- und Lottounternehmen **Rahmenteilnahmebedingungen** vereinbart, die keine Außenwirkung gegenüber den Spielteilnehmern entfalten. Für das Verhältnis zu den Spielteilnehmern haben die angeschlossenen Unternehmen diese Rahmenteilnahmebedingungen in unternehmensspezifische **allgemeine (amtliche) Teilnahmebedingungen** umgesetzt, die **Allgemeine Geschäftsbedingungen** (§ 305 Abs 1 [= bisher AGB-Ges § 1]) eines uU staatlichen Unternehmens sind, aber keine Rechtsvorschriften im Sinne von EGBGB Art 2[79]. Mit der Abgabe seines Spielscheines erkennt der Spieler diese Teilnahmebedingungen an[80]. 19

Die Bezirks- und Annahmestellen der einzelnen Lotto- und Totounternehmen registrieren die ihnen vorgelegten Spielscheine und vermitteln den Spielvertrag. Der Spielvertrag kommt nach den Rahmenteilnahmebedingungen Nr 10 Abs 1[81] erst zustande, wenn der Originalspielabschnitt nach Eingang in der Zentrale des Unternehmens[82] verfilmt und der Mikrofilm[83] rechtzeitig vor Ziehung der Gewinnzahlen des Zahlenlottos oder vor Beginn des ersten Fußballspiels des ersten Spieltages beim Sport-Toto gesichert und der Originalspielabschnitt auswertbar ist[84]. Der dem Spielteilnehmer ausgehändigte Wettschein verbrieft keinen Gewinnanspruch, sondern ist lediglich Quittung für die Zahlung des Einsatzes und der Bearbeitungsgebühr (Rahmenteilnahmebedingungen Nr 10 Abs 4, 5). Häufig zeichnen sich die Unternehmen in weitem Umfang von dem Risiko des Eintreffens der Scheine bei der Zentrale frei. Eine solche Freizeichnung muss ausdrücklich und unmissverständlich sein[85]. 20

An die Stelle der bisher praktizierten Verfilmung des Originalabschnitts ist mittlerweile ein **„Online-Verfahren“** getreten. Die Rahmenteilnahmebedingungen wurden im Hinblick auf diese technische Entwicklung mit Wirkung zum 2. 12. 2000 geändert. Beim Online-Verfahren wird der Spielschein über einen Belegleser eingelesen und die Daten an einen zentralen Rechner im Unternehmen weitergeleitet. Den Spielschein erhält der Spielteilnehmer nach Einlesung der Spieldaten zusammen mit der vom Terminal ausgedruckten Spielquittung (Rahmenteilnahmebedinungen § 11) als Eingabebeleg zurück. Die Spielquittung weist eine Spielquittungsnummer auf, die von der Zentrale vergeben wird (Rahmenteilnahmebedingungen § 11 Abs 1). Der Spielvertrag kommt also in diesem Online-Verfahren nur zustande, wenn die übertragenen Daten sowie die von der Zentrale vergebenen Daten in der Zentrale der Gesellschaft aufgezeichnet und auf einem sicheren Speichermedium abgespeichert sind, die auf dem sicheren Speichermedium abgespeicherten Daten auswertbar sind und das sichere Speichermedium durch digitalen oder physischen Verschluss rechtzeitig vor Beginn der Ziehung der Gewinnzahlen gesichert ist und die erstellte Spielquittung die auf dem durch digitalen oder physischen Verschluss gesicherten Spei- 21

77 S auch BGH WM 1999, 1373 = NJW-RR 1999, 1266 = ZIP 1999, 1021.

78 S Rz 18.

79 BGH NJW 1965, 1583; BVerwG NJW 1956, 235 = JZ 1956, 341; BayVerfGH BB 1974, 326 = DÖV 1964, 101; MünchKomm/Habersack § 763 Rz 8; Pfister, in: Pfister (Hrsg), Rechtsprobleme der Sportwette S 75, 76.

80 Pfister, in: Pfister (Hrsg), Rechtsprobleme der Sportwette S 75, 79.

81 Rahmenteilnahmebedingungen der Deutschen Lotto-Toto-Blocks in der Fassung vom 1. 1. 1994, teilweise abgedr bei Staud/Engel § 763 Rz 27.

82 Zur Anwendbarkeit des AGB-Gesetzes auf Teilnahmebedingungen zu Lotterien vgl Grunewald ZIP 1987, 553; zum Begriff des „Vorliegens bei der Zentrale“ vgl Schiedsgericht des Westdeutschen Fußballtotos NJW 1952, 80; zu modernen Abschlussbestimmungen vgl Ulmer, in: Ulmer/Brandner/Hensen AGB-Ges Anh §§ 9–11 Rz 480.

83 Für Unternehmen, die keine Mikroverfilmung durchführen, gelten ähnliche, den Sicherheitserfordernissen entsprechende Vertragsabschlussklauseln.

84 Noch zur früheren Abwicklung mittels weiterer Ausfertigungen KG NJW 1981, 2822.

85 BGHZ 5, 111 = NJW 1952, 657 (mAnm Wilde LM Nr 3 zu § 167); vgl auch KG NJW 1981, 2822. S auch Rz 23.

chermedium abgespeicherten Daten aufweist (Rahmenteilnahmebedingungen in der ab 2. 12. 2000 gültigen Fassung § 11 Abs 3). Fehlt eine der genannten Voraussetzungen, kommt der Spielvertrag nicht zustande (Rahmenbedingungen-Online § 11 Abs 4)[86]. Gegen die Wirksamkeit einer solchen Vereinbarung sollen dann keine Bedenken bestehen, wenn darauf auf dem Spielschein deutlich hingewiesen wird (§ 305 c Abs 1 [= bisher AGB-Ges § 3])[87].

22 Nach der gewählten Abwicklung bei der Mikroverfilmung und im Online-Verfahren ist der Spielteilnehmer verpflichtet, vorzuleisten. Er kann auch nicht beeinflussen, dass die Daten des Spielscheines ordnungsgemäß bei der Zentrale eintreffen. Dieses Risiko wird zwar durch das Online-Verfahren verringert, Störungen oder Übertragungsfehler sind aber auch hier nicht ausgeschlossen. Ihre Rechtfertigung finden diese Teilnahmebedingungen aus den Besonderheiten des Massenglücksspiels als Vorkehrung gegen **betrügerische Manipulation**[88]. Dies wird besonders deutlich, wenn man sich vergegenwärtigt, dass die Totogesellschaft (oder Lottogesellschaft) mit dem Spieler ein gegenseitiger schuldrechtlicher Vertrag verbindet, der vom Bestehen weiterer Spielverträge rechtlich unabhängig ist. Jedoch hängen die Spielverträge insoweit zusammen, als die Gewinne aus der Hälfte der Gesamtumsätze ausbezahlt werden. Jeder Gewinner hat daher das Interesse, dass möglichst viele Spieler an der Ziehung teilnehmen und möglichst wenige gewinnen. Die Gesellschaft hat hingegen kein eigenes Interesse daran, wie viele Gewinner es gibt und wie hoch der einzelne Gewinn ist, da sie nach Rahmenteilnahmebedingungen § 16 Abs 1 grundsätzlich nur die Hälfte der Wetteinsätze auszahlt. Wirtschaftlich gesehen schädigt ein Betrug somit nicht die Gesellschaft als Vertragspartner, sondern die anderen Gewinner, denen gegebenenfalls weniger ausgezahlt wird. Die Gesellschaften sind daher als eine Art **Treuhänder** der Spieler anzusehen. Aus dieser Funktion erhellt sich das Bestreben der Gesellschaften, den Vertragsschluss hinauszuschieben.

23 c) **Haftung bei Scheitern des Spielvertragsabschlusses.** Wenn der Spielvertrag nicht zustande kommt, werden dem Spieler der Spieleinsatz und die Bearbeitungsgebühr erstattet (Rahmenteilnahmebedingungen Nr 10 Abs 1); ein vertraglicher Anspruch auf einen eventuellen Gewinn besteht nicht. Ein Anspruch auf **Schadensersatz gegen die Gesellschaft** aus **culpa in contrahendo** (§§ 241 Abs 1, 311 Abs 3, 280 Abs 1) wegen Verschuldens der Gesellschaft (§ 276) oder der Annahmestelle (§ 278) ist in Rahmenteilnahmebedingungen Nr 11 Abs 2 ausgeschlossen. Zwar ist das Verschulden der Annahmestelle oder der Gesellschaft zu vermuten (§ 280 Abs 1 Satz 2 [= bisher § 282]), wenn die Daten bei der Zentrale nicht eingehen. § 309 Nr 7 b [= bisher AGB-Ges § 11 Nr 7], der solche Haftungsausschlüsse für unwirksam erklärt, ist nach § 309 Nr 7 Halbsatz 3 (= bisher AGB-Ges § 23 Abs 2 Nr 4) auf staatlich genehmigte Lotterieverträge nicht anwendbar[89]. Da die berechtigten Interessen aller Teilnehmer für die Abwehr sonst möglicher Betrugsversuche sprechen, verstößt die Klausel auch nicht gegen § 307 (= bisher AGB-Ges § 9)[90].

24 Es scheidet auch eine Eigenhaftung der Annahmestelle **(Sachwalterhaftung)** aus culpa in contrahendo grundsätzlich aus. Dass zwischen Annahmestelle und Spielteilnehmer kein Vertragsverhältnis zustande kommt, regeln Rahmenteilnahmebedingungen Nr 11 Abs 6 Satz 2. Ein Schuldverhältnis aus der Vertragsanbahnung setzt ein besonderes Vertrauensverhältnis zwischen Annahmestelle und Spielteilnehmer voraus, das die Erwartung des Spielteilnehmers rechtfertigt, die Annahmestelle sei besonders kompetent und zuverlässig. Ein solches besonderes Vertrauen ist regelmäßig nicht gerechtfertigt, da die Spielscheine oder deren Angaben beim Online-Verfahren von jeder Annahmestelle vergleichbar gewissenhaft weitergeleitet werden. Ferner handelt es sich

86 Ausführlich hierzu Wagner, in: Pfister (Hrsg), Rechtsprobleme der Sportwette S 1, 5 f; Pfister, in: Pfister (Hrsg), Rechtsprobleme der Sportwette S 75, 76.

87 Celle NJW-RR 1986, 833. Zur Zulässigkeit und Wirksamkeit derartiger Vertragsabschlussbestimmungen: KG NJW 1981, 2822.

88 Hierzu Pfister, in: Pfister (Hrsg), Rechtsprobleme der Sportwette S 75, 77.

89 KG NJW 1981, 2822; Ulmer, in: Ulmer/Brandner/Hensen AGB-Ges § 23 Rz 42, Anh §§ 9–11 Rz 481.

90 MünchKomm/Habersack § 763 Rz 17.

um eine rein mechanische Tätigkeit, die kein besonders schutzwürdiges Vertrauen hervorruft[91]. Dennoch regeln Rahmenteilnahmebedingungen Nr 11 Abs 7, dass die Annahmestelle für Vorsatz haftet. Diese Haftung kommt in Betracht, wenn ein Lottoschein bei der Annahmestelle verloren geht. Können die Umstände, die zum Verschwinden des Spielabschnittes und damit zur Unmöglichkeit der Leistung führten, nicht aufgeklärt werden, hat der Leiter einen persönlichen Entlastungsbeweis zu führen[92].

25 d) **Gewinnanspruch**. Ein Gewinner von mehr als 5 000 Euro **(Großgewinn)**, der binnen vier Tagen nach Ziehung nicht über seinen Gewinn benachrichtigt wird, hat seinen Gewinnanspruch zur Sicherstellung schriftlich oder durch persönliche Vorsprache unter Vorlage des als Quittung dienenden Abschnittes spätestens neun Tage nach der Ziehung geltend zu machen (Rahmenteilnahmebedingungen Nr 17 Abs 2). Meldet sich ein Großgewinner, wird nach Ablauf der Neun-Tages-Frist der vorläufige Gewinnbetrag geändert (Rahmenteilnahmebedingungen Nr 16). Nicht geregelt ist der Fall, dass ein Großgewinner nach Ablauf der neun Tage, aber noch innerhalb der Ausschlussfrist der 13 Wochen[93] seinen Anspruch anmeldet. In diesem Fall ergibt sich die Höhe des Gewinnanspruchs rechnerisch aus den Teilnahmebedingungen. Fest steht sie allerdings erst nach Ablauf von 13 Wochen. Die zuvor erfolgende Feststellung der jeweiligen Gewinnquote von der Gesellschaft ist als einseitige Bestimmung der Leistung (§ 315) nach den Teilnahmebedingungen anzusehen. Die Nachmeldung von Gewinnern gibt der Gesellschaft kein Anfechtungsrecht hinsichtlich der Feststellung nach § 119, da der Irrtum über die Zahl der Gewinner nur ein Kalkulationsirrtum ist, der nicht zur Anfechtbarkeit berechtigt, da die Gewinner die Grundlagen der Berechnung nicht einmal kennen[94].

26 Nach Rahmenteilnahmebedingungen Nr 18 sind alle Ansprüche aus der Spielteilnahme gegen die Gesellschaft sowie ihre Bezirks- und Wettannahmestellen innerhalb von 13 Wochen nach dem Veranstaltungstag unter Vorlage der gültigen Quittung in einer Verkaufsstelle oder bei der Gesellschaft geltend zu machen. Es handelt sich bei dieser Klausel, die weder als überraschend (§ 305 c [= bisher AGB-Ges § 3]) noch unangemessen benachteiligend (§ 307 [= bisher AGB-Ges § 9]) angesehen wird[95], um eine Ausschlussklausel. Die Ausschlussfrist erfasst auch Ansprüche aus culpa in contrahendo gegen den Betriebsleiter, der für den Transport der Lottoscheine verantwortlich ist; ihr Ablauf soll **von Amts wegen** zu beachten sein.

27 e) **Prozessuales**. Soweit nach den Spielbedingungen früher über Ansprüche aus dem Lotterievertrag eine aufsichtsführende Stelle (bei staatlichen Gesellschaften eine Behörde) endgültig zu entscheiden hatte, war kein vor den Verwaltungsgerichten anfechtbarer Verwaltungsakt gegeben[96]. Vielmehr schloss eine solche Bestimmung die Klagbarkeit des Gewinnanspruchs aus. Gegen die Rechtswirksamkeit einer solchen Vereinbarung bestanden keine durchgreifenden Bedenken[97]. Die neuen Spielbedingungen kennen diesen Ausschluss der Klagbarkeit nicht mehr (vgl Rahmenteilnahmebedingungen § 18).

28 3. **Rennwetten**. Rennwetten, die aus Anlass öffentlicher Leistungsprüfungen für Pferde abgeschlossen und vermittelt werden, sind sondergesetzlich im Rennwett- und LotterieGes (RennwLottG)[98] geregelt[99]. Eine solche Rennwette kann mit dem Unternehmer des **To-**

91 S hierzu auch Celle NJW-RR 1986, 413.

92 Vgl BGH NJW 1965, 1583; auch dazu, dass zwischen Spielteilnehmer und Annahmestelle keine vertraglichen, zum Schadenersatz verpflichtende Beziehungen bestehen; zu klarstellenden Teilnahmebedingungen s Ulmer, in: Ulmer/Brandner/Hensen AGB-Ges Anh §§ 9–11 Rz 481.

93 S Rz 26.

94 Pfister, in: Pfister (Hrsg), Rechtsprobleme der Sportwette S 75, 83.

95 So BGH WM 1991, 1280 = NJW 1991, 1745; Celle NJW-RR 1986, 833.

96 BVerwG NJW 1956, 235 = JZ 1956, 341; aA VGH Mannheim DRZ 1950, 260.

97 Vgl Kohlhaas JZ 1951, 137.

98 IdF vom 14. August 2002 (BGBl I, S 3412); urspünglich vom 8. April 1922, RGBl I, S 393.

99 Ergänzend gelten Ausführungsbestimmungen aufgrund RennwLottG 1922 § 25, die im Range unter dem Gesetz stehen und durch VO geändert oder aufgehoben werden können: BVerwG NVwZ 1995, 481, 482 = DVBl 1995, 353.

talisators[100] oder mit einem privaten **Buchmacher**[101], die dazu eine Erlaubnis haben, geschlossen werden[102]. Der Totalisator dient der Beschaffung von Geldmitteln für Pferdesportvereine, während der Buchmacher sein Geschäft unabhängig von einem Totalisatorunternehmen im eigenen wirtschaftlichen Interesse und auf eigenes Risiko nach einem anderen Spielsystem betreibt[103]. Die Wette ist nach RennwLottG § 4 Abs 2 für den Unternehmer des Totalisators (RennwLottG § 1) und den Buchmacher verbindlich, wenn dem Spieler der Wettschein ausgehändigt worden oder die Wette in das Wettbuch eingetragen ist[104]; es entsteht also mit der Aushändigung des Wettscheines im Gegensatz zu § 762 Abs 1 eine **durchsetzbare Verbindlichkeit**[105]. Diese Regelung ist nicht dahin zu verstehen, dass eine Rennwette, über die ein Wettschein ausgestellt ist, in jedem Fall den Wettunternehmer gegenüber dem Wettenden verpflichten muss. Vielmehr können die Beteiligten rechtswirksam eine ergänzende Vereinbarung treffen, dass die Verbindlichkeit für gewisse Fälle nicht gelten oder nur bei Eintritt einer aufschiebenden Bedingung wirksam werden soll[106]. Eine solche Vereinbarung kann auch mündlich getroffen werden, denn RennwLottG § 4 ist nicht als Formvorschrift auszulegen; denn der Wettschein muss nur bestimmte vorgeschriebene Angaben enthalten[107]. Eine abweichende Vereinbarung, dass die Wette nicht schon mit der Aushändigung des Wettscheins, sondern erst zu einem späteren Zeitpunkt verbindlich sein soll, ist zulässig[108]. Im **Unterschied zur typischen Lotterie** ist für Rennwetten kein im Voraus geleisteter Einsatz zwingend vorgesehen. Ein noch nicht gezahlter Einsatz darf nach RennwLottG § 4 Abs 2 Satz 3 immer nur von dem erzielten Gewinn für das Pferd abgezogen werden, für das der Einsatz gestundet war[109]. Der Wettende kann einen von ihm bereits gezahlten Einsatz nicht zurückverlangen (§ 762 Abs 1 Satz 2). Führt ein Beauftragter den Auftrag, eine bestimmte Wette zu setzen, nicht aus, so hat der Auftraggeber gegen ihn keinen Schadenersatzanspruch[110]. Zahlt er dem Auftraggeber irrtümlich einen Gewinn aus, obgleich keine rechtswirksame Wette vorlag, so steht dem Beauftragten ein Bereicherungsanspruch zu[111].

29 RennwLottG § 1 Abs 1 und § 2 Abs 1, wonach ein Buchmacher und ein Totalisatorunternehmen einer Erlaubnis bedürfen, dienen der Wahrung der öffentlichen Sicherheit und Ordnung. Der Verstoß ist strafbewehrt (RennwLottG § 5 Abs 1). Hierdurch soll die Wettleidenschaft in geordnete Bahnen gelenkt und finanziell nutzbar gemacht werden[112]. Während bei Spielbanken die rechtliche Regelung nur der Wahrung der **öffentlichen Sicherheit und Ordnung** dient[113], unterfällt die Regelung der Zulassung von Buchmachern als Wirtschaftsrecht (GG Art 74 Nr 11) der konkurrierenden Zuständigkeit des Bundes. Bei der Betätigung von Buchmachern handelt es sich auch um einen „Vorgang des wirtschaftlichen Lebens", so dass der Schutzbereich der Berufsfreiheit des GG Art 12 Abs 1 betroffen ist[114].

VI. Nicht ausdrücklich von § 763 erfasste genehmigte Spielveranstaltungen

30 Nach seinem Wortlaut erfasst § 763 Satz 1 lediglich Lotterien und Ausspielungen[115]. Beim In-Kraft-Treten des BGB war für andere als die genannten Spielformen weder eine Genehmigungs-

100 Nach RennwLottG § 1 Abs 1 kann die Erlaubnis zum Betrieb eines Totalisator nur einem Verein verliehen werden; vgl BVerwG NVwZ 1995, 481, 482 = DVBl 1995, 353.
101 Auch eine juristische Person des Privatrechts kann nach RennwLottG § 2 eine Buchmacherkonzession erhalten; vgl BVerwG NVwZ 1995, 481, 482 = DVBl 1995, 353.
102 Bis 1922 war das Buchmacherwesen verboten: BVerwG NVwZ 1995, 481, 482 = DVBl 1995, 353. Zu den steuerlichen Regelungen s Rz 23 vor § 762.
103 Vgl BVerwG NVwZ 1995, 481, 483 = DVBl 1995, 353; Bahr, Glücks- und Gewinnspielrecht Rz 27 f.
104 Dazu östOGH JBl 1999, 117, 120.
105 RG JW 1926, 2283.
106 RG JW 1926, 2283.
107 RG JW 1926, 2283.
108 BGH LM Nr 17 zu § 278; zur sog Spätwette vgl § 762 Rz 6.
109 RG JW 1926, 2283.
110 Hamburg OLG 14, 30; vgl RG SeuffA 61 Nr 202.
111 Hamburg OLG 14, 31.
112 RT-Drucks 1/2870.
113 BVerfGE 28, 119 = NJW 1970, 1363.
114 S oben Rz 8. BVerwG NVwZ 1995, 481, 482 = DVBl 1995, 353.
115 S Rz 2 f.

möglichkeit noch eine Genehmigungspflicht absehbar. Mittlerweile finden sich weitere Spielformen, die mit staatlicher Genehmigung stattfinden. Wird in diesen Fällen die staatliche Genehmigung erteilt, ist ein solches Spiel zunächst einmal nicht nach StGB § 287 verboten. Hiervon zu trennen ist die Frage nach der zivilrechtlichen Verbindlichkeit entsprechender Spielverträge nach Erteilung der Genehmigung.

1. **Entsprechende Anwendung des § 763 Satz 1**. Für die gewerbsmäßige Aufstellung von 31
Spielautomaten ist eine staatliche Genehmigung erforderlich, die seit dem Ges zur Änderung der GewO vom 18. Dezember 1933[116] geregelt ist[117].

Eine Genehmigungsmöglichkeit besteht bei **Sportwetten durch private Anbieter in den** 32
neuen Bundesländern. Für die Durchführung von Glücksspielen gegen Geld konnte in der ehemaligen DDR eine Genehmigung nach den gewerberechtlichen Vorschriften von GewG-DDR § 3 Abs 1 und 2 und 1 DVO/GewG-DDR § 1 iVm Anlage erteilt werden. Hierbei handelt es sich um eine ehemals zentral-staatliche Regelung der DDR. Diese von Behörden der DDR erteilten Genehmigungen sind trotz des Außer-Kraft-Tretens des Gewerberechts der DDR und ungeachtet der gesetzlichen Neuregelung durch die einzelnen Lotteriegesetze der neuen Bundesländer weiterhin gem EV Art 19 Satz 1 wirksam[118] und gelten auch für in anderen Bundesländern abgeschlossene Verträge[119]. Sportwetten zu festgelegten Gewinnquoten (Oddset-Wetten) werden damit nicht nur vom Lotto- und Totoblock (vgl Rz 17 ff), sondern auch von anderen Veranstaltern angeboten. Wenn ein Mitglied des deutschen Lotto- und Totoblocks mit dem Slogan „Oddset, die Sportwette mit festen Quoten, nur bei Lotto" wirbt, handelt es sich um irreführende Werbung im Sinne von UWG §§ 3, 5 Abs 1, weil auch bei denjenigen Adressaten der Werbung, die kein spezielles Vorverständnis des Begriffs „Oddset" besitzen, der Eindruck erweckt wird, dass der Lotto- und Totoblock der einzige Anbieter solcher Wetten sei[120].

Der Rechtsgedanke des § 763 Satz 1 rechtfertigt es, die Vorschrift auf andere aleatorische Ver- 33
anstaltungen **entsprechend anzuwenden**, wenn sie staatlich genehmigt sind[121]. Denn Anstoß für § 763 Satz 1 war die Vorstellung, die Gefahren von Manipulationen und ein Ausnutzen der Spielleidenschaft könnten durch eine staatliche Kontrolle gebannt werden[122]. Nicht maßgebend war der Gedanke, Lotterie und Ausspielung seien gegenüber anderen Glücksspielen weniger gefährlich. Der Grund für die Ausnahmevorschrift des § 763 Satz 1 liegt daher nicht in der Qualifizierung als Lotterie oder Ausspielung, sondern in der staatlichen Genehmigung. Deshalb ist eine entsprechende Anwendung gerechtfertigt.

2. **Spielbanken**. Für Spielbanken ergab sich eine Genehmigungsmöglichkeit aus dem Ges über 34
die Zulassung öffentlicher Spielbanken in Kur- und Badeorten vom 14. Juli 1933 (RGBl I, S 480) mit VO über öffentliche Spielbanken vom 27. Juli 1938 (RGBl I, S 955)[123]. Damit sollte das nicht erlaubte Glücksspiel „hinter verschlossenen Türen" gerade in Kur- und Badeorten zurückgedrängt werden[124]. Nach VO über öffentliche Spielbanken § 1 darf an einer Spielbank ua nicht spielen, wer das 21. Lebensjahr noch nicht vollendet hat und wer am Spielort oder in einer benachbarten Gemeinde wohnt. Ein Verstoß gegen diese Vorschrift macht den Spielvertrag nichtig

116 RGBl I, S 1080.
117 In Kraft getreten am 1. 4. 1934.
118 BVerwG GewArch 2006, 149; BGH NJW-RR 2002, 395, 397; Horn NJW 2004, 2047, 2050.
119 BGH NJW-RR 2002, 395, 397; Hamburg OLG 2005, 285 = WRP 2005, 378; Raitz von Frentz/Masch ZUM 2006, 189, 195 f; Horn NJW 2004, 2047, 2050; Prütting/Wegen/Weinreich/Brödermann § 763 Rz 13; aA VGH München GewArch 2006, 78; OVG Lüneburg GewArch 2005, 282; OVG Magdeburg GewArch 2005, 288.
120 BGH NJW 2005, 150, 151.
121 BGH NJW 1999, 54, 55; RGZ 93, 348, 349 f; BGH WM 1974, 877 = NJW 1974, 1821; Henssler, Risiko als Vertragsgegenstand S 521; nunmehr auch MünchKomm/Habersack § 763 Rz 7 (unklar zur Begründung MünchKomm²/Pecher § 763 Rz 4).
122 S Rz 1.
123 Vgl als historischer Überblick Pieroth/Störmer GewArch 1998, 177 f.
124 OVG Koblenz NJW 1959, 2229.

(§ 134 iV mit EGBGB Art 2)[125]. Dies gilt aber nicht ohne weiteres auch bei einem Verstoß gegen die für eine zugelassene Spielbank verfügte behördliche Spielordnung[126]. Der am Ort ansässige Besucher einer konzessionierten Spielbank kann daher seine verlorenen Einsätze nach § 812 zurückverlangen[127]. Ein Arbeitgeber, dessen Angestellter unterschlagene Gelder unter Verstoß gegen die SpielbankVO verspielt hat, kann diese bereicherungsrechtlich nach § 816 Abs 1 Satz 2 von der Spielbank herausverlangen[128]. Mittlerweile haben alle Bundesländer mit Ausnahme des Saarlandes eigene Spielbankengesetze verabschiedet[129].

35 Das **vertragliche Rechtsverhältnis** zwischen einer Spielbank als privatrechtlichem Unternehmen und einem Besucher unterliegt ausschließlich dem **Privatrecht** und nicht dem öffentlichen Recht[130]. Die staatliche Genehmigung führt auch bei Spielbanken dazu, dass die betreffenden Verträge in **entsprechender Anwendung des § 763 Satz 1** rechtsverbindlich sind[131]. Hieran ändert sich auch dann nichts, wenn die Spielbank ein sittenwidriges Darlehen gewährt, um Glücksspiel zu ermöglichen. Die Sittenwidrigkeit des Darlehens erstreckt sich nicht auf den rechtlich selbstständigen Spielvertrag, dieser bleibt auch bei Bestehen eines wirtschaftlichen Zusammenhangs rechtswirksam[132].

36 Auch Spielbanken unterliegen **keinem Kontrahierungszwang**, da das Glücksspiel nicht zu den Leistungen und Bedürfnissen zählt, deren Gewährung und Befriedigung so schützenswert erscheinen, dass eine Einschränkung der Vertragsfreiheit geboten ist[133]. Die Spielbank kann daher bestimmten Personen eine Spielsperre erteilen. Aus dem Spielbankvertrag ergeben sich keine Schutzpflichten, die auf die Wahrnehmung der Vermögensinteressen der Spieler gerichtet sind[134]. Aus der einseitig von einer Spielbank erteilten Spielsperre ergeben sich für den Betroffenen keinerlei Rechte[135]. Spricht hingegen die Spielbank die Sperre auf Anregung oder ausdrücklichen Wunsch eines möglichen Spielers aus (Eigensperre), will sie damit dem von ihr als berechtigt erkannten Individualinteresse des Spielers entsprechen und geht mit der Annahme eine vertragliche Bindung ein, die sie im Rahmen des Möglichen und Zumutbaren verpflichtet zu verhindern, dass Spielverträge zustande kommen. Verletzt die Spielbank diese Überwachungspflicht schuldhaft, muss sie Schadenersatz leisten (§ 280 Abs 1)[136] und kann dem gesperrten Spieler nicht haftungsmindernd (§ 254) entgegenhalten, er habe ihr Hausrecht verletzt[137]. Die Vereinbarung einer solchen Eigensperre ist allerdings nicht dahin auszulegen, einen Spielvertrag als nichtig zu behandeln und bereicherungsrechtlichen abzuwickeln, wenn sich der Spieler dennoch Einlass verschafft und am Glücksspiel teilnimmt[138].

VII. Nebenverträge

37 1. **Auftrag, Darlehen**. Die Nebenverträge zum staatlich genehmigten Spiel wie **Aufträge** (§ 662) oder **Geschäftsbesorgungen** (§ 675 Abs 1) sowie **Darlehensverträge** (§ 607) sind zivil-

125 BGHZ 37, 363 = WM 1962, 960 = NJW 1962, 1671; auch BGH WM 1974, 877, 878 = NJW 1974, 1821 = LM Nr 3 zu § 762.
126 BGHZ 47, 393 = WM 1967, 564 NJW 1967, 1660.
127 BGHZ 37, 363, 369 = WM 1962, 960 = NJW 1962, 1671; MünchKomm/Habersack § 762 Rz 24; Staud/Engel § 762 Rz 47.
128 Dazu BGHZ 37, 363 = WM 1962, 960 = NJW 1962, 1671 = JZ 1963, 285 (mablAnm Wiethölter); im Ergebnis zustimmend P Schlosser JuS 1963, 181; Beuthien/Weber, SchuldR II, 1987[2] S 101 ff.
129 Vgl dazu die Nachweise bei Pieroth/Störmer GewArch 1998, 177 f.
130 OVG Koblenz NJW 1959, 2229.
131 S Rz 33.
132 LG Baden-Baden WM 1998, 1685.
133 BGH NJW 2006, 362 = WM 2006, 493; BGH WM 1994, 1670 = ZIP 1994, 1274, 1275; bestätigt durch BGHZ 131, 136, 138 f = WM 1996, 20 = NJW 1996, 248.
134 LG Baden-Baden WM 1998, 1685, 1688.
135 BGH NJW 2006, 362 = WM 2006, 493; BGHZ 131, 136, 139 = NJW 1996, 248; Peters JR 2002, 177, 182.
136 BGH NJW 2006, 362 = WM 2006, 493; zustimmend Wagner-von Papp JZ 2006, 470; Emmerich JuS 2006, 456; Lorenz LMK 2006, 166228.
137 BGH NJW 2006, 362 = WM 2006, 493; ebenso Peters JR 2002, 177, 182.
138 BGH NJW 2006, 362 = WM 2006, 493; so aber Hamm NJW-RR 2003, 971, 972.

rechtlich grundsätzlich ebenfalls verbindlich[139]. Da sie jedoch zu unerwünschten Begleiterscheinungen führen können, die im staatlichen Genehmigungsverfahren nicht zu unterbinden sind, sind sie im Einzelfall einer kritischen Prüfung nach den allgemeinen Vorschriften (§ 138) zu unterziehen[140]. So kann beispielsweise die Veranstaltung einer gewerblichen Spielergemeinschaft, die wiederum Lotterieverträge zu einer Lotteriegesellschaft vermittelt, unwirksam sein, wenn gleichzeitig eine Umverteilung der eigentlich auszuzahlenden Gewinne vorgenommen wird[141].

2. **(Lotto-)Spielgemeinschaften**. Spielgemeinschaften werden meistens vereinbart, um das Risiko der Teilnehmer zu streuen und durch höhere Einsätze ihre Gewinnchancen zu verbessern. Häufig ist vorgesehen, dass jeder Teilnehmer einen bestimmten Betrag in eine gemeinsame Kasse einzahlt, ein Teilnehmer die Spielscheine ausfüllt und bei der Annahmestelle abgibt sowie etwaige Gewinne nach Köpfen aufgeteilt werden. Solche Spielgemeinschaften sind in der Regel **Gesellschaften bürgerlichen Rechts** (§ 705) ohne ein Gesellschaftsvermögen (sog Innengesellschaft)[142]. Will ein Teilnehmer der Spielgemeinschaft den Spielvertrag im Namen aller Teilnehmer mit dem Veranstalter des Spiels abschließen, so muss dies aus dem **Wettvertrag** hervorgehen, zB durch die Nennung der Namen der einzelnen Teilnehmer[143]. Schreibt derjenige, der den Spielschein abgibt, darauf nur seinen Namen, ist nur er Vertragspartei. Auf den Empfängerhorizont der Annahmestelle ist wegen ihrer mangelnden Schutzbedürftigkeit nicht abzustellen. Handelt der Abgebende ohne Vertretungsmacht eines anderen, der auf dem Spielschein eingetragen ist, richtet sich die Wirksamkeit des Spielvertrages nach § 139[144]; im Zweifel ist der gesamte Vertrag nichtig. Erwirbt die Gesellschaft ein Los zum gemeinschaftlichen Spiel, erwerben die Beteiligten hieran mangels gebundenen Gesellschaftsvermögens kein Gesamthandseigentum (§§ 718 f), sondern Miteigentum (§ 741)[145]. Bei anteilsmäßiger Weiterveräußerung eines Lotterieloses durch Anteilsscheine findet eine selbstständige, nicht genehmigte Lotterie statt, wenn die Erwerber nicht Miteigentümer werden (sog Promessen- oder Heuergeschäft[146]). 38

Ist ein Teilnehmer einer Spielgemeinschaft mit der Zahlung seines Einsatzes an die Gemeinschaftskasse säumig und entfällt auf die Spielgemeinschaft ein Gewinn, hat sich die rechtliche Beurteilung, ob der säumige Spielteilnehmer gegen die Spielgemeinschaft einen Anspruch auf Gewinnbeteiligung hat, an den Gegebenheiten des Einzelfalles auszurichten. Im Zweifel ergibt sich für den Säumigen keine Nachzahlungspflicht, er besitzt aber auch keinen Anspruch auf einen Gewinnanteil[147]. Derjenige, der für eine solche Lottospielgemeinschaft die Lottoscheine ausfüllt und bei einer Annahmestelle einreichen soll, übernimmt damit in der Regel keine rechtsgeschäftliche Verpflichtung, so dass gegen ihn kein **Schadenersatzanspruch** der anderen Spielteilnehmer entsteht, wenn er vergisst, den Spielschein abzugeben und auf den Lottoschein der Spielgemeinschaft gerade in dieser Ziehung ein Gewinn entfallen wäre[148]. Der BGH[149] begründet diese Auslegung mit dem Gedanken des Spiels und dem Hinweis darauf, dass das Risiko, dass durch eine Pflichtverletzung ein Gewinn entgeht, zwar gering sei, aber eine Pflichtverletzung zu einem außer Verhältnis stehenden Schaden führen könne, der möglicherweise die Existenz des Pflichtigen vernichte[150]. 39

139 BGH WM 1974, 877 = NJW 1974, 1821; Hamm NJW-RR 1988, 870; Staud/Engel § 763 Rz 16; MünchKomm/Habersack § 762 Rz 32, 34, 38; Henssler, Risiko als Vertragsgegenstand S 523.

140 Hierzu eingehend Henssler, Risiko als Vertragsgegenstand S 524 f.

141 Vgl München WuW/E OLG 5855 = WuW 1997, 809. Zur Veranstaltung einer unerlaubten Lotterie durch Spielgemeinschaften s auch Fruhmann MDR 1993, 822.

142 Staud/Engel § 763 Rz 25; Pal/Sprau § 763 Rz 1 b, § 705 Rz 33.

143 Pfister, in: Pfister (Hrsg), Rechtsprobleme der Sportwette S 75, 84.

144 MünchKomm/Thiele § 177 Rz 10.

145 Vgl Pal/Sprau § 718 Rz 1.

146 RGZ 77, 341, 344; Staud/Engel § 763 Rz 22.

147 S Pfister, in: Pfister (Hrsg), Rechtsprobleme der Sportwette S 75, 90.

148 BGH NJW 1974, 1705 = JR 1975, 20 (mzustAnm Schlund); § 762 Rz 59 aE.

149 NJW 1974, 1705 = JR 1975, 20.

150 Krit zur konstruktiven Begründung der Entscheidung Kornblum JuS 1976, 571; Staud/Engel § 763 Rz 25.

40 Die **Gesellschafter des Deutschen Lotto- und Totoblocks**[151] bilden als Veranstalter eine Vereinigung von Unternehmen im Sinne von GWB § 1[152]. Beschließen die Blockpartner, **gewerbliche Spielgemeinschaften**[153], die sich verpflichten, Verträge zwischen Veranstalter und Spieler zu vermitteln, von der Teilnahme **auszuschließen**, so wird der Wettbewerb zwischen den Blockpartnern unzulässigerweise beschränkt. Ein solcher Beschluss ist wegen Verstoßes gegen GWB § 1 unwirksam[154].

VIII. Einfluss von EU-Recht

41 Die Einfuhr von Werbematerial und von Losen einer Lotterie, die in einem Mitgliedstaat der EU betrieben wird, in einen anderen Mitgliedstaat, um die dort lebenden Personen (grenzüberschreitend) an der Lotterie teilnehmen zu lassen, gehört zu den „Dienstleistungen" im Sinne des EGV Art 50 und fällt damit in den Anwendungsbereich des EGV Art 49[155]. Nationale Rechtsvorschriften, die die Durchführung solcher Lotterien auf dem Gebiet eines anderen Mitgliedstaates verbieten oder einschränken, beschränken damit den freien Dienstleistungsverkehr und sind nur dann mit EGV Art 49 vereinbar, wenn sie auf zwingenden Gründen des Allgemeinwohls beruhen und verhältnismäßig sind[156], wovon regelmäßig auszugehen ist, wenn sie dem Schutz der Verbraucher und der Sozialordnung dienen[157]. Den Lotterien gleichzusetzen sind in diesem Bereich andere Spiele in Geld, die vergleichbare Merkmale aufweisen[158].

42 EGV Art 49 trägt der besonderen Natur der Lotterien in den Mitgliedstaaten Rechnung, die zwar grundsätzlich nach staatlicher Genehmigung wirksam sind, aber keinen wirtschaftlich anerkennenswerten Zweck verfolgen. Im Gegensatz zu seiner Rechtsprechung betreffend den freien Warenverkehr berücksichtigt der EuGH[159] bei Dienstleistungen den Umstand verstärkt, dass nationale Verbote meistens einer langen Tradition entsprechen und daher nicht als mit EG-Recht unvereinbar erklärt werden sollen, so dass mitgliedstaatlicher Regelungsspielraum verbleibt, um insbesondere Betrug und anderen Straftaten vorzubeugen und zu verhindern, dass Anreize für die Bürger zu überhöhten Ausgaben für das Spielen geschaffen werden. Unberücksichtigt bleibt jedoch, dass bei vergleichbaren nationalen Ordnungsvorschriften betreffend das Lotteriewesen der

151 S oben Rz 18.
152 Zur Organisation in den einzelnen Bundesländern und der kartellrechtlichen Unbedenklichkeit: BGH WM 1999, 1373 f = NJW-RR 1999, 1266; Vorinstanz: KG WuW/E OLG 5829 = WuW 1997, 633.
153 Allgemein zu gewerblichen Spielgemeinschaften vgl Fruhmann MDR 1993, 822; Ohlmann WRP 1998, 1042, 1052 ff.
154 BGH WM 1999, 1373, 1376 ff = NJW-RR 1999, 1266 = ZIP 1999, 1021; Vorinstanz: KG WuW/E OLG 5829 = WuW 1997, 633, 650; krit Ohlmann WRP 2001, 672 ff.
155 EuGH Urt v 21. 10. 1999 – Rs C-67/98, EuZW 2000, 151, 152 (mAnm Stein S 153, 154); EuGH Urt v 21. 9. 1999 – Rs C-124/97, EuZW 2000, 148; im Hinblick auf Preisausschreiben aber ablehnend EuGH EuZW 1997, 470. Zum Glücksspiel im europäischen Binnenmarkt ferner Stein RIW 1993, 838.
156 EuGH Urt v 21. 10. 1999 – Rs C-67/98, EuZW 2000, 151, 153 (mAnm Stein S 153): betr italienische Rechtsvorschriften, die bestimmten Einrichtungen das Recht zur Annahme von Wetten über Sportereignisse vorbehalten; EuGH Urt v 21. 9. 1999 – Rs C-124/97, EuZW 2000, 148: betr finnische Rechtsvorschriften über das ausschließliche Recht zum Betrieb von Geldspielautomaten; EuGH Urt v 24. 3. 1994 – Rs C-275/92, EuGRZ 1994, 157 = NJW 1994, 2013 = EuZW 1994, 311 = EWiR 1994, 353 (Röhling): betr die Rechtslage in Großbritannien vor Erlass des National Lottery Act v 21. 10. 1993; auch bereits Schöne RIW 1990, 550, 553 ff; krit hierzu Schroeder EuGRZ 1994, 373, 376, der eine mittelbare Diskriminierung darin sieht, dass zwar durch die in Frage stehenden staatlichen Vorschriften formell alle Unionsbürger erfasst werden, faktisch jedoch insbesondere EG-Ausländer betroffen sind, da die national betriebenen Lotterien rechtlich vergleichbar seien.
157 Ablehnend Schroeder EuGRZ 1994, 373, 374 ff, weil die Verhältnismäßigkeit nationaler Vorschriften betreffend das Lotteriewesen genauer untersucht werden müssten.
158 EuGH Urt v 21. 10. 1999 – Rs C-67/98, EuZW 2000, 151 (mAnm Sein S 153); im Hinblick auf Preisausschreiben aber ablehnend EuGH EuZW 1997, 470.
159 Röhling EWiR 1994, 353, 354; Stein EuZW 1994, 315.

EG-Ausländer mittelbar diskriminiert werden kann: Obwohl er den Ordnungsvorschriften in seinem Mitgliedstaat genügt, kann er an den Vorschriften eines anderen Mitgliedstaates scheitern[160].

In einer neueren Entscheidung stuft der EuGH[161] das strafbewehrte Verbot des Sammelns, der Annahme, der Bestellung und der Übertragung von Wetten als eine Beschränkung des freien Dienstleistungsverkehrs nach EGV Art 49 ein, wenn der betreffende Mitgliedstaat keine Konzession oder Genehmigung erteilt. Erlaubte Beschränkungen des freien Dienstleistungsverkehrs müssen in erster Linie wirklich dem Ziel dienen, die Gelegenheiten zum Spiel zu vermindern. Einnahmen des Staates aus genehmigten Spielen dürfen nur eine erfreuliche Nebenfolge, nicht aber der eigentliche Grund der restriktiven Politik sein[162]. Der EuGH hat damit an den Grundsätzen seiner früheren Entscheidungen festgehalten, stellt aber einschränkend klar, dass sich ein Mitgliedstaat dann nicht auf den Schutz der öffentlichen Sozialordnung berufen kann, wenn er die Verbraucher anreizt und ermuntert, an Lotterien, Glücksspielen oder Wetten teilzunehmen, damit der Staatskasse daraus Einnahmen zufließen.

In Deutschland ist die Veranstaltung von Lotterien, Glücksspielen und Wetten nur staatlich oder staatlich kontrollierten Veranstaltern erlaubt und damit faktisch monopolisiert[163]. Diese bewerben ihre Produkte regelmäßig und intensiv, was nicht Indiz für eine Eindämmung des Glücksspiels, sondern für eine Ertragssteigerung ist. Der Rechtsprechung[164] genügte bislang eine im Ausland erteilte Spielgenehmigung für in Deutschland durchgeführte Veranstaltungen nicht. Der Veranstalter und die Teilnehmer können daher nach StGB §§ 284 ff strafbar sein. Ein Gemeinschaftsrechtsverstoß durch das Verbot wird jedoch von der Rechtsprechung verneint[165]. Die Vorschrift diene in erster Linie dem Schutz der Verbraucher. Zudem werde die Dienstleistungsfreiheit nach EGV Art 49 nicht durch die StGB §§ 284 ff, sondern allenfalls durch die landesrechtlichen Zugangsregelungen beschränkt, denn StGB §§ 284 ff setzen die Möglichkeit einer Erlaubnis voraus, ohne selbst die Voraussetzungen dafür zu bestimmen[166]. Selbst bei einem Gemeinschaftsrechtsverstoß durch landesrechtliche Zugangsregelungen könnten die Veranstalter unerlaubter Glücksspiele lediglich einen Anspruch auf Erteilung einer Erlaubnis geltend machen. Die Strafbarkeit von StGB §§ 284 ff bleibt bis dahin unberührt[167].

§ 764 Differenzgeschäft

Die Vorschrift wurde durch Art 9 des 4. FinMarktFördG vom 21. Juni 2002 (BGBl I, S 2010) mit Wirkung zum 1. 7. 2002 aufgehoben. Für vor dem Inkrafttreten des 4. FinMarktFördG abgeschlossene Geschäfte gilt das alte Recht (§ 764 aF sowie BörsG §§ 50 ff aF) fort. S hierzu 11. Auflage zu § 764. 1

160 Schroeder EuGRZ 1994, 373, 376 ff; gegen Harmonisierungsmaßnahmen des EuGH hingegen Stein EuZW 1994, 315.
161 EuGH Urt v 6. 11. 2003 – Rs C-243/01, NJW 2004, 139, 140 = EuZW 2004, 115: betr italienische Rechtsvorschriften, die das Sammeln von Wetten dem Staat oder von ihm konzessionierten Unternehmen vorbehalten; s hierzu Hoeller/Bodemann NJW 2004, 122 ff; Walz EuZW 2004, 523 ff.
162 EuGH Urt v 6. 11. 2003 – Rs C-243/01, NJW 2004, 139, 140 = EuZW 2004, 115; s auch schon EuGH Urt v 21. 10. 1999 – Rs C-67/98, EuZW 2000, 151 (mAnm Stein S 153).
163 Vgl Adams/Tolkemitt ZBB 2001, 170 ff.
164 BGH WM 2002, 1464, 1465 = NJW 2002, 2175; Hamm MMR 2002, 551, 552; Hamburg MMR 2002, 471, 473.
165 BGH NJW 2004, 2158, 2160; BGH WM 2002, 1464, 1466 = NJW 2002, 2175.
166 BGH NJW 2004, 2158, 2160.
167 BGH NJW 2004, 2158, 2160; BGH WM 2002, 1464, 1466 = NJW 2002, 2175.

Titel 20

Bürgschaft

Vorbemerkungen

ÜBERSICHT

Schrifttum (allgemein): Herms, Die Bürgschaft nach dem BGB des Deutschen Reichs, 1900; Siber, Der Rechtszwang im Schuldverhältnis nach deutschem Reichsrecht, 1903, S 237 ff; P Klein, Anzeigepflicht im Schuldrecht, 1908; ders, Zurücknahme von „Willensmitteilungen", ArchBürgR 33 (1909), 245; Reichel, Zum Bürgschaftsrecht I, SchweizJZ 1913/14, 47; Bendix, Das Rechtsverhältnis zwischen dem Gläubiger und dem Bürgen bei Kriegsbehinderung des Hauptschuldners, JW 1914, 1113; v Harder, Die Einwirkung der durch den Krieg veranlassten Privatrechtsnormen auf Rechte und Pflichten des Bürgen, JW 1914, 846; Lippmann, Das bürgerliche Gesetzbuch über Einheits- und Mehrheitsschuld in Bürgschaft und Gesamtschuld, AcP 111 (1914), 135; Reichel, Zum Bürgschaftsrecht II, SchweizJZ 1914/15, 104; Jaeger, Bürgschaft und Ausgleichserlaß, LZ 1916, Sp 526; Reichel, Zum Bürgschaftsrecht III: Verwirkung der Vorausklage, SchweizJZ 1917, 211; E Ulmer, Akkreditiv und Anweisung, AcP 126 (1926), 129; G Müller, Interzessionsfälle des geltenden Rechts, Diss Tübingen 1928; Letzgus, Die Bürgschaft, RabelsZ 3 (1929), 837; Rilling, Die Bürgschaft nach deutschem IPR, Diss Tübingen 1935; Stauffer, Die Revision des Bürgschaftsrechts, ZfSchweizR NF 54 (1935), 1 a; Aries, Die Kreditsicherung, 1936²; Gadow, Bürgschaft und Zahlungssperre, DGRW 1936, 465; Schütz, Zum Bürgschaftsrecht, ZAkDR 1938, 155; Reinicke/Reinicke, Vertragshilfe und Bürgschaft, MDR 1952, 708; Reimer Schmidt, Gedanken zum Begriff der Versicherung, in: Festgabe für Prölss, 1957, S 247; Möller, Moderne Theorien zum Begriff der Versicherung und des Versicherungsvertrages, ZVersWiss 1962, 269; Mormann, Die Rechtsprechung des Bundesgerichtshofs zur Bürgschaft, WM 1963, 930; 1968, 666; 1974, 962; Schmidt-Rimpler, Zum Begriff der Versicherung, VersR 1963, 493; v Halem, Kreditversicherung, 1964; Borst, Die Bürgschaft in der deutschen und schweizerischen Kodifikation – eine rechtspolitische und rechtsvergleichende Studie, Diss Tübingen 1966; Rehfeldt, Sicherungsakzept und Abstraktionsprinzip – BGHZ 45, 210, JuS 1967, 203; Wittmann, Abwendung der Zwangsvollstreckung durch Bürgschaft, BB 1967, 264; Canaris, Die Vertrauenshaftung im deutschen Privatrecht, 1971; Europäische Gemeinschaften (Kommission), Die Bürgschaft im Recht der Mitgliedstaaten der Europäischen Gemeinschaft (Studie des Max-Planck-Instituts Hamburg, Sammlung Studien, Reihe Wettbewerb Rechtsangleichung Nr 14), 1971; Haase, Der Schutz des Bürgen vor den Gefahren einer unüberlegten Bürgschaft in rechtspolitischer Sicht. Ein Vergleich des deutschen mit dem schweizerischen Recht, Diss Freiburg 1971; Klett, Der Schutz des Bürgen unter besonderer Berücksichtigung der Formularpraxis der Kreditinstitute – de lege lata und de lege ferenda, Diss Freiburg 1971; Hj Weber, Die Bürgschaft, JuS 1971, 553; Blessing, Akzessorietät und Sicherungszweck der Bürgschaft. Eine rechtsvergleichende Untersuchung zum deutschen und französischen Recht, Diss Saarbrücken 1972; Weimar, Befreiende Schuld- und Bürgschaftsübernahme ohne den Willen des Schuldners, JR 1972, 285; Drobnig, Die Harmonisierung der persönlichen Sicherungsrechte in der EWG, in: Festschr für Bärmann, 1975, S 249; Eisemann, Considérations sur les règles et usances uniformes relatives aux crédits documentaires (Edition revisée 1974), in: Festschr für Bärmann, 1975, S 265; Wessely, Die Unabhängigkeit der Akkreditivverpflichtung von Deckungsbeziehung und Kaufvertrag, 1975; Bärmann (Hrsg), Recht der Kreditsicherheiten in europäischen Ländern, Teil I: Bundesrepublik Deutschland (bearb von Brink, Petereit, Reinecker, Scheerer,) 1976; Hadding/U Schneider (Hrsg), Rechtsfragen zum Dokumentenakkreditiv, 1976; Liesecke, Neuere Theorie und Praxis des Dokumentenakkreditivs, WM 1976, 258; Zahn, Zahlung und Zahlungssicherung im Außenhandel, 1976⁵; Merz, Die Rechtsprechung des Bundesgerichtshofes zur Bürgschaft, WM 1977, 1270; 1980, 230; 1982, 174; 1984, 1141; 1988, 241; Steindorff, Das Akkreditiv im internationalen Privatrecht der Schuldverträge, in: Festschr für von Caemmerer, 1978, S 761; Stoll, Vertrauensschutz bei einseitigen Leistungsversprechen, in: Festschr für Flume I, 1978, S 741; Eisemann/Eberth, Das Dokumentenakkreditiv im internationalen Handelsverkehr, 1979²; Stauder, Das Dokumentenakkreditiv mit hinausgeschobener Zahlung, in: Festschr für Schnitzer, 1979, S 433; Weimar, Rechtsfragen der Bürgschaft, MDR 1979, 112; Adams, Ökonomische Analyse der Sicherungsrechte, 1980; Gerth, Fragen der Bürgschaft und der Garantie, ZGesKredW 1980, 1110; Henseler/Adomeit, Kreditsicherungsrecht, 2 Bände, 1980; Bundschuh, Die neuere Rechtsprechung des Bundesgerichtshofs zum Wechselrecht, WM 1981, 1246; Schröter, Bürgschaft, Kreditauftrag, Garantie, Schuldbeitritt, Bankrecht und Bankpraxis (= BuB), Band II, Teil 4, Rz 4/1000 ff (Stand: 11/81); Karsten Schmidt, Zur Haftung des Bürgen sowie zur Abtretbarkeit der Bürgschaftsforderung bei Vermögensverfall des Hauptschuldners, ZIP 1981, 29; Weitzel, Die Bürgschaft, JuS 1981, 112; Weimar, Die Bürgschaft für die Pflichten des Wohnraummieters, BlGBW 1982, 91; Hadding/Häuser/Welter, Bürgschaft und Garantie, in: Gutachten und Vorschläge zur Überarbeitung des Schuldrechts (hrsg vom BJM), Bd III, 1983,

S 571; Kühn/Rotthege, Inanspruchnahme des deutschen Bürgen bei Devisensperre im Lande des Schuldners, NJW 1983, 1233; Nörr/Scheyhing, Sukzessionen, 1983; Rüßmann, Auslandskredite, Transferverbote und Bürgschaftssicherung, WM 1983, 1126; Karsten Schmidt, Kapitalersetzende Bankenkredite, ZHR 147 (1983), 165; Kraushaar/Häuser, Rechtsweg für Klagen aus Bürgschaften für Sozialversicherungsbeiträge, NVwZ 1984, 217; Rehbein, Neuere Rechtsprechung des BGH zur Bürgschaft, in: Festschr für Werner, 1984, S 697; Selb, Mehrheiten von Gläubigern und Schuldnern, 1984; Merkel, Die Negativklausel, 1985; Weitzel, Höchstbetragsbürgschaft und Gesamtschuld, JZ 1985, 824; Tiedtke, Die Rechtsprechung des Bundesgerichtshofs zum Bürgschaftsrecht seit 1980, ZIP 1986, 69; Zahn/Eberding/Ehrlich, Zahlung und Zahlungssicherung im Außenhandel, 1986[6]; Ackermann, Mietausfallwagnis und Bürgschaft, ZMR 1987, 11; Lepach, Die persönlichen Kreditsicherheiten unter besonderer Berücksichtigung der Bürgschaft im deutschen und spanischen Recht, Diss Mainz 1987; Lwowski/Gößmann, Kreditsicherheiten, 1987[6]; Rimmelspacher, Kreditsicherungsrecht, 1987[2]; Graf von Westphalen, Rechtsprobleme der Exportfinanzierung, 1987[3]; Berensmann, Bürgschaft und Garantievertrag im englischen und deutschen Recht, 1988 (Diss Marburg 1986); Bülow/Schumann, Bürgerliches Recht und Gesellschaftsrecht: Gesellschafterhaftung und Bürgenhaftung, JuS 1988, 796; Carlé, Das Recht der Bürgschaft und Steuerfolgen von Bürgschaften, in: Kölner Steuerdialog 1988, 7343; Rieder, Bürgschaft, Schuldübernahme, Garantievertrag, 1988[2] (Dt Sparkassenverlag Stuttgart); Schack, Drittwirkung der Rechtskraft?, NJW 1988, 865; E Wolff, Zur Unanwendbarkeit des § 56 Abs 1 Nr 6 GewO auf „vermittelte" Bürgschaften, WM 1988, 961; Bülow, Sicherungsausgleich bei Wechselbegebung für eine Drittschuld, WM 1989, 1877; Jakob, Gesellschafterbürgschaften und Nachschußverpflichtungen als Größen des Verlustausgleichspotentials bei Kommanditisten einer vermögensverwaltenden Kommanditgesellschaft, BB 1989, 597; Kraffel, Rechtsgrundlage bei Bürgschaft und Schuldanerkenntnis, Diss 1989; Tepper, Die Auswirkungen ausländischer Devisenembargos auf Bürgschaften im deutschen und Guaranties im US-amerikanischen Recht, Diss Münster 1989; Blaurock, Aktuelle Probleme aus dem Kreditsicherungsrecht (RWS-Skript), 1990[3]; Bungert, US-amerikanisches Bürgschaftsrecht – Law of suretyship, 1990; Koller, Die Dokumentenstrenge im Licht von Treu und Glauben beim Dokumentenakkreditiv, WM 1990, 293; Kraffel, Rechtsgrundlage bei Bürgschaft und Schuldanerkenntnis, Diss FU Berlin 1990; Severain, Die Bürgschaft im deutschen internationalen Privatrecht, Diss Mainz 1990; Tiedtke, Zur Rechtsprechung des Bundesgerichtshofs auf dem Gebiete des Bürgschaftsrechts seit dem 1. Januar 1986, ZIP 1990, 413; P Bydlinski, Die Bürgschaft im österreichischen und deutschen Handels-, Gesellschafts- und Wertpapierrecht, 1991; Eickmann, Grundzüge der Kreditsicherung, Rechtspfleger-Studienhefte 1991, 161–170; Evers, Der Kreditnehmer bei Umschuldungsgeschäften unter Bürgschaftshingabe, ZGesKredW 1991, 98; Park, Rechtvergleichende Untersuchungen über die persönlichen Kreditsicherheiten im deutschen und koreanischen Recht unter besonderer Berücksichtigung der Bürgschaft, Diss Göttingen 1991; Reifner, Handbuch des Kreditrechts, 1991; H P Westermann, Die Bürgschaft, Jura 1991, 449, 567; P Bydlinski, Die aktuelle höchstgerichtliche Judikatur zum Bürgschaftsrecht in der Kritik, WM 1992, 1301; Köndgen, Die Entwicklung des privaten Bankrechts in den Jahren 1990/91, NJW 1992, 2263; Pottschmidt/Rohr, Kreditsicherungsrecht, 1992[4]; Rottnauer, Die Mobiliarkreditsicherheiten, 1992; Göpfert, „Bewegliche Systeme" zur Bewältigung von Ähnlichkeiten am Beispiel der „Bürgschaftsfälle" des BGH, JuS 1993, 655; Hackbarth, Des Bürgen neue Schuldner – Gedanken zum Spannungsverhältnis zwischen Bürgenrisiko und Gesamtrechtsnachfolge auf Schuldnerseite, ZBB 1993, 8; Hadding, Vorüberlegungen zu einem Allgemeinen Teil des Rechts der Kreditsicherheiten, in: Festschr für Frotz, 1993, S 495; Klanten, Begrenztes Bürgschaftsrisiko und aktiver Verbraucher, WM 1993, 2196; Nielsen, Die Rechtsprechung insbesondere des Bundesgerichtshofes zur Bürgschaft bis 1985, WuB I F 1a – 11.93; ders, Dokumentenakkreditiv, in: Bankrecht und Bankpraxis (= BuB), Band III, Teil 5 (Auslandsgeschäft) D: Rz 5/469–5/740 (Stand: 1993); Vahle, Rechtsfragen um die Bürgschaft, NWB 1993, 28; Adomeit, Die gestörte Vertragsparität – ein Trugbild, NJW 1994, 2467; Eschenbach/Niebaum, Von der unmittelbaren Drittwirkung unmittelbar zur staatlichen Bevormundung, NVwZ 1994, 1079; Fuchs-Wissemann, Die Risiken der Bürgschaft und ihre rechtlichen Folgen, WiB 1994, 426; Henssler, Risiko als Vertragsgegenstand, 1994; Köndgen, Die Entwicklung des Bankkreditrechts in den Jahren 1991–93, NJW 1994, 1508; H-G Graf Lambsdorff/Skora, Handbuch des Bürgschaftsrechts, 1994; Lindacher, Der praktische Fall – Bürgerliches Recht: Die erzwungene Bürgschaft, JuS 1994, 587; Preis/Rolfs, Gestörte Vertragsparität und richterliche Inhaltskontrolle, DB 1994, 515; Reinicke/Tiedtke, Kreditsicherung, 1994[3]; Rittner, Die gestörte Vertragsparität und das Bundesverfassungsgericht, NJW 1994, 3330; Scholz/Lwowski, Das Recht der Kreditsicherung, 1994[7]; Schweizer, Bürgenhaftung für Darlehenszinsen, MDR 1994, 752; Tiedtke, Enge und weite Bürgschaftsverpflichtungen, ZIP 1994, 1237; Weintraut, Der Haftungsausgleich zwischen Grundschuldner und Bürgen, 1994; Graf von Westphalen, Das Recht des Stärkeren und seine grundgesetzliche Beschränkung, MDR 1994, 5; Baldus, Der praktische Fall – Europarecht: Der gewürgte Bürge und der EuGH, JuS 1995, 1102; Bülow, Einführung in das Recht der Kreditsicherheiten, Jura 1995, 198; Graf, Verbesserter Schutz vor riskanten Bürgschaften, ÖBA (Österreichisches Bank-Archiv) 1995, 776; Hasler, Vollstreckungsgegenklage gegen rechtskräftige „Bürgenurteile" aufgrund der neueren BVerfG-Rechtsprechung, MDR 1995, 1086; Hesse/Kauffmann, Die Schutzpflicht in der Privatrechtsprechung, JZ 1995, 219; Horn, Bürgschaften und Garantien, 1995[6]; Pape, BGH-aktuell: Bürgschaftsrecht, NJW 1995, 1006; Paulus, Grundfragen des

Kreditsicherungsrechts, JuS 1995, 185; Reinicke/Tiedtke, Bürgschaftsrecht, 1995; dies, Bürgschaft und Wegfall der Geschäftsgrundlage, NJW 1995, 1449; Schimansky, Bankvertragsrecht und Privatautonomie, WM 1995, 461; Tiedtke, Die Rechtsprechung des Bundesgerichtshofs zum Bürgschaftsrecht seit 1990, ZIP 1995, 521; Wagenknecht, Bürgschaft, Kreditauftrag, Garantie, Schuldbeitritt, in: Hellner/Steuer (Hrsg), Bankrecht und Bankpraxis (= BuB), 4. Teil 4. Abschnitt, 1995, Rz 4/1000 ff; Graf von Westphalen, Bürgschaft, in: Vertragsrecht und AGB-Klauselwerke, Stand: Januar 1995; Ganter, Aktuelle Probleme der Kreditsicherheiten in der Rechtsprechung des Bundesgerichtshofes, WM 1996, 1705; Melzer, Vollstreckungsabwehrklage gegen rechtskräftige – aber falsche – Entscheidungen im Bürgschaftsrecht, NJW 1996, 3192; Meyer, Aktuelle Entwicklungen im Bürgschaftsrecht, INF 1996, 368; Pape, Die Entwicklung des Bürgschaftsrechts im Jahre 1995, NJW 1996, 887; Tiedtke, Rechtsprechungsbericht: Die Rechtsprechung des BGH zum Personalkredit 1995–1996, WiB 1996, 982; Zöllner, Regelungsspielräume im Schuldvertragsrecht, AcP 197 (1996), 1; Ganter, Kreditsicherung, in: Schimansky/Bunte/Lwowski, (Hrsg.) Bankrechts-Handbuch II, 1997, 2021; Giesen, Grundsätze der Konfliktlösung im Besonderen Schuldrecht: Die Bürgschaft, Jura 1997, 64, 122; Kreft, Die Rechtsprechung des Bundesgerichtshofes zur Bürgschaft (Fortsetzung von WM 1988, 241), WM 1997, Sonderbeilage Nr 5; G Lüke, Falsche Töne des BGH, NJW 1997, 109; Pape, Die Entwicklung des Bürgschaftsrechts im Jahre 1996, NJW 1997, 980; Reich, Mithaftung und Bürgschaft in neuer Rechtsprechung und Rechtspraxis zum Bankenkredit, VuR 1997, 187; Schmitz, Bürgschaft, in: Schimansky/Bunte/Lwowski, (Hrsg.), Bankrechts-Handbuch II, 1997, 2119; v Westphalen, Verbraucherkreditverträge und die Beteiligung Dritter, MDR 1997, 307; G Fischer, Aktuelle Rechtsprechung des Bundesgerichtshofs zur Bürgschaft und zum Schuldbeitritt – Teil I, WM 1998, 1705; Ganter, Rechtsprechung des BGH zum Kreditsicherungsrecht, Teil I, WM 1998, 2045, Teil II, WM 1998, 2081; Medicus, Die Bedeutung von Erwartungen des Gläubigers beim Abschluß der Bürgschaft, in: Festschr für Fikentscher, 1998, 265; Bülow, Der Grundsatz der Subsidiarität im Kreditsicherungsrecht, ZIP 1999, 985; Chelidonis, Die erkennbar untaugliche Bürgschaft, 1999; A Diederichsen, Aktuelle Probleme der Bürgschaft, Jura 1999, 229; Medicus, Entwicklungen im Bürgschaftsrecht – Gefahren für die Bürgschaft als Mittel der Kreditsicherung, JuS 1999, 833; Fischer, Bürgschaft und Verbraucherkreditgesetz, ZIP 2000, 828; Schmidt, Die sogenannte Akzessorietät der Bürgschaft, 2000; Schröter, Auswirkungen der geänderten Bürgschaftsrechtsprechung auf die Kreditpraxis, 2000, 16; Horn, Bürgschaftsrecht 2000, ZIP 2001, 93; Fischer, Aktuelle höchstrichterliche Rechtsprechung zur Bürgschaft und zum Schuldbeitritt, WM 2001, 1049 und 1093; Tiedtke, Rechtsprechung des BGH auf dem Gebiet des Bürgschaftsrechts seit 1997, NJW 2001, 1015; Vahle, Kreditsicherung durch Bürgschaft, DVP 2001, 8; Hj Weber, Kreditsicherheiten – Recht der Sicherungsgeschäfte, 2002[7]; Bülow, Recht der Kreditsicherheiten, 2003[8]; Tiedtke, Die Rechtsprechung des BGH auf dem Gebiet des Bürgschaftsrechts in den Jahren 2001 und 2002, NJW 2003, 1359; Heermann, Geld und Geldgeschäfte (Handbuch des Schuldrechts Bd 10), §§ 31, 32; Prütting, Zwingendes und nachgiebiges Recht bei der Bürgschaft, in: Festschr Deutsche Sparkassenakademie, 2003, S 310; Knops, Bürgschaft, in: Derleder/Knops/Bamberger (Hrsg), Handbuch des deutschen und europäischen Bankrechts, 2004, § 20, S 569 ff; Tiedtke, Die Rechtsprechung des BGH auf dem Gebiet des Bürgschaftsrechts seit 2003, NJW 2005, 2498; Borges, Strukturelemente des europäischen Bürgschaftsrechts, in: Festschr für Horn, 2006, S 20; Nobbe, Zur Reichweite von Vorauszahlungsbürgschaften nach § 7 Abs 1 MaBV, in: Festschr für Horn, 2006, S 801; Tiedtke/Holthusen, Auswirkungen eines Anerkenntnisses der Hauptschuld durch den Hauptschuldner auf die Haftung des Bürgen, WM 2007, 93. – Zur **Bürgschaft eines Gesellschafters** s vor Rz 8; zu **Akzessorietät u Subsidiarität** s vor Rz 18; zu **besondere Arten** der Bürgschaft: **allgemein** s vor Rz 21; zur **Kreditbürgschaft** s vor Rz 22; zu **Kontokorrent oder Globalbürgschaft** s vor Rz 28; zur **Ausfallbürgschaft** s vor Rz 33; zur **Bürgschaft bei Bauverträgen** s vor Rz 40; zur **Bürgschaft zum Zweck der Sicherheitsleistung** s vor Rz 51; zur **Prozessbürgschaft** s vor Rz 52; zu **Steuer- u Zollbürgschaften** s vor Rz 58; zu **Bürgschaften u Garantien der öffentlichen Hand** s vor Rz 59; zum **Garantievertrag** s vor Rz 64; zur **Bankgarantie u Bankbürgschaft** s vor Rz 72; zum **Einstweiligen Rechtsschutz** s vor Rz 79; zum **Schuldbeitritt** s vor Rz 86; zur **Patronatserklärung** s vor Rz 93; zur **Delkredere** s vor Rz 98; zum **Kreditauftrag** s vor Rz 99; zum **Versicherungsvertrag** s vor Rz 100; zur **geschichtlichen Entwicklung** s vor Rz 103.

I. Tatbestand der Bürgschaft und gesetzliche Regelung

1. **Tatbestand.** Der Bürge verpflichtet sich im Bürgschaftsvertrag mit und gegenüber dem Gläubiger eines Dritten (des sog Hauptschuldners), für dessen Verbindlichkeit einzustehen (§ 765 Abs 1). Die Bürgschaft beinhaltet also die vertraglich übernommene Einstandspflicht für die Erfüllung der Verbindlichkeit des Dritten. § 765 Abs 2 bestimmt ausdrücklich, dass die Bürgschaft auch für eine bedingte oder künftige Verbindlichkeit übernommen werden kann. Zweck der Bürgschaft ist danach die Sicherung des Gläubigers bei Zahlungsunfähigkeit oder Zahlungsunwil- 1

ligkeit des Hauptschuldners[1]. Das Bürgschaftsrecht ist somit ein Ausschnitt des Rechts der Sicherungsgeschäfte[2].

2 2. **Die gesetzliche Regelung**. Die gesetzliche Regelung in Titel 20 des Besonderen Schuldrechts bezieht sich – außer auf die schon erwähnte Umschreibung des Inhalts des Bürgschaftsvertrags (§ 765 Abs 1) – auf die Form (§ 766), die Akzessorietät (§ 767), die auch dem Bürgen zustehenden Einreden des Hauptschuldners (§ 768), die besonderen Einreden der Anfechtbarkeit (§ 770 Abs 1) und der Aufrechenbarkeit (§ 770 Abs 2), die Haftung von Mitbürgen (§ 769), die Einrede der Vorausklage (§§ 771, 772) und ihren Ausschluss (§ 773), den gesetzlichen Übergang der Forderung des Gläubigers gegen den Hauptschuldner auf den leistenden Bürgen (§ 774), den Befreiungsanspruch des Bürgen (§ 775), die Aufgabe einer anderen Sicherheit durch den Gläubiger (§ 776) sowie auf die Zeitbürgschaft (§ 777). Außerdem umfasst die gesetzliche Regelung des Bürgschaftsrechts noch den Kreditauftrag (§ 778) und verweist für die Haftung des Auftraggebers auf das Bürgschaftsrecht. Wegen der für Bürgschaften als Handelsgeschäfte von Vollkaufleuten geltenden Besonderheiten vgl § 766 Rz 4, § 771 Rz 2.

3 3. **Bürgengleiche Haftung kraft Gesetzes**. Das Gesetz regelt in unterschiedlichen Zusammenhängen Haftungstatbestände, die sich als bürgengleich charakterisieren lassen. Wie ein Bürge haften beispielsweise der bisherige Vermieter im Fall der gesetzlichen Vertragsübernahme bei einer Wohnraumveräußerung nach § 566 Abs 2 (§ 571 Abs 2 aF)[3], der bisherige Pfandgläubiger im Falle des § 1251 Abs 2, die Insolvenzmasse im Insolvenzverfahren über das Vermögen eines Verlegers im Falle von VerlG § 36 Abs 2. Nach den landesrechtlichen Sparkassengesetzen haftet die kommunale Gebietskörperschaft (Stadt, Landkreis, Zweckverband), die eine Sparkasse errichtet hat, als Gewährträger gegenüber Gläubigern der Sparkasse unbeschränkt, allerdings nur für den Ausfall nach erfolgloser Inanspruchnahme der Sparkasse. Diese noch bis 19.7.2005 geltende Gewährträgerhaftung wurde nicht selten als bürgschafts- oder garantieähnliche gesetzliche Ausfallhaftung charakterisiert[4]. Ein Hauptunternehmer haftet bei Bauleistungen im Sinne von SGB III § 211 Abs 1 nach AEntG § 1a wie ein selbstschuldnerischer Bürge für die Erfüllung der tariflichen Mindestlohnansprüche der Arbeitnehmer seines Nachunternehmers. Dies ist verfassungsgemäß (BVerfG Beschl v 20. 3. 2007 – 1 BvR 1047/05).

II. Die Bürgschaft als Personalsicherheit

4 1. **Die Bürgschaft als Personal- und Kreditsicherheit**. Die Bürgschaft stellt einerseits für den Gläubiger zwar eine besonders wertvolle **Personalsicherheit** dar, weil der Bürge in Höhe der verbürgten Schuld mit seinem gesamten pfändbaren Vermögen haftet[5]. Gegenüber den Realsicherheiten (zB Hypothek, Grundschuld, Pfandrechte, Sicherungseigentum) bietet die Bürgschaft andererseits deshalb einen geringeren Schutz, weil der Gläubiger nur einen persönlichen (schuldrechtlichen) Anspruch gegen den Bürgen erwirbt, dessen wirtschaftlicher Wert von den allgemeinen Vermögensverhältnissen des Bürgen abhängt, und ihm deshalb bei dessen Insolvenz weder ein Drittwiderspruchs- noch ein Aussonderungs- noch ein Pfandvorzugsrecht zusteht. Auch das Gesetz bewertet offenbar die Realsicherheiten als für den Gläubiger günstiger (vgl § 232 Abs 2)[6]. Personalsicherheiten werden auf der anderen Seite in der internationalen Sicherungspraxis deshalb häufig bevorzugt, weil sie einfach zu „bestellen“ sind und meistens eine Rechtswahl möglich ist. Obwohl jede Leistung (Tun oder Unterlassen) Gegenstand der verbürgten Verbind-

1 Wagenknecht, BuB Rz 4/1000; von Lambsdorff/Skora, Hb BürgschaftsR Rz 1.
2 Hadding/Häuser/Welter, BJM-Gutachten S 581–591; allgemein Hadding, Festschr für Frotz, 1993, S 495 ff; Hj Weber, Kreditsicherheiten S 1–45.
3 Vgl hierzu BGH NJW 1969, 417 = BB 1969, 108; Thiel, Der Vermieter als Bürge des Erwerbers, ZMR 1994, 1237.
4 Vgl Berger, Sparkassengesetz für das Land Niedersachsen § 5 Rz 2.
5 Larenz/Canaris, SchuldR II 2, 1994[13], § 60 I 1, S 2.
6 Soergel/Fahse § 232 Rz 13.

lichkeit sein kann (Übereignung eines Grundstücks, Abtretung einer Forderung, Mängelgewährleistung, Handlungspflichten aus Dienstvertrag oder Auftrag usw)[7], spielen zu sichernde Geldschulden (vgl § 772) die bei weitem größte Rolle. Deshalb gehört die Bürgschaft in der Sicherungspraxis neben dem Garantievertrag[8] zu den wichtigsten **Kreditsicherungsgeschäften**[9]. Diese Einordnung der Bürgschaft ist sicherlich funktionsgerechter und anschaulicher als ihre systematische Eingruppierung unter die Kategorie „Einstehen für fremde Schuld", die gemeinrechtlich mit dem Begriff Interzession bezeichnet wurde[10].

2. **Die Bürgschaft als risikoreiches Geschäft**. Wegen der im Prinzip vom Bürgen einseitig übernommenen Einstandspflicht und der Haftung mit seinem gesamten pfändbaren Vermögen für die erfassten Schulden eines Dritten, ist die Bürgschaft als Eventualverbindlichkeit ein besonders risikoreiches Geschäft[11]. „Wer fremden Kredit sichert, lebt gefährlich"[12]. Dementsprechend sind Person und Vermögensverhältnisse des Hauptschuldners als „Gefahrperson" im Zweifel für den Bürgen so wichtig, dass der Bürgschaftsvertrag regelmäßig nicht zustande kommt, wenn eine andere Person in der Bürgschaftserklärung als Hauptschuldner genannt ist als diejenige, die in Aussicht genommen war[13]. War freilich eine dem Bürgen bei Abschluss des Bürgschaftsvertrages gegebene Bonitätsauskunft über den Hauptschuldner zutreffend, so entsteht bei später eintretender Verschlechterung der wirtschaftlichen Lage des Hauptschuldners aufgrund dieser Auskunft kein Schadenersatzanspruch wegen culpa in contrahendo (§ 311 Abs 2)[14]. Zur Sittenwidrigkeit der Bürgschaft, s § 765 Rz 28. 5

3. **Bürgschaft und Verbraucherschutz**. – a) **Haustürwiderrufs**. Zunächst wandte der BGH[15] das Ges über den Widerruf von Haustürgeschäften[16] (jetzt § 312) auf den Bürgschaftsvertrag mangels Entgeltlichkeit nicht an[17]. Demgegenüber hat der EuGH[18] die Richtlinie des Rates der EG vom 20. Dezember 1985[19] betreffend den Verbraucherschutz im Falle außerhalb von Geschäftsräumen geschlossenen Verträgen dahin ausgelegt, dass sie unter bestimmten Voraussetzungen auch Bürgschaften erfasst, und zwar wenn der Hauptschuldner, dem die Waren geliefert oder die Dienstleistungen erbracht worden sind, die Verbrauchereigenschaft erfüllt und der Vertrag zwischen Gläubiger und Hauptschuldner als ein Haustürgeschäft geschlossen worden ist[20]. Mit Rücksicht auf diese Judikatur des EuGH hatte der BGH[21] seine Rechtsprechung aufgegeben und ging seitdem in richtlinienkonformer Auslegung des HWiG davon aus, dass eine Bürgschaft dann kein Geschäft im Sinne von HWiG § 1 Abs 1 (jetzt § 312) ist, wenn der Hauptschuldner die gesicherte, verbürgte Verbindlichkeit im Rahmen seiner Erwerbstätigkeit eingegangen ist. Das HWiG war ferner auch dann nicht anwendbar, wenn der Hauptschuldner zwar Verbraucher war, der gesicherten Verbindlichkeit aber kein Haustürgeschäft zu Grunde lag. Für die Anwendbarkeit des HWiG auf die Bürgschaft sollte also entscheidend sein, ob das Hauptgeschäft unter das HWiG 6

7 Esser/Weyers, SchuldR II 1, 1998[8], § 40 II 2, S 347; Hadding/Häuser/Welter, BJM-Gutachten S 600, 604 f; Erman/E Herrmann Rz 3 vor § 765.
8 S dazu unten Rz 64 ff.
9 Staud/Horn Rz 2 vor § 765.
10 Dazu Motive II, S 657; Staud/Horn Rz 1 vor § 765. S dazu auch unten Rz 103 ff.
11 Dazu Henssler, Risiko als Vertragsgegenstand, 1994, S 323 ff.
12 So Köndgen, Festschr für Steindorff, 1990, S 383.
13 Vgl Stuttgart 18, 38 = Recht 1907 Nr 1024; Staud/Horn Rz 2 vor § 765.
14 BGH WM 1989, 667, 669 = NJW 1989, 1605 = LM Nr 67 zu § 765 = BB 1989, 801 = EWiR 1989, 567 (Tiedtke) = ZIP 1989, 629 = DB 1989, 1280 = MDR 1989, 733 = JZ 1989, 503 = WuB I F 1 a – 12.89 (Schröter).
15 BGHZ 113, 287 = WM 1991, 359 = NJW 1991, 975 = NJW-RR 1991, 684 – LS = LM Nr 6 zu HWiG = LM Nr 73 zu § 765 – LS = ZIP 1991, 223 = EWiR 1991, 483 (Gilles) = MDR 1991, 527 = BB 1991, 370 = WuB I F 1 a – 9.91 (Rehbein).
16 Vom 16. Januar 1986 (BGBl I, S 122); aufgehoben durch Ges zur Modernisierung des Schuldrechts v 26. November 2001 (BGBl I, S 3138).
17 Anders in einem obiter dictum BGH NJW 1993, 1594, 1595; offengehalten in BGH NJW 1996, 930 = ZIP 1996, 375.
18 NJW 1998, 1295 = ZIP 1998, 554 = EuZW 1998, 252 = Slg. 1998, I – 1199.
19 85/577/EWG; ABl EG Nr. L 372 vom 31. Dezember 1985, S 31.
20 Kritisch Schwarz, Bürgenschutz durch deutsches und europäisches Verbraucherschutzrecht, 2001, S 53.
21 BGHZ 139, 21 = WM 1998, 1388 = NJW 1998, 2356.

fiel. Gegen diese Rechtsprechung wurde kritisch unter Hinweis auf Haustürwiderrufsrichtlinie[22] Art 8 gefragt, ob das HWiG weitergehend auch Bürgschaften umfasst, wenn der Hauptschuldner kein Verbraucher ist und auch kein Haustürgeschäft vorliegt. Der BGH[23] hat dies zunächst mit Hinweis auf die Entstehungsgeschichte des HWiG verneint[24]. Diese Judikatur führte zu wenig einsichtigen Ergebnissen[25]. Die Schutzwürdigkeit und Schutzbedürftigkeit des Bürgen kann nicht davon abhängen, ob auch der Hauptschuldner durch das HWiG geschützt ist. Nach Sinn und Zweck dieses Gesetzes werden Bürgschaften als Haustürgeschäfte unabhängig davon erfasst, ob auch der Hauptschuldner Verbraucher ist und ob er seinerseits ein Haustürgeschäft geschlossen hat. Entscheidend kann nämlich nur sein, ob der Bürge Verbraucher ist, seinerseits überrumpelt wurde und deshalb schutzwürdig ist. Der BGH[26] hat sich zuletzt der Kritik angeschlossen und wendet § 312 an, wenn der Bürge sich in einer Haustürsituation befunden hat, und zwar unabhängig von der Lage des Hauptschuldners. S auch § 765 Rz 25.

7 b) **Verbraucherkredit**. Der Bürgschaftsvertrag ist weder ein Verbraucherdarlehensvertrag im Sinne des § 491 noch eine entgeltliche Finanzierungshilfe im Sinne des § 499[27]. Es handelt sich vielmehr um eine „Kreditleihe". Das Recht des Verbraucherdarlehensvertrags oder der entgeltlichen Finanzierungshilfe könnte also nur im Wege einer entsprechenden Anwendung zum Zug kommen, was der BGH[28] für das VerbrKrG[29] mangels einer Gesetzeslücke verneint[30]. Die Frage der Anwendbarkeit ist in den Beratungen des Gesetzes eingehend erörtert und abgelehnt worden[31]. Zur Verbraucherkreditrichtlinie hat der EuGH[32] entschieden, dass eine Bürgschaft zur Sicherung der Kreditrückzahlung auch dann nicht unter die Verbraucherkreditrichtlinie 87/101/EWG des Rates vom 22. 12. 1986 falle, wenn weder der Bürge noch der Kreditnehmer im Rahmen ihrer Erwerbstätigkeit gehandelt haben. Auch der EuGH ist der Ansicht, dass Bürgschaftsverträge keine Kreditverträge im Sinne der Verbraucherkreditrichtlinie Art 3 sind. Trotz Unanwendbarkeit des VerbrKrG auf Bürgschaften können aber einzelne Vorschriften, beispielsweise die Zinsschadenregelung des § 497[33] entsprechend anzuwenden sein, wenn der Bürge sich in Verzug (§ 286[34]) befindet[35].

4. Bürgschaft und Eigenkapitalersatz

Schrifttum: Fleischer, Gesellschafterbesicherte Drittdarlehen, in: v. Gerkan/Hommelhoff (Hrsg), Handbuch des Kapitalersatzrechts, 2000², S 197 ff.

8 Nach GmbHG § 32 a Abs 2 ist die **Bürgschaft eines Gesellschafters** der GmbH **eigenkapitalersetzend**, wenn sie ein Darlehen sichert, das ein Dritter der GmbH in der Krisensituation gewährt (gesellschafterbesichertes Drittdarlehen oder sog **mittelbares Gesellschafterdar-**

22 Vom 20. Dezember 1985.
23 BGHZ 139, 21 = WM 1998, 1388 = ZIP 1998, 1144 = NJW 1998, 2356, 2357.
24 AA Tiedtke NJW 2001, 1015, 1027; Reinicke/Tiedtke, BürgschaftsR, 2000², Rz 446.
25 Vgl Holznagel, Bürgenschutz mit System, 2002, S 161 f.; Horn ZIP 2001, 93, 94; St Lorenz NJW 1998, 2937 = Kröll DZWir 1998, 426; Medicus JuS 1999, 833, 836.
26 BGH WM 2007, 643, 646; BGHZ 165, 363, 366 = WM 2006, 377, 379 = WuB IV D § 312-1.06 (Medicus) = ZIP 2006, 363; dazu Zahn ZIP 2006, 1069.
27 Früher Kreditvertrag iSv VerbrKrG § 1 Abs 2.
28 BGHZ 138, 321 = WM 1998, 1120 = NJW 1998, 1939 = ZIP 1988, 949 (mAnm Bülow); dazu Tiedtke NJW 2001, 1015, 1027.
29 Vom 17. Dezember 1990 (BGBl I, S 2840) aufgehoben durch Ges zur Modernisierung des Schuldrechts v 26. November 2001 (BGBl I, S 3138).
30 Vgl zur analogen Anwendbarkeit des VerbrKrG ausführlich Holznagel, Bürgenschutz mit System, 2002, S 188, ohne Auswirkungen des SchuldrechtsmodernisierungsG S 255.
31 Gegen eine Anwendung des Gesetzes ferner Hamm WM 1998, 171; Stuttgart NJW 1997, 1450; Rostock WM 1998, 446; Trebes DZWiR 1998, 75; Edelmann BB 1998, 1017; Kabisch WM 1998, 535; MünchKomm/Ulmer, 1995³, VerbrKrG § 1 Rz 37; Staud/Horn Rz 77 vor §§ 765 ff; MünchKomm/Ulmer § 491 Rz 83 f; aA Bülow NJW 1996, 2829, 2892; von Westphalen DB 1998, 295.
32 WM 2000, 713 = JZ 2000, 780 = ZIP 2000, 574 = NJW 2000, 1323 = EuZW 2000, 339; dazu Fischer ZIP 2000, 828.
33 Früher VerbrKrG § 11 Abs 1.
34 Früher § 284.
35 BGHZ 143, 95 = WM 2000, 64 = ZIP 2000 65, 69 = NJW 2000, 658, im Anschluss an BGHZ 115, 268, 272 = ZIP 1991, 1479, 1480.

lehen)[36] oder wenn der Gesellschafter sie in Kenntnis der Krise „stehen lässt" (München WM 2006, 1776 = WuB II C. § 32a GmbHG 1.07 [v Gerkan]). Für das „Stehenlassen" ist auf das Gesellschafterverhältnis abzustellen. Der Darlehensgeber ist durch das Kapitalersatzrecht dann zwar außerhalb von GmbHG § 32 a Abs 2 nicht gehindert, den Rückerstattungsanspruch (§ 488) gegen die Gesellschaft geltend zu machen, der bürgende Gesellschafter muss aber die Gesellschaft in entsprechender Anwendung von GmbHG § 30 Abs 1 von der fälligen Darlehensverbindlichkeit freistellen[37]. Wird der Gesellschafterbürge von dem Darlehensgeber in Anspruch genommen, kann er folgerichtig bei der GmbH keinen Rückgriff nehmen, solange die Krise der Gesellschaft andauert und bei einer Erfüllung des Rückgriffsanspruches das Stammkapital angegriffen oder eine vorhandene Überschuldung vertieft würde[38]. Zahlt die Gesellschaft das kapitalersetzend gewichtete Darlehen zurück, steht ihr – auch jenseits von GmbHG § 32 b Sätze 1 und 2 – in entsprechender Anwendung von GmbHG § 31 Abs 1 ein Erstattungsanspruch gegen den Gesellschafter zu, allerdings begrenzt auf die zur Auffüllung des verlorenen Stammkapitals erforderlichen Summe[39]. Tilgt der Gesellschafter seine Darlehensverbindlichkeiten durch Überweisung auf ein debitorisches Gesellschafskonto, für das er eine eigenkapitalersetzende Bürgschaft übernommen hat, so liegt in der Verminderung seiner Bürgschaftsschuld eine verbotene Einlagenrückgewähr (BGH WM 2005, 695 = ZIP 2005, 659). Im Insolvenzverfahren über das Vermögen der GmbH kann der Darlehensgeber wegen seiner Rückerstattungsforderung nur für den Betrag verhältnismäßige Befriedigung verlangen, mit dem er gegenüber dem Bürgen ausgefallen ist (GmbHG § 32 a Abs 2). Eine mit dem Bürgen getroffene Nachrangabrede (Ausfallbürgschaft) wird hinfällig. Hat die GmbH das Darlehen im letzten Jahr vor dem Antrag auf Eröffnung des Insolvenzverfahrens oder nach diesem Antrag zurückgezahlt, muss der bürgende Gesellschafter der GmbH den zurückgezahlten Betrag in Höhe der übernommenen Bürgschaft erstatten (GmbHG § 32 b Sätze 1 und 2). Der Umqualifizierung der Bürgschaft in Eigenkapital steht nicht entgegen, wenn die Bürgschaft wegen Übersicherung nichtig ist (Stuttgart DB 2007, 904).

Von der kapitalersetzenden Bürgschaft, die ein GmbH-Gesellschafter zur Sicherung der Rück- 9
zahlung eines Darlehen eines Dritten übernimmt, ist die Bürgschaft zu unterscheiden, die ein Dritter zur Sicherung der Rückerstattung eines kapitalersetzenden Darlehens gegenüber dem Gesellschafter übernimmt. Ist das gesicherte Gesellschafterdarlehen als eigenkapitalersetzend zu qualifizieren, steht der GmbH gegenüber dem Rückerstattungsanspruch des Gesellschafters (§ 488) nach den sog Rechtsprechungsregeln zu GmbHG §§ 30, 31 eine rechthindernde Einwendung zu, die nach dem Grundsatz der Akzessorietät (§§ 767 Abs 1, 768 Abs 1) grundsätzlich auch der Bürge geltend machen könnte. Dies würde freilich dem Sicherungsinteresse des Gläubigers und dem Sicherungszweck der Bürgschaft widersprechen, weil die Kreditunwürdigkeit der Gesellschaft gerade Voraussetzung des Kapitalersatzes ist. Der Grundsatz der Akzessorietät muss deshalb dann hinter dem Sicherungszweck zurücktreten, wenn der Bürge weiß, dass der Darlehensgeber Gesellschafter der darlehensnehmenden GmbH ist und diese sich in einer finanziellen Krise befindet[40].

III. Rechtssystematische Einordnung der Bürgschaft

1. **Die Bürgschaft als einseitig verpflichtender Vertrag**. Das BGB definiert die Bürgschaft 10
nicht[41]. Die Bürgschaft entsteht **durch Vertrag** und nicht etwa nur durch einseitiges Rechtsgeschäft, so dass auf ihr Zustandekommen die §§ 145 ff anzuwenden sind. Obwohl das Gesetz selbst

36 Zu den kapitalersetzenden Gesellschafterdarlehen s Soergel § 607 Rz 214 ff.
37 BGH ZIP 1992, 108, 109; BGH ZIP 1986, 30.
38 BGH WM 1996, 588, 592; BGH WM 1986, 447, 449.
39 BGH ZIP 1992, 108, 109; BGHZ 81, 253, 260 = ZIP 1981, 974; BGHZ 67, 171, 182.
40 So BGH WM 1996, 588, 590; weitergehend Kühn/Rotthege NJW 1983, 11233, 1235.
41 Dazu Staud/Horn Rz 1 vor § 765; Erman/E Herrmann Rz 1–2 vor § 765; v Lambsdorff/Skora, Hb BürgschaftsR Rz 1; Hadding/Häuser/Welter, BJM-Gutachten S 598 ff.

(§ 1822 Nr 10) die Eingehung einer Bürgschaft als „Übernahme einer fremden Verbindlichkeit" bezeichnet, begründet die Bürgschaft eine von der Verbindlichkeit des Hauptschuldners verschiedene, zusätzliche, **eigene Verbindlichkeit des Bürgen**[42], weshalb entgegen dem Wortlaut des § 766 Satz 2 der Bürge auch nicht die Hauptverbindlichkeit zu erfüllen hat. Weil mithin der Bürge nicht etwa nur die Schuld des Hauptschuldners übernimmt – Hauptschuldner und Bürge haften auch bei selbstschuldnerischer Bürgschaft (§ 773 Abs 1 Nr 1) nicht als Gesamtschuldner[43] –, sondern sich neben diesem selbständig gegenüber dem Gläubiger verpflichtet, ihn wegen seiner Forderung gegen den Hauptschuldner zu befriedigen, haftet der Bürge nicht nur, sondern er schuldet auch[44]. Im Gegensatz zur Verbindlichkeit des Bürgen (Bürgenschuld) wird die Verbindlichkeit des Dritten als Hauptschuld (vom Dritten her gesehen) oder als Hauptforderung (vom Gläubiger her betrachtet) bezeichnet.

11 Der zwischen Gläubiger und Bürgen geschlossene Bürgschaftsvertrag gehört typischerweise zu den **einseitig verpflichtenden Verträgen**[45], weil die §§ 765 ff dem Gläubiger keine Leistungspflichten auferlegen[46]. Weder die Verpflichtung des Hauptschuldners aus dem Deckungsverhältnis zum Bürgen noch der Regressanspruch des Bürgen nach § 774 stellt eine Gegenleistung des Gläubigers für den Bürgen dar[47], ebensowenig irgendwelche vom Gläubiger übernommenen Nebenpflichten oder Obliegenheiten (insbesondere nicht solche aus § 776)[48]. Die Bürgschaft beruht also regelmäßig nicht auf einem gegenseitig verpflichtenden (synallagmatischen) Vertrag, so dass die §§ 320 – 326 keine Anwendung finden[49]. Sie begründet nicht einmal – wie etwa der Auftrag (§§ 662 ff) – ein zweiseitig verpflichtendes Schuldverhältnis.

12 Gegenüber dem Gläubiger wird die Bürgschaft regelmäßig **unentgeltlich** übernommen[50], wodurch die Bürgschaft als solche aber keine – etwa nach § 518 Abs 1 (notarielle Beurkundung)

42 BGH WM 2006, 377, 379; BGHZ 113, 287, 288 = WM 1991, 359 = NJW 1991, 975 = NJW-RR 1991, 684 – LS = LM Nr 6 zu HWiG = LM Nr 73 zu § 765 – LS = ZIP 1991, 223 = EWiR 1991, 483 (Gilles) = MDR 1991, 527 = BB 1991, 370 = WuB I F 1a – 9.91 (Rehbein); BGH WM 1989, 667 = NJW 1989, 1605 = LM Nr 67 zu § 765 = BB 1989, 801 = EWiR 1989, 567 (Tiedtke) = ZIP 1989, 629 = DB 1989, 1280 = MDR 1989, 733 = JZ 1989, 503 = WuB I F 1a – 12.89 (Schröter); BGHZ 90, 187, 190 = WM 1984, 483 = NJW 1984, 1623 = ZIP 1984, 633; Staud/Horn Rz 13 vor § 765 mweitNachw; Erman/E Herrmann Rz 2 vor § 765; Esser/Weyers, SchuldR II 1[8], § 40 I 2, S 343; Henssler, Risiko als Vertragsgegenstand, 1994, S 323; Wagenknecht BuB Rz 4/1000.

43 Motive II, S 670 f; BGH WM 1968, 916, 918 u 1200 f; BGH WM 1976, 424 f; NJW 1955, 1398 = WM 1955, 1203 = JZ 1956, 99 (zust Lauterbach) = LM Nr 2 zu ZPO § 100; GZ 134, 126, 128; RGZ 96, 136, 140; RGZ 65, 134, 139; Düsseldorf WM 1988, 1404, 1407; Schneider MDR 1967, 353; Lippmann AcP 111 (1914), 135 ff; Flume, Festschr für Knur S 128 ff; Larenz, SchuldR I, 1987[14], § 37 I, S 636; Reinicke/Tiedtke, Gesamtschuld und Schuldsicherung, 1988[2], 14; Selb, Mehrheiten von Gläubigern und Schuldnern, 1984, § 2 I 8, S 10 f, § 12 I, S 212 f; Staud/Horn Rz 16 vor § 765 mweitNachw; MünchKomm/Habersack § 773 Rz 2; Erman/E Herrmann Rz 8 vor § 765; **abweichend** Ehmann, Die Gesamtschuld, 1972, 331 ff; Celle JZ 1956, 490.

44 BGH WM 1961, 58 = BB 1961, 116, 117; Erman/E Herrmann Rz 2 vor § 765; frühere entgegenstehende Ansichten sind gegenstandslos geworden.

45 BGHZ 113, 287, 288 = WM 1991, 359 = NJW 1991, 975 = NJW-RR 1991, 684 – LS = LM Nr 6 zu HWiG = LM Nr 73 zu § 765 – LS = ZIP 1991, 223 = EWiR 1991, 483 (Gilles) = MDR 1991, 527 = BB 1991, 370 = WuB I F 1a – 9.91 (Rehbein); BGH NJW 1988, 2599; 1989, 830, 831; RG HRR 1932 Nr 1430; Motive II, S 678; Esser/Weyers, SchuldR II 1, 1998[8], § 40 II 4, S 347; Staud/Horn Rz 3 vor § 765, § 765 Rz 43; MünchKomm/Habersack § 765 Rz 2; Erman/E Herrmann Rz 6 vor § 765; Henssler, Risiko als Vertragsgegenstand, 1994, S 323; vgl auch Schmidt-Rimpler, Die Gegenseitigkeit bei einseitig bedingten Verträgen, 1969.

46 Larenz/Canaris, SchuldR II 2, 1994[13], § 60 I 3 a, S 2.

47 Vgl BGHZ 113, 287, 288 f = WM 1991, 359 = NJW 1991, 975 = NJW-RR 1991, 684 – LS = LM Nr 6 zu HWiG = LM Nr 73 zu § 765 – LS = ZIP 1991, 223 = EWiR 1991, 483 (Gilles) = MDR 1991, 527 = BB 1991, 370 = WuB I F 1a – 9.91 (Rehbein); BGH WM 1991, 1210, 1211 = NJW 1991, 2905 = LM Nr 8 zu HWiG = LM Nr 75 zu § 765 – LS = MDR 1991, 1060 = BB 1991, 1668 = ZIP 1991, 786 = EWiR 1991, 693 Medicus = WuB I F 1a – 15.91 E Wolff; RG JW 1932, 582, 584 = LZ 1931, 909, 910.

48 Vgl RG SeuffA 92 Nr 148 = HRR 1938 Nr 510.

49 Vgl RG HansGZ 1907 B 48 Nr 35.

50 RGZ 90, 177, 181; vgl auch RGZ 54, 282, 284.

formbedürftige – Schenkung wird[51]. Damit ist jedoch nicht ausgeschlossen, dass im Bürgschaftsvertrag bisweilen ein Entgelt als Gegenleistung des Gläubigers vereinbart wird[52], so dass dann bei Pflichtverletzungen des Gläubigers die §§ 320 ff Anwendung finden[53], zB wenn der Gläubiger dem Bürgen als Entgelt eine Provision verspricht oder wenn sich der Gläubiger *gegenüber dem Bürgen* verpflichtet, dem Hauptschuldner weiteren (neuen) Kredit zu gewähren[54], oder wenn die Erteilung der Bürgschaft gegen Abtretung einer Grundschuld erfolgen soll[55]. Verletzt der Gläubiger eine solche Pflicht zur Gegenleistung, ist er nach den Regeln über die Leistungsstörungen – und nicht etwa bereicherungsrechtlich[56] – verpflichtet, den Bürgen von der wirksam eingegangenen Bürgschaftsverpflichtung durch Aufhebungs- oder Erlassvertrag zu befreien[57]. Die Bürgschaft kann schließlich auch ohne jegliche Sicherungsabrede im Valuta- oder im Bürgschaftsverhältnis dem Gläubiger aus bloßer Gefälligkeit erteilt werden.

2. **Eigene Verbindlichkeit des Bürgen**. Die Bürgschaft begründet eine eigene Verbindlichkeit 13
des Bürgen. Er wird regelmäßig auch diese Verbindlichkeit – und nicht als Dritter (§ 267) die Hauptschuld – erfüllen wollen[58]. Dies kann anders sein, wenn der Bürge mit Mitteln des Hauptschuldners zahlt[59] oder wenn er trotz der ihm zustehenden Einrede der Vorausklage (§ 771) leistet, um den Hauptschuldner vor Vollstreckungsmaßnahmen zu schützen. Nach dem Wortlaut des Gesetzes und dem Zweck des Rechtsgeschäfts sind der Hauptschuldner und der Bürge mithin keine Gesamtschuldner des Gläubigers[60]. Allerdings nimmt ein Teil der Lehre dann eine Gesamtschuld an, wenn die Verbindlichkeit des Bürgen in ein der Hauptschuld gleichartiges Leistenmüssen übergegangen ist[61]. Diese Auffassung ist abzulehnen[62]. Entsprechend der hier vertretenen Ansicht bedarf die Bürgschaft für die Verbindlichkeit des Grundstücksverkäufers nicht der Form des § 311 b[63].

3. **Rechtsgrund der Bürgschaft**. Die Bürgschaft ist Teil des Dreipersonenverhältnisses zwi- 14
schen Bürgen, Gläubiger und Hauptschuldner. Zur dogmatischen Einordnung muss man zwischen diesen drei Rechtsverhältnissen unter den Beteiligten scharf unterscheiden[64]. In Anlehnung an den Sprachgebrauch beim Vertrag zu Rechten Dritter der §§ 328 ff kann man den Bürgen als „*Versprechender*“, den Hauptschuldner als „*Versprechensempfänger*“ und den Gläubiger als (begünstigten) „*Dritten*“ verstehen, wobei natürlich der Bürgschaftsvertrag als solcher kein Vertrag zu Rechten eines Dritten, sondern ein Vertrag mit dem Dritten ist[65]. Dementsprechend kann man das Rechtsverhältnis zwischen dem Bürgen und dem Gläubiger als „*Bürgschaftsverhältnis*“

51 Motive II, S 660.
52 Larenz/Canaris, SchuldR II 2, 1994[13], § 60 I 3 a, S 3; Esser/Weyers, SchuldR II 1, 1998[8], § 40 II 4, S 347.
53 RGZ 66, 425, 426 f; RG WarnR 1934 Nr 47; Staud/Horn Rz 4 vor § 765, 765 Rz 48 mweit Nachw; Erman/E Herrmann Rz 6 vor § 765; Larenz/Canaris, SchuldR II 2, 1994[13], § 60 I 3 a, S 3.
54 RGZ 65, 46, 48; dazu ausführlich Ermann[9]/Klingsporn HWiG § 1 Rz 4 a–4 c.
55 RG WarnR 1934 Nr 47.
56 Anders wohl Staud/Lorenz § 812 Rz 47 aE, der hier unter Berufung auf RGZ 118, 358 eine condictio ob rem (§ 812 Abs 1 Satz 2 Variante 2) befürwortet.
57 Staud/Horn Rz 5 vor § 765.
58 RG Recht 1911 Nr 697. Anders als hier nehmen Enn/Lehmann, Recht der Schuldverhältnisse, 1958[15], § 191 I 2, S 784 Fn 1, unter Hinweis auf den Wortlaut von § 766 Satz 2 an, der Bürge erfülle zugleich die Hauptschuld und seine eigene Verbindlichkeit; der Widerspruch zu § 774 wird damit erklärt, dort handele es sich in Wirklichkeit um einen Regressanspruch. Diese Ansicht ist abzulehnen.
59 Vgl RG JW 1914, 78 = WarnR 1914 Nr 15 = Recht 1914 Nr 697.
60 Motive II, S 670 f; BGH WM 1968, 916, 918; WM 1955, 1203 = NJW 1955, 1398 = JZ 1956, 99 (zust Lauterbach) = LM Nr 2 zu ZPO § 100; RGZ 134, 126, 128; Reinicke/Tiedtke, Gesamtschuld und Schuldsicherung, 1988[2], S 14; Selb, Mehrheiten von Gläubigern und Schuldnern, 1984, § 2 I 8, S 10; Staud/Horn Rz 8 vor § 765 mweitNachw; MünchKomm/Habersack § 773 Rz 2; abweichend Ehmann, Die Gesamtschuld, 1972, 331 ff; Celle JZ 1956, 490.
61 So zB Kress, Bes SchuldR S 261.
62 Lippmann AcP 111 (1914), 135; Larenz, SchuldR II, 1981[12], § 64 I, S 475; Medicus JuS 1971, 497, 498.
63 RGZ 140, 216, 218 = JW 1933, 2642 (krit Reichel).
64 Dazu ausführlich Larenz/Canaris, SchuldR II 2, 1994[13], § 60 I 3 d, e, S 3 f.
65 Zum Abschluss einer Bürgschaft durch Vertrag zwischen Hauptschuldner und Bürgen zugunsten des Gläubigers als Dritten s § 765 Rz 7 ff.

(*„Vollzugsverhältnis“*), dasjenige zwischen dem Hauptschuldner und dem Bürgen als *„Deckungsverhältnis“* und dasjenige zwischen dem Gläubiger und dem Hauptschuldner als *„Valutaverhältnis“* bezeichnen[66]; denn der Bürge holt sich für seine Verpflichtung gegenüber dem Gläubiger seine „Deckung“ aus seinem Rechtsverhältnis zum Hauptschuldner, während dem Gläubiger sein Rechtsverhältnis zum Hauptschuldner angibt, zur Sicherung welcher Schuld die Bürgenverpflichtung zu „bewerten“ ist. Wenn gesagt wird, die Bürgschaft sei ein kausaler Vertrag[67], muss man sich die Unterscheidung zwischen *causa als Zweck* des Rechtsgeschäfts und *causa als (Rechts-) Grund* vergegenwärtigen (oder im Sprachgebrauch von *G Jahr*[68] die „innere causa“ begrifflich von der „äußeren causa“ trennen). Dann ist die Bürgschaft **insofern kausal**, als sie – im Unterschied zum abstrakten Schuldversprechen oder Schuldanerkenntnis (§§ 780, 781)[69] – stets einen und denselben Zweck („innere causa“) in sich trägt, nämlich den Sicherungszweck als typischen Vertragszweck[70]. Erklärt zB der „Bürge“ seine Verpflichtung als Erfüllungssurrogat (Leistung erfüllungshalber) einer eigenen Schuld, versteht sie der Gläubiger aber als Einstehen für eine fremde Verbindlichkeit, dann kommt wegen Dissenses bezüglich dieser causa keine Bürgschaft zustande, während ein solches Missverständnis bei einem abstrakten Schuldversprechen zu einem Bereicherungsanspruch (§ 812 Abs 2) führen würde. Hat in einem solchen Fall oder bei erfolgter Anfechtung (§ 142 Abs 1) – nicht bei bloßem Formmangel (vgl § 766 Satz 2) – der Bürge irrtümlich auf die nicht bestehende Bürgschaftsschuld geleistet, steht ihm gegen den Gläubiger ein Bereicherungsanspruch wegen rechtsgrundloser Leistung zu[71]. Demgegenüber trägt die Bürgschaft ihren Rechtsgrund im Sinne einer „äußere causa“ keineswegs in sich. Wie beim Vertrag zu Rechten Dritter bildet den Rechtsgrund für die Bürgensicherheit des Gläubigers vielmehr das Valutaverhältnis, also sein Rechtsverhältnis zum Hauptschuldner. Dieses Valutaverhältnis enthält dann zweierlei: Einmal die gesicherte Hauptforderung, mit der die Bürgenverpflichtung akzessorisch verbunden ist, und zum anderen die Sicherungsabrede, die neben der Hauptforderung als Rechtsgrund zusätzlich vorhanden sein muss, damit der Gläubiger überhaupt ein Recht (Anspruch) auf die Bürgensicherheit hat. Genauso wie der Gläubiger beim Pfandrecht und bei der Hypothek die dingliche Sicherheit aus dem Bestellungsakt (§§ 1205, 1113) erwirbt, erlangt der Gläubiger den Anspruch gegen den Bürgen aus dem Bürgschaftsvertrag. Ob ihm aber dieses Sicherungsmittel im Verhältnis zu dem Hauptschuldner auch gebührt, entscheidet die Sicherungsabrede im Valutaverhältnis. Fehlt sie oder verwendet der Gläubiger die Bürgensicherheit abredewidrig nicht für einen neuen, sondern für einen bereits bestehenden Kredit, dann muss er die Bürgensicherheit entweder wegen ungerechtfertigter Bereicherung gemäß § 812 Abs 1 Satz 1 Alternative 1 (Leistungskondiktion) oder wegen schuldhafter Verletzung der Sicherungsabrede an den Hauptschuldner „herausgeben“, dh dem Bürgen die Bürgenschuld nach § 397 erlassen, was der Bürge dem Gläubiger nach § 768 Abs 1 Satz 1 entgegenhalten und was gemäß ZPO § 894 vollstreckt werden kann[72].

15 Der Rechtsgrund für die Erteilung der Bürgschaft kann bisweilen aber statt im Valutaverhältnis in einer Sicherungsabrede zwischen Gläubiger und Bürgen liegen[73]. Die Bürgschaft ist dann von dem Bestehen einer solchen Sicherungsabrede zwischen den Parteien zugunsten des Hauptschuldners aber ebenso unabhängig wie sonst vom Valutaverhältnis. Ist diese Sicherungsabrede

66 Zu diesem Sprachgebrauch beim Vertrag zugunsten Dritter s Soergel/Hadding § 328 Rz 16; zur Terminologie (Valuta-, Deckungs- und Bürgschaftsverhältnis) beim Garantievertrag s Hadding/Häuser/Welter, BJM-Gutachten S 686 f.

67 Motive II, S 660; Staud/Horn Rz 5 vor § 765; Enn/Lehmann § 191 I 1; Kübler, Feststellung und Garantie, 1967, S 189.

68 AcP 168 (1968), 9, 14 f.

69 Vgl BGH NJW 1980, 1158.

70 BGH WM 2005, 828, 831; Larenz/Canaris, SchuldR II 2, 1994[13], § 60 I 3 d, S 3; Staud/Lorenz § 812 Rz 47; ausführlich Becker-Eberhard, Festschr für Huber, 2006, S 121 ff.

71 Staud/Lorenz § 812 Rz 47 u 48 mweitNachw.

72 Zum Ganzen und zur Möglichkeit einer „Nichtleistungskondiktion“ in solchen Fällen s Larenz/Canaris, SchuldR II 2, 1994[13], § 60 I 3 e, S 4.

73 Dazu Larenz/Canaris, SchuldR II 2, 1994[13], § 60 I 3 e, S 4 (zweiter Absatz).

unwirksam, kann der Bürge vom Gläubiger den Bürgschaftsanspruch kondizieren. Ein entgeltlicher Bürgschaftsvertrag[74] ist davon zu unterscheiden.

Die Bürgschaft setzt schließlich für ihren Bestand **kein bestimmtes Rechtsverhältnis** zwischen Bürgen und Hauptschuldner (*Deckungsverhältnis*)[75] voraus; sie ist von einem solchen ebenfalls unabhängig (abstrakt)[76]. Gleichwohl wird in der Regel im Deckungsverhältnis entweder ein (unentgeltlicher) Auftrag (§§ 662 ff; vgl den Fall des § 775)[77], eine entgeltliche Geschäftsbesorgung (§ 675 Abs 1), eine Geschäftsführung ohne Auftrag (§§ 677 ff)[78] oder eine Schenkung (§§ 516 ff)[79] vorliegen[80]. Wirkt der Hauptschuldner beim Abschluss des Bürgschaftsvertrags mit, handelt er im Zweifel als Bevollmächtigter des Bürgen, nicht des Gläubigers, zB wenn er die Blankourkunde (ohne Bezeichnung des Gläubigers) dem Gläubiger aushändigt[81]. Verzichtet der Bürge von vornherein auf einen Rückgriff oder sonstigen Ausgleich beim Schuldner, so handelt es sich bei der Zusage der Bürgschaftsübernahme um ein nach § 518 Abs 1 beurkundungsbedürftiges Schenkungsversprechen[82], dessen Formmangel durch Abschluss des Bürgschaftsvertrages mit dem Gläubiger gemäß § 518 Abs 2 geheilt wird[83]. Irgendwelche Einwendungen aus diesem Deckungsverhältnis zum Hauptschuldner kann der Bürge dem Gläubiger nicht entgegensetzen, weil sie aus dem Rechtsverhältnis zu einem Dritten stammen[84]. 16

Die Bürgschaft ist vom Bestehen eines (weiteren) Rechtsverhältnisses zwischen Gläubiger und Bürgen unabhängig, sie setzt ein solches Rechtsverhältnis auch nicht voraus. Die Bürgschaft kann dem Gläubiger aus Gefälligkeit erteilt werden – dann kein Schenkungsversprechen[85] –, ihm gegenüber aber auch eine Schenkung darstellen[86], obwohl die Bürgschaft als solche keine – etwa nach § 518 Abs 1 (notarielle Beurkundung) formbedürftige – Schenkung ist[87]. 17

4. **Akzessorietät und Subsidiarität.**

Schrifttum: Flume, Studien zur Akzessorietät der römischen Bürgschaftsstipulationen, 1932; Bönner, Grenzen der Akzessorietät der Bürgschaft, Diss Köln 1958; Blessing, Akzessorietät und Sicherungszweck der Bürgschaft. Eine rechtsvergleichende Untersuchung zum deutschen und französischen Recht, Diss Saarbrücken 1972; Kaser, Celsus D. 12.6.47 und die Akzessorietät der Bürgschaft, in: Festschr für Herdlitczka, 1972, S 143 = Ausgewählte Schriften II (Camerino 1976/77), S 363; Becker-Eberhard, Die Forderungsgebundenheit der Sicherungsrechte, 1993; Jan, Yang Shu-wen, Die Akzessorietät der Bürgschaft und das AGB-Gesetz im deutschen sowie im taiwanesischen Recht, 1993; Habersack, Die Akzessorietät – Strukturprinzip der europäischen Zivilrechte und eines künftigen europäischen Grundpfandrechts, JZ 1997, 857; Schmidt, Die sogenannte Akzessorietät der Bürgschaft, 2000; Lettl, Der Grundsatz der akzessorischen Haftung im Zivil- und Handelsrecht, JA 2004, 238.

Die Bürgschaft setzt – im Unterschied zum selbständigen Garantievertrag[88] – eine Hauptforderung (des Gläubigers, der eine Hauptschuld des Schuldners entspricht) voraus; sie ist von der Hauptschuld abhängig, gegenüber dieser **akzessorisch** (§§ 767, 768)[89]. Es ist hier also eine ähnlich einseitige Abhängigkeit des Sicherungsrechts von der Hauptschuld gegeben wie bei den Grund- und Mobiliarpfandrechten[90]. Hat der Bürge an den Gläubiger geleistet, obwohl die Hauptschuld 18

74 S dazu oben Rz 12.
75 Dazu Esser/Weyers, SchuldR II 1, 1998[8], § 40 IV 1, S 354.
76 Larenz/Canaris, SchuldR II 2, 1994[13], § 60 I 3 c, S 3; Esser/Weyers, SchuldR II 1, 1998[8], § 40 I 2, S 344.
77 RGZ 59, 207, 208. S dazu auch § 662 Rz 7.
78 Zu möglichen Ansprüchen gegen den Schuldner in einem solchen Fall s BGH WM 1968, 1201.
79 BGH WM 1955, 377, 379 = LM Nr 2 zu § 516 = MDR 1955, 283; MünchKomm/Habersack § 765 Rz 7.
80 Larenz/Canaris, SchuldR II 2, 1994[13], § 60 I 3 c, S 3.
81 Vgl RG JW 1934, 219, 221 (Herriger); RG JW 1927, 38, 39 (Reichel); RGZ 62, 379, 382.
82 Vgl für ein unentgeltlich erteiltes abstraktes Schuldversprechen BGH WM 1976, 1053, 1055.
83 MünchKomm/Habersack § 765 Rz 7.
84 Larenz/Canaris, SchuldR II 2, 1994[13], § 60 I 3 c, S 3; Staud/Lorenz § 812 Rz 47.
85 Vgl RGZ 90, 177, 181; RGZ 54, 282, 284.
86 RGZ 90, 177, 181.
87 Motive II, S 660.
88 S dazu unten Rz 64 ff.
89 Motive II, S 659; Staud/Horn § 765 Rz 28; Erman/E Herrmann Rz 3–5 vor § 765; Larenz/Canaris, SchuldR II 2, 1994[13], § 60 I 3 b, S 3; zur Akzessorietät allgemein Medicus JuS 1971, 497.
90 Vgl Rz 3 vor § 1113 und Rz 6 vor § 1204.

nicht besteht, dann hat er gegen den vermeintlichen Gläubiger einen Bereicherungsanspruch[91]. Das Akzessorietätsprinzip erfährt allerdings zweckbezogene Beschränkungen[92]. Von dem Gedanken der Akzessorietät zu unterscheiden ist, dass den Bürgen, auch wenn ihm die Einrede der Vorausklage nicht zusteht (vgl §§ 771–773), in der Regel nur eine **nachrangige (subsidiäre) Einstandpflicht** trifft[93].

19 a) **Die Abhängigkeit der Bürgschaft von der Verbindlichkeit des Hauptschuldners (Akzessorietät)**. Die **Verbindlichkeit des Hauptschuldners muss wirksam** sein. Daher kann nicht lediglich das dingliche Recht des Hypothekengläubigers Gegenstand der Bürgschaft sein[94]. Entsteht die Hauptforderung nicht, so erstreckt sich die Bürgschaft nicht auf eine andere, wirtschaftlich dem gleichen Zweck dienende Forderung[95]. Wird die Haftung auch für den Fall des Nichtbestehens oder Wegfalls der Hauptforderung oder in einem größeren Umfang als die Hauptschuld übernommen, so liegt insoweit keine Bürgschaft, sondern allenfalls ein Garantievertrag oder ein Schuldversprechen vor[96]. Eine zur Zeit der Bürgschaft bestehende aufschiebende, später wegfallende Einrede des Hauptschuldners berührt den Bestand der Bürgschaft nicht[97]. Steht dagegen zur Zeit der Zusage die Nichterfüllung durch den Hauptschuldner schon fest, so liegt keine Bürgschaft, sondern Schuldübernahme vor[98]. Bei Bürgschaftsverträgen zur Kreditsicherung kann das Recht des Bürgen, sich auf eine vom Hauptschuldner erklärte Anfechtung zu berufen, nicht durch eine AGB-Klausel ausgeschlossen werden; denn der Grundsatz der Abhängigkeit der Bürgschaft vom Bestehen der Hauptschuld ist zwingendes Recht[99]. Werden von diesem Erfordernis abweichende Parteivereinbarungen getroffen, so liegt keine Bürgschaft, sondern ein vereinbarter Schuldbeitritt (Schuldmitübernahme) oder ein Garantievertrag vor[100].

20 b) **Einzelfälle**. Während bei nichtiger Hauptschuld die Bürgschaft in der Regel unwirksam ist[101], wird eine Bürgschaft für einen Schwarzkaufpreis wirksam, wenn der Kaufvertrag nach § 311 b Satz 2 (früher § 313 Satz 2) geheilt wird[102]. Ist der Kaufvertrag nichtig, so erstreckt sich die Bürgschaft für die Kaufpreisforderung jedenfalls in der Regel **nicht auf den Bereicherungsanspruch**[103]; ebensowenig erstreckt sich die Bürgschaft auf den bereicherungsrechtlichen Rückgewähranspruch bei einem nichtigen Darlehensvertrag[104] (anders aber bei einer entsprechenden Auslegung der Bürgschaft[105]). Für eine Naturalobligation kann wirksam keine Bürgschaft eingegangen werden, in jedem Fall kann sich der Bürge auf den Mangel der Klagbarkeit der Hauptforderung berufen[106]. Die Bürgschaft für Käufe aus sog Kastellangeschäften (Umgehung der Schankerlaubnis) ist gültig[107]. Leistet der Bürge, obwohl die Hauptforderung verjährt ist, so gilt § 214 Abs 2[108]. Die **Saldoanerkennung** bei einem Kontokorrentverhältnis berührt nach HGB § 356 das Fortbestehen der Bürgschaft für eine Einzelforderung nicht[109]. Dies gilt auch, wenn die Bürgschaft gegenständlich auf die bis zu einem bestimmten Zeitpunkt vor dem Saldoanerkenntnis

91 Larenz/Canaris, SchuldR II 2, 1994[13], § 70 V 4 b, S 245; Staud/Lorenz § 812 Rz 48.
92 Vgl § 767 Rz 6–8.
93 Motive II, S 667 f; Reichel, Die Schuldmitübernahme, 1909, S 81 ff; Staud/Horn Rz 9 vor § 765.
94 RGZ 93, 234, 236.
95 RG Recht 1919 Nr 1960 = LZ 1919, 1231.
96 RGZ 153, 338, 345 = JW 1937, 1410; RG JW 1913, 597; s auch BGH WM 1976, 422 = LM Nr 16 zu § 766 = MDR 1976, 662 = JZ 1976, 317 = JR 1976, 288 = DB 1976, 766 = KTS 1976, 296.
97 RGZ 68, 302, 304; RG SeuffA 72 (1916) Nr 52.
98 Karlsruhe OLG 12 (1905), 98; so auch schon bei Vermögenslosigkeit des Hauptschuldners Breslau JW 1936, 2002.
99 BGHZ 95, 350, 356 f = WM 1985, 1307 = NJW 1986, 43 = LM Nr 275 zu § 242 (Cd) = MDR 1986, 126 = BB 1986, 2004 (1987, 421) = ZIP 1985, 1257 = EWiR 1985, 867 (Bunte) = WuB I F 1 a – 8.86 (Schröter).
100 BGH WM 1966, 122, 124; WM 1976, 422 (= Fn 96).
101 RGZ 63, 143, 145.
102 RGZ 134, 243, 244 f.
103 Grundsätzlich gegen eine Erstreckung der Bürgschaft auf den Bereicherungsanspruch Frankfurt/M WM 1980, 1353, 1354 = NJW 1980, 2201.
104 Vgl Frankfurt/M WM 1980, 1353, 1354 = NJW 1980, 2201.
105 S hierzu § 765 Rz 12.
106 KG NJW 1956, 1481 (Anm Kubisch S 1924); vgl auch Staud/Horn Rz 31 vor § 765.
107 RG Gruchot 50 (1906), 919.
108 Früher § 222 Abs 2.
109 Vgl RG WarnR 1922 Nr 76 = Recht 1922 Nr 451.

entstandenen Forderungen beschränkt war[110]. Die Bürgschaft für eine Börsenterminschuld ist nur wirksam, wenn auch der Bürge börsentermingeschäftsfähig ist[111]. Für die Verbindlichkeit eines Dritten wird auch gebürgt, wenn der Komplementär für die KG, der Gesellschafter der OHG für diese die Bürgschaft übernimmt; das ist beim Insolvenzplan wegen InsO § 227 Abs 2 und bei der Rechtschuldbefreiung wegen InsO § 301[112] von Bedeutung[113]. Zur Abgrenzung zwischen Strohmann- und Scheingeschäft, wenn zur Umgehung der (für im Ausland aufgenommene Kredite bestehenden) Bardepotpflicht deutsche Firmen als Darlehensnehmer dazwischengeschaltet werden, für deren Rückzahlungsansprüche Bürgschaften eingegangen werden[114]. Ist die verbürgte Darlehensschuld wegen Verstoßes gegen ausländische Devisenbestimmungen bei Aufnahme des Darlehens unklagbar, so ist die Klage gegen den Bürgen zulässig[115]. Zur Bedeutung einer Devisensperre für die Bürgschaftsverpflichtung vgl § 767 Rz 7[116]. Der deutsche ordre public (EGBGB Art 6) verbietet die Inanspruchnahme eines Bürgen, der sich für die Verbindlichkeiten seines im Ausland gelegenen Unternehmens verbürgt hatte, wenn die im Inland ansässige Bürgschaftsgläubigerin von demjenigen ausländischen Staat beherrscht wird, der sämtliche Anteile des Bürgen an der Hauptschuldnerin entschädigungslos enteignet hat (Iran-Fall)[117].

IV. Besondere Arten der Bürgschaft

Schrifttum: Hj Weber, Sonderformen der Bürgschaft und verwandte Sicherungsgeschäfte, JuS 1972, 9.

1. **Allgemeines.** Besondere Arten der Bürgschaft[118] sind im BGB teilweise eigens geregelt, wie die Mitbürgschaft (§ 769)[119], die selbstschuldnerische Bürgschaft (§§ 771–773)[120] und die Zeitbürgschaft (§ 777)[121]. Für andere Sonderformen finden sich teilweise gewisse Anhaltspunkte im Gesetz, sie haben sich jedoch meistens in der Vertragspraxis mit Billigung von Rechtsprechung und Wissenschaft über das Gesetz hinaus entwickelt. Nach dem Umfang der Bürgschaftsschuld unterscheidet man von der Vollbürgschaft (Haftung für die gesamte Forderung) die Teilbürgschaft oder auch Nebenbürgschaft genannt (Haftung in Höhe eines bestimmten Teilbetrages der Forderung oder auf eine bestimmte Summe[122])[123] und die Höchstbetragsbürgschaft[124]. 21

2. **Kreditbürgschaft**

Schrifttum: Stauder, Der bankgeschäftliche Krediteröffnungsvertrag, 1968; Stötter, Die Kreditbürgschaft, insbesondere ihre Beendigung, DB 1968, 603; Kohlhoff, Der Bürgschaftskredit, 1976; Brändel, Die rechtzeitige Inanspruchnahme befristeter Sicherheiten, in: Festschr für Werner, 1984, S 418; Weitzel, Höchstbetragsbürgschaft und Gesamtschuld, JZ 1985, 825; Derleder, Die unbegrenzte Kre-

110 Zweibrücken WM 1994, 788 = WuB I F 1a – 7.94 (Schröter).
111 RGZ 140, 132, 136. Zur Haftung des Bürgen im Zusammenhang mit unklagbaren Prämienforderungen aus Aktien-Optionsgeschäften s Düsseldorf WM 1988, 1404, 1407.
112 Früher weil anstatt KO § 211 Abs 2 und VerglO § 109 Nr 3 KO § 193 und VerglO § 82 Abs 2 eingriffen.
113 RGZ 139, 252, 254.
114 Vgl BGH WM 1980, 1085 = ZIP 1980, 866; BGH NJW 1982, 569, 570; BGH WM 1980, 372 = NJW 1980, 1572 = LM Nr 6 zu § 117 = MDR 1980, 652 = DB 1980, 1020 = ZIP 1980, 265.
115 Düsseldorf WM 1983, 1366 (abl Rutke) = ZIP 1983, 1188.
116 Vgl Staud/Horn Rz 71 f vor § 765.
117 BGHZ 104, 240, 243 ff = WM 1988, 893, 894 f = NJW 1988, 2173 = LM Nr 1 zu EGBGB 1986 Art 6 = MDR 1988, 773 = ZIP 1988, 764 = DB 1988, 2196 = JuS 1988, 990 = EWiR 1988, 675 (Sonnenberger) = WuB I F 1a – 11.88 (Nielsen).
118 Dazu Staud/Horn Rz 11 ff vor § 765; MünchKomm/Habersack § 765 Rz 97–129.
119 Dazu Hadding/Häuser/Welter, BJM-Gutachten S 659 f; MünchKomm/Habersack § 765 Rz 116.
120 Dazu Hadding/Häuser/Welter, BJM-Gutachten S 659; Staud/Horn Rz 12 vor § 765; MünchKomm/Habersack § 765 Rz 123.
121 Dazu Hadding/Häuser/Welter, BJM-Gutachten S 660; Staud/Horn Rz 19 vor § 765; MünchKomm/Habersack § 765 Rz 129.
122 S § 765 Rz 115.
123 RG SeuffA 85 (1931) Nr 64; RG Recht 1910 Nr 682 = WarnR 1910 Nr 115; RG Recht 1905 Nr 1848 = PosMSchr 1905, 84, 85 = WarnR 1905, 82; MünchKomm/Habersack § 765 Rz 127.
124 S unten Rz 24.

ditbürgschaft, NJW 1986, 97; Stötter/Stötter, Die Möglichkeiten der Risikobegrenzung bei der Übernahme einer Kreditbürgschaft, DB 1987, 1621; Stötter/Stötter, Das Bürgenrisiko bei zeitlicher Begrenzung einer Kreditbürgschaft, DB 1988, 899; Schreiner, Kreditbürgschaft in der Formularpraxis der Banken und Sparkassen, 1989; Walter, Die formularvertragliche Kreditbürgschaft mit Globalzweckerklärung im italienischen Recht, 1993 (Diss Mainz 1992); Calia, Bankvertrag und Höchstbetragsbürgschaft im neuen italienischen Transparanzegesetz, RIW 1994, 555; Reich, Kreditbürgschaft und Transparenz, NJW 1995, 1857; Saenger, Die Kreditbürgschaft des GmbH-Gesellschafters – eine unentrinnbare „Haftungsfalle"?, GmbHR 1999, 837; Derleder/Beining, Die betragsmäßigen Grenzen der Kreditbürgschaft, ZBB 2001, 1; Bales, Die Bürgschaft als Kreditsicherheit – Ein Beitrag aus Sicht der Kreditpraxis, BKR 2004, 264.

22 a) **Allgemeines**. Die Kreditbürgschaft[125] ist im Gesetz nicht erwähnt, ihr kommt eine große praktische Bedeutung zu. Sie sichert die Rückzahlung von Darlehen, die von Kreditinstituten (Banken, Sparkassen uä) ihren Kunden eingeräumt werden, und dient dazu, dem Kunden (Hauptschuldner) einen laufenden Kredit zu ermöglichen oder zu erhalten. Die Übernahme der Bürgschaft ist vor der Gewährung des Kredits nicht mehr widerruflich[126]. Wird die Bürgschaft auch für weitere Kredite vereinbart, so begründet dies die Verpflichtung des Bürgen, für die Erfüllung des den früher eingeräumten Kredit übersteigenden Betrages der Verbindlichkeit des Hauptschuldners einzustehen[127]. Bei nachträglicher Verlängerung oder Umwechslung des Kredits haftet der Bürge, wenn damit auch seinen Interessen gedient ist und der Gläubiger annehmen kann, dass diese Geschäftsführung auch dem Willen des Bürgen entspricht[128]. Die Verpflichtung des Bürgen besteht dann bis zum endgültigen Abschluss des Kreditverhältnisses weiter, auch wenn inzwischen die Hauptschuld des Schuldners getilgt war. Allerdings kann einer Vereinbarung zwischen der kreditgebenden Bank und dem Bürgen, nach welcher der Schuldner nur gemeinsam mit dem Bürgen über das Kreditkonto verfügen darf, nicht die Verpflichtung der Bank entnommen werden, dem Schuldner keinen weiteren, durch die Bürgschaft nicht gesicherten Kredit über ein anderes Konto zu geben. Aus einer solchen Vereinbarung heraus ist zudem der Schuldner nicht verpflichtet, alle eingehenden Zahlungen nur über das Kreditkonto laufen zu lassen[129]. Die Bank ist auch nicht berechtigt, Forderungen Dritter gegen ihren Kunden nur deshalb zu erwerben, um damit den Bürgen zu belasten[130].

23 Die Kreditbürgschaft kann auf einen bestimmten Höchstbetrag[131] und auf einen bestimmten Zeitraum[132] beschränkt sein. Die Frage, ob bei einer längerfristigen Kreditbürgschaft eine **Kündigungsbefugnis** des Bürgen besteht, ist insbesondere bei einer auf unbestimmte Zeit eingegangenen Kreditbürgschaft von Bedeutung[133]. Bei Kreditbürgschaften zugunsten von Kreditinstituten ist die Verwendung von Formularbedingungen üblich, in denen der Bürge die – in der Regel selbstschuldnerische – Bürgschaft in einem sehr weiten Umfang übernimmt[134]. Die Formulare enthalten weitere für den Bürgen wichtige Bestimmungen, zB dass die Kreditbürgschaft nicht durch vorübergehende Rückzahlung der Kredite erlischt und die Bank nicht zur Unterrichtung des Bürgen über den Stand der Hauptschuld verpflichtet ist[135]. Soweit der Inhalt einer solchen Klausel im Wege der Auslegung ermittelt werden kann, ist die Unklarheitenregel des § 305c Abs 2[136] nicht anwendbar[137].

125 Dazu Hadding/Häuser/Welter, BJM-Gutachten, S 662f; Staud/Horn Rz 20ff vor § 765; Münch Komm/Habersack § 765 Rz 114; Erman/E Herrmann Rz 14 vor § 765.
126 Vgl § 765 Rz 135.
127 RG HRR 1937 Nr 463.
128 RGZ 126, 287, 289.
129 BGH WM 1963, 24 = BB 1963, 111 = BlGenW 1963, 58.
130 BGH NJW 1983, 1735 = LM Nr 15 zu AGB Banken Ziff 19; BGH NJW 1981, 1600 = LM Nr 19 zu AGB Banken Ziff 12: betr Grundschuld; MünchKomm/Habersack § 765 Rz 114.
131 Vgl unten Rz 24.
132 Vgl § 777 Rz 1f.
133 S dazu unten Rz 31.
134 Vgl zur Anwendung des AGB-Gesetzes im Bürgschaftsrecht s § 765 Rz 61ff.
135 Vgl ie Stötter DB 1968, 603.
136 Früher AGB-Ges § 5.
137 BGH WM 1978, 10, 11 = DB 1978, 629; Hamm NJW-RR 1993, 113.

b) **Höchstbetragsbürgschaft**. Die Beschränkung[138] der Kreditbürgschaft auf einen festgesetzten Höchstbetrag (Höchstbetragsbürgschaft[139]) kann verschiedene Bedeutung haben, je nachdem, ob nur die Bürgschaftsverpflichtung oder auch die Kreditforderung auf eine bestimmte Summe beschränkt sein soll[140]. Der Sinn der Beschränkung muss im Wege der Auslegung ermittelt werden[141]. Ist davon auszugehen, dass auch der Kredit begrenzt sein soll, so erlischt die Bürgschaft, soweit die Forderung diese Höhe nicht mehr erreicht[142]. Eine Erstreckung der Bürgschaft auf weitere Kredite bedarf dann erneut der Form des § 766[143]. 24

c) **Zinsrückstände**. Eine Höchstbetragsbürgschaft für einen Bankkredit, in der sich der Bürge formularmäßig zusätzlich für Zinsen, Provisionen und Kosten verbürgt, erstreckt sich nicht auf die den Höchstbetrag übersteigende Hauptforderung, da eine solche Klausel den Bürgen unangemessen benachteiligt (§ 307 Abs 1, Abs 2 Nr 1)[144]. Die unangemessene Benachteiligung folgt aus dem wirtschaftlichen Zweck der summenmäßigen Begrenzung des Haftungsbetrages. Andernfalls haftete der Bürge unbegrenzt, obwohl er mit dem Höchstbetrag gerade das Gegenteil zum Ausdruck gebracht hat[145]. Eine solche Risikoübernahme widerspricht dem Grundgedanken des § 767 Abs 1 Satz 3, der eine Erweiterung der Bürgenhaftung durch nachträglich übernommene Verpflichtungen des Hauptschuldners ausschließt. Der BGH hat damit seine Rechtsprechung, die derartige Klauseln weder als überraschend nach § 305c Abs 1[146] noch als unangemessene nach § 307 Abs 1 in Frage stellte[147], aufgegeben. Finden sich doch zu einer derartigen Formularvereinbarung vergleichbare Regelungen im Pfand- (§ 1210 Abs 1 Satz 1) und Hypothekenrecht (§ 1190 Abs 2), die Zinsen ausdrücklich in den Haftungsbestand miteinbeziehen. Eine solche Klausel, die fomularmäßig Zinsen mitumfasst, hat eine ähnliche Wirkung wie die unzulässig weiten Zweckerklärungen[148]. Die Haftungsbegrenzung ergibt sich im Unterschied zum Pfand- und Hypothekenrecht zudem aus der unbegrenzten Haftung des Bürgen. Eine solche Klausel ist erst recht unwirksam, wenn die Einbeziehung drucktechnisch nicht hervorgehoben ist, zumindest dann kann von einer überraschenden Klausel (§ 305c Abs 1) ausgegangen werden[149]. Dies gilt auch, wenn eine Bürgschaft nicht im Zusammenhang mit der Eingehung eines Kontokorrentkredits, sondern bei der Vergabe eines einzelnen, der Höhe nach feststehenden Kredits eingegangen wird und in dem Formularvertrag die Bestimmung enthalten ist, dass die Bürgschaft auch alle zukünftigen, der Höhe nach nicht begrenzten Forderungen des Gläubigers gegen den Hauptschuldner enthält[150]. 25

d) **Rechtsnachfolger des Kreditgebers**. Auf den Rechtsnachfolger des Kreditgebers (Bank oder Sparkasse), der das Kreditverhältnis fortsetzt und neue Kredite gewährt, gehen die Rechte aus der Bürgschaft nur bei ausdrücklicher Vereinbarung über[151]. Dabei ist zu berücksichtigen, dass die spätere Kreditgewährung nicht auf der Abtretung beruht und nach § 766 aus der schriftlichen 26

138 Vgl zu dieser Beschränkung bei der Kontokorrentbürgschaft unten Rz 30
139 Dazu BGH NJW 1989, 1484, 1485; Hadding/Häuser/Welter, BJM-Gutachten S 662; Staud/Horn Rz 17f vor § 765; MünchKomm/Habersack § 765 Rz 111–113; Larenz/Canaris, SchuldR II 2, 1994[13], § 60 V 2 a, S 20; Heermann, Geld- und Geldgeschäfte § 32 III.
140 Vgl zur Teilbürgschaft § 765 Rz 115.
141 RGZ 136, 178, 183 mweitNachw = JW 1932, 2605 (zust Michaelsen); **aM** RG JW 1917, 811: im Zweifel sollen Bürgschaft und Hauptschuld begrenzt sein.
142 RG HRR 1934 Nr 1446.
143 BGHZ 26, 142, 143= NJW 1958, 217, 218 = BB 1958, 60, 286 = LM Nr 3 zu § 766 – LS (Rietschel); Pikart SparK 1958, 332.
144 BGH WM 2002, 1836, 1838 = WuB I F 1a – 4.03 (Weber) = ZIP 2002, 1611 = JA 2003, 91 (Thomas); s auch § 767 Rz 13 u § 765 Rz 79.
145 BGH WM 2002, 1836, 1838.
146 So aber Celle WiB 1996, 358f; Hamm WM 1995, 1872, 1874; Nürnberg NJW 1991, 232, 233.
147 BGH WM 1984, 198, 199; BGHZ 77, 256, 259; BGH WM 1980, 863; BGH WM 1978, 10, 11; ebenso Koblenz BB 1992, 2245, 2246; Hamm WM 1984, 829 aA Hadding/Häuser/Welter, BMJ Gutachten 1983, S 620f; Reinicke/Tiedtke, Kreditsicherung, 2004, Rz 107ff.
148 BGH WM 2002, 1836, 1838.
149 Nürnberg WM 1991, 985ff = NJW 1991, 232 = WuB I F 1a - 13.91 (Moritz); vgl dazu LG Stuttgart WM 1993, 1181 = WuB I F 1a - 13.93 (Ringseisen); Larenz/Canaris, SchuldR II 2, 1994[13], § 60 V 2 a, S 20.
150 LG Kleve NJW-RR 1992, 240, 241.
151 RG WarnR 1914 Nr 184: BGHZ 26, 142, 148 mNachw = NJW 1958, 217, 218 = BB 1958, 60, 286 = LM Nr 3 zu § 766 – LS (Rietschel); Pikart SparK 1958, 332 zu der strittigen Frage.

Bürgschaftserklärung auch die Person des Gläubigers[152] erkennbar sein muss[153]. Geschieht die Aufnahme einer Sparkasse in eine andere durch Gesamtrechtsnachfolge, gehen grundsätzlich alle vermögensrechtlichen Beziehungen über und erfolgen daher Kreditgewährungen sowie Wechseldiskontierungen nach dem Zeitpunkt der Gesamtrechtsnachfolge im Rahmen derselben Geschäftsverbindung, auf die sich die Bürgschaft bezieht[154]. Die Verpflichtungen des Kreditbürgen gehen auf seine Erben über, auch bezüglich des Kredits, der erst nach Eintritt der Rechtsnachfolge in Anspruch genommen wird[155].

27 e) **Kündigung**. Ist eine Kreditbürgschaft nicht auflösend befristet vereinbart (§§ 163, 158 Abs 2), kann der Bürge in der Regel nach Ablauf einer angemessenen Frist kündigen[156]. Er kann auch vom Schuldner Befreiung verlangen[157], aber nicht, wenn der Umfang der Bürgschaft für den jeweiligen Zeitabschnitt feststeht wie bei einem Mietvertrag[158]. Fordert der Bürge den Gläubiger auf, keinen Kredit mehr zu geben, so kann dies als Kündigung gelten[159]. Mit der Eröffnung der Insolvenz über das Vermögen des Schuldners endet regelmäßig eine auf unbestimmte Zeit eingegangene Kreditbürgschaft[160]. Veränderte Umstände können dem Anspruch aus einer unbeschränkten Kreditbürgschaft entgegenstehen, wenn der Gläubiger damit rechnen musste, dass der Erbe des Bürgen die Bürgschaft bei Kenntnis gekündigt hätte[161]. Vgl zum Kündigungsrecht auch § 765 Rz 135 f.

3. Kontokorrent- oder Globalbürgschaft

Schrifttum: Roth, Über das Verhältnis zwischen Gläubiger und Bürgen bei der Kontokorrentbürgschaft, LZ 1910, Sp 355; Schäfer, Bankkontokorrent und Bürgschaft, 1971; Reich/Schmitz, Globalbürgschaften in der Klauselkontrolle und das Verbot der geltungserhaltenden Reduktion, NJW 1995, 2533; Horn, Zur Zulässigkeit der Globalbürgschaft – Bestimmtheitsgrundsatz und Verbot der Fremddisposition im Bürgschaftsrecht, ZIP 1997, 525; Masuch, Formularvertragliche Globalbürgschaft für einen unlimitierten Kontokorrent, BB 1998, 2590; Rabl, Die Bürgschaft. Form und Auslegung, Globalbürgschaft, Sittenwidrigkeit und Verbraucherschutz, Diss 1999; Dähn, Die Wirksamkeit von Globalbürgschaften von Gesellschaftern und Geschäftsführern für Verbindlichkeiten der Gesellschaft, ZBB 2000, 61; Horn, Bürgschaftsrecht 2000, 93, 95 f; Heermann, Geld- und Geldgeschäfte § 32 II.

28 Eine häufig anzutreffende Variante der Kreditbürgschaft ist die **Kontokorrent- oder Globalbürgschaft**[162]. Sie unterscheidet sich von der gewöhnlichen Bürgschaft dadurch, dass nicht eine einzige Hauptverbindlichkeit, sondern eine **Vielzahl unterschiedlicher und wechselnder Forderungen** gesichert wird, was nach § 765 Abs 2 zulässig ist[163]. Dem mit einem Kreditinstitut in Verbindung stehenden Kunden wird ein Kredit „in laufender Rechnung" (vgl HGB § 355) – meist im Rahmen eines festgesetzten Höchstbetrages – eingeräumt, der in der Regel im Kontokorrentverhältnis[164] abgewickelt wird. Die Kontokorrentbürgschaft sichert *„alle Ansprüche und Forderungen ... aus der bankmäßigen Geschäftsverbindung – insbesondere aus laufender Rechnung ..."*[165]. Sie begründet ein Dauerschuldverhältnis, weil der Umfang der Pflichten des Bürgen wegen der wech-

152 Zur Schriftform hinsichtlich der Person des Gläubigers s auch § 766 Rz 15.
153 BGHZ 77, 167, 170 = WM 1980, 770 = NJW 1980, 1841 = LM Nr 31 zu § 765 – LS (Claßen) = MDR 1980, 929 = DB 1980, 1935 = ZIP 1980, 534.
154 BGHZ 77, 167, 170 = WM 1980, 770 = NJW 1980, 1841 = LM Nr 31 zu § 765 – LS (Claßen) = MDR 1980, 929 = DB 1980, 1935 = ZIP 1980, 534.
155 RG WarnR 1911 Nr 236 = JW 1911, 447; BGH WM 1976, 808 = LM Nr 10 zu § 1922 = MDR 1976, 1013 = BB 1976, 1000 = DB 1976, 1714 = FamRZ 1976, 518 = DNotZ 1976, 685 = JR 1976, 503 = KTS 1977, 46; MünchKomm/Habersack § 765 Rz 49.
156 RG WarnR 1911 Nr 236 = JW 1911, 447.
157 Breslau HRR 1936 Nr 1212 = JW 1936, 2003.
158 LG Hamburg HansRGZ 1932 B 287.
159 RG LZ 1917, 592.
160 Kiel SchlHA 1904, 5, 6.
161 RG JW 1932, 1655 (zust Jung) = WarnR 1932 Nr 75 = LZ 1932, 604.
162 Dazu Hadding/Häuser/Welter, BJM-Gutachten S 622 ff; Staud/Horn Rz 20 ff vor § 765; Erman/E Herrmann Rz 14 vor § 765.
163 Larenz/Canaris, SchuldR II 2, 1994[13], § 60 V 1 a, S 18.
164 Zum Kontokorrentverhältnis vgl Soergel[11]/Häuser §§ 780, 781 Rz 67 ff; Stauder, Der bankgeschäftliche Krediteröffnungsvertrag, 1968, S 164.
165 Staud/Horn Rz 21 vor § 765.

selnden Höhe der Hauptschuld in der Regel von der Laufzeit der Bürgschaft abhängig ist[166]. Der Bürge hat für den am Schluss eines Rechnungsabschnittes oder bei Beendigung des Kontokorrentverhältnisses jeweils festgestellten Debetsaldo einzustehen[167].

Es ist zwischen einer Bürgschaftsbestellung vor und nach Begründung des Kontokorrentver- 29
hältnisses zu unterscheiden[168]: Leistet der Bürge im letzteren Fall auf die Bürgschaft, ohne sich um die Art der Geschäftsverbindung zu kümmern und die Aufnahme in eine laufende Rechnung auszuschließen, so berechtigt sein Irrtum ihn nicht, der Aufnahme in das Kontokorrent zu widersprechen[169]. Die Rechtsfolge ist die sich aus HGB § 356 Abs 1 ergebende Haftung. Nach dieser – abdingbaren[170] – Vorschrift wird der Gläubiger durch die Aufnahme einer verbürgten Forderung ins Kontokorrent und durch die Anerkennung des Rechnungsabschlusses nicht gehindert, aus der Sicherheit insoweit Befriedigung zu suchen, als ein Guthaben aus der laufenden Rechnung und die Forderung sich decken; die Sicherheit bleibt bis zur Höhe des niedrigsten Zwischensaldos bestehen[171]. Wird dagegen die Bürgschaft vor Begründung des Kontokorrentverhältnisses bestellt, so bedeutet die Aufnahme der Forderung in das Kontokorrent eine Verschlechterung der Stellung des Bürgen, die seiner Zustimmung bedarf. Fehlt die Zustimmung, so ist die Forderung im Verhältnis zum Bürgen so zu beurteilen, als ob sie nicht in das Kontokorrent eingestellt wäre, so zB bei einem Gläubigerwechsel[172].

Die Bürgschaftsverpflichtung für einen einzuräumenden Kredit kann in doppelter Weise über- 30
nommen werden[173]: Ist die Bürgschaft, nicht aber das Kreditverhältnis, nach oben beschränkt[174], so bildet der Gesamtwert der Kreditforderungen die einheitliche Schuld, für die zu dem beschränkten Teilwert der Bürge haftet[175]. Wenn die Begrenzung nach der Höhe bedeutet, dass der Kredit in beliebiger Höhe gegeben werden kann, der Bürge aber nur bis zu der bestimmten Summe haftet, ist der Schlusssaldo für die Bürgschaft maßgebend. Ist aber gemeint, dass der Kredit, der über die bestimmte Höhe hinausgeht, den Bürgen nichts angeht, so ist die verbürgte Forderung bestimmt, sobald der Kredit die vereinbarte Höhe erreicht hat[176]. Ist die Forderung, für die der Bürge haftet, in die laufende Rechnung aufgenommen, so haftet der Bürge, wenn der Saldo mehrfach nacheinander festgestellt wird, nur bis zu der Höhe des niedrigsten Saldos der Zwischenzeit[177]. Die von der Rechtsprechung anerkannte Möglichkeit, eine Bürgschaft in der Weise zu beschränken, dass der Gläubiger keinen weiteren Kredit gewähren darf, jedenfalls aber die eingehenden Zahlungen des Schuldners bis zur Tilgung vorzugsweise auf die verbürgte Forderung verrechnen muss, stellt eine Ausnahme dar[178]. Gegen die Aufnahme der verbürgten Forderung in

166 Vgl dazu Larenz/Canaris, SchuldR II 2, 1994[13], § 60 V 1 b, S 18.
167 S Schäfer, Bankkontokorrent und Bürgschaft, 1971, S 59.
168 S Schäfer, Bankkontokorrent und Bürgschaft, 1971, S 65 ff.
169 RGZ 136, 178, 181 = JW 1932, 2605 (zust Michaelsen); Nürnberg WM 1957, 695, 697.
170 BGH NJW-RR 1991, 562, 564 mweitNachw = NJW 1991, 1948 – LS.
171 RGZ 76, 330, 334; BGHZ 26, 142, 150 = NJW 1958, 217, 218 = BB 1958, 60, 286 = LM Nr 3 zu § 766 – LS (Rietschel); dazu Pikart SparK 1958, 332; BGH WM 1964, 881, 882; NJW-RR 1991, 562, 564 mweitNachw = NJW 1991, 1948 – LS.
172 S BGHZ 26, 142, 147 f = NJW 1958, 217, 218 = BB 1958, 60, 286 = LM Nr 3 zu § 766 – LS (Rietschel); dazu Pikart SparK 1958, 332; BGH WM 1960, 371 = DB 1960, 351 = SparK 1960, 241 (Pikart); s auch BGHZ 50, 277 ff = NJW 1968, 2100; Schäfer, Bankkontokorrent und Bürgschaft, 1971, S 67; MünchKomm/Habersack § 765 Rz 113.
173 S RGZ 136, 178, 182 = JW 1932, 2605 (zust Michaelsen); Schäfer, Bankkontokorrent und Bürgschaft, 1971, S 134.
174 Vgl auch zur Höchstbetragsbürgschaft oben Rz 24.
175 RGZ 136, 178, 183 = JW 1932, 2605 (zust Michaelsen).
176 RG HRR 1934 Nr 1446.
177 BGHZ 26, 142, 150 = NJW 1958, 217, 218 = BB 1958, 60, 286 = LM Nr 3 zu § 766 – LS (Rietschel); dazu Pikart SparK 1958, 332; vgl auch BGH WM 1972, 283, 284; MünchKomm/Habersack § 765 Rz 113.
178 BGH WM 1985, 969, 972 = NJW 1985, 3007 = ZIP 1985, 984, 989 = LM Nr 43 zu § 765 = EWiR 1985, 667 (Graf von Westphalen) = MDR 1986, 314 = DB 1985, 2189 = WuB I F 1a – 5.85 (Schröter); Köln JW 1939, 99.

die laufende Rechnung muss sich der Bürge durch besondere Abrede sichern[179]. Bezieht sich die Sicherungsfunktion der Bürgschaft auch auf alle im Zusammenhang mit einem bestimmten Darlehen entstehenden Forderungen, auch soweit fällige Raten und Beträge dem Kontokorrentkonto belastet worden sind, bedeutet dies zum einen, dass die Bürgenhaftung der Höhe nach auf den Gesamtbetrag der fälligen Raten und Beträge begrenzt ist, und zum anderen, dass nur Forderungen erfasst werden, die bis zur zeitlich letzten Belastung des Kontokorrentkontos mit Darlehensraten entstanden waren[180]. Eingehende Zahlungen auf dem Kontokorrentkonto sind zunächst auf die Forderungen aus der Belastung des Kontokorrentkontos mit den Darlehensraten zu verrechnen und nicht anderweitig zur Rückführung eines gewährten Kontokorrentkredits[181]. Zur Haftung für Zinsrückstände bei einer Höchstbetragsbürgschaft s oben Rz 24[182]. Hat der Bürge sich für eine Kontokorrentschuld nebst Zinsen verbürgt, so haftet er auch für anfallende Zinseszinsen[183]. Ebenso wie § 366 kann auch § 367, wonach Tilgungen mangels entsprechender Vereinbarungen zunächst auf etwa vorhandene Kosten, dann auf die Zinsen und erst zuletzt auf die Hauptforderung anzurechnen sind, im Rahmen eines Kontokorrents keine Anwendung finden[184]. Insbesondere kann der Bürge vom Gläubiger nicht verlangen, dass Teilzahlungen auf dem Kontokorrentkonto zuerst auf die Zinsansprüche der Bank zu verrechnen sind[185].

31 Der Bürge, der die Sicherung eines Kontokorrents typischerweise auf längere Zeit übernommen hat, kann – wie auch sonst bei einem Dauerschuldverhältnis – die Bürgschaft kündigen[186], wobei nicht immer klar genug zwischen einer ordentlichen und einer außerordentlichen („aus wichtigem Grund"; vgl § 314) Kündbarkeit unterschieden wird[187]. Der BGH[188] hat es in diesem Zusammenhang dahinstehen lassen, ob allein die Verschlechterung der Vermögenslage der Hauptschuldnerin als „besonders wichtiger Umstand" eine außerordentliche Kündigung rechtfertigen kann. Ein solcher wichtiger Grund ist aber vorhanden, wenn der Bürge, der Gesellschafter der Hauptschuldnerin ist, aus der Gesellschaft ausscheidet. Ein wichtiger Grund liegt auch vor, wenn der Bürge Komplementär der Hauptschuldnerin wird, für die er sich verbürgt hatte, und nunmehr mit seinem gesamten Vermögen haftet; auch der Umstand, dass das Kontokorrentverhältnis über längere Zeit ein Guthaben zugunsten des Hauptschuldners aufweist, kann zur Kündigung berechtigen[189]. Im Übrigen kann der Bürge die Kündigung in der Regel nur als ordentliche unter Wahrung einer Kündigungsfrist erklären, die entsprechend der Rechtsprechung nach den Umständen des Einzelfalles angemessen sein muss; die Kündigungsfrist sei so zu bemessen, dass den Beteiligten ein angemessener Zeitraum verbleibe, damit sie ihre wirtschaftlichen Dispositionen der durch die Kündigung geschaffenen veränderten Lage anpassen können; dabei müsse vor allem

179 RGZ 136, 178, 180 = JW 1932, 2605 (zust Michaelsen); Bamberg NJW 1956, 1240; Münch Komm/Habersack § 765 Rz 113.
180 Frankfurt/M WM 1992, 2086, 2087 = WuB I F 1 a – 1.94 (Rehbein).
181 Frankfurt/M WM 1992, 2086, 2087 = WuB I F 1 a – 1.94 (Rehbein).
182 Ferner LG Stuttgart WM 1979, 1195; zur Nebenleistungsklausel außer BGH WM 1978, 10 = DB 1978, 629 auch Schäfer, Bankkontokorrent und Bürgschaft, 1971, S 138.
183 BGHZ 77, 256 = WM 1980, 863 = NJW 1980, 2131 = LM Nr 16 zu § 767 – LS (Merz) = MDR 1980, 840 = JZ 1980, 728 = BB 1980, 1294 = DB 1980, 1637 = ZIP 1980, 529; München WM 1984, 223, 224 zu LG Augsburg. Vgl auch oben Rz 25.
184 BGHZ 77, 256, 261 (= Fn 183); Hamm NJW 1978, 1166; aM zu § 367 Celle WM 1960, 208 für den Fall, dass eine Bürgschaft für „Zinsen, Provisionen u Kosten" anderen Bedingungen unterworfen wurde als die Hauptschuld.
185 Zweibrücken WM 1994, 788 = WuB I F 1 a – 7.94 (Schröter).
186 RG WarnR 1913 Nr 289 S 341; BGH WM 1959, 855, 856; WM 1985, 969, 970 (= Fn 178); NJW 1986, 252, 253; WM 1994, 784, 785 = NJW 1994, 1656 = ZIP 1994, 697 = MDR 1994, 769 = LM Nr 92 zu § 765 = BB 1994, 892 = DB 1994, 1413 = EWiR 1994, 521 (E Schmidt) = WiB 1994, 522 (Eyles) = WuB I F 1 a – 6.94 (teilw krit Lindacher); Staud/Horn § 765 Rz 78; Meinhardt, Beendigung der Haftung aus Bürgschaften, 1990, S 32 ff; Larenz/Canaris, SchuldR II 2, 1994[13], § 60 V 1 b, S 18.
187 Larenz/Canaris, SchuldR II 2, 1994[13], § 60 V 1 b, S 18 Fn 51.
188 BGH WM 1985, 969, 970 (= Fn 178); WM 1985, 1059, 1061 = NJW 1985, 252 = ZIP 1985, 1192 = BB 1985, 1688 = DB 1985, 2035 = EWiR 1985, 767 (K Schmidt) = WuB I F 1 a – 4.85 (Schröter); dazu Stolzenburg ZIP 1985, 1184.
189 BGH WM 1986, 850, 851 = NJW 1986, 2308 = LM Nr 47 zu § 765 = BB 1986, 1323 = DB 1986, 1615 = MDR 1986, 1020 = ZIP 1986, 1240 = EWiR 1986, 983 (Schwark) = JR 1987, 65 (Rehbein) = WuB I F 1 a – 12.86 (F-W Sturm).

auf das Sicherungsbedürfnis des Gläubigers Rücksicht genommen werden[190]. Demgegenüber erscheint es eher gerechtfertigt, die Kündigungsfrist kurz zu bemessen (vgl § 488 Abs 3 Satz 2)[191], weil der Gläubiger keine lange Überlegungsfrist verdient; er braucht ja bloß die weitere Kreditgewährung an den Hauptschuldner einzustellen[192]. Im Hinblick auf BGB § 723, HGB § 355 Abs 3 kann man sogar mit guten Gründen auf eine Frist ganz verzichten, zumal der Bürge bei Einbeziehung von AGB Banken Ziff 18 Abs 1 und AGB Sparkassen Ziff 26 Abs 1 die Kontokorrentbürgschaft jederzeit fristlos kündigen kann[193]. Die Kündigung hat zur Folge, dass sich mit deren Wirksamwerden[194] die Bürgschaft in der Regel auf die Sicherung der bis zu diesem Zeitpunkt begründeten („alten") Verbindlichkeiten des Schuldners beschränkt[195]; bei einer Kontokorrentbürgschaft ist der nachfolgende periodische Rechnungsabschluss maßgebend[196]. Die Ausübung des Kündigungsrechtes darf aber nur unter billiger Rücksichtnahme auf die zwischen dem Gläubiger und dem Hauptschuldner bestehende Geschäftsverbindung erfolgen und ist daher nicht ohne weiteres mit der Wirkung zulässig, dass der Bürge vom Zeitpunkt der Kündigung an für keine weitere Kreditgewährung mehr haftet. Das Kündigungsrecht des Bürgen macht die unbefristete Kreditbürgschaft nicht zu einer Zeitbürgschaft iSd § 777[197]. Der Bürge kann sich, wenn er von einer Verschlechterung der Vermögensverhältnisse des Hauptschuldners nichts erfährt und deshalb sein Kündigungsrecht nicht ausübt, unter Umständen auf das Verbot rechtsmissbräuchlichen Verhaltens (venire contra factum proprium) berufen, wenn ihn der Gläubiger danach für „neue" Kredite an den Hauptschuldner in Anspruch nimmt[198].

Die Kontokorrent- oder Globalbürgschaft kann im Interesse des Bürgen auf einen **Höchstbetrag** festgelegt werden, was auch konkludent geschehen kann und einer Regelung in den AGB vorgeht (§ 305 b = früher AGB-Ges § 4). Er wird in der Regel nach §§ 133, 157 die Bürgschaft nur in Höhe des dem Schuldner eingeräumten Kreditlimits eingehen wollen[199]. 32

4. **Ausfall- (oder Schadlos-) Bürgschaft**

Schrifttum: Reichel, Selbstschuldausfallbürgschaft, AcP 135 (1932), 336; Janssen/Nörr, Rückgriff des Bürgen gegen den Ausfallbürgen, BB 1953, 1039; Schuler, Haftungsumfang und Ausgleichung bei der Ausfallbürgschaft, NJW 1953, 1689; ders, Rückgriff des Bürgen gegen den Ausfallbürgen, BB 1954, 551; Auernhammer, Zum Rückgriff des Ausfallbürgen gegen den Bürgen, BB 1958, 973; Pape, Die Entwicklung des Bürgschaftsrechts im Jahre 1995, NJW 1996, 887; Tiedtke, Rechtsprechung des BGH auf dem Gebiet des Bürgschaftsrechts seit 1997, NJW 2001, 1015, 1018.

a) **Allgemeines**. Die besondere Bedeutung der Ausfall- (oder Schadlos-) Bürgschaft[200] besteht darin, dass der **Bürge** nur auf das **haftet, was** der **Gläubiger** trotz Anwendung gehöriger Sorgfalt **vom Schuldner nicht erlangen kann**[201]. Im Gegensatz zur gewöhnlichen Bürgschaft ist der Ausfallbürge also nicht auf die Einrede der Vorausklage (§ 771) beschränkt. Vielmehr setzt seine 33

190 BGH WM 1985, 1059, 1061 (= Fn 188); WM 1985, 969, 970 (= Fn 178); WM 1986, 252, 253; Larenz/Canaris, SchuldR II 2, 1994[13], § 60 V 1 b, S 19.
191 Früher § 609 Abs 2.
192 Larenz/Canaris, SchuldR II 2, 1994[13], § 60 V 1 b, S 19 mweitNachw Fn 55.
193 So jetzt Larenz/Canaris, SchuldR II 2, 1994[13], § 60 V 1 b, S 19 mweitNachw abweichender Meinungen in Fn 56.
194 S dazu § 765 Rz 135.
195 Vgl BGH NJW 1989, 27, 28; Larenz/Canaris, SchuldR II 2, 1994[13], § 60 V 1 b, S 18. Zur Abgrenzung der „alten" von den „neuen" Krediten bei einem Kontokorrent s Meinhardt, Beendigung der Haftung aus Bürgschaften, 1990, S 48 ff, 133 ff.
196 München WM 1983, 715, 717 = DB 1983, 1540.
197 BGH WM 1985, 969, 970 (= Fn 178).
198 So zutreffend Larenz/Canaris, SchuldR II 2, 1994[13], § 60 V 1 d, S 19; vgl BGH WM 1959, 1072, 1075; Schröter BuB Rz 4/1009.
199 Larenz/Canaris, SchuldR II 2, 1994[13], § 60 V 1 c, S 19.
200 Dazu Hadding/Häuser/Welter, BJM-Gutachten, S 660; Staud/Horn Rz 14 vor § 765; Münch Komm/Habersack § 765 Rz 106, 107; Erman/E Herrmann Rz 11 vor § 765.
201 BGH WM 1986, 961, 963 = NJW 1986, 3131 = ZIP 1986, 970 = DB 1987, 324 = MDR 1986, 1020 = LM Nr 18 zu § 774 = EWiR 1986, 673 (Tiedtke) = WuB I F 1 a – 13.86 (Rutke); BGH WM 1978, 1267 = NJW 1979, 646 = LM Nr 25 zu § 765 = MDR 1979, 307 = JZ 1979, 67 = BB 1978, 1688 = DB 1978, 2472 = KTS 1979, 188; BGH WM 1972, 335, 337 = NJW 1972, 625 – LS = LM Nr 50 zu § 535 = MDR 1972, 411; RGZ 75, 186, 187; RG SeuffA 51 (1895) Nr 178; s auch

Inanspruchnahme voraus, dass der Gläubiger trotz einer Zwangsvollstreckung beim Schuldner und infolge Versagens sonstiger Sicherheiten einen Ausfall erlitten hat, den dieser zur Klagebegründung darzulegen und erforderlichenfalls zu beweisen hat[202]. Hat bei einer Ausfallbürgschaft der Gläubiger „dafür zu sorgen, dass die Vereinbarungen über (vorrangige) Kreditsicherheiten rechtswirksam abgeschlossen werden", so hängt es von den Umständen des Einzelfalls ab, ob darin die Begründung einer unbedingten Einstandspflicht des Gläubigers für den Fall der Unwirksamkeit einer vorrangigen Sicherheit oder ein Auftrag liegt, der den Gläubiger lediglich verpflichtet, sich mit der im Verkehr erforderlichen Sorgfalt darum zu bemühen, dass wirksame Sicherheiten gestellt werden[203]. Der Mindestbetrag des Ausfalls muss ziffernmäßig festzustellen sein[204]. Bei Insolvenz des Hauptschuldners wird der Ausfallbürge im Allgemeinen deshalb nicht befreit, weil der Gläubiger erfahrungsgemäß eine Ausfallbürgschaft gerade für den Fall verlangt, dass eine beabsichtigte Sanierung des Hauptschuldners nicht gelingt[205]. Ist über das Vermögen des Schuldners das Insolvenzverfahren (früher Konkursverfahren) eröffnet worden, muss der Gläubiger die Höhe seiner Befriedigung aus der Insolvenzmasse abwarten, bevor er den Ausfallbürgen in Anspruch nehmen kann[206]. Solange der Gläubiger nicht vollständig befriedigt ist, darf aber auch der Ausfallbürge seine Rückgriffsforderung im Insolvenzverfahren über das Vermögen des Hauptschuldners nicht geltend machen, wenn der Gläubiger eine Teilleistung unter Vorbehalt seiner Rechte angenommen hat[207]. Mangels besonderer Vereinbarung kann der Ausfallbürge nicht verlangen, dass der Gläubiger gegen den Schuldner vorgeht und bei Unterlassung Schadensersatz leistet[208]. Jedoch kann sich eine Pflicht des Gläubigers ergeben, die gleichzeitig mit der Eingehung der Bürgschaft bestellten Pfänder zu überwachen[209]. Hat der Gläubiger durch Säumnis bei der Einziehung und Verwertung der Sicherheiten den Ausfall schuldhaft herbeigeführt, so kann dies seinem Anspruch gegen den Bürgen entgegenstehen. Der Ausfallbürge wird dann von seiner Leistungspflicht frei[210]. Dies kann auch der Fall sein, wenn der Kreditgeber es unterlassen hat, schon vor Auszahlung des für Neuanschaffungen bestimmten Kredits Maßnahmen zu treffen, die auf eine zweckentsprechende Verwendung des Kredits zielten[211]. Anfechtungsklagen zu erheben, ist der Gläubiger nicht verpflichtet[212]. Für die Auslegung einer nicht eindeutig formulierten Ausfallbürgschaft gelten die allgemeinen Grundsätze[213]. Ein Irrtum berechtigt den Ausfallbürgen unter Umständen zur Anfechtung des Bürgschaftsvertrags[214].

34 b) **Einzelfälle**. Die Ausfallbürgschaft kann in der Weise übernommen werden, dass der Bürge nur insoweit haftet, wie der Gläubiger nicht einmal bis zu einem bestimmten Betrag befriedigt wird[215]. Der Hinweis auf die eigene Zahlungspflicht des Schuldners und auf sein Vermögen macht die Bürgschaft noch nicht zur Ausfallbürgschaft[216]. Sehen die Richtlinien für die Übernahme von Ausfallbürgschaften einer Kreditgarantiegemeinschaft vor, dass die Ausfallbürgschaft erst dann wirksam wird, wenn die „Besonderen Bestimmungen für die Übernahme von Ausfallbürgschaften

Hj Weber BB 1971, 334; ders JuS 1972, 10; Esser/Weyers, SchuldR II 1, 1998[8], § 40 III 2, S 350.

202 RG LZ 1916, 805 Nr 15; RGZ 145, 167, 169; BGH WM 1972, 335, 337 (= Fn 201): Mietausfallbürgschaft; Schuler NJW 1953, 1689.

203 BGH WM 1989, 707 = NJW 1989, 1855, 1856 = LM Nr 68 zu § 765 = BB 1989, 1011 = DB 1989, 1232 = ZIP 1989, 630 = MDR 1989, 733 = JZ 1989, 931 = EWiR 1989, 763 (Bankhaus) = WuB I K 3 – 7.89 (Moritz).

204 RGZ 75, 186, 188; auch RG WarnR 1919 Nr 166. Zur Frage, wenn der Ausfallbürge den Gläubiger vor Feststehen des Ausfalls befriedigt, vgl Schuler NJW 1953, 1691.

205 BGH WM 1960, 640.

206 RG JW 1929, 1386: auch wenn schon die Höchstdividende in bestimmter Aussicht steht (hierzu krit Reichel JW 1929, 1386); Braunschweig OLG 28 (1912), 226, 227; MünchKomm/Habersack § 765 Rz 107.

207 RG Recht 1905 Nr 1445; Roth LZ 1910, 365.

208 RGZ 145, 167, 169.

209 RG HRR 1930 Nr 212.

210 RGZ 87, 327, 328; RG WarnR 1932 Nr 60; BGH WM 1958, 218, 219 f; BGH WM 1978, 1267 (= Fn 201).

211 BGH WM 1958, 218, 219 f.

212 Karlsruhe 28 (1912), 224.

213 S Schuler NJW 1953, 1689. Zu der Frage, ob die Wirksamkeit einer Ausfallbürgschaft, die der Staat der kreditierenden Bank gegeben hat, dadurch bedingt war, dass die Neuanschaffungen, für die der Kredit bestimmt war, sicherungsübereignet wurden, s BGH WM 1958, 218, 219.

214 RGZ 85, 322 ff.

215 RG JW 1912, 455, 456.

216 RG Recht 1911 Nr 3179.

durch die Kreditgemeinschaft im Lande Nordrhein-Westfalen" Bestandteil des Kreditvertrages sind (§ 158 Abs 1), so kann die Vereinbarung der „Besonderen Bestimmungen" zwischen dem Kreditinstitut und dem Kreditnehmer noch mehr als zwei Jahre nach dem Abschluss des Kreditvertrages nachgeholt werden[217].

c) **Hypothekenausfallbürgschaft**. Bei der Hypothekenausfallbürgschaft[218] haftet der Hypothekenbürge auch, wenn er aus irgendeinem Grund gegen den Hauptschuldner nicht Rückgriff nehmen kann[219]. Soll die Bietungsverpflichtung nur den Ausfall des dinglichen Rechts vergüten, so tritt sie erst ein, wenn der Ausfall infolge des Zuschlags droht. Sie kann aber auch bedeuten, bei einer Zwangsversteigerung für alle Fälle für ein ausreichendes Gebot zu sorgen, auch wenn ein Ausfall nicht zu befürchten ist[220]. Der Bürge, der für einen Ausfall an Kapital und Zinsen einer grundpfandrechtlich gesicherten Darlehensforderung haftet, hat die vorrangige Befriedigung des Gläubigers wegen eines Vorschusses nach ZVG § 161 Abs 3 hinzunehmen, wenn nichts anderes vereinbart ist[221]. **35**

d) **Selbstschuldausfallbürgschaft**. Die Selbstschuldausfallbürgschaft[222] ist eine besondere Art der Ausfallbürgschaft. Der Ausfallbürge hat – ähnlich wie bei der Bürgschaft auf erstes Anfordern – im Voraus unter Vorbehalt zu zahlen oder zu hinterlegen[223]. Über eine Bürgschaft, wonach der Gläubiger in Höhe des Wertes eines verpfändeten Grundstücks als befriedigt anzusehen ist, vgl RG HRR 1934 Nr 1105. Ein Übergang der Forderung gemäß § 774 scheidet aus, weil die Zahlung nur unter Vorbehalt geschieht. **36**

e) **Berechnung des Ausfalls**. Grundsätzlich findet bei der Berechnung des Ausfalls keine Vorteilsausgleichung zugunsten des Bürgen statt, wenn der Gläubiger beim Hauptschuldner gepfändete Sachen selbst ersteigert und mit Gewinn veräußert[224]; bei Grundstücken ist jedoch ZVG § 114a zu beachten. **37**

f) **Die Ausgleichungspflicht des Ausfallbürgen**. Befriedigt der gewöhnliche Bürge den Gläubiger, so ergibt sich die Frage, ob der Ausfallbürge dem Rückgriff gemäß § 774 Abs 2 ausgesetzt ist. Die Frage wird von *Janssen*[225] verneint, von *Nörr*[226] grundsätzlich bejaht. Für den Umfang der Ausfallbürgschaft ist die Vereinbarung zwischen Gläubiger und Ausfallbürgen maßgebend[227]. Von dem Inhalt dieser Abrede hängt es somit auch ab, ob der gewöhnliche Bürge und der Ausfallbürge Gesamtschuldner nach § 769 sind. Dies wird von *Kanka*[228] und *Weber*[229] verneint, weil sie sich nicht für dieselbe Forderung verbürgen, sondern hintereinander haften. Jedenfalls kommt eine zumindest entsprechende Anwendung des § 769 nicht in Betracht, wenn der Ausfallbürge nur haftet, wenn der gewöhnliche Bürge nicht zahlt. Befriedigt in diesem Fall der Ausfallbürge den Gläubiger, so geht die Forderung gegen den Schuldner und mit ihr auch der Anspruch gegen den gewöhnlichen Bürgen auf ihn über, es sei denn, dass die Ausgleichungspflicht aufgrund einer Abrede zwischen den Bürgen entfällt[230]. Wird ein Bürgschaftsversprechen für einen Kredit gegeben, um die Absicherung durch eine Ausfallbürgschaft zu erreichen, die von einer vorausgehenden Sicherung abhängig gemacht wurde, so kann die Bürgschaft nicht wegen ungerechtfertigter Bereicherung nach Wegfall der Ausfallbürgschaft zurückgefordert werden; die Ausfallbürgschaft **38**

217 Düsseldorf WM 1990, 1782, 1783 = NJW-RR 1991, 435 = WuB I K 3 – 1.91 (Nielsen).
218 Vgl Reichel JW 1931, 2228.
219 RG LZ 1930, 112.
220 RG JW 1934, 2761; HRR 1935 Nr 339.
221 BGH NJW 1992, 2629, 2630 mweitNachw = MDR 1993, 139.
222 Dazu Reichel AcP 135 (1932), 336; Staud/Horn Rz 15 vor § 765.
223 RGZ 83, 401, 406 = JW 1914, 350, 353; RG WarnR 1916 Nr 50; RG LZ 1917, 675 Nr 17; RG WarnR 1919 Nr 166.
224 RG JW 1916, 398, 400.
225 BB 1953, 1039.
226 BB 1953, 1040.
227 RG JW 1912, 746 = WarnR 1912 Nr 296 = Recht 1912 Nr 2032; Schuler BB 1954, 551.
228 JherJb 87 (1937/38), 123, 125.
229 BB 1971, 333.
230 Schuler NJW 1953, 1691; Auernhammer BB 1958, 973; vgl auch Selb, Mehrheiten von Gläubigern und Schuldnern, 1984, § 5 IV 4, S 62 f.

hätte nur dem Gläubiger das Risiko abgenommen, dass auch der Bürge ebenso wie der Hauptschuldner nicht leisten konnte[231].

39 g) **Beweislast**. Der Gläubiger muss bei einer Ausfallbürgschaft darlegen und beweisen, dass und in welcher Höhe ein Ausfall für ihn infolge des Versagens sonstiger Sicherheiten entstanden ist[232]. Zur Darlegungs- und Beweislast bei einer Freistellungsklausel, wenn der Bürge das Nichtvorhandensein von Tatumständen behauptet und es ferner darauf ankommt, ob, falls eine Bestätigung des Gläubigers noch zu treffen war, diesen kein Verschulden traf, s BGH WM 1981, 41[233].

5. **Bürgschaften bei Bauverträgen.**

Schrifttum: Schmalzl, Die Gewährleistungsansprüche des Bauherrn gegen den Architekten, NJW 1967, 10; Heiermann, Die Sicherungsleistung durch Bürgschaft nach der Verdingungsordnung für Bauleistungen, BB 1977, 1575; Hickl, Die Bürgschaft auf „erstes Anfordern" zur Ablösung eines Gewährleistungseinbehalts, BauR 1979, 463; Gehle, Die Sicherungsbürgschaft des Subunternehmers, BauR 1982, 338; Bronsch, Abwendung der Vormerkung auf Eintragung einer Bauhandwerkersicherungshypothek durch Bürgschaft?, BauR 1983, 517; Clemm, Die Stellung des Gewährleistungsbürgen, insbesondere bei der Bürgschaft „auf erstes Anfordern", BauR 1987, 123; Steinbach/Becker, Ablösung eines Sicherungseinbehalts durch Gewährleistungsbürgschaft nach Vorausabtretung der Gewährleistungsansprüche, WM 1988, 809; Winter, Bürgschaften bei Bauverträgen unter besonderer Berücksichtigung der Rechtsprechung des IX. Zivilsenats, Seminar Baurecht und Versicherungswesen 1988, 7; Börstinghaus, Die Sicherung der Bauhandwerkerforderungen auf neuen Wegen, ZRP 1990, 421; Scholtissek, Mehr Sicherheit für Bauhandwerker, MDR 1992, 443; Schwärzel-Peters, Die Bürgschaft im Bauvertrag, 1992; Hofmann/Koppmann, Die neue Bauhandwerkersicherung, 1993; Gutbrod, Bauhandwerkersicherung – Der neue § 648 a BGB – Schutz oder Hemmnis?, DB 1993, 1559; Slapnicar/Wiegelmann, Neue Sicherheiten für den Bauhandwerker, NJW 1993, 2903; Coester, Die Zahlungszusage auf der Baustelle – OLG Hamm NJW 1993, 2625, JuS 1994, 370; Grziwotz, MaBV-Bürgschaft und Vorleistungspflicht im Bauträgervertrag, NJW 1994, 2745; Hofmann/Koppmann, Erste Streitfragen bei der Anwendung des neuen § 648 a BGB, BauR 1994, 305; Jagenburg, Die Entwicklung des privaten Bauvertragsrechts seit 1992: VOB-Vertrag, NJW 1994, 2864; Sturmberg, § 648 a BGB – über das Ziel hinaus?, BauR 1994, 57; A Weber, Das Bauhanderwerkersicherungsgesetz, WM 1994, 725; Jagenburg, Die Entwicklung des privaten Bauvertragsrechts seit 1992: BGB- und Werkvertragsfragen, NJW 1995, 91; Kainz, Zur Unwirksamkeit von Vertragserfüllungs- und Gewährleistungsbürgschaften auf erstes Anfordern in der deutschen Bauwirtschaft und die sich daraus ergebenden Rechtsfragen, BauR 1995, 616; Leinemann/Klaft, Erfordert die Neuregelung des § 648 a BGB eine restriktive Auslegung zum Schutz des Bestellers?, NJW 1995, 2521; Spech, Die Bürgschaft gemäß § 7 MaBV in Bauverträgen, MittRhNotK 1995, 117; Sturmberg, Noch einmal: § 648 a BGB – Streitfragen, BauR 1995, 169; Wagner/Sommer, Zur Entschärfung des § 648 a BGB, ZfBR 1995, 168; Liepe, Problemlösungen bei der Bauhandwerkersicherung § 648 a BGB aus dem Gesetz selbst, BauR 1996, 336; Thümer, Arrest wegen Grundstücksveräußerung durch Auftraggeber vor Eintragung einer Bauhandwerkersicherungshypothek, MDR 1996, 334; Wagner/Sommer, Anzahlungsmodelle im Rahmen des Fördergebietsgesetzes – Probleme der Wechselwirkungen von § 648 a BGB – MaBV – FördG, DStR 1996, 1569; Krause, Die Bürgschaft gemäß § 7 MaBV in der notariellen Praxis, NotBZ 1997, 73; Leinemann, Der Nebel lichtet sich. Erste Rechtsprechung zu § 648 a BGB, NJW 1997, 238; Moeser/Kocher, Begrenzung des Sicherungsverlangens des Werkunternehmers nach § 648 a BGB, BauR 1997, 425; Reinelt, Ist § 648 a BGB extensiv oder restriktiv auszulegen?, BauR 1997, 766; Schmidt, Abnahme im Bauträgervertrag und MaBV, BauR 1997, 216; Siegburg, Erfaßt § 648 a BGB auch die Vergütung für erbrachte Teilleistungen?, BauR 1997, 40; Zimdars, Bauhandwerkersicherheit gem. § 648 a BGB: Zulässigkeit der Garantie auf erstes Anfordern und der Befristung der Garantie, DB 1997, 614; Pause, MaBV: Vom Schutz der Vermögenswerte zur Sicherung der Gewährleistungsrechte?, BauR 1999, 1270; Schulze-Hagen, § 648 a BGB: Auch nach Abnahme anwendbar?, BauR 1999, 210; Siegburg, Zur Befristung einer Bürgschaft im Rahmen der Bauhandwerkersicherung sowie zur Zurückweisung im Berufungsverfahren wegen eines Verfahrensfehlers, EWiR 1999, 111; Barth, Zur Praxistauglichkeit gesetzlicher und vertraglicher Sicherheiten im Baurecht, ZfIR 2000, 235; Boergen, „Vermischungsverbot" von Sicherheiten gemäß § 3 und § 7 MaBV?, NJW 2000, 251; Ewenz, Der Sicherungszweck der Bürgschaft nach § 7 MaBV, ZfIR 2000, 8; Horn, Bürgschaft, 2000, S 93; Leinemann/Sterner, § 648 a BGB: Zu Art und Höhe der Sicherheit sowie zum Zeitpunkt des Sicherungsbegehrens, BauR 2000, 1414; Leineweber, § 648 a BGB – Alternative Sicherungsformen anstelle der Bürgschaft, BauR 2000, 159; Schmeel, Aktuelle Entscheidungen im Bauvertragsrecht, MDR 2000, 361; Schmitz, Richtiger Umgang mit Sicherungsverlangen von Bauunternehmern gemäß § 648 a BGB, ZfIR 2000, 489; Schulze-Hagen, § 648 a BGB – eine Zwischenbilanz, BauR 2000, 28; Thierau, § 648 a BGB nach Abnahme – „Rückschlagsicherung" ge-

231 BGH WM 1978, 1267 (= Fn 201).
232 BGH WM 1977, 837. S auch oben Rz 29.
233 = NJW 1981, 577 = LM Nr 16 zu § 282.

gen Mängeleinrede?, BauR 2000, 14; A l t e n k i r c h , Die Bauhandwerkersicherung gemäß § 648 a BGB, Diss Leipzig 2001; B r a n d h o f e r , Haftung der Bank wegen vorschriftswidriger Formulierung der Bürgschaftsurkunde gemäß § 7 MaBV?, NZBau 2001, 305; B u s c h e r , Möglichkeiten der Befristung der Bürgschaft nach § 648 a BGB?, BauR 2001, 159; J a g e n b u r g / W e b e r , Die Entwicklung des privaten Bauvertragsrechts seit 1999 – BGB- und Werkvertragsfragen – Teil 2, NJW 2001, 191; R ö s l e r , Bauträgerfinanzierung nach der Bauträger-I-Entscheidung, ZfIR 2001, 259; T i e d k e , Rechtsprechung des BGH auf dem Gebiet des Bürgschaftsrechts seit 1997, NJW 2001, 1015, 1024; B a s t y , Aktuelle Fragen zur Bürgschaft nach § 7 MaBV, DNotZ 2002, 567; B r a u n s , Die Bürgschaft auf erstes Anfordern als Sicherungsmittel gemäß § 17 VOB/B, BauR 2002, 704; K a n z l e i t e r , Neues zur Bürgschaft nach § 7 MaBV und zur Vereinbarung von Vorauszahlungen im Bauträgervertrag, DNotZ 2002, 812; K l e i n e - M ö l l e r , Die Sicherung bauvertraglicher Ansprüche durch Bankbürgschaft und Bankgarantie, NZBau 2002, 585; R e i ß , Der Umfang der Bürgschaft nach § 7 MaBV, MittBayNot 2002, 9; R o q u e t t e / G i e s e n , Vertragserfüllungsbürgschaft auf erstes Anfordern in Allgemeinen Geschäftsbedingungen, NZBau 2002, 547; F i s c h e r , Reichweite der Bürgschaften nach der Makler- und Bauträger-Verordnung, WM 2003, 1; F r e c k m a n n , Die höchstrichterliche Rechtsprechung zum Sicherungsumfang einer Bürgschaft nach § 7 MaBV, BKR 2003, 399; L a u e r , Wem ist die Bürgschaftsurkunde zurückzugeben?, NZBau 2003, 318; M u n d t , Die Insolvenzanfechtung bei Stellung einer Bürgschaft nach § 648 a BGB, NZBau 2003, 527; R o q u e t t e / G i e s e n , Die Zulässigkeit aufschiebend bedingter Bürgschaftserklärungen, NZBau 2003, 297; W e b e r / K e s s e l r i n g , Die Entwicklung des BGB-Werkvertrags- und Bauträgerrechts in den Jahren 2001 bis 2004, NJW 2004, 3469; N o b b e , Zur Reichweite von Vorauszahlungsbürgschaften nach § 7 Abs 1 MaBV, in: Festschr für Horn, 2006, S 801.

Bei der Vergabe sowie bei der Durchführung und Abwicklung von Bauverträgen spielen Bürgschaften als Sicherheitsleistung (vgl §§ 232 Abs 2, 239) eine wichtige Rolle[234]. 40

a) **Bürgschaft nach § 648 a.** Der Unternehmer eines Bauwerks, einer Außenanlage oder eines Teils davon kann vom Besteller Sicherheit – mithin auch durch einen „tauglichen Bürgen" (§ 232 Abs 2) – für die von ihm zu erbringenden Vorleistungen verlangen (§ 648 a Abs 1 Satz 1). Auf eine in der Sicherungsabrede des Bauvertrags vereinbarte Bürgschaft findet § 648a keine Anwendung (BGH WM 2006, 1335 = WuB IV A. § 648a 2.06 [Thode]). 41

b) **Bürgschaft nach VOB/B.** Haben die Beteiligten die Anwendbarkeit der „Verdingungsordnung für Bauleistungen" (VOB)[235] vereinbart, dann richtet sich eine Sicherheitsleistung durch Bürgschaft für Ansprüche aus dem Vergabeverfahren (also vor Vertragsschluss) nach VOB/A § 14, für Ansprüche aus der Bauausführung und der anschließenden Gewährleistung (also nach Abschluss des Bauvertrages) nach VOB/B § 17. Ist eine Sicherheit gemäß VOB/A § 14 oder für die vertragsmäßige Ausführung von Leistung und Gewährleistung vereinbart, gelten subsidiär die §§ 232 bis 240, soweit VOB/B § 17 nichts anderes bestimmt (VOB/B § 17 Nr 1). Eine Bürgschaft als Sicherheitsleistung setzt voraus, dass der Auftraggeber den Bürgen als tauglich anerkannt hat (VOB/B § 17 Nr 4 Satz 1), was mangels abweichender Vereinbarung dann der Fall ist, wenn der Bürge ein in den Europäischen Gemeinschaften, in einem Staat der Vertragsparteien über den Europäischen Wirtschaftsraum oder des WTO-Übereinkommens über das öffentliche Beschaffungswesen zugelassenes Kreditinstitut oder Kreditversicherer ist (VOB/B § 17 Nr 2). Im Übrigen ist ein Bürge tauglich, wenn er ein der Höhe der zu leistenden Sicherheit angemessenes Vermögen besitzt und seinen allgemeinen Gerichtsstand im Inland hat (§ 239)[236]. Die Bürgschaftserklärung ist schriftlich unter Verzicht auf die Einrede der Vorausklage (§ 771) abzugeben (VOB/B § 17 Nr 4 Satz 2; BGB § 239 Abs 2)[237]. 42

234 Dazu BGHZ 74, 244 ff = WM 1979, 691 = NJW 1979, 1500 = LM Nr 27 zu § 765 = MDR 1979, 838 = JZ 1979, 442 = BB 1979, 907 = DB 1979, 1650 = BauR 1979, 442; BGHZ 76, 187 ff = WM 1980, 741 = NJW 1980, 1459 = LM Nr 30 zu § 765 – LS (Merz) = MDR 1980, 664 = BB 1980, 703 = DB 1980, 1256 = JR 1980, 458 (Rehbein) = ZIP 1980, 354; BGH WM 1984, 44 = NJW 1984, 923; BGH WM 1985, 511.

235 Maßgebend ist zZ die Fassung von 2002. Dazu, zum Geltungsbereich und zur Entwicklung der VOB einschließlich ihrer europarechtlichen Vorgaben s Heiermann/Riedl/Rusam, Handkommentar zur VOB (Teile A und B), 2003[10], Einl Rz 1 bis 14, S 163–177.

236 Dazu Soergel/Fahse § 239 Rz 2.

237 Zu VOB/B § 17 Nr 4 s Heiermann/Riedl/Rusam VOB (Teile A und B) B § 17 Rz 20 bis 31.

43 Man unterscheidet Bietungsbürgschaften, Vertragserfüllungsbürgschaften (Ausführungsbürgschaften), Abschlags- und Vorauszahlungsbürgschaften sowie Gewährleistungsbürgschaften[238]. Beim VOB-Vertrag ist der Auftragnehmer zur Sicherheitsleistung nur verpflichtet, wenn dies vereinbart ist (vgl VOB/B § 17 Nr 1). Dabei kann die Verpflichtung des Auftragnehmers zur Sicherheitsleistung auch in AGB vorgesehen werden, sofern die Regelungen von VOB/B § 17 im Übrigen, insbesondere das Recht zur Ablösung eines Sicherheitseinbehalts durch Bankbürgschaft mit Hinterlegungsrecht[239], dadurch nicht berührt werden[240].

44 Die Verpflichtung des Auftraggebers zur Bereitstellung einer Vertragserfüllungsbürgschaft entfällt weder durch die Fertigstellung der Werkleistung noch durch die Erstellung der Schlussrechnung oder die Erhebung von Mängelrügen[241]. Zur Auslegung einer Vertragserfüllungsbürgschaft im Baurecht, deren Wortlaut Zweifel begründet, ob Hauptschuldner eine GmbH oder ein Einzelkaufmann ist s BGH WM 1993, 1141[242].

45 Übernimmt ein Bürge eine Gewährleistungsbürgschaft für einen Bauunternehmer gegenüber einer Bauherrengemeinschaft als Auftraggeberin, so können die einzelnen Bauherren Zahlung der Bürgschaftssumme jedenfalls an alle gemeinschaftlich fordern[243]. Eine Gewährleistungsbürgschaft im Baurecht sichert grundsätzlich nur Ansprüche, die sich auf Mängel des Bauwerks gründen, also Rechte aus VOB/B § 13, die BGB-Rechte nach Abnahme sowie gemäß § 634, 635 die schon vor Abnahme bestehenden Ansprüche[244]. Ist Voraussetzung für die Inanspruchnahme einer Gewährleistungsbürgschaft, dass zuvor eine förmliche Abnahme ohne Mängelvorbehalt erfolgt ist, so können die Parteien nicht dadurch die Verpflichtungen des Bürgen erweitern, dass sie von der vereinbarten förmlichen Abnahme absehen[245]. Die Gewährleistungsbürgschaft kann deshalb nur für solche Mängel in Anspruch genommen werden, die nachweisbar erst nachträglich entstanden sind, nicht aber zB für die Neuherstellung des gesamten Fliesenbodens wegen mangelhafter Verlegung in Verbindung mit nicht ausgebildeten Dehnungsfugen, wenn diese Mängel bereits bei Fertigstellung erkennbar vorhanden waren und gerügt worden sind[246]. Hat sich der Bürge für die Herstellung des Werkes und für etwaige Gewährleistungsansprüche des Bauherrn gegen den Bauunternehmer verbürgt, umfasst seine Einstandspflicht allerdings nicht das Risiko einer Haftung für zu viel gezahlte Abschlagszahlungen[247]. Der Bürge, der eine Gewährleistungsbürgschaft zur Ablösung des „Sicherheitseinbehalts" des Bauherrn übernommen hat, haftet aus dieser Bürgschaft auch für solche Baumängel, die bereits vor der Abnahme aufgetreten sind[248]. Die Parteien der Hauptverbindlichkeit können aber bei einer Gewährleistungsbürgschaft, die „für die vertragsmäßige Erfüllung der Gewährleistungsverpflichtungen für fertiggestellte und mängelfrei abgenommene Arbeiten" übernommen wurde, im nachhinein die Modalitäten der Abnahme zu Lasten des Bürgen nicht anders als in dem der Bürgschaft zugrunde liegenden Werkvertrag regeln[249]. Die vertragliche Vereinbarung einer Gewährleistungsbürgschaft zur Ablösung eines „Sicherheitseinbehalts" gibt auch keinen Anspruch auf „Zahlung auf erstes Anfordern"[250]. Eine formularmäßige Vereinbarung, wonach ein „Sicherheitseinbehalt" von 5 % der Auftragssumme für die fünfjährige Mängelverjährungsfrist durch eine **„Bürgschaft auf erstes Anfordern"** ersetzt werden darf, ist im Hinblick auf BGB § 307 (früher AGBGes § 9) unwirksam (vgl § 675 Rz 192)[251]

238 Zu diesen MünchKomm/Habersack § 765 Rz 110.
239 LG München I BauR 1991, 516 – LS.
240 Vgl Hamm BauR 1991, 515 – LS = ZfBR 1991, 71; NJW-RR 1988, 726 = BauR 1988, 731; Jagenburg NJW 1991, 2874, 2883.
241 Nürnberg NJW-RR 1989, 1296 f.
242 = BB 1993, 1035 = ZIP 1993, 749 = EWiR 1993, 665 (Tiedtke) = DB 1993, 1235 = JZ 1993, 196 LS; vgl auch Düsseldorf BauR 1982, 592.
243 WM 1992, 773, 774 f = NJW 1992, 1881 = WuB I F 1 a – 10.92 (v Heymann).
244 BGH WM 1998, 333 = ZIP 1998, 378.
245 Hamburg BauR 1990, 745.
246 Jagenburg NJW 1991, 2874, 2883.
247 BGHZ 76, 187, 190 (= Fn 234).
248 Frankfurt/M NJW-RR 1987, 82 f = BauR 1987, 101 = ZfBR 1986, 286.
249 Hamburg WM 1992, 349, 350 = WuB I F 1 a – 7.92 (Moritz).
250 Frankfurt/M BauR 1987, 577.
251 BGHZ 150, 299, 303 = WM 2002, 1415 = ZIP 2002, 1198 = NJW 2002, 2388; BGHZ 151, 229, 232 = WM 2002, 1876 = ZIP 2002, 1690 = NJW 2002, 3098 = WuB I E 5 – 1.03 (v Westphalen); München WM 1992, 617, 618 mweitNachw =

und darf gemäß VOB/B § 17 Nr 4 Satz 3 vom Auftraggeber auch nicht als Sicherheit gefordert werden. Dagegen verstößt eine Klausel in den AGB eines Bauvertrages, dass ein Sicherheitseinbehalt iHv 5 % der Bausumme für die Dauer der fünfjährigen Gewährleistungsfrist durch eine **selbstschuldnerische unbefristete Bürgschaft** abgelöst werden kann, nicht gegen § 307 Abs 1 (früher AGBGes § 9 Abs 1), solange die Ablösung durch die selbstschuldnerische Bürgschaft nicht zusätzlich davon abhängig gemacht wird, dass keine wesentlichen Mängel vorhanden sind[252]. Zur einstweiligen Verfügung auf Unterlassung der Inanspruchnahme einer Gewährleistungsbürgschaft nach VOB/B § 17 s Frankfurt/M NJW-RR 1991, 174, 174[253].

Ein Bürge, der sich für die Rückgewähr von zu viel gezahlten Abschlagszahlungen (VOB/B § 16 Nr 1) verbürgt hat (Abschlagszahlungsbürgschaft), haftet nur bis zu dem Betrag, der sich aus der Verrechnung der Gesamtvergütung für erbrachte Bauleistungen mit der Summe aller Voraus- und Abschlagszahlungen ergibt[254]. Eine Abschlagszahlungsbürgschaft sichert nicht den Rückzahlungsanspruch des Auftraggebers, der darauf beruht, dass die Abschlagszahlung in der Schlussrechnung rechtsgrundlos nicht berücksichtigt worden ist und er infolgedessen eine Überzahlung geleistet hat[255]. Zur Unwirksamkeit einer formularmäßigen Bankgarantie für Abschlagszahlungen des Bauherrn nach Baufortschritt bei deren möglicher Inanspruchnahme aufgrund Bauberichts des Unternehmers s BGH WM 1986, 784[256]. **46**

Nach VOB/B § 17 Nr 8 Satz 1 ist eine nicht verwertete Sicherheit zum vereinbarten Zeitpunkt, spätestens nach Ablauf der Gewährleistungsfrist zurückzugeben. Ist die Gewährleistungsfrist abgelaufen, kann die Sicherheit nach VOB/B § 17 Nr 8 Abs 2 Satz 2 zurückgehalten werden, soweit zu diesem Zeitpunkt Ansprüche noch nicht erfüllt sind. Der Auftraggeber braucht deshalb eine Sicherheit nicht herauszugeben, wenn die der Sicherheitsvereinbarung zugrunde liegenden Gewährleistungsansprüche zwar verjährt sind, er aber die Mängel, auf denen die geltend gemachten Ansprüche beruhen, vor Ablauf der Verjährung gerügt hat[257]. In diesem Fall ist der Auftraggeber im Sicherungsfall auch berechtigt, die Sicherheit zu verwerten[258]. Deshalb steht auch der Zurückhaltung einer Sicherheit im Sinne der VOB/B § 17 Nr 1 Abs 2 nicht entgegen, dass zu dem Zeitpunkt, in dem die Sicherheit nach VOB/B § 17 Nr 8 Abs 2 Satz 1 herauszugeben wäre, die Gewährleistungsansprüche verjährt und damit nicht mehr durchsetzbar sind[259]. Ein gemäß VOB/B § 17 Nr 8 Abs 2 Satz 2 bestehendes Zurückbehaltungsrecht an einer Bürgschaftsurkunde führt zur Abweisung der auf Herausgabe der Urkunde gerichteten Klage, wenn die gesicherten Ansprüche auf Zahlung gerichtet sind; eine Zug-um-Zug-Verurteilung kommt dann nicht in Betracht[260]. Dient eine Bürgschaft auch zur Sicherung verjährter Gewährleistungsansprüche, so kann sich der Bürge nicht auf die dem Auftragnehmer zustehende Einrede der Verjährung berufen[261]. **47**

c) **Bürgschaft gemäß MaBV § 7**. Zum Schutz der Allgemeinheit und der Auftraggeber im Bereich des Wohnungsbaus vor missbräuchlicher Verwendung von Erwerbsgeldern bedürfen Grundstücksmakler, Bauträger und Baubetreuer einer besonderen gewerberechtlichen Genehmi- **48**

NJW-RR 1992, 218, 219 = NJW 1992, 919 – LS = WuB I K 3 – 3.92 (Ringseisen); vgl auch Heiermann/Riedl/Rusam VOB/B § 17 Rz 27. Nach BGH WM 2004, 1079 = ZIP 2004, 1004 = NJW-RR 2004, 880 = WuB I E 5 – 4.04 (Cartano) gilt dies auch für öffentliche Auftraggeber.

252 BGH WM 2004, 718, 720 = ZIP 2004, 667 = NJW-RR I E 5.-2.04 (Nielsen); BGH WM 2004, 96 = ZIP 2004, 79 = NJW 2004, 443 = WuB I E 5 – 1.04 (Nielsen); BGHZ 136, 27 = WM 1997, 1675 = ZIP 1997, 1549 = NJW 1997, 2598 = WuB IV A § 641 BGB 1.97 (Nielsen).

253 = BB 1991, 96 = ZIP 1990, 1393 = BauR 1991, 506; Jagenburg NJW 1991, 2874, 2883.

254 BGH WM 1986, 520, 523 = NJW 1986, 1681 = LM Nr 43 zu § 125 = MDR 1986, 845 = ZIP 1986, 702 = EWiR 1986, 937 = WuB I K 3 – 3.86 (Bruchner).

255 BGH NJW-RR 1992, 1044, 1045.

256 ZIP 1986, 831 = DB 1986, 1616 = WuB I F 1 b – 1.86 (Horn).

257 Köln BB 1993, 1831.

258 BGH NJW 1993, 1131 = ZIP 1993, 499 = EWiR 1993, 509 (Heiermann).

259 BGH ZIP 1993, 497, 498.

260 BGH ZIP 1993, 497, 498.

261 BGH ZIP 1993, 497, 498.

gung gemäß GewO § 34c[262]. Sie sind auf Grund der MaBV § 2 Abs 1[263] in Ausführung des GewO § 34c Abs 3 Satz 1 Nr 1 verpflichtet, ausreichende **Sicherheiten** zu leisten, bevor sie zur Ausführung des Auftrags Vermögenswerte des Auftraggebers erhalten oder zu deren Verwendung ermächtigt werden, und zwar durch die Bürgschaft eines geeigneten Bürgen (MaBV § 2 Abs 2) oder einer Versicherung (MaBV § 2 Abs 3). MaBV § 7 räumt dem Bauträger, der Bauvorhaben im eigenen Namen für eigene oder fremde Rechnung vorbereitet oder durchführt und dazu Vermögenswerte ua von Erwerbern erhalten oder zu deren Verwendung ermächtigt werden will (GewO § 34c Abs 1 Satz 1 Nr 2), die Möglichkeit ein, anstelle der vermögensbezogenen Pflichten der MaBV §§ 2 bis 6, insbesondere der Entgegennahme von Zahlungen nur entsprechend dem fortschreitenden Bautenstand (MaBV § 3 Abs 2)[264], durch eine umfassende **Vorauszahlungsbürgschaft** (MaBV § 7 Abs 1 Satz 2 iV mit § 2 Abs 2) abzusichern[265], um den Erwerber vor einer Vermögenslosigkeit des Bauträgers zu schützen[266]. Die Bürgschaft einer allein in Betracht kommenden Körperschaft des öffentlichen Rechts, eines Kreditinstitutes oder Versicherungsunternehmens muss alle etwaigen Ansprüche des Auftraggebers auf Rückgewähr oder Auszahlung seiner Vermögenswerte im Sinne von MaBV § 2 Abs 1 Satz 1 abdecken und vereinbart sein, bevor der Bauträger die zur Auftragsdurchführung erforderlichen Vermögenswerte entgegennimmt (MaBV § 7 Abs 1 Satz 2)[267]. Eine dem Schutzzweck von MaBV § 7 Abs 1 genügende Bürgschaft sichert alle Ansprüche, die sich aus einer Störung des Gleichgewichts zwischen den geleisteten Zahlungen des Erwerbers – auch des Kaufpreis an den Bauträger als Verkäufer[268] – und den erbrachten Leistungen als Bauträger ergeben. Da der Erwerber für den vorausgezahlten Kaufpreis neben der Grundstücksübereignung eine vollständige, mängelfreie Leistung des Bauträgers beanspruchen kann, ist er nur dann ausreichend geschützt, wenn die seine Ansprüche bei Leistungsstörungen mit gesichert werden[269]. Die Bürgschaft deckt daher auch Rückforderungsansprüche des Auftraggebers, die sich daraus ergeben, dass die Fläche des zu errichtenden Gebäudes geringer ist als vereinbart[270], sowie Ansprüche des Erwerbers auf Ersatz von Aufwendungen zur Mängelbeseitigung (§§ 634 Nr 2, 637)[271] und weiterhin Ansprüche auf Rückgewähr der Vorauszahlung, die aus einer auf Mängel gestützten Wandlung oder Minderung oder aus einem Schadensersatzanspruch wegen (teilweiser) Nichterfüllung resultieren[272]. Ansprüche auf Ersatz von Aufwendungen zur Mängelbeseitigung sind jedoch dann nicht gesichert, wenn der Eigentümer das Werk vom Unternehmer als mangelfrei abgenommen hat[273]. Die Bürgschaft nach MaBV § 7 dient des Weiteren nicht der Absicherung von durch den Eigentümer erwarteten Steuervorteilen[274], eines Mietausfallschadens oder vom Eigentümer zu erbringender öffentlicher Sanierungsabgaben[275]. Ebenso wird ein möglicher Anspruch des Auftraggebers gegen den Bauträger auf Erstattung des durch Überschreitung der festgelegten Bauzeit entstandenen Verzugsschadens gemäß §§ 284, 286 Abs 1 aF nicht gesichert[276]. Nach MaBV § 7 Abs 1 Satz 3 ist diese Sicherheit solange aufrechtzuerhalten,

262 Vgl Soergel/Häuser/Welter § 675 Rz 359.
263 Zur MaBV vgl BGH WM 2001, 482, 485; Soergel/Häuser/Welter § 675 Rz 363.
264 Ob dies bei formularmäßiger Abrede auch für § 641 gilt, ist umstritten; vgl BGH WM 1999, 535, 537.
265 KG WM 2001, 406, 407; ausführlich Nobbe, Festschr für Horn, 2006, S 801 ff, ferner Fischer WM 2003, 1 ff.
266 Vgl Karlsruhe WM 2002, 729, 732 = WuB H2001, 6.01 (Battereau).
267 Vgl das Muster der Anlage 7 des Musterentwurfs der Allgemeinen Verwaltungsvorschrift zum GewO § 34c und zur MaBV (MaBVwV), abgedr bei Marcks MaBV[6] S 343, 405.
268 Fischer WM 2003, 1.
269 BGHZ 151, 147, 153 = WM 2002, 1655 = ZIP 2002, 1405 = NJW 2002, 2563 = WuB I E 5 – 6.02 (Thode); BGH WM 2003, 485, 486; BGH BKR 2003, 427, 428.
270 BGH WM 2001, 1756 = NJW 2001, 3329 = ZIP 2001, 1664.
271 BGHZ 151, 147, 153 = WM 2002, 1655; BGH WM 1999, 935 = ZIP 1999, 394 = NJW 1999, 1105 = WuB I E 5 – 4.99 (Heymann/Rösler); kritisch dazu Horn ZIP 2001, 93, 103.
272 BGHZ 151, 147 = WM 2002, 1655 = ZIP 2002, 1405 = NJW 2002, 2563 = WuB I E 5 – 6.02 (Thode).
273 BGH WM 2002, 2411 = ZIP 2002, 2262 = NJW 2003, 285 = WuB I E 5 – 3.03 (Wagner).
274 BGHZ 151, 147 = WM 2002, 1655 = ZIP 2002, 1405 = NJW 2002, 2563 = WuB I E 5 – 6.02 (Thode).
275 BGH WM 2002, 2411 = ZIP 2002, 2262 = NJW 2003, 285 = WuB I E 5 – 3.03 (Wagner).
276 BGH WM 2003, 485 = ZIP 2003, 430 = NJW-RR 2003, 183 = WuB I E 5 – 5.03 (Wagner).

bis das Vertragsobjekt vollständig fertiggestellt ist[277]. Daher ist eine Regelung unzulässig, nach der die Bürgschaft sukzessive mit Baufortschritt und Vorliegen der Voraussetzungen des MaBV § 3 Abs 1 zu reduzieren ist[278]. Gesichert sind auch Rückzahlungsansprüche nach einvernehmlicher Aufhebung des Bauträgervertrags, wenn dem Auftraggeber wegen Leistungsstörungen des Bauträgers ein Rücktrittsrecht zusteht[279]. Nach MaBV § 7 Abs 1 ist der Grund für die Vertragsaufhebung unerheblich, so dass die Bürgschaft auch vertragliche oder versicherungsrechtliche Rückgewähransprüche bei Aufhebung oder Nichtigkeit des Vertrags sichert[280]. Wenn Erwerber und Bauträger einvernehmlich zum Nachteil des Bürgen handeln, ist die Bürgenhaftung gemäß §§ 242, 826 eingeschränkt[281]. MaBV § 7 wird inzwischen durch § 632a Satz 3 überlagert, als der damit verfolgte zivilrechtliche Schutz des Erwerbers weiter geht als der Erwerberschutz der MaBV[282].

6. **Nachbürgschaft**. Die Nachbürgschaft[283] ist die **Verbürgung eines zweiten Bürgen für die Schuld des Erstbürgen** (Vorbürgen), die durch Vertrag zwischen dem Gläubiger und dem Nachbürgen unter Einhaltung der Formvorschrift des § 766 erfolgt. Befriedigt der Nachbürge den Gläubiger, so geht nicht – was gemäß § 774 folgerichtig wäre – die Forderung des Gläubigers gegen den Vorbürgen, sondern in analoger Anwendung dieser Vorschrift die des Gläubigers gegen den Schuldner auf den Nachbürgen über[284]. Auf den Nachbürgen gehen aber gleichzeitig nach den §§ 412, 401 auch die Rechte des Gläubigers gegen den Vorbürgen über[285]. Der Nachbürge kann gegen den Vorbürgen in vollem Umfang Regress nehmen, weil dieser vorrangig haftet und nicht etwa Mitbürge im Sinne von § 774 Abs 1 ist[286]. Gegenüber dem Gläubiger kann der Nachbürge sowohl die Einreden des Hauptschuldners als auch die des Vorbürgen geltend machen[287]. Das Gleiche gilt für die Einrede der Vorausklage bezüglich des Hauptschuldners und des Vorbürgen, sofern diese dem letzteren zusteht[288]. Der Hauptschuldner soll sich nach herrschender Meinung auch dem Nachbürgen gegenüber entsprechend § 774 Abs 1 Satz 3 auf Einwendungen aus seinem Rechtsverhältnis zum Vorbürgen berufen können[289]. Das ist mit der Begründung von *Canaris* abzulehnen[290], und zwar insbesondere deshalb, weil § 774 Abs 1 Satz 3 Einwendungen des Hauptschuldners gegenüber dem Bürgen voraussetzt und daher nicht passt, wenn zwischen dem zahlenden (Nach-)Bürgen und dem Hauptschuldner gar kein Rechtsverhältnis besteht, aus dem sich Einwendungen ergeben könnten. Die Bürgschaft für Verbindlichkeiten aus bankmäßiger Geschäftsverbindung umfasst von der Hauptschuldnerin übernommene Bürgschaftsverpflichtungen zugunsten Dritter nur, wenn dies für die bankmäßige Geschäftsverbindung typisch ist[291]. BGHZ 73, 94 betraf den Fall, dass sich der Nachbürge gegenüber dem Gläubiger für den Vorbürgen ver- 49

277 BGH NJW 1998, 2967, 2968; KG WM 2001, 406, 407.
278 BGH WM 2003, 1259 = ZIP 2003, 1290 = NJW-RR 2003, 1171 = WuB I E 5 – 10.03 (Krepold).
279 BGHZ 150, 277, 281 = WM 2004, 2386.
280 BGHZ 162, 378, 383 = WM 2005, 1024.
281 BGH WM 2004, 724 = WuB I E 5-3.04 (Krepold).
282 Dazu Wagner WM 2001, 718.
283 Dazu Motive II, S 672; Kanka JherJb 87 (1937/38), 125; Dörner MDR 1976, 708; Tiedtke WM 1976, 174; Mirtsching WM 1976, 706; Hadding/Häuser/Welter, BJM-Gutachten, S 661; Staud/Horn Rz 26f vor § 765; MünchKomm/Habersack § 765 Rz 117; Erman/E Herrmann Rz 15 vor § 765; Esser/Weyers, SchuldR II 1, 1998[8], § 40 V 1, S 357f; Heermann, Geld und Geldgeschäfte § 32 IV.
284 RGZ 83, 342, 343; RG WarnR 1917 Nr 241.
285 So – entgegen RGZ 83, 342, 343 – BGHZ 73, 94, 97 = NJW 1979, 415, 416 = WM 1979, 144 = LM Nr 26 zu § 765 = JR 1979, 371, 373 (Schneider u Böttger) = MDR 1979, 489 = JZ 1979, 141 = BB 1979, 137 = DB 1979, 399 = KTS 1979, 206; Tiedtke WM 1976, 176; Staud/Horn Rz 27 vor § 765; Larenz/Canaris, SchuldR II 2, 1994[13], § 60 V 3, S 20.
286 Larenz/Canaris, SchuldR II 2, 1994[13], § 60 V 3, S 20.
287 Motive II, S 672.
288 Motive II, S 672.
289 Hamm MDR 1961, 503; dazu Tiedtke WM 1976, 174, 177f; Mirtsching WM 1976, 706; Rimmelspacher, KreditsicherungsR Rz 75; Esser/Weyers, SchuldR II, § 40 V 1; Staud/Horn Rz 27 vor § 765. S auch § 774 Rz 17 u 22.
290 Larenz/Canaris, SchuldR II 2, 1994[13], § 60 V 3, S 21; ebenso im Ergebnis Köln WM 1976, 23, 24 = MDR 1975, 932 = JuS 1976, 261; Dörner MDR 1976, 708; Schröter BuB Rz 4/1132; MünchKomm/Habersack § 765 Rz 117.
291 Vgl Bremen NJW-RR 1986, 851; Bamberg WM 1990, 1019, 1921 = WuB I F 1a – 10.90 (Rimmelspacher); Liesecke WM 1969, 547, 549.

bürgte, diese Nachbürgschaft aber nur gegeben hatte, weil sich ihm gegenüber ein Rückbürge verbürgt hatte. Der Hauptschuldner fiel in Konkurs. Über das Vermögen des Vorbürgen fand ein Vergleichsverfahren statt. Die Nach- und die Rückbürgschaft wurden durch diesen Vergleich nicht berührt.

50 7. **Rückbürgschaft**. Mit einer Rückbürgschaft[292] steht der **Rückbürge für die Erfüllung des Rückgriffsanspruchs des Bürgen gegen den Hauptschuldner** (vgl § 774) ein[293]. Der begünstige Bürge kann also den Rückbürgen aufgrund des zwischen ihnen geschlossenen Vertrages (Form: § 766) erst in Anspruch nehmen, wenn er selbst aus dem Bürgschaftsvertrag geleistet hat und vom Hauptschuldner keinen Ersatz erlangt[294]. Für die Rückbürgschaft gelten die allgemeinen Bürgschaftsvorschriften[295]. Befriedigt der Rückbürge den Bürgen, so geht die Forderung des Gläubigers gegen den Hauptschuldner auf ihn über, weil Identität der Rückgriffsforderung mit der auf den Erstbürgen nach § 774 übergegangenen Forderung des Gläubigers anzunehmen ist[296]. Durch den Bürgschaftsvertrag zwischen dem Hauptbürgen und dem Rückbürgen kommen Rechtsbeziehungen zwischen dem Rückbürgen und dem Gläubiger nicht zustande. Deshalb ist eine Klage des Rückbürgen gegen den Gläubiger gemäß ZPO § 256 auf Feststellung, dass der Gläubiger nicht berechtigt sei, den Hauptbürgen in Anspruch zu nehmen, mangels Rechtsschutzbedürfnisses unzulässig[297].

8. **Bürgschaften zum Zweck der Sicherheitsleistung**

Schrifttum: Breit, Sicherheitsleistung durch Bürgschaft im Prozeß, JR 1926, 161 ff u 213 ff; Sonnen, Bürgschaft zwecks Sicherheitsleistung im Prozeß, in: Festgabe der Rechtsanwaltschaft des Kammergerichts für den Geheimen Justizrat Max Fuchs, 1926, S 22; Wunderlich, Die prozessuale Sicherheitsleistung durch Bürgschaft und die Hinterlegungsstelle, JW 1926, 2558; Kelz, Versprechen einer künftigen Sicherheitsleistung, Bank-Betrieb 1972, 488; Pecher, Zum Erlöschen einer Prozeßbürgschaft wegen Wegfalls der Veranlassung zur Sicherheitsleistung, WM 1986, 1513; Bülow, Bürgenzahlung als Sicherheitsleistung, WuB I F 1a – 2.87; Kotzur, Sicherheitsleistung durch Beibringung einer Prozeßbürgschaft mit befreiender Hinterlegungsklausel?, DGVZ 1990, 161; Ehricke, Der taugliche Bürge gemäß § 239 BGB auf dem Prüfstand des Gemeinschaftsrechts, EWS 1994, 259.

51 Bürgschaften zum Zweck der Sicherheitsleistung (§§ 232 Abs 2, 239)[298], zB in den Fällen der § 52 Abs 2 (Liquidation des Vereinsvermögens), § 212 Abs 1 Nr 1 (Neubeginn der Verjährung bei Sicherheitsleistung[299]), § 214 Abs 2 Satz 2 (Nichtrückgabe der Sicherheitsleistung bei Verjährung[300]), § 257 (Befreiung von noch nicht fälligen Verbindlichkeiten), § 258 (Entschädigung bei Wegnahme einer Sache), § 321 (Vorleistung bei Vermögensverschlechterung der Gegenseite), § 468 Abs 1 (Stundung des Kaufpreises bei Vorkaufsrecht), § 551 Abs 1 und 4 (Mietkaution)[301], §§ 562 ff (Vermieterpfandrecht), § 566 a (Eintritt des Erwerbers in Sicherheitsleistung für den Vermieter), § 583 Abs 2 (Pächterpfandrecht), § 590 Abs 2 (Nutzungsänderung bei Landpacht), § 648 a (Bauhandwerkersicherung), § 738 Abs 1 Satz 3 (Ausscheiden eines Gesellschafters), § 811 Abs 2 (Vorlegung von Sachen), § 843 Abs 2 (Geldrente bei unerlaubter Handlung), § 867 Satz 3 (Verfolgungsrecht des Besitzers), § 1039 Abs 1 Satz 2 (übermäßige Fruchtziehung des Nießbrauchers), § 1051 (Besorgnis der Eigentumsverletzung beim Nießbrauch), § 1052 (Verwaltung statt Sicherheitsleistung beim Nießbrauch), § 1067 Abs 2 (Nießbrauch an verbrauchbaren Sachen), § 1220 Abs 1 (Andro-

292 Dazu Hadding/Häuser/Welter, BJM-Gutachten S 661 f; Staud/Horn Rz 28 f vor § 765; Münch Komm/Habersack § 765 Rz 122; Erman/E Herrmann Rz 17; Larenz/Canaris, SchuldR II 2, 1994[13], § 60 V 4, S 21; Esser/Weyers, SchuldR II 1, 1998[8], § 40 V 1, S 357; Heermann, Geld und Geldgeschäfte § 32 V.

293 RGZ 61, 343, 344; RGZ 146, 67, 69 f; BGHZ 73, 94, 96–98 (= Fn 285); BGHZ 95, 375, 379 (= Fn 470).

294 Kiel SchlHA 1918, 168. Vgl auch § 774 Rz 21.

295 RG Recht 1905 Nr 2085.

296 Larenz/Canaris, SchuldR II 2, 1994[13], § 60 V 4, S 21; Freese NJW 1953, 1092; Flessa NJW 1958, 860; Oldenburg NJW 1965, 253 f wendet § 774 entsprechend an; **aM** RGZ 146, 67, 70.

297 Hamm NJW 1993, 3274, 3275.

298 Dazu Staud/Horn Rz 37 vor § 765.

299 Früher § 208.

300 Früher § 222 Abs 2 Satz 2.

301 S auch Hülsmann, Zu Unzulänglichkeiten der Absicherung des Kautionsrückzahlungsanspruchs des Wohnraummmieters qua Bankbürgschaft, WuM 1996, 688.

hung der Versteigerung der Pfandsache), § 1382 Abs 3 und 4 (Stundung der Forderung auf Zugewinnausgleich), §§ 1389, 1390 Abs 4 (vorzeitiger Zugewinnausgleich), § 1585 a (Sicherheitsleistung bei Geschiedenenunterhalt), § 1667 Abs 3 (Gefährdung des Kindesvermögens), § 1986 (unsichere Verbindlichkeiten bei Nachlassverwaltung), § 2128 (Besorgnis der Verletzung des Nacherbenrechts), § 2217 Abs 2 (Überlassung von Nachlassgegenständen an den Erben durch den Testamentsvollstrecker) ist juristisch ein Ausnahmefall, weil sie gegenüber den Realsicherheiten subsidiär (§ 232 Abs 2) und im Gegensatz zu diesen als Sicherheitsleistung nicht immer zulässig ist (§ 273 Abs 3, § 1218 Abs 1; ZVG § 69). Dort wo sie zulässig ist, hat sie als Bankbürgschaft große praktische Bedeutung, insbesondere in den Fällen der Prozessbürgschaft[302] (ZPO § 108); denn daran, dass es sich bei Kreditinstituten um „taugliche Bürgen" handelt (s § 239), besteht im Allgemeinen kein Zweifel. Wird eine solche, der gerichtlichen Anordnung entsprechende Bürgschaftserklärung durch den Gerichtsvollzieher gemäß § 132 Abs 1 zugestellt, so kann das Gericht die Zustellung trotz etwaiger Mängel als bewirkt ansehen[303]. Die Zwangsvergleichsbürgschaft[304] ist bei summenmäßiger Begrenzung Höchstbetragsbürgschaft[305]. Die dem Antrag auf Eröffnung des gerichtlichen Vergleichsverfahrens beigefügte Bürgschaftserklärung bedarf zu ihrer rechtlichen Wirksamkeit nicht der Wiederholung im Vergleichstermin[306]. Nach der gerichtlichen Bestätigung des Zwangsvergleichs kann sie nur noch unter den gleichen Voraussetzungen wie der Zwangsvergleich angefochten werden[307]; zur Schriftform vgl § 766 Rz 9; wegen der Haftungsdauer s § 768 Rz 1. Der Zwangsvergleichsbürge wird im Zweifel bei Eröffnung des Anschlusskonkurses nicht frei[308]. Zur Bürgschaftsverpflichtung in einem außergerichtlichen Vergleichsverfahren, in dem sich der Gläubiger gegenüber dem Hauptschuldner mit einem Moratorium einverstanden erklärt hatte, s Düsseldorf KTS 1981, 264, 265 f (*Künne*). Zu den Bürgschaften zwecks Sicherheitsleistung gehört auch die Bauunternehmerbürgschaft gemäß § 648 a.

9. Prozessbürgschaft

Schrifttum: Beuthien/Jöstingmeier, Bürgschaft einer Kreditgenossenschaft als Sicherheit im Sinne von § 108 ZPO, NJW 1994, 2070; Retemeyer, Sicherheitsleistung durch Bankbürgschaft, 1995; Fuchs, Sicherheitsleistung durch Bürgschaften ausländischer Banken?, RiW 1996, 280; Taupitz, Prozeßbürgschaft durch ausländische Kreditinstitute?, in: Festschr für Lüke, 1997, S 845; Treber, Der Austausch von prozessualen Sicherheitsleistungen, WM 2000, 343; Foerste, Neues Recht für Prozessbürgschaften von Auslandsbanken, ZBB 2001, 483; Tiedtke, Rechtsprechung des BGH auf dem Gebiet des Bürgschaftsrechts seit 1997, NJW 2001, 1015, 1018; Falkenkötter, Zivilprozessreform – Neuer § 108 ZPO und alte Titel, MDR 2002, 622; Grams, Sind (Berufshaftpflicht-)Versicherungsunternehmen keine tauglichen Prozessbürgen nach § 108 ZPO?, AnwBl 2002, 356.

a) **Zustandekommen**. Ist eine prozessuale Sicherheit zu leisten (s ZPO §§ 108, 707, 709, 711, 52
712, 719)[309], kann das Gericht nach freiem Ermessen bestimmen, in welcher Art und Höhe die Si-

302 Dazu BGH NJW 1967, 823 = WM 1967, 226 = LM Nr 10 zu § 766 = BB 1967, 264 (Wittmann BB 1967, 512 mweitNachw insbesondere zur Formfreiheit der Bankbürgschaft) = MDR 1967, 585; BGH BB 1964, 1321; Koblenz NJW-RR 1992, 107, 108; Köln NJW-RR 1992, 237, 238 f; Celle BB 1965, 1124 mNachw; Staud/Horn Rz 38–42 vor § 765; MünchKomm/Habersack § 765 Rz 118–121; aus der älteren Judikatur und Literatur s Erlaß des KGPräs vom 23. 11. 1925 JW 1926, 523 (HERMES-Bank als tauglicher Bürge; dazu Schmidt JW 1926, 523); Erlaß des KGPräs vom 4. 5. 1932 JW 1932, 1545; KG JW 1932, 1586; Sonnen, Festgabe für Max Fuchs, 1926, S 22 ff; Breit JR 1926, 162 ff, 213 ff; Wunderlich JW 1926, 2558; vgl Zöller/Schneider/Herget ZPO, 1990[16], § 108 Rz 7–11. – Zur Prozessbürgschaft s unten Rz 52 ff.

303 S oben Rz 45.

304 Dazu MünchKomm/Habersack, 1997[3], § 765 Rz 123.

305 Vgl LG Krefeld JW 1934, 2575; LG Düsseldorf JW 1928, 1888. S oben Rz 24.

306 RGZ 143, 100, 102; vgl auch BGH WM 1957, 876, 877.

307 RGZ 143, 100, 104 (auch zum Umfang); RGZ 122, 361, 364; RGZ 57, 270, 271. S auch § 767 Rz 11.

308 BGH NJW 1957, 1319 – LS = WM 1957, 1006 = LM Nr 1 zu VerglO § 96; Köln NJW 1956, 1322 (Böhle-Stamschräder); **abweichend** A Kubisch NJW 1956, 1841; zur entsprechenden Frage beim außergerichtlichen Vergleich s BGH WM 1957, 1312 = BB 1957, 1015; zur Vergleichsbürgschaft s RG WarnR 1933 Nr 159; BGH WM 1961, 1048, 1051 = LM Nr 2 zu VerglO § 85; MünchKomm/Habersack, 1997[3], § 765 Rz 123.

309 S auch oben Rz 51.

cherheit zu leisten ist (ZPO § 108 Abs 1 Satz 1). Im Regelfall wird dies durch die Stellung einer **Prozessbürgschaft**[310] geschehen, worauf auch ZPO § 108 Abs 1 Satz 2[311] hindeutet. Danach ist die Sicherheitsleistung durch eine schriftliche, unwiderrufliche unbedingte und unbefristete Bürgschaft zu erbringen oder durch Hinterlegung von Geld oder Wertpapieren, wenn eine gerichtliche Bestimmung oder Parteivereinbarung fehlt. Nach ZPO § 108 Abs 1 Satz 2 kommt als tauglicher Bürge nur ein im Inland zum Geschäftsbetrieb befugtes Kreditinstitut (KWG § 1) in Frage. Bei der Prozessbürgschaft handelt es sich also um eine Bankbürgschaft, die nach HGB §§ 350, 343 nicht der Form des § 766 bedarf[312]. Als Maßstab für einen tauglichen Bürgen sind zudem die §§ 232 Abs 2, 239 heranzuziehen. Danach muss sie stets selbstschuldnerisch sein (§ 239 Abs 2), was HGB § 349 für die Prozessbürgschaft einer Bank wiederholt[313]. Ferner muss der Bürge ein der Höhe der Sicherheit angemessenes Vermögen besitzen und seinen allgemeinen Gerichtsstand im Inland haben (§ 239 Abs 1). Bei inländischen Kreditinstituten iSv KWG § 1 wird eine solche Liquidität als gesichert angesehen, weil sie nach KWG § 10 für ausreichendes Eigenkapital zu sorgen haben und der Bankenaufsicht durch die Bundesanstalt für Finanzdienstleistungsaufsicht (BaFin) unterstehen[314]. Allerdings können auch Bürgschaften von einer ausländischen Bank mit inländischer Niederlassung, mit Sitz im EWR-Raum oder nach vorheriger gerichtlicher Zulassung gestellt werden[315]. Dagegen können private und öffentlich-rechtliche Versicherungsunternehmen im Regelfall keine Prozessbürgschaft übernehmen, es sei denn das Gericht lässt eine solche Bürgschaft gemäß ZPO § 108 Abs 1 Satz 1 zu[316]. Der Bürgschaftsvertrag zwischen dem Bürgen (Bank) und dem Sicherungsberechtigten (Kläger oder Beklagten) kommt bei der Prozessbürgschaft dadurch zustande, dass die Bürgschaftserklärung dem Vollstreckungsschuldner zugeht, wobei eine Zustellung an dessen Prozessbevollmächtigten (ZPO § 176) ausreicht[317]. Seine Annahmeerklärung wird durch die gerichtliche Entscheidung über die Zulassung der Sicherheitsleistung durch Bürgschaft ersetzt[318]. Einer ausdrücklichen Annahme bedarf es (auch im Fall von ZPO § 108 Abs 1 Satz 2) nicht[319]. Der BGH[320] hat sogar die Frage offen gelassen, ob überhaupt eine Annahme erforderlich ist, und die Beibringung der Bürgschaftserklärung genügen lassen. Der urkundliche Nachweis der Bürgschaft in der Form des ZPO § 751 Abs 2 ist für die Wirksamkeit der Bürgschaftserklärung als solcher nicht erforderlich, wohl aber als Zulässigkeitsvoraussetzung der Zwangsvollstreckung beizubringen[321]. Nach herrschender Meinung kann der nach § 130 erforderliche Zugang der Bürgschaftserklärung durch Zustellung einer beglaubigten Abschrift durch den Gerichtsvollzieher ersetzt werden (§ 132 Abs 1)[322], wobei bei Zustellungsmängeln ZPO

310 Dazu Thomas/Putzo/Hüßtege ZPO, 2004[26], § 108 Rz 7 bis 12; Zöller-Herget ZPO, 2005[25], § 108 Rz 7 bis 11; Stein/Jonas/Bork ZPO, 2004[22], § 108 Rz 19–34; MünchKomm/Habersack § 765 Rz 118–121.

311 Das Zivilprozessreformgesetz vom 27. Juli 2001 hat die Vorschrift neu gefasst; sie ist am 1.1.2002 in Kraft getreten. Zur Auswirkung bei Urteilen, die vor dem 1.1.2002 ergingen, vgl Falkenkötter MDR 2002, 622.

312 Um den Nachweis sicherzustellen, soll aber die Anordnung der schriftlichen Bürgschaftserklärung geboten sein; vgl Jakobs DGVZ 1973, 107, 113; Zöller-Herget ZPO[25] § 108 Rz 7; Stein/Jonas/Bork ZPO § 108 Rz 31.

313 Vgl BGH NJW 1967, 823 = WM 1967, 226 = LM Nr 10 zu § 766 = BB 1967, 264 (dazu Wittmann BB 1967, 512) = MDR 1967, 585; MünchKomm/Habersack § 765 Rz 118.

314 Stein/Jonas/Bork ZPO § 108 Rz 21; Foerste ZBB 2001, 483, 484 mit Hinweis auf die Gesetzesbegründung. Köln EWiR 1993, 97, erachtete die Bürgschaft einer Genossenschaftsbank ohne konkreten Nachweis eines ausreichenden Vermögens und ihrer Zahlungsfähigkeit nicht als taugliche Sicherheit gemäß ZPO § 108 aF; dagegen zutr Röttger EWiR 1993, 97; ferner Beuthien/Jöstingmeier NJW 1994, 2070.

315 Düsseldorf WM 1995, 1993. Ausführlich Stein/Jonas/Bork ZPO § 108 Rz 22–25; Foerste ZBB 2001, 483, 484 ff.

316 Stein/Jonas/Bork ZPO § 108 Rz 26, 35; Grams AnwBl 2002, 356 ff.

317 Zöller/Herget ZPO[25] § 108 Rz 11; s auch LG Bochum Rpfleger 1985, 33.

318 BayObLG Rpfleger 76, 76; KG NJW 1963, 661, 663; Düsseldorf JW 1932, 2896 (Graßhoff); Kotzur DGVZ 1990, 65.

319 S Stein/Jonas/Bork ZPO § 108 Rz 33.

320 BGH NJW 1967, 823 = WM 1967, 226 = LM Nr 10 zu § 766 = BB 1967, 264 (Wittmann S 512) = MDR 1967, 585; s auch Düsseldorf WM 1969, 798.

321 Hamburg MDR 1982, 588; vgl auch LG Berlin Rpfleger 1972, 421, 422 mNachw.

322 KG NJW 1963, 661, 663 mweitNachw; Jonas JW 1928, 3063.

§ 187 anzuwenden ist[323]. Es genügt also, dass der Vollstreckungsschuldner von der Bestellung und dem Inhalt der Bürgschaft durch eine beglaubigte Abschrift Kenntnis erhält[324]. Der Ansicht, dass es bei der – ohnehin nicht unbestrittenen – Zustellung von Anwalt zu Anwalt (ZPO § 195)[325] nicht der Zustellung des Originals bedarf[326], sondern die Zustellung einer beglaubigten Abschrift genügt[327], ist zuzustimmen. Eine Übergabe der Urschrift der Bürgschaftserklärung an den Vollstreckungsschuldner ist allerdings dann erforderlich, wenn die Bürgschaft dadurch auflösend bedingt ist, dass die Bürgschaftsurkunde an den Bürgen (Bank) zurückgelangt[328]. Ist die Vollziehung einer einstweiligen Verfügung von einer Sicherheitsleistung – zulässig auch durch Bankbürgschaft – abhängig gemacht worden, so reicht es ebenfalls nicht aus, dass der Sicherungsberechtigte dem Gegner bloß eine beglaubigte Abschrift der Bürgschaftsurkunde zustellt, wenn sich nach deren Inhalt die Bürgschaft durch die Rückgabe der Originalurkunde erledigt[329].

b) **Inhalt und Umfang einer Prozessbürgschaft**. Inhalt und Umfang einer Prozessbürgschaft richten sich beim Fehlen ausdrücklicher Erklärungen nach dem Zweck der Sicherheitsleistung[330]. Die Bürgschaft darf grundsätzlich nur unwiderruflich, unbedingt und unbefristet erklärt werden. Nach ständiger Rechtsprechung ist eine für den Fall der einstweiligen Einstellung der Zwangsvollstreckung aus einem erstinstanzlichen Urteil geleistete Prozessbürgschaft in der Regel nicht als eine bis zum Wegfall der Einstellung der Zwangsvollstreckung befristete Zeitbürgschaft anzusehen[331]. Sie ist aber auch dann eine taugliche (auflösend bedingte) Sicherheitsleistung, wenn sie entsprechend dem Text der Bürgschaftsurkunde erlischt, sobald die Veranlassung für sie wegfällt[332]. Die in erster Instanz für den Beklagten erteilte Bürgschaft sichert auch dessen Verpflichtung aus einem Vergleich in zweiter Instanz[333]. Nicht genügt bei einer Bankbürgschaft der Vorbehalt der befreienden Hinterlegung des Betrages[334]. Wenn sich auch die Rechtskraft eines Urteils zwischen dem Gläubiger und dem Hauptschuldner nicht auf den Bürgen erstreckt[335], so anerkennt er doch in der Regel den Ausgang des anhängigen Rechtsstreits, in dem er sich verbürgt hat, als für sich verbindlich[336]. Zur Auslegung einer Bürgschaft in einem Arrestverfahren s Frankfurt/M MDR 1951, 684. **53**

c) **Rückgabe der Bürgschaftsurkunde**. Ist der Anlass zur Sicherheitsleistung weggefallen, kann die Rückgabe der Sicherheit verlangt werden, also zB dann, wenn aus der Durchsetzung einer vorläufigen Maßnahme kein Schaden mehr entstehen kann[337]. Die Rückgabe einer Bürgschaft kann nicht auf Antrag des Bürgen im Verfahren gemäß ZPO § 109, sondern nur im Klagewege erfolgen[338]. Ist dagegen Sicherheit durch Prozessbürgschaft einer Großbank geleistet worden, so kann der Sicherungsgeber gemäß ZPO § 108 einen Beschluss erwirken, der die gleichwertige Bürgschaft einer bestimmten anderen Großbank zulässt, und nach Zustellung dieser anderen Bürgschaftsurkunde gemäß ZPO § 109 die Rückgabe der früheren Bürgschaftsurkunde ver- **54**

323 BGH NJW 1967, 823 (= Fn 320).
324 S Düsseldorf JW 1932, 2896 (Graßhoff).
325 S dazu LG Augsburg DGVZ 1998, 122; Zöller/Herget ZPO[25] § 108 Rz 11.
326 Übermittlung des Originals der Bürgschaftsurkunde verlangen Frankfurt/M NJW 1978, 1441 = JZ 1978, 198, 199: Koblenz ZIP 1993, 297, 298 mweitNachw.
327 So BGH NJW 1979, 417, 418; Frankfurt/M NJW 1978, 1441.
328 KG NJW 1963, 661, 663; München MDR 1979, 1029; LG Berlin Rpfleger 1972, 422; LG Wuppertal WM 1986, 1274 f = WuB VII A – 2.86 (Pecher); vgl auch LG Hannover NdsRpfl 1989, 178, 179 betr die auflösende Bedingung des Erlöschens einer Bankbürgschaft, dass die Veranlassung zur Sicherheitsleistung wegfällt.
329 Hamm WM 1993, 2050 = EWiR 1993, 829 (Ulrich) = WuB VI E – 1.94 (Pecher).
330 BGH NJW 1979, 417, 418 mNachw; vgl auch Köln NJW-RR 1989, 1396 f; NJW-RR 1992, 237. Zum Zweck der Sicherheitsleistung auch München WM 2004, 2071.
331 BGH NJW 1979, 417, 418 mwNachw.
332 Nürnberg WM 1986, 214, 215 = AnwBl 1985, 643, 644 = MDR 1986, 241 = WuB VII A – 1.86 (Pecher); aA Zöller/Herget ZPO[25] § 108 Rz 9.
333 Köln WM 1987, 421 = NJW-RR 1987, 251.
334 AG Gütersloh ZIP 1982, 1250.
335 Nürnberg WM 1957, 695, 698.
336 BGH NJW 1975, 1119, 1121 = LM Nr 4 zu § 283 = LM Nr 3 zu ZPO § 108 = WM 1975, 424 = MDR 1975, 750 = DB 1975, 1218 = KTS 1975, 531 – LS; MünchKomm/Habersack § 765 Rz 115.
337 BGHZ 11, 303, 304 = LM Nr 1 zu ZPO § 109; MünchKomm/Habersack § 765 Rz 120.
338 Vgl RGZ 156, 164, 168; MünchKomm/Habersack § 765 Rz 121.

langen[339]. Es gehört zu den Pflichten eines Anwalts, der eine Partei im Berufungsverfahren ohne Beteiligung eines Korrespondenzanwalts vertreten, dem Gegner eine Bankbürgschaft als Sicherheit übergeben und sodann mit dem Rechtsmittel Erfolg hatte, die Sicherheit zurückzuholen oder wenigstens die Partei darüber zu beraten und zu belehren, auf welchem Wege sie die geleistete Sicherheit zurückerhalten kann[340].

55 d) **Einzelfälle.** Wird gegen ein die Zwangsvollstreckungsgegenklage des Schuldners abweisendes Versäumnisurteil rechtzeitig Einspruch eingelegt, dann wird das Verfahren in die Lage zurückversetzt, in der es sich vor Eintritt der Säumnis befand; ein vor der Säumnis ergangener Beschluss über die einstweilige Einstellung der Zwangsvollstreckung gegen Sicherheitsleistung durch Bankbürgschaft lebt wieder auf, so dass trotz des klageabweisenden Versäumnisurteils keine Fälligkeit eingetreten ist und der Gläubiger daher die Bankbürgschaft nicht in Anspruch nehmen kann[341]. Der Sicherungsfall für eine zur Abwendung der Zwangsvollstreckung aus einem Versäumnisurteil eingegangene Prozessbürgschaft tritt auch ein, wenn nach Einspruch gegen das Versäumnisurteil der Konkurs über das Vermögen des Schuldners eröffnet und die Forderung aus dem Versäumnisurteil zur Konkurstabelle festgestellt wird[342]. War zur Abwendung der vorläufigen Vollstreckung aus einem Wechselvorbehaltsurteil eine selbstschuldnerische Prozessbürgschaft geleistet, dann kann der Gläubiger nach Eintritt der äußeren Rechtskraft des Urteils den Bürgen in Anspruch nehmen[343]. Eine Prozessbürgschaft zur Abwendung der Zwangsvollstreckung aus einem vorläufig vollstreckbaren Urteil, das ein Prozessstandschafter über eine fremde Forderung erwirkt hat, kann nach ihrem Zweck als Vertrag zugunsten des Gläubigers der titulierten Forderung auszulegen sein[344]. Entsprechendes gilt, wenn die obsiegende Partei den prozessrechtlichen Kostenerstattungsanspruch im Voraus an einen Dritten abgetreten, aber mit dessen Ermächtigung im eigenen Namen die Kosten hat festsetzen lassen[345]. Der Akzessorietätsgrundsatz ist auch dann gewahrt, wenn sie für den Titelgläubiger bestellt wurde, obwohl er die Forderung bereits vor Abschluss des Bürgschaftervertrags abgetreten hatte (BGHZ 163, 59 = WM 2005, 1171 = ZIP 2005, 1064). Im Verfahren wegen einstweiliger Verfügung haftet der Bürge für den Schaden, der sich bei Aussetzung der Vollziehung durch Rückgabe vom Sequester ergibt. Die Kosten einer Prozessbürgschaft (zB Avalprovision) sind auch nach Rechtskraft des Vollstreckungstitels erstattungsfähig, soweit sie notwendig waren[346]. Sie sind aber nicht zu erstatten, wenn die Bürgschaft nach dem Text der Urkunde durch Rückgabe an den Bürgen (Bank) erlischt, der Gläubiger dem Schuldner aber nur eine beglaubigte Abschrift der Urkunde zugestellt hat[347]. Hat der Gläubiger alles seinerseits Erforderliche zur Rückgabe der Bürgschaftsurkunde getan, sind auch die Kosten der Bankbürgschaft erstattungsfähig, die durch eine im Bereich des Schuldners liegende Verzögerung entstanden sind[348]. Da für die Beschaffung einer Bankbürgschaft die Einschaltung eines Rechtsanwalts nicht notwendig ist, sind auch etwa nach BRAGO § 118 Abs 1 angefallene Gebühren nicht erstattungsfähig[349]. Die titulierte Verpflichtung des Schuldners, Sicherheit durch eine Bankbürgschaft zu leisten, ist als vertretbare Handlung gemäß ZPO § 887 Abs 1 zu vollstrecken; dementsprechend ist der Schuldner zu verurteilen, diejenigen Kosten vorauszuzahlen, die der Gläubiger aufwenden muss, um die Bankbürgschaft zu erhalten[350].

339 BGH WM 1994, 623, 624 f = NJW 1994, 1351 = ZIP 1994, 654 = LM Nr 7 zu ZPO § 108 = LM Nr 89 zu § 765 – LS = Rpfleger 1994, 365 = EWiR 1994, 511 (Vortmann).
340 BGH NJW 1990, 2128, 2129 = MDR 1990, 916.
341 Hamm NJW-RR 1986, 1508, 1509.
342 Koblenz NJW-RR 1992, 107, 108 mweitNachw.
343 BGHZ 69, 270, 273 f = NJW 1978, 43 = MDR 1978, 221 = BB 1977, 1571 = LM Nr 5 zu ZPO § 599.
344 BGH WM 1988, 1883, 1886 = NJW-RR 1989, 315 = LM Nr 4 zu ZPO § 711 = MDR 1989, 251 = EWiR 1989, 205 (Wissmann) = JurBüro 1989, 332 = DB 1989, 525 = WuB I K 3 – 3.89 (Rimmelspacher).
345 BGH WM 1988, 1883, 1886 (= Fn 344).
346 KG WM 1985, 878 f mweitNachw.
347 München MDR 1979, 1029.
348 KG WM 1985, 878 f mweitNachw.
349 München MDR 1989, 364 mweitNachw.
350 Köln MDR 1989, 169; dazu krit U Schmidt MDR 1989, 1067: Vollstreckung gemäß ZPO § 888.

10. **Wechsel- und Scheckbürgschaft.** Wechsel- und Scheckbürgschaften[351] (WG Art 30 ff; ScheckG Art 25 ff) richten sich grundsätzlich ausschließlich nach den spezialgesetzlichen Vorschriften. Danach ist zB eine Wechselbürgschaft nur wirksam, wenn sie sich an eine formell gültige und formell verpflichtende Hauptunterschrift anschließt (Grundsatz der formellen Akzessorietät)[352]. Danach haftet der Bürge wechselmäßig auch dann, wenn die Unterschrift des Hauptschuldners gefälscht ist[353]. Da gemäß WG Art 32 Abs 1 der Wechselbürge in gleicher Weise haftet wie derjenige, für den er sich verbürgt hat, haftet der Bürge des Akzeptanten wie dieser ohne Protest[354]. Die Wechselbegebung zur Sicherung einer Forderung ist keine Bürgschaft[355]. 56

11. **Anzahlungsbürgschaft.** Eine Anzahlungsbürgschaft[356] ist vereinbart, wenn der Hauptschuldner (Auftragnehmer, Lieferant) in Höhe der Vorauszahlung des Gläubigers (Auftraggeber, Besteller) und etwa entstehender Kosten und Zinsen eine Bürgschaft stellt. Den Gläubiger trifft keine Pflicht zur Prüfung, ob sich das Bürgschaftsrisiko dessen, der eine solche Bürgschaft übernommen hat und weitere zu übernehmen bereit ist, in der Zwischenzeit erhöht hat[357]. Hat der Schuldner (Verkäufer) die Vorlage einer dem Vertrag entsprechenden „Vorkassenbürgschaft" ernsthaft und endgültig verweigert, steht dem Schadensersatzanspruch des Gläubigers (Käufers) nicht entgegen, dass seine Bank zuvor für die Bürgschaftserklärung einen vom Vertrag abweichenden, den Schuldner übermäßig belastenden Entwurf vorgelegt hatte[358]. Vgl auch zur Frage, welche Pflichten den Gläubiger gegenüber dem Bürgen treffen, § 765 Rz 102 ff. 57

12. **Steuer- und Zollbürgschaften**

Schrifttum: Rimmelspacher, Steuerfiskus, Steuerschuldner und Steuerbürge zwischen öffentlichem und privatem Recht, ZZP 95 (1982), 280; App, Überblick über die Steuerbürgschaft, BuW 2003, 279.

Steuer- und Zollbürgschaften[359] sind im Abgabenrecht vorgesehen (s AO 1977 §§ 221–223). Für die Inanspruchnahme des Bürgen ist der Zivilrechtsweg gegeben[360]. Zur Tauglichkeit eines Steuerbürgen s AO 1977 § 244. Der Bürge haftet in der Regel auch, wenn die Abgabenforderung nach Eintritt der Fälligkeit kurzzeitig gestundet wird[361]. 58

13. **Bürgschaften und Garantien der öffentlichen Hand**

Schrifttum: Hamann, Öffentliche Kredite und Bürgschaft, BB 1953, 865; Flessa, Das Wesen der Staatsbürgschaft, NJW 1954, 538; Fischer-Dieskau, Bericht aus Bonn – Bürgschaften für den Wohnungsbau, BBauBl 1955, 565; Reinermann, Kreditgarantiegemeinschaften, 1955; Flessa, Schuldverhältnisse des Staates aufgrund Verwaltungsakt, DVBl 1957, 81, 118; H G Fischer, Kreditgarantiegemeinschaften, Diss München 1959; W Baumann, Kreditgarantiegemeinschaften für den ganzen Mittelstand, Sparkasse 1960, 123; Jacobsen, Die Ausgestaltung der Ausfallbürgschaften der öffentlichen Hand und ihre Auswirkungen für das Kreditgeschäft, Sparkasse 1960, 235; Mühlbauer, Entwicklung und Aufgabe der Kreditgarantiegemeinschaften des Handwerks, 1960; Reinermann, Kredit-

351 Dazu Hadding/Häuser/Welter, BJM-Gutachten S 616 f; Staud/Horn Rz 121–130 vor § 765; MünchKomm/Habersack § 765 Rz 128; Esser/Weyers, SchuldR II 1, 1998[8], § 40 V 1, S 358; Hamm NJW-RR 1989, 365 f mweitNachw.

352 Hamm NJW-RR 1989, 365 f mweitNachw.

353 Hamm NJW-RR 1989, 365, 366 mweitNachw.

354 BGH WM 1972, 583 = NJW 1972, 1084; Hamm NJW-RR 1989, 365, 366 mweitNachw.

355 S § 765 Rz 12. Zum Übergang der Wechselforderungen gegen den Akzeptanten, wenn die Bürgschaft für dessen Wechselverbindlichkeit übernommen war, s BGHZ 35, 19 = WM 1961, 478 = NJW 1961, 1112 = LM Nr 4 zu § 774 (Haager) = MDR 1961, 482 = BB 1961, 503; vgl auch Reinicke WM 1961, 466; Martens BB 1971, 765.

356 Dazu MünchKomm/Habersack § 765 Rz 98.

357 BGH WM 1978, 924 = LM Nr 24 zu § 765 = MDR 1978, 836 = BB 1979, 1376 = DB 1978, 2119.

358 BGH ZIP 1993, 1853 = EWiR 1994, 27 (Heinrichs).

359 Dazu Staud/Horn Rz 31 vor § 765; MünchKomm/Habersack § 765 Rz 126.

360 S BGH NJW 1973, 1077 = WM 1973, 559 = MDR 1973, 579 = LM Nr 131 zu GVG § 13; BGHZ 72, 198 ff = NJW 1979, 159 = WM 1978, 1387 = MDR 1979, 307 = LM Nr 19 zu AbgO (Merz) = DB 1979, 349 = KTS 1979, 182; HessFG VersR 1984, 591, 592; LG Gießen VersR 1984, 591, 592 mweitNachw.

361 BGHZ 72, 198 (= Fn 360) (dazu Merz WM 1980, 231). Über Frachtstundungsbürgschaften und Avale gegenüber der Bundesmonopolverwaltung für Branntwein S auch Hagenmüller/Diepen, Bankbetrieb, 1979[8], S 453.

garantiegemeinschaften rücken weiter vor – Bürgschaftsübernahmen für Existenzgründungskredite belegen den Hauptteil des Geschäfts, Sparkasse 1963, 303; Conrad, Bürgschaften und Garantien als Mittel der Wirtschaftspolitik, 1967; Habicht, 50 Jahre HERMES-Kreditversicherungs-AG, 1967; Christopeit, HERMES-Deckungen, 1968; Schallehn/Stolzenburg, Garantien und Bürgschaften der Bundesrepublik Deutschland zur Förderung der deutschen Ausfuhr, Loseblattausgabe 1974 ff, Band II Teil A 1987; Ebert, Leistungsverwaltung des Bundes durch Gewährung von Garantien und Bürgschaften, BB 1975, 753; Graf von Westphalen, Die Neufassung der HERMES-Bedingungen, ZIP 1986, 1479; Zuleeg, Öffentlichrechtliche Bürgschaften?, JuS 1985, 106; Graf von Westphalen, Rechtsprobleme der Exportfinanzierung, 1987[3]; Stolzenburg, Die staatliche Exportkreditversicherung, 1987[2]; Flessa, Bürgschaften des Staates und der Kreditgarantiegemeinschaften, 1989; Götz, Die Übernahme von Bundesbürgschaften und Bundesgarantien im Ausfuhrgeschäft – Rechtsgrundlagen und verwaltungsrechtliche Struktur –, Keio Law Review 6 (1990), S 171; Graf von Kageneck, Hermes-Deckungen, Entschädigung im Schadensfall und bei Umschuldungen, 1991; Bödecker, Staatliche Exportsicherungssysteme, ihre Rechtsgrundlagen, Vertragsbedingungen und Funktionsweisen in Deutschland, Großbritannien, den USA und Japan, 1992; Nielsen, Bankgarantien bei Außenhandelsgeschäften, in: Bankrecht und Bankpraxis (= BuB, früher BFB), Band III, Teil 5 (Auslandsgeschäft) C: Rz 5/231–5/468 (Stand: 1993); ders, Garantien und Bürgschaften der Bundesrepublik Deutschland, ebenda Teil 5 (Auslandsgeschäft) F: Rz 5/808–5/853 (Stand: 1993); Frisinger/Behr, Staatsbürgschaften, Banken und EU-Beihilfeverbot. „Beihilfe zur verbotenen Beihilfe", RIW 1995, 708; Habersack, Staatsbürgschaften und EG-vertragliches Beihilfeverbot, ZHR 159 (1995), 663; Klanten, Staatliche Kreditabsicherung durch Bürgschaft oder Exportkreditversicherung und EG-Beihilfeverbot, ZIP 1995, 535; Hopt/Mestmäcker, Die Rückforderung staatlicher Beihilfen nach europäischem und deutschem Recht am Beispiel staatlich verbürgter Kredite, WM 1996, 753, 801; Schödermeier/Scherer, Staatliche Beihilfen und Kreditgewerbe, ZBB 1996, 165; Schütte/Kichhoff, Staatliche Bürgschaften und EG-Beihilferecht, EWS 1996, 189; Steindorff, Nichtigkeitsrisiko bei Staatsbürgschaften, EuZW 1997, 7; Altmayer, Gemeinschaftsrechtswidrige staatliche Beihilfen. Rückforderungen und deren Durchsetzung im deutschen Recht, 1999, S 154; Flessa, Bürgschaften des Staates und der Kreditgarantiegemeinschaften, 1999; Habersack, Staatsbürgschaften und EG-vertragliches Beihilfeverbot, ZHR 159 (1999), 663; Trapp, Ausfallbürgschaften im Kommunalkreditgeschäft, WM 1999, 301; König/Kühling, Grundfragen des EG-Beihilferechts, NJW 2000, 1065, 1066; von Danwitz, Grundfragen der Europäischen Beihilfeaufsicht, JZ 2000, 429; von Palombini, Staatsbürgschaften und Gemeinschaftsrecht, 2000; Fischer, Rechtsfolgen des Beihilfeverbots für öffentliche Bürgschaften, WM 2001, 277; Nowak, Die Entwicklung des EG-Beihilfekontrollrechts in den Jahren 1998, 1999 und 2000, EuZW 2001, 293; Verse/Wurmnest, Zur Nichtigkeit von Verträgen bei Verstößen gegen das EG-Beihilferecht, AcP 204 (2004), 855.

59 a) **Allgemeines.** Die Bundesrepublik Deutschland gewährt Garantien und Bürgschaften zugunsten deutscher Exporteure für deren Ausfuhrgeschäfte und gewisse sonstige Garantien und Bürgschaften im Zusammenhang damit (**„Hermes-Bürgschaften"**[362]). Mit der Bearbeitung sind die Hermes-Kreditversicherungs-AG und die Deutsche Revisions- und Treuhand AG beauftragt. Die Begriffe Garantie und Bürgschaft sind hier mit speziellem Inhalt anzutreffen. Rechtsgrundlage ist das jeweilige Haushaltsgesetz[363]. Hat der Hauptschuldner für die Ausfuhr von Rindfleisch aus dem Gebiet der EG Sicherheit durch Bankbürgschaft geleistet und erklärt der (öffentlichrechtliche) Gläubiger (Verkäufer) die Sicherheit wegen nicht fristgerechter Ausfuhr für verfallen, dann erstreckt sich die aufschiebende Wirkung eines Widerspruchs des Hauptschuldners gegen

362 Dazu Staud/Horn Rz 31 ff vor § 765; Münch Komm/Habersack Rz 37 vor § 765. Zum Umfang einer Hermes-Garantie, wenn die Garantienehmerin die garantierte Forderung und die Rechte aus der Garantie sicherungshalber an den Kreditgeber abgetreten und die Bundesrepublik der Abtretung der Garantierechte an diesen nur mit formularmäßigen Einschränkungen zugestimmt hat s BGH LM Nr 21 zu § 398 = WM 1977, 165 = MDR 1977, 475; vgl auch BGH ZIP 1983, 184 zur Auslegung der Anrechnungsklausel bei der „Hermesgarantie". Über die neuen am 1. 1. 1984 in Kraft getretenen Richtlinien für die Übernahme von Ausfuhrgewährleistungen s von Spiegel NJW 1984, 2005.

363 Nach Auskunft der Bundesregierung sind von 1990 bis 1993 Exportbürgschaften über insgesamt 137,4 Mrd. DM bewilligt worden, davon 1,42 Mrd. DM f militärische Exporte; s „Hermes-Bürgschaft f U-Boote", FAZ vom 9. 3. 1994, Nr 57, S 15. Die Belastung des Bundeshaushalts durch Schadensersatzzahlungen auf Hermes-Bürgschaften erreichte 1993 die Rekordhöhe von 5,1 Mrd. DM (1992: 2,3 Mrd. DM). Allein mit 4,5 Mrd. DM wurde der Bund für Zahlungsausfälle aus Geschäften mit Abnehmern in der ehemaligen Sowjetunion in Anspruch genommen (1992: lediglich 955 Mio. DM). Quelle: FAZ vom 12. 2. 1994, Nr 36, S 11.

die (öffentlichrechtliche) Verfallserklärung des Verkäufers nicht auf die Bürgschaft[364]. Über den Rechtsweg bei öffentlichrechtlichen Bürgschaften s oben Rz 20. Zu Landesbürgschaften als Kreditsicherheit s Celle ZIP 1982, 942, 945 f.

Als Selbsthilfeeinrichtungen sind **Kreditgarantiegemeinschaften** für den Mittelstand (Handel, Handwerk und Industrie, regelmäßig in der Rechtsform der GmbH) zu erwähnen, die grundsätzlich modifizierte Ausfallbürgschaften gegenüber den Kreditinstituten übernehmen[365]. Zu den Formvorschriften vgl BGHZ 26, 142[366]. 60

Über die Bürgschaften für den Wohnungsbau, die auf das 2. WohnungsbauG zurückgehen, vgl zB Bestimmungen für die Übernahme von Bürgschaften zur Förderung des Wohnungsbaus vom 18. Dezember 1961[367]. Die Filmförderungsanstalt des Bundes (FFA) kann zur Referenzfilmförderung (FilmförderungsG § 22) oder zur Projektfilmförderung (FFG § 32) Bürgschaften gegenüber finanzierenden Banken übernehmen (FFG § 31). Bei allen durch Körperschaften des öffentlichen Rechts eingeräumten Bürgschaften und Garantien ist die öffentlich-rechtliche Seite (Entscheidung über die Einräumung der Bürgschaft oder Garantie) von der privatrechtlichen zu unterscheiden[368]. 61

b) **Staatsbürgschaften und EU-Beihilfeaufsichtsrecht**. Die EU-Kommission[369] sowie EuG und EuGH[370] stufen staatliche Bürgschaften oder Bürgschaften von Einrichtungen, die mit staatlichen Mitteln arbeiten und zu Vorzugsbedingungen gewährt werden, fast immer als unzulässige, weil mit dem gemeinsamen Markt unvereinbare Beihilfe im Sinne des EGV Art 87 Abs 1 (ex-Art 92 Abs 1) ein, weil eine Bürgschaft, auch wenn der Gläubiger sie nicht in Anspruch nimmt, die Kreditwürdigkeit des Hauptschuldner begünstigt, weil er durch diese Sicherheit erst in die Lage versetzt wird, Darlehen zu erhalten und so einen den Wettbewerb verfälschenden Vorsprung gegenüber seinen Wettbewerber zu erlangen[371]. EGV Art 87 Abs 1 setzt zunächst eine klärende Aufsichtsentscheidung der Kommission voraus[372]. Bis die Kommission förmlich entschieden hat, untersagt EGV Art 88 Abs 3 Satz 3 iVm VerfVO Art 3, die „beabsichtigte" Beihilfemaßnahme durchzuführen, was die staatlichen Gerichte als unmittelbar anwendbares Verbotsrecht berücksichtigen müssen[373]. Das Durchführungsverbot endet erst mit einer günstigen Entscheidung der Kommission, und zwar ex nunc. Verneint die Kommission die Zulässigkeit, wird das Durchführungsverbot abgelöst und das Verbot aus EGV Art 87 Abs 1 unmittelbar anwendbar[374]. Umstritten ist, ob ein Rechtsgeschäft, also auch eine Staatsbürgschaft, die gegen das Durchführungsverbot aus EGV Art 88 Abs 3 Satz 3 verstößt, nach § 134 nichtig ist[375]. 62

364 VGH Kassel NVwZ 1992, 798 f = NJW 1992, 2780 LS.
365 Mühlbauer, Entwicklung und Aufgabe der Kreditgarantiegemeinschaften des Handwerks, 1960; Reinermann SparK 1963, 303; ders, Kreditgarantiegemeinschaften, 1955; Baumann SparK 1960, 123; H G Fischer, Kreditgarantiegemeinschaften, Diss München 1959.
366 S oben Fn 143. Dazu Pikart SparK 1958, 332.
367 MinBl NRW 1961, 1891 u Fischer-Dieskau BBauBl 1955, 565.
368 Vgl dazu hier nur BGH WM 1961, 1143; Jacobsen SparK 1960, 235; Flessa NJW 1954, 538; nach VGH Kassel NVwZ 1992, 798 = NJW 1992, 2780 – LS wird die Inanspruchnahme eines Bürgen nach Nichtzahlung einer für die Ausfuhr von Rindfleisch aus dem Gebiet der EG durch Bankbürgschaft von dem Hauptschuldner gestellten Sicherheit nicht von der aufschiebenden Wirkung des Widerspruchs des Hauptschuldners gegen die (öffentlichrechtliche) Verfallerklärung der Sicherheit erfasst. Zur Subventionsproblematik vgl H Ipsen, Öffentliche Subventionierung Privater, 1956; ders, Verwaltung durch Subventionen, VDStRL 25, 257; Rüfner, Formen öffentlicher Verwaltung S 194 ff; Wolff/Bachof, VerwR Bd III § 154.
369 Vgl die Mitteilung der Kommission über die Anwendung von EG-Vertrag Art 87 und 88 auf staatliche Beihilfen in Form von Haftungsverpflichtungen und Bürgschaften; abgedr bei Peters, Bankrechts-Handbuch, 2001[2], Anh zu § 89 S 2483.
370 Vgl EuGH, Urt vom 26. 9. 1996, Rs C-241/94.
371 Kleine Gemeindehaushalt 2002, 73; Fischer WM 2001, 277; Bartosch EuZW 2001, 650; Tollmann WM 2000, 2030; König/Kühling NJW 2000, 1065, 1066; Schütte/Kirchhof EWS 1996, 189; Hopt/Mestmäcker WM 1996, 753, 755.
372 Vgl Steindorff EuZW 1997, 7.
373 EuGH NJW 1992, 49 Tz 11 = EuZW 1992, 62 = Slg I 1991, 5505.
374 EuGH NJW 1977, 1005 Tz 8 = Slg 1977, 595.
375 Keine Nichtigkeit: Hopt/Mestmäcker WM 1996, 753, 754, 761, 801; für Nichtigkeit: BGH WM 2004, 468 (dazu Pütz NJW 2004, 2199); BGH

V. Verwandte Rechtsgeschäfte

63 Im Rechtsverkehr hat sich eine Reihe von Rechtsgeschäften herausgebildet, die einen mit der Bürgschaft vergleichbaren Sicherungszweck verfolgen[376].

1. Garantievertrag

Schrifttum: Stammler, Der Garantievertrag, AcP 69 (1886), 1; Wienstein, Inwiefern gibt es nach geltendem Privatrecht einen besonders gearteten Garantievertrag?, ArchBürgR 31 (1908), 1; Stillschweig, Die Ausbietungsgarantie, JW 1914, 334; Oertmann, Die Ausbietungsgarantie, DJZ 1919, Sp 228; Zschaler, Zum Unterschied von Ausbietungsgarantie und Bürgschaft, LZ 1919, Sp 840; Bauer-Mengelberg, Bürgschaft, Schuldübernahme und Garantievertrag, 1930; Pikalo, Erscheinungsform und Rechtsnatur der Ausbietungsgarantie, 1932; Boltze, Zeitgemäße Untersuchungen über das Verhältnis der Bürgschaft zum Garantievertrag, Diss Jena 1933; Quedenfeld, Forderungsübergang und Ausgleich in den Fällen einer Mehrfachsicherung, Diss Königsberg 1933; Dudenhausen, Bürgschaft und Garantievertrag unter besonderer Berücksichtigung der Bankpraxis, 1936; Pegels, Das Verhältnis von Bürgschaft, Garantievertrag, Schuldbeitritt zueinander, Diss Erlangen 1936; Boetius, Der Garantievertrag, Diss München 1966; Demuth, Garantievertrag und privative Schuldübernahme in der neueren Privatrechtsgeschichte, Diss Hamburg 1966; Tengelmann, Gewährleistung und Garantie und deren Fristen beim Kauf, NJW 1966, 2195; Heiseke, Nochmals: Gewährleistung und Garantie und deren Fristen beim Kauf, NJW 1967, 238; Kübler, Feststellung und Garantie, 1967; Schaudwet, Rechtsfragen der Scheckkarte, NJW 1968, 9; Zöllner, Zur rechtlichen Problematik der Scheckkarte, DB 1968, 559; Damrau, Probleme der Scheckkarte, BB 1969, 199; Custodis, Das Kreditkartenverfahren, 1970; Dütz, Rechtliche Eigenschaften der Scheckkarte, DB 1970, 189; Stauder/Weisensee, Das Kreditkartengeschäft, 1970; Bezler, Rechtsfragen der Scheckkarte, Diss Frankfurt 1972; Eisenhardt, Die rechtliche Bedeutung des Scheckkartennummernvermerks auf dem Scheck, MDR 1972, 729; von Marschall (Hrsg), Garantieverträge im Handelsverkehr, 1972; Zahrnt, Die Kreditkarte unter privatrechtrechtlichen Gesichtspunkten, NJW 1972, 1077; Horn, Die Verwendung von Scheckkarten für Kreditzwecke, NJW 1974, 1481; Wenzel, Das Scheckkartenverfahren der deutschen Kreditinstitute, 1974; Rieder, Scheckbestätigung und Einlösungsgarantie, WM 1979, 686; Weimar, Bürgschaft, Schuldübernahme, Garantievertrag, 1979; Gerth, Fragen der Bürgschaft und der Garantie, ZGesKredW 1980, 1110; Schütze, Die Sicherung von Ansprüchen aus mißbräuchlicher Inanspruchnahme von Bankgarantien auf erstes Anfordern durch Arrest, DB 1981, 779; Bernstein, Garantie und guarantee – ein linguistisch-juristischer Vergleich mit Blick auf internationale Wirtschaftsbeziehungen, in: Festschr für Zajtay, 1982, S 21; Schütze, Zur Nichtrückgabe von Garantieurkunden nach Erlöschen der Garantieverpflichtung, WM 1982, 1398; Hadding/Häuser, Einige Aspekte zum Recht der Bürgschaft und der Garantie, in: Mitteilungen der Gesellschaft zur Förderung der wissenschaftlichen Forschung über Spar- und Girowesen Nr 16, 1982, 23; Knauth, Die Verwendung einer nicht gedeckten Kreditkarte als Straftat, NJW 1983, 1287; Hagemeister, Zur rechtlichen Einordnung der eurocheque-Karte der Deutschen Bundespost, WM 1984, 1625; Heinsius, Zur Frage des Nachweises der rechtsmißbräuchlichen Inanspruchnahme einer Bankgarantie auf erstes Anfordern mit liquiden Beweismitteln, in: Festschr für Werner, 1984, S 229; Tonner, Herstellergarantie und AGB-Gesetz, NJW 1984, 1730; Giebitz, Kreditgarantiegemeinschaften, 1987; Kratz, Rechtsdogmatik des Garantievertrages, Diss Bonn 1989; von Uslar/von Morgen, Aktuelle Rechtsfragen der Kreditkarten-Praxis, 1989; Dorner, Das Kreditkartengeschäft, 1991; Horn, Bürgschaften und Garantien, 1991[5]; Vorpeil, Garantievertrag und Patronatserklärung, NWB F 21, S 1089; Winter, Der wirtschaftliche und rechtliche Charakter von Zinsbegrenzungsverträgen, WM 1995, 1169; Einsele, Der bargeldlose Zahlungsverkehr – Anwendungsfall des Garantievertrages oder abstraktes Schuldversprechen, WM 1999, 1801; MünchKommHGB/Welter, Bd. 5 2001, Zahlungsverkehr RdNr J ff; Kiethe, Die Ausfallgarantie – Taugliches Sicherungsmittel oder problematische Haftungskonstruktion in der Zwangsversteigerung?, NZM 2003, 581.

64 a) **Begriff**. Die Rechtsfigur des „Garantievertrags“[377] als Grundlage eines besonderes Schuldverhältnisses im Sinne des 7. Abschnitts des Schuldrechts hat die Rechtsprechung lange Zeit im Anschluss an die grundlegende Abhandlung von *Stammler*[378] einseitig unter Gesichtspunkten des Formerfordernisses (§ 766), des Regresses (§ 774), der heute zutreffend verneinten analogen An-

WM 2004, 693; BGH WM 2003, 1494 (dazu Verse/Wurmnest AcP 204 [2004], 855 mweit Nachw); Hadding WM 2005, 485; Steindorff EuZW 1997, 7; ders, Festschrift für Mestmäcker, 1996, S 497, 509; ders ZHR 152 (1988), 474, 488.

376 Dazu Hadding/Häuser/Welter, BJM-Gutachten S 613 ff.

377 Dazu Hadding/Häuser/Welter, BJM-Gutachten S 682–755; Staud/Horn Rz 73–78 vor § 765; MünchKomm/Habersack Rz 16–44 vor § 765; Erman/E Herrmann Rz 19–23 vor § 765.

378 AcP 69 (1886), 1 ff; dazu Hadding/Häuser/Welter, BJM-Gutachten S 684.

wendung des Bürgschaftsrechts[379] und der Umgehung von Formvorschriften (zB § 311 b[380])[381] von der Seite der Abgrenzung zur Bürgschaft[382] her gesehen. In Wirklichkeit handelt es sich beim Garantievertrag um einen im Rechtsverkehr voll eingeführten, in einer ganzen Reihe von Einzeltypen auftretenden Vertrag sui generis[383], der mit der Bürgschaft (und dem Versicherungsvertrag) freilich (nur) den Sicherungszweck gemeinsam hat[384]. Während die Bürgschaft forderungsabhängig (akzessorisch) ist, übernimmt beim Garantievertrag der Versprechende die von der Schuld eines Hauptschuldners unabhängige (nicht akzessorische) Verpflichtung[385], dem Gläubiger für einen bestimmten Fall, für den Eintritt eines bestimmten wirtschaftlichen Erfolges[386], einzustehen[387]. Der Gesetzgeber hat vor allem wegen der Formenvielfalt im Bereich des Garantievertrags auf eine Regelung verzichtet[388], inzwischen in § 444 und in § 648 a Abs 2 Satz 1 aber den Garantievertrag anerkannt. Der Rat der Internationalen Handelskammer Paris hat zwar bereits im Jahre 1978 einheitliche Richtlinien für Vertragsgarantien beschlossen[389]; sie haben sich jedoch – jedenfalls in Deutschland – nicht allgemein durchgesetzt[390].

b) **Grundformen des Garantievertrags**. Es lassen sich folgende Grundformen des Garantievertrags unterscheiden[391]: – (1) Vertrags- oder Forderungsgarantien, zu denen die Bietungsgarantie (tender guarantee), die Anzahlungsgarantie (advance payment guarantee) und die Erfüllungs- (Lieferungs-, Leistungs-, Gewährleistungs-, Eigenschafts-)garantie (performance bond, delivery guarantee, guarantee for warranty obligations)[392] gehören. **65**

(a) Die **Bietungsgarantie** sichert eine ausschreibende Stelle, in der Regel eine Behörde, gegen nachteilige Folgen, die eintreten können, wenn der Bieter, der den Zuschlag erhalten hat, den Vertragsabschluss ablehnt[393]. **66**

(b) Die **Anzahlungsgarantie** sichert dem Besteller eines Werkvertrags, der An- oder Vorauszahlungen geleistet hat, die Rückzahlung für den Fall der Nichterfüllung des Vertrages[394]. **67**

(c) **Erfüllungs**- (Lieferungs-, Leistungs-, Gewährleistungs- oder Eigenschafts-)**garantien** dienen der Sicherung einer Vertragspartei gegen eine Nichterfüllung oder Schlechterfüllung des **68**

379 Vgl RG JW 1931, 520; Staud/Horn Rz 75 vor § 765.
380 Früher § 313.
381 Vgl RG JW 1925, 1110.
382 Dazu Königsberg HRR 1934 Nr 1107: „selbstschuldnerische Bürgschaft" als Garantieversprechen; Hamburg ZIP 1982, 1429 ff.
383 Bauer-Mengelberg, Bürgschaft, Schuldübernahme und Garantievertrag, 1930, S 26. Kübler, Feststellung und Garantie, 1967, insbesondere S 107, 177, 205, will die Lehre von der abstrakten Natur des Schuldanerkenntnisses (§ 780) unter Fortführung von Ansätzen der Rspr mit Hilfe des Garantievertrages überwinden (besonders dargestellt an der Anweisungsgarantie und dem Dokumentenakkreditiv); dazu Staud/Horn Rz 103–117 vor § 765; Esser/Weyers, SchuldR II 1, 1998[8], § 40 V 4, S 359.
384 In Bezug auf die Einstandspflicht eines Treuhänders hat der BGH (WM 1985, 910, 912 = ZIP 1985, 670) offengelassen, ob es sich um eine Bürgschaft, einen Garantievertrag oder einen Schuldbeitritt handelt.
385 Vgl BGH WM 1955, 265 = LM Nr 1 zu § 765 = BB 1954, 1044; BGH WM 1960, 879, 880; BGH WM 1962, 576; BGH WM 1968, 680; Staud/Horn Rz 74 vor § 769; zur Abstraktheit des Garantievertrages Hadding/Häuser/Welter, BJM-Gutachten S 706 ff.
386 BGH NJW 1965, 148, 149 = BB 1964, 1360; RG WarnR 1910 Nr 10: Einstehen für die Vollständigkeit und/oder Pünktlichkeit der Zahlung des Schuldners; RGZ 90 (1917), 415, 416 ff = JW 1918, 36 (Oertmann); Larenz, SchuldR II, 1981[12], § 64 I, S 472.
387 BGH WM 1967, 341 = NJW 1967, 1020 = LM Nr 13 zu § 765 = MDR 1967, 583 = BB 1967, 392; BGH WM 1964, 61 = BB 1964, 193; vgl LG Frankfurt/M NJW 1963, 450.
388 Vgl Motive II, S 658.
389 S Stumpf RIW/AWD 1979, 1.
390 Dazu Hadding/Häuser/Welter, BJM-Gutachten S 744 ff.
391 Vgl dazu Hadding/Häuser/Welter, BJM-Gutachten S 690 ff; vgl auch Boetius, Der Garantievertrag, Diss München 1966, S 3; MünchKomm/Habersack Rz 23–43 vor § 765.
392 Dazu Staud/Horn Rz 86 vor § 765 mweitNachw; Auhagen, Die Garantie einer Bank, auf „erstes Anfordern" zu zahlen, Diss Freiburg S 3; Finger BB 1969, 206; Nielsen BuB 5/236 ff (Stand 1/93); Stumpf RIW/AWD 1979, 1.
393 Dazu Hadding/Häuser/Welter, BJM-Gutachten S 690.
394 Dazu Hadding/Häuser/Welter, BJM-Gutachten S 691. S auch oben Rz 46.

Vertrages durch die andere[395]. Sie werden insbesondere im Zusammenhang mit Kauf-, Werk- und Werklieferungsverträgen abgeschlossen; ein gesetzlich geregelter Fall ist die Bauunternehmergarantie (§ 648 a Abs 2). Dabei unterscheidet man die Garantien Dritter, zB des Herstellers (Herstellergarantie), von derjenigen des Vertragspartners (Verkäufers usw) (Verkäufer- bzw. Unternehmergarantie). Nur wenn es sich im letzten Fall nicht lediglich um einfache oder unbedingte Zusicherungen (unselbständige Garantiezusagen; vgl § 443), sondern um einen selbständigen Vertrag handelt, kommt ein Garantievertrag in Frage. Dabei muss der Unternehmer etwas garantieren, was über die geschuldete vertragsmäßige Leistung hinausgeht[396]: zB Fortdauer einer im Zeitpunkt des Gefahrübergangs vorhandenen Eigenschaft[397] oder Eigenschaft einer Konfiguration von Maschinen, nicht nur einer Leistung der gelieferten Maschine[398]. Dabei kann eine Herstellergarantie auch durch Vertrag zugunsten Dritter (der Endabnehmer) zwischen dem Hersteller und dem Großhändler zustande kommen[399]. Gibt der Warenhersteller Haftungserklärungen in Garantiekarten oder -scheinen ab und lässt er sie beim Verkauf durch den Zwischenhändler an den Endabnehmer übergeben, so übernimmt er unmittelbare Vertragspflichten gegenüber dem Endabnehmer[400]. Der Garantievertrag zwischen dem Hersteller und dem Käufer kommt dadurch zustande, dass der Käufer das in der ihm von Zwischenhändler übergebenen Garantiekarte liegende Angebot des Herstellers konkludent annimmt (§ 151)[401]. Zu den Erfüllungsgarantien zählen schließlich die Garantien des Bundes[402] und die Bankgarantien (Auslandsgarantien der Geschäftsbanken[403]).

69 Hierher gehören auch die Garantien für die Einlösung von Schuldverschreibungen, Wechseln und insbesondere die Scheckeinlösungs- oder Scheckkartengarantie[404]. Werden unter Verwendung einer Scheckkarte Schecks begeben, so garantierte die bezogene Bank die Einlösung unter den auf der Karte genannten Bedingungen[405]. Für Euroschecks („euro-cheques") der Deutschen Bundespost ergab sich vor ihrer Privatisierung die Haftung aus PostSchO § 15 a[406]. Der Garantievertrag kommt durch die Begebung des nach den Bedingungen der Scheckkarte ausgeschriebenen Schecks mit dem Schecknehmer zustande[407]. Dabei ist die Vorlage der Euroscheck-Karte an den Schecknehmer in der Regel für die Entstehung der Garantiehaftung der Bank nicht erforderlich[408]. Zur Frage, ob der Scheckaussteller als Vertreter der Bank[409] oder als ihr Bote tätig wird, s § 164 Rz 19 mNachw. Grundsätzlich sind Einwendungen aus dem Deckungsverhältnis zur Bank und dem Valutaverhältnis zum ersten Schecknehmer nicht zulässig[410]. Jedoch kann sich, wer Schecks zur Sicherung eines Darlehens entgegennimmt, bei grobfahrlässiger Unkenntnis davon, dass der Aussteller im Innenverhältnis zur Bank von der Scheckkarte pflichtwidrig Gebrauch macht, auf die Scheckkartengarantie nicht berufen[411]. Dasselbe gilt im Falle des Empfangs von Euroschecks

395 Über Wettbewerbsverzerrungen aufgrund des Verlangens von Erfüllungsgarantien durch marktstarke Nachfrager s Hadding, Festschrift für G Hartmann, 1976 (FIW-Schriftenreihe Heft 75).
396 BGH NJW 1965, 148, 149 = BB 1964, 1360; BGH NJW 1958, 1483; BGH BB 1957, 1195; vgl auch RGZ 52, 429, 431: Voraussetzungen für die Baureife eines Grundstücks; zur Abgrenzung beim Kauf Tengelmann NJW 1966, 2195; Heiseke NJW 1967, 238; beim Architektenvertrag Schmalz NJW 1967, 10.
397 RGZ 146, 120, 123.
398 BGH WM 1977, 365; RGZ 165, 41, 48; RG JW 1921, 828.
399 BGHZ 75, 75, 78 = NJW 1979, 2036.
400 BGHZ 78, 369, 372 mweitNachw = NJW 1981, 275, 276.
401 BGHZ 78, 369, 372 f = NJW 1981, 275, 276; vgl auch BGH JR 1989, 191 (Coester-Waltjen).
402 S oben Rz 59.
403 S unten Rz 72 ff.
404 Dazu RG Recht 1905 Nr 355; BGH WM 1956, 1293, 1294; BGH WM 1959, 881 = BB 1959, 724; MünchKommHGB/Häuser, Bd 5, 2001, ZahlungsV Rz D 173 ff, E 39 ff; Hadding/Häuser/Welter, BJM-Gutachten S 693; Staud/Horn Rz 119 vor § 765.
405 BGHZ 83, 28, 31 = NJW 1982, 1466; vgl Schaudwet NJW 1968, 9; Damrau BB 1969, 199; dagegen Zöllner DB 1968, 559: abstraktes Schuldversprechen, nicht Garantie; s auch BGHZ 64, 79, 81 = NJW 1975, 1168.
406 S dazu Hagemeister WM 1984, 1625.
407 BGH NJW 1985, 863, 865 mweitNachw.
408 BGHZ 83, 28, 31 = NJW 1982, 1466.
409 So Nürnberg NJW 1978, 2513.
410 Nürnberg NJW 1978, 2513.
411 BGHZ 64, 79 = NJW 1975, 1168.

vom Darlehensnehmer zwecks Rückzahlung eines Darlehens[412]. Eine Sparkasse kann das Risiko des Missbrauchs von Euroscheck-Formularen nicht gemäß Nr 7 der entsprechenden AGB auf den Kontoinhaber abwälzen, wenn der Missbrauch in der Überschreitung der Vertretungsmacht besteht und der Sparkasse der beschränkte Umfang der Ermächtigung mitgeteilt worden ist[413]. Die Zahlung mit einem durch Scheckkarte garantierten, ungedeckten Scheck ist als Betrug, nicht als Untreue zu beurteilen[414]. Ein mitwirkendes Verschulden der Bank ist gemäß § 254 zu berücksichtigen, wenn die Bank nicht rechtzeitig Maßnahmen ergriffen hat[415]. Das Kreditinstitut trägt die Beweislast dafür, dass die Unterschriften auf den Euroscheck-Vordrucken nicht mit der Unterschrift auf der Euroscheck-Karte übereinstimmen und demzufolge für den Schecknehmer nicht der Eindruck der Echtheit der Unterschriften entstehen konnte[416]. Die Scheckeinlösungszusage der bezogenen Bank begründet eine selbständige Garantiehaftung, an welche die Bank aber in der Regel nur begrenzte Zeit gebunden ist, auch wenn dies nicht ausdrücklich vereinbart ist[417]. Doch hindert die abstrakte Natur der Garantie nicht eine Vereinbarung, dass die Leistung von der Erfüllung bestimmter Voraussetzungen abhängig sein soll[418]. Die Zusage einer Bank, „der Scheck wird eingelöst", ist eine Scheckeinlösungsgarantie[419]. Die Auskunft der Bank „Scheck geht in Ordnung" ist dagegen keine verbindliche Scheckeinlösungszusage, sondern nur die bankübliche Bestätigung, dass der Scheck eingelöst werde, wenn er in dem betreffenden Zeitpunkt vorliegt[420]; dabei kommt es darauf an, ob sämtliche Schecks, die sich bereits im Geschäftsgang der Bank befinden, berücksichtigt sind; wünscht die anfragende Bank eine Garantie für den Zeitpunkt der Scheckvorlage, so muss sie dies eindeutig erklären[421].

(2) Neben den verschiedenen Arten der Vertrags- oder Forderungsgarantien gibt es zahlreiche atypische Formen von Garantieverträgen, zB zur Beseitigung von Unsicherheiten bezüglich bestimmter Eigenschaften von Personen (zB der Eigenschaft als Erbe oder als Gläubiger einer Forderung oder Sollempfänger einer Sendung), des Wertes von Gegenständen oder der Echtheit von Urkunden[422] sowie hinsichtlich der Sicherheit abgetretener Forderungen[423]; hierher gehören unter anderem die Garantie eines Wechselkurses[424], eines Aktienkurses (Kursgarantie)[425] oder die Garantie gegenüber dem Hypothekengläubiger, dass die Hypotheken in einem Zwangsversteigerungsverfahren ausgeboten werden[426] (Ausbietungsgarantie[427]) sowie schließlich auch zB die bestätigende Antwort des Wechselakzeptanten[428]. Derartige Unsicherheiten bezüglich der tatsächlichen Lage betreffen auch die Garantie für die Einhaltung der bestimmten Bausumme[429], das Einstehen für die Zulänglichkeit des Pfandes zur Deckung der dinglichen Schuld[430] oder für Zah- 70

412 BGHZ 83, 28 = NJW 1982, 1466.
413 BGH NJW 1982, 1513 = LM Nr 46 zu § 164 (auch zur Verneinung der Anscheinsvollmacht); vgl auch Knocke, Der Mißbrauch der Scheckkarte, 1983.
414 BGHSt 24, 386, 388 f.
415 BGHZ 64, 79, 85 = NJW 1975, 1168; Hamm WM 1976, 139.
416 LG Berlin ZIP 1981, 971.
417 BGHZ 77, 50 = WM 1980, 586 = NJW 1980, 1956 = ZIP 1980, 443; BGH WM 1982, 924, 925 = ZIP 1982, 1057, 1059; dazu Häuser, Festschr für Schimansky, 1999, S 183.
418 S auch BGH DB 1978, 2119 = LM Nr 4 zu ScheckG Art 4.
419 KölnZ 1980, 64, 65. Vgl auch zur zeitlichen Begrenzung der Bindung BGHZ 77, 50 (= Fn 417) gegen Köln aaO.
420 RGZ 112, 317, 321 f.
421 Köln ZIP 1983, 1437. – Zur **Scheckauskunft** vgl Soergel[11] § 676 Rz 13 u 14. Zur **Einlösungsgarantie** für ein Blankoakzept und zur Wirkung der Kraftloserklärung eines Wechselblanketts S Hamm WM 1976, 198; zur **Antwort des Wechselakzeptanten** s unten Rz 70.
422 RGZ 82, 337, 339: Wechselakzept.
423 BGH WM 1961, 204; BayObLGZ 9 (1908), 61; RGZ 72, 138, 140.
424 RG JW 1921, 229; BGH LM Nr 11 zu § 157 (F) = MDR 1976, 1002 = BB 1976, 1430.
425 ROHG SeuffA 32 (1876) Nr 73.
426 RG JW 1935, 3033 (Volkmar); RG HRR 1935 Nr 339; RG JW 1931, 520.
427 S unten Rz 71.
428 RGZ 82, 337, 339.
429 RGZ 137, 83, 84; BGH NJW 1960, 1567 = LM Nr 4 zu § 765; Köln MDR 1963, 132; BGH NJW 1981, 2295 = LM Nr 23 zu § 305: Festpreisgarantie des Immobilienmaklers oder bauleitenden Architekten; MünchKomm/Habersack Rz 42 vor § 765.
430 RG JW 1916, 904 = WarnR 1916 Nr 130.

lungsfähigkeit der Kunden beim Factoring-Geschäft[431], weiter für die Stammeinlage eines Teilhabers einer zu gründenden GmbH[432] oder einer Einmann-GmbH[433] sowie für das Risiko einer Ausstellung[434] oder auch für den Ausgang eines Prozesses[435]. Das gilt insgesamt für das Einstehen für die Gefahr eines Verlustes, zB dass die Außenstände einer Bank zum Nennwert[436] oder eine sicherungsweise abgetretene Nachpreisforderung eingehen[437]. Zur Wertgarantie des Verkehrswertes von Grundstücken s Karlsruhe JZ 1982, 860 (*Schlosshauer-Selbach*). Schließlich sind hier die Dividenden- (AktG §§ 57, 174) und Tantiemengarantien (AktG § 86 aF) zu nennen[438]. Atypische Formen von Garantieverträgen bilden schließlich die Garantie eines Baubetreuers und Bauverwalters, dass ein Dritter die Eigentumswohnung kaufen und die Grundschulden übernehmen werde[439], und das In-Aussicht-Stellen eines „Steuerschecks" des Inhalts, der Bauherr könne den Eigenkapitalanteil aus den zu erwartenden Steuerersparnissen aufbringen[440]. Daneben sind noch weitere Formen von Garantien gebräuchlich, zB im Seeverkehr zur Sicherung von Gläubigern, die ein Pfandrecht am Schiff geltend machen können[441]. Durch Konnossementsgarantien sichert sich die Akkreditivbank, wenn einzelne Ausfertigungen des Konnossements fehlen, der Begünstigte also nicht den „vollen Satz" vorlegen kann, um die Bedingungen des Akkreditivs zu erfüllen[442]. Unter den Sonderfällen des Garantievertrages nimmt die Dividendengarantie[443] einen besonderen Platz ein, die entweder in Gestalt der „Rentabilitätsgarantie"[444], nach welcher der Garant gegebenenfalls auch einen Verlust ausgleichen muss, oder als „Rentengarantie" vorkommt, die lediglich eine bestimmte Rendite der Aktien zum Gegenstand hat[445]. Nur diese zweite Form ist heute insbesondere im Hinblick auf AktG § 304 von besonderer Bedeutung.

71 Zu den atypischen Garantieformen gehört auch die **Ausbietungsgarantie**[446]. Danach steht der Garant dafür ein, dass der Gläubiger eines Grundpfandrechts bei einer etwaigen Zwangsversteigerung des Grundstücks ohne Verlust hervorgeht[447]. Sie ist als ein Garantievertrag zu qualifizieren[448]. Selbst wenn der Garant sich zur Ausbietung verpflichtet, ist sie keine Bürgschaft[449]. Die Hypothekenbürgschaft ist regelmäßig nicht Bürgschaft, sondern Ausbietungsgarantie. Kommt der Garant seiner Verpflichtung nicht nach, kann der Gläubiger selbst sein Recht ausbieten und vom Garanten die Übernahme des so belasteten Grundstücks verlangen oder ohne Ausbietung seines Rechts das Grundstück ersteigern und vom Garanten die Übernahme des Grundstücks und die Wiedereintragung seines Rechts fordern[450]. Ein Garant kann aus einer Ausbietungsgarantie nicht mehr in Anspruch genommen werden, wenn der Begünstigte im Verteilungsverfahren deshalb nicht mehr Gläubiger des Grundstückseigentümers ist, weil er das Grundpfandrecht und die per-

431 BGH NJW 1980, 44.
432 RG WarnR 1915 Nr 262.
433 BayObLGZ 1988 Nr 45 = BB 1988, 1722 = DB 1988, 1846 = EWiR § 7 GmbHG 1/88, 1093 (Miller).
434 Dresden SeuffA 71 (1915) Nr 39 u 82.
435 Stammler AcP 69 (1886), 3.
436 RG SeuffA 72 (1916) Nr 52.
437 BGH WM 1961, 204.
438 Staud/Horn Rz 90 vor § 765. AktG § 86 wurde inzwischen durch das Transparenz- und Publizitätsgesetz (TrPublG) vom 19. Juli 2002 aufgehoben.
439 BGH WM 1985, 1035, 1036 f = NJW 1985, 2941 = LM Nr 43 zu § 249 (Bb) = LM Nr 42 zu § 765 – LS = MDR 1986, 50 = VersR 1985, 1159 = ZIP 1985, 1331; Staud/Horn Rz 90 vor § 765.
440 Köln ZIP 1988, 1407, 1408 mweitNachw = VersR 1988, 856.
441 S Auhagen, Diss Freiburg, S 9; Liesecke WM 1968, 22, 23.
442 S Liesecke WM 1968, 22, 24; Zahn, Zahlung und Zahlungssicherung S 258; vgl auch BGH WM 1958, 696: zur Einwendung der Akkreditivbank, der Kaufpreisanspruch des Akkreditierten bestehe nicht; vgl auch zur Garantieerklärung im Schifffahrtsrecht Hamburg VersR 1987, 1216 f.
443 S RGZ 147, 42, 47; Staud/Horn Rz 90 vor § 765.
444 Godin/Wilhelmi AktG, 1971[4], § 304 Anm 2.
445 Godin/Wilhelmi AktG, 1971[4], § 304 Anm 2.
446 Vgl Sichtermann, Die Ausbietungsgarantie, 1975[4]; Staud/Horn Rz 89 vor § 765.
447 RG HRR 1930 Nr 776 mNachw; JW 1935, 3033 (Volkmar).
448 RG JW 1931, 520.
449 Oertmann DJZ 1919, 228; Stillschweig JW 1914, 334; Sichtermann, Die Ausbietungsgarantie S 25.
450 RGZ 91, 213, 216; MünchKomm/Habersack Rz 41 vor § 765.

sönliche Forderung zuvor veräußert hat[451]. Ein Ausbietungsgarantievertrag (Gebotsgarantie), durch den sich der Garant zur Ersteigerung eines Grundstücks verpflichtet, bedarf hinsichtlich der Willenserklärungen beider Teile der notariellen Beurkundung[452]. Zur Sittenwidrigkeit eines Abkommens, in der Versteigerung nicht mitzubieten (*pactum de non licitando*), und zur Abgrenzung eines solchen Abkommens zur Ausbietungsgarantie s Köln NJW 1978, 47 f.

2. **Bankgarantie und Bankbürgschaft (Avalkreditvertrag)**

Schrifttum: Hallbauer, Bürgschaft und verwandte Rechtsgebilde im Bankverkehr, BankA VII (1908), 308; Reichwein, Bankgarantie und Bürgschaft, SJZ 1956, 374; Prost, Der bestätigte Scheck der Deutschen Bundesbank, NJW 1959, 1949; Bär, Zum Rechtsbegriff der Garantie, insbesondere im Bankgeschäft, Diss Zürich 1963; von Caemmerer, Bankgarantien im Außenhandel, in: Festschr für Riese, 1964, S 295 = Gesammelte Schriften II, 1978, S 353; Kegel, Die Bankgeschäfte im deutschen internationalen Privatrecht, in: Gedächtnisschr für Rudolf Schmidt, 1965, S 215; Auhagen, Die Garantie einer Bank, auf „erstes Anfordern" zu zahlen, Diss Freiburg 1966; Erman, Einwirkungen des Kaufvertragsverhältnisses auf die Akkreditivverpflichtung der Bank, in: Festschr für Rittershausen, 1968, S 261; Liesecke, Rechtsfragen der Bankgarantie, WM 1968, 22; Schönle, Die Rechtsnatur der Einheitlichen Richtlinien und Gebräuche für Dokumentenakkreditive, NJW 1968, 726; Finger, Formen und Rechtsnatur der Bankgarantie, BB 1969, 206; ders, Bankgarantien und deutsches Internationales Privatrecht, RIW/AWD 1969, 486; Gacho, Das Exportakkreditivgeschäft, 1969; Borggrefe, Akkreditiv und Grundverhältnis, 1971; Käser, Garantieversprechen als Sicherheit im Handelsverkehr, RabelsZ 35 (1971), 601; Kleiner, Die Abgrenzung der Garantie von der Bürgschaft und anderen Vertragstypen mit besonderer Berücksichtigung des Bankgarantiegeschäftes, Zürich 1972; Schinnerer, Neue Wege zur Regelung der Bankgarantie, in: Festschr für Hämmerle, 1972, S 311; Pleyer, Die Bankgarantie im zwischenstaatlichen Handel, WM 1973, Sonderbeilage 2; Jochen Schröder, Rückzahlungsgarantien oder -bürgschaften ohne Anzahlung beim Avalkredit, DB 1975, 2357; Horn/v Marschall/Rosenberg/Pavicevic, Dokumentenakkreditiv und Bankgarantien im internationalen Zahlungsverkehr, 1977; Gerstein, Zur Auslegung der Klausel „Zahlung auf erstes Anfordern" in Bürgschaften der Sparkasse, Sparkasse 1979, 353; Hickl, Die Bürgschaft auf „erstes Anfordern" zur Ablösung eines Gewährleistungseinbehalts, BauR 1979, 463; Kleiner, Bankgarantie, 1979[3]; Stumpf, Einheitliche Richtlinien für Vertragsgarantien (Bankgarantien) der Internationalen Handelskammer, RIW/AWD 1979, 1; Horn, Bürgschaften und Garantien zur Zahlung auf erstes Anfordern, NJW 1980, 2153; Stockmayer, Zur unzulässigen Rechtsausübung bei Zahlung auf eine mißbräuchlich angeforderte Bankgarantie, AG 1980, 326; Horn, Die neuere Rechtsprechung zum Mißbrauch von Bankgarantien im Außenhandel, IPRax 1981, 149; von Mettenheim, Die mißbräuchliche Inanspruchnahme bedingungsloser Bankgarantien, RIW/AWD 1981, 581; Schütze, Zur Geltendmachung einer Bankgarantie „auf erstes Anfordern", RIW/AWD 1981, 83; Trost, Der Aufwendungsersatzanspruch der Garantiebank bei Garantien „auf erstes Anfordern", ZIP 1981, 1307; Graf von Westphalen, Neue Tendenzen bei Bankgarantien im Außenhandel?, WM 1981, 294; Bark, Rechtsfragen und Praxis der indirekten Garantien im Außenwirtschaftsverkehr, ZIP 1982, 405; ders, Bestätigung von Garantien im Außenwirtschaftsverkehr, ZIP 1982, 655; Mühl, Materiellrechtliche und verfahrensrechtliche Fragen bei der Bankgarantie „Zahlung auf erstes Anfordern", in: Festschr für Zajtay (1982), S 389; Nielsen, Rechtsmißbrauch bei der Inanspruchnahme von Bankgarantien als typisches Problem der Liquiditätsfunktion abstrakter Zahlungsversprechen, ZIP 1982, 253; Stumpf, Recht und Rechtsprechung bei Bankgarantien in der Bundesrepublik Deutschland, RIW/AWD 1982, 305; Coing, Probleme der internationalen Bankgarantie, ZHR 147 (1983), 125; Nielsen, Ausgestaltung internationaler Bankgarantien unter dem Gesichtspunkt etwaigen Rechtsmißbrauchs, ZHR 147 (1983), 145; Lohmann, Einwendungen gegen den Zahlungsanspruch aus einer Bankgarantie und ihre Durchsetzung in rechtsvergleichender Sicht, 1984; Zahn, Auswirkungen eines politischen Umsturzes auf schwebende Akkreditive und Bankgarantien, die zugunsten von staatlichen Stellen oder in deren Auftrag eröffnet sind, ZIP 1984, 1303; Blaurock, Mißbräuchliche Inanspruchnahme einer Bankgarantie, IPRax 1985, 204; Dohm, Bankgarantien im internationalen Handel, 1985; Mülbert, Neueste Entwicklungen des materiellen Rechts der Garantie „auf erstes Anfordern", ZIP 1985, 1101; ders, Mißbrauch von Bankgarantien und einstweiliger Rechtsschutz. Die dogmatischen Grundlagen der Bankgarantie „auf erstens Anfordern" und ihre Behandlung im Verfahren des einstweiligen Rechtsschutzes, Diss 1985; Pleyer/Weiser, Die Rechte der Bank bei der Wertminderung von Sicherheiten, DB 1985, 2233; Assmann, Aufrechnung der Garantiebank mit Gegenforderungen bei Inanspruchnahme aus einer Zahlungsgarantie auf erstes Anfordern, IPRax 1986, 142; Nielsen, Bankgarantien bei Außenhandelsgeschäften, 1986; Rümker, Garantie „auf erstes Anfordern" und Aufrechnungsbefugnis der Garantiebank, ZGR 1986, 332; Clemm, Die Stellung des Gewährleistungsbürgen, insbesondere bei der Bürgschaft „auf erstens Anfordern", BauR 1987, 123; Streule, Bankgarantie und Bankbürgschaft, Diss 1987; Blau, Blockierung der Auszahlung einer Bankgarantie auf erstes Anfordern durch Arrest und Hinterlegung?, WM 1988, 1474; Canaris, Bankvertragsrecht, 1988[4]; Jedzig, Aktuelle Rechtsfragen der Bankgarantie auf erstes Anfordern, WM 1988,

451 Celle WM 1991, 1296, 1298 = WuB I F 1 b – 1.91 (Nielsen).

452 Celle WM 1991, 1296, 1299 mweitNachw = WuB I F 1 b – 1.91 (Nielsen).

1469; Thietz-Bartram, Die Bankgarantie im italienischen Recht. Eine rechtsvergleichende Untersuchung, Diss 1988; Bauer, Bürgschaft auf erstes Anfordern, Bankinformation 1989, 1/33; Celestine, Die Garantie auf erstes Anfordern in der französischen Gerichtspraxis, RIW 1989, 81; Weth, Bürgschaft und Garantie auf erstes Anfordern, AcP 189 (1989), 303; P Bydlinski, Die Bürgschaft auf erstes Anfordern: Darlegungs- und Beweislast bei Rückforderung durch den Bürgen, WM 1990, 1401; ders, Moderne Kreditsicherheiten und zwingendes Recht, AcP 190 (1990), 165; Graf von Westphalen, Die Bankgarantie im internationalen Handelsverkehr, 1990[2]; Zeller, Probleme bei der Garantie „auf erstes Anfordern", BB 1990, 363; P Bydlinski, Personaler numerus clausus bei der Bürgschaft auf erstes Anfordern?, WM 1991, 257; Häuser, Bürgschaft „auf erstes Anfordern" (unveröffentlichte Habilitationsschrift), Mainz 1991; Lanz, Akkreditive und weitere Zahlungssicherungen im Außenhandel, EuZW 1991, 297; Salje, Zur Zulässigkeit von Nichtdiskriminierungsklauseln im Kreditkartengeschäft, WM 1991, 262; Bödecker, Staatliche Exportsicherungssysteme, ihre Rechtsgrundlagen, Vertragsbedingungen und Funktionsweisen in Deutschland, Großbritannien, den USA und Japan, 1992; Eberl-Borges, Rechtsfragen der Bankgarantie im internationalen Wirtschaftsverkehr nach deutschem und schweizerischen Recht, 1992; Graf von Westphalen, Ausgewählte Fragen zur Interpretation der Einheitlichen Richtlinien für auf Anfordern zahlbare Garantien, RIW 1992, 961; Hasse, Die Einheitlichen Richtlinien für auf Anfordern zahlbare Garantien der Internationalen Handelskammer (Uniform Rules for Demand Guarantees [URDG]), WM 1993, 1985; Mastropaolo, Die Bankgarantie im internationalen Handelsverkehr, WM 1993, 1994; Nielsen, Bankgarantien bei Außenhandelsgeschäften, in: Bankrecht und Bankpraxis (= BuB, früher BFB), Band III, Teil 5 (Auslandsgeschäft) C, Rz 5/231–5/468 (Stand: 1993); Henssler, Risiko als Vertragsgegenstand, 1994; Michalski, Bürgschaft auf erstes Anfordern, ZBB 1994, 289; Reich, Grundgesetz und internationales Vertragsrecht, NJW 1994, 2128; Castellvi, Zum Übergang der gesicherten Forderung auf den zahlenden Garanten, WM 1995, 868; Kainz, Zur Unwirksamkeit von Vertragserfüllungs- und Gewährleistungsbürgschaften „auf erstes Anfordern" in der deutschen Bauwirtschaft und die sich daraus ergebenden Rechtsfolgen, BauR 1995, 616; Pape, BGH-aktuell: Bürgschaftsrecht, NJW 1995, 1006; Rüßmann/Britz, Die Auswirkungen des Grundsatzes der formellen Garantiestrenge auf die Geltendmachung einer befristeten Garantie auf erstes Anfordern, WM 1995, 1825; Schefold, Die rechtsmißbräuchliche Inanspruchnahme von Bankgarantien und das Kollisionsrecht, IPRax 1995, 118; Michalski, Ausdrückliche und konkludente Bürgschaften auf erstes Anfordern, ZBB 1996, 224; Pape, Die Entwicklung des Bürgschaftsrecht im Jahre 1995, NJW 1996, 887; Horn, Die UN-Konvention über unabhängige Garantien – Ein Beitrag zur lex mercatoria, MDR 1997, 717; Klaas, Formelle Dokumentenstrenge im Recht der Bankgarantie, ZIP 1997, 1098; ders, Formelle Dokumentenstrenge im Recht der Bankgarantie, ZIP 1997, 1098; Canaris, Die Bedeutung des „materiellen" Garantiefalles für den Rückforderungsanspruch bei der Garantie „auf erstes Anfordern", ZIP 1998, 493; Heermann, Rückabwicklung nach materiell ungerechtfertigter Inanspruchnahme von Bürgen und Garanten „auf erstes Anfordern", ZBB 1998, 239; Rieder/Rieder, Die Bankbürgschaft, 1998[5]; Schmidt, Die Bürgschaft auf erstes Anfordern im einstweiligen Verfahren, BauR 1998, 1159; Beyer/Zuber, Die Gewährleistungsbürgschaft auf erstes Anfordern im Bauvertragsrecht, MDR 1999, 1298; Hahn, Die Bürgschaft auf erstes Anfordern, MDR 1999, 839; ders, Der Rückforderungsanspruch bei der Garantie auf erstes Anfordern, NJW 1999, 2793; Hogrefe, Zur Unwirksamkeit formularmäßiger Verpflichtungen zur Stellung von Vertragserfüllungs- und Mängelgewährleistungsbürgschaften „auf erstes Anfordern" in Bau-, Werk- und Werklieferungsverträgen und die sich daraus ergebenden Rechtsfolgen, BauR 1999, 111; Kümpel, Elektronisches Geld (cyber coins) als Bankgarantie, NJW 1999, 313; Kupisch, Die Bankgarantie auf erstes Anfordern im Dickicht des modernen Bereicherungsrechts – zum ungerechtfertigten Vorteil des Garantienehmers? – Vom dogmatischen Nutzen einer wirtschaftlichen Betrachtungsweise für das Dreipersonenverhältnis, WM 1999, 2381; Lang, Rückforderung des auf eine Bürgschaft auf erstes Anfordern Geleisteten im Urkundenprozeß, WM 1999, 2329; Lienesch, Internationale Bankgarantien und die UN-Konvention über unabhängige Garantien und Standby-Letters of Credit, Diss 1999; Nielsen, Internationale Bankgarantie, Akkreditiv und anglo-amerikanisches Standby nach Inkrafttreten der ISP 98 – Teil I, WM 1999, 2005; ders, Internationale Bankgarantie, Akkreditiv und anglo-amerikanisches Standby nach Inkrafttreten der ISP 98 – Teil II, WM 1999, 2049; Schmidt, Die Effektivklausel in der Bürgschaft auf erstes Anfordern, WM 1999, 308; Wilhelm, Die Kondiktion der Zahlung des Bürgen oder Garanten „auf erstes Anfordern" im Vergleich zur Zession, NJW 1999, 3519; Hartung, Gewährleistungseinbehalt und Ablösungsbefugnisse in Bauverträgen, NZBau 2000, 371; Pasker, Der Rückforderungsanspruch bei der Bürgschaft auf erstes Anfordern, NZBau 2000, 279; Rigol, Schadensersatz bei ungerechtfertigter Inanspruchnahme einer Bürgschaft auf erstes Anfordern, ZIP 2000, 306; Sienz, Vereinbarung von Bürgschaften auf erstes Anfordern in AGB – ein Auslaufmodell?, BauR 2000, 1249; Thönnissen, Die Sicherheitsleistung durch Bankbürgschaft im Bereich der vorläufigen Vollstreckbarkeit, Diss 2000; Kröll, Rechtsfragen elektronischer Bankgarantien, WM 2001, 1553; Heermann, Geld und Geldgeschäfte § 34; Tiedtke Rechtsprechung des BGH auf dem Gebiet des Bürgschaftsrechts seit 1997, NJW 2001, 1015, 1018; Münch KommHGB/Welter, Bd. 5 2001, Zahlungsverkehr Rz J ff; Schröder, Regress und Rückabwicklung bei der Bankgarantie auf erstes Anfordern, 2003; Nielsen, Gefährdung der internationalen Anerkennung der von deutschen Banken ausgestellten Garantien – Rechtsprechung des Bundesgerichtshofs zur Bürgschaft „auf erstes Anfordern", ZBB 2004, 491; Rieder/Rieder, Die Bankbürgschaft, 2004[6].

a) **Begriff.** Übernimmt ein Kreditinstitut für die Verbindlichkeit eines Kunden gegenüber einem Dritten eine Garantie oder eine Bürgschaft (Garantiegeschäft gemäß KWG § 1 Abs 1 Satz 2 Nr 8), so handelt es sich in der Regel nicht um einen Bürgschaftsvertrag zu Rechten des Dritten (§ 328 Abs 1), sondern es liegt dem Rechtsverhältnis zwischen Kreditinstitut und Kunde ein sog Avalkreditvertrag zugrunde[453], der in der Bankpraxis eine große Rolle spielt[454]. Bei dem Avalkreditvertrag handelt es sich im Deckungsverhältnis zum Kunden um einen entgeltlichen Geschäftsbesorgungsvertrag (§ 675 Abs 1), aufgrund dessen die Bank (Avalkreditgeber, Auftragnehmer) es gegen Zahlung einer Avalprovision übernimmt, für die Erfüllung einer bestimmten Verbindlichkeit des Kunden (Avalkreditnehmer, Auftraggeber) gegenüber seinem Gläubiger einzustehen (BGH WM 2000, 1797, 1798; BGHZ 95, 375, 380 = WM 1985, 1387). Der Avalkreditnehmer verschafft damit seinem in- oder ausländischen Gläubiger durch ein bedingtes Zahlungsversprechen einer Bank eine Sicherheit für den Fall seines eigenen Leistungsausfalls. Eine solche Sicherheit wird insbesondere bei der Kreditaufnahme im Ausland verlangt, da die Auslandsbank in der Regel eine Bonitätsprüfung des Kreditnehmers nur eingeschränkt vornehmen kann. Die Garantie der Inlandsbank dient daher der Auslandsbank als Kreditsicherheit. Nimmt die Auslandsbank die Inlandsbank aus der Avalbürgschaft in Anspruch, so hat letztere in der Regel einen Aufwendungsersatzanspruch nach §§ 675, 670 gegen ihren Kunden auf Erstattung des gezahlten Betrages[455]. Eine nähere Regelung des Aufwendungsersatzanspruchs[456] findet sich in den „Allgemeinen Bedingungen für das Avalgeschäft der Kreditinstitute“[457]. Danach kann zB die Bank vom Auftraggeber verlangen, dass er einen Geldbetrag in Höhe des Avals bei ihr als Sicherheit hinterlegt[458]. Die in einem Avalkreditvertrag gegenüber dem Kreditinstitut gemäß §§ 675, 670 übernommene Zahlungsverpflichtung ist nicht deshalb unwirksam, weil dem Avalauftraggeber anlässlich der Unterschriftsleistung erklärt worden ist, es handele sich hierbei um eine *„reine Formsache“*. Vielmehr wird trotz dieser Formulierung die rechtliche Verpflichtung übernommen, das Kreditinstitut von der übernommenen Garantieerklärung freizustellen[459]. 72

b) **Formen der Bankgarantie**. Die Bankgarantie[460] hat sich als ein vor allem auch im internationalen Handelsverkehr gebräuchliches Sicherungsmittel entwickelt, bei der Fragen des Einwendungsausschlusses und des einstweiligen Rechtsschutzes im Vordergrund stehen. Die verschiedenen Formen der Bankgarantie entsprechen den oben[461] genannten Typen des allgemeinen Garantievertrages. 73

c) **Zahlungsklausel „auf erstes Anfordern“**. Nach herrschender Meinung ist die Verpflichtung des Garanten oder Bürgen zur „Zahlung auf erstes Anfordern“[462] im Hinblick auf den Akzessorietätsgrundsatz bei der Bürgschaft eine nicht unbedenkliche, jedenfalls atypische Verpflichtungsart dadurch gekennzeichnet, dass der Garant oder Bürge dem Zahlungsanspruch des Gläubigers grundsätzlich keine Einwendungen aus dem gesicherten Grundverhältnis zwischen dem Gläubiger und dem Hauptschuldner (Valutaverhältnis)[463] entgegenhalten kann. Sie sind bei der **Bauunternehmergarantie** ausdrücklich ausgeschlossen (§ 648 a Abs 2 Satz 2). Der Garant oder Bürge, der sich zur **„Zahlung auf erstes Anfordern“** verpflichtet hat, muss sofort zahlen 74

453 BGH WM 1984, 768, 769 = NJW 1984, 2088 = LM Nr 76 zu § 328 = MDR 1985, 51 = ZIP 1984, 1326, 1328.

454 Die Verbindlichkeiten aus solchen Bankbürgschaften betrugen für alle Bankengruppen im November 1993 insges 230,47 Mrd DM; vgl Statistische Beihefte zu den Monatsberichten der Deutschen Bundesbank, Bankenstatistik nach Bankengruppen, Januar 1994, S 25.

455 Dazu iE Scholz/Lwowski, Das Recht der Kreditsicherheiten, 2000[8], Rz 187, 345.

456 Dazu Hadding/Häuser/Welter, BJM-Gutachten S 725 f.

457 Vgl zB die Sonderveröffentlichung der Deutschen Bank „Bankgarantien im Auslandsgeschäft“, 2. Aufl.

458 LG München II WM 1987, 1039 f = WuB I K 3 – 9.87 (Lwowski).

459 München WM 1989, 1327, 1328 = WuB I K 3 – 9.89 (Jedzig).

460 Dazu Staud/Horn Rz 91 vor § 765.

461 S Rz 65 ff.

462 Dazu Hadding/Häuser/Welter, BJM-Gutachten S 605 ff; Staud/Horn Rz 13 vor § 765; Münch Komm/Habersack Rz 27 vor § 765; Erman/E Herrmann Rz 12 vor § 765.

463 Dazu Hadding/Häuser/Welter, BJM-Gutachten S 686 f.

und kann Einwendungen oder Einreden aus dem Hauptschuldverhältnis erst in einem Rückforderungsprozess geltend machen[464]. Diese Haftungsform ist heute nahezu einhellig anerkannt. Als Leitentscheidung kann das Urteil des BGH vom 2. 5. 1979[465] bezeichnet werden. Die dort von einer Bank abgegebene Erklärung lautete: „Für die Erfüllung der von der Firma X übernommenen Gewährleistungsverpflichtung verbürgen wir uns hiermit gegenüber der Firma Y selbstschuldnerisch und unter Verzicht auf die Einrede der Anfechtung, der Aufrechnung und der Vorausklage (§§ 770, 771) sowie auf das Recht aus § 776 bis zum Betrage von 100 000 DM. Wir werden auf erste schriftliche Anforderung hin an die oben genannte Firma Zahlung leisten." Die Verpflichtung einer Bank zur „Zahlung auf erstes Anfordern"[466] hat in den letzten Jahrzehnten – vor allem bei Auslandsgeschäften – zunehmende Verbreitung gefunden. Diese Klausel ist zwar in der Regel als Indiz für das Vorliegen einer Garantie anzusehen[467], schließt aber bei klarem Wortlaut eine Bürgschaftsverpflichtung nicht aus[468]. Die Verpflichtung zur „Zahlung auf erstes Anfordern" hat dieselbe Funktion, wie sie einem Kautionswechsel oder Bardepot zukommt[469]. Die formularmäßige Übernahme einer Bürgschaft mit der Verpflichtung, „auf erstes Anfordern" zu zahlen, ist den Kreditinstituten (Banken, Sparkassen, Versicherungen) vorbehalten[470]. Andere Personen, auch Kaufleute, die keine Bankgeschäfte betreiben, sind wegen der besonderen Risiken zur Eingehung einer solchen Formularbürgschaft nicht berechtigt[471]. Ob dies auch für individuell vereinbarte Bürgschaften *„auf erstes Anfordern"* gilt, hat der BGH[472] bisher offengelassen. Eine Bürgschaft mit einem im bankgeschäftlichen Verkehr für die Bürgschaft *„auf erstes Anfordern"* typi-

464 BGHZ 74, 244, 247 f mNachw = WM 1979, 691 = NJW 1979, 1500 = LM Nr 27 zu § 765 = MDR 1979, 838 = JZ 1979, 442 = BB 1979, 907 = DB 1979, 1650 = BauR 1979, 442; BGH WM 1992, 854 = NJW 1992, 1446 = WuB I F 1a – 11.92 (P Bydlinski); Schleswig WM 1984, 651 f.

465 BGH WM 1992, 854 = NJW 1992, 1446 = WuB I F 1a – 11.92 (P Bydlinski); BGHZ 74, 244 mNachw = WM 1979, 691 = NJW 1979, 1500 = LM Nr 27 zu § 765 = MDR 1979, 838 = JZ 1979, 442 = BB 1979, 907 = DB 1979, 1650 = BauR 1979, 442.

466 Dazu und zur Darlegungs- und Beweislast bei Rückforderung durch den Bürgen P Bydlinski WM 1990, 1401 ff; zu den Problemen bei der Abtretung einer Bürgschaft (Garantie) „auf erstes Anfordern" Zeller BB 1990, 363 ff; vgl auch Staud/Horn Rz 13, 94 vor § 765.

467 BGH WM 1992, 854 = NJW 1992, 1446 = WuB I F 1a – 11.92 (P Bydlinski); BGHZ 74, 244, 247 mNachw = WM 1979, 691 = NJW 1979, 1500 = LM Nr 27 zu § 765 = MDR 1979, 838 = JZ 1979, 442 = BB 1979, 907 = DB 1979, 1650 = BauR 1979, 442.

468 BGH WM 1992, 854 = NJW 1992, 1446 = WuB I F 1a – 11.92 (P Bydlinski); BGHZ 74, 244, 247 = WM 1979, 691 = NJW 1979, 1500 = LM Nr 27 zu § 765 = MDR 1979, 838 = JZ 1979, 442 = BB 1979, 907 = DB 1979, 1650 = BauR 1979, 442. – Vgl auch § 768 Rz 11; zur Abgrenzung zwischen Bürgschaft u Garantie s unten Rz 84.

469 BGH WM 1994, 106 mLit= NJW 1994, 380, 381 = LM Nr 88 zu § 765 = BB 1994, 312 = DB 1994, 1031 = ZIP 1994, 1851 = EWiR 1994, 131 (Schütze) = WuB I K 3 – 1.94 (Nielsen) = JuS 1994, 438 (K Schmidt).

470 BGHZ 74, 244, 247 = WM 1979, 691 = NJW 1979, 1500 = LM Nr 27 zu § 765 = MDR 1979, 838 = JZ 1979, 442 = BB 1979, 907 = DB 1979, 1650 = BauR 1979, 442; BGH WM 1992, 854 = NJW 1992, 1446 = WuB I F 1a – 11.92 (P Bydlinski); BGH WM 1984, 44 = NJW 1984, 923; BGH NJW 1985, 1694 = LM Nr 39 zu § 765 = ZIP 1985, 470; BGHZ 95, 375, 387 = WM 1985, 1387, 1388 = NJW 1986, 310 = LM Nr 56 zu § 638 = LM Nr 45 zu § 765 – LS = ZIP 1985, 1380 = BB 1986, 215 = EWiR 1985, 973 (Horn) = MDR 1986, 229 = WuB IV A – 1.86 (Johlke); BGH NJW-RR 1987, 683 = LM Nr 48 zu § 765; BGH NJW 1987, 2075 = LM Nr 11 zu § 401 = ZIP 1987, 624; BGH WM 1988, 934 = NJW 1988, 2610 = LM Nr 58 zu § 765 = NJW-RR 1989, 46 – LS = BB 1988, 1558 = DB 1988, 2245 = MDR 1988, 857 = EWiR 1988, 671 – LS (Lauer) = KTS 1988, 582 = BauR 1988, 594 = ZfBR 1988, 225 = WuB I K 3 – 4.88 (Nielsen); BGH WM 1989, 709 = NJW 1989, 1606 = LM Nr 65 zu ZPO § 282; BGH NJW-RR 1989, 1324 = LM Nr 69 zu § 765; BGH NJW-RR 1990, 1300 = BB 1990, 1863 = DB 1990, 1964 = ZIP 1990, 1186 = BauR 1990, 608; BGH WM 1990, 1410, 1411= NJW-RR 1990, 1265 = LM Nr 71 zu § 765 = MDR 1990, 998 = BB 1990, 1863 = ZIP 1990, 1186 = EWiR 1990, 981 (v Stebut) = JZ 1990, 233 = DB 1990, 1964 = BauR 1990, 608 = WuB I F 1a – 13.90 (Schäfer). – S dazu kritisch § 765 Rz 154–156.

471 BGH WM 1990, 1410, 1411 = NJW-RR 1990, 1265 = LM Nr 71 zu § 765 = MDR 1990, 998 = BB 1990, 1863 = ZIP 1990, 1186 = EWiR 1990, 981 (v Stebut) = JZ 1990, 233 = DB 1990, 1964 = BauR 1990, 608 = WuB I F 1a – 13.90 (Schäfer); Esser/Weyers, SchuldR II 1, 1998[8], § 40 III 2, S 349.

472 WM 1992, 854 = NJW 1992, 1446 = WuB I F 1a – 11.92 (P Bydlinski). Für zulässig hält sie Köln ZIP 1996, 631; dazu Nielsen EWiR 1996, 1.

schen Wortlaut ist außerhalb dieses Bereichs als einfache Bürgschaft auszulegen, wenn der Gläubiger den Text der Bürgschaft gewählt hat und nicht erwarten konnte, der Bürge verstehe ihn im banküblichen Sinne[473].

Die besonderen Risiken bestehen darin, dass im Gegensatz zur gewöhnlichen Bürgschaft die Bank die Erfüllung ihrer Pflicht zur „*Zahlung auf erstes Anfordern*" nur dann verweigern darf, wenn offensichtlich oder „liquide" beweisbar ist, dass trotz der vorhandenen formellen Voraussetzungen der Garantiefall nicht eingetreten ist[474]. Die Garantiebank ist deshalb in der Regel bei der Vertragsklausel „*Zahlung auf erstes Anfordern*" zur Zahlung ohne Nachprüfung des Anspruchs des Gläubigers verpflichtet und darf daher nicht nur keine Einwendungen aus dem zwischen ihrem Auftraggeber und dem Gläubiger bestehenden Valutaverhältnis, sondern grundsätzlich auch keine Einwendungen aus ihrem Rechtsverhältnis zum Auftraggeber (Deckungsverhältnis)[475] erheben[476]. Dafür braucht sich die Bank auch nicht in Auseinandersetzungen zwischen ihrem Auftraggeber und dem Gläubiger hineinziehen zu lassen. Durch die Verpflichtung der Bank wird dem Gläubiger das Prozess- und Beweisrisiko (s weiter unten) erspart. Wenn der Gläubiger aufgrund einer „*Bürgschaft auf erstes Anfordern*" Zahlung verlangt, ist er nicht verpflichtet, schlüssig darzulegen, dass die durch die Bürgschaft gesicherte Hauptforderung besteht[477]. Wer sich „*auf erstes Anfordern*" verbürgt hat und deswegen im Urkundenprozess unter Vorbehalt seiner Rechte verurteilt worden ist, kann seine Einwendungen grundsätzlich noch nicht im Nachverfahren, sondern erst in einem künftigen Rückforderungsprozess geltend machen[478]. Auch die Bereicherungseinrede darf die Bank in diesen Fällen nicht geltend machen[479]. Für den Inhalt der mitunter befristeten Zahlungsverpflichtungen der Bank wird in der Rechtsprechung der bei den Akkreditiven entwickelte Grundsatz der Dokumentenstrenge herangezogen[480]. Nach herrschender Meinung genügt die Klausel „*Zahlung auf erstes Anfordern*" für sich allein, um im Wege der Auslegung einen Ausschluss der Einwendungen anzunehmen[481]. Wenn auch Streitigkeiten im Deckungs- oder Valutaverhältnis grundsätzlich zwischen den daran Beteiligten auszutragen sind, so stellt sich doch die Frage, ob der Bank im Falle der Überzahlung unmittelbar ein Bereicherungsanspruch gegenüber dem Gläubiger zusteht; andernfalls wäre nämlich die Bank auf ihren Aufwendungsersatzanspruch gegen ihren Auftraggeber beschränkt. Die Frage hat praktische Bedeutung, wenn der Auftraggeber in Vermögensverfall geraten ist. Der BGH hat in einem konkreten Fall im Wege der Vertragsauslegung einen unmittelbaren Anspruch aus dem Vertrag zwischen Bank und Gläubiger bejaht[482]. Der Rückgriffsanspruch gegen den Hauptschuldner steht hinter einem solchen möglichen Bereicherungsanspruch gegen den Gläubiger nicht zurück. Nur muss der Bürge dann dem Hauptschuldner einen eventuellen Bereicherungsanspruch gegen den Gläubiger abtreten[483]. 75

473 WM 1992, 854 = NJW 1992, 1446 = WuB I F 1 a – 11.92 (P Bydlinski).

474 Bremen WM 1990, 1369, 1370; vgl auch BGH WM 1986, 1429, 1430 = ZIP 1986, 1450 = DB 1986, 2594 = WuB I K 3 – 12.86 (Graf von Westphalen).

475 Dazu Hadding/Häuser/Welter, BJM-Gutachten S 687.

476 S BGHZ 90, 287, 291 f = WM 1984, 689 = NJW 1984, 2030 = IPRax 1985, 219; dazu Blaurock IPRax 1985, 204; BGH WM 1986, 1429, 1430 (= Fn 459).

477 BGH WM 1994, 106, 107 mweitNachw = NJW 1994, 380, 381 = LM Nr 88 zu § 765 = BB 1994, 312 = DB 1994, 1031 = ZIP 1994, 1851 = EWiR 1994, 131 (Schütze) = WuB I K 3 – 1.94 (Nielsen) = JuS 1994, 438 (K Schmidt).

478 BGH WM 1994, 106, 107 mweitNachw = NJW 1994, 380, 381 = LM Nr 88 zu § 765 = BB 1994, 312 = DB 1994, 1031 = ZIP 1994, 1851 = EWiR 1994, 131 (Schütze) = WuB I K 3 – 1.94 (Nielsen) = JuS 1994, 438 (K Schmidt).

479 S Celle WM 1982, 777.

480 S Stuttgart WM 1979, 733 = RIW/AWD 1980, 729; Hamburg RIW/AWD 1978, 615. Zu den formellen Anforderungen an ein extend-or-pay-Verlangen bei der Garantie auf erstes Anfordern s BGH WM 1996, 393, 394 = NJW 1996, 1052 = ZIP 1996, 454 = EWiR 1996, 341 (Nielsen) = BB 1996, 501 = DB 1996, 2537 = MDR 1996, 375 = LM Nr 63 zu § 305 = WiB 1996, 650 (Michel)

481 Vgl von Caemmerer, Festschr für Riese S 300; Auhagen, Diss Freiburg, S 26; Pleyer WM 1973 Sonderbeil 2, 9; Nielsen BuB 5/248 ff; Hadding/Häuser/Welter, BJM-Gutachten S 697 mNachw; **aM** Kleiner, Bankgarantie S 53, 70.

482 BGH WM 1961, 204; S auch Liesecke WM 1968, 22, 27; Auhagen, Diss Freiburg, S 82.

483 München WM 1988, 1554 = NJW-RR 1988, 950 = WuB I K 3 – 1.89 (Ehrlich); zur Rückabwicklung bei unberechtigter Inanspruchnahme der

76 Von größerer Bedeutung ist die Frage, ob die Bank gegenüber dem Zahlungsanspruch des Gläubigers den **Einwand des Rechtsmissbrauchs**[484] erheben kann, wenn dem Gläubiger ein betrügerisches Verhalten vorgeworfen wird oder aber der Garantiefall offensichtlich nicht eingetreten ist[485]. Dies ist grundsätzlich zu bejahen[486]. Jedoch ergibt sich aus dem Sinn der Verpflichtung zur „Zahlung auf erstes Anfordern", dass dieser Einwand nur bei *„liquiden Beweismitteln"* oder nur dann erhoben werden kann, wenn das Fehlen der materiellen Berechtigung des Gläubigers *offensichtlich* ist[487]. Ist der Begünstigte Ausländer, so kann der „liquide" Beweis nur mit Urkunden erbracht werden[488]. Zahlt die Garantiebank in einem solchen Fall trotzdem an den Begünstigten, so kann sie vom Auftraggeber keinen Aufwendungsersatz verlangen[489]. Aus der Verknüpfung materiell-rechtlicher und verfahrensrechtlicher Gesichtspunkte folgt, dass eine Kreditsicherung mit der „Klausel auf erstes Anfordern" in der Regel einen besonderen Typus des Garantievertrages darstellt[490].

77 d) **Einschaltung einer zweiten Bank**. Sehr verbreitet ist die Einschaltung einer zweiten Bank am Sitz des Gläubigers, die unter Umständen eine eigene Garantie übernimmt. Mitunter übernimmt die erste gegenüber der zweiten Bank eine Rückgarantie[491]. Eine solche indirekte Garantie (Rückgarantie) bildet in der Praxis den Regelfall[492]. Die Erstbank beauftragt eine Korrespondenzbank im Lande des Garantienehmers, ihrerseits die Garantie zu stellen, so dass die Rückgarantie nur die formalisierte Verpflichtung zur Erstattung von Aufwendungsersatz bildet[493].

78 e) **Abtretbarkeit**. Die Rechte aus dem Garantievertrag sind abtretbar[494]; man wird dabei auf die Mitwirkung des Begünstigten ebenso wie in anderen Zessionsfällen verzichten können[495]. Der Zweck der Zahlungsverpflichtung „auf erstes Anfordern" hat in erster Linie eine Sicherungsfunktion. Sie soll dem Gläubiger möglichst problemlos zur Durchsetzung seines Anspruchs verhelfen und im Streitfall die Prozesslage umkehren sowie rechtliche und tatsächliche Streitfragen, deren Beantwortung sich nicht von selbst ergibt, nach vollzogener Zahlung in einen eventuellen Rückforderungsprozess zwischen Garantieauftraggeber und Begünstigten verlagern[496]. Aus diesem Grunde kann die Garantiebank auch nicht mit Ansprüchen aufrechnen, die ihr von dem Garantieauftraggeber aus dem der Garantie zugrunde liegenden Vertragsverhältnis abgetreten worden sind, wie etwa Schadensersatz- oder Gewährleistungsansprüche. Bereits aus der für die Klausel „Zahlung auf erstes Anfordern" typischen Verlagerung des Prozess- und Beweisrisikos[497] folgt auch, dass die garantiegebende Bank in der Regel nicht mit eigenen Forderungen gegen den Ga-

Garantie im Verhältnis zum Garanten u zum Garantieauftraggeber ausf Hadding/Häuser/Welter, BJM-Gutachten S 726–730.

484 Dazu Hadding/Häuser/Welter, BJM-Gutachten S 718 ff.

485 S dazu BGHZ 90, 287, 292 f = WM 1984, 689 = NJW 1984, 2030 = IPRax 1985, 219; dazu Blaurock IPRax 1985, 204; Frankfurt/M WM 1974, 956.

486 Zur rechtsmissbräuchlichen Inanspruchnahme der Erfüllungsgarantie der Bank des Subunternehmers zugunsten des Generalunternehmers durch dessen Hausbank, die ihrerseits aus einer Garantie gegenüber einer ausländischen Bank in Anspruch genommen wurde, s München WM 1985, 189, 191 f = WuB I K 3 – 1.85 (Horn).

487 BGH WM 1988, 934 = NJW 1988, 2610 = LM Nr 58 zu § 765 = NJW-RR 1989, 46 – LS = BB 1988, 1558 = DB 1988, 2245 = MDR 1988, 857 = EWiR 1988, 671 LS (Lauer) = KTS 1988, 582 = BauR 1988, 594 = ZfBR 1988, 225 = WuB I K 3 – 4.88 (Nielsen); Köln WM 1991, 1751, 1752 (Schwericke/Regel) = WuB I K 3 – 1.92 (Schütze). Vgl unten Rz 78.

488 Köln WM 1988, 21 = WuB I K 3 – 1.88 (Kasten).

489 Köln WM 1991, 1751, 1752 (Schwericke/Regel) = WuB I K 3 – 1.92 (Schütze).

490 S dazu Mühl, Festschr für Zajtay S 389, 406 mNachw. Vgl auch BGH WM 1984, 689.

491 S dazu Graf von Westphalen, Rechtsprobleme der Exportfinanzierung, 1978^2, S 187. Zur Rückzahlungsgarantie ohne Anzahlungseingang beim Avalkreditgeber s Schröder DB 1975, 2357.

492 S insbesondere Hadding/Häuser/Welter, BJM-Gutachten S 688 f; Bark ZIP 1982, 405; Nielsen ZIP 1982, 254; Heinsius, Festschr für Werner S 248.

493 S Nielsen ZIP 1982, 257 mit Hinweis auf Saarbrücken WM 1981, 275.

494 Dazu krit Hadding/Häuser/Welter, BJM-Gutachten S 714 f.

495 AA Blaurock IPrax 1985, 204.

496 Vgl BGH WM 1988, 934 = NJW 1988, 2610 = LM Nr 58 zu § 765 = NJW-RR 1989, 46 – LS = BB 1988, 1558 = DB 1988, 2245 = MDR 1988, 857 = EWiR 1988, 671 – LS (Lauer) = KTS 1988, 582 = BauR 1988, 594 = ZfBR 1988, 225 = WuB I K 3 – 4.88 (Nielsen).

497 S oben Rz 75.

rantiebegünstigten aufrechnen kann[498]. Die Verpflichtung zur „Zahlung auf erstes Anfordern“ will dem Begünstigten aber im Ergebnis nicht mehr Rechte verschaffen, als er bei ordnungsmäßiger Erfüllung der zugrunde liegenden Forderungen haben würde. Deshalb ist bei einer Zahlungsgarantie *„auf erstes Anfordern“* die Aufrechnung mit eigenem, nicht im Zusammenhang mit dem Grundgeschäft stehenden Forderungen der Garantiebank gegen den Anspruch des Begünstigten auf Auszahlung der Garantiesumme nicht grundsätzlich ausgeschlossen. Sie ist jedoch in jedem Fall auf „liquide“ Ansprüche beschränkt[499].

f) **Einstweiliger Rechtsschutz**

Schrifttum: Pilger, Einstweiliger Rechtsschutz des Käufers und Akkreditivstellers wegen Gewährleistung durch Arrest in den Auszahlungsanspruch des Akkreditivbegünstigten?, RIW/AWD 1979, 588; Schütze, Einstweilige Verfügungen und Arreste im internationalen Rechtsverkehr, insbesondere im Zusammenhang mit der Inanspruchnahme von Bankgarantien, WM 1980, 1438; Mülbert, Mißbrauch von Bankgarantien und einstweiliger Rechtsschutz, 1985; Graf von Westphalen, Irak-Embargo und die Inanspruchnahme von Bankgarantien, EWS (Europäisches Wirtschafts- und Steuerrecht) 1990, 205.

Umstritten ist die Frage, ob eine einstweilige Verfügung gegen eine inländische Bank auf Unterlassung der Auszahlung bei einer Bankgarantie oder einer Bürgschaft „Zahlung auf erstes Anfordern“ zulässig ist[500]. In Betracht kommen einstweilige Verfügungen gegen die Garantiebank[501] oder den begünstigten Gläubiger sowie im Falle, dass der Garantiebetrag noch nicht ausgezahlt worden war, auch ein Arrest gegen den Gläubiger. Selbst wenn die streitige Frage, ob ein Arrest oder eine einstweilige Verfügung zulässig ist, bejaht wird[502], ergeben sich Schwierigkeiten wegen der Vollstreckung im Ausland sowie insbesondere auch, wenn zwei Banken eingeschaltet sind[503]. Da auch einstweilige Verfügungen gegen den Gläubiger mit Sitz im Ausland meist schon aus praktischen Gründen wenig Erfolg versprechen, handelt es sich in der Regel um einstweilige Verfügungen, durch die der Garantiebank im Inland die Auszahlung bei rechtsmissbräuchlicher Anforderung[504] untersagt werden soll. Für eine einstweilige Verfügung, die der Bank den Regress beim Auftraggeber untersagt, fehlt der Verfügungsgrund[505]; ebenso fehlt der Arrestgrund, wenn als Folge einer Arrestpfändung des Auszahlungsanspruchs aus einer Bankgarantie die Garantiesumme von der Bank hinterlegt worden ist[506]. **79**

g) **Garantiefall**. Bei der Garantie tritt als Parallelfrage zur Vorausklage bei der Bürgschaft die Frage nach der notwendigerweise vorherigen Inanspruchnahme eines leistungspflichtigen Dritten auf; sie ist weder in Analogie zu § 771 noch *per arg e contrario* zu lösen, sondern nur im Wege einer (gegebenenfalls ergänzenden) Vertragsauslegung zu finden[507]. Die größte Bedeutung hat in diesem Zusammenhang die Bankgarantie *„Zahlung auf erstes Anfordern“*[508]. Nach dem Garantievertrag **80**

498 So auch LG Frankfurt/M ZIP 1983, 1322 = WM 1984, 86 mit der unrichtigen Begründung eines „stillschweigenden“ Aufrechnungsausschlusses.

499 BGHZ 94, 167 = WM 1985, 684 = NJW 1985, 1829 = JZ 1986, 997 (zust Pleyer) = JR 1986, 59 (Rehbein) = BB 1985, 1490 = DB 1985, 1689 = ZIP 1985, 729 = WuB I K 3 – 4.85 (Nielsen); dazu auch Rümker ZGR 1986, 332.

500 Dazu ausf Hadding/Häuser/Welter, BJM-Gutachten S 720ff. Dafür Saarbrücken WM 1981, 275, 277; Frankfurt/M WM 1983, 575, 576 = ZIP 1983, 556; LG Braunschweig WM 1981, 278; LG Dortmund WM 1981, 280; LG Köln WM 1982, 438 = ZIP 1982, 433. Dagegen Stuttgart WM 1981, 631 = NJW 1981, 1913; Frankfurt/M WM 1981, 1914; Frankfurt/M BauR 1988, 732, 733; LG München WM 1981, 416, 417; LG Dortmund WM 1988, 1695 = WuB I K 3 – 2.89 (Jedzig); dazu Graf von Westphalen WM 1981, 302; Heinsius, Festschr für Werner, 1984, S 229; MünchKomm/Habersack Rz 35 vor § 765 mweitNachw Fn 143. Vgl zu den Eilverfahren auch Nielsen ZIP 1982, 253, 262 u 263 mit Recht krit zu LG Frankfurt/M WM 1981, 284.

501 Zu den verschärften Anforderungen an die Glaubhaftmachung in solchen Fällen vgl Saarbrücken WM 1981, 275.

502 S Mühl, Festschr für Zajtay S 405.

503 S dazu Graf von Westphalen WM 1981, 303; Schütze DB 1981, 779.

504 S oben Rz 76.

505 Frankfurt/M NJW-RR 1987, 1264 = WM 1988, 1480 = WuB I K 3 – 5.88 (Jedzig).

506 LG Duisburg WM 1988, 1483, 1484 f = WuB I K 3 – 6.88 (Blau).

507 Zu den verschiedenen Vereinbarungen über den Garantiefall s Hadding/Häuser/Welter, BJM-Gutachten S 695 ff.

508 Dazu Hadding/Häuser/Welter, BJM-Gutachten S 697 f.

hat der Garant zu leisten, wenn sich das – im Anschluss an die versicherungsrechtliche Terminologie sog (vermögenswerte) Interesse des Vertragspartners nicht verwirklicht (Garantiefall)[509]. Schadensersatz ist hier primärer Vertragsgegenstand (nicht Leistungssurrogat)[510]. Der Garant trägt das Risiko des Eintritts des Garantiefalls und gegebenenfalls der Höhe der Schadensersatzleistung (im Rahmen der Garantiezusage). Da es sich nicht um einen Erfüllungs-, sondern um einen Schadensersatzanspruch handelt, sind für den Umfang der Verpflichtung die Grundsätze des Schadensersatzrechts anwendbar[511]. Bei einem schadensursächlichen Mitverschulden des Gläubigers gilt § 254, ebenso auch der Grundsatz, dass niemandem Schadensersatz für Verluste zusteht, die er sich selbst zuzuschreiben hat[512]. Gegenüber dem Sicherungszweck ist das Garantieversprechen unselbständig, es setzt die Sicherungscausa voraus[513]. Ebenso wie im Privatversicherungsrecht kommt es dabei nicht auf die objektive, sondern die subjektive Ungewissheit der Parteien an.

81 h) **Inhalt des Garantievertrages**. Der Inhalt des Garantievertrages[514] – gesetzlich zwar anerkannt (vgl § 648 a Abs 2 Satz 1), aber nicht ausgeformt – bedarf der Präzisierung: Eine zwischenzeitliche Risikoerhöhung (zB eine Rangverschlechterung der Hypothek bei der Ausbietungsgarantie)[515] lässt jedenfalls dann den Garantiefall nicht eintreten, wenn sie für dessen Eintritt kausal ist[516] und sie vom Garantienehmer zu vertreten ist[517]; naturgemäß kann nach dem Inhalt des Vertrags eine Risikoerhöhung eingeschlossen sein. Auch für die Frage, ob die Herbeiführung des Garantiefalls durch den Garantienehmer zur Leistungsfreiheit des Garanten führt, ist nach dem besonderen Inhalt des einzelnen Garantievertrages zu entscheiden[518]. Schließlich ist auch die Frage danach, ob sich der Garantienehmer die Vorteile anrechnen lassen muss, die er mit dem Eintritt des Garantiefalls oder mit der Ersatzleistung erhält, von der konkreten Parteivereinbarung abhängig; jedenfalls ist die Vorteilsausgleichung[519] hier nicht generell ausgeschlossen. Einwendungen aus dem gesicherten Schuldverhältnis sind dem Garanten regelmäßig versagt[520], soweit der Vertrag nicht ein anderes ergibt[521]. Wird nach Eintritt des Garantiefalles „Zahlung auf erstes Anfordern" die Garantieverpflichtung zwischen Gläubiger und Schuldner ermäßigt, so wirkt dies auch zugunsten des Garanten[522]. Bestritten ist, ob die Hauptforderung – sei es analog § 774, sei es nach allgemeinen Rechtsgrundsätzen – kraft Gesetzes auf den zahlenden Garanten übergeht[523]. Die Frage ist zu bejahen, weil der Forderungsübergang nach § 774 mit dem Unterschied zur Bürgschaft (Abstraktheit und besonderer Sicherungszweck der Garantie) nichts zu tun hat, so dass es nicht darauf ankommt, ob der Übergang nach den Umständen des Falles als vereinbart anzusehen ist[524]. Der Garantieanspruch ist schließlich regelmäßig kein Nebenrecht im Sinne des § 401[525]. Der Garantieschein wird in der Regel als qualifiziertes Legitimationszeichen einzuordnen sein. Die kurzen Verjährungsfristen des Gewährleistungsrechts greifen für den Anspruch des Garantieempfängers nicht ein (regelmäßige Verjährungsfrist von 3 Jahren, § 195[526]);

509 Dazu Staud/Horn Rz 78 vor § 765.
510 RG JW 1939, 38; RGZ 51, 277.
511 BGH WM 1968, 680, 682; RGZ 137, 83, 84; MünchKomm/Habersack Rz 17 vor § 765.
512 BGH WM 1976, 977 mweitNachw; vgl auch RG WarnR 1908 Nr 494; RG JW 1937, 749, 751 (Carl).
513 Vgl BGH WM 1960, 18; RGZ 146, 120; RGZ 90, 415 = JW 1918, 36 (Oertmann).
514 Dazu Hadding/Häuser/Welter, BJM-Gutachten S 683.
515 Vgl dazu RG JW 1931, 520.
516 Vgl BayObLGZ 9 (1908), 61, 71.
517 Vgl aber BGH NJW 1960, 1567 = LM Nr 4 zu § 765.
518 Vgl BGH WM 1955, 265 = LM Nr 1 zu § 765 = BB 1954, 1044; BGH NJW 1960, 1567 = LM Nr 4 zu § 765.
519 Dazu Soergel/Mertens Rz 205 ff vor § 249.
520 BGH WM 1959, 884; WM 1955, 265 = LM Nr 1 zu § 765 = BB 1954, 1044; Hamburg JW 1934, 1925 (Oertmann) = HRR 1934 Nr 1108; Staud/Horn Rz 76 vor § 765. S auch oben Rz 75.
521 Vgl RG JW 1932, 1552.
522 BGH WM 1984, 633.
523 Dafür von Caemmerer, Festschr für Riese S 306; Larenz/Canaris, SchuldR II 2, 1994[13], § 64 III 3 c, S 77 mweitNachw in Fn 33; dagegen RG SeuffA 79 (1924) Nr 21; F Leonhard, SchuldR II, 1931, S 332; Bauer-Mengelberg, Bürgschaft, Schuldübernahme u Garantievertrag, 1930, S 45; Staud/Horn Rz 77 vor § 765; MünchKomm/Habersack Rz 19 vor § 765.
524 So noch RG SeuffA 79 (1924) Nr 21.
525 RGZ 60, 369, 371; RGZ 72, 138, 140; RG WarnR 1910 Nr 107 S 110 f; BayObLGZ 9 (1908), 61, 73; Hadding/Häuser/Welter, BJM-Gutachten S 716 f; Staud/Horn Rz 75 vor § 765.
526 Früher 30 Jahren.

häufig sind jedoch die Verjährungsfristen durch Parteivereinbarung (AGB) abgekürzt (vgl § 202[527]); auch kann sich aus dem Vertrag ergeben, dass bei Sachmängeln gegenüber dem Garanten die früher geltende sechsmonatige Verjährungsfrist des § 477 aF entsprechend gilt[528].

i) **Schriftform**. Der Garantievertrag bedarf **nicht** der Schriftform des § 766[529], auch dann nicht, wenn er sich auf die Erfüllung eines formbedürftigen Vertrags bezieht[530]. § 766 ist auch nicht auf die Leistungsgarantie entsprechend anzuwenden; denn es ist keine Notwendigkeit gegeben, den Garanten, wie den Bürgen, vor einer Erwartung zu schützen: der Schutzzweck des § 766 greift nicht ein[531]. Naturgemäß darf die Garantie nicht zur Umgehung anderer Formvorschriften (zB des § 311 b[532]) führen[533]. 82

j) **Entgeltlicher Garantievertrag**. Der entgeltliche Garantievertrag, der sich vom Versicherungsvertrag dadurch unterscheidet, dass das Einzelrisiko hier nicht in eine nach dem Gesetz der großen Zahl und den Regeln der Versicherungstechnik zum Ausgleich führende Gefahrengemeinschaft eingeordnet ist[534], kann gegenseitiger Vertrag sein, nämlich dann, wenn die Parteien von einer grundsätzlichen Äquivalenz von Leistung und Gegenleistung ausgehen. 83

k) **Abgrenzung zwischen Garantievertrag und Bürgschaft**. Die wichtige Abgrenzung zwischen Garantievertrag und Bürgschaft[535] ist selbstverständlich nicht lediglich nach den verwendeten Begriffen vorzunehmen. So bedürfen insbesondere die Worte „Gewähr“ oder „Garantie“ jeweils der Auslegung[536]. Denn eine Bürgschaft muss nicht ausdrücklich übernommen werden; vielmehr gelten auch für den Bürgschaftsvertrag die allgemeinen Auslegungsgrundsätze (§§ 133, 157)[537]. Je nach den Umständen des Falles kann der Verwendung des Begriffs Bürgschaft Bedeutung für die Bejahung einer Bürgschaftsverpflichtung zukommen, zB wenn rechtlich bewanderte Kaufleute die übernommene Verpflichtung als Ausfallbürgschaft bezeichnen[538]. Auch die Verpflichtung zur Zahlung „auf erstes Anfordern“ kann bei klarem Wortlaut der Urkunde als Bürgschaft ausgelegt werden[539]. Andererseits ist beim Ausschluss sämtlicher Einwendungen aus dem Rechtsverhältnis zwischen Gläubiger und Schuldner eine Forderungsgarantie[540] anzunehmen[541]. Zwar kann der Bürge auf einzelne Einreden aus dem Hauptschuldverhältnis verzichten, ohne dass das Sicherungsverhältnis den Charakter der Bürgschaft verliert[542], doch führt der Verzicht auf sämtliche Einreden aus dem Hauptschuldverhältnis zur „Mutation“ des Sicherungsverhältnisses in einen (nicht akzessorischen) Garantievertrag[543]. Wenn man den Garantievertrag in seinem Kern auch als gläubigerbezogen anzusehen hat, so vermag die Interessenlage allein kein hinreichendes 84

527 Früher § 225 Satz 2.
528 BGH NJW 1981, 2248, 2249 = LM Nr 33 zu § 477; zur Verjährung der Garantieforderung Hadding/Häuser/Welter, BJM-Gutachten S 714.
529 RGZ 61, 157, 160; RG Recht 1911 Nr 2726; Staud/Horn Rz 82 vor § 765.
530 § 344 findet entgegen RG JW 1925, 1110 auch keine entsprechende Anwendung.
531 **Abweichend** von Caemmerer, Festschr für Riese S 305.
532 Früher § 313.
533 RG JW 1925, 1110.
534 Bruck/Möller VVG § 1 Bem 4; Prölss/Martin VVG Vorbem II.
535 Dazu ausf Hadding/Häuser/Welter, BJM-Gutachten S 700–710; s auch Staud/Horn Rz 79 vor § 765.
536 BGH NJW 1960, 1567 = LM Nr 4 zu § 765; vgl auch LG Frankfurt/M NJW 1963, 450.
537 Motive II, S 660; BGH WM 1995, 331 = NJW 1995, 959 = ZIP 1995, 274 = BB 1995, 479 = DB 1995, 1271 = MDR 1995, 346 = LM Nr 97 zu § 765 = EWiR 1995, 346 (Bülow); BGH WM 1992, 177, 178 = NJW 1992, 1448 = BB 1992, 164 = WuB I F 1 a – 5.92 (v Heymann); BGHZ 25, 318, 319 = WM 1957, 1430 = NJW 1957, 1873 = JZ 1957, 755 = BB 1957, 1245 = LM Nr 2 zu § 765 (Rietschel); BGH WM 1957, 876; RGZ 71, 113, 115; Staud/Horn § 765 Rz 18 f.
538 BGH WM 1975, 348, 349.
539 BGHZ 74, 244, 246 f = WM 1979, 691 = NJW 1979, 1500 = LM Nr 27 zu § 765 = MDR 1979, 838 = JZ 1979, 442 = BB 1979, 907 = DB 1979, 1650 = BauR 1979, 442; BGH WM 1976, 422 = LM Nr 16 zu § 766 = MDR 1976, 662 = JZ 1976, 317 = JR 1976, 288 = DB 1976, 766 = KTS 1976, 296; Hamburg VersR 1984, 170 mweitNachw. S dazu auch oben Rz 74.
540 Dazu Staud/Horn Rz 85 vor § 765 mweitNachw.
541 Vgl Frankfurt/M WM 1975, 45 = BB 1975, 985 (Marwede) = DB 1974, 2245.
542 BGH LM Nr 2 zu § 767; RGZ 153, 338 = JW 1937, 1410.
543 RGZ 163, 91, 99; RGZ 148, 65, 66 = JW 1935, 2625 (abl Schneider).

Unterscheidungsmerkmal zu liefern[544]. Das eigene sachliche Interesse des Verpflichteten an der Sicherstellung des Gläubigers bietet allenfalls einen ganz untergeordneten Anhaltspunkt für die Annahme eines Garantievertrages[545]. Es kommt darauf an, ob die Gewähr unabhängig von der Verpflichtung des Schuldners gegenüber dem Gläubiger übernommen wird[546]. Wird versprochen, dafür einzustehen, dass aus der Übernahme einer weiteren Stammeinlage kein Schaden erwachsen soll, so ist die Verpflichtung trotz der Verwendung des Begriffs „selbstschuldnerische Bürgschaft" als Garantievertrag auszulegen[547]. Sichert die Lieferfirma die einwandfreie Brennleistung eines Tunnelofens zu, so liegt die Übernahme einer Garantie vor[548]. Ebenso ist die Erklärung *„wir stehen dafür ein und garantieren"* zu beurteilen[549]. Die Klausel in einem formularmäßigen Bürgschaftsvertrag einer Bank, dass der Bürge auch dann der Bank auf Zahlung haftet, wenn mit dem Hauptschuldner ein Vergleich geschlossen wurde, ist als selbständige Garantie in einem formularmäßigen Vertrag gemäß § 307[550] unwirksam[551]. Das gilt auch, wenn sich eine von einer Teilzahlungsbank vorformulierte „Bürgschafts- und Garantieerklärung" infolge Ausschlusses der eine Bürgschaft kennzeichnenden wesentlichen Merkmale im Ergebnis als Garantie darstellt[552]. Zur Auslegung einer „Garantie-Erklärung" als Kreditbürgschaft s BGH WM 1980, 371.

85 l) **Unterscheidung gegenüber Vertragsstrafeversprechen**. Der Garantievertrag unterscheidet sich von Vertragsstrafeversprechen dadurch, dass ihm ein Sanktionszweck fremd ist[553]. Deswegen sind die Vorschriften über die Vertragsstrafe im Regelfall auch nicht entsprechend anwendbar. Die Abgrenzung kann insbesondere dann Schwierigkeiten bereiten, wenn der Garant für ein eigenes Verhalten[554] Garantie übernimmt.

3. Schuldbeitritt

Schrifttum: Westerkamp, Bürgschaft und Schuldbeitritt, Diss Marburg 1907; Reichel, Die Schuldmitübernahme (kumulative Schuldmitübernahme), 1909; Lippmann, Beiträge zur Theorie der Schuldübernahme des BGB, AcP 107 (1911), 1; Götze, Bürgschaft und kumulative Schuldübernahme, Diss Greifswald 1914; Reichel, Bürgschaft oder Schuldmitübernahme, Gruchot 61 (1917), 548; Bauer-Mengelberg, Bürgschaft, Schuldübernahme und Garantievertrag, 1930; Bindhardt, Die Auslegung von Willenserklärungen, mit denen Bürgschaft oder Schuldbeitritt gemeint sein kann, Diss Marburg 1932; Hubernagel, Die Abgrenzung von Bürgschaft und Schuldbeitritt aus der aktuellen und virtuellen Rechtslage, DGWR 1936, 409; Pegels, Das Verhältnis von Bürgschaft, Garantievertrag, Schuldbeitritt zueinander, Diss Erlangen 1936; Münzel, Die Abgrenzung von Bürgschaft und Schuldbeitritt aus der aktuellen und virtuellen Rechtslage, DGWR 1937, 94; Hentrich, Ein Beitrag zur Dogmatik und Abgrenzung schuldrechtlicher Sicherungstatbestände, insbesondere von Bürgschaft und Schuldbeitritt, Diss Jena 1940; Weigelin, Der Schuldbeitritt, 1941; Weimar, Bürgschaft, Schuldübernahme, Garantievertrag, 1979; Kohte, Die Stellung des Schuldbeitritts zwischen Bürgschaft und Schuldübernahme, JZ 1990, 997; Schmitz, Der Ausgleich zwischen Bürgschaft und Schuldbeitritt, in: Festschr für Merz, 1992, S 553; W Baumann, Zur Form von Schuldbeitritt und Schuldanerkenntnis, ZBB 1993, 171; Coester, Die Zahlungszusage auf der Baustelle, JuS 1994, 370; Kittlitz, Der vertragliche Schuldbeitritt, 1994; Bülow, Sicherungsgeschäfte als Haustür- oder Verbraucherkreditgeschäfte, NJW 1996, 2889; Tiedtke, Rechtsprechungsbericht: Die Rechtsprechung des BGH zum Personalkredit 1995–1996, WiB 1996, 982; Artz, Bürgschaft und Verbraucherkreditgesetz Zur Anwendbarkeit des VerbrKrG auf Bürgschaften unter Berücksichtigung der höchstrichterlichen Rechtsprechung zum Schuldbeitritt, VuR 1997, 227; Kurz, Schuldübernahme, Schuldbeitritt und das Verbraucherkreditgesetz, DNotZ 1997, 552; Schmidt-Burgk, Die Anwendung des Verbraucherkreditgesetzes auf Kreditsicherheiten, DB 1997, 513; Bülow/Artz, Folgeprobleme der Anwendung des Verbraucherkreditgesetzes auf Schuldbeitritt und andere Interzession, ZIP 1998, 629; Dazert, Mithaftung und Sukzession bei Verbraucherkreditverträgen, Diss Bonn 1998; Drebes, Sicherungsgeberschutz durch das Verbraucherkreditgesetz, DZWir 1998, 75; Fischer, Aktuelle

544 Hamburg JW 1934, 1924, 1925 (krit Oertmann); vgl BGH WM 1964, 61 = BB 1964, 193.
545 Larenz/Canaris, SchuldR II 2, 1994[13], § 64 III 3 a, S 76 f; BGH WM 1982, 632; BGH WM 1955, 265 = LM Nr 1 zu § 765 = BB 1954, 1044.
546 S BGHZ 74, 244, 246 = WM 1979, 691 = NJW 1979, 1500 = LM Nr 27 zu § 765 = MDR 1979, 838 = JZ 1979, 442 = BB 1979, 907 = DB 1979, 1650 = BauR 1979, 442; BGH WM 1979, 457.
547 BGH WM 1970, 159.
548 BGH WM 1973, 1322.
549 BGH WM 1968, 680.
550 Früher: AGB-Ges § 9.
551 AG Lahnstein NJW-RR 1988, 1269.
552 LG Köln NJW 1983, 892, 893; MünchKomm/Habersack Rz 44 vor § 765.
553 Vgl BGH NJW 1958, 1483; zur Vertragsstrafe BGH LM Nr 2 zu § 339; MünchKomm/Habersack Rz 45 vor § 765. S Rz 8 vor § 339.
554 BGH NJW 1958, 1483; RG JW 1913, 654.

Rechtsprechung des BGH zur Bürgschaft und zum Schuldbeitritt, WM 1998, 1705; ders, Aktuelle Rechtsprechung des Bundesgerichtshofs zur Bürgschaft und zum Schuldbeitritt, WM 1998, 1749; Scherer/Mayer, Anwendbarkeit des Verbraucherkreditgesetzes auf Personsicherheiten, DB 1998, 1217; Graf von Westphalen, Bürgschaft und Verbraucherkreditgesetz, DB 1998, 295; Auer, Kreditsicherheiten und Verbraucherschutz auf dem Prüfstand des Europarechts, ZBB 1999, 161; Bülow, Verbraucherkeditrichtlinie, Verbraucherbegriff und Bürgschaft, ZIP 1999, 1613; Pöggeler, Die Akzessorietät im Zivilrecht: Irrtümer und Wahrheiten, JABl 2001, 65; v Grigoleit/Herresthal, Der Schuldbeitritt, Jura 2002, 825; Heermann, Geld und Geldgeschäfte § 33; Bartels, Der vertragliche Schuldbeitritt im Gefüge gegenseitiger Schuldverhältnisse, 2005.

a) **Allgemeines**. Der im BGB nicht ausdrücklich geregelte, aufgrund der schuldrechtlichen Vertragsfreiheit aber ohne weiteres zulässige **Schuldbeitritt** (auch **Schuldmitübernahme** oder **kumulative Schuldübernahme** genannt)[555] unterscheidet sich von der Bürgschaft dadurch, dass er zwar zu seiner Entstehung die Schuld eines anderen voraussetzt, sich dann aber nach den Regeln der Gesamtschuld selbständig (nicht akzessorisch) fortentwickelt[556]. Der Schuldbeitritt kommt als solcher formfrei zustande, weil der Beitretende von Anfang an mit seiner Inanspruchnahme durch den Gläubiger rechnen muss und deshalb – anders als der Bürge (§ 766) – durch ein Formerfordernis nicht eigens gewarnt zu werden braucht[557]. Auch der Schuldbeitritt zu einem konstitutiven Schuldanerkenntnis (§ 781) bedarf nicht der Schriftform; denn die Formvorschrift des § 781 bezweckt nicht den Schutz des Schuldners vor Übereilung, sondern dient der Rechtssicherheit durch Schaffung klarer Beweisverhältnisse[558]. Auf den Schuldbeitritt ist auch § 776 nicht anwendbar; der Vertrag kann jedoch dahin auszulegen sein, dass der Beitretende nicht mehr soll in Anspruch genommen werden dürfen, wenn der Gläubiger dem Mitschuldner dessen Schuld erlässt oder eine Sicherheit aufgibt. Bei einem Schuldbeitritt kann sich der Beitretende im Innenverhältnis zum ursprünglichen Schuldner verpflichten, unbeschadet der gesamtschuldnerischen Haftung im Außenverhältnis die Verbindlichkeit gegenüber dem Gläubiger allein zu tragen[559]. Die in der Rechtsprechung zum AbzG entwickelten Grundsätze, wonach ein Schuldbeitritt zu einem unter das AbzG zu subsumierenden Vertrag nicht unter das AbzG fällt, sind auf das von seinem Schutzbereich her weiter gefasste VerbrKrG (jetzt §§ 491 ff) nicht anwendbar[560]. Wer einem Kreditverhältnis beitritt mit der Folge, dass er keinen eigenen Kreditgewährungsanspruch erwirbt, sondern nur das mit der bestehenden Kreditgewährung verbundene Risiko der Belastung mit einer langfristigen Rückzahlungsverpflichtung eingeht, ist im Sinne des VerbrKrG (der §§ 491 ff) mindestens ebenso schutzwürdig wie der Kreditnehmer selbst[561]. Zum Bereicherungsausgleich beim Schuldbeitritt s Staud[9]/Lorenz § 812 Rz 46 Abs 2. 86

b) **Abgrenzungsmerkmale**. Der Schuldbeitritt ist beim Darlehen nicht nur von der Bürgschaft, sondern auch von der gemeinsamen Darlehensaufnahme abzugrenzen, und zwar vor allem in den Fällen, in den die Beteiligten den Darlehensvertrag gemeinsam unterzeichnen. Von Mitdarlehensnehmern ist in aller Regel auszugehen, wenn die Personen ein eigenes Interesse an der Kreditgewährung haben, sich als Gesamtschuldner verpflichten und im Wesentlichen gleichberechtigt über die Verwendung der Darlehensvaluta entscheiden[562]. Zu seiner Wirksamkeit verlangt der Schuldbeitritt ein unmittelbares eigenes sachliches rechtliches oder wirtschaftliches Interesse des Beitretenden, während der Bürge ein ihm sachlich fremdes unterstützt[563]. Unmittelbar 87

555 Dazu Hadding/Häuser/Welter, BJM-Gutachten S 614 f; Staud/Horn Rz 99–101 vor § 765; Soergel/Zeiss Rz 5 ff vor § 414; Esser/Weyers, SchuldR II 1, 1998[8], § 40 V 3, S 359.

556 BGH WM 1976, 424, 425; differenzierend MünchKomm/Habersack Rz 11 ff vor § 765.

557 BGH WM 1993, 287 = NJW 1993, 584 mweit Nachw = BB 1993, 608 = LM Nr 23 zu § 781 (Pecher) = ZIP 1993, 100 = EWiR 1993, 245 (Blaurock) = JZ 1993, 54 – LS = JR 1993, 285 (Haase); Staud/Horn Rz 100 vor § 765; aA bzgl d Sicherungsbeitritts MünchKomm/Habersack Rz 15 vor § 765.

558 BGH WM 1993, 287 (= Fn 557).

559 BGH WM 1976, 1053, 1055.

560 Stuttgart NJW 1994, 867, 868.

561 Stuttgart NJW 1994, 867, 868.

562 BGHZ 146, 37, 41 = WM 2001, 402 = ZIP 2001, 189 = NJW 2001, 815 = WuB I F 1 c – 1.01 (Michalski).

563 BGH WM 1980, 1285, 1286 = NJW 1981, 47; BGH WM 1976, 1109, 1110 = DB 1976, 2349; BGH WM 1975, 348, 349; BGH WM 1968, 1200;

zufließende wirtschaftliche Vorteile oder ein sonstiges sachliches Interesse können auf den Willen schließen lassen, eine eigene selbständige unabhängige Verpflichtung zu begründen[564]. Im Zweifel ist Bürgschaft anzunehmen[565]. Der Begriff des eigenen, unmittelbaren, sachlichen Interesses hat als Abgrenzungsmerkmal zwar nur begrenzten Wert[566]. Es dient aber als wichtiger Anhaltspunkt dazu, den hypothetischen Parteiwillen zu erforschen und die Tendenz des Rechtsgeschäfts festzustellen[567]. Verwandten helfen zu wollen, stellt regelmäßig kein eigenes sachliches Interesse dar; auch nicht, einen Verwandten vor Strafanzeige zu schützen oder den Familienruf nicht zu gefährden[568]. Anders verhält es sich bei Ehegatten[569] oder bei dem Bestreben des Beitretenden, den Ruf des eigenen Namens nicht zu gefährden, wenn dieser Name Bestandteil der Firma einer GmbH ist[570]. Bei einer Mitverpflichtung des einkommens- und vermögenslosen Ehepartners eines Kreditnehmers bei einem Bankkredit ist bei der Prüfung eines möglichen Missverhältnisses zwischen Verpflichtung und Leistungsfähigkeit[571] darauf abzustellen, dass von ihm als Gesamtschuldner die volle geschuldete Leistung gefordert wird[572]. Die Übernahme vorehelicher Schulden des Mannes durch die Frau („*damit er nicht als Betrüger herumläuft*"), ist nach dem OLG Breslau[573] nur Bürgschaft, nicht Schuldbeitritt; die Erklärung der Frau, ihr Vermögen hafte für die Schulden ihres Mannes mit, kann lediglich die Verpflichtung bedeuten, die Zwangsvollstreckung zu dulden[574], nicht aber selbst zu haften. Konnte der Beitretende nicht erwarten, dass der Schuldner seine Schuld erfüllen werde, so liegt Schuldmitübernahme vor[575]. Ein unmittelbares Interesse ist anzunehmen, wenn dem Schuldübernehmer die Vorteile zugute kommen[576], von ihm Nachteile abgewendet werden[577] oder er sich zur besseren Sicherung des Darlehnsgebers zum Empfang des Darlehens selbst bekennt[578] oder wenn er sich verpflichtet hat, den Schuldner von seiner Schuld zu befreien[579].

88 c) **Auslegungsgesichtspunkte**. Die Erklärung, durch die eine Verbindlichkeit übernommen wird, bedarf der Auslegung[580]. Insbesondere bedarf es der Klärung, ob Schuldbeitritt, Bürgschaft oder Garantievertrag vorliegt. Nur dann, wenn die Auslegung zu keinem eindeutigen Ergebnis führt und somit Zweifel bestehen bleiben, wie der Vertrag auszulegen ist, ist Bürgschaft anzunehmen[581]. Die hierbei verwendeten Ausdrücke sind nicht allein maßgebend[582]. Nur besonders wichtige Umstände rechtfertigen es, eine als Bürgschaft bezeichnete Erklärung als Schuldbeitritt auszulegen[583]. Andererseits darf man einen eindeutigen Schuldbeitritt nicht in eine Bürgschaft

BGH WM 1962, 550, 551 = LM Nr 7 zu § 133 (B) = MDR 1962, 567 = BB 1962, 497; BGH WM 1962, 576, 577; BGH WM 1961, 1129, 1130; BGH WM 1956, 1293, 1294; BGH WM 1955, 265, 266 = LM Nr 1 zu § 765 = BB 1954, 1044; RGZ 90, 415, 417 = JW 1918, 36 (Oertmann); RG JW 1930, 3478 (krit Titze) = LZ 1930, 1383; Breslau JW 1936, 2002; Soergel/Zeiss Rz 13 vor § 414.

564 RG HRR 1933 Nr 1003 mNachw.

565 BGH WM 1967, 341, 342 = NJW 1967, 1020 = LM Nr 13 zu § 765 = MDR 1967, 583 = BB 1967, 392; BGH WM 1975, 348; BGH WM 1976, 1109, 1110 = DB 1976, 2349; BGH WM 1985, 1417, 1418 = NJW 1986, 580 = LM Nr 44 zu § 765 = LM Nr 12 zu § 414 = MDR 1986, 223 = BB 1985, 2127 = ZIP 1985, 1485 = EWiR 1985, 953 (Tiedtke); BGH DB 1987, 1139; Soergel/Zeiss Rz 10 vor § 414; Titze in seiner Kritik an RG JW 1930, 3478 mNachw; s aber auch RG HRR 1936 Nr 790.

566 Vgl die Kritik von Titze in seiner Anm zu RG JW 1930, 3478.

567 BGH WM 1961, 1129, 1130; vgl auch Bauer/Mengelberg, Bürgschaft, Schuldübernahme u Garantievertrag, 1930, S 38.

568 RG JW 1921, 335.

569 Reichel Gruchot 61 (1917), 548.

570 BGH WM 1985, 1417, 1418 (= Fn 565).

571 Hierzu ausführlich BGH NJW 1993, 322, 323 f.

572 BGH NJW 1994, 1726, 1727 = ZIP 1994, 773 = EWiR 1994, 531 (Honsell) = DNotZ 1994, 547 = BB 1994, 1310 (Groeschke) = DB 1994, 2073.

573 OLG 20 (1909), 163 Fn 1.

574 Hamburg OLG 20 (1909), 236.

575 München SeuffA 72 (1916) Nr 116.

576 RGZ 71, 113, 118.

577 Reichel Gruchot 61 (1917), 548.

578 RG WarnR 1918 Nr 7.

579 Reichel Gruchot 61 (1917), 548.

580 BGH WM 1962, 550 = LM Nr 7 zu § 133 (B) = MDR 1962, 567 = BB 1962, 497; BGH WM 1962, 576, 577; BGH NJW 1968, 2332 = LM Nr 15 zu § 765 = LM Nr 1 zu § 773 = MDR 1969, 44 = JZ 1968, 795 = BB 1968, 1219; RG HRR 1936 Nr 790; MünchKomm/Habersack Rz 13 vor § 765.

581 BGH WM 1985, 1417, 1418 (= Fn 565); Hamm WM 1988, 899, 900 = NJW 1988, 3022 = NJW-RR 1989, 49 – LS = JuS 1989, 230 – LS (K Schmidt) = EWiR 1988, 889 (Bülow) = WuB IV A – 1.88 (Schröter).

582 RGZ 90, 415, 417 = JW 1918, 36 (Oertmann). Vgl auch oben Rz 84 und § 765 Rz 12.

583 BGH WM 1976, 1109, 1110 = DB 1976, 2349; vgl auch Hamm NJW 1993, 2625, 2626 (dazu Coester JuS 1994, 370).

„umdeuten", um sie dann wegen Formmangels für nichtig zu erklären[584]. Die Erklärung, *„ich komme persönlich für die Schulden meines Bruders auf"*, ist Bürgschaft[585] mit der Folge ihrer Nichtigkeit, wenn die Schriftform fehlt[586]. Ein Rechtsanwalt, der in einem Schriftsatz dem Rechtsanwalt des Prozessgegners erklärt, „ich mache mich für den Restbetrag stark", verbürgt sich damit für diesen Betrag[587]. Die Erklärung der Tante, sie verpflichte sich, für ihren Neffen zu einem bestimmten Zeitpunkt zu zahlen, und zwar an den Inhaber dieses Schuldscheins, stellt keinen Schuldbeitritt dar[588]. Ebenso wie eine Bürgschaft ist ein Schuldbeitritt auch für zukünftige Verbindlichkeiten möglich, wenn die Schulden genügend bestimmt sind[589]. Zur Frage, ob in der Zusage an den Baulieferanten wegen künftig entstehender Forderungen ein Kreditauftrag zu erblicken ist, vgl § 778 Rz 1 ff.

d) **Einzelfälle**. Umwandlung der Pfandhaftung in persönliche Haftung stellt eine Schuldübernahme dar. Haftet jedoch ein Dritter für die Schuld nicht, so stellt die Übernahme der persönlichen Haftung durch einen bisher nur dinglich oder sonst beschränkt Haftenden weder eine Bürgschaft noch eine Schuldmitübernahme dar[590]. Bestellung einer Hypothek ohne Bezugnahme auf Urkunden oder eine zu sichernde Forderung enthält nur die Übernahme der dinglichen Haftung[591]. Nur ein Wechselvertrag liegt vor, wenn sich jemand verpflichtet, die auf einen Dritten gezogenen Wechselakzepte als Aussteller und Garant zu unterzeichnen[592]. Das Versprechen, für die Verbindlichkeiten aus laufenden Wechseln einzustehen, kann dahin auszulegen sein, dass bis zur endgültigen Tilgung der Schuld aus dem zugrunde liegenden Vertrag gehaftet werden soll; die Verpflichtung erstreckt sich dann auch auf Prolongationswechsel[593]. Verpflichtet sich ein Grundstückseigentümer, für eine fremde Schuld eine Sicherungshypothek zu bestellen, so kann darin der Abschluss eines einseitig verpflichtenden schuldrechtlichen Vertrags zu erblicken sein[594]. Wird die Haftung für den Ausfall des Gläubigers bei einer Liquidation des Schuldners übernommen, so stellt dies keine Bürgschaft, sondern Schuldübernahme, abstraktes Schuldversprechen oder Garantievertrag dar[595]. Ebenso ist die Abrede zu beurteilen, dass die Kontoaufstellung des Gläubigers gelten solle, soweit nicht der Gegenbeweis geführt werde[596]. Der Schuldbeitritt zu der in einem Pachtvertrag übernommenen Getränkebezugsverpflichtung eines Gastwirts gegenüber einer Brauerei fällt unter AbzG § 1 c Nr 3 und ist für den nicht über sein Widerrufsrecht belehrten Beitretenden auch dann widerruflich, wenn der Gastwirt ordnungsgemäß belehrt worden ist und von seinem Widerrufsrecht keinen Gebrauch gemacht hat[597]. Überträgt im Rahmen einer Betriebsveräußerung der bisherige Gewerbetreibende die gemieteten Gewerberäume bei festgelegter Vertragsdauer auf seinen Nachfolger in Untermiete und übernimmt dieser dem Vermieter gegenüber eine „Garantie" für die Erfüllung der Pflichten aus dem Mietvertrag, so haftet er – auch wenn es sich dabei um einen Schuldbeitritt handelt – für die Miete auch über die Zeit seiner Untermiete hinaus für die Mietverbindlichkeiten des Hauptmieters[598]. 89

e) **Verbraucherkreditgesetz**[599]. Ein vereinbarter Schuldbeitritt ist kein Verbraucherdarlehensvertrag (§ 491 Abs 1) und auch keine entgeltliche Finanzierungshilfe (§ 499 Abs 1). Der BGH[600] wandte freilich das VerbrKrG in ständiger Rechtsprechung auf den Schuldbeitritt ent- 90

584 BGH WM 1971, 1411 = LM Nr 33 zu § 133 (C) = MDR 1972, 138 = BB 1972, 287.
585 RG JW 1908, 676; WarnR 1909 Nr 16; WarnR 1911 Nr 171; **aM** München 34 (1915), 77: Garantievertrag.
586 Hamm WM 1988, 899, 900 (= Fn 581).
587 AG Duisburg-Ruhrort AnwBl 1983, 517.
588 RGZ 71, 113.
589 BGH WM 1961, 1129, 1130.
590 BayObLG Recht 1922 Nr 839.
591 RG JW 1907, 513 = SeuffA 62 Nr 232; RG Recht 1911 Nr 2134.
592 Karlsruhe Recht 1907 Nr 2016.
593 BGH WM 1961, 1129, 1130.
594 RG HRR 1929 Nr 1571.
595 RG WarnR 1919 Nr 166.
596 Bendix JW 1906, 589.
597 BGHZ 107, 315, 318 = NJW 1990, 567, 570 = LM Nr 19 zu § 315 (Ca) = ZIP 1990, 103, 107.
598 Hamm WM 1970, 1285, 1286.
599 Vom 17. Dezember 1990 (BGBl I, S 2840) aufgehoben durch Ges. v 26. November 2001 (BGBl I, S 3138).
600 BGH WM 2000, 1799 = NJW 2000, 3496 = ZIP 2000, 1523 = LM Nr 6 zu VerbrKrG § 4 (Heidenhain) = WuB § 4 VerbrKrG 5.00 (Bülow/Artz); BGHZ 138, 321 = WM 1998, 1120 = ZIP 198, 949 (mAnm Bülow) = NJW 1998, 1939; BGHZ 134, 94 = WM 1997, 158 = NJW 1997, 654 = ZIP 1997, 197 = LM Nr 7 zu VerbrKrG

sprechend an, wenn der Beitritt zu einem Kreditvertrag im Sinn des VerbrKrG erfolgt ist. Zur Verbrauchereigenschaft (§ 13) stellte er auf die persönlichen Verhältnisse des Beitretenden und nicht auf diejenigen des Darlehensnehmers im Zeitpunkt der Mithaftungserklärung ab[601], so dass auch der Schuldbeitritt eines Verbrauchers zu einem gewerblichen Leasingvertrag erfasst wurde[602]. Auch der Schuldbeitritt zu einem Existenzgründungskredit wurde erfasst[603]. Der BGH[604] unterwirft den Schuldbeitritt denselben strengen Formanforderungen, wie sie für einen Darlehensvertrag gelten (§ 492 Abs 1). Das Formerfordernis diene der Information und Warnung des Verbrauchers und solle ihm die Entscheidung über die Ausübung des Widerrufsrechts erleichtern. Deshalb müssten auch einem Beitretenden sämtliche Kreditkonditionen klar und deutlich vor Augen geführt werden, einschließlich des effektiven Jahreszins (§ 492 Abs 1 Satz 5 Nr 5[605])[606]. Zwar soll der effektive Jahreszins in erster Linie einen Konditionenvergleich ermöglichen, was beim Beitritt zu einer bestehenden Kreditschuld ausscheidet. Die Analogie stützt sich aber auf den weitergehenden Schutzweck der Effektivzinsangabe. Der Verbraucher soll über den „Preis" für das Darlehen unter Einbeziehung sämtlicher relevanter Kosten informiert und vor dem Irrtum bewahrt werden, der angegebene Nominalzins drücke die effektive Zinsbelastung aus. Diese Informations- und Warnfunktion könne auch einen Beitretenden vor einer übereilten und unüberlegten Willenserklärung bewahren.

91 Grundsätzlich kann beim Schuldbeitritt der Formmangel gemäß § 494 Abs 2 Satz 1[607] durch Empfang des Darlehens geheilt werden. Die Heilung setzt aber trotz nur entsprechender Anwendung auf den Schuldbeitritt voraus, dass die Kreditmittel an den Beitretenden ausgezahlt worden sind; denn durch die Heilung solle der Betreffende nur vor deren sofortiger Rückerstattung geschützt werden[608]. Es reicht nicht aus, wenn der Beitretende aus der Auszahlung des Darlehens an den Kreditnehmer mittelbar Vorteile zieht[609].

92 Ist der Verbraucher erst künftig zu schließenden Kreditverträgen beigetreten, so beginnt die Widerrufsfrist gleichwohl schon im Zeitpunkt der Beitritterklärung[610].

4. **Patronatserklärung**

Schrifttum: Peltzer, Die Haftung der Konzernmutter für die Schulden ihrer Tochter..., AG 1975, 309; Schraepler, Patronatserklärung als Sicherheit, ZKredW 1975, 215; Mosch, Patronatserklärungen deutscher Konzernmuttergesellschaften und ihre Bedeutung für die Rechnungslegung, 1978 (Diss Berlin 1977); Schaffland, Patronatserklärungen – eine Untersuchung des Sicherheitscharakters und ihrer Auswirkungen auf die Rechnungslegung, BB 1977, 1021; Köhler, Patronatserklärungen als Kreditsicherheit: tatsächliche Verbreitung – wirtschaftliche Gründe – rechtliche Bedeutung, WM 1978, 1338; Sichtermann, Die Ausbietungsgarantie als Sicherungsmittel in der Grundstückszwangsversteigerung, 1978[4]; Stecher, „Harte" Patronatserklärungen, rechtsdogmatische und praktische Probleme, 1978; Möser, Patronatserklärung und Kreditwürdigkeit, DB 1979, 1469; Gerth, Atypische Kreditsicherheiten unter Berücksichtigung der Vorschriften über die Rechnungslegung, 1980[2]; ders, Atypische Kreditsicherheiten. Li-

§ 1; BGHZ 133, 71 = WM 1996, 1258 = ZIP 1996, 1209 (Wolf); dazu Bülow JZ 1997, 469; von Westphalen DNotZ 1998, 29: Schmid-Burgk DB 1997, 513; aA MünchKomm/Habersack Rz 15 vor § 765, der eine Anwendung der §§ 491 ff mit Ausnahme von §§ 492 Abs 1 Satz 5, 502 Abs 1 ablehnt.

601 BGHZ 133, 71 = WM 1996, 1258 = NJW 1996, 2156 = ZIP 1996, 1209 = LM Nr 5 zu VerbrKrG § 1 (Pfeiffer).

602 Koblenz WM 1998, 2157 = BB 1998, 914.

603 BGH WM 1997, 663 = NJW 1997, 1442 = ZIP 1997, 643.

604 BGH WM 1997, 2000 = NJW 1997, 3169 = ZIP 1997, 1694; BGH NJW 1997, 1443; BGH NJW 1997, 654.

605 Früher VerbrKrG aF § 4 Abs 1 Satz 4 Nr 1 e.

606 BGH WM 2000, 1799 = NJW 2000, 3496 = ZIP 2000, 1523 = LM Nr 6 zu VerbrKrG § 4 (Heidenhain) = WuB § 4 VerbrKrG 5.00 (Bülow/Artz); LG Köln WM 1998, 1393.

607 Früher VerbrKrG § 6 Abs 2.

608 BGHZ 134, 94 = WM 1997, 158 = NJW 1997, 654 = ZIP 1997, 197 = LM Nr 7 zu VerbrKrG § 1 (Wolf); dazu Bülow JZ37 krt 2 11997, 469; von Westphalen DNotZ 1998, 29; Naumburg NZG 1999, 30.

609 BGHZ 134, 94 = WM 1997, 158 = NJW 1997, 654 = ZIP 1997, 197 = LM Nr 7 zu VerbrKrG § 1 (Wolf); dazu Bülow JZ 1997, 469; von Westphalen DNotZ 1998, 29.

610 BGHZ 133, 220 =WM 1996, 1781 = NJW 1996, 2865 = ZIP 1996, 1657 = WuB § 7 VerbrKrG 1.97 (Kohler) = LM Nr 1 zu VerbrKrG § 1 (Ungeheuer).

quiditätsgarantien und Patronatserklärungen deutscher und ausländischer Muttergesellschaften, 1980[2]; van Venrooy, Probleme der Gläubigersicherung nach § 303 AktG, BB 1981, 1003; Gerth, Die Patronatserklärung im französischen Recht, RIW 1982, 477; Obermüller, Patronatserklärungen und kapitalersetzende Darlehen, ZIP 1982, 915; J Schröder, Die „harte Patronatserklärung" – verschleierte Bürgschaft/Garantie oder eigenständiger Kreditsicherungstyp?, ZGR 1982, 552; Kohout, Patronatserklärungen, Diss Mainz 1984; Gerth, Zur Rechtsentwicklung der französischen Patronatserklärung, RIW 1986, 13; U H Schneider, Kollektive konzernexterne und konzerninterne Patronatserklärungen, in: Festschr für Krümmel, 1988, S 351; ders, Patronatserklärungen gegenüber der Allgemeinheit, ZIP 1989, 619; Vorpeil, Garantievertrag und Patronatserklärung, NWB F 21, S 1089; Lenz, Akkreditive und weitere Zahlungssicherungen im Außenhandel, EuZW 1991, 297; Limmer, „Harte und weiche" Patronatserklärungen in der Konzernpraxis, DStR 1993, 1750; Vollmer, Haftungsrisiken aus konzerninternen Patronatserklärungen mit Managementklauseln, ZBB 1993, 89; Lwowski/Groeschke, Die Konzernhaftung der §§ 302, 303 AktG als typische Sicherheit?, WM 1994, 613; Michalski, Die Patronatserklärung, WM 1994, 1229; Wiedemann, Liquiditätszusagen des GmbH-Gesellschafters, ZIP 1994, 997; Bülow, Einführung in das Recht der Kreditsicherheiten, JURA 1995, 198; Jander/Hess, Die Behandlung von Patronatserklärungen im deutschen und amerikanischen Recht, RIW 1995, 730; Messer, Kreditbesicherung im Konzern, ZHR 159 (1995), 351; Ammelung/Sorocean, Patronatserklärungen zugunsten ausländischer Tochtergesellschaften, RIW 1996, 668; Fried, Die weiche Patronatserklärung, Diss Tübingen 1996; Habersack, Patronatserklärungen ad incertas personas, ZIP 1996, 257; Küffner, Patronatserklärungen im Bilanzrecht, DStR 1996, 146; Endell, Sind die privaten deutschen Großbanken „Gewährträger" ihrer Tochtergesellschaften, KW 1997, 12; Kaulbach, Patronatserklärungen in der Versicherungsaufsicht, VersR 1997, 286; Müller, Die Haftung der Muttergesellschaft für die Verbindlichkeiten der Tochtergesellschaft im Aktienrecht, ZGR 1997, 1; Wiegand (Hrsg), Personalsicherheiten, 1997; Fleischer, „Harte Patronatserklärung", EWiR 1998, 1107; Pesch, Patronatserklärungen im Geschäftsbericht von Banken, WM 1998, 1809; Thiekötter, Die Patronatserklärung ad incertas personas. Eine Untersuchung der Patronatserklärung in den Geschäftsberichten der Großbanken, Diss Regensburg 1998; Bernuth, Harte Patronatserklärungen in der Klauselkontrolle, ZIP 1999, 150; Fleischer, Harte Patronatserklärung, Reorganisationsverfahren im Chapter 11 USC, EWiR 1999, 305; ders, Konzernrechtliche Vertrauenshaftung, ZHR 158 (1999), 461; ders, Gegenwartsprobleme der Patronatserklärung im deutschen und europäischen Privatrecht, WM 1999, 666; Horn, Patronatserklärungen im Common law und im deutschen Recht. Eine rechtsvergleichende Darstellung der Verwendung von Comfort letters und Patronatserklärungen im englischen, australischen und deutschen Recht, Diss Frankfurt 1999; Schäfer, Die harte Patronatserklärung – vergebliches Streben nach Sicherheit, WM 1999, 153; Wolf, Erlöschen von Kreditsicherheiten Dritter nach US-amerikanischen Insolvenzrecht und Wirkungsanerkennung im Inland, IPRax 1999, 444; Haß, Zur internationalen Gerichtsstandsvereinbarung in einer Patronatserklärung, IPRax 2000, 494; Lwowski, Kreditsicherung, 2000[8], S 391; Maslaton, Rechtsfolgen kommunaler Patronatserklärungen, NVwZ 2000, 1351; Reinicke/Tiedtke, Kreditsicherung, 2000; Wolf, Das Statut der harten Patronatserklärung, IPRax 2000, 477; Koenig, EG-beihilfenrechtliche Anforderungen an Unterstützungsmaßnahmen eines öffentlichen Mutterunternehmens zugunsten seiner Tochtergesellschaften, ZIP 2001, 629; Kruse/Rosenberg, Patronatserklärungen in der M&A-Praxis und in der Unternehmenskrise, BB 2003, 641; Wittig, Moderne Patronatserklärungen; WM 2003, 1981; Heermann, Geld und Geldgeschäfte § 36; Loitz/Schulze, Jahresabschlussprüfung bei Vorliegen von Patronats-/Rangrücktrittserklärungen, DB 2004, 769; Marotzke, Die Patronatserklärung in der Krise, ZInsO 2004, 601; Koch, Die Patronatserklärung, 2005.

a) **Begriff.** In der Kreditpraxis hat sich als besondere Form der Sicherung die Patronatserklärung herausgebildet[611]. Es handelt sich um rechtsgeschäftliche Erklärungen, die meistens die **Muttergesellschaft** – der Patron – in einem Konzernverhältnis gegenüber einem Kreditinstitut **zugunsten einer Tochtergesellschaft** abgibt, die Kreditnehmerin des Kreditinstituts ist. Der rechtliche Gehalt solcher Patronatserklärungen ist je nach ihrem Inhalt sehr unterschiedlich[612]. Als Kreditsicherungsmittel heben sie sich von Bürgschaft und Garantie ab[613]; mit der Bürgschaft (und dem Versicherungsvertrag) ist ihnen im Wesentlichen nur der Sicherungszweck gemeinsam. Der Patron verpflichtet sich gegenüber dem Kreditinstitut zu bestimmten Maßnahmen in mehr oder weniger verbindlicher Form oder auch nur zu einem bestimmten Verhalten, das sich günstig auf die Voraussetzungen über die Rückzahlung des Kredits seitens der Tochtergesellschaft aus- 93

611 Dazu Staud/Horn Rz 118 vor § 765; Münch Komm/Habersack Rz 49 vor § 765; Hadding/Häuser/Welter, BJM-Gutachten S 618; Pal/Sprau Rz 21 vor § 765; Erman/E Herrmann Rz 25 vor § 765; Esser/Weyers, SchuldR II 1, 1998[8], § 40 V 4 (bis), S 359 f.
612 S unten Rz 94.
613 S auch Rz 95.

wirken soll[614]. Insofern bedeutet es für den Kreditgeber jedenfalls eine gewisse Sicherung. Einer der Hauptgründe für die Abgabe von Patronatserklärungen bildet – nachdem früher bestehende steuerrechtliche Beweggründe infolge Gesetzesänderung weggefallen sind[615] – das Nichtbestehen einer Pflicht zur Aufnahme in die Bilanz einer AG oder in den Geschäftsbericht. Die maßgeblichen Vorschriften sind HGB § 251 und § 285 Nr 3. In erster Linie kommt eine Anwendung von HGB § 251 in Betracht, weil als bilanzrechtlicher Gewährleistungsvertrag im Sinne dieser Vorschrift auch bürgschaftsähnliche Rechtsverhältnisse anzusehen sind[616]. Bei Patronatserklärungen ist dies jedenfalls insoweit anzunehmen, als sich der Patron zu Geld- und Sachleistungen zwecks Befriedigung des Kreditgebers verpflichtet[617]. Eine mit „Patronatserklärung" überschriebene Vereinbarung, in der „die gesetzliche Haftung" für die Schulden eines anderen übernommen wird, ist eine Bürgschaft[618].

94 b) **Unterscheidung zwischen „harten" und „weichen" Patronatserklärungen**. Abstufungen im Gehalt der Patronatserklärungen betreffen das Maß der rechtlichen Bindung und rechtfertigen eine Unterscheidung zwischen „harten" und „weichen" Patronatserklärungen[619]. Diese Unterschiede reichen von einer nur moralischen Verbindlichkeit, zB bei der Erklärung *„wir haben mit Rücksicht auf unser Ansehen Verbindlichkeiten unserer Tochter stets so betrachtet wie eigene Verbindlichkeiten"*[620], über die Auskunft, die nach den Grundsätzen in der Rechtsprechung zu § 675 Abs 2 zu beurteilen ist, dass die Leitung der Tochtergesellschaft das volle Vertrauen genieße[621], bis zu garantieähnlichen Formulierungen, dass es das Prinzip sei, die Bonität der Tochter aufrechtzuerhalten oder dass für eine erforderliche finanzielle Ausstattung der Tochter Sorge getragen würde[622]. Daneben stehen Patronatserklärungen, welche die Verpflichtung zur Bestellung einer Bürgschaft, Garantie oder Schuldübernahme enthalten[623]. Bei manchen Erklärungen lässt sich nur im Wege einer Auslegung klären, ob sie rechtliche Verbindlichkeit enthalten, zB bei der Erklärung der Muttergesellschaft, sie stehe jederzeit hinter der Tochtergesellschaft[624]. In Konzernen findet sich auch die Erklärung der Muttergesellschaft gegenüber dem Kreditgeber, dass sie den mit ihrer Tochter abgeschlossenen Beherrschungs- oder Gewinnabführungsvertrag nicht ohne vorherige Zustimmung des Kreditinstituts auflösen oder abändern werde (vgl AktG § 291). Aufgrund dieser Erklärung haftet die Muttergesellschaft zwar nicht unmittelbar für die Schulden der Tochtergesellschaft. Jedoch besteht für die Dauer des Vertragsverhältnisses eine mittelbare Haftung aufgrund der AktG §§ 300 ff. Insbesondere besteht aufgrund von AktG §§ 302 ff eine Pflicht zum Ausgleich des Jahresfehlbetrages[625]. Eine Übersicht über das zu den einzelnen Patronatserklärungen vorliegende Schrifttum ergibt, dass zahlreiche Unterschiede zwischen den einzelnen Formulierungen der Patronatserklärungen festzustellen sind, und jedenfalls von mehr als zehn verschiedenen „Grundformen" ausgegangen werden kann. Beispielsweise haftet aufgrund einer „harten" Patronatserklärung der Erklärende bei Insolvenz des Schuldners, für den die Erklärung

614 Über die Beweggründe ausländischer Gesellschaften zur Abgabe von Patronatserklärungen s Käser, in: Bergström/Schultsz/Käser, Garantieverträge S 51, 53. S auch unten Rz 95.

615 S Gerth, Atypische Kreditsicherheiten. Liquiditätsgarantien und Patronatserklärungen deutscher und ausländischer Muttergesellschaften, 1980², S 38; Obermüller ZGR 1975, 2; Stecher, „Harte" Patronatserklärungen, 1978, S 4.

616 S auch Mosch, Patronatserklärungen, Diss Berlin 1977, S 169 ff.

617 Vgl auch Obermüller ZGR 1975, 38 ff, auch zur Bilanzierungspflicht bei anderen Unternehmensformen; Gerth, Atypische Kreditsicherheiten, 1980², S 322 anhand von Beispielen.

618 Köln EWiR 1986, 567 (E Schneider).

619 BFH DB 2007, 492; BGHZ 117, 127; dazu Loitz/Schulze DB 2004, 796. Zu einer „weichen" Patronatserklärung s Karlsruhe BB 1992, 2097 ff.

620 S Obermüller ZGR 1975, 15: zur Grundform 4; Gerth, Atypische Kreditsicherheiten, 1980², S 52; zu Beispiel 3 vgl auch Mosch, Patronatserklärungen, Diss Berlin 1977, S 43.

621 S Obermüller ZGR 1975, 4: zur Grundform 1.

622 S Obermüller ZGR 1975, 20 ff: zu den Grundformen 6 u 7; Gerth, Atypische Kreditsicherheiten, 1980², S 141; Mosch, Patronatserklärungen, Diss Berlin 1977, S 59.

623 Vgl die Beispiele bei Stecher, „Harte" Patronatserklärungen, 1978, S 15.

624 S Gerth, Atypische Kreditsicherheiten, 1980², S 137: zu Beispiel 9; Canaris, Die Vertrauenshaftung im deutschen Privatrecht, 1971, S 368 mit Recht verneinend.

625 S dazu Rümker WM 1974, 990, 993; Gerth, Atypische Kreditsicherheiten, 1980², S 195.

abgegeben worden ist, neben und nicht nach diesem[626]. Auf den Schadensersatzanspruch aus einer solchen Verpflichtung ist im Insolvenzverfahren über das Vermögen des Erklärenden InsO § 42[627] anzuwenden[628].

c) **Erfüllungs- und Schadensersatzansprüche**. Es hängt von dem Inhalt der betreffenden Patronatserklärung ab, ob ein Erfüllungsanspruch besteht und auf welches Ziel er gerichtet ist. Im Schrifttum wird daher bei den einzelnen Patronatserklärungen jeweils geprüft, inwieweit Erfüllungs- oder Schadensersatzansprüche in Frage kommen. Soweit lediglich eine Auskunft über die Beteiligung an der Tochtergesellschaft erteilt ist, kommt bei nachträglicher Unrichtigkeit unter Umständen ein Anspruch auf Richtigstellung in Betracht[629]. Bei einer Erklärung, für die Ausstattung der Tochter Sorge tragen zu wollen, damit diese ihre Verpflichtungen aus dem Kreditverhältnis zu erfüllen vermag, stellt sich die Frage, worauf ein Klageantrag gerichtet werden kann. Wenn es sich um mehr als eine bloße „Bemühensverpflichtung" handeln soll[630], dann müssen dem Patron Wahlmöglichkeiten offengelassen werden. Er trägt auch das „Weiterleitungsrisiko" und muss dafür einstehen, dass die Tochter aufgrund der geleisteten „Ausstattung" an den Gläubiger die geschuldete Leistung erbringt. *Gerth*[631] verneint daher die Möglichkeit, eine Erfüllungsklage zu erheben. Dasselbe wird angenommen, wenn nur eine allgemeine Liquiditätszusage vorliegt. Es kommen dann nur Schadensersatzansprüche wegen Verzuges oder wegen Nichterfüllung der Ausstattungsverpflichtung in Betracht[632]. Die Verpflichtung, einen Beherrschungs- oder Gewinnabführungsvertrag nicht aufzulösen oder zu kündigen, kann einen Anspruch auf Unterlassung rechtfertigen[633]. 95

d) **Abtretung, Pfändung, Verpfändung**. Tritt das Kreditinstitut seine gegen die Tochter gerichtete Forderung an einen Dritten ab, so geht der aufgrund der Patronatserklärung bestehende Anspruch nicht in entsprechender Anwendung des § 401 mit über[634]. Insofern ist die Rechtslage ebenso wie bei Garantieverträgen zu beurteilen[635]. Soweit ein Schadensersatzanspruch noch nicht entstanden ist, gelten für die Pfändung der Rechte aus der Patronatserklärung die ZPO §§ 857 ff[636]. Für die Verpfändung sind die §§ 1274 Abs 1, 1280 maßgebend. 96

e) **Einzelfälle**. Während bei dem mit einem Gastwirt abgeschlossenen Automatenaufstellungsvertrag in der Klausel, der Gastwirt werde dafür sorgen, dass sein Nachfolger in den bestehenden Vertrag eintrete, eine vertragliche Nebenpflicht, nicht eine Garantie erblickt worden ist[637], wird im Schrifttum bei Patronatserklärungen die Auffassung vertreten, dass eine solche Erklärung eines Patrons als eine einseitige Verpflichtung eigener Art zu beurteilen ist[638]. Der BGH hat die Äußerung eines Dritten, er „stehe hinter dem Schuldner", nicht als geeignet angesehen, dessen persönliche Haftung herbeizuführen[639]. Eine Muttergesellschaft dagegen, die ihrer Tochtergesellschaft Kredit gewährt, wird durch die Erklärung gegenüber der Bank: *„Im übrigen verpflichten wir uns Ihnen gegenüber uneingeschränkt, dafür Sorge zu tragen, dass der jeweilige Kredit einschließlich Zinsen und Nebenkosten von unserer Tochtergesellschaft fristgerecht zurückgeführt wird. Wir werden unsere Toch-* 97

626 BGH WM 1992, 501, 503 mweitNachw= NJW 1992, 2093 = LM Nr 57 zu § 305 (Geimer) = WuB I F 1 c – 1.92 (Obermüller).
627 Früher KO § 68.
628 BGH WM 1992, 501, 503 f mweitNachw = NJW 1992, 2093 = LM Nr 57 zu § 305 (Geimer) = WuB I F 1 c – 1.92 (Obermüller).
629 Vgl Gerth, Atypische Kreditsicherheiten, 1980², S 65; Mosch, Patronatserklärungen, Diss Berlin 1977, S 52, 68 ff. Vgl dazu auch Soergel¹¹ § 676 Rz 14.
630 S dazu Rümker WM 1974, 990, 992.
631 Atypische Kreditsicherheiten, 1980², S 147; auch Mosch, Patronatserklärungen, Diss Berlin 1977, S 113.
632 Vgl Gerth, Atypische Kreditsicherheiten, 1980², S 153 ff; Obermüller ZGR 1975, 28.
633 Vgl Rümker WM 1974, 990, 995; Gerth, Atypische Kreditsicherheiten, 1980², S 216, beide auch zu der Frage eines Schadensersatzanspruches.
634 S Obermüller ZGR 1975, 34.
635 Vgl oben Rz 81.
636 Vgl Obermüller ZGR 1975, 34.
637 Celle NJW 1967, 1425.
638 Vgl Obermüller ZGR 1975, 25; Gerth, Atypische Kreditsicherheiten, 1980², S 144; s auch Rümker WM 1974, 990, 992.
639 BGH WM 1961, 1103, 1106; zustimmend Canaris, Vertrauenshaftung S 369; Gerth, Atypische Kreditsicherheiten, 1980², S 139.

tergesellschaft finanziell so ausgestattet halten, dass sie jederzeit in der Lage ist, ihren Verpflichtungen Ihnen gegenüber nachzukommen." der Bank gegenüber unmittelbar verpflichtet[640]. Durch die einer Patronatserklärung vergleichbare Finanzierungszusage gegenüber einem Dritten verpflichtet sich der Schuldner nur, für die Zahlungsfähigkeit des zu finanzierenden Unternehmens zu sorgen. Dagegen übernimmt der Schuldner ohne besondere Vereinbarung nicht zugleich die Verpflichtung, für die Zahlungswilligkeit des Unternehmens einzustehen; insbesondere ist er nicht verpflichtet, darauf hinzuwirken, dass das zu finanzierende Unternehmen seine vertraglichen Verpflichtungen gegenüber dem Dritten erfüllt[641].

5. **Delkredere**

Schrifttum: M a s i n g , Die Delkderevereinbarung nach § 86 b III HGB, BB 1995, 2589.

98 Delkredere[642] bedeutet das Einstehen für die Erfüllung der Verbindlichkeit eines Dritten und ist beim Kommissionsgeschäft und beim Recht des Handelsvertreters gesetzlich geregelt. Beim Kommissionär ist die von ihm gegenüber dem Kommittenten übernommene Delkrederehaftung (HGB § 394) als eine bürgschaftsähnliche Einstandspflicht für die Erfüllung der Verbindlichkeit des Dritten aus dem Ausführungsgeschäft zu qualifizieren[643]. Der Kommittent ist nicht Gläubiger des Dritten aus dem Ausführungsgeschäft, so dass die Annahme einer Bürgschaft ausscheidet[644]. Die Haftung ist aber bürgschaftsähnlich. Bei der Delkrederehaftung des Handelsvertreters (HGB § 86 b) ist im Einzelfall zu prüfen, ob eine Bürgschaft oder eine Garantie vorliegt[645]. Ist die **Haftung für die Zahlung eines Dritten** übernommen worden, handelt es sich um eine Bürgschaft[646]. Ist der Handelsvertreter Minderkaufmann, kann er die Einrede der Vorausklage geltend machen[647]. Die Übernahme der Delkrederehaftung bedarf beim Handelsvertreter stets der Schriftform (HGB § 86 b Abs 1 Satz 3). Ist das Delkredere nur für den Ausfall übernommen, so setzt die Geltendmachung voraus, dass der Mindestbetrag des Ausfalls feststeht[648]. Zur Sittenwidrigkeit einer Delkrederehaftung des Factors bei einem Factoringvertrag s Koblenz WM 1988, 45.

6. **Kreditauftrag**

Schrifttum: F o e r s t e r , Der Kreditauftrag. Eine Studie nach römischem und neuem bürgerlichen Recht, 1903; F r e s e , Der Kreditauftrag, Diss Mainz 1966; W e i m a r , Die Abgrenzung des Kreditauftrages gegenüber der Bürgschaft, DB 1980, 676; B a n g e , Die Innenhaftunbg der Gesellschafter bei eigenkapitalersetzenden Darlehen und Sicherheiten, DB 1997, 1755; G i e s e n , Grundsätze der Konfliktlösung im Besonderen Schuldrecht: Die Bürgschaft; JURA 1997, 122.

99 Der Kreditauftrag (§ 778)[649] ist ein Auftrag (regelmäßig ein solcher im Sinne des § 662, jedenfalls aber ein Geschäftsbesorgungsvertrag im Sinne des § 675 Abs 1) mit dem Inhalt, einem Drit-

640 Stuttgart WM 1985, 455 = EWiR 1985, 669 (Horn) = WuB I F 1 c – 1.85 (Schröter).

641 Düsseldorf WM 1989, 1642 ff = NJW-RR 1989, 1116 = WuB IV A – 2.90 (Schröter); dort auch zur sogenannten Sachwalterhaftung (BGHZ 56, 81, 85 = WM 1971, 592; BGHZ 70, 337, 341 = NJW 1978, 1374) des Schuldners einer Patronatserklärung, wenn sich Bedenken ergeben, ob das zu finanzierende Unternehmen seine vertraglichen Verpflichtungen gegenüber dem Gläubiger der Finanzierungszusage erfüllen wird.

642 Dazu Hadding/Häuser/Welter, BJM-Gutachten S 671 f; Staud/Horn Rz 102 vor § 765.

643 Vgl MünchKommHGB/Häuser § 394 Rz 4.

644 Esser/Weyers, SchuldR II 1, 1998[8], § 40 V 1, S 358; str; vgl GroßkommHGB/Koller, 1985[4], § 394 Rz 2; Heymann/Herrmann HGB, 1990, § 394 Rz 2.

645 GroßkommHGB/Brüggemann § 86 b Rz 3; Heymann/Sonnenschein HGB § 86 b Rz 4; zur Wirksamkeit der Bürgschaft eines Vermittlers von finanzierten Abzahlungskäufen, mit der er das Risiko der Teilzahlungsbank übernimmt, dass der Abzahlungsverkäufer den Verpflichtungen aus einem Kreditrahmenvertrag nicht nachkommt, s Frankfurt/M WM 1988, 1045 = WuB IV D – 1.88 (Emmerich); BGH WM 1988, 1048 f = WuB IV D – 1.88 (Emmerich).

646 RG HRR 1935 Nr 1054; RGZ 107, 194 ff: Haftung des Generalagenten für seine Untervertreter.

647 Nürnberg BayJMBl 1956, 115; vgl auch GroßKommHGB/Brüggemann § 86 b Rz 2.

648 Hamburg OLG 36 (1917), 124.

649 Dazu Hadding/Häuser/Welter, BJM-Gutachten S 615 f; Frese, Der Kreditauftrag, Diss Mainz 1966; Esser/Weyers, SchuldR II 1, 1998[8], § 40 V 2, S 358 f; aus der älteren Lit Bendix ArchBürgR

ten im Namen und für Rechnung des Beauftragten Kredit zu gewähren. Auch der Kreditauftrag gehört zu den bürgschaftsähnlichen Rechtsgeschäften. Er ist formlos wirksam[650]. Der Auftraggeber haftet dem Beauftragten für die Verbindlichkeiten des Dritten wie ein Bürge; ihm steht also auch die Einrede des § 771 (ausgenommen die Fälle von HGB § 349) zu. Der Kreditauftrag hat eine Vermittlungs- und Sicherungsfunktion[651]. Zur Abgrenzung von der Kreditbürgschaft s oben Rz 22 ff; sonstige Abgrenzungen § 778 Rz 14.

7. **Versicherungsvertrag**

Schrifttum: Sieg, Neuere Rechtsprechung zum Insolvenzrecht im Blickpunkt der Versicherung, VersR 1992, 1161; Koch, Die Behandlung des Versicherungsvertrages im preußischen Allgemeinen Landrecht, VersR 1994, 629; Ramming, Die Mithaftungsklausel und die Haftung der Ladungsbeteiligten für die Fracht, VersR 1994, 522; Schünemann, Der Versicherungsvertrag, das unbekannte Wesen, JuS 1995, 1062; ders, Rechtsnatur und Pflichtenstruktur des Versicherungsvertrages, JZ 1995, 430; Schwintowski, Die Rechtsnatur des Versicherungsvertrages, JZ 1996, 702; Fritzsche/Schmidt, Eine neue Form der Versicherung, NJW 1999, 2998; Hoppmann/Moos, Rechtsfragen des Internet-Vertriebs von Versicherungsdienstleistungen, NVersZ 1999, 197; Reusch, Schriftformerfordernisse beim Abschluss von Versicherungsverträgen über das Internet, NVersZ 1999, 110; Hartwig/Möhrle, Der Versicherungsvertrag als Geschäftsbesorgungsvertrag mit Treuhandcharakter auf dienstvertraglicher Grundlage, VersR 2001, 35; Langheid/Müller-Frank, Rechtsprechungsübersicht zum Versicherungsvertragsrecht, NJW 2001, 111.

Der Versicherungsvertrag[652] setzt (im Gegensatz zur Bürgschaft) stets ein Entgelt (die Prämie) **100**
voraus[653]. Der Versicherungsvertrag unterscheidet sich aber weiterhin dadurch von der Bürgschaft, dass die Gefahrtragung durch den Versicherer als Hauptleistung übernommen wird und dass das Einzelrisiko in einer Gefahrengemeinschaft verwaltet wird[654].

Die Kreditversicherung[655] insbesondere die Warenkreditversicherung und die Vertrauens- **101**
schädenversicherung kann bürgschaftsähnliche Funktionen in abweichender rechtlicher Gestalt erfüllen. §§ 765 ff finden keine entsprechende Anwendung.

8. **Restfälle.** Beauftragt jemand aus eigenem Interesse einen Rechtsanwalt mit der Vertretung **102**
eines Dritten, so liegt nicht Bürgschaft, sondern Dienstvertrag vor[656]. Wer sich lediglich um ein bestimmtes Handeln eines Dritten zu bemühen verspricht, schließt einen Auftrag(svertrag). Die Verpflichtung zur Bestellung eines Pfandes für die Forderung eines Gläubigers gegen einen Dritten[657] und zur Stellung einer Barkaution[658] sind keine Bürgschaft.

VI. Geschichtliche Entwicklung der Bürgschaft

Schrifttum: Rechtsquellen: Gaius inst 3.115 ff; D. 46.1; C. 8.40. – Ältere Literatur bei Windscheid/Kipp, Lehrbuch des Pandektenrechts II, 1906[9], S 1070; William Burge, Commentaries on the Law of Suretyship, 1849; Girtanner, Die Bürgschaft nach gemeinem Civilrecht, 1850–51; Hasenbalg, Die Bürgschaft des gemeinen Rechts, 1870; Büttner, Die Haftung des Bürgen nach gemeinem Recht und dem Recht des BGB, Diss Greifswald 1899; Levy, Sponsio, fidepromissio, fideiussio, 1907; Mitteis, Über die Herkunft der Stipulation, Eine Hypothese, in: Aus römischem und bürgerlichem Recht, Festschr für Bekker, 1907, S 109 ff; Beyerle, Der Ursprung der Bürgschaft. Ein Deutungsversuch vom germanischen Recht her, SavZ GA 47, 1927, 567 ff (Nachdruck 1971); Lenel, Das Edictum perpetuum, 1927, S 214 ff; Flume, Stu-

20 (1902), 155; Eccius Gruchot 46, 55; Lippmann JherJb 48 (1904), 315; Weidemann ZHR 53 (1903), 429.

650 RGZ 50, 160; zur Umdeutung einer formnichtigen Bürgschaft in einen Kreditauftrag BGHZ 19, 269, 275 = NJW 1956, 297, 298; MünchKomm/Habersack § 778 Rz 8; Zeiß WM 1963, 906; Schütze WM 1963, 1051.

651 RGZ 87, 144, 147.

652 Zur Forderungsversicherung Staud/Horn Rz 131 vor § 765.

653 Bruck/Möller VVG § 1 Bem 34 ff; Prölss/Martin VVG § 1 Bem 1 Abs 2.

654 Prölss/Martin VVG Vorbem II; vgl Möller ZVersWiss 1962, 269; Schmidt-Rimpler VersR 1963, 493; Reimer Schmidt, FestG für Prölss, 1957, S 247.

655 Vgl von Halem, Kreditversicherung, 1964.

656 RG JW 1938, 2140.

657 RG WarnR 1909 Nr 207.

658 RG WarnR 1909 Nr 207.

dien zur Akzessorietät der römischen Bürgschaftsstipulationen, 1932; C o i n g , Die Frankfurter Reformation von 1578 und das Gemeine Recht ihrer Zeit, 1935; d e M a r t i n o , Le garanzie personali dell'obbligazioni I, 1940; B u c k l a n d , Principal and fideiussor. Consumptio litis, in: The Juridical Review (Edinburgh) 53 (1941), 281 ff; P e t e r k a , Zur deutschen Bürgschaft im Rezeptionszeitalter, in: Festschr für Zycha, 1941, S 337 ff, 363 ff; S e g r è , In materia di garanzie personali, BIDR 42, 1943, 497 ff; Karl M e i s t e r , Die Freundschaft bei den Griechen und Römern, Gymnasium 57 (1950), 5 ff; L e v y , Principal and Surety in Classical Roman Law, BIDR 14/15 (1951), 207 ff; S c h u l z , „Condictio indebiti" und die Accessorietät der „sponsio" und „fideiussio" (D. 12.6.47.), IURA 3 (1952), 15 ff; d e r s , Prinzipien des römischen Rechts, 1934 (Nachdruck 1954), S 160 f; S c h m e l z e i s e n , Polizeiordnung und Privatrecht, 1955, S 514 ff; K a u f - m a n n , Die Bürgschaft im Recht des Ingelheimer Oberhofes, SavZ GA 74 (1957), 198 ff; M e d i c u s , Zur Geschichte des s. c. Vellaeanum, 1957; M a r t i n , Das Bürgschaftsrecht Nord- und Ostdeutschlands im späten Mittelalter, Diss Frankfurt/Main 1960; T r i a n t a p h y l l o p o u l o s , La législation romaine sur le cautionnement, RH 39 (1961), 501 ff; E g g e r t , Die Bürgschaft im süddeutschen Recht des späten Mittelalters, 1962; K ü h l i n g , Die Klagenkonkurrenz im römischen Bürgschaftsrecht, Diss Göttingen 1962; F r e z z a , Le garanzie delle obligazioni I, corso 1962 (dazu: F l u m e SavZ RA 80 [1963], 487 ff; Triantaphyllopoulos JURA 14 [1963], 276 ff); M u c k e n h e i m , Die Bürgschaft in den Lübecker Ratsurteilen, 1964; S l o - v e n k o , Suretyship, Tulane Law Review 39 (1964–65), 427 ff; U E b e r t , Friedrich Schillers Ballade „Die Bürgschaft" im Lichte des Strafrechts, ZStW 108 (1966), 467; F e e n s t r a , Le caractère accessoire des différents types de cautionnement verbis en droit romain classique, in: Études Macqueron, 1970, S 301 ff; K a - s e r , Celsus D. 12.6.47 und die Akzessorietät der Bürgschaft, in: Festschr für Herdlitczka, 1972, S 143 = Ausgewählte Schriften II (Camerino 1976/77), S 363; „Les suretés personelles" in: Recueils de la société Jean Bodin pour l'histoire comparative des institutions, vols 28 (1974), 29 (1971), 30 (1969); W a l l i s e r , Das Bürgschaftsrecht in historischer Sicht, 1974; S c h u p p e n i e s , Die Bürgschaft im Bayerischen Landrecht, Diss Bamberg 1975; J o n e s , Roman law bases of suretyship in some modern civil codes, Tulane Law Review 52 (1977–78), 129 ff; M a i e r , Die Bürgschaft in süddeutschen und schweizerischen Gesetzbüchern (16.–18. Jh.), 1980 (dazu: W a l l i s e r , SavZ GA 99 [1982], 446 ff; W e s e n e r ZNR 1982, 69 ff); Z i m m e r m a n n , The Law of Obligations. Roman foundations of the Civilian Tradition, 1990, S 114 ff; – Zum **Zessionsregreß**: S c h u l z , Rückgriff und Weitergriff, 1907; W e s e n e r , Die Durchsetzung von Regreßansprüchen im Römischen Recht, Labeo 11 (1965), 341 ff; M e d i c u s , Der fingierte Klagenkauf als Denkhilfe für die Entwicklung des Zessionsregresses, in: Festschr für Kaser, 1976, S 391 ff; P r o v e r a , Riflessioni sul beneficium cedendarum actionum, Studi Sanfilippo IV, 1983, S 611 ff; – Zur **Interzession**: H a s e n b a l g , Beiträge zur Lehre von der Interzession, 1856; T a l a m a n c a , ArchGiur 143 (1952) 173 ff; V o g t , Studien zum SC Vellaeanum, 1952; K r e l l e r , Das Verbot der Fraueninterzession von Augustus bis Justinian, AnzAkWien, 1956, 1 ff; M e d i c u s , Zur Geschichte des SC Vellaeanum, 1957; H ü t t e m a n n , Die Bürgschaft im Babenhauser Recht des 14. und 15. Jahrhunderts, 1976; B a u t i s t a , L'interzession des femmes dans la législation de Justinien, RIDA 30 (1983), 81 ff; L e h n e r , SC Vellaeanum – Die Wiederkehr einer antiken Rechtsfigur im frühneuzeitlichen Recht, SavZ GA 105 (1988), 270 ff.; C o i n g , Europäisches Privatrecht, Band II, 19. Jahrhundert, 1989, S 494; H o p p e , Die Bürgschaft im Rechtsleben Hamburgs von 1600 bis 1900, 1997; M ö n - n i c h , Frauenschutz vor riskanten Geschäften. Interzessionsverbote nach dem Velleianischen Senatsbeschluß, 1999 (dazu T h e i s e n , SZ 118 [2001], 462); B r i g a g l i o , „Fideiussoribus succuri solet", 1999; E r n s t , Interzession: Vom Verbot der Fraueninterzession über die Sittenwidrigkeit von Angehörigenbürgschaften zum Schutz des Verbrauchers als Interzedenten, in: Festschrift für Seiler (Rechtsgeschichte und Privatrechtsdogmatik), 1999, S 395; S e g a r r a , Relaciones entre fianza y mandato en derecho romano, 1999; K o c h , Abschied vom senatus consultum Velleianum? Das Verschwinden und die Wiederkehr einer Rechtsregel, in: Colloquia für Dieter Schwab, 2000, S 27.

103 Das heutige Bürgschaftsrecht ist im Wesentlichen römischer Herkunft[659]. Der Personalkredit unter Verbürgung spielte im römischen Rechtsleben eine weitaus größere Rolle als der Realkredit[660]. Dies ist zum einen auf die Schärfe der römischen Personalvollstreckung zurückzuführen[661]. Zum anderen galten in der römischen Gesellschaftsordnung vielfältige außergesetzliche Treue- und Freundschaftspflichten, die es dem Einzelnen unmöglich machten, eine Verbürgung abzulehnen[662]. Es bereitete daher einem römischen Schuldner keine Schwierigkeiten, einen Bürgen zu finden. Diese Vorliebe des römischen Rechts für den Personalkredit führte zu einer sorgfältigen Ausarbeitung der Regelungen über die Bürgschaft.

659 Dazu Zimmermann, The Law of Obligations. Roman Foundations of the Civilian Tradition, Kapstadt 1990, S 114 ff.

660 Slovenko, Suretyship, Tulane Review 39 (1964/65), 427 f.

661 Kaser, Das römische PrivatR I, 1971², § 155 I 1.

662 Schulz, Prinzipien des Römischen Rechts (Nachdruck 1954) S 160 f.

Das entwickelte römische Recht kannte drei Bürgschaftsarten: **sponsio, fidepromissio** und **fideiussio**. Die **sponsio** ist als die älteste Form der Verbürgung für eine Schuldverpflichtung anzusehen. Da sie römischen Bürgern vorbehalten war, entwickelte sich daneben schon frühzeitig die **fidepromissio** als eine Bürgschaftsform, die auch Nichtrömern zugänglich war. Der sponsio und der fidepromissio war gemeinsam, dass sie ausschließlich zur Sicherung einer Stipulationsschuld verwendet werden konnten. Beide waren unvererblich[663]. Zur Erleichterung der Bürgenhaftung wurden in republikanischer Zeit ua die *leges Apuleia, Furia* und *Cicereia* erlassen[664]. Sie betrafen hauptsächlich Fälle der Mitbürgschaft und führten zu einer anteiligen Haftung zunächst der Bürgen untereinander und später auch gegenüber dem Gläubiger. 104

Um diese Beschränkungen zu umgehen, schuf man gegen Ende der Republik eine dritte Form der Bürgschaft, die **fideiussio.** Sie konnte auch Naturalobligationen sichern, war unbefristet und vererblich. Sie nahm bald der sponsio und der fidepromissio ihre praktische Bedeutung[665]. *Justinian* entfernte schließlich die beiden inzwischen ungebräuchlichen älteren Formen der Bürgschaft aus den klassischen Quellen und ersetzte sie durch die fideiussio. 105

Für die drei Formen der Stipulationsbürgschaft galt, dass sich der Bürge auf nicht mehr verpflichten konnte, als die Hauptschuld betrug[666]. Außerdem konnte sich ein Bürge gegenüber dem Gläubiger auf die Einreden des Hauptschuldners berufen, die nicht in seiner Person begründet waren. In dieser Regelung liegen die Wurzeln des Grundsatzes der Akzessorietät der modernen Bürgschaft[667]. 106

Eine Eigenart des klassischen römischen Rechts war, dass es die Verpflichtung des Hauptschuldners und des Bürgen als **eadem res** betrachtete. Daraus folgte, dass die Geltendmachung der Verpflichtung gegen den einen der beiden die Klage gegen den anderen ausschloss. Dieser Klageverbrauch wurde von Justinian aufgehoben, so dass nun die Schuld erst erlosch, wenn sie erfüllt war[668]. Damit wurde der Weg bereitet für den Grundsatz der Subsidiarität der Bürgschaft. In Novella 4,1 aus dem Jahr 535 n Chr führte Justinian das später so genannte **beneficium excussionis vel ordinis** (Einrede der Vorausklage) ein, das in mehr oder weniger ausgeprägter Form in vielen modernen Kodifikationen Aufnahme gefunden hat[669]. 107

Das allgemeine Recht des leistenden Bürgen, von dem Gläubiger die Abtretung der Forderung gegen den Hauptschuldner zu verlangen[670], ist ebenfalls auf Justinian zurückzuführen. § 774 Abs 1 hat dieses sogenannte beneficium cedendarum actionum zu einer cessio legis weiterentwickelt. 108

Schließlich bestand seit Hadrian für einen Mitbürgen die Möglichkeit, durch Nachweis weiterer zahlungsfähiger Bürgen eine Teilhaftung zu erreichen (**beneficium divisionis**). Diese Rechtswohltat galt im Gemeinen Recht zunächst fort, wurde aber im Gefolge der Gesetzgebungen Preußens und Österreichs durch die Einführung des BGB beseitigt[671]. 109

Von mehr als nur historischer Bedeutung ist im Hinblick auf die Rechtsprechung des BGH zur Frage der Sittenwidrigkeit einer Verbürgung von vermögenslosen Angehörigen[672] das Verbot der Fraueninterzession durch das **Senatus Consultum Vellaeanum** (zwischen 41 und 65 n Chr)[673]. Danach war es Frauen zu ihrem eigenen Schutz untersagt, Verbindlichkeiten im Interesse Dritter einzugehen[674]. Hatte sich eine Frau diesem Verbot zuwider verbürgt, konnte sie die Klage des 110

663 Gaius inst 3.120.
664 Dazu Triantaphyllopoulos, La législation romaine sur le cautionnement, RH 39 (1961), 501 ff.
665 Feenstra, Die Bürgschaft im Römischen Recht und ihr Einfluß auf die mittelalterliche und spätere Rechtslehre, in: Les sûretés personnelles, Recueils de la société Jean Bodin pour l'histoire comparative des institutions, vol 28.
666 Gaius inst 3.126.
667 Kaser, Celsus D.12.6.47 u ders, Die Akzessorietät der Bürgschaft, in: Festschr für Herdlitczka, 1972, S 143 ff.
668 C 8, 40, 28.
669 Vgl ABGB § 1357; Code civil art 2021; BGB § 773.
670 Nov 4,1.
671 Vgl ABGB § 1359; ALR § 374 I 14; BGB § 769.
672 S dazu § 765 Rz 33 ff.
673 Wortlaut Ulp. D. 16.1.2.1.
674 Medicus, Zur Geschichte des SC Vellaeanum, 1957, S 134 ff.

Gläubigers mit einer Einrede zurückweisen. Die klassischen Juristen entwickelten zum SC Vellaeanum eine reiche Kasuistik, die sowohl dem Schutzbedürfnis der Frauen als auch den Gläubigerinteressen Rechnung trug. Unter Justinian wurde die Interzession zugunsten des eigenen Ehemanns schlechthin für nichtig erklärt, es sei denn, der erlangte Vorteil wurde zum Nutzen der Frau verwandt[675]. Das Interzessionsverbot hatte noch im Gemeinen Recht Geltung[676] und wurde in Teilen Deutschlands erst mit Einführung des BGB abgeschafft[677].

111 Das römische Bürgschaftsrecht fand in der Gestalt, die es unter Justinian erlangt hatte, mit der Rezeption Eingang in den deutschen Rechtskreis und gelangte in großem Umfang neben dem deutschen Bürgschaftsrecht zur Anwendung[678]. Der Erfolg der Rezeption lag wohl zum größten Teil darin begründet, dass das Bedürfnis nach einheitlichen Normen wuchs[679]. So sind auch viele der reformierten Stadtrechte, deren Anliegen gerade die zweifelsfreie Festlegung des anzuwendenden Rechts war, betont römischrechtlich formuliert[680].

112 Aus der Weiterentwicklung des römischen Bürgschaftsrechts im Mittelalter ergab sich im älteren Gemeinen Recht der regelmäßige Ausschluss der Haftung des Bürgen für Verzugszinsen[681]. Besonderheiten bestanden auch im Bereich des Handelsrechts. Teilweise wurde das beneficium excussionis auf Handelsleute nicht angewandt. Außerdem waren Handelsfrauen von den Beschränkungen befreit, die sich aus dem SC Vellaeanum ergaben[682].

113 Grundsätzlich galt auch im Recht des 19. Jahrhunderts das rezipierte römische Recht fort[683]. In Preußen wurde allerdings die Formfreiheit der Bürgschaft aus dem justinianischen Recht mit Rücksicht auf die der Verbürgung innewohnenden Gefahren beseitigt[684]. Grundsätzlich ist aber auch die Gesetzgebung im 19. Jahrhundert hinsichtlich der Bürgschaft dem römischrechtlichen Standpunkt verpflichtet geblieben. Auch das BGB folgte nicht der justinianische Formfreiheit und bestimmte zu Gunsten des leistenden Bürgen einen gesetzlichen Forderungsübergang (BGB § 774), während das spätantike Recht nur einen Anspruch auf Abtretung der Hauptforderung (beneficium cedendarum actionum) kannte.

114 So bestimmend das römische Recht für die Entwicklung der modernen Bürgschaft auch war, so darf doch nicht übersehen werden, dass die Rechtspraxis ebenso von deutschrechtlichen Auffassungen beeinflusst ist. Wenn heute beispielsweise häufig auf die Einrede der Vorausklage verzichtet wird, so lässt sich diese Praxis auf deutsche Rechtsgedanken zurückführen[685]. Auch im mittelalterlichen Recht der Strafvereitelung kommt der Gedanke der Bürgschaft vor. So bezieht sich das Rechtssprichwort „Bürgen soll man würgen" auf die bürgschaftsähnliche Haftung für einen Angeklagten, den der Bürge dem Gericht nicht „gestellen" kann. In diesen strafrechtlichen Zusammenhang gehört das Einstehen für einen zum Tode Verurteilten in Schillers Ballade „Die Bürgschaft" (1798)[686].

675 Nov 134.8.
676 Dazu Windscheid/Kipp, Lehrbuch des PandektenR II, 1906^9, §§ 485–488, S 1127 ff.
677 Zimmermann, The Law of Obligations. Roman Foundations of the Civilian Tradition, Kapstadt 1990, S 152. Reichel, Die Schuldmitübernahme, 1909, S 17 ff, vertritt einen weiter gefassten Begriff der Interzession („Übernahme einer fremden Verbindlichkeit", „Schuldbeitritt"), zu dem er in gewisser Weise auch die Bürgschaft rechnet. Vgl auch § 1822 Nr 10 („zur Übernahme einer fremden Verbindlichkeit, insbesondere zur Eingehung einer Bürgschaft"); dazu RGZ 158, 210, 215 f; RGZ 133, 7, 12 f.
678 Gierke, Deutsches PrivatR III § 206 II 3.
679 Eggert, Die Bürgschaft im süddeutschen Recht des späten Mittelalters, 1962, S 115; Kaufmann, Die Bürgschaft im Recht des Ingelheimer Oberhofes, SZ GA 74 (1957), 198 ff, 219.
680 Vgl hierzu Coing, Die Frankfurter Reformation von 1578 und das Gemeine Recht ihrer Zeit, 1935.
681 Coing, Europäisches PrivatR I § 93 II.
682 Stobbe/Lehmann, Deutsches PrivatR III § 239, S 380.
683 Dazu Windscheid/Kipp, Lehrbuch des PandektenR II, 1906^9, §§ 476–481, S 1079 ff.
684 Vgl ALR § 203 I 14.
685 Peterka, Zur deutschen Bürgschaft im Rezeptionszeitalter, in: Festschrift für Zycha, 1941, 337 ff, 370.
686 Näheres bei U Ebert, Die Strafvereitelung, SavZ GA 110 (1993), 1 ff, 78 – 81 mweitNachw; ders, Friedrich Schillers Ballade „Die Bürgschaft" im Lichte des Strafrechts, ZStW 108 (1966), 467 ff.

§ 765 Vertragstypische Pflichten bei der Bürgschaft

(1) Durch den Bürgschaftsvertrag verpflichtet sich der Bürge gegenüber dem Gläubiger eines Dritten, für die Erfüllung der Verbindlichkeit des Dritten einzustehen.

(2) Die Bürgschaft kann auch für eine künftige oder eine bedingte Verbindlichkeit übernommen werden.

ÜBERSICHT

Schrifttum: Eccius, Verbürgung für eine künftige Schuld und Kreditmandat, Gruchot 46 (1902), 55; Nissen, Rechtsstellung des Kaufpreisbürgen bei mit Gewährsmängeln behafteter Kaufsache, JW 1902, 460; Marcus, Materielle Grundfragen aus dem Bürgschaftsrecht nach BGB, KGBl 1906, 4; Stephan, Über die Bürgschaft nicht auf Geld gerichteter Verbindlichkeiten, Diss Jena 1911; Hopmann, Teilbürgschaft und Konkurs des Hauptschuldners, LZ 1912, Sp 730; Tschudi, Die Diligenzpflicht des Gläubigers gegenüber dem Bürgen nach deutschem BGB und schweizerischen Obligationsrecht, Diss Leipzig 1914; v Harder, Zahlungsfrist und Bürgschaft, JW 1915, 206: ders, Zahlungsfrist und Bürgschaft, JW 1915, 290; Ortweiler, Zahlungsfrist und Bürgschaft, JW 1915, 61; ders, Zahlungsfrist und Bürgschaft, JW 1915, 207; Hellmann, Die Einwirkung der Forderungsübertragung auf die Bürgschaftsschuld, Diss Marburg 1931; Riezler, Auskunftspflicht des Hauptschuldners gegenüber dem Bürgen, BankA 1941, 105; Mertens, Die Einmann-GmbH & Co KG und das Problem der gesellschaftlichen Grundtypenvermischung, NJW 1966, 1049; E Schneider, Erfüllungsort der Bürgschaft, JurBüro 1967, Sp 15; Eisenhardt, Sorgfaltspflichtverletzungen des Gläubigers dem Bürgen gegenüber, MDR 1968, 541; Plate, Die Gefahrtragung des Bürgen nach dem Bürgerlichen Gesetzbuch sowie ausgewählte Probleme aus dem Bürgschaftsrecht, Diss Hamburg 1968; Reimer, Treuhandbürgschaft und Sicherungsbürgschaft, SavZ Germ Abt 85 (1968), 194; Stötter, Das Vertragsverhältnis zwischen dem Hauptschuldner und dem Auftragsbürgen, insbesondere seine Beendigung durch Kündigung aus wichtigem Grund (Verhältnis von § 671 und 775 BGB), MDR 1970, 545; Heiermann, Die Sicherungsleistung durch Bürgschaft nach der Verdingungsordnung für Bauleistungen, BB 1977, 1575; Knütel, Zur Frage der sog Diligenzpflichten des Gläubigers gegenüber dem Bürgen, in: Festschr für Flume I, 1978, S 559; Rühle, Das Wucherverbot – effektiver Schutz des Verbrauchers vor überhöhten Preisen?, Berlin 1978; Meister, Die Sicherheitsleistung der GmbH für Gesellschaftsverbindlichkeiten, WM 1980, 390; Graf von Westphalen, Garantie- und Gewährleistungsvergütungen im Verhältnis zwischen Hersteller-Händler-Endkunde, NJW 1980, 2226; Nickel, Zur Problematik von Gewährleistungs- und Garantiekostenregelungen durch AGB im Verhältnis zwischen Hersteller und Händler, NJW 1981, 1490; J Hager, Gesetzes- und sittenkonforme Auslegung und Aufrechterhaltung von Rechtsgeschäften, 1983; Lutz, Die Sorgfaltspflichten des Gläubigers gegenüber dem Bürgen – dargestellt anhand der Aufklärungspflichten, Diss Berlin 1984; Reifner, Die Rückabwicklung sittenwidriger Ratenkreditverträge, JZ 1984, 637; Reinicke/Tiedtke, Die Haftung des Blankettgebers aus dem abredewidrig ausgefüllten Blankett im bürgerlichen Recht, JZ 1984, 550; Burghardt, Aufklärungspflichten des Bürgschaftsgläubigers, 1985; Stolzenburg, Kündigung und Enthaftung bei der Kreditbürgschaft eines ausgeschiedenen Gesellschafters, ZIP 1985, 1189; Weismann, Bürgerliches Recht und Gesellschaftsrecht: Die Bürgschaft der Hühnerfarm, JuS 1985, 390; Reinicke/Tiedtke, Die Bürgschaft für alle bestehenden und künftigen Forderungen des Gläubigers aus seiner bankmäßigen Geschäftsverbindung mit dem Hauptschuldner, JZ 1986, 426; Wagenknecht, Rechtsgrenzen der Ausgestaltung von Bürgschaftsverträgen, Diss Bremen 1986; Fontaine, Diligenzpflichten des Gläubigers gegenüber dem Bürgen, Diss Hamburg 1987; Deubner, Aus der Praxis: Die lästige Bürgschaft, JuS 1988, 726; Geißler, Der Wegfall der Geschäftsgrundlage im Rahmen des Bürgschaftsvertrages, NJW 1988, 3184; Mösbauer, Die Bürgschaft – das vertragliche Sicherstellungsmittel für gegenwärtige und künftige Steuerforderungen, BB 1988, 671; Reinicke/Tiedtke, Bürgschaft für eine Verbindlichkeit aus laufender Rechnung, ZIP 1988, 545; Brandner, Verhaltenspflichten der Kreditinstitute bei der Vergabe von Verbraucherkrediten, ZHR 153 (1989), 147; Bydlinski, Verjährung und Abtretbarkeit von Bürgschaftsansprüchen, ZIP 1989, 953; Koziol, Die Rückabwicklung rechtsgrundloser Zahlungen eines Bürgen, ZBB (Zeitschrift für Bankrecht und Bankwirtschaft) 1989, 16; Vortmann, Die neuere Rechtsprechung zu den Aufklärungs- und Beratungspflichten der Banken, WM 1989, 1557; Börstinghaus, Die Sicherung der Bauhandwerkerforderungen auf neuen Wegen, ZRP 1990, 421; Derleder, Rechtliche Grenzen der Verschuldung junger Erwachsener, in: Festschr für Bärmann und Weitnauer, 1990, S 121; Eckert, Übermäßige Verschuldung bei Bürgschafts- und Kreditaufnahme, WM 1990, 85; Meinhardt, Beendigung der Haftung aus Bürgschaften eines Gesellschafters oder

Geschäftsführers bei dessen Ausscheiden aus der Gesellschaft?, Diss Göttingen 1990; Tiedtke, Die Auswirkungen des § 550b BGB auf die Bürgschaft eines Dritten für die Mietschulden, ZMR 1990, 401; Hadding/Häuser, Zum Anspruch des Bürgen gegen den Darlehensgläubiger auf Auskehrung des nicht verbrauchten Teils eines Zinsvoraus, WM Sonderheft September 1991 (WM-Festgabe für Heinsius), 4; Hadding/Hopt/Schimanski (Hrsg), Aufklärungs- und Beratungspflichten der Kreditinstitute – der moderne Schuldturm?, Bankrechtstag 1992 (Schriftenreihe der Bankrechtlichen Vereinigung Band 3), 1993; Thiel, Der Vermieter als Bürge des Erwerbers, ZMR 1994, 307; Ganter, Aktuelle Probleme der Kreditsicherheiten in der Rechtsprechung des Bundesgerichtshofes, WM 1996, 1705; Pape, Die Entwicklung des Bürgschaftsrechts im Jahre 1995, NJW 1996, 887; Fischer, Aktuelle Rechtsprechung des Bundesgerichtshofs zur Bürgschaft und zum Schuldbeitritt, WM 1998, 1705 u 1749; Grunewald, Bürgschaft und Schuldbeitritt von Geschäftsführern und Gesellschaftern, in: Festschr für Kraft, 1998, S 127; Ehricke, Bürgschaften von Geschäftsführern und Gesellschaftern einer GmbH für die Verbindlichkeiten ihrer Gesellschaft, WM 2000, 2177; Lettl, Akzessorietät contra Sicherungszweck – Rechtsfragen bei der Gestaltung von Bürgschaftserklärungen, WM 2000, 1316; Riehm, Aktuelle Fälle zum Bürgschaftsrecht, JuS 2000, 138 ff; 241 ff; 343 ff; Coester-Waltjen, Die Bürgschaft, Jura 2001, 742; Fischer, Aktuelle höchstrichterliche Rechtsprechung zur Bürgschaft und zum Schuldbeitritt, WM 2001, 1049 und 1093; Horn, Bürgschaftsrecht 2000 – Entwicklungen in der neueren Rechtsprechung des Bundesgerichtshofs, ZIP 2001, 93; Schmeel, Aktuelle Entwicklungen bei Bürgschaft und Zahlungssicherungen, MDR 2001, 782; Tiedtke, Rechtsprechung des BGH auf dem Gebiet des Bürgschaftsrechts seit 1997, NJW 2001, 1015; Vahle, Kreditsicherung durch Bürgschaft, DVP 2001, 8; Lindner-Figura, Bürgschaftsrisiken im immobilientypischen Finanzierungs-Dreieck, NJW 2002, 3134; Tiedtke, Die Rechtsprechung des BGH auf dem Gebiet des Bürgschaftsrechts in den Jahren 2001 und 2002, NJW 2003, 1359; Timme, Aktuelle Entwicklungen zur Zulässigkeit der Bürgschaft auf erstes Anfordern, MDR 2003, 1094; Krafka, Die Rechtsprechung des BGH im Bürgschaftsrecht, JA 2004, 668; Bolten, Die Verjährung der Bürgschaftsschuld nach der Schuldrechtsmodernisierung, ZGS 2006, 140. – Zur **Bürgschaft für bedingte und zukünftige Forderungen** s vor Rz 15; zur **Bestimmtheit der gesicherten Forderung** s vor Rz 16; zur **Unwirksamkeit des Bürgschaftsvertrags** s vor Rz 19; zur **Anfechtung wegen arglistiger Täuschung und widerrechtlicher Drohung** s vor Rz 22; zum **Verstoß gegen § 312 iVm § 355** s vor Rz 25; zum **Verstoß gegen § 495 iVm § 355** s vor Rz 26; zur **Bürgschaft einkommensschwacher Angehöriger** s vor Rz 33; zum **Bürgschaftsvertrag und AGB-Recht** s vor Rz 61; zu den **Pflichten des Gläubigers** s vor Rz 102; zu den **Pflichten des Bürgen** s vor Rz 115; zum **Erfüllungsort** s vor Rz 116; zur **Kündigung** s vor Rz 135; zur **Bürgschaft auf erstes Anfordern** s vor Rz 144.

I. Abschluss des Bürgschaftsvertrags

1 1. **Antrag und Annahme**. Da es sich bei der Bürgschaft um ein vertragliches Schuldverhältnis handelt, ist zu ihrem Zustandekommen ein Vertragsschluss zwischen Gläubiger und Bürgen (Angebot und Annahme) erforderlich.

2 a) Das **Angebot des Bürgen** (Bürgschaftserklärung) muss seinen Willen erkennen lassen, gegenüber einem Gläubiger für die Erfüllung der Verbindlichkeit eines Dritten einzustehen (§ 765 Abs 1). Deshalb stellt das Versprechen des Auftraggebers gegenüber einem Nachunternehmer, er werde wegen des in Zahlungsverzug geratenen Hauptauftragnehmers „von seinen Rechten gemäß VOB/B § 16 Nr 6 Gebrauch machen“, kein Angebot auf Abschluss eines Bürgschaftsvertrages dar. Der Auftraggeber erklärt nämlich nicht, dass er mit eigenem freien Vermögen für die Verbindlichkeit eines Dritten einstehen möchte, sondern er verspricht den Nachunternehmer aus Mitteln zu befriedigen, die an sich zur Begleichung der Forderung gegenüber dem Hauptauftragnehmer bestimmt waren[1].

3 **Der Bürge** muss seine Willenserklärung **schriftlich** abgegeben („**Erteilung der Bürgschaftserklärung**“; § 766 Satz 1), während die Willenserklärung des **Gläubigers formlos** möglich ist[2]. „**Erteilt**“, dh abgegeben im Sinne des § 766 Satz 1, ist die Bürgschaftserklärung nicht schon mit der Unterzeichnung des sie enthaltenen Schriftstücks[3]. Die Herstellung eines solchen

1 BGH WM 2001, 267 = BB 2001, 802 = NJW-RR 2001, 1101.

2 Dazu Esser/Weyers, SchuldR II 1, 1998[8], § 40 II 1 c, S 346.

3 BGHZ 121, 224, 228 = WM 1993, 496 = NJW 1993, 1126 = LM Nr 26 zu § 766 (Pecher) = BB 1993, 749 = DB 1993, 975 = ZIP 1993, 424 = EWiR 1993, 561 (Koziol) = JZ 1993, 1005 (Vollkommer/Gleußner) = JR 1993, 318 (K Schmidt) = JuS 1993, 598 (K Schmidt) = WuB I F 1a – 8.93 (Thode); RGZ 61, 414, 415.

Schriftstücks allein ist bloß Vorbereitung der Erklärung; sie hat rechtlich keine andere Tragweite als die vorweg erfolgte Niederschrift einer mündlich abzugebenden Erklärung. Die bloße Mitunterzeichnung einer fremden Willenserklärung genügt daher für eine (schriftliche) „Erteilung" nicht[4]. Das „Erteilen" verlangt vielmehr eine Entäußerung gegenüber dem Gläubiger, indem die schriftliche Erklärung diesem – sei es auch nur vorübergehend – zur Verfügung gestellt wird[5]. „Erteilt" ist die schriftliche Erklärung mithin durch die Überreichung an den anwesenden oder die Zusendung an den abwesenden Gläubiger[6] oder – was zulässig ist – an seinen Vertreter[7]. Als **empfangsbedürftige Willenserklärung** bedarf die Bürgschaftserklärung zu ihrer Wirksamkeit des Zugangs (§ 130 Abs 1), dh der Gläubiger muss die tatsächliche Verfügungsgewalt über das die Erklärung enthaltende Schriftstück erlangen[8]. Bis zum wirksamen Zugang kann die Erklärung zurückgezogen werden[9]. Vorher kann der Gläubiger weder von dem Bürgen noch von einem Dritten, der im Besitz der Urkunde ist, die Herausgabe des Schriftstücks zwecks Vollendung des Bürgschaftsvertrages verlangen[10], es sei denn, der Bürge hatte sich wirksam zur Erteilung einer Bürgschaft vorvertraglich verpflichtet. Ein Bürgschaftsvertrag kann auch dadurch zustande kommen, dass der Hauptschuldner mit Billigung und in Vollmacht des Bürgen dessen Erklärung dem Gläubiger übergibt[11]. In der Übergabe der Bürgschaftsurkunde an den Hauptschuldner oder einen Dritten zwecks Weitergabe an den Gläubiger liegt eine Bevollmächtigung zur Erteilung der Bürgschaftserklärung[12] oder auch, je nach Spielraum, nur ein Botenauftrag, der nach § 130 Abs 1 Satz 2 widerrufen werden kann[13]. Hält sich die Weitergabe nicht im Rahmen der Ermächtigung, so ist der Bürge nicht gebunden[14], es sei denn, der Gläubiger durfte aus der Duldung der Benutzung der Urkunde durch den Bürgen auf dessen Zustimmung schließen[15]. Die Ermächtigung ist aber unwirksam, wenn die Schuld noch nicht feststeht[16]. Übergibt der Bürge die Bürgschaftsurkunde dem Hauptschuldner zur Weiterleitung an den Gläubiger, so ist sie erst mit der Aushändigung an diesen „erteilt"[17]. Die Übergabe an einen Treuhänder aller Beteiligten[18] und briefliche Mitteilung an die Ehefrau des Hauptschuldners, dass die Bürgschaft übernommen werde[19], reicht nicht aus. „Erteilt" ist die Bürgschaft erst mit der Übergabe der **Originalurkunde** an den Gläubiger[20]. Nach anderer Ansicht soll auch das Zugehen einer Abschrift oder Kopie genügen, wenn dies mit Wissen und Willen des Bürgen geschieht[21]. In jedem Fall muss der Gläubiger die tatsächliche Verfügungsgewalt über die Urkunde oder deren Abschrift mit dem Einverständnis des Bürgen erlangt haben[22]. Für den Zugang der Bürgschaftserklärung und damit für deren Erteilung bedarf es dann nicht der Übersendung der Originalurkunde, wenn der Bürge **Kaufmann** ist und die Übernahme der Bürgschaft zu seinen Handelsgeschäften gehört; denn insoweit greift § 766 nicht ein (HGB § 350)[23]. Eine Erklärung einer Bank, die lediglich besagt, sie nehme die Abtretung des gegen sie gerichteten Bürgschaftsanspruchs an einen Dritten zur Kenntnis, kann grundsätzlich nicht als

4 LG Mannheim BB 1960, 959; anders Düsseldorf BB 1961, 460.
5 BGHZ 121, 224, 229 mweitNachw (= Fn 3).
6 RGZ 61, 414, 415.
7 RG WarnR 1909 Nr 353 S 322 = Gruchot 53, 996.
8 RGZ 61, 414, 415; RG WarnR 1909 Nr 353 S 322 = Gruchot 53, 996; RG SeuffA 80 (1926) Nr 82; MünchKomm/Habersack § 766 Rz 24.
9 RG JW 1927, 38 (Reichel).
10 RG WarnR 1909 Nr 353 S 322 = Gruchot 53, 996.
11 BGH WM 1957, 130; BGH WM 1962, 575; BGH WM 1978, 1065, 1066 = JuS 1979, 215 (K Schmidt); RGZ 145, 229, 232 (krit Titze JW 1935, 274); RGZ 57, 66, 67.
12 RG HRR 1933 Nr 1006.
13 Larenz, SchuldR II, 1981[8], § 64 II, S 477.
14 RG HRR 1933 Nr 1006.
15 RG HRR 1930 Nr 210.
16 Stuttgart OLG 23 (1911), 52.
17 BGH WM 1978, 1065, 1066 = JuS 1979, 215 (K Schmidt); Köln WM 1992, 138, 139 mweitNachw = NJW-RR 1992, 555, 556 = WuB I K 3 – 2.92 (Schröter).
18 RG Gruchot 53, 996.
19 RG JW 1914, 863.
20 BGHZ 121, 224, 231 = WM 1993, 496 = ZIP 1993, 424 = NJW 1993, 1126 = WuB I F 1a – 8.93 (Thode); AG Offenbach DWW 1979, 143; MünchKomm/Habersack § 766 Rz 25; Pal/Sprau § 766 Rz 4.
21 BGH LM Nr 1 zu § 766 = NJW 1957, 217 = WM 1957, 130; RGZ 126, 121, 123 mNachw; Köln WM 1992, 138 = NJW-RR 1992, 555, 556 mweitNachw = WuB I K 3 – 2.92 (Schröter); Staud/Horn (1997) § 766 Rz 33 mweitNachw; MünchKomm[2]/Pecher § 766 Rz 17.
22 RGZ 126, 121, 123; BGH LM Nr 13 zu § 766 = NJW 1968, 1131.
23 Köln WM 1992, 138 = NJW-RR 1992, 555, 556 = WuB I K 3 – 2.92 (Schröter).

Erteilung einer Bürgschaftserklärung gegenüber dem Zessionar ausgelegt werden[24]. Mit der Übersendung der Bürgschaftsurkunde ist regelmäßig kein Angebot zum Abschluss eines Vertrages verbunden, der die durch die Bürgschaft zu sichernde Hauptschuld begründet[25]. Wenn – was auch denkbar ist – das Angebot auf Abschluss eines Bürgschaftsvertrages vom Gläubiger ausgeht, so ist im Hinblick auf den Bürgenschutz, der in § 766 zum Ausdruck kommt, bei der Wertung eines „Stillschweigens" des Bürgen als Annahme (s § 151 Satz 1) Zurückhaltung geboten[26]. Der BGH[27] hat – unter Hinweis auf die Anfechtbarkeit gemäß §§ 119, 121, 143 – die irrtümliche tatsächliche **Mitteilung**, eine Bürgschaft sei bereits erteilt, trotz des fehlenden Erklärungsbewusstseins als Willenserklärung (Bürgschaftsverpflichtung) bewertet unter der Voraussetzung, dass der Erklärende bei Anwendung der im Verkehr erforderlichen Sorgfalt hätte erkennen und vermeiden können, dass seine Äußerung als Willenserklärung aufgefasst wird, und der Empfänger sie auch tatsächlich so verstanden hat.

4 b) Der maßgebliche Zeitpunkt für die Übernahme der Bürgschaft ist nicht allein derjenige des Vertragsangebots des Bürgen; vielmehr kommt es zusätzlich zu der schriftlichen Erteilung der Bürgschaftserklärung auf die **Annahme des Gläubigers** an[28]. Diese Annahme[29] ist formlos gültig[30] und muss nicht ausdrücklich erklärt werden; sie kann konkludent auch in der Entgegennahme der Bürgschaftsurkunde liegen (§ 151 Satz 1)[31]. Wenn der Gläubiger nach Erhalt einer seinen Wünschen nicht voll entsprechenden Bürgschaftserklärung eine Erweiterung der Bürgschaftsverpflichtung anstrebt, so muss das nicht als Ablehnung eines Vertragsantrages verbunden mit einem neuen Antrag ausgelegt werden (§ 150 Abs 2); hat er nämlich zu erkennen gegeben, dass er zunächst die ihn weniger befriedigende Verpflichtung annehme, so ist die Bürgschaft in diesem Sinne zustande gekommen[32]. Es genügt, wenn die mit Ermächtigung des Bürgen später geänderte Urkunde in dessen Einverständnis weiter im Besitz des Gläubigers verbleiben soll[33]. Eine konkludente Annahme der Bürgschaft seitens des Gläubigers ist nicht in der Erklärung, „*akzeptiere Ihre Bürgschaft, nähere Verhandlung durch X*", zu erblicken[34]. Eine unbewusste Falschbezeichnung (falsa demonstratio) ist unschädlich, auch wenn sich ihr von den Parteien übereinstimmend gemeinter Sinn für Dritte nicht aus der Urkunde ergibt[35]. Zur Frage, ob die Prozessbürgschaft der Annahme bedarf, s Rz 52 vor § 765; zum Vertrag zugunsten Dritter s Rz 7 ff.

5 Auf den späteren **Verbleib der Urkunde** kommt es für den Fortbestand eines formgültig geschlossenen Bürgschaftsvertrags nicht an[36]. Die Bürgschaftsverpflichtung erlischt nicht, wenn der Gläubiger die Urkunde dem Hauptschuldner zur Weitergabe an den Bürgen mit der Maßgabe zurückgibt, dass damit die Bürgschaft nicht erledigt sei[37]. Etwas anderes gilt nur, wenn der Bürgschaftsvertrag die Klausel enthält, dass mit der Rückgabe der Urkunde die Bürgschaft erlischt. Indessen ist auch in diesem Fall mit der Rückgabe kein Erlöschen verbunden, wenn sie versehentlich erfolgt[38].

24 BGH WM 2002, 1002 = ZIP 2002, 866 = NJW 2002, 1946 = WuB I F 1 a – 14.02 (Wagner).
25 BGH WM 2001, 400 = NJW-RR 2001, 1130 = WuB I F 1 a – 5.01 (Fuchs/Zimmermann).
26 BGH WM 1977, 996.
27 BGHZ 91, 324, 330 mweitNachw = NJW 1984, 2279 (abl Canaris) = JZ 1984, 984 (Ahrends).
28 BGH WM 1978, 266; MünchKomm/Habersack § 766 Rz 26.
29 Zur Vertragsannahme Staud/Horn (1997) § 765 Rz 9.
30 RGZ 57, 66, 67.
31 BGH WM 1997, 1242 = ZIP 1997, 1151 = NJW 1997, 2233= WuB I F 1 a – 13.97 (Eckert) mweitNachw; RG WarnR 1915 Nr 49; Brandenburg WM 2006, 1855, 1856 = WuB I F1a.-1.07 (Arnold).
32 RG JW 1931, 1181, 1183 (dazu Reichel S 2228 f).
33 BGH WM 1978, 266.
34 München OLG 34 (1915), 74.
35 So zu § 313 aF BGHZ 87, 150, 152 f mweitNachw = NJW 1983, 1610.
36 München WM 1983, 715, 716 mweitNachw = DB 1983, 1540.
37 BGH WM 1976, 422 = LM Nr 16 zu § 766 = MDR 1976, 662 = JZ 1976, 317 = JR 1976, 288 = DB 1976, 766 = KTS 1976, 296; BGH WM 1978, 266.
38 Hamburg WM 1986, 62, 63 = NJW 1986, 1691 = EWiR 1986, 779 (zust von Stebut) = BB 1986, 834 (zust Meinert) = WuB I K 3 – 2.86 (Schröter).

2. **Stellvertretung.** Bei Abschluss des Bürgschaftsvertrages können sowohl für den Bürgen als auch für den Gläubiger gesetzliche oder bevollmächtigte Stellvertreter handeln[39]. Der Hauptschuldner kann den Bürgschaftsvertrag als Stellvertreter des Gläubigers mit dem Bürgen oder als Stellvertreter des Bürgen mit dem Gläubiger (§ 164 Abs 1) oder nach Maßgabe des § 181 sogar durch Selbstkontrahieren im Wege eines Insich-Geschäfts zwischen Gläubiger und Bürgen schließen[40]. Wirkt der Hauptschuldner beim Abschluss mit, handelt er im Zweifel als Stellvertreter des Bürgen und nicht des Gläubigers, zB wenn er die Blankourkunde (noch ohne Bezeichnung des Gläubigers) dem Gläubiger aushändigt[41]. § 181 ist nicht anwendbar, wenn der Hauptschuldner als (General-) Bevollmächtigter des Bürgen in dessen Namen die Bürgschaft mit dem Gläubiger für seine eigene Schuld vereinbart[42]; denn er kontrahiert weder mit sich selbst noch mit dem Bürgen, den er vertritt, sondern mit dem Gläubiger. Allerdings kann sich der Bürge bei einem dem Gläubiger erkennbaren Missbrauch der Vertretungsmacht durch den Hauptschuldner auf den Einwand der unzulässigen Rechtsausübung berufen. Die Bürgschaftserklärung einer Genossenschaft müssen nach GenG § 25 alle Vorstandsmitglieder unterzeichnen[43]. 6

3. **Vertragsschluss zugunsten Dritter.** Die Bürgschaft kann nach herrschender Meinung[44] im Wege eines Vertrages zugunsten Dritter zwischen Bürge und Hauptschuldner (Versprechensempfänger) oder dem Zedenten der Hauptforderung mit der Wirkung zustande kommen, dass der Gläubiger (Dritter) unmittelbar die Bürgschaftsforderung erwirbt. 7

Dagegen kann nicht eingewandt werden, dass sich der Bürge nicht, wie von § 765 Abs 1 gefordert, „gegenüber dem Gläubiger" verpflichte, denn der Vertrag mit dem Hauptschuldner führt iVm § 328 Abs 1 gerade zu einer Verpflichtung des Bürgen „gegenüber dem Gläubiger"[45]. Ein Bürgschaftsvertrag zugunsten Dritter ist auch nicht deshalb unzulässig, weil bei einer Zurückweisung des Rechts durch den Gläubiger (Dritter) gemäß § 333 das Recht auf Leistung nicht dem Hauptschuldner (Versprechensempfänger) zustehen kann, da er nicht gleichzeitig Inhaber der Bürgschaftsforderung sein kann. Die Zulässigkeit eines Vertrages zugunsten Dritter hängt nicht davon ab, ob notfalls der Versprechensempfänger selbst Gläubiger der Leistung sein kann, denn nach § 328 Abs 1 soll unmittelbar der Dritte und nicht der Versprechensempfänger begünstigt werden. Außerdem führt die Zurückweisung des Rechts durch den Dritten (§ 333) nur ausnahmsweise, bei Vorliegen von zusätzlichen Umständen, dazu, dass das Recht nunmehr dem Versprechensempfänger zusteht. Die regelmäßige Rechtsfolge der Zurückweisung ist darin zu sehen, dass die Leistungspflicht des Versprechenden endgültig nicht besteht[46]. Damit kann die Zurückweisung durch den Dritten (Gläubiger) im Fall eines Bürgschaftsvertrages zu Gunsten eines Dritten auch nicht dazu führen, dass der Hauptschuldner gleichzeitig Inhaber der Bürgschaftsforderung wird. 8

39 Zu den Formerfordernissen bei stellvertretendem Handeln s § 766 Rz 24 ff.
40 BGH WM 1978, 1065, 1066 = JuS 1979, 215 (K Schmidt); Koblenz NJW-RR 1992, 107.
41 Vgl RG JW 1934, 219, 221 (Herriger); RG JW 1927, 38, 39 (Reichel); RGZ 62, 379, 382.
42 RGZ 71, 219, 220.
43 Vgl RG HRR 1932 Nr 847.
44 BGH WM 1966, 859, 861 = DB 1966, 1307; BGH WM 1980, 372, 374 = NJW 1980, 1572 = LM Nr 6 zu § 117 = MDR 1980, 652 = DB 1980, 1020 = ZIP 1980, 265; BGH WM 1984, 768, 769 = NJW 1984, 2088 = LM Nr 76 zu § 328 = MDR 1985, 51 = ZIP 1984, 1326, 1328; BGH WM 1988, 1883, 1886 = NJW-RR 1989, 315, 317 = LM Nr 4 zu ZPO § 711 = MDR 1989, 251 = EWiR 1989, 205 (Wissmann) = JurBüro 1989, 332 = DB 1989, 525 = WuB I K 3 – 3.89 (Rimmelspacher); BGHZ 115, 177, 183 = WM 1991, 1869 = NJW 1991, 3025 = LM Nr 76 zu § 765 (Grunewald) = MDR 1991, 1035 = BB 1991, 2245 = ZIP 1991, 1350 = WuB I F 1 a – 2.92 (Horn); BGH WM 2001, 1172 = ZIP 2001, 1706 = NJW 2001, 3327 = WuB I F 1 a – 1.02 (Sonnenhol); BGH WM 2003, 969 = ZIP 2003, 1033 = NJW 2003, 2231 hat dies auch für die Bürgschaft auf erstes Anfordern klargestellt; Koblenz NJW-RR 1992, 107; Soergel/Hadding § 328 Rz 32 u 82; Staud/Horn (1997) § 765 Rz 7; MünchKomm/Habersack § 765 Rz 11.
45 Vgl Düsseldorf WM 2003, 1318, 1321 = WuB I F 1 a – 10.03 (Richrath).
46 Vgl Soergel/Hadding § 333 Rz 12.

9 Übernimmt die Bank gegenüber ihrem Kunden gegen Zahlung einer Avalprovision die Verpflichtung, sich zu dessen Gunsten gegenüber seinem Gläubiger zu verbürgen (Avalkreditvertrag)[47], so werden dadurch in der Regel nur Verpflichtungen zwischen der Bank und dem Kunden, nicht aber auch zugunsten des Dritten begründet[48]. Auch ein **Vorvertrag** zwischen Hauptschuldner und Bürgen, durch den sich der Bürge zur Bürgschaftsübernahme verpflichtet, kann als Vertrag zugunsten Dritter mit der Maßgabe geschlossen werden, dass der Gläubiger das – notfalls einklagbare – Recht erwirbt, vom Bürgen den Abschluss eines Bürgschaftsvertrages zu verlangen.

10 3. **Bedingte und befristete Bürgschaft.** Die Bürgschaft kann aufschiebend oder auflösend **bedingt** (§ 158 Abs 1 u 2) oder entsprechend **befristet** (§ 163) vereinbart werden[49], und zwar bei einer im Übrigen schriftlich erteilten Bürgschaftserklärung auch formfrei, denn es handelt sich um eine einschränkende, den Bürgen begünstigende Nebenabrede[50]. Den Bürgen, der eine Bürgschaft unter einer **aufschiebenden Bedingung** übernommen hat, deren Eintritt vom Belieben des Gläubigers abhängt, treffen keine besonderen Hinweispflichten gegenüber dem Gläubiger, dass er die Bedingung erfüllen muss[51]. Kann eine aufschiebende Bedingung (zB die formelle Abnahme von Bauwerken) nicht mehr eintreten, so ist der nach § 158 Abs 1 bestehende Schwebezustand, der eine dem Bürgschaftsgläubiger zustehende Anwartschaft enthält (§ 160 Abs 1), beendet[52]. Die Auslegung kann ergeben, dass eine Bürgschaft für eine Gesellschaft als Hauptschuldnerin, deren Mitglied der Bürge ist, mit der Mitgliedschaft stehen und fallen soll; die Kündigung der Kreditbürgschaft[53] ist dann unnötig, wenn der Hauptschuldner das Ausscheiden des Bürgen positiv kennt[54]. Gibt ein Dritter unaufgefordert dem Vermieter eine Bürgschaft unter der Bedingung, dass ein Wohnraummietvertrag zustande kommt, und wird dadurch der Mieter nicht erkennbar belastet, so ist die Bürgschaft nach Eintritt der Bedingung wirksam[55]. Macht der Bürge die Übernahme der Bürgschaft von einem dem Hauptschuldner günstigen Verhalten des Gläubigers (Weiterbeschäftigung statt Entlassung) abhängig, soll dem Bürgen ein Rückerstattungsanspruch nach § 812 Abs 1 Satz 2 zustehen, wenn der Gläubiger den Schuldner doch entlässt[56]. Auch eine bedingte Bürgschaft für eine im Einzelnen festzustellende Verpflichtung ist gültig[57], ebenso eine solche für den Fall, dass alle Gläubiger einem Stundungsabkommen beitreten. Eine aufschiebend bedingte Bürgschaft kann in der Vereinbarung liegen, dass der Eingang des Anzahlungsbetrages bei der bürgenden Bank Voraussetzung für die Wirksamkeit der Anzahlungsbürgschaft ist[58]. Zur Auslegung einer in die Bürgschaft aufgenommenen Bedingung, sie solle nur gelten, wenn „der verbürgte Kredit frei zur Auszahlung kommt" s BGH WM 2001, 950[59]. Die Bürgschaft kann auch an eine **auflösende Bedingung** geknüpft werden, zB dass der Gläubiger keine Strafanzeige gegen den Ehemann der Bürgin erstattet[60]; erfolgt dann doch Strafanzeige, so kommt die Rückforderung einer Leistung nach § 812 Abs 1 Satz 2 Alternative 2 in Betracht[61]. Die Bürgschaft bleibt auch wirksam, wenn ein anfänglich ablehnender Gläubiger nachträglich zustimmt[62]. Der Bürge ist nicht gebunden, wenn er die von einer Bedingung abhängig gemachte

47 BGH WM 1984, 768, 769 (= Fn 44); BGH WM 1989, 521, 524 = NJW 1989, 1482, 1483 = LM Nr 64 zu § 765 = DB 1989, 1081 = MDR 1989, 631 = JZ 1989, 1437 = WuB I K 3 – 5.89 (Rimmelspacher). – Zum Avalkreditvertrag s Rz 72 ff vor § 765.
48 BGH WM 1984, 768, 769 (= Fn 44).
49 Vgl § 766 Rz 21 mweitNachw.
50 RG JW 1918, 367 (Heck); RG JW 1934, 219, 221 (Herriger). S § 766 Rz 21.
51 BGH WM 1987, 618 = NJW 1987, 1631 = LM Nr 52 zu § 765 = MDR 1987, 667 = JZ 1987, 578 = BB 1987, 921 = DB 1987, 1189 = ZIP 1987, 564 = KTS 1987, 552 = WuB I K 3 – 7.87 (Schröter).
52 BGH WM 1974, 1154 = DB 1974, 2395 = VersR 1974, 1167.
53 S hierzu unten Rz 135.
54 RG HRR 1935 Nr 581; Braunschweig FamRZ 1978, 111, 112; zu weitgehend Stolzenburg ZIP 1985, 1189.
55 BGHZ 111, 361, 363 = NJW 1990, 2380 = DB 1990, 2115 = MDR 1990, 913 = ZIP 1990, 862.
56 RGZ 118, 358, 360.
57 RG WarnR 1915 Nr 49.
58 LG Wiesbaden WM 1977, 238 f; Frankfurt/M WM 1978, 1188; MünchKomm/Habersack § 765 Rz 46.
59 = ZIP 2001, 828 = NJW 2001, 1859 = WuB I E 5 – 8.01 (Bydlinski).
60 S BGH WM 1973, 36; auch zum Einwand des Rechtsmissbrauchs, s dazu § 768 Rz 12.
61 Vgl hierzu § 812 Rz 194 ff (204).
62 RG WarnR 1916 Nr 225.

Bürgschaft dem Hauptschuldner zur Erteilung an den Gläubiger ausgehändigt hatte, dieser sie aber ohne die Bedingung an den Gläubiger weitergibt[63]. Zu der Frage, ob eine Befristung, die in einer von einer Bank gemäß VOB/B § 17 zur Sicherheit für Gewährleistungsverbindlichkeiten eines Bauunternehmers übernommenen Bürgschaft enthalten ist, als Befristung der Bürgschaft selbst (vgl § 777) oder als Begrenzung des Gegenstandes der Bürgschaft in dem Sinne auszulegen ist, dass der Bürge nur für solche Gewährleistungsverbindlichkeiten einzustehen hat, die innerhalb der angegebenen Frist entstanden sind, s BGH WM 1966, 275[64]; auch wenn sich in einem solchen Fall der Bürge über die Dauer der Gewährleistungsfrist geirrt hat, kann er sich auf die vereinbarte Befristung berufen und braucht es nicht hinzunehmen, dass der Endtermin der Bürgschaft hinausgeschoben wird[65].

4. **Vormundschaftsgerichtliche und behördliche Genehmigungen**. Die Eingehung der Bürgschaft bedarf nach §§ 1822 Nr 10, 1825, 1829, 1897, 1643, 1908 i, 1915 der Genehmigung des Vormundschafts- oder Familiengerichts[66]. Gemeinden, Gemeindeverbände und Zweckverbände (auch andere juristische Personen des öffentlichen Rechts), die Bürgschaften übernehmen wollen, bedürfen regelmäßig der Genehmigung der Aufsichtsbehörde[67]; bis zur Erteilung der Genehmigung ist die Bürgschaft schwebend unwirksam[68]. 11

II. Auslegung des Bürgschaftsvertrags

Die Strenge der Haftung des Bürgen verlangt, dass eine Bürgschaft nur die Erfüllung derjenigen Hauptschuld sichert, die sich aus der Bürgschaftserklärung selbst herleiten lässt[69]. Die Auslegung der Bürgschaft geschieht nach allgemeinen Grundsätzen (§§ 133, 157)[70] und ist nicht eng zugunsten des Bürgen vorzunehmen, auch nicht bei Zinsbürgschaften[71]. Über die Bedeutung der nach § 766 vorgeschriebenen Schriftform für die Auslegung s § 766 Rz 6. Auf die Wortfassung (zB „*Vertragserfüllungsbürgschaft*“)[72] kommt es nicht entscheidend an[73]. Die Bürgschaftserklärung muss als notwendigen Bestandteil die Bezeichnung der **verbürgten Hauptschuld** ebenso enthalten[74] wie die **Angabe der Person des Gläubigers**. Kommen bei einer Bürgschaft zugunsten Dritter[75] mehrere Gläubiger in Betracht, von denen allerdings nur einer genau bestimmt ist, dann ist die Bürgschaft nur gegenüber dem bestimmten Gläubiger wirksam[76]. Die Bezeichnung der verbürgten Hauptschuld muss nicht eindeutig sein; es genügt, wenn sie durch Auslegung festgestellt werden kann, wobei auch Umstände außerhalb der Bürgschaftserklärung herangezogen werden können[77], 12

63 RG HRR 1933 Nr 1006.
64 = DB 1966, 1053.
65 BGH WM 1966, 275 = DB 1966, 1053.
66 Vgl RGZ 63, 76, 77 = JW 1906, 337; Staud/Horn (1997) § 765 Rz 71. S hierzu § 1822.
67 Staud/Horn (1997) § 765 Rz 72; vgl BGH WM 1999, 1637 = NJW 1999, 3335 = ZIP 1999, 1346 = VersR 1999, 1020 = MDR 1999, 1280 = LM Nr 154 zu § 276 (Fa) = EWiR 1999, 929 (Hasselbach) = JZ 2000, 149 (Singer).
68 BGH WM 1999, 1637 (= Fn 67).
69 BGHZ 76, 187, 190 (= Fn 108); BGH WM 1987, 898, 899 = NJW-RR 1987, 1138 = LM Nr 21 zu § 133 (A) = MDR 1987, 1019 = ZIP 1987, 972 = KTS 1987, 742 = JuS 1988, 152 LS (K Schmidt) = WuB IV A – 2.87 (Gößmann).
70 Dazu BGH WM 1955, 375 = BB 1955, 289; BGH WM 1989, 1804 = WuB I F 1 a – 3.90 (Gößmann); MünchKomm/Habersack § 765 Rz 9 mweit Nachw; Staud/Horn (1997) § 765 Rz 20.
71 RG JW 1933, 1251 = HRR 1933 Nr 1004 mNachw; vertiefend auch Staud/Horn (1997) § 765 Rz 23 f.
72 S BGHZ 76, 187, 189 (= Fn 108); BGHZ 95, 375, 376 f = WM 1985, 1387; BGH WM 1987, 898 (= Fn 69); vgl auch BGH WM 1988, 212 = NJW 1988, 907 = LM Nr 56 zu § 765 = MDR 1988, 404 = JZ 1988, 262 = JR 1988, 262 = BB 1988, 299 = DB 1988, 700 = ZIP 1988, 222 = EWiR 1988, 253 (Brink) = BauR 1988, 217 = ZfBR 1988, 119 = WuB I K 3 – 3.88 (Eberding); BGH WM 2001, 1525 = ZIP 2001, 1410 = NJW 2002, 747 = WuB I F 1 a – 15.01 (Haertlein).
73 RGZ 153, 338, 344 = JW 1937, 1410; vgl auch BGH BB 1979, 1523, 1524; BGH NJW 1979, 2102 = LM Nr 45 zu HGB § 105; MünchKomm/Habersack § 765 Rz 9.
74 BGHZ 76, 187, 189 (= Fn 108); BGH WM 1986, 520; BGH WM 1987, 898 (= Fn 69).
75 S hierzu Rz 7 ff.
76 BGH WM 2001, 1772 = ZIP 2001, 1706 = NJW 2001, 3327 = WuB I F 1 a – 1.02 (Sonnenhol).
77 Zur Bedeutung des Verhaltens der Parteien nach Vertragschluss für die Auslegung BGH WM 1997, 2305 = ZIP 1998, 106 = NJW-RR 1998, 259 = WuB I F 1 a – 4.98 (Wagenknecht).

sofern der so ermittelte Wille bereits irgendwie in der Erklärung seinen Ausdruck gefunden hat[78]. Es bedarf einer Würdigung aller Umstände[79]. Fehlt jegliche Bezeichnung der Hauptschuld, ist aber der Gläubiger angegeben, so genügt dies nur, wenn sich die Hauptschuld aus den Umständen im Wege der Auslegung ergibt[80]. Verbürgt sich der Bürge in einer Bürgschaftsurkunde ausdrücklich gegenüber der „Bundesrepublik Deutschland (Bund und Länder)", so kann diese Erklärung – ohne weitere Anhaltspunkte – nicht dahin ausgelegt werden, dass eine Gemeinde als eigenständige Gebietskörperschaft des öffentlichen Rechts Begünstigte der Bürgschaft sein soll[81]. Weichen die Vorstellungen der Parteien des Bürgschaftsvertrages über die verbürgte Hauptschuld bei Zugang der Bürgschaftserklärung voneinander ab, so ist für die Auslegung nicht der innere Wille des Erklärenden maßgebend, sondern das Erklärte, also das, was als Wille für denjenigen erkennbar geworden ist, für den die Erklärung bestimmt war[82]. Eine Gewährleistungsbürgschaft kann nach dem mit ihr verfolgten Sicherungszweck auch den Anspruch des Bestellers auf Leistung eines Vorschusses für die voraussichtlichen Mängelbeseitigungskosten (§ 637 Abs 3) umfassen[83]. Hat sich der Bürge für die Herstellung des Werkes und für etwaige Gewährleistungsansprüche des Bauherrn gegen den Bauunternehmer verbürgt, umfasst seine Einstandspflicht nicht auch das Risiko des Bauherrn für zuviel gezahlte Abschlagszahlungen[84]. Allgemein zu Bürgschaften im Zusammenhang mit Baumaßnahmen s *Merz* WM 1984, 1145. Die Erklärung muss erkennen lassen, dass für die Schuld eines anderen eingestanden werden soll[85], wobei über die Person des Schuldners Klarheit bestehen muss. So kann die Auslegung zB ergeben, dass unter Umständen keine Verbindlichkeit des Bürgen besteht, wenn dieser sich für Gesamtschuldner verbürgt, der Gläubiger aber nur mit einem Schuldner kontrahiert[86], oder es kann sich als stillschweigende Voraussetzung des Bürgschaftsvertrages ergeben, dass der Gläubiger keinen Gesamtschuldner entlassen darf[87]. Auf einen Schuldbeitritt eines Dritten[88] erstreckt sich eine Bürgschaft nicht ohne weiteres[89]. Übernimmt ein Bevollmächtigter die Haftung für die Erfüllung des von ihm besorgten Geschäfts, so kann dies eine Bürgschaft sein[90]. Die Auslegung kann ergeben, dass die Bürgschaft sich bei Nichtigkeit des Vertrages zwischen Gläubiger und Hauptschuldner auch auf die Bereicherungsschuld erstrecken soll, die anstelle der vertraglich begründeten Hauptschuld entsteht[91]. Bei Bürgschaften von Freunden oder nahen Verwandten wird dies in der Regel nicht der Fall sein[92], wohl aber dann, wenn der Bürge sich im eigenen Interesse verbürgt hat[93]. Die Erklärung des Bevoll-

78 BGH WM 1986, 520; BGH WM 1987, 898 (= Fn 69).
79 BGH NJW 1960, 1567 = LM Nr 4 zu § 765. Zur Auslegung einer Bürgschaftserklärung, wenn die zu sichernde Forderung in engem Zusammenhang mit einer weiteren, anderweitig gesicherten Forderung steht, s BGH NJW-RR 1991, 562.
80 RGZ 62, 379, 382; unvollständige Bezeichnung der Hauptschuld BGH WM 2000, 886 = ZIP 2000, 740 = NJW 2000, 1569 = WuB I F 1 a – 20.00 (Pecher). S hierzu auch § 766 Rz 17 ff u § 767 Rz 1 mNachw.
81 Hamm NJW-RR 1992, 754, 755.
82 BGHZ 36, 30, 33 = WM 1961, 1276; BGH WM 1986, 520; BGH WM 1987, 898 (= Fn 69); „Maßgeblich ist ... der Empfängerhorizont" Staud/Horn (1997) § 765 Rz 21.
83 BGH WM 1984, 892 = NJW 1984, 2456 = MDR 1985, 45 = LM Nr 50 zu § 633 = JZ 1984, 754 = BauR 1984, 406 = ZfBR 1984, 185.
84 BGHZ 76, 187, 190 (= Fn 108).
85 RGZ 62, 172, 174; RGZ 64, 82, 84; RGZ 92, 121, 122.
86 Stuttgart OLG 18, 38 = Recht 1907 Nr 1024.
87 RG WarnR 1913 Nr 286.
88 Zur Auslegung eines Schuldübernahmevertrages s BGH AgrarR 1989, 128.
89 Nürnberg ZIP 1982, 1064.
90 RG JW 1904, 407.
91 RGZ 95, 125, 126; BGH WM 1955, 265 = LM Nr 1 zu § 765 = BB 1954, 1044; BGH WM 1971, 614 = Warn 1971 Nr 37; BGH WM 1987, 616, 617 = NJW 1987, 2076, 2077 = LM Nr 49 zu § 765 = JZ 1987, 883 (dazu Tiedtke S 853) = ZIP 1987, 697 = MDR 1987, 741 = DB 1987, 1139; Frankfurt/M WM 1980, 1353, 1354 = NJW 1980, 2201 = MDR 1980, 935 = VersR 1980, 1050; Stuttgart WM 1985, 349, 350 = NJW 1985, 498 (Lindacher); vgl auch BGH WM 1992, 135 = NJW 1992, 1234 = LM Nr 34 zu AGB-Ges § 3 (Pecher) = BB 1992, 167 = WuB I F 1 a – 6.92 (Hammen); KG WM 1988, 1721, 1725 f = WuB I C 3 – 1.89 (A Weber); LG Hamburg WM 1987, 555, 556 = WuB I A – 1.87 (Kasten); Steinmetz NJW 1991, 881, 886; ebenso bei einer dinglichen Sicherung (zB Pfandrechtsbestellung) hinsichtlich des Bereicherungsanspruchs des Darlehensgebers Schleswig ZIP 1982, 160 u BGH NJW 1968, 1134. Vgl auch Staud/Horn (1997) § 765 Rz 80 mweitNachw; Hopt/Mülbert, KreditR, 1989, § 607 Rz 320 mweitNachw. S hierzu § 767 Rz 14.
92 BGH WM 1987, 616, 617 (= Fn 91).
93 Düsseldorf WM 1988, 1407, 1408 = WuB I F 1 a – 15.88 (Schröter).

mächtigten, sein Vollmachtgeber *„stehe dahinter"* und hafte mit seinem Vermögen, kann Bürgschaft oder auch Garantiezusage sein[94]. Die Versicherung, der Gläubiger werde an dem Schuldner nichts verlieren, er werde dafür sorgen, dass der Schuldner bis zu einem bestimmten Zeitpunkt zahle, ist Bürgschaft[95], ebenso die Erklärung, er werde zahlen, wenn der Schuldner nicht zahle[96]. Auch die Erklärung, *„niemand soll etwas einbüßen, dafür werde er sorgen"*, ist eine Bürgschaft und nicht nur die Zusicherung, sich um die Zahlung zu bemühen[97]. Die Mitunterzeichnung eines Schuldscheins allein kann nach den Umständen schon eine Bürgschaft sein[98]. Wechselbegebung zur Sicherung der Forderung des Gläubigers gegen einen Dritten (Sicherungswechsel) ist keine Bürgschaft[99], auch wenn die Wechselverpflichtung den wirtschaftlichen Zweck einer Bürgschaft erfüllt[100]; vgl auch Rz 56 vor § 765. Liegt dem Wechselakzept eine Sicherungsabrede zwischen Gläubiger und Wechselverpflichtetem zugrunde, kann sich dieser gegenüber dem Wechselnehmer auf diese Zweckabrede berufen[101]. Bei der Auslegung kommt für die Frage des Umfangs der Haftung für künftige Verbindlichkeiten[102] der Sicherungszweckerklärung besondere Bedeutung zu[103]. Zur Auslegung von Bürgschaften für die Ansprüche von Banken vgl Rz 171.

Auch wenn ein Darlehensvertrag wegen Sittenwidrigkeit (§ 138 Abs 1) oder Wuchers (§ 138 Abs 2) nichtig ist, kann die Auslegung ergeben, dass die Bürgschaft den **Bereicherungsanspruch** aus § 812 sichert[104]. Für eine solche Auslegung lässt sich durchaus unterscheiden, ob der Bürge sich aus reiner Gefälligkeit (Freund, naher Angehöriger) verbürgt hat oder ob ein Kaufmann die Mithaftung für einen Kredit übernimmt, den sein Kunde zur Bezahlung des Kaufpreises benötigt und für den er selbst auch noch eine Vermittlungsprovision erhält[105]. 13

III. Die gesicherte Forderung

1. **Allgemeines**. Eine Bürgschaft ist meistens auf die Sicherung der Erfüllung einer Geldforderung gerichtet (s auch § 772 Abs 1). Sie kann aber für jede andere Art vermögensrechtlicher Verbindlichkeiten übernommen werden[106]. Dabei richtet sich der Bürgschaftsumfang nach dem Sicherungsinteresse der Beteiligten, das durch Auslegung zu ermitteln ist. Der Bürge muss dann aus der so begründeten eigenen Verbindlichkeit die gleiche Leistung erbringen wie der Hauptschuldner. Daher kann zB von ihm Auflassung verlangt werden, wenn er sich für die Verpflichtung zur Übereignung eines Grundstücks verbürgt hat[107]. Ferner kommt den Fertigstellungsbürgschaften bei Bauwerken eine erhebliche Bedeutung zu[108]. Zum Rechtsweg vgl § 765 Rz 203. Bei der 14

94 RGZ 140, 216, 218 = JW 1933, 2642 (krit Reichel). – S auch Rz 84 vor § 765.
95 Colmar OLG 22 (1911), 343, 344.
96 RG JW 1923, 368.
97 RG JW 1912, 35 = WarnR 1911 Nr 471.
98 Str; ebenso Enn/Lehmann § 191 II 1; **aM** RGZ 78, 37; RGZ 77, 378.
99 RG JW 1928, 2126; BGHZ 45, 210, 211 = NJW 1966, 1557 = WM 1966, 510 = LM Nr 5 zu WG Art 17 = MDR 1966, 656 = JZ 1966, 450 = BB 1966, 558 = DB 1966, 775; BGH WM 1976, 562, 564; MünchKomm/Habersack Rz 46 vor § 765.
100 RGZ 94, 85, 89 f; RGZ 96, 136, 139.
101 RGZ 120, 205, 207 f.
102 S dazu unten Rz 15.
103 Vgl Rehbein, Festschr für Werner S 700; ebenso für die formularmäßige Sicherungsabrede hinsichtlich einer Grundschuld Hamburg WM 1983, 1049 = ZIP 1983, 803.
104 BGH WM 1992, 135 (= Fn 91); Staud/Horn (1997) § 765 Rz 80.
105 BGH WM 1987, 616, 617 (= Fn 91); dazu ablehnend Tiedtke JZ 1987, 853; enger Hamm WM 1987, 1277 = NJW 1987, 2521 = VersR 1988, 41 = JuS 1988, 312 (K Schmidt) = WuB I F 1 a – 1.88 (Schroter).
106 BGH WM 1989, 627 = NJW 1989, 1856, 1857 = LM Nr 10 zu § 777 = BB 1989, 871 = DB 1989, 1233 = ZIP 1989, 627 = MDR 1989, 734 = JZ 1989, 1441 = BauR 1989, 491 = WuB I K 3 – 6.89 (Gößmann); Esser/Weyers, SchuldR II 1, 1998[8], § 40 II 2, S 347; MünchKomm/Habersack § 765 Rz 65; Graf Lambsdorff/Skora, Hb BürgschaftsR, 1994, Rz 112.
107 RGZ 140, 216, 219 = JW 1933, 2642 (krit Reichel); RG SeuffA 87 (1933) Nr 185.
108 Vgl dazu BGHZ 76, 187 ff = WM 1980, 741 = NJW 1980, 1459 = LM Nr 30 zu § 765 – LS (Merz) = MDR 1980, 664 = BB 1980, 703 = DB 1980, 1256 = JR 1980, 458 (Rehbein) = ZIP 1980, 354; BGH WM 1980, 951 = ZIP 1980, 637 = BauR 1980, 574; s auch BGH WM 1982, 845 f = NJW 1982, 2305 = LM Nr 18 zu § 767 = MDR 1983, 50 = BB 1982, 1388 = ZIP 1982, 940 = BauR 1982, 506 = ZfBR 1982, 216 sowie Merz

Verbürgung für höchstpersönliche Leistungen bezieht sich die Bürgschaft auf das Interesse in Geld. Dies ist im Zweifel auch bei jeder anderen gegenständlichen, nicht auf Geld gerichteten Hauptschuld anzunehmen[109]. Zum Zustandekommen eines Bürgschaftsvertrages s Rz 1 ff und durch Vertrag zugunsten Dritten Rz 7 ff, zum Vorvertrag s § 766 Rz 3, auch zur Verpflichtung im Gesellschaftsvertrag einer Publikums-KG zur Übernahme von Bürgschaften. Zur Vereinbarung, dass der Bürge sich von seiner Verpflichtung durch Hinterlegung befreien kann, vgl § 774 Rz 5. Zur Beurteilung der Bürgschaft des Gesellschafters einer GmbH als einer kapitalersetzenden Leistung im Sinne von GmbHG § 32 a vgl Rz 8 vor § 765 mweitNachw.

2. Bürgschaft für bedingte und zukünftige Forderungen

Schrifttum: Schmitz-Herscheidt, Zur Bürgschaft für alle gegenwärtigen und zukünftigen Verbindlichkeiten, ZIP 1997, 1140.

15 Der Wirksamkeit einer Bürgschaft steht, wie § 765 Abs 2 verdeutlicht, nicht entgegen, dass die zu sichernde Hauptverbindlichkeit erst im Werden begriffen, mit ihrem Wirksamwerden aber zu rechnen ist und sie dann auch tatsächlich wirksam wird (zB Heilung eines formwidrig abgeschlossenen Grundstückkaufvertrages nach § 311 b Abs 1 Satz 2[110]). Zwar muss man eine aufschiebend bedingt vereinbarte Bürgschaft[111] von der Bürgschaft für eine aufschiebend bedingte Hauptschuld begrifflich trennen. Solange aber diese Hauptschuld noch nicht entstanden ist, ist auch die Verbindlichkeit des Bürgen noch in der Schwebe. Die Verbindlichkeit aus einer Bürgschaft für eine aufschiebend bedingte Schuld ist also wegen des Akzessorietätsprinzips durch deren Unbedingtwerden selbst bedingt[112]. Sie ist aber schon vereinbart und nicht nur als eine noch frei widerrufliche Ermächtigung anzusehen[113]. Für die Bestimmtheit der bedingten oder künftigen Hauptschuld reicht es aus, wenn die künftig abzuschließenden Kauf- oder Kreditgeschäfte, aus denen die Verbindlichkeiten entstehen sollen, für die eine Bürgschaft eingegangen wird, allgemein im Voraus bezeichnet werden können[114]. Der Schuldgrund ist bestimmbar, wenn das künftige Rechtsgeschäft der allgemeinen Art nach im Voraus bestimmt ist, mit anderen Worten, wenn auf Forderungen verwiesen wird, die aus einem festgelegten Kreis von Rechtsverhältnissen entstehen können. Ob sich eine Bürgschaft nach dem Willen der Vertragsschließenden auch auf **künftige Verbindlichkeiten** des Schuldners erstrecken soll, ist – gegebenenfalls unter Berücksichtigung der Begleitumstände – durch Auslegung zu ermitteln[115]. Dabei soll es nach Ansicht des BGH[116] nicht auf die Vorverhandlungen der Beteiligten oder auf ihr sonstiges Gesamtverhalten ankommen, wenn die Bürgschaftserklärung selbst eindeutig und damit nicht auslegungsbedürftig sei.

3. Bestimmtheit der gesicherten Forderung

Schrifttum: Horn, Globalbürgschaft und Bestimmtheitsgrundsatz, in: Festschr für Merz, 1992, S 217; Keim, Die weite Sicherungsabrede: Überraschung oder unangemessene Benachteiligung, MittBayNot 1994, 406; Tiedtke, Enge und weite Bürgschaftsverpflichtungen, ZIP 1994, 1237; Reich/Schmitz, Globalbürgschaften in der Klauselkontrolle und das Gebot der geltungserhaltenden Reduktion, NJW 1995, 2533; Reinicke/Tiedtke, Bestimmtheitserfordernis und weite Sicherungsabrede im Bürgschaftsrecht, DB 1995, 2301; Bülow, Blankobürgschaft und Rechtsscheinzurechnung, ZIP 1996, 1694; J Hager, Der lange Abschied vom Verbot der geltungserhaltenden Reduktion, JZ 1996, 175; Keim, Das Ende der Blankobürgschaft, NJW 1996, 2774; Pape, Unwirksamkeit formularmäßiger Zinserhöhungsklauseln in Bürgschaftsverträgen, WiB 1996, 340; Reinicke/Tiedtke, Die Haftung des Bürgen für alle bestehenden und

WM 1982, 175; ferner BGH WM 1989, 627 (= Fn 106).

109 BGH WM 1989, 627 (= Fn 106).

110 RGZ 134, 243, 245 zu § 313 Satz 2 aF.

111 S dazu oben Rz 10.

112 Siber IherJb 50 (1906), 103; s auch RG WarnR 1914 Nr 184.

113 S mit Recht Enn/Lehmann § 192 I Fn 1; Leonhard, SchuldR II S 319 gegen Eccius Gruchot 46, 55.

114 RG Gruchot 50 (1906), 919; RG JW 1913, 642 = WarnR 1913 Nr 289; BGH WM 1974, 1127 = BB 1974, 1454 = DB 1974, 2244; Hamm WM 1991, 847 = NJW 1991, 110 = BB 1991, 650 = WuB I F 1 a – 12.91 (Bales).

115 BGH WM 1957, 876; BGH WM 1984, 924; aA MünchKomm/Habersack § 766 Rz 10.

116 BGH WM 1956, 1127, 1128.

künftigen Forderungen einer Bank aus ihrer Geschäftsverbindung mit dem Hauptschuldner, WiB 1996, 505; Forthauser, Die Sicherungszweckerklärung in Bürgschaftsverträgen, MittBayNot 1997, 265; Horn, Zur Zulässigkeit der Globalbürgschaft – Bestimmtheitsgrundsatz und Verbot der Fremddisposition im Bürgschaftsrecht, ZIP 1997, 525; Klaas, Formelle Dokumentenstrenge im Recht der Bankgarantie, ZIP 1997, 1098; Schmitz-Herscheidt, Zur Bürgschaft für alle gegenwärtigen und zukünftigen Verbindlichkeiten, ZIP 1997, 1140; Seidel/Brink, Der zulässige Umfang der Verbürgung von Privatpersonen gegenüber Banken, DB 1997, 1961; Trapp, Zur Wirksamkeit der weiten Sicherungszweckvereinbarung bei Bürgschaften, ZIP 1997, 1279; Chr Weber, Wirksamkeit formularmäßiger Globalsicherheiten – BGHZ 130, 19, JuS 1997, 501; Chelidonis, Haftungsgrundlagen bei hinweispflichtig ausgefüllten Blankobürgschaften, Thessaloniki 1998; G Fischer, Formnichtigkeit der Blankobürgschaft – BGHZ 132, 119, JuS 1998, 205; Artz, Examensklausur Zivilrecht: Die Blankobürgschaft, JuS 1999, 364; Benedict, Wi(e)der die Formwirksamkeit der Blankobürgschaft – BGHZ 132, 119, Jura 1999, 78; Wimmer-Leonhardt, Rechtsfragen der Blankourkunde, JuS 1999, L 81; Nobbe, Die Sicherungszweckerklärung bei Bürgschaft und Mithaftung in der Rechtsprechung des Bundesgerichtshofs, BKR 2002, 747.

a) **Allgemeines**. Wenn eine Bürgschaft „für alle künftigen Verbindlichkeiten" des Hauptschuldners übernommen wird[117], ist sie nur rechtswirksam, wenn die Übernahme bis zu einer ziffernmäßig bestimmten Höhe erfolgt[118]. Eine der Höhe nach unbegrenzte Bürgschaft „*für alle Ansprüche der Bank, sie mögen bereits entstanden sein oder erst in Zukunft entstehen, die Hauptsache oder eine Nebensache betreffen und herrühren aus welchem Grunde immer*", ist daher mangels hinreichender Bestimmtheit unwirksam[119]. Dagegen ist eine Verbürgung für alle bestehenden und künftigen Ansprüche einer Bank gegen den Hauptschuldner, die sich „*aus der bankmäßigen Geschäftsverbindung*" ergeben, wirksam[120]. Die selbstschuldnerische Bürgschaft der Kommanditisten einer GmbH und Co KG, die zugleich Gesellschafter/Geschäftsführer der Komplementär-GmbH sind, als „Inhaber" für alle Verbindlichkeiten der GmbH und Co KG über den Betrag des haftenden Kapitals hinaus erstreckt sich auch auf die Verbindlichkeiten, die nach Liquidation und Erlöschen der KG aus der Fortführung der Geschäftsverbindung durch die GmbH gegen diese begründet worden sind[121]. Die Bürgschaft gegenüber einem Bauträger zwecks Ablösung eines Garantieeinbehalts für den Werkunternehmer erstreckt sich, wenn der Bauträger selbst für die Gewährleistung gegenüber dem Käufer einstehen muss, weil der Unternehmer zur Mängelbeseitigung nicht mehr in der Lage ist, auch auf diese zukünftigen und bedingten Gewährleistungsforderungen[122]. Wird anlässlich einer Wechselkreditaufnahme gegenüber der diskontierenden Bank eine Bürgschaft für „bestehende und künftige" Schulden des Kreditnehmers üeernommen, so kann die Bürgschaft für die künftigen Schulden nicht auf Verbindlichkeiten aus Prolongationswechseln oder auf Kreditkosten oder sonstige Kosten beschränkt werden[123]. Eine Bürgschaft, die zur Sicherheit für eine Darlehensrückzahlung vereinbart wurde, sichert auch die Vorfälligkeitsentschädigung, die bei vorzeitiger Ablösung vom Darlehensgeber verlangt werden kann[124]. 16

117 KG OLG 24 (1912), 415.
118 RGZ 97, 162, 163 = Recht 1920 Nr 386.
119 Abweichend wohl RG JW 1912, 35 = WarnR 1911 Nr 471; RG JW 1912, 464, 465; RG LZ 1932, 1424; BGH WM 1974, 1127 = BB 1974, 1454 = DB 1974, 2244.
120 BGHZ 25, 318, 321 = WM 1957, 1430 = NJW 1957, 1873 = JZ 1957, 755 = BB 1957, 1245 = LM Nr 2 zu § 765 (Rietschel); BGH WM 1977, 812 = LM Nr 9 zu § 767; BGH WM 1985, 155 = NJW 1985, 848 = LM Nr 38 zu § 765 = JZ 1985, 483 (abl Reinicke u Tiedtke) = BB 1985, 357 = DB 1985, 910 = ZIP 1985, 267, 268f = EWiR 1985, 83 (Fischer) = JR 1985, 505 (Rehbein) = WuB I f 1 a – 1.85 (Schröter); BGH WM 1992, 391, 392 = NJW 1992, 896, 897 = ZIP 1992, 233 = MDR 1992, 341 = BB 1992, 387 = DB 1992, 729 = DNotZ 1993, 322 = KTS 1992, 266 = LM Nr 77/78 zu § 765 (Schweitzer) = WuB I F 1 a – 8.92 (Schröter); BGH WM 1994, 784, 785 = NJW 1994, 1656 = ZIP 1994, 697 = MDR 1994, 769 = LM Nr 92 zu § 765 = BB 1994, 892 = DB 1994, 1413 = EWiR 1994, 521 (E Schmidt) = WiB 1994, 522 (Eyles) = WuB I F 1 a – 6.94 (teilw krit Lindacher); LG Oldenburg WM 1987, 901 = WuB I F 1 a – 3.88 (Schröter). Zur Auslegung und Wirksamkeit diesbezüglicher Formularverträge von Banken s unten Rz 71 ff.
121 Hamm ZIP 1981, 863.
122 BGH WM 1982, 485, 486 = NJW 1982, 1808 = LM Nr 32 zu § 765 = MDR 1982, 925 = BB 1982, 519 = DB 1982, 1214 = ZIP 1982, 423 = KTS 1982, 449 = BauR 1982, 384 = ZfBR 1982, 124.
123 BGH WM 1956, 1127, 1129.
124 Frankfurt/M WM 2002, 1387 = ZIP 2002, 567 = WuB I F 1 a – 15.02 (Fischer).

17 b) **Einzelne Klauseln.** Nahezu ausnahmslos enthalten die kreditwirtschaftlichen Bürgschaftsformulare sog **Risikoerweiterungsklauseln**[125]. Ihrem Inhalt nach wird die Bürgschaft regelmäßig *„zur Sicherung aller bestehenden und künftigen Forderungen"* bestellt, *„einschließlich aller bedingten und befristeten Forderungen"*, die im Verhältnis zwischen Gläubiger und Hauptschuldner *„aus der Geschäftsverbindung"* resultieren. Nach der BGH-Judikatur genügt diese Klausel dem Bestimmtheitserfordernis im Sinne des § 765[126]. Ungenügend ist hingegen eine Klausel, die den Bürgen *„für alle gegenüber dem Hauptschuldner erhobenen oder noch zu erhebenden Forderungen durch den Gläubiger"* verpflichtet[127]. Die Bestimmbarkeit der Hauptschuld hängt wesentlich von den vom Schuldner im Rahmen der Geschäftsbeziehung übernommenen Verpflichtungen ab. Sie ist gemäß §§ 133, 157 durch Auslegung zu ermitteln[128]. Bezieht sich die Bürgschaft zB auf alle vom Schuldner übernommenen Verpflichtungen aus einem Bauvertrag, so erstreckt sich die Bürgschaftsverpflichtung auch auf eine Vertragsstrafe, sofern sich der Hauptschuldner nicht nur zur Durchführung bestimmter Bauarbeiten, sondern auch zur Einhaltung fester Termine bei gleichzeitiger Abgabe eines Vertragsstrafeversprechens für deren Nichteinhaltung verpflichtet hatte[129]. Ist die Hauptschuld hingegen auch durch Auslegung nicht eindeutig bestimmbar, bleibt eine Risikoerweiterungsklausel wirkungslos. Grenzen der Auslegung liegen da, wo durch extensive Auslegung dem Bestimmtheitserfordernis schon im Hinblick auf § 766 nicht mehr Genüge getan werden kann. Denn aus § 766 Satz 1 folgt, dass das bei Abgabe einer Bürgschaftserklärung zu beachtende Schriftformerfordernis eine hohe Warnfunktion besitzt[130]. Das Erfordernis der eigenhändigen Namensunterschrift des Ausstellers der Urkunde (§§ 766 Satz 2, 126) gilt dabei für alle wesentlichen Teile einer Bürgschaftserklärung, nämlich: für die Person des Gläubigers, den Verbürgungswillen, die Schuld, für die gebürgt werden soll, und die Person des Hauptschuldners, die aus der schriftlichen Urkunde erkennbar sein müssen (sog „Andeutungstheorie")[131]. Die durch das Schriftformerfordernis gezogene Grenze wird überschritten, wenn in der Bürgschaftsurkunde fehlende wesentliche Angaben ausschließlich anhand von Umständen ermittelt werden können, die außerhalb der Urkunde liegen[132]. Wer zur Sicherung eines bestimmten und zudem zweckgebundenen zinsvergünstigten Darlehens in einem Formularvertrag eine Bürgschaft übernimmt, braucht billigerweise nicht damit zu rechnen, dass ohne besondere Vereinbarung die Bürgschaft als Sicherheit für alle Forderungen aus laufender Geschäftsverbindung zwischen dem Darlehensschuldner und dem Darlehensgläubiger dient[133]. Auch wenn der Wortlaut der Bürgschaftserklärung nur die Deutung zulässt, dass der Bürge eine allgemeine Bürgschaft übernimmt, ist die Bürgschaft auf einen einmaligen Kredit beschränkt, wenn sich der Gläubiger und der Bürge hierüber bei Abschluss des Bürgschaftsvertrages einig waren[134]. Klauseln, die sich (auch) an Nichtjuristen wenden, müssen die gewollte Regelung allgemeinverständlich zum Ausdruck bringen; Rechtsfolgen, die sich aus einer Klauselwendung erst bei umfangreichem rechtlichem Fachwissen ergeben, gelten zu Lasten des Verwenders als nicht vereinbart[135]. Zur Frage der Auslegung von Nr 3.2.6 der Anlage 1 der Bürgschaftsrichtlinien des Landes Nordrhein-Westfalen für die Wirtschaft und die freien Berufe sowie die Land- und Forstwirtschaft vom (aktuell) Januar 2003, wonach etwaige „Sicherheiten, die dem Kreditgeber vom Kreditnehmer für andere nicht vom Land verbürgte Kredite bestellt worden sind, unmittelbar nachrangig für den vom Land verbürgten Kredit mitdienen", s Düsseldorf WM 1992, 1895, 1896[136].

125 Dazu eingehend Graf von Westphalen WM 1984, 1589 ff.
126 BGHZ 25, 318, 321 (= Fn 120); BGH WM 1981, 5; aA Reinicke/Tiedtke JZ 1986, 426, 428, 430, die in diesen Fällen verlangen, dass die Bürgschaftsverpflichtung der Höhe nach beschränkt wird; s auch Tiedtke ZIP 1986, 150, 152.
127 BGH WM 1978, 1065 = JuS 1979, 215 (K Schmidt).
128 Graf von Westphalen WM 1984, 1589.
129 BGH DB 1982, 2029.
130 BGH NJW 1993, 1261.
131 BGH NJW 1993, 1261; BGH WM 1984, 199.
132 Nürnberg WM 1991, 985, 986 = NJW 1991, 232 = WuB I F 1 a – 13.91 (Moritz).
133 Stuttgart BB 1977, 415, 416; vgl auch bezüglich einer Grundschuld BGHZ 83, 56, 59 = NJW 1982, 1035; Köln WM 1984, 46 = ZIP 1983, 926; MünchKomm/Habersack § 765 Rz 72.
134 BGH WM 1959, 969, 970.
135 Köln WM 1989, 1883, 1887 = NJW-RR 1989, 1266 = JZ 1990, 343 = WuB I F 1 a – 4.90 (Bales).
136 = NJW-RR 1992, 1324 f = WuB I F 1 a – 10.93 (Rehbein).

4. **Erstreckung der Bürgschaft auf Nebenforderungen**. Da eine dem § 1210 Abs 1 Satz 1 aE entsprechende klarstellende Vorschrift fehlt, kommt es auf die Auslegung des Bürgschaftsvertrags im Einzelfall an, ob die Bürgschaft sich auch auf Zinsen und Vertragsstrafen erstrecken soll[137]. Bei Kenntnis des Bürgen von der Verzinslichkeit der Hauptschuld ist der Bürgschaftsvertrag in der Regel dahin auszulegen, dass er auch die Erfüllung der Zinsverbindlichkeit sichert; bei Kaufleuten gilt dasselbe hinsichtlich der üblichen Bankprovisionen[138]. Eine Bank kann nach dem Grundsatz von Treu und Glauben von dem Bürgen jedoch keine Zahlung wegen offener Zinsen aus dem Kreditvertrag des Hauptschuldners mehr verlangen, wenn dies erst drei Jahre nach Ablauf des Kredits geschieht und dem Bürgen nicht mitgeteilt wurde, dass es zu Zahlungsschwierigkeiten gekommen, der Kredit aber verlängert worden war[139]. Hat sich ein Bauunternehmer zur Durchführung bestimmter Bauarbeiten unter Einhaltung fester Termine mit dem Versprechen einer Vertragsstrafe bei Nichteinhaltung verpflichtet, so sichert die Bürgschaftsverpflichtung auch den Anspruch auf die Vertragsstrafe[140]. Eine Bürgschaft für eine verzinsliche Forderung erstreckt sich in der Regel auch auf Zinsrückstände[141]; eine Zinsbürgschaft in der Regel auch auf die Verzugszinsen[142]. Für Verzugszinsen aus der Hauptforderung haftet der Bürge auch dann, wenn sie nach der Eröffnung des Insolvenzverfahrens über das Vermögen des Hauptschuldners anfallen[143]. Auch ohne besondere Zinsänderungsklausel kann, wenn die weite Sicherungszweckerklärung unwirksam ist, die ergänzende Vertragsauslegung (§ 157) ergeben, dass die Bürgschaft auch Zinsänderungen umfasst, die dazu dienen, den Zinssatz der Hauptschuld den wechselnden Refinanzierungsmöglichkeiten nach oben oder unten in marktkonformer Weise anzupassen[144]. Wer sich für ein Darlehen verbürgt hat, dessen Zinssatz gegen Leistung einer Zinsvorauszahlung für eine bestimmte Zeit festgeschrieben ist, kann nach einer vorzeitigen Kündigung des Darlehens – entsprechend den Regeln der bereicherungsrechtlichen Saldotheorie – nur auf den Betrag in Anspruch genommen werden, der nach Verrechnung des nicht verbrauchten Teils der Zinsvorauszahlung verbleibt[145]. Wird eine Bürgschaft als Sicherheitsleistung in einem Arrestverfahren geleistet, so erstreckt sie sich auch auf die Kosten[146]. Über die Bedeutung der Schriftform für Nebenabreden s § 766 Rz 20 f. Zur Haftung für Nebenforderungen bei einem Schuldbeitritt s Köln NJW 1960, 2148. 18

IV. Unwirksamkeit des Bürgschaftsvertrags

Schrifttum: Neuhof/Richrath, Rückabwicklung nichtiger Kreditsicherungsverträge nach der Lehre von der Doppelcausa, NJW 1996, 2894.

1. **Allgemeine Unwirksamkeitsgründe**. Ein Bürgschaftsvertrag kommt wegen Dissenses (§§ 152, 154, 155) nicht zustande, wenn der Bürge dem Bürgschaftsbegünstigten die von ihm unterschriebene formularmäßige Bürgschaftsurkunde mit einem Vorbehalt zusendet, der in einem Begleitschreiben enthalten ist, und wenn dieser in einem Antwortschreiben einen hiervon abweichenden Formulartext ohne den einschränkenden Vorbehalt hinsichtlich der Zweckbestimmung der Bürgschaft gegenbestätigt[147]. Ein Bürgschaftsvertrag kommt auch dann nicht zustande, wenn statt zwei in der Bürgschaftserklärung aufgeführten Hauptschuldnern nur einer davon 19

137 RG WarnR 1909 Nr 140. Dazu Staud/Horn (1997) § 765 Rz 40.
138 RG JW 1912, 343.
139 AG Frankfurt/M NJW-RR 1987, 432.
140 BGH WM 1982, 845 f (= Fn 108); BGH WM 1990, 841 = NJW-RR 1990, 811. S auch Rz 17.
141 Braunschweig SeuffA 67 (1911) Nr 5.
142 RG JW 1933, 1251 = HRR 1933 Nr 1004.
143 Nürnberg WM 1991, 1794, 1795 = NJW-RR 1992, 47, 48 = JuS 1992, 434 – LS (K Schmidt) = WuB I F 1 a – 19.91 (Moritz).
144 BGH WM 2000, 1141, 1142 = ZIP 2000, 962 = NJW 2000, 2580 = WuB I F 1 a – 19.00 (Wagenknecht).
145 BGH WM 1994, 1163, 1164 = NJW 1994, 1790 = NJW-RR 1994, 1073 – LS = ZIP 1994, 938 = MDR 1994, 907 = BB 1994, 1243 = WiB 1994, 568 (Seeberg) = LM Nr 27 zu § 767 (H-F Müller) = EWiR 1994, 763 (Olzen) = WuB I F 1 a – 9.94 (Häuser).
146 Frankfurt/M MDR 1951, 684.
147 Celle WM 1990, 1866, 1867 = NJW-RR 1990, 1006 = WuB I F 1 a – 2.91 (Moritz).

schließlich Hauptschuldner wird[148]. Auf die Bürgschaftsverpflichtung ist das Bestehen oder Nichtbestehen des Rechtsverhältnisses zwischen Bürgen und Hauptschuldner im Deckungsverhältnis ohne Einfluss. Einigen sich Gläubiger und Bürge bei Erlöschen der Hauptschuld über die Fortdauer der Haftung, so liegt in der Regel ein Garantievertrag vor. Beerbt der Bürge den Hauptschuldner und umgekehrt, so wird dadurch die Bürgschaft nicht berührt[149]. Hauptschuld und Bürgschaft erlöschen jedoch, wenn Gläubiger und Hauptschuldner zusammenfallen (Konfusion). Zur Wirksamkeit der Bürgschaft ist die Zustimmung des Ehegatten gemäß § 1365 nicht erforderlich, selbst wenn der Bürge mit seinem gesamten Vermögen haftet[150] und die Bürgschaft (300 000 DM) geeignet ist, das ganze Vermögen aufzuzehren[151]; denn die Bürgschaft verpflichtet nicht zu einer Verfügung über das Vermögen im Ganzen. Zur Nichtigkeit einer Bürgschaft wegen Nichteinhaltung der Schriftform s die Ausführungen zu § 766[152].

20 Ist die Bürgschaftserklärung eines **Mitbürgen** nichtig, so wird regelmäßig die Verpflichtung des anderen Bürgen nicht berührt[153]. Wird die Bürgschaft für Gesamtschuldner (§ 421) übernommen[154], so ist sie bei Nichtbestehen der Gesamtschuld unwirksam[155]. Ist die Unterschrift eines Mitbürgen gefälscht, so kann der andere seine Bürgschaftserklärung widerrufen, solange sie dem Gläubiger noch nicht zugegangen ist[156]. Der (einseitige) Verzicht des Gläubigers allein befreit den Bürgen nicht von seiner Verbindlichkeit[157]; es bedarf vielmehr eines Erlassvertrages (§ 397) zwischen Gläubiger und Bürgen[158]. Daher genügt eine einseitig vom Gläubiger errichtete notarielle Urkunde über den Verzicht nicht.

21 2. **Einzelne Unwirksamkeitsgründe**. – a) **Anfechtung wegen Irrtums**. Die Bürgschaft unterliegt den Vorschriften der Anfechtung wegen Irrtums, zB wegen Inhaltsirrtums oder wegen Erklärungsirrtums (§ 119 Abs 1) oder wegen Irrtums über Eigenschaften der Person des Schuldners oder des Gläubigers (§ 119 Abs 2)[159]. Auch derjenige, der eine Bürgschaftserklärung ungelesen unterschreibt, kann die Erklärung anfechten, wenn er sich von deren Inhalt eine bestimmte, allerdings unrichtige Vorstellung gemacht hat[160]. Wegen Irrtums kann eine Bürgschaft ferner anfechten, wer sie nur mit Rücksicht auf eine Pfandsicherheit übernommen hat, diese aber nicht rechtswirksam war[161]. Der Irrtum über den Wert einer anderen für die Hauptschuld bestehenden Sicherheit ist jedoch kein Irrtum über den Inhalt der Bürgschaftserklärung[162]. Der Irrtum über die Zahlungsfähigkeit des Bürgen kann für den Gläubiger ein Anfechtungsrecht nach § 119 Abs 2 bilden[163]. Dagegen kann der Bürge, weil es mit dem Inhalt der Bürgschaft in Widerspruch stände, nicht wegen Irrtums über die Kreditwürdigkeit des Hauptschuldners anfechten[164], während ein anderer Irrtum über wesentliche Eigenschaften auch eines Dritten die Anfechtung rechtfertigen kann. Ausnahmsweise kann die Vermögenslage des Hauptschuldners einen Anfechtungsgrund bilden, wenn das Vorhandensein bestimmter Aktiven Inhalt der Erklärung des Bürgen gegenüber

148 Celle WM 1990, 1866, 1867 (= Fn 147).
149 RGZ 76, 57.
150 BGH WM 1983, 267 = FamRZ 1983, 455 = ZIP 1983, 276; BGHZ 144, 52 = WM 2000, 764 = ZIP 2000, 656 = NJW 2000, 1566 = WuB I F 1a – 16.00 (Bydlinski); Hamburg WM 1988, 1261 f = NJW-RR 1988, 1074 = EWiR 1988, 1055 (Bales) = WuB I F 1a – 13.88 (Bales); aA Mülke AcP 161 (1961), 131, 144.
151 München OLGZ 1982, 73, 74 mweitNachw; vgl auch den Beschluss des BGH vom 1. 10. 1981 OLGZ 1982, 74 (Anm der Schriftl mweitNachw).
152 Ausführlich Graf Lambsdorff/Skora, Hb BürgschaftsR, 1994, Rz 156 ff.
153 RGZ 138, 270, 272.
154 Dazu Selb, Mehrheiten von Gläubigern und Schuldnern, 1984, § 6 II 4, S 69.
155 Stuttgart OLG 18, 38 = Recht 1907 Nr 1024; Hamburg HansRGZ 1928 B 797. – Zur Auslegung vgl auch oben Rz 12.
156 RG LZ 1933, 1335.
157 RG DJZ 1902, 240 Nr 44.
158 RG DJZ 1902, 240 Nr 44.
159 Motive II, S 660; Graf Lambsdorff/Skora, Hb BürgschaftsR, 1994, Rz 174; vgl auch Hamm NJW-RR 1991, 1141.
160 BGH WM 1994, 2274, 2276 = NJW 1995, 190 = ZIP 1994, 1840 = MDR 1995, 459 = BB 1994, 2439 = DB 1995, 1073 = EWiR 1995, 7 (Bülow) = WiB 1995, 297 (Meinhold-Heerlein) = WuB I F 1a – 2.95 (Moritz); vgl auch BGH LM Nr 21 zu § 119.
161 RGZ 75, 271, 273 f; RG WarnR 1936 Nr 57.
162 BGH WM 1966, 92, 94.
163 RG Recht 1915 Nr 2216 = WarnR 1915 Nr 198; RG Recht 1916 Nr 386.
164 RGZ 158, 166, 170 mweitNachw; BGH WM 1956, 885; vgl auch BGH WM 1966, 944; Flad Gruchot 61, 20.

dem Gläubiger, also Bedingung geworden ist[165]. Eine Anfechtung wegen Irrtums ist nicht begründet bei Irrtum darüber, ob die Hauptschuld kündbar ist[166], der Hauptvertrag schon fest abgeschlossen ist, es sich nicht um ein bares, sondern ein gewandeltes Darlehen gehandelt hat[167]. Ist es ausschließlich Sache des Hauptschuldners, die Bürgschaft zu beschaffen, an welche die Gewährung des Darlehens geknüpft ist, so hat der Gläubiger nicht für dessen Verschulden als seines Verhandlungsgehilfen wie für eigenes einzustehen (§ 278), wenn der Bürge irrtümlich angenommen hat, dass er nur mit seinen Mitgesellschaftern als Bürge haften werde[168]. Hat sich ein Dritter einer Bank gegenüber schlechthin für die Verbindlichkeit aus einem staatsverbürgten Kredit verbürgt, so kann er die Bürgschaftsübernahme nicht mit der Begründung anfechten, er habe irrtümlich geglaubt, dass ihm bei seiner Inanspruchnahme aus der Bürgschaft Ausgleichsansprüche gegen den ebenfalls bürgenden Staat zustünden[169]. Die von einem Ausländer (Griechen) unterschriebene Bürgschaftserklärung in deutscher Sprache kann nicht von ihm wegen Irrtums mit der Begründung angefochten werden, er verstehe die deutsche Sprache nur mit Mühe und könne weder in deutscher Sprache noch in seiner Muttersprache lesen und schreiben[170].

b) **Anfechtung wegen arglistiger Täuschung und widerrechtlicher Drohung**

Schrifttum: Dieckmann, Zur Rechtsstellung des Bürgen, der sich für eine wegen arglistiger Täuschung anfechtbare Kaufpreisschuld verbürgt hat, in: Festschr für Schippel, 1996, S 129.

aa) **Arglistige Täuschung**. Da selbst bei einer wirtschaftlich hoffnungslosen Lage des Hauptschuldners der Gläubiger in der Regel nicht verpflichtet ist, den Bürgen darüber zu informieren, entfällt in solchen Fällen auch grundsätzlich eine Anfechtung wegen arglistiger Täuschung (§ 123 Abs 1)[171]. Eine Anfechtung einer für künftig entstehende Verbindlichkeiten übernommenen Bürgschaft wegen arglistiger Täuschung kann aber begründet sein, wenn der Gläubiger dem Bürgen bei Vertragsschluss die Höhe der dem Gläubiger gegen den Schuldner bereits zustehenden Forderungen nicht oder nicht richtig angibt[172]. Eine arglistige Täuschung des Gläubigers kann insbesondere vorliegen, wenn dieser einer ihm obliegenden Offenbarungspflicht nicht nachgekommen ist[173]. Doch wird der Bürge aufgrund einer Anfechtung nach § 123 wie auch wegen Verschuldens bei Vertragsschluss[174] nur frei, wenn feststeht, dass er sich bei Kenntnis der Sachlage nicht verbürgt hätte[175]. Eine arglistige Täuschung seitens des Hauptschuldners rechtfertigt, wenn der Gläubiger redlich war, die Anfechtung des Bürgschaftsvertrages nicht (§ 123 Abs 2)[176]. Der Hauptschuldner ist, auch wenn er die Bürgschaft vermittelt hat, in der Regel Dritter im Sinne von § 123 Abs 2, für dessen Täuschung des Bürgen der Gläubiger nicht einzustehen hat[177]. Der Gläubiger muss auch nicht allein wegen der ihm bekannten schlechten Vermögensverhältnisse des Schuldners annehmen, dass dieser den Bürgen nur durch Täuschung gewonnen haben kann; denn es gibt für die Übernahme einer Bürgschaft viele Gründe[178]. Die Sachlage kann anders zu beurteilen sein, wenn 22

165 RGZ 85, 322, 326.
166 RG JW 1903 Beil 106 Nr 237.
167 RG Recht 1912 Nr 2531.
168 BGH WM 1974, 8, 10 = LM Nr 19 zu § 765 = MDR 1974, 305 = BB 1975, 153, 154; vgl auch MünchKomm/Habersack § 765 Rz 88, 41.
169 BGH WM 1957, 66, 67; MünchKomm/Habersack § 765 Rz 38 mweitNachw Fn 154.
170 LG Köln WM 1986, 821, 822 f = WuB I F 1 a – 15.86 (Moritz); vgl auch München WM 1988, 1408, 1409 = NJW-RR 1988, 497, 498 = WuB I F 1 a – 1.89 (E Wolff) zur Eventualanfechtung u zur Unverzüglichkeit der Anfechtung in einem solchen Fall.
171 München WM 1984, 469, 471 f.
172 RG SeuffA 89 (1934) Nr 68.
173 Vgl dazu BGH WM 2001, 1775 = ZIP 2001, 1678 = NJW 2001, 3331. Zur Offenbarungspflicht des Gläubigers vgl unten Rz 103.
174 S hierzu Rz 103.
175 BGH WM 1980, 773 = NJW 1980, 2412 = LM § 767 Nr 15 = MDR 1980, 929 = BB 1980, 1295 = DB 1980, 2182 = ZIP 1980, 638.
176 S RG HRR 1936 Nr 396.
177 BGH WM 1965, 473 = LM Nr 31 zu § 123 = MDR 1965, 653 = BB 1965, 602; BGH WM 1968, 398, 399 = NJW 1968, 986 = LM Nr 26 zu § 276 (Fa) = MDR 1968, 490 = BB 1968, 399; BGH NJW-RR 1992, 1005 = LM Nr 75 zu § 123 (Pecher) = BB 1992, 1456; BGH WM 2002, 436 = ZIP 2002, 389 = NJW 2002, 956 = WuB I F 1 a – 10.02 (Bydlinski); MünchKomm/Habersack § 765 Rz 41.
178 RG HRR 1936 Nr 396; BGH WM 1965, 473, 475 (= Fn 177); MünchKomm/Habersack § 765 Rz 40.

er in Gemeinsamkeit der Interessen mit dem Gläubiger an den Bürgen herangetreten ist[179]. Unter Berücksichtigung der den zu weit gefassten Begriff des Dritten im Sinne von § 123 Abs 2 einschränkenden Rechtsprechung[180] steht allerdings eine Täuschung durch den als Verhandlungsgehilfen (§ 278) herangezogenen Schuldner einer Täuschung durch den Gläubiger gleich[181]. Der Umstand, dass der Gläubiger die Bürgschaftsurkunde entworfen und den Entwurf seinem Schuldner zur Beschaffung der Bürgschaft ausgehändigt hat, genügt noch nicht, um den Schuldner nicht als Dritten im Sinne des § 123 Abs 2 Satz 1 anzusehen; hierfür ist vielmehr weiter erforderlich, dass der Bürge den Verhandlungen mit dem Schuldner entnehmen konnte, dieser verhandele im Auftrag des Gläubigers und der Gläubiger lasse deshalb die Erklärungen des Schuldners wie eigene gegen sich gelten[182]. Eine Anfechtung wegen arglistiger Täuschung kommt insbesondere bei vertragswidriger Ausfüllung einer Blankobürgschaft in Betracht, wenn der arglistig handelnde Hauptschuldner zugleich gesetzlicher Vertreter des Gläubigers ist[183].

23 bb) **Widerrechtliche Drohung**. Eine Anfechtung wegen widerrechtlicher Drohung kann bei Anwendung eines Druckmittels begründet sein, wenn dieses in Hinblick auf den Zweck gegen Treu und Glauben oder gegen die guten Sitten verstößt, zB bei der Bürgschaft der Ehefrau des Schuldners zwecks Abwendung der Strafanzeige gegen den Schuldner[184] oder der (türkischen) Tochter des Hauptschuldners, der ihr gedroht hatte, „*sie sei nicht mehr seine Tochter*", wenn sie ihn nicht zwecks Bürgschaftsübernahme zur Bank begleite[185]; doch entfällt ein Verstoß gegen Treu und Glauben, wenn die Anzeige wegen erneuter Verfehlungen des Schuldners erfolgt[186]. Zur Widerrechtlichkeit der Drohung[187] mit einer Strafanzeige gegen einen Bankangestellten, der Bankgelder unterschlagen hat, bei Ersatzleistungsvereinbarung mit dessen Angehörigen s BGH WM 1973, 574. Wer unter Ausnutzung einer seelischen Zwangslage, zB aus Furcht vor einer Strafanzeige gegen einen nahen Angehörigen, zur Abgabe einer Bürgschaftserklärung veranlasst worden ist, kann die Erklärung nicht in entsprechender Anwendung des § 123 anfechten; denn das Ausnützen einer seelischen Zwangslage steht der widerrechtlichen Drohung nicht gleich[188]. Zur möglichen Nichtigkeit wegen Sittenwidrigkeit in einem solchen Fall s Rz 40.

24 3. **Verstoß gegen gesetzliches Verbot (§ 134).** a) **Verstoß gegen GewO § 56 aF.** Eine Bürgschaft ist nichtig, wenn sie gegen ein gesetzliches Verbot verstößt (§ 134). Die Auffassung[189], dass gemäß GewO § 56 Abs 1 Nr 6 aF auch eine Bürgschaft als unerlaubtes Verhalten im Reisegewerbe nichtig sei, wenn sich etwa ein Angestellter der Bank im Rahmen einer Darlehensgewährung zu der als Bürgen benannten Person in deren Wohnung begibt, ohne hierzu von dieser selbst (sondern von dessen Ehegatten) aufgefordert worden zu sein, hat der BGH[190] abgelehnt. Für

179 RG Recht 1915 Nr 2216 = WarnR 1915 Nr 198 mNachw; RG JW 1934, 219 (krit Herriger); BGH WM 1965, 473 (= Fn 177).

180 Vgl § 123 Rz 32 f.

181 BGH WM 1962, 1194 = NJW 1962, 2195 = LM Nr 30 zu § 123 = MDR 1963, 45 = BB 1962, 1221.

182 BGH WM 1966, 92, 94; BGH WM 2002, 436 = ZIP 2002, 389 = NJW 2002, 956 = WuB I F 1a – 10.02 (Bydlinski) mweitNachw.

183 RG JW 1916, 1270.

184 Dazu BGHZ 25, 217, 218 ff = WM 1957, 1361 = NJW 1957, 1796; Vgl dazu MünchKomm/Habersack § 765 Rz 39 mweitNachw.

185 Düsseldorf WM 1985, 670.

186 BGH WM 1973, 36.

187 BGH LM Nr 28 zu § 123: Ablösung einer alten Bürgschaft durch eine neue; BGH LM Nr 32 zu § 123: Nichteinlösung eines Wechsels; BGH WM 1983, 1147 u München WM 1983, 1146: keine widerrechtliche Drohung bei Zurückhaltung der eigenen Leistung bis zur Vorausleistung des Gläubigers u Beschaffung einer weiteren Bürgschaft.

188 BGH WM 1988, 1156, 1158 = NJW 1988, 2599 = LM Nr 67 zu § 123 = BB 1988, 1549 = EWiR 1988, 961 (Kramer) = WuB IV A – 1.88 (Wolff).

189 Stuttgart NJW 1983, 891, 892; München NJW 1985, 1561 = ZIP 1985, 858 = MDR 1985, 495; LG Saarbrücken WM 1985, 806 = WuB I F 1a – 3.85 (F-W Sturm); Saarbrücken WM 1987, 1039 = NJW 1988, 214 = WuB I F 1a – 8.87 (F-W Sturm). Zur Wirksamkeit der Bürgschaft eines Vermittlers von finanzierten Abzahlungskäufen, mit der er das Risiko der Teilzahlungsbank übernimmt, dass der Abzahlungsverkäufer den Verpflichtungen aus einem Kreditrahmenvertrag nicht nachkommt, s BGH WM 1988, 1048 f = WuB IV D – 1.88 (Emmerich); Frankfurt/M WM 1988, 1045 = WuB IV D – 1.88 (Emmerich).

190 BGHZ 105, 362 = WM 1988, 1719, 1720 = NJW 1989, 227 = LM Nr 4 zu GewO § 55 = MDR 1989, 155 = BB 1988, 2342 = DB 1989, 33 =

die Annahme der Nichtigkeit nach § 134 bei Verstößen gegen GewO § 56 Abs 1 Nr 6 aF besteht insbesondere kein Raum mehr[191]; denn seit dem 1. 1. 1991 ist die durch das Gesetz über Verbraucherkredite, zur Änderung der ZPO und anderer Gesetze vom 17. Dezember 1990[192] geänderte Vorschrift[193] nur noch bei der „für den Darlehensnehmer entgeltlichen Vermittlung von Darlehensgeschäften" anwendbar. Bei der Bürgschaft handelt es sich jedoch nicht um ein „Darlehensgeschäft" im Sinne von GewO § 56 Abs 1 Nr 6. Schon vor der Novellierung wurde die Anwendung von § 134, GewO § 56 Abs 1 Nr 6 aF mit Hinweis auf das Widerrufsrecht des Verbrauchers (§ 13) bei Haustürgeschäften gemäß §§ 312, 355 (HWiG § 1 aF) verneint[194]. Allerdings ist dessen Anwendbarkeit auf Bürgschaftsverträge seinerseits umstritten[195].

b) **Verstoß gegen § 312 Abs 1 iVm § 355**

Schrifttum: Klingsporn, Zum Widerruf von Bürgschaftserklärungen bei Haustürgeschäften, NJW 1991, 2259; Schanbacher, Zur Frage der Anwendbarkeit des Haustürwiderrufsgesetzes auf Bürgschaften, NJW 1991, 3263; Gottwald, Die Bürgschaft als Anwendungsfall von § 1 Abs 1 HaustürWG?, BB 1992, 1296; Pfeiffer, Haustürwiderrufsgesetz und Bürgschaft. Ein Beitrag zur causa „kausaler" Sicherungsgeschäfte und zum europäischen Zivilrecht, ZBB (Zeitschrift für Bankrecht und Bankwirtschaft) 1992, 1; P Wassermann, Zur Anwendbarkeit des Haustürwiderrufsgesetzes auf Bürgschaftsverträge – BGHZ 113, 287, u BGH NJW 1991, 1905, JuS 1992, 908; Bunte, Bürgschaften und Haustürwiderrufsgesetz, WM 1993, 877; Klingsporn, Die Bürgschaft als „Haustürgeschäft", WM 1993, 829; Wenzel, Keine Anwendbarkeit des Haustürgeschäftswiderrufsgesetzes auf Bürgschaften, NJW 1993, 2781; ders, Bürgschaft als Haustürgeschäft, Die Bank 1993, 423; Beining, Anwendbarkeit des Haustürwiderrufsgsetzes auf Bürgschaften, NJ 1994, 362; Fuchs-Wissemann, Zur Widerrufbarkeit von Bürgschaftserklärungen, WiB 1994, 147; Gotzen, Haustürwiderrufsgesetz und Bürgschaften, JuS 1994, 716; Baldus, Der gewürgte Bürge und der EuGH, JuS 1995, 1102; Bülow, Sicherungsgeschäfte als Haustür- und Verbraucherkreditgeschäfte, NJW 1996, 2889; Frings, Bürgschaftsvermittlung durch den Ehepartner kein Haustürgeschäft?, ZIP 1996, 1193; Klein, Zur Anwendbarkeit des Haustürwiderrufsgesetzes auf Bürgschaften, DZWir (Deutsche Zeitschrift für Wirtschaftsrecht) 1996, 230; Pfeiffer, Ein zweiter Anlauf des deutschen Bürgschaftsrechts zum EuGH, NJW 1996, 3297; W-H Roth, Bürgschaftsverträge und EG-Richtlinie über Haustürgeschäfte, ZIP 1996, 1285; Jacobs, Schlußanträge des Generalanwalts Jacobs vom 20. 3. 1997 (Rs C-45/96) zur Frage, ob Bürgschaften deutschen Rechts als Haustürgeschäfte der Richtlinie 85/577/EWG des Rates vom 26. 12. 1985 unterfallen, WM 1997, 840; Edelmann, Zur Anwendbarkeit des Haustürwiderrufsgesetzes auf Bürgschaftsverträge – zugleich Besprechung des EuGH-Urteils vom 17. 3. 1998 – C 45/96, VuR 1998, 179; Drexl, Der Bürge als deutscher und europäischer Verbraucher, JZ 1998, 1046; Kröll, Anwendung des Hasutürwiderufsgesetzes auf Bürgschaften nach den „Dietzinger"-Entscheidungen des EuGH und des BGH, DZWir 1998, 426; Lorenz, Richtlinienkonforme Auslegung, Mindestharmonisierung und der „Krieg der Senate" – Zur Anwendung des Haustürgeschäftewiderrufsgesetzes auf Bürgschaften, NJW 1998, 2937; Pfeiffer, Die Bürgschaft unter dem Einfluss des deutschen und europäischen Verbraucherrechts, ZIP 1998, 1129; Reinicke/Tiedtke, Schutz des Bürgen durch das Haustürwiderrufsgesetz, Betr 1998, 2001; dies, Schutz des Bürgen durch das Haustürwiderrufsgesetz, ZIP 1998, 893; Wolf, Haustürgeschäft und Bürgschaft – eine unendliche Geschichte, EWS 1998, 324; Auer, Kreditsicherheiten und Verbraucherschutz auf dem Prüfstand des Europarechts, ZBB 1999, 161; Kulke, Haustürwiderrufsrecht und Bürgschaft, JR 1999, 485; Mayen, Anwendbarkeit des Haustürwiderrufsgesetzes (HWiG) und des Verbraucherkreditgesetzes (VerbrKrG) auf Bürgschaften, in: Festschr für Schimansky, 1999, S 415; Herr/Fiege, Europäischer Bürgenschutz – eine Bestandsaufnahme, EWS 2001, 23; Vowinckel, Unanwendbarkeit des § 312 BGB nF (Widerrufsrecht bei Haustürgeschäften) auf die Bürgschaft, DB 2002, 1362.

Da die Bürgschaft nicht durch eine auf den Abschluss eines entgeltlichen Vertrages gerichtete Willenserklärung zustande kommt, sollte nach Ansicht des IX. ZS des BGH (damals „Bürgschaftssenat") das „Gesetz über den Widerruf von Haustürgeschäften und ähnlichen Geschäften" **25**

JurBüro 1989, 169 = WuB I F 1a – 3.89 (E Wolff); BGHZ 113, 287 = WM 1991, 359 = NJW 1991, 975 = LM Nr 6 zu HWiG = MDR 1991, 527 = BB 1991, 370 = WuB I F 1a – 9.91 (Rehbein); Köln WM 1990, 1616 = NJW-RR 1990, 755 = WuB I F 1a – 3.91 (Bales); LG Darmstadt WM 1985, 1438 = WuB I F 1a – 10.86 (Rutke).

191 MünchKomm/Habersack § 765 Rz 14; Staud/Horn (1997) Rz 76 vor §§ 765 ff.
192 BGBl I, S 2840, 2845, 2846.
193 Aktuell in der Fassung der Bekanntmachung vom 22. Februar 1999 (BGBl I, S. 201 ff).
194 In Bezug auf Darlehensverträge BGHZ 131, 385 = WM 1996, 387 = ZIP 1996, 370 = NJW 1996, 926 = WuB I F 1a – 13.96 (Sonnenhol).
195 Vgl hierzu Rz 25.

(HWiG aF § 1 Abs 1 Satz 1; jetzt: § 312) auf eine Bürgschaft nicht anwendbar sein[196]. Diese Auffassung ist auf Zustimmung, aber auch auf berechtigte Kritik gestoßen[197]. Dementsprechend neigt der XI. ZS des BGH („Bankrechtssenat"; jetzt auch Bürgschaftssenat)[198] dazu, in erweiternder Auslegung des Begriffs „Vertrag über eine entgeltliche Leistung" § 312 nur bei solchen Verträgen nicht anzuwenden, bei denen der Kunde eine Leistung erhält, ohne selbst dafür ein Entgelt zahlen zu müssen; bei solchen, ihn einseitig begünstigenden Vereinbarungen sei der Kunde nämlich nicht schutzbedürftig. Bei Verträgen dagegen, die umgekehrt nur eine einseitige Leistungsverpflichtung des Kunden, aber kein von der anderen Vertragspartei zu zahlendes Entgelt (an ihn) vorsehen, erscheint dem BGH[199] das Schutzbedürfnis des Kunden vor Überrumpelung sogar noch größer als in den Fällen, in denen ihm für seine Leistung irgendein – wenn auch noch so geringes – Entgelt versprochen oder gezahlt wird. Deshalb gehöre auch eine Bürgschaft zu den „Verträgen über eine entgeltliche Leistung" im Sinne des HWiG § 1 (jetzt: § 312). Der BGH[200] hat seine Rechtsprechung aufgegeben und geht in richtlinienkonformer Auslegung des HWiG davon aus, dass eine Bürgschaft dann kein Geschäft im Sinne des HWiG § 1 Abs 1 (jetzt: § 312) ist, wenn der Hauptschuldner die gesicherte, verbürgte Verbindlichkeit im Rahmen seiner Erwerbstätigkeit eingegangen ist oder der gesicherten Verbindlichkeit kein Haustürgeschäft zu Grunde liegt. Für die Anwendbarkeit von § 312 auf die Bürgschaft soll also entscheidend sein, ob das Hauptgeschäft unter § 312 fällt. Denn der EuGH[201] hat auf Vorlage des LG Kleve[202] und des IX. ZS des BGH[203] entschieden, dass die Richtlinie des Rates der EG vom 20. Dezember 1985 (85/577/EWG; ABl EG Nr L 372 vom 31. 12. 1985, S 31) betreffend den Verbraucherschutz im Falle außerhalb von Geschäftsräumen geschlossener Verträgen dahin auszulegen ist, dass sie nur unter bestimmten Voraussetzungen auch Bürgschaften erfasst. Dies ist der Fall, wenn der Hauptschuldner, dem die Waren geliefert oder die Dienstleistungen erbracht worden ist, die Verbrauchereigenschaft erfüllt und der Vertrag zwischen Gläubiger und Hauptschuldner als ein Haustürgeschäft geschlossen worden ist[204]. Gegen diese Rechtsprechung[205] wird unter Hinweis auf Art 8 der Haustürwiderrufsrichtlinie eingewandt, dass das HWiG (jetzt: § 312) über die Richtlinie hinaus auch Bürgschaften umfasst, wenn der Hauptschuldner kein Verbraucher ist und auch kein Haustürgeschäft vorliegt. Der BGH[206] hat dies mit Hinweis auf die Entstehungsgeschichte des HWiG verneint[207]. Die Judikatur führt zu wenig einsichtigen Ergebnissen[208]. Die Schutzwürdigkeit und -bedürftigkeit des

196 BGHZ 113, 287, 288 mweitNachw (= Fn 190); BGH WM 1991, 1210, 1211 (= ZIP 1991, 786 = NJW 1991, 2905 = WuB I F 1 a – 15.91 (Wolff)); ebenso Köln WM 1990, 1616 (= Fn 190).

197 Besonders klar Erman/Saenger, 2000[10], HWiG § 1 Rz 10 bis 14; Soergel/Wolf Nachtrag HWiG § 1 Rz 7; weitNachw bei BGH WM 1993, 683, 684 = NJW 1993, 1594 = LM Nr 12 zu HWiG (Pfeiffer) = BB 1993, 890 = EWiR 1993, 791 (Medicus) = ZIP 1993, 585 = MDR 1993, 531 = DB 1993, 1182 = WuB I F 1 a – 11.93 (Thode): Klingsporn, Gilles, Medicus, Schanbacher, Pfeiffer, Probst, P Bydlinski.

198 WM 1993, 683, 684 mweitNachw (= Fn 197).

199 BGHZ 131, 1, 4 ff = WM 1995, 2027 = NJW 1996, 55 = DNotZ 1996, 531 = WiB 1996, 36 (Wenzel) = BB 1995, 2497 = DB 1995, 2521 = DZWir 1996, 115 (Bydlinski) = JA 1996, 626 (Buhlmann) = MDR 1996, 57 = LM Nr 18/19 zu HWiG (M Wolf). Für die Anwendbarkeit des HWiG auf Bürgschaften durch den Ehepartner des Hauptschuldners auch Düsseldorf NJW-RR 1991, 436, 437.

200 BGHZ 139, 21 = WM 1998, 1388 = ZIP 1998, 1144 = NJW 1998, 2356 = WuB I F 1 a – 16.98 (Melzer).

201 WM 1998, 649 = NJW 1998, 1295 = ZIP 1998, 554 = WuB I F 1 a – 12.98 (Peters/Scharnewski) = EuZW 1998, 252 = Slg I 1998, 1199.

202 WM 1993, 600 = NJW 1993, 472 = ZIP 1993, 258 = EWiR 1993, 273 (Pfeiffer) = WuB I F 1 a – 3.94.

203 WM 1996, 384 = NJW 1996, 930 = ZIP 1996, 375 = BB 1996, 504 = DB 1996, 1130 = WiB 1996, 398 – LS (Edelmann) = LM Nr 23 zu HWiG (Müller) = EuZW 1996, 220 = ZEuP 1997, 874 (Baldus) = KTS 1996, 279 = EWiR 1996, 749 (Gilles/Ewert) = WuB I F 1 a – 13.96 (Sonnenhol).

204 Kritisch Schwarz, Bürgenschutz durch deutsches und europäisches Verbraucherschutzrecht, 2001, S 53.

205 Vgl dazu auch Saarbrücken OLGR Saarbrücken 2002, 309, 311 = GmbHR 2002, 309.

206 BGHZ 139, 21 = WM 1998, 1388 = ZIP 1998, 1144 = NJW 1998, 2356, 2357 = WuB I F 1 a – 16.98 (Melzer).

207 AA Tiedtke NJW 2001, 1015, 1027; Reinicke/Tiedtke, BürgschaftsR, 2000[2], Rz 446.

208 Vgl Holznagel, Bürgenschutz mit System, 2002, S 161 f; Horn ZIP 2001, 93, 94; St Lorenz NJW 1998, 2937 = Kröll DZWir 1998, 426; Medicus JuS 1999, 833, 836.

Bürgen kann nicht davon abhängen, ob auch der Hauptschuldner durch § 312 geschützt ist. Nach Sinn und Zweck der Vorschrift werden Bürgschaften als Haustürgeschäfte unabhängig davon erfasst, ob auch der Hauptschuldner Verbraucher ist und ob er seinerseits ein Haustürgeschäft geschlossen hat. Entscheidend kann nur sein, ob der Bürge Verbraucher ist, selbst überrumpelt wurde und deshalb schutzwürdig ist. Dies ist aber nicht der Fall, wenn der Kunde in seiner Privatwohnung eine Vertragserklärung unterschreibt, die ihm von seinem Ehegatten auf Veranlassung des anderen Vertragspartners vorgelegt worden ist[209]. Der XI. ZS des BGH[210] teilt nunmehr die Kritik und wendet § 312 an, wenn der Bürge sich in einer Haustürsituation befunden hat, unabhängig, ob die Hauptverbindlichkeit ein Verbraucherkredit oder gewerbliches Darlehen ist und bei Hauptschuldner eine Haustürsituation vorlag. Das Ansprechen am Arbeitsplatz eines Dritten (zB des Hauptschuldners) wird im Unterschied zur Privatwohnung eines Dritten von HWiG aF § 1 Abs 1 Nr 1 (= § 312 Abs 1 Nr 1) nicht erfasst (BGH WM 2007, 643, 644).

c) **Verstoß gegen § 495 Abs 1 iVm § 355**

Schrifttum: Bülow, Sicherungsgeschäfte als Haustür- oder Verbraucherkreditgeschäfte, NJW 1996, 2889; Artz, Bürgschaft und Verbraucherkreditgesetz – Zur Anwendbarkeit des VerbrKrG auf Bürgschaften unter Berücksichtigung der höchstrichterlichen Rechtsprechung zum Schuldbeitritt, VuR 1997, 227; Schmid-Burgk, Die Anwendung des Verbraucherkreditgesetzes auf Kreditsicherheiten, DB 1997, 513; Drebes, Sicherungsgeberschutz durch das Verbraucherkreditgesetz, DZWir 1998, 75; Drexl, Der Bürge als deutscher und europäischer Verbraucher, JZ 1998, 1046; Kabisch, Zur Unanwendbarkeit des Verbraucherkreditgesetzes auf Bürgschaften, WM 1998, 535; Pfeiffer, Die Bürgschaft unter dem Einfluss des deutschen und europäischen Verbraucherrechts, ZIP 1998, 1129; Scherer/Mayer, Anwendbarkeit des Verbraucherkreditgesetzes auf Personalsicherheiten?, DB 1998, 1217; von Westphalen, Bürgschaft und Verbraucherkreditgesetz, DB 1998, 295; Zahn, Anwendung des Verbraucherkreditgesetzes auf die Bürgschaft?, DB 1998, 353; Auer, Kreditsicherheiten und Verbraucherschutz auf dem Prüfstand des Europarechts, ZBB 1999, 161; Mayen, Anwendbarkeit des Haustürwiderrufsgesetzes (HWiG) und des Verbraucherkreditgesetzes (VerbrKrG) auf Bürgschaften, in: Festschr für Schimansky, 1999, S. 415; Herr/Fiege, Europäischer Bürgenschutz – eine Bestandsaufnahme, EWS 2001, 23.

Ein Bürgschaftsvertrag kann nicht durch das Ausüben des Widerrufsrechts aus § 495 Abs 1 iVm § 355 unwirksam werden, da der Bürgschaftsvertrag weder ein Verbraucherdarlehensvertrag im Sinne des § 491 noch eine entgeltliche Finanzierungshilfe im Sinne des § 499 (= Kreditvertrag iS des VerbrKrG § 1 Abs 2 aF) ist. Es handelt sich vielmehr um eine „Kreditleihe“. Das Recht des Verbraucherdarlehensvertrags oder der entgeltlichen Finanzierungshilfe könnte also nur im Wege einer entsprechenden Anwendung zum Zug kommen, was abzulehnen ist[211]. **26**

d) **Verstoß gegen BNotO und BRAO**. Während es den Notaren nach BNotO § 14 Abs 4 verboten ist, im Zusammenhang mit einer Amtstätigkeit eine Bürgschaft oder eine sonstige Gewährleistung zu übernehmen[212], enthalt die BRAO fur Rechtsanwälte keine Vorschrift, die es dem Rechtsanwalt verbietet, im Rahmen seiner Berufstätigkeit Bürgschaften zu übernehmen. **27**

4. **Sittenwidrigkeit und Wucher (§ 138) allgemein**. – a) **Sittenwidrigkeit des Hauptschuldverhältnisses**. Ist das Hauptschuldverhältnis wegen Sittenwidrigkeit oder Wuchers nichtig, so besteht wegen der Akzessorietät auch keine Bürgenverpflichtung. Es muss in solchen Fällen **28**

209 BGH WM 1993, 683, 684 mweitNachw (= Fn 197).

210 BGH WM 2007, 643, 644; BGHZ 165, 363, 366 = WM 2006, 377 = WuB IV D. § 312–1.06 (Medicus) = ZIP 2006, 363; dazu Zahn ZIP 2006, 1069.

211 BGHZ 138, 321 = WM 1998, 1120 = NJW 1998, 1939 = ZIP 1988, 949 (mAnm Bülow) = WuB I F 1a – 15.98 (Bydlinski/Klauninger); Hamm WM 1998, 171; Stuttgart NJW 1997, 1450; Rostock WM 1998, 446; Trebes DZWiR 1998, 75; Edelmann BB 1998, 1017; Kabisch WM 1998, 535; Tiedke NJW 2001, 1015, 1027; MünchKomm/Ulmer, 1995[3], VerbrKrG § 1 Rz 37; Staud/Horn (1997) Rz 77 vor §§ 765 ff; aA Bülow NJW 1996, 2829, 2892; von Westphalen DB 1998, 295. Zur Unanwendbarkeit der Verbraucherkreditrichtlinie 87/102/EWG, EuGH WM 2000, 713 = WuB I F 1a – 14.00 (Steinbeck). S dazu ausführlich Rz 7 vor § 765.

212 S Staud/Horn (1997) § 765 Rz 70; Graf Lambsdorff/Skora, Hb BürgschaftsR, 1994, Rz 191.

jedoch geprüft werden, ob der Bürge in diesem Falle für die uU entstandene Bereicherungsschuld einstehen muss.[213] S auch oben Rz 13.

29 b) **Sittenwidrigkeit der Bürgenverpflichtung, insbesondere bei Übersicherung und Knebelung**. Sind einem Kreditgeber von einem Kreditnehmer mehrere Sicherheiten eingeräumt worden, so kann sich nach der Rechtsprechung die Notwendigkeit eines sog Deckungs- oder Sicherungsgesamtplans ergeben. Danach ist der Kreditgeber (Sicherungsnehmer) verpflichtet, auf das berechtigte Interesse des Sicherungsgebers Rücksicht zu nehmen und eine **Übersicherung** zu vermeiden[214]. Da die zuverlässige Bewertung einer Bürgschaft kaum möglich ist, wird sich selten die Gefahr einer Beschränkung der wirtschaftlichen Bewegungsfreiheit ergeben. Die Stellung einer Bürgschaft als Sicherheit kann zur Sittenwidrigkeit wegen Übersicherung des Kreditvertrages nur dann führen, wenn die Bürgschaft im Ergebnis zugleich eine Einschränkung der wirtschaftlichen Betätigungsfreiheit des Hauptschuldners bewirkt[215]. Die Gewährung einer Landesbürgschaft kann in keinem Fall zu einer solchen Übersicherung führen, da diese die wirtschaftliche Betätigung des Hauptschuldners gerade erst ermöglicht[216].

30 Eine Bürgschaftserklärung, die unter Ausnutzung einer seelischen Zwangslage abgegeben worden ist, kann wegen Verstoßes gegen die guten Sitten nichtig sein (§ 138 Abs 1), wenn besondere Umstände hinzutreten, die das Geschäft nach seinem aus der Zusammenfassung von Inhalt, Zweck und Beweggrund zu entnehmenden Gesamtcharakter als verwerflich, insbesondere als Knebelung, erscheinen lassen[217]; dazu genügt es nicht, dass lediglich die seelische Zwangslage durch Zeitdruck verstärkt wird[218]. Zur Unanfechtbarkeit nach § 123 s auch Rz 23.

31 c) **Wucher**. Eine Nichtigkeit wegen Wuchers (§ 138 Abs 2) kommt bei einer Bürgschaft in der Regel nicht in Betracht, weil es sich grundsätzlich um einen den Bürgen einseitig verpflichtenden Vertrag handelt, bei dem ein auffälliges Missverhältnis zwischen Leistung und Gegenleistung ausscheidet[219]. Eine wegen Wuchers nichtige Bürgschaft kann allenfalls vorliegen, wenn die Beteiligten einen entsprechenden gegenseitig verpflichtenden Vertrag geschlossen haben und die Bürgschaft Teil dieser Vereinbarung ist[220].

32 Eine Nichtigkeit der Bürgschaft ist nicht anzunehmen, wenn sie für eine aus einer Unterschlagung entstandene Schuld gegen die Schweigeverpflichtung des Gläubigers übernommen wird[221], auch nicht wegen Wuchers (§ 138 Abs 2), wenn der Bürge durch die Not des Hauptschuldners bewogen wird, die Bürgschaft zu übernehmen[222]; eine Verbürgung des Verkäufers von Bordellmöbeln für den Käufer in der Absicht, dadurch zum Kaufabschluss zu gelangen, ist nicht als unsittlich anzusehen[223]; bezüglich der Bürgschaft bei Kastellangeschäften vgl Rz 20 vor § 765. Möglicherweise ist aber eine Vereinbarung sittenwidrig, durch die dem Bürgen das Recht eingeräumt wird, bei Inanspruchnahme aus der Bürgschaft die Übereignung eines Grundstücks des

213 BGH WM 1987, 616, 617 (= Fn 91); Graf Lambsdorff/Skora, Hb BürgschaftsR, 1994, Rz 182.
214 BGHZ 109, 240 = NJW 1990, 716 = ZIP 1990, 25 = EWiR 1990, 215 (M Wolf); Hamm WM 1993, 1590 = ZIP 1993, 1301 = MDR 1993, 1076; Frankfurt/M WM 1988, 1045, 1047.
215 Celle ZIP 1982, 942, 944 f; vgl auch BGH ZIP 1984, 437 f.
216 Celle ZIP 1982, 942, 945 f.
217 BGHZ 86, 82, 88 = NJW 1983, 1851 = LM Nr 11 zu EheG § 72; BGHZ 106, 269, 272 = WM 1989, 245 = ZIP 1989, 219 = NJW 1989, 830 = WuB I F 1 a – 12.89 (Schröter); BGHZ 107, 92, 102 f (= Fn 962); vgl auch LG Bonn WM 1988, 1787 = WuB I F 1 a – 5.89 (krit Schröter) einerseits sowie Köln WM 1989, 1500, 1502 f = NJW-RR 1990, 439 = ZIP 1990, 446 = WuB I F 1 a – 1.90 (Schröter) u Bülow WM 1989, 131 andererseits.
218 BGH WM 1988, 1156, 1159 f (= Fn 188).
219 BGHZ 106, 269, 271 (= Fn 217); BGH WM 1991, 1154, 1156 mweitNachw (= ZIP 1991, 787 = NJW 1991, 2015 = WuB I F 1 a – 14.91 (H P Westermann)); BGH WM 2001, 1330 = ZIP 2001, 1190 = NJW 2001, 2466 = WuB I F 1 a – 12.01 (Bydlinski).
220 RG LZ 1932, 749 f = HRR 1932 Nr 1430; Graf Lambsdorff/Skora, Hb BürgschaftsR, 1994, Rz 189.
221 RGZ 33, 337, 338 f.
222 RG LZ 1932, 749 f = HRR 1932 Nr 1430.
223 Hamburg HansGZ 1909 B 283.

Hauptschuldners zu verlangen, weil das Verbot einer Verfallabrede (§§ 1149, 1229) zwischen Hauptschuldner und Bürgen nicht gilt, auch nicht analog[224].

5. **Bürgschaften einkommensschwacher Angehöriger und Arbeitnehmer**

Schrifttum: Medicus, Leistungsfähigkeit und Rechtsgeschäft, ZIP 1989, 817; Reinicke/Tiedtke, Zur Sittenwidrigkeit hoher Verpflichtungen vermögens- und einkommensloser oder einkommensschwacher Bürgen, ZIP 1989, 613; Schwintowski, Die wirtschaftliche Leistungsfähigkeit des Schuldners als Maßstab der Wirksamkeit von Verbraucherkreditverträgen, ZBB 1989, 91; Vortmann, Darlehens- und Bürgschaftsverpflichtungen vermögens- und einkommensloser Personen, KaRS (Kapitalanlagen, Recht und Steuern) 1989, 273; Wochner, Die neue Schuldknechtschaft, BB 1989, 1354; Blaurock, Aktuelle Probleme aus dem Kreditsicherungsrecht, 1990³; Reifner, Die Mithaftung der Ehefrau im Bankkredit – Bürgschaft und Gesamtschuld im Kreditsicherungsrecht, ZIP 1990, 427; Schmitz, Die freiwillige Bürgschaft, MDR 1990, 893; P Bydlinski, Gemeinsames Ehegattenkonto und Kreditmithaftung, ZBB 1991, 263; Frohm-Weinzierl, Der moderne Schuldturm – Ein Beitrag aus der Sicht der Banken –, AnwBl 1991, 461; Geißler, Die Privatautonomie im Spannungsfeld sozialer Gerechtigkeit, JuS 1991, 617; Gerhardt/Merz, ZRP-Rechtsgespräch: Hüte dich vor fremder Bürgschaft. Die Rechtsprechung des BGH zur Mithaftung für Kredite scheint widersprüchlich., ZRP 1991, 307; Großfeld/Lühn, Die Bürgschaft junger Bürgen für ihre Eltern, WM 1991, 2013; Knütel, Befreite Ehefrauen? Zur Mithaftung für Bankkredite von Angehörigen, ZIP 1991, 493; Schweitzer, Bürgschaften von vermögenslosen Familienangehörigen, KTS, 1991, 541; Kreft, Privatautonomie und persönliche Verschuldung, WM 1992, 1425; R Schneider, § 765a BGB: Verbot der Ehegatten-Bürgschaft?, ZRP 1992, 360; Stumpf, Der vermögenslose Bürge – Zum Spannungsverhältnis zwischen privatautonomer Gestaltungsfreiheit und Verbraucherschutz –, Jura 1992, 417; H P Westermann, Die Bedeutung der Privatautonomie im Recht des Konsumentenkredits, in: Festschr für Lange, 1992, S 995; Heinrichsmeier, Die Einbeziehung des Ehegatten in die Haftung für Geldkredite, 1993; Honsell, Die Mithaftung mittelloser Angehöriger, JuS 1993, 817; Löwe, Bürgen in Sippenhaft dürfen aufatmen (ZIP-Kolumne), ZIP 1993, 1759; Schlachter, Kreditmithaftung einkommensloser Angehöriger, BB 1993, 802; Schwarz, Die Bürgschaft des Ehegatten zur Sicherung betrieblicher Ruhegehaltsansprüche, NJW 1993, 2916; Becker, Wirkungslose Bürgschaften und andere persönliche Sicherheiten naher Angehöriger, DZWir 1994, 397; Friedrichs, Die Grenzen der Verschuldungsfähigkeit und der Schutz vor wirtschaftlicher Überforderung des Darlehensnehmers, Darlehensschuldners und des Bürgen, Diss Göttingen 1994; Groeschke, Die Haftung einkommensschwacher und vermögensloser Bürgen, BB 1994, 725; Grün, Die Generalklauseln als Schutzinstrumente der Privatautonomie am Beispiel der Kreditmithaftung von vermögenslosen nahen Angehörigen, WM 1994, 713; ders, Das Ende der strengen BGH-Haftungsrechtsprechung bei Bürgschaften leistungsfähiger junger Erwachsener, NJW 1994, 2935; Heinrichsmeier, Die Einbeziehung einkommens- und vermögensloser Familienangehöriger in die Haftung für Bankkredite: eine unendliche Geschichte, FamRZ 1994, 129; Honsell, Bürgschaft und Mithaftung einkommens- und vermögensloser Familienmitglieder, NJW 1994, 565; Pape, Die neue Bürgschaftsrechtsprechung – Abschied vom „Schuldturm", ZIP 1994, 515; Gernhuber, Ruinöse Bürgschaften als Folge familiärer Verbundenheit, JZ 1995, 1086; Haun, Die Unwirksamkeit der Bürgschaftsübernahme wegen Sittenwidrigkeit, 1995; Rehbein, Zur Mithaftung vermögensloser Angehöriger, JR 1995, 45; Albers-Frenzel, Die Mithaftung naher Angehöriger für Kredite des Hauptschuldners, 1996; M Frank, Sittenwidrigkeit als Folge „strukturell ungleicher Verhandlungsstärke" – BVerfG NJW 1994, 2749, JuS 1996, 389, Frey, Die Haftung mittelloser Bürgen zwischen Verfassungs- und Vertragsrecht, WM 1996, 1612; Kerls, Die Haftung einkommensschwacher und vermögensloser Angehöriger bei öffentlich geförderten Darlehen, DZWir 1996, 9; Melzer, Vollstreckungsabwehrklage gegen rechtskräftige – aber falsche – Entscheidungen im Bürgschaftsrecht, NJW 1996, 3192; Rehbein, Bürgschaften mittelloser Angehöriger, ÖBA 1996, 25; Eckardt, Vollstreckungsgegenklage aufgrund der neuen Rechtsprechung zu Bürgschaften Familienangehöriger, MDR 1997, 621; Horn, Übermäßige Bürgschaften mittelloser Bürgen: wirksam, unwirksam oder mit eingeschränktem Umfang?, WM 1997, 1081; Schmidt-Burgk, Die Anwendung des Verbraucherkreditgesetzes auf Kreditsicherheiten, DB 1997, 513; von Westphalen, Verbraucherkreditverträge und die Beteiligung Dritter, MDR 1997, 307; Odersky, Ruinöse Bürgschaften – Rechtsethik und Zivilrecht, ZGR 1998, 169; Aden, Bürgschaften vermögensloser Nahbereichspersonen versus insolvenzbedingte Restschuldbefreiung – Von einer überflüssigen Vorlage, NJW 1999, 3763; Halstenberg, Die Rechtsprechung des Bundesgerichtshofs zur sittenwidrigen finanziellen Überforderung Mithaftender, in: Festschr für Schimansky 1999, S 315; Kulke, Berechtigtes Gläubigerinteresse als besonderer Haftungszweck im Bürgschaftsvertrag, DZWir 1999, 404; Tiedtke, Sittenwidrigkeit der Bürgschaft eines nahen Angehörigen des Hauptschuldners bei krasser finanzieller Überforderung des Bürgen, NJW 1999, 1209; Tonner, Die Haftung vermögens- und einkommensloser Bürgen in der neueren Rechtsprechung, ZIP 1999, 901; Fischer, Sittenwidrigkeit der Mithaftung bei Bürgschaften wegen finanzieller Überforderung, Bankrecht 2000, RWS – Forum 17, S 91;

224 BGH WM 1995, 1575, 1577 = NJW 1995, 2635, 2636 = DNotZ 1996, 1021, 1025 = WuB I F 1a – 14.95 (Rimmelspacher) (insoweit in BGHZ 130, 101 nicht abgedruckt).

Klanten, Bürgschaft und Mitverpflichtung Vermögensloser – Welche Rechtssicherheit besteht für die Kreditsicherheit?, DStR 2000, 1396; Oberhammer, Sittenwidrigkeit und Haftungszweck von Ehegattenbürgschaften, DZWir 2000, 45 ff; Zöllner, Die Bürgschaft des Nichtunternehmers, WM 2000, 1; Feldhammer, Grundlagenstörung und Vertragskorrektur im Bürgschaftsrecht, WM 2001, 65; Habersack / Giglio, Sittenwidrigkeit der Bürgschaft wegen krasser finanzieller Überforderung des Bürgen?, WM 2001, 1100; Nobbe / Kirchhof, Bürgschaften und Mithaftungsübernahmen finanziell überforderter Personen, BKR 2001, 5; Schanbacher, Bürgschaft und Erbschaft – Zur Sittenwidrigkeit von Bürgschaften finanziell überforderter Personen, WM 2001, 74; Wesser, Sittenwidrige Bürgschaftsverträge – Unzulässigkeit der Zwangsvollstreckung gem. § 79 II BVerfGG analog?, NJW 2001, 475; Fischer, Aktuellste Entwicklung des Bürgschaftsrechts, Bankrecht 2002, RWS-Forum 22, S 165; Krüger, Angehörigenbürgschaften – Keine Sittenwidrigkeit des Vertrages bei Möglichkeit der Restschuldbefreiung?, MDR 2002, 855; Kühling, Bürgschaft und Grundrechte, WM 2002, 625; Schimansky, Aktuelle Rechtsprechung des BGH zur krassen finanziellen Überforderung von Mithaftenden bei der Kreditgewährung, WM 2002, 2437; Tonner, Neues zur Sittenwidrigkeit von Ehegattenbürgschaften – BGHZ 151, 34 und BGH NJW 2002, 2230, JuS 2003, 325; Zwade, Finanziell überfordernde Bürgschaften von GmbH (& Co.) Gesellschaftern, sonstigen Beteiligten und nahen Angehörigen, GmbHR 2003, 141; Kapitza, Neue, alte Bürgenhaftung? – Auswirkungen der Restschuldbefreiung, NZI 2004, 14; Knott, Zur Sittenwidrigkeit von Bürgschaften und Mithaftungserklärungen naher Angehöriger, DRiZ 2004, 205; Seifert, Zur Zulässigkeit von Arbeitnehmerbürgschaften, NJW 2004, 1707; Fellner, Bankkredit – Sittenwidrigkeit und Verwirkung bei der Bürgschaft, MDR 2005, 368; Pfal, Die Sittenwidrigkeit von Arbeitnehmerbürgschaften, JURA 2005, 737; Schnabl, Kehrwende der Rechtsprechung zu sittenwidrigen Bürgschaftsverträgen?, WM 2006, 706.

33 Eine Bürgschaft, die gegen die guten Sitten verstößt, ist gemäß § 138 Abs 1 nichtig. Der Wuchertatbestand (§ 138 Abs 2), der einen Leistungsaustausch voraussetzt, ist bei der Bürgschaft als einseitig verpflichtendem Vertrag nicht anwendbar[225]. Die Problematik der Sittenwidrigkeit stellt sich vor allem, wenn Personen, die in einem engen persönlichen Verhältnis zum Hauptschuldner stehen, für dessen Verbindlichkeiten eine Bürgschaft übernehmen, obwohl sie selbst über kein nennenswertes Einkommen oder Vermögen verfügen, um die übernommene Einstandspflicht zu erfüllen. Nach den (mittlerweile) einheitlichen und weitgehend gefestigten[226] Maßstäben der Rechtsprechung ist eine Bürgschaft gemäß § 138 Abs 1 nichtig, wenn der Bürge sich in einem Umfang verpflichtet, der seine gegenwärtigen und zukünftig zu erwartenden Einkommens- und Vermögensverhältnisse weit übersteigt, und er durch weitere, dem Gläubiger zurechenbare Umstände bei Vertragsschluss zusätzlich so erheblich belastet wird, dass ein unerträgliches Ungleichgewicht der Vertragspartner entsteht[227].

34 Wendepunkt der Rechtsprechung waren die Bürgschaftsentscheidungen des BVerfG[228]. Zuvor hatte insbesondere der BGH die Sittenwidrigkeit von Angehörigenbürgschaften mit dem Argument verneint, jeder Vollgeschäftsfähige dürfe und solle selbst entscheiden, welche Geschäfte er abschließt, und es stehe ihm frei, auch ein Risikogeschäft einzugehen[229]. Demgegenüber sieht das BVerfG den Grundsatz der Privatautonomie als verletzt an, wenn ein Vertragsteil ein so starkes Übergewicht erlangt, dass er den Vertragsinhalt praktisch allein bestimmen kann. In einer solchen Situation seien die Zivilgerichte verpflichtet, den Inhalt von Verträgen, die das Ergebnis **strukturell ungleicher Verhandlungsstärke** sind und einen Vertragspartner ungewöhnlich stark belasten, mit Hilfe der §§ 138, 242 zu kontrollieren[230]. Eine solche Korrektur kommt nicht bei jeder Störung des Verhandlungsgleichgewichts in Betracht, sondern sie beschränkt sich auf **typisierbare Fallgestaltungen**, die das beschriebene Ungleichgewicht erkennen lassen[231]. Die zivilge-

225 BGH WM 2001, 1330 mweitNachw = ZIP 2001, 1190 = NJW 2001, 2466 = WuB I F 1a – 12.01 (P Bydlinski).

226 Schimansky WM 2002, 2437: „hohes Maß an Kalkulierbarkeit". Dazu trägt bei, dass die Zuständigkeit für Bürgschaftssachen seit 1. 1. 2001 allein beim XI. ZS des BGH liegt.

227 BGH WM 2002, 919 = ZIP 2002, 167 = NJW-RR 2002, 1130 = WuB I F 1a – 17.02 (Schanbacher).

228 BVerfGE 89, 214 = WM 1993, 2199 = ZIP 1993, 1775 = NJW 1994, 36 = WuB I F 1a – 4.94 (P Bydlinski); BVerfG WM 1994, 1837 = ZIP 1994, 1516 = NJW 1994, 2749 = WuB I F 1a – 11.94 (P Bydlinski).

229 Vgl dazu mit umfangreichen Nachweisen Bülow, Recht der Kreditsicherheiten, 2003, Rz 869 mit Fn 79.

230 BVerfGE 89, 214 = WM 1993, 2199 = ZIP 1993, 1775 = NJW 1994, 36 = WuB I F 1a – 4.94 (P Bydlinski).

231 BVerfG WM 1994, 1837 = ZIP 1994, 1516 = NJW 1994, 2749 = WuB I F 1a – 11.94 (P Bydlinski).

richtliche Rechtsprechung hat die Entscheidungen des BVerfG konkretisiert und justiziable Kriterien für die Beurteilung der Sittenwidrigkeit von Bürgschaften entwickelt. Inzwischen ausgeräumte unterschiedliche Auffassungen des IX. und XI. Zivilsenats des BGH gipfelten in dem Vorlagebeschluss an den Großen Senat vom 29. 6. 1999[232]. Wegen Rücknahme der Revision ist es nicht zu einer Senatsentscheidung gekommen[233].

35 a) **Finanzielle Überforderung**. Die finanzielle Überforderung des Bürgen ist als Ausgangspunkt für die Sittenwidrigkeit anzunehmen, wenn er sich in einem Umfang verpflichtet hat, der seine gegenwärtigen und zu erwartenden Einkommens- und Vermögensverhältnisse weit übersteigt[234]. Die **Vermögensverhältnisse des Hauptschuldners spielen keine Rolle**[235], da der Bürgschaftsfall regelmäßig erst eintritt, wenn er nicht mehr leistungsfähig ist[236]. Einkünfte dürfen nur insoweit berücksichtigt werden, als sie nicht von der Solvenz des Hauptschuldners abhängen[237]. Ist pfändbares Vermögen vorhanden, wird dies von der Hauptschuld abgezogen[238]. Auf dem pfändbaren Vermögen des Bürgen ruhende dingliche Belastungen werden wertmindernd berücksichtigt[239].

36 Die finanzielle Leistungsfähigkeit ist für den **Zeitpunkt** zu bestimmen, in dem der Bürge den Bürgschaftsvertrag mit dem Gläubiger schließt; denn die Sittenwidrigkeit eines Vertrages richtet sich in ständiger Rechtsprechung nach den Verhältnisse beim Vertragsschluss[240]. Von diesem Zeitpunkt aus ist zu prognostizieren, ob der Bürge bei Inanspruchnahme in der Lage ist, die eingegangene Verbindlichkeit zumindest zu einem erheblichen Teil zu erfüllen[241]. Prognosezeitraum ist die vertraglich festgelegte Kreditlaufzeit[242]. Bei der Prognose ist auch die **voraussichtliche Einkommensentwicklung** des Bürgen zu berücksichtigen und auf seine Schul- und Berufsausbildung sowie weitere erwerbsrelevante Fähigkeiten einzugehen. Eine zu erwartende Erbschaft kann einbezogen werden[243].

37 Die finanzielle Leistungsfähigkeit der Bürgen kann anders zu beurteilen sein, wenn der Hauptschuldner **zusätzliche Sicherheiten** gestellt hat, die aber nur zu berücksichtigen sind, wenn sie das Haftungsrisiko des Mitverpflichteten oder Bürgen in rechtlich gesicherter Weise auf ein vertretbares Maß beschränken[244]. Dies ist beispielsweise nicht der Fall, wenn die Sicherheit auch für

232 BGH WM 1999, 1556 = ZIP 1999, 1257 = NJW 1999, 2584 = WuB I F 1a – 2.00 (Weber).
233 Die Berichterstatter beider Senate haben ihre Vorüberlegungen publiziert; vgl Nobbe/Kirchhof BKR 2001, 5. Vgl auch die Zusammenfassung in BVerfG WM 2006, 23 = ZIP 2006, 60.
234 BGH WM 2002, 919 = WuB I F 1a – 17.02 (Schanbacher) = ZIP 2002, 167 = NJW-RR 2002, 1130.
235 BGH WM 2000, 410 = WuB I F 1a – 13.00 (P Bydlinski) = ZIP 2000, 351 = NJW 2000, 1182; BGHZ 146, 37 = WM 2001, 402 = WuB I F 1c – 1.01 (Michalski/Arends) = ZIP 2001, 189 = NJW 2001, 815; BGH WM 2002, 1649 = WuB I F 1c – 1.03 (Rellermeyer) = ZIP 2002, 1482 = NJW 2002, 2705. Damit wurde die abweichende ältere Rechtsprechung (zB BGH WM 1996, 519 = WuB I F 1a – 10.96 [Medicus] = ZIP 1996, 495 = NJW 1996, 1274) aufgegeben.
236 BGHZ 146, 37 = WM 2001, 402 = WuB I F 1c – 1.01 (Michalski/Arends) = ZIP 2001, 189 = NJW 2001, 815; Nobbe/Kirchhof BKR 2001, 5, 9.
237 Nobbe/Kirchhof BKR 2001, 5, 9; Schimansky WM 2002, 2437, 2440.
238 BGH WM 2002, 1649 = WuB I F 1c – 1.03 (Rellermeyer) = ZIP 2002, 1482 = NJW 2002, 2705.
239 BGH WM 2002, 1347 = WuB I F 1a – 18.02 (Schanbacher) = ZIP 2002, 1187 = NJW 2002, 2228. Damit hat der BGH die gegenteilige Auffassung des IX. Zivilsenats (vgl BGH WM 1996, 766 = WuB I F 1a – 12.96 [Richrath/Schröder] = ZIP 1996, 702 = NJW 1996, 1470; BGHZ 137, 153 = WM 1998, 67 = WuB I F 1a – 8.98 [Hellner] = ZIP 1998, 16 = NJW 1998, 450) ausdrücklich aufgegeben.
240 Vgl nur BGH WM 2002, 223 mweitNachw = WuB I F 1c – 3.02 (Schanbacher) = ZIP 2002, 210 = NJW 2002, 744.
241 BGHZ 132, 328 = WM 1996, 1124 = WuB I F 1a – 16.96 (Tiedtke) = ZIP 1996, 1126 = NJW 1996, 2088; BGH, WM 2000, 410 = WuB I F 1a – 13.00 (P Bydlinski) = ZIP 2000, 351 = NJW 2000, 1182; BGH WM 2002, 919 = WuB I F 1a – 17.02 (Schanbacher) = ZIP 2002, 167 = NJW-RR 2002, 1130.
242 BGHZ 146, 37 = WM 2001, 402 = WuB I F 1c – 1.01 (Michalski/Arends) = ZIP 2001, 189 = NJW 2001, 815; BGH WM 2002, 125 = WuB I F 1c – 2.02 (Mankowski) = ZIP 2002, 123 = NJW 2002, 746.
243 Nobbe/Kirchhof BKR 2001, 5, 10.
244 BGHZ 136, 347 = WM 1997, 2117 = WuB I F 1a – 2.98 (P Bydlinski) = ZIP 1997, 1957 = NJW 1997, 3372; BGH WM 1998, 2327 = WuB I F 1a

eine andere Verbindlichkeit des Hauptschuldners bestellt ist[245] oder wenn der Kreditgeber sich das Recht einräumen lässt, eine solche Sicherheit entgegen § 776 aufzugeben[246].

38 b) **Zusätzliche Umstände**. Die finanzielle Überforderung des Bürgen allein begründet, auch bei krasser finanzieller Überforderung[247], noch nicht die Sittenwidrigkeit des Bürgschaftsvertrags. Der Bürge muss zusätzlich darlegen und beweisen, dass neben der finanziellen Überforderung noch weitere dem Gläubiger zurechenbare Umstände vorliegen, die den Bürgen bei Vertragsschluss zusätzlich so erheblich belasten, dass ein **unerträgliches Ungleichgewicht der Vertragspartner** entsteht[248]. Solche Umstände sind insbesondere anzunehmen, wenn der Gläubiger die geschäftliche Unerfahrenheit des Bürgen ausnutzt[249] oder die Willensbildung und Entschließungsfreiheit des Bürgen durch Irreführung, Schaffung einer seelischen Zwangslage oder Ausübung unzulässigen Drucks beeinträchtigt (Rz 23)[250]. Dies ist auch bei **emotionaler Verbundenheit** mit dem Hauptschuldner gegeben[251].

39 aa) **Ausnutzen der geschäftlichen Unerfahrenheit**. Nutzt der Gläubiger vorsätzlich oder grob fahrlässig die geschäftliche Unerfahrenheit des Bürgen aus, dann kann dies zur Sittenwidrigkeit der Bürgschaft führen[252]. Die Beurteilung der geschäftlichen Unerfahrenheit hat dabei bei allen Bürgen unter Berücksichtigung der Vorbildung und der gesammelten Erfahrungen nach einheitlichen Kriterien zu erfolgen. Allgemein ist davon auszugehen, dass Kaufleute, Gesellschafter- und Geschäftsführerbürgen in ihrem Geschäftsbereich als geschäftserfahren gelten[253]. Im Privatbereich ist es jedoch nach der allgemeinen Lebenserfahrung nicht ausgeschlossen, dass auch erfahrene und geschäftsgewandte Personen aus emotionaler Verbundenheit[254] Verbindlichkeiten eingehen, die sie finanziell krass überfordern[255].

40 bb) **Beeinträchtigung der Willensbildung und Entschließungsfreiheit**. Eine Bürgschaft ist grundsätzlich auch dann sittenwidrig, wenn der Gläubiger oder ihm zurechenbare Dritte die Willensbildung und Entscheidungsfreiheit des Bürgen durch eine Verschleierung oder Verharmlosung des Haftungsrisikos, des Umfangs oder der Tragweite der Bürgschaft oder durch täuschende oder irreführende Erklärungen beeinträchtigen[256]. Dies ist beispielsweise anzunehmen, wenn die Übernahme der Bürgschaft nur als bloße Formsache bezeichnet oder dem Bürgen verharmlosend er-

– 4.99 (Hoes) = ZIP 1998, 1999 = NJW 1999, 58; BGH WM 2000, 410 = WuB I F 1a – 13.00 (P Bydlinski) = ZIP 2000, 351 = NJW 2000, 1182; BGHZ 146, 37 = WM 2001, 402 = WuB I F 1c – 1.01 (Michalski/Arends) = ZIP 2001, 189 = NJW 2001, 815.

245 BGH WM 2002, 1649 = WuB I F 1c – 1.03 (Rellermeyer) = ZIP 2002, 1482 = NJW 2002, 2705.

246 BGHZ 136, 347 = WM 1997, 2117 = WuB I F 1a – 2.98 (P Bydlinski) = ZIP 1997, 1957 = NJW 1997, 3372. Beachte auch die veränderte Rechtsprechung des BGH, nach der § 776 formularmäßig nicht ausgeschlossen werden kann (s Rz 91).

247 S hierzu Rz 44.

248 BGHZ 134, 325 = WM 1997, 467 = WuB I F 1a – 5.97 (Hennrichs) = ZIP 1997, 406 = NJW 1997, 1003; BGHZ 136, 347 = WM 1997, 2117 = WuB I F 1a – 2.98 (P Bydlinski) = ZIP 1997, 1957 = NJW 1997, 3372; BGHZ 137, 329 = WM 1998, 239 = WuB I F 1a – 5.98 (Horn) = ZIP 1998, 196 = NJW 1998, 597; BGH WM 2001, 1330 = WuB I F 1a – 12.01 (P Bydlinski) = ZIP 2001, 1190 = NJW 2001, 2466; BGH WM 2002, 919 = WuB I F 1a – 17.02 (Schanbacher) = ZIP 2002, 167 = NJW-RR 2002, 1130.

249 S hierzu Rz 39.

250 BGH WM 2002, 919 = WuB I F 1a – 17.02 (Schanbacher) = ZIP 2002, 167 = NJW-RR 2002, 1130; BGH WM 2002, 1647 mweitNachw = ZIP 2002, 1395 = NJW 2002, 2634 = WuB I F 1a – 2.03 (Balzer).

251 S hierzu Rz 41.

252 BGH WM 1997, 511 = WuB I F 1a – 15.97 (Habersack) = ZIP 1997, 446 = NJW 1997, 1980.

253 Nobbe/Kirchhof BKR 2001, 5, 14.

254 S unten Rz 41.

255 BGH WM 2002, 1350 = WuB I F 1a – 18.02 (Schanbacher) = ZIP 2002, 1190 = NJW 2002, 2230; BGH BKR 2003, 157 = EWIR 2003, 759 (Steiner); Dresden WM 2003, 277 = WuB I F 1a – 6.03 (Ebbing).

256 BGH WM 1998, 2366 = WuB I F 1a – 4.99 (Hoes) = ZIP 1998, 1905 = NJW 1999, 135; BGH WM 2002, 923 = WuB I F 1a – 12.02 (Schanbacher) = NJW-RR 2002, 1130 = NZG 2002, 725; BGH WM 2003, 1563, 1565 = ZIP 2003, 1596 = NJW-RR 2004, 337 = WuB I F 1a – 12.03 (Ebbing); Nobbe/Kirchhof BKR 2001, 5, 14.

klärt wird, er gehe kein großes Risiko ein[257]. Keine unzulässige Beeinträchtigung der Willensbildung ist dagegen anzunehmen, wenn ein Kreditinstitut die Gewährung eines Kredits von Anfang an davon abhängig macht, dass eine Bürgschaft übernommen wird[258]. Anders wäre zu entscheiden, wenn der Gläubiger in der Kenntnis darüber, dass eine Bürgschaft notwendig ist, einen erheblichen Teil eines Darlehens auszahlt und dann den Bürgen, der dem Hauptschuldner nahe steht, vor die Wahl stellt die Bürgschaft zu unterzeichnen oder die Insolvenz des Hauptschuldners hinzunehmen. In diesem Fall befindet sich der Bürge in einer die freie Willenbildung ausschließenden Zwangslage, die unterzeichnete Bürgschaft ist daher sittenwidrig[259].

cc) **Ausnutzen der emotionalen Verbundenheit**. Von einer **emotionaler Verbundenheit** mit dem Hauptschuldner ist auszugehen, wenn der Bürge sich nicht von einer realistischen und rationalen Einschätzung des von ihm zu übernehmenden Risikos oder gar von eigenen Interessen leiten lässt, sondern allein seine emotionale Bindung an den Hauptschuldner im Vordergrund steht[260]. Eine solche gefühlsmäßige Bindung zwischen Hauptschuldner und Bürgen hat regelmäßig ihren Grund in einer Ehe, einer Verlobung, einer eheähnlichen Lebensgemeinschaft[261] oder einer engen Verwandtschaftsbeziehung (Kinder)[262]. Bei Bürgschaften von Geschwistern muss jeweils im Einzelfall festgestellt werden, ob im Zeitpunkt der Verpflichtung eine enge persönliche Beziehung bestanden hat, die mit der Beziehung zu einem Kind oder Lebenspartner vergleichbar ist[263]. Dagegen besteht zwischen einem Arbeitgeber und einem Arbeitnehmer in aller Regel kein von Emotionen geprägtes, einer Ehe, einer eheänlichen Partnerschaft oder einer engen Verwandtschaft oder Freundschaft vergleichbares persönliches Näheverhältnis[264]. 41

Der Gläubiger muss die emotionale Bindung des Bürgen zum Hauptschuldner vorsätzlich oder grob fahrlässig in sittlich anstößiger Weise ausnutzen. Ein solches Ausnutzen wurde beispielsweise angenommen, wenn dem Gläubiger bekannt ist, dass ein Ehegatte nur durch den Appell an die eheliche Liebe und Hilfsbereitschaft dazu bewegt wird, eine die Befriedigungsaussichten des Kreditinstituts kaum erhöhende, für den Ehegatten aber möglicherweise ruinöse Mitverpflichtung zu übernehmen[265]. Verbürgt sich ein finanziell von seinen Eltern **abhängiges Kind** zu deren Gunsten, so ist diese Bürgschaft regelmäßig sittenwidrig, wenn dem Gläubiger die Tatsache der finanziellen Abhängigkeit des bürgenden Kindes bekannt war oder grob fahrlässig unbekannt geblieben ist. Wird ein sich noch in der Ausbildung oder am Start ins Berufsleben befindliches Kind, welches finanziell von seinen Eltern abhängig ist, von diesen veranlasst, eine Bürgschaft zu deren Gunsten zu übernehmen, so liegt eine Verletzung der familienrechtlichen Pflicht zur Rücksichtnahme (§ 1618 a) vor, unabhängig davon, ob die Eltern besonderen Druck auf ihr Kind ausgeübt haben oder nicht. Von einem Gläubiger, der die finanzielle Abhängigkeit des Kindes gekannt hat, wird tatsächlich vermutet, dass er auch das rechtlich zu missbilligende Verhalten der Eltern gekannt hat oder sich dieser Erkenntnis bewusst verschlossen hat. Das Unwerturteil der Sittenwidrigkeit wird dadurch begründet, dass der Gläubiger das Verhalten der Eltern für seine Interessen aus- 42

257 BGH WM 1994, 680 = WuB I F 1 a – 5.94 (P Bydlinski) = ZIP 1994, 614 = NJW 1994, 1341; BGH WM 2002, 919 = WuB I F 1 a – 17.02 (Schanbacher) = ZIP 2002, 167 = NJW-RR 2002, 1130.
258 BGH WM 1997, 465 = WuB I F 1 a – 5.97 (Hennrichs) = ZIP 1997, 409 = NJW 1997, 1005; BGH WM 2001, 1330 = WuB I F 1 a – 12.01 (P Bydlinski) = ZIP 2001, 1190 = NJW 2001, 2466.
259 BGH WM 1996, 53 = WuB I F 1 a – 6.96 (Hennrichs) = ZIP 1996, 65 = NJW 1996, 513. Vgl dazu auch BGH WM 1997, 511 = WuB I F 1 a – 15.97 (Habersack) = ZIP 1997, 446 = NJW 1997, 1980. Dazu auch Köln WM 2003, 2039 = WuB I F 1 a – 1.04 (Edelmann).
260 Dresden WM 2003, 277, 278 mweitNachw = WuB I F 1 a – 6.03 (Ebbing).
261 BGH WM 1997, 465 = WuB I F 1 a – 5.97 (Hennrichs) = ZIP 1997, 409 = NJW 1997, 1005; BGH WM 2002, 223 = ZIP 2002, 210 = NJW 2002, 744 = WuB I F 1 c – 3.02 (Schanbacher).
262 Nobbe/Kirchhof BKR 2001, 5, 8.
263 BGHZ 137, 329 = WM 1998, 239 = WuB I F 1 a – 5.98 (Horn) = ZIP 1998, 196 = NJW 1998, 597.
264 So BGHZ 156, 302, 307 = WM 2003, 2379 = ZIP 2003, 2193 = NJW 2004, 161 = WuB I F 1 a – 3.04 (Richrath), der die Sittenwidrigkeit der Arbeitnehmerbürgschaft dennoch bejaht, da der krass finanziell überforderte Arbeitnehmer diese nur aus Sorge um seinen Arbeitsplatz übernommen habe.
265 BGHZ 120, 272 = WM 1992, 2129 = WuB I F 1 a – 3.93 (Westermann) = ZIP 1993, 26 = NJW 1993, 322.

genutzt hat[266]. Auf die Bürgschaft eines Ehegatten, der kein eigenes Vermögen oder Einkommen besitzt, wird diese Rechtsprechung nicht übertragen[267].

43 c) **Vermutung des Ausnutzens der emotionalen Verbundenheit bei krasser finanzieller Überforderung**. Bei besonders krasser finanzieller Überforderung des Bürgen ist von der **tatsächlichen Vermutung** auszugehen, dass er sich nicht nach einer realistischen Einschätzung des wirtschaftlichen Risikos, sondern allein aus emotionaler Verbundenheit mit dem Hauptschuldner verbürgt und der Gläubiger dies in sittlich anstößiger Weise ausgenutzt hat[268]. Dabei muss der Gläubiger nicht zwingend ein Kreditinstitut sein, sondern auch bei anderen beruflichen oder gewerblichen Kreditgebern im Sinne der Vorschriften zum Verbraucherdarlehen (§ 491) greift die Vermutung Platz[269].

44 Von einer **„krassen" finanziellen Überforderung** ist auszugehen, wenn der Bürge noch nicht einmal in der Lage ist, die vertraglich festgelegte Zinslast aus dem pfändbaren Teil seines Einkommens oder Vermögens bei Eintritt des Sicherungsfalls dauerhaft zu tragen[270]. Eine solche Überforderung ist abzulehnen, wenn der Bürge in der Lage ist, die Bürgschaftsverbindlichkeit durch die Verwertung eines von ihm bewohnten Eigenheims zu tilgen[271]. Die krasse finanzielle Überforderung eines Bürgen kann sich auch daraus ergeben, dass er mit ein und demselben Gläubiger mehrere Bürgschaftsverträge geschlossen hat, wobei jeder Vertrag für sich betrachtet ihn nicht krass überfordert, er aber bei einer Gesamtbetrachtung aller Verträge nicht mehr in der Lage ist, die laufenden Zinsen aller Bürgschaftsverträge zu erbringen[272].

45 d) **Widerlegung der Vermutung**. Die Vermutung, der Bürge habe bei krasser finanzieller Überforderung nicht nach einer realistischen Einschätzung des wirtschaftlichen Risikos, sondern allein aus emotionaler Verbundenheit die Bürgschaft übernommen und der Kreditgeber dies in sittlich anstößiger Weise ausgenutzt, kann der Gläubiger widerlegen. Dazu reicht nicht, dass der Bürge mehrere Kreditgespräche für den Hauptschuldner allein geführt und auch sonst die kaufmännische Verantwortung für das vom Hauptschuldner betriebene Unternehmen getragen hat, denn nach der allgemeinen Lebenserfahrung können auch erfahrene und geschäftsgewandte Personen aus emotionaler Verbundenheit beispielsweise zu ihren Ehegatten Verbindlichkeiten eingehen, die sie finanziell krass überfordern[273].

266 BGH WM 1994, 680 = WuB I F 1a – 5.94 (P Bydlinski) = ZIP 1994, 614 = NJW 1994, 1341; BGH WM 1996, 2194 = WuB I F 1a – 1.97 (Meder) = ZIP 1996, 1997 = NJW 1997, 52.

267 Ausführlich dazu BGHZ 128, 230 = WM 1995, 237 = WuB I F 1a – 4.95 (P Bydlinski) = ZIP 1995, 203 = NJW 1995, 592.

268 BGHZ 146, 37 = WM 2001, 402 = WuB I F 1c – 1.01 (Michalski/Arends) = ZIP 2001, 189 = NJW 2001, 815; BGH WM 2002, 125 = WuB I F 1c – 2.02 (Mankowski) = ZIP 2002, 123 = NJW 2002, 746; BGH BKR 2003, 157 = EWIR 2003, 759 (Steiner).

269 BGH WM 2002, 125 = WuB I F 1c – 2.02 (Mankowski) = ZIP 2002, 123 = NJW 2002, 746; BGH WM 2002, 223 = ZIP 2002, 210 = NJW 2002, 744 = WuB I F 1c – 3.02 (Schanbacher).

270 BGH WM 2000, 410 = WuB I F 1a – 13.00 (P Bydlinski) = ZIP 2000, 351 = NJW 2000, 1182; BGHZ 146, 37 = WM 2001, 402 = WuB I F 1c – 1.01 (Michalski/Arends) = ZIP 2001, 189 = NJW 2001, 815; BGH WM 2001, 1330 = WuB I F 1a – 12.01 (P Bydlinski) = ZIP 2001, 1190 = NJW 2001, 2466; BGH WM 2002, 125 = WuB I F 1c – 2.02 (Mankowski) = ZIP 2002, 123 = NJW 2002, 746; BGH WM 2002, 1649 = WuB I F 1c – 1.03 (Rellermeyer) = ZIP 2002, 1482 = NJW 2002, 2705; BGH BKR 2003, 157 = EWIR 2003, 759 (Steiner); Nobbe/Kirchhof BKR 2001, 5, 10. Die abweichende Auffassung des IX. Zivilsenats (vgl nur BGHZ 136, 347 = WM 1997, 2117 = WuB I F 1a – 2.98 [P Bydlinski] = ZIP 1997, 1957 = NJW 1997, 3372) wurde damit ausdrücklich aufgegeben. Zur Berücksichtigung der Pfändungsfreigrenzen des ZPO § 850c vgl Rostock OLGR Rostock 2004, 356.

271 BGH WM 2001, 1330 = WuB I F 1a – 12.01 (P Bydlinski) = ZIP 2001, 1190 = NJW 2001, 2466.

272 Köln WM 2003, 286 = ZIP 2002, 844 = EWIR 2002, 611 (Tiedtke).

273 BGH WM 2002, 1350 = WuB I F 1a – 18.02 (Schanbacher) = ZIP 2002, 1190 = NJW 2002, 2230; BGH BKR 2003, 157 = EWIR 2003, 759 (Steiner).

Die Vermutung kann vor allem widerlegt werden: 46

aa) **Eigeninteresse des Bürgen**. Die Vermutung ist widerlegt, wenn der Bürge ein **eigenes wirtschaftliches** oder **persönliches Interesse** an der Eingehung der gesicherten Forderung durch den Hauptschuldner hat, diese also zugleich den eigenverantwortlichen Erwägungen des Bürgen entspricht[274]. Dies ist insbesondere anzunehmen, wenn ihm eigene, ins Gewicht fallende, unmittelbare geldwerte Vorteile aus der Kreditaufnahme erwachsen[275], also immer, wenn der Bürge selbst wie ein Mitdarlehensnehmer über die Auszahlung und Verwendung des Darlehens mitentscheiden kann[276]. Dafür ist ausreichend, dass für den Bürgen bei Abgabe der Bürgschaftserklärung die realistische Aussicht besteht, von der Kreditgewährung unmittelbar zu profitieren[277]. Ein eigenes Interesse seiner mithaftenden Ehefrau wird beispielsweise angenommen, wenn der gewährte Kredit überwiegend für die Gründung des gemeinsamen Hausstandes und anderen Anschaffungen verwendet wurde, die den gemeinsamen Interessen beider Ehepartner dienten[278]. Ein unmittelbarer Vorteil für den Bürgen liegt auch vor, wenn er Miteigentümer einer mit den Mitteln der Hauptschuld erworbenen Immobilie wird[279]. Lediglich **mittelbare Vorteile,** wie die Aussicht des bürgenden Ehegatten auf höhere Unterhaltsleistungen, auf einen größeren Zugewinnausgleich oder die Hoffnung der Kinder auf eine erhöhte Erbschaft genügen nicht[280]. Ebenso reicht es nicht aus, dass der Bürge in einem gemeinsam mit dem Hauptschuldner errichteten Haus, das sich im Alleineigentum des Hauptschuldners befindet, mitwohnen will[281]. Eine erfolgreiche Widerlegung der Vermutung wurde auch dann verneint, wenn die Eingehung der Hauptschuld lediglich zu einer Verbesserung des allgemeinen Lebensstandards geführt hätte[282]. 47

bb) **Vermögensverschiebungen**. Der BGH[283] geht unter ausdrücklicher Aufgabe der Entscheidung des IX. ZS vom 8. 10. 1998[284], davon aus, dass das Interesse des Kreditgebers, sich durch einen an sich wirtschaftlich sinnlosen Bürgschaftsvertrag vor Vermögensverschiebungen zwischen Eheleuten zu schützen, nur dann der Sittenwidrigkeit entgegensteht, wenn sich die Haftung des Bürgen ausdrücklich auf den Fall beschränkt, dass tatsächlich eine Vermögensverschiebung stattgefunden hat. Dies gilt für alle Bürgschaftsverträge, auch solche die vor dem 1. 1. 1999 geschlossen worden sind. Es war lange Zeit umstritten, ob das Interesse des Gläubigers, sich vor möglichen Vermögensverschiebungen zwischen Ehegatten zu schützen, die Vermutung der Sittenwidrigkeit widerlegt[285]. 48

274 Bülow, Recht der Kreditsicherheiten, 2003, Rz 880; Nobbe/Kirchhof BKR 2001, 5, 11.

275 BGHZ 146, 37, 42 = WM 2001, 402 = WuB I F 1 c – 1.01 (Michalski/Arends) = ZIP 2001, 189 = NJW 2001, 815; BGH WM 2003, 1563, 1565 = ZIP 2003, 1596 = NJW-RR 2004, 337 = WuB I F 1 a – 12.03 (Ebbing); Dresden WM 2003, 277, 279 = WuB I F 1 a – 6.03 (Ebbing).

276 Nobbe/Kirchhof BKR 2001, 5, 12 mweitNachw.

277 BGH WM 2003, 1563, 1565 = ZIP 2003, 1596 = NJW-RR 2004, 337 = WuB I F 1 a – 12.03 (Ebbing).

278 BGH WM 1998, 2366 = WuB I F 1 a – 4.99 (Hoes) = ZIP 1998, 1905 = NJW 1999, 135.

279 BGH WM 2003, 1563, 1565 = ZIP 2003, 1596 = NJW-RR 2004, 337 = WuB I F 1 a – 12.03 (Ebbing); Koblenz OLGR Koblenz 2001, 253.

280 BGHZ 125, 206 = WM 1994, 676 = WuB I F 1 a – 5.94 (P Bydlinski) = ZIP 1994, 520 = NJW 1994, 1278; BGHZ 146, 37, 42 = WM 2001, 402 = WuB I F 1 c – 1.01 (Michalski/Arends) = ZIP 2001, 189 = NJW 2001, 815. Vgl dazu auch die Ausführungen im Vorlagebeschluss an den Großen Senat v 29. 6. 1999, BGH WM 1999, 1556 = WuB I F 1 a – 2.00 (Weber) = ZIP 1999, 1257 = NJW 1999, 2584. Nach einer Entscheidung des OLG Köln WM 2002, 1549 = WuB I F 1 a – 19.02 (Batereau) = BKR 2001, 150 sollen mittelbare Vorteile des Bürgen aus der Darlehensgewährung zumindest in Fällen, in denen keine krasse finanzielle Überforderung vorliegt, in der dann durchzuführenden Gesamtabwägung mit berücksichtigt werden.

281 BGH WM 2000, 410 = WuB I F 1 a – 13.00 (P Bydlinski) = ZIP 2000, 351 = NJW 2000, 1182.

282 BGH BKR 2003, 157 = EWIR 2003, 759 (Steiner).

283 BGH WM 2002, 1347 = WuB I F 1 a – 18.02 (Schanbacher) = ZIP 2002, 1187 = NJW 2002, 2228; BGH WM 2002, 1350 = WuB I F 1 a – 18.02 (Schanbacher) = ZIP 2002, 1190 = NJW 2002, 2230; BGHZ 134, 42 = WM 1996, 2325 = WuB I F 1 a – 3.97 (Richrath) = ZIP 1996, 2157 = NJW 1997, 257.

284 BGH WM 1998, 2327 = WuB I F 1 a – 4.99 (Hoes) = ZIP 1998, 1999 = NJW 1999, 58.

285 Zunächst bejahend der IX. ZS des BGH (vgl BGHZ 134, 325 = WM 1997, 467 = WuB I F 1 a – 5.97 [Hennrichs] = ZIP 1997, 406 = NJW 1997, 1003). Dagegen ablehnend der XI. ZS des BGH in BGHZ 134, 42 = WM 1996, 2325 = WuB I F 1 a – 3.97 (Richrath) = ZIP 1996, 2157

49 cc) **Zu erwartende Leistungsfähigkeit des Bürgen**. Hat ein an sich leistungsunfähiger Bürge, der mit dem Hauptschuldner emotional verbunden ist, die Haftung nur übernommen, um dem Gläubiger die Möglichkeit einzuräumen, auf Vermögen zuzugreifen, das möglicherweise später einmal (zB durch Erbschaft) in der Person des Bürgen entsteht, ist die Bürgschaft nur dann rechtswirksam, wenn dieser beschränkte Haftungszweck Vertragsinhalt geworden ist. Dem Bürgschaftsvertrag muss entnommen werden können, welches Vermögen für den Gläubiger von Interesse ist und dass der Bürge nur dann einstehen muss, wenn er Erbe geworden oder ein anderer Fall der Vermögensmehrung eingetreten ist[286].

50 dd) **Gesellschafterbürgschaften**. Bei Bürgschaften, die ein Gesellschafter für Gesellschaftskredite vereinbart hat, soll die Vermutung (Rz 43) nicht anwendbar sein (BGH WM 2003, 275). Dies wird damit begründet, dass die Vermutung auf die emotionale Verbundenheit zwischen dem Hauptschuldner und dem Bürgen abstellt, die nur zu Mitmenschen bestehen kann[287]. Bei Gesellschaftskrediten haben die Kreditinstitute ein großes Interesse, eine persönliche Haftung von Geschäftsführern und maßgeblich beteiligten Gesellschaftern zu vereinbaren. Es ist daher gängige Praxis, die Kreditgewährung davon abhängig zu machen, dass die wirtschaftlich und rechtlich verantwortlichen Personen der Gesellschaft auch persönlich für die Verbindlichkeiten der Gesellschaft einstehen. Diese Praxis wird von der Rechtsprechung grundsätzlich nicht beanstandet[288]. So ist in den Fällen, in denen ein maßgeblich beteiligter Gesellschafter sich für Verbindlichkeiten der Gesellschaft verbürgt, regelmäßig davon auszugehen, dass bei dem Bürgen das eigene wirtschaftliche Interesse im Vordergrund steht und er aus diesem Grund kein unzumutbares Risiko auf sich nimmt[289]. Es stellt sich aber die Frage, was unter einer maßgeblichen Beteiligung zu verstehen ist. Bisher wurde dies angenommen, wenn der Bürge einziger Kommanditist der Hauptschuldnerin[290] oder er mit 25 % an einer GmbH beteiligt ist[291]. Nunmehr hat der BGH[292] klargestellt, dass die „maßgebliche Beteiligung“ nicht nur Allein- oder Mehrheitsgesellschafter betrifft, sondern mit diesem Kriterium lediglich unbedeutende Bagatell- und Splitterbeteiligungen (weniger als 10 %) ausgeschieden werden sollen.

51 Die Vermutung der Sittenwidrigkeit ist auch dann ausgeschlossen, wenn der Gesellschafter nur eine Strohmannfunktion innehat[293]. Strohmanngeschäfte sind als ernst gemeinte Geschäfte zwar rechtlich wirksam. Daher braucht der Gläubiger sich grundsätzlich nicht damit zu befassen, warum der Strohmann bereit ist zu bürgen. Der Gläubiger darf hier davon ausgehen, dieser handele aus wirtschaftlich vernünftigen, allein von ihm selbst zu verantwortenden Gründen. Dies gilt insbesondere auch dann, wenn der wirtschaftliche Inhaber eines Unternehmens seine Ehefrau oder einen Verwandten als Gesellschafter vorschiebt, weil er selbst in dieser Funktion nicht auf-

= NJW 1997, 257, der forderte, dass dieses Interesse des Gläubiger ausdrücklich in den Vertrag aufgenommen werden müsse. Dieser Auffassung schloss sich der IX. Zivilsenat an (BGH WM 1998, 2327 = WuB I F 1a – 4.99 [Hoes] = ZIP 1998, 1999 = NJW 1999, 58) an, begrenzte diese Anforderung allerdings auf Verträge, die nach dem 1. 1. 1999 geschlossen wurden.

286 BGHZ 134, 325 = WM 1997, 467 = WuB I F 1a – 5.97 (Hennrichs) = ZIP 1997, 406 = NJW 1997, 1003; BGH WM 1998, 2327 = WuB I F 1a – 4.99 (Hoes) = ZIP 1998, 1999 = NJW 1999, 58; Bülow, Recht der Kreditsicherheiten, 2003, Rz 880.

287 Schimansky WM 2002, 2437, 2441.

288 Vgl die Nachweise bei BGH WM 2003, 275 = WuB I F 1a – 5.03 (Wagner) = ZIP 2003, 288 = NJW 2003, 967.

289 BGHZ 137, 292 = WM 1998, 235 = WuB I F 1a – 5.98 (Horn) = ZIP 1998, 280 = NJW 1998, 894; BGH WM 2002, 436 = WuB I F 1a – 10.02 (P Bydlinski) = ZIP 2002, 389 = NJW 2002, 956; BGH WM 2002, 1647 mweitNachw= WuB I F 1a – 2.03 (Balzer) = ZIP 2002, 1395 = NJW 2002, 2634.

290 BGH WM 2002, 1647 = WuB I F 1a – 2.03 (Balzer) = ZIP 2002, 1395 = NJW 2002, 2634; BGH ZIP 2002, 2249 = GmbHR 2002, 1234 = EWIR 2003, 209 (Keil).

291 BGH WM 2002, 436 = WuB I F 1a – 10.02 (P Bydlinski) = ZIP 2002, 389 = NJW 2002, 956.

292 BGH WM 2003, 275 = WuB I F 1a – 5.03 (Wagner) = ZIP 2003, 288 = NJW 2003, 967; Celle WM 2007, 928.

293 BGHZ 137, 329 = WM 1998, 239 = WuB I F 1a – 5.98 (Horn) = ZIP 1998, 196 = NJW 1998, 597; BGH WM 2002, 436 = WuB I F 1a – 10.02 (P Bydlinski) = ZIP 2002, 389 = NJW 2002, 956; BGH WM 2002, 1647 = WuB I F 1a – 2.03 (Balzer) = ZIP 2002, 1395 = NJW 2002, 2634; BGH ZIP 2002, 2249 = GmbHR 2002, 1234 = EWIR 2003, 209 (Keil).

treten will[294]. Ist es allerdings für den Gläubiger klar ersichtlich, das derjenige, der bürgen soll, an der Gesellschaft finanziell gar nicht beteiligt ist und die Stellung eines Gesellschafters ohne eigenes wirtschaftliches Interesse nur aus persönlicher Verbundenheit mit einer die Gesellschaft wirtschaftlich beherrschenden Person übernommen hat, dann gelten die Grundsätze zur Sittenwidrigkeit von Bürgschaften naher Angehöriger entsprechend[295]. Die Ausnahme muss allerdings der Bürge beweisen; eine tatsächliche Vermutung zu Lasten des Kreditgebers besteht in diesem Fall nicht[296].

Die Grundsätze über Gesellschafterbürgschaften gelten auch dann, wenn der Bürge Gesellschafter einer gemeinnützigen GmbH ist. Das eigene Interesse ist hier darin zu sehen, dass es im persönlichen Interesse des Bürgen liegt, wenn die Gesellschaft ihre Aufgaben erfüllen kann und nicht insolvent wird[297]. 52

Die selben Grundsätze finden auch Anwendung, wenn ein Geschäftsführer sich für Verbindlichkeiten der von ihm geleiteten Gesellschaft verbürgt. Auch hier ist von einem eigenen wirtschaftlichen Interesse bei der Vergabe der Hauptschuld auszugehen und außerdem befindet sich der Geschäftsführer in der Lage den Umfang der Verbindlichkeit selbst zu bestimmen[298]. 53

e) **Subjektive Voraussetzungen der Sittenwidrigkeit**. In subjektiver Hinsicht setzt die Sittenwidrigkeit voraus, dass dem Gläubiger die Umstände, aus denen sich die Sittenwidrigkeit ergibt, bekannt sind oder er sich ihrer Bewertung als sittenwidrig zumindest grob fahrlässig verschlossen hat[299]. Bei krasser finanzieller Überforderung des Bürgen, wo das Ausnutzen der emotionalen Verbundenheit zwischen Bürgen und Hauptschuldner vermutet wird[300], ist auch von den subjektiven Voraussetzungen auszugehen. Der Gläubiger muss daher die Vermutung widerlegen, indem er nachweist, dass er die krasse finanzielle Überforderung oder das persönliche Näheverhältnis zwischen dem Hauptschuldner und dem Bürgen nicht gekannt hat. Bei einem Kreditinstitut ist in aller Regel davon auszugehen, dass es die Werthaltigkeit von Sicherheiten überprüft. Wenn keine diesbezüglichen Ermittlungen beim Bürgen durchgeführt wurden, spricht dies somit eher dafür, dass das Kreditinstitut die finanziellen Verhältnisse des Bürgen gekannt oder sich diesen bewusst verschlossen hat. In letzterem Fall kann es sich nicht auf seine Unkenntnis berufen[301]. 54

In den anderen Fällen trägt der Bürge die Beweislast für die subjektiven Voraussetzungen der Sittenwidrigkeit. Teilweise wird allerdings auch hier die Kenntnis des Gläubigers von bestimmten Umständen vermutet[302]. 55

f) **Sittenwidrigkeit und Restschuldbefreiung**. Die Insolvenzordnung zum 1. 1. 1999 hat für natürliche Personen die Möglichkeit der Restschuldbefreiung geschaffen (InsO §§ 286 ff). Diese sicht ein sechsjähriges Verfahren vor an dessen Ende der Schuldner von seinen Verbindlichkeiten befreit werden kann. Damit könnte das Problem der finanziellen Überforderung entschärft sein, da nun keine lebenslange Überschuldung des Bürgen mehr droht. Die Rechtsprechung hat bislang nur entschieden, dass bei Bürgschaftsverträgen, die vor der Möglichkeit der Restschuldbefreiung abgeschlossen wurden, eine Änderung der Kriterien zur Beurteilung der Sittenwidrigkeit nicht 56

294 BGH WM 2001, 2156 = WuB I F 1a – 2.02 (Felke) = ZIP 2001, 1954 = NJW 2002, 1337.
295 BGHZ 137, 329 = WM 1998, 239 = WuB I F 1a – 5.98 (Horn) = ZIP 1998, 196 = NJW 1998, 597; BGH WM 2001, 2156 = WuB I F 1a – 2.02 (Felke) = ZIP 2001, 1954 = NJW 2002, 1337; BGH WM 2002, 436 = WuB I F 1a – 10.02 (P Bydlinski) = ZIP 2002, 389 = NJW 2002, 956; BGH WM 2002, 1647 = WuB I F 1a – 2.03 (Balzer) = ZIP 2002, 1395 = NJW 2002, 2634; BGH ZIP 2002, 2249 = GmbHR 2002, 1236 = EWiR 2003, 209 (Keil); Celle WM 2007, 928.
296 BGH WM 2001, 2156 = WuB I F 1a – 2.02 (Felke) = ZIP 2001, 1954 = NJW 2002, 1337; Köln WM 2003, 280, 283 = WuB I F 1a – 7.03 (Zingel) = GmbHR 2002, 655.
297 BGH WM 2002, 923 = WuB I F 1a – 12.02 (Schanbacher) = NJW-RR 2002, 1130 = NZG 2002, 725.
298 BGH WM 2000, 514 = WuB I F 1a – 3.01 (Felke) = ZIP 2000, 451 = NJW 2000, 1179; Zwade GmbHR 2003, 141, 146.
299 Horn ZIP 2001, 93, 100.
300 S hierzu Rz 43 ff.
301 So mweitNachw BGHZ 146, 37, 42 = WM 2001, 402 = WuB I F 1c – 1.01 (Michalski/Arends) = ZIP 2001, 189 = NJW 2001, 815.
302 S hierzu Rz 42.

erforderlich ist, da hierbei grundsätzlich auf den Zeitpunkt des Vertragsschlusses abzustellen ist[303]. Für Bürgschaftsverträge, die nach Einführung der InsO §§ 286 ff abgeschlossen worden sind, steht eine Entscheidung bislang aus.

57 In der Literatur werden die Konsequenzen, die sich aus der Möglichkeit der Restschuldbefreiung in Bezug auf die Sittenwidrigkeit von Bürgschaften ergeben unterschiedlich beurteilt. So wird davon ausgegangen, dass mit der Einführung der Restschuldbefreiung die bisherige Rechtsprechung zur Nahbereichsbürgschaft überflüssig geworden ist[304]. Während andere Stimmen nur für den Fall, das sich die Restschuldbefreiung als allgemein praktikabel herausstellt, die Grenzen der krassen finanziellen Überforderung neu festlegen möchten[305]. Dagegen lehnt eine letzte Gruppe von Literaturvertretern einen Einfluss der Restschuldbefreiung auf die Sittenwidrigkeit von Bürgschaften ab[306].

58 g) **Entschiedene Altfälle**. In rechtskräftig entschiedenen Fällen, die nach heutiger Rechtsauffassung anders zu beurteilen wären, ist die Zwangsvollstreckung nicht erst unzulässig, wenn sie mit § 826 kollidiert[307]. BVerfGG § 79 Abs 2 iVm ZPO § 767 stehen nach Auffassung des BVerfG in entsprechender Anwendung entgegen[308]. Das BVerfG[309] hatte in seinen Bürgschaftsentscheidungen zwar nicht beanstandet, dass BGH-Urteile auf einer Auslegung von Vorschriften beruhen, die mit dem GG nicht vereinbar sind. Vielmehr hat es in der Nichtanwendung der §§ 138, 242 einen Verfassungsverstoß gesehen [310]. Das BVerfG (aaO) behandelt die „Ausstrahlungswirkung der Grundrechte auf das einfache Recht" im vorliegenden Zusammenhang gleich. Die Zwangsvollstreckung aus solchen Urteilen ist also nicht nur ausgeschlossen, wenn diese gegen § 826 verstößt, was wegen der damit verbundenen Durchbrechung der Rechtskraft nur in eng begrenzten Ausnahmefällen bejaht wird, in denen es mit dem Gerechtigkeitsgedanken schlechterdings unvereinbar ist, dem Titelgläubiger seine formale Rechtsposition zu belassen. Ansonsten würde dss Institut der Rechtskraft ausgehöhlt und die Rechtssicherheit beeinträchtigt[311]. Der BGH fordert deshalb für einen Verstoß gegen § 826 nicht nur die Kenntnis des Gläubigers von der materiellen Unrichtigkeit des Titels, sondern auch das Vorliegen weitere Umstände, welche die Art der Erlangung des Titels oder die Ausnutzung der Vollstreckung betreffen und es geboten erscheinen lassen, dass der Gläubiger die ihm nach materiellem Recht unverdient zugefallene Rechtsposition aufgibt[312]. Solche Umstände wurden bislang nur dann angenommen, wenn der Gläubiger für Ansprüche aus einem sittenwidrigen Ratenkreditvertrag einen Vollstreckungsbescheid erwirkt hatte, obwohl er hätte erkennen können, dass er bei der Wahl des Klageverfahrens mit seinem Anspruch schon deshalb gescheitert wäre, weil die gerichtliche Schlüssigkeitsprüfung die Sittenwidrigkeit des Vertrages offenbart hätte[313].

303 BGH WM 2002, 223 = WuB I F 1c – 3.02 (Schanbacher) = ZIP 2002, 210 = NJW 2002, 744.

304 Aden NJW 1999, 3763; Kapitza NZI 2004, 14, 16; Schnabl WM 2006, 706, 714.

305 Nobbe/Kirchhof BKR 2001, 5, 8; so auch Habersack/Giglio WM 2001, 1101, 1103; Zöllner WM 2000, 1, 5; Medicus JuS 1999, 833, 836.

306 Krüger MDR 2002, 855, 857; so wohl auch Zwade GmbHR 2003, 141, 143; Odersky ZGR 1998, 169, 184; Gernhuber JZ 1995, 1086, 1094.

307 So noch BGHZ 151, 316 = WM 2002, 1832 = ZIP 2002, 1615 = NJW 2002, 2940; zustimmend Zwade GmbHR 2003, 141, 147 f.

308 BVerfGE 115, 51 = WM 2006, 23 = ZIP 2006, 60 = WuB VI D § 767 ZPO 1.06 (Bülow) unter Aufhebung von BGHZ 151, 316 = WM 2002, 1832 = ZIP 2002, 1615 = NJW 2002, 2940; dazu Brehm JZ 2006, 975; Raab KTS 2006, 310.

309 BVerfGE 89, 214 = WM 1993, 2199 = WuB I F 1a – 4.94 (P Bydlinski) = ZIP 1993, 1775 = NJW 1994, 36; BVerfG WM 1994, 1837 = WuB I F 1a – 11.94 (P Bydlinski) = ZIP 1994, 1516 = NJW 1994, 2749.

310 BGHZ 151, 316 = WM 2002, 1832 = ZIP 2002, 1615 = NJW 2002, 2940; Vgl dazu auch Schimansky WM 2002, 2437, 2442.

311 BGHZ 151, 316 mweitNachw = WM 2002, 1832 = ZIP 2002, 1615 = NJW 2002, 2940.

312 BGHZ 101, 380 = WM 1987, 1245 = WuB IVA – 7.87 (Emmerich) = ZIP 1987, 1305 = NJW 1987, 3256.

313 BGHZ 101, 380 = WM 1987, 1245 = WuB IVA-7.87 (Emmerich) = ZIP 1987, 1305 = NJW 1987, 3256.

Bei Urteilen, die wegen dem Interesse des Gläubigers, sich vor Vermögensverschiebungen zu schützen, als „derzeit unbegründet" tenoriert worden sind[314], besteht die Möglichkeit sich im Wege der negativen Feststellungsklage die endgültige Unwirksamkeit der Bürgschaft bestätigen zu lassen[315]. 59

6. **Wegfall der Geschäftsgrundlage (§ 313)**. Bei einer Haftungsübernahme für fremde Schulden wie einer Bürgschaft ist an die Bejahung eines Wegfalls der Geschäftsgrundlage ein strenger Maßstab anzulegen; denn bei solchen Geschäften übernimmt der eine Teil ja gerade schlechthin und uneingeschränkt das Risiko, dass der Schuldner bei Fälligkeit der Schuld leistungsfähig ist[316]. Für die Berücksichtigung von Störungen (Änderung oder Wegfall) der Geschäftsgrundlage ist nämlich kein Raum, wenn nach der vertraglichen Regelung derjenige das Risiko zu tragen hat, der sich auf die Störung beruft[317]. Allgemein wird die Geschäftsgrundlage eines Vertrages gebildet durch die nicht zum Vertragsinhalt erhobenen, aber beim Vertragsschluss zutage getretenen, dem Geschäftsgegner erkennbaren und von ihm nicht beanstandeten Vorstellungen des einen Vertragsteils oder durch die gemeinsamen Vorstellungen beider Teile vom Vorhandensein und künftigen Eintritt gewisser Umstände, sofern der Geschäftswille auf diesen Umständen aufbaut[318]. Damit sind seltene Ausnahmefälle nicht ausgeschlossen, in denen die Vertragsparteien Umstände außerhalb des Bürgschaftsrisikos zur Geschäftsgrundlage gemacht haben[319]. Zweck der gesetzlichen Regelung der Bürgschaft ist die Sicherung des Gläubigers. Der Bürge hat gerade im Falle des Unvermögens des Hauptschuldners für die Erfüllung der verbürgten Forderung einzustehen. Die bleibende Zahlungsfähigkeit des Hauptschuldners ist deshalb prinzipiell nicht Geschäftsgrundlage der Bürgschaft[320]. Wird der Hauptschuldner zahlungsunfähig, entfällt nicht die Geschäftsgrundlage, sondern es verwirklicht sich das mit der Bürgschaft übernommene Risiko, indem der Bürge für die Verbindlichkeit des Hauptschuldners einstehen muss[321]. Die einseitige, wenn auch erkennbare Erwartung des Bürgen, er werde nicht in Anspruch genommen, weil er mit der Erfüllung der verbürgten Verbindlichkeit durch den Hauptschuldner rechnet, ist daher nicht Geschäftsgrundlage des Bürgschaftsvertrages[322]. Der Bürge kann deshalb nicht einwenden, dass die Zahlungsunfähigkeit des Hauptschuldners aufgrund anderer Umstände eingetreten sei als derjenigen, die er und der Gläubiger sich bei Abschluss des Bürgschafts- 60

314 Vgl dazu BGHZ 134, 325 = WM 1997, 467 = WuB I F 1a – 5.97 (Hennrichs) = ZIP 1997, 406 = NJW 1997, 1003.

315 So Zwade GmbHR 2003, 141, 147.

316 BGH WM 1983, 499 = NJW 1983, 1850 = LM Nr 33 zu § 765 = MDR 1983, 928 = JZ 1983, 445 = ZIP 1983, 665; BGHZ 88, 185, 191 = WM 1983, 928 = NJW 1983, 2442 = MDR 1983, 931 = JZ 1983, 894 (Reinicke u Tiedtke) = LM Nr 14 zu § 774 – LS (Lang) = ZIP 1983, 1042; BGH WM 1987, 1006, 1007 (= Fn 318); BGH WM 1987, 1420 (= Fn 317); BGHZ 107, 92, 102 f (= Fn 962); MünchKomm/Habersack § 765 Rz 42.

317 BGHZ 74, 370, 372, 373 = WM 1979, 916 = NJW 1979, 1818 = LM Nr 95 zu § 242 (Bb); BGH WM 1987, 1006, 1007 (= Fn 318); BGH WM 1987, 1420 = NJW-RR 1988, 495, 496 = EWiR 1988, 147 (Vortmann) = WuB I F 1a – 4.88 (Schröter).

318 BGH WM 1987, 1006, 1007 = NJW-RR 1987, 1188 = LM Nr 54 zu § 765 = MDR 1988, 49 = BB 1987, 1697 = DB 1987, 1933 = ZIP 1987, 1035 = WuB IV A – 3.87 (Schröter); BGH WM 1994, 1064, 1065 = NJW 1994, 2146 = ZIP 1994, 861 = MDR 1995, 58 = BB 1994, 1308 = LM Nr 94/95 zu § 765 (Grunewald) = EWiR 1994, 651 (P Bydlinski) = WiB 1994, 652 (Wenzel) = WuB I F 1a – 8.94 (Tiedtke).

319 BGH WM 1974, 1127, 1128 mweitNachw = BB 1974, 1454 = DB 1974, 2244; BGHZ 88, 185, 191 (= Fn 316); BGH WM 1987, 1006, 1007 (= Fn 318); BGH WM 1994, 1064, 1065 (= Fn 318); vgl auch Kiel JW 1930, 2458 (zust Oertmann): Übereignung von Inventar des Hauptschuldners an den Gläubiger als Voraussetzung einer wirksamen Bürgschaftsbestellung).

320 BGHZ 104, 240, 242 mweitNachw = WM 1988, 893, 894 = NJW 1988, 2173 = NJW-RR 1988, 1196 = LM Nr 1 zu EGBGB 1986 Art 6 = MDR 1988, 773 = ZIP 1988, 764 = DB 1988, 2196 = JuS 1988, 990 = EWiR 1988, 675 (Sonnenberger) = WuB I F 1a – 11.88 (Nielsen); BGH WM 1994, 1064, 1065 (= Fn 318).

321 BGH WM 1987, 659, 660 f = NJW 1987, 1629 = LM Nr 50 zu § 765 = FamRZ 1987, 568 = ZIP 1987, 774 = MDR 1987, 666 = BB 1987, 1699 = DB 1987, 1189 = WuB IV A – 1.87 (Lwowski); BGH WM 1987, 1006, 1007 (= Fn 318).

322 BGH WM 1987, 1481, 1483 = NJW 1988, 3205, 3206 = LM Nr 55 zu § 765 = MDR 1988, 312 = BB 1988, 231 = DB 1988, 40 = ZIP 1987, 1519 = JZ 1988, 20 = JurBüro 1988, 317 = EWiR 1988, 53 (Bülow) = WuB I F 1a – 4.88 (Schröter); BGH WM 1989, 667, 668 = ZIP 1989, 629 = NJW 1989, 1605 = EWiR 1989, 567 (Tiedtke).

vertrages vorgestellt hätten. Um das Bürgschaftsrisiko auf bestimmte Ursachen der Zahlungsunfähigkeit des Hauptschuldners zu beschränken, bedarf es vertraglicher Abreden[323]. Mit Rücksicht auf den Sicherungszweck der Bürgschaft kommt mithin eine Befreiung des Bürgen infolge Wegfalls der Geschäftsgrundlage nur ausnahmsweise in Betracht[324]. In § 490 Abs 1 (früher: § 610 aF)[325] kommt derselbe Rechtsgedanke zum Ausdruck[326]. Die einseitige Erwartung des Bürgen über die Entwicklung des Kreditverhältnisses kann auch dann, wenn sie dem Gläubiger erkennbar war, nicht Geschäftsgrundlage der Bürgschaft sein[327]. Deshalb haben Bürgen auch das Risiko der Nichtauszahlung öffentlicher Mittel und der sich daraus ergebenden Zahlungsunfähigkeit des Schuldners zu tragen, ohne sich auf den Wegfall der Geschäftsgrundlage berufen zu können[328]. Auch der Fortbestand weiterer, gleichrangiger Sicherheiten ist regelmäßig nicht Geschäftsgrundlage einer Bürgschaft[329]. Hat sich ein Ehegatte für Schulden des anderen gegenüber dessen Verwandten verbürgt, so kann er sich, wenn die Ehe scheitert, in der Regel nicht auf den Wegfall der Geschäftsgrundlage für die Bürgschaft berufen[330]. Dient die Bürgschaft eines **einkommens- und vermögenslosen Ehegatten** für Verbindlichkeiten des anderen ausschließlich dazu, einer Vermögensverschiebung zwischen den Ehegatten vorzubeugen, entfällt die Geschäftsgrundlage der Bürgschaft, wenn die Gefahr der Vermögensverschiebung wegen endgültiger Auflösung der ehelichen Lebensgemeinschaft nicht mehr besteht und ein Festhalten an der Bürgschaft für den Bürgen unzumutbar ist[331]. Der Bürge kann sich auf ein Fehlen der Geschäftsgrundlage auch nicht deswegen berufen, weil die Parteien des Bürgschaftsvertrages bei Vertragsschluss nicht damit gerechnet haben, dass im Insolvenzfall die Bürgschaft mit der Hauptforderung auf den Träger der gesetzlichen Insolvenzversicherung übergeht[332]. Gibt ein Gesellschafter-Geschäftsführer, der sich für Kredite seiner GmbH verbürgt hat, seine gesellschaftsrechtliche Stellung auf, so entfällt damit nicht die Geschäftsgrundlage der von ihm übernommenen Bürgschaft[333].

V. Bürgschaftsvertrag und AGB-Recht

Schrifttum: Graf von Westphalen, Bürgschaftsformulare im Licht des AGB-Gesetzes, WM 1981, 1589; Bunte, Rechtsanwendungsprobleme im Bereich des Konsumentenkredits, NJW 1985, 705; Reinicke/Tiedtke, Voraussetzungen des AGBG § 3 bei formularmäßiger Bürgschaftserklärung, JZ 1985, 485; Berninghaus, Der Umfang der Haftung aus formularmäßigen Bankbürgschaften, BB 1986, 206; Derleder, Die unbegrenzte Kreditbürgschaft, NJW 1986, 97; Reinicke/Tiedtke, Die Bürgschaft des Gläubigers aus einer bankmäßigen Geschäftsverbindung mit dem Hauptschuldner, JZ 1986, 426; Tiedtke, Die Rechtsprechung des Bundesgerichtshofs zur Anwendung des AGB-Gesetzes im Bürgschaftsrecht seit 1980, ZIP 1986, 150; ders, Unwirksamkeit von Nr 13 der Allgemeinen Geschäftsbedingungen der Banken, BB 1986, 541; Schreiner, Bürgerliches Recht: Der getäuschte Bürge, JuS 1987, 639; Tiedtke,

323 BGH WM 1987, 1420 (= Fn 317); BGHZ 107, 92, 102 f (= Fn 962).

324 Dazu RGZ 146, 376, 379; RGZ 158, 166, 172; RG HRR 1938 Nr 1459; BGH WM 1965, 80 = NJW 1965, 438 = LM Nr 7 zu § 765 = MDR 1965, 375 = JZ 1965, 216 = BB 1965, 62; BGH WM 1973, 752, 753 = BB 1973, 960; BGH WM 1974, 1127, 1128 mweitNachw = BB 1974, 1454 = DB 1974, 2244; BGHZ 88, 185, 191 (= Fn 316); BGH WM 1987, 1006, 1007 (= Fn 318); BGH WM 1993, 1233, 1234 = NJW 1993, 2935 = ZIP 1993, 903 = MDR 1994, 32 = EWiR 1993, 641 (W Blomeyer) = WuB I F 1a – 15.93 (Harder); Koblenz NJW 1956, 106; LG Hamburg WM 1986, 1186 f = WuB I F 1a – 18.86 (Schröter): die ausgebliebene Erwartung, dass der Bürge Gesellschafter u Geschäftsführer der Hauptschuldner-GmbH wird; vgl auch RG JW 1911, 540 f; WarnR 1913 Nr 360: Rückforderung der Bürgschaft gemäß § 812 Abs 1 Satz 2, weil der mit der Bürgschaftsübernahme bezweckte Erfolg nicht eingetreten ist; MünchKomm/Habersack § 765 Rz 43–45. Vgl dazu § 767 Rz 4.

325 Vgl hierzu § 610 Rz 11 f.

326 S auch Nürnberg WM 1970, 297, 299.

327 BGH WM 1984, 1394; Zweibrücken WM 1984, 1392, 1393.

328 BGHZ 107, 92, 102 f (= Fn 962).

329 BGH WM 1994, 1064, 1066 (= Fn 318).

330 BGH WM 1987, 659, 660 f (= Fn 318); BGHZ 128, 230, 237 = WM 1995, 237 = ZIP 1995, 203 = NJW 1995, 592 = WuB I F 1a – 4.95 (Bydlinsky); Köln BB 1994, 814.

331 BGHZ 128, 230, 237 = WM 1995, 237 = ZIP 1995, 203 = NJW 1995, 592 = WuB I F 1a – 4.95 (Bydlinsky); BGHZ 132, 328 = WM 1996, 1124 = ZIP 1996, 1126 = NJW 1996, 2088 = WuB I F 1a – 16.96 (Tiedtke).

332 BGH WM 1993, 1233, 1234 (= Fn 324).

333 BGH ZIP 1999, 877 = EWIR 1999, 737 (Luttermann).

Bürgschaft für ein sittenwidriges Darlehen, JZ 1987, 853; ders, Gesamtschuldklausel und Sicherungsklausel im Bürgschaftsrecht, JZ 1987, 491; Fullenkamp, Die erweiterte Zweckerklärung bei Bürgschaft und Grundschuld. Auslegung und Wirksamkeit unter besonderer Berücksichtigung von § 9 AGBG, Diss Bielefeld 1989; Schreiner, Die Kreditbürgschaft in der Formularpraxis der Banken und Sparkassen, 1989; Thelen, Ist der Bürge im Bankkreditgeschäft weniger schutzwürdig als der fremdnützig handelnde Besteller einer Sicherungsgrundschuld? Kritische Betrachtung der Divergenzen in der Rechtsprechung des 5. Zivilsenats des BGH zu der Sicherungsgrundschuld und des 9. Zivilsenats des BGH zu der Bürgschaft, DB 1991, 741; Broihan, Die Reichweite formularmäßiger Sicherungsabreden bei Bürgschaft und Grundschuld, 1992 (Diss Göttingen 1991); Schlünder, AGB-Gesetz in Leitsätzen, 1992[2]; Horn, Zur Zulässigkeit der Globalbürgschaft – Bestimmtheitsgrundsatz und Verbot der Fremddisposition im Bürgschaftsrecht, ZIP 1997, 525; Trapp, Zur Wirksamkeit der weiten Sicherungszweckvereinbarung bei Bürgschaften, ZIP 1997, 1279; Chr Weber, Wirksamkeit formularmäßiger Globalsicherheiten – BGHZ 130, 19, JuS 1997, 501; Tiedtke, Die Begrenzung der Haftung eines Höchstbetragsbürgen, ZIP 1998, 449; ders, Zur Wirksamkeit einer Bürgschaft für einen unlimitierten Kontokorrentkredit durch formularmäßige Vereinbarung, JZ 1998, 732; Grunewald, Zur Unwirksamkeit einer umfassenden formularmäßigen Bürgschaftsklausel im kaufmännischen Verkehr, JZ 1999, 145; Dähn, Die Wirksamkeit von Globalbürgschaften von Gesellschaftern und Geschäftsführern für die Verbindlichkeiten der Gesellschaft, ZBB 2000, 61; Ehricke, Zur sogenannten Anlaß-Rechtsprechung und ihren Konsequenzen für die Bürgenhaftung von Geschäftsführern und Gesellschaftern einer GmbH, JZ 2000, 466; ders, Bürgschaft von Geschäftsführern und Gesellschaftern einer GmbH für die Verbindlichkeiten ihrer Gesellschaft, WM 2000, 2177; Tiedtke, Zur Inhaltskontrolle einer weiten Bürgschaftserklärung, DNotZ 2000, 283; Derleder/Beining, Die betragsmäßigen Grenzen der Kreditbürgschaft, ZBB 2001, 1; Siems, Globale Haftungsklauseln im Bürgschaftsrecht – BGHZ 143, 95, JuS 2001, 429; Gruber, Umfang der Bürgenhaftung: Erstreckungsklausel und Globalbürgschaft, ÖBA 2002, 885; Nobbe, Die Sicherungszweckerklärung bei Bürgschaft und Mithaftung in der Rechtsprechung des Bundesgerichtshofs, BKR 2002, 747; Fullenkamp, Die Globalbürgschaft des Geschäftsführers und Gesellschafters der GmbH, GmbHR 2003, 654; Thiele/Bütter, Bürgschaft – Wirksamkeit des Aufrechnungsausschlusses in AGB bei vom Hauptschuldner vermittelter Bürgschaftsübernahme, MDR 2003, 1025; v. Westphalen, AGB-Recht im Jahr 2002 – Besonderer Teil: Einzelne Vertragstypen, NJW 2003, 1981.

1. **Allgemeines**. Die verbreitete Verwendung von Bürgschaftsformularen – namentlich durch Kreditinstitute, aber beispielsweise auch im Bereich von Gewährleistungsbürgschaften bei Bauverträgen – führt notwendigerweise dazu, die Wirksamkeit der Klauseln an Hand der §§ 305 ff (bis 2002 AGB-Gesetz) zu prüfen[334]. Insbesondere die von den Kreditinstituten verwendeten Bürgschaftsformulare enthalten Klauseln, die vom gesetzlichen Leitbild der §§ 765 ff teilweise abweichen. Soweit sie vor allem zum Nachteil des Bürgen hiervon abweichen, sind unter Beachtung der in §§ 305 c Abs 1 und 307 gezogenen Grenzen strenge Maßstäbe anzulegen. 61

a) **Anwendbarkeit des AGB-Rechts**. Nach § 310 Abs 1 die §§ 305 Abs 2 und 3, 308 und 309 keine Anwendung auf AGB, die gegenüber einer juristischen Person des öffentlichen Rechts oder einem öffentlichrechtlichen Sondervermögen oder gegenüber einem Unternehmer, also gegenüber einer Person verwendet werden, die bei Abschluss des Vertrages in Ausübung ihrer gewerblichen oder selbständigen beruflichen Tätigkeit handelt (§ 14). Allerdings ist § 307 – Inhaltskontrolle – anwendbar; lediglich die §§ 308, 309 gelten nicht[335]. 62

§§ 305 ff sind sowohl anwendbar auf Formularbürgschaften, in denen Banken als Bürgen auftreten, als auch auf solche Formulare, die Banken als Gläubiger gegenüber Bürgen verwenden. Gegenüber Privatbürgen ist dabei zusätzlich das Formgebot des § 766 Abs 1 zu beachten[336]. 63

b) **Einbeziehungskontrolle (§ 305 Abs 2 = früher: AGB-Ges § 2)**. Formularklauseln zu Lasten des Privatbürgen sind nach § 766 stets formbedürftig[337]. Nicht ausreichend ist ein Hinweis in der Bürgschaftsurkunde auf anderweitige Regelwerke (zB AGB-Banken Nr 19 aF)[338]. Ist die von dem Verwender abgegebene Bürgschaft für diesen ein Handelsgeschäft, so entfällt wegen HGB 64

334 Dazu Esser/Weyers, SchuldR II 1, 1998[8], § 40 II 1, S 344 f.

335 Graf Lambsdorff/Skora, Hb BürgschaftsR, 1994, Rz 203.

336 MünchKomm/Habersack § 765 Rz 33 ff; Graf Lambsdorff/Skora, Hb BürgschaftsR, 1994, Rz 203.

337 MünchKomm/Habersack § 766 Rz 14; Staud/Horn (1997) § 766 Rz 10.

338 Stuttgart BB 1977, 415, 416; aA wohl BGHZ 92, 295 = WM 1984, 1465, 1466 = NJW 1985, 45 = MDR 1985, 138 = LM Nr 37 zu § 765 – LS (Gärtner) = JR 1985, 415 (Rehbein) = BB 1984, 2147 = DB 1984, 2686.

§ 350 das Formbedürfnis. Daher sind zB Klauseln der Bank als Bürgin zu ihren Gunsten grundsätzlich nicht formbedürftig[339]. Zu beachten ist aber stets § 305 Abs 2. Formularmäßige Vereinbarungen, deren Inhalt sich nicht konkret aus der Bürgschaftserklärung ergibt, scheitern am Einbeziehungserfordernis gemäß § 305 Abs 2 Nr 1. Ebenso können nach § 305 Abs 2 Nr 2 Klauseln zu verwerfen sein, deren rechtliche Tragweite dem Vertragspartner unverständlich bleibt[340]. Für einen vorformulierten, die Allgemeinen Geschäftsbedingungen enthaltenden Bürgschaftsvertrag bedarf es jedoch keiner besonderen Geltungsvereinbarung nach § 305 Abs 2 (früher: AGB-Ges § 2 Abs 1 aF)[341].

65 c) **Vorrang einer Individualabrede (§ 305 b = früher: AGB-Ges § 4)**. Individuelle Vertragsabreden haben stets Vorrang vor konkurrierenden AGB (§ 305 b). Hat sich der Bürge durch individualvertragliche Abrede für eine *bestimmte Hauptschuld* verbürgt, kann formularmäßig die Haftung nicht ohne weiteres auf andere Verbindlichkeiten des Hauptschuldners, auch nicht auf alle gegenwärtigen und zukünftigen Forderungen des Gläubigers gegen den Hauptschuldner *„aus der Geschäftsverbindung"*, ausgedehnt werden[342]. Die Bürgschaft erlischt dann mit dem Erlöschen der Hauptschuld; eine entgegenstehende Klausel verstößt sowohl gegen § 305 c Abs 1 als auch gegen § 307 und ist unwirksam[343]. Der Vorrang des Individualvertrages kommt jedoch nur dann in Betracht, wenn sich aus Sinn und Zweck, insbesondere aus der Individualisierung der für den Bürgschaftsvertrag maßgeblichen „Verbindlichkeit" im Sinne von § 765 Abs 1, nicht ergibt, dass der Bürgschaft auch sonstige Forderungen „aus der Geschäftsverbindung" zwischen Gläubiger und Hauptschuldner unterlegt werden[344]. Zu den sog weiten Sicherungszweckerklärungen im Besonderen s unten Rz 71 ff.

66 d) **Überraschende Klauseln (§ 305 c Abs 1 = früher: AGB-Ges § 3)**. Klauseln, die zwar inhaltlich nicht ohne weiteres zu beanstanden sind, können gleichwohl den Umständen nach überraschend sein im Sinne von § 305 c Abs 1 und somit nicht Vertragsinhalt werden. Klauseln im Sinne von § 305 c Abs 1 liegen dann vor, wenn ihnen ein Überrumpelungseffekt innewohnt. Das ist dann der Fall, wenn sie eine Regelung enthalten, die von den Erwartungen des Vertragspartners deutlich abweicht und mit der dieser den Umständen nach vernünftigerweise nicht zu rechnen braucht[345]. Wird die Bürgschaft zB unmittelbar im Zusammenhang mit der Gewährung eines Ratenkredits übernommen, unterschreibt der Bürge die Urkunde in der Regel in der Vorstellung, eine auf den Ratenkredit beschränkte Bürgschaft zu übernehmen[346]. Die in einem Bürgschaftsvertrag formularmäßig vereinbarte Abtretung des pfändbaren Teils der Rentenansprüche des Bürgen ist als unangemessene Überraschungsklausel unwirksam[347]. Dagegen greift § 305 c Abs 1 nicht ein, wenn die Verwendung der Klausel im konkreten Vertrag deutlich sichtbar an der Stelle steht, an der der Kunde sie nach der Systematik des Vertrages erwartet, und wenn die Verwendung der Klausel verkehrs- und branchenüblich ist[348]. Eine Formularklausel ist allerdings dann überraschend, wenn sie die Bürgschaft auf alle Forderungen aus der bankmäßigen Geschäftsverbindung erstreckt und der Bürge vor Unterzeichnung der Urkunde dem Gläubiger erklärt hatte, er wolle nur für eine bestimmte konkrete Verbindlichkeit einstehen und der Gläubiger dem nicht widersprochen hat[349]. Übernimmt ein Familienangehöriger des Darlehensnehmers eine

339 Vgl MünchKomm/Habersack § 766 Rz 14.
340 Vgl MünchKomm/Basedow § 305 Rz 69.
341 BGH WM 1994, 2274, 2275 f (= Fn 160).
342 BGHZ 83, 56 = NJW 1982, 1035: zur Bestellung einer Grundschuld als Sicherheit für ein zweckgebundenes Darlehen; BGH WM 1994, 784 = ZIP 1994, 697 = NJW 1994, 1656 = WuB I F 1 a – 6.94 (Lindacher); Hamm WM 1985, 1221 = WuB I F 1 a – 4.86 (Schröter); Stuttgart BB 1977, 415.
343 Ulmer/Brandner/Hensen, 2001[9], Anh AGB-Ges §§ 9–11 Rz 260; Stuttgart BB 1977, 415, 416; vgl auch MünchKomm/Habersack § 765 Rz 72.
344 Graf von Westphalen WM 1984, 1589.
345 BGHZ 130, 19, 25 (= Fn 374) mweitNachw; Nürnberg WM 1991, 985, 988 (= Fn 132); MünchKomm/Basedow § 305 c Rz 10.
346 Hamm WM 1985, 1221 = WuB I F 1 a – 4.86 (Schröter).
347 SG Düsseldorf WM 1989, 1506, 1507 f = WuB I F 1 a – 2.90 (Gößmann).
348 Berninghaus BB 1986, 206, 210.
349 BGH WM 1994, 784, 785 (= Fn 342).

Höchstbetragsbürgschaft für einen privaten Kleinkredit in Höhe der Nettokreditsumme, so sind die formularmäßigen Erstreckungen der Bürgschaft auf „alle gegenwärtigen und zukünftigen Ansprüche" des Gläubigers und auf „künftige Nachkredite" trotz drucktechnischer Hervorhebung überraschende Klauseln im Sinne von § 305 c Abs 1[350]. Die drucktechnische Hervorhebung durch „Fettdruck" lässt den Überraschungscharakter einer Haftungsausschlussklausel auch dann nicht entfallen, wenn diese erstmals bei der formularmäßigen Verlängerung eines bereits bestehenden Bürgschaftsvertrags verwendet wird. Hierzu ist vielmehr ein individueller Hinweis erforderlich[351].

e) **Unklarheitenregel (§ 305 c Abs 2 = früher: AGB-Ges aF § 5)**. Der Verwender von AGB ist nach Treu und Glauben verpflichtet, die Rechte und Pflichten seines Vertragspartners möglichst klar und durchschaubar darzustellen[352]. Ist in AGB bestimmt, dass die Ansprüche aus einer Bürgschaft nicht übertragbar sind, und ist dem Wortlaut der AGB-Klausel ein damit verbundenes Erlöschen der Bürgschaftsforderung nicht zu entnehmen und bleibt sie auch dem Verständnis eines durchschnittlichen Bürgschaftsgläubigers verborgen, dann wird er entgegen dem Gebot von Treu und Glauben unangemessen benachteiligt. In einem solchen Fall ist der Klausel schon wegen Verstoßes gegen das Transparenzgebot (§ 307 Abs 1 Satz 2) die Wirksamkeit zu versagen[353]. Es kann dann dahinstehen, ob die Klausel überhaupt nach § 305 c Abs 2 Vertragsbestandteil geworden ist[354]. Die in den AGB einer Bank enthaltene Klausel, nach der die Bank bei einer Zeitbürgschaft dem Bürgen nach Fristablauf nicht dessen Inanspruchnahme anzeigen muss, verstößt nicht gegen § 307 Abs 1 Satz 1[355]. **67**

f) **Inhaltskontrolle (§§ 307 ff = früher: AGB-Ges §§ 9, 10, 11)**. Bei einer Inhaltskontrolle nach § 307 sind einerseits die allgemeinen Schutzzwecke des Bürgschaftsrechts zu berücksichtigen, andererseits die Grundformen verkehrstypischer Bürgschaftsrisiken im Hinblick auf die Eigenarten der gesicherten Verbindlichkeit[356]. So ist eine formularmäßige Sicherungszweckerklärung nach § 307 unwirksam, soweit danach die Bürgenhaftung über den eingeräumten Kontokorrentkredit hinausgeht, weil der überschießende Haftungsteil wegen seiner Abweichung vom gesetzlichen Leitbild des § 767 Abs 1 Satz 3 den Bürgen unangemessen benachteiligt[357]. Vorrangig zu beachten sind vor allem die besonderen Klauselverbote der §§ 308 und 309. So sind etwa formularmäßige Bestimmungen zu verwerfen, die es einer Bank als Bürgin unzumutbar erleichtern, sich von ihrer Haftung zu befreien (§ 308 Nr 3 und 4)[358]. Auch Klauseln, die der Bank als Gläubigerin entgegen dem vom Gesetz vorgegebenen Akzessorietätsgrundsatz den Nachweis der verbürgten Forderung (§ 309 Nr 12) oder in sonstiger Weise die Geltendmachung des Bürgschaftsanspruchs erleichtern[359] oder sie von elementaren Sorgfaltspflichten freistellen (§ 309 Nr 7 b entsprechend)[360], sind unwirksam. **68**

g) **Teilunwirksamkeit (§ 306 = früher: AGB-Ges § 6)**. Ist eine in einem Formularvertrag übernommene Bürgschaft teilweise unwirksam, so bleibt in der Regel nach § 306 Abs 1 der übrige Teil wirksam[361]. Diese Vorschrift enthält eine Sonderregelung gegenüber dem auf Individualverträge zugeschnittenen § 139 und hat eine Schutzfunktion zugunsten des Kunden[362]. Ist eine **69**

350 Karlsruhe WM 1993, 787, 788 f = WuB I F 1 a – 2.94 (Rehbein).
351 BGH WM 2001, 1520 = ZIP 2001, 1408 = NJW-RR 2002, 485 = WuB I F 1 a – 14.01 (Lindacher).
352 BGHZ 106, 42, 49 mweitNachw; BGHZ 115, 177, 185 (= Fn 484); dazu auch Graf Lambsdorff/Skora, Hb BürgschaftsR, 1994, Rz 206.
353 BGHZ 115, 177, 185 (= Fn 484).
354 BGHZ 115, 177, 185 (= Fn 484).
355 Hamm WM 1989, 1016, 1017 = NJW 1990, 54, 55 = MDR 1989, 912 = BB 1989, 1366 = DB 1989, 1919 = WuB I F 1 a – 20.89 (Gößmann). S auch unten Rz 92.
356 MünchKomm^2/Pecher § 765 Rz 16 a; MünchKomm/Habersack § 765 Rz 73.
357 BGHZ 130, 19, 26 ff (= Fn 374); BGH ZIP1995, 1888 = EWiR 1996, 107 (Tiedtke) = KTS 1996, 125. – Zu solchen Sicherungszweckerklärungen s unten Rz 71.
358 BGH WM 1980, 773.
359 LG Köln NJW 1983, 892.
360 Vgl MünchKomm/Habersack § 765 Rz 34.
361 BGHZ 130, 19, 34 ff (= Fn 374); BGH ZIP 1995, 1888 = EWiR 1996, 107 (Tiedtke).
362 BGH WM 1992, 391, 392 mweitNachw (= Fn 120); wohl aA Stuttgart WM 1991, 1255, 1257 = BB 1991, 1215 = NJW-RR 1991, 1521 = WuB I F 1 a – 16.91 (Rehbein).

einzelne AGB-Bestimmung oder Formularklausel nach ihrem Wortlaut aus sich heraus verständlich und sinnvoll trennbar in einen inhaltlich zulässigen und in einen unzulässigen Regelungsteil, so ist der zulässige Teil aufrechtzuerhalten[363]. Nur wenn der als wirksam anzusehende Rest im Gesamtgefüge des Vertrages nicht mehr sinnvoll ist, insbesondere wenn der als unwirksam beanstandete Klauselteil von so einschneidender Bedeutung ist, dass von einer gänzlich neuen, von der bisherigen völlig abweichenden Vertragsgestaltung gesprochen werden muss, ergreift die Unwirksamkeit der Teilklausel die Gesamtregelung[364].

70 Die Aufrechterhaltung einer formularmäßigen Bürgschaft nach § 306 scheidet aus, wenn dadurch die Haftungsübernahme ein wesentlich anderes Gepräge erhielte oder überhaupt erst die wesentlichen Merkmale einer Bürgschaft hervorgebracht würden[365]. In diesem Fall wird allerdings zu prüfen sein, ob nicht anstelle einer akzessorischen Bürgschaft ein Garantievertrag gemäß § 311 Abs 1 gewollt war[366].

71 2. **Kritische Klauseln von Kreditinstituten**. – a) **Weite (Sicherungs-) Zweckerklärung**. Wenn die Haftung des Bürgen sich außer der Forderung, die Anlass für die Übernahme der Bürgschaft ist, auch auf alle im Zeitpunkt der Bürgschaftserklärung bereits bestehenden und alle erst zukünftig entstehenden Verbindlichkeiten des Hauptschuldners gegenüber dem Gläubiger erstreckt, spricht man von einer weiten Sicherungszweckerklärung[367]. Wird eine solche weite Zweckerklärung als vorformulierte, nicht ausgehandelte Klausel, die den AGB im Sinne des § 305 Abs 1 zuzuordnen ist, erklärt[368], so geht der BGH[369] in nunmehr ständiger Rechtsprechung davon aus, dass eine Klausel, welche die Bürgschaft auf alle bestehenden und künftigen Verbindlichkeiten des Hauptschuldners aus dessen Geschäftsbeziehung zum Gläubiger erweitert, unwirksam ist, und zwar auch dann, wenn es sich um eine Höchstbetragsbürgschaft handelt[370]. Der XI. ZS („Bankrechtssenat") hatte schon bald vertreten, die Erweiterung der Haftung durch eine formularmäßige Bürgschaftserklärung auf *„alle bestehenden und künftigen, auch bedingten oder befristeten Forderungen gegen den Hauptschuldner aus der laufenden Geschäftsverbindung"* sei grundsätzlich **überraschend im Sinne von § 305 c Abs 1** (früher: AGB-Ges § 3), jedenfalls soweit es sich um die Bürgschaft für ein Tilgungsdarlehen (also nicht bei einem Kontokorrentdarlehen) handelt[371]. In einem solchen Fall bestehe nämlich für den Bürgen keinerlei Grund zu der Annahme, die Bank wünsche von ihm trotz ihres Risikos in Bezug auf einen bestimmten Betrag gleichwohl eine der Höhe nach unbeschränkte Sicherheit für alle gegenwärtigen und künftigen Verbindlichkeiten des Hauptschuldners aus der Geschäftsbeziehung mit der Bank[372]. Nach erheblicher Kritik im

363 BGH WM 1992, 391, 392 f mweitNachw (= Fn 120).
364 BGH WM 1992, 391, 393 mweitNachw (= Fn 120); vgl auch BGH WM 1986, 95 = NJW 1986, 928, 930 = LM Nr 19 zu § 766 = ZIP 1986, 85 = BB 1986, 349 = DB 1986, 375 = JZ 1986, 448 = JR 1986, 279 (zust Rehbein) = JuS 1986, 403 = KTS 1986, 371 = MDR 1986, 314 = EWiR 1986, 671 (abl Horn) = WuB I F 1a – 6.86 (Bruchner).
365 MünchKomm/Habersack § 765 Rz 34.
366 Vgl Graf von Westphalen WM 1984, 1589, 1592.
367 Bülow, Recht der Kreditsicherheiten, 2003[6], Rz 910.
368 Ausführlich zu weiten Sicherungszweckerklärungen in Individualvereinbarungen Nobbe BKR 2002, 747, 748 f.
369 BGHZ 132, 6, 9 = WM 1996, 436 = ZIP 1996, 456 = NJW 1996, 924 = WuB I F 1a – 12.96 (Richrath/Schröter); BGH WM 1996, 1391 = ZIP 1996, 1289 = NJW 1996, 2369 = WuB I F 1a – 18.96 (Sonnenhol); BGHZ 137, 153 = WM 1998, 67 = ZIP 1998, 16 = NJW 1998, 450 = WuB I F 1a – 8.98 (Hellner); BGH WM 1998, 1675 = ZIP 1998, 1349 = NJW 1998, 2815 = WuB I F 1a – 17.98 (Schanbacher); BGHZ 142, 213, 215 = WM 1999, 1761 = ZIP 1999, 1480 = NJW 1999, 3195 = WuB I F 1a – 4.00 (Klanten); BGHZ 143, 95 = WM 2000, 64 = ZIP 2000, 65 = NJW 2000, 658 = WuB I F 1a – 10.00 (Bydlinski).
370 BGH WM 1996, 1391 = ZIP 1996, 1289 = NJW 1996, 2369 = WuB I F 1a – 18.96 (Sonnenhol); BGH WM 1998, 1675 = ZIP 1998, 1349 = NJW 1998, 2815 = WuB I F 1a – 17.98 (Schanbacher).
371 BGHZ 126, 174, 178 f mweitNachw = WM 1994, 1242 = NJW 1994, 2145 = ZIP 1994, 1096 = MDR 1994, 906 = BB 1994, 1450 = LM Nr 96 zu § 765 = DNotZ 1994, 551 = WiB 1994, 789 (Meinhold-Heerlein) = MittBayNot 1994, 315 = EWiR 1994, 761 (Tiedtke) = WuB I F 1a – 10.94 (Rehbein).
372 BGHZ 126, 174, 177 (= Fn 371).

Schrifttum[373] hat der IX. ZS mit Urteil vom 18. 5. 1995[374] seine Rechtsprechung aufgegeben und die Auffassung vertreten, die formularmäßige Ausdehnung der Bürgenhaftung auf alle bestehenden und künftigen Verbindlichkeiten des Hauptschuldners aus der Bankverbindung sei, weil überraschend, zumindest dann nach § 305 c Abs 1 (früher: AGB-Ges § 3) unwirksam, wenn die **Bürgschaft aus Anlass der Gewährung** oder Prolongierung **eines bestimmten, betragsmäßig limitierten Kontokorrentkredits** oder der Erhöhung des Limits um einen bestimmten Betrag übernommen worden sei. Nach der früheren Auffassung des BGH[375] war die weite Sicherungszweckerklärung in der Regel nicht nach den §§ 305 ff (§ 305 c Abs 1 oder § 307) (früher: AGB-Ges § 3 oder § 9) zu beanstanden; sie war nach Auffassung des IX. ZS des BGH („Bürgschaftssenat") insbesondere nicht als überraschend im Sinne des § 305 c Abs 1 (früher: AGB-Ges § 3) zu qualifizieren[376]. Nach ständiger Rechtsprechung waren die auf diese Weise gesicherten künftigen Forderungen des Gläubigers gegen den Hauptschuldner hinreichend umschrieben und daher von der Bürgschaft umfasst[377]. Sie deckte allerdings nur Forderungen aus den üblichen Bankgeschäften[378]. Die Bürgschaft sicherte zudem nur Forderungen aus der Geschäftsverbindung zum Zeitpunkt der Bürgschaftsübernahme[379], nicht jedoch Ansprüche, die erst nach Aufhebung der Geschäftsverbindung begründet werden[380]. Die in Bürgschaftsformularen enthaltene Klausel, dass die – jederzeit kündbare[381] – Bürgschaft ohne betragsmäßige Beschränkung zur Sicherung aller bestehenden und künftigen Ansprüche gegen den Hauptschuldner *„aus dessen bankmäßiger Geschäftsverbindung"* übernommen werde, wurde gerichtlich ebenfalls weder unter dem Gesichtspunkt fehlender Schriftform noch nach den §§ 307–309 (früher: AGB-Ges §§ 9 bis 11) beanstandet; denn nach § 307 Abs 3 (früher: AGB-Ges § 8) sollen die §§ 307–309 nur für solche Bestimmungen in AGB gelten, durch die von Rechtsvorschriften abweichende oder diese ergänzende Regelungen vereinbart wurden. Die Klausel, dass der Bürge auch für künftige, der Höhe nach unbeschränkte Verbindlichkeiten des Hauptschuldners aus der Geschäftsverbindung mit der Bank einzustehen habe, weiche aber nicht von den Rechtsvorschriften der §§ 765, 767 ab und ergänze diese auch nicht[382].

aa) **Verstoß gegen § 305 c Abs 1**. Schließt der Bürge aus Anlass der Gewährung eines bestimmten Darlehens oder Kontokorrentkredits an den Hauptschuldner einen Bürgschaftsvertrag ab, worin die Haftung formularmäßig auf alle **bestehenden** und/oder **künftigen Verbindlichkeiten** des Hauptschuldner erstreckt wird, ist diese Klausel grundsätzlich überraschend und verstößt gegen **§ 305 c Abs 1**[383]. Dies ergibt sich aus dem Widerspruch zwischen der durch den be- 72

373 Reinicke/Tiedtke JZ 1985, 485; Tiedtke ZIP 1986, 151 f; Graf von Westphalen WM 1984, 1589, 1590; Derleder NJW 1986, 97, 100; Staud/Horn (1997) § 765 Rz 48; MünchKomm/Habersack § 765 Rz 72 mit Nachweisen auf die vor der Änderung der Rechtsprechung vorgebrachte Kritik (insbes Fn 307); Bydlinski WM 1992, 1301, 1306; s a Hamm WM 1985, 1221 = WuB I F 1 a – 4.86 (Schröter); weitere Nachweise in BGHZ 130, 19, 26 (= Fn 374).

374 BGHZ 130, 19, 24 ff = WM 1995, 1397 = NJW 1995, 1553 = LM Nr 99/100/101 zu § 765 (Pfeiffer) = ZIP 1995, 1244 = MDR 1996, 133 = BB 1995, 1708 = DB 1995, 1855 = EWiR 1995, 971 (Tiedtke) = WiB 1995, 876 (Grimm) = WuB I F 1 a – 13.95 (Schröter) = DNotZ 1996, 273 (Keim); MünchKomm/Habersack § 765 Rz 72.

375 BGH WM 1981, 162 = NJW 1981, 756 = LM Nr 14 zu AGB Banken Nr 19; BGH WM 1985, 155, 157 (= Fn 120); vgl auch Karlsruhe WM 1984, 1049, 1050.

376 BGH WM 1985, 155 (= Fn 120); BGH WM 1986, 95, 96 (= Fn 364); BGH WM 1992, 391, 392 (= Fn 120); BGH WM 1994, 784, 785 (= Fn 120); KG WM 1987, 1091, 1092 (Rutke) = NJW-RR 1988, 109, 110 = WuB I F 1 a – 10.87 (Rutke); LG Oldenburg WM 1987, 901 = WuB I F 1 a – 3.88 (Schröter).

377 BGH WM 1979, 884 = NJW 1979, 2040 = LM Nr 13 zu § 767 = MDR 1979, 1016 = DB 1979, 1891; LG Duisburg WM 1987, 466, 467 = WuB I F 1 a – 5.87 (Gößmann).

378 BGH WM 1981, 5, 6.

379 BGH WM 1969, 1276; BGH WM 1977, 812 = LM Nr 9 zu § 767.

380 BGH WM 1988, 1301 = NJW 1989, 27 = LM Nr 23 zu § 767 = MDR 1989, 59 = BB 1988, 1776 = DB 1988, 2245 = ZIP 1988, 1167 = EWiR 1988, 981 (Bülow) = KTS 1988, 843 = WuB I F 1 a – 14.88 (Rutke).

381 S Rz 135.

382 KG WM 1987, 1091, 1092 (= Fn 376).

383 BGHZ 126, 174, 176 = WM 1994, 1242 = ZIP 1994, 1096 = NJW 1994, 2145 = WuB I F 1 a – 10.94 (Rehbein); BGHZ 130, 19 = WM 1995, 1397 = ZIP 1995, 1244 = NJW 1995, 2553 = WuB I F 1 a – 13.95 (Schröter); BGHZ 143, 95 = WM 2000, 64 = ZIP 2000, 65 = NJW 2000, 658 =

sonderen Anlass der Bürgschaftsübernahme zutage getretenen Zweckvorstellung beim Bürgen und der davon in einem nicht zu erwartenden Ausmaß abweichenden Reichweite der vorformulierten Bürgschaftserklärung[384]. Der so begründete Überraschungseffekt kann nicht mit einem Hinweis auf § 765 Abs 2, auf die weite Verbreitung dieser Formularklausel in der Bankpraxis oder auf die Möglichkeit zur Kündigung der Bürgschaft in Abrede gestellt werden[385]. Die Voraussetzungen des § 305 c Abs 1 sind vom Bürgen darzulegen und zu beweisen[386].

73 An einer Überraschung des Bürgen fehlt es jedoch dann, wenn ihm bei Übernahme der Bürgschaft Art, Anzahl und Höhe der Verbindlichkeiten, für die er sich verbürgt, gleichgültig sind[387]. Dies gilt auch dann, wenn die Bürgschaft nicht aus Anlass der Gewährung bestimmter Tilgungsdarlehen oder in unmittelbarem Zusammenhang mit der Begründung oder Erweiterung eines Kontokorrentkredits übernommen wird[388] oder wenn der Gläubiger vor Übernahme der Bürgschaft auf den erweiterten Umfang der Bürgschaft hingewiesen hat[389]. Ein solcher Hinweis muss individuell erfolgen und dem Bürgen die Erweiterung des Sicherungszwecks auf alle bestehenden und künftigen Verbindlichkeiten bewusst machen. Unterzeichnet der Bürge dagegen lediglich eine zusätzliche Formularerklärung, die auf den weiten Sicherungszweck hinweist, dann soll dies nicht ausreichen um den Überraschungseffekt auszuschließen[390]. Auch eine besonders auffällige drucktechnische Hervorhebung einer solchen zusätzlichen Klausel lässt den überraschenden Charakter nicht entfallen[391]. Dafür, dass ein individueller Hinweis erfolgt ist, trägt der Gläubiger die Darlegungs- und Beweislast[392].

74 bb) **Verstoß gegen § 307**. In Bezug auf eine formularmäßige weite Sicherungszweckerklärung geht die Rechtsprechung weiterhin davon aus, dass diese auch gegen **§ 307** verstößt, was erhebliche praktische Bedeutung hat. So ist § 307 im Gegensatz zu § 305 c Abs 1, der auf die subjektiven Zweckvorstellungen der Parteien abstellt, objektiv zu verstehen[393]. Somit kann mit einem individuellen Hinweis an den Bürgen über die Reichweite der Zweckerklärung nur ein Verstoß gegen § 305 c Abs 1, nicht aber gegen § 307 ausgeräumt werden[394]. Außerdem ist die Beurteilung, ob eine unangemessene Benachteiligung im Sinne von § 307 vorliegt, nicht davon abhängig, ob sich der Bürge nähere Vorstellungen über die Hauptschuld gemacht hat. Ein Bürge kann sich daher auch dann auf § 307 berufen, wenn er die Einstandspflicht völlig unreflektiert übernommen hat[395]. Es ist zudem nicht erforderlich, dass er sich aus Anlass einer bestimmten Verbindlichkeit verbürgt hat[396].

WuB I F 1 a – 10.00 (Bydlinski); BGH WM 2001, 1775 = ZIP 2001, 1678 = NJW 2001, 3331; BGH WM 2002, 919 = ZIP 2002, 167 = NJW-RR 2002, 1130 = WuB I F 1 a – 17.02 (Schanbacher).

384 BGHZ 126, 174, 177 = WM 1994, 1242 = ZIP 1994, 1096 = NJW 1994, 2145 = WuB I F 1 a – 10.94 (Rehbein); BGHZ 130, 19, 27 = WM 1995, 1397 = ZIP 1995, 1244 = NJW 1995, 2553 = WuB I F 1 a – 13.95 (Schröter); BGH WM 2001, 1775 = ZIP 2001, 1678 = NJW 2001, 3331.

385 BGHZ 126, 174 = WM 1994, 1242 = ZIP 1994, 1096 = NJW 1994, 2145 = WuB I F 1 a – 10.94 (Rehbein).

386 BGHZ 143, 95 = WM 2000, 64 = ZIP 2000, 65 = NJW 2000, 658 = WuB I F 1 a – 10.00 (Bydlinski).

387 BGHZ 130, 19, 28 = WM 1995, 1397 = ZIP 1995, 1244 = NJW 1995, 2553 = WuB I F 1 a – 13.95 (Schröter).

388 BGHZ 132, 6 = WM 1996, 436 = ZIP 1996, 456 = NJW 1996, 924 = WuB I F 1 a – 12.96 (Richrath/Schröter).

389 BGHZ 126, 174 = WM 1994, 1242 = ZIP 1994, 1096 = NJW 1994, 2145 = WuB I F 1 a – 10.94 (Rehbein).

390 Vgl mweitNachw Nobbe BKR 2002, 747, 750.

391 Vgl dazu BGH WM 2001, 1520 = ZIP 2001, 1408 = NJW-RR 2002, 485 = WuB I F 1 a – 14.01 (Lindacher); ebenso Nobbe BKR 2002, 747, 750.

392 BGHZ 126, 174 = WM 1994, 1242 = ZIP 1994, 1096 = NJW 1994, 2145 = WuB I F 1 a – 10.94 (Rehbein).

393 BGHZ 130, 19, 33 = WM 1995, 1397 = ZIP 1995, 1244 = NJW 1995, 2553 = WuB I F 1 a – 13.95 (Schröter); BGHZ 132, 6 = WM 1996, 436 = ZIP 1996, 456 = NJW 1996, 924 = WuB I F 1 a – 12.96 (Richrath/Schröter); BGHZ 142, 213, 218 = WM 1999, 1761 = ZIP 1999, 1480 = NJW 1999, 3195 = WuB I F 1 a – 4.00 (Klanten).

394 Nobbe BKR 2002, 747, 750.

395 BGHZ 130, 19, 33 = WM 1995, 1397 = ZIP 1995, 1244 = NJW 1995, 2553 = WuB I F 1 a – 13.95 (Schröter).

396 BGHZ 130, 19, 33 = WM 1995, 1397 = ZIP 1995, 1244 = NJW 1995, 2553 = WuB I F 1 a – 13.95 (Schröter).

(1) Eine formularmäßige Erweiterung der Bürgenhaftung auf **künftige Verbindlichkeiten** verstößt gegen § 307 Abs 2. Die damit bewirkte Haftungserweiterung schränkt die Rechte des Bürgen in einer den Vertragszweck gefährdenden Weise ein und weicht vom gesetzlichen Leitbild des § 767 Abs 1 Satz 3 (Verbot der Fremddisposition) ab[397]. Eine solche Erweiterung stellt für einen Bürgen, der die Entstehung von künftigen Forderungen zwischen Hauptschuldner und Gläubiger nicht verhindern kann, ein unabsehbares und nicht beherrschbares Risiko dar, das für ihn zu einer untragbaren Belastung führen kann[398]. **75**

Allerdings ist es nicht schlechthin ausgeschlossen, die Bürgenhaftung auf zukünftige Verbindlichkeiten des Hauptschuldners zu erstrecken. Sie ist immer dann zulässig, wenn eine oder mehrere, nach Grund und Umfang klar und übersichtlich abgesteckte, bestimmte künftige Forderung(en) den Anlass für die Haftungsübernahme bilden, dh wenn das Bürgenrisiko gegenständlich eindeutig beschrieben ist[399]. Ein Bürge muss wissen oder durch Erklärung der Bank darüber informiert werden, welche einzelnen Forderungen einbezogen sind, damit er sein Risiko genau einschätzen kann[400]. **76**

(2) Wird die Haftung des Bürgen formularmäßig auf alle **bestehenden Verbindlichkeiten** ausgedehnt, so folgt die Unwirksamkeit nicht aus § 307 Abs 2 und der Abweichung vom gesetzlichen Leitbild des § 767 Abs 1 Satz 3, sondern aus § 307 Abs 1, da diese Klausel den Bürgen entgegen Treu und Glauben unangemessen benachteiligt[401]. Ein Bürge, der formularmäßig die Haftung für alle bestehenden Ansprüche gegen den Hauptschuldner übernimmt, kann nicht erkennen, ob und gegebenenfalls welche Ansprüche gegen den Hauptschuldner bestehen. Diese Wissenslücke führt dazu, dass er die Trag- und Reichweite seines Risikos nicht ermessen kann. Vielmehr verschleiert die undurchsichtige weite Zweckerklärung den genauen Umfang seiner Verpflichtung[402], was auch gegen das Transparenzgebot (§ 307 Abs 1 Satz 2) verstoßen kann[403]. Einem solchen Vorwurf kann nur begegnet werden, in dem die Bürgschaftserklärung alle bestehenden Forderungen, auf die sich die Bürgschaft erstrecken soll, einzeln auflistet. So kann der Bürge den genauen Umfang seiner Haftung erkennen, und es liegt kein Verstoß gegen § 307 Abs 1 vor[404]. **77**

(3) Erfasst eine Formularbürgschaft über die Ansprüche aus einem bestimmten Darlehensvertrag hinaus auch **Bereicherungsansprüche**, die im Zusammenhang mit dem Vertrag stehen, so ist dies für den Bürgen nicht überraschend (§ 305c Abs 1, Rz 98) und stellt auch keine unangemessene Benachteiligung dar (§ 307) dar[405]. **78**

397 BGHZ 130, 19, 32 = WM 1995, 1397 = ZIP 1995, 1244 = NJW 1995, 2553 = WuB I F 1a – 13.95 (Schröter); BGHZ 132, 6 = WM 1996, 436 = ZIP 1996, 456 = NJW 1996, 924 = WuB I F 1a – 12.96 (Richrath/Schröter); BGHZ 137, 153 = WM 1998, 67 = ZIP 1998, 16 = NJW 1998, 450 = WuB I F 1a – 8.98 (Hellner); BGHZ 142, 213, 216 = WM 1999, 1761 = ZIP 1999, 1480 = NJW 1999, 3195 = WuB I F 1a – 4.00 (Klanten); BGHZ 144, 52 = WM 2000, 764 = ZIP 2000, 656 = NJW 2000, 1566 = WuB I F 1a – 16.00 (Bydlinski).

398 BGH WM 2001, 1517 = ZIP 2001, 1361 = NJW-RR 2002, 343 = WuB I F 1a – 13.01 (Bydlinski).

399 BGH WM 1996, 1391 = ZIP 1996, 1289 = NJW 1996, 2369 = WuB I F 1a – 18.96 (Sonnenhol); BGHZ 137, 153, 158 = WM 1998, 67 = ZIP 1998, 16 = NJW 1998, 450 = WuB I F 1a – 8.98 (Hellner); BGHZ 142, 213, 220 = WM 1999, 1761 = ZIP 1999, 1480 = NJW 1999, 3195 = WuB I F 1a – 4.00 (Klanten); BGH WM 2001, 1517 = ZIP 2001, 1361 – NJW-RR 2002, 343 – WuB I F 1a – 13.01 (Bydlinski); BGH WM 2002, 919 = ZIP 2002, 167 = NJW-RR 2002, 1130 = WuB I F 1a – 17.02 (Schanbacher).

400 BGH WM 1996, 1391 = ZIP 1996, 1289 = NJW 1996, 2369 = WuB I F 1a – 18.96 (Sonnenhol).

401 BGHZ 143, 95, 100 = WM 2000, 64 = ZIP 2000, 65 = NJW 2000, 658 = WuB I F 1a – 10.00 (Bydlinski); BGH WM 2001, 1775 = ZIP 2001, 1678 = NJW 2001, 3331. **AA** Bydlinski WuB I F 1a – 10.00.

402 BGHZ 143, 95, 99 = WM 2000, 64 = ZIP 2000, 65 = NJW 2000, 658 = WuB I F 1a – 10.00 (Bydlinski).

403 Nobbe BKR 2002, 747, 753.

404 Nobbe BKR 2002, 747, 753 mweitNachw.

405 BGH WM 1992, 135 = ZIP 1996, 168 = NJW 1992, 1234 = WuB I F 1a – 6.92 (Hammen); BGH WM 2001, 950 = ZIP 2001, 828 = NJW 2001, 1859 = WuB I E 5–8.01 (Bydlinski); Nobbe BKR 2002, 747, 753.

79 (4) Eine Klausel, welche die Haftung des Bürgen auf alle bestehenden und/oder künftigen Verbindlichkeiten erstreckt, verstößt auch bei einer **Höchstbetragsbürgschaft**[406] gegen § 307[407]. Wird die Haftung auf bestehende Ansprüche erstreckt, so besteht nämlich auch hier die Gefahr, dass der Bürge wegen einer Verbindlichkeit in Anspruch genommen wird, die er nicht kennt.[408] Die Übernahme der Haftung für alle künftigen Verbindlichkeiten verstößt auch bei der Höchstbetragsbürgschaft gegen das gesetzliche Leitbild des § 767 Abs 1 Satz 3[409]. Dies gilt auch, wenn die künftigen Verbindlichkeiten den Höchstbetrag nicht erreichen[410]. Nach Kritik der Literatur[411] hat der BGH[412] abweichend von seiner bisherigen Rechtsprechung eine Klausel wegen Verstoßes gegen § 307 für unwirksam erklärt, nach der bei einer Höchstbetragsbürgschaft Zinsen, Provisionen und Kosten, die im Zusammenhang mit dem verbürgten Anspruch entstehen, auch dann verbürgt sein sollen, wenn dadurch der verbürgte Höchstbetrag überschritten wird. Durch eine solche Klausel wird der mit der Festlegung eines Höchstbetrags beabsichtigte vertragswesentliche Schutz des Bürgen beseitigt. Die Vereinbarung eines Höchstbetrags ist so zu verstehen, dass unter Abweichung von § 767 Abs 1 Satz 2 das Risiko des Bürgen unter allen Umständen auf diesen Betrag beschränkt ist. Damit lässt sich die beschriebene Klausel nicht vereinbaren. Eine Erweiterung der Haftung ist nur dann vorstellbar, wenn der Bürge selbst in Verzug gerät oder sich sonst schadensersatzpflichtig macht[413].

80 cc) **Rechtsfolgen eines Verstoßes gegen §§ 305c Abs 1 oder 307**. Verstößt eine formularmäßige weite Sicherungszweckerklärung gegen § 305c Abs 1 oder § 307, führt dies nicht zur Unwirksamkeit der Bürgschaft, sondern die Haftung des Bürgen ist auf die Forderung beschränkt, die Anlass für die Übernahme der Bürgschaft war[414] und zwar mit dem Inhalt, den diese im Zeitpunkt der Bürgschaftsübernahme hatte[415]. Hat sich der Bürge keine Gedanken gemacht, für welche konkrete Forderung er die Haftung übernimmt, dann ist der Anlass objektiv nach dem damaligen Sicherungsinteresse des Gläubigers zu bestimmen[416]. Das gerade die vom Gläubiger geltend gemachte Hauptschuld den Anlass für die Übernahme der Bürgschaft bildete, muss mit Rücksicht auf § 767 Abs 1 Satz 1 vom Gläubiger dargelegt und bewiesen werden[417]. Die Beschränkung der Bürgenhaftung auf die Anlassforderung folgt aus einer ergänzenden Vertragsauslegung

406 S hierzu Rz 24 vor § 765.
407 BGH WM 1996, 766 = ZIP 1996, 702 = NJW 1996, 1470 = WuB I F 1a – 12.96 (Richrath/Schröter); BGH WM 1998, 1675 = ZIP 1998, 1349 = NJW 1998, 2815 = WuB I F 1a – 17.98 (Schanbacher); BGHZ 143, 95 = WM 2000, 64 = ZIP 2000, 65 = NJW 2000, 658 = WuB I F 1a – 10.00 (Bydlinski); BGH WM 2002, 919 = ZIP 2002, 167 = NJW-RR 2002, 1130 = WuB I F 1a – 17.02 (Schanbacher).
408 BGHZ 143, 95, 99 = WM 2000, 64 = ZIP 2000, 65 = NJW 2000, 658 = WuB I F 1a – 10.00 (Bydlinski).
409 BGH WM 1996, 1391 = ZIP 1996, 1289 = NJW 1996, 2369 = WuB I F 1a – 18.96 (Sonnenhol).
410 BGH WM 1998, 1675 = ZIP 1998, 1349 = NJW 1998, 2815 = WuB I F 1a – 17.98 (Schanbacher).
411 Vgl dazu die Nachweise bei Nobbe BKR 2002, 747, 751.
412 BGHZ 151, 374 = WM 2002, 1836 = ZIP 2002, 1611 = NJW 2002, 3167 = WuB I F 1a – 4.03 (Weber).
413 BGHZ 151, 374 = WM 2002, 1836 = ZIP 2002, 1611 = NJW 2002, 3167 = WuB I F 1a – 4.03 (Weber).
414 BGHZ 130, 19, 34f = WM 1995, 1397 = ZIP 1995, 1244 = NJW 1995, 2553 = WuB I F 1a – 13.95 (Schröter); BGHZ 137, 153, 156 = WM 1998, 67 = ZIP 1998, 16 = NJW 1998, 450 = WuB I F 1a – 8.98 (Hellner); BGHZ 142, 213, 217 = WM 1999, 1761 = ZIP 1999, 1480 = NJW 1999, 3195 = WuB I F 1a – 4.00 (Klanten); BGHZ 143, 95, 97 = WM 2000, 64 = ZIP 2000, 65 = NJW 2000, 658 = WuB I F 1a – 10.00 (Bydlinski); BGH WM 2001, 1517 = ZIP 2001, 1361 = NJW-RR 2002, 343 = WuB I F 1a – 13.01 (Bydlinski); BGHZ 151, 374 = WM 2002, 1836 = ZIP 2002, 1611 = NJW 2002, 3167 = WuB I F 1a – 4.03 (Weber); Celle WM 2007, 928, 929.
415 BGHZ 142, 213, 219 = WM 1999, 1761 = ZIP 1999, 1480 = NJW 1999, 3195 = WuB I F 1a – 4.00 (Klanten).
416 BGHZ 130, 19, 33f = WM 1995, 1397 = ZIP 1995, 1244 = NJW 1995, 2553 = WuB I F 1a – 13.95 (Schröter); BGHZ 132, 6, 9 = WM 1996, 436 = ZIP 1996, 456 = NJW 1996, 924 = WuB I F 1a – 12.96 (Richrath/Schröter); BGHZ 142, 213, 221 = WM 1999, 1761 = ZIP 1999, 1480 = NJW 1999, 3195 = WuB I F 1a – 4.00 (Klanten).
417 BGH WM 1998, 1675 = ZIP 1998, 1349 = NJW 1998, 2815 = WuB I F 1a – 17.98 (Schanbacher); BGHZ 143, 95, 102 = WM 2000, 64 = ZIP 2000, 65 = NJW 2000, 658 = WuB I F 1a – 10.00 (Bydlinski).

(§ 157), mit der die im Bürgschaftsvertrag entstandene Lücke geschlossen wird[418]. Mangels dispositiver Gesetzesvorschriften (vgl § 306 Abs 2) ist eine Gestaltung zu ermitteln, welche die Parteien bei sachgerechter Abwägung der beiderseitigen Interessen gewählt hätten, wenn ihnen die Unwirksamkeit der Klausel bekannt gewesen wäre[419]. Daher scheidet eine vollständige Befreiung des Bürgen von seiner Einstandspflicht aus, denn dies würde das Vertragsgefüge einseitig zugunsten des Bürgen verschieben[420].

(1) Bei Formularbürgschaften mit weiter Sicherungszweckerklärung, die aus Anlass eines **Tilgungsdarlehens** übernommen wurden, ergibt die Auslegung, dass der Bürge nur für den im Zeitpunkt der Haftungsübernahme noch offenen Darlehensbetrag haftet[421]. Ist vereinbart, dass die Haftung des Bürgen sich auch auf vertragliche Zinsen der Hauptschuld erstreckt[422], so umfasst die Bürgschaft auch die bei vorzeitiger Rückzahlung oder außerordentlicher Kündigung eines Darlehens entstehende Vorfälligkeitsentschädigung (vgl § 490 Abs 2)[423]. Wird bei einem zeitlich befristeten Darlehen die Laufzeit nachträglich verlängert, ohne dass die Bürgschaftserklärung geändert wird, so haftet der Bürge nicht für Verbindlichkeiten, die während der Verlängerung des Darlehensvertrages entstanden sind[424]. Hiergegen kann nicht eingewandt werden, dass eine Verlängerung im Interesse des Bürgen liege, denn die Vertragsverlängerung kann das Risiko des Bürgen erhöhen. So ist nicht ausgeschlossen, dass sich der Stellenwert der Regressmöglichkeiten des Bürgen gemäß §§ 774, 769 in der verlängerten Laufzeit wesentlich verschlechtert[425]. Haben Gläubiger und Hauptschuldner das Anlassdarlehen auf eine Laufzeit von höchstens einem Jahr in der Absicht begrenzt, ihr Rechtsverhältnis anschließend durch gleichartige jeweils hintereinander geschaltete Verträge fortzusetzen, umfasst die auf den Anlass beschränkte Haftung des Bürgen den sog Prolongationskredit, sofern die Vertragsgestaltung für ihn ersichtlich war oder er die Haftung übernommen hat, ohne sich um den Gegenstand der Hauptschuld zu kümmern[426]. 81

(2) Wird eine formularmäßige Bürgschaft mit einer unwirksamen weiten Sicherungszweckerklärung aus Anlass eines **Kontokorrentkredits** übernommen, so ergibt die ergänzende Vertragsauslegung, dass damit das vereinbarte Kreditlimit abgesichert ist[427]. Bezieht sich die Bürgschaft auf einen unlimitierten Kontokorrentkredit, dann ist die Haftung auf die Höhe des Kreditsaldos am Tage der Bürgschaftserklärung beschränkt[428]. Dies gilt auch für einen „laufenden Warenkredit"[429]. 82

dd) **Ausnahmen**. – (1) Kann der Bürge aufgrund seiner Stellung als **Allein-, Mehrheitsgesellschafter oder Geschäftsführer der Hauptschuldnerin** den Umfang der Kreditaufnahme selbst bestimmen, verstößt eine Klausel, die seine Haftung auf alle bestehenden oder zukünftigen Verbindlichkeiten des Hauptschuldners erstreckt, weder gegen § 305 c Abs 1 noch gegen 83

418 BGHZ 137, 153, 157 = WM 1998, 67 = ZIP 1998, 16 = NJW 1998, 450 = WuB I F 1a – 8.98 (Hellner); BGHZ 143, 95, 102 = WM 2000, 64 = ZIP 2000, 65 = NJW 2000, 658 = WuB I F 1a – 10.00 (Bydlinski).
419 MweitNachw BGHZ 137, 153 = WM 1998, 67 = ZIP 1998, 16 = NJW 1998, 450 = WuB I F 1a – 8.98 (Hellner).
420 Nobbe BKR 2002, 747, 755.
421 BGHZ 130, 19, 34 = WM 1995, 1397 = ZIP 1995, 1244 = NJW 1995, 2553 = WuB I F 1a – 13.95 (Schröter).
422 Vgl dazu oben Rz 18.
423 Frankfurt/M WM 2002, 1387 = ZIP 2002, 567 = WuB I F 1a – 15.02 (Fischer).
424 BGHZ 142, 213, 219 = WM 1999, 1761 = ZIP 1999, 1480 = NJW 1999, 3195 = WuB I F 1a – 4.00 (Klanten).
425 BGHZ 142, 213, 219 = WM 1999, 1761 = ZIP 1999, 1480 = NJW 1999, 3195 = WuB I F 1a – 4.00 (Klanten).
426 BGHZ 142, 213, 220 = WM 1999, 1761 = ZIP 1999, 1480 = NJW 1999, 3195 = WuB I F 1a – 4.00 (Klanten).
427 BGHZ 130, 19, 34 = WM 1995, 1397 = ZIP 1995, 1244 = NJW 1995, 2553 = WuB I F 1a – 13.95 (Schröter); BGHZ 132, 6, 9 = WM 1996, 436 = ZIP 1996, 456 = NJW 1996, 924 = WuB I F 1a – 12.96 (Richrath/Schröter); BGHZ 137, 153, 158 = WM 1998, 67 = ZIP 1998, 16 = NJW 1998, 450 = WuB I F 1a – 8.98 (Hellner).
428 BGHZ 137, 153, 160 = WM 1998, 67 = ZIP 1998, 16 = NJW 1998, 450 = WuB I F 1a – 8.98 (Hellner).
429 Dresden WM 2001, 2167 = OLGR Dresden 2002, 1 = WuB I F 1a – 3.02 (Richrath).

§ 307[430]. Gleiches gilt für einen Handlungsbevollmächtigten, der mit Zustimmung der Gesellschafter faktisch wie ein Geschäftsführer das Unternehmen leitet[431], für einen GmbH-Geschäftsführer, der die Hälfte der Gesellschaftsanteile innehat und die Geschäftsführung tatsächlich seinem Mitgesellschafter überlassen hat[432] oder der Ehemann Geschäftsführer ist (Celle WM 2007, 928, 929) oder dann, wenn der bürgende Mehrheitsgesellschafter lediglich Strohmann ist[433]. Diesem Personenkreis dürfte bekannt sein, dass bei der Verbürgung von Gesellschaftsverbindlichkeiten durch Geschäftsführer und Gesellschafter, nicht die Bürgschaft für eine einzelne „Anlassforderung", sondern die Sicherung des Gesamtengagements des Gesellschaftsgläubigers im Vordergrund steht. Weiterhin ist der Transparenzbedarf solcher Bürgen nicht so hoch wie bei anderen. Geschäftsführer und Gesellschafter kennen entweder die Gesellschaftsverbindlichkeiten, für die sie einstehen sollen, oder können sich diese Kenntnis durch Einsicht in Geschäftsbücher und -unterlagen verschaffen[434]. Kennt ein Bürge Art und Umfang der von ihm verbürgten Kredite oder ist er in der Lage, wenn ihm die Gesellschafter- oder Geschäftsführerstellung fehlt, auf Grund seiner faktischen Stellung in der Gesellschaft den Umfang der Kreditaufnahme zu bestimmen, so kann er sich nicht auf die Grundsätze der sog. Anlassrechtsprechung berufen, sondern muss eine für „alle bestehenden und künftigen – auch bedingten oder befristeten Ansprüche" übernommene Formularbürgschaft in vollem Umfang gegen sich gelten lassen[435].

84 Keine Ausnahme von der Unwirksamkeit einer weiten Sicherungsklausel besteht dagegen bei Bürgschaften von **Minderheitsgesellschaftern und Kommanditisten**; denn sie können gerade nicht verhindern, dass sich die Bürgschaft auf Forderungen erstreckt, die ohne ihren Willen begründet oder erweitert werden[436]. Einem Minderheitsgesellschafter steht ein Gesellschafter gleich, der zwar die Hälfte der Gesellschaftsanteile besitzt, jedoch von der Geschäftsführung ausgeschlossen ist[437]. Entscheidend für die Frage der Wirksamkeit einer Globalbürgschaft ist daher nicht das Maß der gesellschaftsrechtlichen Beteiligung oder der Umfang des eigenen wirtschaftlichen Interesses, sondern die Möglichkeit des Bürgen, die Entstehung der zukünftigen Schulden entscheidend zu beeinflussen[438]. So wird auch begründet, dass die formularmäßige weite Zweckerklärung in der Bürgschaft einer GmbH für Forderungen des Gläubigers gegen den Alleingesellschafter regelmäßig unwirksam ist[439]. Die Gesellschaft hat nämlich keine rechtliche Möglichkeit, darauf einzuwirken, welche Verbindlichkeiten der Alleingesellschafter außerhalb des Geschäftsbetriebs der GmbH – sei es privat oder in einem anderen Gewerbe – begründet. Daran ändert auch die Tatsache nichts, dass die Gesellschaft infolge der „Personenidentität" sofort Kenntnis von dem Geschäft erhält[440].

430 BGHZ 130, 19, 30 = WM 1995, 1397 = ZIP 1995, 1244 = NJW 1995, 2553 = WuB I F 1 a – 13.95 (Schröter); BGHZ 142, 213 = WM 1999, 1761 = ZIP 1999, 1480 = NJW 1999, 3195 = WuB I F 1 a – 4.00 (Klanten); BGH WM 2000, 514 = ZIP 2000, 451 = NJW 2000, 1179 = WuB I F 1 a – 3.01 (Felke); BGHZ 151, 374 = WM 2002, 1836 = ZIP 2002, 1611 = NJW 2002, 3167 = WuB I F 1 a – 4.03 (Weber); dazu Ehricke WM 2000, 2177.

431 BGH WM 2000, 514 = ZIP 2000, 451 = NJW 2000, 1179 = WuB I F 1 a – 3.01 (Felke).

432 Köln WM 2002, 1389 = BB 2001, 2020 = MDR 2001, 1428 = WuB I F 1 a – 16.02 (Thöne).

433 BGH WM 2001, 2156 = ZIP 2001, 1954 = NJW 2002, 1337 = WuB I F 1 a – 2.02 (Felke).

434 BGHZ 143, 95, 101 = WM 2000, 64 = ZIP 2000, 65 = NJW 2000, 658 = WuB I F 1 a – 10.00 (Bydlinski). **AA** bei der Erstreckung auf bestehende Verbindlichkeiten Tiedtke NJW 2001, 1015, 1028.

435 Zweibrücken WM 2003, 290 = GmbHR 2002, 740 = NJW-RR 2002, 1037 = WuB I F 1 a – 8.03 (Veil).

436 BGH WM 1995, 2180 = ZIP 1995, 1976 = NJW 1996, 249 = WuB I F 1 c – 1.96 (Schröter); BGHZ 142, 213, 216 = WM 1999, 1761 = ZIP 1999, 1480 = NJW 1999, 3195 = WuB I F 1 a – 4.00 (Klanten). So auch BGHZ 151, 374 = WM 2002, 1836 = ZIP 2002, 1611 = NJW 2002, 3167 = WuB I F 1 a – 4.03 (Weber); dazu Ehricke WM 2000, 2177.

437 BGHZ 142, 213, 216 = WM 1999, 1761 = ZIP 1999, 1480 = NJW 1999, 3195 = WuB I F 1 a – 4.00 (Klanten); BGH WM 1999, 2251 = ZIP 1999, 1881 = NJW 1999, 3708 = WuB I F 1 a – 5.00 (Weihs).

438 Naumburg NZG 2002, 983.

439 BGHZ 151, 374 = WM 2002, 1836 = ZIP 2002, 1611 = NJW 2002, 3167 = WuB I F 1 a – 4.03 (Weber).

440 BGHZ 151, 374 = WM 2002, 1836 = ZIP 2002, 1611 = NJW 2002, 3167 = WuB I F 1 a – 4.03 (Weber).

(2) Die Rechtsprechung zur Unwirksamkeit von formularmäßigen weiten Sicherungszweckerklärungen findet grundsätzlich auch Anwendung, wenn die Bürgschaft durch **Kaufleute oder juristische Personen** übernommen wird. Etwas anders gilt jedoch dann, wenn die Übernahme von Bürgschaften zu deren Gewerbe gehört[441]. 85

b) **Verzicht auf Einreden und Einwendungen**. Typisch für formularmäßige Bürgschaften ist ein weitreichender Verzicht auf die dem Bürgen zustehenden Einreden und Einwendungen. 86

(1) Ein formularmäßiger Verzicht des Bürgen auf die ihm nach § 768 zustehenden Einreden des Schuldners ist grundsätzlich möglich. Er ist bei der gegenüber einer Bank abgegebenen Bürgschaft durchaus als vertragstypisch zu bezeichnen[442]. Ein weitreichender Einrede- oder Einwendungsverzicht ist jedoch dann nach § 307 zu beanstanden und damit unwirksam, wenn hierdurch der zwingende Grundsatz der Abhängigkeit der Bürgschaft vom Bestehen der Hauptverbindlichkeit aufgegeben wird[443]. Unwirksam sind demnach alle Klauseln, durch welche die Bürgenhaftung aus der Abhängigkeit von der Hauptverbindlichkeit gelöst wird, insbesondere die Verselbständigung vom Entstehen oder Fortbestand der verbürgten Forderung, der Fälligkeit und von sonstigen Einreden und Einwendungen, die den Bestand der Hauptverbindlichkeit betreffen (wie zB Verjährung, Stundung, Zurückbehaltungsrechte)[444]. Durch eine AGB-Klausel des Bürgschaftsvertrages kann der Gläubiger dem Bürgen keine vom Bestehen der Hauptschuld unabhängige Garantieverpflichtung auferlegen[445]. 87

(2) § 770 soll den Bürgen vor übermäßiger und unzumutbarer Inanspruchnahme schützen. Gleichwohl soll der globale Verzicht auf die **Einrede der Anfechtbarkeit (§ 770 Abs 1)** wirksam sein[446]. Durch die Anfechtbarkeit wird die Wirksamkeit der Hauptverbindlichkeit nicht berührt. Unwirksam hingegen ist eine Klausel, die es dem Bürgen verwehrt, sich auf eine vom Hauptschuldner erklärte Anfechtung zu berufen[447]. Eine solche Klausel durchbricht den zwingenden Grundsatz der Akzessorietät der Bürgschaft. 88

Ein formularmäßiger Ausschluss der Einrede aus § 770 Abs 2 (**Einrede der Aufrechenbarkeit**) benachteiligt den Bürgen unangemessen, wenn die Gegenforderung des Hauptschuldners unbestritten oder rechtskräftig festgestellt ist[448]. Wegen des Verbots der geltungserhaltenden Reduktion ist die Verzichtsklausel insgesamt unwirksam, wenn sie nicht von vornherein eine Ausnahme für die genannten Fälle vorsieht[449]. Demgegenüber hatte der VIII. ZS des BGH den Verzicht für wirksam gehalten, wenn die Gegenforderung des Hauptschuldners gegen den Gläubiger bestritten und ungeklärt ist[450], während der III. und später auch der IX. ZS der Ansicht waren, ein 89

441 BGH WM 1998, 2186 = ZIP 1998, 1868 = NJW 1998, 3708 = WuB I F 1a – 1.99 (Bydlinski); BGH WM 2001, 1517 = ZIP 2001, 1361 = NJW-RR 2002, 343 = WuB I F 1a – 13.01 (Bydlinski); BGHZ 151, 374 = WM 2002, 1836 = ZIP 2002, 1611 = NJW 2002, 3167 = WuB I F 1a – 4.03 (Weber).

442 BGH WM 1981, 5 = ZIP 1981, 28 = NJW 1981, 761.

443 Ulmer/Brandner/Hensen, 2001[9], Anh AGB-Ges §§ 9–11 Rz 261.

444 Ulmer/Brandner/Hensen, 2001[9], Anh AGB-Ges §§ 9–11 Rz 261 1; vgl außerdem Graf von Westphalen WM 1984, 1589, 1593, der mit Recht auf den Rechtsgedanken der Verbotstatbestände von AGB-Ges § 11 Nr 2 u 4 (jetzt: § 309 Nr 2 u 4) hinweist.

445 BGHZ 95, 350 = WM 1985, 1307 = NJW 1986, 43 = LM Nr 275 zu § 242 (Cd) = MDR 1986, 126 = BB 1986, 2004 (1987, 421) = ZIP 1985, 1257 = EWiR 1985, 867 (Bunte) = WuB I F 1a – 8.86 (Schröter), BGH WM 1993, 2093, 2094 – WuB I K 3 – 2.93 (Ott); zur Bürgschaft auf erstes Anfordern: BGHZ 147, 99 = WM 2001, 947 = ZIP 2001, 833 = NJW 2001, 1857 = WuB I E 5 – 11.01 (Felke); vgl auch Hamburg WM 1984, 255; Schleswig NJW 1991, 986.

446 BGHZ 95, 350 (= Fn 445); Hamburg WM 1984, 255; **aA** MünchKomm/Habersack § 770 Rz 3 mweitNachw.

447 BGHZ 95, 350 (= Fn 445).

448 BGHZ 153, 293 = WM 2003, 669, 671 = ZIP 2003, 621 = NJW 2003, 1521.

449 BGHZ 153, 293 = WM 2003, 669, 671 = ZIP 2003, 621 = NJW 2003, 1521; anders wohl noch BGH ZIP 1981, 28, 30 = WM 1981, 5 = NJW 1981, 761.

450 BGH ZIP 1981, 28, 30 = WM 1981, 5 = NJW 1981, 761; krit dazu Tiedtke ZIP 1986, 150, 154, der eine geltungserhaltende Reduktion einer insoweit umfassenden Klausel ablehnt.

formularmäßiger Verzicht auf die Einrede der Aufrechenbarkeit sei stets wirksam[451]. Ist ein Verzicht auf die Einrede aus § 770 Abs 2 wirksam, hindert dies den Bürgen aber nicht daran, sich darauf zu berufen, dass die Hauptschuld infolge einer bereits durch den Gläubiger oder Hauptschuldner erklärten Aufrechnung erloschen sei[452]. Auch unter Zugrundelegung der Ansicht des BGH[453] ist stets zu beachten, dass im Einzelfall der Gesichtspunkt des individuellen Rechtsmissbrauchs zum Tragen kommen kann.

90 c) **Aufhebung von § 769.** Nach Ansicht des BGH[454] ist die formularmäßige Abbedingung von § 769 möglich, solange nur im **Verhältnis Bank – Bürge** die Anwendung der §§ 422 ff ausgeschlossen wird, nicht jedoch ein Ausgleich unter mehreren Mitbürgen entfällt.

91 d) **Verzicht auf § 776.** Eine Klausel, die dem Bürgen die Rechte aus § 776 ganz allgemein abschneidet, in dem sie ihm ohne gewichtige Gründe und ein überwiegendes Interesse des Gläubigers einen generellen Verzicht auf die Rechtsfolgen des § 776 ansinnt, ist mit dem Grundgedanken der Vorschrift nicht vereinbar, beeinträchtigt den Bürgen unangemessen im Sinne von § 307 Abs 2 Nr 1 und ist damit unwirksam[455]. Ein Ausschluss der Rechte aus § 776 ist dann wirksam, wenn er sich lediglich auf Sicherheiten bezieht, die einem Kreditinstitut nicht aufgrund einer gesonderten Sicherungsvereinbarung, sondern schon nach dem Inhalt seiner Allgemeinen Geschäftsbedingungen zustehen[456] (vgl Nr 14 AGB-Banken; Nr 21 AGB-Sparkassen). Früher hatte der BGH[457] den formularmäßigen Verzicht des Bürgen auf sein Recht aus § 776 für wirksam erklärt, falls es sich nicht um eine willkürliche Freigabe zum Nachteil des Bürgen handelt. Wegen der Unwirksamkeit darf sich der Gläubiger nicht darauf berufen, es sei ihm nach dem Bürgschaftsvertrag gestattet, den Erlös aus ihm anderweitig bestellten Sicherheiten zunächst auf den durch die Bürgschaft nicht gedeckten Teil der Ansprüche anzurechnen. In einer solchen Verrechnung kann auch ein Aufgeben von Rechten im Sinne von § 776 liegen[458].

92 e) **Verzicht auf die Anzeige nach § 777.** Zulässig ist schließlich der formularmäßige Einwendungsverzicht des Bürgen auf die bei einer Zeitbürgschaft erforderliche Anzeige der Inanspruchnahme durch den Gläubiger nach § 777[459]. Durch eine solche Klausel wird die zeitlich begrenzte Bürgschaft zu einer zeitlich unbegrenzten und die gesetzliche Regelung zu Lasten des Bürgen aufgehoben. Eine Klausel nach der die Bank nicht verpflichtet ist, dem Bürgen bei Fristablauf anzuzeigen, dass sie ihn in Anspruch nimmt und die Haftung auch ohne Anzeige, beschränkt auf den Umfang der verbürgten Ansprüche bei Fristablauf, fortbestehen soll, kann dagegen überraschend im Sinne von § 305 c Abs 1 sein[460].

451 BGHZ 95, 350, 359 f (= Fn 445); BGH WM 1986, 95, 97 (= Fn 364); dagegen ua Ulmer/Brandner/Hensen, 2001[9], Anh AGB-Ges §§ 9–11 Rz 262.

452 BGH WM 2002, 1179 = NJW 2002, 2867 = WuB I F 1 a – 13.02 (Hoes).

453 BGH WM 1991, 1294 = ZIP 1991, 867 = NJW 1991, 2908 = WuB I F 1 a – 3.92 (Gößmann).

454 BGHZ 88, 185, 191 (= Fn 316); BGH WM 1987, 1006, 1007 (= Fn 318); Merz WM 1984, 1143; krit Tiedtke ZIP 1986, 150 f.

455 BGHZ 144, 52 = WM 2000, 764 = ZIP 2000, 656 = NJW 2000, 1566 = WuB I F 1 a – 16.00 (Bydlinski).

456 BGH WM 2001, 2378 = ZIP 2001, 2498 = NJW 2002, 295 = WuB I F 1 a – 4.02 (Bydlinski).

457 BGHZ 78, 137 = WM 1980, 1255 = NJW 1981, 748 = ZIP 1980, 968 = JZ 1980, 766 = BB 1980, 1606 = MDR 1981, 135 = LM Nr 2 zu § 776 – LS (Merz); BGH WM 181, 3, 5 = NJW 1981, 761 = ZIP 1981, 28 = JZ 1981, 101 = MDR 1981, 494 = DB 1981, 986 = KTS 1981, 224 = LM Nr 12 zu KO § 59; BGH WM 1984, 425, 426 = NJW 1984, 2455 = ZIP 1984, 418; BGHZ 95, 350 (= Fn 445); BGH WM 1986, 95 (= Fn 364); BGH WM 1991, 558 = NJW-RR 1991, 817 = WuB I F 1 a – 8.91 (Lwowski); Hamburg WM 1984, 254, 257; zustimmend Graf Lambsdorff/Skora, Hb BürgschaftsR, 1994, Rz 228; einschränkend Ulmer/Brandner/Hensen, 2001[9], Anh AGB-Ges §§ 9–11 Rz 262; ablehnend Tiedtke ZIP 1986, 150, 155.

458 BGH WM 2000, 1141 = ZIP 2000, 962 = NJW 2000, 2580 = WuB I F 1 a – 19.00 (Wagenknecht).

459 Hamm WM 1989, 1016 (= Fn 355); aA Köln WM 1986, 14 (Schröter) = NJW 1985, 2722 = EWiR 1986, 259 (zust Damrau) = WuB I F 1 a – 2.86 (Schröter); zur Auslegung vgl BGH ZIP 1988, 221; Tiedtke ZIP 1990, 421 f.

460 BGH WM 2004, 720 = ZIP 2004, 843 = NJW 2004, 2232 = WuB I F 1 a – 7.04 (Freitag).

f) **Verzicht auf Kündigungsrecht.** Bei einer unbefristeten Kreditbürgschaft steht dem Bürgen ein Kündigungsrecht zu[461]. Dieses Recht kann nicht durch AGB ausgeschlossen werden[462]. 93

g) **Vereinbarung der selbstschuldnerischen Haftung.** Unbedenklich ist auch die formularmäßige Vereinbarung einer selbstschuldnerischen Bürgschaft (§§ 771, 773)[463]. Der mit der formularmäßigen Übernahme einer selbstschuldnerischen Bürgschaft verbundene Verzicht auf die Einrede der Vorausklage enthält keine unangemessene Benachteiligung des Bürgen, zumal darin weder eine Abweichung noch eine Ergänzung gegenüber der gesetzlichen Regelung der §§ 765 ff liegt[464]. 94

h) **Einschränkung und Ausschluss des Rückgriffsrechts entgegen § 774 Abs 1.** Häufig in Bürgschaftsformularen anzutreffen ist auch eine Klausel, wonach die Ansprüche des Gläubigers gegen den Hauptschuldner erst dann auf den Bürgen übergehen, wenn der Gläubiger voll befriedigt ist. Eine solche Formularvereinbarung weicht von § 774 Satz 1 ab und hindert den Bürgen am Rückgriff gegen den Schuldner, solange auch nur noch ein Teil der Hauptforderung offensteht. Eine solche Klausel hält der Inhaltskontrolle nach § 307 nicht stand[465]. Die Klausel, nach der bis zur vollständigen Befriedigung des Gläubigers Zahlungen des Bürgen nur als Sicherheit gelten, ist jedenfalls dann unbedenklich, wenn der Gläubiger bei vollständiger Befriedigung zur Rückgewähr der Sicherheit verpflichtet ist[466]. Demgegenüber ist eine Klausel nicht zu beanstanden, wonach der Anspruch des Bürgen auf Übertragung nichtakzessorischer Sicherungsrechte vom Einverständnis des Sicherungsgeber abhängig ist.[467] 95

i) **Verpflichtung zur Leistung von Sicherheiten für die Bürgschaft.** Die in einer von einer Bank verwendeten formularmäßigen Bürgschaftserklärung enthaltene Klausel, der Bürge sei auf ihr Verlangen verpflichtet, **für seine Bürgschaft** eine *„ihr genehme Sicherheit“* zu leisten, zB ein Pfandrecht an Vermögensgegenständen des Bürgen zu bestellen, ist als Überraschungsklausel (§ 305 c Abs 1) unwirksam[468]. Gleiches gilt für eine Klausel, wonach der Bürge seine Gehalts- oder Rentenansprüche an den Gläubiger abtreten soll[469]. Mit dem Bürgschaftsversprechen sichert der Bürge persönlich die Hauptschuld. Eine Verpflichtung des Bürgen für die eigene Verbindlichkeit eine Sicherheit zu leisten, ist eine sachfremde Regelung, die nach § 307 Abs 2 Nr 1 zu beanstanden ist[470]. Demgegenüber begegnet AGB-Banken 1933 Nr 13 Abs 1 Satz 2 keine Bedenken. Dort wird der Bank zwar ein Anspruch auf Bestellung oder Verstärkung von Sicherheiten gegen einen Kun- 96

461 BGH WM 1985, 969 = ZIP 1985, 984 = NJW 1985, 3007 = WuB I F 1a – 5.85 (Schröter); BGH WM 1985, 1059 = ZIP 1985, 1192 = NJW 1986, 252 = WuB I F 1 a – 4.85 (Schröter); BGH WM 1986, 850 = ZIP 1986, 1240 = NJW 1986, 2308 = WuB I F 1 a – 12.86 (Sturm).

462 Ulmer/Brandner/Hensen, 2001[9], Anh AGB-Ges §§ 9–11 Rz 265.

463 Esser/Weyers, SchuldR II 1, 1998[8], § 40 III 2 S 349; Ulmer/Brandner/Hensen, 2001[9], Anh AGB-Ges §§ 9–11 Rz 262.

464 Köln WM 1989, 1500 (= Fn 217).

465 MünchKomm/Habersack § 774 Rz 5 mweit Nachw. Die Auffassung des BGH, eine solche Klausel sei dann nicht zu beanstanden, wenn die Bürgschaft sämtliche Forderungen aus der bankmäßigen Geschäftsverbindung mit dem Hauptschuldner sichert (BGHZ 92, 374, 378 ff = NJW 1985, 614; BGH WM 1986, 95 (= Fn 364); Celle ZIP 1980, 1077), dürfte überholt sein.

466 BGHZ 92, 374, 384 = WM 1984, 1630 = ZIP 1985, 18 = NJW 1985, 614 = WuB I F 1 a – 1.84 (Rehbein); BGH WM 1986, 95 = ZIP 1986, 85 = NJW 1986, 928 = WuB I F 1 a – 6.86 (Bruchner); BGH WM 1986, 1550 = DB 1987, 163 = NJW 1987, 374, 376 = WuB I F 1 a – 2.87 (Bülow); BGH WM 2001, 1060 = ZIP 2001, 914 = NJW 2001, 2327 = WuB I F 1 a – 9.01 (Felke); aA Tiedtke ZIP 1986, 150, 152, der eine solche Klausel stets für unwirksam hält.

467 BGHZ 108, 179, 183 = NJW 1989, 2530; MünchKomm/Habersack § 774 Rz 10; Graf Lambsdorff/Skora, Hb BürgschaftsR, 1994, Rz 230.

468 BGHZ 92, 295, 300 (= Fn 338); BGH WM 1989, 129, 130 = ZIP 1989, 159 = BB 1989, 245 = DB 1989, 676 = EWiR 1989, 217 (Werhahn) = WuB I F 1 a – 18.89 (Ott); BGH WM 1990, 1910, 1911 = NJW 1991, 100 = LM Nr 72 zu § 765 = ZIP 1990, 1392 = MDR 1991, 339 = WuB I F 1 a – 6.91 (Ott); vgl auch Pleyer DB 1985, 2233. Zur Auslegung einer Bürgschaft, die für einen im Rahmen eines Kreditverhältnisses zusätzlich gewährten Kredit gegeben wurde, vgl BGH WM 1980, 330 = NJW 1980, 1099 = JZ 1980, 319 = LM Nr 29 zu § 765 = DB 1980, 824.

469 SG Düsseldorf WM 1989, 1506 = NJW-RR 1989, 756 = WuB I F 1 a – 2.90 (Gößmann).

470 BGHZ 92, 295 (= Fn 338).

den eingeräumt, der für einen anderen Kunden bürgt. Die Sicherheiten sind indessen im Hinblick auf die aus der Haftungsübernahme folgende Schuld erst *mit* deren Fälligkeit einzuräumen. Auch nach AGB-Banken Nr 14 Abs 2 Satz 2 und AGB-Sparkassen Nr 21 Abs 3 Satz 3 sichert das Pfandrecht des Kreditinstituts Ansprüche gegen den bürgenden Kunden erst *mit* deren Fälligkeit. *Vor* Fälligkeit der Bürgschaftsschuld steht der Bank gegen den Bürgen kein Pfandrecht zu[471]. Gegenteilige Klauseln sind unwirksam[472]. Dazu steht die Entscheidung des OLG Zweibrücken[473] im Widerspruch, die aus der genannten Bedingung in Verbindung mit der formularmäßigen Bedingung[474] *„bis zur endgültigen Befriedigung der Bank gelten Zahlungen des Bürgen als Sicherheitsleistungen"* folgerte: Wenn die Bank die Zahlung des Bürgschaftsbetrages als Sicherheit verlangt, so gehören Einwendungen gegen die Hauptverbindlichkeit – wie bei der Gewährleistungsbürgschaft[475] – in ein späteres Rückforderungsverfahren. Deshalb gehören die von dem Bankkunden nach AGB-Banken Nr 12 Abs 5 zu tragenden Auslagen auch nicht zu den Kosten eines Rechtsstreits, den eine kreditgebende Bank gegen einen Bürgen führt, um von ihm ein Pfandrecht zur Sicherung der Bürgschaft zu erlangen[476]. Eine Frage der Vertragsauslegung ist es auch, welchen Einfluss die Verwertung anderer Sicherheiten auf die Bürgschaftsverpflichtung für den Bankkredit hat[477]. Jede Bank, die ein bereits bestehendes Sicherungsmittel für nicht ausreichend hält, will es jedenfalls bis zum Austausch gegen eine bessere Sicherheit behalten[478].

97 j) **Verpflichtung zur Leistung „auf erstes Anfordern"**. Zur Bürgschaft „Zahlung auf erstes Anfordern" vgl im Einzelnen Rz 144 ff.

98 k) **Erstreckung der Bürgschaft auf Bereicherungsansprüche**. Umfasst eine Formularbürgschaft neben Ansprüchen aus einem Darlehensvertrag ausdrücklich mit diesem Vertrag in Zusammenhang stehende Bereicherungsansprüche, so ist dies auch dann nicht ohne weiteres überraschend im Sinne von § 305 c Abs 1, wenn der Darlehensvertrag wegen überhöhter Zinsforderungen nach § 138 Abs 1 nichtig ist[479].

99 l) **Freizeichnung von Unterrichtungspflicht**. Eine Bank kann sich nicht formularmäßig vollständig davon freizeichnen, den Bürgen über den Stand der Hauptschuld zu unterrichten. Dies gilt jedenfalls dann, wenn im Falle globaler Verbürgung wegen aller Ansprüche aus bankmäßiger Geschäftsverbindung dem Hauptschuldner neue Kredite gewährt werden[480]. Eine andere Frage ist, wann die Bank im Einzelfall zur Information verpflichtet ist; sie wird fehlen, wenn der Bürge auch ohne ihre Mithilfe die Höhe der Hauptschuld feststellen kann.[481].

100 m) **Klauseln in Bankbürgschaften**. Bankbürgschaften waren früher in AGB-Banken aF Nr 13 geregelt. Die Klausel ist in den AGB-Banken seit der Neufassung 1993 nicht mehr enthalten. Bestimmen die Bürgschaftsbedingungen eine Freizeichnung für den Fall, dass der Bürge vom Gläubiger schuldhaft falsch unterrichtet wurde, dann ist diese Klausel einschränkend so zu verstehen, dass nur ein für die Entschließung des Bürgen wesentlicher Unterrichtungsmangel die Freistellung begründet[482]. Die Klausel in Bürgschaftsformularen der Banken und Sparkassen, nach der diese sich von ihrer selbstschuldnerischen Bürgschaft dadurch befreien können, dass sie anstelle ihrer Bürgschaft Geld als Sicherheit hinterlegen, ist nicht zu beanstanden, da eine Klage des Gläubigers gegen die Bank/Sparkasse auf Zustimmung zur Zahlung nicht ausgeschlossen ist[483]. Unwirksam ist dagegen eine Klausel, die den Übergang der Rechte aus der Bürgschaft ausschließt mit der Folge, dass bei einer Abtretung der Hauptforderung die Bürgschaft erlischt; eine solche

471 BGH NJW 1991, 100.
472 Ulmer/Brandner/Hensen, 2001[9], Anh AGB-Ges §§ 9–11 Rz 264.
473 WM 1985, 1291 = NJW 1986, 258 = ZIP 1985, 1195 (Stolzenburg S 1189) = JZ 1986, 39 (abl Tiedtke/Reinicke) = EWiR 1985, 671 (K Schmidt) = JuS 1986, 232 (K Schmidt) = WuB I F 1 a – 6.85 (Schröter).
474 S dazu § 774 Rz 193.
475 S dazu Rz 40 vor § 765.
476 BGH WM 1989, 129, 130 (= Fn 468).
477 BGH WM 1977, 334.
478 BGH WM 1977, 837.
479 BGH WM 1992, 135 (= Fn 91).
480 Graf Lambsdorff/Skora, Hb BürgschaftsR, 1994, Rz 234.
481 BGH WM 1986, 95 (= Fn 364).
482 BGH WM 1980, 773 (= Fn 175).
483 BGH NJW 1986, 1038.

Klausel verstößt im Hinblick auf die nicht einfach zu durchschauenden rechtlichen Konsequenzen gegen das Transparenzgebot (§ 307 Abs 1 Satz 2)[484]. Die Klausel, wonach der Bürge (Bank/Sparkasse) auf die Einreden der Anfechtbarkeit, der Aufrechnung und Vorausklage (§§ 770, 771) verzichtet, ist nicht unwirksam, weil das Avalgeschäft für die bürgende Bank ein vertrauter Gegenstand ihres Handelsgewerbes ist und zudem der Verzicht auf die Rechte aus § 770 Abs 2 auch für den Fall, dass der Hauptschuldner rechtskräftig festgestellte oder unstreitige Gegenforderungen hat, weit geringere Risiken birgt, als die Verpflichtung *„auf erstes Anfordern"* zu zahlen[485]. Dagegen spricht die neuere Rechtsprechung des BGH[486]; denn die von BGH angestellten Erwägungen zum Schutz des Bürgen sind bei einer Bank nicht einschlägig. Auch der Rechtsgedanke des § 309 Nr 3 (früher: AGB-Ges § 11 Nr 3) kommt bei einer Bank nicht zur Anwendung. Deshalb ist ein Verzicht weiterhin möglich.

Der Verzicht umfasst allerdings nicht den Einwand unzulässiger Rechtsausübung[487]. Eine Klausel, wonach ein gegebenenfalls bestehender Kredit mit dem neu zu gewährenden Kredit getilgt werden soll, ist nach Ansicht des BGH[488] im Sinne von § 305c Abs 1 überraschend und verstößt überdies gegen § 307. **101**

VI. Rechte und Pflichten aus dem Bürgschaftsvertrag

1. Pflichten des Gläubigers

Schrifttum. Eisenhardt, Sorgfaltsverpflichtungen des Gläubigers dem Bürgen gegenüber, MDR 1968, 541; Knütel, Zur Frage der sog Diligenzpflichten des Gläubigers gegenüber dem Bürgen, in: Festschr für Flume I, 1978, S 559; Lutz, Die Sorgfaltspflichten des Gläubigers gegenüber dem Bürgen – dargestellt anhand der Aufklärungspflichten, Diss Berlin 1984; Pfeiffer, Nebenpflichten des Bürgschaftsgläubigers gegenüber dem Bürgen, Diss Gießen 1991; Fichtenbauer, Bürgschaftsrecht. Auskunftspflicht als Nebenpflicht des Gläubigers gegenüber dem Bürgen, Diss Gießen 1995.

a) **Hauptpflicht.** Grundsätzlich treffen den Gläubiger keine Verbindlichkeiten gegenüber dem Bürgen, insbesondere keine allgemeine Sorgfaltspflicht (Diligenzpflicht) bei der Beitreibung der Hauptforderung (*culpa in exigendo*)[489]. **102**

b) **Nebenpflichten.** – aa) **Sorgfaltspflichten bei Vertragsschluss und Freizeichnung.** **103**
Obwohl den Gläubiger grundsätzlich keine besondere Sorgfaltspflicht trifft[490], so muss er doch bei Abschluss des Bürgschaftsvertrages die üblichen Pflichten einhalten, die aus dem bei der Anbahnung von Vertragsbeziehungen entstehenden Vertrauensverhältnis hergeleitet werden (§ 311 Abs 2)[491]. Weil das Risiko, aus der Bürgschaft in Anspruch genommen zu werden, allgemein bekannt und es zudem durch die Schriftform offengelegt ist, obliegen dem Gläubiger gegenüber dem künftigen Bürgen grundsätzlich keine Sorgfaltspflichten, insbesondere keine Pflicht zur Aufklärung über den Umfang seines Risikos[492]. Der Gläubiger muss seine Einschätzung des Bürgschaftsrisikos dem allein vom Hauptschuldner unterrichteten Bürgen nicht erläutern, auch wenn er dessen günstigere Beurteilung des Risikos erkannt hat[493]. Er kann davon ausgehen, dass der Bürge sich über die für seine Entschließung maßgeblichen Umstände, insbesondere auch die Wahrscheinlichkeit, in Anspruch genommen zu werden, ausreichend informiert hat[494]. Eine Ausnahme von diesem Grundsatz hat die Rechtsprechung zunächst nur für den Fall zugelassen, dass der Bürgschaftsgläubiger durch sein Verhalten und auch für ihn erkennbar einen Irrtum des Bür-

484 BGHZ 115, 177, 185 = WM 1191, 1869 = ZIP 1991, 1350 = NJW 1991, 3025 = WuB I F 1a – 2.92 (Horn).
485 BGH NJW 1984, 2455 = ZIP 1984, 418.
486 BGH WM 2003, 669 = ZIP 2003, 621.
487 BGH NJW 1991, 2908.
488 BGHZ 95, 350 (= Fn 445).
489 Motive II, S 678f; Protokolle II, S 481; Esser/Weyers, SchuldR II 1, 1998[8], § 40 II 4, S 347.
490 S hierzu Rz 104.
491 BGH NJW-RR 1992, 1005 (= Fn 177); Staud/Horn (1997) § 765 Rz 119, 120, 179ff.
492 BGH WM 1976, 108, 110, 111; BGH WM 1984, 1394; BGH WM 1987, 1481, 1483 (= Fn 322); Zweibrücken WM 1984, 1392, 1393.
493 BGH WM 1987, 1481, 1483 (= Fn 322).
494 BGH WM 1987, 1481 (= Fn 322).

gen über dessen erhöhtes Risiko veranlasst hatte. War dies nicht der Fall, so ist der Gläubiger nicht verpflichtet, die eigene Einschätzung des Risikos zu offenbaren oder sich auch nur über den Wissensstand des künftigen Bürgen zu unterrichten[495]. Dies gilt auch, wenn die Bürgschaft aufgehoben und durch eine Grundschuldhaftung des bisherigen Bürgen für die Verbindlichkeiten des Hauptschuldners ersetzt werden soll[496]. Dies wurde jedoch als zu eng kritisiert[497]. Mittlerweile geht die Rechtsprechung davon aus, dass es auf die Veranlassung des Irrtums durch den Gläubiger nicht ankommt. Vielmehr kann eine Aufklärungs- und Warnpflicht des Gläubigers nach Treu und Glauben bereits dann bestehen, wenn wegen besonderer Umstände des Einzelfalles davon auszugehen ist, dass der künftige Vertragspartner nicht hinreichend unterrichtet ist und die Verhältnisse nicht durchschaut[498]. So ist der Gläubiger verpflichtet denjenigen, der eine Bürgschaft übernimmt, nachdem er es abgelehnt hat, zur Absicherung der Forderung eine Grundschuld an seinem Grundstück als seinem einzigen nennenswerten Vermögensgegenstand zu bestellen, darauf hinzuweisen, dass die Bürgschaft im wirtschaftlichen Ergebnis den Zugriff auf das Grundstück ebenso ermöglicht wie eine dingliche Belastung, wenn für ihn erkennbar ist, dass der Bürge dies nicht weiß[499]. Diese Grundsätze gelten auch für einen ausländischen Bürgen[500]. Ausnahmen ergeben sich nach Ansicht des OLG Köln auch dann nicht, wenn der Hauptschuldner bereits vor der Hereinnahme der Bürgschaft den ihm gesteckten Kreditrahmen überschritten hatte, wenn lediglich zwei Schecks des Hauptschuldners zu Protest gegangen sind, wenn der Bürge zum Zeitpunkt der Übernahme der Bürgschaft bereits langjähriger Bankkunde war oder wenn sich – ohne dass ein besonderer Vertrauenstatbestand geschaffen worden wäre – die Prognose des Bankmitarbeiters über die wirtschaftliche Entwicklung des Unternehmens des Hauptschuldners und über das Risiko einer Inanspruchnahme aus der Bürgschaft anschließend als unzutreffend herausstellt[501]. Eine Bank, die für die Endfinanzierung der Beteiligung an einem Bauherrenmodell den Schuldbeitritt der Lebensgefährtin des Darlehensnehmers verlangt, ist im Regelfall nicht verpflichtet, diese auf die allgemeinen Risiken hinzuweisen, die sich aus Veränderungen in der eigenen Sphäre der Schuldner ergeben (zB Trennung, Tod eines Partners, Krankheit, Einkommensverluste oder Wertverlust des Grundstücks)[502]. Allerdings besteht eine Aufklärungspflicht der Bank gegenüber dem Bürgen hinsichtlich der Höhe der Nebenkosten des dem Hauptschuldner gewährten Kredits[503]. Der Gläubiger darf keine falschen Angaben über die Verhältnisse des Schuldners machen und nicht auf Befragen Wesentliches verschweigen[504]. Hat der Gläubiger dem Bürgen bei Abschluss des Bürgschaftsvertrages zutreffend über die Bonität des Hauptschuldners Auskunft gegeben, dann kann bei später eintretender ungünstiger Entwicklung in dessen wirtschaftlicher Lage aus der Auskunft nicht ein Verschulden bei Vertragsschluss hergeleitet werden[505]. Hat der Hauptschuldner als Dritter im Sinne des § 123 Abs 2 den Bürgen durch Täuschung zur Übernahme der Bürgschaft bewogen und kennt der Gläubiger diese Täuschung des Hauptschuldners nicht, beruht diese Unkenntnis jedoch auf Fahrlässigkeit, dann kann sich für den Gläubiger *in contrahendo* die Sorgfaltspflicht ergeben, den Bürgen bei Annahme der Bürgschaftserklärung zu befragen, ob die Bürgschaft auch in Ordnung geht[506]. In solchen Fällen kann der Gläubiger sogar zu einer Nachforschung verpflichtet sein[507]. Deshalb kann der Bürge, der durch ein vom Gläubiger beigebrachtes unrichtiges Vertragsformular über die Rechtsnatur der zu si-

495 BGH WM 1986, 11, 12 = NJW-RR 1986, 210 = WuB I F 1a – 3.86 (Wolff); BGH WM 1987, 1481, 1483 (= Fn 322).
496 BGH WM 1987, 853, 857 = WuB I F 3 – 16.87 (Blaurock).
497 Pfeiffer WuB I F 1a – 1.00 mweitNachw.
498 BGH WM 1996, 475 = ZIP 1996, 499 = NJW 1996, 1206 = WuB I F 1c – 2.96 (Batereau); Stuttgart OLGR Stuttgart 2001, 242.
499 BGH WM 1999, 1614 = ZIP 1999, 1345 = NJW 1999, 2814 = WuB I F 1a – 1.00 (Pfeiffer).
500 BGH WM 1997, 1045 = ZIP 1997, 1058 = NJW 1997, 3230 = WuB I F 1a – 16.97 (Moritz).
501 Köln WM 1990, 1616, 1617 (= Fn 190).
502 BGH NJW 1990, 1034 = NJW-RR 1990, 544 = DB 1990, 1031 = ZIP 1990, 444.
503 Düsseldorf DB 1973, 1236, 1237.
504 RGZ 91, 80, 81; RG HRR 1938 Nr 1459; Stuttgart JW 1934, 2176; vgl auch München WM 1984, 469, 472.
505 BGH WM 1989, 667, 669 = ZIP 1989, 629 = NJW 1989, 1605 = EWiR 1989, 567 (Tiedtke).
506 BGH NJW-RR 1992, 1005 (= Fn 177).
507 BGH NJW-RR 1992, 1005 (= Fn 177).

chernden Forderung und damit über das Bürgschaftsrisiko getäuscht wird, gegebenenfalls vom Gläubiger wegen Verschuldens bei Vertragsschluss Befreiung von der Bürgschaft verlangen[508]. Doch wird er nur frei, wenn er sich bei Kenntnis der Sachlage nicht verbürgt hätte[509]. Allerdings besteht nur ausnahmsweise eine allgemeine Offenbarungspflicht[510]. Eine solche wird zB in Betracht kommen, wenn der Gläubiger erkennen musste, dass die Übernahme der Bürgschaft für den Bürgen nicht ungefährlich ist[511], zB bei Kreditunwürdigkeit des Hauptschuldners wegen Scheckbetrügereien[512] oder wenn dieser geschäftsunerfahren ist[513]. Auch über das Risiko der Bürgschaft darf der Gläubiger nicht hinwegtäuschen[514]; er muss auch über einen von ihm selbst veranlassten diesbezüglichen Irrtum aufklären[515]. Der Gläubiger ist verpflichtet den Bürgen, für den bei Übernahme der Bürgschaft bestimmte Erwartungen offensichtlich von entscheidender Bedeutung sind, darüber aufzuklären, dass er bei der Abgabe der Bürgschaftserklärungen von einer falschen Voraussetzung ausgeht[516]. Ein Kreditinstitut haftet aus Verschulden bei Vertragsschluss, wenn es als Gläubiger insbesondere gegenüber einem erkennbar geschäftsungewandten Bürgen Art und Umfang der Bürgenhaftung bagatellisiert, das Risiko des Bürgen verniedlicht und dadurch seine Willensentschließung beeinflusst[517]. Zur möglichen Sittenwidrigkeit des Bürgschaftsvertrags bei Bagatellisierung des Bürgschaftsrisikos, vgl oben Rz 40.

Eine Hinweispflicht des Kreditinstituts auf das unbegrenzte Haftungsrisiko besteht, wenn es **104** einem Kunden einen der Höhe nach begrenzten Kontokorrentkredit einräumt und als Sicherheit von einem Angehörigen eine Bürgschaft „ohne betragsmäßige Beschränkung" verlangt; eine solche Klausel kann „überraschend" im Sinne von § 305 c Abs 1 (früher: AGB-Ges § 3) sein[518]. Doch braucht der Gläubiger nicht zu prüfen, ob sich das Bürgschaftsrisiko dessen, der eine „Anzahlungsbürgschaft" übernommen hat und weitere zu übernehmen bereit ist, in der Zwischenzeit erhöht hat[519]. Auch muss der Gläubiger nicht selbst die Kreditwürdigkeit des Schuldners prüfen[520] oder den Bürgen von sich aus vor Abschluss des Vertrages über die finanzielle Lage des Schuldners aufzuklären[521]. Etwas anderes gilt nur bei Übernahme einer besonderen Sorgfalt[522]. Der Bürge ist dem Gläubiger gegenüber nicht verpflichtet, sich hinreichende Unterlagen über die Kreditwürdigkeit des Schuldners zu verschaffen[523]. Für Pflichtwidrigkeiten des Hauptschuldners, die der Gläubiger durch mangelnde Beaufsichtigung ermöglicht hat, braucht der Bürge nicht einzustehen[524]. Ein Mitverschulden *in contrahendo* des Bürgen ist über § 254 zu berücksichtigen[525], so dass der Bürge in diesen Fällen nur teilweise leistungsfrei ist.

Eine Freizeichnung des Gläubigers in AGB wegen schuldhaft falscher Unterrichtung führt nicht **105** zur Entlassung des Bürgen aus der Haftung, wenn die unrichtige Erklärung für die Bürgschaftsübernahme nicht ursächlich war und die Haftung des Bürgen nicht berührt[526].

bb) **Sorgfaltspflichten allgemein**. Auch eine allgemeine Sorgfaltspflicht des Gläubigers be- **106** steht nicht[527]. So ist der Gläubiger nicht verpflichtet, die Verwendung des Kredits zu kontrollieren

508 BGH WM 1968, 398 (= Fn 177); BGH WM 1974, 8, 10 (= Fn 168).
509 BGH WM 1980, 773 (= Fn 175). S hierzu auch Rz 22.
510 RG HRR 1930 Nr 1212 = SeuffA 84 Nr 174 S 292; RG JW 1933, 2836.
511 RG Recht 1929 Nr 2347 = HRR 1930 Nr 213 = LZ 1930, 179 Nr 1.
512 Hamm ZIP 1982, 1061 = MDR 1982, 578 = BB 1982, 1512.
513 BGH WM 1974, 1129, 1130.
514 RG HansRGZ 1933 B 266.
515 BGH WM 1966, 944; BGH WM 1968, 398 (= Fn 177); BGH WM 1978, 924; BGH WM 1983, 499, 500 (= Fn 316); Hamm WM 1984, 829.
516 BGH WM 2001, 1775 = ZIP 2001, 1678 = NJW 2001, 3331.
517 Celle WM 1988, 1436, 1438 = WuB I F 1 a – 2.89 (Gößmann).
518 BGH WM 1984, 82.
519 BGH WM 1978, 924.
520 RG LZ 1933, 1335.
521 Hamburg MDR 1965, 741; LG München WM 1982, 678.
522 BGH WM 1967, 366; KG WM 1982, 405.
523 Auch der Staat als Bürge nicht; BGH WM 1962, 1393 = DB 1963, 197.
524 Schw BG JW 1929, 469 (Reichel).
525 RG Recht 1929 Nr 2347 = LZ 1930, 179 Nr 1 = HRR 1930 Nr 213; RG HRR 1935 Nr 926.
526 BGH WM 1980, 773 (= Fn 175).
527 RG HRR 1933 Nr 1007; BGH WM 1963, 24 = BB 1963, 111 = BlGenW 1963, 58.

und gegen dessen zweckfremde Verwendung einzuschreiten[528], auch nicht, dem Bürgen von der Zwangsvollstreckung gegen den Schuldner Nachricht zu geben[529], sofern sich nicht eine Benachrichtigungspflicht aus besonderen Rechtsbeziehungen der Parteien ergibt[530]. § 1166 ist nicht entsprechend anzuwenden. Der Gläubiger braucht den Bürgen auch nicht von Zeit zu Zeit an die noch unerledigte Bürgschaft zu erinnern[531] oder ihn von einem Zahlungsverzug des Schuldners oder von einer diesem gewährten Stundung zu benachrichtigen[532]. Es besteht auch keine allgemeine Pflicht, bei dem Vorgehen gegen den Schuldner auf die Interessen des Bürgen Rücksicht zu nehmen[533]. Gleichwohl muss der Gläubiger gegenüber dem Bürgen Treu und Glauben (§ 242) wahren[534]. Verstößt der Gläubiger gegen Treu und Glauben, so kann der Bürge die Erfüllung des Vertrags verweigern; unter Umständen besteht auch eine Schadensersatzpflicht des Gläubigers[535]. Hat der Gläubiger die Verwertung von Sicherungsgut, das der Hauptschuldner ihm übertragen hatte, trotz günstiger Angebote unterlassen, so kann ein Schadensersatzanspruch bestehen, der die Einrede des Bürgen aus § 770 Abs 2 begründet[536].

107 Aus dem Grundsatz von Treu und Glauben kann sich bei einer Kreditbürgschaft eine Benachrichtigungspflicht des Gläubigers ergeben, wenn das Konto des Hauptschuldners über den Rahmen des gewöhnlichen Geschäftsverkehrs hinaus belastet wird[537]. Auch auf fahrlässiges Verhalten des Gläubigers kann sich der Bürge uU berufen, zB darauf, der Gläubiger habe die Erhaltung mithaftender Gegenstände vernachlässigt[538], einen Pfandbruch nicht verhütet[539], sicherungshalber abgetretene Forderungen trotz Hinweises lässig eingezogen[540], eine ihm von anderer Seite angebotene Befriedigung grundlos zurückgewiesen[541] oder einen Gesamtschuldner aus der Haftung entlassen[542].

108 Ein Verstoß gegen Treu und Glauben ist auch anzunehmen, wenn der Gläubiger den Bürgen eines Angestellten für Forderungen belangt, deren Entstehung er selbst durch grobe Fahrlässigkeit herbeigeführt hat[543]. Doch ist der Gläubiger dem Bürgen eines Kassenbeamten gegenüber zur Kontrolle der Kassenführung nur bei Vorliegen besonderer Umstände verpflichtet[544]. Für Unterschlagungen des Hauptschuldners, wie überhaupt für Schulden, deren Entstehung, Vergrößerung oder Nichtbeitreibbarkeit der Gläubiger verschuldet hat, haftet der Bürge nicht[545]. Der Gläubiger kann dem Schuldner stunden[546]. Jedoch wird der Bürge frei, wenn er nachweist, dass vor der Stundung die Vermögensverhältnisse des Schuldners so gut waren, dass er wegen seiner Ersatzforderung befriedigt wäre[547].

109 Der Gläubiger braucht nicht seine für die verbürgte Forderung bestehende Hypothek in der Zwangsversteigerung auszubieten[548]. Der Bürge hat auch keinen Anspruch darauf, dass der Gläubiger bei drohendem Vermögensverfall des Hauptschuldners die Forderung unverzüglich einzieht[549]. Im Fall der Insolvenz des Darlehensschuldners ist der Gläubiger dem Bürgen gegenüber

528 BGH WM 1963, 1302 = BlGenW 1964, 9.
529 RGZ 65, 134, 136 f und 397; RG SeuffA 70 Nr 103 = WarnR 1915 Nr 17; RG JW 1916, 398, 400.
530 RG WarnR 1916 Nr 129.
531 RG Recht 1914 Nr 921 = WarnR 1914 Nr 155.
532 München JW 1918, 59.
533 Motive II, S 678 f; Protokolle II, S 481; RGZ 87, 327, 328; RGZ 88, 410, 411; RG JR 1927 Nr 1109; vgl aber Flad LZ 1918, 542; BGH WM 1994, 1064, 1066 (= Fn 318).
534 RGZ 143, 118, 123 mNachw; RG JW 1937, 3104; Esser/Weyers, SchuldR II 1, 1998[8], § 40 II 4, S 347 f.
535 RGZ 87, 327, 328; BGH WM 1960, 51 = BB 1960, 70; WM 1961, 392 = BB 1961, 383.
536 BGH NJW 1966, 2009, 2010 = WM 1966, 756, 757 = LM Nr 1 zu § 776 = MDR 1966, 924 = BB 1966, 800.
537 RG HRR 1930 Nr 1912 mNachw.
538 RG JW 1905, 720 = SeuffA 61 Nr 108.
539 RG HRR 1930 Nr 610.
540 RG WarnR 1931 Nr 136.
541 Zweibrücken OLG 34 (1915), 84.
542 RG SeuffA 89 Nr 83 = WarnR 1935 Nr 21 = JW 1935, 690 – LS; SeuffA 91 Nr 100 = WarnR 1937 Nr 70.
543 RG HansGZ 1911 B 291 Nr 192.
544 Kiel SchlHA 1914, 217; vgl jedoch auch RG JW 1937, 3104.
545 Reichel JW 1929, 469.
546 Hamburg Recht 1911 Nr 714.
547 Reimer JW 1926, 1946.
548 RGZ 88, 410, 411.
549 Kassel JW 1938, 524.

nicht verpflichtet, die Fälligkeit des Darlehens herbeizuführen oder dessen Tilgung dem Bürgen zu gestatten[550]. Nimmt der Gläubiger auf Wunsch eines Bürgen weitere Sicherheiten entgegen, so wird er allein dadurch nicht gegenüber dem Bürgen verpflichtet, dafür zu sorgen, dass diese Sicherheiten wirksam bestellt werden[551]. Der Gläubiger ist auch nicht verpflichtet, einen zur Mithaftung bereiten Dritten über die Rechte aufzuklären, von denen er annehmen darf, dass sie dem Dritten bekannt sind[552].

Auch aus der Einrede der Vorausklage (§ 771) lässt sich keine Sorgfaltspflicht des Gläubigers zur alsbaldigen Einziehung bei Fälligkeit herleiten[553]. Unterlassung der Klageerhebung enthält keine Verletzung der Sorgfaltspflicht[554]. Ebensowenig ist dies anzunehmen, wenn der Hypothekengläubiger es unterlässt, nach § 1134 der Versteigerung des Inventars zu widersprechen, selbst wenn der Bürge für die Hypothekenforderung auf dieses Recht und die durch die Nichtausübung dieses Rechts drohende Verminderung der Sicherheit der Hypothekenforderung aufmerksam gemacht hat[555], oder eine anderweitige Deckungsmöglichkeit wahrzunehmen[556]. Auch die Übernahme des Delkredere verpflichtet den Gläubiger nicht zur Sorgfalt gegen den Übernehmer[557]. Die Unterlassung der Ausübung der dem Gläubiger bei der Sicherungsübereignung eines Warenlagers eingeräumten Kontrollrechte befreit den Bürgen nicht[558]. Hat sich der Gläubiger dem Bürgen gegenüber verpflichtet, die Hypothek durch gewisse Maßnahmen sicher zu machen, so wird der Bürge frei, wenn der Gläubiger diese Handlung unterlässt und dadurch den Ausfall der Hypothek herbeiführt[559]. **110**

Bei der Ausfallbürgschaft[560] besteht für den nach Abzug der Konkursdividende verbleibenden Betrag eine Sorgfaltspflicht[561]. Den Ausfall, den der Gläubiger durch nachlässige Beitreibung gegen den Hauptschuldner[562] oder dadurch verschuldet hat, dass er einen Wechsel des Hauptschuldners gegen andere zahlungsfähige Mitverpflichtete nicht geltend gemacht und die von diesen angebotene Deckung nicht angenommen hat, kann er nicht verlangen[563]. **111**

Der Grundsatz von Treu und Glauben ist insbesondere bezüglich der Begrenzung des Umfangs einer Bürgschaftsverpflichtung und hinsichtlich der Ausgestaltung der den Gläubiger treffenden Nebenpflichten (Treue- und Sorgfaltspflichten) von Bedeutung[564]. So kann der Bürge im Hinblick auf die Akzessorietät der Bürgschaft vom Gläubiger – auch noch nach Rückzahlung des Darlehens durch den Hauptschuldner – auf dessen Kosten eine Kopie des Darlehensvertrages verlangen, für den er sich verbürgt hat[565]. Vielfach handelt es sich bei den Nebenpflichten nur um Obliegenheiten[566], die im Allgemeinen weder klagbar noch durch Schadensersatzansprüche sanktioniert sind[567]. Insbesondere kann die Tatsache, dass eine Bank die Bonität eines Bürgen vor der Abgabe seiner Bürgschaftserklärung nicht prüft, nicht als Sittenverstoß angesehen werden, auch wenn der Bürge ein Angehöriger des Hauptschuldners ist[568]. Im Übrigen äußert § 242 auch im Bürgschaftsverhältnis seine Wirkungen. So treffen den Gläubiger bei der Ausfallbürgschaft in erhöhtem Maße **112**

550 RG SeuffA 70 (1915) Nr 233.
551 BGH WM 1994, 1064, 1067 (= Fn 318).
552 BGH WM 1996, 475, 476 = NJW 1996, 1206 = ZIP 1996, 499 = MDR 1996, 486 = BB 1996, 605 = LM Nr 1 zu § 276 (F) = WiB 1996, 500 (Seeker) = KTS 1996, 391 = WuB I F 1c – 2.96 (Batereau).
553 RG Recht 1907 Nr 3493.
554 München JW 1918, 59.
555 Kiel SchlHA 1906, 328, 329 f.
556 RG SeuffA 69 (1913) Nr 6.
557 Stuttgart Recht 1913 Nr 2066.
558 RG HRR 1927 Nr 1109.
559 RG HansGZ 1907 B 48 Nr 35.
560 Vgl Rz 33 ff vor § 765.
561 RG Recht 1908 Nr 3782; BGH WM 1961, 392 = BB 1961, 383.
562 RGZ 87, 327 ff
563 Zweibrücken OLG 34 (1915), 84; vgl auch BGH WM 1958, 218, 219.
564 Vgl Soergel[12]/Teichmann § 242 Rz 134 ff, 143; vgl RG JW 1937, 3104; RG SeuffA 92 Nr 148 = HRR 1938 Nr 510; Kiel SeuffA 69 (1911) Nr 245 S 458 f.
565 LG Köln NJW-RR 1990, 1074 f.
566 S Rz 7 f vor § 241.
567 RGZ 145, 167, 169. Vgl § 776 Rz 14.
568 BGHZ 106, 269, 272 = WM 1989, 245 = ZIP 1989, 219 = NJW 1989, 830 = WuB I F 1 a – 12.89 (Schröter); Steinmetz NJW 1991, 881, 886.

Sorgfaltspflichten[569]; generell hat er Pfänder, die der Schuldner zugleich mit der Bürgschaft gestellt hat, zu überwachen[570]. Veranlasst der Gläubiger den Hauptschuldner, die Schuld nicht zu bezahlen, so steht der Bürgschaftsforderung grundsätzlich die Einrede der Arglist entgegen[571]. Der BGH betont zwar im Anschluss an die Motive[572], dass außerhalb der in § 776 getroffenen Regelung[573] grundsätzlich keine allgemeine Sorgfaltspflicht des Gläubigers gegenüber dem Bürgen – weder eine Aufklärungspflicht noch eine Pflicht, sich über den Wissensstand des Bürgen zu unterrichten, – besteht[574]. Jedoch hat der BGH[575] in ständiger Rechtsprechung Ausnahmen von diesem Grundsatz zugelassen, zB dann, wenn der Gläubiger schuldhaft einen Irrtum des Bürgen über den Umfang seines Bürgschaftsrisikos veranlasst hat[576]. Entgegen *Eisenhardt*[577] betreffen diese Ausnahmen nur Fallgestaltungen, bei denen aufgrund des Verhaltens des Gläubigers ein Verstoß gegen Treu und Glauben zu bejahen war. Dies gilt vor allem auch für das Verhalten des Gläubigers beim Abschluss des Bürgschaftsvertrages[578]. Die einseitige, wenn auch erkennbare Erwartung des Bürgen, er werde nach der Übernahme der Bürgschaft nicht in Anspruch genommen, weil er mit der Erfüllung der verbürgten Verbindlichkeit durch den Hauptschuldner rechnet, ist kein rechtserheblicher Irrtum[579]. Im Übrigen braucht der Gläubiger auch beim Vorgehen gegen den Hauptschuldner nicht auf die Interessen des Bürgen Rücksicht zu nehmen[580]. Daher ist der Gläubiger auch nicht zur Unterrichtung des Bürgen verpflichtet, ehe er das ihm von dem Hauptschuldner übereignete Sicherungsgut veräußert[581]. Auch ist es für die Haftung des Bürgen unerheblich, ob der Hauptschuldner bei Übernahme der Bürgschaft bereits überschuldet war; jedenfalls trifft den Gläubiger insoweit keine Aufklärungspflicht[582], insbesondere wenn er davon ausgehen kann, dass der Bürge als naher Verwandter des Hauptschuldners dessen Vermögensverhältnisse kennt[583]. Bei einer Anzahlungsbürgschaft besteht keine Prüfungspflicht[584]. Außer aus arglistigem Verhalten kann sich die Sorgfaltspflicht des Gläubigers aus einer besonderen Zusage ergeben, zB bei einer Verpflichtung einer Bank gegenüber dem Bürgen, den Hauptschuldner nicht das Kreditlimit überschreiten zu lassen[585]. Unter Umständen kann auch bei fahrlässigem Verhalten ein Verstoß gegen Treu und Glauben vorliegen, zB wenn bei einer Bürgschaft auch für alle künftigen Darlehensverbindlichkeiten der Gläubiger weitere Darlehen gewährt, obwohl ihm die beengten finanziellen Verhältnisse des Hauptschuldners bekannt waren und dieser nicht die vereinbarten Raten zwecks Abzahlung des ersten Darlehens geleistet hatte[586]. Kritisch zur Verwerfung der Diligenzpflichten des Gläubigers durch die Verfasser des BGB äußert sich *Knütel*[587], der in § 776 eine Fürsorgepflicht des Gläubigers besonders geregelt sieht und sich für eine erweiternde Anwendung dieser Vorschrift sowie allgemein für eine Informations- und Auskunftspflicht des Gläubigers gegenüber dem Bürgen ausspricht. Auch in der Rechtsprechung ist eine Tendenz zur Erweiterung

569 BGH WM 1961, 392 = BB 1961, 383; RGZ 87, 327, 328; RG HRR 1930 Nr 212.
570 RG HRR 1930 Nr 212.
571 BGH LM Nr 10 zu § 765 = MDR 1966, 98.
572 Motive II, S 678.
573 S § 776 Rz 1.
574 BGH WM 1963, 24; BGH WM 1968, 398 (= Fn 177); BGH WM 1974, 1129, 1130 = LM Nr 20 zu § 765 = MDR 1975, 135 = KTS 1975, 120; BGH WM 1974, 8, 10 (= Fn 168); BGH DB 1976, 1714; BGH WM 1980, 330 mweitNachw (= Fn 468); BGH WM 1991, 1154, 1156 = ZIP 1991, 787 = NJW 1991, 2015 = WuB I F 1a – 14.91 (H P Westermann) mweitNachw; BGH WM 1992, 391, 393 mweitNachw (= Fn 120); ebenso Kiel SchlHA 1914, 217, 218f mweit Nachw; Zweibrücken WM 1984, 1392, 1393; Celle WM 1988, 1436, 1438 = WuB I F 1a – 2.89 (Gößmann); München WM 1989, 601 = WuB I F 1a – 15.89 (Gößmann); abweichend wohl LG Köln BB 1962, 732 (zust MünchKomm²/Pecher § 765 Rz 40).
575 Vgl dazu auch Rehbein, Festschr für Werner S 705.
576 BGH WM 1974, 8, 10 (= Fn 168); BGH NJW 1980, 1035, 1036; BGH WM 1987, 1481, 1483 (= Fn 322); ebenso Zweibrücken WM 1984, 1392, 1393; LG Hamburg ZIP 1988, 1538 = EWiR 1988, 1079f (Frankenheim).
577 MDR 1968, 541.
578 S hierzu Rz 103.
579 BGH WM 1987, 1481, 1483 (= Fn 322).
580 RGZ 87, 327, 328; BGH BB 1960, 70; Karlsruhe WM 1979, 981: Zuwarten mit der Offenlegung einer Globalzession des Hauptschuldners.
581 Zweibrücken MDR 1982, 577.
582 Vgl RG HRR 1938 Nr 1459.
583 LG Duisburg WM 1992, 488, 489 = NJW-RR 1992, 1009, 1010 = WuB I F 1a – 9.92 (v Rottenburg).
584 S Rz 57 vor § 765.
585 BGH WM 1971, 614 = Warn 1971 Nr 37.
586 München NJW 1976, 1096.
587 Festschr für Flume I S 559.

der Pflichten des Gläubigers erkennbar. Doch wird zutreffend schon mit Rücksicht darauf, dass unterschiedliche Interessen vorliegen können, auf die Besonderheiten der Fallgestaltung abgestellt. So können auch bei der Schuldübernahme besondere Umstände des Einzelfalles eine Haftung des Gläubigers gegenüber dem Schuldübernehmer wegen Verletzung vertraglicher Nebenpflichten begründen, wenn der im Innenverhältnis zwischen Alt- und Neuschuldner verfolgte Zweck der Schuldübernahme nicht erreicht wird[588]. Der selbstschuldnerisch haftende Bürge kann sich mangels entsprechender Abreden im Bürgschaftsvertrag dem Gläubiger (einem eV) gegenüber nicht darauf berufen, dass dieser entgegen seinen Statuten den inzwischen insolvent gewordenen Hauptschuldner nicht früher in Anspruch genommen habe[589].

2. **Rechte des Bürgen**. Dem Bürgen stehen alle Einwendungen und Einreden aus dem Bürgschaftsvertrag als solchem und seiner Anbahnung zu, beispielsweise Nichtigkeits- und Anfechtungsgründe, Verschulden des Gläubigers bei Vertragsschluss[590], Aufrechnung mit eigenen Ansprüchen gegen den Gläubiger[591], Verjährung der Bürgschaftsforderung, Zurückbehaltungsrecht (§ 273) wegen eigener, mit der Bürgschaft zusammenhängender Forderungen gegen den Gläubiger, Verwirkungseinwand, Berufung auf einen Wegfall der Geschäftsgrundlage (§ 313) oder im Falle eines gegenseitig verpflichtenden Bürgschaftsvertrages[592] die Rechte aus den §§ 320 ff[593]. Treuwidrig kann auch die Inanspruchnahme des erkennbar von Anfang nicht leistungsfähigen Bürgen sein, auch wenn die Bürgschaft nicht sittenwidrig ist. Ferner stehen dem Bürgen die mit der Einrede der Vorausklage (§ 771) verbundenen Rechte zu, sowie die Geltendmachung der dem Hauptschuldner nach §§ 768, 770 zustehenden Einreden[594]. **113**

Die Bürgschaftsforderung **verjährt** als ein selbständiger Anspruch in drei Jahren (§ 195)[595]. Die Verjährung beginnt mit der Fälligkeit der Bürgschaftsforderung, die mit der Hauptschuld fällig wird (BGH WM 2004, 371 = NJW-RR 2004, 1190, 1191; unentschieden Köln WM 2006, 1248), es sei denn, der Bürge hat vereinbarungsgemäß erst nach Aufforderung zu zahlen (München WM 2006, 1813). Der Ablauf der Verjährungsfrist der Bürgenhaftung wird durch den Neubeginn der Verjährung der Hauptforderung (§ 212) nicht berührt[596]. Auf eine Verjährung der Hauptforderung kann sich der Bürge nach § 768 berufen; er muss aber auch einen Neubeginn dieser Verjährung (§ 212) gegen sich gelten lassen[597]. **114**

3. **Pflichten des Bürgen**

Schrifttum: F i t z , Zur Haftung und Information des Bürgen bei Kreditprolongation, ÖBA 1994, 207.

a) **Hauptpflichten des Bürgen**. – aa) **Inhalt**. Der Bürgschaftsvertrag begründet im Regelfall eine einseitige Verbindlichkeit des Bürgen[598], der sie in der Regel durch Geldzahlung zu erfüllen hat [599]. Ein Bürge braucht, auch wenn alle Voraussetzungen seiner Inanspruchnahme eingetreten sind, erst auf Aufforderung des Gläubigers zu leisten[600]. Bei der Kontokorrentbürgschaft haftet der Bürge dem Gläubiger insoweit, als sich dessen Guthaben aus der laufenden Rechnung und die **115**

588 BGH WM 1990, 839 = NJW-RR 1990, 812.
589 Darmstadt SeuffA 40 (1884) Nr 107.
590 BGH WM 1999, 1614 = NJW 1999, 2814 = ZIP 1999, 1345 = VuR 1999, 357 = MDR 1999, 1338 = LM Nr 155 zu § 276 (FA).
591 BGH WM 1965, 579.
592 S hierzu Rz 12 vor § 765.
593 Esser/Weyers, SchuldR II 1, 1998[8], § 40 III 1, S 348 f.
594 Graf Lambsdorff/Skora, Hb BürgschaftsR, 1994, Rz 262 a ff
595 Bolten ZGS 2006, 140; Hadding, Festschr für Wiegand, 2005, S 299; aA wohl Bydlinsky ZIP 1989, 953 ff, der einen Gleichklang zwischen Hauptschuld- und Bürgschaftsverjährung annimmt.
596 BGHZ 95, 375 = WM 1985, 1387 = ZIP 1985, 1380 = NJW 1986, 310 = WuB IV A – 1.86 (Johlke); BGHZ 139, 214 = WM 1998, 1766 = BB 1998, 1913 = NJW 1998, 2972 = WuB I F 1 a – 18.98 (Habersack); Kiel SeuffA 62 Nr 79 mweitNachw = SchlHA 1906, 331.
597 Kiel JW 1933, 2343; vgl auch AG Frankfurt/M BauR 1988, 491 f. Vgl dazu § 768 Rz 6.
598 Vgl Rz 10 f vor § 765.
599 Esser/Weyers, SchuldR II 1, 1998[8], § 40 III 1, S 348.
600 BGH WM 1979, 884 (= Fn 377;); Hamm WM 1983, 772.

gesicherte Forderung decken[601]. Eine Bürgschaft kann auch für Teile einer Verbindlichkeit übernommen werden, auch wenn es sich nicht schon um zwischen Gläubiger und Schuldner vereinbarte Einzelforderungen handelt[602]. Im Unterschied zur Höchstbetragsbürgschaft[603], bei der sich die Bürgschaft bis zu einer bestimmten Höhe die ganze Hauptverbindlichkeit sichert, muss bei der Teilbürgschaft von der Hauptforderung ein feststellbarer Teil durch Vereinbarung zwischen Gläubiger und Bürgen abgegrenzt werden[604]. Bei der Teilbürgschaft[605] ist nicht nur die Bürgschaftsverpflichtung, sondern – im Gegensatz zur Höchstbetragsbürgschaft[606] – auch das Kreditverhältnis nach oben beschränkt[607]. Hat ein Genosse die Bürgschaft für Möbellieferungen an die Genossenschaft in dem Umfang übernommen, in dem die Genossenschaft in seinem Auftrag und auf seine Rechnung die Möbel vertreibt, so ist die Bürgschaft dahin auszulegen, dass sie nur die Kaufpreisforderungen für die Möbel betrifft, die der einzelne Bürge umsetzt[608]. Sollte nur eine Einzelschuld verbürgt werden, ohne dass der Bürge etwas von einem Kontokorrent wusste, so ändert dies nichts daran, dass der Bürge für den niedrigsten Zwischensaldo bis zur Höhe der verbürgten Einzelschuld eintreten muss[609]. Leistet bei einer auf einen bestimmten Betrag beschränkten Bürgschaft der mit dem Gläubiger in ständiger Geschäftsverbindung stehende Hauptschuldner a-conto-Zahlungen, so sind diese, wenn nichts anderes bestimmt ist, gemäß § 366 Abs 2 zunächst auf den nicht durch die Bürgschaft gesicherten Teil der Forderung anzurechnen[610]. Zur Berechnung der Bürgschaftsschuld, wenn nur ein Teil der von einer Grundschuld gesicherten Forderungen verbürgt und das Grundpfandrecht erloschen ist, s BGH WM 1989, 484, 488[611]. Hat der Bürge die Unmöglichkeit der Erfüllung der Hauptschuld zu vertreten, schuldet er Schadensersatz nach allgemeinen Regeln, unter Umständen auch aus unerlaubter Handlung[612]. Auf einen Verzug des Bürgen ist die Zinsschadensregelung von § 497 Abs 1 (5 % über dem jeweiligen Basiszinssatz [§ 288 Abs 1]) entsprechend anwendbar, auch wenn der Bürgschaftsvertrag von den Vorschriften zum Verbraucherdarlehensvertrag (§§ 491 ff) nicht erfasst wird[613]. Der Bürge kann verpflichtet sein, auf eine Beendigung der Bürgschaft hinzuweisen[614]; zur Schadensminderungspflicht des Bürgen vgl BGH WM 1960, 693. Der Hauptschuldner ist dem Bürgen zur Auskunft über die Höhe der Hauptschuld verpflichtet[615]; jedoch darf der Bürge die Erfüllung nicht bis zur Auskunft des Gläubigers über allgemeine Beanstandungen bei der Berechnung verschieben[616]. Hat ein Kreditinstitut nach Kündigung einer von ihm übernommenen Bürgschaft lediglich einen Befreiungsanspruch gegen seinen Kunden (den Hauptschuldner), den dieser bei nicht eingetretener Fälligkeit der Hauptschuld durch Sicherheitsleistung erfüllen kann, so ist das Kreditinstitut gegenüber seinem Kunden nicht zur Zahlung der noch nicht fälligen Hauptschuld berechtigt und es ist eine Vertragsverletzung, wenn es nach Kündigung zahlt, ohne dem Kunden Gelegenheit zur Ablösung der Bürgschaft zu geben. Auch muss das Kreditinstitut bei genügender Sicherung dem Kunden Zeit zu Verhandlungen mit einer anderen Bank lassen[617]. Bei einer Abrede, dass eine Bürgschaft nur bis zur Sicherung des Kredits durch eine Hypothek bestehen bleiben soll, ist es im Verhältnis zwischen Gläubiger und Bürgen ausschließlich dessen Sache, dafür zu sorgen, dass er

601 Vgl im Einzelnen Rz 30 vor § 765.
602 MünchKomm/Habersack § 765 Rz 127.
603 S dazu Rz 24 vor § 765.
604 BGH WM 1976, 108, 110.
605 Zur Teilbürgschaft Staud/Horn (1997) Rz 38 vor §§ 765 ff u § 765 Rz 59.
606 S dazu Rz 24 vor § 765.
607 Vgl auch zur Auslegung der Bürgschaftsverpflichtung für einen einzuräumenden Kredit in doppelter Weise RGZ 76, 195, 199 = BankA X (1910/11), 380; RGZ 136, 178, 183 = JW 1932, 2605 (zust Michaelsen); BGH WM 1956, 885; s auch zur Kontokorrentbürgschaft Rz 28 ff vor § 765.
608 BGH WM 1980, 128 = NJW 1980, 1098 = LM Nr 28 zu § 765 = DB 1980, 632.
609 RGZ 136, 178, 181 = JW 1932, 2605 (zust Michaelsen); s auch BGH WM 1956, 885.
610 BGH WM 1965, 866.
611 = NJW-RR 1989, 752 = LM Nr 65 zu § 765 = MDR 1989, 732, 733 = JZ 1989, 121 = DB 1989, 1019 = ZIP 1989, 359 = EWiR 1989, 345 (Gaberdiel) = WuB I F 1 a – 14.89 (Bunte).
612 Vgl Enn/Lehmann § 192 I 3.
613 Vgl oben Rz 26.
614 BGH WM 1959, 855.
615 Naumburg JW 1930, 3490.
616 Stuttgart JW 1934, 2176.
617 BGH WM 1969, 832.

durch Bestellung der Hypothek von seiner Bürgschaft frei kommt. Eine Zeitbürgschaft im Sinne von § 777 liegt nicht vor[618].

bb) **Erfüllungsort**

Schrifttum: Türk, Leistungsort des Bürgen, Gruchot 44 (1900), 837; Staub, Der Leistungsort des Bürgen nach dem BGB, Gruchot 45 (1901), 219; Rieck, Der Leistungsort des Bürgen, 1907; Wieluner, Akkreditivstellung und Erfüllungsort, JW 1921, 1304 u JW 1924, 1136; Strauss, Der Erfüllungsort des Bürgen, AcP 134 (1931), 235.

Erfüllungsort der Forderung aus der Bürgschaft ist in der Regel der **(Wohn-)Sitz des Bürgen** 116 zur Zeit der Eingehung der Bürgschaft (§ 269)[619]. Bei ihr handelt es sich um eine qualifizierte **Schickschuld**, so dass der Leistungsort beim Bürgen liegt, der Leistungserfolg dagegen beim Gläubiger eintritt (§ 270)[620]. Dabei ist es ohne Bedeutung, ob es sich um eine gewöhnliche oder um eine selbstschuldnerische Bürgschaft handelt. Aus der Selbständigkeit der Bürgschaftsverpflichtung folgt, dass die Vereinbarung eines Erfüllungsorts für die Hauptforderung regelmäßig den Erfüllungsort der Bürgschaft nicht berührt[621]. Etwas anderes kann sich nur in Ausnahmefällen aus einer besonderen Vereinbarung über den Erfüllungsort der Hauptschuld oder aus der besonderen Art der zu erbringenden Leistung des Hauptschuldners ergeben, zB wenn nach der Art der Leistung des Hauptschuldners der Erfüllungsort von entscheidender Bedeutung für die Erfüllung ist und der Bürge seiner eigenen Verpflichtung nur durch Leistung in gleicher Art und Weise genügen kann[622]. Der Erfüllungsort ist auch für den Gerichtsstand nach ZPO § 29 maßgebend[623].

b) **Nebenpflichten des Bürgen**. Hat sich der Bürge für die Erfüllung der Lieferpflicht des 117 Hauptschuldners (Lieferanten) verbürgt, so kann ihn bei besonderen Umständen nach Treu und Glauben (§ 242) aus dem Bürgschaftsvertrag mit dem Gläubiger (Zwischenhändler) die Nebenpflicht treffen, ein bereits angebahntes Absatzgeschäft des Gläubigers mit einem Abnehmer nicht durch die Beeinflussung des potenziellen Abnehmers zu gefährden; hängt aufgrund besonderer Einwirkungsmöglichkeiten des Bürgen auf den potenziellen Abnehmer das Zustandekommen des Absatzgeschäfts letztlich von dem Bürgen ab, so hat dieser aus dem Bürgschaftsvertrag die Nebenpflicht, den Abnehmer von einem beabsichtigten Vertragsbruch mit dem Zwischenhändler abzuhalten, falls der Zwischenhändler auf diese Hilfe angewiesen ist und ein solcher Einfluss auf den Abnehmer ohne zumutbare Preisgabe eigener Interessen des Bürgen rechtlich und tatsächlich möglich ist[624]. Kommunale Selbstverwaltungskörperschaften können wegen Verschuldens bei Vertragsschluss haften, wenn sie nicht darauf hinweisen, dass ein von ihnen abgeschlossener Bürgschaftsvertrag der aufsichtsbehördlichen Genehmigung bedarf, sich nicht um deren Erteilung bemühen[625] oder wahrheitswidrig das Vorliegen der Genehmigung behaupten[626]. Hätte der Gläubiger ein Darlehen nicht ausgezahlt, wenn er die Genehmigungsbedürftigkeit der Bürgschaft gekannt hätte, so steht einer Haftung des Bürgen aus Verschulden bei Vertragsschluss nicht der Umstand entgegen, dass der Vertrauensschaden dem Erfüllungsinteresse an der genehmigungsbedürftigen Bürgschaft entspricht[627].

618 BGH WM 1969, 35 = Warn 1968 Nr 227.
619 RGZ 73, 262, 263; RGZ 137, 1, 11 = DJZ 1933, 946 (Oertmann); Staud/Horn (1997) Rz 135 vor § 765.
620 BGH WM 1995, 833, 834 = NJW 1995, 1546 = ZIP 1995, 639 = EWiR 1995, 435 (Bülow) = BB 1995, 898 = MDR 1995, 592 = LM Nr 11 zu § 269 = WuB I F 1a – 7.95 (Fritzsche).
621 RGZ 137, 1, 11 (= Fn 619).
622 S RG Gruchot 44 (1900), 1071; Stuttgart HRR 1931 Nr 1123; Reichel, Die Schuldmitübernahme, 1909, S 364f.
623 RGZ 71, 56, 59.
624 BGH WM 1989, 1677, 1679f: Eisenbahnschwellen-Fall = NJW-RR 1989, 1393 = LM Nr 68 zu § 242 (Be) = MDR 1990, 136 = ZIP 1990, 224 = EWiR 1989, 1111 (Martinek) = WuB I F 1a – 26.89 (Rümker).
625 BGH WM 1999, 1637 = NJW 1999, 3335 = ZIP 1999, 1346 = VersR 1999, 1020 = MDR 1999, 1280 = LM Nr 154 zu § 276 (Fa) = EWiR 1999, 929 (Hasselbach) = JZ 2000, 149 (Singer).
626 Rostock WM 2002, 1124 = WuB IV A § 276 BGB – 3.02 (Thöne).
627 BGH WM 1999, 1637 (= Fn 625).

VII. Rechtsfolgen der Inanspruchnahme des Bürgen

118 Unabhängig vom dem Rechtsverhältnis zwischen Bürgen und Hauptschuldner geht nach § 774 Abs 1 die Hauptforderung auf den Bürgen in dem Maße über, wie er den Gläubiger befriedigt. Es handelt sich dabei also um einen Fall des gesetzlichen Forderungsübergangs (§ 412).

119 Haben sich mehrere für dieselbe Verbindlichkeit verbürgt (Mitbürgschaft), so haften sie gegenüber dem Gläubiger als Gesamtschuldner (§ 769). Befriedigt einer der Mitbürgen der Gläubiger in vollem Maße, so bestimmt § 774 Abs 2, dass der Ausgleich unter den Mitbürgen sich nach § 426 richtet. Dies führt zum Ausschluss der allgemeinen Regelung der §§ 774 Abs 1 Satz 1, 412, 401, wonach auf den zahlenden Mitbürgen nicht nur die Hauptforderung, sondern auch die Bürgschaftsforderungen gegen alle Mitbürgen in Höhe der Zahlung übergehen würde. Vielmehr gehen die Bürgschaftsforderungen gegen die Mitbürgen nur in Höhe der nach § 426 bestimmten Ausgleichspflicht über[628]. Zu Einzelheiten dazu s § 774 Rz 21 ff.

VIII. Wechsel und Wegfall der Beteiligten

120 1. **Wechsel und Wegfall des Bürgen**. – a) **Abtretung der Bürgschaftsforderung**. Aus der akzessorischen Natur der Bürgschaft folgt, dass die Forderung des Gläubigers gegen den Bürgen ohne Abtretung der Hauptforderung nicht selbständig abtretbar[629] oder pfändbar ist[630]; über Ausnahmen von diesem Grundsatz s § 767 Rz 6 ff. Die Abtretung der Bürgschaft ohne Hauptforderung ist daher unwirksam; die Gläubigerrechte aus der Bürgschaft verbleiben dem Gläubiger der Hauptforderung[631]. Zum umgekehrten Fall der Abtretung der Hauptforderung vgl unten Rz 122).

121 b) **Tod des Bürgen, Gesamtrechtsnachfolge**. Der Erbe haftet auch für eine unbeschränkt eingegangene Kreditbürgschaft, doch steht ihm, wenn der Gläubiger jeden Hinweis unterlassen hat, unter Umständen nach § 242 ein Leistungsverweigerungsrecht zu[632]. Bei einer Gesamtrechtsnachfolge gehen grundsätzlich alle vermögensrechtlichen Beziehungen, auch die „unfertigen", noch werdenden und schwebenden Rechtsbeziehungen über[633]. Daher erstreckt sich bei der sparkassenrechtlichen Gesamtrechtsnachfolge auf eine andere Sparkasse eine gegenüber der aufgenommenen Sparkasse eingegangene Bürgschaft auch auf Kredite, die nunmehr von der die Geschäftsverbindung zum Hauptschuldner fortsetzenden Sparkasse gewährt werden[634].

122 2. **Wechsel und Wegfall des Gläubigers**. – a) **Abtretung der Hauptforderung**. Die Bürgschaftsforderung geht in der Regel mit der Abtretung der Hauptforderung nach § 401 auf den neuen Gläubiger über. Ist die Bürgschaft dagegen durch Vereinbarung zwischen Gläubiger und Bürgen an die Person des Gläubigers geknüpft, so hat der Bürge, wenn und solange die Hauptforderung an einen anderen Gläubiger abgetreten ist, nicht etwa bloß ein Leistungsverweigerungsrecht[635], vielmehr erlischt – entsprechend dem Rechtsgedanken des § 1250 Abs 2 – die Bürgschaftsverpflichtung ebenso, wie wenn die Hauptforderung zB deshalb ohne die Bürgschaftsforderung abgetreten wird, weil die Rechte aus der Bürgschaft aufgrund einer Vereinbarung zwi-

628 Vgl dazu mweitNachw Staud/Horn (1997) § 774 Rz 43.
629 RG JW 1909, 685; BGH WM 1980, 372 (= Fn 44); BGH WM 1980, 1085, 1086 = ZIP 1980, 866; BGHZ 95, 88, 93 = WM 1985, 1172 = NJW 1985, 2528 = LM Nr 40 zu § 765 – LS (Graßhof) = MDR 1985, 1021 = JZ 1985, 1093 (K W Nörr); BGHZ 115, 177, 180 mweitNachw (= Fn 44); Esser/Weyers, SchuldR II 1, 1998[8], § 40 III 3, S 351.
630 Vgl § 401 Rz 1.
631 BGH WM 1980, 372 mweitNachw (= Fn 44); BGH WM 1980, 1085, 1086 = ZIP 1980, 866; BGHZ 95, 88, 93 (= Fn 629); BGHZ 115, 177, 180 mweitNachw 181 (= Fn 44); Düsseldorf WM 2003, 1318, 1320 = WuB I F 1 a – 10.03 (Richrath).
632 RG JW 1932, 1655 (zust Jung) = WarnR 1932 Nr 75 = LZ 1932, 604.
633 Merz WM 1982, 174, 175.
634 BGHZ 77, 167, 170 = NJW 1980, 1841 = WM 1980, 770 = LM Nr 31 zu § 765 – LS (Claßen) = MDR 1980, 929 = DB 1980, 1935 = ZIP 1980, 534; dazu Merz WM 1982, 174, 175.
635 So aber Soergel[11] aaO Rz 13; Staud/Horn (1997) § 765 Rz 209; Staud/Busche (1999) § 401 Rz 19.

schen Zedent und Zessionar nicht mit übergehen sollen[636]. Die abweichende Meinung, wonach sich der Zedent der Hauptforderung die Bürgschaftsforderung soll vorbehalten und von dem Bürgen soll verlangen können, dass dieser an den Zessionar der Hauptforderung leistet[637], ist abzulehnen[638]. Denn wegen der Akzessorietät zwischen Hauptschuld und Bürgenverpflichtung müssen der Gläubiger des Hauptschuldners und der Gläubiger des Bürgen sowohl bei Begründung der Bürgschaft als auch bei der Leistung des Bürgen eine und dieselbe Person sein[639]. Dies gilt auch, wenn der Bürge den Bürgschaftsvertrag mit einer anderen Person als dem Gläubiger der Hauptschuld, aber zu dessen Gunsten mit der Wirkung schließt, dass dieser gemäß § 328 Abs 1 unmittelbar die Bürgschaftsforderung erwirbt[640]. Aus dem Grundsatz der Gläubigeridentität folgt auch, dass dann, wenn eine Forderung verbürgt wird, nachdem diese bereits vom Gläubiger abgetreten wurde, die Bürgschaft nicht zustande kommt[641]. Dies gilt allerdings nicht, wenn der abgetretene Anspruch als aufschiebend bedingter beim Gläubiger verbleibt. Dann kommt die Bürgschaft für den Fall des Auflebens dieses Anspruchs zustande[642]. Dies macht auch das Gesetz deutlich, in dem es klarstellt, dass eine Bürgschaft für künftige oder bedingte Forderungen übernommen werden kann (§ 765 Abs 2). So kann der Gläubiger mit dem Bürgen auch vereinbaren, dass die Bürgschaft für den Fall übernommen werden soll, dass die Hauptforderung nach ihrer isolierten Abtretung an einen Dritten (also ohne die Bürgschaftsforderung) und dem damit verbundenen Erlöschen der Rechte aus der Bürgschaft wieder an den ursprünglichen Gläubiger abgetreten und so die Gläubigeridentität wiederhergestellt wird[643]. Nach Ansicht des BGH dürfte § 766 Satz 1 der Wirksamkeit einer solchen Neubegründung der Bürgschaft „schwerlich entgegenstehen"[644]. Der BGH[645] hat den Zessionar als Berechtigten aus einer Gewährleistungsbürgschaft angesehen, die dem Zedenten zu einem Zeitpunkt erteilt wurde, in dem die zu sichernden Gewährleistungsansprüche bereits an den Zessionar abgetreten sind, weil in der Abtretungsvereinbarung der Übergang künftiger Sicherheiten vorgesehen war.

b) **Wegfall des Gläubigers**. Beim Tod des Gläubigers geht die Hauptforderung auf die Erben **123**
über (§ 1922 Abs 1) und mit ihr auch die Forderung aus dem Bürgschaftsvertrag (§§ 412, 401). Dasselbe gilt auch in allen anderen Fällen der Gesamtrechtsnachfolge in das Vermögen des Gläubigers[646].

3. **Wechsel und Wegfall des Hauptschuldners**. – a) **Schuldnerwechsel**. Mit befreiender **124**
Übernahme der Hauptschuld erlischt die Bürgschaft (§ 418), falls der Bürge nicht bis zu diesem Zeitpunkt seine Zustimmung erteilt; dies kann auch formlos geschehen[647].

Ob bei dem Übergang eines Handelsgeschäfts gemäß HGB § 25 eine Kreditbürgschaft sich auch **125**
auf neu entstehende Verbindlichkeiten des Erwerbers erstrecken soll, ist eine Frage der Auslegung nach den Umständen des Einzelfalles[648]. Wurde vereinbart, dass die Bürgschaft auch im Falle des

636 RGZ 85, 363, 364; KG OLG 10 (1905), 360, 362; BGHZ 115, 177, 181, 183 mweitNachw (= Fn 44); Düsseldorf WM 2003, 1318, 1321 = WuB I F 1a – 10.03 (Richrath); Dempewolf NJW 1958, 979; Staud/Horn (1997) § 765 Rz 209; MünchKomm/Habersack § 765 Rz 52.

637 So Enn/Lehmann § 192 II 6; Larenz, SchuldR I, 1987[14], § 34 I, S 577 Fn 5; RGRK/Mormann § 767 Rz 7; Erman[9]/Seiler Rz 6 vor § 765; Reinicke/Tiedtke, Gesamtschuld und Schuldsicherung S 135 f; vgl auch Bydlinski ZIP 1989, 953, 958.

638 BGHZ 115, 177, 184 (= Fn 44); Düsseldorf WM 2003, 1318, 1321 = WuB I F 1a – 10.03 (Richrath).

639 BGHZ 115, 177, 183 (= Fn 44).

640 BGHZ 115, 177, 183 (= Fn 44); vgl zur Bürgschaftsbegründung durch Vertrag zugunsten Dritter oben Rz 7 ff.

641 Karlsruhe WM 2001, 729 = WuB I F 1a – 6.01 (Batereau).

642 BGH WM 1982, 485 = ZIP 1982, 423 = NJW 1982, 1808; Karlsruhe WM 2001, 729 = WuB I F 1a – 6.01 (Batereau); Staud/Horn (1997) § 765 Rz 203.

643 BGHZ 115, 177, 186 (= Fn 44).

644 BGHZ 115, 177, 186 (= Fn 44) unter Hinweis auf BGH NJW 1989, 1484 = LM Nr 20 zu § 766 = WM 1989, 559 = ZIP 1989, 434 = BB 1989, 654 = DB 1989, 974 = MDR 1989, 538 = JZ 1989, 144 = EWiR 1989, 347 = WuB I F 1a – 11.89 (Eckert).

645 BGH WM 2002, 1968 = ZIP 2002, 1897 = NJW 2002, 3461 = WuB I E 5 – 2.03 (Fritzsche).

646 MünchKomm/Habersack § 765 Rz 54.

647 RGZ 70, 411, 415 = JW 1909, 286.

648 BGHZ 26, 142, 149 = WM 1958, 71 = NJW 1958, 217; dazu Pikart Sparkasse 1958, 332; RG

Inhaberwechsels auf Seiten des Hauptschuldners bestehen bleibt, ist hierfür erforderlich, dass der Hauptschuldner als juristische Person oder Firma fortbesteht; hat dagegen ein Austausch des Darlehensschuldners stattgefunden, erlischt die Bürgenhaftung[649].

126 Aus einer analogen Anwendung des § 418 Abs 1 Satz 1 auf die Vertragsübernahme, die sich aus der Sicht des Bürgen als Schuldnerwechsel darstellt, folgt, dass die Vertragsübernahme zum Erlöschen der Bürgschaftsverpflichtung für den bestehenden Kreditvertrag führt; § 401 Abs 1 ist hier nicht analog anwendbar[650]. Ein Vermieter, der im Wege einer Vertragsübernahme in einen bestehenden Mietvertrag eintritt, erlangt die Rechte aus einer dem bisherigen Vermieter gegebenen Mietbürgschaft[651]. Der BGH[652] hat im Übrigen nicht entschieden, ob in jedem Fall einer Vertragsübernahme die neue Partei auch eine der alten Partei gegebene Bürgschaft erwirbt. Eine Kreditbürgschaft decke bei Eintritt einer anderen Bank in das Kreditverhältnis nur die Darlehensansprüche, die zur Zeit bestanden, zu der die zuerst kreditgebende Bank ausschied. § 401 wird insoweit nicht angewandt, weil die spätere Kreditgewährung durch den neuen Gläubiger weitere Ansprüche für diesen kraft der eigenen Kreditgewährung und nicht kraft einer Abtretung begründet. In einem Fall, in dem ein Vermieter, dem eine Mietbürgschaft gegeben war, mit dem Käufer seines Grundbesitzes dessen Eintritt in den Mietvertrag vereinbart hat, folgt der Übergang der Mietbürgschaft aus dem gesetzlichen Übergang des Vertrages gemäß § 566 (§ 571 aF) und dem gemäß § 566 a (§ 572 aF) angeordneten Eintritt des Erwerbers in die Sicherungsrechte, zu denen auch gemäß § 232 Abs 2 eine Bürgschaft zählt. Die Bürgschaft erlischt auch dann, wenn zwischen Gläubiger und Schuldner vereinbart ist, dass die Grundschuld in der Zwangsversteigerung bestehen bleiben soll, weil dies wie eine Befriedigung des Berechtigten aus dem Grundstück wirkt[653].

127 b) **Wegfall des Hauptschuldners**. Wegen der Akzessorietät der Bürgschaft wird der Bürge nach § 767 grundsätzlich mit dem Erlöschen der Hauptschuld frei, und zwar auch dann, wenn die Hauptschuld infolge des Untergangs des Hauptschuldners erlischt[654]. Beruht der Untergang eines Hauptschuldners (juristische Person) auf dessen Vermögenslosigkeit und fallen aus diesem Grunde die gegen ihn gerichteten Forderungen weg, so geht die Bürgschaftsforderung trotz ihrer Akzessorietät nicht mit unter, sondern bleibt als selbständige Forderung bestehen[655]. Der vom Gläubiger mit der Bürgschaft verfolgte Sicherungszweck geht in diesem Fall vor[656]. Die angesprochene Verselbständigung der Bürgschaft bedeutet allerdings nicht, dass diese jeglichen Bezug zur Hauptforderung verliert, sondern sie wird nur vom Bestand der Hauptforderung unabhängig, richtet sich aber inhaltlich weiterhin nach dieser. Somit steht dem Bürgen auch weiterhin die Einrede der Verjährung der Hauptschuld (§ 768) zu[657]. Schließt der Gläubiger im Insolvenzverfahren über das Vermögen des Hauptschuldners mit dem Verwalter einen außergerichtlichen Vergleich, der vorsieht, dass die durch Bürgschaft gesicherte Forderung nach Erfüllung bestimmter Voraussetzungen erlischt, kann er grundsätzlich nicht mehr den Bürgen in Höhe des erlittenen Ausfalls in Anspruch nehmen[658].

WarnR 1914 Nr 184; vgl dazu auch Hamburg MDR 1966, 152.
649 Hamm WM 1990, 1152, 1154 f = NJW-RR 1991, 48, 49 = WuB I F 1 a – 12.90 (Rehbein).
650 Hamm WM 1990, 1152, 1154 f (= Fn 649).
651 BGHZ 95, 88, 94 (= Fn 629).
652 BGHZ 95, 88, 94 f mweitNachw (= Fn 629).
653 LG Limburg WM 1986, 532 = WuB I F 1 a – 14.86 (A Weber).
654 BGHZ 82, 323 = WM 1982, 148 = ZIP 1982, 294 = NJW 1982, 875.
655 BGHZ 82, 323 = WM 1982, 148 = ZIP 1982, 294 = NJW 1982, 875; BGHZ 153, 337 = WM 2003, 487 = ZIP 2003, 524 = NJW 2003, 1250 = WuB I F 1 a – 9.03 (Sonnenhol); Düsseldorf WM 2003, 1318, 1320 = WuB I F 1 a – 10.03 (Richrath).
656 BGHZ 82, 323 = WM 1982, 148 = ZIP 1982, 294 = NJW 1982, 875.
657 BGHZ 153, 337 = WM 2003, 487 = ZIP 2003, 524 = NJW 2003, 1250 = WuB I F 1 a – 9.03 (Sonnenhol); aA LG Würzburg WM 1989, 405 = WuB I F 1 a – 9.89 (Gößmann); Lettl WM 2000, 1316, 1321.
658 BGH WM 2002, 2278 = ZIP 2002, 2125 = NJW 2003, 59.

Der Tod des Hauptschuldners führt nicht zum Untergang der verbürgten Forderung, sondern zur Haftung der Erben. So bleibt auch die Bürgschaft nach dessen Tod wirksam, was sich auch aus § 768 Abs 1 Satz 2 entnehmen lässt[659]. 128

IX. Beendigung des Bürgschaftsverhältnisses

1. **Beendigungsgründe im Bürgschaftsverhältnis**. – a) **Erfüllung und Erfüllungssurrogate**. Die Verpflichtung des Bürgen erlischt wie jede andere Schuld durch Erfüllung und Erfüllungsersatz (§§ 362 ff) oder Erlass (§ 397) der Bürgschaftsschuld[660], auch bei Zahlung durch einen Dritten gemäß § 267. Eine Befriedigung des Gläubigers liegt nicht vor, wenn der Bürge aufgrund eines vorläufig vollstreckbaren Urteils zur Abwendung der Zwangsvollstreckung an den Gläubiger gezahlt hat und den Rechtsstreit mit dem Bürgschaftsgläubiger in der Rechtsmittelinstanz weiterführt; eine solche Zahlung bewirkt nur eine vorläufige Regelung des Streitfalls unter voller Wahrung der Rechte des Bürgen gegen den Gläubiger[661]. Dasselbe gilt auch, wenn der Bürge aufgrund eines gegen ihn im Urkundenprozess ergangenen, formell rechtskräftigen Vorbehaltsurteils an den Gläubiger die Bürgschaftssumme gezahlt hat[662]. Kann der Bürge mit einer ihm gegen den Gläubiger zustehenden Forderung aufrechnen (§ 398), so erlischt die Bürgenschuld, und zwar auch dann, wenn dem Schuldner eine Aufrechnung gegen die Hauptforderung verwehrt ist[663]. Erbringt der Bürge Teilleistungen, so werden diese nach § 367 zuerst auf die Kosten, dann auf die Zinsen und erst dann auf die Hauptforderung angerechnet[664]. 129

b) **Aufhebungsvertrag**. Die Aufhebung einer Bürgschaft bedarf eines Vertrages, dessen Abschluss auch in einer Kreditverpflichtung des Bürgen liegen kann[665]. 130

c) **Rücktritt und Erlass**. Im Rahmen der Vertragsfreiheit ist es möglich, die Verpflichtung des Bürgen durch ein vertragliches Rücktrittsrecht einzuschränken. Ein solches Rücktrittsrecht wird dann in der Regel mit einem Kündigungsrecht identisch sein. Wird die Bürgschaft im Rahmen eines gegenseitigen Vertrags übernommen, so kann der Bürge möglicherweise nach § 323 vom Vertrag zurücktreten, wenn der Gläubiger seine Gegenleistung nicht oder nicht vertragsgemäß erbringt[666]. 131

Der Gläubiger kann auf seine Rechte aus dem Bürgschaftsvertrag nicht einseitig verzichten. Vielmehr müssen die Parteien einen Erlassvertrag nach § 397 schließen, der dazu führt, dass die Forderung und mit ihr auch die Bürgschaft erlischt. Ein Angebot zum Abschluss eines Erlassvertrags kann unter Umständen darin gesehen werden, das der Gläubiger die Bürgschaftsurkunde zurückgibt[667]. 132

d) **Verwirkung**. Der Anspruch des Gläubigers gegen den Bürgen kann wegen Verwirkung erlöschen[668]. Die ist insbesondere dann anzunehmen, wenn er unter Verletzung seiner Vertrags- 133

659 Graf Lambsdorff/Skora, Hb BürgschaftsR, 1994, Rz 363.
660 Esser/Weyers, SchuldR II 1, 1998[8], § 40 III 6, S 353.
661 BGHZ 86, 267 = WM 1983, 210 = ZIP 1983, 278 = NJW 1983, 1111.
662 BGHZ 86, 267 = WM 1983, 210 = ZIP 1983, 278 = NJW 1983, 1111.
663 Ebenso Graf Lambsdorff/Skora, Hb BürgschaftsR, 1994, Rz 340; MünchKomm/Habersack § 774 Rz 4. Dagegen Staud/Horn (1997) § 770 Rz 11.
664 Graf Lambsdorff/Skora, Hb BürgschaftsR, 1994, Rz 335.
665 BGH WM 1981, 266 = ZIP 1981, 262; s auch BGH WM 1980, 193.
666 MweitNachw Graf Lambsdorff/Skora, Hb BürgschaftsR, 1994, Rz 345.
667 Hamburg WM 1986, 62 = NJW 1986, 1691 = WuB I K 3 – 2.86 (Schröter). Vgl auch Brandenburg NJ 2004, 519.
668 S BGH LM Nr 10 zu § 765 = MDR 1966, 498; BGH WM 1984, 586; Frankfurt/M MDR 1978, 52; vgl auch LG Köln BB 1962, 732: bei der Verletzung von Mitteilungspflichten des Gläubigers gegenüber dem Bürgen; zust MünchKomm[2]/Pecher § 765 Rz 40 mweitNachw Fn 205; vgl auch RG SeuffA 84 Nr 174 S 292, 295 = HRR 1930 Nr 1212; Esser/Weyers, SchuldR II 1, 1998[8], § 40 III 6, S 353; Fellner MDR 2005, 368, 370.

pflichten gegenüber dem Hauptschuldner dessen wirtschaftlichen Zusammenbruch schuldhaft verursacht, also den Bürgschaftsfall selbst herbeiführt, und jeden Rückgriff des Bürgen vereitelt[669]. § 776 nennt hier als einen gesetzlichen Anwendungsfall der Verwirkung die freiwillige, also absichtliche Aufgabe einer anderen Sicherheit. Der Gläubiger soll seine Rechte aus der Bürgschaft verlieren, wenn er dem Bürgen die Möglichkeit nimmt, bei der Durchsetzung seines Rückgriffsanspruchs (§ 774) seinerseits auf solche Sicherheiten zurückzugreifen[670].

134 e) **Zeitablauf bei der Zeitbürgschaft.** Die Zeitbürgschaft erlischt mit Verstreichen des vereinbarten Zeitpunkts, wenn es nicht zur Inanspruchnahme des Bürgen nach Maßgabe des § 777 gekommen ist[671]. Ob diese möglich ist, entscheidet sich kraft Akzessorietät nach dem Schicksal der Hauptschuld[672].

f) **Kündigung**

Schrifttum: Stolzenberg, Kündigung und Enthaftung bei der Kreditbürgschaft eines ausgeschiedenen Gesellschafters, ZIP 1985, 1189; Bydlinski, Die Kündigung der Bürgschaft, in: Festschr für Schimansky, 1999, S 299.

135 Die Kündigung des Bürgen bedarf grundsätzlich einer Rechtsgrundlage im Bürgschaftsvertrag. Doch sind Kreditbürgschaften von unbestimmter Dauer nach angemessener Frist, gegebenenfalls unter Einhaltung einer angemessenen Kündigungsfrist[673], durch den Bürgen auch ohne besondere Abrede aus wichtigem Grunde kündbar (§ 314)[674], zB wenn er als Gesellschafter und Geschäftsführer aus der GmbH ausscheidet, für die er sich verbürgt hat[675]. Entsprechendes gilt bei einer Mietbürgschaft[676]. Verbürgt sich ein Dritter zugunsten des Vermieters auf unbestimmte Zeit, kann der Bürgschaftsvertrag erst zu einem Zeitpunkt, zu dem der Vermieter den Mietvertrag – nach Ablauf einer Überlegungsfrist – ordentlich kündigen kann, vom Bürgen gekündigt werden. Die Möglichkeit des Vermieters, wegen Zahlungsverzugs des Mieters, außerordentlich zu kündigen, reicht dagegen nicht aus[677]. Die Kündigung wirkt nur für die nach der Kündigung abgeschlossenen Geschäfte[678]. Der Bürge kann in entsprechender Anwendung des § 490 Abs 1 kündigen, wenn infolge Verschlechterung der Vermögensverhältnisse des Hauptschuldners der Rückgriffsanspruch gefährdet wird[679]. Schließlich besteht die Möglichkeit der sofortigen Kündigung[680] oder zumindest die Befugnis, eine Erhöhung des Kredits durch den Gläubiger zu verhindern und den Gläubiger zur Bezifferung der durch die Kreditbürgschaft gesicherten Hauptschuld zu veranlassen[681]. Der

669 BGH WM 2004, 1676 = ZIP 2004, 1589 = NJW 2004, 3779 = WuB I F 1a – 8.04 (Richrath).
670 Esser/Weyers, SchuldR II 1, 1998[8], § 40 III 6, S 353.
671 Esser/Weyers, SchuldR II 1, 1998[8], § 40 III 6, S 353; zum Erlöschen einer Zeitbürgschaft (§ 777) s auch Dresden SächsArch 12 (1911), 154.
672 BGHZ 91, 349 mweitNachw = WM 1984, 988 = NJW 1984, 2461 = LM Nr 6 zu § 777 = JR 1985, 196 (Rehbein) = ZIP 1984, 937 = MDR 1984, 839 = BB 1984, 1581; Esser/Weyers, SchuldR II 1, 1998[8], § 40 III 6, S 353.
673 Dazu Celle WM 1989, 1224, 1225 = NJW-RR 1989, 548 = WuB I F 1a – 24.89 (Dach).
674 RG JW 1911, 447 = WarnR 1911 Nr 236; RG SeuffA 69 Nr 170 mNachw = WarnR 1914 Nr 158; Breslau JW 1936, 2003 = HRR 1936 Nr 1212; BGH WM 1959, 855 mNachw aus der Rechtsprechung des RG; BGH WM 1985, 1059 = NJW 1986, 252 = ZIP 1985, 1192 = BB 1985, 1688 = DB 1985, 2035 = EWiR 1985, 767 (K Schmidt) = WuB I F 1a – 4.85 (Schröter); LAG BadWürtt BB 1969, 1269; Celle WM 1989, 1224, 1225 (= Fn 669); LG Duisburg WM 1987, 466, 468 = WuB I F 1a – 5.87 (Gößmann); Esser/Weyers, SchuldR II 1, 1998[8], § 40 III 6, S 353.
675 Celle WM 1989, 1224, 1225 (= Fn 673); Zweibrücken ZIP 1985, 1195 ff = EWIR 1985, 671 (K Schmidt).
676 Düsseldorf OLGR Düsseldorf 1999, 149 = WuM 1999, 279 = NZM 1999, 620; LG München I WuM 1985, 293.
677 Düsseldorf NJW 1999, 3128 = NZM 1999, 558 = MDR 1999, 1190.
678 Colmar OLG 18 (1907), 40.
679 RG JW 1913, 642 = WarnR 1913 Nr 289; BGH BB 1959, 866.
680 Vgl RG JW 1932, 1655 (zust Jung) = WarnR 1932 Nr 75 = LZ 1932, 604; BGH WM 1959, 855; auch Nürnberg WM 1970, 297, 299; LG Hamburg MDR 1971, 845.
681 So Stötter DB 1968, 603 mit Hinweis auf BGH WM 1959, 1072 = BB 1959, 866.

letzteren Ansicht ist der Vorzug zu geben. Im Wege der einstweiligen Verfügung kann nicht Zurücknahme der Bürgschaftskündigung gegenüber dem Gläubiger seitens des Hauptschuldners verlangt werden[682]. Zur Kündigung der Kreditbürgschaft s Rz 27 vor § 765. Zur Rückgabe der Bürgschaftsurkunde bei einer Prozessbürgschaft s Rz 54 vor § 766.

g) **Befreiung nach § 775**. Hat der der Bürge sich im Auftrag des Hauptschuldners verbürgt oder stehen ihm nach den Vorschriften über die GoA (§§ 677) wegen der Übernahme der Bürgschaft die Rechte eines Beauftragten gegen den Hauptschuldner zu, so kann er unter bestimmten Umständen vom Hauptschuldner die Befreiung von der Bürgschaft verlangen (§ 775 Abs 1)[683]. **136**

2. **Befreiungsgründe aus der gesicherten Forderung**. Schuld und Haftung des Bürgen enden, wenn die Hauptschuld erlischt. Dies folgt aus der Akzessorietät. Sie erlöschen durch Erfüllung und Erfüllungsersatz (§§ 362 ff) oder Erlass (§ 397) der Hauptschuld, ebenso bei Zahlung durch einen Dritten gemäß § 267[684]. Die Beweislast trägt der Bürge[685]. Sie enden auch, wenn der Bürge die Hauptforderung erwirbt, indem er beispielsweise den Gläubiger beerbt oder dieser ihn. Denn er kann nicht für seine eigene Forderung „einstehen". Gleiches gilt, wenn sich Hauptschuld und Bürgenschuld in einer Person vereinigen, also wenn der Bürge den Hauptschuldner beerbt oder umgekehrt. In diesem Fall bleiben dem Gläubiger aber andere Vorteile aus der Bürgschaft erhalten, zB zusätzliche Sicherheiten durch Nachbürgschaften und dergl, die er nunmehr gegen den Hauptschuldner geltend machen kann. Denn durch Vereinigung von Gläubiger- oder Schuldnerstellung mit derjenigen des Bürgen erlischt die Hauptschuld ja nicht (keine Konfusion)[686]. **137**

Bei einer Kreditumschuldung ist zu prüfen, ob es sich um eine bloße Änderung des ursprünglichen Kreditvertrages handelt und damit eine dafür bestellte Bürgschaft weiterbesteht oder ob eine **Schuldumschaffung (Novation)** in Form eines neuen Darlehensvertrags vorliegt, so dass mit dem Untergang der bisherigen Hauptschuld die Bürgschaft erlischt. Eine solche novierende Schuldumschaffung kann allerdings nur dann angenommen werden, wenn ein dahingehender Wille der Parteien zweifelsfrei festgestellt werden kann[687]. Es ist daher bedenklich, wenn das OLG Karlsruhe unter zweifelhafter Berufung auf eine Entscheidung des OLG Hamm[688] die Zusammenfassung offener Einzelkredite zu einem neuen Gesamtkredit unter gleichzeitiger Gewährung eines zusätzlichen Darlehens „in der Regel als Schuldumschaffung" beurteilen will[689]. **138**

3. **Verpflichtung zur Rückgabe der Bürgschaftsurkunde**. Die freiwillige Rückgabe der Bürgschaftsurkunde durch den Gläubiger führt nicht zum Erlöschen der Bürgschaftsverpflichtung. In der Rückgabe kann unter Umständen ein Angebot auf Abschluss eines Erlassvertrags gesehen werden[690]. Nach dem Erlöschen der Bürgschaftsverpflichtung kann der Bürge die Rückgabe der Bürgschaftsurkunde vom Gläubiger verlangen. Ein solcher Anspruch ergibt sich aus dem Bürgschaftsvertrag selbst[691]. Aber auch dem Hauptschuldner selbst steht ein Herausgabeanspruch ge- **139**

682 LG Darmstadt WM 1984, 259.
683 Vgl dazu ausführlich § 775 Rz 8 ff.
684 S BGH WM 1975, 1235 = LM Nr 5 zu § 814 = JZ 1976, 24 = MDR 1976, 220.
685 Koblenz ZIP 2006, 1438.
686 Esser/Weyers, SchuldR II 1, 1998[8], § 40 III 6, S 352 f.
687 BGH WM 1999, 2251 = ZIP 1999, 1881 = NJW 1999, 3708 = WuB I F 1a – 5.00 (Weihs); BGHZ 144, 52 = WM 2000, 764 = ZIP 2000, 656 = NJW 2000, 1566 = WuB I F 1a – 16.00 (Bydlinski); BGH WM 2000, 1141 = ZIP 2000, 962 = NJW 2000, 2580 = WuB I F 1a – 19.00 (Wagenknecht); Köln ZIP 1999, 1046 = BB 1999, 710 = EWIR 1999, 1003 (Nielsen); Hamm WM 1992, 981 = NJW-RR 1992, 815, 816 = WuB I E 2b – 5.92 (Kessler).
688 WM 1992, 981 = NJW-RR 1992, 815, 816 = WuB I E 2b – 5.92 (Kessler).
689 WM 1993, 787 = WuB I F 1a – 2.94 mit berechtigter Kritik von Rehbein.
690 S dazu oben Rz 132.
691 BGH NJW 1971, 701 = LM Nr 2 zu § 1223; BGH WM 1976, 422 (= Fn 37); BGH WM 1977, 290; MünchKomm/Habersack § 765 Rz 60; Graf Lambsdorff/Skora, Hb BürgschaftsR, 1994, Rz 371. Zum Hilfsantrag des Bürgen auf Verurteilung nur Zug um Zug gegen Herausgabe der Bürgschaftsurkunde s BGH WM 1981, 266 = ZIP 1981, 262.

genüber dem Gläubiger zu, der sich allerdings auf die Herausgabe der Urkunde an den Bürgen richtet[692].

140 Stellt der Schuldner vereinbarungsgemäß dem Gläubiger eine dessen Forderung sichernde Bürgschaft, so steht ihm aus der Sicherungsabrede gegen diesen ein durch Wegfall des Sicherungszwecks aufschiebend bedingter Anspruch auf Rückgewähr der Bürgschaft und, wenn deren Bestand davon abhängig gemacht ist, auf Herausgabe der Bürgschaftsurkunde an den Bürgen zu[693]. Bezog sich eine Gewährleistungsbürgschaft nur auf Gewährleistungsansprüche hinsichtlich eines Teils des Werkes, so kann der Gläubiger nicht die Rückgabe der Bürgschaftsurkunde verweigern, wenn Mängel am Restwerk auftreten[694]. Wenn sich eine geplante Kreditgewährung an den Hauptschuldner zerschlägt, darf der Gläubiger eine für diesen Kredit eingegangene Bürgschaft nicht einfach behalten, um damit einen bereits früher gewährten Kredit zusätzlich abzusichern[695]; er muss vielmehr dem Bürgen die Bürgschaftsschuld erlassen oder dem Schuldner die Bürgschaftsurkunde zurückgeben, um diesem zu ermöglichen, sich den gewünschten Kredit anderweitig zu besorgen. Dies kann der Bürge dem Gläubiger auch einredeweise entgegenhalten (§ 768)[696], aber nur wenn feststeht, dass sämtliche von der Bürgschaft gesicherten Ansprüche erloschen sind[697]. Der Vermieter hat eine vom Mieter gestellte Bürgschaftsurkunde für alle Ansprüche aus dem Mietvertrag spätestens sechs Monate nach Mietende herauszugeben, falls er seine angeblichen Ansprüche aus dem Mietvertrag nicht aktiv geltend macht[698].

X. Bürgschaft mit Auslandsbezug

Schrifttum: Furche, Internationale Entscheidungszuständigkeit und anwendbares Recht bei Bürgschaften mit Auslandsbezug, WM 2004, 205.

141 1. **Bestimmung des Bürgschaftsstatuts**. Das Recht, dem die Bürgschaft unterliegen soll, kann von den Parteien grundsätzlich frei gewählt werden und zwar unabhängig davon, welchem Recht die Hauptschuld selbst unterliegt[699]. Grundsätzlich gilt dafür EGBGB Art 27. Danach kann die Rechtswahl nicht nur ausdrücklich erfolgen, sondern kann sich auch aus den Bedingungen des Vertrags oder den Umständen des Falls ergeben (EGBGB Art 27 Abs 1 Satz 2). Haben die Parteien keine ausdrückliche Rechtswahl getroffen und lässt sich deren Wille auch sonst nicht erkennen, so ist das Recht anzuwenden mit dem der Vertrag die engsten Verbindungen aufweist (EGBGB Art 28 Abs 1). Dabei wird vermutet, dass der Vertrag die engsten Verbindungen zu dem Staat aufweist, in dem die Vertragspartei, welche die charakteristische Leistung erbringt zum Zeitpunkt des Vertragsschlusses ihren gewöhnlichen Aufenthalt hat (EGBGB Art 28 Abs 2 Satz 2). Die charakteristische Leistung in einem Bürgschaftsvertrag hat dabei der Bürge zu erbringen[700]. So ist das örtliche Recht der Hauptschuld dafür maßgebend, was der Bürge zu leisten hat, das örtliche Recht des Bürgschaftsvertrages dafür, ob er zu leisten hat[701] sowie für die Frage, ob die Hauptforderung auf den zahlenden Bürgen übergeht[702]. Bezüglich der Form des Bürgschaftsvertrages ist EGBGB Art 11 maßgebend[703].

692 BGH NJW 1989, 1482 = WM 1989, 521 = DB 1989, 1081 = WuB I K 3 – 5.89 (Rimmelspacher).
693 BGH WM 1989, 521, 524 = NJW 1989, 1482, 1483 = LM Nr 64 zu § 765 = DB 1989, 1081 = MDR 1989, 631 = JZ 1989, 1437 = WuB I K 3 – 5.89 (Rimmelspacher); Hamm WM 1992, 640, 641 = WuB I K 3 – 4.92 (Rehbein).
694 Hamm WM 1992, 640, 641 f = WuB I K 3 – 4.92 (Rehbein).
695 BGH NJW-RR 1992, 1005 (= Fn 177).
696 BGH NJW-RR 1992, 1005 (= Fn 177).
697 BGH WM 1977, 290.
698 Hamm NJW-RR 1992, 1036.
699 Staud/Horn (1997) Rz 136 vor §§ 765 ff mweit Nachw.
700 BGHZ 121, 224 = WM 1993, 496 = ZIP 1993, 424 = NJW 1993, 1126 = WuB I F 1a – 8.93 (Thode).
701 RGZ 54, 311, 315; RGZ 137, 1, 11 = DJZ 1933, 946 (Oertmann).
702 RGZ 61, 343, 347 f.
703 Vgl RGZ 62, 379, 380; BGHZ 121, 224 = WM 1993, 496 = ZIP 1993, 424 = NJW 1993, 1126 = WuB I F 1 a – 8.93 (Thode).

Die Inanspruchnahme des Bürgen durch den Gläubiger kann dann ausgeschlossen sein, wenn diese gegen den deutschen ordre public verstoßen würde (EGBGB Art 6)[704]. **142**

2. **Rechtsfragen zum Recht der DDR**. Für Bürgschaften, die vor dem 3. 10. 1990 nach DDR-Recht abgeschlossen wurden, gilt dieses weiter. Damit sind auf Bürgschaften von Privatpersonen die ZGB §§ 450, 451 anzuwenden und bei Bürgschaften zwischen Unternehmen die §§ 245–251 des Gesetzes über Wirtschaftsverträge[705]. Für Bürgschaften, die nach dem 3. 10. 2001 geschlossen wurden, gelten ausschließlich die BGB §§ 765–778. **143**

XI. Bürgschaft auf erstes Anfordern

Schrifttum: Schütz, Zum Bürgschaftsrecht, ZAkDR 1938, 155; v. Caemmerer, Bankgarantien im Außenhandel, Festschrift für Riese, 1964, S 295; Kleiner, Bankgarantie, 1979[3]; Horn, Bürgschaften und Garantien zur Zahlung auf erstes Anfordern, NJW 1980, 2153; Hadding/Häuser/Welter, Bürgschaft und Garantie, in: BMJ (Hrsg.), Gutachten und Vorschläge zur Überarbeitung des Schuldrechts, 1983, S 605; Clemm, Die Stellung des Gewährleistungsbürgen insbesondere bei der Bürgschaft „auf erstes Anfordern", BauR 1987, 123; Weth, Bürgschaft und Garantie auf erstes Anfordern, AcP 189, (1989), 303; P Bydlinsky, Moderne Kreditsicherheiten und zwingendes Recht, AcP 190 (1990), 165; ders, Die Bürgschaft auf erstes Anfordern: Darlegungs- und Beweislast bei Rückforderung durch den Bürgen, WM 1990, 1401; ders, Personaler numerus clausus bei der Bürgschaft auf erstes Anfordern? WM 1991, 257; Westermann, Die Bürgschaft, Jura 1991, 449 u 567; P Bydlinsky, Aktuelle höchstrichterliche Judikatur zum Bürgschaftsrecht in der Kritik – neue Entwicklungen in der Rechtsprechung, WM 1992, 1301; Heinsius, Bürgschaft auf erstes Anfordern, Festschrift für Merz, 1992, S 177; Michalski, Bürgschaft auf erstes Anfordern, ZBB 1994, 289; Kainz, Zur Unwirksamkeit von Vertragserfüllungs- und Gewährleistungsbürgschaften „aus erstes Anfordern" in der deutschen Bauwirtschaft und die sich daraus ergebenden Rechtsfolgen, BauR 1995, 616; Michalski, Ausdrückliche und konkludente Bürgschaften auf erstes Anfordern, ZBB 1996, 224; Oettmeier, Bürgschaften auf erstes Anfordern, 1996; Giesen, Grundsätze der Konfliktlösung im Besonderen Schuldrecht: Die Bürgschaft, Jura 1997, 122; Kreft, Die Rechtsprechung des Bundesgerichtshofes zur Bürgschaft, WM 1997, Sonderbeilage Nr 5; Bomhard, Anm. zu BGH BauR 1997, 829, BauR 1998, 179; ders, Gewerbliche Bürgschaften als Sicherheiten im Projektgeschäft (II): Bürgschaften auf erstes Anfordern, ZBB 1998, 255; Canaris, Die Bedeutung des „materiellen" Garantiefalles für den Rückforderungsanspruch bei der Garantie „auf erstes Anfordern", ZIP 1998, 493; Heermann, Rückabwicklung nach materiell ungerechtfertigter Inanspruchnahme von Bürgen und Garanten „auf erstes Anfordern", ZBB 1998, 239; Hogrefe, Zur Unwirksamkeit formularmäßiger Verpflichtungen zur Stellung von Vertragserfüllungs- und Mängelgewährleistungsbürgschaften „auf erstes Anfordern" in Bau- ,Werk- und Werklieferungsverträgen und die sich daraus ergebenden Rechtsfolgen, BauR 1998, 1159; Lukas, Die Bürgschaft auf erstes Anfordern, Diss., Köln 1998; Schmidt, Die Bürgschaft auf erstes Anfordern im einstweiligen Verfahren, BauR 1998, 1159; v. Wietersheim, Vorsicht bei Gewährleistungseinbehalten, MDR 1998, 630; Hahn, Die Bürgschaft auf erstes Anfordern, MDR 1999, 839; Lang, Rückforderung des auf eine Bürgschaft auf erstes Anfordern Geleisteten im Urkundsprozess, WM 1999, 2329; Jörg Schmidt, Die Effektivklausel in der Bürgschaft auf erstes Anfordern, WM 1999, 308; Weth, Das wirksame Anfordern bei der Bürgschaft auf erstes Anfordern, Festschr für Schütze, 1999, 971; Wilhelm, Die Kodifikation der Zahlung des Bürgen oder Garanten „auf erstes Anfordern" im Vergleich zur Zession, NJW 1999, 3519; Kreft, Garantie und Bürgschaft auf erstes Anfordern, in: Hadding/Nobbe (Hrsg.), Bankrecht 2000, 2000, S 115; Pasker, Der Rückforderungsprozeß bei der Bürgschaft auf erstes Anfordern, NZBau 2000, 279; Reinicke/Tiedtke, Bürgschaftsrecht, 2000[2], Rz 309; dies, Kreditsicherung, 2000[4], Rz 274; Schmidt, Die sogenannte Akzessorietät der Bürgschaft, 2000, S 251 ff; Schnauder, Zahlungsversprechen auf erstes Anfordern im System des Schuldrechts, WM 2000, 2073; Breyer, Nochmals: Zur Frage der Wirksamkeit der Vereinbarung einer Bürgschaft auf erstes Anfordern in Allgemeinen Geschäftsbedingungen auf Basis einer Gesamtbetrachtung der betroffenen Rechtsverhältnisse, BauR 2001, 1192; Eleftheriadis, Die Bürgschaft auf erstes Anfordern, Diss., 2001; Fischer, Aktuelle höchstrichterliche Rechtsprechung zur Bürgschaft und zum Schuldbeitritt, WM 2001, 1093; Tiedtke, Rechtsprechung des BGH auf dem Gebiet des Bürgschaftsrechts seit 1997, NJW 2001, 1015; Brauns, Die Bürgschaft auf erstes Anfordern als Sicherungsmittel gemäß § 17 VOB/B, BauR 2002, 704; Hahn, Anm. zu BGH MDR 2002, 1058, MDR 2002, 1059; Kupisch, Bona fides und Bürgschaft auf erstes Anfordern, WM 2002, 1626; Nielsen, Anm. zu BGHZ 150, 299, EWiR 2002, 737; Schmitz/Vogel, Anm zu BGH ZIP 2002, 1198, ZIP 2002, 1200; dies, Anm zu BGH ZIP 2002, 1693, ZIP 2002, 1693; Schwenker, Kurzkommentar zu BGH ZIP 2002,

704 Vgl dazu die Entscheidung des BGH im sog „Iran-Fall" BGHZ 104, 240 = WM 1988, 893 = ZIP 1988, 764 = NJW 1988, 2173 = WuB I F 1a – 11.88 (Nielsen).

705 Vgl Graf Lambsdorff/Skora, Hb BürgschaftsR, 1994, Rz 461.

1690, EWiR 2002, 785; Sienz, Anm zu BGH BauR 2002, 1239, BauR 2002, 1241; Vogel, Rückforderungsprozeß aus Bürgschaft auf erstes Anfordern im Urkundsverfahren, BauR, 2002, 131; Bülow, Recht der Kreditsicherheiten, 2003[6], Rz 974; J A Dieckmann, Zur rechtlichen Qualifizierung der sog Bürgschaft auf erstes Anfordern, DZWiR 2003, 177; G Fischer, Die Bürgschaft auf erstes Anfordern als formularmäßige Mietsicherheit, Gedächtnisschr für Sonneschein, 2003, S. 407 = NZM 2003, 497; Heermann, Geld und Geldgeschäfte, 2003, § 32 I, 1 (Bürgschaft auf erstes Anfordern); Krämer, Bürgschaft auf erstes Anfordern, in: Horn/Krämer (Hrsg), Bankrecht 2002, 2003, S 177; Schlenzig, Die Bürgschaft auf erstes Anfordern, Diss. 2003; Timme, Aktuelle Entwicklungen zur Zulässigkeit der Bürgschaft auf erstes Anfordern, MDR 2003, 1094; v Westphalen, Ist das Schicksal der auf „erstes Anfordern" zahlbar gestellten Bankgarantie besiegelt?, BB 2003, 116; Hadding, Zum Rückforderungsanspruch bei einer „Bürgschaft auf erstes Anfordern", Festschr für Welser, 2004, S 253; Karst, Die Bürgschaft auf erstes Anfordern im Fadenkreuz des BGH, NJW 2004, 2059; Nielsen, Gefährdung der internationalen Anerkennung der von deutschen Banken ausgestellten Garantien – Rechtsprechung des Bundesgerichtshofs zur Bürgschaft „auf erstes Anfordern", ZBB 2004, 491; H Schmidt, Höchstrichtliche Rechtsprechung zur Bürgschaft auf erstes Anfordern, RIW 2004, 336; von Westphalen, Unwirksamkeit der Bürgschaft auf erstes Anfordern – Wirksamkeit der Bankgarantie?, ZIP 2004, 1433; Fischer, Schutz vor missbräuchlicher Nutzung der Bürgschaft auf erstes Anfordern, in: Festschr für Kreft, 2004, S 33 = WM 2005, 529.

144 1. **Besondere Vertragsgestaltung** – a) **Klauselzweck**. Die Bürgschaft mit der Klausel Zahlung „auf erstes Anfordern" verbindet als besondere Sicherungsvereinbarung Elemente verschiedener Sicherungstypen miteinander und ist wegen der beschleunigten Durchsetzung des Anspruchs ebenso wie die vergleichbare Garantie „auf erstes Anfordern" (sog first demand guarantee) im bankgeschäftlichen und internationalen Handelsverkehr anzutreffen[706]. Die „Anforderungsklausel" geht über die Erfüllungssicherung der einfachen Bürgschaft[707] hinaus und soll dem Gläubiger innerhalb kürzester Zeit liquide Mittel verschaffen, und zwar unabhängig davon, ob der Sicherungsfall im Verhältnis zum Hauptschuldner eingetreten ist[708]. Dies trägt insbesondere der Finanzierungspraxis im Export und im Baugewerbe Rechnung; denn exportierende Unternehmen und Bauunternehmer erbringen nicht selten erhebliche Vorleistungen und benötigen eine Sicherheit, die Liquidität kurzfristig bereitstellt. Häufig kommen auch Gewährleistungsbürgschaften „auf erstes Anfordern" von Kreditinstituten im Auftrag eines Bauunternehmers vor, mit denen ein sog. Sicherungseinbehalt des Auftraggebers im Bauvertrag abgelöst wird[709]. Die Bürgschaft auf erstes Anfordern ersetzt das früher übliche, aber kostenintensive sog. Bardepot[710], sie ist auch für den Hauptschuldner vorteilhaft, weil ihm ein Liquiditätsabfluss zumindest bis zum Abruf des Gläubigers erspart bleibt.

145 b) **Vertragsauslegung**. Ob eine Bürgschaftsverpflichtung „auf erstes Anfordern" vereinbart ist, muss die Vertragsauslegung ergeben (§§ 133, 157)[711]. Es liegt an den Beteiligten, ob sie die besonderen Risiken dieser Vertragsgestaltung zB zur besseren Erreichung des Zwecks einer Gewährleistungsbürgschaft eingehen wollen[712]. So ist nicht jede von einer Bank übernommene, an die Stelle einer Sicherheitsleistung tretende Gewährleistungsbürgschaft als Bürgschaft auf erstes Anfordern auszulegen. Deshalb legt auch der BGH[713] individualvertraglich übernommene Bürgschaften auf erstes Anfordern von Personen, die weder im Bankgeschäft erfahren noch aufgrund ihrer gewerblichen oder beruflichen Tätigkeit mit Bürgschaften oder Garantien auf erstes Anfordern vertraut sind, als **einfache Bürgschaften** aus, wenn der Gläubiger nicht davon ausgehen konnte, dem Bürgen sei die Bedeutung einer solchen Bürgschaft bekannt. Der auf eine Bürgschaft

706 Zu früheren Stellungnahmen vgl Schütz ZAkDR 1938, 155; v. Caemmerer Festschr für Riese S 295.

707 S oben Rz 14.

708 BGH WM 2002, 2192; BGH WM 2002, 1415, 1416; BGH WM 2002, 743 = ZIP 2002, 658 = NJW 2002, 1493 = BB 2002, 801= BKR 2002, 365 = DB 2002, 1654 = LM Nr 168 zu § 765; dazu Schmitz IBR 2002, 248; Büchler EWiR 2002, 473; BGH WM 1989, 1496, 1497; BGH WM 1996, 2228, 2229.

709 S dazu Rz 40 ff vor § 765.

710 Vgl BGH WM 2002, 1794 = NJW 2002, 3170 = ZIP 2002, 1633 = BB 2002, 1829; BGH WM 1989, 1496.

711 Dazu Michalski ZBB 1996, 224.

712 BGHZ 95, 375 = WM 1985, 1387 = NJW 1986, 310 unter Hinweis auf Nielsen ZIP 1982, 253 u Horn NJW 1980, 2153, 2156.

713 BGH WM 1998, 1062, 1063; BGH WM 1997, 656 = NJW 1997, 1435 = JuS 1997, 847 (K Schmidt); BGH WM 1992, 854, 855 = NJW 1992, 1446; vgl auch BGH WM 1999, 895, 899; Frankfurt/M VersR 1997, 1015.

auf erstes Anfordern gestützte Anspruch kann also, sofern diese besondere Sicherungsform aus der Urkunde nicht zweifelsfrei hervorgeht, aus einer einfachen Bürgschaft begründet sein[714]. Auch die Bürgschaft auf erstes Anfordern kann in der Weise vereinbart werden, dass ein Dritter als vermeintlicher Inhaber der Hauptforderung **Rechte gemäß § 328 Abs 1** erwerben soll[715].

c) **Klauselauslegung**. Wegen der Anforderungsklausel muss der Bürge seine Leistung, meistens einen Geldbetrag, auf einseitiges Anfordern des Gläubigers bewirken; es sind ihm Einwendungen und Einreden (zunächst) versagt. Nach der Zahlung soll er berechtigt sein, seine Leistung mit der Begründung zurückzufordern, er habe den Betrag als Bürge nicht geschuldet[716]. Es gilt also der Grundsatz: **Zahle jetzt, prozessiere später**. Diese harmonisierende Auslegung geht, was BGHZ 74, 244 nicht erwähnt, auf eine Umfrage des DIHT zurück, die das Berufungsgericht[717] zwecks Feststellung eines Handelsbrauchs in Auftrag gegeben hatte. Ein Handelsbrauch konnte damals nicht festgestellt werden, die befragten Verkehrskreise sprachen sich aber mehrheitlich für das wiedergegebene Verständnis der Bürgschaft „auf erstes Anfordern" aus, so dass diese Auslegung für den Regelfall als verkehrstypisch (§ 157) angesehen werden kann. **146**

2. **Schuldvertragliche Einordnung**. – a) **BGH**. Die Bürgschaft „auf erstes Anfordern" qualifizieren der BGH[718] und die wohl herrschende Meinung[719] als eine den Gläubiger **besonders privilegierende Form der Bürgschaft** (§§ 765 ff) und nicht als ein Sicherungsmittel eigener Art[720]. Die Vertragspartner bezeichneten sie ausdrücklich als solche, und sie solle die Erfüllung einer Verbindlichkeit sichern. Die Klausel sei auch mit dem „Wesen einer Bürgschaftsverpflichtung" vereinbar[721], obwohl für die darauf gestützte Forderung die Akzessorietät weitgehend aufgehoben ist. Alle Streitfragen tatsächlicher und rechtlicher Art, auch die Einwendungen aus dem Valutaverhältnis zwischen Hauptschuldner und Gläubiger werden in einen Prozess über die Rückforderung verlagert, die der BGH auf § 812 Abs 1 Satz 1 Alternative 1 stützt[722]. Ausgenommen sind Fälle, in denen der Gläubiger seine formale Rechtsstellung offensichtlich oder liquide beweisbar missbraucht[723]. Die aus dem Akzessorietätsgrundsatz folgenden Einreden des Bürgen gemäß § 768 können formularmäßig für die Rückforderung ebenso wenig wie bei einer einfachen Bürgschaft ausgeschlossen werden. Mit einer solchen das Akzessorietätsprinzip beseitigenden Individualabrede vereinbaren die Partner eine Garantie[724]. **147**

714 BGHZ 147, 99 = WM 2001, 947 = ZIP 2001, 833 = NJW 2001, 1857 = DB 2001, 1193; BGH WM 1999, 895, 896.

715 BGH WM 2003, 969 = NJW 2003, 2231 = ZIP 2003, 1033. Vgl hierzu auch Rz 7 ff.

716 BGHZ 74, 244 = WM 1979, 691 = NJW 1979, 1500 = LM Nr 27 zu § 765 = MDR 1979, 838 = JZ 1979, 442 = BB 1979, 907 = DB 1979, 1650; BGH WM 1992, 854 = NJW 1992, 1446; BGHZ 95, 375 = WM 1985, 1387 = ZIP 1985, 1380 = NJW 1986, 310.

717 Stuttgart Urt v 25. 4. 1978 – 6 U 27/27.

718 BGHZ 152, 246 = WM 2002, 2498 = NJW 2003, 352; BGHZ 147, 99 = WM 2001, 947 = ZIP 2001, 833 = NJW 2001, 1857 = DB 2001, 1193; BGH WM 1999, 895, 899; BGH WM 1988, 934 = NJW 1988, 2610; BGH WM 1989, 1496; BGH WM 1987, 2361, 2366; BGH WM 1985, 511 = NJW 1985, 1694; BGH WM 1984, 44 = NJW 1984, 923; BGHZ 74, 244 = WM 1979, 691 = NJW 1979, 1500 = LM Nr 27 zu § 765 = MDR 1979, 838 = JZ 1979, 442 = BB 1979, 907 = DB 1979, 1650.

719 Vgl Krämer BankR 2002, 177; Reinicke/Tiedtke, BürgschaftsR Rz 309; Kreft BankR, 2000, 115; Kupisch WM 2000, 1626; Hahn MDR 1999, 839; Michalski ZZB 1996, 224; ders ZBB 1994, 289; Horn NJW 1980, 2153.

720 Zur Rechtssprechung des östOGH vgl Hadding, Festschr fur Welser S 253, 263 Fn 35.

721 AA Düsseldorf BauR 1978, 228, 229.

722 BGH WM 1984, 44 = NJW 1984, 923; BGHZ 74, 244 = WM 1979, 691 = NJW 1979, 1500 = LM Nr 27 zu § 765 = MDR 1979, 838 = JZ 1979, 442 = BB 1979, 907 = DB 1979, 1650.

723 BGH WM 2002, 1415, 1416 mweitNachw; BGH WM 2002, 743, 744 = ZIP 2002, 658 = NJW 2002, 1493 = BB 2002, 801= BKR 2002, 365 = DB 2002, 1654 = LM Nr 168 zu § 765; BGHZ 74, 244 = WM 1979, 691 = NJW 1979, 1500 = LM Nr 27 zu § 765 = MDR 1979, 838 = JZ 1979, 442 = BB 1979, 907 = DB 1979, 1650; BGH WM 1984, 892 = NJW 1984, 2456 = MDR 1985, 45 = LM Nr 50 zu § 633 = JZ 1984, 754 = ZfBR 1984, 185; BGH NJW 1985, 1694. Zum Garantievertrag auf erstes Anfordern vgl BGH WM 2002, 2192; BGHZ 145, 286, 291 mweitNachw. – Vgl auch Rz 171.

724 BGH WM 2003, 969 = NJW 2003, 2231 = ZIP 2003, 1033.

148 b) **Stellungnahme**. Zwar kennzeichnet auch der BGH[725] das Schuldverhältnis als „eine Bürgschaft, die einer Garantieübernahme für fremde Schuld fast gleichsteht" und sieht die Abhängigkeit der Bürgenverpflichtung durch die Anforderungsklausel „nicht unwesentlich gelockert"[726], vernachlässigt aber, dass ein Bürge, der „auf erstes Anfordern" zahlt, **mit Rechtsgrund** auf die nicht akzessorische Ausgangsforderung leistet[727]. Die primäre Einstandspflicht des „auf erstes Anfordern" leistenden Bürgen ist nicht akzessorisch. Nur ihr Haftungsumfang wird nachträglich auf denjenigen eines Bürgen begrenzt. Deshalb liegt **keine Bürgschaft**, wohl aber eine **Forderungsgarantie** vor, und zwar eine Garantie mit der Besonderheit, dass der Garant die „auf erstes Anfordern" erbrachte Leistung uU von dem begünstigten Gläubiger zurückverlangen kann, wenn er sie als ein Bürge nicht geschuldet hätte. Die Anforderungsklausel bezweckt nicht, einen einmal gegebenen Rechtsgrund für die Bürgenleistung im Nachhinein zu beseitigen; es soll dem „Bürgen" ein Anspruch auf Rückforderung eingeräumt werden, wenn er als Bürge den erbrachten Betrag nicht geschuldet hätte. Ein solche **„als ob"-Betrachtung** führt zu einem **vertraglichen Rückforderungsanspruch** (§ 157). Zugunsten einer Bürgschaft kann nicht angeführt werden, die Akzessorietät, die im Ausgangsprozess weitgehend aufgehoben ist, werde im Rückforderungsprozess wiederhergestellt, weil der Bürge die Bürgschaftssumme vom Gläubiger zurückfordere, wenn der geltend gemachte (Bürgschafts-) Anspruch tatsächlich nicht bestand (sog verzögerte oder Restakzessorietät)[728].

149 c) **Vertragsform**. Die nichtkaufmännische Bürgschaft auf erstes Anfordern ist ebenso wie die Garantie eines Nichtkaufmanns[729] nicht gemäß § 766 formbedürftig. Wegen der auf Bereicherungsrecht[730] oder auf Vertrag[731] gestützten Rückforderungsmöglichkeit des „auf erstes Anfordern" leistenden Bürgen[732], eines also gegenüber einer Garantie zusätzlichen Rechtsvorteils, kann § 766 nicht in Betracht kommen.

150 d) **Anwendbarkeit des § 401**. Mit der Abtretung einer Forderung, die durch Bürgschaft auf erstes Anfordern gesichert ist, geht nach Ansicht des BGH[733] gemäß § 401 auch der Anspruch gegen den Bürgen auf den Zessionar über. Der Rückforderungsanspruch des leistenden Bürgen[734] soll daran nichts ändern. Wolle ein Bürge dieses Risiko nicht eingehen, müsse er einen Übergang des Bürgschaftsanspruchs auf einen Zessionar vertraglich ausschließen, wofür offenbar die Anforderungsklausel allein nicht ausreicht[735]. Auch das Recht, die zur Fälligstellung einer Bürgschaft „auf erstes Anfordern" erforderlichen Erklärungen abzugeben, geht in entsprechender Anwendung des § 401 über[736], und zwar als „Hilfsrecht", das der Durchsetzung der Bürgschaftsforderung dient[737] und ohne das die Bürgschaft in der Hand des Zessionar entwertet wäre. Diese Ansicht überrascht, denn der BGH[738] charakterisiert die Verpflichtung des Bürgen „auf erstes Anfordern" trotz der Einordnung als Bürgschaft als eine „gegenüber dem Bestand der verbürgten Hauptschuld vorläufig verselbständigte Zahlungspflicht", die einer Bankgarantie „auf erstes Anfordern" ähnele[739]. Da § 401 sich auf akzessorische Nebenrechte beschränkt[740], kann die Rechtslage folgerichtig keine

725 BGH WM 1990, 1410; dazu Bydlinski WM 1991, 247.
726 So BGH WM 1987, 367, 369.
727 Gegen BGH und hM Hadding, Festschr für Welser, 2004, S 253, 263; Schnauder WM 2000, 2071, 2078; Larenz/Canaris, Schuldrecht BT II/2, § 64 IV.1; Henssler, Risiko als Vertragsgegenstand, 1994, S 358; Weht AcP 189 (1989), 303, 340.
728 Krämer BankR 2002, 177, 191.
729 Vgl § 766 Rz 3.
730 S hierzu Rz 173.
731 S hierzu Rz 173.
732 S hierzu Rz 158.
733 Vgl BGH WM 2002, 1794 = ZIP 2002, 1633 = BB 2002, 1829 = NJW 2002, 3170; BGH WM 1987, 553 = NJW 1987, 2075. Auch in Hamburg WM 1986, 62, war der gesicherte Anspruch sicherungshalber an eine Bank abgetreten. Das Gericht geht darauf freilich ebensowenig ein wie auf die Aktivlegitimation der klagenden Bank gegenüber dem Bürgen.
734 S hierzu Rz 173 ff.
735 Vgl so auch zur Abtretung des Anspruch aus einer Garantie auf erstes Anfordern BGHZ 90, 287, 291 = WM 1984, 689.
736 BGH WM 1987, 553, 554.
737 BGH WM 1987, 553, 554; zust Klaas EWiR § 401 1/87.
738 BGH WM 1987, 367, 369.
739 BGH WM 1987, 367, 369: die Abhängigkeit ist „nicht unwesentlich gelockert".
740 So zB RGRK/Weber § 401 Rz 10; ferner Hadding/Häuser/Welter, Bürgschaft und Garantie

andere als bei der Garantie „auf erstes Anfordern" sein[741]; es sei denn, man entschiede sich bei der Garantie für eine entsprechende Anwendung des § 401[742], weil eine doppelte Einigung der Beteiligten hinsichtlich der gesicherten Forderung und der Forderung aus dem Garantie- oder Bürgschaftsverhältnis als „gekünstelt und ein leerer Formalismus" erscheint[743]. Andernfalls besteht lediglich eine Pflicht des Begünstigten zur Übertragung des Anspruchs gegen die Garantiebank[744]. Die intendierte Kontinuität in der Gläubigerposition lässt sich selbst dann nicht verwirklichen, wenn man § 401 anwendet, denn der gesetzliche Forderungserwerb setzt die wirksame Abtretung der gesicherten Forderung aus dem Valutaverhältnis voraus. Die Stellung des Zessionars ist trotz der „Anforderungsklausel" hinsichtlich der Abwehr von Einwendungen gegen die Hauptverbindlichkeit nicht mit derjenigen des Zedenten gleichwertig; die Aktivlegitimation des Zessionars kann gerade mit dem Einwand in Frage gestellt werden, die gesicherte Hauptverbindlichkeit bestehe nicht.

e) **Abtretbarkeit des „Bürgschaftsanspruch"**. Da der BGH § 401 Abs 1 anwendet[745], ist es an sich folgerichtig, dass er anders als bei der Forderung aus einer Garantie „auf erstes Anfordern"[746] eine isolierte Abtretbarkeit des Anspruchs aus einer Bürgschaft „auf erstes Anfordern" wie bei einer einfachen Bürgschaftsforderung[747] verneinte[748]. Dieser Parallelwertung steht aber die Eigentümlichkeit der Bürgschaft „auf erstes Anfordern" entgegen, dass der Bürge seine „Einwendungen erst in einem Rückforderungsprozeß nach § 812 geltend machen" muss[749]. Dabei steht nicht die umstrittene Frage, gegen wen der debitor cessus die bereicherungsrechtliche Rückforderung zu richten hat[750], im Vordergrund. Da die bürgschaftsrechtliche Berechtigung erst in dem Rück- 151

S 716; vgl auch zur Nichtanwendung des § 401 auf die Sicherungsgrundschuld BGH NJW 1974, 100, 101.

741 So BGHZ 94, 167, 169 = WM 1985, 684; BGH WM 1987, 553 = NJW 1987, 2075; BGHZ 90, 287, 291 = WM 1984, 689; BGH WM 1964, 61, 62; offen gelassen in BGH WM 1975, 348; Frankfurt/M WM 1984, 1091; LG Frankfurt/M WM 1978, 442; LG Frankfurt/M WM 1984, 86, 87; RGZ 72, 138, 141; RGZ 60, 369, 371; Liesecke WM 1968, 22, 23; Kleiner, Bankgarantie, 1979[3], S 162; MünchKomm[2]/Pecher Rz 12 vor § 765; In BGHZ 94, 167, 169 (unvollständig) = WM 1985, 684, 685 ist ausdrücklich auf die vereinbarte Abtretung abgestellt, die auch die Forderung aus der Bankgarantie umfasste. Auch im Berufungsurteil ist § 401 Abs 1 nicht erwähnt (Frankfurt/M WM 1984, 1021), während LG Frankfurt/M WM 1984, 86, 87 als erste Instanz die entsprechende Anwendung des § 401 mit Rücksicht auf die vorliegende Abtretungsvereinbarung dahingestellt sein lässt. Gegen § 401 bei der Garantie BGH WM 1964, 61; dazu Liesecke WM 1968, 22, 23. Vgl dazu ausführlich Hadding/Häuser/Welter, Bürgschaft und Garantie S 716. Ebenso zum Schweizerischen Recht (Art 170 Abs 1 OR = § 401) Dohm, Bankgarantien im internationalen Handel Rz 185, S 96.

742 So Erman/H P Westermann § 401 Rz 2 hält § 401 für anwendbar wegen der Sicherungsfunktion des Garantievertrags; Marwede BB 1975, 985, 986, will §§ 401, 412 auf die Forderungsgarantie entsprechend anwenden, weil die Forderungsgarantie akzessorisch ausgestaltet werden könne. Vgl Erman/H P Westermann § 401 Rz 7; offen gelassen in BGH WM 1987, 348, 349. In Protokolle I, S 386, wird ausdrücklich betont, dass die gegenüber § 297 Satz 2 E I konkretere Formulierung es selbstverständlich nicht ausschließe, die Bestimmung auf andere Nebenrechte im Wege der Analogie anzuwenden. Vgl dazu auch BGH NJW 1972, 437, 439.

743 So Canaris, BankvertragsR Rz 1150.

744 So die hMvgl Pleyer WM 1973, Sonderbeil 2 S 20; Liesecke WM 1968, S 23; aA Canaris, BankvertragsR Rz 1150.

745 S hierzu Rz 150.

746 Vgl nur BGHZ 90, 287, 291 = WM 1984, 689. Zust zB Blaurock IPRax 1985, 204; Zahn/Eberding/Ehrlich, Zahlung und Zahlungssicherung Rz 9/125, S 423.

747 BGHZ 82, 323, 328 = WM 1982, 148 = NJW 1982, 875, 876; BGH WM 1980, 1085, 1086; BGH WM 1975, 305, 306; ferner Hadding/Häuser/Welter, Bürgschaft und Garantie S 601 mweit Nachw; Scheyhing, in: Nörr/Scheyhing, Sukzessionen § 5 I 2 g, S 71.

748 BGH WM 1987, 553.

749 S Rz 147.

750 Gegen *Zessionar*: RG JW 1938, 1329, 1331; Reuter/Martinek, Ungerechtfertigte Bereicherung S 486, 491; Soergel[12]/Mühl § 812 Rz 129; Köndgen, Festgabe für Esser S 66f.; Häsemeyer KTS 1982, 1, 15; ferner OGH WWl. 1987, 123 (mAnm Hanel S 118); vgl auch BGHZ 82, 28 = WM 1981, 1338: bei Zahlung an den vermeintlich vorrangigen Vollstreckungsgläubiger (zust Lieb ZIP 1982, 1153, 1156). Gegen den *Zedenten*: MünchKomm/Lieb § 812 Rz 21 ff; Staud/Lorenz § 812 Rz 41; Erman/H P Westermann § 812 Rz 36; Canaris, Festschrift für Larenz, 1973, S 799, 834, freilich mit einer Ausnahme im Falle der Insolvenz des Zedenten; ebenfalls differenzierend Kohler WM 1989, 1629ff.

forderungsrechtsstreit des Bürgen gegen den Gläubiger geklärt werden soll, plädiert man für eine Rückforderung vom Zessionar. Dabei werden einer Schuldübernahme ähnliche Folgen sichtbar, was nach der Zustimmung des Bürgen als Rückforderungsgläubiger fragen lässt (§§ 414, 415). Bei einer Rückforderung vom Zedenten würde über die Erstattung liquider Mittel gestritten, die diesem gar nicht zugeflossen sind.

152 3. **Rechtswirksamkeit der Anforderungsklausel und vorvertragliche Aufklärungspflichten.** – a) **Individualvereinbarung.** Grundsätzlich kann **jedermann** eine Bürgschaft auf erstes Anfordern individualvertraglich oder aufgrund von ihm selbst gestellter AGB, also außerhalb der §§ 305 ff (bis 1. 1. 2002: AGB-Gesetz), übernehmen[751]. Der BGH[752] hat seine frühere, unzutreffende Auffassung, auch individualvertraglich kämen als Bürgen nur **Kreditinstitute** oder **Versicherungen** in Betracht[753], aufgegeben. Zur einschränkenden Auslegung s Rz 157.

153 b) **Vorvertragliche Aufklärungspflichten.** Bei **individuell vereinbarten Bürgschaften auf erstes Anfordern** ist der geschäftskundige Teil uU verpflichtet, Personen, die mit dem Inhalt und den Rechtsfolgen einer solchen Bürgschaft nicht hinreichend vertraut sind, auf den Unterschied zur einfachen Bürgschaft sowie die daraus folgenden Risiken besonders **hinzuweisen und aufklären**[754]. Im Einzelfall kann insoweit die Eigenschaft als Kaufmann von Bedeutung sein sowie die Erfahrungen, die üblicherweise jemand aus der fraglichen Branche (zB Bau) hat. Wenn die nicht ausreichend aufgeklärte geschäftsunkundige Person dessen ungeachtet eine Bürgschaftsverpflichtung eingehen wollte, kann ein Anspruch aus einer „einfachen" Bürgschaft begründet sein, soweit die Voraussetzungen einer solchen Einstandspflicht erfüllt sind[755]. Bei unterbliebener oder fehlerhafter Belehrung entfällt also nicht jegliche Haftung des Bürgen[756].

154 c) **Formularmäßige Anforderungsklausel.** – aa) **Überraschende Klausel.** Für Personen, die weder über Erfahrungen im Bankgeschäft verfügen noch aufgrund ihrer gewerblichen oder beruflichen Tätigkeit mit den Rechtsinstituten der Bürgschaft oder Garantie auf erstes Anfordern vertraut sind, wird die formularmäßig übernommene Bürgschaftsklausel „auf erstes Anfordern" wegen der gebotenen objektiven Auslegung als **überraschende Klausel** regelmäßig nicht Vertragsbestandteil (§ 305 c Abs 1)[757]. Der Überraschungseffekt liegt insbesondere vor, wenn die Erklärung nicht einmal als Bürgschaft „auf erstes Anfordern" überschrieben ist und die Klausel „auf erstes Anfordern" ohne jede Hervorhebung oder gar Erläuterung erst im hinteren Teil des längeren Textes auftaucht[758]. Er entfällt freilich, wenn der an sich Geschäftsunerfahrene ausreichend aufgeklärt worden ist[759].

155 bb) **Unangemessene Klausel.** Die Inhaltskontrolle einer formularmäßigen „Anforderungsklausel" hat zu berücksichtigen, dass die Verteidigungsmöglichkeiten des Bürgen beschnitten werden[760]; es sind auch die Belastungen des Hauptschuldners im Valutaverhältnis zu berücksichtigen, wenn eine Sicherung durch Bürgschaft „auf erstes Anfordern" formularmäßig vereinbart worden ist. Eine formularmäßig vereinbarte Bürgschaft auf erstes Anfordern benachteiligt den Bürgen regelmäßig unangemessen (§ 307 Abs 1) und ist deshalb unwirksam. Die Klausel

751 BGH WM 1997, 656 = ZIP 1997, 582 = NJW 1997, 1435 = WuB I F 1 a – 9.97 (Haun); BGH WM 1998, 1062 = ZIP 1998, 905 = NJW 1998, 2280 = WuB I F 1 a – 14.98 (Bydlinski); Krämer BankR 2002, 177, 179.

752 BGH ZIP 1998, 905; BGH WM 1997, 656; BGH WM 1992, 854 = NJW 1992, 1446.

753 BGH WM 1990, 1410 = NJW-RR 1990, 1265.

754 Krämer BankR 2002, 177, 179.

755 BGH WM 1999, 895 = NJW 1999, 2361 = ZIP 1999, 836; BGH WM 1998, 1062 = ZIP 1998, 905 = NJW 1998, 2280 = WuB I F 1 a – 14.98 (Bydlinski).

756 BGH ZIP 1998, 905; BGH WM 1992, 854 = NJW 1992, 1446 = ZIP 1992, 684.

757 BGH WM 2002, 2192; vgl Reinicke/Tiedtke, Kreditsicherung[4] Rz 279; Pfeiffer LM Nr 115 zu § 765; Sprau LM Nr 127 zu § 765 (Anm).

758 Vgl Bydlinski WM 1991, 257, 261; BGH WM 2002, 2192: für Garantie auf erstes Anfordern.

759 Ebenso Bydlinski WuB I F 1 a – 14.98.

760 Als Parallele kann die Klausel: Bürgenzahlung vor vollständiger Befriedigung des Gläubigers nur Sicherheitsleistung, dienen; dazu BGH WM 1984, 1630 = NJW 1985, 614; Köln WM 1989, 1884, 1885; Celle, ZIP 1980, 1077; Münch Komm[2]/Pecher § 774 Rz 11; Reinicke/Tiedtke DB 1985, 957.

weicht vom gesetzlichen Bürgschaftsrecht ab, wonach der Gläubiger Entstehen und Fälligkeit der verbürgten Hauptschuld (Akzessorietätsgrundsatz) darlegen und beweisen muss; sie verfolgt deshalb einseitig dessen Interessen[761]. Es handelt sich um ein für den Bürgen besonders risikoreiches Rechtsgeschäft, weil er nicht nur das Missbrauchsrisiko, sondern auch das Risiko der Insolvenz des Gläubigers bei der Durchsetzung seiner Rückforderungsansprüche[762] zu tragen hat[763]. Das Streben des Gläubigers, sich mit Hilfe der nur durch den Rechtsmissbrauchseinwand begrenzten Vorleistungspflicht des Bürgen liquide Mittel zu verschaffen, ist daher nicht als berechtigt anzuerkennen[764]. Eine Benachteiligung ist nur dann **nicht unangemessen,** wenn der Bürge im Einzelfall nicht schutzbedürftig erscheint, wobei auf die jeweiligen Verkehrskreise abzustellen ist[765]. Die Bürgschaft auf erstes Anfordern kann deshalb formularmäßig im Wesentlichen allein von Unternehmen, zu deren Geschäftsbetrieb solche Erklärungen typischerweise gehören, vereinbart werden[766]. Wer mit Bankgeschäften hinreichend vertraut ist, bedarf keines Schutzes, insbesondere nicht Kreditinstitute[767] und Versicherungsgesellschaften[768] sowie Unternehmen, die sich am internationalen Wirtschaftsverkehr beteiligen[769].

Bei der Inhaltskontrolle ist auch das **Valutaverhältnis** zu berücksichtigen, wenn dem Haupt- **156**
schuldner in der Sicherungsabrede formularmäßig eine Bürgschaft „auf erstes Anfordern" abverlangt wird. Wird in einem Vertrag die Kaufpreis- oder Werklohnverpflichtung in dieser Weise gesichert, kann der Schuldner Leistungsverweigerungsrechte einbüßen, wenn das bürgende Kreditinstitut auf „erstes Anfordern" zahlen muss und anschließend den Hauptschuldner als seinen Auftraggeber damit belastet (§§ 675, 670), dem es dann überlassen bleibe, den Betrag vom „Gläubiger" zurückzufordern, wenn er der Auffassung ist, dass er diesem nicht zusteht. Schon früh ist gesehen worden, dass der Hauptschuldner die letztlich leidtragende Partei aus einer „Anforderungsklausel" ist[770]. Diese Sicherungsvereinbarung kann ihm **im Ergebnis** mögliche Gestaltungsrechte aus dem Valutaverhältnis entziehen; eine unmittelbar darauf gerichtete Vertragsklausel wäre ua gemäß § 309 Nr 2 (früher: AGB-Ges § 11 Nr 2) nichtig. Da mit der Bürgschaft „auf erstes Anfordern" derselbe für den Hauptschuldner nachteilige Zweck erreicht werden kann, wenn auch unter Einschaltung eines Dritten, führt der spezielle Umgehungstatbestand in § 306 a (früher: AGB-Ges § 7) zur Unwirksamkeit einer solchen Bürgschaft „auf erstes Anfordern"[771].

d) **Ergänzende Vertragsauslegung**. Bürgschaftsverträge, deren besondere Abrede über die **157**
Zahlung auf erstes Anfordern nicht rechtswirksam geworden ist oder nicht nachgewiesen werden kann, sind als „einfache" Bürgschaft auszulegen (§ 157)[772]. Denn die Bürgschaft auf erstes Anfordern ist nach der Rechtsprechung des BGH[773] lediglich eine infolge des weitgehenden Einwendungsausschlusses den Gläubiger besonders privilegierende Form der Bürgschaftsverpflichtung. Diese Auslegung ist wohl auch zutreffend, wenn die Bürgschaft auf erstes Anfordern zwar wirksam zustande gekommen, aber in dieser Form wegen eines rechtlichen Mangels der Sicherungsabrede nicht durchsetzbar ist[774].

761 BGH ZIP 1990, 1186.
762 S hierzu Rz 165.
763 BGH WM 2002, 2192; Ulmer/Brandner/Hensen, 2001[9], Anh AGB-Ges §§ 9–11 Rz 265 a.
764 BGH WM 2002, 2192; BGH WM 2002, 1415, 1416; ebenso BGH WM 2002, 1876, 1878.
765 BGHZ 143, 95 = WM 2000, 64 = NJW 2000, 658 = ZIP 2000, 65.
766 BGHZ 147, 99 = WM 2001, 947 = ZIP 2001, 833 = NJW 2001, 1857 = DB 2001, 1193; BGH WM 1990, 1410; BGH WM 1998, 1062, 1063.
767 BGH ZIP 1990, 1186.
768 BGH ZIP 1992, 466.
769 BGH ZIP 1997, 582.
770 Vgl die Stellungnahmen von Schütz ZAkDR 1938, 155.
771 So zum parallelen Fall der Bankgarantie BGH WM 1986, 784, 786; Kübler, Feststellung und Garantie S 188.
772 BGHZ 147, 99 = WM 2001, 947 = ZIP 2001, 833 = NJW 2001, 1857 = DB 2001, 1193; BGH WM 1999, 895, 899.
773 BGHZ 147, 99 = WM 2001, 947 = ZIP 2001, 833 = NJW 2001, 1857 = DB 2001, 1193.
774 Offengeblieben in BGHZ 147, 99 = WM 2001, 947 = ZIP 2001, 833 = NJW 2001, 1857 = DB 2001, 1193.

158 4. **Inanspruchnahme**. – a) **Anforderungserklärung**. Die „Anforderungserklärung" macht „geradezu das Wesen der Bürgschaft auf erstes Anfordern aus"[775]. Sie ist darauf gerichtet, „durch einseitige Erklärung über die Nichterfüllung der gesicherten Forderung von dem Bürgen die Zahlung der Bürgschaftssumme verlangen zu können", und ist wegen der Funktion, dem Begünstigten innerhalb kürzester Zeit liquide Mittel zur Verfügung stellen, weitgehend formalisiert[776]. Der Gläubiger muss nur erklären, was in der Verpflichtungserklärung als Voraussetzung der Zahlung auf erstes Anfordern genannt und für jeden ersichtlich ist[777]. Einer wörtlichen Übereinstimmung mit der Bürgschaftsurkunde bedarf es nur dann, wenn dies so vereinbart ist[778]. So ist bei einer auf einen Höchstbetrag begrenzten Gewährleistungsbürgschaft die Erklärung ausreichend, dass Baumängel vorliegen, die einen Zahlungsanspruch aus Gewährleistung im Umfang des Höchstbetrags begründen[779] und bei (individuell vereinbarten) Gewährleistungsbürgschaften auf erstes Anfordern müssen zur wirksamen Anforderung die gerügten Mängel nicht individualisiert werden[780].

159 b) **Qualifizierung**. Das Recht oder die Befugnis „zur Fälligstellung der Bürgschaft auf erstes Anfordern" ist ein „Hilfsrecht, das der Durchsetzung der Bürgschaftsforderung dient"[781] und deshalb in entsprechender Anwendung des § 401 Abs 1 auch dem Zessionar zusteht[782]. Die Anforderung ist Ausübung eines **(Gestaltungs-)Rechts**[783]. Der Bürge muss also nicht nur „schon" auf erstes Anfordern hin leisten, sondern ist dazu auch „erst" verpflichtet, wenn eine Anforderung ihm gegenüber erklärt worden ist[784]. Demgegenüber versteht *Auhagen*[785] die Aufforderung als eine rechtsgeschäftliche aufschiebende Bedingung des Zahlungsanspruchs. Als Unterschied zu einer Fälligkeitskündigung wird herausgestellt, dass die Ausübung nicht nur die Fälligkeit herbeiführt, sondern der Anspruch erst mit der Zahlungsausübung entsteht[786].

160 c) **Effektivklausel**. Wenn die Inanspruchnahme aus der Bürgschaft auf erstes Anfordern vereinbarungsgemäß von weiteren materiellen Voraussetzungen abhängig gemacht wird (Effektiv-

775 BGH WM 1987, 553, 554 = NJW 1987, 2075 zur Frage, ob auch ein Zessionar der gesicherten Forderung die Bürgschaftssumme ohne weiteres von dem Bürgen anfordern kann.

776 Dazu Weth, Festschr für Schütze, 1999, S 971.

777 BGH WM 1984, 44 = NJW 1984, 923. Insofern spricht BGH WM 1989, 1469 missverständlich vom „materiellen Bürgschaftsfall". Terminologisch würde statt dessen naheliegen, in Parallele zur Garantie auf erstes Anfordern (BGHZ 90, 287, 292 = WM 1984, 689, 690 im Anschluss an Hadding/Häuser/Welter, Bürgschaft und Garantie S 571, 718 Fn 8) vom „formellen Bürgschaftsfall" zu reden.

778 BGH ZIP 1997, 582; BGH ZIP 1996, 2262.

779 So BGH WM 1985, 511, 512 = NJW 1985, 1694; zustimmend Nielsen WuB I K 3 – 2.85; ebenso Hamm WM 1986, 1503, 1504.

780 So München WM 1994, 2108 = NJW-RR 1995, 498; aA Köln WM 1998, 707, 708 = WuB I E 5. – 1.98 (Nielsen).

781 Die Anforderungserklärung soll den in BGH WM 1973, 1270 = NJW 1973, 1794, 1795 beispielhaft genannten Rechten, wie Fälligkeitskündigung, Mängelgewährleistung oder Wahlrecht des Gläubigers, gleichstehen. Nach BGH WM 1985, 1106, 1107 zählt hierzu auch das Recht aus einem gegenseitig verpflichtenden Vertrag, eine Nachfrist mit Ablehnungsandrohung zu setzen (§ 326 Abs 1 aF), obwohl das Schuldverhältnis dadurch umgestaltet werden kann. Im Übrigen wendet der BGH WM 1985, 1106, 1107 § 401 auf Rechte mit solcher Wirkung (zB Rücktrittsrecht) nicht an, hält aber eine rechtsgeschäftliche Übertragung zusammen mit der Forderung für möglich.

782 BGHZ 90, 287, 291 = WM 1984, 689, 690 hatte für die Garantie „auf erstes Anfordern" dahinstehen lassen, ob die Inanspruchnahme durch „Anforderung" ungeachtet der Abtretung der Garantieforderung von dem ursprünglich Begünstigten ausgehen muss.

783 So auch Klaas EWiR § 401 1/87.

784 Brändel, Festschrift für Werner S 41, 49: in der Inanspruchnahme einer „Garantie auf erstes Anfordern"; P Bydlinski ZBB 1989, 153, 154; ders ÖBA 1988, 395 (Anm); Mülbert, Mißbrauch von Bankgarantien und einstweiliger Rechtsschutz, 1985, S 186; Hadding/Häuser/Welter, Bürgschaft und Garantie S 715.

785 Die Garantie einer Bank „auf erstes Anfordern" zu zahlen, 1965, S 46 Fn 88. Bydlinski ZBB 1989, 153, 154 sieht darin keinen Gegensatz zur Ausübung eines Gestaltungsrechts, da auch die Ausübung eines Gestaltungsrechts den Eintritt einer Bedingung darstellen könne. Dies erscheint wenig folgerichtig, weil bei einer Bedingung die Rechtswirkung allein auf die ursprüngliche Vereinbarung zurückzuführen ist, während bei einem Gestaltungsrecht die Rechtswirkung von der zusätzlichen rechtsgeschäftlichen Erklärung abhängt.

786 P Bydlinski ZBB 1989, 154.

klausel)[787], besteht Uneinigkeit, wie der Gläubiger diese zusätzliche Voraussetzungen der Inanspruchnahme des Bürgen darzulegen hat. Eine Ansicht meint, der Gläubigers müsse nur behaupten, die in der Effektivklausel beschriebene Voraussetzung sei gegeben[788]. Der Gläubiger dürfe nach wie vor davon ausgehen, er werde innerhalb kürzester Zeit liquide Mittel erhalten, wenn er den vertraglich geregelten formalen Anforderungsmodalitäten genüge. Die Liquiditätsfunktion der Bürgschaft auf erstes Anfordern würde entfallen, wenn der Gläubiger den Eintritt der in der Effektivklausel beschriebenen Voraussetzungen beweisen müsste. Abweichend wird ein voller Nachweis hinsichtlich des Eintritts der in der Effektivklausel festgelegten Anforderung, wahlweise eine Glaubhaftmachung verlangt.

5. **Einreden und Einwendungen**. Wenn der vom Gläubiger geltend gemachte Anspruch durch die vom Bürgen übernommene Verpflichtung gesichert ist und die Anforderung auch im Übrigen den vertraglichen Anforderungen entspricht, muss der Bürge grundsätzlich sofort zahlen[789]. Der Gläubiger braucht nicht darzutun, dass die durch die Bürgschaft gesicherte Hauptforderung bestand[790]. Die Verteidigungsmöglichkeiten des Bürgen[791] gegen seine Inanspruchnahme sind im Interesse der Liquiditätsfunktion eingeschränkt. Alle Streitfragen und mögliche Einwendungen aus §§ 767, 768 hindern eine Inanspruchnahme nicht, sondern bleiben einem „Rückforderungsverlangen aus §§ 812, 813 vorbehalten"[792]. Im Erstprozess kann er sich nicht mit der Behauptung von Tatsachen erwehren, die außerhalb des Urkundeninhalts sowie dem unstreitigen Parteivorbringen liegen. Alle Einwendungen, die sich gegen Grund und Höhe der Hauptforderung oder gegen die Bürgschaftsverpflichtung selbst richten, sind ausgeschlossen. Streitfragen, deren Beantwortung sich nicht ohne weiteres ergibt, sind im Rückforderungsprozess auszutragen[793]. 161

Einwände des Bürgen sind **ausnahmsweise schon im Erstprozess** beachtlich, wenn sich deren Berechtigung aus dem unstreitigen Sachverhalt oder dem Inhalt der Vertragsurkunden ohne weiteres ergibt[794]. Diese Einschränkung der Gläubigerrechte bezieht sich nicht lediglich auf liquide Einwände gegen Bestand und Höhe der Hauptforderung, sondern auch auf den Inhalt der Sicherungsabrede, wenn der Bürgschaftsvertrag nur deren Erfüllung dient[795]. 162

a) **Bürgschaftsvertrag**. Der Bürge kann dem ersten Anfordern entgegensetzen, aus der Urkunde sei erkennbar, dass die fragliche Hauptschuld von der Bürgschaft nicht erfasst werde[796]. Die Verteidigung richtet sich nicht gegen den Bestand der Hauptforderung, sondern betrifft die übernommene Einstandspflicht als solche. Wenn der Bürge in der Bürgschaftsurkunde seine Haftung auf Forderungen für vollständig erbrachte **Teilleistungen** beschränkt hat, ist wegen dieser inhaltlichen Eingrenzung bereits im Erstprozess zu prüfen, ob der Gläubiger den Bürgen wegen solcher Forderungen in Anspruch nimmt, auf die sich die Bürgschaft bezieht[797]. Trifft dies zu, braucht der Gläubiger seine Forderung nicht schlüssig darzulegen; es genügt, dass sich nach sei- 163

787 Krämer BankR 2002, 177, 184; dazu auch Schmidt WM 1999, 308.
788 München WM 1998, 242, 344.
789 BGHZ 147, 99 = WM 2001, 947 = ZIP 2001, 833 = NJW 2001, 1857 = DB 2001, 1193–1195; vgl dazu auch BGH WM 1999, 895, 897 f.
790 BGH WM 1984, 44 = NJW 1984, 923.
791 Dazu Schmidt WM 1999, 308, 313.
792 St Rspr: vgl BGHZ 147, 99 = WM 2001, 947 = ZIP 2001, 833 = NJW 2001, 1857 = DB 2001, 1193; BGH WM 1998, 1062, 1063 mweitNachw; BGHZ 95, 375, 385 = WM 1985, 1387 = NJW 1986, 310.
793 BGH WM 2002, 743 = ZIP 2002, 658 = NJW 2002, 1493 = BB 2002, 801 = BKR 2002, 365 = DB 2002, 1654 = LM Nr 168 zu § 765; dazu IBR 2002, 248 (Claus Schmitz); EWiR 2002, 473–474 (Olaf Büchler); BGH ZIP 2002, 428 = WM 2002, 555 = BB 2002, 540 = BKR 2002, 219 = NJW 2002, 1198 = LM Nr 166 zu § 765; BGHZ 147, 99, 102; BGHZ 143, 381, 383 = WM 2000, 715, 717; BGH WM 1997, 656, 658; BGH WM 1996, 2228, 2229 f.
794 BGHZ 147, 99 = WM 2001, 947 = ZIP 2001, 833 = NJW 2001, 1857 = DB 2001, 1193; BGHZ 143, 381 = WM 2000, 715, 717.
795 BGH ZIP 2002, 428 = WM 2002, 555 = BB 2002, 540 = BKR 2002, 219 = NJW 2002, 1198 = LM Nr 166 zu § 765; BGHZ 143, 381, 384 = WM 2000, 715, 717; BGHZ 147, 99 = WM 2001, 947, 948.
796 BGH WM 1999, 895 = NJW 1999, 2361 = ZIP 1999, 836; BGH WM 1996, 193 = NJW 1996, 717 = ZIP 1996, 172.
797 Vgl BGH ZIP 2002, 428 = WM 2002, 555 = BB 2002, 540 = BKR 2002, 219 = NJW 2002, 1198 = LM Nr 166 zu § 765; BGH WM 1996, 193, 194 f.

nem Vorbringen die Klage auf Ansprüche stützt, die von der Bürgschaft gedeckt sind[798]. Ergänzend können sonstige unstreitige oder durch Urkunden belegte Umstände berücksichtigt werden[799]. Diese Einwände sind schon im Erstprozess erheblich, da es auch möglich sein muss, dass der Verpflichtete aus einer Bürgschaft auf erstes Anfordern seine Einstandspflicht auf einen bestimmten Anspruch innerhalb des Vertragsverhältnisses zwischen Gläubiger und Hauptschuldner begrenzt[800].

164 Zu den ausgeschlossenen Verteidigungsmitteln gehören grundsätzlich auch solche aus dem Bürgschaftsverhältnis, zB der Einwand der auflösenden Befristung des Bürgschaftsverhältnisses (§§ 163, 158 Abs 2), wenn sie sich nicht ohne weiteres aus der Bürgschaftsurkunde ergeben[801]. Der BGH[802] hat aber den Einwand aus einer vereinbarten Ermäßigungsklausel (nach der ersten Anforderung habe sich die gesicherte Verbindlichkeit verringert) als auflösende Bedingung berücksichtigt, obwohl offenbar umstritten war, ob eine zu berücksichtigende Ermäßigung vorlag; denn dadurch werde nach vordergründiger Ansicht des BGH die Pflicht, „auf erstes Anfordern" zu zahlen, nicht berührt, sondern diese Pflicht beziehe sich auf die sodann verringerte Verbindlichkeit des Bürgen[803]. Ebenso hat sich das OLG Hamburg[804] trotz der „Anforderungsklausel" ausführlich mit der umstrittenen Auslegung der Klausel befasst, die Bürgschaft erlösche mit der Rückgabe der Bürgschaftsurkunde. Ferner ist das KG[805] in Auseinandersetzung mit der streitigen Frage, ob die Bürgschaft mit dem Gläubiger des Valutaverhältnisses oder aber mit einem Dritten vereinbart worden war, nicht darauf eingegangen, dass Zahlung „auf erstes Anfordern" zu leisten war. Bei der Frage nach der Aktivlegitimation des Gläubigers ist offenbar eine Grenze denkbarer ausgeschlossener Einwendungen erreicht.

165 b) **Vermögensverfall des Gläubigers**. Der Bürge kann sich nicht damit verteidigen, eine **Rückforderung**[806] sei wegen drohenden Vermögensverfalls des Gläubigers voraussichtlich **aussichtslos**[807]; denn das Insolvenzrisiko liegt grundsätzlich bei dem Bürgen[808]. Insolvente Unternehmen werden zu Sanierungszwecken fortgeführt und benötigen deshalb Liquidität. Zwar ähnelt die Interessenlage derjenigen bei einer erst in Zukunft auszugleichenden oder zurückzugewährenden Leistung, weil der Gläubiger den Geldbetrag möglicherweise wieder zurückzahlen muss, und §§ 321, 610 aF (jetzt: § 490 Abs 1), 775 Abs 1 Nr 1, 1133, 1218 und 1219, denen eine Art Kreditgewährung gemeinsam ist[809], kann entnommen werden, dass eine Vermögensgefährdung des anderen Teils den vorleistenden Teil berechtigt, seine Interessen stärker als ursprünglich vereinbart zur Geltung zu bringen[810]. Gleichwohl geht eine vertragliche Risikovereinbarung wie eine Bürgschaft auf erstes Anfordern vor. Wer sich darauf einlässt, ist grundsätzlich auch dann zur Zahlung verpflichtet, wenn der Gläubiger sich in Liquiditätsschwierigkeiten befindet. Nur so wird die Bürgschaft auf erstes Anfordern ihrem Zweck gerecht, das Bardepot zu ersetzen[811]. Dem-

798 Vgl BGH WM 2002, 555–557 = ZIP 2002, 428–429 = BB 2002, 540–541 = BKR 2002, 219–220 = NJW 2002, 1198–1199 = LM Nr 166 zu § 765; BGH WM 2002, 743; BGH WM 1998, 1062, 1064; BGH ZIP 1998, 905; BGH BauR 1998, 634 = ZfBR 1998, 237; BGH BauR 1996, 251 = ZfBR 1996, 139; BGH NJW 1994, 380.

799 BGH WM 1999, 895 = NJW 1999, 2361 = ZIP 1999, 836; BGH WM 1996, 193 = ZIP 1996, 172 = NJW 1996, 717 = WuB I F 1 a – 8.96 (Emmerich).

800 BGH WM 1999, 895 = NJW 1999, 2361 = ZIP 1999, 836; BGH ZIP 1998, 905.

801 BGH WM 1985, 511, 512 = NJW 1985, 1694; dazu Nielsen WuB I K 3 – 2.85; Blaurock EWiR § 765, 2/85; vgl dazu schon Rz 161.

802 WM 1984, 633.

803 BGH WM 1984, 633 spricht von „Garantie", weil es nicht darauf ankomme, ob eine Bürgschaft oder ein Garantievertrag vorlag.

804 WM 1986, 62 = NJW 1986, 1691; dazu Schröter WuB I K 3 – 2.86; v Stebut EWiR § 765 4/86; Meinert BB 1986, 836.

805 WM 1984, 254.

806 S hierzu Rz 173 ff.

807 Vgl BGH WM 2002, 1794 = ZIP 2002, 1633 = BB 2002, 1829 = NJW 2002, 3170; BGH NJW 1997, 1435, 1437.

808 BGH WM 2002, 1794 = ZIP 2002, 1633 = BB 2002, 1829 = NJW 2002, 3170; Horn NJW 1980, 2153, 2156; Eleftheriadis, Die Bürgschaft auf erstes Anfordern, 2001, S 118, 123; Oettmeier, Bürgschaften auf erstes Anfordern, 1996, S 102; zu pauschal Brandenburg InVo 2002, 289 f.

809 Vgl Staud/Otto (2000) § 321 Rn 3.

810 BGH WM 2002, 1794 = ZIP 2002, 1633 = BB 2002, 1829 = NJW 2002, 3170.

811 BGH WM 2002, 1794 = ZIP 2002, 1633 = BB 2002, 1829 = NJW 2002, 3170. S hierzu auch Rz 144.

gegenüber wird beanstandet, in solchen Fällen komme es zur Aushöhlung der Akzessorietät[812]. Als Lösung wird die Hinterlegung oder Zahlung gegen Rückzahlungsbürgschaft[813] oder ein Leistungsverweigerungsrecht des Bürgen[814] vorgeschlagen, was ihrem Zweck widerspricht. Im Übrigen ist ein Bürge durch die Anforderungsklausel nicht gehindert, gegenüber einem vermögenslosen Gläubiger geltend zu machen, die durch die Bürgschaft gesicherte Forderung sei bereits erfüllt[815].

Kein schützenswertes Interesse hat der Gläubiger jedoch, wenn ein **Insolvenzverfahren mangels Masse** nicht eröffnet oder die **Masseunzulänglichkeit** angezeigt wird, da er auf die Liquidität nicht mehr angewiesen ist, weil mangels oder wegen unzulänglicher Masse eine weitere wirtschaftliche Tätigkeit des Gläubigers nicht erfolgen wird[816]. Es entfällt dann ausnahmsweise auch das Recht, Zahlung auf erstes Anfordern zu verlangen[817]. Dies gilt auch gegenüber dem Insolvenzverwalter, der die vorhandene Insolvenzmasse bei Masseunzulänglichkeit verwertet[818]. InsO § 208 Abs 3 steht dem nicht entgegen. Seine nach Anzeige der Masseunzulänglichkeit fortbestehende Pflicht, die Masse zu verwalten, bezieht sich nur darauf, die vorhandene Restmasse geordnet im Interesse der Befriedigung der Massegläubiger zu verwerten[819]. In einem solchen Fall werden Sinn und Zweck einer Bürgschaft auf erstes Anfordern verfehlt, wenn der Bürge ohne Aussicht auf Rückzahlung leisten müsste. Die Voraussetzungen eines entsprechenden Einwandes hat der Bürge darzulegen und zu beweisen[820]. 166

Der Bürge kann diesen Einwand dem Zessionar als Bürgschaftsgläubiger entgegenhalten[821]. Die Abtretung führt jedoch grundsätzlich nicht dazu, dass der Zessionar mehr Rechte erwirbt als dem Zedenten zustanden (arg §§ 404, 405). Es genügt, dass die Einwendung ihrem Rechtsgrund nach im Bürgschaftsverhältnis angelegt war; die den Missbrauchseinwand begründenden Tatsachen können vor oder nach der Abtretung eingetreten sein. Der Bürge auf erstes Anfordern kann daher dem ihn in Anspruch nehmenden Zessionar entgegenhalten, es handele sich um eine rechtsmissbräuchliche Anforderung, wenn diese Voraussetzungen in der Person des neuen Gläubigers erfüllt sind[822]. Für den Einwand aus § 242 kommt es zudem entscheidend darauf an, dass die Voraussetzungen eines treuwidrigen Verhaltens gerade in der Person des gegenwärtigen Anspruchstellers begründet sind[823]. 167

c) **Aufrechnung des Bürgen**. Die „Anforderungsklausel" ist als ein Aufrechnungsausschluss insbesondere mit Gegenansprüchen auszulegen, die beim Hauptschuldner entstanden sein könnten[824]. In BGHZ 74, 244, 248 hat das Berufungsurteil[825] den Aufrechnungseinwand mit Rücksicht auf die Besonderheiten des Falles zurückgewiesen, hilfsweise sogar als nicht sachdienlich gemäß ZPO § 530 Abs 2 nicht zugelassen[826]. Bei der zur Aufrechnung gestellten Gegenforderung handelte 168

812 Ebenso Clemm BauR 1987, 123, 127; Lukas, Die Bürgschaft auf erstes Anfordern, Diss 1998, S 82.
813 Horn NJW 1980, 2153, 2156.
814 Clemm BauR 1987, 123, 127.
815 Brandenburg WM 2002, 2160.
816 BGH WM 2002, 1794 = ZIP 2002, 1633 = BB 2002, 1829 = NJW 2002, 3170.
817 BGH WM 2002, 1794 = ZIP 2002, 1633 = BB 2002, 1829 = NJW 2002, 3170.
818 Kuhn/Uhlenbruck KO § 60 Rz 3 l; Kilger/Schmidt InsG KO § 60 Anm 4.
819 MünchKomm-InsO/Hefermehl § 208 Rz 43; Kübler/Prütting/Pape InsO § 208 Rz 20.
820 BGH WM 2002, 1794 = ZIP 2002, 1633 = BB 2002, 1829 = NJW 2002, 3170.
821 BGH WM 2002, 1794 = ZIP 2002, 1633 = BB 2002, 1829 = NJW 2002, 3170.
822 BGH WM 2002, 1794 = ZIP 2002, 1633 = BB 2002, 1829 = NJW 2002, 3170; Pal/Heinrichs § 404 Rz 1; Staud/Busche (1999) § 404 Rz 18; vgl auch MünchKomm/Roth § 242 Rz 369.
823 BGH WM 2002, 1794 = ZIP 2002, 1633 = BB 2002, 1829 = NJW 2002, 3170, BGH WM 2001, 950 = NJW 2001, 1859, 1862 = ZIP 2001, 828.
824 BGHZ 74, 244, 246 = WM 1979, 691 = NJW 1979, 1500 = BauR 1979, 442 = JuS 1980, 65 (Karsten Schmidt); dazu Merz LM Nr 27 zu § 765 (Anm); Rehbein JR 1980, 16 (Anm); vgl auch Gerstein Sparkasse 1979, 353. So zB Tiedtke ZIP 1986, 69, 73, der zwar nur die Rechtsprechung des BGH zur Bürgschaft seit dem Jahre 1980 referiert, auf die Frage des Aufrechnungsausschlusses aber ohne Entscheidungsanlass für diesen Zeitraum eingeht und die Stellungnahme in BGHZ 74, 244 unerwähnt lässt.
825 Vgl das nicht veröffentlichte Berufungsurteil des OLG Stuttgart v 5. 4. 1978 – 6 U 27/77.
826 Zur Unzulässigkeit des Aufrechnungseinwands in der Berufung trotz Konnexität der Forde-

es sich um die Forderung des Hauptschuldners auf eine vermeintliche Restvergütung gegen den Gläubiger; die bürgende Bank hatte diese Forderung gepfändet und sich überweisen lassen[827]. Für diese Fallgestaltung entnimmt das Berufungsgericht der „Anforderungsklausel" einen vertraglichen Ausschluss der Aufrechenbarkeit, weil eine solche Aufrechnungsmöglichkeit dem Sinn der Verpflichtung, auf erste Anforderung hin zu zahlen, zuwiderlaufen würde. Der Gläubiger wäre nämlich andernfalls gezwungen, sich auf einen Streit über die Abrechnung von Ansprüchen auf Restwerklohn und damit auch über die durch die Bürgschaft gesicherten Gewährleistungsansprüche einzulassen, was die „Anforderungsklausel" gerade vermeiden sollte. Der Zweck der „Anforderungsklausel" ist darauf gerichtet dem Gläubiger liquide, dh sofort verfügbare Mittel zu verschaffen. Die Aufrechnung wirkt sich beim Gläubiger zwar als Tilgung auch seiner Verbindlichkeit aus, liquide Mittel erhält er aber auf seine Forderung nicht. Man wird deshalb ganz allgemein von einem „Verzicht auf eine Aufrechnung" oder von einem „Ausschluß der Aufrechnung" ausgehen können[828], ohne auf eine bestimmte Herkunft der Gegenansprüche des Bürgen abzustellen[829].

169 d) **Einwendungen aus dem Valutaverhältnis**. Dem Bürgen können Einwendungen gegen seine Inanspruchnahme auch dann zustehen, wenn die Bürgschaft ausschließlich der Erfüllung einer zwischen Gläubiger und Hauptschuldner getroffenen Sicherungsabrede dient, sich aus dieser Sicherungsabrede aber kein wirksamer Anspruch des Gläubigers auf Erhalt einer Bürgschaft auf erstes Anfordern ergibt[830]. Auf diese Einwendung, sofern sie offensichtlich oder liquide beweisbar ist oder sich aus dem unstreitigen Sachverhalt sowie dem Urkundeninhalt ohne weiteres ergibt, kann sich gemäß § 768 Abs 1 auch der Bürge im Erstprozess berufen[831]. Das gilt nicht nur für Einwendungen gegen die Hauptforderung, sondern auch dann, wenn der Bürge geltend macht, der Gläubiger sei im Verhältnis zum Hauptschuldner verpflichtet, von der Bürgschaft keinen Gebrauch zu machen[832]. Wenn der Bürge ohne das Wissen und gegen den Willen des Hauptschuldners eine Bürgschaft auf erstes Anfordern übernimmt, ist für seine Inanspruchnahme aus der Bürgschaftsverpflichtung irrelevant, ob eine Sicherungsabrede zwischen Gläubiger und Schuldner besteht und welchen Inhalt diese hat[833].

170 e) **Exkurs zu § 648 a**. Nach § 648 a Abs 2 Satz 1 kann die Sicherung auch durch eine Garantie oder ein sonstiges Zahlungsversprechen eines Kreditinstitutes oder Kreditversicherers geleistet werden. Aus der Sicherheit darf jedoch nach § 648 a Abs 2 Satz 2 nur geleistet werden, wenn der Besteller den Vergütungsanspruch anerkannt hat oder wenn er durch vorläufig vollstreckbares Urteil zur Zahlung der Vergütung verurteilt worden ist und die Voraussetzungen vorliegen, unter denen mit der Zwangsvollstreckung begonnen werden darf. Eine hiervon abweichende Vereinba-

rungen vgl BGH NJW 1977, 1029; dazu Stein/Jonas/Grunsky ZPO § 530 Rz 17.

827 Aufgrund einer Überweisung des Vollstreckungsgerichts (ZPO §§ 829 Abs l, 836 Abs l) kann der Vollstreckungsgläubiger mit der überwiesenen Forderung grundsätzlich auch gegen eine Forderung des Drittschuldners gegen ihn aufrechnen. Vgl dazu RGZ 58, 108 f.; Stein/Jonas/Münzberg ZPO § 835 Rz 14.

828 BGHZ 74, 244, 248 (unter II. 3) = WM 1979, 691, 692; vgl nur Rümker ZGR 1986, 332, 338.

829 Zum Ausschluss der Aufrechnung der Akkreditivbank beim Dokumenten-Akkreditiv mit ihr vom Auftraggeber abgetretenen Ansprüchen aus dem Valutaverhältnis (wie etwa Schadenersatz oder Gewährleistungsansprüchen) BGHZ 28, 129 = WM 1959, 25 = NJW 1959, 191 = LM Nr 3 zu § 780 – L. Dagegen hat es der Bundesgerichtshof offengelassen, ob die Akkreditivbank mit Ansprüchen aufrechnen kann, die mit den gesicherten vertraglichen Ansprüchen im Valutaverhältnis in keinem Zusammenhang stehen; vgl BGHZ 60, 262 = NJW 1973, 899 = LM Nr 8 zu HGB § 346 (Ef).

830 Vgl BGHZ 147, 99 = WM 2001, 947 = ZIP 2001, 833 = NJW 2001, 1857 = DB 2001, 1193; BGHZ 107, 210, 214; BGHZ 143, 381 = WM 2000, 715, 717.

831 BGH WM 2002, 1794 = ZIP 2002, 1633 = BB 2002, 1829 = NJW 2002, 3170; BGHZ 143, 381, 384 = ZIP 2000, 576; BGHZ 147, 99, 102 f.

832 BGH WM 2002, 743 = ZIP 2002, 658 = NJW 2002, 1493 = BB 2002, 801 = BKR 2002, 365 = DB 2002, 1654 = LM Nr 168 zu § 765; dazu IBR 2002, 248 (Claus Schmitz); EWiR 2002, 473–474 (Olaf Büchler); BGHZ 143, 381, 384 = WM 2000, 715 = NJW 2000, 1563 = WuB I F 1a-15.00 (Horn/Wackerbarth); 147, 99, 102 f; BGH WM 2002, 555 = NJW 2002, 1198 = ZIP 2002, 428.

833 BGHZ 143, 381 = WM 2000, 715 = NJW 2000, 1563 = ZIP 2000, 576.

rung ist unwirksam (§ 648 a Abs 7). Ob der den Bürgschaftsanspruch des Unternehmers einschränkende § 648 a Abs 2 Satz 2 wegen § 648 a Abs 7 auch gilt, wenn der Vergütungsanspruch des Unternehmers auf Grund einer im Bauvertrag enthaltenen Abrede durch Bürgschaft auf erstes Anfordern gesichert werde, ist nicht im Erstprozess zu entscheiden, weil sich dies aus dem Gesetzestext nicht eindeutig und zweifelsfrei beantworten lässt[834]. Demgegenüber wird vertreten, § 648 a Abs 7 diene dem Schutz des Bauunternehmers, Abweichungen von § 648 a Abs 2 Satz 2 zu seinen Gunsten seien daher möglich[835]. Nach andere Ansicht[836] ist eine Bürgschaft auf erstes Anfordern im Bereich des § 648 a schlechthin unzulässig. Die Bauunternehmersicherung nach § 648 a solle lediglich der Sicherung des Unternehmers, nicht jedoch der raschen Liquiditätszuführung dienen.

f) **Einwand rechtsmissbräuchlicher Anforderung**. Der Bürge kann sich gegenüber der Inanspruchnahme „auf erstes Anfordern" mit dem Einwand des Rechtsmissbrauchs verteidigen, der voraussetzt, dass es „offensichtlich" an einer materiellen Berechtigung des Gläubigers fehlt[837]. Der Missbrauchseinwand ist auf Fälle beschränkt, in denen es offensichtlich oder mindestens liquide für jedermann beweisbar ist, dass trotz Vorliegens der formellen Voraussetzungen der Bürgschaftsfall nicht eingetreten ist[838]. Eine Zahlungspflicht des Bürgen entfällt also nur, wenn die missbräuchliche Ausnutzung einer formalen Rechtsstellung durch den Begünstigten klar erkennbar ist[839]. Diese Voraussetzungen sind nicht erfüllt, wenn sich zB aus den Einwendungen des Auftraggebers der Bank nur ergibt, dass die Beteiligten des Valutaverhältnisses unterschiedlicher Auffassung über Rechts- und Tatsachenfragen sind, und nicht, dass der Begünstigte seine formale Rechtsstellung in einer klar erkennbaren Weise missbräuchlich ausnutzt. Der Gläubiger verlangt etwas, was er im Rückforderungsprozess sofort erstatten müsste. Ein solches Verhalten begründet den Arglisteinwand („*dolo facit* ...") aus § 242[840]. Dies trifft beispielsweise zu, wenn die Sicherungsabrede im Valutaverhältnis unwirksam ist und der Gläubiger deshalb die Bürgschaft auf erstes Anfordern ohne Rechtsgrund erlangt hat, was urkundlich belegbar sein muss, oder nicht auf eine Bürgschaft auf erstes Anfordern gerichtet ist[841] oder wenn bei einer Gewährleistungsbürgschaft „auf erstes Anfordern" die konkreten Mängel, auf die der Gläubiger die Anforderung stützte, nicht vorlagen oder wenn die vom Gläubiger zum Anlass genommenen Mängel bis zur mündlichen Verhandlung beseitigt worden sind[842]. Daran fehlt es auch, wenn eine vom Gläubiger 171

834 ZIP 2002, 428 = ZfIR 2002, 272.
835 München IPR 1999, 164.
836 Celle IPR 2000, 377; Düsseldorf ZfIR 2000, 272 = MDR 2000, 328.
837 BGH WM 1988, 934 = NJW 1988, 2610; dazu Nielsen WuB I K 3 – 4.88; BGH WM 1985, 511, 512 = NJW 1985, 1694 = ZIP 1985, 470, 471; Hamburg VersR 1984, 170; dazu Kupisch WM 2002, 1626. Zur umfangreichen Diskussion zum Garantievertrag „auf erstes Anfordern" vgl nur Canaris, ÖBA 1987, 769, 775; Heldrich, Festschrt für Kegel S 175; gründlich Mülbert, Missbrauch von Bankgarantien und einstweiliger Rechtsschutz, 1985; ders ZIP 1985, 1101, 1108, und bei den anderen Vertragsgestaltungen mit einer „unbedingten Zahlungspflicht"; dazu zB zum Dokumenten-Akkreditiv BGH WM 1987, 977, hinsichtlich Einwendungen aus dem Grundgeschäft gegenüber der Inanspruchnahme der Bank aus dem Akkreditiv.
838 BGH WM 2002, 743 = ZIP 2002, 658 = NJW 2002, 1493 = BB 2002, 801 = BKR 2002, 365 = DB 2002, 1654 = LM Nr 168 zu § 765; dazu IBR 2002, 248 (Claus Schmitz); EWiR 2002, 473–474 (Olaf Büchler); BGHZ 147, 99 = NJW 2001, 1857; BGH WM 1996, 2228 = ZIP 1996, 2062 = NJW 1996, 2062; BGH WM 1989, 1496 = ZIP 1989, 1108 = NJW-RR 1989, 1324; dazu Horn WuB I K 3 – 1.90; Blaurock EWiR § 765 7/89; BGHZ 90, 287 = WM 1984, 689 = ZIP 1984, 685 = NJW 1984, 2030; BGH WM 1986, 1429 = ZIP 1986, 1450 = BB 1986, 2230; BGH WM 1988, 934 = DB 1988, 2245 = NJW 1988, 2610 = WuB I K 3 – 4.88 (Nielsen); BGH WM 1985, 511, 512; unter Bezugnahme auf Horn NJW 1980, 2153, 2156; Hickl BauR 1979, 463, 466.
839 BGH WM 1989, 1496 = ZIP 1989, 1108 = NJW-RR 1989, 1324; dazu Horn in WuB I K 3 – 1.90 (Anm); Blaurock EWiR § 765 7/89 (Kurzkom); BGH WM 1989, 433, 434.
840 Vgl BGHZ 147, 99 = WM 2001, 947 = ZIP 2001, 833 = NJW 2001, 1857 = DB 2001, 1193; BGHZ 74, 293, 300; BGHZ 56, 22, 25.
841 KG WM 1997, 1377 = WuB I F 1 a – 18.97 (Jacob); dazu auch BGHZ 143, 381 = WM 2000, 715 = ZIP 2000, 576 = NJW 2000, 1563 = WuB I F 1 a – 15.00 (Horn); BGHZ 147, 99 = WM 2001, 947 = ZIP 2001, 833 = NJW 2001, 1857 = WuB I E 5 – 11.01 (Felke).
842 Hamm WM 1986, 1503, 1504.

zu beweisende Tatsache nicht sofort geklärt werden kann[843]. Die besondere Interessenlage bei der Vorauszahlungsbürgschaft rechtfertigt es, den Einwand einer rechtsmissbräuchlichen Inanspruchnahme der Bürgschaft möglichst zurückzudrängen. Ein Rechtsmissbrauch ist folglich auch dann zu verneinen, wenn es erst einer Vertragsauslegung im Valutaverhältnis bedarf, um festzustellen, ob der Sicherungsfall eingetreten ist. Erwirkt der Hauptschuldner eine Unterlassungsverfügung gegen den Bürgen, so ist nicht bereits der formale Gesichtspunkt des Verstoßes gegen das gerichtliche Verbot geeignet, zu Gunsten des Bürgen den Einwand des offensichtlichen Rechtsmissbrauchs zu begründen, insbesondere wenn die einstweilige Verfügung ohne Anhörung des Antragsgegners ergangen ist und keine Begründung enthält[844].

172 g) **Urkundenprozess des Gläubigers**. Der Gläubiger kann die Forderung aus der Bürgschaft auf erstes Anfordern im Urkundenprozess (ZPO §§ 592 ff) verfolgen und der Bürge Einwendungen einschließlich des Einwands des Rechtsmissbrauchs[845] dann nur entgegenhalten, wenn sie ebenfalls urkundlich belegt sind (vgl ZPO § 598) oder auf unstreitigen Tatsachen beruhen. Erfolgt im Urkundenprozess eine Verurteilung des Bürgen unter Vorbehalt seiner Rechte (vgl ZPO § 599), kann er seine Einwendungen **nicht im Nachverfahren**, sondern erst in einem Rückforderungsprozess erheben[846]. Der Einwendungsausschluss bei der Bürgschaft auf erstes Anfordern hat materiellrechtliche Gründe, während der Ausschluss von Einwendungen im Urkundenprozess auf prozessualen Gründen beruht.

173 6. **Rückforderung**. – a) **Anspruchsgrundlage**. Die auf erstes Anfordern erbrachte Leistung kann der Bürge nach herrschender Meinung[847] gemäß § 812 Abs 1 Satz 1 Alternative 1 zurückfordern, wenn der Gläubiger das Entstehen und die Fälligkeit des durch die Bürgschaft gesicherten Anspruchs nicht beweisen kann oder die Einwendungen des Bürgen durchgreifen[848]. Diese Möglichkeit der Rückforderung, wenn der Bürge bürgschaftsrechtlich nicht gehaftet hätte, spielt bei der Auslegung der „Anforderungsklausel" und der darauf aufbauenden schuldvertraglichen Qualifizierung eine entscheidende Rolle[849]. Die Rückforderung vom Gläubiger ist auch für ein Kreditinstitut von besonderer Bedeutung, wenn der Hauptschuldner, der Kunde der Bank, in Konkurs gefallen ist[850]. Da im jeweiligen Leistungsverhältnis ein Rechtsgrund, der die Leistung rechtfertigt, zugleich auch das Recht des Empfängers begründet, den Leistungsgegenstand behalten zu dürfen, überzeugt § 812 als Anspruchgrundlage nicht (Rz 148). Der Bereicherungsausgleich lässt sich nicht mit einem „Doppelcharakter" einer solchen Bürgschaft begründen, bei der die für die Bürgschaft wesensbestimmende Abhängigkeit der Bürgschaftsforderung von der verbürgten Hauptforderung für das Stadium der Geltendmachung beseitigt und anschließend für ein etwaiges Herausgabeverlangen des Bürgen wiederhergestellt wird[851]. Der Rückzahlungsanspruch ergibt sich vielmehr **aus einer ergänzenden Auslegung des Vertrags** (§ 157)[852]. Deshalb ist auch ein verschuldensunabhängiger Schadensersatzanspruch analog ZPO § 717 Abs 2[853] entbehrlich.

174 Bei dieser Rückforderung stehen meistens Einreden und Einwendungen aus dem Valutaverhältnis zwischen Gläubiger und Hauptschuldner im Vordergrund, auf die ein Bürge sich gemäß §§ 768, 767 berufen kann[854]. Eine Rückforderung scheidet aus, wenn der Gläubiger einen Anspruch

843 BGH WM 2002, 743 = ZIP 2002, 658 = NJW 2002, 1493 = BB 2002, 801 = BKR 2002, 365 = DB 2002, 1654 = LM Nr 168 zu § 765; dazu IBR 2002, 248 (Claus Schmitz); EWiR 2002, 473–474 (Olaf Büchler).

844 BGHZ 145, 286 = ZIP 2000, 2156 für den Fall der Garantie auf ersten Anfordern.

845 S hierzu Rz 171.

846 BGH WM 1994, 106 = ZIP 1993, 1851 = NJW 1994, 380 = WuB I K 3 – 1.94 (Nielsen); BGHZ 148, 283 = WM 2001, 2078 = ZIP 2001, 1871 = NJW 2001, 3549.

847 BGHZ 152, 246 = WM 2002, 2498 = NJW 2003, 352.

848 BGHZ 152, 246 = WM 2002, 2498 = NJW 2003, 352; BGHZ 148, 283, 286, 288; BGH WM 1999, 895, 899; BGH WM 1997, 656, 658 f; BGH WM 1984, 44 = NJW 1984, 923; BGHZ 74, 244, 248; dazu Pasker NZBau 2000, 279.

849 S hierzu Rz 148.

850 BGH WM 1989, 709 = NJW 1989, 1606 = WuB I K 3 – 8.89 (Ehrlich).

851 BGHZ 140, 49 = ZIP 1999, 18.

852 S hierzu Rz 148.

853 So Frankfurt/M BauR 1999, 928.

854 BGH WM 1994, 106 = NJW 1994, 380. Für den speziellen Fall einer Gewährleistungsbürgschaft BGH WM 2000, 2373 = NJW-RR 2001, 307: der

auf Verwertung der Bürgschaft hat[855]. Der Rückforderungsanspruch kann nicht darauf gestützt werden, im Zeitpunkt der Anforderung des Gläubiger seien die **formellen Merkmale** der Einstandspflicht nicht gegeben gewesen oder das Begehren hätte als **rechtsmissbräuchlich** zurückgewiesen werden können[856].

b) **Verjährung**. Bei der Rückforderungsmöglichkeit wegen der Verjährung der Hauptverbindlichkeit hat man zwei Fallgestaltungen auseinanderzuhalten: Die Rückforderung kann einmal darauf gestützt werden, dass die Hauptverbindlichkeit bereits im Zeitpunkt der Zahlung verjährt war. Hiervon ist der Fall zu unterscheiden, dass die Forderung gegen den Hauptschuldner bei Inanspruchnahme des Bürgen bereits verjährt war. Erhebt der Bürge diese Einrede aber nicht, weil er zB den Ablauf der Verjährungsfrist nicht kannte, so fragt es sich, ob er nicht ohne weiteres die erbrachte Leistung vom Gläubiger nach § 813 Abs 1 Satz 1 zurückverlangen kann. Dem Hauptschuldner wäre in einer entsprechenden Lage die Rückforderung allerdings verwehrt (§ 222 Abs 2 iVm § 813 Abs 1 Satz 2). Der BGH[857] hat diese Frage angesprochen, und zwar mit dem Hinweis, im Falle der Verjährung versage gemäß §§ 813 Abs 1 Satz 2, 222 Abs 2 der Anspruch auf Rückforderung, wenn die Zahlung des Bürgen, die er gemäß § 768 verweigern konnte, eine Leistung im Sinne des § 222 Abs 2 ist. *Pecher*[858] meint, der Rückforderungsausschluss finde deshalb keine Anwendung, weil der Bürge nicht auf die Hauptverbindlichkeit, sondern auf seine eigene leiste. War dem Bürgen allerdings wegen der „Anforderungsklausel" versagt, sich mit der Verjährungseinrede zu verteidigen, so steht diese Argumentation bei einer einschränkenden Klauselauslegung der Rückforderung nicht im Wege[859]. 175

Eine Rückforderung kann nicht auf die Einrede der Verjährung gestützt werden, wenn die Verjährung erst nach der Zahlung durch den Bürgen eingetreten ist, weil dann für den Gläubiger kein Anlass bestand, verjährungsunterbrechende Maßnahmen zu ergreifen[860]. Hierzu wird man erwägen müssen, ob die während eines Rückforderungsrechtsstreits, also nach einer Zahlung des Bürgen, eintretende Verjährung dem Bürgen ebenso gut zugute kommen soll, wie dies in einem Bürgschaftsrechtsstreit ohne „Anforderungsklausel" geschieht. Nicht ohne weiteres leuchtet es ein, von dem Gläubiger eine Klage gegen den Hauptschuldner zu verlangen, nur um die Verjährung zu unterbrechen, obwohl er den Betrag bereits von dem Bürgen, wenn auch vielleicht nur vorläufig, erhalten hat. 176

c) **Rückforderungen nach Abtretung**. Wenn der Gläubiger den durch Bürgschaft auf erstes Anfordern gesicherten Anspruch abtritt, geht nach Ansicht des BGH[861] auch der Bürgschaftsanspruch auf den Zessionar über (§ 401)[862]. Zahlt der Bürge nach Abtretung an den Zessionar, ist es im Regelfall angemessen, wenn die Rückabwicklung grundsätzlich im Verhältnis zum Zedenten stattfindet[863]. In einem anderen Fall, in dem der Zessionar selbst Rechte aus der Bürgschaft auf erstes Anfordern geltend machte, ließ der BGH[864] die Rückforderungsklage direkt gegen den Zessionar zu. Da die Zahlung ausschließlich auf dem dem Zessionar zuzurechnenden Verhalten erfolgt sei, sei sie bereicherungsrechtlich als Leistung an ihn zu werten. 177

e) **Aufrechnung gegen Rückforderungsanspruch**. Gegen den Rückforderungsanspruch des Bürgen kann der Gläubiger nicht mit Gegenforderungen aufrechnen, die nicht durch die Bürgschaft gedeckt sind. Die Aufrechnung ist stillschweigend abbedungen (§ 157); denn andernfalls hätte es 178

Bürgschaftsgläubiger muss einen auf **Geldzahlung** gerichteten Gewährleistungsanspruch haben. BGHZ 95, 375, 385 = WM 1985, 1387 = NJW 1986, 301.

855 So BGH WM 2004, 718 = ZIP 2004, 667 = NJW-RR 2004, 814 = WuB I E 5.-2.04 (Nielsen); BGHZ 153, 311, 317 = WM 2003, 870.

856 BGHZ 152, 246 = WM 2002, 2498 = NJW 2003, 352; Schleswig WM 2006, 1294, 1295.

857 BGHZ 95, 375, 391 = WM 1985, 1387 = NJW 1986, 310.

858 MünchKomm² § 768 Rz 8.

859 Schleswig WM 2006, 1294, 1295.

860 Rehbein, Festschr für Werner S 697, 700.

861 BGH ZIP 1987, 624.

862 S hierzu Rz 150.

863 BGH Nachw bei Krämer BankR 2002, 177, 197 (m Fn 51).

864 Nachw bei Krämer BankR 2002, 177, 197 (m Fn 52).

der Gläubiger, der sich zu Unrecht befriedigt hat und der deshalb gegen einen berechtigten Rückforderungsanspruch mit einer von der Bürgschaft nicht gedeckten Forderung aufrechnet, in der Hand, die Sicherungsvereinbarung auf alle gegen ihn bestehenden Ansprüche auszudehnen. Die materiell unberechtigte Inanspruchnahme der Bürgschaft auf erstes Anfordern wäre für den Gläubiger nicht nachteilig, solange er nur Forderungen gegen den Schuldner hat. Dies würde einen angemessenen Interessenausgleich verfehlen und wäre mit den Grundsätzen von Treu und Glauben unvereinbar[865]. Eine Aufrechnung mit von der Bürgschaft nicht gedeckten Forderungen ist gegen die Rückforderung nur zuzulasssen, wenn sie rechtskräftig festgestellt und unstreitig sind, da in diesen Fällen keine berechtigten Interessen des Schuldners berührt werden[866].

179 f) **Zession und Missbrauch**. Tritt der Bürge einen einwendungsfreien Anspruch auf Rückzahlung des auf eine Bürgschaft auf erstes Anfordern Geleisteten ab, so kann die Ausübung des Anspruchs durch den Abtretungsempfänger missbräuchlich sein, wenn in seiner Person die Voraussetzungen des § 242 erfüllt sind[867].

180 g) **Prozessuales**. – aa) **Beweislast**. Mit Blick auf das Prozessrecht ist für die Rückforderung nicht nur eine Umkehr der Parteirollen, sondern auch der Darlegungs- und Beweislast gegeben[868]. Sie unterscheidet sich nicht von derjenigen im gewöhnlichen Bürgschaftsrechtsstreit[869]. Sie liegt für das Entstehen und die Fälligkeit der gesicherten Forderung beim **Gläubiger**[870]. Demgegenüber obliegt es dem Bürgen, die Voraussetzungen seiner Einwendungen und Einreden vorzutragen und zu beweisen[871]; der Bürge hat hingegen, wenn er aus einer Leistung des Hauptschuldners die Befreiung von der Bürgschaftsschuld herleiten wolle, diese Leistung darzulegen und zu beweisen[872]. Weil der Bürge „auf erstes Anfordern" zahle und mit Einwendungen, auch gegen den für die Bürgschaft maßgebenden Bestand der Hauptverbindlichkeit (§ 767 Abs 1 Satz 1), auf die Rückforderung verwiesen sei, liege in der Leistung an den Gläubiger keine Anerkennung der Hauptverbindlichkeit[873]. Trotz der im Rückforderungsprozess vertauschten Parteirollen sei die Darlegungs- und Beweislast so verteilt, wie wenn der Gläubiger den Bürgen in Anspruch nähme[874].

181 Mit dieser Argumentation ist aber nicht der Einwand getroffen, dass der Bürge bei einer Zahlung „auf erstes Anfordern" auf eine feststehende Verbindlichkeit hin leistet. Die Schwäche liegt in dem konstruktiven Ansatz mit Hilfe des Bereicherungsausgleichs. Demgegenüber ist die Wertung zutreffend, die für eine Beweislastverteilung zum Nachteil des Gläubigers spricht und die sich vortrefflich mit dem vertraglichen Rückerstattungsanspruch verbinden lässt[875]. Soll sich nämlich durch die Zahlung „auf erstes Anfordern" die Rechtsstellung des Bürgen über die Anforderungszahlung hinaus nicht verschlechtern, so ist nur eine Beweislastverteilung konsequent, die sich an der Rechtslage bei der Bürgschaft nach gesetzlichem Leitbild orientiert. Grundsätzlich erfährt nämlich die Beweislast keine Änderung, wenn ein Recht nicht unmittelbar Gegenstand des Rechtsstreits ist, sondern wenn um seinen Bestand als präjudizielles Recht gestritten wird[876].

865 BGH ZIP 1998, 1907.
866 BGH ZIP 1998, 1907.
867 BGH WM 2001, 950 = ZIP 2001, 828 = NJW 2001, 1859 = DB 2001, 1245 = LM Nr 104 zu § 133 (C).
868 So Rehbein, Festschrift für Werner S 697, 700.
869 BGH WM 1989, 709 = NJW 1989, 1606 = WuB I K 3 – 8.89 (Ehrlich).
870 BGHZ 152, 246 = WM 2002, 2498 = NJW 2003, 352; BGHZ 148, 283, 288; BGH WM 1997, 656, 658 f; BGHZ 148, 283 = WM 2001, 2078 = ZIP 2001, 1871 = NJW 2001, 3549; BGH WM 1989, 709 = DB 1989, 1237 = NJW 1989, 1606 = WuB I K 3 – 8.89 (Ehrlich); BGH WM 1989, 1496 = ZIP 1989, 1108 = NJW-RR 1989, 1324 = WuB I K 3 – 1.90 (Horn); BGH WM 1996, 1507 = NJW 1996, 2896.
871 BGHZ 148, 283 = WM 2001, 2078 = ZIP 2001, 1871 = NJW 2001, 3549; BGH ZIP 1997, 582.
872 Insoweit unter Hinweis auf BGH WM 1988, 209 = WuB I F 1 a – 6.88 (Schröter) = EWiR § 765 3/88 (Tiedtke).
873 BGH WM 1989, 709 = NJW 1989, 1606 = WuB I K 3 – 8.89 (Ehrlich); ebenso BGH (IV b-ZS) WM 1988, 1494 = NJW 1989, 161 im Anschluss an RG DR 1943, 1068; kritisch hierzu Reuter EWiR § 812 6/88, mit Rücksicht auf die Verteilung der Beweislast bei § 812 Abs 1 Satz 2, Alternative 2.
874 BGH WM 1989, 1496.
875 S hierzu Rz 173.
876 Vgl BGH WM 1986, 720 = NJW 1986, 2426, 2427.

182 bb) **Rückforderung im Urkundsprozess.** Der Streitgegenstand und die Beweislastverteilung im Rückforderungsprozess nach Zahlung auf eine Bürgschaft auf erstes Anfordern ist mit Zweck und Grundlagen des Urkundenprozesses nur beschränkt vereinbar. Die Beweismittelbeschränkung im Urkundenprozess verkürzt den Rechtsschutz des Gläubigers unangemessen. Der Bürge kann die Rückforderung in der Regel deshalb nicht im Urkundsverfahren (ZPO § 592) unter Vorlage der Bürgschaftsurkunde, der Anforderung etc verfolgen[877]. Es fehlt die innere Rechtfertigung des Urkundenprozesses und seines Vollstreckungsprivilegs (ZPO § 708 Abs 1 Nr 4). Mit Sinn und Zweck der Bürgschaft auf erstes Anfordern ist es nicht vereinbar, wenn der Gläubiger auf Grund eines Erfolgs des Bürgen im Urkundenprozess die Bürgschaftssumme wieder auszahlt, der Bürge sie beim späteren Prozessgewinn des Gläubigers im Hauptverfahren aber diesen zurückerstatten muss. Es ist nämlich meistens ausgeschlossen, dass der Gläubiger den Urkundsprozess gewinnt; erst im Nachverfahren (ZPO § 600) hat er eine Chance. Im Regelfall müsste er also die Bürgschaftssumme herausgeben, um sie im **Nachverfahren** wieder zurückzuerlangen (unsinniges Hin und Her). Deshalb sind die Sicherungsabrede sowie die Bürgschaftsvereinbarung ergänzend als Abbedingung des Urkundsverfahrens für den Rückforderungsprozess auszulegen[878].

183 7. **Deckungsverhältnis.** – a) **Pflichten des Bürgen.** Wenn der Bürgschaft auf erstes Anfordern – wie regelmäßig – ein Geschäftsbesorgungsverhältnis (§ 675 Abs 1) zugrund liegt, trifft den gewerblichen Bürgen die Pflicht, die Interessen des Auftraggebers als ihres Kunden mit Sorgfalt zu wahren und zu schützen[879]. So ist beispielsweise eine Bank nicht berechtigt, eine Bürgschaft auf erstes Anfordern zu übernehmen, wenn der Auftrag auf eine normale Bürgschaft gerichtet ist; denn jene setzt den Auftraggeber einem wesentlichen zusätzlichen Risiko aus. Sie genügt ihren Pflichten auch nicht schon dadurch, dass sie die gewünschte einfache Bürgschaft ablehnt, eine Bürgschaft auf erstes Anfordern vorschlägt und die Zustimmung ihres Kunden dazu einholt; denn sie kann grundsätzlich nicht davon ausgehen, dass ihm die aus der Änderung drohenden rechtlichen und wirtschaftlichen Nachteile bekannt sind. Das trifft selbst bei ständig im Bauwesen tätigen Person zu, bei denen davon auszugehen ist, dass ihnen die Rechtsfigur der Bürgschaft auf erstes Anfordern bekannt ist[880]. Will die Bank von dem Auftrag, eine normale Bürgschaft zu leisten, zum Nachteil ihres Kunden abweichen, muss sie ihn genau über die ihm drohenden rechtlichen Nachteile belehren[881]. Eine solche Aufklärung ist nur dann entbehrlich, wenn die Bank davon ausgehen darf, dem Auftraggeber seien die beschriebenen Rechtsfolgen bekannt. Allein in einem solchen Falle muss er dem Bürgen den entstandenen Aufwand erstatten, ohne dem Einwendungen aus der Hauptschuld entgegenhalten zu können. Anderenfalls darf die bürgende Bank Aufwendungsersatz (§§ 670, 675 Abs 1) nur verlangen, soweit sich der Anspruch aus der Bürgschaft im Endergebnis ebenfalls als begründet erweist.

184 Ist der Tatbestand des Rechtsmissbrauchs[882] gegeben, so ist die bürgende Bank nicht nur berechtigt, die Zahlung an den Gläubiger zu verweigern, sondern sie ist dazu gegenüber dem Hauptschuldner auch **verpflichtet**[883].

185 b) **Aufwendungsersatz.** Zahlt der Bürge vereinbarungsgemäß auf erstes Anfordern, so steht ihm auf Grund des regelmäßig vereinbarten Geschäftsbesorgungsverhältnisses mit dem Hauptschuldner ein Anspruch auf Aufwendungsersatz gemäß §§ 675 Abs 1, 670 zu, sofern er die Zahlung an den Gläubiger aus rechtlich vertretbaren Gründen für erforderlich halten durfte, er also dem vom Gläubiger erhobenen Anspruch keine schon im Erstprozess beachtlichen Einwände ent-

877 BGHZ 148, 283 = WM 2001, 2078 = NJW 2001, 3549 = ZIP 2001, 1871–1874; Schwenker IBR 2001, 613; Schmitz EWiR 2001, 1133.
878 BGH ZIP 2001, 1871; dazu Vogel BauR 2002, 131, 132; kritisch Lang WM 1999, 2329.
879 Vgl BGHZ 143, 381 = ZIP 2000, 576 = WM 2000, 715 = BB 2000, 684 = NJW 2000, 1563 = JZ 2000, 572 = DB 2000, 1119 = LM Nr 145 zu § 765; BGH NJW 1993, 735, 738.
880 BGH WM 1998, 1062, 1063.
881 BGHZ 143, 381 = ZIP 2000, 576 = WM 2000, 715 = BB 2000, 684 = NJW 2000, 1563 = JZ 2000, 572 = DB 2000, 1119 = LM Nr 145 zu § 765.
882 S hierzu Rz 171.
883 So Nielsen WuB I K 3 – 4.88 (Anm zu BGH WM 1988, 934); Canaris, BankvertragsR, 1981², Rz 1110; Kleiner, Bankgarantie, 1979³, 156 ff.

gegensetzen zu konnte[884]. Die Bank kann wegen der „Anforderungsklausel" davon absehen, bei einer Inanspruchnahme schwierige Nachprüfungen zur materiellen Berechtigung anzustellen. Dies gilt auch dann, wenn der Gläubiger mit der Anforderung des Bürgschaftsbetrages die mit dem Hauptschuldner vereinbarten Pflichten verletzt hat[885]. Ein Aufwendungsersatzanspruch ist nur zu verneinen, wenn die Bank im Verhältnis zu ihrem Auftraggeber verpflichtet war, eine Zahlung zu verweigern. Ist der Bürge im Deckungsverhältnis zu seinem Auftraggeber berechtigt, „auf erstes Anfordern" zu zahlen, darf er ohne Prüfung zahlen und ist daran nur durch die Grundsätze beschränkt, welche die Rechtsprechung zur Verhinderung von Missbräuchen bei einer Verpflichtung zur Zahlung „auf erstes Anfordern" entwickelt hat[886].

186 Es darf aber die Rückforderungsmöglichkeit des Bürgen gegenüber dem Gläubiger[887] nicht unberücksichtigt bleiben. Ersatzfähige Aufwendungen im Sinne des § 670 setzen voraus, dass es sich um ein endgültiges Vermögensopfer des Beauftragten handelt[888]. Ist ein Bürge aber in der Lage, seine Leistung vom Gläubiger zurückzuerhalten, so kann ein Anspruch aus § 670 wohl nicht bejaht werden[889]. Dies zwingt den Bürgen freilich nicht dazu, im Verhältnis zum Hauptschuldner insoweit effektiv in Vorlage zu treten, sondern es kommt für die aufgewandten Beträge zunächst (nur) ein Anspruch auf Vorschuss nach § 669 in Frage. Nach dem OLG München[890] wirkt es sich auf den Anspruch des bürgenden Kreditinstituts auf Ersatz seiner Aufwendungen gemäß § 670 nicht aus, dass der Bank möglicherweise ein Rückforderungsanspruch gegen den Gläubiger gemäß §§ 812 Abs 1 Satz 1, 813 zusteht. Der Anspruch sei vielmehr allein davon abhängig, ob der Beauftragte die Aufwendungen für erforderlich halten durfte. Das Scheitern eines eventuellen Rückforderungsrechts gegen den Empfänger der Leistung werde nicht zur Voraussetzung des Anspruchs gemacht. Es würde vielmehr Sinn und Zweck des Avalkreditvertrags widersprechen, wenn man den Bürgen, der sich auf Wunsch des Hauptschuldners zur Zahlung „auf erste Anforderung" verpflichtet hat, zunächst auf eine möglicherweise langwierige gerichtliche Auseinandersetzung mit dem Gläubiger verweisen würde. Nach Auffassung des Gerichts ist der Bürge allerdings verpflichtet, einen eventuellen Bereicherungsanspruch gegen den Gläubiger an den Hauptschuldner abzutreten[891], was der Hauptschuldner mit einem Zurückbehaltungsrecht durchsetzen könne. Bei der Prüfung der Frage, ob die bürgende Bank im Verhältnis zum Hauptschuldner gehalten ist, den Bereicherungsanspruch selbst gegenüber dem Gläubiger zu verfolgen, hat das Gericht übersehen, dass es sich bei dem Avalkreditverhältnis um ein fremdnütziges Geschäftsbesorgungsverhältnis handelt, und dass die Interessen der bürgenden Bank im Verhältnis zu ihrem Auftraggeber durch den Anspruch auf Vorschuss gemäß § 669 ausreichend gewahrt sind[892]. Schließlich ist hinsichtlich des Stellenwerts der vorgeschlagenen Abtretungskonstruktion nicht berücksichtigt, dass dem Hauptschuldner auch aus eigenem Recht ein Anspruch gegen den Gläubiger zustehen kann[893], wenn dieser entgegen der Sicherungsabrede im Valutaverhältnis den Bürgen in Anspruch genommen hat.

884 BGH WM 1989, 433 = NJW 1989, 180; dazu Nielsen WuB I K 3.4.89; Fischer EWiR § 765 4/89; vgl dazu BGHZ 143, 381, 387; Schleswig WM 1984, 651. Der Bürge hatte die Bürgschaftssumme hinterlegt, was das Schleswig WM 1984, 651 einer Zahlung gleichstellt.

885 BGHZ 152, 246 = WM 2002, 2498 = NJW 2003, 352.

886 Ebenso bei der Garantie auf erstes Anfordern BGH WM 1987, 367. Vgl hierzu auch Rz 171.

887 S hierzu Rz 173.

888 Vgl BGHZ 4, 244, 248/249 = NJW 1952, 340: zur Belastungsbuchung im Überweisungsverkehr und einer Widerrufsmöglichkeit; dazu und zur Rechtslage beim Scheitern einer Überweisung Hadding/Häuser ZHR 145 (1981), 138, 150 f, 152 f.

889 Ob im Überweisungsverkehr die erstbeauftragte Bank geschäftsbesorgungsrechtlich verpflichtet ist, einen fehlgeleiteten Betrag von einer nachgeschalteten Bank zurückzuverlangen, hat nunmehr BGH WM 1991, 797, 798 offengelassen, jedenfalls aber, und zwar wenig überzeugend, für den Aufwendungsersatzanspruch nach § 670 als nicht maßgeblich bezeichnet.

890 WM 1988, 1554 = NJW-RR 1988, 980; dazu Ehrlich in WuB I K 3 – 1.89 (Anm).

891 Vgl dazu Canaris, BankvertragsR[2] Rz 1287.

892 Für die Rückforderung fehlgeleiteter Überweisungsbeträge durch die erstbeauftragte Bank zuletzt offengeblieben in BGH WM 1991, 797, 798 im Gegensatz zu BGHZ 4, 244, 248.

893 S hierzu Rz 196.

Für die **Bankpraxis** wird davon ausgegangen, dass ein Kreditinstitut, das „auf erstes Anfordern“ gezahlt hat und sich zur Rückforderung vom Gläubiger für berechtigt hält, seinem Kunden diesen Rückerstattungsanspruch gegen Erstattung seiner Aufwendungen zur eigenen Rechtsverfolgung abtreten wird; denn es könne nicht daran interessiert sein, den Begünstigten auf Rückzahlung zu verklagen und damit einen Prozess lediglich in fremdem Interesse anzustrengen[894]. Das Kreditinstitut kann aus dem Geschäftsbesorgungsverhältnis gegenüber dem Kunden aber verpflichtet sein, den Rückforderungsanspruch wahrzunehmen[895]. 187

c) **Aufwendungsersatz bei eigenmächtiger Bürgschaft auf erstes Anfordern**. Weicht eine Bank mit der Bürgschaft „auf erstes Anfordern“ eigenmächtig von dem Auftrag des Hauptschuldners ab, der auf eine einfache Bürgschaft gerichtet war, darf sie ihn im Rückgriff erst belasten, wenn und soweit „sich der Anspruch aus der Bürgschaft im Endergebnis ebenfalls als begründet erweist“[896]. Das auftragswidrige Verhalten der Bank hat zur Folge, dass ihr ein Aufwendungsersatzanspruch gegen den Hauptschuldner gemäß §§ 670, 675 Abs 1 wie auch ein Rückgriffsanspruch aus übergegangenem Recht gemäß § 774 Abs 1 nicht bereits aufgrund der „auf erstes Anfordern“ erbrachten Bürgschaftsleistung, sondern erst dann zusteht, wenn und soweit die Berechtigung des Anspruchs, für den die Bürgschaft in Anspruch genommen worden ist, feststeht. Der Hauptschuldner kann sich gegenüber dem Aufwendungsersatzanspruch der Bank mit allen Einwendungen verteidigen, die ihm gegen die Hauptforderung des Gläubigers zustehen[897]. 188

d) **Übergang des Anspruchs aus dem Valutaverhältnis (§ 774 Abs 1)**. Die Rückforderungsmöglichkeit im Bürgschaftsverhältnis soll den Übergang des Anspruchs auf den Bürgen gemäß § 774 Abs 1 hindern[898]. Behalte der Bürge sich nämlich die Geltendmachung von Rückgriffsansprüchen gegen den Gläubiger vor, so sei noch keine Befriedigung des Gläubigers im Sinne des § 774 Abs 1 Satz 1 als Voraussetzung eines Forderungsübergangs eingetreten[899]. Wendet der Schuldner hingegen ein, die Hauptverbindlichkeit habe nicht bestanden, so scheitert daran auch ein Anspruchsübergang und es bleibt nur eine Rückforderung beim Gläubiger. Auch *Rehbein*[900] meint, die durch die Bürgschaft „auf erstes Anfordern“ gesicherte Forderung gehe erst mit der endgültigen Befriedigung des Gläubigers nach § 774 Abs 1 Satz 1 auf den Bürgen über. Es handelt sich um eine Folgewirkung der verfehlten Überlegung von der nur vorläufigen Zahlungspflicht. Offen ist, ob der Bürge zurückfordern kann. Wenn er dies kann, steht § 774 nicht zur Diskussion. Ansonsten hat der zahlende Bürge den Gläubiger hinsichtlich der von der Anforderung abhängigen Verbindlichkeit befriedigt. Der Vorbehalt als „Ausschluss der Tilgung“ kann deshalb hier nicht zum Tragen kommen, denn die „auf erstes Anfordern“ gestellte Verbindlichkeit des Bürgen wird durch seine Leistung an den Gläubiger getilgt. Auch die vertragliche Rückforderungsmöglichkeit bewirkt keinen Ausschluss der Tilgung der von dem Gläubiger geltend gemachten Forderung. Der gesetzliche Anspruchsübergang nach § 774 Abs 1 Satz 1 setzt tatbestandsmäßig voraus, dass der Bürge seine Verpflichtung erfüllt hat und deshalb auch der Gläubiger mit Blick auf die Hauptverbindlichkeit durch die Leistung des Bürgen befriedigt ist. Lag der materielle Bürgschaftsfall nicht vor, so fehlt es an einer durchsetzbaren Forderung, die auf den Bürgen übergehen könnte. Gleichzeitig ist das auch der Grund, der zum Erfolg der Rückforderung gegen den Gläubiger führt, und der andererseits ein Vorgehen gegen den Hauptschuldner scheitern lässt. Diese Situation ist aber bei näherem Zusehen nicht anders als im normalen Bürgschaftsfall. Die Brücke 189

894 So Rehbein, Festschrift für Werner S 700; ders ÖBA 1987, 442, 444; v Westphalen, Die Bankgarantie, S 82 ff.
895 Von Westphalen, Die Bankgarantie S 82.
896 BGHZ 143, 381 = NJW 2000, 1563; Köln WM 2002, 2505 = ZIP 2002, 1349 = NJW-RR 2002, 1164 = WuB I E 5 – 7.03 (Wackerbarth).
897 BGHZ 143, 381 = NJW 2000, 1563; dazu Horn/Wackerbarth WuB I F 1 a. – 15.00; Köln WM 2002, 2505 = ZIP 2002, 1349 = NJW-RR 2002, 1164 = WuB I E 5–7.03 (Wackerbarth).
898 Von Stebut EWiR § 765 4/86 zu Hamburg WM 1986, 86.
899 Unter Hinweis auf BGH ZIP 1983, 278 = NJW 1983, 1111.
900 ÖBA 1987, 443.

wird dadurch geschlagen, dass der Anspruchsübergang in jedem Fall voraussetzt, dass der Bürge zuvor an den Gläubiger geleistet hat. Es kommt hinzu, dass nach wohl herrschender Auffassung dem Garanten der Anspruch zufällt, der dem Begünstigten gegen den Garantieauftraggeber im Valutaverhältnis zustehen kann[901]. Dieser Anspruchsübergang wird mit einer analogen Anwendung des § 774 Abs 1 begründet[902].

190 e) **Keine einstweilige Verfügung des Hauptschuldners auf Unterlassung der Zahlung aus der Bürgschaft.** Der Hauptschuldner kann dem Bürgen nicht im Wege der einstweiligen Verfügung die Zahlung aus der Bürgschaft auf erstes Anfordern untersagen; es fehlt an seinem berechtigten Interesse[903]. Allein der Bürge muss entscheiden, ob er seine Bürgschaftsverpflichtung gegenüber dem vermeintlichen Gläubiger erfüllt[904]. Die Belange des Hauptschuldners werden erst dann berührt, wenn der Bürge von ihm Ersatz seiner Aufwendungen nach § 670 verlangt, was er nur in dem Umfang tun kann, in dem er die Aufwendungen für erforderlich halten durfte. Daran fehlt es, wenn er zahlt, obwohl die Zahlungsaufforderungen des Gläubigers erkennbar nicht den im Bürgschaftsvertrag festgelegten Anforderungen entspricht, die Geltendmachung des Bürgschaftsanspruchs rechtsmissbräuchlich oder urkundlich belegt ist, dass der Bürge sich nicht für die angemeldete Forderung verbürgt hat. Einwendungen, die den Bürgen veranlassen mussten, die Auszahlung zu verweigern, kann der Schuldner mithin dem Aufwendungsersatzanspruch entgegenhalten. Zur einstweiligen Verfügung gegen den Gläubiger vgl Rz 200.

191 8. **Valutaverhältnis.** – a) **Formularmäßige Sicherungsabrede.** Unter Kaufleuten im Baugewerbe sind Sicherungen durch Bürgschaften auf erstes Anfordern nicht unüblich, so dass eine solche Sicherungsvereinbarung unter dem Gesichtspunkt des § 305 c Abs 1 (früher: AGB-Ges § 3) nicht zu beanstanden ist und der Hauptschuldner (Auftragnehmer) nicht auf das erhöhte Regressrisiko zur Meidung einer **Überraschung** hingewiesen werden muss[905].

192 Verpflichtet sich ein Bauunternehmer in AGB des Bestellers, eine **Vertragserfüllungsbürgschaft auf erstes Anfordern** beizubringen, verstößt dies gegen § 307 Abs 1 (früher: AGB-Ges § 9 Abs 1), weil sie den Unternehmer unangemessen benachteiligt[906]. Nur Verträge, die vor dem 31. 12. 2002 geschlossen wurden, sind ergänzend dahin auszulegen, dass der Auftragnehmer eine unbefristete, selbstschuldnerische Bürgschaft schuldet[907]. Bürgschaften auf erstes Anfordern als einzige **Alternative zu Gewährleistungseinbehalten** in Bauverträgen sind ebenso unzulässig wie die Einbehalte selbst[908]. Eine Bestimmung in AGB eines Bauvertrages, wonach der Besteller 5 % der Auftragssumme bis zum Ablauf der Gewährleistungsfrist als Sicherheit einbehalten darf und dieser Einbehalt ausschließlich durch eine Bürgschaft auf erstes Anfordern abgelöst werden kann, benachteiligt den anderen Teil entgegen den Geboten von Treu und Glauben im Sinne des § 307 (früher: AGB-Ges § 9 Abs 1), weil das ihm gewährte Ablösungsrecht keinen angemessenen Ausgleich für die mit dem Sicherheitseinbehalt verbundenen besonderen Vorteile darstellt[909]. Eine derartige Klausel kann nicht im Wege ergänzender Auslegung aufrechterhalten werden, dass der

901 Auhagen, Die Garantie einer Bank auf „erstes Anfordern“ zu zahlen S 76; v Caemmerer, Festschrift für Riese S 295, 306; Liesecke WM 1968, 22, 28; Pleyer WM 1973, Sonderbeil 2 S 21; Marwede BB 1975, 985, 988; Canaris, BankvertragsR Rz 1112 mweitNachw.

902 Mühl, Festschr für Zajtay S 389, 403; gegen eine analoge Anwendung des § 774 Boetius, Der Garantievertrag S 39; Canaris, BankvertragsR Rz 1112 bemüht außerdem die Regelung in § 426 Abs 2 als Ausdruck eines allgemeinen Rechtsgedankens.

903 Frankfurt/M WM 1988, 1480; Stuttgart NJW 1981, 1913.

904 BGH ZIP 1996, 2062.

905 Vgl BGH WM 2000, 1299, 1300.

906 BGHZ 152, 246 = WM 2002, 2498 = NJW 2003, 352; BGH WM 2002, 1415; BGH WM 2002, 1876, 1877. So speziell für öffentliche Auftraggeber BGH WM 2004, 1079 = ZIP 2004, 1004 = NJW-RR 2004, 880 = WuB I E 5 – 4.04 (Cartano) BGH WM 2005, 268 = NJW-RR 2005, 458 = WuB I E 4-4.05 (Wagner).

907 BGH WM 2004, 1079 = ZIP 2004, 1004 = NJW-RR 2004, 880 = WuB I E 5-4.04 (Cartaner).

908 BGH WM 2000, 1299, 1300; BGHZ 136, 27= NJW 1997, 2598.

909 BGH WM 2004, 1079 = NJW-RR 2004, 880; BGHZ 147, 99 = WM 2001, 947 = ZIP 2001, 833 = NJW 2001, 1857 = DB 2001, 1193; BGHZ 136, 27, 30 ff = NJW 1997, 2598; BGH WM 2000, 1299, 1300.

Auftragnehmer berechtigt ist, den Einbehalt durch eine unbefristete, selbstschuldnerische Bürgschaft abzulösen[910]. Damit ist nicht vergleichbar, wenn der Auftraggeber sich in einem Generalunternehmervertrag in Abweichung von § 641 zugunsten des Auftragnehmers verpflichtet, Zug um Zug gegen Vorlage einer Vertragserfüllungsbürgschaft bereits knapp 50 vH des Pauschalfestpreises zu entrichten und die Restvergütung in festen, nach dem Kalender bestimmten Raten gleichfalls ohne direkte Bindung an den Baufortschritt folgt. Unter diesen Umständen gleicht eine vom Auftragnehmer gestellte Erfüllungsbürgschaft auf erstes Anfordern in Höhe von etwa 22 vH der Auftragssumme nur das von dem Generalunternehmer eingegangene Vorleistungsrisiko in bestimmtem Umfange aus und schlägt für den Auftragnehmer nicht infolge des Regressrisikos in eine unangemessene Benachteiligung im Sinne von § 307 Abs 1 (früher: AGB-Ges § 9) um[911].

Bei der Inhaltskontrolle ist zu berücksichtigen, dass eine Bürgschaft auf erstes Anfordern den Gläubiger nicht nur sichert, sondern es ihm weiterreichend ermöglicht, sich liquide Mittel zu verschaffen, und zwar auch dann, wenn der materielle Sicherungsfall nicht eingetreten ist. Damit unterliegt der Auftragnehmer als Schuldner der Gefahr, durch den Rückgriff des Bürgen belastet zu werden, ohne dass der Anspruch des Gläubigers besteht. Hierbei macht es keinen Unterschied, ob die im Ergebnis unberechtigte Anforderung der Bürgschaft auf einen Missbrauch zurückgeht oder auf eine bloße Fehleinschätzung seitens des Auftraggebers. Dadurch werden die Sicherungsrechte des Auftraggebers als Gläubiger über sein anerkennenswertes Interesse unangemessen ausgedehnt[912]. Über das berechtigte Sicherungsinteresse des Auftraggebers an einer Absicherung seiner Ansprüche bei unzureichender Vertragserfüllung des Auftragnehmers[913] geht die Bürgschaft auf erstes Anfordern unangemessen weit hinaus. Es ist nicht zu verkennen, dass der Auftraggeber durch ein vertragswidriges Verhalten des Auftragnehmers in Liquiditätsschwierigkeiten geraten kann[914]. Das rechtfertigt es nicht, das Liquiditätsrisiko durch Allgemeine Geschäftsbedingungen einseitig zu Lasten des Auftragnehmers zu regeln, denn dem Auftragnehmer wird durch die Inanspruchnahme der Bürgschaft im selben Umfang Liquidität entzogen. Ihm wird darüber hinaus das Risiko der Insolvenz des Auftraggebers bei der nachfolgenden Durchsetzung seiner Rückforderungsansprüche aufgebürdet[915]. Dies gilt auch, wenn der Auftragnehmer Unternehmer ist[916]. Die im kaufmännischen Geschäftsverkehr bestehenden Interessen weisen keine Besonderheiten auf, die eine andere Beurteilung rechtfertigen könnten[917]. 193

Ein Verstoß gegen § 307 Abs 1 (früher: AGB-Ges § 9) führt dazu, dass die Klausel insgesamt unwirksam ist und dem Sicherungsgeber ein Anspruch aus § 812 Abs 1 Satz 1 auf Rückgewähr der Bürgschaftsurkunde gegen den Gläubiger zusteht[918]. Die Bestimmung kann nicht mit der Maßgabe aufrechterhalten werden, der Auftragnehmer dürfe den Sicherheitseinbehalt durch Beibringen einer einfachen Bürgschaft ablösen. Die Klausel über den Sicherheitseinbehalt und dessen Ablösung bildet eine untrennbare Einheit[919]. Eine unzulässige Benachteiligung entsteht erst aus der Verknüpfung mit dem Sicherheitseinbehalt, dass dieser nämlich allein bei Stellung einer Bürgschaft auf erstes Anfordern herausverlangt werden kann[920]. Die formularmäßige Bestimmung 194

910 BGH WM 2005, 268 = NJW-RR 2005, 458 = WuB I E 4.-4.05 (Wagner).
911 BGH WM 2001, 2078 = NJW 2001, 3549 = ZIP 2001, 1871; Schwenker IBR 2001, 613; Schmitz EWiR 2001, 1133.
912 BGH WM 2002, 1415 = ZIP 2002, 1198 = NJW 2002, 2388 = DB 2002, 1548.
913 BGH BauR 2000, 1498 = ZfBR 2000, 477.
914 BGH WM 2006, 122 = NJW-RR 2006, 389; BGH WM 2005, 268 = BauR 2005, 539; BGH WM 2004, 1079 = NJW-RR 2004, 880 = WuB I E 5-4.04 (Cartano); München BauR 2001, 1618.
915 BGH WM 2002, 1415 = ZIP 2002, 1198 = NJW 2002, 2388 = DB 2002, 1548.
916 BGH WM 2002, 1415 = ZIP 2002, 1198 = NJW 2002, 2388 = DB 2002, 1548.
917 Kainz BauR 1995, 616, 625 f.
918 BGHZ 136, 27, 30 = NJW 1997, 2598; BGH WM 2000, 1299, 1300, 1301; ferner BGHZ 147, 99 = WM 2001, 947 = ZIP 2001, 833 = NJW 2001, 1857 = DB 2001, 1193.
919 BGHZ 136, 27, 30 = NJW 1997, 2598; BGH WM 2000, 1299, 1300, 1301; ferner BGHZ 147, 99 = WM 2001, 947 = ZIP 2001, 833 = NJW 2001, 1857 = DB 2001, 1193.
920 BGHZ 136, 27, 30 = NJW 1997, 2598.

enthält damit keine inhaltlich voneinander trennbaren, einzeln aus sich heraus verständlichen Bestandteile und kann daher nicht teilweise aufrechterhalten werden[921].

195 b) **Rückforderung des Hauptschuldners**. – aa) **Bürgschaft**. Steht dem Gläubiger aus der Sicherungsabrede ein Anspruch gegen den Schuldner auf Stellung einer Bürgschaft auf erstes Anfordern nicht zu, oder ist die Sicherungsabrede unwirksam, so kann der Hauptschuldner, falls die Bürgschaft gleichwohl gestellt wird, gegen den Gläubiger einen Anspruch auf Rückgewähr der Sicherheit gemäß § 812 Abs 1 geltend machen[922]. Dassselbe gilt, wenn feststeht, dass der Sicherungfall nicht mehr eintreten kann, weil der Sicherungszweck weggefallen ist[923]. Ob der (Haupt-) Schuldner berechtigt ist, vom Gläubiger die Rückgewähr der Sicherheit zu fordern und deshalb auch die Herausgabe der Bürgschafturkunde zu verlangen, hängt von der Sicherungsabrede im Valutaverhältnis ab[924]. Unter Umständen kann der Hauptschuldner vom Gläubiger auch nur verlangen, dass dieser sich ihm und dem Bürgen gegenüber schriftlich verpflichtet, die Bürgschaft nicht auf erstes Anfordern, sondern nur als selbstschuldnerische Bürgschaft geltend zu machen[925].

196 bb) **Erhaltene Zahlung**. Hat der Gläubiger die Leistung vom Bürgen auf erstes Anfordern, nach materiellem Bürgschaftsrecht aber zu Unrecht erhalten, so steht dem Hauptschuldner ein Rückforderungsanspruch zu. Der Gläubiger ist nämlich nach der Sicherungsvereinbarung erst und nur dann berechtigt, den Bürgschaftsbetrag anzufordern, wenn die gesicherte Forderung fällig ist und auch im Übrigen einredefrei besteht[926]. Der Anspruch setzt voraus, dass der Bürgschaftsfall nicht eingetreten ist, besteht dagegen nicht schon wegen Verletzung der bei Anforderung der Bürgenleistung einzuhaltenden Förmlichkeiten[927]. Es ist allein darauf abzustellen, ob der Sicherungsfall nach aktuellem Sach- und Streitstand eingetreten ist, der Gläubiger also nunmehr einen Anspruch auf Verwertung der Bürgschaft besitzt[928]. Der Rückforderungsanspruch greift selbst dann nicht, wenn die gesicherte Forderung im Zeitpunkt der Leistung des Bürgen noch nicht entstanden oder fällig geworden war. Hat der Gläubiger die Bürgschaft verfrüht gezogen, kann das zwar Schadensersatzansprüche des Hauptschuldners (Sicherungsgebers) aus positiver **Vertragsverletzung** begründen, jedoch nicht dazu führen, dass der Gläubiger den Bürgschaftsbetrag zurückgewähren muss, wenn der Sicherungsfall bis zum Zeitpunkt der letzten mündlichen Verhandlung eingetreten ist[929].

197 Die Rückforderung ist nicht abhängig davon, dass der Hauptschuldner dem Bürgen dessen Aufwendungen erstattet hat[930]. Ohne Erstattung ist der Rückforderungsanspruch zunächst **auf Zahlung an den Bürgen** gerichtet[931]. Wenn der Hauptschuldner dem Bürgen im Wege des Rückgriffs (§§ 675, 670) schon seine Aufwendungen erstattet hat, so kann er in Höhe der vertragswidrig angeforderten Bürgenleistungen **Zahlung an sich** verlangen[932]. Hat der Bürge beim Hauptschuldner Rückgriff genommen[933], hat der Hauptschuldner selbst ein Interesse daran die Bürgschaftssumme vom Gläubiger zurückzufordern. Lässt er sich den Rückerstattungsanspruch des Bürgen abtreten, so kann er aus abgetretenen Recht gegen den Gläubiger vorgehen und daneben steht ihm ein Rückforderungsanspruch aus eigenem Recht zu. Für diesen Rückforderungsanspruch des Hauptschuldners gelten dieselben **Darlegungs- und Beweislastgrundsätze** wie im

921 Vgl dazu BGHZ 107, 185, 190 f; BGHZ 132, 383, 389; BGHZ 147, 99 = WM 2001, 947 = ZIP 2001, 833 = NJW 2001, 1857 = DB 2001, 1193.
922 BGHZ 143, 381 = ZIP 2000, 576.
923 BGHZ 139, 329 = ZIP 1998, 1907.
924 So zu einer Vertragserfüllungsbürgschaft BGH WM 1989, 521, 524.
925 BGHZ 154, 378, 386 = WM 2003, 1561 = NJW 2003, 2605 = WuB I F 1 a – 11.03 (Fritzsche).
926 BGHZ 152, 246 = WM 2002, 2498 = NJW 2003, 352; BGH NJW 1984, 2456 f; BGH WM 2000, 2373, 2374.
927 BGHZ 152, 246 = WM 2002, 2498 = NJW 2003, 352.
928 BGHZ 152, 246 = WM 2002, 2498 = NJW 2003, 352; vgl BGH WM 2000, 2373, 2375 aE.
929 BGHZ 152, 246 = WM 2002, 2498 = NJW 2003, 352.
930 BGHZ 152, 246 = WM 2002, 2498 = NJW 2003, 352.
931 BGHZ 152, 246 = WM 2002, 2498 = NJW 2003, 352.
932 BGHZ 139, 325, 329 = ZIP 1998, 1907. BGH Urt v 24. 10. 2002 – IX ZR 355/00; BGH WM 1984, 892.
933 S hierzu Rz 185.

Rückforderungsprozess des Bürgen gegen den Gläubiger[934]. Der Gläubiger hat darzulegen und nachzuweisen, dass die Voraussetzungen für den Eintritt des Sicherungsfalls entstanden sind. Dem Hauptschuldner stehen alle nach materiellem Recht in Betracht kommenden Einwendungen gegen den vom Gläubiger behaupteten Anspruch zur Verfügung.

Ein Rückgewähranspruch des Hauptschuldners besteht nicht, wenn eine bürgende Bank bewusst eine über die Sicherungsabrede hinausgehende Bürgschaft auf erstes Anfordern erteilt hat; sie erbringt dann gezielt eine davon abweichende Leistung, und zwar unabhängig davon, ob die Hauptschuldnerin zuvor zugestimmt hat, wenn die Bank ihre Leistung nicht davon abhängig gemacht, dass die Sicherungsabrede ihr inhaltlich angepasst wurde. Bei einer solchen Bürgschaft auf erstes Anfordern handelt es sich daher um eine Leistung, die allein im Bürgschaftsvertrag ihren Rechtsgrund findet und die nicht unter Berufung auf den Inhalt der Sicherungsabrede zurückgefordert werden kann. Die Hauptschuldnerin hat keinen Anspruch gegen die Gläubigerin, diese zusätzliche Sicherung zurückzugewähren oder deren Realisierung zu unterlassen[935]. **198**

c) **Anspruch auf Unterlassung**. Verlangt der Gläubiger vom Bürgen Zahlung, obwohl die gesicherte Forderung nicht fällig und auch im Übrigen nicht einredefrei ist, kann der Hauptschuldners von ihm Unterlassung der Inanspruchnahme aus Vertrag oder aus § 812 verlangen und im Wege des einstweiligen Rechtsschutz vorgehen[936]; denn ihn treffen bei einer unberechtigten Inanspruchnahme im Wesentlichen die gleichen Gefahren und Nachteile. Er ist im Regelfall darauf angewiesen, nach Belastung durch den Bürgen die ausgezahlten Beträge beim Begünstigten zurückzuholen, weil die gesicherte Forderung nicht durchsetzbar besteht. **199**

Der Hauptschuldner kann dem **Gläubiger** die Inanspruchnahme im Wege der einstweiligen Verfügung untersagen[937]. Aber auch im Verfahren der einstweiligen Verfügung ist lediglich zu beurteilen, ob die Anforderung der Bürgschaftssumme den formellen Anforderungen entspricht und die Inanspruchnahme nicht offensichtlich rechtsmissbräuchlich ist. Der Hauptschuldner kann nur in dem Umfang Einwendungen erheben, wie diese auch vom Bürgen gegenüber dem Gläubiger geltend gemacht werden könnten. Bereits im Verfahren der einstweiligen Verfügung ist eine liquide Beweisbarkeit des Rechtsmissbrauchs zu fordern. Könnte der Hauptschuldner durch bloße Glaubhaftmachung (ZPO §§ 935, 920 Abs 2) ihm zustehender Einwendungen die Inanspruchnahme der Bürgschaft auf ersten Anfordern untersagen lassen, so stünde ihm weitergehender Rechtsschutz zu als im anschließenden Hauptsacheverfahren, da es sich bei der Beschränkung der Einwendungsmöglichkeiten bei der Bürgschaft auf erstes Anfordern um eine materiell rechtliche Einschränkung handelt. Dies ist mit der Funktion des einstweiligen Rechtsschutzes nicht zu vereinbaren. Andernfalls würde zu dem Sinn und Zweck der Bürgschaft auf erstes Anfordern, dem Gläubiger sofort liquide Mittel zu verschaffen, vereitelt. **200**

d) **Anspruch auf Befreiung vom Aufwendungsersatzanspruch**. Wenn die Inanspruchnahme des Bürgen nicht durch die Sicherungsabrede im Valutaverhältnis gedeckt ist, muss der Hauptschuldner nicht abwarten, bis der zahlende Bürge bei ihm Rückgriff nimmt. Er kann vielmehr von dem Gläubiger **Befreiung vom Aufwendungsersatzanspruch** des Bürgen verlangen, und zwar auch dann, wenn dieser zu Unrecht gegen ihn geltend gemacht wird[938]. Der Freistellungsanspruch ist nicht von einem Verschulden des Gläubigers (Sicherungsnehmers) abhängig, da die Ansprüche des Hauptschuldners aus der Sicherungsabrede – ebenso wie der Rückgewähran- **201**

934 BGHZ 152, 246 = WM 2002, 2498 = NJW 2003, 352.

935 BGHZ 143, 381 = ZIP 2000, 576 = WM 2000, 715 = BB 2000, 684 = NJW 2000, 1563 = JZ 2000, 572 = DB 2000, 1119 = LM Nr 145 zu § 765.

936 BGHZ 152, 246 = WM 2002, 2498 = NJW 2003, 352; BGH NJW 1984, 2456 f; BGH WM 2000, 2373, 2374.

937 KG WM 1997, 1377; Köln WM 1998, 1443; Schäfer/Finnern/Hochstein VOB/B, 1973, § 17, Nr 4.

938 BGHZ 152, 246 = WM 2002, 2498 = NJW 2003, 352.

spruch des Bürgen[939] – nur voraussetzen, dass der Gläubiger die gewährte Leistung nach materiellem Recht objektiv zu Unrecht besitzt[940]. Es ist für diesen Anspruch auch unerheblich, ob der Bürge auf die Anforderung des Gläubigers zu Unrecht geleistet hat, weil er den Anspruch mit im Erstprozess beachtlichen Einwendungen hätte abwehren können[941].

202 Der Freistellungsanspruch entfällt nicht, wenn ein Aufwendungsersatzanspruch des Bürgen wegen Verletzung der vertraglichen Schutzpflichten aus dem Avalvertrag[942] nicht entstanden ist, zB wenn der Bürge es schuldhaft versäumt haben sollte, die aus der Bürgschaft auf erstes Anfordern erhobenen Ansprüche mit liquiden Einwendungen abzuwehren und die Leistung auch nach materiellem Bürgschaftsrecht zu Unrecht erbracht worden ist[943]. In diesem Falle hat der Gläubiger mit seinem Begehren die Pflichten aus der Sicherungsabrede verletzt und dadurch bewirkt, dass der Bürge geleistet hat und nunmehr unberechtigte Erstattungsansprüche an die Hauptschuldner stellt. Die aus einer Vertragsverletzung herrührende Verbindlichkeit, den anderen Teil freizustellen, umfasst grundsätzlich auch die Verpflichtung, unbegründete Ansprüche Dritter vom Berechtigten abzuwehren[944]. Der Hauptschuldner hat ein auf der eigenen vertraglichen Rechtsbeziehung zum Gläubiger beruhendes berechtigtes Interesse daran, dass dieser durch Rückzahlung der dem Bürgen wegen Nichteintritt des Sicherungsfalls ohnehin geschuldeten Summe ihn von der Abwehr der unbegründeten Ansprüche des Bürgen befreit.

XII. Verfahrensrecht

203 1. **Rechtsweg und Gerichtsstand**. Die privatrechtliche Einordnung der Bürgschaft wird nicht durch die Rechtsnatur der Hauptschuld bestimmt, was insbesondere für die Beurteilung des Rechtsweges von Bedeutung ist. Steht der Bürge für die öffentlichrechtliche Schuld eines Dritten ein, so ist mithin gleichwohl der Rechtsweg zu den ordentlichen Gerichten gegeben[945]. Die Akzessorietät der Bürgschaft reicht nicht aus, den Bürgen den Vorschriften zu unterwerfen, die für die Hauptverbindlichkeit gelten[946]. Ansprüche des Vermieters aus einem Bürgschaftsvertrag mit einem Dritten werden nicht von dem ausschließlichen **Belegenheitsgerichtsstand** in Miet- und Pachtsachen über Räume gemäß ZPO § 29 a Abs 1 erfasst[947].

204 2. **Streitwert**. Der Streitwert eines Rechtsstreits zwischen dem Gläubiger und dem Bürgen geht auch dann nicht über den vereinbarten Höchstbetrag der Bürgschaft hinaus, wenn Gegenstand des Rechtsstreits auch die Zinsen, Provisionen und Spesen der Bürgschaftssumme sind, für die sich der Bürge zusätzlich verbürgt hatte[948].

205 3. **Beweislast**. Nach allgemein anerkannten Grundsätzen muss der Gläubiger nicht nur das Zustandekommen und den Inhalt des Bürgschaftsvertrages, sondern auch das Entstehen, den

939 S hierzu Rz 173.
940 BGHZ 152, 246 = WM 2002, 2498 = NJW 2003, 352.
941 BGHZ 152, 246 = WM 2002, 2498 = NJW 2003, 352.
942 Vgl dazu BGHZ 143, 381, 386 ff.
943 Vgl BGHZ 147, 99, 102 ff; BGHZ 143, 381, 384.
944 BGH WM 2002, 1358.
945 S BGHZ 90, 187, 189 f = WM 1984, 483 = NJW 1984, 1623 = ZIP 1984, 633; dazu Merz WM 1984, 1141; ferner Kraushaar u Häuser NVwZ 1984, 217: Bürgschaft des Geschäftsführers einer GmbH für rückständige Sozialleistungen der GmbH. Demgegenüber hat das BVerwG (BVerwGE 35, 170, 171 = DÖV 1970, 820) für die Rückforderung eines Aufbaudarlehens nach dem LAG gegen den Bürgen des Darlehensempfängers den Rechtsweg zu den Verwaltungsgerichten für gegeben erachtet (dazu BGHZ aaO S 193). Nach VGH Kassel NVwZ 1992, 798 = NJW 1992, 2780 – LS wird die Inanspruchnahme eines Bürgen nach Nichtzahlung einer für die Ausfuhr von Rindfleisch aus dem Gebiet der EG durch Bankbürgschaft von dem Hauptschuldner gestellten Sicherheit nicht von der aufschiebenden Wirkung des Widerspruchs des Hauptschuldners gegen die (öffentlichrechtliche) Verfallerklärung der Sicherheit erfasst.
946 S Zuleeg JuS 1985, 106 auch krit zu LG Frankfurt/M NVwZ 1984, 267.
947 BGHZ 157, 220 = WM 2004, 1942 = NJW 2004, 1239.
948 BGH WM 1956, 889.

Umfang und die Fälligkeit der Hauptverbindlichkeit – nicht aber ihren Fortbestand[949] – und damit den Grund für die Haftung des Bürgen aus dem Bürgschaftsvertrag darlegen und beweisen[950]; Sache des Hauptschuldners oder des an seiner Stelle in Anspruch genommenen Bürgen ist es darzutun, dass die Hauptschuld zur Zeit der letzten mündlichen Verhandlung aufgrund rechtsvernichtender Einwendungen (etwa durch Erfüllung oder ihre Surrogate) und damit auch die Haftung des Bürgen für diese Schuld erloschen sei[951]. Unklarheiten über den Umfang der gesicherten Hauptschuld gehen zu Lasten des Gläubigers[952]. Grundsätzlich hat danach zwar der Bürgschaftsgläubiger das Bestehen der einer Bürgschaft zugrunde liegenden Hauptforderungen zu beweisen[953]; jedoch kann eine Änderung dieser Darlegungs- und Beweislast vereinbart sein, um dem Sicherungsinteresse des Bürgschaftsgläubigers durch eine Vereinfachung seiner Darlegungslast Rechnung zu tragen[954]. Die Beweislast für die Erfüllung der Hauptverbindlichkeit[955] sowie für die Aufhebung des Bürgschaftsvertrages trägt der Bürge[956]. Er trägt sie auch, wenn er sich zB darauf beruft, er habe seine Bürgschaftserklärung unter Alkoholeinfluss abgegeben; in einem solchen Fall muss er beweisen, dass der Alkoholgenuss zu einem Ausschluss seiner freien Willensentschließung geführt hat[957]. Zur Beweislast bei der Ausfallbürgschaft vgl Rz 39 vor § 765. Zur Vermutung der Richtigkeit und Vollständigkeit der Bürgschaftsurkunde vgl § 766 Rz 7 (auch zur Beweislast bei mündlichen Nebenabreden).

Der Bürge, der Zahlungen des Hauptschuldners behauptet und aus ihnen die Befreiung von seiner Bürgschaftsschuld herleiten will, muss diese darlegen und beweisen[958]. Dies gilt auch für den Fall, dass der Bürge für eine Kontokorrentschuld haftet[959] und ein Tagessaldo noch nicht anerkannt ist; da eine zwischen Gläubiger und Hauptschuldner getroffene Kontokorrentabrede an der allgemeinen Interessenlage nichts ändere und daher keine Grund bestehe, den Bürgen beweisrechtlich besser zu stellen als den Hauptschuldner[960]. Eine Kreditbank, die einen Bürgen aus ei- **206**

949 BGH WM 1988, 209, 210 mweitNachw = NJW 1988, 906 = LM Nr 57 zu § 765 = MDR 1988, 403 = JZ 1988, 262 = BB 1988, 298 = DB 1988, 699 = ZIP 1988, 224 (Reinicke/Tiedtke S 545) = KTS 1988, 390 = EWiR 1988, 251 (Tiedtke) = WuB I F 1a – 6.88 (Schröter); Baumgärtel/Laumen, Handbuch der Beweislast I, 1991², § 765 Rz 7.

950 RG LZ 1917, 592 Nr 11 = Recht 1917 Nr 382; Baumgärtel/Laumen § 765 Rz 1 und 2.

951 BGH WM 1988, 209, 210 mweitNachw (= Fn 949); zuletzt BGH WM 2002, 281 = ZIP 2002, 297 = NJW-RR 2002, 986 = WuB I F 1a – 9.02 (Zimmermann) Koblenz ZIP 2006, 1438.

952 BGHZ 76, 187, 189 (= Fn 108); BGH WM 1995, 331 = NJW 1995, 959 = ZIP 1995, 274 = BB 1995, 479 = DB 1995, 1271 = MDR 1995, 346 = LM Nr 97 zu § 765 = EWiR 1995, 355 (Bülow); BGH WM 1995, 900, 901 = ZIP 1995, 812 = NJW 1995, 1886 = WuB I F 1a – 12.95 (Pecher); Baumgärtel/Laumen § 765 Rz 2.

953 S oben Fn 951.

954 BGH WM 1980, 128 (= Fn 608) unter Hinweis auf BGHZ 74, 244, 247f (= Fn 716); Baumgärtel/Laumen § 765 Rz 3.

955 RG LZ 1917, 592; Düsseldorf NJW-RR 1988, 1019 mweitNachw = JZ 1988, 105 = BB 1988, 97.

956 BGH WM 1980, 193; BGH WM 1988, 209, 210 (= Fn 949); BGH NJW 1991, 1683 aE; BGH WM 1995, 1229, 1230 = NJW 1995, 2161 = LM Nr 28 zu § 767 = ZIP 1995, 1076 = BB 1995, 1438 = DB 1995, 2209 = MDR 1995, 1108 = WiB 1995, 1012 = WuB IV A – 1.95 (Schröter); Düsseldorf NJW-RR 1988, 1019 = JZ 1988, 105 = BB 1988, 97; RG LZ 1917, 592 Nr 11; Baumgärtel/Laumen § 765 Rz 7.

957 Düsseldorf WM 1988, 1407, 1408 = WuB I F 1a – 15.88 (Schröter).

958 BGH WM 1988, 209, 210 mweitNachw (= Fn 949).

959 S Rz 28ff vor § 765.

960 BGH WM 1996, 192, 193 = NJW 1996, 719 = ZIP 1996, 222 = WiB 1996, 269 (Michel) = BB 1996, 289 = DB 1996, 519 = LM Nr 29 zu § 767 = MDR 1996, 486 = EWiR 1996, 877 (Büchler) = KTS 1996, 163 = WuB I F 1a – 7.96 (Tiedtke); dazu auch BGH WM 2002, 281 = ZIP 2002, 297 = NJW-RR 2002, 986 = WuB I F 1a – 9.02 (Zimmermann). Anders noch BGH WM 1985, 969, 972 = NJW 1985, 3007 = ZIP 1985, 984, 988 = LM Nr 43 zu § 765 = EWiR 1985, 667 (Graf von Westphalen) = MDR 1986, 314 = DB 1985, 2189 = WuB I F 1a – 5.85 (Schröter); BGH WM 1988, 209, 210 mweitNachw (= Fn 949); in diesem Fall sollte der Gläubiger nachweisen, dass die Gegenansprüche und Leistungen des Kontokorrenthauptschuldners richtig und vollständig in die Abrechnung aufgenommen worden seien insoweit muss also der Gläubiger den Fortbestand der verbürgten Hauptschuld, nicht der Bürge deren Erlöschen beweisen; ablehnend Baumgärtel/Laumen § 765 Rz 8; Reinicke/Tiedtke ZIP 1988, 545ff; Münch Komm/Habersack § 767 Rz 5; Schröter WuB I F 1a – 6.88; offen gelassen von BGH WM 1995, 1229, 1230 (= Fn 956).

nem notleidend gewordenen Ratenkredit, der wiederum durch Übernahme des Restsaldos aus früheren Ratenkrediten entstanden ist, in Anspruch nimmt, hat gegenüber dem Einwand, die Kredite seien sittenwidrig, die gesamte Kontenentwicklung der Vergangenheit darzulegen[961].

207 4. **Rechtskraftwirkung**. Ergeht ein rechtskräftiges Urteil gegen den Bürgen oder Hauptschuldner, so entfaltet dies keine Wirkung gegenüber dem jeweils anderen[962].

§ 766 Schriftform der Bürgschaftserklärung

Zur Gültigkeit des Bürgschaftsvertrags ist schriftliche Erteilung der Bürgschaftserklärung erforderlich. Die Erteilung der Bürgschaftserklärung in elektronischer Form ist ausgeschlossen. Soweit der Bürge die Hauptverbindlichkeit erfüllt, wird der Mangel der Form geheilt.

Übersicht

Schrifttum: K. S c h m i d t, Formfreie Bürgschaften eines geschäftsführenden Gesellschafters, ZIP 1986, 1510; T i e d t k e, Der Umfang des Schriftlichkeitserfordernisses bei der Bürgschaft, WM 1989, 737; B ü l o w, Blankobürgschaft und Rechtsscheinzurechnung, ZIP 1996, 1694; C h r K e i m, Das Ende der Blankobürgschaft?, NJW 1996, 2774; H a b e r s a c k, Haftung der Mitglieder einer GbR für Bürgschaftsverpflichtungen der Gesellschaft, BB 1999, 61.

1 1. **Zweck der Formvorschrift**. Nach Satz 1 ist zur Gültigkeit des Bürgschaftsvertrages die schriftliche Erteilung der Bürgschaftserklärung erforderlich. Das **Schriftformerfordernis** wurde erst von der Kommission des Reichstages ohne eindeutige Begründung in das Gesetz aufgenommen[1]. Noch nach beiden Entwürfen sollte der Bürgschaftsvertrag formfrei wirksam sein[2]. Dadurch fehlt in der Gesetzgebungsgeschichte für eine Ausnahme vom übergeordneten Grundsatz der Formfreiheit die eindeutig bestimmte Begründung und damit auch ein unterscheidungskräftiger Tatbestandsbezug. Das erleichtert Mutmaßungen über eine analoge Anwendbarkeit der Formbestimmung auf andere einseitige Verbindlichkeiten[3]. Für die Bürgschaft berücksichtigt das Formerfordernis, dessen gewichtige Bedeutung gerade von der neueren Rechtsprechung betont wird[4], das „Schutzbedürfnis des Bürgen, der zu größerer Vorsicht angehalten

961 Celle NJW-RR 1986, 1492.
962 BGHZ 76, 222 = WM 1980, 545 = ZIP 1980, 355 = NJW 1980, 1460; BGHZ 107, 92 = WM 1989, 480 = ZIP 1989, 427 = NJW 1989, 1276; BGH WM 1993, 683 = ZIP 1993, 585 = NJW 1993, 1594 = WuB I F 1a – 11.93 (Thode); kritisch dazu Graf Lambsdorff/Skora, Hb BürgschaftsR, 1994, Rz 395.

1 Jakobs/Schubert, Die Beratungen des Bürgerlichen Gesetzbuchs, Recht der Schuldverhältnisse III 1983, S 464; Bericht der Reichstagskommission S 94 (bei Mugdan II, S 1295).
2 Motive II, S 695 f; Protokolle II, S 463.
3 S Rz 3 aE.
4 BGH NJW 2000, 1569, 1570 zu II 3 (mweitNachw) = WM 2000, 886 = ZIP 2000, 740; BGHZ 121, 224, 230 (= Fn 454).

und vor nicht ausreichend überlegten Erklärungen gesichert werden soll"[5] (**Warnzweck**). Es erfüllt damit das von früheren Rechten zum Schutz des Bürgen aufgestellte Erfordernis „ausdrücklicher Erklärung"[6]. Dafür ist „das zu übernehmende Risiko in der Urkunde zu bezeichnen und einzugrenzen und so dem Bürgen bei Abgabe der Bürgschaftserklärung vor Augen zu führen"[7]. Eben deshalb erfüllt ein Urkundentext von pauschaler Unbestimmtheit („alle" Forderungen), vor dessen Unterzeichnung der Bürge in höchstem Maße gewarnt sein müßte, nicht den gesetzlichen Warnzweck auch für eine engere, weniger belastende mündliche Inhaltsbestimmung[8]; vielmehr ist ein konkreter Sicherungsgegenstand in einer solchen Bürgenerklärung nicht formgerecht beurkundet[9]. Die Erfordernisse der Formerfüllung knüpfen an die von der Rechtsordnung geschaffenen Gestaltungsformen rechtsgeschäftlicher Willensbestimmung an und sind somit auch den Möglichkeiten befugter Stellvertretung untergeordnet[10]. Der Formzweck der Vorschrift beschränkt sich auf den **Schutz des Bürgen**[11], schließt also nicht die Offenkundigkeit des Vertragsinhalts und seine Beweisbarkeit im Interesse Dritter ein. Das kann im Vergleich zu anderen Formvorschriften nicht ohne Einfluß auf die Formstrenge ihrer Erfordernisse[12] und die Tragweite einer Formverfehlung[13] bleiben. Das Formerfordernis hat also lediglich den Aussagegehalt der gegenüber dem Gläubiger abzugebenden Bürgschaftserklärung in ihrer Bedeutung für die vertragliche Verständigung zum Gegenstand. Deshalb sind die inhaltlichen Anforderungen an die Formerfüllung gegenüber einem sich als streng objektiv verstehenden Formerfordernis[14] durch die Auslegungspraxis nachhaltig herabgesetzt worden[15]. Der gesetzliche Warnzweck schafft keine strengeren Erfordernisse rechtsgeschäftlicher Willensbildung und bewahrt den Bürgen nicht vor den allgemeinen Risiken der Teilnahme am rechtsgeschäftlichen Verkehr. Wie sonst ist auch dem Bürgen das verkehrsübliche Verständnis seiner Erklärung zuzurechnen, und auch ein erkennbarer Mangel zureichender Sprachkenntnis entlastet ihn nicht schon aufgrund des besonderen Formerfordernisses[16]. Auch Unkenntnis des Bürgen vom Formzweck und der Bedeutung des Formerfordernisses stellt die Rechtswirkung der Formerfüllung nicht in Frage[17]. Andererseits löst die formgerecht abgegebene Bürgenerklärung die vertragliche Verständigung der Beteiligten nicht aus dem Gesamtzusammenhang der für sie bestimmenden Umstände heraus und beschränkt nicht ihren der Auslegung unterliegenden Tatbestand[18]. Insbesondere weist das Formerfordernis nicht notwendig der Erklärung des Bürgen die Funktion eines förmlichen Vertragsangebots zu, das vom Gläubiger angenommen werden soll. Hat also schon der Gläubiger die Bürgschaftsbedingungen in der Form einer vom Bürgen lediglich anzunehmenden Bürgschaftserklärung gestellt, muss er diese inhaltlich so gegen sich gelten lassen, wie sie vom Bürgen verstanden werden durften[19]. Im praktischen Hauptfall der vom Gläubiger gestellten Formularerklärung kommt der vom Bürgen erteilten Bürgschaftserklärung somit eine **vierfache Funktion** zu. Und zwar steht sie zunächst für die Vertragserklärung des Gläubigers[20] und erst danach für die Annahme durch den Bürgen. Insoweit ist sie aber nur Beweisinstrument[21] für die vom Gläubiger als anspruchbegründenden Tatbestand zu behauptende vertragliche Verständigung[22]. Erst danach[23] stellt sich die Frage nach der Erfüllung der gesetzlichen Erklärungsform als Wirksamkeitserfordernis für die

5 BGHZ 121, 224, 229 (= Fn 454). – S auch Rz 39.
6 PrALR I,14 § 202f (inhaltlich ausdrücklich und schriftlich).
7 BGH NJW 1989, 1484 (= Fn 69); BGHZ 132, 119, 123 (= Fn 343).
8 So aber BGH NJW 1994, 1656, 1657 zu II 3b (= Fn 295).
9 Zur erforderlichen Konkretheit der Urkundenaussage s Rz 19, 21 und 6.
10 Dazu Rz 24ff, 30ff.
11 BGHZ 132, 119, 122 zu II 1 (= Fn 343); BGHZ 140, 167, 171 (= Fn 489): „ausschließlich". – S im Gegensatz dazu BGH NJW 2004, 3330, 3331 zu II 3b (Grundsatz, dass die Einhaltung gesetzlicher Formvorschriften „im Interesse der Rechtssicherheit" liegt).
12 S unten Rz 8ff.
13 S unten Rz 23 und 39f.
14 S unten Rz 5.
15 S unten Rz 9f.
16 BGH NJW 1995, 190 zu II 1 = WM 1994, 2274 = ZIP 1994, 1840. – Zur Irrtumsanfechtung s § 765 Rz 21.
17 BGH NJW 1997, 3230 zu I 1 = WM 1997, 1045 = ZIP 1997, 1058.
18 S unten Rz 6.
19 S unten Rz 7.
20 S unten Rz 7.
21 S unten Rz 2.
22 S unten Rz 6.
23 S unten Rz 8.

Vertragserklärung des Bürgen[24]. Letztlich kann die Warnfunktion der Schriftform gerade auf die im Vertragszweck angelegte Erwartung des Bürgen, nicht in Anspruch genommen zu werden[25], nur mittelbar einwirken. Im Gegenteil ermöglicht die praktische Rechtswirkung der schriftlichen Bürgschaftserklärung aufgrund der jeder Urkunde eigenen Beweisfunktion[26], den Bürgen in der Abschätzung seines Risikos allein auf sich selbst zu verweisen und den Gläubiger von jeder Aufklärung über dessen Umstände freizustellen, was diesem einen weiten Spielraum der Verharmlosung und verdeckter Irreführung eröffnet. Abhilfe dagegen könnte letztlich nur eine mit notarieller Beurkundung zu verbindende neutrale Beratung erbringen.

2 Dem Gläubiger dient die Bürgschaftsurkunde zunächst nach allgemeinen Regeln zu **Beweiszwecken**. Nach alter Rechtsüberzeugung[27] kommt einer den wesentlichen (essentiellen) Vertragsinhalt wiedergebenden Urkunde die Vermutung der Vollständigkeit und Richtigkeit zu[28]. Dadurch wird die Bürgschaftsübernahme infolge der daran anknüpfenden Grundsätze der Tatbestandsfeststellung von ihren Vorverhandlungen und Begleitumständen abgeschnitten und dem Bürgen nicht nur der Nachweis ihm günstiger Umstände erschwert, sondern daraus folgend auch die Geltendmachung einer Formunwirksamkeit[29]. Letztlich bleibt deshalb die Schutzwirkung des Formerfordernisses für den Bürgen beschränkt; seine Erfüllung wirkt sich nicht selten nachteilig aus. Die Nachteile werden bestärkt durch eine ständige Rechtsprechung, nach der „dem Gläubiger gegenüber dem künftigen Bürgen grundsätzlich keine Sorgfaltspflichten obliegen, insbesondere keine Pflicht zur Aufklärung über das Bürgschaftsrisiko, weil dieses allgemein bekannt ist und außerdem durch die erforderliche Schriftform (§ 766) offengelegt wird“[30].

3 2. **Anwendungsbereich, Abgrenzungen**. – a) **Formbedürftig** sind außer der auf den typischen Bürgschaftsvertrag abzielenden Bürgenerklärung auch die aus der Sicht des gesetzlichen Warnzwecks gleichartigen Erklärungen; so die Bürgschaftsübernahme im Rahmen eines Vertrages zu Gunsten Dritter[31], die bereits verpflichtende Erklärung im Rahmen eines Vorvertrages mit dem Gläubiger[32], die Bestätigung eines als unwirksam erkannten Bürgschaftsvertrages nach § 141 Abs 1[33] und die Bevollmächtigung zur Eingehung einer Bürgschaft in den besonderen Fällen, in denen damit praktisch schon eine vorweggenommene Gebundenheit einhergeht[34]. Formbedürftig ist dann auch die in der Annahme eines Bürgschaftsauftrags (§ 775) gegenüber dem Schuldner übernommene Verpflichtung, zu seinen Gunsten eine Bürgschaft einzugehen[35]. Vom Warnzweck[36] betroffen und somit in das Formerfordernis einzubeziehen sind auch zusätzliche, für sich allein nicht formgebundene Erklärungen, die dem Bürgen bei der Bürgschaftsübernahme abverlangt werden und zu ihn als Bürgen belastenden Vereinbarungen führen sollen wie die Verpflichtung zur Bestellung von Sicherheiten für die Bürgschaftsschuld. Dies gilt nicht für nachträgliche Sicherungsvereinbarungen, die aus Verhandlungen über die Erfüllung einer bestehenden

24 Zur weiteren Funktion als Gegenstand eines Herausgabeanspruchs zur Klarstellung des Erlöschens der Bürgschaftsverbindlichkeit s unten Rz 35 aE; § 765 Rz 139.

25 S Rz 3 bei Fn 46 f.

26 S unten Rz 2.

27 RGZ 52, 23, 26 f.

28 Dazu Rz 7 bei Fn 135.

29 So schon KB (= Fn 1) S 94; ein wenig rühmliches Beispiel: BGH WM 1956, 1127. Es kann einem Bürgen auch geschehen, dass sein Vorbringen zur mündlichen Verständigung vom Gericht „angesichts des eindeutigen Wortlauts“ der Bürgschaftsurkunde als „nicht nachvollziehbar“ abgetan wird (LG Duisburg WM 1992, 488, 489 = NJW-RR 1992, 1009). – S dazu unten Rz 5 und 6.

30 BGH NJW 1997, 3230, 3231 zu I 4 = WM 1997, 1045 = ZIP 1997, 1058. – Dazu iAllg § 765 Rz 103 ff; § 776 Rz 14.

31 BGHZ 26, 142, 149 (= Fn 198); BGH WM 1966, 859, 861; BGH WM 1984, 768 zu II 2 und III 1 b = ZIP 1984, 1326. – Dazu § 765 Rz 7 ff.

32 BGH WM 1966, 139 = LM Nr 8 = MDR 1966, 319; RGZ 76, 303, 304; Stuttgart Recht 1912 Nr 736.

33 S Rz 23 aE.

34 Dazu Rz 26 f, 31.

35 So auch MünchKomm/Habersack § 765 Rz 7; aA RGZ 59, 10, 14; KG OLGE 6, 453 f läßt Kündigungsrecht nach § 671 genügen. – Die Heilung nach Satz 3 (s Rz 41) wird insoweit durch die formgerechte Eingehung gegenüber dem Gläubiger bewirkt (RGZ 169, 185, 189 f; mEinschr auch BGH NJW 2004, 3626).

36 S oben Rz 1.

Bürgschaftsverbindlichkeit hervorgehen. **Nicht formbedürftig** ist dagegen der Bürgschaftsauftrag für den sich nach § 670 zum Aufwendungsersatz verbindlich machenden Auftraggeber; und zwar auch dann nicht, wenn dieser nicht der Hauptschuldner ist, sondern ein am Hauptschuldverhältnis nicht unmittelbar beteiligter Dritter[37]. Ebenso nicht nach dieser Vorschrift formbedürftig sind Vereinbarungen von Mitbürgen untereinander über den Ausgleich der Haftungslast[38]. Nicht formbedürftig sind Nebenbestimmungen des Bürgschaftsvertrages, die dem Bürgen günstig sind und sein Haftungsrisiko erleichtern[39]. Von der Bürgschaft zu unterscheiden sind aus anderer Wurzel eigenständig entstandene Verpflichtungsgeschäfte, die ähnlich der Bürgschaft einseitige Verbindlichkeiten hervorbringen können, für die sich aber **kein Formerfordernis** entwickelt hat. Kraft positiven Rechts formfrei und nicht vom Formzweck des § 766 betroffen sind etwa Schuldbeitritt[40] und Erfüllungsübernahme[41], Zahlungsgarantien[42], die Verpflichtung zur Bestellung einer dinglichen Sicherheit[43] wie überhaupt die einer Rechtsübertragung zugrundeliegende Sicherungszweckvereinbarung[44]. Bei allen diesen Sicherungs- oder Erfüllungshilfsgeschäften handelt es sich freilich nicht um untereinander gleichrangige Vertragstypen des Verkehrs, sondern um konstruktiv mehr oder weniger fragmentierte Versatzstücke möglicher Vertragsgestaltung, die durch lediglich begriffliche Abstraktion von ihren kausalen Verknüpfungen gelöst sind und im praktischen Verkehr nicht isoliert vorkommen. Sie bedürfen erst der Eingliederung in die vertraglichen Gesamtzusammenhänge, aus denen sich nach Tatbestandsbezug und Erfordernissen essentieller Willensbildung inhaltlich eindeutige und nach Regelungstypen unterscheidungskräftige Rechtsfolgen ergeben. Deshalb bleibt im konkreten Einzelfall für eine Abgrenzung gegen die gesetzliche Regelung des Bürgschaftsvertrages nur, durch **Auslegung** nach dem überwiegend prägenden Vertragszweck darüber zu befinden, ob die Warnfunktion des Formerfordernisses die Eingehung der Verbindlichkeit trifft. Dafür ist von der verkehrstypischen Aussagekraft des in der Eigenverantwortung der Beteiligten stehenden Sprachgebrauchs auszugehen, dessen rechtsgeschäftliche Bedeutung durch weitere Umstände ergänzt oder widerlegt werden kann[45]. Kennzeichnend für eine Verbürgung und somit den Regelungstatbestand des Formerfordernisses ist der Sicherungszweck im Interesse eines Dritten und damit die vertragstypisch berechtigte Erwartung des Bürgen, nur „subsidiär"[46] im Sicherungsfall, also nicht aus gleichem Rechtsgrund wie der Hauptschuldner und also praktisch eher nicht in Anspruch genommen zu werden[47]. Deshalb ist eine als „Schuldbeitritt" bezeichnete Haftungsübernahme zu Sicherungszwecken vertragstypisch eine formbedürftige Bürgschaft[48] und ein Schuldbeitritt lediglich zur Sicherung einer Bürgschaftsverbindlichkeit Nachbürgschaft[49]. Nicht der Bürgschaftsform bedarf ein Vergleich zwischen Gläu-

37 RG Recht 1909 Nr 3341 (gegen Frankfurt/M Recht 1908 Nr 2812).
38 RG SoergelsRspr 1914, § 766 BGB Nr 1. – S iÜ § 769 Rz 5 ff.
39 S unten Rz 21.
40 RGZ 59, 232, 233; RG JW 1908, 137. – Dazu Rz 86 ff vor § 765.
41 BGH NJW 1972, 576 = WM 1972, 287; RGZ 64, 318, 320.
42 BGH NJW 1967, 1020 f = WM 1967, 341; BGH WM 1962, 576, 577; BGH WM 1964, 61, 62; RGZ 61, 157, 160; RG Recht 1911 Nr 2726; Königsberg HRR 1934 Nr 1107.
43 BGH WM 1956, 667, 668; RG WarnR 1909 Nr 207; RG Recht 1909 Nr 258 (Kautionszahlung); Dresden OLGE 5, 323 (Pfandvertrag).
44 BGHZ 100, 82, 83 f. = NJW 1987, 1884 zu 2 = WM 1987, 586 (Sicherungsgrundschuld). – Einem begrenzten Sicherungszweck dient auch das abstrakte Schuldversprechen (§§ 780 ff); es begründet aber nicht formgerecht wirksam den kausalen Schuldgrund einer Verbürgung (BGHZ 57, 53, 59; RG LZ 1915 Sp 523 f; Augsburg SeuffA 65 Nr 238 S 448).
45 Beispiel: BGH WM 1962, 550 f = LM Nr 7 zu § 133 (B) = MDR 1962, 567; zu wenig interesseorientiert BGH WM 1971, 1411 = MDR 1972, 138 = BB 1972, 287.
46 Zur Subsidiarität der Bürgschaftshaftung als Bestandteil des Vertragsinhalts s Rz 18 vor § 765; § 767 Rz 1; § 770 Rz 1 und 8; § 769 Rz 8.
47 So (und dazu) schon Windscheid, Über das Prinzip des Senatus Consultum Velleianum, AcP 32 (1849), 283, 285 ff. (= Kl Schriften I, 1984, S 173 ff): zur Abgrenzung der unwirksamen Frauenbürgschaft von nicht privilegierten Geschäften.
48 Dazu Schürnbrand, Der Schuldbeitritt zwischen Gesamtschuld und Akzessorietät, 2003, S 180 ff.
49 So auch Habersack BB 1999, 61, 64 (für mithaftende Gesellschafter bürgerl Rechts). – Darin nicht eindeutig BGHZ 121, 1, 4 = NJW 1993, 584 zu I 2 b, aa = WM 1993, 287 = ZIP 1993, 100; – nicht der Zweck der Formvorschrift bestimmt über ihre Tragweite, sondern aus dem rechtsge-

biger und Bürgen im Streit über die Wirksamkeit der Bürgschaft, soweit damit nicht ein bürgschaftstypisches Risiko eventueller Haftung begründet oder bestätigt, sondern eine unbedingte und endgültige Zahlungspflicht bestimmt wird. Hat der Vergleich aber allein das Bestehen oder den Umfang der verbürgten Hauptverbindlichkeit zum Gegenstand, ist die Annahme einer wirksamen Bürgenhaftung nur Vergleichsgrundlage (§ 779). Zu einer Heilung ihrer Unwirksamkeit bedarf es danach nicht nur der Bürgschaftsform, sondern zunächst des sie ausfüllenden Verbürgungswillens. Allein die von einer vorangehenden Verbürgung unabhängige Zusage, für einen als bereits feststehend angesehenen Verlust des Gläubigers aufzukommen, hat kein Sicherungsrisiko zum Gegenstand und unterliegt deshalb nicht der Bürgschaftsform[50]. Ebenso kann ein hinzutretender Schuldner, der einer bereits notleidenden Bürgschaft beitritt, deren Erfüllung zu seiner eigenen Angelegenheit[51] gemacht haben, in der er sich formfrei verbindlich machen kann. Für die Voraussetzungen des einem Schuldbeitritt zugrunde liegenden besonderen Verpflichtungswillens trägt der Gläubiger die Behauptungs- und Beweislast, während bei der Bürgschaft die Fremdnützigkeit kein der Feststellung bedürftiger Bestandteil des Anspruchsgrundes ist. Insofern ist die Übernahme einer Haftung für die Verbindlichkeit eines Dritten „im Zweifel" Bürgschaft[52]. Die Reichweite des Formerfordernisses bleibt somit auf die im Wesentlichen ihrer Vertragszwecke der gesetzlichen Bürgschaft zuzuordnenden Verbindlichkeiten beschränkt. Es kann im Rahmen gesetzestreuer Rechtsanwendung nicht um eines frei empfundenen Schutzbedürfnisses willen auf andersartige einseitige Haftungsübernahmen erstreckt werden[53]. Nur insbesondere ist kraft positiven Rechts die Eingehung einer Verpflichtung zur Bestellung gegenständlicher Sicherheiten auch für Verbindlichkeiten Dritter als formfrei wirksam zu respektieren.

4 b) **Formfrei** wirksam ist nach HGB § 350 die Bürgschaftserklärung eines **Kaufmanns** (HGB §§ 1 ff)[54], sofern die Bürgschaft für ihn ein Handelsgeschäft (HGB § 343) ist, wofür nach HGB § 344 Abs 1 eine widerlegbare Vermutung besteht[55]. Deshalb ist materiellrechtlich formfrei wirksam auch die **Prozessbürgschaft** eines Kreditinstituts[56]; erst ihre Verwendung im Vollstreckungsverfahren erfordert dessen Förmlichkeiten. **Nicht formfrei** wirksam ist aber die persönliche Bürgschaftserklärung des Vertretungsorgans einer juristischen Person des Handelsrechts für deren Verbindlichkeiten, weil der Organschaftsvertreter über diese Funktion hinaus nicht im Rechtssinne Kaufmann ist[57]. Wenngleich sich der Warnzweck[58] des Formerfordernisses auf den für die rechtsgeschäftliche Willensbildung verantwortlichen Beteiligten bezieht, müssen für die Erklärung eines **Stellvertreters** im Interesse der Eindeutigkeit der Handlungsformen des Geschäftsverkehrs modifizierte Regeln gelten[59]. – Ist die Bürgschaft formfrei wirksam, bedarf es, auch wenn der Bürge eine schriftliche Erklärung abgegeben hat, nicht deren Zugangs beim Gläubiger im Original; es genügt eine mündliche Mitteilung oder die Zusendung einer Kopie etwa durch den Schuldner als Boten[60]. Unabhängig von gesetzlichen und vertraglich vereinbarten[61]

schäftlichen Zweck der Haftungsübernahme ergibt sich die Geltung des Formerfordernisses.

50 Karlsruhe OLGE 12, 98.

51 RG JW 1908, 676 f; BGH NJW 2002, 2705 f zu II 1. – *„Pro suo negotio, pro sua causa, in rem suam"* (s Windscheid aaO [Fn 47]).

52 RGZ 59, 232, 233; 51, 120, 122; RG LZ 1911 Sp 298 Nr 21; BGH WM 1955, 265, 266 zu 2 = LM Nr 1 zu § 765; BGH NJW 1967, 1020 f = WM 1967, 341; BGH WM 1975, 348, 349 zu I 2; BGH WM 1977, 837, 838 zu II 2 b, bb.

53 Weitergehend Larenz/Canaris, SchuldR II 2, § 64 III, 3 b (für Zahlungsgarantien); Rüßmann, Festschr für H Heinrichs, 1998, S 451, 483 f (ohne Präzisierung und Typisierung unterschiedlicher Vertragszwecke).

54 Dazu BGH NJW 1998, 3708, 3709 zu II 2 b = WM 1998, 2186.

55 Dazu BGH NJW 1997, 1779 = WM 1997, 909 = ZIP 1997, 836 = LM Nr 2 zu HGB § 344 (G H Roth) = JuS 1997, 754 (K Schmidt). – Vgl auch BGHZ 20, 149 (Anwendung der Grundsätze zum kaufmännischen Bestätigungsschreiben).

56 Dazu Rz 52 ff vor § 765 – BGHZ 158, 286, 294 = WM 2004, 876, 878 = NJW-RR 2004, 1128, 1130.

57 BGH WM 1986, 939 = NJW-RR 1987, 42; BGHZ 121, 224, 228 = NJW 1993, 1126; BGHZ 132, 119, 122 (= Fn 343); BGH WM 1997, 625, 626 zu B III 1 a (= Fn 91); BGHZ 165, 43, 48 ff; abl K Schmidt ZIP 1986, 1510 und JR 1993, 321 f; – zur Bürgschaftsübernahme durch eine Gesellschaft bürgerlichen Rechts s Habersack BB 1999, 61, 64 ff; Reiff ZIP 1999, 517, 524.

58 S oben Rz 1.

59 S dazu Rz 24 ff.

60 Köln WM 1992, 138 ff = NJW-RR 1992, 555.

61 S unten Rz 37.

Formerfordernissen liegt es in der rechtsgeschäftlichen Gestaltungsfreiheit eines Beteiligten, sich für seinen Teil die schriftliche Erklärungsform vorzubehalten. Dies ist für Bürgschaften des kaufmännischen Verkehrs üblich und selbstverständlich. Damit kann nach Beweisgrundsätzen sowohl über den Inhalt der Erklärung[62] wie über ihr Wirksamwerden durch Zugang[63] so eindeutig wie möglich bestimmt werden. Auch ist die Einschaltung von Erklärungsboten mit Entscheidungsbefugnis als Treuhänder des Bürgeninteresses oder „Erteilungs"-Bevollmächtigte[64] ermöglicht.

3. **Umfang des Formerfordernisses.** – a) **Inhalt und Form.**[65] Zum Inhalt der Bürgenerklärung wird nicht allein ihr formgebundener Ausdruck; alsdann gäbe es Formunwirksamkeit nicht. Auch die gesetzlich formbedürftige Erklärung verwirklicht sich nicht erst in der gebotenen Form, so dass allein der formgerechte Ausdruck als Erklärung rechtserheblich werden könnte[66]. Der urkundlichen Erklärung kommt auch nicht im Interesse einer zum Maßstab des Verkehrsschutzes erhobenen Verständlichkeit für Dritte eine inhaltsbeschränkende Wirkung zu, die mit der Unterschriftsleistung unter einen schriftlich und damit scheinbar objektiv fixierten Erklärungstext vorangehende Verständigungen erledigt und auf die Bedeutung rechtlich unerheblichen Geredes herabstuft[67]. Selbst die Kenntnis und das Bewußtsein der Beteiligten vom noch zu erfüllenden gesetzlichen Formerfordernis steht nicht einem rechtsgeschäftlichen Vorbehalt der Unverbindlichkeit nach § 154 Abs 2 gleich, zumal auch danach eine nachfolgende förmliche Fixierung des beabsichtigten Vertragsinhalts nur diesen Vorbehalt erledigt, nicht aber die zugrundegelegte Verständigung auf den urkundlich dokumentierten Ausdruck reduziert[68]. Vielmehr wird durch das gesetzliche Formerfordernis lediglich der nach allgemeinen Regeln erklärte rechtsgeschäftliche Wille einer vom Formzweck bestimmten Beschränkung seiner Geltungskraft unterworfen[69]. Daran knüpft ebenso wie die Formunwirksamkeit auch die Heilbarkeit von Formmängeln nach §§ 766 Satz 3 und 311 b Abs 1 Satz 2 an. Das Formerfordernis dient allein der Warnung vor einer rechtlich möglichen Haftungsübernahme; nicht beschränkt es die zulässigen Mittel ihrer inhaltlichen Ausgestaltung[70]. Deshalb ist von dem formgebundenen Ausdruck auch nicht mehr an inhaltlicher Bestimmtheit zu verlangen als von der rechtserheblichen Vertragserklärung selbst. In der **Abwicklung eines prozessualen Streitprogramms** geht es daher zunächst um die schlüssige Behauptung und die Feststellbarkeit des anspruchbegründenden Tatbestandes unter Berücksichtigung aller für die Auslegung rechtsgeschäftlicher Willenserklärungen mitbestimmenden Begleitumstände[71] und erst danach darum, ob die den wesentlichen Inhalt (die *essentialia*) des Bürgschaftsvertrages ausfüllende Bürgenerklärung in einer dem Warnzweck genügenden Deutlichkeit zureichend in der förmlichen Bürgenerklärung zum Ausdruck gekommen ist[72]. Die Frage, ob „die Bürgschaftsurkunde unklar" oder „hinreichend klar" ist[73], erschöpft weder die Erfordernisse des 5

62 S unten Rz 7.
63 S unten Rz 35.
64 Dazu BGH NJW 2002, 2459 zu I und II 2 a. – S auch Rz 35.
65 Dazu grundsätzlich Flume, Rechtsgeschäft § 15 I 1; G Reinhart, Das Verhältnis von Formnichtigkeit und Heilung des Formmangels im Bürgerlichen Recht, Diss Heidelberg 1969; ders JZ 1971, 461 ff.
66 Sie ist insbesondere nicht „Formalakt", wie die zum Umlauf nach sachenrechtlichen Übertragungsregeln bestimmten abstrakten Verbindlichkeiten des Handelsrechts (RGZ 82, 70, 71).
67 Das widerspräche „so sehr der allg Verkehrsauffassung, daß es der Darlegung besonderer Umstände bedarf, die eine solche der Verkehrsauffassung widersprechende Annahme rechtfertigen können" (RG JW 1936, 988 = HRR 1936 Nr 397; s auch RGZ 80, 402 ff). – Grundsätzlich abzulehnen daher RG WarnR 1910 Nr 115 S 123; RG LZ 1913 Sp 79 = Recht 1913 Nr 2038; RG LZ 1917 Sp 675 f = Recht 1917 Nr 384; Augsburg BayZ 1928, 347; BGH WM 1956, 1127; kennzeichnend unklar RG LZ 1911 Sp 214 Nr 7. – S noch Rz 6 bei und mit Fn 93.
68 So aber (in falscher Umkehrung der gesetzlichen Regelung) BGH WM 1982, 443, 444; dem folgend (im Obersatz unklar) BGHZ 109, 197, 199 f zu II 2 b = NJW 1990, 576 = WM 1989, 1926. – Zu der sich stellenden Beweisfrage s Rz 7.
69 BGH NJW 1989, 1484, 1485 f = WM 1989, 559, 562 = ZIP 1989, 434.
70 Das meint wohl BGH NJW 1992, 1448, 1450 zu II 2 c = WM 1992, 177, 180. – Die abzulehnende Ansicht kehrt neuerdings in Form von Beweisanforderungen, die sich gegen die Möglichkeit ausfüllungsbedürftiger Blanketterklärungen richten, zurück; s dazu Rz 31.
71 S unten Rz 6 u 7.
72 S unten Rz 8 bis 10.
73 Davon ist die Rede in BGH WM 1981, 5 zu A II 1 = ZIP 1981, 28 = NJW 1981, 761.

beiderseitigen Parteivorbringens noch die Aufgabe richterlicher Rechtsanwendung. Gibt die förmliche Aussage die abgegebene Bürgenerklärung vollständig wieder, ist diese auch formgerecht erklärt; eine Unwirksamkeit kommt somit nicht wegen Formmangels[74] in Betracht[75]. Stützt der Gläubiger sich als Kläger allein auf eine inhaltlich „unklare" Bürgschaftsurkunde und ergibt diese somit nicht den wesentlichen Inhalt eines Bürgschaftsvertrages, fehlt es für die erfolgversprechende Geltendmachung eines Bürgschaftsanspruchs bereits an einem schlüssigen Klagevortrag. Die anzutreffende Meinung, ein „Rückgriff" auf außerhalb der Urkunde liegende Umstände sei „unzulässig"[76], ist als Rechtsanwendung abwegig. Es kommt vielmehr darauf an[77], ob solche als die Bürgenerklärung inhaltlich mitbestimmend schlüssig behauptet sind, danach als Entscheidungsgrundlage feststehen und schließlich in der Bürgschaftsurkunde zureichend formgerecht[78] zum Ausdruck gekommen sind.

6 b) **Feststellung des Inhalts.** Das Formerfordernis für Bürgschaftserklärungen führt auch nicht zu einer gesetzlichen Beschränkung der Beweismittel. Zur Rechtsfindung ist deshalb im Rahmen der nach dem Beibringungsgrundsatz in die Eigenverantwortlichkeit der Prozessparteien fallenden Tatsachenbehauptungen[79] zunächst „unabhängig vom Schriftformerfordernis"[80] – und somit für die formgebundene Bürgschaft in gleicher Weise wie für die formfreie[81] – über den Wortlaut schriftlicher Erklärungen hinaus unter Einbeziehung des „Gesamtverhaltens der Erklärenden einschließlich aller Nebenumstände, etwaiger Vorbesprechungen sowie des Zwecks der Erklärungen"[82], somit unter Einbeziehung auch des die Erklärungen erkennbar bestimmenden Interesses der Beteiligten[83] und des „wirtschaftlichen Hintergrunds"[84] und sogar einschließlich nachträglicher Umstände, sofern diese auf den Vertragswillen schließen lassen[85], festzustellen, was erklärt und danach den Erklärenden durch **Auslegung** als gewollt zuzurechnen ist[86]. Dabei ist ohne Rücksicht auf den rechtsbegrifflichen Aussagewert des Urkundentextes auch darüber zu befinden, ob überhaupt eine Bürgschaft vorliegt[87]. Unerheblich ist, ob der Gläubiger aus dem Hauptschuld-

74 S unten Rz 38.

75 BGH LM Nr 23 zu § 145 = NZM 2002, 122.

76 Hamm NJW-RR 1992, 754 zu II 2 b; ähnlich RG WarnR 1912 Nr 4 S 5 = Recht 1912 Nr 20 („Auslegung unzulässig").

77 Dazu Rz 7.

78 S Rz 8.

79 S unten Rz 7.

80 BGH NJW 1995, 43, 44 zu II 2 a = WM 1994, 2233, 2235; fortführend BGH NJW 1995, 1886 zu I 2 = WM 1995, 900; – so auch schon RG JW 1906, 87, 88; demgegenüber mißverständlich RGZ 62, 379, 382, wonach „eine Bürgschaftsurkunde nach denselben freien Grundsätzen auszulegen ist wie irgendeine andere Vertragsurkunde, und daß daher zur Ermittlung des wahren Willens des Ausstellers außerhalb der urkundlichen Erklärungen liegende Umstände herangezogen werden dürfen". Das kann so nur stattfinden, wenn es sich um Beweiswürdigung in Bezug auf Parteibehauptungen handelt. – Doch findet sich die für eine Rechtsanwendung bestimmende Rangfolge von Anspruchstatbestand, Beweiswert der Urkunde und Formerfordernis immer wieder durcheinandergebracht; so in der Formulierung, der durch „Auslegung" zu ermittelnde Bürgenwille müsse irgendwie „bereits" in der Urkunde seinen Ausdruck gefunden haben (BGHZ 76, 187, 189 zu II 1 = NJW 1980, 1459 = WM 1980, 741; BGH WM 1984, 924, 925 zu I 1).

81 Insoweit zutreffend BGH WM 1993, 1141, 1142 zu II 1 c, aa (= Fn 88).

82 BGHZ 63, 359, 362 (zu § 313 aF = § 311 b Abs 1 nF) = NJW 1975, 536 = WM 1975, 158, 159; RG LZ 1933, Sp 179. – Insbes zu Vorverhandlungen BGH WM 1986, 857, 858 = NJW-RR 1986, 1019 f = LM Nr 26 (B) zu § 133; BGH NJW 2004, 2232, 2234 zu II 2 b und 3 b = WM 2004, 720 = ZIP 2004, 843 (Verlängerung früheren Vertrages); RG JW 1936, 988 = HRR 1936 Nr 397.

83 BGH NJW 2002, 1500, 1502 zu II 2.

84 BGH WM 1987, 853, 858 zu 3 f = NJW-RR 1987, 1291, 1294 = LM Nr 7 zu KO § 47.

85 BGH WM 1997, 2305, 2306 f = ZIP 1998, 106 = NJW-RR 1998, 259 f = BauR 1998, 138; BGH WM 2004, 1100, 1102; RG WarnR 1914 Nr 184 S 259. – S zur Abgrenzung auch BGH NJW 1988, 2878 zu 2 b = WM 1988, 1599.

86 Schief formuliert von BGH LM Nr 2 (Gf) zu § 157 zu I: Solange sich der wirkliche, übereinstimmende Wille der Parteien im Wege der Beweiserhebung ermitteln lasse, sei kein Raum für eine „Auslegung". Ebenfalls schief BGH WM 1959, 969 = BB 1959, 905: Solange . . . komme es auf den abweichenden Wortlaut der Erklärungen [gemeint: der förmlichen] nicht an, mag dieser auch eindeutig sein.

87 BGH NJW 2002, 747, 748 = WM 2001, 1525 = ZIP 2001, 1410; vgl auch BGH BB 1994, 1382 zu II 2 = NJW-RR 1994, 1044 = MDR 1994, 799 = LM Nr 41 (C) zu § 157. – S noch oben Rz 3 bei Fn 52.

verhältnis einen Anspruch auf eine bestimmte Sicherung hatte und somit dem Hauptschuldner gegenüber erwarten durfte[88]. Bei dem Zustandekommen des Bürgschaftsvertrages ist der Hauptschuldner ohne ihm besonders übertragene Befugnisse weder Erfüllungs- noch Erklärungsgehilfe. Wesentlich im Verhältnis der Beteiligten ist, welcher Vertragspartner über den Wortlaut der Bürgschaftserklärung bestimmt hat und aus wessen **Empfängerhorizont** sie folglich zu verstehen ist[89]. Auch ein verkehrsüblicher Sprachgebrauch ergibt jedoch nicht den verbindlichen Vertragsinhalt, wenn die Beteiligten übereinstimmend „mit einem unvollkommenen, einem unrichtigen oder einem sogar sinnlosen Ausdruck eine übereinstimmende Vorstellung bestimmten Inhalts verbunden haben, der von dem Wortlaut nicht ohne weiteres oder überhaupt nicht gedeckt ist“[90]. Der „übereinstimmende Wille“ der Vertragsparteien geht „dem Wortlaut des Vertrages und jeder anderweitigen Interpretation“ vor[91] und wird „unbeschadet des gewählten Wortlauts“ zum „Inhalt des Vertrages“[92]. Auch „die Formvorschriften des sachlichen Rechts schränken bei den Rechtsgeschäften, für die sie gelten, den Kreis der für die Auslegung relevanten Tatsachen nicht ein“[93]. Deshalb können die von mehreren Bürgen in derselben Urkunde abgegebenen Bürgschaftserklärungen aufgrund individuell verschiedener Begleitumstände auch unterschiedlich auszulegen sein[94]. Zum vertraglichen Erklärungstatbestand gehören beiderseits auch Begleitschreiben, in denen etwa der Gläubiger den Inhalt der dem Bürgen zur Unterschrift zugeleiteten Bürgschaftsurkunde erläutert, wie er ihn versteht, oder der Bürge bei der Übersendung der unterzeichneten Urkunde Vorbehalte erklärt. Daraus kann sich ein Dissens in der Verständigung ergeben, der dem Zustandekommen eines Vertrages nach §§ 154 f entgegensteht[95]. Das **Erfordernis vollständiger Tatbestandsfeststellung** aus den gesamten Umständen erstreckt sich nicht nur auf zusätzliche – formbedürftige[96] oder formfrei wirksame[97] – Zusatz- und Nebenvereinbarungen, sondern insbesondere auch auf die Bestimmung und Beschränkung des Gegenstandes des übernommenen Bürgschaftsrisikos. Somit kann sich ein weiterer oder engerer Vertragsinhalt ergeben als in der dafür nicht allein bestimmenden Bürgschaftsurkunde ausgewiesen ist. Erwidert der Gläubiger auf eine ihm zugegangene Bürgschaftserklärung mit weiteren, den Bürgen belastenden Haftungsbedingungen, so kann der Bürge nachträglich nicht allein diesen förmlich zustimmen. Vielmehr gilt nach § 150 Abs 2 seine vorangehende Erklärung als abgelehnt; somit bedarf es zur Annahme

88 Verfehlt (aufgrund eigener Tatsachenwürdigung im Fall einer Verwechselbarkeit zweier durch Namensähnlichkeit in Betracht kommender Hauptschuldner) BGH WM 1993, 1141, 1142 zu II 1 c, bb = ZIP 1993, 749 = NJW-RR 1993, 945 = DB 1993, 1235: die Gläubigerin habe „keinen triftigen Anlaß für die Annahme“ gehabt, „die ihr hereingereichte Bürgschaft sichere“ Ansprüche gegen „einen Dritten“. – Dagegen zutreffend Tiedtke DB 1993, 2113.

89 S unten Rz 7.

90 BGHZ 20, 109, 110 = WM 1956, 463, 464 zu A I 1 = NJW 1956, 665; so auch BGH NJW 2000, 2272, 2273 zu II A 1 c = WM 2000, 1406, 1408.

91 BGH WM 1959, 969, 970 zu III 1 = BB 1959, 905; BGH NJW 1992, 2489 zu II 1; BGH NJW 1994, 1528, 1529 zu II 2 a = WM 1994, 551, 553; BGH WM 1997, 625, 626 zu B III 1 b = ZIP 1997, 536 = NJW-RR 1997, 684 (der „wirkliche übereinstimmende Wille geht dem Inhalt der Urkunde vor“); BGH NJW 2002, 1038, 1039 zu II 3 b.

92 BGHZ 20, 109, 110 (= Fn 90); BGH NJW 1992, 1448, 1449 zu II 1 a = WM 1992, 177 („Vorrang des übereinstimmend Gewollten“); BGH NJW 1995, 1494, 1496 zu II 2 = WM 1995, 874 (insoweit nicht in BGHZ 129, 90); BGHZ 94, 349, 351 zu 1 = NJW 1984, 2461, 2462. – AA RG SoergelsRspr 1911, § 133 BGB Nr 2: den Beteiligten stünde keine „Dispositionsbefugnis“ über die richterliche „Auslegung“ zu. Das ist insofern unrichtig, als den Prozeßparteien sowohl über deren Gegenstand wie dessen Beweisbedürftigkeit die Herrschaft zusteht.

93 BGH NJW 1996, 2792 f (zu § 313 aF); RGZ 62, 379, 382 (Fn 80). – Verfehlt ist die Auffassung, bei formbedürftigen Erklärungen seien außerhalb der Urkunde liegende Umstände „bei der Auslegung nur zu berücksichtigen, wenn der aus ihnen ermittelte rechtsgeschäftliche Wille in der Urkunde einen wenn auch nur unvollkommenen Ausdruck gefunden hat“ (BGH NJW 1987, 2437, 2438; ähnlich BGH WM 1962, 906, 908 zu I; mißverständlich BGH WM 1987, 898 zu I 3 = ZIP 1987, 972 = NJW-RR 1987, 1138). Vielmehr führt deren rechtlich gebotene Berücksichtigung durch Auslegung zur Annahme der Unwirksamkeit der in der Form unzureichend zum Ausdruck gekommenen Erklärung (s Rz 8 bei Fn 160).

94 Flume, Rechtsgeschäft § 16, 2 b (gegen RGZ 90, 368).

95 Beispiel: Celle WM 1990, 1866, 1867 zu 3 = NJW-RR 1990, 1006, 1007; RG JW 1927, 38, 40.

96 S unten Rz 20.

97 S unten Rz 21.

der nunmehr vervollständigten Vertragserklärung des Gläubigers einer insgesamt formgerecht erneuerten Bürgschaftsübernahme[98]. Das gilt jedenfalls, wenn der Gläubiger die zu sichernde Kreditgewährung an den Hauptschuldner von verbesserter Sicherung abhängig macht. Besteht die Hauptverbindlichkeit bereits, kann anzunehmen sein, dass der Gläubiger das ihm zugegangene Bürgschaftsangebot stillschweigend (§ 151 Satz 1) angenommen hat und sich lediglich um eine Erweiterung durch Vertragsänderung bemüht[99]. Ist im Verlauf von Vertragsverhandlungen die Verständigung zwischen Bürgen und Gläubiger inhaltlich abgeschlossen, ergibt sie den Vertragsinhalt als Vertrauenstatbestand für beide Beteiligte. Der nachfolgenden Unterzeichnung einer vom Gläubiger als Erklärung des Bürgen vorgefertigten Bürgschaftsurkunde kommt nach Treu und Glauben kein zusätzlicher und die zugrundeliegende Verständigung wieder außer Kraft setzender rechtsgeschäftlicher Erklärungswert zu[100]. Auch von einem „durchschnittlich aufmerksamen" oder mißtrauischen Bürgen muss deshalb nicht von Rechts wegen erwartet werden, dass er den Text der ihm vorgelegten Bürgschaftsurkunde „zumindest überfliegt, bevor er sie unterschreibt", um nicht von „banküblichen" Formularbedingungen überrascht zu werden[101]. Nur insbesondere bei einer Fortsetzungs- oder Änderungsvereinbarung[102], die einen davor geltenden Vertrag im wesentlichen fortsetzt oder wieder aufnimmt, kann ein Beteiligter in seine schriftlich wiederholte Vertragserklärung nicht wirksam neue Bedingungen einschieben, die der Empfänger nicht zur Kenntnis nimmt, weil er mit ihnen nicht zu rechnen braucht[103]. Ergibt sich durch Tatbestandsfeststellung aus den gesamten Umständen der bürgschaftsvertraglichen Verständigung ein engerer Gegenstand der Verbürgung, als aus der Urkunde erkennbar wird[104], ist deren Aussage so nicht erklärt und kann nicht dem Gesamttatbestand entgegen inhaltsbestimmend wirken. Auch vorweg formulierte **Allgemeine Geschäftsbedingungen** werden nicht durch allgemeine Unterwerfung unmittelbar geltender Vertragsinhalt, sondern sind zunächst Teil des individuellen Erklärungsaustauschs. Sie sind deshalb nach dem Beibringungsgrundsatz und den für Urkunden geltenden Beweisgrundsätzen[105] zunächst darauf zu prüfen, ob sie mit Rücksicht auf die Gesamtumstände der Vertragsverhandlungen überhaupt als Vertragswille erklärt worden sind, wie sie den Umständen nach als individuelle Erklärung zu verstehen sind[106] oder wie sie von den Vertragsparteien auch gegen ihren Wortsinn verstanden worden sind[107]. Erst wenn sich ergibt, dass der zustandegekommene Vertragsinhalt von Allgemeinen Geschäftsbedingungen bestimmt wird, sind diese nach ihrem allgemeinen Aussagewert „objektiv"[108], was heißt, mit Rücksicht auf die Maßstäbe der Verkehrsauffassung nach Treu und Glauben[109], auszulegen und nach den Regeln des AGB-Rechts zu bewerten[110]. Sind vom Gläubiger vorgegebene förmliche Bürgschaftsklauseln nicht oder nicht in ihrem Wortsinn vereinbart worden, bedarf es deshalb nicht erst ihrer Verwerfung als „überraschend" nach § 305 c (früher AGB-Ges § 3)[111]. – Die immer noch nicht völlig überwundene Auffassung, der aus Sicht Dritter objektiv eindeutige Wortlaut einer formgebundenen rechtsgeschäftlichen Erklärung sei der Auslegung nicht zugänglich, verfehlt den Tatbestand des Rechts-

98 BGH WM 1997, 625, 626 zu B III 1 b und c (= Fn 91); s auch BGH WM 1977, 996, 997 zu IV 2 b.
99 BGH WM 1977, 837, 838 zu II 2 b, bb.
100 RG JW 1927, 38, 40; RG HRR 1936 Nr 397. – AA BGH WM 1982, 443, 444 (s dazu Rz 5).
101 Angesichts der dargestellten Umstände nicht zu billigen BGH NJW 1987, 3126, 3127 zu II 2 b, bb = WM 1987, 924 = ZIP 1987, 222.
102 S unten Rz 22.
103 Im Fall BGH WM 2001, 1520 = ZIP 2001, 1408 = NJW-RR 2002, 485 bedurfte es deshalb wohl kaum des Rückgriffs auf AGB-Ges § 3 (heute § 305 c Abs 1).
104 Beispiel: Karlsruhe NJW-RR 1988, 1194.
105 S unten Rz 7.
106 S Rz 7 bei Fn 131.
107 BGH NJW 2002, 2102, 2103 zu II 2 a = WM 2002, 1917; BGHZ 113, 251, 259 = NJW 1991, 1604, 1606 zu B I 2 c, dd = WM 1991, 854, 857 f.
108 BGH NJW 1983, 2638 zu I.
109 S dazu § 770 Rz 14.
110 BGH WM 2002, 1017, 1018 zu II 2 a.
111 So aber BGH WM 2001, 1520 = ZIP 2001, 1408 = ZfIR 2001, 631: für den Fall einer Verlängerungsvereinbarung. – Unklar und nicht nachvollziehbar BGH WM 2002, 919, 920 zu I 1 und BGH NJW 1994, 1656 zu II 3 c = WM 1994, 784 = ZIP 1994, 697.

geschäfts[112], führt zu einer rechtsfremden Beschränkung von Beweismitteln[113] und läßt den allein auf den Schutz des Erklärenden bezogenen Formzweck als Bewertungsmaßstab[114] außer acht[115]. Das früher auch mit einem vom Interesse der Beteiligten unabhängigen angeblichen Verkehrsschutz begründete strengere Formverständnis[116] findet freilich eine Fortsetzung in geringerer richterlicher Aufgeschlossenheit gegenüber der Behauptung nichtförmlicher vertraglicher Verständigung[117]. An zureichendem richterlichen Eingehen auf die konkreten Umstände der vertraglichen Verständigung fehlt es zumeist auch dann, wenn dem Bürgen zu seinem Nachteil im Urteil vorgehalten wird, er habe sich um die „Art der bestehenden Geschäftsbedingungen" zwischen Gläubiger und Schuldner „kümmern" müssen[118]. Gerade hier kann mehr Sorgfalt bei der Rechtsfindung der nicht seltenen Unterschiebung verhandlungs- und vereinbarungswidriger Bürgschaftsurkunden entgegenwirken und damit einen dem Vertrauen in die Rechtsordnung förderlichen Beitrag gegen die Übervorteilung geschäftsunerfahrener Bürgen leisten. Sie kann zudem einer mit bürgenfreundlichen Zielen betriebenen Theoriebildung, die der Berechenbarkeit der Rechtsgeschäftsordnung abträglich ist[119], den Bedarf entziehen. Voraussetzung ist freilich stets ein zureichend substantiiertes Parteivorbringen, das nach ZPO § 139 Abs 1 zu fördern sein kann[120].

Demgemäß hat zunächst der Gläubiger den **rechtsbegründenden Tatbestand** des von ihm geltendgemachten Bürgschaftsanspruchs nach den Erfordernissen des gesetzlichen oder des von der Verkehrsauffassung hervorgebrachten besonderen Vertragstyps[121] in zureichender Bestimmtheit[122] **schlüssig** zu behaupten[123]. Stützt er sich für die vertragliche Verständigung lediglich auf eine dafür inhaltlich unzulängliche Bürgschaftsurkunde, kann seine Klage bereits als unschlüssig abweisungsreif sein[124]. Das trifft auch zu für die Geltendmachung einer gegenständlich unbestimmten und in der Höhe unbegrenzten Verbürgung „aller" gegenwärtigen und zukünftigen Forderungen gegen den Hauptschuldner[125]. Macht der Gläubiger eine konkret bestimmte Einzel- 7

112 Richtiggestellt von BGHZ 86, 41 = NJW 1983, 672 (Testamentsauslegung); auch schon von RGZ 80, 401, 403; 95, 9f. – Dem für die Bürgschaft folgend: BGH NJW 1995, 43, 44 zu II 2a = WM 1994, 2233 = ZIP 1994, 1860; BGH NJW 1995, 1886 zu I 2 = WM 1995, 900 = ZIP 1995, 812. – Im normativen Ansatz verfehlt und letztlich unklar (zur angeblichen „Haftungsstrenge" des Bürgschaftsrechts): BGHZ 76, 187, 189 zu II = NJW 1980, 1459 = WM 1980, 741 („freie" Auslegung durch das Revisionsgericht); BGH WM 1987, 898 zu I 3 und II 2 = NJW-RR 1987, 1138, 1139 = ZIP 1987, 972; BGH NJW 1989, 27, 28 zu II 1a = WM 1988, 1301 = ZIP 1988, 1167; BGH WM 1989, 484, 489 zu III 2 = ZIP 1989, 359 = NJW-RR 1989, 752 = LM Nr 65 zu § 765. – Verfehlt (mangels Unterscheidung zwischen Erklärungstatbestand und Formerfordernis) BGH WM 1962, 906, 908 zu I; BGH WM 1984, 924, 925 zu I 1; RG WarnR 1934 Nr 47 S 102 (der rechtsgeschäftliche Wille müsse sich aus der Urkunde ergeben). – Verfehlt auch BGH NJW 1993, 1261 = WM 1993, 544 = ZIP 1993, 501 (Verweigerung der Auslegung im Wege angeblicher Auslegung); RG JW 1919, 102, 103 (mkritAnm Heck: „für eine Auslegung ist gar kein Raum, wenn die Erklärung durchaus klar und eindeutig ist"). Unrichtig und mangels Klarheit über den Rechtsbegriff der Willenserklärung irreführend BGH WM 1956, 1127, 1128 zu II 1b („eindeutige" Erklärungen seien weder „auslegungsbedürftig" noch „auslegungsfähig". Es bestehe somit „kein Anlaß, ...auf das Gesamtverhalten der Beteiligten zurückzugehen"); mißverständlich RG WarnR 1912 Nr 4; Erklärungstatbestand und vertragstypische Wertung nicht unterscheidend RGZ 95, 125f; s noch Fn 92. – Für den Einzelfall bleibt freilich offen, ob eine gerichtliche Entscheidung deshalb auf die Auslegung der Urkunde beschränkt bleiben muß, weil weitere Umstände nicht behauptet sind (s Rz 7). – S iÜ Rz 5.

113 BGH NJW-RR 1991, 562, 563 zu I 3a = WM 1991, 495; BGH NJW 1992, 2489f. – S iÜ Rz 7.

114 S unten Rz 8.

115 Insoweit unrichtig auch Koblenz WM 2000, 28, 30, wo des Warnzwecks wegen nur der aus Sicht Dritter „eindeutige" Wortlaut der Urkunde in Betracht gezogen wird.

116 S oben Rz 5 bei Fn 67.

117 S unten Rz 7.

118 So in RGZ 136, 178, 181.

119 Wie die nicht mehr am Gesetz ausgerichtete Verwerfung von AGB-Klauseln als „überraschend" (dazu unten Rz 21 bei Fn 295).

120 S etwa BGH WM 1997, 625, 628 zu B III 3b aE (= Fn 91): Fragepflicht aufgrund prozessualen Fragerechts.

121 Dazu Rz 21 ff vor § 765.

122 S dazu § 765 Rz 205f.

123 BGH WM 1978, 1065, 1066 zu IV 1; BGH NW 1992, 2489 zu II 1.

124 BGH NJW 1984, 128, 129 zu 3b, bb; BGH WM 1987, 898, 899 zu II 2 = ZIP 1987, 972 = NJW-RR 1987, 1138.

125 Dazu Rz 18. – Unzutreffend aber BGH NJW 1993, 1261 (s Rz 18 bei Fn 257).

verbindlichkeit als darin einbezogen geltend, fehlt es für eine wirksame Bürgschaftsverbindlichkeit schon an der für einen Vertragsgegenstand erforderlichen inhaltlichen Bestimmtheit des übernommenen Haftungsrisikos[126] und erst danach an einer inhaltlich zureichenden Erklärungsform[127]. Zum Klagevortrag gehört auch die Behauptung der wirksamen Erteilung[128] der Bürgenerklärung. Stützt sich der Gläubiger auf ein von ihm selbst gestelltes Bürgschaftsformular, so nimmt er dessen Inhalt zunächst als seine eigene Vertragserklärung in Anspruch und erst danach als Annahmeerklärung des Bürgen. Beruht der geltendgemachte Anspruch schon nach der Klagebehauptung auf Allgemeinen Geschäftsbedingungen, die als unwirksam zu verwerfen sind, kann die Klage als unschlüssig bereits abweisungsreif sein. Ist andererseits der anpruchbegründende Tatbestand schlüssig behauptet und unstreitig (ZPO §§ 288 Abs 1, 138 Abs 3), kommt es auf einen Beweis nicht an; es bedarf deshalb auch nicht einer Vorlegung der Bürgschaftsurkunde zur Beurteilung durch das Gericht[129]. Stützt sich der Gläubiger im Streitfall für seine Klagebehauptung auf die **Bürgschaftsurkunde als Beweismittel**, so ist diese zunächst **objektiv** nach den Maßstäben der Verkehrsanschauung als Vertragserklärung des Bürgen **auszulegen**. Insoweit muss mithin der Bürge seine förmlich abgegebene Bürgschaftserklärung gegen sich so geltenlassen, wie sie vom Gläubiger aus dem Empfängerhorziont zu verstehen ist[130]; hat jedoch der Gläubiger auf einer von ihm vorformulierten Bürgschaftserklärung bestanden, muss er sie als Annahme seines Angebots so geltenlassen, wie sie vom Bürgen verstanden werden durfte[131]. Ist die vom Gläubiger vorgegebene und eingeforderte Bürgschaftserklärung inhaltlich nicht eindeutig, widersprüchlich oder unklar, kann sie nicht zu Gunsten des Gläubigers nach Maßstäben eines Vertrauensschutzes aus dem Empfängerhorizont ausgelegt werden; sie genügt vielmehr nicht den Erfordernissen einer verbindlichmachenden Vertragserklärung. Im übrigen gehen Unklarheiten im Aussagewert der Urkunde als **Mangel ihres Beweiswerts** zu Lasten der Partei, die sich auf sie zum Beweis der in ihre Beweislast fallenden Umstände beruft[132]. Davon unabhängig ist die Bedeutung der Urkunde für die Erfüllung der gesetzlichen Formerfordernisse[133]. Die Tatbestandsfeststellung kann sich auf den Erklärungswert der Urkunde beschränken, wenn nicht eine Partei weitere Umstände behauptet, die für den Inhalt des geschlossenen Vertrages erheblich sind. In ihrer Funktion als Beweismittel erbringt die Urkunde unabhängig von einem gesetzlichen Formerfordernis[134] allein aufgrund ihrer Errichtung im Rahmen der für sie geltenden **tatsächlichen Vermutung der Vollständigkeit und Richtigkeit ihres Inhalts**[135] Beweis. Gibt die Urkunde den im Wesentlichen erforderlichen Erklärungsinhalt des behaupteten Vertrages (die *essentialia*) wieder, erstreckt sich die Beweisvermutung auch darauf, dass weitere Abreden (etwa nicht formbedürftige Nebenbestimmungen[136]) nicht getroffen worden sind[137]. Ist der Erklärungswert der Bürgschaftsurkunde nach allgemeinem Sprachgebrauch eindeutig und füllt er den in die Behauptungs- und Beweislast des Gläubigers fallenden anspruchbegründenden Tatbestand aus, ist der Klageanspruch zurei-

126 Pecher Anm zu BGH Nr 125 zu LM § 765 (= BGHZ 137, 153).
127 Dazu Rz 19 und 21.
128 S Rz 35 f.
129 S RG WarnR 1929 Nr 138 S 250. – Auch nicht unter Geltung von ZPO § 142 nF (dazu Gruber/Kießling ZZP 116 [2003], 305, 315 f). Nur insbesondere besteht kein legitimes Aufklärungsinteresse des Gerichts zum Zweck der Verwerfung von AGB-Klauseln des Gläubigers, die mit dem Streit der Parteien nichts zu tun haben.
130 BGH WM 1955, 265, 266 = LM Nr 1 zu § 765; BGH WM 1980, 773, 774; BGH NJW 1986, 1681, 1682 zu II 2 und 3 = WM 1986, 520 = ZIP 1986, 702; BGH WM 1987, 898 zu I 3 = NJW-RR 1987, 1138 = LM Nr 21 (A) zu § 133; BGH WM 1990, 841 = NJW-RR 1990, 811; BGH WM 1993, 1141 f zu II 1 c, aa = NJW-RR 1993, 945, 946 = LM Nr 85 zu § 765 = ZIP 1993, 749 = EWiR § 765 BGB 1/93 (mkritAnm Tiedtke); BGH WM 1997, 2305 f zu II 3 (= Fn 85); BGH NJW-RR 2001, 421.
131 BGH NJW 1992, 1446, 1447 zu II 1 b = WM 1992, 854 = ZIP 1992, 684.
132 BGH NJW 2002, 1500, 1502 f zu II 3. – Darin unklar BGHZ 76, 187, 189 zu II 1 = NJW 1980, 1459 = WM 1980, 741; BGH WM 1987, 898 zu I 3 (= Fn 130); für den Fall zutreffend BGH NJW 1995, 959 zu 1 = WM 1995, 331 = ZIP 1995, 274.
133 S unten Rz 8 ff, 38.
134 RG Recht 1916 Nr 112; BGH WM 1993, 1141, 1142 (= Fn 130).
135 RGZ 85, 322, 326; 68, 15 f; BGH MDR 1978, 567 = LM Nr 15 zu ZPO § 138 zu II 1; BGH NJW-RR 1989, 1323, 1324 zu II 4 b.
136 S dazu Rz 21.
137 BGH NJW 2002, 3164 f zu II 1 a = ZIP 2002, 1809; – wohl aA (aber letztlich unklar) RG JW 1918, 367 f (mkritAnm Heck) = LZ 1918, Sp 841 f; wie hier RG HRR 1929 Nr 703.

chend bewiesen. Je nach dem – gemessen an der Klagebehauptung und einem substantiierten Bestreiten – oft nur mehr oder weniger eindeutigen Aussagewert der Bürgschaftsurkunde hat der Gläubiger aus weiteren Umständen, die den Inhalt der rechtsgeschäftlichen Verständigung erschließen, Beweis zu erbringen[138]. Will ein Beteiligter für eine urkundliche Erklärung aufgrund begleitender Umstände einen anderen als den ihrem Wortlaut entsprechenden Inhalt oder Sinn in Anspruch nehmen, so fällt ihm dafür der Beweis des Gegenteils zu[139]. An das **Beweismaß** sind mehr oder weniger strenge Anforderungen zu stellen, je nachdem sich die als anders gemeint behauptete Abrede mit der urkundlichen Erklärung „verträgt" oder ob sie sich „gegen sie stellt"[140]. Sie sind eher geringer, wenn der Bürge gegenüber einem von ihm unterzeichneten Bürgschaftsformular des Gläubigers einen anderen Inhalt der wirklichen Verständigung geltend macht; der Gläubiger genießt als Empfänger seiner eigenen Formularerklärung nicht den sonst verkehrsüblichen Vertrauensschutz[141]. Besteht der Gläubiger auf Bürgschaftsansprüchen gemäß dem Wortlaut der Bürgschaftsurkunde und vermag der Bürge demgegenüber zu beweisen, dass er unter Berücksichtigung der Umstände etwas im Wesentlichen des Bürgschaftsvertrages (der *essentialia negotii*) damit nicht zu vereinbarendes Anderes erklärt hat, dann fehlt es für das Zustandekommen eines Bürgschaftsvertrages an der vertraglichen Einigung[142]. Kann der Bürge beweisen, dass er auf ihm günstigen Nebenabreden (*accidentalia negotii*) bestanden hat, kann die Wirksamkeit des Bürgschaftsvertrages an § 154 gescheitert sein. Wer neben der urkundlichen Erklärung zu seinen Gunsten die Rechtswirkung weiterer Abreden geltend macht, hat zu beweisen, dass diese verbindlich gemeint[143] und auch noch bei Abfassung der Urkunde festgehalten worden sind[144]. Dafür genügt der Nachweis, dass der Abfassung des Urkundentextes nicht mehr eine Bedeutung für die vertragliche Willensbildung, sondern nur noch eine diese dokumentierende Funktion beigemessen worden ist. Das betrifft den Bürgen, wenn er ihm günstige Nebenabreden[145] behauptet oder wenn er geltendmachen will, dass das verwendete Bürgschaftsformular zu weitgefaßt ist und den vereinbarten engeren Gegenstand der Bürgschaft nicht zutreffend wiedergibt. Behauptet der Bürge damit, dass der Bürgschaftsvertrag sich in Wahrheit auf ein gegenständlich anderes verbürgtes Risiko bezieht[146], handelt es sich um ein Bestreiten des vom Gläubiger behaupteten Klagegrundes. Stützt sich der Gläubiger auf eine Bürgschaftserklärung, die „alle" Verbindlichkeiten des Schuldners als verbürgt ausweist, und vermag der Bürge dem entgegen nachzuweisen, dass er sich in den Vertragsverhandlungen nur zur Verbürgung einer konkret bestimmten Kreditgewährung bereiterklärt hat[147], so kommt es darauf an, welche Schuldnerverbindlichkeit der Gläubiger mit seiner Klage geltendmacht. Für eine andere als die vom Schuldner eingeräumte Verbindlichkeit fehlt es wegen Dissenses an dem Zustandekommen eines Bürgschaftsvertrages. Es liegt nicht in der einseitigen rechtsgeschäftlichen Bestimmungsmacht des Gläubigers, die Verbürgung auf die gesamte Geschäftsverbindung mit dem Gläubiger zu erstrecken[148]. Erst wenn der Bürge nicht zu behaupten und zu beweisen vermag, dass der Inhalt der Bürgschaftsurkunde ihm nicht als seine Vertragserklärung zuzurechnen ist, stellt sich die Frage nach einer Verwerfung als überraschend nach § 305c Abs 1 (früher AGB-Ges § 3)[149]. Den

138 BGH NJW 2002, 1500, 1502 f zu II 3.
139 BGHZ 20, 109, 111 f (= Fn 90); BGHZ 66, 250, 254 f; BGH NJW 1995, 3258; 1999, 1702 zu II 1 b = WM 1999, 965; BGH NJW 2001, 144, 145 zu II 2 a; BGH NJW-RR 2001, 421 = MDR 2001, 323; RG WarnR 1909 Nr 340; 1935 Nr 178 S 363.
140 RG Recht 1915 Nr 2481. – Mit einer Begrenzung der Vollständigkeitsvermutung argumentieren weniger klar RG JW 1911, 540 und 1918, 367 (mkritAnm Heck); dem folgend RG JW 1936, 989 = HRR 1936 Nr 397.
141 RG HRR 1929 Nr 703. – S auch oben bei Fn 131.
142 S dazu noch Rz 21.
143 BGH NJW 1980, 1680, 1681.
144 RGZ 52, 23, 26 f; 65, 46, 49; RG LZ 1917, Sp 675 f Nr 17; RG WarnR 1918 Nr 50 S 78; RG HRR 1933 Nr 1006; BGH WM 1980, 1171; s auch KG MDR 2003, 79.
145 Dazu unten Rz 20 f.
146 Wie im Fall BGH WM 1959, 969. – Vgl noch Rz 21.
147 Wie im Fall BGH NJW 1994, 1656 zu II 3 c (= Fn 111).- Dazu noch Rz 19.
148 Dazu in der Prüfung des Vertragskonsenses nicht eindeutig BGH NJW 1994, 1656, 1657 zu II 3 c (= Fn 111).
149 S Rz 6 bei Fn 111. – AA wohl BGH WM 2002, 919, 920 zu I 1, wo eine „weitergehende Zweckerklärung" durch Formularklausel deshalb als „überraschend" verworfen wird, weil die Verbürgung sich nur auf einen beschränkten Anlass

Gläubiger trifft die Beweislast dafür, dass sich die Bürgschaft nach der wahren Verständigung der Beteiligten über einen dafür nicht beweiskräftigen Wortlaut der Bürgschaftsurkunde hinaus etwa auf zwei Verträge mit dem Schuldner erstreckt[150] oder über eine benannte Wechselverbindlichkeit hinaus auch auf die zugrunde liegende Kaufpreisschuld oder dass weitere dem Bürgen nachteilige Abreden[151] getroffen worden sind. Erst an dem vom Gläubiger inhaltlich schlüssig behaupteten Zustandekommen eines Bürgschaftsvertrages hat die Prüfung der erforderlichen Erklärungsform[152] als weiteres Merkmal des anspruchbegründenden Tatbestandes stattzufinden[153]. Der Bürge kann auch geltendmachen, mit der Herstellung der Urkunde sei der Abschluss eines Vertrages überhaupt nicht beabsichtigt gewesen, sondern lediglich die Neuformulierung einer als fortbestehend angesehenen früheren Bürgschaft[154]. Behauptet er, ihm sei vom Gläubiger oder in einer dem Gläubiger zuzurechnenden Weise zugesichert worden, die Bürgschaftsurkunde werde nur „pro forma" für die Akten oder wegen „irgendwelcher Vorschriften" gebraucht und seine Inanspruchnahme komme gar nicht in Frage, behauptet er damit ein **Scheingeschäft**, das nach § 117 Abs 1 nichtig ist[155], ohne dass es auf den Nachweis der subjektiven Voraussetzungen einer arglistigen Täuschung durch den Gläubiger ankäme. Nachteile Dritter sind allein für deren Rechte erheblich. Ist wegen rechtlicher Unzulässigkeit weiterer Kreditgewährung ein Dritter als Darlehensnehmer lediglich vorgeschoben worden, so kann es für eine dafür übernommene Bürgschaft nach § 117 Abs 1 an einer wirksamen Hauptverbindlichkeit fehlen[156]. Ist aber der Bürge selbst in Wahrheit der Kreditnehmer, dann kann er nach § 117 Abs 2 aus dem verdeckten Darlehensgeschäft in Anspruch genommen werden, wenn der Gläubiger dafür zureichende Klagebehauptungen aufstellt. Auf eine Formgerechtigkeit der Bürgschaftserklärung kommt es insoweit nicht an.

8 c) **Formprüfung**. In einem **„zweiten Schritt"**[157] der Rechtsanwendung, der in einem engeren Sinne wiederum als **Auslegung** verstanden wird[158], obwohl es nun nicht um den Erklärungswert für den Empfänger geht, sondern allein um den Schutzzweck der Form zu Gunsten des Erklärenden, muss sich der als erklärt festgestellte[159] Bürgenwille, „um rechtlichen Bestand zu haben, daran messen lassen, ob er auch in der vorgeschriebenen Form zum Ausdruck gekommen ist"[160]. Insoweit es dabei um Rechtsanwendung geht, unterliegt die Formwirksamkeit nicht als solche der Dispositionsfreiheit der Beteiligten[161]. Für die Formprüfung bestimmend ist aber nicht der Beweiswert der Urkunde[162], sondern **allein der Warnzweck**[163] des Formerfordernisses; Formerfüllung erfordert nicht volle Beweiskraft gegen den Bürgen. Ist das Zustandekommen einer inhaltlich zureichenden Verständigung schon unstreitig, kommt es deshalb nur noch darauf an, ob die Beteiligten selbst die Aussage der Bürgschaftsurkunde für einen zureichenden Ausdruck ihres Vertragswillens gehalten haben[164]. Insofern wirkt auch ein **Nichtbestreiten** des Bürgen nach ZPO

bezogen habe. – Zur sog „Anlass"-Bürgschaft s § 765 Rz 71 ff.

150 BGH NJW 1995, 1886, 1887 f zu II 2 und III 1 = WM 1995, 900; RG Recht 1919 Nr 1959.

151 S unten Rz 20.

152 S unten Rz 8.

153 BGH NJW 1989, 1484 (= Fn 69).

154 BGH NJW 2000, 1566 zu II 1 = WM 2000, 764 = ZIP 2000, 656 (insoweit nicht in BGHZ 144, 52).

155 AA RG LZ 1913 Sp 79 Nr 1 = Recht 1913 Nr 2038 (wegen „Gefährdung des geschäftlichen Verkehrs"); Doch bleibt die Abgrenzung gegen lediglich „tröstende Worte" schwierig (RG LZ 1917 Sp 675 f = Recht 1917 Nr 342). – Im Ansatz nicht zutreffend die Entsch in Fn 67 aE; diesen nahestehend auch BGH WM 1955, 375, 376 zu I 1; vgl auch Celle WM 1988, 1436 (unzureichende Bürgenbehauptungen); noch anders BGH WM 2003, 1563, 1565 f zu II 2 b (Bürgschaft sei sittenwidrig). S zur Abgrenzung gegen vertraglich gewollte (formfreie) Haftungserleichterungen aber auch RGZ 95, 9, 11.

156 BGH WM 1991, 536 = NJW-RR 1991, 757.

157 BGH NJW 1995, 1886 zu I 2 = WM 1995, 900 = ZIP 1995, 812 = BB 1995, 1104; BGH NJW 2000, 1569 zu II 1 = WM 2000, 886 = ZIP 2000, 740.

158 RGZ 59, 217, 219; BGHZ 87, 150, 154 (zu § 313 aF = § 311 b Abs 1 nF) = NJW 1983, 1610, 1611; BGH NJW 1992, 1448 zu II 2 (= Fn 172); BGH NJW 2000, 1569, 1570 zu II 3 (= Fn 157).

159 S oben Rz 6 f.

160 BGH NJW 1996, 2792, 2793; RG WarnR 1913 Nr 289 S 340 = JW 1913, 643. – Unklar Hamburg OLGE 18, 39 f.

161 BGH LM Nr 29 zu § 125 = MDR 1969, 468; BGH NJW 1978, 1255 (zur Beurteilung eines Namensschriftzuges).

162 S oben Rz 7.

163 S oben Rz 1.

164 S unten Rz 9.

§§ 288 Abs 1, 138 Abs 3 auf die Erfordernisse der Formprüfung ein[165]. Ist andererseits der Inhalt eines umstrittenen Bürgschaftsvertrages allein aus der Bürgschaftsurkunde bewiesen[166], so ergibt sich daraus auch die Formerfüllung von selbst.

Für die **Erfüllung der Schriftform** kommt es lediglich darauf an, dass der wesentliche Inhalt der Bürgenerklärung[167] in der Urkunde einen „zureichenden Anhalt" gefunden hat. Er muss dafür wenigstens „andeutungsweise" oder „irgendwie"[168], wenngleich „nicht zweifelsfrei" im Wortlaut der erteilten Urkunde insoweit seinen „Ausdruck" gefunden haben, dass er durch die urkundliche Form „gedeckt"[169] ist und damit dem Warnzweck des Formerfordernisses genügt wird **(Andeutungstheorie)**[170]. „Eine unklare oder mehrdeutige Formulierung schadet nicht, wenn sich Zweifel im Wege der Auslegung beheben lassen"[171]. Auch die objektiv unrichtige, aus der Urkunde für Dritte mit dem gewollten Vertragsinhalt nicht in Verbindung zu bringende Ausdrucksweise steht, sofern sie übereinstimmend irrtümlich zustandegekommen und richtig verstanden worden ist, wenn also die Beteiligten[172] „den niedergelegten Wortlaut für einen genügenden Ausdruck ihres Vertragswillens gehalten haben"[173] **(falsa demonstratio)**[174], der Formerfüllung nicht entgegen (*non nocet*)[175]. Insoweit können die Beteiligten auch unstreitigstellen, wie sie eine urkundliche Ausdrucksweise verstanden haben[176], und damit eine die Formwirksamkeit in Frage stellende äußerliche Diskrepanz zwischen gewolltem Vertragsinhalt und urkundlicher Erklärung ausräumen. 9

Die sich daraus ergebende **„gewisse Auflockerung der Formenstrenge"**[177] hat dahin geführt, dass objektive oder auch nur falltypisch sicher bestimmbare Kriterien für das Erfordernis der Schriftform kaum noch greifbar sind. Letztlich wird die Erfüllung des gesetzlichen Warnzwecks vorwiegend materiell gewertet und aus der **Art und Weise des Zustandekommens** des Bürgschaftsvertrages danach beurteilt, ob die urkundliche Aussage mit den Gesamtumständen des Vertragsschlusses harmoniert. Die Formprüfung ist damit weithin zur **Seriositätskontrolle**[178] nach Treu und Glauben geworden, die einer Gesamtbetrachtung bedarf und für unausgesprochen bleibende Abwägungen Raum läßt. Sprechen die Umstände für eine Irreführung und Übervorteilung des Bürgen, dann ist die unklare Bürgschaftsurkunde unzureichend[179]. War dagegen dem 10

165 BGH NJW 1995, 43, 45 zu II 2 b (Bürgenwille unstreitig) = WM 1994, 2233, 2235; vgl auch BGH NJW 1958, 1968; BGHZ 87, 150, 152 (= Fn 158); BGH NJW 1981, 1562; BGH Nr 7 (D) zu LM § 133; ferner unten Rz 9 bei Fn 176. – S auch oben Rz 6 Fn 93 aE.

166 Fall: BGH NJW 1986, 1681 = WM 1986, 520 = ZIP 1986, 702. – Dazu schon oben Rz 5.

167 Dazu schon oben Rz 5.

168 BGH WM 1957, 1222 zu I; BGHZ 76, 187, 189 zu II 1 (= Fn 170); BGH WM 1984, 924, 925 zu I 1; RGZ 76, 303, 306.

169 RG JW 1925, 2237 Nr 10 (zu § 313 aF); RGZ 76, 303, 306 (zu § 766); RG WarnR 1915 Nr 49 S 64 („Fassung . . .wenig geschickt").

170 So in nur unwesentlich abweichenden Formulierungen heute hM; s nur BGHZ 76, 187, 189 zu II 1 = NJW 1980, 1459 = WM 1980, 741 (zu § 766); BGHZ 87, 150, 154 = NJW 1983, 1610, 1611 (zu § 313 aF); BGH NJW 1993, 724 zu II 1 a; BGH NJW 1995, 1886, 1887 zu I 2 b = WM 1995, 900, 901; BGH NJW 2000, 1569, 1570 zu II 3 (= Fn 157); BGH NJW 2001, 3327, 3328 zu II 2 a = WM 2001, 1772, = ZIP 2001, 1706. – Strengere Formulierungen finden sich nicht selten, wo es nach Fallage darauf nicht ankam; s etwa RG SächsArch 1907, 55, 56: „zur Wahrung der Schriftform unentbehrlich. . .daß aus der Urkunde unmittelbar hervorgehen muß . . .und mit Sicherheit festgestellt werden kann". – S demgegenüber Rz 11.

171 BGH NJW 2000, 1569, 1570 zu II 3 (= Fn 157); BGH NJW 1989, 1484 zu 2 a = WM 1989, 559 = ZIP 1989, 434; RGZ 145, 229, 231 f.

172 Nicht nur der Bürge für sich (BGH NJW 1992, 1448 zu II 2 a = WM 1992, 177 = BauR 1992, 243).

173 RGZ 154, 41, 44 f; RGZ 95, 9, 11 („unter den Beteiligten ausreichend"); RGZ 80, 400, 405 („für sie genügend ausgedrückt"); ähnlich BGH NJW 2000, 2272, 2273 zu II A 1 d = WM 2000, 1406, 1408; auch RG HRR 1930 Nr 971. – Dazu Flume, Rechtsgeschäft § 16, 2 c.

174 „Selbst vor dem klarsten Wortverstande" (OAG Celle SeuffA 6 Nr 324).

175 BGH NJW 1995, 1886 (= Fn 157); BGH MDR 1964, 130 = LM Nr 22 (C) zu § 133; BGH WM 1981, 266 = ZIP 1981, 262; strenger RGZ 82, 70, 71. – S dazu schon oben Rz 6 bei Fn 91 f.

176 RG WarnR 1912 Nr 288; BGHZ 91, 349, 351 = NJW 1984, 2461, 2462 zu 1 = WM 1984, 988 = ZIP 1984, 937; BGH NJW 2000, 1569, 1570 zu II 2 und 4 (= Fn 157).

177 BGHZ 63, 359, 363 zu § 313 aF (= Fn 82).

178 in der Inhaltsfeststellung (Rz 6 f) und Formprüfung (Rz 8 f) verbunden werden; vgl etwa BGH NJW 1968, 987.

179 Beispiel: BGH NJW 1993, 1261 = WM 1993, 544; BGH NJW 1989, 1484 = WM 1989, 559 =

Bürgen das zu übernehmende Risiko bei Vertragsschluß nachweislich voll einsichtig, so erfüllt auch die unvollständig gebliebene Urkunde den Warnzweck[180].

11 Die **Schriftform** ist **nicht gewahrt**, wenn wesentliche Elemente der Bürgschaft in einem dem Bürgen als seine Erklärung zuzuordnenden Urkundentext „vollständig fehlen"[181] und allein aus Umständen außerhalb der Urkunde ermittelt werden können[182]; deshalb genügt auch die ausdrückliche Bezugnahme auf andere Urkunden nicht dem Formerfordernis für eine Bürgschaftserklärung[183]. Erforderlich ist zumindest, dass in der Urkunde der „Ausdruck" dessen, was als der Vertragswille des Bürgen in Frage steht, „überhaupt gefunden werden kann"[184]. Die Grenze ist „sicher dort überschritten, wo der beurkundete Text die Richtung des rechtsgeschäftlichen Willens nicht einmal dem Grunde nach erkennen läßt"[185] und der Inhalt der Bürgschaftserklärung in wesentlichen Bestandteilen „ausschließlich" aus Umständen außerhalb der Urkunde ermittelt werden kann[186]. Dem Warnzweck des Formerfordernisses wird es auch nicht gerecht, wenn eine dem Bürgen günstige (an sich nicht formbedürftige[187]) Klausel der Bürgschaftsurkunde durch Auslegung zu seinen Ungunsten als so nicht zu verstehen in dem Sinne umgedeutet werden soll, dass ihr schlichtes Fehlen die zutreffende Aussageform gewesen wäre, wenn dadurch dem Bürgen ein ihn stärker belastender Erklärungsinhalt angelastet wird[188]. Dem Formerfordernis genügt auch nicht die subjektive Vorstellung der Beteiligten, dass die Bürgschaftsurkunde alle Angaben enthalte, welche nach der Rechtsordnung erforderlich sind; auch dies würde dem Warnzweck des gesetzlichen Formerfordernisses nicht gerechtwerden[189]. Ein abstraktes Schuldversprechen[190] und ebensowenig eine für einen Darlehensschuldschein typische Erklärung[191] ergeben keine Bürgschaft. Insofern bleibt dem **Begriff der Andeutung**[192] als striktem Formerfordernis ein objektiver Regelungsgehalt. Bürgschaftsklagen allein auf der Grundlage einer im wesentlichen aussagelosen oder nicht auf die Klagebehauptung[193] beziehbaren Bürgschaftsurkunde sind von vornherein unschlüssig[194] und erübrigen die Feststellung eines vom Kläger als anderweit zustandegekommen behaupteten Vertragsinhalts[195]. Ist aber die Hauptverbindlichkeit lediglich in verdeckter, aber für die Beteiligten nach § 117 Abs 2 wirksamer Aussageform zustandegekommen und wird die Falschdarstellung mit vollem Einverständnis des Bürgen für die Bürgschaftserklärung übernommen, so ist diese nicht nach dem Warnzweck dieser Vorschrift[196] schutzwürdig und haftet als Bürge[197]. – Zur Unbeachtlichkeit des Formerfordernisses aus besonderen Gründen s Rz 39 f.

ZIP 1989, 434; BGH WM 1991, 536 = NJW-RR 1991, 757; LG Berlin NJW-RR 1990, 754.

180 Beispiel: BGH NJW 1995, 959 = WM 1995, 331; BGH NJW 2000, 1569, 1570 zu II 3 (= Fn 157), wo den Beteiligten „klar" war, worum „es sich handelte".

181 RGZ 145, 229, 232.

182 BGHZ 26, 142, 146 = NJW 1958, 217; BGHZ 76, 187, 189 = NJW 80, 1449 = WM 1980, 741; BGH WM 1957, 1222; BGH NJW 1992, 1448, 1449 zu II 2 = WM 1992, 177; RGZ 71, 113, 116; 145, 229, 232.

183 BGH NJW 1992, 1448, 1449 zu II 2 (= Fn 172); – großzügig aber RG JW 1911, 648. – S dazu noch Rz 23 bei Fn 324 ff.

184 RGZ 59, 217, 219; ähnlich RGZ 57, 258, 260; RG WarnR 1913 Nr 289 S 340; strenger BGH NJW 1989, 1484, 1486 zu 2 c, bb aE = WM 1989, 559 = ZIP 1989, 434: der „Hauptinhalt" der Bürgschaftsverpflichtung müsse „wenigstens in hinlänglich klaren Umrissen im Text der formgerechten Urkunde selbst angegeben" sein (dazu abl Tiedtke WM 1989, 737, 739).

185 BGHZ 63, 359, 363 (= Fn 82).

186 BGHZ 63, 359, 363 (= Fn 82); RGZ 71, 113, 116.

187 S unten Rz 21.

188 Zweifelhaft deshalb BGH WM 1979, 833 (Zeitbürgschaft); – dazu § 777 Rz 16.

189 BGHZ 63, 359, 363 (= Fn 82). – Zur Abgrenzung gegen die *falsa demonstratio* s Rz 9 aE.

190 BGHZ 57, 53, 59 = NJW 1971, 2227, 2228 zu 4; RGZ 94, 95, 99.

191 RGZ 71, 172, 174 (s noch unten Fn 228).

192 Das Erfordernis des „eindeutigen Hinweises" (BGHZ 76, 187, 189).

193 S oben Rz 7.

194 S dazu auch oben Rz 7 bei Fn 124 u unten Rz 40 aE.

195 S oben Rz 6.

196 S oben Rz 1.

197 AA BGH NJW 1980, 1572, 1574 zu III 1= WM 1980, 372 = ZIP 1980, 265; BGH WM 1980, 1085, 1087 zu III 2 = ZIP 1980, 866; BGH NJW 1982, 569, 570 zu III = WM 1981, 1332; BGH WM 1991, 536 = NJW-RR 1991, 757; Kramer JuS 1983, 423, 425 f.

d) **Formkriterien**. Das gesetzliche Formerfordernis „gilt für alle wesentlichen Teile einer Bürgschaftserklärung“[198], somit für die *essentialia negotii*, über die eine Willenseinigung der Beteiligten erzielt werden muss, damit ein Vertrag des gesetzlichen oder des von der Verkehrsauffassung hervorgebrachten besonderen Regelungstyps überhaupt zustandekommt[199]. Dazu gehört der Verbürgungswille[200], die Benennung der Vertragspartner[201] und die Bestimmung des Bürgschaftsrisikos, das sich ergibt aus der Person des Schuldners[202] und dem verbürgten Haftungstatbestand[203]. Die gegenständlichen Bestimmtheitserfordernisse des Bürgschaftsvertrages und demzufolge ihre Formgebundenheit in der Bürgschaftserklärung können sich nach verkehrstypischen Besonderheiten des Bürgschaftsvertrages im einzelnen unterscheiden[204]. Nach dem Maßstab zureichender Andeutung kann eines dieser Merkmale aus dem Gesamtzusammenhang durch andere mitbezeichnet sein[205]. Eine schriftliche Bürgschaftserklärung ist nicht deshalb formunwirksam, weil ein dafür benutztes Formular in Teilen, auf die es für den konkreten Vertragsinhalt nicht ankam, unausgefüllt und dadurch der vorformulierte sprachliche Zusammenhang unvollständig geblieben ist, wenn aber der Gegenstand der Verbürgung feststeht und als solcher gleichwohl in der Urkunde zureichend angedeutet ist[206]. Dem Formerfordernis für die Bürgenerklärung unterliegen auch zusätzliche, vom jeweiligen Vertragstyp der Bürgschaft[207] abweichende und das Haftungsverhältnis weiter ausgestaltende Regelungsinhalte (*accidentalia negotii*[208]), wie sie sich insbesondere aus Allgemeinen Geschäftsbedingungen des Gläubigers ergeben[209]. 12

aa) Die Wirksamkeit der Bürgschaftserklärung erfordert zunächst eine **eigenständige förmliche Aussage**, aus der sich der **wesentliche Inhalt** der Bürgschaft in einer den Maßstäben zureichender Andeutung[210] genügenden Konkretheit durch Auslegung[211] erschließt. Sie kann sich aus einem vom Gläubiger als Erklärung des Bürgen vorbereiteten Schreiben ergeben. Eine Bezugnahme auf andere Schriftstücke, aus denen der Verbürgungswille erst mittelbar hervorgeht[212], und insbesondere eine lediglich zustimmende Antwort des Bürgen auf eine Erklärung des Gläubigers[213] ist unzureichend. Eine Bürgschaftsübernahme kann sich formgerecht auch aus mehreren im Zusammenhang stehenden Schreiben des Bürgen ergeben[214]. Schließt sich der Bürge der schuldbegründenden Erklärung des Hauptschuldners auf derselben Urkunde an, macht er sich diese inhaltlich zueigen[215]; es genügt somit die erkennbare Bezugnahme auf den vorangehenden Text, wenn mit der Unterschrift[216] auch der Bürgenwille[217] erklärt wird[218]. Im übrigen sind Bezugnahmen in der Bürgschaftserklärung auf andere Urkunden nur geeignet, diesen als Hilfsmittel der Aus- 13

198 BGH NJW 1992, 1448 zu II 2 (= Fn 172); BGH NJW 2000, 1569, 1570 zu II 3 (= Fn 157); BGHZ 26, 142, 146 = NJW 1958, 217 = WM 1958, 71; RGZ 145, 229, 231; 57, 258, 261; 62, 379, 382 („die nach § 765 BGB wesentlichen Merkmale des Bürgschaftsvertrages“).
199 S oben Rz 7.
200 S unten Rz 14.
201 S unten Rz 15.
202 S unten Rz 16.
203 S unten Rz 17 f.
204 S unten Rz 18.
205 RGZ 76, 195, 200; 71, 113, 115 f; RG HRR 1930 Nr 971; BGH WM 1993, 1141, 1142 zu II 1 c, bb („für den Auftragnehmer“) = ZIP 1993, 749 = NJW-RR 1993, 945 = BauR 1993, 474.
206 BGH NJW 2000, 1569, 1570 zu II 3 aE (= Fn 157). – Als tendenziös abzulehnen BGH NJW 1993, 1261 = WM 1993, 544 = ZIP 1993, 501 = WuB I F 1 a. – 9.93 (mkritAnm Schröter), wo eine Kreditbürgschaft zum Höchstbetrag (s Rz 18) – wenn eine solche substantiiert geltendgemacht wurde – allemal formgerecht angedeutet war. Die Entsch bietet ein Musterbeispiel dafür, wie eine Bürgenhaftung nicht an unzureichendem Parteivorbringen, sondern an richterlichen, auf die Urkunde beschränkten Feststellungsbedürfnissen scheitern kann. – S aber noch oben Rz 7 bei Fn 146 f.
207 S dazu Rz 21 ff vor § 765.
208 S Rz 20.
209 S unten Rz 23.
210 S oben Rz 9.
211 S oben Rz 8 f.
212 BGHZ 26, 142, 146 (= Fn 198); RGZ 57, 258, 260 ff; 76, 303, 305; RG JW 1911, 647 f. – S noch Rz 23.
213 BGHZ 26, 142, 149 (= Fn 198); 63, 359, 363 (= Fn 82); BGH WM 1984, 924; RG HRR 1936 Nr 790; RG Recht 1913 Nr 829.
214 S Rz 23 bei Fn 324.
215 RG JW 1905, 47 Nr 15.
216 S unten Rz 23.
217 S unten Rz 14.
218 RGZ 59, 217, 219; 71, 113, 115; 77, 378, 379; Schleswig MDR 1981, 496.

legung[219] einen Andeutungswert beizumessen[220]. Durch eine Verweisung aus der Bürgschaftsurkunde auf einen anderweit niedergelegten Hauptvertrag macht sich der Bürge aber nicht dessen gesamten Inhalt durch seine eigene, für sich allein nicht formgerechte Erklärung zueigen. Für den Bürgschaftsvertrag bedarf es aber auch nur der Bestimmung des übernommenen Risikos in seinen äußeren Umrissen[221]. Dafür kann schon die Verweisung eine zureichende Andeutung ergeben.

14 bb) Insbesondere der vertragstypische **Verbürgungswille**, auf den der Warnzweck[222] sich bezieht, somit die Bereitschaft, in der vertragstypischen Weise subsidiär[223] für die Verbindlichkeit eines Dritten einzustehen[224], muss aus einer dem Bürgen zuzurechnenden eigenen Erklärung erkennbar sein. Deshalb ist die bloße Mitunterzeichnung der über die Hauptverbindlichkeit errichteten Urkunde auch dann nicht ausreichend, wenn unter deren Vertragsbedingungen eine vom Hauptschuldner beizubringende Bürgschaft genannt wird[225]. Doch genügt der Zusatz „als Bürge"[226]. Der Verbürgungswille kann sich aus dem Gesamtzusammenhang der Verpflichtungserklärung ergeben[227]. Eine für einen Darlehensschuldschein typische Erklärung ergibt keinen Verbürgungswillen[228]; sie kann ihrerseits durch den Nachweis entkräftet werden, dass ein Darlehen nicht vereinbart worden ist[229].

15 cc) Die **Person des Gläubigers** muss nicht namentlich bezeichnet sein. Den Erfordernissen einer Andeutung[230] kann es auch genügen, wenn in der Bürgschaftsurkunde ein Repräsentant oder die Abwicklungsstelle des Gläubigers benannt wird[231]. Es kann auch genügen, wenn der Gläubiger gar nicht benannt, aber aus der urkundlichen Beschreibung der gesicherten Schuld mitbestimmt wird[232]. Unter besonderen Umständen kann ein zukünftiger Gläubiger auch schon durch das etwa zum Verkauf stehende oder erst noch herzustellende Vertragsobjekt zureichend bestimmt sein[233]. Die Erfordernisse der Andeutung in Erfüllung des Warnzwecks sind nach der Verkehrsanschauung durchaus variabel und nur insbesondere im Fall des Vertragsschlusses zu Gunsten eines Dritten oder im Hinblick auf eine voraussehbare Sicherungsabtretung der zu verbürgenden Forderung[234] umso geringer, je deutlicher das einzugehende Bürgschaftsrisiko von dem Geschäftsgegenstand des Hauptschuldners geprägt wird als von einer im Bürgeninteresse gelegenen Begrenzung auf einen bestimmten Gläubiger. Kein Formerfordernis ergibt sich aus dem nach § 401 gesetzlich vorgesehenen Übergang des Bürgschaftsanspruchs auf einen anderen Gläubiger durch Abtretung der bereits gesicherten Forderung. Im Fall einer Geschäfts- oder Firmennachfolge auf seiten des Gläubigers dagegen bedarf es es für die Fortdauer einer Kreditbürgschaft für erst zukünftig ent-

219 S oben Rz 7.

220 BGH NJW 1992, 1448, 1449 zu II 2 (= Fn 172). – Unrichtig RG JW 1934, 219, wo es auch schon an einer zureichenden inhaltlichen Einigung (s Rz 7) gefehlt haben dürfte.

221 Köln BauR 1987, 222, 224 („Identifizierung"). – S auch unten Rz 17 ff.

222 S Rz 1.

223 S Rz 3 bei Fn 46 und 52.

224 BGHZ 26, 142, 149 (= Fn 198).

225 RGZ 77, 378 f; 78, 37, 39; RG JW 1912, 74 f; RG Recht 1912 Nr 211; RG JW 1917, 154 Nr 1 = Recht 1917 Nr 1038.

226 RGZ 71, 113, 115; Schleswig MDR 1981, 496 (zu Schreibgehilfen s Rz 23 aE); – verneinend RG WarnR 1910 Nr 410 (für den Zusatz „in Haftung").

227 BGH NJW 1995, 93, 94 zu II 2 a; RGZ 62, 172, 174; s auch BGHZ 132, 119, 121 f (= Fn 343); Colmar OLGE 22, 343 und Hamburg aaO S 344 (Zweifelsfälle).

228 RG WarnR 1908 Nr 506 = Recht 1908 Nr 2321; RGZ 71, 113, 115. – Sie kann aber einen Schuldbeitritt ergeben (BGH WM 1971, 1411 = MDR 1972, 138 = LM Nr 33 (C) zu § 133.

229 RG WarnR 1908 Nr 506.

230 S oben Rz 9.

231 KG WM 1984, 254 f = MDR 1983, 1023. – Ungenau im Obersatz und in der Behandlung des Sachverhalts nicht überzeugend BGH WM 2003, 1563, 1566 zu III 2 b = NJW-RR 2004, 337.

232 BGH NJW 1993, 724, 725 zu II 1 b, aa = WM 1993, 239; BGH NJW 1985, 2528, 2529 zu I = WM 1985, 1172, 1173; BGH NJW 1997, 2233 (= Fn 448): „die Verkäuferinnen"; RGZ 71, 113, 116; 76, 195, 200 f; RG SächsArch 1907, 55; RG HRR 1930 Nr 971 = LZ 1930 Sp 1236; RGZ 145, 229, 232.

233 BGH NJW 1992, 1448 f zu II 1 a = WM 1992, 177 = BauR 1992, 243; BGH NJW 1992, 1881, 1882 zu I 1 = WM 1992, 773 = ZIP 1992, 466 = BauR 1992, 373; BGH WM 1978, 1065, 1066 zu IV 1 = JuS 1979, 215; – ähnlich BGH NJW 2001, 3327, 3328 zu II 3 (= Fn 170).

234 BGH NJW 2002, 3461, 3462 zu II 2 = WM 2002, 1968 = ZIP 2002, 1897; BGH NJW 2003, 2231, 2233 f zu II 2 = WM 2003, 969 = ZIP 2003, 1033; München BauR 2000, 283.

stehende Forderungen aus einer fortgesetzten Geschäftsbeziehung des Nachfolgers zum Hauptschuldner zunächst der besonderen, weil bürgschaftsvertraglich atypischen Verständigung darüber, dass die Bürgenhaftung auch zugunsten des Dritten für dessen neu begründete Forderungen fortbestehen soll[235]; erst daraus und dafür ergibt sich das Formerfordernis zureichender Andeutung[236]. Es kann freilich nach einer Verkehrsanschauung als selbstverständlich angesehen werden, dass bei der Übernahme etwa eines Kreditinstituts durch ein anderes mit der Kreditbeziehung des Hauptschuldners auch eine für ihn übernommene Bürgschaft ohne weiteres fortbesteht[237]. Danach bedarf es so wenig wie einer besonderen vertraglichen Verständigung dafür einer förmlichen Andeutung in einer Bürgschaftserklärung. Dem Bürgen verbleibt nur nach der allgemeinen Regel für Dauerschuldverhältnisse die Möglichkeit einer Kündigung für die Zukunft[238]. Nicht lediglich eine Formfrage, sondern ein Erfordernis rechtsgeschäftlicher Willensbildung durch einen dazu befugten Vertreter des Bürgen liegt vor[239], wenn es nicht nur darum geht, den Gläubiger zureichend zu bezeichnen, sondern einen Gläubiger des Hauptschuldners erst noch zu bestimmen und als bürgschaftsvertraglich Begünstigten einzubeziehen. Nach hergebrachter Rechtsüberzeugung kann der Bürge auch dem Hauptschuldner überlassen, mit Hilfe der Bürgschaftszusage einen kreditgebenden Gläubiger erst zu suchen[240]. Dann ist der Hauptschuldner als Bevollmächtigter des Bürgen auch zu einer zur Formerfüllung erforderlichen Ergänzung der Bürgschaftsurkunde befugt[241]. – Die **Person des Bürgen** ergibt sich im Normalfall zureichend aus der von ihm nach § 126 Abs 1 zu leistenden Namensunterschrift[242]. Wird der Bürge nach § 164 Abs 1 rechtsgeschäftlich vertreten, hat der Vertreter die Formerfordernisse als der Erklärende für seine Person zu erfüllen. Es bedarf im Rahmen des begrenzten Formzwecks[243] dieser Vorschrift aber nicht der Einhaltung der Schriftform für die Erklärung als Vertreterhandeln und des förmlichen Bezugs auf die Person des vertretenen Bürgen[244].

dd) Ebenso muss der von der Bürgschaft begünstigte **Schuldner** aus der Bürgschaftsurkunde erkennbar sein[245]. Eine unrichtige oder mißverständliche Bezeichnung ist insbesondere unschädlich, wenn sich aus den Umständen ergibt, dass dafür nur ein einziger Beteiligter in Betracht kommt[246]. 16

ee) **Gegenstand** eines Bürgschaftsvertrages ist nicht unmittelbar „die" (§ 765 Abs 1) Verbindlichkeit eines Dritten, sondern das übernommene Haftungsrisiko, für das der Bürge einzustehen hat. Deshalb zieht der gesetzliche Bürgenschutz auch kein mittelbares Formerfordernis für die Hauptverbindlichkeit nach sich. Inwieweit das Haftungsrisiko im Bürgschaftsvertrag vergegenständlicht und danach als Formerfordernis der Bürgenerklärung bestimmt sein muss, richtet sich nach der typischen Eigenart des Bürgschaftsvertrages[247]. Demgemäß sind die Bestimmtheitserfordernisse der Bürgschaftsform zunächst denen des Bürgschaftsvertrages untergeordnet. Von der Aussage der Urkunde ist keine engere Gegenstandsbestimmung zu verlangen als von dem materiellen Verbürgungswillen. Zweifel an einer zureichenden Vergegenständlichung des übernommenen Bürgschaftsrisikos betreffen zunächst das Zustandekommen des Bürgschaftsvertrages. Bezieht sich die Bürgschaft auf ein **bestimmtes Rechtsverhältnis** zwischen 17

235 BGHZ 26, 142, 149 (= Fn 198); RG Gruch 54, 407, 408 f.
236 BGHZ 26, 142, 149 f (= Fn 198).
237 Dresden SeuffA 65 Nr 237 S 445 ff = LZ 1911 Sp 399 f. – Strenger BGHZ 26, 142, 151 f zu V: nur unter besonderen Umständen des Einzelfalls nach Treu und Glauben; abl RG WarnR 1914 Nr 184 S 259; wohl auch BGH NJW 2002, 1946 = ZfBR 2002, 560.
238 Dazu § 765 Rz 135.
239 Dazu schon RG SeuffA 38 Nr 113 (für die damals noch formfreie Bürgschaft; s Rz 1).
240 BGH NJW 1992, 1448, 1449 zu II 2 a (= Fn 233). – S dazu unten Rz 27 und 31.
241 S unten Rz 31.
242 S unten Rz 23.
243 S oben Rz 1.
244 So aber BGHZ 125, 175, 179 = NJW 1994, 1649; BGH NJW 2002, 3389, 3391 zu II 5 (zur mietvertraglichen Schriftform nach §§ 566 aF, 550 nF).
245 BGH NJW 1995, 959 = WM 1995, 331 = ZIP 1995, 274; RGZ 82, 70, 71; RG Recht 1909 Nr 3761.
246 BGH aaO (Fn 245); BGH BB 1957, 944; BGH WM 1993, 1141 (= Fn 205); dazu krit Tiedtke DB 1993, 2113.
247 Zu den verkehrstypischen Unterarten von Bürgschaftsverträgen s Rz 21 ff vor § 765.

Gläubiger und Hauptschuldner, das seinen Haftungsrahmen für diesen nach den Regeln des Vertragsrechts begrenzt, so braucht es als Gegenstand des Bürgenrisikos in der Urkunde nur andeutungsweise erkennbar zu sein[248]. Deshalb genügt auch die Bezugnahme auf ein gewährtes Darlehen. Erstreckt sich eine Bürgschaft über die in der Urkunde benannten Wechselverbindlichkeiten hinaus auch auf die zugrundeliegende Kaufpreisschuld, kann dies zureichend in der Abfolge der Beträge angedeutet sein[249]. Dass bei einer Bürgschaft für ein künftig zu gewährendes Darlehen dessen Höhe als das verbürgte Risiko in den Vertragsinhalt mit einbezogen werden muss, gehört zu den Erfordernissen gegenständlicher Bestimmtheit des Bürgschaftsvertrages[250], aber nicht in gleicher Unmißerständlichkeit der Aussage auch zu den Formerfordernissen. Eine unterscheidungskräftige Beschreibung der verbürgten Schuld ist entbehrlich, wenn nur eine einzige schuldbegründende Rechtsbeziehung zwischen Gläubiger und Schuldner in Frage steht[251]. Die Bezugnahme auf eine kaufmännische Beziehung kann genügen, auch wenn sie aus mehreren Einzelverträgen besteht[252]. Schon ein unvollständig ausgefülltes Bürgschaftsformular kann den Erfordernissen formgerechter Andeutung genügen[253].

18 Eine **laufende Geschäftsbeziehung**, die erst der Ausfüllung durch rechtsgeschäftliche Akte wie Warenbestellung oder Inanspruchnahme von Kontokorrentkredit bedarf, bezeichnet lediglich Möglichkeiten kaufmännischen Verhaltens, stellt aber noch kein rechtsgeschäftlich zureichend bestimmtes Bürgschaftsrisiko dar. Ist in der vertraglichen Verständigung[254] das übernommene Bürgschaftsrisiko unbegrenzt und damit unbestimmt geblieben, fehlt es mithin schon an einem inhaltlich zureichenden Bürgschaftsvertrag[255]; es stellen sich nicht erst Erfordernisse der Formerfüllung. Auch die sprachlich klare Beschreibung des Bürgschaftsrisikos als offen und unbegrenzt („alle gegenwärtigen und zukünftigen Forderungen") ergibt keinen zureichend bestimmten Vertragsinhalt. Lediglich im Fall der seit langem aus kaufmännischem Bedürfnis anerkannten **Höchstbetragsbürgschaft**[256], die das Bürgschaftsrisiko auf eine Haftungssumme begrenzt und dem Schuldner die zukünftige Inanspruchnahme von Kredit im Rahmen seiner Geschäftsbeziehung mit dem Gläubiger überläßt, genügt die Bestimmung eines Haftungshöchstbetrages wie für den Bürgschaftsvertrag so auch für die Formerfüllung[257]. Sie ist dafür freilich auch unentbehrlich, weil sie für diese besondere Form der Verbürgung die einzige und die wesentliche Vergegenständlichung des zu übernehmenden Bürgenrisikos darstellt[258]. Deshalb ist nicht nur eine nachträgliche Erhöhung[259] des Haftungsbetrages, sondern auch die nachträgliche Begrenzung einer unbestimmt gebliebenen und deshalb noch unverbindlichen Verbürgung formbedürftig[260].

19 Ergibt die Auslegung unter Einbeziehung aller Umstände der mündlichen Verständigung[261] einen zureichend bestimmten und begrenzten Gegenstand der Verbürgung, ist aber die Bürgenerklärung auf einem Formular für eine unbegrenzte, sich auf alle bestehenden und künftigen Ansprüche erstreckende Bürgschaft erteilt[262], fehlt es an den Mindesterfordernissen der Andeutung[263]; die Bürgschaftserklärung ist deshalb formunwirksam[264]. Ebenso deckt ein nicht dem

248 BGH NJW 1993, 724, 725 zu II 1 = WM 1993, 239 = ZIP 1993, 102 = WuB I F 1 a. – 7.93 (Harder). – Das gilt nur insbes für zukünftige, bisher nur nach ihrem wirtschaftlichen Zweck darstellbare Hauptverbindlichkeiten (RG Recht 1912 Nr 2633).
249 BGH WM 1968, 368, 369 zu 2 c = NJW 1968, 987; andererseits BGH WM 1984, 1423.
250 Unrichtig RG JW 1934, 219. – S auch Rz 7.
251 BGH NJW 1993, 724, 725 zu II 1 b, bb (= Fn 248); RGZ 71, 113, 116.
252 BGH NJW 1995, 1886 = WM 1995, 900.
253 BGH NJW 2000, 1569, 1570 zu II 3 = WM 2000, 886 = ZIP 2000, 740.
254 S oben Rz 6.
255 S § 765 Rz 16.
256 S Rz 24 vor § 765.
257 BGHZ 25, 318, 319 = NJW 1957, 1873; BGH WM 1965, 230 = NJW 1965, 965 (ohne Sachverhalt); BGH WM 1984, 198 f; RGZ 76, 195, 201; – unrichtig BGH NJW 1993, 1261 = WM 1993, 544 = ZIP 1993, 501 = WuB I F 1 a – 9.93 (mabl Anm Schröter) = EWiR § 766 BGB 2/93 (mabl Anm P Bydlinski); bedenklich auch BGH NJW 1989, 1484 = WM 1989, 559 (dagegen Tiedtke WM 1989, 737, 738 f).
258 S noch Rz 21 bei Fn 285.
259 RG JW 1905, S 336 Nr 3.
260 S unten Rz 23.
261 S Rz 6 u 38.
262 Wie im Fall Hamm NJW 1991, 110 = WM 1991, 847 = BB 1991, 650. – S auch Rz 21 aE.
263 S oben Rz 11.
264 Dazu unten Rz 38.

Bürgenwillen entsprechender höherer Betrag nicht einen vom Bürgen mündlich zugestandenen niedrigeren[265]. Eine von den Vertragspartnern vereinbarte gegenständliche Beschränkung steht nicht einer nicht formbedürftigen Erleichterung[266] der Bürgenhaftung gleich[267]. Folgt man der neueren Rechtsprechung des BGH darin, dass auch die **unbegrenzte Bürgschaft** grundsätzlich vertraglich wirksam, aber durch richterliche Entscheidung auf den Gegenstand ihres Anlasses zu begrenzen ist[268], so ergeben sich daraus keine zusätzlichen Formerfordernisse[269], weil es dabei nach dieser Ansicht nicht um Erfordernisse der Willensbildung des Bürgen geht.

ff) **Nebenabreden.** Das Formerfordernis erstreckt sich auch auf Nebenabreden (*accidentalia negotii*), die sich für den Bürgen belastend auswirken, wie der Verzicht auf die Einrede der Vorausklage (§ 773 Abs 1 Nr 1)[270] und der Verzicht auf andere gesetzlich geregelte Rechtsvorteile. Auch insoweit gilt das Erfordernis zureichender Andeutung in der Bürgschaftsurkunde[271]. Die Behauptungs- und Beweislast für die einen Andeutungswert ergebenden Begleitumstände der Bürgenerklärung fällt dem Gläubiger zu. Pauschale Verzichte auf „alle" dem Bürgen „etwa nach dem Gesetz zustehenden Einreden" entbehren des konkreten Aussagewerts einer rechtsgeschäftlichen Willenserklärung und genügen deshalb auch nicht der vom Warnzweck geforderten Bestimmtheit[272]. Insbesondere als AGB sind sie nach § 307 Abs 1 Satz 2 als unverständlich zu verwerfen[273]. Das Formerfordernis muss auch für verbundene Vereinbarungen gelten, die für sich nicht formbedürftig sind, aber den Zweck haben, die Bürgschaftslast näher auszugestalten. – Zur Einbeziehung von AGB des Gläubigers s Rz 23 und 38. 20

Nicht vom Warnzweck betroffen und deshalb **formlos wirksam** sind Vereinbarungen, die die Haftung des Bürgen gegenüber den vertragstypischen[274] Rechtsfolgen der Bürgschaft erleichtern[275]; dies gilt insbesondere für die Bindung der Leistungspflicht des Bürgen an aufschiebende oder auflösende Bedingungen[276], an eine zeitliche Befristung nach § 777[277], für besondere Erlöschensklauseln[278], für den Vorbehalt des Hinzutritts weiterer Mitbürgen[279], für den Vorbehalt nachrangiger Inanspruchnahme als Ausfallbürge[280], für die Vereinbarung nachrangiger Inanspruchnahme nach Dritten[281] oder von Dritten gestellter Sicherheiten[282] und für die Bindung an Gegenleistungen des Gläubigers[283]. Die Beschränkung der Bürgschaftshaftung auf einen Höchstbetrag[284] ist nur dann als Erleichterung formfrei, wenn sie sich auf eine zuvor gegenständlich zureichend bestimmte Hauptverbindlichkeit bezieht und erst dazu dem Bürgenrisiko 21

265 BGH NJW 1984, 798 f zu 2 = WM 1984, 199.
266 Dazu unten Rz 21.
267 AA BGH NJW 1994, 1656, 1657 zu II 3 b = WM 1994, 784 = ZIP 1994, 697.
268 BGHZ 137, 153 = NJW 1998, 450 = WM 1998, 67 = ZIP 1998, 16 = JZ 1998, 730 (mAnm Tiedtke) = JR 1998, 416 (mAnm Hager) = LM Nr 124 zu § 765 (mablAnm Pecher). – S iÜ § 765 Rz 71.
269 BGH ZIP 1997, 449 (insoweit nicht in NJW 1996, 3205); BGH NJW 1986, 928 = WM 1986, 95.
270 BGH NJW 1968, 2332 = WM 1968, 1200.
271 S oben Rz 9.
272 AA BGH WM 1963, 1302, 1303 zu 2 a; BGH WM 1981, 5; BGH NJW 1980, 445, 446 zu I.
273 Nur iErg ebenso BGHZ 147, 99, 104 = NJW 2001, 1857, 1858 zu II 2 d = WM 2001, 947 = ZIP 2001, 833: Verwerfung nach AGB-Ges § 9 Abs 2 (jetzt § 307 Abs 2) wegen Veränderung der „Rechtsnatur des Vertragsverhältnisses". – S dazu iÜ § 765 Rz 87.
274 Ähnlich BGH NJW 1994, 1656, 1657 zu II 3 b = WM 1994, 784 = ZIP 1994, 697: „eine Vereinbarung, die die Haftung des Bürgen im Vergleich zu dem beschränkt, was sich aus der Urkunde in Verbindung mit den gesetzlichen Vorschriften ergibt". – S dazu aber noch unten bei Fn 295.
275 RGZ 71, 415 f; RG SeuffA 65 Nr 185; RG JW 1911, 540; RG HRR 1933 Nr 1006; Köln NJW-RR 1990, 439, 442.
276 RG WarnR 1915 Nr 49 S 64 = LZ 1915, Sp 429; BGH WM 1956, 885, 887; 1984, 768, 770. – Vgl auch RGZ 81, 414, 417.
277 RG WarnR 1917 Nr 288 S 452 = LZ 1917 Sp 919; RG HRR 1934 Nr 1446; s auch RG HRR 1935 Nr 581. – Dazu noch § 777 Rz 16.
278 BGH NJW 1968, 393 = WM 1967, 1274; RGZ 95, 9, 11 (Vorbehalt der Betragsermittlung).
279 RG JW 1934, 219, 221; RG JW 1927, 38.
280 BGH NJW 1986, 3131, 3133 zu I 3 c, cc = WM 1986, 961 = ZIP 1986, 970; RG HRR 1935 Nr 580; RG WarnR 1935 Nr 178 S 362 f. – S dazu § 769 Rz 12.
281 RG Recht 1911 Nr 2135; Recht 1913 Nr 929.
282 BGH WM 1955, 375; BGH NJW 1986, 3131, 3133 zu I 3 c, cc (= Fn 280). – Zu Nachrangvereinbarungen s § 769 Rz 11 ff.
283 RG JW 1911, 540 Nr 15; Colmar Recht 1910 Nr 1557.
284 S oben Rz 18.

eine einengende Grenze setzt[285], nicht auch, wenn der Höchstbetrag für die zu übernehmende Bürgschaftshaftung die eigentliche Gegenstandsbestimmung ergibt[286]. Formfreie Vereinbarungen als Bestandteil des Bürgschaftsvertrages können sich aus mündlichen Zugeständnissen des Gläubigers zur Erlangung der Unterschriftsleistung des Bürgen unter eine ohne diese vorbereitete Bürgschaftserklärung ergeben und ebenso durch einschränkende mündliche Vorbehalte des Bürgen vor oder bei der Unterschriftsleistung. In einem solchen Fall ergeben schriftliche und mündliche Aussage die einheitliche Bürgschaftserklärung[287], die nur insgesamt zum Vertragsinhalt wird oder nicht (§ 154 Satz 1). Den Bürgen, der sich auf eine ihm günstige formfreie Nebenabrede beruft, trifft nach allgemeiner Regel die **Beweislast** nicht nur dafür, dass die atypische Vereinbarung getroffen worden ist; er hat vielmehr zur Widerlegung der Vermutung der Vollständigkeit und Richtigkeit der Bürgschaftsurkunde[288] darüber hinaus zu beweisen oder aus den Umständen plausibelzumachen[289], dass sie nach dem Willen der Vertragsparteien neben und entgegen dem Inhalt der Bürgschaftsurkunde gelten soll und damit Teil des Bürgschaftsvertrages ist[290]. Er braucht aber nicht Umstände darzutun, weshalb die Nebenabrede nicht in die Urkunde aufgenommen worden ist[291]. Behauptet der Bürge, dass sich der Bürgschaftsvertrag in Wahrheit auf ein gegenständlich anderes Risiko bezieht, als vom Gläubiger aufgrund der Urkunde geltendgemacht[292], bestreitet er damit den vom Gläubiger behaupteten Klagegrund überhaupt und stellt zugleich die Formgerechtigkeit des von ihm eingeräumten Vertragsinhalts in Frage. Macht der Gläubiger Ansprüche aus einer urkundlich für „alle bestehenden und künftigen Ansprüche des Hauptschuldners"[293] übernommenen Bürgschaft geltend und vermag der Bürge zu beweisen, dass er sich mündlich nur zu einer anderweitigen, gegenständlich beschränkten Verbürgung bereiterklärt hat, dann fehlt es für eine sich darüber hinaus erstreckende Bürgschaftsverbindlichkeit schon an der Vertragserklärung des Bürgen[294]. Es fehlt also auch für eine Ausscheidung weiterreichender Allgemeiner Geschäftsbedingungen des Gläubigers als überraschend nach § 305 c Abs 1 (früher AGB-Ges § 3) schon an deren Erheblichkeit durch vertragliche Übereinstimmung[295]. Für eine Geltendmachung des vom Bürgen als allein vereinbart zugestandenen Verbürgungstatbestandes wiederum bedarf es zunächst einer dementsprechenden Klagebehauptung des Gläubigers. Dafür fehlt es aber an einer formgerechten Bürgschaftserklärung[296]. Wollte man in „Alles"-Klauseln eine konkrete Vergegenständlichung des übernommenen Bürgschaftsrisikos „angedeutet" finden, wäre damit das gesetzliche Formerfordernis generell außer Kraft gesetzt. Die gegenständliche Beschränkung der wirklichen Bürgschaftserklärung stellt auch keine formfreie Erleichterung gegenüber dem nicht zum Vertragsinhalt gewordenen Urkundentext dar. Die Bürgschaftsverbindlichkeit wird allein durch die vertragliche Willensbildung konstituiert; diese aber unterliegt der schriftlichen Erklärungsform. Sie ergibt sich nicht von rechtsgeschäftlich unerheblichen pauschalen Warnformeln her als zu Gunsten des Bürgen beschränkt[297]. – Als formfrei wirksam kommen dem Bürgen auch durch Vertrag zu Gunsten Dritter zwischen Gläubiger und Schuldner vereinbarte begrenzte Zweckbestimmungen der Bürgschaft unmittelbar zugute[298].

22 gg) **Vertragsänderungen**. Nachträgliche Änderungen des Bürgschaftsvertrages bedürfen der Schriftform[299], wenn sie die Bürgschaftshaftung erweitern oder in wesentlichen Risikoelementen

285 Beispiel: RGZ 95, 9, 11 f.
286 S oben Rz 18.
287 S oben Rz 6.
288 S oben Rz 7.
289 S Rz 7 bei Fn 140.
290 RGZ 65, 46, 49; einschränkend Hamburg Recht 1921 Nr 837. – S auch Rz 7.
291 RG HRR 1935 Nr 580; RGZ 103, 154, 157; RG Recht 1912 Nr 21.
292 So kann der Fall BGH WM 1959, 969 verstanden werden.
293 S oben Rz 18 u 19.
294 S oben Rz 6.
295 Vorrangig sind nicht nur „individuelle Vertragsabreden" (§ 305 b; früher AGB-Ges § 4), sondern zunächst überhaupt zureichende Feststellungen zu einer vertraglichen Einigung; dazu grundsätzlich und zutreffend BGH NJW 2002, 2102, 2103 zu II 2 a = WM 2002, 1017. Schon im Ansatz verfehlt deshalb BGH NJW 1994, 1656, 1657 zu II 3 c = WM 1994, 784 = ZIP 1994, 697.
296 S oben Rz 19.
297 Wiederum verfehlt BGH NJW 1994, 1656, 1657 zu II 3 b (= Fn 295).
298 RG JW 1911, 540 f. – S iÜ § 765 Rz 7 f.
299 S unten Rz 23.

zu Lasten des Bürgen ändern[300]. Sie sind formlos wirksam, soweit sie den Bürgen begünstigen[301]. Formlos wirksam ist deshalb auch eine nachträgliche Verständigung zur gegenständlichen Beschränkung einer formwirksam vereinbarten Bürgschaft[302], sofern nicht eine Neuordnung des Vertragsinhalts die Übernahme eines anderen Haftungsrisikos ergibt. Formbedürftig ist andererseits die Rücknahme atypischer Begünstigungen des Bürgen, die als solche formfrei vereinbart werden konnten[303]. Nicht der Form bedarf aber der Verzicht auf Anfechtungsgründe durch Bestätigung nach § 144. Hat die Änderung einen formbedürftigen Inhalt, bedarf es nicht einer zusammenfassenden Neubeurkundung des gesamten formbedürftigen Bürgschaftsinhalts; vielmehr genügt die Bezugnahme auf den bestehenbleibenden Inhalt des Ursprungsvertrages[304]. War jedoch der bisherige Bürgschaftsvertrag inhaltlich unzureichend, nichtig oder formunwirksam, dann sind nachträgliche Korrekturversuche gemäß § 141 Abs 1 im Rechtssinne eine Neuvornahme, die zum Schutz des bisher nicht haftenden Bürgen insgesamt dem Formerfordernis unterliegt[305]. Soll eine Bürgschaft durch Änderungsvertrag für einen anderen Gläubiger[306], für einen durch rechtsgeschäftliche Schuldübernahme ausgewechselten neuen Schuldner[307] oder für ein neugeordnetes oder anderes Hauptschuldverhältnis fortbestehen, sind die wesentlichen Elemente des Bürgschaftsrisikos betroffen und ist deshalb ein formgerechter Neuabschluss des Bürgschaftsvertrages erforderlich. Dafür genügt eine Abänderung der schon erteilten Erklärungsurkunde durch einen dazu wirksam[308] bevollmächtigten Vertreter des Bürgen. Je nach den Umständen genügt dem Warnzweck des Formerfordernisses aber schon eine auf die ursprüngliche Bürgschaft bezugnehmende Anschlußerklärung[309]. Ist eine formbedürftige Abänderung der Bürgschaftsbedingungen vom Bürgen nicht formgerecht erklärt, wird dadurch der unveränderte Fortbestand des Ausgangsvertrages nicht in Frage gestellt[310].

4. **Schriftform**. Die äußeren Formerfordernisse bestimmen sich nach § 126 Abs 1. Danach bedarf es der eigenhändigen **Namensunterschrift** des Bürgen[311] in unterscheidungskräftiger Deutlichkeit[312]. Nicht zu den notwendigen Bestandteilen der gesetzlichen Schriftform gehört die Beifügung des Datums der Erklärung; deshalb ist eine unrichtige Datierung unschädlich[313]. Ob im Einzelfall der räumliche Bezug einer Namenszeichnung zum Erklärungstext ausreicht, unterliegt der Wertung im Sinne der Andeutungstheorie, für deren Ergebnis auch ein unstreitiges Vorliegen 23

300 Etwa durch Austausch des Schuldners (BGH NJW 1968, 1131 = WM 1968, 504); nach RG JW 1903, Beil S 108, auch die Verkürzung der Fälligkeitsfrist. Die Ermächtigung des Gläubigers zur Abänderung der schon erteilten Urkunde ist ebenfalls formbedürftig (Rz 30). – Zur Freigabe anderer Sicherungsrechte s § 776 Rz 17 und 18.

301 RGZ 96, 133, 134 f (Stundung der Bürgschaftsschuld trotz damit verbundener Verlängerung einer Zeitbürgschaft: „weit mehr eine Erleichterung als eine Erschwerung"); RG Recht 1911 Nr 2135 (Einschränkung der selbstschuldnerischen Haftung); BGH NJW 1987, 3126, 3129 zu II 3 d = WM 1987, 924 = ZIP 1987, 222 (Beschränkung verbürgter Forderungen).

302 Nur in diesen Grenzen zutreffend BGH NJW 1994, 1656, 1657 zu II 3 b (= Fn 295).

303 BGH WM 1997, 625, 626 f zu B III 1 = ZIP 1997, 536 = NJW-RR 1997, 684; Hamburg OLGE 38, 207 = Recht 1919 Nr 577 (Verzicht auf Befristung). – Zur Verlängerung von Zeitbürgschaften s § 777 Rz 16.

304 BGHZ 26, 142, 150 (= Fn 198). – S noch Rz 23 bei Fn 324.

305 Das gilt auch für die formlose Beschränkung einer unbegrenzten Bürgschaft auf einen bestimmten Gegenstand (aA Köln WM 1989, 1500, 1504 zu II = ZIP 1990, 446 = NJW-RR 1990, 439). S auch BGH NJW-RR 1988, 201 – LM Nr 18 zu § 126 (zu § 566 aF).

306 Dazu schon oben Rz 15 bei Fn 235 ff.

307 BGHZ 26, 142, 149 f (= Fn 198); Hamm WM 1990, 1152, 1155; aA RGZ 70, 411, 415 f; RG HRR 1935 Nr 1298.

308 Dazu Rz 26 und 31. – Sehr weitgehend BGH NJW 1968, 1131, 1132 = WM 1968, 504.

309 RG WarnR 1915 Nr 114 S 161 (Verlängerung). – S iÜ Rz 23 bei Fn 324.

310 Anders für das anderen Formzwecken (s Rz 1 aE) untergeordnete Formerfordernis des Mietvertrags nach § 566 (jetzt § 550) BGHZ 125, 175, 181 zu II 5 = NJW 1994, 1649.

311 Zur Formerfüllung durch Vertreter s § 126 Rz 17 f. – Zur Form der Bevollmächtigung unten Rz 25 ff.

312 Dazu Brandenburg WM 2003, 2037, 2038.

313 BGH NJW 1968, 1131, 1132 (= Fn 308). – Darin unklar BGH NJW 2000, 1179, 1180 f = WM 2000, 514, 515 f.

des Verbürgungswillens ins Gewicht fällt[314]. Auch Nachträge können zur Erklärung gehören[315] oder die Bürgschaftserklärung erst vollenden[316]. Dieselbe Unterschrift kann zugleich mehrere rechtsgeschäftliche Funktionen einschließen[317], wenn dies aus der Urkunde wenigstens andeutungsweise erkennbar wird[318]. Der Bürge kann sich der Verpflichtungserklärung des Hauptschuldners auf derselben Urkunde anschließen und diese dadurch in seine Erklärung einbeziehen[319]. Stets bedarf es aber einer den Erfordernissen zureichender Andeutung[320] genügenden eigenständigen[321] und inhaltlich vollständigen[322] Bürgschaftserklärung. Verlangt der Gläubiger von einem Stellvertreter des Hauptschuldners im Zusammenhang mit der Eingehung der Hauptverbindlichkeit in einer von ihm gestellten einheitlichen Formularerklärung eine Mitverpflichtung, bedarf diese zu ihrer Wirksamkeit nach § 309 Nr 11 a (früher AGB-Ges § 11 Nr 14 a) eine in ihrer sprachlichen Gestaltung „gesonderte“ und inhaltlich „ausdrückliche“ Erklärung, die dem Vertreter seine eigene Haftung „unübersehbar vor Augen führt“[323]. Die Schriftform einer Bürgschaftserklärung kann auch von mehreren schriftlichen Erklärungen des Bürgen erfüllt werden, sofern diese erkennbar von einem einheitlichen Verbürgungswillen bestimmt sind[324]. Das gilt insbesondere für bezugnehmende Schreiben mit ergänzendem oder klarstellendem Inhalt. Auch formbedürftige Änderungsvereinbarungen müssen nicht den bestehenbleibenden Inhalt der Bürgschaft wiederholen[325]. Eine pauschale Bezugnahme in einem vom Gläubiger gestellten Bürgschaftsformular auf ergänzend geltende **Allgemeine Geschäftsbedingungen des Gläubigers**[326] genügt den Erfordernissen der gesetzlichen Erklärungsform nicht[327], wenn die weiteren Bedingungen nicht als eigene Erklärung des Bürgen mit der Bürgschaftsurkunde verbunden worden sind[328]. Eine solche Verweisung genügt den Erfordernissen einer Andeutung[329] auch dann nicht, wenn die AGB dem Bürgen vom Gläubiger in schriftlicher Form individuell zugänglich gemacht worden sind und darüber hinaus ihr Inhalt verkehrsüblich und nicht überraschend ist. Eine Verweisungsfloskel kann aber als gegenstandslos unschädlich sein, wenn die in Bezug genommenen AGB für die Bürgschaftsverbindlichkeit lediglich vertragstypisch selbstverständliche Rechtsfolgen bestimmen und im übrigen für den konkreten Vertrag nicht einschlägig sind. – Eine als nichtig erkannte

314 BGH NJW 1995, 43, 45 = WM 1994, 2233, 2235 (dazu krit Tiedtke ZIP 1995, 521, 524 f); vgl auch BGH NJW 1992, 829 f; RGZ 57, 66.
315 Naumburg OLGE 26, 208.
316 Marienwerder OLGE 12, 99.
317 RG SeuffA 81 Nr 126 = WarnR 1927 Nr 42 (Unterschrift des Schuldners zugleich als Vertreter des Bürgen); RG SeuffA 89 Nr 46; BGHZ 82, 323 f (Bürgenunterschrift für die vertretene GmbH und die eigene Person); RGZ 75,1 und Bamberg SeuffA 62, Nr 52 S 93 (für die vertretene GmbH als Schuldner und die eigene Person als Bürgen); RGZ 61, 343, 347 (als Mitbürge für den Gläubiger und Rückbürge für einen Mitbürgen).
318 BGHZ 125, 175 = NJW 1994, 1649 (Unterschrift des Ehemanns für sich und als Vertreter der Ehefrau).
319 S oben Rz 13.
320 S oben Rz 11.
321 S oben Rz 13.
322 RGZ 78, 37, 39; RG Recht 1913 Nr 2567; RG WarnR 1915 Nr 113; zur Form einer vom Gläubiger zunächst abgelehnten Bürgenerklärung s Rz 6 bei Fn 98. – S iÜ Rz 12.
323 BGHZ 148, 302, 304 = NJW 2001, 3186 = WM 2001, 1683 = ZIP 2001, 1544; BGH NJW 2002, 3464 zu II 3 a; vgl auch BGH WM 2003, 257; s iÜ Rz 22. – Zur Abgrenzung gegen die eigene Mitverpflichtung als Vertragspartner BGHZ 104, 95, 100 zu II 2 c, bb = NJW 1988, 1908 = WM 1988, 874.
324 RGZ 64, 82, 84; RG JW 1931, 1181, 1182 f; wohl großzügiger, aber letztlich unklar mangels Unterscheidung zwischen notwendigem Erklärungsinhalt und begleitenden, nur eine Auslegung von Andeutungen stützenden Umständen RG JW 1911, 648 Nr 17; RG LZ 1915 Sp 904 Nr 8 = Recht 1915 Nr 1993; aA BGHZ 26, 142 (= Fn 198); vgl auch RGZ 76, 303, 305; RGZ 136, 422, 425 f; BGHZ 104, 18, 23 = NJW 1988, 1781, 1782 zu II 1 b.
325 BGHZ 82, 323 f = NJW 1982, 875 (Auswechselung des Hauptschuldners).
326 Beispiel: BGH WM 1989, 484, 485 („in der jeweiligen Fassung“) = ZIP 1989, 359 = NJW-RR 1989, 752 = LM Nr 65 zu § 765; BGHZ 153, 293, 294 = NJW 2003, 1521 = WM 2003, 669; BGH WM 1985, 969 (Ziffer 9 des Bürgschaftsformulars); BGH WM 1974, 1127 = DB 1974, 2244.
327 Stuttgart BB 1977 415, 416 aE. – Zur Rechtsfolge s Rz 38.
328 AA (ohne Erörterung der Formfrage) BGHZ 92, 295 = NJW 1985, 45 = WM 1984, 1465; BGH WM 1989, 484 (= Fn 326), wo einzelne Klauseln der lediglich in Bezug genommenen AGB des Gläubigers nach AGB-Recht verworfen worden sind. – AA wohl auch BGHZ 153, 293, 298 zu II 3 a (= Fn 326).
329 S oben Rz 9 f.

Bürgschaft bedarf wegen § 141 Abs 1 der vollständig formgerechten Neuvornahme. Die Schriftform ist nicht gewahrt, wenn Gläubiger und Bürge lediglich übereinkommen, eine noch beim Gläubiger befindliche erledigte Bürgschaftsurkunde für einen neuen Bürgschaftsvertrag gelten zu lassen[330]. Doch kann eine zurückgegebene Urkunde neu verwendet und erteilt werden[331]. Der Bürge kann sich eines nicht selbständig handelnden Schreibgehilfen bedienen[332]. Der Text der urkundlichen Erklärung muss nicht vor der Unterschriftsleistung fertiggestellt sein[333]. Formerfordernisse sind jedenfalls dann nicht betroffen, wenn die Urkunde erst danach, aber noch im Machtbereich des Bürgen nach seinem Willen von Gehilfen ergänzt wird[334]. Doch bedarf es der wirksamen Erteilung einer Vertretungsmacht[335], wenn der Hilfsperson für die Ausfüllung und Erteilung[336] eine eigene rechtsgeschäftliche Entscheidungsbefugnis zustehen soll. – Die notarielle (§ 126 Abs 4) und ebenso eine prozessrechtliche (§ 127 a)[337] Beurkundung ersetzen die gesetzliche Schriftform, aber nicht auch die Erteilung[338].

5. **Vertretung, Vollmacht, Genehmigung**. Zum Abschluß eines Bürgschaftsvertrages kann der Bürge sich eines dazu bevollmächtigten Vertreters bedienen[339], und zwar zur inhaltsbestimmenden Willensbildung wie zur Herstellung und Erteilung einer formgerechten Erklärungsurkunde. Soll die Bürgschaftserklärung durch einen Vertreter abgegeben werden, so bestimmen sich die gesetzlichen Formerfordernisse für die Erklärung des Vertreters (§ 164 Abs 1 Satz 1) nach der Person des Vertretenen. Die nach HGB § 350 formfreie Bürgschaft eines Kaufmanns[340] kann daher von einem Nichtkaufmann als Vertreter formfrei erklärt werden, während die von einem Kaufmann als Vertreter des Nichtkaufmanns erklärte Bürgschaft der Form des § 766 unterliegt[341]. 24

a) Die **Bevollmächtigung** eines Vertreters bedarf nach § 167 Abs 2 nicht der für das vorzunehmende Rechtsgeschäft bestimmten **Form**[342]. Daraus ergibt sich ein Wertungskonflikt jedenfalls mit solchen gesetzlichen Formvorschriften, die bei einzelnen Geschäften zu Gunsten des Vertretenen einen Warnzweck verfolgen. Die Praxis hat deshalb für besondere, aber als typisch erfaßbare Fälle dem Schutzziel einer Formvorschrift den Vorrang eingeräumt und schon die Erteilung einer Vollmacht der gesetzlich für das Vertretergeschäft geforderten Erklärungsform unterstellt. Dieser – einen speziellen materiellen Regelungszweck bevorzugenden – Tendenz hat sich die neuere Rechtsprechung auch für die **Bürgschaft** angeschlossen und es bei gesetzlich formbedürftigen Bürgschaften für „generell gerechtfertigt" erklärt, „die Vollmacht zur Abgabe der entsprechenden Willenserklärung der Schriftform zu unterwerfen"[343]. Damit soll freilich nicht nur die Erteilung lediglich der Vertretungsmacht gemäß § 167 Abs 1 dem Erfordernis der Schriftform unterstellt werden; vielmehr soll zur Wahrung des für das Vertretergeschäft bestimmten Formzwecks schon die Bevollmächtigung „sämtliche notwendigen Erklärungsbestandteile"[344] der Bürg- 25

330 RGZ 59, 42; RG WarnR 1910 Nr 114; RG HRR 1934 Nr 1015. – Anders BGH NJW 1968, 1131 f = WM 1968, 504 (Ermächtigung des Gläubigers, einen neuen Schuldner einzusetzen). – Dazu noch Rz 30 f.
331 BGH NJW 2000, 1179, 1180 f = WM 2000, 514, 515 f.
332 Nach traditioneller Auffassung auch zur Unterschriftsleistung (RGZ 76, 99).
333 RGZ 57, 66, 67; BGH NJW-RR 1990, 518 f = LM Nr 30 zu § 566 zu I 1 a, bb; BGHZ 132, 119, 123 (= Fn 343). Das scheint aber BGH WM 2003, 1563, 1564 zu II 1, fordern zu wollen. – S noch Rz 30 und 33.
334 RGZ 57, 66, 68 f; Schleswig MDR 1981, 496.
335 S unten Rz 25 ff.
336 S unten Rz 35 f.
337 RGZ 64, 82, 84 f; RG WarnR 1908 Nr 369 = Recht 1908 Nr 1745 und 1960; Karlsruhe OLGE 12, 100, 101.
338 S unten Rz 36.
339 BGHZ 132, 119, 123 f (= Fn 343) mNachw.
340 S oben Rz 4.
341 Flume, Rechtsgeschäft § 46, 4.
342 Dazu Flume, Rechtsgeschäft § 52, 2 a; Kanzleiter NJW 1999, 1612, 1613 (zu III).
343 BGHZ 132, 119, 125 und 128 = NJW 1996, 1467 = WM 1996, 762 = JZ 1997, 305 (Pawlowski) = LM Nr 107 zu § 765 (v Westphalen) = WiB 1996, 807 (Tiedtke) = DZWir 1996, 500 (Bayer) = ZIP 1996, 745. – Dem folgend BGH NJW 2000, 1179, 1180 zu II 2 b = WM 2000, 514 = ZIP 2000, 451; Düsseldorf ZIP 2003, 1696 = MDR 2004, 223; Flume aaO (Fn 341) § 52, 2 b S 865.
344 BGHZ 132, 119, 125 (= Fn 343). – Es wird jedenfalls nicht zwischen einer dem Warnzweck dienenden schriftlichen Bevollmächtigung und einer die Gebundenheit des Vertreters im Außenverhältnis verdeckenden Legitimationsurkunde unterschieden.

schaft enthalten und somit in der erforderlichen inhaltlichen Bestimmtheit vorwegnehmen[345]. Es soll also nicht nur der Vollmacht die für sie wesentliche Befugnis zur rechtsgeschäftlichen Willensbestimmung genommen werden, sondern es wird darüber hinaus dem Vertreter, der sich nur mit den vom Vertretenen vorweg akzeptierten inhaltlichen Vertragsbedingungen legitimieren kann, praktisch jede Verhandlungsmacht entzogen. Da sich daraus im Ergebnis ein generelles Vertretungshindernis ergibt, das nur eine Botenfunktion übrigläßt und letztlich die vom Gesetz nicht geforderte eigenhändige Bürgschaftserklärung erzwingt, ist der neueren Rechtsprechung so nicht zu folgen[346]. Gesetzliche Formerfordernisse sind nicht dazu bestimmt und dürfen deshalb auch nicht dazu missbraucht werden, gesetzlich vorgesehene Gestaltungsmöglichkeiten auszuschließen. Es verstößt gegen elementare Freiheitsgrundsätze der Rechtsgeschäftsordnung und ist gesetzwidrig, die gesetzlichen Formerfordernisse dahin auszuweiten, dass die Bürgschaft praktisch zu einem höchstpersönlichen Rechtsgeschäft wird. Insbesondere kann für das Vertreterhandeln kein Unwirksamkeitsgrund von weiterreichender Geltung kreiert werden, als dem gesetzlichen Warnzweck entspricht[347].

26 Ein **Formerfordernis entgegen** der ausdrücklichen Bestimmung in **§ 167 Abs 2** bedarf einer Begründung in Übereinstimmung mit den Grundentscheidungen der Rechtsordnung. Es ist gerechtfertigt für diejenigen Tatbestände, bei denen die Erteilung einer Vollmacht in ihren typischen Auswirkungen das in Aussicht genommene Vertretergeschäft bereits verdeckt mitenthält und in seinen Rechtsfolgen vorwegnimmt[348]. Das trifft zu für die unwiderruflich[349] erteilte Vollmacht zum Abschluss eines formbedürftigen Vertretergeschäfts, für die Bevollmächtigung des Vertragspartners unter Befreiung vom Vertretungshindernis des § 181[350] und in Fortführung der dem zugrundeliegenden rechtlichen Wertung auch für die Bevollmächtigung solcher Vertreter, die von vornherein in einem geschäftstypischen Interessengegensatz zum Vollmachtgeber stehen. Das sind bei der Bürgschaft außer dem Gläubiger auch der Schuldner der zu besichernden Verbindlichkeit[351]. Deren Bevollmächtigung zum Abschluss eines Bürgschaftsvertrages in Vertretung des Bürgen bedarf deshalb der formgerechten Erklärung und darin einer inhaltlichen Beschränkung, die das Vertretergeschäft in den Grenzen des gesetzlichen Warnzwecks vorwegnimmt und somit über die Grenzen wirksamen Vertreterhandelns bestimmt. Mit Rücksicht auf den Warnzweck des Formerfordernisses genügt es in diesen Fällen, dass der Bürge sich von der Vollmacht nur unter erheblichem Aufwand durch Widerruf (§ 168) befreien kann und insoweit immerhin praktisch gebunden ist[352]. Doch ist nach den Erfordernissen des Warnzwecks insbesondere für das Zusammenwirken von Bürge und Hauptschuldner noch dem Grade nach zu unterscheiden zwischen der Erteilung umfassender Entscheidungs- und Abschlußbefugnisse und der Zubilligung begrenzter Freiheiten, die für sich, auch wenn sie im eigenen Interesse des Hauptschuldners wahrgenommen werden, einen Schutz des Bürgen vor sich selbst nicht erfordern[353]. Für rechtsgeschäftliche Vertreter dagegen, die auf Seiten des Bürgen stehen und insbesondere für Generalbevollmächtigte, die seine Vertrauensperson sind, kann auf dem Boden des geltenden Rechts für die Bürgschaft[354] so

345 Die Entsch des BGH (Fn 343) wird ebenso verstanden von MünchKomm/Habersack Rz 21 aE; zweifelnd Bayer DZWir 1996, 505 f.

346 Wie hier Chr Keim NJW 1996, 2774, 2775 zu III; krit auch Gerfried Fischer JuS 1998, 205, 207 f; Rösler NJW 1999, 1150, 1152. – Dem BGH zustimmend Habersack (= Fn 345).

347 Ähnlich BGHZ 147, 262, 267 zu II 2 c,bb = NJW 2001, 1931 = WM 2001, 1024: „... liefe auf einen Ausschluß der Stellvertretung im Bereich der Verbraucherkredite hinaus"; BGH NJW 2001, 2963, 2964 f = WM 2001, 1663: Stellvertretung „wäre weitgehend unmöglich".

348 Dazu insbes BGH WM 1965, 1006, 1007 zu 2 = BB 1965, 847; BGH WM 1966, 761, 762.

349 BGH NJW 1952, 1210 = LM Nr 2 zu § 313 aF; BGH WM 1965, 1006, 1007 zu 2; BGH WM 1966, 761, 762.

350 RGZ 76, 182, 183 f.

351 Sehr ähnlich RGZ 76, 182, 184.

352 Dazu BGH WM 1965, 107, 108; weniger weitgehend BGH NJW 1979, 2306 (zu § 313 aF, jetzt § 311 b Abs 1).

353 S Rz 7, 27 u 31.

354 Zutreffend deshalb RGZ 76, 99 f (Generalvollmacht); RG SeuffA 86 Nr 197 S 365 f (mündliche Vollmacht zur Bürgschaft); RG LZ 1932, Sp 1543 f (Ausfüllungsermächtigung). Die Formfreiheit der Bevollmächtigung gilt deshalb auch für den Geschäftsführer einer GbR, insofern dessen Bürgschaftsübernahme zu Lasten

wenig wie für andere formgebundene Rechtsgeschäfte[355] generell eine förmliche Bevollmächtigung und dazu deren inhaltliche Beschränkung auf ein schon vorweggenommenes Vertretergeschäft verlangt werden[356]. Eine Erstreckung des Formerfordernisses auf die Bevollmächtigung eines Vertreters hat sich schließlich in den **Grenzen des** allein auf das Bürgeninteresse beschränkten gesetzlichen **Formzwecks** zu halten und den um ein durchaus andersartiges geschäftliches Risiko erweiterten Regelungstatbestand auch wiederum aus dem Rechtsgedanken des **Satz 3** der Vorschrift zu begrenzen. Der Schutz des Bürgen vor einem Interessengegensatz zum Vertreter kann nur insoweit ein Formerfordernis auslösen, wie sich ein solcher Vertreter von dem typischen Fall eines für das Bürgeninteresse stehenden und deshalb nach der Grundregel des § 167 Abs 2 formfrei zu bevollmächtigenden Vertreters unterscheidet. Er kann nicht weiterreichen als der Schutz vor dem Gläubigerinteresse und muss sein Ende finden, wenn der auf eine zureichende Willensbildung ausgerichtete Warnzweck des Formerfordernisses[357] sich ohne Nachteil für den Bürgen erledigt. Hat der nur mündlich bevollmächtigte Vertreter sich an die inhaltlichen Weisungen des Bürgen gehalten[358], wird ein Formmangel der Vollmachtserteilung insoweit geheilt und es steht der Wirksamkeit der vom Vertreter eingegangenen Bürgschaft kein Mangel wirksamer Bevollmächtigung entgegen. Nur insoweit ist die Absonderung einer formbedürftigen Bevollmächtigung von der gesetzlichen Regel der Formfreiheit als Rechtsfortbildung legitimiert. Ist freilich dem Vertreter eine den Warnzweck ausschöpfende Inhaltsbestimmung[359] auch nicht mündlich vorgegeben worden, hat ihm also eine eigenständige Willensbildung im Wesentlichen (den *essentialia*) des Bürgschaftsvertrages freigestanden, bleibt auch die von ihm formgerecht abgegebene Bürgschaftserklärung unwirksam. Sie kann aber vom Bürgen nachträglich genehmigt werden[360].

Soweit danach die **Bevollmächtigung** zum Abschluss eines Bürgschaftsvertrages der Form des § 766 unterliegt, bestimmen sich deren **inhaltliche Erfordernisse** nach dem vom Verkehr hervorgebrachten besonderen Typus der beabsichtigten Bürgschaft. Begrenzt der Bürge sein Haftungsrisiko auf einen **Höchstbetrag**[361], kann er es dem bevollmächtigten Schuldner überlassen, nicht nur das zu verbürgende einzelne Schuldverhältnis, sondern auch die Person des Gläubigers nach seinen geschäftlichen Bedürfnissen zu bestimmen[362]. Ebenso kann es genügen, wenn das Bürgschaftsrisiko von vornherein durch das in Betracht kommende Vertragsobjekt festgelegt und begrenzt ist[363]. Ist eine formbedürftige Bevollmächtigung formgerecht erteilt und somit der gesetzliche Warnzweck erfüllt, kann eine Vollmachtsurkunde dem Gläubiger gegenüber die Rechtswirkungen des § 172 entfalten, auch wenn der Vertreter sich ihm gegenüber an zusätzliche beschränkende Weisungen nicht gehalten und insoweit vollmachtlos gehandelt hat. 27

b) **Genehmigung**. Gibt ein nicht formgerecht bevollmächtigter Vertreter für den Vertretenen eine formgerechte Bürgschaftserklärung ab, so leidet der Bürgschaftsvertrag nicht an einem Formmangel, sondern am Mangel der Vertretungsmacht. Es ergibt sich also nicht nach § 125 Satz 1 die Nichtigkeit des Bürgschaftsvertrages, sondern nach § 177 Abs 1 ohne Rücksicht auf die Gründe des Vertretungsmangels eine schwebende Unwirksamkeit, der durch eine Genehmigung des Vertretenen abgeholfen werden kann. Somit stellt sich wie für die Erteilung einer Vollmacht[364] 28

der Gesellschaft auch die Gesellschafter mitverpflichtet (dazu – aA – Habersack BB 1999, 61, 64 ff). – Im besonderen Fall RG WarnR 1927 Nr 42 = SeuffA 81 Nr 126 = Recht 1927 Nr 588 dürfte es sich um eine unter der Bestimmungsmacht des Bürgen stehende Schreibgehilfenschaft (Rz 23 aE) gehandelt haben.

355 BGHZ 138, 239 = NJW 1998, 1857 = JZ 1999, 519 (krit Vollkommer S 522): für die Vollmacht zum notariellen Abschluß eines Ehevertrages.

356 Ebenso nicht für Verbraucherkreditgeschäfte (BGHZ aaO [Fn 347]).

357 S oben Rz 1.

358 Etwa bei der Begrenzung des Haftungshöchstbetrages (wie im Fall BGH WM 1962, 720, 721 zu B) oder bei der Auswechselung des Hauptschuldners (wie im Fall BGH NJW 1968, 1131 f = WM 1968, 504).

359 S oben Rz 12.

360 S unten Rz 28.

361 S oben Rz 18.

362 BGH NJW 1962, 1102 zu I = WM 1962, 575; BGH WM 1962, 720, 721 zu B; RGZ 57, 66; Braunschweig OLGE 20, 235 f; Dresden OLGE 22, 345. – Das entspricht altem kaufmännischem Herkommen; s OAppG Berlin SeuffA 21 Nr 115. – S noch Rz 31 bei Fn 389.

363 BGH NJW 1992, 1448 (= Fn 233).

364 S oben Rz 25.

die Frage, ob und inwieweit auch die Genehmigung dem **Formerfordernis** des § 766 zu unterwerfen ist. Die Praxis hat bisher in den entschiedenen Fällen am Grundsatz der Formfreiheit einer Genehmigung festgehalten[365]. Die Literatur neigt überwiegend zu einer Gleichbehandlung mit der Bevollmächtigung.

29 Auch für die nachträgliche Genehmigung eines schwebend unwirksamen Bürgschaftsvertrages ist nicht anders als für die Bevollmächtigung eine dem § 766 genügende förmliche Erklärung nur **in objektiv bestimmbaren engen Grenzen** zu fordern. Unter Umständen, unter denen eine Bevollmächtigung formfrei möglich ist[366], kann auch eine Genehmigung formfrei erklärt werden. Genügte die Bevollmächtigung wegen des obwaltenden Interessenkonflikts nicht den Formerfordernissen, kommt es wiederum darauf an, ob auch die Erteilung der Genehmigung von Umständen geprägt ist, auf die der Warnzweck des § 766 abzielt. Das ist nicht der Fall, wenn dem Bürgen die förmliche Bürgschaftserklärung des Vertreters im Wortlaut, wenn auch nur in Abschrift bekannt ist. Insoweit ist daran festzuhalten, dass der Bürge sich das formgerechte Vertretergeschäft einschließlich der Erteilung der Urkunde formlos zueigenmachen kann. Die Beweislast dafür trägt der Gläubiger, der sich auf die Wirksamkeit der erteilten Genehmigung beruft. Kannte der Bürge den Genehmigungstatbestand nicht unmittelbar oder nur unvollständig, bedarf eine Genehmigung einer dem Warnzweck gerechtwerdenden schriftlichen Aussage, die einer Wiederholung der Bürgschaftserklärung gleichkommt.

30 c) **Blankettausfüllung**. Für die Erfüllung der gesetzlichen Schriftform verlangt § 126 Abs 1 allein die eigenhändige Unterschrift des Erklärenden und setzt die inhaltlichen Erfordernisse der Erklärung als anderweit zu bestimmen voraus. Nach ganz herrschender Meinung lässt die Vorschrift Raum für unvollständige Blankett-Erklärungen, die im voraus mit der Unterschrift des Erklärenden versehen werden und erst nachträglich von Dritten inhaltlich ausgefüllt und damit zur rechtsgeschäftlichen **Erklärung des Blankettgebers** vollendet werden[367]. Erklärender kann auch ein Stellvertreter sein, der nach § 164 Abs 1 Satz 1 kraft Bevollmächtigung über das Erklärungshandeln[368] bestimmt und dem deshalb auch die Erstellung der förmlichen Erklärung[369] und deren Abgabe und Erteilung[370] obliegt. In dem möglichen Zusammenwirken zwischen einem eigenen Erklärungsanteil des Ausstellers (einschließlich einer seinem Handlungsbereich unmittelbar zuzurechnenden Schreib- und Übermittlungshilfe)[371] und einem rechtsgeschäftlich eigenständigen Erklärungshandeln in Vertretung ergeben sich Abstufungen, die sich einer begrifflich eindeutigen Tatbestandsbildung entziehen. Gesichert ist aber, dass eine den Gesichtskreis und die Bestimmungsmacht des Blankettgebers verlassende Beteiligung eines Dritten an der Ergänzung und Vollendung der noch unvollständigen Erklärung zu ihrer rechtsgeschäftlichen Wirksamkeit einer „Ermächtigung"[372] bedarf, die den Erfordernissen wirksamer Stellvertretung unterliegt[373]. Die frühere Praxis hat in traditioneller Übereinstimmung mit dem allgemeinen Grundsatz der Formfreiheit die formlose Erteilung einer Ermächtigung zugelassen[374] und auch für die Bürgschaft die von einem Dritten vervollständigte Erklärung des mit seiner Unterschrift als Urheber in Erschei-

365 BGHZ 125, 218, 222 = NJW 1994, 1344 = WM 1994, 746 mit umfassenden Nachweisen. Zu dem dort (S 221) aufgeführten, die Bürgschaft betreffenden Urteil RG JW 1927, 1363 LS (= WarnR 1927 Nr 42) s Fn 354 aE; zu weitgehend LG Hamburg WM 1977, 349 (Genehmigung durch Stillschweigen). – S auch BGH NJW 1998, 1482 = LM Nr 5 zu § 183 (mzustAnm Wieling).
366 S oben Rz 25 aE.
367 So schon Motive I, S 185; danach RGZ 57, 66, 69; RG WarnR 1909 Nr 270 S 245 f; BGHZ 140, 167, 171 zu I 3 a (= Fn 489).
368 S oben Rz 5.
369 S oben Rz 23.
370 S unten Rz 34 f.
371 S Rz 23 aE.
372 So die üblich gewordene Bezeichnung, – obwohl ihr Inhalt der Stellvertretung nahe, der Verfügungsmacht über einen Gegenstand (s Flume, Rechtsgeschäft §§ 11, 5 c und 57, 1 b) aber denkbar fernsteht. Man findet aber auch „Vertretung" und „Ermächtigung" in auswechselbarem Gebrauch (RG HRR 1933 Nr 1006 aE; BGHZ 132, 119, 123).
373 So auch Staud/Horn Rz 44.
374 Dazu iAllg RGZ 78, 26, 28 ff; BGHZ 22, 128, 132 = NJW 1957, 137; Hamburg NJW-RR 1998, 407 (zu WG Art 10).

nung tretenden Namensträgers anerkannt[375]. Dem ist der **BGH**[376] wie für die Bevollmächtigung[377] mit Rücksicht auf den Warnzweck entgegengetreten. Und zwar soll auch die Erteilung einer Ausfüllungsermächtigung „generell" dem Erfordernis der Schriftform unterworfen sein[378]. Danach kann eine von dem Bürgen unterzeichnete, aber nicht vollständig ausgefüllte Bürgschaftsurkunde „nicht durch eine aufgrund mündlicher Ermächtigung vorgenommene Ergänzung der Urkunde" zu einer formgerechten Bürgschaftserklärung vervollständigt werden[379]. Es muß also neben der Hergabe der noch ausfüllungsbedürftigen Bürgschaftserklärung auch noch die Ermächtigung als solche schriftlich erteilt und diese darüber hinaus förmlich auf diejenigen Bürgschaftsbedingungen festgelegt werden, auf die der Bürge sich einzulassen bereit ist[380]. Praktisch ist damit der Ausfüllungsermächtigung die Anwendbarkeit als Instrument rechtsgeschäftlicher Gestaltung generell entzogen. Allenfalls können dem Ermächtigten als Verhandlungs- und Entscheidungsspielraum schriftlich Mindestbedingungen oder konkret dargestellte Alternativen eingeräumt werden, mit denen er sich wiederum gegenüber einem Gläubiger kaum offen legitimieren kann.

Ebenso wie zum generellen Erfordernis der Schriftform für eine Bevollmächtigung[381] ist dem BGH nicht uneingeschränkt zu folgen. Insbesondere ist der offen bekundete Zweck, durch „Rechtsprechung" zu „verhindern", dass darüber „Streit" entsteht, ob eine nachträgliche Ergänzung dem übereinstimmenden Parteiwillen entspricht[382], nicht gesetzlich legitimiert[383]. Eine **Ausfüllungsermächtigung** begründet, soweit damit eine rechtsgeschäftliche Erklärungsbefugnis eingeräumt wird, eine Vertretungsmacht[384], und zwar zu der noch fehlenden rechtsgeschäftlichen Entscheidung wie zur Ausfüllung und zur Erteilung[385] der Urkunde. Sie ist formbedürftig[386], soweit der Interessengegensatz zwischen Bürgen und Ermächtigtem ins Gewicht fällt. Sie ist dagegen insgesamt[387] oder für einzelne Bestandteile der zu treffenden rechtsgeschäftlichen Entscheidung **formfrei**, soweit eine Bevollmächtigung formfrei wirksam ist[388]. Dies gilt insbesondere, wenn der Bürge dem **Hauptschuldner** eine von ihm unterzeichnete Bürgschaftsurkunde überläßt, damit dieser sich einen zur Kreditgewährung bereiten Gläubiger suchen kann[389]. In diesem Fall bedarf es aber einer vom Bürgen vorweg bestimmten Begrenzung seines Haftungsrisikos durch einen Höchstbetrag und im übrigen der Vervollständigung der Urkunde durch den dazu ermächtigten Hauptschuldner[390]. Ist dem **Gläubiger** eine noch unvollständige Bürgschaftsurkunde zugegangen, kommt es darauf an, ob dies versehentlich geschehen ist oder ob auch die Verständigung zwischen Bürge und Gläubiger noch nicht abgeschlossen war. Fehlt es noch an wesentlichen inhaltlichen Erfordernissen der Verbürgung, muss sich der Bürge darüber dem Gläubiger formgerecht erklären[391], so dass Blankett und Abschlusserklärung zusammen das Formerfordernis erfüllen[392]. Darin kann zugleich eine zureichende Ermächtigung des Gläubigers zur Ergänzung der Bürgschaftsurkunde liegen. Besteht Einverständnis, dass die vertragliche Verständigung[393] abgeschlossen war, kann die Ergänzung oder Verbesserung der Urkunde dem Gläubiger vom Bürgen auch mündlich überlassen werden. Auch in unmittelbarem Zusammenhang mit einer ab- 31

375 Dazu BGHZ 132, 119, 122 (= Fn 343) mNachw.
376 BGHZ 132, 119 (= Fn 343); BGH NJW 1997, 1779, 1780 zu II = WM 1997, 909 = ZIP 1997, 836 = LM Nr 2 zu HGB § 344 (H G Roth) = JuS 1997, 754 (K Schmidt); BGHZ 140, 167, 171 (= Fn 489); BGH NJW 2000, 1179, 1180 zu II 2 b = WM 2000, 514.
377 S oben Rz 25.
378 BGHZ 132, 119, 125 (= Fn 343).
379 BGHZ 132, 119, 122 (= Fn 343).
380 BGHZ 132, 119, 125 (= Fn 343).
381 S oben Rz 25 aE.
382 So BGH NJW 1997, 1779, 1780 zu II = WM 1997, 909; BGHZ 132, 119, 126 zu II 2 d aE (= Fn 343).
383 S oben Rz 25 f.
384 RG JW 1927, 38, 39; Staud/Horn Rz 44; Pawlowski JZ 1997, 310; vgl auch BGHZ 140, 167, 170 (= Fn 489).
385 S unten Rz 35.
386 S oben Rz 26.
387 Zutreffend RG LZ 1932, Sp 1543 f (Ausfüllung durch „Vertrauensperson").
388 S oben Rz 26.
389 S zu diesem hergebrachten Fall RGZ 57, 66; 76, 195; RG LZ 1915 Sp 438 f = Recht 1915 Nr 1773; RG JW 1927, 38; RG HRR 1934 Nr 1015; BGH NJW 1962, 1102 = WM 1962, 575, 576 zu I; BGH WM 1962, 720, 721 zu B; BGH WM 1978, 1065, 1066 zu IV = JuS 1979, 215.
390 RGZ 57, 66 f; 62, 379, 383; 76, 195, 201; RG WarnR 1915 Nr 9 S 11; BGH NJW 1992, 1448, 1449 zu II 2 a (= Fn 233).
391 S oben Rz 12.
392 S oben Rz 22.
393 S oben Rz 5 u 6.

schließenden mündlichen Verständigung kann dem Gläubiger als Schreibgehilfen des Bürgen die Vervollständigung des bei ihm befindlichen Blanketts übertragen werden[394]. Ebenso können Klarstellungen, derer es nach den anerkannten Auslegungsgrundsätzen[395] zur Herstellung einer formgerechten Bürgschaftserklärung nicht bedarf, dem Gläubiger formfrei überlassen werden.

32 Ist der Ermächtigte lediglich den konkreten Weisungen des Blankettgebers zur Vervollständigung des Urkundentextes nachgekommen, dann ist ein des generellen Interessenkonfliktes wegen angebrachtes Formerfordernis für die Ermächtigung gegenstandslos geworden und ein Formmangel entsprechend Satz 3 der Vorschrift geheilt[396]. Hat der Ermächtigte eine eigene Entscheidungsfreiheit, dann liegt in Teilen des vertraglichen Erklärungstatbestandes eine echte Stellvertretung vor, der die Herstellung der Urkunde untergeordnet ist[397]. Bleibt danach auch eine formgerecht vervollständigte Bürgschaftserklärung mangels formwirksamer Ermächtigung unwirksam, so ist die Bürgschaftserklärung wiederum[398] nicht formunwirksam und nicht nach § 125 Satz 1 nichtig, sondern wegen eines Vertretungsmangels[399] nach § 177 Abs 1 schwebend unwirksam und der nachträglichen Genehmigung[400] zugänglich[401].

33 In deutlichem Gegensatz[402] zu dem nach der neueren Rechtsprechung auf den formbedürftigen Inhalt der Bürgschaftserklärung erstreckten generellen Formerfordernis für Bevollmächtigung[403] und Ausfüllungsermächtigung[404] soll ein Bürge, der „ein Blankett mit seiner Unterschrift aus der Hand gibt", aufgrund einer an die §§ 172 Abs 2, 173 angelehnten **Rechtsscheinhaftung** „den durch dessen Ausfüllung geschaffenen Inhalt einem gutgläubigen Dritten gegenüber als seine Erklärung gegen sich gelten lassen" müssen, „unabhängig davon, ob der vervollständigte Text seinem Willen entspricht oder nicht"[405]. Auch dem ist nur in einer an rechtsgeschäftlichen Kriterien orientierten Beschränkung zu folgen. Die Zurechnung rechtsgeschäftlicher Verantwortlichkeit in Anlehnung an rechtstypische Regelungen setzt die Teilnahme des Blankettgebers am rechtsgeschäftlichen Verkehr in seinen wesentlichen Erfordernissen voraus. Eine solche Teilnahme ergibt sich nicht schon aus einer Namenszeichnung auf einem „leeren Blatt Papier"[406] und irgend einem „Aus-der-Hand-Geben"[407]. Es bedarf vielmehr eines rechtsgeschäftlichen Akts der „Aneignung" des „vor oder mit seinem Willen nach der Unterschrift"[408] niedergeschriebenen Erklärungstextes als eigene rechtsgeschäftliche Willenserklärung. Das erfordert die „Übergabe" des unterzeichneten Urkundenblanketts an einen Dritten „mit der Ermächtigung, eine bestimmte Willenserklärung über den Namen zu schreiben"[409]. Der zur Blankettausfüllung beigezogene Dritte ist mithin Instrument rechtsgeschäftlichen Handelns von vornherein nur nach rechtsgeschäftlichen Zurechnungsgrundsätzen. Der Blankettgeber muss die inhaltliche Ausfüllung durch den Dritten als seine Willenserklärung gegen sich gelten lassen, wenn und weil ohne Rücksicht auf sein eigenes enttäuschtes Vertrauen dieser Dritte im Sinne des allgemeinen Rechtsgedankens des

394 So im Fall BGH NJW 1984, 798 = WM 1984, 199; dazu Reinicke/Tiedtke JZ 1984, 550.
395 S oben Rz 8 u 10.
396 Etwa im Fall Düsseldorf MDR 1977, 754. – S auch Rz 26 aE.
397 S oben Rz 30.
398 S oben Rz 28.
399 Die gesetzlich vorgegebene Unterscheidung zwischen einem Formmangel des Vertretergeschäfts und dem Gegenstand und der Tragweite eines Formerfordernisses für die „Ermächtigung" (s Rz 30) geht in BGHZ 132, 119 (= Fn 343) verloren. Es soll „die Bürgschaft" (S 128) formunwirksam sein. Unklar danach auch Köln ZIP 1998, 13.
400 S oben Rz 29.
401 Chr Keim NJW 1996, 2774, 2775 f; Staud/Horn Rz 45; aA Gerfried Fischer JuS 1998, 205, 208.
402 Dazu krit Bülow ZIP 1996, 1694 ff.
403 S oben Rz 25.
404 S oben Rz 30.
405 BGHZ 132, 119, 127 f (= Fn 343): unter sachlich unzulänglicher Berufung auf BGHZ 40, 65 (s Fn 410); ebenso schon BGH WM 1965, 578 (zur Konsensbildung innerhalb des BGH s Gero Fischer WM 2001, 1049, 1050 f). – Wieder andersherum ohne nachvollziehbare Begründung BGH WM 2003, 1563, 1564 zu II 1 = NJW-RR 2004, 337.
406 RGZ 17, 115, 117.
407 So die seit BGHZ 40, 65, 68 (= Fn 410) zum „Rechtssatz . . .in entspr Anwendung von § 172 Abs 2 BGB" erhobene Modeformel.
408 RGZ 62, 172, 175.
409 RGZ 17, 115, 117.

§ 278 objektiv seiner **Geschäftssphäre** zuzurechnen ist[410] und *deshalb* dem Adressaten ein Vertrauensschutz gebührt[411]. Das ist ebenso objektiv wiederum aus dem Rechtsgedanken des § 278 zu verneinen, wenn der Dritte nach seinem eigenen Geschäftsinteresse und nach dem rechtsgeschäftlichen Verhalten des Gläubigers eher diesem als „Abschlussgehilfe"[412] bei dem in beider Interesse gelegenen Zustandekommen der aus dem Blankett hervorgehenden Verbindlichkeit zuzurechnen ist. Im Verhältnis zwischen den Beteiligten des Bürgschaftsvertrages kann das auch auf den Hauptschuldner zutreffen, und zwar nur insbesondere, wenn die Ausfüllung eines vom Gläubiger gestellten Bürgschaftsformulars in Frage steht[413]. Fällt die Blankettausfüllung in die rechtsgeschäftliche Verantwortlichkeit des Blankettgebers, kann die ihm zuzurechnende Erklärung freilich fehlerhaft und wie sonst bei Fehlleistungen im Gebrauch von Erklärungsmitteln nach § 119 Abs 1 (2. Fall) wegen Irrtums anfechtbar sein[414]. Sie ist nur dann nicht anfechtbar, wenn der Blankettgeber als Geschäftsherr für den Ermächtigten ohnehin als seinen Vertreter einstehen muss. Der berechtigte Kern des Rechtsgedankens einer „Rechtsschein"-Haftung entstammt dem Selbstverständnis des Kaufmannsrechts, das zu situationsbezogen abstrakten vertretungsrechtlichen Handlungsbefugnissen (zB HGB § 56) tendiert und damit die rechtsgeschäftliche Verantwortlichkeit des Geschäftsherrn in seinem Wirkungskreis eben auf der Grundlage des § 278 nach dem Verkehrsbedürfnis mit Hilfe speziellerer Regelungsinstrumente formalisiert. Berechtigter Vertrauensschutz ist darin enthalten. Konflikte um weisungswidrige Blankettausfüllungen sind deshalb an den hergebrachten vertretungsrechtlichen Kriterien und mit Hilfe gesetzlich geregelter Beweisgrundsätze[415] zu entscheiden und entscheidbar[416].

Für den **Streitfall** ist zunächst zwischen der materiell verpflichtenden[417], der beweisenden[418] und der formerfüllenden[419] Funktion der Bürgschaftsurkunde zu unterscheiden[420]. Der Gläubiger, der einen Bürgschaftsanspruch geltendmacht, hat zu behaupten und zu beweisen, dass der Bürge eine inhaltlich zureichende und ihm zuzurechnende Vertragserklärung abgegeben hat. Steht die nachträgliche Ausfüllung einer Blanketterklärung in Frage, kann dies an sich und materiell nur „mit der Ermächtigung, eine bestimmte Willenserklärung über den Namen zu schreiben"[421] bewirkt worden sein. Eine rechtsgeschäftlich wirksame Erklärung ergibt sich nur, „wenn die Ausfüllung der Abrede gemäß erfolgt" ist, nicht aber „ohne oder wider Willen des Unterschreibenden"[422]. Doch hat der Gläubiger, der sich auf eine urkundlich abgegebene Erklärung (ZPO § 416) beruft, lediglich die Echtheit der Unterschrift des Ausstellers zu beweisen (ZPO § 440 Abs 1). Steht diese fest, ergibt sich daraus zugleich kraft **gesetzlicher Vermutung** (ZPO § 440 Abs 2) auch die Echtheit der darüberstehenden Schrift. Ihre Aussage ist dem Bürgen als seine Bürgschaftserklärung zuzurechnen. „Das gilt auch bei Blankounterschriften und selbst bei einem Blankettmissbrauch"[423]. 34

410 Dies nach dem „weiteren", in Wahrheit vorrangigen und allein tragenden „Grundsatz" der für eine Rechtsscheinhaftung als grundlegend geltenden Entsch BGHZ 40, 65 = WM 1963, 912; s dort S 69 und präzisierend BGH WM 1973, 750, 751 zu I. – Dazu Pecher, Festschr für Hadding, 2004, S 221.

411 In der Tatbestandsbildung unzureichend BGHZ 132, 119, 127, 128 (= Fn 343).

412 BGH WM 1973, 750, 751 zu I (und zwar „entsprechend § 278 BGB"). – Im Versicherungsrecht tritt dies nur deutlicher hervor (BGHZ 107, 322 = NJW 1989, 2060 zu 3 b).

413 Nicht anders als nach den – die sog Rechtsscheinhaftung begrenzenden – Entsch (s Fn 410) der Verkäufer in den Fällen finanzierter Kaufgeschäfte.

414 RGZ 105, 183, 185; Pawlowski JZ 1997, 311 f; Tiedtke JZ 1984, 550, 552; Reinicke/Tiedtke, Kreditsicherung, 2000[4], Rz 157; – aA Flume, Rechtsgeschäft § 23, 2 c; Gero Fischer WM 2001, 1049, 1050 f.

415 S unten Rz 34.

416 So auch in den Fällen BGH WM 1965, 578; RGZ 105, 183, 185; 138, 265, 269.

417 S oben Rz 1 aE.

418 S oben Rz 7.

419 S oben Rz 8.

420 RGZ 17, 115, 117.

421 RGZ 17, 115, 117.

422 RGZ 14, 297, 300 f; BGHZ 104, 172, 176 f = NJW 1988, 2741 zu II 2 c = WM 1988, 957; BGH NJW-RR 1989, 1323 f zu II 2; BGH NJW 2000, 1179, 1180 f zu II 2 d = WM 2000, 514; Köln BB 1999, 339.

423 BGHZ 104, 172, 176 f = NJW 1988, 2741 zu II 2 c = WM 1988, 957; BGH NJW-RR 1989, 1323 f zu II 2; BGH NJW 2000, 1179, 1180 f zu II 2 d = WM 2000, 514; Köln BB 1999, 339.

Dem Aussteller ist zugleich die erforderliche Formerfüllung zuzurechnen[424]. Dem Bürgen obliegt danach als Aussteller „der Urkunde gegenüber" der **Beweis des Gegenteils** dahin, dass diese „seine Erklärung nicht darstellt, dass er die Urkunde nicht zum Zwecke der Verpflichtung gegeben, oder dass der Text ohne oder gegen seinen Willen oder mit unrichtigem Inhalt darübergesetzt sei"[425]. Der Beweis, dass überhaupt eine nachträgliche Textausfüllung stattgefunden hat, genügt für sich allein nicht[426]. Kann der Aussteller beweisen, dass er eine Ermächtigung zur Ergänzung oder Veränderung der unterzeichneten Urkunde nicht erteilt hat, muss er darüber hinaus beweisen können, dass eine nachträgliche Veränderung stattgefunden hat. Die Beweisvermutung von ZPO § 440 Abs 2 ist in ihrer Erstreckung auf Blanketterklärungen[427] auch dann widerlegt, wenn der Aussteller beweisen kann, dass eine nachträgliche Ergänzung oder Veränderung der Urkunde stattgefunden hat *und* dies dem Gläubiger im Zeitpunkt des Vertragsschlusses bekannt war. Den Bürgen trifft mithin als Aussteller einer Blanketterklärung dafür, dass „die richtige Ausfüllung" *nicht* stattgefunden hat, das nur schwer zu überwindende „Risiko" der Beweislosigkeit[428]. Kann der Aussteller der Urkunde den ihm nach ZPO § 440 Abs 2 zugewiesenen Beweis des Gegenteils erbringen, ergibt sich somit, dass der Text der Urkunde nicht dem Aussteller als *seine von ihm selbst abgegebene* Willenserklärung *unmittelbar* zuzurechnen ist, sondern nur als Erklärungsverhalten des beteiligten Dritten in Betracht kommt. Hinter der lediglich auf die Existenz der Urkunde bezogenen Beweisvermutung treten also die materiellen Rechtssätze, von deren Rechtsanwendungsprogramm die prozessuale Beweisregel nur vorläufig dispensiert, wieder hervor. Sie bestimmen nunmehr die Behauptungs- und Beweislast des Gläubigers, soweit nicht unwiderlegte materiellrechtliche Zurechnungskriterien verblieben sind. Ist das Blankett durch einen dem Geschäftsbereich des Ausstellers angehörenden Erklärungsgehilfen vollendet worden, – davon ist schon mangels Beweises des Gegenteils nach ZPO § 440 Abs 2 auszugehen –, dann ist die urkundliche Erklärung schon deshalb dem Aussteller als seine eigene rechtsgeschäftliche Willenserklärung zuzurechnen. Erklärungsgehilfe im materiellrechtlichen Sinne ist jeder zur Herstellung der Urkunde beigezogene Dritte. Die durch ihn vermittelte Erklärung kann als irrtümlich der unverzüglichen Anfechtung unterliegen[429]; die Beweislast für die Irrtumsgründe fällt dem Aussteller zu. Nur wenn der Aussteller den ihm nach ZPO § 440 Abs 2 obliegenden Beweis dahin erbringen kann, dass der beteiligte Dritte zu einer Ausfüllung oder nachträglichen Veränderung überhaupt nicht befugt war, ist er der Notwendigkeit einer Irrtumsanfechtung enthoben. Andererseits ist eine Anfechtbarkeit nicht gegeben, wenn dem Aussteller das Handeln des Dritten auch ohne Rücksicht auf ein ihm an die Hand gegebenes Urkundenblankett und ohne Rücksicht auf Weisungen zur Vervollständigung als selbständige Erklärung eines Bevollmächtigten im Rahmen der ihm zustehenden Vertretungsmacht zuzurechnen ist. Die Beweislast dafür fällt nach allgemeiner Regel dem Gläubiger zu. Letztlich ist der Schutz des Gläubigers als Empfängers einer vollständigen Bürgschaftserklärung, der die nachträgliche Ausfüllung „nicht anzusehen"[430] ist, durch prozessuale Beweisregeln und die traditionellen Regeln zur Zurechnung rechtsgeschäftlicher Willenserklärungen nicht nur gesetzlich geregelt, sondern auch angemessen gewährleistet.

35 6. **Erteilung der Urkunde**. Die formgerechte Bürgschaftserklärung muss dem Gläubiger „erteilt" werden (ebenso §§ 780 f, 1154). Die Erteilung der Urkunde ist nicht Erfordernis des Erklärungstatbestandes und der maßgeblichen vertraglichen Verständigung[431], sondern – soweit das

424 Hamm WM 1984, 829; Flume, Rechtsgeschäft § 15 II 1 d. – Den inneren Zusammenhang zwischen prozessualer Beweisfunktion und materiellrechtlicher Formerfüllung betont RGZ 57, 66, 68 f; s auch RGZ 17, 115, 117. Demgegenüber eher unklar BGHZ 132, 119, 127 f (= Fn 343).

425 RGZ 57, 66, 68; ebenso BGHZ 104, 172, 176 zu II 2 b (= Fn 423); BGH NJW 1986, 3086, 3087 zu II 2 d = WM 1986, 1238; s auch Hamm NJW-RR 1989, 366, 367.

426 Das genügt nur für Texteinfügungen „nach Fertigstellung und Unterzeichnung der Urkunde" (BGH WM 1965, 1062 = DB 1965, 1665).

427 S bei Fn 423.

428 RGZ 14, 297, 301: Beweiseinrede.

429 S oben bei Fn 423.

430 BGHZ 132, 119, 128 (= Fn 343); s dazu aber oben Fn 411.

431 S oben Rz 5 f.

Formerfordernis besteht[432] – zusätzliche **Rechtsbedingung** für das Wirksamwerden der Bürgenerklärung. Der Gläubiger hat auch nach abschließender mündlicher Verständigung und Fertigstellung der Urkunde durch den Bürgen keinen Anspruch auf Erteilung[433]. Unabhängig vom gesetzlichen Formerfordernis kann der Bürge sich die ausschließliche Verbindlichkeit allein seiner schriftlich erteilten Erklärung vorbehalten[434]. Unter Abwesenden ist die Bürgschaftsurkunde auch Erklärungsform nach § 130. Zur Erteilung im Sinne des Formerfordernisses muss der Bürge sich der Urkunde in der Absicht begeben, sie dem Gläubiger zum Zweck des Vertragsschlusses zukommen zu lassen. Die Hergabe lediglich zur Einsicht während Verhandlungen genügt nicht und berechtigt den Gläubiger nicht zum Behalten[435]. Die Urkunde muss nach den Erfordernissen des „Zugangs" (§ 130 Abs 1 Satz 1) in den Machtbereich des Gläubigers gelangen. Die Übergabe an einen Dritten bewirkt die Erteilung nur, wenn der Dritte bevollmächtigte Empfangsperson des Gläubigers ist[436]. Bis dahin kann der Bürge nach § 130 Abs 1 Satz 2 seine Erklärung widerrufen[437]. Überlässt der Bürge seine urkundlich fertiggestellte[438] Bürgschaftserklärung dem Schuldner oder einem anderen Dritten, so kann dieser sie nur mit der „Ermächtigung"[439] des Bürgen dem Gläubiger zum Zweck der rechtsgeschäftlichen Erteilung zukommen lassen[440]. Diese Ermächtigung unterliegt den Regeln der Bevollmächtigung und ist nach § 167 Abs 2 formfrei wirksam. Mit der inhaltlich formgerechten Herstellung der Bürgschaftserklärung durch den Bürgen und der Hergabe der Urkunde ist der Warnzweck dieser Vorschrift[441] erschöpft. Ist dem Dritten nur unter dem Vorbehalt von Zugeständnissen des Gläubigers gestattet, die Urkunde zu erteilen, dann kann er bevollmächtigt sein, darüber mit dem Gläubiger eine verbindliche Verständigung herbeizuführen. Jedenfalls hat er die Vorbehalte des Bürgen zu erklären, damit ohne deren Annahme durch den Gläubiger eine Bürgschaftsverbindlichkeit nicht entstehen kann. Dementsprechend ist seine Ermächtigung eingeschränkt. Hält der Dritte sich daran bei der Hergabe der Urkunde an den Gläubiger nicht, fehlt es an einem rechtsgeschäftlichen Erfordernis für die Wirksamkeit der Erteilung[442]. Dem Gläubiger kommt freilich als Empfänger der Bürgschaftsurkunde eine an die Geltung einer Vollmachtsurkunde nach §§ 172 Abs 2, 173 angelehnte Rechtsscheinhaftung des Ausstellers einer rechtsgeschäftlichen Erklärung zugute[443]. Er kann im Rahmen der geltenden Beweisvermutung[444] darauf vertrauen, dass ihm die Bürgschaftsurkunde ohne Vorbehalte erteilt werden sollte. Haben Bürge und Gläubiger sich außerhalb der Urkunde über weitere Punkte des Bürgeninteresses verständigt, so sind diese Bestandteil des Bürgschaftsvertrages geworden[445], dessen Formgerechtigkeit den allgemeinen Grundsätzen unterliegt[446]. Befindet sich die Bürgschaftsurkunde im Besitz des Gläubigers, besteht die gesetzliche Vermutung (ZPO § 416), dass sie vom Bürgen erteilt worden ist[447]. – Bei einer Bürgschaft für mehrere, rechtlich verbundene (§ 428) Gläubiger derselben Forderung genügt die Erteilung einer Urkunde an einen der Gläubiger[448]. Nach der Erteilung verbleibt der Urkunde allein ihre Beweisfunktion für die vertragliche Verständigung. Zur Geltendmachung des Bürgschaftsanspruchs bedarf es deshalb nicht einer Vorle-

432 S oben Rz 21.
433 RG WarnR 1909 Nr 353 S 322 = Gruch 53, 994, 997; BGH WM 1957, 883, 885 f zu III.
434 S oben Rz 4 aE.
435 RGZ 61, 414, 416; RG SeuffA 80 Nr 82 = JR 1926 Nr 458; RG JW 1927, 38 (Reichel) = JR 1926 Nr 2341; RG Gruch 51, 181, 184 f = JW 1906, 558 (zu § 1154); RG SeuffA 86 Nr 197 = LZ 1932, Sp 1427 f = HRR 1932 Nr 1917.
436 RG JW 1906, 558, 560; RG JW 1914, 863 = Recht 1914 Nr 2223; RG SeuffA 86 Nr 197 (= Fn 435).
437 RGZ 61, 414, 415; RG LZ 1933, Sp 1335, 1336 aE.
438 Zur Ausfüllungsermächtigung s Rz 30.
439 S schon Rz 30 bei Fn 372.
440 RG JW 1927, 38; RG HRR 1933 Nr 1006: BGH WM 1978, 1065, 1066 zu III („mit Billigung und in Vollmacht") = JuS 1979, 215.
441 S oben Rz 1.
442 RG HRR 1933 Nr 1006 aE = LZ 1933, Sp 438 = BankA 1933, 370.
443 Ähnlich RG WarnR 1930 Nr 52 = HRR 1930 Nr 210; und so auch schon Celle SeuffA 51, Nr 177 S 276 f. – Irreführend und dem Verständnis des schuldrechtlichen Tatbestands nicht förderlich die quasisachenrechtlichen Analogien in BGH NJW 2002, 2459, 2460 zu II 2 a und b = ZIP 2002, 1453.
444 S oben Rz 7.
445 S oben Rz 7.
446 S oben Rz 8.
447 BGH NJW-RR 2003, 384; BGH NJW-RR 2006, 847.
448 BGH NJW 1997, 2233 zu II 1 = WM 1997, 1242 = ZIP 1997, 1151. – S auch RGZ 61, 343, 347 (Übergabe bei Mitbürgschaft und Rückbürgschaft in einer Urkunde).

gung zur Kenntnis des Gerichts, wenn der Vertragsschluß als unstreitig feststeht[449] und der Streit der Parteien sich etwa auf die Erledigung der Bürgschaft aus nachträglichen Gründen beschränkt. Nicht erforderlich ist folglich auch der Verbleib der Urkunde im Besitz des Gläubigers[450]; und selbst die Rückgabe an den Bürgen kann nur als Beweis für einen vom Bürgen zu behauptenden Erlassvertrag oder eine Verständigung über die Erledigung der Verbürgung dienen[451]. Ein Anspruch auf Rückgabe der Urkunde kann vertragstypisch einmal dem Hauptschuldner zustehen, der eine Sicherheit beizubringen hatte und sich nach deren Erledigung im Auftragsverhältnis zum Sicherungsgeber entlasten muss; zum anderen dem in Anspruch genommenen Bürgen zur Geltendmachung eines Rückgriffs aus übergegangenen Rechten[452]. – Zur Vertragsannahme s § 765 Rz 4.

36 Die Urkunde muss dem Gläubiger **in der erforderlichen Form** erteilt werden. Die Übermittlung einer vom Bürgen nicht eigenhändig[453] unterschriebenen Kopie genügt nicht[454]. Doch kommt einer eigenhängig unterschriebenen Zweitschrift die rechtliche Wirksamkeit eines Originals zu, so dass Verwechselungen bei der Erteilung unschädlich sind[455]. Die für den Zugang von Prozessschriftsätzen bei Gericht zugelassenen Übermittlungstechniken[456] werden dem Warnzweck der gesetzlichen Schriftform nicht gerecht[457]. Der neu eingeführte **Satz 2** der Vorschrift bestimmt nach bisheriger Auffassung Selbstverständliches und soll nur rechtsfortbildenden Bemühungen der Praxis vorbeugen. Notarielle Beurkundung ersetzt die Schriftform des § 126 Abs 1, aber nicht auch die Erteilung[458]. Es obliegt deshalb dem Bürgen, dem Gläubiger eine Ausfertigung[459] zukommen zu lassen, wenn nicht der Gläubiger den Notar zum Empfangsbevollmächtigten eigens bestellt hat. Selbst dann muss der Bürge einen Entäußerungswillen haben, der zu unterstellen ist, wenn er den besonderen Auftrag des Notars kennt. Bei notariellem Vertragsschluss unter Anwesenden ist nach § 152 eine Erteilung auf Veranlassung des Bürgen nicht erforderlich. In besonderen Fällen kann es genügen, dass die Urkunde bei einer dem Einfluss des Bürgen entzogenen Stelle verbleibt[460]; dies gilt insbesondere für die zu gerichtlichem Protokoll für einen anderen Verfahrensbeteiligten erklärte Bürgschaft[461]. Dann ist unerheblich, ob dieser sich eine Ausfertigung erteilen lässt oder eine Abschrift erhält. Dem im Erfordernis der Erteilung bezweckten Bürgenschutz ist auch genügt, wenn die Bürgschaftserklärung Bestandteil eines gegenseitigen Gesamtvertrages ist, der von Bürgen und Gläubiger gemeinschaftlich unterschrieben worden ist[462]. Richtet sich die Bürgschaftserklärung an einen noch offenen Kreis von Gläubigern, die durch die angestrebte Vertragsbeziehung mit dem Schuldner bestimmbar sind[463], so genügt als Erteilung die Hergabe der Urkunde an einen Repräsentanten, der auch der Schuldner sein kann[464].

37 7. **Vereinbarte Form**. Bestimmen die Parteien des Bürgschaftsvertrages erschwerte Formbedingungen, kommt es im einzelnen darauf an, ob Gegenstand eine nach HGB § 350 formfreie oder eine nach BGB § 766 formbedürftige Bürgschaft ist. Ist für eine an sich formfreie Erklärung einfache Schriftform (§ 127) vereinbart, gelten nicht die vom Warnzweck bestimmten inhaltlichen

449 RG WarnR 1929 Nr 138 S 250.
450 BGH WM 1976, 422, 423 zu III 2 = LM Nr 16 = JZ 1976, 317, 318 = MDR 1976, 622; München WM 1983, 715, 716 = DB 1983, 1540.
451 Dresden BB 1999, 497.
452 S dazu § 774 Rz 19.
453 S oben Rz 23.
454 BGHZ 121, 224, 229 = NJW 1993, 1126, 1127 = WM 1993, 496, 498 = ZIP 1993, 424 = JZ 1993, 1005 (Vollkommer/Gleußner) = LM Nr 26 (Pecher); BGH NJW 1997, 3169, 3170 zu II 2 b, bb = WM 1997, 2000 = ZIP 1997, 1694; BGHZ 165, 213, 216 = WM 2006, 217, 218 zu II 2; krit Cordes NJW 1993, 2427. – Krit (im Interesse europäischer Rechtseinheit) Flessner JZ 2002, 14, 17, 18 ff.
455 Hamburg WM 1996, 523, 524 zu 2.
456 Dazu BGH NJW 2001, 831 f.
457 BGHZ 121, 224, 229 f (= Fn 454); BGHZ 24, 297, 299 = NJW 1957, 1275 = WM 1957, 883.
458 BGHZ 121, 224, 228 (= Fn 454); grunds krit Kanzleiter DNotZ 1996, 931.
459 BGHZ 130, 71, 73 = NJW 1995, 2217 zu II 1.
460 BGH WM 1957, 130 = LM Nr 1; RGZ 126, 121, 123; 148, 349, 353 f.
461 RGZ 64, 82, 85 f.
462 RGZ 126, 121 = Recht 1930, S 12 Nr 29; dazu BGHZ 121, 224, 231 (= Fn 454).
463 S oben Rz 15.
464 BGH NJW 1992, 1448, 1450 zu II 2 c (= Fn 233).

Erfordernisse des § 766[465]. Es bedarf aber des förmlichen Zugangs nach den gegenüber § 766[466] erleichterten Bedingungen des § 127 Abs 2[467]. Enthält eine nicht formbedürftige Bürgschaftserklärung eine auf die Rückgabe der Originalurkunde bezügliche Erlöschensklausel, so ist nach der Verkehrsauffassung auch anzunehmen, dass schon die Entstehung der Bürgschaftshaftung den Zugang der Erklärung im Original erfordert[468]. Ist für eine nach § 766 formbedürftige Bürgschaftserklärung notarielle Beurkundung vereinbart, bedarf es auch der Erteilung gemäß § 766[469]. Zur **Abstandnahme** von einer Formabrede genügt eine formfreie Vereinbarung[470] und auch schon eine auf den Inhalt der Bürgschaft bezogene Vereinbarung, die eine vorangehende Schriftformklausel stillschweigend außer acht läßt[471]. Ist zwischen Gläubiger und Schuldner die Beibringung einer Bürgschaft nach Formblatt vereinbart, ist eine dem nicht entsprechende Bürgschaftserklärung nicht deshalb zu Gunsten des Bürgen nach § 125 formunwirksam[472]. Von dem vereinbarten Formerfordernis zu unterscheiden ist der vom Bürgen einseitig erklärte Vorbehalt der alleinigen Verbindlichkeit seiner abschließenden urkundlichen Bürgschaftserklärung[473]. Ein Nachweis der Abstandnahme davon ergibt sich aus allgemeinen Beweisgrundsätzen[474].

8. **Folgen des Formmangels**. Eine nicht formgerechte Bürgschaftserklärung ist nach § 125 38
Satz 1 nichtig. Auch der für eine teilweise Aufrechterhaltung der Verbürgung nach § 139 in Betracht zu ziehende mutmaßliche Vertragswille unterliegt dem Schutzzweck des Formerfordernisses, das nicht durch eine pauschale und damit als Vertragsinhalt gegenstandslose salvatorische Klausel aufgehoben werden kann[475]. Ist ein Bürgschaftsvertrag zu einem Teil der Gesamtvereinbarung formnichtig, ist mithin die Bürgschaftsübernahme insgesamt unwirksam. Deshalb ist eine Bürgschaftsklage auch dann als unbegründet abzuweisen, wenn Formmängel Vertragsklauseln betreffen, auf die es zwar nicht für die streitige Entscheidung, aber für die Wirksamkeit des Gesamtvertrages ankommt. Das gilt nur insbesondere für die nicht formgerechte[476] pauschale Bezugnahme auf ergänzende Allgemeine Geschäftsbedingungen des Gläubigers. Handelt es sich um Nebenbestimmungen, die nicht zum anspruchbegründenden Tatbestand gehören, trifft die Behauptungs- und Beweislast für weitere Vereinbarungen[477], die formunwirksam geblieben sind und damit die Nichtigkeit der Bürgschaftsverbindlichkeit nach sich ziehen, den Bürgen. Nur soweit es um den Gesamtumfang einer Bürgschaft für komplexe Geschäftstatbestände geht, ist wie sonst bei einseitig begünstigenden Rechtsgeschäften und insbesondere nach der „Interessenlage des kreditgebenden Gewerbes"[478] entgegen § 139 anzunehmen, dass bei verbleibenden Zweifeln an der wirksamen Einbeziehung einzelner zu sichernder Forderungen der Sicherungsvertrag in seinem fehlerfreien Umfang auch ohne salvatorische Klausel wirksam ist[479]. Ebenso kann, wenn von mehreren Gläubigern nur ein Teil in der Bürgschaftsurkunde formgerecht bezeichnet[480] worden ist, die Erklärung des Bürgen insoweit wirksam und verbindlich sein[481], wenn nicht an der Beschränkung ein erkennbar zugrundegelegter Sicherungszweck scheitert. – Bei der richterlichen Entscheidung, die von den Klagebehauptungen des Gläubigers auszugehen hat, ist

465 BGH NJW 1993, 724, 725 zu II 2 (= Fn 248). – S auch oben Rz 12.
466 S Rz 36.
467 Hamburg WM 1996, 523, 524.
468 Insoweit zutreffend AG Offenbach DWW 1979, 143 (Mietbürgschaft einer Bank); aA (aber auch weniger deutlich in der Erklärung des Bürgen) Köln WM 1992, 138 = NJW-RR 1992, 555.
469 S Rz 36.
470 S § 125 Rz 33.
471 BGH WM 1966, 1200, 1201 zu III 2 = JZ 1967, 287 (Kötz); BGH NJW 1965, 293; BGH WM 1955, 375; BGH NJW 1986, 3131, 3132 zu I 3 b, aa (= Fn 280).
472 BGH NJW 1986, 1681, 1682 zu II 2 = WM 1986, 520 = ZIP 1986, 702.
473 S oben Rz 4 aE.
474 S oben Rz 7.
475 AA wohl BGH WM 1997, 625, 627 zu B III 2 a (= Fn 479).
476 S oben Rz 23.
477 S oben Rz 6.
478 BGH WM 1983, 267, 268 = FamRZ 1983, 455, 456.
479 BGHZ 76, 187, 189 f = NJW 1980, 1459 = WM 1980, 741. – Ähnlich BGH WM 1997, 625 = ZIP 1997, 536 = NJW-RR 1997, 684 = LM Nr 86 zu § 139 (Bülow), wo es darum ging, ob ein Gläubiger eine Bürgschaft wie erteilt angenommen und erst danach eine Änderung verlangt hatte, welcher der Bürge nicht formgerecht zugestimmt, oder ob der Gläubiger schon die formgerechte Bürgschaft abgelehnt hatte.
480 S oben Rz 15.
481 BGH NJW 2001, 3327, 3328 f zu II 3 b, bb (= Fn 170).

nicht selten zweifelhaft, ob eine Bürgschaftsübernahme schon aus den Umständen des Erklärungstatbestandes[482] nicht zureichend bewiesen ist oder ob erst die Formerfüllung am Mangel zureichender Begleitumstände[483] scheitert. Deshalb ist letztlich der pragmatische Rechtsgrundsatz zutreffend, dass eine Bürgschaft insoweit verbindlich ist, wie sich ihre Erstreckung auf gesicherte Hauptverbindlichkeiten ergibt. Zweifel gehen zu Lasten des Gläubigers[484]. Geht es um ein gemeinschaftliches Sicherungsgeschäft mehrerer, untereinander ausgleichsberechtigter Sicherungsgeber und steht die Wirksamkeit der Mithaftung eines Beteiligten in Frage, ist vertragstypisch von der Selbständigkeit der Haftungsübernahme jedes einzelnen auszugehen[485]. Dem entgegen hat der einzelne Sicherungsnehmer gegen seine Inanspruchnahme zu behaupten und zu beweisen, dass sein Eintreten vereinbarungsgemäß unter dem Vorbehalt der Mithaftung weiterer Sicherungsgeber steht. Betrifft der Formmangel die Bevollmächtigung oder Ermächtigung eines Dritten, liegt ein durch Genehmigung heilbarer Wirksamkeitsmangel vor[486].

39 9. **Unbeachtlichkeit von Formmängeln**. Die Wahrung der gesetzlich erforderlichen Erklärungsform ist als Element des rechtsbegründenden Tatbestandes[487] bei der Rechtsanwendung und schon bei der Schlüssigkeitsprüfung von Amts wegen zu beachten[488], auch wenn der Verpflichtete sich nicht auf die Unwirksamkeit seiner Erklärung beruft. Dabei handelt es sich um ein schlichtes, weiterer Begründung nicht bedürftiges Gebot der Gesetzestreue zur Wahrung der Rechtssicherheit. Formerfordernisse dürfen deshalb nicht schon „aus allgemeinen Billigkeitserwägungen außer acht gelassen werden“[489]. Vielmehr soll eine „Durchbrechung“[490] der Formnichtigkeit durch richterliches Werturteil nur in Betracht kommen, wenn das Festhalten am Formerfordernis für die davon benachteiligte Partei unter Würdigung der gesamten Umstände nach Treu und Glauben zu einem „schlechthin untragbaren“[491] Ergebnis führen würde. Wiederum bedarf es nicht einer Berufung des Gläubigers auf Treu und Glauben oder der Zurückweisung einer unzulässigen Rechtsausübung des Verpflichteten. Vielmehr hat das Gericht „von sich aus“ dem Mangel der Form die Rechtsfolge der Nichtigkeit „zu versagen“[492]. Jedoch fällt dem Gläubiger die Behauptungs- und Beweislast für die nach Treu und Glauben gegen das Formerfordernis zu berücksichtigenden besonderen Umstände zu. Die Entscheidungsgründe der Praxis sind bisher allzu gefühlsbezogen geblieben und haben tatbestandstypisch nachvollziehbare Kriterien kaum erbracht[493].

40 Für die **Bürgschaft** ist konkret auf die **Grenzen des gesetzlichen Formzwecks** abzustellen[494]. Da das gesetzliche Formerfordernis ganz vorrangig[495] der Warnung des Bürgen vor unbedachter Übernahme von Haftungsrisiken[496] dient, kann in Konkretisierung des Regelungszwecks auch einer mündlichen Bürgenerklärung[497] Verbindlichkeit beizumessen sein, wenn eine formalistische Rechtsanwendung zu Ergebnissen führen würde, deren Verallgemeinerung die Maßstäbe des rechtsgeschäftlichen Verkehrs für **Treu und Glauben** entgegenstehen. Auf nichts anderes zielt auch schon die „Andeutungstheorie“[498], die nach wertungsgebundenen Maßstäben für die Formerfüllung Minimalanforderungen genügen läßt und damit einem Verkehrsschutz im Gläubigerinteresse weit entgegenkommt. Für ein darüber noch hinausgehendes Außerachtlassen des ge-

482 S oben Rz 6.
483 S oben Rz 9.
484 BGH NJW 1995, 959 zu 1 = WM 1995, 331 = ZIP 1995, 274; BGH NJW 1995, 1886, 1887 zu I 1 b = WM 1995, 900. – Vgl aber auch Rz 19.
485 S § 769 Rz 18.
486 S oben Rz 27.
487 S auch Rz 8 u 11 aE.
488 BGH LM Nr 29 zu § 125 = MDR 1969, 468.
489 BGHZ 140, 167, 173 = NJW 1999, 950, 952 zu 6 = WM 1999, 916; BGH NJW 2004, 3330, 3331 zu II 3 b; BGH NJW 1998, 2350, 2352 zu II 5 (nicht aus „bloßen“ Billigkeitserwägungen). – Es kann darum aber wohl nicht gehen, sondern allein um „besonders“ zu begründende.
490 BGHZ 140, 167, 173 (= Fn 489).
491 BGHZ 140, 167, 173 (= Fn 489); BGH NJW 1987, 1069, 1070 zu II; BGH NJW 1991, 3095, 3098 zu III 3 c.
492 BGHZ 29, 6, 12 = NJW 1959, 626; BGH NJW 1970, 2210, 2211 zu III 2 a = JZ 1971, 459 (G Reinhart); RG HRR 1938 Nr 503 = JW 1938, 1023. – Eher verwirrend BGH NJW 2004, 3330, 3331 zu II 3.
493 Kritisch zur Praxis und seinerseits förderlich G Reinhart JZ 1971, 461 ff.
494 Reinhart (Fn 493) S 462 f.
495 BGHZ 132, 119, 122 (= Fn 343) und 140, 167, 171 (= Fn 489): „ausschließlich“.
496 S oben Rz 1.
497 S oben Rz 6.
498 S oben Rz 9 f.

setzlichen Formerfordernisses sind Gründe erforderlich, die einerseits den sich aus dem Warnzweck ergebenden Bürgenschutz erübrigen und andererseits die rechtsgeschäftliche Eigenverantwortung des Gläubigers für die Formerfüllung vor einem besonderen Schutzbedürfnis zurücktreten lassen. So ist ein Formmangel unbeachtlich, wenn der Bürge den Gläubiger bei der Übernahme der Bürgschaft über das Formerfordernis arglistig getäuscht und ihn so zur Kreditgewährung veranlaßt hat; doch genügt ein Fahrlässigkeitsvorwurf nach dem Maßstab der *culpa in contrahendo* nicht[499]. Eine Verbindlichkeit des Bürgen trotz Formunwirksamkeit kommt auch in Betracht, wenn der Bürge durch seine wirtschaftliche Verbindung mit dem Schuldner (etwa als Geschäftsführer der Schuldner-GmbH) „aus der Gewährung der vom Gläubiger erbrachten Leistungen längere Zeit Vorteile gezogen und durch sein Handeln ein berechtigtes Vertrauen des anderen Teils auf die Wirksamkeit seiner Haftung begründet hat“[500]. Dazu hat der Gläubiger substantiiert vorzutragen; es genügt nicht die freie Überzeugung des Gerichts nach den Umständen[501].

10. **Heilung des Formmangels**. Die aus einem Formmangel folgende Unwirksamkeit der Bürgschaftserklärung[502] wird nach **Satz 3** geheilt, soweit der Bürge die übernommene Bürgschaftsverbindlichkeit[503] erfüllt. Insoweit bedarf es einer Warnung vor unbedachter Eingehung nicht mehr[504]. Die Heilung tritt ohne Rücksicht darauf ein, ob der Bürge die Unwirksamkeit kennt. Die Heilbarkeit erstreckt sich nur auf Formmängel. Ist der Bürgschaftsvertrag schon wegen inhaltlicher Unbestimmtheit[505] unwirksam, tritt eine Heilung allein durch die Leistung auch nicht in deren Höhe ein. Bürge und Gläubiger können aber im Zusammenhang mit der Bürgenleistung formfrei Mängel der bürgschaftsvertraglichen Verständigung ausräumen oder auch die Verbürgung anderer Schuldnerverbindlichkeiten vereinbaren[506]. Auch aufgrund eines erst durch Erfüllung wirksam gewordenen Bürgschaftsvertrages erwirbt der Bürge die Rückgriffsrechte gegen den Hauptschuldner nach § 774 Abs 1 Satz 1[507]. 41

Die **Leistungen** müssen freiwillig erbracht und vom Bürgen veranlaßt sein. Eine Beitreibung im Wege der Zwangsvollstreckung aufgrund eines materiellrechtlich unrichtigen Titels kann nicht die materielle Heilung des Rechtsgrundes bewirken. Geeignet sind auch **Erfüllungssurrogate** wie eine Hinterlegung unter Verzicht auf Rücknahme (§§ 372, 378)[508] oder die Aufrechnung (§ 389) durch den Bürgen. Nicht ausreichend sind Leistungen unter Vorbehalt im Streit über die Wirksamkeit einer Bürgschaftsschuld[509]; ebenso nicht die Bestellung von Sicherungsrechten für die Bürgschaftsschuld[510], die vertragliche Umwandlung der Bürgschaftsschuld an Erfüllungs Statt in ein Darlehen[511] oder ein nur erfüllungshalber abgegebenes Schuldanerkenntnis (§ 781)[512], wenn nicht die weitere Verständigung eine selbständig rechtsbegründende Streitbeilegung im Sinne von § 779 enthält. **Teilleistungen** bewirken die Heilung des Formmangels nur insoweit, wie die Befriedigung des Gläubigers reicht[513]. Erstreckt sich die formunwirksam gebliebene Bürgschaft auf 42

499 BGH WM 1957, 883, 885 (insoweit nicht in BGHZ 24, 297 und NJW 1957, 1275). Dem grunds zust Stoll, Festschr für Flume Bd I S 741, 762.

500 BGH WM 1997, 625, 627 f zu B III 3 b (= Fn 479); in gleichem Sinne BGHZ 26, 142, 151 f (= Fn 198,); BGH NJW 1957, 1275, 1276 = WM 1997, 883, 886 (insoweit nicht in BGHZ 24, 297); BGH WM 1986, 939, 940 = NJW-RR 1987, 42, 43; BGH WM 1991, 536, 537 = NJW-RR 1991, 757; BGHZ 121, 224, 233 f (= Fn 454); BGHZ 132, 119, 128 f zu III 1 (= Fn 343); BGH NJW 1996, 2503, 2504 zu II 3 a; BGH NJW 1997, 3169, 3170 f zu II 2 d = WM 1997, 2000; BGHZ 165, 43, 53. – Zurückhaltend RG HRR 1938 Nr 503 = JW 1938, 1023.

501 Darin nicht eindeutig Düsseldorf ZIP 2003, 1696, 1698 zu 4.

502 S oben Rz 5 f.

503 Nicht: die Hauptverbindlichkeit (s § 774 Rz 5).

504 KB (= Fn 1), S 94.

505 S oben Rz 7 bei Fn 125, Rz 18 bei Fn 255 ff.

506 BGH WM 1964, 849, 851 zu 3 = DB 1964, 1185 = BB 1964, 907; Celle WM 1986, 1224 zu II 1 a.

507 RGZ 76, 195, 198 f.

508 BGH WM 1966, 139 zu III = LM Nr 8 = MDR 1966, 319.

509 Seibert JR 1983, 491.

510 BGH WM 1966, 139 f zu IV (= Fn 508).

511 RG WarnR 1908 Nr 506; BGH WM 1962, 906, 908 zu I.

512 RG HRR 1933 Nr 1003.

513 RGZ 76, 195, 198 f. – Unter besonderen Umständen kann auch eine nicht vollständige Erfüllung die Heilung im Ganzen nach sich ziehen (BGH WM 1966, 1021, 1022 aE).

eine Mehrheit gesicherter Forderungen, kann der Bürge bei der Leistung nach § 366 Abs 1 ein Bestimmungsrecht ausüben, wegen welcher gesicherter Forderungen er als Bürge leisten will, welche er somit nach § 774 Abs 1 für den Rückgriff gegen den Hauptschuldner erwirbt[514].

43 11. **Sonstige Formerfordernisse.** Formerfordernisse, die für die Hauptverbindlichkeit gelten, erstrecken sich nicht auf die Bürgschaft[515], die als selbständiger Vertrag ihren eigenen Wirksamkeitsbedingungen unterliegt und sich nur in ihrem Sicherungszweck auf die gesicherte Verbindlichkeit bezieht. Sollen aber mehrere, auch unterschiedliche und zwischen verschiedenen Beteiligten zu schließende Verträge nach dem gemeinsamen Vertragswillen voneinander abhängig sein und miteinander stehen und fallen, dann erstreckt sich nach herrschender Meinung das für einen Teil geltende Formerfordernis auf alle vom Vertragswillen rechtlich verbundenen Geschäfte[516]. Sind diese nicht vollständig formgerecht geschlossen, verfällt im Zweifel die Gesamtheit der Vereinbarungen nach § 125 Satz 1 der Nichtigkeit[517]. Demgemäß soll sich das Erfordernis notarieller Beurkundung nach § 311 b Abs 1 (früher § 313 Satz 1) auch auf eine Bürgschaft für Ansprüche aus einem Grundstückskaufvertrag erstrecken können[518]. Dabei bleibt unklar, zwischen welchen Beteiligten über die Verbundenheit der an sich selbständigen Verträge bestimmt worden sein soll. Auch passt das Kriterium des rechtlichen Zusammenhangs der verbundenen Verträge nur auf das Verhältnis gegenseitiger Ansprüche aus Austauschgeschäften, für die es entwickelt worden ist. Es trifft nicht die Einbeziehung der nur einseitig verpflichtenden Bürgschaft. Das Interesse des Bürgen ist durch die Akzessorietät seiner Verbindlichkeit nach § 767 Abs 1 Satz 1 zureichend geregelt. Das Interesse des Gläubigers an einer Sicherheit wiederum findet seine rechtliche Berücksichtigung in der Regelung des gegenseitigen Leistungsaustausches im Hauptschuldverhältnis. Allemal kann sich eine Heilung der Formunwirksamkeit der Bürgschaftsverbindlichkeit nicht aus einer Heilung des Hauptgeschäfts nach § 311 b Abs 1 Satz 2 ergeben, sondern allein aus § 766 Satz 3. Die Gründe für eine Erstreckung des höherrangigen Formerfordernisses der notariellen Beurkundung auf einen Bürgschaftsvertrag sind deshalb am konkreten Konfliktsfall nicht nachvollziehbar und können sich als Problem der Praxis kaum ergeben.

§ 767 Umfang der Bürgschaftsschuld

(1) **Für die Verpflichtung des Bürgen ist der jeweilige Bestand der Hauptverbindlichkeit maßgebend. Dies gilt insbesondere auch, wenn die Hauptverbindlichkeit durch Verschulden oder Verzug des Hauptschuldners geändert wird. Durch ein Rechtsgeschäft, das der Hauptschuldner nach der Übernahme der Bürgschaft vornimmt, wird die Verpflichtung des Bürgen nicht erweitert.**

(2) **Der Bürge haftet für die dem Gläubiger von dem Hauptschuldner zu ersetzenden Kosten der Kündigung und der Rechtsverfolgung.**

ÜBERSICHT

514 RGZ 76, 195, 198 f. – S dazu auch § 774 Rz 5.

515 RGZ 134, 243, 245; 140, 216, 218 f; 140, 335, 340: zu § 313 aF (jetzt § 311 b Abs 1).

516 BGH NJW-RR 1989, 198, 199 zu II 2 b (mweit Nachw) = WM 1988, 1702, 1704; BGH NJW 1994, 2885 = WM 1994, 1711.

517 BGH NJW-RR 1989, 198, 199 zu II 2 b (= Fn 516).

518 BGH WM 1957, 130, 132 (insoweit nicht in LM Nr 1 und NJW 1957, 217); BGH NJW 1962, 586 = LM Nr 1 zu BNotO § 19.

Schrifttum: Türk, Was ist unter dem „jeweiligen Bestande" der Hauptverbindlichkeit im § 767 BGB zu verstehen? (Zur Frage des Leistungsorts des Bürgen), Gruchot 46 (1902), 49; Bendix, Gibt es eine Haftung des Bürgen über den jeweiligen Bestand der Hauptverbindlichkeit hinaus?, JW 1906, 589; Opitz, Die Abhängigkeit der Bürgenhaftung mit besonderer Berücksichtigung der Hypothekenverordnung vom 8. 6. 1916, Diss Leipzig 1918; Kiesow, Zur Stellung des Bürgen im Vergleichsverfahren, KuT 1937, 1939; Löscher, Der Rückgriff des Bürgen im Konkurse des Hauptverbindlichkeitners, Diss Leipzig 1937; Schoner, Der Rückgriff des Bürgen im Konkurs des Hauptverbindlichkeitners, Diss Köln 1938; Bettermann, Akzessorietät und Sicherungszweck der Bürgschaft, NJW 1953, 1817; Jauernig, Vertragshilfe, Wegfall der Geschäftsgrundlage und Bürgschaft, NJW 1953, 1207; Hofmann, Rückgriffsanspruch eines Bürgen im Konkurs des Hauptschuldners, BB 1964, 1398; Künne, Der Rückgriffsanspruch des Vergleichsbürgen im Liquidationsvergleich, KTS 1970, 190; Mainka, Der Rückgriffsanspruch des Vergleichsbürgen im Liquidationsvergleich, KTS 1970, 12; Fenge, Rechtskrafterstreckung und Streitgenossenschaft zwischen Hauptverbindlichkeitner und Bürgen, NJW 1971, 1920; Laute, Zum Umfang der Bürgenhaftung, BlfGenW 1971, 197; Medicus, Durchblick: Die Akzessorietät im Zivilrecht, JuS 1971, 497; Steppeler, Zum Sicherungsumfang von Bürgschaften, Sparkasse 1979, 149; Peters, Zum Haftungsumfang der Bürgschaft für Ansprüche aus bankmäßiger Geschäftsverbindung, WM 1992, 597; Becker-Eberhard, Die Forderungsgebundenheit der Sicherungsrechte, 1993; Lettl, Akzessorietät contra Sicherungszweck – Rechtsfragen bei der Gestaltung von Bürgschaftserklärungen, WM 2000, 1316; Christoph Schmidt, Die sogenannte Akzessorietät der Bürgschaft, 2000; Eusterhus, Die Akzessorietät im Bürgschaftsrecht, 2002. – Weiteres Schrifttum vor § 765 und bei den §§ 765 bis 778.

I. Gegenstand der Vorschrift

1. **Gesetzliche Regelung**. Die Vorschrift präzisiert in Abs 1 Satz 1 den das gesetzliche Leitbild der Bürgschaft prägenden Abhängigkeitsgrundsatz (**Akzessorietätsprinzip**) und verdeutlicht, dass die Verpflichtung aus einer Bürgschaft nicht nur in ihrer Entstehung, sondern auch in ihrem Fortbestehen grundsätzlich von dem Umfang der Hauptverbindlichkeit abhängig ist[1]. Die Abhängigkeit der Bürgschaftsverpflichtung von der Hauptverbindlichkeit kommt im Ausgangspunkt darin zum Ausdruck, dass für das Vorhandensein und den Umfang der Hauptverbindlichkeit der erklärte Wille vom Gläubiger und Schuldner, nicht der des Bürgen, maßgebend ist[2]. Die Haftungsstrenge des Bürgschaftsrechts für den Bürgen verlangt aber, dass eine Bürgschaft nur diejenige Hauptverbindlichkeit sichert, die sich aus dem Bürgschaftsvertrag selbst herleiten lässt[3]. Deshalb erwirbt der Gläubiger gegenüber dem Bürgen grundsätzlich keine vorteilhaftere Rechtsstellung als gegenüber dem Hauptschuldner. Soweit kein vom Gesetz zugelassener oder von der Rechtsprechung anerkannter Ausnahmefall vorliegt, ist der Grundsatz **zwingendes Recht**, das – jedenfalls bei der Bürgschaft – für abweichende Parteivereinbarungen keinen Raum lässt[4]. Werden gleichwohl abweichende Parteiabreden getroffen, handelt es sich insoweit nicht mehr um Verpflichtungen aus dem Bürgschaftsvertrag, sondern um **zusätzliche Verpflichtungen**, die ihren Rechtsgrund in einem zusätzlichen Schuldversprechen oder Garantievertrag haben[5]. Übernimmt der Bürge Pflichten, die über die Hauptverbindlichkeit hinausgehen, so handelt es sich um eine selbstständige Verpflichtung, zB Verzicht über den Rahmen des § 768 hinaus[6]. 1

1 Zum Akzessorietätsprinzip vgl Rz 18–20 vor § 765.
2 RG Recht 1915 Nr 42 u 44.
3 BGHZ 76, 187, 190 = WM 1980, 741; WM 1987, 898, 890 = NJW-RR 1987, 1138 = LM Nr 21 zu § 133 (A) = MDR 1987, 1019 = ZIP 1987, 972 = KTS 1987, 742 = JuS 1988, 152 – LS (K Schmidt) = WuB IV A – 2.87 (Gößmann).
4 BGH WM 1966, 122, 124.
5 BGH WM 1966, 122, 124; s auch MünchKomm/Habersack § 767 Rz 2.
6 RGZ 153, 338, 345 = JW 1937, 1410.

Abs 1 Satz 2 stellt demgegenüber klar, dass Veränderungen des Gegenstandes oder **Erweiterungen der Hauptverbindlichkeit** sich auf den Umfang der Verpflichtung des Bürgen auswirken können. Die Hauptverbindlichkeit, auf die sich die Bürgschaft bezieht, mit den in ihr wurzelnden[7], ihren Bestand berührenden Minderungen und Erweiterungen bestimmt auch die Verpflichtung des Bürgen[8].

Um das Risiko des Bürgen kalkulierbar zu halten, ist die Akzessorietät im Umfang in § 767 Abs 1 Satz 3 sachgerecht dann eingeschränkt, wenn die Hauptverbindlichkeit nach der Übernahme der Bürgschaft durch ein **Rechtsgeschäft** des Hauptschuldners erweitert wird. Veränderungen der Hauptverbindlichkeit, die durch Vereinbarungen des Hauptschuldners mit dem Gläubiger eintreten und die Lage des Bürgen verschlechtern, wirken nicht gegen den Bürgen[9].

2. **Bankbedingungen**. Der „jeweilige Bestand der Hauptverbindlichkeit" wird auch durch die formularmäßigen **Bankbedingungen** eines dem Hauptschuldner bewilligten Kredits bestimmt[10]. Zulässig ist die Bürgschaft für alle Ansprüche der Bank[11]. Jedoch sichert bei einer Verbürgung für alle Ansprüche der Bank gegen ihren Kunden aus der bankmäßigen Geschäftsverbindung die Bürgschaft nicht solche Ansprüche der Bank, die durch eine Schuldübernahme des Kunden gegen diesen erst nach einseitiger Aufhebung der Geschäftsverbindung mit dem Kunden durch die Bank entstanden sind[12]. Eine zur Kreditsicherung gegebene Bürgschaft erstreckt sich mangels anderweitiger Vereinbarung nicht auf Forderungen gegen den Hauptschuldner, die der Gläubiger erst nach Eröffnung des Insolvenzverfahrens (Konkurses) über das Vermögen des Hauptschuldners von Dritten erwirbt[13]. Auch die Fälligkeit, die aufgrund der ursprünglichen, für die Bürgschaft maßgebenden Vereinbarungen zwischen Gläubiger und Schuldner vorzeitig eintritt, wirkt gegen den Bürgen[14], sowie eine nachträgliche, die Stellung des Bürgen nicht verschlechternde – sonst Einwilligung erforderlich[15] – Stundung der Hauptverbindlichkeit[16], sei es auch aufgrund gesetzlicher Bestimmungen[17]. Aus einer Bürgschaft zur Sicherung von Abgabenforderungen haftet der Bürge in der Regel auch dann, wenn die Abgabenforderungen nach Eintritt der Fälligkeit noch kurzzeitig gestundet werden, selbst wenn bei Erteilung der Bürgschaft an eine Stundung aus Billigkeitsgründen nicht gedacht worden war[18]. Eine dem Schuldner von Teilschuldverschreibungen von der Gläubigerversammlung bewilligte Stundung kommt auch dem Bürgen zugute[19]. Soll eine Stundung auf den Hauptschuldner beschränkt sein, so ist sie unwirksam[20].

3. **Rechte des Gläubigers**. Werden die Rechte des Hauptschuldners durch Vereinbarung mit dem Gläubiger geändert, nicht aber die Verbindlichkeit, so ändert sich an der Verpflichtung des Bürgen nichts[21]. Zum Umfang der Verpflichtung des Bürgen bei der Kontokorrentbürgschaft vgl Rz 28–32 vor § 765, wegen der Haftung für Zinsrückstände bei einer Höchstbetragsbürgschaft

7 RG Recht 1930 Nr 2220 = HRR 1931 Nr 8.
8 Zum Einwendungsdurchgriff beim finanzierten Abzahlungskauf s BGH NJW 1980, 1155, 1157 = LM Nr 26 zu § 138. Zur Wirksamkeit der Bürgschaft eines Vermittlers von finanzierten Abzahlungskäufen, mit der er das Risiko der Teilzahlungsbank übernimmt, dass der Abzahlungsverkäufer den Verpflichtungen aus einem Kreditrahmenvertrag nicht nachkommt, s Frankfurt/M WM 1988, 1045 = WuB IV D – 1.88 (Emmerich); BGH WM 1988, 1048 f = WuB IV D – 1.88 (Emmerich).
9 RGZ 126, 287, 289 mNachw.
10 RG JW 1917, 811.
11 S § 765 Rz 28.
12 BGH WM 1969, 1276 = LM Nr 7 zu § 767 = MDR 1980, 39 = BB 1969, 1372; BGH LM Nr 9 zu § 767 = WM 1977, 812 = MDR 1977, 1012 = BB 1977, 1116 = DB 1977, 1594 = GmbHRdsch 1978, 171 = KTS 1978, 30.
13 BGH WM 1979, 884 = NJW 1979, 2040 = LM Nr 13 zu § 767 = MDR 1979, 1016 = DB 1979, 1891; vgl auch BGH NJW 1975, 122, 123 = LM Nr 4 zu KO § 15.
14 RG WarnR 1914 Nr 328.
15 RG WarnR 1914 Nr 155 = Recht 1914 Nr 921.
16 Hamburg HansRGZ 1932 B 181, 183 f; vgl auch MünchKomm/Habersack § 767 Rz 13.
17 RGZ 93, 91, 93; RGZ 153, 123, 125 = JW 1937, 677 (Weimar); RGZ 163, 91, 99; Stuttgart JW 1934, 306.
18 BGHZ 72, 198 = NJW 1979, 159 = WM 1978, 1387 = MDR 1979, 307 = DB 1979, 349 = LM Nr 19 zu AbgO (Merz) = KTS 1979, 182.
19 RGZ 113, 318, 319 f.
20 RGZ 56, 310, 313.
21 RG SeuffA 77 Nr 70 = WarnR 1922 Nr 97; vgl auch BGH WM 1978, 31, 32.

s Rz 24 vor § 765. Zum Erfüllungsort und zum Gerichtsstand der Bürgschaftsschuld s § 765 Rz 116.

II. Untergang der Hauptverbindlichkeit

Erlischt die Hauptverbindlichkeit zB durch **Erfüllung** (§ 362 Abs 1) oder durch **Unmöglichkeit** 2
der Leistung (§ 275 Abs 1, 2 und 3), so führt dies auch zum Erlöschen der Bürgschaftsverpflichtung[22]. Tilgt ein Dritter die Hauptverbindlichkeit durch Zahlung gemäß § 267 Abs 1 ohne Rechtsgrund, so hat er einen Bereicherungsanspruch zwar gegen den Schuldner, aber nicht gegen den Bürgen, dessen Bürgschaftsverpflichtung dadurch zusammen mit der Hauptverbindlichkeit erloschen ist[23]. Ein Bürge wird durch einen **außergerichtlichen Vergleich** zwischen Gläubiger und Hauptschuldner von seiner Haftung befreit, wenn sie im Vergleich das Erlöschen einer gesicherten Forderung vereinbart haben. Für einen dadurch erlittenen Ausfall des vergleichschließenden Gläubigers im Insolvenzverfahren haftet er nicht[24]. Der Anzahlungsbürge[25] eines BGB-Gesellschafters wird von seiner Verpflichtung frei, wenn ein anderer Gesellschafter die geschuldete Leistung erbringt, für die die Anzahlung gewährt wurde[26]. Haben Mitglieder einer Bauarbeitsgemeinschaft die Leistung eines weiteren, in Insolvenz gefallenen Mitglieds erbracht, so geht im Hinblick auf InsO § 103 (früher KO § 17) mangels Erfüllungsverlangens des Insolvenzverwalters ein Schadensersatzanspruch des Gläubigers auf sie über, wenn sie intern aus dem Gesamtschuldverhältnis Ausgleichung verlangen können; eine allein für den Erfüllungsanspruch des ausgefallenen Mitglieds gegebene Bürgschaft können die ausgleichsberechtigten Gesamtschuldner in Anspruch nehmen[27]. Welchen Einfluss die **Verwertung anderer Sicherheiten** auf eine Bürgschaftsverpflichtung beispielsweise für einen Bankkredit hat, ob insbesondere der Erlös zunächst auf sämtliche durch die Bürgschaft nicht gedeckten Teile der Hauptforderung verrechnet werden soll, ist eine Frage der Vertragsauslegung (§ 157)[28]. Wird die Erfüllung der Hauptverbindlichkeit durch Verschulden des Bürgen unmöglich, so erlischt zwar auch die Bürgschaftsverpflichtung, der Bürge haftet jedoch[29]. Die Aufhebung des Vertrages über die Hauptschuld hebt auch die Bürgschaft auf[30]; ebenso ein Rücktritt von einem verbundenen Kauf- und Darlehensvertrag nach dem Verbraucherdarlehensrecht (§§ 491 ff)[31]. Bei einem Pachtvertrag mit automatischer Verlängerungsklausel endet eine Bürgschaft für den Pachtzins mit Ablauf der bisher vereinbarten Pachtzeit, wenn der Verpächter den Pachtvertrag rechtzeitig gekündigt hat; eine spätere Fortsetzung des Pachtvertrages aufgrund einer neuen Vereinbarung zwischen Verpächter und Pächter setzt die Bürgschaft auch dann nicht von selbst wieder in Kraft, wenn der Bürge die Fortsetzung kennt und dem Verpächter nicht erklärt, nicht weiter haften zu wollen[32]. Die Bürgschaft erlischt, wenn die **Hauptforderung ohne sie abgetreten**[33] oder wenn die Hauptverbindlichkeit im Wege der Novation (vgl § 607 Abs 2 aF) in eine andere umgewandelt wird[34] oder auch nach § 418 Abs 1 bei befreiender Schuldübernahme, falls der Bürge nicht einwilligt[35]. Liegt lediglich eine bankinterne Umschuldung vor, indem ein Kontokorrentkredit in ein Darlehen unter Verwendung eines neuen Kontos umgewandelt wird, ist im Zweifel nur eine Vertragsänderung

22 RGZ 134, 126, 128.
23 BGH WM 1975, 1235 = LM Nr 5 zu § 814 = JZ 1976, 24 = MDR 1976, 220.
24 BGH WM 2002, 2278, 2280 = NJW 2003, 59.
25 S dazu Rz 57 vor § 765.
26 BGHZ 72, 267 = NJW 1979, 308 = WM 1978, 1404 = MDR 1979, 305 = BB 1979, 136 = DB 1979, 398 = LM Nr 5 zu § 427 (Merz) = KTS 1979, 198 = BauR 1979, 63.
27 BGH NJW 1991, 97, 98: zur KO.
28 BGH WM 1977, 334.
29 Vgl § 765 Rz 17.
30 RG Recht 1913 Nr 44.
31 Schleswig SchlHA 1965, 236, 238 f (Medicus): zum AbzG. Zu den Auswirkungen der Unwirksamkeit eines Franchisevertrages auf die Bürgschaft des Franchisegebers für das Darlehen des Franchisenehmers s Schleswig NJW 1988, 3024.
32 Celle DB 1963, 411.
33 Vgl § 765 Rz 13.
34 BGH WM 1999, 2251, 2252; RG JW 1903 Beil 96 Nr 219. Bei der Vereinbarung von Darlehensregeln (zB Zinsen, Kündigungsfristen) braucht es sich nicht notwendig um ein novatorisches Vereinbarungsdarlehen zu handeln; vgl RG LZ 1911, 217 Nr 20; Staud/Horn Rz 22.
35 Vgl RGZ 70, 411, 415 = JW 1909, 286.

zustande gekommen, die die Bürgschaft bestehen lässt[36]. Auch der Umstand, dass der Erwerber eines Unternehmens dessen Verbindlichkeiten übernimmt, führt nicht zu einer befreienden Schuldübernahme und damit nicht zum Wegfall der Bürgenhaftung[37]. Die Tilgung eines durch Bürgschaft gesicherten Anschaffungsdarlehens aus einem Kontokorrentkredit führt trotz HGB § 356 zum Erlöschen der Bürgschaft[38]. Die rein buchungstechnische Zusammenfassung von zwei über verschiedene Konten abgewickelten Kontokorrentkrediten, die durch zwei Bürgschaften gesichert sind, auf einem Konto hat nicht das Erlöschen der Bürgschaft zur Folge, die für den über das geschlossene Konto abgewickelten Kredit gegeben wurde[39]. Der Bürge einer Rentenschuld wird von offenen Rentenverpflichtungen frei, wenn der Gläubiger nachträglich eine Grundschuld im Rang vor der Rentenschuld eintragen lässt und der Grundstückswert nicht einmal zur Begleichung der Grundschuldverbindlichkeit ausreicht[40]. Bei Veränderungen der Hauptverbindlichkeit setzt die Haftung des Bürgen voraus, dass es sich um dasselbe Schuldverhältnis handeln muss. An der Identität von Hauptverbindlichkeit und verbürgter Schuld fehlt es, wenn die Hauptverbindlichkeit durch eine andere ersetzt wird[41] oder inhaltlich so weit geändert wird, dass dies einer Ersetzung durch eine andere Forderung gleichkommt[42]. Eine Identität von Hauptverbindlichkeit und verbürgter Schuld fehlt auch dann, wenn der Bürge Komplementär der Hauptschuldnerin wird[43]. Hat dagegen der Bürge eine betragsmäßig nicht begrenzte Bürgschaft übernommen und kommt es 14 Jahre später zu einer Kreditausweitung zu Gunsten des Hauptschuldners von lediglich 10 000 DM, so liegt keine Vertragsänderung des Hauptvertrages vor, durch die eine so wesentliche Verschlechterung der Stellung des Hauptschuldners eintritt, dass der Bürge an seiner Bürgschaftsverpflichtung nicht mehr festgehalten werden könnte[44]. Beerbt der Bürge den Hauptschuldner oder umgekehrt, so besteht die Bürgschaft fort[45].

III. Wegfall des Schuldners

3 Bei der Auflösung von juristischen Personen unter gleichzeitiger Entziehung ihres Vermögens hat die Rechtsprechung angenommen, dass die Verpflichtung des Bürgen entfällt[46]. Der Bürge für eine Darlehensschuld eines Gesellschafters haftet mithin, wenn sich die Gesellschaft auflöst, nicht für den Ausgleichsanspruch des einen Gesellschafters gegen die anderen nach §§ 730 ff, weil die gegenseitigen Ansprüche der Gesellschafter untereinander damit nur noch unselbstständige Rechnungsposten der Auseinandersetzungsrechnung sind[47]. Die Bürgschaft erlischt jedoch nicht, wenn die Rechtspersönlichkeit des Hauptschuldners infolge Vermögensverfalls durch Insolvenz

36 BGH WM 1999, 2251, 2252 = WuB I F 1a – 5.00 (Weihs).
37 BGH WM 1991, 558, 559 = WuB I F 1a – 8.91 (Lwowski) = NJW-RR 1991, 817, 818.
38 Karlsruhe NJW-RR 1988, 1194 = EWiR 1988, 691 (Fischer).
39 Hamm WM 1985, 1223 = WuB I F 1a – 5.86 (Schröter) = MDR 1985, 846; LG Stuttgart ZIP 1982, 308.
40 Köln WM 1991, 729 = WuB I F 1a – 11.91 (Reithmann) = NJW 1990, 3214.
41 RGZ 126, 287, 289; BGH WM 1962, 700, dazu Pikart SparK 1963, 174.
42 BGH WM 1980, 773 = NJW 1980, 2412 = LM Nr 15 zu § 767 = MDR 1980, 929 = BB 1980, 1295 = DB 1980, 2182 = ZIP 1980, 638. Dies wird verneint für Änderung der Tilgungsregelung durch Verrechnungsvereinbarung.
43 BGH WM 1986, 850 = WuB I F 1a – 12.86 (F-W Sturm) = NJW 1986, 2308 = LM Nr 47 zu § 765 = BB 1986, 1323 = DB 1986, 1615 = MDR 1986, 1020 = ZIP 1986, 1240 = EWiR 1986, 983 (Schwark) = JR 1987, 65 (Rehbein). – S auch oben Rz 6.
44 München WM 1989, 601, 602 = WuB I F 1a – 15.89 (Gößmann).
45 RGZ 76, 57. Vgl § 765 Rz 210.
46 RGZ 148, 65, 66 = JW 1935, 2625 (abl Schneider); RGZ 153, 338, 343 mNachw = JW 1937, 1410 (krit dazu Süß ZAkDR 1937, 335; Schütz ZAkDR 1938, 165; zust Beitzke NJW 1952, 841); BGH WM 1993, 1080, 1082 = NJW 1993, 1917 = BB 1993, 1239 = EWiR 1993, 771 (P Bydlinski) = ZIP 1993, 906 = MDR 1994, 33 = DB 1993, 1664 = LM Nr 87 zu § 765 = JuS 1993, 963 (K Schmidt) = WuB I F 1a – 12.93 (Bälz); vgl auch BGHZ 82, 323, 326 = WM 1982, 148 = NJW 1982, 875 = LM Nr 41 zu § 398 = MDR 1982, 483 = BB 1982, 331 = DB 1982, 593 = JZ 1982, 251 = ZIP 1982, 294 (zust K Schmidt) = ZMR 1982, 204; LG Lübeck WM 1991, 1337, 1339 = GmbHR 1992, 539 – LS = WuB I F 1a – 17.91 (Eckert); Staud/Horn Rz 49 ff.
47 Koblenz NJW-RR 1988, 1250 = BB 1988, 91 = KTS 1988, 204 = DB 1987, 2514.

oder Liquidation entfällt[48], wobei sich der Bürge allerdings gegebenenfalls auf die Verjährung der Hauptforderung berufen kann[49]. Ebenso wenig erlischt die Bürgschaft bei Beendigung einer zahlungsunfähigen Handelsgesellschaft[50]. Dementsprechend erlischt eine Bürgschaft, die für Schulden einer KG abgegeben wurde, nicht ohne weiteres, wenn alle Gesellschafter bis auf einen ausscheiden und diesem gemäß HGB §§ 161 Abs 2, 142 die Gesellschaftsverbindlichkeiten zuwachsen[51]. Die Bürgschaft gilt aber nicht für neue Verbindlichkeiten, die der Einzelkaufmann danach begründet[52]. Auch eine Klausel in AGB, wonach die Bürgschaft für Verbindlichkeiten eines Unternehmens auch bei **Änderung der Rechtsform** seines Inhabers oder bei einem Wechsel in dessen Person bestehen bleiben soll, erstreckt sich grundsätzlich nicht auf künftige Verbindlichkeiten, die ein neuer, selbstständiger Rechtsträger als Unternehmensinhaber begründet[53]. Nach 1945 hatten Enteignungen in den Ostgebieten und der Sowjetzone (SBZ) erhebliche Bedeutung erlangt. Der tatsächliche Untergang einer AG mit Sitz in einem polnisch besetzten Ostgebiet befreite den Bürgen nicht, auch wenn kein weiteres Vermögen der AG als der Hauptschuldnerin vorhanden ist[54]. Das Erlöschen von Handelsgesellschaften infolge Enteignung in der Sowjetzone stand ihrem Weiterbestehen in der Bundesrepublik jedenfalls dann nicht entgegen, wenn die Gesellschaft dort über Vermögen verfügte[55]. Soweit die in der SBZ enteigneten Unternehmen über Westvermögen verfügen, auf das sich die Enteignung infolge ihrer territorialen Begrenzung nicht erstreckte[56], war die Bürgschaft in ihrem Bestand nicht berührt[57]. Darüber hinaus hat der BGH[58] aus EGBGB Art 30 den Grundsatz abgeleitet, dass bei „Sozialisierung" des Vermögens der Hauptschuldnerin in der SBZ, die einer entschädigungslosen Enteignung gleichzustellen ist, die Wirkungen dieser Maßnahme hinsichtlich der Bürgschaftsschuld als nicht eingetreten zu gelten haben. Da die Hauptforderung in Ansehung der Bürgschaftsschuld als nicht enteignet gilt, kann sich der Bürge nicht darauf berufen, dass in Anwendung des Abhängigkeitsgrundsatzes die Bürgschaftsschuld doch erloschen sei. Wird eine **im Ausland belegene Hauptforderung** als Feindvermögen beschlagnahmt, so wird dadurch der Bestand der in der Bundesrepublik belegenen Bürgschaftsforderung nicht berührt[59]. Diese Rechtsprechung des BGH führt, wie auch *Rietschel*[60] hervorhebt, zu einer Aufspaltung der Gläubigerstellung und, wenn auch nicht zu einer Durchbrechung, so doch zu einer Einschränkung des Abhängigkeitsgrundsatzes[61]. Zur Bedeutung einer Devisensperre s Rz 7. Für Bankbürgschaften vgl die Sonderregelung in 35. DVO/UmstG § 6, wonach die Haftung auf im Währungsgebiet begründete Verbindlichkeit beschränkt ist[62]. Zur Bedeutung der Vertragshilfe für die Bürgschaftsverpflichtung vgl unten Rz 8.

48 KG JW 1936, 2342; AG Frankfurt/M BauR 1988, 491; LG Würzburg WM 1988, 406 = MDR 1988, 864 = WuB I F 1a – 9.89 (Gößmann); LG Lübeck WM 1991, 1337, 1339 = WuB I F 1a – 17.91 (Eckert); Schleswig WM 1993, 15 – NJW-RR 1993, 754 = ZIP 1993, 342 = EWiR 1993, 365 (Schwintowski) = WuB I F 1a – 6.93 (Harder); Esser/Weyers, SchuldR II 1, 1998[8], § 40 III 3, S 350.
49 LG Würzburg WM 1988, 406 = MDR 1988, 864 = WuB I F 1a – 9.89 (Gößmann).
50 BGH WM 2003, 487, 488 = ZIP 2003, 524 = EWiR 2003, 363 (M Weber) = WuB I F 1a – 9.03 (Sonnenhol); BGH WM 1956, 1209, 1211; BGHZ 82, 323, 326 f = WM 1982, 148 = NJW 1982, 875 = LM Nr 41 zu § 398 = MDR 1982, 483 = BB 1982, 331 = DB 1982, 593 = JZ 1982, 251 = ZIP 1982, 294 (zust K Schmidt) = ZMR 1982, 204; keine Konkurseröffnung mangels Masse; KG WM 1955, 1388.
51 BGH WM 1993, 1080, 1082 (= Fn 46).
52 BGH WM 1993, 1080, 1082 (= Fn 46).
53 BGH WM 1993, 1080, 1083 (= Fn 46).
54 LG Berlin NJW 1951, 238; mit Rücksicht auf das Erlöschen der Rechtspersönlichkeit bedenklich; vgl Beitzke NJW 1952, 841 und Kegel JZ 1952, 659.
55 Vgl Beitzke NJW 1952, 841 mit eingehenden Nachw. Vgl auch zur Enteignung der Hauptverbindlichkeitnerin im Iran BGHZ 104, 240, 242 = WM 1988, 893 = NJW 1988, 2173 = NJW-RR 1988, 1196 – LS = LM Nr 1 zu EGBGB 1986 Art 6 = MDR 1988, 773 = ZIP 1988, 764 = DB 1988, 2196 = JuS 1988, 990 = EWiR 1988, 675 (Sonnenberger) = WuB I F 1a – 11.88 (Nielsen).
56 BGHZ 13, 106, 108.
57 Vgl außer Beitzke (NJW 1952, 841) insbesondere Veith MDR 1951, 258; Hamburg NJW 1953, 1633 (Köhler).
58 BGHZ 31, 168, 173 = NJW 1960, 189 = MDR 1960, 130 = JZ 1960, 89 = BB 1959, 1276 = LM Nr 8 zu EGBGB Art 30 (Rietschel); vgl Beitzke NJW 1952, 841; Beuck GmbHRdsch 1960, 114.
59 BGHZ 32, 97, 100 f = NJW 1960, 1052 = LM Nr 5 zu § 767 – LS (Rietschel). Vgl zum internationalen Enteignungsrecht allgemein Rz 797 vor EGBGB Art 7.
60 Anm zu LM Nr 5 zu § 767.
61 Vgl dazu unten Rz 6.
62 Vgl BGHZ 1, 363.

IV. Veränderungen im Bestand der Hauptverbindlichkeit (Abs 1 Satz 1 und 2)

4 Veränderungen im Bestand der Hauptverbindlichkeit, für die der Bürge nach Abs 1 Satz 1 und 2 einzustehen hat, ergeben sich meistens aus dem Verhalten des Schuldners, sei es, dass er die Gefahr trägt und die Leistung ohne sein Verschulden unmöglich wird, sei es, dass die Änderung der Hauptverbindlichkeit auf sein Verschulden zurückzuführen ist und einen Schadensersatzanspruch nach sich zieht[63]. Wesentlich ist nur, dass der Schadensersatzanspruch im Vertrag seine „Wurzel" hat und auf der Nichterfüllung der Hauptverbindlichkeit beruht[64]. So erfasst zB eine „Vertragserfüllungsbürgschaft" den **Schadensersatz wegen Nichterfüllung** und damit auch den Verlust geleisteter Vorauszahlungen, wenn der Hauptschuldner die ihm obliegende Leistung nicht erbracht hat[65]. Der Bürge braucht aber nicht für eine betragsmäßige Erhöhung der Hauptschuld aufgrund einer Vertragsanpassung wegen **Wegfalls der Geschäftsgrundlage** (§ 313) einzustehen. Die Bürgschaft erstreckt sich dann nicht auf die nachteilige Veränderung der Hauptschuld[66]. Ebenso liegt eine Erfüllung der Pflichten aus dem Vertrag oder eine Veränderung der Hauptschuld nicht mehr vor, wenn das Vertragsverhältnis zwischen Gläubiger und Hauptschuldner infolge **Rücktritts** rückwirkend wegfällt oder angefochten wird oder zB wegen Verstoßes gegen § 138 nichtig ist. Sind die übrigen Abmachungen wegen Verstoßes gegen das RBeratG nichtig, so wird die Bürgschaftserklärung bei Verbürgung für die Darlehensforderung gegenüber dem Unfallgeschädigten von der Nichtigkeit umfasst, wenn sie untrennbar zu der Geschäftsbesorgung der das Darlehen gewährenden Bank gehört, die dem Geschädigten die Schadensabwicklung abnehmen soll[67]. Doch kann im Einzelfall die Bürgschaft auch für die sodann entstehenden Pflichten, zB wenn ein Bereicherungsanspruch besteht, übernommen sein[68]. Es kommt auf eine Auslegung aufgrund der einzelnen Umstände an[69]. So haftete zB ein Bürge, der sich für die Rückzahlung eines Abzahlungskredits gegenüber der Finanzierungsbank verbürgt hat, nicht für die Forderungen aus dem Rückgewährschuldverhältnis nach § 503 Abs 2 (AbzG aF § 2), wenn die Bank den Kaufgegenstand aufgrund ihres Sicherungseigentums in Besitz genommen und verwertet hat[70]. Ebenso erlischt die Bürgschaft für die Kaufpreisschuld bei einem Abzahlungskauf, wenn der Verkäufer nach §§ 503 Abs 2, 498 Abs 1 (AbzG aF § 5) zurücktritt[71]. Bürgschaften für Umstellungsgrundschulden erstrecken sich, da diese erloschen sind, nicht auf die Hypothekengewinnabgabe[72]. Der Bürge haftet auch für Betrugshandlungen des Hauptschuldners im Vertragsverhältnis zum Gläubiger[73], dagegen jedoch nicht für eine arglistige Täuschung bei Vertragsschluss[74]. Der Bürge haftet auch nicht für Ersatzansprüche wegen Schädigungen des Gläubigers durch den Hauptschuldner, die der Gläubiger aus Nachlässigkeit selbst ermöglicht hat[75]. Nur solche Veränderungen, die den Bestand der Hauptverbindlichkeit nach Eingehung der Bürgschaft

63 Frankfurt/M WM 2002, 1387, 1388 = WuB I F 1 a – 15-02 (Fischer); Esser/Weyers, SchuldR II 1, 1998[8], § 40 III 3, S 350.

64 RG Recht 1930 Nr 2220 = HRR 1931 Nr 8; ebenso Düsseldorf WM 2001, 2382, 2384 = WuB I F 1 a – 5-02 (Cartano).

65 BGH WM 1988, 212, 213 = NJW 1988, 907 = LM Nr 56 zu § 765 = MDR 1988, 404 = JZ 1988, 262 = JR 1988, 262 = BB 1988, 299 = DB 1988, 700 = ZIP 1988, 222 = EWiR 1988, 253 (Brink) = BauR 1988, 217 = ZfBR 1988, 119 = WuB I K 3 – 3.88 (Eberding).

66 Düsseldorf WM 2001, 2382, 2384 = WuB I F 1 a – 5-02 (Cartano); Bülow, Recht der Kreditsicherheiten, 2003[6], Rz 967.

67 Frankfurt/M OLGZ 1979, 56, 58 f = WM 1978, 680.

68 Vgl RG HRR 1930 Nr 211; BGH WM 1955, 265 = LM Nr 1 zu § 765 = BB 1954, 1044; BGH WM 1971, 614 = WarnR 1971 Nr 37; Kiel LZ 1916, 769; Köln OLGZ 1976, 329, 331 = WM 1976, 82 = MDR 1976, 398; KG WM 1988, 1721, 1725 f = WuB I C 3 – 1.89 (A Weber); LG Hamburg WM 1987, 555, 556 = WuB I A – 1.87 (Kasten); Esser/Weyers, SchuldR II 1, 1998[8], § 40 III 3, S 350; Bülow, Recht der Kreditsicherheiten, 2003[6], Rz 966.

69 Für den Fall eines sittenwidrigen Darlehensvertrages s BGH NJW 1979, 808. Verneinend im Fall eines wucherischen Darlehens RGZ 95, 125, 126; Hamburg OLG 34, 82, 83 f; Frankfurt/M NJW 1980, 2201; Lindacher NJW 1985, 4994.

70 Noch zu AbzG § 2: Hamburg MDR 1964, 324; Schleswig SchlHA 1965, 236, 238 f (Medicus); LG Gießen NJW 1965, 256 f.

71 LG Bochum MDR 1958, 336 f: zu AbzG aF § 5.

72 Tilse DB 1953, 329. Zur Umstellung von Bürgschaften im Zuge der Währungsreform 1948 Staud/Horn Rz 132 vor § 765.

73 RG Recht 1913 Nr 43.

74 Dresden OLG 18, 42.

75 RG WarnR 1908 Nr 494.

berühren, betreffen die Bürgschaft. Dies ist, jedenfalls wenn keine besondere Vereinbarung vorliegt, nicht anzunehmen, wenn die Veränderung, zB der Verzug, schon vor Eingehung der Bürgschaft eingetreten ist[76]. Hat der Bürge für Ansprüche einer Bank oder Sparkasse aus deren Geschäftsverbindung zum Hauptschuldner einzustehen, haftet er nicht für Verbindlichkeiten, die erst nach der Kündigung (Aufhebung) jener Geschäftsverbindung begründet worden sind[77]. Ist die Bürgschaft für ein Darlehen gewährt, dessen Zinssatz gegen Leistung einer Zinsvorauszahlung für eine bestimmte Zeit festgeschrieben ist, kann der Bürge nach einer vorzeitigen Kündigung des Darlehens nur in Höhe des Betrages in Anspruch genommen werden, der nach Verrechnung mit den noch nicht verbrauchten Zinsvorauszahlungen verbleibt[78]. Demgegenüber bleibt die Haftung des Bürgen für die ratenweise Tilgung eines gekündigten Kredits bestehen, wenn die Bürgschaft gerade die Ansprüche aus der gekündigten Geschäftsverbindung der Bank mit dem Hauptschuldner sichern soll[79]. Über die Bedeutung einer Stundung der Hauptverbindlichkeit vgl oben Rz 1. Eine Kündigung der Hauptverbindlichkeit gegenüber dem Hauptschuldner, nicht gegenüber dem Bürgen, führt auch die Fälligkeit der Bürgschaft herbei[80]. Eine Schiedsgerichtsklausel zwischen Gläubiger und Hauptschuldner bezieht sich nicht auf die Bürgschaft[81]. Die Anfechtung des Hauptschuldners bringt die Hauptverbindlichkeit und damit auch die Bürgschaft zum Erlöschen. Vgl im Übrigen zum Leistungsverweigerungsrecht des Bürgen bei Aufrechnungsbefugnis des Hauptschuldners § 770 Rz 6.

V. Nachträgliche Erweiterung der Hauptverbindlichkeit (Abs 1 Satz 3)

Eine nachträgliche Erweiterung der Hauptverbindlichkeit durch Rechtsgeschäft belastet nach Abs 1 Satz 3 den Bürgen nicht, wenn sich dadurch seine Stellung verschlechtern würde[82]. Es wirken sich nur nachträgliche rechtsgeschäftliche Erweiterungen der Hauptverbindlichkeit nicht auf die Bürgenverpflichtung aus, an nachträglich vereinbarten **Verringerungen der Hauptverbindlichkeit** nimmt der Bürge unmittelbar gemäß Abs 1 Satz 1 teil. Dies ist vom Wegfall der Identität von Hauptverbindlichkeit und verbürgter Schuld zu unterscheiden[83]. Eine Verschlechterung der Lage des Bürgen[84] ist in einer Vereinbarung zwischen Gläubiger und Hauptschuldner zu sehen, wenn ein Darlehen nicht mehr in monatlichen Raten, sondern erst am Ende der Darlehenslaufzeit in einer Summe zu tilgen ist[85]. Gleiches gilt für die Mehrübernahme von Zinsen[86], nicht jedoch für vereinbarte Zinserhöhungen. Ist etwa eine **weite Zweckerklärung** unwirksam, kann die Bürgschaft aufgrund einer ergänzenden Vertragsauslegung auch Zinsänderungen umfassen, die dazu dienen, den Zinssatz der Hauptschuld den wechselnden Refinanzierungsmöglichkeiten nach oben oder unten anzupassen[87]. Unter Umständen liegt aber bei der Stundung einer kurzfristigen Verbindlichkeit auf mehrere Jahre eine unzulässige Verschlechterung der Bürgenstellung vor[88]. Wird etwa der verbürgte Anspruch bei einer Bürgschaft auf erstes Anfordern durch Verlängerung oder Verschiebung von baurechtlichen Ausführungsfristen nachträglich erweitert, so ist dies eine wesentliche Änderung der Hauptschuld. Dafür braucht der Bürge nicht einzustehen[89]. Ob eine Verschlechterung durch Änderung der Tilgungsbedingungen in einer Verrechnungsabrede einge- 5

76 RG LZ 1917, 802.
77 BGH WM 1988, 1301, 1303 = NJW 1989, 27 = LM Nr 23 zu § 767 = MDR 1989, 59 = BB 1988, 1776 = DB 1988, 2245 = ZIP 1988, 1167 = EWiR 1988, 981 (Bülow) = KTS 1988, 843 = WuB I F 1 a – 14.88 (Rutke).
78 BGH WM 1994, 1163, 1164 = WuB I F 1 a – 9.94 (Häuser) = WiB 1994, 568 (mAnm Seeberg); Bülow, Recht der Kreditsicherheiten, 2003[6], Rz 965.
79 Hamm WM 1991, 847, 848 = NJW 1991, 110 = BB 1991, 650 = WuB I F 1 a – 12.91 (Bales).
80 RG LZ 1918, 909.
81 Breslau OLG 27, 81.
82 BGHZ 142, 213, 219 f = WM 1999, 1761, 1762 f = WuB I F 1 a – 4.00 (Klanten) = Ehricke JZ 2000, 466; BGH WM 1962, 700; dazu Pikart SparK 1963, 174.
83 S oben Rz 2.
84 S RGZ 126, 287, 289.
85 BGH WM 2000, 1141, 1143 = WuB I F 1 a – 19.00 (Wagenknecht).
86 RG JW 1933, 2826.
87 BGH WM 2000, 1141, 1142 f.
88 Breslau OLG 6, 451; für den Fall der vereinbarten Änderung der Darlehenstilgung als Stundung offen gelassen in BGH WM 2000, 1141, 1143.
89 Hamm WM 2002, 1509, 1511.

treten ist, ist Frage des einzelnen Falles[90]. Hätte der Bürge die Leistung auch aus dem alten Vertrag geschuldet, so bindet ihn auch die Stundung, weil sich seine Lage nicht verschlechtert[91]. Eine Verschlechterung liegt auch nicht in einem Zahlungsaufschub von vier Monaten[92]. Ebenso ist zu beurteilen, wenn der Hauptschuldner mit dem Gläubiger Rückgabe der mangelhaften und Lieferung einer neuen, etwas stärkeren Maschine vereinbart, ohne dass sich der Preis ändert[93]. Der Verlust der **Aufrechnungseinrede** infolge Vergleichs enthält keine Erweiterung der Haftung[94]. Erkennt der Hauptschuldner einen Saldo an, so wird dadurch unter Umständen nach HGB § 356 die Verbürgung für die im Saldo enthaltenen, durch die Anerkennung zur Hauptsache gewordenen Zinsen nicht berührt[95]. Eine Verschlechterung der Lage des Bürgen liegt nicht vor, wenn der Hauptschuldner und der Gläubiger die vorzeitige Rückzahlung des Darlehens vereinbaren und der Hauptschuldner deshalb eine **Vorfälligkeitsentschädigung** nach § 490 Abs 2 zahlen muss. Der Bürge muss auch für diese Forderung einstehen, wenn er die Bürgschaft für die Darlehenszinsen übernommen hat, da die Vorfälligkeitsentschädigung lediglich ein Ausgleich für die zu zahlenden Zinsen ist[96]. Gleiches gilt auch für Bereitstellungszinsen für ein neues Darlehen[97]. Nach Eingehen der Bürgschaft kann eine Verbesserung der Lage des Hauptschuldners ohne Befragen des Bürgen durch Vereinbarung zwischen Gläubiger und Schuldner wieder rückgängig gemacht werden[98]. Im Fall einer Erweiterung der Schuld durch Vereinbarung zwischen Gläubiger und Schuldner haftet der Bürge nur im bisherigen Rahmen[99], ebenso wenn die Hauptverbindlichkeit nachträglich über einen dem Bürgen bekannten Entwurf hinaus erweitert wird, sofern die Bürgschaft nicht unter der Bedingung der Nichterweiterung übernommen wurde[100]. Ein Vergleich darf nicht zu einer Erweiterung der Pflichten des Bürgen führen[101], ein Schuldanerkenntnis nicht zu einer Verlängerung der Verjährungsfrist der Hauptverbindlichkeit[102]. Hat die Bank im Zusammenhang mit einem Dispositionskredit dem Schuldner, der nur geringe Einkünfte (BAföG und Kindergeld) hat, eine Scheckkarte nebst Scheckformularen überlassen, so kann sie wegen der hierdurch entstandenen Kontoüberziehung den über lediglich durchschnittliche Einkünfte verfügenden Bürgen nicht in Anspruch nehmen[103]. Hat sich der Alleingesellschafter der Komplementär-GmbH für die Verbindlichkeiten einer GmbH u Co KG in einem bestimmten Umfang verbürgt, so erweitert sich der Umfang seiner Bürgschaftsverpflichtung nicht dadurch, dass er später durch Übernahme sämtlicher Kommanditanteile wirtschaftlich der alleinige Gesellschafter der Hauptschuldnerin wird[104]. Darüber, dass die Erweiterung der Haftung des Bürgen seiner Zustimmung in schriftlicher Form bedarf, vgl § 766 Rz 22.

VI. Beschränkungen des Abhängigkeitsgrundsatzes

6 1. **Allgemeines**. Der Abhängigkeitsgrundsatz (Akzessorietätsprinzip) des Bürgschaftsrechts (insbesondere der §§ 767, 768) wird mit Rücksicht auf den **Sicherungszweck** der Bürgschaft verschiedentlich durch gesetzliche Vorschriften durchbrochen, so bei der beschränkten Erbenhaftung (§ 768 Abs 1 Satz 2) oder bei der Herabsetzung der Hauptverbindlichkeit durch Zwangsvergleich

90 BGH WM 1980, 773 = NJW 1980, 2412 = LM Nr 15 zu § 767 = MDR 1980, 929 = BB 1980, 1295 = DB 1980, 2182 = ZIP 1980, 638, auch zur Frage der Identität, s oben Rz 2.
91 RGZ 59, 223, 229.
92 BGHZ 72, 198, 203 f = NJW 1979, 159 = WM 1978, 1387 = MDR 1979, 307 = DB 1979, 349 = LM Nr 19 zu AbgO (Merz) = KTS 1979, 182.
93 RGZ 53, 356, 357.
94 RGZ 62, 51, 54.
95 RG Recht 1922 Nr 451 = WarnR 1922 Nr 76.
96 Frankfurt/M WM 2002, 1387, 1388 = zustimmend WuB I F 1 a – 15-02 (Fischer) = EWiR 2002, 371 (Fraune).
97 Frankfurt/M WM 2002, 1387, 1388 = WuB I F 1 a – 15-02 (Fischer).
98 RG HRR 1930 Nr 971 mNachw.
99 RG HRR 1930 Nr 215.
100 RG Recht 1913 Nr 184 = WarnR 1913 Nr 52.
101 RGZ 56, 109, 111.
102 Düsseldorf MDR 1975, 1019.
103 KG WM 1987, 1091, 1093 f (Rutke) = NJW-RR 1988, 109, 110 f = WuB I F 1 a – 10.87 (Rutke).
104 BGH WM 1977, 812 = LM Nr 9 zu § 767 = MDR 1977, 1012 = BB 1977, 1116 = DB 1977, 1594 = GmbHRdsch 1978, 171 = KTS 1978, 30; s auch Merz WM 1977, 1270, 1273.

nach InsO § 254 Abs 1 Satz 2 (früher KO § 193 Satz 2; VerglO § 82 Abs 2)[105]. Vertraglich kann die Akzessorietät hingegen nicht ausgeschlossen werden, insbesondere nicht durch AGB, die es dem Bürgen beispielsweise verwehren, sich auf eine vom Hauptschuldner erklärte Anfechtung zu berufen[106]. Der Nachbürge kann seinen Rückbürgen in Anspruch nehmen, auch wenn ein Rückgriffsanspruch gegen den Vorbürgen wegen eines Vergleichsverfahrens nicht mehr geltend gemacht werden kann[107]. Ebenso hat der RG[108] in seiner Rechtsprechung zum Aufwertungsrecht dem Sicherungszweck der Bürgschaft stärkere Bedeutung als dem Abhängigkeitsgrundsatz beigemessen. Einer zu starken Durchbrechung des Abhängigkeitsgrundsatzes zB durch entsprechende Anwendung des InsO § 254 (früher KO § 193) auf einen Erlass in einem Vergleich zur Abwendung des Konkurses ist das RG aber entgegengetreten[109]. Mitunter hat der Gesetzgeber die Aufrechterhaltung des Abhängigkeitsgrundsatzes ausdrücklich bestimmt[110]. Wegen des Sicherungszwecks der Bürgschaft wird der Abhängigkeitsgrundsatz zurückzutreten haben, wenn der Schuldner sich deshalb von seiner Verpflichtung befreien kann, weil er in Vermögensverfall geraten ist, ohne dass die Ursache hierfür in einem allgemeinen Notstand zu suchen ist. Die in der Rechtsprechung entwickelten Grundsätze rechtfertigen eine Unterscheidung je nachdem, ob der Eingriff in die Hauptforderung auf eine individuelle Notlage des Hauptschuldners oder auf einen allgemeinen Notstand (der möglicherweise zu einer Schadensteilung führt) zurückzuführen ist[111]. Nur im ersten Fall ist dem Sicherungszweck gegenüber dem Abhängigkeitsgrundsatz der Vorzug zu geben. Der Bürge haftet daher bei Vermögensverfall des Hauptschuldners. Die Forderung gegen den Bürgen wandelt sich in einen selbstständigen Anspruch um, der abtretbar ist[112]. Zur Prozessführungsbefugnis trotz Vermögensverfalls des Sicherungszedenten als Prozessstandschafters für den Zessionar bei Angebot einer Bankbürgschaft für das Kostenrisiko des Gegners im Falle des Unterliegens des Zedenten s BGH ZIP 1990, 330, 331 f. Der **eigenkapitalersetzende** Charakter eines **Gesellschafterdarlehens** lässt jedenfalls dann den Grundsatz der Akzessorietät zurücktreten, wenn der Bürge weiß, dass der Darlehensgeber Gesellschafter der darlehensnehmenden GmbH ist und diese sich in einer finanziellen Krise befindet. In diesem Fall deckt die Bürgschaft auch das Kapitalersatzrisiko ab[113].

2. **Vorrang des Sicherungszwecks**. Umstände aus den Vermögensverhältnissen des Schuldners können nur ausnahmsweise wegen Fehlens oder Wegfalls der Geschäftsgrundlage den Bestand der Bürgschaftsschuld beeinflussen[114]. Grundsätzlich kann der Bürge sich daher nicht darauf berufen, dass der Schuldner infolge Vermögensverfalls wegen Wegfalls der Geschäftsgrundlage 7

105 BGH WM 1968, 39; BGHZ 69, 369, 371 f = NJW 1978, 107; MünchKomm/Habersack Rz 6; Bülow, Recht der Kreditsicherheiten, 2003[6], Rz 971.
106 BGHZ 95, 350, 356 = WM 1985, 1307, 1309 = WuB I E 2 c – 1.96 (Schröter); Bülow, Recht der Kreditsicherheiten, 2003[6], Rz 927.
107 BGHZ 73, 94 = NJW 1979, 415 = WM 1979, 144 = JR 1979, 371 (Schneider u Böttger) = MDR 1979, 489 = JZ 1979, 141 = BB 1979, 137 = DB 1979, 399 = LM Nr 26 zu § 765 = KTS 1979, 206.
108 RGZ 134, 126, 129; vgl Staud/Horn Rz 130 vor § 765.
109 RGZ 92, 121, 123; RGZ 153, 338, 345 = NJW 1937, 1410.
110 Vgl die Nachw bei Coing NJW 1951, 385.
111 Vgl Coing NJW 1951, 384.
112 BGHZ 82, 323, 328 f = WM 1982, 148 = NJW 1982, 875 = LM Nr 41 zu § 398 = MDR 1982, 483 = BB 1982, 331 = DB 1982, 593 = JZ 1982, 251 = ZIP 1982, 294 (zust K Schmidt) = ZMR 1982, 204; LG Lübeck WM 1991, 1337, 1339 = GmbHR 1992, 539 – LS = WuB I F 1 a – 17.91 (Eckert). S dazu auch oben Rz 3.
113 BGH WM 1996, 588 = ZIP 1996, 538 = NJW 1996, 1341 = LM Nr 106 zu § 765 (Noack) = WuB I F 1 a – 2.97 (Ebbing). Dazu Rz 9 vor § 765.
114 RGZ 146, 376, 379; RGZ 158, 166, 175; OGHZ 1, 62, 66 = NJW 1947/48, 521; BGH WM 1959, 855; NJW 1965, 438 = WM 1965, 80 = LM Nr 7 zu § 765 = MDR 1965, 375 = JZ 1965, 216 = BB 1965, 62; BGH WM 1966, 28 = NJW 1966, 448 = BB 1966, 55 = LM Nr 49 a zu § 242 (Bb); BGH WM 1973, 752, 753 = BB 1973, 960; BGH WM 1974, 1127, 1128 = BB 1974, 1454 = DB 1974, 2244; BGH WM 1987, 1006, 1007 = NJW-RR 1987, 1188 = LM Nr 54 zu § 765 = MDR 1988, 49 = BB 1987, 1697 = DB 1987, 1933 = ZIP 1987, 1035 = WuB IV A – 3.87 (Schröter); LG Hamburg WM 1986, 1186 f = WuB I F 1 a – 18.86 (Schröter); Esser/Weyers, SchuldR II 1, 1998[8], § 40 III 4, S 351. S auch § 765 Rz 60.

befreit ist[115]. So ist zB die Erwartung des Bürgen, sein Risiko vermindere sich, weil der Hauptschuldner Leistungen aus dem Lastenausgleich erhalten werde, mit denen das verbürgte Darlehen verrechnet werden könne, nicht als Geschäftsgrundlage anzusehen[116]. Auch eine einseitige, wenn auch für den Gläubiger erkennbare Erwartung des Bürgen über die Weiterentwicklung eines Kreditverhältnisses kann nicht Geschäftsgrundlage der Bürgschaft sein mit dem Ergebnis, dass der Bürge bei Nichteintritt seiner Erwartung frei wird[117]. Wird die Bürgschaft im Hinblick auf die Möglichkeit eines Vermögensverfalls des Schuldners übernommen, so stellt sie nach Ansicht des RG[118] in Wirklichkeit einen Garantievertrag dar[119]. Hängt der Umfang einer Unterhaltsschuld von der Leistungsfähigkeit des Schuldners ab, so wirkt die Veränderung der Schuld bei Vermögensverfall des Schuldners auch zu Gunsten des Bürgen[120]. Dies gilt jedoch nicht, wenn die Bürgschaft für die Unterhaltsschuld des bereits in diesem Zeitpunkt vermögenslosen Schuldners übernommen wird[121]. Auch die Notbedarfseinrede (§ 519) steht dem Bürgen nicht zu. Der Bürge kann sich auf ein Fehlen der Geschäftsgrundlage auch nicht deswegen berufen, weil die Parteien des Bürgschaftsvertrages bei Vertragsschluss nicht damit gerechnet haben, dass im Insolvenzfall die Bürgschaft mit der Hauptforderung auf den Träger der gesetzlichen Insolvenzversicherung übergeht[122]. Bei einer Devisensperre im Land des Schuldners bleibt die Einstandspflicht des deutschen Bürgen unberührt[123].

8 3. **Herabsetzung einer Verbindlichkeit nach dem Vertragshilfegesetz (VHG).** Zu den Auswirkungen der Herabsetzung einer Verbindlichkeit nach dem Vertragshilfegesetz (VHG) vom 26. 3. 1952 auf eine Bürgschaft s Soergel, 11. Aufl, Rz 8[124]. Das VHG hat heute nur noch geringe praktische Bedeutung. Nach VHG § 1 kann Vertragshilfe nur für vor dem 21. 6. 1948 begründete Verbindlichkeiten verlangt werden. Auch die in anderen Gesetzen (BundesvertriebenenGes, HeimkehrerGes, HäftlingshilfeGes, Allgemeines KriegsfolgenGes) vorgesehenen Vertragshilfemöglichkeiten sind durch Zeitablauf heute weitgehend überholt[125].

9 4. **Die Verurteilung des Hauptschuldners.** – a) Die rechtskräftige Verurteilung des Hauptschuldners wirkt **nicht zuungunsten des Bürgen**, weil die Rechtskraft sich auf den Bürgen als einen Dritten nicht erstreckt[126]. Daher wird dadurch das Recht des Bürgen, sich auf die Verjährung der Hauptforderung zu berufen, nicht beschränkt[127]. Auch kann der vom Gläubiger verklagte Bürge sich auf eine vom Schuldner erklärte Aufrechnung berufen, selbst wenn im Vorprozess zwischen Gläubiger und Schuldner entschieden ist, dass die Gegenforderung des Schuldners nicht besteht[128]. Dagegen kann der Bürge nicht geltend machen, die Hauptverbindlichkeit sei durch eine Aufrechnung erloschen, die der Hauptschuldner erst nach einer rechtskräftigen Verurteilung mit

115 BGH WM 2002, 2278, 2279 = NJW 2003, 59 = ZIP 2002, 2125; OGHZ 1, 62, 66 = NJW 1947/48, 521.
116 BGH NJW 1965, 438 = WM 1965, 80 = LM Nr 7 zu § 765 = MDR 1965, 375 = JZ 1965, 216 = BB 1965, 62.
117 BGH NJW 1983, 1850 = WM 1983, 499 = LM Nr 33 zu § 765 = MDR 1983, 928 = JZ 1983, 445 = ZIP 1983, 665; s dazu Merz WM 1984, 1141; BGH WM 1987, 1481 = NJW 1988, 3205 = LM Nr 55 zu § 765 = MDR 1988, 312 = BB 1988, 231 = DB 1988, 40 = ZIP 1987, 1519 = JZ 1988, 20 = JurBüro 1988, 317 = EWiR 1988, 53 (Bülow) = WuB I F 1 a – 4.88 (Schröter).
118 RGZ 163, 91, 99.
119 Vgl auch BGH LM Nr 2 zu § 767 (letzter Absatz).
120 Vgl Larenz, SchuldR II, 1981[12], § 64 I, S 474.
121 BGH LM Nr 2 zu § 767.
122 BGH WM 1993, 1233, 1234 = NJW 1993, 2935 = ZIP 1993, 903 = EWiR 1993, 641 (W Blomeyer) = MDR 1994, 32 = WuB I F 1 a – 15.93 (Harder).
123 Vgl Kühn/Rotthege NJW 1983, 1233 mweit Nachw – S auch Rz 899 mit Rz 832 vor EGBGB Art 7.
124 Vgl auch Staud/Horn Rz 185 vor § 765.
125 Erman/Hohloch § 242 Rz 28.
126 RGZ 56, 109, 110; vgl auch BGHZ 3, 385, 390 = NJW 1952, 178; Nürnberg WM 1957, 695, 698; MünchKomm/Habersack § 768 Rz 11.
127 BGHZ 76, 222, 230 f = WM 1980, 545 = NJW 1980, 1460 = MDR 1980, 664 = BB 1980, 1122 = DB 1980, 1255 = ZIP 1980, 355 = LM Nr 14 zu § 767 – LS (Brunotte) = JR 1980, 503 (Rehbein). S dazu auch § 768 Rz 6.
128 RGZ 122, 146, 148; RG HRR 1933 Nr 1655; vgl auch BGH NJW 1973, 146 = WM 1973, 395, 396 = LM Nr 80 zu ZPO § 546.

Gegenforderungen erklärt hat und die vor dem Schluss der mündlichen Verhandlung fällig geworden waren[129]. Dem Bürgen steht aber unter Umständen die Einrede aus § 273 zu[130].

b) Voraussetzung einer **Verurteilung des Bürgen dem Grunde nach** (ZPO § 304 Abs 1) ist die Feststellung, dass die Hauptverbindlichkeit besteht; sie kann nicht dem Betragsverfahren überlassen bleiben[131]. Werden Hauptschuldner und selbstschuldnerischen Bürgen zusammen verurteilt, so sind sie, weil die Verpflichtung des Bürgen selbstständig ist, nicht als Gesamtschuldner zu verurteilen[132]. Die Klage gegen den Hauptschuldner und gegen den Bürgen müssen nicht aus Kostenersparnisgründen verbunden werden[133]. Mehrkosten, die dadurch entstehen, dass der Gläubiger gegen zwei Bürgen getrennte Klagen erhebt, sind nicht notwendig und damit im Rahmen von ZPO § 91 nicht erstattungsfähig[134]. 10

5. **Zwangsvergleichsbürgschaft**. Die Zwangsvergleichsbürgschaft[135] erstreckt sich auch auf unbekannte oder erst nach Insolvenzbeendigung gerichtlich festgestellte Forderungen[136]. Auch Forderungen, die erst nach Abgabe der Bürgschaftserklärung in das Gläubigerverzeichnis aufgenommen worden sind und dem Bürgen nicht bekannt waren, sind mitverbürgt[137]. Darüber, dass bei einem Vergleich zur Abwendung der Insolvenz InsO § 254 (früher KO § 193) nicht zur Anwendung kommt und der Bürge für den erlassenen Teil nur bei besonderer Vereinbarung haftet, vgl oben Rz 6. Hat sich der Bürge nur für 40 % der Zwangsvergleichsquote verbürgt, so berühren Zahlungen des Hauptschuldners die Haftung des Bürgen nur so weit, als der Rest der Schuld die Bürgschaftsgrenze nicht erreicht[138]. Der Bürge, der die Bürgschaft für die Erfüllung des in einem Vergleichsverfahren geschlossenen Vergleichs übernommen hat, wird nicht dadurch frei, dass der Anschlusskonkurs eröffnet wird[139]. 11

6. **Nebenverbindlichkeiten**. Zu den Nebenverpflichtungen aus Absatz 2, für die der Bürge dem Gläubiger haftete, gehören nur die Kosten der Rechtsverfolgung der Hauptverbindlichkeit gegen den Schuldner[140], nicht aber alle Klagen, die der Gläubiger aus Anlass der Nichterfüllung seiner Ansprüche aus dem Hauptgeschäft erhebt[141], daher auch nicht die Kosten einer abgewiesenen Gläubigeranfechtungsklage[142], ebenso wenig die Kosten einer von einem Dritten gegen den Gläubiger gewonnenen Drittwiderspruchsklage nach ZPO § 771 ff[143], während es nach Ansicht des KG[144] auf die Umstände ankommt. Zu den Kosten der Rechtsverfolgung sind auch die durch Teilnahme an einer von einem anderen Hypothekengläubiger betriebenen Zwangsversteigerung entstandenen Kosten eines Hypothekengläubigers zu rechnen[145]. 12

Andere Nebenverbindlichkeiten der Hauptverbindlichkeit, zB Zinsen[146], Vertragsstrafen, Provisionen werden nur dann von der Bürgschaft umfasst, wenn die Auslegung des Bürgschaftsvertrages dies nach den Umständen des einzelnen Falles ergibt[147]. Hat der Bürge eine **Höchst-** 13

129 BGHZ 24, 97 = NJW 1957, 986 = JZ 1957, 508 (zust A Blomeyer) = BB 1957, 525 = LM Nr 2 zu § 768 – LS (Rietschel).
130 BGHZ 24, 97 = NJW 1957, 986; MünchKomm/Habersack § 768 Rz 6.
131 BGH WM 1990, 262, 263 f = NJW 1990, 1366 = MDR 1990, 539 = ZIP 1990, 441 = JuS 1990, 583 (K Schmidt) = DB 1990, 1031 = WuB VII A – 1.90 (E Schneider).
132 RGZ 134, 126; BGH NJW 1955, 1398 = JZ 1956, 99 (zust Lauterbach) = LM Nr 2 zu ZPO § 100; **aM** Celle JZ 1956, 490.
133 Koblenz (14 W 306/90) WM 1991, 278, 279 = WuB VII A ZPO § 91 – 1.91 (Peres).
134 Koblenz (14 W 586/90) WM 1991, 279 = WuB VII A ZPO § 91 – 1.91 (Peres).
135 Dazu RG WarnR 1933 Nr 159; Staud/Horn Rz 117 vor § 765.
136 BGH WM 2002, 2278, 2279 = NJW 2003, 59; München SeuffA 71 (1915) Nr 200.
137 RGZ 143, 100, 104; Hamburg HansRGZ 1934 B 131.
138 LG Düsseldorf JW 1928, 1888.
139 BGH WM 1957, 1006 = LM Nr 1 zu VerglO § 96; vgl auch Köln NJW 1956, 322 (Böhle-Stamschräder).
140 RGZ 56, 256, 257.
141 Hamburg OLG 18, 42.
142 Karlsruhe BadRspr 10 (1908), 2; Staud/Horn Rz 35.
143 Karlsruhe DJZ 1911, 936 = BadRspr 1911, 266; Staud/Horn Rz 35; MünchKomm/Habersack Rz 9.
144 OLG 34, 81.
145 KG JW 1933, 708.
146 Dazu BGH LM Nr 11 zu ZPO § 4.
147 Vgl § 765 Rz 7.

betragsbürgschaft mit dem Gläubiger vereinbart, haftet er in der Regel nicht über den vereinbarten Betrag hinaus, auch wenn sich die Hauptverbindlichkeit durch ein Verschulden oder den Zahlungsverzug des Hauptschuldners erhöht hat[148]. Eine Formularklausel ist gemäß § 307 Abs 1 unwirksam, soweit sie vorsieht, dass die Bürgschaft sich auch dann auf Zinsen, Provisionen und Kosten erstreckt, die im Zusammenhang mit der gesicherten Forderung entstanden sind, wenn dadurch der vereinbarte Höchstbetrag überschritten wird[149]. Die Erweiterung der Haftung durch eine solche Klausel unterläuft die Risikobegrenzung, die der Bürge durch die Vereinbarung eines Höchstbetrags erreichen möchte[150]. Insoweit unterscheidet sich die Bürgschaft vom Pfandrecht nach § 1210 Abs 1 Satz 1, der ausdrücklich eine Haftung für Zinsen vorsieht. Der Bürge hat selbst dann noch für die Zinsen einzustehen, wenn das Insolvenzverfahren über das Vermögen des Hauptschuldners eröffnet wurde[151]. Dies gilt nach neuem Recht auch im Insolvenzverfahren nach InsO § 39 Abs 1 Nr 1, da die anfallenden Zinsen der Hauptforderung sogar nach Eröffnung des Insolvenzverfahrens geltend gemacht werden können, wenn auch nur nachrangig. Über Zinseszinsen bei einer Kontokorrentschuld s Rz 30 vor § 765.

14 7. **Bereicherung, Entschädigung oder Herausgabe**. Ob die Bürgschaft sich bei Nichtigkeit des Hauptvertrages oder bei dessen Aufhebung oder im Falle des Rücktritts auch auf Ansprüche erstreckt, die auf Bereicherung, Entschädigung oder Herausgabe gerichtet sind, kann nur aufgrund der Umstände des einzelnen Falles entschieden werden[152]. Eine für die Verpflichtungen aus einen **formungültigen Leasingvertrag** übernommene Bürgschaft deckt einen möglichen Bereicherungsanspruch allenfalls insoweit, wie die Ursache für die Nichtigkeit der Hauptverbindlichkeit dem Risikobereich des Hauptschuldners zuzuordnen ist[153]. Die Bürgschaft für Käuferpflichten kann sich daher auf den Schadensersatz statt Leistung (§ 281; früher wegen Nichterfüllung)[154], die Bürgschaft für alle fortlaufenden Verpflichtungen des Mieters auch auf die nach Aufhebung des Mietvertrages entstandenen Entschädigungsforderungen[155] beziehen.

15 8. **Prozesszinsen**. Prozesszinsen (§ 291) seiner eigenen Bürgschaftsschuld hat der Bürge ohne Rücksicht auf die Beschränkung seiner Haftung auf eine bestimmte Summe zu zahlen[156], dagegen nicht die durch Mahnung vor Eintritt seines Verzugs entstandenen Kosten[157].

§ 768 Einreden des Bürgen

(1) **Der Bürge kann die dem Hauptschuldner zustehenden Einreden geltend machen. Stirbt der Hauptschuldner, so kann sich der Bürge nicht darauf berufen, dass der Erbe für die Verbindlichkeit nur beschränkt haftet.**

(2) **Der Bürge verliert eine Einrede nicht dadurch, dass der Hauptschuldner auf sie verzichtet.**

148 BGH WM 2002, 1836, 1838 = JA 2003, 91 (Thomas) = WuB I F 1 a – 4.03 (Weber); Stuttgart ZIP 1996, 1508, 1510; Hadding/Häuser/Welter, in: BMJ (Hrsg), Gutachten und Vorschläge zur Überarbeitung des Schuldrechts, Bürgschaft und Garantie, 1983, S 620; im Ergebnis ebenso mit Unwirksamkeit nach § 305 c Abs 1 Celle WiB 1996, 358 f; Hamm WM 1995, 1872; Nürnberg NJW 1991, 232, 233; nach früherer Ansicht keine Unwirksamkeit BGH WM 1984, 198, 199; BGHZ 77, 256, 259; BGH WM 1978, 10, 11.

149 BGH WM 2002, 1836, 1838 = JA 2003, 91 (Thomas).

150 BGH WM 2002, 1836, 1838; Hadding/Häuser/Welter, in: BMJ (Hrsg), Gutachten und Vorschläge zur Überarbeitung des Schuldrechts, Bürgschaft und Garantie, 1983, S 620. Vgl auch Rz 24 vor § 765.

151 BGH WM 1991, 1794, 1795 = NJW-RR 1992, 347, 48 = JuS 1992, 434 (K Schmidt) = WuB I F 1 a – 19.91 (Moritz): zu KO aF § 63 Nr 1.

152 KG WM 1988, 1721, 1725 f = WuB I K 3 – 1.89 (A Weber). Vgl auch § 765 Rz 6.

153 LG Düsseldorf WM 1989, 1126, 1127 = WuB I J 2 – 13.89 (Emmerich); vgl dazu auch Münch Komm/Habersack § 765 Rz 78.

154 RG Recht 1930 Nr 2220 = HRR 1931 Nr 8.

155 RG WarnR 1930 Nr 151 S 304.

156 Hamburg OLG 28, 223.

157 Stuttgart Recht 1915 Nr 1322.

ÜBERSICHT

Schrifttum: Staffel, Über die Wirkungen der peremptorischen Einreden nach dem BGB und einige damit zusammenhängende praktische Fragen, SächsArch 10 (1900), 665; E Reimer, Stundung einer durch Bürgschaft gesicherten Schuld, JW 1926, 1946; E Schneider, Die Verjährungseinrede des mitverklagten Bürgen bei Verurteilung des Hauptschuldners, MDR 1980, 799; P Bydlinski, Einreden des Bürgen, ÖBA 1987, 690; ders, Verjährung und Abtretbarkeit von Bürgschaftsansprüchen, ZIP 1989, 953; Walther, Der Verzicht des Bürgen auf die Einrede der Verjährung des Anspruchs gegen den Hauptschuldner, NJW 1994, 2337; Lettl, Akzessorietät contra Sicherungszweck – Rechtsfragen bei der Gestaltung von Bürgschaftserklärungen –, WM 2000, 1316; G Fischer, Aktuelle höchstrichterliche Rechtsprechung zur Bürgschaft und zum Schuldbeitritt, WM 2001, 1049, 1051 f; Tiedtke, Rechtsprechung des BGH auf dem Gebiet des Bürgschaftsrechts seit 1997, NJW 2001, 1015, 1021 f, 1024; Hohmann, Verjährung und Kreditsicherung, WM 2004, 757, 760 ff; F Peters, Der Bürge und die Einrede der Verjährung der Hauptschuld, NJW 2004, 1430 (dazu Teubel, NJW 28/2004, XVIII); Siegmann/Polt, Verjährungshemmung bei bürgschaftsgesicherten Darlehensforderungen, WM 2004, 766; Tiedtke, Verjährungseinrede des Bürgen nach § 768 BGB trotz Wegfalls des Hauptschuldners und der gegen diesen gerichteten Forderung, in: Festschr für Kollhosser, Bd II, 2004, S 741; St Weise, Verjährung von Bürgschaftsforderungen zum 31.12.2004, NJW-Spezial 2004, 357; Wildgruber, Verjährung von Ansprüchen im Bankgeschäft, BayGenossenschaftsblatt 9.2004, 44, 45; Hadding, Bürgschaft und Verjährung, in: Festschr für Wiegand, 2005, S 299.

I. Gegenstand der Vorschrift

Entsprechend den relativen Rechtswirkungen von Schuldverhältnissen allein zwischen den Beteiligten können grundsätzlich auch nur solche „Einreden" vom Schuldner geltend gemacht werden, die als Leistungsverweigerungsrechte aus dem jeweiligen Schuldverhältnis entstanden sind (keine Einrede aus einem Drittverhältnis). Demgemäß stehen dem Bürgen selbstverständlich in erster Linie alle Einreden (ebenso wie Einwendungen) zu, die sich unmittelbar aus dem Bürgschaftsverhältnis zu dem Gläubiger ergeben[1]. Darüber hinaus aber trägt § 768 der **Akzessorietät** der Bürgenschuld Rechnung, also der einseitigen rechtlichen Abhängigkeit der Bürgenverpflichtung von der Hauptschuld[2]. Der Gläubiger soll von dem Bürgen nicht mehr und nichts anderes erhalten, als er vom (sich verteidigenden) Hauptschuldner hätte fordern können[3]. Der Bürge kann daher auch sämtliche **Einreden** erheben, die dem **Hauptschuldner** gegenüber dem Gläubiger zustehen, das heißt Einreden „aus dem Recht eines Dritten"[4]. Der Bürge ist zwar im Verhältnis zum Gläubiger eine selbständige Verpflichtung eingegangen, die jedoch als Sicherheit 1

1 Vgl hierzu unten Rz 12.
2 S § 767 Rz 1.
3 Vgl BGHZ 76, 222, 226 = NJW 1980, 1460 = LM Nr 14 zu § 767 (Brunotte) = WM 1980, 545 = DB 1980, 1255 = ZIP 1980, 355 = BB 1980, 1122 = MDR 1980, 644 = JR 1980, 503 (Rehbein); BGHZ 139, 214, 217 = NJW 1998, 2972 = LM Nr 33 zu § 767 (Niedenführ) = WM 1998, 1766 = WuB I F 1 a. – 18.98 (Habersack); BGHZ 143, 381, 384 f = NJW 2000, 1563 = LM Nr 145 zu § 765 (Bülow) = WM 2000, 715 = WuB I F 1 a. – 15.00 (Horn) = ZIP 2000, 576 = DB 2000, 1119 = JZ 2000, 572 (Heermann) = BB 2000, 684; BGH WM 2002, 2278, 2279; BGHZ 153, 337, 341 = NJW 2003, 1250 = WM 2003, 487 = ZIP 2003, 524 = BB 2003, 601 = MDR 2003, 583.
4 Vgl Stammler, Die Einrede aus dem Rechte eines Dritten, in: Festschr für Dernburg, 1900, Sonderdruck S 35; Esser/Weyers, SchuldR II 1, 1988[8], § 40 II 4, S 351.

derart eng mit der Hauptschuld verbunden ist, dass dem Bürgen grundsätzlich die gleichen „Verteidigungsmittel“ (ZPO § 282 Abs 1) wie dem Hauptschuldner zustehen sollen. Ein genereller Ausschluss der Einreden gem § 768 Abs 1 Satz 1 kann formularmäßig nicht wirksam vereinbart werden[5].

Für **Einwendungen** (rechtshindernde oder rechtsvernichtende), die das Gericht hinsichtlich des Bestands der Bürgenschuld von Amts wegen zu berücksichtigen hat, folgt die Akzessorietät der Bürgenverbindlichkeit zu der Hauptschuld schon aus §§ 765, 767. So erlischt durch Erlass (§ 397) der Hauptschuld auch die Bürgenverbindlichkeit, selbst wenn gegenüber dem Bürgen ein Vorbehalt gemacht wird[6]; Gleiches gilt für eine zwischen Gläubiger und Hauptschuldner vereinbarte Novation[7]. Eine (rechtsvernichtende) Einwendung auf Seiten des Hauptschuldners, die auch zugunsten des Bürgen wirkt, ergeben zum Beispiel die sonstigen Erfüllungssurrogate (Leistung an Erfüllungs Statt, §§ 364 f; Hinterlegung unter Verzicht auf das Rücknahmerecht, § 378), insbesondere eine vom Hauptschuldner erklärte und sich als begründet erweisende Aufrechnung (§§ 387 ff). Demgegenüber ist dem Bürgen die Ausübung von Gestaltungsrechten des Hauptschuldners, wie das Anfechtungsrecht oder das Aufrechnungsrecht, versagt, weil dadurch für das Hauptschuldverhältnis eine Verfügung getroffen würde[8]. Der Bürge erhält hier nur eine Einrede[9]. Zu den Einwendungen und Einreden des Bürgen bei einer „Bürgschaft auf erstes Anfordern“ vgl § 765 Rz 161 ff.

II. Einreden des Bürgen aus der Rechtsstellung des Hauptschuldners

2 1. **Allgemeine Reichweite**. § 768 bezieht sich auf **Einreden aller Art**, wie die Einrede des nicht erfüllten Vertrags (§ 320)[10], des Zurückbehaltungsrechts (§§ 273 f)[11], der unerlaubten Handlung (§ 853)[12] und der ungerechtfertigten Bereicherung (§ 821)[13]. Hat zB der Vermieter von Wohnraum den Abschluss des Mietvertrages davon abhängig gemacht, dass der Mieter neben einer Barkaution zusätzlich eine Bürgschaft für alle Ansprüche aus dem Mietverhältnis stellt, so kann der Mieter im Hinblick auf § 550 b aF, der auch für Bürgschaften gilt, verlangen, dass der Bürge über den Betrag von drei Monatsmieten hinaus nicht in Anspruch genommen wird, während der Bürge dieses Recht einredeweise geltend machen kann[14]. Zu den möglichen Einreden des Bürgen gehört auch die der unzulässigen Rechtsausübung[15], und zwar trotz eigenen Einredeverzichts des Bürgen[16], wenn gegenüber dem vertraglichen Einredeverzicht selbst der Einwand des Rechtsmissbrauchs[17] oder der Schikane durchgreift[18]. Allerdings kann der Bürge, der für die Erfüllung einer im ordentlichen Prozess nachgewiesenen Hauptschuld (zB eines Anspruchs des Gläubigers wegen positiver Forderungsverletzung des Hauptschuldners) einzustehen hat, sich nur ausnahmsweise und unter ganz besonderen Umständen auf eine rechtsmissbräuchliche Inanspruchnahme berufen[19]. Solche Umstände liegen nicht vor, wenn er für eine verbürgte Kaufpreis-

5 BGHZ 95, 350, 356 f = NJW 1986, 43 = LM Nr 275 zu § 242 (Cd).
6 RG JW 1908, 87.
7 RG JW 1903 Beil 96 Nr 219.
8 Vgl LG Berlin GrundE 2002, 263: Keine Kündigung eines Mietverhältnisses durch den Bürgen.
9 Vgl dazu § 770 Rz 1.
10 RGZ 84, 228, 230; vgl iE Hölder AcP 93 (1902), 121; Nissen JW 1902, 460.
11 RGZ 62, 51, 53 f; BGHZ 24, 97, 99 = NJW 1957, 986 = JZ 1957, 508 (zust A Blomeyer) = BB 1957, 525 = LM Nr 2 zu § 768 – LS (Rietschel); BGH WM 1965, 578.
12 BGH NJW 1979, 1983, 1984 = LM Nr 55 zu § 123; MünchKomm/Habersack Rz 3.
13 Vgl Celle OLGR 2001, 49, 50 = NZBau 2001, 93, 94.
14 BGHZ 107, 210, 214 = NJW 1989, 1853 = WM 1989, 795 = BB 1989, 1082 = DB 1989, 2601 = ZIP 1989, 625 = MDR 1989, 732 = EWiR 1989, 569 (Eckert) = WuB IV A. – 1.89 (Fischer); vgl auch Köln ZMR 1988, 429 = EWiR 1989, 241 (krit Eckert).
15 RG JW 1937, 3104.
16 S hierzu unten Rz 10.
17 BGH WM 1963, 1302 = BlGenW 1964, 9.
18 Flechtheim Gruchot 44, 96.
19 BGH WM 1987, 1006, 1008 = NJW-RR 1987, 1188 = LM Nr 54 zu § 765 = MDR 1988, 49 = BB 1987, 1697 = DB 1987, 1933 = ZIP 1987, 1035 = WuB IV A. – 3.87 (Schröter).

schuld haftet, weil der Hauptschuldner Mängel der Kaufsache nicht rechtzeitig gerügt hat[20]. Einreden, die dem Sicherungszweck zuwiderlaufen, wie etwa grundsätzlich die Notbedarfseinrede (§ 519), sind dem Bürgen versagt[21]. Der Bürge kann sich deshalb nicht darauf berufen, es handele sich bei dem Darlehen, für das er sich verbürgt hatte, um ein kapitalersetzendes Gesellschafterdarlehen, dessen Rückzahlung an den Gesellschafter unerlaubt sei[22]. Vgl zu GmbHG § 32 a auch § 774 Rz 2 mNachw. Wegen des Wegfalls der Geschäftsgrundlage und der Vertragshilfe vgl § 767 Rz 6 ff. Auch die Einrede des Schiedsvertrags steht dem Bürgen nicht zu[23]. Dagegen kann er nach § 366 bestimmen, welche der verschiedenen Schulden, für die er sich verbürgt hat, getilgt werden soll, wenn er zahlt[24]. Er kann sich auch auf die fehlende Handelserlaubnis des Gläubigers berufen[25].

2. **Einzelne Einreden.** – a) Die Einrede der **Minderung** steht dem Bürgen jedenfalls dann zu, wenn der Hauptschuldner mit dem Wandelungsbegehren (nach früherem Schuldrecht) rechtskräftig unterlegen ist[26]. Vgl im übrigen § 770 Rz 1. 3

b) Auch die Einrede der **Stundung** der Hauptschuld steht dem Bürgen zu[27]. Doch kann der Bürge darauf von vornherein verzichten[28]. Zur Unwirksamkeit einer auf den Hauptschuldner beschränkten Stundung sowie einer Verschlechterung der Lage des Bürgen durch eine nachträgliche Stundung vgl § 767 Rz 5. Ist für die Hauptschuld ein Zahlungstermin vereinbart, so wird die Bürgschaft dadurch noch nicht zu einer befristeten Bürgschaft[29]. 4

c) Hat der Hauptschuldner eine **Vertragsstrafe** verwirkt, so steht dem Bürgen keine Einrede nach § 768, sondern ein Recht aus § 770 Abs 2 zu[30]. 5

d) Dem Bürgen steht die Einrede der **Verjährung** zu, wenn die Hauptschuld verjährt ist[31]. Die Vereinbarung einer selbstschuldnerischen Bürgschaft (§ 773 Abs 1 Satz 1) führt nicht im Wege ergänzender Vertragsauslegung dazu, dass damit der Bürge zugleich auf die Einrede der Verjährung der Hauptforderung verzichtet[32]. Es tritt jeweils selbständige Verjährung der Bürgschafts- und der Hauptforderung ein[33]. Die Klage gegen den Hauptschuldner unterbricht (seit 1.1.2002: hemmt) nicht die Verjährung gegen den Bürgen[34] und umgekehrt[35]. Der Gläubiger muss den Bürgen innerhalb der Verjährungsfrist der Hauptschuld ebenso in Anspruch nehmen, wie er gegen den Hauptschuldner hätte vorgehen müssen[36]. Der Bürge kann sich daher auf die Verjährung der Hauptforderung auch dann berufen, wenn die Bürgschaftsklage vor Vollendung dieser Verjährung erhoben ist[37] oder das Insolvenzverfahren über das Vermögen des Hauptschuldners erhoben worden ist (BGHZ 95, 375, 384 = WM 1985, 1387). Dies gilt, wie der BGH hervorhebt, auch für die selbstschuldnerische Bürgschaft. Ein gegen den Hauptschuldner nach Verjährung der Hauptforderung ergangenes rechtskräftiges Versäumnisurteil beschränkt nicht das Recht des Bürgen, sich auf die Verjährung der Hauptforderung zu berufen[38]. Dies gilt auch für die selbst- 6

20 BGH WM 1987, 1006, 1007 f (= Fn 19).
21 Vgl § 767 Rz 7.
22 Vgl BGH NJW 1996, 1341, 1342 = WM 1996, 588 (mAnm Ebbing WuB I F 1 a. – 2.97); LG Hamburg ZIP 1981, 730.
23 Breslau OLG 27 (1912), 81.
24 Pringsheim Gruchot 53, 20; aM Stuttgart OLG 16 (1908), 373.
25 RG SeuffA 83 (1929) Nr 122.
26 RGZ 66, 332, 335.
27 Vgl § 767 Rz 1.
28 RGZ 153, 338, 346 = JW 1937, 1410.
29 München JW 1929, 1404.
30 Abweichend RGZ 53, 356, 357.
31 BGHZ 138, 49 = NJW 1998, 981 = LM Nr 15 zu § 768 = WM 1998, 548 = WuB I F 1 a. – 9.98 (Ott) = ZIP 1998, 415 = DB 1998, 817; zuvor Hamm WM 1995, 2061 = WuB I F 1 a. – 5.96 (Blesch) = NJW-RR 1995, 939: Bürgschaft als Mietsicherheit.
32 RG WarnR 1919, 257, 258; Koblenz VersR 1981, 167, 168 = KTS 1981, 105.
33 Vgl § 765 Rz 14.
34 BGHZ 76, 222, 225, 230 (= Fn 3); Kiel SeuffA 62 Nr 79 = SchlHA 1906, 331. Zur Haftung des Bürgen, wenn die Verjährung der Hauptforderung durch eine dem niederländischen KonkursG entsprechende Forderungsanmeldung in einem niederländischen Konkursverfahren gemäß BGB § 209 unterbrochen wird, s Düsseldorf WM 1990, 323 f = WuB IV A – 2.90 (Hess).
35 Koblenz VersR 1981, 167, 168 (= Fn 32).
36 RG WarnR 1919 Nr 166.
37 BGHZ 76, 222, 225 (= Fn 3); dazu Merz WM 1982, 178; Düsseldorf NJW-RR 1992, 384.
38 BGH WM 2000, 1797, 1798; BGHZ 139, 214, 216 = WM 1998, 1766; BGH WM 1989, 2540 = ZIP 1999, 19, 20; BGHZ 76, 222, 229 f (= Fn 3). Vgl auch Rz 7.

schuldnerische Bürgschaft[39]. Der Bürge kann sogar nach seiner rechtskräftigen Verurteilung die Einrede der Verjährung der Hauptforderung noch im Wege der Vollstreckungsabwehrklage (ZPO § 767) geltend machen[40]. Verliert bei einem dem Einheitlichen Kaufgesetz (EKG) unterliegenden Werklieferungsvertrag der Besteller seine Rechte wegen vertragswidriger Beschaffenheit der Sache, weil er sie nicht innerhalb eines Jahres nach der „innerhalb kurzer Frist" erklärten Anzeige (EKG Art 30) rechtshängig gemacht hat, so erlöschen damit auch die Ansprüche des Bestellers aus einer Bankbürgschaft für die Vertragserfüllung, selbst wenn die Bestellerrechte erst nach der Klageerhebung gegen den Bürgen wegen Ablaufs der Ausschlussfrist untergegangen sind[41]. Der wegen ihm angezeigter, aber nicht anerkannter Mängel in Anspruch genommene Gewährleistungsbürge kann sich darauf berufen, dass zwischenzeitlich die Ansprüche gegen den insolventen Bauunternehmer als Hauptschuld verjährt sind[42]. Ist die Verjährung der Hauptschuld unterbrochen (seit 1.1.2002: gehemmt), so verjährt trotzdem zugunsten des Bürgen die Bürgschaftsforderung[43]. Nach zunächst umstrittener Rechtslage[44] hat der XI. Zivilsenat des BGH[45] klargestellt, dass der Bürge sich gem § 768 Abs 1 Satz 1 auch dann erfolgreich auf die Verjährung der Hauptschuld berufen kann, wenn die Gesellschaft, die Hauptschuldnerin war, nach der Übernahme der Bürgschaft wegen Vermögenslosigkeit und/oder Löschung im Handelsregister als Rechtsperson untergegangen ist und aus diesem Grund die gegen sie gerichteten Forderungen weggefallen sind. Die Bürgschaftsforderung ist in diesem Fall trotz ihrer Akzessorietät nicht untergegangen, sondern besteht als nunmehr selbständige Forderung fort[46]. Die Bürgschaftsforderung verliert aber durch ihre Verselbständigung nicht jeglichen Bezug zur Hauptforderung. Sie wird nur vom Bestand der Hauptforderung unabhängig, richtet sich jedoch inhaltlich weiterhin nach ihr. Die Verjährung gehört auch nicht zu den Einreden des Hauptschuldners, die ihren Grund in dessen Vermögenssituation haben, so dass dem Bürgen aufgrund des Sicherungscharakters seiner Verbindlichkeit die Berufung auf solche Einreden – über § 768 Abs 1 *Satz 2* hinaus – versagt bleiben muss[47]. Es genügen bei Wegfall des Hauptschuldners Hemmungsmaßnahmen *gegen den Bürgen*[48]. Ein für die Bürgschaftsschuld bestelltes Pfand haftet auch nach Verjährung der Hauptschuld[49]. Der Anspruch aus der Bürgschaft verjährt nach herrschender Meinung in der regelmäßigen Frist, auch wenn die Hauptschuld einer kürzeren Verjährungsfrist unterliegt[50].

7 e) Der Bürge kann sich auf die **Rechtskraftwirkung** einer zugunsten des Hauptschuldners gegen den Gläubiger ergangenen Entscheidung berufen[51]. Vgl zur Frage der Rechtskrafterstreckung einer dem Hauptschuldner ungünstigen Entscheidung § 767 Rz 9. Die Rechtskraft wirkt in diesem Fall nicht gegen den Bürgen. Jedoch kann dieser nicht geltend machen, dass die Haupt-

39 BGH WM 2000, 1797, 1798; BGHZ 139, 214, 216 (=Fn 38); BGH WM 1989, 254 = ZIP 1999, 19, 20; BGHZ 76, 222, 226 (= Fn 3).

40 BGH NJW 1999, 278 = LM Nr 17 § 768 (Leipold) = WM 1998, 2540 = WuB I F 1a. – 5.99 (Brehm) = ZIP 1999, 19 = DB 1999, 476 = BB 1999, 18: Bestätigung von BGHZ 139, 214 (= Fn 3); auch BGH NJW-RR 2000, 1717; ebenso zuvor Bamberg MDR 1998, 769; aA bei möglicher Geltendmachung noch im Revisionsverfahren: Köln VersR 1995, 539.

41 Hamm WM 1985, 514, 515 = WuB I F 1a. – 2.85 (Fischer).

42 Celle ImmobBauR 2000, 600 (C Schmitz).

43 Kiel JW 1933, 2343 mNachw.

44 Wie nunmehr BGH (= Fn 45) schon LG Würzburg WM 1989, 405, 406; Stuttgart OLG-Report 2003, 119; bislang aA KG NJW-RR 1999, 1206, 1207 f; Celle OLGR 2001, 87; Reinicke/Tiedtke, BürgschaftsR[2] Rz 264 f; Lettl WM 2000, 1316, 1321; noch offen gelassen in BGHZ 139, 214, 219 f (= Fn 3).

45 BGHZ 153 337, 341 f (= Fn 3). Vgl dazu Tiedtke JZ 2003, 1070; ders, Festschr für Kollhosser, Bd II, 2004, S 741; M Haas LMK 2003, 98; Sonnenhol WuB I F 1a. – 9.03; Goette DStR 2003, 846; Klose BGH-Report 2003, 440; Weber EWiR § 768 BGB 1/03, 363; Schmitz IBR 2003, 193; Siegmann/Polt WM 2004, 766, 768; F Peters NJW 2004, 1430 (dazu Teubel NJW 28/2004, XVIII); Hadding Festschr für Wiegand, 2005, S 299.

46 BGHZ 82, 323, 327 = WM 1982, 148; KG NJW-RR 1999, 1206, 1207.

47 BGH WM 2002, 278.

48 BGHZ 153, 337, 341 f (= Fn 3).

49 KG OLG 34 (1916), 82.

50 S Düsseldorf MDR 1975, 1019 mNachw; Soergel[13] § 195 Rz 13.

51 BGH WM 1965, 579; BGH NJW 1970, 279 = WM 1970, 12 = MDR 1970, 229 = JZ 1970, 140 = BB 1970, 322 = LM Nr 4 zu § 768; s dazu Fenge NJW 1971, 1920; auch BGH WM 1971, 614 = WarnRspr 1971 Nr 37; Nürnberg WM 1957, 695, 698.

schuld durch eine Aufrechnung erloschen sei, die der Hauptschuldner erst nach seiner rechtskräftigen Verurteilung mit einer vor dem Schluss der mündlichen Verhandlung fällig gewordenen Gegenforderung erklärt hat. Doch kann er die Einrede des Zurückbehaltungsrechts nach § 273 erheben, wenn sie dem Hauptschuldner vor seiner Verurteilung zugestanden hat[52]. Zur Anerkennung des Ausgangs eines Rechtsstreits als verbindlich durch Übernahme einer Prozessbürgschaft s § 766 Rz 10.

f) Verklagt der Gläubiger den Schuldner und einen selbstschuldnerisch haftenden Bürgen in demselben Prozess, so sind diese nicht notwendige Streitgenossen[53]. Bei einer Verbürgung für eine Freistellungsverpflichtung des Hauptschuldners gegenüber dem Gläubiger hat bei einer Streitverkündung des von seinem eigenen Gläubiger in Anspruch genommenen Gläubigers, die nur gegenüber dem Bürgen, nicht aber gegenüber dem Hauptschuldner erklärt worden ist, im Bürgschaftsprozess trotz der Akzessorietät der Bürgschaft das Urteil des Vorprozesses **Interventionswirkung** gegenüber dem Bürgen[54]. 8

III. Einredenverzicht

1. **Verzicht des Hauptschuldners**. Der rechtsgeschäftliche Verzicht des Hauptschuldners auf Einreden ist in § 768 Abs 2 entsprechend der in § 767 Abs 1 Satz 3 ausgesprochenen Unwirksamkeit von Erweiterungen der Verpflichtung des Bürgen geregelt. Ein kraft Gesetzes eintretender Verlust von Einreden fällt nicht unter Absatz 2. Der Verzicht des Hauptschuldners auf die Aufrechnung bindet, obgleich auf ein Gestaltungsrecht (keine Einrede) verzichtet wird, auch den Bürgen[55]. Dieser kann sich ferner nicht auf Verjährung berufen, wenn der Hauptschuldner die Schuld anerkannt und damit die Verjährung erneut begonnen hat (§ 212 Abs 1 Nr 1)[56]. Ist eine Leistung vorbehaltlos angenommen, so tritt der Verlust des Anspruchs auf Vertragsstrafe kraft Gesetzes und nicht infolge Verzichts ein[57]. Erklärt der Hauptschuldner sein Einverständnis mit einer anderen Beschaffenheit der Waren, so ist dies weder ein Verzicht auf die Einrede des nicht erfüllten Vertrages noch eine Erweiterung der Bürgschaftsschuld[58]. Ein Verzicht kann in einer Prozessverteidigung erblickt werden, wenn sich der Beklagte bewusst nicht auf Verjährung beruft; die bloße Nichtbeteiligung im Prozess kann unter Umständen als Verzicht auszulegen sein, nicht aber zB stets bei öffentlicher Zustellung der Klage; dem ausdrücklichen Verzicht ist bloßes Schweigen gleichzustellen, wenn später dem Hauptschuldner durch rechtskräftiges Urteil die Einrede genommen wird[59]. 9

2. **Verzicht des Bürgen**. Der Verzicht des Bürgen auf Einreden, die dem Hauptschuldner zustehen, berührt, soweit es sich um verzichtbare Einreden allgemeiner Art handelt wie Stundung oder Verjährung, die Rechtsqualität der Bürgschaft nicht[60]. Bei einer Bürgschaft für die Unterhaltsforderung gegen einen vermögenslosen Schuldner kann der Bürge darauf verzichten, Einwendungen gegen den Bestand der Hauptschuld wegen des Vermögensverfalls des Schuldners zu erheben, ohne dass dadurch der Charakter des Bürgschaftsvertrags beeinträchtigt wird[61]. Anders ist ein Verzicht auf eine aus dem zu sichernden Schuldverhältnis entspringende Einrede zu beurteilen, weil dadurch der die Bürgschaft kennzeichnende Abhängigkeitsgrundsatz beseitigt würde. Die Vereinbarung kann daher nur eine selbständige Schuldverpflichtung, insbesondere ein Ga- 10

52 BGHZ 24, 97 (= Fn 11).
53 BGH NJW 1969, 1480, 1481 = WM 1969, 826 = MDR 1969, 753 = LM Nr 3 zu ZPO § 68; Staud/Horn Rz 58; MünchKomm/Habersack Rz 7.
54 BGH NJW 1969, 1480, 1481 (= Fn 53).
55 Dresden SeuffA 69 (1913) Nr 102.
56 München WM 2006, 684 = WuB I F 1a-4.06 (Richrath); Kiel JW 1933, 2343; aA Düsseldorf MDR 1975, 1019; Tiedtke/Holthusen WM 2007, 93.
57 RGZ 53, 356, 358.
58 Hamburg OLG 18 (1908), 42.
59 BGHZ 76, 222, 223, 230 (= Fn 3); im Ergebnis zust F Schneider MDR 1980, 799.
60 RGZ 153, 338, 346 = JW 1937, 1410. Zum Verzicht des Bürgen auf die Einrede der Verjährung der Hauptschuld vgl Walther NJW 1994, 2337.
61 BGH LM Nr 2 zu § 767.

rantievertrag sein[62]. Zum Garantievertrag s Rz 33 ff vor § 765. Trotz eines formularmäßigen Verzichts des Bürgen auf die ihm „nach dem Gesetz zustehenden Einreden" (§§ 770, 771, 776), den der BGH früher bei einer Bürgschaft gegenüber einer Bank als zulässig, wenn nicht gar als vertragstypisch angesehen hat[63], umfasst ein solcher Verzicht nicht die Einrede mangelnder Fälligkeit der Hauptforderung; dies gilt insbesondere dann, wenn sich schon aus dem Vorbringen des Gläubigers ergibt, dass die Hauptforderung noch nicht fällig ist[64]. Ein Verzicht des Bürgen auf Einwendungen, die sich aus einem Vergleich zwischen Gläubiger und Hauptschuldner über die gesicherte Forderung ergeben (Verzicht des Bürgen aus Forderungserlass), kann nur Rechtswirkung haben, wenn er als Garantieversprechen oder Schuldbeitritt ausgelegt werden kann[65].

IV. Grenzen der Einredenakzessorietät

11 Der Grundsatz, dass der Bürge die Einreden aus der Rechtsstellung des Hauptschuldners geltend machen kann, findet gem **§ 768 Abs 1 Satz 2** eine Grenze hinsichtlich der Einrede der beschränkten Erbenhaftung, weil die Nachlassüberschuldung auf schlechten Vermögensverhältnissen des Erblassers als Hauptschuldner beruht, gegen die die Bürgschaft den Gläubiger gerade schützen soll. Ob weitergehend dem Bürgen in entsprechender Anwendung von § 768 Abs 1 Satz 2 mangels abweichender Vereinbarung die Einrede verwehrt ist, dass der Hauptschuldner nur beschränkt mit einer bestimmten Vermögensmasse haftet[66], ist fraglich. Für eine Herabsetzung der Hauptschuld nach dem Vertragshilfegesetz vom 26. 3. 1952 hat der BGH[67] eine analoge Anwendung von § 768 Abs 1 Satz 2 verneint. – Wie schon bisher KO § 193 Satz 2, VglO § 82 Abs 2 verwehrt nunmehr InsO § 254 Abs 2 Satz 1 dem Bürgen, sich auf eine Herabsetzung der Hauptschuld aufgrund eines Zwangsvergleichs oder Insolvenzplans zu berufen. Denn die Bürgschaft soll als Sicherheit dem Gläubiger vor allem bei Zahlungsunfähigkeit oder Überschuldung des Hauptschuldners zu Gebote stehen[68]. Der Sicherungszweck erlangt hier Vorrang gegenüber der Akzessorietät. Auch die Restschuldbefreiung des Hauptschuldners kommt nach InsO § 301 Abs 2 Satz 1 dem Bürgen nicht zugute. Ihm ist sogar der Rückgriff gegen den Hauptschuldner versagt (InsO § 301 Abs 2 Satz 2), um diesem einen wirtschaftlichen Neuanfang zu ermöglichen. Ob sich in den genannten Regelungen andeutet, dass allgemein bei Maßnahmen, die auf den Vermögensverfall des Hauptschuldners zurückgehen, der Sicherungszweck der Bürgschaft ihre Akzessorietät hinsichtlich der Verteidigungsmittel zu überspielen vermag, ist eine noch offene Frage[69].

V. Einreden des Bürgen aus eigenem Recht

12 Der Bürge kann Einreden und Einwendungen aus eigenem Recht grundsätzlich unbeschränkt geltend machen[70]. Daher kann er durch Aufrechnung mit einer eigenen Forderung die Bürgschaftsschuld tilgen[71]. Ist in der Bürgschaftsurkunde die Tilgung des verbürgten Darlehens in einer bestimmten Art vorgesehen, so braucht sich der Bürge eine andere Art der Verrechnung von Zahlungen nicht gefallen zu lassen[72]. Er kann sich auch auf den Wegfall der Geschäftsgrundlage hinsichtlich solcher Umstände

62 RG WarnR 1919 Nr 166 mNachw; RGZ 148, 65, 66 = JW 1935, 2625 (abl Schneider); RGZ 153, 338, 346 (= Fn 60).

63 BGH WM 1981, 5 = NJW 1981, 761 = MDR 1981, 494 = JZ 1981, 101 = LM Nr 12 zu KO § 59 = DB 1981, 986 = KTS 1981, 224 = ZIP 1981, 28; Düsseldorf WM 1984, 1185, 1186.

64 Düsseldorf WM 1984, 1185, 186; Esser/Weyers, SchuldR II 1, 1998[8], § 40 II 3, S 350; Münch Komm/Habersack § 765 Rz 17.

65 BGH WM 1966, 122; Stuttgart WM 1986, 736 = WuB I F 1 a. – 1.86 (Schröter).

66 So Staud[13]/Horn, 1997, § 768 Rz 5 mNachw.

67 BGHZ 6, 385, 390 f.

68 BGHZ 82, 323, 326 f = WM 1982, 148.

69 Vgl dazu F Baur JZ 1953, 30, 31; Jauernig NJW 1953, 1207; Bettermann NJW 1953, 1817; Medicus JuS 1971, 497, 500. In diese Richtung offenbar BGHZ 153, 337, 340 (= Fn 3).

70 Celle WM 1989, 1815, 1816 = WuB I E 1 – 3.89 (Schröter).

71 RGZ 53, 403, 405.

72 RG JW 1936, 2393.

berufen, die ihn persönlich betreffen[73]. Dies gilt aber nicht, wenn ihm andere Möglichkeiten zur Befreiung von seiner Haftung offen standen[74]. Ein Bürgschaftsgläubiger kann seine Rechte aus der Bürgschaft verwirken, wenn er unter Verletzung von Treu und Glauben selbst den Bürgschaftsfall herbeiführt[75]. Das Gleiche gilt, wenn der Bürge den Gläubiger zu einem Vorgehen gegen den Hauptschuldner in einem Zeitpunkt veranlasst, in dem dieser nicht zur Zahlung in der Lage ist, und dadurch seine eigene Inanspruchnahme und den Rückgriff gegen den Rückbürgen herbeiführt. Jedoch verliert der Bürgschaftsgläubiger seinen Bürgschaftsanspruch wegen Rechtsmissbrauchs nur, wenn sein Verhalten gegen Treu und Glauben verstößt[76]. Hat die Ehefrau eines Schuldners eine Bürgschaft übernommen, um eine Strafanzeige gegen den Schuldner abzuwenden, so verstößt ihre Inanspruchnahme aus der Bürgschaft trotz einer später gleichwohl erstatteten Strafanzeige nicht gegen Treu und Glauben, wenn die Anzeige wegen erneuter Verfehlungen des Schuldners erstattet ist[77]. Der Bürge kann ebenso wie auf Einreden des Hauptschuldners[78] auch auf eigene Einreden verzichten.

Der Bürge trägt ebenso wie der Hauptschuldner die Beweislast für die Erfüllung der Hauptverbindlichkeit[79].

§ 769 Mitbürgschaft

Verbürgen sich mehrere für dieselbe Verbindlichkeit, so haften sie als Gesamtschuldner, auch wenn sie die Bürgschaft nicht gemeinschaftlich übernehmen.

ÜBERSICHT

Schrifttum: Strohal, Der gesetzliche Übergang der Sicherungsrechte des Gläubigers auf den zahlenden Bürgen in neuer Beleuchtung, IherJb 61 (1912), 59; Braun-Melchior, Gesetzlicher Rechtsübergang und Ausgleich bei mehrfacher Drittsicherung, AcP 132 (1930), 175; Kanka, Die Mitbürgschaft, IherJb 87 (1937/38), 123; Beeser, Die Bürgschaft mehrerer, BB 1958, 970; Reinicke, Bürgschaft und Gesamtschuld, NJW 1966, 2141; Hüffer, Die Ausgleichung bei dem Zusammentreffen von Bürgschaft und dinglicher Kreditsicherung als Problem der Gesamtschuldlehre, AcP 171 (1971), 470; Pawlowski, Ausgleich zwischen Bürgen und Hypothekenschuldner, JZ 1974, 124; Schlechtriem, Ausgleich zwischen mehreren Sicherern fremder Schuld, in: Festschr für Ernst von Caemmerer, 1978, S 1013; Bülow, Siche-

73 RGZ 146, 376, 379; OGHZ 1, 62, 66 = NJW 1947/1948, 521.
74 BGH WM 1959, 855.
75 BGH WM 1966, 317 = MDR 1966, 498 = BB 1966, 305 = LM Nr 10 zu § 765.
76 BGH WM 1968, 874; Hamburg VersR 1984, 170.
77 BGH WM 1973, 36.
78 S auch Rz 10.
79 RG LZ 1917, 592; BGH NJW 1995, 2161 = WM 1995, 1229, 1230 = ZIP 1995, 1076 = BB 1995, 1438 = DB 1995, 2209 = MDR 1995, 1108 = LM Nr 28 zu § 767 = WuB IV A. – 1.95 (Schröter); Düsseldorf NJW-RR 1988, 1019 mweitNachw = JZ 1988, 105. Anders möglicherweise hinsichtlich des Saldoanerkenntnisses bei einer Kontokorrentbürgschaft; vgl dazu BGH NJW 1995, 2161 mweitNachw auch über kritische Literatur.

rungsgeberausgleich, in: Gedächtnisschr für Dietrich Schultz, 1987, 49; M Wolf, Mitbürgen als Gesamtschuldner und Nebenschuldner, NJW 1987, 2472; Bayer, Der Ausgleich zwischen Höchstbetragsbürgen, ZIP 1990, 1523; Tiedtke, Ausgleichsansprüche zwischen dem Bürgen und dem Besteller einer Grundschuld, WM 1990, 1270; Schanbacher, Der Ausgleich zwischen dinglichem Sicherer (Grund-, Hypotheken- und Pfandschuldner) und persönlichem Sicherer (Bürgen), AcP 191 (1991), 87; K B Schmitz, Der Ausgleich zwischen Bürgschaft und Schuldbeitritt, in: Festschr für Franz Merz, 1992, S 553; Horn, Haftung und interner Ausgleich bei Mitbürgen und Nebenbürgen, DZWir 1997, 265; Glöckner, Ausgleich zwischen mehreren Bürgen bei unterschiedlichen Höchstbetragsbeschränkungen, ZIP 1999, 821; Oepen, Innenausgleich zwischen Höchstbetragsbürgen, ZBB 1999, 233; Sebastian Schmitz, Höchstbetragsbürgschaften, insbesondere bei mehreren Bürgen, im materiellen Recht und im Prozeß, 2000.

1 1. **Grundsätzliches.** – a) **Übersicht.** Die Vorschrift macht durch ihre abstraktbegriffliche Einbindung in die **allgemeine Regelung von Schuldnermehrheiten** (§§ 420 ff) Einfaches schwierig und lässt mit ihren Folgenormen (§§ 774 Abs 2 und 776) Schwieriges ohne erkennbare Zusammenhänge. Der unmittelbare Regelungsgehalt der Vorschrift ist für eine moderne Rechtsordnung von barer Selbstverständlichkeit. Haben sich mehrere für dieselbe Hauptverbindlichkeit verbürgt, so ist der Gläubiger „nach seinem Belieben" (§ 421) berechtigt, jeden von ihnen ohne Berücksichtigung oder Einbeziehung[1] der anderen als „**Gesamtschuldner**" auf die volle übernommene Bürgschaftssumme in Anspruch zu nehmen; und zwar auch dann, wenn die mehreren Bürgen die Bürgschaft „gemeinschaftlich" (§ 427) übernommen haben. Für unabhängig voneinander eingegangene Einzelbürgschaften ist dies ohnehin selbstverständlich[2]. In einem zweiten Regelungsschritt werden alsdann die mehreren, lediglich im Gläubigerinteresse aus der Sicht des Außenverhältnisses begrifflich zusammengefassten Gesamtschuldner nach § 426 Abs 1 in ein **Ausgleichsverhältnis** einbezogen. Haben sich mehrere für dieselbe Hauptverbindlichkeit verbürgt, sollen sie mithin kraft Gesetzes untereinander ausgleichspflichtig sein, auch wenn sie ihre Bürgschaftsverbindlichkeit „nicht gemeinschaftlich" übernommen haben[3]. Während nach früherem Rechtsverständnis[4] die Frage nach einem Ausgleich unter mehreren Gesamtschuldnern allein aus dem zwischen ihnen bestehenden „konkreten" Rechtsverhältnis zu beantworten war, sollen nunmehr der Reichweite des Gesamtschuldbegriffs entsprechend mehrere Bürgen für dieselbe Hauptverbindlichkeit schon als solche und „allgemein . . . im Verhältnis zueinander als zu gleichen Anteilen verpflichtet gelten", auch wenn sie ihre Bürgschaftsverbindlichkeiten „zu verschiedenen Zeiten und in getrennten Rechtsakten"[5], also „unabhängig"[6] voneinander übernommen haben und somit dem Gläubiger „nebeneinander"[7] haften. In lediglich begrifflich begründetem Verständnis der Regelung liegt somit eine „Mitbürgschaft" schon vor, „wenn mehrere sich für dieselbe Verbindlichkeit verbürgt haben"[8]. Darüber hinaus sollen mehrere Gesamtschuldner[9] und somit auch Mitbürgen[10] „von vornherein mit der Begründung des Gesamtschuldverhältnisses als in einem inneren Schuldverhältnis stehend anzusehen" sein, kraft dessen sie „einander zu der erforderlichen Mitwirkung und Beitragung bei der Leistung verpflichtet" sind[11]. Damit ist in die hergebrachten Grundsätze des Bürgschaftsrechts ohne nachvollziehbaren Tatbe-

1 Was heißt: ohne „Einrede der Teilung" oder der nur „anteilsmäßigen Haftung" (Motive II, S 666 f, 158 f; RG Recht 1905 Nr 1848). – Dazu Rz 2 bei Fn 30 ff.
2 Motive II, S 667; Protokolle I, S 432; so auch schon PrALR I, 14 § 378. – Ebenso Kanka IherJb 87 (1937/38), 123, 138 f.
3 Nach traditionellem Rechtsverständnis (Motive II, S 667 zu § 673) ist damit gemeint: „nicht förmlich in derselben Urkunde", sondern auch „in getrennten Akten und zu verschiedenen Zeiten", sofern inhaltlich „gleichwohl" als „gemeinsame Verbürgung vereinbart". – Zum Verlust des konkreten Regelungssinns durch die negative Tatbestandsdarstellung s bei Fn 6 u näher Rz 18.
4 Zum Folgenden s Motive II, S 169 (zu § 337) u Rz 2. – Zur Wiederherstellung des damit lediglich durch begriffliche Verkürzung verlorengegangenen Vertragstatbestandes s unten Rz 18.
5 RG JW 1912, 746, 747 = WarnR 1912 Nr 296 = SeuffA 68 Nr 56 S 97 = LZ 1912 Sp 659 Nr 23 = Recht 1912 Nr 2031 f; übereinstimmend RGZ 81, 414, 416 f.
6 So BGH NJW 1992, 2286, 2287 zu II 2 b aE (= Fn 67). – Zur Wiederherstellung des damit durch begriffliche Verkürzung verlorengegangenen Vertragstatbestandes s unten Rz 18.
7 RG JW 1912, 746, 747 (= Fn 5).
8 BGH NJW 1987, 3126, 3127 zu II 1 = WM 1987, 924.
9 Motive II, S 169 f.
10 RGZ 81, 414, 418; BGH NJW 2000, 1034, 1035 zu I 1 a = WM 2000, 408 = ZIP 2000, 406.
11 S dazu Rz 8 bei Fn 142.

standsbezug mit nicht erkennbarer Tragweite eingegriffen worden, zumal dafür nach ausdrücklichem Verzicht auf „theoretische Betrachtung" außer „praktischen Erwägungen"[12] zur Vorbeugung gegen „alle Streitigkeiten" über den eigentlichen Tatbestand einer „gemeinsamen Verbürgung"[13] keine inhaltlich bestimmten Gründe beigebracht worden sind. Dadurch haben sich frühere, aus den Anfängen der dogmatischen Entwicklung eines **vertraglichen Kreditsicherungsrechts** erwachsene inhaltliche Rechtsunsicherheiten nicht nur erhalten. Es sind auch wesentliche Einsichten in die Zusammenhänge rechtsgeschäftlicher Interessenregelung vernachlässigt worden und dadurch verlorengegangen. Und zwar ist durch die als Allgemeiner Teil des Schuldrechts zum Gesetz erhobenen begrifflichen Abstraktionen, die lediglich noch formale Instrumente der Rechtsgestaltung ohne erkennbaren Bezug auf konkrete Regelungsentscheidungen darbieten, die Aufgabe der Rechtsfindung für den wirklichen Konflikt jeder als verbindlich nachvollziehbaren Tatbestandsbestimmung beraubt und der in ersten Ansätzen gerade aufkommenden **Dogmatik des Sicherungsvertrags** die Rechtssprache entzogen worden. Gerade den für eine rechtsgeschäftliche Beziehung wesentlichen Kriterien wie dem Begriff der Mitbürgschaft[14] und des verbindenden Innenverhältnisses fehlt seither die gegenständliche Eindeutigkeit. Ziel der Gesetzgebung war das schlechterdings unmögliche Vorhaben, die deliktsrechtliche Mehrtäterschaft mit den rechtsgeschäftlich begründeten Verbindlichkeiten mehrerer auf dasselbe Interesse, für die gerade Mitbürgschaften ein präsentes Beispiel boten, in einer begriffstechnisch einheitlichen Regelung aufgehen zu lassen. Sollen aber inhaltlich bestimmte Regelungsentscheidungen erkennbar bleiben, müssen gesetzliche Schadenshaftungen[15] und rechtsgeschäftlich übernommene Verbindlichkeiten nach Zuweisungsgrundsätzen getrennt begriffen und dargestellt werden. Und zwar kann die hier zu erläuternde Bürgschaft mehrerer auch nur aus den Grundsätzen und mit den Instrumenten der Rechtsgeschäftsordnung entwickelt werden, weil ihre Rechtsfolgen allein vertraglich begründet sein können[16] und somit entweder dem Sicherungsvertrag zwischen Gläubiger und Bürgen[17] oder einer der Bürgschaftsübernahme schon zugrunde liegenden rechtsgeschäftlichen Verbindung der mehreren Sicherungsgeber[18] zuzuordnen sein müssen. Freilich hat eine ins Absurde verstiegene Konstruktionsjurisprudenz die Gesamtschuldnerschaft zu einem Schuldverhältnis „höherer Ordnung"[19] mit eigenem „Wesen"[20] verselbstständigt und dafür eine „gesetzliche" Ausgleichsbeziehung dritter Art kreiert[21], aus der Rechtsregeln als „Regressbehinderungsverbote"[22] herabkommen sollen, wo es schlicht nur um die Ermöglichung eines Rückgriffs in Erfüllung von Vertragspflichten des Gläubigers aus dem Sicherungsvertrag gehen kann[23]. Vor allem durch den Geltungsanspruch solcher lediglich begrifflichen Hervorbringungen sind der dogmatischen (inhaltlichen) Entwicklung einer dem Verkehrsbedürfnis der modernen Kreditwirtschaft gerechtwerdenden **Vertragstypenbildung**, die unterschiedliche Sicherungsrechte einbezieht[24], Hindernisse bereitet worden, die noch immer fortwirken.

b) **Rechtstraditionen**. Nach überkommenem Rechtsverständnis konnte eine Ausgleichspflicht unter mehreren, auf dasselbe Interesse verpflichteten Schuldnern nur in Betracht kommen, wenn 2

12 Motive II, S 169 (zu § 337) u S 158 (zu § 324).
13 Motive II, S 667 (zu § 673).
14 S etwa RG JW 1906, 305 Nr 10, wonach es bei der „gewöhnlichen Mitbürgschaft" einer „Übereinkunft über den Ausgleich unter den Mitbürgen" nicht bedarf. Erst der Fall ergibt, dass eine solche Übereinkunft vorauszusetzen war und es der gesetzlichen Hilfsregel (s hierzu Fn 87) nur zur Bestimmung der Ausgleichsquote bedurfte.
15 S unten Rz 3.
16 S unten Rz 4.
17 S unten Rz 9.
18 S unten Rz 5 ff.
19 So Larenz, Schuldrecht I 1, 1987[14], § 37 II, S 638; dem folgend BGHZ 46, 14, 15.
20 So BGH WM 1967, 397, 398. Daraus soll sich ergeben, dass der Gläubiger einem Darlehens-Mitschuldner ebenso wenig zu sorgfältiger Rechtsverfolgung gegen einen anderen Darlehensschuldner verpflichtet sei wie einem Bürgen zum Vorgehen gegen den Hauptschuldner (dazu § 776 Rz 1).
21 Dazu u dagegen Rz 3.
22 Wacke AcP 170 (1970), 42, 60 ff; Chr Weber WM 2001, 1229, 1232 ff. – Dazu unten Rz 8 aE, 10 u 17.
23 Dazu unten Rz 10 u § 776 Rz 1.
24 Dazu unten Rz 20 ff u § 774 Rz 27 aE u 30.

ein unter ihnen bestehendes besonderes Rechtsverhältnis einen Anspruch auf Erstattung oder Ausgleich begründete[25], wofür einem für erbrachte Leistungen Ausgleich fordernden Mitschuldner folgerichtig die Beweislast zufiel[26]. Dafür aber fehlte es an zureichend erprobten Rechtskonflikten und damit auch an zureichend anerkannten Rechtsverhältnissen, die solche Ansprüche hätten begründen können[27]. Zu einem konkret greifbaren Regelungstatbestand entwickelt war nur die von mehreren gemeinschaftlich[28] für dieselbe Forderung übernommene Mitbürgschaft. Und zwar bedurfte es für eine **Mitbürgschaft im Rechtssinne** eines zwischen Bürgen und Gläubiger rechtsgeschäftlich besonders gestalteten Inhalts des Bürgschaftsvertrages. Ein solcher ergab sich unzweifelhaft und anschaulich schon aus der **Gemeinsamkeit des Verbürgens** in einer einheitlichen Erklärung. Schon aus dem Zusammenwirken bei der Verbürgung ergab sich zugleich der zureichende Tatbestand eines gesellschaftsähnlichen Innenverhältnisses, das Ausgleichsansprüche unter den Mitbürgen begründete[29]. Nach gemeinrechtlicher Tradition gab diese gemeinschaftlich übernommene Mitbürgschaft dem einzelnen in Anspruch genommenen Bürgen schon gegenüber dem Gläubiger das Recht, durch Einrede die **Teilung der Bürgschaftsverbindlichkeit** im Verhältnis der mehreren Bürgen zu erwirken[30]. Schon die älteren gesetzlichen Regelungen[31] hatten sich aber von dem Bürgenprivileg der Anspruchsteilung gelöst und dem Gläubiger das Recht eingeräumt, von jedem Mitbürgen als Gesamtschuldner („einer für alle") die ganze vertragliche Leistung zu verlangen. War damit der Grundsatz der „geteilten Schuld", der traditionell als die „natürliche Regel" anzusehen war[32], im Verhältnis zum Gläubiger aufgegeben, ergab sich das Bedürfnis, auch schon in diesem Verhältnis vertragsrechtliche Instrumente zu entwickeln, die einem allein in Anspruch genommenen Mitschuldner die Möglichkeit eröffnen, auf einer zweiten Ebene der Rechtsverwirklichung die anderen Mitschuldner auf Ausgleich in Anspruch zu nehmen, und damit „die natürliche Regel der geteilten Schuld in ihren Folgen wieder herzustellen"[33]. Deshalb findet sich neben der Vorstellung von einem der Bürgschaftsübernahme mehrerer schon zugrunde liegenden Innenverhältnis[34] auch das Bestreben, den **Inhalt des Bürgschaftsvertrages** zu einem konkreter unterscheidenden „Mitbürgesein"[35] zu erweitern und dem einzelnen Bürgen die Möglichkeit zu eröffnen, allein durch seine Bürgschaftsübernahme gegenüber dem Gläubiger seine Verbindlichkeit in „deutlich ausgesprochener Beziehung"[36] auf andere Verbürgungen und mit „Rücksicht ... auf die eventuelle Repartition des an den Gläubiger zu Zahlenden unter die mehreren Bürgen"[37] nur eingeschränkt zu übernehmen. Als **Instrument der Verknüpfung** des Ausgleichsinteresses des Bürgen gegenüber Mitbürgen schon mit dem Bürgschaftsvertrag bot sich an, den traditionell anerkannten **Gegenanspruch** des Bürgen **auf Abtretung** der Rechte des Gläubigers gegen den Hauptschuldner[38] auf die Rechte des Gläubigers gegen

25 RGZ 18, 235, 236 f; OAppG Dresden SeuffA 17 Nr 39; AppG Flensburg SeuffA 20 Nr 132; berichtend RGZ 79, 288, 289 = JW 1912, 745 Nr 8. – So auch PreußALR I, 5 §§ 424, 443; I, 14 § 379 (dazu ROHG 2, 349, 352; 18, 171, 173–175); Sächs BGB von 1863 § 1036; Dresdner Entwurf Art 933 mit Art 16; vgl auch Motive II, S 169 (zu § 337).

26 RGZ 18, 235, 236 f; Motive II, S 169.

27 SächsBGB § 1036 verweist auf „Gemeinschaft" und „Auftragsverhältnis".

28 „Einer für alle und alle für einen" (PreußALR I, 5 § 424; ÖABGB § 891; SächsBGB § 1021; BGB E.I § 321 Abs 2).

29 Dazu Koch, Das Recht der Forderungen nach Gemeinem und nach Preußischem Rechte, Bd II, 1859², S 38 f.

30 Das sog „beneficium divisionis" (Motive II, S 158 f, 666 f), durch das die „Mühe der Ausgleichung" (ROHGE 4, 325, 329) unter den Schuldnern schon dem Gläubiger als Beschränkung seines Anspruchs zufiel. Zu der Schwierigkeit, für die Einbeziehung Dritter geeignete Verfahrensformen zu finden, s Dernburg, Pandekten II, § 81 II, 1 Fn 9. Zum geschwundenen Verständnis für eine zusammenfassende Abwicklung s RGZ 12, 219; RG Bolze 1 Nr 324. – Zu der heute den Mitbürgen überlassenen Ausgleichung s § 774 Rz 24 ff.

31 PrALR I, 14 § 374; I, 5 §§ 424, 430; ÖABGB §§ 1359, 891; SächsBGB §§ 1458, 1019.

32 Savigny, ObligationenR I, 1851, S 228, 242. – Davon ist die praktisch obsolete Vorschrift des § 420 geblieben.

33 Dazu Savigny, ObligationenR I, 1851, S 229 ff.

34 Dazu unten Rz 5.

35 Dazu Girtanner AcP 43 (1860), 275, 279. – Zum heutigen Recht unten Rz 18.

36 Girtanner AcP 43 (1860), 275, 276. – Dazu auch Motive II, S 667 (zu § 673): „in der Voraussetzung und in dem Vertrauen ...".

37 ROHGE 18, 171, 173; OGH Mannheim SeuffA 3 Nr 263; Seuffert SeuffA 6 S 58.

38 Das sog „beneficium cedendarum actionum". – Dazu Dernburg, Pandekten II, § 80 II 2.

weitere Mitbürgen[39] zu erstrecken. Doch blieb unverkennbar, dass die Rechtsgründe dafür unterschiedlich bleiben mussten. Während sich die Ermöglichung eines Rückgriffs gegen den Hauptschuldner schon selbstverständlich „durch das Bürgschaftsverhältnis"[40] ergab, fand sich ein plausibler Rechtsgrund dafür, einem in Anspruch genommenen Bürgen den Ausgleich mit weiteren Sicherungsgebern aus seinem Sicherungsvertrag mit dem Gläubiger zu eröffnen, allenfalls darin, dass dies aus weiteren Umständen angemessen erschien[41]. Eindeutige Kriterien dafür erschlossen sich für das damalige Konfliktsverständnis nicht. Deshalb blieb die juristische Vorstellungskraft ganz überwiegend dabei stehen, dass ein Ausgleich unter mehreren Bürgen sich nur „unter der für jeden Regress selbstverständlichen Voraussetzung"[42] ergeben konnte, dass zwischen ihnen eine „gemeinschaftliche Pflicht besteht", die „auf einer vorausgegangenen Verabredung beruht"[43] und damit auch eine unter ihnen bestehende Pflicht einschließt, „die Hauptforderung zu berichtigen" und „an der gemeinschaftlich zu erfüllenden Leistung mitzuwirken"[44]. Die Dogmatik des Bürgschaftsrechts blieb damit letztlich doch nur auf den einfachen Fall einer durch gemeinschaftliche, wechselseitig auf Mithaftende bezogenen Übernahme der Bürgenhaftung gegenüber dem Gläubiger beschränkt, die praktisch untrennbar zugleich mit dem Bürgschaftsvertrag ein rechtsgeschäftliches Innenverhältnis als „Verpflichtungsgemeinschaft" der Mitbürgen „unter sich"[45] hervorbringt und darin Ausgleichsansprüche unmittelbar zur Folge hat. Aus dem Verpflichtungstatbestand eines solchen, der Bürgschaftsübernahme schon zugrunde liegenden Innenverhältnisses haben sich die Mitbürgen vertragstypisch zu gleichen Anteilen auszugleichen, wenn unter ihnen nicht andere Ausgleichspflichten vereinbart sind[46]. Zur Ausbildung eines eigenständigen und in seinen Gestaltungsmitteln weiterreichenden Regelungstyps für Sicherungsverträge fehlte es noch sowohl an den praktischen Rechtskonflikten wie an den übergeordneten rechtlichen Fragestellungen. Vielmehr bestand eine zureichende dogmatische Klarheit noch nicht einmal darüber, dass ein Sicherungsgeber einer nur ihm zuzuordnenden, rechtsgeschäftlich eigenständigen Leistungspflicht oder Haftungslast unterliegt und nicht „die Hauptverbindlichkeit" zu erfüllen hat oder erfüllt (so noch § 766 Satz 3). Um so weniger zeichnete sich bereits das Gestaltungselement eines Haftungsrangs[47] ab, das der rechtsgeschäftlichen Ausfüllung im Vertrag zwischen Sicherungsgeber und Gläubiger zur Verfügung steht und konkurrierende Sicherungsgeschäfte in ein Verhältnis zueinander zu setzen vermag. Deshalb ist auch die Darstellungskraft des Gesetzgebers über die hergebrachten Konfliktserfahrungen nicht hinausgelangt.

c) **Gesetzliche Regelung**. Der Gesetzgeber hatte es mithin bei der Neugestaltung der Rechtsverhältnisse mehrerer Bürgen einmal mit einem beschränkten Tatbestandsverständnis zu tun, dem die vielfältigen Gestaltungsbedürfnisse des aufkommenden modernen Geschäftsverkehrs noch nicht zugänglich waren; zum anderen konnte er nur auf ein ungleichmäßig und unzureichend entwickeltes begriffliches Instrumentarium zurückgreifen, das eine eindeutige Normenordnung nicht ergab und deshalb als gesetzestaugliche Regelungsentscheidung weder übernommen noch ergänzt oder abgeändert werden konnte. Doch hatte auch der Gesetzgeber weder von der sich abzeichnenden Regelungsaufgabe noch von den dafür erforderlichen Gestaltungsmitteln eine zureichende Vorstellung[48], und deshalb ist mit seinen Vorschriften[49] schon die Beschreibung eines Regelungsgegenstandes durchaus nicht gelungen. Darüber hinaus verfehlt die 3

39 Dazu Dernburg Pandekten II, § 81 II 2; Savigny, ObligationenR I, 1851, S 239 ff, 266; RG SeuffA 54 Nr 150; ROHG 19, 383, 386; OAppG Oldenburg SeuffA 28 Nr 225. – Gerade Savigny entwickelt dafür das Instrument, verneint aber gleichwohl angesichts der römisch-rechtlichen Quellenlage den bürgschaftsrechtlich begründeten Ausgleich unter Mitbürgen (aaO S 278 f).

40 Rehbein, Entsch des PrOTr Bd II, 1887, S 714 Fn. – Dazu § 774 Rz 2.

41 S insbes ROHGE 4, 325, 328 f; OAppG Dresden SeuffA 17 Nr 39 S 63.

42 Zum Folgenden Rehbein aaO (Fn 40) S 715 f Fn.

43 So ROHGE 2, 349, 353; ähnlich RGZ 7, 184, 185. Windscheid, Pandekten II § 294. – S auch Rz 5 bei Fn 98.

44 Rehbein aaO (Fn 40) S 716; ROHGE 24, 99, 102.

45 ROHGE 24, 99, 100; 2, 349, 351 f; RG Bolze 1 Nr 1148.

46 ROHGE 2, 349, 353; – PrALR I, 14 § 374; I, 5 §§ 443, 445. – Dazu Rz 5.

47 Erste begriffliche Ansätze in ROHGE 4, 325, 328, 330; 18, 171, 173; auch schon bei Girtanner AcP 43 (1860), 275, 279. – S auch unten Rz 9.

48 Kennzeichnend Motive II, S 169 f.

49 S oben Rz 1.

getroffene Regelungsaussage wegen des durch begriffliche Abstraktionen verursachten Verlusts an nachvollziehbarem Sinnbezug auch noch die „Rezeption" überkommener Rechtsgewissheiten und hat dadurch dem vorherrschenden begriffsjuristischen Bedürfnis, gesetzliche Vorschriften „lediglich aus sich selbst heraus zu erklären", zu einem „sich isolierenden Paragraphen-Schach" verholfen[50], dessen Regeln auch noch verloren gegangen sind. Nicht erst heutigem Konfliktsverständnis muss schon die Absicht, für alle „Gesamtschuldverhältnisse" ein *allgemeines Ausgleichsinstrument* zu schaffen, rätselhaft bleiben. Ein solches Vorhaben ist erklärbar nur aus seiner Beschränkung auf einfache, einander äußerlich ähnliche Tatbestandsbilder. Nach dem Stand der praktischen Einsichten erschöpfte sich die Regelungsperspektive des Gesetzgebers zum einen in der Vorstellung einer Mehrzahl durch „gemeinsame Begehung" zusammengehöriger Beteiligter eines Delikts[51] und zum anderen in dem traditionellen Fall der Mitbürgschaft, bei dem die mehreren für dasselbe Interesse eintretenden Sicherungsschuldner erst durch ihre gemeinschaftliche und somit auch schon untereinander verabredete[52] oder doch aufeinander bezogene Verbürgung gegenüber dem Gläubiger rechtsgeschäftlich in Erscheinung treten[53]. Für solche von vornherein auf die Zusammengehörigkeit von Außen- und Innenbeziehung angelegten Gesamttatbestände vermag die Vorstellung von einem „von Gesetzes wegen" den Ausgleich begründenden „Gemeinschaftsverhältnis", das „von vornherein durch diejenige Tatsache zur Existenz gelangt", die auch die „gesamtschuldnerische Haftung erzeugt"[54], dem schlichten Normalfall der Rechtsanwendung genügen; sie bleibt unschädlich, solange sie nicht einer erforderlich werdenden weiteren Differenzierung der Regelungsbedürfnisse Hindernisse bereitet. Die komplizierter gewordenen Entscheidungsaufgaben sowohl auf dem Feld des gesetzlichen Schadensersatzrechts[55] wie auch in der Vertragspraxis der Kreditsicherung können aber längst keinen Zweifel daran lassen, dass deren Konfliktstatbestände und rechtliche Wertungskriterien schon in ihren Ausgangspunkten beiderseits auch nicht im geringsten ähnlich und vergleichbar sind. Doch hat ein positivistisch auftretendes Begriffsverständnis von Anfang an einer eigenständigen Fortentwicklung des Kreditsicherungsrechts[56] dadurch nachhaltig entgegengewirkt, dass die gesetzlichen Regelungen vorrangig für die Veranschaulichung des Schadensersatzrechts besetzt und damit einer anders orientierten Zweitverwendung entzogen worden sind. Bei **Schadensersatzpflichten** ergeben sich Ausgleichsbedürfnisse in den Fällen mehrfacher Deckung desselben Interesses durch mehrere Schuldner aus der den haftungausfüllenden Tatbestand eines Schadensersatzanspruchs nach § 249 bestimmenden Zuweisung des gesamten Schadensrisikos. Wer aus einem anspruchbegründenden Tatbestand Schadensersatz zu leisten hat, haftet auf sein Risiko auch für eine mitwirkende Schadensverursachung durch Dritte, die nicht seine Erfüllungsgehilfen sind[57]. Stehen dem Gläubiger für sein Schadensinteresse mehrere haftende Schuldner gegenüber, so ergibt sich also nach der durch die ausgedehnte gesetzliche Schadenszurechnung zustandegekommenen gesamtschuldnerischen Haftung der mehreren Mitbeteiligten die daran unmittelbar anknüpfende gesetzliche Ausgleichspflicht als Vollendung der Gesamtregelung des Schadensersatzrechts. Wer aus einem haftungbegründenden Tatbestand als Gesamtschuldner haftet, ist mithin zugleich „als solcher ... von Gesetzes wegen" ohne Rücksicht[58] auf eine sonstige „konkrete" zwischen den Beteiligten be-

50 So schon die Befürchtungen von Strohal (IherJb 61 [1912], 67) angesichts des Diskussionsstandes seiner Zeit (1912). – Dazu insbes Rz 20.

51 Traditioneller Musterfall: die Jagdgesellschaft (RGZ 69, 422, insbes S 426).

52 Crome, System Bd 2 (Schuldverhältnisse), 1902, S 374: „sicherlich nicht ohne".

53 S oben Rz 2.

54 RGZ 69, 422, 426.

55 Vom ersten Verkehrsunfall mit zufälligen Beteiligten an; repräsentativ RGZ 61, 56, 60 ff; danach RGZ 92, 143.

56 Auf deren Fehlen immer noch hingewiesen werden muss; s etwa Schlechtriem (Festschr für von Caemmerer S 1013, 1044 mit Fn 156), der freilich einer vertragsrechtlichen Orientierung durch die Erweiterung originär deliktsrechtlicher „allgemeiner Werturteile" unter Berufung auf Heck (SchuldR § 76, 6 c) selbst entgegenwirkt (aaO S 1027 f).

57 S etwa BGH NJW 2002, 504 zu II 1 c.

58 Eben das galt nach Gemeinem Römischem Recht nicht (s Hamburg u RG SeuffA 52 Nr 7) und ist auch heute nicht unzweifelhaft (Düsseldorf NJW-RR 1995, 281, 282 zu III).

stehende Handlungsbeziehung zum Ausgleich verpflichtet[59]. Das Instrument des Ausgleichs ist der schon an die Entstehung der gesamtschuldnerischen Haftung anknüpfende selbstständige Anspruch aus § 426 Abs 1 Satz 1[60]. Ob darüber hinaus auch im gesetzlichen Schadensersatzrecht die mehreren Schuldner schon von vornherein nach dem allein aus dem Vertragsrecht entnommenen Regelungsgedanken[61] wechselseitig verpflichtet sind, zur geschuldeten Gesamtleistung mit ihrem Anteil beizutragen, damit es zu einem Rückgriff nicht zu kommen braucht[62], kann sich nur eigenständig für die unterschiedlichen Konstellationen eines Zusammentreffens oder Zusammenwirkens der haftenden Schadensverursacher ergeben[63]. – Demgegenüber haben **Sicherungsgeschäfte** eine vertragliche Hauptleistung zum Gegenstand und dafür ein von jedem Vertragspartner für sich übernommenes **Vertragsrisiko** zur Folge. Ein Ausgleich unter mehreren Sicherern muss deshalb – soll nicht jeder Zusammenhang mit den Entstehungsgründen und der Tragweite rechtsgeschäftlicher Verbindlichkeit verlorengehen – seinen inhaltlichen Geltungsgrund in einem geschlossenen Vertrag finden; und zwar entweder in der Sicherungsvereinbarung der Bürgen mit dem Gläubiger[64] oder in einer der Übernahme von Sicherungshaftungen schon zugrundeliegenden rechtsgeschäftlichen Verbindung der mehreren Sicherungsgeber untereinander[65]. Deren Ausgestaltung muss als vom Vertragsrecht eröffnete, schon vertragstypische oder vom konkreten Vertragswillen bestimmte Rechtsfolge verstanden werden können. Die Vorstellung, mehrere Bürgen „für dieselbe Verbindlichkeit" (§ 769) hafteten von Rechts wegen „einander", also wechselseitig, als „Mitbürgen" (§ 774 Abs 2) „zu gleichen Anteilen" (§ 426 Abs 1), auch wenn sie ihre vertragliche Leistungspflicht „nicht gemeinschaftlich" übernommen hätten (§ 769), erschließt für sich allein keinen eindeutigen Regelungstatbestand. Deshalb fehlt es auch für die Annahme eines dritten, der schadensersatzrechtlichen Ausgleichsregelung nachgebildeten und lediglich aus der „Tatsache"[66] des Bestehens gleichgerichteter und dadurch gesamtschuldnerischer Vertragsbeziehungen zum Gläubiger abgeleiteten „gesetzlichen, von dem Gesamtschuldverhältnis wesensverschiedenen, selbstständigen Schuldverhältnisses zwischen den Mitbürgen", das diese „von der Übernahme der Bürgschaft an"[67] aus einem unabänderlichen „Haftungsverband" nach § 426 Abs 1 Satz 1[68] zum Ausgleich verpflichtet[69], an einem nachvollziehbaren Zuweisungsgrund[70].

59 RGZ 69, 422, 424, 426; 79, 288; BGHZ 58, 216, 218 = WM 1972, 565; BGHZ 152, 380, 390 zu 4 = WM 2003, 81, 84. – Aus den beiden Regelungsschritten ergibt sich der „innere Zweck- oder Identitätszusammenhang" (BGHZ 59, 97; RGZ 92, 401, 408) der Rechtszuweisung. Sollen mehrere Vertragsschuldner aufgrund der Verletzung ihrer jeweils gegenständlich begrenzten Vertragspflichten über deren Tragweite hinaus von Rechts wegen auf den Ersatz des von allen verursachten Gesamtschadens haftbar sein, folgt daraus notwendig auch eine Ausgleichspflicht (BGHZ 155, 265, 268 f zu A I 2 b = NJW 2003, 2980 = WM 2003, 2292).

60 Zu der wenig durchdachten und deshalb auch wenig klaren Gesamtregelung s Motive II, S 169 f (zu E I § 337).

61 Zur gemeinschaftlich übernommenen Mitbürgschaft s Rehbein aaO (Fn 40) S 715 Fn.

62 So allein die Motive II, S 169 f, und zwar ohne sachliche Begründung mit der lediglich aus dem Begriff der Gesamtschuld abzuleitenden Erstreckung auch auf Deliktsschuldner. In Wahrheit ist die Vorstellung in ihrer gegenstandslosen Abstraktheit ohne Inhalt; s Breslau OLGE 8, 53.

63 Nur begriffsjuristisch RGZ 61, 56, 61, wo aus dem mit der deliktsrechtlichen Gesamtschuldhaftung im Außenverhältnis kraft Gesetzes geschaffenen „inneren Schuldverhältnis" die Beitrags- oder Schuldbefreiungspflicht und erst daraus die Ausgleichspflicht abgeleitet wird. Kritisch dagegen RGZ 92, 143, 152 (s hierzu unten Fn 72); dagegen wiederum RGZ 160, 144, 151. – Zum Ganzen MünchKomm/Selb § 426 Rz 10.

64 S unten Rz 9 ff.

65 S unten Rz 5 ff.

66 Wie bei dem deliktsrechtlichen Haftungsausgleich; s oben bei Fn 54.

67 So BGH WM 1963, 1249, 1250 = LM Nr 6 zu § 774 (ohne Sachverhalt); ebenso BGH NJW 1987, 374, 376 zu II 3 = WM 1986, 1550 = ZIP 1987, 222; BGH NJW 1992, 2286, 2287 zu II 2 a = WM 1992, 1312 = ZIP 1992, 1146 = LM Nr 24 zu § 774 (Grunewald); BGH NJW 2000, 1034, 1035 zu I 2 a (= Fn 10).

68 BGH NJW 1986, 3131, 3133 zu I 4 = WM 1986, 961 = ZIP 1986, 170.

69 Das ist die auf die gesetzliche Schadenszurechnung zutreffende Betrachtungsweise (BGHZ 35, 317, 325 = NJW 1961, 1966, 1967). – S schon oben bei Fn 59.

70 Der Ursprung des theoretisch verunglückten Rechtsgedankens findet sich in Motive II, S 169 f. – Dem allein aus schadensersatzrechtlichen Vorstellungen erwachsenen begrifflichen Sog der Gesamtschuld-Theorie widersteht schon Hamburg HansGZ 1910 B 106, 107, für Mitbürgschaften mit dem zutreffenden Argument, dass es sich bei den Vertragsverhältnissen des Bürgschaftsrechts von vornherein um „andere" Rege-

Eine solche Anspruchsbeziehung entspricht für vertraglich übernommene Rechtspflichten auch weder dem hergebrachten Rechtsverständnis noch einer konkreten Regelungsabsicht des Gesetzgebers[71]. Sie ist als leere Konstruktion[72], die noch an keinem wirklichen Fall verständlich gemacht worden ist[73], lediglich das sachlich verfehlte Ergebnis des Bemühens, unterschiedliche Regelungsbedürfnisse in einer einheitlichen abstraktbegrifflichen Ausdrucksweise unterzubringen. Eben dadurch erschwert sie das Verständnis und die dogmatische Ausbildung der rechtsgeschäftlichen Beziehungen zwischen den Beteiligten[74] und steht schon deren zutreffender Wahrnehmung hinderlich entgegen. Sie zieht auch unrichtige Entscheidungsergebnisse nach sich[75]. Noch immer freilich ist der floskelhaft gewordene Sprachgebrauch der Gesamtschuld-Theorie in der Praxis so dominant, dass die Vorstellung, ein Mitbürge sei oder werde einem anderen aus, mit oder bei dem Entstehen „des Gesamtschuldverhältnisses" verpflichtet[76], nicht als unzureichend oder unklar angezweifelt wird. Nach dem Wortlaut der drei zusammengehörigen gesetzlichen Vorschriften (§§ 769, 774 Abs 2, 426 Abs 1 Satz 1) haben sich mehrere Bürgen, die dem Gläubiger auf dasselbe Sicherungsinteresse haften, untereinander anteilig auszugleichen, „soweit nicht ein anderes bestimmt ist" (§ 426 Abs 1 Satz 1)[77]. Soll schon damit der Rechtsbegriff der „Mitbürgschaft" bestimmt sein, so liegt eine solche vor, es sei denn, sie liegt nicht vor. Nach ganz herrschender Meinung soll freilich schon die lediglich weiterverweisende, für sich allein tatbestandslose Vorschrift des § 769 „abdingbar" sein[78]. In Wahrheit fehlt es noch überhaupt an einem zureichend konkretisierten Regelungsgegenstand. Für den Haftungsausgleich unter mehreren Sicherungsgebern stellt die Möglichkeit gesamtschuldnerischer Inanspruchnahme durch den Gläubiger lediglich den Anlaß dar, aus dem sich die „Aufgabe" der Vervollständigung des rechtsgeschäftlichen Anspruchstatbestandes durch weitere „selbständige Rechtsregeln" ergibt[79]. Es bedarf also zunächst einer unterscheidungskräftigen **Darstellung der rechtsgeschäftlichen Regelungsformen** und ihrer Instrumente, die den an einem Bürgschafts- oder anderen Sicherungsvertrag Beteiligten zu Gebote stehen und von ihnen nach ihrem eigenen rechtsgeschäftlichen Gestaltungswillen in Anspruch genommen werden können. Rechtsbegründender Tatbestand und damit Ausgangspunkt rechtsbegrifflicher Darstellung kann allein der **Sicherungsvertrag** eines und zwar jedes Bürgen für sich mit dem Gläubiger sein, durch den der Bürge sich in dem **Sicherungszweck** auf ein von ihm übernommenes **Haftungsrisiko** einlässt. Dieses Vertragsrisiko verwirklicht sich allein gegenüber dem Gläubiger in dem vertraglich bestimmten Sicherungsfall; und ebenso entfällt es dem

lungen iSv § 426 Abs 1 Satz 1 handele. – Dazu Rz 16.

71 S Motive II, S 666 f – Sie findet sich auch nicht in den früheren theoretischen Erörterungen; s etwa Kremer, Die Mitbürgschaft, 1902, S 172 ff; Windscheid/Kipp, Pandekten, 1906[9], Bd II § 481, Zusatz 2.

72 Sie tritt in der Entschpraxis erst mit RG JW 1912, 746 (= Fn 5) u RGZ 81, 415, 418 f hervor. Schon RGZ 92, 143, 151 f hat das allein begrifflich konstruierte Tatbestandsverständnis der obigen Entsch mit dem Hinweis in Frage gestellt, dass in den zugrundeliegenden Fällen ein unmittelbares rechtsgeschäftliches Innenverhältnis zwischen den beteiligten Mitbürgen tatsächlich vorgelegen habe. – S dazu noch Rz 8 Fn. 141.

73 S etwa BGH NJW 1992, 2286, 2287 zu II 2 (= Fn 67), wonach die Entlassung eines Mitbürgen „aus seiner Bürgschaftsverpflichtung" zugleich Entlassung „aus dem gesamtschuldnerischen Haftungsverband" sei, gleichwohl aber die bereits mit der „Begründung der Gesamtschuld" entstehende Ausgleichspflicht der Gesamtschuldner „grundsätzlich nicht berühre".

74 Unklar bleibt dabei auch, woran die Vorstellung einer „abweichenden Bestimmung" anzuknüpfen hat (s etwa BGH NJW 1984, 482 zu 3 a = WM 1983, 1386 = ZIP 1984, 38). Auch die Feststellung, „die gesamtschuldnerische Haftung von Mitbürgen" könne „nicht nur durch eine Abrede unter den Mitbürgen, sondern auch durch eine Abrede zwischen dem Gläubiger und einem Bürgen" ausgeschlossen werden (BGHZ 88, 185, 188 [= Fn 78]), führt nicht zum Wesentlichen. – Eindeutig aber RG LZ 1915, Sp 1511 Nr 9.

75 S § 776 Rz 20.

76 S etwa BGH NJW 2000, 1034, 1035 zu I 2 a (= Fn 10); BGH NJW 1992, 2286, 2287 zu II 2 a (= Fn 67); BGH NJW 1986, 3131 f zu I 1 = WM 1986, 961 = ZIP 1986, 970; BGH NJW 1987, 374, 376 zu II 3 (= Fn 67); BGH WM 1991, 399, 400 zu II 2 = NJW-RR 1991, 499 = LM Nr 89 zu § 426 = BB 1991, 500.

77 S dazu Hamburg HansGZ 1910 B 106, 107 (Fn 70).

78 So schon Motive II, S 667 (zu § 673 aE); vgl ferner RGZ 81, 414, 419; BGHZ 88, 185, 188 = NJW 1983, 242 = WM 1983, 928 = ZIP 1983, 1042 = JZ 1983, 984 (mAnm Reinicke u Tiedtke). – Dazu Rz 19.

79 So schon Savigny, ObligationenR I, 1851, S 229 f.

Gläubiger gegenüber, wenn dessen Sicherungsinteresse sich erledigt. Ob ein vom Gläubiger in Anspruch genommener Bürge oder anderer Sicherungsgeber aus seiner sicherungsvertraglichen Rechtsstellung berechtigt sein soll, einen weiteren Sicherungsgeber auf Rückgriff oder Ausgleich in Anspruch nehmen, und ob andererseits ein nicht vom Gläubiger in Anspruch genommener Sicherungsgeber seinerseits aufgrund des von ihm übernommenen Haftungsrisikos eine aus Gläubigerrechten abgeleitete Inanspruchnahme durch einen anderen Sicherungsgeber zu gewärtigen hat, kann sich nur aus weiteren, eben darauf gerichteten sicherungsvertraglichen Regelungen ergeben und bestimmt sich deshalb nach der Ausfüllung der jeweiligen einzelvertraglichen Sicherungszwecke mit den dafür zur Verfügung stehenden rechtsgeschäftlichen Gestaltungsmitteln[80]. Im Verhältnis zwischen einem Sicherungsgeber und dem Gläubiger wie zwischen mehreren Sicherungsgebern geht es somit allein um ein durch rechtsgeschäftliche Gestaltung regelbares und zu regelndes Vertragsinteresse, nicht aber wie im Schadensersatzrecht[81], um eine sich aus dem Sachzusammenhang gesetzlicher Rechtszuweisungen ergebende Anspruchsbeziehung. Dafür hat sich in der neueren Vertragspraxis das Instrument des **vereinbarten Haftungsrangs** herausgebildet. So wenig wie sonst auf dem Feld der Vertragsfreiheit stellen sich hier Aufgaben einer „ausgleichenden Gerechtigkeit“[82] zwischen Verkehrsteilnehmern, die sich je für sich rechtsgeschäftlich verbindlich gemacht haben und dadurch für ihr übernommenes Haftungsrisiko einstehen müssen. Nur insbesondere ergibt die Identität des gesicherten Gläubigerinteresses nicht eine Identität der Vertragsgegenstände auch für mehrere darauf gerichtete Sicherungsverträge, woraus sich aus Erfüllungsleistungen eines Sicherungsgebers eine als Bereicherung ungerechtfertigte Entlastung anderer Sicherungsgeber ableiten ließe[83]. Vertragsinteresse und Vertragsrisiko konstituieren Rechtswirkungen aus dem Vertrag nur für den Vertrag, nicht objektiv und darüber hinaus. – Letztlich ergeben die auf eine Mehrheit von Sicherungsgebern bezogenen gesetzlichen Vorschriften nur Regelungsinstrumente, deren in Betracht kommende Anwendbarkeit nicht bestimmt worden ist, sondern nur vorausgesetzt sein kann. Die Gesetzesverfasser sind aus dem begrenzten praktischen Problemverständnis ihrer Zeit zu einer ihrer Regelungsaufgabe gerechtwerdenden Gegenstandsvorstellung noch nicht vorgedrungen. Die Folgezeit hat sich bis heute um einer vermeintlich gebotenen positivistischen Gesetzestreue willen nicht von leerlaufenden begrifflichen Konstruktionen ohne normativ verbindlichen Bezug auf Regelungsgegenstände befreien können.

2. **Abdingbarkeit. Vertragliche Ausgleichstatbestände.** Sind mehrere Bürgen einem Gläubiger als „Gesamtschuldner“ (§ 421) auf dasselbe Interesse verbindlich, so sollen sie sich untereinander schon kraft Gesetzes (§ 426 Abs 1 Satz 1) nach dem Maß erbrachter Leistungen zu gleichen Anteilen[84] zum Ausgleich verpflichtet sein, „soweit nicht ein anderes bestimmt ist“[85]. Die gesetzliche Regelung bietet somit lediglich die Vermutungswirkung[86] einer **Auffangnorm**[87], die für sich allein als rechtsgeschäftlicher Anspruchstatbestand unvollständig ist. Und zwar lässt sie gerade die Hauptfrage offen, ob überhaupt ein Ausgleich stattfinden soll, und bietet einen Verteilungsmaßstab lediglich für den Fall, dass sich dafür nichts „anderes“ ergibt. Sie erhält deshalb eine vertragsgestaltende Rechtswirkung erst aus dem vorausgesetzten Zusammenhang der Regelungsinstrumente einer Rangzuordnung, die den Vertragspartnern als wesentliche Inhaltsbestimmung über das Haftungsrisiko zu freier Wahl steht[88]. Sie kann deshalb auch noch nicht auf die Wahrung eines verkehrstypischen Vertrauensschutzes angelegt sein. Vertragliche Rechtsgestaltungen mit anderen Regelungszielen sind nicht „abweichend“ (§ 307 Abs 3 Satz 1; früher: AGB-Ges § 8), sondern insgesamt eigenständig und gelten aus der rechtsgeschäftlichen Bestim- 4

80 S unten Rz 10.
81 S oben bei Fn 58.
82 So die eher hilflosen Billigkeitsempfindungen in BGHZ 108, 179, 186 (= Fn 318).
83 So aber Schanbacher AcP 191 (1991), 87, 96 ff.
84 S hierzu § 774 Rz 24.
85 E I § 337 Abs 1: „soweit nicht aus Gesetz oder Rechtsgeschäft ein Anderes sich ergibt“.
86 Zur Funktion der Vorschrift als Beweislastregel s Rz 17.
87 RG WarnR 1914 Nr 247 = Gruch 58, 968, 969 = LZ 1914 Sp 1851 f = BayZ 1914, 425: „Hilfssatz“; – RGZ 75, 251, 256: „Hilfsregel“; dem folgend RGZ 88, 122, 125; BGHZ 103, 72, 76 = NJW 1988, 1375, 1376 zu A II 3 a.
88 S unten Rz 10.

mungsmacht der Beteiligten vorrangig[89]. Einer Angemessenheitskontrolle nach AGB-Recht unterliegen sie erst nach dem Maßstab einer jeweils ihnen selbst innewohnenden vertragstypischen Interessenwertung. Ein **Ausgleich unter mehreren Bürgen** – und zwar nicht nur ein „anderer", sondern jeder – kann sich nur **auf rechtsgeschäftlicher Grundlage** ergeben, und zwar entweder unmittelbar aus einem der Bürgschaftsübernahme zugrunde liegenden anspruchbegründenden Vertragsverhältnis der Bürgen untereinander[90] oder mittelbar aus einer dem Bürgschaftsvertrag des jeweiligen Bürgen mit dem Gläubiger innewohnenden Rangbestimmung, die seine Haftung in eine den Ausgleich ermöglichende Beziehung zu anderen Sicherungsrechten setzt[91]. Deren Instrument ist die Übertragung von Rechten des Gläubigers gegen die weiteren Sicherungsgeber[92]. Da vertragliche Vereinbarungen nicht Gesamtregelungen unmittelbar zu Lasten nicht beteiligter Dritter, sondern diesen gegenüber allenfalls mittelbare Rechtswirkungen hervorbringen können, sind die **Vertragsbeziehungen** zwischen den Beteiligten **je für sich**[93] auf ihre Rechtswirkungen zu untersuchen. Diese können gesetzlich oder aus einer Verkehrsanschauung vorgegebene vertragstypische sein oder individuell besonders vereinbarte. – In der Praxis bleiben Sicherungsgeber, die sich unabhängig voneinander bereitfinden, für dieselbe Hauptverbindlichkeit einzustehen, und voneinander nichts wissen, unverändert die Ausnahme. Doch wird andererseits ein Zusammenwirken von Sicherungsgebern sowohl im Innen- wie im Außenverhältnis schon im Vorfeld von Vertragsverhandlungen zumeist von zusammenhängenden, aber unausgesprochen bleibenden Vertragszwecken geprägt. Eben das erschwert die Darstellung allgemeingültiger und nachvollziehbarer Rechtsanwendungsprogramme[94] und damit die Aufstellung nach der Beweislast schlüssiger Prozessbehauptungen. Letztlich ist es bis heute leichter, Entscheidungen über Haftungs- und Ausgleichskonflikte aus einer Anschauung richtig zu treffen als nach Grundsätzen eindeutig zu begründen.

5 3. **Innenverhältnisse**. Haben sich mehrere zu **gemeinschaftlicher Verbürgung** desselben Gläubigerinteresses bereitgefunden, so sind sie damit zunächst in eine der Bürgschaftsübernahme zugrundeliegende **rechtsgeschäftliche Beziehung** untereinander eingetreten, die unmittelbar und unabhängig von den daraufhin gegenüber einem Gläubiger eingegangenen Ausführungsgeschäften allein maßgeblich über die interne Lastentragung bestimmt; und zwar auch, wenn die dafür erforderliche Verständigung erst in dem Akt der Bürgschaftsübernahme gegenüber dem Gläubiger ihren Abschluss findet, wie es dem althergebrachten[95] Tatbestandsbild des § 427 entspricht. Dieses „Innenverhältnis" unterliegt den Voraussetzungen eines **Vertragsschlusses** und unterscheidet sich darin nicht von einem einseitigen Bürgschaftsauftrag[96]. Seit jeher[97] und bis heute hat sich die Dogmatik schwergetan, für eine solche, der „Vorgeschichte des Bürgschaftsvertrages"[98] angehörende Verabredung eine plausible rechtsgeschäftliche Darstellungsweise beizubringen[99], zumal den nächstgelegenen Vertragsmodellen wie Gesellschaft oder Auftrag falltypisch andere Schwerpunkte eigen sind. Ein annähernd gleiches wirtschaftliches Interesse der Mitbürgen an der Durchführung des Hauptschuldverhältnisses lässt die Annahme eines „gesellschaftsähnlichen Verhältnisses"[100] zu, das einen wechselseitigen Risikoausgleich zum Gegenstand

89 S hierzu § 776 Rz 28.
90 S unten Rz 5 bis 8.
91 S unten Rz 9 ff.
92 S unten Rz 10.
93 RGZ 81, 414, 417; RG LZ 1915, Sp 1511 Nr 9. – Insoweit zutreffend BGH NJW 1987, 3126, 3127 zu II 1 (= Fn 8). In der Unterscheidung zwischen den Sicherungsverträgen mit dem Gläubiger und einem rechtsgeschäftlichen Innenverhältnis unter den Mitbürgen nicht eindeutig BGHZ 88, 185, 188 (= Fn 78).
94 S dazu auch RGZ 92, 143, 151 f (s hierzu Fn 72).
95 S ROHGE 24, 99, 100; 2, 349, 351 f; RG Bolze 1 Nr 1148 – s Rz 2 bei Fn 42 ff.
96 S hierzu § 775 Rz 1.
97 Ausführlich Savigny, ObligationenR I, 1851, S 226 ff mit unterschiedlichen Konstruktionen. – Zu einem familiären Grenzfall s OAppG Lübeck SeuffA 34 Nr 210.
98 So RG Gruch 58, 968, 970 (insoweit nicht in RG WarnR 1914 Nr 247).
99 Und zwar für einen „eigentlichen" Vertrag (ROHGE 2, 349, 352), nach dem die Beteiligten „unter sich gemeinschaftlich nur als Bürgen für den Hauptschuldner" haften wollen (ROHGE 3, 184, 185); unklar demgegenüber RGZ 51, 69, 71 ff. Aus neuerer Zeit Celle WM 1986, 1224, 1225; BGH NJW-RR 1991, 682 f; s noch Fn 106.
100 RG WarnR 1929 Nr 138 S 251.

hat. Auf eine Anlehnung an geläufige und bewährte Vertragstypen kann es aber nicht wesentlich ankommen. Vielmehr ist dem Einverständnis mehrerer Sicherungsgeber zu einer zusammenwirkenden Bestellung von Sicherheiten für dasselbe Gläubigerinteresse **aus sich** eine **rechtstypische Vertragsgestalt** eigen, an die sich selbstverständliche Rechtsfolgen (naturalia negotii) knüpfen. Die Beteiligten sind im Fall einer dem Gläubiger nach § 421 freistehenden einseitigen Inanspruchnahme untereinander ausgleichspflichtig, auch wenn sie einen Ausgleich nicht bewusst und ausdrücklich vereinbart haben, und zwar nach § 426 Abs 1 Satz 1 in vertragstypischer Ergänzung ihrer Übernahmevereinbarung zu gleichen Anteilen[101], wenn nicht ein anderes „bestimmt“[102] ist. Ein solches vertragliches Innenverhältnis ist **selbstständige Anspruchsgrundlage**[103], ergibt also nicht lediglich einen Verteilungsmaßstab für vom Gläubiger erworbene Ausgleichsansprüche[104].

Auch **andere Verteilungsschlüssel** können sich **vertragstypisch** ohne besondere Verständigung über die interne Lastenteilung ergeben[105], wenn sich für die Rechtsanwendung „dieser“ Vertrag als „ein solcher“ darstellt, der nach der Verkehrsanschauung und Treu und Glauben berechtigte Erwartungen auslöst, die ihren rechtlichen Ausdruck in selbstverständlichen Rechtsfolgen finden[106]. Aus einem unterschiedlichen wirtschaftlichen Interesse der Mitbürgen am Gegenstand der Verbürgung kann sich als selbstverständlich ergeben, dass Einzelne gegenüber anderen von einer Inanspruchnahme durch den Gläubiger voll zu entlasten sind und ihrerseits nicht auf internen Ausgleich in Anspruch genommen werden können[107]. Entschließen sich **Gesellschafter** zu einer Verbürgung für Verbindlichkeiten ihrer Gesellschaft, so bestimmt sich ihr für den Ausgleich maßgebliches Interesse (wie auch sonst bei der Übernahme gesamtschuldnerischer Verbindlichkeiten)[108] nach ihrer Beteiligung an der Gesellschaft[109], und zwar auch 6

101 RG WarnR 1914 Nr 247 S 348 f (= Fn 87). – So auch schon nach PreußALR (s oben Rz 2 bei Fn 45 f).

102 S auch Fn 85.

103 Zur Geltendmachung s § 774 Rz 26.

104 Unklar (weil nicht zwischen Innenverhältnis und Sicherungsvertrag unterscheidend) BGH NJW 1992, 3228, 3229 zu II 3 und III (= Fn 318). – Dazu Rz 20.

105 RGZ 88, 122, 124, 125; RG WarnR 1914 Nr 247 S 348 = Gruch 58, 968, 970: „von selbst“; BGH WM 1975, 100, 102 zu 1 c (= Fn 113): durch „stillschweigende Vereinbarung aus den Umständen“.

106 Den fließenden Übergang zwischen vertragstypischer und individueller Vereinbarung vermittelt das Schlagwort von einer „stillschweigenden“ Erklärung (RGZ 117, 1, 3). Dies meint wohl auch der BGH mit der Ableitung, eine stillschweigende Vereinbarung könne sich aus der „Natur der Sache“ ergeben (BGH NJW 1986, 3131, 3133 zu I 5 [= Fn 76]). Nicht zureichend ist es aber, zur Bestimmung rechtsgeschäftlicher Ausgleichsbeziehungen lediglich die „Natur der Sache“ und die „besondere Gestaltung des tatsächlichen Geschehens“ in Anspruch zu nehmen (so BGH FamRZ 1986, 881, 882 zu 2 b = NJW-RR 1986, 1196 = LM Nr 70 zu § 426; BGH NJW 1986, 1491, 1492 zu II 3 a = WM 1986, 208; BGH NJW 1988, 133, 134 zu 2 c; BGH NJW-RR 1989, 66, 67 zu II 2; BGH NJW 1992, 2286, 2287 zu II 3 b mweitNachw = WM 1992, 1312 = ZIP 1992, 1146 = LM Nr 24 zu § 774 [Grunewald]). – Die Floskel wird auch in nicht rechtsgeschäftlichem Zusammenhang (BGHZ 28, 297, 301 = NJW 1959, 334, 335 zu II) eingesetzt, wo sie eine schadensersatzrechtliche Folgerung ergeben soll. Letztlich ist sie nicht unterscheidungskräftig (BGH NJW 1984, 482 zu 3 c). – Wohl eher unjuristisch BGH NJW 1987, 374, 376 zu II 3 b, bb = WM 1986, 1550, 1552, wonach sich auch „... aus dem tatsächlichen Ablauf der Dinge, also auch ohne Abrede“ der Beteiligten Ansprüche ergeben könnten. Eine „Prüfung dieser Anspruchsgrundlage“ setzt zunächst einen zureichenden Sachvortrag (hier zu einem Schadensersatzanspruch im vertraglichen Innenverhältnis) voraus, der nicht richterlich herbeigewürdigt werden kann. Zu der umgekehrten Schwierigkeit, vertragstypisch selbstverständliche Rechtsfolgen in Anspruch zu nehmen, s BGH NJW 1998, 894, 895 zu IV 1 = WM 1998, 235 = ZIP 1998, 280 (insoweit nicht in BGHZ 137, 292).

107 BGH WM 1959, 229 = MDR 1959, 277 = BB 1959, 209 = LM Nr 3 zu § 774; s auch BGH WM 2002, 291, 293 zu 3 b (= Fn 125); Celle WM 1986, 1224, 1225. – Einen Grenzfall betrifft BGH NJW 1984, 482 = WM 1983, 1386 = ZIP 1984, 38 (Eltern und Ehefrau des Hauptschuldners); vgl auch BGH NJW 1986, 978 = WM 1986, 170.

108 BGHZ 103, 72, 76 (= Fn 87); BFH NZI 2001, 445, 448 zu II 2 d.

109 RGZ 88, 122, 125 f; RG Bolze 1 Nr 1149; BGH WM 1989, 406, 407 zu 1 = NJW-RR 1989, 685; BGH NJW 1992, 3228, 3229 zu II 3 (= Fn 318); Köln NJW 1995, 1685; Frankfurt/M MDR 1968, 838. – Zur Bürgschaft von Kommanditisten s § 774 Rz 22.

dann, wenn nur ein Teil der Gesellschafter sich dazu bereitgefunden hat und damit eine sich von der Gesamtgesellschaft abhebende engere Zweckbeziehung bildet[110]. Diese kann auch wiederum zu gleichen Anteilen führen[111]. Mit dem Ausscheiden aus der Gesellschaft ist typischerweise die interne Entlastung von dem Ausgleichsrisiko für zuvor von den Gesellschaftern übernommene Bürgschaften verbunden[112]. Überträgt nach der Bürgschaftsübernahme ein Gesellschafter seinen Geschäftsanteil auf einen Mitbürgen, so ist damit typischerweise zumindest in ihrem Verhältnis die Übernahme der Ausgleichslast im Innenverhältnis verbunden[113]. Verbürgen sich für die Gesellschaft die Gesellschafter zusammen mit Nichtbeteiligten, etwa Familienangehörigen, so fällt die interne Haftungslast den Gesellschaftern allein zu[114]. Nach den besonderen Umständen der Übernahmevereinbarung bestimmt sich auch, ob ein solcher Nichtbeteiligter im Fall seiner Inanspruchnahme die geschäftlich interessierten Mitbürgen wegen seiner Aufwendungen auftragsrechtlich nach § 427 als Gesamtschuldner in Rückgriff nehmen kann oder gesellschaftsrechtlich nur auf anteiligen Ausgleich[115]. Aufgrund der persönlichen Umstände der Beteiligten kann auch eine festbestimmte Lastenverteilung in engeren Ausgleichsgemeinschaften unter Familienstämmen gelten, so dass ein nichtzugehöriger Bürge nicht darüber hinaus in eine andere Familie Rückgriff nehmen kann[116]. Verständigen sich die Beteiligten schon für sich selbst und in Abwägung ihres Eigeninteresses auf eine Übernahme von Bürgschaften zu unterschiedlichen Höchstbeträgen[117], so bestimmt sich auch in ihrem Innenverhältnis der daraus folgende[118] Anspruch auf Lastenteilung nach dem Verhältnis der beabsichtigten Übernahme von Haftungsrisiken, es sei denn, dass sie sich über ein davon abweichendes Interesse an dem zu sichernden Geschäft einig sind und sich mit der unterschiedlichen Verbürgung nur nach den Anforderungen des Gläubigers richten. Soll sich von mehreren gleichermaßen Interessierten letztlich nur einer verbürgen, weil der Gläubiger nur diesen als Bürgen akzeptiert, so können sie gleichwohl für den Ausgleich eine Risikogemeinschaft gebildet haben, deren Anteile sich aus den Umständen ihres gemeinsamen Vorhabens ergeben. Besteht für eine gemeinschaftlich vereinbarte Übernahme von Sicherungsrisiken keine auf Begleitumstände bezogene Verkehrsauffassung, die objektiv regelbildend[119] über das Ausgleichsverhältnis bestimmt[120], so gilt nach der gesetzlichen „Hilfsregel"[121] des § 426 Abs 1 Satz 1 der **Maßstab gleicher Anteile**. Eine von schon rechtstypisch vorgegebenen Regeln abweichende Lastenverteilung erfordert eine wirkliche vertragliche Verständigung, deren erforderliche Deutlichkeit sich lediglich als Beweisfrage stellt[122]. Die Behauptungs- und Beweislast sowohl für obwaltende Umstände wie auch für eine besondere vertragliche Vereinbarung fällt

110 RG WarnR 1914 Nr 247 S 348 (= Fn 87): „gewissermaßen eine Gesellschaft zu einem Einzelzweck innerhalb des Gesellschaftsverhältnisses".

111 BGH NJW 1986, 1097, 1098 zu I 3 c = WM 1986, 363 = ZIP 1986, 432.

112 BGH WM 1989, 406, 407 zu 1 a (= Fn 109); LG Stuttgart NJW-RR 2000, 623; Hamburg ZIP 1984, 707 = GMbHRdsch 1985, 58 (Freistellungsanspruch nach Ausschluss); vgl auch RGZ 132, 29. – Gleiches gilt für mitbürgende Geschäftsführer einer Gesellschaft nach dem Ausscheiden aus dem Dienstverhältnis (wohl von unzureichendem Tatsachenvortrag der Parteien bestimmt: BGH NJW 1992, 2286, 2287 zu II 3; s hierzu Fn 73).

113 BGH WM 1975, 100, 102 zu 1 c = LM Nr 9 zu § 774 = MDR 1973, 927 f = BB 1973, 1326.

114 BGH WM 1959, 229 (= Fn 107); BGH WM 1960, 1190, 1191 zu A I 2 b; BGH NJW 1986, 3131, 3133 zu I 5 (= Fn 76); vgl aber auch BGH NJW 1992, 3228, 3229 zu II 3 = WM 1992, 1893; BGH NJW 1986, 1097, 1098 (= Fn 111).

115 S dazu § 774 Rz 22.

116 So BGH WM 1993, 1668, 1669 zu II 3 = NJW-RR 1993, 1377 = JuS 1994, 171 (in zutreffender Abwägung, aber mit nicht eindeutiger, weil Innen- und Außenverhältnis vermischender Begründung). – Vgl auch BGH WM 1976, 687, 689 = LM Nr 19 zu GG Art 101 zu II 3 = MDR 1976, 837 f zu b; BGH NJW 1986, 1491, 1492 zu II 3 = WM 1986, 208. – Zu einem Grenzfall Hamm WM 1997, 710, 716 f.

117 Zur Höchstbetragsbürgschaft iAllg s Rz 24 vor § 765.

118 S oben Rz 5 aE.

119 Dazu, dass es sich um eine Rechtsfrage handelt, s RGZ 88, 122, 124; 117, 1, 4.

120 Aus unterschiedlicher Nähe der Familienbeziehung zum Hauptschuldner ergibt sich noch nicht ohne weiteres eine vorrangige Haftungslast des näherstehenden Mitbürgen (BGH WM 1957, 517, 519 zu IV).

121 RG WarnR 1914 Nr 247 (= Fn 87); s insbes RG WarnR 1929 Nr 138 S 250.

122 Auch dazu RGZ 88, 122, 126 (= Fn 119); – s noch BGH NJW 1987, 3126, 3129 zu II 3 d (= Fn 8).

demjenigen zu, der sich zur Anspruchsbegründung oder zur Abwehr von Ausgleichsansprüchen darauf beruft[123].

Besondere vertragliche Vereinbarungen über Ausgleichspflichten unter Mitbürgen oder unter Beteiligten, die sich mit oder ohne Haftbar- oder Verbindlichmachung gegenüber einem Gläubiger zu einer internen Risikogemeinschaft zusammenfinden, sind im Rahmen der Vertragsfreiheit vielfach denkbar[124]. Soweit sie in gegenseitige Verträge mit anderweitigen Leistungs- und Ausgleichsinteressen einbezogen sind, können sie wiederum der typisierenden Regelbildung für andere Vertragsarten unterliegen. Ausgleichspflichten, die den für mehrere Sicherungsgeber entwickelten Grundsätzen folgen, können auch schon bestehenden Rechtsverhältnissen unter den Beteiligten, etwa gesellschaftsrechtlichen[125] oder familienrechtlichen[126] zuzuordnen sein. 7

Für das **Entstehen eines vertraglichen Innenverhältnisses**[127] wesentlich ist lediglich, dass die Beteiligten bei ihrer Verabredung wechselseitig die Übernahme von Bürgschaften oder anderen Sicherungshaftungen[128] für dasselbe Gläubigerinteresse zugrunde legen, nicht auch, dass sie sich dazu untereinander verbindlich verpflichten. Letztlich bleibt der Übergang zu einem einseitigen Bürgschaftsauftrag, der nicht vom Schuldner ausgehen muss, fließend und für das Entstehen einer Ausgleichsregelung unwesentlich[129]. Kommt es bei Einzelnen nicht zu einer wirksamen Haftbarmachung gegenüber dem Gläubiger oder nur zu einer weniger weitgehenden Sicherung als vorausgesetzt, bleibt ihre im unmittelbaren Verhältnis vereinbarte Ausgleichspflicht[130] davon unberührt. Eben deshalb kann der am vertraglichen Innenverhältnis nicht beteiligte Gläubiger auch nicht durch die Gestaltung des Sicherungsvertrages[131, 132] oder durch eine nachträgliche Entlassung[133] eines von mehreren Bürgen aus dessen ihm gegenüber eingegangenen Bürgschaft oder durch eine nachträglich vereinbarte Haftungserleichterung[134] auf die im unmittelbaren Verhältnis mehrerer Mitbürgen vertraglich begründete Ausgleichspflicht einwirken[135]. Für eine im Innenverhältnis bestehende Ausgleichspflicht ist deshalb auch nicht unmittelbar mitbestimmend, ob gegenüber dem Gläubiger einzelne Mitbürgen nach § 773 Abs 1 Nr 1 selbstschuldnerisch, andere nur nach § 771 unter dem Vorbehalt der Vorausklage haften. Liegt aber der Vereinbarung der be- 8

123 BGH WM 1982, 186 zu 3 a = KTS 1982, 405.
124 RG JW 1906, 305 Nr 10: Vereinbarung „wechselseitigen“ anteiligen Ausgleichs; RG BayZ 1905, 323: Rückbürgschaft eines Mitbürgen für einen anderen.
125 BGH WM 2002, 291 = ZIP 2002, 394 = NJW-RR 2002, 455. – S § 774 Rz 22.
126 BGH NJW 1988, 133.
127 S oben Rz 5.
128 Die Art der Verbindlichmachung gegenüber dem Gläubiger ist überhaupt unwesentlich. – S zB Hamm FamRZ 1994, 960.
129 Deshalb nach Fallage zutreffend Celle NJW 1986, 1761 = WM 1986, 1224 = JuS 1986, 731. – Dazu noch § 774 Rz 26.
130 S oben Rz 5.
131 S oben Rz 9 ff.
132 Nur insoweit zutreffend BGH NJW 1987, 3126, 3127 (= Fn 8). Verfehlt und unverständlich BGHZ 88, 185, 188 f (= Fn 78), wo die Einsicht, dass der Bürgschaftsvertrag nur über das Verhältnis zum Gläubiger bestimmt, durch „Auslegung“ erzielt worden sein soll. – S noch Rz 15.
133 Deshalb nur im Ergebnis zutreffend BGH WM 1963, 1249, 1250 zu 1 (gemeinschaftlich von sieben Bürgen übernommene Bürgschaft) = LM Nr 6 zu § 774; LG Flensburg NJW-RR 1987, 440. – Nach BGH NJW 1992, 2286, 2287 zu II (= Fn 67) soll die Entlassung eines von mehreren Bürgen das „neben dem Gesamtschuldverhältnis“ als „Innenverhältnis“ angenommene, auf die „gesetzliche Haftungsverteilung“ nach § 426 Abs 1 ausgerichtete „selbstständige“ Ausgleichsverhältnis unberührt lassen.
134 Im Ergebnis zutreffend BGH NJW 1986, 3131, 3133 zu I 3 c, bb (= Fn 68), wenn man das „Innenverhältnis“ der Ausgleichsparteien als unmittelbar vertragliches versteht, wie es dem mitgeteilten Sachverhalt entspricht (so auch Tiedtke EWiR § 769 BGB 1/86, 673 [Anm]), und nicht aus 426 Abs 1 Satz 1 „gesetzlich“ begründet (dagegen unten bei Fn 139).
135 RG LZ 1915, Sp 1511 Nr 9. – Das ist im Ergebnis nicht umstritten. Die von BGH NJW 2000, 1034, 1035 zu I 2 a (= Fn 10) dafür gegebene Begründung ist nur insoweit zutreffend, als die Ausgleichspflicht einem „selbstständigen“ Schuldverhältnis „neben“ den Bürgschaftsverträgen zugeordnet wird. Das kann aber nur ein zwischen den Mitbürgen unmittelbar bestehendes, der Bürgschaftsübernahme schon zugrundeliegendes vertragliches Innenverhältnis sein (nicht eindeutig auch BGH NJW 1986, 3131, 3133 f zu I 5 – [= Fn 68]). – Zum Einfluss der Freigabe von Sicherungsrechten auf den aus dem Sicherungsvertrag mit dem Gläubiger vermittelten Ausgleich (Rz 10) s § 776 Rz 18 ff.

absichtigten gemeinschaftlichen Verbürgung schon zugrunde, dass ein Mitbürge nur privilegiert mithaften soll, so kann er auch zum Ausgleich erst herangezogen werden, wenn feststeht, dass ein Rückgriff gegen den Hauptschuldner aussichtslos ist. Die **Ausgleichspflicht im Innenverhältnis** entsteht dem Grunde nach schon aus der Verabredung zur Bürgschaftsübernahme[136] und findet allein darin ihren Rechtsgrund. Ebenso bestimmt sich das Ausscheiden eines Beteiligten aus der inneren Ausgleichsgemeinschaft und damit auch die Begrenzung seines Ausgleichsrisikos gegenüber zukünftigen Erhöhungen aus dem gesicherten Hauptschuldverhältnis allein nach der Vertragsbeziehung zwischen den Mitsicherern; sie kann sich nicht unmittelbar aus einer Entlassung aus der Haftung gegenüber dem Gläubiger ergeben[137]. – Für die Annahme eines weiteren, mit der „Begründung des Gesamtschuldverhältnisses" entstehenden „gesetzlichen" Ausgleichsverhältnisses[138] ist kein Platz[139]. Hier hält sich lediglich in einer Tradition von Schlagwörtern die allein auf gesetzliche Schadensersatzansprüche zugeschnittene[140], darüber hinaus aber gegenstandslose begriffliche Konstruktion, die an die Stelle der vom Gesetzgeber nicht bewältigten rechtsgeschäftlichen Tatbestandsbildung getreten ist[141]. Nur aus dem unmittelbaren vertraglichen Innenverhältnis kann schließlich eine Verbindlichkeit der Mitbürgen zu wechselseitiger „Mitwirkung" an der Befriedigung des gesicherten Gläubigerinteresses entstehen[142]. Das Bestehen gesamtschuldnerischer Verbindlichkeiten gegenüber dem Gläubiger bildet dafür nicht den Rechtsgrund, sondern nur den Anlass und Gegenstand[143]. Besteht eine solche Mitwirkungspflicht aus dem Innenverhältnis, kann der leistende Mitschuldner von den anderen Beteiligten einen Ausgleich auch schon vor der Feststellbarkeit der sich ergebenden gesamten Haftungslast und somit auch schon vor Überschreiten seines endgültigen Haftungsanteils verlangen[144]. Dadurch kann es auch zu einer Rückbelastung mit Ausgleichsansprüchen der anderen Mitschuldner nach deren Inanspruchnahme durch den Gläubiger kommen. Ein solcher **Anspruch auf sofortigen Ausgleich** erbrachter Leistungen ergibt sich als vertragstypisch, wenn die mehreren zusammenwirkenden Bürgen dem typischen Bürgschaftsauftrag[145] vergleichbar primär Kredithilfe leisten wollen und dafür das Risiko einer Inanspruchnahme nur in Kauf nehmen; sie haben dann dieses Risiko gemeinsam zu tragen, sobald es eintritt[146]. Das gilt insbesondere, wenn die Mitbürgen sich zu einer mittelbaren Kreditgewährung an den Hauptschuldner zusammengetan haben, die einen alsbaldigen Rückgriff gegen diesen ausschließt. Andererseits kann es im Sinne der gemeinschaftlichen Kredithilfe liegen, dass ein in Anspruch genommener Beteiligter verpflichtet ist, sich vorrangig und alsbald zunächst an den Hauptschuldner zu halten, um einer endgültigen Haftungslast der Mitbürgengemeinschaft vorzubeugen. Die **Gemeinschaftlichkeit der vertraglichen Risiko-**

136 Kanka IherJb 87 (1937/38), 123, 158 („sofort"). – S auch Rz 5 mit Fn 98.
137 Anders wohl BGH WM 1963, 1249, 1251 zu 2 a.
138 So die wohl hM (Rz 3 bei Fn 66 ff); zuletzt BGH NJW 2000, 1034, 1035 zu I 1 a 2 a (= Fn 10). – Die zahlreichen Entsch und die in ihnen angezogenen weiteren verbindet durchweg nur der Sprachgebrauch; sachlich liegen ihnen entweder verdeckt bleibende vertragliche Innenverhältnisse (Rz 5) oder gesetzlicher Schadensausgleich (Rz 3 bei Fn 59) zugrunde.
139 S dazu schon Rz 1 bei Fn 19 f; Rz 3 bei Fn 70 ff.
140 S etwa RGZ 61, 56, 61; 79, 288.
141 Mit RGZ 92, 143, 151 f (= Fn 72) ist darauf hinzuweisen, dass auch im Fall des BGH NJW 2000, 1034, 1035 zu I 2 a, wie in allen beigezogenen Entsch ein rechtsgeschäftliches Innenverhältnis vorlag. S auch BGH NJW 1986, 978, 979 zu II 2 b = WM 1986, 170. – Ausdrücklich BGHZ 23, 361, 364: bei der „gemeinsamen Übernahme".
142 Wiederum aA (konstruktiv verfehlt, aber nach Fallage zutreffend) BGH, NJW 2000, 1034, 1035 zu I 1 a: „aus dem Gesamtschuldverhältnis"; ebenso BGH NJW 1981, 1666, 1667 zu 5; BGH NJW 1986, 3131 f zu I 1 = WM 1986, 961 = ZIP 1986, 970. – Wie hier schon Kanka IherJb 87 (1937/38), 123, 168 ff.
143 BGH NJW 1986, 978, 979 zu II 2 d = WM 1986, 170.
144 So zutreffend, wenngleich ohne zureichende Begründung BGH NJW 1986, 1097 f zu I 2 a (= Fn 111); BGH NJW 2000, 1034, 1035 zu I 1 a (= Fn 10); dem folgend Köln NJW 1995, 1685, 1686 zu II; MünchKomm/Habersack § 774 Rz 26; Staud/Horn § 774 Rz 47. – S dazu noch § 774 Rz 29 aE.
145 S § 775 Rz 1.
146 Celle JW 1934, 1864; dem folgend BGHZ 23, 361, 364 = NJW 1957, 747 = JZ 1957, 442 (mkritAnm A Blomeyer) = WM 1957, 517, 519 zu V (mit unzureichender Begründung: „nach den besonderen Umständen des zwischen ihnen bestehenden Gesamtschuldverhältnisses". In beiden Streitfällen bestand zwischen den Mitbürgen erkennbar ein vertragliches Innenverhältnis).

übernahme und die sich aus den Unsicherheiten der Gesamtabwicklung ergebende Vorläufigkeit einer alsbaldigen Ausgleichung kann andererseits einen Lastenausgleich bis zur Klärung der Endbelastung aufschieben. Das kann den zuerst in Anspruch genommenen Mitbürgen treffen, wenn seine Rückbelastung absehbar ist, er aber seinerseits zu korrigierenden Ausgleichsleistungen nicht mehr in der Lage sein würde[147]. Allein nach dem der mehrfachen Bürgschaftsübernahme gegenüber dem Gläubiger schon zugrundeliegenden unmittelbaren Innenverhältnis unter den Mitbürgen[148] bestimmt sich schließlich, ob ein vom Gläubiger in Anspruch genommener Mitbürge sich zuerst an ein ihm vom Hauptschuldner exklusiv eingeräumtes Sicherungsrecht zu halten hat, bevor er andere auf Ausgleich in Anspruch nehmen kann, oder ob er vertraglich zumindest gehalten ist, diesen Rechtsvorteil zu erhalten und seinen Ausgleichsschuldnern zum Rückgriff gegen den Hauptschuldner zu übertragen[149]. Geht es mithin bei dem einen Ausgleich begründenden Innenverhältnis unter Mitbürgen allein um eine vertragliche, mit vertragstypischen oder eigens vereinbarten Rechtsfolgen ausgestattete unmittelbare Rechtsbeziehung und nicht um konstruktive Ableitungen aus einem gesetzlichen Begriff der „Gesamtschuld", so ergibt sich der Raum für ein zu vertragstypischen Ausgleichsansprüchen führendes Innenverhältnis zwanglos auch dann, wenn die Beteiligten unter sich die Bestellung verschiedenartiger Sicherheiten für dasselbe Gläubigerinteresse zugrunde legen[150] oder die Art der Haftbarmachung der Verständigung mit dem Gläubiger im Sicherungsvertrag überlassen. Ein solches eigenständiges Innenverhältnis mit unmittelbaren vertraglichen Rechtsfolgen entsteht **nicht ohne rechtsgeschäftliche Verständigung** der Beteiligten und somit nicht, wenn die mehreren Bürgen ihre Verbindlichkeit gegenüber dem Gläubiger ohne Kenntnis voneinander übernehmen[151]. Es entsteht nicht schon, wenn sie lediglich voneinander wissen[152], und nicht allein dadurch, dass sie dem Gläubiger gegenüber erkennbar nur mit Rücksicht auf das Eintreten der weiteren Mithaftenden zur Verbürgung bereit sind[153]. Fehlt es aber an einer unmittelbaren rechtsgeschäftlichen Beziehung zwischen den mehreren Sicherungsgebern, dann können zwischen ihnen auch **keine unmittelbaren Ansprüche auf Ausgleich** bestehen[154], wie sich ja auch zwischen einem Bürgen und dem Hauptschuldner unmittelbare Ansprüche auf Schuldbefreiung und Aufwendungsersatz allein aus einem zwischen ihnen bestehenden Bürgschaftsauftrag ergeben[155]. Dann bleibt als **zweites Instrument des Ausgleichs** wie für den Zweck des Rückgriffs gegen den Hauptschuldner[156] so auch für einen Ausgleich mit weiteren Sicherungsgebern die Möglichkeit eines sich aus dem Sicherungsvertrag mit dem Gläubiger ergebenden Rechts auf den Erwerb von Gläubigerrechten gegen weitere Sicherungsgeber[157].

4. **Sicherungsverträge**. – a) **Typisierung und Instrumentierung**. Sicherungsverträge geben einem Gläubiger das Recht, sich an Stelle einer ihm geschuldeten Leistung die Befriedigung 9
seines Interesses aus einem weiteren Rechtstatbestand zu verschaffen[158]. Dieser kann ein schuldrechtliches Forderungsrecht ergeben oder in einem auf eine gegenständliche Rechtsverschaffung gegründeten Verwertungsrecht bestehen. Stets kann sich die Berechtigung zur Inanspruchnahme nur aus einer eigenständigen schuldrechtlichen Vereinbarung ergeben, die dafür den „Rechts-

147 BGHZ 83, 206 = NJW 1982, 2306 = WM 1982, 610 = ZIP 1982, 541.
148 S oben Rz 5.
149 Darin mangels eindeutiger Unterscheidung zwischen Sicherungsverhältnis zum Gläubiger und Innenverhältnis zu Mithaftenden unklar RG Gruch 50, 657 = JW 1906, 486.
150 Dazu iAllg Rz 20; s auch Fn 128.
151 BGH WM 1983, 1386, 1387 zu 4 = ZIP 1984, 38, 40: zu den Voraussetzungen „abweichender" Bestimmung (insoweit nicht in BGH NJW 1984, 482, [= Fn 107]).
152 Wie im Fall Hamm NJW 1991, 297.
153 Dazu § 765 Rz 10.
154 Dies bleibt von den ansonsten historisch gewordenen Erörterungen von Savigny, Obligationenrecht I, 1851, S 278. – Insoweit zutreffend BGH NJW 2002, 1491 zu II 2 a. Dies meint wohl auch BGHZ 108, 179, 183 zu II 2 c (= Fn 318): zum Verhältnis ungleichartiger Sicherheiten. – Dazu weiter Rz 20.
155 S § 775 Rz 1.
156 S dazu oben Rz 2 bei Fn 38; § 774 Rz 18 f; § 776 Rz 5.
157 S unten Rz 9 ff.
158 S hierzu Rz 21.

grund"[159] schafft und darin auch den konkreten Bezug zu der gesicherten Forderung herstellt. Wesentlicher, das übernommene Haftungsrisiko und damit „Inhalt oder Umfang der Vertragsleistung"[160] ausfüllender Gegenstand des Sicherungsvertrages ist damit die Bestimmung des **Sicherungszwecks** nach Voraussetzungen und Grenzen der Inanspruchnahme und weiteren Folgewirkungen, in denen die „Subsidiarität"[161] der Sicherungshaftung zur Geltung kommt. Für eine **einheitliche Dogmatik des Sicherungsvertrages** und eine daran ausgerichtete Begriffsbildung bleibt von nachgeordneter Bedeutung, ob Sicherungsgeber der Schuldner selbst für seine eigene Verbindlichkeit ist oder ein Dritter für fremde Schuld, und ebenso, ob das dem Gläubiger verschaffte Instrument seiner Sicherheit als schuldrechtliches Forderungsrecht oder als dingliches Verwertungsrecht besteht. Doch ist der Weg zu einer solchen, im Gesetz nicht angelegten einheitlichen Dogmatik deshalb weit, weil die traditionellen Regelungsbilder für Sicherungsrechte in ihrer rechtstechnischen Ausgestaltung untereinander wenig Ähnlichkeiten erkennen lassen. Schwierigkeiten für eine Fortentwicklung schon des Rechtsverständnisses ergeben sich insbesondere daraus, dass die gesetzliche Regelung der sachenrechtlichen Sicherungsrechte die ihnen notwendig zugrundeliegende schuldrechtliche **Rechtsgrundvereinbarung** schlichtweg ignoriert[162]. Die allein in ihr angelegte Rechtsgeltung der von den Vertragspartnern bestimmten Sicherungszwecke lässt sich aber bei rechtlich begründeter Konfliktsentscheidung weder übergehen noch durch sachenrechtliche Hilfskonstruktionen ersetzen. Würde die Dogmatik es dahin bringen, vom Sicherungsvertrag auszugehen, träten die Sicherungsmittel von selbst als nachgeordnete Ausgestaltung zurück. Eine Entwicklung allgemeiner und damit übergreifender Kriterien für einen schuldrechtlichen Regelungstyp des Sicherungsvertrages[163] ist unumgänglich, seit im modernen Geschäftsverkehr häufiger unterschiedliche Sicherungsrechte kumulativ nebeneinandertreten[164].

10 Eben dieser **schuldrechtliche Sicherungsvertrag** ist die Leerstelle der Dogmatik, deren Fortentwicklung der Gesetzgeber noch entgegengewirkt hat, indem er längst vorhandene[165] Einsichten in die Notwendigkeit einer **Ausfüllung der rechtsgeschäftlichen Regelungsform** des schuldrechtlichen Rechtsgrundvertrages beiseite geschoben[166] und dadurch auch noch der Rechtssprache nachhaltigen Schaden zugefügt hat. Ihre Ausfüllung durch theoretische Einsicht kann nur an versteckt gebliebene Normbegriffe und Regelungssätze anknüpfen. Ohne Zweifel enthält ein in der Rechtsgeschäftsordnung entwickelter und von Verkehrsauffassungen mitgeprägter schuldrechtlicher Sicherungsvertrag einerseits vertragstypisch vorgegebene Gestaltungselemente; anderseits ist er freier Ausgestaltung durch die Beteiligten zugänglich. Auch Vertragsfreiheit entfaltet sich aber nur in der vorgegebenen Rechtsgeschäftsordnung, die allein die **Instrumente der Rechtszuweisung und Rechtsverwirklichung** vorgibt, die dem Geschäftsverkehr zur Verfügung stehen und derer sich die Beteiligten bedienen können. Zur rechtstypischen Ausstattung des von Dritten eingegangenen schuldrechtlichen Sicherungsvertrages gehören in je nach Sicherungsart unterschiedlich entwickelter Deutlichkeit die Mittel, die einem in Anspruch genommenen Sicherungsgeber den **Rückgriff gegen** den durch sein Eintreten begünstigten **Hauptschuldner** eröffnen. Dafür steht die Übertragung der Rechte des Gläubigers gegen den Hauptschuldner zur Verfügung. Der Sicherungsgeber kann darauf gegen den Gläubiger einen

159 BGH NJW 1990, 392 zu II 1 = WM 1989, 1862 = LM Nr 34 zu § 1191; RGZ 143, 113, 116 f; – Motive II, S 686 (zu § 681).

160 So RGZ 75, 271, 273: zu einem Fall der vom Bürgen erkennbar vorausgesetzten Mithaftung Dritter, der heute der Geschäftsgrundlage zuzuordnen ist, damals mit dem Instrument der Irrtumsanfechtung gelöst werden sollte.

161 So (für die Bürgschaft) Motive II, S 667 f; BGHZ 95, 350, 361; RGZ 34, 153, 157; (dazu iÜ Rz 18 ff vor § 765). – Zum Leistungszweck der Inanspruchnahme s Rz 21.

162 S unten Rz 10.

163 S unten Rz 21.

164 Dazu unten Rz 20.

165 Sintenis, Das praktische gemeine Civilrecht, 1868³, Bd I S 634 Fn 12; Förster/Eccius, Preuß PrivatR, 1896⁷, Bd III S 493; Wendt, Pandekten, 1888, § 163. – SächsBGB §§ 1441 ff.

166 Etwa durch Streichung der in E I §§ 681 f vorgeschlagenen Vorschriften über den „Verpfändungsvertrag" (Protokolle II, S 488 f).

Anspruch haben und somit seinerseits nicht ohne die Übertragung zu leisten brauchen. Ergibt sich ein solcher Anspruch kraft gesetzlicher Regelung oder traditioneller Rechtsentwicklung schon **vertragstypisch** ohne darauf gerichtete Willensbildung der Vertragspartner, kann eine rechtsgeschäftliche Übertragung auch durch einen **Übergang kraft Gesetzes** ersetzt werden, der sich folglich nach seinem „Rechtsgehalt" lediglich als „fingierte Zession" darstellt[167] und seinen eigentlichen **Rechtsgrund** allein in dem Sicherungsvertrag findet[168]. Die Fortentwicklung der Dogmatik hat freilich durch ihre Fixierung auf die erst später aufgekommenen Abstraktionen der Gesamtschuld-Theorie[169] dahin geführt, dass als Rechtsgrund für den Erwerb von Gläubigerrechten lediglich noch die gesetzliche Regelung selbst wahrgenommen wird. Die daraus entstandene Desorientierung in der rechtsgeschäftlichen Tatbestandsbildung ist seither nicht überwunden[170]. – Eine solche Instrumentierung des Sicherungsvertrages mit Gegenrechten des Sicherungsgebers hat für die Bürgschaft Tradition[171] und findet sich deshalb als vertragstypisch selbstverständlich in § 774 Abs 1 Satz 1[172]. Der Sicherungsvertrag zwischen Gläubiger und Sicherungsgeber kann ebenso auch die Instrumente für einen **Lastenausgleich unter mehreren Sicherungsgebern**, die für dasselbe Gläubigerinteresse einzustehen haben, zur Verfügung stellen, indem er einem in Anspruch genommenen Sicherungsgeber Gläubigerrechte gegen Mitsicherer verschafft, insoweit **von Vertrags wegen** ein Ausgleich ermöglicht werden soll[173]. Ist dies der Fall, hat der einzelne Sicherungsgeber gegen den Gläubiger für seine Leistung ein vertragliches Recht auf den Erwerb der konkurrierenden Sicherungsrechte, die schon kraft Gesetzes übergehen[174] oder rechtsgeschäftlich zu übertragen sein können. Ein solcher aus dem Sicherungsvertrag mit dem Gläubiger vermittelter Ausgleich unter Mitsicherern[175] beschränkt sich mithin auf den Erwerb von Rechtspositionen, die vom Gläubiger erworben werden können. *Ob* ein solcher Rechtserwerb eröffnet ist, bestimmt sich zunächst danach, ob der geltendgemachte einzelne Sicherungsvertrag mit einem Recht auf den Erwerb von Gläubigerrechten ausgestattet ist. Dann aber kommt es weiter auch noch darauf an, ob *die andere Sicherungsbeziehung* nach dem ihr innewohnenden vertraglichen Sicherungszweck dafür offen ist, über ein unmittelbares Einstehen für das gesicherte Gläubigerinteresse hinaus auch noch eine Entlastung weiterer Sicherungsgeber, die für das gesicherte Gläubigerinteresse bereits eingetreten sind, mitzutragen[176]. Das ist nicht der Fall, wenn sie lediglich nachrangig übernommen ist. Das BGB bietet – im Anschluss an traditionelle Rechtsgedanken[177] – lediglich eine an den Tatbestandsbegriff der Mitbürgschaft gebundene Ausgleichsregel, die einen Ausgleich zu gleichen Anteilen eröffnen soll, ohne aber über die Voraussetzungen einer Mitbürgenstellung und somit ihre Anwendbarkeit eindeutig zu bestimmen. Nach feststehender Meinung gilt diese Regelung nur für „gleichrangige"[178] Bürgschaftsverbindlichkeiten, aus denen die Bürgen dem Gläubiger „nebeneinander"[179] haften[180]. Ihr Tatbestand setzt also zunächst den **Begriff des Haftungsrangs** und das Instrument der rechtsgeschäftlichen Rangbestimmung voraus, mit dem im Sicherungsvertrag auch „anderes", nämlich ein vorrangiger oder ein nachrangiger Sicherungs-

167 RG SeuffA 54 Nr 150 S 286; Savigny, ObligationenR I, 1851, S 246; ROHG 21, 213: als „Ersatz der erzwingbaren Cession"; s auch Motive II, S 673 f.

168 Nach RGZ 75, 271, 273, habe sozusagen „der Bürge schon durch Eingehung der Bürgschaft ein bedingtes Anrecht auf die Forderung gegen den Hauptschuldner". – Von der Abtretung als „Formalität" sprechen Motive II, S 170, womit die Einsicht in den Rechtsgrund des Übergangs eher verdunkelt wird. – Zum Erwerb von Sicherungsrechten aus dem Schuldnervermögen s § 776 Rz 10.

169 S oben Rz 3.

170 Dazu insbes Rz 20.

171 S Rz 2 bei Fn 38 f.

172 Dazu § 774 Rz 3. – Ebenso für das von einem Drittsicherer gestellte Faustpfand in § 1225 Satz 1 und für die Hypothek in § 1143 Satz 1.

173 Und zwar als Ersatz für die früher bestehende vertragliche „Einrede der Teilung" schon gegenüber dem Gläubiger; s Rz 2 mit Fn 30 ff.

174 S oben bei Fn 167.

175 S unten Rz 17.

176 Dass also der Sicherungsgeber einer Weiterübertragung der von ihm eingeräumten Sicherheit „im voraus zustimmt" (RGZ 89, 193, 195) und sich damit den Wechsel des Begünstigten „gefallen lassen muss" (RGZ 91, 277, 280).

177 S oben Rz 2.

178 Oder „gleichstufige" (BGH NJW 1986, 3131, 3132 zu I 3 b = WM 1986, 961 = ZIP 1986, 970).

179 So RG JW 1912, 746, 747 (= Fn 5).

180 BGH NJW 1986, 3131, 3132 zu I 3 b (= Fn 178).

zweck vereinbart werden kann. Die gesetzliche Ausgleichsregel kann somit ihre gegenständliche Tragweite erst aus dem systematischen Zusammenhang als eine von mehreren sicherungsvertraglich gestaltbaren Haftungsstufen beziehen. Als gleichrangig haftend – somit als „Mitbürgen im Sinne des § 774 Abs 2“[181] – kommen somit nur diejenigen in Betracht, deren Haftbarkeit nicht durch eine rechtsgeschäftlich „andere“ Inhaltsbestimmung eine Nachrangigkeit oder ein Vorrang[182] zugeordnet worden ist, oder die sonst im Gläubigerinteresse von einem Erwerb von Gläubigerrechten ausgeschlossen worden sind[183]. Dass einem Bürgschaftsvertrag wie jeder anderen Sicherungsvereinbarung von den Vertragspartnern eine auf die Haftbarkeit weiterer Sicherungsgeber abzielende Rangbestimmung beigefügt werden kann, die sich auf Gegenstand und Umfang der Bürgenhaftung unmittelbar auswirkt und dadurch mittelbare Rechtswirkungen auch für gleichgerichtete weitere Sicherungsgeschäfte mit anderen Sicherungsgebern zur Folge haben kann, ist in der „schuldrechtlichen Gestaltungsfreiheit“ begründet[184] und war seit jeher Gemeingut der juristischen Praxis; es hat aber nur unzureichend in die systematische Ausbildung der Rechtsbegriffe Eingang gefunden. Während es früher noch überhaupt an einem begrifflichen Instrumentarium zur Darstellung von Rangordnungen im Rahmen konkurrierender sicherungsvertraglicher Haftungen fehlte[185], stehen heute die abstraktbegrifflichen Festlegungen des Gesetzes[186] auch noch einer rechtsgeschäftlichen Orientierung entgegen, in der Vertragsgegenstand und Vertragsrisiko ihren eindeutigen Platz finden. Erschwert oder sogar begrifflich ausgeschlossen ist insbesondere die Frage, ob denn überhaupt mit der zwischen einer vertraglich regelbaren Vor- und Nachrangigkeit übrigbleibenden Gleichrangigkeit der Haftung auch schon von selbst eine Ausgleichsbeziehung verbunden ist oder ob es dazu wie für die Vor- und Nachrangigkeit sicherungsvertraglich bestimmter Regelungsinhalte bedarf[187].

11 b) **Nachrangige Bürgschaftshaftungen**. Zu den altbewährten Gestaltungsmitteln, die zwischen mehreren Bürgschaften eine Rangordnung herstellen, hat sich der Vertragstyp der **Nachbürgschaft**[188] herausgebildet, durch die sich ein weiterer Bürge gegenüber dem Gläubiger verpflichtet, für einen als Schuldner benannten Vorbürgen und insofern nachrangig einzustehen. Sie kann auch „selbstschuldnerisch“[189] übernommen werden[190], sodass der Gläubiger den Nachbürgen schon an Stelle des Vorbürgen unmittelbar in Anspruch nehmen kann. Erbringt der Nachbürge auf seine Bürgschaftsschuld an den Gläubiger Leistungen, kann er gegen den Vorbürgen als den Hauptschuldner seiner Verbürgung aufgrund Rechtsübergangs nach § 774 Abs 1 Satz 1 in vollem Umfang Rückgriff nehmen. Umgekehrt hat der leistende Vorbürge einen Rückgriff gegen den Nachbürgen so wenig wie sonst ein Hauptschuldner gegen einen für ihn haftenden Bürgen[191]. Das folgt aus dem Zweck der Nachbürgschaft und ist in ihrer begrifflichen Konstruktion angelegt. – Ein Rangverhältnis zwischen mehreren Bürgen verbindet sich auch mit einer **Ausfall- oder Schadlosbürgschaft**[192]. Ist ein Bürge lediglich bereit, für den vom Hauptschuldner oder aus den von ihm gestellten Sicherungsrechten nicht zu erlangenden Ausfall aufzukommen, entspricht es dem vertragstypischen Sicherungszweck seiner Verbürgung, dass er auch nur nach etwaigen dritten Sicherungsgebern, deren Namhaftmachung es nicht bedarf, haftbar ist. Zum beschränkten Inhalt der Bürgschaftsverbindlichkeit gehört dann, dass der Gläubiger vorrangig auch gegen vorhandene weitere Sicherungsgeber vorgegangen sein muss, bevor er den Ausfallbürgen in Anspruch

181 BGH NJW 1986, 3131, 3132 zu I 3 (= Fn 178).
182 In der juristischen Umgangssprache wird mit „Vorrangstellung“ (so BGHZ 108, 179, 182 zu II 2b [= Fn 318]) auch gerade umgekehrt eine Privilegierung oder „Vorzugsstellung“ (so BGH NJW 1982, 2308 zu II 2d [= Fn 206]), also das hier Nachrangigkeit genannte Zurücktreten eines Sicherungsgebers bezeichnet, das ihm einen vollen Rückgriff gegen andere Sicherungsgeber eröffnet.
183 S unten Rz 14.
184 BGH NJW 1986, 3131, 3133 zu I 3b, cc (= Fn 178).
185 S oben Rz 2 aE.
186 S oben Rz 3.
187 S unten Rz 16ff.
188 S dazu Rz 49 vor § 765.
189 S § 773 Rz 1.
190 BGH NJW 1986, 3131, 3132 (= Fn 178); BGH NJW 1995, 1546 = WM 1995, 833 = ZIP 1995, 639; Köln WM 1995, 1224f.
191 RG JW 1912, 745, 746 (= Fn 5). – So auch schon ROHGE 4, 325, 327, 329f, wo nach heutigem Verständnis eine nachrangige Ausfallbürgschaft vorlag.
192 Dazu iAllg Rz 33 ff vor § 765.

nehmen kann. Dem vereinbarten Nachrang steht nicht entgegen, dass sich der Ausfallbürge gegenüber dem Gläubiger selbstschuldnerisch verbürgt haben kann[193]. Erbringt der Ausfallbürge auf seine Bürgschaft an den Gläubiger Leistungen, kann er aufgrund des vertragstypisch vorgesehenen Rechtsübergangs nach § 774 Abs 1 Satz 1 einen vorbehaltlos haftenden Bürgen unbeschränkt in Rückgriff nehmen. Umgekehrt besteht nicht anders als bei der Nachbürgschaft kein Rückgriffsrecht, weil der beschränkte Anspruch des Gläubigers gegen den Ausfallbürgen keinen gleichrangigen Inhalt hat und deshalb nicht auf einen vorbehaltlos haftenden Bürgen übergehen kann[194].

c) **Vereinbarte Nachrangigkeit**. Die im Verhältnis zu anderen Sicherungsgebern nachrangige Haftung tritt bei den beiden namhaft gewordenen Bürgschaftstypen[195] schon als verkehrs- und damit vertragstypische Folgewirkung hervor. Diesem rechtsgeschäftlichen Gestaltungserfolg liegt bereits zugrunde, dass es allgemein in der Vertragsfreiheit von Gläubiger und Schuldner liegt, die Tragweite der von ihnen vereinbarten Haftbarkeit durch die ihrem Sicherungsvertrag innewohnende **Zweckbestimmung** in eine Beziehung zu anderen Sicherheiten des Gläubigers zu setzen[196]. Es liegt dabei freilich nicht in der Rechtsmacht der Vertragspartner, einer anderen Sicherheit rechtsgestaltend einen Haftungsvorrang zuzuweisen, sondern es geht allein darum, die in ihrem eigenen Sicherungsgeschäft begründete Haftbarkeit auf eine **Nachrangigkeit** zu beschränken. Ein Bürge kann sich also ausbedingen, erst nach einer anderen, schon bestehenden oder vom Gläubiger erst noch zu erwerbenden Sicherheit in Anspruch genommen zu werden[197]. Die Einschränkung des Verbürgungswillens bedarf zureichender Deutlichkeit der Erklärung. Die Nachrangigkeit ergibt sich nicht schon daraus, dass der Bürge eine Mithaftung weiterer Sicherungsgeber erhofft oder erwartet[198]. Kommt es zu einem bürgschaftsvertraglich vorausgesetzten anderen Sicherungserwerb nicht, ist durch Auslegung zu ermitteln, ob der Bürge für die Hauptverbindlichkeit allein, beschränkt oder nicht haftet[199]. Jedenfalls ist damit eine zu Ausgleichsansprüchen anderer Sicherungsgeber führende Haftungsbeteiligung schon im Entstehungsgrund ausgeschlossen[200]. Eben dadurch kann andererseits der nachrangig haftende Bürge vorrangige Sicherungsgeber wegen seiner Leistungen an den Gläubiger aufgrund des ihm sicherungsvertraglich zustehenden Rechtsübergangs nach § 774 Abs 1 Satz 1 voll in Rückgriff nehmen. Eine nachrangige Bürgschafts- oder sonstige Sicherungshaftung ergibt sich aber nicht schon aus der zeitlichen Reihenfolge ihrer Übernahme; und zwar auch dann nicht, wenn ein Sicherungsgeber bei der Übernahme seiner Haftung das Bestehen weiterer Sicherheiten für dieselbe Verbindlichkeit kennt und dem Gläubiger wiederum dies bekannt ist[201]. Treffen mehrere selbstständig eingegangene Bürgschaften zusammen, die jeweils nur nachrangig übernommen worden sind, ist jeder einzelne Bürgschaftsvertrag für sich darauf auszulegen, ob nur unter dem strikten Vorbehalt weiterer vorrangig in Anspruch zu nehmender Sicherheiten oder jedenfalls hilfsweise gehaftet werden soll. Treten mehrere in gleichem Sinne nachrangige Sicherheiten nebeneinander, kann sich unter ihnen 12

193 S Rz 36 vor § 765.
194 RG JW 1912, 745, 746 (= Fn 5); BGH WM 1978, 1267, 1268 zu II 2 b = NJW 1979, 646; BGHZ 88, 185, 188 (= Fn 224); BGH NJW 1986, 3131, 3133 zu I 4 (= Fn 178). – S auch Fn 176.
195 S oben Rz 11.
196 BGH NJW 1986, 3131, 3132 f (= Fn 178): „als letzter"; RG JW 1911, 746, 747 (= Fn 5); so auch schon ROHGE 4, 325, 332 (s Rz 2 bei Fn 47). – Die schuldrechtliche Gestaltungsfreiheit besteht auch für Sicherungszweckvereinbarungen zur Grundschuld (BGH NJW 1986, 1487, 1488 zu 2 b u 3: Inanspruchnahme erst nach Schuldnersicherheiten); s auch BGH NJW 1991, 1286, 1287 zu II 1 = WM 1991, 59: „Subsidiaritätsvereinbarung". – Verfehlt BGH NJW 1994, 1796, 1798 zu III 2 b = WM 1994, 1161 = ZIP 1994, 939: Real- und Personalsicherheit könnten nicht „miteinander konkurrieren, insbesondere nicht in einem Rangverhältnis zueinander stehen".
197 BGH WM 1955, 375: erst nach einem Grundpfandrecht am Grundstück der Ehefrau des Schuldners; BGH WM 1958, 218 = Sparkasse 1958, 124: erst nach Bürgschaften der Gesellschafter der Schuldner-GmbH; RG BayZ 1909, 148.
198 BGH NJW 1994, 2146, 2147 zu I 2 b = WM 1994, 1064 = ZIP 1994, 861 = LM Nr 94 zu § 765 (Grunewald).
199 RGZ 138, 271, 272 f; BGH NJW 1994, 2146, 2147 zu I 2 c (= Fn 198); BGH NJW 1989, 1855 = WM 1989, 707 = ZIP 1989, 630.
200 Es fehlt an dem in Fn 176 beschriebenen sicherungsvertraglichen Einverständnis.
201 BGH NJW 1994, 2146, 2147 zu I 2 b (= Fn 198).

ein sicherungsvertragliches Ausgleichsverhältnis nach den Regeln über eine Gleichrangigkeit[202] ergeben. – Die Vereinbarung eines solchen Nachrangs der Haftung ist als dem Bürgen vorteilhaft nicht nach § 766 formbedürftig[203]. Sie ist nicht unvereinbar mit einer nach § 773 Abs 1 Nr 1 „selbstschuldnerischen“ Verpflichtung; die Rangvereinbarung bestimmt alsdann allein über die dem Bürgen zu verschaffenden Rückgriffsrechte, nicht auch über die Reihenfolge der Inanspruchnahme[204].

13 d) **Vorrangige Haftung**. In einem Bürgschaftsvertrag wie auch in anderen Sicherungsverträgen[205] kann vereinbart werden, dass der Sicherungsgeber vor einem bestimmten anderen oder generell ohne Rücksicht auf weitere, dem Gläubiger schon zustehende, oder von ihm erst noch zu erwerbende Sicherheiten **vorrangig haften** soll. Er verzichtet damit auf einen Erwerb von Gläubigerrechten gegen andere Sicherungsgeber[206], kann also nicht für erbrachte Leistungen Ausgleichsschuldner gewinnen. Insofern übernimmt er das Risiko der Inanspruchnahme als sein Vertragsrisiko allein und „endgültig“[207], wie es dem in § 765 zugrunde gelegten Geschäftstyp der Einzelbürgschaft entspricht. Eine solche Übernahme vorrangiger Haftung schließt vertragstypisch ein, dass der Gläubiger zumindest *berechtigt* ist, das Sicherungsrecht in vollem Umfang auf einen etwa leistenden weiteren Sicherungsgeber zum Zweck des vollen Rückgriffs gegen den vorrangig Haftenden zu übertragen[208]. Darüber hinaus enthält sie jedenfalls dann, wenn der vereinbarte Haftungsvorrang sich auf eine bestimmte andere Sicherheit bezieht, vertragstypisch zugleich eine schuldrechtlich wirksame Begünstigung des anderen Sicherungsgebers, die diesem für den Fall seiner Inanspruchnahme eine Einrede verschafft. Ob diese Einrede schon der Inanspruchnahme vor dem vorrangig Haftenden entgegensteht oder nur ein Gegenrecht auf den Erwerb der Gläubigerrechte zum vollen Rückgriff gegen jenen verschafft[209], kann sich erst aus einer Vertragsauslegung ergeben. Letztlich bleibt der so Begünstigte freilich auf die sich aus seinem eigenen Sicherungsvertrag ergebende Rechtsstellung verwiesen. Da es bei der zwischen anderen Vertragspartnern vereinbarten vorrangigen Haftung lediglich um einen schuldrechtlichen Rechtsvorteil aus dem Vertrag zwischen dem Gläubiger und dem vorrangig Verpflichteten geht, können diese ihren Sicherungsvertrag nachträglich ändern oder wieder aufheben, ohne dass der Gläubiger auf das Interesse des Begünstigten Rücksicht nehmen und diesem gegenüber nach § 776 eine Schmälerung seiner vertraglichen Rechte befürchten müsste[210]. Erst wenn in einer gemeinsamen Sicherungsvereinbarung aller Beteiligten eine aufeinander bezogene Rangfolge der Haftungen bestimmt wird, erwirbt der Begünstigte bestandskräftige eigene Rechte auf eine nachrangige Inanspruchnahme[211]. – Eine solche vorrangige Haftungsübernahme ergibt sich aus einem „Verzicht auf die Rechte aus § 776 BGB“[212] und kann mit einem „Schuldbeitritt“ zu Sicherungszwecken gemeint sein[213]. Er ergibt sich in gegenständlich beschränktem Umfang aus einer sicherungsvertraglichen Klausel, nach der der Gläubiger selbstständige, dem gesicherten Anspruch gegen den Hauptschuldner nicht schon kraft Gesetzes (§§ 774 Abs 1 Satz 1, 412, 401) folgende Sicherungsrechte auf den leistenden Bürgen nur mit dem (nicht zu erwartenden) Einverständnis des anderen Sicherungsgebers zu übertragen braucht[214]. Damit eröffnet sich für andere, nicht „vorrangig“ haftende Sicherungsgeber zumindest eine Aussicht auf einen Rechtserwerb vom Gläubiger, der einen Rückgriff in vollem Umfang erschließt. Ob ein solcher weiterer Sicherungsgeber

202 S unten Rz 17.
203 BGH NJW 1986, 3131 zu 3 c, aa (= Fn 178); – s iAllg § 766 Rz 21.
204 S oben Rz 11 aE.
205 S unten Rz 21.
206 BGH NJW 1982, 2308 zu II 2 d = WM 1982, 842 = ZIP 1982, 938 = LM Nr 13 zu § 1191; BGHZ 108, 179, 182 f (= Fn 318); unrichtig AG Rosenheim NJW-RR 2000, 863.
207 BGH NJW 1982, 2308 (= Fn 206).
208 S Rz 10 mit Fn 176. – Verfehlt AG Rosenheim NJW-RR 2000, 863.
209 Angenommen im Fall BGH WM 1990, 1956, 1957 zu II 2 b = NJW-RR 1991, 170.
210 S Rz 14 u § 776 Rz 20.
211 S oben Rz 12.
212 Dazu § 776 Rz 17 f.
213 Celle NJW 1986, 1761 zu II 1 b = WM 1986, 1224 = WuB I F 1 a – 19.86 (Rimmelspacher). – Zur Bürgschaft für einen von mehreren Gesamtschuldnern s § 774 Rz 6.
214 BGHZ 108, 179, 182 f (= Fn 318).

darauf einen Anspruch hat, bestimmt sich allein nach den Bedingungen seines Sicherungsvertrages. Dieser kann ohne Rücksicht auf Interessen des vorrangig haftenden Sicherungsgebers geändert werden. Auch ist der Gläubiger nicht aus seiner schuldrechtlichen Bindung diesem gegenüber gehindert, die gesicherte Forderung mit der vorrangig haftenden Sicherheit zum Zweck des Rückgriffs rechtsgeschäftlich auf einen seine Haftung ablösenden anderen Sicherungsgeber zu übertragen[215].

e) **Ausschluss eines Ausgleichs**. Da jeder Sicherungsgeber über sein vertragliches Haftungsrisiko eigenständig und eigenverantwortlich bestimmt, können auch **mehrere** Bürgen oder andere **Sicherungsgeber**, die sich unabhängig voneinander für dasselbe Sicherungsinteresse eines Gläubigers verbindlich machen, sämtlich einen **Haftungsvorrang** im Sinne einer endgültigen Haftungslast gegen sich vereinbaren und sich damit der Aussicht auf Ausgleich oder Rückgriff begeben[216]. Der Gläubiger gewinnt dadurch im Verhältnis zu mehreren Sicherungsgebern eine geschäftliche Dispositionsfreiheit und ist nicht einzelnen oder allen Sicherungsgebern gegenüber an ein vorweg festgelegtes Ausgleichsziel[217] gebunden, sondern kann einzelne Sicherungsrechte aufgeben, ohne dadurch nach § 776 Rechte gegen andere Sicherungsgeber zu verlieren[218]. Insbesondere im Rahmen der Sicherung einer auf Dauer angelegten Kreditbeziehung, die eine ständig wechselnde Höhe der Inanspruchnahme erwarten lässt, kann ein in der Vorrangvereinbarung enthaltener Verzicht auf die Rechte aus § 776 aber auch dahin auszulegen sein, dass der Gläubiger zwar während der Fortdauer der Kreditbeziehung zur Freigabe von Sicherheiten nach seinem Ermessen berechtigt sein, im Falle der Beendigung und Abwicklung aber unter den dann bestehenden Sicherungsrechten einen sicherungsvertraglichen Ausgleich vermitteln soll. Diese sich aus den Gestaltungsmitteln der Rechtsgeschäftsordnung ergebende Möglichkeit, Sicherungsrisiko und Sicherungszweck auch durch eine Rangfolge mehrerer vertraglich übernommener Sicherungshaftungen mitzubestimmen, ist als solche ausschließlich von instrumentaler Bedeutung. Sie steht auch nicht insoweit für unabdingbare materielle Rechtswerte einer „ausgleichenden Gerechtigkeit“[219], als im Verhältnis mehrerer Sicherungsgeber untereinander jedenfalls in einer Richtung Rückgriffsansprüche entstehen oder sich irgendein Ausgleichsverhältnis ergeben müsste[220]. Schon gar nicht können rein begriffliche Harmoniebedürfnisse die schuldrechtliche Vertragsfreiheit[221] beschränken. Schließlich ergibt die Vereinbarung einer vorrangigen Sicherungshaftung, die den Verzicht auf einen Erwerb von Gläubigerrechten gegen andere Sicherungsgeber einschließt, auch nicht „abweichend“ (§ 307 Abs 3 Satz 1; früher: AGB-Ges § 8) von vertragstypischen Rechten eine „unangemessene Benachteiligung“ des Sicherungsgebers, die nach § 307 (früher: AGB-Ges § 9) als unwirksam zu verwerfen sein könnte. Vielmehr ist eine Rangbestimmung vertragswesentlicher Gegenstand (essentiale negotii) des übernommenen Haftungsrisikos und damit nicht einer gerichtlichen Wirksamkeitskontrolle nach AGB-Recht unterworfen[222]. Umso weniger kommt eine zusammenfassende Bewertung mehrerer inhaltlich voneinander unabhängiger Sicherungsverträge an AGB-rechtlichen Kriterien zu Lasten einzelner oder aller dieser Verträge in Betracht. Ebenso wie die Bestimmung des Haftungsgegenstandes ist es Sache des Sicherungsgebers, sein Interesse an einem Haftungsausgleich mit weiteren Sicherungsgebern gegenüber dem Gläubiger im Vertragsinhalt zur Geltung zu bringen. Im Streitfall steht ihm lediglich eine in der gesetzlichen Vorschrift enthaltene Beweislastregel zur Seite[223]. 14

f) **Auslegungsfragen**. Insbesondere für eine **Berücksichtigung von Gläubigerinteressen** hat sich eine bewährte Vertragssprache, die den rechtsgeschäftlichen Willen der Beteiligten unmissverständlich zum Ausdruck bringen kann, am wenigsten entwickelt. Auch die abstraktbegriffliche Gesetzessprache steht einer eindeutigen Darstellung des Gläubigerinteresses, an dem 15

215 BGH NJW 1982, 2308 zu II 2 d (= Fn 206). – Unrichtig AG Rosenheim NJW-RR 2000, 863.
216 RGZ 81, 414, 419 (obiter).
217 S Rz 19.
218 S dazu § 776 Rz 15.
219 S Rz 3 mit Fn 82.
220 So aber (aufgrund rein begrifflicher Aufstellungen) Knütel JR 1985, 6, 8 zu B III 2; wohl auch Horn DZWir 1997, 265, 266 zu III 1 aE.
221 S Rz 12 mit Fn 196.
222 Dazu noch § 776 Rz 28.
223 S unten Rz 17.

die Auslegung des bestimmenden Vertragswillens sich ausrichten könnte, nachhaltig entgegen. Deshalb kann sich die **Rechtsprechung** weithin damit begnügen, Vertragsgestaltungen im Gläubigerinteresse Unverständnis entgegenzusetzen. In einer Bürgschaftsklausel, die das „Entstehen einer Gesamtschuldnerschaft" im Verhältnis zu weiteren Bürgen ausschließen sollte, hat der BGH[224] die damit bezweckte Beschränkung eines Rückgriffs aus übergehenden Gläubigerrechten[225] nicht finden wollen[226]. Auch sonst hat sich die professionelle Vertragspraxis oft nur mit begrenztem Geschick und Erfolg bemüht, Gläubigerinteressen an engeren Regelungsgegenständen plausibel zu machen. So ist für den Fall[227] des Zusammentreffens von mehreren Höchstbetragsbürgschaften für eine offene Kreditbeziehung dem Gläubiger versagt worden, einem in Anspruch genommenen Bürgen den sofortigen Ausgleich mit anderen Bürgen dadurch zu verwehren, dass der Übergang der Gläubigerrechte gegen diese bis zur Abwicklung der Haftungsverhältnisse der anderen Bürgen hinausgeschoben sein sollte. Der gesetzliche Mitbürgenausgleich nach § 774 Abs 2[228] bestehe unabhängig vom Übergang der Gläubigerrechte[229] und könne nur durch eine eindeutige Bestimmung ausgeschlossen werden, dass ein Bürge vor anderen haften solle[230], „also keinen Rückgriff nehmen dürfe"[231]. Darum ging es im anstehenden Fall nicht. Ungeachtet der Verschrobenheit der in beiden Fällen auszulegenden Vertragsklauseln[232] nähert sich ihre Beurteilung einer Rechtsverweigerung[233] und nur insbesondere wird sie den Besonderheiten des Zusammentreffens von Höchstbetragsbürgschaften, deren rechtstypische Ausgestaltung freilich immer noch nicht vollständig gelungen ist[234], nicht gerecht. Die Entscheidungspraxis hat hier das Ihrige zur Entwicklung der formalen Instrumente des Bürgschaftsrechts wie auch zu einer den Verkehrsinteressen entsprechenden materiellen Typenbildung[235] durchaus nicht beigetragen. Die obigen Fallentscheidungen geben eher Beispiele für eine Verhinderung rechtlicher Wertung durch juristische Konstruktion. Angesichts des undifferenzierten Widerstandes der Entscheidungspraxis gegen eine hervorgehobene Berücksichtigung von Gläubigerinteressen scheint es der Vertragspraxis angeraten, solche bei der Vertragsgestaltung möglichst nicht hervortreten zu lassen, damit sie nicht einer über die Grenzen vertragstypisch „abweichender" Vereinbarung (§ 307; früher: AGB-Ges § 8) ausufernden Billigkeitskontrolle zum Opfer fallen. Gelungen ist dies mit einer Bürgschaftsklausel, nach der der Gläubiger nichtakzessorische[236] Sicherungsrechte, die nicht am gesetzlichen Rechtsübergang nach §§ 774 Abs 1 Satz 1, 412, 401 teilnehmen, sondern der rechtsgeschäftlichen Übertragung auf den in Anspruch genommenen Bürgen bedürfen, nicht ohne Zustimmung des anderen Sicherungsgebers auf den Bürgen zu übertragen braucht[237]; damit konnte einer Bürgschaft der ihr nachteilige Haftungsvorrang[238] vor der Sicherungsgrundschuld eines Dritten zugewiesen werden.

16 5. **Gesetzliche Regelungswirkungen**. – a) **Der Bürgschaftsvertrag als sicherungsvertragliches Ausgleichsinstrument**. Nach einem von unrichtigen Analogien und lediglich begrifflichen Abstraktionen befreiten Verständnis[239] der zusammengehörigen[240] gesetzlichen Vorschriften (einerseits §§ 769, 421; andererseits §§ 774 Abs 2, 426) kann deren Regelungswirkung allein die **sicherungsvertragliche Rechtsbeziehung** zwischen Bürgen und Gläubiger, und zwar jede einzelne aus sich selbst und nur für sich selbst ausfüllen und um Rechtsfolgen ergänzen, die

224 BGHZ 88, 185 = NJW 1983, 2442 = WM 1983, 928 = ZIP 1983, 1042 = JZ 1983, 894 (mAnm Reinicke u Tiedtke). – Dem folgend BGH NJW 1987, 374, 375 zu II 1 (= Fn 227).
225 S § 774 Rz 24.
226 Dies aufgrund eigener Interessenwertung; insoweit zu Recht kritisch Reinicke/Tiedtke JZ 1983, 896 f (Anm).
227 BGH NJW 1987, 374 = WM 1986, 1550 = ZIP 1987, 222 = JZ 1987, 520 (dazu Tiedtke S 491) – S auch § 776 Rz 17.
228 Dazu u dagegen Rz 3 bei Fn 66 ff; Rz 8 bei Fn 138 f.
229 BGH NJW 1987, 374, 375 zu II 2 (= Fn 227).
230 S Rz 13.
231 BGH NJW 1987, 374 zu II 2 b (= Fn 227).
232 Zu späteren Verbesserungen der Vertragstexte s Schröter WuB I F 1 a. – 5.93 (Anm).
233 Geradezu obstruktiv die Sachbehandlung durch die Vorinstanz in BGHZ 88, 185, 187 f (= Fn 224).
234 S dazu iAllg Rz 24 vor § 765.
235 S dazu Rz 21 ff vor § 765.
236 Dazu oben Rz 10; § 776 Rz 11.
237 BGHZ 108, 179 (= Fn 318).
238 S oben Rz 13.
239 S oben Rz 3.
240 S oben Rz 1.

vertragstypisch (als naturale negotii) eintreten, auch ohne dass sie vom Vertragswillen ausdrücklich ausbedungen worden sind. Und zwar bezieht sich die gesetzliche Regelung allein auf eine Mehrzahl „gleichrangig"[241] haftender Bürgschaften. Sie erfasst damit nur einen Ausschnitt der sicherungsvertraglichen Gestaltungsmöglichkeiten, die einen Rückgriff oder anteiligen Ausgleich unter mehreren Sicherungsgebern eröffnen oder ausschließen. Es werden somit die Grundformen für vertragliche Regelungsinhalte, die einen Bezug auf weitere, für dasselbe Gläubigerinteresse haftende Sicherheiten herstellen und dem Bürgen gegen den Gläubiger ein Recht auf den Erwerb von Rechten gegen andere Sicherungsgeber zuweisen, schon vorausgesetzt[242]. Darüber hinaus wird ebenso vorausgesetzt, dass der in Betracht kommende andere Bürge oder Sicherungsgeber sich die Heranziehung durch einen Mitbürgen anstelle des Gläubigers nach dem Inhalt seines Sicherungsvertrages „gefallen lassen muss"[243]. Das Verständnis der in ihrem Gegenstand auf „Mitbürgschaften" beschränkten gesetzlichen Regelung kann sich deshalb auch nur aus einer Einbeziehung ihrer Regelungswirkung in die vorgegebene **rechtsgeschäftliche Rangordnung** von Sicherungsrechten ergeben. Damit kann somit wie Vorrang[244] und Nachrang[245] und der darin enthaltene Ausschluss von Rückgriffsrechten[246] so auch eine „Gleichrangigkeit" ihre inhaltliche Bedeutung nur als **sicherungsvertraglich bestimmt** erhalten, nicht aber als vertragsrechtlich nicht erfasster und deshalb „gesetzlich" geregelter Resttatbestand[247]. Das damit bezeichnete sicherungsvertragliche Ausgleichsinstrument bestimmt in gleicher Weise wie über das Recht des in Anspruch genommenen Bürgen auf die Verschaffung von Ausgleichsrechten auch über das als Bestandteil der Sicherungshaftung übernommene Ausgleichsrisiko des anderen Sicherungsgebers. Wer vertraglich nur eine gleichrangige Haftung übernommen hat, braucht sich von anderen Mitsicherern auch nur unter Berücksichtigung seiner Gegenrechte, die er selbst im Falle seiner Inanspruchnahme durch den Gläubiger gegen diesen gehabt hätte, auf Ausgleich in Anspruch nehmen zu lassen[248]; nur mit diesen vertraglich begründeten Einschränkungen können die gegen ihn bestehenden Sicherungsrechte vom Gläubiger auf den als Gesamtschuldner vorleistenden und nunmehr Entlastung verlangenden Mitsicherer übergehen[249]. Es kann also die gesicherte Forderung mit den für sie bestellten Sicherungsrechten nur nach § 404 eingeschränkt durch die im Sicherungsvertrag begründeten Einwendungen und Gegenrechte des Sicherungsgebers von einem Rechtsnachfolger des Gläubigers erworben werden[250]. Von den für einen Haftungsausgleich wesentlichen sicherungsvertraglichen Erfordernissen findet sich somit letztlich nichts gesetzlich geregelt. Vielmehr unterliegt der Bürgschaftsvertrag, und zwar jeder einzelne für sich in seinem Hauptgegenstand des übernommenen Haftungsrisikos von vornherein einer originär „anderen" (§ 426 Abs 1 Satz 1), nämlich rechtsgeschäftlichen Bestimmung[251]. Die gesetzliche Regelung bestätigt lediglich vertraglich zustandegekommene Gegenrechte des Bürgen gegen den Gläubiger auf den Erwerb von Gläubigerrechten, wenn die Voraussetzungen dafür gegeben sind, und stellt dafür rechtstechnische Instrumente zur Verfügung. Nur insofern ein sicherungsvertraglich begründeter Anspruch[252] auf Übertragung besteht, kann ein dafür an sich erforderlicher rechtsgeschäftlicher Übertragungsakt durch einen schon kraft Gesetzes eintretenden Rechtsübergang ersetzt worden sein[253]. In seinem vertraglich begründeten Interesse daran ist der

241 S Rz 10 mit Fn 178.
242 Zu den Anfängen der Rechtsentwicklung s Rz 2 mit Fn 33; insbes zur „Mühe der Ausgleichung" s Fn 30.
243 S Rz 10 mit Fn 176.
244 S oben Rz 13.
245 S oben Rz 12.
246 S oben Rz 14.
247 Aus dem sich „die gesetzliche Haftungsverteilung des § 426 Abs 1 BGB" ergeben soll (so BGH NJW 1992, 2286, 2287 zu II 3 [= Fn 73]).
248 Zur Geltendmachung und Beweislast s § 774 Rz 29.
249 S dazu § 774 Rz 29. – Ähnlich (ohne eindeutige Klärung der schuldrechtlichen Beziehungen) BGHZ 80, 228, 232 zu 3 = NJW 1981, 1554 (für einen Sicherungs-Schuldbeitritt).
250 BGH WM 1986, 257, 259 zu III 4 a = ZIP 1986, 294 = NJW-RR 1986, 518; wohl unrichtig und kaum nachvollziehbar BGH NJW 2002, 1491 = WM 2002, 744 = ZIP 2002, 656.
251 So schon Hamburg HansGZ 1910 B 106, 107 (s hierzu Fn 70).
252 Zur Rechtsentwicklung s Rz 2 mit Fn 39.
253 S Rz 10 bei Fn 167 ff. – Einem begriffsjuristischen Denken ist der schuldrechtlich kausale Zusammenhang alsbald verlorengegangen; (s etwa Planck/Oegg § 776 Anm 4); für den Sicherungszweck von Grundschulden wird er aus-

Bürge nach § 776 durch eine vertragstypische Beschränkung seiner Bürgschaftshaftung geschützt[254]. Eine sicherungsvertraglich begründete Ausgleichsbeziehung zwischen mehreren Bürgen entsteht also lediglich mittelbar[255] auf der Grundlage eigenständiger, aber in ihren Sicherungszwecken und übernommenen Haftungsrisiken aufeinander bezogener schuldrechtlicher Vertragsbindungen jedes Bürgen mit dem Gläubiger. Und auch nur aus eben diesem schuldvertraglich auf Ausgleichung gerichteten Bezug von Sicherungszwecken kann sich die Einbeziehung ungleichartiger Sicherungsrechte in eine rechtlich begründete Ausgleichsgemeinschaft ergeben[256]. Somit geht nicht, wie die gesetzliche Konstruktion es in § 426 Abs 2 Satz 1 darstellt, „die Forderung des Gläubigers gegen die übrigen" Mitbürgen auf den leistenden Bürgen über, „soweit er von den übrigen . . . Ausgleichung verlangen kann"[257], sondern umgekehrt kann der leistende Bürge von anderen eine Ausgleichung nur insoweit verlangen, wie er aufgrund eines sicherungsvertraglichen Rechtsgrundes Gläubigerrechte gegen sie erworben hat. Ob und inwieweit dies eintritt, bestimmt sich nicht nur danach, ob der Bürge aus seinem Sicherungsvertrag mit dem Gläubiger darauf ein Recht hat, sondern auch und letztlich erst danach, ob dem Gläubiger gegen die anderen Mitsicherer Rechte zustehen, die nach dem ihnen zugrunde liegenden Sicherungszweck auch die Entlastung weiterer Sicherungsgeber einschließen[258].

17 b) **Gleichrangige Bürgschaften als Ausgleichstatbestand.** Auch eine Gleichrangigkeit von Sicherungsrechten kann sich wie vorrangige[259] und nachrangige[260] Haftbarkeit allein als Ergebnis sicherungsvertraglicher Inhaltsbestimmung ergeben. Ein Recht des Bürgen auf den Erwerb von Gläubigerrechten gegen weitere Mitsicherer setzt mithin[261] eine darauf gerichtete Vertragsgestaltung voraus, die als Modalität und Bestandteil des vertraglich übernommenen Sicherungsrisikos einen nur **beschränkten Haftungswillen** des Bürgen erkennen lässt. Dieser findet seinen zureichenden Ausdruck schon darin, dass der Bürge seine Haftung lediglich „in der Voraussetzung und in dem Vertrauen"[262] oder „mit Rücksicht"[263] auf die **Mithaftung weiterer Sicherungsgeber** übernimmt. Ein solcher Vorbehalt, der gegenüber einer für sich allein bestehenden Einzelbürgschaft eine Haftungsbeschränkung mit sich bringen soll, ergibt sich im Fall der gemeinschaftlichen Verbürgung mehrerer[264] schon vertragstypisch aus dem Zusammenwirken der Sicherungsgeber. Er müsste deshalb in den Fällen einer Übernahme „zu verschiedenen Zeiten und durch getrennte Akte"[265] in die Behauptungs- und Beweislast des Bürgen fallen, der im Fall seiner Inanspruchnahme die damit verbundenen Rechtsvorteile in Anspruch nimmt. Mit Rücksicht darauf, dass Vorbehalte dieser Art in einer vereinzelten Bürgschaftserklärung nicht leicht deutlich genug hervortreten, schafft die „Dispositivnorm"[266] dieser Vorschrift in ihrem Zusammenwirken mit den §§ 774 Abs 2 und 426 Abs 1 Satz 1 den Rechtsvorteil einer **Vermutung** zu Gunsten eines auf Ausgleich unter gleichrangig mithaftenden Sicherungsgebern abzielenden Vertragsinhalts. Es geht hier also lediglich um eine Beweislastumkehr[267] und nur insoweit um einen materiellen Rechtsvorteil des Bürgen. Davon betroffen ist der Gläubiger, der sich gegen einen Rechtsverlust nach § 776 wegen der Aufgabe von Rechten gegen andere Sicherungsgeber verteidigt[268], aber auch der in Anspruch genommene Bürge, der vom Gläubiger als lediglich nachrangig haftend die Übertragung weiterreichender Rückgriffsrechte verlangt[269]. Die gesetzliche Vermutung für eine

drücklich abgelehnt (s BGHZ 105, 154, 157 u dazu Rz 22 Fn 345).
254 S § 776 Rz 20 f.
255 Anders als der gesetzlich zugewiesene Schadensausgleich, der vom Vertragsrecht her gesehen eine „andere" Regelung darstellt (s Rz 3 bei Fn 58 f u 81).
256 S unten Rz 20.
257 Gegen einen dem gesetzlichen Rechtsübergang zugrunde liegenden „gesetzlichen Ausgleichsanspruch" s Rz 3 bei Fn 66 ff.
258 S oben bei Fn 243.
259 S oben Rz 13.
260 S oben Rz 11 f.
261 S oben Rz 16.
262 So Motive II, S 667 (zu § 673).
263 So ROHGE 18, 171, 173 u 175; Rehbein/Reincke, Allg LandR, 1894[5], zu PrALR I, 14 § 374, Fn 147.
264 S unten Rz 18.
265 So die Tatbestandsbeschreibung in Motive, S 667 (zu § 673).
266 So wiederum Motive, S 667.
267 Anderes ergibt auch nicht die in der Rspr aufgekommene Bezeichnung als „Hilfsregel" oder „Hilfssatz"; s hierzu Fn 87.
268 S § 776 Rz 24.
269 S oben Rz 11 f.

Gleichrangigkeit trifft aber auch den auf Haftungsausgleich in Anspruch genommenen Bürgen, der geltendmacht, dass er aus seinem Sicherungsvertrag nur nachrangig hafte[270].

c) **Gemeinschaftlich übernommene Bürgschaften.** Übernehmen mehrere gegenüber einem Gläubiger eine Bürgschaft in der Weise, dass ein gemeinsamer Sicherungszweck ihre Vertragserklärung gegenüber dem Gläubiger erkennbar mitprägt, so haften sie einerseits vertragstypisch jeder für sich als Gesamtschuldner (§§ 427, 421)[271], andererseits aber haben sie ebenso vertragstypisch gegenüber dem Gläubiger ein bürgschaftsvertragliches Recht auf Wahrung ihres Ausgleichsinteresses durch den Erwerb von Gläubigerrechten gegen die weiteren Mitbürgen[272]. Das ist insbesondere der Fall, wenn der Gläubiger für dieselbe Hauptverbindlichkeit mehrere Sicherheiten verlangt hat[273]. Aus dem vertragstypischen Recht des Gläubigers, den einzelnen Mitbürgen auch bei gemeinschaftlicher Übernahme durch mehrere ohne Rücksicht auf diese ungeteilt auf das ganze übernommene Sicherungsinteresse in Anspruch zu nehmen[274], ergibt sich ebenso vertragstypisch zugleich, dass dem Bürgen das Risiko des Wirksamwerdens[275] der weiteren Mitbürgschaften zufällt. Eine gemeinschaftliche Übernahme erbringt auch nicht eine schuldvertragliche Einheit der Verbürgung mit der Wirkung, dass die von einem Bürgen ausgesprochene Kündigung[276] seiner Bürgschaft die Verbindlichkeit der anderen miterfasst[277] oder ein Schulderlass des Gläubigers gegenüber einem Mitbürgen die anderen mitbefreit. Eine Verantwortlichkeit des Gläubigers für das sicherungsvertragliche Interesse eines in Anspruch genommenen Bürgen ergibt sich allein in den Grenzen des § 776[278]. Besondere Gläubigerpflichten[279] oder vertragliche Vorbehalte des Bürgen, die ein Risiko auf den Gläubiger verlagern sollen, bedürfen für jeden Mitbürgen gesondert einer abweichenden Vereinbarung[280], für die der Bürge die Beweislast trägt. Für das Entstehen des rechtlichen Zusammenhangs von Mitbürgschaften kommt es allein auf deren **inhaltliche Verbundenheit** aus der „gemeinschaftlichen Verpflichtung als Mitbürgen"[281] an. Unerheblich ist, ob die mehreren Mitbürgen eine gemeinschaftliche urkundliche Erklärung gezeichnet und erteilt haben oder jeder für das von ihm mitübernommene gemeinschaftliche Haftungsrisiko seine eigene[282]. Auch gehört die Verbundenheit der mehreren Verbürgungen nicht zu dem nach § 766 formbedürftigen Inhalt ihrer Bürgschaftserklärung[283]. Der gesetzliche Regelungstyp der Mitbürgschaft sieht in seinen vertragstypischen Rechtsfolgen (§§ 774 Abs 2, 426 Abs 2 Satz 1 und Abs 1 Satz 1) den wechselseitig gleichrangigen Ausgleich zu gleichen Anteilen vor. Nur zu diesem Zweck und in diesem Umfang hat der leistende Mitbürge ein Recht auf den Erwerb von Gläubigerrechten gegen andere Mitbürgen. Die Vertragsfreiheit eröffnet auch für Mitbürgschaften gegenüber dem Gläubiger andere Risikozuweisungen, und zwar nicht nur durch einverständliche 18

270 Dazu § 774 Rz 29.
271 Nur unter besonderen Umständen, wenn etwa der Gläubiger selbst für einen der Mitbürgen einzustehen hat, kann er nicht die anderen auf dessen Anteil in Anspruch nehmen: BGH NJW 1989, 2386 = WM 1989, 609 = ZIP 1989, 431.
272 Das ist der traditionelle Fall der Mitbürgschaft; s Rz 2 bei Fn 28 ff. – Der Grundsatz gilt vertragstypisch auch für andere gemeinschaftliche Verträge, die gegenüber dem Gläubiger eine gesamtschuldnerische Mithaftung jedes Beteiligten für den gesamten Vertragsgegenstand begründen; Beispiel: BGH NJW 1991, 97 = WM 1990, 1887 = LM Nr 86 zu § 426 (Bau-ARGE).
273 So schon ROHGE 18, 171, 174.
274 S oben Rz 1.
275 Insbes dazu RGZ 88, 412, 414; 138, 270, 272 f; BGH NJW 1994, 2146, 2147 zu I 2 b = WM 1994, 1064 = ZIP 1994, 861 = LM Nr 94 zu § 765 (Grunewald). – S auch Köln BB 1999, 758.
276 Dazu iAllg § 765 Rz 135.
277 RG SeuffA 67 Nr 251 = WarnR 1912 Nr 335 = Recht 1912 Nr 2199.
278 S zu § 776, insbes dort Rz 19 f.
279 Dazu BGH NJW 1989, 1855 = WM 1989, 707 = ZIP 1989, 630.
280 BGH NJW 1994, 2146, 2147 zu I 2 c (= Fn 198); Köln BB 1999, 758; RGZ 88, 412, 416 (gegen Kiel OLGE 32, 346).
281 So ROHGE 18, 171, 174.
282 So Motive II, S 667 (zu § 673), wo freilich zu präzisieren ist, dass die „gemeinsame Verbürgung" sich an den Gläubiger richtet, eine Verständigung unter den Mitbürgen dagegen ein davon unabhängiges Innenverhältnis (Rz 8) bestimmt. Nur auf die Möglichkeit äußerlich getrennter Erklärungen („nicht gemeinschaftlich") bezieht sich das Regelungsverständnis des Gesetzgebers, nicht auf die inhaltliche „Unabhängigkeit" des übernommenen Haftungsrisikos, wie erst eine spätere Rspr (Rz 1 Fn 6) unter Preisgabe jedes nachvollziehbaren Regelungssinns (s Rz 3 Fn 73) annimmt. – Zum „Mitbürgesein" als Inhalt des Bürgschaftsvertrages s auch Rz 2 mit Fn 35 ff.
283 S § 766 Rz 21.

Rangbestimmungen[284], sondern auch durch einzelne Haftungsbegrenzungen mittels Teilung des Sicherungsrisikos. In der Vertragspraxis längst abgekommen ist die früher[285] rechtstypisch bevorzugte und in § 420 noch anzutreffende Beschränkung der Gläubigerrechte auf eine anteilige Haftung. An ihre Stelle ist die **Höchstbetragsbürgschaft**[286] getreten, die das Haftungsrisiko des Bürgen nicht auf den Gegenstand eines Hauptschuldverhältnisses beschränkt, sondern durch eine bestimmte Haftungssumme begrenzt. Übernehmen mehrere gemeinschaftlich zu einem bestimmten Höchstbetrag Bürgschaften für eine diesen übersteigende Hauptverbindlichkeit, so kann damit eine Begrenzung des gemeinschaftlichen Haftungsrisikos der mehreren Mitbürgen gemeint sein, so dass jeder Einzelne gesamtschuldnerisch (§ 427) auf den Höchstbetrag in Anspruch genommen werden kann, alle zusammen aber auch nicht darüber hinaus[287]. Nach heutiger Verkehrsauffassung vertragstypisch ist aber ein additiver[288] Zusammenschluss der Mitbürgen, nach dem jeder Bürge bis zu dem für ihn vereinbarten Höchstbetrag haftet und alle zusammen bis zur Summe aller Höchstbeträge. Demgemäß bestimmt sich der bürgschaftsvertraglich zu vermittelnde Ausgleich nach dem Verhältnis der Inanspruchnahme aller Mitbürgen zur Gesamtsumme der Haftungsbeträge. Sind die einzelnen Mitbürgschaften auf unterschiedliche Höchstbeträge begrenzt, bemisst sich der aus dem Bürgschaftsverhältnis als vertragstypisch vermittelte Ausgleich „zu gleichen Anteilen“ nach dem Verhältnis ihrer Haftungssummen[289]. Sind für die Verteilung unbegrenzte[290] Bürgschaften und Höchstbeträge über dem Haftungsinteresse des Gläubigers zu veranschlagen, so sind sie lediglich mit dem Wert des zum Ausgleich anstehenden und von jedem Bürgen nach § 767 Abs 1 Satz 1 auch nur geschuldeten Betrages einzusetzen. Überschreiten die einzelnen Haftungsbeträge je für sich die noch abzudeckende Hauptverbindlichkeit, ergibt sich somit ein Ausgleichsverhältnis zu nominell gleichen Anteilen. Dem Gläubiger gegenüber eingegangene Haftungsrisiken, die sich nicht verwirklicht haben, bleiben für den Ausgleich der tatsächlich aufzubringenden Leistungen unerheblich[291] Ebenso kann ein mithaftender Sicherungsgeber auf der Grundlage übergegangener Gläuberrechte auch nicht anders als aus seiner Sicherungsverbindlichkeit und somit nicht über den von ihm übernommenen Höchstbetrag hinaus in Anspruch genommen werden[292]. Eine gemeinschaftlich von mehreren übernommene Bürgschaft kann auch eine Haftungsrangfolge in der Weise bestimmen, dass der Gläubiger sich zunächst an einzelne vor anderen Mitbürgen zu halten hat. – Besteht der Gläubiger aufgrund einer von ihm vorformulierten Bürgschaftserklärung „abweichend“ (§ 307 Abs 3 Satz 1; früher: AGB-Ges § 8) von den vertragstypischen Rechtsfolgen einer gemeinschaftlichen Verbürgung auf einer Einschränkung der auf Ausgleichung gerichteten Bürgenrechte und damit auf einer Entlastung von seinen sicherungsvertraglichen Pflichten[293], so kann der sich daraus ergebende Rechtsverzicht nach § 307 (früher: AGB-Ges § 9) als den Bürgen unangemessen benachteiligend und somit unwirksam zu verwerfen sein. Das ist jedenfalls dann anzunehmen, wenn die mehreren Bürgen erkennbar gerade nur gemeinsam zur Übernahme der Bürgschaft bereit waren. Doch ermöglicht die Vielfalt der dem Belieben der Parteien überlassenen Gestaltungen des Bürgschaftsrisikos und das deshalb nur gering ausgeprägte Typenprofil der verkehrsüblichen Bürgschaftsvarianten dem Gläubiger, sein Sicherungsinteresse deutlich als Hauptgegenstand des Sicherungsvertrages zum Ausdruck zu bringen und damit einer gerichtlichen Prüfungskompetenz

284 S oben Rz 10.
285 S Rz 2 bei Fn 30.
286 Dazu iAllg Rz 24 vor § 765.
287 Angenommen im Fall BGH NJW 1989, 2386 (= Fn 271).
288 Oder „kumulativer“ (Hamm WM 1984, 829, 832 zu 6). – Kennzeichnend für die rechtssprachlichen Schwierigkeiten der Vertragsgestaltung München ZIP 1988, 731.
289 So mit der jetzt hM BGHZ 137, 292, 295 f = NJW 1998, 894, 896 zu IV 2 a = WM 1998, 235, 238 = ZIP 1998, 280 = DB 1998, 412 = ZBB 1998, 412 = JuS 1998, 555 (K Schmidt); – dies aber ohne eindeutige Unterscheidung zwischen unmittelbarem Innenverhältnis (Rz 6 bei Fn 117 f) und sicherungsvertraglichem Ausgleichsverhältnis (Rz 10); s BGHZ 137, 292, 294 unten.
290 Zum Ausgleich bei Zusammentreffen begrenzter mit unbegrenzten Mitbürgschaften s BGHZ 137, 292, 296 f (zu Hamm WM 1997, 710, 717 ff); dazu Glöckner ZIP 1999, 821, 822 ff.
291 Zu dem anders orientierten Ausgleich im vertraglichen Innenverhältnis s oben Rz 8.
292 BGHZ 137, 292, 294 zu IV 2 a (= Fn 289).
293 S § 776 Rz 25 ff.

nach AGB-rechtlichen Maßstäben den Gegenstand zu entziehen[294]. Schließlich wirkt der Annahme eines Schutzbedürfnisses der Mitbürgen gegenüber dem Gläubiger entgegen, dass es zunächst deren eigene Aufgabe ist und ihnen deshalb auch überlassen bleiben kann, die Lastenverteilung in einem der Bürgschaftsübernahme zugrunde liegenden Innenverhältnis ohne Beteiligung und Einflussnahme des Gläubigers[295] für sich selbst zu regeln.

c) **Mehrheit unabhängiger Einzelbürgschaften**. Erst ein Ergebnis neuerer Kreditsicherungspraxis ist das Zusammentreffen mehrerer Sicherheiten, die ohne erkennbare Berücksichtigung[296] möglicher weiterer Mitsicherungen allein auf das eigene Vertragsrisiko des Sicherungsgebers für dasselbe Gläubigerinteresse gestellt worden sind. Ein solcher Fall kann etwa eintreten, wenn für eine längerfristig angelegte und je nach Geschäftslage unterschiedlich in Anspruch genommene Kreditbeziehung, für die bereits eine Höchstbetragsbürgschaft[297] besteht[298], nachträglich vom Hauptschuldner zur Erhöhung der eingeräumten Kreditlinie weitere von Dritten gestellte Sicherheiten beigebracht werden, die sich wiederum (wie verkehrsüblich) auf den Gesamtkredit erstrecken[299], aber in sich selbst auf einen Haftungshöchstbetrag oder auf den Sachwert ihres Gegenstandes begrenzt sind. Hier muss das zurückgebliebene überkommene Rechtsverständnis zu fortentwickelten Vertragsgestaltungen gelangen, die nach der veränderten Verkehrsauffassung flexibleren Formen von Sicherungszwecken und Vertragsrisiken als hergebracht geläufig ihren Platz verschaffen. Nur insbesondere müssen alte Selbstverständlichkeiten, die sich allein an dem und für den Fall der gemeinschaftlich von mehreren übernommenen Mitbürgschaft[300] für eine gegenständlich vorgegebene Schuldnerverbindlichkeit entwickelt haben, auf den ihnen zukommenden konkreten Regelungszusammenhang beschränkt werden. Im Fall einer Kreditbürgschaft zu einem Höchstbetrag kann die dafür verkehrs- und damit vertragstypische Erstreckung der Haftung auf die jeweilige gesamte Kreditgewährung – ihre im Rahmen der Haftungssumme dem Gläubiger freistehende Offenheit also – nicht zur Folge haben, dass der Gläubiger an das sich letztlich ergebende Ausgleichsinteresse eines in Anspruch genommenen Bürgen nach denselben Regeln gebunden ist, wie im Fall der von Anfang an vertragsgemeinschaftlich entstandenen Mitbürgschaft. Mit Rücksicht auf den in seinem Umfang variablen Sicherungsgegenstand muss es dem Gläubiger auch freistehen, einzelne von Dritten gestellte Sicherungsrechte, die ihm im Verlauf des sich fortentwickelnden Kreditverhältnisses vom Hauptschuldner beigebracht worden sind, wieder aufzugeben, ohne deswegen seine Sicherungsrechte gegen andere Sicherungsgeber, die ihr vertragliches Haftungsrisiko vorbehaltlos und ohne Rücksicht auf die Mithaftung weiterer Sicherungsgeber übernommen haben, aufgrund einer vertraglichen Bindung an deren Rückgriffsinteresse nach § 776 einzubüßen. Erst nach Beendigung und in der Abwicklung des besicherten Kreditverhältnisses erledigt sich das berechtigte Eigeninteresse des Kreditgebers und tritt das Ausgleichsinteresse der dann haftbaren Sicherungsgeber im Rahmen der Vermutung einer Gleichrangigkeit nach dieser Vorschrift[301] wieder hervor. – S dazu § 776 Rz 17. 19

6. **Ausgleich zwischen ungleichartigen Sicherheiten**. Mehrere Dritte können für dieselbe Verbindlichkeit eines Hauptschuldners auch mit unterschiedlichen Sicherungsrechten[302] eintreten. Im Verlauf der Ausweitung der Sicherungsbedürfnisse des Geschäftsverkehrs und der damit einhergehenden Fortentwicklung gesetzlich nicht geregelter Sicherungsrechte wie Sicherungseigentum und Sicherungsabtretung sind solche Fälle alltäglich geworden. Damit haben sich auch 20

294 Sehr ähnlich BGHZ 109, 197, 201 bis 203 zu II 2 d (zur Abgrenzung gegen nach AGB-Ges § 3 [heute § 305 c Abs 1] „überraschende" Erklärungsinhalte) = NJW 1990, 576 = WM 1989, 1926.

295 S oben Rz 8.

296 Also nicht „in der Voraussetzung"; s oben Rz 17 bei Fn 262 f.

297 Dazu schon oben Rz 18.

298 Zur Kreditbürgschaft iAllg s Rz 22 ff vor § 765 Rz 22 ff.

299 Zur Möglichkeit der sicherungsvertraglichen Beschränkung zusätzlicher Sicherheiten auf den Aufstockungskredit s Rz 30 vor § 765.

300 Für die nach früherem Recht gegenüber dem Gläubiger die vertragsimmanente „Einrede der Teilung" bestand; s Rz 2 mit Fn 30.

301 S oben Rz 17.

302 S oben Rz 9.

Ausgleichsbedürfnisse zwischen unterschiedlich in Anspruch genommenen ungleichartigen Sicherungstatbeständen ergeben. Wie mehreren Bürgschaften liegen auch solchen Sicherheitsrechten häufig, aber nicht notwendig Vereinbarungen im unmittelbaren Verhältnis der Sicherungsgeber zugrunde[303], die ihrerseits vertragstypische oder ausdrückliche Regelungen über einen Ausgleich des übernommenen Haftungsrisikos enthalten. Wie für mehrere Bürgen stellt sich aber auch für eine Mehrheit ungleichartiger Sicherheiten die Frage nach einem im Verhältnis zum Gläubiger **sicherungsvertraglich vermittelten Ausgleich** durch die Übertragung von Gläubigerrechten auf einen in Anspruch genommenen Sicherungsgeber[304]. Auch für andere und andersartige Sicherheiten bestimmen sich die Voraussetzungen ihrer Geltendmachung und die Ermöglichung eines Rückgriffs gegen den Hauptschuldner nach dem zugrundeliegenden Sicherungsvertrag, aus dem sich aufschiebende Zurückbehaltungsrechte aufgrund eines **Gegenanspruchs** auf den Erwerb von Gläubigerrechten und sicherungsvertragliche Gegenrechte[305] wegen der Aufgabe solcher Rechte ergeben können[306]. Darüber hinaus stellt sich aus dem fortentwickelten Verständnis der **Regelungsformen des Sicherungsvertrages** und der ihm rechtstypisch eigenen Instrumente schon angesichts der Möglichkeit eines Zusammentreffens unterschiedlicher Sicherungsrechte unausweichlich[307] die Frage nach der **Ausfüllung einer Rangbestimmung**, aus der sich vermittels der Unterscheidung zwischen Vorrang[308], Nachrang[309] und Gleichrang[310] eine Weitergabe oder Teilung des vertraglich übernommenen Haftungsrisikos oder deren Ausschluss[311] ergibt. Dem Gesetzgeber war ein Bedürfnis nach umfassender und grundsätzlicher Regelung noch nicht erkennbar; umso weniger standen ihm bewährte Rechtstraditionen zu Gebote. Es ist deshalb zwar zu begrifflich nachvollziehbaren Einzelregelungen gekommen, die aber in widersprüchlicher Weise gegeneinander wirken, weil ihnen kein gemeinsames Regelungsziel zugrundeliegt. Nach § 1225 soll der in Anspruch genommene Verpfänder beweglicher Sachen kraft gesetzlichen Rechtsübergangs die gesicherte Forderung des Gläubigers gegen den persönlichen = (Haupt-) Schuldner und mit ihr nach §§ 412, 401 die für sie bestehenden akzessorischen Sicherungsrechte der herkömmlichen Art erwerben; und zwar im Rahmen der begrifflichen Tragweite der Regelung unterschiedslos nicht nur die vom Schuldner gestellten, sondern auch die weiterer Sicherungsgeber. Eine gleiche Regelung findet sich in § 1143 für die Hypothek. Für die nicht akzessorisch forderungsgebundene, sondern sachenrechtlich abstrakt bestehende Grundschuld dagegen ergibt sich ein solcher, den Regress eröffnender Rechtsübergang nach § 1192 Abs 1 nicht. Deshalb fehlt es für ein begriffsstrenges Rechtsverständnis[312] an der Möglichkeit, diese und die erst später entwickelten, sämtlich abstrakten Sicherungsrechte (Sicherungseigentum, Sicherungsabtretung) in eine der gesetzlichen Ausgleichsregelungen zu deren entsprechender Anwendung einzubeziehen. Es hätte freilich von Anfang an ein Leichtes sein können, aus den Gestaltungsmitteln des schuldrechtlichen Sicherungsvertrages ein sowohl variables wie auch einheitliche Sinnzusammenhänge vermittelndes Kreditsicherungsrecht zu entwickeln. Doch hat die Gesetzgebung selbst die schon vorhandenen Ansätze dazu aus ihrem kodifikatorischen Rahmen ausgeschieden[313] und auch noch die zugrundeliegende vertragsrechtliche Zuordnung einem im Kern deliktsrechtlichen Begriffs-

303 S oben Rz 5 ff.
304 S oben Rz 10.
305 S dazu § 776 Rz 1.
306 So schon RG HRR 1942 Nr 64 = WarnR 1941 Nr 118 = DR 1941, 2125, für den Verpfändungsvertrag über bewegliche Sachen. Doch lehnt das RG es ab, diesen entspr der Mitbürgschaft als Vertragstyp nach allg Grundsätzen fortzuentwickeln. Möglich seien „besondere Abmachungen"; das „gesetzliche Schuldverhältnis" aber wisse nichts von einer Verpflichtung des Pfandnehmers, keine anderen Pfänder aufzugeben. – Dem folgend für ein vorausgesetztes gesetzliches Ausgleichsverhältnis aus § 426 Abs 1 (dagegen oben Rz 3 bei Fn 66 ff) BGH WM 1991, 399, 400 zu II 2 (= Fn 76).
307 In der Allgemeinheit der begrifflichen Aussage verfehlt BGH NJW 1994, 1796, 1798 zu III 2 b = WM 1994, 1161 = ZIP 1994, 939: Real- und Personalsicherheiten könnten nicht ... in einem Rangverhältnis stehen.
308 S oben Rz 13.
309 S oben Rz 12.
310 S oben Rz 17.
311 S oben Rz 14.
312 S dazu noch Rz 22.
313 So durch Übergehung der schuldrechtlichen Rechtsgrundvereinbarung für alle sachenrechtlichen Sicherungsrechte; – s oben Rz 10 mit Fn 166.

gebilde der Gesamtschuld zum Opfer gebracht[314]. So haben sich in einem dogmatisch leeren Raum alle denkbaren begrifflichen Konstruktionen entwickelt, die ihre Folgerungen auf Mutmaßungen über einen objektiv vorgegebenen Vorrang oder Nachrang bestimmter Sicherungsarten stützen oder auch einen Haftungsausgleich mangels zureichender gesetzlicher Regelung überhaupt ablehnen[315]. Für jede von ihnen spricht zumindest, dass ihre Ergebnisse jedenfalls in der Reichweite möglicher sicherungsvertraglicher Vereinbarung liegen; sie können sich aber auch nur als Rechtsfolge einer zugrundeliegenden schuldrechtlichen Sicherungszweckbestimmung ergeben. Als „mechanische" Rechtsanwendung abwegig zu verwerfen ist lediglich, es in allein begrifflicher Konsequenz der inhaltlich unzureichenden gesetzlichen Regelungen zu einem „Prioritätsprinzip" kommen zu lassen, nach dem von mehreren Sicherungsgebern jeweils der zuerst leistende oder in Anspruch genommene kraft gesetzlichen Rechtsübergangs gegen einen übrigbleibenden „vollen Regress" nehmen und somit die Haftungslast dem Letzten aufbürden kann[316]. Schritte zur Gewinnung eines Ausgleichsinstruments für die Fälle ungleicher Inanspruchnahme, wenngleich keinen Zugewinn an inhaltlicher Rechtsklarheit, erbringt eine in ihren Ergebnissen der jetzt wohl **herrschenden Meinung**[317] folgende neuere Rechtsprechung des **BGH**[318]. Danach soll zwischen mehreren „auf gleicher Stufe" stehenden Sicherungsgebern bei Fehlen einer „zwischen ihnen getroffenen besonderen Vereinbarung" eine Ausgleichsverpflichtung „entsprechend den Regeln über die Gesamtschuld" bestehen. Ohne eine solche Vereinbarung ergebe sich zwar zwischen einem Bürgen und dem Besteller einer Grundschuld „keine vertragliche Gesamtschuldnergemeinschaft". ... „Hier" gebiete aber „der Grundsatz ausgleichender Gerechtigkeit", auf das „Verhältnis" der Beteiligten „den hinter § 426 Abs 1 BGB stehenden allgemeinen Rechtsgedanken einer anteiligen Haftung anzuwenden". Ohne eine besondere Vereinbarung unter Sicherungsgebern, „die, ohne selbst Hauptschuldner zu sein, unabhängig voneinander und gleichrangig dasselbe Risiko abdecken", entspreche „allein die anteilige Haftung der Billigkeit (§ 242 BGB)"[319]. In begrifflicher Präzisierung soll sich daraus somit ergeben: *„Bürgschaft und Grundschuld sind von Gesetzes wegen gleichstufige Sicherungsmittel mit der Folge, daß die Sicherungsgeber einander grundsätzlich wie Gesamtschuldner ausgleichspflichtig sind"*[320]. Dem fehlt nun freilich offenkundig sowohl der nachvollziehbare Bezug zu einem tatsächlicher Feststellung zugänglichen Regelungstatbestand wie auch die einen Rechtssatz erst ergebende zureichende Instrumentierung mit einer zum Ausgleich vertraglich übernommener Haftungslasten führenden Rechtsfolge. Doch scheint nunmehr der Weg zu einer auf den Sicherungsvertrag bezogenen Sichtweise endgültig durch Schlagwörter versperrt[321].

314 Dazu Rz 3 u Rz 10.

315 Zusammenfassend BGHZ 108, 179, 182 zu II 2 a (= Fn 318); W Lüke JR 1993, 324 f; Schanbacher AcP 191 (1991), 87, 89 bis 93; Bülow, Gedschr für D Schultz, 1987, S 49.

316 Dazu zutreffend BGHZ 108, 179, 184 f zu II 2 c, aa u bb (= Fn 318); so auch schon Strohal IherJb 61 (1912), 59, 61, der dazu schon damals allgemeine Einigkeit annimmt. – Für Geltung des Prioritätsgrundsatzes weiterhin Bülow WM 1989, 1877, 1880 f.

317 Nachweise in BGHZ 108, 179, 182 zu II 2 a (= Fn 318). – Weiterhin für eine Privilegierung des Bürgen Horn DZWir 1997, 265, 269 zu VI 2.

318 BGHZ 108, 179 = NJW 1989, 2530 = WM 1989, 1205 = ZIP 1989, 1044 (Bayer/Wandt); kritisch zur Fallentscheidung Tiedtke WM 1990, 1270. – Der Leitentscheidung folgend: BGH WM 1990, 1956, 1957 zu II 2 a = NJW-RR 1991, 170 = LM Nr 72 zu § 242 (Be); BGH WM 1991, 399, 400 zu II 1 (= Fn 76); BGH NJW 1992, 3228, 3229 zu II 2 = WM 1992, 1893 = ZIP 1992, 1536 = JR 1993, 322 (W Lüke) = WuB IV A. § 426 BGB 1.93 (Tiedtke) = LM Nr 6 zu § 776 (Schmidt-Lademann) = JuS 1993, 161 (K Schmidt).

319 So die rechtliche Ableitung in BGHZ 108, 179, 183 zu II 2 e (= Fn 318). – Die sprachliche Unbeholfenheit und die allen tradierten Errungenschaften juristischer Begründung Hohn sprechende Verworrenheit des Gedankengangs erfordert die wörtliche Wiedergabe. Dazu noch S 186: die „lückenhafte Regelung des Gesetzes" widerspreche dem Grundsatz der ausgleichenden Gerechtigkeit. – Kritisch zu solchem juristischen Umgang mit Wünschbarkeiten Savigny, Obligationenrecht I, 1851, S 229 f.

320 So BGH NJW 1992, 3228 im LS u zu II 2 (= Fn 318).

321 In BGH NJW 1992, 3228 hätte es für die Fallentscheidung heißen müssen: *„Eine Grundschuld haftet nicht kraft Gesetzes vorrangig vor einer Bürgschaft"*. Dann hätte sich der seit jeher offenstehende Weg zum Sicherungsvertrag ergeben können. Schon Savigny, ObligationenR I, 1851, sieht die „Aufgabe" (aaO S 230) der Entwicklung von „Rechtsregeln" auf dem Feld des Rechtsgeschäfts (s insbes S 239 ff).

21 Es entspricht jedoch unzweifelhaft der heute allgemeinen Rechtsüberzeugung, dass es der **Entwicklung** oder Fortentwicklung **von „Rechtsregeln“**[322] bedarf, die allen für dasselbe Gläubigerinteresse eintretenden Sicherungsgebern unabhängig von der rechtstechnischen Art und Weise der Sicherung eine Teilung des übernommenen Sicherungsrisikos ermöglichen. Die rechtlichen Instrumente dafür *können nur* dem rechtsgeschäftlichen Regelungstypus des schuldrechtlichen Sicherungsvertrages[323] zuzuordnen sein, der allein über Sicherungszwecke bestimmt und den Rechtsgrund und die gegenständliche Reichweite von Sicherungsrechten hervorbringt[324]. Damit erledigt sich von selbst die verbreitete Rede von „regresslosen“ sachenrechtlichen Sicherungsrechten, deren dingliche Konstruktion den sie rechtfertigenden Sicherungszweck gar nicht zum Gegenstand hat[325]. Es geht also um den dogmatischen Ausbau eines allgemeinen, sich die verschiedenartigen Sicherungsinstrumente unterordnenden **schuldrechtlichen Sicherungsvertrages** mit Regelungsformen für eine Vielzahl unterschiedlich gestaltbarer Sicherungszwecke und die begriffliche Darstellung der daran anknüpfenden vertragstypischen Rechtsfolgen, die von den Beteiligten, und zwar vom Gläubiger und jedem einzelnen Sicherungsgeber eigenständig, zur Bestimmung des vertraglichen Haftungsrisikos genutzt werden können. Dafür ergeben sich aus dem konkret und reichhaltig entwickelten Bürgschaftsrecht traditionell gesicherte Regelungsmuster, während der einem dinglichen Sicherungsrecht zugrundeliegenden Sicherungsvereinbarung überhaupt erst eine Ausstattung mit Regelungsinstrumenten verschafft werden muss[326]. Dabei geht es nicht um die analoge Ausdehnung gesetzlicher Regelungen über die begrenzte Vorstellungswelt des historischen Gesetzgebers hinaus, sondern allein um die Konkretisierung schuldvertraglicher Rechtsfolgebestimmungen, die sich an einem durch die fortentwickelte Verkehrsanschauung als vertragstypisch geprägten, ein umfassendes Verständnis von Sicherungszweck und Sicherungsrisiko einschließenden allgemeinen Sicherungsvertrag ausrichtet. Ein **vertraglicher Sicherungszweck** bezieht sich, wenn der Schuldner selbst für seine eigene Verbindlichkeit dem Gläubiger Sicherheiten stellt, unmittelbar, und zwar „erfüllungshalber“ (§ 364 Abs 2), auf die gesicherte Verbindlichkeit. Wird die Sicherheit vom Gläubiger in Anspruch genommen oder ihrerseits erfüllungshalber durch freiwillige Leistung ausgelöst[327], ist zunächst der Sicherungsvertrag und dadurch auch die gesicherte Verbindlichkeit erfüllt[328]. Ist aber die **Sicherheit für die Verbindlichkeit eines Dritten** gestellt[329], tritt das selbstverständliche Interesse des Sicherungsgebers an einer Weitergabe der Haftungslast hervor, das in der vertragstypischen Subsidiarität[330] der Sicherungshaftung zur Geltung zu bringen ist. Der Sicherungsgeber bedarf deshalb für seine Inanspruchnahme insoweit schon **vertragstypischer Gegenrechte** gegen den Gläubiger; und zwar zunächst auf den Erwerb der Rechte des Gläubigers gegen den Schuldner der besicherten Verbindlichkeit samt den etwa von diesem gestellten Sicherungsrechten, dann aber auch auf den Erwerb von Sicherungsrechten des Gläubigers gegen andere Sicherungsgeber, die ihm einen Rückgriff oder Ausgleich gegen den Hauptschuldner und gegen weitere Sicherungsgeber ermöglichen. Es entspricht der heutigen Verkehrsauffassung und dem aus ihr erwachsenen Rechtsverständnis, die rechtliche Entscheidungsnorm und ihre Anwendung und somit die vertragliche Regelung von Sicherungszweck und Sicherungsrisiko nicht mehr nur auf die Anschauung der hergebrachten besonderen Sicherungsarten wie insbesondere der Bürgschaft und die ihnen zugeordneten Sicherungsinstrumente zu beschränken. Ausdrucksform für Tatbestand und Rechtswirkung ist vielmehr der **allgemeine Regelungstyp des Sicherungsvertrages**, dessen weiter-

322 So die Sprache Savigny's (Fn 321).

323 S oben Rz 9.

324 Das scheint auch BGHZ 108, 179, 186f (= Fn 318) zu meinen. Nur wird der Gedanke nicht befolgt.

325 In der Normanalyse zutreffend Schanbacher AcP 191 (1991), 87, 93 bis 96.

326 S oben Rz 10.

327 Dafür steht dem Sicherungsgeber nach § 366 Abs 2 die Bestimmungsmacht über den Leistungszweck zu (BGH NJW 1997, 2046).

328 BGH NJW 1980, 2198, 2199 zu II 2b. – Nicht aufgrund „doppelter Tilgungsbestimmung“, sondern schon aufgrund der Zweckbestimmung der Sicherheitsbestellung als Leistung erfüllungshalber; darin nicht eindeutig BGHZ 105, 154, 157 zu II 1a (= Fn 345).

329 Ungenau und deshalb missverständlich BGH NJW 1994, 1796, 1798 zu III 2b = WM 1994, 1161 = ZIP 1994, 939.

330 S Rz 9 mit Fn 161.

reichende Darstellungsmöglichkeiten erst den Sicherungsinteressen des modernen Verkehrs kongruent sind. Was sich an vertragsrechtlichen Gestaltungsmitteln und typischen Rechtsfolgebestimmungen nur zuerst für den Bürgschaftsvertrag entwickelt hat, gilt deshalb grundsätzlich auch für andere Sicherungsverträge. Nur von rechtstechnischer Bedeutung und deshalb für den Inhalt des Sicherungsvertrages unwesentlich ist, ob und inwieweit gesetzliche Sonderregelungen an Stelle des schuldrechtlichen Anspruchs einen lediglich als „fingierte Zession" dienenden gesetzlichen Rechtsübergang[331] bestimmen. Fehlt es daran – und das ist für den Bürgschaftsvertrag außerhalb der Regelung in §§ 774 Abs 1, 412, 401 und für den auf Bestellung sachenrechtlich abstrakter Sicherungsrechte gerichteten Sicherungsvertrag allgemein der Fall, – tritt der einem gesetzlichen Rechtsübergang zugrunde liegende Anspruch gegen den Gläubiger auf Übertragung wieder hervor[332]. – Ohne Einfluss auf einen sicherungsvertraglich vermittelten Rückgriff oder Ausgleich unter mehreren Sicherungsgebern bleibt das Fehlen[333] oder Vorhandensein einer zwischen ihnen getroffenen Vereinbarung[334] im Innenverhältnis[335]. Eine solche, der Haftungsübernahme gegenüber dem Gläubiger schon vorangehende[336] Verständigung und die daraufhin mit dem Gläubiger eingegangenen Sicherungsverträge ergeben selbstständige und voneinander unabhängige Rechtsbeziehungen, deren Rechtsfolgen allein aus ihren eigenen Rechtsgründen entstehen und deshalb auch voneinander abweichen können[337]. Erst die Geltendmachung von Rückgriffs- oder Ausgleichsansprüchen führt beide Anspruchsgrundlagen im prozessualen Streitstoff zusammen[338]. Ein einheitlicher Vertragsschluss zwischen allen Beteiligten, wie er dem traditionellen Tatbestandsbild der „Mitbürgschaft" entspricht[339], kann nach dem als zusammenhängend erkennbar werdenden Vertragswillen eine wechselseitige inhaltliche Angleichung der Vertragsbindungen im Sicherungs- und im Innenverhältnis ergeben.

Nach dem heutigen Verständnis vom rechtstypischen Regelungsinhalt eines allgemeinen Sicherungsvertrages[340] hat somit ein als Sicherungsgeber in Anspruch genommener **Bürge** gegen den Gläubiger je nach dem vereinbarten Rang seiner Haftung[341] einen Anspruch auch auf den Erwerb mithaftender andersartiger Sicherungsrechte[342], sofern und soweit diese nach dem ihnen zugrundeliegenden Sicherungsvertrag die Teilnahme an einem Sicherungsgeberausgleich einschließen[343]. Instrument des sicherungsvertraglich vermittelten Ausgleichs ist allein das zu übertragende Sicherungsrecht des Gläubigers gegen den weiteren Sicherungsgeber. Kann der Gläubiger dem Bürgen die ihm zustehenden Ausgleichsrechte vertragswidrig nicht verschaffen, büßt er insoweit seinen Bürgschaftsanspruch ein[344]. Nach demselben sicherungsvertraglichen Grundsatz hat auch der **Besteller sachenrechtlicher Sicherungsrechte** für Verbindlichkeiten Dritter und nur insbesondere der Besteller einer Sicherungsgrundschuld gegen den ihn in Anspruch nehmenden Gläubiger einen Anspruch auf den Erwerb mithaftender weiterer Sicherungsrechte[345]; und ebenso büßt der Gläubiger sein sicherungsvertragliches Recht auf die Inanspruchnahme einer 22

331 Dazu oben Rz 10 bei Fn 167 f.
332 Dazu § 776 Rz 11 u 20.
333 Darauf scheint es aber BGHZ 108, 179, 183 zu II 2 c (= Fn 318) anzukommen.
334 BGHZ 108, 179, 183 (= Fn 318): „besondere" Vereinbarung. – Hier fehlt es an der notwendigen Unterscheidung zwischen Sicherungsverhältnis und Innenverhältnis.
335 S oben Rz 5 ff.
336 S oben Rz 5 bei Fn 98 („Vorgeschichte").
337 S oben Rz 8.
338 Zur Geltendmachung s § 774 Rz 18.
339 S Rz 17 u Rz 2 bei Fn 28 ff.
340 S oben Rz 21.
341 S oben Rz 10.
342 So schon RGZ 89, 193, für Sicherungseigentum und einen als Sicherheit übertragenen Gesellschaftsanteil.
343 S dazu Rz 10 mit Fn 176.
344 S § 776 Rz 20 f.
345 RGZ 150, 371, 374. – Unzureichend, weil ohne Verständnis für die Ganzheit der sicherungsvertraglichen Beziehung, BGHZ 80, 228, 230; BGHZ 105, 154, 157 f zu II 1 b = NJW 1988, 2730 = WM 1988, 1259 = ZIP 1988, 1096: ohne gesetzlichen Rechtsübergang keine Rückgriffs- oder Ausgleichsrechte; – dies unter unzutreffender Berufung auf RGZ 150, 371, 374, wo die anstehende Frage nach sicherungsvertraglichen Gegenrechten des Sicherungsgebers („Recht auf Abtretung") gerade gestellt und wegweisend beantwortet wird. – Unklar mangels eindeutiger Unterscheidung zwischen Sicherungsverhältnis und Innenverhältnis BGH NJW 1994, 2692 zu I 2 b = WM 1994, 1517.

dinglichen Haftung ein, wenn er den ihm obliegenden Gegenrechten des Sicherungsgebers nicht entsprechen kann[346].

23 7. **Geltendmachung von Sicherungsrechten**. Allein und erst das im Sicherungsvertrag seinem Rechtsgrund nach bestimmte Sicherungsinteresse ergibt ein Sicherungsrecht. Deshalb ist auch Gegenstand der Geltendmachung erst der sich aus Sicherungszweck und -risiko ergebende schuldrechtliche Vertragstatbestand, der sich aus der gesicherten Forderung gegen einen Dritten ergibt und mit einem gegen den Sicherungsgeber durchsetzbaren Sicherungsinstrument verknüpft ist. Soll das Sicherungsinstrument in einem haftungsrechtlich separierten Vermögensrecht bestehen, hat der Sicherungsnehmer auf dessen Verschaffung einen Anspruch[347]. Wie das Sicherungsrecht des Gläubigers in seiner Bestandskraft von seinem schuldrechtlichen „Rechtsgrund" abhängig bleibt[348], ist auch seine Durchsetzbarkeit seiner sicherungsvertraglich spezifischen Zweckbestimmung untergeordnet[349]. Das gilt für die sogenannten „selbständigen" Sicherungsrechte nicht weniger als für die mit dem Sicherungsgegenstand „akzessorisch" verbundenen wie den Bürgschaftsanspruch. Wer ein Sicherungsinteresse geltendmacht, hat dafür den rechtsbegründenden Tatbestand darzutun; und zwar sowohl den Erwerb der als gesichert vereinbarten Forderung[350] wie auch den Erwerb des sich darauf beziehenden Sicherungsinstruments. Beide Tatbestandselemente begründen erst in ihrem sicherungsvertraglich bestimmten Zusammenhang das Sicherungsrecht des Gläubigers. Gesetzlich besonders und vereinzelt geregelte Rechtsvermutungen wie die „Grundbuchvermutungen" aus §§ 891 Abs 1, 1138 verkürzen nicht den vorgegebenen Sicherungstatbestand, sondern erübrigen durch die angeordnete Beweislastumkehr lediglich den an sich erforderlichen Beweis rechtsbegründender Erfordernisse[351]. Das gilt auch für eine Sicherungsgrundschuld, die eben gerade durch die ihr als schuldrechtlichen Rechtsgrund zugrundegelegte Zweckbestimmung als Sicherungsrecht forderungsabhängig gemacht ist[352]. Zwar eignet sich eine Grundschuld, insofern sie – anders als die notwendig sicherungsakzessorische Hypothek (§ 1163 Abs 1) – zu ihrem sachenrechtlichen Bestehen „nicht eine Forderung voraussetzt" (§ 1192 Abs 1) *auch* als Gegenstand der Vermögenszuwendung aus schuldrechtlich endgültigen Rechtsgründen; in einer vertraglichen Verwendung als Sicherungsinstrument aber ist sie – nicht anders als andere Sicherungsrechte – den Zweckbestimmungen des zugrundeliegenden Sicherungsvertrages untergeordnet[353]. Deshalb kann der Inhaber einer Sicherungsgrundschuld auch gegenüber einem Rechtsnachfolger im haftenden Grundstückseigentum keine andere und bessere Rechtsposition in Anspruch nehmen als die gegenüber dem ursprünglichen Sicherungsgeber begründete sicherungsvertragliche[354]. Steht fest, dass allein der Erwerbsgrund eines Siche-

346 Dazu § 776 Rz 22. – Unklar zur Gesamtgrundschuld BGHZ 52, 93 = NJW 1969, 1426, und zwar mangels zureichender inhaltlicher Präzisierung des zugrunde liegenden Sicherungsvertrages wie auch dessen Abgrenzung gegen ein Innenverhältnis der Sicherungsgeber.

347 BGH NJW 1990, 392, 393 zu II 3 b = WM 1989, 1862.

348 BGH NJW 1990, 392 zu II 1.

349 BGH NJW 1994, 2692 zu I 2 b. – Dazu schon Rz 9.

350 Dazu § 765 Rz 205. – Das gilt nur insbes für aus einem gesicherten fortdauernden Kreditverhältnis erst zukünftig entstehende Forderungen (so u darauf beschränkt RGZ 60, 247, 249; RG Recht 1929, Nr 2379; BGH NJW 1986, 53, 54 zu 3 b = WM 1985, 978; BGH NJW 1992, 1620, 1621 zu 2 b = WM 1992, 566).

351 Auch dazu RGZ 60, 247, 249.

352 Anders eine rein sachenrechtliche Denkweise (BGHZ 109, 197, 204 zu II 3 = NJW 1990, 576 = WM 1989, 1926), die zur Bestimmung der rechtlichen Tragweite einer Sicherungsgrundschuld nicht von deren kausaler Zweckbestimmung ausgeht.

353 Im Ansatz zutreffend, aber begrifflich verfehlt RG Recht 1929 Nr 2379, wo die „Abstraktheit" der Grundschuld als abdingbar erklärt wird, während es allein um ihren rechtsgrundgebundenen Zweckbezug geht.

354 Verfehlt BGHZ 153, 63 = NJW 2003, 2673 = WM 2003, 1365, wonach gegenüber einem Eigentumsnachfolger allein ein „dingliches Verhältnis" mit einer „dinglichen Schuld" fortbestehen soll, das von der „schuldrechtlichen Beziehung" zum „persönlichen Schuldner" unberührt bleibe und somit auch keinen „Einreden aus dem Sicherungsvertrag" ausgesetzt sei. Damit wird der Sicherungstatbestand und die auch als „treuhänderisch" verstandene Rechtsgrundbindung abstrakter Sachenrechte verkannt. Die Vorstellung von einer rechtsgrundfreien „dinglichen Schuld" trifft nicht einmal auf eine als Vermögenswert endgültig zugewendete Grundschuld zu.

rungsvertrages vorliegt[355] und kann der Gläubiger nicht dartun, dass die Voraussetzungen des Sicherungsfalls vorliegen, kann der neue Eigentümer wie der ursprüngliche Sicherungsgeber nicht in Anspruch genommen werden. Darüber hinaus kann der Haftungsnachfolger gegenüber einem geltendgemachten Sicherungsinteresse wie jeder Sicherungsgeber einwenden[356], dass die gesicherte Forderung durch Tilgung erloschen und damit der rechtsbegründende Sicherungstatbestand entfallen ist. Insoweit steht die dingliche Haftungsnachfolge einer Schuldübernahme (§ 417 Abs 1 Satz 1) gleich. Ob das funktionslos gewordene und damit zurückzuübertragende abstrakte Sicherungsrecht dem ursprünglichen Besteller oder dem Haftungsnachfolger zusteht[357], ist für die Haftungsvoraussetzungen unerheblich.

§ 770 Einreden der Anfechtbarkeit und der Aufrechenbarkeit

(1) Der Bürge kann die Befriedigung des Gläubigers verweigern, solange dem Hauptschuldner das Recht zusteht, das seiner Verbindlichkeit zugrunde liegende Rechtsgeschäft anzufechten.

(2) Die gleiche Befugnis hat der Bürge, solange sich der Gläubiger durch Aufrechnung gegen eine fällige Forderung des Hauptschuldners befriedigen kann.

ÜBERSICHT

Schrifttum: Schlüter, Die Einrede der Aufrechenbarkeit des OHG-Gesellschafters und des Bürgen, in: Festschr für Harry Westermann, 1974, S 509; Zimmermann, Die Einrede der Aufrechenbarkeit nach § 770 Abs 2 BGB, JR 1979, 495; Bülow, Einrede der Aufrechenbarkeit für Personengesellschafter, Bürgen und Hauptgesellschafter im Eingliederungskonzern, ZGR 1988, 192; Dieckmann, Zur Rechtsstellung des Bürgen, der sich für eine wegen arglistiger Täuschung anfechtbare Kaufpreisschuld verbürgt hat, in: Festschr für Helmut Schippel, 1996, S 126; Harrer, Einreden des Bürgen, in: Festschr für Heinrich Honsell, 2002, S 515.

1. **Zweck und Tragweite der Regelung**. Die Vorschrift erweitert die Verteidigungsrechte des Bürgen und verbindet dafür in ihren beiden Absätzen unterschiedliche Tatbestände, die einander nur in der begrifflichen Instrumentierung gleichen. Und zwar gibt sie dem Bürgen aus noch nicht ausgeübten Gestaltungsrechten jeweils eines der Beteiligten des Hauptschuldverhältnisses eine **eigene verzögerliche Einrede**. Sie ergänzt damit die §§ 767, 768, in denen die Abhängigkeit (Akzessorietät)[1] der Bürgenhaftung von dem Bestehen und der Durchsetzbarkeit des gesicherten Anspruchs entsprechend der für diesen geltenden Beweislast ausgestaltet ist. Eine weitere Regelung ist insofern erforderlich, als Gestaltungsrechte, deren Wahrnehmung grundsätzlich allein in der Entscheidungsfreiheit des Berechtigten steht[2], nicht einem Dritten und somit auch nicht einem Bürgen zur Ausübung im eigenen Interesse zugewiesen werden können[3], andererseits aber 1

355 Das fällt als Ausnahme vom gesetzlichen Regelfall des § 1192 Abs 1 in die Beweislast des haftenden Eigentümers (BGH WM 1991, 668, 669 zu II 2 = NJW-RR 1991, 759 = LM Nr 43 zu § 1191), ist aber praktisch zumeist unstreitig.
356 BGH WM 1991, 668, 669 zu II 3 (= Fn 355); BGH NJW 2000, 1108f zu II 1 = WM 2000, 187.
357 Dazu BGH LM Nr 1 zu § 1169.

1 Dazu Rz 19 vor § 765.
2 BGHZ 24, 97, 98 = NJW 1957, 986.
3 Motive II, S 663; RGZ 122, 146, 147.

einem noch nicht ausgeübten Gestaltungsrecht grundsätzlich kein Leistungsverweigerungsrecht vorausgeht, an dem der Bürge schon nach § 768 teilhaben kann. Die Einreden des Bürgen nach dieser Vorschrift stehen auch dem als Selbstschuldner (§ 773 Abs 1 Nr 1) verpflichteten Bürgen zu. Sie sind Ausdruck der „**Subsidiarität**" der Bürgschaft[4], billigen der durch ihren Sicherungszweck begrenzten Haftung des Bürgen durch ihre engen Tatbestände aber nur schmale Vorbehalte zu. Die Einreden sind vom Bestehen der Gestaltungsmöglichkeit abhängig und entfallen mit ihr. Sie verschaffen somit dem Bürgen über die Rechte aus den §§ 767, 768 hinaus „nur eine schwache Rechtsposition"[5]. Deshalb ist auch keine ausdehnende Anwendung der Regelung veranlasst[6]. Wird die ausstehende Rechtsgestaltung vom dazu Berechtigten vollzogen, erlischt die gesicherte Hauptverbindlichkeit und mit ihr wegen Erledigung des Sicherungszwecks nach § 767 Abs 1 Satz 1 die Verpflichtung des Bürgen. Ein Verzicht des Bürgen auf die Einreden aus dieser Vorschrift[7] kann die Geltendmachung eines Erlöschens der Bürgschaft nicht erschweren[8]. Soll der Bürge auch eine vom Hauptschuldner erklärte Anfechtung oder Aufrechnung nicht geltendmachen können, ist mit der Vereinbarung der Vertragstyp der akzessorischen Bürgschaft überhaupt verlassen. Eine solche Haftungsübernahme kann nur als selbstständige Garantie für ein besonders zu bestimmendes Gläubigerinteresse Bestand haben, wenn dies von den Beteiligten als Hauptgegenstand des Vertrages so gewollt ist[9]. Doch kann im Rahmen einer besonderen Gestaltung des Sicherungszwecks ein vorübergehender Ausschluss der Geltendmachung streitigen Verteidigungsvorbringens des Hauptschuldners vereinbart werden[10].

2 2. **Anfechtungsrechte des Hauptschuldners (Absatz 1)**. – a) **Wegen Irrtums**. Für Fälle der Irrtumsanfechtung nach §§ 119, 120 ist die Einrede des Bürgen ohne praktische Bedeutung[11], da der Hauptschuldner sich unverzüglich nach Kenntniserlangung (§ 121) erklären muss, um sein Anfechtungsrecht nicht zu verlieren. Bis dahin hat gemeinhin auch der Bürge keine besseren Kenntnisse, mit denen er sich gegen eine Inanspruchnahme verteidigen könnte. Hat der Hauptschuldner sein Anfechtungsrecht durch Zeitablauf, Bestätigung des anfechtbaren Rechtsgeschäfts (§ 144 Abs 1) oder Vereinbarung mit dem Gläubiger verloren, so kann sich auch der Bürge nicht mehr darauf berufen. Ein Streit zwischen Gläubiger und Bürgen über die Wirksamkeit einer vom Hauptschuldner erklärten Anfechtung hat die Begründetheit einer Einwendung nach § 767 Abs 1 zum Gegenstand[12].

3 b) **Wegen arglistiger Täuschung**. Kann der Hauptschuldner die Hauptverbindlichkeit durch eine Anfechtung wegen arglistiger Täuschung (§ 123) zum Erlöschen bringen, kommt die einjährige Anfechtungsfrist für den Hauptschuldner (§ 124) dem Bürgen als eigene Einrede zugute. Im Streitfall trifft den Bürgen wie den Hauptschuldner[13] für die Anfechtungsgründe die Beweislast, der er kaum genügen kann, solange sich der Hauptschuldner selbst die Anfechtung nicht zutraut. Auch dieser Anwendungsfall ist deshalb nur von geringem praktischem Interesse. Hat der Hauptschuldner die Anfechtung erklärt, geht es im Streitfall wiederum um eine Einwendung nach § 767 Abs 1, über deren Begründetheit gegenüber Hauptschuldner und Bürgen unterschiedlich zu entscheiden sein kann[14].

4 Hat der Hauptschuldner die **Anfechtungsfrist** des § 124 **versäumt**, kann er gleichwohl aufgrund einer Schadensersatzpflicht des Gläubigers wegen Betrugs (§ 823 Abs 2) oder vorsätzlicher sittenwidriger Schädigung (§ 826), die als Schadensinteresse auch die Befreiung von den Ver-

4 Zu Akzessorietät und Subsidiarität s BGHZ 95, 350, 361 = NJW 1986, 43 = WM 1985, 1307 = ZIP 1985, 1257; RGZ 34, 153, 157. – S auch Rz 8 u § 769 Rz 9 f.
5 BGHZ 95, 350, 360 (= Fn 4).
6 S unten Rz 5 u 10.
7 S oben Rz 11 ff.
8 BGH NJW 2002, 2867, 2869 zu I 3 = WM 2002, 1179, 1181.
9 BGHZ 95, 350, 356 f (= Fn 4); BGH NJW 2002, 2867, 2869 (= Fn 8).
10 Dazu § 765 Rz 144; auch unten Rz 12 u 13.
11 Dazu BGHZ 95, 350, 357 (= Fn 4).
12 S oben Rz 1 aE.
13 BGH LM Nr 47 zu § 123 zu III = JZ 1977, 95; Köln NJW-RR 1992, 908, 910 zu 2.
14 S § 767 Rz 9.

tragspflichten zum Gegenstand hat, nach § 853 Ansprüche des Gläubigers dauerhaft abwehren[15]. Dieses als **Einrede** ausgestaltete Leistungsverweigerungsrecht kann nach § 768 Abs 1 Satz 1 auch der Bürge geltendmachen[16]. Deshalb kommt es in Fällen der arglistigen Täuschung auch für den Bürgen letztlich nicht darauf an, ob der Hauptschuldner von der Möglichkeit der Anfechtung überhaupt Gebrauch macht. Darüber hinaus ist in Fällen der Verletzung vorvertraglicher Aufklärungs-, Offenbarungs- oder Hinweispflichten und sonstiger Schutzpflichten dem Maßstab des **Verschuldens bei der Anbahnung von Vertragsverhandlungen** eine schadensersatzrechtliche Funktion zugewiesen worden, die einen **Anspruch auf Befreiung vom Vertrag** und somit auch eine **Einrede** gegen die Inanspruchnahme auf Vertragserfüllung gewährt[17]. Soweit im Verhältnis zwischen Gläubiger und Hauptschuldner eine solche Einrede in Betracht kommt, steht sie nach § 768 Abs 1 Satz 1 auch einem Bürgen zu, ohne dass der Hauptschuldner sie durch Versäumnisse oder Verzichte vereiteln könnte (§ 768 Abs 2).

3. **Andere Gestaltungsrechte**. Auf andere zur Schuldbefreiung führende Gestaltungsrechte 5
des Hauptschuldners ist der Grundsatz des Absatzes 1 entgegen einer verbreiteten Meinung[18] nicht übertragbar[19]. Der Bürge bleibt insoweit vom Verhalten des Hauptschuldners abhängig und muss es als Bestandteil seines Bürgschaftsrisikos ebenso hinnehmen, wenn dieser eine ihm freistehende Rechtsgestaltung unterlässt[20], wie schon, dass er nicht leistet. Das bedeutet freilich nur, dass bis zu deren Ausübung auch dem Bürgen kein Leistungsverweigerungsrecht zusteht, das der Hauptschuldner selbst nicht hat. Ist dieser etwa aufgrund eines besonderen vertraglichen Vorbehalts zum **Rücktritt** berechtigt, so bleibt eine Klage des Gläubigers wie gegen den Hauptschuldner so auch gegen einen (selbstschuldnerisch haftenden) Bürgen bis zur Erklärung des Rücktritts begründet und erledigt sich erst nachträglich mit der Kostenfolge zu Lasten des Beklagten (ZPO § 91 a). Mit den **gesetzlichen** (also vertragstypischen) **Rücktrittsrechten** aus §§ 323, 324 geht in der Regel ein Leistungsverweigerungsrecht nach § 320 einher, auf das sich nach § 768 Abs 1 Satz 1 auch der Bürge berufen kann[21]. **Widerrufsrechte** des Hauptschuldners aus Sonderregeln des Verbraucherschutzes (§ 355) sind nicht nur Gestaltungsrechte im Belieben eines Berechtigten; vielmehr geht mit ihnen, solange sie bestehen, wegen eines besonderen, der schwebenden Unwirksamkeit ähnlichen Vertragsmangels ein Leistungsverweigerungsrecht einher, das nach § 767 Abs 1 Satz 1 auch zu Gunsten eines Bürgen wirkt[22]. Nach neuerem Schuldrecht nicht mehr von Gestaltungsrechten bestimmt ist die **Geltendmachung von Sachmängelrechten**. Besteht die Bürgschaft für eine Kaufpreisforderung, so kann der Bürge, wenn und solange der Hauptschuldner aufgrund von Gewährleistungsrechten die Zahlung des Kaufpreises verweigern kann (§ 438 Abs 4 u 5), nach § 768 Abs 1 Satz 1 die Zahlung ebenfalls verweigern.

4. **Aufrechnungsbefugnis des Gläubigers (Absatz 2)**. – a) **Allgemeines**. Der Bürge kann 6
die Leistung verweigern, soweit und solange der *Gläubiger* sich ohne Aufgabe berechtigter Interessen aus dem Vermögen des Hauptschuldners durch Aufrechnung befriedigen kann. Der Gläubiger braucht aber nicht im Interesse des Bürgen Zahlungsfristen preiszugeben. Deshalb muss auch die Gegenforderung des Hauptschuldners fällig sein; es genügt nicht, dass der Gläubiger leisten (§ 271 Abs 2) und somit aufrechnen (§ 387) darf. Ist der Gläubiger gegen den Bürgen ausnahmsweise zur Klage auf künftige Leistung (ZPO §§ 257 ff), aber mangels Fälligkeit seiner Forderung gegen den Hauptschuldner noch nicht zur Aufrechnung befugt (§ 387), so kann sich der beklagte Bürge vorzeitig mit der Einrede aus Absatz 2 verteidigen, wenn die Gegenforderung des

15 BGH NJW 1979, 1983 = WM 1979, 915; RGZ 79, 194, 197.

16 BGHZ 95, 350, 357 (= Fn 4): „Arglisteinrede"; Planck/Oegg Anm 1 d.

17 BGH NJW 1979, 1983 f zu II 2 = WM 1979, 915; BGH NJW 1998, 302, 303 zu II 2 a, bb = JZ 1998, 1173 (Wiedemann) = WM 1997, 2309; abl Hamm NJW-RR 1995, 205; dazu Erman/Palm § 123 Rz 8; Grigoleit NJW 1999, 900.

18 Staud/Horn Rz 20 ff; MünchKomm/Habersack Rz 6; Erman/Seiler Rz 4.

19 So schon Protokolle II, S 466. – Planck/Oegg Anm 5.

20 RGZ 66, 332, 333; BGHZ 95, 350, 360 (zu Abs 2).

21 Vgl § 768 Rz 2.

22 S dazu aber auch BGH NJW 2006, 845, 846 zu 13 = ZIP 2006, 363.

Hauptschuldners fällig ist oder zugleich mit der Forderung des Gläubigers fällig wird[23]. Das Recht des Bürgen zur Verweigerung seiner Leistung kann auch nachträglich entstehen, wenn sich für den Gläubiger eine Möglichkeit zur Aufrechnung erst später ergibt; und zwar auch, wenn der Bürge sich bereits im Leistungsverzug befand[24].

7 Die Einrede des Bürgen **entfällt** mit der Aufrechnungsmöglichkeit für den Gläubiger, also etwa wenn der Gläubiger die Gegenforderung des Hauptschuldners erfüllt[25] oder dieser in einem Vergleich auf sie verzichtet[26], wenn der Schuldner mit ihr gegen eine andere Forderung des Gläubigers[27] oder der Gläubiger gegen sie statt mit der verbürgten mit einer anderen (ungesicherten) Forderung aufrechnet[28], oder wenn infolge Abtretung der durch die Bürgschaft gesicherten Forderung oder der Gegenforderung die erforderliche Gegenseitigkeit endet. Ein rechtskräftig gewordenes Urteil gegen den Hauptschuldner erstreckt seine prozessualen Wirkungen nicht auf den Bürgen[29]. Ist etwa der Hauptschuldner zur Leistung auf die Hauptverbindlichkeit verurteilt und ist ihm dabei eine von ihm aufgerechnete Gegenforderung aberkannt worden (ZPO § 322 Abs 2), kann sich der danach in Anspruch genommene Bürge gleichwohl auf eben diese Forderung berufen und je nach Sachlage[30] geltendmachen, dass durch die Aufrechnung nach der Hauptverbindlichkeit auch der Bürgschaftsanspruch erloschen (§ 767 Abs 1 Satz 1)[31] oder nach wie vor der Gläubiger zur Aufrechnung berechtigt sei[32].

8 b) **Aufrechnungshindernisse**. Die Einrede des Absatzes 2 berücksichtigt wie die Einrede der Vorausklage (§ 771) das sicherungsvertragliche Interesse des Bürgen an lediglich „subsidiärer" Inanspruchnahme[33] und hat allein das Verhältnis des Bürgen zum Gläubiger ohne Rücksicht auf die Rechte des Hauptschuldners zum Gegenstand. Der Gläubiger muss sich deshalb vom Bürgen auch dann auf die Möglichkeit der Aufrechnung verweisen lassen, wenn der **Hauptschuldner** seinerseits wegen eines vertraglich mit dem Gläubiger vereinbarten Aufrechnungsverbots oder eines sonstigen Verzichts dazu nicht in der Lage ist[34]. Der Bürge verliert seine Einrede auch nicht dadurch, dass der Hauptschuldner nach ZPO § 767 Abs 2 mit einer Aufrechnung nicht mehr gehört werden darf, sofern der Gläubiger seinerseits noch aufrechnen kann[35].

9 Steht dem **Gläubiger** ein Aufrechnungshindernis (§§ 393 f) entgegen, so besteht die Einrede aus Absatz 2 nicht[36]. Für eine Übertragung der Vorschrift auf die Aufrechnungsbefugnis allein des Hauptschuldners[37] fehlt es schon an der Rechtsähnlichkeit der Tatbestände, da es nach dem klaren Sinn des Gesetzes allein darum geht, den Gläubiger auf eine ihm freistehende einfachere Befriedigungsmöglichkeit zu verweisen, nicht darum, ihm die Rechtsverfolgung gegen den Bürgen zu erschweren. Damit würde dem Bürgen eine zwar gegenständlich begrenzte, aber gleichwohl dem vertragswesentlichen Sicherungszweck widersprechende Einrede der Leistungsfähigkeit des

23 BGHZ 38, 122, 128 f = NJW 1963, 244, 245 f.
24 BGH NJW 1966, 2009, 2010 = WM 1966, 756 f.
25 BGHZ 95, 350, 360 f = NJW 1986, 43 = WM 1985, 1307 = ZIP 1985, 1257; BGH NJW 1984, 2455 zu 2 = WM 1984, 425 = ZIP 1984, 418; RG WarnR 1912 Nr 303 = JW 1912, 749.
26 RGZ 62, 51, 54; 122, 146, 147.
27 RGZ 122, 146, 147 f.
28 BGH NJW 1984, 2455 (= Fn 25).
29 S § 767 Rz 9, § 768 Rz 7.
30 S unten Rz 8 f.
31 RG Recht 1928 Nr 2462. S iÜ § 767 Rz 2.
32 RGZ 122, 146, 148; s auch BGHZ 153, 293, 301 zu II 3 c = NJW 2003, 1521 = WM 2003, 669 = ZIP 2003, 621 = JZ 2003, 845 (mzustAnm Habersack u Schürnbrand).
33 Protokolle II, S 468 f, 470 f; BGHZ 153, 293, 301 f zu II 3 c (= Fn 32).
34 Schlüter, Festschr für H Westermann S 509, 512 f, 517; Staud/Horn Rz 8; Reinicke/Tiedtke, KreditsicherungsR, 2000[4], Rz 254; Blomeyer JZ 1957, 509 f; aA RGZ 122, 146, 148 (mit unzutreffender Berufung auf RGZ 62, 51); – offengelassen von BGHZ 42, 396, 398 = NJW 1965, 627, wo die gleich lautende Einrede von HGB § 129 Abs 3 dem persönlich haftenden Gesellschafter der OHG zu Recht versagt wurde (dazu Schlüter aaO S 517 ff).
35 BGHZ 153, 293, 301 f zu II 3 c (= Fn 32).
36 RGZ 137, 34, 36 = JW 1932, 3761 (mablAnm Siber); Schlüter, Festschr für H Westermann S 522; Planck/Oegg Anm 2 b; Staud/Horn Rz 9; Larenz/Canaris, SchuldR II 2, § 60 III 3 a.
37 Dafür Zimmermann JR 1979, 495. – Für analoge Anwendung von Absatz 1: Erman/Seiler Rz 6; MünchKomm/Habersack Rz 10; Reinicke/Tiedtke, KreditsicherungsR[4] Rz 225; Oertmann DJZ 1933, Sp 946 f. – Wie hier Kanka IherJb 87 (1937/38), 123, 177.

Hauptschuldners zugestanden, die der Gläubiger nicht ausräumen kann. Für den Bürgen fällt es im Verhältnis zum Gläubiger ebenso in sein Bürgschaftsrisiko, wenn der Schuldner nicht aufrechnet, wie wenn er nicht leistet. Aufrechenbare Gegenansprüche des Hauptschuldners aus demselben rechtlichen Verhältnis beschränken aber schon den gesicherten Anspruch des Gläubigers und begründen nach § 273 Abs 1 ein Leistungsverweigerungsrecht des Hauptschuldners, auf das sich nach § 768 Abs 1 Satz 1 auch der Bürge berufen kann[38].

5. **Geltendmachung und Rechtsfolgen**. Der Bürge hat als Einredetatbestand aus den Rechten des Hauptschuldners die Voraussetzungen einer Anfechtbarkeit (Absatz 1) oder einer fälligen Gegenforderung (Absatz 2) substantiiert zu behaupten und zu beweisen[39]. Die Einreden nach dieser Vorschrift sind insofern von nur dilatorischer Wirkung, als sie entweder fortfallen oder mit dem Erlöschen der Hauptverbindlichkeit durch eine Einwendung nach § 767 Abs 1 Satz 1 ersetzt werden. Sie stehen aber prozessual nicht einem Zurückbehaltungsrecht des § 274 Abs 1 gleich. Erhebt der Bürge eine ihm zustehende Einrede, so ist die Klage des Gläubigers gegen den Bürgen als zur Zeit unbegründet abzuweisen[40]. 10

6. **Abdingbarkeit, Rechtsverzichte**. Die **Einreden des Bürgen** aus dieser Vorschrift sind im Rahmen der vertraglichen Sicherungszwecke **einschränkbar**. Ein Rechtsverzicht des Bürgen hat nicht eine der abstrakten Verfügungswirkung vergleichbare Rechtsgestaltung zur Folge, sondern ist als Bestandteil der schuldvertraglichen Risikoregelung auf Modalitäten der Bürgenhaftung bezogen und in seiner Tragweite darin begrenzt. Er greift somit über seine ihm selbst innewohnenden **vertraglichen Regelungszwecke** hinaus nicht ein[41]. Es bedarf nicht erst eines nachgeschobenen Vorwurfs gegenüber dem Gläubiger, durch den seine „Berufung" auf den Einredeverzicht entsprechend eben diesen Vertragszwecken als „treuwidrig" oder „rechtsmissbräuchlich" verworfen werden müsste und könnte[42]. Es geht vielmehr um **Vertragsauslegung**, und zwar zunächst nach der aus Treu und Glauben einen vertragstypischen Regelungssinn hervorbringenden allgemeinen Verkehrsauffassung und danach unter Berücksichtigung besonderer Absichten und Interessen der Beteiligten, für deren mitbestimmende Umstände[43] die Behauptungs- und Beweislast nach den materiellen Grundsätzen von Regel und Ausnahme und den an Urkunden anknüpfenden Beweiswürdigungsregeln[44] denjenigen trifft, der sich auf sie beruft. Als **Vertragszweck eines Einredeverzichts** kommt vor allem die Ausschließung eines lediglich verzögerlichen und prozessverschleppenden Verteidigungsvorbringens des Bürgen in Betracht. Daran besteht gerade für Sicherungsverträge über die anderweit mit anderen Instrumenten, etwa durch Vorbehaltsurteile im Urkundenprozess (ZPO § 598)[45] oder gegenüber der Geltendmachung von Aufrechnungen (ZPO § 302) eröffneten Begünstigungen des Gläubigers hinaus ein Verkehrsbedürfnis, das in der Bürgschaft auf erstes Anfordern[46] eine vertragstypisch gewordene Regelungsform mit besonders weitreichenden Rechtswirkungen gefunden hat. Seit jeher und bis heute bestehen freilich aufgrund der scharfen Abgrenzung der prozessualen Denkweise von den als an sich bestehend vorausgesetzten materiellrechtlichen Regelungstatbeständen dogmatische Schwierigkeiten, an eine streitige und nicht feststehende, also prozessual gesehene Rechtslage 11

38 S § 768 Rz 2; RGZ 137, 34, 37 f; vgl auch BGH NJW 2002, 2867, 2869 zu I 3 (= Fn 8); unklar RG HRR 1933 Nr 1007.

39 Dazu BGHZ 153, 293, 302 zu II 3 d (ausführlich in WM 2003, 669, 672 f); s auch BGH NJW 1973, 146 = LM Nr 80 zu ZPO § 546.

40 BGHZ 38, 122, 129 f = NJW 1963, 244, 246 = WM 1963, 122; BGHZ 153, 293, 301 zu II 3 c (= Fn 32).

41 Dazu insbes BGH NJW 1975, 442 = WM 1975, 134; BGH NJW 1978, 2244, 2245 = WM 1978, 1042, 1044; BGH WM 1972, 72, 73 zu C 2 a; BGH WM 1975, 614, 616 zu II 2; BGH WM 1977, 311 zu II 1 a = BB 1978, 814; BGH WM 1988, 1592, 1593 zu 2 = NJW-RR 1989, 124, 125. – Fern jeder Zweckbetrachtung BGH NJW 1991, 2908, 2909 zu III = WM 1991, 1294 = ZIP 1991, 867.

42 Versuche einer Regelbildung aus einem solchen Gedanken sind unklar und praktisch unergiebig geblieben; s etwa BGH WM 1956, 563, 564 = LM Nr 20 zu § 387; BGH WM 1963, 1302, 1303; BGH WM 1967, 988, 989 zu 2 a; BGH WM 1976, 1332, 1333 zu II 4; BGH NJW 1991, 2908, 2909 zu III (= Fn 41).

43 „Aller" Umstände; s § 766 Rz 5 bis 7.

44 Insbes dazu § 766 Rz 7.

45 Dazu Lang WM 1999, 2329 zu I.

46 S insbes BGHZ 148, 328 = NJW 2001, 3549 = WM 2001, 2078; – iÜ § 765 Rz 144 ff.

unmittelbar eigenständige materielle Rechtswirkungen anzuknüpfen[47]. Nur daraus erklären sich die in sich widersprüchlichen und einer Regelbildung nicht genügenden Versuche, der Geltendmachung eines Rechtes, das einer insoweit nicht haben soll, den Einwand des Rechtsmissbrauchs entgegenzusetzen. – Soweit der Bürge auf die ihm nach der Gesetzesregel zustehenden vertragstypischen Rechte verzichtet, bedarf seine Erklärung zur Wirksamkeit nach § 766 der **Schriftform**, die den auf den gesetzlichen Warnzweck ausgerichteten Mindesterfordernissen einer „Andeutung" genügen muss[48]. Demgegenüber unterliegen zweckbestimmte Begrenzungen von Rechtsverzichten nicht dem Formerfordernis[49].

12 Ein Verzicht des Bürgen auf die **Einrede der Anfechtbarkeit (Absatz 1)** beschränkt sich von selbst auf Tatbestände, die vom Hauptschuldner gegen die verbürgte Hauptverbindlichkeit nicht oder noch nicht geltendgemacht worden sind[50], und somit auf eine lediglich verzögerliche Rechtsverteidigung des Bürgen. Macht der Hauptschuldner Anfechtungsgründe geltend, so tut er dies durch Erklärung der Anfechtung, aus der sich für ihn und damit auch für den Bürgen eine rechtsvernichtende Einwendung (§ 767 Abs 1 Satz 1) ergibt. Gleichwohl macht der Versuch, einem Einredeverzicht des Bürgen eine praktikable Anwendung zu erschließen, nur die begriffliche Unzulänglichkeit der gesetzlichen Regelung deutlich, weil mit dem Anfechtungsrecht unabhängig von dessen Ausübung praktisch immer auch eine Einrede des Hauptschuldners aus § 853 und vertragliche Gegenansprüche, die ein Zurückbehaltungsrecht begründen, einhergehen[51]. Soll der Verzicht des Bürgen sich auf „die" Einrede „aus § 770 Abs 1" beschränken, bleibt er ebenso unerheblich, wie die Einrede selbst[52]. Soll aber der Einredeverzicht einem verzögerlichen Verteidigungsvorbringen des Bürgen in einem weiteren Rahmen vorbeugen, was die Vertragsauslegung zumeist nahe legen wird, muss er auch auf begrifflich anders zugeordnete Einreden erstreckt werden[53].

13 Für einen Verzicht des Bürgen auf die **Einrede der Aufrechenbarkeit** nach **Absatz 2**[54] bedarf es dagegen einer begrifflich genaueren Bestimmung des ihm zugrunde liegenden Vertragszwecks, aus dem sich zugleich die nach den „Grundsätzen von Treu und Glauben" und der „Übung im redlichen Geschäftsverkehr"[55] **vertragstypisch** selbstverständlichen **Grenzen** der Verzichtswirkung[56] ergeben. Für den Verzicht des Bürgen auf sein Recht, den Gläubiger auf eine Aufrechnungsmöglichkeit gegenüber dem Hauptschuldner zu verweisen, kann nichts anderes gelten als für den im Verhältnis zwischen Gläubiger und Schuldner[57] vereinbarten Ausschluss einer Tilgung durch Aufrechnung[58]. Ein **Ausschluss der Aufrechnung** soll „verhindern", dass der Schuldner dem Gläubiger „den Lohn für die erbrachte Leistung vorenthält, sich dazu auf möglicherweise zweifelhafte und erst durch einen vielleicht langwierigen Prozess zurückweisbare Gegenforderungen beruft und so die schnelle und zügige Geschäftsabwicklung hinauszögert"[59]. Der Rechtsverzicht richtet sich somit darauf, die „zügige Durchsetzung" der Gläubigerforderung „zu gewährleisten"[60] und den Schuldner zur Geltendmachung der von ihm behaupteten Gegenforde-

47 S etwa RGZ 142, 143, 145 = JW 1934, 754 (mAnm Larenz); BGH WM 1961, 1357, 1358; BGH NJW 1966, 1452 = WM 1966, 734, 735 zu I 3; BGH WM 1977, 311, 312 zu II 3 b. – Juristische Gewissenskonflikte ergeben sich gegenüber behaupteten Gegenansprüchen aus arglistiger Täuschung oder vorsätzlicher unerlaubter Handlung. Dann soll in die Entscheidung einfließen, ob die Gegenbehauptungen undurchsichtig oder plausibel und alsbald klärbar sind (BGH WM 1976, 1332, 1333 zu II 4 = LM Nr 196 zu § 242 [Cd]).
48 S § 766 Rz 20.
49 S § 766 Rz 21.
50 S oben Rz 3.
51 S oben Rz 4.
52 So auch BGHZ 95, 350, 357 unten: „zumal" (= Fn 25).
53 S dazu § 768 Rz 2.
54 S oben Rz 6.
55 So BGH NJW 1960, 859 Nr 1; ähnlich BGH WM 1971, 722, 723 = BB 1971, 802.
56 S oben Rz 11.
57 Darin zutreffend BGHZ 153, 293, 299 f zu II 3 a (= Fn 94).
58 Irreführend zumeist „Aufrechnungsverbot" genannt.
59 BGH NJW 1975, 442 = WM 1975, 134; BGH NJW 1978, 2244, 2245 = WM 1978, 1042, 1044; ferner BGH WM 1972, 72, 73 zu C 2 a; BGH NJW 1966, 1452 = WM 1966, 734, 735 zu I 3.
60 BGH WM 1975, 614, 616 zu II 2; BGH WM 1977, 311 zu II 1 a = BB 1978, 814.

rungen auf eine eigene Klage zu verweisen[61]. Diesem Zweck entsprechend erstreckt er sich typischerweise auch auf Gegenansprüche aus rechtlich zusammenhängenden Verhältnissen (§ 273 Abs 1)[62] und schließt damit einen Verzicht auf die Geltendmachung von Zurückbehaltungsrechten ein[63], wie auch umgekehrt ein vertraglicher Verzicht auf Zurückbehaltungsrechte den Ausschluss einer Aufrechnung mitumfasst[64]. Andererseits erstreckt sich ein solcher Rechtsverzicht seinem begrenzten Zweck gemäß nicht auf eine mögliche Aufrechnung mit unbestritten, rechtskräftig oder entscheidungsreif feststehenden[65] Gegenforderungen, deren Berücksichtigung nicht die mit einer streitigen Rechtsfeststellung verbundenen Verzögerungen erfordert und dem Gläubiger im Rahmen der gesetzlich vorgesehenen Modalitäten der Schulderfüllung die ihm zustehende Leistung zuführt. Ebenso ergibt sich aus der Auslegung des vertraglichen Verzichtszwecks nach Treu und Glauben, dass dem Schuldner die abbedungene Aufrechnungsmöglichkeit erhalten bleibt, wenn der Gläubiger in Vermögensverfall geraten ist und der Schuldner nur noch durch Aufrechnung zu der ihm zustehenden Leistung gelangen kann[66]. – Dem entspricht ohne wesentliche Abweichung die Interessenlage zwischen einem Bürgschaftsgläubiger und dem in die Abwicklung des Hauptschuldverhältnisses einbezogenen Bürgen. Dessen Verzicht auf die Verteidigung mit einer Aufrechnungsmöglichkeit des Gläubigers im Verhältnis zum Hauptschuldner unterliegt deshalb der Auslegung nach den gleichen Maßstäben von Treu und Glauben und somit denselben vertragstypischen Grenzen seiner Tragweite. Und zwar erstreckt sich ein Einredeverzicht des Bürgen nicht auf feststehende[67] Gegenforderungen des Hauptschuldners; gegenüber einer für den Gläubiger schon feststehenden Aufrechnungslage kommt dem Interesse des Bürgen an der vertragstypischen Subsidiarität[68] seiner Sicherungshaftung der Vorrang zu. Der Einredeverzicht des Bürgen findet ferner seine bürgschaftsvertraglich selbstverständliche Grenze im Fall der Insolvenz[69] des Hauptschuldners, wenn es darum geht, den Gläubiger auf eine insolvenzverfahrensfeste (KO § 53, InsO § 94) Aufrechnungsmöglichkeit zu verweisen, die dem Bürgen nach einem Rechtsübergang gemäß § 774 Abs 1 Satz 1 für den Rückgriff nicht mehr zusteht. Besondere Sicherungszwecke können den Bürgen weiterreichend an seinen Einredeverzicht binden; so etwa, wenn schon dem Hauptschuldner aus der Rechtsnatur seiner Verbindlichkeit oder nach einem von ihm zugestandenen Rechtsverzicht die Aufrechnung verwehrt ist und der Bürge daran anschließend den Gläubiger seinerseits von einer Aufrechnung freistellt. Es kann aber auch ein besonderer Sicherungszweck die Leistungspflicht des Bürgen von weiteren Rechtsbeziehungen zwischen Gläubiger und Hauptschuldner unabhängig machen. Umgekehrt ist bei der Bürgschaft für einen Kontokorrentkredit des Hauptschuldners[70] die Subsidiarität der Bürgschaftsverbindlichkeit schon in der vorausgesetzten Verrechnung berücksichtigt. Die **Beweislast** für das Vorliegen eines vom Einredeverzicht nicht mehr erfassten Ausnahmetatbestandes trägt der Bürge. Die Vereinbarung eines besonders weitreichenden Sicherungszwecks ist vom Gläubiger zu beweisen.

7. **Allgemeine Geschäftsbedingungen**. Formularbedingungen, die der Gläubiger als seine Vertragserklärung dem Bürgen in der Form der von diesem abzugebenden Bürgschaftserklärung stellt, unterliegen der Wirksamkeitskontrolle nach AGB-Recht, soweit sie nicht hinter „**in-** 14

61 BGH WM 1977, 311 (= Fn 60); BGH WM 1961, 1357; BGH NJW 1960, 859 Nr 1.

62 BGH WM 1975, 614, 616 zu II 2; BGH BB 1967, 1143, 1144.

63 BGH WM 1977, 311 f zu II 1 a u 3 b; BGH WM 1967, 988, 989: jedenfalls dann, wenn die Zurückbehaltung zu demselben Erfolg wie die Aufrechnung führen würde.

64 RGZ 132, 305, 306; BGH NJW 1984, 128, 129 zu 3 b, aa. – BGHZ 107, 185, 187 f zu I 3 (= Fn 65) entzieht sich der materiellrechtlichen Frage mit der Annahme, die Geltendmachung einer Aufrechnung schließe nicht die Geltendmachung eines Zurückbehaltungsrechts ein.

65 BGH WM 1978, 620, 621 zu II 1; BGH WM 1972, 72, 73 zu C 2 a; BGH WM 1977, 311; BGH NJW 1960, 859; BGH NJW 1986, 1757 f = WM 1986, 477, 478; Düsseldorf DB 1966, 458; Stuttgart HRR 1929 Nr 1200. – Zur Zusammengehörigkeit dieser Unterfälle s BGHZ 107, 185, 189 = NJW 1989, 3215, 3216 zu II 2 = WM 1989, 949.

66 RGZ 124, 8, 9 f; BGH NJW 1975, 442 (= Fn 59); BGH NJW 1978, 2244 f (= Fn 59); BGH NJW 1984, 357 f zu I 2; BGH WM 1987, 732, 733 f zu II 4 = NJW-RR 1987, 883 = LM Nr 5 zu ADSp § 32.

67 S oben bei Fn 65.

68 S Rz 1 u 8.

69 S oben bei Fn 66.

70 S Rz 28 ff vor § 765.

dividuelle Vertragsabreden" (§ 305 b, § 305; früher AGB-Ges § 4) zurücktreten. Wann und inwieweit dies der Fall ist, ergibt sich aus dem aufgrund der dem Beibringungsgrundsatz unterliegenden Parteibehauptungen als unstreitig feststehenden oder nach Beweislast- und Beweiswürdigungsregeln unter **Berücksichtigung aller Begleitumstände** festgestellten Entscheidungstatbestand[71]. Der Erhebung einer vollständigen und darin auch die auf Begleitumstände einer rechtsgeschäftlichen Verständigung bezogenen **vertragsgestaltenden Verkehrsauffassungen** erschließenden Entscheidungsgrundlage wirkt seit jeher die verfehlte Vorstellung entgegen, allein der Wortlaut der förmlichen Bürgschaftsurkunde sei die Vertragserklärung des Bürgen und somit auch die des Gläubigers. Diese nur theoretisch überwundene[72], praktisch aber fortwirkende Rechtsauffassung hat im Prüfungsprogramm des AGB-Rechts eine willkommene Wiederbelebung erfahren, weil sie dem sozialpolitisch motivierten modernen Bedürfnis, die Vertragsfreiheit im Verkehr und die Parteiherrschaft im Prozess zu beschneiden, entgegenkommt und damit dem Verständnis der Beteiligten von ihrem Konflikt den Vorrang nimmt. Hieß es früher, ein Erklärungstext sei im Wortlaut eindeutig und somit nicht auslegungsfähig[73], so jetzt, eine Erklärung oder Klausel sei „aus einem Guss"[74] und in ihrem objektiven Aussagewert „nicht teilbar" und somit auch nicht den Umständen der individuellen Verständigung der Beteiligten unterzuordnen. Damit wird in den Zivilprozess ein Moment des Offizialverfahrens mit der umgekehrten Tendenz der Verweigerung einer Tatbestandsaufklärung von Amts wegen hineingetragen und die Aufgabe der Rechtsfindung auch für die individuellen Verhältnisse von Vertragspartnern dem abstrakten und auf Verallgemeinerung angelegten Prüfungsprogramm einer durch Verbandsklagen (AGB-Ges § 13, UklagG § 3 f) betriebenen allgemeinen Geschäftsaufsicht[75] angeglichen. Darüber hinaus wird damit Raum geschaffen für neue, gegen alle Traditionen und Errungenschaften sowohl der Gesetzesauslegung wie des Vertragsverständnisses stehende **Auslegungsziele**, indem in unterschwelliger Vorwegnahme des allein auf die gerichtliche Verwerfungskompetenz bezogenen Verbots der geltungerhaltenden Reduktion[76] schon der vertraglichen Vereinbarung der Beteiligten sowohl ohne Rücksicht auf eine individuelle Verständigung wie auch ohne Rücksicht auf die dafür aus der Verkehrsanschauung erwachsenen Maßstäbe von Treu und Glauben allein nach „Wortlaut" und „Formulierung" ein lediglich rechtsbegrifflich bestimmter Regelungsinhalt, der gegen Treu und Glauben auch noch die ärgste, jeden Missbrauch als vereinbart einbeziehende Folgewirkung „erschöpfend" umfasst, zugewiesen und alsdann die so aufgefasste vertragliche Regelung insgesamt als mit Treu und Glauben unvereinbar bewertet wird[77]. Für eine solche, im Ursprung ideologisch beeinflusste[78], zunehmend aber in lediglich rechtstechnischen Schlagwörtern orientierungslos gewordene Rechtsfindung bietet gerade die neueste Entscheidungspraxis zu dieser Vorschrift ein schulmäßiges Beispiel für die Methode, nach der eine der AGB-Kontrolle unterzogene Vertragsklausel erst gegen Treu und Glauben ausgelegt und dann nach Treu und Glauben verworfen wird[79]. Fast völlig verlorengegangen ist dabei die nach § 307 Abs 1 Satz 1 (früher: AGB-Ges § 8) vorrangige Frage nach dem Vorliegen einer allein der Wirksamkeitskontrolle unterliegenden „abweichenden" Vertragsgestaltung, mit ihr die vom Prüfungsprogramm des AGB-Rechts vorausgesetzte Anknüpfung an die Vertragstypen der Rechtsgeschäftsordnung und damit auch die

71 Dazu u zum Folgenden § 766 Rz 5 bis 7.

72 Dazu § 766 Rz 5 bis 7.

73 So ausdrücklich auch BGHZ 92, 312, 314 f = NJW 1985, 319 f = WM 1985, 31 f, wo für eine Auslegung allein nach dem „Wortlaut" und ohne Rücksicht auf Treu u Glauben der „eindeutig bekundete Parteiwille" behauptet wird. – Ebenso BGH WM 1986 1024, 1025 zu III 1 b = NJW-RR 1986, 1110.

74 BGHZ 91, 375, 384 zu II 4 b, cc (= Fn 77).

75 Mit dem Ziel, „den Rechtsverkehr" von unwirksamen AGB „freizuhalten" (BGHZ 84, 109, 116 = NJW 1982, 2309, 2310 zu II 3 b).

76 S unten Rz 16.

77 Charakteristisch BGHZ 91, 375, 383 f = NJW 1984, 2404, 2405 f zu II 4 b, cc = WM 1984, 1100; BGHZ 92, 312, 314 f (= Fn 73); s auch BGHZ 125, 324, 327.

78 Deutlich (unter Vernachlässigung des Regelungstatbestandes) BGHZ 84, 109, 114 ff (= Fn 75).

79 BGHZ 153, 293, 299 f zu II 3 a = NJW 2003, 1521 = WM 2003, 669 = ZIP 2003, 845 = JZ 2003, 845 (mzustAnm Habersack u Schürnbrand): nicht der Regelungssinn der Vertragserklärung, sondern erst das gesetzliche „Klauselverbot" wird als „in dem Grundverständnis von Treu und Glauben wurzelnd" verstanden. – Dazu unten Rz 16 u 17.

Erkennbarkeit der erst aus der Gesamtanschauung der Umstände rechtsgeschäftlicher Verständigung hervorgehende Fortentwicklung der Verkehrsanschauungen und der in ihnen wirkenden rechtsgestaltenden Wertungen. Somit stellt sich gerade die Entscheidungspraxis zum AGB-Recht einer dogmatischen Fortentwicklung des Kreditsicherungsrechts und der Ausbildung eines einheitlichen und umfassenden Sicherungsvertrages[80] entgegen. – Es müssen deshalb zunächst früher selbstverständliche[81] Rechtseinsichten zurückgewonnen werden, nach denen auch Allgemeine Geschäftsbedingungen als Teil der rechtsgeschäftlichen Willensbildung den Grundsätzen des Vertragsrechts unterliegen und somit als „Ausdruck des Willens verständiger und redlicher Vertragspartner“[82] **nach Treu und Glauben auszulegen** sind. Ihnen sind zuerst die der Verkehrsauffassung entsprechend selbstverständlichen und also vertragstypischen Rechtswirkungen beizumessen und zwar auch ohne dass der ausdrückliche Vertragswille sich darauf gerichtet haben muss[83]. Erst deren Ausschluss oder Beschränkung durch besondere Vertragsgestaltung ergibt „abweichende“ Rechtsfolgen, die allein der Wirksamkeitskontrolle nach AGB-Recht unterliegen[84]. Dazu kann für eine von gesicherten Verkehrsanschauungen wenig vorgeprägte Vertragsbeziehung auch erst durch verallgemeinernde Einsichten der Rechtsprechung nach Maßstäben „angemessenen Interessenausgleichs“[85] *diesem* Vertrag als *einem solchen* ein vertragstypischer Regelungssinn beizumessen und den Gestaltungsmitteln der Vertragssprache ein „klar umgrenzter Anwendungsbereich“[86] zuzuweisen sein.

Die von der Rechtsprechung eher geschaffene als nicht bewältigte Unsicherheit in den Möglichkeiten und Mitteln der freien rechtsgeschäftlichen Willensbestimmung prägt weithin auch die Vertragspraxis. Das hebt aber die Eigenverantwortung der Beteiligten für substantiierte und zureichende Vertragsinhalte nicht auf. Deshalb sind die von Gläubigern häufig gestellte **Formularklauseln** mit lediglich pauschal verneinender Aussage nach dem Muster: „*die Einreden nach § 770 BGB sind ausgeschlossen*“, oder: „*der Bürge verzichtet auf die Geltendmachung aller ihm etwa nach dem Gesetz als Bürgen zustehenden Einreden*“[87], als unzureichend und deshalb nicht wirksam zu verwerfen. Ihnen fehlt schon die erforderliche gegenständliche Bestimmtheit rechtsgeschäftlicher Willensbildung. Sie fallen als AGB des Gläubigers ihrer Unklarheit zum Opfer (§ 307 Abs 1 Satz 2; früher AGB-Ges § 5) und bleiben für den Gläubiger in der vertraglichen Annahmeerklärung des Bürgen ohne zureichend bestimmten, einen rechtsgeschäftlichen Vertrauensschutz begründenden Inhalt[88]. Ein in Wahrheit gar nicht vorhandener rechtsgeschäftlicher Gestaltungswille des Bürgen kann nicht durch juristische Konstrukte[89] ersetzt werden. Erst ein gegenständlich bestimmter und dadurch zureichend begrenzter Verzicht des Bürgen braucht von Rechts wegen darauf geprüft zu werden, ob und inwieweit er von AGB des Gläubigers bestimmt wird und darin von wesentlichen Erfordernissen eines vertragstypisch vorgesehenen Interessenausgleichs abweicht. 15

80 Dazu § 769 Rz 9 f.
81 Beispielhaft BGH NJW 1960, 859 Nr 1; s auch BGH WM 1971, 722, 723.
82 So BGH NJW 1968, 885 = WM 1968, 447, 448 zu III; Düsseldorf DB 1966, 458: „verständige Auslegung“. – In der Sache ebenso BGHZ 121, 13, 16 = NJW 1993, 721, 722 zu II 4 = WM 1993, 960.
83 So jetzt BGHZ (GS) 137, 212, 219 f, für den Freigabeanspruch bei Globalsicherungsverträgen, der freilich missverständlich mit dem „Prinzip der Vertragsfreiheit“ in Verbindung gebracht und nicht eindeutig und unmittelbar der „Natur des Sicherungsvertrages“ entnommen wird. Es geht nicht darum, dass es den Beteiligten freisteht, über die „Regelungsdichte“ ihres Vertrages zu bestimmen, sondern darum, dass sie über dessen vertragstypisch selbstverständliche Ausgestaltung (die naturalia negotii) nicht zu bestimmen brauchen. – Ähnlich wohl BGH NJW 1997, 1570, 1572 zu IV 1 a = WM 1997, 750, 753: der Anspruch sei „jedem“ fiduziarischen Kreditsicherungsgeschäft „immanent“ und folge „aus einer Auslegung der Sicherungsabrede nach Maßgabe des Vertrauenszwecks“ oder „institutionell aus dem Wesen der gewohnheitsrechtlich anerkannten Sicherungstreuhand“. Ähnlich auch BGHZ 92, 396, 399 = NJW 1985, 738.
84 BGHZ 137, 212, 220 zu II 1 c.
85 So für solche Fälle: BGH WM 1995, 1636, 1638 f zu I 2 d u 3 = NJW-RR 1995, 1260 = LM Nr 22 zu AGB-Ges § 9 (Bm); BGHZ 120, 108, 117 ff = NJW 1993, 326, 328 f.
86 BGHZ 92, 396, 399 = NJW 1985, 738 zu I 2 b, bb.
87 Beispiel in BGH WM 1981, 5 = ZIP 1981, 28.
88 S § 766 Rz 7.
89 Praktisch: durch „Was das heißen soll, sehen wir später“-Klauseln.

16 **Einredeverzichte** des Bürgen nach dieser Vorschrift haben eine vom gesetzlichen Regelungstyp des Bürgschaftsvertrages **„abweichende“** (§ 307 Abs 3 Satz 1; früher: AGB-Ges § 8) und den Bürgen demgegenüber benachteiligende **Rechtswirkung** zur Folge. Ob diese als „unangemessen“ und somit nach § 307 Abs 1 Satz 1 (früher: AGB-Ges § 9 Abs 1) als vertragsrechtlich unwirksam zu verwerfen ist, hängt davon ab, welche rechtsgeschäftliche Tragweite ihr beizumessen ist. Nach einer **früheren Ansicht des BGH**[90] benachteiligt der Verzicht auf „die Einrede der Anfechtbarkeit nach § 770 Abs 1“ den Bürgen angesichts seiner geringen Bedeutung nicht unangemessen, „zumal“ dem Bürgen die weiteren konfliktstypischen Einreden[91] verblieben[92]. Der formularmäßige Verzicht auf die Einrede einer dem Gläubiger zustehenden Aufrechnungsmöglichkeit[93] benachteilige den Bürgen im Hinblick auf ihre begrifflich geringe Tragweite ebenfalls nicht unangemessen. Die Einrede gebe, der Verzicht nehme somit dem Bürgen weder ein eigenes Aufrechnungsrecht noch ein Leistungsverweigerungsrecht aus demselben rechtlichen Verhältnis und somit nach § 768 Abs 1 Satz 1 auch nicht eines des Hauptschuldners. Dem entgegen ist es der **neueren Ansicht**[94] zur Einrede der Aufrechenbarkeit nach Absatz 2 darum zu tun, die „schwache Rechtsposition“ des Bürgen nicht durch die Zulassung formularmäßiger Einredeverzichte „noch weiter zu schwächen“. Jedenfalls der „generelle“ Ausschluss der Einrede der Aufrechenbarkeit gemäß § 770 Abs 2[95] sei „mit wesentlichen Grundgedanken der §§ 765 ff BGB nicht zu vereinbaren“ und verstoße gegen AGB-Ges § 9 Abs 2 Nr 1 (jetzt § 307 Abs 2 Nr 1), insofern er den „vergleichbaren“ Fall des auf die Aufrechnung mit einer „unbestrittenen oder rechtskräftigen“ Forderung bezogenen Klauselverbots nach AGB-Ges § 11 Nr 3 (jetzt § 309 Nr 3) einschließe, solange er dafür nicht „von vornherein eine Ausnahme“ vorsehe. Aufgrund des „Verbots der geltungserhaltenden Reduktion“ sei ein solcher Einredeverzicht damit „insgesamt unwirksam“[96], und es sei „unerheblich“, ob im Einzelfall keine feststehende Gegenforderung in Frage stehe. In diesem Ergebnis finden frühere Entscheidungen, die von einer allein begrifflichen Auffassung des Klauselwortlauts ausgehen[97], ihre folgerichtige Fortsetzung. Dem ist auf der Grundlage der traditionellen, sich am Grundverständnis des Vertragsrechts orientierenden Auslegungsregeln entgegenzutreten.

17 Einredeverzichte des Bürgen sind, auch wenn sie als AGB des Gläubigers in den Bürgschaftsvertrag eingegangen sind, nach den allgemein für die Vertragsauslegung gültigen Regeln aus dem Gesamtzusammenhang des Vertrages und mit Rücksicht auf den für sie bestimmenden Vertragszweck nach Treu und Glauben auszulegen[98]. Erst danach noch verbleibende Zweifel gehen zu Lasten des Gläubigers (§ 305c Abs 2; früher: AGB-Ges § 5)[99]. Nach seinem **vertragstypischen Zweck** erfasst auch ein vom Bürgen ohne Einschränkungen erklärter Verzicht auf die Einrede der Aufrechenbarkeit nach Absatz 2 schon aus sich heraus nicht Sonderfälle, die den Bürgen erst unter besonderen Umständen besonders belasten[100]. Es bedarf für ihren Ausschluss keines vom ausdrücklichen Vertragswillen bestimmten besonderen Vorbehalts. In der ihm zukommenden Tragweite ist ein solcher Einredeverzicht wie der Ausschluss der Aufrechnung durch den Schuldner[101] ein verkehrsübliches und bewährtes Gestaltungsmittel der Rechtsgeschäftsordnung, das den betroffenen Beteiligten nicht nach § 307 (früher: AGB-Ges § 9) „unangemessen benachteiligt“. Erst wenn ein dem Bürgen abverlangter Einredeverzicht sich davon „abweichend“ über seine verkehrs- und vertragstypische Tragweite hinaus auf weitere Tatbestände und Regelungsziele erstreckt,

90 BGHZ 95, 350 = NJW 1986, 43 = WM 1985, 1307 = ZIP 1985, 1257 (Verfahren nach AGB-Ges § 13).
91 S oben Rz 12 aE.
92 BGHZ 95, 350, 357 zu III 2 (= Fn 90).
93 S oben Rz 6.
94 BGHZ 153, 293, 298 ff zu II 3 a = NJW 2003, 1521 = WM 2003, 669 = ZIP 2003, 621 = JZ 2003, 845 (mzustAnm Habersack u Schürnbrand); dem folgend BGHZ 156, 302, 310 = NJW 2004, 161, 163 zu II 3 b = WM 2003, 2379 = ZIP 2003, 2193.
95 Der Vertragstext des Falles wird nicht mitgeteilt.
96 AA (Verwerfung nur „insoweit“) BGH NJW 1981, 761, 762 f zu A II 3 = WM 1981, 5 = ZIP 1981, 28.
97 S Rz 14 Fn 77.
98 S oben Rz 14 aE.
99 BGHZ 121, 13, 16 f (= Fn 82); BGH NJW 2002, 2102, 2103 zu II 2 = WM 2002, 1017.
100 S Rz 14 aE.
101 S Rz 13 bei Fn 57 f.

kommt eine Verwerfung wegen unangemessener Benachteiligung des Bürgen und insbesondere in entsprechender Anwendung von § 309 Nr 3 (früher: AGB-Ges § 11 Nr 3)[102] in Betracht. Ist eine solche Verzichtsklausel für einen Teilbereich ihrer Tragweite von Rechts wegen untragbar, ist sie nur dann insgesamt unwirksam, wenn der ihr zugrunde liegende vertragliche Regelungszweck nicht teilbar ist[103] und somit nicht inhaltlich auf einen noch tragbaren Geltungsbereich begrenzt werden kann[104]. Beruft der Gläubiger sich zur Geltendmachung des Bürgschaftsanspruchs auf einen Einredeverzicht des Bürgen, so ist sein Klagevorbringen schon unschlüssig, wenn er dafür einen unzulässigen Verzichtszweck behauptet. Beruft der die Unwirksamkeit seines Einredeverzichts geltendmachende Bürge sich dafür auf atypische Verzichtszwecke, trägt er für deren Vereinbarung und die ihrer Feststellung dienenden besonderen Umstände die Beweislast.

§ 771 Einrede der Vorausklage

Der Bürge kann die Befriedigung des Gläubigers verweigern, solange nicht der Gläubiger eine Zwangsvollstreckung gegen den Hauptschuldner ohne Erfolg versucht hat (Einrede der Vorausklage). Erhebt der Bürge die Einrede der Vorausklage, ist die Verjährung des Anspruchs des Gläubigers gegen den Bürgen gehemmt, bis der Gläubiger eine Zwangsvollstreckung gegen den Hauptschuldner ohne Erfolg versucht hat.

ÜBERSICHT

1. **Grundsätzliches.** Der Bürgschaft kommt wie auch anderen von Dritten gestellten Sicherheiten nach dem vertragstypischen Zweck der Sicherungsvereinbarung[1] nur eine **Hilfsfunktion** zu; an sich ist der Hauptschuldner vorrangig in Anspruch zu nehmen. Das Gesetz gestaltet diese Hilfsfunktion („Subsidiarität")[2] in unterschiedlichen Stufen und konkret nur im Rahmen des praktischen Erfahrungshorizonts der Gesetzgebungszeit. Es fehlt eine allgemeine Regelung und auch die dazugehörige Dogmatik des Sicherungsvertrages[3]. Die Stufenfolge der gesetzlichen Regelung besteht zuerst in der Verweisung auf die vorrangige Inanspruchnahme des Hauptschuldners nach dieser Vorschrift, danach in der Verschaffung von Rückgriffsrechten gegen den Hauptschuldner nach § 774 Abs 1 Satz 1 und schließlich in dem Schutz des Rückgriffsinteresses nach § 776. In der Vertragspraxis des modernen Kreditsicherungsrechts hinzugekommen ist die Möglichkeit einer sicherungsvertraglich für das Verhältnis mehrerer Sicherungsgeber bestimmten Rangordnung, aus der sich eine über das Haftungsrisiko mitbestimmende Reihenfolge der Inanspruchnahme und die Verschaffung von Rückgriffs- und Ausgleichsrechten ergibt[4]. Im Rahmen der schuldrechtlichen Vertragsfreiheit möglich und im Gebrauch sind schließlich „Subsidiaritätsver- 1

102 Dafür BGHZ 153, 293, 299 f zu II 3 a (= Fn 94); – s Rz 16 bei Fn 95.
103 Wie im Fall der unzulässig langen Kündigungsfrist: s BGHZ 84, 109, 115 = NJW 1982, 2309; – andererseits BGHZ 120, 108, 122 f = NJW 1993, 326, 330.
104 BGHZ 107, 185, 190 f = NJW 1989, 3215, 3216 zu II 3 = WM 1989, 949.

1 S § 769 Rz 9.
2 Motive II, S 667 f; BGHZ 95, 350, 361; RGZ 34, 153, 157.
3 Dazu § 769 Rz 9 f; § 776 Rz 1.
4 Dazu § 769 Rz 10 aE.

einbarungen“[5], durch die sich ein Bürge oder anderer Sicherungsgeber[6] ausbedingt, erst nach bestimmten Schuldner-Sicherheiten in Anspruch genommen zu werden. Dazu gehört auch die zu einem eigenständigen Sondertyp des Verkehrs gewordene Ausfallbürgschaft, deren Name für ein vertragstypisch besonders geregeltes Haftungsrisiko steht[7]. – In dieser Vorschrift übernimmt das Gesetz einen traditionellen Rechtsgedanken, nach dem ein Bürge sich erst dann in Anspruch nehmen lassen muss, wenn die Rechtsverfolgung gegen den Hauptschuldner vergeblich geblieben ist. Darüber hinaus muss sich der Gläubiger auch auf Sicherungsrechte aus dem Schuldnervermögen verweisen lassen (§ 772 Abs 2)[8]. Der Regelung liegt als Tatbestandsvorstellung lediglich die verbürgte Hauptverbindlichkeit für sich allein zugrunde; nicht in Betracht gezogen wird die Möglichkeit, dass zwischen Gläubiger und Hauptschuldner weitere Verbindlichkeiten bestehen oder begründet werden können, an deren Absicherung aus dem Vermögen des Hauptschuldners ebenfalls ein berechtigtes Gläubigerinteresse besteht. Daraus ergibt sich die Frage nach der Tragweite der erforderlichen Vorausklage und einer ihr zugrundeliegenden Pflichtbindung des Gläubigers an das Bürgeninteresse daran, nur „subsidiär“ in Anspruch genommen zu werden, und somit an der Erhaltung eines vorrangig haftenden Schuldnervermögens[9]. Das Gesetz gibt dazu weder vertragstypische Regelungen, noch lässt es Beschränkungen seines Regelungsgegenstandes erkennen, die einer weiter differenzierenden vertragstypischen Interessenregelung nach Verkehrsanschauungen Raum lassen. Schon die daraus erwachsende Rechtsunsicherheit macht die durch eine Einrede der Vorausklage begünstigte Bürgschaft für die professionelle Kreditsicherungspraxis wenig brauchbar. Ganz vorherrschend ist denn auch der vertragliche Ausschluss der Einrede zu Gunsten der **„selbstschuldnerischen“ Bürgschaft** (§ 773 Abs 1 Nr 1), die ihrerseits vielfacher Abwandlung nach den Bedürfnissen des Verkehrs zugänglich ist. Diese war freilich auch schon zur Zeit der Gesetzgebung[10] der Normalfall der Vertragspraxis. – Mitbestimmend für die in dieser Vorschrift getroffene Regelung war die Absicht, dem Verkehr die Schwierigkeit der rechtsgeschäftlichen Ausgestaltung einer subsidiären Bürgschaftshaftung abzunehmen[11]; dann aber auch die Erleichterung der Rechtsverteidigung des Bürgen, der häufig erst aus einem vorangehenden Rechtsstreit zwischen Gläubiger und Schuldner zureichende Kenntnis vom Haftungstatbestand erhalten kann[12]. Die Voraussetzungen der Einrede sind vom Gläubiger formal auszuräumen[13]. Die lediglich äußerlichen Anforderungen an den Gläubiger ergeben sich nicht daraus, dass dem Gläubiger grundsätzlich keine[14] oder jedenfalls keine weiterreichenden Vertragspflichten im Bürgeninteresse obliegen. Vielmehr ist die Frage nach der Verletzung von Gläubigerpflichten eigenständig im Rahmen der fortentwickelten Verkehrsauffassungen und der aus ihnen hervorgegangenen vertragstypischen Interessenregelungen zu stellen[15].

2 2. **Einrede der Vorausklage**. Dem Bürgen steht als Einrede nach dieser Vorschrift ein aufschiebendes Leistungsverweigerungsrecht zu. Der dafür hergebrachte Name („Vor-Ausklage“[16]) ist freilich ungenau. Der Gläubiger muss nicht nur eine Verurteilung des Schuldners über die Hauptverbindlichkeit erwirkt, sondern darüber hinaus die Beitreibung aus einem Vollstreckungstitel, der auch eine vollstreckbare Urkunde (ZPO § 794 Abs 1 Nr 5) sein kann, ohne Erfolg versucht haben. Die Erhebung der Einrede ist Befugnis des materiellen Rechts; der Bürge muss sie durch Erklärung gegenüber dem Gläubiger ausüben[17]. Dies kann formlos und unmittelbar erfolgen oder im Rahmen einer prozessualen Rechtsverteidigung, für die den Bürgen die Beibringungslast (ZPO § 282 Abs 1) trifft, dass er die Einrede erhoben hat oder nunmehr erhebt. Wird sie erhoben, so wird der Anspruch des Gläubigers nicht erst dadurch einredebehaftet, sondern es wird für die gerichtliche Entscheidung geltend gemacht, dass er von vornherein ein-

5 BGH NJW 1991, 1286, 1287 zu II 1 = WM 1991, 60.
6 Im Fall BGH NJW 1991, 1286, 1287 (= Fn 5) der Besteller einer Sicherungsgrundschuld für Verbindlichkeiten Dritter.
7 Dazu § 765 Rz 33 ff; § 769 Rz 11.
8 Dazu § 772 Rz 4.
9 Dazu § 776 Rz 13.
10 Motive II, S 668.
11 Motive II, S 668 f.
12 Protokolle II, S 470.
13 S unten Rz 3.
14 RG Recht 1907 Nr 3493.
15 Dazu § 776 Rz 1 u 14; sowie iAllg § 765 Rz 102 ff.
16 S E.I § 674.
17 Von Tuhr, AllgTeil I, S 288, 292.

redebehaftet gewesen ist[18]. Macht der Bürge die Einrede geltend, hat nun und erst daraufhin der Gläubiger (wie bei der Einrede aus § 320) zu behaupten und zu beweisen, dass die Voraussetzungen der Inanspruchnahme des Bürgen erfüllt sind (§ 772) oder die Einrede ausgeschlossen ist[19]. Solange der Gläubiger nicht der Obliegenheit vorheriger Inanspruchnahme des Schuldners nachgekommen ist, bleibt seine Klage gegen den Bürgen unbegründet[20]. Das Leistungsverweigerungsrecht des Bürgen schließt eine gleichzeitige Verurteilung von Schuldner und Bürgen als Streitgenossen[21] aus. Im Falle der Rechtsgefährdung kann der Gläubiger gegen den Bürgen nach ZPO §§ 917, 916 einen Arrest erwirken.

3. **Vollstreckungsversuch.** Die Erfordernisse des vorherigen Vorgehens gegen den Schuldner sind förmlich einzuhalten. Es genügt ein einziger vergeblicher Vollstreckungsversuch[22], auch wenn der Schuldner danach wieder zu haftendem Vermögen gekommen ist[23]. Weitere Förmlichkeiten regelt § 772; weitere Erleichterungen für den Gläubiger ergeben sich aus § 773. – Im Hinblick auf die Verkürzung der Verjährungsfrist[24] kann es nunmehr darauf ankommen, wann der gesetzlich geforderte Vollstreckungsversuch beendet ist und damit der bis dahin gehemmte Lauf der Verjährung des Bürgschaftsanspruchs beginnt oder sich fortsetzt[25]. Eine erfolgreiche Vollstreckung ist mit der Auskehrung des Erlöses an den betreibenden Gläubiger beendet[26]. Daran sollte für die Berechnung der Verjährung des Bürgschaftsanspruchs auch im Fall einer teilweise erfolgreichen Vollstreckung, die eine Bürgschaftshaftung übriglässt, angeknüpft werden, auch wenn der Misserfolg insoweit absehbar war. Da das Vorgehen gegen den Hauptschuldner der Entlastung des Bürgen dient, muss dem Gläubiger die Möglichkeit vorbehalten bleiben, über den vom Bürgen zu tragenden Restbetrag den nach ZPO § 253 Abs 2 Nr 2 erforderlichen bestimmten Klageantrag zu stellen. Für den fruchtlosen Vollstreckungsversuch fehlt es an einer förmlichen Anknüpfung für seine Beendigung. Es muss deshalb nach Augenmaß entschieden werden, wobei dem Gläubiger als dem „Herrn des Vollstreckungsverfahrens“[27] ein vernünftiges Ermessen zuzubilligen ist, wann er weitere Bemühungen, die auch dem Bürgen zugute kommen sollen, abbrechen will. Jedenfalls kann die „Annahme“ des § 773 Abs 1 Nr 4, die dem Vorteil des Gläubigers dient, nicht einfach gegen ihn gekehrt werden. 3

4. **Mehrere Schuldner.** Besteht die Hauptverbindlichkeit gegen mehrere als Gesamtschuldner, braucht der Gläubiger nur gegen diejenigen vorgegangen zu sein[28], auf deren Verbindlichkeit sich die Bürgschaft erstreckt[29]. Er muss sich deshalb auch nicht auf einen nachträglich hinzutretenden weiteren Gesamtschuldner wie den nach HGB § 25 haftenden Erwerber eines Handelsgeschäfts verweisen lassen[30]. Hat der Bürge für Gesamtschuldner einzustehen, ist es eine Frage der Auslegung der Haftungsübernahme, ob der Gläubiger zunächst gegen sämtliche vorgegangen sein muss. Das kann bei einer Bürgschaft für gemeinschaftlich haftende Unfallschädiger zu bejahen sein. Ist die Bürgschaft für die kaufmännischen Geschäfte einer OHG übernommen, bedarf es dagegen keines Vorgehens gegen die nach § 128 HGB persönlich haftenden Gesellschafter[31]. 4

5. **Verjährung des Bürgschaftsanspruchs.** – a) **Grundsätzliches.** Nach bisherigem Recht galt für Bürgschaftsansprüche eine Verjährungsfrist von 30 Jahren (§ 195 aF BGB), die Konflikte um ihren Ablauf nicht ergab. Von praktischer Bedeutung war allein, in welchen Grenzen einem 5

18 Von Tuhr, AllgTeil I, S 297.
19 Rosenberg, Beweislast § 30 III 5 a; Oertmann Anm 1 aE; Planck/Oegg Anm 3; Staud/Horn Rz 3. – Dazu noch § 773 Rz 3 u 8.
20 S auch § 770 Rz 10.
21 Dazu § 773 Rz 1.
22 RGZ 92, 219, 220 f.
23 RG Recht 1907 Nr 3493; Planck/Oegg Anm 4.
24 S unten Rz 5.
25 S unten Rz 8 f.
26 Rosenberg/Gaul/Schilken, ZwangsvollstreckungsR, 1997[11], § 44 II.
27 Rosenberg/Gaul/Schilken (Fn 26) § 25 IV 1 a.
28 S oben Rz 3.
29 Zum Schuldnerwechsel iAllg s § 765 Rz 124 f.
30 RG JW 1911, 158 = WarnR 1911 Nr 75 = Recht 1911 Nr 2453; Hamburg OLGE 34, 82 f.
31 Wie hier Pal/Sprau Rz 1; – aA Reichel HansRZ 1922, Sp 401, 402; dem folgend Planck/Oegg Anm 2; Staud/Horn Rz 8; MünchKomm/Habersack Rz 4; Erman/Seiler Rz 1.

Bürgen nach § 768 die Verjährung der verbürgten Hauptverbindlichkeit zugute kommen kann[32]. Die Neuregelung des Verjährungsrechts[33] unterstellt den Bürgschaftsanspruch wie auch die nach Vertragspraxis meisten verbürgten Ansprüche einer **dreijährigen Verjährung** (§§ 195, 199 Abs 1 nF). Praktisch bedeutet die Verkürzung für Bürgschaftsansprüche überhaupt erst die Einführung einer Verjährung. Sie erfordert ein verändertes Gläubigerverhalten und bringt neue Bedürfnisse nach Vertragsgestaltung mit sich, die deshalb nach § 202 nF (gegenüber § 225 aF) wesentlich erleichtert worden ist. Doch fehlt es im bisherigen Horizont der praktischen Erfahrungen an bewährten Regelungsformeln, mit denen die akzessorische Sicherung verjährender Ansprüche vertraglich gestaltet werden kann. Die gesetzliche Neuregelung der Anspruchsverjährung hat für das Bürgschaftsrecht aus dem Mangel an konkreter Eindeutigkeit vor allem neue Schwierigkeiten zur Folge.

6 b) **Regelungsbegriffe**. Der Lauf der Verjährungsfrist knüpft nach heutigem wie nach früherem Recht bei dem früher wie heute für Vertragsansprüche unzureichenden Begriff der „Entstehung“ des Anspruchs an (§ 199 Abs 1 Nr 1 nF; – § 198 S 1 aF), worunter nach römischrechtlicher Tradition der vollständige Tatbestand der Voraussetzungen seiner *Geltendmachung* (actio nata)[34] verstanden werden soll. Der Beginn der Anspruchsverjährung kann deshalb von vornherein hinausgeschoben und insofern „gehemmt“ sein, wenn der Schuldner nicht „sofort“ (§ 271 Abs 1) und somit „vorübergehend“ noch nicht zur Leistung verpflichtet ist und damit die materiellen Voraussetzungen für seine Verurteilung noch nicht gegeben sind[35]. Für das Bürgschaftsrecht bringt die Neuregelung zu Gunsten des Gläubigers als Ausgleich für die rigorose Verkürzung der Verjährungsfrist einen **Aufschub ihres Verlaufs** um die Zeit der ihm mit der Einrede der Vorausklage[36] auferlegten vorgängigen Rechtsverfolgung gegen den Hauptschuldner. Im Übrigen bedürfen auch die neuen Vorschriften ergänzender Verständnishilfen, weil sie in dem übernommenen Bestreben, nichtrechtsgeschäftliche und vertragliche Ansprüche über denselben abstraktbegrifflichen Leisten zu schlagen, alte Unklarheiten nur umverteilen. Nach früherer Regelung (§ 202 Abs 1 aF) war der Lauf der Verjährung „gehemmt“ (somit: ausgesetzt, § 205 aF, § 209 nF), „solange die Leistung gestundet oder der Verpflichtete aus einem anderen Grunde vorübergehend zur Verweigerung der Leistung berechtigt“ war. Davon ausgenommen war nach § 202 Abs 2 aF neben ungleichartigen anderen Einreden des Schuldners auch die der Vorausklage, weil es Angelegenheit nur des Gläubigers sei, die Voraussetzungen für die Verfolgung des Bürgschaftsanspruchs herzustellen[37]. Schon durch die Aufhebung dieser Ausnahmebestimmung hätte die Grundregel der Verjährungshemmung wieder hergestellt und das bürgschaftsvertragliche Erfordernis der Vorausklage auch ohne Benennung als Hemmungsgrund zur Wirksamkeit gebracht sein können. Doch hat die Neuregelung auch § 202 Abs 1 aF nicht bestehen lassen, sondern die Hemmung der Verjährung auf Leistungsverweigerungsrechte beschränkt, die auf einer „Vereinbarung mit dem Gläubiger“ beruhen (§ 205 nF). Für vertragliche Rechtsbeziehungen ist dies freilich nur selbstverständlich, da auch vertragstypische Rechtswirkungen vertragliche sind und schon grundsätzlich für einen anfänglich oder nachträglich vereinbarten Aufschub der Leistungspflicht unterschiedliche Rechtsfolgen für die Anspruchsverjährung wohl kaum in Betracht kommen[38]. Der Gesetzgeber hat gleichwohl gemeint, der Einrede der Vorausklage einen besonderen Regelungssatz zukommen lassen zu sollen[39]. „Erhebt“ der Bürge die Einrede der Vorausklage, so

32 Dazu § 768 Rz 6.

33 Durch das Gesetz zur Modernisierung des Schuldrechts; in Kraft getreten am 1. 1. 2002.

34 Windscheid/Kipp, Pandekten, 1906[9], § 107. – Schlicht u klar E I § 158 Abs 1: „Die Verjährung beginnt mit dem Zeitpunkt, in welchem die Befriedigung des Anspruchs rechtlich verlangt werden kann (Fälligkeit).“

35 Wiederum klar E I § 162 Abs 1: „Die Verjährung wird durch jedes rechtliche Hindernis gehemmt, welches vermöge der Beschaffenheit des Anspruches oder vermöge einer besonderen Vorschrift die Rechtsverfolgung nicht gestattet.“ – Zu den für Vertragsansprüche letztlich nur sprachlichen Darstellungsproblemen s BGH WM 1977, 895.

36 S oben Rz 2.

37 Motive I, S 314 (zu E I § 162 Abs 2).

38 So schon Protokolle I, S 216 f. – Verfehlt Schlößer NJW 2006, 645.

39 Dazu BT-Drucks 14/7052, S 206 zu Nr 55.

„ist" (nicht: wird) die Verjährung des Bürgschaftsanspruchs gehemmt (so jetzt Satz 2 dieser Vorschrift). Die Rechtsanwendung ist mithin nunmehr auf diese schon sprachlogisch nicht stimmige und dogmatisch bearbeitungsbedürftige[40] Regelungsaussage verwiesen. Zunächst kann nach traditionellem Rechtsverständnis, das von der Neuregelung nicht in Frage gestellt sein soll, daran festgehalten werden, dass sich der Beginn der Verjährung auch eines Bürgschaftsanspruchs nach dem Zeitpunkt bestimmt, von dem an der Gläubiger die Bürgschaftsleistung verlangen kann. Das ist der sich aus dem Bürgschaftsvertrag ergebende **Sicherungsfall**, für dessen Eintritt zum einen die Erfüllungsbedingungen der Hauptverbindlichkeit als Gegenstand der Verbürgung bestimmend sind und zum anderen die Übernahmebedingungen des Bürgschaftsvertrages, für die sich unterschiedliche rechtstypische Gestaltungsformen herausgebildet haben.

c) **Selbstschuldnerische Bürgschaft**. Kann der Gläubiger den Bürgen als „Selbstschuldner" (773 Abs 1 Nr 1) unmittelbar an Stelle des Hauptschuldners in Anspruch nehmen[41], tritt der Sicherungsfall[42] mit der Fälligkeit der Hauptverbindlichkeit ein. Da es insoweit lediglich um einen Rechtsnachteil zu seinen Lasten geht, bedarf es weder einer Mitteilung an den Bürgen noch einer Aufforderung zur Leistung. Das gilt nicht nur für die Verbürgung einer einzelnen, nach Umfang und Tilgungsfolge feststehenden Verbindlichkeit, sondern auch für die Verbürgung eines im Kontokorrent gewährten fortdauernden Kredits. Hier tritt freilich der Sicherungsfall erst mit der Beendigung des Kreditverhältnisses gegenüber dem Hauptschuldner für die sich aus dem Rechnungsabschluss ergebende Hauptverbindlichkeit ein. Kann der Bürge sich der übernommenen Kreditbürgschaft durch Kündigung gegenüber dem Gläubiger entledigen[43], beginnt die Verjährung des sich nach dem Stand der Hauptverbindlichkeit ergebenden Bürgschaftsanspruch mit dem Wirksamwerden der Kündigungserklärung, und zwar auch insoweit wie dem Hauptschuldner Leistungsverweigerungsrechte zustehen. 7

d) **Vorbehalt der Vorausklage**. Steht dem Bürgen nach dem Bürgschaftsvertrag das Leistungsverweigerungsrecht der Vorausklage[44] zu, ist also der Eintritt der Leistungspflicht des Bürgen und damit der Sicherungsfall hinausgeschoben, gilt dies ohne weiteres auch für den Beginn der Verjährung des Bürgschaftsanspruchs. Die Verjährung ist unbegrenzt gehemmt, bis der Gläubiger vom Bürgen die geschuldete Leistung von Vertrags wegen und also von Rechts wegen verlangen kann[45]. Das gilt für das vertragstypische Erfordernis der Vorausklage bei dem Hauptschuldner nicht anders als für die Inanspruchnahme eines Ausfallbürgen[46] nach dem Hauptschuldner, des Nachbürgen[47] nach dem Vorbürgen und überhaupt für jede nach dem Inhalt des Sicherungsvertrages als „nachrangig"[48] vereinbarte Sicherungsverbindlichkeit[49]. Es liegt in der rechtstypischen Eigenart eines Sicherungsvertrages, dass dessen Rechtsfolgen seinem Gegenstand nicht nur im Umfang, sondern auch in dessen zeitlicher Erstreckung untergeordnet sind. Kommt es einem Sicherungsgeber auf eine berechenbare zeitliche Grenze seines Haftungsrisikos an, muss er sich eine solche besonders ausbedingen, wofür in der Zeitbürgschaft des § 777 eine hergebrachte Regelungsform zur Verfügung steht[50]. 8

Nach dem Wortlaut der **Neuregelung** in **Satz 2** dieser Vorschrift soll die Verjährung des Bürgschaftsanspruchs gehemmt sein, wenn der Bürge die Einrede der Vorausklage erhebt. Das müsste heißen, dass sie nicht gehemmt ist, wenn der Bürge die ihm zustehende Einrede nicht geltend macht, dass er also unter besonderen Umständen durch Verschweigen die ungehemmte Verjährung des Bürgschaftsanspruchs erreichen kann, während der Gläubiger die anderweitige Befriedigung des gesicherten Anspruchs betreibt. Das kann nicht geltendes Vertragsrecht sein; viel- 9

40 S unten Rz 9.
41 S § 773 Rz 1.
42 S oben Rz 6.
43 S § 765 Rz 135.
44 S § 770 Rz 1 u 10.
45 Auch hierin von schlichter Klarheit E I § 158 Abs 1 (s Fn 34).
46 S Rz 33 vor § 765.
47 S Rz 49 vor § 765.
48 S § 769 Rz 11.
49 S § 769 Rz 11.
50 S dazu insbes § 777 Rz 5.

mehr verstößt der neue Regelungssatz gegen denklogische Strukturen eindeutiger Rechtsfolgebestimmung. Grundlage der in Frage stehenden Rechtswirkung der Einrede der Vorausklage kann nur der objektive Regelungstatbestand[51] sein, der mit seinen beiden Seiten als Leistungsverweigerungsrecht des Schuldners (ist berechtigt, kann verweigern) und zu Gunsten des Gläubigers als Hemmungsgrund gegen die Anspruchsverjährung (ist gehemmt) eine notwendige Einheit bildet. Nur in der im Vertrage begründeten Beiderseitigkeit der materiellen Rechtszuweisung ist die Rechtsklarheit gewährleistet, derer auch der Gläubiger, der sich auf ein bestehendes Leistungsverweigerungsrecht einrichtet, bedarf[52]. Die Geltendmachung der Einrede der Vorausklage durch den Schuldner als Leistungsverweigerungsrecht ist wie auch die Geltendmachung von Gründen der Verjährungshemmung durch den Gläubiger lediglich ein Erfordernis der Berücksichtigung als Entscheidungstatbestand nach den Regeln der Behauptungs- und Beweislast. Es hat also bei dem zu bleiben, was auch ohne den neuen Regelungssatz selbstverständlicher Bestandteil der materiellrechtlichen Anspruchsbeziehung ist. Der Lauf der Verjährung ist ausgesetzt, wenn und solange dem Bürgen ein Leistungsverweigerungsrecht zusteht. Die getroffene Regelung verfehlt ihren vorgegebenen Gegenstand, erschwert ein geordnetes Rechtsverständnis und ist deshalb am besten durch Nichtbeachtung zu korrigieren.

10 Die an sich verfehlte Vorschrift des Satz 2 könnte aber dazu taugen, Erfordernisse von Treu und Glauben, die im Bürgschaftsrecht vor allem gegen den Gläubiger ins Feld geführt werden[53], aber auch den Bürgen treffen können, Raum zu verschaffen. Da das Erfordernis der Vorausklage, das dem Interesse des Bürgen an einer Verringerung seiner Haftungslast dient, in seinen Voraussetzungen durchaus nicht eindeutig ist (S § 773 Abs 1 Nr 4), kann es zum Ausgleich der den Gläubiger treffenden Kürze des Verjährungsfrist gerechtfertigt sein, den Bürgen an der Festlegung der Voraussetzungen seiner Inanspruchnahme zu beteiligen und seinen Erklärungen gegenüber dem Gläubiger materielle Rechtswirkungen beizumessen. *„Erhebt der Bürge durch Erklärung gegenüber dem Gläubiger die Einrede der Vorausklage, so tritt zu Gunsten des Gläubigers die Hemmung der Verjährung auch dann ein, wenn die Voraussetzungen dafür nicht gegeben sind.“* Soll nach dem Wortlaut des Gesetzes der Anknüpfung der Verjährungshemmung an eine *Schuldnererklärung* eine Geltung zukommen, könnte Treu und Glauben auch noch die Umkehrung des Regelungssatzes nahelegen. *„Fordert der Gläubiger den Bürgen auf, sich über seine Absicht, die Einrede der Verjährung zu erheben, zu erklären, und erklärt sich der Bürge nicht binnen angemessener Frist, so kann er die Einrede später nicht mehr geltendmachen.“* Dies ist freilich Rechtsfortbildung aus dem Geist nicht nur eines einzelnen Regelungssatzes. Es bleibt abzuwarten, welche Konflikte das neue Verjährungsrecht für die Bürgschaft zur Folge hat.

11 e) **Verhandlungen als Hemmungsgrund**. Nach § 203 haben schon schwebende „Verhandlungen“ zwischen Gläubiger und Schuldner über die Begründetheit des behaupteten Anspruchs die Hemmung der Verjährung zur Folge, soweit der Anspruch materiellrechtlich besteht und seine Verjährung bereits läuft. Das gilt mithin sowohl im Verhältnis zwischen Gläubiger und Hauptschuldner für die Hauptverbindlichkeit wie zwischen Gläubiger und Bürgen für die Bürgschaftsschuld, nicht aber im Fall von Verhandlungen allein mit dem Hauptschuldner für die laufende Verjährung des Bürgschaftsanspruchs. Der Rechtsgedanke ist für das Unfallschadensersatzrecht zu Gunsten des Geschädigten entwickelt worden[54] und setzt in der Einlassung des Schuldners auf ein Verhandeln einen ihm zuzurechnenden Vertrauenstatbestand voraus, der dem geschädigten Gläubiger „die Annahme gestattet“, der Schuldner „lasse sich auf Erörterungen über die Berechtigung“ seiner Leistungspflicht ein[55]. Dieser Regelungsgedanke passt nicht in gleicher Weise auf vertragliche Anspruchsbeziehungen und rechtfertigt nicht, das Tatbestandserfordernis

51 Dazu oben Rz 2 bei Fn 18. – Für wortgetreue Gesetzesanwendung aber Schlößer (Fn 38) S 646.

52 Ähnlich in anderem Zusammenhang Jena SeuffA 67, Nr 110 S 192.

53 S § 770 Rz 14.

54 S BGB §§ 852 Abs 2 aF; PflVG § 3 Nr 3.

55 BGH NJW-RR 2001, 1168 zu II 3 b = MDR 2001, 936 = LM Nr 164 zu § 852; BGH NJW 2001, 1723 zu II 2 a; BGH NJW 2004, 1654 zu II 2.

des Verhandelns auf bloßen „Meinungsaustausch“[56] auszudehnen. Geschlossene Verträge begründen eine vom rechtsgeschäftlichen Willen der Beteiligten getragene verbindliche Risikoregelung, die weder von einem nachträglichen Streiten noch von Nachverhandlungen außer Kraft gesetzt wird. Darüber hinaus hat gerade die Wertungsgebundenheit des Vertrauensschutzes im Verhältnis zwischen **Gläubiger und Bürgen** eine gegenständlich begrenzte Anwendbarkeit der Vorschrift zur Folge. Und zwar beschränkt sie sich auf Verhandlungsgegenstände, die in der vertraglichen Eigenverantwortung des Bürgen liegen. Das trifft auf die vom Bürgen rechtsgeschäftlich mitgestalteten Übernahmebedingungen der Bürgschaft zu, nicht aber auf das vom Hauptschuldner bestimmte Bürgschaftsrisiko und den Eintritt des Sicherungsfalls. Zwar ist die Begründetheit der verbürgten Hauptverbindlichkeit Voraussetzung einer Inanspruchnahme des Bürgen (§ 767 Abs 1 Satz 1) und insoweit hat der Bürge typischerweise ein Informationsbedürfnis auch gegenüber dem Gläubiger; es ist aber nicht seine Sache und kann angesichts seines Rückgriffsinteresses[57] von ihm nicht erwartet werden, dass er sich darüber auf streitvermeidende Verhandlungen einlässt. Ein die Hemmung der Verjährung des Bürgschaftsanspruchs bewirkender Vertrauenstatbestand zu Gunsten des Gläubigers ergibt sich daraus nicht. Lässt sich aber der Bürge auf eine Beteiligung an Verhandlungen über die Hauptverbindlichkeit ein und zeigt er sich an einer Aufrechterhaltung des Kreditverhältnisses interessiert, dann ergibt der Verhandlungstatbestand auch eine Hemmung der Verjährung des bisherigen Bürgschaftsanspruchs; und zwar selbst dann, wenn das Verhandlungsziel eine nach § 766 formbedürftige[58] Abänderung und Erweiterung der Bürgschaft im Interesse des Gläubigers einschließt. Dagegen ergeben Verhandlungen zwischen Gläubiger und Bürgen allein über eine Erweiterung der Bürgschaft oder auch nur über eine nachträgliche Verlängerung der Verjährungsfrist nach § 202 noch keinen Anlass, die Hemmung der Verjährung des bisherigen Bürgschaftsanspruchs anzunehmen.

6. **Abgrenzungen**. Das Haftungsprivileg der Vorausklage kann nicht als rechtstypischer Vertragsbestandteil auf andere Sicherungsgeschäfte übertragen werden. Es gilt mithin ohne besondere Vereinbarung nicht für den Schuldbeitritt, die Bestellung gegenständlicher Sicherheiten für fremde Schuld (Faustpfand, Grundpfandrecht[59], Sicherungseigentum) und nicht für das Wechselakzept zu Sicherungszwecken[60]. **12**

§ 772 Vollstreckungs- und Verwertungspflicht des Gläubigers

(1) Besteht die Bürgschaft für eine Geldforderung, so muss die Zwangsvollstreckung in die beweglichen Sachen des Hauptschuldners an seinem Wohnsitz und, wenn der Hauptschuldner an einem anderen Orte eine gewerbliche Niederlassung hat, auch an diesem Orte, in Ermangelung eines Wohnsitzes und einer gewerblichen Niederlassung an seinem Aufenthaltsort versucht werden.

(2) Steht dem Gläubiger ein Pfandrecht oder ein Zurückbehaltungsrecht an einer beweglichen Sache des Hauptschuldners zu, so muss er auch aus dieser Sache Befriedigung suchen. Steht dem Gläubiger ein solches Recht an der Sache auch für eine andere Forderung zu, so gilt dies nur, wenn beide Forderungen durch den Wert der Sache gedeckt werden.

1. **Allgemeines**. Die Vorschrift bestimmt vereinfachend das erforderliche **vollstreckungsrechtliche Vorgehen** gegen den Schuldner, durch das der Gläubiger die dem Schuldner nach § 771 zustehende Einrede der Vorausklage entkräften kann. Der Gläubiger ist dem Bürgen dazu nicht „verpflichtet“, wie die jetzt gesetzesamtliche Überschrift fälschlich vorgibt. Vielmehr sind dem Gläubiger Obliegenheiten im eigenen Interesse auferlegt, ohne deren Erledigung eine **1**

56 So BGH NJW-RR 2001, 1168 (= Fn 55); NJW 2001, 1723.
57 Dazu § 774 Rz 2 u 4.
58 S § 766 Rz 22.
59 RG Recht 1911 Nr 2158 = BayZ 1911, 310.
60 BGHZ 45, 210, 212 = NJW 1966, 1557, 1558.

Rechtsverfolgung gegen den Bürgen zur Zeit unbegründet ist[1]. Die Einrede des Bürgen bezieht sich nur und kann sich auch nur auf verbürgte Geldforderungen beziehen; insbesondere gilt sie für Vertragsansprüche, die als Schadensersatzansprüche wegen Nichterfüllung in eine Geldforderung übergegangen sind. Ein anderer Gegenstand der Verbürgung als ein Geldinteresse kommt freilich in der Praxis kaum vor. Im Bürgschaftsvertrag können andere Bedingungen der Einrede vereinbart werden; Erleichterungen für den Gläubiger sind als Erschwerungen für den Bürgen nach § 766 formbedürftig[2].

2 2. **Erforderliche Vollstreckungsversuche**. Nach **Absatz 1** braucht der Gläubiger nur eine Vollstreckung nach ZPO §§ 808 ff betrieben zu haben. Ergeben sich im Verlauf eines vergeblichen Vollstreckungsversuchs Ansprüche gegen Dritte[3], so muss der Gläubiger nicht auch diese verfolgt haben, sondern kann deren Geltendmachung nach Rechtsübergang (§§ 774 Abs 1 Satz 1, 401) dem Bürgen überlassen. **Nicht erforderlich** sind mithin Vollstreckungsversuche in Immaterialgüterrechte (ZPO § 857), ferner solche, die ihrer Art nach ein Vorgehen gegen Drittschuldner (ZPO §§ 829 ff) nach sich ziehen würden, und nicht eine Zwangsvollstreckung in unbewegliches Vermögen (ZPO §§ 864 ff)[4].

3 Der Gläubiger muss die Vollstreckung an den mehreren in Absatz 1 genannten **Orten** versucht haben, an einem Aufenthaltsort jedoch nur, wenn im förmlichen Sinne weder ein Wohnsitz (§ 7) noch eine gewerbliche Niederlassung (HGB §§ 29, 13 ff, GewO § 14; s auch ZPO § 17) besteht. Da das Gesetz keine Unterscheidung zwischen inländischen und ausländischen Orten trifft, kann eine Vollstreckung im Ausland erforderlich sein. Für Verlegungen nach Übernahme der Bürgschaft bestimmt § 773 Abs 1 Nr 2 Erleichterungen[5].

4 3. **Andere Sicherheiten**. – a) Nach **Abs 2 Satz 1** muss der Gläubiger vorrangig auch aus beweglichen Sachen des Schuldners, an denen ihm für die verbürgte Forderung ein Pfand- oder Zurückbehaltungsrecht zusteht, Befriedigung gesucht haben. Diese vorrangige Obliegenheit erstreckt sich auch auf besitzlose Sicherungsrechte an beweglichen Sachen wie das **Sicherungseigentum. Vorbehaltenes Eigentum** des Gläubigers fällt als mögliches Vollstreckungsobjekt bereits unter Absatz 1. Es braucht nicht in Anspruch genommen zu werden, wenn die Entziehung aufgrund der gesetzlichen Rücktrittsfolge nach § 503 Abs 2 Satz 4 den gesicherten Anspruch entfallen lassen würde. Eine Verwertung von Pfandrechten an Forderungen muss der Gläubiger nicht versuchen[6]. Er braucht ferner nicht Ersatzansprüche wegen der Entziehung von Sicherungsgut zu verfolgen[7].

5 b) **Mehrheit gesicherter Forderungen**. Besteht an dem Sicherungsgut[8] ein Sicherungsrecht sowohl für die verbürgte wie auch für eine nicht verbürgte Forderung, so ist der Gläubiger, um dem aus § 771 folgenden Erfordernis der vorgängigen Inanspruchnahme des Schuldnervermögens zu genügen, zur Verwertung nur gehalten, wenn der zu erwartende Erlös beide Forderungen deckt (**Abs 2 Satz 2**)[9]. Die Vorschrift trifft damit aber nur den Sonderfall einer Konkurrenz gleichrangiger dinglicher Rechte. Ist das Sicherungsrecht für die nicht verbürgte Forderung vorrangig begründet (s § 1209), muss sich der Gläubiger vom Bürgen wegen des nachrangigen Pfandrechts für die verbürgte Forderung überhaupt nicht auf eine Verwertung verweisen lassen (s § 1232). Umgekehrt kann der Gläubiger bei vorrangigem Pfandrecht für die verbürgte Forderung die Verwertung wegen eines weiteren, nachrangigen Pfandrechts nicht verweigern[10]. Gleichrangige Sicherungsrechte können vor allem aus globalen Sicherungsvereinbarungen für künftige Forderungen entstehen, die je für sich erst durch ihre Entstehung das Sicherungsrecht ausfüllen. Gerade dann aber vermag das Sicherungsgut wegen seines globalen Zwecks meist nicht die

1 S § 771 Rz 2.
2 S § 766 Rz 20.
3 RG HRR 1930 Nr 610 (Pfandbruch und Verwertung für Dritte).
4 Hamm WM 1984, 829, 832.
5 S § 773 Rz 4 f.
6 Hamburg SeuffA 74 Nr 209.
7 RG HRR 1930 Nr 610.
8 S oben Rz 4.
9 Ähnlich ZPO § 777 S 2. – Dazu auch § 774 Rz 8.
10 Dazu Bley JW 1932, 2286 f (Anm zu RG JW 1932, 2285 Nr 11 = RGZ 136, 40).

Gesamtheit der zu sichernden Forderungen zu decken. Der Bürge muss sich also insoweit seine Inanspruchnahme gefallenlassen. Kann der Bürge „selbstschuldnerisch“[11] in Anspruch genommen werden, steht ihm also die Einrede der Vorausklage nicht zu, ergeben sich die erörterten Rangfragen erst nach einem Rechtsübergang gemäß § 774 Abs 1 in der Konkurrenz zwischen Gläubiger und Bürgen[12]. – Zur **Beweislast** s § 773 Rz 8.

§ 773 Ausschluss der Einrede der Vorausklage

(1) **Die Einrede der Vorausklage ist ausgeschlossen:**

1. wenn der Bürge auf die Einrede verzichtet, insbesondere wenn er sich als Selbstschuldner verbürgt hat,

2. wenn die Rechtsverfolgung gegen den Hauptschuldner infolge einer nach der Übernahme der Bürgschaft eingetretenen Änderung des Wohnsitzes, der gewerblichen Niederlassung oder des Aufenthaltsorts des Hauptschuldners wesentlich erschwert ist,

3. wenn über das Vermögen des Hauptschuldners das Insolvenzverfahren eröffnet ist,

4. wenn anzunehmen ist, dass die Zwangsvollstreckung in das Vermögen des Hauptschuldners nicht zur Befriedigung des Gläubigers führen wird.

(2) **In den Fällen der Nummern 3, 4 ist die Einrede insoweit zulässig, als sich der Gläubiger aus einer beweglichen Sache des Hauptschuldners befriedigen kann, an der er ein Pfandrecht oder ein Zurückbehaltungsrecht hat; die Vorschrift des § 772 Abs. 2 Satz 2 findet Anwendung.**

1. **Allgemeines**. Steht dem Bürgen die Einrede der Vorausklage (§ 771) nicht zu, kann er vom Gläubiger unmittelbar an Stelle des Schuldners in Anspruch genommen werden[1]. Dadurch wird weder die materiellrechtliche Abhängigkeit (Akzessorietät) der Bürgschaftsschuld von der Hauptverbindlichkeit (§ 767 f) aufgehoben[2], noch eine vertragliche Sorgfaltspflicht des Gläubigers zur Rücksichtnahme auf das Rückgriffsinteresse des Bürgen gegenüber dem Hauptschuldner[3] gemindert. Auch der **selbstschuldnerisch** haftende Bürge schuldet nicht aus gleichem Rechtsgrund als Gesamtschuldner neben dem Hauptschuldner, sondern nach dem vertraglich eigenständigen Zweck der Bürgschaft „subsidiär“[4]. Der Gläubiger setzt sich deshalb dem Einwand der Arglist aus, wenn er den Hauptschuldner verschont, um zu dessen Vorteil den Bürgen in Anspruch nehmen zu können[5]. Liegen gleiche prozessuale Voraussetzungen vor, kann der Gläubiger den Schuldner und den Bürgen auch „gemeinschaftlich“ (ZPO § 59 f) verklagen; beide haben dann als **einfache Streitgenossen**[6] nach ZPO § 61 ihre Sache unabhängig voneinander zu vertreten. Nach ZPO § 36 Abs 1 Nr 3 kann der Glaubiger einen gemeinschaftlichen Gerichtsstand bestimmen lassen. Im Falle des Unterliegens sind Schuldner und Bürge weder in der Hauptsache noch im Kostenpunkt „als Gesamtschuldner“ zu verurteilen, sondern in der Sache getrennt für sich und in den Kosten nach Kopfteilen[7]. Zwar haftet der Bürge nach § 767 Abs 1 Satz 2 auch für die Kosten des Gläubigers aus der Rechtsverfolgung gegen den Schuldner; doch muss der Gläubiger dies materiellrechtlich geltend machen und als Hauptsache geltend machen können. Andererseits kann zwar jedenfalls der Auftragsbürge[8] den Schuldner auch wegen der ihm erwachsenen Kosten der Inan- 1

11 S § 771 Rz 1 u § 773 Rz 1.
12 S § 774 Rz 8 u 12.

1 S § 771 Rz 1.
2 RGZ 148, 65, 66; 134, 126, 128; 34, 153, 157. – S iÜ § 767 Rz 1, § 768 Rz 1.
3 S § 776 Rz 1 u 13.
4 S Rz 18 ff vor § 765.
5 BGH WM 1966, 317, 318 f = MDR 1966, 498 = BB 1966, 305 = LM Nr 10 zu § 765; unrichtig Hamm WM 1995, 153 = MDR 1994, 1109.
6 BGH NJW 1969, 1480, 1481 zu 2 b = WM 1969, 826, 827; Zöller/Vollkommer ZPO § 62 Rz 8; vgl auch BGH NJW 1988, 2113 zu II.
7 BGH JZ 1956, 99 (Lauterbach) = WM 1955, 1203 = NJW 1955, 1398 = LM Nr 2 zu ZPO § 100; BGH WM 1968, 916, 918; BGH WM 1984, 131 f. – AA Karlsruhe NJW 1973, 1202: für OHG u Komplementär; München MDR 1998, 623.
8 S § 775 Rz 2.

spruchnahme in Rückgriff nehmen[9]. Eine Kostenentlastung ist aber nicht Gegenstand des Rechtsstreits mit dem Gläubiger. – Zur Rechtsverfolgung gegen den Bürgen vgl. iÜ § 774 Rz 2 ff.

2 **Die einzelnen Ausschlussgründe.** – a) **Abs 1 Nr 1.** Die Einrede der Vorausklage (§ 771) kann vertraglich ausgeschlossen werden. Der Wortlaut der Vorschrift lässt Zweifel daran, ob ein „Verzicht" des Bürgen auf die Einrede nach § 771 als Ausnahme von einem gesetzlichen Regelfall gelten soll und damit als „abweichend" (§ 307 Abs 1 Satz 1; früher: AGB-Ges § 8) der gerichtlichen Inhaltskontrolle nach § 307 (früher: AGB-Ges § 9) unterliegen kann, wenn er auf eine formularmäßig gestellte Vertragsbedingung des Gläubigers zurückgeht. Schon nach hergebrachtem Rechtsverständnis und völlig selbstverständlich nach heutiger Verkehrsauffassung handelt es sich bei den gesetzlich geregelten Varianten der Bürgschaftsverbindlichkeit um vertragstypisch eigenständige „Formen der Bürgschaft"[10], die wie auch die zahlreichen weiteren von der Verkehrsauffassung hervorgebrachten Haftungsmodalitäten wesentlicher Bestandteil des vom Sicherungsgeber nach seiner eigenen Entscheidung als Hauptgegenstand des Vertrages zu übernehmenden Sicherungsrisikos sind. Vertragstypisch vorgeprägte Interessenwertungen, an denen sich eine gerichtliche Angemessenheitskontrolle auszurichten hätte, bestehen dafür nicht[11]. Im Rahmen des vielgestaltig gewordenen Kreditsicherungsrechts stellt die selbstschuldnerische Leistungspflicht des Bürgen auch nur ein partikuläres Instrument der Vertragsgestaltung dar, das nach dem Belieben der Beteiligten auch mit dem Bürgen günstigen Risikoerleichterungen verbunden werden kann[12]. – Der Verzicht des Bürgen bedarf als ihm nachteilige Abrede der Schriftform gemäß § 766 Satz 1[13]. Abschlagszahlungen des Bürgen ergeben deshalb keinen stillschweigenden Verzicht für die ganze Bürgschaftssumme[14]; das Verhalten des Bürgen kann aber zur Auslegung einer nicht eindeutigen Bürgschaftsübernahme beitragen[15]. Aus einer selbstschuldnerischen Bürgschaft kann der Gläubiger sich auch dann unmittelbar an den Bürgen halten, wenn ein Vorgehen gegen den Hauptschuldner erfolgversprechend erscheint[16]. Er braucht diesen auch nicht vergeblich zur Leistung aufgefordert zu haben[17]. Der Bürge kann den Gläubiger schließlich nicht (wie nach § 772 Abs 2 Satz 1) auf andere Sicherungsrechte aus dem haftenden Vermögen des Schuldners verweisen[18]. Er ist vielmehr darauf beschränkt, sich diese nach einem Rechtsübergang gemäß §§ 774 Abs 1, 401 zunutzezumachen[19].

3 Ob der Bürge unmittelbar[20] in Anspruch genommen werden kann, ist durch **Auslegung** der Bürgschaftserklärung zu bestimmen[21] und alsdann am Formerfordernis des § 766 Satz 1 zu messen[22]. Für die Übernahme der unmittelbaren Bürgenhaftung hat sich traditionell sowohl ihre Bezeichnung als „selbstschuldnerische" Bürgschaft wie auch die Hinzufügung eines „Ausschlusses der Einrede der Vorausklage" als verkehrsübliche Ausdrucksweise herausgebildet[23]. Beide begründen für den Gläubiger als Empfänger der Bürgschaftserklärung Vertrauensschutz, sofern nicht besondere Umstände obwalten. Eine generelle Aufklärungs- und Beratungspflicht des Gläubigers gegenüber dem Bürgen besteht so wenig wie über die typischen Risiken der Bürg-

9 S § 774 Rz 23.
10 So Protokolle II, S 470.
11 Ungenau BGH NJW 2001, 2466, 2468 zu II 2 c, dd = WM 2001, 1330, = ZIP 2001, 1190: der Verzicht auf die Einrede der Vorausklage sei „gerade das Wesen jeder selbstschuldnerischen Bürgschaft und insoweit nicht zu beanstanden". Zutreffend LG Meiningen ZIP 1998, 991, 993: nicht „von dem Grundgedanken" der „gesetzlichen Regelung" abweichend.
12 Insbes zur „selbstschuldnerischen Ausfallbürgschaft" s Rz 36 vor § 765.
13 BGH NJW 1968, 2332 = WM 1968, 1200; RG BayZ 1911, 310 = Recht 1911 Nr 2135. – S iÜ § 766 Rz 20.
14 AA Karlsruhe OLGE 14, 32.
15 S § 766 Rz 6.
16 BGHZ 104, 240, 242 f = NJW 1988, 2173, 2174 zu I 2 a = WM 1988, 893, 894 = ZIP 1988, 764, 765; BGH WM 1974, 1129, 1131.
17 Zur Klageveranlassung s § 765 Rz 115.
18 BGH NJW 1966, 2009, 2010 zu 2 d (Sicherungseigentum) = WM 1966, 756, 757; RG SeuffA 75 Nr 93 S 162.
19 S § 774 Rz 2.
20 S oben Rz 1.
21 S § 766 Rz 6 f.
22 S § 766 Rz 8 f.
23 Zum Sonderfall der „selbstschuldnerischen Ausfallbürgschaft" vgl RG WarnR 1916 Nr 50; Reichel AcP 135 (1932), 336, 343 ff; – iÜ Rz 36 vor § 765.

schaftsübernahme auch nicht über die Tragweite vertragstypischer Erklärungsinhalte[24]. Der Ausschluss der Einrede der Vorausklage ist jedoch nicht von der Einhaltung eines verkehrsüblichen Sprachgebrauchs abhängig. Ein Verzicht ergibt sich im Zweifel, wenn der Bürge sich nach ZPO § 794 Abs 1 Nr 5 der sofortigen Zwangsvollstreckung unterwirft[25] oder wenn er Zahlung zu einem bestimmten Zeitpunkt verspricht[26]. – Die Auslegung kann aber auch einen Garantievertrag ergeben.

b) **Abs 1 Nr 2**. Zum Ausschluss der Einrede der Vorausklage führt ferner eine **wesentliche Erschwerung der Rechtsverfolgung gegen den Schuldner**, die nach der Übernahme der Bürgschaft eintritt. Dem historisch auf Auslandsabwesenheit abzielenden Rechtsgedanken war schon vor dem BGB angesichts der staatsrechtlichen und rechtsstaatlichen Fortentwicklung kein eindeutiger Regelungstatbestand mehr zuzuordnen[27]. Auch dem Gesetzgeber[28] ist eine zureichende Präzisierung nicht gelungen. Mit „Rechtsverfolgung" ist jedenfalls nicht nur das Klageverfahren gemeint, sondern die Rechtsverwirklichung insgesamt einschließlich der von § 772 Abs 1 geforderten Vollstreckung[29]. Als Grundgedanke der Regelung bleibt auch nach BGB nur, „dass dem Bürgen die Rechtswohltat der Vorausklage zu versagen ist, wenn die Ausklagung[30] des Hauptschuldners . . . mit so viel größeren Schwierigkeiten verknüpft ist . . ., dass dem Gläubiger billigerweise die Übernahme dieser Schwierigkeiten nicht zugemutet werden darf"[31]. Über das zureichende Maß der Erschwerung hat das mit der Bürgschaftsklage des Gläubigers befasste Gericht inzidenter zu befinden. Der Gläubiger muss also zunächst eine mit der selbstschuldnerischen Haftung des Bürgen begründete Klage riskieren. Da es sich um ein Element der Sachentscheidung handelt, kann das Gericht nicht durch bindendes Zwischenurteil nach ZPO §§ 303, 318 vorabentscheiden. Dem Gläubiger muss dann aber auch die Möglichkeit freistehen, den Schuldner gemäß ZPO § 36 Abs 1 Nr 3[32] nach den dafür gebräuchlich gewordenen sehr pragmatischen Maßstäben[33] zum Gerichtsstand des Bürgen zu ziehen und als Streitgenossen mit dem Bürgen zu verklagen[34]. Die vor allem ins Gewicht fallende Erschwerung der Vollstreckung wird dadurch nicht wieder aufgehoben. 4

Sichere Maßstäbe für die rechtlich zureichende Erschwerung haben sich angesichts der geringen Aktualität der Vorschrift kaum herausgebildet. Das RG[35] ließ als wesentliche Erschwerung ohne weiteres schon genügen, wenn der Schuldner im Ausland „belangt" werden muss. Eine Erschwerung ist jedenfalls nicht gegeben, wenn und so weit der Gläubiger Befriedigungsmöglichkeiten nach § 772 Abs 2 hat[36]. Angesichts des wirtschaftlichen Zwecks der Regelung und im Hinblick auf die folgenden Ziffern der Vorschrift ist aber eine entsprechende Anwendbarkeit zu bejahen in Fällen, in denen der Hauptschuldner rechtlich nicht mehr existent ist und die Klärung einer Rechtsnachfolge mit erheblichen Schwierigkeiten verbunden ist. Dies gilt für die Auflösung der juristischen[37] wie auch für den Tod der natürlichen Person. 5

c) **Abs 1 Nr 3**. Mit der **Eröffnung des Insolvenzverfahrens** über das Schuldnervermögen (InsO § 27) und entsprechend im Verfahren zur Restschuldbefreiung (InsO § 287) verliert der Bürge das Einrederecht ohne weiteres. Die Vorschrift ist **förmlich anzuwenden**. Wird der Eröffnungsbeschluss als unrichtig wieder aufgehoben (InsO § 34 Abs 3), entfällt auch der Einredeverlust nach dieser Vorschrift wieder. Sie ist ebenfalls nicht oder nicht mehr einschlägig, wenn die Eröffnung mangels zureichender Haftungsmasse abgelehnt wird (InsO § 26 Abs 1) oder wenn das 6

24 BGH WM 1986, 11, 12 zu 2 b aE = NJW-RR 1986, 210.
25 KG JW 1934, 1292, 1293.
26 RG JW 1921, 335, 336; Motive II, S 670.
27 S RGZ 6, 154 ff.
28 S Motive II, S 671.
29 Colmar Recht 1906 Nr 32.
30 S § 771 Rz 2.
31 RGZ 6, 154, 156.
32 S oben Rz 1.
33 BGH NJW 1998, 685.
34 S oben Rz 1.
35 RGZ 137, 1, 12 f.
36 Protokolle II, S 476 f.; so auch Staud/Horn Rz 6; MünchKomm/Habersack Rz 6; – s iÜ § 772 Rz 4.
37 KG OLGZ 1982, 253.

Verfahren aufgrund Zweckerreichung (InsO § 200) oder Zwecklosigkeit (InsO § 207) endet[38]. Der Gläubiger ist alsdann auf Ziffer 4 verwiesen[39].

7 Während des Insolvenzverfahrens über das Schuldnervermögens kann also der Gläubiger sowohl seine Forderung gegen den Schuldner geltend machen (InsO §§ 174 ff) wie auch den Bürgen unmittelbar in Anspruch nehmen. Dem Bürgen bleibt die Einrede der Aufrechenbarkeit nach § 770 Abs 2 und die Möglichkeit, den Gläubiger auf die vorrangige Inanspruchnahme von Sicherungsrechten aus dem Schuldnervermögen zu verweisen (§§ 773 Abs 2, 772 Abs 2). – Zum Rückgriff des Bürgen gegen den Schuldner nach Leistung an den Gläubiger und seine Beteiligung am Insolvenzverfahren s § 774 Rz 19 ff.

8 d) **Abs 1 Nr 4**. Die Einrede der Vorausklage ist dem Bürgen schließlich versagt, wenn **Vollstreckungsversuche in das bewegliche Vermögen** und in der in § 772 Abs 1 dargestellten räumlichen Nähe aussichtslos erscheinen; denn nur darauf kann der Bürge den Gläubiger mit der Einrede verweisen[40]. Im Rahmen der anzustellenden Prognose genügt schon die Erwartung, dass ein Vorgehen gegen den Schuldner wegen zu geringer Erfolgsaussicht nicht lohnt. Die Aussichtslosigkeit eines Vorgehens kann sich aus dem fruchtlosen Ergebnis einer vorangehenden Vollstreckung in anderer Sache[41] oder aus einer vorangehenden Ablehnung der Eröffnung eines Insolvenzverfahrens mangels Masse (InsO § 26 Abs 1)[42] ergeben. Dem Bürgen bleibt nach **Absatz 2** das Recht, den Gläubiger auf andere Sicherungsrechte (§ 772 Abs 2) zu verweisen[43].

9 3. **Beweislast**. Erhebt der Bürge die Einrede der Vorausklage[44], so hat der Gläubiger zu beweisen, dass die Voraussetzungen einer Inanspruchnahme des Bürgen erfüllt sind. Er hat also zu beweisen, dass er einen den Erfordernissen des § 772 Abs 1 entsprechenden Vollstreckungsversuch unternommen hat oder dass er davon aus den Gründen des § 773 Nr 2, 3 oder 4 noch zur Zeit der Klageerhebung gegen den Bürgen befreit ist. Ein späteres Wiederentstehen der Einrede durch Veränderung oder Besserung der Verhältnisse des Schuldners hat dagegen der Bürge zu beweisen[45]. Will der Bürge den Gläubiger nach § 772 Abs 2 Satz 1 auf ihm zustehende andere Sicherungsrechte verweisen, so hat er deren Entstehen zu beweisen. Demgegenüber trifft den Gläubiger die Beweislast, wenn er das Sicherungsgut nach § 772 Abs 2 Satz 2 für konkurrierende Sicherungsrechte verschonen will; dies kann wiederum der Bürge durch den Nachweis ausreichenden Werts ausräumen.

§ 774 Gesetzlicher Forderungsübergang

(1) **Soweit der Bürge den Gläubiger befriedigt, geht die Forderung des Gläubigers gegen den Hauptschuldner auf ihn über. Der Übergang kann nicht zum Nachteil des Gläubigers geltend gemacht werden. Einwendungen des Hauptschuldners aus einem zwischen ihm und dem Bürgen bestehenden Rechtsverhältnis bleiben unberührt.**

(2) **Mitbürgen haften einander nur nach § 426.**

38 Planck/Oegg Anm 3; MünchKomm/Habersack Rz 8; – aA Köln ZIP 1982, 1424, 1428 = DB 1983, 104, 105 (mit Tendenz der Aufrechterhaltung des anhängigen Urkundenprozesses); Staud/Horn Rz 7; Erman/Seiler Rz 4.

39 Dazu RG Recht 1920 Nr 387.

40 RGZ 92, 219, 221 f; KG OLGE 18, 41.

41 Dresden LZ 1926, Sp 952, 953; RG Recht 1910 Nr 1558.

42 RG Recht 1920 Nr 387.

43 S § 772 Rz 4 f.

44 S § 771 Rz 2.

45 RG Recht 1907 Nr 3493.

ÜBERSICHT

Schrifttum: Herpers, Über den Nachteil des Gläubigers bei der Legalzession, AcP 166 (1966), 454; Reinicke, Die Verzinsung der Rückgriffsforderungen eines Bürgen, DB 1967, 847; Koziol, Die Rückabwicklung rechtsgrundloser Zahlungen eines Bürgen, ZBB 1989, 16; Reinicke / Tiedtke, Rückgriffsansprüche des Bürgen bei Zahlung als Sicherheit, JZ 1990, 327; dies, Der Übergang der verbürgten Forderung auf den Bürgen als Nachteil für den Gläubiger, DB 1990, 1953; Häsemeyer, Gläubigerschutz und Gläubigergleichbehandlung bei Regressverhältnissen, KTS 1993, 151; Eike Wissmann: Persönliche Mithaftung in der Insolvenz, 1998[2]; Lwowski/Tetzlaff, Verjährung der Aufwendungsersatzansprüche einer Bank aus einem „Avalkredit", WM 2000, 761; Noack/Buncke, Zur Stellung gesamtschuldnerisch oder akzessorisch Mithaftender im Insolvenzverfahren, in: Festschr für Wilh Uhlenbruck, 2000, S 335; Bitter, Teilmithaftung in der Insolvenz – Forderungsanmeldung nach Leistung durch den Mithaftenden, ZInsO 2003, 490; Johann Andreas Dieckmann, Der Derivativregreß des Bürgen gegen den Hauptschuldner im englischen und deutschen Recht, 2003; K Schmidt, Haftungsregreß bei Personengesellschaften – BGH NJW-RR 2002, 455, JuS 2003, 230; Lindacher, Kommanditisten als Sicherungsgeber – Regreß nach Inanspruchnahme, in: Festschr für W Hadding, 2004, S 529.

I. Allgemeines

1 **Regelungsgegenstand**. Die Vorschrift regelt Teilaspekte mehrerer voneinander unabhängiger, aber aufeinander bezogener Rechtsverhältnisse und setzt damit das wesentliche Verständnis zunächst des **Sicherungsvertrages zwischen Gläubiger und Bürgen**[1] einschließlich ihres Sicherungsgegenstandes voraus, danach auch das Verständnis der in der Rechtsnachfolge nach dem Gläubiger vermittelten **Rückgriffsbeziehung des Bürgen zum Hauptschuldner**[2]. Deren Geltendmachung wiederum erfordert zumeist die Berücksichtigung eines der Bürgschaftsübernahme schon zugrundeliegenden **Innenverhältnisses zwischen Bürgen und Hauptschuldner**. Absatz 2 schließlich spricht die Möglichkeit eines **Haftungsausgleichs zwischen „Mitbürgen"**[3] an, dessen Voraussetzungen ebenfalls sowohl durch sicherungsvertragliche Beziehungen zum Gläubiger vermittelt wie auch in einem der Haftungsübernahme gegenüber dem Gläubiger zugrundeliegenden vertraglichen Innenverhältnis der mehreren Bürgen begründet sein können. Über die getroffene Regelung hinaus erfordert die **Fortentwicklung** der Kreditsicherungspraxis die Erstreckung der hergebrachten bürgschaftsvertraglichen Regelungsinstrumente auf die hinzugekommenen weite-

1 S unten Rz 2–17.
2 S unten Rz 18–23.
3 S unten Rz 24–30.

ren Sicherungstatbestände und damit deren Einbeziehung in den Regelungsrahmen eines aus der heutigen Verkehrsauffassung erwachsenen **allgemeinen Sicherungsvertrages**[4].

II. Verhältnis des Bürgen zum Gläubiger

2 1. **Die Bürgschaft als Sicherungsvertrag**. In ihrer althergebrachten Vertragsgestalt[5] ist die Bürgschaft als Eintreten für die Verbindlichkeit eines Dritten (des „Hauptschuldners") vom „**Grundsatz der Subsidiarität**"[6] der übernommenen Haftung geprägt. Zum vertragstypisch wesentlichen Inhalt der Bürgschaft gehört das **Recht des Bürgen**, für sein Eintreten und somit die „Befriedigung" des Gläubigerinteresses dessen Rechte gegen den Hauptschuldner zum Zweck der Geltendmachung im **Rückgriff** zu erwerben[7]. Es bedarf dazu nicht einer konkreten Inhaltsbestimmung durch den wirklichen Vertragswillen der Beteiligten; vielmehr ergeben sich die Gegenrechte des Bürgen schon als selbstverständliche Folgewirkung (als *naturale negotii*) aus der **Sicherungszweckbestimmung** als Hauptgegenstandes des Vertrages. Ist ein Rechtserwerb vom Gläubiger nach dem erkennbaren Sinn des Vertrages nicht vorgesehen oder dem vertragstypischen Sicherungszweck entgegen gänzlich ausgeschlossen, liegt kein Sicherungsvertrag vor, sondern eine Verbindlichkeit anderer Art, die anderen Grundsätzen unterliegt. Der gesetzlichen Regelung liegt die Vorstellung der traditionellen, auf eine festbestimmte Hauptverbindlichkeit bezogenen Einzelbürgschaft zugrunde, deren Abwicklung sich in gleicher Gegenständlichkeit in der Berücksichtigung von Gegenrechten des Bürgen fortsetzt. Der moderne Hauptfall einer weniger durch ihren Gegenstand als durch einen Höchstbetrag bestimmten und begrenzten Bürgschaft für ein fortlaufendes, erst noch auszufüllendes und deshalb im einzelnen unbestimmtes Kreditverhältnis erfordert weitere und andere Kriterien der Zuordnung von Gläubiger- und Bürgenrechten.

3 2. **Rechtsübergang**. Nach Abs 1 Satz 1 vollzieht sich der Übergang der verbürgten Forderung des Gläubigers gegen den Hauptschuldner auf den Bürgen schon **kraft Gesetzes**[8], ohne dass es eines rechtsgeschäftlichen Übertragungsakts und der Geltendmachung eines darauf gerichteten Anspruchs oder eines Zurückbehaltungsrechts (§§ 273 Abs 1, 274 Abs 1) bedarf. Die Vorschrift folgt damit[9] einer lediglich rechtstechnischen Errungenschaft[10] vorangehender Gesetzgebungen[11]. Gegenüber früheren gesetzlichen Regelungen hinzugekommen ist nach §§ 412, 401 der gesetzliche Übergang auch der mit der verbürgten Hauptverbindlichkeit verbundenen **akzessorischen Sicherungsrechte** ohne Rücksicht darauf, ob sie vom Hauptschuldner oder von Dritten gestellt worden sind. Auch ein solcher Rechtsübergang ohne rechtsgeschäftlich bewirkte Übertragung bedarf aber eines im Sicherungsvertrag als mitvereinbart zur Geltung kommenden schuldrechtlichen „Rechtsgrundes"[12]; er verdeckt und erübrigt somit lediglich den ihm zugrundeliegenden **Anspruch des Bürgen** auf Verschaffung. Da der Rechtsübergang allein aus dem Sicherungsvertrag mit dem Gläubiger folgt, ist er nicht davon abhängig, dass der Bürge auch im Innenverhältnis zum Hauptschuldner einen Anspruch auf Aufwendungsersatz hat[13]. Ein Übergang

4 S unten Rz 15 u 30; § 769 Rz 9 f.

5 Zum vertragstypischen Inhalt der Bürgschaft und zu den von der Verkehrsauffassung hervorgebrachten zahlreichen Sondertypen s Rz 21 ff vor § 765.

6 Motive II, S 667 (zu §§ 674, 675): zur Einrede der Vorausklage. – S dazu auch § 769 Rz 9 f.

7 RGZ 75, 271, 273. – S auch Motive II, S 674, wo die unzutreffende Darstellung des Gesetzestextes (E I § 668 Abs 1 und noch § 766 S 3), der Bürge sei „verpflichtet", die Hauptverbindlichkeit „zu erfüllen", mit der „Unterstellung" korrigiert wird, der Bürge leiste an den Gläubiger „in der Absicht", die Forderung des Gläubigers gegen den Hauptschuldner „zu erwerben", so dass diese „trotz der Befriedigung des Gläubigers bestehen bleibe". Dazu näher Rz 5.

8 E I § 676: „. . . wird kraft des Gesetzes übertragen . . .".

9 Motive II, S 673: „aus Gründen der praktischen Zweckmäßigkeit".

10 Zum Verständnis des Rechtsübergangs als „fingierter Zession" s § 769 Rz 10 bei Fn 167.

11 PrALR I, 14 § 338: „. . .ohne daß es dazu einer ausdrücklichen Cession bedarf". – S iÜ Motive II, S 673 Fn 2.

12 Dazu § 769 Rz 10 bei Fn 168.

13 Planck/Oegg Anm 2 a; zu den Folgen für die Geltendmachung s Rz 19 u 21. – Verfehlt (und ohne Beleg für den behaupteten „gesetzgeberischen Zweck") BGH NJW 1990, 1301 zu 1 = WM 1990,

kraft Gesetzes kann andererseits nicht stattfinden, wenn der Bürgschaftsvertrag nichtig ist[14] oder wenn eine Mithaftung der weiteren Sicherungsrechte nach den für sie vertraglich bestimmten Sicherungszwecken nicht besteht[15]. Das Instrument des gesetzlichen Rechtsübergangs versagt gegenüber „**selbständigen**" **Sicherungsrechten**, die aufgrund der ihnen eigenen rechtstechnischen Konstruktion eines abstrakten Übertragungsakts bedürfen. Hat also der Bürge für seine Leistung ein sicherungsvertragliches Recht auf die Ermöglichung von Rückgriff oder Ausgleich aus den Rechten des Gläubigers, bleibt er insoweit auf die Geltendmachung eines auf Verschaffung gerichteten Anspruchs[16] gegen den Gläubiger verwiesen. Ein ohne erkennbar hervortretende rechtsgeschäftliche Beteiligung des Gläubigers stattfindender Rechtserwerb ist freilich für den Bürgen nur von begrenztem Wert. Er erfüllt nicht die Erfordernisse, unter denen der Bürge erworbene Rechte seinerseits beweisbar verfolgen kann[17]. Der Gläubiger ist deshalb nach §§ 412, 402, 403 „verpflichtet", dem Bürgen die zur „Geltendmachung" der ihm zustehenden Forderung gegen den Hauptschuldner und der weiteren, nach § 401 auf ihn übergehenden Rechte „nötige Auskunft" zu erteilen[18], „zum Beweis dienende Urkunden" auszuliefern und ihm „auf Verlangen eine öffentlich beglaubigte Urkunde" über den Rechtserwerb auszustellen. In wörtlicher Anwendung hat somit der Gläubiger dem Bürgen einen Rechtserwerb kraft Gesetzes zu bestätigen[19]. Da aber weder Tatsachenfeststellungen noch rechtliche Schlussfolgerungen für sich allein Gegenstand rechtsgeschäftlich verbindlicher Willensbestimmung sein können und es an sich um eine sicherungsvertraglich geschuldete Rechtsverschaffung geht, ist auch eine der Gesetzestechnik folgende „Bestätigung" in ihrer Rechtswirkung einer Übertragungserklärung des Gläubigers gleichzuachten. Der Bürge kann sich an Stelle einer öffentlichen Beglaubigung auch mit einer privatschriftlichen Erklärung begnügen. Der Anspruch des Bürgen auf den Erwerb der einen Rückgriff vermittelnden Gläubigerrechte ergibt sich nicht erst kraft Gesetzes aus dem gesetzlichen Rechtsübergang nach Abs 1 Satz 1 und somit erst als Folge der Leistung des Bürgen[20], sondern von vornherein aus dem Sicherungsvertrag. Der Bürge kann deshalb bei seiner Inanspruchnahme ebenso wie wegen eines Gegenanspruchs auf Übertragung selbständiger Sicherungsrechte so auch wegen der einen gesetzlichen Rechtsübergang begleitenden Nebenrechte ein **Zurückbehaltungsrecht** geltend machen und nicht anders als wegen einer schlichten Quittung (§ 368) auf Leistung Zug um Zug bestehen (§§ 273 Abs 1, 274 Abs 1)[21]. Der Gläubiger seinerseits kann sich zur Erfüllung seiner aus der Subsidiarität der Sicherungshaftung folgenden Nebenpflichten generell der Form der Übertragungserklärung bedienen. – Kann der Gläubiger dem Bürgen die ihm zum Zweck des Rückgriffs oder Ausgleichs zustehenden Rechte nicht oder nicht mehr verschaffen, steht nach § 776 die Leistungspflicht des Bürgen in Frage[22]. Es kann sich auch ein nachträglich verfolgbarer Gegenanspruch des Bürgen auf Schadensersatz ergeben[23]. Der Gläubiger ist nicht nach § 390 gehindert, mit der Bürgschaftsforderung gegen eine Forderung des Bürgen auf-

34 = ZIP 1990, 53: der Übergang solle „den Erstattungsanspruch des Bürgen sichern und verstärken, der sich aus dem Innenverhältnis zwischen Bürgen und Hauptschuldner ergibt". Klärend RG Recht 1918 Nr 1527: der Rechtserwerb vom Gläubiger bedeute nicht schon Befriedigung eines Anspruchs auf Aufwendungsersatz im Innenverhältnis und *insofern* nur dessen Sicherung.

14 S dazu unten Rz 5 bei Fn 62, Rz 10 Fn 115 aE.

15 Auch dazu § 769 Rz 10.

16 S dazu § 776 Rz 10f.

17 Deshalb war der Gläubiger nach Pr ALR I, 14 § 339 ungeachtet des schon gesetzlichen Rechtsübergangs „auf Verlangen des Bürgen auch zur Erteilung einer ... ausdrücklichen Cession" anzuhalten. – E I § 301 sah dafür einen Anspruch auf „Anerkennung der durch Gesetz erfolgten Übertragung" vor.

18 S hierzu unten Rz 4.

19 Dem folgt eine in der Praxis anzutreffende Ausdrucksweise; s BGH NJW 2000, 1942 = WM 2000, 1003; BGH WM 2000, 1797.

20 So aber (konstruktiv verfehlt) Braunschweig SeuffA 61 Nr 132 S 233; Hamburg OLGE 22, 345f.; dem folgend Planck/Oegg Anm 2c; Oertmann Anm 3.

21 RGZ 82, 25, 27; RG WarnR 1930 Nr 11 S 24 = LZ 1930, Sp 982f = HRR 1930 Nr 216 = Recht 1930, S 13 Nr 30; BGH NJW 2001, 2327, 2330 zu B I = WM 2001, 1060 = ZIP 2001, 914; – aA RG HRR 1932 Nr 2141 aE = LZ 1933, Sp 117: das „Innenverhältnis" zwischen Mitbürgen „berühre" den Gläubiger nicht; – das ist ungenau und für das in Frage stehende Sicherungsverhältnis unrichtig nicht erst seit der Anerkennung eines Anspruchs auf Erwerb selbständiger Sicherungsrechte.

22 Dazu § 776 Rz 12 bis 14 und 20f.

23 Dazu § 776 Rz 23f.

zurechnen, wenn er Zug um Zug dem Gegeninteresse des Bürgen nachkommt. Dafür kann die Hergabe einer förmlichen Erklärung über die Abtretung der dem Bürgen zustehenden Rechte gegen den Hauptschuldner genügen.

4 3. **Auskunftsanspruch des Bürgen**. Praktisch wenig erprobt ist die Geltendmachung des Anspruchs auf Auskunft, die sich nach den aus der Subsidiarität der Bürgschaftshaftung folgenden Gläubigerpflichten nicht nur auf feststehende Rechte bezieht, sondern auch und gerade darauf, *ob* dem Gläubiger Rechte zustehen oder auch nur zugestanden haben, auf deren Erwerb der Bürge für seine Leistung einen sicherungsvertraglichen Anspruch hat. Ebenso wie der Gläubiger die Einrede der Vorausklage (§ 771)[24] durch Darlegung eines zureichenden Vorgehens gegen den Hauptschuldner auszuräumen hat[25], ist er aus dem Sicherungsvertrag verpflichtet, dem Bürgen verbliebene Schuldnersicherheiten, die er ihm schon kraft Gesetzes oder durch Übertragung zu verschaffen hat[26], zu offenbaren und zur Geltendmachung zugänglich zu machen[27]. Das gilt unabhängig davon, ob der Bürge durch eigene Bemühungen von ihnen hätte Kenntnis erlangen können. Ebenso hat der Gläubiger über **von Dritten gestellte Sicherungsrechte** Auskunft zu geben, wenn diese nach dem Inhalt der mit dem Gläubiger geschlossenen Sicherungsverträge[28] an einem Haftungsausgleich teilnehmen; ob in einem zwischen den mehreren Sicherungsgebern bestehenden Innenverhältnis ein anderer Ausgleich vereinbart ist, bleibt für das Sicherungsverhältnis zum Gläubiger unerheblich[29]. Ist der Bürge infolge der Verletzung von Gläubigerpflichten schon mangels Kenntnis seiner Rechte nicht in der Lage, im Rückgriffs- oder Ausgleichsverhältnis sein Interesse wahrzunehmen, kann er auch noch nachträglich gegen den Gläubiger Schadensersatzansprüche auf Rückforderung seiner Bürgenleistung geltendmachen[30].

5 4. **Erfüllung der Bürgschaftsschuld**. Der Bürge hat nach allgemeinen Regeln seine vertraglich übernommene **eigene Verbindlichkeit** zu erfüllen[31]; von ihm erbrachte Leistungen sind für den Gläubiger „selbstverständlich"[32] darauf und nicht auf die gesicherte Verbindlichkeit des Hauptschuldners zu beziehen[33]. Das gilt im Verhältnis zum Gläubiger auch dann, wenn der Bürge aus ihm zur Verfügung gestellten oder stehenden Mitteln des Hauptschuldners leistet[34]. Es bedarf nicht einer vorherigen Zahlungsaufforderung durch den Gläubiger oder einer Inanspruchnahme als Bürge[35]. Dem Bürgen stehen alle gesetzlich vorgesehenen Modalitäten der Schuldtilgung[36] und das **Tilgungsbestimmungsrecht** des leistenden Schuldners nach § 366 Abs 1 zu, und zwar nicht nur in Bezug auf mehrere, vertraglich selbständig übernommene Bürgschaftsverbindlichkeiten[37], sondern auch in Bezug auf bestimmte, sich aus einer Verbürgung mehrerer Hauptverbindlich-

24 Dazu § 771 Rz 1.
25 S § 771 Rz 2.
26 S dazu § 776 Rz 10 f.
27 Ähnlich wie der Mieter dem Vermieter über dessen ihm im Einzelnen nicht bekannten Pfandobjekte (BGH WM 2004, 295, 296 zu II 1 = ZIP 2004, 326 = NZM 2004, 224).
28 Braunschweig SeuffA 61, Nr 132 S 232 f (besonderer Umstände wegen im Ergebnis verneint); aA RG HRR 1932 Nr 2141 aE = LZ 1933, Sp 117. – S dazu iAllg § 769 Rz 10 u 16.
29 AA – unzureichend wegen fehlender Unterscheidung zwischen Sicherungs- und Innenverhältnis (s § 769 Rz 8 aE) – RG HRR 1932 Nr 2141 = LZ 1933, Sp 117.
30 S dazu § 776 Rz 24.
31 BGHZ 42, 53, 56 = NJW 1964, 1788, 1790.
32 RG WarnR 1914 Nr 15 S 25 = JW 1914, 78; BGH NJW 1993, 1917 zu III = WM 1993, 1080 = ZIP 1993, 906. – S noch Fn 38.
33 Das gilt auch für die Ablösung dinglicher Sicherungsrechte durch den Sicherungsgeber (nicht eindeutig BGH WM 2002, 291 = ZIP 2002, 394 = NJW-RR 2002, 455). Die Berücksichtigung von Rückgriffs- und Ausgleichsinteressen ist Aufgabe der zugrunde liegenden schuldrechtlichen Sicherungszweckvereinbarung (s dazu § 769 Rz 10 u 20). Abzulehnen Düsseldorf ZIP 1987, 1379. – Zu der unrichtigen Darstellung in § 766 Satz 3, die immer noch zu missverständlichen theoretischen Ausflügen führt (s BGHZ 86, 267, 271: der Rechtsübergang nach § 774 Abs 1 sei eine Abweichung vom „Erlöschen des Schuldverhältnisses" nach § 362), s § 766 Rz 41 f; missverständlich auch Häsemeyer KTS 1993, 151, 165 (zu 3 a aE).
34 RG WarnR 1914 Nr 15 S 25 = JW 1914, 78; RG HansRGZ 1929, Sp 743, 746. – Zum Innenverhältnis s Rz 17 f.
35 BGH WM 1998, 443, 446 zu 2 c = ZIP 1998, 601.
36 Motive II, S 673.
37 Beispiel: BGH WM 2004, 121 = ZIP 2004, 554 = NJW-RR 2004, 405.

keiten oder abgrenzbarer Teile davon ergebender Teile der Bürgschaftsverbindlichkeit[38]. Das materiellrechtlich freie Bestimmungsrecht des Bürgen besteht wie für jeden Schuldner mehrerer Verbindlichkeiten auch dann noch fort, wenn der Gläubiger gegen ihn bereits wegen einzelner verbürgter Hauptverbindlichkeiten Klage erhoben hat[39]. Erstreckt sich eine durch einen Höchstbetrag begrenzte Bürgschaft auf eine Mehrheit oder alle Verbindlichkeiten des Hauptschuldners aus seiner Geschäftsbeziehung zum Gläubiger, so kann der Bürge durch Leistung auf von ihm bestimmte andere Gegenstände der Verbürgung dem Gläubiger den Sicherungsanspruch entziehen. Es steht dem Bürgen frei, durch seine Leistung eigene Ziele der Kredithilfe zu Gunsten des Hauptschuldners zu verfolgen, wenn er sich nicht in der bürgschaftsvertraglichen Ausgestaltung des Sicherungsgegenstandes einer bestimmten Art der Kreditgewährung durch den Gläubiger untergeordnet hat. Ist Gegenstand der Verbürgung eine im Kontokorrent zu führende Kreditbeziehung des Hauptschuldners, bleibt für ein davon abweichendes Tilgungsbestimmungsrecht des Bürgen kein Platz. Ohne ein vom Bürgen bei der Leistung bestimmtes Tilgungsziel hat eine Verrechnung nach § 366 Abs 2 stattzufinden[40]. Für den Gläubiger ergibt sich ein mittelbar wirkendes Bestimmungsrecht aus dem Streitgegenstand[41] der prozessualen Geltendmachung, wenn eine vom Bürgen geschuldete Leistung in gegenständlicher Bestimmtheit zuerkannt und durch Beitreibung erbracht wird; dem kann nicht eine Tilgungsbestimmung des Bürgen entgegenwirken[42]. Der Bürge kann auch mit einer ihm selbst gegen den Gläubiger zustehenden Gegenforderung **aufrechnen**[43] und gleichwohl auf dem Erwerb der Rechte des Gläubigers gegen den Hauptschuldner bestehen. Ist dem Hauptschuldner eine Aufrechnung vertraglich verwehrt[44], gilt das für den Bürgen nicht schon dadurch, dass die Hauptverbindlichkeit gerade in dieser Beschränkung der Verbürgung zugrundegelegt worden ist; vielmehr muss sich der Bürge für sich selbst auf einen vertraglichen Ausschluss der Aufrechnung eingelassen haben; dafür gelten dieselben Grundsätze wie für andere Zahlungsverbindlichkeiten[45]. Insbesondere kann es im Sinne einer besonderen Sicherungszweckbestimmung seines Bürgschaftsvertrages liegen, dass dem Gläubiger im Sicherungsfall bar verfügbare Mittel zugeführt werden sollen. Der Bürge kann nach § 271 Abs 2 **vorzeitig leisten**[46], dadurch aber den Erwerb der Gläubigerrechte gegen den Hauptschuldner ohne Einverständnis des Gläubigers nur insoweit erwirken, wie auch der Hauptschuldner zur vorzeitigen Schuldtilgung berechtigt war. Wurde die Bürgschaft für einen langfristig angelegten Kontokorrentkredit übernommen, kann der Bürge nicht auf diese Weise nach seinem Belieben über den Erwerb von Gläubigerrechten gegen den Hauptschuldner bestimmen. Er muss vielmehr zunächst nach Grundsätzen über Dauerschuldverhältnisse durch Kündigung die Beendigung des Sicherungsverhältnisses herbeiführen und dadurch dem Gläubiger die Festlegung des Sicherungsgegenstandes durch Rechnungsabschluss im Hauptschuldverhältnis ermöglichen. Es steht den Beteiligten nicht nur frei, an die Stelle der ursprünglich vereinbarten Bürgenleistung nach § 364 Abs 1 **„an Erfüllungs Statt"** eine andere treten zu lassen, sondern auch, den Sicherungsgegenstand umzugestalten oder auszutauschen[47], und auch, das Sicherungsinteresse des Gläubi-

38 BGH NJW-RR 1991, 169, 170; RGZ 76, 195, 198 f; verfehlt Stuttgart OLGE 16, 373 f: der Bürge dürfe nicht in das Bestimmungsrecht des Schuldners „eingreifen"; dagegen zutreffend Pringsheim Gruch 53, 13. – Zur Auslegung nicht eindeutiger Zweckbestimmungen s BGH WM 1985, 1449, 1451 f = ZIP 1985, 1465 = NJW 1986, 251 (verkürzt); BGH WM 1998, 443, 445 zu 2 b = ZIP 1998, 601.

39 S dazu auch BGH NJW 1995, 3189.

40 BGH WM 2004, 121, 122 f zu II 2 c = ZIP 2004, 554 = NJW-RR 2004, 405.

41 Zur Hauptverbindlichkeit als Bestandteil des Streitgegenstands der Bürgschaftsklage s BGHZ 124, 164, 167 = NJW 1994, 460, 461 zu B I 1 b = WM 1994, 436, = ZIP 1994, 67; BGH WM 2004, 121, 122 zu II 1 (= Fn 40).

42 BGHZ 140, 391, 394 = NJW 1999, 1704 f zu II 2 b = WM 1999, 684.

43 RGZ 53, 403, 405; RG Recht 1919 Nr 1408; BGH WM 1965, 578, 579 zu II 2 a.

44 S dazu auch § 770 Rz 8.

45 BGH WM 1970, 551, 552 zu 3 b; dazu iE § 770 Rz 13.

46 RG JW 1907, 831; RG LZ 1916 Sp 242; RG Recht 1919 Nr 417; s auch BGH WM 1998, 443, 446 zu 2 c = ZIP 1998, 601; – nicht eindeutig RG SeuffA 70 Nr 233 S 429 f.

47 BGH WM 1964, 849, 851 zu 3 = BB 1964, 907 = DB 1964, 1185.

gers durch andere vertragliche Regelungen zu ersetzen[48]. Nur insbesondere kann die den Rechtsübergang der Gläubigerrechte gegen den Hauptschuldner rechtfertigende Subsidiarität der Sicherungshaftung dadurch aufgehoben werden, dass der Gläubiger dem Bürgen seine Rechte gegen den Hauptschuldner durch das dafür vorgesehene rechtsgeschäftliche Verfügungsgeschäft förmlich und ausdrücklich überträgt. Der Bürge wird dadurch für sein Vorgehen im Rückgriff gegen den Hauptschuldner von dem Erfordernis entlastet, eine Bürgenleistung als Erwerbsgrund des Rechtsübergangs geltendmachen zu müssen[49]. Kommt es zwischen Gläubiger und Bürgen zu einem **Vergleich** über streitige Voraussetzungen seiner Haftung mit dem Ergebnis einer herabgesetzten Leistungspflicht, so bedarf es, wenn der Umfang des Übergangs von Gläubigerrechten nicht eindeutig mitgeregelt ist, einer Auslegung nach den Vergleichszwecken[50]. Und zwar kommt es darauf an, ob der Gläubiger, wenn er lediglich dem Bürgen nachgegeben hat, die Rechtsverfolgung gegen den Hauptschuldner im Umfang seines Nachgebens sich selbst vorbehalten oder dem Bürgen auf sein Risiko überlassen hat, oder ob das Nachgeben die Hauptverbindlichkeit betrifft und sich somit zu Gunsten des Hauptschuldners auswirken soll. Unabhängig von der vertraglichen Abwicklung des Sicherungsverhältnisses kann ein Auftragsbürge im Innenverhältnis zum Hauptschuldner verpflichtet sein, diesem die Vorteile einer Verständigung mit dem Gläubiger zugutekommen zu lassen[51]. **Sicherheitsleistungen** des Bürgen, und zwar vertraglich ausbedungene oder zugelassene[52] wie auch nach ZPO §§ 711 f zur Abwendung der Vollstreckung aus einem den Bürgen zur Leistung verurteilenden Titel erbrachte, bewirken noch keine Erfüllung und somit noch nicht den Erwerb von Gläubigerrechten, die einen Rückgriff gegen den Hauptschuldner eröffnen. Unmittelbar zur Schuldtilgung und damit zu dem sicherungsvertraglich geschuldeten Rechtsübergang führt dagegen die Beitreibung im Wege der **Zwangsvollstreckung**, wenn dafür die materiellrechtlichen Voraussetzungen der damit geltendgemachten Bürgenverbindlichkeit *in Wahrheit* vorliegen. Das gilt für die Vollstreckung sowohl aus gerichtlichen Verurteilungen (ZPO § 704 Abs 1) wie aus durch Vereinbarung zustandegekommenen Titeln (ZPO § 794 Abs 1 Nr 1 und 5) und sowohl für Leistungen des Bürgen „zur Abwendung der Vollstreckung" (ZPO § 717 Abs 2 Satz 1) wie für die Auskehrung eines beigetriebenen Erlöses (ZPO § 819). Mit der materiellrechtlichen Befriedigung des betreibenden Gläubigers ist auch der dem Bürgen materiellrechtlich zustehende Erwerb von Gläubigerrechten unmittelbar verbunden, und zwar sowohl der schon kraft Gesetzes eintretende Rechtsübergang wie auch eine im Titel als Vollstreckungsvoraussetzung berücksichtigte, vom Gläubiger „Zug um Zug" (BGB § 274, ZPO § 756) anzubietende rechtsgeschäftliche Übertragung. Das ergibt sich nicht minder aus der Vollstreckung eines noch nicht rechtskräftigen, nur erst für „vorläufig vollstreckbar" erklärten Urteils (ZPO § 704 Abs 1)[53]. Die noch fortdauernde Anfechtbarkeit der gerichtlichen Rechtsfeststellung betrifft nicht die materielle Rechtslage, sondern allein die prozessuale Verbindlichkeit der verfahrensrechtlichen Zuerkennung für die Prozessparteien; deren streitabschneidende Wirkung erstreckt sich schon nicht auf die an ihren materiellrechtlichen Gegenstand anknüpfenden Rückgriffsverhältnisse. Nach vorherrschender Ansicht[54] soll freilich das Vorgehen aus einem noch nicht rechtskräftigen Vollstreckungstitel nur eine „vorläufige Regelung des Streitverhältnisses" be-

48 Etwa durch Umwandlung der Bürgschaftsverbindlichkeit in eine Kreditschuld des Bürgen (BGH WM 1981, 266 = ZIP 1981, 262; BGH NJW 1986, 251 zu III 1 [= Fn 38]; BGH WM 1987, 1397, 1398 zu I 4 a = ZIP 1987, 1441 = NJW-RR 1988, 61 = JR 1988, 463 [mAnm E Schneider]).

49 S unten Rz 19.

50 RGZ 102, 51, 52 f; zweifelhaft BGH NJW 2003, 1036, 1037 zu III 3 b = WM 2003, 450 = ZIP 2003, 952 = ZInsO 2003, 421, und zwar mangels zureichender Rechtsnormbildung zu den naturalia (selbstverständlichen Rechtsfolgen) sowohl des Vergleichsgegenstandes, hier des Gläubigervorrangs nach §§ 426 Abs 2 Satz 2, 774 Abs 1 Satz 2 (dazu Rz 9 f), wie des Vergleichsvertrages; zu recht kritisch Bitter ZInsO 2003, 490, 497. – Bedenklich (wegen der vorgefassten Auslegungsziele) BGH NJW 1990, 1301 (= Fn 13).

51 RGZ 102, 51, 53.

52 RGZ 106, 311 f; Frankfurt/M MDR 1977, 139 (zweifelhaft insofern, als die vertraglich vorbehaltene Sicherheitsleistung die kraft Gesetzes schuldbefreiende Hinterlegung nach § 378 nicht ausschließt).

53 Stein/Jonas/Münzberg ZPO, 2002[12], § 708 Rz 5 bis 15; Köln NJW-RR 1992, 237, 239; Hamburg OLGE 18, 44 f.

54 Dazu ausführlich Rosenberg/Gaul/Schilken, ZwangsvollstreckungsR, 1997[11], § 14 V 1.

wirken[55], in der die Schuldtilgung bis zur rechtskräftigen Entscheidung „in der Schwebe“ bleibe[56] und somit keine „vollwertige“ Erfüllung erbringe[57]. Diese stehe vielmehr unter dem „Vorbehalt“, dass das Bestehen der Schuld „rechtskräftig festgestellt“ werde[58]. Dann aber könne auch noch kein Rechtsübergang nach § 774 Abs 1 stattgefunden haben[59]. Eine solche, nur begrifflich konstruierte Vorstellung, eine Rechtsfolge des materiellen Rechts könne so lange, wie sie im Prozess umstritten ist, nicht eintreten, ist abwegig[60]. Sie vermischt methodisch unzulässig die auf an sich bestehende Rechtswirkungen gerichtete materiellrechtliche Betrachtungsweise und die mit lediglich relativer Geltungskraft auf eine verfahrensförmige Rechtsfeststellung beschränkte prozessuale Rechtsanwendung. Vielmehr unterliegt die Geltendmachung von Rückgriffsansprüchen des Bürgen ihrerseits selbständig den zur richtigen Rechtsfindung vorgegebenen materiellrechtlichen *und* den prozessualen Regeln der Rechtsfeststellung. Deshalb muss weder der in Anspruch genommene Bürge, um seinerseits gegen den Hauptschuldner vorgehen zu können, zuvor in einem noch anhängigen Rechtsstreit gegen den Gläubiger auf Rechtsmittel verzichten, noch kann der Gläubiger gegenüber dem Bürgen die seinerseits geschuldeten Vertragsleistungen zurückhalten, weil die Beitreibung von Leistungen bei dem Bürgen noch nicht die Voraussetzungen für die Übertragung von Gläubigerrechten ergebe. – Der Bürge kann aufgrund des Sicherungsvertrages Rechte des Gläubigers gegen den Hauptschuldner oder gegen weitere Sicherungsgeber nur insoweit erwerben, oder in Anspruch nehmen, wie er seinerseits Leistungen erbringt. Will er über seine Bürgschaftsverbindlichkeit hinaus durch Befriedigung des Gläubigerinteresses die dafür bestellten Schuldnersicherheiten erwerben, genügt es nicht, dass er nach § 267 einseitig als Dritter auf die Hauptverbindlichkeit leistet. Vielmehr bedarf es dafür einer vertraglichen Verständigung mit dem Gläubiger im Sinne einer weiterreichenden Verbürgung oder eines entgeltlichen Erwerbsgeschäfts[61]. Leistet der Bürge auf eine unwirksam gebliebene[62] oder mangels Entstehung der gesicherten Hauptverbindlichkeit[63] oder durch vorherige Tilgungsleistungen des Hauptschuldners gegenstandslose Bürgschaftsverbindlichkeit, bleibt die Leistung rechtsgrundlos und kann nach § 812 Abs 1 Satz 1 vom Gläubiger zurückverlangt werden[64]. Ob der Bürge statt dessen auch vom Hauptschuldner gegen Abtretung seines Bereicherungsanspruchs Erstattung verlangen kann, bestimmt sich nach deren Rechtsbeziehung im Innenverhältnis[65].

5. **Umfang der Rückgriffsrechte**. – a) **Erwerb der Hauptverbindlichkeit**. Der Bürge erwirbt durch sein Eintreten die verbürgte Forderung des Gläubigers gegen den Hauptschuldner so, wie sie rechtstypisch beschaffen oder vertraglich vereinbart ist. Mit der Befriedigung des Gläubigerinteresses durch Erfüllung seiner Bürgschaftsverbindlichkeit tritt der Bürge nicht anders als durch eine rechtsgeschäftliche Übertragung an die Stelle des Gläubigers. Zur Hauptverbindlichkeit angefallene **Zinsansprüche** erwirbt er, soweit seine Bürgenleistung sich auf sie bezieht. Das kann sich danach bestimmen, ob und inwieweit sie vom Gläubiger geltend gemacht worden sind[66]. Eine **zukünftige**, erst nach dem Rechtsübergang anfallende Verzinsung steht dem Bürgen 6

55 So RGZ 98, 328, 329; dem folgend BGHZ 86, 267, 270 = NJW 1983, 1111 zu II 2 = WM 1983, 210 = ZIP 1983, 278.
56 BGH NJW 1990, 2756.
57 RGZ 130, 393, 395 f.
58 BGH NJW 1990, 2756.
59 RGZ 98, 328, 330; BGHZ 86, 267, 271 zu II 13 (= Fn 55); MünchKommZPO/Krüger, 2000², § 708 Rz 6. – Für eine durch spätere Titelaufhebung auflösend bedingte Erfüllung Wieczorek-Schütze/Heß ZPO, 1999³, Rz 20 vor § 708.
60 Münzberg ZPO § 708 Rz 9.
61 So im Ergebnis (aber nicht eindeutig) RG LZ 1918, Sp 909, 910 = Recht 1918 Nr 992.
62 BGH WM 1964, 849, 850 f = BB 1964, 907 = DB 1964, 1185; BGH NJW 1970, 134, 135. – Zur Heilung nach § 766 S 3 s § 766 Rz 41 f.
63 RG Recht 1919 Nr 1963; BGH NJW 1980, 1155, 1157 zu 6.
64 Soergel/Hadding § 812 Rz 132; MünchKomm/Lieb § 812 Rz 127 f; Koziol ZBB 1989, 16, 20 f – Zur Frage, ob und inwieweit ein Bürge gegenständlich auch für Bereicherungsansprüche des Gläubigers aus einem unwirksamen Hauptschuldverhältnis haftet, s § 765 Rz 13, § 767 Rz 14.
65 Einen Anspruch aus Bürgschaftsauftrag (§ 670) bejahend BGH WM 1998, 443, 444 f zu 2 a = ZIP 1998, 601. – S dazu Rz 23.
66 Zur Tilgungsbestimmung s iÜ Rz 5.

als Rechtsnachfolger zu[67]. Das ergibt sich schon nach allgemeiner Verkehrsauffassung insofern als selbstverständlich, als „das Recht auf Verzinsung des Kapitals zum Hauptrecht im Verhältnis eines Nebenrechts steht, das das rechtliche Schicksal des Hauptrechts teilt und mit diesem ohne weiteres auf den neuen Gläubiger übergeht"[68]. In seiner Außenwirkung ist der Sicherungsvertrag für sich allein auch gegenüber dem Hauptschuldner ein Erwerbsgeschäft wie jedes andere[69]. Erst aus einem Bürgschaftsauftrag als vorrangigem[70] Innenverhältnis kann sich eine andere, auch weniger günstige Berechnung des dem Bürgen zustehenden Aufwendungsersatzes ergeben. Setzt das Hauptschuldverhältnis sich aus einer Mischung von Verbindlichkeiten, Vorauszahlungen[71], Abschlägen und Gebühren zusammen, die nach einer vorzeitigen Beendigung neu zu veranschlagen und zu berechnen sind, haftet mit dem Hauptschuldner auch ein Bürge nur auf den letztlich verbleibenden Endbetrag. Hat er danach zu hohe Bürgschaftsleistungen erbracht, kann er nichtgeschuldete Anteile vom Gläubiger als ungerechtfertigte Bereicherung zurückverlangen[72]. Nicht Bestandteil des übergegangenen Anspruchs sind die dem Bürgen aus einem Rechtsstreit mit dem Gläubiger erwachsenen Prozesskosten, die aber wiederum typischer Bestandteil des Aufwendungsersatzes im Innenverhältnis sind[73]. Ist über die Hauptverbindlichkeit bereits rechtskräftig zu Gunsten des Gläubigers entschieden, ergibt sich daraus gegen den Bürgen keine Bindung in der Feststellung des Bestehens eines Sicherungstatbestandes[74]; wohl aber wirkt die **materielle Rechtskraft** gegen den Hauptschuldner nach ZPO §§ 322, 325 auch zu Gunsten des Bürgen als Rechtsnachfolgers in die verbürgte Forderung. Ein vollstreckbarer Titel gegen den Hauptschuldner kann nach ZPO §§ 727, 731 auf den Bürgen umgeschrieben werden. Tritt die Rechtsnachfolge aufgrund der Leistung des Bürgen während der Rechtshängigkeit des Prozesses zwischen Gläubiger und Hauptschuldner ein, gilt für dessen Fortführung ZPO § 265[75]. Besondere Schwierigkeiten in der Unterscheidung und Abgrenzung der vertraglichen Regelungstatbestände ergeben sich für die **Sicherung gesamtschuldnerischer Hauptverbindlichkeiten**, wenn also der Gläubiger eine von mehreren geschuldete Leistung nach § 421 von jedem verlangen kann. Erstreckt sich eine Verbürgung auf alle beteiligten Schuldner, erwirbt der Bürge für sein Eintreten vom Gläubiger dessen Anspruch gegen alle Schuldner und kann wie jener jeden einzeln auf die ganze gesicherte Verbindlichkeit in Anspruch nehmen[76]. Beschränkt sich die Bürgschaft aus im Belieben der Vertragspartner stehenden Gründen auf nur einen der Mitschuldner, findet der aus der Befriedigung des Gläubigerinteresses folgende Rechtsübergang nicht anders statt[77]. Beschränkungen in der Geltendmachung, die für den Gläubiger nicht bestehen, ergeben sich auch nicht für den Bürgen, es sei denn, dass nach einer besonderen sicherungsvertraglichen Bestimmung der Bürge einen Mitschuldner, für den er nicht einsteht, auch nicht in Anspruch nehmen soll; er ist dann auf den Rückgriff gegen seinen Hauptschuldner im vollen Umfang seiner Bürgenleistung beschränkt.

67 BGHZ 35, 172 = NJW 1961, 1524 = LM Nr 5 zu § 774 mAnm Rietschel (gegen RGZ 61, 343, 347); dem folgend BGH WM 1975, 100, 102 zu 2. – So auch schon v Tuhr, AllgTeil I, S 233; Oertmann § 401 Anm 2; Planck/Siber § 401 Anm 3 b.

68 So RG WarnR 1914 Nr 244 S 344.

69 AA Reinicke DB 1967, 847 ff, der dem übergegangenen Gläubigerrecht für den Bürgen nur den „Charakter einer Rückgriffsforderung" beimisst, die sich ihrem Zweck nach auf die „Sicherung" der „Innenforderung" und damit der Höhe nach auf die Bürgenleistung an den Gläubiger beschränkt. Damit wird den Beteiligten des Sicherungsvertrages ihre rechtsgeschäftliche Freiheit abgesprochen (s Rz 5 bei Fn 47 ff). – S auch Rz 3 Fn 13.

70 S dazu Rz 21 bei Fn 244.

71 Zur Zuordnung nicht verbrauchter Zinsvorauszahlungen s Hadding/Häuser, WM-Festgabe für Heinsius (WM-Sonderheft 1991), S 8 ff; BGH NJW 1990, 903, 904 f zu II (= Fn 113; insoweit nicht in BGHZ 110, 41).

72 S Rz 5 aE.

73 S Rz 23.

74 BGHZ 107, 92, 96 zu II 1 = NJW 1989, 1276; BGHZ 139, 214, 218 zu II 2 a = NJW 1998, 2972.

75 BGH NJW 1963, 2067 zu 2.

76 RGZ 65, 164, 169 ff; BGHZ 46, 14, 15 = NJW 1966, 1912 zu 2 a = WM 1966, 830 = LM Nr 7 zu § 774 (Mormann); MünchKomm/Habersack § 765 Rz 108.

77 Motive II, S 124 (zu E I § 297 = § 401): „unbestreitbar"; dem folgend RGZ 65, 164, 170. – AA (schon im Ansatz verfehlt mangels zureichender Unterscheidung zwischen der gesicherten Hauptverbindlichkeit und der vom Bürgen zu erfüllenden Bürgschaftsschuld; s Rz 5) BGHZ 46, 14 ff (= Fn 76); dem folgend Reinicke/Tiedtke, BürgschaftsR, 2000², Rz 414 ff; kritisch Rimmelspacher zu WuB I F 1 a – 19.86 (Anm) – S noch Fn 84.

An einen Teilungsmodus unter den mehreren Mitschuldnern und die danach beschränkten Ausgleichsansprüche ist der Bürge in jedem Fall nur gebunden, wenn und soweit er einem vertraglichen Innenverhältnis[78] zwischen den Mitschuldnern und etwa noch weiteren am Hauptschuldverhältnis interessierten Beteiligten angehört[79]. Aus dem Sicherungsvertrag mit dem Gläubiger ergibt sich ein durch Rechtserwerb von Gläubigerrechten vermittelter Haftungsausgleich allein im Verhältnis mehrerer Sicherungsgeber durch die inhaltliche Ausgestaltung der Sicherungszwecke nach Haftungsrängen für jeden einzelnen Sicherungsgeber[80]. Tritt ein Dritter einem Hauptschuldner als Mitschuldner bei, kann die Auslegung den Vertragssinn einer vorrangigen Verbürgung ergeben, die einem weiteren Bürgen den vollen Rückgriff gegen ihn eröffnet[81], umgekehrt aber einem vom Gläubiger in Anspruch genommenen Mitschuldner als vorrangig haftendem Sicherungsgeber und umso weniger als Mit-Hauptschuldner[82] keinen Rückgriff auf den Bürgen eines anderen Mitschuldners. Ebenso kann aber auch ein Schuldbeitritt einer zwar selbstschuldnerischen, der Interessenlage nach aber nachrangigen Sicherungsfunktion[83] dienen, so dass der in Anspruch genommene Mitschuldner sämtliche Gläubigerrechte erwirbt und einen vom Hauptschuldner gestellten weiteren Bürgen voll in Rückgriff nehmen, dieser wiederum sich nach einer Inanspruchnahme allein an den Hauptschuldner halten kann[84].

Der Bürge kann die gesicherte Forderung des Gläubigers nur in ihrer **Bindung an das Hauptschuldverhältnis** erwerben. Da zumeist der Gläubiger im Zusammenhang mit der Begründung der Hauptverbindlichkeit Sicherheiten einfordert, kann die Vertragsbeziehung zwischen Gläubiger und Hauptschuldner im Interesse eines Sicherungsgebers auszulegen sein. Etwa gilt ein vertraglicher Ausschluss der Abtretbarkeit (§ 399) nicht gegen den vom Hauptschuldner beigebrachten Bürgen[85]. Ein gesetzliches Übertragungshindernis wirkt gegen ihn nicht, insoweit er durch seine Leistung dessen Zweck eines besonderen Gläubigerschutzes gerade nachkommt. Dem Übergang auf den Bürgen zugänglich sind auch gesicherte Forderungen aus öffentlichrechtlichem Entstehungsgrund[86], die aber im Rückgriff gegen den Hauptschuldner allein im Zivilrechtsweg geltendzumachen sind[87]. **Vorzugsrechte**[88], die der Gläubigerforderung eigen sind, gehen nach § 401 auf den leistenden Bürgen über. Dazu gehören etwa vertragstypische Ansprüche auf Einräumung bestimmter Schuldnersicherheiten nach § 648 f[89], Rechte auf oder aus Gläubigeranfech- 7

78 Über Innenverhältnisse, die einer Haftungsübernahme schon zugrundeliegen, s § 769 Rz 5 ff, § 775 Rz 2 ff – An einer inneren Rechtsbeziehung fehlte es im Fall BGHZ 46, 14, 15 (= Fn 76); s NJW 1966, 1912, 1913 zu 2 b.

79 BGH WM 1976, 687, 689 zu II 3 = LM Nr 19 zu GG Art 101 = MDR 1976, 837 ff. – AA BGHZ 46, 14, 16 (= Fn 76) aufgrund der verfehlten Vorstellung, der Bürge erbringe an Stelle des Mitschuldners „die von diesem geschuldete Leistung" (s oben Rz 5 bei Fn 31 ff) und könne deshalb auch nur in dessen auf Teilung gerichtete Ausgleichsrechte eintreten. Die Annahme einer Nachfolge in die Rechtsstellung des Schuldners zusätzlich zu dem Erwerb der Gläubigerrechte liegt jenseits jeder möglichen Gesetzesanwendung. S dagegen und insbesondere gegen die Annahme eines „gesetzlichen" Ausgleichsanspruchs (so BGHZ 46, 14, 16 unten) § 769 Rz 3 insbes bei Fn 66 ff. – Wie hier im Ergebnis wohl Schlechtriem, Festschr für v Caemmerer, 1978, S 1013, 1029 mFn 87; mit Einschränkungen Reinicke NJW 1966, 2141.

80 S dazu § 769 Rz 10.

81 RGZ 65, 164, 170 f (für nachträglichen Schuldbeitritt); Celle NJW 1986, 1761, 1762 zu II 1 b = WM 1986, 1224 = WuB I F 1 a. – 19.86 (Rimmelspacher). So wäre auch die Entsch des OLG Hamm, OLGZ 1990, 336 = MDR 1990, 920, zu begründen gewesen. – Zur vorrangig haftenden Bürgschaft s iÜ § 769 Rz 13.

82 AA BGH NJW 1991, 97, 98 zu 3 = WM 1990, 1887.

83 Zu nachrangiger Sicherungshaftung s § 769 Rz 12.

84 Im Fall des BGH (BGHZ 46, 14, 15, Sachverhalt nur NJW 1966, 1912 u WM 1966, 830) hätten im Verhältnis eines Bürgen und eines beigetretenen Mitschuldners gleichrangige Sicherungszwecke und die daraus folgenden anteiligen Ausgleichsrechte (s § 769 Rz 17) angenommen und das Entschergebnis damit begründet werden können (so im Erg auch Medicus, BürgerlR Rz 944).

85 AA Dieckmann Der Derivativregreß, 2003, S 364 ff, 372.

86 RGZ 135, 31 (Zollbürgschaft).

87 BGH NJW 1973, 1077; BGHZ 75, 23 = NJW 1979, 2198; Rimmelspacher JZ 1975, 165; ders ZZP 95 (1982), 280, 284.

88 Zahlreiche Konkursvorrechte, denen früher die Hauptbedeutung der Regelung galt, sind mit der Neuregelung durch die InsO entfallen. – S § 776 Rz 10 mit Fn 76.

89 S auch RG HRR 1930 Nr 3.

tung nach AnfG § 2[90] und die Rechte aus vertraglichen Vollstreckungstiteln (ZPO § 794 Abs 1 Nr 1 und 5).

8 b) **Erwerb von Schuldnersicherheiten**. Der Bürge hat gegen den Gläubiger einen sicherungsvertraglichen Anspruch[91] auf den Erwerb nicht nur der gesicherten Forderung des Gläubigers[92], sondern auch der vom Hauptschuldner dafür gestellten Sicherungsrechte, insoweit sich durch die Bürgschaftsleistung das Gläubigerinteresse daran erledigt. Dieser sicherungsvertragliche Anspruch erstreckt sich auch auf nach der Eingehung der Bürgschaft durch Austausch oder zusätzlich erworbene Schuldnersicherheiten[93]. Die gesetzliche Regelung hat nur den traditionellen Fall der Einzelbürgschaft für eine bestimmte Forderung (Abs 1 Satz 1: „die" Forderung des Gläubigers) und der darauf beschränkten Sicherungsrechte (§ 401 Satz 1: „die" Rechte, „die für sie bestehen") im Blick. Sie genügt damit nicht mehr dem Normalfall der **Kreditbürgschaft** des modernen Geschäftsverkehrs, in dem ein Bürge zumeist in den Grenzen eines Höchstbetrages[94] für einen bürgschaftsvertraglich mehr oder weniger eng begrenzten zukünftigen Geschäftskreis des Hauptschuldners einsteht, während dieser seinerseits zumeist für eine umfassende Kreditbeziehung Sicherungsrechte stellt, deren Haftungswert seine Grenze in ihren Gegenständen findet. Für die Rechtsanwendung sind **zwei Grundfälle** zu unterscheiden[95], deren wesentliche Tatbestandselemente freilich zusammentreffen können: Besteht die Bürgschaft begrenzt durch einen Höchstbetrag für eine höhere Kreditschuld, erwirbt der Bürge für seine Leistung nach Abs 1 Satz 2 nur einen nachrangigen Anteil der Gläubigerforderung[96]. Schon daraus ergibt sich die Nachrangigkeit von dazugehörigen Sicherungsrechten[97]. Besteht die Bürgschaft dagegen für einen gegenständlich begrenzten Forderungstatbestand, während der Hauptschuldner im Rahmen einer offenen Kreditbeziehung für seine gesamten Verbindlichkeiten Sicherungsrechte bestellt hat, die somit für die verbürgte Forderung nur mithaften, lassen sich die dem Bürgen für die Erfüllung seiner Bürgschaftsschuld zustehenden Sicherungsrechte nur nach allgemeinen sicherungsvertraglichen Grundsätzen bestimmen. Nach dem vom Bürgen übernommenen vertragstypischen Sicherungsrisiko verspricht der Bürge dem Gläubiger eine eigenständige und somit „zusätzliche"[98] Sicherung auch neben etwaigen Schuldnersicherheiten. Der Gläubiger braucht deshalb nicht mit dem Bürgen Sicherungsrechte zu teilen, soweit er an ihnen ein Sicherungsinteresse wegen weiterer, nicht mitverbürgter Forderungen hat, wie er auch berechtigt ist, solche Sicherheiten bevorzugt für nichtverbürgte Verbindlichkeiten zu verwerten[99], und überhaupt, auch Leistungen des Hauptschuldners nach § 366 Abs 2 ohne Rücksicht auf den Bürgen auf andere Verbindlichkeiten zu verrechnen[100]. Dem Bürgen kann deshalb ein Anspruch auf den Erwerb von Schuldnersicherheiten nur zustehen, soweit sich durch seine Leistung das Sicherungsinteresse des Gläubigers an ihnen erledigt[101]. Das kann sich, solange weitere mitgesicherte Verbindlichkeiten fortbestehen oder künftig noch entstehen können, nur unter Vorbehalt und anteilig er-

90 RGZ 39, 12, 15 f.
91 S oben Rz 3.
92 S oben Rz 6.
93 S dazu § 776 Rz 5.
94 Zur Höchstbetragsbürgschaft iAllg s Rz 24 vor § 765; § 765 Rz 16.
95 Eine genaue Unterscheidung dieser Tatbestände auch bei Reinicke/Tiedtke DB 1990, 1953 ff. – S dazu auch Rz 14.
96 S hierzu unten Rz 10.
97 S hierzu unten Rz 14.
98 So treffend Rehbein JR 1991, 196 (Anm).
99 BGH NJW 1997, 2514, 2515 zu II 2 a = WM 1997, 1247; BGH NJW 2001, 2466, 2468 zu II 2 c, cc = WM 2001, 1330 = ZIP 2001, 1190; s auch BGH NJW 1998, 601 zu II 1 = WM 1997, 2396.
100 BGH NJW 1991, 1286, 1287 zu II 2 b = WM 1991, 60. Den Zusammenhang betont BGH NJW 2001, 2466, 2468 zu II 2 c, cc (= Fn 99). – Eine besondere Bürgschaftsklausel dieses Inhalts gibt deshalb nur die gesetzliche Rechtslage wieder und unterliegt keiner AGB-Kontrolle.
101 Der Gläubiger ist nur zur Verschaffung „für ihn wertloser Rechte" verpflichtet, nicht auch zu einer Rechtsverschaffung, durch die seine „vermögensrechtliche Position verschlechtert" wird (RG SeuffA 54 Nr 150 S 285 f); ähnlich BGH WM 1989, 1804: Anspruch gegen den Gläubiger nur auf den zu seiner Befriedigung „nicht mehr erforderlichen Teil" des Sicherungsrechts; – wohl aA, aber im Grundsatz wie im Tatbestandsverständnis nicht nachvollziehbar BGHZ 110, 41, 45 f = NJW 1990, 903, 904 zu I 2 a = WM 1990, 260 = ZIP 1990, 222 = JR 1991, 193 (Rehbein) = Jus 1990, 581 f (K Schmidt) – S dazu auch § 776 Rz 12 bei Fn 104 ff.

geben[102]. Der Bürge kann deshalb den Erwerb eines in **selbständige Teilrechte** abgetrennten Anteils der Gläubigersicherheit nur beanspruchen, wenn und soweit das anderweitige Sicherungsinteresse des Gläubigers für den ihm verbleibenden Anteil der Sicherungsrechte gegenständlich und dem Umfang nach feststeht. Auch dann steht dem Bürgen nur ein gegenüber dem Gläubiger nachrangiges Sicherungsrecht zu[103]. Besteht die Gläubigersicherheit für zukünftige, noch unbestimmte Forderungen, muss das vorrangige Gläubigerinteresse umfassend gewahrt bleiben. Der Bürge kann also in der vertragstypischen Konsequenz des von ihm übernommenen Haftungsrisikos nur die Einräumung einer aus ihrem schuldrechtlichen Erwerbsgrund nachrangigen **Mitberechtigung in ungeteilter Rechtsgemeinschaft** verlangen, deren Sicherungswert sich für ihn erst aus dem Ertrag einer Verwertung für das vorrangige Sicherungsinteresse des Gläubigers ergibt. Nur insoweit besteht der Anspruch des Bürgen gegen seinen Gläubiger auf einen gegenüber anderen Gläubigern insolvenzfesten Rechtserwerb[104]. Verständigen sich Gläubiger und Bürge auf eine Teilung der Gläubigerrechte und die Übertragung eines bestimmten Teils auf den Bürgen, tragen beide das daraus entstehende Risiko zureichender Sicherheit für die Zukunft je für sich. – Zum Erwerb von Gläubigerrechten gegen andere Sicherungsgeber s Rz 30.

6. **Vorrang der Gläubigerforderung**. – a) **Tatbestand**. Nach **Abs 1 Satz 2** soll der aufgrund der Leistung des Bürgen stattfindende „Übergang" der *Forderung* des Gläubigers gegen den Hauptschuldner „nicht zum Nachteil des Gläubigers geltend gemacht werden" können. Das entspricht einem hergebrachten Rechtsgrundsatz, nach dem ein Dritter, der ein Gläubigerinteresse befriedigt, für das er selbst nicht, nicht allein oder nur hilfsweise haftet, und dafür, „soweit" er Leistungen erbringt, kraft Gesetzes oder Vertrages[105] die Rechte des Gläubigers gegen den Hauptschuldner erwirbt, nicht berechtigt sein soll, diese auf eine dem Gläubiger nachteilige Weise zu verfolgen. Der Gläubiger soll vielmehr nicht schlechtergestellt werden, als wenn der Hauptschuldner selbst geleistet hätte und die übergegangene Forderung insoweit erloschen wäre[106]. Angesichts der sehr unterschiedlichen Anwendungsfälle[107] fehlt es der überall wortgleichen Gesetzesformel durchaus sowohl an Tatbestandsklarheit wie auch an instrumentaler Eindeutigkeit. Sie kann deshalb für die Bürgschaft einen konkreten Regelungssinn erst als Bestimmung über das vertragstypisch übernommene Sicherungsrisiko erhalten[108]. Die Anwendbarkeit der Regel setzt eine nur **teilweise Befriedigung**[109] des Gläubigers voraus, aus der sich eine Teilung **des Gläubigerrechts** in einen auf den leistenden Dritten übergehenden Anteil und den bei dem Gläubiger verbleibenden, dem der Vorrang der Befriedigung zukommen soll, ergibt. Es geht mithin allein um ein entstehendes und in der Befriedigung zu berücksichtigendes Rangverhältnis zwischen den durch die Teilung entstandenen Rechtspositionen, nicht um einen darüber hinausreichenden, 9

102 Bürgenrechte für einen solchen Fall generell verneinend RGZ 3, 183, 185 (für das Gemeine Recht).

103 Stuttgart Recht 1906 Nr 30 (nachrangige Teilhypothek). – S auch Celle WM 1990, 860 u BGH WM 1990, 862 (zu § 268 Abs 3 Satz 2); BGH NJW 2003, 1036, 1037 zu III 2 a = WM 2003, 450 = ZIP 2003, 952.

104 So (aufgrund ungenauer Tatbestandsbestimmung und unabgeschlossener rechtlicher „Überlegungen" in Anwendung von Abs 1 Satz 2) letztlich auch BGHZ 110, 41, 44 ff (= Fn 113). – Dagegen Reinicke/Tiedtke DB 1990, 1953 ff, die in strenger Gesetzesanwendung den schon im vertragstypischen Sicherungszweck inbegriffenen Vorrang des Gläubigerinteresses nicht geltenlassen; so auch Staud/Horn Rz 26. – Mit einem „vorläufigen" Rechtserwerb, der „auflösend bedingt" sein könne, operiert BGH MDR 1967, 112 zu 3 = LM Nr 26 zu § 426 zu 3 c.

105 So ausdrücklich BadLR Satz 1249. – Nach theoretisch richtigem Verständnis sind die Rechte des Bürgen vertragstypische; s dazu § 769 Rz 10; § 776 Rz 4 bis 6.

106 RGZ 76, 195, 197; 131, 323, 325; Planck/Oegg Anm 3 a. – Dazu v Olshausen, Gläubigerrecht und Schuldnerschutz bei Forderungsübergang und Regreß, 1988, S 249 f.

107 Eine Auflistung aus dem BGB findet sich in RGZ 76, 195, 198; 82, 133, 135 u 131, 323, 325. – S ferner VVG § 67 Abs 1 Satz 2, BBG § 87 a Satz 2; BGH NJW 1979, 271.

108 ROHGE 21, 209, 212: aus dem „Zweck" und der „rechtlichen Natur der Bürgschaft".

109 BadLR Satz 1252: „Der Gläubiger, der nur zum Teil befriedigt worden ist, . . . geht mit dem Rest seiner Forderung demjenigen, der ihn zum Teil gezahlt hatte, wenn dieser auf den Schuldner zurückgreift, in der Zahlung vor." – Weniger klar PrALR I, 16 § 46.

durch eine allgemeine schuldrechtliche Pflicht gegenüber dem Gläubiger sich ergebenden wirtschaftlichen Vorteil[110]. Auf sonstige Gläubigerrechte, auf die sich der Zuwendungszweck der von dem Dritten erbrachten Leistung nicht bezieht, kann sich eine Bevorzugung des Gläubigers auch nicht im Hinblick auf eine drohende Erschöpfung des Schuldnervermögens erstrecken.

10 Ist die **Bürgschaft** für eine gegenständlich bestimmte Hauptverbindlichkeit übernommen, kann somit der Fall der Regelung nur eintreten, wenn der Bürge seine eigene Verbindlichkeit nicht vollständig erfüllt. Nur „hinsichtlich der Forderung, auf welche seine Bürgschaft sich bezog", darf der Bürge das „Befriedigungsrecht" des Gläubigers nicht „verkümmern"[111]. Er muss also „mit seinem auf ihn übergegangenen Recht auf Befriedigung ... hinter den ursprünglichen Gläubiger bis zu dessen voller Befriedigung zurücktreten"[112]. Auf „andere" Forderungen, zu deren „Verstärkung" die Bürgschaft nicht übernommen worden ist, mit denen die Leistung des Bürgen somit auch nicht in einem „rechtlichen Zusammenhang" steht[113], erstreckt sich das „Vorrecht" des Gläubigers nicht; der Gläubiger wird somit durch die Geltendmachung des auf den Bürgen übergegangenen Forderungsrechts „nicht benachteiligt, wenn er dadurch lediglich an der Befriedigung anderer Forderungen gegen denselben Schuldner gehindert wird"[114]. Ist die Bürgschaft beschränkt durch einen **Höchstbetrag** für eine in ihrem Umfang größere Hauptverbindlichkeit oder gegenständlich offen für alle im Rahmen einer fortdauernden Geschäftsbeziehung sich ergebenden Verbindlichkeiten übernommen, so erfüllt der Bürge zwar durch Zahlung des vereinbarten Betrages seine Leistungspflicht vollständig. Damit ist aber der vertragstypische Sicherungszweck der Verbürgung nicht erschöpft. Vielmehr hat der Bürge im Rahmen des potenziell in den Sicherungsgegenstand einbezogenen[115] weiteren Gläubigerinteresses „dem Gläubiger zu möglichst vollständiger Befriedigung zu verhelfen"[116], – oder doch dem nicht entgegenzutreten. Eben dies soll jedoch rechtstechnisch nicht durch ein Hinausschieben des Rechtsübergangs auf den Bürgen bewerkstelligt werden, sondern durch eine Rangfolge der durch die Teilung zustandegekommenen Forderungsrechte. Der Gläubiger kann also nicht ungeachtet der vom Bürgen erbrachten Leistung die Hauptverbindlichkeit weiterhin ungeschmälert geltendmachen[117]; vielmehr sollen die dem Bürgen zum Rückgriff gegen den Hauptschuldner zustehenden Gläubigerrechte unmittelbar mit seiner Leistung dem haltenden Vermögen des Gläubigers und dessen Verfügungsmacht entzogen sein. Erst bei einer daran anschließenden **„Geltendmachung"** (**Abs 1 Satz 2**) dieser Rechte soll der Vorrang eines dem Gläubiger verbliebenen „Befriedigungsrechts"[118] zur Wirkung kommen, damit die „Restforderung" des Gläubigers nicht an „Güte und Sicherheit" verliert, „falls sie bei ihrer Verfolgung ... der Concurrenz des Cessionars begegnet"[119]. Trotz vielfacher Verwendung der Regelungsfloskel[120] ergibt sich nicht, mit welchen **Instrumenten der Rechtsverfolgung** der zu

110 RGZ 136, 40, 44 = JW 1932, 2285 (mAnm Bley).
111 So RGZ 76, 195, 198; 136, 40, 43; ähnlich schon ROHGE 21, 209, 212.
112 RGZ 76, 195, 198.
113 So (präzisierend) RGZ 136, 40, 43 f; dem folgend BGHZ 92, 374, 379 = NJW 1985, 614, 615 zu II 1 = WM 1984, 1630 = ZIP 1985, 18; BGHZ 110, 41, 44 f = NJW 1990, 903, 904 zu I 2 a = WM 1990, 260 = ZIP 1990, 222 = JR 1991, 193 (Rehbein) = JuS 1990, 581 f (K Schmidt); s auch BGH NJW 2003, 1036, 1037 zu III 2 a = WM 2003, 450 = ZIP 2003, 952.
114 RGZ 76, 195, 198; 136, 40, 43.
115 So schon RGZ 8, 290, 292: der Bürge „haftet zwar nicht für die ganze Forderung, aber ... auf das Ganze", – das somit „die durch die Bürgschaft gesicherte Schuld" ist (RGZ 76, 195, 198; RG JW 1917, 811, 812 aE; auch dem folgend BGHZ 110, 41, 44 f [= Fn 113]). Darin mangels Präzisierung des Sicherungsgegenstandes in der zugrunde liegenden Sicherungsabrede unklar BGH NJW 1960, 1295, 1296 zu a = WM 1960, 720, 721 zu C I 3 a = BB 1960, 680. – An der wirksamen Einbeziehung in den Sicherungsvertrag fehlt es, wenn der Vertragsinhalt nur nach § 766 Satz 3 in Höhe einer erbrachten Leistung wirksam wird (RGZ 76, 195, 198 f). S dazu iAllg § 766 Rz 41 f.
116 So ROHGE 21, 209, 213 (s Fn 108). – Dazu (weiterführend) Häsemeyer KTS 1993, 151, 158 ff.
117 RGZ 53, 403, 405; 83, 401, 403 f; BGH NJW 1960, 1295, 1296 zu a = WM 1960, 720 (nicht eindeutig).
118 S RGZ 76, 195, 198 (s oben bei Fn 111).
119 So RG SeuffA 54, Nr 150 S 286, weshalb nach Gemeinem Recht das *beneficium cedendarum actionum* (dazu § 769 Rz 2 mit Fn 38) nicht galt, der Gläubiger also seinen Anspruch gegen den Hauptschuldner auch nicht anteilig abzutreten brauchte.
120 S Fn 107.

vermeidenden „Verkümmerung"[121] der Gläubigerrechte entgegenzuwirken ist. Schuldrechtliche Vorstellungen einer Kollision von Forderungsrechten außerhalb vollstreckungsrechtlicher Verteilungsverfahren widersprechen dem Grundprinzip der Relativität schuldrechtlicher Beziehungen und des daraus folgenden **Vorrangs der früheren Rechtsverwirklichung.** Deshalb fehlt es hier wie sonst für lediglich schuldrechtlich begründete Leistungspflichten an der gegenständlichen Identität des konkurrierenden Interesses, die es ermöglichen würde, eine vom Schuldner an einen Gläubiger erbrachte Leistung zu Gunsten eines besserberechtigten Gläubigers gemäß §§ 816 Abs 2, 407 Abs 1 bereicherungsrechtlich auszugleichen. Ein nach Abs 1 Satz 2 nachrangig berechtigter Bürge muss deshalb hinter den ihm vorgehenden Gläubiger nur im Rahmen prozessual geregelter und darin gegenständlich beschränkter Verfahren zur Verteilung noch nicht erbrachter Leistungen des Hauptschuldners „zurücktreten"[122]. Zu einer weiterreichenden Sicherstellung von Gläubigerrechten bedarf es besonderer vertraglicher Regelung[123].

b) **Geltendmachung des Vorrangs.** Konflikte zwischen Gläubiger und Bürgen über die Inanspruchnahme des Hauptschuldners stellen sich vor dessen Zahlungsunfähigkeit schon aus praktischen Gründen nicht; und zwar mangels zureichender Anlässe, aber auch mangels sich dafür anbietender Verfahrensformen und geregelter Rechtsschutzziele[124]. Auch dem Hauptschuldner soll gegen seine Inanspruchnahme durch den Bürgen aus übergegangenen Gläubigerrechten eine Einrede im Interesse der Vorrangigkeit weiterer Gläubigerrechte[125] nicht zustehen[126]. Eigentlich vorgesehener und allein praktisch gewordener **Anwendungsfall** des dem **Abs 1 Satz 2** zugrunde liegenden Rechtsgedankens ist nach hergebrachter Einsicht[127] das Verteilungsverfahren im **Konkurs** (in der Insolvenz) **des Hauptschuldners.** Somit ist im Rahmen der durch die Konkursbeschlagnahme gegenständlich beschränkten Verwertung und Verteilung bei der Berücksichtigung von Rückgriffsrechten des Bürgen aus übergegangenen Gläubigerrechten der materiellrechtliche Vorrang verbliebener Gläubigerrechte als **materiellrechtlicher Nachrang der Bürgenrechte** zur Geltung zu bringen. Eben dadurch bleibt die geteilte Hauptverbindlichkeit „dem Hauptschuldner gegenüber" eine „einheitliche Forderung. ... Der Hauptschuldner hat nur entweder an den Gläubiger oder an den regressberechtigten Mitverpflichteten zu zahlen"[128]. Eine Beeinträchtigung der Rechte anderer am Verfahren beteiligter Gläubiger ergibt sich somit nicht; und der immer wieder betonte Hauptgrundsatz des Konkursrechts, dass jede gegen den Insolvenzschuldner bei der Verteilung zu berücksichtigende Gläubigerforderung nur einmal in Ansatz gebracht werden darf, wird dadurch nicht in Frage gestellt. Der Bürge fällt vielmehr bei der Verteilung auch gegenüber den anderen Insolvenzgläubigern insoweit aus, wie seine vom Gläubiger erworbene Forderung für die Zwecke der „Berechnung"[129] der dem Gläubiger vorrangig zustehenden Verteilungsquote noch diesem zuzuerkennen ist. Dafür bedarf es aber im Streitfall einer **Entscheidung nach materiellrechtlichen Kriterien.** Deren Entwicklung hat schon in der Anfangszeit der modernen Gesetzgebung aus Mangel an einheitlich geltenden materiell- 11

121 S bei Fn 111. – Dazu u zu Hilfskonstruktionen v Olshausen (Fn 106) S 251 ff, 261 ff; Häsemeyer KTS 1993, 151, 165 f.

122 RGZ 76, 195, 198 (Verteilungsverfahren zur Auskehrung einer pfandrechtlich gebundenen Hinterlegungssumme); RGZ 131, 323, 325 (Verteilung nach hypothekarischem Rang); RGZ 126, 178, 182 f (Nachrang in der Inanspruchnahme einer prozessualen Sicherheit). – Insofern erscheint das durch § 774 Abs 1 Satz 2 begründete Rangverhältnis nach herkömmlicher materiellrechtlicher Begriffsbildung nicht „echt" (Häsemeyer KTS 1993, 151, 165 f); der Vorrang des Gläubigers beruhe vielmehr nur auf einer „Wertzuweisung" (S 164, 169), was freilich bei jedem Vorrang so ist. Zu den Voraussetzungen seiner insolvenzrechtlichen Berücksichtigung s Rz 12 bei Fn 150.

123 S dazu Rz 16.

124 Zu den aus dem Insolvenzverfahren in den ordentlichen Prozess zu verweisenden Streitigkeiten zwischen Gläubiger und Bürgen s Rz 12 aE.

125 S Rz 9.

126 RG Recht 1922 Nr 49. – Anders RGZ 83, 401, 402: für den Konkurs; s dazu Rz 19 aE.

127 Grundlegend auch für heutiges Verständnis RGZ 8, 290; 14, 172; ROHGE 21, 209.

128 RGZ 14, 172, 175. – Zu ungenau (insbes nicht zwischen Verfahrensbeteiligung und materieller Berechtigung unterscheidend) BGH NJW 1985, 1159, 1160 zu II 2 b = WM 1984, 1575 = ZIP 1984, 1506.

129 So RG Bolze 11 Nr 938.

rechtlichen Zuweisungsregelungen durch eine Inkongruenz zwischen Regelungszielen und den dafür zu Gebote stehenden Regelungsinstrumenten zu dogmatischen Missbildungen geführt, die bis heute nich korrigiert worden sind. Und zwar fand sich als scheinbar nahestehende gesetzliche Regelung lediglich **KO § 68**[130] zu der traditionell längst anerkannten materiellrechtlichen Rechtsstellung eines Gläubigers im Außenverhältnis gegenüber mehreren, auf die ganze Verbindlichkeit haftenden Gesamtschuldnern (heute § 421). Für ihren unmittelbaren Regelungsgegenstand ergibt diese freilich nichts anderes und nicht mehr als eine verfahrensrechtlich folgerichtige und letztlich selbstverständliche Durchsetzung der materiellrechtlich eigenständigen Verbindlichkeiten jedes Schuldners in der Konkurs-Vollstreckung[131]. Sie erbringt damit keine anderen Ergebnisse, als sich aus einer gesamtschuldnerischen Verurteilung im Erkenntnisverfahren in der Möglichkeit umfassender Pfändungsbeschlagnahme gegen jeden Mitschuldner eröffnen. Zumindest scheinbar kann in der dem zugrundeliegenden materiellrechtlichen Bevorzugung des Gläubigers auch schon der erste Regelungsschritt für einen materiellrechtlichen Vorrang des Gläubigers gegenüber dem aus seinen Rechten abgeleiteten Rückgriffsanspruch des Bürgen gefunden werden. Andererseits fehlte es aber für den damit notwendig korrespondierenden materiellrechtlichen Nachrang der Bürgenrechte gegen den Hauptschuldner an einer allgemeingültigen gesetzlichen Bestimmung. Ein auf Gesetzesbezug beschränktes Rechtsverständnis war freilich darauf angewiesen, auch inhaltlich gesicherte Entscheidungsziele vorhandenen Regelungsformen zuzuordnen. Doch schien die Geltendmachung bestehender Bürgenrechte nur unbeschränkt und kumulativ neben den Gläubigerrechten denkbar[132]. Zur Verhinderung einer doppelten Geltendmachung desselben Interesses an der Konkursverteilung blieb danach allein die auf begrifflicher Ungenauigkeit[133] aufbauende oder bildhaften Mutmaßungen[134] folgende Konstruktion einer der konkursrechtlichen Verfahrensregel von KO § 68 zu unterschiebenden **weiteren Verfahrensregel,** die es

130 Identisch mit § 61 der Erstfassung; – sachlich übereinstimmend (sprachlich vereinfacht und ungenauer) InsO § 43. – Zum Regelungsgegenstand sehr klar BGH NJW 1969, 796 zu I 1 = WM 1969, 245; (zur Anwendung in dieser Entsch s aber noch Fn 140).

131 Da überhaupt die „Berechnung" der Konkurs-Dividende „nicht in Besonderheiten des Konkursverfahrens, sondern in dem materiellen Verhältnis ... aller Gläubiger ihren Grund hat" (RGZ 2, 178, 182). – Musterfall dazu: RGZ 2, 178, 180 f (besonders klar); ferner RGZ 52, 169, 171; auch BGHZ 117, 127, 132 = NJW 1992, 2093, 2095 zu II 3 c. Das Schlagwort von der „Doppelberücksichtigung" (s K Schmidt/Bitter ZIP 2000, 1077, 1079 zu 2.1 und korrigierend S 1080 zu 2.4: „Vollberücksichtigung") trifft den Rechtstatbestand der insolvenzrechtlichen Verteilung so wenig wie den der gesamtschuldnerischen Verurteilung mehrerer im Erkenntnisverfahren, weil es unzutreffend eine konträre Regel vor der Ausnahme voraussetzt; sachlich begründend Dresden ZIP 1996, 1190, 1192. Ohne erkennbaren Bezug zu materiellen Rechtszuweisungen Uhlenbruck InsO, 2003[12], § 43 Rz 2.

132 Und somit nur ebenso generell ausschließbar (so RGZ 9, 75, 77: ein über die Restforderung des Gläubigers hinaus auf die Ursprungsforderung anfallende Quote soll nicht dem Bürgen zustehen, sondern der Masse zu Gunsten anderer Gläubiger verbleiben; so wohl auch noch RGZ 156, 271, 279). Davon konstruktiv beeinflusst auch noch RGZ 83, 401, 406: die vom Bürgen (schon vor Eröffnung) erworbene Teilforderung könne im Schuldnerkonkurs „nicht wohl anders behandelt werden" als andere Konkursforderungen. Soweit die „Forderungsberechtigung" des Bürgen „außer Frage stehe", sei die „gesonderte Berechnung und Verteilung" entspr § 774 Abs 1 Satz 2 im Konkursverfahren „untunlich". – Anders und zutreffend im Sinne der späteren materiellrechtlichen Regelung in § 774 Abs 1 Satz 2 aber schon RGZ 8, 290, 293 (Vorrang *und Nachrang* der materiellen Rechtszuweisung aus Cc Art 1252; s Fn 109).

133 So verfehlt wie unverständlich zum Rangverhältnis zwischen Gläubiger und Bürgen BGH NJW 1997, 1014, 1015 zu III 2 (= Fn 144): KO § 68 schaffe eine konkursrechtliche Sonderberechtigung, die sich nicht uneingeschränkt mit der materiellrechtlichen Lage zu decken brauche. Demgegenüber wirke § 426 Abs 2 Satz 2 nicht innerhalb des Konkursverfahrens, sondern rein materiellrechtlich.

134 S etwa BGHZ 92, 374, 379 (= Fn 113): im Konkurs des Hauptschuldners „trete" KO § 68 „an die Stelle" des § 774 Abs 1 Satz 2. Ähnlich Wissmann, Persönliche Mithaftung in der Insolvenz Rz 213: „verdrängt". – Das ist unausgesprochen ganz hM, wodurch sich die insolvenzrechtliche Dogmatik durch den vorgeblichen „Grundsatz" des KO § 68 von der Einbeziehung des § 774 Abs 1 Satz 2 und überhaupt von materiellrechtlicher Genauigkeit dispensiert sieht (kennzeichnend Häsemeyer, InsolvenzR Rz 19.23 aE: der Regressgläubiger „könne" nur „aufrechnen", soweit der Hauptgläubiger seine Forderung „nicht geltendmache"; dazu Rz 19.

ermöglicht, einen Bürgenregress im Verteilungsverfahren „scheitern"[135] zu lassen. Damit der Bürge nicht gleichrangig eine Quote beanspruchen kann, soll er seine auf ihn übergegangene Forderung schon nicht geltendmachen können[136]. Es soll deshalb dem Gesetzeswortlaut („der Gläubiger ... kann geltend machen") in lediglich begrifflich begründeter Umkehrung („der Bürge ... kann nicht geltend machen") eine der vollständigen materiellen Rechtsanwendung entgegenstehende Zulässigkeitsschranke entnommen werden, die den Bürgen und danach alternativ auch den Gläubiger schon von der „Geltendmachung" seines materiellrechtlich begründeten Interesses ausschließt. Wie sich aber eine auf die Beziehung eines Gläubigers zu mehreren Schuldnern zugeschnittene, den Gläubiger begünstigende Verfahrensregel losgelöst von ihrem materiellrechtlichen Regelungssinn auf das Verhältnis mehrerer Gläubiger zu einem Schuldner in der Weise erweitern lassen soll, dass dadurch einer der Gläubiger mit seinen Rechten zurückgesetzt wird, bleibt rätselhaft. Seither[137] ist nicht nur unklar, worum es sich bei den durch § 774 Abs 1 Satz 2 geregelten konkurrierenden Interessen des Gläubigers und des Bürgen untereinander überhaupt handelt; darüber hinaus erschwert die Vermischung materiellrechtlicher und verfahrensrechtlicher Schlagwörter, die auch in InsO § 44 fortwirkt[138], die Einsicht, dass hier unterschiedliche Regelungsgegenstände miteinander weder sachlich etwas zu tun haben[139] noch gleichartigen Regelungsinstrumenten zugänglich sind[140]. Für die Regelung des konkurrierenden Vollstreckungsinteresses zwischen einem Restanspruch des Gläubigers aus der verbürgten Hauptverbindlichkeit[141] und einem Rückgriffsanspruch des Bürgen aus erworbenen Gläubigerrechten soll der Stand der Schulderfüllung „zur Zeit der Eröffnung des Verfahrens" (KO § 68) bestimmend sein. Hat der Bürge an den Gläubiger Leistungen, die dessen Vorrang nach Abs 1 Satz 2 auslösen, *schon vor* Eröffnung eines Konkurs/Insolvenz-Verfahrens über das Vermögen des Hauptschuldners erbracht, soll der Gläubiger nur mit seinem Restanspruch am Verteilungsverfahren teilnehmen können[142] und sich zugleich die gleichrangige Teilnahme des Bürgen mit seinem Regress aus übergegangenen Gläubigerrechten gefallen lassen müssen[143]. Sein Nachteil aus der Nichtberücksichtigung seines Vorrangs aus Abs 1 Satz 2 soll außerhalb dieses Verfahrens be-

135 So RGZ 8, 290, 292 f (vor Geltung des BGB).

136 RG JW 1907, 275: nicht „anmelden" können; so auch BGHZ 39, 319, 327. – Ausführlich paraphrasiert von Noack/Bunke, Festschr für Wilh Uhlenbruck S 356 ff.

137 Zu dem ohne zureichendes Verständnis für die materiellrechtliche Sicherungsfunktion des Gläubigervorrgangs jede Konstruktionsmöglichkeit ausschöpfenden Meinungsstreit früherer Zeit s. Bendix Recht 1910, Sp 686 ff; Planck/Oegg Anm 3 b; Hofmann BB 1964, 1398 f; Wissmann, Persönliche Mithaftung in der Insolvenz Rz 209 ff.

138 S noch bei Fn 148.

139 So auch die Einsicht und Regelungsabsicht der Gesetzesverfasser; s Hahn, Mat zur KO, 1881, S 262 ff; ebenso RGZ 8, 290, 293; 14, 172, 174. Zum Regelungszweck von KO § 68 eingehend v Olshausen, (Fn 106) S 241 ff. – Die entbehrte Gesetzesregel wird freilich seit jeher kurzerhand ohne Tatbestandsbestimmung postuliert: Die Vorschrift von KO § 68 sei „auf das Verhältnis Hauptschuldner und ... Bürge anzuwenden", wenn der Hauptschuldner in Konkurs gefallen sei (so BGH NJW 1985, 271, 272 u 2 = DB 1985, 862). Immerhin findet sich die hinzuerfundene Verfahrensregel als nur verfahrensrechtlich einschlägig umstandslos beiseitegeschoben, wenn sie die „Geltendmachung" von Bürgenrechten „außerhalb des Konkursverfahrens" beeinträchtigen würde (RG JW 1907, 275 : Aufrechnung mit Rückgriffsansprüchen); dazu Rz 19 und 23.

140 Nur insbesondere verfehlt ist die Übertragung von KO § 68 auf den Bürgenkonkurs (so BGH NJW 1969, 796 = WM 1969, 245, im Anschluss an E Jäger, Lehrbuch des Deutschen KonkursR, 1932^{8}, § 11 V, S 74; dem folgend J Blomeyer BB 1971, 937; ebenso Karlsruhe MDR 1958, 345 f), wenn es darum geht, ob dem Gläubiger eine angemeldete gesamte Bürgschaftssumme unabhängig von nachträglichen Schuldtilgungen der mehreren Hauptschuldner in ursprünglicher Höhe als „Berücksichtigungsbetrag" verbleibt. Der Hauptschuldner ist schon als solcher und für sich allein nicht „Mitschuldner" neben dem Sicherungsschuldner; vielmehr schuldet der Bürge stets nur „subsidiär" nach der jeweils noch bestehenden Hauptverbindlichkeit (§ 767 Abs 1 Satz 1). Es besteht auch kein Grund, Bürgschaftsgläubiger vor anderen Gläubigern des Bürgen durch eine höhere Quote zu bevorteilen. Vielmehr trägt der Sicherungsgläubiger das Ausfallrisiko des Bürgenkonkurses wie jeder andere.

141 S Rz 10.

142 RGZ 83, 401, 403 = JW 1914, 350; RG Recht 1905 Nr 1445; Kiel SeuffA 72, Nr 234 S 394.

143 RGZ 83, 401, 405 f; Planck/Oegg Anm 3 b, α.

reicherungsrechtlich auszugleichen sein[144]. Wird dagegen der Bürge vom Gläubiger *erst nach* Verfahrenseröffnung in Anspruch genommen, soll der Gläubiger ohne Rücksicht auf einen Rechtsübergang auf den Bürgen sein Interesse weiterhin für eine Verteilung auf den ursprünglichen Betrag geltend machen können[145], der Bürge folglich von einer „Geltendmachung" seines Rückgriffsinteresses aus übergegangenen Gläubigerrechten gänzlich ausgeschlossen sein[146]. Wiederum soll eine materiellrechtlich unrichtige Auskehrung bereicherungsrechtlich außerhalb des Verteilungsverfahrens auszugleichen sein[147]. Auf diesem Rechtsverständnis beruht nunmehr InsO § 44, wonach ein Bürge nach Verfahrenseröffnung erworbene Gläubigerrechte[148] nur dann „geltend machen kann", wenn der Gläubiger „seine" Forderung „nicht geltendmacht".

12 Einer **Geltendmachung und Durchsetzung** des Rangverhältnisses zwischen Gläubiger und Bürgen **nach Abs 1 Satz 2** ist zugrundezulegen, dass die Verwertung und Verteilung von Schuldnervermögen im Konkurs/Insolvenzverfahren Zwangsvollstreckung ist, die über materielle Rechtszuweisungen nicht bestimmt, sondern diesen dient und ihnen somit untergeordnet ist. Deshalb steht „außer Frage"[149], dass auch ein Bürge Ansprüche gegen den Hauptschuldner so, wie sie materiellrechtlich bestehen, im Verfahren geltend machen kann; und zwar *kann* er nicht nur, sondern er *muss* seine Rechte geltend machen, wenn er den ihm vollstreckungsrechtlich nur für das Verteilungsverfahren vorbehaltenen Anteil in Anspruch nehmen will[150]. Es kommt somit darauf an, ob vom Gläubiger erworbene Rückgriffsansprüche im Verhältnis zu diesem mit einem Nachrang belastet sind oder ob dem Bürgen eigene und davon unabhängige Ansprüche auf Aufwendungsersatz aus einem unmittelbaren Innenverhältnis zum Hauptschuldner[151] zustehen. Darüber ist nicht im, aber notwendig auch für das Verteilungsverfahren nach materiellem Recht zu befinden. Hat der Gläubiger eine nach Abs 1 Satz 2 privilegierte[152] Forderung gegen den Hauptschuldner, kann er sie ohne Rücksicht auf eine dafür bestehende Bürgschaft und auch ohne Rücksicht auf vom Bürgen schon erbrachte oder zukünftig einzufordernde Leistungen in voller Höhe und unbeschränkt im Schuldnerkonkurs geltend machen. Behauptet der Bürge demgegenüber konkurrierende Rückgriffsrechte aus einem schon eingetretenen oder bedingt bevorstehenden Erwerb von Gläubigerrechten, kann er diese ebenfalls im Verfahren geltend machen. Der Umfang und der Vorrang der Gläubigerrechte und die darauf bezogenen Beschränkungen der Bürgenrechte können nicht verfahrensrechtliche, schon das Recht zur Geltendmachung abschneidende sein, sondern allein materiellrechtliche, deren Wirkung sich erst aus einer Feststellung des Gläubigervorrangs ergibt. Der Gläubiger kann also unter Berücksichtigung seines Vorrangs Befriedigung aus der auf die (zu beziffernde) gesamte Hauptverbindlichkeit entfallenden Quote nur bis zur Höhe der ihm noch zustehenden (zu beziffernden) Restforderung verlangen[153]. Dem entsprechend kann der Bürge die durch Leistung an den Gläubiger auf ihn übergegangene Forderung zur Befriedi-

144 Planck/Oegg Anm 3 b, α; Enneccerus/Lehmann, SchuldR, 1958[15], § 194 I 1 b; Reinicke/Tiedtke DB 1985, 957, 958, MünchKomm/Habersack Rz 13; Wissmann, Persönliche Mithaftung in der Insolvenz Rz 272, 286 f; Noack/Bunke, Festschr für Wilh Uhlenbruck S 358; BGH NJW 1997, 1014, 1015 zu III 2 (zu § 426 Abs 2 Satz 2) = WM 1997, 341 = ZIP 1997, 372; offengelassen von RGZ 83, 401, 406; BGHZ 92, 374, 380 (= Fn 113).

145 Hamburg OLGE 25, 335; Hamm SeuffA 73 Nr 89.

146 RGZ 8, 290, 293; RG NJW 1907, 275; Kiel SeuffA 72 Nr 234; BGHZ 27, 51, 54 = NJW 1958, 787; Nürnberg BB 1964, 237: soweit der Gläubiger „sich mit seiner Forderung am Konkurs beteiligt"; Noack/Bunke, Festschr für Wilh Uhlenbruck S 341 f (anders und ebenfalls nicht eindeutig S 344 f).

147 Planck/Oegg Anm 3 b, α: der Bürge „kann nicht geltend machen", ihm „gebührt" aber.

148 Das dürfte mit „... die er ... künftig ... erwerben könnte" gemeint sein. – Angesichts ihrer Unklarheit in der Bestimmung von Tatbestand und Rechtsfolge setzt sich die Vorschrift mit keinen bis dahin entwickelten Rechtseinsichten in Widerspruch.

149 Motive zur KO (Fn 139) S 262; RGZ 14, 171, 176 („ohne Zweifel"), 178 („nur insofern").

150 BGHZ 91, 198, 204 ff = NJW 1984, 2154, 2155 f zu 2 c = JZ 1984, 1025. – Zur Anmeldung durch konkurrierende Prätendenten s BGH NJW 1997, 1014, 1015 zu II 3 = WM 1997, 341.

151 S dazu iE Rz 13.

152 S Rz 10.

153 RGZ 52, 169, 174: „selbstverständlich"; RGZ 156, 271, 275 f; Lwowski/Bitter, in: Münch Komm-InsO § 43 Rz 36.

gung *nach* dem Vorrang des Gläubigers geltendmachen[154]. Da es um ein im anspruchbegründenden Tatbestand des Sicherungsvertrages nach § 774 Abs 1 Satz 2 materiellrechtlich bestimmtes Rangverhältnis geht, ist unerheblich, ob die rangbelastete Rechtsteilung vor oder nach der Eröffnung des Insolvenzverfahrens entstanden ist[155]. Ist lediglich zwischen Gläubiger und Bürgen streitig, ob oder zu welchen Anteilen zwischen den von ihnen geltend gemachten Ansprüchen ein die Berechtigung des anderen ausschließendes Rangverhältnis besteht, sind sie auf eine Rechtsfeststellung außerhalb des Insolvenzverfahrens zu verweisen. Der Insolvenzverwalter kann die auf die Hauptverbindlichkeit entfallende Befriedigungsquote nach § 372 Satz 2 für die Beteiligten hinterlegen[156]. Gläubiger und Bürge können sich auch untereinander verständigen und etwa die Geltendmachung der gesamten Hauptverbindlichkeit dem Gläubiger vorbehaltlich einer nachträglichen Abrechnung im Sicherungsverhältnis überlassen.

Auf **eigene Ansprüche des Bürgen** gegen den Hauptschuldner aus einem der Bürgschafts- **13**
übernahme zugrundeliegenden Auftrag oder dem ähnlichen Innenverhältnis[157] kann sich die allein in der sicherungsvertraglichen Beziehung zwischen Bürgen und Gläubiger begründete Nachrangigkeit der auf den Bürgen übergehenden Gläubigerrechte nicht erstrecken. Der Bürge kann deshalb einen ihm zustehenden **Aufwendungsersatz** ohne Rücksicht darauf, ob dieser mit erworbenen Ansprüchen eines Dritten gegen den Hauptschuldner zusammentrifft, in der Insolvenz des Hauptschuldners „nach allgemeinen Grundsätzen"[158] eigenständig geltendmachen. Aus der Zweckverbundenheit dieser Ansprüche und der sich daraus ergebenden Einmaligkeit des Gläubigerinteresses folgt nicht auch eine Vereinheitlichung der zwischen verschiedenen Beteiligten begründeten Vertragsrisiken. Vielmehr gilt der **Vorrang des Innenverhältnisses** zwischen Bürgen und Hauptschuldner[159] gerade auch für das Insolvenzrisiko. Und nur insbesondere kann der Bürge aufgrund des dafür bestehenden eigenständigen schuldrechtlichen Rechtsgrundes ein ihm vom Hauptschuldner gestelltes Sicherungsrecht vertragsgemäß allein für sich in Anspruch nehmen[160]. Weder aus sicherungsvertraglichen Verzichten noch aus gesetzlichen Regelungen ergibt sich eine Zurücksetzung der eigenen Rechte des Auftragsbürgen gegenüber denen des Sicherungsgläubigers oder denen der an der Insolvenzverteilung interessierten weiteren Gläubiger des Hauptschuldners. Es kann somit im Rahmen der rechtsgeschäftlichen Gestaltungsmöglichkeiten des Kreditsicherungsrechts dahin kommen, dass aus dem insolvenzrechtlich abzuwickelnden Vermögen des Hauptschuldners unabhängig von Umfang und Reihenfolge der Inanspruchnahme aufgrund einerseits der den Gläubiger begünstigenden vorrangigen Quotenzuteilung und andererseits einer exklusiven Absicherung der Erstattungsansprüche des vom Hauptschuldner gestellten Bürgen der Gesamtbetrag der Hauptverbindlichkeit aufzubringen ist; – nicht anders als wenn der Gläubiger allein aus Schuldnersicherheiten oder der für den Schuldner eintretende Bürge allein aus gesichertem eigenen Anspruch das Geschuldete erhält. Ist zwischen Bürgen und Insolvenzverwalter streitig, ob dem Bürgen teilnahmeberechtigte Ansprüche unabhängig und un-

154 RG Recht 1908 Nr 1809 = LZ 1908, Sp 458, 459: „bezüglich des Mehr, wenn sich ein solches ergeben werde"; Lwowski/Bitter, in: Münch Komm-InsO § 44 Rz 21.

155 So auch Häsemeyer KTS 1993, 151, 176 zu c; ders, InsolvenzR, 2003³, Rz 1706; Bitter ZIP 2003, 490, 495 f.

156 BGH NJW 1997, 1014, 1015 zu III 3 = WM 1997, 341; Bitter ZIP 2003, 490, 498.

157 S unten Rz 18 u 23.

158 So Motive zur KO, bei Hahn (Fn 139), S 264; Hamburg LZ 1912, Sp 410 Nr 4. – AA RGZ 14, 171, 175: da der Schuldner die Hauptverbindlichkeit („die nämliche Forderung") nur einmal zu erfüllen brauche, sei „daher die Schuld für ihn eine einheitliche", auch wenn Regressansprüche des Bürgen „auf einem selbständigen Rechtsgrunde" beruhten; dem folgend RGZ 37, 1, 3; RG Gruch 50, 1117, 1121 („immer derselbe Anspruch"); RG LZ 1917, Sp 472, 474 („auch nur ein derselben Beurteilung unterliegender Regressanspruch"); Dresden LZ 1916, Sp 973 („wirtschaftlich nur eine einmalige Schuldenlast"). Das ist seither hM, ohne dass dem weiterreichende materiellrechtliche Einsichten hinzugefügt worden wären; s etwa Häsemeyer KTS 1993, 151, 160 f, 171 („mit sämtlichen, wie auch immer begründeten Regressforderungen ausgeschlossen"); v Olshausen, (Fn 106) S 243 f; K Schmidt/Bitter ZIP 2000, 1077, 1080 zu 2.4.

159 S dazu Rz 21.

160 BGH NJW 1999, 3046, 3047 zu 2 c = WM 1999, 1218; – offengelassen von RGZ 9, 75, 79.

geschmälert von Gläubigeransprüchen zustehen, ist zwischen ihnen die Rechtsfeststellung nach InsO §§ 179 f (früher KO § 146) eröffnet. – Zur Aufrechnung im Rückgriffsverhältnis s Rz 19 und 23.

14 c) **Rang von Schuldnersicherheiten.** Soweit der Bürge für seine Bürgenleistung an den Gläubiger nach Abs 1 Satz 2 die verbürgte Forderung gegen den Hauptschuldner erwirbt, hat er auch ein Recht auf den Erwerb der für sie bestehenden Schuldnersicherheiten[161]. Ist die erworbene Gläubigerforderung gegenüber verbleibenden Rechten des Gläubigers[162] nach dem Sicherungszweck der zugrunde liegenden Verbürgung mit der Rechtswirkung des **Abs 1 Satz 2** nachrangig, folgt daraus auch ein **Nachrang** der auf den Bürgen übergehenden dinglichen Sicherungsrechte gegenüber den beim Gläubiger verbleibenden. Praktisch ergibt sich aus den für das moderne Kreditsicherungsrecht verkehrsüblich gewordenen Vertragsgestaltungen letztlich stets ein Vorrang der Gläubigerrechte. Doch bleiben dafür **zwei Regelungstatbestände** zu unterscheiden. Steht der Bürge aufgrund eines seiner Haftbarkeit gesetzten Höchstbetrages nur für einen Anteil des an sich verbürgten Gläubigerinteresses ein[163], wird sein Rückgriffsinteresse gegenüber dem Hauptschuldner schon auf der Ebene des schuldrechtlichen Forderungserwerbs den Gläubigerrechten nachgeordnet. Sind dem Gläubiger Schuldnersicherheiten sowohl für die verbürgte wie darüber hinaus für nicht verbürgte Verbindlichkeiten eingeräumt, braucht er sein anderweitiges Sicherungsinteresse nicht zurückzustellen und ist deshalb dem Bürgen nur zur Einräumung einer nachrangigen Beteiligung verpflichtet[164]. Die praktischen Schwierigkeiten für die juristische Vorstellungskraft ergeben sich erst daraus, dass die Sicherung eines offenen, in ihren konkreten Gegenständen noch unbestimmten Kreditverhältnisses auch den Sicherungstatbestand noch unbestimmt lässt und damit den Gestaltungswirkungen von Verfügungsgeschäften nur beschränkt zugänglich macht. Wann immer Gläubigersicherheiten sicherungsvertraglich auch ein sich aus zukünftigen Verbindlichkeiten des Hauptschuldners ergebendes Sicherungsinteresse des Gläubigers einschließen, hat der Bürge für seine Leistung nur einen Anspruch auf Einräumung einer nachrangigen Beteiligung in ungeteilter Rechtsgemeinschaft[165]. Erst die Abwicklung des Kreditverhältnisses kann ergeben, ob für den nur nachrangig beteiligten Bürgen ein Verwertungsertrag übrigbleibt. Auch die Technik des gesetzlichen Rechtsübergangs[166] kann keine anderen Wirkungen hervorbringen als den sicherungsvertraglichen Rechtsgründen dafür entspricht.

15 d) **Nachrangiger Rückgriff aus anderen Sicherungsrechten.** Tritt ein Dritter mit anderen, insbesondere mit dinglichen Sicherungsrechten für die Verbindlichkeit eines Hauptschuldners ein, ergibt sich aus dem Sinn des zugrundeliegenden **schuldrechtlichen Sicherungsvertrags** für den Fall konkurrierender Interessen des Gläubigers und des Sicherungsgebers gegenüber dem Hauptschuldner die gleiche Rangregelung wie für die lediglich zuerst rechtstechnisch ausgebildete Bürgschaft[167]. Dem vertragstypischen „inneren Grund“[168] der „Subsidiarität“[169] einer Sicherungshaftung[170] entspricht die Anwendbarkeit von § 774 Abs 1 und seinem mit KO § 68 (InsO § 43) nur verdeckt[171] zur Geltung gebrachten Regelungsziel. Gegenüber dem interessebezogenen Inhalt des Rechtsgrundgeschäfts ist die Art der Sicherstellung des Gläubigers lediglich von instrumentaler Bedeutung. Der Sicherungsgeber hat deshalb gegen den Gläubiger ein sicherungsvertragliches Recht[172] auf den Erwerb der durch sein Eintreten gedeckten Forderung des Gläubigers gegen den Hauptschuldner. Nur für einen begrenzten Bereich traditioneller Sicherungsgeschäfte ist der Anspruch auf Übertragung schon durch einen gesetzlichen Rechtsübergang ersetzt (§§ 1143 Abs 1:

161 S Rz 8.
162 S dazu Rz 10.
163 Zum Verständnis des einer Höchstbetragsbürgschaft zugewiesenen Sicherungsrisikos s oben Rz 10 mit Fn 115.
164 S dazu schon oben Rz 8 bei Fn 98 ff.
165 Wie nach §§ 1209, 1232. – S schon Rz 8 aE.
166 S dazu Rz 3.
167 Dazu (ohne Berücksichtigung des alleinbestimmenden schuldvertraglichen Rechtsgrundes) K Schmidt/Bitter ZIP 2000, 1077, 1079 f zu 2.3. – Zur Entwicklung eines umfassend einheitlichen Sicherungsvertrages s § 769 Rz 1 ff, 20.
168 So RGZ 156, 271, 278.
169 Dazu § 769 Rz 9.
170 RGZ 156, 271, 278: „Sachmithaftung“.
171 S oben Rz 11.
172 Über dessen Ursprung im *beneficium cedendarum actionum* s § 769 Rz 2 mit Fn 38.

Hypothek; 1125: Sachpfandrecht; 1273 Abs 2: Verpfändung sonstiger Rechte). Dem sind die zur Zeit der Gesetzgebung noch übersehenen oder noch nicht zureichend entwickelten Sicherungsinstrumente[173] gleichzustellen[174]. Dazu gehört dann auch die Berücksichtigung des Gläubigervorrangs vor dem Rückgriffsinteresse von Sicherungsgebern bei der Geltendmachung konkurrierender Ansprüche gegen den Schuldner unter den von Abs 1 Satz 2 bestimmten Voraussetzungen[175].

7. **Besondere Vereinbarungen**. Angesichts der nicht eindeutigen gesetzlichen Vorschriften und insbesondere ihrer die Regelungsbedürfnisse der modernen Kreditverbürgung gar nicht erfassenden Tatbestandsdarstellung[176] bestand schon immer das Bedürfnis nach genauerer und ergänzender vertraglicher Regelung. Deshalb ist der gesetzliche Übergang der verbürgten Forderung auf den leistenden Bürgen (§ 774 Abs 1 Satz 1)[177] und der damit verbundene Übergang von Nebenrechten (§ 401)[178] auch stets als abdingbar angesehen worden. Und zwar hat sich für durch Höchstbetrag begrenzte **Kreditbürgschaften** für alle sich ergebenden Forderungen des Gläubigers gegen den Hauptschuldner, die nach hergebrachter Ansicht[179] dem **Abs 1 Satz 2** unterliegen und somit dem Bürgen gegenüber einem verbleibenden Befriedigungsrecht des Gläubigers nur einen nachrangigen Rechtserwerb ermöglichen, eine vom Gläubiger als Kreditbedingung gestellte ergänzende Bürgschaftsklausel (Verzögerungsklausel)[180] herausgebildet. Danach sollen die dem Bürgen für seine Leistungen zustehenden „Rechte" des Gläubigers „erst dann übergehen", wenn der Gläubiger für seine „sämtlichen Ansprüche" gegen den Hauptschuldner „vollständig befriedigt" ist[181]; „bis dahin" sollen „sämtliche Leistungen des Bürgen nur als Sicherheit gelten"[182], was nach Absicht der Vertragsgestaltung kein anderes Ziel hat, als den Eintritt der Erfüllung der Bürgschaftsschuld und den daran geknüpften Rechtsübergang hintanzuhalten[183]. Nach einem weiteren verbreiteten Klauselzusatz[184] soll der Gläubiger „jederzeit berechtigt" sein, sich aus vom Bürgen erbrachten Leistungen „zu befriedigen". Das wird schon angenommen, wenn er solche in das Kontokorrent des Hauptschuldners einstellt[185]. Schon dadurch soll alsdann die gesetzliche Rechtswirkung des Rechtsübergangs nach Abs 1 Satz 1 eintreten, die freilich fortan nur wiederum den Beschränkungen des Abs 1 Satz 2 unterworfen sein kann. Für den typischen Sicherungsgegenstand der Höchstbetragsbürgschaft trifft damit die Ansicht zu, dass eine solche Klausel „völlig dem Sinne der Vorschrift des § 774 Abs 1 Satz 2 BGB entspricht"[186], indem sie deren Regelungsziel auch schon vor der Eröffnung eines Insolvenzverfahrens über das Schuldnervermögen eine eindeutige Wirksamkeit verschafft[187]. Sie „erweitert"[188] freilich darüber hinaus die Begünstigung des Gläubigers dadurch, dass die Versagung eines Rechtsübergangs dem Bürgen seine 16

173 Dazu gehört überhaupt die Berücksichtigung der Sicherungsgeschäfte zu Gunsten Dritter.
174 BGH NJW 1970, 44, 46 zu I 2 b = WM 1969, 1346: Verpfändung – Dass auch die Sicherungsgrundschuld über § 1143 Abs 1 dem § 774 Abs 1 untersteht (so BGH WM 1960, 720 zu C I 2; RGZ 156, 271, 277 f), folgt aus der vertragstypischen Übereinstimmung der Sicherungsabrede. – AA BGHZ 105, 154, 157 (dagegen § 769 Rz 22).
175 RGZ 156, 271, 278 f; RG Recht 1908 Nr 1809 (zu § 1225); BGHZ 110, 41, 44 ff = NJW 1990, 903, 904 zu I 2 = WM 1990, 260 = ZIP 1990, 222. – S dazu Rz 12.
176 S Rz 11.
177 RG LZ 1918, Sp 206 = BayZ 1918, 18; RGZ 148, 65, 66; BGHZ 92, 374, 382 (= Fn 113).
178 So schon Motive II, S 124 (zu § 297).
179 S Rz 10 mit Fn 115 ff.
180 Wiedergabe einer verkehrsüblichen Formularklausel des Kreditgewerbes in BGHZ 92, 374, 375 (= Fn 113).
181 So im Fall RG LZ 1918, Sp 206 (= Fn 177).
182 So der später entwickelte, seither allgemein verbreitete Zusatz in RG SeuffA 91, Nr 100 S 227 = WarnR 1937, Nr 70 S 162.
183 BGH NJW 1987, 374, 375 zu II 2 b = WM 1986, 1550 = ZIP 1987, 222.
184 Beispiele: BGH NJW 1993, 1917 = WM 1993, 1080 = ZIP 1993, 906; BGH NJW 2000, 1942 = WM 2000, 1003.
185 BGH NJW 1993, 1917 zu III 1 (= Fn 184); BGH NJW 1987, 3126, 3128 zu II 3 c = WM 1987, 924; BGH NJW 1987, 374, 376 zu II 3 a (= Fn 183).
186 So RG LZ 1918, Sp 206 aE.
187 Zur unzureichenden Instrumentierung der Vorschrift s Rz 10 bei Fn 120 ff.
188 RG SeuffA 91 Nr 100 S 227 (= Fn 182). – Ungenau BGHZ 92, 374, 380 (= Fn 192): nicht „auch bei der Beitreibung seiner nicht verbürgten Forderungen ...", sondern richtig „seiner verbürgten, aber vom Höchstbetrag nicht gedeckten" Forderungen; s oben Rz 10 bei Fn 115 und den Tatbestand von RG SeuffA 91 Nr 100 mit Bd 89 Nr 83.

Rückgriffssicherheit auch insoweit nimmt[189], wie aus dem Bestand der Gläubigerrechte der dem Bürgen zustehende Anteil ohne Einbuße am Gläubigerinteresse ausscheidbar ist[190]. Die Ergänzung der vereinbarten Hinausschiebung des Rechtsübergangs durch eine Sicherheitsklausel kann sich als auslegungsbedürftig herausstellen. Hat der Bürge die vereinbarte Haftungssumme aufgebracht und erklärt darauf der Gläubiger die „Entlassung" des Bürgen aus seiner Verbindlichkeit[191], so ergibt sich daraus weder, dass damit ein Übergang von Gläubigerrechten gegen den Hauptschuldner eintrete, noch, dass nunmehr der Sicherheitsleistung die Rechtswirkung einer Erfüllung der Bürgschaftsschuld zukommen solle. Vielmehr ist lediglich eine Verständigung darüber gegeben, dass der Bürge nicht auf weitere Leistungen in Anspruch genommen werden kann. Der weitere Verlauf der Bürgschaftsbeziehung ergibt sich unverändert wie vereinbart aus der Abwicklung des Hauptschuldverhältnisses. Erzielt der Gläubiger durch Leistung des Schuldners oder aus der Verwertung von Schuldnersicherheiten volle Befriedigung der verbürgten Hauptschuld, hat er dem Bürgen seine nach wie vor nur als Sicherheit dienende Leistung zurückzuerstatten[192]. Die Abwandlung des Bürgschaftsvertrages kann Rechtswirkungen nur im Sicherungsverhältnis zwischen Bürgen und Gläubiger hervorbringen. Ein Hinausschieben des vertragstypischen Übergangs von Gläubigerrechten nach Abs 1 Satz 1 hindert deshalb den Bürgen nicht, für seine Leistungen an den Gläubiger, auch wenn sie zunächst nur zu dessen Sicherheit dienen sollen, vom Hauptschuldner aus einem vertraglichen Innenverhältnis Aufwendungsersatz zu verlangen[193]. Nach der vertragstypischen Ausgestaltung, die der **Bürgschaftsauftrag** in § 775 erfahren hat[194], dient die Übernahme einer Bürgschaft im Innenverhältnis allein der Sicherung des Schuldnerkredits, nicht auch der Entlastung des Hauptschuldners von der Erbringung der geschuldeten Leistung. Deshalb kann der Bürge, der schon wegen einer ihm nur drohenden Inanspruchnahme vom Hauptschuldner Freistellung verlangen kann, für Leistungen an den Gläubiger, auch wenn diese noch nicht zur Entlastung des Hauptschuldners gegenüber dem Gläubiger durch Rechtsübergang führen, nach § 670 Aufwendungsersatz verlangen[195], und zwar mit Rücksicht auf § 667 Zug um Zug gegen Abtretung seines bedingten Rückerstattungsanspruchs[196] gegen den Gläubiger. Der Hauptschuldner kann mit dieser Forderung gegen den Gläubiger aufrechnen, sobald es für ihn nur noch um die Erfüllung des von der Sicherheit gedeckten Restbetrages der verbürgten Hauptverbindlichkeit geht. Einem Erstattungsanspruch des Bürgen können besondere mit dem Innenverhältnis verbundene Vertragszwecke entgegenstehen[197]. Auch mit dem Bürgschaftsvertrag kann das Ziel einer Förderung und Aufrechterhaltung der Wirtschaftstätigkeit des Hauptschuldners als eine besondere Art der Kreditgewährung durch den Bürgen verbunden sein. Ein solcher Vertragszweck kann schon in der Hinausschiebung des Rechtsübergangs nach Abs 1 Satz 1 bis zur Beendigung und Abwicklung des Kreditverhältnisses zwischen Gläubiger und Hauptschuldner zureichend zum Ausdruck gekommen sein. Dann ist der Bürge dem Gläubiger gegenüber verpflichtet, eine dem entgegenwirkende Inanspruchnahme des Hauptschuldners auch aus im Innenverhältnis begründeten Erstattungsansprüchen aufzuschieben; der Hauptschuldner kann sich darauf durch Einrede berufen. Von einer solchen Gebundenheit kann sich der Bürge durch eine Kündigung befreien, die dem Gläubiger die Möglichkeit lässt, sein Kreditverhältnis zu beenden.

189 Ungenau im Hinblick auf den Entschtatbestand freilich auch RG SeuffA 91 Nr 100 S 227 (= Fn 182): Der Gläubiger wolle mit der Klausel den Schutz, den ihm Abs 1 Satz 2 gegen die Rückgriffsforderung des Bürgen gebe, dahin erweitern, dass ihm bei der Beitreibung „irgendwelcher seiner Forderungen" gegen den Hauptschuldner der Forderungsübergang nach § 774 „nicht hinderlich werden" könne. – Es ging um mitverbürgte Forderungen. Zu einer Ausdehnung der Klausel auf nichtverbürgte Gläubigerinteressen s Rz 17 aE.

190 S Rz 8 bei Fn 101 ff, Rz 14 aE.

191 So im Fall Köln WM 1989, 1883, 1884 = NJW-RR 1989, 1226 = JZ 1990, 343.

192 BGHZ 92, 374, 383 ff zu II 3 = NJW 1985, 614 = WM 1984, 1630 = ZIP 1985, 18.

193 BGHZ 92, 374, 381 (= Fn 192); Köln WM 1989, 1883, 1886 (= Fn 191); – aA Reinicke/Tiedtke JZ 1990, 327, 328 f; MünchKomm/Habersack Rz 5.

194 S § 775 Rz 2.

195 AA (aufgrund eines anderen Verständnisses vom Bürgschaftsauftrag) Reinicke/Tiedtke JZ 1990, 327 f.

196 S bei Fn 192.

197 S § 775 Rz 4.

Besondere Bürgschaftsklauseln werden zumeist von Gläubigern als **Allgemeine Geschäftsbedingungen** gestellt und unterliegen somit den Geltungsschranken des AGB-Rechts. Danach[198] ist die Wirksamkeitskontrolle von Vertragsbestimmungen ausgerichtet auf die Erhaltung vertragstypischer Rechtsfolgen (naturalia negotii), die sich nach Gesetz und Verkehrsanschauung ergeben, ohne dass der Vertragswille der Beteiligten sich darauf gerichtet haben muss, die somit schon im berechtigten Vertrauen auf den Schutz der Rechtsordnung begründet sind. Die Verwerfungskompetenz der Rechtsanwendung beschränkt sich deshalb nach § 307 Abs 3 Satz 1 (früher: AGB-Ges § 8) auf davon „abweichende" vertragliche Inhaltsbestimmungen (accidentalia negotii). Nicht der Kontrolle unterliegen somit die „wesentlichen", allein der rechtsgeschäftlichen Gestaltungsfreiheit vorbehaltenen Vertragsinhalte (essentialia negotii)[199]; sie erübrigt sich für „deklaratorische"[200] Vertragsklauseln, die lediglich eine Verständigung über selbstverständliche, ohnehin geltende Rechtsfolgen enthalten. Eine Inhaltsprüfung erfordert mithin zunächst die Präzisierung ihrer konkreten Rahmenbedingungen aus der vertragstypischen Rechtsgestalt ihres Gegenstandes. Maßstäbe für vertragtypisch notwendige Erfordernisse rechtsgeschäftlicher Willensbildung und die daran anknüpfenden selbstverständlichen Rechtsfolgen haben sich für die heute unterschiedlichen Bedürfnisse der Kreditsicherung erst nach und nach und in unterschiedlicher Deutlichkeit aus fortentwickelten Verkehrsanschauungen ergeben. Das Regelungskonzept des Gesetzgebers gibt dafür noch fast nichts her. Unter den modernen Sonderformen der Sicherungsverträge hat die durch einen gesicherten Geschäftskreis gegenständlich bestimmte und durch einen Haftungshöchstbetrag begrenzte Kreditbürgschaft eine durchaus deutliche vertragstypische Ausprägung erfahren. Die Zuordnung des aus § 774 Abs 1 Satz 2 sich ergebenden Gläubigerschutzes in einer ihrem Gegenstand angepassten Tragweite[201] hat ihr eine vertragstypische Ausstattung von Rechtsfolgen beigegeben, von der besondere Vertragsklauseln sich erst als „abweichend" abheben können. Die **Rechtsprechung**[202] hat die längst verkehrsüblich mit begrenzten Kreditbürgschaften verknüpfte Klausel zur Erweiterung der Gläubigerrechte aus § 774 Abs 1 Satz 2[203] stets als wirksam anerkannt. Dem ist zu folgen. Die **Verzögerungsklausel** bringt für die Tatbestände, die nach Abs 1 Satz 1 eine Rechtsteilung zwischen Gläubiger und Bürgen zur Folge haben, lediglich den Regelungssinn des Abs 1 Satz 2 zur Geltung. Auch wenn sie sich eines wirksameren Gestaltungsinstruments bedient als der Gesetzgeber, präzisiert sie nur bürgschaftsvertraglich selbstverständliche Rechtsfolgen (naturalia negotii) einer Kreditbürgschaft, die auch ohne sie gelten oder doch gelten sollten und nur wegen der Mängel der gesetzlichen Regelung nicht zweifelsfrei greifbar sind. Als rechtsförmliche Folge eines Hinausschiebens des Rechtsübergangs wird das Bürgeninteresse an ihm an sich zustehenden, aber noch vorenthaltenen Sicherungsrechten nach § 776 geschützt. In dem bürgschaftsvertraglichen Rahmen, auf den die Vorschrift des Abs 1 Satz 2 ausgerichtet ist, fehlt es deshalb für eine AGB-rechtliche Wirksamkeitskontrolle an dem von Rechts wegen dafür vorausgesetzten Gegenstand. Kann aber eine Verzögerungsklausel im Hinblick auf den Gegenstand der Verbürgung nur so verstanden werden, dass der Erwerb von Gläubigerrechten nach Abs 1 Satz 1 von der Befriedigung nichtverbürgter Forderungen des Gläubigers gegen den Hauptschuldner, für die Abs 1 Satz 2 nicht gilt, 17

198 Danach hatte BGHZ 92, 374 (= Fn 192) noch nicht zu entscheiden. Eine zureichende Gesetzesanwendung ist aber auch später nicht nachgeholt worden. – Grundsätzlich zur Anwendung AGB-rechtlicher Wirksamkeitsbeschränkungen auch § 776 Rz 25 ff; § 770 Rz 14 ff.

199 BGHZ 100, 82, 84 = NJW 1987, 1885 zu 3 a; BGH NJW 1986, 928, 929 zu II 1 (= Fn 202).

200 BGH NJW 2001, 2012, 2013 zu I 2 b.

201 S oben Rz 10.

202 BGHZ 92, 374, 382 zu II 2 = NJW 1985, 614 = WM 1984, 1630 = ZIP 1985, 18. – Dem folgend BGH NJW 1986, 928, 930 zu III 2 d = WM 1986, 95 = ZIP 1986, 85; BGH NJW 1987, 374, 375 zu II 2 b = WM 1986, 1550 = ZIP 1987, 222 = JZ 1987, 520 (abl Tiedtke S 491, 493 ff); BGH NJW 2001, 2327, 2330 zu B II 2 = WM 2001, 1060 = ZIP 2001, 914; BGH NJW 2001, 2466, 2468 zu II 2 c, bb = WM 2001, 1330 = ZIP 2001, 1190.

203 Wiederum ungenau (s hierzu Fn 188) BGHZ 92, 374, 382: nicht, wenn die Bürgschaft „sämtliche Forderungen" sichert, sondern wenn sie einen weiteren Forderungstatbestand zum Gegenstand hat als von dem sie begrenzenden Höchstbetrag gedeckt wird. – Zutreffend BGH NJW 2001, 2327, 2330 (= Fn 202).

abhängen soll[204], und damit vertragswesentliche Gläubigerpflichten eingeschränkt werden, ist sie nach § 307 als unwirksam zu verwerfen[205].

III. Verhältnis des Bürgen zum Hauptschuldner

18 1. **Allgemeines.** Dem Bürgen, der für seine Leistung an den Gläubiger gegen den Hauptschuldner Rückgriff[206] nehmen will, stehen dafür im praktischen Normalfall zwei selbständige und voneinander unabhängige **Anspruchsgrundlagen**[207] offen. Er kann einmal als Rechtsnachfolger des Gläubigers aus übergegangenen Rechten aus dem Hauptschuldverhältnis vorgehen[208]. Er kann auch aus einem im Innenverhältnis zum Hauptschuldner bestehenden Bürgschaftsauftrag oder einer anderen Vertragsbeziehung Aufwendungsersatz beanspruchen[209]. Beide Anspruchstatbestände können je für sich die schlüssige Geltendmachung des Bürgeninteresses eröffnen. Für den Bürgen als Gläubiger geht es dabei nicht um ein nur einmal ausübbares materiellrechtliches Wahlrecht[210]; vielmehr steht es ihm nach dem Beibringungsgrundsatz des Zivilprozessrechts frei, sich nur auf den einen oder den anderen Anspruchstatbestand zu stützen oder beide zusammen vorzutragen[211]. Nur über die vom Bürgen zur Begründung seines Klagebegehrens behaupteten Klagetatsachen kann eine gerichtliche Entscheidung ergehen[212]. Für die **prozessuale Rechtsverfolgung** ergeben die beiden in Betracht kommenden Anspruchstatbestände nicht eine Mehrheit von Ansprüchen im Sinne einer Klagenhäufung (ZPO § 260), sondern nur mehrfache Klagegründe[213]. Die nachträgliche Erweiterung einer zunächst beschränkten Klagebehauptung auf die jeweils andere Anspruchsgrundlage ist deshalb auch nicht Klageänderung (ZPO § 263), sondern lediglich Ergänzung des klagebegründenden Tatsachenvortrags (ZPO § 264 Nr 1), der freilich einer Zurückweisung als verspätet (ZPO § 296 Abs 2) zum Opfer fallen kann. Doch ergibt die Einheit des geltendgemachten materiellen Interesses einen einheitlichen prozessualen **Streitgegenstand**, über den durch Urteil mit materieller Rechtskraftwirkung nach ZPO § 322 Abs 1 einheitlich und umfassend entschieden wird. Das folgt ungeachtet der selbständigen Entstehung beider Ansprüche unter verschiedenen Personen aus ihrem sich in der Hand des Bürgen ergebenden und in dem der Bürgschaftsübernahme zugrundeliegenden vertraglichen Innenverhältnis angelegten materiellrechtlichen Sinnzusammenhang als Instrument des Rückgriffs[214]. Deshalb ist die Erneuerung einer als unbegründet abgewiesenen Klage des Bürgen unter Behauptung der bisher nicht vorgetragenen anderen Anspruchsgrundlage unzulässig. Nur wenn der Bürge sein Interesse prozessrechtlich nicht umfassend verfolgen könnte[215], müsste ihm eine sukzessive Verfolgung der mehreren Rechtsgründe vorbehalten bleiben. Dem Bürgen steht aber frei, mit einer weiteren Klage gegen den Hauptschuldner ein weiteres, bisher nicht geltendgemachtes Interesse zu verfolgen. Aus der Einheit des Streitgegenstandes ergibt sich andererseits auch, dass

204 So nach der (in sich widersprüchlichen) Klausel im Fall BGH NJW 2000, 1942 = WM 2000, 1003.

205 Offengelassen von BGH NJW 2001, 2466, 2468 zu II 2 c, bb (= Fn 202).

206 S oben Rz 2.

207 BGHZ 95, 375, 380 zu II 2 = NJW 1986, 310 = WM 1985, 1387 = ZIP 1985, 1380.

208 S unten Rz 19 f.

209 „... dem Bürgen bleiben die Ansprüche aus einem solchen besonderen Rechtsverhältnisse vorbehalten“ (E I § 676 Abs 2); das konnte als „selbstverständlich“ gestrichen werden (Protokolle II, S 479). – S unten Rz 23.

210 RG HansRGZ 1929 Sp 743, 746 = Recht 1929 Nr 2363; Köln WM 1989, 1883, 1886 (= Fn 191).

211 BGH WM 1970, 751 f; BGH WM 1998, 443, 444 f zu 2 a = ZIP 1998, 601; ähnlich RG WarnR 1915, Nr 278 S 432 = JW 1915, 921 Nr 10. – Insofern hat der klagende Bürge prozessrechtlich „die Wahl, welche Art der Begründung er benutzen will“ (RGZ 59, 207, 209).

212 RGZ 151, 93, 97 f; BGH WM 1964, 849, 850 zu 1 = BB 1964, 907 = DB 1964, 1185. – Durch rein materiellrechtliche Konstruktion von Sachverhalten verfehlt Tiedtke DB 1970, 1721.

213 RGZ 146, 67, 69: „Gesichtspunkte“ der Begründung.

214 Ähnlich RGZ 14, 172, 175, wo daraus freilich materiellrechtliche Folgerungen für den Rang der Bürgenrechte gezogen werden; dagegen unten Rz 23 bei Fn 287 f. – Wohl eher als vorläufig mögen Überlegungen in BGH NJW 1990, 1301 zu 1 (= Fn 13) zu verstehen sein, die nicht von den Regeln prozessualer Geltendmachung ausgehen.

215 Wie bei gespaltener Entscheidungszuständigkeit (s BGH NJW 1985, 2411, 2412 zu II 2 c; RGZ 27, 385).

der Hauptschuldner gegen die Inanspruchnahme aus einem auf den Bürgen übergegangenen Anspruch **Einwendungen** aus einem der Bürgschaftsübernahme zugrundeliegenden Innenverhältnis[216] nicht nur erheben kann (**Abs 1 Satz 3**), sondern auch muss, wenn sie ihm nicht durch die materielle Rechtskraft seiner Verurteilung abgesprochen werden sollen[217]. Der für die Geltendmachung von Rückgriffsrechten des Bürgen gewählte Ausgangstatbestand bestimmt über die weitere Entfaltung eines streitigen Prozessstoffs nach der Beweislast. Auch für die Wirksamkeit einer Aufrechnung durch den Bürgen mit Rückgriffsforderungen gegen den Hauptschuldner ist zwischen deren Entstehungsgründen zu unterscheiden[218]. Danach unterliegt die Tragweite ihrer Geltendmachung nicht anders als die aktive Anspruchsverfolgung den allgemeinen Regeln prozessualer Streitentscheidung[219].

2. **Geltendmachung übergegangener Gläubigerrechte**. Der **Bürge** kann sich darauf beschränken, die **Forderung des Gläubigers** aus dem Hauptschuldverhältnis geltendzumachen[220]. 19
Dafür hat er deren **Entstehung** und ihren **Erwerb** zu behaupten und (soweit nicht unstreitig) zu beweisen. Hat der Gläubiger bereits eine Verurteilung des Hauptschuldners erreicht, wirkt die Rechtskraft der Entscheidung nach ZPO § 325 Abs 1 auch für den Bürgen als Rechtsnachfolger, und zwar auch dann, wenn er nicht nach Umschreibung aus dem Titel des Gläubigers vorgeht. Kann der Bürge sich auf eine rechtsgeschäftliche **Abtretung**[221] durch abstrakten Verfügungsvertrag nach § 398 stützen[222], kommt es im Verhältnis zum Hauptschuldner auf deren Rechtsgrund und somit auf die Übernahme einer Bürgschaft nicht an[223]. Ist der Bürge auf die Geltendmachung eines gesetzlichen Rechtsübergangs angewiesen[224], hat er die Voraussetzungen dafür, und zwar sowohl den Abschluss eines wirksamen[225] Bürgschaftsvertrages, dessen Erstreckung auf die als übergegangen geltendgemachte Forderung aus dem Hauptschuldverhältnis und seine Leistung „als Bürge" zu behaupten[226] und zu beweisen[227], „soweit" (Abs 1 Satz 1) er daraus den Rechtserwerb herleitet. – Verfolgt der Bürge sein Rückgriffsinteresse mit einer **Aufrechnung** gegen Ansprüche des Hauptschuldners, kommt es im Hinblick auf insolvenzrechtliche Beschränkungen wesentlich darauf an, auf welchen Erwerbsgrund für seine Forderung er sich stützen kann. Soll lediglich mit einer durch Bürgschaftsleistung erworbenen **Gläubigerforderung** aufgerechnet werden kann eine Aufrechnungslage (§ 387) erst mit dem Rechtsübergang auf den Bürgen entstanden sein. Vor der Eröffnung eines Insolvenzverfahrens über das Schuldnervermögen ist der Bürge an einer gegenseitigen Schuldtilgung durch Aufrechnung nicht gehindert; er kann eine vorher mögliche Aufrechnung auch durch Erklärung (§ 388 Satz 1) erst nach

216 S unten Rz 20 f.
217 Zu einem HGB § 129 Abs 1 betreffenden Grenzfall s RGZ 85, 72.
218 Dies geschieht in der EntschPraxis weithin nicht eindeutig. Die Rede ist zumeist vom „übergegangenen" Gläubigeranspruch des Bürgen, während der Verbürgung erkennbar der übliche Bürgschaftsauftrag zugrunde liegt. – S dazu Rz 19 u 23.
219 Zur Rechtsverteidigung des Hauptschuldners s Rz 21; zur Aufrechnung durch den Hauptschuldner s Rz 20 bei Fn 237.
220 S oben Rz 18.
221 S oben Rz 3.
222 Die rein begriffliche Behauptung, ein schon „gesetzlich" übergegangener Anspruch „könne nicht noch einmal" rechtsgeschäftlich übertragen werden (Oertmann Anm 1 d), wird weder der vertraglichen Gestaltungsfreiheit noch den Möglichkeiten prozessualer Geltendmachung gerecht. – S dazu schon oben Rz 3 und 5 bei Fn 49.
223 BGH WM 1973, 559, 560 zu 2 b. – In der begrifflichen Tragweite zu weitgehend (und unprozessual gedacht) RGZ 117, 1, 2: einer vertraglichen Abtretung komme neben und nach einem gesetzlichen Forderungsübergang „keine weitere Bedeutung zu als der einer Bestätigung des bereits erfolgten Rechtsübergangs". Zutreffend ist allein, dass ein rechtsgeschäftlicher Erwerb Einwendungen des Hauptschuldners aus einem Innenverhältnis nicht abschneidet; s Rz 21 bei Fn 242 f.
224 Dazu Rz 3.
225 Zumindest nach § 766 Satz 3 wirksam gewordenen (BGH WM 1964, 849, 850 zu 3 [= Fn 212]).
226 BGH WM 1964, 849, 850 zu 2 (= Fn 212); BGH WM 1987, 1397 zu I = ZIP 1987, 1441 = NJW-RR 1988, 61 = JR 1988, 463. – Zur Bestimmung des Tilgungszwecks durch den Bürgen s Rz 5.
227 Der Hauptschuldner kann das „bestreiten"; nicht muss er das Gegenteil „einwenden" (ungenau BGH WM 1964, 849, 850 zu 2 [= Fn 212]). – Zur Geltendmachung im Urkundenprozess s BGH WM 1987, 1397 (= Fn 226).

der Eröffnung bewirken (InsO § 94; früher KO § 53). Hat er erst nach Eröffnung durch Leistung an den Gläubiger dessen Ansprüche erworben, ist ihm eine Aufrechnung verwehrt (InsO § 96 Nr 2; früher KO § 55 Nr 2). Wie sonst bei Rechtsübertragungen durch Verfügungsgeschäft hat der Bürge gegenüber dem Schuldner auch noch keine bedingte, und zwar auch noch keine „gesetzlich" bedingte[228] Forderungsberechtigung, für die ihm nach InsO § 95 Satz 1 (früher KO § 54 Abs 1) eine Aufrechnungsmöglichkeit vorbehalten bleiben könnte[229]. Erbringt der Bürge nur eine **Teilleistung,** die nach **Abs 1 Satz 2** dem Gläubiger für seine verbürgte Restforderung einen materiellrechtlichen Vorrang belässt[230], kommt es darauf an, ob und wie dieser zur Geltung zu bringen ist. Vor Eröffnung der Schuldnerinsolvenz kann der Bürge mit erworbenen Teilrechten der Gläubigerforderung unbeschränkt aufrechnen, wie auch deren Erfüllung ungehindert von einem Gläubigerinteresse vom Schuldner ausgehen kann. Für die Berücksichtigung eines Gläubigervorrangs in der Erfüllung der geteilten Hauptverbindlichkeit fehlt es außerhalb vollstreckungsrechtlicher Verteilungsverfahren an einer rechtswirksamen Instrumentierung[231]. Will der Bürge erst nach der Eröffnung eine schon vorher zulässige Aufrechnung vollziehen, steht dem der in der Gesamtwirkung der Insolvenzbeschlagnahme vergegenständlichte Vorrang des Gläubigeranspruchs entgegen, der eine Anspruchserfüllung nur im Rahmen der besonderen vollstreckungsrechtlichen Verteilungsregeln zulässt[232]. Der Bürge kann deshalb auf der Grundlage seiner zu Gunsten des Gläubigers beschränkten Rechtsposition nur insoweit aufrechnen, wie ihm nach der vorrangigen Zuteilung an den Gläubiger ein belastungsfreier Anteil seiner Forderung verbleibt[233]. Soweit seine Forderung mit ihrem Zuteilungswert nach Abs 1 Satz 2 dem Gläubiger zuzurechnen ist, steht ihr in seinen Rechten eine Einrede (§ 390) entgegen, die innerhalb des Verteilungsverfahrens auch vom Verwalter erhoben werden kann[234]. Soweit der Bürge zur Aufrechnung berechtigt ist, kann er diese nach InsO § 94 (früher KO § 53) „außerhalb"[235] des Verteilungsverfahrens ohne Beschränkung auf die ihm sonst zukommende Quote bewirken.

20 Der **Hauptschuldner** kann gegen die vom Bürgen verfolgten Gläubigerrechte **Einwendungen und Einreden** geltendmachen, die ihm **aus dem Hauptschuldverhältnis** nach §§ 412, 404, 406 auch gegen einen Rechtsnachfolger zustehen. Er kann somit einwenden, dass die Hauptverbindlichkeit von vornherein unwirksam geblieben, nachträglich erloschen, bereits erfüllt oder noch nicht fällig (§ 271 Abs 2) sei; er kann auch die Einrede des nichterfüllten Vertrages (§ 320) oder der **Verjährung** der Hauptverbindlichkeit erheben (§ 214 Abs 1)[236], für die zumeist die „regelmäßige" dreijährige Frist gilt (§§ 195, 199 Abs 1 Nr 1). Hat der Gläubiger bereits eine rechtskräftige Verurteilung des Hauptschuldners aus dem Hauptschuldverhältnis erwirkt, kommt dem Bürgen als Rechtsnachfolger auch deren Verlängerung auf 30 Jahre (§ 197 Abs 1 Nr 3) zugute. In den Grenzen des § 406 kann der Hauptschuldner gegen eine übergegangene Forderung auch mit einer ihm gegen den Altgläubiger zustehenden Gegenforderung **aufrechnen**[237]. Mit einer solchen nicht aufrechnen kann er aber gegen einen Anspruch des Bürgen auf Ersatz seiner Aufwendungen

228 Konstruktiv verfehlt BGH NJW 1990, 1301, 1302 zu 2 b = WM 1990, 34 = ZIP 1990, 53 = KTS 1990, 244, unter unzutreffender Berufung auf BGHZ 15, 333, 335 f = NJW 1955, 259 f = WM 1955, 309, 311 zu 2 b; RGZ 140, 10, 16 f; wo es um die „gesetzliche" Umwandlung eines zwischen den Beteiligten bestehenden Schuldverhältnisses aufgrund Leistungsstörung ging. – Ebenso BGH NJW 1960, 1295 zu C I 2 = WM 1960, 720; München WM 1988, 1896, 1897 zu I = ZIP 1989, 322 (in allen Fällen lag ein Innenverhältnis zugrunde; dazu Rz 23 bei Fn 286); nur missverständlich RGZ 58, 11; RG JW 1936, 3126; BGH NJW 2000, 2001 zu 2 a, aa = WM 1974, 1004.

229 S dazu noch Rz 23 bei Fn 289.

230 S Rz 10.

231 S dazu Rz 10 aE.

232 S dazu Rz 12.

233 Unbeschränkte Aufrechnung zulassend (vor Geltung des BGB) RG JW 1907, 275; RG JW 1936, 3126 f. Ebenso ohne Rücksicht auf Abs 1 Satz 2 (unklar und nicht auf der Höhe allgemeiner Einsicht zur Sicherungsabrede; s Rz 10) BGH NJW 1960, 1295, 1296 zu a = WM 1960, 720, 721 zu 3 a. – Im Ergebnis wie hier Häsemeyer, InsolvenzR, 2003[3], Rz 19.23 aE.

234 RGZ 83, 401, 402.

235 So eine überkommene Ausdrucksweise; s etwa RG JW 1936, 3126.

236 BGHZ 95, 375, 385 zu II 3 b (= Fn 207); BGH WM 2000, 1797, 1798 zu II 2 a = ZIP 2000, 1576 = NJW-RR 2000, 1717; Hamburg SeuffA 74, Nr 208 S 367 = OLGE 39, 179.

237 RGZ 59, 207, 209.

aus einem unmittelbar zwischen ihnen bestehenden Innenverhältnis[238]. Der Rechtsverteidigung des Hauptschuldners mit einer Aufrechnung gegen übergegangene Gläubigerforderungen kann der Bürge seinerseits nur dadurch entgegentreten, dass er den von ihm verfolgten Rückgriff auch als Anspruch aus dem Innenverhältnis aktiv geltend macht[239], dafür schlüssige Klagebehauptungen aufstellt[240] und erforderliche Beweise beibringt[241].

Der **Hauptschuldner** kann sich gegen die vom Bürgen geltendgemachten Gläubigerrechte auch mit **Gegenrechten** aus einem der Bürgschaft zugrundeliegenden **Innenverhältnis** verteidigen (**Abs 1 Satz 3**)[242]. Insoweit kommt der unmittelbaren Rechtsbeziehung zwischen den Beteiligten sowohl zu Gunsten des Hauptschuldners wie auch zu Gunsten der Rechte des Bürgen[243] ein vertraglich begründeter **Vorrang**[244] zu. Deshalb kann eine rechtsgeschäftliche Übertragung der Gläubigerrechte gegen den Hauptschuldner zwar deren Geltendmachung im Rückgriff gegen den Hauptschuldner erleichtern[245]; sie bleibt aber ohne Einwirkung auf die Rechtsstellung der Beteiligten im Innenverhältnis. Will der Hauptschuldner gegen die Geltendmachung von Gläubigerrechten eine ihm günstigere Rechtsstellung aus einem Innenverhältnis einwenden, hat er dessen Entstehung vollständig zu behaupten und zu beweisen[246]. Kraft des Vorrangs kann er sich insbesondere auf eine schon vor einer Klageerhebung eingetretene **Verjährung** vertraglicher Ansprüche aus dem Innenverhältnis auch insoweit berufen, wie Rückgriffsansprüche des Bürgen in der Gestalt auf ihn übergegangener Ansprüche des Gläubigers noch nicht verjährt sind[247]. Das gilt auch gegen einen zu Gunsten des Gläubigers titulierten Anspruch aus dem Hauptschuldverhältnis und im Wege des ZPO § 767 selbst gegen die Vollstreckung des auf den Bürgen umgeschriebenen Titels. Der Bürge ist deshalb auf die selbständige Geltendmachung seines Rückgriffsinteresses allein zum Zweck der Hemmung der Verjährung (§ 204 Abs 1 Nr 1) seiner Ansprüche auf Aufwendungsersatz im Innenverhältnis angewiesen[248]. Dafür muss mit Rücksicht auf die Tragweite des dem Hauptschuldner gegenüber bestehenden Rückgriffsinteresses[249] auch die Klage auf Erteilung einer Vollstreckungsklausel nach ZPO § 731 ausreichen, wenn der Hauptschuldner wie bei der aktiven Geltendmachung darauf angewiesen sein soll, sich auch in diesem Verfahren materiellrechtlich umfassend zu verteidigen[250]. Nach der Neuregelung des Verjährungsrechts verjähren vertragliche Ansprüche eines Beauftragten auf Ersatz von Aufwendungen (§ 670) in der „regelmäßigen“ Frist von drei Jahren (§§ 195, 199 Abs 1), diese beginnend mit ihrer Erbringung (§ 199 Abs 1 Nr 1), Schadensersatzansprüche, und zwar auch vertraglich begründete, dagegen in zehn Jahren (§ 199 Abs 3 Nr 1). Der Hauptschuldner, der sich auf eine Verjährung in der kürzeren Frist berufen will, hat mithin darzutun, dass Rückgriffsansprüche des Bürgen sich nach dem einem Eintreten des Bürgen zugrundeliegenden vertraglichen Innenverhältnis lediglich auf einen Aufwendungsersatz nach § 670 richten können. Da der gesetzliche Vertragstyp des Bürgschaftsauftrags lediglich die Eingehung der kreditsichernden Bürgschaft zum Gegenstand hat[251], nicht aber Leistungen an den Gläubiger, hat er einen Vertragsinhalt darzutun, nach dem der Bürge sich verpflichtet hat, für den Hauptschuldner in Vorlage zu treten[252]. Erklärt der Bürge die **Aufrechnung** mit einer auf ihn übergegangenen Gläubigerforderung gegen eine Forderung des Hauptschuld- 21

238 RGZ 59, 207, 209. – Zu dessen Geltendmachung s Rz 23.
239 Ungenau RGZ 59, 207, 209: geltendmachen „kann“; unprozessual konstruiert auch Denck JZ 1976, 669 ff.
240 S oben Rz 18.
241 S unten Rz 23.
242 RGZ 85, 72, 74 ff; 102, 51, 53; BGH WM 1992, 908 zu II 1 = NJW-RR 1992, 811; Planck/Oegg Anm 2 a. – Unprozessual BGH WM 1993, 1668, 1669 zu 2 b aE: der Bürge habe, wenn keinen Anspruch aus dem Innenverhältnis, dann auch nicht aus übergegangenem Recht nach Abs 1 Satz 1.
243 S unten Rz 23.
244 RGZ 42, 35, 38: ist „ausschließlich maßgebend“; BGH WM 1970, 751.
245 S oben Rz 19.
246 RGZ 102, 51, 54; Hamm WM 1989, 921 = NJW-RR 1989, 624.
247 Zur umgekehrten Konstellation s Rz 23 nach Fn 275.
248 Zu der nicht gleichgelagerten Verjährung der Gläubigerrechte gegen den Bürgen s § 768 Rz 6.
249 S oben Rz 18.
250 So eine vordringende Meinung; s MünchKomm ZPO/Wolfsteiner § 731 Rz 7 u 5.
251 S § 775 Rz 2.
252 S dazu § 775 Rz 3.

ners, kann dieser der Aufrechnung damit entgegentreten, dass dem Bürgen im Innenverhältnis insoweit kein aufrechenbarer Anspruch zusteht[253]. Einem Rückgriff des Bürgen nach Maßgabe übergegangener Gläubigerrechte können aus einem Innenverhältnis die unterschiedlichsten Einschränkungen entgegenstehen, für die sich aus Verkehrsanschauungen nur gering ausgeprägte vertragstypische Regelungsformen herausgebildet haben. Angesichts der Vielfalt möglicher Motivationen zur Übernahme von Bürgschaften geht es im Einzelfall darum, ob die Veranlassung zur Übernahme mehr oder weniger von einem eigenen oder einem gemeinsamen wirtschaftlichen Interesse oder von einer uneigennützigen Nähebeziehung geprägt ist. Daraus ist der rechtliche **Gegenstand der Innenbeziehung** und die maßgebliche Abwägung von Bürgen- und Schuldnerinteresse zu entwickeln. Der Hauptschuldner kann etwa geltend machen, dass der Bürge gegenüber dem Gläubiger strengere Leistungspflichten eingegangen sei, als der vereinbarten Geschäftsbesorgung im Schuldnerinteresse entsprach, und ihm deshalb ein Aufwendungsersatz auch nur danach zusteht[254]. Verlangt der Bürge aus der von ihm erworbenen Gläubigerforderung den im Hauptschuldverhältnis dazu vereinbarten hohen **Zinssatz**[255], kann der Hauptschuldner dem entgegenhalten, dass dem Bürgen aus dem Innenverhältnis zu seinem Aufwendungsersatz nur ein geringerer, sei es auch nur der gesetzliche (§ 246) Betrag zusteht. Wiederum[256] hat er dafür darzutun, dass im Innenverhältnis eine vertraglich eigenständige und somit vorrangige[257] Erstattungsregelung besteht, nach der es der Bürge übernommen hat, für den Hauptschuldner in Vorlage zu treten[258]. Selbst dann kann es, insbesondere zu Gunsten gewerblicher Kreditsicherer schon nach einer Verkehrsauffassung vertragstypisch sein, dass der Bürge die geschäftlichen Vorteile der Gläubigerrechte für sich in Anspruch nehmen kann. Liegt aber eine Leistungserbringung außerhalb der vom Bürgen im Innenverhältnis übernommenen Geschäftsbesorgung, hat also der Bürge das Auftragsziel der Kreditverschaffung schon durch die Eingehung der Sicherungshaftung erreicht, kann er für einen Leistungsaufwand ohne weiteres die ihm aus dem Hauptschuldverhältnis zukommenden Rechtsvorteile in Anspruch nehmen, wie er auch die Bestimmungsmacht über die einmal übernommene Bürgschaftsbeziehung behält und sich mit dem Gläubiger jederzeit vertraglich anders verständigen kann[259]. Schließt der Bürge mit dem Gläubiger über die Bürgschaftshaftung einen **Vergleich** zu anderen, für ihn etwa günstigeren Bedingungen, ergibt sich aus der geänderten Vertragsbeziehung zwischen ihnen lediglich, ob und inwieweit der Bürge die Gläubigerrechte, gegen den Hauptschuldner erwirbt[260]. Gleichwohl bestimmt sich aber wiederum allein aus dem Innenverhältnis nach dem Maß des vom Bürgen wahrzunehmenden Schuldnerinteresses, ob er im Rückgriff mehr verlangen kann, als er selbst aufgewendet hat. Der Hauptschuldner kann gegen eine Inanspruchnahme durch den Bürgen aus übergegangenen Gläubigerrechten schließlich geltend machen, dass der Bürge aus einem zwischen ihnen bestehenden Innenverhältnis verpflichtet ist, die übernommene **Haftungslast** ganz, anteilig oder zu einem bestimmten Teil **selbst zu tragen**[261]. So etwa hat er keinen Anspruch aus den Rechten des Gläubigers, wenn er die Mittel zu dessen Befriedigung bereits aus dem Vermögen des Hauptschuldners erhalten oder entnommen hat[262], oder wenn die Eingehung der Hauptverbindlichkeit

253 Darüber kann bei der Geltendmachung des Gegenanspruchs des Hauptschuldners gegen den Bürgen zu entscheiden sein; Beispiel: RGZ 102, 51, 53; München WM 1988, 1896 = ZIP 1989, 322.

254 BGHZ 143, 381, 386 ff (auftragswidrige Übernahme einer Bürgschaft auf 1. Anfordern) = NJW 2000, 1563, 1565 zu III 2 d = WM 2000, 715 = ZIP 2000, 576 = JZ 2000, 572 (Heermann) = ZfIR 2000, 865; Köln WM 2002, 2505, 2506 zu 2 b = NZM 2003, 518 = NJW-RR 2002, 1164.

255 Zur grundsätzlich bestehenden Berechtigung s Rz 6 bei Fn 66.

256 S schon bei Fn 246.

257 S bei Fn 244.

258 S oben bei Fn 251 f.

259 S Rz 5 bei Fn 47.

260 S Rz 5 bei Fn 50.

261 BGH WM 1955, 377, 379 = LM Nr 2 zu § 516; BGH WM 1970, 751, 752 zu 3 b; BGH WM 1992, 908 zu II 1 = NJW-RR 1992, 811; BGH WM 1993, 1668, 1669 zu 2 b = NJW-RR 1993, 1377 = JuS 1994, 171 (K Schmidt); München WM 1988, 1896 (Gesellschafterbürgschaft) = ZIP 1989, 322. – Die Ausgleichsanteile können unter mehreren Beteiligten des Innenverhältnisses unterschiedlich sein; s RGZ 82, 72; BGH WM 1976, 687 (dazu Rz 6 bei Fn 78 f).

262 RG WarnR 1914 Nr 15 S 25 zu 1 = JW 1914, S 78 Nr 10. – Dazu auch Rz 5 bei Fn 34.

allein dem Bürgeninteresse gedient hat[263] oder wenn die Bürgenleistung auf andere Weise ausgeglichen worden ist oder werden soll. – Ist das zwischen Hauptschuldner und Bürgen rechtsgeschäftlich vereinbarte Innenverhältnis wegen der damit beabsichtigten Verfolgung strafbarer Ziele nichtig, kann der Hauptschuldner geltend machen, dass die daran Beteiligten sich lediglich nach den für deliktsrechtlich haftende Mittäter geltenden gesetzlichen Regeln (§§ 840 Abs 1, 426 Abs 1 Satz 1) anteilig auszugleichen haben[264].

Besondere Schwierigkeiten schon für das konkrete Fallverständnis und für die Verteilung der Darlegungslast im Rechtsstreit ergeben sich, wenn einer zu einem Sicherungsauftrag führenden Veranlassung zur Kredithilfe **gesellschaftsrechtliche Interessenbindungen** der Beteiligten zugrundeliegen. Hat etwa[265] ein nicht im Außenverhältnis haftender **Kommanditist** für die Gesellschaft eine Bürgschaft übernommen, kann er aus den für seine Bürgenleistung erworbenen Gläubigerrechten ohne weiteres schlüssig die Gesellschaft als Hauptschuldner in Rückgriff nehmen und gemäß §§ 412, 401 auch einen nach HGB § 128 mithaftenden Komplementär. Ob er im **Innenverhältnis** als Mitgesellschafter andere Mitgesellschafter nur zu einer gesellschaftsvertraglich bemessenen Lastenteilung heranziehen kann, bestimmt sich danach, ob seine Bürgschaftsübernahme einer im gemeinschaftlichen Interesse der Gesellschafter freiwillig und aus eigenem Entschluss erbrachten Leistung gleichzustellen ist[266]. Zu den in diesem Sinne freiwilligen Leistungen im Gesellschaftsinteresse kann auch die Übernahme einer Bürgschaft oder die Stellung einer anderen Sicherheit gehören, die dem Gläubiger einen verbindlichen Rechtsgrund zur Inanspruchnahme verschafft. Das trifft aber nicht zu, wenn sich für den Bürgen eine Veranlassung zur Haftungsübernahme erkennbar erst aus einer Beauftragung dazu ergibt und er anders nicht zu besonderen Leistungen im Gesellschaftsinteresse bereit gewesen wäre. Es steht einem Kommanditisten selbstverständlich frei, weitere Haftungsrisiken nur außerhalb seiner begrenzten gesellschaftsvertraglichen Bindungen allein aufgrund eines besonderen Sicherungsauftrags zu übernehmen[267]. Dann kann er als Sicherungsgeber aus vertraglichem Rechtsgrund nach § 670 von dem Auftraggeber und von mehreren nach § 427 als Gesamtschuldner vollen Aufwendungsersatz verlangen. Auftraggeber kann kraft Vertretung die Gesellschaft sein, für deren Verbindlichkeit alsdann jeder Komplementär nach HGB § 128 mithaftet. Aber auch einzelne Gesellschafter können sich gegenüber dem Auftragsbürgen unmittelbar auf ihr eigenes Vertragsrisiko als Auftraggeber verpflichten. – Hat somit ein Kommanditist aus einer dem Gläubiger gegenüber übernommenen Sicherungshaftung Leistungen erbracht, kann er zunächst allein aus übergegangenen oder abgetretenen Gläubigerrechten gegen die Gesellschaft als Hauptschuldnerin[268] und die nach HGB § 128 mithaftenden Komplementäre Rückgriff nehmen. Dem können seine im Innenverhältnis bestehenden gesellschaftsvertraglichen Bindungen entgegengehalten werden. Dagegen wiederum hat der Kommanditist seine vertragliche Freistellung davon durch den Vorbehalt einer allein auftragsrechtlichen Risikoverteilung darzutun. Plausibel ist das kaum anders möglich, als dass er seinen Rückgriff auch aktiv als Anspruch auf Aufwendungsersatz nach § 670 geltendmacht. Mehrere Beteiligte können sich auch zu einer eigenständigen **Ausgleichsgemeinschaft** zur Bestellung von Sicherheiten durch einen oder mehrere von ihnen zusammentun[269]. 22

3. **Geltendmachung von Aufwendungsersatz**. Der Bürge kann ohne Rücksicht auf die Voraussetzungen eines Rechtsübergangs nach Abs 1 Satz 1 Ersatz seiner im Interesse des Hauptschuldners erbrachten Aufwendungen aus einer der Bürgschaftsübernahme zugrundeliegenden 23

263 RGZ 42, 35, 38.
264 Stuttgart ZIP 1994, 200 = VersR 1994, 1309 = NJW-RR 1994, 876 = JuS 1994, 887 (K Schmidt).
265 Fall nach BGH WM 2002, 291 = ZIP 2002, 394 = NJW-RR 2002, 455 = LM Nr 5 zu HGB § 110 (Hennrichs/Merschmeyer) = DStR 2002, 319 (Goette); dazu K Schmidt JuS 2003, 228; Lindacher, Festschr für Hadding, 2004, S 529.
266 Zu Rückgriff und Ausgleich nach gesellschaftsrechtlich vertragstypischen Regeln BGHZ 37, 299, 301 ff, und (in der Fallentscheidung unklar) BGH WM 2002, 291 zu I 3 b, aa (= Fn 265) (zutreffend kritisch K Schmidt JuS 2003, 228, 230 zu II 3 a).
267 So auch K Schmidt JuS 2003, 230 zu II 2 b.
268 S oben Rz 18.
269 RG WarnR 1914 Nr 247; dazu § 769 Rz 6 mit Fn 110.

unmittelbaren Rechtsbeziehung verlangen. Dafür hat er das Zustandekommen eines anspruchbegründenden Auftragsverhältnisses zu behaupten und zu beweisen[270]. Die Einstandspflicht des Auftraggebers ergibt sich nach § 670 als vertragstypisch und bedarf keiner ausdrücklichen Vereinbarung[271]. Da nach der gesetzlichen Ausgestaltung des Bürgschaftsauftrags in § 775 der Hauptschuldner verpflichtet ist, den Bürgen gegenüber dem Gläubiger freizuhalten, erwächst dem Bürgen aus einer Inanspruchnahme über den Anspruch aus § 670 hinaus zugleich ein vertraglicher Schadensersatzanspruch gegen den Hauptschuldner[272], für den nach § 199 Abs 3 Satz 1 eine zehnjährige Verjährungsfrist gilt. Will der Hauptschuldner für sich die Geltung der dreijährigen Verjährungsfrist des § 195 in Anspruch nehmen, hat er darzutun, dass der Bürge sich ihm gegenüber nicht nur zur Eingehung der Bürgschaft, sondern darüber hinaus zur Leistung an den Gläubiger verpflichtet hat[273]. Dann ist der Bürge nicht schon allein durch die Aufbringung der Bürgschaftsleistung vertragswidrig geschädigt. Für einen vertraglich begründeten Anspruch auf Aufwendungsersatz kommt es nicht darauf an, dass der Bürge sich gegenüber dem Gläubiger wirksam verpflichtet[274] und durch seine Leistung den Hauptschuldner von einer bestehenden Verbindlichkeit entlastet hat, sondern allein darauf, dass er sich Aufwendungen nicht ohne zureichende Wahrung seiner gegenüber dem Hauptschuldner übernommenen vertraglichen Nebenpflichten zugezogen hat. Es kommt somit darauf an, dass er die Erbringung von Bürgenleistungen den Umständen nach **für erforderlich halten** durfte[275]. Nur in diesem Rahmen kann der Hauptschuldner dem Bürgen auch Einwendungen und Einreden aus dem Hauptschuldverhältnis entgegenhalten; etwa dass die verbürgte Hauptverbindlichkeit bereits erloschen oder verjährt und somit eine Bürgschaftsleistung nicht zu erbringen war. Zu den **Vertragspflichten**[276] **des Auftragsbürgen** gehört es – und zwar unabhängig davon, ob er sich dem Hauptschuldner nur zur Übernahme der Bürgschaft oder auch zu Leistungen an den Gläubiger verpflichtet hat[277] –, im Fall seiner Inanspruchnahme die rechtlichen Interessen des Hauptschuldners gegenüber dem Gläubiger aktiv zu vertreten und die ihm zugänglichen Verteidigungsmöglichkeiten aus dem Hauptschuldverhältnis (Bestreiten, Einwendungen und Einreden)[278] wahrzunehmen[279]. Dazu hat er den Hauptschuldner von der ihm bevorstehenden Inanspruchnahme in Kenntnis zu setzen[280] und ihm zu deren Abwehr Gelegenheit zu geben. Der Hauptschuldner ist seinerseits **als Auftraggeber verpflichtet**, dem Bürgen die zu seiner Rechtsverteidigung erforderlichen Auskünfte über den Stand des Hauptschuldverhältnisses zu erteilen[281] und Beweismittel zur Verfügung zu stellen; nur insbesondere obliegt ihm auch die Abwehr einer unbegründeten Inanspruchnahme[282] des Bürgen. Sieht der Bürge sich infolge unzulänglicher Hilfestellung vom Hauptschuldner veranlasst oder gezwungen, an den Gläubiger nicht geschuldete Leistungen zu erbringen, hat er schon deswegen nicht nur einen Aufwendungsersatz-, sondern auch einen vertraglichen Schadensersatzanspruch[283]. Einem Rechtsstreit zwischen Gläubiger und Bürgen kann der Hauptschuldner von sich aus als Streithelfer (ZPO § 66) beitreten; der Bürge kann dem Hauptschuldner nach ZPO § 72 den **Streit verkünden** und ihm über die Interventionswirkung (ZPO §§ 74, 68) das Risiko des Prozessverlustes zuweisen. Die Streitverkündung hemmt nach § 204 Abs 1 Nr 6 die

270 BGH WM 1960, 373, 374; unrichtig Tiedtke NJW 2001, 1021.
271 RG Recht 1909 Nr 3341.
272 S dazu § 775 Rz 2.
273 S § 775 Rz 3. – Zur Verjährung nach früherem Recht BGH WM 2000, 1797, 1798 zu II 2 b = ZIP 2000, 1576 = NJW-RR 2000, 1717 = LM Nr 76 zu § 196.
274 RG Recht 1909 Nr 3341; BGH WM 1998, 443, 444 f zu 2 a = ZIP 1998, 601.
275 RGZ 59, 207, 210; BGHZ 95, 375, 381 zu II 2 b, 388 zu II 3 c, bb (= Fn 207); Celle BauR 2000, 1356; RG Recht 1916 Nr 226.
276 Dazu zuerst RGZ 59, 207, 209 f (noch unter den früher bestehenden Schwierigkeiten, Nebenpflichten begrifflich zu präzisieren).
277 S Rz 21 Fn 251 f.
278 Etwa die Einrede der Verjährung der Hauptverbindlichkeit (BGHZ 95, 375, 388; Hamburg SeuffA 74 Nr 208 = OLGE 39, 179).
279 Aus §§ 767 Abs 1 Satz 1, 768 ergibt sich lediglich, dass er dies im Verhältnis zum Gläubiger *kann*.
280 BGHZ 95, 375, 389 zu II 3 c, bb (= Fn 207); BGH, NJW 2002, 2382 = WM 2002, 1358 = LM Nr 17 zu § 241 (Armbrüster).
281 Naumburg JW 1930, 3490.
282 BGH NJW 2002, 2382 (= Fn 280).
283 Zur Verjährung s oben bei Fn 272.

Verjährung eines Erstattungsanspruchs aus dem Innenverhältnis (ZPO § 72 Abs 1), nicht auch die Verjährung des erst durch seine Leistung auf den Bürgen übergehenden Gläubigeranspruchs aus dem Hauptschuldverhältnis. Erbringt der Bürge auf nicht oder nicht mehr bestehende Hauptverbindlichkeiten Leistungen, die er für erforderlich halten durfte, kann er gegen Abtretung seines Bereicherungsanspruchs gegen den Gläubiger[284] Aufwendungsersatz vom Hauptschuldner verlangen und diesem die Rückforderung vom Gläubiger überlassen. Zu den vom Hauptschuldner zu tragenden **Aufwendungen** des Auftragsbürgen gehören auch die ihm aus einem Rechtsstreit mit dem Gläubiger angefallenen Prozesskosten, es sei denn, dass er es übernommen hat, für den Hauptschuldner mit Leistungen in Vorlage zu treten, und dem vertragswidrig nicht nachgekommen ist. Hatte aber der Bürge dem gesetzlichen Regelungstyp entsprechend lediglich eine Kreditsicherung zu übernehmen und war somit der Hauptschuldner nach § 775 verpflichtet, ihn von einer Inanspruchnahme freizustellen, gehört es nicht zu den Vertragspflichten des Bürgen, durch rechtzeitige Leistung an den Gläubiger einen Kostenaufwand zu vermeiden. Ist die Bürgschaft für eine Fremdwährungsschuld übernommen, die im Verhältnis zum Hauptschuldner auf die Inlandswährung umzurechnen ist, bestimmt sich der für Aufwendungen anzusetzende Tageskurs nach dem Zeitpunkt der Leistung des Bürgen, während für eine dem Bürgen zustehende Gläubigerforderung der Zeitpunkt der Leistung des Hauptschuldners maßgebend ist[285]. Der Bürge kann mit einem vertraglichen Anspruch auf Aufwendungsersatz gegen Ansprüche des Hauptschuldners nach allgemeinen Regeln **aufrechnen**[286]. Ein solcher, im unmittelbaren Verhältnis zwischen Bürgen und Hauptschuldner begründeter Anspruch besteht gegenüber einem durch Bürgenleistung an den Gläubiger erworbenen Anspruch aus dem Hauptschuldverhältnis vorrangig[287] und unterliegt keiner Einschränkung im Gläubigerinteresse nach Abs 1 Satz 2[288]. Der Bürge ist somit auch nach einer Eröffnung des Insolvenzverfahrens über das Schuldnervermögen zur Aufrechnung mit Ansprüchen wegen vorher erbrachter Aufwendungen befugt (InsO § 94; früher KO § 53). Hat er erst nach Eröffnung durch Bürgschaftsleistungen an den Gläubiger Aufwendungen erbracht, war er nach KO § 54 Abs 1 gleichwohl zur Aufrechnung befugt, wenn nur der vertragliche Anspruchsgrund schon zur Zeit der Eröffnung bestand[289]. Nach InsO § 95 dagegen[290] ist die Aufrechnung erschwert und zwar dann „ausgeschlossen", wenn der Ersatzanspruch des Bürgen erst nach Verfahrenseröffnung und der Gegenforderung des Hauptschuldners „fällig" und damit nach §§ 387, 271 aufrechenbar wird. Für den Bürgen kommt es mithin praktisch darauf an, ob er nach dem vertragstypischen Sinn des Bürgschaftsauftrags die ihm bevorstehenden Aufwendungen schon mit dem Zeitpunkt der Verfahrenseröffnung verlangen kann, auch wenn seine dem Gläubiger zu erbringende Bürgschaftsleistung noch aussteht. Nach § 669 hat der Auftragnehmer einen Anspruch auf „Vorschuss". Das bedarf für den Bürgschaftsauftrag einer Abwandlung, die aber in dem ihm zustehenden Anspruch auf „Befreiung von der Bürgschaft" (§ 775) und dessen Voraussetzungen nur unvollkommen Ausdruck gefunden hat[291]. Dem Risiko der Inanspruchnahme, das der Bürge im Interesse des Hauptschuldners eingeht, wird allein gerecht, ihm den an sich auftragsgemäßen Anspruch auf Zahlung im voraus zuzubilligen, sobald sich seine Inanspruchnahme durch den Gläubiger unabwendbar abzeichnet[292]. Das ist mit der Eröffnung eines

284 S oben Rz 5 aE.
285 RG HansRGZ 1929 B Sp 743.
286 Zur Aufrechnung mit übergegangenen Gläubigeransprüchen s Rz 19.
287 S Rz 21 bei Fn 244.
288 Dazu schon oben Rz 13.
289 RGZ 79, 129, 132; BGHZ 68, 379, 382 = NJW 1977, 1345 zu I 3; BGH NJW 1978, 2508, 2509 zu II 2; BGH NJW 1994, 1659 zu 1 a = WM 1994, 1045 = ZIP 1994, 714; BGH WM 2000, 933, 934 zu II 1 a = ZIP 2000, 757 = NJW-RR 2000, 1295; Hamm NJW-RR 1995, 489, 492 zu II 2 b; wohl auch Häsemeyer, Insolvenzrecht, 2003³, Rz 19.23. – Nur im Ergebnis auf der Grundlage eines vertraglichen Innenverhältnisses zutreffend BGH NJW 1990, 1301, 1302 zu 2 b (= Fn 228).
290 Zur Neuregelung ausführlich v Olshausen KTS 2000, 1.
291 Dazu § 775 Rz 2. – Dass es einem Freistellungsanspruch für eine Aufrechnung gegen einen Zahlungsanspruch begrifflich an der nach § 387 erforderlichen Gleichartigkeit fehlt, ist zu recht hM; s dazu nur v Olshausen KTS 2000, 1, 8 f; auch § 775 Rz 22.
292 Dazu § 775 Rz 18. – v Olshausen KTS 2000, 1, 11 f. Das Bestehen eines Freistellungsanspruchs als schon bestehenden Rechtsgrundes des auf Zahlung gerichteten Bürgenanspruchs lassen genügen Häsemeyer, InsolvenzR 2003³,

Insolvenzverfahrens gegen den Hauptschuldner zureichend offenkundig. Einer Aufrechnung durch den Bürgen zur Tilgung eigener Verbindlichkeiten kann freilich die Zweckgebundenheit der vom Hauptschuldner zur Weiterleitung an den Gläubiger zu leistenden Aufwendungen entgegenstehen[293]. Dabei handelt es sich aber nicht um einen in die rechtsgeschäftliche Sphäre des Bürgen fallenden Vorbehalt der Bedingtheit oder Fälligkeit seines Anspruchs, sondern allein um ein Bedürfnis der Klarstellung, das an sich nach § 669 der Risikosphäre des Hauptschuldners angehört. Dem Auftragsbürgen steht deshalb die Aufrechnung allemal auch insoweit zu, wie er Bürgschaftsleistungen an den Gläubiger nach der Eröffnung erbracht hat[294]. InsO § 95 bedarf insoweit einer interessengerechten Klarstellung. – Sind sämtliche Vertragsbeziehungen mit dem Hauptschuldner wegen dessen Geschäftsunfähigkeit unwirksam, kann dem Bürgen ein Rückgriffsanspruch aus übergegangenen Gläubigerrechten verbleiben, wenn seine Verbürgung sich auch auf Bereicherungsansprüche des Gläubigers erstreckt hat[295].

IV. Verhältnis eines Bürgen zu Mitbürgen und anderen Sicherungsgebern

24 1. **Grundsätzliches**. Nach der über drei Vorschriften verstreuten, praktisch tatbestandslosen und deshalb letztlich unverständlichen gesetzlichen Regelung[296] sollen „mehrere", die sich für „dieselbe" Verbindlichkeit eines Hauptschuldners verbürgen, dem Gläubiger „als Gesamtschuldner" haften (§ 769) und zugleich schon kraft begrifflicher Zuordnung „einander" (§ 774 Abs 2) „**zu gleichen Anteilen**" verpflichtet sein, „soweit nicht ein anderes bestimmt ist" (§ 426 Abs 1 Satz 1)[297]. Nachvollziehbar und anwendbar ist davon nur, was kraft traditionellen Rechtsverständnisses auch ohne gesetzliche Regelung einsichtig ist. Der zum Gesetz erhobenen Regelung liegt lediglich ein hergebrachtes Tatbestandsbild zugrunde, in dem mehrere Sicherungsgeber sich untereinander bereitfinden, für einen Hauptschuldner als Bürgen einzustehen und mit dieser Übereinstimmung dem Gläubiger als Vertragspartner des Sicherungsverhältnisses gegenübertreten[298]. Während es nach früherem Recht Aufgabe des Gläubigers war, schon bei der Geltendmachung seines Sicherungsinteresses eine Lastenteilung unter den Mitbürgen herbeizuführen[299], hat eine **Fortentwicklung des Vertragsrechts** dem gewandelten Verkehrsbedürfnis entsprechend zu einem Recht des Gläubigers auf gesamtschuldnerische Inanspruchnahme des einzelnen Mitbürgen geführt *und dafür* zu einem Gegenrecht des in Anspruch genommenen Bürgen, für seine Leistung die weiteren Rechte des Gläubigers zu erwerben, mit deren Hilfe sich ein Lastenausgleich mit den weiteren, nicht in Anspruch genommenen Mitbürgen nachholen lässt[300]. Darin verwirklicht sich die hergebrachte „Subsidiarität" der Sicherungshaftung wie im Verhältnis zwischen Bürgen und Hauptschuldner[301] so auch im Verhältnis mehrerer Sicherungsgeber. Die **Gesamtabwicklung von Sicherungsverhältnissen**, an denen mehrere Sicherungsgeber beteiligt sind, findet also nicht mehr in einem Zusammmenwirken aller Beteiligten, sondern, wenn der Gläubiger seine erweiterten vertraglichen Rechte voll ausschöpft, **in zwei Stufen** statt. Eben diese Rechtstechnik und ihre Instrumentierung sind vom geltenden Recht übernommen worden. Besteht die Anzahl der Mithaftenden aus **mehr als zwei Beteiligten**, so kann nach einem ebenfalls schon hergebrachten Rechtsgedanken[302] der vom Gläubiger als Gesamtschuldner in Anspruch genommene und somit zum Ausgleich berechtigte Mitbürge auf den nicht von ihm zu tragenden Anteil nicht

Rz 19.23; Henckel, Festschr für G Lüke, 1997, S 237, 258 f, Smid InsO, 2001², § 95 Rz 4; – dagegen v Olshausen KTS 2000, 1, 4 f.

293 Dazu § 775 Rz 23.

294 Im Ergebnis ebenso BGH WM 1971, 855, 857 zu II: der Befreiungsanspruch „wandele sich" in einen aufrechenbaren Zahlungsanspruch.

295 Köln OLGZ 1976, 329, 331 = MDR 1976, 398 – S dazu iÜ § 765 Rz 13, § 767 Rz 14.

296 Dazu § 769 Rz 1 u dort Rz 3 Fn 72.

297 S ausführlich § 769 Rz 1.

298 S § 769 Rz 2.

299 Zu den Schwierigkeiten, dafür Verfahrensformen zu finden, s Dernburg, Pandekten II, § 81 II, 1 Fn 9.

300 S § 769 Rz 2 mit Fn 35 u dort Rz 16.

301 S oben Rz 2.

302 Dem freilich die Vorstellung eines zwischen den Mitschuldnern bestehenden vertraglichen Innenverhältnisses zugrundeliegt (s PrALR I, 14 §§ 373 f; I, 5 §§ 448 u 443). – Dazu auch § 769 Rz 2 bei Fn 38.

einen der weiteren Mithaftenden aus den auf ihn übergegangenen Gläubigerrechten wiederum als Gesamtschuldner in Anspruch nehmen. Doch kann sich jenseits der *an sich* vorgesehenen anteiligen Lastentragung eine weitere Verteilungsaufgabe ergeben, wenn von einem Mithaftenden „der auf ihn entfallende Beitrag nicht erlangt werden kann". Alsdann ist nach § 426 Abs 1 Satz 2 „der Ausfall von den übrigen zur Ausgleichung verpflichteten" Beteiligten „zu tragen"[303]. Vor dieser weiteren Verteilungsaufgabe müssen freilich die Darstellungsmöglichkeiten einer materiellrechtlichen Dogmatik, die auf eine Rechtsverwirklichung im Zwei-Parteien-Prozess und die Vorwegnahme seiner Ergebnisse in einem bestimmten Antrag und dessen schlüssiger Begründung (ZPO § 253 Abs 2 Nr 2) beschränkt ist, letztlich versagen. Eine über zwei Beteiligte hinausgehende Gliederung des möglichen Streitstoffs in prozessuale Darlegungs- und Beweislasten nach einer vorwegbestimmten materiellrechtlichen Rechtszuweisung verläuft sich notwendigerweise in der Ungewißheit erst künftig eintretender oder erkennbar werdender Tatbestände. Das trifft hier nur insbesondere die gegenständliche Bestimmung mehrseitiger Ausgleichsbeziehungen aus übergegangenen Gläubigerrechten. – Im Rahmen der gesetzlichen Ausgleichsregeln nicht bedacht und auf der inhaltslosen Abstraktionshöhe des Gesamtschuldbegriffs[304] auch nicht erfassbar ist die Frage, ob und inwieweit ein als Gesamtschuldner in Anspruch genommener Bürge sich vor einer Heranziehung von Mithaftenden zum Ausgleich zunächst im Rückgriff an den Hauptschuldner zu halten hat, dessen Beteiligung sich nicht aus dem Begriff einer gesamtschuldnerischen Mithaftung erklären lässt. Dafür können sich Bestimmungen allein aus den Regelungszielen vertraglicher Innenverhältnisse ergeben, die ihrerseits nicht gesamtschuldnerische Haftungsbeziehungen im Außenverhältnis voraussetzen.[305].

25 2. **Ausgleichsverhältnisse**. Ausgleichsansprüche unter Mitbürgen in der zweiten Stufe der Abwicklung von Sicherungsverhältnissen können sich wie auch im Rückgriffsverhältnis zwischen Bürgen und Hauptschuldner[306] **zweifach** aus voneinander unabhängigen Regelungstatbeständen ergeben, die nach ihrem Gegenstand und den daran Beteiligten selbständig hervorgebracht und vertraglich ausgefüllt worden sein müssen und auch **nur rechtsgeschäftlich** hervorgebracht sein können[307]. Lediglich aus begriffsjuristischer Konstruktion jenseits jedes konkreten Tatbestandsverständnisses ist die Vorstellung erwachsen, aus voneinander unabhängigen Vertragspflichten entstehe ein vom Vertragswillen der Beteiligten losgelöstes „gesetzliches" Ausgleichsverhältnis[308], das allenfalls hinter eine anderweitige vertragliche Regelung zurücktrete.

26 a) **Innenverhältnisse**. Ein vom Gläubiger auf sein ungeteiltes Sicherungsinteresse in Anspruch genommener Bürge kann von weiteren Sicherungsgebern schon aus einem der Sicherungsübernahme zugrundeliegenden[309] vertraglichen Rechtsverhältnis ausgleichende Leistungen verlangen. Ein solches Innenverhältnis kann vertragstypisch von auftrags- oder gesellschaftsrechtlichen Regelungszielen bestimmt oder auch wirtschaftlich weiterreichenden Rechtsbindungen untergeordnet sein. Hauptgegenstand des Innenverhältnisses ist die Kredithilfe zu Gunsten eines Hauptschuldners und damit vertragstypisch verbunden zugleich die **Verteilung und Ausgleichung eines Haftungsrisikos**[310]. Allein aus dem Innenverhältnis bestimmt sich auch, ob ein vom Gläubiger in Anspruch genommener Bürge von weiteren Beteiligten eine anteilige Mitwirkung an der Befriedigung des Gläubigerinteresses verlangen kann[311]. Demgegenüber ist unwesentlich, aus welcher Art von Sicherungsrechten das Haftungsrisiko sich ergibt; ebenso, ob und inwieweit vertragliche Haftungsübernahmen gegenüber dem Gläubiger durch alle Beteiligten als Ausführungsgeschäfte vorgesehen sind und stattfinden. Nur wenn Vertragsziel darüber hinaus aus einem Eigeninteresse der Beteiligten die Förderung der Wirtschaftskraft des Hauptschuldners ist, können aus einer Nichtausführung auch Schadensersatzansprüche entstehen. Bei einem solchen

303 Und zwar nach gleichem Verteilungsmaßstab (RGZ 92, 143, 145). – So auch schon PrALR I, 5 § 447.
304 Dazu § 769 Rz 3 aE.
305 S dazu § 769 Rz 8.
306 S oben Rz 18.
307 Dazu § 769 Rz 3 u 4.
308 Dazu und dagegen § 769 Rz 3 bei Fn 66 ff u dort Rz 8 bei Fn 138 ff; § 776 Rz 20 bei Fn 190 ff.
309 S § 769 Rz 5.
310 S § 769 Rz 5 aE u Rz 8.
311 S dazu § 769 Rz 8 bei Fn 142 ff.

vertraglichen Innenverhältnis handelt es sich nicht um eine gegenüber der Regelung des § 426 Abs 1 Satz 1 „andere" Bestimmung, sondern um die überhaupt allein in Betracht kommende Begründung unmittelbarer Ausgleichspflichten. Fehlt es daran, besteht – wie auch im Verhältnis eines Bürgen zum Hauptschuldner[312] – kein unmittelbarer Ausgleichsanspruch. – Zu Einzelheiten s § 769 Rz 5 bis 8.

27 b) **Sicherungsvertragliche Ausgleichsansprüche**. Es gehört zum gewachsenen Regelungsbestand des Bürgschaftsrechts und ist (als *naturale negotii)* selbstverständlicher Inhalt eines Bürgschaftsvertrages, dass ein vom Gläubiger als Gesamtschuldner in Anspruch genommener „Mitbürge" für seine Leistung die Übertragung der gegenstandslos gewordenen Gläubigerrechte gegen nicht in Anspruch genommene weitere Mitbürgen verlangen kann, um aus ihnen in der zweiten Stufe der Abwicklung des Sicherungsverhältnisses[313] einen Haftungsausgleich erzielen zu können. Allein die begrifflichen Abstraktionen einer verselbständigten Gesamtschuld-Theorie[314] haben die inhaltliche Orientierung der Dogmatik am Sicherungsvertrag unkenntlich werden lassen und damit auch eine Fortentwicklung der vertragsrechtlichen Instrumente nach den Bedürfnissen des Verkehrs nahezu unmöglich gemacht. **„Rechtsgrund"**[315] für einen Erwerb bürgschaftsvertraglicher Ausgleichsrechte kann nur der **Sicherungsvertrag** selbst sein, der aus dem Vertragswillen der Beteiligten die Rechtsstellung der mehreren Sicherungsgeber inhaltlich zu einer Mitbürgschaft[316] ausgestaltet haben muss. Das gilt sowohl für die Begründung von Rechten auf Ausgleich wie für das vertraglich übernommene Risiko, Ausgleich leisten zu müssen[317]. Zu dem sicherungsvertraglichen Vorbehalt des Erwerbs von Gläubigerrechten gehört die Folge der **Rechtsteilung** im Verhältnis zu weiteren Mitbürgen, so dass ein vom Gläubiger als Gesamtschuldner in Anspruch genommener Bürge nicht seinerseits einen von mehreren weiteren Mitbürgen wiederum als Gesamtschuldner auf den nach Abzug seines eigenen Anteils verbleibenden gesamten Haftungsbetrag in Anspruch nehmen kann, um diesem den Ausgleich mit weiteren Mitbürgen zu überlassen[318]. Seine inhaltliche Eindeutigkeit gewinnt der konkrete Regelungsinhalt mitbürgschaftlicher Haftungsübernahme erst in der Unterscheidung gegen die aus fortentwickelten Verkehrsanschauungen erwachsenen weiteren sicherungsvertraglichen **Regelungsformen**, in denen ein Sicherungszweck und das aus ihm folgende Haftungsrisiko unterschiedlich bestimmt werden kann. Dazu gehört die **Vorrangigkeit**[319] des übernommenen Haftungsrisikos und dem gleichstehend der Verzicht auf den Erwerb von Ausgleichsrechten[320], ebenso die **Nachrangigkeit**[321] der Haftung nach anderen Sicherungsrechten und deshalb auch eine zur Risikoteilung führende **Gleichrangigkeit**[322] von Mitbürgschaften, für deren Vorliegen eine in der Rechtstradition begründete Vermutung besteht[323]. Die Rechtsfortbildung aus fortentwickelten Verkehrsanschauungen hat dazu geführt, dass zum einen ebendiese rechtsgeschäftlichen Gestaltungsformen als Bestandteil eines allgemeinen schuldrechtlichen Sicherungsvertrages zu verstehen sind und somit dem Vertragswillen unabhängig von der Art der zu übernehmenden Sicherungshaftung zur Ausfüllung zur Verfügung stehen[324]; zum anderen gelten in der Wertung der heutigen Rechtsgeschäftsordnung die Übernahme schuldrechtlicher und dinglicher Sicherungshaftungen als gleichartig und haben deshalb in gleicher Weise an der **Vermutung** für die Gleichrangigkeit einer Mithaftung mit der Folge wechselseitiger Ausgleichsberechtigung teil[325].

28 3. **Geltendmachung und Beweislast**. – a) **Einheit des Ausgleichsinteresses**. Zwischen mehreren auf dasselbe Gläubigerinteresse haftenden Sicherungsgebern können Ausgleichsan-

312 S oben Rz 23.
313 S oben Rz 24.
314 Ausführlich dazu § 769 Rz 3.
315 Dazu § 769 Rz 9 u 10.
316 Zu einem „Mitbürgesein"; s zur älteren Dogmatik § 769 Rz 2 mit Fn 35 ff.
317 S schon § 769 Rz 10 mit Fn 176.
318 Anders noch (mangels konkreter Ausgestaltung des Sicherungsvertrages als Mitbürgschaft) Kiel SeuffA 40 Nr 19; OAppG Jena SeuffA 17 Nr 144. – Das „Ungemach" (Kiel aaO S 30) des Ausgleichs wird mit der Beweislast verteilt; s Rz 29.
319 Dazu § 769 Rz 13.
320 S § 769 Rz 14; § 776 Rz 15 u 17.
321 S § 769 Rz 11 f.
322 S § 769 Rz 16.
323 S § 769 Rz 17.
324 S § 769 Rz 20.
325 S § 769 Rz 21 f.

sprüche aus den selbständigen Entstehungsgründen eines vertraglichen Innenverhältnisses[326] und zugleich eines sicherungsvertraglichen Rechtserwerbs[327] bestehen. Wie im Rückgriffsverhältnis zwischen Sicherungsgeber und Hauptschuldner kommt dem einer Haftungsübernahme zugrundeliegenden unmittelbaren Innenverhältnis in der Rechtsgestaltung ein **Vorrang** gegenüber dem Rechtserwerb aus einem Ausführungsgeschäft mit dem Gläubiger zu[328]. Doch ergibt sich auch hier für die **prozessuale Geltendmachung** aus der Einheit des Ausgleichsinteresses ein einheitlicher Streitgegenstand, über den umfassend entschieden wird, so dass eine wiederholte Geltendmachung desselben Interesses ausgeschlossen ist[329]. Ist also ein Mitbürge gegen einen anderen Mitbürgen mit der Geltendmachung nur einer der für den Haftungsausgleich in Betracht kommenden Anspruchsgrundlagen erfolglos geblieben, ist die Geltendmachung der anderen durch eine neue Klage unzulässig. Ebenso fehlt es, wenn gegen den Besteller eines dinglichen Sicherungsrechts ein Ausgleich gesucht wird, nach dem erfolglosen Vorgehen aus einem Innenverhältnis an der prozessualen Möglichkeit der Geltendmachung eines schuldrechtlichen Rechts- und Haftungsgrundes für die Inanspruchnahme eines vom Gläubiger erworbenen Sicherungsrechts[330].

b) **Geltendmachung übergegangener Gläubigerrechte**. Hat der Bürge bei seiner Inanspruchnahme durch den Gläubiger seine sicherungsvertraglichen Gegenrechte auf den beweisbaren Erwerb der Hauptverbindlichkeit und dafür bestehender weiterer Sicherungsrechte wahrgenommen[331], ist er in der Lage, wie ein Zessionar aufgrund Abtretung nach § 398 sowohl gegen den Hauptschuldner[332] in voller Höhe der übergegangenen Hauptverbindlichkeit wie auch in gleicher Höhe den dafür haftenden weiteren Bürgen in Anspruch zu nehmen. Seine Klage als Rechtsnachfolger ist auch dann schlüssig, wenn er sich allein auf den Erwerb durch Verfügungsgeschäft ohne Rücksicht auf dessen Rechtsgrund beruft[333] und nicht geltendmacht, als Bürge an den Gläubiger geleistet zu haben und deshalb ausgleichsberechtigt zu sein. Er hat vielmehr lediglich den Tatbestand der Rechtsübertragung, die Übernahme der vertraglichen Haftung durch den in Anspruch zu nehmenden Bürgen (§ 765 Abs 1) und die Entstehung der gesicherten Hauptverbindlichkeit (§ 767 Abs 1 Satz 1) zu behaupten und mit Hilfe des Gläubigers als Zedenten zu beweisen. Gegen seine Inanspruchnahme aus übergegangenen Gläubigerrecht kann der Bürge nach § 771 die Einrede der Vorausklage erheben[334], wenn er sich dem Gläubiger gegenüber nur unter diesem Vorbehalt verbindlich gemacht hat. Er kann einwenden, vom Gläubiger nach § 397 oder nach § 407 mit Wirkung gegen den Rechtsnachfolger aus der Haftung entlassen worden zu sein, dass also der Kläger vom Gläubiger keine Rechte erworben haben kann, sondern diesem gegenüber auf Rechte aus § 776 verwiesen bleibt[335]. Verlangt der Kläger mehr als ihm zum Ausgleich von einem Mitbürgen zusteht, ist es dessen Aufgabe, im Wege der Einwendung geltend zu machen, dass auch der Kläger gleichrangig haftender Bürge war und ihm somit nur ein anteiliger Ausgleich zusteht[336], und zwar nicht anders als bei umgekehrter Inanspruchnahme durch den Gläubiger. Dafür kommt ihm die gesetzliche Vermutung[337] für eine den anteiligen Ausgleich eröffnende Gleichrangigkeit der übernommenen Bürgschaftshaftungen zugute. Wird ein Mitbürge auf hälftigen Ausgleich in Anspruch genommen, kann er geltend machen, dass noch weitere Mithaftende beteiligt und somit nur geringere Anteile auszugleichen sind. Steht danach dem vertragstypischen 29

326 S oben Rz 26.
327 S oben Rz 27.
328 Dazu oben Rz 21.
329 Tendenziell ähnlich BGHZ 103, 72, 78 = NJW 1988, 1375, 1377 zu A II 3 b. – S auch Rz 18.
330 Dazu § 769 Rz 23.
331 S oben Rz 3.
332 S oben Rz 6 u 19.
333 Ebenso wie für den Rückgriff gegen den Hauptschuldner; s oben Rz 19.
334 S dazu § 771 Rz 2.
335 S § 776 Rz 24.
336 Zutreffend RG WarnR 1913 Nr 361 S 426: „grundsätzlich" Anspruch auf die volle Summe, aber „Einrede" der Teilung aus § 426; – verwirrend mangels Klarstellung der prozessualen Streitpositionen RGZ 117, 1; – unprozessual gedacht und verworren im Tatbestandsverständnis BGH NJW 1963, 2067 = WM 1963, 991: die „gesetzliche Regelung" des § 426 könne nicht dadurch „umgangen" werden, dass der zahlende Gesamtschuldner sich vom Gläubiger dessen gesamte Forderung gegen andere Gesamtschuldner abtreten lasse. – S dazu § 769 Rz 16 bei Fn 247.
337 Dazu § 769 Rz 17.

Regelfall entsprechend eine Ausgleichung nach Anteilen zur Entscheidung, kann der als Ausgleichsschuldner in Anspruch genommene Mitbürge geltend machen, dass er seinerseits an den Gläubiger Leistungen auf die Sicherungsverbindlichkeit erbracht hat und deshalb der von ihm zu tragende Ausgleichsanteil sich um deren Betrag mindert[338]. Ist ein Mitbürge von dem an den Gläubiger vorleistenden Bürgen auf Erstattung der Hälfte belangt worden, kann er sich aufgrund der insoweit nunmehr auf ihn übergegangenen Gläubigerrechte an einen dritten Mitbürgen halten, soweit er mit mehr als dem auf ihn entfallenden Drittel belastet worden ist. Will der vom Gläubiger in Anspruch genommene Bürge geltend machen, dass ihm **abweichend vom Teilungsgrundsatz** ein voller Rückgriff aus den auf ihn übergegangenen Gläubigerrechten zusteht, hat er darzutun, dass er nach dem Inhalt seines Sicherungsvertrages nur nachrangig gehaftet habe oder umgekehrt der Beklagte nach seinem Vertrag vorrangig vor anderen Sicherungsgebern[339]; ebenso trägt der Beklagte die Beweislast dafür, dass er nur eine nachrangige Sicherungshaftung übernommen habe und danach keinen Ausgleich schulde[340]. – Der aus übergegangenen Gläubigerrechten auf Ausgleich in Anspruch genommene Mitbürge kann auch geltend machen, dass nach einem der Bürgschaftsübernahme durch den Kläger zugrundeliegenden vertraglichen Innenverhältnis eine ihm günstigere Erstattungsregelung besteht und somit vorrangig gilt[341]. Dafür fällt ihm die Beweislast zu. – S dazu im einzelnen § 769 Rz 5 bis 8[342].

30 4. **Inanspruchnahme dinglicher Sicherungsrechte**. Hat ein vom Gläubiger in Anspruch genommener Bürge in Höhe seiner Leistung die Hauptverbindlichkeit und die mit ihr verbundenen weiteren Sicherungsrechte erworben, ist er wie jeder Rechtsnachfolger in der Lage, auch die von Dritten gestellten dinglichen Sicherungsrechte[343] (wie Hypotheken, Grundschulden oder Sicherungseigentum[344]) in Anspruch zu nehmen und in voller Höhe ihrer Haftung für die Hauptverbindlichkeit schlüssig geltendzumachen. Dafür hat er den rechtsgeschäftlichen Erwerb vom Gläubiger, die Entstehung der gesicherten Hauptverbindlichkeit und eine darauf bezügliche Sicherungsabrede zu behaupten und, soweit nicht eine gesetzliche Vermutung zu seinen Gunsten besteht, zu beweisen[345]. Demgegenüber hat der in Anspruch genommene Sicherungsgeber auf der Grundlage des vertragstypischen Verständnisses seiner Sicherungsabrede darzutun, dass der den Rückgriff suchende Rechtsnachfolger als gleichrangiger Mitsicherer nur einen anteiligen Ausgleich zu beanspruchen habe oder wegen der vereinbarten Nachrangigkeit des geltendgemachten Sicherungsrechts auch dies nicht. Demgegenüber kann der Rückgriffskläger geltend machen, dass er selbst nur nachrangig Sicherheit gegeben habe und deshalb zum vollen Rückgriff berechtigt ist. – Zu sicherungsvertraglichen Ausgleichsrechten von Bestellern dinglicher Sicherungsrechte gegen weitere Mithaftende s § 769 Rz 22.

§ 775 Anspruch des Bürgen auf Befreiung

(1) Hat sich der Bürge im Auftrage des Hauptschuldners verbürgt oder stehen ihm nach den Vorschriften über die Geschäftsführung ohne Auftrag wegen der Übernahme der Bürgschaft die Rechte eines Beauftragten gegen den Hauptschuldner zu, so kann er von diesem Befreiung von der Bürgschaft verlangen:

1. wenn sich die Vermögensverhältnisse des Hauptschuldners wesentlich verschlechtert haben,

338 RG JW 1927, 1634, 1635.
339 S oben Rz 27.
340 Das gilt für das Bestehen abweichender sicherungsvertraglicher Vereinbarungen mit dem Gläubiger wie für unmittelbare Innenverhältnisse (zu diesen BGH WM 1982, 186 = KTS 1982, 405).
341 S oben Rz 26 u 21.
342 S auch zu dem in gleicher Weise abzuwickelnden Rückgriff des Bürgen gegen den Hauptschuldner oben Rz 21.
343 Zum Anspruch auf Erwerb s oben Rz 3.
344 Zu weiteren am Ausgleich teilnehmenden Sicherungsrechten s § 776 Rz 11 u 22.
345 Dazu § 769 Rz 23.

2. wenn die Rechtsverfolgung gegen den Hauptschuldner infolge einer nach der Übernahme der Bürgschaft eingetretenen Änderung des Wohnsitzes, der gewerblichen Niederlassung oder des Aufenthaltsorts des Hauptschuldners wesentlich erschwert ist,

3. wenn der Hauptschuldner mit der Erfüllung seiner Verbindlichkeit im Verzug ist,

4. wenn der Gläubiger gegen den Bürgen ein vollstreckbares Urteil auf Erfüllung erwirkt hat.

(2) Ist die Hauptverbindlichkeit noch nicht fällig, so kann der Hauptschuldner dem Bürgen, statt ihn zu befreien, Sicherheit leisten.

ÜBERSICHT

Schrifttum: Kretschmer, Kann sich der Befreiungsanspruch des Bürgen in einen Zahlungsanspruch verwandeln?, NJW 1962, 141; Walter Gerhardt, Der Befreiungsanspruch, 1966; Stötter, Das Vertragsverhältnis zwischen dem Hauptschuldner und dem Auftragsbürgen, insbesondere seine Beendigung durch Kündigung aus wichtigem Grunde (Verhältnis von § 671 und § 775 BGB), MDR 1970, 545; Rimmelspacher, Die Durchsetzung von Befreiungsansprüchen, JR 1976, 89 und 183; Bischof, Der Freistellungsanspruch, ZIP 1984, 1444; Geißler, Der Befreiungsanspruch des Bürgen und seine vollstreckungsrechtliche Durchsetzung, JuS 1988, 452; Görmer, Die Durchsetzung von Befreiungsansprüchen im zivilprozessualen Erkenntnis- und Vollstreckungsverfahren, 1992; Lwowski/Tetzlaff, Verjährung der Aufwendungsersatzansprüche einer Bank aus einem „Avalkredit", WM 2000, 761; Wilhelm, Der Befreiungsanspruch, FuR 2000, 353.

1. **Grundsätzliches**. Die Vorschrift folgt einem zur Zeit der Gesetzgebung weder praktisch 1
zureichend erprobten noch zureichend auf die Instrumente der Durchsetzbarkeit hin zuendegedachten **Rechtsgedanken**. Ihre Geltung für das Innenverhältnis zwischen Bürgen und Hauptschuldner ist bis zum Eintritt der Voraussetzungen eines Rückgriffs[1] zeitlich begrenzt. Versuche, sie zu praktischer Anwendung zu bringen, sind aber auch wegen ihrer inhaltlichen Unbestimmtheit selten geblieben. Diese Unbestimmtheit hat damit zu tun, dass sich mit der Vorstellung von einer „Schuldbefreiung" kein von vornherein eindeutig bestimmtes Rechtsschutzziel verbindet, sondern nur ein sich je nach der fortschreitenden Zuspitzung des Rechtskonflikts erst konkretisierendes Rechtsfolgeprogramm. Deshalb bleiben auch die in dieser Vorschrift dargestellten Tatbestände rudimentär und wenig praktisch. Insbesondere ergibt sich nicht, dass dem Auftragsbürgen vertragliche Rechte im Innenverhältnis gegen den Hauptschuldner „nur" nach dieser Vorschrift zustehen könnten. Und deshalb ist auch die aus inhaltlich nicht eindeutigen Begriffen, also Schlagwörtern als „grundsätzlich" abgeleitete Folgerung, ein Auftragsbürge könne „erst", wenn er

1 S § 774 Rz 19. – Zu der danach im besonderen Fall der Bürgschaft auf 1. Anfordern eintretenden gleichen Konstellation im Verhältnis zwischen Gläubiger und Hauptschuldner s BGHZ 152, 246 (= Fn 111).

Bürgschaftsleistungen an den Gläubiger erbracht habe, deren Erstattung auch als Aufwendungsersatz verlangen[2], nicht nur unzureichend, sondern schlicht abwegig. Konkret fallbezogene Rechtsanwendung und die dafür erst noch erforderliche Präzisierung ihrer normativen Vorgaben kann letztlich erst von dem in Betracht kommenden Begehren des Freistellungsgläubigers ausgehen[3].

2 2. **Rechtsgeschäftliche Innenverhältnisse**. – a) **Bürgschaftsauftrag**. Die Vorschrift regelt das rechtsgeschäftliche Innenverhältnis zwischen Bürgen und Hauptschuldner[4]. Fast immer liegt der Übernahme einer Bürgschaft ein vom Hauptschuldner ausgehender Auftrag zur Verbürgung, die dem gleichzustellende Zustimmung des Hauptschuldners zu einem vom Gläubiger geforderten Eintreten des Bürgen[5] oder ein dem Auftragsrecht zuzuordnender Geschäftsbesorgungsvertrag (§ 675) zwischen Hauptschuldner und Bürgen zugrunde. Im Hinblick auf die Kredit- und Leistungsschwäche des Schuldners bedarf der **Bürgschaftsauftrag** gewisser vertragstypischer Abwandlungen, ohne dass der Grundzug des gesetzlichen Auftragsrechts deswegen aufgegeben werden müsste. Seine Besonderheiten finden hier nur eine unvollständige und unvollkommene Regelung. Die Ungleichartigkeit der hier zusammengestellten Befreiungsgründe steht einem sinngemäßen Verständnis der Bürgenrechte eher entgegen. Hauptinhalt des Auftragsverhältnisses ist die **Eingehung der Bürgschaft** gegenüber dem Gläubiger. Die Bereitschaft, eine Bürgschaft ohne Entgelt „aus Freundschaft" zu übernehmen, steht einer Begründung der rechtsgeschäftlichen Folgewirkungen aus einem Auftragsverhältnis nicht entgegen[6]. Soll der Bürge sich durch die Annahme des Bürgschaftsauftrags verbindlich verpflichten, zu Gunsten des Hauptschuldners eine Bürgschaft zu übernehmen, tritt das Formerfordernis des § 766 in Funktion[7]. Der Bürge hat also schon dem Hauptschuldner vorweg eine inhaltlich vollständige Erklärung zu erteilen[8]. Im Verhältnis des Bürgen zum Hauptschuldner besteht der **vertragstypische Zweck** der Bürgschaftsübernahme[9] allein darin, dass der Bürge durch Sicherung des Gläubigers eine Kreditgewährung an den Hauptschuldner ermöglicht, nicht auch darin, dass er den Gläubiger aus eigenen Mitteln befriedigt[10]. Der Bürge hat deshalb zwar einerseits angesichts der Leistungsschwäche des Hauptschuldners kein Recht aus § 669 auf Vorschüsse zur Absicherung seines Haftungsrisikos[11]. Er hat aber andererseits vertragstypisch ein Recht darauf, vor einer Inanspruchnahme aus der Bürgschaft bewahrt zu bleiben. Da der Bürge nicht die rechtsgeschäftliche Verantwortung für die Entstehung und Erfüllung der gesicherten Hauptverbindlichkeit trägt, kommt es nicht auf den Eintritt des materiellen Sicherungsfalls[12] und damit auf eine vom Bürgen zu beweisende Begründetheit der Hauptverbindlichkeit an[13]; vielmehr hat der Hauptschuldner den Auftragsbürgen auch schon gegen eine unbegründete Rechtsverfolgung aus der Bürgschaft zu verteidigen[14]. Der Bürge kann deshalb schon, wenn ihm eine Inanspruchnahme durch den Gläubiger droht, nach Maßgabe dieser Vorschrift **Schuldbefreiung**[15] verlangen. Der Befreiungsanspruch steht auch dem selbstschuldnerisch haftenden Bürgen zu[16]. Lässt der Hauptschuldner es zur **Inanspruch-**

2 So BGH NJW 2000, 1643 f zu II 1 d = WM 2000, 910 = ZIP 2000, 879 = JZ 2001, 45 (mAnm Reinicke u Tiedtke): „Einen Zahlungsanspruch hat der Bürge erst, wenn er Rückgriff nehnmen kann. Dazu ist er nach § 774 berechtigt, soweit er den Gläubiger befriedigt hat."
3 S unten Rz 19 f.
4 S § 774 Rz 23.
5 RG SeuffA 90, Nr 70 S 140 = JW 1936, 376.
6 BGH NJW 2000, 1643 (= Fn 2).
7 S § 766 Rz 3.
8 S § 766 Rz 12.
9 S auch § 773 Rz 1.
10 BGH NJW 1995, 2635, 2637 = WM 1995, 1575, 1577 = ZIP 1995, 1322 = LM Nr 1 zu § 1149; BGH NJW 1987, 1080, 1081 f = WM 1986, 1554, 1555; Stötter MDR 1970, 545, 546 zu II 1. – So auch schon ROHGE 13, 275, 280 = SeuffA 31 Nr 133 S 173; ROHGE 13, 6, 9.
11 Protokolle VI, S 385.
12 Dazu § 771 Rz 6 aE.
13 So BGH NJW 2002, 2382 zu II 3 = WM 2002, 1358 = LM Nr 17 zu § 241 (Armbrüster): für eine zum Geschäftsbereich des Gläubigers gehörende Verbindlichkeit. Das muss um so mehr für die Entstehung einer in die rechtsgeschäftliche Verantwortlichkeit des Schuldners fallende Verbindlichkeit gelten.
14 BGH NJW 2002, 2382 (= Fn 13); BGHZ 152, 246, 255 (= Fn 111).
15 S unten Rz 17 f.
16 Motive II, S 677.

nahme des Bürgen kommen, schuldet er nicht nur nach § 670 Aufwendungsersatz[17], sondern er macht sich grundsätzlich auch schadensersatzpflichtig[18]. Zu dem zu ersetzenden Schaden gehört nicht nur eine in Wahrheit nicht geschuldete Bürgschaftsleistung an den Gläubiger, sondern auch ein aus einer als unbegründet abgewehrten Inanspruchnahme durch den Gläubiger erwachsener Kostenaufwand. Eine **Schadensersatzpflicht des Hauptschuldners** gegenüber dem Bürgen setzt freilich voraus, dass dieser ihn von einer Verfolgungsabsicht des Gläubigers in Kenntnis gesetzt und zur Freistellung aufgefordert und somit die „Gelegenheit"[19] eröffnet hat, den Bürgen zu entlasten. In ihrem Grundgedanken berücksichtigt die Vorschrift den **Fortfall der Geschäftsgrundlage** des Bürgschaftsauftrags. Wird dessen besonderer Zweck verfehlt, beendet oder überschritten, treten die allgemeinen Abwicklungsregeln des Auftragsrechts wieder in Funktion[20]. Die vielfältigen Besonderheiten der im Verkehr anzutreffenden Vertragsbeziehungen[21] zwischen Bürgen und Hauptschuldner nehmen der Vorschrift ihren Regelungswert weitgehend. Insbesondere schließt die gesetzliche Aufzählung von Befreiungsgründen die Entstehung eines Befreiungsanspruchs aus anderen Voraussetzungen nicht aus. Andererseits werden sich mit einer Fortentwicklung der dogmatischen Einheit des Sicherungsvertrages[22] die zum Bürgschaftsauftrag gewonnenen Einsichten auch auf Vereinbarungen, die eine Bestellung andersartiger Sicherheiten zum Gegenstand haben[23], übertragen lassen.

b) **Geschäftsbesorgungsverträge**. Der gesetzliche Vertragstyp des Bürgschaftsauftrags ist nicht nur abdingbar[24]. Er lässt vielmehr Raum für andere, nicht weniger verkehrstypische Vertragsbeziehungen[25], in deren Gesamtzusammenhang die Übernahme einer Bürgschaft nur ein Gestaltungselement darstellt. Etwa kann sich der selbstschuldnerisch haftende Bürge im Verhältnis zum Hauptschuldner zu dessen Entlastung als Zahlstelle zur Leistung an den Gläubiger verpflichten wie bei der Prozessbürgschaft[26] und anderen Aval-Geschäften[27]. Dann ist er im Falle seiner Inanspruchnahme nicht vertragswidrig geschädigt[28], sondern er kommt seinen gegen Entgelt übernommenen Vertragspflichten nach. Auch entfällt der auf eine Abwendung drohender Inanspruchnahme abzielende Befreiungsanspruch. Hat sich der Bürge gegenüber dem Gläubiger zu strengeren Haftungsbedingungen verbürgt als vom Hauptschuldner in Auftrag gegeben, kann er diesem gegenüber aus seiner Inanspruchnahme keine weitergehenden Rechte geltend machen als die sich aus dem Auftragsverhältnis ergebenden[29]. 3

c) **Besondere Vereinbarungen**. Der Bürge kann sich dem Hauptschuldner gegenüber auch von vornherein nur **befristet** zur Übernahme einer Kreditsicherung verpflichten. Dann kann er, soweit die übernommene Bürgschaft seine Inanspruchnahme noch ermöglicht, vom Hauptschuldner allein wegen Fristablaufs ohne einen der gesetzlichen Gründe Schuldbefreiung verlangen[30]. Ohne Zeitbestimmung übernommene Sicherungsaufträge können vom Bürgern grundsätzlich (§ 671 Abs 1), aber nicht zur Unzeit **gekündigt** werden (§ 671 Abs 2). Es kommt darauf an, inwieweit das konkrete Sicherungsinteresse des Hauptschuldners in das Auftragsverhältnis Eingang 4

17 S § 774 Rz 23.
18 RG JW 1915, 921 = WarnR 1915 Nr 278 S 432; Bremen NJW 1963, 861; Protokolle VI, S 385; vgl auch BGH NJW 2000, 1643, 1644 zu B II 2 (= Fn 2), wo es an der zureichenden Feststellung eines Bürgschaftsauftrags fehlte.
19 BGH NJW 2002, 2382 (= Fn 13); BGH NJW 1983, 1729, 1730 zu 2 a.
20 S unten Rz 4, 17 aE.
21 S unten Rz 3 f.
22 Dazu § 769 Rz 9 ff.
23 S etwa BGH WM 2002, 291 = ZIP 2002, 394 = NJW-RR 2002, 455 = LM HGB § 110 Nr 5 (Hennrichs) = JuS 2003, 228 (K Schmidt): Grundschuld; RGZ 132, 29, 32: Sicherungseigentum.
24 BGH NJW 1995, 2635, 2637 zu III = WM 1995, 1575, 1577 = ZIP 1995, 1322 = LM Nr 1 zu § 1149 (insoweit nicht in BGHZ 130, 101).
25 S unten Rz 28.
26 S Rz 52 vor § 765.
27 Beispiel: BGH WM 1984, 768, 769 zu II 2 = ZIP 1984, 1326, 1328 = NJW 1984, 2088 f; BGH WM 2000, 1797 = NJW-RR 2000, 1717 = BB 2000, 1856. – Dazu Lwowski/Tetzlaff WM 2000, 761.
28 S oben Rz 2.
29 BGHZ 143, 381, 387 = NJW 2000, 1563, 1565 zu III 2 d, aa = WM 2000, 715 = ZIP 2000, 576; Köln WM 2002, 2505, 2506 zu 2 b = ZIP 2002, 1349 (Bürgschaft auf erstes Anfordern). – Zum Rückgriff iAllg s § 774 Rz 21.
30 Karlsruhe WM 1970, 647.

gefunden hat[31]. Ist die Bürgschaft für eine individualisierte Einzelverbindlichkeit übernommen, muss der Bürge während deren regulärer Abwicklung gegenüber dem Hauptschuldner dazu stehen und kann nur unter besonderen Umständen aus wichtigem Grunde[32] kündigen. Der nicht befristete Auftrag zur Verbürgung zukünftiger Forderungen aus einer fortdauernden Geschäftsbeziehung[33] unterliegt dagegen nach Ablauf eines angemessenen Zeitraums der freien Kündigung[34]. Je nach den Umständen und dem Gesamtzusammenhang des Bürgschaftsauftrags muss aber der Bürge dem Schuldner vor einer Einbeziehung des Gläubigers zur Erwirkung der Schuldbefreiung ermöglichen, eine andere Sicherheit beizubringen[35]. Wird die Einräumung des fortdauernden Kredits vom Gläubiger beendet, entfällt damit unmittelbar der Zweck des Auftragsverhältnisses[36]. Der Bürge kann deshalb ohne weiteres und sofort vom Hauptschuldner die Befreiung von einer für ihn übernommenen Bürgschaft verlangen, auch wenn seine Inanspruchnahme nicht bevorsteht[37]. Übernimmt ein **Gesellschafter** gegenüber Gläubigern der Gesellschaft zur Förderung von Gesellschaftszwecken eine Bürgschaft, kann er anlässlich seines Ausscheidens von der Gesellschaft Befreiung verlangen[38]. Die Bürgschaft eines Gesellschafters für die Gesellschaft kann auch der Erbringung seiner Einlage dienen. Dann kann er bei ihm drohender Inanspruchnahme durch den Gläubiger nicht von der Gesellschaft Schuldbefreiung verlangen, sondern er ist seinerseits verpflichtet, die Gesellschaft von der Inanspruchnahme aus der gesicherten Forderung freizustellen[39]. Leistungen an den Gläubiger auf die Bürgschaft können dann einer Leistung als Einlage an die Gesellschaft gleichstehen[40]. Einen Anspruch auf Schuldbefreiung hat auch der bürgende **Ehegatte** gegenüber dem anderen nach einem Scheitern der Ehe[41] und der für sein Unternehmen bürgende **Arbeitnehmer** bei seinem Ausscheiden aus dem Arbeitsverhältnis[42]. Ist die Übernahme einer Bürgschaft Bestandteil des Leistungsaustauschs in einem **gegenseitigen Vertrag**, ergibt sich der Befreiungsanspruch aus den Bedingungen der beiderseitigen Vertragserfüllung[43].

5 d) **Rechtsverzichte**. Sind Bürge und Hauptschuldner darüber einig, dass eine Erstattung von Leistungen an den Gläubiger nicht oder nicht unmittelbar stattfinden soll, besteht insoweit auch kein Anspruch auf Schuldbefreiung[44]. Dann kann freilich in der Zusage, die Bürgschaft zu übernehmen, ein **Schenkungsversprechen** des Bürgen an den Hauptschuldner liegen, das nach § 518 Abs 1 Satz 2 notarieller Form bedarf. Die einen Formmangel heilende Zuwendung (§ 518 Abs 2) ergibt sich hier schon aus der Eingehung der gegenüber dem Innenverhältnis selbständigen Bürgschaftsverbindlichkeit[45]. Ein Verzicht auf die Erstattung von Bürgschaftsleistungen und somit auf eine Schuldbefreiung ergibt sich aber nicht schon aus der Uneigennützigkeit der Bürgschaftsübernahme[46].Ein Befreiungsanspruch kann entfallen, wenn die Übernahme der Bürgschaft andere Leistungspflichten des Bürgen gegenüber dem Schuldner vertritt[47], sofern nicht lediglich die

31 Dazu RGZ 59, 10 ff. – S auch BGH NJW 1986, 978, 979 zu II 3 c = WM 1986, 170.
32 Karlsruhe WM 1991, 1161, 1162 = FamRZ 1991, 802, 803.
33 Zur Kreditbürgschaft s Rz 22 vor § 765.
34 Breslau HRR 1936 Nr 1212 = JW 1936, 2003 Nr 87; Köln LZ 1914 Sp 594 f = OLGE 28, 227 f. – Zur Kündigung des Bürgschaftsvertrages gegenüber dem Gläubiger s § 765 Rz 135.
35 RG WarnR 1913 Nr 289 S 341; vgl auch BGH WM 1972, 661.
36 S oben Rz 2.
37 BGH WM 1974, 214, 215 zu 2 c = BB 1974, 1269, 1270.
38 BGH WM 1974, 214 (= Fn 37); Hamburg ZIP 1984, 707 = GmbHR 1985, 58. – Vgl auch BGH WM 1986, 1554, 1555; Düsseldorf WM 1998, 1268.
39 BGH NJW 1992, 1166 = LM Nr 34 zu GmbHG § 30 (G H Roth).
40 BGH NJW 1995, 197 = WM 1994, 2242 = ZIP 1994, 1850; RGZ 82, 72, 75.
41 BGH NJW 1989, 1920, 1922 zu 3 c = FamRZ 1989, 835 = LM Nr 3 zu § 257; vgl auch BGH WM 1972, 661; Schleswig SchlHAnz 1998, 212 f; Bremen NJW-RR 2001, 1627; Köln NJW-RR 1994, 52 = MDR 1993, 1085 = BB 1994, 814; Hamm FamRZ 1992, 437.
42 LAG Mannheim BB 1969, 1269. – Zur ArbN-Bürgschaft s BGHZ 156, 302 = NJW 2004, 161.
43 BGH NJW 1995, 2635, 2637 (= Fn 24). – S noch Rz 5 bei Fn 47.
44 BGH WM 1968, 275 = LM Nr 2 zu § 775.
45 BGH WM 1955, 377, 379 = MDR 1955, 283, 284 = LM Nr 2 zu § 516.
46 BGH NJW 2000, 1643 zu B II 1 b = (= Fn 2).
47 BGH WM 1968, 275 (= Fn 44); RGZ 85, 72, 74 f.

Übernahme der Bürgschaft als Leistung geschuldet ist[48]. Die Beweislast für einen Verzicht des Bürgen auf Erstattung und Schuldbefreiung wie auch für eine anderweitige Regelung durch atypische oder gemischttypische Vertragsgestaltung fällt dem Hauptschuldner zu[49]. Der Bürge kann auch **im Bürgschaftsvertrag** mit dem Gläubiger auf die Geltendmachung eines Befreiungsanspruchs[50] oder auf eine Kündigung des Bürgschaftsauftrags vor Abwicklung des Hauptschuldverhältnisses mit der Wirkung verzichten, dass der Schuldner sich ihm gegenüber entsprechend § 328 materiellrechtlich durch Einrede darauf berufen kann. Darüber wiederum können sich Schuldner und Bürge in ihrem Verhältnis anderweit verständigen[51].

e) **Sicherung des Bürgen**. Da der gesetzliche Befreiungsanspruch samt seinen Voraussetzungen wenig praktikabel ist[52], wird dem Bürgeninteresse besser mit einer gegenständlichen Sicherung seines Aufwendungsersatzanspruchs[53] oder mit einer Nachbürgschaft[54] gedient. Es kann auch in anderer Weise der Zugriff des Bürgen auf Gegenstände des Schuldnervermögens gesichert werden[55]. Ob sich aus einer Absicherung des Bürgen durch den Schuldner ein Ausschluss oder eine Beschränkung des Befreiungsanspruchs ergibt, bestimmt sich auch nach den weiteren Zwecken des Bürgschaftsauftrags und bleibt Auslegungsfrage[56]. **6**

f) **Geschäftsführung ohne Auftrag**. Der Gesetzestext bezieht auch die **Bürgschaftsübernahme ohne Auftrag** ein. Dabei handelt es sich lediglich um eine römischrechtliche Reminiszenz aus der antiquarischen Begriffspflege der gemeinrechtlichen Dogmatik[57]. In alter Zeit war es Sitte, dass reiche Herren und Grundeigentümer für ihre abhängige Klientel Bürgschaften übernahmen. Dem die Vorstellung eines Mandats zugrundezulegen, wäre nach den gesellschaftlichen Verhältnissen unpassend gewesen. Doch erschien die Gleichstellung in den Rechtsfolgen angemessen, solange nicht der Schuldner die Hilfe ablehnte. Der moderne Geschäftsverkehr kennt eine vergleichbare Konstellation und deshalb auch ein Bedürfnis nach besonderer rechtlicher Behandlung nicht. Umso weniger wird verständlich[58], dass der Gesetzgeber[59] den gemeinrechtlichen Erstattungsanspruch des ohne Auftrag eintretenden Bürgen auch noch um einen Befreiungsanspruch erweitert hat. Fälle, in denen ohne Auftrag eigenmächtig handelnde Bürgen Schuldbefreiung verlangt hätten, sind denn auch nicht bekannt geworden. Die Anwendbarkeit der Vorschrift kann in Betracht zu ziehen sein, wenn ein dem Bürgen erteilter Bürgschaftsauftrag unwirksam ist[60], wenn der Bürge ihn nicht zureichend beweisen kann[61], wenn er die Auftragsbedingungen überschritten hat[62] oder auch zu Gunsten persönlich bürgender Geschäftsführer einer juristischen Person dieser gegenüber. „Geschäft" des Schuldners im Sinne der Übernahme ohne Auftrag (§ 683) kann aber schon angesichts der Rechtsnachteile für den Schuldner aus dieser Vorschrift nicht die Eingehung der Bürgschaft selbst sein, sondern allein die Eröffnung eines Kredits, der dem Schuldner sonst nicht eingeräumt worden wäre und dem die Bürgschaft als Aufwand dient[63]. **7**

3. **Die Fälle des Gesetzes**. – a) **Vermögensverschlechterung (Abs 1 Nr 1)**. Der Bürge kann vom Schuldner Befreiung von der Bürgschaft verlangen, wenn sich die Vermögensverhältnisse und somit die Zahlungsfähigkeit des Schuldners nach der Übernahme des Bürgschaftsauftrags wesentlich verschlechtern. Ungünstige Verhältnisse bei der Übernahme muss er hinnehmen, es sei **8**

48 Fall: RG Bolze 14 Nr 471 (Brauerei-Bürgschaft). – Unzureichend München WM 1989, 636 = NJW-RR 1989, 1017.
49 S unten Rz 19 u § 774 Rz 23.
50 BGH WM 1963, 559 = LM Nr 1 zu § 775 = MDR 1963, 673 = BB 1963, 574.
51 Insoweit zutreffend Nürnberg WM 1962, 798.
52 S unten Rz 21.
53 S § 774 Rz 13.
54 S Rz 49 vor § 765.
55 BGHZ 130, 101 = NJW 1995, 2635 = WM 1995, 1575 = ZIP 1995, 1322 = JuS 1996, 73 (K Schmidt).
56 RGZ 59, 10, 13.
57 Windscheid/Kipp, Pandekten, 1906[9], §§ 480, 3 u 481, 3; Sintenis, Das praktische Gemeine Civilrecht, 1868[3], Bd II S 846; Sächs BGB von 1863 § 1474. – Zu Grenzfällen im familiären Bereich s OAppG Lübeck SeuffA 34 Nr 210.
58 Krit auch Oertmann Rz 1.
59 S auch E I § 677; Motive II, S 677.
60 Dafür MünchKomm/Habersack Rz 1; vgl auch BGH NJW-RR 1993, 200 zu II 3 a.
61 RG WarnR 1930 Nr 135 S 271.
62 S dazu BGH NJW 2002, 2382 zu II 3 aE (= Fn 13).
63 Ähnlich RG SeuffA 90 Nr 70 S 140 f = JW 1936, 376 Nr 3; RG WarnR 1930 Nr 135 S 271.

denn, dass er diese wegen arglistiger Täuschung nach §§ 123, 142 anfechten und Schuldbefreiung als Schadensersatz verlangen kann. Wesentlich ist erst ein Vermögensverfall, der den vertraglichen Aufwendungsersatz des Bürgen (§ 670 BGB) gefährdet[64]. Das ist nach wirtschaftlichen Maßstäben zu bestimmen. Eine Änderung der Rechtsform des Hauptschuldners oder der Ausfall eines von mehreren für den Rückgriff haftenden Hauptschuldnern sind für sich allein nicht als ausreichend angesehen worden[65]. Eine Gefährdung kann sich aus Art und Umfang neuer Verbindlichkeiten ergeben, die vordringlich oder alsbald zu erfüllen sind[66], aus Vollstreckungsmaßnahmen wegen früherer Verbindlichkeiten[67], aus der Entziehung eines bisher nutzbaren Bankkredits[68] oder dem Verlust einer begründeten Aussicht auf eine Kreditgewährung[69], sofern diese zur Geschäftsgrundlage für die Bürgschaftsübernahme erhoben war. In die Abwägung einzubeziehen ist auch die allgemeine Bonität des Hauptschuldners im Geschäftsverkehr und insofern auch sein Geschäftsgebaren, das seine Kreditwürdigkeit in Frage stellt[70]. Der Befreiungsanspruch aus Nummer 1 erfordert nicht, dass der verbürgte Anspruch fällig ist und dem Bürgen die Inanspruchnahme durch den Gläubiger droht. Ein Vermögensverfall des Hauptschuldners bleibt unwesentlich, wenn der Bürge durch Sicherungsrechte[71], einen Rückbürgen oder weitere Mitschuldner[72] sichergestellt bleibt. Der Befreiungsanspruch aus Nummer 1 entfällt wieder, wenn die Vermögensverhältnisse des Hauptschuldners sich wesentlich bessern; die Beweislast dafür trägt der Schuldner. – Vgl auch die Erläuterungen zu den ähnlichen Tatbeständen der §§ 321, 610 aF und 490 Abs 1.

9 b) **Wohnsitzänderung (Abs 1 Nr 2)**. Der Tatbestand stimmt mit § 773 Abs 1 Nr 2 überein. Anwendungsfälle sind nicht bekannt geworden. – S iÜ § 773 Rz 4 f.

10 c) **Schuldnerverzug (Abs 1 Nr 3)**. Leistungsverzug des Hauptschuldners begründet nach dieser Bestimmung den Befreiungsanspruch ohne weitere Voraussetzungen[73], ein **Verzug mit Teilleistungen** aber nicht für den ganzen Umfang der Verbürgung[74]. Ein Befreiungsanspruch ist jedoch zu verneinen, wenn der Hauptschuldner den Anspruch des Gläubigers erfolglos mit Gründen bestritten hat, deren Geltendmachung auch im Interesse des Bürgen lag[75]. Nachträgliche Leistungen des Hauptschuldners an den Gläubiger zur Schuldtilgung lassen den Befreiungsanspruch des Bürgen schon deshalb entfallen, weil dadurch insoweit nach § 767 Abs 1 Satz 1 auch der Bürgschaftsanspruch des Gläubigers erlischt[76]. Doch kann ein Befreiungsanspruch nach Nummer 1 im Übrigen fortbestehen[77]. Erwirkt der in Verzug geratene Hauptschuldner vom Gläubiger eine Stundung, die nach § 768 Abs 1 Satz 1 auch dem Bürgen zugutekommt, so soll der einmal entstandene Befreiungsanspruch gleichwohl fortbestehen[78].

11 Aus der materiellrechtlichen Sicht des Gesetzeswortlauts folgt, dass der Bürge, um mit Rechten gegen den Hauptschuldner durchdringen zu können, zu behaupten und zu beweisen hat, dass der Hauptschuldner sich im Leistungsverzug befindet und dass also eine Hauptverbindlichkeit besteht[79]. Das kann so nicht die Rechte des Bürgen erschöpfen und entspricht auch nicht dem typi-

64 Riezler BankArch 1941, 105, 106. – Vgl auch RG WarnR 1935 Nr 161 S 337 = JW 1935, 3529; BGHZ 81, 252, 257 = NJW 1981, 2570, 2571 = WM 1981, 870, 871 f (Gesellschafter-Bürgschaft).
65 RG JW 1927, 1689, 1690 = SeuffA 81, Nr 177 S 289 f = Recht 1927 Nr 1413.
66 RGZ 150, 77, 78.
67 BGH NJW 1964, 99, 100 = LM Nr 2 zu § 321.
68 Hamburg BB 1959, 506; aA Lwowski, Recht der Kreditsicherung, 2000[8], Rz 347.
69 BGH NJW 1964, 99, 100 (= Fn 67).
70 RGZ 150, 77, 78; BGH WM 1961, 1372 (Begebung ungedeckter Schecks).
71 AA RGZ 59, 10, 12 f.
72 RG JW 1927, 1689 = SeuffA 81 Nr 177 (für die persönlich haftenden Gesellschafter einer OHG).
73 RG WarnR 1930 Nr 135 S 272 aE.
74 BGH WM 1968, 275 = LM Nr 2 zu § 775 = JZ 1968, 230 f = MDR 1968, 405 = BB 1968, 231; BGH NJW 1995, 2635, 2637 (= Fn 24).
75 RG WarnR 1935 Nr 161 S 337 = JW 1935, 3529.
76 Darin unklar RG WarnR 1935 Nr 161 S 337 (= Fn 75).
77 BGH WM 1968, 275 (= Fn 74).
78 BGH WM 1974, 214, 215; RGZ 59, 10, 12; Koblenz ZIP 1980, 1083; Nürnberg WM 1962, 798, 799; – aA zu Recht RG WarnR 1935 Nr 161 S 337 (= Fn 75); vgl auch BGH NJW 1986, 978, 979 zu II 2 d = WM 1986, 170.
79 Dazu u dagegen BGH NJW 2002, 2382 zu II 3. – S schon Rz 2 bei Fn 13.

schen Rechtskonflikt. Praktisch ist auslösender Anlass die Androhung eines Vorgehens des Gläubigers gegen den Bürgen wegen eines von ihm behaupteten Leistungsverzugs des Hauptschuldners. Aufgrund der Abwehrpflicht[80] des Auftraggebers löst auch schon ein Vorgehen des Gläubigers gegen den Bürgen aus dem behaupteten Grund eines Eintritts des Sicherungsfalls[81] die Freistellungspflicht aus. Wie darüber im Verhältnis des Bürgen zum Hauptschuldner als Auftraggeber zu befinden ist, ergibt sich erst aus den Voraussetzungen streitiger Entscheidung[82].

d) **Titel gegen Bürgen (Abs 1 Nr 4)**. Der Fall der Nummer 4 scheint den Fall der Nummer 3 12
zu vereinfachen, lässt aber die Frage offen, inwieweit eine Verurteilung des Bürgen für das Verhältnis des Bürgen zum Hauptschuldner materiell bestimmend sein kann. Dadurch wird die Regelung dem vorausgesetzten Auftragsverhältnis zwischen Hauptschuldner und Bürgen nicht gerecht. Richtigerweise ist davon auszugehen, dass der Bürge Befreiung von der Bürgschaftsschuld nicht unter anderen Voraussetzungen verlangen kann als einen Aufwendungsersatz nach Leistung an den Gläubiger[83]. Dazu gehört, dass zunächst er sich auftragsgemäß verhalten und die Möglichkeiten der **Rechtsverteidigung** gegen den Anspruch des Gläubigers[84] wahrgenommen hat. Dafür hat der Bürge dem Hauptschuldner die Gelegenheit zu geben, seiner vertraglichen „Abwehrpflicht"[85] nachzukommen und dabei auch dem Bürgen die erforderlichen Kenntnisse und Beweismittel zum Stand der gesicherten Hauptverbindlichkeit zugänglichzumachen. Versäumt der Hauptschuldner seine **Auskunftspflicht**[86], hat er den Bürgen auch von einem nicht gerechtfertigten Leistungsaufwand freizuhalten[87] und insoweit fällt ihm auch das Risiko einer materiell unrichtigen Verurteilung des Bürgen zu[88]. Deshalb ergibt die dem Bürgen durch seine Verurteilung drohende Vollstreckung für einen Anspruch auf Schuldbefreiung nur ein Tatbestandselement im Rahmen der Rechtsfolgen des Bürgschaftsauftrags. Im praktischen Normalfall hat der vom Gläubiger aus der Bürgschaft auf Leistung verklagte **Bürge** das aus der Wurzel einer materiellrechtlichen Verteidigungspflicht entstandene prozessuale Recht, **dem Hauptsschuldner** zur Vorbereitung des Rückgriffs nach ZPO § 72 **den Streit zu verkünden** und dadurch die rechtlichen Voraussetzungen für den bevorstehenden Aufwendungsersatz nach ZPO §§ 74, 68 unbestreitbar zu machen. Nur zusammen mit der dadurch herbeigeführten **Interventionswirkung** ergibt schon die vollstreckbare Verurteilung[89] des Bürgen zur Leistung an den Gläubiger im Vorgriff auf die Erstattungspflicht des Schuldners eine zureichende Grundlage für eine Schuldbefreiung. Der Befreiungsanspruch des Bürgen soll, auch wenn seine Verurteilung zur Leistung an den Gläubiger rechtskräftig geworden ist, durch nachträgliche Leistungen des Schuldners auf die gesicherte Verbindlichkeit wieder entfallen, weil danach der Bürge „keine Vollstreckung zu befürchten" habe[90]. Das lässt streitige Fälle außer Betracht und weist die Last der prozessualen Rechtsverteidigung durch Berufung oder Vollstreckungsabwehrklage (ZPO § 767) generell dem Bürgen zu. Richtig ist auch hier, danach zu fragen, ob der Bürge sich im Innenverhältnis auftragsgerecht[91] verhalten hat. Ist das der Fall, was schon durch die rechtzeitige Streitverkündung an den Schuldner sichergestellt ist, fällt das Risiko unrichtiger Rechtsverfolgung und somit auch der Doppelzahlung dem Schuldner zu. Der Bürge behält seinen Erstattungsanspruch und den ihm vorgeordneten Befreiungsanspruch.

4. **Gegenstand und Inhalt des Befreiungsanspruchs**. – a) **Grundsätzliches**. Der An- 13
spruch auf Befreiung (oder Freistellung) von einer Verbindlichkeit findet sich weder allgemein noch konkret bestimmt geregelt. Gemessen an den Erfordernissen praktischer, also prozessualer Rechtsverwirklichung ist er nur ein aus theoretischem Konstruktionsbedürfnis erwachsener, aber

80 S schon Rz 2 Fn 18 f.
81 S § 771 Rz 6 aE, 7.
82 S unten Rz 19 f.
83 Ähnlich Geißler JuS 1988, 452, 455. – S iÜ § 774 Rz 23.
84 S zu § 767, 768.
85 BGH NJW 2002, 2382 zu II 3 (= Fn 13). – S schon Rz 2 bei Fn 19.
86 Dazu Riezler BankArch 1941, 105, 107.
87 BGH NJW 2002, 2382 (= Fn 13).
88 S § 774 Rz 23.
89 Auch die noch nicht rechtskräftige, nur vorläufig vollstreckbare: LG Meiningen ZIP 1998, 991.
90 RG WarnR 1935 Nr 161 S 338 (= Fn 75).
91 S § 774 Rz 23.

nicht bis zur Rechtsanwendung zu Ende gedachter Formbegriff, der als Berechtigung unzureichend instrumentiert geblieben ist und deshalb zur Rechtsverwirklichung aus den Mitteln des Vollstreckungsrechts ergänzt werden muss[92]. Letztlich handelt es sich nur um eine von eindeutigen Tatbeständen und Rechtsfolgen absehende und damit jeden Regelungswert aufgebende **Abstraktion**, die wie die Vorstellung von einer schadensersatzrechtlichen „Herstellung" (§ 249 Satz 1) lediglich auf einen Oberbegriff ausgerichtet ist und damit in ihrer formalen Tragweite die Erfordernisse eindeutiger Rechtszuweisung verfehlt. Die Ausfüllung des Befreiungsziels mit einem **prozessualer Geltendmachung** zugänglichen Inhalt erfordert die Rückführung des zu schützenden Interesses in den jeweiligen konkreten Konfliktszusammenhang, aus dem es erwächst. Der Begriff des Befreiungsanspruchs kann dabei jede eigenständige instrumentale Bedeutung nur einbüßen. Deshalb hat sich die Praxis seit jeher bemüht, eine solche Rechtsfigur als Grundform für die Zuweisung von Rechten nicht aufkommen zu lassen[93]. Da die Vorstellung von einem der Geltendmachung zugänglichen und das Recht des Gläubigers bestimmenden Befreiungsanspruch bei der Bürgschaft wie auch anderwärts um einer fehlkonstruierten Gesetzestreue willen im hergebrachten Programm praktischer Rechtsanwendung fortbesteht, ist der durchaus gangbare Weg zu praktikabler Einfachheit der Rechtsverwirklichung[94] im Folgenden auch theoretisch begründet nachzuvollziehen.

14 Dem **Begriff** nach ist der Schuldner eines Befreiungsanspruchs verpflichtet, den Gläubiger von dem „Risiko der Inanspruchnahme"[95] aus Ansprüchen Dritter freizustellen; und zwar hat er den Gläubiger rechtlich so zu stellen, wie dieser ohne die Belastung mit den Ansprüchen Dritter stehen würde[96]. Je nach dem Schutzzweck des Befreiungsanspruchs kann dazu die Verpflichtung hinzutreten, auch unbegründete Ansprüche eines Dritten abzuwehren[97]. Das kommt insbesondere in Betracht, wenn eine Schuldbefreiung Vertragspflicht ist. Die Frage nach einem Befreiungsanspruch ergibt sich insbesondere im Rahmen von Schadensersatzansprüchen wegen einer Belastung des Geschädigten mit Verbindlichkeiten gegenüber Dritten[98], im Ausgleichsverhältnis unter Gesamtschuldnern[99], im Auftragsverhältnis als (wie hier) vertragstypisch durch naturale negotii begründete Abwehr bevorstehender Aufwendungen[100] oder auch aufgrund besonderer Vereinbarung in Fällen nicht oder insoweit nicht gesetzlich typisierter Vertragsbeziehungen[101]. Als **Gegenstand des Rechtsschutzes** setzt ein Befreiungsanspruch also das Bestehen einer Verbindlichkeit, von der befreit werden soll, voraus[102]. Angesichts der unterschiedlichen in Frage stehenden Interessen sind zur Präzisierung des im Begriff des Befreiungsanspruchs nicht ausgebildeten Rechtsschutzziels noch wesentliche Unterscheidungen nach der zu verwirklichenden Rechtsfolge zu treffen. In Betracht zu ziehen ist die Befreiung von der Verbindlichkeit gegenüber dem Dritten dem Grunde nach schon ohne den Anlass einer daraus drohenden Inanspruchnahme und die Befreiung von der Aufbringung der zu deren Erfüllung erforderlichen Leistung, und zwar entweder zu Händen des Befreiungsgläubigers oder unmittelbar an den Drittgläubiger. In begrifflicher Betrachtungsweise verbleiben mithin zur Herbeiführung einer Schuldbefreiung verschiedene Hand-

92 S unten Rz 15.
93 Sie passt insbesondere nicht zum Auftragsverhältnis (RGZ 47, 118, 125) und würde in das Schadensersatzrecht des kaufmännischen Verkehrs eine diesem fremde und lästige Weitläufigkeit hineintragen (ROHGE 3, 198, 201); – eher originell Karlsruhe NJW-RR 1994, 1157, 1159 zu 5.
94 S unten Rz 18 aE.
95 So BGHZ 55, 117, 120 = NJW 1971, 382; BGHZ 91, 73, 76 = NJW 1984, 2151, 2152 zu B I 3.
96 BGHZ 91, 73, 77 (= Fn 95). – S auch BGH NJW 1999, 2438, 2440; RGZ 132, 29, 31.
97 Dazu BGH NJW 1970, 1594; 1983, 1729, 1730; 2002, 2382 zu II 3 (= Fn 13). – S schon Rz 2.
98 Dazu insbes BGH NJW 1996, 2725, 2726 zu II 1 mNachw = LM Nr 23 zu § 249 (Fa) (Gottwald) = ZIP 1996, 1395 = BB 1996, 1739; BGHZ 57, 78, 80 f = NJW 1971, 2218. – S auch unten Rz 16.
99 BGH NJW 1986, 978 mNachw = WM 1986, 170; BGH NJW 1986, 3131 f = WM 1986, 961 = ZIP 1986, 970; BGH NJW 1958, 497 = LM Nr 24 zu § 278 zu I. – S auch § 774 Rz 26.
100 S unten Rz 17 f.
101 Wie etwa bei einer Betriebsübernahme unter Freistellung von Ansprüchen der Arbeitnehmer (BGHZ 91, 73 = NJW 1984, 2151 = JR 1985, 60 [mAnm Keller] = LM Nr 4 zu § 271 [mAnm Zülch]); – vgl auch BGH NJW 1983, 1729 f; 2002, 2382 (= Fn 13).
102 Dazu BGHZ 79, 76, 78 = NJW 1981, 870 f zu I 2.

lungsmöglichkeiten[103], die sich dem Schuldner zur **freien Wahl**[104] anbieten. Materiellrechtliche Instrumente zu deren Beschränkung oder Ausübung durch den Gläubiger bietet das Gesetz nicht. Eben deshalb aber ist zunächst weiter zu fragen, ob hier ein dem Befreiungsschuldner vorbehaltenes materielles Rechtsprivileg vorliegt, das allein ihm die Bestimmung über den Schuldgegenstand vorbehält[105] und insoweit den Befreiungsanspruch beschränkt[106], oder ob es lediglich an einer gegenständlichen Präzisierung des Rechtsschutztatbestandes fehlt, die erst dem Interesse des Gläubigers einen der Verwirklichung zugänglichen Vollzug zuweisen kann. Nur darum handelt es sich in den Fällen vertraglich begründeter und damit in ein typischerweise wechselseitiges Interessenverhältnis einbezogener Freistellungsbedürfnisse, die sich mit Rücksicht auf ihre Dringlichkeit je nach dem Fortgang der Vertragsabwicklung zu einklagbaren Anspruchsinhalten konkretisieren können[107]. Zunächst aber hat der Bürge als Befreiungsgläubiger dem Hauptschuldner die „Gelegenheit"[108] zu eröffnen, den Befreiungserfolg mit ihm freistehenden Mitteln zu bewirken. Eine Aufforderung dazu kann Gläubigerobliegenheit sein, aber auch Nebenpflicht. Die Frage ist deshalb nicht, ob und wodurch sich ein zunächst inhaltlich noch unbestimmtes Recht auf Schuldbefreiung in einen Anspruch auf bestimmte Erfüllungsleistungen „verwandeln"[109] oder „umwandeln"[110] kann, sondern von vornherein nur, aus welchem sich im Rahmen der Vertragsabwicklung konkretisierenden Anspruchstatbestand welche konkreten Erfüllungsleistungen gefordert und geltend gemacht werden können.

Eine **Schuldbefreiung** kann sich aus Leistungen an den Dritten ergeben, die dessen Ansprüche gegen den davon zu befreienden Beteiligten zum Erlöschen bringen, oder durch eine vertragliche Regelung, die den rechtsgeschäftlichen Verzicht des Dritten auf solche Ansprüche enthält[111]. Ist der Anspruch auf Schuldbefreiung vor dem Anspruch des Dritten auf Leistung fällig, so steht dem zur Befreiung Verpflichteten einstweilen auch die Sicherheitsleistung an den Befreiungsgläubiger frei (§ 775 Abs 2)[112]. **Rechtsschutzziel** eines einklagbaren Befreiungsanspruchs muss aber und kann nur ein durch **Vollstreckung** erzielbarer Erfolg[113] sein, der dem materiellrechtlich begründeten Interesse des Befreiungsgläubigers gerechtwird. Schon das hierin ausführlichere PreußALR beschränkte den aus ähnlichen Gründen wie heute dem Bürgen gegen den Hauptschuldner gegebenen Befreiungsanspruch[114] auf die vom Vollstreckungsrecht vorgesehenen Zwangsmittel[115]. Deshalb hat die Praxis seit jeher und bis heute die inhaltliche Konkretisierung des Befreiungsanspruchs aus der Sicht des Vollstreckungsrechts und nur von daher gesucht. Soll noch in der Vollstreckung eine Wahlfreiheit des Befreiungsschuldners[116] respektiert werden, kommt an sich nur der unspezifische Vollstreckungszwang für nicht vertretbare Handlungen nach ZPO § 888 in Betracht. Dem steht entgegen, dass der Befreiungsschuldner zu einer Schuldbefreiung durch Rechtsverzichte des Drittgläubigers auf dessen von ihm nicht erzwingbare rechtsgeschäftliche 15

103 S unten Rz 15.
104 BGHZ 91, 73, 77 (= Fn 101); BGHZ 140, 270, 274 f = NJW 1999, 1182, 1184 zu A II 2 c, bb (2) = WM 1999, 378, 380 = ZIP 1999, 289; BGH NJW 2000, 1643 f (= Fn 2).
105 So wohl BGHZ 140, 270, 274 f (= Fn 104). – Dazu noch Fn 153.
106 Wie im Ausgangspunkt der Wahlschuld des § 262.
107 S unten Rz 15.
108 BGH NJW 2002, 2382 zu II 3 (= Fn 13); – s auch Rz 2 bei Fn 18.
109 So RGZ 78, 26, 34; 143, 192, 194. S dazu noch Fn 151.
110 So BGH NJW 1994, 49, 50 zu IV 2 (= Fn 126); BGHZ 140, 270, 273 f (= Fn 104); BGH ZIP 2002, 125, 126 zu II 2. – Zur Abwicklung im Konkurs des Befreiungsgläubigers s RGZ 37, 93, 95 f; Stuttgart ZIP 1988, 1344.
111 BGHZ 91, 73, 77 (= Fn 101); KG MDR 1970, 1018 f; – „in der Regel" durch Leistung (BGHZ 152, 246, 253 = NJW 2003, 352, 354 zu II 3 c = WM 2002, 2498 = ZIP 2002, 2305).
112 Ebenso §§ 257 Satz 2, 738 Abs 1 Satz 3.
113 S insbes KG NJW-RR 1999, 793; BGHZ 79, 76, 78 (= Fn 102). – Ähnlich Zweibrücken MDR 1974, 409, 410 aE (zu einem konkretisierungsbedürftigen nachbarrechtlichen Abwehranspruch).
114 PreußALR I, 14 § 356: Der Bürge kann „auf Befreiung von der Bürgschaft gegen den Hauptschuldner klagen".
115 PreußALR I, 14 § 361: „Diese Befreiung zu bewerkstelligen, kann der Bürge den Hauptverpflichteten durch diejenigen gesetzmäßigen Zwangsmittel anhalten, die überhaupt nach Vorschrift der Prozeßordnung stattfinden."
116 S Rz 14 bei Fn 104.

Mitwirkung angewiesen ist[117] und deshalb insoweit nicht vom Befreiungsgläubiger unter Vollstreckungszwang gesetzt werden kann. Es verbleiben aber Handlungsmöglichkeiten, die in der alleinigen Verantwortlichkeit des Befreiungsschuldners stehen und deshalb erzwingbar erscheinen. Seit jeher[118] hat die Praxis in dem unausgesprochenen Bestreben, die lediglich begrifflich begründete Vorstellung von einer Wahlfreiheit des Schuldners zu überwinden, ohne sachliche Begründung die Vollstreckung wegen vertretbarer Handlungen des Schuldners nach **ZPO § 887** für allein anwendbar erklärt[119] und damit in der Beschränkung auf deren Mittel dem Befreiungsanspruch eine eindeutige und vom Willen des Schuldners unabhängige materielle Rechtsfolge zugewiesen[120]. Denn was vollstreckungsrechtlich zugelassen wird, ist damit als materiellrechtlich richtig vorausgesetzt und anerkannt[121]; und in der Beschränkung auf den Vollstreckungszwang nach ZPO § 887 beschränkt sich unmittelbar auch die Rechtsfolge des Befreiungsanspruchs. Schuldbefreiung ist eine vertretbare Handlung, im Sinne von ZPO § 887 jedenfalls insoweit, wie **Erfüllungsleistungen** des Schuldners auch von Dritten erbracht werden können. Das trifft allemal zu für Zahlungsverbindlichkeiten, deren Erfüllung nicht an die Person des Schuldners gebunden ist und somit auch vom Befreiungsgläubiger betrieben werden kann. Hat der Befreiungsschuldner den Befreiungsgläubiger von der Inanspruchnahme durch den Dritten freizustellen, dann kann also nach ZPO § 887 der Befreiungsgläubiger ermächtigt werden, die Schulderfüllung zu bewirken und dafür nach Absatz 2 schon im voraus die dazu erforderlichen Mittel aus dem Vermögen des Befreiungsschuldners zu seinen Händen beizutreiben. Der Befreiungsgläubiger ist mithin auch nicht auf einen Anspruch auf Leistung unmittelbar an den Drittgläubiger beschränkt, für den es eines besonderen Begriffs eines Befreiungsanspruchs nicht bedarf, sondern er kann **Leistung unmittelbar an sich selbst** verlangen[122]. Damit wird in der sich aus den Instrumenten des Vollstreckungsrechts ergebenden Einengung der materiellrechtlichen Rechtszuweisung verdeckt, dass es letztlich nicht um Leistungen an den Drittgläubiger geht, sondern allein um die Erzwingung von Leistungen des Befreiungsschuldners an den Befreiungsgläubiger und somit einen Anspruch in diesem Verhältnis. Die Möglichkeit und „Gelegenheit“[123] zu anderweitiger Befreiung des Gläubigers wird dem Befreiungsschuldner dadurch nicht verkürzt; vielmehr ist selbstverständlich, dass er ein von ihm herbeigeführtes Erlöschen des Befreiungsanspruchs noch im Verfahrensabschnitt nach § 887 Abs 2[124] oder nachträglich durch Vollstreckungsabwehrklage nach ZPO § 767[125] geltend machen kann. Eines besonderen, die Rechte des Befreiungsgläubigers beschränkenden begrifflichen Ausdrucks bedarf es dafür nicht.

16 Dass der Befreiungsschuldner zu **Leistungen im Befreiungsinteresse** an den Befreiungsgläubiger vollstreckungsrechtlich gezwungen werden kann und also auch materiellrechtlich unmittelbar verpflichtet sein muss, ist am selbstverständlichsten anerkannt für die **Schuldbefreiung im Rahmen eines Schadensersatzanspruchs**[126]. Insoweit bedarf es deshalb nur noch der Präzisierung der Erfordernisse bestimmter Geltendmachung durch Klage (ZPO § 253 Abs 2 Nr 2). Wird ein Anspruch auf Schuldbefreiung als Schaden geltend gemacht, hat der Befreiungsgläubiger den Gegenstand des Anspruchs konkret und somit mittelbar den zu erfüllenden An-

117 Dazu näher Rimmelspacher JR 1976, 184 f.

118 RGZ 18, 435; 45, 20, 23.

119 KG WM 1970, 1124 = MDR 1970, 1018 = Rpfleger 1970, 360 = OLGZ 1973, 54; Frankfurt/M FamRZ 1976, 108 = Rpfleger 1975, 329; Köln FamRZ 1994, 1048; Rimmelspacher JR 1976, 90; Bischof ZIP 1984, 1445 mit Fn 14.

120 Hamm NJW 1960, 923 f; Naumburg HRR 1937 Nr 1614 = ZZP 61, 233.

121 BGH NJW 1958, 497 = JZ 1958, 57 = LM Nr 24 zu § 278 zu I aE begnügt sich damit, von einer „Besonderheit des Vollstreckungsrechts“ zu reden.

122 BGH NJW 1986, 978 zu I = WM 1986, 170; zurückhaltend BAGE 27, 127 zu II = WM 1975, 1190 = AP Nr 1 zu KO § 67 (Fr Weber).

123 S Rz 14 bei Fn 108.

124 BGH NJW 2005, 367, 369 zu II 4 = WM 2005, 48.

125 RGZ 104, 15, 16 f; KG WM 1970, 1124, 1125 (= Fn 119); Rimmelspacher JR 1976, 90, 93.

126 „Eine bloße Freistellung von Ersatzansprüchen Dritter entspricht nicht der Erfüllung einer Schadensersatzpflicht durch Naturalrestitution“ (BGH NJW 1994, 49, 50 zu III = LM BGB § 249 (Fb) Nr 18 (mAnm Gernhuber). – Deshalb erbringt ein Urteil darüber auch nur eine verschrobene Feststellung des Anspruchsgrundes (BGH NJW 1991, 2014 = WM 1991, 1002).

spruch des Drittgläubigers beziffert und als fällig geltend zu machen[127]. Ist er zu einer Bezifferung seines Schadens nicht oder noch nicht in der Lage, fehlt es auf der Grundlage des Schadensersatzrechts überhaupt an den zureichenden Voraussetzungen für eine schlüssige, die Vollstreckung erschließende Leistungsklage[128]. Der Geschädigte kann alsdann nur wie sonst bei der Geltendmachung zukünftigen Schadens auf die Möglichkeit einer Klage auf Feststellung des Bestehens einer Freistellungspflicht nach ZPO § 256 verwiesen werden[129]. Die Beschränkung des schadensersatzrechtlichen Schuldbefreiungsanspruchs auf die mittelbare Geltendmachung bezifferbarer Schäden macht freilich diesen Anspruch als Instrument des Rechtsschutzes überflüssig[130] und seine konstruktive Begründung zu einem Scheinerfordernis. Stets kann der Geschädigte unter gleichen Umständen auch Schadensersatzleistung unmittelbar an sich verlangen. Neuere Entscheidungen begründen dies mit der Anwendbarkeit von § 250[131], der eine Umwandlung des inhaltlich an sich noch unbestimmten Befreiungsanspruchs in einen bestimmten Zahlungsanspruch durch Fristsetzung ermöglicht und dies im Fall der Erfüllungsverweigerung, also praktisch in jedem Streitfall, auch noch erübrigt[132]. Seit jeher schon ist das Befreiungsinteresse des Geschädigten aber auch von seinem weiteren Zweck gelöst und in die Zurechnungsformeln der abstrakten Schadensberechnung einbezogen worden und darin begrifflich aufgegangen. Und zwar besteht ein zu ersetzender Schaden von vornherein darin, dass der Geschädigte mit Verbindlichkeiten gegenüber Dritten belastet worden ist. Steht eine solche Verbindlichkeit nach Grund und Höhe fest, kann der Geschädigte Leistung an sich selbst verlangen, ohne dass es auf die Befriedigung des Drittgläubigers ankäme[133]. Deshalb ist in der neueren Praxis des Schadensersatzrechts auch schon die Fragestellung nach einem Schuldbefreiungsanspruch fast verschwunden und bei der Rechtsanwendung nur dann noch nachzuvollziehen, wenn ein erhobener Klageantrag sich einer solchen Darstellungsform bedient[134]. Das Ergebnis kann stets nur das aus der einheitlichen Rechtszuweisung des Schadensersatzanspruchs sich ergebende sein[135]. Die Vorstellung von einem eigenständig geltendzumachenden und der Vollstreckung zuzuführenden Befreiungsanspruch erweist sich als lediglich begrifflich konstruierter Umweg. Dementsprechend können auch die Rechte des Auftragsbürgen nur aus den Grundsätzen des Aufwendungsersatzes zu entwickeln sein.

b) **Befreiung des Bürgen**. Der Bürge kann vom Hauptschuldner Befreiung von der gegenüber 17
dem Gläubiger auftragsgemäß übernommenen Bürgschaftsverbindlichkeit verlangen, sobald seine Vertragspflichten aus dem Auftragsverhältnis sich durch Fristablauf, Kündigung[136] oder Fortfall der

127 BGH NJW 1996, 2725, 2726 zu II 2 b u c (= Fn 98). Dem in nur noch instrumentaler Sichtweise auch für vertragliche Freistellungsansprüche folgend Zweibrücken JurBüro 1990, 1691 f; für die Bürgschaft LG Meiningen ZIP 1998, 991, 994 (dagegen unten Rz 17).

128 S insbes BGHZ 79, 76, 77 f = NJW 1981, 870; BGH NJW-RR 1987, 756; BGH NJW 1991, 634, 635 zu A; Düsseldorf MDR 1982, 942. – Dem folgt (begrifflich verallgemeinernd) die Lehre; s etwa Münch Komm-ZPO/Lüke § 253 Rz 146; Stein/Jonas/Brehm ZPO § 887 Rz 17.

129 BGH NJW 1991, 634, 635 zu A; BGH NJW 1993, 1137, 1138 f zu III, 4; BGH NJW 1990, 1366, 1367 zu 1 b, cc = WM 1990, 262, 264 = LM Nr 52 zu ZPO § 304; vgl auch RGZ 122, 284, 289 f BGH NJW 1996, 2725, 2726 zu II 2 c (= Fn 98) lässt statt einer Feststellung der Freistellungspflicht die Klage auf Feststellung, dass der Schuldner verpflichtet ist, dem Gläubiger „allen Schaden zu ersetzen", unbeanstandet.

130 S schon ROHGE 3, 198, 201 (= Fn 93).

131 BGH WM 1986, 1115, 1117 zu II 2 a = NJW-RR 1986, 43, 44; BGH NJW 1992, 2221, 2222 zu 3; BGH NJW 1993, 1137, 1138 zu III 4 = WM 1993, 703, 705; BGH WM 1965, 287, 289; – ebenso zu § 326 Abs 1 aF: BGH NJW 1993, 2232, 2233 zu 2 c.

132 BGH NJW 1992, 2221; 1993, 2232, 2233 zu 2 c; anders (ohne Erörterung) BGH WM 1975, 305 = MDR 1975, 390 f = LM Nr 14 zu § 399.

133 ROHGE 1, 32, 34; 3, 198, 201; 12, 268, 270; 15, 45, 48; 18, 88, 97; vgl auch BGHZ 61, 346, 348. – Nach BGHZ 57, 78, 84 ist der Geschädigte allenfalls „sittlich verpflichtet", die an ihn geleisteten Schadensbeträge an den Drittgläubiger weiterzuleiten. Der Umstände des Falles wegen modifizierend BGH WM 2002, 2237, 2238 zu II = ZIP 2002, 2033.

134 Beispiel: BGH WM 1959, 696 (nur ungenaue Wiedergabe in BGHZ 29, 337, 338). – S dazu unten Rz 20.

135 Daraus ergibt sich die Zulässigkeit nachträglichen Antragswechsels (BGH NJW 1994, 944), die einheitliche Unterbrechung (jetzt: Hemmung) der Verjährung (BGH NJW 1985, 1152; BGHZ 104, 268, 272 = NJW 1988, 1964) und die einheitliche Feststellungswirkung eines rechtskräftigen Urteils (BGH NJW 1991, 2014).

136 S oben Rz 4.

Geschäftsgrundlage[137] im Sinne dieser Vorschrift erledigt haben. **Gegenstand der Befreiung** ist allein und unmittelbar **die Bürgschaft** selbst und das mit ihr schon **dem Grunde nach** verbundene Risiko einer Inanspruchnahme. Zur Geltendmachung des Befreiungsanspruchs bedarf es deshalb über die Darlegung des Bürgschaftsvertrages hinaus nicht der Behauptung eines mit der Bürgschaft gesicherten Anspruchs des Bürgschaftsgläubigers gegen den Hauptschuldner und einer dem Bürgen daraus konkret drohenden Inanspruchnahme[138]. Im Rahmen des Auftragsverhältnisses ist der Bürge nicht darauf angewiesen, seine Rechte aus Rechten des gesicherten Gläubigers herzuleiten. Es bleibt dem aus dem Auftrag verpflichteten Befreiungsschuldner vorbehalten, als Einwendung darzulegen, dass eine von der Bürgschaft gesicherte Hauptverbindlichkeit weder entstanden ist noch zukünftig entstehen wird oder bereits erloschen ist und somit das Risiko einer Inanspruchnahme aus der Bürgschaft nicht besteht. Der Bürge kann also eine **Verurteilung** des Hauptschuldners **zur Befreiung** von der gegenüber dem Gläubiger übernommenen Bürgschaft erwirken. Einer **Vollstreckung nach ZPO § 887** zugänglich[139] ist daraus freilich nur die **Beibringung einer Sicherheit** für das in Frage stehende Bürgschaftsrisiko. **Absatz 2** dieser Vorschrift scheint zwar nur ein Recht des Schuldners vorzusehen, anstatt einer Schuldbefreiung Sicherheit zu leisten, solange die Inanspruchnahme des Bürgen mangels Fälligkeit der Hauptverbindlichkeit noch nicht ansteht oder vom Bürgen nicht geltend gemacht wird. In Präzisierung der materiellen Rechtszuweisung auf die Instrumente der Rechtsverwirklichung durch Vollstreckung ist aber dem Befreiungsgläubiger wie schon die Beitreibung von Schuldbefriedigungsmitteln[140] als geringerer Leistungsgegenstand auch die Erzwingung einer **Sicherheitsleistung** gemäß §§ 232 ff zuzubilligen[141]. Und zwar kann er im Verfahren nach ZPO § 887 Abs 2 die Verurteilung **in Höhe eines Betrages, der das Haftungsrisiko** aus der Bürgschaftsübernahme **deckt**, erwirken. Darf ein Schuldner die Erbringung seiner vertraglichen Hauptleistung einstweilen durch Sicherheitsleistung abwenden, schuldet er materiell auch diese vertraglich und kann deshalb darauf in Anspruch genommen werden[142]. Über die Tatbestandserfordernisse des „Schon" oder „Noch nicht" der Leistungspflichten entscheidet die materiellrechtliche Regelung[143]. Hat mithin der Bürge unter den fortgeschrittenen Umständen des Auftragsverhältnisses in Wahrheit einen **Anspruch auf Sicherstellung**[144], so kann er auch schon seine Klage unmittelbar auf Sicherheitsleistung richten[145]. Der Anspruch umfasst das Bürgenrisiko „bis zur äußersten Grenze" dessen, worauf der Bürge „auch nur möglicherweise" in Anspruch genommen werden kann[146]. In diesem Rahmen kann sich nachträglich auch ein Ergänzungsanspruch ergeben[147]. Stets bleibt dem Hauptschuldner unbenommen, den Bürgen statt dessen mit rechtsgeschäftlichen Mitteln und insbesondere durch Erfüllung der verbürgten Hauptverbindlichkeit zu befreien[148].

18 Steht dem Bürgen die **Inanspruchnahme durch den Gläubiger** unmittelbar und für ihn unabwendbar bevor, dann konkretisiert sich sein vertraglich begründetes Entlastungsinteresse ohne weiteres und unmittelbar zu einem auf **Zahlung** gerichteten Erstattungsanspruch. Schon die auftragsgemäße Eingehung einer Verbindlichkeit ist Aufwendung, für die der Hauptschuldner als Auftraggeber aufzukommen hat. Da der Bürge im Verhältnis zum Schuldner nicht zur Leistung an den Gläubiger aus seinen Mitteln verpflichtet ist[149], kommt es lediglich darauf an, dass das Risiko seiner bevorstehenden Inanspruchnahme dem Hauptschuldner bereits als Vertragsverletzung[150] zur Last fällt. Erforderlich ist zumindest die Fälligkeit des Bürgschaftsanspruchs und die er-

137 S oben Rz 2 aE.
138 Ähnlich RGZ 132, 29, 32: für die Befreiung von der Sicherungsvereinbarung zur Bestellung dinglicher Sicherungsrechte.
139 S Rz 15 bei Fn 119 ff.
140 S oben Rz 15.
141 So mit ausführlicher Begründung Frankfurt/M JurBüro 1978, 770; im Ergebnis auch Rimmelspacher JR 1976, 186 u dem Grundsatz nach auch BGHZ 91, 73, 77, 81 = NJW 1984, 2151.
142 S unten Rz 19.
143 Zu den wichtigsten Regelungen J Kohler ZZP 102 (1989), 58, 59 f.
144 So auch E I § 677 mit Motive II, S 676 f, unter Hinweis auf Tradition (ROHGE 13, 275, 280 = SeuffA 31 Nr 133 S 173) u „allerwärts" geltendes Recht. Gerade ihrer Selbstverständlichkeit wegen ist die eindeutige Regelung später begrifflich verlorengegangen.
145 Zur Vollstreckung s KG JW 1936, 677 u 1464.
146 RG JW 1927, 1689, 1690.
147 RG JW 1927, 1689, 1690.
148 S Rz 15 aE.
149 S oben Rz 2.
150 S oben Rz 2.

kennbare Absicht des Gläubigers, den Bürgen in Anspruch zu nehmen[151]. Das Risiko einer nicht auftragsgemäßen Verwendung des vorzustreckenden Aufwands fällt entsprechend der Grundregel des § 669 dem Hauptschuldner zu[152]; er kann dem entgehen, indem er selbst an den Gläubiger leistet. Der Bürge kann also schon im voraus Erstattung des von ihm zu erbringenden Aufwands verlangen[153]. Er kann statt dessen auch auf Leistung an den Gläubiger klagen[154]. Stets bleibt dem Schuldner unbenommen, den Bürgen auf andere Weise zu befreien[155]. Die in der Sache zu Ende gedachte Konkretisierung des sog Schuldbefreiungsanspruchs führt also wiederum[156] zu dessen begrifflicher Auflösung und für die Rechte des Auftragsbürgen zu abgestuften Leistungsansprüchen auf Sicherheitsleistung und vorgezogenem Aufwendungsersatz, wie dies nach E I des BGB auf einfache Weise bestimmt werden sollte[157].

5. **Geltendmachung und Beweislast**. Welche Rechte mit dem Ziel der Schuldbefreiung der Bürge gegen den Hauptschuldner mit Aussicht auf Erfolg geltend machen kann, bestimmt sich danach, welchen Sachverhalt beizubringen er sich zutraut. Zum Anspruchsgrund gehört stets der Bürgschaftsauftrag[158], dessen Erfüllung durch die wirksame Übernahme der Bürgschaft gegenüber dem Gläubiger[159] und einer der Endigungsgründe, der den Schuldner zur Entlastung des Bürgen verpflichtet[160]. Kann oder will der Bürge sich nicht auf eine gesicherte Forderung des Gläubigers und eine ihm deswegen konkret drohende Inanspruchnahme berufen, dann kann er zunächst nur **Sicherheitsleistung** nach Maßgabe des übernommenen Bürgschaftsrisikos verlangen[161]. **Zahlung** verlangen und darauf klagen kann er erst, wenn er in der Lage ist, eine ihm bevorstehende Inanspruchnahme durch den Gläubiger der Höhe nach geltendzumachen[162]. 19

Gesetzliche Regeln, die das Recht zugestehen, von einer Verbindlichkeit „Befreiung zu verlangen"[163], sind insoweit zu respektieren, als dem Gläubiger freisteht, in Übereinstimmung damit seine Rechte zu verfolgen. Eine lediglich auf „Befreiung von . . ." gerichtete Klage ist deshalb zunächst als nach ZPO § 253 Abs 2 Nr 2 zureichend bestimmt hinzunehmen[164], wenngleich sie so wenig wie eine Feststellungsklage schon ein der Verwirklichung zugängliches Rechtsschutzziel bezeichnet und eine gerichtliche Entscheidung nicht mehr erbringen kann als ein Urteil über den Anspruchsgrund nach ZPO § 304. Ist der Schuldner zur Befreiung verurteilt, so bedarf es in Fortsetzung des Erkenntnisverfahrens nach **ZPO § 887 Abs 2** der Herstellung eines weiteren Titels, der dem Anspruch des Bürgen einen der Vollstreckung zugänglichen Inhalt zuweist. Und zwar kann der Bürge ohne weitere Voraussetzungen die Verurteilung zur Sicherheitsleistung in Höhe 20

151 E I § 595 III 2 (dazu Motive II, S 542) lässt die Fälligkeit der übernommenen Verbindlichkeit genügen; die Klarheit dieser Regelung ist später dem „prinzipiellen" Sog des Befreiungsbegriffs zum Opfer gefallen (Protokolle II, S 366). RGZ 78, 26, 34 verlangt, dass die Inanspruchnahme des Bürgen „feststehen" müsse. Nach RGZ 143, 192, 194 (= JW 1934, 685 Nr 3 [mAnm Oertmann]) soll „außer Zweifel" stehen müssen, dass die Leistung des Bürgen an den Gläubiger auch „tatsächlich" erfolgt, der Bürge sich also „in derselben Lage befindet, wie wenn er bereits geleistet hätte".

152 AA BGHZ 140, 270, 273 f (= Fn 104) im Anschluss an RGZ 143, 192 (= Fn 151).

153 AA (verfehlt, weil ohne Verständnis für die Selbstverständlichkeiten u die Interessenlage des Auftragsrechts) BGHZ 140, 270, 274 (= Fn 2) u NJW 2000, 1643 f zu B II 1 d (= Fn 2): § 774 regelt nicht das Innenverhältnis (s RG JW 1915, 921 [= Fn 18]) u auch nicht „den Rückgriffsanspruch", sondern einen auch ohne rechtsgeschäftliches Innenverhältnis stattfindenden Forderungsübergang. – Es sollte für den Auftragsbürgen billig sein, was für Gesamtschuldner (auch Mitbürgen) als rechtens gilt; s BGH NJW 1986, 3131 f (= Fn 99); BGH NJW 1986, 978.

154 Schleswig SchlHAnz 1998, 212; BGHZ 25, 1, 7 = NJW 1957, 1514, 1515; Schleswig MDR 1998, 1493.

155 Darauf weisen schon Motive II, S 542 hin.

156 S oben Rz 16 aE.

157 E I § 595 Abs 3 Satz 2: „Besteht die" (vom Beauftragten in Ausführung des Auftrags übernommene) „Verbindlichkeit in einer fälligen Geldschuld, so ist der Beauftragte berechtigt, von dem Auftraggeber die Zahlung der zur Erfüllung der Verbindlichkeit erforderlichen Geldsumme zu verlangen." – Vgl noch Fn 151.

158 BGH NJW 2000, 1643 zu II 1 c (= Fn 2); s auch Düsseldorf NJW-RR 1992, 1268. – AA Reinicke/Tiedtke JZ 2001, 46 f; Tiedtke NJW 2001, 1020 f (s dagegen § 774 Rz 23).

159 S oben Rz 2.

160 S oben Rz 4, 8 ff.

161 S oben Rz 17.

162 S oben Rz 18.

163 S oben Rz 13.

164 RGZ 70, 267, 271 f; KG WM 1970, 1124 (= Fn 119).

des von ihm darzulegenden Haftungsrisikos[165] erwirken. Er kann auch noch in diesem zweiten Verfahrensabschnitt geltend machen, dass seine Inanspruchnahme aus der Bürgschaft unmittelbar bevorsteht[166] und die Verurteilung des Schuldners zur Zahlung der von ihm zu beziffernden Haftungssumme an sich erwirken.

21 6. **Arreste.** Die Ansprüche des Bürgen aus dieser Vorschrift treten zumeist erst in Kraft, wenn der Hauptschuldner bereits zahlungsunfähig ist und eine Rechtsverfolgung gegen ihn auf dem Wege eines langdauernden Erkenntnisverfahrens kaum noch erfolgversprechend erscheint. Zulässig ist auch die Ausbringung von Arresten nach ZPO §§ 917, 928 wegen zukünftiger Geldforderungen (ZPO § 916)[167], und zwar sowohl für Ansprüche auf Sicherheitsleistung[168] wie für Zahlungsansprüche zur Schuldbefreiung. Gelingt die Arrestpfändung ist der Bürge für den Rückgriff[169] gesichert.

22 7. **Aufrechnung**. Dem Begriff nach kann mit einem Schuldbefreiungsanspruch nicht gegen einen Zahlungsanspruch (oder umgekehrt) aufgerechnet werden, weil es an der nach § 387 dafür erforderlichen Gleichartigkeit fehlt[170]. Damit ist freilich wie auch sonst[171] die Rechtsstellung des Auftragsbürgen weder zutreffend noch erschöpfend erfasst. Vielmehr steht der nach § 388 einseitig vollziehbaren Aufrechnung beiderseits die **rechtsgeschäftliche Zweckbindung** des Aufwendungsersatzes entgegen[172].

23 a) Aufrechnung **durch den Bürgen**. Kann der Auftragsbürge vom Hauptschuldner Zahlung schon als vorgezogenen Aufwendungsersatz verlangen[173], dann dient diese Leistung nicht nur dazu, die Befreiung des Bürgen vom Bürgschaftsanspruch zu ermöglichen, sondern auch dazu, eben dadurch den Schuldner von den Ansprüchen des Gläubigers zu befreien. Dieser Zweckbindung würde es widersprechen, wenn der Bürge seinen auf die Ausführung des Bürgschaftsauftrags bezogenen Zahlungsanspruch dazu verwenden könnte, sich anderweitiger Verbindlichkeiten gegenüber dem Auftraggeber einseitig durch Aufrechnung zu entledigen. Dem Hauptschuldner muss vielmehr die Möglichkeit bleiben, an Stelle der dem Bürgen geschuldeten Zahlung auf die verbürgte Verbindlichkeit an den Gläubiger zu leisten und dadurch auch den Bürgen von seiner Verbindlichkeit zu entlasten. Erst wenn der Hauptschuldner sich nicht mehr dem Risiko einer Inanspruchnahme durch den Gläubiger ausgesetzt sehen kann, erledigt sich die Zweckbindung des Aufwendungsersatzes; ein verbleibendes Ausgleichsverhältnis zwischen Hauptschuldner und Bürgen unterliegt danach den allgemeinen Regeln der Schuldtilgung[174].

24 b) Aufrechnung **durch den Hauptschuldner**. Auch im umgekehrten Verhältnis unterliegt der vom Hauptschuldner zu tragende Aufwand der Zweckbindung des Auftragsverhältnisses. Hat dieser dem Bürgen schon im voraus die Mittel zur Abwendung einer Inanspruchnahme durch den Gläubiger zur Verfügung zu stellen[175], so hat er den Bürgen tatsächlich in einer Weise aus-

165 S oben Rz 17.
166 S oben Rz 18.
167 RGZ 60, 155, 159.
168 S oben Rz 17.
169 S § 774 Rz 13.
170 Die hM begnügt sich mit einer solchen konstruktiven Begründung, die nur noch die Frage nach sich zieht, ab wann ein Befreiungsanspruch sich in einen Zahlungsanspruch „umwandelt" (dazu Rz 14 aE) u danach allgemeinen Regeln unterliegt; s nur BGHZ 140, 270, 272 f (= Fn 104); BGHZ 29, 337, 343 = NJW 1959, 886, 887 zu III 3 a = WM 1959, 696, 698; – BGH WM 1971, 855, 857; RG Recht 1915 Nr 2468 (für die Aufrechnung mit einem Befreiungsanspruch); – BGHZ 25, 1, 6 f = NJW 1957, 1514 = JZ 1958, 24 u BGH NJW 1983, 2438 = WM 1983, 1085; Hamm WM 1984, 336, 337 (für die Aufrechnung gegen einen Befreiungsanspruch). – Kritisch Scheuerle JZ 1958, 27 zu 2.
171 S oben Rz 13.
172 Dazu iAllg BGHZ 95, 109, 113 = NJW 1985, 2820 zu II 3 a; BGHZ 113, 90, 93 = NJW 1991, 839 zu II 4; BGHZ 139, 325, 331 = NJW 1999, 55 zu II 4 a. – Keine solche Zweckbindung besteht für den Schadensersatzanspruch wegen der Belastung mit Forderungen Dritter (s Rz 16). Deshalb steht eine Aufrechnung sowohl dem geschädigten Gläubiger (BGH WM 1987, 725, 726 = LM Nr 43 zu § 276 (Hb) zu 3 b = NJW-RR 1987, 869) wie auch dem schuldenden Schädiger (Hamm OLGE 38, 66) frei.
173 S oben Rz 18.
174 Ähnlich Stuttgart ZIP 1988, 1344, 1345 zu 3 b. S iÜ § 774 Rz 23.
175 S oben Rz 18.

zustatten, die diesem die Erfüllung der im Interesse des Hauptschuldners übernommenen Bürgschaftsverbindlichkeit ohne die Inanspruchnahme seines eigenen Vermögens ermöglicht. Dem kann sich der Hauptschuldner aufgrund seiner Pflichten als Auftraggeber nicht durch Aufrechnung mit Forderungen aus anderen Rechtsbeziehungen entziehen[176].

8. **Abtretung**. Ähnlichen Einschränkungen wie die Aufrechnung[177] unterliegt auch die Abtret- 25
barkeit der Ansprüche des Bürgen aus dem Auftragsverhältnis mit dem Hauptschuldner. Nach § 399 kann eine Forderung nicht abgetreten werden, wenn ihr Gegenstand an einen anderen als den ursprünglichen Gläubiger nicht ohne „Veränderung" seines „Inhalts" geleistet werden kann. Zum Inhalt der zu erbringenden Leistung gehört nach herrschender Meinung als Hauptanwendungsfall auch die Erreichbarkeit der das Schuldverhältnis prägenden weiteren Leistungs- oder Geschäftszwecke, die sich in der Person eines anderen Gläubigers nicht oder nicht in gleicher Weise verwirklichen lassen. Der sich daraus ergebenden Beschränkung der Abtretbarkeit unterliegen damit begrifflich auch Befreiungsansprüche[178]. In der Konsequenz der gesetzlichen Regelung ist eine Abtretung, deren Voraussetzungen im Zeitpunkt des rechtsgeschäftlichen Vollzuges nicht vorliegen, als Verfügungsgeschäft wirkungslos. Daran knüpft auch der Ausschluss der Pfändbarkeit an (BGB § 400, ZPO § 851 Abs 1)[179]. Da es bei den in Frage stehenden Anwendungsfällen um unterschiedlich ausgeprägte Zweckbindungen geht, die zu Gunsten des einen oder des anderen Beteiligten bestehen und sich je nach der Fortentwicklung der Umstände erledigen können, ist die Anknüpfung des Abtretungshindernisses an den Rechtsakt der Abtretung ein grobes Instrument des Interessenschutzes. Seine Anwendung bedarf der Präzisierung in den Voraussetzungen.

Eine **Ausnahme** rechtfertigt sich bei Schuldbefreiungsansprüchen für die **Abtretung an den** 26
Gläubiger derjenigen Forderung, von der befreit werden soll[180]. Sie widerspricht nicht dem Befreiungszweck; vielmehr erledigt sich in der mit der Abtretung erreichten Stufe der Zweckverwirklichung die Zweckbindung des Anspruchs des Zedenten auf die Leistung[181]. In der vom Begriff des Befreiungsanspruchs[182] ausgehenden Darstellung „verwandelt"[183] sich dabei der Befreiungsanspruch in der Rechtsmacht des neuen Gläubigers ohne „Veränderung" seines Inhalts[184] in einen Anspruch „auf die diesem geschuldete Leistung"[185], weil er „keinen anderen Inhalt" mehr haben kann[186]. Eine solche Abtretung kann für die Gesamtentwicklung des verbürgten Schuldverhältnisses vorteilhaft sein, wenn dem Bürgen für seine Ansprüche aus dem Auftragsverhältnis Sicherungsrechte bestellt worden sind, die mit der Abtretung nach § 401 auf den Gläubiger übergehen oder zu übertragen sind[187] und damit von ihm verwertet werden können.

Der Abtretung eines der Schuldbefreiung dienenden Anspruchs an einen unbeteiligten und nur 27
seinem Eigeninteresse verbundenen **Dritten** steht dagegen das rechtliche Hindernis aus § 399 entgegen, wenn überhaupt und solange noch eine Bindung des Anspruchs an einen **Befreiungszweck im Schuldnerinteresse** besteht. Das ist etwa bei Erfüllungsübernahmen lediglich im Interesse des Befreiungsgläubigers und überhaupt bei Schadensersatzansprüchen wegen der Belas-

176 Wie auch ein verbindlich zugesagtes Darlehen idR nicht durch „Aufrechnungsvalutierung" gegeben werden kann.
177 S oben Rz 22 ff.
178 BGHZ 12, 136, 141: „im allgemeinen nicht"; BGH WM 1975, 305, 306 zu II 1: „grundsätzlich nicht" = MDR 1975, 390 f = LM Nr 14 zu § 399.
179 BGHZ 41, 203, 205 = NJW 1964, 1272, 1273 zu 4 c.
180 Insbes zu den Ansprüchen des Auftragsbürgen BGH WM 1975, 305, 306 (= Fn 178); BGH WM 1972, 287, 288 zu 3 a; – vgl ferner iAllg BGHZ 12, 136, 141; BGH WM 1975, 1226 f; BGH NJW 1994, 49, 50 zu IV 2 a (= Fn 126).
181 Gegen eine Abtretbarkeit (u Pfändbarkeit) für den arbeitsrechtlichen Freistellungsanspruch BGHZ 41, 205 = NJW 1964, 1272 wegen der nur begrenzten Fürsorgepflicht des Arbeitgebers.
182 S oben Rz 14.
183 BGHZ 71, 167, 170 = NJW 1978, 1314 zu 3; s iÜ Rz 14 aE.
184 RG Recht 1915 Nr 474.
185 BGHZ 12, 136, 141.
186 RGZ 158, 6, 12.
187 S zum Rechtsübergang vom Gläubiger auf den Bürgen § 774 Rz 3.

tung mit Ansprüchen Dritter[188] in Wahrheit von vornherein nicht der Fall[189]. Solche Ansprüche sind deshalb nach allgemeinen Regeln abtretbar[190]. Für die Ansprüche des Bürgen aus dem Auftragsverhältnis mit dem Hauptschuldner besteht dagegen eine Zweckbindung, solange dieser vom Gläubiger aus der verbürgten Verbindlichkeit in Anspruch genommen werden kann, mithin auch für Zahlungsansprüche des Bürgen auf Vorausleistung des ihm bevorstehenden Aufwands[191]. Erst mit der Befriedigung des Gläubigers durch den Bürgen erledigt sich diese Zweckbindung seiner Ansprüche gegen den Schuldner und damit das Verfügungshindernis des § 399. Die Präzisierung der Zweckbindung offenbart die Zweifelhaftigkeit ihrer Berücksichtigung als Abtretungshindernis nach § 399. Dem Schuldnerinteresse genügt ein Leistungsverweigerungsrecht gegenüber Dritten, das einer Vorausabtretung sich etwa ergebender Rückgriffsansprüche nicht im Wege steht. In der Konsequenz der Anwendung von § 399 ist aber einbeschlossen, dass eine Abtretung während bestehender Zweckbindung schlechthin unwirksam ist und es eines neuen Verfügungsgeschäfts bedarf, nachdem sie sich erledigt hat. Insbesondere der Bürge ist also nicht gehindert, seine Rechte gegen den Hauptschuldner trotz einer Abtretung noch in eine Verständigung mit dem Gläubiger einzubringen[192].

28 9. **Abweichende Vereinbarungen. Allgemeine Geschäftsbedingungen**. Das Auftrags- oder Geschäftsbesorgungsverhältnis zwischen Bürgen und Schuldner ist sehr unterschiedlicher vertraglicher Ausgestaltung zugänglich[193]. Gesetz und Verkehrsanschauung geben dafür keine erschöpfende vertragstypische Rechtsfolgenregelung vor, die für die Beteiligten einen Vertrauensschutz begründen und sie der notwendigen (essentiellen) eigenen Willensbildung entheben würden. Deshalb sind in der Vertragspraxis bisher keine Klauseln anzutreffen, die als „abweichend" (§ 307 Abs 3 Satz 1; früher: AGB-Ges § 8) zu werten und im Falle ihrer Verwendung als Allgemeine Geschäftsbedingungen einer Angemessenheitskontrolle nach § 307 (früher: AGB-Ges § 9) zu unterwerfen wären[194].

§ 776 Aufgabe einer Sicherheit

Gibt der Gläubiger ein mit der Forderung verbundenes Vorzugsrecht, eine für sie bestehende Hypothek oder Schiffshypothek, ein für sie bestehendes Pfandrecht oder das Recht gegen einen Mitbürgen auf, so wird der Bürge insoweit frei, als er aus dem aufgegebenen Recht nach § 774 hätte Ersatz erlangen können. Dies gilt auch dann, wenn das aufgegebene Recht erst nach der Übernahme der Bürgschaft entstanden ist.

ÜBERSICHT

188 S oben Rz 16.
189 Zur Aufrechenbarkeit in diesem Fall s Rz 22 bei Fn 172.
190 S BGH NJW 1993, 2232, 2233 zu 2 c, wo das im Ausgangspunkt angenommene Abtretungshindernis im Verlauf der Erörterung einfach verlorengegangen ist.
191 S oben Rz 18.
192 S oben Rz 26.
193 S oben Rz 2 ff.
194 AA MünchKommK/Habersack Rz 5; Staud/Horn Rz 14; eher wie hier Erman/Seiler Rz 3.

Schrifttum: Flad, Zur Anwendung des § 776 BGB, LZ 1918, Sp 542; Eisenhardt, Sorgfaltspflichtverletzungen des Gläubigers dem Bürgen gegenüber, MDR 1968, 541; Knütel, Zur Frage der sog Diligenzpflicht des Gläubigers gegenüber dem Bürgen, in: Festschr für Flume, 1978, S 599; Hammen, Zur Wirksamkeit des klauselmäßigen Verzichts auf die Rechtsfolgen nach § 776 BGB, WM 1988, 1809; Dreismann, Bürgenschutz durch Gläubigerdiligenz?, 2001; Chr Weber, Sicherheitenfreigabe und Regreßbehinderung, WM 2001, 1229.

1. **Grundsätzliches.** Die Vorschrift ist Ausdruck von **Rechten des Bürgen gegen den Gläubiger** aus dem zwischen ihnen bestehenden Bürgschaftsvertrag, indem sie die Rechte des Gläubigers gegen den Bürgen begrenzt. Und zwar geht es um den **sicherungsvertraglichen Anspruch** des Bürgen auf den Erwerb weiterer, nicht in Anspruch genommener Sicherungsrechte des Gläubigers[1] gegen den Hauptschuldner und mithaftende Sicherungsgeber und um dessen **Verletzung** durch den Gläubiger. Die hier geregelten Rechte des Bürgen haben somit ihre Wurzel im **Schadensersatzrecht**[2]; das bleibt für ihre Geltendmachung bestimmend, wenn es dessen bedarf[3]. Die knappe Tatbestandsdarstellung lässt den Gegenstand der Regelung kaum erkennen und verdeutlicht insbesondere nicht, dass in der Anknüpfung an den Rechtsübergang nach § 774 unterschiedliche Tatbestände in Frage stehen[4], die eigenständigen Voraussetzungen vertraglicher Rechtsgestaltung unterliegen. Mit der Regelung ist aus der wirtschaftsliberalen Grundstimmung der Gesetzgebungszeit gegenüber früheren Rechten eine Verstärkung der Rechtsstellung des Gläubigers durch eine Beschränkung seiner Sorgfalts- und Rücksichtspflichten gegenüber dem Bürgen beabsichtigt[5]. Der Gläubiger solle nicht gehalten sein, die Rechtsverfolgung gegen den Hauptschuldner im Interesse und zur Schonung des Bürgen zu betreiben; vielmehr sei es dem Bürgen in „bedenklicher Lage" des Hauptschuldners zumutbar, an den Gläubiger zu leisten und aufgrund der auf ihn übergehenden Rechte selbst gegen den Hauptschuldner vorzugehen[6]. Deshalb sei ein Grund zum Schutz des Bürgeninteresses über diese Vorschrift hinaus nicht gegeben. Doch ist diese Anschauung der Gesetzesverfasser lediglich aus dem althergebrachten Fallbild des Bürgen erwachsen, der dem Hauptschuldner nahe verbunden ist, dessen Verhältnisse kennen kann[7] und sich dessen Person und sein Verhalten wie das eines Erfüllungsgehilfen als Haftungsrisiko zurechnen lassen muss. Ein solcher, dem Interessenkreis und der Lebenssphäre des Hauptschuldners zuzuordnender Bürge[8] kann die Berücksichtigung seines Eigeninteresses im Verhältnis zum Gläubiger nur in begrenztem Rahmen erwarten. Dem entspricht aber eine als kaufmännische Geschäftsbeziehung ausgebildete Kreditsicherung zwischen Bürgen und Gläubiger durchaus nicht. Es bedarf deshalb nach den Bedürfnissen der modernen Verkehrsanschauung einer Vertragstypenbildung[9], in deren Regelungsmodellen sich Bindungen und Risiken der Beteiligten objektiv eigenständig und dadurch differenziert ergeben und eine Gläubigerverantwortlichkeit nicht lediglich einer „besonders gestalteten"[10] also atypischen Vertragsbeziehung zuzuschreiben sind. Auch schon die Gesetzesverfasser[11] haben „selbstverständlich" Raum gelassen für engere Pflichtbindungen des Gläubigers an den Bürgen, über die nach den „konkreten Umständen" zu befinden sein kann. Spätere 1

1 S dazu grundsätzlich § 769 Rz 10.
2 So (und dazu) auch Knütel, Festschr für Flume S 590. – Zur Entstehungsgeschichte s Rz 2 bei Fn 35.
3 S dazu Rz 23.
4 S unten Rz 4.
5 Motive II, S 679: der „Wert" der Bürgschaft sollte nicht durch Diligenzpflichten des Gläubigers „herabgedrückt" werden; dazu Knütel, Festschr für Flume S 560 ff; Dreismann, Bürgenschutz S 87 ff.
6 Den Motiven im Grundsatz folgend RGZ 65, 396, 397; Planck/Flad Anm 2 e.
7 . . . und sich beim Hauptschuldner sichern kann (BGH BB 1960, 70).
8 . . . der darum noch in der Vorstellung der Gesetzesverfasser „die Hauptverbindlichkeit erfüllt" (§ 766 Satz 3). – Dazu § 774 Rz 5.
9 Dazu iAllg Rz 21 vor § 765.
10 So noch RGZ 87, 327, 328; RG Recht 1916 Nr 1882; dem folgend Flad LZ 1918, Sp 542.
11 Motive II, S 679 f.

Entscheidungen haben sich in deutlichem Gegensatz zu der anfänglichen generellen Verneinung[12] bürgschaftsvertraglicher Gläubigerpflichten angelegen sein lassen, ebenso generell zu betonen, dass „der Gläubiger dem Bürgen gegenüber vor wie nach Abschluss des Bürgschaftsvertrages Treu und Glauben zu wahren hat“[13], und das Rechtsverhältnis des Gläubigers zum Bürgen die „Pflichten“ zeitigt, die „nach diesem Rechtsgedanken erwachsen müssen“[14]. Gerade die hier geregelte „Aufgabe“ von Sicherungsrechten[15] ist – gemessen an dem vertragstypischen Interessenausgleich einer Verbürgung – nach hergebrachter und fortbestehender Rechtsauffassung in so eklatanter Weise und offensichtlich eine **Vertragsverletzung durch den Gläubiger**, dass sich der ihn treffende Rechtsverlust ohne weitere Erfordernisse von selbst versteht. Deshalb ist auch die bis heute den Gesetzesverfassern nachgeschriebene Behauptung, der Gläubiger brauche auf die Interessen des Bürgen keine Rücksicht zu nehmen und ihn träfen deshalb grundsätzlich keine vertraglich begründeten Sorgfaltspflichten gegenüber dem Bürgen[16], für das Stadium der Rechtsdurchsetzung wie auch schon für den Vertragsschluss[17] von vornherein verfehlt. Die Frage kann vielmehr nur sein, *welche* schon vertragstypischen oder einem besonderen Vertragswillen entsprechenden Rücksichten und Sorgfaltspflichten dem Gläubiger gegenüber dem Bürgen obliegen. Letztlich hat die der Vorschrift beigegebene unzulängliche und auch unzutreffende Orientierung dem Bürgschaftsrecht mehr Fehlverständnisse als Tatbestandsklarheit gebracht. Ihr kommt zwar ein positiver Regelungswert für Rechte des Bürgen gegen den Gläubiger zu, nicht aber in gleicher Bestimmtheit auch für deren Begrenzung oder Ausschluss. Schon angesichts der unzureichenden Regelungsperspektive der Gesetzesverfasser verbietet es sich, der praktischen Rechtsanwendung einen umfassenden und einheitlichen Regelungstypus *des* Bürgschaftsvertrages zugrundezulegen und aus einem „Wesen und dem juristischen Begriffe der Bürgschaft“[18] Folgerungen für den konkreten Rechtskonflikt abzuleiten. Die Regelung dieser Vorschrift kann deshalb weder als Ausnahme von einem übergeordneten Grundsatz weitestgehender Gläubigerfreiheit verstanden werden, noch erschließt sie umgekehrt den „Grundgedanken“[19] für eindeutig bestimmbare Kriterien einer Bindung des Gläubigers an Bürgeninteressen. Lediglich ihre Rechtsfolge konkretisiert den Nachteil des Bürgen[20], für den eine Verantwortlichkeit des Gläubigers bestehen kann. Die Vorschrift fixiert aber einen praktikablen Mindeststandard vertraglichen Bürgenschutzes, der den Beweisanforderungen an seine Geltendmachung am ehesten zugänglich ist. Der Bürge wird *jedenfalls und schon* unter den hier bestimmten Voraussetzungen von seiner Leistungspflicht befreit[21]. Der Schutz des Bürgen bedarf für die heutige Kreditsicherungspraxis einer deutlichen Erweiterung aus dem vertrags-

12 So etwa RGZ 65, 134, 136; besonders deutlich RG SeuffA 92 Nr 148 = HRR 1938 Nr 510: § 776 sei „Sondervorschrift“, über die hinaus Schadensersatzansprüche nur auf „außervertraglicher Grundlage“ nach § 826 in Betracht kämen; so auch noch BGH WM 1960, 51: „da durch den Bürgschaftsvertrag für den Gläubiger nur Rechte begründet werden“. Dem liegt die Verengung der Vorstellung von Pflichten auf Leistungspflichten zugrunde (s etwa Planck/Flad Anm 2 a, andererseits Anm 3). – Erste Vorbehalte in RG WarnR 1908 Nr 370; RG SeuffA 70, Nr 103 S 181 = WarnR 1915 Nr 17 = LZ 1915 Sp 222 = BayZ 1915, 60: nur „soweit der Bürge sich selbst zu schützen vermag“.

13 RGZ 143, 118, 123.

14 RG SeuffA 84 Nr 174 S 295 = HRR 1930 Nr 1212. Ein deutliches, wenngleich nicht eindeutiges Bekenntnis zu Gläubigerpflichten gegenüber dem Bürgen auch in BGH NJW 1995, 1886, 1888 zu II 2 b = WM 1995, 900, 903 = ZIP 1995, 812.

15 S unten Rz 12.

16 Nach dem Muster: den Gläubiger treffe „an sich“ und „grundsätzlich“ keine Verpflichtung, auf das Interesse des Bürgen Rücksicht zu nehmen; er unterstehe aber je nach den besonderen Umständen dem „allgemeinen“ Gebot von Treu und Glauben. So etwa BGH NJW 1984, 2455 zu 3 b = WM 1984, 425 = ZIP 1984, 418: da „die Bürgschaft“ ein „streng einseitiger“ Vertrag sei; ferner BGH WM 1960, 51 zu II 1; BGH WM 1967, 397, 398. – Darüber hinaus hat eine lediglich konstruierte Gesamtschuldtheorie (§ 769 Rz 3) der Dogmatik begriffliche Festlegungen für die verfehlte Ansicht eingetragen, es gehe gar nicht um Vertragsrecht. Kennzeichnend Planck/Oegg § 776 Rz 4: Der Bürge habe keinen „Anspruch“ auf die Nebenrechte des Gläubigers; diese gingen mithin nicht deshalb, sondern „kraft Gesetzes“ auf den Bürgen über. Wenig klar BGHZ 144, 52, 56 = NJW 2000, 1566, wo die Rechte des Bürgen aus § 776 als „Rechtswohltat“ bezeichnet werden.

17 Dazu § 765 Rz 22.

18 So freilich Motive II, S 678 (zu § 679).

19 So RGZ 87, 327, 328.

20 Seinen „Schaden“ (Flad LZ 1918 Sp 542, 544 zu III). – S dazu Rz 13.

21 Dazu Rz 24.

rechtlichen Ursprung der Regelung, nach dem es um Schadensersatz wegen einer Verletzung des Bürgschaftsvertrages durch den Gläubiger geht. Danach unterscheidet sich die vorherige Aufgabe unselbständiger Sicherungsrechte, die aufgrund der Leistung des Bürgen mit der verbürgten Forderung schon ohne rechtsgeschäftliche Übertragung auf den Bürgen übergehen sollen (so diese Vorschrift), nicht von der Aufgabe selbständiger Sicherungsrechte, auf deren Übertragung der Bürge nur erst einen Anspruch aus dem Bürgschaftsvertrag hat[22]. Sie unterscheidet sich auch nicht von der nachträglichen Aufgabe von selbständigen Sicherungsrechten, die auf den leistenden Bürgen nicht übertragen worden sind[23]. Danach ist die Frage nach weiteren Gläubigerpflichten[24] zum Schutz des Rückgriffs- oder des Ausgleichsinteresses[25] des Bürgen zu stellen. Schließlich muss sich aus dem Bürgschaftsvertrag auch noch ein Auskunftsanspruch[26] des Bürgen gegen den Gläubiger ergeben, dessen Verletzung ebenfalls zum Ersatz des Bürgeninteresses führen kann.

Ob **frühere Rechte** dem Bürgeninteresse praktisch einen wesentlich besseren Schutz[27] geboten haben als mit dem BGB nach den Regelungszielen seiner Verfasser beabsichtigt war, erscheint eher zweifelhaft. Vielmehr war in der Gesetzgebungszeit durch die mit dem wirtschaftlichen Aufbruch[28] verursachte Verunsicherung traditioneller Rechtsvorstellungen schon das Verständnis für vorgegebene Regelungsgegenstände verlorengegangen. Deshalb ist auch die Fortentwicklung, die seither auf dem Boden des BGB zu verzeichnen ist, weniger die Folge eines inhaltlichen Rechtswandels als vielmehr Ausdruck einer Wiedergewinnung von Fragestellungen und der aus ihnen hervorgehenden Entscheidungskriterien, die der Gesetzgeber einfach nur von sich gewiesen hat. Nach früheren Rechten war überwiegend selbstverständlich, dass der Gläubiger dem ihm nur hilfsweise („subsidiär“)[29] haftenden Bürgen zu Sorgfalt und Rücksicht bei der vorrangigen Verfolgung der gesicherten Verbindlichkeit verpflichtet sein sollte. Doch bestand über deren Ausmaß wenig Klarheit, weil es auch früher schon auf dem weiten Feld der zwischen Selbstschuld- und Ausfallbürgschaft noch nicht entwickelten verkehrstypischen Kriterien an einer objektiven Orientierung fehlte. Doch hob sich auch früher schon der mit dem Instrument des Rechtsübergangs[30] gewonnene Schutz des Rückgriffs- und Ausgleichsinteresses des Bürgen als Mindeststandard heraus. Und zwar durfte der Gläubiger sich weder der vom Schuldner gestellten Sicherheiten[31] noch gleichgerichteter Bürgschaftsansprüche gegen Dritte[32], auf deren Erwerb der Bürge für sein Eintreten ein Recht hatte, begeben. Dies war nach dem vertragstypischen Inhalt einer Verbürgung ohne weiteres anzunehmen für Sicherheiten, die dem Gläubiger bei Eingehung der Bürgschaft bereits zustanden; für nachträglich dazuerworbene dagegen nur dann, wenn die Bürgschaft erkennbar nur oder auch in Bezug auf weitere mithaftende Sicherungsrechte und unter deren Voraussetzung übernommen worden war[33]. Aus seinen Gegenrechten hatte der in Anspruch genommene Bürge ein Leistungsverweigerungsrecht und brauchte seine Leistung nur Zug um Zug gegen Verschaffung der ihm zustehenden Rechte des Gläubigers gegen den Hauptschuldner und die weiteren Bürgen zu erbringen[34]. War der Gläubiger schuldhaft nicht mehr zur Rechtsverschaffung in der Lage, ergab sich insoweit gegenüber dem Bürgen eine vertraglich begründete **Schadensersatzpflicht**, die den Bürgen nach dem Wert des ihm entgehenden Rückgriffsrechts von seiner Bürgschaftsverbindlichkeit entlastete[35]. In dem der geltenden gesetzlichen Regelung vorausgehenden Rechtsbestand[36] findet sich somit das Instrumentarium für einen angemessenen 2

22 S dazu Rz 10.
23 S dazu Rz 23.
24 Dazu Rz 14.
25 Dazu Rz 19.
26 S dazu § 774 Rz 4.
27 Deutlich bürgenfreundlich PreußALR I, 14 § 328; dazu RGZ 8, 260, 266f. Noch entschiedener Dresdner Entw Art 948 S 2 (Text s Fn 36).
28 S Rz 1 bei Fn 5.
29 S unten Rz 5.
30 S dazu § 769 Rz 10 u § 774 Rz 3.
31 PreußALR I, 14 §§ 331, 338f; Dresdner Entw Art 948 S 1 (Text s Fn 36); OTr Berlin SeuffA 31 Nr 33; RGZ 8, 289f; Hamburg u RG in SeuffA 52 Nr 154.
32 OAppG Celle SeuffA 20 Nr 36; ROHGE 19, 383, 386; RGZ 18, 235, 237.
33 PrOTr bei Rehbein, Die Entsch des PrOTr, Bd II, 1887, S 703 ff, 723; OTr Stuttgart SeuffA 7 Nr 311 u 312 (S 372 ff).
34 RGZ 18, 235, 240.
35 OTr Stuttgart SeuffA 7 Nr 311, 312; Hamburg SeuffA 52 Nr 154 S 283; RG SächsArch 1907, 57, 58 = Recht 1907 Nr 2018.
36 Für den Stand der dogmatischen Einsichten und die wohl überwiegende Rechtsmeinung steht der

vertragsrechtlichen Interessenausgleich zwischen Bürgen und Gläubiger in vollständiger Ausgestaltung. Es bedarf zur Ergänzung und zur Vollendung eines umfassenden Kreditsicherungsrechts lediglich seiner Rückgewinnung.

3 Die **gesetzliche Regelung** verschiebt die Darstellung ihres Tatbestandes durch Verweisung auf § 774, der seinerseits die Voraussetzungen des vertragsrechtlichen und darin des vertragstypischen Interessenausgleichs in der Bürgschaftsbeziehung kaum erkennen lässt[37]. Die Erläuterung dieser wie jener Vorschrift bedarf deshalb einer gegenstandsbezogenen Gliederung einmal nach dem Rückgriffsinteresse des Bürgen gegen den Hauptschuldner[38] und alsdann nach dem Ausgleichsinteresse gegenüber dritten Sicherungsgebern[39], darin insbesondere der Berücksichtigung der bürgschaftsvertraglichen Gestaltungsmittel der Rangbestimmung für Sicherungsrechte[40]. Daneben bedarf es für beide Gegenstandsbereiche des Bürgeninteresses der Bestimmung der vertragstypisch unterschiedlichen Pflichtbindungen, die dem Gläubiger im Bürgeninteresse obliegen und dem Bürgen bei Verletzung eine schadensersatzrechtlich zu bemessende Kürzung seiner Sicherungshaftung verschaffen[41].

4 2. **Regelung des sicherungsvertraglichen Bürgeninteresses**. Gegenstand der gesetzlichen Regelung[42] ist der **Sicherungsvertrag** zwischen Bürgen und Gläubiger **in seinen vertragstypischen Rechtsfolgen**. Die lediglich instrumentale Begrifflichkeit der Regelung lässt nicht erkennen, dass ihre Rechtsfolgen sich auf **zwei unterschiedliche Tatbestände** beziehen, die sich selbständig entwickelt haben und Grundlage unterschiedlicher Fortbildung zu eigenständigen Sondertypen des modernen Kreditsicherungsrechts geworden sind oder sich dazu weiter ausbilden. Und zwar ist für die Rechtsanwendung gegenständlich konkreter zwischen dem **Schutz des Rückgriffsinteresses** des Bürgen gegenüber dem Hauptschuldner[43] und dem **Schutz des Ausgleichsinteresses** gegenüber Mitbürgen und anderen Sicherungsgebern[44] zu unterscheiden[45]. Für beide bestehen unterschiedliche Voraussetzungen, die als Bestandteil vertragstypischer Regelung nur je für sich vergegenständlicht werden können. Erst daraus ergeben sich zureichende Kriterien für die Grenzen ihrer Abdingbarkeit in Allgemeinen Geschäftsbedingungen[46].

5 a) **Rückgriffsrechte gegen den Hauptschuldner**. Nach hergebrachtem Rechtsverständnis kommt der Bürgschaftshaftung im Verhältnis zur gesicherten Hauptverbindlichkeit nur eine Hilfsfunktion („Subsidiarität"[47]) zu, die den Bürgen nicht schwerer belasten soll, als sich aus dem vertraglich zugrundegelegten **Sicherungszweck** ergibt. Deshalb obliegt es dem Gläubiger, den Bürgen für die von ihm aufgebrachte Leistung instandzusetzen, an seiner Stelle gegen den Hauptschuldner vorzugehen. Somit gehört zu dem vertragstypisch selbstverständlichen Inhalt des Bürgschaftsvertrages[48] das Recht des Bürgen auf Erwerb der verbürgten Gläubigerrechte, derer der Gläubiger nach Erfüllung der Bürgschaft nicht mehr bedarf; und zwar mit dem gesicherten Anspruch gegen den Hauptschuldner auch der von diesem aus seinem Vermögen etwa bestellten Sicherungsrechte. Das ergibt sich auf einfache Weise für den traditionellen Fall der Bürgschaft für eine **Einzel-**

Dresdner Entwurf von 1866, Artt 948, 940: „Hat der Gläubiger durch seine Verschuldung den Übergang von Rechten, die ihm in Ansehung der verbürgten Schuld zustehen, auf den Bürgen unmöglich gemacht, insbesondere Pfandrechte oder eine sonstige Sicherheit, welche bereits zur Zeit der Bürgschaftsleistung für die Hauptschuld bestellt waren, ohne Einwilligung des Bürgen aufgegeben, oder hat er die Erfolglosigkeit der Geltendmachung der auf den Bürgen übergehenden Rechte verschuldet, so wird der Bürge von seiner Verbindlichkeit insoweit befreit, als die Forderung gegen den Hauptschuldner durch die gedachten Rechte gedeckt war. Hat der Gläubiger die Erfolglosigkeit der Ausklagung des Hauptschuldners verschuldet, so wird der Bürge von seiner Verbindlichkeit insoweit befreit, als der Gläubiger ohne diese Verschuldung von dem Hauptschuldner hätte Befreiung erlangen können."

37 S dazu § 769 Rz 10, § 774 Rz 2.
38 S unten Rz 10 ff.
39 S unten Rz 19 ff.
40 S unten Rz 19.
41 S unten Rz 13.
42 S oben Rz 1.
43 S unten Rz 10 bis 18.
44 S unten Rz 19 bis 22.
45 Zur Entwicklungsgeschichte s § 769 Rz 2.
46 Dazu Rz 25 ff.
47 S § 769 Rz 9 bei Fn 161.
48 S dazu § 769 Rz 10.

verbindlichkeit, die lediglich noch zu erfüllen ist. Gibt der Gläubiger ein dafür vom Hauptschuldner erworbenes Sicherungsrecht auf, das dem Bürgen für den Rückgriff zugestanden hätte, so verletzt er dessen sicherungsvertraglich geschütztes Interesse und muss Verluste an seinem Bürgschaftsanspruch hinnehmen. Dies gilt nicht nur, wenn der Bürge das Bestehen von Sicherungsrechten aus dem Schuldnervermögen ausdrücklich vorausgesetzt hat[49], sondern vertragstypisch selbstverständlich auch für ihm nicht bekannte und etwa vom Gläubiger erst nachträglich erworbene Sicherungsrechte (**Satz 2**). Hat dagegen die Bürgschaft nicht eine bestimmte Einzelverbindlichkeit zum Gegenstand, sondern einen dem Schuldner zur Inanspruchnahme für zukünftige Verbindlichkeiten freistehenden **Kreditrahmen**[50], so liegt es mehr oder weniger deutlich im Sinne der den Beteiligten des Hauptschuldverhältnisses eingeräumten geschäftlichen Freiheit, nicht nur über die Entstehung kreditierter Forderungen und damit über die Ausfüllung des verbürgten Kreditrahmens bestimmen zu können, sondern auch über die künftige Bestellung und Freigabe von Sicherungsrechten, die sich nach verkehrsüblicher Geschäftspraxis ergeben[51]. Dies kann im Sinne einer dem Hauptschuldner gewährten Kredithilfe liegen und ihm die erwünschte wirtschaftliche Handlungsfreiheit verschaffen. Ordnet der Bürge sich dem in der Bestimmung des Bürgschaftsgegenstandes erkennbar unter, kann er nicht auf das Fortbestehen von Sicherungsrechten vertrauen und insoweit nicht in einem Rückgriffsinteresse geschützt sein. Das gilt jedenfalls insoweit, wie eine verbürgte offene Geschäftsbeziehung noch fortbesteht und nicht lediglich noch abzuwickeln und abzurechnen ist. Es ergibt sich also auf dem heute weiten Feld der auf **unterschiedliche Kreditbeziehungen** bezogenen Sicherungsverträge eine breite Perspektive von Kriterien, die zunächst über Art und Gegenstand des übernommenen Sicherungsrisikos bestimmen und erst darin über den daraus folgenden vertragstypischen Schutz des Bürgeninteresses. Erst daraus ergibt sich, ob der in dieser Gesetzesvorschrift als vertragstypisch vorgesehene Rechtsverlust des Gläubigers überhaupt einschlägig ist und ob demzufolge ein vertraglicher Ausschluss der Regelung willkürlich „Abweichendes" im Sinne des AGB-Rechts vorsieht[52].

b) **Ausgleichsrechte gegen Drittsicherer**. Auch der bürgschaftsvertragliche Schutz des Ausgleichsinteresses eines Bürgen aus dieser Vorschrift stellt sich als Bestandteil einer vertragsrechtlich vermittelten Gesamtregelung des Bürgschaftsrechts dar, durch die dem Ziel des Risikoausgleichs zwischen mehreren auf dasselbe Gläubigerinteresse haftbaren Sicherungsgebern Instrumente verliehen worden sind[53], die zur vertragstypischen Ausstattung des Bürgschaftsvertrages gehören und deshalb dem einzelnen Bürgen auch ohne seine eigene rechtsgeschäftliche Willensbildung zustehen. Doch bezieht sich das Regelungskonzept des Gesetzes allein auf eine traditionell geläufige und deshalb als regelungstypisch angesehene Vorstellung von Mitbürgschaften[54]. Es berücksichtigt noch nicht die Fortentwicklung der Instrumente des Kreditsicherungsrechts und die aus ihnen erwachsene Erweiterung der rechtsgeschäftlichen Gestaltungsfreiheit, die durch Einordnung in fortentwickelte Verkehrsauffassungen wiederum eine Vielfalt vertragstypischer Regelungsformen hervorgebracht hat. Deshalb ist stets zunächst zu prüfen, ob die verkürzte Tatbestandsdarstellung dieser Vorschrift auf eine vertragliche Regelung des übernommenen Haftungsrisikos überhaupt zutrifft. Sie ist nicht anwendbar, soweit sich aus einer verkehrstypisch anderen Eigenart des Sicherungszwecks oder durch eine „andere"[55] vertragliche Bestimmung des Haftungsrisikos eine besondere sicherungsvertragliche Lastenverteilung ergibt. Nach dem Regelungskonzept des Gesetzes vollzieht sich die Gesamtabwicklung einer von mehreren Sicherungsgebern übernommenen Sicherungshaftung in Stufen. Da zunächst nach dem vertragstypischen[56] Sicherungszweck einer Bürgschaft der Gläubiger berechtigt ist, von mehreren Bürgen jeden einzelnen als „Gesamtschuldner" auf das ganze gesicherte Interesse in 6

49 Dazu iAllg § 765 Rz 60.
50 Zur Kreditbürgschaft für zukünftige Forderungen s Rz 22 vor § 765.
51 Dazu Rz 17.
52 Dazu Rz 25 bis 28.
53 S dazu § 769 Rz 10 u 16.
54 Zur Rechtsentwicklung s § 769 Rz 3.
55 S § 769 Rz 4.
56 Dazu, dass es nicht um „gesetzliche" Rechtsfolgen geht, s § 769 Rz 3 nach Fn 63.

Anspruch zu nehmen[57], bedarf es[58] auf der zweiten Stufe der Rechtsgestaltung einer ebenfalls vertragstypisch[59] begründeten Übertragung von Gläubigerrechten, mit denen ein auf mehr als seinen Anteil in Anspruch genommener Bürge instandgesetzt wird, das Ausgleichsziel zu verwirklichen. Das Ausgleichsinteresse des Bürgen schließlich findet sich in Gläubigerobliegenheiten geschützt, deren Missachtung für den Gläubiger den Verlust von Sicherungsrechten nach sich zieht. Erst aus dem Zusammenhang dieser Haftungs- und Ausgleichsinstrumente ergibt sich die in ihren Rechtswirkungen nicht nur die unmittelbar Beteiligten erfassende **Gesamtregelung des Sicherungsvertrages**, wie sie sich zuerst für die Bürgschaft entwickelt hat und von da aus die Fortentwicklung des Kreditsicherungsrechts prägt.

7 Diese Fortentwicklung hat einmal weitere Instrumente der Risikobestimmung hervorgebracht, die der Freiheit vertraglicher Rechtsgestaltung in einer Sicherungszweckvereinbarung zugänglich sind. Zu ihnen gehören die **Möglichkeiten der Rangbestimmung**[60], unter denen die zum wechselseitigen Ausgleich führende „Gleichrangigkeit"[61] nur eine von mehreren Gestaltungsformen ist. Die zum wesentlichen Inhalt des Sicherungsvertrages gehörende Bestimmung des Sicherungsgegenstandes ermöglicht es mithin, einem Sicherungsgeber in der Vereinbarung der Vorrangigkeit[62] seiner Haftung das Risiko der Inanspruchnahme letztlich allein und ohne die Möglichkeit eines Ausgleichs mit anderen Sicherungsgebern aufzuerlegen. Zu den dafür in Betracht kommenden vertraglichen Ausdrucksformen gehört auch der „Verzicht"[63] des Bürgen oder sonstigen Sicherungsgebers auf die Rechte aus dieser Vorschrift.

8 Eine weitere Fortentwicklung des Kreditsicherungsrechts, durch die der Erfahrungshorizont der gesetzlichen Regelungstatbestände überschritten wird, ergibt sich aus der **Erstreckung des Ausgleichsziels auf unterschiedliche Sicherungsrechte**. Sie kommt nicht mehr aus ohne eine allgemeine Dogmatik des Sicherungsvertrages, die das Wesentliche und Gemeinsame einer Haftungsübernahme unabhängig von der Art des Sicherungsmittels im Sicherungszweck als ihrem Rechtsgrund darzustellen vermag[64]. Haben schuldrechtlich verpflichtete Sicherungsgeber wie der Bürge und gegenständlich beschränkt haftende wie der Besteller einer Sicherungsgrundschuld für dasselbe Gläubigerinteresse „gleichrangig"[65] einzustehen, so ist damit die vertragstypische Inhaltsgleichheit der zugrunde liegenden Sicherungsverträge vorausgesetzt. Steht damit beiden in gleicher Weise gegen den Gläubiger zum Zweck des Haftungsausgleichs ein Recht auf den Erwerb des vom Gläubiger nicht in Anspruch genommenen anderen Sicherungsrechts zu[66], dann muss auch beiden in gleicher Weise der sicherungsvertragliche Schutz ihres Ausgleichsinteresses nach dieser Vorschrift zukommen. Dem Gläubiger droht also aus dem Rechtsgrundverhältnis des Sicherungsvertrages für die Aufgabe mithaftender Sicherungsrechte nicht nur der Verlust von Bürgschaftsansprüchen, sondern auch eine rechtsvernichtende Einwendung gegen die Inanspruchnahme von Grundschulden. So weittragende Folgerungen aus der Abstraktionshöhe grundsätzlicher Rechtseinsichten sind freilich praktisch noch keineswegs zureichend erprobt und in der Verkehrsanschauung noch nicht sicher verankert. Es bleibt deshalb auf der Ebene konkreter Rechtsfindung stets noch zu prüfen, ob die der Gleichrangigkeit zuzuordnenden sicherungsvertraglichen Rechtswirkungen im Einzelfall des Zusammentreffens unterschiedlicher Sicherungsrechte auch vom Vertragswillen der Beteiligten getragen werden. Für die Bedürfnisse des entwickelten Kreditsicherungsrechts hat sich die Aufgabe rechtlich begründeter und nachvollziehbarer Konfliktsentscheidung von den Perspektiven der vorhandenen gesetzlichen Vorschriften so weit entfernt, dass deren Fehlen hilfreicher wäre als die von ihnen vorgegebene Orientierung. Fest steht aber, dass stets **allein vertragliche Rechte aus dem Sicherungsverhältnis** zwischen dem Gläubiger und jedem einzelnen Sicherungsgeber in Frage

57 Dazu § 769 Rz 1.
58 Dazu schon Savigny, ObligationenR, 1851, S 228, 242. – S § 769 Rz 2 bei Fn 32 ff.
59 S § 769 Rz 10 u 16.
60 Dazu § 769 Rz 10 bis 14.
61 S § 769 Rz 10 bei Fn 178.
62 Dazu § 769 Rz 13.
63 S dazu Rz 15.
64 Dazu § 769 Rz 20 bis 23.
65 S oben Rz 7 bei Fn 61 u § 769 Rz 20.
66 Dazu § 769 Rz 21 f.

stehen[67] und somit die aus ihnen hervorgehenden Rückgriffs- und Ausgleichsrechte auf anderweit zustandegekommene Vertragsbeziehungen jedes Sicherungsgebers im sogenannten Innenverhältnis zum Hauptschuldner[68] oder zu anderen Sicherungsgebern[69] weder einwirken noch von ihnen abhängen[70].

3. **Richtigstellung der gesetzlichen Regelungsaussage**. Die Tatbestandsdarstellung der Vorschrift gibt somit schon von Anfang an[71] und zunehmend mit ihrer Erstreckung auf einen **allgemeinen Sicherungsvertrag** die wesentlichen Kriterien der zu bestimmenden Rechtszuweisung weder zutreffend noch erschöpfend wieder und erreicht die sich stellende praktische Entscheidungsaufgabe immer weniger. Auf den allgemein rechtstypischen Inhalt des Sicherungsvertrages bezogen könnte sie etwa lauten: *Gibt der Gläubiger Sicherungsrechte oder Rechtsvorteile auf, die dem Bürgen oder einem anderen Sicherungsgeber für ihre Leistung oder Inanspruchnahme zum Zweck des Rückgriffs gegen den Hauptschuldner oder des Ausgleichs mit anderen Bürgen oder Sicherungsgebern zustehen, so verliert der Gläubiger seine Rechte aus dem Sicherungsvertrag insoweit, wie der Bürge oder andere Sicherungsgeber aus dem aufgegebenen Recht einen Ersatz hätte erlangen können.* **Satz 2** der Vorschrift erübrigt sich und ist zudem als Einheitsformel unrichtig, weil er den zu unterscheidenden Regelungsgegenständen eines Rückgriffs gegen den Hauptschuldner und eines Ausgleichs mit weiteren Sicherungsgebern nicht ihre schon vertragstypisch unterschiedlichen Kriterien belässt und dadurch einer Konkretisierung der vertraglichen Gestaltungsinstrumente entgegenwirkt. Diese am Gesetzeswortlaut haftende Präzisierung ist freilich weiter korrekturbedürftig, weil es letztlich um den Rechtsgrund vertraglicher Gegenansprüche des Bürgen gegen den Gläubiger geht[72] und erst demzufolge um Leistungsverweigerungsrechte[73] gegen die Inanspruchnahme aus der Bürgschaft. 9

4. **Schutz des Rückgriffsinteresses**. – a) **Vom Schuldner gestellte Sicherheiten**. Gegenstand der Regelung sind zunächst die gegen den Hauptschuldner bestehenden „Nebenrechte"[74] zur verbürgten Hauptverbindlichkeit. Verzichtet der Gläubiger durch Verständigung mit dem Hauptschuldner auf die Geltendmachung der Hauptverbindlichkeit, nimmt der Bürge daran schon nach §§ 767, 768 teil[75]. Die in der Vorschrift noch genannten „Vorzugsrechte" beziehen sich (wie in § 401 Abs 2 deutlicher benannt) auf frühere konkursrechtliche Rangfolgen, die in die Neuregelung der InsO nicht übernommen worden sind[76]. Der Wortlaut der Vorschrift beschränkt sich auf die traditionellen, mit dem Hauptrecht untrennbar verbundenen (akzessorischen) Sicherungsrechte (§§ 1153, 1250), die mit der verbürgten Forderung einem Rechtsübergang auf den Bürgen ohne rechtsgeschäftlichen Übertragungsakt (§§ 774 Abs 1 Satz 1, 412, 401) zugänglich sind. Das beruht allein darauf, dass die mit der erst noch bevorstehenden Erweiterung der Kreditsicherungspraxis einhergehende Erschließung aller sich zu fiduziarisch begrenzten Sicherungszwecken anbietenden Vollrechtsübertragungen noch nicht in der Regelungsperspektive des Gesetzgebers lag. Mit der Verkehrsüblichkeit solcher nicht oder nicht nur als Sicherungsrechte geschaffenen, sondern als Verfügungsobjekt „selbständigen"[77] (abstrakten) und allein durch kausale Verknüpfung mit schuldrechtlich vereinbarten Sicherungszwecken darauf beschränkten Rechtspositionen musste sich alsbald auch deren Einbeziehung in das sicherungsvertraglich ge- 10

67 S § 769 Rz 4 aE.
68 Zum Bürgschafts- oder Sicherungsauftrag s § 775 Rz 2 ff.
69 S dazu § 769 Rz 8.
70 Zur Geltendmachung von Rückgriffs- u Ausgleichsansprüchen s § 774 Rz 18 u 24 f.
71 S oben Rz 4.
72 S oben Rz 1.
73 S unten Rz 23 f.
74 So E I § 297 Satz 2. Der Ausdruck ist danach im Sprachgebrauch erhalten geblieben u jetzt in die zum Gesetzestext gehörende Überschrift zu § 401 eingegangen.
75 Dazu § 768 Rz 1.
76 Diesen gegenüber kritisch schon Jaeger, Lehrbuch des Deutschen Konkursrechts, 1932[8], § 11 III. – BGHZ 165, 28, 35 will jetzt dazu das Sicherungseigentum zählen.
77 So die üblich gewordene Bezeichnung; s etwa BGH NJW 1994, 1796, 1798 zu III 2 b = WM 1994, 1161 = ZIP 1994, 939; BGHZ 92, 374, 378 = NJW 1985, 614; BGHZ 144, 52, 54 = NJW 2000, 1566.

schützte Rückgriffsinteresse eines Bürgen ergeben[78]. Wie „ihrer wirtschaftlichen Natur nach“[79] die erst von der Vertragspraxis dafür erschlossenen abstrakten Sicherungsrechte den traditionellen, vom Gesetz akzessorisch ausgestalteten „doch überaus nahestehen“ oder mit ihnen „geradezu zusammenfallen“, „darf es bei gebührender Berücksichtigung der §§ 157, 242 BGB ohne weiteres als Wille der Beteiligten erachtet werden“, dass der Gläubiger die vom Schuldner für die verbürgte Forderung gestellten Sicherungsrechte, die nicht schon kraft Gesetzes auf den leistenden Bürgen übergehen, „übertragen muss und der Hauptschuldner einer solchen Übertragung im voraus zustimmt“[80]. Diese auf die Weiterübertragung des Sicherungsrechts abzielende Rechtswirkung ist mithin „eine sich von selbst verstehende Folge des Rechtsverhältnisses“; und zwar eine in der schuldrechtlichen Rechtsgrundbestimmung verankerte **vertragstypische Rechtsfolge des Sicherungsvertrages**[81], für die es eines darauf gerichteten ausdrücklichen rechtsgeschäftlichen Willens der Beteiligten nicht bedarf[82]. Richtig verstanden und zugeordnet findet deshalb aber auch ein „gesetzlicher“ Rechtsübergang auf den leistenden Bürgen als lediglich rechtstechnisch bestimmt seinen eigentlichen „Rechtsgrund“[83] allein in dem Sicherungsvertrag[84]. Deshalb ist zur Rechtsanwendung zunächst in der Abfolge beider beteiligter Sicherungsverträge genauer zu unterscheiden zwischen der Rechtsbeziehung des **Gläubigers zum Hauptschuldner**, dem vertragstypisch die Erteilung der Befugnis zur Weiterübertragung der von ihm gestellten Sicherungsrechte durch den Gläubiger auferlegt wird, und dem Sicherungsvertrag zwischen **Gläubiger und Bürgen**, dem für seine Leistung ein Recht auf den Erwerb eben dieser Sicherungsrechte vom Gläubiger zugestanden wird. Einer solchen begrifflichen Präzisierung der sicherungsvertraglichen Gestaltungsmittel liegen zunächst lediglich dogmatische Einsichten zum Wesentlichen der **Sicherungszweckbestimmung** zugrunde. Sie erst erbringen eine allgemeingültige Orientierung, die dem schuldrechtlichen Sicherungsvertrag mit Rücksicht auf die Erschließung neuer Sicherheiten eine vertragstypische Ausgestaltung unabhängig von der Art der eingesetzten Sicherungsmittel zuweist. Aus dieser Fortbildung dogmatischer Rechtseinsicht erschließen sich alsdann die Kriterien, die eine besondere Ausgestaltung des einzelnen Sicherungsvertrages und eine Abdingung vertragstypischer Rechtsfolgen nachvollziehbar hervortreten lassen.

11 Zu den **selbständigen Sicherungsrechten**, auf deren Erwerb zur Sicherung des Rückgriffs gegen den Hauptschuldner der Bürge nach dem vertragstypischen Sicherungszweck seiner Verbürgung einen **Anspruch gegen den Gläubiger** hat, gehören insbesondere das Sicherungseigentum[85], das zu Verwertungszwecken vorbehaltene Eigentum[86], Sicherungsgrundschulden[87], als Sicherheit abgetretene Forderungen[88] und andere Rechte[89]; Ansprüche auf Verschaffung von Si-

78 Zum Folgenden grundlegend RGZ 89, 193, 195.
79 Ähnlich RG LZ 1930, 982, 983 = WarnR 1930 Nr 11 S 25 f = HRR 1930 Nr 216; – s auch RGZ 150, 371, 374.
80 Ähnlich RGZ 91, 277, 280: „muss sich gefallen lassen“.
81 Oder „gesetzliche Nebenwirkung des Vertrages“ (RGZ 89, 193, 196).
82 Auch nicht eines „zu vermutenden“ (so BGH WM 1960, 371, 373).
83 S dazu § 769 Rz 10 bei Fn 168.
84 Nicht ergibt sich umgekehrt der Anspruch auf Übertragung selbständiger Sicherungsrechte aus „entsprechender Anwendung der §§ 774, 412, 401 BGB“ (so BGHZ 92, 374, 378; 110, 41, 43; 144, 52, 54 f) oder deren „Rechts-“ oder „Grundgedanken“ (BGH NJW 1994, 1796, 1798 zu III 2 b = WM 1994, 1161 = ZIP 1994, 939; BGHZ 78, 137, 143).
85 BGH WM 1960, 371, 373; BGHZ 78, 137, 143 = NJW 1981, 748 zu II 1 d = WM 1980, 1255; BGHZ 110, 41, 43 = NJW 1990, 903; RG WarnR 1930, Nr 56 S 110 = HRR 1930 Nr 499 = Recht 1930 S 90 Nr 303.
86 Etwa des Verkäufers als Gläubigers der verbürgten Kaufpreisforderung: BGHZ 42, 53, 56 f = NJW 1964, 1788, 1790. – Nach heutigem Verständnis unrichtig Köln HRR 1933 Nr 12.
87 BGH WM 1967, 213, 214 zu 2 b = BB 1967, 227 = LM Nr 5 zu § 401; BGHZ 80, 228, 233 = NJW 1981, 1554; BGHZ 110, 41, 43 = NJW 1990, 903 = WM 1990, 260; BGH NJW 2001, 2327, 2330 zu B II 1 = WM 2001, 1060 = ZIP 2001, 914; Stuttgart WM 1990, 1191, 1193 zu I 2 = NJW-RR 1990, 945 = Rpfleger 1990, 349.
88 BGH WM 1961, 350, 351 zu II; BGH WM 1967, 213, 214 zu 2 b (= Fn 87); BGHZ 78, 137, 143 (= Fn 85); BGH WM 1986, 670 zu I 3 = NJW-RR 1986, 1182; München MDR 1957, 356 = BB 1957, 594; Dresden WM 2003, 2137.
89 RGZ 89, 193: Gesellschaftsanteil; Köln NJW 1990, 3214, 3215 = WM 1991, 729, 730 f: Rentenschuld.

cherheiten[90], Ersatzansprüche gegen Dritte wegen des Verlusts von Sicherungsgut[91], ferner Ansprüche aus der Mithaftung Dritter, die etwa als persönlich haftende Gesellschafter zum Rechts- und Interessenkreis des Hauptschuldners gehören und im Verhältnis zum Gläubiger diesem gleichstehen[92]. Hat aber der Bürge gegen den Gläubiger aus dem Sicherungsvertrag für seine Leistung einen **Anspruch auf Übertragung** auch der vom Hauptschuldner gestellten selbständigen, also **aller Sicherungsrechte**[93], so kommt ihm ebenso auch der vertragstypische Schutz seines Rückgriffsinteresses nach dieser Vorschrift zu[94]. Der Gläubiger kann danach seinen Bürgschaftsanspruch einbüßen[95]. Zu den Gläubigerrechten, auf deren Erwerb der Bürge aufgrund der Subsidiarität seiner Einstandspflicht ein sicherungsvertragliches Recht hat, gehören auch die Ansprüche gegen gesamtschuldnerisch verpflichtete Mitschuldner, es sei denn, die Verbürgung dient gerade deren Schonung[96]. – Nicht zu den Sicherungsrechten im Sinne dieser Regelungen gehören Ansprüche des Gläubigers aus einer vertraglichen Versicherung von Verlustrisiken[97]. Doch kann eine solche Absicherung zum risikomindernden Bestandteil des von einem Bürgen übernommenen Sicherungsgegenstandes geworden und vom Gläubiger aufrechtzuerhalten sein[98].

b) **Aufgabe von Sicherungsrechten**. Der Bürge wird von seiner Verbindlichkeit gegenüber 12
dem Gläubiger frei, wenn der Gläubiger ein ihm vom Hauptschuldner gestelltes Sicherungsrecht „aufgegeben" hat und dem Bürgen deshalb nicht mehr zum Zweck des Rückgriffs zugänglich machen kann. Vertragstypisch stehen dem Bürgen jedenfalls die Schuldnersicherheiten zu, unabhängig davon, ob er seine Verbürgung gerade mit Rücksicht darauf übernommen hat oder ob der Hauptschuldner solche nachträglich (**Satz 2**) auch ohne Wissen des Bürgen gestellt hat. Eine Rechtsaufgabe ist offenkundig und ohne weiteres eine Verletzung von sicherungsvertraglichen Gläubigerpflichten[99]. Die Rechtsprechung hat den Vorgang einer Rechtsaufgabe seit jeher eng bestimmt. Das ist im Sinne der gesetzlichen Regelung zutreffend, weil es nur für den beschriebenen Tatbestand der zusätzlichen Feststellung einer Vertragsverletzung nach Verschuldensmaßstäben (Vertretenmüssen) nicht bedarf. Erforderlich ist danach ein aktives, als Willenserklärung auf Rechtsfolgen abzielendes Verhalten des Gläubigers[100]. Unterlassungen und Versäumnisse[101], insbesondere eine nachlässige Rechtsverfolgung gegen den Hauptschuldner[102] treffen den Tatbestand dieser Vorschrift nicht. Eine Aufgabe liegt am deutlichsten in dem üblich als **„Freigabe"** bezeichneten dinglichen Rechtsverzicht zu Gunsten dessen, der das Sicherungsrecht bestellt hat[103]; die Verfügungswirkung mag durch einseitige Erklärung (§ 1168 Abs 1), durch vertragliche Rückübertragung (§ 929 Satz 2)[104] oder durch Einwilligung (§ 185 Abs 1) in eine anderweitige geschäftliche Verwendung des Sicherungsguts durch den Hauptschuldner[105] vollzogen werden. „Aufgabe" ist nach dem Sinn des Bürgenschutzes auch schon die Herausgabe von Sicherungsgut an den Hauptschuldner, wenn dadurch der Verlust als Sicherheit absehbar ist, und deshalb auch

90 RG HRR 1930 Nr 216 = Recht 1930 S 13 Nr 30; BGH WM 1961, 350, 351 zu II.
91 BGH NJW 1994, 511 = WM 1994, 219, 220 = ZIP 1994, 140.
92 BGH WM 1991, 558, 559 zu II = NJW-RR 1991, 817; RGZ 65, 164, 169 ff (Schuldbeitritt). – Nicht eindeutig RG SeuffA 89 Nr 83 = WarnR 1935 Nr 21 u RG SeuffA 91 Nr 100 = WarnR 1937 Nr 70.
93 RG LZ 1930, Sp 982, 983 = WarnR 1930 Nr 11 S 25 f = HRR 1930 Nr 216: „alle Sicherheiten"; BGH WM 1961, 350, 351 zu II; BGHZ 92, 374, 378 zu II 1 = NJW 1985, 614.
94 BGH NJW 1994, 1796, 1798 zu III 2 b: „demzufolge" = WM 1994, 1161 = ZIP 1994, 939; BGHZ 137, 347, 352 = NJW 1997, 3372, 3373 zu II 3 b = WM 1997, 2117 = ZIP 1997, 1957; BGHZ 144, 52, 54 f = NJW 2000, 1566; BGH NJW 2000, 2580, 2583 zu II 5 a = WM 2000, 1141; RG WarnR 1930 Nr 56 = HRR 1930 Nr 499.
95 Dazu näher Rz 23 f.
96 RG SeuffA 91 Nr 100 S 228 f; demgegenüber noch nicht eindeutig RG SeuffA 89 Nr 83.
97 Köln WM 1995, 1965.
98 S näher Rz 14.
99 Dazu grundsätzlich Rz 1.
100 RGZ 65, 396, 397; BGH NJW 1966, 2009 zu 2 a = WM 1966, 756.
101 RG JR (= HRR) 1927 Nr 1109; RG WarnR 1930, Nr 136 S 274; BGH WM 1960, 51; Stuttgart SeuffA 50 Nr 165 (Unterlassung der Teilnahme am Konkurs des Hauptschuldners).
102 RG WarnR 1935 Nr 178 S 364 = SeuffA 90 Nr 41 S 89; Karlsruhe WM 1979, 981, 985 zu II 5; vgl auch RGZ 88, 410, 411.
103 BGH WM 1960, 371, 372 zu II 2 b.
104 RG WarnR 1930 Nr 56 = HRR 1930 Nr 499.
105 Oder den Insolvenzverwalter (Dresden WM 2003, 2137).

die Ausführung eines Verfügungsgeschäfts über ein Bankkonto, dessen Guthaben dem Pfandrecht des Gläubigers unterliegt[106]. Rechtsaufgabe ist auch die Bewilligung des grundbuchrechtlichen Rangrücktritts eines mithaftenden Grundpfandrechts zu Lasten der Rückgriffsaussichten eines Bürgen[107]. Kein Aufgeben im Sinne dieser Vorschrift, weil noch der Bewertung an Verschuldensmaßstäben bedürftig[108], ist die unzulängliche Sicherung von Pfandgut gegen Abhandenkommen[109] oder das Unterlassen einer Abwehrklage nach ZPO § 771 bei einer Pfändung von Sicherungseigentum im Besitz des Hauptschuldners durch Dritte[110]. Bei der **Verwertung** von Schuldnersicherheiten ist der Gläubiger an das Bürgeninteresse durch den Zweck der Verwertung zur Tilgung der verbürgten Verbindlichkeit und damit der Erledigung des Bürgschaftsrisikos[111] gebunden. Die Verwertung kann, muss aber nicht in den dafür vorgesehenen Verfahrensformen stattfinden. Veräußert der Gläubiger ein Sicherungsrecht als Vermögenswert zu einem „wirtschaftlich vernünftigen" Preis an einen Dritten, hat er es im Verhältnis zum Bürgen nicht aufgegeben[112]. Keine Aufgabe einer Sicherheit zum Nachteil des Bürgen liegt in der Verwertung eines gegenständlichen Sicherungsrechts, etwa einer Grundschuld, für nicht verbürgte Schuldnerverbindlichkeiten, wenn diese nach der ihr zugrundeliegenden Sicherungsvereinbarung mitgesichert sind[113] und der Bürge deshalb einen Anspruch auf Rechtserwerb nicht ohne Rücksicht auf die weiteren Sicherungszwecke der Grundschuld haben kann[114]. Eine „Aufgabe" liegt auch nicht vor, wenn die mehreren Sicherheiten sich zwar auf dieselben Hauptverbindlichkeiten erstrecken („alle"), der Erlös aus der Verwertung einer anderen Sicherheit aber auf einen vom Höchstbetrag der Bürgschaft nicht gedeckten Anteil der Verbindlichkeiten verrechnet wird[115]. Eine Aufgabe im Rechtssinne liegt aber vor, wenn eine Schuldnersicherheit erst nach ihrem Zusammentreffen mit der Bürgschaft als Mitsicherheit für dieselbe Verbindlichkeit vom Gläubiger einverständlich mit dem Hauptschuldner, also aufgrund einer nachträglichen Erweiterung des ihr zugrundeliegenden Sicherungszwecks über die verbürgte Forderung hinaus, für andere Schuldnerverbindlichkeiten verwertet wird[116]. Eine solche nachträgliche Erweiterung der Sicherungsvereinbarung liegt aber nicht vor, wenn die vom Hauptschuldner gestellte Grundschuld von vornherein der Sicherung aller zukünftigen Forderungen aus der fortdauernden Geschäftsbeziehung mit dem Gläubiger dient und die Haftbarkeit erst nach der Bürgschaftsübernahme mit Forderungen ausgefüllt wird. Erst wenn der Gläubiger die Grundschuld „nicht mehr benötigt"[117], weil der auf zukünftige Ansprüche gerichtete weite Sicherungszweck sich durch Abbruch der Geschäftsbeziehung (etwa in der Insolvenz des Hauptschuldners) erledigt hat, tritt der bürgschaftsvertragliche Anspruch des Bürgen gegen den Gläubiger auf Übertragung „freier" Grundschuldanteile unbeschränkt in Funktion. Ist zwischen Bürgen und Gläubiger bürgschaftsvertraglich vereinbart, dass die vom Schuldner gestellte Grundschuld ungeachtet der ihr zugrundeliegenden weiterreichenden Sicherungszweckbestimmung zur Tilgung der verbürgten Forderung heranzuziehen ist, verliert der Gläu-

106 Zur Frage, unter welchen Umständen dem Gläubiger die Aufgabe bürgschaftsvertraglich freigestellt ist, s Rz 15 u 28 f.

107 Köln NJW 1990, 3214, 3215 = WM 1991, 729, 730 f; RG WarnR 1917 Nr 290.

108 Dazu Rz 14.

109 BGH WM 1960, 51 = BB 1960, 70.

110 Hamburg OLGE 20, 242 f.

111 Zur Wahrung des Bürgeninteresses auch bei besonderer insolvenzrechtlicher Verwertung s BGHZ 165, 28, 35.

112 BGH NJW 1981, 761, 762 zu A II 2 a (Grundschuld) = WM 1981, 5 = ZIP 1981, 28; s auch BGH WM 1986, 257, 258 zu III 2 und 3 = ZIP 1986, 294 = NJW-RR 1986, 518.

113 Dient die Schuldnersicherheit allein der Sicherung der verbürgten Verbindlichkeit, wird diese durch eine Verwertung „erfüllungshalber" getilgt (s § 769 Rz 21 bei Fn 328). Eine anderweitige „Verrechnung" durch den Gläubiger ist ausgeschlossen.

114 BGH WM 1989, 484, 489 zu III 3 = ZIP 1989, 359 = NJW-RR 1989, 752 = LM Nr 65 zu § 765; BGH NJW 2000, 1566, 1569 = WM 2000, 764, 768 = ZIP 2000, 656 (insoweit nicht in BGHZ 144, 52). – So im Erg nach Fallage, wenngleich ohne klare Begründung auch BGH NJW 1997, 2514 zu II 2 a = WM 1997, 1247.

115 Darin nicht eindeutig u wohl aA BGH WM 1960, 371, 373; BGH NJW 2000, 2580, 2583 zu II 5 b = WM 2000, 1141 = ZIP 2000, 962. – Im Grundsatz wiederum eher gegenteilig BGH NJW 1997, 2514 = WM 1997, 1247.

116 BGH WM 1960, 371, 372 zu II 2 b; BGH NJW 2000, 1566, 1569 (= Fn 114): BGH NJW 2000, 2580 (= Fn 115); München MDR 1957, 356 = BB 1957, 594.

117 So (u dazu) Stuttgart WM 1990, 1191 (= Fn 87).

biger seinen Bürgschaftsanspruch insoweit, wie er sich dem durch anderweitige Verwertung entzieht[118]. – Kein Sicherungsrecht im Sinne dieser Vorschrift und dem auch nicht gleichzustellen ist eine dem Gläubiger zustehende Aufrechnungsmöglichkeit[119].

c) **Benachteiligung des Bürgen.** Dem Bürgen erwächst aus der „Aufgabe"[120] eines ihm bürgschaftsvertraglich zustehenden Gläubigerrechts eine Erleichterung seiner Bürgschaftshaftung nur insoweit, wie er *aus dem aufgegebenen Recht* im Rückgriff gegen den Hauptschuldner „hätte Ersatz erlangen"[121] können. Da es sich im Verhältnis zum Gläubiger um **Schadensersatz wegen Vertragsverletzung** handelt[122], hat der Bürge wie jeder Geschädigte den erlittenen Nachteil als entgangenen Vorteil konkret geltend zu machen[123]; dafür kommt ihm als Beweiserleichterung die Schadensschätzung nach ZPO § 287 zugute[124]. Ein zu veranschlagender Schaden ist zu verneinen, wenn ein vertragswidrig aufgegebenes gegenständliches Sicherungsrecht als Verwertungsobjekt unergiebig oder ein zum Ausgleich heranzuziehender Mitschuldner vermögenslos ist[125]. Der zu ersetzende Schaden des Bürgen und somit die Einbuße des Gläubigers an seiner Bürgschaftssicherheit bestimmt sich nach vertragsrechtlichen Grundsätzen allein aus seiner Rechtsbeziehung zum Gläubiger, mithin allein danach, ob der Bürge *„aus dem aufgegebenen Recht* hätte Ersatz erlangen können". Schon wegen der vertragwidrigen Aufgabe eines dem Bürgen zustehenden Rechts kann der Gläubiger den Bürgen insoweit nicht mehr aus dem Bürgschaftsvertrag in Anspruch nehmen[126]. Es ist deshalb unerheblich, ob der Bürge in einem vertraglichen Innenverhältnis zum Hauptschuldner[127] für seinen Anspruch auf den von ihm zu erbringenden Aufwendungsersatz sichergestellt ist und einen Ausfall letztlich nicht zu befürchten hat. Es kann freilich dem Bürgschaftsvertrag schon zugrundegelegt sein, dass der Bürge einer Rückgriffssicherheit aus Gläubigerrechten nicht bedarf und deshalb der Gläubiger von Rücksichten auf ein Bürgeninteresse insoweit freigestellt sein soll. Doch setzt dies einen Rechtsverzicht des Bürgen[128] voraus, der einer formgerechten „Andeutung"[129] bedarf. 13

d) **Sorgfaltspflichten des Gläubigers.** Hat der Gläubiger weitere Sorgfaltspflichten[130], die ihm bei der Rechtsverfolgung gegen den Hauptschuldner **aus dem Bürgschaftsvertrag** gegenüber dem Bürgen obliegen, verletzt, schuldet er dem Bürgen **Schadensersatz**, der sich nach dessen Interesse als Entlastung von seiner Bürgschaftshaftung bemisst[131]. Welche Sorgfaltspflichten den Gläubiger treffen, bestimmt sich aus dem vertraglichen Sicherungszweck und den sich daraus ergebenden Grenzen des übernommenen Haftungsrisikos, in denen die Hilfsfunktion („Subsidiarität") der Bürgschaft[132] unterschiedlich Gestalt gewinnen kann. Dafür sind Treu und Glauben nicht von geringerem Gewicht als gegenüber dem Hauptschuldner, der dem Gläubiger für seine Verbindlichkeiten eigene Sicherheiten beibringt. Hat der Gläubiger vom Hauptschuldner gestelltes Sicherungsgut schlecht verwahrt[133], nicht „schonend" und „bestmöglich" verwertet[134] 14

118 Nur damit wäre die Entsch Stuttgart WM 2002, 439 zu begründen gewesen. Es kann nicht um den „tatsächlichen Sicherungszweck" der Grundschuld gehen, sondern allein um den beschränkten Sicherungszweck der Bürgschaft.
119 BGH NJW 1984, 2455 zu 3 b = WM 1984, 425 = ZIP 1984, 418. – S dazu iÜ § 770 Rz 7.
120 S oben Rz 12.
121 Nicht: „verlangen", wie nicht selten (wohl irrtümlich) geschrieben wird (s etwa BGHZ 136, 347, 352; 165, 28, 35; Staud/Horn Rz 16).
122 S oben Rz 1.
123 BGH NJW 2002, 295, 296 zu III 2 = WM 2001, 2378 = ZIP 2001, 2168. – Dazu Rz 23.
124 Flad LZ 1918 Sp 542, 545.
125 RG SeuffA 91 Nr 100 S 228 f.
126 So zutreffend Stuttgart Recht 1919 Nr 1411; aA Stuttgart Recht 1915 Nr 1995; MünchKomm/Habersack Rz 5.
127 S § 775 Rz 2 bis 6.
128 Dazu Rz 17.
129 Dazu § 766 Rz 20.
130 Dazu grundsätzlich Rz 1.
131 Dazu näher Rz 23.
132 S oben Rz 5.
133 RG SeuffA 61 Nr 108 S 191 = JW 1905, 720 = Recht 1906 Nr 29; RG Recht 1907 Nr 1434.
134 BGH NJW 1966, 2009 zu 2 b = WM 1966, 756; BGH NJW 1991, 2908, 2909 zu III = WM 1991, 1294 = ZIP 1991, 867; Schleswig WM 1997, 413, 416. – Zu den Grenzen der sicherungsvertraglichen Pflichten des Gläubigers im Rahmen einer Abwägung gegen sein berechtigtes Eigeninteresse s BGH WM 1956, 1091; BGH WM 1961, 392 f = BB 1961, 383; BGH WM 1962, 673 = BB 1962, 663; BGH NJW 1997, 1063, 1064 zu B II = WM 1997, 432; BGH NJW 1997, 2672, 2673 zu II 2 a = WM 1997, 1474; BGH NJW 2000, 352, 353 f zu II = WM 2000, 68 = LM Nr 55 zu § 276 (Ci) (Schmidt-Lademann).

oder sich sonst die Rückgabe oder Rückübertragung an den Hauptschuldner unmöglich gemacht[135], schuldet er ihm aus dem Sicherungsvertrag Schadensersatz. Dem Hauptschuldner erwächst daraus nicht nur ein Gegenanspruch, sondern aus dem rechtlichen Zusammenhang der gesicherten und der sichernden Rechtsbeziehung gegen die gesicherte Hauptforderung auch ein Leistungsverweigerungsrecht, an dem der Bürge nach § 768 Abs 1 Satz 1 teilhat[136]. Darin kommt aber lediglich die als Akzessorietät der Bürgschaftshaftung verstandene gegenständliche Grenze des Sicherungszwecks zum Ausdruck, deren Vorteile sich zu Gunsten des Bürgen nur ebenso zufällig auswirken wie der Eintritt des Haftungsfalls zu seinem Nachteil. Der daran anknüpfende Schutz des Bürgen kann nicht weiterreichen als die Gegenrechte des Hauptschuldners. Er versagt, soweit Ausfälle auf Seiten des Gläubigers dem Verhalten des Hauptschuldners zuzuschreiben sind, dieser mithin deswegen auch keine Rechte gegen den Gläubiger haben kann. Die sich aus den äußeren Grenzen der Akzessorietät ergebende Beschränkung der Sicherungshaftung kann freilich den sicherungsvertraglichen Interessenausgleich zwischen Bürgen und Gläubiger nicht erschöpfen. Vielmehr ergeben sich nicht anders als für Sicherungsbeziehungen zwischen Gläubiger und Schuldner gerade aus Sicherungsverträgen zu Gunsten der Verbindlichkeiten Dritter je nach der Ausprägung der Subsidiarität der übernommenen Haftungsrisiken in den zugrundegelegten Sicherungszwecken vielfältige Gläubigerpflichten und Sorgfaltsanforderungen im Interesse des Sicherungsgebers, und zwar schon vertragstypisch nach Verkehrsanschauungen[137] oder nach konkreter Vertragsbestimmung individuell. Nach einer fortgeschriebenen Floskel[138] soll freilich dem Bürgen gegenüber nur der „allgemeine Rechtsgrundsatz (§ 242)" gelten, nach dem ein Sicherungsnehmer bei der Verwertung „weiterer Sicherheiten" lediglich „nicht willkürlich"[139] zum Schaden „sonstiger" Sicherungsgeber handeln dürfe. Eine „derartig feste Bindung" wie aus der Absicherung eigener Verbindlichkeiten[140] ergebe sich „abgesehen von § 776 ohne besondere Vereinbarungen nicht im Verhältnis zu denjenigen, die für dieselbe gesicherte Schuld noch andere Sicherheiten stellen". Ein solches, lediglich abstrakt-begrifflich orientiertes Tatbestandsverständnis, das eine Verbürgung oder jede andere Bestellung von Sicherheiten für Verbindlichkeiten Dritter nur als „noch andere" oder „weitere" Sicherheit den vom Schuldner selbst gestellten Sicherheiten anzufügen weiß, verfehlt schlechthin die elementaren schuldrechtlichen Regelungskriterien eines Sicherungsvertrages[141] und wird nicht einmal der Vaterbürgschaft früherer Zeiten gerecht. Hier fehlt es an zureichender Normbildung, die den fortentwickelten Geschäftsbeziehungen des modernen Verkehrs nach dessen Anschauungen interessegerechte Regelungsformen bietet und damit der Rechtsanwendung ein an objektiven Kriterien orientiertes Unterscheidungsvermögen eröffnet. In der Rechtspraxis haben sich durchaus eine Vielzahl verkehrstypischer Interessenlagen herausgebildet, denen durch objektive Regelbildung vertrags-

135 BGH NJW 1989. 1732, 1733 zu II 2 = WM 1989, 210 (Verzicht auf Grundschuld an Eigentum Dritter); BGH NJW 1991, 1821.

136 BGH NJW 1991, 2908, 2909 zu III (= Fn 134); – s auch § 770 Rz 9 aE.

137 Sorgfaltspflichten schon als vertragstypisch nach Maßstäben kaufmännisch „ordentlichen" Verhaltens annehmend RG SeuffA 61 Nr 108 S 191 = JW 1905, 720; s auch RG HRR 1930 Nr 212. – Vertragspflichten des Gläubigers können danach gegenüber Gesellschaftern als Bürgen wohl kaum geringer ausfallen als gegenüber der Gesellschaft als Hauptschuldner; zweifelhaft deshalb BGH WM 1960, 51, wo es zudem an der Berücksichtigung der Einrede des Bürgen aus § 768 Abs 1 Satz 1 (s bei Fn 136) fehlt.

138 Im Folgenden nach BGH NJW 2000, 3273, 3274 zu III 1 = WM 2000, 1574.

139 Ebenso BGHZ 78, 137, 143 zu II 3 = NJW 1981, 748: Eine „besondere" Verpflichtung, die Interessen des Bürgen zu wahren, bestehe für ihn nicht. Er dürfe nur nicht „willkürlich zum Schaden des Bürgen bei einer Verwertung . . . von Sicherheiten handeln (§ 242)." – Ähnlich BGH WM 1987, 853, 856 zu 2 b, bb = NJW-RR 1987, 1291 = LM Nr 7 zu KO § 47: Gegenüber dem Besteller einer Sicherungsgrundschuld bestünden in der Regel keine Sorgfaltspflichten in Bezug auf die Verwertung von Sicherheiten, die „ein Dritter, sei es auch der Schuldner" gestellt habe.

140 S bei Fn 134.

141 Deshalb bleibt auch die Annahme von „willkürlichem Handeln" (s BGH NJW 2000, 3273, 3274, zu III 2 = WM 2000, 1574) als Rechtsanwendung nicht nachvollziehbar. – Unzureichend, weil nicht auf den konkreten Regelungsinhalt des Sicherungsvertrages bezogen, auch der normative Ansatz in BGH NJW 1997, 2514, 2515 zu II 2 a = WM 1997, 1247.

typische Rechtsfolgen zugeordnet werden. – Bei einer Ausfall- oder Schadlosbürgschaft[142] ist der Gläubiger nach hergebrachter Verkehrsauffassung dem Bürgen gegenüber gehalten, zunächst durch Rechtsverfolgung gegen den Hauptschuldner alle Erfolgsaussichten auszuschöpfen[143]. Eben deshalb hat er im Bürgeninteresse auch die ihm gestellten Schuldnersicherheiten mit der erforderlichen Sorgfalt zu erhalten und gegen den Zugriff Dritter zu verteidigen, um sie selbst verwerten oder dem Bürgen für seine Leistung zum Rückgriff übertragen zu können[144]. Eine Beschränkung des übernommenen Bürgschaftsrisikos ergibt sich – nicht anders als bei einer auf weitere, von Dritten gestellte Sicherheiten bezogenen Mitbürgschaft[145] – in gleicher Weise, wenn der Bürge bei der Übernahme erkennbar und für seinen Vertragswillen mitbestimmend vorhandene Schuldnersicherheiten vorausgesetzt hat und insbesondere, wenn über die formalen Erfordernisse der Vorausklage[146] hinaus deren vorrangige Verwertung für die verbürgte Verbindlichkeit vereinbart worden ist. Dann obliegt es dem Gläubiger, diese im Bürgeninteresse mit der erforderlichen Sorgfalt auch für eine in Betracht kommende Weiterübertragung auf den Bürgen zu erhalten. Ob der Bürge darüber hinaus das Bestehen oder den Erwerb[147] solcher Sicherheiten zur Bedingung für sein Eintreten gemacht hat und demzufolge der Gläubiger schon das Risiko ihres wirksamen Erwerbs und Bestands zu tragen hat, fällt in die Behauptungs- und Beweislast des Bürgen[148]. Eine dem Grundsatz der Subsidiarität unterliegende Pflichtbindung des Gläubigers gegenüber dem Bürgen besteht auch im Fall einer selbstschuldnerischen Höchstbetragsbürgschaft für eine die Haftungsgrenze überschreitende Kreditgewährung, wenn für diese mithaftende Schuldnersicherheiten bestehen, die in das vom Bürgen übernommene Haftungsrisiko vertraglich einbezogen sind. Hier kann der Gläubiger den Bürgen zwar voll in Anspruch nehmen, ohne ihm dafür Schuldnersicherheiten übertragen zu müssen, solange an diesen ein vertragliches Sicherungsinteresse auch etwa wegen künftiger Kreditgewährungen fortbesteht. Mit der geschuldeten Leistung des Bürgen wird der Gläubiger aber nicht frei, mit solchen Schuldnersicherheiten nach Belieben zu verfahren und sie auch aus der Haftung, die bürgschaftsvertraglich als Mithaftung zugrundegelegt worden ist, zu entlassen. Er bleibt vielmehr der Subsidiarität der Bürgenhaftung auch nachwirkend verpflichtet und hat die Schuldnersicherheiten nach Erledigung seines Sicherungsinteresses dem Bürgen auch noch nachträglich für einen Rückgriff zu überlassen oder ihm überschüssige Verwertungserlöse auszuzahlen[149]. – Sorgfaltspflichten des Gläubigers gegenüber dem Bürgen ergeben sich nicht schon aus dem Vorbehalt der Vorausklage (§ 771)[150]; sie sind andererseits für die selbstschuldnerische Bürgschaft nicht ausgeschlossen[151]. Auch eine solche kann unter der Voraussetzung mithaftender Schuldnersicherheiten übernommen worden sein. Dann aber kann sich der Gläubiger eines Teils seiner Sorgfaltspflichten schon dadurch entledigen, dass er den Bürgen unter Aufklärung über die Gefahr einer Verschlechterung seiner Rückgriffsaussichten zur Leistung auffordert und ihm dadurch die Gelegenheit verschafft, seinerseits aus übergegangenen Rechten gegen den Schuldner vorzugehen. Bei der **Verwertung** von Schuldnersicherheiten ist der Gläubiger berechtigt, sich der dafür eröffneten Vollstreckungsverfahren zu bedienen; er muss sich (wie schon nicht im Verhältnis zum Hauptschuldner)[152] auch bürgschaftsvertraglich nicht um wirtschaftlich günstigere Verwertungsmöglichkeiten bemühen. Deshalb besteht auch nicht eine generelle Pflicht des Gläubigers, den Bürgen auch ohne erkennbare Bedro-

142 S Rz 33 vor § 765.
143 RGZ 87, 327, 328 f. – Gegen eine Verallgemeinerung RG HRR 1930 Nr 212.
144 Insbes zur „selbstschuldnerischen Ausfallbürgschaft" s Rz 36 vor § 765.
145 S § 769 Rz 17.
146 S dazu § 771 Rz 1.
147 Dazu (nicht eindeutig) München WM 1988, 1846, 1848.
148 Dazu § 766 Rz 21.
149 Das folgt nur insbesondere auch aus der in solchen Fällen verbreiteten Bürgschaftsklausel, nach der Leistungen des Bürgen zunächst nur als Sicherheit dienen sollen (s etwa BGHZ 92, 374 = NJW 1985, 614 = WM 1984, 1630 = ZIP 1985, 18). S dazu auch § 774 Rz 16.
150 RG HRR 1930 Nr 610.
151 Nur insbes nicht bei der selbstschuldnerischen Ausfallbürgschaft; s auch BGH NJW 1995, 1886, 1888 zu I 2 b = WM 1995, 900, 903.
152 BGH NJW 1997, 1063, 1064 zu B II 2 = WM 1997, 432; BGH WM 1962, 183; s auch RGZ 88, 410, 411; RG JW 1916, 400 = LZ 1916 Sp 748 f = Gruch 60, 846 = Recht 1916 Nr 670; Kassel JW 1938, 524.

hung seines Interesses von einer bevorstehenden Verwertung von Schuldnersicherheiten und ihren Umständen zu benachrichtigen[153]. Sorgfaltspflichten des Gläubigers im Bürgeninteresse zur Abwehr eines dem Bürgen nachteiligen Verhaltens des Hauptschuldners sind umso geringer oder entfallen ganz, je deutlicher der Bürge bei der Haftungsübernahme als ein dem Hauptschuldner wirtschaftlich oder persönlich Nahestehender handelt, der für diesen wie für einen Erfüllungsgehilfen einsteht[154].

15 e) **Besondere und abweichende vertragliche Regelungen**; **Rechtsverzichte des Bürgen**. Im Bürgschaftsvertrag kann über den Gesamttatbestand des vom Bürgen zu übernehmenden **Haftungsrisikos** frei bestimmt werden. Dafür hat der Vertragswille der Beteiligten sich je nach dem wirtschaftlichen Gegenstand und den Zielen der beabsichtigten Kredithilfe in den Rahmen einer Vielzahl aus Verkehrsanschauungen geprägter, **vertragstypischer Rechtsfolgen**[155] einzuordnen, die einer Regelung durch den Vertragswillen der Beteiligten nicht bedürfen, weil sie selbstverständlich sind. Danach ist eine Verbürgung „auszulegen" wie andere Verträge. Zum Vertragsgegenstand der Bürgschaft gehört nicht nur das sich aus dem Hauptschuldverhältnis ergebende Risiko des Bürgschaftsfalles sowie Art und Rang der vom Bürgen übernommenen Leistungspflicht, sondern auch die Art der Vorsorge für einen Rückgriff gegen den Hauptschuldner und für einen Ausgleich mit weiteren Sicherungsgebern[156]. Deshalb unterliegen auch die Rechte des Bürgen auf Erwerb von Gläubigerrechten und die Pflichten des Gläubigers im Bürgeninteresse sowohl objektiv vorgegebener Gestaltung durch schon vertragstypische Rechtsfolgen wie auch konkreter vertraglicher Willensbildung. Sogenannte **Rechtsverzichte** des Bürgen sind somit nichts anderes als schuldrechtliche Vertragsbestandteile, die über den Sicherungszweck und das Haftungsrisiko der Verbürgung mitbestimmen. Sie erschöpfen ihren Regelungssinn nicht in einem Ausschluss von Erwerbsansprüchen, sondern sind ihrerseits zweckbezogen, deshalb darin begrenzt[157] und können Anforderungen an zukünftiges Gläubigerverhalten einschließen.

16 Der Bürge kann insbesondere **nachträglich** einzelne bestimmte Sicherungsrechte[158], die ihm zum Erwerb für seine Leistung zustehen, aus der bürgschaftsvertraglichen Gebundenheit **freigeben** und dem Gläubiger zur Aufgabe oder zu anderweitiger Kreditsicherung überlassen. Dabei geht es um eine Abänderung des Bürgschaftsvertrages, die als dem Bürgen rechtlich nachteilig der Erklärungsform des § 766 unterliegt[159]. Deshalb genügen nicht Mitteilungen des Gläubigers über seine Absichten, die der Bürge widerspruchslos hinnimmt; vielmehr bedarf es einer eigenständigen Zustimmungserklärung des Bürgen, die seiner Bereitschaft, gleichwohl „weiterhaften"[160] zu wollen, Ausdruck gibt. Das Formerfordernis entfällt nur dann, wenn die Freistellung des Gläubigers sich nach der Verkehrsauffassung schon vertragstypisch aus dem Gegenstand der Verbürgung ergibt und deshalb der nachträglichen Verständigung nur eine klarstellende und streitvermeidende Bedeutung zukommt. Einem solchen nachträglichen Rechtsverzicht können veränderte Kreditsicherungszwecke zugrundeliegen, die den Gläubiger in anderer Weise und in anderen Grenzen auf Sorgfaltspflichten im Bürgeninteresse verbindlich machen. Wird der Bürge über die Voraussetzungen seines Verzichts getäuscht, kann eine Schadensersatzpflicht des Gläu-

153 RG Gruch 54 (1910), 965; RG JW 1916, 400 (= Fn 152); Hamburg OLGE 18, 45 f; BGHZ 78, 137, 144 (= Fn 85); Zweibrücken MDR 1982, 577 f.

154 Das ist das traditionelle Verständnis der Familienbürgschaft, aus dem die Gesetzesverfasser die Verneinung jeder Sorgfaltspflicht des Gläubigers gegenüber dem Bürgen rechtfertigen wollten (s Rz 1). – S dazu auch BGH NJW 1997, 2514, 2515 zu II 2 a = WM 1997, 1247.

155 Dazu Rz 21 ff vor § 765.

156 Dazu Rz 19 ff.

157 Deshalb zu ungenau, aber in der Sichtweise auf den äußersten Fall zutreffend BGH NJW 1994, 1796, 1798 zu III 2 b = WM 1994, 1161 = ZIP 1994, 939: eine Abdingung „der Vorschrift des § 776" eröffnet dem Gläubiger nicht ein „willkürliches" Verhalten zum „Schaden" des Bürgen.

158 Beispiel: RG WarnR 1917 Nr 290 (Hypothek am Schuldner-Grundstück) = LZ 1917 Sp 1066 = BayZ 1918, 19 f = Recht 1917 Nr 1407; s auch BGH NJW 2002, 295, 296 zu III 1 = WM 2001, 2378 = ZIP 2001, 2168 = DNotZ 2002, 381 (Clemente).

159 S § 766 Rz 22.

160 RG WarnR 1917 Nr 290 (= Fn 158). – S auch BGH NJW 2002, 295, 296 zu III = WM 2001, 2378 = ZIP 2001, 2168: Beweislast des Gläubigers.

bigers in Betracht kommen, die den Bürgen nach dem Maß seines Interesses von der Bürgschaftshaftung entlastet. – Hat der Gläubiger Sicherungsrechte, die er auf den Bürgen hätte übertragen müssen, bereits aufgegeben, kann der Bürge auf den ihm daraus erwachsenen Schadensersatzanspruch wie auf jeden anderen Anspruch (durch Erlassvertrag nach § 397 BGB) formlos verzichten[161].

Auch schon **im voraus** kann im Bürgschaftsvertrag wie über den Erwerb so über den **Verzicht** 17
auf Rückgriffsrechte und über die Anforderungen an das Gläubigerverhalten als Bestandteil der Bürgschaftszwecke bestimmt werden. Der Bürge begibt sich damit einer möglichen Entlastung von seiner Verbindlichkeit nach dieser Vorschrift, wie auch umgekehrt eine als Verzicht auf die Rechte nach dieser Vorschrift ausgesprochene Vertragsbestimmung einen Verzicht auf den Erwerb von Gläubigerrechten einschließt. Eine solche Erschwerung des Haftungsrisikos ist nach § 766 formbedürftig, wenn sie sich erst aus einer besonderen (atypischen) Vertragsbestimmung ergibt[162]. Jedoch bedarf die Freistellung des Gläubigers von bürgschaftsvertraglichen Bindungen keiner ausdrücklichen und besonderen Bestimmung und ist als schon mitvereinbart nicht gesondert formbedürftig, soweit sie sich aus dem zureichend formgerecht vereinbarten[163] Sicherungszweck der Verbürgung von selbst ergibt. Das kommt in Betracht, wenn die Freigabe von Schuldnersicherheiten deren anderweitiger Verwendung im Schuldnerinteresse dienen soll und der Bürge sich in dem Sicherungszweck seiner Kredithilfe erkennbar die Förderung eben dieses Schuldnerinteresses zueigengemacht hat[164], wenn also die Bürgschaft gerade an die Stelle von Schuldnersicherheiten treten soll. Der Gläubiger kann sich dem Bürgen gegenüber zur Freigabe von Schuldnersicherheiten auch verpflichten. Für den Sicherungszweck einer **Mietbürgschaft**[165] ist schon ohne ausdrückliche Vereinbarung kennzeichnend, dass der Vermieter als Gläubiger so gesichert sein soll wie durch eine ihm zugängliche Mietkaution. Er soll also auch nicht, und zwar weder im eigenen noch im Interesse des Bürgen um die Sicherung und Erhaltung von Vermieterpfandrechten nach §§ 562 ff besorgt sein müssen[166]. Mit einer **Kreditbürgschaft**[167] für eine fortdauernde Geschäftsbeziehung zwischen Gläubiger und Hauptschuldner, die verkehrsüblich einen veränderlichen Bestand an Schuldnersicherheiten mit sich bringt, ordnet sich auch der Bürge schon vertragstypisch der Art der Abwicklung des Hauptschuldverhältnisses unter, indem er das fortlaufende Erlöschen einzelner Sicherungsrechte im Rahmen des vertraglichen Sicherungszwecks hinnimmt[168]. Er kann deshalb nicht daraus ein schrittweises Erlöschen seiner Bürgschaftshaftung herleiten. Dies gilt für eine auf einen kreditierten Warenumsatz bezogene Globalsicherung des Gläubigers, für eine Vorausabtretung von Forderungen bei Einziehungsermächtigung des Sicherungsgebers und auch für Sicherungsrechte aufgrund der Globalsicherungsklauseln in den AGB der Kreditinstitute[169]. Ist dem Gläubiger bürgschaftsvertraglich freigestellt, im Rah-

161 Flad LZ 1918 Sp 542, 545 zu IV 1.

162 S § 766 Rz 20.

163 ... also zureichend „angedeuteten"; s § 766 Rz 9.

164 RG WarnR 1917 Nr 290 (= Fn 158): „größtes Interesse" des Bürgen, daher „stillschweigende" Zustimmung. Ein vergleichbarer Sicherungszweck liegt auch der Zoll-Bürgschaft zugrunde (BGHZ 72, 198 = NJW 1979, 159). – So im Erg auch BGH WM 1972, 929, 930 zu 1 = BB 1972, 1112 (zu HGB § 128), wo aber auf „Zumutbarkeit" auf Seiten des Gläubigers abgestellt wird, während es nur um ein Kriterium des Haftungszwecks auf Seiten des Bürgen gehen kann. S auch Karlsruhe WM 1979, 981, 985 f zu IV 5.

165 Dazu iAllg BGHZ 107, 210 = NJW 1989, 1853 = WM 1989, 795 = ZIP 1989, 625.

166 Nürnberg BayZ 1929, 183 (mit begrifflicher Begründung).

167 S Rz 22 vor § 765.

168 S insbes BGH NJW 1981, 761, 762 zu II 2 b = WM 1981, 5 = ZIP 1981, 28; dazu noch Rz 28.

169 AGB-Banken Nr 14 Abs 1: Der Kunde und die Bank sind sich darüber einig, dass die Bank ein Pfandrecht an den Wertpapieren und Sachen erwirbt, an denen eine inländische Geschäftsstelle im bankmäßigen Geschäftsverkehr Besitz erlangt hat oder noch erlangen wird. Die Bank erwirbt ein Pfandrecht auch an den Ansprüchen, die dem Kunden gegen die Bank aus der bankmäßigen Geschäftsverbindung zustehen oder künftig zustehen werden (zB: Kontoguthaben). AGB-Sparkassen Nr 21: (1) Umfang: Der Kunde räumt hiermit der Sparkasse ein Pfandrecht ein an Werten jeder Art, die im bankmäßigen Geschäftsverkehr durch den Kunden oder durch Dritte für seine Rechnung in ihren Besitz oder ihre sonstige Verfügungsmacht gelangen. Zu den erfassten Werten zählen sämtliche Sachen und Rechte jeder Art (Beispiele: Waren, Devi-

men einer fortdauernden Geschäftsbeziehung zum Hauptschuldner Sicherungsrechte in verkehrsüblicher Weise aufzugeben, dann endet – wiederum vertragstypisch – die Freistellung mit dieser Geschäftsbeziehung. Ist lediglich noch eine verbliebene Verbindlichkeit des Hauptschuldners abzuwickeln, hat der Gläubiger das Rückgriffsinteresse des Bürgen zu beachten und kann Schuldnersicherheiten nicht mehr ohne Einbuße an seinen Bürgschaftsansprüchen nach dieser Vorschrift aufgeben[170]. Von dem vertragstypischen Freigaberecht des Gläubigers nicht mit erfasst sind Schuldnersicherheiten, die nicht verkehrsüblich der geschäftlichen Handlungsfreiheit des Hauptschuldners zugänglich bleiben müssen, sondern als Teile des Vermögensstamms auch als Sicherheiten auf Dauer angelegt sind. Für Abgrenzungen kann es auf eine Vertragsauslegung aus den Umständen ankommen[171]. Ein Erwerb von Gläubigerrechten durch Bürgenleistung und damit die Möglichkeit eines Rückgriffs gegen den Hauptschuldner aus diesen Rechten kann im Gläubigerinteresse auch zeitlich hinausgeschoben werden[172]. Wird aber vertraglich jeder Rechtserwerb vom Gläubiger einschließlich der verbürgten Forderung ausgeschlossen, ist mit der Vereinbarung der Verpflichtungstyp der Bürgschaft verlassen. Ein solcher Haftungsvertrag kann sich nach Gegenstand und Wirksamkeitsbedingungen nur aus der unmittelbaren Beziehung der Beteiligten rechtfertigen und mangels eindeutigen Bezugs auf ein inhaltlich bestimmbares Vertragsinteresse unvollständig geblieben sein. – Bürgschaftsvertragliche Rechtsverzichte, die den Rückgriff des Bürgen gegen den Hauptschuldner erschweren, bleiben ohne Einwirkung auf unmittelbare Ansprüche des Bürgen aus einem Innenverhältnis zum Hauptschuldner nach Auftragsrecht[173]. Der Bürge kann sich aber auch dem Gläubiger gegenüber zu Gunsten des Hauptschuldners verpflichtet haben, einen Rückgriff wegen Bürgschaftsleistungen zeitweilig zu unterlassen, wenn das Kreditverhältnis des Gläubigers zum Hauptschuldner in dessen Interesse langfristig angelegt ist und der Bürge sich dessen Ziele nach Art einer eigenen Kreditgewährung zu eigen gemacht hat.

18 **Abweichende Vertragsgestaltungen** aus der freien Eigenverantwortung der Beteiligten bedürfen eines Mindestmaßes an inhaltlicher Bestimmtheit der Verständigung, die sich von einer an sich geltenden gesetzlichen oder verkehrs- und damit vertragstypischen Rechtsfolgenbestimmung als konkrete Interessenregelung abhebt. Auf dem Feld der Bürgenrechte wie der Verzichte darauf besteht wie insgesamt im Bürgschaftsrecht durch die Entwicklungsdefizite der Dogmatik[174] und die Fehlproduktionen einer Konstruktionsjurisprudenz[175] ein so tiefgreifender Mangel an inhaltlicher Klarheit, dass es sowohl der Entscheidungs- wie der Vertragspraxis an einer zureichenden Rechtssprache fehlt, in der sich Interessenregelungen nach Tatbestand und Rechtsfolge eindeutig darstellen lassen. Rechtskonflikte ergeben sich ganz überwiegend aus Allgemeinen Geschäftsbedingungen professionell beratener Gläubiger. Anzutreffen sind überwiegend abstrakte, in einer Gesetzessprache abgefasste Formeln, die lediglich unverständliche oder durch die Fortentwicklung der Verkehrsbedürfnisse und -anschauungen unzulänglich gewordene gesetzliche Regeln auf schon deshalb nicht besser verständliche Weise konterkarieren und in ihrer pauschalen Aussagearmut gedachten Klauseln wie „*der Bürge verzichtet auf alle ihm etwa zustehenden Rechte*" oder „*den Gläubiger trifft keine Pflicht, das Interesse des Bürgen zu berücksichtigen*" nicht fernstehen. Es kann nicht Aufgabe gerichtlicher Rechtsfindung sein, Vertragsprodukten dieser Art für den Einzelfall geltende Rechtswirkungen abzugewinnen. Vielmehr sind sie schon als inhaltlich unzureichend außer Betracht zu lassen, nicht erst als unangemessen oder sittenwidrig zu verwerfen. Die nähere Erör-

sen, Wertpapiere einschließlich der Zins-, Renten- und Gewinnanteilsscheine, Sammeldepotanteile, Bezugsrechte, Schecks, Wechsel, Konnossemente, Lager- und Ladescheine). Erfasst werden auch Ansprüche des Kunden gegen die Sparkasse (zB aus Guthaben).

170 So im Fall BGHZ 144, 52 (= Fn 247). – Dem nähert sich die Rspr (ohne Präzisierung des wirtschaftlichen Vertragstatbestandes), indem sie von der Geltung vertraglicher „Rechtsverzichte" des Bürgen ein „willkürliches" Verhalten des Gläubigers „zum Schaden" des Bürgen ausnimmt; so BGHZ 78, 137, 143 f (= Fn 242). – S dazu noch Rz 26 ff.

171 So im Fall BGH NJW 2002, 295 (= Fn 247): Wertpapiere.

172 Dazu § 774 Rz 16.

173 Dazu § 775 Rz 1.

174 S oben Rz 1.

175 S dazu Rz 20 aE.

terung ist auch für Individualvereinbarungen im Zusammenhang mit der Kontrolle Allgemeiner Geschäftsbedingungen fortzusetzen[176].

5. **Schutz des Ausgleichsinteresses.** Durch die Sanktion eines zum Rechtsverlust auf Seiten des Gläubigers führenden Schadensersatzanspruchs[177] schützt die Vorschrift nach dem Rückgriffsinteresse[178] auch das Ausgleichsinteresse eines Bürgen oder eines anderen Sicherungsgebers, der aufgrund seines in den schuldrechtlichen Sicherungszwecken gleichartigen Sicherungsvertrages[179] in das zur Risikoteilung führende Ausgleichsverhältnis einbezogen ist[180]. *Ob* ein Sicherungsgeber an dem durch die Übertragung von Gläubigerrechten vermittelten und durch ein sicherungsvertragliches Recht auf Übertragung[181] unter die Verantwortlichkeit des Gläubigers gestellten Ausgleichsverhältnis teilhat, ergibt sich aus dem Einsatz der fortentwickelten rechtsgeschäftlichen Gestaltungsmittel in dem jeweiligen Sicherungsvertrag. Nur ein zumindest „gleichrangig"[182] mit anderen haftender Sicherungsgeber hat gegen den Gläubiger ein Recht auf die Übertragung von Sicherungsrechten zur Ermöglichung eines anteiligen Lastenausgleichs und kann in seinem Interesse daran durch sicherungsvertragliche Pflichten des Gläubigers geschützt sein. Haftet ein Sicherungsgeber vor bestimmten anderen „vorrangig"[183], hat er diesen gegenüber jedenfalls aus dem Sicherungsvertrag mit dem Gläubiger kein Recht auf Ausgleich. Soll er ohne Rücksicht auf hinzutretende Mitsicherer ohne ein sicherungsvertragliches Recht auf die Ermöglichung eines Ausgleichs allein haften, kommt es auf die Tragweite des im Gläubigerinteresse vereinbarten Sicherungszwecks an[184]. Haftet ein Sicherungsgeber „nachrangig"[185], hat er gegen den Gläubiger für erbrachte Leistungen ein Recht auf ungeteilte Übertragung anderer Sicherungsrechte zum Zweck des vollen Rückgriffs gegen die anderen Sicherungsgeber. Darüber hinaus ist der Gläubiger verpflichtet, vorrangige Sicherungsrechte zur Weiterübertragung zu erhalten. 19

a) **Bürgenrechte.** Der hier geregelte bürgschaftsvertragliche Schutz des Ausgleichsinteresses eines Bürgen ergibt sich mithin allein aus der schuldrechtlichen Gestaltung des Sicherungszwecks und besteht allein gegenüber dem Gläubiger. Diesem stehen seine Bürgschaftsansprüche nur beschränkt durch Vertragspflichten im Ausgleichsinteresse des Bürgen zu. Andererseits kann der Bürge sich ihm gegenüber nur aus seinen sicherungsvertraglichen Gegenrechten verteidigen und braucht nur dies zu tun. Vertragsbeziehungen des Bürgen zu anderen Sicherungsgebern, insbesondere ein die Übernahme der Sicherungshaftung veranlassendes Innenverhältnis[186] bleiben auf die hier in Frage stehende Bürgschaftsbeziehung zum Gläubiger ohne bestimmenden Einfluss[187], wie auch umgekehrt diese weder den Gläubiger in seiner rechtsgeschäftlichen Freiheit gegenüber anderen Sicherungsgebern beschränkt noch die mehreren Sicherungsgeber schon unmittelbar in einem wechselseitigen Ausgleichsinteresse bindet. Hat der Gläubiger mithaftende und damit dem Ausgleichsinteresse des Bürgen verbundene Sicherheiten von Dritten erworben, ist er nicht gehindert, diese aufzugeben, also Mitbürgen aus ihrer übernommenen Haftung nach § 397 zu entlassen oder auf selbständige Sicherheiten zu verzichten. Setzt der Gläubiger sich aber durch Rechtsaufgabe außerstande, dem Bürgen Rechte, an denen dieser ihm gegenüber ein sicherungsvertraglich geschütztes Interesse hat, für seine Bürgenleistung zu übertragen, büßt er wegen Verletzung seiner Vertragspflichten seinen Bürgschaftsanspruch insoweit ein[188], wie der Bürge aus eben diesen ihm zustehenden anderen Sicherungsrechten einen Ausgleich hätte erlangen können[189]. Der Gläubiger bleibt von einem Rechtsverlust weder dadurch verschont, dass der Bürge aus einem der Haftungsübernahme schon zugrunde liegenden Innenverhältnis mit anderen Siche- 20

176 S unten Rz 28.
177 S Rz 1, 13 u 23.
178 Dazu Rz 10.
179 Zur Entwicklung eines einheitlichen Sicherungsvertrages s § 769 Rz 10 u 21.
180 Dazu Rz 22.
181 S § 769 Rz 10 u 21.
182 S § 769 Rz 16.
183 Dazu § 769 Rz 13.
184 S dazu § 769 Rz 19 aE.
185 S § 769 Rz 11 f.
186 Dazu § 769 Rz 5 ff.
187 Zur Geltendmachung von Ansprüchen gegen den Hauptschuldner s § 774 Rz 18.
188 S iE Rz 23.
189 S oben Rz 13.

rungsgebern in seinem Ausgleichsinteresse zureichend sicher oder gesichert ist, noch dadurch, dass der Bürge aus einem solchen vertraglichen Innenverhältnis die Haftungslast allein zu tragen hat. Dem Gläubiger können nicht zur Abwendung der Folgen eigener Vertragsverletzungen Rechtsvorteile aus vertraglichen Beziehungen des Bürgen zu Dritten zukommen. Das Bestehen einer anderweitigen, das Vermögensinteresse des Bürgen abdeckenden Rechtsbeziehung oder auch nur die Aussicht darauf kann aber nach dem Vertragswillen von Gläubiger und Bürgen den Gegenstand und das Vertragsrisiko des Sicherungsverhältnisses dahin mitprägen, dass der Gläubiger auf ein Ausgleichsinteresse des Bürgen von vornherein keine Rücksicht zu nehmen braucht. – Der Geltungsbereich und die Anwendbarkeit dieser Vorschrift findet sich neuerdings tiefgreifend in Frage gestellt. Eine neuere Rechtsprechung ist bestrebt, sich über den vertragsrechtlichen Schutz des Bürgen mit Hilfe einer außerhalb rechtsgeschäftlicher Entstehungsgründe aus dem Begriff der Gesamtschuld konstruierten gesetzlichen Ausgleichsbeziehung zwischen mehreren Bürgen hinwegzusetzen. Ein Bürge soll[190] von seiner Bürgschaftshaftung nicht schon freiwerden, wenn er aus einem vom Gläubiger aufgegebenen und somit ihm nicht zum Rückgriff zugänglich gemachten „Recht gegen einen Mitbürgen" hätte Ersatz erlangen können, sondern „nur", wenn er „infolge der Aufgabe des Rechts *seinen Ausgleichsanspruch* gegen den Mitbürgen nicht durchsetzen kann". Gemeint ist damit nicht ein etwa aus einem zwischen den mehreren Bürgen unmittelbar bestehenden, der Bürgschaftsübernahme schon zugrundeliegenden vertraglichen Innenverhältnis[191] erwachsener Ausgleichs- oder Erstattungsanspruch. Vielmehr soll[192] aus dem „Gesamtschuldverhältnis unter den Mitbürgen" mit dessen Entstehen „ohne weiteres" ein ebenfalls als „Innenverhältnis" bezeichnetes „gesetzliches Schuldverhältnis zwischen den Mitbürgen" folgen, das als „selbständig" und „wesensverschieden" neben die Bürgschaftsverträge mit dem Gläubiger tritt und als solches „von vornherein" und auch „beim Fehlen" einer zwischen den Sicherungsgebern getroffenen „besonderen Vereinbarung" Ausgleichansprüche hervorbringt, die nicht erst vom Gläubiger erworben zu werden brauchen und in Entstehung und Fortbestand dessen rechtsgeschäftlicher Einwirkung, etwa durch die „Entlassung eines Gesamtschuldners" oder die „Aufgabe einer Sicherheit" entzogen sind. Gegen diese lediglich aus begrifflicher Abstraktion hervorgebrachte tatbestandslose Konstruktion ist zu § 769 Rz 3 Stellung genommen. Es werden hiermit lediglich deliktsrechtliche Zuweisungsinstrumente auf Vertragstatbestände übertragen. Unausgesprochen wird dabei ein Insolvenzrisiko, das nur rechtsgeschäftlich übernommen worden sein kann, zu Lasten des Bürgen verschoben. Nach richtiger Ordnung des Rechtsstoffs geht es zunächst darum, ob der Bürge aus dem Sicherungsvertrag mit dem Gläubiger überhaupt haftet oder aufgrund seiner vertraglichen Gegenrechte eben nicht. Dann erst geht es darum, ob der Bürge vom Hauptschuldner oder von einem mithaftenden Sicherungsgeber nur aus übergegangenen Rechten des Gläubigers oder sowohl aus diesen wie auch aus einem vertraglichen Innenverhältnis einen Anspruch auf Rückgriff oder Ausgleich hat[193]. Schließlich und erst danach kann es darum gehen, ob ein Bürge, der dem Gläubiger nicht oder nicht mehr gehaftet hat, gleichwohl für seine Bürgenleistung aus einem vertraglichen Innenverhältnis eine Erstattung verlangen kann. Unabhängig von solchen Erstattungsansprüchen aber kann der Bürge vom Gläubiger in Wahrheit nicht geschuldete Leistungen zurückverlangen[194], soweit dem nicht eine rechtskräftige Verurteilung entgegensteht[195].

190 So insbes BGH NJW 1992, 2286, 2287 zu II 2 = WM 1992, 1312 = ZIP 1992, 1146 = LM Nr 24 § 774 (Grunewald).

191 S § 769 Rz 5 ff.

192 Im Folgenden nach den nicht völlig gleichlautenden Formulierungen in BGH NJW 1992, 2286, 2287 zu II 2 (= Fn 190); BGH NJW 2000, 1034 f zu I 1 u 2 = WM 2000, 408 = LM Nr 29 zu § 774; BGH WM 1963, 1249 = LM Nr 6 zu § 774; schließlich BGH WM 1991, 399, 400 zu II 1 u 2 = NJW-RR 1991, 499 = LM Nr 89 zu § 426; AG Rosenheim NJW-RR 2000, 863: diese unter wohl unzutreffender Berufung auf BGHZ 108, 179, wo „die Ausgleichspflicht aus den schuldrechtlichen Sicherungsverträgen zwischen dem Gläubiger und den Sicherungsgebern" hergeleitet (S 186), in der Anwendung von § 776 aber keine Konsequenz gewahrt wird (S 183).

193 S zur Geltendmachung u zum Streitgegenstand § 774 Rz 18.

194 Zutreffend Hamburg HansGZ 1910, B 106, 107.

195 S dazu Rz 24.

Der Tatbestand der **Rechtsaufgabe** ist – wie für das Rückgriffsinteresse[196] – auch für das Ausgleichsinteresse gegenüber Mitsicherern eng zu bestimmen. Weitergehende Sorgfaltspflichten des Gläubigers bedürfen wiederum besonderer Begründung[197]. Rechtsaufgabe ist vor allem die Entlassung eines Mitsicherers, die ein auf den Bürgen zu übertragendes Sicherungsrecht nicht fortbestehen lässt; ebenso aber auch eine nachträglich mit einem Mitsicherer vereinbarte Haftungserleichterung, wie sie sich aus der Umwandlung einer regulären in eine nur noch nachrangige und deshalb nicht mehr am Sicherungsgeberausgleich teilnehmende Ausfallsicherheit ergibt[198]. Keine Rechtsaufgabe durch den Gläubiger liegt vor, wenn ein anderer Sicherungsgeber von einem Kündigungsrecht Gebrauch macht und dadurch aus eigenem Recht aus der Mithaftung ausscheidet[199]. Rechtsaufgabe kann auch die Herabsetzung des Höchstbetrages einer Bürgschaftshaftung sein; doch kommt es hier darauf an, ob dem eine zulässige Kündigung des Bürgen verbunden mit einem Neuabschluss des Bürgschaftsvertrages zugrunde liegt oder ob der Gläubiger sich dazu aus eigener Entscheidung durch Vertragsänderung bereitgefunden hat. Ist der Gläubiger gegen einen Mitsicherer nicht vorgegangen, solange dieser leistungsfähig war, liegt darin noch keine Rechtsaufgabe im Sinne dieser Vorschrift; ebenso nicht, wenn er die vertraglich vereinbarte Frist zur Geltendmachung einer Zeitbürgschaft (§ 777) versäumt hat[200]. Doch kann eine den Bürgen entlastende Pflichtverletzung des Gläubigers gegeben sein, wenn der Bürge erst nach der anderen Sicherheit eintreten sollte. 21

b) **Sicherungsvertragliche Rechte anderer Sicherungsgeber**. Es ist heute **herrschende Meinung**[201], dass mehrere einem Gläubiger für dieselbe Hauptverbindlichkeit gleichrangig haftende Sicherungsgeber unabhängig von der Art des von ihnen gestellten Sicherungsrechts „einander"[202] und „gegenseitig"[203] zu einem Ausgleich ihrer Inanspruchnahme verpflichtet sind. Es fehlt freilich dafür bisher an der Entwicklung einer im Tatbestand eindeutigen und für die verschiedenartigen Sicherungsrechte einheitlichen Rechtszuweisung. Lediglich angedeutet findet sich, dass die Ausgleichspflicht „aus den schuldrechtlichen Sicherungsverträgen zwischen dem Gläubiger und den Sicherungsgebern über § 242" herzuleiten sei[204] und sich „entsprechend den Regeln über die Gesamtschuld"[205] ergebe, auch wenn zwischen den mehreren Sicherungsgebern ein „echtes Gesamtschuldverhältnis" nicht bestehe[206]. Daran ist zutreffend, dass ein nach dem Vorbild des Bürgschaftsrechts durch Rechtsübertragungen vermittelter Haftungsausgleich unter mehreren Sicherungsgebern und der daran anknüpfende **Schutz eines Ausgleichsinteresses** nach dieser Vorschrift ihren Rechtsgrund allein in sicherungsvertraglichen Regelungen schon im Verhältnis zum Gläubiger finden kann[207]. Andererseits wird auch der Eindruck erweckt, hier ginge es um einen von den rechtsgeschäftlichen Beziehungen unabhängigen „gesamtschuldnerischen Haftungsverband"[208]. Dazu gehört die Behauptung, Bürgschaft und Grundschuld seien „von Gesetzes wegen" gleichstufige Sicherungsmittel[209]. Eine rechtlich konkrete Nachvollziehbarkeit kann der gesuchten umfassenden Ausgleichsordnung zwischen unterschiedlichen Sicherungshaftungen 22

196 S oben Rz 12.
197 S oben Rz 14.
198 AA wohl Hamburg OLGE 21, 209.
199 RG SeuffA 67 Nr 251 S 447 = WarnR 1912 Nr 335 = LZ 1912 Sp 754 f Nr 18 = Recht 1912 Nr 2199.
200 RG WarnR 1935 Nr 178 S 364 = SeuffA 90 Nr 41 S 89.
201 Dazu § 769 Rz 20 ff.
202 So BGH NJW 1992, 3228 = WM 1992, 1893 = JR 1993, 333 (W Lüke) = LM Nr 6 § 776 (Schmidt-Lademann) = JuS 1993, 161 (K Schmidt) = WuB IV A – 1.93 (Tiedtke).
203 So BGHZ 108, 179, 187 = NJW 1989, 2530, 2532 zu II 2 c, bb = WM 1989, 1205 = ZIP 1989, 1044 (Bayer/Wandt).
204 BGHZ 108, 179, 186 (= Fn 203).
205 BGHZ 108, 179 – LS und S 186 (= Fn 203); BGH WM 1991, 399, 400 zu II 1 = NJW-RR 1991, 499 = LM Nr 89 zu § 426 = BB 1991, 500; BGH NJW 1992, 3228, 3229 zu II 2 (= Fn 202).
206 BGHZ 108, 179, 187 (= Fn 203).
207 Zu unmittelbaren Innenverhältnisses s § 769 Rz 5 bis 8.
208 BGH WM 1991, 399, 400 zu II 2 (= Fn 205); BGH NJW 1992, 2286, 2287 zu II 2 a = WM 1992, 1312 = ZIP 1992, 1146; BGH NJW 1992, 3228, 3229 zu II 2 (= Fn 202). – Dazu und dagegen s § 769 Rz 8 bei Fn 139 ff.
209 BGH NJW 1992, 3228, 3229 zu II 2 u LS (= Fn 202), wonach die „Gleichstufigkeit" sich aus der gleichgewichtigen Risikoträchtigkeit der „Haftung des Bürgen im Vergleich zu anderen Sicherungsgebern" ergeben soll („deshalb").

allein im Rahmen sicherungsvertraglicher Regelungswirkungen verschafft werden. Die Instrumente dafür erschließen sich für Bürgenrechte aus der Tradition des Bürgschaftsvertrages, während einer gleichen Rechtsstellung dinglicher Sicherungshaftungen noch immer nur ein begrifflich konstruiertes Unverständnis entgegengebracht wird. Wird ein **Bürge** vom Gläubiger in Anspruch genommen, hat er aufgrund der Subsidiarität seiner vertraglich übernommenen Haftung über die zu enge Regelung eines gesetzlichen Rechtsübergangs hinaus gegen den Gläubiger einen Anspruch auf die Übertragung mithaftender selbständiger Sicherungsrechte[210], und zwar sowohl der Schuldnersicherheiten[211] wie auch der von Dritten gestellten Sicherungsrechte[212], sofern diese nach der ihnen eigenen sicherungsvertraglichen Rangbestimmung an einem Risikoausgleich teilnehmen. Darüber hinaus[213] ist der Gläubiger dem Rückgriffs- und Ausgleichsinteresse des Bürgen schuldrechtlich verpflichtet[214]. Er büßt auch durch Aufgabe selbständiger Sicherungsrechte seinen Bürgschaftsanspruch ein und ist je nach weiterreichenden sicherungsvertraglichen Pflichten dem Bürgeninteresse verbunden[215]. Der Rechtsstellung eines **Bestellers dinglicher Sicherheiten** hingegen wird ein gleicher Schutz seines Interesses an der Subsidiarität seiner Haftung und an einer Teilung seines Haftungsrisikos bisher verweigert. Dies wird mit einer wörtlichen Gesetzesanwendung gerechtfertigt, die eine Beachtung und Einbeziehung der dem dinglichen Haftungstatbestand zugrundeliegenden und dessen Inanspruchnahme erst rechtfertigenden schuldrechtlichen Sicherungsvertrages erübrigen soll. Selbst einem Sicherungsgeber, dem wie dem Pfandbesteller für die Inanspruchnahme ein „gesetzlicher" Erwerb weiterer Sicherungsrechte zusteht (§§ 1225, 774, 412, 401), soll der Schutz dieser Vorschrift für den Fall einer Aufgabe solcher Rechte nicht zustehen, weil „das gesetzliche Schuldverhältnis" von einer „Verpflichtung des Pfandnehmers, keine anderen Pfänder aufzugeben", nichts wisse[216]. Ebenso soll § 776 weder unmittelbar noch entsprechend zu Gunsten des Bestellers einer Sicherungsgrundschuld für fremde Verbindlichkeiten anwendbar sein[217]. Das kann auch nur in Betracht kommen, wenn zunächst dem Sicherungsgeber gegen den Gläubiger für seine Inanspruchnahme ein Gegenanspruch auf den Erwerb weiterer mithaftender Sicherheiten zusteht, dessen vertragswidrige Nichterfüllung ihn nach dieser Vorschrift von seiner Sicherungshaftung im Umfang seines Schadens entlastet[218]. Das aber wird mangels konkreter Vorschriften, die einen gesetzlichen Rechtsübergang bestimmen, sogar noch für den gesicherten Anspruch gegen den (Haupt-)Schuldner verneint[219]. Eine solche, lediglich wortgebundene Auslegung und Anwendung rein sachenrechtlicher Regelungszusammenhänge ist schon deshalb abwegig, weil diese eine Sicherungsgrundschuld gar nicht kennen[220] und schon deshalb deren rechtsgeschäftlichen Gestaltungsrahmen auch nicht mitgeregelt haben können. Ein darüber hinausführender Fortschritt im Verständnis der Ganzheit einer sicherungsvertraglichen Rechtsbeziehung ist schon erreicht, wenn nur zur Bestimmung der Voraussetzungen und der Tragweite von Sicherungsrechten vom schuldrechtlichen Sicherungsvertrag ausgegangen und darin den fortentwickelten Verkehrsauffassungen Ausdruck verschafft wird. Eine Sicherungsgrundschuld ist danach nicht anders als das zum Sicherungseigentum bestimmte Eigentum le-

210 BGH NJW 1994, 1796, 1798 zu III 2 b = WM 1994, 1161 = ZIP 1994, 939. – Dazu grundsätzlich § 769 Rz 10.
211 S oben Rz 10 u 11.
212 S Rz 19 f – So ohne Unterscheidung zwischen Rückgriffs- und Ausgleichsrechten BGH NJW 1994, 1796, 1798 (= Fn 210), wo es im Fall um Rückgriffsrechte gegen den Hauptschuldner ging.
213 BGH NJW 1994, 1796, 1798 (= Fn 210): „infolgedessen".
214 BGH aaO (Fn 210): er „darf dem Bürgen gegenüber nicht nach seinem Belieben über die sonstigen Sicherungsrechte verfügen".
215 S dazu Rz 14.
216 So RG HRR 1942 Nr 64 = WarnR 1941 Nr 118 = DR 1941, 2195; dem folgend BGH WM 1991, 399, 400 f zu II 2 (= Fn 205); – s auch Hamm ZIP 1983, 922, 923.
217 BGH WM 1987, 853, 856 zu 2 b, bb = NJW-RR 1987, 1291 = LM Nr 7 zu KO § 47.
218 Zur Geltendmachung s Rz 23 f.
219 BGHZ 105, 154, 157 zu II 1 b = NJW 1988, 2730 = WM 1988, 1259 = ZIP 1988, 1096: die für die forderungsakzessorische Hypothek geltende Vorschrift des § 1143 Abs 1 sei auf die „in ihrem sachenrechtlichen Bestand von der persönlichen Forderung unabhängige Grundschuld nicht übertragbar".
220 Sie regeln nur „die Grundschuld" (so zutreffend Wilhelm ZBB 1989, 184, 186) ohne Einflussnahme auf schuldvertragliche Zweckbestimmungen.

diglich Instrument des ihr zugrunde liegenden schuldrechtlichen Sicherungszwecks. Von daher werden dann auch die dem Sachenrecht eingegliederten auf Ausgleich abzielenden gesetzlichen Vorschriften (§§ 1143, 1225) als Rudimente schuldrechtlich vertragstypischer Regelung erkennbar.

6. **Geltendmachung und Beweislast**. Eine Geltendmachung der Gegenrechte des Bürgen gegen den Gläubiger kommt im Wege aktiver Verfolgung eines an die Stelle ausgebliebener Rechtsverschaffung getretenen Anspruchs auf ein Schadensinteresse in Betracht[221] oder schon durch Rechtsverteidigung gegen die Inanspruchnahme durch den Gläubiger. Stets geht es – wie früher nie in Zweifel stand –, um die vom Gläubiger geschuldete Erfüllung des Sicherungsvertrages. Die gesetzliche Regelung erfasst lediglich den Fall der Rechtsverteidigung des Bürgen und setzt dabei in ihrer Beschränkung auf den traditionellen Fall der Bürgschaft Nahestehender voraus, dass ihm die Voraussetzungen seiner Gegenrechte bekannt oder doch zugänglich sind[222]. Dass damit ein Schadenseintritt schon abgewehrt werden soll, verändert nicht den Anspruchsgrund der Schadenszurechnung[223]. In der Darstellung dieser Vorschrift *wird* der Bürge von seiner Verbindlichkeit *frei*, wenn der Gläubiger dem Bürgen zustehende Rechte aufgibt und somit den Rechtserwerb des Bürgen vereitelt. Damit werden konstruktive Vorstellungen früherer Regelungen[224] übernommen, denen die strengere Begrifflichkeit des heutigen Rechtsverständnisses noch fremd war[225]. Die differenzierter gewordenen Vertrags- und Konfliktstatbestände der heutigen Kreditwirtschaft erfordern aber im Hinblick auf Gegenstand und Rechtskraft streitiger Entscheidungen eine genauere begriffliche Orientierung, die auch die Möglichkeit nachträglicher aktiver Geltendmachung von Bürgenrechten einschließt. 23

Rechtsbegründender Tatbestand ist eine **Verletzung sicherungsvertraglicher Pflichten** des Gläubigers gegenüber dem Bürgen. Eine solche ergibt sich schon aus der Aufgabe[226] von Sicherungsrechten, auf deren Erwerb der Bürge für seine Bürgschaftsleistung gegenüber dem Gläubiger ein Recht hat. Darüber hinaus können weitere Pflichtbindungen des Gläubigers im Bürgeninteresse bestehen, deren Verletzung einen Anspruch auf Ersatz des Interesses zur Folge hat[227]. Der Bürge kann einen ihm zustehenden Anspruch auf sein Interesse an den ihm vom Gläubiger zu übertragenden Rechten dem gegen ihn geltendgemachten Bürgschaftsanspruch schon als **Leistungsverweigerungsrecht** „aus demselben rechtlichen Verhältnis" (§ 273 Abs 1) entgegensetzen oder erst nach Aufbringung der ungekürzten Bürgschaftsleistung als bezifferten Anspruch durch **Klage** auf Rückzahlung geltend machen[228]. Stets fällt dem Bürgen die Behauptungs- und Beweislast für das Bestehen und die Aufgabe oder den sonst pflichtwidrigen Verlust von Rechten und Rechtsvorteilen zu, die ihm sicherungsvertraglich für seine Leistung zustehen, und ebenso für einen ihn als Schaden treffenden Nachteil[229]. Der Gläubiger trägt demgegenüber die Beweislast für sicherungsvertraglich atypische Freiheiten[230] und für die Entlastung vom Verschulden an besonderen Umständen eines Rechtsverlusts (§ 280 Abs 1 Satz 2). Die schadensersatzrechtliche Selbständigkeit der Bürgenrechte bestimmt über den Streitgegenstand eines Prozesses und damit über die Tragweite und die **materielle Rechtskraft** gerichtlicher Entscheidungen. Richtig ver- 24

221 Stuttgart WM 1990, 1191 (= Fn 87).

222 Zu Auskunftsansprüchen des Bürgen gegen den Gläubiger s § 774 Rz 4.

223 Der Gläubiger kann „gemäß § 249" verpflichtet sein, den Bürgen „nicht aus seiner Bürgschaft in Anspruch zu nehmen" (BGH NJW 1994, 2146, 2148 zu I 3 = WM 1994, 1064 = ZIP 1994, 861); nach RG SeuffA 92 Nr 148 = HRR 1938 Nr 510 geht es um „Befreiung von der Bürgschaft". Beides wird dem Streitgegenstand einer Klage des Gläubigers nicht gerecht (s Rz 24).

224 PrALR I, 14 § 332: der Gläubiger „wird seines Rechts an den Bürgen verlustig"; Dresdner Entwurf § 948: der Bürge „wird von seiner Verbindlichkeit befreit"; SächsBGB § 1466: die Bürgschaft „erlöscht".

225 Nach PrALR I, 14 § 316 konnte der Bürge „befugt" sein, den Gläubiger „dahin anzuhalten", dass er ihn aus der Bürgschaft „entlasse". Dies entspricht nicht mehr dem heutigen Verständnis des Verhältnisses von Rechtszuweisung und Rechtsfeststellung. Dagegen ist der „Befreiungsanspruch" gegen den Hauptschuldner dem heutigen Recht in einer unzureichend instrumentierten Ausgestaltung verblieben (§ 775).

226 Dazu Rz 12.

227 S oben Rz 14.

228 So zutreffend Stuttgart WM 1990, 1191, 1193 (= Fn 87).

229 S oben Rz 13.

230 Dazu Rz 15 ff.

standen führt die hier geregelte Rechtsaufgabe nicht kraft Gesetzes zu einem Erlöschen des Bürgschaftsanspruchs und damit zu einer rechtsvernichtenden Einwendung, die vom Streitgegenstand der Bürgschaftsklage mit umfasst wird. Vielmehr steht die Geltendmachung der Bürgenrechte der Aufrechnung mit einem selbständigen Gegenanspruch gleich. Versäumt der vom Gläubiger auf Leistung in Anspruch genommene Bürge seine Rechtsverteidigung mit Gegenrechten, weil er diese noch gar nicht kennt, wird ihm deren spätere Geltendmachung durch seine Verurteilung ebensowenig abgeschnitten wie einem auf Kaufpreiszahlung verurteilten Käufer die spätere Geltendmachung von Gewährleistungsrechten. Macht der Bürge aber Gegenansprüche geltend und findet er damit kein Gehör, so erwächst insoweit mit seiner Verurteilung zur Bürgenleistung die inzidente Verneinung von Gegenansprüchen nach ZPO § 322 Abs 2 in materielle Rechtskraft. Eine spätere erneute Geltendmachung ist unzulässig.

25 7. **Rechtsverzichte des Bürgen aufgrund Allgemeiner Geschäftsbedingungen**. Zur besonderen Wirksamkeitskontrolle nach AGB-Recht stehen praktisch nur Vertragsbedingungen des Gläubigers, die dem Bürgen ausdrücklich und schriftlich in der Form einer vorweggenommenen Bürgenerklärung gestellt worden sind und vom Bürgen angenommen und als seine Erklärung formgerecht erteilt werden sollen[231]. Die Einbeziehung anderweit gestellter Gläubigerbedingungen müsste schon an dem gesetzlichen Formerfordernis des § 766 scheitern[232]. Für Bürgschaftsverträge stellen sich Rechtsfragen vor allem aus der Schwierigkeit einer Abgrenzung der allein einer Inhaltskontrolle unterliegenden **„abweichenden" Vertragsbestimmungen**, die den Regelungsbereich vertragstypischer Rechtsfolgen überschreiten (§ 307 Abs 3 Satz 1; früher AGBGes § 8). Da die Dogmatik des Bürgschaftsrechts in dem Vorstellungshorizont und auf dem Entwicklungsstand der Gesetzgebungszeit stehengeblieben ist[233] und eine den Verkehrsbedürfnissen entsprechende Typendifferenzierung bis heute nicht entwickelt hat, fehlt es an positiven und konkret-gegenständlichen Kriterien für vertragstypische Sicherungszwecke nach deren wirtschaftlicher Zielsetzung. Es ergibt sich auch schon kein Raum für die Frage, inwieweit der Bürge sich nach dem „Zweck" seiner Bürgschaft[234] ein Schuldnerinteresse und in welchen Grenzen nur dieses zueigengemacht hat oder inwieweit die übernommene Bürgschaftshaftung dem Gläubigerinteresse untergeordnet ist. Es fehlt deshalb auch an erprobten Darstellungsmitteln für eine auf wirtschaftliche Verkehrsbedürfnisse ausgerichtete Vertragsgestaltung. Das zeigt sich gerade an dem die moderne Kreditsicherungspraxis beherrschenden **Hauptfall der „Kreditbürgschaft"**[235], die nicht mehr (wie in § 767 vorausgesetzt) eine bestimmte Verbindlichkeit zum Gegenstand hat, deren Erfüllung oder „Rückführung" gesichert werden könnte, sondern dem Hauptschuldner einen geschäftlichen Handlungsrahmen zur „Ausnutzung" während der gesamten „Laufzeit" der Kreditbeziehung eröffnen soll[236]. Dem hier bestehenden Bedürfnis gerade des Hauptschuldners, dass im Verlauf der diesen Kreditrahmen ausfüllenden unterschiedlichen Inanspruchnahme von Kredit auch die von ihm dem Gläubiger als Sicherheiten gestellten Vermögenswerte variabel bleiben und anderen seiner geschäftlichen Interessen zugänglich gemacht werden können, lässt sich im Bürgschaftsvertrag nur dadurch nachkommen, dass dem Gläubiger gegen die Regelung dieser Vorschrift die Aufgabe von Sicherheiten aus der Mithaftung für verbürgte Verbindlichkeiten insoweit freigegeben wird. Dafür muss das Freigabeinteresse des Hauptschuldners in dem bürgschaftsvertraglichen Sicherungszweck, der den Gegenstand des übernommenen Haftungsrisikos ausfüllt, einen konkreten Ausdruck finden. Und zwar geht es nicht darum, ob dadurch „Interessen des Hauptschuldners"[237] oder „Interessen" oder „Belangen"[238] des Bürgen entsprochen wird, sondern ob und inwieweit Schuldnerinteressen vom Bürgen in den Sicherungszweck seiner Bürgschaftshaftung übernommen worden und inwieweit damit den bürgschaftsvertraglich einge-

231 Zur vierfachen Funktion einer solchen Erklärungsurkunde s § 766 Rz 1.
232 S § 766 Rz 23.
233 S oben Rz 1.
234 Ansätze zu einer verallgemeinerungsfähigen Zweckbetrachtung in BGHZ 78 137, 141 = NJW 1981, 748 = WM 1980, 1255 = ZIP 1980, 968 =JR 1981, 148 (Rehbein).
235 S Rz 22 vor § 765.
236 BGHZ 78, 137, 142 f (= Fn 234).
237 So BGHZ 78, 137, 142 (= Fn 234).
238 So BGHZ 95, 350, 358 (= Fn 242).

räumten Freigabebefugnissen des Gläubigers wiederum Grenzen gesetzt worden sind. Eben dafür hat sich mangels zureichend entwickelter Vorstellungen über schon verkehrstypisch unterschiedliche Sicherungszwecke auch keine einer konkreten Vertragsgestaltung dienliche Rechtssprache herausgebildet. Deshalb erschöpft sich einzelvertraglich konkretisierte Regelung zumeist in einer Verneinung gesetzlicher Regelaussagen, deren Gegenstand und Tragweite längst unklar geworden ist, und verfehlt damit mangels zureichend vergegenständlichter Bestimmung des vertraglichen Sicherungszwecks die Mindesterfordernisse rechtsgeschäftlicher Willensbildung[239].

Die **Vertragsklauseln**, die in der Entscheidungspraxis als „abweichend" einer Inhaltskontrolle zu unterziehen sind, reichen von abstrakter Inhaltslosigkeit[240] bis zu umfassender Aufzählung von Gläubigerbefreiungen[241], die in ihrer Gesamtheit jede Bindung des vertraglichen Sicherungszwecks an eine vom Bürgen bestimmte Begrenzung seiner Kredithilfe aufheben. An dessen Stelle tritt als allein maßgeblich ein verdecktes Gläubigerinteresse, das sich nicht darauf beschränkt, Mitsicherheiten ohne Verlust von Bürgschaftsansprüchen aufgeben zu dürfen, sondern darüber hinaus diese ohne Rücksicht auf ein Rückgriffs- oder Ausgleichsinteresse des Bürgen aufrechterhalten und für andere eigene Geschäftsinteressen einsetzen oder gegen andere Geschäftsvorteile austauschen zu können. Danach verbleibt mithin die Kreditbürgschaft als ein innerhalb der von ihr gedeckten Kreditlinie unbeschränkter und gegenstandsloser Aktivposten, auf dem sich weitere Gläubigerinteressen, die den Bürgen nichts angehen, aufbauen lassen. Rechtlich gebundene Inhaltskontrolle hat sich gleichwohl auf „abweichende" Regelungsinhalte zu beschränken und deshalb zunächst die nach der Tragweite des Sicherungsgegenstandes vertragstypischen Rechtsfolgen erkennbar zu machen. Die **frühere Rechtsprechung**[242] hat zureichende Gründe, einen formularmäßigen Verzicht des Bürgen auf die bürgschaftsvertraglichen Gegenrechte aus dieser Vorschrift als „unangemessen" und damit unwirksam nach § 307 (früher: AGB-Ges § 9) zu verwerfen, noch verneint. Ihre Gründe beschränken sich auf die zur Entscheidung anstehenden Fälle einer Kreditbürgschaft gegenüber einer Bank für einen Hauptschuldner, der in seiner Kreditbeziehung in verkehrsüblicher Weise einer sich auf alle der Bank als Gläubigerin zugänglichen Werte erstreckenden Globalsicherungsklausel[243] unterliegt. Der Verzicht stelle gerade den „Vertragszweck" der Verbürgung im Interesse des Gläubigers und des Hauptschuldners „in besonderer Weise" sicher und sei auch schon „vertragstypisch"[244]. „Bei Geltung des § 776 müsste die Bank alle diese Werte blockieren, wenn sie nicht ihre Rechte aus der Bürgschaft verlieren wollte. Das würde zu einer starken Einschränkung der Handlungsfähigkeit des Hauptschuldners führen, die auch nicht 26

239 Dazu Rz 28.

240 *„Der Bürge verzichtet auf die Rechte aus* § 776", oder: *„die Einreden nach § 776 sind ausgeschlossen"*; s BGHZ 144, 52, 53 = NJW 2000, 1566 = WM 2000, 764 = ZIP 2000, 656 = JZ 2000, 1160 (Vollkommer/Heinemann) = LM Nr 146 zu § 765 (Pfeiffer); BGHZ 95, 350, 351 (= Fn 242); – nur wortreicher in den Fällen BGH NJW 1981, 761 = WM 1981, 5 = ZIP 1981, 28; BGH WM 1991, 558 = NJW-RR 1991, 817.

241 In der Beschränkung der Bürgenrechte wohl kaum zu übertreffen die Klausel im Fall BGH NJW 1994, 2146 = WM 1994, 1064 = ZIP 1994, 861: *„Ich* ‹Bürge› *erkenne alle Maßnahmen und Vereinbarungen, die Sie* ‹Gläubiger› *zur Geltendmachung Ihrer Forderung* ‹gegen den Hauptschuldner› *für nützlich erachten als für mich verbindlich an und entbinde Sie, soweit gesetzlich zulässig, von jeglicher Haftung für die Höhe des Ausfalls. Insbesondere sind Sie befugt, alle Sicherheiten und Vorzugsrechte, die Ihnen etwa sonst für diese Schuld bestellt sind oder noch bestellt werden, lediglich nach Ihrem Ermessen zu verwerten und auch aufzugeben, namentlich auch Mitbürgen aus Ihrer Haftung zu entlassen, ohne dass hierdurch der Umfang meiner Bürgschaftsverpflichtung geändert wird."* – Ähnliches in BGH WM 1986, 95 = ZIP 1986, 85; nur im Stil eleganter in BGH NJW 2002, 295 = WM 2001, 2378 = ZIP 2001, 2168 = DNotZ 2002, 381 (Clemente).

242 BGHZ 95, 350, 358 f = NJW 1986, 43, 45 zu III 3 = WM 1985, 1307 = ZIP 1985, 1257; BGHZ 78, 137 = NJW 1981, 748 = WM 1980, 1255 = ZIP 1980, 968 = JR 1981, 148 (Rehbein).

243 Texte s oben Fn 169. – Dazu BGHZ 144, 52, 55 (= Fn 247).

244 So insbes BGH NJW 1981, 761, 762 zu II 2 b = WM 1981, 5 = ZIP 1981, 28; nur umgekehrt formuliert in BGHZ 78, 137, 142 (= Fn 234): es sei „gerade nicht vertragstypisch", dass dem Kreditbürgen die Rechte aus § 776 zustünden.

im Interesse des Bürgen liegt"[245]. Gegen eine „unredliche Verletzung seiner Interessen" durch den Gläubiger und „willkürliche Maßnahmen" sei der Bürge nach Treu und Glauben geschützt[246].

27 Dem entgegen hat sich eine **neuere Rechtsprechung**[247] dafür entschieden, dass ein vom Gläubiger geforderter „undifferenzierter klauselmäßiger Verzicht des Bürgen auf die Rechte des § 776"[248], nach dem dieser „ganz allgemein" nicht frei werden soll, wenn der Gläubiger „andere Bürgen aus der Haftung entlässt oder sonstige Sicherheiten freigibt"[249], den Bürgen „entgegen den Geboten von Treu und Glauben unangemessen benachteiligt"[250] und deshalb nach AGB-Ges § 9 Abs 2 Nr 1 (jetzt: § 307 Abs 2 Nr 1) unwirksam sei. Es fehle damit „an einer hinreichend konkreten gegenständlichen Begrenzung auf Sachverhalte, bei denen eine Einschränkung der gesetzlichen Rechte des Bürgen auch unter Beachtung seiner berechtigten Interessen vertretbar erscheint"[251]. Eine solche Verzichtsklausel, die dem Bürgen „ohne gewichtige Gründe und ein überwiegendes Interesse des Gläubigers einen generellen Verzicht auf die Rechtsfolgen des § 776 ansinnt", sei mit dem „Grundgedanken" dieser Vorschrift nicht vereinbar[252]. Die „Angemessenheit im Sinne von § 9 AGBG" verlange einen „sachgerechten vertraglichen Ausgleich der Interessen von Verwender und Vertragspartner"[253]. Allein durch „bloße Willkürkontrolle" sei „ein derartiger Interessenausgleich nicht gewährleistet"[254]. – Dieser neueren Rechtsprechung ist entgegenzutreten. Sie ist schon in der Aufnahme vorangehender Rechtseinsichten ungenau und in der Entwicklung eigener Begründungen nicht nachvollziehbar. Entscheidungen aus Gesamteindrücken genügen nicht den Erfordernissen einer Rechtsanwendung. Übergangen wird schon die Hauptfrage, ob und inwieweit innerhalb der von § 307 Abs 3 (früher: AGB-Ges § 8) gezogenen Grenzen eine Inhaltskontrolle überhaupt stattzufinden hat. Dadurch wird eine verselbständigte richterliche Interessenbewertung eröffnet, die darauf ausgerichtet ist, über eine lediglich begrenzende Bewertung als „unangemessen" (§ 307 [früher: AGB-Ges § 8]) hinaus positive Erfordernisse „sachgerechter"[255] Vertragsgestaltung zu legitimieren. Grundlage vertraglicher Gebundenheit ist zunächst die rechtsgeschäftliche Entscheidungsfreiheit der Beteiligten, nach der sich ein Bürge auf ein von ihm selbst verantwortetes Haftungsrisiko als den Hauptgegenstand des Vertrages einlässt. Auf dem Feld der wesentlichen (essentiellen) vertraglichen Willensbildung bestehen „in den Grenzen der §§ 134, 138"[256] von Rechts wegen keine weiteren Bindungen der Vertragsfreiheit. Das „Interesse" Vertragschließender ist als Motiv außerhalb des Rechtstatbestandes nicht der korrigierenden Berücksichtigung aus richterlichem Gutdünken zugänglich. Die Vorstellung, ein Beteiligter „dürfe nicht versuchen, nur seine eigenen Interessen durchzusetzen, ohne von vornherein die Interessen des Gegners hinreichend zu berücksichtigen", und bei einer „bloßen Willkürkontrolle" sei ein „derartiger Interessenausgleich nicht gewährleistet"[257], ist als Grundsatz der Rechtsanwendung so verfehlt, wie die Behauptung, Vertragspartner dürften nicht auf den Schutz aus dem Maßstab der „guten Sitten" beschränkt bleiben. Dass es dem kritisierten Urteil auch wohl nicht vorrangig um gebundene Rechtsanwendung geht, sondern eher um Verhandlungsmoderation, ergibt das abschließende[258] Anerbieten an die streitenden Prozessparteien, noch „zu der Frage vorzutragen, ob und wie sie bei Kenntnis der Unwirksamkeit des Ausschlusses von § 776 den Vertrag ergänzt hät-

245 BGHZ 95, 350, 358 (= Fn 242); wiederum umgekehrt formuliert in BGHZ 78, 137, 142 (= Fn 234).
246 BGH NJW 1981, 761, 762 (= Fn 244): „der Verzicht deckt nicht willkürliche Maßnahmen des Gläubigers"; BGHZ 78, 137, 143 f (= Fn 234).
247 BGHZ 144, 52 = NJW 2000, 1566 = WM 2000, 764 = ZIP 2000, 656 = JZ 2000, 1160 (Vollkommer/Heinemann) = LM Nr 146 zu § 765 (Pfeiffer); dem folgend BGH NJW 2000, 2580 = WM 2000, 1141 = ZIP 2000, 962; präzisierend BGH NJW 2002, 295 = WM 2001, 2378 = ZIP 2001, 2168 = DNotZ 2002, 381 (Clemente).
248 So BGHZ 144, 52, 58 (= Fn 247) entsprechend der Vertragsklausel des Falles (s Fn 240).
249 So BGH NJW 2002, 295 zu II 2 b (= Fn 247) entspr der Vertragsklausel (s Fn 240).
250 BGHZ 144, 52, 57 (= Fn 247).
251 So BGH NJW 2002, 295 zu II 2 b (= Fn 247).
252 BGHZ 144, 52, 57 f (= Fn 247).
253 BGHZ 144, 52, 58 (= Fn 247).
254 BGHZ 144, 52, 58 (= Fn 247).
255 BGHZ 144, 52, 58 (= Fn 247).
256 So (wie vorbeugend) BGHZ 100, 82, 84 = NJW 1987, 1885 zu 3 a.
257 So BGHZ 144, 52, 58 (= Fn 247).
258 BGH NJW 2000, 1566, 1569 zu IV (= Fn 247), – insoweit nicht in BGHZ 144, 52.

ten". Aufgabe grundsatzorientierter Rechtsfindung wäre gewesen, zur Präzisierung vertragstypbildender Rechtswirkungen beizutragen. Daraus hätte sich alsdann die Richtigkeit der getroffenen Fallentscheidung begründen lassen[259].

Auch Verträge, die von **AGB** eines Beteiligten geprägt werden, sind zunächst darauf **zu prüfen**, **28**
ob ihnen überhaupt eine inhaltlich zureichende rechtsgeschäftliche Verständigung zugrunde liegt. Das ist bei Klauseln, die mit lediglich verneinendem und darin allein einem juristischen Expertenwissen zugänglichen Regelungsziel nur auf gesetzliche Vorschriften bezugnehmen, allemal dann nicht der Fall, wenn die Erklärung nicht von dem durch sie benachteiligten Beteiligten ausgeht, sondern von dem Begünstigten vorgegeben ist und von dem anderen lediglich ihrem Wortlaut nach angenommen werden soll. Nicht anders als über den für ihren Vertrag nach seinem Regelungstyp wesentlichen (essentiellen) Inhalt müssen die Beteiligten sich über Regelungsziele, die von vertragstypischen Rechtswirkungen (den naturalia) abweichen (die accidentalia), in einem zureichenden Maße gegenständlich konkret verständigt haben[260]. Zwar kann auch einer negativen Darstellungsweise nach der Verkehrsanschauung ein positiv bestimmter Aussagewert zukommen (etwa beim Ausschluss der Gewährleistung); davon ist aber ein erklärter Verzicht auf „die Rechte aus § 776"[261] weit entfernt[262]. Eine solche Klausel erfüllt auch nicht, und zwar so wenig wie eine Verweisung in der Bürgschaftsurkunde auf anderweit niedergelegte AGB des Gläubigers, das Formerfordernis des § 766[263]. Es bedarf deshalb nicht erst der Heranziehung der Unklarheitenregel des AGB-Rechts (§ 305c Abs 2 [früher: AGB-Ges § 5]) als Auslegungsinstrument. Erst tatbestandsbezogen **konkrete Verzichtsklauseln**[264] ermöglichen eine Inhaltskontrolle nach § 307 (früher: AGB-Ges § 9), die wiederum nicht nach einem Gesamteindruck stattzufinden hat, sondern Punkt für Punkt (§ 306 Abs 2 [früher: AGB-Ges § 6 Abs 2]: „soweit"). Von ihnen sind zunächst „deklaratorische" Klauseln[265], die lediglich vertragstypisch selbstverständliche Rechtsfolgen des Vertrages (naturalia), die einer Willensbestimmung der Vertragspartner nicht bedürfen, zum Ausdruck bringen, einer Inhaltskontrolle entzogen; und zwar auch, wenn sie ihrerseits zur Präzisierung eines verkehrstypischen Vertragsgegenstandes beitragen. Zu diesen von Rechts wegen selbstverständlichen Rechtswirkungen gehört bei einer **Kreditbürgschaft**[266] als vertragstypische Folge ihres Sicherungszwecks die Freiheit des Gläubigers, Schuldnersicherheiten in einem dem Hauptschuldverhältnis als Dauerbeziehung entsprechenden verkehrsüblichen Rahmen ohne Rücksicht auf Rückgriffsinteressen aufzugeben. Eine ausdrückliche Freigabeklausel erbringt mithin *insoweit* nichts „Abweichendes" und erübrigt eine Prüfung, ob sie „der richterlichen Inhaltskontrolle standhält"[267], schon deshalb, weil dieselbe Rechtswirkung auch ohne sie eintritt. Sie ergibt sich bereits als selbstverständliche Folge (naturale negotii) aus der allein der Vertragsfreiheit unterliegenden Bestimmung über den Hauptgegenstand des Bürgschaftsvertrages, der als solcher nicht einer gerichtlichen Inhaltskontrolle unterliegt[268]. Soll aber diese Gläubigerfreiheit nach der

259 S Rz 17 bei Fn 167 ff.
260 Dazu oben Rz 18.
261 S oben Fn 240.
262 S dazu auch § 766 Rz 20.
263 S § 766 Rz 20 aE, 23.
264 S oben Fn 241.
265 BGH NJW 2001, 2012, 2013 zu I 2 b; BGH NJW 2002, 1950, 1951 zu II 1.
266 Dazu oben Rz 25 u 17.
267 So aber die frühere Rspr (s Rz 26 Fn 242) in unrichtiger Zuordnung ihrer zutreffenden Argumente (vertragstypische Rechtswirkungen hielten der Inhaltskontrolle stand).
268 Grundsätzlich: BGHZ 93, 358, 360 f = NJW 1985, 3013 zu II 2 a; BGHZ 116, 117, 119 = NJW 1992, 688 689 zu II 1; BGHZ 124, 254, 256 = NJW 1994, 318 zu II 1; BGHZ 137, 27, 29 = NJW 1998, 383 zu I 2 a; BGH NJW 2002, 2386 zu III 1 a. – So zur Sicherungszweckvereinbarung für Grundschulden BGHZ 100, 82, 84 = NJW 1987, 1885 zu 3 a; BGH NJW 1997, 2677 zu II 2 = LM Nr 37 zu AGB-Ges § 9 (Cg) (M Wolf); BGH NJW 2002, 2710 zu II 1 a; zur Kreditbürgschaft BGH NJW 1985, 848, 849 zu II 2 = WM 1985, 155 = ZIP 1985, 267 = JZ 1985, 483 (Reinicke/Tiedtke); BGH NJW 1986, 928, 929 zu II 1 = WM 1986, 95 = ZIP 1986, 85 = JZ 1986, 448 (Reinicke/Tiedtke S 426) = JR 1986, 279 (Rehbein); BGH NJW 1987, 3126, 3127 zu II 2 b, aa = WM 1987, 924 = ZIP 1987, 222 (Bedenken gegen diese Entsch beschränken sich auf die Zulassung einer unbegrenzten Bürgschaft; dazu § 765 Rz 16). Ausdrücklich dagegen, aber nicht an Grundsätzen nachvollziehbar BGHZ 130, 19, 31 f = NJW 1995, 2553, 2556 zu B II 3 a = WM 1995, 1397 = ZIP 1995, 1244; BGHZ 132, 6, 8 = NJW 1996, 924 f zu II 1 und 2 = WM 1996, 436 = ZIP 1996, 456 (und

Tragweite einer Verzichtsklausel unbeschränkt gelten[269] und somit über die Grenzen des Schuldnerinteresses, wie es in den vertragstypischen Sicherungszweck der Kreditbürgschaft gegenständlich[270] und zeitlich[271] Eingang findet[272], hinausreichen, erfasst sie auch einen „abweichenden" Vertragsinhalt und unterliegt der Inhaltskontrolle. *Insoweit* ist sie als unwirksam zu verwerfen, weil sie den dieser Bürgschaftsart „wesentlichen" Zweck (§ 307 Abs 2 [früher: AGB-Ges § 9 Abs 2]), eine Sicherung des Gläubigers lediglich im Kreditgewährungsinteresse des Hauptschuldners zu begründen, in einer dem „unangemessenen" Weise überschreitet. Danach tritt aber nicht an die Stelle der als unwirksam entfallenden Formularbestimmung „die gesetzliche Vorschrift des § 776"[273], sondern die vertragstypische Rechtswirkung der Kreditbürgschaft, die ihrerseits einer durch Auslegung zu ermittelnden individualvertraglichen Abwandlung unterliegen kann[274].

29 Ein anderer Platz als dem Erwerb von Rückgriffsansprüchen gegen den Hauptschuldner kommt im Regelungsgefüge des Sicherungsvertrages **Ausgleichsansprüchen** gegen mithaftende weitere Sicherungsgeber zu. Und zwar unterliegt die Begründung von Gläubigerpflichten aus dem Sicherungszweck des Vertrages für Rückgriffsinteresse und Ausgleichsinteresse vertragstypisch unterschiedlichen Voraussetzungen[275]. Allein das Instrument der Übertragung von Gläubigerrechten auf den in Anspruch genommenen Sicherungsgeber ermöglicht die einheitliche Regelung in dieser Vorschrift und erweckt damit den unrichtigen Eindruck eines einheitlichen Zuweisungsgrundsatzes. Den Gläubiger trifft als Sicherungsnehmer durchaus nicht ebenso weitreichend wie die Pflicht zur Verschaffung von Rückgriffsrechten gegen den Hauptschuldner[276] auch eine sicherungsvertragliche Verbindlichkeit, zwischen mehreren auf dasselbe Interesse haftenden, aber ungleich in Anspruch genommenen Bürgen oder anderen Sicherungsgebern durch die Übertragung von Gläubigerrechten einen Ausgleich zu vermitteln[277] und dafür nach dieser Vorschrift einzustehen. Der traditionelle Grundsatz der zwischen Mitbürgen durch Teilung von Gläubigerrechten zu teilenden Haftungslast[278] ist in seinem konkreten Regelungsziel auf die gemeinschaftliche Verbürgung mehrerer zugeschnitten und deshalb als vertragstypische Rechtsfolge allein auf einen Vertragsinhalt bezogen, in den die **„Rücksicht"[279] auf weitere Sicherungsrechte** in den Gegenstand des übernommenen Haftungsrisikos Eingang gefunden hat. Allein der vertraglich bestimmte Sicherungszweck bringt gegenüber dem Gläubiger eine den Ausgleich ermöglichende Rechtsstellung des Bürgen hervor[280], wie auch allein ein gleicher Regelungsinhalt in der einem dinglichen Sicherungsrecht zugrundeliegenden schuldrechtlichen Sicherungsvereinbarung den Besteller einer solchen Sicherheit in einen Kreis von Mitsicherern mit dem Ziel einer Teilung der Haftungslast einbeziehen kann[281]. Der Bezug des übernommenen Haftungsrisikos auf mithaftende Sicherheiten weiterer Mitbürgen oder anderer Sicherungsgeber ist wie Leistung und Gegenleistung im gegenseitigen Vertrag **Bestandteil des Hauptgegenstandes** eines Sicherungsvertrages wie der Umfang und die Art der zu sichernden Schuldnerverbindlichkeit und unterliegt freier Vereinbarung, die nicht der Inhaltskontrolle nach AGB-Recht zugänglich ist[282]. Im Rahmen der erst in neuerer Zeit ins juristische Bewußtsein gelangten und zu begrifflichem Ausdruck gekommenen Gestaltungsformen für Sicherungsverträge kann sich der Sicherungsgeber mit seiner

zwar allein zur begrifflichen Rechtfertigung der sog Anlass-Bürgschaft).

269 So auch die alle vertragstypischen Rechtswirkungen der Kreditbürgschaft aufzählende, diese aber nur „insbesondere" geltenlassende Klausel in BGH NJW 2002, 295 (= Fn 247).

270 S oben Rz 17 bei Fn 171.

271 S oben Rz 17 bei Fn 170.

272 Sachlich nicht zutreffend ist die Abgrenzung danach, ob dem Gläubiger Sicherungsrechte „nicht auf Grund einer gesonderten Sicherungsvereinbarung, sondern schon nach dem Inhalt seiner AGB zustehen" (so BGH NJW 2002, 295 zu II 2 a [= Fn 247]). Es kommt vielmehr überhaupt nicht auf die Modalität der Bestellung an, sondern allein auf den Zweckbezug des Sicherungsrechts.

273 So BGH NJW 2002, 295 zu II 2 b (= Fn 247).

274 S Rz 17 bei Fn 171.

275 S oben Rz 4.

276 S oben Rz 5.

277 S oben Rz 6.

278 Dazu § 769 Rz 2.

279 S § 769 Rz 2 bei Fn 37 u dort Rz 17.

280 S § 769 Rz 18.

281 S § 769 Rz 21.

282 S oben Rz 28 bei Fn 268.

Haftung nachrangig[283], vorrangig[284] oder gleichrangig mit anderen Sicherungsrechten[285] verbindlich machen und darin unmittelbar über sicherungsvertragliche Rechte gegen den Gläubiger, die eine Teilung der Haftungslast vermitteln, bestimmen[286]. Neben diesen gezielt auf andere Sicherungsrechte bezogenen Haftungsmodalitäten bleibt als eigenständige Gestaltungsform schließlich die unabhängig von anderen, zu alleinigem Eigenrisiko übernommene Einzelbürgschaft bestehen[287]. Somit unterscheidet sich die zu gleichrangiger Haftung unter dem Vorbehalt der Verschaffung von Ausgleichsrechten übernommene Mitbürgschaft von der Einzelbürgschaft in gleicher Weise inhaltlich durch den ihr eigenen und vertragstypischen Sicherungszweck wie diese von einer nachrangigen Ausfallbürgschaft. Für den praktischen Fall verbleibt die schwierige und letztlich nur aus dem von den Beteiligten bestimmten Gewicht der Umstände zu entscheidende **Auslegungsfrage**, ob eine als Rechtsverzicht vertraglich ausgesprochene Beschränkung von Bürgenrechten den Hauptgegenstand des Sicherungsrisikos bestimmt oder ob sie zu Gunsten des Gläubigers von vertragstypischen Rechtsfolgen „abweichende" Rechtsvorteile durchsetzen soll. Mangels verkehrstypisch anerkannter Sprachregelungen kann die Formulierung: „der Gläubiger ist befugt, Mitbürgen aus ihrer Haftung zu entlassen, ohne daß dadurch der Umfang der Bürgschaftsverpflichtung geändert wird"[288], das eine wie das andere ergeben. Verlangt etwa ein Gläubiger als Voraussetzung für die Einräumung oder Aufrechterhaltung einer Kreditgewährung an einen Hauptschuldner Sicherheiten von mehreren Dritten, so ergibt sich für diese aus ihrer erkennbaren Zusammengehörigkeit als Mitsicherer eine Modalität des Sicherungszwecks, aus dem sich Ansprüche gegen den Gläubiger auf den Erwerb von Ausgleichsansprüchen als vertragstypisch selbstverständlich ergeben. Dafür ist der Inhalt des in jedem einzelnen Sicherungsvertrag übernommenen Haftungsrisikos bestimmend, nicht erst ein Zusammenwirken der Sicherungsgeber in einem gemeinschaftlichen Vertragsschluss. Der Zweckbezug der Haftungsübernahme auf weitere Sicherheiten von Dritten findet in den einzelnen Sicherungsvertrag schon durch mündliche Verständigung Eingang[289]; er bedarf als dem Bürgen günstig keines nach § 766 formgebundenen Ausdrucks[290]. Verlangt der Gläubiger durch AGB dem entgegen seine Freistellung von Pflichten im Ausgleichsinteresse der Mitsicherer, liegt eine von den vertragstypischen Rechtswirkungen dieser Bürgschaftsart abweichende Bestimmung vor, die den davon betroffenen Sicherungsgeber unangemessen benachteiligt.

§ 777 Bürgschaft auf Zeit

(1) **Hat sich der Bürge für eine bestehende Verbindlichkeit auf bestimmte Zeit verbürgt, so wird er nach dem Ablauf der bestimmten Zeit frei, wenn nicht der Gläubiger die Einziehung der Forderung unverzüglich nach Maßgabe des § 772 betreibt, das Verfahren ohne wesentliche Verzögerung fortsetzt und unverzüglich nach der Beendigung des Verfahrens dem Bürgen anzeigt, dass er ihn in Anspruch nehme. Steht dem Bürgen die Einrede der Vorausklage nicht zu, so wird er nach dem Ablauf der bestimmten Zeit frei, wenn nicht der Gläubiger ihm unverzüglich diese Anzeige macht.**

(2) **Erfolgt die Anzeige rechtzeitig, so beschränkt sich die Haftung des Bürgen im Falle des Absatzes 1 Satz 1 auf den Umfang, den die Hauptverbindlichkeit zur Zeit der Beendigung des Verfahrens hat, im Falle des Absatzes 1 Satz 2 auf den Umfang, den die Hauptverbindlichkeit bei dem Ablauf der bestimmten Zeit hat.**

Schrifttum: Gerth, Zum Erfordernis der Fälligkeit der Hauptschuld bei einer Zeitbürgschaft (§ 777 BGB), WM 1988, 317; Stötter/Stötter, Das Bürgenrisiko bei zeitlicher Begrenzung einer Kredit-Bürgschaft, DB 1988, 899; Wintterlin, Zur Inanspruchnahme des Zeitbürgen bei versäumter Fällig-

283 S § 769 Rz 12.
284 S § 769 Rz 13.
285 S § 769 Rz 16.
286 S oben Rz 8 aE u Rz 22.
287 S dazu § 769 Rz 19.
288 S oben Fn 241.
289 S § 766 Rz 6; – zur Beweislast § 766 Rz 7.
290 S § 766 Rz 21.

stellung eines Darlehens nach Umschuldung eines innerhalb der Bürgschaftszeit beendeten Kontokorrentkredits, WM 1988, 1185; Tiedtke, Der Verzicht des Zeitbürgen auf die Anzeige seiner Inanspruchnahme, DB 1990, 411; Voss, Zeitlich oder gegenständlich begrenzte Bürgschaft, MDR 1990, 495.

ÜBERSICHT

1 1. **Grundsätzliches**. Je nach der Eigenart des von der Bürgschaft abgesicherten Rechtsverhältnisses nimmt auch die Bürgschaftsverbindlichkeit den Charakter eines Dauerrechtsverhältnisses an. Insoweit kann für den Bürgen ein Recht zur **Kündigung** in Betracht kommen, durch die er sich ohne Rücksicht auf die Abwicklung der Hauptverbindlichkeit seiner Haftung für die Zukunft entledigen kann[1]. Die Vertragsfreiheit ermöglicht aber auch, der Bürgenhaftung von vornherein **zeitliche Grenzen** zu setzen, und insbesondere, sie auf die vereinbarte Laufzeit der Kreditgewährung an den Hauptschuldner abzustimmen[2]. Dadurch ist der Gläubiger gehalten, die Hauptverbindlichkeit wie vorgesehen abzuwickeln, wenn er nicht eine vertragliche Verlängerung der Bürgschaftsfrist erreichen kann. Der Bürge ist vor einer sich als Risikoerweiterung auswirkenden Verschleppung, die als eine ihn an sich nicht treffende (§ 767 Abs 1 Satz 3) rechtsgeschäftliche Erweiterung der Hauptverbindlichkeit[3] nicht erkennbar wird, zumindest praktisch geschützt. Für einen solchen Fall stellt sich das Problem einer Bestimmung angemessener Rechtsfolgen der vereinbarten Befristung. Sind diese vertraglich nicht ausdrücklich mitgeregelt, ergibt sich die oft kaum lösbare Aufgabe einer **Vertragsauslegung**, die auch die Frage einschließt, ob überhaupt eine Befristung der bürgschaftsvertraglichen Verbindlichkeit vorliegt[4]. Wegen der Schwierigkeit einer eindeutigen Tatbestandsbestimmung beschränkt sich die gesetzliche Regelung auf den einfachen Fall, in dem die **Bürgschaft für eine schon bestehende Verbindlichkeit** übernommen wird[5]. Soll eine solche Bürgschaft nur zeitlich befristet bestehen, so bietet die Vorschrift als vertragstypische Rechtsfolge[6] einen Abwicklungsmodus, der dem Gläubiger insofern günstig ist, als er seinen Anspruch nicht mit dem Fristablauf nach §§ 163, 158 Abs 2 erlöschen lässt, sondern ihm die alsbaldige Geltendmachung[7] vorbehält[8]. Richtig verstanden regelt die Vorschrift damit unmittelbar nur Erfordernisse der Rechtserhaltung, nicht auch die inhaltliche Fortgeltung der Bürgschaft; insofern ist ihre Rechtsfolge mit der befristeten Geltung und dem daraus folgenden Erlöschen von Dauerschuldverhältnissen nicht vergleichbar. Die Regelung gilt mit unterschiedlichen Erfordernissen sowohl für die durch die Einrede der Vorausklage (§ 771) privilegierte wie auch für die selbstschuldnerische (§ 773 Abs 1 Nr 3) Bürgschaft und ist mit ihren vertragsergänzenden Regelungen sowohl auf die befristet vereinbarte Bürgschaft auf erstes Anfordern[9] wie auch auf die befristete Ausfallbürgschaft[10] anzuwenden. Die Befristung begrenzt die Haftung auch gegenständlich auf dasjenige Interesse, das sich nach Entstehungsgrund und Um-

1 Dazu § 765 Rz 135.
2 Beispiel: BGH NJW 2002, 2869 = WM 2002, 1645 = ZIP 2002, 1442.
3 Dazu BGHZ 142, 213, 218 f = NJW 1999, 3195, 3196 zu II 2 a = WM 1999, 1761 = ZIP 199, 1480.
4 S unten Rz 2, 3 ff.
5 Zur Gesetzgebung s RGZ 82, 382, 384; Motive II, S 681 f; Protokolle II, S 485.
6 BGH NJW 1997, 2233, 2234 zu 3 aE = WM 1997, 1242 = ZIP 1997, 1151.
7 S unten Rz 11.
8 BGH WM 1966, 275, 276 zu 2 = DB 1966, 1053; BGH WM 1974, 478, 480 zu I 2 b, aa.
9 BGHZ 139, 325 = NJW 1999, 55, 56 zu II 3 a = WM 1998, 2363 = ZIP 1998, 1907; München NJW-RR 2000, 1347. – Zur Bürgschaft auf erstes Anfordern s § 765 Rz 144 ff.
10 BGH NJW 2002, 2869, = WM 2002, 1645 = ZIP 2002, 1442; dazu Rz 11. – Zur Ausfallbürgschaft s Rz 33 vor § 765.

fang der Hauptverbindlichkeit innerhalb der Frist gegen den Schuldner als begründet ergibt[11]. Nur dafür kann die Bürgenverbindlichkeit durch rechtzeitige Anzeige[12] erhalten werden. Insoweit übernimmt der Gläubiger bei Abschluss des Bürgschaftsvertrages das Risiko, dass die Bürgenhaftung sein Sicherungsinteresse nicht oder nicht vollständig deckt und sich als unzulänglich erweist[13]. Die der Bürgenhaftung gesetzte Frist bewirkt andererseits für den Bürgen keine Stundung seiner Leistungspflicht und erschwert nicht seine Inanspruchnahme vor Fristablauf[14]. Die gesetzliche Rechtsfolge der Vorschrift ist über den geregelten Anwendungsfall hinaus auch auf die vertraglich befristete **Bürgschaft für zukünftige Verbindlichkeiten** zu erstrecken[15]. Das Regelungsinstrument der Befristung muß dem Rechtsverkehr in gleicher Weise zur Verfügung stehen, wenn ein Gläubiger eine Kreditgewährung von vorheriger verbindlicher Verbürgung abhängig machen will. – Bis heute konnte der Vielgestaltigkeit der modernen Sicherungsbedürfnisse nicht durch eindeutige vertragliche Gestaltungsformen begegnet werden. Mißverständnisse und leerlaufende begriffliche Konstruktionen wirken der Rechtsklarheit entgegen[16].

2. **Abgrenzungen**. Den Regelungsgegenstand der Vorschrift kennzeichnet das besondere Gestaltungselement eines Rechtsverlusts, auf den sich der Gläubiger zu seinem Nachteil erkennbar eingelassen haben muss. Insoweit weist die gesetzliche Regelung dem Gläubiger das Risiko der Fristversäumnis zu, durch die er seine Bürgschaftssicherheit einbüßt. Der gesetzlichen Zeitbürgschaft zuzuordnen sind deshalb nur Endigungsgründe, die der Geschäfts- und Handlungssphäre des Gläubigers angehören. Dazu gehören insbesondere die zeitlichen Umstände der Entstehung und Abwicklung des Hauptschuldverhältnisses[17]. Gründe aus der Sphäre des Bürgen können diesen berechtigen, sich durch Kündigung von der Fortdauer seiner Haftung zu lösen; eine wirksame Kündigung versetzt aber nicht den Gläubiger in den von dieser Vorschrift vorgesehenen Handlungszwang[18]. Deshalb sind die Bürgschaft eines Gesellschafters für die Gesellschaft und die eines Ehegatten für den anderen keine bis zum Ausscheiden aus der Gesellschaft[19] oder der Scheidung der Ehe[20] befristeten Zeitbürgschaften. Auch ein fester Fälligkeitstermin für die verbürgte Hauptverbindlichkeit beschränkt nicht die Bürgschaft auf die Erfordernisse alsbaldiger Geltendmachung nach dieser Vorschrift[21], und zwar auch dann nicht, wenn er in der Bürgschaftsurkunde ausdrücklich wiederholt worden ist. Nicht dem Regelungstyp der Zeitbürgschaft zuzuordnen sind schließlich Endigungsgründe, aus denen die Bürgschaftshaftung wegen Zweckerledigung enden soll. Das trifft etwa zu, wenn eine Bürgschaft nur so lange bestehen soll, bis dem Gläubiger eine andere Sicherheit gestellt worden ist[22]. 2

3. **Gegenstand der Befristung**. Zeitangaben in Bürgschaftsverträgen können die von dieser Vorschrift vorausgesetzte **Befristung der Bürgschaftshaftung** zum Ziel haben. Sie können aber auch **allein** der **Bestimmung des Bürgschaftsgegenstandes** dienen, durch die der Bürge die Haftung nur für Verbindlichkeiten übernimmt, die in einem begrenzten Zeitraum entstehen. Dafür gelten die hier geregelten Erfordernisse beschleunigter Geltendmachung des Bürgschaftsanspruchs nicht. Praktischer Streit geht zumeist darum, ob der Gläubiger die Geltendmachung gegen den Bürgen durch rechtzeitige Anzeige versäumt hat und der Bürgschaftsanspruch somit erloschen ist oder ob es dessen nicht bedurfte, weil die Bürgschaft allgemeinen Regeln unterliegt. Rechtsunsicherheit im Einzelfall ergibt sich vor allem aus zu einfachen, in Bezug auf den wirtschaftlichen Tatbestand des übernommenen Haftungsrisikos nicht eindeutigen urkundlichen For- 3

11 S unten Rz 7 ff.
12 S unten Rz 12.
13 BGHZ 91, 349, 355 (= Fn 64).
14 BGHZ 76, 81, 85 = NJW 1980, 830 = WM 1980, 127 = ZIP 1980, 108; BGH WM 1977, 290.
15 RGZ 82, 382, 385; RG Recht 1919 Nr 1412 (insoweit nicht in RGZ 96, 133); Dresden SächsArch 1912, 154, 155; Planck/Oegg Anm 7.
16 S dazu unten Rz 8–10.
17 S unten Rz 6 u 8.
18 BGH NJW 1985, 3007, 3008 zu I 3 = WM 1985, 969 = ZIP 1985, 984.
19 Anders RG HRR 1935 Nr 581.
20 Braunschweig FamRZ 1978, 111. – Über das Recht des Bürgen zur Kündigung in solchen Fällen s § 765 Rz 135.
21 München WM 1984, 469, 472; RG LZ 1909 Sp 312; RG WarnR 1914 Nr 155 S 210 = Recht 1914 Nr 914.
22 BGH WM 1969, 35 = BB 1969, 196; BGH WM 1979, 833, 834 zu II 2; RG SeuffA 65 Nr 185.

mulierungen[23], die aus begrifflichen Bedürfnissen einer Auslegungsalternative unterstellt werden, nach der die eine Folgerung zu ziehen ist, wenn und weil die andere nicht zureichend plausibel erscheint[24]. Darin bewahrt sich eine Nachwirkung der früheren, verfehlten Ansicht[25], nach der die formgebundene Erklärung das Rechtsgeschäft selbst ist und dessen Inhalt sich somit ausschließlich und abschließend aus der förmlichen Aussage ergibt. Allein richtig ist, bei der Entscheidung über den Einzelfall von den **Schlüssigkeitserfordernissen** für den jeweiligen Parteivortrag zum behaupteten Vertragsinhalt auszugehen, dem die Bürgschaftsurkunde nur als Beweismittel dient[26]. Danach beschränkt sich die Tatbestandsfeststellung entsprechend dem prozessualen Beweisthema darauf, ob sich eine behauptete Befristung der Bürgschaft ergibt oder nicht ergibt. Darüber hinaus und an sich schließen die Befristung der Bürgschaftshaftung und eine Gegenstandsbestimmung durch Befristung sich nicht aus und können als selbständige Vertragsbestandteile auch nebeneinander bestehen[27], wobei die Gegenstandsbestimmung als wesentlicher Vertragsbestandteil dem Formerfordernis des § 766 unterliegt[28], die Befristung der Bürgschaft als eine dem Bürgen günstige Nebenbestimmung dagegen nicht[29]. Die Befristung kann sich auch auf Teile der Bürgschaftshaftung beziehen, etwa in mehreren Zeitstufen auf Anteile eines verbürgten Höchstbetrages oder auf einzelne oder auf ein Segment von Einzelansprüchen aus einem komplexen Hauptschuldverhältnis („Abschmelzungsvereinbarungen")[30]. Bei der streitigen Geltendmachung eines Bürgschaftsanspruchs hat also der Gläubiger wie sonst[31] darzutun, dass die damit mittelbar verfolgte Hauptverbindlichkeit gegenständlich in den anspruchbegründenden Haftungsrahmen der Bürgschaft einbezogen ist, der Bürge dagegen, dass und in welchem Zeitmaß die übernommene Bürgschaftsverbindlichkeit als solche begrenzt worden und somit entfallen ist, und demgegenüber wiederum der Gläubiger, dass er die Erfordernisse rechtzeitiger Geltendmachung gewahrt hat[32].

4 Ist die Bürgschaft für eine individuell bestimmte, schon bestehende oder durch die Bürgschaftsübernahme ermöglichte **Einzelverbindlichkeit** übernommen, ergeben sich kaum je Zweifel, dass eine aus der Bürgschaftsurkunde hervorgehende Zeitbestimmung sich im Sinne dieser Vorschrift als Befristung auf die Verbindlichkeit des Bürgen bezieht[33]. Handelt es sich jedoch um eine Bürgschaft **für zukünftige**, im Einzelnen noch unbestimmte **Verbindlichkeiten**[34] aus der laufenden Geschäftsbeziehung zwischen Gläubiger und Schuldner, so neigt die Rechtsprechung seit jeher[35] dazu, eine nicht eindeutig konkretisierte urkundliche Zeitbestimmung lediglich als gegenständliche Bestimmung der verbürgten Forderungen zu verstehen und damit eine Befristung der Bürgschaftsverbindlichkeit auszuschließen. Dadurch wird der Beweislast des Bürgen durch eine den Tatbestand des Rechtsgeschäfts[36] nicht erschöpfende Auslegungsalternative[37] eine

23 Dazu gehört auch schon die hergebrachte Formel: „die Bürgschaft ist befristet bis zum ...". – S dazu Fn 38.
24 S etwa BGH NJW 1988, 908 zu 2 = WM 1988, 210 = ZIP 1988, 221 = BB 1988, 297: „für ... und damit gegen ..."; ebenso in der Bezugnahme darauf BGH NJW 2004, 2232 = WM 2004, 720 = ZIP 2004, 843: zeitliche *oder* gegenständliche Begrenzung; s auch Köln NJW-RR 1986, 510, 511 f; Düsseldorf NJW-RR 1989, 1016; Dresden OLGE 6, 450 = SeuffA 58 Nr 119. – S dazu noch Fn 38.
25 Dazu § 766 Rz 5.
26 S unten Rz 5.
27 Zutreffend Hamburg HRR 1934 Nr 1199 = HansRGZ 1934 B 293.
28 S § 766 Rz 17.
29 S unten Rz 16.
30 BGHZ 153, 311, 319 f = NJW 2003, 1805, 1807 zu II A 2 c = WM 2003, 870 = ZIP 2003, 908 (Vertragserfüllungsbürgschaft für Bauvertrag); BGH WM 2003, 1259, 1260 zu II 1 = NJW-RR 2003, 1171 = ZfIR 2003, 590.
31 S § 766 Rz 5.
32 S unten Rz 18.
33 BGH WM 1974, 478, 479 zu I 2 b, aa = LM Nr 1 zu § 777 = MDR 1974, 839; BGH NJW 1988, 908 = WM 1988, 210 = ZIP 1988, 221 = BB 1988, 297; BGH NJW 1997, 2233, 2234 zu 3 = WM 1997, 1242 = ZIP 1997, 1151.
34 Zum Erfordernis eines Bürgschaftshöchstbetrags s § 765 Rz 16.
35 RGZ 63, 11, 12 f; 82, 382, 385, BGH WM 1974, 478, 479 (= Fn 33); Köln BB 1998, 2008 f; so auch schon Motive II, S 681; aA Dresden OLGE 6, 450 = SeuffA 58 Nr 119.
36 S unten Rz 5.
37 S schon Rz 3 bei Fn 24.

zu hohe Hürde gesetzt, die ihm die Widerlegung einer lediglich begrifflich konstruierten Vermutung abverlangt[38].

Eine Zeitbürgschaft nach dieser Vorschrift kommt allein durch eine darauf gerichtete **Willenserklärung des Bürgen** zustande[39]. Die Befristung kann nicht daran scheitern, dass der Hauptschuldner zur Beibringung einer unbefristeten Bürgschaft verpflichtet war[40]. Ob der Bürge eine solche Erklärung abgegeben hat, bestimmt sich danach, wie der Gläubiger als Empfänger sein Gesamtverhalten mit Rücksicht auf die begleitenden Umstände verstehen musste. Erheblich dafür sind alle Umstände, aus denen sich auf den Vertragswillen des Bürgen schließen lässt[41]. Eine Zeitbürgschaft kommt ohne Rücksicht auf die Verständlichkeit der Bürgenerklärung für Dritte und insbesondere den Aussagewert einer Urkunde und selbst gegen diesen auch dann zustande, wenn der Bürge sich dahin erklärt haben wollte und der Gläubiger ihn richtig verstanden hat[42]. Dies kann sich aus den Umständen und insbesondere aus dem nachfolgenden Verhalten des Gläubigers ergeben[43]. Zur Feststellung und Auslegung des Vertragswillens des Bürgen ist vom Wortlaut einer Bürgschaftsurkunde und davon auszugehen, dass es dem Bürgen völlig freisteht, seine Verbindlichkeit nur befristet zu übernehmen. Er ist nicht gehalten, sich der Dauer der Hauptverbindlichkeit unterzuordnen, und muss kein Eigeninteresse an der Befristung plausibel erkennbar machen[44]. Seine Bürgschaftserklärung ist für die von ihm übernommene Haftung auch dann allein bestimmend, wenn der Schuldner gegenüber dem Gläubiger zur Stellung einer unbefristeten Sicherheit verpflichtet war[45]. Gibt die urkundliche Erklärung des Bürgen den vertragstypisch wesentlichen Inhalt einer Bürgschaft wieder, spricht eine tatsächliche Vermutung dafür, dass sie die vollständige und endgültige Willenserklärung des Bürgen enthält. Ist ihre Aussage für das Verständnis des Verkehrs und somit des Adressaten eindeutig[46], so ist ihr Inhalt für denjenigen, der sich darauf beruft, zureichend bewiesen. Zum Beweis eines anderen oder zusätzlichen Vertragsinhalts und das dafür erforderliche Beweismaß s § 766 Rz 7. Die in der Praxis umstrittenen Fristbestimmungen[47] vertragen sich durchaus sowohl mit einer Befristung der Bürgschaftsverbindlichkeit wie auch mit einer schlichten Gegenstandsbestimmung und sprechen nach einem nicht begrifflich vorgeprägten Verständnis eher für eine Zeitbürgschaft[48]. Von den bei der Auslegung als inhaltsbestimmend mitzuwürdigenden Umständen spricht gegen eine Zeitbürgschaft vor allem ein die Bürgschaftsübernahme erkennbar mitveranlassendes Interesse des Bürgen an der Förderung der wirtschaftlichen Existenz des Hauptschuldners[49] und somit an einer längerfristigen Aufrechterhaltung des dem Schuldner gewährten Kredits, den der Gläubiger beenden muss, wenn er durch die Bürgschaft nur befristet gesichert ist[50]. Gestaffelt erneuerte Bürgschaften 5

38 Zutreffend hält BGH NJW 1988, 908 zu 1 (= Fn 24), die urkundliche Klausel: „Diese Bürgschaft ist befristet bis zum ..." als für sich allein noch nicht bestimmend, um dann (zu 2) doch wieder zur vorgefassten Feststellungsalternative zurückzukehren. – Demgegenüber kritisch auch Stötter/Stötter DB 1988, 899.

39 BGH NJW 1979, 417 zu 2 a, bb = WM 1979, 15.

40 BGH WM 2003, 1259, 1260 f = NJW-RR 2003, 1171 = ZfIR 2003, 590; s auch Frankfurt/M MDR 2003, 151; abzulehnen Dresden OLG-NL 2002, 49, 50.

41 BGH NJW 2004, 2232, 2233 zu I (= Fn 24); – s iÜ § 766 Rz 6.

42 Zur sog falsa demonstratio s § 766 Rz 6 u 9.

43 BGH WM 1966, 275, 276 zu 3 d u e; BGH WM 1997, 625, 628 zu C II 1 b = NJW-RR 1997, 684, 686 = LM Nr 86 zu § 139; Augsburg SeuffA 66 Nr 6 S 11. – Dem verschließt sich BGH NJW 1988, 908 (=Fn 24); krit dazu Stötter/Stötter DB 1988, 899.

44 Nicht überzeugend deshalb Köln BauR 1987, 222, 224 f = NJW-RR 1986, 510 = MDR 1986, 409 (für eine eindeutig kürzer als nach dem Hauptvertrag befristete Gewährleistungsbürgschaft); s Rz 45 vor § 765.

45 Oldenburg MDR 1999, 89 = EWiR § 648 a BGB 1/99, 111 (Siegburg); dazu Buscher BauR 2001, 159. – § 648 a betrifft allein die werkvertragliche Verpflichtung des Hauptschuldners zur Sicherstellung des Gläubigers. – Anders (aber wohl auch unklar) Dresden OLG-NL 2002, 49, 50.

46 Wie etwa für die Zeitbürgschaft die Formel: „die Verbindlichkeit des Bürgen erlischt am ...", oder für eine Gegenstandsbestimmung die Formel: „die Bürgschaft beschränkt sich auf die bis zum ... entstandenen Forderungen" (Zweibrücken WM 1994, 788; dazu Schröter WM 1986, 17).

47 S Fn 38 u 35.

48 So auch Stötter/Stötter DB 1988, 899, 900; Volhard zu EwiR § 777 BGB 1/88, 355 (gegen BGH NJW 1988, 908 [= Fn 24]).

49 Auch bei Staatsbürgschaften: KG WM 1995, 1439 = NJW-RR 1995, 1199.

50 S unten Rz 8.

können als kumulierende und durch die Fristbestimmung lediglich gegenständlich beschränkte Sicherheiten gemeint sein[51]. Letztlich sind die praktischen Schwierigkeiten mit der (vom Erlöschen bedrohten) Zeitbürgschaft auch juristisch verursacht und beruhen darauf, dass ein hergebrachtes Rechtsverständnis den Vertragsparteien den Willen dazu seiner begrifflichen Kompliziertheit wegen nicht zutraut und deshalb in deren Verständigung nicht finden mag. Als Gegenreaktion haben sich in der professionellen Vertragspraxis Klauseln durchgesetzt, die durch ihre Eindeutigkeit den Sicherungsnehmer stärker beschränken als die gesetzliche Regelung[52].

6 4. **Zeitbestimmung**. Die Frist, mit deren Ablauf die Bürgschaftshaftung erlöschen soll, muss nicht auf einen Kalendertag bestimmt sein[53]. Der Endzeitpunkt kann auch an Umstände der Abwicklung des Hauptschuldverhältnisses geknüpft werden[54]. Das beendigende Ereignis, mit dem sich für den Gläubiger das Risiko des Rechtsverlusts[55] verwirklicht, muss aber in seiner geschäftlichen Handlungssphäre liegen[56]. Es steht den Beteiligten frei, die gesetzlichen Erlöschensbedingungen vertraglich zu verschärfen und den Bürgschaftsanspruch schon mit dem bestimmten Zeitpunkt entfallen zu lassen, wenn er nicht *bis dahin*[57] vom Gläubiger durch Anzeige an den Bürgen geltend gemacht worden ist[58]. Eine solche Vertragsbestimmung ist auch dann, wenn sie nach Formularbedingungen des davon begünstigten Bürgen getroffen wird, nicht nach § 307 (früher: AGB-Ges § 9) als unangemessen zu verwerfen[59].

7 5. **Zeitablauf**. Die gesetzliche Darstellung des Regelungsinhalts verschiebt die logische Rangfolge der Rechtsfolgebestimmungen und führt das auf Anwendung ausgerichtete Rechtsverständnis auf Umwege. Die vertragliche Fristbestimmung begrenzt zunächst **Gegenstand und Umfang** der übernommenen Haftung. Alsdann bedarf es der Wahrnehmung der Erfordernisse **rechtzeitiger Geltendmachung** des durch die Fristbestimmung gegenständlich begrenzten Bürgschaftsanspruchs, andernfalls dieser überhaupt erlischt. Auch eine rechtzeitige Anzeige[60] kann nur solche Bürgschaftsansprüche erhalten, die ihrem Gegenstand nach in das durch Fristsetzung begrenzte Haftungsrisiko des Bürgen einbezogen sind. Insofern geht es nicht vorrangig um die „Wirksamkeit" der fristgerechten Anzeige[61], sondern um die gegenständliche Tragweite der Verbürgung. Bei der selbstschuldnerischen Bürgschaft beschränkt sich die Haftung des Bürgen auf den Umfang, den die gesicherte Verbindlichkeit bei Fristablauf hat (**Absatz 2, 2. Fall**). Ist die Vorausklage erforderlich, trägt der Bürge als Kehrseite seines Einredeprivilegs das Risiko von Weiterungen bis zum Abschluß des erforderlichen Vorgehens nach § 772 gegen den Hauptschuldner (**Absatz 2, 1. Fall**).

8 Daraus ergibt sich angesichts der Vielfalt sicherbarer Vertragsinteressen im Hauptschuldverhältnis und ebenso der Gestaltungsfreiheit in der Vergegenständlichung bürgschaftsvertraglicher Sicherungsrisiken noch nicht, worauf sich die durch Fristsetzung bestimmte **Be-**

51 Köln WM 1996, 1677 (identisch mit WM 1997, 1401) = BB 1996, 2008.

52 S unten Rz 6.

53 RGZ 107, 194, 195 f; RG HRR 1935 Nr 581.

54 BGH NJW 1997, 2233 = WM 1997, 1242 = ZIP 1997, 1151: spätestens 14 Tage nach Fälligkeit der Hauptverbindlichkeit bzw der Fälligkeit jeder einzelnen Rate; – BGHZ 139, 325, 326 = NJW 1999, 55, 56 = WM 1988, 2363 = ZIP 1998, 1907: mit Abnahme von Schuldnerleistung ohne Vorbehalt von Mängelrechten; ähnlich BGH WM 1977, 290; – BGHZ 153, 311, 319 f = NJW 2003, 1805, 1807 zu II A 2 c (= Fn 30): nach Baufortschritt; – BAG NJW 2000, 3299: spätestens ein halbes Jahr nach Beendigung des Arbeitsverhältnisses; – Frankfurt/M WM 1979, 1318: ... nach Beendigung des Mietvertrages; Düsseldorf DB 1992, 1234: drei Monate nach Beendigung.

55 S unten Rz 8.

56 S oben Rz 2.

57 BGH NJW 1982, 172 zu I 2 = WM 1981, 1302; BGHZ 91, 349, 351 (= Fn 64); BGHZ 99, 288, 290 (= Fn 113). – S unten Rz 15.

58 Beispiele: BGHZ 139, 325, 326 (= Fn 64); BGH NJW 1989, 1856, 1857 = WM 1989, 627 = ZIP 1989, 627; BGHZ 91, 349, 351 = NJW 1984, 2461 = WM 1984, 988 = ZIP 1984, 937 = LM Nr 6 zu § 777; BGH NJW 1982, 172 = WM 1981, 1302 = ZIP 1981, 1310; BGH NJW 2002, 2869, 2870 zu II 1 (= Fn 10); LG Berlin NZ Bau 2001, 94.

59 S unten Rz 17.

60 S dazu unten Rz 11 bis 15.

61 Irreführend BGHZ 91, 349, 355 (= Fn 64): auch die rechtzeitige Anzeige sei „unwirksam", wenn die verbürgte Forderung bei Fristablauf noch nicht fällig sei.

grenzung der Haftung auswirkt[62]. Während das Gesetz allein auf den „Umfang“ der Hauptverbindlichkeit abstellt[63], hat sich in der neueren Praxis die Ansicht durchgesetzt, es bedürfe „grundsätzlich“ der „Fälligkeit“[64] der Hauptverbindlichkeit im Zeitpunkt des Fristablaufs. Das trifft das Regelungsbedürfnis in den Fällen direkter Kreditgewährung, erschöpft aber nicht die ganze Perspektive möglicher Sicherungszwecke. Zu deren vertragstypischer „Präzisierung“[65] bedarf es zunächst einer nach Verkehrsanschauungen überzeugenden Konkretisierung von Tatbeständen, deren fristbestimmte Rechtsfolgen keiner ausdrücklichen vertraglichen Willensbildung bedürfen, weil sie sich als selbstverständlich ergeben[66]. Dafür ist nach der wirtschaftlichen Bedeutung des Hauptschuldverhältnisses im Rechtsverkehr wie auch nach den sich daraus ergebenden verkehrstypischen Zwecken einer sich darauf beziehenden Verbürgung näher zu unterscheiden. Eine nur auf abstraktbegrifflichen Wortsinn beschränkte Gesetzesanwendung würde über tragende Bürgschaftszwecke, die mehr oder weniger konkret an den Zwecken des Hauptschuldverhältnisses teilhaben, hinweggehen.

Traditionelle Rechtseinsichten ergeben anwendbare **Kriterien**. Verbindlichkeiten deren vereinbarte Fälligkeit und somit Verfolgbarkeit gegen den Hauptschuldner erst jenseits einer kürzer bemessenen Bürgschaftsfrist eintritt, fallen von vornherein nicht unter die bürgschaftsvertragliche Sicherung. Deshalb sind auch im Fall einer befristeten Kreditbürgschaft für zukünftige Forderungen aus einer fortdauernden Geschäftsbeziehung nur solche Forderungen mitverbürgt, die innerhalb der Bürgschaftsfrist zu erfüllen sind[67]. Stundet der Gläubiger nachträglich eine an sich verbürgte Verbindlichkeit über den Ablauf der Bürgschaftszeit hinaus, begibt er sich dadurch der Sicherung[68]. Die zeitliche Begrenzung des Bürgschaftsgegenstandes durch Befristung der Bürgschaftsverbindlichkeit hat schließlich zur Folge, daß nachträglich anfallende Zinsen nicht mitverbürgt sind; ebenso bleiben entgegen § 767 Absatz 1 Satz 1 und 2 Weiterungen des Gläubigerinteresses durch späteres vertragswidriges Verhalten des Hauptschuldners ungesichert[69]. Einer differenzierten Gegenstandsbegrenzung bedürfen Bürgschaften für Vertragsinteressen, die einer komplizierteren Abwicklung unterliegen als in der für Kreditrückzahlungen zureichenden begrifflichen Darstellung von einer „Einziehung der Forderung“ (Abs 1 Satz 1) zum Ausdruck kommt. 9

Insbesondere bei **Werkverträgen** übernimmt der Hersteller oder Unternehmer mit der nur befristeten Verbürgung seiner Vergütungsansprüche vertragstypisch das Risiko nicht fristgerechter Erbringung (abnahmetauglicher Fertigstellung) seiner eigenen, die Vergütung auslösenden Leistung; auf Gründe für Verzögerungen kommt es nicht an[70]. Komplikationen in der Abwicklung des in der Bürgschaftsfrist entstandenen Anspruchs finden danach Berücksichtigung in den Einwendungen und Einreden, die dem Bürgen nach § 768 aus den Rechten des Hauptschuldners zustehen. Sollen dem Gläubiger darüber hinaus auch die Risiken verzögerter Ab- 10

62 Schon Motive II, S 681, bezweifeln die eindeutige gesetzliche Regelbarkeit, zumal auch den Beteiligten keine zureichenden Verkehrsauffassungen zur Seite standen, die klarstellen, mit welcher Tragweite vertragliche Sicherungsinteressen durch das Instrument einer Zeitbegrenzung nachvollziehbar erfaßt werden können.

63 BGHZ 76, 81, 84 (= Fn 14): „Bestand“. – Dem (mangels erkennbarer praktischer Unterscheidungsbedürfnisse) folgend die ältere Literatur; s nur Planck/Oegg Anm 3 b; Oertmann § 765 Anm 3 b.

64 So zuerst BGHZ 91, 349, 355 f = NJW 1984, 2461, 2462 f zu 3 b, bb = WM 1984, 988 = ZIP 1984, 937, – mit Rücksicht allein auf „Kreditgewährungen“, deren „Zeitraum“ und somit „Risiko“ in der Bestimmungsmacht des Gläubigers steht. Daraus ist alsbald die Rechtsfolgenbestimmung allein dem Begriff nach geworden (BGHZ 139, 325, 329 = NJW 1999, 55, 56 zu II 3 a= WM 1998, 2363= ZIP 1998, 1907; BGH NJW 2000, 3137= WM 2000, 1796 = ZIP 2000, 1610= BauR 2000, 1865 = NZBau 2000, 465). – Zur Entstehung und Fälligkeit gesicherter Rückzahlungsansprüche bei Insolvenz des Hauptschuldners s Frankfurt/M WM 1995, 794 = ZIP 1995, 369 = NJW-RR 1995, 1388.

65 So Motive II, S 682.

66 Ähnlich BGHZ 91, 349, 353 (= Fn 64): „Frage der Vertragsauslegung“.

67 Motive II, S 681.

68 So zutreffend BGHZ 91, 349, 355 (= Fn 64).

69 Protokolle II, S 485: „spätere Erweiterungen durch Verzug . . . treffen [den Bürgen] nicht“.

70 BGH NJW 2000, 3137 (= Fn 64).

nahme, berechtigter Bemängelungen, verzögerter Abrechnung und einer sich als Hinausschiebung der Fälligkeit auswirkenden Frist zur Rechnungsprüfung (VOB/B § 16) zufallen, bedarf es dafür einer besonderen Vereinbarung, die den Gegenstand der Verbürgung atypisch bestimmt. Ein allein rechtstechnisches, nur auf die Voraussetzungen gegenwärtiger Begründetheit einer Leistungsklage (*actio nata*) abzielendes Kriterium der „Fälligkeit" des verbürgten Anspruchs gibt dafür zu wenig her. Tritt die Fälligkeit der Hauptschuld gleichzeitig mit dem Ende der Bürgschaftsfrist ein, geht es wiederum nicht darum, ob der Gläubiger noch wirksam Anzeige erstatten kann, sondern allein darum, ob der Gegenstand der Bürgschaft nach dem Zweck der Fristsetzung solche Verbindlichkeiten noch einbezieht oder bereits ausschließt. Steht für die Beteiligten von vornherein fest, daß die Fälligkeit erst mit dem Fristende eintreten kann, ist Mitverbürgung anzunehmen[71]. Keinen Einfluß auf eine vertraglich bestimmte zeitliche Begrenzung des Bürgschaftsanspruchs hat die Verknüpfung des verbürgten Anspruchs mit Gegenrechten des Hauptschuldners aus dem gegenseitigen Vertrag, die als Einschränkung nur ein Zurückbehaltungsrecht und die Verurteilung „Zug um Zug" (§ 322 Abs 1) zur Folge und mit einer Fälligkeit des Anspruchs nicht einmal begrifflich zu tun hat[72]. Haftet der Bürge weiterhin und ist ihm die Absicht einer Inanspruchnahme rechtzeitig angezeigt worden, steht ihm die Rechtsverteidigung des Hauptschuldners nach den allgemeinen Regeln (§§ 767, 768) zu. Nichts mit einer gegenständlichen Befristung zu tun hat schließlich die eigene Einrede der Aufrechenbarkeit nach § 770 Abs 2, die allein über die Abwicklung einer bestehenden Bürgschaftshaftung bestimmt, nicht aber über deren Fortbestehen.

11 6. **Anzeige der Inanspruchnahme**. Dem Gläubiger obliegt zur Erhaltung[73] seines Bürgschaftsanspruchs die rechtzeitige **Mitteilung** an den Bürgen, dass er aus seiner Bürgschaft auf Leistung in Anspruch genommen werden solle. Die Anforderungen, die an den Inhalt der „Anzeige" gestellt werden, sind so gering, dass deren Bezeichnung als „Inanspruchnahme" kaum verständlich wird. Nicht erforderlich ist eine der Mahnung gleichkommende Aufforderung zur Leistung. Auch bestehen keine weiteren Mitteilungserfordernisse, soweit nicht der Bürgschaftsvertrag solche vorsieht[74]. Die Anzeige muss deshalb insbesondere nicht die Höhe der beabsichtigten oder in Betracht kommenden Geltendmachung eines Bürgschaftsanspruchs festlegen[75] und auch keine Aufklärung über den Stand der Rechtsverfolgung gegen den Hauptschuldner enthalten oder den Bürgen über eine „krisenhafte Situation" des Hauptschuldners informieren[76]. Bei einer sich lediglich auf das Schadensinteresse erstreckenden Gewährleistungsbürgschaft[77] muss der Gläubiger nicht zur Wahrung einer Bürgschaftsfrist nach dieser Vorschrift die zugrundeliegenden Mängeltatbestände auch gegenüber dem Bürgen geltendmachen[78]. Die substantiierte (schlüssige) Verfolgung des Bürgschaftsanspruchs aus dem Tatbestand der gesicherten Forderung[79] einschließlich besonderer Erfordernisse ihrer Einbeziehung in den Sicherungsgegenstand[80] und sonstiger, etwa gewährleistungsrechtlicher Voraussetzungen ihrer Erhaltung bleibt einer Bürgschaftsklage vorbehalten[81]. Es ist Sache des Bürgen, für sich Erkundigungen beim Hauptschuldner einzuholen, wie er dies wegen der in seine Beweislast fallenden Einwendungen und Einreden[82] auch tun muss. Die

71 So iErg BGH NJW 1989, 1856, 1858 zu II 2 a = WM 1989, 627 = ZIP 1989, 627.

72 Verfehlt Koblenz WM 2005, 2035 = ZIP 2005, 1822. – Man bedenke, dass ein Leistungsaustausch Zug um Zug der vertragstypische Abwicklungsmodus etwa des Kaufgeschäfts ist.

73 BGHZ 139, 325, 329 (= Fn 64): zur „Sicherung".

74 Unrichtig (aber auch insgesamt unklar) Karlsruhe BauR 2002, 647, 648 = ZIP 2001, 2043. – Zu Besonderheiten des „Ersten Anforderns" s § 765 Rz 158.

75 Karlsruhe WM 1985, 770, 771 = MDR 1985, 585; Köln VuR 2001, 117, 118; Levy in Anm zu RG JW 1919, 823.

76 So aber wohl BGH NJW 2002, 2869, 2870 zu II 2 (= Fn 10).

77 S Rz 45 vor § 765.

78 Unrichtig München WM 1994, 2108 = ZIP 1994, 1763 = NJW-RR 1995, 498 = BB 1995, 12 = BauR 1995, 400, wo nicht zureichend zwischen Rechtsanwendung und Vertragsauslegung unterschieden wird.

79 S dazu § 766 Rz 7.

80 S Rz 8.

81 AA wohl (aber nicht eindeutig) BGH NJW 2002, 2869 zu II 2 (= Fn 10).

82 S dazu § 767 Rz 4; § 768 Rz 1.

Anzeige nach dieser Vorschrift ist nicht formbedürftig und kann „auf jede denkbare Weise“[83] ergehen; sie kann sich insbesondere aus gescheiterten oder erfolgreichen Verhandlungen über eine Verlängerung der Bürgschaft[84] oder auch aus einer Beteiligung des Bürgen an Verhandlungen mit dem Hauptschuldner[85] ergeben. Ihrer Rechtswirkung wegen unterliegt sie den Regeln für empfangsbedürftige Willenserklärungen[86]. Der Gläubiger hat also zu beweisen, dass er seine Absicht der Inanspruchnahme in zureichender Deutlichkeit erklärt hat und seine Anzeige dem Bürgen zugegangen ist. Eine Erklärung durch Dritte kann wirksam nur in Vollmacht[87] des Gläubigers abgegeben werden und unterliegt wie eine Kündigung dem Vorbehalt des § 174. Ist die Anzeige rechtswirksam, unterliegt die Rechtsverfolgung gegen den Bürgen allgemeinen Regeln[88]. Es bedarf insbesondere nicht einer unverzüglichen oder alsbaldigen Klageerhebung[89]. Der Gläubiger kann deshalb seinen Bürgschaftsanspruch auch in mehreren Teilklagen verfolgen[90]. „Inanspruchnahme“ im Sinne der gesetzlichen Regelung der Zeitbürgschaft bedeutet also lediglich und erfordert nicht mehr als die Mitteilung des Gläubigers an den Bürgen, dass seine Haftung nicht erledigt sei, er vielmehr auch nach dem Ablauf der Frist noch mit einer Geltendmachung rechnen müsse[91].

7. **Rechtzeitigkeit der Anzeige**. Die Anzeige der Inanspruchnahme[92] erhält die Rechte des Gläubigers nur, wenn sie dem Bürgen rechtzeitig zugeht. Der Gläubiger muss seine Anzeige **unverzüglich** erstatten. Der Maßstab dafür kann § 121 Abs 1 entnommen werden. Wählt der Gläubiger ein im Privatrechtsverkehr übliches Erklärungsmittel, ist er von unverschuldeten Zugangsverzögerungen entlastet. Im Übrigen fallen Irrtümer des Gläubigers über die Erforderlichkeit der Anzeige oder deren Dringlichkeit in sein Risiko. Insbesondere ist der Bürge nicht gehalten, über seine Inanspruchnahme selbst Erkundigungen einzuziehen und sich mit dem Gläubiger zu verständigen[93]. Bringt der Gläubiger dem Bürgen die Inanspruchnahme erst durch Zustellung einer Klageschrift zur Kenntnis, dann kommt ihm das allein den Fällen notwendigen prozessualen Vorgehens vorbehaltene Privileg der Fristwahrung schon durch Klageeinreichung (ZPO §§ 270 Abs 3, 693 Abs 2) nicht zugute[94]. Die **Voraussetzungen der Rechtzeitigkeit** sind für die gesetzlichen Fälle unterschiedlich geregelt. 12

a) Steht dem Bürgen die **Einrede der Vorausklage** (§ 771) zu, hat der Gläubiger nach Ablauf der Bürgschaftsfrist unverzüglich nach § 772 gegen den Schuldner vorzugehen und braucht erst danach unverzüglich seine rechtserhaltende Anzeige an den Bürgen zu erstatten (**Abs 1 Satz 1**). Dies hat auch für die befristete Ausfallbürgschaft[95] zu gelten[96]. Ist darüber hinaus vereinbart, dass die Bürgschaft erlischt, wenn der Bürge nicht *bis zum Ablauf* der Frist durch Anzeige „in Anspruch genommen“ worden ist[97], dann ist der Gläubiger auch daran gebunden. Er hat also dem Bürgen vor Fristablauf zu erklären[98], dass er ihn aus der Bürgschaft in Anspruch nehmen wolle[99]. Weiterer Mitteilungen bedarf es wie sonst[100] auch hier nicht. Die substantiierte Darlegung des anspruchbegründenden Tatbestandes einschließlich des Fortbestehens der Hauptverbindlichkeit bei Fristab- 13

83 BGH NJW 1982, 172, 173 zu II 3 c = WM 1981, 1302 = ZIP 1981, 1310; vgl auch Karlsruhe WM 1985, 70, 771 (= Fn 75); RG WarnR 1935 Nr 178 S 363 = SeuffA 90 Nr 41 S 89; Dresden SächsArch 1912, 154, 155 f. – Zur Anzeige durch Streitverkündung im Prozeß des Gläubigers gegen den Hauptschuldner s Koblenz WM 2005, 2035 = ZIP 2005, 1822; – im Prozeß des Gläubigers gegen Bürgen zwecks Vorbereitung des Rückgriffs gegen Mitbürgen s BGH NJW 1984, 482 = WM 1983, 1386.
84 Dazu Rz 14.
85 RG WarnR 1935 Nr 178 S 363 (= Fn 83).
86 RGZ 153, 123, 126.
87 RG WarnR 1935 Nr 178 S 363 (= Fn 83).
88 RGZ 153, 123, 127.
89 BGH NJW 1983, 750, 751 zu II 2 = WM 1983, 33 = ZIP 1983, 30; RGZ 153, 123, 127.
90 BGH NJW 1983, 750 mit BGH WM 1979, 833.
91 Zu streng und nach den Umständen (Ausfallbürgschaft) nicht zu billigen Köln VuR 2001, 117, 118 f; – unklar BGH NJW 2002, 2869, 2870 zu II 1 (= Fn 10).
92 S oben Rz 9.
93 BGH WM 1979, 833, 834 zu II 1.
94 BGH NJW 1982, 172 = WM 1981, 1302 = ZIP 1981, 1310 = JZ 1982, 22 = LM Nr 4 zu § 777 (entschieden für eine vertragliche Fristbestimmung nach Rz 6 bei Fn 58); – vgl auch BGH NJW 1975, 39.
95 S Rz 33 vor § 765.
96 BGH NJW 2002, 2869, 2870 zu II 1 (= Fn 10).
97 S oben Rz 6.
98 S unten Rz 13.
99 S oben Rz 11 aE.
100 S oben Rz 11.

lauf[101] verbleibt der Behauptungslast für eine später etwa erforderlich werdende Klage gegen den Bürgen. Ist die Anzeige rechtzeitig erstattet, was auch vorzeitig geschehen kann[102], bedarf es nicht mehr einer „unverzüglichen" Rechtsverfolgung gegen den Hauptschuldner[103]. Eine solche ist nach **Abs 1 Satz 1** vielmehr lediglich dem hinausgeschobenen Anzeigeerfordernis zugeordnet. Das rechtlich zu berücksichtigende Interesse des Bürgen besteht nicht an der alsbaldigen Schaffung der Voraussetzungen seiner eigenen Inanspruchnahme, sondern an einer möglichst erfolgreichen vorangehenden Inanspruchnahme des Hauptschuldners. Der Schutz des Bürgen darin kann seinen Ausdruck nur in allgemeinen Sorgfaltspflichten des Gläubigers finden, die mit der Befristung der Bürgschaft nichts zu tun haben[104].

14 b) Die kaufmännische Praxis wird geprägt von der **selbstschuldnerischen** (HGB § 349, BGB §§ 773, 771) Zeitbürgschaft von Kreditinstituten. Ist der Gläubiger zu unmittelbarem Vorgehen gegen den Bürgen berechtigt, muss er unabhängig von einer Rechtsverfolgung gegen den Hauptschuldner des Bürgen spätestens unverzüglich *nach dem Ablauf* der Bürgschaftszeit anzeigen[105], dass er ihn in Anspruch nehmen wolle (**Abs 1 Satz 2**). Nach einer früheren Ansicht[106] sollte in den gesetzlich geregelten Fällen nur eine nach Fristablauf abgegebene Anzeige die rechtserhaltende Wirkung erzielen können. Dem Bedürfnis des Geschäftsverkehrs besser gerecht wird die neuere Ansicht[107], die auch einer Anzeige vor Fristablauf die rechtserhaltende Wirkung zuerkennt, zumindest, wenn „der Eintritt des Bürgschaftsfalles feststeht", wofür die gesicherte Forderung bereits fällig sein müsse[108]. Zutreffend dürfte sein, die Erstattung der Anzeige lediglich auf ihren begrenzten Zweck zu beziehen, den Bürgen von den Absichten des Gläubigers in Kenntnis zu setzen[109]. Zur Rechtserhaltung nicht geeignet ist deshalb eine vorsorglich ohne konkreten Anlass abgegebene Erklärung. Die Anzeige muss vielmehr situationsgerecht sein. Etwa kann der Gläubiger dem Bürgen die Inanspruchnahme ankündigen, sofern dieser sich nicht zu einer Verlängerung der Bürgschaftsfrist bereitfindet; erst nach einem Scheitern von Verhandlungen braucht er das gesicherte Kreditverhältnis fällig zu stellen. Ob also die gesicherte Forderung im Zeitpunkt der Anzeigeerstattung begründet und bei Ablauf der Bürgschaftsfrist fällig gewesen ist[110], ist für die Wirksamkeit der Anzeige unerheblich und bleibt der Feststellung in einem Rechtsstreit zwischen Gläubiger und Bürgen überlassen[111].

15 c) Hat sich der Gläubiger in einer ausdrücklichen Vertragsklausel daran gebunden, die Inanspruchnahme des Bürgen *vor Ablauf* einer bestimmten Frist anzeigen zu müssen[112], so hat er damit – wie sonst bei rechtsgeschäftlichen Erklärungsfristen – das Risiko ihrer Einhaltung durch Zugang vor Fristablauf übernommen. Unverschuldete Zugangshindernisse können nicht eine Verlängerung bewirken. Fällt der letzte Tag der vereinbarten Frist nicht auf einen Werktag, ist aber dem Gläubiger der Vorteil der kalendarischen Fristverlängerung nach § 193 zuzubilligen[113], wenn die Anzeige für den Empfänger eine geschäftliche Mitteilung ist.

16 8. **Formerfordernisse. Verlängerungsvereinbarungen**. Die Befristung der Bürgschaftsverbindlichkeit[114] bedarf als dem Bürgen günstige Nebenbestimmung des Bürgschaftsvertrages nicht der Form des § 766[115]. Formbedürftig ist dagegen die Zustimmungserklärung des Bürgen zu

101 S oben Rz 8.
102 S unten Rz 14.
103 S oben Rz 11 bei Fn 89. – AA BGH NJW 2002, 2869, 2870 zu III (= Fn 10).
104 S dazu § 776 Rz 1 u 14 und für die Ausfallbürgschaft Rz 33 vor § 765.
105 S oben Rz 9.
106 RGZ 96, 133, 134 = JW 1919, 823 (mablAnm Levy); RG WarnR 1935 Nr 178 S 363 (= Fn 83).
107 BGHZ 76, 81, 83 (= Fn 14); München NJW 1978, 429 f.
108 BGHZ 76, 81, 85 (= Fn 14).
109 So schon RGZ 68, 141, 145 = JW 1919, 823 (mablAnm Levy).
110 S oben Rz 8.
111 Vielfach wird nicht genau zwischen den Voraussetzungen rechtzeitiger Anzeige und denen der gegenständlichen Einbeziehung von Forderungen in den durch die Frist begrenzten Haftungsrahmen (s oben Rz 9 f) unterschieden. Missverständlich auch BGHZ 91, 349, 355 (= Fn 64).
112 S oben Rz 6.
113 BGHZ 99, 288, 291 = NJW 1987, 1760 = WM 1987, 227 = JZ 1987, 475.
114 S oben Rz 6.
115 RG Recht 1917 Nr 1406. – S § 766 Rz 21.

einer Verlängerungsvereinbarung, und zwar schon, wenn diese lediglich den Zeitpunkt der erforderlichen Geltendmachung durch Anzeige hinausschiebt[116], und nur insbesondere, wenn dadurch die Verbürgung auf weitere zukünftige Verbindlichkeiten erstreckt wird. Es bedarf hier nicht der Neuerteilung einer vollständigen, einem Neuabschluss des Bürgschaftsvertrages gerechtwerdenden Urkunde, sondern nur einer formgerechten Bezugnahme[117]; es bedarf auch nicht[118] der inhaltlich leerlaufenden Floskel, dass im Übrigen die ursprüngliche Bürgschaft unverändert fortbestehen solle. Erklärt der Bürge sein Einverständnis mit der Verlängerung nur unter Einschränkungen, können diese je nach den Umständen als überraschend nach § 305 c Abs 1 (früher: AGB-Ges § 3) unwirksam sein[119]. Jedoch scheitert die nach § 766 formbedürftige (nichtkaufmännische) Bürgschaft alsdann daran, dass die unbeschränkte Verlängerung nicht formgerecht erklärt ist[120]. Wie sonst trägt auch hier der Gläubiger das Risiko der Formerfüllung, das ihm nicht nach den Schutzzwecken des AGB-Rechts abgenommen werden kann. Auch wenn der Bürge mit einer Stundung der Hauptverbindlichkeit über die Bürgschaftsfrist hinaus einverstanden ist, geht es ihm gegenüber richtig verstanden um eine Verlängerung der Bürgschaftshaftung, die der Erklärungsform des § 766 bedarf[121]. Nicht formbedürftig ist eine Stundungsvereinbarung im Bürgeninteresse über einen in seinem Fortbestand bereits gesicherten Bürgschaftsanspruch[122]. Sie schließt nicht eine den Anspruchsgrund der Bürgschaft im Gläubigerinteresse erweiternde Verlängerung der Bürgschaftsfrist ein und kann sie nicht ersetzen[123]. Sind Verhandlungen zwischen Gläubiger und Bürgen über die Verlängerung einer vom Ablauf bedrohten Zeitbürgschaft ergebnislos verlaufen oder nicht formgerecht abgeschlossen worden, kann aber in dem Ansinnen des Gläubigers an den Bürgen die rechtzeitige[124] Anzeige der Inanspruchnahme[125] liegen, die den Anspruch des Gläubigers im Umfang des ursprünglichen Bürgschaftsvertrages[126] erhält. Insoweit kann eine formlose Verständigung zumindest eine Stundung ergeben, nach deren Ablauf es keiner erneuten Anzeige der Geltendmachung bedarf. Eine erneute, rechtzeitig abzugebende Anzeige der Inanspruchnahme erübrigt sich auch dann, wenn nach einer formwirksamen Verlängerung der Bürgschaft wiederum nur die Geltendmachung desselben Interesses in Frage steht. Im Zusammenhang mit der inhaltlich unselbständigen Verlängerung kann die erste Anzeige als fortwirkend angesehen werden[127]. Dagegen bezieht die Verlängerung einer Kreditbürgschaft für zukünftige, sich erneuernde Verbindlichkeiten weitere und andere Gegenstände der Verbürgung ein, deren Geltendmachung der selbständigen Anzeige nach dieser Vorschrift bedarf. Insoweit hat auch eine Bürgschaftsklage einen anderen Streitgegenstand[128], der anderer schlüssiger Begründung bedarf und insbesondere in den Tilgungsbedingungen einer anderen Rechtsverteidigung des Bürgen[129] unterliegt als die Ausgangsbürgschaft. Ist die Wirksamkeit der Verlängerungsvereinbarung und damit der Erweiterung der Verbürgung zweifelhaft, kann der Gläubiger sein Interesse durch eine Eventualklagenhäufung verfolgen, indem er primär die Verbürgung neu einbezogener Hauptverbindlichkeiten geltendmacht und hilfsweise frühere aus der ursprünglichen Verbürgung.

9. **Abweichende Vereinbarungen. Allgemeine Geschäftsbedingungen**. Im Hinblick auf die Vielfalt der wirtschaftlichen Tatbestände und Interessen, für die im modernen Verkehr eine rechtlich gestaltete Sicherung durch Dritte gesucht wird, fehlt es dem hergebrachten Bürgschaftsrecht so weitgehend an **vertragstypischer Ausprägung** durch gesetzliche oder von bewährten Verkehrsauffassungen nach Treu und Glauben bestimmten Regelungen, dass sich die in einer Rechtsanwendung nachzuvollziehenden elementaren Gestaltungselemente des Vertrags- 17

116 BGH WM 1997, 625, 628 zu C II 2 (= Fn 43); Hamburg OLGE 38, 207 = Recht 1919 Nr 577.
117 S § 766 Rz 23.
118 Wie für § 566 angenommen wird (BGH NJW-RR 2000, 744, 745 mNachw).
119 BGH WM 2001, 1520 = ZIP 2001, 1408 = ZflR 2001, 631.
120 S § 766 Rz 11 bei Fn 134.
121 Unrichtig RG JW 1903 Beil S 115.
122 RGZ 96, 133, 135.
123 Insoweit unrichtig RGZ 96, 133, 134 f.
124 S oben Rz 14.
125 S oben Rz 11.
126 S oben Rz 8 f.
127 So im Erg auch BGH WM 1979, 833: die Verlängerung ergebe keine „echte" Zeitbürgschaft, u (in derselben Sache) BGH NJW 1983, 750, 751 zu II 4 (= Fn 89): es liege nur eine Stundung vor.
128 Dazu § 769 Rz 9.
129 S § 767 Rz 4 f.

rechts kaum ausmachen lassen. Auch mangels Vergleichbarkeit mit den im Vordergrund der Dogmatik stehenden gegenseitigen Austauschverträgen ist bei der Bürgschaft wie auch bei anderen schuldrechtlichen Sicherungsvereinbarungen die eindeutige Unterscheidbarkeit der konstitutiven Gestaltungselemente des Rechtsgeschäfts, somit (1) der wesentlichen (vom wirklichen Vertragswillen auszufüllenden) Inhaltsbestimmung, zu der (2) selbstverständliche (im vertraglichen Regelungstyp angelegte) Rechtsfolgen hinzutreten, und schließlich (3) der davon abweichenden (im Rahmen der Vertragsfreiheit willkürlich hinzugefügten) Sonderbedingungen (der *essentialia, naturalia* und *accidentalia negotii*) nur schwach oder überhaupt nicht entwickelt. Deshalb fehlt es weitgehend an gesicherten Maßstäben wie an erkennbaren Anlässen für eine ergänzende, über den Vertragswillen hinausgehende Rechtsfolgenbestimmung durch sogenannte „Auslegung"; und ebenso fehlt es an Rechtfertigungen wie an Instrumenten für eine den Vertragsinhalt korrigierende Verwerfung einzelner ausdrücklicher Vertragsbestandteile als „von Rechtsvorschriften abweichend" und darin einen Beteiligten „nach Treu und Glauben unangemessen benachteiligend" (§ 307 Abs 3 Satz 1 und Abs 1 Satz 1). Rechtsanwendung kann sich deshalb im Bürgschaftsrecht ganz überwiegend nur aus dem Verständnis des vom Parteiwillen hervorgebrachten Hauptgegenstandes eines Vertrages ergeben. Gegenstand einer Bürgschaft wie anderer schuldrechtlicher Sicherungsvereinbarungen ist das **übernommene Haftungsrisiko**, das in seinen unterschiedlichen zu vergegenständlichenden Ausprägungen und damit Bestimmtheitsanforderungen nur **Hauptgegenstand** der vertraglichen Verständigung sein kann[130]. Demgemäß sind sprachlich kompliziertere Darstellungserfordernisse nicht althergebrachten einfacheren als im Rechtssinne „abweichend" nachzuordnen. Deshalb ergibt der allein gesetzlich geregelte einfache Grundfall des § 765 („die" Verbindlichkeit des Dritten) weder für den Bürgen noch für den Gläubiger einen vertragstypischen Vertrauensschutz, der für gerichtliche Inhaltskontrolle eine Orientierung bieten könnte. Eine besonders konkretisierte Interessensicherung und selbst eine Einmischung andersartiger Verpflichtungsbedingungen, etwa einer Leistungsgarantie oder eines Schuldbeitritts, ergibt nicht aus Gründen begrifflicher Abweichung unangemessene Bürgschaftsbedingungen. Rechtsanwendung kann sich deshalb nur aus einer Gesamtbetrachtung des **von den Beteiligten** nach ihrem Belieben als Vertragsgegenstand frei **bestimmten Sicherungsrisikos** ergeben. Dafür ist allein der festzustellende Sinn der vertraglichen Verständigung maßgebend[131]. Darüber mitzubestimmen sind auch scheinbar nur verneinende Aussagen[132] geeignet. Anderseits kommt der Verwendung abstrakter Begriffsschlagwörter[133] als Ausdruck des Vertragswillens kein objektiv und von vornherein feststehender Regelungswert zu. Erforderlich ist allein die **Eindeutigkeit** des Sicherungstatbestandes, über den nach der Beweislast zu befinden ist.

18 Dies gilt insbesondere auch für **Zeitmomente**. Als konkrete Ausgestaltung des übernommenen Bürgschaftsrisikos sind zeitliche Begrenzungen der Haftung – ebenso wie dem entgegengesetzt auch deren gesetzlich geregelte Erstreckung auf erst nachträglich sich ergebende Sekundäransprüche (§ 767 Abs 1 Satz 2) – allein der Bestimmung des Vertragsgegenstandes zuzuordnen. Deshalb kommt einer „Zeitbürgschaft" kein nach einer objektiven Verkehrsauffassung eigenständiges vertragstypisches „Wesen"[134] zu[135]. Beide Regelungen (§ 767 Abs 1 Satz 2 und § 777) ergeben nur eine **gesetzliche Vermutung**, die in freier vertraglicher Willensbildung ohne Einschränkungen durch konkrete Vertragsregelung außer Kraft gesetzt und übergangen werden

130 So wohl auch BGH WM 2003, 1259, 1260 f zu II 3 b = NJW-RR 2003, 1171 = ZfIR 2003, 590.

131 Methodisch verfehlt (und tendenziös) BGH NJW 2004, 2232, 2234 zu II 3 a = WM 2004, 720 = ZIP 2004, 843): Eine Auslegung unter Einbeziehung und damit „nach Maßgabe" einer als unwirksam zu verwerfenden Überraschungsklausel sei „ausgeschlossen". Das gilt schon nicht für BGB § 139 und passt ebenso wenig zu AGB-Ges § 6 (jetzt BGB § 306). – S noch Fn 139.

132 Wie etwa: „Der Gläubiger ist nicht verpflichtet. . ." (s BGH NJW 2004, 2232, 2234 zu II 3 a).

133 So aber BGH NJW 2004, 2232, 2234 zu II 3 a (= Fn 131): „Zeitbürgschaft" (s dazu oben Fn 62); Koblenz WM 2005, 2035, 2036 zu II 2 = ZIP 2005, 1822: „das Wort Erlöschen".

134 So Staud/Horn Rz 21.

135 Das gilt heute nicht anders als zur Zeit der Gesetzgebung (s Motive II, S 681 f.).

kann. Wie es also den Vertragspartnern freisteht, die Bürgschaftshaftung im Hinblick auf vorübergehende Zwecke zeitbestimmt völlig entfallenzulassen[136], sind sie berechtigt, den Zeitpunkt zur Erstattung der dem Gläubiger in dieser Vorschrift zur Erhaltung seines Anspruchs vorbehaltenen Anzeige vorzuverlegen[137], und deshalb andererseits auch, den Gläubiger von einer Obliegenheit der Anzeige überhaupt freizustellen[138]. Damit wird nur der traditionelle Grundfall der gesetzlichen Regelung übernommen und klargestellt, dass die vereinbarte Verbürgung allgemeinen gesetzlichen Regeln folgen und eben keine Zeitbürgschaft im Sinne dieser Vorschrift sein soll[139]. Die vereinbarte Befristung bestimmt alsdann nicht über ein Erlöschen der Bürgschaftshaftung, sondern allein über deren Entstehung, indem sie deren Gegenstand auf bis dahin entstandene Verbindlichkeiten, die auch nicht bis dahin fällig geworden sein müssen[140], beschränkt. Der Inhalt des Vertrages ist danach letztlich kein anderer, als sich nach verbreiteter Meinung[141] für eine mit Befristung versehene Verbürgung zukünftiger Verbindlichkeiten auch ohne eine solche Freistellungsklausel ergibt. Eine sprachlich allzu verschränkte Rückwendung der Vertragsgestaltung zu einer an sich einfacheren Grundform des Verkehrs und nur insofern von einer Besonderheit zum gewohnten Normalfall kann freilich die Verständlichkeit des Vertragstextes in einer Weise beeinträchtigen, dass nach § 305 c eine Freistellung von der Anzeigepflicht für sich allein als versteckt geblieben zu verwerfen ist.

10. **Beweislast.** Zur Geltendmachung des Bürgschaftsanspruchs hat der Gläubiger die Voraus- 19
setzungen des Bürgschaftsvertrages und dessen den Umständen nach zureichend formgerechte Wiedergabe in der Bürgschaftsurkunde[142] zu behaupten und zu beweisen. Übernimmt er dabei eine in der Bürgschaftsurkunde enthaltene Zeitbestimmung, die zumindest als gegenständliche Beschränkung der verbürgten Hauptverbindlichkeit zu verstehen ist[143], hat er weiter darzutun, dass die als verbürgt geltendgemachte Forderung gegen den Schuldner innerhalb der Frist entstanden ist[144]. Demgegenüber fällt dem Bürgen die Behauptungs- und Beweislast dafür zu, dass und auf welchen Endzeitpunkt[145] die Bürgschaftshaftung lediglich befristet vereinbart worden ist. Ergibt sich die Befristung nicht beweiskräftig aus der Urkunde, hat er aus Umständen außerhalb des förmlichen Erklärungstextes zu beweisen, dass eine Fristbestimmung sich nach der vertraglichen Verständigung auf die Bürgschaftshaftung bezieht[146]. Steht fest, dass und auf welchen Endzeitpunkt eine Zeitbürgschaft vereinbart worden ist, hat der Gläubiger weiter zu beweisen, dass die geltend gemachte Hauptverbindlichkeit bei Fristablauf in den Haftungstatbestand einbezogen war[147] und dass er die Bürgschaftsfrist nach den gesetzlichen[148] oder den besonders vereinbarten[149] Voraussetzungen durch rechtzeitigen Zugang seiner Anzeige der Inanspruchnahme[150] gewahrt hat. – Zur Beweislast bei Verlängerungsvereinbarungen s Rz 16.

136 S oben Rz 2 aE.
137 S oben Rz 6.
138 Hamm NJW 1990, 54 = WM 1989, 1016; ebenso Erman/Seiler Rz 7; Lwowski, Das Recht der Kreditsicherung, 2000[8], Rz 390; Gößmann zu WuB I F 1 a. – 20. 89. – aA Köln WM 1986, 14 (mablAnm Schröter) = (gekürzt) NJW 1985, 2722 (aufgrund zielgerichteter Tatbestandsinterpretation und verworrener Rechtsausführungen); mit gleichem Ergebnis Tiedtke DB 1990, 411; Voss MDR 1990, 495; MünchKomm/Habersack Rz 2; Staud/Horn Rz 21; Damrau zu EwiR § 777 BGB 1/86. S auch Rz 9.
139 Anders BGH NJW 2004, 2232, 2234 zu II 3 a (= Fn 131): Eine (vom Gläubiger gestellte) Bürgschaftsklausel, die diesen von der Anzeigeobliegenheit entbinde, sei nach AGB-Ges § 3 (jetzt BGB § 305 c Abs 1) als „überraschend" zu verwerfen, weil sie „typengehaltsändernd" sei. – Nach Falllage ging es freilich allein darum, ob die Formularklausel von einer vorrangigen mündlichen Verständigung abwich und deshalb schon nach allgemeiner Regel als gar nicht mitvereinbart auszuscheiden war (s dazu § 766 Rz 6). – S auch Fn 131.
140 Hamm NJW 1990, 54= WM 1989, 1016.
141 S Rz 4 Fn 35.
142 S § 766 Rz 9.
143 S oben Rz 3 f.
144 S oben Rz 3 aE.
145 S oben Rz 6.
146 S oben Rz 5.
147 S oben Rz 8 bis 10.
148 S oben Rz 12 bis 14.
149 S oben Rz 15.
150 S oben Rz 11.

20 11. **Andere Sicherungsgeschäfte**. Auf andere befristete Sicherungsgeschäfte[151] ist die Vorschrift nicht unmittelbar[152] anwendbar und in ihrem instrumentalen Regelungsgehalt nicht ohne Abstufungen übertragbar. Auch für solche Geschäfte bedarf es aber einer rechtlichen Präzisierung der Folgewirkungen auslegungsbedürftiger vertraglicher Fristbestimmungen je nach Art der Sicherheit und dem erkennbaren Zweck der vereinbarten Befristung. Die Gemeinsamkeit aller Sicherungsgeschäfte ungeachtet ihrer unterschiedlichen Haftungsmodalitäten und der jeweiligen Erfordernisse dinglicher Verschaffung bestimmter Zugriffsobjekte besteht zunächst darin, dass die Berechtigung zur Inanspruchnahme sich aus einer den Sicherungszweck bestimmenden Rechtsgrundabrede ergibt, die der schuldrechtlichen Vertragsfreiheit unterliegt und damit auch einer Befristung zugänglich ist. Somit kann auch die Berechtigung zur Verwertung dinglicher Sicherheiten im Verhältnis der Beteiligten des Sicherungsgeschäfts in gleicher Weise entfallen wie die Berechtigung zur Inanspruchnahme eines Bürgen als persönlichen Schuldners. Sind Sicherungszwecke befristet, so liegt es nahe, daraus zunächst allgemein[153] eine gegenständliche Beschränkung der Sicherung auf bis zum Fristablauf zu erfüllende, also fällige Verbindlichkeiten zu folgern. Weiterhin ist es im beiderseitigen Interesse auch gerechtfertigt, dem Gläubiger das für die Zeitbürgschaft geregelte Instrument der Fristwahrung durch einfache Anzeige der beabsichtigten Inanspruchnahme[154] gegenüber dem Sicherungsgeber zuzubilligen[155]. Der Gläubiger muss also nicht vor Fristablauf die Verwertung beendet, eine dafür vorgesehene Klage erhoben oder auch nur eine gegenüber dem Inhaber oder Schuldner des verpfändeten Rechts etwa erforderliche Kündigung erklärt haben[156]. Weniger eindeutig lässt sich von Rechts wegen bestimmen, bis zu welchem Zeitpunkt die Anzeige erstattet und dem Sicherungsgeber zugegangen sein muss. Es liegt nahe, die im Gesetz geregelten Modalitäten nachträglicher Anzeigeerstattung[157] auf die Bürgschaft beschränkt zu lassen. Dann bleibt für andere befristete Sicherungsrechte zur Fristwahrung nur die Anzeige vor Fristablauf[158]. Beschränkt sich eine Sicherung auf den vom Hauptschuldner nicht zu erlangenden Ausfall, ist also der Gläubiger vor einer Inanspruchnahme des Sicherungsgebers auf ein erschöpfendes Vorgehen gegen den Hauptschuldner verwiesen, liegt es am nächsten, eine Befristung der Sicherungsvereinbarung nicht auf das Recht zur Inanspruchnahme zu beziehen, sondern allein auf die Entstehung der in die Sicherung einbezogenen Verbindlichkeiten[159].

§ 778 Kreditauftrag

Wer einen anderen beauftragt, im eigenen Namen und auf eigene Rechnung einem Dritten ein Darlehen oder eine Finanzierungshilfe zu gewähren, haftet dem Beauftragten für die aus dem Darlehen oder der Finanzierungshilfe entstehende Verbindlichkeit des Dritten als Bürge.

ÜBERSICHT

151 RGZ 68, 141 (befristete Verpfändung einer durch Buchhypothek gesicherten Forderung; Duldungsklage gegen Eigentümer); BGH WM 1983, 122 = ZIP 1983, 287 (befristete Abtretung einer Grundschuld zur Sicherung; Duldungsklage); Düsseldorf NJW-RR 1989, 1016 (befristete Ausfallgarantie).
152 RGZ 68, 141, 144.
153 Zur Zeitbürgschaft s Rz 7 u 8.
154 S oben Rz 11.
155 RGZ 68, 141, 145 f.
156 Darin unklar RGZ 68, 141, 144 f, 147.
157 S oben Rz 12 u 14.
158 RGZ 68, 141, 146; BGH WM 1983, 122 (= Fn 151).
159 Düsseldorf NJW-RR 1989, 1016. – S auch Rz 3.

Schrifttum: Rothenberg, Der Kreditauftrag, AcP 77 (1891), 323; Bendix, Der Kreditauftrag nach dem BGB, ArchBürgR 20 (1902), 155; Labes, Bürgschaft oder Kreditauftrag?, DJZ 1903, 173; Weidemann, Der Kreditauftrag, ZHR 53 (1903), 429; Lippmann, Der Kreditauftrag des Bürgerlichen Gesetzbuchs, IherJahrb 48 (1904), 315; Frese, Der Kreditauftrag, Diss Mainz 1966. – Weiteres Schrifttum s vor § 765 und bei den §§ 765 bis 777.

1. **Gegenstand der Vorschrift und Entstehungsgeschichte**. Der in § 778 erfasste **Kreditauftrag**[1] ist ein besonderer Auftrag im Sinne der §§ 662 ff[2] oder ein Geschäftsbesorgungsvertrag im Sinne des § 675 Abs 1[3], in dem der Beauftragte sich verpflichtet, einem Dritten im eigenen Namen und auf eigene Rechnung ein **Darlehen** (§§ 488 ff) oder eine **Finanzierungshilfe** (§§ 499 ff) zu gewähren[4]. Das SchuldrechtsmodernisierungsG [5] hat die bisherigen Gesetzesformulierungen „Kredit" und „Kreditgewährung" durch Darlehen und sonstige Finanzierungshilfe ersetzt, ohne durch diese Anpassung an den seit 1. 1. 2002 geltenden Sprachgebrauch den Anwendungsbereich der Vorschrift zu ändern. § 778 modifiziert das Auftrags- oder Geschäftsbesorgungsverhältnis allein in Hinsicht auf die Verpflichtung, die den Auftraggeber gegenüber dem kreditierenden Beauftragten trifft. Seine Verpflichtung bestimmt sich nicht nach den Vorschriften über den Vorschuss (§ 669) und Aufwendungsersatz (§ 670), sondern nach Bürgschaftsrecht (§§ 765 ff). Der Beauftragte handelt vereinbarungsgemäß zunächst **auf eigene Rechnung**, gewährt also das Darlehen vorleistend aus eigenen Mitteln; das Ausfallrisiko aus der Kreditgewährung trifft nach § 778 freilich gleichwohl den Auftraggeber. Soll der Beauftragte hingegen den Kredit **auf Rechnung des Auftraggebers**, also ohne eigene Vorleistung gewähren (sog **Treuhandkreditvertrag**)[6], bleibt es bei den §§ 669, 670[7]. Der Auftraggeber hat nach § 778 gegenüber dem Beauftragten für die Verbindlichkeiten des Dritten **wie ein Bürge** einzustehen. Allein wegen dieser besonderen Rechtsfolge hat der Gesetzgeber den Kreditauftrag im Titel über die Bürgschaft geregelt. Im Übrigen verbleibt es bei den §§ 662 ff; 675 Abs 1. 1

Nach E I § 680[8] sollte der Kreditauftrag als dispositives Recht insgesamt dem Bürgschaftsrecht unterstehen; demgegenüber beschränkte die zweite Kommission das Bürgschaftsrecht auf die sich für den Auftraggeber ergebende Verbindlichkeit, während es bis zur Kreditvergabe bei den Vorschriften über den Auftrag, insbesondere hinsichtlich der Kündigung und des Widerrufs bleiben sollte[9]. Das durch die Annahme des Auftrags entstehende Auftragsverhältnis sollte nicht insgesamt, sondern nur hinsichtlich der aus der Kreditwährung entstehenden Verbindlichkeit des Auftragsgebers dem Bürgschaftsrecht unterstehen. 2

2. **Zustandekommen, Form und Widerruf**. – a) Der Kreditauftrag kommt dadurch zustande, dass der Beauftragte den ihm erteilten Auftrag, einem Dritten Kredit zu gewähren, annimmt (§§ 662; 675 Abs 1)[10]. Für das Zustandekommen eines Kreditauftrags ist die (nicht notwendig ausdrückliche) Äußerung des Haftungswillens des Auftraggebers als Kreditvermittler erforderlich[11]. Zwar ist die Einstandspflicht als „Bürge" gesetzliche Rechtsfolge des Kreditauftrags nach § 778 und nicht Vertragsinhalt dieses Kreditauftrags als Rechtsgeschäft; jedoch setzt der Antrag des Auftraggebers einen rechtsgeschäftlichen Verpflichtungswillen voraus[12]. Eine bloße Anregung oder Empfehlung genügt also nicht[13]. Da die Einstandspflicht tatbestandlich daran anknüpft, dass der Beauftragte abweichend von §§ 669, 670 auf eigene Rechnung handelt, aber mit Risikotragung des Auftraggebers, muss diese Modifikation des Auftragsverhältnisses in der Ver- 3

1 Zum Begriff s auch Rz 99 vor § 765.
2 BGH WM 1960, 879; RGZ 56, 130.
3 S hierzu unten Rz 5.
4 RGZ 56, 130; RGZ 51, 120; RGZ 50, 160.
5 Ges zur Modernisierung des Schuldrechts (vom 21. November 2002, BGBl I, S 3139) Art 1 Nr 56; dazu RegBr BT-Drucks 14/6040, S 270.
6 Dazu BGH WM 1974, 407 = NJW 1974, 1082; MünchKommHGB/Hadding/Häuser, Bd 5 ZahlungsV Rz A 182.
7 RGZ 87, 144.
8 Motive I, S 682 f; zur Entstehungsgeschichte RGZ 50, 160.
9 RGZ 50, 160, 161.
10 BGH WM 1960, 879, 880.
11 BGH WM 1960, 879, 880; BGH WM 1956, 463, 465; Marienwerder OLG 21, 209.
12 Vgl BGH WM 1959, 1459; BGH WM 1956, 1212; Zeiß WM 1963, 906, 908; nach Frankfurt/M NJW 1967, 2360 ist ein eigenes Interesse erforderlich.
13 Ebenso Planck/Oegg § 778 Bem 2 a.

einbarung zum Ausdruck kommen. Die Verpflichtung des Beauftragten zur Kreditgewährung entsteht erst mit der Annahme eines entsprechenden Antrags[14], die auch konkludent erfolgen kann und für die gegebenenfalls § 151 zum Zuge kommt[15]. Behält der „Beauftragte" sich die Entscheidung vor, ob er Kredit gewähren will, kommt ein Kreditauftrag auch dann nicht zustande, wenn er tatsächlich kreditiert[16].

4 Beauftragt jemand im eigenen Namen und auf eigene Rechnung eine Bank, einem Akzeptanten Kredit zur Einlösung von Wechseln und Schecks zu geben, so haftet er gemäß § 778 als Bürge[17]. Verspricht ein Architekt Zahlung aus von ihm verwalteten Baugeldern für Baustofflieferung an einen Bauunternehmer und veranlasst er hierdurch Kreditlieferungen, so haftet er unabhängig davon, ob die Baugelder zur Befriedigung des Lieferanten ausreichen oder nicht, persönlich gemäß § 778[18].

5 Kreditaufträge können auch als **Geschäftsbesorgung** gegen Entgelt abgeschlossen werden, zB im Handelsverkehr (vgl HGB § 354 Abs 1). Dabei ist es eine Frage der Auslegung im einzelnen Fall, ob ein Geschäftsbesorgungsdienst- oder -werkvertrag vorliegt. Weil in § 675 Abs 1 nicht auf § 671 Abs 1 verwiesen wird, half man sich wegen des Widerrufs mit der analogen Anwendung des § 610 aF für den Fall der Erschütterung der Geschäftsgrundlage[19].

6 b) Der Kreditauftrag bedarf nicht der **Form** des § 766[20]. Nur die Haftung des Auftraggebers bestimmt sich nach Bürgschaftsrecht[21]; er ist außerdem nicht in gleicher Weise schutzbedürftig wie ein Bürge[22].

7 c) Solange der Beauftragte keine durch die Kreditgewährung feste Bindung eingegangen ist, ist der Kreditauftrag frei **widerruflich** (§ 671 Abs 1)[23]. Verzichtet der Auftraggeber von vornherein auf sein Widerrufsrecht, so ist das Rechtsgeschäft grundsätzlich auch dann als Kreditauftrag und nicht als Bürgschaft für eine künftige Verbindlichkeit zu qualifizieren[24].

8 3. **Inhalt des Kreditauftrags**. Den Gegenstand des Kreditauftrags hat das SchuldrechtsmodernisierungsG[25] präzisiert und dem ab 1. 1. 2002 geltenden Sprachgebruch des BGB angepasst. So sind die bisherigen Formulierungen „Kredit" und „Kreditgewährung"[26] durch Darlehen (§§ 488 ff) und sonstige Finanzierungshilfe (§§ 499 ff) ersetzt worden, ohne dadurch den Anwendungsbereich der Vorschrift zu ändern. Schon bisher konnte als Kreditgewährung auch ein Krediteröffnungsvertrag oder auch die Verlängerung oder Erweiterung eines bereits gewährten Kredits in Betracht kommen[27]. Auch die **Verlängerung** eines Warenkredits kann Inhalt eines Kreditauftrages sein[28]. Der Kreditauftrag wird nicht dadurch ausgeschlossen, dass schon vorher der andere (Verkäufer) verpflichtet war, dem Dritten (Käufer) Waren auf Kredit zu liefern[29]. Dagegen genügt eine bloße Ermächtigung nicht[30]. Wenn ein Wechselbeteiligter um Prolongation bittet[31] und wenn jemand einen Kreditkauf mit einem Dritten veranlasst[32], liegt kein Kreditauftrag vor. Der Abschluss eines Kreditauftrags durch einen Kraftfahrzeughändler, der einen Finanzierungs-

14 RGZ 151, 93, 100.
15 Vgl BGH WM 1956, 463; RGZ 87, 144, 146.
16 Dresden Recht 1905 Nr 1659 = SächsArch 15, 219; weitere Grenzfälle Hamburg Recht 1910 Nr 3340; Recht 1911 Nr 317; Marienwerder OLG 9 (1904), 13.
17 BGH WM 1984, 422, 423.
18 Frankfurt/M NJW 1967, 2360.
19 Enn/Lehmann, SchuldR § 192, 2; vgl auch RG JW 1938, 2138.
20 RGZ 51, 120, 122; RGZ 50, 160.
21 RGZ 50, 160.
22 Enn/Lehmann, SchuldR § 196, 3.
23 RG WarnR 1912 Nr 106.
24 Vgl Enn/Lehmann, SchuldR § 196, 3; aA zB Oertmann § 778 Bem 2 a; Dür/Hach/Werner HGB § 349 Rz 38.
25 S Fn 5.
26 Eröffnung der Möglichkeit zur Nutzung geldwerter Güter gegen die Verpflichtung zur Rückleistung äquivalenter Werte; Freese, Der Kreditauftrag, Diss Mainz 1966, S 65; vgl jetzt KWG § 19 Abs 1.
27 Jauernig/Stadler § 778 Rz 1.
28 RGZ 87, 144, 146; aM Marienwerder OLG 9 (1904), 13.
29 RGZ 87, 144, 147.
30 RG HRR 1935 Nr 1011 mNachw.
31 Marienwerder OLG 21 (1909), 209.
32 RG Recht 1909 Nr 3342.

antrag seines Kunden an das Finanzierungsinstitut weiterleitet, wird nur dann bejaht, wenn in dem Handeln des Händlers ein rechtsgeschäftlicher Verpflichtungswille zum Ausdruck gekommen ist, für die Verbindlichkeit des Kunden einzustehen[33]. Zur Abgrenzung zwischen Kreditauftrag und Zahlungsmodalität vgl Hamburg VersR 1984, 745.

Im Kreditauftrag muss die **Person des Kreditnehmers**, nicht aber notwendig die Höhe oder die Dauer des Kredits genau bezeichnet sein[34]; denn der Kreditvermittler kann den Kreditauftrag jederzeit widerrufen (§ 671 Abs 1)[35]. 9

4. **Pflichten des Auftraggebers und des beauftragten Kreditgebers**. Die Rechte und Pflichten der Beteiligten bestimmen sich nach §§ 662 ff mit Ausnahme der §§ 669, 670. Der Kreditgeber ist mithin an die Weisungen des Aufraggebers gebunden (§ 665) und gegenüber ihm auskunftspflichtig (§ 666)[36]. Die Sorgfalt des beauftragten Kreditgebers gegenüber dem Auftraggeber schließt eine Hinweispflicht ein, wenn Zweifel an der Kreditwürdigkeit des Kreditnehmers bestehen, insbesondere hat er vor der Auszahlung auf ein damit verbundenes Risiko hinzuweisen[37]. Jedoch besteht keine Verpflichtung eines beauftragten Kreditinstituts, den Kreditauftraggeber darüber aufzuklären, dass der Kreditauftrag eine Haftung als Bürge begründet[38]. Bei der Einziehung der Forderung muss der Kreditgeber darauf bedacht sein, dass diese nicht entwertet wird[39]. Er handelt fahrlässig, wenn er Kosten, die er als unberechtigt erkennen konnte, begleicht[40] oder nicht prüft, ob ein nicht zu Lasten des Empfängers gehendes Überliegegeld in die Tratten aufgenommen ist[41]. 10

5. **Haftung des Auftraggebers**. Wenn der Beauftragte vertragsgemäß dem Dritten ein Darlehen oder eine Finanzierungshilfe auf eigene Rechnung, also aus eigenen Mitteln gewährt hat, hat er keinen Anspruch auf Aufwendungsersatz (§ 670), sondern der Kreditauftraggeber haftet dem beauftragten Kreditgeber nach § 778 als Bürge; es gelten also die §§ 765[42]. § 778 beschränkt sich auf die charakteristische Vermögenseinbuße des Beauftragten aus der Ausführung des Kreditauftrags, dass der Kreditnehmer seine Rückerstattungsverbindlichkeit nicht erfüllt. Wegen anderer Aufwendungen hat der Auftraggeber Ersatz nach Auftragsrecht (§ 670) zu leisten, zB wegen der Kosten der Beschaffung und Übermittlung des Kredits. 11

Der Kreditnehmer erhält die Rechtsstellung des Hauptschuldners[43]. Ist die Kreditverbindlichkeit (zB wegen § 134 oder § 138) nichtig, so hat man früher mit § 670 geholfen[44]. Vorzugswürdig ist es, in die Einstandspflicht des Auftraggebers als Bürge die bereicherungsrechtliche Rückerstattungspflicht einzubeziehen. Die Einrede der Vorausklage (§§ 771 bis 773) steht dem Auftraggeber im gleichen Umfang zu wie einem Bürgen, nicht aber bei einem Geschäftsbesorgungsvertrag[45]. Wenn der Kreditauftraggeber den beauftragten Kreditgeber befriedigt, geht seine Forderung gegen den Kreditnehmer nach § 774 auf ihn über. Wenn der Kreditauftrag seinerseits im Auftrag des Kreditempfängers erfolgt, ist § 775 anwendbar[46]. Gibt der beauftragte Kreditgeber gegenüber dem Kreditnehmer ein Sicherungs- oder Vorzugsrecht auf, so wird der Auftraggeber gemäß § 776 frei[47]. Hat der Beauftragte den Kreditauftrag befristet übernommen, so ist § 777 nicht anwendbar, es kommt vielmehr zu einer Einstandpflicht für die während der Befristung eingegangenen Kreditverbindlichkeiten. 12

33 BGH WM 1960, 879 = BB 1960, 842.
34 RG WarnR 1912 Nr 106; RG JW 1912, 910 = WarnR 1912 Nr 374.
35 RG WarnR 1927 Nr 106.
36 Vgl RG JW 1912, 910 = WarnR 1912 Nr 374.
37 S BGH WM 1978, 1290; dazu BGH WM 1978, 896 = NJW 1978, 2547: Aufklärungspflicht einer an der Finanzierung einer Massen-KG beteiligten Bank gegenüber Kommanditisten, die sie aufgefordert hat, die KG mit von ihr finanzierten Darlehen zu unterstützen.
38 LG Mannheim ZIP 1982, 558, 559.
39 RG WarnR 1930 Nr 136.
40 RG Recht 1915 Nr 507 = SeuffBl 78, 69.
41 Hamburg HansGZ 1914 H 69.
42 RG JW 1912, 910 = WarnR 1912 Nr 374.
43 Naumburg OLG 17 (1907), 144.
44 Planck/Oegg § 778 Bem 6 mNachw.
45 RG WarnR 1927 Nr 77.
46 RG WarnR 1930 Nr 135; vgl RGZ 151, 93, 100.
47 RG Warn 1930 Nr 136.

13 6. **Abgrenzung zur Bürgschaft**. Die Abgrenzung des Kreditauftrags gegenüber einer Bürgschaft, die für eine künftige Verbindlichkeit übernommen wird (§ 765 Abs 2)[48], ist wegen des bürgschaftsrechtlichen Formerfordernisses (§ 766) bedeutsam, das für den Kreditauftrag nicht gilt[49]. Entscheidend kommt es auf das auftragsrechtliche Kriterium an, ob der beauftragte Kreditgeber sich gegenüber dem Auftraggeber zur Kreditgewährung verpflichtet hat[50]. Allein ein Interesse des Auftraggebers an der Kreditgewährung genügt nicht, um eine solche Verpflichtung anzunehmen[51]. Doch kann das eigene wirtschaftliche Interesse für die Annahme eines Kreditauftrages von Bedeutung sein[52]. Zunächst hatte das RG[53] in den Vordergrund gerückt, ob dem Kreditvermittler nach dem Parteiwillen das Widerrufsrecht[54] zustehen soll. Schwierigkeiten bereitet die Abgrenzung zum Garantievertrag[55]. Zur Umdeutung einer formnichtigen Bürgschaft in einen Kreditauftrag s BGHZ 19, 269, 275[56].

14 7. **Weitere Abgrenzungen**. Kreditanweisung und Kreditbrief unterscheiden sich dadurch vom Kreditauftrag, dass es sich dort um eine Anweisung auf Zahlung an den Anweisungsempfänger und nicht zur Kreditgewährung handelt[57].

57

48 S Rz 49 vor § 765.
49 S oben Rz 6.
50 BGH WM 1956, 1212 mNachw; Labes DJZ 1903,173.
51 BGH WM 1959, 1459; BGH WM 1956, 1212; vgl auch BGH WM 1960, 879, 880.
52 S Esser/Weyers, SchuldR II 1, 1998[8], § 40 V 2, S 358 f. Nach Larenz/Canaris (SchuldR II 2, 1994[13], § 60 VI 2 b, S 24) ist das eigene Interesse des Auftraggebers an der Kreditgewährung auch hier ein unscharfer Begriff.
53 RGZ 51, 120, 122; RGZ 50, 160, 162.
54 S oben Rz 1 aE.
55 S Rz 56 vor § 765.
56 = WM 1956, 88 = NJW 1956, 297, 298; MünchKomm/Habersack § 778 Rz 8; Zeiß WM 1963, 906; Schütze WM 1963, 1051.
57 Vgl § 783 Rz 19.

Titel 21

Vergleich

§ 779 Begriff des Vergleichs, Irrtum über die Vergleichsgrundlage

(1) **Ein Vertrag, durch den der Streit oder die Ungewissheit der Parteien über ein Rechtsverhältnis im Wege gegenseitigen Nachgebens beseitigt wird (Vergleich), ist unwirksam, wenn der nach dem Inhalt des Vertrags als feststehend zugrunde gelegte Sachverhalt der Wirklichkeit nicht entspricht und der Streit oder die Ungewissheit bei Kenntnis der Sachlage nicht entstanden sein würde.**

(2) **Der Ungewissheit über ein Rechtsverhältnis steht es gleich, wenn die Verwirklichung eines Anspruchs unsicher ist.**

ÜBERSICHT

Schrifttum: Gerhardt, Grundfragen des Vertrags- und Schuldrechts; Rittner, Rechtswissen und Rechtsirrtum im Zivilrecht, in: Festschr für Fritz von Hippel S 391; Wolf, Der Prozeßvergleich, AcP 88 (1898), 153; Trumpler, Die Differenzgeschäfte nach dem Bürgerlichen Gesetzbuch und nach dem Börsengesetz, ZHR 50 (1901), 475; J Hedemann, Der Vergleichsirrtum, 1903; H Lehmann, Prozeßvergleich, 1911; Marquardt, Vergleich über die Frage der Nichtigkeit eines verbotenen Rechtsgeschäfts, JW 1922, 1503; Schnorr von Carolsfeld, Beiträge zur Lehre vom Vergleich, 1929; Herzog, Unrichtige Rechtsprechung und § 779 BGB. Die rechtliche Bedeutung des Vergleichs bei der Auswertung, ZHR 95 (1930) 157; A Schmidt, Der Prozeßvergleich und seine Aufhebung, ZZP 58 (1934), 395; Esser, Heinrich Lehmann und die Lehre vom Prozeßvergleich, in: Festschr für Lehmann II, 1956, S 713; Mühl, Der außergerichtliche Liquidationsvergleich, NJW 1956, 401; Baumgärtel, Wesen und Begriff der Prozeßhandlung einer Partei im Zivilprozeß, 1957; P Bonin, Der Prozeßvergleich, 1957; Joachim, Der Prozeßvergleich in Arbeitssachen, BB 1960, 988; Hofstetter, Außergerichtlicher Vergleich und Rücktritt, BB 1963, 1459; Stötter, Zur rechtssystematischen Einordnung des § 779 BGB und des gemeinsamen Motivirrtums, JZ 1963, 123; Hartmaier, Nichtigkeit eines Vergleichs wegen Wuchers oder wegen Sittenwidrigkeit, MDR 1964, 370; Clasen, Beseitigung der Prozeßbeendigenden Wirkung eines gerichtlichen Vergleichs, NJW 1965, 382; Lüke, Die Beseitigung des Prozeßvergleichs durch Parteivereinbarung, JuS 1965, 482; Arndt, Die Friedensaufgabe des Richters, NJW 1967, 1585; Bernhard, Die Aufhebung des Prozessvergleichs, JR 1967, 44; Pikart, Die Rechtsprechung des BGH zum außergerichtlichen und gerichtlichen Vergleich, WM 1967, 590; Säcker, Wiedereinsetzung gegen die Versäumung beim Prozeßvergleich?, NJW 1967, 1117; Stötter, Die Abänderung von Prozeßvergleichen beim Wegfall der Geschäftsgrundlage, NJW 1967, 111; Wenzel, Güteversuch, Vergleichsdruck und Drohung von der Richterbank, NJW 1967, 1587; P Arens, Willensmängel bei Parteihandlungen im Zivilprozeß, 1968, S 101 ff (Die Anfechtung des Prozeßvergleichs); Karl Künne, Außergerichtliche Vergleichsordnung, 1968; Bergerfurth, Der Widerrufsvergleich und seine Risiken, NJW 1969, 1797; Breetzke, Der Vergleich bei verständigem Zweifel, NJW 1969, 1908; Holzhammer, Der Prozeßvergleich, in: Festschr für Schima, 1969, S 217; Schröder, Strafandrohung nach § 890 ZPO im Prozeßvergleich?, NJW 1969, 1285; Theda, Rechtliche Probleme zu Abfindungsvergleichen, VW 1969, 1228; Reinhardt, Zur Vergleichsgebühr in Enteignungsangelegenheiten, NJW 1970, 697; Schmidt, Vergleichsgebühr bei einem „Vergleich" in Enteignungsangelegenheiten?, NJW 1970, 229; Wacke, Der Erlaß oder Vergleich mit einem Gesamtschuldner, AcP 170 (1970), 42; P Baur, Der schiedsrichterliche Vergleich, 1971; Breetzke, Die Beurkundungskraft des gerichtlichen Vergleichs, NJW 1971, 178; R Vogel, Die prozessualen Wirkungen des außergerichtlichen Vergleichs und seine Abgrenzung vom Prozeßvergleich, Diss Köln 1971; Henckel, Fortsetzung des Prozesses nach Rücktritt vom Prozeßvergleich, in: Festschr für Wahl, 1973, S 465; Lingenberg, Vergleichsgebühr bei Grundstücksveräußerungen unter dem Druck drohender Enteignung, BauR 1973, 89; Lüke, Zivilprozeßrecht: Der verspätete Rücktritt, JuS 1973, 45; Vollkommer, Führen Protokollierungsmängel stets zur unheilbaren Nichtigkeit des Prozeßvergleichs? Rpfleger 1973, 269; Walchshöfer, Die Erklärung der Auflassung in einem gerichtlichen Vergleich, NJW 1973, 1103; Boekelmann, Zum Prozeßvergleich mit Widerruf, in: Festschr für Weber, 1975, S 101; Klimke, Der Vergleich in der Regulierungspraxis unter besonderer Berücksichtigung der Bedeutung und Rechtswirkung einer Abfindungserklärung, VersR 1975, 686; K Strohe, Die gebührenrechtliche Problematik des außergerichtlichen Vergleichs gemäß § 779 BGB, dargestellt am Beispiel der Regulierungspraxis von Kfz-Haftpflichtschäden, Diss Köln 1975; Arzt, Offener oder Versteckter Rückzug des Strafrechts vom Kampf gegen Ladendiebstahl?, JZ 1976, 54; W Mende, Die in den Prozeßvergleich aufgenommene Klagerücknahme, 1976; Tempel, Der Prozeßvergleich – Die Bedeutung seiner Rechtsnatur für den Abschluß und seine Wirkungen, in: Festschr für Schiedermair, 1976, S 517 ff; Manfred Wolf, Normative Aspekte richterlicher Vergleichstätigkeit, ZZP 89 (1976), 260; Jauernig, Wirksame Wettbewerbsbeschränkung durch Vergleich (§ 779 BGB)?, ZHR 141 (1977), 224; Lepke, Der Vergleich im arbeitsgerichtlichen Beschlußverfahren, DB 1977, 629; Ebel, Berichtung, transactio und Vergleich, 1978; K Schmidt, Der Vergleichsvertrag unter Konkurrenten: ein Kartell?, JuS 1978, 736 ff; Baumann, Über die Denaturierung eines Rechtsinstituts, JZ 1980, 464; Knütel, Verfallklausel, verspätetes Angebot und Verzugsbereinigung, JuS 1981, 875; Pecher, Über zivilrechtliche Vergleiche im Strafverfahren, NJW 1981, 2170; Deal (Pseud), Der strafprozessuale Vergleich, Strafverteidiger 1982; Degenhart, Der öffentlichrechtliche Abfindungsvergleich, NVwZ 1982, 71; Uhlenbruck, Gläubigerberatung in der Insolvenz, 1983; Kaiser/Meinberg, „Tuschelverfahren" und „Millionärsschutzparagraph"?, NStZ 1984, 343; Pecher, Zur Geltendmachung der Unwirksamkeit eines Prozeßvergleichs, ZZP 97 (1984), 139; Ehlke, Das Wirkungsprivileg des Vergleichsvertrages, 1985; Joachim Muffler, Der Wettbewerbsvergleich, 1986; Schmidt-Hieber, Verständigung im Strafverfahren, 1986; Kohler-Gehrig, Außergerichtlicher Vergleich zur Schuldenbereinigung und Sanierung, 1987; Bork, Der Vergleich, 1988; Groß, Sanierung durch Fortführungsgesellschaften, 1988; Mertens, Die gesetzlichen Einschränkungen der Disposition über Ersatzansprüche der Gesellschaft durch Verzicht und Vergleich in der aktien- und konzernrechtlichen Organhaftung, in: Festschr für Fleck, 1988, S 209; Hünerwadel, Der außergerichtliche Vergleich, 1989; Walter Gottwald, – Wolf-Dieter Treuer, Vergleichspraxis, 1991; Ziege, Der vollstreckbare außergerichtliche Vergleich nach § 1044 b ZPO (Anwaltsvergleich), NJW 1991, 1580; Ebenroth/Grashof, Die Bindung des Akkordstörers an den außergerichtlichen Sanierungsvergleich, BB 1992, 865; Renck, Vollstreckungsabwehrklage bei Vollstreckung aus Vergleich, NJW 1992, 2209; Schäfer, Das Abstraktionsprinzip beim Vergleich, 1992; B e t h k e , Das Schlichtungsverfahren in Bayern – eine Möglichkeit der außergerichtlichen Beilegung von bürgerlichrechtlichen Streitigkeiten, NJW 1993, 2728; D i e d e r i c h s e n / W a g n e r, Das UmweltHG zwischen gesetzgeberischer Intention und interpretatorischer Phantasie, VersR 1993, 641 ff; L ü k e , Neues zum Prozeßvergleich?, NJW 1994, 233; R o d e n , Zum internationalen Privatrecht des Vergleichs, 1994; S a l j e , Der mißbrauchte Prozeßvergleich – ein Beispiel für kapazitätsgesteuerte Gerechtigkeit?, DRiZ 1994, 285; W i e s e , Die Bindungswirkung der tatsächlichen Verständigung, BB 1994, 333 ff; H ä s e m e y e r, Zur materiellrechtlich-prozeßrechtlichen Doppelnatur des außergerichtlichen Vergleichs und des deklaratorischen Schuldanerkenntnisses, ZZP 108 (1995), 289; J a h n k e , Die vergleichsweise Regulierung von Schadensfällen, VersR 1995, 1145; K n ü t e l , Auslegung des „eindeutigen" Wortlauts eines gebräuchlichen Prozeßvergleichs, MDR 1995, 437; M a r b u r g e r, Vereinbarungen über den Ersatz ökologischer Schäden nach § 16 UmweltHG, in: Festschr für Steffen, 1995, S 319; S e e r, Verträge, Vergleiche und sonstige Verständigungen im deutschen Steuerrecht, StuW 1995, 213; T e l l e r, Rangrücktrittsvereinbarungen zur Vermeidung der Überschuldung bei der GmbH, 1995; W e h r m a n n , Die Position des Dritten im Prozessvergleich in materiellrechtlicher und prozessualer Hinsicht, 1995; C a h n , Vergleichsverbote im Gesellschaftsrecht, 1996; E c k h a r d t , Die „Vergleichsfalle" als Problem der Auslegung adressatenloser Annahmeerklärungen nach § 151 S 1 BGB, BB 1996, 1945; F r i n g s , Annahme des Erlaßangebotes durch Scheckeinlösung?, BB 1996, 809; P e t e r m a n n , Die Schiedsfähigkeit von Beschlüssen im Recht der GmbH, BB 1996, 277 ff; S c h a r p e n a c k , Der Widerrufsvergleich im Zivilprozeß, 1996; S e e r, Verständigungen im Steuerverfahren, 1996; K V e e s e r, Der vollstreckbare Anwaltsvergleich, 1996; M ü n z b e r g , Die Auswirkung von Prozessvergleichen auf titulierte Ansprüche und die Vollstreckung, in: Festschr für Gaul, 1997, S 447 ff; W S c h i e s s l e r, Der Insolvenzplan, 1997; E i s e n l o h r, Der Prozessvergleich in der Praxis der Verwaltungsgerichtsbarkeit, 1998; W a g n e r, Prozessverträge. Privatautonomie im Verfahrensrecht, 1998; E i d e n m ü l l e r Unternehmenssanierung zwischen Markt und Gesetz, 1999; F i s c h e r, Tendenzen der Rechtsprechung des BGH zum Anwalthaftungsrecht, NJW 1999, 293 ff; L a n d a u / E s c h e l b a c h Absprachen zur strafrechtlichen Hauptverhandlung, NJW 1999, 321 ff; L a n g e , Die Erlass- bzw Vergleichsfalle, WM 1999, 1301 ff; L ö r c h e r, Mediation: Rechtskraft über Schiedsspruch mit vereinbartem Wortlaut?, DB 1999, 789 ff; M ü n z b e r g , Einwendungen gegenüber vollstreckbaren Anwaltsvergleichen, NJW 1999, 1357 ff; S a e g e r, Die Vollstreckung aus Schiedsvergleich und Schiedsspruch mit vereinbartem Wortlaut, MDR 1999, 662 ff; S c h n e i d e r, Das Fristende beim Widerrufsvergleich, MDR 1999, 595 ff; d e r s , Tendenzen und Kontroversen in der Rechtsprechung, MDR 1999, 191 ff; S e e r, Das Rechtsinstitut der sog Tatsächlichen Verständigung im Steuerrecht, BB 1999, 78 ff; D e u b n e r, Aktuelles Zivilprozessrecht, JuS 2000, 579 ff; E n g e l s , Das Hauptproblem bei der Abrechnung von Vergleichsgebühren, MDR 2000, 1287 ff; G e i m e r, Freizügigkeit vollstreckbarer Urkunden im Europäischen Wirtschaftsraum, IPrax 2000, 366 ff; J a c o b y, Der Musterprozessvertrag. Die gewillkürte Bindung an gerichtliche Entscheidungen, 2000; L i n d a c h e r, Der Prozessvergleich, in: 50 Jahre Bundesgerichtshof, Festgabe aus der Wissenschaft, Bd III, 2000, S 253 ff; M e u r e r, Dogmatik und Pragmatismus – Marksteine der Rechtsprechung des BGH in Strafsachen, NJW 2000, 2944 ff; S c h ö p f l i n , Die Bestandskraft des Prozessvergleichs bei nachträglichem Tatsachenvortrag und Beweisantritt, JR 2000, 397 ff; B e r g e r, Das neue Schiedsverfahrensrecht in der Praxis – Analyse und aktuelle Entwicklungen, RIW 2001, 7 ff; E d e n f e l d , Anwaltshaftung – Beratungspflichten beim Vergleich, MDR 2001, 972 ff; F o e r s t e , Die Güteverhandlung im künftigen Zivilprozess, NJW 2001, 3103 ff; G r z i w o t z , Mediationsvergleich – „Nachgeformter" Schiedsvergleich?, MDR 2001, 305 ff; H a r t m a n n , Zivilprozess 2001/2002: Hunderte wichtige Änderungen – Ein Überblick für Praktiker, NJW 2001, 2577 ff; M a n k o w s k i , Der Schiedsspruch im vereinbarten Wortlaut, ZZP 114 (2001), 37 ff; O f f e r h a u s , Die tatsächliche Verständigung – Voraussetzungen und Wirkung, DStR 2001, 2093 ff; S c h e l l h a m m e r, Zivilprozessreform und erste Instanz, MDR 2001, 1081 ff; S c h ü t z e , Der Schiedsspruch mit vereinbartem Wortlaut, in: Festschr für Werner Lorenz, 2001, S 277 ff; T r i t t m a n n / M e r z , Die Durchsetzbarkeit des Anwaltsvergleichs gemäß §§ 796 a ff ZPO im Rahmen des EUGVÜ/LugÜ, IPrax 2001, 178 ff; B u d e n b a c h / J o h l e n , Der Prozessvergleich im verwaltungsrechtlichen Verfahren, JuS 2002, 371 ff; H e n z e , Aspekte und Entwicklungstendenzen der aktienrechtlichen Anfechtungsklage in der Rechtsprechung des BGZ, ZIP 2002, 97 ff; P i l t z , Vom EuGVÜ zur Brüssel-I-Verordnung, NJW 2002, 789 ff; A b r a m e n k o , Kein Rechtsmittel gegen richterliche Feststellung eines Vergleichs gem § 278 VI ZPO? – Ein übersehenes Problem der Zivilprozessreform, NJW 2003, 1356 ff; B a u e r / K r e t s , Gesellschaftsrechtliche Sonderregeln bei der Beendigung von Vorstands- und Geschäftsführungsverträgen, DB 2003, 811 ff; F r i e d r i c h Verjährungshemmung durch Güteverfahren, NJW 2003, 1781 ff; G e h r l e i n , Erste Erfahrung mit der reformierten ZPO – Erstinstanzliches Verfahren und Berufung, MDR 2003, 421 ff; R e i c h e r t, Beschlussmängelstreitigkeiten und Schiedsgerichtsbarkeit – Gestaltungs- und Reaktionsmöglichkeiten, in: Festschr für Ulmer, 2003, S 511 ff; S i e m o n , ZPO-Reform – Erörterungsgebühr beim „Beschlussvergleich" nach § 278 VI ZPO, MDR 2003, 61 ff; A c h a t z Verständigungen im Steuerrecht, DStJG 27 (2004), 616 ff; B i l d a , Beendigung des Schiedsverfahrens durch Vergleich: Probleme des Schiedsspruchs mit vereinbartem Wortlaut, DB 2004, 171 ff; D e c k e n b r o c k / J o r d a n s , Auswirkung der obligatorischen Streitschlichtung nach § 15 a EGZPO auf den Zivilprozess, JA 2004, 913 ff; K a u f f m a n n , Obligatorische Güteverhandlung – Kritik eines Praxissegments, MDR 2004, 1035 ff; L a u e r, Erfahrungen mit der außergerichtlichen Streitbeilegung in Ausführung des § 15 a EGZPO, NJW 2004, 1280 ff; W e s c h e , Obligatorische Schlichtung für kleine Streitwerte – Eine kritische Zwischenbilanz aus der Praxis, MDR 2004, 1029 ff; E n d e r s , Außergerichtlicher Vergleich über mehrere gerichtliche Verfahren – mehrfacher Ansatz der Einigungsgebühr, JurBüro 2005, 295 ff; Masuch/Blüggel, Das Angebot auf Abschluss eines außergerichtlichen Vergleichs im Sozialgerichtsverfahren, SGb 2005, 613 ff; Mayer, Der vergessene § 106 VwGO, RVG-Letter 2005, 14 ff; Rellermeyer, Der Europäische Vollstreckungstitel für unbestrittene Forderungen, Rpfleger 2005, 389 ff; Rinsche/Fahrendorf/Terbille, Die Haftung des Rechtsanwalts, 2005[7]; Sauer/Meiendresch, Widerrufsvergleich und Erteilung einer Vollstreckungsklausel, NJW 2005, 2870 ff; Schneider, Gebührenabrechnung und Kostenerstattung bei Fortsetzung des Rechtsstreits nach Prozessvergleich, VersR 1993, 641 ff; Widmaier, Die Urteilsabsprache im Strafprozess – ein Zukunftsmodell, NJW 2005, 1985; Klinck, Die Vergleichsbefugnis des Prozeßstandschafters, WM 2006, 417 ff; Korte, Zur Ersetzungsbefugnis des § 1053 Abs 3 ZPO, EWiR 2006, 95 ff; Nugel, Der Abfindungsvergleich in der außergerichtlichen Schadensregulierung, ZfS 2006, 190; Rimmelspacher/Arnold, Fehlerhaft unterbliebenes Schlichtungsverfahren – unbeachtlich der Berufungsinstanz?, NJW 2006, 17 ff; Würdinger, Erklärungsadressat beim Widerruf des Prozessvergleichs, JZ 2006, 627 ff; Deckenbrock/Jordans, Novellierung des Ausführungsgesetzes zu § 15 a ZPO, MDR 2006, 421.

1 1. **Bedeutung der Vorschrift**. Wie sich aus den Motiven zum BGB[1] ergibt, enthält die Vorschrift des § 779 eine allgemeine Begriffsbestimmung des Vergleichs. Daneben besteht die dogmatische Bedeutung der Vorschrift in der gesetzlichen Regelung eines Sonderfalles des Fehlens der Geschäftsgrundlage, die zur Unwirksamkeit und nicht zur Anpassung des Vertrages führt[2]. Nach der gesetzlichen Begriffsbestimmung ist der Vergleich ein Vertrag, durch den die Parteien einen Streit oder eine Unsicherheit über ein Rechtsverhältnis im Wege gegenseitigen Nachgebens beseitigen. Nach Absatz 2 kann sich der Regelungsgegenstand eines Vergleichs als Unterfall des Merkmals der Ungewissheit des Rechtsverhältnisses auch auf einen Anspruch beziehen, dessen Verwirklichung etwa wegen schlechter Vermögensverhältnisse des Schuldners oder wegen Schwierigkeiten der Beweislast unsicher ist.

2 2. **Wesen des Vergleichs**. Das Gesetz sieht in ihm, wie sich aus der Einordnung der Bestimmung in den Abschnitt 8 des Schuldrechts ergibt, den Typus eines **schuldrechtlichen Vertrages**. Sein wesentlicher Inhalt ist das gegenseitige Nachgeben der Vertragsschließenden, das als Leistung und Gegenleistung erscheint; der Vergleich ist keine Schenkung[3]. Früher wurde der Vergleich als **gegenseitiger Verpflichtungsvertrag** angesehen[4]. Demgegenüber wird zunehmend die Auffassung vertreten, dass das Merkmal des gegenseitigen Nachgebens nicht Inhalt einander im Gegenseitigkeitsverhältnis gegenüberstehender Leistungspflichten sei, sondern Tatbestandsmerkmal des Vergleichs[5]. Je nach Gegenstand kann der Vergleich ein reines Verfügungs- oder Verpflichtungsgeschäft oder aus beiden Elementen zusammengesetzt sein.

3 Hiernach ist der Vergleich seiner Rechtsnatur nach ein **unmittelbar verfügender Vertrag**, wenn er keine neuen Verpflichtungen synallagmatischer Art begründet, sondern lediglich Regelungen wie zB Anerkenntnisse, Verzichte auf Rechte oder Abänderungen von Rechten und Pflichten enthält, welche auf die unmittelbare Umgestaltung der bisherigen rechtlichen Beziehungen abzielen. Folge ist, dass die Unwirksamkeit eines Vergleichs auch die in ihm enthaltenen Verfügungen ergreift und eine Kondizierung der Verfügungsgeschäfte nach § 812 entfällt. Die ursprüngliche Rechtslage wird automatisch wieder hergestellt[6]. Dem ist insoweit zuzustimmen, als der Vergleich unmittelbar die rechtsändernde Wirkung herbeiführt. Haben dagegen nach der Einzelregelung des Vergleichs die Parteien zusätzlich gegenseitige Leistungspflichten begründet – dies ist in der Regel anzunehmen[7] –, sich etwa zu Eigentumsübertragungen, Forderungsabtretungen und Sicherheitenbestellung als Gegenleistung für eine versprochene Stundung verpflichtet, ist der schuldrechtliche Charakter des Vergleichsvertrages zu bejahen; im Falle der Un-

1 Motive II, S 650 ff.
2 BGH NJW 2000, 2497, 2498; BGH NJW-RR 1994, 434, 435; VGH Mannheim NVwZ 2000, 1310, 1311.
3 RG WarnRspr 1917 Nr 7.
4 RGZ 93, 290; BGH WM 1955, 809; RGRK[18]/Steffen § 779 Rz 20 mweitNachw; nicht jedoch schlechthin vgl BAG AP Nr 20 zu ZPO § 794.
5 So insbes Larenz, SchuldR[12] I § 7 IV; Esser/Weyers, SchuldR II[5] § 42 II; MünchKomm[4]/Habersack Rz 55; Pal[66]/Sprau Rz 1 a; offen gelassen BGHZ 116, 319, 330.
6 Larenz, SchuldR I[12] § 7 IV; Gerhardt, Grundfragen des Vertrags- u Schuldrechts S 764; Staud/Marburger (2002) Rz 48.
7 BGH WM 1974, 369.

wirksamkeit des Vergleichsvertrages bleiben die Verfügungen wirksam[8] und sind nach § 812 zu kondizieren. Auf diesen Vergleichsvertrag sind die §§ 320 ff anwendbar[9].

Darüber hinaus ist der Vergleich seiner Funktion nach **Feststellungsvertrag**, weil in aller Regel unter Fortgeltung des bisherigen Schuldverhältnisses nur strittige oder ungewisse Einzelheiten von den Vertragsparteien neu geordnet und bindend festgestellt werden[10], nicht aber das bisherige Rechtsverhältnis durch ein anderes ersetzt wird[11]. 4

3. **Besondere Arten des Vergleichs**. Sonderformen des bürgerrechtlichen Vergleichs sind der **Zwangsvergleich** im Insolvenzverfahren[12] und der Vergleich im gerichtlichen **Vergleichsverfahren**[13]. Ihrem Inhalt nach unterfallen sie dem Tatbestand des bürgerlichen Rechts, das Zustandekommen vollzieht sich aber allein nach verfahrensrechtlichen Grundsätzen. In den genannten Bestimmungen werden diese Vergleichsarten **abschließend geregelt**, so dass die Anwendung des § 779 ausgeschlossen ist[14]. § 779 ist daher auf einen gerichtlich bestätigten Zwangsvergleich nicht anwendbar[15]; dieser ist nur wegen arglistiger Täuschung anfechtbar[16]. 5

Der **außergerichtliche Vergleich** in Form des Stundungs-, Erlass- oder Liquidationsvergleichs[17] ist ein Vergleich im Sinne des § 779, der im Wesentlichen auf eine Umgestaltung der rechtlichen Beziehungen in Form einer Stundung oder Herabsetzung der Forderungen abzielt[18]. Die mit den Gläubigern geschlossenen Verträge stehen in unlösbarem Zusammenhang, so dass im Zweifel davon auszugehen ist, dass die beteiligten Gläubiger ihr Einverständnis unter der aufschiebenden Bedingung abgeben, dass auch die anderen Gläubiger dem Vergleich beitreten[19]. Die einseitige heimliche Gläubigerbegünstigung führt zur Nichtigkeit des Vergleichs[20]. Weitere Sonderformen sind der **Prozessvergleich**[21], der **Schiedsspruch**[22] mit vereinbartem Wortlaut, der gerichtliche Gütevergleich[23] sowie der **Anwaltsvergleich**[24]. Eine besondere Form des Vergleichs ist auch der **Abfindungsvergleich**, dessen Zweck es ist, alle Ansprüche aus einem Verpflichtungsgrund vorbehaltlos und endgültig durch Zahlung einer Abfindung zu erledigen[25]. 6

Nach In-Kraft-Treten der InsO hat das Kernstück des neuen Insolvenzrechts – der **Insolvenzplan**[26] – den Vergleich und Zwangsvergleich abgelöst. In einem Insolvenzplan können die Beteiligten die Befriedigung der Gläubiger, die Verwertung und Verteilung der Insolvenzmasse als auch die Haftung des Schuldners abweichend von den Vorschriften der InsO regeln. Gegenstand des Insolvenzplans kann die Liquidation, die Sanierung oder die übertragende Sanierung des Unternehmens sein. Befriedigung erlangen die Gläubiger aus den Verkaufserlösen oder aus Überschüssen des laufenden Betriebes. 7

4. **Die gesetzlichen Voraussetzungen des Vergleichs im Einzelnen**. – a) **Ein der Verfügung der Parteien unterliegendes Rechtsverhältnis**. Gegenstand des Vergleichs ist ein Rechtsverhältnis zwischen den Parteien. Der Begriff ist weit zu fassen[27] und ergreift Rechts- 8

8 Larenz SchuldR[12] I § 7 IV mweitNachw; Pal[64]/Sprau Rz 1 a; Erman/Terlau Rz 21; HK[4]/Staudinger Rz 9.
9 BGHZ 16, 392; BGH LM Nr 12 zu ZPO § 263; offen gelassen BGHZ 116, 319, 330; BGH WM 1974, 369, 370; BGH NJW 1992, 967, 970.
10 RGZ 164, 212, 217; BGH WM 1964, 817; Häsemeyer ZZP 108 (1995), 289, 290; Bork, Der Vergleich S 156; Larenz, SchuldR I[12] § 7 IV.
11 Hierzu s unten Rz 33.
12 KO § 173; GesO § 16 f.
13 VerglO §§ 82 ff.
14 Mentzel/Kuhn/Uhlenbruck KO[11] § 173 Bem 4 a mweitNachw.
15 BVerwG ZIP 1995, 1527, 1528.
16 KO § 196, VerglO § 89.
17 Dazu umfassend: Kohler-Gehrig, Außergerichtlicher Vergleich zur Schuldenbereinigung und Sanierung, 1987.
18 RGZ 158, 210, 213; BGHZ 116, 319; KG ZIP 1980, 963, 964 mweitNachw; zum Treuhandliquidationsvergleich BGH WM 1966, 445; zur Unwirksamkeit solcher Vergleiche BGH JZ 1966, 409.
19 BGH LM Nr 15 zu § 779; Mühl NJW 1956, 401.
20 KG ZIP 1980, 964.
21 ZPO § 794 Abs 1 Nr 1; dazu unten Rz 51 ff.
22 ZPO § 1053; s unten Rz 74.
23 ZPO § 278 Abs 6; s unten Rz 76.
24 ZPO § 796 a–c; s unten Rz 71.
25 S unten Rz 30.
26 InsO §§ 217 ff; eingehend hierzu Schiessler, Der Insolvenzplan, 1997; Eidenmüller, Unternehmenssanierung S 51 ff.
27 BGH NJW 1972, 157; 1980, 889, 890.

verhältnisse jeder Art. Es braucht nicht zu bestehen; es genügt schon, dass eine Partei es behauptet oder bestreitet[28]. Andererseits reicht aber die theoretische Möglichkeit, dass zwischen den Parteien ein Rechtsverhältnis erst künftig entstehen wird nicht aus. Es besteht kein Rechtsverhältnis, wenn eine Straßenbaubehörde beabsichtigt bezüglich eines Grundstücks das Enteignungsverfahren einzuleiten, falls der Eigentümer nicht freiwillig verkauft. Veräußert der Eigentümer, so kann der Grundstücksvertrag nur dann ein Vergleich sein, wenn er nach Einleitung des Planfeststellungsverfahrens[29] erfolgt. Erst durch Feststellung des Plans konkretisiert sich das Enteignungsrecht auf bestimmte Grundstücke und es entsteht ein Rechtsverhältnis zwischen den Parteien im Sinne des § 779, das durch Vergleich (Grundstücksverkauf) geregelt werden kann[30]. Ebenso ist der Verkauf eines in einem förmlich festgelegten Sanierungsgebiet liegenden Grundstücks an einen Sanierungsträger vor Aufstellung oder mindestens Auslegung des Entwurfs eines Bebauungsplans grundsätzlich kein Vergleich, weil sich bis dahin die Beziehungen der Vertragspartner zueinander in der Regel noch nicht zu einem Rechtsverhältnis verdichtet haben[31]. Die Parteien können sich, soweit nicht **zwingendes Recht**[32] entgegensteht, über Rechtsverhältnisse aller Art vergleichen: schuldrechtliche, sachenrechtliche, familienrechtliche, erbrechtliche, gesellschaftsrechtliche, arbeitsrechtliche, öffentlich-rechtliche, aber auch über Gestaltungsrechte[33], Anwartschaften und künftige bedingte oder betagte Ansprüche[34].

9 Nach dem RG[35] kann auch eine bloße „moralische Forderung" Gegenstand des Vergleichs sein. Es braucht sich auch nicht um ein Rechtsverhältnis des materiellen Rechts zu handeln. Der Begriff umfasst das **Prozessrechtsverhältnis** in allen seinen Gestaltungen. Vereinbarungen über die Rücknahme einer Klage[36], über Zuständigkeiten[37], Rechtsmittelverzichte[38] sind daher zulässig; ebenso ein Vergleich über die Rücknahme eines Strafantrages, aus dem auf Erfüllung geklagt werden kann[39]. Da die Parteien durch den Vergleich über das Rechtsverhältnis verfügen, reicht die Vergleichsmöglichkeit aber nur so weit, wie das Recht den Parteien eine Verfügung über das Rechtsverhältnis erlaubt. Zwingende Vorschriften[40] schließen eine vergleichsweise Regelung aus. In den einzelnen Rechtsgebieten ist Folgendes zu beachten:

10 aa) Im **Arbeitsrecht** ist es im Rahmen der vergleichsweisen Auflösung eines Arbeitsverhältnisses nicht zulässig, dass der Arbeitnehmer auf den gesetzlichen bzw tariflichen Mindesturlaub (BUrlG § 13 Abs 1 Satz 3) ohne Abgeltung verzichtet[41]. Möglich ist dagegen ein Verzicht, wenn der Urlaubsanspruch durch Freistellung verwirklicht[42] oder der Verzicht durch eine finanzielle Gegenleistung abgegolten wird[43]. Unabdingbar ist auch der Anspruch auf Lohnfortzahlung im Krankheitsfall (EFZG § 12). Zulässig ist dagegen ein nachträglicher Verzicht auf bereits entstandene Ansprüche[44] oder über die tatsächlichen Voraussetzungen eines Versorgungsanspruches[45]. Schließlich besteht keine Dispositionsbefugnis über die Eintragungen in Steuer- und Versicherungskarten bzw der Verpflichtung hierzu[46]. Ein in die Vergleichsregelung einbezogener Verzicht auf tarifliche Ansprüche des ArbN vor oder nach Beendigung des Arbeitsverhältnisses ist

28 BGH NJW-RR 1992, 363.
29 BundesfernStrG §§ 17–19; BGH NJW 1972, 2264, 2265.
30 BGHZ 59, 69 = NJW 1972, 1318 = LM Nr 37 zu § 779 (mAnm Rietschel); aM Schmidt NJW 1970, 229; ferner Reinhardt NJW 1970, 697; Lingenberg BauR 1973, 89 ff.
31 BGH NJW 1980, 889 = LM Nr 44 zu § 779; zum Rechtsverhältnis bei offen gelegtem Plan Köln Jur Büro 1976, 190; BGHZ 59, 69.
32 MHG § 10; HOAI § 4 Abs 4; Tz BfG § 22 Abs 1; Betr AVG § 17 Abs 3 Satz 3.
33 BGHZ 26, 236.
34 BGH NJW 1972, 157; 1972, 2264, 2265.
35 JW 1928, 3036 (mAnm Raabe); Bork, Der Vergleich S 210.
36 BGH NJW 1964, 549; BAG NJW 1979, 2267.
37 Karlsruhe OLG 6, 9.
38 BGHZ 28, 45, 49.
39 BGH NJW 1974, 900; Frankfurt/M 1975, 584, 585.
40 VGH Kassel NJW-RR 1995, 1299.
41 BAG AP Nr 2 zu BUrlG § 7 = BB 1967, 1247; LAG Hamm BB 1998, 1953.
42 Zum Wegfall der Anrechnung von Urlaubsansprüchen auf die Zeit der Freistellung bei Widerruf s LAG Bremen MDR 1997, 753.
43 BAG AP Nr 4 zu BUrlG § 1; zum Begriff des Abrechnens s LAG Köln NZA 1995, 739; zur Fälligkeit des Abfindungsanspruches s LAG Hamm NZA 1991, 940.
44 BAG NJW 1981, 1285, 1286.
45 BAG NZA 1986, 95; BAG ZIP 1996, 1995, 1996.
46 LAG Hamm MDR 1972, 900.

ebenfalls nicht möglich, es sei denn, dass die Tarifparteien den ausgesprochenen Verzicht genehmigen[47]. Schließen die tarifgebundenen Parteien über einen tariflichen Anspruch einen Prozessvergleich, so kommt es für dessen Wirksamkeit auf den Umfang der Vollmacht des Verbandsvertreters an. Der Vergleich ist wirksam, wenn dieser zugleich bevollmächtigt ist, für die Tarifvertragspartei die Zustimmung zu Vergleichen zu erteilen[48]. Gemäß BetrVG § 77 Abs 4 Nr 2 kann auf einzelvertragliche Ansprüche, die auf einer Betriebsvereinbarung beruhen, nur mit Zustimmung des Betriebsrats verzichtet werden. Zulässig ist dagegen ein Vergleich über die Beendigung des Arbeitsverhältnisses, weil diese keinen Beschränkungen unterliegt, selbst wenn die tariflichen Kündigungsfristen nicht eingehalten werden[49]. Ebenso ist ein Vergleich über die tatsächlichen Voraussetzungen (sog **Tatsachenvergleich**) tariflicher Ansprüche beispielsweise über die Anzahl der Überstunden möglich[50]. Gemäß ArbGG § 83 a Abs 1 können die Parteien in Angelegenheiten des Beschlussverfahrens Vergleiche schließen, soweit sie über den Gegenstand dispositionsbefugt sind[51].

bb) **Erbrecht und Familienrecht**. **Erbrechtliche** Verhältnisse können Gegenstand eines Vergleichs sein, nicht aber das Erbrecht selbst, weil es nur durch Gesetz oder letztwillige Verfügung begründet werden kann[52]. Besteht ein Streit zwischen den Erben über die Auslegung des Testaments, dann sind vergleichsweise Regelungen unter Beachtung der erbrechtlichen Formvorschriften zulässig[53]. Gemäß § 311 b sind Vergleiche über den Nachlass eines noch lebenden Dritten unzulässig. Die unentgeltliche Verfügung eines Testamentvollstreckers innerhalb eines Vergleichs ist nicht zulässig[54]. Der Inhalt eines Erbscheins kann nicht durch Vergleich geregelt[55], die Erbunwürdigkeit nicht durch Vergleich erklärt werden[56]. Eine Erbauseinandersetzung (§ 2042) ist nicht notwendig ein Vergleich. Sie ist es aber regelmäßig, wenn die Auseinandersetzung nicht durch Teilung der Nachlassmasse in Natur oder durch Verkauf und Teilung des Erlöses, sondern durch Übernahme der Masse seitens des einen der Erben oder durch Geldabfindung der übrigen bewirkt wird[57]. 11

Im **Familienrecht** sind zwischen den Ehegatten während bestehender Ehe sowie bei und nach der Scheidung Vereinbarungen und Vergleiche der verschiedensten Art möglich. Enge Grenzen bestehen bei der personenrechtlichen Seite. Die Parteien können sich nicht darüber vergleichen, dass eine gültige Ehe zwischen ihnen besteht[58]. Dasselbe gilt für die eheliche oder nicht eheliche Abstammung[59]. Im Bereich des Ehenamensrechts stehen dagegen sämtliche Wahlmöglichkeiten zur vertraglichen Disposition der Ehegatten[60]. Durch einen Vergleich können die Parteien nicht eine Scheidung ausschließen[61] oder ein Scheidungsurteil hinfällig machen[62]; sie können sich aber wirksam verpflichten, auf Rechtsmittel gegen ein demnächst ergehendes Scheidungsurteil zu verzichten[63]. Ein vor dem Familiengericht geschlossener Vergleich über das Umgangsrecht beendet das Verfahren nur mit ausdrücklicher Billigung des Gerichts (Kindeswohl § 1634 BGB aF)[64]. Eine Vereinbarung, in der die Mutter den Vater von Zahlungen des Kindesunterhalts bis zur Volljährigkeit gegen die Errichtung eines Kontos zugunsten des Kindes freistellt, ist zulässig[65]. Ein Vergleich über das elterliche Sorgerecht ist mangels Dispositionsbefugnis der Parteien unzulässig, jedoch können die Parteien sich über das Antragsrecht aus §§ 1671 Abs 3, 1672 vergleichen[66]. 12

47 TVG § 4 Abs 4 Satz 1.
48 So Schaub, Handb ArbR[8] § 204 VIII.
49 BAG NJW 1984, 76.
50 BAG ZIP 1996, 1995, 1996.
51 Hierzu eingeh Lepke DB 1977, 629.
52 BayOLGZ 1966, 233, 236; KG FamRZ 2004, 836.
53 RGZ 72, 209, 210; BGH NJW 1986, 1812, 1813.
54 BGH NJW 1991, 842, 843.
55 Stuttgart MDR 1984, 403; BayObLG NJW-RR 1991, 587.
56 LAG Aachen NJW-RR 1988, 263.
57 RG HRR 1929 Nr 2078; Staud/Werner § 2042 Rz 24.
58 BGHZ 15, 190, 193.
59 RGZ 164, 62, 63, durch Vaterschaftsanerkennung §§ 1600 a ff faktisch disponibel.
60 Wahlmöglichkeiten des § 1355.
61 BGHZ 97, 304, 307; BGH NJW 1990, 703.
62 RGZ 157, 141.
63 BGHZ 24, 45.
64 BGH NJW-RR 1989, 195, 196.
65 Frankfurt/M FamRZ 1994, 1131.
66 München FamRZ 1991, 850, 851.

13 In vermögensrechtlichen Familiensachen sind **scheidungserleichternde Vereinbarungen** im weiten Umfange nicht nur während, sondern auch vor der Ehescheidung zulässig, so etwa Vereinbarungen über den Versorgungsausgleich[67], Vereinbarungen über den Zugewinnausgleich vor Scheidungsantrag[68] und Vereinbarungen über die Unterhaltspflicht im Falle des Getrenntlebens oder nach der Scheidung[69]. Für den Ehegattenunterhalt bei bestehender Ehe und den Verwandtenunterhalt stellen §§ 1614; 1360 a Abs 3; 1361 Abs 4 eine Schranke dar, nach der Unterhaltsverzichte für die Zukunft verboten sind. Zur Sittenwidrigkeit von Unterhaltsverzichten, wenn der Unterhaltsberechtigte dadurch zwangsläufig der Sozialhilfe (BSHG § 90) anheimfällt[70].

14 cc) **Gesellschafts- und Handelsrecht**. Über die Gültigkeit eines Beschlusses der Hauptversammlung einer AG (AktG § 246) können die Parteien eines Anfechtungsstreits sich nicht vergleichen, soweit es um die Aufhebung oder Änderung geht[71] (AktG §§ 302 Abs 3, 310 Abs 4, 318 Abs 4). Ferner sind im Aktienrecht gem AktG §§ 50, 53, 93 Abs 4[72], 309 Abs 3 Vergleiche über die dort geregelten Ersatzansprüche der AG gegen die Organe der Aktiengesellschaft eingeschränkt; dies gilt auch für Ersatzansprüche der GmbH gegen die anmeldenden Gesellschafter (GmbHG §§ 9 b Abs 1, 42 Abs 3 Satz 2, 64 Abs 2 Satz 3). Über die Einlageerbringung bei Kapitalgesellschaften sind ebenfalls Vergleiche nur in beschränktem Umfange möglich (AktG § 66, GmbHG § 19 Abs 2). Ein Vergleich über die Stammeinlage einer GmbH fällt nur dann nicht unter das Erlassverbot von GmbHG § 19 Abs 2, wenn er nicht der Umgehung des Verbots dient, sondern ernsthaften Streit oder Ungewissheit über die Höhe der Einlage beseitigt[73]. Dies ist vonnöten, um das Haftungskapital wegen der Beschränkung der Haftung auf das Gesellschaftsvermögen (GmbHG § 13 Abs 2) zu erhalten. Entsprechendes gilt auch für Aktionäre und Vormänner (AktG §§ 54, 55, 66). Kein Vergleich ist möglich über die Ersatzansprüche der Gläubiger AktG §§ 93 Abs 5, 117 Abs 5, 309 Abs 4, 310 Abs 4, 317 Abs 4, 318 Abs 4; s auch: GenG § 34 Abs 5, HGB § 130 a Abs 3 Satz 4. Zur Vergleichsbefugnis des Insolvenzverwalters hinsichtlich der Nachschusspflicht von Genossen vgl GenG § 112 a. Die Frage über das Vorliegen oder Nichtvorliegen der tatsächlichen Voraussetzungen für die Annahme eines eigenkapitalersetzenden Gesellschafterdarlehens (GmbHG §§ 32 a, 32 b) unterliegt der Dispostionsbefugnis der Beteiligten. Ein darüber geschlossener Vergleich ist wirksam[74]. Eine Rangrücktrittsvereinbarung zwischen der Gesellschaft und einem Drittgläubiger zur Beseitigung der Überschuldung kann im Einzelfall § 779 zuzuordnen sein[75].

15 dd) **Wettbewerbsrecht**. Grundsätzlich verstoßen wettbewerbsbeschränkende Vergleiche gegen das Kartellverbot, GWB § 1, und sind daher unwirksam[76]. Der Kartellsenat verneint einen Verstoß nur dann, wenn ein objektiv begründeter Anlass zur Annahme des gesetzlichen Unterlassungsanspruches besteht[77]. Zum Vergleich über den Schutzumfang eines Patentes s BGHZ 3, 193, 197 sowie des Urheberrechtes s BGHZ 16, 296.

67 § 1408 Abs 2; BGH JZ 1997, 411.
68 BGH DNotZ 1983, 491 (mAnm Brambring).
69 BGH NJW 2003, 1734; NJW-RR 1986, 1258; Hamburg FamRZ 1996, 292; Karlsruhe FamRZ 1981, 786.
70 BGH FamRZ 1983, 137; Zweibrücken FamRZ 1983, 930.
71 BGH LM Nr 1 zu AktG § 199; anders BGH NJW 1996, 1753. Keine Schiedsfähigkeit von Beschlussmängelstreitigkeiten, AktG §§ 241 ff; BGHZ 38, 155, 158; BGH NJW 1996, 1753, 1754; Hamm GmbHR 1992, 759, 760; dazu: Henze ZIP 2002, 97, 99 f; Reichert, Festschr für Ulmer, 2003, S 511, 528; Petermann BB 96, 277.
72 Zur Nichtigkeit entgegenstehender Vereinbarungen s Bauer/Kretz DB 2003, 811 ff; Mertens, Festschr für Fleck, 1988, S 209, 212.
73 RGZ 79, 271; Lutter/Hommelhoff GmbHG[15] § 19 Rz 11; Scholz/Uwe H Schneider GmbHG[9] § 19 Rz 50; aA Staud[12]/Marburger Rz 10; diff Cahn, Vergleichsverbote im Gesellschaftsrecht, 1996. Zur Schiedsfähigkeit des Streits über eine wirksame Stammkapitalaufbringung, ZPO § 1030, s BGH NJW 2004, 2898, 2899; Hamm GmbHR 1988, 308, 309; Baumbach/Hueck/Fastrich GmbHG[17] § 19 Rn 50.
74 BGHZ 113, 381, 383 = BB 1991, 1009; dazu auch LG Frankenthal ZIP 1991, 1534 ff.
75 In der Regel aber aufschiebend bzw auflösend bedingter Erlass oder pactum de non petendo, s dazu zur dogmatischen Einordnung umfassend Teller, Rücktrittsvereinbarungen zur Vermeidung der Überschuldung bei der GmbH S 91 ff.
76 BGHZ 65, 147, 150.
77 Krit Jauernig ZHR 141 (1977), 224 ff. BGHZ 66, 151: Dazu K Schmidt JuS 1978, 736; Bechtold GWB, 2006[4], § 1 Rn 28.

16 ee) **Verwaltungs-, Sozial- und Steuerrecht**. Für **Prozessvergleiche** bestimmen VwGO § 106, SGG § 101, dass die Beteiligten insoweit einen Vergleich schließen können, als sie in der Lage sind, über den Gegenstand der Klage zu verfügen[78]. Dies ist nicht nur der Fall, wenn die Beteiligten einander gleichgeordnet gegenüberstehen, die Rechtsbeziehungen also koordinationsrechtlicher Natur sind, sondern auch in subordinationsrechtlichen Beziehungen. Die durch das Neuregelungsgesetz 1990 geänderte Fassung von VwGO § 160 Satz 2 ermöglicht den Vergleichsabschluss auch im schriftlichen Verfahren[79].

17 In Anlehnung an die Regelung von VwGO § 106, gestatten auch die im **Verwaltungsverfahrensrecht** geltenden Vorschriften (VwVfG §§ 54, 55, SGB X § 54) einen Vergleichsabschluss. Diese Vorschriften geben den Beteiligten die Möglichkeit bei Fällen, in denen eine Regelung durch Verwaltungsakt erschwert ist, weil erhebliche tatsächliche oder rechtliche Ungewissheit besteht, eine einvernehmliche Lösung durch gegenseitiges Nachgeben herbeizuführen[80]. Nach diesen gesetzlich normierten Voraussetzungen ist die Zulässigkeit von Vergleichen im Beamtenrecht, Baurecht[81], aber auch Abgabenrecht zu beurteilen. Möglicher Inhalt der Vergleichsverträge ist also die Regelung von Rechten, Pflichten und Befugnissen nach öffentlichem Recht[82]. Der Vergleich kann aber auch auf bürgerlich-rechtliche Rechtsverhältnisse erstreckt werden, sofern sie im Zusammenhang mit dem Vergleichsgegenstand stehen[83]. Bei Vereinbarungen gegenseitiger Leistungen ist VwVfG § 56 zu beachten.

18 **Steuerrecht**. Es gilt das Verbot der Vereinbarung über den Inhalt des Steueranspruchs, denn Vereinbarungen über Steuerrechtsfragen sind mit dem Grundsatz der Gesetzmäßigkeit nicht vereinbar. Zulässig sind dagegen Vereinbarungen über die Sachbehandlung, dh Fälle erschwerter Sachverhaltsermittlung (sog tatsächliche Verständigung). Diese binden den Steuerpflichtigen und die beteiligte Finanzbehörde soweit sie zu keinem offensichtlich unzutreffenden Ergebnis führen und ein zur Entscheidung über die Steuerfestsetzung befugter Amtsträger beteiligt war[84]. Darüber hinaus wird auch eine Verständigung über Rechtsfragen als zulässig erachtet, wenn diese in einem untrennbaren Zusammenhang mit Tatsachen steht[85].

19 ff) **Umwelthaftungsrecht**. Problematisch ist die Zulässigkeit eines Vergleiches über den Ersatzanspruch im Umwelthaftungsrecht (UmweltHG § 16 Abs 1). Da die Wiederherstellung ökologischer Schäden an Natur und Landschaft regelmäßig mit hohen Kosten verbunden sind, liegt es nahe, dass gegen Zahlung einer Abstandssumme der Geschädigte auf die Restitution verzichtet. Die herrschende Meinung hält einen Vergleich für wirksam, da anderenfalls systemwidrig in die Entscheidungsfreiheit des Geschädigten eingegriffen würde. Zu Unrecht wird dem Aspekt des Gemeinwohles nicht ausreichend Rechnung getragen[86].

20 gg) **Strafverfahren**. Absprachen zwischen dem Gericht und den Verfahrensbeteiligten hinsichtlich des Ergebnisses der Hauptverhandlung sind in der in der Praxis üblich. Sie verstoßen grundsätzlich nicht gegen die Grundsätze des fairen, rechtsstaatlichen Strafverfahrens[87]. Die Mindestanforderungen an solche Absprachen etwa zur Zulässigkeit von Strafobergrenzen, der

78 BSG 4, 31, 34; 26, 110, 111; BVerwGE 14, 103, 105; 17, 87, 93; Kopp/Schenk VwGO[14] § 106 Rz 5.
79 Nicht möglich in Verfahren nach SGG § 101, da eine VwGO § 106 Satz 2 entsprechende Regelung fehlt.
80 BVerwGE 17, 87, 93; 49, 359, 364.
81 BGH NJW 2003, 757, 758: In einem baulandlichen Verfahren steht es den Parteien frei, sich auf das enteignungsrechtliche Institut der Einigung nach BauGB § 110 Abs 2 berufen oder einen Vergleich nach ZPO zu schließen (s auch Ernst/Zinkhan/Bielenberg/Krautzberger BauGB[2004] § 231 Rz 10).
82 Kopp/Ramsauer VwVfG, 2005[9], § 55 Rz 10.
83 Lüneburg NJW 1979, 206.
84 BFH BB 2005, 84; DB 2004, 2082; Tipke/Kruse/Seer AO, 2006, Rz 10 vor § 118; BFH/NV 2006, 2139; Achatz, Verständigungen im Steuerrecht, DStJG 27 (2004), 161; Seer, Verständigungen im Steuerrecht, 1996.
85 BFH/NV 1998, 498, 499; Seer BB 1999, 78, 79f; Offerhaus DStR 2001, 2093, 2094.
86 Marburger Festschr für Steffen, 1995, S 319ff; Schmidt/Salzer, UmwelthaftungsR, 1992, UmweltHG § 16 Rz 24ff; Diederichsen/Wagner VersR 1993, 641, 650.
87 BVerfG NJW 1987, 2662, 2663.

Berücksichtigung von Geständnissen, der Vereinbarung über den Schuldspruch und Rechtsmittelverzicht wurden in BGH NJW 1998, 86 ff aufgestellt[88]. Der Grosse Senat für Strafsachen hält Absprachen im Rahmen dieser Anforderungen für zulässig, hat diese aber insoweit einer Konkretisierung zugeführt[89].

21 hh) **Rechtskräftig festgestelltes Rechtsverhältnis**. Auch über ein solches können die Parteien sich vergleichen, wenn die Auslegung des Urteils zweifelhaft oder seine Rechtsbeständigkeit infolge eingetretener Veränderungen unsicher geworden ist. Der Vergleich beseitigt aber nicht das Urteil, sondern gewährt nur eine Einrede nach ZPO § 767[90]. Wird der Vergleich wieder aufgehoben, so entfaltet das Urteil wieder seine Wirksamkeit[91]. Ein Vergleich über einen rechtskräftig zuerkannten Betrag ist auch dann möglich, wenn die Durchsetzung des Urteiles unsicher ist oder über seinen Inhalt Streit oder Ungewissheit besteht.

22 ii) **Möglicherweise nichtige Rechtsverhältnisse und unklagbare Ansprüche**. Ist streitig oder ungewiss, ob ein Vertrag sittenwidrig und deshalb (§ 138) nichtig ist, so können sich die Parteien darüber grundsätzlich rechtswirksam vergleichen[92]. Gleiches gilt, wenn der Vergleich die Rechtsfolgen eines nichtigen Ausgangsgeschäftes regelt[93]. Voraussetzung ist jedoch, dass ein ernstlicher Streit oder eine ernstliche Ungewissheit vorlag und der Vergleich gerade deren Beseitigung bezweckte[94]. Soll § 138 umgangen werden, so ist der Vergleich nichtig. Für einen Vergleich über unklagbare Ansprüche gelten die gleichen Grundsätze[95].

23 b) **Streit oder Ungewissheit**. **Streit** besteht, wenn sich die Parteien über das Bestehen, den Inhalt oder die Auswirkung eines Rechtsverhältnisses oder einer Sachlage nicht einig sind und dies dadurch zutage getreten ist, dass eine Partei einen der Rechtsansicht der anderen Partei entgegengesetzten Rechtsstandpunkt vertritt. **Ungewissheit** besteht, wenn auch nur eine Partei sich über die erwähnten Punkte nicht im Klaren ist[96]. Die Ungewissheit kann auf tatsächlichem und rechtlichem Gebiet liegen. Sie kann sich bloß auf einzelne Modalitäten eines Rechtsverhältnisses beziehen[97]. Es genügt auch die Ungewissheit über die zukünftige Rechtsentwicklung[98]. Sie entfällt nicht schon deshalb, weil an das Vorhandensein eines klagbaren Anspruchs der Gegenparteien nicht geglaubt wird. Streit und Ungewissheit müssen im Zeitpunkt des Vergleichsabschlusses vorliegen[99]. Die Ursache der Fehlvorstellung kann identisch oder verschieden sein[100].

24 **Unsicherheit in der Rechtsverwirklichung** (Absatz 2) ist im weitesten Sinne zu verstehen. Sie ist insbesondere vorhanden, wenn die Leistungsfähigkeit des Schuldners oder die Durchführung einer erfolgreichen Zwangsvollstreckung zweifelhaft sind[101].

25 c) **Gegenseitiges Nachgeben**. Dieser Begriff ist nicht technisch-juristisch, sondern nach dem Sprachgebrauch des täglichen Lebens weit auszulegen. Ein Nachgeben setzt danach voraus, dass sich die Parteien, um zur Einigung zu gelangen, gegenseitig Zugeständnisse machen. Die Rechtsprechung stellt allerdings an die Voraussetzung des gegenseitigen Nachgebens keine hohen Anforderungen[102]. Es genügt schon ein geringes Nachlassen von einer in Anspruch genommenen

88 S auch BGH wistra 2004, 208; NJW 2004, 1885; NJW 2005, 519; wistra 2005, 268; zur Abgrenzung von Absprache und selbstbindender Erklärung des Gerichts.
89 BGH NJW 2005, 1440 ff; weitere Nachweise bei Meyer-Goßner StPO, 2006[49], Einl Rz 119 ff.
90 Hamm NJW 1988, 1988.
91 RG JW 1900, 752, Esser, Festschr für H Lehmann II, 1956, S 728.
92 RG Recht 1923 Nr 1346; RG Recht 1927 Nr 2394; JW 1935, 1009; BGH NJW 1963, 1197; BGH BB 1966, 1323; BVerwG 1976, 686, 687; aM: Marquardt JW 1922, 1503.
93 BGH WM 1989, 1478, 1479; Brandenburg DtZ 1996, 323, 326 f.
94 BGHZ 65, 151, 152.
95 RGZ 49, 192, 193; RG SeuffA 83 Nr 186; Trumpler ZHR 50 (1901), 475.
96 RG DR 1941, 1997 = SeuffA 95 Nr 52; BGH NJW-RR 1992, 363; BVerwG NJW 1979, 327, 330; Bork, Der Vergleich S 235.
97 RG Gruchot 47, 936; BGH NJW-RR 1992, 363.
98 BGH WM 1963, 289.
99 BGH NJW-RR 1994, 434, 435; LG Ravensburg DGVZ 1989, 173; aA Häsemeyer ZZP 108 (1993), 289, 293.
100 LG Tübingen NJW-RR 1997, 472.
101 BGHZ 116, 319, 330.
102 Vgl BGHZ 39, 60, 63; 88, 28; BGH NJW-RR 1992, 363, 364; BGH NJW 1963, 2316.

Rechtsposition[103]; unter Umständen kann auch der Verzicht auf einen vermeintlichen Anspruch ein Nachgeben darstellen[104]. Ist eine Forderung rechtskräftig zuerkannt, liegt ein Vergleich nur vor, wenn die Unsicherheit ihrer Verwirklichung im Wege des gegenseitigen Nachgebens beseitigt wird[105]. Für den Gläubiger kann es genügen, dass er sein prozessuales Ziel, eine rechtskraftfähige Entscheidung, aufgibt und sich mit einem Vergleich begnügt und für den Schuldner, dass er dem Gläubiger durch schriftliches Anerkenntnis Sicherheit bietet[106]. Das Nachgeben nur einer Partei genügt allerdings nicht[107].

Danach liegt **kein** Vergleich vor, wenn dem Schuldner allein ein Vorteil (zB eine Stundung) gewährt oder ein zunächst eingeklagter Teilbetrag im Prozess nicht weiterverfolgt wird[108] oder der Gläubiger sich mit einem geringeren als dem geforderten Betrag zufrieden gibt[109]. Die Gewährung einer Teilzahlung kann, muss aber keinen Vergleich darstellen. Im Rahmen der sog Erlassfalle wird dem Gläubiger ein den geschuldeten Betrag unterschreitender Scheck eingereicht, mit gleichzeitigem Vergleichsangebot durch Scheckeinlösung[110]. Für die Wirksamkeit ist darauf abzustellen, ob der Schuldner redlicherweise mit der Annahme durch den Gläubiger rechnen durfte. Dies ist zu verneinen, wenn zwischen der Gesamtforderung und dem Abfindungsangebot ein grobes Missverhältnis besteht[111]. So gibt der rechtskräftig verurteilte Schuldner nur nach, wenn er den Gläubiger hinsichtlich von Kosten, Zinsen usw besser stellt[112]. Ferner ist in der Abgabe oder Annahme einer vertragsstrafenbewehrten Unterlassungsverpflichtung im einstweiligen Verfügungsverfahren in wettbewerbsrechtlichen Sachen kein Vergleich zu sehen[113]. Im Einzelfall ist jeweils unter Berücksichtigung des Gesamtverhaltens der Erklärenden einschließlich aller Nebenumstände der Umfang der beiderseitigen Zugeständnisse zu ermitteln[114]. In der versicherungsrechtlichen Regulierungspraxis stellt eine einseitige vom Geschädigten hingenommene Schadensregulierung keinen Vergleich dar[115]. Auch die Einigung über die Höhe eines beiderseitigen Schadens bei streitig gebliebener Haftungsquote (Schadensfeststellungsvertrag) ist kein Vergleich[116]. Andererseits kann in Haftpflichtfällen ein Vergleich schon dann gegeben sein, wenn die Parteien ohne längere Auseinandersetzung sich alsbald im Interesse der schnellen und gütlichen Erledigung auf eine bestimmte Geldsumme einigen[117]. Ferner ist ein gerichtlicher Vergleich lediglich des Inhalts, dass der Kläger im Einvernehmen mit dem Beklagten seine Klage zurücknimmt, kein Vergleich und enthält auch keinen Verzicht auf den Klageanspruch[118]. 26

d) **Beseitigung des Streits**. Beseitigt ist der Streit oder die Ungewissheit, wenn durch den Vergleich das Rechtsverhältnis in der Weise neu geordnet ist, dass der Streit oder die Ungewissheit 27

103 BGH NJW-RR 2006, 644: Aufhebung eines Widerspruchsbescheids; BGH NJW-RR 2005, 1303: Prozessvergleich über unbestrittene Forderung; BSG NJW 1989, 2565: Verpflichtung zur erneuten Entscheidung, bei bestimmten Ausgang eines Parallelverfahrens; BAG ArbuR 2006, 175.
104 BGHZ 1, 57.
105 Stuttgart Jur Büro 1994, 739 (mAnm Hümmler).
106 Beispiele BGHZ 88, 28.
107 RGZ 116, 143; 146, 355, 358; BGH MDR 1998, 1092, 1093: „Deklaratorisches Anerkenntnis"; Zweibrücken MDR 1999, 383, 384: „Teilzahlungen des Schuldners"; HK[4]/Staudinger Rz 5; Jauernig[12]/Stadler Rz 8; zum „Anerkenntnis"-vergleichs LAG Rheinland-Pfalz NZA 2004, 260; LAG Nürnberg MDR 2002, 544.
108 Hamm JurBüro 1972, 691.
109 KG VersR 1970, 185.
110 BGH NJW 2001, 2324, 2325; Köln NJW-RR 2000, 1073; Dresden WM 1999, 949, 951; Lange WM 1999, 1301; Schneider MDR 99, 191, 195.
111 BGH NJW 2001, 2324, 2325.
112 Dazu LG Ravensburg DGVZ 1989, 173; BGHZ 39, 60, 63; BGH NJW-RR 1992, 364; OLG Frankfurt/M JurBüro 1971, 759; LG Frankfurt/M NJW 1976, 1411; Köln NJW 1976, 975: ein Nachgeben liegt nicht schon darin, dass ein Schuldner die Bereitschaft erklärt, die titulierte Forderung in Raten zu tilgen.
113 München NJW 1969, 1306, 1307; aA Hamburg JurBüro 1977, 808.
114 BGH NJW 1970, 1122.
115 BGH NJW 1970, 1122; zur Verletzung der Beratungspflicht des Rechtsanwaltes bei Abschluss eines Vergleichs Köln NJW-RR 1995, 1529.
116 Köln NJW 1974, 2056.
117 BGH III ZR 119/59 v 26. 9. 1960 (teilweise abgedr im VersR 1960, 1046); BGH NJW 1970, 1124; AG Neuss VersR 1991, 350.
118 BAG AP Nr 1 zu § 611 = JZ 1959, 23 (mzustAnm Rosenberg); anders aber bei Rechtsmittelrücknahme gegen Verzicht auf Kostenerstattung Hamm JurBüro 1980, 1666; München MDR 1993, 87 ff; AG Diez FamRZ 1995, 853.

nicht mehr besteht. Der Vergleich braucht nicht sämtliche Streitpunkte zu beseitigen; wird etwa zwischen einer Eigentümergemeinschaft und dem Insolvenzverwalter einer Bauträgergesellschaft ein Vergleich über die Zahlung von Schadensersatz zur Abgeltung von Mängeln an dem Gemeinschaftseigentum geschlossen, bleiben davon bereits bestehende Ansprüche des einzelnen Erwerbers unberührt[119].

28 5. **Inhalt des Vergleichs**. Grundsätzlich können nur die an dem streitigen Rechtsverhältnis Beteiligten sich darüber vergleichen, **Dritte** nur mit Zustimmung der Beteiligten. Die Beteiligten können aber im Vergleich Verpflichtungen zu Gunsten eines Dritten mit der Wirkung eingehen, dass der Dritte unmittelbar das Recht erwirbt, die Leistung zu fordern (§§ 328, 335)[120]. Ausgeschlossen ist eine Vergleichsabrede zu Lasten Dritter oder ein formularmäßiger Anspruchsverzicht gegenüber Dritten in AGB[121]. Zur Frage, ob in einem solchen Fall der Dritte aus einem Prozessvergleich vollstrecken kann, s unten Rz 51. Im Übrigen können Inhalt des Vergleichs Rechtsgeschäfte aller Art sein, soweit nicht gegen zwingende Vorschriften verstoßen wird.

29 6. **Auslegung des Vergleichs**. Besteht Unklarheit über Inhalt und Umfang der durch die Vergleichsregelung begründeten Rechte und Pflichten, ist durch Auslegung der Vertragserklärungen (§§ 133, 157) der Inhalt des Vergleichs zu ermitteln[122]. Bei urkundlichen Erklärungen können auch Umstände außerhalb der Urkunde herangezogen werden[123]. Ferner kann das Gesamtverhalten der Erklärenden zB widerspruchslose Erfüllung der im Vergleich berücksichtigten Ansprüche herangezogen werden[124], uU auch das Verhalten nach Vertragsschluss[125]. Vergleichen sich zwei zum Vorsteuerabzug berechtigte Parteien, ist im Vergleichsbetrag die Mehrwertsteuer im Zweifel enthalten[126]. Ein stillschweigender Rechtsmittelverzicht in Prozessvergleichen ist möglich[127]. Vom eindeutigen Wortlaut einer Vereinbarung kann im Wege der Auslegung aber nur dann abgewichen werden, wenn die Parteien übereinstimmend etwas anderes wollten[128]. Dies gilt insbesondere für die Frage, welche Ansprüche die in einem Vergleich enthaltene Erledigungsklausel erfasst. Waren die Ansprüche den Beteiligten zum Zeitpunkt des Vergleichsschlusses bekannt, unterfallen sie in der Regel der Erledigungs- und Verzichtsklausel[129]. Ansprüche, die den Beteiligten dagegen unbekannt waren oder die sie als erfüllt ansahen, werden im Zweifel nicht erfasst[130].

30 a) **Abfindungsvergleich**. Ähnliche Grundsätze gelten für den in der versicherungsrechtlichen Regulierungspraxis wichtigen Abfindungsvergleich[131]. Mit ihm sollen alle gegenwärtigen und künftigen, auch nicht vorhersehbaren Ansprüche aus einem Schadensereignis endgültig durch Zahlung einer Abfindung erledigt werden[132]. Im Allgemeinen schließen solche Abfindungsvergleiche Nachforderungen aus, lassen also für eine einschränkende Auslegung der in ihnen ent-

119 BGH ZIP 2006, 1825.
120 RGZ 127, 126, 128; Bamberger/Roth/Schwerdtfeger, 2003, Rz 25.
121 BGH NJW 1985, 970; BGHZ 98, 160, 166; Saarbrücken OLGR 2006, 620; Frankfurt/M VersR 2003, 204; AK/Giesler, 2005, Rz 7.
122 Zur Auslegung von Mietrechts- und Räumungsvergleichen LG Köln MDR 1990, 924; LG Nürnberg-Fürth NJW-RR 1993, 81; LG Kassel NJW-RR 1994, 466; zur mietrechtlichen Ausgleichsklausel Düsseldorf WuM 1997, 38. BGH NJW 2003, 1734: Unterhaltsvergleich getrenntlebender Ehegatten; BAG DB 2006, 1433: Ausgleichsklausel zu nachvertraglichem Wettbewerbsverbot; BAG MDR 2005, 456: Fortbestehen eines Arbeitsverhältnisses mit Vergütungsvereinbarung.
123 BGH WM 1965, 521.
124 BAG DB 1970, 1600; BGH MDR 1995, 890, s dazu auch Knütel MDR 1995, 437 ff.
125 Düsseldorf NJW-RR 1997, 211 für das kaufmännische Bestätigungsschreiben über den Vergleichsinhalt.
126 München NJW-RR 1994, 867.
127 BGH LM Nr 16 zu ZPO § 514.
128 BGH VersR 1983, 38; BGH LM Nr 41 zu § 779: für Leistungsverbesserungen nach BEG.
129 BGH NJW-RR 1995, 1201, 1202.
130 BAG DB 1970, 1600: zur Auslegung des Generalverzichts; BGH NJW 1994, 379, 380; BGH NJW-RR 1995, 1201; BGHZ 123, 76, 82; LG Hamburg WuM 1995, 168: zu weitergehenden Schadensersatzansprüchen bei späteren Wegfall des Eigenbedarfs; s dazu auch LG Köln MDR 1990, 924; Celle MDR 1995, 252: vorgetäuschter Eigenbedarf; dazu auch Joachim BB 1960, 988; Saarbrücken JurBüro 1978, 1089; Hamm NZV 1994, 435.
131 Nugel ZfS 2006, 190; Karlsruhe OLGR 2006, 47.
132 Dazu Klimke VersR 1975, 686; Jahnke VersR 1995, 1145 ff.

haltenen Verzichtserklärungen keinen Raum[133]. Im Einzelfall ist es jedoch eine Frage der Auslegung, welche Ansprüche von dem Verzicht erfasst werden. Die Auslegung hat vom Wortlaut des Vergleichs auszugehen. Je präziser nach der Abfindungsklausel alle, auch die nicht vorhersehbaren Schäden in die Abfindung einbezogen sind, um so weniger ist Raum für eine an §§ 157, 242 orientierte Billigkeitsauslegung, die die Abfindungserklärung auf die subjektiv vorhersehbaren Schäden beschränken möchte. Die Rechtsprechung trägt vorwiegend den Besonderheiten des Einzelfalles Rechnung, so dass der Versuch, hieraus allgemeinere Grundsätze abzuleiten, nur bedingten Wert hat. Im Allgemeinen ist jedoch davon auszugehen, dass bei einem Abfindungsvergleich, durch den auch Ansprüche für Spätfolgen ausgeschlossen werden, Nachforderungen nur möglich sind, wenn sich die Parteien beim Vergleichsabschluss übereinstimmend einen begrenzten Schadenskreis vorgestellt haben, nachträglich aber ein weiterer, außerhalb des vorgestellten Rahmens liegender und subjektiv unvorhergesehener Schaden eingetreten ist, dessen Kenntnis die Parteien vom Vergleichsschluss abgehalten hätte[134]. An den Nachweis dieser Voraussetzungen sind strenge Anforderungen zu stellen[135]; wichtig kann die geführte Korrespondenz oder das gesamte Parteivorbringen[136] sein; bei Widerspruch zwischen formularmäßiger Abfindungserklärung und vorausgegangenem Schriftwechsel ist zur Ermittlung des Parteiwillens auf den auf den Einzelfall bezogenen Text der Schreiben abzustellen[137]. Wird in einem Abfindungsvergleich für den Fall der Verschlimmerung das Recht vorbehalten weiteres Schmerzensgeld zu fordern, kann die Auslegung ergeben, dass die Nachforderung sich auch auf Verschlechterungen bezieht, die im Zeitpunkt des Vergleichsabschlusses bekannt waren[138]. Haben die Parteien dagegen aus dem Schadensfall resultierende Ansprüche umfassend und endgültig erledigen wollen, dann bindet dieser Vergleich beide Parteien[139]. Dies ist insoweit anzunehmen, als „alle jeweiligen Schmerzensgeldansprüche oder sämtliche gegenseitigen Forderungen für erledigt erklärt werden“[140]. Darunter fallen auch „unbekannte Ansprüche“[141], „Ersatzansprüche aus Verkehrsunfällen“[142] sowie „Ansprüche aus einem vertraglichen Wettbewerbsverbot“[143]. Nicht umfasst sind jedoch Versorgungsansprüche eines vorzeitig aus dem Arbeitsverhältnis ausscheidenden Arbeitnehmers[144]. Eine Berufung auf den Wegfall der Geschäftsgrundlage ist in der Regel nicht möglich, weil die hierfür maßgeblichen Umstände zum übernommenen Risiko der Beteiligten gehören[145]. So ist ein Wiedereinstellungsanspruch eines Arbeitnehmers durch Entfallen eines Abfindungsvergleichs nur dann zu bejahen, wenn das Festhalten an dem Vergleich unzumutbar erscheint[146]. Der Einwand unzulässiger Rechtsausübung ist nur bei einem krassen Missverhältnis zwischen den Leistungen der Parteien möglich[147].

133 BGH LM Nr 16 zu § 779; BGH NJW 1991, 1535; BGH NJW-RR 1992, 714; Oldenburg VRS 1990 Bd 79, 161; zur Bindungswirkung Hamm NJW-RR 1994, 420.

134 BGH NJW 1957, 1395 = LM Nr 11 zu § 779 = JZ 1958, 363 (mAnm Süß); BGH VersR 1967, 805; zur Wirkung des Abfindungsvergleiches auf Lohnfortzahlung BAG NJW 1989, 1302; BGH LM Nr 16 zu § 779 = MDR 1961, 491; BGH LM Nr 24 = BB 1965, 766; BGH BB 1966, 140; BGH VersR 1967, 805; Schleswig VersR 1978, 181; Hamm VRS 1986, Bd 71, 252.

135 BGH VersR 1958, 562; Nürnberg VersR 1965, 626.

136 Oldenburg VersR 1992, 377: für die Auslegung des Prozessvergleichs.

137 Str: so aber KG VersR 1970, 350 (mkritAnm Sack S 746).

138 Hamm NJW 1995, 790.

139 BGH NJW 1984, 115 für unvorhergesehene strukturelle Besoldungsverbesserungen, die bei der Ermittlung der Abfindungssumme nicht berücksichtigt waren; Saarbrücken VersR 1985, 298 für Verzicht auf Lohnfortzahlungsansprüche bei unfallbedingter Krankheit.

140 Koblenz NJW 2004, 782, 783; BGH NJW 2003, 1036; Saarbrücken OLGR 2006, 620.

141 Köln MDR 2000, 140.

142 BGH MDR 2002, 514, 515.

143 BAG BB 2003, 106, 107.

144 LAG Köln MDR 2000, 1329.

145 BGH VersR 1961, 382; Kürzung der Leistung von Krankenkassen Koblenz VersR 1996, 232; Koblenz NJW 2004, 782, 783: Abfindungsvergleich über Schmerzensgeld; höhere Abfindungszahlungen durch Blutplasmahersteller LG Heidelberg VersR 1995, 575.

146 BGH NJW 2001, 1297, 1301.

147 BGH NJW 1991, 1535; Düsseldorf NZV 1995, 482; Hamm NZV 1997, 440; Frankfurt/M VersR 1993, 1147; Köln NJW-RR 1988, 924. Koblenz NJW 2004, 782, 783; Schleswig VersR 2001, 893, 984; Nürnberg VersR 2001, 982.

31 b) **Sanierungsvergleich**. Wegen seiner geringeren Kosten[148] und der größeren Diskretion hat der Sanierungsvergleich in der Praxis an Bedeutung gewonnen. Der Sanierungsvergleich bemisst sich weder nach den Vorschriften der VerglO noch der KO[149] noch der InsO, sondern ist ein Vergleich im Sinne des § 779[150]. Der Vergleich kommt durch Vereinbarung mit jedem einzelnen Gläubiger zustande und nicht mit der Gesamthand der Vergleichsgläubiger[151]. Er entfaltet Bindungswirkung nur für diejenigen Gläubiger, die ihn geschlossen haben[152]. Gläubiger, die keinen Vergleich schließen, können als sog Akkordstörer ihre Forderung in vollem Umfang gegen den Schuldner durchsetzen[153]. Der Vergleich lässt ihre Rechtsstellung gegenüber dem Schuldner unberührt. Der Sanierungsvergleich sieht in der Regel die gleichmäßige Befriedigung aller Gläubiger vor; zulässig ist aber die Begünstigung Einzelner, soweit dies nicht heimlich geschieht[154]. Die heimliche Begünstigung gibt ein Rücktrittsrecht[155], uU kann sie auch den Tatbestand des § 138 Abs 1 verwirklichen und zur Nichtigkeit des Vergleichs führen[156]. Sind offenkundige Bewertungsrisiken, wie ermittelte oder geschätzte Werte bei der Aufstellung des Vermögensstatus Bestandteil des Vergleichs, führt deren Änderung nicht zur Unwirksamkeit[157].

32 c) **Gesamtschuldner**. Sofern die am Abfindungsvergleich Beteiligten weitere Ansprüche gegen mithaftende Gesamtschuldner (zB Kraftfahrzeugführer) nicht durch Abtretung dieser Forderungen an den Ersatzleistenden mitgeregelt haben, ist es ebenfalls eine Frage der Auslegung, ob die vergleichsweise Regelung zugleich einen Verzicht auf die Ansprüche gegen die Gesamtschuldner enthält. Es kann das Risiko bestehen, dass ein Vergleichsbeteiligter erneut im Wege des gesamtschuldnerischen Innenausgleichs (§ 426) in Anspruch genommen wird, nachdem sich der Geschädigte hinsichtlich des den Vergleichsbetrag übersteigenden Anspruchs bei einem mithaftenden Gesamtschuldner schadlos gehalten hat. Diese Möglichkeit besteht, da eine Gesamtwirkung des Vergleichs gegenüber Gesamtschuldnern im Zweifel nicht anzunehmen ist[158]. Der Gläubiger wird seine Rechte über den Einzelerlass hinaus nicht einschränken wollen[159]. Da nach dem Willen der Parteien der Erlasspartner endgültig freigestellt sein soll, ist der Anspruch des Gläubigers gegen die anderen Gesamtschuldner um den Anteil zu kürzen, um den der begünstigte Schuldner im Falle seiner Inanspruchnahme seinerseits Ausgleich von den anderen Gesamtschuldnern verlangen könnte (beschränkte Gesamtwirkung)[160]. Anderes gilt nur, wenn bestimmte Anhaltspunkte hierfür bestehen, die der begünstigte Gesamtschuldner zu beweisen hat[161]. Gesamtwirkung ist dann anzunehmen, wenn der am Vergleich beteiligte Schuldner intern allein

148 Quote kann abweichend von VerglO § 7 Abs 4 auch unter 35 % liegen.
149 BVerwG ZIP 1995, 1527, 1528.
150 BGHZ 116, 319 ff; KG ZIP 1980, 963, 964; Frankfurt/M ZIP 1993, 1324; Bork, Der Vergleich S 306.
151 BGHZ 116, 319, 321; RGZ 153, 395; Künne, Außergerichtliche Vergleichsordnung, 1968, S 355 mehrere Einzelvergleiche; aA Celle NJW 1965, 399; KG ZIP 1980, 964; Mühl NJW 1956, 401, 403 ff; Staud[12]/Marburger § 779 Rz 61 gehen von einem einheitlichen Gesamtvergleich aus.
152 BGHZ 116, 319, 321.
153 BGHZ 116, 319, 323; BAG AP Nr 155 zu § 242 – Ruhegehalt –; Mühl NJW 1956, 401, 403.
154 ZB Begünstigung der Vorrechtsgläubiger KO § 61 Abs 1 Nr 1–5, Massegläubiger KO § 59 Abs 1 Ziff 3 oder Bevorzugung von Kleingläubigern; Groß, Sanierung durch Fortführungsgesellschaften, 1988, S 495; Uhlenbruck, Gläubigerberatung in der Insolvenz S 152.
155 RGZ 153, 395, 398; München NJW 1956, 1801 f; zum Rücktritt vom Sanierungsvergleich allgem BGHZ 116, 319, 332; LM H 7/1992 § 779 BGB Nr 58 (Stürner).
156 Celle NJW 1965, 400; KG ZIP 1980, 964.
157 Im Rahmen der Sanierung, der coop AG war es infolge der erzielten Verwertungserlöse zu einer Überdeckung von 581,8 Mio DM gekommen. Das LG Frankfurt/M, ZIP 1993, 1324, 1329, versagte der klagenden Bank eine über die Vergleichsforderung hinausgehende Anpassung der Forderung.
158 BGHZ 43, 227 = NJW 1965, 1175: Prozessvergleich zwischen Bauherrn und Bauunternehmer und nachfolgender Inanspruchnahme des mithaftenden Architekten, der gegen Bauunternehmer gem § 426 vorgehen kann; ferner BGH VersR 1965, 437; BGH LM Nr 10 zu § 421: beim Regress des Sozialversicherungsträgers gegen mehrere Haftpflichtversicherer; BGH NJW 2000, 1942; Hamburg NJW 1991, 849, 850; München NJW 1995, 2422, 2423; Wacke AcP 170 (1970), 42 ff; BGH WM 1978, 438, 349.
159 München NJW 1995, 2422, 2423; Hamburg NJW 1991, 849, 850 f).
160 S BGH NJW 2000, 1942, 1943.
161 RG JW 1933, 2829.

haftet[162]. Sie kann aber auch darin liegen, dass bei gemeinsamer Haftung des Arbeitgebers und Arbeitnehmers letzterer Freistellungsansprüche unter dem Gesichtspunkt gefahrgeneigter Arbeit hat und deshalb der mit dem Arbeitgeber geschlossene Vergleich nach Treu und Glauben dahin auszulegen ist, dass der Vergleich einen Anspruchsverzicht gegen den Arbeitnehmer umfasst[163]. Erklärt sich der Geschädigte wegen seiner Ansprüche gegenüber Dritten für abgefunden, so steht dem begünstigten Dritten ein Leistungsverweigerungsrecht zu[164].

7. **Folgen des Vergleichs**. Da der Vergleich auf die **Neuordnung** eines Rechtsverhältnisses unter Ausschluss des Zurückgreifens auf die durch den Vergleich geordneten streitigen oder ungewissen Punkte gerichtet ist, hat er die negative Wirkung, dass er den Beteiligten ein Zurückgreifen auf die früheren Streitpunkte versagt und die positive, dass er die streitig oder ungewiss gewordenen Punkte durch die Vergleichsregelung ersetzt. Der Ausschluss des Zurückgreifens auf die früheren Streitpunkte erstreckt sich aber nur so weit, als der Vergleich sie bereinigen sollte[165]. Das ist eine Frage der Auslegung[166]. Die Neuordnung kann darin bestehen, das den Gegenstand des Vergleichs bildende Rechtsverhältnis zwischen den Parteien zu modifizieren, etwa durch Ermäßigung oder Stundung der Forderung **(Feststellungswirkung)**. Sie kann aber auch neben dem bisherigen Rechtsverhältnis oder an seiner Stelle neue Rechtsverhältnisse zwischen den Beteiligten schaffen, etwa durch Umwandlung einer Warenkreditschuld in eine Darlehensschuld **(Novation)**. Ob die Neuordnung des Vergleichs nur feststellende oder aber novierende Wirkung hat, ist allein eine Frage der Auslegung[167]. In der Regel ist anzunehmen, dass die Vertragsparteien Bindungen aus dem bisherigen Rechtsverhältnis nicht generell aufheben und durch ein anderes Rechtsverhältnis ersetzen wollen; die Rechtsnatur des bisherigen Verhältnisses bleibt dann bestehen[168]. Bei den in die Vergleichsregelung einbezogenen Anerkenntnissen handelt es sich in der Regel um solche schuldbestätigender Art[169]. **33**

Bestehen für das alte Rechtsverhältnis **Sicherungs- oder Vorzugsrechte**, so bleiben diese erhalten, soweit sich der Vergleich hierauf nicht erstreckt[170], ebenso Unpfändbarkeit und Konkursvorrechte[171]. Hat der Vergleich hingegen novierende Wirkung, dann entfallen die Sicherungsrechte und die Verjährung richtet sich nach dem neuen Rechtsgrund[172]. Durch laufende Vergleichsverhandlung wird die Verjährung nach § 203 gehemmt, bis eine Partei weitere Verhandlungen verweigert. Im Fall der Feststellungswirkung beginnt die Verjährung aufgrund Anerkenntnis nach § 212 Abs 1 Nr 1 neu zu laufen; jedoch reicht dazu allein das Angebot des Schuldners zum Abschluss des Vergleichs nicht aus[173]. Bei Novation richtet sich die Verjährung der Ansprüche nach § 195. Wird der Vergleich unter Widerrufsvorbehalt geschlossen, tritt eine Hemmung gemäß § 203 bis zum Ablauf der Widerrufsfrist ein[174]. Soweit der Vergleich vollstreckbar ist, greift § 197 Abs 1 Nr 4. Zu den prozessualen Wirkungen eines gerichtlichen Vergleichs vgl unten Rz 51. **34**

Vergleichen sich die Parteien **außergerichtlich**, so wird damit der Prozess nicht beendet[175]. Auch wird nicht wie beim Prozessvergleich ein noch nicht rechtskräftiges Urteil hinfällig[176]. Die **35**

162 Köln NJW-RR 1992, 1398; Dresden ZIP 1996, 1190, 1192 mweitNachw. LG Stuttgart NJW-RR 1994, 504, 505; Hamm NJW-RR 1998, 486, 487
163 BGH VersR 1969, 737, 738.
164 Düsseldorf VersR 1956, 665.
165 BGH WM 1979, 205: keine nachträgl Berufung auf die Verjährung des dem Vergleich zugrunde liegenden Anspruchs; BGH NJW 2003, 1036, 1037: „Streit über zusätzliche Rechtsfolgen, die im Zusammenhang mit demselben Streitgegenstand stehen".
166 S oben Rz 29.
167 RGZ 164, 212, 217; BGH NJW 2002, 1503.
168 BGH WM 1966, 13, 15; BGH NJW-RR 1987, 1426, 1427; BGH NJW 2003, 3345, 3346; BGH NJW 2003, 1503.
169 BGH WarnR 1963 Nr 182 = VersR 1963, 1198.
170 RGZ 89, 259, 262; 164, 212, 217; RG JW 1911, 648; hinsichtl des Konkursvorrechts: RG 164, 217; vgl auch RG Recht 1925 Nr 2417, RGZ LZ 1926, 230: Novation bei Vergleich über Erbansprüche und Gehaltsforderungen; BGH NJW 1995, 961.
171 RGZ 164, 212, 217.
172 München OLG 30, 35.
173 BGH VersR 1965, 958.
174 BGH NJW 2005, 2004.
175 RGZ 142, 1, 3; BAG NJW 1982, 788 mweit Nachw. Thüringen FamRZ 2006, 1327.
176 BGH LM Nr 12/13 zu ZPO § 794 Abs 1 Nr 1 = JZ 1964, 257, Lücke JuS 1965, 482.

Parteien können sich aber verpflichten, die entsprechenden Prozesshandlungen (Rücknahme der Klage oder eines Rechtsmittels, Verzicht auf ein Rechtsmittel) vorzunehmen. Im Prozess kann eine solche Verpflichtung einredeweise der Prozesshandlung entgegengesetzt werden, durch die eine im außergerichtlichen Vergleich übernommene Pflicht verletzt wird[177]. Wird ein außergerichtlicher Vergleich nicht von allen Prozessbeteiligten abgeschlossen, führt dies nur zur teilweisen Erledigung des Rechtsstreits. Der Streit über die Beendigung eines Rechtsstreits aufgrund eines außergerichtlichen Vergleichs ist im selben Verfahren auszutragen[178]. Dies gilt auch für die Anfechtung des außergerichtlichen Vergleichs[179]. Ist die Klage dagegen aufgrund des außergerichtlichen Vergleichs zurückgenommen worden, dann ist auch im Falle späterer Anfechtung der Prozess beendet[180]. Lautet ein protokollierter gerichtlicher Vergleich anders als der zuvor außergerichtlich abgeschlossene Vergleich, gilt im Zweifel der Wortlaut des protokollierten Vergleichs[181]. Auf die im Vergleich selbst übernommenen beiderseitigen Verpflichtungen finden die §§ 320 ff Anwendung. Unter Umständen kann ein Rücktrittsrecht wegen positiver Forderungsverletzung (jetzt: § 280) gegeben sein. Bei einer in dem Vergleich aufgenommenen Veräußerung einer Sache finden die Gewährleistungsvorschriften gemäß §§ 434 ff Anwendung.

36 8. **Abschluss und Form des Vergleichs**. Für sein Zustandekommen bedarf der Vergleich des Abschlusses eines **Vertrages**. Die Einreichung eines Schecks ist regelmäßig als Annahme eines Vergleiches zu werten, wenn die Einziehung des Schecks nur unter dieser Bedingung gestattet war[182]. Übersendet der Schuldner dem Gläubiger einen Scheck mit der Bemerkung, die Angelegenheit sei mit Einlösung erledigt, kommt ein Vergleich dann nicht zustande, wenn der Gläubiger gleichzeitig mit der Einreichung des Schecks dem Schuldner mitteilt, dass die Angelegenheit mit der Teilzahlung nicht erledigt sei[183].

37 Der Vergleich bedarf als solcher **keiner Form**. Enthält er aber ein **formbedürftiges Rechtsgeschäft**, so ist die Wahrung der für dieses Rechtsgeschäft vorgeschriebenen Form auch dann erforderlich, wenn es Bestandteil eines Vergleichs ist (zB § 623). Nicht erforderlich ist dagegen die Form für ein Schuldversprechen oder ein Schuldanerkenntnis, das vergleichsweise erteilt wird (§ 782). Daneben ist auch bei einem nach der Architektentätigkeit abgeschlossenen Vergleich über eine Honorarforderung die Form von HOAI § 4 Abs 1 nicht zu wahren[184]. Der Vergleich bedarf nicht einer ausdrücklichen Erklärung, sondern kann auch **schlüssig** vereinbart werden. Die den Vertragsparteien der öffentlichen Hand zumeist bekannte Tatsache, dass die behördliche Tätigkeit durch Rechnungsprüfungsbehörden überwacht wird, spricht gegen die Annahme vergleichsweiser Regelungen durch schlüssiges Verhalten hinsichtlich strittiger Rechnungsposten bei Rechnungsprüfungen öffentlicher Dienststellen[185]. Hierfür genügt auch nicht ein Vergleichsvorschlag des Gerichts mit dem Bemerken, der Vorschlag gelte als angenommen, wenn bis zu einem bestimmten Zeitpunkt keine Erklärung eingehe[186]. Ein **Prozessvergleich** ersetzt alle für Rechtsgeschäfte vorgeschriebenen Formen[187], neben der Beglaubigung (§ 129 Abs 2) auch die notarielle Beurkundung und Schriftform (§ 126 Abs 4). Im Übrigen bedarf ein Vergleich, in dem einer der Beteiligten eine **Bürgschaft** übernimmt (§ 766) der Schriftform. Gerichtliche oder notarielle Beurkundung ist

177 BGH NJW 1964, 549, 550: Einrede der Arglist; Klage wird als unzulässig abgewiesen; zur Berücksichtigung in der Revisionsinstanz BAG MDR 1982, 258; zu der in Einzelheiten str Frage vgl auch RGZ 142, 1, Alberti JW 1934, 1137 einerseits, Schmitt ZZP 58 (1934), 395 andererseits.

178 RGZ 142, 1, 8; BAG NJW 1963, 1469.

179 RGZ 142, 1, 8.

180 RG 142, 8.

181 RG JW 1931, 3568.

182 BGH NJW-RR 1986, 415; NJW 1990, 1656; NJW 2001, 2324; Düsseldorf MDR 1990, 920; Köln VersR 1994, 113; Koblenz NJW 2003, 758; AG Bad Homburg NJW-RR 1996, 1529 u AG Ludwigsburg RRa 1997, 82: zur Einlösung von Schecks, die Reiseveranstalter zur Klaglosstellung bzw Abgeltung aller Ansprüche, dem Reisenden zur Verfügung gestellt haben. S eingehend dazu Eckhardt BB 1996, 1945 ff; aA Frings BB 1996, 809.

183 BGHZ 111, 97, 102 f; Hamm MDR 1992, 450; Celle NJW-RR 1992, 884; Hamburg FamRZ 1996, 292.

184 BGH NJW-RR 2001, 1384, 1385; Düsseldorf NJW-RR 1998, 1099.

185 BGH NJW 1979, 1306.

186 RG HRR 1933 Nr 1918.

187 BGHZ 14, 381, 386 f.

geboten, wenn einer der Beteiligten sich verpflichtet, das Eigentum an einem Grundstück zu übertragen (§ 311 b) oder Vermögen bzw -bruchteile zu übertragen, § 311. Der Form des § 311 b bedarf ein Vergleich insbesondere auch, wenn die Verpflichtung des Verkäufers zur Grundstücksübertragung von neuem übernommen oder wesentlich verschärft wird[188], zB auch durch wesentliche Herabsetzung des Kaufpreises[189]; nicht aber bei nachträglicher vergleichsweiser Regelung zur Beseitigung unvorhergesehener Schwierigkeiten[190]. Zur Auflassung in Widerrufsvergleichen s unten Rz 42. Formfrei sind Vergleiche auch, durch die jemand sich verpflichtet, eine Hypothek zu bestellen (§ 873) oder durch die er einzelne Gegenstände von einem Grundstückstausch ausschließt[191] oder gegen Herabsetzung des Kaufpreises auf Wandelung verzichtet[192]. Zu beachtende Formvorschriften sind im **Erbrecht** insbesondere §§ 2371, 2385, 2033 Abs 1 Satz 2. Danach bedarf der gerichtlichen oder notariellen Beurkundung ein Vergleich, in dem der Erbe die ihm angefallene Erbschaft, der Miterbe seinen Erbteil einem Dritten zu übertragen sich verpflichtet[193] oder in dem der Miterbe seinen Erbteil einem Dritten überträgt. Dagegen ist der Erbauseinandersetzungsvertrag, auch wenn er im Einzelfall ein Vergleich ist, grundsätzlich formfrei, er bedarf jedoch der Form des § 311 b, wenn ein Grundstück zum Nachlass gehört. Vergleichen sich Erbprätendenten, die gegenseitig ihr Erbrecht bestreiten, dahin, dass sie sich als Miterben zu bestimmten Bruchteilen anerkennen, so gilt die Formvorschrift des § 2371[194]. Für Vereinbarungen über den Zugewinn- und den Versorgungsausgleich gelten §§ 1378 Abs 3, 1587 o Abs 2. Der **gesetzlichen Schriftform**, § 126, bedürfen Vergleiche über ein Leibrentenversprechen gem § 761, einen Grundstücksmietvertrag von einer Dauer von mehr als einem Jahr, § 550, sowie einen Verbraucherkreditvertrag, § 492 Abs 1 Satz 1. Ist vereinbart, dass ein Vergleich gerichtlich protokolliert werden soll, so ist dieser erst mit der Protokollierung wirksam[195]. Die Heilungsvorschriften der §§ 311 b Abs 1 Satz 2, 518 Abs 2, 766 Abs 2, 2301 Abs 2 gelten auch für den Vergleich.

9. **Legitimation zum Abschluss eines Vergleichs**. Ob außerhalb eines Rechtsstreits eine Vollmacht auch zum Abschluss eines Vergleichs ermächtigt, ist eine Frage der Auslegung. Die **Prozessvollmacht** ermächtigt grundsätzlich dazu (ZPO § 81), kann aber durch eindeutige Erklärung gegenüber dem Gegner[196] oder durch entsprechende Fassung der Vollmachtsurkunde eingeschränkt werden (ZPO § 83). Ein Abfindungsvergleich mit nicht unerheblicher Tragweite kann durch den Rechtsanwalt nur dann abgeschlossen werden, wenn der Mandant hierüber belehrt wurde und zugestimmt hat[197]. Der **Vormund** sowie der Pfleger bedürfen – Ausnahme: Bagatellsachen – der Genehmigung des Vormundschaftsgerichts (§§ 1822 Nr 12; 1915 Abs 1), ebenso der **Insolvenzverwalter** der Genehmigung des Gläubigerausschusses (InsO § 160; GenG § 112 a), wenn ein solcher bestellt ist. Der Versicherer hat Vertretungsbefugnis, mit dem Schädiger im Namen der versicherten Personen Vergleiche abzuschließen[198]. Für Prokuristen und Handlungsbevollmächtigte gelten HGB §§ 49, 54 Abs 2, für Handelsvertreter HGB §§ 55 Abs 2, 91 ff. 38

10. **Der besondere Unwirksamkeitsgrund des § 779**. – a) **Allgemeines**. Er entspringt aus der Eigentümlichkeit des Vergleichs als Neuordnung eines streitigen oder ungewissen Rechtsverhältnisses. Danach ist bei jedem Vergleich **zu unterscheiden** zwischen – (1) dem als **streitig oder ungewiss angesehenen Bereich** des alten Rechtsverhältnisses, der neu geordnet werden soll, – (2) dem **nicht als streitig oder ungewiss angesehenen Bereich** des alten Rechtsverhältnisses, der als feste Grundlage der vergleichsweisen Neuregelung genommen wird, und – (3) der **Neuordnung** selbst, die durch den Vergleich vereinbart wird. 39

188 RGZ 94, 147, 152; 109, 22, 26; BGH LM Nr 5 zu § 313 aF.
189 BGH LM Nr 5 zu § 313 aF = BB 1954, 954.
190 BGH NJW 1973, 37 oder Vereinbarungen, die der Auflassung nachfolgen BGH LM Nr 49 zu § 313 aF; BGH NJW 1974, 271.
191 RG Recht 1909 Nr 1281.
192 RG JW 1910, 575.
193 RG JW 1905, 721.
194 RG Gruchot 50, 662; WarnR 1919 Nr 23.
195 BAG NJW 1997, 1597; Karlsruhe NJW 1995, 1561, 1562.
196 BGHZ 16, 170.
197 BGH NJW 1993, 1325, 1326; BGH NJW 1994, 2085, 2086.
198 AKB § 10 Nr 5; AHB § 5 Nr 7; PflVG § 3 Nr 10; Allg HaftpflVersBed § 5 Nr 7; dazu auch Frankfurt/M VersR 1970, 1135; KG VersR 1974, 979.

Den *Bereich zu (2)* bezeichnet das Gesetz als den **nach dem Inhalt des Vergleichs zugrunde gelegten Sachverhalt**. Es sieht diesen als Geschäftsgrundlage des Vergleichs an, und erklärt bei beiderseitigem Irrtum über diese Geschäftsgrundlage den Vergleich für nichtig, falls der Streit oder die Ungewissheit ohne diesen Irrtum nicht entstanden sein würde. § 779 enthält einen gesetzlich geregelten Fall des **Fehlens der Geschäftsgrundlage**[199]. Anders als bei dem von Rechtslehre und Rechtsprechung entwickelten Institut der fehlenden Geschäftsgrundlage, ist Rechtsfolge generelle Nichtigkeit des Vertrags. Durch diese spezielle Regelung wird aber im Übrigen – dh außerhalb der Voraussetzungen des § 779 – die Anwendung der Regeln über Fehlen und Wegfall der Geschäftsgrundlage nicht ausgeschlossen[200]. Ein **Irrtum** in dem **als streitig oder ungewiss angesehenen Bereich des alten Rechtsverhältnisses** *[Gebiet zu oben (1)]* ist unerheblich, weil sich die Parteien durch den Vergleich gerade des Rechts begeben haben, auf die alten Streitpunkte zurückzugreifen[201]. Ein **Irrtum** im **Bereich der Neuordnung** *[Gebiet zu oben (3)]* unterliegt der allgemeinen Irrtumsregelung (§ 119). Zur rechtssystematischen Einordnung des § 779 und des gemeinsamen Motivirrtums vgl Stötter JZ 1963, 123; Esser/Weyers, SchuldR II[5], 1 § 42 III 2; dazu auch BGH WM 1975, 566 ff mweitNachw.

40 b) **Tatsachenirrtum – Rechtsirrtum**. Der als feststehend zugrunde gelegte Sachverhalt *[Gebiet zu oben (2)]* ist der Teil des alten Rechtsverhältnisses, auf den sich der Streit oder die Ungewissheit nicht bezog, und der der Neuordnung als Geschäftsgrundlage zugrunde gelegt wird. Seit RGZ 157, 266, 269 wird in der Rechtsprechung überwiegend die Ansicht vertreten, ein **Irrtum** lediglich **über die Rechtsfrage** sei kein Irrtum über den „Sachverhalt" im Sinne des § 779; vielmehr seien unter Sachverhalt Tatsachen zu verstehen, wobei allerdings gleichgültig ist, ob diese Tatsachen alleine stünden oder Grundlage eines Rechtsverhältnisses seien[202]. Dies vermag nicht zu überzeugen. Philologische Argumente aus dem Wortlaut des Gesetzes haben in diesem Zusammenhang nur wenig Gewicht. Dass die Parteien sich über Rechtsfragen leichter unterrichten können als über Tatfragen, trifft in vielen Fällen nicht zu, ist aber auf jeden Fall unerheblich. Es kommt nur auf den gemeinsamen Irrtum der Parteien über die Geschäftsgrundlage als solche, nicht aber darauf an, ob sie ihn hätten vermeiden können. Geschäftsgrundlage eines Vergleichs kann aber sowohl die übereinstimmende Vorstellung einer bestimmten – von dem Streit oder der Ungewissheit nicht in Mitleidenschaft gezogenen – Tatsache oder eines Tatsachenkomplexes sein, wie die gemeinsame Vorstellung, aus dem Rechtsverhältnis zwischen den Parteien ergäben sich bestimmte Rechtsfolgen[203]. Die Unterscheidung ist auch nicht begründet, weil der Begriff der Geschäftsgrundlage sich ebenso wenig auf die tatsächlichen Vorstellungen der Parteien beschränken lässt, wie es für den Begriff des Vergleichs erheblich ist, ob der Streit oder die Ungewissheit, die vergleichsweise beigelegt werden, sich auf die tatsächliche oder auf die rechtliche Seite des Rechtsverhältnisses bezogen[204]. Entscheidend ist nur, dass die Parteien über die gemeinsame Geschäftsgrundlage und nicht über die streitig gewesenen Fragen oder über die Neuregelung des Vergleichs selbst irren. Regelmäßig liegt daher kein zur Unwirksamkeit des Vergleichs führender Irrtum vor, wenn später ein Beweismittel für eine streitige Behauptung aufgefunden wird[205].

199 BGH NJW-RR 1994, 434, 435; WM 1971, 1120 f; 1975, 566 f; 2000, 2497, 2498; VGH München NVwZ 2000, 1310, 1311; Bork, Der Vergleich S 359; Larenz, SchuldR I § 7 IV; Staud[12]/Marburger § 779 Rz 69; aA Ebel, Berichtigung, transactio u Vergleich, 1978, S 157; Stötter JZ 1963, 123, 125 ff.

200 RGZ 152, 403, 404; RG JW 1938, 1647; HRR 1935 Nr 1657; BGH NJW-RR 1994, 434; Köln NJW 1994, 3236; Köln NJW 1994, 3236, 3237.

201 BGHZ 1, 61; BGH WM 1979, 205.

202 LM Nr 3, 14, 17 zu § 779 = NJW 1952, 11; 1959, 2109 u 1961, 1460; vgl auch BGHZ 25, 390, 394; OVG Lüneburg NVwZ 2000, 1309, 1310: „Baurechtwidrigkeit der Einfriedung".

203 LG Tübingen NJW-RR 1997, 472, 473; MünchKomm/Habersack Rz 64; Staud/Marburger Rz 91; Erman/Terlau Rz 24; Pal/Sprau Rz 14; AK/Giesler, 2005, Rz 28; Jauernig[11]/Stadler Rz 16; offen gelassen: BGH MDR 2004, 441; NJW 2003, 3193, 3195; NJW 2007, 838.

204 Vgl auch RGRK[12]/Fischer § 779 Rz 30, der die Möglichkeit einer Abgrenzung zwischen Tatsachen- und Rechtsirrtum skeptisch beurteilt; ebenso Rittner, Festschr für Fritz von Hippel S 404 ff.

205 RGZ 123, 89, 93, BGH WM 1975, 566.

c) **Erwartungsirrtum**. Der Irrtum der Parteien muss nach deren Vorstellungen ein Irrtum über – im Zeitpunkt des Vergleichs – **gegenwärtige** Umstände sein. Darunter ist alles zu verstehen, was die Parteien fehlerhaft als geschehen und bestehend angenommen haben[206]. Unbeachtlich sind hierbei interne Vorstellungen. Notwendig ist aber, dass die Parteien übereinstimmend davon ausgegangen sind, dass bestimmte Umstände vorliegen oder nicht. Für § 779 ist es unerheblich, ob der gemeinsame Irrtum auf verschiedenen oder den gleichen Ursachen beruht[207]. Ein Irrtum über **Erwartungen in der Zukunft** ist kein Sachverhaltsirrtum im Sinne dieser Bestimmung[208]; wohl kann er, ein Irrtum über die Geschäftsgrundlage im Sinne der Geschäftsgrundlagenlehre sein[209]. Für § 779 genügt deshalb weder ein Kalkulationsirrtum[210] noch ein Irrtum über die künftige Rechtslage[211], den Gang der späteren Gesetzgebung[212], die Entwicklung der Rechtsprechung[213], oder die zu erwartende wirtschaftliche Entwicklung[214]. 41

d) **Streitausschließender Irrtum**. Ein Irrtum über den zugrunde gelegten Sachverhalt ist im Sinne des § 779 nur dann erheblich, wenn **bei Kenntnis der Sachlage** der Streit oder die Ungewissheit nicht entstanden sein würde, also nur bei einem streitausschließenden Irrtum. Gemeint ist der Streit oder die Ungewissheit, welche die Parteien durch den Vergleich beseitigt haben. Es kommt deshalb nicht darauf an, ob ohne den Irrtum die Parteien einen Vergleich dieses Inhalts nicht geschlossen haben würden, sondern nur darauf, ob der Streit oder die Ungewissheit, die Anlass zum Abschluss des Vergleichs waren, bei Kenntnis der Sachlage nicht entstanden sein würden[215]. Hätte die Kenntnis der Sachlage den Streit teilweise ausgeschlossen, dann ist der Vergleich insoweit unwirksam, als der Irrtum sich auf jenen Teil des Vergleichs bezieht, für den sämtliche Voraussetzungen der Unwirksamkeit gegeben sind[216]. Ob dadurch die Wirksamkeit der übrigen Vergleichsbestimmungen berührt wird, richtet sich nach § 139. Entspricht der dem Vergleich zugrunde gelegte Sachverhalt nur in einigen verhältnismäßig unbedeutenden Punkten der Wirklichkeit, so ist der ganze Vergleich unwirksam[217]. Hätten die Parteien dagegen den Vergleich auch bei Kenntnis des wahren Sachverhaltes geschlossen, ist der gemeinsame Sachverhaltsirrtum unerheblich[218]. 42

11. **Unwirksamkeitsgründe außerhalb des § 779**. Ein Vergleich kann außerhalb des § 779 nach allgemeinen Regeln unwirksam sein. Er ist unwirksam, wenn die Parteien nicht über den Vergleichsgegenstand verfügen können oder die Erfüllung objektiv unmöglich ist. 43

a) **Nichtigkeit nach §§ 134, 138**. Auch für den Vergleich gelten die §§ 134, 138. Ein Verstoß kann einmal darin liegen, dass die im Vergleich getroffene Regelung gegen §§ 134, 138[219] verstößt oder aber das zugrunde liegende Rechtsverhältnis gesetz- oder sittenwidrig ist (zB bei Hehlerei)[220]. 44

206 BGH JZ 1963, 129; dazu Stötter JZ 1963, 123.
207 LG Tübingen NJW-RR 1997, 472, 473.
208 BGH NJW 2000, 2497, 2498; KG FamRZ 2004, 836; BGH NJW-RR 1986, 945, 946; BAG ZIP 2000, 1781, 1786; LAG Hamm MDR 2003, 713, 714; Bork, Der Vergleich S 363.
209 S unten Rz 49.
210 LG Bochum VRS 77 (1989), 246 ein Verletzter kann einen Vergleich nicht mit der Begründung anfechten, dass der festgesetzte Schmerzensgeldbetrag zu niedrig bemessen sei.
211 RGZ 127, 296, 302 = JW 1930, 1305 (mAnm Abraham).
212 RGZ 117, 306, 308; RG HRR 1938 Nr 801; BGH NJW 1984, 115; BGH NJW 1981, 2803; Koblenz VersR 1996, 232 zum In-Kraft-Treten des GRG bei Änderung im Umfang des gesetzlichen Krankenversicherungsschutzes.
213 BGHZ 58, 355, 361; BGHZ 58, 355, 362 = NJW 1972, 1577; BGH NJW 2000, 2497, 2498: „Transportversicherung"; BGH MDR 2002, 94, 95: „Abänderung eines Unterhaltsvergleiches wegen Änderung der Unterhaltsbemessung"; KG JW 1926, 187; Köln DRiZ 1926 Nr 196; Herzog ZHR 95 (1930), 157; aM Boeters JW 1926, 774.
214 BVerwG ZIP 1995, 1527, 1528; BGH NJW 2001, 1297, 1301: „Unvorhergesehene neue Beschäftigungsmöglichkeit".
215 RGZ 129, 140, 141; 149, 140 = JW 1936, 99 (mzustAnm Thomas); RG LZ 1923 Sp 316; RG JW 1928, 2321, 2813; RAG 20, 199 = JW 1939, 319; BGHZ 114, 120, 121; BGH WM 73, 385.
216 RGZ 114, 120, 121.
217 RG WarnR 1936 Nr 104.
218 RGZ 79, 271, 274; BGH WM 1995, 388; München NJW-RR 1994, 867, 868.
219 BGH NJW 1990, 703, 704; 1991, 1046, 1047; Karlsruhe MDR 2000, 1016, 1017: Sittenwidrigkeit einer notariellen Unterhaltsvereinbarung.
220 RG Recht 1911 Nr 2799: Bordellkauf; BGH NJW 1988, 1781, 1782; NJW 1982, 1981 f: bei wucherähnlichem Kreditgeschäft.

Ein Vergleich verstößt aber nicht schon dann gegen diese Bestimmungen, wenn Gegenstand des Streits oder der Ungewissheit die Frage war, ob ein Rechtsgeschäft gegen diese Bestimmungen verstieß. Auch ein solcher Streit (Ungewissheit) kann durch Vergleich bereinigt werden. Desgleichen die vergleichsweise Regelung der Rechtsfolgen eines nichtigen Grundgeschäftes[221]. Zur Frage, unter welchen Voraussetzungen im Übrigen der Vergleich über ein möglicherweise wucherisches Geschäft selbst **wucherisch** ist, vgl RG Recht 1927 Nr 2394, RGZ 156, 267; BGH NJW 1963, 1197; 1964, 1787. Bei Beurteilung des auffälligen Missverhältnisses zwischen Leistung und Gegenleistung, ist nicht die Höhe der beiderseits übernommenen Verpflichtungen, sondern das Ausmaß des beiderseitigen Nachgebens vom Standpunkt der Parteien aus maßgebend[222]. Abzustellen ist auf die subjektive Einschätzung der Parteien über die Sach- und Rechtslage[223]. Sittenwidrigkeit besteht dann, wenn ein Beteiligter nur einen vorgeschobenen, bewusst überhöhten Standpunkt eingenommen hat[224]. Zur Frage der Sittenwidrigkeit durch Bevorzugung eines Gläubigers bei einem außergerichtlichen Sanierungsvergleich s KG ZIP 1980, 963. Zur Nichtigkeit eines Vergleichs, durch den der Gesellschafter einer OHG für Lebenszeit die Ausübung seiner Gesellschafterrechte einem nicht weisungsgebundenen Treuhänder überträgt, vgl BGHZ 44, 158. Zur kollusiven Vereinbarung des Geschädigten und Schädigers zum Nachteil der Haftpflichtversicherung BGH VersR 1969, 733. Ein nach Beendigung des Arbeitsverhältnisses geschlossener Vergleich über den Erlass von Lohnfortzahlung ist nicht nach LFZG § 12, BGB § 134 unwirksam[225]. Nichtig ist dagegen ein vor Beendigung abgeschlossener Erlassvertrag. Gegen ein **vergleichsweise erteiltes Schuldanerkenntnis** kann eingewandt werden, dass das zugrunde liegende Rechtsgeschäft gegen ein gesetzliches Verbot verstoße und nichtig sei, wenn nicht die Parteien sich zulässigerweise gerade darüber verglichen haben, ob das Rechtsgeschäft nichtig war[226]. Ist nur ein Teil des Vergleiches nichtig, bestimmt sich dessen Wirksamkeit im Übrigen nach § 139[227].

45 b) **Anfechtung wegen Irrtums**. Für den Vergleich gilt grundsätzlich auch § 119, jedoch mit einer wichtigen **Einschränkung**: Ein Vergleich kann wegen Irrtums nicht angefochten werden, wenn die Partei über Punkte geirrt hat, die Gegenstand des Streits oder der Ungewissheit waren, welche die Parteien durch den Vergleich beseitigen wollten[228]. Inhalt des Vergleichs ist es gerade, dass den Parteien ein Zurückgreifen auf diese Punkte verwehrt wird. Durch den Vergleich übernimmt die Partei insoweit das **Irrtumsrisiko**[229]. Daher kann ein Vergleich über eine Nachlassforderung wegen Irrtums über die Unzulänglichkeit des Nachlasses nicht angefochten werden, wenn gerade die Unsicherheit in der Verwertbarkeit der Forderung beseitigt werden sollte[230]. Die Anfechtung kann aber auch nicht darauf gestützt werden, dass der andere Teil schon bei Abschluss des Vergleichs die Absicht gehabt habe, ihn nicht zu erfüllen, wenn er nur zur Erfüllung imstande war[231]. Haben die Parteien sich wegen einer Vermächtnisforderung über die Gültigkeit eines Testaments verglichen, so bildet ein Irrtum über die Höhe des Nachlasswertes keinen Anfechtungsgrund, weil es sich nicht um einen Irrtum über eine verkehrswesentliche Eigenschaft (§ 119 Abs 2) der Vermächtnisforderung handelt[232], sondern um einen unbeachtlichen Motivirrtum. Der Geschäftsherr kann einen Vergleich mit dem fristlos gekündigten Angestellten nicht deshalb anfechten, weil er nachträglich einen neuen Entlassungsgrund erfahren hat[233]. Liegt dagegen ein

221 BGH WM 1989, 1478, 1479; Brandenburg DtZ 1996, 323, 326.
222 BGHZ 51, 141, 143; BGH NJW 1964, 1787; NJW 1981, 811; 1999, 3113: Keine Sittenwidrigkeit, wenn Vergleich dem Inhalt nach aus Sicht der Parteien bei Abschluss als sachgerechte Beilegung des Streits erschien. Staud/Marburger (2002) Rz 76.
223 BGH NJW 1981, 811, 812; Larenz, SchuldR I[12] § 7 IV.
224 BGHZ 51, 143 f.
225 BAG NJW 1980, 2325; 1981, 1061, 1062.
226 RG Gruchot 67, 174.
227 BGH NJW 1988, 415, 416.
228 StRspr des RG: vgl RGZ 162, 198, 201 mNachw; BGH DB 1976, 141.
229 Celle NJW 1971, 145, 146; LG Bochum VRS 89, Bd 77, 246: zum unbeachtlichen Kalkulationsirrtum.
230 RG WarnR 1934 Nr 118.
231 RG Recht 1908 Nr 2921.
232 BGH LM Nr 2 zu § 779 = NJW 1952, 778.
233 Dresden OLG 38, 128.

Irrtum über den **Inhalt** der abgegebenen Vergleichserklärung selbst vor, wie zB die Tragweite der übernommenen Verbindlichkeit oder des Rechtsverzichtes, ist Anfechtungsrecht gegeben[234].

c) **Anfechtung wegen arglistiger Täuschung (§ 123)**. Sie unterliegt keiner Einschränkung. 46
Die Anfechtungsrechte bestehen auch dann, wenn sich der Irrtum auf den streitigen oder ungewissen Teil des alten Rechtsverhältnisses bezieht. Bei der arglistigen Täuschung begründet vielmehr auch eine Täuschung über die Vergleichsgrundlage die Anfechtung[235]. Denn der Täuschende kann sich gegenüber dem Getäuschten nach Treu und Glauben nicht darauf berufen, dass dieser sich durch die Neuregelung des Vergleichs des Rechts begeben habe, auf die streitigen oder ungewissen Punkte zurückzugreifen. Etwas anderes gilt allerdings, wenn der Vergleich gerade den durch eine angebliche arglistige Täuschung entstandenen Streit (Ungewissheit) bereinigen sollte. Denn dann fehlt es auf jeden Fall an dem nach § 123 erforderlichen ursächlichen Zusammenhang zwischen Täuschung und Abgabe der Willenserklärung[236]. Rechnete die getäuschte Partei damit, dass eine Täuschung vorliege, so ist der Kausalzusammenhang doch gegeben, wenn sich später Täuschungen in einem erheblich größeren Umfang ergeben[237]. Bei einem Vergleichsabschluss durch einen Vertreter gilt § 166 Abs 1. Bei einem Prozessvergleich kann § 166 Abs 2 zur Anwendung kommen, wenn die Partei im Termin anwesend war und der Prozessvertreter nach deren Weisung gehandelt hat[238].

d) **Anfechtung wegen Drohung**. Die Anfechtung eines Vergleichs wegen Drohung richtet sich 47
ohne Einschränkungen nach den allgemeinen Regeln[239]. Bei einer Drohung mit einer **Strafanzeige** handelt der Geschädigte nicht schon dann widerrechtlich im Sinne des § 123, wenn er keinen Anspruch auf den Vergleichsabschluss hat. Eine Drohung liegt dann vor, wenn er hinsichtlich des Bestandes der Forderung, zu deren vergleichsweiser Regelung er den anderen bestimmen will, bösgläubig ist[240]. Nach dem BGH[241] kann ein Vergleich auch wegen **Drohung von der Richterbank** her anfechtbar sein, wenn der Vorsitzende die Partei mit dem Hinweis zum Abschluss des Vergleichs bestimmt hat, dass sonst ein schon beratenes, für die Partei ungünstiges Urteil verkündet werde. Das Urteil vermag mit seiner gekünstelten Begründung nicht zu überzeugen: Das beanstandete Verhalten des Vorsitzenden war – wenn auch nicht nachahmenswert – weder eine Drohung – Ankündigung eines Übels, auf das der Ankündigende Einfluss zu haben vorgibt – noch rechtswidrig[242].

12. **Rechtsfolgen des nichtigen Vergleichs**. Die Nichtigkeit des Vergleichs **hat** in erster Linie 48
zur Folge, dass die Verfügung der Parteien über das streitige oder ungewiss gewordene Rechtsverhältnis, die jeder Vergleich enthält, von vornherein rechtsunwirksam war[243]. Die Nichtigkeit ist jedoch ausgeschlossen, soweit die Rechtsfolge eines Fehlens der Vergleichsgrundlage im Vergleich selbst geregelt ist[244]. Das alte Rechtsverhältnis besteht so weiter, wie es bis zum Vergleich war. Den Parteien ist nicht verwehrt, auf den alten Streit oder die alte Ungewissheit zurückzugreifen. Sind

234 BGH NJW 1983, 2034, 2035: betreff den Umfang einer Erledigungsklärung hinsichtl von Ansprüchen, die über den Streitgegenstand hinausgingen; München NJW-RR 1990, 1406.
235 BGH NJW 2004, 2111: Erteilung einer Aufenthaltsgenehmigung; BGH NJW 2000, 2497, 2498; BGH NJW 1999, 2804, 2805: Anfechtung eines Unterhaltsabfindungsvergleichs wegen Verschweigens einer Geldzuwendung; DB 1976, 141.
236 KG OLG 34, 85; Hamburg MDR 1953, 422; Frankfurt/M NJW-RR 1995, 145, 146; LG Giessen NJW-RR 1996, 11, 12: Schadensersatz wegen vorgetäuschtem Eigenbedarf bei Räumungsvergleich.
237 BGH LM Nr 4 zu § 123 = BB 1953, 184; BGH WM 1975, 1279 = DB 1976, 141.
238 BGHZ 51, 141, 145 ff; BGH NJW-RR 1986, 1258: bei Täuschung über Höhe der Einkünfte für nachehelichen Unterhalt.
239 BGH NJW 1981, 811, 813.
240 RGZ 112, 226, 228.
241 NJW 1966, 2399 (mablAnm Schneider u zust Anm Ostler).
242 Gegen das Urteil auch: Arndt NJW 1967, 1585; Wenzel NJW 1967, 1587; Staud/Marburger (2002) Rz 82. MünchKomm[4]/Habersack Rz 61 Fn 301.
243 BGH NJW 2000, 2497, 2498; NJW-RR 1994, 434, 435; Bork, Der Vergleich S 359; Larenz, SchuldR I[12] § 7 IV.
244 BGH WM 1971, 1120; MünchKomm/Habersack Rz 71; Staud/Marburger (2002) Rz 69.

aufgrund des Vergleichs Leistungen erbracht, so entbehren sie des rechtlichen Grundes und können kondiziert werden (§ 812 Abs 1 Satz 1). Die Erfüllung des Vergleichs heilt grundsätzlich die Nichtigkeit nicht[245], unbeschadet der Möglichkeit einer Bestätigung nach § 141, etwa wegen vorbehaltloser Zahlung trotz Kenntnis der Anfechtbarkeit[246].

49 13. **Wegfall der Geschäftsgrundlage (§ 313); unzulässige Rechtsausübung**. Soweit die Voraussetzungen des § 779 nicht gegeben sind, kann in Sonderfällen der Wegfall oder das Fehlen der Geschäftsgrundlage dem Festhalten am Vergleich entgegenstehen[247]. Dieser allgemeine Rechtsgrundsatz greift im Wesentlichen dann, wenn **nachträglich** eine Grundlage des Vergleiches entfällt[248]. Bei anfänglichen Störungen der Vergleichsgrundlagen ist in der Regel die Sonderregelung des § 779 anwendbar. Geschäftsgrundlage können dabei die gemeinschaftlichen Vorstellungen beider Vertragsteile oder die erkennbaren und unbeanstandet hingenommenen Vorstellungen einer Vergleichspartei über die künftige Rechtslage[249], die Änderung der Rechtsprechung[250], die künftige Entwicklung der Schadensregulierung[251] oder der zukünftige Eintritt von Tatsachen[252] sein. Hierzu sind ferner die Fälle beiderseitigen Rechtsirrtums zu zählen, wenn der Rechtsirrtum zu einer beachtlichen Verkürzung der vergleichsweise geregelten Leistung geführt hat[253]. Die Erhebung des Einwandes des Fehlens oder Wegfalls der Geschäftsgrundlage hat nicht ohne weiteres zur Folge, dass der Vertrag im Ganzen hinfällig wird[254]. Es bedarf vielmehr der Prüfung anhand der gesamten Umstände des Falles, ob und inwieweit sich das Festhalten des einen Vertragsteils an dem Vertrag durch den anderen Vertragsteil als ein Verstoß gegen Treu und Glauben darstellt[255]. Dabei kann es auch von Bedeutung sein, ob die Vertragsschließenden bei verständiger Würdigung des Falles ohne den gemeinsamen Irrtum sich nicht in gleicher Weise geeinigt hätten[256]. Es gilt aber auch hier die Einschränkung, dass die maßgeblichen Umstände nicht zum **Inhalt** des Vergleichs gehören dürfen, und damit **dem übernommenen Risiko** zuzurechnen sind[257]. Der Vergleichsinhalt ist mithin zunächst durch Auslegung zu ermitteln. Enthält eine Sanierungsvereinbarung keinen konkreten Sanierungsvorschlag über die Fortführung wesentlicher Betriebsteile, obwohl wiederholt vom „Going Concern" die Rede ist, so kann dieser Umstand auch keine Geschäftsgrundlage des Vergleichs sein. Die Einigung auf der unsicheren Basis ermittelter und geschätzter Werte des zu sanierenden Konzerns führt nicht zur Unwirksamkeit[258]. Zur Abgrenzung zwischen der Auslegung und der Geschäftsgrundlage des Vergleichs BGH LM Nr 24 zu § 779; BGH MDR 1968, 225.

245 RGZ 79, 240.
246 Koblenz FamRZ 1983, 720; MünchKomm/Habersack Rz 66; Staud/Marburger, 2002, Rz 83.
247 BGH VersR 1965, 450; WM 1985, 32, 33; 1995, 388, 389; NJW-RR 1994, 434, 435; BGH LM Nr 2, 14, 24 zu § 779; NJW 2000, 2497, 2498; BAG NJW 2001, 1297, 1300; LAG Hamm MDR 2003, 713, 714. Köln NJW 1994, 3236; Bork, Der Vergleich 376 ff.
248 BGH NJW 2000, 2497, 2498: Transportversicherung, BAG NJW 2001, 1297, 1300: Nachträgliche Beschäftigungsmöglichkeit, VGH München NVwZ 2000, 1310, 1311: Lärmbelästigung.
249 RGZ 127, 296 302; BGH LM Nr 5 zu § 400; Saarbrücken NZV 1997, 271.
250 BGHZ 58, 351, 361; BGH NJW 2001, 3618, 3620: Prozessvergleich über nachehelichen Unterhalt; Stuttgart NJW 2002, 1354, 1355: Änderung eines Unterhaltsvergleichs. Schleswig-Holstein BKR 2006, 158: Treuhändervollmachten.
251 BGH LM Nr 31 zu § 779.
252 BGH NJW 1985, 1835, 1836: die Geburt eines Kindes bei nachehelichem Unterhalt der ursprünglich kinderlosen Ehe; AG Euskirchen FamRZ 1986, 1092: die Aufhebung eines Steuerbescheides kann die Geschäftsgrundlage eines auf diesen Bescheid aufbauenden Ehescheidungsfolgenvergleiches entfallen lassen.
253 BGHZ 58, 335, 361; BGH MDR 1982, 664; 1975, 149 u 487.
254 BGH NJW 1984, 1746; zur Anpassung an die veränderte Sachlage Köln NJW 1994, 3236, 3237; BGH NJW 1994, 3236, 3237; Hamm NJW-RR 2006, 65.
255 RGZ 152, 403, 404; s auch BGH LM Nr 14 zu § 779; WM 1964, 543, 547; WM 1966, 815; 1967, 315; krit gegenüber dieser Rspr Larenz, Geschäftsgrundlage und Vertragserfüllung, 1963^3; Hamm NJW-RR 1997, 1429: keine Berufung auf Wegfall der Geschäftsgrundlage möglich, wenn der Prozessbevollmächtigte nicht auf Korrektur einer vom Gericht unzutreffend dargestellten Rechtsfrage hinwirkt.
256 RG JW 1937, 3308.
257 BGH VersR 1961, 362: betr Abfindungsvergleich.
258 LG Frankfurt/M ZIP 1993, 1324.

In dem Festhalten an einem zustande gekommenen Vergleich kann, wenn die Voraussetzungen des § 779 nicht vorliegen, uU eine unzulässige Rechtsausübung (§ 242) erblickt werden. Dies entspricht der ständigen Rechtsprechung zum Begriff des Rechtsmissbrauchs[259]. Hieran sind strenge Anforderungen zu stellen. Bei einem **Abfindungsvergleich** wird dieser Einwand bei einem krassen Missverhältnis[260] zwischen Abfindungsleistung und Schaden zugelassen. Ein Festhalten am Vergleich muss für den Geschädigten eine solch außergewöhnliche Härte bedeuten, dass die Opfergrenze überschritten ist[261]. Teilweise wird von der Rechtsprechung im Wege der Auslegung eine Kompensation zB durch Nachforderung zugelassen[262]. Die Anpassung eines Vergleiches über eine Unterhaltsschadensrente wird vom BGH[263] dann zugelassen, wenn infolge des Geldwertschwundes der Versorgungszweck nicht mehr erfüllt ist. Ist in einem Vergleich eine Verfallklausel enthalten, dann liegt noch keine treuwidrige Wahrnehmung einer formalen Rechtsposition in der Geltendmachung der gesamten Forderung bei geringfügigem Überschreiten des Zahlungstermins[264]. Ebenso verstößt der Gläubiger nicht gegen Treu und Glauben, wenn er sich auf die Verfallklausel beruft, weil der Schuldner die letzte Rate von 4 % der Vergleichssumme am Verfalltage schuldhaft nicht gezahlt hat[265]. **50**

14. **Der Prozessvergleich**. – a) **Begriff, Rechtsnatur**. Eine Begriffsbestimmung ist in ZPO § 794 Abs 1 Nr 1 enthalten[266]. Im Gegensatz zum außergerichtlichen Vergleich liegt danach ein Prozessvergleich vor, wenn zwischen den Parteien eines anhängigen Verfahrens oder zwischen einer Partei und einem Dritten eine Einigung über den Streitgegenstand vor einem deutschen Gericht (bzw anerkannter Gütestelle) zur Beilegung des Rechtsstreits seinem ganzen Umfange nach oder hinsichtlich eines Teils des Streitgegenstands (Teilvergleich) herbeigeführt wird[267]. Damit ist der Prozessvergleich begriffsnotwendig darauf gerichtet, einen anhängigen Rechtsstreit ganz oder teilweise zu beenden. Neben dieser **verfahrensbeendigenden** Wirkung bildet er einen **Vollstreckungstitel**, aus dem bei vollstreckungsfähigem Inhalt die Zwangsvollstreckung stattfindet[268]. Bereits hieraus folgt, dass der gerichtlich abgeschlossene Vergleich eine Doppelnatur hat, eine **verfahrensrechtliche**, welche die Beendigung des anhängigen Rechtsstreits herbeiführt und eine **materiellrechtliche**, die sich auf die Regelung der streitigen Ansprüche bezieht. Aufgrund dieser materiellrechtlichen und prozessualen Hauptwirkungen ist der Prozessvergleich nach herrschender Meinung ein doppelfunktioneller Vertrag: **Prozessvertrag** und **privat-** bzw **öffentlichrechtlicher Vertrag**[269]. **51**

259 RGZ 152, 403, 404 mNachw = JW 1937, 678 (mAnm Herschel); RGZ 153, 356; RG JW 1937, 2189; BGH LM Nr 2 zu § 779 = NJW 1952, 778; HRR 1938 Nr 801; LM Nr 7 zu ZPO § 301 = NJW 1958, 1540; LM Nr 14 zu § 779 = NJW 1959, 2109.

260 BGHZ 40, 334, 347; BGH NJW 1957, 1395; dazu Knütel JuS 1981, 875.

261 RGZ 131, 278, 282; BGH VersR 1966, 243; BGH VersR 1967, 804; Hamm NVwZ 2000, 127, 128.

262 BGH VersR 1966, 243; Köln VersR 1988, 520; ablehn BGH NJW 1991, 1535; NJW 1984, 115; Frankfurt/M DAR 1993, 147; VRS 1993, 162; Koblenz VersR 1996, 232; AG Leutkirch MDR 1990, 245: zum Maßstab der Verteilung des Differenzbetrages von verglichenem und tatsächlichen Schaden.

263 BGHZ 103, 243, 247.

264 BGH NJW 1980, 1043.

265 BGH NJW 1981, 2686.

266 Weitere Regelungen sind enthalten in ZPO §§ 794a zur Gewährung von Räumungsfristen bei Vergleich über Räumung; ZPO § 160 Abs 3 Nr 1: Protokollpflicht; ZPO § 492 Abs 3: zum Prozessvergleich in selbstständigen Beweisverfahren; ZPO § 118 Abs 1 Satz 3: in Prüfungsverfahren Prozesskostenhilfe.

267 Zur Güteverhandlung nach ZPO § 278 Abs 2 s Kaufmann MDR 2004, 1035. S aber: ZPO §§ 525 Satz 2, 555 Abs 1.

268 Koblenz NJW-RR 2002, 1509, 1510. LAG Düsseldorf MDR 2003, 1380: Die Verpflichtung „sämtliche Baustellen und Aufträge, an denen der Kläger mitgewirkt hat, nachvollziehbar hinsichtlich des Gewinns abzurechnen", hat keinen vollstreckungsfähigen Inhalt.

269 BGHZ 41, 310, 311; 79, 71, 74; 86, 184, 186; BGH NJW 2000, 1942, 1943; BVerwG NJW 1994, 2306, 2307; BGH NJW-RR 2006, 644; NJW 2005, 3876; LAG Hamm MDR 2003, 713, 714; BSG 1989, 2565. Teilweise wird im Prozessvergleich eine reine Prozesshandlung gesehen, zB Baumbach/Lauterbach ZPO[55] Anh § 307 Rz 3 ff, oder nur privatrechtlicher Vertrag, der vor dem Prozessgericht abgeschlossen wird zB Esser, Festschr für Lehmann S 713, 720 ff; Häsemeyer ZZP 108 (1995), 289 ff nimmt die Doppelnatur auch für den außergerichtlichen Vergleich an.

Durch die Bejahung der Doppelnatur des Prozessvergleichs sind freilich die rechtlichen Schwierigkeiten noch nicht gelöst. Diese Qualifizierung besagt lediglich, dass ein Prozessvergleich nur wirksam ist, wenn sowohl die prozessualen als auch die materiellrechtlichen Voraussetzungen vorliegen. Es ist daher für jede einzelne Frage zu klären, ob sie sich nach den Vorschriften der ZPO über die Prozesshandlung oder nach den Vorschriften des BGB über das Rechtsgeschäft beantwortet. Als materiellrechtlicher Vergleich muss auch der Prozessvergleich die dargelegten Voraussetzungen des § 779 erfüllen[270]. Die Voraussetzung des gegenseitigen Nachgebens ist allerdings praktisch von geringer Bedeutung, weil das Nachgeben materieller und prozessualer Art sein kann. Auf prozessualer Ebene reicht die Aufgabe einer verfahrensrechtlichen Möglichkeit aus, wie der Verzicht auf eine rechtskraftfähige Entscheidung[271]. Es ist nicht gegeben bei Klagerücknahme mit Einwilligung des Beklagten[272]. Auch für den Prozessvergleich gelten die Vorschriften der §§ 104–185 über Rechtsgeschäfte, insbesondere die Vorschriften über die Geschäftsfähigkeit, die Anfechtung wegen Willensmängeln, die Auslegung[273] und die Vertretung. Die Auslegung eines Prozessvergleichs ist nur im selben Umfang revisibel wie die Auslegung eines Individualvertrages[274]. Als Prozesshandlung muss der Prozessvergleich den Anforderungen des Prozessrechts hinsichtlich der Form entsprechen. Hierher gehört in erster Linie die formgerechte Protokollierung des Vergleichs (ZPO § 160 Abs 3 Nr 1). Die Verletzung dieser Form führt zur Unwirksamkeit, schafft keinen Titel und beendet nicht den Rechtsstreit[275]. Daneben müssen die Beteiligten prozessfähig und gegebenenfalls postulationsfähig sein.

52 b) **Anwendungsbereich**. Prozessvergleiche haben nicht nur im Verfahren der **streitigen Zivilgerichtsbarkeit** erhebliche Bedeutung, sondern sind mit Ausnahme der FGO in allen Verfahrensordnungen anerkannt, soweit die Parteien über den Vergleichsgegenstand verfügen können: vor den **Arbeitsgerichten** (ArbGG §§ 54, 57 Abs 2); vor den **Verwaltungsgerichten** (VwGO §§ 106, 168 Abs 1 Nr 3); vor den **Sozialgerichten** (SGG §§ 101, 195, 199 Abs 1 Nr 1). Möglich sind Prozessvergleiche auch im Rahmen der **freiwilligen Gerichtsbarkeit**, jedenfalls bei sog echten Streitsachen[276] wie Landwirtschaftssachen vor den Landwirtschaftsgerichten[277], Wohnungseigentumssachen (WEG § 44) oder Hausratssachen (HausratsVO § 13 Abs 2). In **schiedsrichterlichen** Verfahren ist ein Vergleich gem ZPO § 1053, im **Strafprozess** im Adhäsionsverfahren nach StPO § 403 ff und im **Privatklageverfahren** gem StPO § 374 ff möglich[278]. Einen Vollstreckungstitel bildet auch der sog Anwaltsvergleich[279], ZPO § 796 a, und Schuldenbereinigungsplan InsO §§ 305 Abs 1 Nr 4, 308 Abs 1 Satz 2[280].

53 c) **Verfahrensarten und -stadien**. Prozessvergleiche sind ferner in allen Verfahrensarten und Verfahrensstadien zulässig: so im Zwangsvollstreckungs- bzw Versteigerungsverfahren[281], bei Verfahren in Baulandsachen[282] nach BauGB §§ 217, 231, in Kostenfestsetzungsverfahren, im Arrestprozess[283], im Verfahren der einstweiligen Verfügung[284], im Prozesskostenhilfeverfahren[285], im Erbscheinsverfahren über die Rücknahme von Anträgen und die Verteilung des Nachlasses[286] wie

270 S oben Rz 8 ff; Hamm NJW-RR 2006, 65.
271 München NJW 1965, 1026; Stein/Jonas/Münzberg ZPO[21] § 30 Rz 162 a.
272 BAGE 6, 251; München MDR 1985, 327.
273 BAG NJW 2005, 524; DB 2006, 1433.
274 BGH MDR 1968, 576; aM BAG MDR 1983, 1053, das unbeschränkte Auslegungsfähigkeit im Hinblick auf die Rechtsnatur der Erklärungen bejaht.
275 BGHZ 14, 381, 398; 16, 388, 390; BAGE 8, 228, 232; BVerwG NJW 1993, 1940, 1941.
276 Esser, Festschrift für H Lehmann II S 275; P Bonin, Der Prozeßvergleich S 171; Pawlowski/Smid, Freiwillige Gerichtsbarkeit, 1993[2], Rz 45.
277 BGHZ 14, 381.
278 LG Kassel NJW 1951, 373; Pecher NJW 1981, 2170; BGH NJW 1974, 900.
279 Köln NJW 1997, 1450, im Einzelnen hierzu Rz 71.
280 LG Hannover NZI 2004, 389; Hamburg NJW-RR 1994, 1408.
281 RGZ 165, 162 ff; LG Itzehoe SchlHA 1996, 138, 139; Hornung Rpfleger 1972, 211. Stein/Jonas/Münzberg ZPO[21] § 794 Rz 18.
282 München MDR 1976, 150.
283 BGH NJW-RR 1991, 1021; KG Rpfleger 1978, 389.
284 BGH NJW-RR 1991, 1021: Vergleich im Arrestverfahren.
285 Hamburg FamRZ 1988, 1299. ZPO § 118 Abs 1 Satz 3 vergl dazu Bethke NJW 1993, 2728; Rosenberg/Schwab/Gottwald, ZivilprozessR[15] § 131 I 2.
286 Stuttgart MDR 1984, 403.

auch im Beweissicherungsverfahren. Zulässig sind sie in allen **Verfahrensstadien** (Rechtsmittelinstanz, nach Einspruch gegen Versäumnisurteil), sofern die Sache anhängig ist, ohne Rücksicht darauf, ob die jeweiligen Prozessvoraussetzungen gegeben sind, wenn nur die Prozesshandlungsvoraussetzungen vorliegen und ein mündlicher Verhandlungstermin stattfindet. Prozessvergleiche sind daher möglich, wenn die Klage nicht ordnungsgemäß oder verspätet erhoben wurde, wenn der Rechtsweg nicht gegeben ist, das Gericht sachlich und örtlich unzuständig ist[287] oder nicht ordnungsgemäß besetzt ist[288]. **Nach rechtskräftiger Erledigung** des Verfahrens, dh nach Ablauf der Rechtsmittelfrist ist ein Prozessvergleich **nicht** mehr möglich. So ist ein vor dem Scheidungsgericht nach Rechtskraft des Scheidungsurteils geschlossener Unterhaltsvergleich kein Prozessvergleich[289].

d) **Beteiligte des Prozessvergleichs**. Vertragsschließende des Prozessvergleiches sind zu- 54
nächst die Parteien des Verfahrens. Ein Dritter kann in den Vergleich durch förmlichen Beitritt einbezogen werden. Ist er dagegen nicht beigetreten, entfaltet der Vergleich aber trotzdem Wirkung zu seinen Gunsten, § 328, bildet er keinen Vollstreckungstitel[290]. Zugunsten des nicht beigetretenen begünstigten Dritten kann aber die mitbegünstigte Partei vollstrecken[291].

e) **Form des Prozessvergleichs**. Der Prozessvergleich muss den Voraussetzungen des Pro- 55
zessrechts genügen. Nach ZPO § 160 Abs 3 Nr 1 ist der Vergleich in vollem Wortlaut in das Protokoll über die mündliche Verhandlung aufzunehmen[292]. Nach ZPO § 162 ist das Protokoll den Beteiligten vorzulesen oder zur Durchsicht vorzulegen und, dass dies geschehen ist, im Protokoll zu vermerken[293]. ZPO § 163 schreibt zwingend die Unterschrift des Richters und des etwa mitwirkenden Protokollführers vor. Hat ein Vorsitzender nicht unterschrieben und ist er später an ein anderes Gericht versetzt, kann er die Unterschrift nicht mehr nachholen[294]. Die Verletzung wesentlicher Protokollierungsvorschriften, insbesondere auch ZPO § 162, macht den gerichtlichen Vergleich als solchen unwirksam[295]. Mithin beendet er nicht den Rechtsstreit und schafft auch keinen Vollstreckungstitel. Dieser Grundsatz gilt nicht für den Vergleich vor dem Verwaltungsgericht, VwGO § 106 Satz 2[296].

Die **formelle Unwirksamkeit** hat **nicht** notwendig die **Ungültigkeit der materiell-rechtli- 56
chen Vereinbarung zur Folge**; unter Umständen kann ein außergerichtlicher Vergleich angenommen werden[297], wenn die wirksame gerichtliche Protokollierung gem § 154 Abs 2 nicht konstitutiv ist[298]. Der Vergleich kann auch vor einem beauftragten oder ersuchten Richter geschlossen werden, ferner vor dem Rechtspfleger gemäß RPflG § 20 Nr 4 a, ZPO § 181 Abs 1 Satz 3 Halbsatz 2[299]. Vor dem Landgericht und vor allen Gerichten des höheren Rechtszugs herrscht auch für den Vergleichsabschluss, weil er Prozesshandlung ist, Anwaltszwang (ZPO § 78)[300]. Dies gilt auch,

287 BGH LM Nr 33 zu ZPO § 794 Abs 1 Nr 1.
288 BGHZ 35, 309, 310ff; BAG AP Nr 18 zu ZPO § 794 (mAnm Grunsky).
289 BGHZ 15, 190, 195.
290 BGH FamRZ 1980, 342; Zweibrücken FamRZ 1979, 174, 175; Köln FamRZ 1983, 87, 88; Köln Rpfleger 1985, 305; Oldenburg FamRZ 1991, 720. Stein/Jonas/Münzberg ZPO § 794 Rz 36.
291 Vgl hierzu § 1629 Abs 3, BGH NJW 1983, 2200.
292 Einschränkend Oldenburg MDR 1997, 781. BGH NJW 2002, 3712; Bamberger/Roth/Schwertfeger, 2003, Rn 76.
293 LG Braunschweig MDR 1975, 322; LG Essen MDR 1975, 937.
294 Stuttgart NJW 1976, 1100.
295 BGHZ 16, 388, 390; BAGE 8, 228, 232; BVerwG NJW 1993, 1940, 1941; aA Celle NJW 1965, 1970; Oldenburg MDR 1958, 850; KG Rpfleger 1973, 325: bei Fehlen des Verlesens- und Genehmigungsvermerks; Frankfurt/M FamRZ 1980, 907: Ein Verzicht auf Beachtung dieser Vorschriften ist unwirksam; Stein/Jonas/Münzberg ZPO[21] § 794 Rz 27 mweitNachw.
296 S dazu auch BVerwG NJW 1993, 2193; Lüke NJW 1994, 233.
297 BGH NJW 1985, 1962; BAG NJW 1960, 1364; KG FamRZ 1984, 284 zur materiell-rechtlichen Auswirkung eines mangels Verlesung unwirksamen Prozessvergleichs über Unterhalt in einer Scheidungssache.
298 Schleswig MDR 1984, 51 ua auch zu der Frage, dass in der fernmündl Vereinbarung der Prozessbevollmächtigten zur Protokollierung eines Vergleichs im Zweifel noch nicht der Abschluss eines außergerichtlichen Vergleichs liegt.
299 BAG BB 2004, 276: Zuständigkeit des Rechtspflegers für die Erteilung der Vollstreckungsklausel bei Vergleichen.
300 Die hM bejaht den Anwaltszwang (ZPO § 78 Abs 1): BGH NJW 1991, 1743, Hamm NJW

wenn der Vergleich vor einem beauftragten oder ersuchten Richter geschlossen wird[301]. Streitig ist auch, ob die anwaltsfreie Vergleichsprotokollierung vor dem **Einzelrichter** möglich ist[302]. Tritt ein Dritter dem Prozessvergleich bei, unterliegt er nicht dem Anwaltszwang[303]. Die **Unzuständigkeit des Gerichts** beeinträchtigt die Rechtswirksamkeit des Vergleichs dagegen nicht[304], ebenso wenig die nicht ordnungsgemäße Besetzung der Richterbank[305].

57 f) **Die Vergleichsform als Ersatzform.** Die Form des gerichtlichen Vergleichs ersetzt jede für ein Rechtsgeschäft (auch einseitige Willenserklärung) vorgeschriebene Form[306], insbesondere also die Schriftform (§ 126 Abs 3), die notarielle Beurkundung (§§ 127 a, 128) und die öffentliche Beglaubigung (§ 129 Abs 2). Für die Auflassung bestimmt § 925 Abs 1 Satz 3 ausdrücklich, dass sie auch in einem Prozessvergleich erklärt werden kann[307]. Streitig ist, ob die Auflassung Gegenstand eines Widerrufsvergleichs sein kann[308].

Auch dem Erfordernis des Abschlusses eines Vertrages bei „gleichzeitiger Anwesenheit beider Teile" (§§ 925, 2276, 2290) genügt der Prozessvergleich, weil auch er nur bei gleichzeitiger Anwesenheit beider Parteien zustande kommen kann. Er ist den Erklärungen, die vor einer Behörde abgegeben werden müssen, gleichwertig, es sei denn, dass die Behörde zur Entgegennahme der Erklärungen ausschließlich zuständig ist. Ist im Gesetz (zB § 2347 Abs 2 Erbverzicht) bestimmt, dass ein Beteiligter eine Willenserklärung nur persönlich, also nicht durch einen Vertreter abgeben kann, so muss, soweit Anwaltszwang besteht, neben dem Anwalt die Partei persönlich anwesend sein[309]. Die Einhaltung der Form des Vergleichs ersetzt diese Voraussetzung, die kein Formerfordernis ist, nicht[310]. Gleiches gilt für die Errichtung eines eigenhändigen Testamentes[311].

58 g) **Gegenstand und Beteiligte. Gegenstand** eines Prozessvergleichs kann – wie bei jedem anderen Vergleich – ein Rechtsverhältnis sein, soweit die Parteien darüber verfügen können[312]. Andererseits beschränkt das Prozessrecht die Möglichkeit eines Prozessvergleichs nicht auf den Streitgegenstand. Gegenstand des Vergleiches kann ein abgrenzbarer Teil sein, soweit er einem Teilurteil, ZPO § 301, zugänglich ist. Der Vergleich kann aber auch über den Streitgegenstand hinausgehen und prozessfremde Angelegenheiten einbeziehen[313]. Allerdings darf er nicht ohne je-

1975, 1709; Köln 1979, 2317; offen gelassen BGHZ 5, 251, 258; 86, 161, 163. Lindacher, Festgabe BGH S 267; Esser, Festschr für Lehmann S 719, 732; Bonin, Der Prozessvergleich S 76 ff. ergänzen. Werden in einem Prozessvergleich Ansprüche aus anderen Rechtsstreitigkeiten mitverglichen, kann der eine Partei in beiden Prozessen vertretene Rechtsanwalt keine weitere halbe Differenzprozessgebühr geltend machen: Nürnberg MDR 2004, 1263; LAG Nürnberg MDR 2001, 1079; KG NJW-RR 1999, 294, 295; aA München MDR 1999, 704, 705; KG MDR 2000, 1458, 1459). Zur Vergleichsgebühr s Koblenz MDR 2004, 356.

301 Zöller/Vollkommer ZPO[24] § 78 Rz 46; Münch Komm/Habersack Rz 78. AA Düsseldorf NJW 1975, 2298 (mzustAnm Jauernig).

302 Bejahend: Celle Rpfleger 1974, 319; Hamm NJW 1972, 1998; Hamm 1975, 1709; aA Koblenz NJW 1971, 1043; mit Recht verneinend: Stuttgart JurBüro 1976, 91; Stein/Jonas/Leipold ZPO[21] § 78 IV 4 mit der Begründung, dass nach der ZPO – Novelle vom 1. Januar 1975 – der zur Streitentscheidung berufene Einzelrichter das Kollegialgericht repräsentiert; zur Unzulässigkeit der Umgehung des Anwaltszwangs, wenn sich der Einzelrichter selbst zum Güteversuch bestellt, Köln NJW 1972, 2317.

303 BGHZ 86, 160 ff; aA Köln NJW 1961, 786.

304 BGH LM Nr 33 zu ZPO § 794 Abs 1 Nr 1.

305 Hilfsrichter als Vorsitzender: BGHZ 35, 309; dazu aber auch Esser, Festschr für H Lehmann S 730: Der Richter darf nicht Beteiligter im Sinne von FGG §§ 6, 170, 171 sein.

306 BGHZ 14, 381, 386 = NJW 1954, 1886; Oldenburg MDR 1997, 781; Baumbach/Lauterbach ZPO[55] § 307 Anhang (unter 5). Staud/Marburger (2002) Rz 104.

307 Desgl bei einem vor dem VerwGericht geschlossenen Prozessvergleich, BVerwG NJW 1995, 2179.

308 Mit Recht bejahend Soergel[11]/Baur § 925 Rz 39; verneinend Celle DNotZ 1957, 660.

309 BayObLG NJW 1965, 1276.

310 RGZ 48, 183, 190.

311 BGH DB 1959, 790; Breetzke NJW 1971, 178 ff, 1685 ff.

312 Vgl VwGO § 106, SGG 101.

313 BGHZ 14, 381, 387; 35, 309, 316; BGH NJW 1999, 2806, 2808: Grundstücksverkehrsgenehmigung; Hamm, NJW-RR 1994, 1551, 1552 zur Einbeziehung einer Schiedsgutachterabrede; Oldenburg VersR 1992, 377.

den Zusammenhang mit ihm sein, weil er dann nicht geeignet wäre, den Rechtsstreit ganz oder teilweise beizulegen[314].

Zum Gegenstand des Vergleichs können auch Streitigkeiten gemacht werden, über die vor demselben Gericht oder vor anderen Gerichten weitere Verfahren anhängig sind (sog **Gesamtvergleiche**[315]). Der Abschluss des Gesamtvergleiches hat für die anderen Verfahren keine unmittelbare prozessbeendende Wirkung. Für deren formale Beendigung bedarf es der Vornahme weiterer geeigneter Prozesshandlungen[316]. Dass auch **dritte Personen**, die nicht Partei sind, dem Prozessvergleich beitreten können, ergibt sich unmittelbar aus ZPO § 794 Abs 1 Nr 1. ZPO § 265 regelt, dass es auf den Prozess keinen Einfluss hat, wenn eine Sache nach Rechtshängigkeit veräußert oder eine Forderung abgetreten wird. Da die Partei nach ZPO § 265 zu sämtlichen Prozesshandlungen befugt ist, kann auch ein Prozessvergleich mit verfahrensbeendender Wirkung geschlossen werden[317]. 59

h) **Vergleich unter einer Bedingung und auf Widerruf**. Der Vergleich kann unter einer **Bedingung** und auf **Widerruf** abgeschlossen werden; der befristete „Widerrufsvorbehalt" ist in der Praxis sehr gebräuchlich, vor allem um Anwälten die Möglichkeit zu geben, das Einverständnis ihres abwesenden Mandanten einzuholen, oder um den anwesenden Parteien eine Überlegungsfrist einzuräumen. Welchen Inhalt der Widerrufsvorbehalt hat, ist durch Auslegung zu ermitteln. In der Regel ist der Widerrufsvorbehalt nicht als ein vereinbartes Rücktrittsrecht[318], auch nicht als Vereinbarung einer auflösenden Bedingung[319], sondern als Vereinbarung einer **aufschiebenden** Bedingung anzusehen[320]. Dies entspricht der Interessenlage der Parteien, weil sie die Wirksamkeit erst eintreten lassen wollen, wenn der Vergleich innerhalb der Frist nicht widerrufen wurde, aber auch der Rechtssicherheit, weil sonst die Rückabwicklung bereits getätigter Verfügungen notwendig würde[321]. Die Widerrufserklärung ist eine empfangsbedürftige Willenserklärung, die mit Zugang wirksam wird. Es unterliegt der Bestimmung der Parteien und ist im Zweifel eine Frage der Auslegung, wie und wem gegenüber der Widerruf zu erklären ist[322]. Ist im Vergleich nichts anderes darüber bestimmt, so ist eine Erklärung des Widerrufs gegenüber dem Gericht oder dem Vergleichsgegner zulässig[323]. Die Parteien haben sich in einem solchen Fall das Gericht wie auch den Vergleichsgegner als Adressat offen gehalten[324]. Im Interesse der Rechtssicherheit sollte eine eindeutige Regelung über den Erklärungsgegner getroffen werden[325]. 60

Bestimmt der Vergleich nicht, in welcher Weise der Widerruf dem Gericht gegenüber zu erklären ist, so kann der Widerruf formfrei erklärt werden[326]. Wirksam ist der Widerruf mittels Telefax, bei Schriftformvereinbarung muss die Kopiervorlage vom postulationsfähigen Anwalt un- 61

314 Vgl RG JW 1925, 773 (mAnm Endemann): „vernünftiger, innerer Zusammenhang"; BGHZ 14, 381, 393; BGHZ 35, 309 = NJW 1961, 1817: „wenn die Parteien die Regelung des Prozessgegenstandes von der Regelung jenes anderen Punktes abhängig machen und umgekehrt"; aA Staud/Marburger (2002) Rz 96.
315 BGH NJW 1983, 2034; BAG NJW 1982, 788. Zöller/Stöber ZPO § 794 Rz 15 b.
316 RGZ 78, 286, 290; MünchKomm/Habersack Rz 81; Bonin, Der Prozeßvergleich S 36; Esser, Festschr für Lehmann S 723. Pecher ZZP 97 (1984), 139, 147 ff; aA BAG NJW 1982, 788.
317 BGH NJW-RR 1987, 307; BGH NJW 1989, 39, 40.
318 Vgl Rosenberg/Schwab, ZivilprozessR[15] § 132 III 2 i.
319 So Wolff AcP 88 (1898), 153 ff.
320 So BGH NJW 1984, 312; BGHZ 46, 277, 279; BGHZ 88, 364, 366; NJW-RR 1989, 1214, 1215; Frankfurt/M NJW-RR 1996, 14, 15; BAG MDR 2004, 237; Boekelmann, Festschr für Weber, 1975, S 103; Bergerfurth NJW 1969, 1797.
321 BGH NJW 1984, 312.
322 BGH NJW 1980, 1752, 1753; BAG NJW 1998, 2844, 2845; Koblenz MDR 1997, 883; München NJW 1992, 3042, 3043.
323 BGH NJW 2005, 3576, 3577; Koblenz MDR 1997, 883; MünchKomm/Habersack Rn 83.
324 RGZ 161, 253, 255; Bergerfurth NJW 1967, 1797, 1798: Lindacher, Festgabe BGH S 269; Bonin, Der Prozeßvergleich S 50; Staud/Marburger (2002) Rz 106; dagegen nur an den *Gegner:* BVerwGE 10, 110, 111; nur an das *Gericht:* BVerwGE 92, 29, 32; OVG Lüneburg NJW 1992, 3253, 3254; durch Auslegung an Gericht: München NJW 1992, 3042, 3043; BAG NJW 1998, 2844, 2845; BSG NJW 1966, 125. Offen gelassen BGH NJW 2005, 1429.
325 Düsseldorf NJW-RR 87, 255, 256.
326 BAG NJW 1960, 1364, 1365.

terschrieben sein. Für den Widerruf „durch einfache Anzeige zu den Gerichtsakten" kann uU auch ein Anwaltsschriftsatz genügen, der nicht unterschrieben ist. Haben die Parteien aber in dem Prozessvergleich eine bestimmte Form vereinbart, dann muss diese auch eingehalten werden[327].

62 Bestimmt der Vergleich nicht, in welcher Weise der **Widerruf dem Gericht gegenüber** zu erklären ist, so reicht nach BAGE 9, 172 auch fernmündliche Übermittlung aus. Für den Widerruf „durch einfache Anzeige zu den Gerichtsakten" kann uU auch ein Anwaltsschriftsatz genügen, der nicht unterschrieben ist[328]. Die Annahme eines gerichtlichen Vergleichsvorschlags ist als prozessuale Erklärung nicht widerruflich[329]; ebenso wenig stellt die Rücknahme des Widerrufs den Vergleich wieder her[330]. Die Versäumung der Widerrufsfrist, die weder eine gesetzliche noch richterliche Frist, sondern eine materiellrechtliche Ausschlussfrist darstellt, ist irreparabel[331]. Es gibt insbesondere keine Wiedereinsetzung in den vorherigen Stand (ZPO § 233)[332]. Die Frist kann von den Parteien verlängert werden[333]. Unter Umständen kann die Berufung auf die Fristversäumung einen Verstoß gegen Treu und Glauben beinhalten[334]. Die Verlängerung ist auch ohne gerichtliche Protokollierung möglich[335]. Auf die Fristberechnung sind §§ 186 ff anwendbar[336]. Die Frage, ob die Verlängerung der Frist bei Fristablauf am Wochenende analog ZPO § 222 zu behandeln ist, wird bejaht[337]. Die Rücknahme eines wirksamen Widerrufs lässt den widerrufenen Vergleich nicht wiederaufleben, kann aber Grundlage für Abschluss eines **neuen** außergerichtlichen Vergleichs sein[338]. Wird der Eingang des Widerrufs bei einem auswärtigen Senat eines OLG im Vergleich vereinbart, so ist der Widerruf unwirksam, wenn er fristgerecht nur beim Stammgericht eingeht[339].

63 i) **Wirkung des Prozessvergleichs**. Sie unterscheidet sich materiell-rechtlich nicht von der des gewöhnlichen Vergleichs. Seine spezifische prozessrechtliche Wirkung besteht darin, dass die Rechtshängigkeit ganz oder teilweise von selbst beendet wird, ohne dass es einer Klagerücknahme einer Erledigterklärung oder eines gerichtlichen Einstellungsbeschlusses bedarf[340].

64 Nach dem BAG[341] beendet ein **Gesamtvergleich** auch die anderen anhängigen Verfahren, ohne dass hierzu weitere Prozesshandlungen der Parteien notwendig sind; das Erlöschen der Rechtshängigkeit sei von Amts wegen zu berücksichtigen. Dies ist aus prozessualen Gründen bedenklich, weil hierdurch die verfahrensrechtlich vorgesehenen Formerfordernisse verletzt werden[342]. Ein mit dem Vergleich im Widerspruch stehendes, noch nicht rechtskräftiges Urteil wird wirkungslos[343]. Für den Gläubiger ist der Vergleich gemäß ZPO § 794 Abs 1 Nr 1 ein **vollstreckbarer Titel**. Der Vergleich muss daher dem **vollstreckungsrechtlichen Bestimmtheitsgebot** genügen[344]. Die

327 München NJW-RR 1992, 3042; Hamm NJW 1992, 1705; LAG Schleswig-Holstein NZA-RR 2006, 378.
328 KG JW 1931, 3565.
329 RGZ 172, 74.
330 BGH LM Nr 5 zu RVO § 1542.
331 Zur Frage ob es bei der Feststellung der Widerrufsfrist auf die vorläufige Aufzeichnung des Inhalts des Protokolls oder das daraufhin erstellte Protokoll ankommt Schleswig SchlHA 96, 221.
332 BGH JR 1955, 179; BGH NJW 1980, 1753; 1995, 521, 522; BAG NJW 1978, 1876; BGHZ 61, 395; Hamm NJW 1992, 1705, 1706; LAG Bremen MDR 2003, 289; BAG NJW 1998, 2844, 2845; Thomas/Putzo ZPO[25] § 794 Rz 23; Zöller/Stöber ZPO[24] § 794 Rz 10; aM Säcker NJW 1967, 1117; ZZP 80 (1967), 421 ff; NJW 1968, 708; zur vertraglichen Vereinbarung einer Wiedereinsetzungsklausel und deren Auslegung vgl Meier-Scherling DRiZ 1974, 161.
333 BGHZ 61, 394, 398.
334 BAG AP Nr 215 zu ZPO § 794 Abs 1 Nr 1 (mkrit Anm Zeiss); Streit hierüber ist in dem anhängigen Verfahren zu verfolgen BGHZ 46, 278.
335 Karlsruhe MDR 2005, 1378; Zöller/Stöber ZPO[26] § 794 Rz 102.
336 S dazu Schneider MDR 1999, 595; Pal[66]/Sprau Rn. 30.
337 BGH NJW 1978, 2091 = MDR 1979, 49: im Zweifel, wenn abweichender Parteiwille nicht erkennbar; München NJW 1975, 933; BAG AP Nr 1 zu ZPO § 794; Bergerfurth NJW 1969, 1797 auch zu weiteren Fragen der Fristeinhaltung.
338 BGH LM Nr 5 zu RVO § 1542; NJW 1982, 2073; LAG Köln NZA-RR 1997, 105; Köln NJW-RR 1996, 122.
339 BGH NJW 1980, 1753.
340 RGZ 157, 141, 143; BGHZ 41, 310, 311.
341 NJW 1982, 788 = MDR 1982, 526.
342 So auch Pecher ZZP 97 (1984), 139, 147.
343 BGH MDR 1964, 313; aA Hamm NJW 1988, 1988.
344 Zu *unbestimmt:* „Schuldenbereinigungsplan mit Nulllösung": Köln NJW 2000, 223, 225; „Mietzinszahlung": Koblenz MDR 2002, 968; *bestimmt:* „Wertsicherungsklauseln eines Unterhaltsvergleichs, die auf den auf den vom Statistischen Bundesamt ermittelten Preisindex für Lebens-

Aufnahme einer hoheitlichen Strafandrohung in einen Unterlassungsvergleich ist unzulässig, aber uU als Vertragsstrafevereinbarung auszulegen[345]. Ändern die Parteien die in einem Prozessvergleich übernommenen Verpflichtungen durch außergerichtliche Vereinbarungen ab, so können die hierauf beruhenden Ansprüche nicht zum Gegenstand der Zwangsvollstreckung gemacht werden[346]. Eine nachträgliche Vereinbarung über eine Reduzierung der im Prozessvergleich übernommenen Pflichten kann durch Vollstreckungsgegenklage (ZPO §§ 795, 767) geltend gemacht werden[347]. Als Schuldtitel unterliegt der Vergleich bei zukünftig fällig werdenden wiederkehrenden Leistungen der Abänderungsklage gemäß ZPO § 323. Auch der Dritte, der dem Vergleich beigetreten ist, kann aus ihm vollstrecken, nicht jedoch der lediglich gemäß § 328 Berechtigte[348]. Die Antwort auf die Frage, wer aus einem Prozessvergleich vollstrecken kann, sollte daher durch eindeutige verfahrensrechtliche Kriterien bestimmt werden und nicht von einer Auslegung des materiell-rechtlichen Vergleichs nach § 328 Abs 2 abhängig sein. Eine Sonderregelung für Unterhaltsansprüche eines Kindes bei in Scheidung lebenden Ehegatten enthält § 1629 Abs 3. Zur Vollstreckbarkeit in einem anderen Staat EuGVVO Art 58, AuGVÜ Art 27 Abs 2[349].

j) **Unwirksamkeit des Vergleichs und dessen verfahrenrechtliche Folgen**. **Verfahrensrechtliche Mängel**, insbesondere das Fehlen ordnungsgemäßer Protokollierung[350], mangelnder Prozess-, Postulationsfähigkeit[351] führen zur Unwirksamkeit des Prozessvergleichs. Ein Streit hierüber ist grundsätzlich auf **Antrag einer Partei** in dem ursprünglichen Verfahren fortzusetzen, weil der formell fehlerhafte Prozessvergleich das Verfahren nicht beendet hat[352]. Der formelle Mangel führt nicht zwingend zur materiellen Unwirksamkeit[353]. Sie kann nach Treu und Glauben ausgeschlossen sein, wenn die Parteien den Prozessvergleich jahrelang erfüllt haben[354]. 65

Bei **materiellrechtlichen Mängeln**, insbesondere Rücktritt, Wegfall der Geschäftsgrundlage, Anfechtung, Nichtigkeit[355], ist seit jeher die Frage streitig, ob ein Streit hierüber in einem neuen Verfahren auszutragen ist[356] oder zur Fortsetzung des bisherigen Verfahrens führt. 66

Diese verfahrensrechtliche Frage, ob der materiell unwirksame Prozessvergleich zugleich seine prozessbeendende Wirkung entfallen lässt, ist gesetzlich nicht geregelt. Prozesswirtschaftliche Gründe (umfangreiche Beweisaufnahme im bisherigen Prozess[357] sowie auch die Überlegung, dass die Gültigkeit eines gerichtlichen Vergleichs in materiell-rechtlicher und prozessualer Hinsicht einheitlich zu beurteilen ist (Lehre von der Doppelnatur des Prozessvergleichs[358]) sind nach der neueren Rechtsprechung maßgeblich dafür, ob das alte Verfahren fortzusetzen oder ein neuer Prozess zu führen ist. Das RG unterschied zwischen prozess- und materiellrechtlichen Mängeln. Die prozessrechtlichen Mängel führten zur Fortsetzung des alten Rechtsstreites, materiellrechtliche Mängel berechtigten zur Aufnahme eines neuen Verfahrens. Eine Ausnahme bildete die 67

haltungskosten abstellen: BGH MDR 2004, 688, 689; Stein/Jonas/Münzberg ZPO[21] Rz 153 vor § 704; Zöller/Stöber ZPO § 794 Rz 26 b; Musielak/Lackmann ZPO[4] § 704 Rz 7; aA Thomas/Putzo ZPO[25] Rz 16 vor § 704.

345 Vgl Schröder NJW 1969, 1285.

346 BGH NJW 1982, 2072.

347 BGHZ 41, 310, 313; BGH NJW 1982, 2073.

348 Wie hier München NJW 1957, 1367; Celle JZ 1967, 28; Thomas/Putzo ZPO[25] § 794 Rz 27; Baumbach/Lauterbach/Hartmann ZPO § 794 Rz 9; Stein/Jonas/Münzberg ZPO[21] § 794 Rz 36; aM: Celle MDR 1954, 746; Lücke JuS 1973, 45, 49.

349 S dazu EuGH NJW 1995, 38; Piltz NJW 2002, 789.

350 BGH VersR 1983, 38: zum Umfang der Erledigungsklausel; Oldenburg MDR 1997, 781: zur Wirksamkeit bei versehentlich unvollständiger Protokollierung.

351 S oben Rz 38.

352 Unstreitig BGHZ 16, 388, 390; BAGE 8, 228, 232; Stein/Jonas/Münzberg ZPO[21] § 794 Rz 47.

353 BGH NJW 1985, 1962, 1963; BVerwG NJW 1994, 2306, 2307; BAG NJW 1997, 1597; aA Staud/Marburger (2002) Rz 115; Stein/Jonas/Münzberg ZPO § 794 Rz 51; MünchKomm/Habersack Rz 87.

354 München MDR 1960, 931; aM BAG NJW 1970, 349.

355 S oben Rz 44 ff.

356 So die ältere Rechtsprechung und Lehre, die stets eine neue Klage für erforderlich hielt: Baumgärtel, Wesen und Begriff der Prozesshandlung einer Partei im Zivilprozess, 1957, S 200 ff; Pohle Anm zu BAG AP Nr 2, 3, 4, 10 zu ZPO § 794 Abs 1 Nr 1 mweitNachw.

357 So BGHZ 28, 171.

358 Lehre vom Doppeltatbestand: Holzhammer, Festschr für Schima S 217, 222 f; sa Tempel, Festschr für Schiedermaier S 517.

Anfechtung des Vergleichs wegen Irrtum und Täuschung. Hier wurde die Fortsetzung des alten Rechtsstreites zugelassen[359]. Der BGH hat diese Rechtsprechung insoweit weiterentwickelt, als er die Fortsetzung des ursprünglichen Verfahrens bei **ursprünglichen** – prozessualen oder materiell-rechtlichen – Mängeln zulässt[360]. Er bejaht die Fortsetzung des alten Rechtsstreits, wenn eine von vornherein – zB wegen Verstoßes gegen §§ 134, 138 oder wegen fehlender Devisengenehmigung[361] – bestehende Unwirksamkeit des Vergleichs geltend gemacht wird, aber auch, wenn behauptet wird, der Vergleich sei von der Partei wegen Irrtums oder arglistiger Täuschung wirksam angefochten worden[362]. Ferner, wenn die Unwirksamkeit des Vergleichs damit begründet wird, er sei unter einer aufschiebenden Bedingung geschlossen, die nicht eingetreten, oder unter einer auflösenden Bedingung, die eingetreten sei[363]. Ebenso ist der Streit über die Wirksamkeit eines Widerrufs im anhängigen Verfahren auszutragen[364]. Nach diesen Entscheidungen ist für die Rechtsprechung maßgeblich, ob die Einwendungen der Parteien die **Wirksamkeit** des Vergleichs **im Ganzen betreffen**, mithin die Parteien durch die Berufung auf die Unwirksamkeit den Vergleich im Ganzen beseitigen wollen. Ist dies der Fall, dann stellt dies auch die prozessbeendende Wirkung des Prozessvergleichs in Frage. Die Rechtslehre ist dem weitgehend gefolgt. Sie bejaht überwiegend, dass mit der materiellrechtlichen Unwirksamkeit des Vergleichs auch die Prozessbeendigung entfalle und der alte Prozess fortzusetzen sei. Im Einzelnen werden aber sehr unterschiedliche Meinungen vertreten[365]. Handelt es sich demgegenüber um **nachträgliche** oder **neue** Einwendungen, durch die die Beendigung des Rechtsstreits nicht in Frage gestellt wird, dann wird eine Fortsetzung des alten Verfahrens nicht zugelassen. Dies wird angenommen bei einem Streit über die Auslegung eines Prozessvergleichs[366]. Ein neues Verfahren ist auch erforderlich bei einem Streit über einen Rücktritt[367] sowie bei einem Streit über den nachträglichen Wegfall der Geschäftsgrundlage[368]. Das Gleiche gilt bei nachträglicher vertraglicher Aufhebung der Rechte und Pflichten aus einem Prozessvergleich[369]. Aus denselben Gründen ist ein neues Verfahren auch dann erforderlich, wenn in einem Prozessvergleich eine über den Streitgegenstand **hinausgehende Regelung** getroffen wurde und allein deren Unwirksamkeit geltend gemacht wird[370]. Werden für die Unwirksamkeit des Vergleichs mehrere Gründe geltend gemacht, von denen nur einer die Fortsetzung des alten Verfahrens rechtfertigt, so ist eine Überprüfung aller Einwendungen im fortgesetzten Verfahren aus prozessökonomischen Gründen zu billigen[371]. Ist die prozesserledigende Wirkung eines Prozessvergleichs durch rechtskräftiges Urteil ausgesprochen worden, dann kann in einem neuen Rechtsstreit grundsätzlich nicht mehr die materiellrechtliche Unwirksamkeit des Vergleichs geltend gemacht werden[372]. Nach dem BAG[373] steht es den Beteiligten frei,

359 RGZ 162, 198.
360 BGHZ 86, 184, 187; BGH NJW 1999, 2903; VGH München NVwZ 2000, 1310.
361 BGHZ 28, 171; 44, 158, 159; 51, 141 ff; BVerwG NJW 1962, 1636.
362 BGHZ 28, 171, 51, 141 ff; BAG NJW 1960, 2211; München NJW-RR 1990, 1406; Hamburg ZMR 1996, 266.
363 BGH NJW 1972, 159; ein Rechtsschutzbedürfnis für eine Vollstreckungsgegenklage scheidet dann aus: BGH NJW 1971, 467.
364 BGHZ 46, 277, 278; BGH LM Nr 12 zu ZPO § 263.
365 Vgl Pal/Sprau Rz 21; Erman/Terlau Rz 31; Staud/Marburger (2002) Rz 115; Lindacher, Festgabe BGH S 261; Esser, Festschr für Lehmann II S 733 ff; Häsemeyer ZZP 108 (1995), 289, 315 f; Pecher ZZP 97 (1984), 139, 145, 154; Bonin, Der Prozeßvergleich S 103.
366 BGH NJW 1977, 583; BVerWG NJW 1992, 191 (mablAnm Renck S 2209); hierfür kommt insbes Vollstreckungsgegenklage in Betracht.
367 BGHZ 16, 388, 393; aA BAG NJW 1956, 1215; diff Henckel, Festschr für Wahl S 465 ff.
368 BGH NJW 1966, 1658; WM 1972, 1442 f; NJW 1982, 2072, 2073; BAG AP Nr 16 zu ZPO § 794; BVerwG NJW 1994, 2306; aM Stötter NJW 1967, 1111; Bernhard JR 1967, 44.
369 BGHZ 41, 310, 313 (mkritAnm Clasen NJW 1965, 382 u Lüke JuS 1965, 482); aM BAG NJW 1982, 2212; BB 1984, 68, nach dem im Hinblick auf die Besonderheiten des arbeitsgerichtlichen Verfahrens der bisherige Rechtsstreit fortzusetzen ist.
370 BGHZ 87, 227, 231; Frankfurt/M FamRZ 1990, 178; aA BGHZ JZ 2000, 421 (mablAnm Münzberg S 422). Das gilt auch für die Rückforderung der aufgrund des nichtigen Vergleichs erbrachten Leistungen: Köln NJW 94, 3236, 3237; Staud/Marburger (2002) Rz 116; Stein/Jonas/Münzberger ZPO[21] § 794 Rz 48 a.
371 LG Braunschweig NJW 1976, 1749.
372 BGHZ 79, 71 = BGH WM 1981, 234; ablehnend Pecher ZZP 97 (1984), 139, 164 f.
373 NJW 1982, 788.

welches Verfahren sie bei Streit über die Wirksamkeit eines Gesamtvergleichs fortsetzen[374]. Zur Frage der Fortsetzung eines Eilverfahrens bei Streit um die Gültigkeit eines hierin geschlossenen Prozessvergleichs s Hamm ZIP 1980, 1104. Wurde der Vergleich im Erbscheinsverfahren geschlossen, ist ein Streit über seine Wirksamkeit in diesem Verfahren auszutragen[375].

k) **Verfahrensrechtliche Einzelheiten**. Die Fortsetzung des alten Verfahrens erfolgt auf Antrag einer Partei zur Anberaumung eines mündlichen Verhandlungstermins[376]. Stellt eine prozessunfähige oder nicht wirksam vertretene Partei diesen Antrag, ist er als unzulässig abzuweisen[377]. Ist der angegriffene Vergleich **wirksam**, dann ist durch **Endurteil** auszusprechen, dass der ursprüngliche Rechtsstreit durch den wirksamen Vergleich in der Hauptsache erledigt ist[378]. Ist der Vergleich dagegen **unwirksam**, dann ist der **Rechtsstreit fortzusetzen** und über den ursprünglichen Streitgegenstand zu entscheiden. Ein Zwischenurteil über die Frage der Fortsetzung des ursprünglichen Prozesses ist unzulässig[379]. Eine Fortsetzung des alten Verfahrens lässt die Vollstreckbarkeit eines Prozessvergleichs noch nicht entfallen[380]. In entsprechender Anwendung von ZPO §§ 707, 719, 769 wird aber eine einstweilige Einstellung der Zwangsvollstreckung für zulässig erachtet, ohne dass es einer Vollstreckungsgegenklage bedarf[381]. Zu den Kosten des Vergleichs vgl ZPO § 98, nach dem die Kosten als gegeneinander aufgehoben anzusehen sind, wenn die Parteien darüber nichts anderes vereinbart haben. Zur Erstattungsfähigkeit der Vergleichsgebühren durch die Rechtsschutzversicherung s BGH MDR 1982, 469. 68

l) **Vollstreckungsgegenklage und Abänderungsklage**. Gegen einen Prozessvergleich ist auch eine **Vollstreckungsgegenklage** gemäß ZPO § 767 zulässig. Ihr Gegenstand ist in erster Linie der durch den Vergleich begründete Anspruch einschließlich seiner Wirksamkeitsvoraussetzungen[382]. Einer Vollstreckungsgegenklage fehlt allerdings das Rechtsschutzbedürfnis, wenn mit ihr lediglich Unwirksamkeitsgründe geltend gemacht werden, die zur Fortsetzung des ursprünglichen Rechtsstreits führen[383]. 69

Handelt es sich dagegen um im Vergleich mitgeregelte Ansprüche, die Gegenstand eines anderen Rechtsstreits waren (Gesamtvergleich), so ist eine Vollstreckungsgegenklage zulässig, wenn es um diese anderweitig rechtshängigen Ansprüche geht[384]. Sofern der Vergleich die Verpflichtung zukünftig fällig werdender Leistungen enthält, ist die **Abänderungsklage** gem ZPO § 323 möglich und zwar nicht nur für die Zeit nach Klageerhebung, sondern auch grundsätzlich für die Zeit bis zur Klageerhebung[385]. Zur Anpassung von Unterhaltsrente im „vereinfachten Verfahren" vgl ZPO §§ 645 ff und Erläuterungen zu § 1612 a. Ein Unterhaltsvergleich kann nicht durch eine Verfassungsbeschwerde angegriffen werden[386]. 70

15. **Anwaltsvergleich**. In ZPO § 796 a ist das Rechtsinstitut des Anwaltsvergleichs geregelt. Das ist ein von Rechtsanwalten im Namen und mit Vollmacht der von ihnen vertretenen Parteien geschlossener Vergleich, in dem sich der Schuldner der sofortigen Zwangsvollstreckung unter- 71

374 Ähnlich BGH NJW 1983, 2034.
375 Stuttgart MDR 1984, 403.
376 BGHZ 86, 184 = NJW 1983, 996.
377 BGHZ 86, 184 = NJW 1983, 996.
378 BGHZ 46, 277; zur Rechtsnatur dieses Urteils vgl Pecher ZZP 97 (1984), 139, 151 mweitNachw.
379 BGH NJW 1965, 2127 BGH LM Nr 8 u Nr 21 zu ZPO § 794 Abs 1 Nr 1; zum Rechtsschutzbedürfnis für eine solche Entscheidung BGHZ 69, 37 = NJW 1977, 1637.
380 BGH LM Nr 21 zu ZPO § 794 Abs 1 Nr 1; ferner Stein/Jonas/Münzberg ZPO[21] § 794 Bem II 7 b.
381 BGH NJW 1971, 467, 468; Stein/Jonas/Münzberg ZPO[21] § 707 Rz 28; Lüke JuS 1973, 45 mweitNachw; ebenso LAG Frankfurt/M DB 1984, 55, ArbGG § 62; aA Pecher ZZP 97 (1984), 139, 164.
382 BGH NJW 1977, 583; BGHZ 1987, 888; BGH FamRZ 1982, 782; Bonin, Der Prozeßvergleich S 112 f mweitNachw; Pecher ZZP 97 (1984), 139, 164.
383 So BGH NJW 1971, 467; Hamburg NJW 1975, 225; Rosenberg/Schwab, ZivilprozessR[15] IV I b § 132 mweitNachw.
384 BGH NJW 1983, 2034.
385 BGHZ 85, 64, 73. Allein im Ausgangsverfahren sind dagegen Gründe geltend zu machen, die zu einer Begrenzung des nachehelichen Unterhalts führen können und zu diesem Zeitpunkt bereits bekannt waren: BGH NJW 2004, 3106, 3108.
386 BayVerfGH NJW 1994, 2281.

wirft[387]. Der Anwaltsvergleich setzt ein gegenseitiges Nachgeben der Parteien voraus, das sich neben der Hauptsache auch auf Nebenforderungen oder Kosten erstreckt[388]. Der Vergleich muss schriftlich abgefasst werden, wie aus dem Erfordernis der Niederlegung beim Amtsgericht folgt[389]. § 127 a ist nicht anwendbar. Die Bevollmächtigung richtet sich nach §§ 167. Auch ein am Vergleich beteiligter Dritter muss anwaltlich vertreten sein.

72 Der Anwaltsvergleich kann nicht auf die Abgabe einer Willenserklärung gerichtet sein oder den Bestand eines Mietverhältnisses betreffen, ZPO § 796 a Abs 2. Keine Anwendung soll er im Verwaltungsverfahren und Verwaltungsprozess, VwGO § 168[390], wohl aber im Arbeitsrecht, ArbGG § 62 Abs 2 Satz 1, finden[391]. Die Ansprüche verjähren von der Vollstreckbarkeitserklärung an gemäß § 197 Abs 1 Nr 4 in 30 Jahren[392].

73 Der Vergleich kann sowohl durch das Gericht als auch einen Notar für vollstreckbar erklärt werden, ZPO §§ 796 b und c. Er wird damit zum Vollstreckungstitel nach ZPO § 794 Abs 1 Nr 4. Eine Vollstreckbarkeitserklärung nach ZPO § 796 a Abs 3 wird nicht erteilt, wenn der Anwaltvergleich aufgrund materieller Mängel unwirksam ist. Dies kann darauf beruhen, dass keine Vergleichsfähigkeit gegeben ist, Willensmängel bei Vergleichsabschluss vorliegen, Rücktritt, Anfechtung oder Widerruf erklärt wurden. Ferner, wenn die Leistungspflichten nicht hinreichend bestimmt sind[393]. Auf einen Verstoß gegen die öffentliche Ordnung wird es daneben regelmäßig nicht mehr ankommen. Der Anwaltsvergleich fällt als Privaturkunde nicht unter EuGVVO Art 57 und EuGVÜ Art 50. Dies gilt dagegen nicht, wenn er durch das Gericht oder den Notar für vollstreckbar erklärt wurde[394].

74 Einwendungen gegen den Fortbestand des Anspruchs (Stundung, Rücktritt, Erfüllung, Aufrechnung) sind gemäß ZPO §§ 795, 767 geltend zu machen[395], solche gegen den Bestand des Vergleichs dagegen nach ZPO §§ 796 a und b.

75 16. **Schiedsspruch mit vereinbartem Wortlaut**. Parteien in einem Schiedsverfahren können sich über den Streitgegenstand vergleichen. Das Verfahren wird ohne Schiedsspruch durch Beschluss beendet. Auf Antrag der Parteien kann der Vergleich durch einen Schiedsspruch mit vereinbartem Wortlaut festgehalten werden, ZPO § 1053 Abs 1 Satz 2[396]. Eine Begründung ist nicht erforderlich (ZPO § 1054 Abs 2), wohl eine Bezeichnung als Schiedsspruch. Dieser zeitigt eine das Verfahren beendigende Wirkung, ZPO §§ 1053 Abs 2 Satz 2, 1056 Abs 1, und entfaltet materielle Rechtskraft, ZPO § 1055[397]. Eine notarielle Beurkundung wird nur soweit ersetzt (ZPO § 1053 Abs 3), als damit keine Umgehung von Formvorschriften einhergeht[398]. Seine Vollstreckbarkeit richtet sich nach ZPO § 1060[399]), die Vollstreckung nach ZPO § 794 Abs 1 Nr 4 a. Einwendungen gegen den titulierten Anspruch sollen im Wege der Vollstreckungsabwehrklage nach ZPO § 767[400] oder im Vollstreckbarkeitserklärungsverfahren[401] geltend zu machen sein.

387 BGH NJW 2006, 695: „Anwaltsvergleich mit Anrechnungsklausel"; Saarbrücken NJW-RR 2005, 1302, 1303: „Unterwerfung muss sich auf den vollstreckbaren Anspruch erstrecken".
388 Veeser, Der vollstreckbare Anwaltsvergleich, 1996, S 53, 75.
389 Thomas/Putzo/Putzo ZPO[27] § 796 a Rn 4; Zöller/Geimer ZPO[26] § 796 a Rn 13.
390 MünchKommZPO[2]/Wolfsteiner § 796 a Rn 14; Redeker/von Oertzen VwGO, 2004[14], § 106 Rz 20; aA Zöller/Geimer ZPO[26] § 796 a Rn 7.
391 MünchKommZPO[2]/Wolfsteiner § 796 a Rn 14; Musielak/Voit[5] ZPO § 796 a Rz 2.
392 Veeser, Der vollstreckbare Anwaltsvergleich, 1996, S 200.
393 Saarbrücken NJW-RR 2005, 1302, 1303: „Herausgabe entsprechender Fahrzeugpapiere".
394 Dazu Rellermeyer Rpfleger 2005, 389, 392; Geimer IPrax 2000, 366, 367; Trittmann/Merz IPrax 2001, 178, 183.
395 LG Halle NJW 1999, 3567; Münzberg NJW 1999, 1357, 1359; MünchKommZPO[2]/Wolfsteiner § 796 a Rz 39; Thomas/Putzo[27] ZPO § 796 a Rz 2; MünchKomm[4]/Habersack Rz 100; aA Zöller/Geimer[25] ZPO § 796 a Rz 22; Musielak/Voit[5] ZPO § 796 a Rz 10: „Verfahrenskonzentration".
396 Bilda DB 2004, 171 ff; Berger RIW 2001, 7 ff.
397 Mankowski ZZP 114 (2001) 37, 64.
398 Zur notariellen Form eines Gesellschaftsvertrages s München GmbHR 2005, 1568; Korte EWiR 2006, 95.
399 BGH NJW 2001, 373.
400 BayObLG NJW-RR 2000, 1359; Stuttgart MDR 2001, 595; München OLGR 2006, 405.
401 Hamm NJW-RR 2001, 1362.

17. **Gerichtlicher Gütevergleich**. Der gerichtliche Gütevergleich kommt durch Schriftsatz der Parteien auf schriftlichen Vorschlag des Gerichts oder durch schriftlichen Vergleichsvorschlag der Parteien an das Gericht zustande, ZPO § 278 Abs 6 Satz 1 [402]. Das Gericht stellt Inhalt und Zustandekommen des Vergleichs durch Beschluss fest; dieser ist nach ZPO § 329 Abs 3 von Amts wegen zuzustellen[403]. Der Gütevergleich ist ein Vollstreckungstitel nach ZPO § 794 Abs 1 Nr 1[404]. Einigen sich die Parteien auf einen modifizierten Vergleich, so reicht es aus, wenn der abweichende Vorschlag der anderen Partei zur Stellungnahme übermittelt wird, ohne dass ein weiterer Vorschlag des Gerichts ergehen muss, um dies durch Beschluss feststellen zu können[405]. Es besteht Anwaltszwang vor dem Einzelrichter, nicht dagegen vor dem beauftragten und ersuchten Richter, ZPO § 78 Abs 3. Die Gebühren richten sich nach Nr 1003, 3100, 3104 VV[406]. 76

18. **Einigung vor Gütestellen**. Nach EGZPO § 15 a kann ua bei nachbarrechtlichen oder vermögensrechtlichen Streitigkeiten bis zu Euro 750 eine einvernehmliche Streitbeilegung vor einer durch die Landesjustizverwaltung eingerichteten und anerkannten Gütestelle erfolgen[407]. Diese dient sowohl der Entlastung der Gerichte als auch der Förderung der übereinstimmenden Streitbeilegung durch die Parteien[408]. Wurde der Einigungsversuch nicht vor Klagerhebung durchgeführt, ist die Klage als unzulässig abzuweisen[409]. Die Nichtbeachtung durch das Ausgangsgericht kann mit der Berufung gerügt werden[410]. Die Verjährung wird durch die Güterverhandlung gehemmt, § 204 Abs 1 Nr 4[411]). 77

19. **Vergleich und anwaltliche Beratung**. Der Rechtsanwalt ist aufgrund des Anwaltsvertrags verpflichtet, die Interessen seines Mandanten im Rahmen des erteilten Mandats umfassend wahrzunehmen. Etwaige Schädigungen des Mandanten, auch wenn diese nur von Rechtskundigen vorhersehbar sind, müssen vermieden werden[412]. 78

Vor Vergleichsabschluss muss der Rechtsanwalt daher alle damit einhergehenden Vor- und Nachteile gewissenhaft abwägen und mit dem Mandanten erörtern[413]. Dies gilt auch dann, wenn das Gericht einen Vergleichsvorschlag unterbreitet[414]. Der Mandant soll so in die Lage versetzt werden, sich eigenverantwortlich für oder gegen den Abschluss des Vergleichs entscheiden zu können[415]. Jedoch wird dem Rechtsanwalt aufgrund der sachverhaltlichen Schwierigkeiten und Ungewissheiten zur Vermeidung eines zu großen Haftungsrisikos ein weiter Ermessensspielraum zugestanden, innerhalb dessen er eine gewissenhafte Interessenabwägung vorzunehmen hat[416]. Zu berücksichtigen sind dabei sowohl rechtliche als auch wirtschaftliche Interessen. Insoweit sind etwa die Bewertung der Prozessaussichten unter Berücksichtigung der Rechts- und Beweislage sowie die Möglichkeit der Erlangung von finanziellen Mitteln von Bedeutung[417]. 79

Verletzt der Rechtsanwalt insoweit bestehende Pflichten, kann er sich dem Mandanten gegenüber schadensersatzpflichtig machen. Die Darlegungs- und Beweislast der tatsächlichen Voraus- 80

402 Thüringen FamRZ 2006, 1277: „Die Annahme eines außergerichtlichen Vergleichs gegenüber dem Gegner reicht nicht, soweit sie nicht auch gegenüber dem Gericht erklärt wird".
403 Zöller/Greger ZPO § 278 Rz 24; aA Oldenburg OLGR 2005, 253.
404 LG Ingoldstadt Rpfleger 2005, 456.
405 Naumburg NJW 2002, 3786; Gehrlein MDR 2003, 421, 422; Foerste NJW 2001, 3103, 3105.
406 BGH NJW 2006, 157; BGH NJW-RR 2006, 1507; BAG NJW 2006, 3022; Koblenz NJW-RR 2006, 358.
407 Dazu Wesche MDR 2003, 1029 ff, Lauer NJW 2004, 1280 ff.; Deckenbrock/Jordans MDR 2006, 421; BVerfG 14.2.2007 – 1 BvR 135/01.
408 Zöller/Gummer/Heßler ZPO[26] § 15 a Rz 1.
409 BGH NJW 2005, 437; NJW 2007, 519; aA Hamm MDR 2003, 387.
410 Rimmelspacher/Arnold NJW 2006, 17; aA LG Marburg NJW 2005, 2866.
411 Dazu Friedrich NJW 2003, 1781; Deckenbrock/Jordans JA 2004, 913.
412 BGH DB 2006, 2116; BGH NJW-RR 2005, 494, 495.
413 BGH NJW 2002, 292; BGH VersR 1968, 450, 451.
414 Schleswig-Holstein OLGR 2006, 766.
415 BGH NJW-RR 1996, 567, 568.
416 BGH VersR 1968, 450, 451; BGH NJW 1993, 1325, 1328.
417 Im Einzelnen s Zugehör/Fischer/Sieg/Schlee, Handbuch der Anwaltshaftung, 2006[2], Rz 711–722; Rinscher/Fahnendorf/Terbille, Die Haftung des Rechtsanwalts, 2005[7], Rz 1717–1748.

setzungen eines Schadensersatzanspruchs trägt der anspruchstellende Mandant[418]. Kommt es dafür auf den Umfang des erteilten Mandats an, gilt dies auch für Auftragserteilung[419]. Für nachträgliche Einschränkungen des Mandats trägt dagegen der Rechtsanwalt die Beweislast[420].

81 Die Verjährung des Schadensersatzanspruchs richtet sich aufgrund der Aufhebung von BRAO § 51 a nach der Regelverjährung des § 195[421].

82 20. **Gebühren**. War für die Entstehung der Vergleichsgebühr nach BRAGO § 23[422] noch der Abschluss eines Vergleichs im Sinne des § 779 im Wege gegenseitigen Nachgebens vonnöten, so stellt Nr 1000 VV RVG nunmehr nur noch darauf ab, ob durch die Mitwirkung des Rechtsanwalts beim Abschluss eines Vertrages ein Streit oder die Ungewissheit der Parteien über ein Rechtsverhältnis beseitigt wird. Zwischen den Parteien muss also eine Einigung erzielt worden sein[423]. Dadurch sollte die vormals bestehende Unsicherheit ausgeschlossen werden, wann Abreden noch als gegenseitiges Nachgeben zu bewerten sind. Der Vertrag ist nicht formbedürftig und kann auch stillschweigend zustande kommen. Für die Mitwirkung soll nicht erforderlich sein, dass der Rechtsanwalt mit der Gegenseite verhandelt oder persönlich bei dem Abschluss der Einigung anwesend ist; ausreichend soll die Prüfung und Begutachtung des Einigungsvorschlags und die Beratung der eigenen Partei sein[424].

83 Eine Einigungsgebühr soll etwa dann anfallen, wenn sich die Parteien eines Kündigungsrechtsstreits auf die Festsetzung des Arbeitsverhältnisses einigen und der Arbeitnehmer die Klage zurücknimmt[425], die Parteien auf die Durchführung eines Versorgungsausgleichs verzichten[426] oder zur Abwendung von Zwangsvollstreckungsmaßnahmen ein Ratenzahlungsvergleich geschlossen wird[427]. Im Fall eines Widerrufsvorbehalts entsteht die Gebühr nur, wenn der Vertrag nicht widerrufen wird. Für die Festsetzung der Einigungsgebühr im Kostenfestsetzungsverfahren ist eine Protokollierung nicht erforderlich[428].

84 Weitere Gebühren können nach Nr 1003 VV RVG[429] und nach Nr 3100 und 3104 W RVG[430] anfallen.

418 BGH NJW 1998, 1860.
419 BGH GuT 2005, 234; BGH NJW 1996, 2929, 2931.
420 BGH WM 2006, 2059; BGH NJW 1994, 1472, 1474.
421 Zum Sekundäranspruch s BGH NJW-RR 2005, 494, 495; BGH NJW 2003, 822, 823.
422 BGH NJW 2004, 2311, 2312.
423 BGH NJW 2007, 1213; MDR 2007, 492.
424 Gerold/Schmidt/v Eicken/Madert/Müller-Rabe RVG, 2004[16], VV 1000 Rz 31 ff.
425 LAG Düsseldorf AGS 2006, 324.
426 Nürnberg, Beschl v 29. 6. 2006 – 7 WF 761/06; aA Stuttgart, Beschl v 15. 8. 2006 – 8 WF 104/06.
427 Thüringen OLG-NL 2006, 210; KG Berlin RVGreport 2006, 265.
428 BGH v 13.4.2007 – II ZB 10/06; aA BGH NJW 2006, 1523; Nürnberg MDR 2002, 354.
429 „Bei Abschluss eines Vergleichs im Erörterungstermin wird Prozesskostenhilfe nur für den Vergleich selbst und nicht für das gesamte Prozesskostenhilfeverfahren bewilligt“: BGH NJW 2004, 2595, 2596; Celle NdsRpl 2004, 105; Nürnberg NJW-RR 1998, 864.
430 BGH v 4.4.2007 – III ZB 79/06.

Titel 22

Schuldversprechen, Schuldanerkenntnis

Vorbemerkungen

ÜBERSICHT

Schrifttum: O Bähr, Die Anerkennung als Verpflichtungsgrund, 1894[3]; F Klingmüller, Das Schuldversprechen und Schuldanerkenntnis, 1903; A v Tuhr, Zur Lehre von den abstrakten Schuldverträgen nach dem BGB, 1903; F Klingmüller, Causa und Schuldversprechen, ZHR 58 (1906), 152; Rümelin, Zur Lehre von den Schuldversprechen und Schuldanerkenntnissen des BGB, 1905/1906 = AcP 97 (105), 211 und 98 (1906), 169; L Brütt, Die abstrakte Forderung, 1908; Cohn, Zur Lehre vom Wesen abstrakter Geschäfte, AcP 135 (1932), 67; Wilckens, Deklaratorische Schuldanerkenntnisse mit konstitutiver Wirkung, AcP 163 (1962), 137; F Kübler, Rechtsprechung und Garantie, 1967 (dazu Bespr. Brecher, AcP 168 [1968], 536); Pawlowski, Feststellung und Garantie, JZ 1968, 401; J Creutzig, Das selbständige Schuldversprechen, 1969; Möschel, Zweifelsfragen bei deklaratorischen Schuldanerkenntnissen, DB 1970, 913; P Marburger, Das kausale Schuldanerkenntnis als einseitiger Feststellungsvertrag, 1971; Crezelius, Konstitutives und deklaratorisches Schuldanerkenntnis, DB 1977, 1541; Kiefner, Der abstrakte obligatorische Vertrag in Praxis und Theorie des 19. Jahrhunderts, in: Coing/Wilhelm (Hrsg), Wissenschaft und Kodifikation des Privatrechts im 19. Jahrhundert, Bd II, 1977, S 74; Musielak, Schuldanerkenntnis eines Ladendiebs, NJW 1977, 561; F Ebel, Berichtigung, transactio, Vergleich, 1978; Weitnauer, Die abstrakten Verpflichtungen und das Problem des Rechtsgrundes, in: Wertpapierrecht, droit des titres (8. gemeinsames Seminar der juristischen Fakultäten von Montpellier und Heidelberg), 1978, S 24; Coester, Probleme des abstrakten und kausalen Schuldanerkenntnisses, JA 1982, 579; Landwehr, Abstrakte Rechtsgeschäfte in Wissenschaft und Gesetzgebung des 19. Jahrhunderts, in: Karsten Schmidt (Hrsg), Rechtsdogmatik und Rechtspolitik, 1990, S 173; Baumann, Das Schuldanerkenntnis, 1992; Canaris, Theorierezeption und Theoriestruktur, in: Festschr für Kitagawa, 1992, S 69; Gehrlein, Die Typen von Schuldanerkenntnissen und ihre Tragweite in Haftpflichtfällen, JA 1995, 598; Michalski, Das Schuldanerkenntnis in der Praxis, insbesondere als Mittel der Kreditsicherung, ZBB 1995, 260; J Wittig, Das abstrakte Verpflichtungsgeschäft, 1996; Fischer, „Anerkenntnisse" im materiellen Recht und im Prozeßrecht, JuS 1999, 898 und 1214; Petersen, Die Umdeutung eines Wechsels in ein abstraktes Schuldanerkenntnis, JURA 2001, 596; Wellenhofer-Klein, Das Schuldanerkenntnis – Erscheinungsformen und Abgrenzungskriterien, JURA 2002, 505; Schmidt-Burgk/Ludwig, Abstrakte Schuldversprechen in der Bankpraxis und die Reform des Verjährungsrechts, DB 2003, 1046; Grams, Zum (Schuld-)Anerkenntnis im Baurecht, BauR 2004, 1513; E Ehmann, Schuldanerkenntnis und Vergleich, 2005; ders, Das Schulanerkenntnis, WM 2007, 329.

I. Systematische Einordnung

1 1. **Abstrakte vertragliche Verpflichtung**. Schuldversprechen und Schuldanerkenntnis sind die in §§ 780, 781 ausdrücklich definierten Verträge, durch die der eine Vertragsteil sich zu einer Leistung an den anderen in der Weise verpflichtet, dass diese Verpflichtung „zwar mit Rücksicht auf einen bestehenden Rechtsgrund, aber unter Loslösung von diesem" allein durch diesen Vertrag begründet wird[1]. Das Gesetz erkennt damit die Möglichkeit an, vertraglich eine abstrakte Verpflichtung zu übernehmen, indem es für das Schuldversprechen in § 780 ausdrücklich hervorhebt, „dass das Versprechen die Verpflichtung selbstständig begründen soll". Dies gilt ebenso für das Schuldanerkenntnis, obwohl in § 781 dieser klarstellende Zusatz fehlt. Schuldversprechen (§ 780) und Schuldanerkenntnis (§ 781) unterscheiden sich nur in der Formulierung: Ich bekenne oder anerkenne zu schulden oder ich verspreche zu zahlen[2]. In einem abstrakten Schuldanerkenntnis (§ 781) muss neben dem Anerkenntnis nicht noch ein Zahlungsversprechen zum Ausdruck kommen[3].

2 Auch im Verkehrsleben gehen beide Vertragsformen ineinander über. Als einseitig verpflichtende, abstrakte Verträge folgen sie rechtlich denselben Grundsätzen. Sie lassen sich daher unter dem Begriff des **abstrakten Verpflichtungsvertrags** zusammenfassen; §§ 780, 781 regeln für solche Verträge unmittelbar nur, dass die Verpflichtungserklärung **schriftlich** erteilt werden muss (teilweiser Formzwang). Davon sieht § 782 für bestimmte Fälle wiederum eine Ausnahme vor.

3 2. **Bedeutung der rechtlichen Selbstständigkeit der Verbindlichkeit**. Der rechtlichen Selbstständigkeit der Verbindlichkeit kommt ähnlich wie bei den abstrakten dinglichen oder schuldrechtlichen Verfügungsgeschäften eine zweifache Bedeutung zu[4]. Die vertragliche Vereinbarung zwischen den Beteiligten umfasst einmal zu ihrer Wirksamkeit nicht auch den mit der abstrakten Verpflichtung erstrebten Geschäftszweck (**inhaltliche Abstraktheit**). Der wirtschaftliche Anlass und der Zweck, die zum Abschluss des abstrakten Verpflichtungsvertrages führen, sind zwar nicht unerheblich[5], sie bilden aber keinen Bestandteil des Verpflichtungsvertrags wie bei den kausalen Schuldverträgen, zB Kauf oder Darlehen. Während bei den kausalen Schuldverträgen die wirksame Einigung über den Rechtsgrund als Vertragsbestandteil eine Voraussetzung der Leistungspflicht bildet und deshalb vom Gläubiger auch zu beweisen ist, begründet der abstrakte Verpflichtungsvertrag selbst die Verbindlichkeit. Rechtliche Selbstständigkeit bedeutet aber auch, und zwar im Sinne **äußerer Abstraktheit**, dass die Wirksamkeit der abstrakten Verbindlichkeit nicht davon abhängt, ob ein zugrunde liegendes Schuldverhältnis zwischen den Beteiligten besteht oder wirksam ist. Mängel eines solchen Schuldverhältnisses lassen die abstrakte Verbindlichkeit grundsätzlich unberührt[6]. Fehlt ein Rechtsgrund für die Übernahme eines Schuldversprechens oder eines Schuldanerkenntnisses oder rechtfertigt es die anerkannte Forderung nicht, so kann gegenüber einer Inanspruchnahme die Bereicherungseinrede (§ 821) erhoben und das rechtsgrundlose Schuldversprechen oder Schuldanerkenntnis wegen ungerechtfertigter Bereicherung herausverlangt werden (§ 812 Abs 1 u 2)[7]. Ein Bereicherungsausgleich ist bei einem **einwendungsausschließenden Anerkenntnisvertrag** nicht gegeben, wenn ein Streit oder doch eine Ungewissheit der Parteien über das Bestehen der Schuld oder über einzelne rechtlich erhebliche Punkte behoben werden sollte[8]. Nach § 814 sind bereicherungsrechtliche Einrede und Rückforderung ausnahmsweise ausgeschlossen.

1 So RGZ 62, 39; RG HRR 1930 Nr 144; RG SeuffA 96 Nr 27.
2 So RGZ 68, 303.
3 So RG JW 1927, 378 (mAnm Bernstein).
4 Vgl zum folgenden Jahr AcP 168 (1968), 9, 14 f; W Flume, Das Rechtsgeschäft, 1979[3], § 12 II, 4; Canaris, Festschr für Kitagawa S 69, 87.
5 Vgl §§ 780–781, Rz 156 ff.
6 MünchKomm/Hüffer § 780 Rz 2.
7 BGH WM 2000, 1806 = WuB IV A. § 781 2.00 (Meder) = NJW 2000, 2501, 2502; RG JW 1910, 229; RG SeuffA 75 Nr 192.
8 BGH WM 2000, 1806 = WuB IV A. § 781 2.00 (Meder) = NJW 2000, 2501, 2502 = EWiR § 812 2/2000, 815 (Martinek), dazu E Ehmann, Schuldanerkenntnis und Vergleich, 2005, S 215.

Die Abstraktheit gegenüber den zu Grunde liegenden Rechtsverhältnissen ist gesetzlich zum Teil ausdrücklich auch wieder eingeschränkt[9], sei es hinsichtlich einer zu beobachtenden Form (§ 518 Abs 1 Satz 2) oder nach dem Grad der Verbindlichkeit der übernommenen Verpflichtung (BGB §§ 656 Abs 2, 762 Abs 2; BörsG aF §§ 59, 69). 4

II. Wirtschaftlicher Zweck

Die Übernahme einer (inhaltlich) abstrakten und von einem zu Grunde liegenden Schuldverhältnis losgelösten Verpflichtung bringt zum Vorteil des Gläubigers vor allem eine **Umkehr der Beweislast** in einem Rechtsstreit mit sich. Die (inhaltlich) abstrakte Forderung verjährt außerdem selbst dann erst in 3 Jahren (§ 195), wenn ein zu Grunde liegender Anspruch in kürzerer Zeit verjährt (§ 214 Abs 2 Satz 2). Deshalb bezweckt das **Formgebot** vor allem eine Klarstellung und die Sicherung des sonst nur schwer zu führenden Beweises, dient also dem Interesse der Rechtssicherheit und **nicht dem Schutz** des Schuldners **vor einer Übereilung**[10]. 5

Der abstrakte Verpflichtungsvertrag verschafft dem Gläubiger einen selbstständigen Anspruch gegen den Schuldner, um ihm die Rechtsverfolgung zu erleichtern oder erst zu ermöglichen. Regelmäßig steht also unter diesem Gesichtspunkt die Beweiserleichterung (Rz 5) im Vordergrund[11]. Die Parteien können im Übrigen sehr verschiedenartige Zwecke verfolgen. Der Zweck kann sich darin erschöpfen, dem Gläubiger das Zurückgreifen auf ein zu Grunde liegendes Rechtsverhältnis zu ersparen, etwa weil die Parteien es nicht offenbaren wollen oder weil es sehr kompliziert ist. Die abstrakte Verbindlichkeit kann auch im Rahmen eines Vergleichs, eines Feststellungsvertrags zur Ausschaltung von Zweifeln oder Streitpunkten[12] oder zum Zwecke der Schuldänderung oder der Schuldumwandlung übernommen werden. Der Zweck kann auch darin bestehen, Einwendungen und Einreden, die gegen das Grundverhältnis bestehen, auszuschließen, um die Umlauffähigkeit der Forderung zu erhöhen, unklagbare Ansprüche klagbar zu stellen, dem Gläubiger eine entgeltliche oder unentgeltliche Zuwendung zu machen, eigene oder Verbindlichkeiten Dritter zu sichern. Die abstrakten Verpflichtungsverträge sind damit idR **Hilfsgeschäfte** zu anderen Rechtsgeschäften, die als das Grundgeschäft bezeichnet werden[13]. 6

III. Kritik an der gesetzlichen Anerkennung abstrakter Verbindlichkeiten

Die Anerkennung des abstrakten, aber kondizierbaren Schuldvertrags durch das BGB und damit die Übernahme einer Rechtsentwicklung aus dem 19. Jahrhundert[14] hat insbesondere *Kübler*[15] als eine historische Bedingtheit mit Übergangscharakter vor dem Hintergrund kritisiert, dass dieselben Wirkungen sich auch mit einem so genannten deklaratorischen Schuldanerkenntnis als kausalem Feststellungsvertrag (Rz 9) erreichen lassen. Bereits bei Schaffung des BGB habe sich die Vorstellung durchgesetzt, dass eine schuldrechtliche Verpflichtung durch Schuldvertrag mit unmittelbarer Wirkung geändert und im Wege des Vergleichs auch gegenüber drohenden Einwendungen gesichert werden könne. Mit der Zulassung der rechtsgeschäftlichen Feststellung einer Verbindlichkeit auch bei einseitigem Nachgeben und mit dem Ausschluss streitiger Einwendungen durch sog deklaratorische (kausale) Anerkenntnisse sei die abstrakte Verbindlichkeit funktionslos und damit obsolet geworden. Nach *Kübler*[16] regeln daher die §§ 780, 781 nur noch be- 7

9 §§ 780, 781 Rz 24.
10 Zur Entstehungsgeschichte der §§ 780 ff vgl Kübler, Feststellung und Garantie S 81 ff.
11 Vgl zB BGH WM 1967, 824; BGH WM 1965, 579, 580; E Ehmann WM 2007, 329, 330.
12 RG WarnR 1910 Nr 2276.
13 Stampe ZHR 55 (1904), 387; Rümelin AcP 97 (1905), 211, 231.
14 Zur Geschichte vgl Landwehr, in: Rechtsdogmatik und Rechtspolitik S 173, 194 ff; Wittig, Das abstrakte Verpflichtungsgeschäft S 5 ff.
15 Feststellung und Garantie, 1967, S 112 ff, 120 ff; ders (Anm) JZ 1968, 634; ders, Bankgeschäfte und Privatrechtsdogmatik, in: Coing/Wilhelm (Hrsg), Wissenschaft und Kodifikation im 19. Jahrhundert, Bd V, 1980, S 77, 89 f.
16 Feststellung und Garantie, 1967, S 124 ff.

sondere prozessuale und materiell-rechtliche Wirkungen des Schuldscheins. Im Übrigen soll das abstrakte Schuldanerkenntnis (§ 781) von dem Feststellungsvertrag[17], das abstrakte Schuldversprechen (§ 780) vom Garantievertrag[18] verdrängt werden, die beide kraft Vertragsfreiheit (§ 311) wirksam vereinbart werden könnten.

8 Die Lehre *Küblers* hat keinen Eingang in die Rechtsprechung gefunden. Die grundsätzliche Kritik an dem zivilrechtlichen Formenreichtum überzeugt auch nicht. Die Anerkennung abstrakter Verbindlichkeiten durch das BGB kann nicht rechtlich, sondern nur praktisch obsolet werden, wenn von dieser Verpflichtungsform kein Gebrauch gemacht wird. Solches ist gegenwärtig, insbesondere im Bankrecht allerdings nicht zu erkennen[19], vielmehr wird zutreffend davon ausgegangen, diese juristische „Entdeckung" habe sich praktisch vorzüglich bewährt[20].

IV. Abgrenzung gegenüber verwandten Rechtsfiguren

9 1. **Abstraktes, kausales und bloß tatsächliches Anerkenntnis.** Erklärungen, die auf die Anerkennung einer Sach- oder Rechtslage abzielen, können von unterschiedlicher Tragweite sein und werfen meist schon im Tatsächlichen liegende Abgrenzungsschwierigkeiten auf, die deshalb auch nur begrenzt einer revisionsrichterlichen Klärung zugänglich sind. Zu unterscheiden ist das **abstrakte Schuldanerkenntnis** (§ 780) vom gesetzlich nicht geregelten **kausalen Anerkenntnisvertrag**[21]. Diese beiden rechtsgeschäftlichen Formen des Anerkenntnisses sind gegenüber einem einseitigen Schuldbekenntnis oder einer **Bestätigungserklärung** als rein tatsächlichen Erklärungen abzugrenzen (Rz 13), die als bloße Wissenserklärungen bezwecken, rein tatsächlich eine Erfüllungsbereitschaft auszudrücken, um den Gläubiger von Maßnahmen gegen den Schuldner abzuhalten und um schließlich die Beweislage des Empfängers im Rechtsstreit zu verbessern[22], insbesondere, wenn der Empfänger mit Rücksicht darauf davon absieht, einen streitigen Geschehensablauf, zB aus Anlass eines Unfalls im Straßenverkehr, aufzuklären. Die beweisrechtlichen Auswirkungen des rein tatsächlichen Schuldbekenntnisses als Umkehr der Beweislast[23] oder mit dieser Wirkung als „Zeugnis gegen sich selbst"[24] sind umstritten[25]. Hierher gehören auch Auskünfte oder bloße Wissenserklärungen über (vermeintlich) bestehende Verbindlichkeiten ohne verpflichtende Bedeutung, deren Widerruf zu einer Umkehr der Beweislast führen kann[26].

10 Die Unterscheidung zwischen einem abstrakten und einem kausalen Anerkenntnis kann im Einzelfall problematisch sein, weil entgegen der in der Rechtsprechung noch gebräuchlichen Terminologie[27] der **kausale Anerkenntnisvertrag** nicht nur deklaratorische oder schuldbestätigende, sondern nicht selten auch schuldbegründende, „konstitutive" Wirkungen zeitigt. Dies wird deutlich, wenn man die Umschreibung dieses Schuldvertragstyps durch den BGH als eines Vertrags zu Grunde legt, „der im Unterschied zum so genannten konstitutiven Anerkenntnis den in Frage stehenden Anspruch nicht auf eine neue Anspruchsgrundlage hebt, sondern diesen Anspruch unter Beibehaltung des Anspruchsgrundes dadurch verstärkt, dass er ihn Einwänden des Anspruchsgegners gegen den Grund des Anspruchs entzieht"[28]. Mit einem solchen Vertrag wird nach Ansicht des BGH vergleichsähnlich bezweckt, „das Schuldverhältnis insgesamt oder zumin-

17 Kübler, Feststellung und Garantie, 1967, S 129 ff.
18 Kübler, Feststellung und Garantie, 1967, S 177 f.
19 Vgl dazu §§ 780, 781 Rz 80 ff; zur Kritik Kübler auch Ebel, Berichtung, transactio und Vergleich S 111 f; Möschel DB 1970, 913, 918; Münch Komm/Hüffer § 780 Rz 8; Staud/Marburger Vorbem zu §§ 780 ff Rz 6.
20 So Canaris, Festschr für Kitagawa S 69, 87.
21 Vgl §§ 780, 781 Rz 37. Dazu Wellenhofer-Klein JURA 2002, 505; Coester JA 1982, 579; Münch Komm/Hüffer § 780 Rz 11.
22 Vgl BGH WM 1984, 667, 668; BGH NJW 1984, 799 mweitNachw = MDR 1984, 567; BGHZ 66, 250, 254 = WM 1976, 689; AG Geilenkirchen VersR 2002 715, 716.
23 BGH WM 1970, 410.
24 Dafür BGH Report 2006, 873 = TranspR 2006, 202 = IHR 2006, 124; BGHZ 66, 250, 254 = WM 1976, 689.
25 Offengelassen in BGH NJW 1984, 799; nur im Sinne einer Indizwirkung E Ehmann WM 2007, 329.
26 BGHZ 69, 328 = WM 1977, 1298.
27 Vgl BGH NJW 1984, 799.
28 BGH NJW 1984, 799; s auch BGHZ 66, 250, 254 = WM 1976, 689.

dest in bestimmten Beziehungen dem Streit oder der Ungewissheit zu entziehen und es (insoweit) endgültig festzulegen"[29]. Der einwendungsausschließende Anerkennungsvertrag unterscheidet sich nur in der Abstraktheit, nicht aber wegen § 812 Abs 2[30].

2. **Nicht vertragliche und kausale Bestätigungen**. Die abstrakten Verpflichtungsverträge unterscheiden sich durch ihren Vertragscharakter und ihre rechtsbegründende Wirkung vom bloßen **prozessualen Beweismittel**, von der **Bestätigung** im Sinne des § 141 und von dem **Anerkenntnis im Sinne des § 212 Abs 1 Nr 1** (Rz 12; früher § 208[31]). Vom **Vergleich** (§ 779), **kausalem Feststellungsvertrag** und **Schuldänderungsvertrag** (§ 311 Abs 1) unterscheiden sie sich durch ihre Abstraktheit. Bei diesen ist Anspruchsgrundlage das ursprüngliche Schuldverhältnis mit den vereinbarten Modifikationen. Der abstrakte Verpflichtungsvertrag ist hingegen selbst die Anspruchsgrundlage. Das zu Grunde liegende Schuldverhältnis kann hier nur für eine Kondiktion dieses Verpflichtungsvertrags (§ 812 Abs 2) Bedeutung erhalten. 11

Ein vertragliches Schuldanerkenntnis (§ 781) ist von einer nur **tatsächlichen Anerkennung** eines Anspruchs, die gem § 212 Abs 1 Nr 1 einen Neubeginn der Verjährungs bewirken kann, zu unterscheiden. Beim Anerkenntnis im Sinne des § 212 Abs 1 Nr 1 handelt es sich nämlich nicht um eine empfangsbedürftige Willenserklärung (s dazu Ehmann WM 2007, 329, 330). Es genügt dafür schon jedes zur Kenntnisnahme geeignete Verhalten, aus dem sich das Bewusstsein vom Bestehen des Anspruchs ergibt[32]; es kann im Einverständnis mit dem Berechtigten auch gegenüber einem Dritten erklärt werden[33]. Eine bereits eingetretene Verjährung entfaltet gegenüber dem vertragsmäßigen Anerkenntnis auch dann keine Wirkung, wenn der Ablauf der Verjährungsfrist dem Anerkennenden im Zeitpunkt seiner Erklärung unbekannt war (§ 214 Abs 2 Satz 2)[34]. Hingegen kann ein nach Ablauf der Verjährungsfrist abgegebenes tatsächliches Anerkenntnis im Sinne des § 212 Abs 1 Nr 1 die Verjährungsfrist nicht mehr unterbrechen[35]. 12

3. **Nicht rechtsgeschäftliche Schuldbekenntnisse**. Abstraktes (§ 781) und kausales Schuldanerkenntnis sind von nicht rechtsgeschäftlichen **Schuldbekenntnissen, Bestätigungserklärungen** oder auch **Auskünften** über eine Verbindlichkeit zu unterscheiden, die keine selbstständige Verbindlichkeit begründen sollen oder eine zweifelhafte Rechtslage feststellen wollen, sondern eine bloße Erfüllungsbereitschaft ausdrücken und beweisrechtliche Erleichterungen mit sich bringen[36]. Entscheidend ist, ob die Parteien die für ein kausales Anerkenntnis **vertragstypische Vereinbarung über den (Geschäfts-)Zweck** getroffen haben, die Forderung dem Streit oder der Ungewissheit zu entziehen[37]. Eine bloße Bestätigungserklärung unterbricht freilich als Anerkennung im Sinne des § 212 Abs 1 Nr 1 die Verjährung[38] (Rz 12) und soll zu einer Umkehr der Beweislast führen[39]. 13

4. **Abstraktes Schuldversprechen (§ 780) und Garantievertrag**. Mit einem abstrakten Schuldversprechen wird eine primäre Verbindlichkeit eingegangen, während die Verpflichtung aus dem Garantievertrag subsidiärer Art ist[40]. Aktuelle Abgrenzungsbeispiele: Anspruch gegen den Emittenten von Kreditkarten; Anspruch gegen Emittenten von Cyber-money oder eCash. 14

Die Verpflichtung des Garanten aus einem rechtlich selbstständigen Garantievertrag wird nicht selten als „abstrakt" bezeichnet, weil Einreden und Einwendungen aus dem Deckungsverhältnis zwischen Auftraggeber und Garanten und aus dem Valutaverhältnis zwischen Auftraggeber und 15

29 BGH WM 1995, 403, 404; BGH WM 1988, 794, 795; BGH 1984, 799 mweitNachw.
30 BGH WM 2000, 1806 = NJW 2000, 2501 = WuB IV A. § 781 2.00 (Meder).
31 Dazu BGHZ 58, 103, 104 = WM 1972, 348.
32 Vgl BGH WM 2003, 930.
33 BGH WM 1987, 1200 = NJW 1988, 254.
34 BGH WM 1986, 429 = NJW-RR 1986, 649 = WuB IV A § 208 BGB 1.86 (Deuchler).
35 BGH WM 1987, 298, 299 = MDR 1987, 291; MünchKomm/Grothe § 212 Rz 9.
36 BGH WM 2003, 1421, 1422; BGH NJW 1984, 799; BGH WM 1976, 1339; 1340; BGHZ 66, 250, 254 = WM 1976, 689.
37 Vgl auch BGH WM 1974, 410, 411.
38 BGH WM 1976, 1340.
39 BGH WM 1976, 1339, 1340; BGH WM 1974, 410, 411; aA E Ehmann WM 2007, 329 (Indizwirkung).
40 MünchKomm/Hüffer § 780 Rz 10.

Begünstigtem gegenüber der Garantieverpflichtung ausgeschlossen sind[41]. Die äußere Abstraktheit als rechtliche Selbstständigkeit der garantievertraglichen Verpflichtung gegenüber den Geschäften im Deckungsverhältnis und im Valutaverhältnis erklärt sich freilich aus der Relativität auch dieses Schuldverhältnisses. Mit dem Garantievertrag wird aber regelmäßig keine (inhaltlich) abstrakte Verbindlichkeit begründet; denn der Sicherungszweck einer Garantieübernahme ist als Geschäftszweck (causa der Verpflichtung des Garanten) Inhalt des Garantievertrags. Dies schließt freilich nicht aus, dass eine garantiemäßige Sicherstellung des Gläubigers in der Weise vereinbart wird, dass der Garant dem Gläubiger ein abstraktes Schuldversprechen (§ 780) erteilt[42].

16 5. **Negatives Schuldanerkenntnis.** Das so genannte negative Schuldanerkenntnis mit dem Inhalt, dass eine Verbindlichkeit nicht besteht, fällt nicht unter § 781, sondern wird in § 397 Abs 2 als Erlassvertrag eingeordnet[43]. § 371 Satz 2 gibt dem Schuldner einen Anspruch auf ein solches negatives Schuldanerkenntnis, wenn ein Schuldschein ausgestellt war und der Gläubiger behauptet, zur Rückgabe außer Stande zu sein. In dem (kausalen) Anerkenntnis einer Schadenersatzforderung kann zugleich die Erklärung in negativer Hinsicht liegen, dass Ersatzansprüche des anderen gegen den Anerkenntnisempfänger aus demselben Schuldgrund nicht bestehen[44].

17 6. **Anerkenntnis im Zivilprozess.** Das Anerkenntnis im Zivilprozess (ZPO § 307) ist eine einseitige Erklärung des Beklagten gegenüber dem Gericht und deshalb ausschließlich eine Prozesshandlung[45]. Sie hat zum Inhalt, dass der klägerische Anspruch ganz oder teilweise bestehe, und bewirkt, dass auf Antrag des Klägers ohne Sachprüfung ein Anerkenntnisurteil ergeht. Es ist also Urteilsgrundlage, ohne eine neue materielle Rechtsgrundlage des Anspruchs herbeizuführen[46]. Mit einem prozessualen Anerkenntnis können freilich im Einzelfall auch materielle Rechtsgeschäfte einhergehen, ohne dass sie sich in ihrer Wirksamkeit beeinflussen[47].

V. Sonstige Rechtswirkungen

18 Soweit wegen eines Nichtvermögensschadens ausnahmsweise (§ 253 Abs 1) eine Entschädigung in Geld verlangt werden kann, war ein solcher Anspruch nur übertragbar oder vererblich, wenn er durch Vertrag mit dem Schädiger anerkannt oder rechtskräftig geworden ist (BGB aF § 1300 Abs 2; UrhG aF § 97 Abs 2 Satz 2). Es musste sich dabei nicht um ein abstraktes Schuldanerkenntnis (§ 781) handeln. Auch ein kausales (sog schuldbestätigendes oder deklaratorisches) Anerkenntnis[48] genügte dem Gesetzeszweck, den Willen des Verletzten, Ersatz des immateriellen Schadens zu verlangen, in bestimmter Weise zu ermitteln, da es ebenfalls durch Vertrag zustande kommt, sofern der andere Teil die Anerkenntniserklärung annimmt[49]. Es reichte aus, wenn das Anerkenntnis sich auf den Grund des Anspruchs bezog[50].

41 Vgl Nachweise u Kritik bei Hadding/Häuser/Welter, Bürgschaft und Garantie, in: BMJ (Hrsg), Gutachten und Vorschläge zur Überarbeitung des Schuldrechts, Bd III, 1983, S 571, 705 ff.

42 Vgl Hadding/Häuser/Welter, Bürgschaft und Garantie, in: BMJ (Hrsg), Gutachten und Vorschläge zur Überarbeitung des Schuldrechts, Bd III, 1983, S 709.

43 Staud/Marburger Vorbem zu §§ 780 ff Rz 19. Zur arbeitsrechtlichen sog Ausgleichsquittung BAG NJW 2004, 3445.

44 Frankfurt/M JR 1980, 207 (mkritAnm Grundmann S 209).

45 Staud/Marburger Vorbem zu §§ 780 ff Rz 20.

46 BGHZ 80, 389, 391 = WM 1981, 1279; BGH NJW 1981, 686.

47 BGHZ 80, 389, 391 = WM 1981, 1279; Rosenberg/Schwab, ZivilprozessR, 1981[13], § 134 IV 7, S 808; aA Düsseldorf SJZ 1948, 459.

48 §§ 780, 781 Rz 37 ff.

49 BGH NJW 1973, 620 = DB 1973, 618; BGH NJW 1963, 2316 = BGH LM Nr 2 zu § 781.

50 BGH NJW 1973, 620 = DB 1973, 618; BGH NJW 1963, 2316 = BGH LM Nr 2 zu § 781.

§ 780 Schuldversprechen

Zur Gültigkeit eines Vertrags, durch den eine Leistung in der Weise versprochen wird, dass das Versprechen die Verpflichtung selbständig begründen soll (Schuldversprechen), ist, soweit nicht eine andere Form vorgeschrieben ist, schriftliche Erteilung des Versprechens erforderlich. Die Erteilung des Versprechens in elektronischer Form ist ausgeschlossen.

§ 781 Schuldanerkenntnis

Zur Gültigkeit eines Vertrags, durch den das Bestehen eines Schuldverhältnisses anerkannt wird (Schuldanerkenntnis), ist schriftliche Erteilung der Anerkennungserklärung erforderlich. Die Erteilung der Anerkennungserklärung in elektronischer Form ist ausgeschlossen. Ist für die Begründung des Schuldverhältnisses, dessen Bestehen anerkannt wird, eine andere Form vorgeschrieben, so bedarf der Anerkennungsvertrag dieser Form.

ÜBERSICHT

I. Gegenstand von Schuldversprechen und Schuldanerkenntnis

1 1. **Art der Leistung**. Gegenstand eines abstrakten Schuldversprechens (§ 780) oder Schuldanerkenntnisses (§ 781) kann **jede Art einer Leistung** sein, die auch als Inhalt einer schuldrechtlichen Leistungspflicht in Betracht kommt (§ 241 Abs 1). Das Gesetz beschränkt abstrakte Verpflichtungsverträge also nicht etwa nur auf Geld oder auf vertretbare Sachen; es kann sich auch um unvertretbare Sachen, Handlungen, Duldungen und Unterlassungen handeln[1]. Gegenstand eines abstrakten Verpflichtungsvertrags kann zB eine Erfüllungsübernahme[2], die Bestellung einer Hypothek[3] oder ein Rangrücktritt[4] sein. Solche Ansprüche können freilich nicht im Urkundenprozess (ZPO § 592) geltend gemacht werden. Nicht schuldrechtliche Leistungen wie **erbrechtliche** oder **familienrechtliche Verhältnisse** können ebenso wenig Gegenstand abstrakter Verpflichtungsverträge sein wie **dingliche Rechte**. Insoweit kommt wegen des numerus clausus der Sachenrechte allenfalls eine Umdeutung in die Verpflichtung zur Beschaffung des dinglichen Rechts oder zur Behandlung des Vertragspartners, als ob er Inhaber des dinglichen Rechts wäre, in Betracht.

2 Auch eine abstrakte Verpflichtung setzt voraus, dass der Inhalt der Leistung zumindest bestimmbar ist[5]. Unschädlich ist es freilich, wenn die Auslegung ergibt, dass die Bestimmung der Leistung nach billigem Ermessen eines Vertragsbeteiligten erfolgen soll (§ 315 Abs 1)[6] oder dass ihr Umfang sich vereinbarungsgemäß nach einer anderen Verpflichtung bemessen soll[7].

3 Wegen Formmangels oder aus sonstigen Gründen nichtige oder vernichtbare sowie unvollkommene Verbindlichkeiten (sog Naturalobligationen) können grundsätzlich Anlass eines selbstständigen Verpflichtungsvertrages sein[8]. Zu beachten ist freilich, ob der Unwirksamkeitsgrund auch für die abstrakte Verbindlichkeit gilt. In bestimmten gesetzlichen Vorschriften (vgl BGB §§ 656 Abs 2, 762 Abs 2; BörsG aF §§ 59, 69) erstreckt sich die Unverbindlichkeit auf solche abstrakten Verbindlichkeiten[9]. Auch ein nach Verjährungseintritt vereinbartes Schuldanerkenntnis ist wirksam (§ 214 Abs 2 Satz 2)[10]; ebenso das Schuldanerkenntnis über die Restforderung nach einem Zwangsvergleich[11]. Anders als bei einem nachträglichen Verzicht auf die Einrede der Verjährung[12] entfaltet eine bereits eingetretene Verjährung gegenüber einem vertragsmäßigen Anerkenntnis gem § 214 Abs 2 Satz 2 selbst dann keine Wirkung, wenn dem Anerkennenden der Ablauf der Verjährungsfrist unbekannt war[13].

4 2. **Öffentlich-rechtliche Ansprüche**. Gegenstand eines bürgerlich-rechtlichen Schuldversprechens (§ 780) oder Schuldanerkenntnisses (§ 781) können grundsätzlich auch **öffentlich-rechtliche Ansprüche** sein[14]. Dass die öffentliche Hand als Schuldner einer öffentlich-rechtlichen Verbindlichkeit durch deren Anerkennung oder durch ein Erfüllungsversprechen eine selbstständige bürgerlich-rechtliche Verpflichtung übernehmen will, dürfte aber nur in Ausnahmefällen anzunehmen sein, zumal auch ein **öffentlich-rechtliches Schuldanerkenntnis** möglich ist[15], für das die Grundsätze des bürgerlichen Rechts entsprechend gelten[16]. So enthält beispielsweise die Zusage eines Magistrats, Steuern zurückzuzahlen, kein privatrechtliches Schuldanerkenntnis[17], ebenso wenig die Anerkennung des Anspruchs auf eine Unfallpension durch die Oberpostdirek-

1 Michalski ZBB 1995, 260, 261.
2 RGZ 123, 228, 229; RGZ 58, 200, 201.
3 RGZ 154, 385, 388 f.
4 RGZ 48, 133, 134.
5 RG HRR 1928, 1407; Bamberg OLG 4, 50.
6 RG Recht 1913 Nr 1281.
7 RGZ 94, 137, 138.
8 Vgl RG HRR 1935 Nr 729 für eine wegen Verletzung der Schriftform nichtige Verbindlichkeit.
9 Ferner RG LZ 1916, 222.
10 BGH WM 1984, 668, 669 = NJW 1984, 2213; BGH NJW 1973, 1690, 1691 = MDR 1973, 1008; BGH VersR 1962, 809, 810; RG WarnR 1933 Nr 146; RGZ 78, 130, 133; Rostock SeuffA 77 Nr 63.
11 RGZ 160, 134, 138.
12 Vgl BGHZ 83, 382, 389 = WM 1982, 827 = NJW 1982, 1815.
13 BGH WM 1986, 429, 430 = NJW-RR 1986, 649 = WuB IV A § 208 BGB-1.86 (Deuchler).
14 BGH WM 1965, 434, 435; BGH WM 1965, 521; RGZ 133, 301, 307; Staud/Marburger § 780 Rz 4.
15 MünchKomm/Hüffer § 780 Rz 15.
16 BVerwG NJW 1975, 1751 = DÖV 1977, 206; vgl auch RGZ 154, 385, 395.
17 RG WarnR 1909 Nr 90.

tion[18], wohl aber die Erklärung des Fiskus an eine Kirchengemeinde, seine Baulast nicht weiter bestreiten zu wollen[19] oder die behördliche Festsetzung einer Entschädigung als Anerkenntnis dem Grunde nach[20].

Eine als „Schuldanerkenntnis" überschriebene Urkunde verbrieft kein privatrechtliches Schuldanerkenntnis im Sinne des § 781, wenn damit für **staatliche Subventionen** in Form verlorener Zuschüsse sichergestellt werden soll, dass der Begünstigte die empfangenen Mittel unter bestimmten Voraussetzungen an das in der Auszahlung eingeschaltete Kreditinstitut zurückerstattet[21]. Der Empfänger übernimmt damit Pflichten, die dem öffentlich-rechtlichen Subventionszweck dienen und die ihrer Natur nach ebenfalls öffentlich-rechtlicher Art sind. Diese Unterwerfung des Subventionsempfängers, welche die Rückzahlungspflicht begründet, wird nach öffentlichem Recht als erforderlich gehalten, wenn das Subventionsverhältnis nicht durch Gesetz, sondern durch Verwaltungsvorschriften geregelt ist, die als solche den Bürger mit Rücksicht auf GG Art 20 Abs 3 nicht belasten dürfen[22]. Ein „Schuldanerkenntnis" wegen der Rückzahlung von Beamtenbezügen kann als öffentlich-rechtlich auszulegen sein[23]. Ist ein Schuldversprechen oder Schuldanerkenntnis an die Stelle eines sonst möglichen Verwaltungsaktes getreten, so fallen Zahlungsklagen des Gläubigers sowie die Vollstreckungsabwehrklage des Schuldners in die Zuständigkeit der Verwaltungsgerichte[24]. 5

II. Verpflichtungsvertrag

Schuldversprechen (§ 780) und Schuldanerkenntnis (§ 781) kommen im Einklang mit dem Vertragsprinzip (§ 311 Abs 1) durch vertragliche Vereinbarungen zustande[25]. Zum teilweisen Formzwang s Rz 20, 21. Das bloß einseitige Versprechen oder Anerkenntnis reicht nicht aus, um eine abstrakte Verpflichtung zu begründen; es bedarf stets noch einer Annahme des Erklärungsempfängers (§§ 145 ff)[26]. So bewirkt zB die Anweisung an einen Dritten, dem Gegner die Kostenschuld zu zahlen, kein verpflichtendes Anerkenntnis[27]. Ein solches einseitiges Versprechen oder Anerkenntnis kann nur als Beweismittel für das Bestehen des Schuldverhältnisses[28] oder als Bestätigung im Sinne der §§ 141, 144 bedeutsam sein oder zum Neubeginn der Verjährung (§ 212 Abs 1 Nr 1) führen[29]. Da in diesen Fällen keine selbstständige Verbindlichkeit begründet wird, findet auch § 812 Abs 2 keine Anwendung[30]. 6

Schuldversprechen und Schuldanerkenntnis kommen nur in Frage, wenn vertraglich eine **Verpflichtung übernommen** werden soll. Deshalb kann in der Erfüllung einer vermeintlichen Masseschuld durch den Insolvenzverwalter (früher Konkursverwalter) kein Anerkenntnis im Sinne des § 781 liegen[31] und auch nicht in einer teilweisen Befriedigung der Ansprüche des Geschädigten durch den Haftpflichtversicherer[32]. Ebensowenig ist mit einer formellen Eintragungsbewilligung (GBO § 19) gegenüber dem Grundbuchamt wegen einer nicht bestehenden Forderung[33] oder mit der bloßen Erwähnung eines privatschriftlichen Kaufvertrags in der notariellen Auflassung[34] ein Schuldanerkenntnis verbunden. 7

Die abstrakte Verpflichtung muss nicht auf Leistung an den Vertragspartner selbst gerichtet sein, sondern sie kann auch **zu Gunsten eines Dritten** übernommen werden (§ 328 Abs 1)[35]. 8

18 Colmar ElsLothZ 1913, 235.
19 BayObLG 24, 287.
20 BGH WM 1965, 521.
21 BGH WM 1985, 530, 531 = DB 1985, 1737.
22 BGH WM 1985, 530, 531 = DB 1985, 1737.
23 BGH WM 1988, 587, 589 = NJW 1988, 1264.
24 BGHZ 102, 343; BGH WM 1994, 1351, 1352 = NJW 1994, 2620; Staud/Marburger § 780 Rz 4.
25 MünchKomm/Hüffer § 780 Rz 12.
26 Staud/Marburger § 780 Rz 1.
27 RG Recht 1914 Nr 1410.
28 BGH WM 1958, 1275; RG LZ 1926, 540; RG JW 1907, 709.
29 BGHZ 58, 103, 104 = WM 1972, 348 = NJW 1972, 525; RGZ 75, 4, 5; RG JW 1919, 186.
30 RG HRR 1930 Nr 288.
31 RG JW 1905, 389.
32 BGH VersR 1963, 1025; RG DR 1940, 1949; München VersR 1958, 201; Hamburg VersR 1955, 460.
33 RG Recht 1915 Nr 188.
34 RG HRR 1925 Nr 1722, 1747.
35 BGH WM 1978, 711, 712; RGZ 123, 228, 229.

Sollte nach dem Inhalt der Urkunde der jeweilige Inhaber berechtigt sein, eine bestimmte Geldsumme zu verlangen, so war bis zum 1. 1. 1991 das Erfordernis einer staatlichen Genehmigung nach § 795 zu beachten[36].

9 Schuldversprechen und Schuldanerkenntnis können **bedingt** (§ 158) oder **befristet** (§ 163) vereinbart werden[37], zB das aufschiebend bedingte Versprechen, die Schuld zu bezahlen, sobald es die Verhältnisse des Schuldners gestatten[38] oder das Versprechen, einen bestimmten Betrag zu zahlen, falls ein Dritter ein Grundstück verkaufe[39], oder das Anerkenntnis oder Versprechen der Zahlung eines Ersatzbetrags für den Fall, dass ein Schaden festgestellt wird[40]. Auch eine der Verpflichtungen aus einem gegenseitigen Vertrag kann Gegenstand eines abstrakten Verpflichtungsvertrags sein[41]. Als Bedingung kann auch vereinbart werden[42], dass der Gläubiger seine Leistung erbringt. Mit einer abstrakten Verpflichtung ist es jedoch nicht zu vereinbaren, wenn die beiderseitigen Verpflichtungen aus einem gegenseitigen Vertrag in einer Urkunde zusammengefasst werden[43]. Ist die versprochene Leistung durch eine Gegenleistung des Gläubigers bedingt, so ist sorgfältig zu prüfen, ob die übernommene Schuldverpflichtung nicht lediglich unselbstständiger Bestandteil eines gegenseitigen Vertrags sein soll[44]. So handelt es sich nicht um ein abstraktes Schuldversprechen, sondern um ein Vertragsangebot, wenn die Leistung davon abhängig gemacht wird, dass der Gläubiger eine Gegenleistung übernimmt[45].

III. Selbstständige Begründung der Verpflichtung

10 1. **Grundlagen**. §§ 780, 781 regeln nur Verträge, die schuldbegründend (konstitutiv) wirken und die unabhängig von einem Rechtsgrund (abstrakt) wirksam sind[46]. Die Willenseinigung der Parteien muss also eine vom Rechtsgrund losgelöste Verpflichtung bezwecken, dh die Parteien müssen übereinstimmend beabsichtigen, dass der Schuldner allein aufgrund und nach Maßgabe seiner von dem anderen Teil akzeptierten Erklärung schulden soll[47]. Bei einem kausalen Anerkenntnis ist demgegenüber der Feststellungszweck als Rechtsgrund Vertragsbestandteil. Das kausale Anerkenntnis ist im BGB nicht geregelt, die §§ 780 ff finden auch dann keine Anwendung, wenn es nicht nur deklaratorisch, sondern schuldbegründend wirkt[48].

11 Ob im Einzelfall ein abstrakter Verpflichtungsvertrag vereinbart ist, unterliegt der tatrichterlichen Feststellung und ist daher im Revisionsrechtszug nur beschränkt nachprüfbar[49]. Das Revisionsgericht ist an die tatrichterliche Auslegung gebunden, dass ein bestimmtes „Versprechen" als Schuldanerkenntnisvertrag nach § 781 anzusehen ist[50]. Wenn eine ausdrückliche Vereinbarung im Sinne der §§ 780, 781 fehlt, ist in der Vergangenheit bei der erforderlichen Vertragsauslegung auch in der Rechtsprechung nicht selten versucht worden, einen **rechtsgeschäftlichen Willen zur Verselbstständigung** der Verbindlichkeit oder einen sog **abstrakten Verpflichtungswillen** festzustellen. So heißt es beispielsweise für die Begründung einer selbstständigen Verpflichtung nach § 780 komme es darauf an, „dass das Versprechen die Verpflichtung

36 Art 1 Ges zur Vereinfachung der Ausgabe von Schuldverschreibungen vom 17. Dezember 1990 (BGBl I, S 2839) hat die Vorschrift aufgehoben.
37 BGH WM 1976, 251, 253; BGH WM 1967, 824, 825; RG Recht 1906, 858 S 2098; RG WarnR 1925 Nr 168 = JR 1925 Nr 1748; RG HRR 1926 Nr 2020; Pal/Sprau § 780 Rz 2; Staud/Marburger § 780 Rz 3.
38 Hamburg Recht 1913 Nr 1311.
39 Dresden OLG 6, 454.
40 BGH WM 1977, 1025, 1027.
41 RGZ 108, 105, 107; RG HRR 1925 Nr 1748 = WarnR 1925 Nr 168.
42 RGZ 116, 336, 339.
43 RGZ 108, 105, 108; RG JW 1906, 463; RG WarnR 1910 Nr 277; Putzler JW 1901, 388.
44 RGZ 58, 200, 201.
45 RGZ 108, 410, 412.
46 Vgl Rz 3 vor § 780.
47 BGH NJW 1999, 574, 575 = MDR 1999, 162; BGH WM 1976, 907, 908; BGH WM 1967, 824; BGH VersR 1964, 1199; KG NJW 1975, 1326, 1327; RGZ 58, 200; RGZ 75, 4, 5; RG WarnR 1917, 117; Staud/Marburger § 780 Rz 6.
48 Vgl Rz 37.
49 BGH WM 1978, 266; BGH WM 1974, 877, 878 = NJW 1974, 1821; BGH WM 1974, 401; BGH WM 1968, 472; BGH WM 1967, 824, 825; BGH NJW 1963, 2316; Staud/Marburger Vorbem zu §§ 780 ff Rz 13.
50 BGH WM 1987, 1224, 1225 = NJW 1988, 130.

selbstständig begründen, dh die Verpflichtung von ihren wirtschaftlichen und rechtlichen Zusammenhängen loslösen und rein auf den Leistungswillen des Versprechenden abstellen soll,. . ." oder entscheidend sei „der Wille, eine selbstständige Verpflichtung zu begründen"[51]. Als Voraussetzung eines Schuldanerkenntnisses (§ 781) wird „vor allem" auf den Willen, „eine neue, gegenüber dem früheren Schuldgrund selbstständige Verpflichtung zu schaffen", abgestellt[52].

Ob der Versprechende eine solche vom Grundverhältnis losgelöste Verpflichtung begründen will, muss nach der Rechtsprechung[53] gemäß §§ 133, 157 aus dem **Wortlaut** der Erklärung, ihrem **Zweck** im Verhältnis der Parteien und aus den **sonstigen erkennbaren Umständen** hervorgehen. Als Haupterkenntnisquelle wird auf den Wortlaut abgestellt, schon weil der Gesetzgeber dessen schriftliche Fixierung für erforderlich gehalten hat[54]. Dieses Argument passt freilich nicht in Fällen formfreier Schuldanerkenntnisse (vgl BGB § 782; HGB § 350); der BGH[55] vernachlässigt ferner, dass es für die Erkenntnis des Willens entscheidend auf den Zweck ankommt, den die Parteien mit der Vereinbarung erstreben. 12

Wie auch sonst bei einer erforderlich werdenden Vertragsauslegung ist zunächst vom **Wortlaut** der Vereinbarung auszugehen. Ist ein Anerkenntnisvertrag unter sachkundiger juristischer Anleitung geschlossen worden, können allenfalls gewichtige Umstände eine gegen den klaren Wortlaut gerichtete Auslegung rechtfertigen[56]. Wird auf den Schuldgrund ausdrücklich hingewiesen, scheidet ein abstraktes Schuldanerkenntnis aus[57]. Lässt der Wortlaut unterschiedliche Auslegungen zu, kommt aus den erwähnten Gesichtspunkten[58] in aller Regel dem Zweck der Vereinbarung entscheidendes Gewicht zu. Dafür kann und muss auf die erkennbaren Umstände zurückgegriffen werden[59]. Aus Anlass der Umdeutung (§ 140) eines verbrieften, als Eigenwechsel formunwirksamen Zahlungsversprechens in ein abstraktes Schuldversprechen stellt die Rechtsprechung[60] einmal auf den Wortlaut der Urkunde ab, zum anderen aber zutreffend auf den Zweck des Zahlungsversprechens, als durchsetzbare, vor Einwendungen geschützte Sicherheit für die Beschaffung von Kreditmitteln zu dienen. 13

Da niemand eine Verpflichtung um ihrer selbst willen übernimmt[61], ist es freilich fernliegend, bei der Auslegung im Ausgangspunkt danach zu fragen, ob der Vertragswille auf eine zweckfreie Verbindlichkeit gerichtet ist[62]. Das Augenmerk ist vielmehr darauf zu richten, was die Parteien mit der getroffenen Vereinbarung bezweckt haben und ob es unter diesem Gesichtspunkt ihren Vorstellungen entspricht, wenn die übernommene Verpflichtung in der Form der gesetzlich anerkannten abstrakten Verbindlichkeit geschieht. Ein solcher auf ein abstraktes Schuldversprechen (§ 780) hindeutender **Zweck** wird meistens dann gegeben sein, wenn die Verbindlichkeit ohne Rücksicht auf eine etwa eingetretene Verjährung einer zu Grunde liegenden Forderung wirksam sein soll[63] oder wenn die Zahlungspflicht gerade auch für den Fall vereinbart ist, dass nach dem zu Grunde liegenden Schuldverhältnis die Voraussetzungen dafür nicht erfüllt sind[64]. Dies trifft insbesondere auch dann zu, wenn der in einem Schuldschein aufgeführte Schuldgrund fingiert ist 14

51 BGH WM 1967, 824, 825.
52 BGH WM 1986, 429, 430 = NJW-RR 1986, 649 = WuB IV A § 208 BGB 1.86 (Deuchler); ablehnend E Ehmann WM 2007, 329, 334.
53 Vgl BGH NJW-RR 1995, 1391 = BauR 1995, 726; BGH WM 1986, 429, 430 = NJW-RR 1986, 649 = WuB IV A § 208 BGB 1.86 (Deuchler).
54 Vgl auch Staud/Marburger Vorbem zu §§ 780 ff Rz 9.
55 Vgl BGH NJW-RR 1995, 1391 = BauR 1995, 726; BGH WM 1986, 429, 430 = NJW-RR 1986, 649 = WuB IV A § 208 BGB 1.86 (Deuchler).
56 BGH WM 1978, 266.
57 BGH NJW 2002, 1791; BGH NJW 1999, 574, 575.
58 S Rz 11.
59 Vgl BGH FamRZ 1977, 35; BGH WM 1967, 824, 825; BGH WM 1967, 321; BGH WM 1958, 293; KG NJW 1975, 1326, 1327.
60 BGH WM 1987, 1416, 1417 = NJW 1988, 1468.
61 Vgl Schleswig WM 1980, 964, 967.
62 Vgl Staud/Marburger Vorbem zu §§ 780 ff Rz 8; E Ehmann WM 2007, 329, 334.
63 Vgl BGH WM 1978, 496, 497; vgl dazu auch Rz 7.
64 Vgl insb die Maklerfälle, in denen der BGH die Anspruchsgrundlage freilich nicht näher qualifiziert: BGH WM 1981, 324 = NJW 1981, 928; BGH WM 1981, 42, 44 = DB 1981, 210; BGH WM 1979, 1287; BGH WM 1978, 711, 712; BGH WM 1978, 708; BGH WM 1977, 415, 416; BGH WM 1976, 1158; Köln WM 1982, 804 (mAnm Lieb S 782).

(zB hinsichtlich des Darlehensempfangs)[65]. Es ist dem BGH[66] auch in der Annahme eines abstrakten Schuldversprechens zu folgen, wenn er darauf abstellt, dass die Parteien mit der übernommenen Verbindlichkeit bezweckten, „den Beweis der Entstehung des Anspruchs zu erleichtern".

15 Die **Rechtsprechung** berücksichtigt bei der Auslegung, und zwar nicht immer widerspruchsfrei[67], unterschiedliche Gesichtspunkte, die mit dem hier vertretenen instrumentellen, die verfolgten Parteizwecke betonenden Verständnis nicht immer im Einklang stehen: Die Verselbstständigung vom Schuldgrund müsse in der Schuldurkunde erkennbaren Ausdruck gefunden haben, aber nicht ausdrücklich angesprochen sein[68]. Auch der Beweggrund für die Abstraktheit braucht dort nicht erkennbar zu sein[69]. Einmal wird sodann auf den Abstrahierungswillen abgestellt: Es müsse der Wille ersichtlich sein, eine selbstständige, vom materiellen Schuldgrund losgelöste Verbindlichkeit zu begründen[70]. Dabei sei auch wie sonst nicht entscheidend, was der eine oder andere Teil gedacht hat, sondern was tatsächlich erklärt wurde und wie der Vertragsgegner die Erklärung verstehen durfte[71]. In anderen Entscheidungen wird betont: Der Wille, die neue Verbindlichkeit durch die Erklärung selbstständig zu begründen, genüge[72]; die Lösung vom materiellen Schuldgrund ergebe sich dann von selbst[73].

16 Zur Ermittlung des Parteiwillens dürfen auch außerhalb der Urkunde liegende Umstände berücksichtigt werden[74], wie Vorbesprechungen, Veranlassung, wirtschaftlicher Zweck, ja sogar der Erklärung nachfolgende Umstände[75]. Ist in der Urkunde das ganze Schuldverhältnis dargestellt[76] oder ein bestimmter Schuldgrund genannt[77], so liegt bis zum Beweis des Gegenteils kein abstraktes Schuldversprechen vor[78]. Stimmt der angegebene Schuldgrund sogar mit dem wirklich bestehenden überein, so ist als Vertragswille in der Regel anzunehmen, die Schuld auf der bisherigen und nicht auf einer neuen hiervon losgelösten Rechtsgrundlage anzuerkennen[79]. Ist in der Urkunde der **Rechtsgrund** der Verpflichtung **nicht** oder nur ganz allgemein **angegeben**, so spricht das dafür, dass eine abstrakte Verbindlichkeit übernommen werden sollte[80]; nötigt aber auch wiederum nicht zu einem abstrakten Schuldversprechen[81]. Die Fassung der Schuldurkunde ist jedoch nicht ausschlaggebend[82]. So kann eine Verpflichtung kausal gemeint sein, wenn die Erklärung den Schuldgrund nur deshalb nicht erwähnt, weil er verboten war[83].

17 Andererseits deutet die Angabe eines fingierten Schuldverhältnisses (zB Darlehen), obwohl nichts gewährt wurde, meistens auf einen abstrakten Verpflichtungsvertrag hin[84]. Dies soll bei einer Vorausbestätigung eines erst erwarteten Darlehens nicht gelten[85]. Dies überzeugt freilich nicht. Die Bezugnahme auf allgemeine Lieferbedingungen macht das Versprechen nicht zum Bestandteil eines gegenseitigen Vertrags[86]. Dies gilt auch für die Angabe des Schuldgrunds in Teilschuldverschreibungen[87]. Ein abstraktes Schuldversprechen kann auch in einem längeren Brief

65 BGH WM 1980, 195, 196 = NJW 1980, 1158.
66 WM 1967, 824, 825; ebenso E Ehmann WM 2007, 329, 334: Klageerleichterungszweck.
67 Vgl dazu mNachw Kübler, Feststellung und Garantie S 92 f.
68 BGH WM 1976, 907, 909.
69 RG WarnR 1910, Nr 151; RG HRR 1927 Nr 669.
70 RG HRR 1928 Nr 1407; München WM 1982, 834, 835.
71 RG HRR 1927 Nr 696.
72 RG SeuffA Bd 87 Nr 90.
73 RG Gruchot 54, 972.
74 BGH NJW-RR 1995, 1391 = BauR 1995, 726; RG Recht 1912 Nr 51.
75 RG HRR 1928 Nr 1407; RG WarnR 1912 Nr 20.
76 RG SeuffA Bd 75 Nr 192.
77 BGH NJW 1999, 574, 575: Morgengabe = MDR 1999, 162.
78 RGZ 74, 339, 340; RGZ 67, 262, 263; RG WarnR 1919, 115; KG NJW 1971, 1219.
79 BAG DB 1976, 1532 = EzA § 781 Nr 3; Frankfurt/M WM 1972, 1474, 1475.
80 BGHZ 104, 405 = NJW 2003, 1524; BHG NJW 2002, 1791; BGH NJW 1999, 574, 575 = MDR 1999, 162; Saarbrücken MDR 1998, 828; Karlsruhe VersR 1981, 479; RGZ 142, 306; RGZ 61, 318; RG HRR 1935 Nr 728; RG HRR 1930 Nr 1446; RG Recht 1929, 30; KG OLG 3, 359; abl E Ehmann WM 2007, 329, 334.
81 BGH WM 1976, 907, 909.
82 RG HRR 1930 Nr 1446; RG LZ 1921, 57; OLG 38, 113.
83 RG LZ 1921, 57; ähnlich Bamberg SeuffA 62 Nr 253.
84 BGH WM 1980, 195, 196 = NJW 1980, 1158; BGH WM 1962, 1138, 1139 = BB 1962, 1222; RGZ 152, 159, 165; BayObLGZ 4, 474; BayObLGZ 5, 335.
85 So Schleswig WM 1980, 964, 966.
86 RGZ 108, 410, 412.
87 RGZ 74, 339, 340.

enthalten sein, der in erster Linie zur Beruhigung des Empfängers geschrieben wurde[88]. Die Erklärung auf einem Telefax wird hingegen wegen des Erfordernisses der eigenhändigen Namensunterschrift nicht als ausreichend für die Annahme eines Schuldversprechens angesehen[89]. Wird ein Betrag als ohnehin geschuldet versprochen, so ist der Wille, ein neues Schuldverhältnis zu begründen, nicht anzunehmen[90]. Der Wille, eine neue Anspruchsgrundlage zu schaffen und nicht nur die ursprüngliche in dem vereinbarten Umfang zu bestätigen, ist nicht schon dann anzunehmen, wenn Verhandlungen über den Anspruchsgrund mit einer Übereinkunft enden[91]. Auch dass die Parteien bezweckten, einen Rechtsstreit über den Schuldgrund zu vermeiden, rechtfertigt für sich allein nicht die Annahme, dass mit dem vergleichsweise erteilten Schuldanerkenntnis aber eine abstrakte neue Schuldgrundlage geschaffen werden solle[92]. Dass der Versprechende Zweifel über das Bestehen der versprochenen Schuld hegt, schließt die Annahme eines kausalen Schuldversprechens nicht aus[93], ebenso, wenn er erklärt, dass er sich nur aus moralischen Gründen verpflichtet fühle[94]. Die Verpflichtung zur Zahlung trotz Kenntnis der Nichtschuld spricht hingegen für ein selbstständiges Schuldversprechen[95].

2. **Einzelfälle**. – a) **Abstraktheit** wurde **bejaht**: Strafenversprechen für den Fall, dass ein Wort nicht gehalten wird (Nürnberg OLG 22, 350); Äußerung des Angehörigen eines Wechselfälschers „Schweigen Sie, Sie sollen nichts verlieren“ (Dresden OLG 18, 38); Übernahme der Unterhaltspflicht des Vaters eines nichtehelichen Kindes durch Angehörigen (Braunschweig OLG 25, 27); Zeichnung freiwilliger Beträge an eine Gemeinde zum Grunderwerb (München OLG 34, 88); Versprechen freiwilliger Vergütung für den Fall eines Grunderwerbs gegenüber dem, durch dessen Vermittlung der Versprechende das Grundstück erwirbt (Marienwerder OLG 34, 87); Verpflichtung des Straßenanliegers zur Übernahme von Straßenbaukosten und zur Grundstücksauflassung (RGZ 154, 389); Versprechen, Patente zu übertragen, falls der Versprechensempfänger die Zahlung einer bestimmten Summe nachweist (RG Recht 1907 Nr 2532); Garantie des Lagerhalters für Auslieferung auf Lieferschein (LZ 1922, 685); Verpflichtung einer Bank, den Duplikatfrachtbrief durch Zahlung einzulösen (LZ 1922, 711); Bescheinigung, gegen die Urkunde eine Menge Zink zur Verfügung zu stellen (RGZ 108, 410); Zahlungsverpflichtung gegenüber Stadtgemeinde, um von Zwangseinquartierung befreit zu werden (RGZ 116, 336); Verpflichtung zur Zahlung der Steuerschulden eines anderen (RGZ 123, 228); Leistungsverpflichtungen ohne Angabe des Rechtsgrunds in verschiedenen Urkunden (RG HRR 1930 Nr 146); Trennung der Vereinbarungen in zwei Urkunden und Aufnahme der Leistungspflicht in eine Urkunde ohne Angabe des Rechtsgrunds (RG Recht 1929 Nr 30); Erklärung, dass ein Betrag als Darlehen geschuldet wird (RGZ 152, 165); Zahlungsversprechen bis zur Höhe der von einem anderen übernommenen Sicherheitsleistung (OLG 38, 113); Versprechen, ein Darlehen zurückzuzahlen, von dem der Versprechende weiß, dass es ein Dritter erhalten hat (RG SeuffA 49 Nr 93); Erklärung eines Gesellschafters, dass er von der festgestellten Unterbilanz einen Teilbetrag als eigene Schuld übernehme (LZ 1913, 383 Nr 20); Versprechen der Zahlung der Kapitalzinsen an einen anderen als den Kapitalgläubiger (RGZ 94, 137); Grundstücksüberlassungsvertrag zur Erfüllung der Bedingung eines Baudispenses ohne Bezugnahme hierauf (KG NJW 1962, 965); Annahme auf einem Lieferschein über nicht vertretbare Sachen (RG LZ 1922, 681); Abrede zwischen Hypothekengläubiger und Eigentümer über Erhöhung der eingetragenen Zinsen (Dresden SächsArch 1907, 444); Erklärung, für Deckung eines von einem Dritten ohne Ermächtigung mit dem Namen des Erklärenden unterzeichneten Wechsels aufkommen zu wollen (Kiel SchlHA 1917, 196); gleichzeitig mit der vertraglichen Aufhebung einer Grunddienstbarkeit Übernahme einer persönlichen Verpflichtung gleichen Inhalts durch den Eigentümer (RG Recht 1918 Nr 364); Bekenntnis, als Darlehen zu schulden (RG Recht 1905 Nr 2543; RGZ 152, 165; RG LZ 1911, 459; RG HRR 1935 Nr 728); Be- 18

88 RG Recht 1914 Nr 764; Staud/Marburger § 780 Rz 8.
89 Staud/Marburger § 780 Rz 8.
90 RGZ 61, 318, 319.
91 BGH VersR 1964, 1199.
92 BGH VersR 1964, 1199.
93 RG Gruchot 54, 922; Düsseldorf MDR 1961, 411.
94 RG Recht 1915 Nr 1324.
95 RG Recht 1909 Nr 3763.

kenntnis, dass der Erblasser ein Darlehen erhalten habe (RGZ 62, 38); Bescheinigung einer Bank, dass ein Betrag zur Gutschrift auf Konto eingezahlt sei (RG HoldhMschr 1914, 152); Erklärung nach Aufhebung des Konkurses, dass die Forderung wie im Konkurs angemeldet zu Recht bestehe (Colmar PucheltsZ 38, 36); Feststellung des Betrags einer Sicherungshypothek (BayObLGZ 8, 277 = Recht 1907 Nr 2719); Verpflichtung des Schuldners zur Zahlung an und gegenüber einem Dritten zur Vermeidung von Doppelzahlung (Delegation) (Recht 1906 Nr 2098); Bankbürgschaft und abstraktes Schuldanerkenntnis (BGH WM 1978, 266); abstraktes Schuldversprechen zur Sicherung eines Wohnungsfürsorgedarlehens (BGH WM 1979, 866 = MDR 1979, 915); Umdeutung eines formnichtigen Wechsels in ein abstraktes Schuldversprechen aufgrund der Unterschrift auf der Rückseite der Urkunde (Zweibrücken BB 1998, 180).

19 b) **Abstraktheit** wurde **verneint**: Anerkennung im Anschluss an Teilerlass (RG JW 1906, 463); Zahlungsversprechen auf Abtretungsurkunde (RG JW 1906, 742); Zahlungsversprechen an Gläubiger einer abgetretenen Teilhypothek (RGZ 64, 146); Versprechen der Verzinsung anvertrauten Geldes (RGZ 67, 262); Schuldanerkenntnis ohne Angabe des Schuldgrundes, weil er verboten war (RG LZ 1921, 57); Zahlungsverpflichtung unter Darstellung des gesamten Schuldverhältnisses (RG Recht 1921 Nr 1885); Erklärung des Bezogenen, der Wechsel werde eingelöst, kein Schuldversprechen, sondern Garantievertrag (RGZ 82, 337); Verpflichtung zur Zahlung des Kaufpreises an Gläubiger des Verkäufers (RGZ 64, 149); Änderung der Zahlungsbedingungen einer Hypothek (BayObLGZ 7, 141); Unterhaltsanerkenntnis des nichtehel Vaters (nur Beweiswert, Karlsruhe NJW 1953, 1553); Vertrag über die gesetzliche Unterhaltspflicht im üblichen Vaterschaftsanerkenntnis (BGHZ 1, 18; BGHZ 17, 252); Erbitten einer Stundung (RG LZ 1915, 366; Zweibrücken OLG 66, 20; Dresden RE 1904 Nr 2098); briefliche Ergänzung eines kausalen Vertrags (RG Recht 1912 Nr 3075); Versprechen einer Vergütung für geleistete Dienste (Kiel SchlHA 1921, 132); Schuldversprechen unter Vorbehalt der Abrechnung (Dresden SeuffA 67 Nr 60); Anerkennung eines Fehlbetrags durch Arbeitnehmer (idR nur Beweiswert; LAG Bremen AP § 611 Nr 3 [mAnm Larenz]); grundsätzliche Bereitschaftserklärung eines Arbeitnehmers, einen von ihm verursachten Schaden zu ersetzen (LAG Düsseldorf DB 1961, 1263); Erklärung der Ehefrau, dass sie verpflichtet sei, aus ihrem Vermögen wie früher versprochen einen Betrag zur Kindererziehung zu leisten (RG WarnR 1908 Nr 457); Eintragungsbewilligung beim Grundbuchamt über eine nicht bestehende Forderung (RG Recht 1915 Nr 188); Auflassung auf Grund privatschriftlichen Vertrags (KG JW 1925, 2230; zustimmend Stillschweig HRR 1925 Nr 1747); Kommissionsabrechnung kein Schuldanerkenntnis (Frankfurt/M WM 1972, 1474, 1475); Schuldanerkenntnis des Ladendiebes nicht abstrakt (LG Braunschweig NJW 1976, 1640; Staud/Marburger § 781 Rz 42, aA Musielak NJW 1977, 561); Bescheinigung nach BetrAVG § 2 Abs 6 des Arbeitgebers gegenüber einem ausscheidenden Arbeitnehmer über dessen betriebliche Altersversorgung (BAG DB 1984, 836). Die für Leasing-Verträge übliche **Übernahmebestätigung des Leasingnehmers** kann nicht als ein Anerkenntnis der Leasingratenverpflichtung im Sinne des § 781 ausgelegt werden. Die Erklärung bezweckt vielmehr, die Übernahme der Leasingsache im Sinne einer Quittung (§ 368) zu bestätigen (BGH WM 1987, 1131, 1133).

IV. Form

20 1. **Teilweiser Formzwang**. Das Formerfordernis nach §§ 780, 781 erfasst nur die **Erklärung des Schuldners** (sog **teilweiser Formzwang**)[96]. Zur Erfüllung der Schriftform gelten §§ 125, 126. Eine förmliche Urkunde oder die ausdrückliche Anerkennung oder Übernahme der Verpflichtung ist nicht erforderlich[97]. Briefform genügt[98], auch ein Zahlungsplan mit eigenhändiger Unterschrift ist ausreichend[99] oder die Unterzeichnung eines die Anerkennung enthaltenden

96 RGZ 98, 127; BGHZ 24, 297: Bürgschaft = WM 1957, 883 = NJW 1957, 1187; Pal/Sprau § 780 Rz 6; Staud/Marburger § 780 Rz 9.

97 RGZ 71, 102, 103.

98 RG Recht 1916 Nr 1824; Pal/Sprau § 780 Rz 6.

99 BGH Schäfer/Finnern Z 3.00 Bl 18.

Protokolls[100], ferner die Zeichnung von Beiträgen auf einem Sammelbogen[101]. Aus der Urkunde muss der wesentliche Inhalt der Verpflichtung hervorgehen, zB auch, wer der Gläubiger sein soll[102]. Diesem Erfordernis ist nicht genügt, wenn der Inhalt der Verpflichtung sich nur aus mehreren Briefen zusammen entnehmen lässt[103].

Der **andere Teil** kann formlos, also auch stillschweigend durch schlüssiges Verhalten (konkludent) annehmen[104]. Die Annahme wird meistens wegen § 151 nicht zugangsbedürftig sein[105]. In der Regel ist die Annahme mit der Entgegennahme der vom Aussteller überreichten Urkunde verbunden[106]. 21

2. **Erteilung der schriftlichen Erklärung**. §§ 780, 781 verlangen zusätzlich die **Erteilung der schriftlichen Erklärung**, womit die Einräumung der tatsächlichen Verfügungsgewalt oder eine Handlung zu verstehen ist, durch die sich der Versprechende des Schriftstücks zu Gunsten des Versprechensempfängers in einer Weise entäußert, dass dieser darüber verfügen kann[107]. Solange der Erklärende selbst noch darüber verfügen kann, ist er folglich nicht gebunden[108]. Die Erteilung der Anerkennungserklärung kann allerdings nicht in elektronischer Form (§ 126 a) erfolgen. 22

3. **Ausnahmen von der Schriftform und anderer Formanforderungen**. – a) **Ausnahmen von der Schriftform**. Aus § 782 ergeben sich **Ausnahmen von der Schriftform** (Erteilung aufgrund Abrechnung oder Vergleichs) und aus HGB § 350, wenn der Erklärende Kaufmann (HGB §§ 1 ff) und die Erklärung für ihn ein Handelsgeschäft ist (HGB §§ 343 ff). Deshalb ist ein Schuldanerkenntnis von Gesellschaftern einer OHG oder KG nur formfrei, wenn sie es im Namen der OHG oder KG abgeben (HGB § 6 Abs 1), nicht aber auch, wenn sie sich darin persönlich verpflichten wollen[109]. 23

b) **Andere Formerfordernisse**. Ist für die Begründung der Verpflichtung, die anerkannt oder versprochen wird, eine **andere Form** (zB §§ 311 b Abs 1, 518) bestimmt, bedarf auch der abstrakte Verpflichtungsvertrag und nicht nur die Verpflichtungserklärung dazu dieser Form, so zB die notarielle Beurkundung beim schenkweise Wechselakzept[110] oder wenn das Schuldversprechen schenkweise eingegangen wird (§ 518 Abs 1 Satz 2)[111], dem Anerkenntnis der Verpflichtung zur Kaufpreiszahlung aus einem Grundstückskauf[112]. Ist das Anerkenntnis ursprünglich in notarieller Urkunde erteilt worden, aber etwa wegen § 138 nichtig, so kann eine wirksame Bestätigung (§ 141 Abs 1) nur durch Errichtung in einer neuen vollstreckbaren Urkunde geschehen[113]. Nach BRAGebO § 3 Abs 1 Satz 1 kann ein Rechtsanwalt aus einer Vereinbarung eine höhere als die gesetzliche Vergütung nur fordern, wenn die Erklärung des Auftraggebers schriftlich abgegeben ist. Diesen Anforderungen genügt ein abstraktes Schuldanerkenntnis ohne jeden Hinweis auf den Schuldgrund nach dem Schutzzweck der Vorschrift nicht[114]. Die selbstständige, sicherungshalber erfolgte **Anerkennung der Kaufpreisverbindlichkeit aus einem Grundstückskaufvertrag** muss ebenfalls **notariell beurkundet** werden, und zwar einschließlich der Annahme durch den begünstigten Verkäufer (§ 781 Satz 2 iVm §§ 311 b Abs 1, 128)[115]. Ob dies auch in dem Fall gilt, in 24

100 RGZ 76, 191, 194; 142, 303, 307.
101 Kiel SeuffA 72 Nr 154.
102 RGZ 71, 113; Stuttgart SeuffA 91 Nr 37.
103 Naumburg OLG 28, 229.
104 BGH WM 1987, 1224, 1225 = NJW 1988, 130; BGH WM 1987, 1426, 1427 = NJW 1988, 697; Staud/Marburger § 780 Rz 1; MünchKomm/Hüffer § 780 Rz 21.
105 BGH WM 1991, 20 = NJW 1991, 228, 229; BGH WM 1987, 1426, 1427 = NJW 1988, 697; BGH WM 1987, 1224, 1225 = NJW 1988, 130; RGZ 114, 3, 6; KGJ 46, 51; LG Bremen FamRZ 163, 658.
106 RGZ 61, 414, 415; RG HRR 1926 Nr 458.
107 RG SeuffA 80 Nr 82; RG HRR 1926 Nr 458; RG JR 1926, 458; Staud/Marburger § 780 Rz 10.
108 RGZ 61, 414, 415; vgl auch § 766 Rz 35.
109 BGH WM 1968, 1055; vgl zur parallelen Fragestellung bei der Börsentermingeschäftsfähigkeit gemäß BörsG aF § 53 Abs 1 Hadding/Häuser WM 1980, 1278.
110 RGZ 71, 289.
111 BGH WM 1980, 195 = NJW 1980, 1158; BGH WM 1976, 1053; RG JW 1913, 855.
112 RG LZ 1916, 222.
113 BGH WM 1976, 907, 909.
114 BGHZ 57, 53, 57 = WM 1971, 1480, 1481; WM 1975, 1233, 1234; vgl dazu auch BGH WM 2003, 1626, 1628.
115 BGH WM 1987, 1224 = NJW 1988, 130.

dem der Grundstückskaufvertrag zuvor formwirksam geschlossen worden ist, lässt der BGH[116] dahinstehen, versagt aber dem Käufer, dessen Anerkenntnis des Kaufpreises notariell beurkundet ist, nach § 242 sich auf die fehlende Beurkundung der Annahme zu berufen[117].

25 4. **Nebenabreden**. Nebenabreden, zB die Vereinbarung einer Bedingung[118], bedürfen nicht der Schriftform, wenn sie die Wirkung des Schuldversprechens oder Schuldanerkenntnisses einschränken[119].

V. Wirkung der abstrakten Verbindlichkeit

26 1. **Schuldersetzung. Schuldverstärkung**. Die Verpflichtung aus einem abstrakten Verpflichtungsvertrag tritt nach der Auslegungsregel des § 364 Abs 2 im Zweifel neben die Verpflichtung aus einem schon bestehenden Schuldverhältnis **(„schuldverstärkendes Schuldversprechen oder Schuldanerkenntnis")**[120]. Meistens entspricht es der Interessenlage, dass ein neuer Schuldtitel neben dem bestehenden geschaffen wird, um die Rechtsverfolgung zu erleichtern[121]. Soll das neue Schuldverhältnis wie regelmäßig neben das alte treten, bleibt es dem Gläubiger unbenommen, auf das alte Schuldverhältnis zurückzugreifen, wenn er aus dem neuen keine Befriedigung erlangt[122]. Sollen mit dem abstrakten Verpflichtungsvertrag Zweifel oder Streit über bestimmte Punkte eines bestehenden Schuldverhältnisses ausgeräumt oder bestimmte Einwendungen abgeschnitten werden, so ist ein Vorgehen aus dem ursprünglichen Schuldverhältnis aber nur noch insoweit zulässig, als es von dem Verpflichtungsvertrag nicht berührt worden ist[123]. Sollen zB Zweifel am Bestehen des ursprünglichen Schuldverhältnisses ausgeräumt werden, so kann der abstrakte Verpflichtungsvertrag auch dann nicht nach § 812 Abs 2 kondiziert werden, wenn sich erweist, dass die Zweifel berechtigt waren[124]. Sollte das neue Schuldverhältnis an die Stelle des alten treten, so kann auf das alte nur unter dem Gesichtspunkt des § 812 mit der Behauptung zurückgegriffen werden, es habe überhaupt nicht bestanden[125]. Die Abstraktheit des abstrakten Schuldversprechens führt nach LG Bonn[126] auch dazu, dass eine Feststellungsklage unbegründet ist, mit der zum Zwecke der Vorbereitung eines Antrags nach ZPO § 850 f Abs 2 festgestellt werden soll, dass die dem Schuldversprechen zu Grunde liegende Kausalbeziehung eine unerlaubte Handlung war. Wird nämlich die Zwangsvollstreckung nicht aus dem durch die unerlaubte Handlung begründeten Schuldverhältnis, sondern aus dem abstrakten Schuldversprechen betrieben, so besteht kein direkter rechtlicher Zusammenhang zwischen der unerlaubten Handlung und der abstrakten Forderung aus dem Schuldversprechen, was aber nach ZPO § 850 f Abs 2 erforderlich wäre. Zu Fragen der Kondiktion im Einzelnen s unten Rz 32. Ob die Parteien etwas anderes gewollt haben, etwa eine **Schuldumschaffung (Novation)**[127] oder Einstellung der neuen Verbindlichkeit an Erfüllungs Statt (§ 364 Abs 1) für die frühere **(schuldersetzender Verpflichtungsvertrag)**, ist durch Auslegung zu ermitteln[128].

27 2. **Verjährung und Rechtsweg**. – a) **Verjährung**. Durch die im Schuldanerkenntnis oder Schuldversprechen liegende Anerkennung beginnt die Verjährung der Ansprüche aus dem Grundgeschäft nach § 212 Abs 1 Nr 1 (früher § 208: Unterbrechung) neu zu laufen[129]. Für die

116 BGH WM 1987, 1224 = NJW 1988, 130.
117 Dazu Häuser EWiR § 781 BGB 1/87.
118 RG WarnR 1925 Nr 168.
119 BGH WM 1955, 375, 376 betr Bürgschaft; RG WarnR 1910 Nr 277; auch RG JW 1934, 219.
120 RG WarnR 1911 Nr 232, RG WarnR 1919 Nr 115; Pal/Sprau § 780 Rz 7; MünchKomm/Hüffer § 780 Rz 46; Staud/Marburger § 780 Rz 15; E Ehmann WM 2007, 329, 330.
121 Staud/Marburger § 780 Rz 25.
122 Ackermann GrundbuchB 44, 577 ff.
123 RG WarnR 1938 Nr 117; RG JW 1928, 652; RGZ 71, 184.
124 BGH WM 2000, 1806 = WuB IV A. § 781 2.00 (Meder) = NJW 2000, 2501, 2502; BGH WM 1962, 1138.
125 BGH LM Nr 5 zu § 157 (D) = BB 1955, 1107; RGZ 62, 51; KG JW 1928, 3001.
126 NJW-RR 1999, 50.
127 Vgl dazu beim Saldoanerkenntnis, Rz 177.
128 BGH WM 1955, 1163 = BGH LM Nr 10 zu HGB § 355; RGZ 31, 109; RGZ 162, 244.
129 Pal/Sprau § 780 Rz 7; Staud/Marburger § 780 Rz 17.

abstrakte Verbindlichkeit selbst gilt die regelmäßige Verjährungsfrist des § 195, auch wenn für das Grundgeschäft eine kürzere Verjährung maßgeblich ist[130]. Ob die Erwähnung des Schuldgrundes in der Urkunde auf die Vereinbarung der für ihn geltenden kürzeren Verjährungsfrist schließen lässt, hängt von den Umständen des Einzelfalles ab[131].

b) **Rechtsweg**. Für die Klage aus einem abstrakten Verpflichtungsvertrag, der im Rahmen ei- 28
nes Arbeitsverhältnisses entstanden ist, sind nicht die ordentlichen Gerichte zuständig, sondern der Rechtsweg zu den Arbeitsgerichten gegeben[132].

VI. Einwendungen des Verpflichteten und Grenzen der Abstraktheit

1. **Mängel des Verpflichtungsvertrags**. Da Schuldversprechen und Schuldanerkenntnis einen 29
Vertragsschluss voraussetzen, gelten für sie die allgemeinen **Vorschriften über Willenserklärungen** (§§ 104 ff)[133]. Handelt der gesetzliche Vertreter für einen Minderjährigen (§ 1629), ist dafür **keine Genehmigung** des Vormundschaftsgerichts erforderlich[134]. Das Verbot der Sicherung eines **Verbraucherdarlehens** durch Wechsel oder Scheck (§ 496 Abs 2; VerbrKrG aF § 10 Abs 2) ist auf ein (vollstreckbares) abstraktes Schuldanerkenntnis nicht entsprechend anwendbar[135]. Da es sich um einseitig verpflichtende Verträge handelt[136], kommt die Einrede des nicht erfüllten Vertrags (§ 320 Abs 1) nicht in Betracht[137].

Verstößt der abstrakte Verpflichtungsvertrag gegen ein gesetzliches Verbot (§ 134) oder gegen 30
die guten Sitten (§ 138), so ist er nichtig. Die **Gesetz- oder Sittenwidrigkeit** betrifft aber meistens vor allem das Grundgeschäft. Auch der abstrakte Verpflichtungsvertrag ist aber nichtig, wenn die Gesetz- oder Sittenwidrigkeit des Grundgeschäfts sich auch aus der Schuldurkunde ergibt. In den übrigen Fällen folgt aus dem Grundsatz der Abstraktheit sowie aus § 817 Satz 2, dass die Nichtigkeit des Grundgeschäfts den von ihm losgelösten Verpflichtungsvertrag nicht erfasst[138]. Es wird aber auch vertreten, dass der abstrakte Verpflichtungsvertrag stets nichtig sei, wenn er auf einem verbotenen oder sittenwidrigen Grundgeschäft beruhe. Dies wird damit begründet, dass §§ 134, 138 allgemein die Grenzen der Privatautonomie setzen[139]. Entscheidend ist aber, ob der abstrakte Verpflichtungsvertrag ein gesetzliches Verbot oder die guten Sitten verletzt. Dies wird man nach den gleichen Regeln zu beurteilen haben, die Rechtsprechung und Rechtslehre für die Auswirkungen einer Gesetz- oder Sittenwidrigkeit des Kausalgeschäfts auf das abstrakte dingliche Erfüllungsgeschäft entwickelt haben. Danach ist die Anwendbarkeit von § 134 grundsätzlich von der durch Auslegung zu ermittelnden Reichweite des Verbotsgesetzes[140], die Anwendbarkeit von § 138 davon abhängig, worin im Einzelfall die Sittenwidrigkeit liegt[141]. Diese Streitfrage ist aber deshalb praktisch weitgehend bedeutungslos, weil § 817 Satz 2 die Bereicherungseinrede eröffnet. Bei der Würdigung, ob ein abstraktes Schuldanerkenntnis gegen § 138 verstößt, kann der damit verbundenen Umkehr der Darlegungs- und Beweislast für das Bestehen entsprechender Ansprüche aus dem Grundgeschäft[142] entscheidende Bedeutung zukommen (dazu E Ehmann WM 2007, 329, 331). Hält der anerkannte Betrag sich innerhalb bestimmter Grenzen, verstoßen auch Anerkenntnisse über Zechschulden nicht in jedem Fall gegen die guten Sitten[143]. Zur Sittenwid-

130 MünchKomm/Hüffer § 780 Rz 40.
131 RGZ 75, 4, 7.
132 München NJW 1966, 1418 mNachw.
133 Pal/Sprau § 780 Rz 8; MünchKomm/Hüffer § 780 Rz 50.
134 BGHZ 92, 259 = WM 1984, 1508 = NJW 1985, 136.
135 BGH WM 2005, 828, 831.
136 Staud/Marburger § 780 Rz 1.
137 Hamburg SeuffA 45 Nr 89.
138 BGH WM 1976, 907, 909; RGZ 86, 303; RGZ 71, 432; RGZ 64, 146; RGZ 63, 179.
139 Heck, SchuldR § 142, 14; MünchKomm/Hüffer § 780 Rz 53.
140 Vgl § 134 Rz 2 ff.
141 Vgl § 138 Rz 19.
142 BGH WM 1987, 692 = NJW 1987, 2014 = ZIP 1987, 519, 520: betr Zechschuldenanerkenntnis; Staud/Marburger § 780 Rz 29.
143 BGH WM 1987, 692 = NJW 1987, 2014 = ZIP 1987, 519, 520.

rigkeit eines notariellen Schuldanerkenntnisses betreffend einen Diebstahlsschaden[144] oder bei krasser finanzieller Überforderung und ausschließlicher Sicherung von Ansprüchen gegen den Ehepartner[145].

31 2. **Unmittelbare Auswirkungen des zu Grunde liegenden Schuldverhältnisses.** Abstrakte Verpflichtungsverträge, die zur Erfüllung einer Spiel- oder Wettschuld, eines Differenzgeschäfts oder eines Ehemäklervertrags abgeschlossen werden, begründen nach §§ 656 Abs 2 und 762 Abs 2 keine Verbindlichkeit[146]. Die Abstraktheit wird gesetzlich durchbrochen, um Umgehungen vorzubeugen. BörsG aF § 58 regelte für Börsentermingeschäfte eine Ausnahme von § 764 aF[147], bei denen die Unverbindlichkeit sich dann allerdings aus der fehlenden Börsentermingeschäftsfähigkeit (BörsG aF § 53) ergab. § 762 Abs 2 betrifft nur Schuldanerkenntnisse, die der verlierende Teil zum Zwecke der Erfüllung der Spielschuld gegenüber dem gewinnenden Teil eingeht, nicht aber solche des gewinnenden Teils, die auf Rückerstattung erhaltener Beträge gerichtet sind, und zwar unabhängig davon, ob es sich um Erfüllungsleistungen im Sinne des § 762 Abs 1 Satz 2 handelte[148]. Ebensowenig ist ein Anerkenntnis betroffen, durch das ein Dritter sich nach Eintritt von Verlusten aus Differenzgeschäften verpflichtet, diese zu ersetzen[149]. § 762 Abs 1 (nicht Abs 2) findet auch auf sog Nebengeschäfte zu einem Spielvertrag Anwendung, wenn sie dazu in so naher Beziehung stehen, dass die gesetzliche Regelung nach ihrem Sinn auch auf sie passt, zB auf ein Schuldanerkenntnis, das nicht mit dem Spielveranstalter, sondern mit einem anderen Teilnehmer vereinbart wird; dies setzt aber voraus, dass es sich um ein unerlaubtes Spiel handelt[150].

32 3. **Bereicherungsausgleich wegen Mängeln des zugrunde liegenden Schuldverhältnisses.** Mängel des zu Grunde liegenden Rechtsgeschäfts haben auf die Wirksamkeit des abstrakten Verpflichtungsvertrags keinen unmittelbaren Einfluss. Der abstrakte Verpflichtungsvertrag selbst kann jedoch Gegenstand einer **Leistung im Sinne von § 812** sein[151]. Das ist in § 812 Abs 2 ausdrücklich für das Schuldanerkenntnis festgestellt, gilt jedoch auch für das abstrakte Schuldversprechen[152]. Mängel des Grundgeschäfts können sich daher aus dem Gesichtspunkt einer ungerechtfertigten Bereicherung auswirken[153]. Ein einwendungsausschließender Anerkennungsvertrag setzt Streit oder Ungewissheit über die Schuld oder über einzelne rechtlich erhebliche Punkte voraus[154]. Ein formularmäßiger Ausschluss dieser Einwendung verstösst gegen § 307 Abs 1[155]. Vielfach wird das Grundgeschäft allgemein als **Rechtsgrund des abstrakten Verpflichtungsvertrags** gekennzeichnet[156]. Diese Umschreibung ist jedoch ungenau[157], denn die abstrakten Verpflichtungsverträge werden nicht unmittelbar, sondern aufgrund einer besonderen zusätzlichen Abrede zu dem jeweiligen Grundgeschäft eingegangen[158]. Ist schon diese besondere zB Sicherungsabrede unwirksam, kann das abstrakte Versprechen als rechtsgrundlos kondiziert werden.

33 Wie weit das Grundgeschäft als **Rechtsgrund** für den abstrakten Verpflichtungsvertrag anzusehen ist, hängt vom Parteiwillen ab, der sich nach dem mit dem abstrakten Verpflichtungsvertrag verfolgten Zweck bestimmt[159]. Sollte durch die abstrakte Verpflichtung eine von den Parteien als bestehend angenommene Verbindlichkeit lediglich verstärkt oder im bisherigen Umfang ersetzt werden, so kann das abstrakte Schuldversprechen oder Anerkenntnis kondiziert

144 Düsseldorf VersR 2001, 590.
145 Koblenz WM 2004, 179 = WuB I F 1c. – 1.04 Thöne.
146 Dazu BGH WM 1979, 1382, 1383 = NJW 1980, 390; Staud/Marburger § 780 Rz 5, 21.
147 Dazu iE Häuser ZIP 1981, 933, 938.
148 BGH WM 1988, 289, 291 = NJW 1988, 1086.
149 BGH WM 1987, 1156, 1158 = NJW 1987, 3181.
150 BGH WM 1974, 877, 878 = NJW 1974, 1821.
151 MünchKomm/Hüffer § 780 Rz 47.
152 RG HRR 1929, 297; Frankfurt/M WM 1959, 3, 203 = NJW 1959, 484.
153 Vgl § 812 Rz 8 ff.
154 BGH NJW 2000, 2501, 2502.
155 BAG DB 2005, 1388.
156 BGH WM 2000, 1806 = NJW 2000, 2501, 2502 = EWiR § 812 2/2000, 815 (Martinek); BGH NJW-RR 1999, 573, 574; Saarbrücken MDR 1998, 828.
157 Rümelin AcP 97 (1905), 211, 227.
158 MünchKomm/Hüffer § 780 Rz 47.
159 Zeiss AcP 164 (1964), 50; F Ebel, Berichtigung, transactio und Vergleich S 102 ff.

werden, wenn das Grundgeschäft nicht bestand[160]. Dasselbe gilt, wenn das Grundgeschäft später weggefallen ist[161] oder wenn der mit dem abstrakten Verpflichtungsvertrag bezweckte Erfolg nicht eintritt[162]. Ein gemeinsamer Rechtsirrtum über das Bestehen des Grundverhältnisses schließt eine Kondiktion nicht aus[163].

Der **Bereicherungsausgleich ist nach § 814 ausgeschlossen**, wenn dem Schuldner bei der Abgabe seiner Verpflichtungserklärung das Fehlen des Rechtsgrunds bekannt war[164]. Er ist ferner ausgeschlossen, wenn die abstrakte Verpflichtung gerade auch übernommen wurde, um Einwendungen oder Zweifel über das Bestehen der Verbindlichkeit aus dem zu Grunde liegenden Schuldverhältnis auszuräumen[165]. Es handelt sich dabei nicht um einen Verzicht des Schuldners auf die Kondiktion, sondern der Rechtsgrund für die Übernahme der Verpflichtung ist nicht das Bestehen der zu Grunde liegenden Verbindlichkeit, sondern die Beseitigung des Zweifels über ihr Bestehen[166]. 34

Das Gleiche gilt für die Frage, ob der Schuldner über § 812 hinaus der Verpflichtung aus dem abstrakten Verpflichtungsvertrag **sonstige Einwendungen** entgegensetzen kann, die ihm gegenüber der Verpflichtung aus dem Grundverhältnis zustehen. Sie sind ausgeschlossen, wenn die abstrakte Verpflichtung in Kenntnis solcher Einwendungen oder gerade zu dem Zweck übernommen wurde, bestehende oder vermutete Einwendungen auszuschließen[167]. Rechenfehler können freilich korrigiert werden[168]. 35

Gegenüber der Verpflichtung aus einem abstrakten Schuldvertrag ist die **Bereicherungseinrede** (§ 821) zulässig, wenn eine nach den Abreden für die abstrakte Verbindlichkeit erforderliche Bedingung nicht erfüllt wurde[169], wonach der Klage aus einem selbstständigen Versprechen einer Warenlieferung entgegengehalten werden kann, dass der Versprechensempfänger die Grundstoffe für die Ware nicht geliefert hat. 36

VII. Kausales („deklaratorisches") Schuldanerkenntnis

1. **Rechtsentwicklung**. Seit RG JW 1916, 960 ist in der Rechtsprechung und sodann auch im Schrifttum anerkannt, dass außer dem abstrakten, sog schuldbegründenden oder konstitutiven Schuldanerkenntnis (§ 781), das eine rechtlich selbstständige Verbindlichkeit des Anerkennenden begründet, auch ein – vor allem in der Rechtsprechung – **sog bestätigendes oder deklaratorisches Anerkenntnis** vereinbart werden kann. Unter diesem **im BGB nicht eigenständig geregelten Vertragstyp**[170] versteht man eine Vereinbarung, mit welcher der Anerkennende keine Verpflichtung auf neuer, rechtlich selbstständiger Anspruchsgrundlage übernimmt, sondern mit der eine in Frage stehende und als gegeben angenommene Verbindlichkeit des Anerkennenden unter Beibehaltung des bisherigen Anspruchsgrundes dadurch verstärkt wird, dass das Anerkenntnis bestimmte Einwände des Anspruchsgegners gegen den Grund oder die Höhe des Anspruchs ausschließt. Der BGH[171] hat jedoch Äußerungen im Rahmen von Vergleichsverhandlungen 37

160 BGH WM 1962, 1222; BGH MDR 1953, 345; BGH WM 1950, 620; RG HRR 1929 Nr 297; RGZ 151, 70; RGZ 68, 302; RGZ 67, 240; RGZ 64, 146; RGZ 61, 318.
161 RG WarnR 1930 Nr 205; RGZ 116, 336; RGZ 108, 107; RGZ 84, 304.
162 BGH WM 1963, 666; Celle MDR 1963, 841.
163 RG JW 1929, 579 (mzustAnm Kress).
164 Vgl auch § 812 Rz 14; aA E Ehmann WM 2007, 329, 332.
165 BGH WM 2000, 1806 = WuB IV A. § 781 2.00 (Meder) = NJW 2000, 2501; BGH NJW 1991, 2210 = WM 1991, 797; BGH WM 1976, 907, 909; BGH WM 1968, 214, 215 = NJW 1968, 591; BGH WM 1962, 1138, 1139; BGH WM 1966, 1280; RGZ 108, 410.
166 BGH WM 2000, 1806 = WuB IV A. § 781 2.00 (Meder) = NJW 2000, 2501; BGH WM 1970, 1457.
167 RG JW 1928, 652 (mzustAnm Oertmann); RGZ 108, 410.
168 RG JW 1928, 652.
169 RGZ 108, 401.
170 Staud/Marburger § 781 Rz 8; MünchKomm/Hüffer § 781 Rz 3; E Ehmann WM 2007, 329, 332.
171 BGH MDR 1998, 25 = WM 1997, 2271 = NJW 1998, 306, 307.

in der Regel den Bestätigungswillen abgesprochen, es sei denn, es soll gerade der angesprochene Punkt außer Streit gestellt werden[172]. Ein sog deklaratorisches (besser kausales) Schuldanerkenntnis kann nach erneut bestätigter Rechtsprechung[173] alle Einwendungen tatsächlicher und rechtlicher Art für die Zukunft ausschließen, die der Schuldner bei der Abgabe kannte oder mit denen er zumindest rechnete, und dadurch eine Ersatzpflicht allein „dem Grunde nach" außer Streit stellen. Betroffen sind vor allem solche Einwendungen und Einreden, die bei der Abgabe der Anerkenntniserklärung bestanden und dem Anerkennenden bekannt waren oder mit denen er zumindest rechnete[174].

Der vereinbarte **Zweck** eines solchen Vertrags geht dahin, das Schuldverhältnis insgesamt oder zumindest in bestimmten Beziehungen dem Streit zwischen den Beteiligten und der Ungewissheit zu entziehen und es (soweit) endgültig festzulegen[175].

38 Nach der Rechtsprechung ermöglicht es ein solches Anerkenntnis aber auch, **Zweifel oder Meinungsverschiedenheiten** der Parteien **über den Anspruchsgrund und seine Rechtsgrundlage** zu beseitigen. Insoweit kann also auch ein nur möglicherweise bestehendes Schuldverhältnis in dieser Weise anerkannt werden[176]. Fehlt es unstreitig an einem Schuldverhältnis zwischen den Beteiligten, kommt allerdings ein kausales Anerkenntnis nicht in Betracht[177]. Der BGH[178] weist unter Bezugnahme auf seine frühere Rechtsprechung[179] darauf hin, dass ein sog **bestätigendes Anerkenntnis** häufig gerade die den **Schuldgrund** betreffenden Beweisfragen klären solle. Wenn nach der Sachlage ein Schuldverhältnis zwischen den Beteiligten möglich sei, könne es sich, ähnlich einem Vergleich, um einen **kausal wirkenden Feststellungsvertrag** handeln. Mit einem solchen Anerkenntnis wird ferner bezweckt, dem Gläubiger den **Beweis** für das Bestehen des anerkannten Anspruchs **zu erleichtern**[180].

39 Aus **rechtssystematischem Blickwinkel** qualifiziert der BGH[181] den sog deklaratorischen (bestätigenden) Schuldanerkenntnisvertrag ausdrücklich als einen Unterfall des im BGB nicht vorgesehenen Feststellungs- oder Bestätigungsvertrags, dessen Zweck darauf gerichtet sei, ein Schuldverhältnis, aber auch ein sachenrechtliches präjudizielles Rechtsverhältnis insgesamt oder zumindest in bestimmten Beziehungen einem Streit oder einer Ungewissheit zu entziehen und es insoweit endgültig festzulegen. Demgemäß handelt es sich um einen „Schuldbestätigungsvertrag", der „dem Vergleich ähnliche Züge" aufweist, mithin um einen **Unterfall des Feststellungsvertrags** (s dazu E Ehmann WM 2007, 329, 332). Da der Inhalt solcher Feststellungsverträge dem des Vergleichs (§ 779) ähnelt, wird für ein kausales bestätigendes Schuldanerkenntnis vorausgesetzt, dass unter den Parteien zumindest eine (subjektive) **Ungewissheit über das Bestehen eines Rechtsverhältnisses insgesamt oder in einzelnen Bestimmungen**

172 BGH NJW 1998, 1492 = WM 1998, 656.
173 BGH WM 1986, 1115, 1117 = NJW-RR 1987, 43 = WuB IV A § 250– 1.87 (Moritz).
174 BGH NJW 1984, 799; BGH WM 1983, 22; BGH NJW 1982, 996, 997 = VersR 1982, 1158; BGHZ 69, 328, 331 = WM 1977, 1298 = NJW 1978, 44; WM 1976, 1339, 1340; BGHZ 66, 250, 254 = WM 1976, 689 = NJW 1976, 1257; WM 1974, 410, 411; WM 1968, 472 LM Nr 5 zu § 781.
175 BGH NJW 1995, 960 = WM 1995, 402; BGH WM 1984, 667, 668; BGH NJW 1984, 799; BGH WM 1983, 22; BGH WM 1979, 893, 894; BGH WM 1974, 410, 411; RG JW 1916, 960; Staud/Marburger § 781 Rz 8.
176 BGH WM 1980, 195 = NJW 1980, 1158; BGH WM 1980, 1025, 1026; BGHZ 66, 250, 254 = WM 1976, 689 = NJW 1976, 1257; BAG AP Nr 2 zu § 781; BGH WM 1970, 1454, 1455 = NJW 1971, 320; BGH WM 1968, 472 LM Nr 5 zu § 781; BGH LM Nr 2 zu § 781 = NJW 1963, 2316; ferner BGH WM 1981, 1075 = ZIP 1981, 1071, 1074; Frankfurt/M JR 1980, 207, 208 (mAnm Grundmann).
177 Frankfurt/M WM 1972, 1474, 1475.
178 WM 1985, 1177, 1178.
179 BGHZ 66, 250, 254 = WM 1976, 689 = NJW 1976, 1259.
180 BGH WM 1983, 22; BGH WM 1980, 195 = NJW 1980, 1158; BGHZ 66, 250, 253 = WM 1976, 689 = NJW 1976, 1259.
181 BGHZ 98, 160, 166 = WM 1986, 1161 = NJW 1986, 2948 = JZ 1987, 355 (mzustAnm Henckel); BGH WM 1984, 799 = NJW 1984, 1749; BGH NJW 1984, 799; BGH WM 1976, 1339, 1340 = NJW 1976, 2028 u schon RG JW 1916, 960 unter ausdrücklicher Bezugnahme auf § 799; Medicus, BürgerlR, 1983, § 31 III; Marburger DB 1973, 212S, 2127; dazu auch Ebel, Berichtung, transactio und Vergleich S 109.

vorlag und das Anerkenntnis erkennbar zur Beseitigung dieser Ungewissheit abgegeben worden ist[182]. Der BGH[183] betont, auch ein nur möglicherweise bestehendes Rechtsverhältnis könne mit der Wirkung bestätigt werden, dass es als bestehend zu gelten hat[184].

Wegen dieser weitgehenden Rechtswirkungen, die mit einem solchen Anerkenntnis verbunden sein können[185], ist es freilich **irreführend**, wenn der BGH[186] zur Abgrenzung gegenüber dem abstrakten Schuldanerkenntnis (§ 781) die Terminologie des RG[187] fortführt und von einem „deklaratorischen (bestätigenden) Schuldanerkenntnis" spricht. Zwar kann ein solches Anerkenntnis im Einzelfall gegenüber der gegebenen Rechtslage auch nur bestätigende Bedeutung haben. Vorzugswürdig ist gleichwohl die im Schrifttum vordringende Bezeichnung als **kausales Schuldanerkenntnis**[188]. 40

Das kausale bestätigende Schuldanerkenntnis ist **formlos** wirksam[189] (s wegen der Vergleichsähnlichkeit § 782). Insoweit kann also trotz § 781 Satz 2 auch die elektronische Form (§ 126 a) verwandt werden oder eine Form, die als Textform (§ 126 b) genügen würde[190]. Das kausale bestätigende Schuldanerkenntnis unterliegt **nicht** einer **Rückforderung** nach § 812 Abs 2[191]. Die §§ 307 ff verbieten kausale Schuldanerkenntnisse mit Vergleichscharakter auch dann nicht, wenn sie gegenüber einem Verbraucher vorformuliert werden (BGH WM 2003, 1626 = NJW 2003, 2386; aA BAG NJW 2005, 3164; E Ehmann WM 2007, 329, 333). Nach dem OLG Stuttgart[192] soll ein Befreiungsanspruch wegen der Verletzung einer Aufklärungspflicht gegenüber einem Rechtsunkundigen in Frage kommen. Ist das kausale Anerkenntnis über einen bezifferten Geldanspruch und schriftlich erfolgt, ist diese Privaturkunde ausreichend, um den Anspruch im **Urkundenprozess** (ZPO § 592) zu verfolgen; denn sie ist geeignet, dem Gericht im Wege der freien Beweiswürdigung dieses Beweismittels den Beweis für das Bestehen des geltend gemachten Anspruchs zu erbringen[193]. 41

2. **Zustandekommen des kausalen Anerkenntnisvertrags**. Auch das kausale Anerkenntnis kommt durch Vertrag zustande. Deshalb ist es gegenüber einem nicht rechtsgeschäftlichen Anerkenntnis oder Bekenntnis abzugrenzen[194]. Die auch hier erforderliche Auslegung der Erklärungen wird entscheidend durch die Interessenlage der Beteiligten bestimmt, die sich in einzelnen Fallgruppen verdeutlichen lassen[195]. Sie obliegt als Würdigung von Individualerklärungen der tatrichterlichen Feststellung und ist revisionsrichterlich nur beschränkt nachprüfbar, zB darauf, ob das Wesen des schuldbestätigenden Anerkenntnisses verkannt worden ist[196]. Ob dies vereinbart ist, unterliegt im Wesentlichen tatrichterlicher Feststellung und revisionsrechtlich nur beschränkt nachprüfbarer Auslegung. 42

Ein kausales Anerkenntnis kann ebenso wie ein abstraktes Anerkenntnis **unter einer Bedingung** (§ 158) **erteilt** werden[197].

Die weitreichenden Wirkungen, die mit einem kausalen Anerkenntnisvertrag verbunden sein können, haben in der Rechtsprechung zu einer **zurückhaltenden Tendenz** gegenüber kausalen Anerkenntnissen geführt[198]. Die Rechtsprechung billigt die Auslegung, dass ein Protokoll über 43

182 BGH WM 2007, 796; BGH WM 1995, 403, 404; BGH WM 1988, 794, 795/6 = NJW-RR 1988, 962, 965.
183 BGHZ 98, 160, 166 = WM 1986, 1161 = NJW 1986, 2948 = JZ 1987, 355 (mzustAnm Henckel).
184 Vgl dazu Rz 14.
185 S iE Rz 37.
186 BGH NJW 1984, 799.
187 JW 1916, 960.
188 So auch BGH WM 2007, 796; BGH WM 1995, 403, 404; vgl schon Soergel[10] §§ 780, 781 Rz 52.
189 Pal/Sprau § 781 Rz 3; Staud/Marburger § 781 Rz 22; aA E Ehmann WM 2007, 329, 333 entweder § 781 oder § 518 Abs 1 analog.
190 MünchKomm/Hüffer § 781 Rz 3.
191 BGH WM 2000, 1806 = NJW 2000, 2501, 2502; Pal/Sprau § 781 Rz 4.
192 NJW 1982, 2608, 2609 = VersR 1983, 66.
193 BGH WM 1983, 22; Staud/Marburger Vorbem zu §§ 780 ff Rz 15.
194 Vgl Rz 10 ff.
195 Vgl unten Rz 50 ff.
196 BGH WM 1977, 1025, 1026; BGH WM 1976, 1339; BGH WM 1974, 410, 411.
197 BGH WM 1977, 1025, 1027.
198 Vgl BGH NJW 1984, 799; BGH WM 1988, 794, 795 = NJW-RR 1988, 962, 965.

nicht vertragsgemäße Lieferung nicht zugleich die Ersatzpflicht des Verkäufers dem Streit entziehen soll. Darin könne auch eine die Beweislage verändernde reine Tatsachenbestätigung liegen[199]. Es wird verlangt, dass für eine solche Vereinbarung ein **„besonderer Anlass"** für die Beteiligten bestand[200]. Eine Vermutung dahin, dass mit einem Anerkenntnis ein kausaler Anerkenntnisvertrag verbunden sein soll, wird nicht anerkannt. Wegen der vergleichsähnlichen Einordnung setzt ein kausaler Anerkenntnisvertrag als **vertragstypischen Zweck** vielmehr voraus, dass zuvor Streit oder zumindest eine (subjektive) Ungewissheit über das Bestehen der Schuld des Anerkennenden oder über einzelne rechtlich erhebliche Punkte dieser Verbindlichkeit geherrscht hat[201].

44 Auch der **erklärte Wille der Beteiligten** muss die mit einem kausalen Anerkenntnis verbundenen Rechtsfolgen tragen. Daran sind strenge Anforderungen zu stellen. Das bloße Nichtbestreiten einer Forderung[202] oder die Äußerung einer Rechtsauffassung[203] oder die Zahlung des Werklohnes auf eine geprüfte Rechnung (BGH WM 2007, 796) genügen dafür nicht. Vielmehr trifft dies nach der Rechtsprechung nur zu, wenn dafür die Interessenlage der Beteiligten, der mit der Erklärung erkennbare Zweck und die allgemeine Verkehrsauffassung über die Bedeutung eines solchen Anerkenntnisses sprechen[204]. So schließt die den Partnern der öffentlichen Hand zumeist bekannte Tatsache, dass deren Tätigkeit durch Rechnungsprüfungsbehörden überwacht wird, zwar ein Anerkenntnis der öffentlichen Hand von vornherein nicht aus[205], es spricht aber dagegen, Rechnungsbestätigungen von Behörden als vergleichsweise kausale Anerkenntnisse durch schlüssiges Verhalten auszulegen[206]. Auch der Prüfvermerk eines Architekten ist kein Angebot namens des Auftraggebers auf Abschluss eines kausalen Schuldanerkenntnisses (BGH WM 2002, 1409, 1410).

45 3. **Wirkung und Reichweite**. Welche der Wirkungen mit einem kausalen Anerkenntnis im Einzelfall verbunden sind, ist vor allem durch Auslegung der getroffenen Vereinbarungen zu ermitteln[207]. Dabei sind – wie auch sonst – nicht nur der Wortlaut, sondern auch die mit dem Anerkenntnis verfolgten Parteizwecke, die beiderseitige Interessenlage sowie der Inhalt vorheriger Verhandlungen zu berücksichtigen[208]. Als Grundsatz gilt, dass die Ausgangsverbindlichkeit des Anerkennenden mit der Wirkung verstärkend festgestellt wird, dass dem Anerkennenden **Einwendungen und Einreden**, die bei der Abgabe des Anerkenntnisses bestanden und die ihm bekannt waren oder mit denen er zumindest rechnete, **abgeschnitten** werden[209]. Es verlagert sich nicht die Beweislast, sondern Beweisfragen werden durch materielles Recht beseitigt[210]. Damit kann auch der Einwand der schuldhaften Mitverursachung des Unfallgegners (§ 254) ausgeschlossen sein[211]. So kann sich aus dem kausalen Anerkenntnis der Wille des Anerkennenden ergeben, auf die bereits begründete Einrede der Verjährung zu verzichten, wenn ihm die Einrede bei Abgabe der Erklärung bekannt war oder er damit rechnete. § 225 Satz 1 aF stand dem nicht entgegen. Unter besonderen, nicht näher ausgeführten Umständen, soll es nach der Rechtsprechung auch möglich sein, dem Anerkennenden unbekannte Einwendungen auszuschließen[212]. Regelmäßig bleibt er aber berechtigt, Rechtsbehelfe geltend zu machen, von denen er nichts

199 BGH WM 1986, 1115, 1117 = NJW-RR 1987, 43 = WuB IV A § 250 BGB 1.87.
200 BGH NJW 1984, 799; BGH WM 1984, 62, 63; BGHZ 66, 250, 255 = WM 1976, 689 = NJW 1976, 1259.
201 BGH WM 1984, 667, 668; BGH NJW 1984, 799; BGHZ 66, 250, 255 = WM 1976, 689 = NJW 1976, 1259.
202 BGH NJW 1973, 620.
203 BGH WM 2002, 449, 450.
204 Vgl BGH NJW 1984, 799.
205 BGH WM 1976, 1339.
206 BGH WM 1979, 694, 695 = NJW 1979, 1306; ebenso BGH WM 2007, 796.
207 Pal/Sprau § 781 Rz 4; MünchKomm/Hüffer § 780 Rz 20.
208 BGH WM 1977, 1025, 1027; BGHZ 66, 250, 255 = WM 1976, 689 = NJW 1976, 1259 mweit Nachw; BGH NJW 1973, 2019 f.
209 BGH WM 2003, 1626, 1628; BGH WM 1984, 799 = NJW 1984, 1749; BGH WM 1974, 410; Karlsruhe VersR 2002, 729, 730; Staud/Marburger § 780 Rz 11.
210 BGH WM 2003, 1626, 1628.
211 AG Geilenkirchen VersR 2002, 715, 716.
212 BGH WM 1974, 836, 837; BGH WM 1970, 789, 790; Pal/Sprau § 781 Rz 4.

wusste und mit denen er auch nicht rechnete[213]. Maßgebend ist also, inwieweit der Anerkennende sich seiner Rechte begeben will, so dass ein Rechtsirrtum auf seiner Seite bedeutsam ist[214]. Sollte ein kausales Schuldanerkenntnis im Zeitpunkt seiner Abgabe ausschließlich die Ungewissheit über Form und Inhalt des Anspruchs ausräumen, so ist der Schuldner nicht gehindert einzuwenden, dass es schon an grundlegenden Voraussetzungen des fraglichen Gegendarstellungsanspruchs gefehlt habe[215]. Ein kausales Anerkenntnis zum Grund des Anspruchs soll auch dann nicht in Frage kommen, wenn zwischen den Parteien eine erkennbare Ungewissheit über das Bestehen der Schuld fehlte, die mit dem Anerkenntnis hätte beseitigt werden sollen. Ist nur der Streit um die Höhe des Zahlungsanspruches behoben worden, scheitert eine Inanspruchnahme des Anerkennenden, wenn die als bestehend vorausgesetzte Zahlungsverpflichtung nicht gegeben war[216].

Die früher streitige Frage, ob durch ein kausales Schuldanerkenntnis auch **rechtshindernde oder rechtsvernichtende Einwendungen** ausgeräumt werden können[217] ist nach der neueren Rechtsprechung überholt; denn danach können auch Zweifel oder Meinungsverschiedenheiten der Parteien über den Anspruchsgrund und seine Rechtsgrundlage ausgeräumt werden. **Gegenstand** eines kausalen Anerkenntnisses kann auch **ein nur „möglicherweise" bestehendes Schuldverhältnis** sein[218]. In diesem Zusammenhang weist der BGH zutreffend darauf hin, ein solches Anerkenntnis hinsichtlich des Anspruchsgrundes habe potentiell konstitutive Wirkung und vergleichsähnliche Natur[219]. Vorausgesetzt wird jedoch, dass dem Anerkenntnis ein Sachverhalt zu Grunde liegt, der überhaupt geeignet ist, den anerkannten Anspruch auf irgendeine Weise zu rechtfertigen, und der einen Streit oder zumindest eine subjektive Ungewissheit der Parteien über das Bestehen der Schuld ausgelöst hat[220]. Dies betrifft also die für das kausale Anerkenntnis erforderliche vergleichsähnliche Zweckvereinbarung zwischen den Parteien. Fehlt es an dieser Voraussetzung, ist das rechtsgeschäftlich erteilte Anerkenntnis abstrakt mit der „konstitutiven Wirkung des § 781". Deshalb liegt bei fingiertem Rechtsgrund ein abstraktes Schuldanerkenntnis vor[221]. 46

Mit einem kausalen Anerkenntnis kann auch der Einwand abgeschnitten sein, nicht der Erklärungsempfänger, sondern ein Dritter sei der richtige Gläubiger[222]. Es kann sich ferner auf den Grund des anerkannten Anspruchs beschränken[223].

Wegen der Einordnung des kausalen Anerkenntnisses als vergleichsähnlicher Vertrag wird im Schrifttum zunehmend eine **entsprechende Anwendung des § 779** befürwortet[224]. Da die vertragliche Bestätigung von Anspruchsvoraussetzungen typischerweise einen vergleichsähnlichen Charakter hat[225], wendet das OLG Frankfurt[226] § 779 entsprechend an, selbst wenn die Festlegung des Schuldverhältnisses in einzelnen Beziehungen nur aufgrund einseitigen Nachgebens zustande gekommen ist. 47

213 BGH WM 1968, 472 = LM Nr 5 zu § 781; BGH LM Nr 2 zu § 781 = NJW 1963, 2316; BGH JR 1962, 183.
214 BGH WM 1968, 472 = LM Nr 5 zu § 781; BGH LM Nr 2 zu 781 = NJW 1963, 2316.
215 Karlsruhe OLGZ 1986, 90–95 = NJW-RR 1986, 1315.
216 Frankfurt/M WM 1987, 189.
217 Vgl Soergel[10] §§ 780, 781 Rz 51.
218 BGH WM 1980, 195 = NJW 1980, 1158; BGHZ 66, 250, 254 = WM 1976, 689 = NJW 1976, 1259; BGH WM 1968, 472; BGH LM Nr 2 zu § 781 = NJW 1963, 2316; auch BGH WM 1981, 1075, 1076 = ZIP 1981, 1071.
219 BGH WM 1980, 195 = NJW 1980, 1158; BGHZ 66, 250, 254 = WM 1976, 689 = NJW 1976, 1259; BGH WM 1968, 472; BGH LM Nr 2 zu § 781 = NJW 1963, 2316; auch BGH WM 1981 1075, 1076 = ZIP 1981, 1071.
220 BGH WM 1980, 195 = NJW 1980, 1158; BGH WM 1968, 472; BGH LM Nr 2 zu § 781 = NJW 1963, 2316.
221 Vgl BGH WM 1980, 195, 196 = NJW 1980, 1158.
222 BGH WM 1979, 893.
223 BGH WM 1977, 1025, 1027; BGH WM 1974, 836; BGH NJW 1973, 620 = DB 1973, 618.
224 Vgl P Marburger, Das kausale Schuldanerkenntnis als einseitiger Feststellungsvertrag S 86 ff; Staud/Marburger § 781 Rz 18; Möschel DB 1970, 913, 919; demgegenüber E Ehmann WM 2007, 329, 333: praktisch ohne Bedeutung mangels Verhandlungen.
225 Vgl Rz 38.
226 WM 1987, 189, 190.

Während die Verbindlichkeit aus einem abstrakten Schuldanerkenntnis einer dreijährigen Verjährungsfrist (§ 195) unterliegt, richtet sich die **Verjährungsfrist** beim kausalen Anerkenntnis **nach der des anerkannten Anspruchs**[227], die mit dem Anerkenntnis neu beginnt (§ 212 Abs 1 Nr 1 [früher: § 208]).

48 In einem kausalen Anerkenntnis kann vereinbart werden, dass auf Einwendungen, die gegen die anerkannte Forderung aus dem zu Grunde liegenden Schuldverhältnis (hier: Kaufvertrag über ein Grundstück) möglich sind, deutsches Recht anzuwenden ist, auch wenn der Kaufvertrag nach dem ausländischen Recht gleichzeitig das dingliche Erfüllungsgeschäft darstellt[228].

49 4. **Einzelfälle.** Auch zu den kausalen Anerkenntnissen haben sich in der Rechtspraxis bestimmte Fallgruppen herausgebildet, bei denen nicht selten die Abgrenzung auch gegenüber abstrakten Verpflichtungsverträgen umstritten ist[229]: Einverständnis des Schuldners mit Abschlagszahlung auf nach der Allgemeinen Gebührenordnung für Wirtschafts- und steuerberatende Berufe (AllGO) erstellte Rechnung als kausales Anerkenntnis der Vergütung[230]; schriftliches Einverständnis mit einem geltend gemachten Honoraranspruch als Anerkenntnis über den Anspruchsgrund[231]; zur Bedeutung eines Anerkenntnisvermerks auf einer Rechnung[232]; Auskunft des Arbeitgebers gegenüber einem ausscheidenden Arbeitnehmer betreffend dessen betriebliche Altersversorgung gemäß BetrAVG § 2 Abs 6 ist kein kausales Anerkenntnis[233]. Das OLG Düsseldorf[234] beurteilt die versicherungsrechtliche **Deckungszusage** als kausales Anerkenntnis. Demgegenüber enthalten **Gehaltsabrechnungen** grundsätzlich kein Schuldanerkenntnis, da sie nur der Information des Arbeitnehmers dienen und nicht bezwecken, streitig gewordene Ansprüche endgültig festzulegen; ihnen kann zB regelmäßig nicht entnommen werden, dass der Arbeitgeber die Zahl der angegebenen Urlaubstage auch dann gewähren will, wenn er sie nicht schuldet[235].

VIII. Fallgruppen abstrakter oder kausaler Schuldanerkenntnisse

ÜBERSICHT

50 In der Rechtspraxis haben sich bestimmte typische Fallgestaltungen ergeben, in denen als Lösung Schuldanerkenntnisse in Betracht gezogen werden[236]. Meistens stellt sich in diesen Fällen

227 Frankfurt/M MDR 1984, 400 = ZfS 1984, 195; Zweibrücken OLGZ 1966, 20 = MDR 1966, 325.
228 BGH WM 1970, 1454 = NJW 1971, 320.
229 Darauf wird im Zusammenhang unter Rz 50 ff eingegangen.
230 BGH WM 1979, 893.
231 BGH WM 1977, 1025.
232 BGH WM 1974, 410.
233 BAG WM 1984, 946 = Betr 1984, 836.
234 VersR 1985, 728 = RuS 1985, 48.
235 BAGE 54, 242 = BAG DB 1987, 1694, 1695.
236 Zu bankrechtlichen Fallgruppen abstrakter Verbindlichkeiten s Rz 80 ff.

auch die Frage nach der Abgrenzung zwischen abstraktem oder kausalem Anerkenntnisvertrag, aber auch zu nicht rechtsgeschäftlichen Anerkenntnissen[237].

1. **Vereinbarungsdarlehen.** Das Vereinbarungsdarlehen als die vertragliche Umwandlung einer anderen Verbindlichkeit in ein Darlehen, das bis 31. 12. 2001 in § 607 Abs 2 geregelt war, kann als ein abstraktes Schuldversprechen (§ 780) des künftigen Darlehensnehmers auszulegen sein[238]. Der Parteiwille geht unter Berücksichtigung der besonderen Interessenlage des Gläubigers meistens aber dahin, dass die ursprüngliche Schuld nicht erlischt oder ersetzt wird, sondern künftig nach den Grundsätzen des Darlehensrechts behandelt werden soll, um ihren Bestand mit Rücksicht auf akzessorische Sicherheiten durch eine Umwandlung nicht zu gefährden[239]. Dieser Wille hindert nicht notwendig ein abstraktes Schuldversprechen (§ 780); denn dieses kann auch neben den alten Schuldgrund treten (§ 364 Abs 2)[240]. Der Gebrauch der Worte „man bekenne, als Darlehen zu schulden", soll auf den Willen hinweisen, sich abstrakt zu verpflichten[241]. Wenn die alte Schuld gar nicht bestand, ist die abstrakte Verbindlichkeit aus dem Umwandlungsdarlehen grundsätzlich kondizierbar (§ 812 Abs 2)[242]. Gerade aber das Bekennen in einem Schuldschein, ein in Wahrheit nicht erhaltenes Darlehen empfangen zu haben, kann als ein selbstständiges Schuldversprechen auszulegen sein[243], weil die Angabe des fiktiven Schuldgrunds dafür spricht, unabhängig vom ursprünglichen Schuldgrund allein aus dem Verpflichtungsvertrag schulden zu wollen[244]. Eine Kondiktion ist in diesem Fall nach § 814 ausgeschlossen. 51

2. **(Verkehrs-)Unfall-Anerkenntnis.** Nicht selten werden im Anschluss an (Verkehrs-)Unfälle Erklärungen von Unfallbeteiligten zur Frage der eigenen Schuld oder Haftpflicht an Ort und Stelle abgegeben. Solche Anerkenntnisse sind in aller Regel **nicht als abstrakte Schuldanerkenntnisse** gemeint[245], aber auch **nicht als kausale Anerkenntnisse** auszulegen. Meistens handelt es sich um Äußerungen, denen gar **keine rechtsgeschäftliche Bedeutung** zukommen soll, sondern in denen ein Unfallbeteiligter sich zusammenfassend und unter Verwendung einfacher Rechtsbegriffe nur zum tatsächlichen Unfallhergang äußert[246]. Eine Auslegung als rechtsgeschäftliche Erklärung kommt in diesen Fällen nur dann in Betracht, wenn die Beteiligten unter den konkreten Umständen Anlass hatten, ihre Beziehungen in einem **vergleichsähnlichen Feststellungsvertrag** dem Streit oder der Ungewissheit zu entziehen und damit die Haftungsverhältnisse auf eine verstärkende vertragliche Grundlage zu stellen. Bei der Prüfung dieser Frage sind die zu Grunde liegenden Vorgänge, der verfolgte **Zweck**, die **beiderseitige Interessenlage** und die allgemeine **Verkehrsauffassung** über die Bedeutung kausaler Anerkenntnisse zu berücksichtigen[247]. Diese Auslegung setzt typischerweise voraus, dass dem Anerkenntnis zumindest ein Gespräch oder ein Streit zwischen den Beteiligten über die Haftpflichtansprüche vorausgegangen ist[248]. Der BGH[249] berücksichtigt als gegen ein Anerkenntnis sprechenden Gesichtspunkt 52

237 Dazu auch Rz 12 vor § 780.
238 BAG DB 1995, 632; BGH WM 1972, 385, 386; BGH WM 1962, 1138, 1139; BGHZ 28, 164, 166 = WM 1958, 1438; RGZ 152, 165; RG JW 1906, 550; Pal/Sprau § 781 Rz 9; Pal/Putzo § 488 Rz 27.
239 S dazu auch § 607 Rz 255.
240 Celle WM 1988, 1815.
241 RG HRR 1935 Nr 728.
242 BGH WM 1972, 385, 386; s auch BGH WM 1981, 1075; BGH WM 1970, 1457, 1459; Staud/Marburger § 780 Rz 23.
243 BGH WM 1980, 195, 196 = NJW 1980, 1158; BGH WM 1962, 1138, 1139; Köln NJW-RR 1998, 1518, 1519, das in einem solchen Fall Unwirksamkeit wegen Sittenwidrigkeit (§ 138) annimmt.
244 Nach Staud/Marburger § 780 Rz 33, soll ein Schuldversprechen nur dann vorliegen, wenn der mit dem Schuldschein verfolgte Zweck eine Abstraktion zwingend erfordert; ebenso Schleswig WM 1980, 964.
245 Vgl dazu Künnell VersR 1984, 706; Bergmann MDR 1974, 989; Strohe VersR 1974, 959; Körner JR 1962, 298; Pal/Sprau § 781 Rz 10; Staud/Marburger § 781 Rz 36; aA aber RGZ 75, 4, 6; München VersR 1970, 261, 262; E Ehmann WM 2007, 329, 335.
246 BGH NJW 1984, 799 (mAnm Schlund JR 1984, 327); BGH NJW 1982, 996, 997, 998 = VersR 1981, 1158.
247 BGH NJW 1984, 799; BGH NJW 1982, 996, 997, 998 = VersR 1981, 1158.
248 BGH NJW 1982, 996, 997, 998 = VersR 1981, 1158 u allgemein BGH NJW 1984, 799.
249 BGH NJW 1984, 799.

auch, dass es einem Versicherungsnehmer nach den Allgemeinen Bedingungen für die Kraftfahrtversicherung (AKB) § 7 im Verhältnis zu dem Versicherer grundsätzlich untersagt ist, einen Anspruch ganz oder teilweise anzuerkennen.

53 Solchen Erklärungen, insbesondere wenn sie nicht in einem unmittelbaren zeitlichen Zusammenhang mit dem Unfallgeschehen oder nicht von einem Unfallbeteiligten, sondern dem Adressaten von Haftpflichtansprüchen (Fahrzeughalter) abgegeben werden, kann auch eine **verpflichtende Bedeutung** beigemessen werden[250], etwa wenn versprochen wird, auch ohne ein Verschulden Schadenersatz zu leisten[251] oder wenn die Einstandspflicht von einer sonst kurzen Verjährung unabhängig sein soll. Nach weitergehender Ansicht[252] soll ein abstraktes Schuldanerkenntnis (§ 781) schon dann vereinbart sein, wenn der Anerkennende von seiner Haftpflicht überzeugt ist und die Erklärung mit Bestätigungswillen abgibt, ohne auch für den Fall des nachweisbaren Irrtums haften zu wollen.

54 Der in dieser Fallgruppe häufig für die Auslegung als kausales Anerkenntnis angeführte Gesichtspunkt, dass die Beteiligten mit Rücksicht auf die Anerkenntniserklärung von einer polizeilichen Unfallaufnahme abgesehen haben, erlaubt nach Auffassung des BGH[253] keinen tragfähigen Schluss; denn zur **Vermeidung von künftigen Beweisschwierigkeiten** genügt schon eine zu Beweiszwecken verwertbare schriftliche Erklärung zum Unfallhergang ohne rechtsgeschäftliche Bedeutung[254]. Auch **bloße Bekenntnisse der eigenen Schuld an einem Unfall**, in denen kein rechtsgeschäftlicher Wille zum Ausdruck kommt, verbessern nämlich die Beweislage des Erklärungsempfängers in einem Rechtsstreit als Ausgleich dafür, dass er davon abgesehen hat, Aufklärungsmöglichkeiten wahrzunehmen[255]. Der Erklärungsempfänger ist im Prozess damit zunächst Beweisanforderungen enthoben, denen er ohne dieses Schuldbekenntnis genügen müsste, wobei der BGH[256] dahinstehen lässt, ob diese Erleichterung auf einer Umkehr der Beweislast beruht oder ob dieser Erklärung als „Zeugnis gegen sich selbst" nur eine Indizwirkung bei der Beweiswürdigung zukommt. Die Situation ändert sich erst, und der Erklärungsempfänger muss dann die klagebegründenden Tatsachen beweisen, wenn dem Erklärenden der Nachweis gelingt, dass sein „Schuldbekenntnis" unrichtig ist[257].

55 Die Bindungswirkung der rechtskräftigen Abweisung der Direktklage des Geschädigten gegen den Haftpflichtversicherer des Schädigers nach PflVG § 3 Nr 8 schließt es zwar aus, Ersatzansprüche gegen den Versicherungsnehmer mit Rücksicht auf einseitige Schuldbekenntnisse zuzusprechen, nicht aber, wenn es sich um ein kausales Schuldanerkenntnis handelt[258].

56 3. **Anerkenntnisse von (Haftpflicht-)Versicherern**. Erklärungen des Haftpflichtversicherers des Schädigers gegenüber dem Geschädigten, er erkenne dessen Anspruch an, sind nach der Rechtsprechung[259] grundsätzlich nicht im Sinne der Verselbstständigung der bisherigen Schuld und mithin **nicht als abstraktes Schuldanerkenntnis** zu verstehen, wenn nicht ausnahmsweise besondere Umstände für ein schuldbegründendes Anerkenntnis sprechen[260]. Eine solche Anerkennung bewirkt vielmehr meistens nur eine **Beweiserleichterung** im Sinne des § 212[261]. Es kann aber auch im Einzelfall die Vereinbarung zwischen dem Haftpflichtversicherer des Schädigers und

250 RG SeuffA 87 Nr 90; RGZ 75, 4, 6.
251 Rostock SeuffA 77 Nr 71.
252 Lindacher JuS 1972, 79, 81.
253 BGH NJW 1984, 799; BGH NJW 1982, 996 = VersR 1981, 1158, 1160; aA AG Hadamar VersR 1983, 844; Hamm MDR 1974, 312, 313; MDR 1974, 1019 (mAnm Bergmann S 989); KG NJW 1971, 1219 (mAnm Mittenzwei S 2229).
254 Vgl LG München I VersR 1983, 70.
255 BGH NJW 1984, 799; BGH NJW 1982, 996 = VersR 1981, 1158; BGHZ 66, 250, 254 f = WM 1976, 689 = NJW 1976, 1259; ebenso Staud/Marburger § 781 Rz 40.
256 So BGH WM 1974, 410, 411; ebenso Celle VersR 1980, 482.
257 BGH NJW 1984, 799; BGHZ 66, 250, 254 = WM 1976, 689 = NJW 1976, 1259; Bamberg VersR 1987, 1246.
258 BGH NJW 1982, 996, 997, 999 = VersR 1981, 1158; Pal/Sprau § 781 Rz 10.
259 BGH NJW 1977, 108 = FamRZ 1977, 35; BGH VersR 1965, 1153.
260 BGH NJW 1992, 2228; zur Auslegung BGHZ 66, 250, 257 = WM 1976, 689 = NJW 1976, 1259; ebenso E Ehmann WM 2007, 329, 335.
261 Zweibrücken NJW-RR 1997, 1316, 1317.

dem Geschädigten über die Schadensregulierung als abstrakter Verpflichtungsvertrag (§§ 780, 781) auszulegen sein[262], wofür auch ein Anerkenntnis durch schlüssiges Verhalten in Frage kommt[263].

Die Erklärung des **Sachbearbeiters einer Versicherung**, ein Schaden sei gedeckt, ist als deklaratorisches Anerkenntnis ausgelegt worden, wenn ihm bewusst sein musste, dass nicht nur eine schlichte Auskunft, sondern eine verbindliche Festlegung erwartet wurde[264]. Ein solches „deklaratorisches" Anerkenntnis kann unmittelbare Auswirkungen auf die Verjährung des anerkannten Anspruchs haben und den Gegner „konstitutiv" von der Verjährungseinrede befreien[265]. 57

Bei entsprechenden Anerkenntnissen oder Bestätigungserklärungen von Versicherern (sog Schlusserklärung) ist bei der Auslegung auf die Ausgestaltung in den AGB der Versicherer Rücksicht zu nehmen, auf denen solche Erklärungen meist beruhen. Deshalb kann eine entsprechende Bestätigungserklärung des Versicherers im Einzelfall nur dann als Angebot auf ein kausales Anerkenntnis verstanden werden, wenn zuvor zwischen den Beteiligten Streit oder Ungewissheit über Grund oder Höhe der Leistungspflicht herrschte und mit dem Anerkenntnis bezweckt war, diesen Streit oder diese Ungewissheit beizulegen[266]. 58

4. **Drittschuldnererklärung**. Eine auf Verlangen des Vollstreckungsgläubigers innerhalb von zwei Wochen ab Zustellung des Pfändungsbeschlusses gemäß ZPO § 840 Abs 1 Nr 1 abzugebende sog Drittschuldnererklärung kann dahin lauten, dass „er die Forderung als begründet anerkenne und Zahlung zu leisten bereit sei". Hierzu hat der BGH[267] entschieden, dass eine solche Erklärung weder ein konstitutives noch ein deklaratorisches Anerkenntnis oder Zahlungsversprechen ist, im Regelfall also überhaupt keine Willenserklärung darstellt, sondern eine rein tatsächliche Auskunft, eine sog Wissenserklärung. Weder nach den Umständen, unter denen der Drittschuldner eine Erklärung abgibt, noch nach der Interessenlage des Drittschuldners und des Pfändungsgläubigers könne eine vertragliche Verpflichtung des Darlehensschuldners zur Zahlung gegenüber dem Gläubiger angenommen werden[268]. Der Drittschuldner büßt also durch eine versehentlich fehlerhafte Erklärung keine berechtigten Einwendungen gegen den gepfändeten Anspruch ein. Hat der Drittschuldner die verlangte Auskunft, ist er nicht verpflichtet, Belege vorzulegen. Der Drittschuldner ist auch nicht gehindert, eine günstige **Auskunft zu widerrufen**; in einem Rechtsstreit mit dem Drittschuldner kehrt sich dann allerdings die Beweislast um. Er muss dann beweisen, dass die gepfändete Forderung nicht besteht oder mit Einreden oder Einwendungen behaftet ist[269]. Die Rechtsprechung des RG[270], das eine solche Erklärung des Drittschuldners als abstraktes Schuldanerkenntnis (§ 781) ausgelegt hatte, ebenso wie die Rechtsprechung[271], die in der Drittschuldnererklärung – wenn auch unter Berücksichtigung der konkreten Umstände des jeweiligen Einzelfalls – ein „deklaratorisches Anerkenntnis" gesehen hatte, ist damit überholt. Auch hat der Gesetzgeber sich für die **Verwaltungsvollstreckung der Finanzbehörden** der neueren Rechtsprechung angeschlossen; so ist in AO 1977 § 316 Abs 1, der inhaltlich dem ZPO § 840 Abs 1 entspricht, ausdrücklich klargestellt, dass die Erklärung des Drittschuldners nicht als Anerkenntnis gelte. Richtet sich das Auskunftsverlangen des Pfändungsgläubigers gegen ein Kreditinstitut, verletzt es das **Bankgeheimnis** nicht, wenn sich seine Drittschuldnererklärung im 59

262 München VersR 1958, 201; vgl auch Rz 58.
263 Celle NJW-RR 2004, 466.
264 Karlsruhe NJW-RR 1998, 1329, 1330.
265 Vgl Oldenburg NJW-RR 1997, 1181.
266 BGHZ 66, 250, 257 = WM 1976, 689 = NJW 1976, 1259; dazu F Ebel, Berichtung, transactio und Vergleich S 133 f, 141 f.
267 BGH WM 1982, 1364, 1365; BGH NJW 1978, 1919; BGHZ 69, 328, 330 = WM 1977, 1298 = NJW 1978, 45; ebenso Benöhr NJW 1976, 174; Marburger JR 1972, 7, 15; E Ehmann WM 2007, 329, 336.
268 Pal/Sprau § 781 Rz 8; Staud/Marburger § 781 Rz 31; MünchKomm/Hüffer § 781 Rz 27.
269 BGHZ 69, 328, 332 = WM 1977, 1298 = NJW 1978, 45; dazu Flieger MDR 1978, 797; aA MünchKommZPO/Smid § 840 Rz 17.
270 RG HRR 1929 Nr 1567; RGZ 41, 419, 421.
271 Köln WM 1978, 338; Braunschweig NJW 1977, 1888; München WM 1975, 210 = NJW 1975, 174; dagegen Benöhr NJW 1976, 174.

Rahmen der Fragen des ZPO § 840 Abs 1 hält[272]. Mangels gesetzlicher Rechtsgrundlage ist der Pfändungsgläubiger nicht verpflichtet, dem Drittschuldner die **Kosten einer Auskunftserteilung** gemäß ZPO § 840 zu erstatten[273]. Eine Vergütungsregelung in AGB verstößt gegen § 307 (früher: AGB-Ges §§ 8, 9 Abs 1)[274], weil der Drittschuldner kraft Gesetzes zur kostenfreien Auskunft verpflichtet ist.

60 Dem Pfändungsgläubiger steht **kein einklagbarer Anspruch** auf die in ZPO § 840 Abs 1 dem Umfang nach begrenzten **Auskünfte** zu[275]. Dagegen sprechen Wortlaut, Stellung im Gesetz und der auf den Schutz des Pfandgläubigers beschränkte Zweck des ZPO § 840 Abs 1. Die Auskunftsverpflichtung des Drittschuldners ist also eine nicht einklagbare Obliegenheit[276], deren schuldhafte Nichterfüllung schadenersatzpflichtig macht[277]. Der Pfändungsgläubiger muss also auf Zahlung klagen. Erweist sich der Zahlungsanspruch trotz der Drittschuldnererklärung als unbegründet, kann der Gläubiger durch Klageänderung die Prozesskosten gegen ihn als Schadenersatz geltend machen[278]. Wenn streitig ist, ob eine rechtzeitige und umfassende Auskunft die Klage gegen den Drittschuldner vermieden hätte, genügt für die Feststellung des ursächlichen Schadens, dass dies voraussichtlich der Fall gewesen wäre[279]. Bei einer Pfändung aufgrund eines Arrestbefehls hatte der BGH[280] das Rechtsschutzbedürfnis für eine Auskunftsklage verneint, da die Arrestpfändung einer Forderung keine Möglichkeit zu deren Verwertung einräumt. Gemäß AO § 316 ist der Drittschuldner allerdings zur Abgabe der Erklärung verpflichtet, was das Finanzamt durch Zwangsgeld erzwingen kann.

61 Dem Interesse des Pfändungsgläubigers an einer zutreffenden Auskunft wird dadurch Rechnung getragen, dass der Drittschuldner ihm zum **Schadenersatz** verpflichtet ist, wenn er schuldhaft eine **falsche Auskunft** erteilt (ZPO § 840 Abs 2 Satz 2; AO 1977 § 316 Abs 2 Satz 2)[281]. Auch eine schuldhaft **verspätete Drittschuldnererklärung** macht schadenersatzpflichtig. Eine vorangehende unzutreffende **freiwillige Auskunft des Drittschuldners** begründet hingegen keine Haftung nach ZPO § 840 Abs 2 Satz 2[282]. Der Drittschuldner ist auch nicht verpflichtet, seine zutreffende Erklärung wegen neuer Umstände zu korrigieren[283]. Bei einer Haftung nach ZPO § 840 Abs 2 Satz 2 muss der Drittschuldner sich entlasten, er trägt also die Beweislast für fehlendes Verschulden[284]. Was den Haftungsumfang angeht, ist der Gläubiger bei einer falschen Auskunft gemäß § 249 Abs 1 so zu stellen, wie er bei Erfüllung der Auskunftsverpflichtung gestanden hätte[285]. Der zu ersetzende Schaden umfasst also nicht den Nachteil des Gläubigers, keine Zahlung von dem Drittschuldner zu erhalten; der Gläubiger ist nur so zu stellen, wie er bei einer zutreffenden Auskunft gestanden hätte, weil er dann etwa andere Erfolg versprechende Vollstreckungsmöglichkeiten nicht versäumt hätte[286]. Deshalb begründet ZPO § 840 Abs 2 Satz 2 keine Pflicht zum Ersatz anderer als der durch den Entschluss des Gläubigers verursachten Schäden, die gepfändete Forderung geltend zu machen oder davon abzusehen. Auch hier gilt § 254 Abs 1[287]. Bei

272 MünchKommZPO/Smid § 840 Rz 15.
273 BAG WM 1985, 526 = NJW 1985, 1181; BGH NJW 1985, 1155 = JZ 1985, 629 (mAnm Brehm); zust Petersen BB 1986, 188.
274 Vgl BGH Rpfleger 1999, 452: zu einer Kostenklausel betr die Pfändung.
275 BGH WM 2006, 1684, 1685; BGHZ 91, 126 = WM 1984, 702 = NJW 1984, 1901 (mAnm Brehm JZ 1984, 675); vgl dazu auch BGHZ 69, 289, 292 = WM 1977, 537 mausf Wiedergabe des Meinungsstands; Stuttgart Rpfleger 1990, 265; Behr Rpfleger 1990, 243.
276 BGH WM 1986, 1392, 1393 = NJW 1987, 64 = JZ 1987, 47 (mAnm Brehm); zu BGHZ 91, 126 = WM 1984, 702 = NJW 1984, 1901 LM Nr 10 zu ZPO § 840 (mAnm Fuchs).
277 S Rz 61.
278 BGH WM 1981, 232; anders Karlsruhe WM 1980, 349.
279 LG Stuttgart Rpfleger 1990, 265.
280 BGHZ 69, 289, 292 = WM 1977, 537 = NJW 1977, 1199; BGH WM 1983, 935, 936 = NJW 1983, 2242.
281 BGH WM 1983, 13; BGH WM 1982, 1364, 1365; BGHZ 79, 275 = WM 1981, 232; BGHZ 69, 328, 332 = NJW 1977, 1298.
282 Düsseldorf VersR 1997, 705.
283 LG Frankfurt/M WM 1986, 1008.
284 BGHZ 79, 275 = WM 1981, 232, 233 = NJW 1981, 990.
285 BGH WM 1986, 1392, 1393 = NJW 1987, 64.
286 BGHZ 69, 328, 333 = WM 1977, 1298 = NJW 1978, 45; dazu Flieger MDR 1978, 797; BGH WM 1982, 1364, 1365.
287 BGH WM 1982, 1364, 1365.

einer verspäteten Auskunft haftet der Drittschuldner für den Schaden der durch den Entschluss verursacht worden ist, die gepfändete Forderung geltend zu machen[288], wozu die Kosten eines nutzlosen Prozesses einschließlich der Anwaltkosten fallen[289].

Eine Drittschuldnererklärung lässt die Verjährungsfrist nach § 212 Abs 1 Nr 2 neu beginnen, da hierfür ein tatsächliches Verhalten des Schuldners ausreicht, das eindeutig sein Bewusstsein zum Ausdruck bringt, dass die Forderung besteht[290]. Dagegen wird eingewandt, dass der Drittschuldner so kraft Gesetzes zu einer Verschlechterung seiner Rechtsposition gezwungen würde[291]. 62

5. **„Abtretungsannahme"**. Unter einer „Abtretungsannahme" oder auch Abtretungsbestätigung versteht man die Erklärung eines Schuldners gegenüber dem Zessionar der Forderung, die er auf Ersuchen des Zessionars abgibt und meistens den Inhalt hat, dass die abgetretene Forderung bestehe und durch eine Zahlung an den Zessionar befriedigt werde sowie dass Rechte Dritter an der Forderung und zur Aufrechnung geeignete Gegenansprüche nicht bestünden. Solche und ähnliche Bestätigungserklärungen sind insbesondere in der kreditwirtschaftlichen Praxis der offenen Sicherungsabtretung gebräuchlich; sie entsprechen einer Drittschuldnererklärung gemäß ZPO § 840 Abs 1, AO 1977 § 316[292]. Inhalt und Reichweite der Bestätigungserklärung sind durch Auslegung festzustellen[293]. In der Rechtsprechung wird eine solche Schuldbestätigung gegenüber einem Zessionar regelmäßig nicht als abstraktes, sondern allenfalls als ein **kausales („bestätigendes") Schuldanerkenntnis** ausgelegt[294]. Damit sollen solche **Einwendungen** (§§ 404, 406) gegen die abgetretene Forderung **ausgeschlossen** werden, die dem Schuldner bei der Abtretung bereits bekannt waren oder mit denen er rechnen musste[295]. Für einen **Ausschluss von Einwendungen**, die dem Schuldner bereits **bekannt sind**, kommt es entscheidend darauf an, ob die Erklärung des Schuldners unter Berücksichtigung der **Interessenlage der Beteiligten** nach ihrem **erkennbaren Zweck und Inhalt** darauf gerichtet ist, **Zweifel und Unsicherheit** gerade über das Bestehen der Schuld **zu beseitigen** und in dieser Hinsicht den **neuen Gläubiger** in eine **bessere Reststellung** zu bringen[296]. Im Übrigen sind Inhalt und Reichweite der Schuldnererklärung aus der Perspektive des Zessionars und unter Berücksichtigung der ihm bekannten Interessenlage des Schuldners auszulegen[297]. Deshalb kann ein **Verzicht auf erst künftig erkennbare Einwendungen** nur dann angenommen werden, wenn dies in der Erklärung des Schuldners klar und eindeutig zum Ausdruck gekommen ist[298]. Der Schuldner hat nämlich regelmäßig keinen Anlass, seine Rechtsstellung durch die Abtretung zu verschlechtern. 63

288 BGH WM 1986, 1392 = LM Nr 11 zu ZPO § 840.
289 BAG WM 1991, 333, 334; anders hinsichtlich der Anwaltskosten vorher BAGE 24, 486.
290 Noch zu § 208 aF BGH NJW 1978, 1914 = JR 1978, 504.
291 Staud/Marburger § 781 Rz 31.
292 S Rz 59.
293 S Rz 39.
294 BGH WM 1983, 685, 686 = NJW 1983, 1904; BGH NJW 1970, 321; München BB 1996, 2512; vgl auch Pal/Heinrichs § 404 Rz 7; Ebel, Berichtung, transactio und Vergleich S 130 f, 140; Marburger DB 1973, 2125; Reinicke NJW 1970, 885; Strecker BB 1965, 479; v Lüpke BB 1958, 651.
295 BGH NJW 1998, 1492: Forderungsbestätigung; BGH WM 1983, 685, 686 = NJW 1983, 1903; BGH WM 1975, 1278, 1279; BGH WM 1973, 840, 841 = NJW 1973, 2019 = LM Nr 11 zu § 404; BGH WM 1971, 930 = LM Nr 7 zu § 781 = NJW 1971, 2220; BGH WM 1970, 124 = NJW 1970, 321; BGH WM 1962, 742; BGH WM 1959, 406; BGH WM 1956, 1211; Düsseldorf WM 1976, 1257, 1261; ebenso Canaris, Vertrauenshaftung S 102 ff; Larenz/Canaris, SchuldR BT § 62 II 2 b; Haase JR 1973, 150, 153: Präklusion nach Rechtsscheinsgrundsätzen; abl Marburger DB 1973, 2125, 2128; Reinicke NJW 1970, 885.
296 BGH WM 1985, 1446 = WuB I F 4.-1.86 (Emmerich); BGH WM 1985, 1177, 1178 = WuB I F 4.-1.85 (Emmerich). Vgl München NJW-RR 1997, 945 für Saldenbestätigung als deklaratorisches Schuldanerkenntnis.
297 BGH WM 1970, 848; BGH WM 1970, 124 = NJW 1970, 321.
298 BGH WM 1983, 685, 686 = NJW 1983, 1903; BGH WM 1972, 1398 = NJW 1973, 39 = LM Nr 8 zu § 781; Staud/Marburger § 781 Rz 35 sowie Marburger DB 1973, 2125, 2128 unter Annahme eines kausalen einseitigen Feststellungsvertrages oder einer Analogie zu § 778; so auch Canaris, Vertrauenshaftung S 102 ff, Larenz/Canaris, SchuldR BT § 62 II 2 b.

64 Sie können aber auch als abstrakte Schuldanerkenntnisse (§ 781) auszulegen sein, wenn sie dazu bestimmt sind, das durch die Abtretung begründete Rechtsverhältnis zwischen dem Schuldner und dem Zessionar im vollen Wortsinn „auf eine neue Grundlage zu stellen“[299].

65 Die Abtretungsannahme wird neuerdings nicht unter dem Gesichtspunkt des konstitutiven oder deklaratorischen Anerkenntnisses gewürdigt, sondern darin eine Auskunft des Schuldners gegenüber einer Bank gesehen, die im Falle ihrer Unsichtigkeit Schadenersatzansprüche begründen kann[300]. Es vollzieht sich hier ein ähnlicher Wandel in der Auslegung wie zu ZPO § 840[301]. Eine solche Bestätigungserklärung nicht als rechtsgeschäftliches, kausales Anerkenntnis so doch als eine ohne Verpflichtungswillen abgegebene **Wissenserklärung**[302] auszulegen, die **im Falle ihres Widerrufs eine Umkehr der Beweislast** nach sich zieht, setzt nach Ansicht des BGH[303] voraus, dass mit der Erklärung der Überzeugung Ausdruck verliehen wird, die Forderung bestehe, sodass der Erklärende damit ein Zeugnis gegen sich selbst ausstellt. Fehlt solches in der Schuldnerbestätigung, kann es nicht zu einer Umkehr der Beweislast hinsichtlich des Bestehens der Forderung kommen. Aus einem „vertragsähnlichen Verhältnis“, das stillschweigend zustande gekommen sein soll, haftet der Schuldner gegenüber dem Zessionar nach dem OLG München[304] auf Schadensersatz, der wegen einer **falschen Bestätigung** dem Zedenten weiter kreditiert hatte. Der BGH[305] hat die Entscheidung des OLG München[306] mit der Begründung **aufgehoben**, dass eine ohne rechtsgeschäftlichen Verpflichtungswillen vom Schuldner abgegebene (falsche) Bestätigung keinen vertraglichen Anspruch des Zessionars gegen den Schuldner begründen könne. Eine **falsche Auskunft** rechtfertige ohne Übernahme einer Verpflichtung mit Rücksicht auf § 676 **keine Haftung**[307]. Allein der erkennbare Umstand, dass der Zessionar die Antwort des Schuldners wesentlichen Kreditentscheidungen zu Grunde legt, reiche auch für eine **Vertrauenshaftung** nach den Grundsätzen der cic (§§ 280 Abs 1, 311 Abs 2) **nicht** aus[308]. Denn wenn der Antwort des Schuldners zu entnehmen sei, dass er sich nicht verpflichten wolle, habe er mit der Bestätigung kein persönliches Vertrauen im Sinne der Rechtsprechung (wie zB bei eigenem wirtschaftlichen Interesse oder im Falle besonderer Sachkunde, vgl § 311 Abs 3) für sich in Anspruch genommen[309].

6. Abstraktes Schuldversprechen bei der Bestellung von Grundpfandrechten

Schrifttum: Michalski, Schuldanerkenntnis in der Praxis, insbesondere als Mittel der Kreditsicherung, ZBB 1995, 260, 269 ff; Christian Marburger, Grundschuldbestellung und Übernahme der persönlichen Haftung, 1998.

66 a) **Klauselgestaltung und schuldvertragliche Qualifizierung**. Bei der Vergabe grundpfandrechtlich gesicherter Kredite ist es in der Formularpraxis der Kreditwirtschaft weitgehend üblich, dass der Grundstückseigentümer bei der Bestellung des Grundpfandrechts (Hypothek, Grundschuld) zur Sicherung des ihm selbst oder einem Dritten gewährten Kredits auch eine per-

299 Diese Möglichkeit ist in BGH WM 1973, 840, 841 = NJW 1973, 2019 = LM Nr 11 zu § 404 erwähnt; s auch § 812 Rz 16; nach RG SeuffA 71 Nr 226 sogar Garantievertrag; nach BGH WM 1976, 1257 ist die Annahme eines abstrakten Schuldanerkenntnisses in diesem Fall idR jedoch ausgeschlossen.

300 Düsseldorf WM 1989, 676 = WuB I B oder D 4.-1.89 (Peterhoff).

301 S Rz 59.

302 Vgl dazu BGH WM 1985, 1446, 1447 = WuB I F 4-1.86 (Emmerich). Für bloße tatsächliche Auskunft iS einer Wissenserklärung Staud/Marburger § 781 Rz 34; ders DB 1973, 2125, 2127; Canaris, Vertrauenshaftung S 102 ff; Münch Komm/Roth § 404 Rz 22; Michalski ZBB 1995, 260, 264; Larenz/Canaris, SchuldR BT § 62 II 2 b; ebenso in Form untypischer unklarer Formulierung BGH WM 1985, 1177 f.

303 WM 1985, 1177, 1178 = WuB I F 4-1.85 (Emmerich) im Anschluss an BGHZ 69, 328, 332 = WM 1977, 1298 = NJW 1978, 44: zu ZPO § 840; Staud/Marburger § 781 Rz 34.

304 WM 1983, 1171, 1172.

305 WM 1985, 1446.

306 WM 1983, 1171.

307 Für Auskunftsvertrag Coester JA 1982, 579, 582; Marburger JR 1972, 7, 14; Strecker BB 1965, 479.

308 AA Canaris, Vertrauenshaftung S 102 ff; Larenz/Canaris, SchuldR BT § 62 II 2 b; Marburger DB 1973, 2125, 2130; Staud/Marburger § 781 Rz 34 für Schadenersatz wegen Verletzung einer gesetzlichen Schutzpflicht.

309 Zustimmung Emmerich WuB I F 4.-1.86.

sönliche Verpflichtung in Höhe des Grundpfandrechtsbetrags übernimmt. Diese Übernahme der persönlichen Haftung des Eigentümers „für den Betrag der Grundschuld" oder Hypothek ist als **selbstständiges Schuldversprechen** (§ 780) auszulegen[310], das ebenso wie das Grundpfandrecht eine **Sicherungsfunktion** hat und als eine rein auf Zahlung lautende Verpflichtung von den wirtschaftlichen und rechtlichen Zusammenhängen losgelöst ist[311]. Ein solches Schuldanerkenntnis lässt die akzessorische Hypothek auch dann fortbestehen oder vermeidet bei der Grundschuld einen Rückübertragungsanspruch aus der Sicherungsabrede, wenn das gesicherte Darlehen getilgt ist. Das Grundpfandrecht sichert auch das abstrakte Schuldversprechen, das seinerseits den Zugriff auf das gesamte Vermögen des Sicherungsgebers eröffnet, auch wenn er nicht der Kreditnehmer ist. Das abstrakte Schuldversprechen und die regelmäßig damit einhergehende Unterwerfung unter die sofortige Zwangsvollstreckung in einer notariellen Urkunde auch wegen dieses Anspruchs (ZPO § 794 Abs 1 Nr 5) wird in der Rechtsprechung[312] als übliches und zulässiges Mittel zur Sicherung des Anspruchs auf Rückerstattung des Darlehens angesehen[313], lässt aber das Rechtsschutzbedürfnis für eine Klage aus dem Darlehen nicht entfallen (BGH WM 2007, 588, 589). Die nicht von vornherein auszuschließende Möglichkeit, dass Gläubiger solche vom Schuldgrund losgelöste Sicherungsmittel missbräuchlich ausnutzen, begründet keine Sittenwidrigkeit (§ 138) dieser Vertragsgestaltung[314]. Eine (unzutreffende) Vorausquittung oder Vorausbestätigung über das Bestehen eines Darlehensverhältnisses mit Vollstreckungsunterwerfung soll freilich nicht als abstraktes, hypothekarisch gesichertes Schuldanerkenntnis auszulegen sein[315].

b) **Sicherungszweck**. Ebenso wie das Grundpfandrecht bezweckt auch das abstrakte Schuld- **67**
versprechen, die **Rückerstattung des Darlehens zu sichern**. Es erleichtert dem Gläubiger als Bestärkung der Darlehensverpflichtung die Beitreibung der Forderung, insbesondere wenn der Grundstückseigentümer nicht auch der Kreditnehmer ist. Der Umfang der Verpflichtung aus dem abstrakten Schuldversprechen richtet sich nach dem Inhalt der **„Zweckerklärung"**, die meistens alle Ansprüche aus der bankmäßigen Geschäftsverbindung der Parteien erfasst[316]. Erfasst die Zweckerklärung auch Ansprüche aus „Sicherungsverträgen", so ist in einschränkender Auslegung nur ein im Rahmen der Geschäftsverbindung geschlossener Sicherungsvertrag und nicht auch ein Vertrag zur Sicherung von Ansprüchen des Grundpfandgläubigers aus einer Geschäftsverbindung zu Dritten einbezogen[317]. Die persönliche Haftung (§ 780) in Höhe der Grundschuld, die **alle Ansprüche aus einem Darlehensverhältnis sowie aus künftigen Rechtsverhältnissen** sichert, greift aber nur, wenn das Darlehen ausbezahlt worden ist. Eine **Nichtabnahmeentschädigung** ist daher **nicht gesichert**[318].

c) **Verhältnis Grundpfandrecht und Schuldversprechen**. – aa) **Befriedigung**. Es ist frag- **68**
lich, ob die **Forderung aus dem Schuldanerkenntnis** unabhängig von dem Umfang der Sicherungserklärung **erlischt**, wenn der Gläubiger aus der in derselben Urkunde bestellten Grundschuld befriedigt wird. Nach dem OLG Düsseldorf[319] handelt es sich um **zwei verschiedene Sicherungen für ein und dieselbe Forderung**, so dass die vollstreckbare Urkunde als Vollstreckungstitel insgesamt „verbraucht" ist, wenn der Gläubiger den titulierten Betrag einmal

310 BGH WM 2007, 588, 589; BGH NJW 1992, 971, 972; BGH WM 1990, 1927 = NJW 1991, 286; BGHZ 99, 274, 280 = NJW 1987, 904; BGHZ 98, 256, 259 = WM 1986, 1467, 1468 = NJW 1987, 319 = ZIP 1986, 1541 (mzustAnm Reithmann); Pal/Sprau § 781 Rz 9; Staud/Marburger § 780 Rz 31.

311 BGHZ 98, 256 = WM 1986, 1467, 1468 = NJW 1987, 319 = ZIP 1986, 1541 (mzustAnm Reithmann); BGH WM 1976, 254 = NJW 1976, 567 = LM Nr 6 zu § 780; BGH WM 1958, 1194; München WM 1982, 834, 835; Frankfurt/M OLGZ 1981, 49, 50.

312 BGH NJW 1992, 971; BGH WM 1979, 866, 869.

313 Zur Inhaltskontrolle der AGB nach §§ 307 ff bei formularmäßiger Gestaltung s Rz 71.

314 BGH WM 1979, 866, 869.

315 So Schleswig WM 1980, 965, 966.

316 München WM 1982, 834, 836. Zur Inhaltskontrolle der AGB s Rz 71.

317 BGHZ 98, 256 = WM 1986, 1467, 1468 = NJW 1987, 319 = ZIP 1986, 1541 (mzustAnm Reithmann).

318 Celle WM 1987, 1484.

319 WM 1986, 1345, 1346 = NJW 1987, 195.

beigetrieben hat. Demgegenüber hat der BGH[320] die Frage offen gelassen, aber darauf hingewiesen, dass es für einen **rechtlichen Zusammenhang** zwischen Schuldanerkenntnis und Grundschuld auf den vereinbarten **Sicherungszweck** ankomme. Sichere das Anerkenntnis nach der Zweckerklärung nicht nur den Grundschuldbetrag, sondern wie die anderen bestellten Sicherheiten die Kreditverbindlichkeit des Schuldners aus der bankmäßigen Geschäftsverbindung, handele es sich um ein selbstständiges Sicherungsmittel neben den anderen und zwar für alle Kreditforderungen des Gläubigers. Ist hingegen nur eine Verstärkung des Sicherungswertes der Grundschuld gewollt, kommt es nicht zu einer von der Inhaberschaft an der Grundschuld unabhängigen Haftung[321]. Unterwirft sich der Schuldner in der Urkunde über die Bestellung einer Grundschuld der sofortigen Zwangsvollstreckung in sein gesamtes Vermögen, so darf er nach BGH[322] allerdings davon ausgehen, dass er dadurch seine Haftung für die Grundschuldsumme nur gegenständlich auf sein gesamtes Vermögen erweitert, nicht aber betragsmäßig verdoppelt. Eine kumulative Sicherung muss demgegenüber klar zum Ausdruck gebracht werden.

69 bb) **Teilbefriedigung und Unwirksamkeit des Grundpfandrechts**. Es kann vereinbart sein, dass die abstrakte Haftpflicht auch unabhängig davon bestehen soll, ob die Grundschuld im Grundbuch eingetragen worden ist. Nach dem OLG Celle[323] soll das abstrakte, in der Urkunde über die Bestellung der Grundschuld übernommene Schuldversprechen allerdings im Zweifel erlöschen, wenn die Grundschuld erlischt. Demgegenüber steht nach dem OLG Hamm[324] der persönlichen Haftung nicht im Wege, dass der Gläubiger mit der Grundschuld in der Zwangsversteigerung ausgefallen ist. So jetzt auch der BGH[325].

70 d) **Eigentümergrundschuld**. Bestellt der Eigentümer eine Eigentümergrundschuld (§ 1196) und **übernimmt sogleich** in vollstreckbarer Urkunde **die persönliche Haftung** für den Eingang des Grundschuldbetrags, ist dies nicht als rechtlich unmögliches Schuldversprechen an sich selbst, sondern in der Regel dahin auszulegen, dass der Eigentümer die **persönliche Haftung im Verhältnis zu seinen Geldgebern** übernehmen will. Die Erklärung enthält demnach ein Angebot auf Abschluss eines Vertrags, in dem der Eigentümer sich zur Zahlung eines der Grundschuld entsprechenden Betrags selbstständig verpflichten will. Sie ist an den ersten Zessionar der Grundschuld gerichtet, der **sie** spätestens mit dem Antrag auf Erteilung einer Vollstreckungsklausel annimmt (§ 151 Satz 1)[326]. Eine von der Inhaberschaft an der Grundschuld unabhängige Haftung ist in der Regel nicht gewollt, zumal damit im Falle der Weiterübertragung der Grundschuld die Gefahr einer mehrfachen Inanspruchnahme verbunden wäre[327].

71 e) **Inhaltskontrolle**. – aa) **Eigensicherung**. Es hält der Inhaltskontrolle nach AGB-Gesetz stand, wenn der Eigentümer und Kreditnehmer in der notariellen Urkunde über die Bestellung einer Grundschuld formularmäßig eine abstrakte Zahlungsverpflichtung übernimmt und sich deshalb der sofortigen Zwangsvollstreckung gemäß ZPO § 794 Abs 1 Nr 5 unterwirft[328]. Entsprechende Klauseln sind weder überraschend[329] noch unangemessen. Gegen eine Inhaltskontrolle nach §§ 307 ff (früher: AGB-Ges §§ 9 ff) spricht, dass mit dem vereinbarten Schuldversprechen von einer gesetzlichen in § 780 eröffneten Vertragsgestaltung Gebrauch gemacht wird[330]. Die Ver-

320 BGHZ 99, 274, 280 = WM 1987, 228, 229 = NJW 1987, 904; ohne nähere Begründung BGH NJW 1992, 971, 972.
321 BGH WM 1999, 1616, 1617.
322 WM 1988, 109, 111 = NJW 1988, 707.
323 WM 1985, 1313.
324 Hamm WM 1987, 1064.
325 BGH NJW 1992, 971, 972; BGH NJW 1991, 286 = WM 1990, 1927.
326 BGH NJW 1992, 971, 972; BGH NJW 1991, 286 = WM 1990, 1927; BGH NJW 1991, 228, 229; BGH WM 1976, 254 = NJW 1976, 567; BGH WM 1958, 1194; Frankfurt/M OLGZ 1981, 49, 50; dazu Zawar NJW 1976, 1823; Hieber DNotZ 1958, 381; ausführlich Clemente, Recht der Sicherungsgrundschuld Rz 346 ff.
327 BGH WM 1999, 1616, 1617.
328 BGH NJW 1992, 971, 972; BGHZ 99, 274 = WM 1987, 228, 230; vgl auch BGH WM 1986, 684–687 = NJW 1986, 1877 = BGHZ 96, 337: zu GWB § 26.
329 BGH WM 2003, 2410 = NJW 2004, 158 = ZIP 2004, 64 = WuB IV D § 3 HWiG 2.04 (Mankowski).
330 AA Oldenburg NJW 1985, 152 = WM 1985, 728; die neuere Rspr ist für Vereinbarung in AGB, vgl BGHZ 114, 9, 14 = WM 1991, 758 = NJW 1991, 1677 = WuB I F 3. – 8.91 (Obermüller) = JZ

einbarung einer abstrakten Zahlungsverpflichtung des Schuldners als Sicherheit für eine Kreditverpflichtung fällt nicht unter § 309 Nr 12 a (früher: AGB-Ges § 11 Nr 15 a)[331], der eine Änderung der Beweislast in AGB zum Nachteil des anderen Vertragsteils ausschließt; denn die für den Versprechenden nachteilige Regelung der Beweislast bei einem abstrakten Schuldanerkenntnis beruht auf der gesetzlich anerkannten Selbstständigkeit der abstrakten Verbindlichkeit[332]. Auch die Vollstreckungsunterwerfung in notarieller Urkunde (ZPO § 794 Abs 1 Nr 5) ist mit den Regelungen über AGB (§§ 307 ff) vereinbar[333]. Eine weite Sicherungszweckerklärung erfasst bei Unwirksamkeit des Darlehens auch Bereicherungsansprüche und Ansprüche aus § 346[334].

bb) **Kredit eines Dritten.** Ob die formularmäßige Übernahme einer persönlichen Haftung für den Grundschuldbetrag verbunden mit der Vollstreckungsunterwerfung in das gesamte Vermögen dann bedenklich ist, wenn der **Sicherungsgeber** ein am Kreditverhältnis **unbeteiligter Dritter** ist, hat der BGH[335] wegen unangemessener Haftungserweiterung bejaht. Die **formularmäßige Übernahme der persönlichen Haftung** des Grundstückseigentümers für künftige Ansprüche gegen den Dritten ist nach §§ 305 c Abs 1, 307 Abs 1 (früher: AGB-Ges §§ 3, 9) **unwirksam**, wenn die Grundschuld zur Sicherung des Kredites eines Dritten bestellt worden und eine **weitere Sicherungsklausel** vereinbart ist[336]. Auch nach dem OLG Stuttgart[337] verstößt die formularmäßige Übernahme der persönlichen Haftung nebst sofortiger Vollstreckungsunterwerfung in Höhe der Grundschuldsumme und die Erweiterung der Sicherungsklausel auf künftige Ansprüche **im Falle einer Fremdsicherheit** gegen § 307 Abs 2 Nr 2 (früher: AGB-Ges § 9 Abs 2 Nr 1). Demgegenüber vertreten das OLG Düsseldorf[338] und das OLG Hamm[339], dass das abstrakte Schuldversprechen in der formularmäßigen Grundschuldbestellungsurkunde des am Kreditverhältnis nicht beteiligten Eigentümers keine überraschende (§ 305 c ABs 1 [früher: AGB-Ges § 3]) oder unangemessene (§ 307 Abs 2 Nr 1 [früher: AGB-Ges § 9 Abs 2 Nr 1]) Klausel ist. Auch die formularmäßige Zweckerklärung, nach der die Grundschuld auch künftige Forderungen aus der Geschäftsverbindung zum Darlehensnehmer sichert, sei nicht überraschend[340]. 72

7. **Interzessionsfälle.** Mit einer **befreienden Schuldübernahme** (§§ 414, 415) ist in der Regel kein abstraktes Schuldversprechen des Übernehmers gegenüber dem Gläubiger verbunden, vielmehr übernimmt der Übernehmer die (kausale) Verbindlichkeit des bisherigen Schuldners ohne eine inhaltliche Änderung[341]. Ebensowenig begründet in der Regel der rechtsgeschäftliche **Schuldbeitritt** (Schuldmitübernahme) eine abstrakte Verpflichtung des Beitretenden gegenüber dem Gläubiger, weil die Verbindlichkeit des Beitretenden regelmäßig der bestärkten Forderung 73

1991, 874; Oldenburg WM 1985, 728; Stuttgart NJW 1987, 71, 72; Karlsruhe WM 1986, 548, 549 u ebenso die hM, vgl Staud/Marburger § 780 Rz 32; Münch Komm/Eickmann § 1191 Rz 30; Pal/Heinrichs § 307 Rz 108.

331 BGHZ 114, 9, 14 = WM 1991, 758 = NJW 1991, 1677; BGHZ 99, 274 = WM 1987, 228, 230; vgl auch BGH WM 1987, 692 = NJW 1987, 2014 = ZIP 1987, 519; aA E Ehmann WM 2007, 329, 331.

332 S Rz 10 u 26. LG Flensburg SchlHA 1980, 158; Stuttgart NJW 1979, 222 = JZ 1978, 759 (mAnm Kollhosser); JA 1979, 263; LG Stuttgart WM 1977, 1318; ebenso Kümpel WM 1978, 746, 749; Reithmann DNotZ 1982, 77; Graf v Westphalen ZIP 1984, 1, 6 f; aA insb Stürner JZ 1977, 431; ders JZ 1977, 639; krit Staud/Marburger § 780 Rz 32; MünchKomm/Hüffer § 780 Rz 33.

333 Dazu Graf v Westphalen ZIP 1984, 1, 7; Münch Komm/Hüffer § 780 Rz 31.

334 BGH WM 2003, 64, 66; BGH WM 2003, 2410 = NJW 2004, 158 = ZIP 2004, 64.

335 BGHZ 114, 9, 14 = WM 1991, 758 = NJW 1991, 1677 = WuB I F 3. – 8.91 (Obermüller).

336 Stuttgart NJW 1987, 71, 72 = DNotZ 1987, 498; Karlsruhe NJW 1986, 136, 137; Oldenburg WM 1985, 728 = NJW 1985, 152; s auch Münch Komm/Hüffer § 780 Rz 22 a, 32.

337 Stuttgart NJW 1987, 71, 72 = DNotZ 1987, 498; so jetzt auch BGHZ 114, 9, 14 u zuvor Oldenburg WM 1985, 728; Stuttgart NJW 1987, 71, 72; Karlsruhe WM 1986, 548, 549 u die hM: Staud/Marburger § 780 Rz 32; MünchKomm/Eickmann § 1192 Rz 76; Pal/Heinrichs § 307 Rz 108 sowie Clemente, Sicherungsgrundschuld Rz 364 mweitNachw.

338 NJW-RR 1986, 1312 = NJW 1986, 2571.

339 WM 1987, 1064 = DNotZ 1987, 500.

340 Vgl dazu Steppeler Sparkasse 1987, 166 f.

341 RG HRR 1926 Nr 1689; RG JW 1910, 229; RG Recht 1910 Nr 891; Reichel, Die Schuldmitübernahme, 1909, S 180 ff; Rümelin AcP 97 (1905), 211, 240; Staud/Marburger § 780 Rz 34 mit Hinweis auf § 417 Abs 1.

des Gläubigers inhaltlich entspricht[342]. Es ist aber auch eine Haftungsübernahme durch eine abstrakte Verbindlichkeit möglich[343]. Nach der Rechtsprechung des RG[344] kann in einer **Erfüllungsübernahme** nach § 329 ein abstraktes Schuldversprechen liegen[345].

74 8. **Wertpapierrechtliche abstrakte Verbindlichkeiten**. – a) **Haftung aus Wechsel und Scheck**. Ein hauptsächlicher Anwendungsbereich abstrakter Verbindlichkeiten ist das Wertpapierrecht. So begründet das **Akzept des Bezogenen** (WG Art 25, 28) die abstrakte Verbindlichkeit des primären Wechselschuldners[346]; dasselbe gilt für die Ausstellung eines eigenen Wechsels (WG Art 75). Nichts anderes gilt für die Haftung der **sekundären Wechselschuldner** im Wege des Rückgriffs (Aussteller: WG Art 9, 43 ff; Indossant: WG Art 15, 43 ff; Wechselbürge: WG Art 32). Auch die **Rückgriffshaftung des Scheckausstellers** (ScheckG Art 12, 40) beruht auf einer abstrakten Verbindlichkeit[347].

75 Mängel des der Begebung des Wechsels oder Schecks zu Grunde liegenden Schuldverhältnisses lassen die wertpapierrechtliche Verbindlichkeit unberührt, können aber die bereicherungsrechtliche Einrede (§ 821) oder Rückforderung (§§ 812, 813) begründen[348]. Weitergehend und als **Einschränkung der rechtlichen Verselbstständigung** hat allerdings der BGH[349] dem Wechselakzeptanten und dem Scheckaussteller **ein Zurückbehaltungsrecht** (§ 273) und die **Einrede des nicht erfüllten Vertrags** (§ 320) aus dem zu Grunde liegenden Schuldverhältnis mit der wenig überzeugenden Begründung zugebilligt, der Gläubiger des wertpapierrechtlichen Anspruchs dürfe aus dem Wechsel oder Scheck nicht mehr Rechte für sich in Anspruch nehmen, als ihm aus dem Grundgeschäft zustünden. Der BGH hat seine Rechtsprechung zur eingeschränkten Verselbstständigung (Abstraktheit) der wechselrechtlichen Akzeptantenhaftung (WG Art 28) gegenüber dem ersten Wechselnehmer aus dem vereinbarten (Erfüllungs-)Zweck der Wechselhingabe auch auf die Mängeleinrede gemäß § 320 Abs 1 (gleichbedeutend früher: § 478) ausgedehnt[350], was Zustimmung[351], aber auch Ablehnung[352] erfahren hat.

76 b) **Umdeutungsfälle**. Die Erklärung des Ausstellers auf einem **formunwirksamen eigenen Wechsel** (WG Art 75) kann in ein Schuldversprechen (§ 780) oder in einen kaufmännischen Verpflichtungsschein (HGB § 363 Abs 1 Satz 2) umgedeutet werden (§ 140)[353]. Gegen die **Umdeutung** formwidriger Eigenwechsel (sog spanische Pagare'-Papiere) in abstrakte Schuldversprechen bestehen keine Bedenken[354].

77 Anders ist die Rechtslage bei einem formunwirksamen gezogenen Wechsel hinsichtlich des Akzepts[355]. Auch ein **Indossament** auf einem nichtigen gezogenen Wechsel lässt sich nicht in ein Schuldversprechen umdeuten[356]. Das Indossament auf einem **ungültigen Orderscheck** kann nicht in ein Schuldversprechen umgedeutet werden. Nach Verlust des Rückgriffs (ScheckG

342 Vgl RGZ 143, 154, 156 u 157; RG HRR 1926 Nr 1689; Rümelin AcP 97 (1905), 211, 241.
343 BGH WM 1971, 1498, 1499; RGZ 70, 405, 410.
344 RGZ 123, 228; RGZ 58, 200.
345 AA Reichel, Die Schuldmitübernahme, 1907, S 180.
346 BGHZ 57, 292, 300 = WM 1972, 106 = NJW 1972, 251; RGZ 166, 306, 313; Staud/Marburger § 780 Rz 36; Stötter NJW 1971, 359 mweit Nachw; Baumbach/Hefermehl, WechselG u ScheckG, WG Art 28 Rz 1.
347 BGHZ 64, 340 = WM 1975, 818 = NJW 1975, 1881.
348 BGHZ 57, 292, 300 = WM 1972, 106 = NJW 1972, 251; Hagemeister ZIP 1983, 1427.
349 BGHZ 85, 346, 348 = WM 1983, 301, 302 = NJW 1983, 1059; WM 1976, 382 = NJW 1976, 1451= LM Nr 12 zu WG Art 17; BGHZ 57, 292 = WM 1972, 106 = NJW 1972, 251; dagegen Hagemeister ZIP 1983, 1427, der als Ausweg auf den Einwand der unzulässigen Rechtsausübung (§ 242) verweist; kritisch auch Zöllner ZHR 148 (1984), 313.
350 BGH WM 1986, 415 = NJW 1986, 1872 = WuB I D 4.-3.86 (Emmerich).
351 Flume NJW 1986, 2482; Tiedtke ZIP 1986, 953; Pflug ZHR 151 (1987), 266.
352 Canaris JZ 1986, 684.
353 BGHZ 82, 200, 207 = WM 1982, 3, 5 = NJW 1982, 523, 524; RGZ 136, 210; RG Recht 191, 443; RGZ 48, 222.
354 BGH WM 1987, 1416, 1417 = NJW 1988, 1468 im Anschluss an BGHZ 82, 200, 207 = WM 1982, 3 = NJW 1982, 523.
355 Vgl Rz 26 zu § 783.
356 BGH WM 1957, 1405 = NJW 1957, 1837; RGZ 130, 83; Reinicke DB 1960, 1028.

Art 40 ff) lässt sich die Erklärung des Ausstellers nicht als Schuldversprechen aufrechterhalten[357]. Ebensowenig kann man die Erklärung des Ausstellers auf einem wegen Fehlens von Tag und Ort der Ausstellung[358] oder wegen Fehlens des Zahlungsorts[359] **nichtigen Scheck** in ein Schuldversprechen oder in einen kaufmännischen Verpflichtungsschein (HGB § 363 Abs 1 Satz 2) umdeuten.

Ein nach ScheckG Art 4 **unwirksamer Annahmevermerk** auf einem Scheck kann nicht in ein Schuldversprechen umgedeutet werden[360]. Dies schließt nicht aus, dass die bezogene Bank außerhalb des Schecks eine Verpflichtung zu dessen Einlösung übernimmt **(Scheckeinlösungsgarantie)**[361]. 78

9. **Sonstige Einzelfälle**. Einverständnis des Schuldners mit Abschlagszahlung auf nach der Allgemeinen Gebührenordnung für Wirtschafts- und steuerberatende Berufe (AllGO) erstellte Rechnung als kausales Anerkenntnis der Vergütung: BGH WM 1979, 893; schriftliches Einverständnis **mit** einem geltend gemachten Honoraranspruch als Anerkenntnis über den Anspruchsgrund: BGH WM 1977, 1025; zur Bedeutung eines Anerkenntnisvermerks auf einer Rechnung: BGH WM 1974, 410; Auskunft des Arbeitgebers gegenüber einem ausscheidenden Arbeitnehmer betreffend dessen betriebliche Altersversorgung gemäß BetrAVG § 2 Abs 6 ist kein kausales Anerkenntnis: BAG DB 1984, 836. Düsseldorf VersR 1985, 728 beurteilt die versicherungsrechtliche **Deckungszusage** als kausales Anerkenntnis. Demgegenüber enthalten **Gehaltsabrechnungen** grundsätzlich kein Schuldanerkenntnis, da sie nur der Information des Arbeitnehmers dienen und nicht bezwecken, streitig gewordene Ansprüche endgültig festzulegen; ihnen kann zB regelmäßig nicht entnommen werden, dass der Arbeitgeber die Zahl der angegebenen Urlaubstage auch dann gewähren will, wenn er sie nicht schuldet: BAG DB 1987, 1694, 1695. Die einvernehmliche Bilanzfeststellung durch Gutachter wird in der Regel als abstraktes Schuldanerkenntnis auszulegen sein, soweit es sich um Ansprüche zwischen den Gesellschaftern und der Gesellschaft handelt[362]. Die Vereinbarung über die Leistung einer Morgengabe kann nicht als abstraktes Schuldanerkenntnis ausgelegt werden[363]. Die Bezahlung einer Rechnung ohne Einwendungen kann als (bestätigendes) Schuldanerkenntnis der beglichenen Forderung zu werten sein, mit der Folge, dass der Schuldner mit solchen Einwendungen ausgeschlossen ist, die er kannte oder mit denen er zumindest rechnen musste[364]. Das Anerkenntnis erstreckt sich aber in aller Regel nicht auf erst künftig entstehende oder in Rechnung zu stellende gleichartige Forderungen[365]. Bestätigt der Architekt Leistungen des Bauherren, so erzeugt dies zwar nicht die Rechtswirkungen eines Anerkenntnisses, jedoch die einer Beweiserleichterung auch dann, wenn der Architekt nicht vertretungsberechtigt war[366]. In einem bloßen Prüfvermerk auf einer Schlussrechnung liegt noch kein Anerkenntnis, jedenfalls aber darin, dass „um gleich lautende Buchung" gebeten wird[367]. Ein gemeinsames Aufmaß im Sinne der VOB/B § 14 Nr 2 hat die Wirkung eines deklaratorischen Schuldanerkenntnisses[368]. Eine Saldenbestätigung stellt ein deklaratorisches Schuldanerkenntnis dar[369]. Legen die Parteien jedoch das Ergebnis einer gemeinsamen Abrechnung in einer Vereinbarung fest, damit der Gläubiger sich in Zukunft nur noch auf diese Vereinbarung zu berufen braucht, liegt ein konstitutives Schuldanerkenntnis vor[370]. Das Anerkenntnis eines Saldos am Ende einer Abrechnungsperiode eines Kontokorrentverhältnisses im Sinne von HGB § 355 führt zur Erfüllung von Naturalobligationen aus BörsG aF § 55. Dabei war jedoch erforderlich, dass der nicht termingeschäftsfähige Kunde ein ausdrückliches Anerkenntnis in dem 79

357 BGHZ 3, 238, 239 = NJW 1952, 21 = JZ 1952, 78 (mAnm Meyer-Cording).
358 Düsseldorf WM 1973, 403.
359 Karlsruhe NJW 1977, 589 = OLGZ 1977, 235.
360 BGH BB 1951, 376 = NJW 1951, 598; RGZ 105; 361.
361 BGHZ 77, 50, 52 = WM 1980, 586 = NJW 1980, 1956; WM 1978, 873; WM 1956, 1293; LG Limburg BB 1952, 332.
362 Düsseldorf NJW-RR 1994, 1455, 1458; aA KG NZG 1999, 23.
363 BGH NJW 1999, 574, 575.
364 Düsseldorf NJW-RR 1998, 376, 377.
365 BGH NJW 1995, 3311, 3312.
366 Nürnberg NJW-RR 1999, 1036.
367 Karlsruhe, BauR 1998, 403.
368 Hamm NJW-RR 1991, 1496, 1497.
369 München NJW-RR 1997, 945.
370 BGH WM 1986, 50, 51.

Bewusstsein abgab, dass in der Abrechnung auch Verbindlichkeiten aus Börsentermingeschäften enthalten waren. Das Anerkenntnis kann auch konkludent dadurch erteilt werden, dass Einzahlungen vorgenommen werden, die belegen, dass der Kunde mit den vorgenommenen Abrechnungen einverstanden ist[371]. Im Schweigen auf ein kaufmännisches Bestätigungsschreiben ist ein deklaratorisches Schuldanerkenntnis zu sehen, das der Form des § 781 nicht bedarf[372].

IX. Bankrechtliche Fallgruppen abstrakter Verbindlichkeiten

ÜBERSICHT

371 Köln ZIP 1998, 200, 202.

372 Köln NJW-RR 1998, 1133, 1134.

1. Gutschrift im Giroverhältnis

Neueres Schrifttum: Koller, Die Bedeutung der dem Überweisungsbegünstigten erteilten Gutschrift im Giroverkehr, BB 1972, 687; Hefermehl, Rechtsfragen des Überweisungsverkehrs, in: Festschr für Ph Möhring, 1975, S 381; Hadding/Häuser, Rechtsfragen des Giroverhältnisses, ZHR 145 (1981), 138; Häuser, Giroverhältnis, in: BMJ (Hrsg), Gutachten und Vorschläge zur Überarbeitung des Schuldrechts, 1981, S 1317; E Kindermann, Gutschrift und Belastungsbuchung im Geldüberweisungsverkehr, WM 1982, 318; Blaurock, Das Stornorecht der Kreditinstitute, NJW 1984, 1; Hadding/Häuser, Rechtsfragen des bargeldlosen Zahlungsverkehrs, 1984, S 64f; Koziol, Die Gutschrift, östJBl 1984, 120; Terpitz, Stornoklausel und Widerruf einer Überweisung, NJW 1984, 1330; Canaris, Bankvertragsrecht, 1988, Rz 398ff; Escher-Weingart, Überweisungsverkehr, in: Bankrecht und Bankpraxis (BuB), Rz 6/8, Stand: 2006; Bröcker, Funktion und Begründung des abstrakten Schuldversprechens bei Giroüberweisung, Kreditkartengeschäft und POS-System, WM 1995, 468; Schwintowski/Schäfer, Bankrecht, 1997, § 4; Schön, AcP 198 (1998); Einsele, Der bargeldlose Zahlungsverkehr – Anwendungsfall des Garantievertrags oder abstrakten Schuldversprechens?, WM 1999, 1801; Meder, Stillschweigende Annahme der Kontogutschrift und Verwahrungsvorbehalt, WM 1999, 2137; Hoffmann, Grundfragen des Überweisungsgesetzes, WM 2001, 881; Kümpel, Bank- und Kapitalmarktrecht, 2004[3].

a) **Anspruch aus Gutschrift**. Die Rechtsgrundlage des Anspruchs aus einer Gutschrift, die ein Kreditinstitut einem Kontoinhaber zB wegen einer bargeldlosen Zahlung erteilt hat, wird überwiegend in einem **abstrakten Schuldversprechen oder Schuldanerkenntnis** (§§ 780, 781) des Kreditinstituts gesehen[373], das gem HGB §§ 1 Abs 2, 6, 350 nicht der Schriftform (§ 126) unterliegt. Dieser unwiderrufliche, von Einwendungen und Einreden freie Anspruch gewährleistet, dass das Buch- oder **Giralgeld**, das die Gutschrift symbolisiert, wirtschaftlich dem Bargeld weitgehend gleichgestellt werden, der Gläubiger einer Geldschuld das Giralgeld somit wie bares Geld verwerten kann[374]. Diese Einordnung der Gutschrift trifft auch unter dem **Überweisungsgesetz**[375] zu, das in § 676g zwar den Anspruch des Überweisungsempfängers auf Erteilung einer solchen Gut- 80

373 BGHZ 161, 273 = WM 2005, 325, 326 = NJW-RR 2005, 559 = WuB I L § 1 KWG 3.05 (Hafke); BGH WM 2002, 951, 953; BGH WM 1997, 1324 = WuB I C 1.-1.97 (Burghardt) = NJW 1997, 2322 = LM Nr 6/7 zu HGB § 357 (Walker) = ZIP 1997, 123; vgl dazu EWiR, 1997, 699 (v Stebut), BGHSt 39, 392 = WM 1994, 939 = NJW 1994, 950; BGH WM 1992, 1522; BGH WM 1991, 1152 = NJW 1991, 2140 = ZIP 1991, 859; vgl dazu EWiR 1991, 665 (Alisch); BGHZ 105, 263 = WM 1988, 1717 = NJW 1989, 300 = ZIP 1988, 1445; vgl dazu EWiR 1989, 255 (Schwark); BGHZ 103, 143 = WM 1988, 321 = WuB 1 D 1.-2.88 (Hadding/Häuser) = NJW 1988, 1320 = ZIP 1988, 294; vgl dazu EWiR 1988, 347 (Rehbein); BGHZ 87, 246 = WM 1983, 907; BGH WM 1982, 291, 293; WM 1979, 1381, 1383 = NJW 1980, 390; BGHZ 72, 9, 11 = WM 1978, 998 = NJW 1978, 2149; BGHZ 70, 177, 181 = WM 1978, 133 = NJW 1978, 758; BGH WM 1971, 110, 111 = NJW 1971, 380, 381; BGHZ 26, 187 = WM 1958, 103 = NJW 1958, 499, 500; BGHZ 6, 121 = NJW 1952, 929; Dresden ZIP 1998, 432; vgl dazu EWiR 1998, 379 (van Zwoll); Dresden ZIP 1998, 609; vgl dazu EWiR 1998, 395 (Holzer); Blaurock NJW 1984, 1, 2; Escher-Weingart BuB 6/203; Hadding/Häuser ZHR 145 (1981), 138, 139; MünchKomm/Hüffer § 780 Rz 42. Nach Frankfurt/M WM 1985, 512, 513 = ZIP 1985, 559 = EWiR 1985, 199 (Ochs) kann es dahinstehen, ob der Anspruch aus einem abstrakten Schuldversprechen (§ 780) oder Schuldanerkenntnis (§ 781) herrührt.

374 BGH WM 1982, 291, 293; WM 1971, 110, 111 = NJW 1971, 380, 381; BGHZ 6,121, 124 = NJW 1952, 929.

375 ÜG vom 21. Juli 1999 (BGBl I, S 1642).

schrift auf Grund des Girovertrags anspricht[376]; den Anspruch aus der erteilten Gutschrift aber nicht eigens regelt. Abweichende schuldvertragliche Qualifizierungen des Anspruchs aus einer erteilten Gutschrift haben sich nicht durchgesetzt, vor allem soweit vertreten wird[377], der Begünstigte erwerbe durch die Gutschrift einen Anspruch aus „stereotypisierter Garantie"[378]. Wenn *Kupisch*[379] eine abstrakte Verbindlichkeit für entbehrlich hält, weil die Rechtslage so zu beurteilen sei, als habe der Überweisende – entgegen den tatsächlichen Verhältnissen – zu Gunsten des Empfängers den Betrag bar eingezahlt[380], verkennt er, dass der Empfänger bei barer Einzahlung eines Dritten nur einen Anspruch auf Erteilung einer Gutschrift erwirbt.

81 Wegen des mit dem Empfängerinstitut regelmäßig vereinbarten **Kontokorrentverhältnisses** kann der Kontoinhaber den **Anspruch aus der Gutschrift nicht selbstständig** geltend machen[381]. Kraft verkehrstypischer Auslegung (§ 157) ist das Kreditinstitut aber trotz der Kontokorrentbindung verpflichtet, Beträge in Höhe eines rechnerischen Tagesguthabens, das den Anspruch aus der Gutschrift als Habenposten berücksichtigt, dem Kontoinhaber auch bar auszuzahlen **(girovertraglicher Zahlungsanspruch)**[382].

82 Die Abstraktheit des Anspruchs aus der Gutschrift bewirkt, dass dieser nicht Gegenansprüchen bei Fehlerhaftigkeit des Valuta- oder Deckungsverhältnisses ausgesetzt ist. Wohl aber können diesem Anspruch das Pfandrecht nach AGB der Banken Nr 14 oder Aufrechnungsmöglichkeiten der Bank entgegenstehen. Die in der Erteilung der Gutschrift liegende Leistung der Bank kann von ihr **kondiziert** werden, wenn sie ohne Rechtsgrund erfolgt (§ 812 Abs 2)[383]. Dem Zahlungsanspruch ihres Kontoinhabers steht dann die **Einrede der Bereicherung** entgegen (§ 821). Diese Einrede wird nicht von Amts wegen, sondern nur dann berücksichtigt, wenn das Kreditinstitut sie im Prozess geltend macht[384]. Dem Berichtigungsanspruch der Bank aus § 812 Abs 2 kann der Kontoinhaber mit der **Einrede der Entreicherung** begegnen (§ 818 Abs 3), es sei denn, er ist hinsichtlich der irrtümlichen Erteilung der Gutschrift vor Weitergabe des Geldes bösgläubig gewesen (§ 819 Abs 1). Durch Entgegennahme eines Betrages, dessen Gutschrift auf einem Irrtum der Bank beruht, kann der Kontoinhaber schuldhaft seine aus dem Giroverhältnis sich ergebenden Pflicht, im Rahmen des möglichen und zumutbaren eine Schädigung der Bank zu vermeiden, verletzen[385]. Der Kontoinhaber, der ein Girokonto einem Dritten zum alleinigen Gebrauch unter Erteilung einer Kontovollmacht überlässt, muss sich im Rahmen des § 819 Abs 1 das Wissen des Kontobevollmächtigten über rechtsgrundlose Eingänge zurechnen lassen[386].

83 Gesetzliche **Beschränkungen der Abstraktheit** eines Schuldversprechens, wenn zB zum Zwecke der „Erfüllung" einer unvollkommenen Verbindlichkeit (sog Naturalobligation) vereinbarungsgemäß ein Schuldanerkenntnis erteilt wird (BGB §§ 762 Abs 2; BörsG aF §§ 59, 69), gelten auch für den Anspruch aus erteilter Gutschrift. Deshalb führten auch **Gutschriften wegen Ge-**

376 Rz 90.
377 Kübler, Feststellung und Garantie S 204 f.
378 Ähnlich Möschel JuS 1972, 297, 299.
379 WM 1979 Sonderbeil 3 S 16.
380 Dagegen zutreffend Canaris WM 1980, 354, 371; Koziol öJBl 1984, 120, 125.
381 S dazu Rz 195.
382 BGHZ 84, 371, 377 = WM 1982, 816 = NJW 1982, 2193; dazu Häuser ZIP 1983, 391, 394 mweitNachw; ebenso BFH WM 1984, 864 = NJW 1984, 1919.
383 BGH WM 1997, 1324 = WuB I C 1.-1.97 (Burghardt) = NJW 1997, 2322 = LM Nr 6/7 zu HGB § 357 (Walker) = ZIP 1997, 123; vgl dazu EWiR 1997, 699 (v Stebut); BGH WM 1992, 1522; BGH WM 1991, 1152 = NJW 1991, 2140 = ZIP 1991, 859; vgl dazu EWiR 1991, 665 (Alisch); BGH WM 1991, 797 = NJW 1991, 2210 = ZIP 1991, 862; vgl dazu EWiR 1991, 661 (Blaurock); Dresden ZIP 1998, 432; vgl dazu EWiR 1998, 379 (van Zwoll); Dresden ZIP 1998, 609; vgl dazu EWiR 1998, 395 (Holzer).
384 BGH WM 1995, 352 = NJW 1995, 1484 = ZIP 1995, 225; vgl dazu EWiR 1995, 465 (Uhlenbruck); BGH WM 1992, 1522 = WuB I B 2-1.93 (Harder); BGH WM 1991, 1152 = NJW 1991, 2140 = ZIP 1991, 859; vgl dazu EWiR 1991, 665 (Alisch).
385 BGHZ 72, 9 = WM 1978, 998 = NJW 1978, 2149.
386 Köln WM 1998, 1327 = NJW 1998, 2909 = WuB IV A. § 166 BGB 1.99 (Batereau); Siegmann NJW 1999, 1163.

winnen aus Differenzgeschäften (§ 764 aF) nur wiederum zu unvollkommenen Verbindlichkeiten[387].

Bei einer **baren Einzahlung auf ein eigenes Konto** entsteht die Forderung des Kontoinhabers gegen das Kreditinstitut sofort mit der Einzahlung und nicht erst mit einer entsprechenden Gutschriftbuchung. Der Buchung einer entsprechenden Gutschrift auf dem Girokonto kommt also keine selbstständige Bedeutung zu[388]. Demgegenüber ist die **bare Einzahlung auf ein fremdes Konto** nach früherer Rechtslage als Überweisungsauftrag (§§ 675 Abs 1, 665) und seit dem ÜG als ein Antrag auf Abschluss eines Überweisungsvertrags (vgl § 676 a Abs 1) auszulegen. 84

b) **Vertragsschluss**. Die **tatsächliche Abwicklung** einer bargeldlosen Zahlung schließt es aus, dass es für das Schuldversprechen aus einer Gutschrift jeweils zu einem individuellen **Vertragsschluss** kommt. Die Interessenlage verlangt, dass eine Annahme der Gutschrift durch den Kontoinhaber oder auch nur seine Kenntnisnahme nicht erforderlich ist[389]. Man muss deshalb auf das gleichzeitig mit dem Girovertrag allgemein erklärte Einverständnis des Kontoinhabers als eines **(Global-)Rahmenvertrags im Sinne des § 780** zurückgreifen, den das Kreditinstitut durch eine rechtsgeschäftliche Gestaltungserklärung, auf deren Zugang der Kontoinhaber verzichtet (entsprechend § 151 Satz 1), im Einzelfall konkretisiert, wodurch die abstrakte Forderung entsteht[390]. Auch der BGH[391] hat in Anlehnung an *Schönle*[392] den **rechtsgeschäftlichen Entstehungstatbestand** des Anspruchs aus einer Gutschrift im Giroverhältnis dahin umschrieben, dass die Rechtshandlung der Bank maßgeblich ist, die das im Girovertrag zwischen dem Überweisungsempfänger und seiner Bank schon aufschiebend bedingt (§ 158 Abs 1) und global vereinbarte, abstrakte Schuldversprechen der Bank ohne weitere empfangsbedürftige Willenserklärung (§ 151) nach Inhalt und Höhe konkretisiert. 85

Deshalb erhält der Überweisungsempfänger beim **manuellen Buchungsverfahren** einen solchen Anspruch im Augenblick der Buchung der Gutschrift, weil sich darin der Rechtsbindungswille der Bank manifestiert[393]. Wird der Überweisungsauftrag im **belegbegleitenden Überweisungsverkehr**[394] von der Empfängerbank durch elektronische Datenverarbeitung ausgeführt, hat der BGH[395] auf einen **äußerlich erkennbaren Rechtsbindungswillen** der Bank abgestellt, der zB in der Absendung der Kontoauszüge oder deren Bereitstellung zur Abholung oder der Eintragung in eine Kontokarte zum Ausdruck kommt. Während sich das OLG Düsseldorf[396] und das OLG Hamm[397] aber ohne Auseinandersetzung mit dem OLG Zweibrücken[398] schon für die „Eingabe in die Datenerfassung" als maßgebenden Zeitpunkt der „Gutschrift" und Grenze eines Widerrufs entschieden hatten[399], was nur bei einer praktisch kaum vorkommenden Vordisposition eingehender Überweisungsbelege plausibel war, hat der BGH[400] dieser Auffassung zutreffend mit dem Argument widersprochen, weil eine Geldüberweisung mit der Eingabe der Belege in die Datenverarbeitung dem Verfügungsbereich des Überweisungsempfängers noch nicht so nahe gerückt ist, dass dieser das Giralgeld wie bares verwerten kann. Wird wie regelmäßig erst nach der automatischen Bearbeitung der Belege und der Herstellung der Kontoauszüge kon- 86

387 BGH WM 1979, 1382, 1383 = NJW 1980, 390.
388 BGH WM 1984, 1309 = NJW 1984, 1953 = ZIP 1984, 809; BGHZ 74, 129 = WM 1979, 533 = NJW 1979, 1461.
389 BGHZ 103, 143 = WM 1988, 321 = WuB I D 1.-2.88 (Hadding/Häuser) = NJW 1988, 1320 = ZIP 1988, 294; vgl dazu EWiR 1988, 347 (Rehbein).
390 Koller BB 1972, 687, 692; Escher-Weingart BuB 6/203.
391 WM 1988, 321, 322 = WuB I D 1.- 2.88 (Hadding/Häuser).
392 Festschr für Werner, 1984, S 817, 826.
393 BGHZ 103, 143 = WM 1988, 321, 322 = WuB I D 1.-2.88 (Hadding/Häuser).
394 Dieses Verfahren ist inzwischen aufgehoben worden.
395 BGH WM 2000, 25; BGHZ 103, 143 = WM 1988, 321, 322 = WuB I D 1.-2.88 (Hadding/Häuser); Zweibrücken WM 1984, 531, 532; vgl Escher-Weingart BuB 6/17; Hefermehl, Festschr für Möhring, 1975, S 381, 393.
396 WM 1987, 403 = EWiR 1987, 463 (Häuser).
397 WM 1977, 1238, 1239.
398 WM 1984, 531, 532.
399 Krit Häuser EWiR § 780 1/87; Sonnenhol WuB I D 1.-4.87.
400 BGHZ 103, 143 = WM 1988, 321, 322 = WuB I D 1.-2.88 (Hadding/Häuser).

trolliert, dann befindet sich der Vorgang der Gutschrift zu dieser Zeit noch im Stadium der bloßen Erklärungsvorbereitung und nicht in demjenigen der Erklärungsabgabe. Kann der Empfänger mit dem Willen der Bank unmittelbar auf den Datenbestand der Bank zugreifen (zB durch Kontoauszugsdrucker), ist nach BGH[401] im Anschluss an *Möschel*[402] die **„Abrufpräsenz"** der entsprechenden Daten entscheidend. Diese besteht, wenn für einen Kunden, zB bei fernmündlicher Anfrage nach einem Zahlungseingang, aus der EDV-Anlage eine solche Antwort ermittelt werden kann. Dieser Zeitpunkt lässt sich ohne Schwierigkeiten feststellen, da in den Rechenzentren der Kreditinstitute alle Vorgänge uhrzeigermäßig festgehalten werden. Im elektronisch durchgeführten Überweisungsverkehr entsteht der Anspruch aus der Gutschrift in dem Zeitpunkt, in dem die Empfängerbank mit äußerlich erkennbarem Rechtsbindungswillen die Daten der Gutschrift durch einen Organisationsakt dem Überweisungsempfänger zugänglich macht. Dies kann durch vorbehaltloses Absenden der Kontoauszüge oder deren Bereitstellung geschehen. In Betracht kommt auch, das vorbehaltlose zur Verfügung stellen des dem Kunden betreffenden Datenbestandes, zB über Kontoauszugsdrucker (sog autorisierte Abrufpräsenz)[403]. Erfolgt die Ausführung der Überweisung allein im elektronischen Datenverkehr, in dem die Daten ohne vorherige Überprüfungsmöglichkeit durch die Empfängerbank in ihren Datenbestand übertragen werden, so steht die elektronisch auf dem Kundenkonto gebuchte Gutschrift unter dem **Vorbehalt einer Nachdisposition**, die einen Kontonummer-Namensabgleich und die Einhaltung des Abkommens über den Überweisungsverkehr, insbesondere Nr 3, sowie die Berücksichtigung eines Widerspruchs möglich macht[404]. Der entscheidende Organisationsakt liegt in diesem Fall in der sog **Datenfreischaltung**. Für die Gutschrift ist nach BGH[405] zusammengefasst der Zeitpunkt maßgeblich, „in dem nach dem Willen der Bank, der in einem entsprechenden Organisationsakt zum Ausdruck kommt, die Daten der Gutschrift zur vorbehaltlosen Bekanntgabe an den Überweisungsempfänger zur Verfügung gestellt werden".

87 Wird die Gutschrift ausnahmsweise mit dem Vermerk **„Eingang vorbehalten"** (Ev) erteilt, weil bei der Empfängerbank für die Überweisung noch keine Deckung eingegangen ist, ist der Anspruch aus der Gutschrift von dieser **aufschiebenden Bedingung** (§ 158 Abs 1) abhängig[406]. Unterhält der Zahlungsempfänger kein Girokonto bei dem beauftragten Kreditinstitut, wird der eingegangene Betrag auf dem **„Conto pro Diverse"** (CpD) gutgeschrieben. Allein durch diese Gutschrift erwirbt der begünstigte Kontoinhaber, selbst wenn eine nicht nur vorläufige Buchung beabsichtigt ist, keinen Anspruch gegen das Kreditinstitut[407]. Das Kreditinstitut wird gegenüber dem Begünstigten erst durch eine von ihm akzeptierte Willenserklärung, etwa durch eine Anzeige vom Eingang des Betrags, verpflichtet, durch die es seine Bereitschaft zu erkennen gibt, den Betrag auszuzahlen; die Buchungen auf einem CpD-Konto haben im Allgemeinen nur vorläufigen und bankinternen Charakter. Deshalb ist ein Widerruf des Überweisungsauftrags noch möglich und ein Vollstreckungszugriff des Gläubigers des Begünstigten auf den Betrag geht ins Leere[408].

88 c) **Wertstellung**. Von der Gutschrift[409] ist die sog **Wertstellung** (oder **Valutierung**) zu unterscheiden, die für die Berechnung von Soll- und Habenzinsen für das Girokonto maßgebend ist. Der

401 BGHZ 103, 143 = WM 1988, 321 = WuB 1 D 1.-2.88 (Hadding/Häuser) = NJW 1988, 1320 = ZIP 1988, 294; vgl dazu EWiR 1988, 347 (Rehbein).
402 AcP 186 (1986), 187, 204.
403 So Hadding/Häuser WM 1988, 1149, 1153 (im Anschluss an Möschel AcP 186 [1986], 187, 204); jetzt auch BGH WM 2000, 25.
404 BGH WM 2000, 25.
405 BGHZ 103, 143 = WM 1988, 321 = WuB 1 D 1.-2.88 (Hadding/Häuser) = NJW 1988, 1320 = ZIP 1988, 294; vgl dazu EWiR 1988, 347 (Rehbein).
406 Frankfurt/M WM 1983, 162, 163 = ZIP 1983, 48.
407 Düsseldorf WM 1985, 746, 747 = WuB I E 1/17.85 (Schebesta) unter Bezugnahme auf BGHZ 27, 241 = WM 1958, 776 = NJW 1958, 1232; dazu ferner BGH WM 1959, 113; Wunschel NJW 1958, 1764; Nebelung NJW 1959, 1068; Maser NJW 1959, 1955; Liesecke WM 1959, 614, 615.
408 BGH WM 1986, 1182 = NJW 1986, 55. Zur Bedeutung des CpD-Kontos vgl allg Schebesta WM 1985, 1329, 1332.
409 S Rz 80.

Zeitpunkt, in dem der Anspruch aus der Gutschrift entsteht, bleibt davon unberührt[410]. Erst mit der Wertstellung, also der Festlegung des Kalendertages, für den der gutzuschreibende Betrag in den für die Zinsberechnung maßgebenden Zwischensaldo eingeht, kann sich der Betrag zinsmäßig auswirken. Die Verzinsung für ein debitorisch geführtes Girokonto endet nach dem Grundsatz der Zinskomputation in entsprechender Anwendung der §§ 187 Abs 1, 188 Abs 1 mit dem Ablauf des Tages der Wertstellung; die etwaige Verzinsung eines Guthabens beginnt am Kalendertag danach[411].

Die Rechtsgrundlage der Wertstellung ergibt sich aus § 676 g Abs 1 Satz 4[412]. Ob die als AGB 89
aufzufassende Klausel einer Sparkasse, dass die Wertstellung von Bareinzahlungen auf Girokonten einen (Bank-)Arbeitstag nach der Einzahlung vorgenommen wird, rechtswirksam war, war umstritten. Nach Ansicht des BGH[413] verstieß die Klausel formal gegen das sog Transparenzgebot und benachteiligte auch materiell die Inhaber privater Girokonten in unangemessener Weise; es werde ihnen nämlich eine Zinspflicht für einen in Wahrheit nicht bestehenden Schuldsaldo auferlegt. Die Zinsberechnung auf Girokonten erfolgt gewohnheitsrechtlich durch Bildung sog Zwischensalden[414]. Schuldzinsen sind danach vom Kontoinhaber nur zu entrichten, soweit dieser Zwischensaldo negativ, der Kontostand also debitorisch ist. Bei einer Bareinzahlung entstehen bereits mit der Einzahlung und nicht erst mit der Gutschrift oder der Wertstellung Forderungsrechte des zahlenden Kontoinhabers. Die Bareinzahlung müsste also ohne die beanstandete Klausel bereits als Habenposten in den für die Zinsrechnung maßgebenden Zwischensoldo des Einzahlungstages eingehen. Die Sparkasse kann die Klausel nicht damit rechtfertigen, sie sichere ihr Interesse, die Geldmittel auf Girokonten zinswirksam anlegen zu können, denn ein solches Interesse ist nicht Gegenstand des Girovertrages[415]. Das LG Heidelberg[416] hatte die **Wertstellung von Einzahlungen** „einen Tag nach Einzahlung" mit der daraus folgenden zinsmäßigen Überziehung des Kontos bei gleichzeitigem Überweisungsauftrag wegen Verstoßes gegen §§ 305 c Abs 1 u 2, 307, (früher: AGB-Ges §§ 3, 5, 9) **beanstandet**. Demgegenüber hat das OLG Karlsruhe[417] diese **Wertstellungsregelung gebilligt**, weil sie für eine Bareinzahlung zur Verminderung eines Saldos § 188 Abs 1 entspricht[418].

d) **Anspruch auf Gutschrift**. Dem Anspruch aus der erteilten Gutschrift[419] geht meistens ein 90
geschäftsbesorgungsrechtlicher **Anspruch** des Kontoinhabers **auf Erteilung einer Gutschrift** gegen sein Kreditinstitut aufgrund des Girovertrags über die für ihn eingehenden Überweisungsbeträge voraus (§ 676 g Abs 1). Die Empfängerbank darf auch dem Ersuchen ihres Kunden nachkommen und den Betrag einer eingehenden Überweisung **ohne vorherige Gutschrift** auf seinem Konto sofort an einen Dritten (aufgrund eines Überweisungsvertrags) **weiterüber-**

410 BGHZ 70, 177, 181 = WM 1978, 133 = NJW 1978, 758; Celle WM 1960, 1396.

411 BGHZ 135, 316 = WM 1997, 1192 = ZIP 1997, 1146 = NJW 1997, 2042 = LM Nr 27 zu AGB-Ges § 8 (Fastrich); vgl dazu EWiR 1997, 723 (Bülow); Borges WM 1998, 105; Lindacher JR 1998, 150; BGH WM 1997, 1661 = ZIP 1997, 1540 = NJW 1997, 3168 = LM Nr 56 zu AGB-Ges § 9 (Bl) (Koller); vgl dazu EWiR 1997, 913 (Huber); Borges WM 1998, 105, 113 f.

412 Vgl im Einzelnen Hadding/Häuser ZHR 145 (1981), 138, 163; Schwark ZHR 147 (1983), 223, 236.

413 BGHZ 106, 259 = WM 1989, 126 = NJW 1989, 682 = ZIP 1989, 154; vgl dazu EWiR 1989, 111 (Köndgen); Köndgen NJW 1989, 943; Reifner NJW 1989, 952; Pleyer/Huber DB 1989, 1857; Hansen WM 1990, 1521.

414 BGHZ 106, 259 = WM 1989, 126 = NJW 1989, 682 = ZIP 1989, 154; vgl dazu EWiR 1989, 111 (Köndgen); Köndgen NJW 1989, 943; Reifner NJW 1989, 952; Pleyer/Huber DB 1989, 1857; Hansen WM 1990, 1521.

415 BGHZ 106, 259 = WM 1989, 126 = NJW 1989, 682 = ZIP 1989, 154; vgl dazu EWiR 1989, 111 (Köndgen); Köndgen NJW 1989, 943; Reifner NJW 1989, 952; Pleyer/Huber DB 1989, 1857; Hansen WM 1990, 1521.

416 WM 1987, 620 = WuB 1 A Nr 14 AGB-Banken 5.87 (Hadding/Häuser).

417 WM 1987, 1447 = WuB 1 A Nr 14 AGB-Banken, 1.88 (Hadding/Häuser).

418 Dazu Aepfelbach Bankinformation 1/88, 45; Terpitz Sparkasse 1988, 45; ähnlich HG Wien ÖBA 1988, 174. Zur Wertstellungspraxis auch Pleyer/Huber ZIP 1987, 424; Walkhoff Sparkasse 1982, 32.

419 S Rz 80.

weisen; die Weiterüberweisung steht dann der Erteilung der Gutschrift im Sinne der Erfüllung des Überweisungsauftrags gleich[420].

91 Nach der für inländische Überweisungen bis zum 31. 12. 2001 geltender Rechtslage handelte es sich bei dem **Anspruch auf Erteilung einer Gutschrift** in der Auslegung des BGH[421] „um den Anspruch auf Herausgabe dessen, was der Beauftragte durch die Geschäftsbesorgung erlangt hat (§§ 667, 675 Abs 1), in der durch den Girovertrag vereinbarten Form (Gutschrift auf dem Girokonto)“. Nach dem OLG Frankfurt/M[422] modifizierte der Girovertrag nicht bloß die „Form“ des geschäftsbesorgungsrechtlichen Anspruchs auf Herausgabe (§§ 675 Abs 1, 667 Fall 2), sondern der Anspruch auf Gutschrift ist – wie in § 676 g – der girovertragliche **Erfüllungsanspruch** des Überweisungsempfängers gegen sein Kreditinstitut. Der Anspruch auf Gutschrift gemäß §§ 675 Abs 1, 667 Fall 2 setzt bei einer **überbetrieblichen Überweisung** voraus, dass die Empfängerbank durch Gutschrift auf ihrem Nostrokonto bei dem vorgeschalteten, kontoführenden Kreditinstitut **buchmäßige Deckung** erlangt hat[423]. Der Anspruch stand bis zum ÜG unter der **auflösenden Bedingung**, dass der Überweisungsauftrag gegenüber der Empfängerbank rechtzeitig **widerrufen** wird, was bis zur Erteilung der Gutschrift auf dem Konto des Überweisungsempfängers möglich war[424]. Rechtsgrundlage des Anspruchs auf Erteilung der Gutschrift ist auch nach dem **Überweisungsgesetz**[425], das für EU-Überweisungen am 14. 8. 1999 in Kraft trat und für den Inlandsüberweisungsverkehr sowie Drittstaatenverkehr ab 1. 1. 2002 gilt, der Girovertrag (§ 676 g Abs 1). Der Anspruch gem § 676 g setzt voraus, dass der Überweisungsbetrag bei dem Kreditinstitut des Empfängers eingegangen ist **(Deckungseingang)**, und ist von diesem Zeitpunkt an von der Kündigungsmöglichkeit des Überweisenden (§ 676 a Abs 4) unabhängig. Deckungseingang liegt bei innerbetrieblicher Überweisung mit der Belastung des Kontos des Überweisenden vor, wofür es neben der Belastungsbuchung auch einer Nachdisposition bedarf, die nicht mit dem Zustandekommen des Überweisungsvertrags (§ 676 a) zusammenfällt[426].

92 e) **Stornorecht**. Das Stornorecht nach Nr 8 Abs 1 AGB-Banken gibt der Bank nur die Befugnis, durch einseitige Erklärung das in der Gutschrift liegende abstrakte Schuldversprechen zu **widerrufen**, wenn und soweit ihr ein Rückzahlungsanspruch gegen den Kunden zusteht. In eine zwischenzeitlich eingetretene günstige Rechtslage des Kunden kann es nicht eingreifen. Nr 8 Abs 1 AGB-Banken gewährt der Bank somit keine Anspruchsgrundlage, sondern nur die Möglichkeit, im Wege der Selbsthilfe einen Rückgewähranspruch durchzusetzen[427]. Die in den AGB-Banken enthaltene Klausel über Stornobuchungen ist nicht zu beanstanden[428].

93 Eine Buchung kann nicht mehr storniert werden, wenn zuvor ein **Rechnungsabschluss** vorgenommen wurde. Alsdann kommt gemäß Nr 8 Abs 2 AGB-Banken nur eine **Berichtigungsbuchung** in Betracht (Rz 95). Eine solche Buchung wirkt nicht gegen einen Pfändungsgläubiger. Das Einwendungsrecht des Kunden nach Nr 8 Abs 2 Satz 2 AGB-Banken geht – bei neuen Geschäften im Sinne von HGB § 357 Satz 1 – jedenfalls mit einem Überweisungsbeschluss nach ZPO § 836 Abs 1 auf den Pfändungsgläubiger über, sodass die Berichtigungsbuchung auf seine Einwendung hin rückgängig zu machen ist[429].

420 BGH WM 1976, 904; BGH WM 1958, 222.
421 WM 1978, 58, 59 = NJW 1978, 699; WM 1985, 344, 345 = NJW 1985, 1218.
422 WM 1983, 743 = ZIP 1983, 671, 672.
423 BGH LM Nr 8 zu HGB § 355; LG Frankfurt/M WM 1976, 803 = NJW 1976, 332; dazu Riesenkampff NJW 1976, 321; Hadding/Häuser ZHR 145 (1981), 138, 158; aA Canaris, 100 Jahre KO, 1977, S 73 Fn 2.
424 BGH WM 1986, 1409 = NJW 1987, 317 = ZIP 1986, 1537; vgl dazu EWiR 1986, 1091 (Förschler).
425 ÜG vom 21. Juli 1999 (BGBl I, S 1642).
426 BGH WM 2005, 1019, 1021.
427 Stuttgart NJW-RR 1995, 1390; Zweibrücken WM 1997, 2398 =WuB I B 4.-1.98 (Pönisch) = NJW-RR 1997, 1546.
428 Celle NJW-RR 1995, 1326.
429 BGH WM 1997, 1324 = WuB I C 1.-1.97 (Burghardt) = ZIP 1997, 1231 = NJW 1997, 2322 = LM Nr 6/7 zu HGB § 357 (Walker); vgl dazu EWiR 1997, 699 (v Stebut).

Das Stornorecht ist nicht auf technische Buchungsfehler und auf von Anfang an gegebene Mängel beschränkt. Eine Bank, die einen überwiesenen Betrag dem Konto des Überweisungsempfängers aus Versehen gutschreibt, nachdem der Überweisungsauftrag widerrufen worden ist, kann die Gutschrift nicht stornieren, wenn ihr kein Bereicherungsanspruch gegen den Überweisungsempfänger zusteht[430]; auch dies ist in AGB-Banken 2002 Nr 8 Abs 1 berücksichtigt. Das Stornorecht soll es der Bank nur ermöglichen, den Rückgewähranspruch im Wege der Selbsthilfe auf einfache Weise durchzusetzen; es soll aber keine ganz neue materielle Forderung begründen (Rz 92). Andernfalls würde die Klausel an der Inhaltskontrolle gem § 307 Abs 2 Nr 1 (früher: AGB-Ges § 9 Abs 2 Nr 1) scheitern[431]. Es besteht nicht bei einem Widerruf des Überweisungsauftrags oder bei einem Irrtum über die Deckung des Kontos. Eine doppelte Buchung infolge eines Fehlers im Betriebsablauf der Bank kann storniert werden[432]. Gegenüber dem Erstattungsanspruch der Bank bei rechtsgrundlos erlangten Überweisungsbeträgen kann der Kontoinhaber sich auf Entreicherung nach § 818 Abs 3 berufen. Die Schutzgrenze der §§ 818 Abs 3, 819 Abs 1 ist im Giroverhältnis aber praktisch ausgeschaltet, da der Kontoinhaber aufgrund der girovertraglichen Pflicht die ihm mitgeteilten Kontobewegungen und Kontostände zu kontrollieren und dafür zu sorgen hat, dass die Bank tunlichst keinen Schaden erleidet[433]. 94

Das Stornorecht nach AGB-Banken 1968 Nr 4 Abs 3 berechtigte das Kreditinstitut, das in der Gutschrift liegende abstrakte Schuldversprechen einseitig zu widerrufen. Es konnte damit über die Beseitigung des Schuldversprechens hinaus aber nicht in eine für den Kontoinhaber zwischenzeitlich begründete günstige Rechtslage eingreifen. Deshalb fand das Stornorecht seine Grenze insbesondere an der Saldoanerkennung. Denn nach Ansicht des BGH[434] gehen damit die in das Kontokorrent einbezogenen Einzelforderungen unter[435]. Ist der Periodensaldo anerkannt, ist das Kreditinstitut deshalb darauf angewiesen, das Anerkenntnis nach § 812 Abs 2 zurückzufordern, wozu es beweisen muss, dass die Buchung ohne Rechtsgrund vorgenommen wurde[436]. Die AGB-Banken 2002 Nr 8 Abs 1 und 2 und die AGB-Sparkassen 2002 Nr 8 Abs 1 tragen dieser Auffassung Rechnung; es wird nämlich zwischen einer „Stornobuchung" vor Rechnungsabschluss und einer „Berichtigungsbuchung" nach Rechnungsabschluss unterschieden[437]. 95

f) **Gutschrift beim Einzug von Schecks und Lastschriften**. Beim Einzug **(Inkasso) von Schecks und Lastschriften**, sei es im Rahmen des Giroverhältnisses oder aufgrund eines selbstständigen Geschäftsbesorgungsvertrags, ist das Kreditinstitut gegenüber dem Einreicher zur Gutschrift des Erlöses erst verpflichtet, wenn das bezogene Kreditinstitut den Scheck oder die Lastschrift eingelöst hat (§§ 675 Abs 1, 667 Fall 2)[438]. Regelmäßig schreibt das Kreditinstitut die Beträge dem Girokonto des Einreichers schon vor der Einlösung durch das bezogene Kreditinstitut gut und konkretisiert damit ein abstraktes Schuldversprechen gegenüber dem Zahlungsempfänger[439]. Diese Gutschrift geschieht nach AGB der Banken 2002 Nr 9 Abs 1 (AGB der Banken aF Nr 41 Abs 1) und AGB der Sparkassen 2002 Nr 9 Abs 1 „unter dem Vorbehalt des Eingangs" (ebenso AGB der Sparkassen aF Nr 53 Abs 5 iVm Nr 48 Abs 3; Nr 55). Der Anspruch des Kontoinhabers aus einer solchen Gutschrift hängt dann nach zutreffender Auslegung[440] von der **auf-** 96

430 BGH WM 1983, 907 = NJW 1993, 2501 = ZIP 1983, 1056.
431 BGH WM 1983, 907 = NJW 1993, 2501 = ZIP 1983, 1056.
432 Auch bei einer Gutschrift aufgrund „Phishing; vgl Hamburg WM 2006, 2078 = WuB I D 1.07 (Werner) = ZIP 2006, 1981 (mAnm Borges S 1983); dazu Löhnig/Würdinger WM 2007, 961.
433 Zweibrücken WM 1997, 2398 =WuB I B 4.-1.98 (Pönisch) = NJW-RR 1997, 1546.
434 BGHZ 72, 9 = WM 1978, 998 = NJW 1978, 2149.
435 Vgl dazu aber Rz 195.
436 BGHZ 72, 9 = WM 1978, 998 = NJW 1978, 2149.
437 BGHZ 72, 9 = WM 1978, 998 = NJW 1978, 2149.
438 Vgl dazu § 675 Rz 189 u 271.
439 BGHZ 135, 316 = WM 1997, 1192 = ZIP 1997, 1146 = NJW 1997, 2042 = LM 27 zu AGB-Ges § 8 (Fastrich); vgl dazu EWiR 1997, 723 (Bülow); Lindacher JR 1998, 150; BGHZ 135, 307 = ZIP 1997, 1148 = WM 1997, 1194 = WuB I A 2. Nr 9 AGB-Banken 1.97 (Bülow) = NJW 1997, 2112 = LM Nr 28 zu AGB-Ges § 3 (Koller); vgl dazu EWiR 1997, 1073 (Häuser); BGHZ 70, 177, 181 = WM 1978, 133; Borges WM 1998, 105; Kaiser WiB 1997, 1313.
440 BGHZ 118, 171, 177; aA Schimansky, in: Schimansky/Bunte/Lwowski, Bankrechts-Hdb § 47 Rz 31; dagegen wiederum van Gelder, Festschr für Schimansky, 1999, S 127, 141 ff.

schiebenden Bedingung (§ 158 Abs 1) ab, dass die Schecks oder Lastschriften von dem bezogenen Kreditinstitut eingelöst werden. Der Qualifizierung des Vorbehalts als aufschiebende Bedingung[441] wird auch widersprochen. Stattdessen wird eine auflösende Bedingung angenommen[442]. Mit der Einlösung des Schecks tritt die Bedingung ein, und der Anspruch aus der Gutschrift wird vorbehaltlos. Die Inkassobank kann deshalb den Einreicher nicht mehr belasten, selbst wenn sie den Scheckbetrag auf Anforderung der bezogenen Bank zurücküberwiesen hat[443]. Mit dem Unbedingtwerden der Gutschrift sind Einwendungen des Einreichers gegenüber der Inkassobank aus dem Deckungsverhältnis ausgeschlossen[444].

97 Gegen die Wirksamkeit der in AGB der Banken Nr 9 Abs 1 Satz 4 enthaltene Klausel, dass die Inkassobank die Vorbehaltsgutschrift über einen Scheck rückgängig machen darf, wenn sie den Betrag aus dem Einzugsauftrag nicht erhält, bestehen keine Bedenken nach §§ 305 c Abs 1, 307 (früher: AGB-Ges §§ 3 und 9)[445]. Der Einreicher habe einen Anspruch auf Gutschrift (§§ 675 Abs 1, 667 Fall 2) erst dann, wenn seine Bank buchmäßige Deckung für den Inkassoerlös erlangt hat. Den Bereicherungsanspruch auf Wiederherstellung der buchmäßigen Deckung, wenn das bezogene Kreditinstitut diese wieder entzieht, müsse sie nicht selbst durchsetzen, sondern könne sich auf eine Abtretung an den Einreicher beschränken. Ein Scheckeinreicher darf sich trotz Einlösung des Schecks und trotz Eingangs der Deckung bei seiner Bank nicht darauf verlassen, dass ihm die erteilte Scheckgutschrift verbleibt.

2. **Sicherung des Empfängers von Netzgeld (Elektronisches Geld, cyber money)**

Schrifttum: Godschalk, Computergeld. Entwicklungen und ordnungspolitische Probleme des elektronischen Zahlungsverkehrssystems, 1983; Kuhn, Rechtshandlungen mittels EDV und Telekommunikation, 1991; Häde, Die Zahlung mit Kredit- und Scheckkarten, ZBB 1994, 33; Mellulis, Zum Regelungsbedarf bei der elektronischen Willenserklärung, MDR 1994, 109; Heun, Elektronisch erstellte oder übermittelte Dokumente und Schriftform, CR 1995, 2; Schröter, Die neuen Bedingungen für ec-Karten, ZBB 1995, 395; d'Alelio/Collins, electronic Cash under current Banking Law, in: Computer Law Association (Hrsg), The Internet and Business: A Lawyer's Guide to the Ermerging Legal Issues, 1996; Bank for International Settlements, Implications for Central Banks of the Development of Electronic Money, 1996; Müller-Hengstenberg, Nationale und internationale Rechtsprobleme im Internet, NJW 1996, 1777; Escher, Bankrechtsfragen des elektronischen Geldes im Internet, WM 1997, 1173; Furche/Wrightson, Computer Money: Zahlungssysteme im Internet, 1997; Gramlich, „Elektronisches Geld" im Recht, DuD 1997, 383; ders, Elektronisches Geld – Gefahr für Geldpolitik und Währungshoheit? CR 1997, 11; Herreiner, Die volkswirtschaftliche Bedeutung elektronischen Geldes, DuD 1997, 390; Einführung des Euro in der Bank- und Unternehmenspraxis, Bankdienstleistungen im Internet: Schriftenreihe der Bankrechtlichen Vereinigung Band 11, 1997; Hirt, Electronic Payment-Systems im Internet: Ein neues Geschäftsfeld für Banken, 1997; Hoeren, Kreditinstitute im Internet, in: Einführung des Euro in der Bank- und Unternehmenspraxis, Bankdienstleistungen im Internet, Bankrechtstag 1997, 163; Knorr/Schläger, Datenschutz bei elektronischem Geld: Ist das Bezahlen im Internet anonym?, DuD 1997, 396; Kümpel, Rechtliche Aspekte der neuen GeldKarte als elektronische Geldbörse, WM 1997, 1037; Lynch/Lundquist, Zahlungsverkehr im Internet, 1997; Petersen, Faires elektronisches Geld, Datenschutz und Datensicherheit, DuD 1997, 647; Pfeiffer, Die Geldkarte – ein Problemaufriß, NJW 1997, 1036; Reif/Kossel, Elektronisches Geld im Internet, in: c't report – Geld online 1997/1, 177; Schuster/Färber/Eberl, Digital Cash, 1997; Schwolow, Die „Elektronische Geldbörse", in: Hermann/Berger/Wackerbarth (Hrsg), Deutsches und internationales Bank- und Wirtschaftsrecht im Wandel, 1997, S 272; Stolpmann, Elektronisches Geld im Internet: Grundlagen, Konzepte, Perspektiven, 1997; Escher, Aktuelle Rechtsfragen bei Zahlungen im Internet, in: Lehmann (Hrsg), Rechtsgeschäfte im Netz – Electronic Commerce, 1998, 225; Fiege, Anonymer Zahlungsverkehr mit elektronischem Geld, CR 1998, 41; Gößmann, Rechtsfragen neuer Techniken des bargeldlosen Zahlungsverkehrs, in: Hoeren/Holznagel (Hrsg), Arbeitsberichte zum Informations-, Telekommunikations- und Medienrecht, 1998; Horn/Schimansky (Hrsg), RWS-Forum 12, Bankrecht 1998, 67; Kümpel, Rechtliche Aspekte des elektronischen Netzgeldes (Cybergeld), WM 1998, 365; Mehrings, Vertragsschluss im Internet – eine neue Herausforderung für das „alte" BGB, MDR 1998, 30; Wand, Die elektronische Zahlung aus rechtlicher Sicht unter besonderer Berücksichtigung der vorausbezahlten elektronischen Geldbörse („GeldKarte"), in:

441 Ebenso BGHZ 118, 171, 177; van Gelder, Festschr für Schimansky S 127, 141 ff. AA BGHZ 74, 309, 315; BGH NJW 1986, 1409.

442 Vgl dazu näher Nobbe, in: Schimansky/Bunte/Lwowski, Bankrechts-Hdb § 61 Rz 38.

443 LG Frankfurt/M NJW 1976, 255, 256.

444 Frankfurt/M WM 1997, 24 =WuB I D 3.-5.97 (Haun) = ZIP 1996, 1898.

445 BGH WM 1997, 1194.

Rostocker Schriften zum Bankrecht, Heft 3 (1998); Werner, Beweislastverteilung und Haftungsrisiken im elektronischen Zahlungsverkehr, MDR 1998, 338; ders, Elektronischer Zahlungsverkehr – Auswirkungen der Rechtsprechung zum ec-Kartensystem, MDR 1998, 338; Deutsche Bundesbank, Neuere Entwicklungen beim elektronischen Geld, Monatsbericht Juni 1999, 41; Einsele, Der bargeldlose Zahlungsverkehr – Anwendungsfall des Garantievertrags oder abstrakten Schuldversprechens?, WM 1999, 1801; Giovanoli, Virtuelles Geld und globaler Finanzmarkt: Herausforderungen für den Juristen an der Schwelle des dritten Jahrtausends, SZW/RSDA 1999, 125; Godefroid, Ausgewählte Rechtsfragen der Internet-Nutzung, FLF 1999, 106, 215; Härting, Internetrecht, 1999; Holznagel/Hoeren, Rechtliche Rahmenbedingungen des elektronischen Zahlungsverkehrs, 1999; Hoeren (Hrsg), Rechtsfragen der Informationsgesellschaft, 1999; Hoeren/Sieber, Handbuch Multimedia-Recht, Loseblatt; Kümpel, Elektronisches Geld (cyber coins) als Bankgarantie, NJW 1999, 313; Muhl, Virtuelles Geld – wie entstand es eigentlich?, Kreditwesen 1999, 1124; Taupitz/Kritter, Electronic Commerce – Probleme bei Rechtsgeschäften im Internet, JuS 1999, 839; Werner, Rechtsprobleme im elektronischen Zahlungsverkehr, RIW 1999, Supplement Banken und Versicherungen, S 21; Basse, Internetgeld und wettbewerbliche Geld- und Währungsordnungen, 2000; Neumann, Die Rechtsnatur des Netzgeldes, 2000; Rüter, Einzelhandel: Gute Zeiten für gute Karten, FLF 2000, 21; Hladijk, E-Geld auf dem Vormarsch? – Rechtliche Rahmenbedingungen elektronischen Geldes, MMR 2001, 731; Pfefferle, Die Zwangsvollstreckung in Netzgeldbestände – ein heißes Eisen, CR 2001, 200; Spallino, Rechtsfragen des Netzgeldes, WM 2001, 231; Verecken/Widmaier, Gesetzliche Rahmenbedingungen für neue Zahlverfahren in der EU, EuZW 2001, 397; Behrendt, Das Mindestreservesystem des ESZB und elektronisches Geld, EuZW 2002, 364; Kißling, Zahlung mit elektronischen Werteinheiten, 2002; Kröger/Gimmy, Handbuch zum Internetrecht, 2002²; Müller, Elektronisches Geld, 2002; Weber, Zahlungsverfahren im Internet, 2002; Kokemoor, Aufsichtsrechtliche Rahmenbedingungen für die Vertragsgestaltung bei der Ausgabe und Verwaltung von elektronischem Geld, BKR 2003, 859; Oberndörfer, Netz-„Geld“, 2003; Böhm-Rupprecht, Cybermoney – Die rechtliche Struktur von Zahlungen im Internet, 2003; Kümpel, Bank- und Kapitalmarktrecht, 2004³, Rz 4.964 ff; Neumann/Bock, Zahlungsverkehr im Internet, 2004; Schinkels, Warum die Geldkarte keine Zahlungskarte im Sinne des § 676 h BGB ist, WM 2005, 450.

a) **Formen „elektronischen Geldes“**. Sog **elektronisches Geld** gibt es gegenwärtig in **zwei** Erscheinungsformen[446]: Einmal als Werteinheiten, die auf vorausbezahlten Karten zu Zahlungszwecken gespeichert sind (**Kartengeld**[447]), und als softwaregestütztes Geld im Internet (**Netzgeld**[448]). Die Emission und Verwaltung von elektronischem Geld **(E-Geld-Geschäft)** ist gemäß KWG § 1 Abs 1 Satz 2 Nr 11 ein erlaubnispflichtiges Bankgeschäft[449]. Elektronisches Geld sind nach der Legaldefinition des KWG § 1 Abs 14 Werteinheiten in Form einer Forderung gegen die ausgebende Stelle, die auf elektronischen Datenträgern gespeichert sind, gegen Entgegennahme eines Geldbetrages ausgegeben werden und von Dritten als Zahlungsmittel angenommen werden, ohne gesetzliches Zahlungsmittel zu sein[450]. Institute, die nur das E-Geld-Geschäft betreiben werden als E-Geld-Institute bezeichnet (KWG § 3 Abs 3 d Satz 4). Bei der GeldKarte oder dem Netzgeld handelt es sich nicht um gesetzliche Zahlungsmittel (vgl BBankG § 14 Abs 1 Satz 2; KWG § 1 Abs 14 Nr 3)[451]. Gemäß KWG § 22 a Abs 1 hat der Inhaber der Geld-Karte gegenüber der ermittierenden Stelle einen Anspruch auf Rücktausch des elektronischen Geldes in Form einer Überweisung auf ein Konto. 98

b) **Sicherung der Zahlung bei der GeldKarte**. Bei der Zahlung mittels **GeldKarte**[452] wird das Girokonto des Karteninhabers schon vor dem Einsatz der Karte, die eine ec-Karte mit zusätzlichem GeldKartenchip, eine Kundenkarte mit zusätzlichem Chip oder eine ausschließliche GeldKarte sein kann[453], von dem emittierenden Kreditinstitut belastet, und zwar dann, wenn die Karte an speziellen Terminals mit dem gewünschten Betrag aufgeladen wird. Unter E-Geld-Ge- 99

446 Vgl auch Gramlich, Zahlungsverkehr im Internet, in: Handbuch zum Internetrecht S 103.
447 S dazu Rz 99.
448 S dazu Rz 100.
449 Europarechtliche Rechtsgrundlage Richtlinie 2000/46/EG v 18. 9. 2000, ABl L 275/39; s zur Neuregelung Kokemoor BKR 2003, 859; Gramlich CR 2001, 877; Vereecke/Widmaier EuZW 2001, 397; vgl zu inhaltsgleichen Vorgängerregelungen in KWG § 1 Abs 2 Nr 11 und 12 BR-Drucks 963/96 S 63; Kümpel WM 1997, 1037; ders WM 1998, 365; Schwolow, in: Deutsches und internationales Bank- und WirtschaftsR im Wandel S 272; Pfeiffer NJW 1997, 1036.
450 Eingefügt durch Art 6 des Vierten Finanzmarktförderungsgesetzes (BGBl 2004 I, S 2009).
451 Gramlich CF 1997, 14.
452 Vgl Gramlich, Zahlungsverkehr im Internet, in: Handbuch zum InternetR S 104.
453 Pfeiffer NJW 1997, 1036.

schäfte im Sinne des KWG § 1 Abs 1 Satz 2 Nr 11 fallen nur vom Kunden vorausbezahlte und wiederaufladbare Karten[454]. Grundlage dieses Systems ist die „Vereinbarung über das institutsübergreifende System ‚GeldKarte'"[455] zwischen den Spitzenverbänden der deutschen Kreditwirtschaft. Das Rechtsverhältnis des emittierenden Kreditinstituts zum Inhaber der GeldKarte regeln die Bedingungen für die Verwendung der ec-Karte unter Abschnitt III 2. Für das Rechtsverhältnis der Kreditinstitute zu den angeschlossenen Unternehmen sind die „Bedingungen für die Teilnahme am System GeldKarte"[456] maßgeblich. Für die Händler fallen Transaktionsgebühren von 0,3 % vom Umsatz an, mindestens jedoch 0,01 Cent[457]. Die Zahlungspflicht des die GeldKarte herausgebenden Kreditinstituts gegenüber einem Händler beruht auf einem Garantievertrag (§ 311 Abs 1)[458] und **nicht auf einem abstrakten Schuldversprechen** (§ 780)[459]. Die emittierende Bank will dem Zahlungsempfänger die Zahlung gewährleisten, wenn es nicht zu einer Gutschrift zu seinen Gunsten kommt. Diesem „subsidiären" Charakter der Zahlungsverbindlichkeit des Kartenemittenten wird die Einordnung als Garantie besser gerecht als die Qualifikation im Sinne des § 780[460]. Dafür spricht auch Nr 4 der einheitlichen „Bedingungen für die Teilnahme am System GeldKarte" zwischen den teilnehmenden Händlern und den diese akquirierenden Kreditinstituten, in der klargestellt ist, dass das jeweilige Unternehmen eine „Garantie" gegen das kartenemittierende Institut in Höhe des getätigten Umsatzes erwerben soll. Der Garantievertrag kommt vereinbarungsgemäß durch einen Dialog zwischen dem Prozessor im Chip der Händlerkarte und dem Prozessor im Chip der GeldKarte zustande[461]. Dabei generiert der Prozessor der GeldKarte einen Datensatz mit den Transaktionsdaten, der mit einem Echtheitszertifikat an die Händlerkarte übermittelt wird. Damit wird das Angebot der kartenausgebenden Bank auf Abschluss eines Garantievertrages übermittelt, das der Vertragspartner des Kartenbenutzers durch Addition des Transaktionsbetrags auf dem auf der Händlerkarte gespeicherten Saldo annimmt[462]. Auf eine „Rückmeldung" der Annahmeerklärung beim Antragenden (Zugang) wird nach § 151 Satz 1 verzichtet. Auch die Händlerkarte generiert einen Transaktionssatz, der im Terminal gespeichert wird und die Erstellung der Lastschriften ermöglicht, mit denen die Gegenwerte der jeweiligen Chipgeldbeträge bei den kartenemittierenden Instituten eingezogen werden.

100 c) **Zahlung mit Netzgeld**. Bei der Zahlung mit Netzgeld im Internet werden entweder digitalisierte „Münzen" auf der Festplatte des Computers des Internet-Teilnehmers (**softwaregestütztes** System) gespeichert oder Chipkarten im Computer eingesetzt, deren gespeicherte Werteinheiten mit einem Lesegerät ins Internet eingegeben werden können (**hardwaregestützte** Lösung)[463]. Der Vorgang der Zahlung läuft je nach praktiziertem System unterschiedlich ab. In Deutschland sind gegenwärtig vor allem das **CyberCash-System**[464] und das **eCash-System** gebräuchlich. Stets vereinbaren die Kreditinstitute mit den Teilnehmern am elektronischen Zahlungsverkehr spezielle Teilnahmebedingungen[465]. In der Regel muss der Bankkunde ein Kontokorrentkonto bei der das Netzgeld emittierenden Bank sowie ein spezielles Netzgeldkonto unterhalten[466]. Erwirbt er „digitale Münzen", die auf der Festplatte seines Rechners gespeichert werden (Netzgeldkonto), muss er dieses Guthaben an elektronischem Geld vorher durch Abbuchung von

454 Fülbier, in: Boos/Fischer/Schulte-Mattler KWG § 1 Rz 110.
455 Abgedruckt in WM 1996, 2353.
456 Abgedruckt in WM 1996, 2359.
457 Rüter FLF 2000, 24.
458 Ebenso Kümpel WM 1997, 1040.
459 Referierend Fabienke JR 1999, 54; Pfeiffer NJW 1997, 1038.
460 Kümpel WM 1997, 1040; aA Neumann/Bock, Zahlungsverkehr im Internet Rz 348 mweit Nachw.
461 Kümpel WM 1997, 1040.
462 Kümpel WM 1997, 1040.
463 Escher WM 1997, 1175; Godefroid FLF 1999, 216.
464 Beschreibung des Systems im Einzelnen bei Gramlich, Zahlungsverkehr im Internet, in: Handbuch zum Internetrecht S 107.
465 So etwa für die Teilnahme am eCash-Pilotbetrieb die „Bedingungen für die Teilnahme von Privatkunden am eCash-Pilotbetrieb" und für die Akzeptanten von Netzgeld-Zahlungen die „Bedingungen für die Teilnahme von Handels- und Dienstleistungsunternehmen am Pilotvorhaben eCash". Ferner Werner RIW 1999 Supplement Banken und Versicherungen S 21, 22.
466 Werner RIW 1999 Supplement Banken und Versicherungen S 21; Fiege CR 1998, 43.

seinem Girokonto bei seiner Bank bezahlen. Durch ein Passwort wird der Zugang zum Netzgeldkonto geschützt. Das Netzgeld besteht aus Datenreihen mit individualisierten Seriennummern. Die Bank versieht diese „Münzen" mit einer digitalen Signatur, die dazu dient, die Echtheit der Münzen nach Ablauf des Zahlungsvorgangs zu verifizieren und sicherzustellen, dass das Netzgeld nur einmal verwendet wird (Einweg-Tokensystem). Die Anonymität des Netzgeldverwenders wird dadurch gewahrt, dass die verwendeten Signaturen „blind" sind und somit die Bank nicht ermitteln kann, welcher Kunde das Netzgeld verwendet (sog „blind signatures")[467]. Nach einer Zahlungsaufforderung, zB eines Verkäufers, kann der Verwender mit Netzgeld zahlen, indem er per Mausklick die ausgewählten „Münzen" dem Empfänger im Internet verschlüsselt übermittelt[468]. Die beim Verkäufer eingegangenen digitalen „Münzen" werden von seiner Händlersoftware an die das Netzgeld emittierende Bank weitergeleitet. Dort wird die Echtheit der digitalen Signatur überprüft[469], indem die emittierende Bank die Seriennummern mit einer Datenbank abgleicht, in der die Nummern bereits eingereichter „Münzen" gespeichert sind. Wird die Echtheit der „Münzen" bestätigt, erhält der Empfänger entweder eine Gutschrift auf seinem Girokonto[470] oder neue digitale Münzen zur Verwendung im Internet, die auf seinem Netzgeldkonto deponiert werden[471].

d) **Sicherung des Empfängers von Netzgeld**. Bei der Zahlung mit elektronischen Werteinheiten (Netzgeld) im Internet besteht für einen vorleistenden Verkäufer das Risiko[472], ob er im Ergebnis tatsächlich eine Buchgeldzahlung in Form einer Gutschrift erhält. Er ist daher meistens an einer zusätzlichen Sicherheit interessiert[473]. Sowohl beim kartengestützten als auch beim softwaregestützten System ist umstritten, wie ein Verkäufer schuldvertraglich gesichert ist. Nach zutreffender Ansicht erhält der Empfänger der Werteinheiten einen **garantievertraglichen Anspruch** (§ 311) gegen die das Netzgeld emittierende Bank[474]. Die hierfür erforderliche Vertragserklärung der Bank liegt in der Bestätigung der Echtheit der bei ihr eingereichten Münzen nach Abschluss der Online-Prüfung[475] (ecash-System) oder in einer „Bezahltmeldung" des Gateway-Betreibers gegenüber dem Zahlungsempfänger (Cyber-Cash-System)[476]. Die Erklärung der Annahme dieses Angebots seitens des Empfängers ist nach § 151 entbehrlich. Dass das gesamte Verfahren der Zahlungsabwicklung nicht individuell, sondern weitgehend per Software gesteuert wird, ist unschädlich, da die automatisierten Willenserklärungen (sog Computererklärungen)[477] der das System steuernden Bank zugerechnet werden[478]. Hinsichtlich der schuldvertraglichen Qualifikation als Garantievertrag ist die Rechtslage nicht anders zu beurteilen als bei der Zahlung mit eurocheques unter Verwendung von eurocheque-Karten. Auch dort übernahm die emittierende Bank nach überwiegender Meinung eine garantievertragliche Einlösungspflicht gegenüber dem Schecknehmer[479]. Aus Gründen der Rechtssicherheit liegt eine einheitliche schuldvertragliche Qualifizierung der Leistungspflichten der Bank nahe, zumal es sich um dasselbe Schutzbedürfnis des Vertragspartners handelt[480]. 101

Demgegenüber wird teilweise angenommen, die Zahlungspflicht der emittierenden Bank gegenüber einem Verkäufer im Internethandel beruhe auf einem abstrakten Schuldversprechen 102

467 Escher WM 1997, 1177.
468 Fiege CR 1998, 44.
469 Kümpel NJW 1999, 314; Escher WM 1997, 1177.
470 Fiege CR 1998, 44.
471 Escher WM 1997, 1177.
472 Muhl Kreditwesen 1999, 1125.
473 Kümpel NJW 1999, 313.
474 Ebenso Kümpel, Bank- und KapitalmarktR Rz 4.979 ff; ders NJW 1999, 316; ders WM 1998, 369.
475 Werner RIW 1999 Supplement Banken und Versicherungen S 28; Kümpel NJW 1999, 315; ders WM 1998, 368.
476 Kümpel NJW 1999, 315.
477 Taupitz/Kritter JuS 1999, 839; Mehrings MMR 1998, 30, 31; Kuhn, Rechtshandlungen mittels EDV u Telekommunikation S 54.
478 Härting, InternetR S 36; Holznagel/Hoeren, Rechtliche Rahmenbedingungen des elektronischen Zahlungsverkehrs Rz 339; Köhler AcP 182 (1982), 126 ff; Mehrings MMR 1998, 30, 31; aA Möschel AcP 186 (1986), 187, 195 f, wenn der Erklärende auf den Direktvollzug eines Ablaufs keinen Einfluss mehr hat.
479 Vgl § 675 Rz 344.
480 Kümpel NJW 1999, 316.

(§ 780)[481]. Die Bank sei gegenüber dem Zahlungsempfänger primär zahlungspflichtig[482], was der Qualifizierung als subsidiärer garantievertraglicher Haftung entgegenstehe[483]. Auch sei bei einer Garantie im Streitfall mit Unklarheiten über den Umfang der Einwendungen des Garanten aus dem Valutaverhältnis zu rechnen[484], während diese Probleme bei einem Schuldversprechen nicht entstünden, weil das Schuldversprechen nicht auf ein Rechtsverhältnis mit Dritten Bezug nimmt. Darüber hinaus werde bei Annahme einer Garantie die Beweislast zulasten des Zahlungsempfängers verschoben, da dieser – anders als bei der Bargeldzahlung – sowohl die Voraussetzungen des Vertragsschlusses als auch den Eintritt des Garantiefalls zu beweisen habe, was die beabsichtigte Bargeldersatzfunktion des Netzgeldes unterminiere[485]. Es soll schließlich nicht interessengerecht sein, den Händler zunächst auf einen Anspruch im Verhältnis zu seinem Kunden zu verweisen, da der Kunde im Normalfall anonym bleibe[486]. Dass diese Anonymität gegenüber etwa einem Händler der Normalfall sein soll, muss aber bezweifelt werden, zumal der Kunde gegen den Händler Gewährleistungsansprüche haben kann, sodass sich die Vertragspartner kennen müssen. Es besteht auch kein Bedürfnis für eine primäre Leistungspflicht der Bank gegenüber dem Empfänger des Netzgeldes[487]. Die Bank will lediglich im Interesse einer möglichst breiten Akzeptanz des Netzgeldes als Zahlungsmittel dafür einstehen, dass der von ihrem Kunden geschuldete Betrag dem Empfänger letztlich bezahlt wird, also auch dann, wenn ausnahmsweise die Bank im Innenverhältnis zum Kunden nicht verpflichtet wäre, dessen Weisung zur Einlösung des Netzgeldes auszuführen[488]. Auch ist die garantievertragliche Leistungspflicht der Bank bei der Netzgeldzahlung keinen anderen Einwendungen ausgesetzt wie bei der Zahlung mittels ecKarte[489]. Die Annahme einer Garantie erscheint deshalb als interessengerecht, weil sie typischerweise zur Vermeidung von Schadensrisiken abgeschlossen wird und damit der Umfang der Garantie klarer ermittelt werden kann als bei einem Schuldversprechen[490]. Die Garantie als vertragliche Sicherung ist den beteiligten Wirtschaftskreisen insbesondere im grenzüberschreitenden Zahlungsverkehr vertrauter als das Schuldversprechen im Sinne des § 780, das den meisten ausländischen Rechtsordnungen fremd ist[491].

3. Zahlungssicherung im kartengesteuerten POS-Verfahren (electronic cash)

Schrifttum: Köhler, Die Problematik automatisierter Rechtsvorgänge, insbesondere von Willenserklärungen, AcP 182 (1982), 126; Betrams, Point-of-Sale: das Zahlungssystem der Zukunft?, ZIP 1985, 963; Möschel, Dogmatische Strukturen des bargeldlosen Zahlungsverkehrs, AcP 186 (1986), 187; Bieber, Rechtsprobleme des ec-Geldautomatensystems, WM 1987, Sonderbeilage Nr 6; Fervers, Die Haftung der Banken bei automatisierten Zahlungsvorgängen, WM 1988, 1037; Reiser, Die Rechtsgrundlagen für das POS-System des deutschen Kreditgewerbes („electronic cash"), WM 1989, Sonderbeilage 3; Schneider, Point of Sale – Zahlungen mit der ec-Karte, 1990; Petring, Störungen bei POS-Zahlungen, 1990; C P Schneider, Point-of-Sale-Zahlungen mit der ec-Karte, 1990; Brockmeier, Das POS-System des deutschen Kreditgewerbes, 1991; Strohdeicher, Risiken des automatisierten Zahlungsverkehrs beim Einsatz von POS (ECS), Geldautomaten und Btx, 1991; Ikas, Zum Recht der elektronischen Zahlung mit Debetkarten in bargeldlosen Kassensystemen, 1992; Gutschmidt, Zahlungsverkehr: Abkommen, Richtlinien, Bedingungen, 1993; Klingner-Schmidt, Die Rechtsstrukturen im ec-Service, 1993; Martinek, Moderne Vertragstypen, 1993; Häde, Die Zahlung mit Kredit- und Scheckkarten, ZBB 1994, 33; Harbeke, Die POS-Systeme der deutschen Kreditwirtschaft, WM 1994, Sonderbeilage 1, S 8;

481 So Einsele WM 1999, 1804; Pichler, „Rechtsnatur, Rechtsbeziehungen und zivilrechtliche Haftung beim elektronischen Zahlungsverkehr im Internet", in: v Hoeren/Holznagel (Hrsg) Arbeitsberichte zum Informations-, Telekommunikations- und Medienrecht S 33; Holznagel/Hoeren, Rechtliche Rahmenbedingungen des elektronischen Zahlungsverkehrs S 179.

482 Einsele WM 1999, 1810; Werner RIW 1999 Supplement Banken und Versicherungen S 28; für die ähnliche Rechtslage bei der Geldkarte: Pfeiffer NJW 1997, 1038.

483 Vgl zur Abgrenzung des abstrakten Schuldversprechens gegenüber dem Garantievertrag Rz 14 ff vor § 780.

484 Einsele WM 1999, 1809.

485 Einsele WM 1999, 1810.

486 Holznagel/Hoeren, Rechtliche Rahmenbedingungen des elektronischen Zahlungsverkehrs, Rz 338.

487 Wie hier Kümpel NJW 1999, 315.

488 Kümpel WM 1998, 370.

489 S dazu § 675 Rz 346 ff.

490 Kümpel NJW 1999, 318.

491 Kümpel, Bank- und KapitalmarktR, 2000², Rz 4.1044.

Schröter, Die neuen Bedingungen für ec-Karten, ZBB 1995, 395; Brockmeier, Das POS-System des deutschen Kreditgewerbes S 72; Schwintowski/Schäfer, Bankrecht, 1997, § 5 Rz 1 ff; Gößmann, in: Schimansky/Bunte/Schwintowski (Hrsg), Bankrechts-Handbuch Bd I 1995, § 68; Bröcker, Funktion und Begründung des abstrakten Schuldversprechens bei Giroüberweisung, Kreditkartengeschäft und POS-System, WM 1995, 468; Pausch, Risiken im automatisierten Verkehr mit Magnetstreifenkarten, VuR 1997, 121; Gößmann, Rechtsfragen neuer Techniken des bargeldlosen Zahlungsverkehrs, in: Horn/Schimansky (Hrsg), RWS-Forum 12, Bankrecht 1998, S 67; Werner, Beweislastverteilung und Haftungsrisiken im elektronischen Zahlungsverkehr, MMR 1998, 232; Einsele, Der bargeldlose Zahlungsverkehr – Anwendungsfall des Garantievertrags oder abstrakten Schuldversprechens?, WM 1999, 1801; Rüter, Einzelhandel: Gute Zeiten für gute Karten, FLF 2000, 21; Kümpel, Bank- und Kapitalmarktrecht, 2004^3, Rz 4.766 ff.

Das 1990 eingeführte kartengesteuerte POS[492]-Verfahren (electronic cash) beruht als bargeldloses Zahlungssystem auf einem Interbankenabkommen[493]. Das Rechtsverhältnis zwischen kartenemittierender Bank und Karteninhaber ist in Sonderbedingungen für den ec-Service[494] und das Rechtsverhältnis zwischen Händler und Kreditinstitut in einem jeweiligen Teilnahmevertrag[495] geregelt. 103

Der Teilnahmevertrag verpflichtet in Ziffer 4 das um Autorisierung angefragte (kartenemittierende) Kreditinstitut bei einer positiven Antwort gegenüber dem Händler in Höhe des jeweiligen Rechnungsbetrages zur Zahlung[496], indem die positive Autorisierung gleichzeitig die Erklärung beinhaltet, dass das kartenausgebende Institut die Forderung in Höhe des am electronic-cash-Terminal autorisierten Betrages begleicht. Der damit verbundenen **Sicherung** der Zahlung zu Gunsten des Händlers liegt ein **Garantievertrag** (§ 311 Abs 1)[497] und nicht ein abstraktes Schuldversprechen (§ 780)[498] der die Karte ausgebenden Bank zu Grunde. Zu Gunsten der Qualifizierung als abstraktes Schuldversprechen wird angeführt, das kartenemittierende Kreditinstitut werde primär in Anspruch genommen[499], während der Karteninhaber erst mittelbar im Wege des Aufwendungsersatzes herangezogen werde[500]. Eine Betrachtung der verschiedenen Zahlungssysteme im bargeldlosen Zahlungsverkehr lässt jedoch erkennen, dass das POS-System im Wesentlichen eine Weiterentwicklung der Scheckkartengarantie darstellt, an deren Stelle die Autorisierung des jeweiligen Zahlungsvorgangs getreten ist[501]. Das Verfahren soll lediglich die aufwendige Ausstellung eines eurocheques entbehrlich machen. 104

In diesem Verfahren werden unter Einsatz von ec-Karten, Kundenkarten oder Kreditkarten Waren oder Dienstleistungen an automatisierten Kassen nach Eingabe einer PIN[502] bezahlt[503]. Nach Eingabe der PIN werden sämtliche Daten an das kartenausgebende Institut übermittelt, das die Berechtigung des Karteninhabers zur beabsichtigten Disposition über sein Konto prüft und 105

492 POS = „Point of Sale“.
493 „Vereinbarung über ein institutsübergreifendes System zur bargeldlosen Zahlung an automatisierten Kassen (electronic-cash-System)“, abgedruckt in WM 1994 Sonderbeil 1 S 16 f; Bröcker WM 1995, 477.
494 Abgedruckt in NJW 1989, 2607 ff.
495 Bedingungen für die Teilnahme am electronic-cash-System der deutschen Kreditwirtschaft, abgedruckt in WM 1994 Sonderbeil 1 S 18 ff.
496 Gößmann, in: Schimansky/Bunte/Lwowski (Hrsg), Bankrechts-Hdb § 68 Rz 6.
497 Ebenso Kümpel, Bank- und KapitalmarktR Rz 4.911 ff; ders WM 1997, 1039, 1040; Bertrams ZIP 1985, 967; Baumbach/Hopt HGB (7) F/32; Gutschmidt, Zahlungsverkehr, Bd 2, 1993 Abschnitt 6.2, S 2.
498 So aber Werner MMR 1998, 232; Bröcker WM 1995, 477; Schröter ZBB 1995, 396; Brockmeier, Das POS-System des deutschen Kreditgewerbes S 64 ff, 72; Ikas, Zum Recht der elektronischen Zahlung mit Debetkarten in bargeldlosen Kassensystemen S 68; Harbeke WM 1994 Sonderbeil 1 S 9; Klingner-Schmidt, Die Rechtsstrukturen im ec-Service S 141; Reiser WM 1989 Sonderbeil 3, S 8; Gößmann, in: Schimansky/Bunte/Lwowski, Bankrechts-Hdb § 68 Rz 6; Martinek, Moderne Vertragstypen § 23 VI 2, S 137; Fabienke JR 1999, 53.
499 So Ikas, Zum Recht der elektronischen Zahlung mit Debetkarten in bargeldlosen Kassensystemen S 68; Brockmeier, Das POS-System des deutschen Kreditgewerbes S 69.
500 Reiser WM 1989 Sonderbeil 3 S 8.
501 Kümpel, Bank- und KapitalmarktR Rz 4.914.
502 PIN = Persönliche Identifikations-Nummer.
503 Werner MMR 1998, 232; Gramlich CR 1997, 13; Canaris, BankvertragsR, 1988^3, Rz 527 cc und dd.

entweder eine positive oder negative Autorisierungsantwort zurückleitet[504]; ein Vorgang, der sich in ca 30 Sekunden abspielt.

Der den Händler hinsichtlich der endgültigen Zahlung sichernde Vertrag mit dem Kartenemittenten wird teilweise als ein antizipiertes globales **abstraktes Schuldversprechen** qualifiziert, welches unter der aufschiebenden Bedingung seiner Konkretisierung durch die Autorisierung stehe[505]. Die Autorisierungsanfrage durch den Händler kann als Angebot auf Abschluss eines solchen Vertrages gesehen werden, wobei dann die Autorisierungsantwort des Kartenemittenten als annehmende Willenserklärung zu werten ist[506]. Der Zugang der Annahmeerklärung ist nach § 151 entbehrlich[507]. Nach dem Wortlaut des Teilnahmevertrages (Ziffer 4) gibt das kartenausgebende Institut mit der „positive(n) Autorisierung die Erklärung ab, daß es die Forderung ... begleicht". Auch hier ist es unschädlich, dass die Erklärung des Emittenten ausschließlich per EDV erstellt wird[508].

106 Demgegenüber kommt das inzwischen aufgegebene **POZ-Verfahren** (Point of Sale ohne Zahlungsgarantie) ohne eine Zahlungsgarantie einer Bank aus[509]. Der Schuldner erteilt dem Gläubiger in diesem Verfahren eine Einzugsermächtigung im Lastschriftverfahren[510], aufgrund deren er den Betrag einzieht (vgl dazu Sonderbedingungen für den ec-Verkehr). Beim POZ-Verfahren erfolgt die Legitimation des Karteninhabers nicht durch die Eingabe der Persönlichen Geheimzahl (PIN)[511], sondern durch Unterschriftsleistung gegenüber dem Händler. Dieses „Online-Lastschriftverfahren" wirft das Problem der Sicherung des Zahlungsempfängers nicht auf, da es sich dabei lediglich um ein Einziehungsermächtigungslastschriftverfahren handelt, das durch die Kartendaten nur elektronisch unterstützt wird[512]. Die kartenausgebenden Kreditinstitute könnten auch gar keine Zahlungsgarantie gegenüber den Händlern übernehmen, da die PIN als zusätzliches Kontrollmittel gegen missbräuchliche Verwendung der ec-Karte nicht zum Einsatz kommt[513].

107 Es ist allerdings zu beachten, dass die Händler mit den Netzbetreibern auch den Aufkauf von Forderungen vereinbaren können (sog „Dienstleister-Lastschriftverfahren mit Zahlungsgarantie"). Dadurch erhalten sie eine „Quasi-Zahlungsgarantie", die von den Dienstleistern mit zusätzlich 0,2 bis 0,3 % vom Umsatz in Rechnung gestellt wird und dem Händler die gleiche Sicherheit gewährt wie beim Electronic-cash-System[514].

4. Eröffnetes und bestätigtes (Dokumenten-)Akkreditiv

Neueres Schrifttum: Liesecke, Das Dokumenten-Akkreditiv in der neueren Rechtsprechung des Bundesgerichtshofs, WM 1960, 1030; ders, Die neuere Rechtsprechung, insbesondere des Bundesgerichtshofs, zum Dokumenten-Akkreditiv, WM 1966, 458; Erman, Einwirkungen des Kaufverhältnisses auf die Akkreditivverpflichtung der Bank, in: Festschr für Rittershausen, 1968, S 261; Schönle, Die Rechtsnatur der Einheitlichen Richtlinien und Gebräuche für Dokumentenakkreditive, NJW 1968, 762; v Westphalen, Die Einheitlichen Richtlinien und Gebräuche für Dokumenten-Akkreditive, 1974; W Wessely, Die Unabhängigkeit der Akkreditivverpflichtung von Deckungsbeziehung und Kaufvertrag, 1975; Witte-Weg-

504 Reiser WM 1989 Sonderbeil 3 S 5.
505 Ikas, Zum Recht der elektronischen Zahlung mit Debetkarten in bargeldlosen Kassensystemen S 56, 62 f.
506 Ikas, Zum Recht der elektronischen Zahlung mit Debetkarten in bargeldlosen Kassensystemen S 62; Kümpel WM 1997, 1040, der allerdings das Angebot in der Autorisierungsantwort der Bank sieht und die Annahme durch den Vertragspartner des Kartenbenutzers durch stillschweigende Annahme der Kartenzahlung.
507 Martinek, Moderne Vertragstypen III § 23 VI 2.
508 Köhler AcP 182 (1982), 126, 134; Kuhn, Rechtshandlungen mittels EDV u Telekommunikation S 54 ff; Brockmeier, Das POS-System des deutschen Kreditgewerbes S 57 ff; Ikas, Zum Recht der elektronischen Zahlung mit Debetkarten in bargeldlosen Kassensystemen S 48 ff; aA Möschel AcP 186 (1986), S 194 ff.
509 Schröter ZBB 1995, 396.
510 Schröter WM 1995, 396; Harbeke WM 1994 Sonderbeil 1 S 14.
511 Rüter FLF 2000, 23; Werner MMR 1998, 339; Häde ZBB 1994, 41.
512 Werner MMR 1998, 232; Gößmann, in: Schimansky/Bunte/Lwowski, Bankrechts-Hdb I, § 68 Rz 12 ff; Kümpel, Bank- und KapitalmarktR Rz 4.920 ff; Schwintowski/Schäfer, BankR § 5 Rz 27; Harbeke WM-Sonderbeil 1/1994, S 14 f.
513 Kümpel, Bank- und KapitalmarktR Rz 4.913.
514 Rüter FLF 2000, 23.

mann, Störungen im Dreiecksverhältnis – dargestellt am Dokumenten-Akkreditiv, JuS 1975, 137; Liesecke, Neuere Theorie und Praxis des Dokumenten-Akkreditivs, WM 1976, 258; U Schneider, Entwicklungstendenzen im Recht des Dokumenten-Akkreditivs, Sparkasse 1976, 214; J Zahn, Zahlung und Zahlungssicherung im Außenhandel, 1976; Eberth, Die deutsche Rechtsprechung zum Dokumenten-Akkreditiv von 1970 bis 1976, RIW/AWD 1977, 522; K Peters, Rechtsprobleme des Akkreditivgeschäfts, WM 1978, 1030; F v Westphalen, Rechtsprobleme der Exportfinanzierung, 1978; F Eisemann/Eberth, Das Dokumenten-Akkreditiv im Internationalen Handelsverkehr, 1979; Liesecke, Die Stellung der kreditgebenden Bank beim Dokumenten-Inkasso und Dokumenten-Akkreditiv, in: Festschr für Fischer, 1979, S 397; C Schücking, Importkreditsicherung, 1980; v Westphalen, Einheitliche Richtlinien für Inkassi im Lichte des AGB-Gesetzes, WM 1980, 178; Canaris, Bankvertragsrecht, 1981, Rz 916 ff; H Wassermann, Die Verwertung von Ansprüchen aus Dokumenten-Akkreditiven, 1981; Schütze, Kollisionsrechtliche Probleme des Dokumenten-Akkreditivs, WM 1982, 266; Eberth, Rechtsfragen der Zahlung unter Vorbehalt im Akkreditiv-Geschäft, WM 1983, 1302; Lienau, Abstrakte Schuldversprechen im Auslandszahlungsverkehr nach deutschem materiellen Recht, Diss München 1983; Schönle, Mißbrauch von Akkreditiven und Bankgarantien, SJZ 1983, 53, 73; Nielsen, Aktuelle Rechtsfragen zum Dokumenten-Akkreditiv, 1984; Gutzwiller, Bemerkungen zum Verhältnis zwischen Akkreditivbank und Korrespondenzbank, SchwJZ 1984, 157; Eberth, Die Revision von 1983 der Einheitlichen Richtlinien und Gebräuche für Dokumenten-Akkreditive, WM 1984 Sonderbeil Nr 4; Nielsen, Die Revision 1983 der Einheitlichen Richtlinien und Gebräuche für Dokumenten-Akkreditive, ZIP 1984, 230; Schinnerer, Zur Neufassung der Einheitlichen Richtlinien und Gebräuche für Dokumenten-Akkreditive, Fassung 1983, ÖBA 1984, 231; Nielsen, Das Risiko der Wiedererlangung der Akkreditivsumme bei fehlerhafter Auszahlung durch die akkreditivbestätigende (Zweit-)Bank, WM 1985, 149; ders, Grundlagen des Akkreditivgeschäfts, Revision 1983, 1985; Raith, Das Recht des Dokumentenakkreditivs in den USA und in Deutschland, 1985; Plett/Welling, Überblick über die Abwicklung des Dokumenten-Akkreditivs und die Rechtsstellung der beteiligten Parteien, DB 1987, 925; Eberth, Zur Rechtsnatur der einheitlichen Richtlinien und Gebräuche für Dokumenten-Akkreditive, in: Festschr für Neumayer, 1985, S 199; ders, Deferred-Payment-Akkreditive in der jüngsten französischen Rechtsprechung, RIW 1986, 347; Zahn, Anmerkungen zu einigen Kontroversen im Bereich der Akkreditive und Bankgarantien, in: Festschr für Pleyer, 1986, S 153; Plagemann, Rechtsprobleme bei der Arrestierung des Auszahlungsanspruchs aus einem Deferred-Payment-Akkreditiv, RIW 1987, 27; v Bar, Kollisionsrechtliche Aspekte der Vereinbarung und Inanspruchnahme von Dokumenten-Akkreditiven, ZHR 152 (1988), 38; Schütze, Rechtsfragen der Avisierung von Dokumentenakkreditiven, DB 1987, 2189; Schönle, Rechtsprobleme des Dokumentenakkreditivs mit hinausgeschobener Zahlung, ÖBA 1988, 311; Nielsen, Bedeutung und Aufmachung von Zusatzzertifikaten im Akkreditiv- und Garantiegeschäft, DZWIR 1993, 265; ders, Die Aufnahmefähigkeit von Transportdokumenten, WM 1993 Sonderbeil Nr 3; Vorpeil, Prüfungspflicht der Bestätigungsbank beim Dokumentenakkreditiv nach US-amerikanischem Recht, RIW 1994, 210; Eschmann, Die Auslegungsfähigkeit eines Standby letter of Credit, RIW 1996, 913; Nielsen, Dokumentenakkredtiv, in: Bankrecht und Bankpraxis (BuB), Rz 5/469, Stand 1996; Schefold, Neue Rechtsprechung zum anwendbaren Recht bei Dokumenten-Akkreditiven, IPRax 1996, 347; Schütze, Das Dokumentenakkreditiv im Internationalen Handelsverkehr, 1999[5]; Nielsen, Internationale Bankgarantie, Akkreditiv und anglo-amerikanisches Standby nach Inkrafttreten der ISP 98, Teil I, WM 1999, 2005, Teil II, WM 1999, 2049; Mutter/Stehle, Exportfinanzierung in Gefahr – der drohende Verlust von Akkreditiven bei der Verschmelzung, ZIP 2002, 1829.

a) **Einordnung und wirtschaftliche Bedeutung**. Das (Dokumenten-)Akkreditiv dient der **Zahlung** und der **Zahlungssicherung**, und zwar vorwiegend im internationalen Handelsverkehr. Es bewirkt eine **bargeldlose Zahlung** meistens zwischen einem Käufer als Importeur und einem Verkäufer als Exporteur, wenn als Zahlungsmodalität die Stellung eines (Dokumenten-)Akkreditivs vereinbart worden ist[515]. Dem Akkreditiv liegt als **Grundmodell** der Auftrag eines Zahlungspflichtigen (**Akkreditivsteller** oder Akkreditierender) an sein Kreditinstitut (**Akkreditivbank)** zu Grunde, für seine Rechnung eine **Zahlungsverbindlichkeit** gegenüber einem Dritten (**Begünstigter** oder Akkreditierter) zu übernehmen, die regelmäßig von der Vorlage bestimmter Dokumente abhängig ist (Rz 110). Der Schwerpunkt des Akkreditivs liegt in dieser Zahlungsverpflichtung, die das Kreditinstitut **aus dem eröffneten Akkreditiv** gegenüber dem begünstigten Dritten eingeht und die schuldvertraglich als ein selbstständiges **abstraktes Schuldversprechen** (§ 780) eingeordnet wird[516]. 108

515 S Rz 129; Schütze, Das Dokumentenakkreditiv im Internationalen Handelsverkehr S 25 Rz 2.

516 BGHZ 60, 262, 264 = WM 1973, 483, 484 = NJW 1973, 899 = LM Nr 8 zu HGB § 346 (Ef) (Hidemann); München WM 1996, 2335 = WuB I H 2.-1.97 (Koller) = RIW 1996, 103.

109 Das Akkreditivgeschäft ist früher unterschiedlich, meistens aber als Anweisung im Sinne des § 783 oder als Anweisung im weiteren Sinne[517] qualifiziert worden[518]. Gegen diese Einordnung ist einzuwenden, dass mit dem Akkreditiv keine abstrakten Ermächtigungen erteilt, sondern dass geschäftsbesorgungsrechtliche Pflichten (§ 675 Abs 1) begründet werden. Der Akkreditivsteller händigt dem Begünstigten außerdem keine (Anweisungs-)Urkunde aus. Die §§ 783 ff sind auf Anweisungen im weiteren Sinne in der Regel nur entsprechend anwendbar[519].

110 Wenn das Kreditinstitut aus dem eröffneten Akkreditiv gegenüber dem Begünstigten ohne weiteres zur Zahlung verpflichtet sein soll, spricht man von einem **Barakkreditiv** (einfaches oder glattes Akkreditiv)[520], das heute praktisch nicht mehr vorkommt. Es ähnelt wirtschaftlich dem Kreditbrief[521], da meistens allein eine bargeldlose Übertragung beabsichtigt ist. Hängt hingegen die Verpflichtung des Kreditinstituts aus dem eröffneten Akkreditiv davon ab, dass der Begünstigte bestimmte Dokumente, etwa über die Versendung der verkauften Ware, vorlegt, handelt es sich um ein heute allein gebräuchliches **Dokumenten-Akkreditiv**. Der Begünstigte erlangt einen unmittelbaren und selbstständigen Anspruch gegen die Akkreditivbank auf Zahlung gegen Aushändigung der Dokumente.

111 Auch ein **Letter of Credit** ist nach internationalem Sprachgebrauch ein Dokumenten-Akkreditiv, während der **Standby Letter of Credit** als eine Bankgarantie mit dem Zweck, den Begünstigten schadlos zu halten, zu qualifizieren ist[522]. Seine Besonderheit liegt darin, dass im Allgemeinen die schriftliche Erklärung des Begünstigten genügt, der Akkreditivauftraggeber habe die Verpflichtungen, zu deren Sicherheit der Standby Letter of Credit gestellt worden ist, nicht erfüllt. Garantie und standby letter of credit erfüllen parallele wirtschaftliche Funktionen, so dass die Rechtsgrundsätze angewandt werden können, die für eine Garantie auf erstes Anfordern entwickelt worden sind[523]. Die Auslegung eines Standby Letter of Credit orientiert sich nicht ausschließlich am Wortlaut, sondern sie kann auch auf den Sinn und Zweck der in ihm enthaltenen Bestimmungen abstellen. Dabei verbietet es der Grundsatz der Dokumentenstrenge nicht, unklare Bestimmungen auch unter Berücksichtigung des Grundgeschäfts zu erhellen, sofern für solche Umstände im Text der Urkunde Anhaltspunkte vorliegen und sich die Auslegung nicht nur auf Umstände außerhalb der Urkunde stützen muss[524].

112 b) **Schutzinteressen**. Das (Dokumenten-)Akkreditiv trägt den **Schutzinteressen der mehreren Beteiligten** in folgender Weise Rechnung[525]: Die für das Dokumenten-Akkreditiv typische Zahlung der Akkreditivbank gegen Vorlage der vereinbarten (Transport-)Dokumente ermöglicht trotz räumlicher Entfernung zwischen den Vertragspartnern eine **Zug-um-Zug-Abwicklung** des zu Grunde liegenden Warengeschäfts[526]. Diese Abwicklung bewahrt den exportierenden Verkäufer, ähnlich wie bei einer Vorleistung des Kaufpreises durch den Käufer, vor dem Risiko, von dem Importeur trotz der eigenen Lieferung und der Aushändigung der die Ware repräsentierenden Do-

517 S dazu Rz 165 vor § 783.
518 Dazu Wassermann, Die Verwertung von Ansprüchen aus Dokumenten-Akkreditiven S 32 ff mweitNachw; Schönle, Bank- und BörsenR 1976 S 120 f.
519 S Rz 21 vor § 783.
520 Zur Entwicklung und wirtschaftlichen Bedeutung des Dokumentenakkreditivs Schütze, Das Dokumentenakkreditiv im Internationalen Handelsverkehr S 42 f Rz 32 ff, S 59 Rz 72.
521 S § 783 Rz 20.
522 BGH WM 1997, 1893: Standby Letter of Credit als Garantie auf erstes Anfordern; dazu Eschmann RIW 1996, 913.
523 Frankfurt/M WM 1997, 1893 = WuB I H 2.-4.97 (Soehring) = ZIP 1997, 1782 = RIW 1998, 477; vgl dazu EWiR 1997, 925 (Nielsen); Berger DZWIR 1997, 426.
524 Frankfurt/M WM 1997, 1893 = WuB I H 2.-4.97 (Soehring) = ZIP 1997, 1782 = RIW 1998, 477; vgl dazu EWiR 1997, 925 (Nielsen); Berger DZWIR 1997, 426.
525 Vgl Frankfurt/M RIW/AWD 1977, 647; Nürnberg NJW 1966, 2272, 2273. Zur Abwicklung eines Dokumenten-Akkreditivs und zur Rechtsstellung der Beteiligten den Überblick bei Platt DB 1987, 825.
526 Schütze, Das Dokumentenakkreditiv im Internationalen Handelsverkehr S 59 Rz 72. Vgl zur Sicherung der Pflichten aus dem Kaufvertrag durch Stellung eines Akkreditivs SchwBG BGE 90 II, 302 = AWD/BB 1964, 396 (mAnm Eiseman).

kumente keine Zahlung zu erhalten. Außerdem kann der Verkäufer über den Kaufpreis schon alsbald nach Versendung der Ware disponieren, was seinen Finanzierungsbedarf verringert. Ein (Dokumenten-)Akkreditiv schützt durch diese Abwicklung auch den importierenden Käufer, weil die von ihm beauftragte Akkreditivbank zu seinen Lasten nur dann Zug um Zug gegen die Dokumentvorlage zahlt, wenn der Verkäufer die vereinbarten (Waren-)Dokumente beanstandungsfrei einreicht, die etwa über die vorgenommene Leistungshandlung des Verkäufers informieren, insbesondere als Transportdokumente die Absendung der Ware bestätigen und es uU sogar ermöglichen, über die abgesandten Waren schon vor ihrem Empfang weiter zu disponieren[527]. Zugleich dient diese Art der Abwicklung auch den **Sicherungsinteressen der Akkreditivbank**, wenn sie dem Käufer den Akkreditivbetrag kreditiert hat[528].

Es lässt sich für den Verkäufer als Exporteur außerdem die **Rechtsverfolgung** vereinfachen **113**
und zB ein devisenrechtliches **Transferrisiko** vermeiden, wenn im Lande des Verkäufers ein weiteres Kreditinstitut als Korrespondenzbank, und zwar auftrags der Akkreditivbank, eingeschaltet wird, das seinerseits das von der Akkreditivbank eröffnete Akkreditiv **bestätigt** und damit ein eigenes abstraktes Schuldversprechen (§ 780) gegenüber dem begünstigten Verkäufer eingeht (Rz 119)[529]. Die Aufgaben einer solchen Korrespondenzbank können sich als **Avisbank** oder **Zahlstelle** aber auch auf die bloße technische Durchführung der Akkreditivzahlung beschränken[530].

c) **Schuldversprechen des eröffnenden und des bestätigenden Kreditinstituts**. Im **Vor-** **114**
dergrund des Akkreditivs steht **das abstrakte Schuldversprechen (§ 780) des eröffnenden und gegebenenfalls des bestätigenden Kreditinstituts**[531] mit dem Inhalt, an den Begünstigten bei Vorlage der vorgegebenen Dokumente einen bestimmten Geldbetrag zu leisten. Das Schuldversprechen des eröffnenden und des bestätigenden Kreditinstituts ist als abstraktes Rechtsgeschäft unabhängig von den schuldrechtlichen Rechtsverhältnissen der Beteiligten wirksam. Demgegenüber sieht *Kübler*[532] in der Verbindlichkeit aus einem eröffneten Akkreditiv eine „kausale Garantiezusage“, und zwar in der Ausgestaltung als „stereotypisierte Zahlungsgarantie“[533]. Gegen diese garantievertragliche Qualifizierung, die im Schrifttum keine Gefolgschaft gefunden hat, spricht, dass der Handelsverkehr mit der Verbindlichkeit aus einem Akkreditiv einen (primären) Zahlungszweck und keinen (sekundären) Sicherungsanspruch wie bei einem selbstständigen Garantievertrag verbindet[534]. Das Akkreditiv verfolgt zwar durch die Art seiner Ausgestaltung auch einen Sicherungszweck (Rz 112), bewirkt aber primär eine bargeldlose Zahlung.

d) **Einheitliche Richtlinien und Gebräuche für Dokumenten-Akkreditive**. Mangels einer **115**
eigenständigen gesetzlichen Regelung[535] spielen als ergänzende Rechtsgrundlage für die Beurteilung des (Dokumenten-)Akkreditivs neben den Vorschriften des BGB und des HGB die von der Internationalen Handelskammer Paris (ICC) erarbeiteten und empfohlenen **„Einheitlichen Richtlinien und Gebräuche für Dokumenten-Akkreditive“** (ERA)[536] eine besondere Rolle, und zwar zunächst in der Fassung der Revision von 1974[537], sodann für nach dem 1. 10. 1984 eröffnete

527 Vgl dazu Schnauder NJW 1991, 1642 ff.
528 Dazu insbes Liesecke, Festschr für Fischer, 1979, S 397, 406 ff.
529 BGH WM 1958, 291, 292; BGH WM 1955, 765, 767 = BB 1955, 462; vgl Münzel, Chinesische Dokumenten-Akkreditive, RIW/AWD 1978, 440.
530 S dazu Rz 165 ff.
531 BGHZ 60, 262 = WM 1973, 483 = NJW 1973, 899 = BB 1973, 675; München WM 1996, 2335 = WuB I H 2-1.97 (Koller); Schütze, Das Dokumentenakkreditiv im Internationalen Handelsverkehr S 59 Rz 72; Nielsen BuB 5/291; schon Ulmer AcP 126 (1926), 257, 285 f.
532 Feststellung und Garantie S 187 ff.
533 Feststellung und Garantie S 390.
534 BGH WM 1984, 1245, 1247 =NJW 1984, 2037; Wessely, Die Unabhängigkeit der Akkreditivverpflichtung von Deckungsbeziehung und Kaufvertrag S 4; Liesecke WM 1968, 22.
535 Das Vertragsgesetz der DDR enthielt in § 50 Abs 5 eine solche Regelung.
536 Vgl Schütze, Das Dokumentenakkreditiv im Internationalen Handelsverkehr S 26 f Rz 3 f.
537 Vgl den Text der Revision 1974 bei v Westphalen, Rechtsprobleme der Exportfinanzierung, Anh 1, S 183; Canaris, BankvertragsR, 1981, Rz 935.

Akkreditive in der Fassung der **Revision von 1983** (ERA 400)[538] und schließlich für Akkreditive, die nach dem 1. 1. 1994 bestellt worden sind, in der Fassung der 5. Revision von 1993 als ERA 500[539].

116 Der Geltungsgrund der ERA ist umstritten. Nach AGB der Sparkassen 1993 Nr 16 Satz 2 waren die ERA als **Sonderbedingungen** mit der regelmäßigen Vereinbarung der AGB in das Auftragsverhältnis mit dem Kunden einbezogen (ebenso nach AGB der Banken aF Nr 28 Abs 1 Satz 1 und AGB der Sparkassen aF Nr 35 Satz 2). Außerdem nehmen zusätzlich die banküblichen Formulare über die Erteilung des Akkreditiv-Auftrags, die Akkreditiv-Eröffnungsanzeigen gerichtet an den Begünstigten und über das Ersuchen an die Korrespondenzbank auf die ERA Bezug. Es überwiegt die Ansicht, dass es sich dem Grundsatz nach um **AGB im Sinne von § 305 Abs 1** handelt, die deshalb der rechtsgeschäftlichen Einbeziehung bedürfen (§ 305 Abs 2) und auch einer Inhaltskontrolle nach den §§ 307 ff unterliegen können[540]. Diese Qualifizierung schließt nicht aus, dass einzelne Bestimmungen der ERA als Ausdruck eines **(internationalen) Handelsbrauchs** im Sinne von HGB § 346 anzusehen sind[541]. Zwischen Kaufleuten können die ERA im Valutaverhältnis konkludent kraft Handelsbrauchs einbezogen sein[542]. Bei der **Auslegung** der ERA ist auf die mit ihnen intendierte internationale Rechtsvereinheitlichung Rücksicht zu nehmen[543].

117 e) **Begriffsbestimmungen**. – aa) **Dokumenten-Akkreditiv**. ERA 500 Art 2 definiert als **Dokumenten-Akkreditiv** „jede wie auch immer benannte Vereinbarung, der zufolge eine Bank (eröffnende Bank) auf Ersuchen und nach den Weisungen des Kunden (Akkreditiv-Auftraggeber) gegen Übergabe vorgeschriebener Dokumente (I) eine Zahlung an einen Dritten (Begünstigten) oder dessen Order zu leisten oder vom Begünstigten gezogene Wechsel (Tratten) zu bezahlen oder zu akzeptieren hat oder (II) eine andere Bank zur Ausführung einer solchen Zahlung oder zur Bezahlung, Akzeptierung oder (III) Negoziierung derartiger Wechsel (Tratten) ermächtigt, sofern die Akkreditiv-Bedingungen erfüllt sind“[544].

118 bb) **Widerrufliches und unwiderrufliches Akkreditiv**. Herkömmlich unterscheidet man zwischen **unwiderruflich** und durch die eröffnete Bank gegenüber dem Begünstigten **widerruflich eröffneten Akkreditiven**. ERA 500 Art 6 geht als Regelfall von einem durch die Akkreditivbank unwiderruflich eröffneten Akkreditiv aus, wenn nicht Abweichendes vereinbart ist[545]. Auch widerrufliche Akkreditive begründen zwar ein abstraktes Schuldversprechen; sie haben freilich wegen ihres geringeren Sicherungswerts keine praktische Bedeutung[546]. Das unwiderruflich eröffnete Akkreditiv und das durch eine Korrespondenzbank zusätzlich bestätigte Akkreditiv sind terminologisch und sachlich auseinander zu halten[547].

538 Die Fassung 1983 ist abgedr in ZIP 1984, 251; zur Erläuterung dieser Revision 1983 Eberth WM 1984 Sonderbeil 4; Nielsen ZIP 1984, 230; Holtij Bankinformation 8/1983, 17.

539 Vgl ICC-Publikation Nr 470/391; dazu die Erläuterung bei Nielsen, Neue Richtlinien für Dokumentenakkreditive, 1994; ders WM 1994 Sonderbeil 2; von Westphalen RIW 1994, 453.

540 Von Westphalen, AGB-rechtliche Erwägungen zu den neuen Einheitlichen Richtlinien und Gebräuchen für Dokumenten-Akkreditive, RIW 1994, 453; ders WM 1980, 178; Brandner, in: P Ulmer/Brandner/Hensen, AGB-Ges, 1993[7], Rz 290; K Peters WM 1978, 1030, 1033; Nielsen ZIP 1984, 230. AA Schütze, Das Dokumentenakkreditiv im Internationalen Handelsverkehr S 32 Rz 10 ff; Wälzholz WM 1994, 1457.

541 BGH WM 1958, 456, 459; dahingestellt in BGH WM 1984, 1443; Schleswig WM 1980, 48, 49; v Westphalen WM 1980, 178; Schönle NJW 1968, 726, 728.

542 München WM 1996, 2335 = WuB I H 2.-1.97 (Koller) = RIW 1996, 1036; LG Frankfurt/M WM 1996, 153.

543 S Steindorff, Festschr für v Caemmerer, 1978, S 761, 765 ff.

544 Schütze, Das Dokumentenakkreditiv im Internationalen Handelsverkehr S 44 f Rz 37 f: zu Art 2 ERA 500.

545 Dazu Schütze, Das Dokumentenakkreditiv im Internationalen Handelsverkehr S 49 ff; Nielsen WM 1994 Sonderbeil 2 S 5.

546 Dazu Schütze, Das Dokumentenakkreditiv im Internationalen Handelsverkehr S 49 Rz 47 ff; Nielsen ZIP 1984, 230, 234; ders BuB 5/234.

547 Schütze, Das Dokumentenakkreditiv im Internationalen Handelsverkehr S 52 Rz 56 ff; v Caemmerer JZ 1959, 360 mit Kritik an BGHZ 28, 129, 130.

cc) **Bestätigtes und unbestätigtes Akkreditiv**. Die Bestätigung eines Dokumentenakkreditivs im Sinne von ERA Art 10 b durch ein weiteres Kreditinstitut bewirkt ein abstraktes Schuldversprechen gemäß § 780[548], aus dem die bestätigende Bank neben der Akkreditivbank bei Vorlage ordnungsgemäßer Dokumente als Gesamtschuldnerin (§§ 421 ff) verpflichtet wird. Die Bestätigung bedarf als Handelsgeschäft nicht der Schriftform des § 780 (HGB § 350); ihre Annahme seitens des Begünstigten erfolgt meistens gemäß § 151[549]. 119

Nach ERA Art 16 e kann die Akkreditivbank einen Dokumentenmangel nicht geltend machen, wenn sie die Dokumente nicht prüft und alsbald beanstandet. Diese Vorschrift ist auf die Bestätigungsbank nicht, auch nicht entsprechend anwendbar, wenn sie nicht die über die Aufnahme der Dokumente entscheidende Zahlstelle ist. In einem solchen Fall ist die Bestätigungsbank weder zur Prüfung der Dokumente noch zu einer Mitteilung an den Akkreditivbegünstigten darüber verpflichtet, dass ein Dokumentenmangel vorliegt. Sie trifft auch nicht die Pflicht, dem Akkreditivbegünstigten eine Nachfrist für die Beibringung ordnungsgemäßer Dokumente einzuräumen[550]. 120

dd) **Mindestinhalt eines Akkreditivs**. Nach ERA 500 Art 42 müssen Akkreditive als **notwendigen Mindestinhalt** nicht nur ein **Verfalldatum** für die Dokumentenvorlage enthalten (so ERA 400 Art 46 a), sondern es muss nun auch der **Ort** für die Dokumentenvorlage angegeben werden[551]. 121

ee) **Akkreditive mit sofortiger, vorzeitiger oder hinausgeschobener Fälligkeit**. Hinsichtlich der Fälligkeit der Akkreditiv-Verpflichtung des eröffnenden **Instituts** (sog **Benutzbarkeit des Akkreditivs**) unterscheidet ERA 500 Art 10 zwischen verschiedenen Formen[552]: Zahlungsakkreditiven **(Sichtzahlungs-Akkreditiven)** als gebräuchlichste Art mit Zahlung der Akkreditivbank Zug um Zug gegen Vorlage ordnungsgemäßer Dokumente; Akkreditive mit hinausgeschobener Zahlung (**Nachsichtzahlung-Akkreditive** oder „deferred-payment"-Akkreditiv)[553], die zur Zahlung erst zu einem Zeitpunkt verpflichten, der nach der Vorlage der Dokumente liegt. Ein Zahlungsziel zu Gunsten des Käufers ergibt auch das **Akzeptierungs-Akkreditiv** gegen Wechselakzept der Akkreditivbank, das eine Diskontierung erlaubt, und das **Negoziierungs-Akkreditiv**, bei dem die Akkreditivbank sich verpflichtet, vom Begünstigten auf sie oder den Akkreditivauftraggeber gezogene Sicht- oder Nach-Sichttratten ohne Rückgriff auf den Aussteller zu erwerben[554]. 122

f) **Zu unterscheidende Rechtsverhältnisse**. Beim (Dokumenten-)Akkreditiv sind folgende Rechtsverhältnisse zu unterscheiden, für deren inhaltliche Ausgestaltung wegen des notwendigen Entscheidungsgleichklangs freilich weitgehend dieselben Prinzipien gelten: das Valutaverhältnis[555], das Deckungsverhältnis und das Akkreditivverhältnis. Bei Beauftragung einer Korrespondenzbank kommt das Rechtsverhältnis zu ihr mit unterschiedlicher Ausgestaltung hinzu. 123

g) **Valutaverhältnis zwischen dem Akkreditiv-Auftraggeber und dem Begünstigten**. – aa) **Akkreditivklausel**. Im Valutaverhältnis zwischen dem Akkreditiv-Auftraggeber und dem Begünstigten ist meistens ein Kaufvertrag oder ein Werklieferungsvertrag (sog Grundgeschäft) vereinbart, in dem die Parteien in einer sog **Akkreditivklausel** festlegen, dass der Kaufpreis durch Stellung eines Dokumenten-Akkreditivs beglichen werden soll[556]. Ferner wird vereinbart, welche Dokumente der Verkäufer vorlegen muss, um von dem eröffnenden Kreditinstitut Zahlung zu er- 124

548 Schütze, Das Dokumentenakkreditiv im Internationalen Handelsverkehr S 54 Rz 59.
549 Frankfurt/M WM 1996, 58 = WuB I H 2.-2.96 (Dach).
550 Frankfurt/M WM 1996, 58 = WuB I H 2.-2.96 (Dach).
551 Dazu Schütze, Das Dokumentenakkreditiv im Internationalen Handelsverkehr S 55 Rz 60 ff; Nielsen WM 1994 Sonderbeil 2 S 20.
552 Dazu Nielsen WM 1994 Sonderbeil 2 S 9.
553 ZB Frankfurt/M WM 1981, 445.
554 Vgl dazu im Einzelnen Nielsen ZIP 1984, 230, 236 f.
555 S Rz 124.
556 Vgl östOGH ÖBA 1996, 962, 963 (zum deutschen Recht); Schütze, Das Dokumentenakkreditiv im Internationalen Handelsverkehr S 116 Rz 267.

langen[557]. Haben die Parteien über den Inhalt der Akkreditiv-Klausel im Einzelnen keine Einigung erzielt, ohne dass deshalb der Kaufvertrag insgesamt nicht zu Stande gekommen ist (vgl § 154 Abs 1), ist der Käufer als befugt anzusehen, die Bedingungen des Akkreditivs als der von ihm zu erbringenden Leistung näher zu bestimmen, und zwar so, wie es im Handelsverkehr üblich ist oder billigem Ermessen entspricht (§ 315 Abs 1)[558].

125 Die Akkreditiv-Klausel des Grundgeschäfts legt nicht nur die Art und Weise fest, wie der Käufer die Zahlungsverpflichtung zu erfüllen hat, sondern sie modifiziert auch im Übrigen teilweise die vertraglichen Rechte und Pflichten der Parteien[559]. So ist beispielsweise der Käufer verpflichtet, dem Verkäufer ein Akkreditiv zu stellen[560], und der Verkäufer kann (zunächst) Zahlung nur aus dem Akkreditiv und nur gegen Vorlage der in der Akkreditiv-Klausel festgelegten Dokumente verlangen, die meistens ihre Versendung ausweisen und bereits die Verfügung über die Ware ermöglichen[561].

126 Die Akkreditivklausel modifiziert also die Pflichten der Parteien aus dem Kausalverhältnis dahin, dass der eine Teil die Pflicht zur Akkreditivstellung und der andere Teil die Pflicht zur Dokumenteneinreichung übernimmt. Die Pflichten der Parteien stehen zwar im Verhältnis der Gegenseitigkeit (§§ 320 ff), doch besteht für den Akkreditivauftraggeber eine Vorleistungspflicht hinsichtlich der Akkreditivstellung, deren Verletzung die Rechte aus §§ 280 ff auslösen kann. Dasselbe gilt für die Pflicht zur Dokumenteneinreichung[562].

127 bb) **Pflicht des Käufers**. Die **Verpflichtung des Käufers** aus der Akkreditiv-Klausel, dem Verkäufer ein Akkreditiv zu stellen, ist mit Rücksicht auf den Zahlungszweck eine primäre **Hauptleistungspflicht** aus dem Kaufvertrag, deren Verletzung bei Verzug zum Rücktritt berechtigt (BGB §§ 323; HGB § 376)[563]. Der Anspruch auf Stellung des Akkreditivs ist im Zweifel sofort fällig (§ 271 Abs 1)[564]. Aus dem Sicherungszweck des Akkreditivs folgt, dass der Käufer insoweit **vorleistungspflichtig** ist[565]. Das Risiko des Käufers aus dieser Vorleistungspflicht wird in der Praxis nicht selten durch eine Lieferungs- oder Leistungsgarantie eines Kreditinstituts zu seinen Gunsten abgesichert, die missverständlich oft als Gegenakkreditiv[566] bezeichnet wird. Unter den Voraussetzungen des § 321 kann der Käufer von dem Verkäufer vor der Stellung des Akkreditivs eine Sicherheit verlangen[567]. Der Anspruch des Verkäufers auf Bestellung des Akkreditivs ist mit Eintritt der Leistungsfähigkeit der Akkreditivbank und der Mitteilung ihres Leistungswillens mit einem der Akkreditiv-Klausel entsprechenden Inhalt erfüllt[568]. Die **beauftragte Akkreditivbank** ist so lange **Erfüllungsgehilfin** des Käufers (§ 278)[569], dh er hat dafür einzustehen, wenn es wegen Fehlern der Akkreditivbank zu einer verspäteten oder unzulänglichen Akkreditiveröffnung kommt[570].

128 cc) **Pflicht des Verkäufers**. **Auch der Verkäufer** übernimmt mit der Akkreditivklausel eine **Vorleistungspflicht** insoweit, als er außer seiner Pflicht zur Lieferung zunächst die Leistungen erbringen muss, die für die Beschaffung der notwendigen Dokumente erforderlich sind; erst die

557 Zur Abfassung der Akkreditiv-Klausel s Stötter RIW/AWD 1981, 86; ferner Koblenz RIW 1989, 815.
558 BGH WM 1965, 102, 103.
559 Dazu Liesecke WM 1978 Sonderbeil 3 S 20 f.
560 S Rz 127.
561 Vgl östOGH ÖBA 1996, 962, 963 (zum deutschen Recht).
562 ÖstOGH, ÖBA 1996, 962 (zum deutschen Recht).
563 ÖstOGH ÖBA 1996, 962, 963 (zum deutschen Recht); BGH WM 1958, 456; Düsseldorf WM 1971, 168, 171; Nürnberg NJW 1966, 2272, 2273; München NJW 1958, 752; RGZ 103, 376, 380.
564 BGH WM 1965, 102, 103.
565 ÖstOGH ÖBA 1996, 962, 963 (zum deutschen Recht); BGHZ 55, 340, 342 = WM 1971, 355 = NJW 1971, 979; BGH WM 1968, 94, 95; BGH WM 1955, 765, 767 = BB 1955, 462; LG Düsseldorf WM 1975, 67, 68; RGZ 106, 28.
566 Zum Gegenakkreditiv als Unterakkreditiv zB zu Gunsten eines Zwischenhändlers Schütze, Das Dokumentenakkreditiv im Internationalen Handelsverkehr S 62 Rz 81 ff.
567 Liesecke WM 1978 Sonderbeil 3 S 21.
568 Düsseldorf WM 1971, 168, 171; RGZ 103, 376, 378; RGZ 105, 32, 34.
569 BGH WM 1955, 765, 767 = BB 1955, 462; RGZ 105, 32, 34; Liesecke WM 1960, 202, 210.
570 Schütze, Das Dokumentenakkreditiv im Internationalen Handelsverkehr S 116 Rz 267.

Erfüllung der Akkreditivbedingungen gibt ihm den Anspruch auf den Akkreditivbetrag ohne Rücksicht auf den sonstigen Inhalt des Kaufvertrags[571]. Wenn der Begünstigte keine akkreditivgerechten Dokumente vorlegen kann, muss er es hinnehmen, dass er das Akkreditiv nicht in Anspruch nehmen kann. Der Auftraggeber ist weder aus dem Akkreditivauftrag noch aus dem Grundgeschäft verpflichtet, der Auszahlung des Akkreditivbetrags gegen nicht ordnungsgemäße Dokumente zuzustimmen[572]. Die ausdrückliche und beharrliche Weigerung des Käufers, dem Verkäufer bei einem Sukzessivlieferungsvertrag über leicht verderbliche Waren ein vereinbartes und zur Auszahlung erforderliches Dokument zu verschaffen, kann eine so wesentliche Vertragsverletzung bedeuten, dass der Verkäufer aus dem Gesichtspunkt einer positiven Vertragsverletzung zum Rücktritt berechtigt ist[573].

dd) **Zahlungshalber**. Ebenso wie die Erteilung einer Anweisung (§§ 783, 788) geschieht die Eröffnung eines Akkreditivs im Zweifel **zahlungshalber** (vgl auch § 364 Abs 2), dh die Geldschuld im Grundverhältnis erlischt noch nicht mit der Stellung des Akkreditivs, sondern erst mit der Zahlung durch die Akkreditivbank[574]. Der Anspruch beispielsweise des Verkäufers auf den Kaufpreis (§ 433 Abs 2) bleibt bis zur Zahlung der Akkreditivsumme bestehen[575]. Wie auch in anderen Fällen der Vereinbarung einer Leistung erfüllungshalber ist die Durchsetzbarkeit der Geldforderung aus dem Grundverhältnis wie bei einer Stundung gehemmt[576] und der Verkäufer verpflichtet, zunächst Befriedigung aus dem Akkreditiv zu suchen[577]. Der Anspruch ist gehemmt, solange das Akkreditiv ausnützbar ist[578]. Das Akkreditiv wird zahlungshalber eröffnet. Der Begünstigte muss daher zunächst versuchen, seine Forderung im Wege des Akkreditivs einzuziehen. Erst wenn dies nicht gelingt, kann er sich direkt an den Akkreditivauftraggeber halten. Lässt der Begünstigte das Akkreditiv verfallen, kann er auf die Kausalforderung zurückgreifen, ist dem Akkreditivauftraggeber aber zum Ersatz eines Schadens etwa in Form einer entgangenen Skontoabzugsmöglichkeit aus positiver Vertragsverletzung (§ 280 Abs 1) verpflichtet[579]. Zur Geltendmachung bedarf es keiner vorherigen Klage gegen die Akkreditivbank. Es genügt der Nachweis, dass ein ernsthafter Versuch, von der Bank gegen ordnungsgemäße Dokumente Zahlung zu erhalten, erfolglos geblieben ist. Erst mit dem Scheitern des Versuchs, das Akkreditiv durchzusetzen, ist die Kausalforderung wieder durchsetzbar, so dass Verzugszinsen anfallen können[580]. Etwaige Verzugszinsen beginnen zu laufen, wenn der Verkäufer auf die Kaufpreisforderung zugreifen darf. Bei einer Akkreditiv-Klausel und der Vereinbarung „Kasse gegen Dokumente" tritt die **Fälligkeit des Kaufpreisanspruchs** im Sinne von § 198 Satz 1 aF erst bei Vorlage der Dokumente ein[581]. 129

Bei Scheitern der Durchsetzung des Akkreditivs wird die Kaufpreisforderung gegen den Käufer aus dem Valutaverhältnis wieder durchsetzbar. Der begünstigte Verkäufer muss nicht erst gegen die Akkreditivbank klagen; es genügt vielmehr, wenn er nachweist, dass ein ernsthafter Versuch, gegen Vorlage ordnungsgemäßer Dokumente Zahlung zu erhalten, ohne Erfolg blieb[582]. Er kann auch dann auf die Kaufpreisforderung wieder zugreifen, wenn er selbst das Scheitern der Durchsetzung des Akkreditivs zu vertreten hat[583]. Lässt er das Akkreditiv aus zu vertretenden Gründen 130

571 BGHZ 55, 340, 342 = WM 1971, 355 = NJW 1971, 979; BGH WM 1968, 94; Nürnberg NJW 1966, 2272, 2273. Nach östOGH ÖBA 1996, 962, 963 (zum deutschen Recht) handelt es sich ebenfalls um eine Hauptleistungspflicht.
572 ÖstOGH ÖBA 1996, 962, 964 (zum deutschen Recht).
573 BGH WM 1968, 94, 96.
574 ÖstOGH ÖBA 1996, 962, 964 (zum deutschen Recht); BGH WM 1971, 386 = NJW 1971, 979; RGZ 92, 225; Liesecke WM 1978 Sonderbeil 3 S 21.
575 ÖstOGH ÖBA 1996, 962, 964 (zum deutschen Recht); BGH WM 1956, 753, 755 = BB 1956, 546.
576 ÖstOGH ÖBA 1996, 962, 964 (zum deutschen Recht).
577 ÖstOGH ÖBA 1996, 962, 964 (zum deutschen Recht); Liesecke WM 1960, 202, 210.
578 ÖstOGH ÖBA 1996, 962, 964 (zum deutschen Recht); Liesecke WM 1976, 259.
579 ÖstOGH, ÖBA 1996, 962 (zum deutschen Recht).
580 ÖstOGH, ÖBA 1996, 962.
581 BGHZ 55, 340, 342 = WM 1971, 355.
582 ÖstOGH ÖBA 1996, 962, 964 (zum deutschen Recht).
583 ÖstOHG ÖBA 1996, 962, 964.

verfallen, kann er zwar auf die Kaufpreisforderung zurückgreifen, ist aber einem Schadensersatzanspruch des Verkäufers wegen positiver Forderungsverletzung (§ 280 Abs 1) ausgesetzt[584].

131 Die Klausel über die Zahlung durch befristetes, unwiderrufliches Dokumenten-Akkreditiv ist ferner als eine **Barzahlungsabrede** und somit jedenfalls während der vereinbarten Laufzeit des Akkreditivs als **stillschweigender Aufrechnungsausschluss** für das Valutaverhältnis auszulegen[585]. Deshalb kann der Verkäufer, solange das Akkreditiv ausnützbar ist, nicht mit Forderungen aus anderen Geschäften gegen die Kaufpreisforderung aufrechnen[586].

132 ee) **Stellung der Akkreditivbank. Bis zur Eröffnung** des Akkreditivs ist die **Akkreditivbank** im Verhältnis zu dem Begünstigten allein **Erfüllungsgehilfe des Akkreditiv-Stellers** im Rahmen der Verpflichtung aus der Akkreditivklausel[587]. Erst **mit der Mitteilung über die Eröffnung** des Akkreditivs tritt sie auch in ein **Rechtsverhältnis zu dem Begünstigten** und erhält nach BGH[588] eine Mittlerrolle zwischen Käufer und Verkäufer. Aus der Funktion des Akkreditivs als Mittel der Zahlungssicherung im internationalen Handelsverkehr folge, dass die Akkreditivbank nicht mehr einseitig die Interessen des Käufers gegenüber dem Verkäufer wahrnehmen dürfe, und zwar auch dann nicht, wenn der Käufer ihr eine Forderung abgetreten hat[589].

133 ff) **Erfüllungsort.** Allein der Akkreditivabrede kann nicht entnommen werden, dass die Parteien den Sitz der Akkreditivbank auch als **Erfüllungsort für den Kaufpreisanspruch** gegen den Käufer vereinbaren wollen[590]. Denn das Akkreditiv wird nur erfüllungshalber hingegeben und dient in erster Linie einer Sicherung des Zahlungsanspruchs, also einem anderen Zweck. Es kann jedoch als **Anzeichen** für einen solchen Erfüllungsort dienen, wenn weitere Umstände darauf hinweisen.

134 h) **Deckungsverhältnis zwischen Akkreditiv-Auftraggeber und Akkreditivbank.** – aa) **Akkreditivauftrag.** Das Deckungsverhältnis zwischen dem Käufer als Akkreditiv-Auftraggeber und der Akkreditivbank kommt durch den „Akkreditivauftrag" zu Stande. In ihm vereinbart der Akkreditiv-Auftraggeber mit dem Kreditinstitut die Eröffnung des Akkreditivs, dh die Pflicht zur Übernahme der selbstständigen Verpflichtung gegenüber dem Verkäufer, Zug um Zug gegen Vorlage der in der Akkreditivklausel bestimmten Dokumente den Kaufpreis zu zahlen[591]. Der Akkreditivauftrag als Vertrag zwischen Akkreditiv-Auftraggeber und Akkreditivbank unterliegt keiner gesetzlichen Form, wird aber verkehrsüblich schriftlich abgeschlossen[592]. Durch die Annahme des Auftrags zur Eröffnung eines Akkreditivs wird zwischen der Bank und dem Auftraggeber ein Werkvertrag, der eine Geschäftsbesorgung zum Inhalt hat, begründet. Der Auftraggeber hat der Bank daher nach §§ 675 Abs 1, 670 alle erforderlichen Aufwendungen zu ersetzen. Der Anspruch umfasst insbesondere Zahlungen, die die Bank bei berechtigter Inanspruchnahme aus dem Akkreditiv leistet[593]. Auch wenn die Bank unberechtigterweise in Anspruch genommen und trotz sorgfältiger Prozessführung verurteilt wird, hat sie einen Aufwendungsersatzanspruch gegen den Auftraggeber. Gleiches gilt für aufgewandte Prozesskosten[594].

135 Der entgeltlich vereinbarte „Akkreditivauftrag" ist als ein **Werkvertrag, der eine Geschäftsbesorgung zum Gegenstand hat** (§§ 675 Abs 1, 631), zu qualifizieren[595]. Es wird also **kein Ver-**

584 ÖstOGH ÖBA 1996, 962, 964 (zum deutschen Recht); Liesecke WM 1976, 259.
585 BGHZ 60, 262, 264 = WM 1973, 483 = NJW 1973, 899; Schleswig WM 1980, 84, 85; Hamburg WM 1978, 338, 339; Düsseldorf DB 1973, 2294.
586 ÖstOGH ÖBA 1996, 962, 964 (zum deutschen Recht); Liesecke WM 1976, 259.
587 BGH WM 1955, 765 = BB 1955, 462.
588 BGH WM 1955, 765 = BB 1955, 462.
589 BGHZ 28, 129 = WM 1959, 25 = NJW 1959, 191; dazu v Cammerer JZ 1959, 362, 364.
590 BGH WM 1981, 789, 790 = NJW 1981, 1905 = DB 1981, 1817.
591 Schütze, Das Dokumentenakkreditiv im Internationalen Handelsverkehr S 63 Rz 84 ff.
592 Schütze, Das Dokumentenakkreditiv im Internationalen Handelsverkehr S 64 Rz 89 f.
593 BGH ZIP 1998, 1436 = WM 1998, 1769 = WuB I H 2.-1.98 (v Westphalen) = NJW-RR 1998, 1511; vgl dazu EWiR 1998, 1021 (Meincke/Nölle).
594 BGH WM 1998, 1769 = WuB I H 2.-1.98 (v Westphalen) = NJW-RR 1998, 1511; vgl dazu EWiR 1998, 1021 (Meincke/Nölle).
595 BGH WM 1958, 1542; RGZ 114, 270; RGZ 107, 8; Schütze, Das Dokumentenakkreditiv im In-

trag zu Gunsten Dritter (§ 328) vereinbart, da der Verkäufer allein aus dem „Akkreditivauftrag" noch keinen selbstständigen Anspruch gegen die Akkreditivbank erwerben soll.

Eine **Haftung des angefragten Kreditinstituts wegen Verschuldens bei der Anbahnung des Akkreditivauftrags** (§§ 280 Abs 1, 311 Abs 2) kommt in Betracht, wenn es die Eröffnung des Akkreditivs so spät ablehnt, dass der Käufer keine Chance hat, ein anderes Kreditinstitut zu beauftragen, obwohl es bei ihm das Vertrauen erweckt hat, das Akkreditiv werde eröffnet, und ihn damit schuldhaft davon abgehalten hat, ein anderes Institut zu beauftragen[596]. 136

bb) **Pflichten der Akkreditivbank.** Als Erfolg schuldet die Akkreditivbank aus dem Akkreditivauftrag, dem Begünstigten unverzüglich die **Eröffnung des Akkreditivs mitzuteilen.** Das eröffnete Akkreditiv muss genau dem Akkreditivauftrag entsprechen. Für Inhalt und Auslegung des Auftrags sind ergänzend in den ERA[597] allgemeine Regeln vorgesehen. Nach ERA 500 Art 5 Abs 1 müssen als allgemeiner Grundsatz Aufträge „vollständig und genau sein" (vgl auch ERA 500 Art 12). Das in Auftrag gegebene Akkreditiv darf der Eigenart des Dokumenten-Akkreditivs nicht widersprechen, also zB nicht eine Prüfung der Ware durch die Bank verlangen[598]. Es gilt nämlich als akkreditivrechtlicher Grundsatz die **strikte Trennung zwischen dem Dokumenten- und dem Warenaspekt.** Ferner fragt die eröffnende Bank nicht danach, ob die im Valutaverhältnis vereinbarten Dokumente wirtschaftlich sinnvoll sind. Es kommen Beratungspflichten der Akkreditivbank gegenüber dem Auftraggeber in Hinsicht auf den Begünstigten und die Akkreditivbedingungen in Betracht[599]. 137

Bei Vorlage muss die Akkreditivbank die Dokumente sorgfältig prüfen, ob sie den Akkreditivbedingungen entsprechen, und, wenn dies der Fall ist, Zahlung an den Begünstigten leisten[600]. Sie darf nach **Aufnahme der von dem Begünstigten vorgelegten Dokumente** im Verhältnis zum Auftraggeber nur dann einlösen, wenn sie den im Akkreditivauftrag gestellten Anforderungen genau entsprechen. Andernfalls erwirbt sie keinen Anspruch auf Ersatz ihrer Aufwendungen (§§ 675 Abs 1, 670)[601]. Das Kreditinstitut muss sich im Akkreditivverkehr, insbesondere bei der Prüfung der vorgelegten Dokumente, streng innerhalb der Grenzen des ihr erteilten formalen und präzisen Auftrags halten **(Grundsatz der Dokumentenstrenge)**[602]. Ein Kreditinstitut verfügt regelmäßig nicht über hinreichende Branchen- und Warenkenntnisse und kann auch die näheren Vereinbarungen zwischen dem Akkreditivsteller und dem Begünstigten nicht übersehen, so dass schon bei einer geringfügigen Abweichung von den Weisungen dem Auftraggeber beträchtlicher Schaden entstehen kann[603]. Als Akkreditivdokumente kommen beispielsweise Transportdokumente, Versicherungsdokumente, Handelsrechnungen in Betracht[604]. Die Prüfung ist deshalb darauf beschränkt, ob die Dokumente „der äußeren Aufmachung nach den Akkreditivbedingungen entsprechen" (ERA 500 Art 13)[605]. Dies hat „auf das genaueste und förmlichste" zu geschehen[606]. Ob die Ware oder der Lauf des Warengeschäfts den Vorstellungen des Auftraggebers entspricht, unterliegt hingegen in keinem Fall der Prüfungspflicht[607]. Ein Dokumentenakkreditiv ist ebenso wie ein Standby Letter of Credit einer Auslegung zugänglich[608]. 138

ternationalen Handelsverkehr S 64 Rz 88, S 116 Rz 268.
596 BGH WM 1983, 1385, 1386 = NJW 1984, 866 = DB 1984, 399; dazu Grunewald JZ 1984, 708.
597 S Rz 115.
598 BGH WM 1955, 765 = BB 1955, 462.
599 Schütze, Das Dokumentenakkreditiv im Internationalen Handelsverkehr S 66 Rz 93 ff. Zu Weisungen des Akkreditivauftraggebers Schütze, Das Dokumentenakkreditiv im Internationalen Handelsverkehr S 70 Rz 107 f.
600 BGH WM 1958, 500.
601 S Rz 134.
602 BGH WM 1984, 1443; BGH WM 1984, 1214, 1215; BGH WM 1971, 158, 159 = NJW 1971, 558; BGH WM 1970, 552, 555 = NJW 1970, 992; BGH WM 1958, 291; BGH WM 1958, 587, 588; RGZ 106, 26, 30; RGZ 97, 144, 148.
603 BGH WM 1984, 1214, 1215 = NJW 1985, 550; WM 1971, 158, 159 = NJW 1971, 558.
604 Vgl Schütze, Das Dokumentenakkreditiv im Internationalen Handelsverkehr S 82 Rz 150 ff.
605 Dazu Nielsen WM 1994 Sonderbeil 2 S 11.
606 So BGH WM 1984, 1443.
607 SchweizBGE 100 II 150; SchweizBGE 104 II 277; Zahn, Zahlung und Zahlungssicherung im Außenhandel S 90.
608 BGH BB 1994, 1162 = DB 1194, 1820; dazu Eschmann RIW 1996, 913.

139 Die Akkreditivbank hat sich streng innerhalb der Grenzen des erteilten formalen und präzisen Auftrags zu halten, und darf deshalb allenfalls dann von der Weisung des Auftraggebers abweichen, wenn die Abweichung unerheblich und für den Auftraggeber unschädlich ist[609].

140 Die Zahlung durch die Akkreditivbank ist aber dann vom Auftraggeber nach Treu und Glauben hinzunehmen, wenn die vom Begünstigten einzureichenden Transportpapiere als Empfänger nicht den Auftraggeber, sondern die Akkreditivbank ausweisen und diese willens und in der Lage ist, die Waren zu Gunsten des Auftraggebers freizugeben. Gleiches gilt, wenn der Auftraggeber ohne vorherige Freigabe durch die Akkreditivbank die in den Transportpapieren genannte Ware im Übrigen akkreditivkonform erhalten hat[610].

141 Entsprechen die von dem Begünstigten vorgelegten Dokumente nicht den Akkreditivbedingungen, so ist die Bank im Verhältnis zum Begünstigten berechtigt und im Verhältnis zum Auftraggeber verpflichtet, sie zurückzuweisen. Einer zulässigen **Abweichung von Weisungen des Akkreditiv-Auftraggebers** gemäß § 665 sind mangels Einblicks der Bank in das Warengeschäft sehr **enge Grenzen** gesetzt[611]. Sie darf allenfalls abweichen, „wenn sie einwandfrei beurteilen kann, dass die Abweichung unerheblich und für den Auftraggeber unschädlich ist"[612]. Bestehen Zweifel, ob die Dokumente äußerlich den Akkreditivbedingungen entsprechen, kann die Bank sie zurückweisen. Zu eigenen Ermittlungen oder einer **Rückfrage beim Auftraggeber** ist sie grundsätzlich nicht verpflichtet[613].

142 Löst die Akkreditivbank ihr vorgelegte Dokumente **weisungswidrig** ein, steht ihr kein Anspruch auf Ersatz der Aufwendungen (§§ 675 Abs 1, 670) zu[614].Vielmehr ist sie gegenüber dem Auftraggeber verpflichtet, eine als Vorschuss erhaltene **Deckung herauszugeben** (§§ 675 Abs 1, 667 Fall 1)[615]. Dieser Anspruch soll nach BGH[616] davon abhängen, ob die Akkreditivbank zur Rückgewähr des Erlangten noch im Stande ist. Dieser Einschränkung ist nicht zu folgen. Für die parallele Frage bei der weisungswidrigen Ausführung eines Überweisungsauftrags im Giroverhältnis hat der BGH[617] diese Auffassung inzwischen zutreffend in ständiger Rechtsprechung aufgegeben. Deshalb ist eine weisungswidrig handelnde Akkreditivbank in jedem Fall verpflichtet, einen Betrag in Höhe des erhaltenen Vorschusses zu erstatten, unabhängig davon, ob sie noch darüber disponieren kann. Hat die Akkreditivbank die **unberechtigte Abweichung** von den vereinbarten Akkreditivbedingungen **zu vertreten** (§§ 276 ff), ist sie dem Auftraggeber außerdem wegen dieser Leistungsstörung zum **Schadensersatz** verpflichtet[618].

143 Verlangt der Auftraggeber von der Bank, nicht akkreditivgemäße Dokumente einzulösen, ist dies als ein Antrag auf **Änderung der Akkreditivbedingungen** auszulegen. Die Bank muss diesen Antrag nicht annehmen, insbesondere dann nicht, wenn dadurch ihre Deckung aus einem Gegenakkreditiv zu Gunsten ihres Auftraggebers („back to back"-Akkreditiv) gefährdet würde[619]. Kennzeichnet der Auftraggeber auf Rückfrage seiner Bank eine Abweichung als unerheblich,

609 München WM 1998, 554 = BB 1998, 125 = WuB I H 2.-.2.99 (Dach).
610 München WM 1998, 554 = BB 1998, 125 = WuB I H 2.-2.99 (Dach).
611 Schütze, Das Dokumentenakkreditiv im Internationalen Handelsverkehr S 64 Rz 88; Nielsen BuB 5/289: praktisch nicht denkbar; BGH WM 1958, 291; bedenklich deshalb BGH WM 1960, 38; dazu Nielsen WM 1962, 878 gegen Petersen WM 1962, 622; Schulze WM 1963, 578.
612 So BGH WM 1984, 1214, 1215 = NJW 1985, 550.
613 BGH WM 1958, 587, 588 = LM Nr 2 zu § 780.
614 BGH DB 1984, 2400.
615 BGH WM 1958, 1542, 1543.
616 BGH WM 1958, 1542, 1543.
617 ZB BGH WM 1991, 1912, 1913 = NJW 1991, 3208 = ZIP 1991, 1413; vgl dazu EWiR 1991, 1185 (Hadding); BGH WM 1991, 1915 = NJW 1992, 112 = ZIP 1991, 1586; vgl dazu EWiR 1992, 757 (Ebenroth); BGHZ 108, 386 = WM 1989, 1754 = NJW 1990, 250 = ZIP 1989, 1537; vgl dazu EWiR 1990, 37 (Parthe); BGHZ 87, 376 = WM 1983, 834 = NJW 1983, 2944 = ZIP 1983, 918; BGH WM 1978, 367; BGH WM 1976, 904 = LM Nr 10 zu § 665; BGH WM 1974, 406 = NJW 1974, 1082; BGH WM 1974, 274 gegen BGH WM 1968, 1358 = NJW 1969, 320; dazu Soergel § 675 Rz 110; Häuser, Giroverhältnis, in: BMJ (Hrsg), Gutachten und Vorschläge zur Überarbeitung des Schuldrechts, 1981, S 1317, 1378; Hadding/Häuser ZHR 145 (1981), 138, 147.
618 BGH WM 1958, 1542, 1543; RGZ 114, 268, 271; RGZ 105, 48, 53.
619 BGH WM 1964, 223.

muss die Bank die Dokumente einlösen, da ihre Rückfrage als Einverständnis mit dieser möglichen Änderung der Akkreditivbedingungen auszulegen ist[620].

cc) **Pflichten des Akkreditivauftraggebers**. Der Akkreditivsteller schuldet der beauftragten Bank einmal als Gegenleistung die vereinbarte **Provision** (§§ 675 Abs 1, 631), zum anderen in erster Linie **Ersatz der Aufwendung**, wenn sie als eröffnende Bank an den Begünstigten zahlt (§§ 675 Abs 1, 670)[621]. Aufwendungen der eröffnenden Bank zu Gunsten einer bestätigenden Korrespondenzbank[622] sind nicht „erforderlich" im Sinne des § 670 und damit nicht ersatzfähig, wenn jene nicht akkreditivgerechte Dokumente aufgenommen hat[623]. Wenn die Bank sich weigert, an den Begünstigten zu zahlen, weil der Akkreditivauftraggeber dessen Anspruch aus dem Akkreditiv bestreitet, so muss er sowohl im Falle des Obsiegens als auch des Unterliegens die Kosten der Rechtsverfolgung der Bank als erforderliche Aufwendungen gemäß § 675 Abs 1, 670 tragen[624]. Keinen Ersatz der Kosten der Rechtsverfolgung kann die Bank als Aufwendungen verlangen, wenn der Auftraggeber den Anspruch des Begünstigten für gegeben hält, die Bank an den Begünstigten aber erst nach einer Verurteilung zahlt[625]. Ohne abweichende Vereinbarung schuldet der Auftraggeber zuvor als Deckung einen **Vorschuss** (§§ 675 Abs 1, 669)[626]. Eröffnet die Akkreditivbank das Akkreditiv, ohne dafür vom Akkreditivsteller einen Vorschuss erhalten zu haben, liegt im Verhältnis zu ihm eine **Kreditgewährung** in Form der „Kreditleihe"[627] vor. 144

i) **Akkreditivverhältnis zwischen Akkreditivbank und Begünstigtem**. Die **Eröffnung des Akkreditivs** besteht meistens in der Mitteilung der Akkreditivbank an den Begünstigten[628], sie wolle gegen die Vorlage der bestimmten Dokumente an ihn zahlen. Auf den Zugang der Annahmeerklärung des Begünstigten bei der Akkreditivbank wird verkehrstypisch verzichtet (§ 151 Satz 1). Dadurch entsteht nach herrschender Meinung[629] ein **abstraktes Schuldversprechen im Sinne des § 780**. Die Schriftform für das Schuldversprechen ist gem HGB §§ 350, 351 entbehrlich. In ERA 500 Art 9 Abs 1 a heißt es, das unwiderrufliche Akkreditiv begründe eine „feststehende Verpflichtung der eröffnenden Bank", sofern die vorgeschriebenen Dokumente vorgelegt werden und die sonstigen Akkreditiv-Bedingungen erfüllt sind. 145

aa) **„Grundsatz der Dokumentenstrenge"**. Die abstrakte **Verpflichtung** der Akkreditivbank gegenüber dem Begünstigten ist **durch die Vorlage akkreditivgemäßer Dokumente aufschiebend bedingt** (§ 158 Abs 1). Es gilt auch im Akkreditivverhältnis zwischen Akkreditivbank und Begünstigtem der **„Grundsatz der Dokumentenstrenge"**[630], der von der Rechtsprechung zwar in erster Linie für das Verhältnis zwischen der Akkreditivbank und ihrem Auftraggeber entwickelt worden ist[631], aber auch für die Entscheidung der Frage gilt, ob der Begünstigte von der Akkreditivbank Zahlung verlangen kann[632]. Maßgebend ist insoweit allein die formale Übereinstimmung der vorgelegten Dokumente mit den Akkreditivbedingungen[633]. An die vorzulegenden Dokumente sind strengste Anforderungen zu stellen. Die Akkreditivbank ist zur Zahlung nur ge- 146

620 Zahn, Zahlung und Zahlungssicherung im Außenhandel S 124.
621 BGH WM 1984, 1214, 1215 =NJW 1985, 550; LG Hamburg WM 1997, 258; Schütze, Das Dokumentenakkreditiv im Internationalen Handelsverkehr S 67 Rz 99.
622 S Rz 165 ff.
623 BGH WM 1984, 1214, 1215 = NJW 1985, 550.
624 BGH WM 1998, 1769 = WuB I H 2.-1.98 (von Westphalen); Schütze, Das Dokumentenakkreditiv im Internationalen Handelsverkehr S 68 Rz 101.
625 Schütze, Das Dokumentenakkreditiv im Internationalen Handelsverkehr S 68 Rz 102.
626 RGZ 102, 155; Schütze, Das Dokumentenakkreditiv im Internationalen Handelsverkehr S 68 Rz 103.
627 Dazu und insbes zur Sicherung dieser Kreditierung Liesecke, Festschr für Fischer, 1979, S 397, 406 f.
628 Zu Formen und Übermittlungswegen vgl Schütze, Das Dokumentenakkreditiv im Internationalen Handelsverkehr S 109 Rz 250 ff. Zur vorläufigen Unterrichtung des Begünstigten Schütze aaO S 106 Rz 238 ff.
629 BGHZ 60, 262, 264 = WM 1973, 483 = NJW 1973, 899; BGHZ 28, 129 = WM 1959, 25 = NJW 1959, 191; RGZ 144, 133; RGZ 106, 304, 307.
630 Schütze, Das Dokumentenakkreditiv im Internationalen Handelsverkehr S 151 Rz 372 ff.
631 S oben Rz 134.
632 BGH WM 1960, 38, 39; BGH WM 1958, 558; BGH WM 1958, 291, 292.
633 BGH WM 1970, 554, 555 = NJW 1970, 992; BGH WM 1960, 38, 40.

gen Vorlage von Dokumenten verpflichtet, die den Akkreditivbedingungen auf das Genaueste entsprechen (Grundsatz der Dokumentenstrenge). Es ist ein geradezu pedantischer Prüfungsmaßstab anzulegen[634]. Die Akkreditivbank kann die Einlösung nicht akkreditivgerechter Dokumente selbst dann verweigern, wenn der Auftraggeber selbst die Auszahlung als unbedenklich bezeichnet[635]. Sie erhält die Dokumente zunächst nur als Treuhänder des Begünstigten, um sie prüfen zu können, und ist **nicht befugt**, die **Dokumente an den Käufer** zwecks Besichtigung der Ware **weiterzuleiten**. Nimmt sie die Dokumente vorbehaltlos auf, verliert sie gegenüber dem Begünstigten das Recht, sich auf die mangelnde Akkreditivgemäßheit der Dokumente zu berufen[636]. Sie kann dann auch eine Auszahlung durch die Zahlstelle nicht mehr mit dieser Begründung beanstanden. Welche Leistungen des Begünstigten vom Akkreditiv gedeckt sind und über die deshalb die aufzunehmenden Handelsrechnungen ausgestellt sein müssen, entscheidet nach BGH[637] gem ERA 1974 Art 32 c (= ERA 400 Art 41 c = ERA 500 Art 37 c) die „Warenbeschreibung" des Akkreditivs auch dann, wenn es sich um Werk- und Dienstleistungen handelt.

147 Ist in einem nicht übertragbaren Akkreditiv die Bezeichnung des Begünstigten durch nachträgliche Vereinbarung abgeändert worden, so ist eine Handelsrechnung, die den Begünstigten anders als nunmehr vorgesehen bezeichnet, nicht akkreditivkonform[638]. Den Einwand, die Dokumente entsprächen nicht den Akkreditivbedingungen, kann die Akkreditivbank nach ERA Art 16 e (Fassung 1983) nicht mehr mit Erfolg geltend machen, wenn sie die vorgelegten Dokumente nicht alsbald beanstandet[639].

148 Der Grundsatz der Dokumentenstrenge soll keine Rolle spielen, wenn im Wege der Auslegung zu ermitteln ist, wer aufgrund der Akkreditiverklärung der Begünstigte sein soll[640]. Auch der BGH[641] geht davon aus, dass der Vertrag zwischen der Akkreditivbank und dem Begünstigten auslegungsfähig ist, wobei zunächst der Wortlaut maßgeblich ist, aber auch der erkennbare Sinn und Zweck zu berücksichtigen ist (§§ 133, 157). Als Grenze der Auslegungsfähigkeit kommen die Unabhängigkeit der Akkreditivverpflichtung und der Grundsatz der Dokumentenstrenge in Betracht. Das OLG Frankfurt/M[642] hat für die Auslegung auch auf das Grundgeschäft zurückgegriffen, was aber voraussetzt, dass das Grundgeschäft in der Akkreditivurkunde erwähnt wird[643]. Bei **Unstimmigkeiten in den Dokumenten** wird nicht selten zwischen dem Begünstigten und der Akkreditivbank ein **Dokumenten-Inkasso** vereinbart. In diesem Fall kommt auch in Frage, dass die Akkreditivbank **„unter Vorbehalt"** der Dokumentenbilligung durch den Akkreditivsteller **zahlt**[644].

149 Die Berufung auf den Grundsatz der Dokumentenstrenge ist grundsätzlich nicht treuwidrig. Die Akkreditivbank darf bzw muss von diesem Grundsatz nur dann abweichen, wenn sie ohne Zuziehung von Fachleuten völlig einwandfrei beurteilen kann, dass die festgestellten Abweichungen völlig unerheblich und für den Auftraggeber unschädlich sind. Sie hat sich auch insoweit nur mit den ihr vorgelegten Dokumenten zu befassen und ist nicht verpflichtet, weitere Ermittlungen anzustellen[645].

150 Die eröffnende Bank verlor das **Recht**, sich auf die **mangelnde Akkreditivgemäßheit der Dokumente** zu berufen, nicht dadurch, dass sie Abweichungen nicht, wie in ERA 1974 Art 8 e

634 München WM 1996, 2335 = RIW 1996, 1036 = WuB I H 2.-1.97 (Koller).
635 BGH WM 1964, 223. S dazu auch Rz 138.
636 BGH WM 1987, 977, 978 = RIW 1987, 705.
637 BGH WM 1987, 612 = NJW-RR 1987, 924 = WuB I H 2-3.87 (Eberding).
638 München WM 1996, 2335 = RIW 1996, 1036 = WuB I H 2.-1.97 (Koller).
639 BGHZ 132, 313 = ZIP 1996, 913 = WM 1996, 995 = NJW 1996, 1812 = WuB IV E. § 365 HGB 1.96 (Nielsen) = LM Nr 156 zu § 134 (Koller); vgl dazu EWiR 1996, 647 (Schütze).
640 Frankfurt/M WM 1988, 254, 255, 256 = RIW 1988, 133.
641 BGH WM 1994, 1063 = WuB I H 2.-3.94 (Schütze); dazu Eschmann RIW 1996, 913.
642 DZWIR 1997, 423 (mAnm Berger).
643 Schütze, Das Dokumentenakkreditiv im Internationalen Handelsverkehr S 162 Rz 400 ff.
644 Vgl Eberth WM 1983, 1302.
645 München WM 1996, 2335 = RIW 1996, 1036 = WuB I H 2.-1.97 (Koller).

vorgesehen, „drahtlich oder auf sonstigem schnellen Wege", sondern per Einschreiben mitteilte[646]. Der in ERA 1974 Art 8 f geregelte Rechtsverlust setzte im Übrigen eine Bezahlung des Akkreditivs nach dessen Fälligkeit durch die einreichende Bank vor der Beanstandung der Dokumente durch die eröffnende Bank voraus; eine Bevorschussung eines Akkreditivs mit hinausgeschobener Fälligkeit durch die Einreicherbank hatte diese Wirkung nicht. Beanstandete die eröffnende Bank die Dokumente vor Eintritt der Akkreditivfälligkeit, konnte sich die Zahlstelle nicht darauf berufen, die eröffnende Bank müsse die Vorschusszahlung als Zahlung auf das Akkreditiv im Sinne von ERA 1974 Art 8 f gegen sich gelten lassen[647]. Ob dies auch für ERA 400 Art 16 d und e gilt, hat der BGH[648] offen gelassen.

bb) **„Grundsatz der Fristenstrenge".** Das Schuldversprechen der Akkreditivbank ist bis zur Dokumentvorlage als Bedingungseintritt in der Regel außerdem **auflösend befristet** (§§ 163, 158 Abs 2); nach ERA 500 Art 42 (= ERA 400 Art 46 a) müssen Akkreditive ein **Verfalldatum** für die Dokumenten-Vorlage enthalten, das gleichfalls streng einzuhalten ist **(„Grundsatz der Fristenstrenge")**[649]. Hat die Akkreditivbank entgegen den Akkreditivbedingungen die Dokumente **nach Ablauf der Verfallsfrist** aufgenommen, kann darin die Vereinbarung eines **Inkassoauftrags** zu Gunsten des Begünstigten gesehen werden[650]. 151

cc) **Zahlungsmodalitäten**. Die **Zahlung der Akkreditivbank** erfolgt beim **Sichtzahlungs-Akkreditiv Zug-um-Zug** gegen die **Aufnahme**, also Vorlage und Anerkennung der Dokumente[651]. Damit ist eine Vorleistung des Käufers, nämlich vor Erhalt der Ware, verbunden. Beim **Akkreditiv mit hinausgeschobener Zahlung** (Nachsichtzahlungs-Akkreditiv; deferred-payment credit, vgl ERA 500 Art 10) findet keine Zug-um-Zug-Abwicklung statt, sondern die Fälligkeit ist auf einen Zeitpunkt nach Vorlage der Dokumente vereinbart, so dass der **Verkäufer dem Käufer kreditiert**[652]. Solche Akkreditive werden nicht selten durch die Akkreditivbank zu Gunsten des Verkäufers bevorschusst[653]. Bevorschusst die eingeschaltete Zahlstelle die noch nicht fällige Akkreditivforderung, gewährt sie dem Begünstigten in der Regel einen Zwischenkredit[654]. 152

dd) **Abstraktheit des Akkreditivs**. Die **Verpflichtung der Akkreditivbank** aus dem Akkreditiv gegenüber dem Begünstigten richtet sich ausschließlich **nach den Akkreditivbedingungen**. In **Anlehnung an § 784 Abs 1**[655] und aus dem Zweck des Akkreditivs folgt, dass die Akkreditivbank dem Begünstigten nur **solche Einwendungen** entgegenhalten kann, welche die **Gültigkeit des Akkreditivs** selbst betreffen oder die sich **aus seinem Inhalt** ergeben oder der Akkreditivbank **unmittelbar gegen den Begünstigten** zustehen. Die Akkreditivbank kann gegenüber dem Begünstigten folglich **keine Einwendungen aus dem Deckungsverhältnis zum Auftraggeber** geltend machen; insbesondere kann sie nicht einwenden, sie habe oder könne von dem Auftraggeber keine Deckung erhalten[656]. Das gilt auch, wenn über das Vermögen des Käufers das Insolvenzverfahren eröffnet worden ist[657]. Sie kann gegenüber dem Begünstigten auch **keine Einwendungen aus dem Valutaverhältnis** zwischen Auftraggeber und Begünstigtem herleiten[658]. Selbst berechtigte Einwendungen und Einreden aus dem Kausalverhältnis können dem Akkreditivbegünstigten grundsätzlich nicht entgegengehalten werden. Der Akkreditivauftraggeber ist vielmehr auf die Geltendmachung von Rückgewähransprüchen angewiesen[659]. 153

646 BGHZ 101, 84 = WM 1987, 977, 978 = NJW 1987, 2578.
647 BGHZ 101, 84 = WM 1987, 977, 978 = NJW 1987, 2578.
648 BGHZ 101, 84 = WM 1987, 977, 978 = NJW 1987, 2578.
649 SchweizBGE 87 II, 234.
650 BGH WM 1959, 970, 971.
651 Schütze, Das Dokumentenakkreditiv im Internationalen Handelsverkehr S 178 Rz 436.
652 BGHZ 101, 84 = WM 1987, 977 =NJW 1987, 2578.
653 Frankfurt/M WM 1981, 445, 446.
654 BGHZ 101, 84 = WM 1987, 977 = NJW 1987, 2578.
655 BGH WM 1955, 765, 767.
656 BGH WM 1958, 291.
657 Liesecke WM 1978 Sonderbeil 3 S 22.
658 BGHZ 60, 262, 264 = WM 1973, 483 = NJW 1975, 899.
659 München WM 1996, 2335 = WuB I H 2.-1.97 (Koller) = RIW 1996, 1036.

154 Das „Prinzip der Abstraktheit des Akkreditivs" ist ein tragender **Grundsatz** des für den internationalen Handelsverkehr entwickelten **Dokumenten-Akkreditivs**[660]. Nach ERA 500 Art 3 a sind Akkreditive „ihrer Natur nach von den Kauf- oder anderen Verträgen, auf denen sie beruhen können, getrennte Geschäfte". Ferner haben danach die Kreditinstitute „in keiner Hinsicht etwas mit solchen Verträgen zu tun und sind nicht durch sie gebunden, selbst wenn im Akkreditiv auf solche Verträge in irgendeiner Weise Bezug genommen wird". Die Unabhängigkeit vom Valutaverhältnis gilt nach BGH[661] **auch für ein Akkreditiv mit hinausgeschobener Zahlung** (deferredpayment). Die akkreditierende Bank kann dem Begünstigten auch dann keine Einwendungen aus dem Valutaverhältnis entgegenhalten, wenn der Akkreditivsteller ihr seine Ansprüche gegen den Begünstigten aus dem Valutaverhältnis abgetreten hat[662].

155 Eine Akkreditivbank darf über die Bestimmungen der ERA und über die Weisungen des Akkreditivstellers hinaus nicht dessen Interessen wahren und etwa die Auszahlung der Akkreditivsumme verweigern, weil dadurch außerhalb des Akkreditivs und seinen Bedingungen liegende und dort nicht berücksichtigte Belange des Akkreditivstellers beeinträchtigt werden könnten; denn das Akkreditiv ist vom Kausalgeschäft gelöst und soll die Erfüllung des Kaufpreises für den Verkäufer sicherstellen[663].

156 ee) **Einwand unzulässiger Rechtsausübung**. Mängel des Akkreditivauftrags im Deckungsverhältnis oder im Valutaverhältnis zwischen Auftraggeber und Begünstigtem berechtigen die **Akkreditivbank** auch **nicht zu einer Kondiktion gegenüber dem Begünstigten**[664]. Solche Mängel können allerdings den **Einwand unzulässiger Rechtsausübung** in dem Sinne begründen, dass die Geltendmachung des Anspruchs aus dem eröffneten Akkreditiv gegen Treu und Glauben verstößt oder rechtsmissbräuchlich erscheint. Nach Ansicht des BGH[665] setzt eine unzulässige Rechtsausübung voraus, dass der Begünstigte aus dem Akkreditiv vorgeht, obwohl für jedermann klar ersichtlich oder zumindest liquide beweisbar ist, dass ein Rechtsanspruch aus dem Kausalverhältnis nicht besteht[666]. Selbst schwere Mängel der Kaufsache reichen dafür nicht aus. Es muss offensichtlich sein, dass die Ware zur Vertragserfüllung ganz und gar ungeeignet ist[667]. Einer Bank ist es dann **nicht zuzumuten, ein arglistiges Verhalten des Akkreditivbegünstigten durch Auszahlung zu unterstützen**. Hierzu kann es häufig genügen, dass ein Mangel im Valutaverhältnis vorliegt, sofern er nur offenkundig ist: Gegen Treu und Glauben verstößt es nämlich, wenn der Begünstigte aus dem Akkreditiv Befriedigung sucht, obwohl sein Vergütungsanspruch aus dem Valutaverhältnis rechtskräftig abgewiesen worden ist[668] oder wenn dem Begünstigten aus dem Valutaverhältnis kein Kaufpreisanspruch zusteht, weil dieses offenkundig nichtig ist[669]. Hierunter fallen allerdings devisenrechtliche Beschränkungen des Zahlungsverkehrs nicht[670].

157 Die Abstraktheit der Akkreditivverpflichtung ist nur in besonderen Ausnahmefällen begrenzt, und zwar, wenn sich das Zahlungsbegehren des Akkreditivbegünstigten als **unzulässige Rechtsausübung** (§ 242) darstellt. Dabei ist ein strenger Maßstab anzulegen. Die Reibungslosigkeit des

660 BGH DB 1988, 2195 im Anschluss an BGHZ 101, 84 = WM 1987, 977, 978 = NJW 1987, 2578 unter Hinweis auf ERA 1974 Art 8 a; ERA 400 Art 3; Era 500 Art. 3 a; dazu Plagemann RIW 1987, 948 (Anm); Frankfurt/M WM 1981, 445.

661 BGHZ 101, 84 = WM 1987, 977, 978 = NJW 1987, 2578 unter Hinweis auf ERA 1974 Art 8 a; ERA 400 Art 3; ERA 500 Art 3 a.

662 BGHZ 60, 262, 264 = WM 1973, 483 = NJW 1975, 899; BGHZ 28, 129 = WM 1959, 25 = NJW 1959, 191; zust v Caemmerer JZ 1959, 362, 365; Frankfurt/M WM 1988, 254, 255, 256; ferner Erman, Festschr für Rittershausen, 1968, S 261 ff.

663 So Frankfurt/M WM 1978, 886, 887; zustimmend Leisse WM 1979, 88.

664 BGHZ 28, 129 = WM 1959, 25 = NJW 1959, 191; RGZ 166, 306; RGZ 119, 332; v Caemmerer JZ 1959, 362, 364.

665 BGHZ 132, 313 = WM 1996, 995 = NJW 1996, 1812, dazu EWiR 1996, 647 (Schütze); Schleswig WM 1980, 48, 50.

666 Schütze, Das Dokumentenakkreditiv im Internationalen Handelsverkehr S 174 ff Rz 427 ff.

667 BGHZ 101, 84 = WM 1987, 977, 978 = NJW 1987, 2578 mzahlrNachw.

668 BGH WM 1958, 729 = NJW 1958, 1088 = BB 1958, 541; Liesecke WM 1960, 202, 212; ferner BGH WM 1955, 765.

669 Schleswig WM 1980, 48, 50.

670 Liesecke WM 1960, 210 gegen RGZ 144, 133.

Akkreditivverkehrs und die Funktionsfähigkeit des Akkreditivs als wichtiges Instrument im internationalen Handel darf nicht gefährdet und der Grundsatz „erst zahlen, dann prozessieren" nicht aufgeweicht werden. Der Einwand unzulässiger Rechtsausübung greift deshalb nur durch, wenn der Begünstigte aus dem Akkreditiv vorgeht, obwohl für jedermann klar ersichtlich oder aber zumindest liquide beweisbar ist, dass ihm ein Zahlungsanspruch aus dem Kausalgeschäft nicht zusteht. Rechtliche oder tatsächliche Streitfragen, deren Beantwortung sich nicht von selbst ergibt, sind in einem eventuellen Rückforderungsprozess zwischen Akkreditivauftraggeber und -begünstigtem nach Bezahlung des Akkreditivs zu klären[671].

Die liquide Beweisbarkeit ergibt sich insbesondere aus einer gerichtlichen Entscheidung gegen **158** den Begünstigten, etwa einer einstweiligen Verfügung oder gar einem Urteil, das seine fehlende Berechtigung im Verhältnis zum Auftraggeber der Akkreditivbank feststellt. Das gilt auch dann, wenn der Zedent in Vermögensverfall geraten und der Klage oder der einstweiligen Verfügung nicht entgegengetreten ist[672].

Die Akkreditivbank kann die Erfüllung des Akkreditivs auch dann verweigern, wenn der Be- **159** günstigte offensichtlich in grober Weise deshalb gegen seine Verpflichtungen aus dem Valutaverhältnis verstößt[673], weil er eine offensichtlich zur Vertragserfüllung ganz ungeeignete Ware liefert[674]. Der Begünstigte verdient nämlich keinen Vertrauensschutz, wenn er versucht, die Leistung der Akkreditivbank unredlich zu erschleichen.

Wegen des Sicherungszwecks des Akkreditivs wird regelmäßig eine **einstweilige Verfügung**, **160** gerichtet auf Untersagung der Inanspruchnahme des Akkreditivs, als unzulässig angesehen[675]; dasselbe gilt für einen **Arrest** in den Anspruch aus dem eröffneten Akkreditiv[676]. Ob mit Rücksicht auf den Sicherungszweck und den internationalen Zahlungsverkehr eine **einstweilige Verfügung gegen die Akkreditivbank** auf Untersagung der Anzahlung generell nicht in Betracht kommt, ist fraglich[677]. Die Rechtsprechung beschränkt den einstweiligen Rechtsschutz auf seltene Ausnahmefälle, in denen ein offensichtlicher Rechtsmissbrauch mit illiquiden Beweismitteln nachweisbar ist oder der Antragsteller andernfalls gegenüber der Bank rechtlos bleiben würde[678]. Dies gilt auch bei einem Akkreditiv mit hinausgeschobener Zahlung (deferredpayment)[679].

j) **Übertragbarkeit des Akkreditivs, Abtretung des Zahlungsanspruchs**. – aa) **Über-** **161** **tragung des Akkreditivs**. Ein **Akkreditiv** kann als **übertragbar** eröffnet werden[680]. Einer Übertragung des Akkreditivs oder der Abtretung nur des Zahlungsanspruchs aus dem eröffneten Akkreditiv[681] kommt wirtschaftlich eine ähnliche Aufgabe zu wie einem sog Gegen- oder Unterakkreditiv („back to back"-Akkreditiv)[682]. Mit der Übertragbarkeit ist die Berechtigung des Begünstigten verbunden, die Akkreditivbank zu ersuchen, das Akkreditiv im Ganzen oder zum Teil einem Dritten oder mehreren Dritten (Zweitbegünstigten) verfügbar zu stellen (ERA 500

671 BGHZ 132, 313 = ZIP 1996, 913 = W 1996, 995 = WuB IV E. § 365 HGB 1.96 (Nielsen) = NJW 1996, 1812 = LM Nr 156 zu § 134 (Koller); vgl dazu EWiR 1996, 647 (Schütze); Frankfurt/M WM 1997, 609 = WuB I H 2.-3.97 (Nielsen); Frankfurt/M WM 1997, 1893 = WuB I H 2.-4.97 (Soehring) = RIW 1998, 477; Berger DZWIR 1997, 426.

672 Frankfurt/M WM 1997, 609 = WuB I H 2.-3.97 (Nielsen).

673 BGH WM 1955, 765.

674 BGH WM 1955, 765; RGZ 106, 304, 308.

675 LG Düsseldorf WM 1975, 67; OLG Düsseldorf RIW/AWD 1979, 568.

676 Aden RIW/AWD 1976, 678; Pilger RIW/AWD 1979, 588.

677 So Düsseldorf WM 1978, 359 = RIW-AWD 1979, 568; fraglich LG Aachen WM 1987, 499.

678 BGHZ 101, 84 = WM 1987, 977, 979 = NJW 1987, 2578; LG Aachen WM 1987, 499, wie LG Düsseldorf WM 1975, 67 bei betrügerischer Absicht eines dubiosen Gläubigers.

679 BGHZ 101, 84 = WM 1987, 977, 979 = NJW 1987, 2578.

680 Schütze, Das Dokumentenakkreditiv im Internationalen Handelsverkehr S 134 Rz 324 ff.

681 S Rz 163.

682 Schütze, Das Dokumentenakkreditiv im Internationalen Handelsverkehr S 146 Rz 356 ff; vgl auch Stauder AWD 1969, 385; Wassermann, Die Verwertung von Ansprüchen aus Dokumenten-Akkreditiven S 166 ff.

Art 48; zu ERA 1974 Nr 46[683]). Mit der Übertragbarkeit des Akkreditivs werden Bedürfnisse von Zwischenhändlern berücksichtigt[684]. Voraussetzung ist, dass es von der eröffnenden Bank ausdrücklich als „übertragbar" bezeichnet worden ist (ERA 500 Art 48). Eine solche Übertragung ist nach ERA 500 Art 48 g nur einmal zulässig[685]. Der Zweitbegünstigte erwirbt einen eigenen Zahlungsanspruch[686].

162 Durch die **Übertragung eines übertragbaren Akkreditivs** erwirbt der Zweitbegünstigte gemäß § 780 einen eigenständigen, unmittelbar in seiner Person begründeten Zahlungsanspruch[687]. Diesem kann die Akkreditivbank Einwendungen aus ihrem Verhältnis zum Erstbegünstigten überhaupt nicht und aus dem Kausalgeschäft grundsätzlich nicht entgegenhalten. Dies folgt aus § 784 Abs 1 Halbsatz 2 sowie aus der Rechtsnatur des Akkreditivs und seiner Übertragung als abstraktes Schuldversprechen[688].

163 bb) **Abtretung des Zahlungsanspruchs**. Von der Übertragung des Akkreditivs zu unterscheiden ist die **Abtretung des bedingten Zahlungsanspruchs** des Begünstigten aus dem eröffneten Akkreditiv[689]. Dieser Anspruch ist auch dann abtretbar, wenn das Akkreditiv selbst nicht als übertragbar im Sinne von ERA 500 Art 48 ausgestaltet ist (ERA 500 Art 49; ERA 1974 Art 47)[690]. Ist der Anspruch aus dem Akkreditiv als unabtretbar (§ 399) vereinbart, kann die Akkreditivbank sich auf die Unwirksamkeit der Abtretung auch dann berufen, wenn sie auf eine Abtretungsanzeige geschwiegen hat[691]. Eine vereinbarte Unabtretbarkeit schließt nicht aus, dass der Begünstigte einem Dritten eine Einzugsermächtigung erteilt[692]. Eine Vorausabtretung des Zahlungsanspruchs des Begünstigten aus dem Akkreditiv an die eröffnende Bank selbst führt zum Erlöschen des Anspruchs durch Konfusion[693].

164 Da der Anspruch auf Auskehrung des Akkreditiverlöses nach § 398 abgetreten werden kann, auch wenn das Akkreditiv selbst nicht übertragbar ist (ERA 500 Art 49), ist die Rechtsstellung des Zessionars damit abhängig von derjenigen des Zedenten. Der Zessionar erwirbt einen abgeleiteten und keinen eigenen abstrakten Anspruch gegen die Akkreditivbank[694].

165 k) **Interbankverhältnis zu Korrespondenzbanken.** Im grenzüberschreitenden Zahlungsverkehr schaltet die Akkreditivbank meistens eine zweite Bank als Korrespondenzbank – üblicherweise mit Sitz im Land des Begünstigten – bedingungsgemäß in die Abwicklung eines Akkreditivs ein[695]; nicht selten handelt es sich um die Hausbank des Verkäufers (Exporteurs)[696]. Das Rechtsverhältnis zwischen der Akkreditivbank und der Korrespondenzbank beruht auf einem formlosen Werkvertrag, der einen **Geschäftsbesorgungsvertrag** zum Gegenstand hat (§§ 675 Abs 1, 631) und der je nach der zu übernehmenden Aufgabe als Avisbank, Zahlstelle oder bestätigende Bank einen verschiedenen Inhalt hat[697]. Durch die Einschaltung einer zweiten Bank als Korrespondenz-

683 S Düsseldorf WM 1976, 115, 118; dazu Wassermann, Die Verwertung von Ansprüchen aus Dokumenten-Akkreditiven S 152.
684 IE Wassermann, Die Verwertung von Ansprüchen aus Dokumenten-Akkreditiven S 43 f.
685 Nielsen WM 1994, Sonderbeil 2 S 21.
686 BGH WM 1996, 995 = RIW 1996, 1036.
687 Zur Änderung des Begünstigten München WM 1996, 2335 = RIW 1996, 1036.
688 BGHZ 132, 313 = ZIP 1996, 913 = WM 1996, 995 = WuB IV E. § 365 HGB 1.96 (Nielsen) = NJW 1996, 1812 = LM Nr 156 zu § 134 (Koller); vgl dazu EWiR 1996, 647 (Schütze).
689 Schütze, Das Dokumentenakkreditiv im Internationalen Handelsverkehr S 142 Rz 344 ff.
690 LG Frankfurt/M WM 1976, 515, 519; Wassermann, Die Verwertung von Ansprüchen aus Dokumenten-Akkreditiven S 158 ff; zur früheren Rechtslage Schütz BB 1964, 322; Nielsen DB 1964, 1727; Baumhöfener WM 1969, 1462.
691 Vgl BGH WM 1959, 970.
692 BGH WM 1958, 133.
693 Frankfurt/M WM 1992, 569 = DB 1992, 628 = RIW 1992, 315.
694 Frankfurt/M WM 1997, 609 = WuB I H 2.-3.97 (Nielsen).
695 Nach ÖstOGH ÖBA 2002, 316, 317 „gängige Praxis".
696 Schütze, Das Dokumentenakkreditiv im Internationalen Handelsverkehr S 117 Rz 270; Nielsen WM 1985, 149, 150 f; Gutzwiller, Bemerkungen zum Verhältnis zwischen Akkreditivbank und Korrespondenzbank, SchwJZ 1984, 157; Schmidt-Dencker, Die Korrespondenzbank im Außenhandel, Diss Hamburg I 1982.
697 Zur Rechtslage in Österreich ÖstOGH ÖBA 2002, 316, 317.

bank entsteht **kein unmittelbares Rechtsverhältnis zwischen dem Akkreditivsteller und dieser zweiten Bank**[698]. Deshalb sind bei zu vertretenden Pflichtverletzungen der Korrespondenzbank und einem Schaden des Akkreditivstellers zu seinen Gunsten – wie allgemein in Fällen sog mittelbarer Stellvertretung – die Grundsätze der **Schadensliquidation im Drittinteresse** anzuwenden, dh die Akkreditivbank ist berechtigt, den Schaden des Akkreditivstellers gegenüber der Korrespondenzbank geltend zu machen (vgl AGB der Banken Nr 9 aF)[699]. Dieser Weg verdient gegenüber unmittelbaren Schutzpflichten der Zweitbank zu Gunsten des Akkreditivstellers auch im Interesse der Akkreditivbank den Vorzug[700]. Die Zweitbank ist im Verhältnis zum Akkreditivsteller Erfüllungsgehilfe der Akkreditivbank[701].

aa) **Avisbank**. Das weitere Kreditinstitut kann von der Akkreditivbank als sog **Avisbank** beauftragt werden[702]. In diesem Fall erstreckt sich ihre geschäftsbesorgungsrechtliche Pflicht auf die technische Durchführung. Nach ERA 400 Art 8; ERA Art 7 a hat sie ohne eigene Verbindlichkeit den Begünstigten von der Akkreditiveröffnung zu unterrichten (zu avisieren)[703], die Dokumente entgegenzunehmen und deren augenscheinliche Echtheit mit angemessener Sorgfalt zu überprüfen sowie an die Akkreditivbank weiterzuleiten, ferner die Zahlung von der Akkreditivbank entgegenzunehmen und an den Begünstigten weiterzuleiten. Ein Rechtsverhältnis zu dem Begünstigten entsteht dadurch nicht[704]. Das Akkreditiv ist also meistens gleichzeitig bei ihr „zahlbar" gestellt; bestätigt sie außerdem gegenüber dem Begünstigten auftrags der Akkreditivbank das unwiderrufliche Akkreditiv, übernimmt sie als bestätigende Bank gegenüber dem Begünstigten eine weitere abstrakte Verbindlichkeit (§ 780) und haftet neben der Akkreditivbank als Gesamtschuldnerin (§ 421)[705]. 166

bb) **Zahlstelle**. Während das nicht bestätigte Dokumentenakkreditiv grundsätzlich bei der eröffnenden Bank zahlbar ist[706], kann der Käufer aus der Akkreditivklausel verpflichtet sein, ein im Land des Begünstigten zahlbares Akkreditiv zu bestellen. Der von der Akkreditivbank als **Zahlstelle**[707] beauftragten Korrespondenzbank kommt dann gem ERA Art 10 b die Aufgabe zu, den Akkreditivbetrag Zug um Zug gegen die Dokumente auszuzahlen[708]. Sie handelt aufgrund eines Werkvertrags mit Geschäftsbesorgungscharakter (§§ 675 Abs 1, 631) im Verhältnis zur Akkreditivbank[709]. Im Verhältnis zum Akkreditivauftraggeber ist sie Erfüllungsgehilfin der Akkreditivbank[710] oder auch einer Bestätigungsbank[711] und hat die vorgelegten Dokumente auf ihren Einklang mit den Akkreditivbedingungen zu prüfen[712]. Nach anderer Auffassung[713] soll die Korrespondenzbank als Zahlstelle Substitut der Akkreditivbank im Sinne des § 664 sein. Dem Begünstigten stehen gegen sie keine eigenen Ansprüche zu[714]. Die Vereinbarung einer Zahlstelle hat deshalb auch keinen Einfluss auf den Erfüllungsort für die Akkreditivverbindlichkeit[715]. Zahlt die Zahlstelle an den Be- 167

698 Frankfurt/M WM 1988, 214, 215; Düsseldorf WM 1978, 359, 360; RGZ 106, 126; RGZ 105, 48, 50; Liesecke WM 1966, 458, 463.
699 Hadding, Festschr für W Werner, 1984, S 165, 176, 192, 199: insbes gegen Schutzpflichten der Korrespondenzbank zu Gunsten des Akkreditivstellers; Schönle, Bank- und BörsenR, 1976[2], S 124.
700 Unklar insoweit Düsseldorf WM 1978, 359, 360.
701 Frankfurt/M WM 1988, 214, 215; Schütze, Das Dokumentenakkreditiv im Internationalen Handelsverkehr S 117 Rz 269 ff; ders DB 1987, 2189.
702 Dazu Schütze, Das Dokumentenakkreditiv im Internationalen Handelsverkehr S 116 Rz 266 ff, ders DB 1987, 2189.
703 ÖstOGH ÖBA 2002, 316, 317.
704 Schütze, Das Dokumentenakkreditiv im Internationalen Handelsverkehr S 119 Rz 274 ff.
705 BGH WM 1984, 1214, 1215 = NJW 1985, 550.
706 Dazu Eisemann AWD/BB 1961, 180.
707 Zu Rechtsfragen der Zahlstelle beim Akkreditivgeschäft vgl Schütze RIW 1988, 343.
708 ÖstOGH ÖBA 2002, 316, 317.
709 Schütze, Das Dokumentenakkreditiv im Internationalen Handelsverkehr S 128 Rz 303.
710 Schütze, Das Dokumentenakkreditiv im Internationalen Handelsverkehr S 127 Rz 300, S 128 Rz 301.
711 Zweifelnd Nielsen WM 1985, 152.
712 BGH WM 1958, 1542, 1543.
713 Von Westphalen, Rechtsprobleme S 255; von Gablenz, Die Haftung der Banken bei Einschaltung Dritter, 1983, S 280.
714 BGH WM 1960, 38. Für Schutzpflichten, deren Verletzung zu Schadensersatzansprüchen führen, demgegenüber Schütze, Das Dokumentenakkreditiv im Internationalen Handelsverkehr S 129 Rz 310.
715 Zahn, Festschr für Pleyer, 1986, S 37; dazu auch Steindorff, Festschr für v Caemmerer, 1978, S 761, 780.

günstigten, ohne dass dafür eine Weisung der eröffnenden Bank vorlag, steht der Zahlstelle gegen den Begünstigten ein Bereicherungsanspruch zu[716].

168 **Bevorschusst die Zahlstelle** ein Akkreditiv mit hinausgeschobener Zahlung, ist der Zahlungsauftrag, den ihr die Akkreditivbank erteilt hat, erst mit der in solchem Falle **üblichen Verrechnung des Vorschusses** mit der Akkreditivforderung am Tag der Fälligkeit erfüllt[717]. Erst dann entsteht der Aufwendungsersatzanspruch der Zahlstelle gegen die Akkreditivbank (§§ 675 Abs 1, 670).

169 cc) **Bestätigende Bank**. Übernimmt es die Korrespondenzbank, das Akkreditiv auftragsgemäß gegenüber dem Begünstigten zu **bestätigen**, übernimmt sie ein eigenes abstraktes Schuldversprechen gemäß § 780 in Höhe des Akkreditivbetrags, wenn akkreditiv-gerechte Dokumente vorgelegt werden (ERA 500 Art 9 b; ERA 400 Art 10 b)[718]. Dieses Schuldversprechen hat den gleichen Inhalt wie das Schuldversprechen der Akkreditivbank[719]. Eröffnende und bestätigende Bank sind Gesamtschuldner des Begünstigten (§ 421)[720]. Auch in dem (Geschäftsbesorgungs-)Verhältnis zwischen der Akkreditivbank und der bestätigenden Bank zueinander gilt der Grundsatz der Dokumentenstrenge[721], so dass die bestätigende Bank nur dann einen Erstattungsanspruch gegen die eröffnende hat (§§ 675 Abs 1, 670), wenn die aufgenommenen Dokumente den Akkreditivbedingungen voll entsprechen[722].

170 Die Bestätigungsbank ist anders als die Zahlstelle und die Avisbank nicht Erfüllungsgehilfin (§ 278) der Akkreditivbank, sondern ihre Unterbeauftragte (Substitut) im Sinne des § 664[723]. Deshalb entsteht ein Rechtsverhältnis zu dem Akkreditivauftraggeber[724]. Sie übernimmt die Pflichten aus dem geschäftsbesorgungsrechtlichen Werkvertrag, der dem Akkreditivauftrag zu Grunde liegt.

171 dd) **Remboursbank**. Die Akkreditivbank kann sich zur Erfüllung des einer Korrespondenzbank geschuldeten Aufwendungsersatzes (Rembours) einer weiteren Bank (Remboursbank) bedienen[725].

172 ee) **Verhältnis zwischen der die Dokumente einreichenden Bank und dem Akkreditivbegünstigten**. Die Übergabe der Dokumente an die Hausbank zur Weiterleitung an die Akkreditivbank stellt keine Abtretungserklärung dar, sondern nur eine Ermächtigung der Hausbank, Zahlung der Akkreditivsumme zu verlangen. Leistet die Akkreditivbank keine Zahlung, kann der Akkreditivbegünstigte deshalb seine Rechte aus dem Akkreditiv selbst wahrnehmen und Zahlung an sich verlangen[726].

5. (Universal-)Kreditkarten

Schrifttum: Custodis, Das Kreditkartenverfahren, 1970; Stauder/Weisensee, Das Kreditkartengeschäft, 1970; Weisensee, Die Kreditkarte – ein amerikanisches Phänomen, 1972; Zahrnt, Die Kreditkarte unter privatrechtlichen Gesichtspunkten, NJW 1972, 1077; Pütthoff, Die Kreditkarte in rechtsvergleichender Sicht Deutschland – USA, 1974; Schönle, Bank- und Börsenrecht, 1976²; Canaris, Bankvertragsrecht, 1981², Rz 1622 ff; Beck, Einwendungen bei eurocheque und Kreditkarte, 1986; Bichler, Rechtliche Aspekte des Kreditkartengeschäfts, ÖBA 1986, 594; Hadding, Zahlung mittels

716 Nach LG Wiesbaden ZIP 1982, 307.
717 BGHZ 101, 84 = WM 1987, 977 = NJW 1987, 2578.
718 BGH WM 1987, 612 = NJW-RR 1987, 924 = WuB I H 2-3.87 (Eberding). BGHZ 28, 129 = WM 1959, 25 = NJW 1959, 191 (mzustAnm v Caemmerer JZ 1959, 361); BGH WM 1958, 292; BGH WM 1955, 767; Schütze, Das Dokumentenakkreditiv im Internationalen Handelsverkehr S 124 Rz 287 ff.
719 S Rz 114 und 153.
720 ÖstOGH ÖBA 2002, 316, 317; BGH WM 1984, 1214, 1215 = NJW 1985, 550.
721 S Rz 146.
722 BGH WM 1984, 1214, 1215 = NJW 1985, 550.
723 Schütze, Das Dokumentenakkreditiv im Internationalen Handelsverkehr S 121 Rz 281.
724 Schütze, Das Dokumentenakkreditiv im Internationalen Handelsverkehr S 122 Rz 282.
725 Vgl dazu Schütze, Das Dokumentenakkreditiv im Internationalen Handelsverkehr S 130 f Rz 315 f.
726 Frankfurt/M WM 1996, 58 = WuB I H 2.-2.96 (Dach).

Universalkreditkarte, in: Festschr für Pleyer, 1986, S 17; Weller, Das Kreditkartenverfahren, 1986 (Bespr Hadding WM 1987, 1570); Eckert, Zivilrechtliche Fragen des Kreditkartenverfahrens, WM 1987, 161; Fervers, Die Haftung der Banken bei automatisierten Zahlungsvorgängen, WM 1988, 1037; Deider, Mißbrauch von Scheckkarte und Kreditkarte durch den berechtigten Karteninhaber, 1989; Hammann, Die Universalkreditkarte, 1989; Hammann/Stoltenberg, Sind Kreditkartengeschäfte Bankgeschäfte?, ZfK 1989, 617 u 664; Dorner, Das Kreditkartengeschäft, 1991; Etzkorn, Allgemeine Geschäftsbedingungen für Inhaber von Kreditkarten, WM 1991, 1901; Metz, Aktuelle Rechtsfragen der Kreditkartenpraxis, NJW 1991, 2804; Martinek, Moderne Vertragstypen, Bd III, 1993; Sandkühler, Bankrecht, 1993^{2}; Häde, Die Zahlung mit Kredit- und Scheckkarten, ZBB 1994, 33; Bröcker, Funktion und Begründung des abstrakten Schuldversprechens bei Giroüberweisung, Kreditkartengeschäft und POS-System, WM 1995, 468; Horn, Die Kreditkarte im europäischen Gemeinschaftsrecht und in der deutschen Rechtsprechung, ZBB 1995, 273; Bitter, Kreditkarten: Risikoverteilung bei Mängeln des Valutaverhältnisses, ZBB 1996, 104; Staud/Horn, 1997^{13}, Vorbem zu §§ 765 ff; Meder, Die Kreditkartenzahlung als Anweisungsgeschäft, AcP 198 (1998), 72; Einsele, Der bargeldslose Zahlungsverkehr – Anwendungsfall des Garantievertrags oder abstrakten Schuldversprechens?, WM 1999, 1801; Heymann/Horn HGB 1999^{2}, Anh § 372 Rz 144; Wolf/Horn/Lindacher, AGB-Gesetz, 1999^{4}, § 9 Rz K 51, 64; Freitag, Rechtsprobleme bei der Rückabwicklung von Kreditkartengeschäften, WM 2000, 2185; Kienholz, Die Zahlung mit der Kreditkarte in Nah- und Fernabsatz, 2000; Meder, Die Haftung im beleglosen Fernabsatz-Kreditkartengeschäft, NJW 2000, 2076; ders, Kreditkartenmissbrauch: Die Verteilung des Haftungsrisikos im Telephon-Order-, Mail-Order- und Internet-Verfahren; ZBB 2000, 89; Oechsler, Grundprobleme der Zivilrechtsdogmatik des Kreditkartengeschäfts, WM 2000, 1613; Martinek/Oechsler, Das Kreditkartengeschäft, in: Schimansky/Bunte/Lwowski (Hrsg), Bankrechts-Handbuch, Bd I, 2001^{2}, §§ 67, 68; Freitag, Vom Forderungskauf zum abstrakten Schuldanerkenntnis und die Verteilung des Missbrauchsrisikos im Kreditkartengeschäft, ZBB 2002, 322; Härting, Kreditkartenzahlung – Kehrtwende in der BGH-Rechtsprechung, MDR 2002, 913; Meder, Kreditkartenmissbrauch im Fernabsatz, NJW 2002, 2215; ders, Kritische Präjudizientreue im Anschluss an die neue BGH-Rechtsprechung zum Kreditkartenmißbrauch im Fernabsatz, ZIP 2002, 2112; Barnert, Kreditkartengeschäft und AGB-Kontolle, WM 2003, 1153; Schnauder, Risikozuordnung bei unbefugter Kreditkartenzahlung, NJW 2003, 849; Schwintowski/Schäfer, Bankrecht, 2003^{2}, § 13; Steiner, Kreditkartenzahlung im Internet, Jura 2003, 627; Blaurock, Kreditkartengeschäft, in: Derleder/Knops/Bamberger (Hrsg), Handbuch zum deutschen und europäischen Bankrecht, 2004, § 43; Kümpel, Bank- und Kapitalmarktrecht, 2004^{3}.

173 Bei den zunehmend Verbreitung findenden **(Universal-)Kreditkarten** nach dem Dreiparteien-System[727] wird der im Rahmenvertrag regelmäßig vereinbarte **Anspruch des Vertragsunternehmens** (Gläubiger im Valutaverhältnis) **gegen den Kartenherausgeber** auf Ausgleich der Forderungen gegen den Karteninhaber (Schuldner im Valutaverhältnis) im Schrifttum auf ein **abstraktes Schuldversprechen** (§ 780) gestützt[728]. Der BGH[729] legte dieses Verhältnis des Vertragsunternehmens zum Kartenherausgeber aufgrund der Formulargestaltung ursprünglich als **Forderungskauf** aus. Nunmehr geht der BGH[730] davon aus, dass mit der Unterzeichnung des Belastungsbelegs durch den Karteninhaber das Vertragsunternehmen ein abstraktes Zahlungsversprechen im Sinne des § 780 erlangt. Andere gehen von einer **Schuldübernahme** nach § 414[731] oder einem **Schuldbeitritt**[732] oder einem **Vertrag sui generis**[733] aus. Zum Teil soll die rechtliche

727 S oben § 329 Rz 11 ff.

728 Hadding, Festschr für Pleyer S 17, 31 f; Pfeiffer, Kreditkartenvertrag, in: v Westphalen (Hrsg), Vertragsrecht und AGB-Klauselwerke, 1995, Rz 20 f; Martinek, Moderne Vertragstypen Bd III, § 23 III 1, S 98; Martinek/Oechsler, in: Bankrechts-Hdb § 67 Rz 66; Hammann, Die Universalkreditkarte S 59; Canaris, BankvertragsR Rz 1626; Pütthoff, Die Kreditkarte in rechtsvergleichender Sicht Deutschland – USA S 162 ff; Bröcker WM 1995, 468, 475; Einsele WM 1999, 1801, 1804; Meder AcP 198 (1998), 99.

729 BGH WM 1990, 1059, 1060 = WuB I D 5.-5.90 (Hadding) = NJW 1990, 2880, 2882; ebenso Eckert WM 1987, 161, 162; Schönle, Bank- und BörsenR § 29 I 2 a, S 344; Schwintowski/Schäfer, BankR § 13 Rz 26 – der Ausschluss des § 404 sei mit dem Leitbild des Forderungskaufs zu vereinbaren.

730 BGHZ 152, 75 = WM 2002, 2195 = WuB I D 5 a. – 2.03 (Hellner); BGH WM 2004, 1130 = NJW-RR 2004, 1122; BGH WM 2004, 1031 = NJW-RR 2004, 1124.

731 Böttger, Praxis und Recht des Kreditkartenverfahrens, S 22.

732 Avancini ZfRV 1969, 121, 129; Pütthoff, Die Kreditkarte in rechtsvergleichender Sicht Deutschland – USA S 146.

733 Weller, Das Kreditkartenverfahren S 103; Bichler ÖBA 1986, 602.

Qualifikation der Zahlungszusage des Kartenherausgebers auch von den vertraglichen Vereinbarungen im Einzelfall abhängig sein[734].

174 Die formularvertragliche Gestaltung als Forderungskauf ist zum Vorteil des Kartenemittenten wohl gewählt worden, um ein Bankgeschäft im Sinne des KWG zu vermeiden, da der Forderungskauf nicht dazu zählt. Wegen KWG § 1 Nr 8 wollte man eine Garantieübernahme vermeiden[735]. Diese Interessenlage kann jedoch noch nicht dazu führen, dass auch tatsächlich ein Forderungskauf vorliegt. Regelmäßig verpflichtet sich nämlich das Vertragsunternehmen gegenüber dem Kartenherausgeber, den infrage stehenden Betrag zu erstatten, wenn der Karteninhaber sich weigert, die Forderung des Vertragunternehmens zu begleichen[736]. Der Kartenemittent will die Forderung letztlich gerade nicht kaufen. In den Vertragsbedingungen zwischen Kartenausgeber und Karteninhaber wird § 404 ausgeschlossen. Die Zahlungsverpflichtung des Emittenten gegenüber dem Vertragsunternehmen soll auch dann bestehen, wenn dieses überhaupt keine Forderung gegen den Karteninhaber hatte, Letzterer aber einer Zahlung nicht widerspricht[737]. Das Vertragsunternehmen will auch nicht nach §§ 453, 434 (§ 437 aF) für den Bestand der Forderung haften[738]. Außerdem würde es durch Abtretung der Forderung an den Kartenherausgeber das Risiko von dessen Insolvenz eingehen, ohne auf den Karteninhaber zugreifen zu können, was nicht interessengerecht ist[739]. Es liegt eine so starke Abweichung vom Leitbild des Forderungskaufs vor, dass von einem solchen nicht mehr gesprochen werden kann[740]. Der Kartenherausgeber benötigt die Forderung des Vertragsunternehmens nicht, um gegen den Karteninhaber vorzugehen, da ihm gegen diesen ein Aufwendungsersatzanspruch nach §§ 675 Abs 1, 670 zusteht[741]. Die von den Parteien abweichend gewählte Bezeichnung ist dann nicht maßgebend, wenn die getroffenen Abreden nach ihrem Inhalt eine andere rechtliche Qualifizierung ergeben[742].

175 Ob mit der **Unterzeichnung der Belastungsbelege** durch den Kreditkarteninhaber ein Schuldanerkenntnis gegenüber dem Vertragsunternehmen zustande kommt[743], hat der BGH[744] abschließend entschieden[745] und geht zutreffend von einem abstrakten Schuldversprechen des Kartenemittenten aus; denn er übernimmt keine subsidiäre Leistungspflicht, sondern soll primär gegenüber dem Vertragsunternehmen zur Leistung verpflichtet sein.[746] Ein **Garantievertrag** (§ 305) ist deshalb abzulehnen[747]. Die Rechtslage ähnelt derjenigen bei der Zahlung mittels Dokumentenakkreditivs[748]. Die Zahlungspflicht des Kartenemittenten gegenüber dem Vertragsunternehmen ist rechtlich selbstständig und nicht von Einwendungen aus dem Valutaverhältnis

734 LG Berlin NJW 1986, 1939 = WM 1986, 1469–1472; Sandkühler, BankR S 130; Wolf, in: Wolf/Horn/Lindacher AGB-Ges § 9 Rz K 51, 64; Baumbach/Hopt HGB (7) BankGesch Rz F/12; Häde ZBB 1994, 37; Etzkorn WM 1991, 1901, 1903.

735 Kümpel, Bank- und KapitalmarktR Rz 4.1055; Martinek, in: Bankrechts-Hdb § 67 Rz 67 f.

736 Hadding, Festschr für Pleyer S 28, 29.

737 Hadding, Festschr für Pleyer S 17, 29; Hammann/Stoltenberg Kreditwesen 1989, 620; Schönle, Bank- u BörsenR § 29 I 2. a).

738 Bröker WM 1995, 475.

739 Hammann/Stoltenberg Kreditwesen 1989, 620.

740 LG Düsseldorf WM 1984, 990, 992 = NJW 1984, 2475; Weller, Das Kreditkartenverfahren S 96 f; Stauder/Weisensee, Das Kreditkartengeschäft 1970, S 78.

741 So zutreffend Einsele WM 1801, 1802; Hammann/Stoltenberg Kreditwesen 1989, 620.

742 Hadding, Festschr für Pleyer S 17, 28; Bitter ZBB 1996, 117.

743 Vgl LG Berlin WM 1986, 1469 = NJW 1986, 1939.

744 BGHZ 152, 75, 80 = WM 2002, 2195; unentschieden noch BGH WM 1987, 692 = ZIP 1987, 519, 520 mweit Nachw.

745 Dafür auch Eckert WM 1987, 161, 167.

746 Zutreffend Bröker WM 1995, 475; Hadding, Festschr für Pleyer S 17, 31; Weller, Das Kreditkartenverfahren S 101; Hammann, Die Universalkreditkarte S 47; Martinek, Moderne Vertragstypen § 23, S 98; Bichler ÖBA 1986, 601; Custodis, Das Kreditkartenverfahren S 110; Einsele NJW 1999, 1810; Reiser WM 1989 Sonderbeil 3 S 8; Hammann/Stoltenberg Kreditwesen 1989, 664.

747 AM Kümpel, Bank- und KapitalmarktR Rz 4.1042; Bitter ZBB 1996, 119; Staud/Horn Rz 419 vor § 765; Heymann/Horn HGB Anh § 372 Rz 144; Zahrnt NJW 1972, 1079; Bichler ÖBA 1986, 594, 599; Beck, Einwendungen bei eurocheque und Kreditkarte S 17; Horn ZBB 1995, 277; Schönle, Bank- u BörsenR § 29 I 2. a).

748 S dazu Rz 108. Hadding, Festschr für Pleyer S 17, 32; Zahrnt NJW 1972, 1078; Custodis, Das Kreditkartenverfahren S 106; ablehnend Bitter ZBB 1996, 119.

zwischen dem Vertragsunternehmen und dem Kartenemittenten abhängig[749]. Diese Zahlungspflicht steht daher auf gleicher Stufe mit der Verpflichtung des Karteninhabers, die Forderungen des Vertragsunternehmens zu befriedigen[750]. Der Umstand, dass der Kartenherausgeber zeitlich vor dem Karteninhaber zahlt, spricht ebenfalls für ein abstraktes Schuldversprechen[751]; denn es kommt deshalb gar nicht erst zu einem Garantiefall. Bei einer Qualifikation der Zahlungsverpflichtung des Kartenherausgebers als Schuldversprechen besteht keine Bereicherungseinrede (§ 821) oder ein Anspruch wegen ungerechtfertigter Bereicherung (§§ 812 Abs 1 Satz 1 iVm Absatz 2) gegen das Vertragsunternehmen[752], wenn das Valutaverhältnis des Vertragunternehmens zu dem Karteninhaber fehlerhaft ist; denn der Rechtsgrund des Versprechens des Kartenherausgebers liegt in seinem Rechtsverhältnis zum Vertragsunternehmen[753]. Schließlich ist auch zu berücksichtigen, dass die Zahlung mittels Kreditkarte erfüllungshalber (§ 364 Abs 2) erfolgt[754], dh das Vertragsunternehmen muss zunächst gegen den Kartenherausgeber vorgehen.

Wie es zu der vertraglichen Verpflichtung des Kartenemittenten gegenüber dem Vertrags- **176**
unternehmen im einzelnen Fall kommt, wird unterschiedlich begründet. Teilweise wird ein **Rahmenvertrag** angenommen, der unter der aufschiebenden Bedingung der Einreichung einwandfrei ausgefüllter und vom Karteninhaber unterschriebener Belastungsbelege stehe[755]. *Canaris* befürwortet ein **antizipiertes** globales abstraktes Schuldversprechen[756]. Überzeugend scheint ein Vertragsschluss durch den Karteninhaber als Stellvertreter des Kartenherausgebers[757], wobei der Kartenherausgeber gegenüber den Vertragsunternehmen eine Außenvollmacht gem § 167 Abs 1 Alternative 2 für jeden berechtigten Karteninhaber erteilt. Es liegt nahe, das Zustandekommen der Emittentenhaftung hier nicht anders zu begründen als bei der ehemaligen Euroscheckzahlung, bei der die herrschende Meinung den Aussteller eines Euroschecks zugleich als Stellvertreter der Bank ansah[758]. Das **Angebot** zum Vertragsschluss gibt der Karteninhaber als Vertreter des Kartenherausgebers durch Unterzeichnung des durch das Vertragsunternehmen erstellten Belastungsbelegs ab[759]. Diese Unterschriftsleistung enthält zugleich die konkludente Weisung des Karteninhabers (§§ 675 Abs 1, 665) an den Kartenherausgeber zur Zahlung an das Vertragsunternehmen[760], die dieses als Bote des Karteninhabers dem Kartenherausgeber übermittelt[761]. Durch die Vorlage der Kreditkarte legitimiert sich der Karteninhaber als Vertreter des Kartenemittenten (§ 164)[762]. Die Kreditkarte hat also eine ähnliche Wirkung wie eine nach § 172 erteilte Vollmachtsurkunde. Das Vertragsunternehmen nimmt dieses Angebot stillschweigend durch Akzeptanz der Kreditkarte an.

6. Saldoanerkenntnis, insbesondere im Kontokorrentverhältnis

Neueres Schrifttum: Pikart, Die neuere Rechtsprechung des Bundesgerichtshofs zum Kontokorrentvertrag, WM 1970, 866; Blaurock, Das Anerkenntnis beim Kontokorrent, NJW 1971, 2206; Canaris, Die Verrechnung beim Kontokorrent, Betr 1972, 421, 469; ders, Funktionen und Rechtsnatur des

749 So auch Kümpel, Bank- und KapitalmarktR Rz 4.1034; Staud/Horn Rz 419 vor § 765; Hammann/Stoltenberg Kreditwesen 1989, 665; zum Sonderfall des sittenwidrigen Vertrages im Valutaverhältnis (Animierlokal) LG Berlin NJW 1986, 1939 = WM 1986, 1469–1472.
750 Anders Kümpel, Bank- und KapitalmarktR Rz 4.951.
751 So Hammann, Die Universalkreditkarte S 47.
752 Beck, Einwendungen bei eurocheque und Kreditkarte S 17.
753 Hadding, Festschr für Pleyer S 17, 33; vgl auch Bitter ZBB 1996, 118 und Hammann, Die Universalkreditkarte S 61; Hammann/Stoltenberg Kreditwesen 1989, 666; aM Zahrnt NJW 1972, 1077, 1079.
754 Pal/Heinrichs § 364 Rz 7.
755 Hadding, Festschr Pleyer S 17, 32.
756 Canaris, BankvertragsR Rz 1626, 1649.
757 Kümpel, Bank- und KapitalmarktR Rz 4.1051; Bröker WM 1995, 476; Heymann/Horn HGB Anh § 372 Rz 144.
758 S § 675 Rz 345.
759 Kümpel, Bank- und KapitalmarktR Rz 4.953; Heymann/Horn HGB Anh § 372 Rz 144.
760 Zur Qualifizierung des Kreditkartenverhältnisses zwischen dem kartenausgebenden Unternehmen und dem Karteninhaber (Deckungsverhältnis) als entgeltlicher Geschäftsbesorgung vgl BGH WM 1984, 1213 = NJW 1984, 2460; Karlsruhe WM 1991, 184, 187.
761 Martinek/Oechsler, Bankrechts-Hdb § 67 Rz 11; Hammann/Stoltenberg Kreditwesen 1989, 618.
762 Kümpel, Bank- und KapitalmarktR Rz 4.1051; Heymann/Horn HGB Anh § 372 Rz V/136.

Kontokorrents, in: Festschr für Hämmerle, 1972, S 55; B l a u r o c k , Das Kontokorrent, JA 1980, 691; d e r s , Das Stornorecht der Kreditinstitute, NJW 1984, 1; K ü b l e r , Bankgeschäfte und Privatrechtsdogmatik, in: Coing/Wilhem (Hrsg), Wissenschaft und Kodifikation des Privatrechts im 19. Jh, Bd 5: Geld und Banken, 1980, S 77; C a n a r i s , Börsentermingeschäft und Kontokorrent, ZIP 1985, 592; P i p e r , Termin- und Differenzeinwand gegenüber Saldoanerkenntnis und Verrechnung im Kontokorrent, ZIP 1985, 725; C a n a r i s , Die Auswirkungen der Anerkennung eines aktiven Kontokorrentsaldos auf unverbindliche Börsentermingeschäfte, ZIP 1987, 885; M a s e r , Das Kontokorrent, JuS 1988, 196; W e s s e l s , Die Saldoklage, WM 1997, 1509; C a n a r i s , Handelsrecht, 2006[24].

177 a) **Saldoanerkenntnis.** Ist für die Geschäftsverbindung mit einem Kaufmann, wie regelmäßig mit einem Kreditinstitut (Ausnahme: Deutsche Bundesbank gemäß AGB der Deutschen Bundesbank Nr 1 Abs 2), eine **Kontokorrentabrede** getroffen, bedeutet dies, dass die beiderseitigen Ansprüche und Leistungen aus Gründen der Abwicklungsvereinfachung zunächst in (laufende) Rechnung gestellt und erst periodisch durch Verrechnung und Feststellung eines Überschusses ausgeglichen werden (vgl HGB § 355 Abs 1)[763]. Das Anerkenntnis des periodischen Rechnungsabschlusses durch den Überschussschuldner ist als **abstraktes Schuldanerkenntnis (§ 781)** in Höhe des Saldos auszulegen[764]. Auch **ohne gleichzeitige Kontokorrentabrede** kann ein abstrakter Anerkenntnisvertrag über einen mitgeteilten Saldo betreffend den Stand einer Geschäftsverbindung zu Stande kommen, wenn der belastete Teil anerkennt, dem anderen einen mitgeteilten Saldo zu schulden[765]. Demgegenüber ordnet insbesondere *Kübler*[766] Saldofeststellung und Saldoanerkenntnis im Kontokorrent als **kausalen Feststellungsvertrag** ein, weil er aus dogmengeschichtlicher Perspektive die §§ 780, 781 insgesamt für funktionslos und obsolet hält[767]. Diese Auffassung hat nur beschränkt Anklang gefunden[768]; der Gesetzgeber hat hierzu auch mit § 782 einen abweichenden Standpunkt eingenommen.

178 Der abstrakte Anspruch aus dem Saldoanerkenntnis **verjährt** in drei Jahren (§ 195)[769]. Er wird regelmäßig auf die neue Rechnungsperiode vorgetragen und unterliegt dann seinerseits den kontokorrentrechtlichen Einschränkungen[770].

179 b) **Negatives Schuldanerkenntnis.** Der übersendende Überschussgläubiger erkennt auch die Habenposten der anderen Kontokorrentpartei an[771] und außerdem als negatives Schuldanerkenntnis (§ 397 Abs 2), dass weitere, in die laufende Rechnung gehörende Ansprüche nicht bestehen[772]. Das **periodische Anerkenntnis** im Kontokorrentverhältnis führt **als negatives Schuldanerkenntnis** (§ 397 Abs 2) auch zum Erlöschen von zu Unrecht nicht berücksichtigten Forderungen[773]. Auch ein **fälschliches (negatives) Schuldanerkenntnis** des Gläubigers, dass weitere als die in das Kontokorrent aufgenommenen Forderungen zu seinen Gunsten nicht zu berücksichtigen seien, kann nur nach § 812 Abs 2 zurückgefordert werden[774]. Einem solchen Bereicherungsanspruch steht **§ 814 Fall 1** nur dann entgegen, wenn der Gläubiger im Zeitpunkt des Anerkenntnisses positive Kenntnis von der Rechtslage hatte. Er darf keinem Rechts- oder Tatsachenirrtum unterliegen. § 814 kommt aber nicht in Frage, wenn der Gläubiger sich zur Nicht-

763 BGH WM 2002, 951, 953; BGH WM 1991, 1468 = NJW-RR 1991, 995.
764 BGHZ 80, 172, 176 = WM 1981, 542; BGH WM 1972, 283, 285; BGH WM 1956, 788 = LM Nr 12 zu HGB § 355; Canaris, Festschr für Kitagawa S 59, 88: „besonders gut bewährt".
765 Noch zum alten Recht BGH WM 1982, 291, 292; BGH WM 1973, 1014; BGH WM 1962, 346; RG JW 1927, 378, 379.
766 Feststellung und Garantie, S 162 f und in: Wissenschaft und Kodifikation des Privatrechts im 19. Jh, Bd 5, 1980, S 77, 90.
767 Dazu Rz 7 f vor § 780.
768 Zustimmend H Schönle, Bank- und BörsenR, 1976[2], S 71: wirklichkeitsnahe Betrachtungsweise; Blaurock NJW 1971, 2206; ablehnend insb Canaris, HandelsR § 25 Rz 29.
769 BGH WM 1982, 291, 294; BGH WM 1973, 1014, 1015; BGH WM 1970, 548; BGHZ 49, 24 = WM 1967, 1214 = NJW 1968, 33; BGHZ 51, 346, 349 = WM 1969, 1075 = NJW 1969, 879.
770 BGHZ 70, 86, 93 = WM 1978, 137 = NJW 1978, 538.
771 BGH WM 1975, 556, 557; BGH WM 1967, 1163.
772 BGHZ 51, 346, 348 = WM 1969, 1075 = NJW 1969, 879; BGH WM 1961, 726; BGH WM 1958, 1157.
773 BGH WM 1985, 936, 937 = NJW 1985, 3010.
774 BGH WM 1971, 726 = NJW 1971, 1450; BGHZ 51, 346, 348 = WM 1969, 1075 = NJW 1969, 879; BGH WM 1958, 1157, 1158.

einstellung des fraglichen Anspruchs in das Kontokorrent für berechtigt hielt oder wenn ihm das Bewusstsein fehlte, dass damit die Forderung erlöschen werde[775].

c) **Anerkenntnisvertrag.** Der Anerkenntnisvertrag kommt meistens dadurch zu Stande, dass auf einen übersandten Rechnungsabschluss (HGB § 355 Abs 2) als Antrag, der auf die Anerkennung des durch Verrechnung ermittelten Saldos gerichtet ist, der andere Teil seine rechtsgeschäftliche Anerkenntniserklärung erteilt[776]. **Schweigt** der Empfänger auf einen übersandten Rechnungsabschluss einschließlich Saldenmitteilung, fehlt es an seiner rechtsgeschäftlichen Annahmeerklärung[777]. In dem Schweigen auf während eines längeren Zeitraums übersandte periodische Rechnungsabschlüsse und in der Fortsetzung der Geschäftsverbindung auf der Grundlage dieser Abrechnungen kann aber eine **stillschweigende Anerkennung** der Salden liegen[778]. Nach AGB der Banken Nr 7 Abs 2 (= AGB der Banken Nr 15 Satz 2 und 3 aF) kommt das Saldoanerkenntnis (§ 781) dadurch zu Stande, dass es als Genehmigung des übersandten Rechnungsabschlusses anzusehen ist, wenn der Kunde innerhalb von sechs Wochen (früher: eines Monats) seit Zugang keine Einwendungen erhebt[779]. Das **Schweigen** ist in zulässiger Weise (§ 308 Nr 5 [früher: AGB-Ges § 10 Nr 5]) **als Genehmigung** vereinbart[780]. Da das Saldoanerkenntnis – unabhängig davon, ob ein Kontokorrentverhältnis vereinbart ist – aufgrund einer Abrechnung erteilt wird, ist es, auch wenn der Schuldner nicht Vollkaufmann ist, (HGB § 350) formlos wirksam, kann also auch durch schlüssiges Verhalten erteilt werden (§ 782)[781]. 180

d) **Wirkung des Saldoanerkenntnisses.** Das **abstrakte Saldoanerkenntnis** soll nach der Rechtsprechung des BGH[782] in der Weise **schuldumschaffend** (novierend) wirken, dass die in das Kontokorrent aufgenommenen Ansprüche und Leistungen „am Tage des Rechnungsabschlusses durch Anerkennung des Saldos als Einzelforderungen untergehen" und an ihre Stelle ausschließlich die Saldoforderung als neue, auf einem selbständigen Verpflichtungsgrund beruhende, vom früheren Schuldgrund losgelöste Forderung tritt[783]. Nur der Anspruch aus dem Saldoanerkenntnis soll übrig bleiben, der als eine neue, vom früheren Schuldgrund losgelöste Forderung an die Stelle der bisherigen Einzelforderung tritt. Die Anerkennung führt auch zum Erlöschen von im Rechnungsabschluss zu Unrecht unberücksichtigt gebliebenen Forderungen. 181

Nach AGB der Banken 2002 Nr 8 Abs 1 und 2 bildet der kontokorrentrechtliche Rechnungsabschluss die Grenze zwischen einer **Stornierung** als einseitigem Widerruf einer versehentlich erteilten Gutschrift und einer „Berichtigungsbuchung" danach. Schon zu dem Stornorecht nach AGB der Banken Nr 4 Abs 3 aF (= AGB der Sparkassen Nr 1 Abs 4) hatte die Rechtsprechung[784] eine Grenze mit der Anerkennung des Saldos gezogen, da mit ihr die in das Kontokorrent aufge- 182

775 Zustimmend Canaris EWiR § 355 HGB 3/85; d'Orville WuB I C 1.-1.85.
776 Vgl BGH WM 1983, 704, 705 = NJW 1983, 2879.
777 Vgl BGH WM 1973, 1014; Frankfurt/M WM 1987, 355 = VersR 1988, 33.
778 BGH WM 1991, 1630 = NJW-RR 1991, 1251 = ZIP 1991, 1069; vgl dazu EWiR 1991, 905 (Blaurock).
779 Hamm WM 1986, 704, 706; ebenso Hamburg WM 1986, 383, 384, 385; Koblenz WM 1987, 345, 347 = WuB 1 D 1.-3.87 (Sonnenhol); vgl dazu LG Frankfurt/M WM 1977, 298.
780 Vor Geltung des AGB-Gesetzes: BGH WM 1973,1014; BGH WM 1972, 284; BGH WM 1971, 1499; BGH WM 1968, 214, 215 = NJW 1968, 591; zur Vereinbarkeit mit AGB-Ges § 10 Nr 5 v Westphalen WM 1984, 2, 10; ders WM 1980, 1406, 1417; keine Genehmigungswirkung durch Schweigen auf Telefonrechnung, vgl BGH MMR 2004, 602, 603.
781 BGH WM 1973, 1014; BGH WM 1958, 620, 621.
782 BGH WM 1985, 969 = NJW 1985, 3007 = ZIP 1985, 984; vgl dazu EWiR 1985, 667 (Graf von Westphalen); BGHZ 93, 307 = WM 1985, 563 = NJW 1985, 1706 = ZIP 1985, 599; vgl dazu EWiR 1985, 403 (Blaurock); BGHZ 84, 371 = WM 1982, 816 = NJW 1982, 2193 = ZIP 1982, 932; BGHZ 80, 172 = WM 1981, 542 = NJW 1981, 1611 = ZIP 1981, 591; BGHZ 77, 256 = WM 1980, 863 = NJW 1980, 2131 = ZIP 1980, 529; BGH WM 1975, 556, 557; BGHZ 50, 277, 279 = WM 1968, 987; BGHZ 26, 142, 150 = WM 1958, 71 = NJW 1958, 217.
783 BGH WM 2002, 784, 785; BGH WM 1985, 969, 971 = NJW 1985, 3007; BGHZ 93, 307, 313 = WM 1985, 564, 565; BGH WM 1985, 936, 937 = NJW 1985, 3010; dazu erläuternd Piper ZIP 1985, 725, 726; ablehnend: Blaurock EWiR § 355 HGB 1/85; Canaris ZIP 1985, 592, 595.
784 BGHZ 72, 9, 11 = WM 1978, 998 = NJW 1978, 2179; im Ergebnis zust Blaurock NJW 1984, 1, 6.

nommenen Einzelforderungen untergehen. Seit 1. Januar 1984 war dies in AGB der Banken aF Nr 4 Abs 1 Satz 3 ausdrücklich auch so vorgesehen.

183 Trotz der Novation soll es nach der Rechtsprechung mit Rücksicht auf den Rechtsgedanken des HGB § 356 in begrenztem Umfang zulässig sein, selbst nach erfolgter Saldoanerkennung auf Einzelforderungen zurückzugreifen, wenn ein berechtigtes wirtschaftliches Interesse an einer gesonderten Geltendmachung der Forderung besteht und die Schuldumschaffung zu wirtschaftlich unsinnigen und mit der Kontokorrentabrede nicht beabsichtigten Folgen führen würde[785].

184 Gegen die schuldumschaffende Wirkung des Anerkenntnisses bestehen Bedenken[786]. Zunächst ist zwischen der periodischen Verrechnung als Grundlage des kausalen Saldos und dem Saldoanerkenntnis zu unterscheiden. Der mit dem Kontokorrent verfolgte Vereinfachungszweck erfordert die schuldumschaffende Wirkung des abstrakten Anerkenntnisses nicht, vor allem lässt sie sich nicht aus dem „Wesen der Kontokorrentabrede"[787] entnehmen. In **Gegenposition zur Novationstheorie** kennzeichnet vor allem *Canaris*[788] die Wirkung des Saldoanerkenntnisses (§ 781) zutreffend dahin, dass es als zusätzliche abstrakte Forderung zahlungshalber (§ 364 Abs 2) neben den kausalen Saldo tritt, der sich aus der tilgenden Verrechnung ergibt.

185 e) **Fehlerhafter Saldo**. Berücksichtigt der anerkannte Saldo **rechtlich nicht begründete Buchungen**, muss der benachteiligte Partner den Anerkenntnisvertrag (§ 781) insoweit aus dem Gesichtspunkt der ungerechtfertigten Bereicherung (§ 812 Abs 2) zurückfordern[789]. Der Gläubiger kann sein negatives Anerkenntnis, dass weitere als die in das Kontokorrent aufgenommenen Forderungen zu seinen Gunsten nicht zu berücksichtigen seien, unter den Voraussetzungen der §§ 812 ff zurückfordern[790]. Das Saldoanerkenntnis schließt eine Überprüfung der zu Grunde liegenden Forderungen nicht aus und enthält auch keine rechtsgeschäftliche Genehmigung rechtswidriger anderweitiger Verbuchung von Beträgen, die dem Konto hätten gutgeschrieben werden müssen, sondern führt im Ergebnis nur zu einer Umkehr der Darlegungs- und Beweislast zulasten des Kontoinhabers[791].

Das gilt auch, wenn der Anerkenntnisvertrag durch vereinbartes Schweigen als Genehmigung eines Rechnungsabschlusses gemäß AGB der Banken 2002 Nr 7 Abs 2 (Nr 15 Satz 3 aF) zu Stande kommt[792]. Dabei trifft die benachteiligte Partei die **Darlegungs- und Beweislast** dafür, dass der Saldo zB wegen einer unberechtigten oder zu Unrecht unterbliebenen Gutschrift unrichtig ist[793]. Das Anerkenntnis des Saldos kehrt im praktischen Ergebnis die Beweislast um. Da somit die Rechte des Kontoinhabers bei **Fehlern in der Berechnung des anerkannten Saldos** auf die Bereicherungseinrede (§ 821) beschränkt sind und ihn deshalb im Streitfall dafür die Darlegungs- und Beweislast trifft, ist das Kreditinstitut auch nach einem anerkannten Rechnungsabschluss verpflichtet, dem Kontoinhaber in den Grenzen des § 242 **Auskünfte über den Stand des Kon-**

785 BGH WM 2002, 784, 785; BGH WM 1999, 884 = ZIP 1999, 626; BGH WM 1970, 184 = NJW 1970, 560; BGHZ 58, 257, 262 = WM 1972, 470 = NJW 1972, 872.

786 E Ehmann WM 2007, 329, 335.

787 So aber BGH WM 1985, 969, 971 = NJW 1985, 3007; BGHZ 93, 307, 313 = WM 1985, 564, 565; BGH WM 1985, 936, 937 = NJW 1985, 3010; dazu erläuternd Piper ZIP 1985, 725, 726; ablehnend Canaris ZIP 1985, 592, 595; Blaurock EWiR § 355 HGB 1/85; ders NJW 1984, 1, 6 mweitNachw; K Schmidt, HandelsR, 1982 § 20 V Ib; Canaris, HandelsR § 25 Rn 30.

788 ZIP 1985, 592, 593; ebenso ders, Festschr für Kitagawa S 59, 72; ders, HandelsR § 25 Rz 30.

789 BGHZ 72, 9, 12 = WM 1978, 998 = NJW 1978, 2149; BGH WM 1975, 556, 557; BGH WM 1972, 284, 286; BGH WM 1968, 214, 215 =NJW 1968, 591; BGH WM 1967, 1163; KG WM 1995, 2182 = NJW-RR 1996, 427; vgl dazu Edelmann WiB 1996, 449.

790 BGH WM 1994, 2273 = NJW 1995, 320 = ZIP 1994, 1930; vgl dazu EWiR 1995, 105 (von Stebut); BGH WM 1985, 936 = NJW 1985, 3010 = ZIP 1985, 991; vgl dazu EWiR 1985, 597 (Canaris).

791 BGH WM 1994, 2273 = NJW 1995, 320 = ZIP 1994, 1930; vgl dazu EWiR 1995, 105 (von Stebut); BGH WM 1991, 1630 = NJW-RR 1991, 1251 = ZIP 1991, 1069; vgl dazu EWiR 1991, 905 (Blaurock).

792 Hamm WM 1986, 704, 706; ebenso Hamburg WM 1986, 383, 384, 385; Koblenz WM 1987, 345, 347 = WuB I D 1.-3.87 (Sonnenhol).

793 BGH WM 1975, 556, 557; BGH WM 1958, 620.

tos zu erteilen und einzelne Buchungen zu erläutern (§§ 675 Abs 1, 666)[794]. Neben diesem Auskunftsanspruch steht dem Kontoinhaber nach Beendigung des Giroverhältnisses aber kein umfassender Rechnungslegungsanspruch zu.

f) **Kontokorrentabrede**. Eine Kontokorrentabrede kann ausdrücklich, aber auch stillschweigend getroffen werden[795]. Wesentliche Merkmale für einen entsprechenden Willen liegen in der Behandlung *der einzelnen Leistung als verzinsliche Kreditgewährung*, in der Verzinsung des Saldos, obwohl Zinsen darin enthalten sind, in der Übersendung der regelmäßigen Abschlüsse zur Anerkennung und in der Anerkennung selbst[796]. Aus der Kontokorrentabrede folgt die **Pflicht des Kreditinstituts** (HGB § 355), in den vereinbarten Zeitabständen **Rechnungsabschlüsse zu erstellen** und dem Kontoinhaber zu übermitteln, die ein Saldoanerkenntnis herbeiführen sollen[797]. Ferner ergibt sich ein Anspruch auf Anerkennung des periodisch ermittelten Schuldsaldos[798]. Bei mehreren laufenden Konten stellt, soweit nichts anderes vereinbart ist, jedes Konto ein selbstständiges Kontokorrent dar und begründet damit einen selbstständigen Anspruch im prozessualen Sinne[799]. 186

h) **Staffelkontokorrent**. Für ein sog Staffelkontokorrent ist es kennzeichnend, dass fortlaufend und nicht nur periodisch mit verfügender Wirkung saldiert wird. Die wechselseitigen Ansprüche werden bereits während der Rechnungsperiode getilgt, sobald sie sich verrechnungsfähig gegenüberstehen[800]. Diese Abwicklungsart ist für die Einkaufskommission über Effekten in DepotG § 19 Abs 4 gesetzlich vorgeschrieben. Im Einzelfall kann wegen der besonderen Interessenlage (sofortige Kredittilgung nach einer Überziehung) eine Abwicklung als Staffelkontokorrent auch stillschweigend vereinbart sein[801]. 187

g) **Bankkontokorrent als Periodenkontokorrent**. Das Bankkontokorrent als der heute praktisch wichtigste Fall des Kontokorrents ist, so wie es der Leitvorstellung der HGB §§ 355–357 entspricht, aufgrund der einheitlichen AGB als **Periodenkontokorrent** mit einer Verrechnung zu bestimmten Stichtagen auszulegen[802]; denn es sind periodisch zu erteilende Rechnungsabschlüsse vereinbart (AGB der Banken Nr 7 Abs 1 = Nr 14 Abs 1 aF und AGB der Sparkassen Nr 7 Abs 2 = Nr 11 Abs 1 aF)[803]. Die sich aus der Geschäftsverbindung mit dem Kreditinstitut ergebenden Ansprüche und Leistungen werden deshalb in die laufende Rechnung gestellt und in regelmäßigen Zeitabschnitten durch Verrechnung und Feststellung des für den einen oder anderen Teil sich ergebenden Überschusses ausgeglichen. Als „Ansprüche aus Kontokorrent" sind somit grundsätzlich nur die in den periodischen Rechnungsabschlüssen festgestellten Salden anzusehen. Allerdings ist eine Kontokorrentabrede nur für ein **Giroverhältnis typisch, nicht für jeden Bankkredit**[804]. Um eine wegen HGB § 355 Abs 1 denkbare Umgehung des **Zinseszinsverbots** zu vermeiden, ist vielmehr eine Abgrenzung einer kontokorrentmäßigen gegenüber einer ratenweisen Tilgung eines Darlehens nötig. Wird ein im Kontokorrent abgewickeltes Kreditverhältnis fällig, führt dies nicht ohne weiteres auch zur Beendigung des Kontokorrentverhältnisses; maßgebend ist dafür der Parteiwille[805]. Ein Kontokorrentverhältnis kann aber auch schon vor Abwicklung der Geschäftsverbindung **jederzeit gesondert gekündigt** werden. Nach der Kündigung er- 188

794 BGH WM 1985, 1098, 1099, 1100 = NJW 1985, 2699.
795 BGH WM 1973, 1014, 1015; BGH WM 1970, 184, 185 = NJW 1970, 560.
796 BGH WM 1991, 1630 = NJW-RR 1991, 122251 = ZIP 1991, 1069; vgl dazu EWiR 1991, 905 (Blaurock); BGH WM 1986, 1355 = NJW-RR 1986, 1492 = ZIP 1986, 1171; vgl dazu EWiR 1986, 985 (Alisch).
797 BGH WM 1985, 1098, 1099 = NJW 1985, 2699.
798 BGH WM 1970, 184, 185 = NJW 1970, 560; BGH WM 1955, 1315.
799 BGHZ 124, 164 = WM 1994, 436 = NJW 1994, 460 = ZIP 1994, 67; vgl dazu EWiR 1994, 205 (Herget).
800 BGH WM 1972, 283, 284.
801 BGH WM 1972, 283, 284; Nürnberg OLGZ 1977, 4 = WM 1976, 1343, 1344.
802 BGH WM 2002, 951, 953; BGH WM 1972, 283, 284; BGHZ 50, 277 = WM 1968, 967.
803 Zu AGB der Sparkassen aF Nr 11 Abs 1 u Nr 12 Abs 2 bestätigt von BGH WM 1985, 969, 970.
804 BGH WM 1986, 8, 9 = NJW-RR 1986, 205 = EWiR 1986, 125 (Hadding).
805 BGH WM 1987, 342, 349 = WuB I E 1.-5.87 (Hein).

folgende „Saldierungen" haben dann keine kontokorrentmäßigen Folgen, insbesondere können vom Schlusssaldo keine Zinseszinsen, sondern nur noch Verzugszinsen verlangt werden[806].

189 h) **Tages- oder Monatskontoauszüge**. Zur vertraglichen Anerkennung eines Saldos kommt es im Bankkontokorrent nur aufgrund eines Rechnungsabschlusses, der zu dem vereinbarten Abrechnungszeitpunkt (AGB der Banken Nr 7 Abs 1: quartalsweise) oder zum Ende des Kontokorrentverhältnisses erteilt wird. Die dem Kontoinhaber bei Kontobewegungen meist sofort erteilten **„Tageskontoauszüge"** oder in kürzeren zeitlichen Abständen erteilten **„Monatsauszüge"** bezwecken nicht, einen kontokorrentrechtlichen Rechnungsabschluss herbeizuführen, und sind deshalb auch nicht auf ein Saldoanerkenntnis durch den Bankkunden gerichtet[807]. Auch in der Übersendung eines Tageskontoauszugs mit den Spesenposten, über die vereinbarungsgemäß vierteljährlich abgerechnet werden soll, liegt ohne dahin gehenden Hinweis kein Rechnungsabschluss, der auf Herbeiführung eines Saldoanerkenntnisses gerichtet ist[808]. Tages- oder Monatskontoauszüge dienen vornehmlich tatsächlichen Zwecken, während Rechnungsabschlüsse auf die Herbeiführung rechtsgeschäftlicher Erklärungen des Bankkunden, nämlich auf die Vereinbarung des Saldoanerkenntnisses, abzielen. Sie dienen Mitteilungszwecken über vorgenommene Buchungen und enthalten ebenso wie das Schweigen des Kunden darauf keine rechtsgeschäftlichen Erklärungen[809].

190 Der im Kontoauszug ausgewiesene Saldo (Tagessaldo) ist ein reiner rechnerisch ermittelter Postensaldo, der den Überblick über den jeweiligen Kontenstand und die Zinsberechnung erleichtert. Er benennt das aktuelle Guthaben als die **Deckungsgrundlage** zB für Abhebungen und für Überweisungen des Kunden im Rahmen des Giroverhältnisses[810], soll also Auszahlungen verhindern, die nicht durch ein rechnerisches Guthaben gedeckt sind. Als „Ansprüche aus Kontokorrent" kommen deshalb nur die durch die periodischen Rechnungsabschlüsse festgestellten Salden in Frage und nicht auch die Postensalden der Tageskontoauszüge[811]. Die Buchung in Staffelform hat nur buchungstechnischen Charakter[812]. Mit den Kontoauszügen erfüllt das Kreditinstitut zugleich seine girovertragliche Pflicht, den Kunden über den Stand des Kontos und die fortlaufenden Veränderungen zu informieren (§§ 666, 675 Abs 1)[813].

191 Beanstandet der Kontoinhaber einen ihm übersandten Tageskontoauszug nicht, kann dieses Schweigen nicht nach AGB der Banken Nr 7 Abs 2 (= aF Nr 15 Satz 3 = AGB der Sparkassen aF Nr 12 Abs 1) als geschäftsbesorgungsrechtliche Genehmigung einer ohne Weisung vorgenommenen Belastung ausgelegt werden[814] und bewirkt auch keine Änderung der Darlegungs- und Beweislast zu Ungunsten des Kontoinhabers[815] oder zum Ausschluss dem Kontoinhaber bekannter Einwendungen[816]. Der Bankkunde ist nach AGB der Banken Nr 11 Abs 3 (= 15 Satz 1 aF) aber verpflichtet, Tageskontoauszüge hinsichtlich der mitgeteilten Kontobewegungen und Kontostände auf ihre Richtigkeit zu prüfen. Die **schuldhafte Verletzung dieser Überprüfungspflicht** kann

806 BGH WM 1987, 897 = NJW-RR 1987, 1186.

807 BGH WM 1985, 969, 971 = NJW 1985, 3007; BGHZ 95, 103 = WM 1985, 905 = NJW 1985, 2326 = ZIP 1985, 919; vgl dazu EWiR 1985, 575 (Kuhn); BGH WM 1985, 936, 937 = NJW 1985, 3010 = ZIP 1985, 991; vgl dazu EWiR 1985, 597 (Canaris); BGHZ 93, 307 = WM 1985, 563, 564 = NJW 1985, 1706; BGHZ 73, 207 = WM 1979, 417 = NJW 1979, 1164.

808 BGH WM 1985, 936 = NJW 1985, 3010 = ZIP 1985, 991; vgl dazu EWiR 1985, 597 (Canaris).

809 BGH WM 1997, 1658 = NJW-RR 1997, 1460; vgl dazu EWiR 1997, 1123 (Alisch); WuB I E 1.-9.97 (Hammen); KG WM 1995, 2182 = NJW-RR 1996, 427; vgl dazu Edelmann WiB 1996, 449; BGH WM 1985, 969, 971 = NJW 1985, 3007; BGH WM 1985, 936, 937 = NJW 1985, 3010; BGHZ 93, 307 = WM 1985, 563, 564 = NJW 1985, 1706.

810 BGH WM 1985, 936, 937 = NJW 1985, 3010.

811 BGH WM 1985, 969, 970 = NJW 1985, 3007.

812 BGHZ 73, 207, 209, 210 = WM 1979, 417 = NJW 1979, 1167; BGH WM 1972, 283, 284; BGHZ 50, 277, 280 = WM 1968, 987.

813 BGH WM 1985, 1098, 1099 = NJW 1985, 2699 im Anschluss an Hadding/Häuser ZHR 145 (1981), 138, 164/5.

814 BGHZ 95, 103 = WM 1985, 905, 906 = NJW 1985, 2326; BGHZ 73, 207, 210 = WM 1979, 417 = NJW 1979, 1167.

815 BGH WM 1985, 969, 971 = NJW 1985, 3007.

816 BGHZ 73, 207, 210 = WM 1979, 417 = NJW 1979, 1167; aA LG Essen WM 1975, 998, 999.

zu einem Schadensersatzanspruch der Bank gegen den Kunden führen[817] oder als schuldhafte Mitverursachung zu berücksichtigen sein[818]. Zu dieser Kontrollpflicht gehört auch, dass der Bankkunde in gewissem Rahmen prüft, ob zu erwartende Kontenauszüge eingehen (AGB-Banken aF Nr 16)[819].

i) **Rechnungsabschlüsse im Kontokorrentverhältnis als Erklärungen von besonderer** 192
Bedeutung. Die **Zugangsfiktion** in AGB der Banken aF Nr 1 Abs 2 = AGB der Sparkassen aF Nr 6 war auf abgesandte Rechnungsabschlüsse nicht anwendbar[820]. Es sprechen nämlich „gewichtige Gründe" für die Auffassung, dass **Rechnungsabschlüsse im Kontokorrentverhältnis als Erklärungen von besonderer Bedeutung** im Sinne von § 308 Nr 6 = AGB-Ges aF § 10 Nr 6 anzusehen sind[821]. Demgegenüber wird die Anwendbarkeit von § 308 Nr 6 = AGB-Gesetz aF § 10 Nr 6 auch verneint[822], weil der Bankkunde trotz der Zugangsfiktion und des in den AGB der Banken Nr 7 (= Nr 15 Satz 3 aF) vereinbarten Schweigens als Genehmigung übersandter Rechnungsabschlüsse ein unrichtiges Anerkenntnis kondizieren könne (§ 812 Abs 2), so dass die Zugangsfiktion eine **zumutbare Umkehr der Beweislast** bewirke, während nach dem OLG Düsseldorf[823] sich die „besondere Bedeutung" von Rechnungsabschlüssen schon daraus ergibt, dass das **Schweigen** des Kontoinhabers auf sie die **Genehmigungsfiktion** nach AGB-Banken Nr 7 Abs 2 (= Nr 15 Abs 3 aF) auslöst.

j) **Erfasste Ansprüche und Leistungen**. Welche Ansprüche und Leistungen von der Konto- 193
korrentabrede erfasst werden, bestimmt sich nach der Vereinbarung der Vertragsparteien, die den Geschäftsbeziehungen zu Grunde liegt, zB bei Girokonten nach dem Girovertrag[824]. **Im Zweifel** ist davon auszugehen, dass **alle Ansprüche und Leistungen aus der Geschäftsverbindung** davon erfasst werden[825], und zwar ohne Rücksicht auf die Buchung (BGH WM 2002, 951, 953; BGH WM 1959, 81, 83). Wird eine gesicherte Forderung ins Kontokorrent eingestellt, bleibt die Sicherheit bis zur Höhe des niedrigsten Debet-Saldos bestehen[826]. Bei berechtigtem wirtschaftlichen Interesse kann aber auch ohne Kündigung des Kontokorrents auf eine einzelne Forderung zurückgegriffen werden, zB bei einer nicht vereinbarten Überziehung des Kontos[827]. Der Anspruch auf Auszahlung des jeweiligen Tagesguthabens ist zB nicht kontokorrentgebunden. Ausgenommen ist beim Bankkontokorrent insbesondere der girovertragliche Zahlungsanspruch des Kontoinhabers in Höhe des rechnerischen Tagesguthabens[828]. Ob ein bereicherungsrechtlicher Anspruch des Kreditinstituts gegen den Kontoinhaber auf Rückerstattung bei einer Scheckeinlösung versehentlich zu viel ausgezahlter Beträge kontokorrentgebunden ist, soll nach BGH[829] davon abhängen, ob ein etwaiges Guthaben des Kunden ausreicht, den Bereicherungsanspruch des Kreditinstituts zu decken. Andernfalls wäre mit der Einstellung in das Kontokorrent durch die damit einhergehende Stundung eine Kreditierung verbunden. Dazu sei das Kreditinstitut aufgrund der Kontokorrent- und Giroabrede ohne Vereinbarung eines Überziehungskredits nicht verpflichtet. Diese Argumentation steht im **Widerspruch zu der bisherigen Rechtsprechung**, nach der das Kredit-

817 Hamm 1986, 704, 707 mweitNachw.
818 BGHZ 113, 48 = WM 1991, 57 = NJW 1991, 487 = ZIP 1991, 92; vgl dazu EWiR 1991, 201 (A Juncker); BGHZ 95, 103 = WM 1985, 905 = NJW 1985, 2326 = ZIP 1985, 919; vgl dazu EWiR 1985, 575 (Kuhn); BGHZ 73, 207 = WM 1979, 417 = NJW 1979, 1164; BGHZ 72, 9 = WM 1978, 998 = NJW 1978, 2149.
819 Düsseldorf WM 1987, 1215, 1217 = NJW-RR 1988, 104 = EWiR 1987, 1053 (Hüffer).
820 Dazu krit Schebesta WuB I C 1.-2.85.
821 So BGH WM 1985, 1098, 1099 = NJW 1985, 2699.
822 Hamburg WM 1986, 384, 385.
823 WM 1987, 1215, 1216 = NJW-RR 1988, 104 = EWiR 1987, 1053 (Hüffer).
824 BGHZ 84, 371, 376 = WM 1982, 816, 818 = NJW 1982, 2193; BGH WM 1978, 367; BGH WM 1971, 178; BGH WM 1959, 81, 83; RG BankArch 1935, 372.
825 BGH WM 1982, 233, 234 = NJW 1982, 1150; BGH WM 1959, 81, 83.
826 BGH WM 1991, 495 = NJW 1991, 1948 = NJW-RR 1991, 562.
827 BGH WM 1984, 1568; BGH WM 1984, 489; BGHZ 73, 207, 209 = WM 1979, 417 = NJW 1979, 1164; BGH WM 1972, 284, 287; BGH WM 1970, 184 = NJW 1970, 560.
828 BGHZ 84, 371, 377 = WM 1982, 816, 818 = NJW 1982, 816; BGHZ 84, 325, 330, 331 = WM 1982, 838, 839 = NJW 1982, 2192; krit Behr Rpfleger 1983, 78; zust Häuser ZIP 1983, 891, 894; weitere Ausnahmen: BGH WM 1971, 178; BGH WM 1978, 367.
829 BGH WM 1985, 936, 937 = NJW 1985, 3010.

institut auch ohne Kündigung des Kontokorrentverhältnisses, insbesondere bei einer nicht vereinbarten Überziehung des Kontos[830], auf einzelne Forderungen zurückgreifen kann[831]. Der durch die Geltendmachung des Zurückbelastungsrechts gem AGB-Sparkassen 1977 Nr 49 Abs 3 entstehende Rückforderungsanspruch der Sparkasse ist, wenn zwischen ihr und dem Wechsel des Kontonehmers ein Kontokorrentverhältnis besteht, grundsätzlich kontokorrentgebunden und kann nicht selbstständig geltend gemacht werden. Hat die Sparkasse ihren Rückforderungsanspruch deswegen nicht dem Konto des Kunden belastet, weil dieser darum gebeten hat, da er sonst zahlungsunfähig würde und Insolvenz anmelden müsste, liegt darin die stillschweigende Vereinbarung, den Rückbelastungsanspruch aus dem Kontokorrent herauszunehmen[832]. Verwertet eine Bank sicherungsübereignete Sachen eines mit ihr in laufender Geschäftsverbindung stehenden Schuldners, so ist dessen Anspruch auf den der Bank nicht gebührenden Mehrerlös in der Regel kontokorrentgebunden[833].

194 Die Partner eines Kontokorrentverhältnisses können **nachträglich** vereinbaren, einen **Anspruch** mit der Wirkung **aus der Kontokorrentbindung herauszunehmen**, dass er wieder selbständig geltend gemacht werden kann[834]. Dies kann durch einvernehmliche Umbuchung auf ein Unterkonto geschehen. Damit einhergehen kann ein durch schlüssiges Verhalten begründeter Ausschluss des AGB-Pfandrechts und damit zugleich des Aufrechnungs- und des Zurückbehaltungsrechts[835].

195 k) **Kontokorrentwirkung**. Als „antizipierte" Verfügungsvereinbarung hat die Kontokorrentabrede zum Inhalt, dass die betroffenen einzelnen (künftigen) **Forderungen nicht mehr selbstständig** geltend gemacht[836] oder **abgetreten** werden können[837], sondern sie lediglich als Soll- oder Habenposten zur Verrechnung stehen[838]. Es kann während der Rechnungsperiode nur der jeweilige Tagessaldo verlangt werden. Eine Vorausabtretung der kontokorrentpflichtigen Ansprüche scheitert demgemäß an der Kontokorrentabrede[839].

196 Die **fehlende Pfändbarkeit kontokorrentgebundener Einzelforderungen** zB des Bankkunden gegen das Kreditinstitut wird in HGB § 357 (Pfändbarkeit des sog Zustellungssaldos) vorausgesetzt[840]; das Kreditinstitut ist vielmehr aufgrund der Kontokorrentabrede berechtigt und verpflichtet, gutzuschreibende Beträge aus Eingängen als Habenposten mit einem bestehenden Debet zu verrechnen. Die mit der Kontokorrentabrede verbundene **antizipierte Verrechnungsvereinbarung**[841] bevorrechtigt das Kreditinstitut vor pfändenden Gläubigern ähnlich wie ein Pfandrecht.

197 Pfändbar ist beim Kontokorrentkonto gem HGB § 357 der Saldo, der im Zeitpunkt des Wirksamwerdens der Pfändung besteht (sog Zustellungssaldo), und zwar auch dann, wenn die Pfän-

830 Vgl BGH WM 1984, 1568; BGH WM 1984, 489.
831 Krit deshalb Canaris EWiR § 355 HGB 3/85; d'Orville WuB I C 1.-1.85.
832 BGH WM 1987, 677, 678 = NJW-RR 1987, 878 = WuB I D 4.-4.87 (Ott); vgl dazu EWiR 1987, 719 (Niehoff).
833 BGH WM 1982, 233 = ZIP 1982, 292 = NJW 1982, 1150.
834 BGH WM 1987, 677, 678 = NJW-RR 1987, 878 = WuB I D 4.-4.87 (Ott); vgl dazu EWiR 1987, 719 (Niehoff).
835 BGH NJW-RR 1998, 484.
836 BGH WM 1996, 192 = WuB I F 1a.-7.96 (Tiedtke) = ZIP 1996, 222 = NJW 1996, 719; vgl dazu EWiR 1996, 877 (Büchler); BGH WM 1987, 677, 678 = WuB I D 4.-4.87 (Ott); Schleswig NJW-RR 1996, 687 = MDR 1996, 378.
837 BGHZ 102, 316, 317 = WM 1988, 147, 148 = NJW 1988, 911 = WuB I D 3.-2.88 (Hadding/Häuser); BGH WM 1982, 233 = NJW 1982, 1150 = ZIP 1982, 292. HGB § 354 a gilt nicht: vgl Canaris, HandelsR § 25 Rz 9.
838 BGH WM 1985, 344, 346 = NJW 1985, 1218; BGHZ 84, 371, 376 = WM 1982, 816, 817 = NJW 1982, 2193; BGH WM 1982, 233, 234 = NJW 1982, 1150, 1151; BGHZ 73, 259, 263 = WM 1979, 363 = NJW 1979, 1206; BGHZ 74, 253, 254, 255 = WM 1979, 719 = NJW 1979, 1658; BGH WM 1979, 69, 70 = NJW 1979, 924; BGHZ 70, 86, 93 = WM 1978, 137 = NJW 1978, 538; BGH WM 1976, 505, 506.
839 BGHZ 73, 259 = WM 1979, 363 = NJW 1979, 1206; BGHZ 70, 76 = WM 1978, 137 = NJW 1978, 537.
840 BGHZ 93, 315, 323 = WM 1985, 344 = NJW 1985, 1218; BGHZ 84, 325, 330 = WM 1982, 838, 839 = NJW 1982, 2192; BGH WM 1982, 233, 234 = NJW 1982, 1150, 1151; BGHZ 80, 172, 175 = WM 1981, 542 = NJW 1981, 1611.
841 S Rz 195.

dung während der laufenden Kontokorrentperiode erfolgt und eine Saldierung erst später stattfindet[842]. Die Pfändung des Guthabens bei einem Kontokorrentverhältnis erfasst nicht die kontokorrentgebundenen Einzelforderungen[843]. HGB § 357 betrifft nur die Pfändung des gegenwärtigen Guthabens und nicht auch die Pfändung künftiger Forderungen aus einem Bankkontokorrent. Die Pfändung des künftigen Kontokorrentsaldos richtet sich nach allgemeinen Vorschriften über die Pfändung und Überweisung von Geldforderungen (ZPO §§ 829 ff). Eine solche Pfändung erfasst beim Bankkontokorrent nicht nur den nächsten periodischen Aktivsaldo, sondern kann auf alle künftigen Aktivsalden bis zur vollen Befriedigung des Gläubigers erstreckt werden[844]. Der BGH[845] bejaht auch, dass der Anspruch des Bankkunden auf Auszahlung der Tagesguthaben zwischen den Rechnungsabschlüssen gem ZPO § 829 Abs 2 pfändbar ist. Dieser Anspruch auf Auszahlung des jeweiligen künftigen Tagesguthabens ist kein Anspruch aus der Kontokorrentvereinbarung, sondern beruht auf dem Girovertrag. Ungeachtet des Kontokorrents ist die Bank kraft des Girovertrags verpflichtet, das Guthaben dem Kontoinhaber sofort auszuzahlen und nicht erst beim nächsten periodischen Rechnungsabschluss oder bei der Beendigung des Kontokorrentverhältnisses[846]. Die Pfändung des Tagesguthabens erfasst die Tagessalden, die dem Kontoinhaber in den Tagesauszügen mitgeteilt werden, und nicht nach den Daten der Wertstellung von Soll- und Habenposten[847].

Auch der **Anspruch auf Erteilung der Gutschrift** ist im Wege der Hilfspfändung pfändbar **198** mit der Folge, dass der eingehende Betrag dem Konto tatsächlich gutgeschrieben werden muss, der Kontoinhaber aber nicht vor Gutschrift über diese anderweitig verfügen kann[848]. Der Gläubiger erlangt durch eine solche Pfändung keinen Anspruch auf Auszahlung an sich. Die Pfändung von Ansprüchen auf Durchführung von Überweisungen an Dritte soll rechtliche Bedeutung erlangen, wenn für die Überweisungsaufträge eine Deckungsgrundlage gegeben ist, sei es in Form eines Guthabens oder eines Kredits. Ist eine Deckung vorhanden, aber nicht pfändbar, kann sie nicht dadurch zum Pfändungsgegenstand werden, dass der Anspruch auf Überweisung gepfändet wird[849]. Die bloße Duldung einer Kontoüberziehung seitens der Bank führt nicht zu einem pfändbaren Anspruch auf Kredit des Kontoinhabers. Ob in eine offene Kreditlinie gepfändet werden kann, hat der BGH[850] demgegenüber noch nicht entschieden.

Hat eine Bank in der **Drittschuldnererklärung** nach ZPO § 840 die ihr gestellten Fragen über **199** die Tagessalden beantwortet und verneint, so ist sie weder zur Vorlage von Belegen noch zur Wiederholung oder Ergänzung ihrer Angaben verpflichtet. Erweist sich die Auskunft als unrichtig, ist der Gläubiger auf den ihm nach ZPO § 840 Abs 2 zustehenden Schadensersatzanspruch beschränkt[851].

842 BGHZ 80, 172 = WM 1981, 542 = NJW 1981, 1611 = ZIP 1981, 591. Diese Pfändung soll das Konto lediglich buchungstechnisch und auch nur im Verhältnis zwischen Bank oder Sparkasse vorläufig abschließen.

843 BGHZ 93, 315 = WM 1985, 433 = NJW 1985, 1218 = ZIP 1985, 339; vgl dazu EWiR 1985, 119 (Merz); BGHZ 84, 371 = WM 1982, 816 = NJW 1982, 2193 = ZIP 1982, 932; BGHZ 84, 325 = WM 1982, 838 = NJW 1982, 2192 = ZIP 1982, 935; vgl dazu Behr, Rpfleger 1983, 78; Häuser ZIP 1983, 891; BGHZ 80, 172 = WM 1981, 542 = NJW 1981, 1611 = ZIP 1981, 591.

844 BGHZ 80, 172 = WM 1981, 542 = NJW 1981, 1611 = ZIP 1981, 591.

845 BGHZ 84, 371 = WM 1982, 816 = NJW 1982, 2193 = ZIP 1982, 932; BGHZ 84, 325 = WM 1982, 838 = NJW 1982, 2192 = ZIP 1982, 935; vgl dazu Behr Rpfleger 1983, 78.

846 BGHZ 84, 371 = WM 1982, 816 = NJW 1982, 2193 = ZIP 1982, 932; BGHZ 84, 325 = WM 1982, 838 = NJW 1982, 2192 = ZIP 1982, 935; vgl dazu Behr Rpfleger 1983, 78.

847 Frankfurt/M WM 1994, 684 = NJW-RR 1994, 878; vgl EWiR 1994, 517 (Olzen).

848 BGHZ 93, 315 = WM 1985, 433 = NJW 1985, 1218 = ZIP 1985, 339; vgl dazu EWiR 1985, 119 (Merz).

849 BGHZ 93, 315 = WM 1985, 433 = NJW 1985, 1218 = ZIP 1985, 339; vgl dazu EWiR 1985, 119 (Merz).

850 BGHZ 93, 315 = WM 1985, 433 = NJW 1985, 1218 = ZIP 1985, 339; vgl dazu EWiR 1985, 119 (Merz).

851 BGHZ 86, 23 = WM 1983, 12 = NJW 1983, 687 = ZIP 1983, 34.

200 Die **Verjährung** einbezogener Forderungen ist bis zum Ende des Kontokorrentverhältnisses oder bis zum Ende der Abrechnungsperiode **gehemmt** (entsprechend §§ 205, 202 Abs 1 aF)[852].

201 m) **Verrechnungsvertrag**. Mit der Kontokorrentabrede ist als weiterer „antizipierter Verfügungsvertrag" ein **Verrechnungsvertrag** dahin verbunden, dass die Verrechnung der kontokorrentgebundenen Forderungen am Ende der jeweiligen Kontokorrentperiode ohne weitere Mitwirkung der Vertragspartner automatisch stattfindet, ähnlich wie es bei einer vorzeitigen Beendigung durch Kündigung in HGB § 355 Abs 3 vorgesehen ist[853]. Diese Verrechnung beruht anders als eine Aufrechnung (§§ 387 ff) nicht auf einem einseitigen Rechtsgeschäft, sondern auf einem Vertrag, der seine verfügende Wirkung mit der späteren Entstehung der jeweiligen Forderungen entfaltet[854].

202 Unabhängig vom Saldoanerkenntnis findet außerdem nach der Rechtsprechung des BGH mit Ablauf der Rechnungsperiode eine so genannte **verhältnismäßige Gesamtaufrechnung** statt, bei der alle Einzelforderungen oder -verbindlichkeiten in dem Verhältnis getilgt werden, in dem die Summe der Habenbuchungen zur Summe der Sollposten steht (vgl Rz 207).

203 Eine Aufrechnung von Aufwendungen der Bank gegenüber Gutschriften auf dem Konto des Auftraggebers der Überweisung durch Saldierung im Rahmen des Kontokorrentverhältnisses scheidet grundsätzlich dann aus, wenn es sich ausschließlich um Kontobewegungen im Haben handelt. Buchungen der Bank in diesem Rahmen führen nicht zu einer Vermögensminderung und damit zu einem Ausgleichsanspruch der Bank, sondern sie dienen in diesem Fall nur der Auskunfts- und Rechenschaftspflicht nach § 666 hinsichtlich der verwahrten Guthabenbeträge[855].

204 Während der Dauer der einzelnen Rechnungsperioden eines Kontokorrentverhältnisses stehen die beiderseitigen Forderungen und Leistungen nur zur Verrechnung. Die **Verbuchung** der Soll- und Habenposten für sich allein bewirkt noch **keine Erfüllung** der auf der anderen Seite in das Kontokorrent eingestellten Forderungen und Verbindlichkeiten, was dem „Wesen dieses Rechtsinstituts" entsprechen soll[856].

205 Ist das Anerkenntnis eines Kontokorrentsaldos infolge **Einbeziehung auch klagloser Posten** aus **Börsentermin- und Differenzgeschäften** unverbindlich, so ist es auch die dem Anerkenntnis zu Grunde liegende Verrechnung[857]. Nach dem BGH[858] soll auch die dem Anerkenntnis zu Grunde liegende **Verrechnungsabrede unwirksam** sein, weil Saldoanerkennung und Verrechnung als Teile ein und desselben Rechtsaktes verstanden werden; das Saldoanerkenntnis (§ 781) und die sich mit diesem uno actu vollziehende vertragliche Verrechnung der Einzelposten könnten nicht getrennt werden. Der BGH[859] schließt dies „aus dem Wesen der Kontokorrent-Abrede". Die Verrechnung sei „unselbständiger Teilakt im Rahmen des Saldoanerkenntnisses", somit lediglich das Mittel zur Feststellung des Abrechnungsergebnisses, dessen Anerkennung gleichzeitig begehrt werde. Das rechtliche Schicksal des Saldoanerkenntnisses und der Verrechnung als tilgender Auf-

852 BGH WM 1993, 2041 = NJW 1993, 3318 = ZIP 1993, 1703; vgl dazu EWiR 1993, 1163 (von Feldmann); BGH WM 1976, 505, 506; BGH WM 1973, 1014, 1015; BGH WM 1970, 548; BGHZ 51, 346, 349 = WM 1969, 1075 = NJW 1969, 879; BGHZ 49, 24, 27 = WM 1967, 1214 = NJW 1968, 33.

853 BGHZ 107, 192 = WM 1989, 807 = NJW 1989, 2120 = ZIP 1989, 827; vgl dazu EWiR 1989, 657 (Canaris); BGHZ 93, 315 = WM 1985, 433 = NJW 1985, 1218 = ZIP 1985, 339; vgl dazu EWiR 1985, 119 (Merz); BGHZ 74, 253, 255 = WM 1979, 719, 720 = NJW 1979, 1658.

854 Dresden ZIP 1998, 609; vgl dazu EWiR 1998, 395 (Holzer).

855 BGH, Beschl v 9. 7. 1998 – IX ZR 133/97, ZInsO 1998, 190.

856 BGHZ 93, 307, 311 = WM 1985, 563, 564 = NJW 1985, 1706.

857 BGHZ 117, 135 = WM 1992, 479 = NJW 1992, 1630 = ZIP 1992, 314; vgl dazu EWiR 1992, 465 (Nassall); BGHZ 107, 192 = WM 1989, 807 = NJW 1989, 2120 = ZIP 1989, 827; vgl dazu EWiR 1989, 657 (Canaris); BGHZ 93, 307 = WM 1985, 563 = NJW 1985, 1706 = ZIP 1985, 599; vgl dazu EWiR 1985, 403 (Blaurock).

858 BGHZ 93, 307, 312 = WM 1985, 564, 565.

859 BGHZ 93, 307, 312 = WM 1985, 564, 565 = NJW 1985, 1706.

rechnung könne nicht voneinander getrennt werden. Anders als die Rechtsprechungsmeinung[860], die den Verrechnungsvertrag als mit der Kontokorrentabrede vereinbarten „antizipierten Verfügungsvertrag" qualifiziert, widerspricht der BGH[861] der Auffassung, dass eine Verrechnung mit tilgender Wirkung sich auch ohne Saldoanerkenntnis schon aufgrund der Kontokorrent-Abrede als eines durch das Saldoanerkenntnis lediglich bestätigten antizipierten Verrechnungsvertrags vollziehen könne. Die Parteien hätten sich in der Kontokorrentabrede vielmehr regelmäßig die Entscheidung darüber vorbehalten, welche Forderungen und Leistungen in das Anerkenntnis einbezogen und verrechnet werden sollen[862]. Die Entscheidung ist zutreffend kritisiert worden, weil sie nicht zwischen der Verrechnung und dem davon zu differenzierenden Saldoanerkenntnis unterscheidet[863]. Der BGH[864] hat aber in anderem Zusammenhang wieder bestätigt, dass ein Kreditinstitut als Drittschuldner infolge der „antizipierten Aufrechnungserklärung", die der Kontokorrentabrede gemäß HGB § 355 innewohne, vor dem Pfändungsgläubiger bevorrechtigt sei.

Eine Sozialleistung, die auf ein Girokonto der Ehefrau des Berechtigten überwiesen wird, für das dieser lediglich Bankvollmacht hat, wird durch die Pfändungsschutzvorschrift des SGB-AT § 55 Abs 1 nicht vor einer Verrechnung bzw Aufrechnung mit Schulden des Kontoinhabers gegenüber dem Kreditinstitut geschützt[865]. Einmalige Erstattungsleistungen von Krankenkassen, bei denen es sich nicht um Sozialleistungen im Sinne des Sozialgesetzbuches handelt, sind nicht vor der Pfändung und der Verrechnung mit einem Schuldsaldo geschützt, nachdem sie dem Girokonto des Berechtigten gutgeschrieben worden sind. Für Leistungen der privaten Krankenkassen ist der Kontenschutz in der Vorschrift des ZPO § 850 k abschließend geregelt. Eine entsprechende Anwendung der Vorschrift des SGB-AT § 55 scheidet daher aus. ZPO § 850 k schützt nur wiederkehrende Bezüge, während für eine einmalige Leistung, auch wenn für sie vorher ein Pfändungsschutz gem ZPO §§ 850–850 b in Betracht gekommen wäre, nur noch die allgemeine Schutzvorschrift nach ZPO § 765 a gilt[866]. Nach herrschender Meinung steht **SGB-AT § 55 Abs 1** auch einer kontokorrentmäßigen **Verrechnung oder Aufrechnung** durch die Bank entgegen[867], weil § 394 die Aufrechnung gegen unpfändbare Forderungen ausschließt; dies gilt aber nur für die Forderungen der Bank gegen den Empfänger von Sozialleistungen, nicht aber, wenn die Sozialleistung auf das Konto eines Dritten überwiesen wird[868]. Bei solchen Drittkonten könnte es allenfalls Treu und Glauben widersprechen, wenn die Sozialleistungen dem Berechtigten dadurch vorenthalten werden. Verweigert die Bank eine Auszahlung entgegen SGB-AT § 55, entfällt nach fruchtlosem Ablauf der Frist der Schutz des Gesetzes nicht[869]. Ob SGB-AT § 55 auch auf die **staffelmäßige Verrechnung** beim Postgirokonto Anwendung fand, war umstritten[870]. 206

n) **Tilgung. Kausaler Saldo**. – aa) Durch die Kontokorrentabrede werden alle erfassten Ansprüche während der Rechnungsperiode der selbständigen Erfüllung entzogen. Zahlungen erfolgen nicht zur Tilgung bestimmter kontokorrentgebundener Forderungen oder Forderungsteile, sondern bilden Rechnungsposten, die erst bei der nächsten Saldierung und Abrechnung des Kontokorrents ihre Wirkung ausüben. Die kontokorrentgebundenen Ansprüche beider Teile können während des Laufs der Rechnungsperiode nicht selbstständig erfüllt werden. Es widerspräche dem Grundsatz der Gleichwertigkeit aller kontokorrentgebundenen Ansprüche, die zur Tilgung be- 207

860 BGHZ 74, 253, 255 = WM 1979, 719, 720 = NJW 1979, 1658.
861 BGHZ 93, 307, 312 = WM 1985, 564, 565 = NJW 1985, 1706 = ZIP 1985, 599; vgl dazu EWiR 1985, 403 (Blaurock); Piper ZIP 1995, 725.
862 Zutreffend ablehnend Canaris ZIP 1985, 592, 594; Blaurock EWiR § 355 HGB 1/85; Schwark WuB 1 G 5.-1.85.
863 Canaris ZIP 1985, 592.
864 BGHZ 93, 315, 323 = WM 1985, 344 im Zusammenhang mit der Forderungspfändung gegen den Kontoinhaber.
865 BGH WM 1987, 1418 = NJW 1988, 709 = ZIP 1987, 1523; vgl dazu EWiR 1988, 95 (Vortmann).
866 BGHZ 104, 309 = WM 1988, 1119 = NJW 1988, 2670 = ZIP 1988, 897; vgl dazu EWiR 1989, 297 (Grunsky).
867 VGH Kassel WM 1985, 1357 = NJW 1986, 147.
868 BGH WM 1987, 1418, 1419 = NJW 1988, 709.
869 VGH Kassel WM 1985, 1357 = NJW 1986, 147; OVG Lüneburg WM 1987, 172 = NJW 1987, 91.
870 Dagegen OVG Münster NJW 1987, 90 = NVwZ 1987, 152; dafür OVG Münster NJW 1988, 156, Hamburg NJW 1988, 157; dazu auch Hohmann NJW 1988, 118.

stimmten Leistungen einzelnen Ansprüchen zuzuordnen[871]. Die Tilgung der einbezogenen wechselseitigen Forderungen geschieht unter Anrechnung erbrachter Leistungen durch eine **verhältnismäßige Gesamtaufrechnung** und nicht in entsprechender Anwendung der §§ 366, 367, 396[872]. Auch für § 367 gilt, dass kontokorrentpflichtige Zahlungen erst bei der Saldierung berücksichtigt werden. Der Gläubiger kann wegen der Kontokorrentvereinbarung eine Zahlung nicht einseitig auf eine bestehende Zinsforderung verrechnen, die er bei der periodischen Saldierung in das Kontokorrent einzustellen hat[873]. Die genannten Grundsätze sind allerdings durch abweichende Vereinbarungen im Einzelfall abdingbar. Insbesondere können die Beteiligten jederzeit insoweit, als gemäß HGB § 356 Abs 1 ins Kontokorrent eingestellte Einzelforderungen wegen der damit verbundenen Sicherheiten als fortbestehend zu behandeln sind, die vorrangige Tilgung dieser Forderungen vereinbaren[874]. Das schließt eine endgültige Erfüllung unklagbarer Ansprüche aus bestimmten Börsentermingeschäften durch Einzahlungen auf ein Girokonto grundsätzlich aus[875]. Eine solche ungewöhnliche Sonderabrede muss sich aber hinreichend klar aus den gesamten Umständen ergeben.

208 bb) Der aus der periodischen Verrechnung entstehende **kausale Saldo** als Überschuss aus der periodischen Verrechnung oder bei vorzeitiger Beendigung des Kontokorrentverhältnisses durch Kündigung (HGB § 355 Abs 3) oder Insolvenz[876] setzt sich aus zahlreichen durch die Verrechnung nicht getilgten Teilforderungen zusammen. Dieser Saldo ist sofort und ohne vorherige Feststellung oder Anerkennung fällig und abtretbar[877]. Nach der neueren Rechtsprechung war davon auszugehen, dass der Überschuss bei der periodischen Verrechnung (HGB § 355 Abs 1) oder bei einer vorzeitigen Kündigung des Kontokorrentverhältnisses (HGB § 355 Abs 3) auch ohne Anerkennung als sog **kausaler Saldo** auf einer tilgenden Verrechnung beruht[878]. Demgegenüber vertritt der I. Zivilsenat des BGH[879], dass der beim periodischen Rechnungsabschluss oder bei der Beendigung des Kontokorrentverhältnisses sich ergebende Saldo bis zu seiner Anerkennung ein **rein buchmäßiger, nicht auf tilgender Verrechnung beruhender Überschuss** sei. Es handele sich lediglich um das rechnerische Ergebnis der Subtraktion der Summen von Soll und Haben. Nur im Rahmen der Giro-(Geschäfts-)Abrede bestehe darauf ein Anspruch. Damit ist offenbar der **girovertragliche Zahlungsanspruch** gemeint[880].

209 Eine Bank, die einen nicht anerkannten Saldo aus einem Kontokorrentverhältnis geltend macht, kann sich darauf beschränken, vom letzten bestätigten Abschluss auszugehen und lediglich die danach eingetretenen Änderungen des Saldos im Einzelnen darzulegen. Macht sie aber von dieser Möglichkeit keinen Gebrauch, so trifft sie die uneingeschränkte Darlegungslast, wenn sie den eingeklagten Saldo aus den zu Grunde liegenden Ansprüchen und Leistungen abgeleitet wissen will. Dazu genügen Angaben über Einzelbuchungen nicht, wenn sie keine vollständige rechnerische Überprüfung, insbesondere der Zins- und Zinseszinsberechnung ermöglichen. Die Bank darf sich auch nicht auf die Angabe der Zinssätze und die Gesamtzinsbeträge beschränken; sie

871 BGHZ 117, 135 = WM 1992, 479 = NJW 1992, 1630 = ZIP 1992, 314; vgl dazu EWiR 1992, 465 (Nassall); BGH WM 1991, 495 = NJW-RR 1991, 562.

872 BGH WM 1999, 784, 786 m Nachw der Kritik im Schrifttum; BGHZ 117, 135 = WM 1992, 479 = NJW 1992, 1630 = ZIP 1992, 314; vgl dazu EWiR 1992, 465 (Nassall); BGH WM 1991, 495 = NJW-RR 1991, 562; BGHZ 77, 256 = WM 1980, 863, 864 = NJW 1980, 2131 = ZIP 1980, 529; aA Canaris DB 1972, 421, 425; ders, HandelsR § 25 Rz 21 ff, 42.

873 BGHZ 77, 256 = WM 1980, 863 = NJW 1980, 2131 = ZIP 1980, 529.

874 BGH WM 1991, 495 = NJW-RR 1991, 562.

875 BGH WM 1998, 545 = WuB I G 7.-10.98 (Scharrenberg) = ZIP 1998, 462 = NJW 1998, 2526 = LM Nr 47 zu BörsG (Koller); vgl dazu EWiR 1998, 265 (Kälberer); Fink BB 1998, 1020.

876 BGHZ 74, 253, 254 = WM 1979, 719 = NJW 1979, 1658; BGHZ 70, 86, 93 = WM 1978, 137 = NJW 1978, 538.

877 BGH WM 1979, 69, 70 = NJW 1979, 924; BGHZ 70, 86, 93 = WM 1978, 137 = NJW 1978, 538; BGHZ 49, 24, 26 = WM 1967, 1214 = NJW 1968, 33.

878 Insbesondere BGHZ 70, 86, 94 = WM 1978, 137 = NJW 1978, 538; so auch BGH (IX ZS) WM 2002, 951, 953.

879 BGHZ 93, 307, 314 = WM 1985, 563, 565; abl Blaurock EWiR § 355 HGB 1/85; Canaris ZIP 1985, 592, 595.

880 Vgl dazu Rz 80 ff.

muss alle für die Berechnung nötigen Buchungsbeträge und Wertstellungsdaten offen legen[881]. Dabei reicht es nicht aus, dass die Bank nur die Aktivposten darlegt und es dem Kunden überlässt, die Passivposten darzutun. Die Bank hat vielmehr unter Einschluss aller von ihr akzeptierten Passivposten so vorzutragen, dass das Gericht die eingeklagte Saldoforderung rechnerisch nachvollziehen und überprüfen kann. Etwas anderes ergibt sich auch nicht aus einer anderen Entscheidung des BGH[882]. Wenn es dort heißt, der Gläubiger des Überschusses habe die Aktivposten zu begründen, der Gegner die Passivposten, so sind damit, wie insbesondere auch der dort herangezogenen Entscheidung[883] zu entnehmen ist, nur die streitigen Posten gemeint[884]. Ein schlüssiger Vortrag der Bank erfordert allerdings nicht stets eine gesonderte Darlegung jeder einzelnen in das Kontokorrent eingestellten Forderung vom Beginn des Kontokorrentverhältnisses an. Die Bank kann sich vielmehr, insbesondere wenn der Kontokorrentsaldo für einen bestimmten Zeitpunkt vorprozessual nicht streitig war, (zunächst) auf die Darlegung dieses Saldos und der danach noch etwa eingetretenen Änderungen beschränken. Näheres Vorbringen zu den einzelnen im Saldo zusammengefassten gegenseitigen Forderungen ist erst dann und insoweit geboten, als der Kunde den Saldo – global oder unter Angabe von Einzelheiten – bestreitet. Erst dadurch wird der Vortrag der Bank zum Saldo nämlich unklar und lässt den Schluss auf die Entstehung des geltend gemachten Anspruchs nicht mehr zu[885]. Eine Bank, die sich auf den späteren Untergang einer unstreitigen Kontoforderung beruft, trägt die Beweislast dafür, dass das Konto zu Recht mit den in Rechnung gestellten Beträgen belastet wurde[886].

Macht der Gläubiger diesen Überschuss geltend, ohne dass es zu einem Anerkenntnis durch den (Überschuss-)Schuldner gekommen ist, so trifft ihn die uneingeschränkte Darlegungslast für die Aktivposten, also Ansprüche und Leistungen, die dem geltend gemachten Saldo zu Grunde liegen[887]. Der Schuldner hat demgegenüber die Passivposten zu beweisen[888]. Ohne Anerkenntnis des errechneten Saldos durch den Schuldner bei Abschluss einer Rechnungsperiode oder bei Beendigung der Geschäftsverbindung kann der Überschussgläubiger den sog kausalen Saldo (vgl HGB § 355 Abs 3) nur in der Weise begründen, dass er, ausgehend vom letzten anerkannten Saldo, die in die Abrechnung einbezogenen Einzelansprüche und Leistungen im Einzelnen darlegt und beweist[889]. 210

o) **Geltendmachung des Saldos**. Wer einen Überschuss aus laufender Rechnung begehrt, muss diesen rechnerisch nachvollziehbar aufzeigen. Er kann sich darauf beschränken, das letzte Saldoanerkenntnis und etwaige danach eingetretene Veränderungen des Saldos darzutun. Knüpft er nicht an ein Saldoanerkenntnis an, muss er zur Geltendmachung des Überschusses nach HGB § 355 Abs 3 vollumfänglich auf die in das Kontokorrent eingestellten Einzelforderungen zurückgreifen. Dazu reicht es nicht aus, dass er nur die Aktivposten darlegt und es der Gegenseite überlässt, die Passivposten darzutun. Vielmehr hat er im Hinblick auf sämtliche Kontobewegungen so vorzutragen, dass das Gericht die geltend gemachte Saldoforderung in allen ihren Grundlagen überprüfen kann[890]. Für streitige Positionen gilt, dass der Gläubiger des Überschusses die Aktiv- 211

881 BGH WM 1991, 1294 = NJW 1991, 2908 = ZIP 1991, 867; vgl dazu EWiR 1991, 805 (Koller/Senftleben); BGH WM 1983, 704 = NJW 1983, 2879 = ZIP 1983, 784.
882 BGHZ 105, 263 = WM 1988, 1717 = NJW 1989, 300 = ZIP 1988, 1445; vgl dazu EWiR 1989, 255 (Schwark).
883 BGH WM 1988, 1298 = NJW 1989, 159 = ZIP 1988, 1102; vgl dazu EWiR 1988, 1081 (Schütze).
884 BGH WM 1991, 1294 = NJW 1991, 2908 = ZIP 1991, 867; vgl dazu EWiR 1991, 805 (Koller/Senftleben).
885 BGH WM 1991, 1294 = NJW 1991, 2908 = ZIP 1991, 867; vgl dazu EWiR 1991, 805 (Koller/Senftleben).
886 BGH WM 1993, 1585 = NJW-RR 1993, 1266 = ZIP 1993, 1230; vgl dazu EWiR 1994, 71 (Kowalski); BGH WM 1988, 402 = NJW-RR 1988, 749 = ZIP 1988, 699; vgl dazu EWiR 1988, 383 (Koller).
887 BGH WM 1984, 489; BGH WM 1983, 704, 705 = NJW 1983, 2879; BGH WM 1982, 291, 292; BGH WM 1976, 505, 506; BGH WM 1973, 1014, 1015.
888 BGH WM 1976, 505, 506; BGHZ 49, 24, 26 = WM 1967, 1214 = NJW 1968, 33.
889 BGH WM 1985, 969, 971 = NJW 1985, 3007.
890 Koblenz WM 1997, 1566 =WuB I F 1a.-17.87 (Heemann); Karlsruhe WM 1998, 1178.

und der Gegner die Passivposten zu begründen hat[891]. Sofern und solange der Schuldner einen Saldo zu einem bestimmten Stichtag nicht bestreitet, reicht dessen Darlegung für die Schlüssigkeit der Klage aus[892].

212 Den Ausgleich eines nicht anerkannten debitorischen Tagessaldos hat der Schuldner zu beweisen. Wird statt dessen der Bürge in Anspruch genommen, so ist er in gleicher Weise beweisbelastet wie der Hauptschuldner. Das folgt aus der Akzessorietät der Bürgschaft. Seine bisherige gegenteilige Auffassung[893] hat der IX. Zivilsenat ausdrücklich aufgegeben[894].

213 Der Gesellschafter einer BGB-Gesellschaft haftet für die während seiner Mitgliedschaft entstehenden Salden aus einem Kontokorrentverhältnis. Bei seinem Ausscheiden haftet er in Höhe des hypothetischen Saldos zur Zeit des Ausscheidens. Eine AGB-Klausel, dass ausgeschiedene Gesellschafter auch für Verbindlichkeiten der BGB-Gesellschaft, die erst nach dem Ausscheiden entstanden sind, bis zur Anzeige des Ausscheidens gegenüber dem Kreditinstitut haften, ist nicht zu beanstanden[895].

214 Auch wenn ein Saldoanerkenntnis fehlt, ist eine Teilklage, mit der ein Teilbetrag des kontokorrentrechtlichen Überschusses nach HGB § 355 Abs 3 geltend gemacht wird, im Sinne von ZPO § 253 Abs 2 Nr 2 hinreichend bestimmt[896].

Erst das **abstrakte Anerkenntnis des Saldos** durch den belasteten Teil ermöglicht als eine vom Schuldgrund der Einzelforderungen losgelöste neue und selbstständige Rechtsgrundlage dem Überschussgläubiger eine vereinfachte Rechtsverfolgung, indem er sich darauf beschränken kann, den anerkannten Saldo geltend zu machen[897].

215 p) **Beendigung des Kontokorrentverhältnisses**. Ein Bankkontokorrentverhältnis erlischt nicht erst mit dem Ende der erfassten Geschäftsbeziehung, sondern es kann von beiden Teilen grundsätzlich jederzeit auch gesondert gekündigt werden (HGB § 355 Abs 3). Nach der Beendigung des Kontokorrentverhältnisses haben spätere „Saldierungen" des Gläubigers keine kontokorrentmäßigen Folgen mehr[898]. Andererseits führt das Fälligwerden des Rückerstattungsanspruchs eines im Kontokorrent abgewickelten Kredits in einem bestimmten Zeitpunkt nicht notwendig zur Beendigung des Kontokorrentverhältnisses. Entscheidend ist vielmehr der Wille der Parteien. Für eine stillschweigende Verlängerung des Kredits, jedenfalls aber für eine Weiterführung des Kontokorrentverhältnisses, kann nicht nur die Art sprechen, in der die Sparkasse das Konto weiterführte und Zinsen berechnete, sondern aufseiten des Kunden auch die Tatsache, dass noch Überweisungen von dem Konto erfolgten, ein vollständiger Kontoausgleich aber nicht vorgenommen wurde[899]. Die Beantwortung der Frage, ob ein Kontokorrentverhältnis mit einer Bank stillschweigend aufgelöst werden kann, obwohl das Girokonto noch besteht, richtet sich nach dem Willen der Vertragsparteien. Wer einen solchen (Auflösungs-)Willen behauptet, ist dafür beweispflichtig. Der Umstand, dass auf einem Kontokorrentkonto mehrere Jahre lang keine oder nur unerhebliche Kontobewegungen stattgefunden haben, spricht nicht ohne weiteres gegen die Fortdauer des Kontokorrentverhältnisses[900]. Mit der Beendigung des Kontokorrentverhältnisses endet das Recht zur Zinseszinsberechnung aus HGB § 355 Abs 1; der Gläubiger kann danach vom Schlusssaldo nur noch Verzugszinsen, aber keine Zinseszinsen mehr verlangen. An dieser Recht-

891 BGH WM 1996, 192 = WuB I F 1a.-7.96 (Tiedtke) = ZIP 1996, 222 = NJW 1996, 719; vgl dazu EWiR 1996, 877 (Büchler).
892 Oldenburg NJW-RR 1995, 1074.
893 BGH ZIP 1985, 984.
894 BGH WM 1996, 192 = WuB I F 1a.-7.96 (Tiedtke) = ZIP 1996, 222 = NJW 1996, 719; vgl dazu EWiR 1996, 877 (Büchler).
895 Karlsruhe WM 1998, 1178.
896 Karlsruhe WM 1998, 1178.
897 BGH WM 1983, 704, 705 = WM 1983, 2879; RG JW 1927, 378, 380.
898 BGH WM 1987, 897 = NJW-RR 1987, 1186 = ZIP 1987, 1037; vgl dazu EWiR 1987, 765 (Koller).
899 BGH WM 1987, 897 = NJW-RR 1987, 1186 = ZIP 1987, 1037; vgl dazu EWiR 1987, 765 (Koller); BGH WM 1987, 342.
900 BGH WM 1984, 426 = ZIP 1984, 424.

sprechung hat der BGH[901], auch nachdem er einer Kreditbank das Recht zugebilligt hatte, als Schadensersatz nach §§ 286, 288 Abs 2, 289 Satz 2 aF, nunmehr §§ 280 Abs 1 und 2, 286, 288 Abs 3, 289 Satz 2 eine Verzinsung von Zinsrückständen zu verlangen, weiterhin festgehalten.

Auch mit der **Insolvenzeröffnung** (Konkurseröffnung) über das Vermögen des Kontoinhabers endet das Kontokorrentverhältnis und das Giroverhältnis mit einem Kreditinstitut von selbst[902]. Für die Zeit danach scheidet deshalb ein Saldoanerkenntnis des (Gemein-)Schuldners aus[903]. Auf die Schutzwirkung von InsO § 116 (KO § 23 Abs 2) und § 674 kann sich die Bank in Bezug auf das Kontokorrentverhältnis auch bei Gutgläubigkeit nicht berufen. Daher darf die Bank, bei der einen Tag nach Insolvenzeröffnung eine Überweisung für den Gemeinschuldner eingeht, diesen Betrag nicht mit dem Schuldsaldo auf dem Konto des Gemeinschuldners verrechnen[904]. Benutzt der Insolvenzverwalter das Konto weiter, so ist der ihm eingeräumte Kontokorrentkredit nicht mit dem früher der Gemeinschuldnerin gewährten identisch. Eine vor Insolvenzeröffnung bestellte Grundschuld zur Sicherung von Forderungen gegen die Gemeinschuldnerin haftet nicht für Ansprüche auf Ersatz späterer Aufwendungen, die auf Anweisungen des Insolvenzverwalters beruhen[905]. Mit der Beendigung des Kontokorrentvertrags wird der Anspruch auf einen etwaigen Überschuss – als sog kausaler Saldo –[906] sofort und ohne vorherige Feststellung und Anerkennung fällig. Das ergibt sich für eine Kündigung unmittelbar aus HGB § 355 Abs 3, muss aber angesichts der insoweit gleichen Interessenlage auch für die anderen Beendigungsgründe und damit insbesondere für die Insolvenzeröffnung gelten. Dieser nicht mehr in der Kontokorrentbindung stehende Anspruch auf den saldenmäßigen Überschuss ist unbeschränkt – auch im Voraus – abtretbar und pfändbar[907]. 216

Die Kenntnis, die der Kassierer einer Großbankfiliale bei Erfüllung der ihm übertragenen Aufgaben von der Zahlungseinstellung des späteren Gemeinschuldners erlangt hat, ist der Bank auch ohne Unterrichtung ihres Repräsentanten zuzurechnen. Sie kann sich nicht darauf berufen, dass andere Angestellte der Filiale bei nachfolgenden den Gemeinschuldner betreffenden Rechtshandlungen oder Rechtsgeschäften nichts von der Zahlungseinstellung gewusst hätten. Nach diesen Grundsätzen unterlagen die Einstellung von Gutschriften für überwiesene Gelder und Scheckerlöse in das debitorische Konto des Gemeinschuldners der Insolvenzanfechtung, weil der Kassierer anlässlich der Einzahlung von Bargeld von Angestellten des Gemeinschuldners Kenntnis von der Zahlungseinstellung erlangt hatte[908]. 217

Endet bei einem Gemeinschaftskonto in der Form des sog **„Oder-Konto"** (AGB der Banken aF Nr 2 Abs 3 = AGB der Sparkassen aF Nr 2) das Giro- und Kontokorrentverhältnis **mit einem Mitinhaber** infolge Insolvenzeröffnung, wird davon das Giro- und Kontokorrentverhältnis zu dem anderen Kontoinhaber nicht berührt[909]. Das Kreditinstitut ist daher berechtigt, nach der Insolvenzeröffnung eingehende Beträge im fortbestehenden Kontokorrent zu berücksichtigen und mit einem Schuldsaldo zu verrechnen. 218

901 BGH WM 1993, 586 = NJW 1993, 1260 = ZIP 1993, 421; vgl dazu EWiR 1993, 349 (Habersack); BGH WM 1991, 60 = NJW 1991, 1286 = ZIP 1991, 155; vgl dazu EWiR 1991, 151 (Bülow); BGH WM 1987, 897 = NJW-RR 1987, 1186 = ZIP 1987, 1037; vgl dazu EWiR 1987, 765 (Koller).

902 BGHZ 130, 19 = WM 1995, 1397 = NJW 1995, 2553 = ZIP 1995, 1244; vgl dazu Reich/Schmitz NJW 1995, 2533; BGH WM 1995, 745 = NJW 1995, 1483 = ZIP 1995, 659; vgl dazu EWiR 1995, 591 (Neuhof); Paulus WuB VI B § 59 KO 1.95; BGH WM 1991, 1915 = NJW 1992, 112 = ZIP 1991, 1586; vgl dazu EWiR 1992, 757 (Ebenroth); BGH WM 1991, 60 = NJW 1991, 1286 = ZIP 1991, 155; vgl dazu EWiR 1991, 151 (Bülow); BGHZ 74, 253 = WM 1979, 719 = NJW 1979, 1658; BGHZ 70, 86 = WM 1978, 137 = NJW 1978, 538.

903 BGH WM 1985, 969, 971 = NJW 1985, 3007.

904 BGHZ 74, 253 = WM 1979, 719 = NJW 1979, 1658.

905 BGH WM 1991, 60 = NJW 1991, 1286 = ZIP 1991, 155; vgl dazu EWiR 1991, 151 (Bülow).

906 S Rz 207.

907 BGHZ 70, 86 = WM 1978, 137 = NJW 1978, 538.

908 BGH WM 1984, 1309 = NJW 1984, 1953 = ZIP 1984, 809.

909 BGHZ 95, 185 = WM 1985, 1059 = NJW 1985, 2698.

219 Mit der Eröffnung des **Vergleichsverfahrens** endete die laufende Rechnungsperiode eines Kontokorrents; der für die Zeit der Eröffnung errechnete Passivsaldo des Vergleichsschuldners war Vergleichsforderung. Eine Verrechnung von später eingehenden Beträgen aufgrund einer vor der Eröffnung des Verfahrens vereinbarten Kontokorrentabrede ist deshalb unzulässig[910]. Eine Bank, bei der der Vergleichsschuldner ein debitorisches Girokonto unterhält, kann jedoch gegen dessen Forderungen aus Gutschriften, die auf Geldeingängen zwischen der Vergleichsantragstellung oder dem Erlass eines allgemeinen Veräußerungsverbots und der Eröffnung des Vergleichsverfahrens beruhen, mit ihrer Forderung aus dem Schuldsaldo wirksam aufrechnen[911].

220 q) **Kündigung**. Zur Fälligstellung der kontokorrentgebundenen Forderung ist die Kündigung des Kontokorrentverhältnisses entbehrlich, wenn es nicht um die Rückzahlung eines Kontokorrentkredits, sondern eines reinen Überziehungskredits geht. Bei einer ungenehmigten Kontoüberziehung kann die Bank auch ohne Kündigung jederzeit die Rückzahlung verlangen[912]. Verweigert der Kontoinhaber die Entgegennahme der Kündigungserklärung der Bank, so gilt diese als im Zeitpunkt des Angebots zur Aushändigung zugegangen[913].

221 7. **Sonstiges**. Eine **„bankbestätigte Zahlungsanweisung"** auf einer Finanzierungsbestätigung für ein Bauvorhaben kann als eine akkreditiv-ähnliche abstrakte Zahlungsverpflichtung gem § 780 der Bank gegenüber den Bauherren ausgelegt werden[914]. Um ein selbstständiges Schuldversprechen soll es sich handeln, wenn eine Bank einen **unwiderruflichen Auftrag zur Zahlung von Geld an einen Dritten** annimmt und dem Dritten den unwiderruflichen Zahlungsauftrag bestätigt[915].

§ 782 Formfreiheit bei Vergleich

Wird ein Schuldversprechen oder ein Schuldanerkenntnis auf Grund einer Abrechnung oder im Wege des Vergleichs erteilt, so ist die Beobachtung der in den §§ 780, 781 vorgeschriebenen schriftlichen Form nicht erforderlich.

ÜBERSICHT

910 BGH WM 1977, 499 = NJW 1977, 1346.
911 BGHZ 99, 36 = WM 1987, 603 = NJW 1987, 1883 = ZIP 1987, 626; vgl dazu EWiR 1987, 823 (Grub).
912 Karlsruhe WM 1998, 1178 = WuB I C 1.-2.98 (Gößmann).
913 Karlsruhe WM 1998, 1178 = WuB I C 1.-2.98 (Gößmann).
914 Schleswig WM 1980, 48, 49.
915 WM 1978, 124, 125; vgl dazu auch Schäfer, Unwiderrufliche Zahlungsaufträge, BankArch 37, 50.

I. Ausnahmen von der Schriftform

1. **Zweck der Befreiung von der Schriftform.** Die Vorschrift regelt für Schuldversprechen (§ 780) oder Schuldanerkenntnis (§ 781) eine **Ausnahme von der gesetzlichen Schriftform** (§ 126 Abs 1), wenn sie „auf Grund einer Abrechnung oder im Wege eines Vergleichs" erteilt worden sind. Der gesetzgeberische Grund für diese Ausnahmen, die erst auf Initiative der 2. Kommission aufgenommen worden sind[1], ist auf den Zweck zurückzuführen, den das Gesetz mit der Schriftform bei Schuldversprechen oder Schuldanerkenntnis verfolgt. Insoweit steht nämlich nicht der Schutz des Schuldners vor einer übereilt eingegangenen Verpflichtung, sondern der Gedanke im Vordergrund, die Rechtssicherheit durch **Schaffung klarer Beweisverhältnisse** zu fördern[2]. Da der Verpflichtungswille eines Schuldners, der abgerechnet oder sich verglichen hat, sich mit hinreichender Sicherheit aus dem Zweck dieser Erklärung feststellen lasse, ist nach Ansicht des Gesetzgebers[3] bei einer Verpflichtung aufgrund einer **Abrechnung** oder eines **Vergleichs** (§ 779) keine schriftliche Festlegung erforderlich[4]. Außerdem bestehe für die Formfreiheit ein dringendes praktisches Bedürfnis, da den beteiligten Verkehrskreisen andernfalls eine „lästige und oft genug nicht zu hebende Schwierigkeit" bereitet würde[5]. 1

2. **Weitere Ausnahmen von der Schriftform.** Um den Handelsverkehr zu erleichtern und dessen Bedürfnis nach einfacher und schneller Geschäftsabwicklung Rechnung zu tragen, stellt HGB § 350 das Schuldversprechen oder Schuldanerkenntnis von der Schriftform der §§ 780, 781 frei, wenn aufseiten des Schuldners ein Handelsgeschäft vorliegt (HGB §§ 343, 344)[6]. Der Schuldner muss Kaufmann im Sinne von HGB §§ 1 ff sein. 2

BGB § 782 und HGB § 350 lassen freilich Formerfordernisse unberührt, die sich für ein Schuldversprechen oder ein Schuldanerkenntnis aus anderen Vorschriften (zB §§ 311 b Abs 1, 518 Abs 1 Satz 2, 2301) ergeben können[7]. 3

II. Kausales Schuldanerkenntnis

§ 782 meint nur abstrakte Anerkenntnisverträge, denn die ausnahmsweise Befreiung von der Schriftform ergibt bei **kausalen Schuldanerkenntnisverträgen**, bei denen ein Abrechnungs- oder Vergleichszweck Vertragsinhalt geworden ist, keinen Sinn, weil sie ohnehin nicht der Schriftform nach §§ 780, 781 unterliegen[8]. § 782 stellt den kausalen Schuldanerkenntnisverträgen also hinsichtlich der Form diejenigen Verpflichtungsverträge gleich, die zu einer gegenüber Abrechnung oder Vergleich abstrakten Verbindlichkeit führen. Damit wird für die Rechtspraxis die Prüfung entbehrlich, ob die Verpflichtung, die im Einzelfall aufgrund oder im Wege Vergleichs oder Abrechnung eingegangen worden ist, abstrakt oder kausal vereinbart worden ist. 4

Die Anerkennung des durch die Abrechnung ermittelten Endbetrags kann grundsätzlich auch durch kausalen Anerkenntnisvertrag geschehen, vor allem wenn die anerkannte Forderung dem Streit der Parteien entzogen oder eine Ungewissheit über die Forderungen beseitigt werden soll[9]. Den Interessen der Parteien nach Rechtssicherheit und dem wirtschaftlichen Sinn der Abrechnung wird der kausale Anerkennungsvertrag freilich nicht gerecht; denn die Reichweite des Einwendungsausschlusses hängt von der jeweiligen Auslegung ab und der erforderliche Rückgriff auf die einzelnen Forderungen mit ihren rechtlichen Eigenschaften widerspricht der beabsichtigten Vereinheitlichung und Klarstellung[10]. 5

1 Protokolle S 509 = Mugdan II, S 1045.
2 S §§ 780, 781 Rz 20.
3 Protokolle Mugdan II, S 1045; Denkschrift, ebenda, S 1263.
4 Ebenso BGHZ 121, 1, 5 = WM 1993, 287, 288 = ZIP 1993, 100; Reinicke NJW 1970, 885, 887.
5 Protokolle S 509 = Mugdan II, S 1045.
6 BGHZ 121, 1, 5 = WM 1993, 287, 288.
7 S dazu §§ 780, 781 Rz 24.
8 Vgl §§ 780, 781, Rz 23.
9 K P Berger, Der Aufrechnungsvertrag, 1996, S 181.
10 Zutreffend K P Berger, Der Aufrechnungsvertrag, 1996, S 183.

III. Abrechnung

6 Eine Abrechnung, die gemäß § 782 ein „auf Grund“ ihrer erteiltes Schuldanerkenntnis oder Schuldversprechen formlos wirksam sein lässt, setzt eine unter Mitwirkung von Gläubiger und Schuldner **vertragsmäßig stattfindende Feststellung der Schlusssumme** aus mehreren Einzelposten voraus, deren rechnerisches Ergebnis den betragsmäßigen Stand des Schuldverhältnisses wiedergibt[11]. Die Höhe der Verbindlichkeit wird also unter Mitwirkung beider Teile festgestellt. Eine solche Abrechnung soll die Rechtsbeziehungen vereinfachen und dient vor allem dem Zweck, die betragsmäßige Grundlage des nach § 782 nicht formbedürftigen Schuldanerkenntnisses zu ermitteln[12]. Eine bloß einseitige Abrechnung als Grundlage eines Schuldanerkenntnisses kann sich bei Saldoanerkenntnis im Kontokorrentverhältnis ergeben[13].

7 Von einer **Abrechnung im engeren Sinne** spricht man, wenn auf beiden Seiten Forderungen bestehen und deshalb im Zuge der Abrechnung ein **Aufrechnungsvertrag** geschlossen wird, der auf die Tilgung der sich gegenüberstehenden Forderungen gerichtet ist[14]. § 782 setzt aber keine solche verrechnende Abrechnung voraus, sondern versteht unter einer Abrechnung auch die vertragsmäßige Feststellung (Berechnung) einer Reihe von **nur Schuldposten der einen Seite** aus einem oder mehreren Schuldverhältnissen durch Addition auf einen Gesamtbetrag der Forderung des Gläubigers[15]. Dies liegt beispielsweise vor, wenn ein Versandhaus mit einem sog Sammelbesteller eine Aufstellung über die von ihm selbst und seinen Mitbestellern bezogenen Waren erarbeitet[16]. Eine Abrechnung verlangt immer, dass **mehrere Einzelposten** zusammenzurechnen sind[17]. Auch wenn die Beteiligten eine Nichtschuld als vermeintlich bestehend einbezogen haben, liegt eine Abrechnung im Sinne des § 782 vor[18]. An mehreren Posten fehlt es beispielsweise, wenn die Parteien sich lediglich über die Provision für die Vermittlung eines Geschäfts einig geworden sind[19]. Deshalb ist bei einer Provisionsabrechnung des Handelsvertreters nach HGB § 87 c Abs 1 keine solche Abrechnung gegeben[20]. Auch eine Gehaltsabrechnung des Arbeitgebers ist keine Abrechnung im Sinne des § 782, da der Arbeitnehmer nicht mitwirkt, sie also nicht vertragsgemäß stattfindet[21].

8 Wichtigstes Beispiel für ein Schuldanerkenntnis aufgrund einer Abrechnung ist im Allgemeinen das **Saldoanerkenntnis im Periodenkontokorrent**[22]. Eine vertragliche Abrechnung im Sinne des § 782 zB als Voraussetzung eines formfreien **Saldoanerkenntnisses** kommt vor allem in Betracht, wenn die Beteiligten vorab für ihre Geschäftsverbindung **keine Kontokorrentvereinbarung** (HGB § 355) getroffen haben[23]. Denn auch ohne Kontokorrentvereinbarung können die Partner einer laufenden Geschäftsverbindung in einem bestimmten Zeitpunkt **abrechnen** und eine Einzelvereinbarung treffen[24], der die **Wirkung eines Saldoanerkenntnisses** im Kontokorrent zukommt.

11 BGH WM 1975, 1233; RG JW 1908, 31; RGZ 102, 103; RGZ 95, 18, 20; RGZ 49, 38, 41; K P Berger, Der Aufrechnungsvertrag, 1996, S 177.
12 RGZ 95, 18, 20.
13 RG JW 1935, 2355. S auch Rz 9.
14 K P Berger, Der Aufrechnungsvertrag, 1996, S 178.
15 BGH WM 1957, 213, 214; RGZ 95, 18, 19; RG JW 1908, 31. Nach K P Berger, Der Aufrechnungsvertrag, 1996, S 178, soll hier die rechtsgeschäftliche Einigung nicht erforderlich sein. Sein Hinweis auf RG JW 1935, 2355, 2365 trägt nicht, weil das Urteil sich insoweit auf das Kontokorrentverhältnis bezieht.
16 Köln NJW-RR 1996, 42, 43.
17 BGH WM 1957, 213, 214; RGZ 95, 18, 19; RG JW 1908, 31.
18 Zum Bereicherungsausgleich s Rz 21.
19 BGH WM 1957, 213, 214.
20 Vgl K P Berger, Der Aufrechnungsvertrag, S 192; Seetzen WM 1985, 213; Stötter DB 1983, 867.
21 BAG DB 1987, 1694, 1695.
22 RG JW 1935, 2355, 2556. S auch Rz 10.
23 BGH WM 1973, 1014.
24 BGH WM 1986, 50; Frankfurt/M WM 1987, 355.

IV. Kontokorrentverhältnis

Mit der Kontokorrentabrede (HGB § 355) über eine Geschäftsverbindung ist eine **(antizipierte) Verrechnungsvereinbarung** verbunden, sodass auch hier die Anerkennung des periodischen Saldos **(Saldoanerkenntnis)** ein Schuldanerkenntnis (§ 781) aufgrund einer Abrechnung im Sinne von § 782 ist. Im Kontokorrentverhältnis nimmt zwar eine Vertragspartei eine Abrechnung vor und erzielt das Ergebnis, der andere Teil muss aber nicht dabei mitwirken oder auch nur davon Kenntnis haben; so kann beispielsweise ein Bankkunde auf die Übersendung von Kontoauszügen verzichten und gleichwohl einen von der Bank errechneten Saldo anerkennen[25]. Wegen HGB § 350[26] ist dies hinsichtlich der Formfreiheit des Schuldanerkenntnisses aber nur für den nichtkaufmännischen Partner von Bedeutung[27]. 9

Beim als **Periodenkontokorrent** im Sinne von HGB § 355 ausgestalteten kaufmännischen Kontokorrentverhältnis ist der Wille der Parteien außerdem darauf gerichtet, die gegenseitigen Forderungen und Leistungen bis zur periodischen Abrechnung als bloße Rechnungsposten zu behandeln, und das Ergebnis der jeweiligen Abrechnungen als eine von den Rechnungsposten unabhängige eigene Verbindlichkeit durch Saldoanerkenntnis begründet[28]. 10

V. Abschluss des Abrechnungs- und abstrakten Verpflichtungsvertrags

Entscheidend für das Zustandekommen eines formfreien abstrakten Schuldanerkenntnisses (§ 781) ist der Wille, das Ergebnis der Abrechnung oder des Vergleichs zur selbstständigen (abstrakten) Verpflichtung zu erheben[29]. Soll der (Überschuss-)Gläubiger sich zur Rechtfertigung seines Anspruchs vereinbarungsgemäß nur noch auf das in der Abrechnung enthaltene Leistungsversprechen berufen müssen, also ein Abrechnungsergebnis erzielt werden, an dem nicht mehr gerüttelt werden kann, so folgt daraus der Wille der Vertragsschließenden, eine vom bisherigen Schuldgrund losgelöste Forderung zu begründen[30]. Dies entspricht regelmäßig dem Interesse der Parteien an einer Vereinfachung der Forderungen, die der Abrechnung zu Grunde liegen[31]. 11

Ob in der Übersendung einer einseitigen Abrechnung der **Antrag auf Abschluss eines Abrechnungs- und Verpflichtungsvertrags** zu sehen ist, ist durch **Auslegung** (§§ 133, 157) zu ermitteln. Meistens ist die Übersendung der Abrechnung mit dem Antrag auf **Abschluss des abstrakten Verpflichtungsvertrags** verbunden[32], dessen Annahme dann auch durch schlüssiges Verhalten (§ 151) erfolgen kann. So kann in der Erklärung des Schuldners, er könne nur in Raten zahlen[33], oder in der Erbringung von Abschlagszahlungen[34] oder in der Fortsetzung des Rechnungsverhältnisses unter Vortrag des Saldos das Einverständnis mit dem Abschluss des Verpflichtungsvertrags[35] liegen. Nach dem BGH[36] kann die empfangende Partei den Antrag auf Abschluss des Abrechnungs- und abstrakten Verpflichtungsvertrags nur hinsichtlich ihrer Habenposten annehmen und ihre Sollposten weiter bestreiten. Die Abrechnung ist aber regelmäßig als Einheit gemeint, die wie jedes andere Vertragsangebot nicht nur in den günstigen Teilen angenommen werden kann. Nach dem OLG Saarbrücken[37] ist die Klausel in einem Handelsvertretervertrag, dass Kontoauszüge über Provisionsabrechnungen als anerkannt gelten, wenn der Handelsvertreter nicht binnen einer bestimmten Frist widerspricht, wirksam. 12

25 RG JW 1935, 2355, 2556.
26 S hierzu Rz 2.
27 BGH WM 1973, 1014; BGH WM 1968, 967; BGH WM 1959, 81; BGH WM 1958, 620; RGZ 123, 384; RGZ 117, 34; RGZ 105, 234; RGZ 88, 375; RGZ 87, 438; RGZ 76, 331. S auch §§ 780, 781 Rz 23.
28 S §§ 780, 781 Rz 188 ff.
29 BGH WM 1957, 213, 214; RGZ 95, 18; RGZ 71, 125; LG Bremen FamRZ 1963, 658; K P Berger, Der Aufrechnungsvertrag, 1996, S 183.
30 BGH WM 1986, 50, 51; BGH WM 1975, 1233; BGH WM 1968, 620, 621; BGH WM 1967, 824, 825.
31 K P Berger, Der Aufrechnungsvertrag S 184.
32 BGH WM 1967, 1163; zur Auslegung Rz 9.
33 RGZ 71, 102.
34 RG JW 1935, 2355; RGZ 95, 18, 20.
35 BGH WM 1958, 620.
36 WM 1967, 1163.
37 DB 1985, 2399.

13 In der bloßen Übersendung einer Gesamtrechnung über mehrere Einzelleistungen dürfte ein Wille zur Begründung einer selbstständigen Verpflichtung im Zweifel nicht vorliegen. Dagegen soll bei laufender Rechnung oder dem uneigentlichen Kontokorrent mit der regelmäßigen Erteilung von Abrechnungen die vergangene Periode jeweils abgeschlossen und ein Zurückgehen auf die einzelnen Schuldbeziehungen entbehrlich werden, so dass hier der Wille zur Begründung eines selbstständigen Schuldtitels angenommen werden kann[38]. Auch Aufmaß und Abrechnung, die nach Bauerrichtung durch Architekt oder Bauherrn und Bauunternehmer gemeinsam vorgenommen werden, sind Schuldanerkenntnis aufgrund Abrechnung[39]. Der bauleitende Architekt ist bevollmächtigt, eine derartige Vereinbarung mit Wirkung für und gegen den Bauherrn abzuschließen[40]. Auch ein Auseinandersetzungsvertrag kann ein Schuldanerkenntnis aufgrund Abrechnung oder Vergleichs enthalten[41].

14 Das **Schweigen auf Rechnungsabschlüsse und Saldomitteilungen** kann grundsätzlich nicht als **Annahmeerklärung** (Annahme des Angebots auf Abschluss eines Anerkenntnisvertrages) ausgelegt werden. Auch durch Schweigen auf eine übersandte Abrechnung kommt kein Anerkenntnisvertrag zu Stande[42]. Denn Schweigen gilt nämlich im rechtsgeschäftlichen Verkehr nicht ohne weiteres als Zustimmung[43]. Anders kann es sein, wenn etwa in Allgemeinen Geschäftsbedingungen unter Beachtung von § 308 Nr 5 (früher: AGB-Ges § 10 Nr 5) das Schweigen als eine Genehmigung vereinbart worden ist[44].

15 Hat der eine Teil aufgrund der Abrechnung anerkannt, den festgestellten Betrag zu schulden, so ist damit gleichzeitig auch das **negative Schuldanerkenntnis** (§ 397 Abs 2) des anderen Teils verbunden, dass er andere als die in Rechnung gestellten Forderungen nicht habe[45]. Diese Auslegung entspricht dem Sinn der Abrechnung, durch eine Berechnung oder vertragliche Aufrechnung für beide Teile eine endgültige Klärung zu schaffen[46]. Ein negatives Schuldanerkenntnis aufgrund einer Abrechnung ist in einem Auseinandersetzungsvertrag vereinbart, wenn der eine Teil, der Aufwendungen gemacht hat, anerkennt, dass der andere Teil diese nur zur Hälfte schuldet und anerkennt, die Schuld zur anderen Hälfte tragen zu müssen[47]. Für die Wirksamkeit des ohnehin nicht formbedürftigen negativen Schuldanerkenntnisses spielt es keine Rolle, dass es aufgrund einer Abrechnung vereinbart worden ist.

VI. Vergleich

16 Auch vergleichsweise abgegebene Schuldanerkenntnisse oder Schuldversprechen, die also auf ein „gegenseitiges Nachgeben" im Sinne des § 779 zurückzuführen sind, sind formfrei, weil sich nach Ansicht des Gesetzgebers der Verpflichtungswille schon aus dem Vergleich mit hinreichender Sicherheit ergibt[48]. Beim Vergleich steht das Schuldanerkenntnis im Vordergrund; es wird nämlich als eine Bezugnahme auf die bisher streitige Forderung verstanden, wenn eine Partei in der Weise nachgibt, dass sie die Anspruchsberühmung (Prätention) der anderen Seite (teilweise) „anerkennt"[49]. Der Begriff des **Vergleichs** in § 782 entspricht demjenigen des § 779. Das abstrakte Anerkenntnis im Vergleich hat die Bedeutung, die durch den Vergleich als eigenständiges kausales Geschäft dem Streit bereits entzogene Forderung dadurch zusätzlich zu „verschärfen"[50]. Ob die Parteien ein solches abstraktes Anerkenntnis wollen, hängt von dem Zweck ab, den sie mit dieser Schuldvertragsform erreichen können. Dies liegt in erster Linie mit Rücksicht auf die Beweislastumkehr in einer Klageerleichterung[51]. Mit Rücksicht auf den primären Inhalt des Vergleichs als

38 RGZ 71, 102; RG WarnR 1908 Nr 501.
39 Bamberg Rspr BauZ 2.412 Blatt 3.
40 Bamberg Rspr BauZ 2.412 Blatt 3.
41 RG JW 1911, 941.
42 Frankfurt/M WM 1987, 355.
43 BGH WM 1983, 1014.
44 BGH WM 1983, 1014.
45 BGH WM 1957, 213, 214; K P Berger, Der Aufrechnungsvertrag S 184.
46 K P Berger, Der Aufrechnungsvertrag S 184.
47 RG JW 1911, 941.
48 Vgl Rz 1; Borg, Der Vergleich, 1988, S 184.
49 Borg, Der Vergleich, 1988, S 181 Fn 2.
50 Borg, Der Vergleich, 1988, S 185.
51 Borg, Der Vergleich, 1988, S 187.

kausaler Verpflichtungsvertrag mit eigenständigem Geschäftstyp[52], der schon selbst zu einer Umkehr der Beweislast führt, wird § 782 beim Vergleich als eine weitgehend bedeutungslose Vorschrift angesehen[53].

Aufmaß und Abrechnung, die nach Bauerrichtung durch Architekt oder Bauherrn und Bauunternehmer gemeinsam vorgenommen werden, werden als Schuldanerkenntnis aufgrund Vergleichs ausgelegt[54], wenn die Vertragsparteien im Wege gegenseitigen Nachgebens zu einem Einverständnis kommen. Der bauleitende Architekt ist regelmäßig bevollmächtigt, eine derartige Vereinbarung mit Wirkung für und gegen den Bauherrn abzuschließen[55]. Auch ein Auseinandersetzungsvertrag kann bei gegenseitigem Nachgeben ein Schuldanerkenntnis aufgrund Vergleichs enthalten[56]. **17**

VII. Verhältnis des Schuldversprechens oder Schuldanerkenntnisses zu Abrechnung oder Vergleich

Der Vorgang der Abrechnung zerfällt in **mehrere selbstständige Rechtsgeschäfte**, nämlich die Ebene der kausalen Abrechnung und diejenige des abstrakten Anerkenntnisses[57], die aber nicht selten äußerlich zusammenfallen. Die Unwirksamkeit der Abrechnung oder des Vergleichs lässt grundsätzlich das Anerkenntnis unberührt, kann aber zum Bereicherungseinwand (§§ 812, 821) führen[58]. Abrechnung und Schuldanerkenntnis sind also zwar zu unterscheiden, ein Zusammenhang ergibt sich aber daraus, dass das Schuldanerkenntnis aufgrund der Abrechnung (vgl § 782) erteilt sein muss, um formfrei rechtswirksam zu sein. Es ist missverständlich, wenn der BGH[59] nicht zwischen Abrechnung und Anerkenntnis trennt, sondern unter einer Abrechnung das vertragsgemäße Anerkenntnis oder Bekenntnis versteht, dem anderen Teil nach gepflogener Abrechnung oder Berechnung noch einen Saldo zu schulden. Es kommt nicht darauf an, ob der Gläubiger berechtigt war, zu diesem Zeitpunkt eine Abrechnung vorzunehmen[60]. **18**

Das Schuldversprechen oder Schuldanerkenntnis, das aufgrund einer Abrechnung oder eines Vergleichs erteilt worden ist, tritt im Zweifel **verstärkend** neben die Verpflichtung, die sich aus dem Vergleich ergibt oder die durch den Abrechnungsvertrag ermittelt worden ist (vgl § 364 Abs 2)[61]. So ist dies insbesondere bei der laufenden Rechnung, bei der die Einzelforderungen bestehen bleiben[62]. Der Parteiwille ist bei einem Schuldanerkenntnis aufgrund einer Abrechnung (im engeren Sinne) als vertragsmäßiger Aufrechnung gegen eine Novation gerichtet[63]. **19**

Demgegenüber soll nach umstrittener Rechtsprechung[64] das Saldoanerkenntnis beim echten Periodenkontokorrent (HGB § 355) **novierend** in dem Sinne wirken, dass künftig anstelle der ursprünglichen Verbindlichkeit nur noch der Saldo als Schuldversprechen oder Schuldanerkenntnis geltend gemacht werden kann, weil Verrechnung und Saldoanerkenntnis in einem untrennbarem Zusammenhang stünden (vgl dazu §§ 780, 781). Auch sonst kann, zB bei einem Vergleich, eine umschaffende Wirkung von den Parteien gewollt sein[65]. **20**

52 So Borg, Der Vergleich, 1988, S 190.
53 So Borg, Der Vergleich, 1988, S 190; ebenso Ebel, Berichtung, transaction und Vergleich, 1978, S 150.
54 Düsseldorf DB 1962, 933.
55 Bamberg Rspr BauZ 2.412 Blatt 3.
56 RG JW 1911, 941.
57 K P Berger, Der Aufrechnungsvertrag S 178.
58 S Rz 21.
59 WM 1957, 213, 214.
60 BGH WM 1962, 346.
61 K P Berger, Der Aufrechnungsvertrag S 185.
62 RG JW 1933, 2826 (mzustAnm E Ulmer).
63 K P Berger, Der Aufrechnungsvertrag S 186.
64 RGZ 162, 245; RGZ 132, 218; RGZ 95, 20; RGZ 88, 375; dagegen aber §§ 780, 781 Rz 89.
65 RG JW 1928, 652 (mzustAnm Oertmann); krit K P Berger, Der Aufrechnungsvertrag S 185.

VIII. Einwendung gegen die Richtigkeit der Abrechnung

21 Einwendungen gegen das abstrakte Schuldanerkenntnis oder Schuldversprechen, das aufgrund einer Abrechnung erteilt worden ist, weil die Abrechnung wegen Rechenfehlern unrichtig ist oder in die Rechnung Posten zu Unrecht aufgenommen oder nicht aufgenommen worden sind, kann der Schuldner nur im Wege der **ungerechtfertigten Bereicherung** (§§ 812 Abs 1 u Abs 2, 821) geltend machen[66]. Rechtsgrund des Anerkenntnisses ist freilich nicht die zu Grunde liegende Schuld, also der Abrechungssaldo, sondern die Zweckvereinbarung über die Abrechnung. Wird der Feststellungszweck verfehlt, weil die Abrechnung unzutreffend ist, kann kondiziert werden[67]. Den Anerkennenden trifft die Beweislast, dass eine in die Abrechnung einbezogene Schuld nicht bestand[68]. Auf das ursprüngliche Schuldverhältnis kann im Falle des § 814[69] nur dann nicht zurückgegriffen werden, wenn dies durch den Vergleich oder den Abrechnungsvertrag ausgeschlossen ist[70], weil die Parteien mit dem Anerkenntnisvertrag gleichzeitig einen Streit oder eine Unsicherheit über das bestehende Rechtsverhältnis beenden und ohne Rücksicht auf das Bestehen oder Nichtbestehen des anerkannten Anspruchs eine klare Rechtslage schaffen wollten[71]. Allein die Erteilung oder Annahme einer Abrechnung kann aber nicht als ein solcher Ausschluss ausgelegt werden[72]. Sogar die umstrittene schuldumschaffende (novierende) Wirkung des Saldoanerkenntnisses beim echten Periodenkontokorrent schließt eine Kondiktion eines unrichtigen Saldoanerkenntnisses grundsätzlich nicht aus[73]; uU kann nach der Rechtsprechung[74] trotz der Schuldumschaffung auch auf kontokorrentgebundene Einzelposten[75] zurückgegriffen werden.

22 Als maßgebender Zeitpunkt für die **Kenntnis vom fehlenden Rechtsgrund**, die den Bereicherungseinwand nach § 814 ausschließt, ist auf die Abgabe der Vertragserklärung des Bereicherungsgläubigers und nicht auf den Zeitpunkt des Zustandekommens des abstrakten Verpflichtungsvertrags abzustellen[76]. Ein Rechtsirrtum des Bereicherungsgläubigers über die von ihm anerkannte Verbindlichkeit kann dem Ausschluss des Bereicherungsanspruchs nach § 814 entgegenstehen[77].

66 BGH WM 1968, 214; BGH WM 1967, 1163; BGH WM 1958, 620; BGH WM 1957, 213; RG JW 1908, 31; Köln NJW-RR 1996, 42, 43; LAG Stuttgart BB 1962, 710; vgl auch BGH WM 2000, 1806 = DZWIR 2000, 331; BGH NJW-RR 1999, 573, 574. S dazu auch §§ 780, 781 Rz 185.
67 K P Berger, Der Aufrechnungsvertrag S 185.
68 RG JW 1908, 31, 32.
69 RG JW 1908, 31, 32.
70 BGH WM 1968, 214; RG Recht 1920 Nr 2384; Marienwerder OLG 23, 54.
71 BGH WM 2000, 1806 = DZWIR 2000, 331; BGH WM 1986, 50, 51; BGH WM 1975, 1233; BGH WM 1970, 1457, 1459.
72 BGH WM 1957, 215; Köln NJW-RR 1996, 42, 43.
73 BGH WM 1968, 214; BGH WM 1958, 620; BGH WM 1952, 345.
74 BGH BB 1955, 715; RGZ 162, 244.
75 Vgl §§ 780, 781 Rz 195 ff.
76 BGH WM 1967, 1163.
77 BGH WM 1968, 472.

Titel 23

Anweisung

Vorbemerkungen

ÜBERSICHT

Schrifttum: v Tuhr, Zur Lehre von der Anweisung, IherJb 48 (1904), 1; Senckpiehl, Das Speditionsgeschäft, 1907; Stampe, Simultantilgung von Geldschulden, AcP 107 (1911), 274; v Tuhr, Einziehungsvollmacht und Anweisung auf Schuld, BankArch XV (1915/16), 49; Loewenfeld, Die Anweisung in Gesetz und Verkehr, 1922; Ulmer, Akkreditiv und Anweisung, AcP 126 (1926), 129 u 257; Brandis, Widerruflichkeit der Anweisung, JW 1931, 2223; Koch, Banken und Bankgeschäfte, 1931; Rochu, Das Postgeheimnis und seine Wirkung im Verfahren der Zivil- und Strafprozessordnung, JW 1932, 2685; Wolff, Zur Lehre von der Anweisung, IherJb 84 (1934), 107; Ulmer, Das Recht der Wertpapiere, 1938; Enneccerus/Lehmann, Schuldrecht, 1954[14]; Godin, Über das Scheckinkasso, NJW 1958, 856; Sprengel, Die Begebung des Schecks mit faksimilierten Ausstellerunterschriften, MDR 1958, 553; Reinicke, Die Umdeutung nichtiger Wechsel, DB 1960, 1028; Käser, Der amerikanische Travellerscheck in der internationalen Rechtsprechung, ZGesKredW 1961, 196; v Caemmerer, Bereicherungsansprüche und Drittbeziehungen, JZ 1962, 385; Heinichen, Die Rechtsgrundlage des Reisescheckverkehrs, 1964; Engel, Rechtsprobleme um das Lastschriftverfahren, 1966; Kübler, Feststellung und Garantie, 1967; Beuthien, Zuwendender und Leistender – Ein kritischer Beitrag zur neuen Terminologie bei Leistungen im bereicherungsrechtlichen Dreieck, JZ 1968, 323; Lorenz, Schuldner, Gläubiger, Dritte und Bereicherungsausgleich, AcP 168 (1968), 286; Hadding, Die Klagebefugnis der Mitbewerber und der Verbände nach § 13 Abs 1 UWG im System des Zivilprozessrechts, JZ 1970, 552; Hertin, Haftungsprobleme bei Nichteinlösung durchgehandelter Lieferscheine, MDR 1970, 881; Stauder/Weisensee, Das Kreditkartengeschäft, 1970; Liesecke, Neuere Entwicklungen im internationalen Wechselrecht, WM 1971, 294; Möschel, Fehlerhafte Banküberweisung und Bereicherungsausgleich, JuS 1972, 297; Zahrnt, Die Kreditkarte unter privatrechtlichen Gesichtspunkten, NJW 1972, 1077; Canaris, Der Bereicherungsausgleich im Dreipersonenverhältnis, in: Festschr für Larenz I, 1973, S 805; Henckel, Einziehungsermächtigung und Inkassozession, in: Festschr für Larenz I, 1973, S 643; Doris, Die rechtsgeschäftliche Ermächtigung bei Vornahme von Verfügungs-, Verpflichtungs- und Erwerbsgeschäften, 1974; Wilhelm, Die Zurechnung der Leistung bei Widerruf einer Anweisung, insbesondere eines Schecks, AcP 175 (1975), 304; Wolf, Zahlungsverkehrsabkommen im Kreditgewerbe, Festschr für Bärmann, 1975, S 1057; Heile, Die Anweisung im Konkurs des Anweisenden, 1976; Schönle, Bank- und Börsenrecht, 1976[2]; Hadding, Neuere Rechtsprechung zum bargeldlosen Zahlungsverkehr, JZ 1977, 281; Köhler, Die Leistung erfüllungshalber, WM 1977, 242; Müller-Laube, Die Empfangszuständigkeit im Zivilrecht, 1977; Liesecke, Die typischen Klauseln des internationalen Handelsverkehrs in der neueren Praxis, WM 1978, Sonderbeilage Nr 3; Polke, Der Zahlungsverkehr der Banken im In- und mit dem Ausland, 1978; Wolf, SchuldR II, 1978; Kupisch, Bankanweisung und Bereicherungsausgleich, WM 1979, Sonderbeilage Nr 3; Canaris, Der Bereicherungsausgleich im bargeldlosen Zahlungsverkehr, WM 1980, 354; Hadding/Häuser, Rechtsfragen des Giroverhältnisses, ZHR 145 (1981), 138; Hassold, Zur Leistung im Dreipersonenverhältnis – Anweisung und Vertrag zugunsten Dritter als Modell –, 1981; Peters/Zimmermann, Verjährungsfristen, in: BMJ (Hrsg), Gutachten und Vorschläge zur Überarbeitung des Schuldrechts, Bd I, 1981, S 329; Odefey, Der einheitliche DM-Reisescheck der deutschen Kreditinstitute, 1982; Mittelmeier, Reparaturkosten-Übernahmebestätigung und Abtretung bei Unfallreparaturen, VersR 1982, 127; Hadding/Häuser, Zur Neufassung des Abkommens über den Lastschriftverkehr, WM 1983, Sonderbeilage Nr 1; Kümpel, Praktische Bedürfnisse für die Fortentwicklung des Wertpapierbegriffs, WM 1983, Sonderbeilage Nr 6; Lorenz, Zur Frage der Direktkondiktion im Dreiecksverhältnis, JZ 1984, 190; Hadding, Zahlung mittels Universalkreditkarte, in: Festschr für Pleyer, 1986, S 17; Hueck/Canaris, Recht der Wertpapiere, 1986[12]; Weller, Das Kreditkartenverfahren: Konstruktion und Sicherung, 1986; Eckert, Zivilrechtliche Fragen des Kreditkartengeschäfts, WM 1987, 161; Köndgen/Köndgen, Neue Entwicklungen im Bankhaftungsrecht, 1987; Zöllner, Wertpapierrecht, 1987[14]; Canaris, Bankvertragsrecht, 1988[4]; Koppensteiner/Kramer, Ungerechtfertigte Bereicherung, 1988[2]; Sedatis, Einführung in das Wertpapierrecht, 1988; Schatzschneider, Die Neustrukturierung des Post- und Fernmeldewesens, NJW 1989, 2371; Hammann, Die Universalkreditkarte, 1990; Baumgärtel/Laumen, Handbuch der Beweislast im Privatrecht, Bd I, 1991[2]; Etzkorn, Allgemeine Geschäftsbedingungen für Inhaber von Kreditkarten, WM 1991, 1901; Smid, Zur Rückabwicklung fehlgeschlagener Leistungen in Anweisungsfällen, DtZ-Informationen 1991, 190; Bülow, Postscheck und Privatrecht, ZIP 1992, 1612; Hadding/Schneider, Rechtsprobleme der Auslandsüberweisung, 1992; Müller-Christmann/Schnauder, Wertpapierrecht, 1992; Sieg, Der Kassalieferschein, ein Wertpapier mit Bedingungsklausel, BB 1992, 299; Hadding/Häuser, Reichweite der Einlösungsgarantie und Rechtsmissbrauch beim ec-Scheck, WM 1993, 1357; Martinek, Moderne Vertragstypen, Bd III, 1993; Sandkühler, Bankrecht, 1993[2]; Gernhuber, Die Erfüllung und ihre Surrogate, 1994[2]; Häde, Die Zahlung mit Kredit- und Scheckkarten, Rechtliche Aspekte des „Plastikgeldes" und seine Auswirkungen auf die Währung, ZBB 1994, 33; Häuser, Der Widerruf des „Überweisungsauftrags" im Giroverhältnis, NJW 1994, 3121; Harbeke, Die POS-Systeme der deutschen Kreditwirtschaft, Eine Darstellung unter rechtlichen Aspekten, WM 1994, Beilage 1; Larenz/Canaris, Lehrbuch des Schuldrechts II/2, 1994[13]; Reinfeld, Rechtsfragen des Interchange-Kartensystems am Beispiel von VISA und EUROCARD, WM 1994, 1505; Jacob, Die zivilrechtliche Beurteilung des Lastschriftverfahrens, 1995; Meyer-Cording/Drygala, Wertpapierrecht, 1995[3]; Meder, Die bargeldlose Zahlung, 1996; Fikentscher, Schuldrecht, 1997[9]; Esser/Weyers, Schuldrecht, Bd II Besonderer Teil, 1998[8]; Meder, Die Kreditkartenzahlung als Anweisungsgeschäft, AcP 198 (1998), 72; Pichler, Rechtsnatur, Rechtsbeziehungen und zivilrechtliche Haftung beim elektronischen Zahlungsverkehr im Internet, Arbeitsberichte zum Informations-, Telekommunikations- und Medienrecht, Hrsg: v Hoeren/Holznagel, LIT, Münster 1998, S 33; Ehmann/Hadding, EG-Überweisungs-Richtlinie und Umsetzung – Regierungsentwurf und Gegenentwurf, WM 1999, Sonderbeilage Nr 3; Einsele, Haftung der Kreditinstitute bei nationalen und grenzüberschreitenden Banküberweisungen, AcP 199 (1999), 145; Häuser, Die Umsetzung der Richtlinie über grenzüberschreitende Überweisungen (97/5/EG) in deutsches Recht, WM 1999, 1037; Klamt/Koch, Das neue Überweisungsgesetz, NJW 1999, 2776; Kümpel, Elektronisches Geld (cyber coins) als Bankgarantie, NJW 1999, 313; Raab, Austauschverträge mit Drittbeteiligung, 1999; U H Schneider, Pflichten und Haftung der erstbeauftragten Kreditinstitute bei grenzüberschreitenden Überweisungen, WM 1999, 2189; Einsele, Das neue Recht der Banküberweisung, JZ 2000, 9; Hadding, Entwicklungslinien im Recht des Zahlungsverkehrs und Bundesgerichtshof, in: Festschr 50 Jahre BGH, 2000, S 425; ders, Zur zivilrechtlichen Qualifizierung von Reiseschecks, in: Festschr für Krejci, 2001, S 1181; Schimansky/Bunte/Lwowski, Bankrechts-Handbuch, Bd I, 2001[2]; Smid, Grundzüge des Insolvenzrechts, 2002[4]; Spielbüchler, Anweisung und Rechtsgrund, ÖBA 2002, 423; Emmerich, Schuldrecht Besonderer Teil, 2003[10]; Häsemeyer, Insolvenzrecht, 2003[3]; Hellner/Schröter/Steuer/Weber, Bankrecht und Bankpraxis, Bd IV, 2003[2]; Heermann, Geld und Geldgeschäfte, Handbuch des Schuldrechts, Bd 10, § 10, S 169 ff; Kümpel, Bank- und Kapitalmarktrecht, 2004[3]; Medicus, Bürgerliches Recht, 2004[20]; Schwintowski/Schäfer, Bankrecht, 2004[2]; Solomon, Der Bereicherungsausgleich in Anweisungsfällen, 2004; Schlechtriem, Schuldrecht Besonderer Teil, 2005[6]; Gottwald, Insolvenzrechts-Handbuch, 2006[3]; v Westphalen, Vertragsrecht und AGB-Klauselwerke, Stand: März 2006.

I. Die bürgerlich-rechtliche Anweisung

1 1. **Unterfall der allgemeinen Anweisung**. Das **BGB** regelt nur einen qualifizierten Unterfall der allgemeinen Rechtsfigur der Anweisung[1], unter der die Aufforderung einer Person (Anweisender) an eine andere (Angewiesener) zu verstehen ist, an einen Dritten (Anweisungsempfänger) zu leisten. In §§ 783 ff ist allein die **schriftliche Anweisung** geregelt, die der Anweisende als Aussteller einer Anweisungsurkunde **gegenüber dem Anweisungsempfänger** erteilt und die ausschließlich auf die Leistung von **Geld, Wertpapieren oder anderen vertretbaren Sachen**

1 S unten Rz 2.

gerichtet ist. Nur eine Anweisung, auf welche die genannten Voraussetzungen zutreffen, ist – ähnlich wie ein gezogener Wechsel (WG Art 28), anders aber als zB ein Scheck (ScheckG Art 4) – gemäß § 784 annahmefähig. Das Gesetz bezeichnet auch die **Anweisungsurkunde** selbst als Anweisung (vgl §§ 784 Abs 2, 785, 792 Abs 1 Satz 3 u Abs 2). Die Erteilung der Anweisung gegenüber dem Anweisungsempfänger in einer Urkunde und die Beschränkung in § 783 auf vertretbare Sachen ermöglichen es dem Begünstigten, die Anweisung auf einen Dritten zu übertragen (§ 792 Abs 1).

2. **Allgemeiner Begriff der Anweisung.** Über die in § 783 geregelte besondere Form der Anweisung hinaus ist ein gesetzlich nicht erfasster **allgemeiner Begriff der Anweisung** anerkannt, sodass zB eine nur mündlich erteilte Anweisung, wenn etwa Angewiesener und Anweisungsempfänger zugegen sind, nicht formnichtig (§ 125), sondern wirksam ist[2]. Zwar zeichnet sich die in den §§ 783 ff geregelte Anweisung dadurch aus, dass die Ermächtigungen an den Angewiesenen und den Anweisungsempfänger in der Anweisungsurkunde gleichzeitig erteilt werden, sodass sie in ihrem rechtlichen Bestehen voneinander abhängig und von dem Willen des Anweisenden getragen sind, das Rechtsgeschäft der Anweisung entstehen zu lassen. Wegen dieser Einsicht kann man aber von einer Anweisung nicht nur ausgehen, wenn die Ermächtigungen durch eine einzige Rechtshandlung, nämlich die Begebung der Anweisungsurkunde, herbeigeführt werden[3], sodass eine mündliche Anweisung unzulässig wäre[4], weil beide Ermächtigungen hier durch zwei Erklärungen erteilt werden, die unabhängig voneinander sind. 2

Verbindender Gedanke des allgemeinen Begriffs der Anweisung ist die **abgekürzte Lieferung oder Zahlung**, die man seit *Stampe*[5] als **Simultanleistung** bezeichnet[6] und für die kennzeichnend ist, dass die Zuwendung des Angewiesenen an den begünstigten Empfänger sowohl eine Leistung des Anweisenden im Verhältnis zum Anweisungsempfänger (Valuta- oder Zuwendungsverhältnis) als auch eine Leistung im Verhältnis des Angewiesenen zu dem Anweisenden (Deckungsverhältnis) bewirkt. Nach Auffassung der 2. Kommission ist es aus der Sicht des Deckungsverhältnisses nämlich regelmäßig Sinn der Anweisung, „daß die Leistung des Angewiesenen an den Anweisungsempfänger so angesehen werden soll, wie wenn sie an den Anweisenden selbst erfolgt wäre"[7]. Auch bei einer nicht die besonderen Merkmale des § 783 erfüllenden Anweisung im weiteren Sinn trifft der Anweisende eine Zweckbestimmung hinsichtlich des (Valuta-)Verhältnisses zum Leistungsempfänger. „... Danach bewirkt der Angewiesene, der von ihm getroffenen, richtig verstandenen Zweckbestimmung entsprechend, mit seiner Zuwendung zunächst eine eigene Leistung an den Anweisenden und zugleich eine Leistung des Anweisenden an den Anweisungsempfänger."[8] Es soll die Zuwendung des Angewiesenen an den Anweisungsempfänger sich als Leistung des Anweisenden darstellen. Ferner bewirkt der Angewiesene damit entsprechend der von ihm getroffenen Zweckbestimmung im Deckungsverhältnis eine eigene Leistung an den Anweisenden[9]. Auf die Anweisung in einem weiteren Sinne sind grundsätzlich die §§ 783 ff anwendbar, sofern sie nicht, wie zB § 784, daran anknüpfen, dass die Anweisung in einer Urkunde gegenüber dem Anweisungsempfänger schriftlich erteilt wird[10]. 3

2 Dazu Motive II, S 558; ferner BGH WM 1971, 741, 742 = NJW 1971, 1608, 1609; BGHZ 6, 378, 383 = NJW 1952, 1132; BGHZ 3, 238, 239, 240 = NJW 1952, 21; Raab, Austauschverträge mit Drittbeteiligung S 14; Heermann, Geld und Geldgeschäfte § 10 Rz 10; MünchKomm/Hüffer § 783 Rz 7; Staud/Marburger § 783 Rz 1, 35; Meder, Die bargeldlose Zahlung S 228; E Ulmer AcP 126 (1926), 129, 130 ff.

3 Loewenfeld, Die Anweisung in Gesetz und Verkehr S 12, 13.

4 So Loewenfeld, Die Anweisung in Gesetz und Verkehr S 12, 13.

5 AcP 107 (1911), 274, 283.

6 So auch Larenz/Canaris, SchuldR II/2 § 62 I 2 e, S 39; östOGH 1999, 650, 651, spricht davon, dass der Angewiesene zwei Leistungsakte setze.

7 Protokolle Mugdan II, S 962.

8 BGHZ 87, 393 = NJW 1983, 2499 = WM 1983, 908; BGHZ 66, 362, 363; BGHZ 61, 289, 291; BGHZ 40, 272, 277.

9 Zusammenfassend BGHZ 87, 393 = WM 1983, 908 = NJW 1983, 2499; ebenso BGHZ 87, 246 = WM 1983, 907 = NJW 1983, 2501.

10 Vgl BGH WM 1971, 741, 742 = NJW 1971, 1608, 1609; BGHZ 6, 378, 383 = NJW 1952, 1132; BGHZ 3, 238, 239, 240 = NJW 1952, 21; Raab, Austauschverträge mit Drittbeteiligung S 14; MünchKomm/Hüffer § 783 Rz 8; Staud/Mar-

4 3. **Wirtschaftliche Bedeutung der Anweisung**. Ähnlich wie der **Vertrag zu Gunsten Dritter** (§ 328) ermöglicht die Anweisung eine **Vereinfachung der Schuldtilgung** im (Valuta-)Verhältnis zwischen Anweisendem und Anweisungsempfänger durch die indirekte Vermögenszuwendung des Angewiesenen als abgekürzte Zahlung oder Lieferung. Im Vordergrund steht nach dem Verständnis des Gesetzgebers „die Erleichterung von Auszahlungen im Interesse des Verkehrs", also ein Zahlungsverkehrszweck[11]. Durch eine Übertragung der Anweisung (§ 792 Abs 1) kann der betroffene Personenkreis erweitert werden.

5 Rechtstatsächlich hat die in §§ 783 ff gesetzlich geregelte Form der Anweisung **keine nennenswerte praktische Bedeutung** erlangt[12]. Es haben sich vielmehr eine Reihe von Spezialformen der Anweisung und ihr verwandter Rechtsfiguren mit ähnlicher Zwecksetzung herausgebildet, die vor allem in der Praxis des Zahlungsverkehrs die entscheidende Rolle spielen und die deshalb teilweise wie Wechsel und Scheck sondergesetzlich geregelt sind. Selbst die **kaufmännische Anweisung** (HGB § 363 Abs 1 Satz 1[13]) ist schon nach Ansicht des RG[14] „ein derartiges singuläres Institut geblieben, daß sie der Praxis ganz fremd geblieben ist". Dennoch sind die Vorschriften des BGB über die Anweisung nicht ohne rechtliche Bedeutung, denn sie sind bei manchen der erwähnten besonderen Rechtsfiguren unmittelbar oder wenigstens in entsprechender Anwendung zu berücksichtigen[15]. So wird die Anweisung als „gleichsam allgemeiner Teil handels- und wertpapierrechtlicher Institute"[16] umschrieben und darin die „dogmatische Grundfigur des Wertpapier- und Bankrechts"[17] oder die „gedankliche Urform des gezogenen Wechsels und des Schecks"[18] gesehen.

6 4. **Geschichte der Anweisung**. Die Anweisung geht auf die delegatio des römischen Rechts zurück[19]. Sie diente bereits damals dazu, bargeldlose Zahlungen abzuwickeln, die sich im Wesentlichen durch Instrumente vollzogen, die dem heutigen Scheck und der Überweisung ähneln[20]. Im Mittelalter bildete sich in Deutschland eine eigene Figur der Anweisung heraus, die man assignatio nannte[21]. Rechtlich qualifizierte man sie als Doppelauftrag und brachte sie mit dem römischen mandantum in Verbindung. Als abstrakte Leistungsermächtigung und Empfangsmöglichkeit wurde die Anweisung erst im 19. Jahrhundert von *Salpius* verstanden, und zwar in Anlehnung an die erwähnte römische delegatio[22]. Diesem Grundgedanken folgt das BGB[23].

II. Abzugrenzende Rechtsfiguren

7 Von der Anweisung im Sinne der §§ 783 ff sind mehrere Rechtsfiguren abzugrenzen. Zu besonderen Anweisungsfällen vgl auch § 783 Rz 18 ff.

8 1. **(Inkasso-)Vollmacht, Inkassozession**. Anweisung und **Inkassovollmacht** sind unterschiedliche Rechtsfiguren. Bei einer Anweisung handelt der ermächtigte Anweisungsempfänger zwar auf Rechnung des Anweisenden, aber im eigenen Namen[24]. Ohne Annahme der Anweisung

burger § 783 Rz 1, 35; Meder, Die bargeldlose Zahlung S 228; E Ulmer AcP 126 (1926), 129, 130 ff.

11 Motive II, S 557; Mugdan II, S 961 = Protokolle II, S 381.

12 MünchKomm/Hüffer § 783 Rz 3. Nach Loewenfeld, Die Anweisung in Gesetz und Verkehr S 29, 30, 46, steht das Recht der Anweisung in der Hauptsache nur auf dem Papier.

13 S § 783 Rz 19.

14 JW 1930, 1377 = HRR 1929 Nr 2073.

15 Zöllner, WertpapierR § 8 IV 2; Hueck/Canaris, Recht der Wertpapiere § 4 I, S 35, 36.

16 Schlechtriem, SchuldR BesTeil Rz 665.

17 Staud/Marburger § 783 Rz 6; Larenz/Canaris, SchuldR BesTeil II/2 § 62 I 1 b, S 37; Heermann, Geld und Geldgeschäfte § 10 Rz 5; Pal/Sprau § 783 Rz 2 spricht von einem „Grundtypus", dessen Regelungen hilfsweise herangezogen werden könnten.

18 Fikentscher, SchuldR Rz 1025.

19 Meder, Die bargeldlose Zahlung S 178, 179; ders AcP 198 (1998), 72, 78; Wilhelm AcP 175 (1975), 304, 333; Loewenfeld, Die Anweisung in Gesetz und Verkehr S 2.

20 Loewenfeld, Die Anweisung in Gesetz und Verkehr S 4.

21 Meder, Die bargeldlose Zahlung S 175.

22 Meder, Die bargeldlose Zahlung S 176, 177.

23 Loewenfeld, Die Anweisung in Gesetz und Verkehr S 8.

24 So auch östOGH ÖBA 1999, 650, 651.

(§ 784) entsteht keine Zahlungspflicht des angewiesenen Schuldners gegenüber dem Anweisungsempfänger (§ 787 Abs 2). Demgegenüber handelt bei der Inkassovollmacht der Bevollmächtigte in fremdem Namen und nimmt Befugnisse des Gläubigers wahr. Die Zahlung ist bei der Anweisung auf Schuld nur Ersatz der Erfüllung (§ 787 Abs 1), bei der Inkassovollmacht Erfüllung. Der Bevollmächtigte erwirbt Eigentum an den Zahlungsmitteln für den Vollmachtgeber, der Anweisungsempfänger für sich. Bei kausaler Fassung der Ermächtigung liegt eine Vollmacht nahe, bei abstrakter Fassung ist eine Anweisung gegeben[25]. Die Aufforderung des Gläubigers an den Schuldner, den geschuldeten Betrag für seine, des Gläubigers, Rechnung an einen Dritten zu zahlen, ist im Zweifel nicht Anweisung, sondern Einziehungsvollmacht für den Dritten; der Schuldner wird dadurch, dass er den Betrag dem bei ihm geführten Konto des Dritten nur gutbringt, dem Gläubiger gegenüber nicht befreit[26]. Auch der Angewiesene handelt für Rechnung des Anweisenden, aber im eigenen Namen und nicht als dessen Stellvertreter[27].

Bei der **Inkassozession** handelt der Zessionar zwar wie bei der Anweisung im eigenen Namen, 9
aber nicht aufgrund einer bloßen Ermächtigung, sondern mit Rücksicht auf die Übertragung der Forderung als deren Inhaber (§ 389). Wirtschaftlich gesehen hat die Anweisung nach der Annahme (§ 784 Abs 1) dieselbe Bedeutung wie eine Abtretung[28].

2. **Vertrag zu Gunsten Dritter**. Auch der Vertrag zu Gunsten Dritter (§ 328 Abs 1) ist durch 10
ein Rechtsverhältnis von drei Personen gekennzeichnet, nämlich des Versprechenden, des Versprechensempfängers und des begünstigten Dritten[29]. Während die Forderung des Anweisungsbegünstigten gegen den Angewiesenen bei der angenommenen Anweisung unmittelbar auf der rechtsgeschäftlichen Annahme der Anweisung (§ 784) gegenüber ihm beruht, entsteht die Forderung des Dritten gegen den Versprechenden aus dem Vertrag zwischen dem Versprechenden und dem Versprechensempfänger (Deckungsverhältnis). Die Forderung aus der Annahme der Anweisung (§ 784) ist abstrakt[30], während die Forderung des Dritten beim Vertrag zu Gunsten Dritter in ihrem Bestand vom Deckungsverhältnis abhängt (§ 334). Angenommene Anweisung und Vertrag zu Gunsten Dritter können sich ausnahmsweise miteinander verbinden. Zwar äußert der Angewiesene bei der Annahme einer Anweisung einen Verpflichtungswillen in der Regel nur gegenüber dem Begünstigten. Es können aber besondere Umstände auch für einen Verpflichtungswillen unmittelbar gegenüber dem Anweisenden sprechen, wie er für einen Vertragsschluss zwischen dem Angewiesenen und dem Anweisenden als Vertrag zu Gunsten des Anweisungsempfängers (§ 328 Abs 1) erforderlich wäre[31]. Dafür scheidet allerdings von vornherein eine Vereinbarung zwischen Anweisendem und Anweisungsempfänger aus[32].

Ein Anspruch des Begünstigten kann unter dem Gesichtspunkt eines Vertrags zu Gunsten 11
Dritter (§ 328 Abs 1) auch dann begründet sein, wenn bei einer Anweisung auf Schuld (§ 787 Abs 1) eine wirksame Annahme der Anweisung gescheitert ist, weil der Angewiesene die Anweisung nicht in der Form des § 784 Abs 2 Satz 1 angenommen oder er dem Anweisungsempfänger die Urkunde mit dem Annahmevermerk im Falle des § 784 Abs 2 Satz 2 nicht ausgehändigt hat, und die Umstände einen Verpflichtungswillen des Angewiesenen gegenüber dem Anweisungsempfänger ergeben[33]. Dafür kann sprechen, dass der Angewiesene auf Drängen des Anweisenden die Annahme auf der Urkunde vermerkt und sie ihm ausgehändigt hat[34].

3. **Effektenscheck**. Der sog **Effektenscheck** beruhte auf den Geschäftsbedingungen der 12
Wertpapiersammelbanken (vgl DepG § 1 Abs 3). Zu unterscheiden waren der **weiße Wert-**

25 Von Tuhr IherJb 48 (1904), 1; Wolff IherJb 84 (1934), 107, 111.
26 RG DJZ 1915, 1230 = WarnR 1915 Nr 201; aM v Tuhr BankArch 15, 49 u Schriftleitung des BankArch 14, 367.
27 So auch östOGH ÖBA 1999, 650, 651.
28 RG BayZ 1910, 115 = ZblFG 10, 531.
29 Zur Abgrenzung im Einzelnen Raab, Austauschverträge mit Drittbeteiligung S 33 ff.
30 S § 784 Rz 3.
31 BGH WM 1982, 155, 156.
32 Nürnberg WM 1977, 1440, 1441 = MDR 1977, 1016.
33 Koblenz NJW-RR 1989, 505.
34 So BGH WM 1982, 155, 156.

papierscheck, mit dem die Auslieferung von Wertpapieren, von dem **roten Wertpapierscheck**, mit dem die Übertragung des Mitbesitzes an den Wertpapieren der Sammelbestände bei den Wertpapiersammelbanken (DepG §§ 5 ff) verlangt werden konnte. Diese Wertpapierschecks enthielten zwar Elemente der Anweisung, sie waren aber weder echte Schecks noch echte Anweisung[35]. Näher liegt es, hierin geschäftsbesorgungsrechtliche Weisungen (§§ 675 Abs 1, 665) zu sehen, die einem gewillkürten Formzwang unterlagen[36].

13 Für die **Übertragung des Eigentums an bankverwahrten Wertpapieren**, unabhängig davon, ob sie im Streifbanddepot (DepG § 2) oder in Sammelverwahrung (DepG § 5) liegen, gelten die sachenrechtlichen Grundsätze, nicht die Regeln der Banküberweisung[37]. Damit ist wohl das nur aus den Besonderheiten des seinerzeitigen Falles erklärliche Urteil BGHZ 5, 27, 34 überholt, das für die Übertragung von Sammeldepotanteilen die für die Überweisung von Geldbeträgen entwickelten Grundsätze entsprechend anwenden wollte[38].

14 4. **Überweisungs-(Giro-)Verkehr**. Der **bankmäßige Überweisungs-(Giro-)Verkehr** ist durch das Überweisungsgesetz vom 21. Juli 1999 und der Einfügung der §§ 676a–676g in das BGB neu geregelt worden. Die §§ 676a–676g schaffen drei teilweise neue Vertragstypen (Überweisungsvertrag, Zahlungsvertrag und Girovertrag). Eine Überweisung erfolgt danach nicht länger aufgrund einer einseitigen geschäftsbesorgungsrechtlichen Weisung des Überweisenden zur Konkretisierung der Überweisungspflicht der Bank (§§ 675 Abs 1, 665 Satz 1)[39], sondern beruht nach § 676a Abs 1 auf einem individuellen Überweisungsvertrag zwischen diesen Beteiligten[40]. Für EU-Überweisungen sind die Vorschriften am 14. 8. 1999 in Kraft getreten; für inländische und Überweisungen außerhalb der EU gelten sie erst ab 1. 1. 2002 (EGBGB Art 228 Abs 2 Satz 1).

15 5. **Lastschriftverkehr**. Der Lastschriftverkehr als eine „rückläufige Überweisung" auf Initiative des Gläubigers beruht in seinen beiden Varianten – Einzugsermächtigungsverfahren und Abbuchungsauftragsverfahren – auf dem „Abkommen über den Lastschriftverkehr" vom 1. 1. 1964, das die Spitzenverbänden der Kreditwirtschaft, die Deutschen Bundesbank und Deutschen Bundespost geschlossen haben[41] und das nach einigen Änderungen jetzt in der Fassung vom 12. Dezember 1995 vorliegt[42]. Der anfängliche Versuch, das Lastschriftverfahren in Parallele zur Anweisung als Doppelermächtigung des Schuldners gegenüber der Schuldnerbank und gegenüber dem Gläubiger einzuordnen[43], hat sich nicht durchgesetzt. Beim **Einzugsermächtigungsverfahren**, bei dem der Schuldner allein dem Gläubiger eine Einzugsermächtigung erteilt, wird die Schuldnerbank nur aufgrund einer Weisung im Giroverhältnis mit der Gläubigerbank tätig[44]. Demgegenüber handelt es sich bei dem **Abbuchungsauftrag** um eine (General-)Weisung im Sinne der §§ 675 Abs 1, 665 Satz 1 des Schuldners innerhalb des mit seiner Bank bestehenden Giroverhältnisses, eingehende Lastschriften einzulösen[45].

35 Heinsius/Horn/Than DepotG § 6 Rz 77.
36 Kümpel BuB 8/333.
37 So mit Recht BGH WM 1967, 902; WM 1974, 450.
38 Vgl iE zum Effektengiroverkehr: Kümpel BuB 8/334 ff.
39 Vgl § 675 Rz 94; BGHZ 98, 24, 26, 27 = LM Nr 38 zu § 662 = NJW 1986, 2428; BGHZ 66, 372, 375 = WM 1976, 1449; BGH WM 1957, 1055 = NJW 1957, 1555; BGHZ 10, 319, 322 = NJW 1953, 1911; Hadding/Häuser ZHR 145 (1981), 138, 140.
40 Klamt/Koch NJW 1999, 2776; krit Einsele JZ 2000, 9, 10; Hadding, Festschr 50 Jahre BGH, 2000, S 425, 441 ff; Ehmann/Hadding WM 1999, Sonderbeil 3 S 4, 12–14; Häuser WM 1999, 1037, 1041; Schneider WM 1999, 2189, 2192.
41 Vgl dazu Hadding/Häuser WM 1983 Sonderbeil 1.
42 Abgedr WM 1995, 1897. S dazu im Einzelnen § 675 Rz 187.
43 Vgl Engel, Rechtsprobleme um das Lastschriftverfahren S 20, 21; E Wolf, Festschr für Bärmann, 1975, S 1057, 1072.
44 BGHZ 74, 300, 305 = NJW 1979, 1652 = WM 1979, 689; BGHZ 69, 82, 84, 85 = NJW 1977, 1916 = WM 1977, 1042; BGHZ 95, 103, 106 = BGH NJW 1989, 1672, 1673; BGH WM 2002, 2408, 2409; dazu Hadding/Häuser ZHR 145 (1981), 138, 156, 157; dies WM 1983 Sonderbeil 1 S 16; ausf MünchKomm/Hüffer § 783 Rz 53 ff.
45 BGHZ 72, 343, 349 = NJW 1979, 543 = WM 1979, 194; BGH WM 1978, 819 = DB 1978, 1926; ähnlich schon BGH WM 1958, 588; ausf Münch Komm/Hüffer § 783 Rz 50 ff.

6. **„Bargeldloses Kassen-System"**. – a) **POS-Zahlung**. Im POS-Verfahren (point-of-sale) kann der Kunde als Karteninhaber auf elektronischem Wege durch Vorlage der ec-Karte und Verwendung der persönlichen Geheimzahl (PIN) beim Händler zahlen (vgl auch §§ 780, 781 Rz 103 ff). Diese Variante bezeichnet man als electronic cash oder als POS-Zahlung. In der jeweiligen Hingabe der Debitkarte als Bedienungsmedium an das aufstellende Unternehmen wird eine „Spielart der bürgerlich-rechtlichen Anweisung" gesehen[46]. Die Verbriefung der anweisungsrechtlichen Doppelermächtigung soll in der jeweiligen Überlassung der Karte zur Benutzung, ähnlich wie beim Blankoscheck, liegen. Es dürfte freilich den Vorzug verdienen, nicht anweisungsrechtliche, sondern überweisungsrechtliche Grundsätze heranzuziehen. Dann fragt sich, wann der individuelle Überweisungsvertrag (§ 676 a Abs 1) zwischen diesen Beteiligten geschlossen oder wie die **girovertragliche Weisung** (§§ 675 Abs 1, 665) gegenüber dem ausgebenden Kreditinstitut ausgeübt wird. Der Karteninhaber erteilt am Verkaufsort seiner Bank eine elektronisch verschlüsselte Zahlungsweisung (§§ 675 Abs 1, 665). Der Karte kommt – ähnlich der eurocheque-Karte – entscheidende Bedeutung für die ebenfalls vorgesehene garantievertragliche Sicherstellung des die Kasse aufstellenden Unternehmens zu. Die Bank übernimmt bei einer „positiven Autorisierung" (richtige Geheimzahl, keine Sperre der Karte, ausreichend Deckung) eine garantievertragliche Zahlungsverpflichtung gegenüber dem Gläubiger[47]. Gegen ein abstraktes Schuldversprechen (§ 780)[48] zu Gunsten des Händlers spricht, dass es sich nicht um eine primäre Zahlungspflicht handelt. Der Karteninhaber hat keine Möglichkeit, der Belastung seines Kontos zu widersprechen. 16

b) **POZ-Zahlung**. Beim inzwischen überholten POZ-System (Zahlung am point-of-sale mittels Lastschrift ohne Zahlungsgarantie) fehlt es an einer Zahlungszusage der Bank des Karteninhabers gegenüber dem Gläubiger (vgl dazu auch §§ 780, 781 Rz 106 f). Dieses Zahlungssystem hat sich aus dem so genannten „wilden" Lastschriftverfahren entwickelt[49]. Es trägt den besonderen Kosteninteressen der Händler Rechnung, die eine bargeldlose Zahlung einfacher und billiger erhalten[50]. Zum anderen werden auch Kunden angesprochen, die ihre PIN nicht kennen[51]. Die Legitimation des Karteninhabers geschieht durch die ec-Karte und seine Unterschrift auf dem POZ-Beleg. Er erteilt damit dem Händler eine Einzugsermächtigung im Lastschriftverfahren und entbindet sein Kreditinstitut bei Nichteinlösung, zB wegen Widerspruchs oder fehlender Deckung, vom Bankgeheimnis. Dieses teilt dem Lastschriftgläubiger Namen und Anschrift des Kunden mit. Eine Sicherung des Händlers durch einen Anspruch gegen die kartenemittierende Bank ist mit diesem Verfahren nicht verbunden. Im Gegensatz zur POS-Zahlung kann der Schuldner der Kontobelastung bei seiner Bank widersprechen, indem er deren Genehmigung verweigert (vgl Bedingungen für den ec-/Maestro-Service, POZ-System Nr 2; Bedingungen für die Verwendung von SparkassenCards Abschn B Nr 3)[52]. 17

7. **Netzgeld (CyberCash und eCash)**. Unter CyberCash und eCash versteht man zwei unterschiedliche Systeme der Zahlung mittels Netzgeld im Internet, an denen der Kunde, der Händler und eine das Netzgeld emittierende Bank beteiligt sind[53]. In der Übermittlung elektronischer Münzen durch die Girokunden an den Händler und deren Weiterleitung an die Bank wird eine Ähnlichkeit mit einer Anweisung im Sinne der §§ 783 ff gesehen[54]. Die Annahme der Anweisung begründe nach § 784 Abs 1 eine abstrakte Leistungspflicht des Angewiesenen nach § 780[55]. 18

46 Kümpel WM 1983 Sonderbeil 6 S 18; Canaris, BankvertragsR Rz 527.
47 Kümpel, Bank- und KapitalmarktR Rz 4.915.
48 So aber Gößmann, Bankrechts-Hb § 68 Rz 6; Harbeke WM 1994, Sonderbeil 1 S 9; Jacob, Lastschriftverfahren S 12.
49 Vgl dazu Harbeke WM 1994, Sonderbeil 1 S 12.
50 Das POZ-Terminal verursacht bei weitem nicht so hohe Investitions- und Betriebskosten wie die Einrichtung des electronic-cash-Systems; vgl Kümpel, Bank- und KapitalmarktR Rz 4.922.
51 Kümpel, Bank- und KapitalmarktR Rz 4.922.
52 Abgedr bei Werner, in: Hellner/Steuer BuB Rz 6/1763 a und 6/1797.
53 Zu den Einzelheiten vgl §§ 780, 781 Rz 98 ff.
54 Pichler, Rechtsnatur, Rechtsbeziehungen und zivilrechtliche Haftung beim elektronischen Zahlungsverkehr im Internet, in: Hoeren/Holznagel, Arbeitsberichte zum Informations-, Telekommunikations- und Medienrecht S 33.
55 Staud/Marburger § 784 Rz 9; MünchKomm/Hüffer § 784 Rz 6.

Dagegen spricht, dass das Netzgeld nicht die im Rahmen der §§ 783 ff erforderliche Verkörperung aufweist[56]. Darüber hinaus fehlt es im Internetverkehr an der nach § 784 Abs 2 Satz 1 erforderlichen schriftlichen Annahme der Anweisung. Nach der Rechtsprechung des BGH[57] kann auf dieses Schriftformerfordernis aus Gründen des Schutzes des Angewiesenen nicht verzichtet werden. Zur Sicherstellung des Netzgeldempfängers vgl §§ 780, 781 Rz 99, 101.

19 8. **(Universal-)Kreditkarte**. Bei der Kreditkarte nach dem Dreiparteien-System legt der Karteninhaber bei der Zahlung die Kreditkarte vor und unterzeichnet einen an den Kartenemittenten gerichteten Belastungsbeleg. Der Kartenemittent zahlt an den Vertragspartner des Karteninhabers (Vertragsunternehmen) nach Vorlage des Belastungsbelegs unter Abzug eines Disagios. Der Karteninhaber ist anschließend verpflichtet, den vollen Betrag dem Kartenemittenten zu erstatten[58]. Nach der sog **Anweisungstheorie**[59] sind auf das Drei-Personen-Verhältnis des Kreditkartensystems die §§ 783 ff anzuwenden. Der Karteninhaber (Anweisende) weise das Kartenunternehmen (Angewiesenen) an, eine Leistung an das Vertragsunternehmen (Anweisungsempfänger) zu erbringen. Die Leistung werde dadurch erhoben, dass das Vertragsunternehmen den vom Karteninhaber unterzeichneten Leistungsbeleg beim Kartenunternehmen vorlege. Mit seiner Zahlung an das Vertragsunternehmen bewirke das Kartenunternehmen Leistungen sowohl in seinem Verhältnis zum Karteninhaber (Deckungsverhältnis) als auch im Verhältnis Karteninhaber – Vertragsunternehmen (Valutaverhältnis). Die Begründung einer Verpflichtung des Kartenunternehmens gegenüber dem Vertragsunternehmen setze allerdings keine schriftliche Annahme im Sinne des § 784 voraus[60], weil diese Form eine Warnfunktion gegenüber einem geschäftsunerfahrenen Angewiesenen erfülle, das Kartenunternehmen aber nicht geschäftsunerfahren sei[61]. Auch der Zweck, die Anweisung zirkulationsfähig zu machen[62], entfalle beim unterzeichneten Leistungsbeleg[63]. Gegen die Einordnung des Zahlungsvorgangs mittels Kreditkarte gem den §§ 783 ff ist jedoch einzuwenden, dass die Ermächtigungen bei der Anweisung abstrakt sind, da es vermieden werden muss, dass der Angewiesene oder der Anweisungsempfänger Einwendungen aus dem jeweils anderen Rechtsverhältnis ausgesetzt werden, mit dem sie nichts zu tun haben[64]. Beim Kreditkartensystem, bei dem eine vertragliche Rahmenvereinbarung zwischen Kreditkartenunternehmen und Vertragsunternehmen vorliegt, entfällt aber diese Schutzbedürftigkeit[65]. Zudem passt die Widerrufsregelung des § 790 nicht auf die Interessenlage beim Kreditkartensystem[66].

20 Der Kreditkartenvertrag zwischen Karteninhaber und Kartenemittenten (Deckungsverhältnis) ist vielmehr als **Geschäftsbesorgungsvertrag** mit werkvertraglichen Elementen (§§ 675 Abs 1, 631) auszulegen[67]. Mit dem unterzeichneten Belastungsbeleg erteilt der Karteninhaber folglich eine kausale geschäftsbesorgungsrechtliche Weisung gemäß § 665, die das Vertragsunternehmen

56 Kümpel NJW 1999, 313, 318.
57 BGH WM 1982, 155, 156.
58 S dazu auch §§ 780, 781 Rz 173 ff und ausführlich § 329 Rz 11 ff.
59 Karlsruhe WM 1991, 184, 187 = NJW-RR 1991, 237 = DB 1991, 34, 35; Frankfurt/M WM 1994, 942; LG Berlin WM 1986, 1469, 1471 = NJW 1986, 1939, 1941; Canaris, BankvertragsR Rz 1624; Meder, Die bargeldlose Zahlung S 232, 245; ders AcP 198 (1998), 74 ff; Staud/Marburger § 783 Rz 47.
60 Meder, Die bargeldlose Zahlung S 236; Staud/Marburger § 783 Rz 48.
61 Meder, Die bargeldlose Zahlung S 235, 236.
62 Meder, Die bargeldlose Zahlung S 236; E Ulmer AcP 126 (1926), S 169, 170.
63 Meder, Die bargeldlose Zahlung S 236.
64 Martinek, Moderne Vertragstypen Bd III S 77.
65 Martinek, Moderne Vertragstypen Bd III S 77.
66 Martinek/Oechsler, Bankrechts-Hb Bd 1 § 67 Rz 35; Martinek, Moderne Vertragstypen Bd III S 77, 79.
67 BGHZ 91, 221, 223, 224 = WM 1984, 1213 = NJW 1984, 2460; KG WM 1993, 2044 = NJW 1993, 2879; Oldenburg WM 1994, 378 = BB 1994, 741 = DB 1994, 526; Hammann, Die Universalkreditkarte S 33; Heymann/Horn HGB, Bd 4, Anh § 372 Anh Rz V 137; Pfeiffer, ec-Bedingungen der Banken und Sparkassen, in: v Westphalen, Vertragsrecht und AGB-Klauselwerke Rz 14, 15; Martinek, Moderne Vertragstypen Bd III S 77, 78; Reinfeld WM 1994, 1505, 1506; Häde ZBB 1994, 33, 35; mit dienstvertragl Elementen: Weller, Das Kreditkartenverfahren S 113, 114.

als Bote dem Kartenemittenten übermittelt[68]. Wegen der an das Vertragsunternehmen erbrachten Zahlung erhält das Kartenunternehmen einen Aufwendungsersatzanspruch gegen den Karteninhaber gemäß §§ 675 Abs 1, 670[69]. Dass die geschäftsbesorgungsrechtliche Widerrufsmöglichkeit entfällt, wenn der Geschäftsbesorger aufgrund der Weisung disponiert hat, entspricht der Interessenlage beim Kreditkartensystem[70]. Wegen der Bargeldersatzfunktion der Kreditkarte ist eine Widerrufsmöglichkeit schon nach Unterzeichnung des Belegs ausgeschlossen[71], von Ausnahmen abgesehen wie einer rechtsmissbräuchlichen Inanspruchnahme, weil offensichtlich und liquide beweisbar ist, dass dem Vertragsunternehmen keine Geldforderung zusteht[72]. AGB-Klauseln von Kartenunternehmen, die Vertragsunternehmen verschuldensunabhängig mit dem vollen Risiko einer missbräuchlichen Verwendung der Karte durch unberechtigte Dritte belasten, sind unwirksam (§ 307 [=früher AGB-Ges § 9 a aF])[73]. Die Zahlungszusage des Kartenunternehmens an das Vertragsunternehmen ist ein abstraktes Schuldversprechen (§ 780)[74] und beruht nicht auf einem Garantievertrag[75], da es sich um eine primäre Zahlungspflicht handelt. Auch die Auszahlung eines Bargeldbetrages durch ein anderes Kreditinstitut (automatenführendes Institut) als das kartenausgebende Institut mittels Universalkreditkarte wird als Anweisung im allgemeinen Sinne mit entsprechender Anwendung der §§ 783 ff eingeordnet[76].

9. **(Dokumenten-)Akkreditiv.** Das (Dokumenten-)Akkreditiv wird vielfach als eine besondere Form der Zahlungsanweisung angesehen. Es beruht ebenfalls auf einem Geschäftsbesorgungsauftrag; seine eigentliche Funktion besteht aber darin, die Kaufpreisforderung eines Verkäufers zu sichern. *Canaris*[77] sieht im Akkreditiv eine Anweisung im weiteren Sinne, da in beiden Fällen eine Simultanleistung erfolge. Die §§ 783 ff seien analog auf das Akkreditiv anwendbar, soweit sie nicht mit den Besonderheiten des Akkreditivs in Widerspruch stünden. Da seine Funktion in der Regel (bestätigtes Akkreditiv) durch ein Schuldversprechen eines Kreditinstituts erreicht wird, wird das Akkreditiv bei den §§ 780, 781 behandelt; s §§ 780, 781 Rz 108 ff. 21

III. Postscheck, Postüberweisung und Postanweisung

1. **Änderungen der Gesetzeslage.** PostG § 7 Satz 1[78] hat mit Wirkung vom 1. 7. 1991 das Rechtsverhältnis zwischen dem Postkunden und der Post dem **Privatrecht** unterstellt, während bis dahin das Postgiroverhältnis ein öffentlich-rechtliches Benutzungsverhältnis mit entsprechender Anwendung des § 675 aF war[79]. Aufgrund des PostumwandlungsGes vom 14. Sep- 22

68 BGHZ 91, 221, 224 = WM 1984, 1213 = NJW 1984, 2460; KG WM 1993, 2044, 2045 = NJW 1993, 2879; Martinek, Moderne Vertragstypen Bd III S 77; Hammann, Die Universalkreditkarte S 34.

69 BGHZ 91, 221, 223, 224 = WM 1984, 1213 = NJW 1984, 2460; KG WM 1993, 2044 = NJW 1993, 2879; Schleswig WM 1991, 453; Zahrnt NJW 1972, 1077, 1079.

70 LG Tübingen NJW-RR 1995, 746; Martinek, Moderne Vertragstypen Bd III S 78, 79; Sandkühler, BankR S 132.

71 BGHZ 152, 75 = WM 2002, 2195 = NJW 2002, 3698; München WM 1995, 2356; Schleswig WM 1991, 453, 454; Etzkorn WM 1991, 1901, 1906; Eckert WM 1987, 161, 165.

72 BGHZ 152, 75 = WM 2002, 2195 = NJW 2002, 3698; Kümpel, Bank- und KapitalmarktR Rz 4.1027 ff; Martinek/Oechsler, Bankrechts-Hb Bd 1 § 67 Rz 33 mweitNachw.

73 BGHZ 157, 256 = WM 2004, 426; BGH 150, 286 = WM 2002, 1120 = NJW 2002, 2234.

74 BGHZ 157, 256 = WM 2004, 426 = NJW-RR 2004, 481; BGHZ 150, 286, 294 f = WM 2002, 1120 = NJW 2002, 2234; BGH WM 2001, 2158 = NJW 2002, 285; Canaris, BankvertragsR Rz 1626; Hadding, Festschr für Pleyer, 1986, S 17, 31, 32; Hammann, Die Universalkreditkarte S 59, 63; MünchKomm/Hüffer § 783 Rz 77; Staud/Martinek § 675 Rz B 98; Oechsler WM 2000, 1613, 1614 f; Freitag WM 2000, 2185, 2186.

75 Schönle, Bank- und BörsenR § 29 I 2 a; Stauder/Weisensee, Das Kreditkartengeschäft, 1970, S 82 ff; Zahrnt NJW 1972, 1077, 1078; offen gelassen Sandkühler, BankR S 129.

76 S Rz 3. Kümpel, Bank- und KapitalmarktR Rz 4.947.

77 BankvertragsR Rz 920, 921; ebenso Heymann/Horn HGB, Bd IV, § 372 Anh IV Rz 22.

78 IdF des PoststrukturGes Art 2 Nr 6 vom 8. Juni 1989.

79 BGHZ 67, 69, 70 = WM 1976, 1040 = NJW 1976, 1847; BGHZ 9, 13; Köln WM 1990, 1963 = NJW 1990, 2261, 2262; Düsseldorf WM 1989, 907, 908 = ZIP 1989, 1048.

tember 1994 ist die Postbank AG entstanden. Seitdem sind anstelle der gemeinsam mit dem PostG aF zum 1. 7. 1991 außer Kraft getretenen PostgiroO vor allem die AGB-Postbank maßgebend [80]. Für Streitigkeiten zwischen Postbank und ihren Kunden ist seit dem 1. 7. 1991 der **ordentliche Rechtsweg** (GVG § 13) eröffnet[81].

23 2. **Postscheck**. Seit 1. 7. 1991 sind für den Scheckvertrag mit der Postbank § 675 Abs 1 und das ScheckG maßgebend[82]. Für den Scheckverkehr gelten außerdem besondere Scheck- und Scheckeinzugsbedingungen. Im Hinblick auf das Deckungsverhältnis galten für den früheren Postscheck die PostgiroO §§ 15, 16 und 22, während die PostgiroO das Valutaverhältnis ebenso wenig regelte wie das Außenverhältnis der Post zum Schecknehmer. Insoweit wurden ScheckG Art 40 ff entsprechend angewandt[83].

24 3. **Postüberweisung**. Auch die Postüberweisung unterliegt seit dem 1. 7. 1991 dem Privatrecht[84]. Es gilt daher das am 14. 8. 1999 in Kraft getretene Überweisungsgesetz mit seinen §§ 676 a–676 g[85]. Nach § 676 a Abs 1 erfolgt die Überweisung aufgrund eines individuellen Vertrags, und zwar als Unterfall des Geschäftsbesorgungsvertrags im Sinne des § 675 Abs 1. Nur diejenige Rechtsprechung zur früheren Rechtslage der Postüberweisung ist nicht überholt, in der nicht zwingend ein öffentlich-rechtliches Benutzungsverhältnis zwischen Kunden und Post vorausgesetzt ist. So führt nach wie vor eine Postüberweisung zu Gunsten eines Empfängers, der kein Postgirokonto unterhält, nicht im Wege des § 328 Abs 1 zu vertraglichen Beziehungen zwischen Postbank und Empfänger[86]. Bei fehlender Übereinstimmung von Kontonummer und Name des Empfängers einer Postüberweisung entscheidet die Empfängerangabe[87]. Außerhalb des Geltungsbereichs der §§ 676 a–676 g ist die Überweisung und damit auch die Postüberweisung als einseitige Weisung gemäß §§ 675 Abs 1, 665 einzuordnen, mit der die aus dem Girovertrag zwischen Kunden und Postbank sich ergebenden Pflichten konkretisiert werden[88]. Demgegenüber hat das OLG Nürnberg[89] eine Postüberweisung analog §§ 783 ff behandelt, als das Rechtsverhältnis zur Deutschen Bundespost sich noch nach öffentlichem Recht richtete.

25 Wegen des privatrechtlichen Charakters des Rechtsverhältnisses zur Postbank führt eine schuldhafte Pflichtverletzung eines Mitarbeiters der Postbank bei der Ausführung einer Überweisung nicht mehr zu einer Haftung nach § 839 Abs 1 wie bis zum 30. 6. 1991 unter Geltung des PostG aF. Ferner wurde eine Haftung aus PostG[90] §§ 11 ff, 14, 15, 19 durch die §§ 676 a ff abgelöst. Der Rechtsweg im Falle von Streitigkeiten im Verhältnis Post-Kunde oder Post-Empfänger einer Postanweisung[91] bestimmte sich bis zum 30. 6. 1991 nach PostG aF § 26[92].

26 **4. Postanweisung**. Die **Postanweisung**, mit der erreicht werden konnte, dass bar eingezahlte Beträge an bestimmte Empfänger bar ausgezahlt werden, unterlag seit dem 1. 7. 1991 dem Privatrecht[93]. Die Postbank hat sie 2002 abgeschafft, bis dahin galten die „Besondere Bedingungen der Deutschen Postbank AG – Postanweisungen (Inland)" in der Fassung vom 31. 12. 1997[94]. Ein Anspruch des Adressaten auf Auszahlung entstand nicht[95]. Hatte ein Postbeamter eine Postan-

80 Bülow ZIP 1992, 1612, 1613.
81 BGHZ 111, 334, 336 = WM 1990, 1450 = NJW 1991, 39 = LM Nr 1 zu PostG 1969 § 14.
82 Baumbach/Hefermehl WG und ScheckG, Einl ScheckG Rz 31; Bülow ZIP 1992, 1612, 1613; Baumbach/Hopt HGB[30] (7) E/10.
83 Bülow ZIP 1992, 1612.
84 Baumbach/Hefermehl WG und ScheckG, Einl ScheckG Rz 31.
85 S dazu Rz 14.
86 BGH WM 1961, 797, 798 = NJW 1961, 1715.
87 BGHZ 68, 266, 268 = NJW 1977, 1344 = WM 1977, 580; BGH WM 1961, 797 = NJW 1961, 1715.
88 BGHZ 10, 319 = NJW 1953, 1911; Pal/Sprau Vorbem v §§ 676 a–676 h Rz 4; MünchKomm/Hüffer § 783 Rz 41; Esser/Weyers, SchuldR II/1 § 43 I 3, S 379.
89 WM 1977, 1440 = MDR 1977, 1016.
90 IdF des PoststrukturG Art 2 Nr 6 vom 8. Juni 1989.
91 BVerwGE 71, 85 = NJW 1985, 2436.
92 Zu den Einzelheiten vgl Soergel/Häuser/Welter § 675 Rz 32 sowie Bülow ZIP 1992, 1612; Schatzschneider NJW 1989, 2371.
93 S dazu Rz 22.
94 Für Empfänger im Ausland gelten besondere Bedingungen.
95 RGZ 60, 24 mNachw; Hertz DJZ 1903, 390; aM Tachau DJZ 1903, 495.

weisung an seinen Gläubiger abgefertigt, ohne Geld einzuzahlen, so war der Gläubiger, dem das Geld ausgezahlt wurde, nicht auf Kosten der Post ungerechtfertigt bereichert[96]. Die Post haftete, wenn der Betrag der Postanweisung an jemanden ausgezahlt wurde, der über seine Identität als Empfänger mittels eines gefälschten Ausweispapiers getäuscht hatte[97]; ferner, wenn sie einen Anweisungsbetrag an einen Empfänger ausgezahlt hat, dessen Namen oder Anschrift nicht genau der Adressatenbezeichnung der Auszahlung entsprach[98]. Eine Pfändung durch die Gläubiger des Empfängers kam, da dieser keinen Anspruch auf Aushändigung hatte, nicht in Betracht[99].

§ 783 Recht der Anweisung

Händigt jemand eine Urkunde, in der er einen anderen anweist, Geld, Wertpapiere oder andere vertretbare Sachen an einen Dritten zu leisten, dem Dritten aus, so ist dieser ermächtigt, die Leistung bei dem Angewiesenen im eigenen Namen zu erheben; der Angewiesene ist ermächtigt, für Rechnung des Anweisenden an den Anweisungsempfänger zu leisten.

ÜBERSICHT

I. Anweisung als abstrakte Doppelermächtigung

1. **Doppelermächtigung**. Die nach Maßgabe des § 783 erteilte Anweisung bewirkt eine zweifache **Ermächtigung seitens des Anweisenden (Doppelermächtigung)**[1]: einmal ermächtigt er den Angewiesenen, für seine Rechnung an den Anweisungsempfänger zu leisten, und zum anderen den Anweisungsempfänger, die Leistung bei dem Angewiesenen im eigenen Namen zu erheben. Diese Ermächtigungen beruhen auf **einseitigen, empfangsbedürftigen** (§ 130 Abs 1) **Willenserklärungen** des Anweisenden[2]. Es besteht insofern eine Parallele zur Verfügungsermächtigung (§ 185) oder zur Vollmacht (§ 167). Da der Anweisende die erforderliche Urkunde 1

96 RGZ 60, 24.
97 BGHZ 4, 287 = NJW 1952, 377 = LM Nr 1 zu § 6 PostG (mAnm).
98 Frankfurt/M NJW 1986, 2118 = BB 1986, 904 = MDR 1986, 587.
99 Rochu JW 1932, 2685, 2690.

1 Ebenso zum österreichischen Recht östOGH ÖBA 1999, 650, 651.
2 So MünchKomm/Hüffer § 783 Rz 14; Larenz/Canaris, SchuldR II/2 § 62 I 2 d, S 38, 39; Fikentscher, SchuldR Rz 1028; Hassold, Zur Leistung im Dreipersonenverhältnis S 21; Kupisch WM 1979, Sonderbeil 3 S 5.

nach § 783 dem Anweisungsempfänger aushändigt, geht dem Angewiesenen die an ihn gerichtete Ermächtigung durch Vermittlung des Anweisungsempfängers als Bote des Anweisenden zu. Von einer Anweisung kann nur die Rede sein, wenn der Angewiesene zu einem Tun ermächtigt wird. Daher ist die bloße Einzahlung bei einer Bank auf Rechnung eines anderen keine Anweisung[3], ebenso wenig die Anweisung zur Auszahlung, ohne dass der Dritte ermächtigt ist, sie zu erheben[4]. Auch entsteht durch Aushändigung einer Anweisung an einen Rechtsanwalt als Vertreter eines Dritten kein Vertragsverhältnis zwischen dem Anweisenden und dem Anwalt bezüglich der Verwendung des angewiesenen Betrags[5].

2 Vor allem früher wurde die Aushändigung der Urkunde wegen des Gebens und Nehmens zwischen Anweisendem und Anweisungsempfänger als ein **„Ermächtigungsvertrag"** im Sinne eines Begebungsvertrags ausgelegt, der unter anderem auch die Rechtsgrundlage für die Anzeigepflicht des § 789 abgebe[6]. Diese Auffassung ist mit der auch sonst (zB in § 785 „gegen Aushändigung der Anweisung") anzutreffenden Wortfassung des § 783 nicht zu begründen. Ist der Anweisende Eigentümer der Urkunde, kommt es allerdings zu einer Übereignung der Urkunde an den Anweisungsempfänger (§ 929), was allerdings nichts daran ändert, dass die verbriefte Ermächtigung ein einseitiges Rechtsgeschäft ist. Das Bedürfnis für einen Ermächtigungsvertrag besteht wegen § 131 Abs 1 auch nicht bei der Aushändigung der Anweisungsurkunde an einen geschäftsunfähigen Anweisungsempfänger[7]. Da der Begünstigte bei unterbliebener Annahme (§ 784) oder Zuwendung des Angewiesenen nicht beim Aussteller der Anweisung Rückgriff nehmen kann[8], denn durch die Anweisung haftet der Anweisende als solcher nach §§ 783 ff nicht[9], besteht für einen schuldbegründenden Begebungsvertrag kein sachliches Bedürfnis[10]. Es überzeugt auch das Argument nicht, die Anweisungsurkunde sei als Rektapapier echtes Wertpapier[11] und mache zu dessen Entstehung nach der Vertragstheorie in jedem Fall einen Begebungsvertrag erforderlich[12].

3 Unabhängig davon, ob zwischen Anweisendem und Anweisungsempfänger ein „Ermächtigungsvertrag" erforderlich ist, wird zwischen dem Anweisenden und dem Anweisungsempfänger, dem Gläubiger im Valutaverhältnis, regelmäßig vereinbart, dass die Anweisung in diesem Verhältnis erfüllungs- (oder zahlungs-)halber (§ 788) geschieht (**„Anweisungsabrede"**)[13]

4 2. **Abstrakte Ermächtigungen**. Diese **Ermächtigungen des Anweisenden** sind von den zu Grunde liegenden Rechtsgrundverhältnissen sowohl zum Anweisungsempfänger (Valutaverhältnis[14]) als auch zum Angewiesenen (Deckungsverhältnis[15]) losgelöst. Die Anweisung ist demnach ähnlich wie eine Vollmacht (§§ 167, 168) ein rechtlich selbstständiges, **abstraktes Rechtsgeschäft**[16] und begründet als solches **kein Schuldverhältnis** zwischen den Beteiligten. Der Anweisungsempfänger ist aufgrund der Anweisung nur befugt, die angewiesene Leistung von Geld oder anderen vertretbaren Sachen beim Angewiesenen „im eigenen Namen" zu erheben, und der Angewiesene, diese Leistung „für Rechnung des Anweisenden" an den Anweisungsempfänger zu bewirken. Der Gesetzgeber hat bewusst davon abgesehen, die Wirkungen der Anweisung auf einen bestimmten Schuldvertragstyp (zB Auftrag) zu stützen[17]. Die Anweisung kann deshalb unterschiedlichen Zwecken dienen[18]. Vor allem ist der Anweisungsempfänger aus der Anweisung nicht

3 RGZ 45, 235.
4 RGZ 43, 167.
5 RG SoergRspr 1916 zu § 783.
6 So Staud/Marburger § 783 Rz 16; Enn/Lehmann § 204 Fn 1; Planck/Landois § 783 Bem 2 d; Heck, SchuldR § 133, 2 b.
7 Anders Enn/Lehmann § 204 Fn 1.
8 RG LZ 1915, 441; vgl auch schwBGE 80 II, 82, 87.
9 RG LZ 1915, 441.
10 Gegen ein Vertragserfordernis: Heermann, Geld und Geldgeschäfte § 10 Rz 11; RGRK/Steffen § 783 Rz 10; Pal/Sprau § 783 Rz 8.
11 S § 785 Rz 3.
12 Staud/Marburger § 783 Rz 16.
13 Köhler WM 1977, 242, 244; § 788 Rz 2.
14 S Rz 10.
15 S Rz 11.
16 So die hL Larenz/Canaris, SchuldR II/2 § 62 I 2 d, S 29; Pal/Sprau § 783 Rz 3; Esser/Weyers, SchuldR II/1 § 43 II, S 373; Enn/Lehmann § 204 I 1; Hueck/Canaris, Recht der Wertpapiere § 4 IV, S 38; MünchKomm/Hüffer § 783 Rz 6, 34; Staud/Marburger § 783 Rz 4, 18, 21, 30; ebenso für die Scheckanweisung Baumbach/Hefermehl WG und ScheckG, ScheckG Rz 3 vor Art 1.
17 Protokolle Mugdan II, S 962.
18 Vgl Motive II, S 556; Rz 10.

verpflichtet, von ihr Gebrauch zu machen. Er muss dem Anweisenden aber unverzüglich anzeigen, wenn er aus der Anweisung nicht vorgehen will (§ 789 Satz 2 aE). Eine Pflicht, von der Anweisung Gebrauch zu machen, kann sich aus der „Anweisungsabrede“[19] ergeben.

Durch Auslegung der Erklärung des Anweisenden ist zu ermitteln, ob eine solche von den zu Grunde liegenden Rechtsgrundverhältnissen losgelöste Anweisung beabsichtigt ist oder ob die Wirksamkeit dieser Erklärung, zB als kausale auftragsrechtliche oder geschäftsbesorgungsrechtliche **Weisung** (§§ 665, 675 Abs 1), vom Zustandekommen und Bestand des Deckungsverhältnisses abhängen soll[20]. Die Parteien können statt einer Anweisung auch einen Zahlungs- und Erhebungsauftrag vereinbaren, der nicht auf eine abstrakte Verbindlichkeit aus einer Annahme gerichtet ist, sondern vom Bestehen der Schuld im Deckungsverhältnis abhängt, auch wenn die äußere Form der Anweisung gewählt ist[21]. Die Auslegung hat sich von der typischen Interessenlage der Beteiligten leiten zu lassen und muss insbesondere den verfolgten Zweck berücksichtigen. Es wird auch vertreten, eine Anweisungserklärung könne **gleichzeitig** abstrakte Anweisungserklärung und kausale geschäftsbesorgungsrechtliche Weisung in einem sein („Doppelnatur“)[22]. Dies ist jedoch schwer vorstellbar[23]. Denkbar ist allerdings, dass sowohl eine Ermächtigung als auch eine geschäftsbesorgungsrechtliche Weisung erteilt wird, was zB bei der Begebung eines Schecks anzunehmen ist, der in der Urkunde eine abstrakte Anweisung verbrieft (ScheckG Art 1 Nr 2) und bei dem der Aussteller im Geschäftsbesorgungsverhältnis zur bezogenen Bank eine Einlösungsweisung (§§ 675 Abs 1, 665) erteilt[24]. Es ist beim Scheck geboten, zwischen dem Auftrags- und dem Anweisungsverhältnis zu trennen, insbesondere mit Blick auf einen scheckrechtlich während der Vorlegungsfrist unzulässigen (ScheckG Art 32 ff), geschäftsbesorgungsrechtlich hingegen zulässigen Widerruf[25]. 5

II. Gesetzliche Anforderungen an die Anweisung

1. **Aushändigung der Anweisungsurkunde**. Der Tatbestand der Anweisung nach § 783 erfordert die Ausstellung und Aushändigung einer Urkunde mit der schriftlichen Anweisung an den Begünstigten als rechtsgeschäftliche Willenserklärung[26]. Die Urkunde muss dem Anweisungsempfänger ausgehändigt werden. Der Angewiesene, der gegenüber dem Anweisungsempfänger erst mit der Annahme der Anweisung zur Leistung verpflichtet ist (§ 784), muss von der Aushändigung nicht benachrichtigt werden. Die Bestimmung über die Schriftlichkeit der Anweisung einschließlich der Aushändigung der Urkunde ist eine **Formvorschrift** (§ 126 Abs 1), aus der nicht auf eine Vertragsnatur der Anweisung geschlossen werden kann[27]. 6

2. **Leistung an einen Dritten**. Nach § 783 muss die Leistung **an einen Dritten** erfolgen. An der Anweisung sind deshalb notwendig **drei Personen beteiligt**: der Anweisende, der Angewiesene sowie der begünstigte Dritte als Anweisungsempfänger. Deshalb ist eine Anweisung auf Leistung des Anweisenden selbst (oder seiner Leute) ausgeschlossen[28]. Im Gegensatz zur kaufmännischen Anweisung[29] ist die bürgerlichrechtliche Anweisung **an eigene Order** des Anweisenden unzulässig[30]. Ihre Annahme begründet keine Verbindlichkeit[31]. Umstritten ist, ob die Anweisung auch **auf den Inhaber** ausgestellt werden kann[32]. Die Leistung des Angewiesenen ist von der 7

19 S Rz 3, 10.
20 Vgl zB Zweibrücken SeuffA 58 Nr 59.
21 Zweibrücken SeuffA 58 Nr 32.
22 Canaris WM 1980, 354, 357 zur girovertraglichen Weisung iS einer „Doppelnatur“.
23 Kritisch Hadding/Häuser ZHR 145 (1981), 138, 141.
24 Zutreffend BGHZ 74, 352, 357 = WM 1979, 996 = NJW 1979, 2143.
25 Zutreffend Rehfeld NJW 1954, 806, 807.
26 Schleswig WM 1980, 48, 49.
27 Vgl dazu Rz 4.
28 Hamburg MDR 1969, 764; dazu Hertin MDR 1970, 881, 885.
29 S § 783 Rz 19.
30 RG SeuffA 77, 201, 202; RG JW 1930, 1376 = HRR 1929 Nr 2073.
31 RG Recht 1908 Nr 3597; HRR 1929 Nr 2073 = JW 1930, 1376 (mkritAnm Bernstein); zur Umdeutung s § 783 Rz 25.
32 RGSt 52, 98.

eines Dritten im Sinne von § 267 Abs 1 Satz 1 abzugrenzen[33]. Die Leistung des Dritten im Sinne von § 267 führt zwar ebenso zur Erfüllung im Valutaverhältnis (§§ 362 Abs 1, 267 Abs 1 Satz 1) wie die des Angewiesenen (§ 788). Der Dritte im Sinne von § 267 erbringt aber eine Eigenleistung auf fremde Schuld[34]. Es bestehen insbesondere unterschiedliche Willensrichtungen beim Dritten im Sinne von § 267 und beim Angewiesenen[35].

8 3. **Vertretbare Sachen**. § 783 beschränkt die gesetzlich geregelte Form der Anweisung auf „Geld, Wertpapiere oder andere vertretbare Sachen". Erforderlich ist also eine „Quantität vertretbarer Sachen"[36] im Sinne von § 91, nicht entscheidend ist eine gattungsmäßige Bestimmung der Sachen. Zur Anweisung auf individuell bestimmte Sachen Rz 33.

III. Zu Grunde liegende Rechtsverhältnisse

9 Von der rechtlich selbstständigen **Anweisung** sind die **Rechtsgrundverhältnisse** zwischen den Beteiligten zu unterscheiden. Die Anweisung ist nicht Teil dieser Rechtsverhältnisse, sondern ein gegenüber ihnen abstraktes Rechtsgeschäft.

10 1. **Valutaverhältnis**. Im **Valutaverhältnis** zwischen dem Anweisenden und dem Anweisungsempfänger kommt eine Anweisung nur in Frage, wenn der Anweisende vereinbarungsgemäß nicht „in Person zu leisten", also nicht höchstpersönlich zu leisten hat. Die Lage im Valutaverhältnis kann zB darin bestehen, dass der Anweisende eine Geldschuld an den Anweisungsempfänger bezahlen will. In diesem Fall führt ohne abweichende Vereinbarung weder die Aushändigung der Anweisungsurkunde noch die Annahme der Anweisung (§ 784) zur Erfüllung; die **Erfüllung dieser Verbindlichkeit** wird durch die Anweisung nur vermittelt und tritt erst ein, wenn der Angewiesene an den Begünstigen leistet (§ 788). Es kann durch eine Anweisung der Gegenstand der Anweisung (Geld oder vertretbare Sachen) **schenkweise** dem Begünstigten zugewandt werden oder auch ein **Darlehen** an den Begünstigten ausgezahlt werden, sodass bei Fälligkeit der Rückerstattungsanspruch des Anweisenden (§ 488 Abs 1 Satz 2, Abs 3) entsteht. Mangels einer anweisungsrechtlichen Rückgriffshaftung des Anweisenden ist die schenkweise Erteilung einer Anweisung anders als die schenkweise Hingabe eines Schecks[37] nicht gemäß § 518 formbedürftig. In Frage kann auch kommen, dass der Empfänger das Erlangte (wohl aufgrund eines Auftrags- oder Geschäftsbesorgungsverhältnisses) im Interesse des Anweisenden verwenden oder ihm abliefern muss, also ein Inkasso beabsichtigt ist[38]. Nach den Vereinbarungen im Valutaverhältnis bestimmt sich insbesondere, ob der Anweisungsempfänger verpflichtet ist, aufgrund der Anweisung die Leistung bei dem Angewiesenen zu erheben, ob er dem Anweisenden zur Herausgabe der Leistung des Angewiesenen verpflichtet ist (zB Inkassoauftrag) und ob der Anweisungsempfänger sich bei dem Anweisenden schadlos halten kann, wenn der Angewiesene nicht oder schlecht leistet. Aus der Sicht des Valutaverhältnisses ist der Angewiesene Erfüllungsgehilfe (§ 278) des Anweisenden[39].

11 2. **Deckungsverhältnis**. Auch das **Deckungsverhältnis** zwischen dem Anweisenden und dem Angewiesenen kann unterschiedlich ausgestaltet sein. Es kann darin bestehen, dass der Angewiesene Schuldner des Anweisenden ist **(Anweisung auf Schuld)**, sodass mit der Zahlung an den Begünstigten eine Forderung des Anweisenden gegen den Angewiesenen verwirklicht wird (§ 787 Abs 1)[40]. Umgekehrt kann die Ausführung der Anweisung dazu führen, dass der Anweisende

33 BGHZ 66, 362, 366 = WM 1976, 707 = NJW 1976, 1448; von Caemmerer JZ 1962, 385, 387; Möschel Jus 1972, 297, 302; MünchKomm/Krüger § 267 Rz 11; Gernhuber, Erfüllung und ihre Surrogate § 21 I 4, S 454.

34 Von Caemmerer JZ 1962, 385, 387.

35 MünchKomm/Krüger § 267 Rz 11; Gernhuber, Erfüllung und ihre Surrogate § 21 I 4, S 454. Gegen eine Anwendung des § 267 bei der Anweisungsleistung auch Raab, Austauschverträge mit Drittbeteiligung S 174.

36 Mugdan Protokolle II, S 960.

37 BGHZ 64, 340; BGH WM 1978, 844.

38 Motive II, S 556/7.

39 Vgl dazu Raab, Austauschverträge mit Drittbeteiligung S 176.

40 Motive II, S 557.

Schuldner des Angewiesenen wird **(Anweisung auf Kredit)**[41]. Bestand bei Erteilung der Anweisung noch kein entsprechendes Deckungsverhältnis, kann es mit der Einlösung der Anweisung durch den Angewiesenen zu Stande kommen. In der Erteilung der Anweisung liegt dann ein konkludentes Angebot auf Abschluss eines Vertrages, das der Angewiesene mit Ausführung der Leistung konkludent annimmt[42].

IV. Rechtsstellung des Angewiesenen und des Anweisungsempfängers

Die **systematische Einordnung der Rechtsstellungen des Angewiesenen und des Anweisungsempfängers** aus der Anweisung bereitet Probleme[43]. Die Anweisung als einseitiges, abstraktes Rechtsgeschäft[44] begründet selbst kein Schuldverhältnis, verpflichtet also weder den Angewiesenen, an den Anweisungsempfänger zu zahlen (§ 787 Abs 2), noch den Anweisungsempfänger, die Leistung beim Angewiesenen zu erheben (vgl § 789 Satz 2). Etwas anderes kann sich freilich aus den zu Grunde liegenden Rechtsverhältnissen[45] ergeben. Die Ermächtigungsregelung des § 783 kann auf Anweisungen in einem weiteren Sinne entsprechend angewandt werden[46]. 12

1. **Rechtsstellung des Angewiesenen**. Die **Anweisung als Erklärung an den Angewiesenen** verpflichtet den Angewiesenen nicht (vgl § 787 Abs 2). Die Rechtsstellung des Angewiesenen ergibt sich aus der Rechtsmacht, „für Rechnung des Anweisenden zu leisten". Damit wird dem Angewiesenen die Möglichkeit verliehen, zulasten eines fremden Vermögens, nämlich des Anweisenden, in ein anderes fremdes Vermögen, das des Anweisungsempfängers, zu leisten[47]. Handelt der Angewiesene aufgrund dieser Rechtsmacht, so ist seine Leistung dem Valutaverhältnis zuzurechnen[48]. Nach *Hassold*[49] soll es sogar tatsächlich zu einem **Durchgangserwerb** kommen. Der Angewiesene übereigne erst im Wege des Selbstkontrahierens analog § 181 die Sache an den Anweisenden und anschließend als Vertreter des Anweisenden analog §§ 164 ff dem Anweisungsempfänger. Der Vorgang ähnele dem Geheißerwerb; diese Auffassung erscheint aber gekünstelt. 13

Bei einer Anweisung auf Schuld bewirkt die Ermächtigung des Angewiesenen, dass ähnlich wie nach §§ 362 Abs 2, 185 Abs 1 die Leistung an den Anweisungsempfänger im Deckungsverhältnis schuldtilgend wirkt (§ 787 Abs 1)[50]. Bei der Anweisung auf Kredit[51] liegt darin zugleich die Zustimmung zu der Geschäftsführung, die in der Leistung des Angewiesenen an den Begünstigten liegt. Über den Ausgleich entscheidet das zu Grunde liegende Rechtsverhältnis (etwa §§ 675 Abs 1, 662, 670). Für den Anweisungsempfänger wird damit nur eine Anwartschaft auf die Leistung eröffnet[52]. 14

2. **Rechtsstellung des Anweisungsempfängers**. Mit der **Anweisung** als Erklärung des Anweisenden **an den Anweisungsempfänger** wird dieser ermächtigt, die Leistung bei dem Angewiesenen im eigenen Namen zu erheben. Um als Gläubiger die Zuwendung des Angewiesenen mit Wirkung für das Valutaverhältnis entgegenzunehmen, bedarf es wegen §§ 267, 268 an sich keiner Ermächtigung seitens des Schuldners[53]. Auch die Vorstellung, die Ermächtigung diene dazu, als Rechtsgrund der Anweisungsleistung das Valutaverhältnis zu bezeichnen, sodass der Leistungsempfänger das Geleistete behalten darf, wenn im Valutaverhältnis ein Rechtsgrund besteht und er 15

41 Motive II, S 557.
42 Larenz/Canaris, SchuldR II/2 § 62 I 2c, S 38; Staud/Marburger § 783 Rz 23.
43 Dazu u zum gemeinen Recht vgl J Wilhelm AcP 175 (1975), 304, 322 ff.
44 S Rz 4.
45 S Rz 9 ff.
46 Raab, Austauschverträge mit Drittbeteiligung S 166.
47 Wilhelm AcP 175 (1975), 303, 335 ff.
48 Staud/Marburger § 783 Rz 23.
49 Zur Leistung im Dreipersonenverhältnis S 25.
50 Motive II, S 562; aA Hassold, Zur Leistung im Dreipersonenverhältnis S 17, wegen eines (vermeintlichen) Durchgangserwerbs beim Anweisenden.
51 S Rz 11.
52 S Rz 16.
53 Ebenso Raab, Austauschverträge mit Drittbeteiligung S 161.

die Leistung nicht bereicherungsrechtlich zurückgewähren muss[54], überzeugt nicht, weil diese Wirkung schon auf die Tilgungsbestimmung des Anweisenden zurückzuführen ist und es deshalb keiner Ermächtigung des Anweisungsempfängers bedarf[55].

16 Bezieht man die Ermächtigung zutreffend auf das Deckungsverhältnis, weil sich die Rechtsmacht nach § 783 auf die dem Anweisenden geschuldete Leistung des Angewiesenen bezieht[56], so erlangt der Anweisungsempfänger als Rechtsmacht aus der Anweisung eine bloße **Empfangszuständigkeit oder -berechtigung** ebenso wie nach § 362 Abs 2 iVm § 185[57]. Die Anweisung ist insofern **Empfangsermächtigung**[58]. Die Empfangszuständigkeit vermittelt dem Begünstigten keine aktive Befugnis zur Rechtsausübung, sondern sie führt lediglich zu einer passiven Befugnis zur Annahme der konkreten Leistung[59]. Sie verleiht ihm nur das Recht, die Leistung mit Wirkung gegen den Anweisenden entgegenzunehmen[60]. Diese Rechtsstellung des Anweisungsempfängers ist auch schon vor der Annahme (§ 784) übertragbar (§ 792 Abs 1). Man spricht auch von einer bloßen „Anwartschaft" des Empfängers[61] oder kennzeichnet sie als „Formallegitimation", die den Begünstigten gegenüber dem Angewiesenen als Empfänger ausweist[62]. *Hassold*[63] interpretiert die „Empfangszuständigkeit" auch dahin, die Wirkung der Anweisungsleistung für den Anweisenden auf eine Leistung an den Anweisungsempfänger (oder dessen Rechtsnachfolger) zu beschränken[64].

17 Die dem Anweisungsempfänger verliehene Rechtsstellung ist kein gesetzlich geregelter Fall der **Einziehungsermächtigung**[65]. Anderes ergibt sich auch nicht aus der Formulierung in § 783; „ermächtigt, die Leistung ... im eigenen Namen zu erheben." Dagegen spricht, dass dem Anweisungsempfänger keine Befugnisse wie einem Gläubiger (zB Mahnung) eingeräumt sind. Es handelt sich also nicht um eine Einziehungsermächtigung, die das Recht beinhaltet, eine Forderung durch einen Dritten im eigenen Namen geltend zu machen[66] und Ausübungsbefugnisse dahin verleiht, dass der Einzugsermächtigte den Anspruch, obwohl er nicht Gläubiger ist, durchsetzen, also mahnen und klagen, kann[67]. Selbst wenn sich die Ablehnung der Einziehungsermächtigung auch nicht zwingend aus § 787 Abs 2 ergibt[68], weil dort nur klargestellt wird, dass der Gläubiger nicht einseitig die Leistungspflicht im Deckungsverhältnis ändern kann[69], so lässt sich eine Einziehungsermächtigung doch nicht mit dem Hinweis begründen, dass der Angewiesene nach wie vor an den Anweisenden leisten dürfe[70]; denn mit dieser zutreffenden Rechtsfolge lässt sich die erforderliche Rechtsmacht nicht begründen.

54 Enn/Lehmann § 203 I 3.
55 Zutreffend Raab, Austauschverträge mit Drittbeteiligung S 161.
56 Raab, Austauschverträge mit Drittbeteiligung S 161, 162.
57 Raab, Austauschverträge mit Drittbeteiligung S 162; Doris, Die rechtsgeschäftliche Ermächtigung bei Vornahme von Verfügungs-, Verpflichtungs- und Erwerbsgeschäften S 7, 24; Hassold, Zur Leistung im Dreipersonenverhältnis S 21; Müller-Laube, Empfangszuständigkeit S 121 ff.; MünchKomm/Hüffer § 783 Rz 32; Staud/Marburger § 783 Rz 20; Gernhuber, Die Erfüllung und ihre Surrogate § 23, 4, S 495; Wilhelm AcP 175 (1975), 304, 338, 340; Zöllner, WertpapierR § 8 III 2 a.
58 Raab, Austauschverträge mit Drittbeteiligung S 162.
59 Müller-Laube, Empfangszuständigkeit S 85, 87, 200.
60 Müller-Laube, Empfangszuständigkeit S 74, 111 ff; Staud/Marburger § 783 Rz 20.
61 Hueck/Canaris, Recht der Wertpapiere § 4 V 1, S 38.
62 P Doris, Die rechtsgeschäftliche Ermächtigung bei Vornahme von Verfügungs-, Verpflichtungs- und Erwerbsgeschäften S 7.
63 Zur Leistung im Dreipersonenverhältnis S 21.
64 Ähnlich E Wolf, SchuldR II S 403.
65 So aber Larenz/Canaris, SchuldR II/2 § 62 I b, S 38; Fikentscher, SchuldR Rz 272; Zöllner, WertpapierR § 8 III 2 a; Staud/Marburger § 783 Rz 19. Zur Einziehungsermächtigung vgl Raab, Austauschverträge mit Drittbeteiligung S 135 ff.
66 Henckel, Festschr für Larenz I, 1973, S 643; Müller-Laube, Empfangszuständigkeit S 200.
67 MünchKomm/Hüffer § 783 Rz 32.
68 So aber Staud/Marburger § 783 Rz 19.
69 Zutreffend Raab, Austauschverträge mit Drittbeteiligung S 168.
70 So aber Raab, Austauschverträge mit Drittbeteiligung S 169.

V. Besondere Anweisungsfälle

Insbesondere **Scheck** und früher **Postscheck haben die Anweisung des BGB als Mittel des bargeldlosen Zahlungsverkehrs** aus dem Wirtschaftsleben **verdrängt,** soweit nicht überhaupt andere Rechtsgestaltungen die Abwicklung des Zahlungsverkehrs bestimmen[71]. Die Anweisung ist jedoch noch Grundlage weiterer Rechtsfiguren. Zu weiteren Fallgestaltungen, in denen eine Anwendung der §§ 783 ff erörtert wird, vgl § 783 Rz 31 ff. 18

1. **Kaufmännische Anweisung**. Die kaufmännische Anweisung, auf die grundsätzlich die §§ 783 ff anzuwenden sind, ist in HGB § 363 Abs 1 Satz 1 besonders geregelt. Bei ihr muss der Angewiesene die Kaufmannseigenschaft (HGB §§ 1 ff) erfüllen, und die angewiesene Leistung darf nicht von einer Gegenleistung abhängig gemacht sein. Lautet die kaufmännische Anweisung an Order (positive Orderklausel), kann sie im Gegensatz zur bürgerlich-rechtlichen Anweisung durch Indossament übertragen werden (HGB §§ 363 Abs 1 Satz 1, 364, 365); es handelt sich also um ein indossables Orderpapier[72]. Fehlt die Orderklausel, ist ein Rektapapier gegeben. Ist der Angewiesene nicht Kaufmann, bleibt es bei den §§ 783 ff, selbst wenn Anweisender und Anweisungsempfänger Kaufleute sind. 19

2. **Kreditbrief**. Mit einem Kreditbrief[73], bei dem es sich um einen Vorläufer des Reiseschecks handelt, ermächtigt der Anweisende (regelmäßig eine Bank) den namentlich genannten Begünstigten als Anweisungsempfänger, bei einer oder mehreren Korrespondenzbanken gegen Vorlage des Kreditbriefs Beträge bis zur Höhe der akkreditierten Summe und (meistens) innerhalb einer Gültigkeitsdauer für Rechnung des Anweisenden zu erheben. Er ist eine Unterart der Anweisung, und zwar zur Zahlung an den Begünstigten, nicht zur Kreditierung[74]. Es handelt sich nicht um einen Kreditauftrag (§ 778), da der Aussteller des Kreditbriefes Schuldner des zur Auszahlung Angewiesenen ist und nicht Bürge. 20

Man unterscheidet den **Spezialkreditbrief**, in dem ein oder mehrere angewiesene Kreditinstitute benannt sind, und den **Zirkularkreditbrief**, der sich an eine größere Zahl nicht in dem Kreditbrief, sondern in einer vom Begünstigten unterschriebenen Korrespondenzliste (letter of indication) namentlich aufgeführte Kreditinstitute wendet[75]. Der Kreditbrief spielt im Vergleich zu dem Reisescheck[76] nur noch eine untergeordnete Rolle[77]. In AGB der Sparkassen und Banken wird er nicht mehr erwähnt. Nach Nr 16 Satz 1 der Sparkassen aF (= AGB der Banken aF Nr 3 Abs 2) leistete die Sparkasse auch bei der Zahlung an einen Nichtberechtigten auftraggemäß, wenn sie ihn nach sorgfältiger Prüfung als empfangsberechtigt ansieht. Der BGH[78] hat AGB der Banken Nr 5 Abs 2 Satz 1 in der Fassung von 1988 (= AGB der Sparkassen Nr 16) nicht beanstandet, sondern sogar auf einen Auszahlungsauftrag entsprechend angewandt. 21

3. **Reisescheck**. Neben Fremdwährungsschecks ausländischer Emittenten gab es seit März 1957 bis 1982 insbesondere den **Einheitlichen DM-Reisescheck der deutschen Kreditinstitute**. Reiseschecks werden heute nicht mehr von den deutschen Kreditinstituten selbst ausgegeben, sondern lediglich von ihnen vertrieben. Der Reisescheck (Travellerscheck) hat den Kreditbrief[79] praktisch verdrängt. Es handelt sich nicht um einen Scheck im Sinne von ScheckG Art 1, sondern um ein heute weitgehend genormtes besonderes Zahlungsmittel, das von auf das Reisescheckgeschäft spezialisierte Unternehmen in runden Beträgen ausgegeben wird und an vielen Plätzen einlösbar ist. Er soll den Kunden ermöglichen, ohne Mitnahme größerer Bargeldbeträge sich auch auf Reisen gesetzliche Zahlungsmittel bei den Korrespondenzbanken zu verschaffen. Die 22

71 S Rz 8 ff vor § 783.
72 S dazu Meyer-Cording/Drygala, WertpapierR D I 1, S 94, 95; Sedatis, Einführung in das WertpapierR Rz 333.
73 Vgl Motive II, S 557; so auch SchwObR Art 407.
74 RGZ 64,108; dazu Danz BankArch VI (1907), 97.
75 Vgl dazu Schönle, Bank- und BörsenR § 8 VII; Koch, Banken und Bankgeschäfte S 267 ff.
76 S Rz 22.
77 MünchKomm/Hüffer § 783 Rz 29.
78 BGHZ 130, 87, 93, 94 = WM 1995, 1485 = NJW 1995, 2483 = WuB I B 4.-3.95 (Pfeiffer) = ZIP 1985, 1326.
79 S Rz 20 f.

zivilrechtliche Einordnung des Reiseschecks ist umstritten; er wird heute als eine angenommene Zahlungsanweisung (§§ 783, 784) oder früher als ein Scheck besonderer Art angesehen[80].

23 Einer Korrespondenzbank, die einen **gefälschten Reisescheck** eingelöst hat, steht ein Anspruch auf Aufwendungsersatz gegen die Emissionsbank zu (§§ 675 Abs 1, 670), wenn bei einer ordnungsgemäßen Prüfung keine Bedenken gegen das Übereinstimmen der Unterschriften aufkommen mussten[81]. Wird der Emissionsbank angezeigt, dass Reiseschecks abhanden gekommen sind, ist sie schon aus tatsächlichen Gründen gleichwohl nicht verpflichtet, sämtliche Korrespondenzbanken zu unterrichten. Deshalb bestehen auch keine Bedenken gegen den bedingungsgemäßen Ausschluss einer Auszahlungssperre[82].

24 4. **Scheck und Wechsel als besondere Formen der Anweisung**. Als besondere Formen der Anweisungen sind im Einklang mit dem allgemeinen Begriff[83] der **Scheck** und der gezogene **Wechsel** (Tratte) anzusehen[84], die den jeweiligen Sondervorschriften des Scheck- und des Wechselgesetzes unterliegen. §§ 783 ff finden keine unmittelbare Anwendung, können aber ergänzend heranzuziehen sein[85], so zB § 788 im Scheckrecht[86].

25 a) **Umdeutung eines unwirksamen Schecks**. Ein **Scheck**, der wegen fehlender Angabe des Tags der Ausstellung **unwirksam** ist (ScheckG Art 1 Nr 5, 2 Abs 1), kann in eine formlose Ermächtigung an die bezogene Bank, den Scheckbetrag an den Inhaber zu zahlen, umgedeutet werden (§ 140); Anweisungsrecht ist entsprechend anzuwenden[87]. Auch ein Scheck mit faksimilierter Unterschrift kann als mündliche Anweisung auszulegen sein[88]. Die bezogene Bank darf folglich das Konto des Ausstellers nach der Einlösung belasten. Der für eine Umdeutung erforderliche hypothetische Wille des Ausstellers fehlt allerdings, wenn der Scheckinhaber nicht der materiell Berechtigte ist, ein Vertreter ohne Vertretungsmacht den Scheck ausgestellt hat, der Aussteller die Formnichtigkeit bewusst herbeigeführt oder den Scheck widerrufen hat[89]. Auch bei unzureichender Deckung auf dem Konto kann nicht von dem erforderlichen hypothetischen Willen des Ausstellers ausgegangen werden[90]. Die entsprechende Anwendung der §§ 783 ff erstreckt sich wegen des scheckrechtlichen Akzeptverbots (ScheckG Art 4) weder auf § 784[91] noch auf § 787 Abs 1[92]. Wegen des scheckrechtlichen Akzeptverbots (ScheckG Art 4) ist auch eine Umdeutung (§ 140) in ein selbstständiges Schuldversprechen (§ 780), einen kaufmännischen Verpflichtungsschein (HGB

80 S Hadding, Festschr für Krejci S 1181, 1191; ferner Heinichen, Die Rechtsgrundlage des Reisescheckverkehrs, 1964; H Polke, Der Zahlungsverkehr der Banken im In- und mit dem Ausland S 215; A Odefey, Der einheitliche DM-Reisescheck der deutschen Kreditinstitute, 1982; zum amerikanischen Travellerscheck: Käser ZGes KredW 1961, 196; zum Diskussionsstand Münch Komm/Hüffer § 783 Rz 30; Canaris, BankvertragsR Rz 859; aA Schwintowski/Schäfer, BankR § 11 Rz 3 ff.

81 Frankfurt/M WM 1980, 752 = BB 1980, 908; LG Frankfurt/M WM 1980, 290; ausf Odefey, Der einheitliche DM-Reisescheck der deutschen Kreditinstitute S 218 ff.

82 Frankfurt/M WM 1980, 752 = BB 1980, 908.

83 S vor § 783 Rz 2.

84 Hueck/Canaris, Recht der Wertpapiere § 4 I, S 35, 36.

85 Baumbach/Hefermehl WG und ScheckG, ScheckG Rz 3 vor Art 1; MünchKomm/Hüffer § 783 Rz 3.

86 Pal/Sprau § 783 Rz 2, 13.

87 BGH WM 2001, 954 = NJW 2001, 1855 = ZIP 2001, 781; Karlsruhe OLGZ 1977, 235, 236, 237 = NJW 1977, 589; ebenso Baumbach/Hefermehl WG u ScheckG, ScheckG Art 2 Rz 5 unter Hinweis auf SchwBGE 80 Abs 2, 82, 87; Loewenfeld, Die Anweisung im Gesetz und Verkehr S 26, 27, unter der Voraussetzung, dass der Scheck den anweisungsrechtlichen Erfordernissen genügt. Für **Umdeutung**: Baumbach/Hefermehl WG u ScheckG, ScheckG Art 2 Rz 5; Sprengel MDR 1958, 533: formnichtiger Scheck in mündliche Anweisung; Hadding/Häuser WM 1993, 1357, 1360, wenn der Aussteller die Formnichtigkeit nicht bewusst herbeiführte (Anm: und dies für den Bezogenen erkennbar war, §§ 133, 157). **Übersehen**: BGHZ 66, 362 = WM 1976, 707 = NJW 1976, 1448; AG Springe WM 1987, 309, 310; offen gelassen in BGHZ 122, 156, 159 = WM 1993, 939 = NJW 1993, 1861; Nobbe, Bankrechts-Hb § 60 Rz 77.

88 Sprengel MDR 1958, 553.

89 Hadding/Häuser WM 1993, 1357, 1360.

90 München WM 1973, 438, 439.

91 Baumbach/Hefermehl WG u ScheckG, ScheckG Art 2 Rz 5.

92 BGH NJW 1951, 598, 599 = BB 1951, 376; Pal/Sprau § 783 Rz 13.

§ 363 Abs 1 Satz 2) oder einen Garantievertrag der bezogenen Bank ausgeschlossen[93]. Es scheitert an den weiter reichenden Rechtsfolgen auch eine Umdeutung des formwidrigen Schecks in ein abstraktes **Schuldversprechen (§ 780) des Ausstellers**; denn anders als bei einem Schuldversprechen haftet der Aussteller aus einem Scheck nur unter den Rückgriffsvoraussetzungen (ScheckG Art 12, 40)[94].

b) **Umdeutung eines unwirksamen Wechsels**. Auch ein wegen Formmangels unwirksamer Wechsel kann in eine anweisungsrechtliche Doppelermächtigung umgedeutet werden (§ 140). Dagegen spricht nicht eine vermeintlich unterschiedliche Zwecksetzung zwischen Anweisung und Wechsel[95]; ein Wechsel ist zwar Kreditmittel, aber auch Mittel des Zahlungsverkehrs. Voraussetzung für die Umdeutung ist, dass bei dem (ungültigen) Wechsel schon ursprünglich die drei notwendig Beteiligten einer Anweisung[96] vorhanden sind[97]. In diesem Fall kann auch das Wechselakzept in eine Annahme gemäß § 784 umgedeutet werden[98]. Ist der Angewiesene Kaufmann, kommt auch die Umdeutung in eine kaufmännische Anweisung[99] in Betracht[100]. Fehlt hingegen die Angabe des (Anweisungs-)Empfängers, scheitert die Umdeutung schon hieran[101]. Wenn die Rechtsprechung einer Umdeutung des Wechselakzepts in eine Annahme gemäß § 784 (auch in ein Schuldversprechen nach § 780) im Übrigen entgegenhält, der „einfachen Namensunterschrift" (vgl WG Art 25 Abs 1 Satz 2) sei keine verpflichtende Willenserklärung zu entnehmen[102], so überzeugt dies wegen der rechtsgeschäftlichen Grundlagen auch des Wechselakzepts nicht[103]. So kann auch eine wechselrechtlich unwirksame, weil entgegen WG Art 25 bedingte Annahme des Wechsels in ein abstraktes Schuldversprechen umgedeutet werden[104]. 26

5. **Nachnahme beim Frachtgeschäft**. Die Nachnahme beim Frachtgeschäft gemäß HGB § 422 Abs 1 wird als eine Anweisung verbunden mit Inkassoauftrag ausgelegt[105]. Bei nicht ordnungsgemäßer Nachnahmeerhebung eines Schecks vom Empfänger kann es zu einem Schadensersatzanspruch gegen den Spediteur kommen[106]. Nach HGB § 422 Abs 3 haftet ein Frachtführer in einem solchen Fall auch ohne ein Verschulden bis zur Höhe des Nachnahmebetrags. 27

6. **Lieferscheine**. Lieferscheine, die ein Einlagerer auf von ihm eingelagertes Gut ausstellt und bei denen der Lagerhalter nur für den Einlagerer als ersten Verkäufer verwahrt, dienen dazu, ein sog Durchhandeln in einer Lieferkette zu erleichtern[107]. Diese Lieferscheine sind keine kaufmännischen Traditionspapiere wie der Lagerschein des Lagerhalters im Sinne des HGB § 475 g (entspricht HGB § 424 aF) oder der Ladeschein des Frachtführers im Sinne des HGB § 448 (entspricht HGB § 450 aF), deren Übergabe die Übergabe des eingelagerten Guts ersetzt. Nach der Auslegung des BGH[108] verbrieft der Lieferschein eine Doppelermächtigung: An den Empfänger, sich die Waren von dem Lagerhalter aushändigen zu lassen, und an den Lagerhalter, das eingelagerte Gut an den durch den Lieferschein Legitimierten, unabhängig von den Eigentumsver- 28

93 Karlsruhe OLGZ 1977, 235, 236, 237 = NJW 1977, 589.
94 BGH WM 1957, 1405 = NJW 1957, 1837, 1838; Soergel[11]/Häuser §§ 780, 781 Rz 46; Nobbe, Bankrechts-Hb § 60 Rz 77 aE.
95 So aber Loewenfeld, Die Anweisung in Gesetz und Verkehr S 25.
96 S Rz 1.
97 RG JW 1930, 1376 = HRR 1929 Nr 2073 = LZ 1930 Sp 304; Reinicke DB 1960, 1028, 1029; Hadding JZ 1970, 552, 553; s auch OGH ÖBA 1996, 721.
98 Baumbach/Hefermehl WG u ScheckG, WG Art 2 Rz 11 aE; Liesecke WM 1971, 294, 297; Reinicke DB 1960, 1028, 1029.
99 S Rz 19.
100 Bamberg NJW 1967, 1913.
101 BGH WM 1955, 1324 = DB 1955, 892; Pal/Sprau § 783 Rz 13.
102 BGH WM 1955, 1324 = DB 1955, 892; RG JW 1935, 1778; RGZ 136, 207, 210 = JW 1932, 2611; RG JW 1930, 1376 (mablAnm Bernstein) = HRR 1929 Nr 2073 = LZ 1930 Sp 304.
103 Hadding JZ 1970, 552, 553; s auch München SeuffA 80 Nr 22.
104 BGHZ 124, 263, 268 = WM 1994, 56 = NJW 1994, 447; Baumbach/Hefermehl WG u ScheckG, WG Art 26 Rz 1 aE.
105 Senckpiehl, Speditionsgeschäft S 217 ff; F Kübler, Feststellung und Garantie S 174; GroßkommHGB/Hehn §§ 407–409 Rz 53.
106 Vgl BGHZ 83, 97 = WM 1982, 637 = NJW 1982, 1946.
107 Vgl dazu Hertin MDR 1970, 881; ausf zur Abwicklung eines Geschäfts mit der Klausel „Kasse gegen Lieferschein" Liesecke WM 1978 Sonderbeil 3 S 9 ff.
108 NJW 1971, 1608, 1609 = WM 1971, 742, 743.

hältnissen, auszuliefern. Handelt es sich um vertretbare Sachen (§ 91), sind die §§ 783 ff unmittelbar anzuwenden, andernfalls weitgehend entsprechend[109]. Die Übergabe solcher Lieferscheine führt wegen § 788 nicht zur Erfüllung im Valutaverhältnis. Die in den Lieferscheinen verbriefte Anweisung ist auch widerruflich (§ 790)[110]. Die **Annahmeerklärung des Lagerhalters** auf dem Lieferschein kann nach §§ 780, 781 wirksam sein[111]. Ferner haftet der Lagerhalter auf Schadensersatz, wenn er auf Anfrage fälschlich erklärt, der Lagerschein gehe in Ordnung[112].

29 Der sog **Kassalieferschein** enthält eine Anweisung des Ausstellers (Anweisenden) an den Lieferanten (Angewiesenen), die Ware nur gegen Zahlung zu liefern[113]. *Sieg*[114] sieht in dem Kassalieferschein ein Rektapapier bzw in einem Kassalieferschein mit Überbringerklausel ein hinkendes Inhaberpapier gem § 808 (analog). Die in dem Schein verbriefte Ermächtigung des angewiesenen Lieferanten, an den Käufer zu liefern, wird als aufschiebend bedingt durch die Zahlung des Käufers an den Lieferanten angesehen[115]. Unterbleibt versehentlich die Zahlung, so erwirbt der Auslieferer einen selbstständigen Zahlungsanspruch gegen den Empfänger der Ware in Höhe des in der Kassaklausel angeführten Betrags. Bei doppelter Ausstellung eines Lieferscheins haftet der Verwahrer nicht, wenn er dem Indossatar des zweiten Scheins die Ware aushändigt, ohne sich den ersten Schein aushändigen zu lassen[116].

30 7. **Sonstiges**. Mit einer **„Mietwagenkosten-Übernahmeerklärung“**, die der geschädigte Kfz-Halter dem Vermieter des Mietwagens erteilt, weist der Geschädigte nach LG München I[117] die Versicherung des Schädigers an, die Mietwagenkosten unmittelbar an den Vermieter zu entrichten. Wegen der „Anrechnung auf die Ansprüche auf Ersatz von Mietwagenkosten“ handelt es sich um eine Anweisung „auf Schuld“ (§ 787); die Leistung der Versicherung an den Vermieter geschieht deshalb schuldbefreiend[118]. Eine Erklärung eines Haftpflicht-Versicherers, mit der er sich nach einem Kfz-Unfall gegenüber der Reparaturwerkstatt in bestimmtem Umfang zur Übernahme der Instandsetzungskosten verpflichtet, soll eine Annahme einer Anweisung sein, §§ 783, 784[119].

VI. Nicht geregelte Formen der Anweisung

31 1. **Anweisung unmittelbar gegenüber dem Angewiesenen**. Nicht in § 783 erfasst ist die Anweisung, die der Anweisende **unmittelbar gegenüber dem Angewiesenen**, vielleicht sogar nur mündlich, erklärt. Sie soll nach dem Grundsatz der Privatautonomie ebenfalls als eine Anweisung anzusehen sein[120], wobei freilich nicht selten offen bleibt, ob es sich um eine abstrakte Ermächtigung handelt und welche der §§ 783 ff auf eine solche unmittelbare Anweisung entsprechend anwendbar sein sollen. Für § 784 ist dies jedenfalls zu verneinen. Soweit auf Motive II, S 558 Bezug genommen wird, ist zu berücksichtigen, dass der 1. Entwurf nicht von einer abstrakten Ermächtigung, sondern auch für das Deckungsverhältnis von einem schuldrechtlichen Auftrag ausging. Deshalb wird es meistens näher liegen, hier von einem Auftrags- oder Geschäftsbesorgungsverhältnis (§§ 662 ff, 675 Abs 1) auszugehen[121]. Selbstverständlich kommt es auch hier

109 NJW 1971, 1608, 1609 = WM 1971, 742, 743; RGZ 76, 239, 241; Planck/Landois § 783 Bem 2. In RGZ 101, 297, 299 wird offenbar die Vertretbarkeit mit einer (nur) gattungsmäßigen Bestimmung der Sachen verwechselt, ebenso bei Hertin MDR 1970, 881.
110 BGH NJW 1971, 1608, 1609 = WM 1971, 742, 743.
111 RG JW 1923, 500 (mteilwzustAnm Jacobi); dazu Kübler, Feststellung und Garantie S 173.
112 RGZ 101, 297.
113 BGHZ 6, 378 = NJW 1952, 1132; RGZ 76, 239; Hamburg BB 1951, 402.
114 Sieg BB 1992, 299, 301.
115 Sieg BB 1992, 299, 301, 302.
116 Hamburg HansRZ 1920, 560 = Recht 1921 Nr 1355.
117 VersR 1981, 565.
118 Zur „Reparaturkosten-Übernahmebestätigung“ s Mittelmeier VersR 1982, 127; Heitmann VersR 1981, 1106.
119 So Esser/Weyers, SchuldR II/1 § 43 I 2, S 378; Mittelmeier VersR 1982, 127, 128.
120 So BGHZ 3, 238, 239, 240 = NJW 1952, 21 = LM Nr 1 zu § 783 (mAnm Lersch); Pikart WM 1955, 390.
121 RG SeuffA 77, 200, 201; s auch Meyer-Cording JZ 1952, 79. S auch Rz 2 vor § 783.

zu einem verpflichtenden Rechtsverhältnis zwischen Angewiesenem und Anweisungsempfänger nur durch einen besonderen Rechtsgrund, der in jeder Art von Schuldverpflichtung bestehen kann. Wegen Inkassovollmacht s unten Rz 8 vor § 783.

2. **Mündliche Anweisung gegenüber dem Anweisungsempfänger**. Auch eine bloß münd- 32
liche Anweisung gegenüber dem Anweisungsempfänger ist gültig und entsprechend zu beurteilen[122], obgleich eine entsprechende Anwendung des § 784 sowie aller eine Verbriefung voraussetzenden Vorschriften entfällt[123], überhaupt dem Anweisungsempfänger dann zunächst jede Legitimation gegenüber dem Angewiesenen fehlt. Mit einer solchen mündlichen Anweisung müsste wohl immer eine unmittelbare Anweisung an den Angewiesenen Hand in Hand gehen, was dann aber sogleich eine Auftragserteilung (§§ 662 ff, 675 Abs 1), vielleicht auch einen Vertrag zu Gunsten eines Dritten (des „Anweisungsempfängers") im Sinne der §§ 328 ff nahe legen würde (zur Abgrenzung s Rz 10 f vor § 783). Eine mündliche Anweisung liegt zB in dem Auftrag des Verkäufers an den Käufer, dass Letzterer das Guthaben des anwesenden Bauhandwerkers an diesen zahlen solle[124]. Hat der Käufer einer noch nicht gelieferten Ware auf Anweisung des Verkäufers einem Dritten erklärt, er werde ihm den Kaufpreis zahlen, sobald er die Ware erhalte, so ist er zur Zahlung verpflichtet, falls ihm auch vom Verkäufer die Ware unter der Bedingung der Zahlung an ihn angeboten wurde und er sie erhielt, namentlich, wenn der Dritte sich erbot, für den Verkäufer zu erfüllen[125]. Auch die Freistellungserklärung des Verkäufers an den Lagerhalter ist eine anweisungsähnliche, entsprechend § 783 zu behandelnde Erklärung, durch die der Lagerhalter ermächtigt wird, die Ware an den Käufer herauszugeben[126].

3. **Anweisung auf individuell bestimmte Sachen**. Das BGB befasst sich nur mit der Anwei- 33
sung auf Leistung von Geld, Wertpapieren oder anderen vertretbaren Sachen. Die ebenfalls mögliche auf Leistung individuell bestimmter Sachen gerichtete Anweisung ist **nicht geregelt**[127]. Diese Beschränkung geht auf die 2. Kommission zurück, die damit der Kritik an der verpflichtenden Kraft der abstrakten Anweisungsannahme (§ 784) für die nur selten vorkommende Anweisung „auf nicht vertretbare Leistungen" Rechnung tragen wollte[128]. Bei einer Anweisung auf Leistung individuell bestimmter, also nicht vertretbarer Sachen (zB in einem Lieferschein) kann es sich um eine Anweisung im weiteren Sinn[129] handeln, auf die aber Vorschriften über Annahme (§ 784) und Übertragung der Anweisung (§ 792 Abs 1) nicht anwendbar sind. Wird eine solche Anweisung von dem Angewiesenen „angenommen", kann damit ein abstraktes Schuldversprechen (§§ 780, 781) beabsichtigt sein[130].

§ 784 Annahme der Anweisung

(1) Nimmt der Angewiesene die Anweisung an, so ist er dem Anweisungsempfänger gegenüber zur Leistung verpflichtet; er kann ihm nur solche Einwendungen entgegensetzen, welche die Gültigkeit der Annahme betreffen oder sich aus dem Inhalt der Anweisung oder dem Inhalt der Annahme ergeben oder dem Angewiesenen unmittelbar gegen den Anweisungsempfänger zustehen.

(2) Die Annahme erfolgt durch einen schriftlichen Vermerk auf der Anweisung. Ist der Vermerk auf die Anweisung vor der Aushändigung an den Anweisungsempfänger gesetzt worden, so wird die Annahme diesem gegenüber erst mit der Aushändigung wirksam.

122 RG Recht 1922 Nr 596; BGHZ 3, 238 = NJW 1952, 21 = JZ 1952, 78 (mteilwkritAnm Meyer-Cording); E Ulmer AcP 126 (1926), 134 ff; Meder, Die bargeldlose Zahlung S 197; aM Laux BayZ 1907, 73.

123 BGHZ 3, 238 = NJW 1952, 21 = JZ 1952, 78 (mteilwkritAnm Meyer-Cording); Münch Komm/Hüffer § 783 Rz 19; aM Laux BayZ 1907, 37.

124 Zweibrücken Recht 1907 Nr 446.

125 Hamburg HansGZ 1925 H 163.

126 Frankfurt/M DB 1981, 636.

127 RGZ 101, 297; § 783 Rz 8.

128 Protokolle Mugdan II, S 961.

129 S oben Rz 3 vor § 783.

130 RG JW 1923, 500, 501 (mAnm Jacobi) = LZ 1922, 681.

ÜBERSICHT

I. Annahme der Anweisung

1 Ob der Angewiesene die Anweisung gegenüber dem Anweisungsempfänger annimmt, was gemäß § 784 Abs 1 eine abstrakte Verpflichtung des Angewiesenen begründet, steht ohne besondere Vereinbarung im Deckungsverhältnis selbst dann in seinem Belieben, wenn er Schuldner des Anweisenden ist (§ 787 Abs 2). Hat der Angewiesene bei einer Anweisung auf Schuld die Anweisung angenommen, steht ihm ein **Leistungsverweigerungsrecht** zu, wenn ihn der Anweisende aus der Verbindlichkeit im Deckungsverhältnis in Anspruch nimmt (§ 242), weil andernfalls die Gefahr besteht, dass er doppelt leisten muss. Für den Anspruch aus der Annahme galt die besondere dreijährige Verjährungsfrist des § 786 aF; seit SchuModG Art 1 gilt diese Frist als Grundregel (§ 195). Wer sich auf die Rechtsfolgen der Annahme beruft, hat ihr Zustandekommen zu beweisen; dies wird regelmäßig der Anweisungsempfänger sein[1].

2 1. **Begebungsvertrag**. Die Leistungspflicht des Angewiesenen aus der **Annahme der Anweisung** gegenüber dem Anweisungsempfänger entsteht aufgrund eines Begebungsvertrags mit dem Begünstigten[2]. Dies entspricht dem schuldrechtlichen Vertragsprinzip (§ 311 Abs 1) und der Rechtslage beim vergleichbaren Wechselakzept (WG Art 28)[3]. Aus § 784 Abs 2 Satz 2 folgt, dass der bloße Annahmevermerk als „Skripturakt" nicht ausreicht, die Verbindlichkeit des Angewiesenen zu begründen. Nach anderer Ansicht[4] beruht die Leistungspflicht aus der Annahme als einem einseitigen, zugangsbedürftigen (§ 130 Abs 1) Rechtsgeschäft. Der nach zutreffender Auffassung erforderliche Begebungsvertrag kommt dadurch zu Stande, dass der Anweisungsempfänger die Urkunde mit dem Akzeptvermerk des Angewiesenen (§ 784 Abs 2) entgegennimmt. Hat der Anweisende die Annahmeerklärung des Angewiesenen eingeholt, ist er dessen Bote[5]. Andere[6] legen die Vorlage der Urkunde beim Angewiesenen als Vertragsantrag aus. Die Bedeutung der Vorlage beschränkt sich jedoch auf den Versuch, „die Leistung ... zu erheben" (§ 783). Eine beschränkte Annahme ist zulässig, zB hinsichtlich der Fälligkeit bei der Annahme der Anweisung des Bauunternehmers durch den Baugeldgeber[7]. Weiter gehende Vertragspflichten als die Leistungspflicht begründet die Annahme regelmäßig nicht[8].

3 2. **Abstraktes Rechtsgeschäft**. Die Annahme der Anweisung stellt einen **selbstständigen Verpflichtungsgrund** dar, der unabhängig ist von einer etwaigen Verpflichtung des Angewiesenen gegenüber dem Anweisenden im Deckungsverhältnis[9]. Sie ist keine Wirksamkeitsvoraussetzung der Anweisung, sondern begründet statt der bloßen Ermächtigung des Empfängers eine Verpflichtung des Angewiesenen zur Leistung an den Anweisungsempfänger[10]. Auch umgekehrt berührt die Ungültigkeit der Anweisung (zB Fälschung) die Wirksamkeit der Annahme nicht[11]. Wird die Forderung des Anweisenden gegen den Angewiesenen aus dem Deckungsver-

1 Vgl Baumgärtel/Laumen, Beweislast § 784 Rz 1.
2 Herrmann, Geld und Geldgeschäfte § 10 Rz 25; Zöllner, WertpapierR § 8 V 2 b; Hueck/Canaris, Recht der Wertpapiere § 4 V 2, S 39; Larenz/Canaris, SchuldR II/2 § 62 II 1, S 39, 40.
3 Vgl dazu Baumbach/Hefermehl, WG und ScheckG, WG Art 28 Rz 1.
4 Pal/Sprau § 784 Rz 3; RGRK-Steffen § 784 Rz 3; StudKBGB-Beuthien § 784 Bem 1.
5 Herrmann, Geld und Geldgeschäfte § 10 Rz 25.
6 Larenz/Canaris, SchuldR II/2 § 62 I 2 c, S 38.
7 Breslau Recht 1903 Nr 1833.
8 BGHZ 90, 86 = WM 1984, 1277, 1279 = NJW 1984, 2087.
9 Vgl RG WarnR 1931 Nr 60; auch RGZ 144, 133, 134/5.
10 LG München I VersR 1981, 565.
11 AA Kübler, Feststellung und Garantie S 166.

hältnis aufgrund einer Abtretung von dem Anweisungsempfänger eingeklagt, so wird dadurch nicht auch der Anspruch aus der Annahme der Anweisung rechtshängig[12]. Selbst wenn man die in einem Kaufvertrag vereinbarte unwiderrufliche Anweisung des Käufers an seinen Darlehensgeber, Beträge in Kaufpreishöhe auf ein Konto des Verkäufers zu überweisen, und die Überlassung des schriftlichen Kaufvertrags an den Darlehensgeber als Anweisung im Sinne des § 783 einordnet, entsteht ein Anspruch des Verkäufers gegen den Darlehensgeber erst mit der Annahme (§ 784)[13].

3. **Ausschluss der Widerruflichkeit**. Der Anweisende kann die Anweisung nur bis zur Annahme widerrufen (§ 790 Satz 1). Vor der Annahme kann auch der Insolvenzverwalter die Anweisung des Anweisenden widerrufen (vgl InsO § 80 Abs 1). Nach der Annahme durch den Angewiesenen hat die Anweisung wirtschaftlich dieselbe Bedeutung wie eine Abtretung[14]. Dadurch, dass die angewiesene Bank dem Dritten den Betrag als disponibel „avisiert", wird sie nicht schon zur Zahlung verpflichtet; einen nach Avisierung erfolgten Widerruf muss sie deshalb berücksichtigen[15]. Ist die Annahme der Anweisung durch ein besonderes Schreiben, das als abstraktes Schuldversprechen (§ 780) gültig sein kann, geschehen, so kann diese widerrufen werden. Auch wenn die Annahme auf der Anweisungsurkunde vermerkt ist, ist Widerruf möglich, sofern die Anweisungsschrift dem Anweisungsempfänger nicht zurückgegeben worden ist[16]. 4

4. **Gescheiterte Annahme**. Scheitert eine verpflichtende Annahme, weil die Anweisung nicht nach den Vorschriften des § 784 Abs 2 Satz 1 angenommen oder die Urkunde mit dem Annahmevermerk im Falle des § 784 Abs 2 Satz 2 dem Anweisungsempfänger nicht ausgehändigt worden ist, so kann ein Anspruch des Begünstigten gegen den Angewiesenen unter dem Gesichtspunkt eines Vertrags zu Gunsten Dritter (§ 328 Abs 1) begründet sein, wenn die Umstände auch einen Verpflichtungswillen des Angewiesenen gegenüber dem Anweisungsempfänger ergeben[17]. Dafür kann sprechen, dass der Angewiesene auf Drängen des Anweisenden die Annahme auf der Urkunde vermerkt und sie ihm ausgehändigt hat[18]. 5

II. Schriftform der Annahmeerklärung

Nach § 784 Abs 2 Satz 1 setzt eine formgültige Annahme der Anweisung eine **schriftliche Annahmeerklärung (Vermerk)** des Angewiesenen auf der Anweisungsurkunde voraus (§ 126 Abs 1), um dem Angewiesenen die Bedeutung der übernommenen Verpflichtung bewusst zu machen[19]. Die Vertragserklärung des Anweisungsempfängers ist formlos wirksam. Der Vermerk kann auch schon vor der Aushändigung der Anweisung an den Anweisungsempfänger angebracht werden. In diesem Fall entsteht ein Anspruch des Anweisungsempfängers gegen den Annehmenden aber erst dann, wenn ihm die Anweisungsurkunde mit dem Anweisungsvermerk ausgehändigt wird (§ 784 Abs 2 Satz 2). Die Erklärung, vom Inhalt der Anweisung Kenntnis genommen zu haben, ist noch keine Annahme[20]. Kein schriftlicher Vermerk ist auch das Durchlaufenlassen einer Anweisung durch die Registriermaschine oder die bloße Empfangsbestätigung einer Bank[21]. 6

Ein separates Schreiben des Angewiesenen erfüllt nicht die Voraussetzungen einer Anweisung[22]. Der schriftliche Annahmevermerk kann mit Rücksicht auf den Schutzzweck des Formerfordernisses nicht durch außerhalb der Urkunde liegende Umstände, die auf einen Verpflichtungswillen hindeuten, ersetzt werden. Andernfalls würde für die Verpflichtungserklärung des Angewiesenen, als 7

12 RG JW 1902, 606.
13 LG Stuttgart BWNotZ 1980, 68, 69.
14 RG BayZ 1910, 115 = ZblFG 10, 531.
15 Hamburg BankArch 15, 408.
16 RG SoergRspr 1912 zu § 784 Nr 2.
17 Koblenz, NJW-RR 1989, 505. S auch Rz 10f vor § 783.
18 So BGH WM 1982, 155, 156; Koblenz NJW-RR 1989, 505, 506.
19 Dazu Meder AcP 198 (1998), 72, 88.
20 RG Recht 1912 Nr 212.
21 LG Köln MDR 1947, 166.
22 Koblenz NJW-RR 1989, 505.

wichtigstem anspruchsbegründendem Merkmal, auf die vorgeschriebene Form verzichtet werden[23]. Dies ist mit Rücksicht auf den Schutzzweck des Formgebots nicht vertretbar. Die bloße Unterschrift kann hingegen genügen, wenn der Annahmewille hieraus klar hervorgeht[24]. Mündliche Anweisungen sind nach herrschender Lehre zulässig und entsprechend den §§ 783 ff zu behandeln[25].

III. Einwendungen des Angewiesenen

8 1. **Einwendungsausschluss**. Die **Zulässigkeit von Einwendungen** ist in § 784 Abs 1 Halbsatz 2 in Anlehnung an WG Art 17, ScheckG Art 22 und HGB § 364 geregelt. Der Vorschrift kommt aber nur eine klarstellende Funktion zu, um die Selbstständigkeit des Anspruchs aus der Annahme sicherzustellen; es geht nicht um den Ausschluss von Vormänner-Einreden. Somit besteht keine Parallele zu dem wertpapierrechtlichen Einwendungsausschluss[26]. Zulässig sind Gültigkeitseinwendungen, zB wegen einer Anfechtung des Angewiesenen (§§ 142 Abs 1, 119 ff), urkundliche Einwendungen „aus dem Inhalt" der Anweisung und ihrer Annahme, zB eine Bedingung (§ 158) oder Befristung (§ 163), unmittelbare Einwendungen gegenüber dem Anweisungsempfänger oder seinem Rechtsnachfolger sowie der Einwand mangelnder Aushändigung der Anweisung (§ 784 Abs 2 Satz 2). Mit Rücksicht auf die Abstraktheit der Akzeptverbindlichkeit kann der Angewiesene sich nicht auf die Unwirksamkeit der Anweisung zB bei einer Fälschung berufen. **Ausgeschlossen** sind ferner Einwendungen aus dem Schuldverhältnis zwischen dem Angewiesenen und dem Anweisenden (Deckungsverhältnis) sowie aus dem zwischen Anweisenden und Anweisungsempfänger (Valutaverhältnis). Die Verpflichtung des Angewiesenen unterliegt jedoch auch dem Grundsatz von Treu und Glauben[27].

9 2. **Bereicherungseinrede**. Ob der Angewiesene gegenüber dem Anweisungsbegünstigten die Bereicherungseinrede (§ 821) erheben kann, beurteilt sich nach den allgemeinen Prinzipien der bereicherungsrechtlichen Rückabwicklung im Dreipersonenverhältnis, die vom modernen Leistungsbegriff und der Lehre von der Subsidiarität der Nichtleistungskondiktion geprägt sind[28]. Danach hat die bereicherungsrechtliche Rückabwicklung grundsätzlich in den Leistungsbeziehungen zu erfolgen. Bei der angenommenen Anweisung erweist sich die Festlegung der Leistungsverhältnisse als problematisch, weil der Anweisungsempfänger mit der Annahme zugleich einen Anspruch gegen den Angewiesenen erwirbt, sodass Letzterer auf die durch die Annahme begründete Schuld gegenüber dem Empfänger leistet. Trotzdem muss der Anweisungsempfänger die Zuwendung als eine Leistung des Anweisenden auffassen. Denn die Annahme nach § 784 soll die Stellung des Anweisungsempfängers verbessern, indem sie ihm einen eigenen Anspruch gegen den Angewiesenen verschafft. Dies darf auch seine bereicherungsrechtliche Stellung nicht verschlechtern[29]. Der Angewiesene kann sich gegenüber dem Anweisungsempfänger also grundsätzlich nicht auf die Unwirksamkeit des Deckungs- oder des Valutaverhältnisses berufen[30]. Auch ein sog Doppelmangel ist für sich allein genommen noch nicht ausreichend, um die Kondiktion des Angewiesenen beim Anweisungsempfänger auszulösen[31].

23 So BGH WM 1982, 155, 156; Koblenz NJW-RR 1989, 505, 506.
24 Pal/Sprau § 784 Rz 4; Mittelmeier VersR 1982, 127, 128.
25 Schlechtriem, SchuldR BT Rz 669; Fikentscher, SchuldR Rz 1025.
26 Hueck/Canaris, Recht der Wertpapiere § 4 V 2, S 37.
27 Schleswig WM 1980, 48, 50; ferner RGZ 144, 133; RG LZ 1920, 229.
28 Zusammenfassend BGHZ 111, 382, 384 ff = WM 1990, 1531 = NJW 1990, 3194; ferner BGHZ 157, 307, 311= WM 2003, 14 = NJW 2003, 582; BGHZ 147, 269, 273 = WM 2001, 1454 = NJW 2001, 2880; BGHZ 89, 376, 381 = WM 1984, 423 = NJW 1984, 1348; BGHZ 58, 184, 188 = JZ 1972, 404; BGHZ 40, 272, 278.
29 So Canaris, Festschr für Larenz I S 806; Emmerich, SchuldR BT § 18 Rz 7; Hassold, Zur Leistung im Dreipersonenverhältnis S 220 ff.; Koppensteiner/Cramer, Bereicherung S 45; Medicus, BürgerlR Rz 679; Staud/Lorenz § 812 Rz 56; MünchKomm/Lieb § 812 Rz 52.
30 Vgl auch Neustadt HEZ 1, 81.
31 BGHZ 48, 70 = NJW 1967, 1905 = MDR 1967, 754; v Caemmerer JZ 1962, 385; Fikentscher, SchuldR Rz 1151; MünchKomm/Lieb § 812 Rz 47.

So hat bei einer Leistung kraft Anweisung, also auch bei einer unmittelbar dem Angewiesenen erteilten Anweisung, der Angewiesene einen Bereicherungsanspruch nur gegenüber dem Anweisenden, wenn sich das Deckungsverhältnis als fehlerhaft erweist[32]. Hingegen steht dem Angewiesenen kein Bereicherungsanspruch gegen den Empfänger zu, wenn die Schuld des Anweisenden gegenüber dem Anweisungsempfänger, derentwegen die Anweisung erfolgte, nicht besteht. In diesem Fall kann nur der Anweisende gegenüber dem Empfänger kondizieren[33]. 10

Eine Direktkondiktion des Angewiesenen ist erst zulässig, wenn die Zuwendung des Angewiesenen keine Leistung des Anweisenden an den Anweisungsempfänger darstellt[34]. Dies ist mangels wirksamer Tilgungsbestimmung insbesondere dann der Fall, wenn der Anweisende von Anfang an geschäftsunfähig war[35]. Später eintretende Geschäftsunfähigkeit schadet hingegen nicht (§ 791). Ebenso verhält es sich in den Fällen, in denen die Anweisung und Tilgungs- oder Zweckbestimmung von einem vollmachtlosen Vertreter des Kontoinhabers abgegeben worden sind[36]. Eine unmittelbare Kondiktion des Angewiesenen ist entsprechend § 822 auch bei Unentgeltlichkeit der Zuwendung im Valutaverhältnis zulässig[37]. 11

§ 785 Aushändigung bei Anweisung

Der Angewiesene ist nur gegen Aushändigung der Anweisung zur Leistung verpflichtet.

1. **Regelungszweck**. Dass der Angewiesene nach § 785 an den Anweisungsempfänger nur gegen Aushändigung der Überweisungsurkunde leisten muss, verfolgt den Zweck, ihm im Deckungsverhältnis den urkundlichen Nachweis zu verschaffen, dass er zur Leistung an den Anweisungsbegünstigten für Rechnung des Anweisenden ermächtigt war. § 785 gewährt ein Zurückbehaltungsrecht im Sinne von §§ 273, 274[1]. Bei Rund- bzw Zirkularkreditbriefen werden Teilleistungen auf der Urkunde vermerkt, erst mit der letzten Zahlung gilt § 785[2]. Für den Wechsel und den Scheck sind parallele Vorschriften vorgesehen (WG Art 39 Abs 1, ScheckG Art 34 Abs 1). Hat der Angewiesene geleistet, ohne sich die Urkunde aushändigen zu lassen, so büßt er dadurch seine Rechte gegenüber dem Anweisenden nicht ein, muss sich aber anderer Beweismittel bedienen[3]. Daneben kann der Angewiesene bei Leistung noch eine Quittung (§ 368) verlangen; denn die Anweisungsurkunde erbringt im Deckungsverhältnis für die Leistung selbst keinen vollen Beweis[4]. Der Anweisungsempfänger kann die Leistung auf der Anweisungsurkunde quittieren[5]. 1

2. **Anwendungsbereich**. § 785 geht davon aus, dass der Angewiesene „zur Leistung verpflichtet" ist. Deshalb erfasst die Vorschrift unmittelbar nur den Fall, dass der Angewiesene die Anweisung gegenüber dem Begünstigten angenommen hat (§ 784)[6]. Der mit der Vorschrift verfolgte Zweck, dem Angewiesenen den urkundlichen Nachweis seiner Zahlungsermächtigung für das Deckungsverhältnis zum Anweisenden zu verschaffen, ist allerdings nicht auf die angenom- 2

32 BGH WM 1967, 482 mNachw; ferner v Caemmerer JZ 1962, 385; Lorenz AcP 168 (1968), 286 ff, 297 ff; s auch § 812 Rz 67.
33 Wolff IherJb 84 (1934), 145, 147.
34 BGHZ 157, 307, 311 = WM 2003, 14 = NJW 2003, 582; BGHZ 147, 269, 273 = WM 2001, 1454 = NJW 2001, 2880; BGHZ 111, 382, 386 = WM 1990, 1531 = NJW 1990, 3194; ferner BGHZ 89, 376, 381 = WM 1984, 423 = NJW 1984, 1348; BGHZ 58, 184, 188 = JZ 1972, 404; BGHZ 40, 272, 278.
35 BGHZ 157, 307, 311 = WM 2003, 14 = NJW 2003, 582; BGHZ 147, 269, 273 = WM 2001, 1454 = NJW 2001, 2880; BGHZ 111, 382, 386 = NJW 1990, 3194; Fikentscher, SchuldR Rz 1153; MünchKomm/Lieb § 812 Rz 54.
36 BGH WM 2001, 954 = NJW 2001, 1855 = ZIP 2001, 781.
37 BGHZ 88, 232, 237 = WM 1983, 1240 = NJW 1983, 483; Fikentscher, SchuldR Rz 1152; W Lorenz JZ 1984, 190.

1 MünchKomm/Hüffer § 785 Rz 3.
2 Pal/Sprau § 785 Rz 1.
3 Baumgärtel/Laumen, Beweislast § 785 Rz 1.
4 Baumgärtel/Laumen, Beweislast § 785 Rz 1.
5 Baumgärtel/Laumen, Beweislast § 785 Rz 1.
6 Zöllner, WertpapierR § 8 V 4.

mene Anweisung beschränkt. Deshalb ist § 785 bei nicht angenommener Anweisung entsprechend anzuwenden[7].

3 3. **Anweisungsurkunde**. Die verbriefte Anweisung des § 783 ist ein Wertpapier, weil der Angewiesene nach § 785 nur gegen Vorlegung und Aushändigung der Anweisungsurkunde leisten muss[8]. Wertpapierrechtlich ist sie als **Rektapapier** einzuordnen[9], weil sie auf den Namen des Empfängers lautet und nicht durch Indossament, sondern im Wege der Abtretung auch schon vor der Annahme (§ 784) übertragbar ist (§§ 792 Abs 3 Satz 2; 398 ff)[10]. Es wird vertreten, die Anweisung könne auch auf den Inhaber ausgestellt werden[11]. Wenn es dem Aussteller gemäß § 793 erlaubt sei, eine Schuldverpflichtung in einem Inhaberpapier niederzulegen, so müsse es ihm auch gestattet sein, eine bloße Anweisung zu einer Leistung in einem Inhaberpapier zu verbriefen. Folgerichtig wird die Inhaberanweisung durch Übereignung der Urkunde und nicht durch Abtretung übertragen (§§ 792 Abs 3 Satz 2; 398 ff). Nimmt der Angewiesene die Inhaberanweisung an (§ 784), entsteht eine Inhaberschuldverschreibung.

4 Gegen die Eigenschaft auch der nicht angenommenen Anweisung als Wertpapier werden Bedenken erhoben[12], weil die Verbriefung insoweit nicht den Verkehrsschutz, also den Schutz des Erwerbers des verbrieften Rechts, sondern den Schutz des Angewiesenen vor Beweisschwierigkeiten hinsichtlich seiner Zahlungsermächtigung gegenüber dem Anweisenden bezwecke[13]. Bei der angenommenen Anweisung ist ein Erwerber der Anweisung hingegen vor einer befreienden Leistung an einen Zedenten, der die Urkunde nicht vorlegen kann, geschützt, da wegen des Vorlegungserfordernisses § 407 Abs 1 nicht gilt[14].

5 Das **Eigentum an der Urkunde** steht gem § 952 demjenigen zu, der zur Vorlage der Urkunde berechtigt ist[15].

§ 786 Verjährung

Die Vorschrift hat SchuModG Art 1 (vom 24. November 2001, BGBl I, S 3138) aufgehoben, deren Frist von drei Jahren jetzt § 195 entspricht.

§ 787 Anweisung auf Schuld

(1) **Im Falle einer Anweisung auf Schuld wird der Angewiesene durch die Leistung in deren Höhe von der Schuld befreit.**

(2) **Zur Annahme der Anweisung oder zur Leistung an den Anweisungsempfänger ist der Angewiesene dem Anweisenden gegenüber nicht schon deshalb verpflichtet, weil er Schuldner des Anweisenden ist.**

7 Zöllner, WertpapierR § 8 V 4; MünchKomm/Hüffer § 785 Rz 2 mHinw auf die Motive, Protokolle S 2350 = Mugdan II, S 963.
8 Baumbach/Hefermehl, WG u ScheckG, 2000[22], WPR Rz 30; Zöllner, WertpapierR § 8 V 4; Hueck/Canaris, Recht der Wertpapiere § 4 II 2, S 36, 37; Meyer-Cording/Drygala, WertpapierR S 5; Müller-Christmann/Schnauder, WertpapierR Rz 42; Schlechtriem, SchuldR BT Rz 672; Fikentscher, SchuldR Rz 1029; Larenz/Canaris, SchuldR II/2 § 62 II 2, S 40.
9 Baumbach/Hefermehl, WG u ScheckG, WPR Rz 72; Zöllner, WertpapierR § 8 V 4; Hueck/Canaris, Recht der Wertpapiere § 4 II 2, S 36, 37; Meyer-Cording, WertpapierR S 5; Müller-Christmann/Schnauder, WertpapierR Rz 42.
10 So auch Fikentscher, SchuldR Rz 1029.
11 Ulmer, Das Recht der Wertpapiere S 131.
12 Kümpel WM 1983 Sonderbeil 6 S 18 mFn 123.
13 So insbes Hueck/Canaris, Recht der Wertpapiere § 4 II 2, S 36, 37.
14 Hueck/Canaris, Recht der Wertpapiere § 4 II 2, S 36.
15 MünchKomm/Hüffer § 783 Rz 21; für § 952 auch Fikentscher, SchuldR Rz 1029.

1. **Anweisung auf Schuld im Deckungsverhältnis.** § 787 bezieht sich auf das **Deckungsverhältnis** zwischen dem Anweisenden und dem Angewiesenen[1] und erfasst dort den Fall, dass der Angewiesene Schuldner des Anweisenden ist **(Anweisung auf Schuld)**. 1

a) **Tilgungsbestimmung.** Eine Befreiung (Tilgung) von der Verbindlichkeit des Angewiesenen gemäß § 787 Abs 1 setzt voraus, dass der Anweisende auf oder bei der Erteilung der Anweisung auf diese Schuld, die durch die Leistung an den Anweisungsbegünstigten getilgt werden soll, im Sinne einer **Tilgungsbestimmung** hinweist[2]. In aller Regel ergibt sich diese Tilgungsbestimmung konkludent aus der Anweisungsurkunde, sofern nicht besondere Umstände entgegenstehen. Beruft der Angewiesene sich auf die Tilgungswirkung des § 787 Abs 1, muss er beweisen, dass der Anweisende die Anweisung erteilt hat, damit eine Verbindlichkeit des Anweisenden ihm gegenüber getilgt wird[3]. 2

b) **Tilgungswirkung.** Durch die Leistung des Angewiesenen an den begünstigten Anweisungsempfänger wird die Schuld, auf die angewiesen ist, getilgt, und zwar mit derselben Wirkung wie eine Leistung an den Anweisenden selbst. Diese Rechtsfolge entspricht derjenigen bei einer Leistungsbewirkung an einen Dritten mit Einwilligung des Gläubigers nach §§ 362 Abs 2, 185[4]. Gleichwohl ist § 787 Abs 1 ein selbstständiger Erlöschenstatbestand. Das gilt insbesondere, wenn der Angewiesene die Anweisung gegenüber dem Anweisungsempfänger angenommen hat; denn in diesem Fall ist er anders als bei §§ 362 Abs 2, 185 Abs 1 selbst Schuldner des Begünstigten. 3

Bei der Einlösung eines **Schecks** durch die bezogene Bank ist umstritten, ob sich das Guthaben auf dem Girokonto in entsprechender Anwendung des § 787 Abs 1 vermindert. Dies hängt damit zusammen, dass im Deckungsverhältnis zwischen dem Aussteller des Schecks und dem Kreditinstitut regelmäßig eine Kontokorrentvereinbarung getroffen ist, die grundsätzlich eine Einzeltilgung ausschließt und stattdessen eine periodische Tilgung bewirkt[5]. Eine entsprechende Anwendung des § 787 Abs 1 würde voraussetzen, dass die Einlösung sich auf den girovertraglichen, nicht kontokorrentgebundenen Zahlungsanspruch in Höhe des Tagesguthabens bezieht. 4

Besteht die Schuld des Angewiesenen nicht, so steht ihm gegen den Anweisungsbegünstigten kein Bereicherungsanspruch zu, wohl aber gegen den Anweisenden. Daneben hat er möglicherweise einen Anspruch auf Ersatz von Aufwendungen aus Geschäftsführung[6]. 5

2. **Keine Annahme- oder Leistungspflicht des Angewiesenen bei einer Anweisung auf Schuld.** Allein die Tatsache, dass der Angewiesene Schuldner des Anweisenden ist, verpflichtet ihn nicht, der Anweisung zu folgen und an den Begünstigten zu leisten[7]. Der Angewiesene muss sich also nicht auf die Person des Anweisungsempfängers einlassen; andernfalls wäre der Anweisende entgegen § 311 Abs 1 in der Lage, die Leistungspflicht des Angewiesenen einseitig zu modifizieren. Voraussetzung für eine Annahme- oder Leistungspflicht des Angewiesenen ist eine verpflichtende Abrede im Deckungsverhältnis. Unterlässt er es bei einer Anweisung auf Schuld, die Anweisung gegenüber dem Anweisungsempfänger anzunehmen oder an ihn zu leisten, ist er deshalb nicht zum Schadensersatz verpflichtet; es treffen ihn keine Verzugsnachteile. Eine Pflicht des Angewiesenen, die Anweisung anzunehmen oder Leistung an den Anweisungsempfänger zu be- 6

1 S § 783 Rz 11.
2 Larenz/Canaris, SchuldR II/2 § 62 I 2 e, S 39; Staud/Marburger § 787 Rz 2 mweitNachw. Gegen eine Tilgungsbestimmung des Anweisenden MünchKomm/Hüffer § 787 Rz 3. Auf die fehlende praktische Bedeutung der Streitfrage weist Staud/Marburger § 787 Rz 3 hin.
3 Baumgärtel/Laumen, Beweislast § 787 Rz 1.
4 AA Fikentscher, SchuldR Rz 1026, der § 787 Abs 1 als Spezialfall zu § 364 Abs 1 bezeichnet.
5 BGH LM Nr 1 zu ScheckG Art 1 = NJW 1951, 598 (mkritAnm Hefermehl); abl v Godin NJW 1958, 856 aE.
6 Wolff IherJb 84 (1934), 107; vgl § 784 Rz 6.
7 Demgegenüber musste nach prALR § 256 der Angewiesene, der Schuldner des Anweisenden war, die Anweisung annehmen, wenn er in Ansehung der Zeit, des Ortes, der Münzsorte oder in anderer Weise nicht zu mehr verpflichtet wurde, als er dem Anweisenden gegenüber schuldig war (dazu Loewenfeld, Die Anweisung in Gesetz und Verkehr S 31).

wirken, kann sich aufgrund besonderer Abreden im Deckungsverhältnis ergeben. Dafür trägt der Anweisende die Darlegungs- und Beweislast[8].

7 3. **Anweisung auf Kredit**. Die Anweisung auf Kredit im Deckungsverhältnis ist im Gesetz nicht eigens angesprochen. Die Wirksamkeit der Anweisung ist freilich vom Bestehen einer Schuld im Deckungsverhältnis unabhängig. Meistens wird ein schuldvertragliches Deckungsverhältnis bestehen oder mit der Leistung des Angewiesenen aufgrund eines in der Anweisung liegenden konkludenten Angebotes des Anweisenden zu Stande kommen[9], etwa als Auftrag (§§ 662 ff) oder als Geschäftsbesorgung (§ 675). Dann erwirbt der Angewiesene mit der Leistung an den begünstigten Dritten Ansprüche aus § 670 gegen den Anweisenden. Der mit der Anweisung verbundene Antrag kann auch auf einen Darlehensvertrag gerichtet sein, wenn er auf eine Kreditgewährung des Angewiesenen abzielt. Dann würde der Angewiesene als Darlehensgeber mit der Auszahlung der Valuta an den empfangsberechtigten Anweisungsempfänger den Anspruch aus § 488 Abs 1 Satz 2 (§ 607 Abs 1 aF) gegen den Anweisenden erwerben.

8 Besteht zwischen dem Anweisenden und dem Angewiesenen außer der Anweisung kein wirksames schuldrechtliches Rechtsgrundverhältnis, so hat dies auf den Bestand der Anweisung als abstraktes Rechtsgeschäft keinen Einfluss. Sie entfaltet also ihre Wirkungen gegenüber dem Anweisungsempfänger. Er ist mithin empfangsberechtigt. Die Leistung des Angewiesenen an ihn hat dieselben rechtlichen Wirkungen wie eine Zahlung an den Anweisenden, die dann als rechtsgrundlose Leistung zu einem Bereicherungsanspruch aus § 812 Abs 1 Satz 1 Alternative 1 (condictio indebeti) gegen den Anweisenden führt[10]. Weiß der Angewiesene, dass das Rechtsgrundverhältnis fehlt, schließt § 814 allerdings den Bereicherungsanspruch aus.

§ 788 Valutaverhältnis

Erteilt der Anweisende die Anweisung zu dem Zwecke, um seinerseits eine Leistung an den Anweisungsempfänger zu bewirken, so wird die Leistung, auch wenn der Angewiesene die Anweisung annimmt, erst mit der Leistung des Angewiesenen an den Anweisungsempfänger bewirkt.

1 1. **Auswirkung der Anweisung im Valutaverhältnis**. § 788 befasst sich mit den Auswirkungen der Anweisung auf das **Valutaverhältnis** zwischen dem Anweisenden und dem Anweisungsempfänger[1] und stellt hierzu klar, dass als Leistung im Valutaverhältnis weder die Erteilung der Anweisung noch ihre Annahme durch den Angewiesenen (§ 784) anzusehen ist, sondern erst die Leistung des Angewiesenen an den Anweisungsempfänger. Der Gesetzgeber hat sich zu Gunsten der Aussage „Anweisung ist keine Zahlung" entschieden[2]. Ist der Anweisende Schuldner des Anweisungsempfängers, so wird er von seiner Verbindlichkeit gegenüber dem Anweisungsempfänger erst mit der Leistung des Angewiesenen frei, selbst wenn der Angewiesene die Anweisung angenommen hat (§ 784). Deshalb besteht vor seiner Leistung die Forderung des Anweisungsempfängers gegen den Anweisenden im Valutaverhältnis daneben fort.

2 a) **Vereinbarung erfüllungshalber**. Die bloße Anweisung bewirkt noch keine Erfüllung und wird regelmäßig auch nicht als Leistung an Erfüllungs statt (§ 364 Abs 1) vereinbart[3]. Auch bei Einverständnis des Anweisungsempfängers als Gläubiger geschieht die Erteilung der Anweisung nur **erfüllungs- (meistens zahlungs-)halber.** Wie auch sonst bei einer Vereinbarung einer „erfüllungshalber" (vgl § 364 Abs 2) erbrachten Leistung ist der Empfänger gehalten, seine Be-

8 Baumgärtel/Laumen, Beweislast § 787 Rz 2.
9 Larenz/Canaris, SchuldR II/2 § 62 I 2 c, S 38.
10 Vgl dazu auch Müller-Laube, Empfangszuständigkeit S 147 ff.

1 Vgl § 783 Rz 10.
2 Die Begebung der Anweisung schon als Zahlung anzusehen („Solvit, qui reum delegat") geht auf die römische delegatio (Rz 6 vor § 783) zurück; vgl hierzu Meder AcP 198 (1998), 72, 79; Loewenfeld, Die Anweisung in Gesetz und Verkehr S 5 Fn 3.
3 MünchKomm/Hüffer § 788 Rz 1.

friedigung zunächst beim Angewiesenen zu suchen. Erst nach dessen Weigerung kann er auf die Forderung gegen den Anweisenden zurückgreifen[4]. Eine „Anweisungsabrede" entfaltet im Übrigen ähnliche Rechtswirkungen wie eine Lastschrift-[5] oder Scheckabrede[6]. Die Schuld im Valutaverhältnis wird zu einer „Vorlegungsschuld" umgestaltet, dh der Anweisungsempfänger muss die Anweisungsurkunde dem Angewiesenen vorlegen (§ 785) und dort die Leistung erheben. Er muss die angewiesene Leistung wie bei einer Holschuld beim Angewiesenen abholen.

Die Erteilung eines **Lieferscheins** bewirkt regelmäßig keine Erfüllung (etwa durch Abtretung des Herausgabeanspruchs), sondern eine Anweisung des Verkäufers an den Besitzer der Ware zur Lieferung an den Käufer[7]. Verspätete Vorlegung des Lieferscheins führt zum Verlust des Lieferungsanspruchs[8]. Bei der Weitergabe von **(Waren-)Lieferscheinen**, in denen der Fabrikant vom ersten Verkäufer angewiesen ist, nur gegen Zahlung des Kaufpreises zu liefern, werden durch die Zahlung des letzten Inhabers des Warenlieferungsscheins die Kaufpreisforderungen des Ausstellers und sämtlicher Nachmänner getilgt. Anders ist es, wenn erst ein späterer Nehmer den Vermerk daraufgesetzt hat[9]. **3**

b) **Tilgungsbestimmung auf das Valutaverhältnis**. Ebenso wie bei der Begebung eines Schecks als einen Sonderfall der Anweisung[10] trifft der Anweisende als Aussteller der Anweisungsurkunde die sein Leistungsverhältnis mit dem Anweisungsempfänger betreffende Tilgungsbestimmung schon durch deren Übergabe[11]. Die Tilgungsbestimmung wird also nicht erst durch den Angewiesenen bei dessen Zahlung getroffen[12]. Der Angewiesene kann die Tilgungsbestimmung auch mit Ermächtigung des Anweisenden treffen[13]. **4**

Zur Bereicherungseinrede bei Unwirksamkeit des Grundverhältnisses vgl § 784 Rz 9 ff. **5**

2. **Leistung im bargeldlosen Zahlungsverkehr**. Im bargeldlosen Zahlungsverkehr durch Überweisung wird die Leistung im Valutaverhätnis mit der Gutschrift auf dem Konto des Gläubigers bewirkt[14]. Auch die Begebung eines **Schecks** geschieht entsprechend § 788 regelmäßig zahlungshalber[15]. Erfüllung tritt also erst ein, wenn die bezogene Bank ihn einlöst[16]. Dies folgt also nicht – wie auch in der Rechtsprechung[17] häufig angenommen wird – aus § 364 Abs 2; denn der Aussteller übernimmt die allein in Betracht kommende Rückgriffsverbindlichkeit (ScheckG Art 12, 40) nicht „zum Zwecke der Befriedigung des Gläubigers" in dem Sinne, damit er zunächst daraus seine Befriedigung suchen soll[18]. **6**

4 RG JW 1901, 867.
5 § 675 Rz 227.
6 § 675 Rz 311.
7 § 783 Rz 28.
8 Goldmann HansRZ 1924, 57.
9 RGZ 76, 239.
10 § 783 Rz 24.
11 Hassold, Zur Leistung im Dreipersonenverhältnis S 23.
12 BGHZ 61, 289, 291.
13 Beuthien JZ 1968, 325; Hassold, Zur Leistung im Dreipersonenverhältnis S 23.
14 Vgl § 675 Rz 181; BGH WM 1996, 647, 648; BGH WM 1982, 291, 293. Nach MünchKomm/Hüffer § 788 Rz 3 passt der allgemeine Rechtsgedanke des § 788 auch auf die Überweisung.
15 Vgl § 675 Rz 311; RGZ 78, 137, 142; LG Braunschweig WM 1979, 735; Staud/Marburger § 788 Rz 6; MünchKomm/Hüffer § 788 Rz 3; Hadding JZ 1977, 281, 284.
16 Vgl § 675 Rz 311; BGH WM 1996, 1037 = WuB I D 3.-9.96 (Burghardt) = NJW 1996, 1961 = LM Nr 23 zu § 362 (Koller) = JR 1997, 235 (mAnm Bilda) = EWiR 1996, 733 (Aepfelbach); BGH WM 1963, 806 = LM Nr 4 zu VglO § 9; RGZ 78, 137.
17 BGHZ 131, 66, 74 = WM 1995, 1988 = NJW 1995, 3386, 3388; BGHZ 44, 178, 180 = NJW 1966, 46 = BB 1965, 1329.
18 Köhler WM 1977, 242, 243.

§ 789 Anzeigepflicht des Anweisungsempfängers

Verweigert der Angewiesene vor dem Eintritt der Leistungszeit die Annahme der Anweisung oder verweigert er die Leistung, so hat der Anweisungsempfänger dem Anweisenden unverzüglich Anzeige zu machen. Das Gleiche gilt, wenn der Anweisungsempfänger die Anweisung nicht geltend machen kann oder will.

1 1. **Anzeigepflicht des Anweisungsempfängers.** Die in § 789 niedergelegte Anzeigepflicht des Anweisungsempfängers betrifft das Valutaverhältnis zum Anweisenden. Es handelt sich um die einzige Pflicht, die das Gesetz dem Anweisungsempfänger im (Valuta-)Verhältnis zum Anweisenden auferlegt. Verletzt der Anweisungsempfänger diese Pflicht, ist er zum Schadensersatz verpflichtet. Der Anweisungsempfänger muss unverzüglich, also ohne schuldhaftes Zögern (§ 121), anzeigen. Weitere Pflichten können sich aus dem der Anweisung zu Grunde liegenden Valutaverhältnis[1] ergeben. Den Scheckempfänger trifft, sofern die Benachrichtigungspflicht des ScheckG Art 42 nicht gegeben ist, eine Anzeigepflicht gegenüber dem Aussteller, wenn eine Verwertung des Schecks nicht möglich ist[2].

2 2. **Anzeigefälle.** Das Gesetz nennt vier Fallgestaltungen, die eine Anzeigepflicht des Anweisungsempfängers auslösen: – (1) Verweigerung der Annahme der Anweisung durch den Angewiesenen vor Eintritt der Leistungszeit bei einer Anweisung auf Schuld[3]. Unter Leistungszeit ist der Zeitpunkt der Fälligkeit der Verbindlichkeit im Deckungsverhältnis zu verstehen[4]. – (2) Verweigerung der Leistung durch den Angewiesenen nach Fälligkeit der Verbindlichkeit im Deckungsverhältnis. – (3) Fehlende Möglichkeit des Anweisungsempfängers zur Geltendmachung der Anweisung. – (4) Fehlende Bereitschaft des Anweisungsempfängers zur Geltendmachung der Anweisung. Eine **Zurücknahme der Anzeige**, dass der Anweisungsempfänger die Anweisung nicht geltend machen wolle, ist unzulässig[5].

§ 790 Widerruf der Anweisung

Der Anweisende kann die Anweisung dem Angewiesenen gegenüber widerrufen, solange nicht der Angewiesene sie dem Anweisungsempfänger gegenüber angenommen oder die Leistung bewirkt hat. Dies gilt auch dann, wenn der Anweisende durch den Widerruf einer ihm gegen den Anweisungsempfänger obliegenden Verpflichtung zuwiderhandelt.

1 1. **Widerruflichkeit der Anweisung.** Der Anweisende kann gemäß § 790 Satz 1 die Anweisung durch empfangsbedürftige Erklärung unmittelbar gegenüber dem Angewiesenen widerrufen. Mit dem wirksam erklärten Widerruf erlöschen die anweisungsrechtlichen Ermächtigungen[1]. Anders als bei der Erteilung der Anweisung ist der Begünstige bei der Übermittlung des Widerrufs nicht notwendig eingeschaltet. Der Anweisende kann auch nicht, wie etwa bei der Vollmacht (§§ 168 Satz 3, 167 Abs 1) oder bei der Einwilligung (§ 183 Satz 2), zwischen dem Angewiesenen und dem Anweisungsbegünstigten als Adressaten des Widerrufs wählen. Bei einem Widerruf, den der Anweisende bloß gegenüber dem Angewiesenen erklärt hat, kommt ein Schutz des gutgläubigen Anweisungsempfängers in entsprechender Anwendung des § 170 in Betracht[2].

2 Voraussetzung eines wirksamen Widerrufs ist, dass der Angewiesene die Anweisung noch nicht ausgeführt hat, also weder gegenüber dem Anweisungsempfänger angenommen (§ 784) noch an

1 § 783 Rz 10.
2 Braunschweig MDR 1947, 92 (mzustAnm Würdinger).
3 S § 783 Rz 14.
4 RGZ 101, 312, 316.
5 Klein ArchBürgR 33, 265.

1 Pal/Sprau § 790 Rz 1, 4; Staud/Marburger § 790 Rz 4; Enn/Lehmann § 206 II.
2 J Wilhelm AcP 175 (1975), 304, 340, 341.

ihn geleistet hat. Der Angewiesene trägt die Darlegungs- und Beweislast, wenn er sich darauf beruft, die Anweisung sei aus den genannten Gründen unwiderruflich geworden[3].

Früher wurde angenommen[4], das Recht des Anweisenden zum Widerruf der Anweisung gegenüber dem Angewiesenen sei darauf zurückzuführen, dass die Anweisung gegenüber dem Rechtsgrundverhältnis im Deckungsverhältnis abstrakt sei[5], insbesondere also den Inhalt der Zahlungspflicht des angewiesenen Schuldners nicht geändert habe[6]. Da aber auch die kausale geschäftsbesorgungsrechtliche Weisung gemäß § 665 im Sinne einer Gegenweisung grundsätzlich widerrufen werden kann, solange der Geschäftsbesorger die Weisung noch nicht ausgeführt hat[7], liegt der Grund für die Widerruflichkeit eher darin, dass allein die Erteilung der Anweisung noch keine unentziehbare Rechtsstellung eines Dritten begründet. Auch die **kaufmännische Anweisung**[8] kann widerrufen werden[9]. Die **scheckrechtliche Anweisung** ist nach ScheckG Art 32 erst nach Ablauf der Vorlegungsfrist widerrufbar (sog Schecksperre)[10]. Demgegenüber beruht der Widerruf eines einseitigen **Überweisungsauftrags**, der bis zum In-Kraft-Treten der §§ 676 a ff[11] die Grundlage der Überweisungspflicht bildete, als Gegenweisung im Giroverhältnis auf § 665[12]. 3

Eine von § 783 nicht unmittelbar erfasste, nur **mündlich erklärte Anweisung** kann ebenfalls nur bis zu ihrer Annahme widerrufen werden, auch wenn ein schriftliches Akzept gemäß § 784 fehlt, aber der Angewiesene gemäß der Anweisung eine vom Anweisenden angenommene Tratte indossiert hat[13]. 4

Auf das Widerrufsrecht nach § 790 kann der Anweisende anweisungsrechtlich **nicht einseitig verzichten**[14]. Auch wenn die Anweisung in der Urkunde als unwiderruflich bezeichnet ist, bleibt danach ein Widerruf zulässig[15]; anders kann es bei einer **Einziehungsvollmacht** sein, die zugleich im Interesse des Begünstigten erteilt ist[16]. Vergegenwärtigt man sich, dass die Widerruflichkeit einer Vollmacht durch Vertrag ausgeschlossen werden kann, wenn die Vollmacht einem besonderen Interesse des Vertreters dient[17], dürften gegen eine entsprechende Vereinbarung bei der Anweisung keine Bedenken bestehen. 5

2. **Pflichtwidriger Widerruf**. Der Widerruf ist nach § 790 Satz 2 auch dann wirksam, wenn der Anweisende mit dem Widerruf gegen eine Verpflichtung gegenüber dem Anweisungsempfänger verstößt. Ein **Widerruf, trotz Verpflichtung des Anweisenden**, die Anweisung aufrechtzuerhalten, löst eine Schadensersatzverpflichtung gegenüber dem Anweisungsempfänger aus[18], insbesondere beim Kreditbrief[19]. Der Widerruf verstößt im Verhältnis zum Anweisungsempfänger aber gegen **Treu und Glauben** und ist deshalb nicht zu berücksichtigen, wenn der Anweisende die Anweisung ausgestellt hat, um eine Forderung des Anweisungsempfängers zu tilgen, und ihm diese übergeben hat[20]. 6

3. **Weitere Erlöschenstatbestände**. Einem Widerruf steht die **Unmöglichkeit der Zahlung** an den Anweisungsempfänger in dem Sinne gleich, dass damit die Anweisung erlischt. Bei einer Anweisung auf Schuld ist der Schuldner dann verpflichtet, wieder an den anweisenden Gläubiger 7

3 Baumgärtel/Laumen, Beweislast § 790 Rz 1.
4 Vgl Brandis JW 1931, 2223.
5 S § 783 Rz 4.
6 RG WarnR 1909 Nr 354.
7 Vgl § 665 Rz 7 u insbesondere der Widerruf eines Überweisungsauftrags als Gegenweisung § 675 Rz 122.
8 S § 783 Rz 19.
9 Dresden LZ 1929, 506.
10 Vgl § 675 Rz 254; BGHZ 35, 217, 220 = WM 1961, 794 = NJW 1961, 1718; BGH WM 1975, 755, 756 = NJW 1975, 1741 = LM Nr 2 zu ScheckG Art 32.
11 S Rz 14 § 783.
12 Vgl § 675 Rz 122; BGHZ 103, 143 = WM 1988, 321 = NJW 1988, 1320 = WuB I D 1.-2.88 (Hadding/Häuser) = CR 1989, 106 LS (mAnm Blaurock) = ZIP 1988, 294; vgl dazu EWiR 1988, 347 (Rehbein); BGHZ 27, 241, 247; BGHZ 6, 121, 124 = NJW 1952, 929; BGHZ 4, 244, 247 = NJW 1952, 340; Hadding/Häuser ZHR 145 (1981), 138, 147; Häuser NJW 1994, 3121.
13 RG Recht 1922 Nr 596.
14 Von Tuhr IherJb 48 (1904), 35 Fn 47; s dazu Brandis JW 1931, 2223.
15 RG WarnR 1918 Nr 9.
16 RGZ 53, 416.
17 BGH NJW-RR 1991, 44; Jauernig § 168 Rz 6.
18 Zweibrücken SeuffA 58 Nr 59.
19 RGZ 64, 108.
20 Dresden LZ 1929, 506.

zu zahlen[21]. Die Anweisung erlischt ferner mit der **Zahlung an den Begünstigten**[22] und durch **Vernichtung**[23] oder **Rückgabe der Anweisungsurkunde**[24].

§ 791 Tod oder Geschäftsunfähigkeit eines Beteiligten

Die Anweisung erlischt nicht durch den Tod oder den Eintritt der Geschäftsunfähigkeit eines der Beteiligten.

I. Tod oder Geschäftsunfähigkeit kein Erlöschenstatbestand

1 § 791 bestimmt, dass die anweisungsrechtlichen Ermächtigungen[1] fortbestehen, wenn einer der Beteiligten (Anweisender, Angewiesener oder Anweisungsempfänger) stirbt oder geschäftsunfähig wird. Die Vorschrift enthält **nachgiebiges Recht**, kann also abbedungen werden. Wer eine abweichende Vereinbarung behauptet, trägt dafür die Beweislast[2]. Stirbt der Anweisende, können seine Erben die fortbestehende Anweisung allerdings widerrufen (§ 790). Auch die scheckrechtliche Weisung des Ausstellers an das bezogene Kreditinstitut, den Scheck durch Zahlung an den vorlegenden Scheckinhaber einzulösen, wird nicht unwirksam, wenn der Aussteller nach der Begebung des Schecks, aber vor seiner Einlösung stirbt (BGB § 130 Abs 2; ScheckG Art 33)[3]. Eine Zustimmung des Erben zur Einlösung des Schecks ist nicht erforderlich, selbst wenn das auf den Erben übergegangene Widerrufsrecht nach ScheckG Art 32 tatsächlich nicht selten bedeutungslos bleibt, weil er vor der Einlösung des Schecks von dessen Begebung nichts erfährt[4]. Diese Rechtsansicht zum Scheck ist auf die bürgerlich-rechtliche Anweisung übertragbar.

2 Dass die Anweisungserklärungen vor ihrem Zugang wirksam bleiben, wenn der Anweisende nach ihrer Abgabe stirbt oder geschäftsunfähig wird, folgt aus § 130 Abs 2. Bei ursprünglich fehlender Geschäftsfähigkeit des Angewiesenen und des Anweisungsempfängers ist § 131 maßgeblich.

II. Auswirkungen der Insolvenz eines Beteiligten

3 Seit dem 1. 1. 1999 ist die InsO vom 5. Dezember 1994 in Kraft. Sie hat die KO, VglO und GesVollstrO abgelöst[5]. Ist der Antrag auf Eröffnung des Verfahrens bis einschliesslich 31. 12. 1998 gestellt worden, finden nach EGInsO Art 103, 104 die bisher geltenden Vorschriften Anwendung. Anderenfalls, also bei Antragstellung am 1. 1. 1999 oder später, bestimmt sich das Verfahren nach der InsO, und zwar unabhängig davon, ob die Rechte und Rechtsverhältnisse, die den Gegenstand des Insolvenzverfahrens bilden, vor oder nach diesem Stichtag entstanden sind.

4 1. **Insolvenz des Anweisenden**. Ob die Eröffnung des Insolvenzverfahrens über das Vermögen des **Anweisenden**[6] dazu führt, dass die nicht angenommene Anweisung erlischt, ist streitig[7]. Eine zur Zeit der Verfahrenseröffnung bereits angenommene Anweisung erlischt nicht[8]. Zu KO § 23

21 RG WarnR 1909 Nr 354; Pal/Sprau § 790 Rz 4; Staud/Marburger § 790 Rz 9.
22 Enn/Lehmann § 206 II; Pal/Sprau § 790 Rz 7.
23 Enn/Lehmann § 206 II; Pal/Sprau § 790 Rz 7; Staud/Marburger § 790 Rz 10 spricht von Untergang.
24 Staud/Marburger § 790 Rz 8.

1 S § 783 Rz 1.
2 Baumgärtel/Laumen, Beweislast § 791 Rz 1.
3 BGH WM 1978, 844, 845 = NJW 1978, 2027 = LM Nr 11 zu § 518.
4 BGH WM 1978, 844, 845 = NJW 1978, 2027 = LM Nr 11 zu § 518.
5 Vgl für Altfälle insb Jaeger/Henckel KO § 8 Rz 7–26 und § 23 Rz 65–86.
6 Dazu Heile, Die Anweisung im Konkurs des Anweisenden, 1976.
7 Für Erlöschen Häsemeyer, InsolvenzR Rz 20.80; Kilger/K Schmidt KO § 23 Anm 11; öst OGH ÖBA 1999, 650, 651; für Fortbestand Gottwald/Huber, Insolvenzrechts-Hdb § 36 Rz 46.
8 Häsemeyer, InsolvenzR Rz 20.80; Smid, Grundzüge des Insolvenzrechts[3] § 11 Rz 36; östOGH ÖBA 1999, 650, 651.

Abs 1 Satz 1 ging man davon aus, dass diese Vorschrift auf die Ermächtigungen aus der abstrakten Anweisung[9] ebenso wenig anwendbar war wie bei einer wechselrechtlichen Anweisung[10], dh dass die Anweisung von der Eröffnung des Insolvenzverfahrens unberührt blieb. InsO § 115 Abs 1 ist inhaltsgleich mit KO § 23 Abs 1 Satz 1, sodass insoweit keine Änderungen der Rechtslage eingetreten sind[11]. Richtigerweise sind die InsO §§ 115, 116 nach ihrem Wortlaut auf abstrakte Ermächtigungen aus der Anweisung nicht anwendbar. Dies muss erst recht für die Annahme gelten, die eine abstrakte Verpflichtung im Sinne des § 780 begründet[12]. Da der Insolvenzverwalter die Anweisung vor ihrer Annahme widerrufen kann (§ 790 Satz 1), besteht kein praktisches Bedürfnis für eine Anwendung der InsO §§ 115 und 116.

a) **Anweisung auf Schuld**. Bei einer **Anweisung auf Schuld im Deckungsverhältnis**[13] gilt die Tilgungswirkung aus § 787 Abs 1 **vor Annahme der Anweisung** bei einer **Leistung des Angewiesenen nach Insolvenzeröffnung** nicht uneingeschränkt, sondern nur, wenn er die Eröffnung des Verfahrens nicht kennt (InsO § 82; entspricht KO § 8 Abs 2 u 3). Für diese Einschränkung ist entscheidend, „daß die Leistung des Angewiesenen so angesehen werden soll, wie wenn sie an den Anweisenden selbst erfolgt wäre"[14]. Hat der Angewiesene die Anweisung hingegen vor Eröffnung des Insolvenzverfahrens angenommen (§ 784), so wird er durch eine Leistung nach Eröffnung des Insolvenzverfahrens ohne Rücksicht auf InsO § 82 (KO § 8 Abs 2 u 3) auch mit Wirkung gegenüber den Gläubigern des Anweisenden befreit[15], weil eine Doppelleistung des Angewiesenen nicht in Frage kommen kann und ein Fordern zur Insolvenzmasse wie ein (nach der Annahme unzulässiger) Widerruf der Anweisung (§ 790 Satz 1) wirken würde[16]. Da nach Auffassung des BGH[17] die Annahme der Anweisung in diesem Fall der Barzahlung an den Begünstigten rechtlich gleichsteht, wird der Angewiesene gegenüber der Insolvenzmasse auch dann frei, wenn er nach Eröffnung des Insolvenzverfahrens ohne Kenntnis davon (vgl InsO § 82/KO § 8 Abs 2 u 3) angenommen und gezahlt hat[18]. Ist der Angewiesene bei der Leistung oder Annahme hinsichtlich der Eröffnung des Insolvenzverfahrens gutgläubig, ist allerdings der Anweisungsempfänger wegen InsO § 91 (entspricht KO § 15) in entsprechender Anwendung des § 816 Abs 2 zur Herausgabe des Erlangten an die Masse verpflichtet[19]. 5

b) **Anweisung auf Kredit**. Leistet der Angewiesene auf eine bereits **vor Eröffnung des Insolvenzverfahrens angenommene Anweisung** auf Kredit an den Anweisungsbegünstigten, so wird er Insolvenzgläubiger des Anweisenden[20]. Bei **Annahme** der Anweisung auf Kredit **nach Eröffnung des Insolvenzverfahrens** hingegen wird der Anweisende, der nach Verfahrenseröffnung an den Anweisungsempfänger leistet, auch bei Unkenntnis von der Eröffnung des Insolvenzverfahrens nicht befreit (InsO § 82), da InsO § 82 auf die Anweisung auf Kredit nicht passt[21]. Liegt allerdings in diesem Fall der Anweisung im Deckungsverhältnis ein Auftrags- oder ein Geschäftsbesorgungsverhältnis zu Grunde, die infolge des Insolvenzverfahrens des Anweisenden erlöschen (InsO §§ 115, 116; entspricht KO § 23 Abs 1, 2), steht dem Angewiesenen, der die Verfahrenseröffnung ohne Verschulden nicht kennt, ein Aufwendungsersatzanspruch als Insolvenzforderung[22] zu (§ 674; InsO §§ 115 Abs 3 entspricht KO §§ 23 Abs 1 Satz 2, 27), andernfalls ein Massebe- 6

9 Zweibrücken SeuffA § 8 Nr 32; Jaeger/Henckel KO § 23 Rz 65 § 8 Rz 9; Kuhn/Uhlenbruck KO § 23 Rz 13; Esser/Weyers, SchuldR § 43 III 3, S 381.
10 Dazu BGH WM 1974, 570, 571 = NJW 1974, 1336 = LM Nr 1 zu KO § 80.
11 Smid/Meyer InsO § 115 Rz 1; Hess InsO Bd I §§ 115, 116 Rz 1.
12 MünchKomm/Hüffer § 784 Rz 1.
13 S § 783 Rz 11.
14 So Protokolle Mugdan II, S 962; Jaeger/Henckel KO § 8 Rz 7.
15 Vgl BGH WM 1974, 570, 571 = NJW 1974, 1336 = LM Nr 1 zu KO § 80: für den vor Eröffnung des Ausstellerkonkurses akzeptierten Wechsel.
16 Jaeger/Henckel KO § 8 Rz 17.
17 Vgl BGH WM 1974, 570, 571 = NJW 1974, 1336 = LM Nr 1 zu KO § 80: für den vor Eröffnung des Ausstellerkonkurses akzeptierten Wechsel.
18 Jaeger/Henckel KO § 8 Rz 17.
19 Jaeger/Henckel KO § 8 Rz 21; ebenso im Ergebnis östOGH ÖBA 1999, 650, 651, allerdings auf der Grundlage, dass die Anweisung mit Konkurseröffnung erlischt.
20 Jaeger/Henckel KO § 23 Rz 69 für die alte Rechtslage.
21 Jaeger/Henckel KO § 23 Rz 70 für die alte Rechtslage.
22 Smid/Meyer InsO §§ 115 Rz 11, 116 Rz 8.

reicherungsanspruch (§ 684 Satz 1; InsO § 55 Abs 1 Nr 3 entspricht KO § 59 Abs 1 Nr 4) in Höhe der für den Anweisungsempfänger zu erwartenden Insolvenzquote[23].

7 2. **Insolvenz des Angewiesenen.** Im Insolvenzverfahren über das Vermögen des Angewiesenen begründet der Insolvenzverwalter mit der Annahme der Anweisung (§ 784) eine Masseverbindlichkeit (InsO § 55 Abs 1 Nr 1); die schon vorher vom Schuldner angenommene Anweisung begründet eine Insolvenzforderung.

8 3. **Insolvenz des Anweisungsempfängers.** Die Eröffnung des **Insolvenzverfahrens über das Vermögen des Anweisungsempfängers** berührt nicht den Fortbestand der Anweisung. Hatte der Angewiesene die Anweisung bereits vor der Insolvenzeröffnung angenommen, so gehört der Anspruch des Anweisungsempfängers gegen den Angewiesenen zur Insolvenzmasse (InsO § 35). Gleiches muss für die Rechtsstellung des Anweisungsempfängers[24] schon vor der Annahme gelten, es sei denn, dass eine Übertragung der Anweisung ausgeschlossen ist (§ 792 Abs 2)[25]. Der Insolvenzverwalter kann daher, unbeschadet eines Widerrufs gemäß § 790, die „Anwartschaft" für die Masse verwerten. Nach anderer Ansicht[26] soll die Eröffnung des Insolvenzverfahrens über das Vermögen des Anweisungsempfängers bewirken, dass der Angewiesene nicht mehr zahlen darf und nur gutgläubige Leistungen als Leistungen für Rechnung des Anweisenden anzusehen sind.

§ 792 Übertragung der Anweisung

(1) **Der Anweisungsempfänger kann die Anweisung durch Vertrag mit einem Dritten auf diesen übertragen, auch wenn sie noch nicht angenommen worden ist. Die Übertragungserklärung bedarf der schriftlichen Form. Zur Übertragung ist die Aushändigung der Anweisung an den Dritten erforderlich.**

(2) **Der Anweisende kann die Übertragung ausschließen. Die Ausschließung ist dem Angewiesenen gegenüber nur wirksam, wenn sie aus der Anweisung zu entnehmen ist oder wenn sie von dem Anweisenden dem Angewiesenen mitgeteilt wird, bevor dieser die Anweisung annimmt oder die Leistung bewirkt.**

(3) **Nimmt der Angewiesene die Anweisung dem Erwerber gegenüber an, so kann er aus einem zwischen ihm und dem Anweisungsempfänger bestehenden Rechtsverhältnis Einwendungen nicht herleiten. Im Übrigen finden auf die Übertragung der Anweisung die für die Abtretung einer Forderung geltenden Vorschriften entsprechende Anwendung.**

1 1. **Übertragbarkeit der Anweisung.** Aus § 792 Abs 1 ergibt sich, dass der Anweisungsempfänger die zu seinen Gunsten erteilte Anweisung auf einen Dritten übertragen kann, wenn der Anweisende die Übertragbarkeit nicht wirksam ausgeschlossen hat (§ 792 Abs 2). Die Übertragung setzt einen Vertrag mit dem Dritten voraus und kann auch schon vor der Annahme der Anweisung (§ 784) durch den Angewiesenen stattfinden[1]. Nach § 792 Abs 1 Satz 2 bedarf nur die Übertragungserklärung des Anweisungsempfängers, nicht aber auch die Annahme des Vertragsangebots durch den Dritten der **Schriftform** (sog teilweiser Formzwang), dh der Anweisungsempfänger muss die Urkunde eigenhändig unterzeichnen (§ 126 Abs 1). Die Übertragung ist also nicht wie beim Indossament der kaufmännischen Anweisung[2] und des Orderschecks in sich formgebunden. Ferner bedarf es zur Übertragung der Anweisung der Aushändigung der Anweisungsurkunde (§ 792 Abs 1 Satz 3). Mit den gleichen Wirkungen kann die Anweisung auch von dem neuen Erwerber weiterübertragen werden. Wer eine Anweisung als Anweisungsempfänger oder

23 Vgl iE Jaeger/Henckel/Weber KO § 23 Rz 66; dort auch zum Darlehen im Deckungsverhältnis Rz 67, 68.

24 S § 783 Rz 15 ff.

25 AA MünchKomm/Hüffer § 791 Rz 6.

26 So für das Konkursverfahren v Tuhr IherJb 48 (1904), 24.

1 S unten Rz 3.

2 S § 783 Rz 19.

als neuer Erwerber überträgt, übernimmt damit allein noch keine Rückgriffsverpflichtung für den Fall, dass der Angewiesene die Anweisung nicht einlöst[3].

Eine bürgerlich-rechtliche Anweisung kann anders als die kaufmännische Anweisung mit Orderklausel (HGB § 363 Abs 1 Satz 1[4]) nicht durch Indossament übertragen werden[5]. Wenn eine Wechselforderung beispielsweise bei negativer Orderklausel mit Rücksicht auf WG Art 11 Abs 2 nur gemäß § 398 abgetreten werden kann, ist § 792 entsprechend anwendbar[6]. 2

2. **Übertragungswirkung**. – a) **Übertragung der Anweisung vor ihrer Annahme**. Wird die Anweisung vor ihrer Annahme durch den Angewiesenen (§ 784) übertragen, geht in diesem Fall die Ermächtigung des Anweisungsempfängers, die Leistung beim Angewiesenen im eigenen Namen zu erheben (vgl § 783 Abs 1), auf den Dritten über, sodass Abtretungsrecht mangels einer Forderung gegen den Angewiesenen nur entsprechend anwendbar ist (§ 793 Abs 3 Satz 2). Nimmt der Angewiesene die Anweisung nach der Übertragung gegenüber dem Erwerber an, begründet dies ein selbstständiges Forderungsrecht des Erwerbers gegen den Angewiesenen. In diesem Fall kann der Angewiesene gegenüber dem Erwerber keine Einwendungen aus einem Rechtsverhältnis zum Anweisungsempfänger herleiten (§ 792 Abs 3 Satz 1). Der Erwerber trägt die Beweislast für die Behauptung, der Angewiesene habe gegenüber ihm angenommen[7]. Die Einwendungen aus § 784 bleiben dem Angewiesenen bei einer Annahme gegenüber dem Erwerber erhalten[8]. 3

b) **Übertragung der Anweisung nach ihrer Annahme**. Überträgt der Anweisungsempfänger die Anweisung nach ihrer Annahme durch den Angewiesenen (§ 784), erwirbt der Dritte die abstrakte Forderung aus der Annahme (§ 784) nach Maßgabe der § 398 ff. Für die Einwendungen des Angewiesenen gegenüber dem Erwerber der Forderung aus der Annahme gelten gemäß § 793 Abs 3 Satz 2 die §§ 404 bis 406. 4

3. **Ausschließung der Übertragung**. Gemäß § 792 Abs 2 Satz 1 kann der Anweisende die Übertragbarkeit der Anweisung ausschließen. Zum Schutz des Angewiesenen ist die Ausschließung gegenüber ihm nur in zwei Fallgestaltungen rechtswirksam: Sie muss sich entweder aus dem Text der Anweisungsurkunde ergeben, dort also vermerkt sein. In diesem Fall erfährt der Angewiesene den Ausschluss bei Vorlage der Anweisungsurkunde. Der Ausschluss der Übertragung ist gegenüber dem Angewiesenen auch wirksam, wenn der Anweisende den Übertragungsausschluss dem Angewiesenen in einem Zeitpunkt mitteilt, in dem der Angewiesene die Anweisung noch nicht angenommen hat oder noch nicht an den Anweisungsempfänger geleistet hat. Wer sich auf die Wirksamkeit der Ausschließung der Übertragung der Anweisung beruft, weil der Angewiesene davon Kenntnis hatte, muss auch beweisen, dass der Anweisende ihn informiert hat. Eine Kenntnis von anderer Seite schadet nicht[9]. 5

3 RG LZ 1915, 441.
4 S § 783 Rz 19.
5 RG JW 1930, 1377 = HRR 1929 Nr 2073.
6 BGH WM 1970, 245, 246; BGH WM 1958, 70 = NJW 1958, 302 = LM Nr 1 zu WG Art 11.
7 Baumgärtel/Laumen, Beweislast § 792 Rz 2.
8 Fikentscher, SchuldR Rz 1030.
9 Baumgärtel/Laumen, Beweislast § 792 Rz 1.

Titel 24

Schuldverschreibung auf den Inhaber

Vorbemerkungen

ÜBERSICHT

Schrifttum: Kuntze, Die Lehre von den Inhaberpapieren, 1857; C Brunner, Die Wertpapiere, in: Endemanns Handbuch des deutschen Handels-, See- und Wechselrechts, Bd II, 1882, S 141; Obertmann, Leistung an den geschäftsunfähigen Präsentanten eines Inhaberpapiers, DJZ 1904, 1127; A Langen, Die Kreationstheorie im heutigen Reichsrecht, 1906; ders, Erkennt das BGB bei Inhaberschuldverschreibungen die Kreationstheorie an?, ArchBürgR 27, 161; E Jacobi, Die Wertpapiere, in: Ehrenbergs Handbuch des gesamten Handelsrechts, Bd IV 1, 1917, S 125; Wieland, Wertpapiere und Legitimationspapiere, in: Festschr für Huber, 1919; L Raiser, Das Rektarecht, ZHR 101 (1935), 13; E Ulmer, Das Recht der Wertpapiere, 1938; E Locher, Das Recht der Wertpapiere, 1947; Julius von Gierke, Das Recht der Wertpapiere, 1954; H Schumann, Handelsrecht, Bd II Handelsgeschäfte – Wertpapiere, 1954; E Jacobi, Wechsel- und Scheckrecht, 1954/55; Hildebrandt, Wertpapierrecht allgemeiner Teil, 1957; G Stanzl, Wechsel-, Scheck- und sonstiges Wertpapierrecht, 1957; E Fabricius, Zur Theorie des stückelosen Effektengiroverkehrs mit Wertrechten aus Staatsanleihen, AcP 162 (1963), 456; K Hammer, Zur Begriffsbestimmung der Schuldverschreibungstitel, ZGesKredW 1965, 375; H Elle, Die rechtliche Sicherung der Ansprüche aus Industrieobligationen, 1966; H Eichler, System der Wertpapiere, 1969; H-J Haag, Die Begriffsbildung der Wertpapiere, 1969; W Wessely, Der Bundesschatzbrief als Sammelschuldbuchforderung und seine Emission, WM 1969, 1094; H Delorme, Die Wertpapiersammelbanken, 1970; A Stier, Die Sicherung von Industrieanleihen, 1970; C W Canaris, Der Einwendungsausschluß im Wertpapierrecht, JuS 1971, 441; W Körner, Die Entstückung des Effektenwesens nach dem Rechtsmodell der Sammelschuldbuchforderung, Diss Köln 1971; N Horn, Das Recht der internationalen Anleihen, 1972; J Koller, Der gutgläubige Erwerb von Sammeldepotanteilen an Wertpapieren im Effektengiroverkehr, DB 1972, 1857 u 1905; K Pleyer/G Schleiffer, Neue Entwicklungen im Depotrecht, DB 1972, 77; D Ungnade, Die Zulässigkeit der staatlichen Einflussnahme auf den primären Rentenmarkt, speziell im Hinblick auf § 795 BGB, 1972; K-P Martens, Begebungsvertrag und Wechselblankett, JZ 1973, 441; E Ulmer, Der Einwendungsausschluß im Einheitlichen Wechselgesetz, in: Festschr für L Raiser, 1974, S 225; W Zöllner, Die Zurückdrängung des Verkörperungselements bei den Wertpapieren, in: Festschr für L Raiser, 1974, S 249; K Peters, Wertpapierfreies Effektensystem, Diss Göttingen 1975; U Brink, Rechtsbeziehungen und Rechtsübertragung im nationalen und internationalen Effektengiroverkehr, 1976; K Peters, Bucheffekten – Eine Alternative zum Wertpapier?, WM 1976, 890; H Schönle, Bank- und Börsenrecht, 1976[2]; Sieg, Der Versicherungsschein in wertpapierrechtlicher Sicht und seine Bedeutung bei der Veräußerung der versicherten Sache, VersR 1977, 213; G Oppermann, Wertpapiere, 1978; K Pleyer, Wertpapierrechtliche Probleme beim Rückfluß von Schuldverschreibungen an den Emittenten, WM 1979, 850; L Wolter, Effektenkommission und Eigentumserwerb, 1979; H Delorme, Zur Rationalisierung des Wertpapierverkehrs, ZgesKredW 1980, 604; K-E Lütticke, Elektronische Verbriefung von Effektenrechten?, 1980; U Drobnig, Vergleichende und kollisionsrechtliche Probleme der Girosammelverwahrung von Wertpapieren im Verhältnis Deutschland-Frankreich, in: Festschr für Zweigert, 1981, S 73; J Koller, Namensschuldverschreibungen des Kapitalmarkts – Eine neue Wertpapierform?, WM 1981, 474; ders, Wertpapierrecht, in: Gutachten und Vorschläge zur Überarbeitung des Schuldrechts (hrsg vom Bundesminister der Justiz) Bd II, 1981, S 1427; ders, Fälschung und Verfälschung von Wertpapieren, 1981,

S 210; S Kümpel, Zur Problematik des Vorlegungserfordernisses bei Namens-Papieren am Beispiel der Namens-Schuldverschreibung und des Sparbuchs, WM 1981 Sonderbeil 1; ders, Ablösung der „Wertrechte" durch (Dauer-)Globalurkunden?, WM 1982, 730; J Than, Anleihegläubigerversammlung bei DM-Auslandsanleihen?, in: Festschr für Coing, 1982, S 521; J Franke, Stiefkind der Jurisprudenz: Die Namensschuldverschreibung, DB 1983, 377; S Kümpel, Praktische Bedürfnisse für die Fortentwicklung des Wertpapierbegriffs, WM 1983 Sonderbeil 6; K Peters, Rechtliche Entwicklungsmöglichkeiten im Effektenbereich, 1983; L Vollmer, Der Genussschein – ein Instrument für mittelständische Unternehmen zur Eigenkapitalbeschaffung an der Börse, ZGR 1983, 445; S Kümpel, Zur Umstellung des französischen Effektenwesens auf Bucheffekten, WM 1984, 577 u 613; ders, Die Emission von Wertpapierurkunden mit Unterschriften pensionierter oder verstorbener Vorstandsmitglieder – Ein Beitrag zu den Wertpapierrechtstheorien, in: Festschr für Werner, 1984, S 449; H-J Pflug, Zur Auslegung wechselmäßiger Erklärungen gegenüber dem ersten Wechselnehmer und gegenüber weiteren Erwerbern des Papiers, ZHR 148 (1984), 1; A Hueck/C W Canaris, Recht der Wertpapiere, 1986[12]; R Richardi, Wertpapierrecht, 1987; L Sedatis, Einführung in das Wertpapierrecht, 1988; Trobnik, Dokumenteloser Effektenverkehr, in: Kreutzer (Hrsg), Abschied vom Wertpapier? Dokumentenlose Wertbewegungen im Effekten-, Gütertransport- und Zahlungsverkehr, 1988, S 11; C Dechamps, Wertrechte im Effekt im Giroverkehr, 1989; K J Hopt, Änderungen von Anleihebedingungen – Schuldverschreibungsgesetz, § 796 BGB und AGBG, in: Festschr für Steindorff, 1990, S 341; J R Kessler, Von der Globalurkunde zum Wertrecht?, ZfKrW 1990, 126; J Than, Kapitalmarkt und Globalurkunde, in: Festschr für Heinsius, 1991, S 809; T Bezzenberger, Die vagabundierende Reichsmarkeffekten aus der ehemaligen DDR und die Grenzen des Wertpapierrechts, WM 1992, 2081; B Müller-Christmann/Schnauder, Wertpapierrecht, 1992; N W Francksen, Die Bedeutung von Aktienurkunden ehemaliger DDR-Altaktiengesellschaften für deren Wiederaufleben, ZIP 1993, 247; D Einsele, Wertpapierrecht als Schuldrecht – Funktionsverlust von Effektenurkunden im internationalen Rechtsverkehr, 1995; S Kümpel, Bank- und Kapitalmarktrecht, 1995; U Meyer-Cording/Drygala, Wertpapierrecht, 1995[3]; W Zöllner, Wertpapierrecht, 1995; C Brunner, Wertrechte nicht verurkundeter Rechte mit gleicher Funktion wie Wertpapiere: ein Beitrag zur rechtlichen Erfassung des Effektengiroverkehrs, 1996; K H Gursky, Wertpapierrecht, 1997[2]; A Seitz, Namenssparbriefe des Kapitalmarktes im Wertpapierrecht, 1997; H Brox, Handelsrecht und Wertpapierrecht, 1999[14]; K Schmidt, Handelsrecht, 1999[5]; J Than, Wertpapierrecht ohne Wertpapier?, in: Festschr für Schimansky, 1999, S 821; H G Vogel, Vergemeinschaftung der Anleihegläubiger und ihrer Vertretung nach dem Schuldverschreibungsgesetz, 1999; P Bülow, WechselG, ScheckG, AGB, 2000[3]; A Baumbach/Hefermehl, Wechsel- u Scheckgesetz, 2000[22]; C P Claussen, Bank- und Börsenrecht, 2000[2]; H J Mauricio, Die Vertragsbeziehungen und die Rechte der Anleger bei internationalen Anleiheemissionen, 2001; A Zahn/Lemke, Anleihen als Instrument der Finanzierung und Risikosteuerung, BKR 2002, 527; E Schwark, Kapitalmarktrechts-Kommentar, 2004[3].

1. **Allgemeines**. Die Schuldverschreibung auf den Inhaber ist eine Urkunde, in der der **Aussteller** dem **Inhaber** eine Leistung verspricht. Dem **berechtigten Inhaber** (also insbesondere dem Eigentümer)[1] ist der Aussteller aus der Urkunde zur Leistung **verpflichtet**. Legt der Inhaber die Urkunde vor, muss der Aussteller die fehlende Berechtigung beweisen (§ 793 Abs 1 Satz 1 aE). Die §§ 793 ff regeln unmittelbar nur die Rechtsbeziehungen zwischen dem Aussteller und dem Inhaber, mittelbar erschließt sich aber auch, nach welchen Regeln die Rechte aus der Inhaber schuldverschreibung übertragen werden. Die Schuldverschreibung auf den Inhaber ist aufgrund seiner gesetzlichen Merkmale ein **Inhaberpapier**, das nach sachenrechtlichen Regeln übertragen wird (Berechtigung des Eigentümers). Im Gegensatz zur Regelung in § 952 folgt also das **Recht aus dem Papier** dem **Recht am Papier**. 1

Die sachenrechtlichen Grundsätze über den **Erwerb von Inhaberpapieren** und Verfügungen darüber sind in BGB §§ 929, 932, 935, 1081 ff, 1293 ff und in HGB §§ 366, 367 enthalten[2]. Danach (§ 935 Abs 2) ist sogar ein gutgläubiger Erwerb an abhanden gekommenen Wertpapieren möglich. Die Gutgläubigkeit richtet sich nach § 932 Abs 2, vorbehaltlich Bösgläubigkeit nach HGB § 367. Grobe Fahrlässigkeit im Sinne von § 932 Abs 2 wird mit Rücksicht auf die Verbriefung in einer Urkunde nur angenommen, wenn das Geschäft nach besonderen Umständen des Falles ungewöhnlich erscheinen muss oder besondere Gründe in der Person des Vorlegenden gegeben sind, die einen sorgfältigen Kaufmann zur Vorsicht oder weiteren Nachforschungen veranlassen müssten[3].

1 Zur Berechtigung des Pfandgläubigers s § 1294; im Übrigen § 185.

2 Vgl im Einzelnen Koller, WertpapierR, in: Gutachten u Vorschläge. . ., 1981, S 1439.

3 BGH WM 1994, 1203 = NJW 1994, 2093 mit dem Hinweis auf § 1006 zur Entkräftung erheblicher Verdachtsmomente, die in der Vorinstanz (KG WM 1994, 18) zur Annahme grober Fahrlässigkeit

Wegen der zeitlichen Lücke zwischen Veröffentlichung im Bundesanzeiger gem HGB § 367 und dem Abhandenkommen ist aber auch bei umgehend gemeldetem Diebstahl Raum dafür, dass der gutgläubige Erwerb an grober Fahrlässigkeit scheitert[4].

2 a) **Wertpapiereigenschaft**. Die Inhaberschuldverschreibung ist ein **Wertpapier**. Dieser Begriff ist nicht gesetzlich definiert, sondern im Schrifttum und der Rechtsprechung anhand systematischer und pragmatischer Kriterien entwickelt. Als **Wertpapiere im weiteren** Sinn sind nach herrschender Meinung[5] Urkunden zu verstehen, in denen ein privates Recht derart verbrieft ist, dass zur Ausübung des Rechts die **Innehabung der Urkunde erforderlich** ist. Bestand und Ausübung des in ihnen verbrieften Forderungsrechts[6] sind an den Besitz der Urkunde gebunden[7]. Bei Verlust oder Zerstörung des Papiers steht dem Gläubiger ein Aufgebotsverfahren nach ZPO § 1003 als actus contrarius zur Verbriefung zur Verfügung[8]. Angesichts der Entwicklung bei Wertpapieren des Kapitalmarkts (Effekten) hat sich das Vorlegungserfordernis teilweise abgeschwächt. Bei Wertpapieren, die aus Gründen rationeller Verwahrung nicht mehr einzeln für den jeweiligen Berechtigten, sondern nach Gattungen sammelverwahrt werden (Girosammelverwahrung nach DepotG § 5 ff) liegt weder unmittelbarer Besitz des Berechtigten vor, noch kommt eine Vorlegung im üblichen Sinne in Betracht. Erst recht gilt dies für Sammelurkunden nach DepotG § 9 a (eine Urkunde tritt an die Stelle einer Vielzahl von Wertpapieren). Um den Wertpapierbegriff an die Zwänge wirtschaftlicher Verwahrung anzupassen, reicht es aus, wenn der Berechtigte das Papier in einer Weise (mittelbar) besitzt, bei der sichergestellt ist, dass eine Benützung durch andere praktisch ausgeschlossen ist[9]. Zu der noch weitergehenden Entwicklung zu **Wertrechten**, bei denen es an einer Verbriefung und damit an einer Urkunde fehlt s unten Rz 28.

3 Der Schuldner **braucht** ohne das Papier **nicht** zu leisten, und er **kann** nicht befreiend an einen angeblichen Gläubiger leisten, der nicht Inhaber des Papiers ist. Für die Inhaberschuldverschreibung gilt dies nach § 793 Abs 1 ohne weiteres, selbst wenn man davon ausgeht, dass der Berechtigte statt der Übereignung der Urkunde auch das verbriefte Recht nach §§ 398, 413 abtreten kann[10]. Insbesondere befreit den Aussteller nicht die Leistung an einen früheren Inhaber, der die Forderung mit dem Papier an einen Dritten übertragen hat. § 407 gilt insoweit nicht, und zwar weil der Aussteller eines Wertpapiers die Obliegenheit übernommen hat, nur an den Inhaber des Papiers zu leisten[11].

4 Die Eigenschaft als Wertpapier wird durch den im Begebungsvertrag verkehrstypisch geäußerten Willen des Ausstellers begründet. Behält sich der Aussteller nur das **Recht** vor, an den Inhaber befreiend leisten zu können, ohne hierzu verpflichtet zu sein[12], so ist kein Wertpapier, sondern ein **Legitimationspapier** gegeben[13].

5 Soll dem (jeweiligen) Gläubiger nur die **Beweisführung** erleichtert werden, liegt kein Wertpapier, sondern eine Beweisurkunde vor (zB Schuldschein gemäß § 371)[14]. Entsprechendes gilt, wenn die Urkunde dazu dient, dass der Schuldner durch Leistung an den Inhaber frei wird. Dann

geführt hatten. Allgemein zur groben Fahrlässigkeit im Rahmen des gutgläubigen Erwerbs München NJW 2003, 673.

4 KG WM 1994, 18, insofern auch nicht von der Revisionsentscheidung (s Fn 3) in Frage gestellt.

5 Brunner, Wertpapiere, 1882, S 147, 177 ff; Baumbach/Hefermehl, WertpapierR Rz 11 ff; Hueck/Canaris, Recht der Wertpapiere § 1 I; Jacobi, Wertpapiere, 1917, S 127 ff.

6 Bamberg NJW RR 1989, 1449.

7 RG WarnR 1928 Nr 70.

8 Vgl BGB §§ 799, 808 Abs 21 Satz 2, HGB § 365 Abs 2, AktG § 72, WG Art 90. Soweit eine Regelung fehlt (Anweisung gem §§ 783 ff u ohne Orderklausel ausgestellte Papiere gem HGB § 363 Abs 2) ist nach hM eine analoge Anwendung der Vorschriften zum Aufgebot angebracht; vgl Baumbach/Hefermehl, WertpapierR Rz 12; MünchKomm/Hüffer Rz 10.

9 Staud/Marburger Rz 4; MünchKomm/Hüffer § 793 Rz 12; Zöllner, Festschr für Raiser S 271.

10 Vgl dazu Einsele, Wertpapierrecht als Schuldrecht S 8; Zöllner, WertpapierR § 2 II 1 b; aA Jacobi, Wertpapiere, 1917, S 493.

11 Kümpel WM 1983 Sonderbeil 6 S 8; vgl auch schon Raiser ZHR 101 (1935), 13, 36; Wieland, FestG für E Huber, 1919, S 5; aA Baumbach/Hefermehl, WertpapierR Rz 17.

12 ZB Gepäckscheine u Garderobenscheine.

13 Vgl § 808 Rz 1.

14 Zur Abgrenzung vgl RGZ 106, 5; RG WarnR 28 Nr 70; RG HRR 28 Nr 951.

handelt es sich um Liberationspapiere, die – eher missverständlich[15] – auch Legitimationspapiere genannt werden. Sie müssen nicht vorgelegt werden, wenn die Forderung geltend gemacht wird; die Berechtigung ist auch anderweitig nachzuweisen. Beispiele: Gepäckscheine, Reparaturscheine, Garderobenmarken.

b) **Arten der Wertpapiere**. Je nachdem, wie der zur Verfügung und zur Erhebung des Anspruchs aus dem Papier Berechtigte bestimmt wird, unterscheidet man **Rektapapiere, Orderpapiere** und **Inhaberpapiere**. Bei den **Rektapapieren**[16] (Namenspapieren) ist nur der benannte Inhaber, gegebenenfalls ungeachtet seiner Minderjährigkeit[17], oder sein Rechtsnachfolger zur Verfügung und Erhebung des Anspruchs befugt, bei den **Orderpapieren**[18] außerdem jeder, der das Papier durch die Order (Indossierung = Indossament und Übereignung der Urkunde) des benannten Inhabers erlangt hat, bei den **Inhaberpapieren** jeder Inhaber (sofern nicht der Aussteller seine fehlende Berechtigung nachweisen kann). 6

Bei den **Orderpapieren** und den **Inhaberpapieren** erfolgt der Rechtserwerb somit durch den Erwerb des Eigentums an der Urkunde. Damit ist ein gutgläubiger Erwerb[19] möglich, und dem Besitzer der Urkunde kommt der Rechtsschein des Besitzes zugute (§ 1006)[20]. Diese Papiere werden deshalb als **Wertpapiere im engeren** Sinn oder solche des öffentlichen Glaubens bezeichnet[21]. 7

Rektapapiere als **Wertpapiere im weiteren Sinn** werden durch **Abtretung** der verbrieften Forderung übertragen; das Eigentum am Papier geht nach § 952 über. Es gelten somit die §§ 398 ff, so dass (abgesehen von § 405) ein gutgläubiger Erwerb der Forderung nicht in Frage kommt. Auch Einwendungen gegen den Zedenten bleiben gem § 404 erhalten[22]. Wie bereits ausgeführt[23], gilt § 407 hier allerdings nicht[24], weil der Aussteller eines Wertpapiers die **Obliegenheit** übernimmt, nur an den Inhaber des Papiers zu leisten[25]. Falls der Emittent auf den Schutz des § 407 nicht verzichten will, muss er dies in der Urkunde ausdrücklich festhalten[26]. Rektapapiere sind Sparbriefe[27] und Kommunalobligationen[28] sowie Hypotheken- und Grundschuldbrief (§§ 1160, 1161), die Anweisung (§ 783), Wechsel und Scheck mit negativer Ordnerklausel (WG Art 11 Abs 2, ScheckG Art 14 Abs 2) und Papiere im Sinne HGB § 363, wenn ihnen die Orderklausel fehlt[29]. 8

Rektapapiere besonderer Art sind die in § 808 angeführten Papiere. Durch die übliche Bezeichnungen „qualifizierte Legitimationspapiere“ oder „hinkende Inhaberpapiere“ wird dies aber eher verdeckt (besser: Namenspapiere mit Inhaberklausel). Die Besonderheit besteht darin, dass der Gläubiger befreit wird, wenn er – unabhängig von dessen Berechtigung – an den Inhaber der 9

15 So mit Recht MünchKomm/Hüffer Rz 21.
16 Dazu BGH WM 1992, 1522 = WuB I B 2 (Harder): Verfügungs- und Vertretungsbefugnis.
17 Vgl Celle WM 1994, 1069.
18 Zu kaufmännischen Orderpapieren Schnauder NJW 1991, 1642 ff; zu Orderschuldverschreibungen Staud/Marburger Rz 69.
19 BGB §§ 932 ff; HGB § 366, 367.
20 LG Fankfurt/M JZ 2003, 1010 (mAnm Reinisch S 1013); RG JW 1913, 30; LZ 1929, 932 = SeuffA 83 Nr 110.
21 Zöllner, WertpapierR § 4; IV 4; Hueck/Canaris, WertpapierR § 11 4 a; als Vertreter eines engen Wertpapierbegriffs vgl Ulmer, Recht der Wertpapiere, 1938, S 20 u Raiser ZHR 101 (1935), 13, 61 f.
22 Zu Namensschuldverschreibungen mit Ausschluss der Rechte aus § 404 vgl Kümpel WM 1983 Sonderbeil 6 S 14.
23 S oben Rz 3.
24 Zu Briefhypothek und Briefgrundschuld vgl § 1156: kein Schutz wg § 1160 oder der Eintragung des wahren Gläubigers.
25 MünchKomm/Hüffer Rz 16; Baumbach/Hefermehl, WertpapierR Rz 17; Hueck/Canaris, WertpapierR § 1 II 2 b bb (teleologische Reduktion von § 407); noch weitergehend Kümpel WM 1983 Sonderbeil 6 S 8, der im Ausschluss von § 407 das entscheidende Merkmal zur Einordnung als Wertpapier sieht; vgl auch schon Raiser ZHR 101 (1935), 13, 36 u Wieland, FestG für E Huber, 1919, S 5; insofern ablehnend Baumbach/Hefermehl, WertpapierR Rz 17 u MünchKomm/Hüffer Rz 12 u 17.
26 Praktisch relevant bei den Namensschuldverschreibungen des Kapitalmarkts; vgl MünchKomm/Hüffer Rz 17; Koller WM 1981, 474, 477.
27 BGH WM 1989, 1640.
28 Kümpel WM 1983 Sonderbeil 6 S 13.
29 MünchKomm/Hüffer Rz 16.

Urkunde leistet (§ 808 Abs 1 Satz 1). Praktisch bedeutsam ist vor allem das Sparbuch[30], aber auch die Pfandscheine der Leihhäuser gehören dazu[31].

10 c) **Unterscheidung anhand des verbrieften Rechts**. Bei den **Wertpapieren** wird ferner nach dem Recht, welches in dem Papier verbrieft ist, unterschieden. **Forderungspapiere** sind solche Wertpapiere, in denen die Forderung aus einem Schuldverhältnis verbrieft ist. Bezieht sich die Forderung auf eine Sache (zB Hypothekenbrief), wird auch von „sachenrechtlichen" Papieren gesprochen[32]. **Mitgliedspapiere** verkörpern die Mitgliedschaft zB in einer Aktiengesellschaft. Zu den ersteren gehören die Schuldverschreibungen auf den Inhaber, die nach § 793 eine Leistung, sei es Geld, sei es eine andere Leistung, verbriefen. Inhaberpapiere, die Mitgliederrechte verbriefen (zB Inhaberaktien) sind im BGB nicht geregelt, jedoch sind die §§ 793 ff grundsätzlich entsprechend anwendbar[33]. Nach der **wirtschaftlichen Funktion** ergeben sich andere Unterscheidungen: **Kapitalmarktpapiere** oder Effekten (Aktie, Inhaberschuldverschreibung, Investmentanteil), Papiere des **Zahlungs- und Kreditverkehrs** (Scheck, Wechsel) und Papiere des **Güterumlaufs** (Ladeschein, Lagerschein, Konossement)[34].

11 2. **Grund der Verpflichtung**. Die Frage, wodurch Wertpapiere ihre rechtliche Wirkungen entfalten, ist weniger bei Inhaberschuldverschreibungen als zB bei Wechseln praktisch relevant. Hier können nämlich viel eher Mängel auftreten (Fälschungen, Abhandenkommen unterschriebener Urkunden, fehlende Geschäftsfähigkeit etc). Gleichwohl hat die Diskussion gerade für die Inhaberschuldverschreibung stattgefunden, da § 794 und Erwägungen des historischen Gesetzgebers[35] Anhaltspunkte bieten konnten. Die Kreationstheorie hat hierauf im Gegensatz zur Vertragstheorie[36] die Ansicht gestützt, dass Schuldverschreibungen schon durch den einseitigen Akt der Ausstellung ihre **rechtliche Wirkung** entfalten[37]. Hierzu haben sich verschiedene Ergänzungen und Variationen ergeben, die rechtsgeschäftliche Elemente ins Spiel gebracht haben[38]. Mittlerweile steht als ganz herrschend die **Vertragstheorie** im Vordergrund, die mittels der **Rechtsscheintheorie** modifiziert wird (modifizierte Vertragstheorie)[39]. Jedenfalls für das Wechselakzept legt auch der BGH die modifizierte Vertragstheorie zugrunde[40]. Danach kommt es darauf an, ob ein **Begebungsvertrag**[41] oder der **zurechenbare Rechtsschein** eines solchen vorliegt. An der Zurechenbarkeit fehlt es, wenn die Unterschrift gefälscht oder der Aussteller geschäftsunfähig/beschränkt geschäftsfähig ist[42].

12 3. **Verlorene und vernichtete Inhaberschuldverschreibungen infolge Kriegsereignissen**. – a) **Folgen des 2. Weltkriegs**. Infolge der Kriegs- und Nachkriegsereignisse sind Inhaberschuldverschreibungen und andere Wertpapiere in so erheblichem Umfang vernichtet worden und abhandengekommen[43], dass dies mit individuellen Aufgebotsverfahren (BGB § 799, ZPO § 1003) nicht zu bewältigen war. Um die Berechtigten entsprechender Wertpapiere gegen den Verlust des

30 S § 808 Rz 5.
31 MünchKomm/Hüffer Rz 18.
32 Staud/Marburger Rz 6.
33 RG WarnR 14 Nr 16; wegen der Ausnahmen s § 763 Rz 2 u § 796 Rz 4.
34 Staud/Marburger Rz 6.
35 Motive II, S 695 f = Mugdan II, S 388.
36 Vgl Staud/Marburger Rz 15; Baumbach/Hefermehl, WertpapierR Rz 2.
37 So noch Soergel[10] aaO; vgl auch noch Pal[42]/Thomas § 793 Bem 2; ferner RGZ 131, 294.
38 Vgl im Einzelnen Staud/Marburger Rz 15 ff: (Emissionstheorie, Rechtsscheintheorie).
39 Für die modifizierte Vertragstheorie insbes Baumbach/Hefermehl, WertpapierR Rz 46 Enn/Lehmann, SchuldR § 208; Hueck/Canaris, WertpapierR § 3 II; Locher, WertpapierR, 1947, § 7; Larenz, SchuldR II § 66 II; Baumbach/Hefermehl, WertpapierR Rz 29, 30 ff Pal[61]/Thomas § 793 Rz 8; Staud/Marburger Rz 19 (alle mit Übersichten über die Wertpapierrechtstheorien); im Ergebnis ähnlich MünchKomm/Hüffer Rz 26.
40 BGH WM 1973, 66 = NJW 1973, 282; BGH WM 1975, 1002; ferner BGH WM 1971, 744, allerdings mit unzutreffendem Hinweis auf WG Art 16 Abs 2; anders allerdings zur Frage, ob der Aussteller bei späterer Verfälschung haftet, wenn er durch die Art der Ausfüllung das Fälschungsrisiko erhöht, vgl BGHZ 47, 95, 99 = EWiR 1986, 939 und BGH JZ 1987, 576 = NJW 1986, 2834.
41 Der Begebungsvertrag enthält einerseits die rechtsgeschäftlich begründete Verpflichtung des Ausstellers u die Verfügung über die Urkunde; dazu ausführlich aus der Sicht des Wechselrechts Stöcker/Heidinger NJW 1992, 880 ff.
42 § 796 Rz 5.
43 Vgl Bezzenberger WM 1992, 2081 u Fraude ZOV 1998, 91.

Eigentums zu schützen, sind deshalb nach 1945 **Lieferbarkeitsbescheinigungen** (Affidavits) eingeführt worden, die in einem besonderen Verfahren ausgestellt wurden[44]. Zur Klärung der Rechtsverhältnisse an diesen Wertpapieren ist das **Wertpapierbereinigungsgesetz** vom 19. August 1949[45] für die britische und amerikanische Zone ergangen, das nach Konstituierung der Bundesregierung als Bundesrecht in diesen Zonen weiter galt[46]. Durch VO vom 12. Mai 1950[47] wurde seine Geltung auf die Länder der französischen Zone ausgedehnt. Es wurde geändert und ergänzt durch Ges vom 29. März 1951[48], vom 20. August 1953[49], vom 16. November 1956[50], das Wertpapierbereinigungsschlußgesetz vom 28. Januar 1964[51] und das Währungsumstellungs-Schlußgesetz vom 17. Dezember 1975[52]. In Berlin ist ein besonderes Gesetz vom 26. September 1949 erlassen worden[53]. Die vom Wertpapierbereinigungsgesetz erfassten Wertpapiere (fehlende Lieferbarkeitsbescheinigung und keine Umschreibung nach § 806) sind danach am 1. Oktober 1949 **kraftlos** geworden. Die Berechtigung war aufgrund einer Anmeldung bis zum 30. Juni 1976 in einem besonderen Verfahren festzustellen. Zu weiteren Einzelheiten (auch zu Auslandsbonds) s Soergel[11]/Welter Rz 11.

Zur Bereinigung im Zusammenhang mit der **Ablösung der Wertpapierschuld** des Deutschen Reiches, der Reichsbank, Reichspost und Preußens s das Allgemeine Kriegsfolgengesetz 5. November 1957[54], insbesondere dessen §§ 30 ff, mit späteren Änderungen[55]. **13**

b) **Währungsreform und Regelung des Kapitalverkehrs 1949 sowie Änderungen der §§ 793 ff.** Wegen der Besonderheiten, die sich im Hinblick auf Inhaberschuldverschreibungen im Zuge der **Währungsreform** von 1949 ergeben haben, ist im Wesentlichen auf Soergel[8] zu verweisen[56]. **14**

Zum **Gesetz über den Kapitalverkehr** vom 2. September 1949[57] mit Folgeregeln und zum Gesetz zur Vereinfachung der Ausgabe von Inhaberschuldverschreibungen vom 17. Dezember 1990[58] (Abschaffung von § 795 und § 808 a) s Soergel[11]/Welter Rz 8. **15**

c) **Beitritt 1990**. Neue Aktualität hat die Problematik der Wertpapierbereinigung 1990 im Zuge des Beitritts erlangt. Die einschlägigen Gesetze und Verordnungen gelten nach Anl I Kap IV Sachgebiet A Abschnitt I Nr 2–9 des **Einigungsvertrags** vom 31. August 1990[59] **nicht** im **Beitrittsgebiet** (Gebiet der ehemaligen DDR einschließlich Berlin/Ost). Außerdem wurden diese Regelungen nicht anlässlich der Wiedervereinigung geändert. Dies bedeutete vor allem zweierlei: Die Wertpapierbereinigung nach diesen Vorschriften blieb auf Emittenten beschränkt, die ihren Sitz in den alten Bundesländern und West-Berlin hatten[60]. Die von der seinerzeitigen Wertpapierbereinigung erfassten Wertpapiere solcher Emittenten konnten nun nicht mehr von Bewohnern im Beitrittsgebiet geltend gemacht werden; die maßgeblichen Fristen[61] waren und blieben abgelaufen[62]. **16**

44 Ferner Bezzenberger WM 1992, 2081 u Fraude ZOV 1998, 91. – Vgl hierzu im Einzelnen Soergel[11]/Welter Rz 10.
45 WIGBl S 295; Amtliche Begründung ÖffAnz 1949 Nr 79; zur Wertpapierbereinigung Kümpel BuB 8/311 ff mweitNachw; ferner Liesegang NJW 1951, 422; Steffan NJW 1950, 6; Eichhorn, Handbuch für die Wertpapierbereinigung, 1949; Ziganke, Wertpapierbereinigungsgesetz mit Einführung und Erläuterungen, 1950.
46 GG Art 125.
47 BGBl I, S 180.
48 BGBl I, S 211.
49 BGBl I, S 940.
50 BGBl I, S 850.
51 BGBl I, S 45; dazu Müncks WM 1964 Sonderbeil 5; BGH NJW RR 1987, 1526.
52 BGBl I, S 3123.
53 VOBl 1949 I, S 346 mspätÄnd.
54 BGBl I, S 1747.
55 Ernst/Jung/Kellmereit, AKG; Ernst WM 1959, 1122.
56 Bem vor § 793 aE, ferner auch BGHZ 28, 259 u Knapp/Schoele WM 1976, 202.
57 WIGBl, S 305.
58 BGBl I, S 2749, 2869.
59 BGBl II, S 889, 964.
60 Bezzenberger WM 1992, 2081, 2082.
61 Bei unverschuldeter Versäumung der regulären Fristen bestand bis zum 30. 6. 1976 die Möglichkeit, nach Wertpapierbereinigungsausschlußges § 15 eine Entschädigung zu erhalten. Aus- und Übersiedler hatten einen entsprechenden Entschädigungsanspruch ggf nach dem Landesausgleichgesetz; vgl Fraude ZOV 1998, 91.
62 Zur Beteiligung von DDR-Bürgern an der Wertpapierbereinigung s Fraude ZOV 1998, 91 f (auch zum Ausschluss von Entschädigungsleistungen im Zuge des Beitritts) und möglicherweise (verdeckt) von DDR-Organen u Bezzenberger WM 1992, 2081, 2082 Fn 14.

17 Nachdem zu Inhaberpapieren von Emittenten im Gebiet der späteren DDR zunächst allgemeine wertpapierrechtliche Erwägungen angestellt wurden (Wegfall der Wertpapiereigenschaft durch die faktischen Verhältnisse, die keinen gutgläubigen Erwerb mehr zulassen)[63], hat **EALG**[64] Art 11 hierzu eine gesetzliche Regelung gebracht. Nach Absatz 1 dieser Vorschrift werden alle Inhaberpapiere für kraftlos erklärt, die vor dem 8. 5. 1945 von Personen im Beitrittsgebiet begeben und nicht von der Wertpapierbereinigung erfasst worden sind[65]. Die ehemals verbrieften Rechte sind jeweils im Einzelfall nachzuweisen (Absatz 2). Der Gesetzgeber hat diese Regelungen als (nur) klarstellend verstanden[66].

18 Unabhängig davon, dass die Papiere jedenfalls durch EALG Art 11 Abs 1 kraftlos geworden sind, bleibt das Eigentum an ihnen dem Berechtigten erhalten. Soweit sie vom früheren Amt für den Rechtsschutz des Vermögens der DDR verwahrt wurde, waren nach Absatz 3 Ansprüche auf Herausgabe innerhalb von sechs Monaten nach Inkrafttreten des EALG beim Bundesamt zur Regelung offener Vermögensfragen geltend zu machen (Ausschlussfrist bis zum 31. 5. 1995). Seither werden die nicht beanspruchten[67] Papiere unter der plakativen Bezeichnung „Reichsbankschatz" als historische Wertpapiere (nonvaleurs) versteigert[68]. Es ist umstritten, ob Absatz 3 und damit ein Herausgabeanspruch auch für Wertpapiere gilt, die der Wertpapierbereinigung in den alten Bundesländern unterlegen haben oder deren Emittenten von besatzungsrechtlichen Enteignungen betroffen waren[69].

19 Anleihegläubiger, die nach dem Beitritt ihre Ansprüche gegen **öffentliche Emittenten** im Beitrittsgebiet geltend machen wollten, sind enttäuscht worden[70]: Die Länder und die kommunalen Gebietskörperschaften im Beitrittsgebiet vertreten den von der Rechtsprechung geteilten Standpunkt[71], dass sie nicht mit den Ländern und Kommunen identisch sind, die in der Vorkriegszeit in erheblichem Umfang Inhaberschuldverschreibungen zur Finanzierung ihrer Einrichtungen begeben haben. Auch sonst bestehe kein Rechtsgrund für eine Haftung für die Verbindlichkeit der ehemaligen Gebietskörperschaften, zB aus Funktionsnachfolge oder Vermögensübernahme[72].

20 4. **Gemeinschaft der Gläubiger**. Die Regelungen in den §§ 793 ff erschöpfen sich darin, jeweils die individuellen Rechtsbeziehungen zwischen dem Schuldner (Emittenten) und den einzelnen Gläubigern zu regeln. Dies würde ohne weiteres ausreichen, soweit nicht Probleme auf Seiten des Emittenten auftreten, die die gemeinsamen Interessen der Gläubiger berühren. Insofern werden die §§ 793 ff seit jeher durch das **Schuldverschreibungsgesetz** vom 4. Dezember 1900[73] ergänzt, jedenfalls wenn bestimmte Voraussetzungen erfüllt sind. Der Emittent muss seinen Sitz im Inland haben und die Schuldverschreibungen müssen im Inland ausgestellt sein. Das Emissionsvolumen muss zudem mindestens € 150 000 und 300 Stück ausmachen (SchuldverschreibungsG § 1). Das Gesetz soll es ermöglichen, dass die Gläubiger (Anleger) ungeachtet ihrer ei-

63 Bezzenberger WM 1992, 2081, 2084; vgl auch schon Kreuer, Wertpapierbereinigung und Lastenausgleich, ZOV 1992, 128; Hartkopf, Zur Wertpapierbereinigung Ost, ZOV 1992, 28; aus der Rechtsprechung noch zu den Verhältnissen der deutschen Teilung BGH WM 1989, 1682 = ZIP 1989, 1546; dazu Hüffer EWiR § 121 AktG 1/90, 319 u Lutter-Gehling ZIP 1992, 1045.

64 Entscheidungs- u AusgleichsG vom 27. September 1994 (BGBl I, S 2624).

65 Dies war bei Sitzverlagerung nach 1945 durchaus möglich, u zwar bis spätestens 1964; vgl Bezzenberger WM 1992, 2081, 2082.

66 BT-Drucks 12/7588, S 49; zweifelnd Münch Komm/Hüffer Rz 40.

67 Nach zunächst 4000 Anmeldungen sollen vor Beginn der Versteigerungen am 28. 6. 2003 (nur) 200 Ansprüche aus Wertpapiere offen gewesen sein.

68 Zum Umfang s das Merkblatt des Bundesamts ZOV 1995, 116.

69 Bejahend Vogel VIZ 2003, 5 ff; Kapinos, EALG, VermG, LAG – Praxishandbuch des Entschädigungs- und Lastenausgleichsrechts, F I 3, 11 Rz 121 u VG Berlin VIZ 2003, 25; anders allerdings die Position des Bundesamts für offene Vermögensfragen.

70 BGH WM 2005, 2371 ff; Dresden WM 2005, 1837 ff.

71 Dresden VIZ 2003, 585 ff mweitNachw; BGH DtZ 1997, 199, 201 = BIZ 1997, 379; BVerwG ZOV 1999, 450, 451 = VIZ 2000, 96.

72 Dresden VIZ 2003, 585 ff mweitNachw.

73 RGBl 1899, S 691, BGBl III 4134-1 ausführlich H G Vogel, Vergemeinschaftung der Anleihegläubiger und ihrer Vertretung nach dem Schuldverschreibungsgesetz, 1999.

gentlich individuellen Rechtsbeziehung zu dem Emittenten in der Lage sind, einen gemeinschaftlichen Willen zu bilden und auf dieser Grundlage Entscheidungen mit Wirkung für alle Anleger der fraglichen Emission zu treffen. Im Wesentlichen geht es hierbei um Notmaßnahmen im Falle einer Krise des Emittenten. Eine Anlegerversammlung ist auf Verlangen einer Minderheit von 20 % auf Kosten des Emittenten durchzuführen. Diese Versammlung kann insbesondere die Rechte der Gläubiger einschränken (zB Ermäßigung des Zinssatzes oder Stundung). Hierfür bedarf es allerdings einer qualifizierten Mehrheit von Dreivierteln der abgegebenen Stimmen (SchuldverschreibungsG § 11), und die Maßnahme muss dazu dienen, die Zahlungseinstellung oder die Insolvenz des Emittenten zu verhindern. Auch wenn diese Voraussetzungen vorliegen, können keine Verpflichtungen der Gläubiger gegen ihren Willen begründet werden. Die Versammlung kann einen Gläubigervertreter bestellen, dessen Befugnisse sie im Einzelnen bestimmen muss. Hierbei kommt etwa in Betracht, dass der Gläubigervertreter für die Gesamtheit der Gläubiger Rechtsstreite führt. Eine verdrängende Vollmacht, mit der der Gläubiger seine eigene Befugnis verliert und Verzichte des Gläubigervertreters kommen nur unter den gleichen Einschränkungen in Betracht, wie sie für Beschlüsse der Gläubigersammlung gelten. Eine Schwäche des Schuldverschreibungsgesetzes besteht darin, dass es nicht für Auslandsanleihen gilt (fehlender Sitz des Emittenten im Inland), selbst wenn sie – wie bei DM-Auslandsanleihen früher üblich – kraft Rechtswahl in den Anleihebedingungen unter die Geltung deutschen Rechts gestellt sind[74]. Wenn nicht alle gegenwärtigen Anleger zustimmen, ist es daher nicht möglich, Anleihebedingungen zu ändern, auch wenn dies zur Anpassung an veränderte Umstände, zB auch steuerlicher Art, sinnvoll und notwendig ist[75]. Ein Ausweg besteht darin, dem Schuldverschreibungsgesetzes entsprechende Regelungen in die Anleihebedingungen aufzunehmen. Hierbei kann es nur um die Bereiche gehen, die der Privatautonomie zugänglich sind (also insbesondere nicht Regelungen des öffentlichen Rechts) und außerdem muss der Grundsatz gewahrt sein, dass sich das Leistungsversprechen des Ausstellers aus der Urkunde ergibt[76]. Das SchVerschrG findet keine Anwendung auf gewinnabhängige Genuss-Scheine, wenn der geschuldete Ausschüttungs- sowie Rückzahlungsbetrag vom Bilanzgewinn des Emittenten abhängt[77]. Denn anders als bei Anleihen übernimmt der Käufer von Genuss-Scheinen in hohem Maße ein wirtschaftliches Risiko, das eher dem eines Aktionärs als dem eines Anleihegläubigers vergleichbar ist; daher verbietet sich auch eine entsprechende Anwendung des SchVerschrG[78].

Unter anderem aufgrund der angeführten Schwächen ist seit einiger Zeit eine **Reform** des Schuldverschreibungsgesetzes in der Diskussion und in der Vorbereitung[79]. Hierbei stehen folgende Themen im Raum: Erweiterung der Befugnisse der Inhaberversammlung, insbesondere durch Regelungen in den Anleihebedingungen[80], Publizitätspflichten, Kündigung aus wichtigem Grund und Modifizierung der allgemeinen AGB-Kontrolle[81]. 21

5. **Emission und Kapitalmarkt**. Die Ausgabe von Inhaberschuldverschreibungen (die Emission) findet in weitgehend standardisierten Verfahren statt, bei denen in der Regel Kreditinstitute 22

74 Hierzu ausführlich Hopt, Festschr für Steindorff, 1990, S 341, 344 ff.
75 Hopt, Festschr für Steindorff, 1990, S 341, 345.
76 Hopt, Festschr für Steindorff, 1990, S 341, 354 ff, auch zur hier eingreifenden AGB-Kontrolle.
77 Frankfurt/M ZIP 2006, 1388 (rkr); Klanten EWiR 2007, 251, 252; aM Scholz/Breu DZWiR 2007, 126 ff.
78 Frankfurt/M ZIP 2006, 1388 (rkr); Klanten EWiR 2007, 251, 252; aM Scholz/Breu DZWiR 2007, 126 ff.
79 Keller/Langner BKR 2003, 616 ff; Horn, Europäisches FinanzmarktR. Entwicklungsstand und rechtspolitische Aufgaben S 75.
80 Vgl dazu Keller BKR 2003, 313.
81 Keller/Langner BKR 2003, 616 ff; Horn, Europäisches FinanzmarktR. Entwicklungsstand und rechtspolitische Aufgaben S 75; zur Frage der AGB-Kontrolle von Anleihebedingungen Frankfurt/M ZIP 1994, 26 (mAnm von Randow); ferner Bungen, Wertpapierbedingungen und Inhaltskontrolle nach dem AGB-Gesetz, DZWIR 1996, 185 ff; Ekkenga, Wertpapier-Bedingungen als Gegenstand richterlicher AGB-Kontrolle?, ZHR 160 (1996), 59 ff; Gruson/Harrer, Rechtswahl- und Gerichtsstansvereinbarungen sowie Bedeutung des AGB-Gesetzes bei DM-Auslandsanleihen auf dem deutschen Markt, ZBB 1996, 37; v Randow ZBB 1994, 23 ff; Hopt, Festschr für Steindorff, 1990, S 341.

den Emittenten in vielfältiger Weise unterstützen (Emissionsgeschäft der Banken)[82]. Regelmäßig[83] werden Kreditinstitute als Konsortium tätig[84]. Ihre Rolle ist besonders bedeutsam, wenn sie die Inhaberschuldverschreibungen fest übernehmen, also das Risiko tragen, dass die Schuldverschreibungen am Kapitalmarkt zum entsprechenden Gegenwert unterzubringen sind (feste Übernahme). Es ist umstritten, wie der Übernahmevertrag zu qualifizieren ist. Überwiegend wird auf die Inhaberschuldverschreibungen abgestellt, die von den Emissionsbanken „erworben" werden; daraus wird eine Einordnung als Kaufvertrag hergeleitet[85]. Dem steht die Einordnung als Darlehen oder darlehensähnliches Geschäft gegenüber, die auf den sachlichen Gehalt des Geschäfts abstellt[86]; der Emittent will unabhängig von der Abwicklung über Inhaberschuldverschreibungen eine Kapitalnutzung auf Zeit, die er vergütet. Die Besonderheit besteht darin, dass gegen Valutierung des Darlehens die Inhaberschuldverschreibungen ausgegeben werden, die dem Darlehensgeber – an Stelle einer einfachen Rückzahlungsverpflichtung – eine verbriefte Forderung in entsprechender Höhe verschaffen. Auf jeden Fall handelt es sich bei der Forderung, die in der Inhaberschuldverschreibung verbrieft wird, um eine Forderung aus einem abstrakten Schuldversprechen (§§ 780/781).

23 Mit dem Wegfall von § 795 ist die Ausgabe von Inhaberschuldverschreibungen nicht mehr genehmigungspflichtig. Allerdings unterliegen Emittenten, die sich an das kapitalanlegende Publikum richten, anderen Vorschriften, die den Anlegerschutz bezwecken. Die **Zulassung** von Wertpapieren zum **Börsenhandel** ist insbesondere damit verbunden, dass ein Prospekt zu veröffentlichen ist, anhand dessen die wirtschaftliche Grundlage der Emission beurteilt werden kann (vgl BörsG[87] §§ 30 Abs 3 Nr 2, Abs 4 und 5; 38 Abs 1 Nr 2 und BörsZulV[88] §§ 13 ff). Unrichtige Angaben ziehen die gesetzliche Haftung nach BörsG §§ 44 ff nach sich. Auch **öffentliche Angebote**, die nicht mit einer Börsenzulassung verbunden sind, unterliegen der Prospektpflicht mit entsprechender Haftung (VerkProspG[89] § 13). Für **Investmentanteile** gelten InvG §§ 117 ff.

24 Den außerbörslichen und börslichen Handel mit Wertpapieren[90] und damit auch von Inhaberschuldverschreibungen regelt das **Wertpapierhandelsgesetz** (WpHG)[91]. Es enthält im Ausgangspunkt Aufsichtsrecht (vgl WpHG §§ 4 ff zu Befugnissen der Bundesanstalt für Finanzdienstleistungsaufsicht, BAFin). Mittelbar und zunehmend auch unmittelbar (vgl etwa §§ 37 a, 37 b ff) regelt es aber auch die zivilrechtlichen Verhaltspflichten von Intermediären am Kapitalmarkt. Speziell für Inhaberschuldverschreibungen sind die Verhaltsregeln nach §§ 31 und 32 sowie die Organisationspflichten nach § 33 von besonderer Bedeutung[92].

25 Das **Depotgesetz** (DepotG)[93] regelt die Verwahrung von Wertpapieren mit dem Ziel, dem Anleger Rechte zu sichern, die von der Insolvenz der beteiligten Dienstleister und Verwahrer nicht berührt werden können.

82 Kümpel, Bank- und KapitalmarktR, 2003³, Rz 9.1 ff.
83 Zur „Selbstemission, Bungen, Wertpapierbedingungen und Inhaltskontrolle nach dem AGB-Gesetz, DZWIR 1996, 185, 185.
84 Zum Konsortium Soergel/Hadding Rz 77 f vor § 705.
85 So schon ROHG 20, 248, 253 f.
86 Canaris, BankvertragsR Rz 2243; zur Einordnung als Vertrag sui generis, der neben den kaufrechtlichen Elementen auch solche der Geschäftsbesorgung und des Darlehens enthält Münch Komm/Hüffer Rz 36.
87 BGBl I 2002, S 2010, zuletzt geändert durch Art 72 Abs 5 des Ges vom 25. November 2003, BGBl I, S 2304.
88 Neugefasst durch Bek v 9. November 1998, BGBl I, S 2832; zuletzt geändert durch Art 20 des Ges v 21. 6. 2002, BGBl I, S 2010.
89 Neugefasst durch Bek v 9. November 1998. BGBl I, S 2701, zuletzt geändert durch Art 5 des Ges vom 21. Juni 2002, BGBl I, S 2010; vgl Assmann NJW 1991, 528 ff; Waldeck/Süßmann WM 1993, 361 ff.
90 Allerdings enthält WpHG § 2 eine spezifische Definition des Wertpapiers, die nicht auf die Verbriefung abstellt, Schuldverschreibungen aber ausdrücklich erfasst.
91 Neugefasst durch Bek v 9. November 1998, BGBl I, S 2708; zuletzt geändert durch Art 9 des Ges v 15. Dezember 2003, BGBl I, S 2676.
92 Vgl im Einzelnen Assmann/Schneider, Wertpapierhandelsgesetz, 2003³.
93 Fassung vom 11. Januar 1995, BGBl I, S 43, zuletzt geändert durch Ges vom 8. Dezember 1999, BGBl I, S 2384.

6. **Schuldbuchforderungen**. Soweit die öffentliche Hand als Schuldnerin betroffen ist, sind Inhaberschuldverschreibungen seit langem durch Schuldbuchforderungen ersetzt. Statt einer Verbriefung sind sie in die Schuldbücher des Bundes (früher des Reiches) und der Länder[94] eingetragen. Das Reichsschuldbuchgesetz vom 31. Mai 1910[95] und die VO über die Änderung des Reichsschuldbuchgesetzes vom 17. November 1939[96] haben entsprechend für Emissionen der Bundesrepublik Deutschland gegolten (AnleiheG[97] § 1). Danach wurden die Schuldbuchforderungen so behandelt, als wären sie in einer Urkunde verbrieft[98]. Vom 1. 1. 2002 bis zum 31. 7. 2006 war die Materie im Bundeswertpapierverwaltungsgesetz (BWpVerwG)[99] geregelt. Dieses Gesetz gilt seit dem 1. 8. 2006 bzw 13. 7. 2006 nicht mehr[100]. Soweit Rechtsfragen der Schuldbuchforderungen an sich betroffen sind, gelten nunmehr die Bestimmungen des Bundesschuldenwesengesetzes (BSchuWG)[101]. Da das Gesetz eher organisatorische Neuerungen mit sich brachte[102], ergeben sich – soweit Schuldbuchforderungen betroffen sind – im Vergleich zur bisherigen Rechtslage keine wesentlichen Änderungen: Die Emission einer Schuldverschreibung wird auf den Namen einer Wertpapiersammelbank in das Bundesschuldbuch eingetragen (BWpVerwG § 8 Abs 1 = BSchuWG § 6 Abs 1, Sammelschuldbuchforderung). Die Sammelschuldbuchforderung **gilt** nach BSchuWG § 6 Abs 2 (vormals BWpVerwG § 8 Abs 2) als Wertpapiersammelbestand und die Gläubiger der Sammelschuldbuchforderung **gelten** als Miteigentümer nach Bruchteilen. Die Rechtslage ist also so anzusehen, als **würde** die Wertpapiersammelbank verbriefte Inhaberschuldverschreibungen verwahren (Sammelverwahrung), wobei jeder Gläubiger als Miteigentümer nach Bruchteilen dieses fiktiven Bestandes angesehen wird, entsprechend seiner „Stücke". Die Beteiligten müssen also bei Verfügungen so vorgehen, als existiere eine Urkunde und als **würde** derjenige, der im Schuldbuch eingetragen ist, die Papiere als Wertpapiersammelbestand für die Anleger und deren Banken verwahren. Dann wäre zB zur Verpfändung nach § 1205 Abs 2 eine Anzeige erforderlich[103]. Nach BSchuWG § 7 Abs 1 (vormals BWpVerwG § 9 Abs 1) können auch Einzelschuldbuchforderungen begründet werden, die eine entsprechende Einzelschuldbuchforderung für den eingetragenen Gläubiger begründen. In diesem Fall bedürfen Verfügungen zu ihrer Wirksamkeit gegenüber dem Schuldner der Eintragung in das Bundesschuldbuch (BSchuWG § 8 Abs 1, vormals BWpVerwG § 10 Abs 1). Das Bundesschuldbuch genießt beim Erwerb von Rechten nach dem Vorbild des Grundbuchs öffentlichen Glauben (BSchuWG § 8 Abs 2 u 3, vormals BWpVerwG § 10 Abs 2 u 3). 26

Die reichsrechtlichen Bestimmungen bleiben aber von Bedeutung, soweit und solange die Regelungen der **Länder** hierauf verweisen[104]. Schuldbuchforderungen gegen die ehemalige DDR sind geregelt im Ges zur Behandlung von Schuldbuchforderungen gegen die ehemalige DDR (SchuldBBerG [EALG Art 8 vom 27. September 1994])[105]. 27

94 § 232 Rz 6; § 236 Rz 1.
95 RGBl S 840.
96 RGBl I, S 2298.
97 Vom 25. März 1951, BGBl I, S 218; vgl auch eingehend H Meder/Ernst, Schuldbuchrecht des Bundes und der Länder, 1950 u Staud/Marburger Rz 25.
98 Vgl dazu mit Blick auf eine Verpfändung BGH WM 1996, 518 = NJW 1996, 1675 = WuB VIII A § 24 BNotO 1.96 (Baumann); ebenso schon LG Konstanz WM 1988, 1124 = EWiR § 1280 BGB 1/88, 785 (Welter); s auch BGHZ 5, 27, 31, 35.
99 BGBl 2001 I, S 3519.
100 Vgl Art 4 Gesetz zur Modernisierung des Schuldenwesens des Bundes (Bundesschuldenwesenmodernisierungsgesetz), BGBl 2006 I, S 1466, 1472.
101 Vgl Art 1 Gesetz zur Modernisierung des Schuldenwesens des Bundes (Bundesschuldenwesenmodernisierungsgesetz), BGBl 2006 I, S 1466.
102 Das Gesetz (BSchuWG § 1) ermächtigt das Bundesministerium der Finanzen, bestimmte Aufgaben des Schuldenwesens des Bundes auf die „Bundesrepublik Deutschland – Finanzagentur GmbH" zur Wahrnehmung im eigenen Namen zu übertragen. Ergänzend hierzu regelt das Bundeswertpapierverwaltungsgesetz (vgl Art 2 Bundesschuldenmodernisierungsgesetz) die Rechtsverhältnisse derjenigen, die in der Schuldenverwaltung beschäftigt sind.
103 Vgl BGH WM 1996, 518 = NJW 1996, 1675 = WuB VIII A § 24 BNotO 1.96 (Baumann); ebenso schon LG Konstanz WM 1988, 1124 = EWiR § 1280 BGB 1/88, 785 (Welter); s auch BGHZ 5, 27, 31, 35.
104 Kümpel, Bank- u KapitalmarktR, 2004[4], Rz 11.258.
105 BGBl I, S 2624, 2634.

28 Angesichts der abnehmenden Bedeutung der Einzelurkunde im Wertpapierverkehr stellt sich die Frage, ob über die Zulässigkeit von Globalurkunden (DepG § 9a Abs 1) hinaus auch für private Emittenten die Möglichkeit gegeben werden sollte, urkundlich nicht verbriefte **Wertrechte** durch Eintragung in Schuldbüchern zu schaffen[106]; dagegen wird der Standpunkt vertreten, dass die Entwicklung zur Girosammelverwahrung und zur Globalurkunde (DepG § 9 a Abs 1) dem Bedürfnis eines rationellen Effektenverkehrs Rechnung trägt, ohne die Vorteile der Verbriefung aufzugeben[107].

29 7. **Schuldscheindarlehen**. Die frühere Genehmigungspflicht (§ 795 aF) für Inhaberschuldverschreibungen hatte dazu geführt, Anleihen in Form blanko indossierter Orderschuldverschreibungen (HGB § 363) aufzunehmen. Nachdem die Ausgabe solcher Schuldverschreibungen auch der Genehmigung bedurfte (§ 808 a), hatte sich das sog Schuldscheindarlehen als Finanzierungsinstrument entwickelt[108]. Es handelt sich um ein Darlehen im Sinne des § 488, das bestimmte Merkmale aufweist. Es dient dazu, einen langfristigen hohen Kapitalbedarf zu decken. Darlehensgeber sind insbesondere Kapitalsammelstellen, wie zB Versicherungen. Das Schuldscheindarlehen lässt sich also als anleiheähnlicher Kredit beschreiben, der bei Kapitalsammelstellen aufgenommen wird[109]. Auch wenn die Ausstellung eines Schuldscheins dieser Finanzierungsform ihren Namen gegeben hat, ist sie nicht notwendig. Charakteristisch sind vielmehr bestimmte Verfahren der Absicherung, zB durch einen Treuhänder in Verbindung mit der Bestellung einer Grundschuld und vor allem bestimmte Techniken der Kreditvermittlung und der Refinanzierung (Revolving, 7-M-System)[110]. Unter bestimmten Voraussetzungen ist die Vermittlung von Schuldscheindarlehen ein Bankgeschäft gemäß KWG § 1 Abs 1 Nr 7.

30 Trotz ihrer Anleiheähnlichkeit sind die Schuldscheindarlehen **keine** unter die §§ 793 ff fallenden **Schuldverschreibungen**. Ihre Rechtsbeziehungen richten sich nach den §§ 488 ff, dem § 952, ihre Übertragung nach den §§ 398 ff[111]. Die Beliebtheit von Schuldscheindarlehen erklärt sich ua dadurch, dass die Beteiligten in der Ausgestaltung weitgehend frei sind[112].

31 7. **Landesgesetzliche Vorbehalte** sind in den EGBGB Art 98–102 enthalten, Übergangsvorschriften in den EGBGB Art 174–178.

32 8. **Verbot des Vertriebs im Reisegewerbe**. Gemäß GewO § 56 Abs 1 Nr 1 h dürfen Wertpapiere, Lotterielose sowie Bezugs- und Anteilscheine auf Wertpapiere nicht im **Reisegewerbe** feilgeboten werden; auch die Aufzeichnung entsprechender Bestellungen ist verboten. Ausgenommen ist der Verkauf von Lotterielosen genehmigter Lotterien zu gemeinnützigen Zwecken. Das Verbot erfasst auch das Anbieten und den Vertrieb einer größeren Zahl von Eintrittskarten im Reisegewerbe[113].

106 K Peters, Rechtliche Entwicklungsmöglichkeiten im Effektenbereich, 1983, S 34 ff; ders, Wertpapierfreies Effektensystem, 1978, S 155 ff; ders WM 1976, 890; Lütticke, Elektronische Verbriefung von Effektenrechten?, 1980, S 221: noch weitergehend Canaris, BankvertragsR Rz 2053: Zulässigkeit ohne weitere gesetzliche Regelung aufgrund der Wertrechtslehre; dazu mit Recht kritisch MünchKomm/Hüffer Rz 35.

107 Kümpel, Bank- u KapitalmarktR Rz 9.156 ff; ausführlich dazu MünchKomm/Hüffer Rz 37; zur Umstellung auf Bucheffekten in Frankreich Kümpel WM 1984, 577, 613 ff u Steuer WM 1984, 1385 ff; Kümpel WM 1982, 730 ff; Koller, WertpapierR, in: Gutachten u Vorschläge . . ., 1981, S 1431, 1491 ff.

108 Canaris WM 1982, 258, 263; Staud/Hopt/Mülbert Rz 318 f vor § 607.

109 Canaris, BankvertragsR Rz 1365 mweitNachw.

110 Vgl dazu Canaris, BankvertragsR Rz 1365.

111 RGZ 117, 143 u andererseits bei einem als echte Anleihe gestalteten Gesamtdarlehen RGZ 106, 157.

112 Näheres, insbes auch über die wirtschaftliche Bedeutung, die Vor- und Nachteile der Schuldscheindarlehen: Rösler/Mackenthun/Pohl, Handbuch Kreditgeschäft 2002[6], S 387 ff; Koch, Festschr für Sieg, 1976, S 283 ff; H Reinboth, Schuldscheindarlehen als Mittel der Unternehmensfinanzierung, 1965; W Staehle, Die Schuldscheindarlehen, 1965; ferner Busch, Das Schuldscheindarlehen unter besonderer Berücksichtigung der Doppeltreuhänderstellung der Vermittlerbank, Diss Bonn 1981; H Scholze, Das Konsortialgeschäft der deutschen Banken, Bd 1, 1973, S 165 ff; Kleinschmidt ZGesKredW 1963, 950; H Witte, Das Schuldscheindarlehen in rechtlicher und rechtsvergleichender Sicht, Diss Münster 1967.

113 VGH München NJW 1978, 2052; BayObLG NJW 1979, 1314.

§ 793 Rechte aus der Schuldverschreibung auf den Inhaber

(1) **Hat jemand eine Urkunde ausgestellt, in der er dem Inhaber der Urkunde eine Leistung verspricht (Schuldverschreibung auf den Inhaber), so kann der Inhaber von ihm die Leistung nach Maßgabe des Versprechens verlangen, es sei denn, dass er zur Verfügung über die Urkunde nicht berechtigt ist. Der Aussteller wird jedoch auch durch die Leistung an einen nicht zur Verfügung berechtigten Inhaber befreit.**

(2) **Die Gültigkeit der Unterzeichnung kann durch eine in die Urkunde aufgenommene Bestimmung von der Beobachtung einer besonderen Form abhängig gemacht werden. Zur Unterzeichnung genügt eine im Wege der mechanischen Vervielfältigung hergestellte Namensunterschrift.**

ÜBERSICHT

1. **Grundsätzliches**. – a) § 793 betrifft die Inhaberpapiere, in denen Forderungsrechte aller Art verbrieft sind[1]. 1

b) In der Form der Inhaberschuldverschreibung werden insbesondere Massenemissionen, zB **öffentliche Anleihen** oder **Industrieobligationen** ausgegeben. Diesem Zweck trägt § 793 Abs 2 Satz 2 Rechnung, indem mechanische Vervielfältigung der Unterschrift für zulässig erklärt wird[2]. Außer den öffentlichen Anleihen (Schuldverschreibungen und Schatzanweisungen) sind Inhaberschuldverschreibungen in der Form von Massenemissionen die von privaten Industrieunternehmen ausgegebenen Inhaberschuldverschreibungen (**Industrieobligationen**, zu denen jedoch auch die früher häufigen **Orderschuldverschreibungen** gem HGB § 363 solcher Unternehmen gezählt wurden)[3]. Ferner gehören in diesen Zusammenhang die **Pfandbriefe** und **Kommunalobligationen** der Realkreditinstitute (PfandbriefGes, erlassen durch das Ges zur Neuordnung des Pfandbriefrechts [PfandBNeuOG] v 22. Mai 2005)[4]. Für die ein Mitgliedschaftsrecht verbriefenden **Inhaberaktien** gelten die §§ 793 ff in beschränktem Umfang entsprechend[5]. 2

c) Die **Übertragung** der Inhaberschuldverschreibung richtet sich wie bei allen Inhaberpapieren nach sachenrechtlichen Vorschriften (§§ 929 f)[6]. Durch Vereinigung von Gläubiger und Schuldner erlischt die Forderung nicht[7]. Für die **Verpfändung** ergibt sich die Anwendung sachenrechtlicher Vorschriften ausdrücklich aus § 1293. Damit gelten die §§ 1205 ff, die durch ein gesteigertes Publizitätserfordernis bestimmt sind (kein Besitzkonstitut wie in § 930, Faustpfandprinzip mit Besitzerfordernis beim Pfandgläubiger, zumindest gesamthänderischer Mitbesitz gem § 1206). 3

1 Vgl allgemein zu Inhaberschuldverschreibungen u ihrer Einordnung als Wertpapiere im engeren Sinn Rz 2 vor § 793.
2 S unten Rz 18.
3 S auch Rz 3 vor § 793.
4 BGBl I, S 1373. – S hierzu näher: Frank/Glatzl, Das Pfandbriefgesetz, WM 2005, 1681. Dieses Gesetz ersetzte einige ältere, etwa das Hypothekenbankgesetz v 5. Februar 1963 (BGBl I, S 81) idF v 19. Dezember 1990 (BGBl I, S 2898) sowie das Ges über die Pfandbriefe und verwandten Schuldverschreibungen öffentlichrechtlicher Kreditanstalten v 8. Mai 1963 (BGBl I, S 312), zuletzt geändert 13. Dezember 1990 (BGBl I, S 2749).
5 Staud/Marburger Rz 30 vor § 793; KölnKomm/Lutter AktG § 68 Anh Rz 25, 26; Baumbach/Hueck AktG § 10 Rz 2; RG SeuffA 69 Nr 47; WarnR 1914 Nr 16; s auch § 796 Rz 11.
6 Vgl Rz 1 vor § 793.
7 RGZ 147, 233, 244; auch BFH 66, 297.

4 Da Inhaberschuldverschreibungen in der Regel verwahrt werden, greift § 1205 Abs 1 Satz 2 ein, wenn an die (selbst oder nur mittelbar) verwahrende Bank verpfändet werden soll[8]. Wird an einen anderen Gläubiger verpfändet, greift § 1205 Abs 2 ein. Der Verpfänder muss also den mittelbaren Besitz übertragen, dh seinen Herausgabeanspruch (gegen den Verwahrer) abtreten (vgl §§ 870, 868) und dies dem Besitzer **anzeigen**. Die Depotbank ist in der Regel allerdings auch nur mittelbarer Besitzer, während der unmittelbare Besitz bei einer zentralen Verwahrstelle (Wertpapiersammelbank, Deutscher Kassenverein, jetzt Clearstream AG) liegt[9]. Bei zwei- oder mehrfach gestuften Besitzmittlungsverhältnissen stellt sich die Frage, **wem** anzuzeigen ist, der Depotbank (mittelbarer Besitzer 1. Stufe) oder dem zentralen Verwahrer als unmittelbarem Besitzer. Nach der vorliegenden Rechtsprechung genügt die Anzeige an den **nächsten Besitzer**[10].

5 Mit der Verpfändung ändert sich sogleich, dh unabhängig von der Pfandreife gem § 1228 die Erfüllungszuständigkeit (vgl § 1294) und somit die Verfügungsbefugnis im Sinne von § 793 Abs 1 Satz 1[11].

6 Wird eine verpfändete Inhaberschuldverschreibung bei Fälligkeit **eingelöst**, setzt sich das Pfandrecht am Erlös fort (§ 1287 analog)[12]. Die Vorschrift ist allerdings nicht unmittelbar anwendbar, weil der Schuldner nicht gem §§ 1281, 1282 auf eine verpfändete Forderung leistet, sondern eine verpfändete Inhaberschuldverschreibung (=bewegliche Sache) einlöst. Sie verliert damit die Wertpapiereigenschaft, wodurch auch das Pfandrecht an der Schuldverschreibung entfällt, ebenso wie in dem von § 1287 unmittelbar geregelten Fall. Insofern ist eine Analogie gerechtfertigt. Entsprechendes gilt, wenn mit dem Erlös eine Einlage getätigt wird; das Pfandrecht setzt sich an der Einlageforderung fort[13]. Zur Verwertung vor Fälligkeit s § 1235 Abs 2 iVm § 1221.

7 Zur Verpfändung von Schuldbuchforderungen s Rz 26 vor § 793.

8 d) Auf **Schuldscheine**, die nur Beweisurkunden für ein Darlehen sind, beziehen sich die §§ 793 ff nicht[14]. **Banknoten** sind reine Geldzeichen, keine Inhaberschuldverschreibungen[15].

9 2. **Inhalt der Urkunde**. Das Versprechen einer Leistung muss in der Urkunde mit der **Inhaberklausel** verbunden sein. Aus der Urkunde muss hervorgehen, dass der jeweilige Inhaber forderungsberechtigt **ist**[16], ohne dass es allerdings eines wörtlichen Leistungsversprechens an den Inhaber bedarf[17]. Der Zusatz „oder Order" lässt bei einer in erster Linie auf den Inhaber ausgestellten Schuldverschreibung die Eigenschaften derselben als Inhaberpapier unberührt[18]. Ein Inhaberpapier kann auch trotz Benennung **eines** bestimmten Gläubigers neben der Inhaberklausel vorliegen[19].

10 Börsengängige **Schuldverschreibungen** sind grundsätzlich der Auslegung fähig[20]. Wegen ihrer massenhaften Verwendung und ihrer Gleichförmigkeit sind objektive Kriterien anwendbar, ohne Rücksicht auf die besonderen Umstände des Einzelfalls[21].

8 Vgl BGH NJW 1997, 2110 = WM 1997, 1136 = WuB I F 2. Pfandrechte 2.97 Kreditsicherungsrecht (Bülow) = JuS 1997, 847 (K Schmidt).
9 Vgl BGH NJW 1997, 2110 = WM 1997, 1136 = WuB I F 2. Pfandrechte 2.97 Kreditsicherungsrecht (Bülow) = JuS 1997, 847 (K Schmidt).
10 Karlsruhe WM 1999, 2452 = WuB I G 3 Depotgeschäft 1.00 (Schäfer).
11 BGH NJW 1997, 2110 = WM 1997, 1136 = WuB I F 2. Pfandrechte 2.97 Kreditsicherungsrecht (Bülow) = JuS 1997, 847 (K Schmidt).
12 BGH NJW 1997, 2110 = WM 1997, 1136 = WuB I F 2. Pfandrechte 2.97 Kreditsicherungsrecht (Bülow) = JuS 1997, 847 (K Schmidt).
13 Vgl BGH NJW 1997, 2110 = WM 1997, 1136 = WuB I F 2. Pfandrechte 2.97 Kreditsicherungsrecht (Bülow) = JuS 1997, 847 (K Schmidt).
14 RGZ 117, 143, 146; vgl auch Rz 15 vor § 793.
15 So schon RGZ 114, 27, 29; 125, 273, 274; 129; 115, 116.
16 RGZ 13, 152, 153.
17 RGZ 78, 149, 150.
18 RGST 51, 410; RGZ 78, 149, 150.
19 Dresden SeuffA 63 Nr 224.
20 BGHZ 28, 259, 263 = WM 1958, 1541 = LM Nr 1 zu 795 (mAnm Fischer); Grieger WM 1958, 914.
21 Staud/Marburger Rz 9, auch zur Berücksichtigung von Prospekten und öffentlichen Ankündigungen und zur Anwendung der für AGB geltenden Auslegungsgrundsätzen.

3. **Einzelfälle**. Schuldverschreibungen auf den Inhaber sind: – a) **Anleihen** unterschiedlicher Emittenten, also der öffentlichen Hand[22], von Industrieunternehmen (Industrieobligationen), von Banken (Bankschuldverschreibungen)[23]. 11

Die **Aktienanleihe** zeichnet sich dadurch aus, dass der Emittent statt Zahlung des Anleihebetrages eine bestimmte Anzahl Aktien leisten kann. Dies wird relevant, wenn bei Fälligkeit der Wert der betreffenden Aktien unter den Nominalbetrag fällt. Der Anleger erhält für dieses Risiko eine erhöhte Verzinsung. In der Sache handelt es sich um eine Verkaufsoption, die der Emittent vom Anleger erwirbt; die Prämie entspricht dem erhöhten Zinsbetrag. Trotzdem liegt nach der Rechtsprechung kein Termingeschäft vor[24]. Es handelt sich um eine Schuldverschreibung besonderer Art (mit Ersetzungsbefugnis des Emittenten)[25]. 12

b) In der Regel[26] **Pfandbriefe** und **Kommunalobligationen** als Bankschuldverschreibungen besonderer Art, die die Anforderungen des Hypothekenbankengesetzes[27] erfüllen. 13

c) Grundschuldbriefe und Rentenschuldbriefe, die auf den Inhaber ausgestellt sind[28]. 14

d) **Lotterielose**[29], nach einigen Stimmen allerdings nur nach Ziehung im Falle eines Gewinns[30]. Dagegen hat der RFH[31] im Los nur eine Quittung über einen Betrag gesehen, durch den der Loskäufer den vertraglichen Anspruch erwirbt, an einer Lotterie teilzunehmen; er habe keine Geldforderung gekauft, sondern nur eine Gewinnaussicht (Hoffnungskauf); mit anderer rein steuerlicher Begründung verneint auch der BFH[32] den Wertpapiercharakter der Lotterielose. 15

e) **Grund-** und **Rentenschuldbriefe**, die auf den Inhaber ausgestellt sind (§§ 1195, 1199)[33]. 16

f) **Warengutscheine**[34]. 17

g) **Lagerscheine**, wenn sie – ausnahmsweise – auf den Inhaber ausgestellt sind[35]. 18

h) **Zins-** und **Gewinnanteilscheine**[36]. 19

i) **Dividendenscheine**, wenn der Zahlungsanspruch entstanden ist[37]. 20

j) **Gewinnschuldverschreibung** und **Wandelschuldverschreibung**[38] im Sinne von AktG § 221 Abs 1 Satz 1. Lauten sie (wie in der Regel) auf den Inhaber, handelt es sich um Inhaberschuldverschreibungen[39]. Entsprechendes gilt für die Optionsanleihe[40] als moderne Variante (AktG § 221 Abs 1 Satz 1, 2. Fall: Bezugsrecht) der Wandelschuldverschreibung. Auch die abge- 21

22 Zu hier relevanten Schuldbuchforderungen Rz 26 vor § 793; Einzelemissionen heißen üblicherweise „Anleihe", Daueremissionen „Obligation" (zB Bundesobligationen) oder bei kurzer Laufzeit (ein oder zwei Jahre) Finanzierungsschätze, die zudem abgezinst sind, also keinen laufenden Ertrag abwerfen.

23 Zu Schuldverschreibungen öffentlich-rechtlicher Kreditinstitute s Ges vom 8. Mai 1963, BGBl I, S 312, zuletzt geändert durch Ges vom 5. Oktober 1994, BGBl I, S 2911.

24 BGH NJW 2002, 1943; ausführlich dazu Assmann ZIP 2001, 2062; Köndgen ZIP 2001, 1197; Schwark WM 2001, 1973, Zietsch NJW 2002, 1925.

25 Anders Staud/Marburger Rz 45: Schuldverschreibung nur nach der äußeren Gestalt, wegen des ausgeprägt spekulativen Charakters.

26 Es ist auch eine Ausgabe als Namensschuldverschreibung möglich und bei Erwerb durch Kapitalsammelstellen auch durchaus üblich.

27 BGBl 1998 I, S 2674, zuletzt geändert durch Ges vom 22. April 2002, BGBl I, S 1310.

28 MünchKomm/Hüffer Rz 10.

29 RG JW 1912, 861; 1929, 362; Staud/Marburger Rz 66 vor 793; Hueck/Canaris, WertpapierR § 1 II 1, 5.

30 MünchKomm/Hüffer Rz 10; RGRK/Steffen § 793 Rz 41.

31 RStBl 1936, S 1165.

32 BStBl 1960 III, S 77.

33 RGZ 59, 381.

34 AG Bonn VuR 1989, 203.

35 RGZ 59, 374, 375; 78, 149, 150; 142, 150, 152; Schnauder NJW 1991, 1642; Weimar JR 1951, 21: insbes zu den Einwendungen des Ausstellers; MünchKomm/Hüffer Rz 10.

36 § 803 Rz 2, 12.

37 MünchKomm/Hüffer Rz 10.

38 Dazu Schlitt/Seiler/Singhof AG 2003, 254.

39 BGHZ 28, 259, 265; MünchKomm/Hüffer Rz 26 ff.

40 Dazu Schlitt/Seiler/Singhof AG 2003, 254, 255; hierbei behält der Anleger statt einer Wandelung seine Zahlungsforderung aus der Anleihe.

trennten Optionsscheine sind Inhaberschuldverschreibungen[41]. Entsprechendes gilt für selbständige Optionsscheine[42].

22 k) **Inhabergenussscheine** im Sinne von AktG § 221 Abs 3 können Inhaberpapiere im Sinne von § 793 sein[43].

23 l) **Investmentzertifikate**[44]. InvG[45] § 33 sieht eine Verbriefung entweder in Inhaberpapieren oder Namensschuldverschreibungen vor, für die AktG §§ 67 und 68 entsprechend gelten.

24 4. **Keine Schuldverschreibungen** auf den Inhaber sind **Inhaberaktien** (keine Forderung), Jungscheine[46] und **Anteilscheine einer GmbH** (nur Beweisurkunden)[47]. Ebenso zu beurteilen sind **Schuldscheine** über ein Darlehen, nach denen die Forderungen übertragen werden können, aber die Übertragung dem Schuldner zur Eintragung in das Gläubigerverzeichnis mitgeteilt werden soll[48]. Der bloße Vermerk, dass die Ware an den Inhaber ausgeliefert wird, spricht nur für Urkunden nach § 808[49]. Früher ging man davon aus, dass Wechsel ohne Angabe des Remittenten nicht in eine Inhaberschuldverschreibung umdeutbar seien[50]. Nachdem § 795 entfallen ist, erscheint dies nicht mehr zwingend[51]. Lebensversicherungsscheine mit Inhaberklausel sind zwar Wertpapiere, aber keine Inhaberpapiere im Sinne des § 793, sondern Urkunden nach § 808[52]. Die Übertragung erfolgt durch Abtretung und Übergabe[53].

Ebensowenig gehören **Zinserneuerungsscheine** (Talons) – § 805 – zu den Inhaberschuldverschreibungen (nur Ausweispapiere)[54], auch keine **Gepäckscheine**[55]. **Wechsel** und **Anweisungen** können nicht auf den Inhaber ausgestellt werden (vgl WG Art 1 Nr 6). Für **Inhaberschecks** (ScheckG Art 5 Nr 1–3) gilt vorrangig das ScheckG[56].

25 5. **Gläubiger**. – a) **Gläubiger** der verbrieften Forderung ist der **Eigentümer**[57] der Inhaberschuldverschreibung oder ein sonst Verfügungsberechtigter[58]; ferner gesetzlicher Vertreter, §§ 1626 Abs 2, 1793; Testamentsvollstrecker, § 2005; Insolvenzverwalter, InsO 80 Abs 1). Für den Besitzer spricht die Eigentumsvermutung des § 1006[59] (vgl aber auch nachfolgend zur spezielleren Beweislastverteilung nach § 793 Abs 1 Satz 1 aE). Nur der Gläubiger, der als tatsächlicher **Inhaber** das Papier jederzeit vorzulegen vermag[60], kann jedoch die Leistung verlangen (§ 797)[61]. Der

41 BGH NJW 1995, 321.
42 Zum Ganzen Dierks, Selbständige Aktienoptionsscheine; Staud/Marburger Rz 68 vor § 793; zur Einordnung als Börsentermingeschäft BGHZ 139, 1 = NJW 1998, 2524 = WM 1998, 1281 WuB I G 7. – 6.99 (Drygala).
43 Zu Genussscheinen s BGHZ 119, 305 ff = NJW 1993, 57; BGHZ 120, 1441, 145 = NJW 1993, 400; ferner Schudt, Der Genußschein als genossenschaftliches Finanzierungsinstrument, 1974; Berger ZGesKredW 1984, 504; Hadding ZIP 1984, 1295, insbes zur Diskussion um die Qualität als Haftkapital; Frantzen, Genußscheine – Zugleich eine Analyse der Genußscheinbedingungen deutscher Unternehmen, 1993; MünchKomm/Hüffer Rz 34 a.
44 Vgl im Einzelnen Canaris, BankvertragsR Rz 2325 ff; Köndgen, in: Schimansky/Bunte/Lwowski, Hb BankR, 2001[2], § 113; Kümpel, Bank- und KapitalmarktR, 2004[3], Rz 12.84 ff, alle noch zu KAGG § 18.
45 Vom 15. Dezember 2003, BGBl I, S 2676.
46 Staud/Marburger Rz 63 vor § 793.
47 RGZ 53, 107, 109; 57, 414; zur entsprechenden Anwendung von § 793 s Oldenburg AG 2000, 368.
48 RG HRR 1928 Nr 951.
49 Kiel OLG 22, 348.
50 Hamburg HansGZ 1925 H 216.
51 Vgl BGH NJW 1994, 447 zur Umdeutung eines formnichtigen Wechsels in ein abstraktes Schuldversprechen; zur alten Rspr BGH WM 1955, 1324, wonach die Verpflichtung aus dem Wechsel nur aus WG Art 28 stammte, so dass eine Umdeutung grundsätzlich ausgeschlossen war.
52 Vgl § 808 Rz 4; RGZ 94, 26, 27; 145, 322, 324; RG JW 1936, 2537 (mAnm Prölß); ferner Schulz ZVersWes 1963, 521.
53 RGZ 94, 26; Bendix ZVersWes 1952, 248.
54 RGZ 74, 339, 341; Staud/Marburger Rz 11.
55 Vgl § 807 Rz 4.
56 Sowieso verneinend (kein Leistungsversprechen des Ausstellers) Staud/Marburger Rz 11.
57 Erforderlich ist **rechtsgeschäftlicher** Erwerb, während gesetzlicher Eigentumserwerb (zB Ersitzung nach § 937 oder Fund nach § 973) nicht ausreicht; vgl Staud/Marburger Rz 18 mweit Nachw auch zur Gegenmeinung.
58 Pfandgläubiger gem § 1294; zur Verfügungsbefugnis des Pfandgläubigers s oben Rz 5.
59 LG Fankfurt/M JZ 2003, 1010 (mAnm Reinisch S 1013); RG JW 1913, 30; LZ 1929, 932 = SeuffA 83 Nr 110.
60 Vgl dazu im Einzelnen Rz 2 vor § 793.
61 Vgl auch RG SeuffA 69 Nr 171; WarnR 1914 Nr 16.

zur Verfügung berechtigte Nichtinhaber muss deshalb Kraftloserklärung und Zahlungssperre beantragen (§ 799), auch bei Inhaberaktien (AktG § 72).

b) Nach § 793 Abs 1 Satz 1 aE trägt der **Aussteller**, der gegenüber dem tatsächlichen Inhaber aus den in § 796 genannten Gründen die Leistung verweigern will, die Darlegungs- und Beweislast für die fehlende Berechtigung. Wegen der damit begründeten **Legitimationswirkung des Wertpapiers** braucht der tatsächliche Inhaber nichts für seine sachliche Berechtigung vorzubringen[62]. 26

6. **Leistung an einen Nichtberechtigten**. Die Leistung an einen Nichtberechtigten **befreit** den Aussteller, außer wenn er die Nichtberechtigung kennt und dies unschwer beweisen kann[63]. Auf einen zweifelhaften Rechtsstreit mit dem Inhaber braucht sich der Aussteller nicht einzulassen[64], muss aber in der Regel dem Berechtigten Anzeige machen[65]. Nach einer vordringenden Auffassung schadet gem WG Art 40 Abs 3 analog auch grobe Fahrlässigkeit[66]. Die Wirkungen der **Leistung an einen Geschäftsunfähigen** sind streitig; die herrschende Lehre zieht neben gutgläubig übersehenen Mängeln der Verfügungs- und Vertretungsmacht auch solche der Geschäftsfähigkeit in die Liberationswirkung gem § 793 Abs 1 Satz 2 ein[67]. Die Gegenmeinung stellt zu Recht darauf ab, dass insofern der Vorlage der Urkunde keine Legitimationswirkung zukommt, so dass keine Befreiung in Betracht kommt[68]. 27

Ohne Befreiung durch Erfüllung können auch in Inhaberschuldverschreibungen verbriefte Forderungen durch Insolvenzverfahren erlöschen (vgl InsO §§ 227 und 286). Dies gilt auch für ausländische Verfahren, wenn diese anzuerkennen sind[69]. 28

7. **Form**. Inhaberschuldverschreibungen bedürfen als Urkunden an sich der **Schriftform** (§ 126). Zur Erleichterung des Verkehrs ist in § 793 Abs 2 Satz 2 jedoch bestimmt, dass eine im Wege mechanischer Vervielfältigung **hergestellte Namensunterschrift** (sog **Faksimile**) genügt. Andererseits kann durch eine in die Urkunde aufgenommene Bestimmung die Gültigkeit der Unterzeichnung von der Beobachtung einer besonderen Form, zB handschriftliche Mitunterzeichnung durch einen Kontrolleur, Beifügung eines bestimmten Siegels, abhängig gemacht werden[70]. Faksimile-Unterzeichnung genügt auch für Anteilscheine der Kapitalanlagegesellschaften nach KAGG[71] § 18 Abs 1 Satz 4; für Schuldurkunden des Bundes gilt entsprechendes nach BwpVerwG § 3 Abs 2.[72] Fraglich ist, ob auf den Inhaber lautende Zinsscheine einer faksimilierten Unterschrift bedürfen[73]. 29

8. **Klagen aus Inhaberschuldverschreibungen, insbesondere Staatsanleihen**. Aus jüngerer Zeit liegen Entscheidungen vor, die (sonst ungewöhnliche) Klagen gegen Emittenten aus Inhaberschuldverschreibungen betreffen. Hintergrund ist die Zahlungseinstellung der Republik Argentinien. Die Zahlungsverweigerung wurde auf verschiedene Gründe gestützt, die sämtlich – jedenfalls für das Erkenntnisverfahren und das Arrestverfahren – nicht anerkannt wurden: Art VIII Abschnitt 1 (b) Satz 1 des Abkommen von Bretton Woods (Unklagbarkeit von Devisenkontrakten)[74], völkerrechtlicher Notstand iVm GG Art 25[75], zivilrechtlicher Notstand gem § 228 30

62 Vgl § 796 Rz 3 ff zu weiteren Möglichkeiten des Ausstellers zur Leistungsverweigerung.
63 Baumbach/Hefermehl, WertpapierR Rz 37; Hueck/Canaris, WertpapierR § 24 III 3.
64 Locher, WertpapierR, 1947, § 9; Staud/Marburger Rz 28.
65 Klein SeuffBl 1909, 25.
66 Hueck/Canaris, WertpapierR § 27 III 3; Zöllner, WertpapierR § 27 I 3; Baumbach/Hefermehl, WertpapierR Rz 37; Staud/Marburger Rz 28; einschränkend RGRK/Steffen Rz 23.
67 Baumbach/Hefermehl, WertpapierR Rz 37; Zöllner, WertpapierR § 28 I 3; RGRK/Steffen Rz 24; MünchKomm/Hüffer Rz 24.
68 Hueck/Canaris, WertpapierR § 27 III 3; Nitschke JuS 1968, 541, 544; Staud/Marburger Rz 29.
69 BGHZ 134, 79 = NJW 1997, 524 = WM 1997, 39; WuB VI B § 237 KO 2.97 (Summ).
70 Ebenso für Aktien AktG § 13.
71 Rz 23 vor § 793.
72 Rz 26 vor § 793.
73 § 803 Rz 11.
74 BGBl 1978 II, S 13, 34 f.
75 Vgl Ipsen, VölkerR, 1990³, § 36 Rz 63.

oder allgemeinen Grundsätzen, Wegfall der Geschäftsgrundlage[76] und ein argentinisches Gesetz, das die Aussetzung des Schuldendienstes verfügt hat[77].

§ 794 Haftung des Ausstellers

(1) **Der Aussteller wird aus einer Schuldverschreibung auf den Inhaber auch dann verpflichtet, wenn sie ihm gestohlen worden oder verlorengegangen oder wenn sie sonst ohne seinen Willen in den Verkehr gelangt ist.**

(2) **Auf die Wirksamkeit einer Schuldverschreibung auf den Inhaber ist es ohne Einfluss, wenn die Urkunde ausgegeben wird, nachdem der Aussteller gestorben oder geschäftsunfähig geworden ist.**

1 Die Vorschrift hat keine erhebliche praktische Bedeutung. Sie ist teilweise überflüssig, in ihrer Formulierung weitgehend verfehlt und wirft zum Grund für die Haftung des Ausstellers (Kreationstheorie oder Vertragstheorie)[1] mehr Fragen auf als sie beantwortet; § 794 wird sowohl für die eine als auch für die andere Position herangezogen[2].

2 Regelungszweck und -inhalt von **Absatz 1** erschließen sich am ehesten, wenn man die Vorschrift ebenso wie § 796 als Regelung versteht, die die Umlauffähigkeit der Inhaberschuldverschreibung sicherstellt, und zwar ergänzend zu den zentralen Vorschriften der §§ 932, 935 Abs 2 (gutgläubiger Erwerb des Papiers auch nach Abhandenkommen). Der verfügungsberechtigte Inhaber des Papiers soll mit seinem Anspruch schließlich nicht daran scheitern, dass ihm der Aussteller entgegenhält, er habe die Schuldverschreibung zwar unterschrieben, sie aber nicht willentlich in den Verkehr gebracht. Mit dieser Sicht erklärt sich zwanglos[3] der Standpunkt der allgemeinen Meinung, dass § 794 Abs 1 ungeachtet seines weiteren Wortlauts nur den Schutz des **redlichen** rechtsgeschäftlichen **Zweit**erwerbers bezweckt[4]. Nur dieser kann nämlich infolge gutgläubigen Erwerbs des Papiers als verfügungsberechtigter Inhaber in Erscheinung treten. Dies trifft sich mit der Aussage der modifizierten Vertragstheorie, dass die Verpflichtung des Ausstellers auf den zurechenbaren Rechtsschein eines Begebungsvertrages zurückgehen kann, und zwar im Verhältnis zu gutgläubigen Zweiterwerbern[5].

3 Über den Fall des Abhandenkommens hinaus erfasst Absatz 1 schon nach seinem Wortlaut alle Fälle, in denen der Aussteller die Schuldverschreibung nicht willentlich in den Verkehr gebracht hat (also auch nach Ausstellung willentliche Weitergabe an einen anderen, der das Papier anschließend weisungswidrig begibt)[6]. Wendet man die Vorschrift auch auf den Fall an, dass ein abgeschlossener Begebungsvertrag wegen Willensmängeln nicht wirksam zustandegekommen ist[7], so wird sie zum Beleg für die modifizierte Vertragstheorie[8], nach der ein zurechenbarer Rechtsschein als Haftungsgrundlage ausreicht. Dazu ist allerdings § 794 zu undifferenziert und lässt auch die subjektive Seite völlig außer Betracht.

76 Renner, Die Rechtsstellung des Gläubigers, insbesondere bei notleidenden Anleihen S 35 (http://www.uni-leipzig.de/bankinstitut/dokumente/2000-02-03-02.pdf).

77 LG Fankfurt/M JZ 2003, 1010 (mAnm Reinisch S 1013); ferner Frankfurt/M NJW 2003, 2690 u 2699.

1 Vgl Rz 11 vor § 793 u § 796 Rz 5.

2 § 794 als Beleg für die Kreationstheorie RGZ 131, 294; eher für die Rechtsscheinstheorie Hueck/Canaris, WertpapierR § 3 I 2 und Staud/Marburger Rz 1; noch anders MünchKomm/Hüffer Rz 3: kein Rechtsscheintatbestand mangels Begebungsvertrag, sondern Entstehen der Forderung kraft Gesetzes.

3 Teleologische Reduktion.

4 Vgl Jacobi, Wertpapiere, 1917, S 282; Staud/Marburger Rz 1; MünchKomm/Hüffer Rz 2.

5 Vgl dazu Rz 11 vor § 793 u § 796 Rz 5; aA MünchKomm/Hüffer Rz 3.

6 Dies hat dem Gesetzgeber sogar als Hauptanwendungsfall vor Augen gestanden; vgl Motive II, S 697 = Mugdan II, S 389.

7 So Staud/Marburger Rz 2 mit argumentum a fortiori.

8 Vgl Rz 11 vor § 793 u § 796 Rz 5; eher missverständlich daher Staud/Marburger Rz 5.

Die Vorschrift des **Absatz 2** ist insofern überflüssig, als sie den Regelungsgehalt von §§ 130 Abs 2 und 153 nur wiederholt. Dies betrifft alle Fälle, in denen es nach Tod oder Eintritt der Geschäftsunfähigkeit zu einer ordnungsgemäßen Begebung kommt (durch den Erben oder den gesetzlichen Vertreter mit Genehmigung des Vormundschaftsgerichts gem § 1822 Nr 9). Fehlt es hieran, zB bei Begebung durch einen geschäftsunfähigen Aussteller, ist ohne Hilfestellung aus § 794 Abs 2 wieder der Anwendungsbereich der Wertpapiertheorien betroffen (nach herrschender Meinung zugunsten eines Zweiterwerbers Maßgeblichkeit des zurechenbaren Rechtsscheins, an dem es im Fall geschäftsunfähiger Aussteller allerdings fehlt)[9]. 4

§ 795

Die Vorschrift wurde aufgehoben durch Ges v 17. Dezember 1990 (BGBl I, S 2839).

§ 796 Einwendungen des Ausstellers

Der Aussteller kann dem Inhaber der Schuldverschreibung nur solche Einwendungen entgegensetzen, welche die Gültigkeit der Ausstellung betreffen oder sich aus der Urkunde ergeben oder dem Aussteller unmittelbar gegen den Inhaber zustehen.

1. Ebenso wie bei allen umlauffähigen Wertpapieren wird der Verkehrsschutz nicht nur durch die Möglichkeit gutgläubigen Erwerbs des Papiers (vgl insbes § 935 Absatz 2) verwirklicht, sondern durch weitgehenden Ausschluss der Einwendungen, die nach den allgemeinen Regeln (insbesondere §§ 398 ff) im Interesse des Schuldners zulässig sind. Dieser Zusammenhang wird deutlich, wenn man sich vergegenwärtigt, dass die Frage der Einwendungen im Sinne von § 796 ins Spiel kommt, wenn der gem § 793 verfügungsberechtigte Inhaber den Anspruch aus der Schuldverschreibung geltend macht[1]. Seine Berechtigung aus dem Papier ginge ins Leere, wenn der Schuldner ihm etwa alle Einwendungen entgegenhalten könnte, die er gegen frühere Berechtigte hatte (vgl § 404). Andererseits ist die Umlauffähigkeit kein Freibrief für unbegrenzten Gläubigerschutz, so dass dem Aussteller aufgrund seiner maßgeblichen Interessen bestimmte Einwendungen zuzugestehen sind. 1

2. Diese Problematik tritt zwar bei allen umlauffähigen Wertpapieren auf, die einen Leistungsanspruch verbriefen. Nicht aus sachlichen Gründen, sondern aus Gründen der Gesetzgebungsgeschichte[2] ist sie allerdings nicht einheitlich geregelt. Während § 784 Abs 1[3] mit § 796 übereinstimmt, weicht HGB § 364 Abs 3 leicht ab und die wechselrechtlichen (WG Art 17) und scheckrechtlichen Bestimmungen (ScheckG Art 22) sind anders konzipiert. Von daher hat sich eine zur ganz herrschenden Meinung[4] verfestigte Tendenz ergeben, die Einwendungslehre einheitlich zu entwickeln. Dabei hat das Wechselrecht aufgrund seiner praktischen Bedeutung und dogmatischen Durchdringung eine Vorreiterrolle übernommen. Auf der anderen Seite ist nicht zu übersehen, dass § 796 im Gegensatz zu ScheckG und WG eine größere Vielzahl von Einwendungen anspricht, und zwar im Sinne ihrer Zulässigkeit. Das kodifizierte Scheck- und Wechselrecht spricht dagegen entgegen deutscher BGB-Tradition[5] nur einen speziellen Fall des Ein- 2

9 Vgl Rz 11 vor § 793 u § 796 Rz 5.

1 MünchKomm/Hüffer Rz 5; vgl dazu auch unten Rz 10.

2 Insbesondere der Umstand, dass das ScheckG u das WG auf internationale Übereinkommen zurückgehen.

3 Staud/Marburger Rz 1 will diese Vorschrift wegen anderer Funktion hier nicht einbeziehen.

4 Zöllner, WertpapierR § 27 I 4 „am Wechsel u. Scheckrecht orientierte weiterführende Auslegung"; Hueck/Canaris, WertpapierR § 24 II 3; Einsele, Wertpapierrecht als Schuldrecht, 1995, S 8; MünchKomm/Hüffer Rz 3.

5 Vgl Baumbach/Hefermehl WG Art 17 Rz 2 mit Hinweisen auf die Entstehungsgeschichte, nach denen das Verständnis der deutschen Delegation auf der Genfer Wechselrechtskonferenz an § 796 orientiert war.

wendungsausschlusses an, ist also von vorneherein lückenhaft[6]. Insofern geht es bei der einheitlichen Einwendungslehre eher um eine Gesamtschau der einschlägigen Regelungen und ihre Weiterentwicklung anhand berechtigter Bedürfnisse des Verkehrsschutzes. Hierbei sollte man allerdings nicht aus dem Auge verlieren, dass die Einwendungslehre durch das Wechselrecht geprägt ist und damit Einwendungen in den Vordergrund rückt, die bei der Inhaberschuldverschreibung eher geringe Bedeutung haben.

3 Die einheitliche Einwendungslehre hat somit für die Inhaberschuldverschreibung vor dem Hintergrund des § 796 den folgenden Inhalt:

4 a) Einwendungen betreffen alle Fallgestaltungen, in denen die Forderung nicht entsteht (rechthindernde Einwendung) oder erlischt (rechtsvernichtende Einwendung) oder in denen der Schuldner vorübergehend (dilatorische Einrede) oder dauerhaft (peremptorische Einrede)[7] ein Leistungsverweigerungsrecht geltend machen kann.

5 b) Einwendungen gegen die **Gültigkeit der Ausstellung** haben bei Inhaberschuldverschreibungen sicherlich geringere Bedeutung als im Wechselrecht. Sie sind nach der dort entwickelten modifizierten Vertragstheorie danach zu behandeln, ob der zurechenbare Rechtsschein eines Begebungsvertrages vorliegt. Hieran fehlt es mangels Zurechenbarkeit bei der Fälschung, bei fehlender Geschäftsfähigkeit, in Fällen von vis absoluta und Vertretung ohne Vertretungsmacht. Insofern bleibt es also beim Wortlaut des § 796. Im Übrigen[8] wird durch die Begebung an den Ersterwerber der Rechtsschein einer wirksam ausgestellten Urkunde gesetzt, so dass der gutgläubige Zweiterwerber das verbriefte Recht einwendungsfrei erwerben kann. Für die Gutgläubigkeit gilt der gleiche Maßstab wie für den Erwerb des Papiers (§ 932 Abs 2)[9]. Nach einem gutgläubigen Erwerb kommt es auf den guten Glauben späterer Erwerber nicht mehr an[10]. Ein früherer bösgläubiger Inhaber ist bei einem Rückerwerb jedoch wieder den Einwendungen des Ausstellers ausgesetzt[11]. Für den Fall des Abhandenkommens als Mangel bei der Begebung gilt die spezielle Regelung des § 794.

6 Kommt die Schuldverschreibung nach gültiger Ausstellung abhanden oder stirbt der Aussteller, gilt § 794.

7 c) Einwendungen, die sich aus der Urkunde ergeben (**urkundliche Einwendungen**), werden wegen ihrer wertpapiermäßigen Dokumentation von Gesichtspunkten des Rechtsscheins nicht berührt. Sie können entsprechend dem Wortlaut von § 796 vom Aussteller gegenüber jedem Inhaber geltend gemacht werden. Hierzu zählen vor allem die mangelnde Fälligkeit und der Teilzahlungsvermerk[12]. Ebenfalls erfasste Formfehler, die aus der Urkunde ersichtlich sein müssen (zB fehlende Unterschrift), dürften eine geringe Rolle spielen[13]. Wird vom Aussteller in der Urkunde der Schuldgrund angegeben, so kommt in Betracht, dass er sich damit im Sinne einer urkundlichen Einwendung alle Rechte vorbehält, die sich allgemein und unmittelbar aus dem Grundverhältnis ergeben. Dem Standpunkt, dass dies immer der Fall sei[14], steht die Position gegenüber, dass es im Sinne einer Auslegung anhand der Verkehrssitte darauf ankomme, ob jeder Inhaber mit entsprechenden Einwendungen rechnen musste[15].

8 d) Einwendungen unmittelbar gegenüber dem Inhaber folgen aus dem Inhalt eines besonderen Rechtsverhältnisses mit dem Aussteller (zB Stundung, Erlass, ungerechtfertigte Bereicherung), das nicht unbedingt mit der verbrieften Forderung zusammenhängen muss. Schon aus der nur

6 Vgl Baumbach/Hefermehl WG Art 17 Rz 9 u BGH WM 1973, 66 = NJW 1973, 282, 283.
7 Vgl § 813 Abs 1 Satz 1.
8 Etwa in den Fällen der §§ 116 Satz 2, 117, 118, 119 u 123 iVm 142.
9 Vgl zur groben Fahrlässigkeit RGZ 37, 69, 71.
10 RGZ 135, 357, 362.
11 BGH WM 1971, 367; 89, 1009: für Wechsel; BGH NJW 1974, 1512, 1513: für Schecks.
12 Vgl § 797 Rz 1.
13 Vgl Staud/Marburger Rz 7.
14 RGRK/Steffen Rz 5.
15 Staud/Marburger Rz 7; MünchKomm/Hüffer Rz 6, mit der Anmerkung, dass diese Frage in der Praxis keine Bedeutung erlangt habe.

relativen Wirkung von Schuldverhältnissen folgt, dass andere Inhaber als Dritte hiervon nicht berührt werden. Eine Durchbrechung gem § 404 kommt nicht in Betracht, da die Forderung aus der Schuldverschreibung nicht nach §§ 398 übertragen wird. Allerdings herrscht Einigkeit darüber, dass nicht jeder Erwerber schutzwürdig ist. Eine Ausnahme gilt jedenfalls bei einem arglistigen Verhalten[16], durch das der Zweck verfolgt wird, mit dem Erwerb dem Aussteller seine entsprechenden Einwendungen zu nehmen[17]. Einzelheiten zur subjektiven Seite beim Erwerber sind allerdings umstritten (Schädigungsabsicht[18] oder nur Kenntnis von der Einwendung)[19]. Es spricht alles dafür, an dieser Stelle auf eine Analogie zu WG Art 17 und ScheckG Art 22 und die dazu entwickelte Rechtsprechung zurückzugreifen. Danach wird zusätzlich zur Kenntnis von der Einwendung im Sinne des dolus eventualis Schädigungsabsicht verlangt[20], die angesichts der erforderlichen Kenntnis freilich regelmäßig vorliegt[21].

3. Nicht in § 796 erwähnt sind Einwendungen gegen die Forderung aus der Schuldverschreibung, die sich aus den §§ 793 ff ergeben: **Befreiung** gem § 793 Abs 1 Satz 2; **Kraftloserklärung** gem § 799 u **Zahlungssperre** oder **Zahlungsverbot** gem ZPO § 1019 sowie **Ablauf der Vorlegungsfrist und Verjährung** gem § 801. Diese Einwendungen können unabhängig von subjektiven Umständen gegenüber jedem Inhaber geltend gemacht werden. **9**

Von theoretischer Bedeutung ist die Frage, ob § 796 auch **Einwendungen gegen die Verfügungsberechtigung des Inhabers** im Sinne des § 793 Abs 1 Satz 2 erfasst[22]. Einigkeit besteht jedenfalls darüber, dass diese Einwendung gegenüber jedem Inhaber zulässig ist[23]. Im Sinne einer einheitlichen Einwendungslehre liegt es näher, in einer Parallele zu WG Art 16 und ScheckG Art 21 davon auszugehen, dass die Frage der Berechtigung an der Urkunde möglichen Einwendungen gegen den rechtmäßigen Inhaber der Urkunde vorgelagert ist[24]. **10**

4. Bei **Inhaberaktien** wird nach herrschender Meinung nur dann ein Gutglaubensschutz gewährt, falls das verbriefte Recht überhaupt gültig besteht und das Recht und die Urkunde schon einmal in einer Hand vereinigt gewesen sind, da die Aktie kein konstitutives, sondern nur ein deklaratorisches Wertpapier ist[25]. Daher ist bei Inhaberaktien, die kein Mitgliedschaftsrecht verbriefen, ein gutgläubiger einredefreier Erwerb nach § 796 nicht möglich[26]. **11**

§ 797 Leistungspflicht nur gegen Aushändigung

Der Aussteller ist nur gegen Aushändigung der Schuldverschreibung zur Leistung verpflichtet. Mit der Aushändigung erwirbt er das Eigentum an der Urkunde, auch wenn der Inhaber zur Verfügung über sie nicht berechtigt ist.

1. Satz 1 gewährt dem Aussteller ein Zurückbehaltungsrecht, das auf seiten des Gläubigers, der die Urkunde nicht aushändigt, zum Annahmeverzug führt (§ 298). Damit kommt zum Ausdruck, dass Inhaberschuldverschreibungen Wertpapiere im Sinne von **Präsentationspapieren** sind[1]. Für den **Erfüllungsort** folgt hieraus, dass es sich auch bei Geldleistungen entgegen § 270 Abs 1[2] um **1**

16 So schon die Materialien Motive II, S 700.
17 RGZ 4, 100, 101; 96, 190, 191; 142, 150, 152; RG WarnR 1921 Nr 13; Staud/Marburger Rz 10.
18 RGRK/Steffen Rz 9; RGZ 96, 190.
19 Vgl im Einzlnen Staud/Marburger Rz 10.
20 Baumbach/Hefermehl WG Art 17 Rz 95.
21 BGHZ 102, 68, 74 = NJW 1988, 700: zu ScheckG Art 22.
22 So insbesondere Staud/Marburger Rz 12; Pal/Thomas Rz 4; Huber, Festschr für Flume S 90 f.
23 Vgl nur Staud/Marburger Rz 12: unmittelbare Einwendung iSv § 796 Fall 3, aber keine persönliche Einwendung.
24 So wohl auch MünchKomm/Hüffer Rz 5.
25 Geßler DJ 1936, 1491; Godin/Wilhelmi AktG § 10 Anm 5; aA Canaris, Vertrauenshaftung S 252 ff.
26 Einsele, Wertpapierrecht als Schuldrecht, 1995, S 9.

1 Rz 2 vor 793.
2 LG Kiel WM 1960, 923: zum Verlustrisiko bei Versendung.

eine Holschuld[3] handelt (§ 269). Maßgebend ist ggf. die Angabe eines vom Sitz des Ausstellers abweichenden Zahlungsorts. Neben der Aushändigung kann der Aussteller auch gem § 368 eine Quittung verlangen[4].

2 Die Pflicht zur Aushändigung ist nicht zwingend und kann sogar stillschweigend abbedungen werden: Hat der Gläubiger einer Inhaberschuldverschreibung diese unter Vorbehalt von Nachforderungen zur Einlösung vorgelegt und hat sich der Schuldner hierauf eingelassen, so kann dem Gläubiger bei späterer Nachforderung nicht entgegengehalten werden, dass er nicht mehr im Besitz der Schuldverschreibung sei[5]. Bei **Teilleistungen** kann der Aussteller statt der Aushändigung nur verlangen, die Zahlung auf der Urkunde zu vermerken (Rechtsgedanke von WG § 39 Abs 3)[6].

3 2. Der **Eigentumsübergang** hängt entgegen dem Wortlaut nicht alleine von der Aushändigung des Papiers ab. Maßgeblich ist vielmehr, dass die Schuldverschreibung **eingelöst** wird, dh die im Wertpapier verbriefte Leistung erbracht ist. Es reicht also nicht aus, wenn der Aussteller den Besitz im Rahmen einer Verpfändung oder Verwahrung erlangt[7]. Nach herrschender Meinung muss die Einlösung nicht nur zur Aushändigung dazutreten, sondern auf sie kommt es analog § 952 Abs 2 alleine an[8]. Wird zur Einlösung eine Zahlstelle eingeschaltet, so ist die Leistung dieser Zahlstelle an den Inhaber maßgeblich[9] und der Rechtserwerb tritt beim **Aussteller** ein[10].

4 3. Das **Eigentum geht über,** wenn der Aussteller auch hinsichtlich der subjektiven Anforderungen mit befreiender Wirkung an den Vorleger der Schuldverschreibung zahlen durfte[11]. Die früher vertretene Auffassung[12] es handele sich um einen Rechtserwerb kraft Gesetzes, der von subjektiven Umständen beim Aussteller unabhängig sei, ist mittlerweile überholt. Der Eigentumserwerb unterstützt die Befreiungswirkung und läuft mit ihr parallel[13]. Im Regelfall wird der Aussteller die Urkunde vernichten; er kann sie aber auch neu begeben[14].

5 § 797 gilt nicht für Inhaberaktien.

§ 798 Ersatzurkunde

Ist eine Schuldverschreibung auf den Inhaber infolge einer Beschädigung oder einer Verunstaltung zum Umlauf nicht mehr geeignet, so kann der Inhaber, sofern ihr wesentlicher Inhalt und ihre Unterscheidungsmerkmale noch mit Sicherheit erkennbar sind, von dem Aussteller die Erteilung einer neuen Schuldverschreibung auf den Inhaber gegen Aushändigung der beschädigten oder verunstalteten verlangen. Die Kosten hat er zu tragen und vorzuschießen.

1 1. Die Vorschrift trägt ebenso wie die §§ 799 und 804 dem Interesse des Inhabers Rechnung, seine Rechte nicht durch physische Beeinträchtigungen oder Verlust des Inhaberpapieres zu verlieren. Im Falle des § 798 ist ein Aufgebot nicht erforderlich, weil das Papier trotz Beschädigung noch mit Sicherheit identifizierbar ist; ein Umtausch trägt also sowohl den Interessen des Ausstellers als auch des Inhabers Rechnung (mit Kostentragung des Inhabers).

3 Pal/Thomas Rz 1; Kümpel BuB 8/252; v Caemmerer JZ 1951, 740.
4 MünchKomm/Hüffer Rz 4.
5 RGZ 152, 166.
6 MünchKomm/Hüffer Rz 4.
7 KG WM 1958, 1261.
8 Zöllner, WertpapierR § 7 I; Baumbach/Hefermehl, WertpapierR Rz 44; MünchKomm/Hüffer Rz 5; Staud/Marburger Rz 8.
9 BGHZ 26, 167; v Caemmerer JZ 1951, 740 ff.
10 Düsseldorf WM 1955, 163; KG WM 1958, 1261; BGHZ 26, 167, 170; MünchKomm/Hüffer Rz 7.
11 Erman/Hantl-Unthan Rz 2; MünchKomm/Hüffer Rz 6; Staud/Marburger Rz 7; RGRK/Steffen Rz 7; Pleyer WM 1979, 850, 852; zur Frage, wann dies zutrifft vgl § 793 Rz 27.
12 Dazu Planck/Landois Bem 4 u auch die Nachw in Soergel[10].
13 Staud/Marburger Rz 6.
14 MünchKomm/Hüffer Rz 8; Staud/Marburger Rz 9.

2. **Umtauschberechtigt** ist der Inhaber des beschädigten Papiers ohne Rücksicht auf seine materielle Berechtigung[1]. Der Umtausch ändert als **rein tatsächlicher Akt** auch nicht die Rechtslage am Papier[2]. **Rechte Dritter** an dem beschädigten Papier setzen sich ebenso wie die Rechte des Inhabers in gleicher Weise an dem neuen fort. Die alte Urkunde verliert die Eigenschaft als Wertpapier und geht in das Eigentum des Ausstellers über[3]. Bis zur Vernichtung ist ein gutgläubiger Erwerb möglich, der zugunsten des Erwerbers das früher verbriefte Recht entstehen lässt[4]. 2

3. **Besondere Bestimmungen** für Aktien und Zwischenscheine enthält AktG § 74, für Anteilscheine der Kapitalanlagegesellschaften, § 24 Abs 3 des Ges v 14. Januar 1970[5]. Den Umtausch beschädigter Euro-Banknoten regelt der Beschluss EZB/2001/7 der Europäischen Zentralbank vom 30. August 2001[6]. Für die nach WBG § 3 kraftlos gewordenen Wertpapiere dürfen Ersatzurkunden nicht mehr ausgestellt werden (WBG § 63). Über die Ausgabe eines neuen Briefes bei Inhabergrundschulden vgl GBO §§ 67, 68, 70. 3

§ 799 Kraftloserklärung

(1) **Eine abhanden gekommene oder vernichtete Schuldverschreibung auf den Inhaber kann, wenn nicht in der Urkunde das Gegenteil bestimmt ist, im Wege des Aufgebotsverfahrens für kraftlos erklärt werden. Ausgenommen sind Zins-, Renten- und Gewinnanteilscheine sowie die auf Sicht zahlbaren unverzinslichen Schuldverschreibungen.**

(2) **Der Aussteller ist verpflichtet, dem bisherigen Inhaber auf Verlangen die zur Erwirkung des Aufgebots oder der Zahlungssperre erforderliche Auskunft zu erteilen und die erforderlichen Zeugnisse auszustellen. Die Kosten der Zeugnisse hat der bisherige Inhaber zu tragen und vorzuschießen.**

1. Bei **Verlust oder Vernichtung von Schuldverschreibungen** hat der Inhaber **vier Möglichkeiten**: Bekanntmachung nach HGB § 367[1], Anmeldung zur Oppositionsliste in den Wertpapiermitteilungen[2], Zahlungssperre (BGB § 802; ZPO §§ 1019 ff) und Aufgebotsverfahren (BGB § 799; ZPO §§ 1003 ff)[3]. Während damit die befreiende Leistung an den legitimierten Nichtberechtigten (Zahlungssperre) oder der gutgläubige Erwerb Dritter gem §§ 932, 935 Abs 2 verhindert wird, setzt nur das Aufgebot den bisherigen Inhaber zusätzlich noch in die Lage, sein Recht aus der Inhaberschuldverschreibung geltend zu machen. Das Aufgebot ist somit eng mit dem Merkmal von Wertpapieren verknüpft, dass zur Ausübung des Rechts aus dem Papier seine Vorlage erforderlich ist[4]. 1

2. **Abhanden gekommen** ist eine Sache, wenn der unmittelbare Besitzer ohne seinen Willen den Besitz verloren hat[5]. Nach herrschender Meinung[6] ist diese aus § 935 stammende Definition 2

1 Zur unzulässigen Rechtsausübung als Grenze BVerwG NJW 1994, 954 aus Anlass einer Entscheidung BBankG § 14 Abs 3 Satz 2 aF: Umtausch von Banknoten durch die Bundesbank.
2 Vgl BVerwG NJW 1994, 954.
3 RGRK/Steffen Rz 3; MünchKomm/Hüffer Rz 2 u Pleyer WM 1979, 850 f.
4 Staud/Marburger Rz 4; RGRK/Steffen Rz 3.
5 Rz 23 vor § 793.
6 Geändert durch Beschluss EZB/2001/14; konsolidierte Fassung veröffentlicht in ABl EG 2002/C 6/07.

1 MünchKommHGB/Welter § 367 Rz 13.
2 MünchKommHGB/Welter § 367 Rz 15; mit dieser Veröffentlichung ist der gute Glaube gem § 932 Abs 2 ausgeschlossen (Überprüfung anhand der Wertpapiermitteilungen als unverzichtbarer Standard).
3 Zu den praktischen und rechtlichen Möglichkeiten beim Verlust von Wertpapieren: Ziganke WM 1966, 846 u WM 1967, 838; ferner Schindelwick, Die Rechtsverhältnisse beim Abhandenkommen von Inhaberpapieren (eine rechtsvergleichende Darstellung) WM 1960 Sonderbeil 5; Bürgner Gruchot 57, 300.
4 Vgl Rz 2 vor § 793.
5 RGZ 101, 224, 225; RGRK/Steffen Rz 5.
6 Baumbach/Hefermehl WG Art 90 Rz 1; Münch Komm/Hüffer Rz 5; Staud/Marburger Rz 3.

an den Sinn des Aufgebotsverfahrens anzupassen. Auch wenn diese Definition erfüllt ist, ist ein Aufgebot nicht erforderlich und auch nicht sinnvoll, wenn der bisherige Inhaber gegenüber dem jetzigen Besitzer die Herausgabe nach § 985 durchsetzen kann; dies kann allerdings auch bei Kenntnis der Besitzverhältnisse aus tatsächlichen Gründen ausgeschlossen sein[7]. Andererseits kann es im Gegensatz zu § 935[8] in diesem Zusammenhang nicht darauf ankommen, ob eine tatsächlich nicht auffindbare oder nicht zu erlangende Urkunde gegen oder ohne den Willen des früheren Inhabers aus seinem unmittelbaren Besitz geraten ist[9]. Von einer **Vernichtung** ist dann auszugehen, wenn eine Beschädigung über das in § 798 beschriebene Maß hinausgeht[10].

3 3. **Ausgenommen** sind außer den in Abs 1 Satz 2 genannten Urkunden (s hier § 804 zu den Nebenpapieren[11]) auch die mit Prämien ausgestatteten Schuldurkunden nach AnleiheG[12] §§ 2 u 3. Ferner gilt § 799 nicht für **Erneuerungsscheine**, die keine Inhaberschuldverschreibungen sind[13]. Der Vermerk auf einem Lotterielos über eine Ausschlussfrist bei dem Gewinnanspruch steht der Kraftloserklärung nicht entgegen[14]. Beim Verlust von Bundesbanknoten trifft die Deutsche Bundesbank keine Ersatzpflicht (DBbkG § 14 Abs 3). Für die unvollkommenen Inhaberpapiere ist in § 807 nicht auf § 799 verwiesen.

3a Dass die Kraftloserklärung im Fall von Inhaberschuldverschreibungen[15] in der Urkunde ausgeschlossen werden kann, wird zunehmend als bedenklich angesehen[16].

4 4. **Besondere Bestimmungen** gelten für Aktien und Zwischenscheine (AktG §§ 72, 73), Hypotheken-, Grund- und Rentenschuldbriefe[17] (§§ 1162, 1192, 1199)[18]. Wechsel (WG Art 90) und Schecks (ScheckG § 59), Anteilscheine der Kapitalanlagegesellschaften (Ges v 14. Januar 1970 § 24 Abs 2)[19], Namens-, Orderschuldverschreibungen sowie Schatzanweisungen des Bundes (Reichsschulden-O §§ 13–15)[20], Auslandsbonds (AuslandsbondsG § 15 Abs 1)[21]. Hinsichtlich der dem WBG unterliegenden Wertpapiere s WBG §§ 2, 3 und 63.

5 5. Für das **Verfahren** gelten ZPO §§ 946 ff, insbesondere ZPO §§ 1003 ff. Im Antrag des bisherigen Inhabers (ZPO § 1004 Abs 1) muss die Urkunde individualisiert sein[22]. Der Antragsteller kann sich zur Begründung des Antrags und wegen der Zeugnisse gem ZPO §§ 1010 Abs 2 und 1011 auf einen Anspruch gegen den Aussteller nach Absatz 2 stützen[23]. Das **Ausschlussurteil** ersetzt zugunsten des Antragstellers den **Besitz** an der für kraftlos erklärten Urkunde (ZPO § 1018); er kann auch nach § 800 Ausstellung einer neuen Urkunde verlangen. Im Übrigen bleiben die Rechte Dritter oder des Ausstellers (Einwendungen gegen den verbrieften Anspruch sowie

7 Stuttgart NJW 1955, 1155: in der DDR befindliche Urkunde ist nicht durch Herausgabeklage zu erlangen.
8 Mit Blick auf die Rechtseinbuße durch gutgläubigen Erwerb kommt es entscheidend auf den Besitzverlust an; nur wenn der Berechtigte willentlich den Besitz aufgegeben hat, ist Raum für einen Erwerb vom Nichtberechtigten.
9 MünchKomm/Hüffer Rz 5; Staud/Marburger Rz 3.
10 Im Einzelnen Staud/Marburger Rz 2.
11 Nicht weiter geregelt sind die auf Sicht zahlbaren unverzinslichen Schuldverschreibungen. Wegen ihres geldähnlichen Charakters wurde bei Verlust eine Abhilfe für nicht angebracht gehalten; vgl Motive II, S 706 = Mugdan II, S 394; Münch Komm/Hüffer Rz 3; Staud/Marburger Rz 5; BVerwG MDR 1994, 473, 474.
12 Vom 29. März 1951 (BGBl I, S 218).
13 S § 805 Rz 2.
14 RG JW 1912, 861.
15 Die sonstigen Vorschriften zum Aufgebot (BGB §§ 808 Abs 2 Satz 1, 1162, WG Art 90, ScheckG Art 59, HGB § 356 Abs 2, AktG § 72) sind nicht dispositiv.
16 Staud/Marburger Rz 4; abgesehen von der Forderung „enger Interpretation" bleiben allerdings die Folgerungen unklar.
17 Zu Inhabergrundschuld s § 793 Rz 16.
18 Vgl ferner für Sonderfälle das Ges über die Kraftloserklärung dieser Briefe v 18. April 1950 (BGBl I, S 88; zul geändert durch Ges v 29. April 1960 [BGBl I, S 297]); für Inhabergrundschuldbriefe gilt dagegen auch § 799 (§ 1195).
19 S Rz 4 vor § 793.
20 § 793 Rz 23.
21 Vom 26. August 1952 (BGBl I, S 553).
22 BGH WM 1989, 1682, 1685.
23 Hierzu ist der frühere Besitz glaubhaft zu machen; Staud/Marburger Rz 2.

Bestreiten der materiellen Berechtigung[24]) unberührt[25]. Auch für den bisherigen Inhaber erschöpft sich hierin die Wirkung des Ausschlussurteils, so dass der durch den gutgläubigen Erwerb eines Dritten schon eingetretene Rechtsverlust nicht beseitigt wird[26]. Erst mit der Rechtskraft[27] des Ausschlussurteils wird der gutgläubige Erwerb Dritter ausgeschlossen. Gegenüber Berechtigten (ursprünglich oder durch zwischenzeitlichen gutgläubigen Erwerb) ist der bisherige Inhaber nach erfolgreichem Aufgebot verpflichtet, die Urteilsausfertigung herauszugeben (§ 952 analog)[28] und die Rechte aus dem Urteil abzutreten (§ 812 Abs 1 Satz 1 Alternative 1)[29]. Damit kann der Berechtigte auch ohne die Urteile die Forderung aus der Schuldverschreibung geltend machen.

Vorläufiger Rechtsschutz steht dem Antragsteller durch eine Zahlungssperre gem ZPO §§ 1019 und 1020 zur Verfügung[30]. **6**

6. **Übergangsregelung**. S EGBGB Art 102, 174 ff. **7**

§ 800 Wirkung der Kraftloserklärung

Ist eine Schuldverschreibung auf den Inhaber für kraftlos erklärt, so kann derjenige, welcher das Ausschlussurteil erwirkt hat, von dem Aussteller, unbeschadet der Befugnis, den Anspruch aus der Urkunde geltend zu machen, die Erteilung einer neuen Schuldverschreibung auf den Inhaber anstelle der für kraftlos erklärten verlangen. Die Kosten hat er zu tragen und vorzuschießen.

1. Die **Hauptwirkung des Auschlussurteils** besteht darin, dass der frühere Inhaber den Anspruch aus der Urkunde erheben kann (ZPO § 1018 Abs 1); nach seiner Wahl gibt ihm § 800 das Recht, zB mit Blick auf die Fälligkeit in weiterer Zukunft[1] eine neue Schuldverschreibung zu verlangen. Verlangt der Antragsteller eine neue Urkunde, so muss er dem Aussteller Zug um Zug die vollstreckbare Ausfertigung des Ausschlussurteils aushändigen[2]. Die neue Urkunde muss der für kraftlos erklärten rechtlich und wirtschaftlich gleichwertig sein; dies ist auch bei der Bezeichnung als Duplikat gewahrt[3]. **1**

Anders als beim Wechsel (WG Art 90) und beim Scheck (ScheckG Art 59 Abs 1 Satz 3) kann der Antragsteller nicht die im Laufe des Aufgebotsverfahrens fällig werdenden Leistungen gegen Sicherheitsleistung anfordern. **2**

2. Zum **Umfang der Kostenerstattung** (Satz 2) hat die Rechtsprechung bislang offengelassen, ob nur Auslagenersatz oder auch eine Vergütung verlangt werden kann[4]. **3**

3. Bei **Inhabergrundschulden** ist die Ausstellung eines neuen Briefs nicht beim Aussteller, sondern beim Grundbuchamt zu beantragen[5]. **4**

24 Anders BGH LM Nr 3 zu WG Art 1 = JZ 1958, 746; KG WM 1956, 1440; Baumbach/Hefermehl WG Art 90 Rz 3; Baumbach/Lauters/Albers/Hartmann ZPO § 1018 Rz 1.
25 MünchKomm/Hüffer Rz 8.
26 Staud/Marburger Rz 7.
27 Tritt mit Verkündung ein (kein Rechtsmittel, nur Anfechtungsklage gem ZPO § 957).
28 MünchKomm/Hüffer Rz 8; Staud/Marburger Rz 8.
29 RGZ 168, 1, 9; Baumbach/Lauters/Albers/Hartmann ZPO § 1018 Rz 1; Baumbach/Hefermehl WG Art 90 Rz 3.
30 Zur Wirkung auf Verjährungsfristen vgl § 801.

1 Abhängig ist der Anspruch hiervon aber nicht. Er besteht auch, wenn Fälligkeit bereits eingetreten ist; Staud/Marburger Rz 1.
2 RGRK/Steffen Rz 4.
3 Staud/Marburger Rz 1.
4 BGH NJW-RR 1998, 1661 = WM 1998, 1623 = WuB I A 3 Nr 17 AGB-Sparkassen 1993 1.99 (Sonnenhol).
5 Bürgner Gruchot 57, 304.

5 4. Die Vorschrift ist entsprechend anwendbar auf Investmentanteilscheine (InvG § 35 Abs 2), aber nicht auf Sparbücher[6].

6 5. **Übergangsvorschrift**. S EGBGB Art 174.

§ 801 Erlöschen; Verjährung

(1) Der Anspruch aus einer Schuldverschreibung auf den Inhaber erlischt mit dem Ablauf von 30 Jahren nach dem Eintritte der für die Leistung bestimmten Zeit, wenn nicht die Urkunde vor dem Ablaufe der 30 Jahre dem Aussteller zur Einlösung vorgelegt wird. Erfolgt die Vorlegung, so verjährt der Anspruch in zwei Jahren von dem Ende der Vorlegungsfrist an. Der Vorlegung steht die gerichtliche Geltendmachung des Anspruchs aus der Urkunde gleich.

(2) Bei Zins-, Renten- und Gewinnanteilscheinen beträgt die Vorlegungsfrist vier Jahre. Die Frist beginnt mit dem Schluss des Jahres, in welchem die für die Leistung bestimmte Zeit eintritt.

(3) Die Dauer und der Beginn der Vorlegungsfrist können von dem Aussteller in der Urkunde anders bestimmt werden.

1 1. § 801 begrenzt die Zeit für die Geltendmachung von Ansprüchen aus Inhaberschuldverschreibungen sowie aus Zins-, Renten- und Gewinnanteilscheinen in zweierlei Hinsicht: Durch die Bestimmung einer Frist für die Vorlegung sowie durch die Regelung der sich daran anschließenden Verjährung.

2 Die gesetzliche Regelung geht von Inhaberschuldverschreibungen aus, bei denen die **Fälligkeit der Leistung bestimmt** ist, wobei dieser Zeitpunkt nicht unbedingt in der Urkunde angegeben sein muss, sondern sich aus besonderer Vereinbarung[1] oder auch aus Kündigungs- oder Verlosungsbedingungen ergeben kann[2]. An diesen Fälligkeitszeitpunkt knüpft die regelmäßig 30 jährige **Vorlegungsfrist** (eine Ausschlussfrist) an und auf deren Ablauf[3] folgt sodann eine 2 jährige **Verjährungsfrist**, diese jedoch nur, wenn die Urkunde vor Ablauf der Vorlegungsfrist dem Aussteller zur Einlösung vorgelegt oder gerichtlich geltend gemacht wurde.

3 Die **Vorlegungsfrist bei Zins-, Renten- und Gewinnanteilscheinen** beträgt 4 Jahre; sie beginnt mit dem Schlusse des Jahres, in dem die Fälligkeit eingetreten ist[4].

4 **Dauer und Beginn der Vorlegungsfrist** können vom **Aussteller anders bestimmt**, jedoch nicht völlig ausgeschlossen oder als entbehrlich bestimmt werden (unvereinbar mit Inhaberschuldverschreibung); es muss dies jedoch, dem Grundsatz des § 796 entsprechend, in der Urkunde geschehen (Absatz 3). **Beispiel**: Die auf Lotterielosen vermerkte Frist für die Abhebung des Gewinns[5].

5 2. Ist für die Leistung aus einer Inhaberschuldverschreibung **keine Zeit bestimmt** (§ 271, Leistung also jederzeit forderbar, selten, wenn überhaupt von praktischer Bedeutung), so gilt statt der Vorlegungs- und anschließenden kurzen Verjährungsfrist nur die regelmäßige Verjährung[6].

6 BGH NJW-RR 1998, 1661 = WM 1998, 1623 = WuB I A 3 Nr 17 AGB-Sparkassen 1993 1.99 (Sonnenhol).

1 Beachte dann aber zu Geltung gegenüber Nacherwerbern § 796; vgl Staud/Marburger Rz 4.

2 Zur Fälligkeit von Lotterielosen RG JW 1912, 861, 862.

3 Nach dem Wortlaut von § 801 unabhängig von Zeitpunkt der Vorlegung selbst; vgl dazu Staud/Marburger Rz 7.

4 Nach MünchKomm/Hüffer Rz 4 ist mangels Angabe zur Fälligkeit auf die Begebung abzustellen; da diese Nebenpapiere periodenbezogen sind, dürfte dies keine praktische Bedeutung haben.

5 MünchKomm/Hüffer Rz 2.

6 AM Soergel[10] aaO u die dort Genannten: Vorlegungsfrist des § 801 beginne mit Ausstellung;

Diese Frist beginnt erstmals mit der Begebung, läuft aber für jeden Inhaber neu[7]. Dies wurde praktisch mit Unverjährbarkeit gleichgesetzt[8]. Dieser Standpunkt der herrschenden Meinung ist seit 1. 1. 2002 allerdings vor dem Hintergrund der Verjährungsregeln nach dem SchuldrechtsmodernisierungsG zu sehen. Die regelmäßige Verjährungsfrist ist von 30 auf 3 Jahre verkürzt (§ 195). Dass im Gegenzug die Frist erst mit Kenntnis vom Anspruch oder mit grob fahrlässiger Unkenntnis beginnt (§ 199 Abs 1), kommt hier allerdings nicht zum Tragen. Nach EGBGB Art 229 Abs 3 würde sogar die kurze Frist für Emissionen aus der Zeit vor dem 31. 12. 2001 zum Tragen kommen (Lauf ab 1. 1. 2003). Jedenfalls für diese Schuldverschreibungen ist entsprechend der vorauszusetzenden Rechtslage von einer konkludenten Verlängerung der Verjährungsfrist auf 30 Jahre auszugehen (vgl § 202 Abs 2). Bei Neuemissionen ist diese Frage in höchstem Maße regelungsbedürftig (soweit ausnahmsweise keine Fälligkeit bestimmt sein sollte)[9].

3. Die **Vorlegungsfrist** ist eine Ausschlussfrist[10]. Entscheidend für die Fristwahrung ist Leis- **6**
tungsverlangen nach Fälligkeit unter Vorlegung der Urkunde, dh gegebenenfalls entsprechender Zugang beim Aussteller[11]. Eine Hemmung (§§ 203 ff) oder einen Neubeginn der Frist (§§ 212 ff) wie bei der Verjährungsfrist gibt es bei ihr grundsätzlich nicht; allerdings hemmt eine **Zahlungssperre** gem § 802 ihren Beginn und ihren Lauf. Bei Zahlung trotz Fristablauf gilt § 214 Abs 2 nicht[12], allerdings § 813[13].

Die **Klage** muss vor Fristablauf zugestellt werden, jedoch gilt ZPO § 270 Abs 3[14]. Jedenfalls die **7**
Zustellung des Mahnbescheids (§§ 495, 693 Abs 2) wurde vor dem Hintergrund von § 209 Abs 2 in der Fassung bis zur Schuldrechtsreform 2002 der Klage gleichgesetzt[15]. Dies wird auf die Regeln zur Hemmung in § 204 Abs 1 Ziff 2–14 zu übertragen sein; allerdings wäre nach Aufhebung von § 209 Abs 2 aF eine ausdrückliche Regelung in § 801 hilfreich gewesen. Die Klage gegen die Generalagentur eines Lotterieunternehmens wahrt die Vorlegungsfrist[16]. Die Frist für Abhebung von Lotteriegewinnen ist abgekürzte Vorlegungsfrist im Sinne der §§ 801, 802, keine Präklusivfrist[17].

4. Für die **Verjährung** gelten die **allgemeinen Regeln** (§§ 202 Abs 2, 203 ff, 212, 214 ff). Ver- **8**
jährung nach der Vorlegung des Briefes tritt trotz § 902 auch für **Inhabergrundschulden** ein[18]. In Ausnahmefällen (Wahrung der Vorlegungsfrist anders als durch Vorlegung der Urkunde) kann mit Blick auf Erwerber § 796 zum Tragen kommen[19].

5. **Übergangsregelung und sonstiges**. S EGBGB Art 174 Abs 2. In der Nachkriegszeit haben **9**
besondere gesetzliche Regelungen zu den Vorlegungsfristen gegolten[20].

§ 802 Zahlungssperre

Der Beginn und der Lauf der Vorlegungsfrist sowie der Verjährung werden durch die Zahlungssperre zugunsten des Antragstellers gehemmt. Die Hemmung beginnt mit der Stellung des Antrags auf Zahlungssperre; sie endigt mit der Erledigung des Aufgebots-

ähnlich MünchKomm/Hüffer Rz 3: Vorlegungsfrist von dreißig Jahren (vgl § 295 aF), beginnend mit Begebung.

7 RGRK/Steffen Rz 7 u 14; Ermann/Hantl-Unthan Rz 2; Staud/Marburger Rz 4, 8.

8 Staud/Marburger Rz 8.

9 Vgl zur parallelen Fragestellung beim Sparbuch § 808 Rz 27.

10 Zur Anwendung von § 242 MünchKomm/Hüffer Rz 6 u Staud/Marburger Rz 6: im Einzelfall in engen Grenzen möglich.

11 BGHZ 53, 332, 338 = NJW 1970, 1002, 1003, dort auch zur Einhaltung der Frist durch Klage gem Abs 1 Satz 3.

12 MünchKomm/Hüffer Rz 5.

13 Staud/Marburger Rz 6.

14 BGHZ 75, 307, 312 = NJW 1970, 1002, 1003 noch zu ZPO § 261 b Abs 2 aF; MünchKomm/Hüffer Rz 5.

15 MünchKomm/Hüffer Rz 5; noch weitergehend Staud/Marburger Rz 5 (alle in § 209 aF gleichgestellten Handlungen).

16 RG JW 1912, 861.

17 RG JW 1912, 861; ebenso Froeschmann JW 1914, 1064; aM Rönnberg ZHR 70 (1911), 244.

18 Bürgner Gruchot 57, 305.

19 Vgl Staud/Marburger Rz 9.

20 Vgl Soergel[10] Rz 1 ff vor 202; ferner v Spreckelsen WM 1957, 378; Wörner WM 1951, 757; ders BB 1951, 929 f; ders NJW 1952, 771.

verfahrens und, falls die Zahlungssperre vor der Einleitung des Verfahrens verfügt worden ist, auch dann, wenn seit der Beseitigung des der Einleitung entgegenstehenden Hindernisses sechs Monate verstrichen sind und nicht vorher die Einleitung beantragt worden ist. Auf diese Frist finden die Vorschriften der §§ 206, 210, 211 entsprechende Anwendung.

1 Die **Zahlungssperre gem ZPO § 1019** oder (vor Einleitung des Aufgebotsverfahrens) **§ 1020** hat die **Wirkung eines Veräußerungsverbots** nach § 136. § 802 ordnet darüber hinaus **zugunsten des Antragstellers**, der mangels Urkunde seine Rechte nicht durchsetzen kann, die Hemmung (§§ 203 ff) hinsichtlich Vorlegungsfrist und Verjährung an.

2 Die Wirkung der Hemmung wird nach Satz 2 auf den Zeitpunkt des Antrags vorverlegt.

§ 803 Zinsscheine

(1) **Werden für eine Schuldverschreibung auf den Inhaber Zinsscheine ausgegeben, so bleiben die Scheine, sofern sie nicht eine gegenteilige Bestimmung enthalten, in Kraft, auch wenn die Hauptforderung erlischt oder die Verpflichtung zur Verzinsung aufgehoben oder geändert wird.**

(2) **Werden solche Zinsscheine bei der Einlösung der Hauptschuldverschreibung nicht zurückgegeben, so ist der Aussteller berechtigt, den Betrag zurückzubehalten, den er nach Absatz 1 für die Scheine zu zahlen verpflichtet ist.**

1 1. **Allgemeines.** – a) Die Vorschrift regelt das Verhältnis zwischen der **Haupturkunde** (Mantel) und **Hauptforderung** einerseits und den **Zinsscheinen** (**Kupons**, zusammengefasst im **Bogen**) und der **Zinsforderung andererseits**. Hierbei spielt die gesetzlich gewährleistete Verkehrsfähigkeit von Zinsscheinen[1] und die Abwicklung der Zinszahlungen bei Massenemissionen eine maßgebliche Rolle.

2 b) **Zinsscheine** sind einerseits **selbstständige Inhaberpapiere**[2] mit der in Absatz 1 ausgesprochenen wichtigen Folgerung: Weiterbestand unabhängig vom Bestehen der Hauptforderung, die durch Kündigung oder Auslosung vorzeitig erlöschen oder durch Vereinbarung reduziert oder zinsfrei gestellt werden kann (Moratorium). Im Übrigen gelten die §§ 793 ff, dh die allgemeinen Vorschriften über Inhaberschuldverschreibungen mit Ausnahme der auf Haupturkunden bezogenen §§ 799, 800, 802[3]. Damit ist als selbstverständlich vorausgesetzt: Zinsscheine sind selbständig übertragbar und verkehrsfähig[4] (einschließlich gutgläubigen Erwerbs[5])[6]. Andererseits verbriefen sie im Gegensatz zur Haupturkunde keine selbständige Forderung aus § 780[7], sondern ein **Nebenrecht** zu einem Hauptrecht[8]. Diese Seite des Zinsscheins wird in Absatz 2 geregelt: Ohne die Selbstständigkeit des Zinsscheins gem Absatz 1 zu berühren, sondern um sie gerade aufrechtzuerhalten, kann der Aussteller bei der Einlösung der Hauptforderung die Zahlung mit Rücksicht auf „forderungslose Zinsscheine kürzen. Die Zinsscheine selbst können damit ohne Rücksicht auf das Bestehen der Hauptforderung gehandelt und auch eingelöst werden. Letzteres ist vor allem von Bedeutung, wenn Zahlstellen oder andere Dritte in die Einlösung eingeschaltet

1 Praktisch allerdings wenig bedeutsam; vgl Staud/Marburger Rz 3; zu Trennung als ungewöhnlichen Tatbestand BGH NJW 1984, 1347.
2 RGZ 74, 339; AG Hamburg NJW-RR 1996, 1140, 1141; Baumbach/Hefermehl, WertpapierR Rz 48; Staud/Marburger Rz 2.
3 MünchKomm/Hüffer Rz 2; Staud/Marburger Rz 3.
4 MünchKomm/Hüffer Rz 2.
5 Dazu RGZ 36, 121; 58, 165.
6 Zu den damit möglichen „stripped“ bonds als Variante der „zerobonds“ vgl Pöllath BB 1983, 1271.
7 S Rz 22 vor § 793.
8 Vgl zu diesem Verständnis (auch beim Darlehen aufgrund Realvertragstheorie) Häuser Rz 60 vor § 607.

sind, die somit ohne Rücksicht auf Kündigung oder Auslosung leisten können. Wegen der Kürzung nach Absatz 2 kann der Aussteller ohne Verlust den Gegenwert der Zinsscheine auskehren.

c) Mit der Konzentration auf die Verkehrsfähigkeit von Zinsscheinen, lässt die Vorschrift andere Fragen zum Verhältnis der Zinsscheine zur Haupturkunde und der jeweils verbrieften Forderungen offen (zB Einzelheiten zur Verjährung). Vor allem ist fraglich und umstritten, ob Absatz 2 nur den Fall erfasst, dass noch zukünftig fällig werdende Zinsscheine ausstehen oder auch den Fall, dass die Hauptschuldverschreibung ungeachtet vorzeitiger Kündigung oder Auslosung verspätet, dh nach Einlösung zwischenzeitlich fälliger Zinsscheine eingelöst wird. 3

2. Hinsichtlich der **Verjährung** gilt § 217 (§ 224 aF) nicht; wegen der Selbstständigkeit der Zinsscheine gem Absatz 1 kann es diese Abhängigkeit von der Hauptforderung hier nicht geben[9]. Zinsscheine unterliegen also eigenen Verjährungsregeln. Hierbei ist entscheidend, ob insofern die **allgemeinen Bestimmungen** zur Verjährung von Nebenleistungen zur Anwendung kommen; damit stehen nämlich kurze Fristen zur Debatte. Die Schuldrechtsreform hat dazu nur insofern eine Verschiebung gebracht, als vorher die spezielle kurze Frist gem §§ 197, 201 aF im Blick war (4 Jahre ab Ende des Jahres der Entstehung), während nun die **kurze Regelverjährung** gem §§ 195, 199 Abs 1 in Betracht kommt (3 Jahre ab Ende des Jahres der Entstehung und Kenntnis/grob fahrlässige Unkenntnis). Demgegenüber sieht § 801 Abs 1 auch nach der Schuldrechtsreform für Inhaberschuldverschreibungen eine spezielle Verjährungsfrist von 30 Jahren vor (Verjährungsbeginn mit Fälligkeit); nach Vorlegung gilt eine zweijährige Frist (Abs 1 Satz 2). Für die Anwendung dieser Bestimmung spricht, dass § 803 Abs 1 die Eigenschaft von Zinsscheinen als selbstständige Inhaberschuldverschreibungen voraussetzt und ausgestaltet[10]. Ferner lässt sich aus Absatz 2 folgern, dass § 801 auch Zinsscheine erfassen will[11]. Es ist streitig, aber soweit ersichtlich ohne praktische Bedeutung, ob das **Zinseszinsverbot** der §§ 248, 289 auf Zinsscheine anwendbar ist[12]. 4

3. a) Fraglich ist, ob Absatz 2 auch auf den Fall angewandt werden kann, in dem **nach einer Auslosung oder Kündigung** der Hauptforderung weitere Zinsscheine eingelöst wurden. Dies ist insbesondere denkbar, wenn die Einlösung von Stellen abgewickelt worden ist, denen die **Auslosung oder Kündigung** nicht bekannt war. Ob der Inhaber der Haupturkunde die Zinsscheine vorgelegt hat oder ein anderer, ist dabei nicht von Bedeutung[13]. 5

Absatz 1 bestimmt hierzu, dass diese Zinsscheine unabhängig vom Erlöschen der Verzinsungspflicht[14] weiter in Kraft geblieben sind. Absatz 2 nimmt hierauf Bezug („solche Zinsscheine") und sieht insofern ein Zurückbehaltungsrecht vor. § 803 Abs 2 aE spricht allerdings von Zinsen, die der Aussteller zu zahlen verpflichtet „ist". Der Wortlaut könnte sich also dagegen anführen lassen, bereits eingelöste Zinsscheine einzubeziehen. Allerdings hat der historische Gesetzgeber den Fall bereits eingelöster Zinsscheine erfassen wollen[15]. Im Übrigen ist dieses Ergebnis eine Konsequenz des § 803 zugrunde liegenden Konzepts, die Zinsscheine selbstständig auszugestalten, auch wenn dies zu Lasten der Rechte des Gläubigers der Hauptverbindlichkeit geht. Aus diesem Blickwinkel 6

9 MünchKomm/Hüffer Rz 2.
10 Staud/Marburger Rz 4; anders RGRK/Steffen Rz 3.
11 MünchKomm/Hüffer Rz 2.
12 Mit guten Gründen verneinend K Schmidt JZ 1982, 833; Staud/K Schmidt § 248 Rz 10 u Staud/Marburger Rz 4; bejahend dagegen Erman/Hantl-Unthan Rz 1; MünchKomm/Hüffer Rz 2.
13 Anders MünchKomm/Hüffer Rz 4, der insofern von einer Einwendung ausgehen will, die dem Aussteller iSv § 796 Fall 3 unmittelbar gegen den Inhaber des Zinsscheins zusteht. Damit wird § 803 Abs 1 und die Selbstständigkeit des Zinsscheins übergangen. Auf einem anderen Blatt steht, ob es für den Inhaber der Haupturkunde sinnvoll ist, unter diesen Umständen auf einer Einlösung des Zinsscheins zu bestehen (Abzug bei späterer Einlösung der Haupturkunde). Insofern ist die Interessenlage natürlich bei einem Inhaber (nur) des Zinsscheins anders.
14 Hierzu Franke WM 1982, 524 ff; v Caemmerer JZ 1951, 740, 742 u Jacobi BankArch 1907/08, 20 f.
15 Mugdan, Materialien S 392 ff u 1057 ff.

kann es nicht darauf ankommen, ob die Zinsscheine erst künftig fällig werden oder ob sie bereits eingelöst worden sind[16].

7 Vielfach wird aber als bedenklich angesehen, dass der Schuldner für die Zeit nach der vorzeitigen Fälligkeit durch den späteren Abzug keine Zinsen zahlt und der Gläubiger, der die Auslosung oder Kündigung übersehen hat, einen entsprechenden Verlust erleidet[17]. Es stellt sich deshalb die Frage, ob der Emittent oder die von ihm beauftragte Zahlstelle verpflichtet ist, eingereichte Zinsscheine auf die Fälligkeit der Hauptforderung zu überprüfen, um dies dem Einreicher mitzuteilen. Mit dem Hinweis auf die Massenhaftigkeit des Geschäfts, die Anonymität von Tafelgeschäften und die Fungibilität von Zinsscheinen wird dies verneint[18].

8 Zahlt der Schuldner der Inhaberschuldverschreibung dennoch bei Vorlage des Wertpapiers den vollen Betrag, obwohl er vorher Leistungen auf Zinsscheine erbracht hat (auch an den Inhaber der Haupturkunde), so steht ihm grundsätzlich gem § 813 iVm § 803 Abs 2 analog für den Betrag, den er zur Tilgung der Zinsscheine aufgewandt hat, ein Rückzahlungsanspruch zu[19].

9 Da in den angeführten Entscheidungen jeweils nur das Verhältnis des Anlegers zu der Bank zur Debatte steht, die die Einlösung der Zinsscheine oder der Haupturkunde abgewickelt hat, bleibt der angeführte Vorteil des Emittenten (keine Verzinsung des Hauptkapitals nach Fälligkeit bis zur effektiven Rückzahlung) letztlich außer Betracht. Dem steht ein erhebliches Verlustrisiko für den Anleihegläubiger gegenüber, das sich allerdings dadurch vermeiden lässt, dass er sich um vorzeitige Fälligkeit kümmert oder ein Kreditinstitut mit der Verwahrung und der damit verbundenen Überwachung betraut.

10 b) Das Zurückbehaltungsrecht kann gem § 273 Abs 3 durch Sicherheitsleistung abgewandt werden.

11 4. Ist die **Ausstellung der Zinsscheine nichtig**, so ist im Zweifel (§ 139) auch die Ausstellung der Haupturkunden nichtig[20]. Fraglich ist, ob auf den Inhaber lautende Zinsscheine einer (faksimilierten) **Unterzeichnung** (§ 793) bedürfen[21]. Da die Zinsscheine heute in aller Regel so gestaltet sind, dass sie als unvollkommene Inhaberpapiere im Sinne von § 807 angesehen werden können (was jedoch die Anwendung der für Zinsscheine geltenden Vorschriften der §§ 801 Abs 2, 803 und 804 nicht ausschließt), wird das Erfordernis der Unterzeichnung mit Recht verneint. Nur bei einem ganz als verselbstständigte Inhaberschuldverschreibung gestalteten Zinsschein[22] kommt statt der Anwendung von § 807 eine (faksimilierte) Unterzeichnung in Betracht.

12 5. **Sonderfälle**. – a) **Gewinnanteilscheine** (Dividendenscheine), auf die noch keine Dividende zur Ausschüttung gelangte, werden mit der Aktienurkunde selbst kraftlos[23]. Der Gewinnanteilschein bei Aktiengesellschaften ist ein Inhaberpapier über eine künftige Forderung, keine

16 EG Ellwangen WM 1992, 53, 54 WuB I G 2a – 1.92 (van Look); LG Saarbrücken WM 1992, 1271, 1272; LG Lübeck NJW 1982, 1106 = WM 1982, 542 (mAnm Franke).

17 Wertheimer BankArch 1906/07, 52 ff u Freund BankArch 1906/07, 117 ff, der deshalb die Anwendung des § 803 Abs 2 ablehnt; dagegen Jacobi BankArch 1907/08, 20 f.

18 AG München WM 1978, 829, 830: trotz der langjährigen Geschäftsbeziehung zwischen Gläubiger und Zahlstelle; LG Lübeck NJW 1982, 1106, 1108 = WM 1982, 109, 110; Köln WM 1985, 1414 = Sonnenhol I G 2 a – 1.86 (Sonnenhol); AG Hannover NJW-RR 1988, 1318 = WuB I G 2 a – 1.88 (Welter); LG Ellwangen WM 1992, 53 = WuB I G 2 a – 1.92 (van Look); LG Saarbrücken WM 1992, 1273; AG München WM 1993, 1035 mit dem Hinweis auf die Eigenart von Tafelgeschäften, den Gläubiger anonym zu lassen; s auch schon LG Dortmund BankArch 1915/16, 118 f.

19 LG Ellwangen WM 1992, 53, 54 = WuB I G 2 a – 1.92 (van Look); anders MünchKomm/Hüffer Rz 7: Anspruch aus § 812 Abs 1 Satz 1 Alternative 1 wegen rechtsgrundloser Zinszahlung (entgegen § 801 Abs 1 sei in der unmittelbaren Beziehung doch von einem Erlöschen des Zinsanspruchs auszugehen).

20 RGZ 93, 56.

21 Die Frage ist offengelassen in RGZ 74, 339 u 93, 56. Sie wird verneint von Boehm ZGesKredW 1964, 981, Ruttmann ZGesKredW 1964, 1060 u Hammer ZGesKredW 1965, 180, bejaht von Leckebusch ZGesKredW 1964, 1093.

22 S dessen Formulierung in RGZ 74, 339.

23 S AktG § 72 Abs 2.

eigentliche Schuldverschreibung auf den Inhaber, die einen abstrakten Anspruch verbrieft[24]. Jedoch sind die §§ 793 ff (ohne § 803)[25] entsprechend anwendbar. Die Scheine brauchen nicht vom Aussteller unterschrieben zu sein.

Mit dem Beschluss, einen bestimmten Dividendenbetrag auf einen Gewinnanteilschein auszuzahlen, **verselbstständigt sich** dieser Schein zu einem von der Aktie unabhängigen Inhaberschuldpapier, das den Dividendenanspruch gegen die Gesellschaft verkörpert[26]. Jedoch bleiben dieser Einreden aus dem materiellen Dividendenrecht erhalten[27]. 13

b) Der **Rentenschein** (vgl §§ 801 Abs 2, 804) verbrieft zwar auch zinsähnliche Ansprüche. Bei einer Verrentung (Ausschüttung eines Kapitals in gleichbleibenden Raten unter Berücksichtigung eines Zinsfaktors) gibt es daneben jedoch keine (verbriefte) Hauptforderung. Für eine entsprechende Anwendung des § 803 ist daher kein Raum[28]. Auf **Order- und Namenszinsscheine** ist § 803 daggen entsprechend anwendbar[29]. 14

c) Der **Erneuerungsschein** (Talon) ist kein selbstständiges Inhaberpapier, sondern Legitimationspapier[30]. 15

6. **Anderweitige Bestimmungen** sind schon in § 803 Abs 1 ausdrücklich erwähnt. Zinsscheine lassen sich also durch entsprechende Formulierung rechtlich auch anders ausgestalten[31] (zB akzessorisch zur Hauptverbindlichkeit). 16

§ 804 Verlust von Zins- oder ähnlichen Scheinen

(1) **Ist ein Zins-, Renten- oder Gewinnanteilschein abhanden gekommen oder vernichtet und hat der bisherige Inhaber den Verlust dem Aussteller vor dem Ablauf der Vorlegungsfrist angezeigt, so kann der bisherige Inhaber nach dem Ablauf der Frist die Leistung von dem Aussteller verlangen. Der Anspruch ist ausgeschlossen, wenn der abhanden gekommene Schein dem Aussteller zur Einlösung vorgelegt oder der Anspruch aus dem Schein gerichtlich geltend gemacht worden ist, es sei denn, dass die Vorlegung oder die gerichtliche Geltendmachung nach dem Ablauf der Frist erfolgt ist. Der Anspruch verjährt in vier Jahren.**

(2) **In dem Zins-, Renten- oder Gewinnanteilscheine kann der im Absatz 1 bestimmte Anspuch ausgeschlossen werden.**

1. Die **Verlustanzeige** innerhalb der Vorlegungsfrist (§ 801 Abs 2) ersetzt bei den in § 804 aufgeführten Papieren Zahlungssperre und Aufgebot. Sie sind hier nicht zulässig (vgl § 799 Abs 1 Satz 2), weil das aufwendige Verfahren für die meist auf kleinere Beträge lautenden Papiere unangemessen wäre[1]. Sind die Papiere im Sinne von § 935 abhanden gekommen, kann der bisherige Inhaber den Weg nach § 804 beschreiten und gleichzeitig versuchen, die Papiere gem § 985 zurückzuerlangen[2]. 1

24 RGRK/Steffen Rz 6 f; Baumbach/Hefermehl, WertpapierR Rz 49; Staud/Marburger Rz 13; RGZ 22, 113, 114; BGH 26, 167, 170.
25 Vgl MünchKomm/Hüffer Rz 3.
26 BGHZ 26, 167, 170.
27 Sänger HoldhMschr 1909, 179; näheres bei Baumbach/Hueck AktG § 58 Rz 25, 26; Godin/Wilhelmi AktG § 58 Anm 12; KölnKomm/Lutter AktG § 58 Rz 68 ff.
28 Baumbach/Hefermehl, WertpapierR Rz 49; Brox, Handels- u WertpapierR Rz 701; aA Staud/Marburger Rz 11; Erman/Hantl-Unthan Rz 3; MünchKomm/Hüffer Rz 3: für Inhaberrentenschein § 1199.
29 RGRK/Steffen Rz 17.
30 RGZ 74, 339; § 805 Rz 2; ausführlich Staud/Marburger Rz 14.
31 MünchKomm/Hüffer Rz 5.

1 Motive II, S 706; D 98; Staud/Marburger Rz 1.
2 Staud/Marburger Rz 1.

2 Die Verlustanzeige ist eine **geschäftsähnliche Handlung**, so dass die für Rechtsgeschäfte geltenden Regeln entsprechend anzuwenden sind[3]. Sie selbst ist nicht davon abhängig, dass der bisherige Inhaber den Verlust beweisen kann oder auch nur glaubhaft macht. Hiervon ist zum einen die Frage zu unterscheiden, unter welchen Voraussetzungen er nach Ablauf der Vorlegungsfrist[4] den Anspruch aus dem Schein geltend machen kann. Zum zweiten können zusätzliche substantiierte Angaben und Beweismittel wichtig sein, um eine befreiende Leistung an einen Vorlegenden zu verhindern.

3 Nach der Verlustanzeige ist der Aussteller nämlich nicht daran gehindert, noch bis zum **Ablauf der Vorlegungsfrist** befreiend an den Inhaber zu leisten, es sei denn, der Aussteller **kennt** dessen fehlende Berechtigung **und** kann sie unschwer beweisen[5]. Hierbei können die bei der Anzeige übermittelten Informationen und Belege von Bedeutung sein. Der Aussteller ist nicht verpflichtet, wegen der Verlustanzeige die Zahlungen auf betroffene Scheine besonders zu kontrollieren[6]. Nur in Ausnahmefällen (zB aufgrund besonderer Abreden und Verpflichtungen im zugrundeliegenden Verhältnis) kommt in Betracht, dass der Aussteller den bisherigen Inhaber informieren muss, wenn die als verloren angezeigten Scheine vorgelegt werden[7].

4 2. Sind innerhalb der Vorlegungsfrist die als verloren angezeigten Scheine nicht vorgelegt oder die entsprechenden Ansprüche gerichtlich geltend gemacht worden, kann der frühere Inhaber aufgrund seiner Anzeige[8] **Zahlung verlangen** (Verjährung in 4 Jahren ab Ablauf der Vorlegungsfrist).

5 Es ist umstritten, ob er nun über die vorliegende rechtzeitige Anzeige und den Ablauf der Vorlegungsfrist hinaus den Verlust der Scheine (also seine frühere Inhaberschaft sowie das Abhandenkommen oder die Vernichtung) beweisen muss. Teilweise wird dies verneint[9]; der Aussteller habe nach Ablauf der Vorlegungsfrist keine anderweitigen Ansprüche zu fürchten. Dies ändert aber nichts daran, dass die Berechtigung zweifelhaft erscheinen oder gar offensichtlich fehlen kann. Dann erscheint es bedenklich, dass nur die Verlustanzeige durch den jetzigen Anspruchsteller und der Ablauf der Vorlegungsfrist ausreichen soll, den Anspruch aus den betroffenen Scheinen geltend zu machen[10]. Streitig wird meistens die frühere Inhaberschaft sein, die in der Regel ohne Schwierigkeiten zu beweisen sein wird.

6 3. Nach Reichsschuldenordnung § 17 iVm AnleiheG § 1[11] lässt der Verlust von Zinsscheinen der Bundesschuldverschreibungen und Schatzanweisungen des Bundes jeden **Anspruch entfallen**. Dasselbe kann auf Grund des Vorbehalts in EGBGB Art 100 Nr 2 auch für Schuldverschreibungen der Länder und landesrechtlichen öffentlichen Körperschaften bestimmt werden; eines ausdrücklichen Ausschlusses gem § 804 Abs 2 bedarf es dann also nicht.

7 § 804 Abs 2 sieht zwar die Möglichkeit vor, die Ansprüche nach Absatz 1 auszuschließen. Als krasse Benachteiligung des Anlegers hat sie aber keine Bedeutung, wird im Übrigen auch für bedenklich gehalten und ist nur in engen Grenzen zulässig[12].

3 Staud/Marburger Rz 4.
4 Vgl § 801 Abs 2.
5 Vgl Rz 2 vor § 793.
6 Staud/Marburger Rz 7.
7 RGRK/Steffen § 804 Rz 5.
8 Sind mehrere Anzeigen eingegangen, kann der Aussteller nach § 372 Satz 2 hinterlegen; RGRK/Steffen Rz 13.
9 Staud/Marburger Rz 11; RGRK/Steffen Rz 12: Beweis nur erforderlich, wenn Aussteller mehrere Anzeigen erhält, um dem Aussteller die Möglichkeit der Hinterlegung gem § 372 Satz 2 zu nehmen.
10 So Erman/Hantl-Unthan Rz 1; MünchKomm/Hüffer Rz 7.
11 S § 793 Rz 16.
12 Staud/Marburger Rz 8.

§ 805 Neue Zins- und Rentenscheine

Neue Zins- oder Rentenscheine für eine Schuldverschreibung auf den Inhaber dürfen an den Inhaber der zum Empfang der Scheine ermächtigenden Urkunde (Erneuerungsschein) nicht ausgegeben werden, wenn der Inhaber der Schuldverschreibung der Ausgabe widersprochen hat. Die Scheine sind in diesem Falle dem Inhaber der Schuldverschreibung auszuhändigen, wenn er die Schuldverschreibung vorlegt.

1. § 805 definiert (dispositiv) den Begriff des Erneuerungsscheins (Talon). Die Vorschrift tritt an die Stelle der für Erneuerungsscheine nicht zulässigen Kraftloserklärung[1]. Es genügt der (nicht zu begründende) **Widerspruch**[2] des Inhabers der Schuldverschreibung (einseitige empfangsbedürftige Willenserklärung gem § 130). 1

Die **Erneuerungsscheine** (Talons) sind Urkunden, die nicht zum Empfang von Zins- oder Rentenscheinen berechtigten, sondern hierzu nur ermächtigen. Sie sind damit (nur) Legitimationspapiere[3]; der Anspruch auf Zins- oder Rentenscheine ist in der Inhaberschuldverschreibung selbst verbrieft[4]. Dies ist nicht ausdrücklich geregelt, folgt aber aus dem Widerspruchsrecht des Inhabers der Schuldverschreibung und aus Satz 2. Das **Eigentum am Erneuerungsschein** steht mithin dem Eigentümer der Schuldverschreibung zu[5]. 2

2. Aus § 805 folgt zunächst, dass der Schuldner befreiend an den Inhaber des Erneuerungsscheins die **Zins- oder Rentenscheine** leisten kann. Zusätzlich zu den allgemeinen Schranken der Befreiungswirkung (Kenntnis und grob fahrlässige Unkenntnis)[6] findet dies seine Grenze am Widerspruch des Inhabers der Schuldverschreibung. Es kommt hierbei weder auf eine Begründung noch darauf an, warum der Erneuerungsschein in die Hände eines Dritten geraten ist. Der Widerspruch setzt auch nicht voraus, dass die Schuldverschreibung vorgelegt wird (nur erforderlich, um die Zins- oder Rentenscheine zu fordern[7], Satz 2). Leistet der Schuldner mit dieser Maßgabe unberechtigt und kann die Zins- oder Rentenscheine nicht zurückerlangen, haftet er gem §§ 280, 283, 249, also auf (nochmalige) Zahlung der entsprechenden Beträge. 3

3. Da § 805 **keine zwingende Norm** ist, kann der Erneuerungsschein auch als selbstständiges Inhaberpapier ausgestaltet werden, für das dann die allgemeinen Regeln gelten[8]. Diese Möglichkeit hat allerdings keine praktische Bedeutung[9]. 4

4. **Erneuerungsscheine zu Aktien**. Zum Bezug neuer Gewinnanteil-(Dividenden-)Scheine s AktG § 75[10] (wegen AktG § 23 Abs 5 im Gegen zu BGB § 805 zwingend). 5

§ 806 Umschreibung auf den Namen

Die Umschreibung einer auf den Inhaber lautenden Schuldverschreibung auf den Namen eines bestimmten Berechtigten kann nur durch den Aussteller erfolgen. Der Aussteller ist zur Umschreibung nicht verpflichtet.

1 § 799 Rz 3.
2 Staud/Marburger Rz 3.
3 RGZ 3, 152; 74, 339; Baumbach/Hefermehl, WertpapierR RZ 50; Erman/Hantl-Unthan Rz 1; MünchKomm/Hüffer Rz 2.
4 RGZ 3, 152, 154; MünchKomm/Hüffer Rz 2.
5 RGZ 3, 152; zur Verselbstständigung mit Willen des Inhabers RGZ 23, 268.
6 Vgl § 793 Rz 27.
7 Gegen Quittung und Vermerk in der Haupturkunde; Staud/Marburger Rz 5.
8 Staud/Marburger Rz 6.
9 MünchKomm/Hüffer Rz 2.
10 Dazu Baumbach/Hueck AktG § 59 Rz 27 u Erläuterung zu § 75; Godin/Wilhelmi AktG §§ 58 Anm 12 u Erläuterung zu § 75; KölnKomm/Lutter AktG § 75 Rz 2; ferner RGZ 23, 268.

1 1. Durch die Umschreibung wird die Schuldverschreibung zum **Rektapapier**[1]. Damit entfallen alle Vorzüge und Nachteile der Umlauffähigkeit von Inhaberpapieren[2]. Die Bestimmung versteht sich eigentlich von selbst (Umschreibung durch Aussteller; keine Verpflichtung hierzu; Einverständnis des Inhabers sowieso vorausgesetzt). Im Übrigen ist die Umschreibung mit der Begebung eines Rektapapiers vergleichbar. Die ausdrückliche Regelung erklärt sich vor dem historischen Hintergrund, dass damit andere Wege zur Beseitigung der Verkehrsfähigkeit beseitigt werden sollten[3].

2 Zur Umwandlung von Inhaber**aktien** s AktG § 24 Abs 2. Zu Anwendungsfällen der Umschreibung vgl § 1815 (Schutz des Mündels) § 1667 Abs 2 (Sicherung des Kindesvermögens) und § 2117 (Sicherung des Nacherben), jeweils Alternative zur Hinterlegung.

3 Bei **Schuldbuch**forderungen gegen die öffentliche Hand kommt eine Umschreibung im Sinne der Vorschrift nicht in Betracht. Hier kann aber eine Eintragung des Gläubigers im Schuldbuch stattfinden: Für Papiere der Bundesrepublik[4] gelten entsprechend das ReichsschuldbuchGes[5], die Reichsschuldenordnung[6] §§ 11 und 12, die VO über die Änderung des ReichsschuldbuchGes[7] sowie die VO über die Behandlung von Anleihen des Deutschen Reichs im Bank- und Börsenverkehr[8] die diese Möglichkeit vorsahen (AnleiheG § 1[9] und VO über die Bundesschuldenverwaltung § 1[10]).

4 3. Eine **Verpflichtung zur Umschreibung** kann nach EGBGB Art 101 landesrechtlich begründet sein (betreffend Papiere des Staates, seiner Körperschaften, Stiftungen und Anstalten des öffentlichen Rechts)[11]. Sie kann sich auch aus der **Urkunde** oder aus einem **Vertrag mit einem bestimmten Inhaber** ergeben.

5 4. Während die (gesetzlich nicht geregelte) **Wirkung der Umschreibung** grundsätzlich einfach zu bestimmen ist (statt Inhaberpapier nun Rektapapier), ist die Lage schwieriger, wenn der **nicht berechtigte Inhaber** die Umschreibung auf sich verlangt und erreicht. Einmal kommt mit Rücksicht auf die Legitimationswirkung in Betracht, dass nun der (nicht berechtigte) Inhaber Gläubiger der verbrieften Forderung geworden ist. Zum zweiten ist daran zu denken, der Umschreibung jede Wirkung zu versagen, da sie nicht mit Zustimmung des Berechtigten geschehen ist. Schließlich ist ins Auge zu fassen, dass die Umschreibung den wahren Berechtigten zum Gläubiger des Rektapapiers werden lässt (obwohl nicht auf ihn umgeschrieben wird).

6 Es ist bedenklich, die Legitimationswirkung nicht nur auf die Erfüllung, sondern auch auf die Umschreibung zu erstrecken. Die Befreiung des Schuldners, die zu Lasten des wahren Berechtigten geht, schützt den Schuldner davor, noch einmal leisten zu müssen. Dieses Risiko besteht nach der Umschreibung (noch) nicht. Es reicht aus, dass der Schuldner (gleichsam als Nachwirkung der Begebung eines Inhaberpapiers) geschützt wird, wenn er schließlich an den nun als Gläubiger benannten früheren Inhaber leistet (insofern nur Vermutung der Berechtigung und Befreiungswirkung). Dies lässt dem wahren Berechtigten aber die Möglichkeit, zwischenzeitlich seine Berechtigung nachzuweisen, um das Papier zu erlangen. Dies ist gewährleistet, wenn die Umschreibung völlig wirkungslos bleibt (Berechtigter bleibt Eigentümer des Inhaberpapiers) oder wenn man den Berechtigten als Gläubiger sieht (§§ 985, 952). In die Belange des Schuldners, der sich bei der Umschreibung immerhin auf die Vorlage des Papiers verlassen konnte, wird am wenigsten eingegriffen, wenn man der Umschreibung Wirkung beimisst (Rektapapier, allerdings zugunsten des wahren Berechtigten). Die fehlende Zustimmung des wahren Berechtigten er-

1 S Rz 6 vor § 793.
2 S Rz 8 vor § 793.
3 Vgl Motive II, S 713 = Mugdan II, S 398; zu den vorher bestehenden Möglichkeiten Staud/Marburger Rz 1.
4 Zu den Landesschuldbüchern (EGBG Art 97 Abs 1) vgl Staud/O Werner (1995) § 232 Rz 5.
5 Vom 6. Mai 1910 (RGBl S 840).
6 Vom 13. Februar 1924 (RGBl S 95).
7 Vom 17. November 1939 (RGBl I, S 2290).
8 Vom 31. Dezember 1940 (RGBl I 1941, S 21).
9 Vom 29. März 1951 (BGBl I, S 218).
10 Vom 31. Dezember 1949 (BGBl I 1950, S 1); s auch Meder-Ernst, Schuldbuchrecht des Bundes und der Länder, 1950.
11 Staud/Marburger Rz 3.

scheint dabei insofern unschädlich, als sich durch die Umschreibung nichts an seiner Berechtigung ändert[12].

4. Vor dem 1. 1. 1945 umgeschriebene Schuldverschreibungen wurden durch die **Wertpapierbereinigung** nach dem 2. Weltkrieg[13] nicht berührt (WBG § 2 Abs 1 Nr 4). 7

§ 807 Inhaberkarten und -marken

Werden Karten, Marken oder ähnliche Urkunden, in denen ein Gläubiger nicht bezeichnet ist, von dem Aussteller unter Umständen ausgegeben, aus welchen sich ergibt, dass er dem Inhaber zu einer Leistung verpflichtet sein will, so finden die Vorschriften des § 793 Abs. 1 und der §§ 794, 796, 797 entsprechende Anwendung.

1. **Allgemeines**. Die Vorschrift erfasst über § 793 hinaus Urkunden, die der **Inhaberschuldverschreibung** zwar in ihrer wirtschaftlichen Funktion **ähneln**, ohne den inhaltlichen Erfordernissen (Unterschrift des Ausstellers und Bestimmung des wesentlichen Leistungsinhalts in der Urkunde[1]) zu entsprechen (zB Eintrittskarten). Außer den ausdrücklich erwähnten **Karten** und **Marken** handelt es sich um **Scheine** (Inhaberverpflichtungsscheine) und **Zeichen** (Inhaberverpflichtungszeichen). Im Sinne eines Sammelbegriffs lässt sich von **unvollkommenen oder kleinen Inhaberpapieren** sprechen. Obwohl ihnen das Erfordernis der Ausstellerunterschrift fehlt (§ 793 Abs 1), misst § 807 diesen Urkunden im Grundsatz die gleiche Qualität wie Inhaberschuldverschreibungen zu. 1

2. **Anwendbare Vorschriften**. Wegen des in der Regel geringfügigen Leistungswerts gelten jedoch außer der Formerleichterung (vgl § 793 Abs 2) **nicht** die Regelungen über **Vorlegungsfristen** (§ 801), **Ersatzurkunde** (§ 768), **Kraftloserklärung** (§§ 799 ff)[2] und die **Umschreibung** (§ 806)[3]. Dagegen richtet sich die **Übertragung** ebenfalls nach den **sachenrechtlichen** Vorschriften (§§ 929 ff, insbesondere § 935 Abs 2; HGB § 366). 2

3. **Einordnung**. Dass der Aussteller dem Inhaber gegenüber verpflichtet sein will, ergibt sich abweichend von Inhaberschuldverschreibungen nicht aus der unterschriebenen Erklärung des Ausstellers, sondern aus den **Umständen**. Damit kommen große Unsicherheiten ins Spiel, die der Gesetzgeber in Kauf genommen hat, um diese häufig anzutreffenden Urkunden nicht gänzlich ungeregelt zu lassen. Im Übrigen müssen Karten, Marken im Sinne von § 807 die Voraussetzungen von Inhaberschuldverschreibungen erfüllen (Wertpapier im engeren Sinne)[4]. 3

Dies bedeutet im Einzelnen: **Keine Urkunde** im Sinne des § 807 liegt vor bei **Beweisurkunden, (bloßen) Legitimationszeichen** und **Rektazeichen**[5], bei denen sich der Aussteller nicht **verpflichtet**, an den **jeweiligen Inhaber** zu leisten. Von einer bloßen Beweisurkunde ist auszugehen, wenn der jeweils Berechtigte auch ohne Vorlage der Urkunde die Leistung beanspruchen können soll, indem er seine Berechtigung anderweitig nachweist (deshalb schon kein Wertpapier). Bei **Legitimationszeichen** kommt hinzu, dass der Aussteller **berechtigt**, aber nicht verpflichtet sein will, **befreiend** an den jeweiligen Inhaber leisten zu können[6]. Dies trifft etwa auf Gepäck- 4

12 In diesem Sinne Staud/Marburger Rz 5 mit der Begründung, dass die Umschreibung nur die förmliche Legitimation ändere; der wahre Berechtigte muss dies hinnehmen, da er ohnehin nicht mehr Inhaber des Papiers war.

13 Vgl Rz 12 vor § 793.

1 RGSt 52, 97, 98.

2 Beachte aber Möglichkeit der landesrechtlichen Zulassung nach EGBGB Art 102 Abs 1.

3 Aussteller und Inhaber ist es unbenommen, eine Umschreibung auf den Namen zu vereinbaren; vgl Staud/Marburger Rz 7.

4 Rz 7 vor § 793.

5 Rz 1 vor § 793 u § 808 Rz 1.

6 Staud/Marburger Rz 2 sieht hierin im Anschluss an Zöllner, WertpapierR § 27 III 1 a eine notwendige, aber keine hinreichende Bedingung für ein Papier iSv § 807. Dies trifft allerdings für das Verhältnis von Legitimationspapieren und Inhaberpapieren generell zu. Der Aussteller ver-

oder Reparaturscheine und auf Garderobenmarken zu[7]. **Rektazeichen** erfüllen zwar die Merkmale eines Wertpapiers, aber liegen außerhalb des Anwendungsbereichs von § 807 (keine Verpflichtung zur Leistung an den **Inhaber**, sondern an den Bereichtigten, der das Zeichen vorlegt). Streitig ist insofern nur, ob – entsprechend dem Wortlaut von § 807 – die Benennung eines Gläubigers in jedem Fall ein Inhaberzeichen ausschließt[8]. An einer **Leistungs**verpflichtung fehlt es bei **Geldsurrogaten**, wie zB entsprechenden Stempelmarken und der Geldkarte als Instrument des bargeldlosen Zahlungsverkehrs[9]. Herkömmlich werden hierzu auch Briefmarken gezählt[10]. Mit der Privatisierung der Posttätigkeit ist dies in Zweifel gezogen worden[11]. Ungeachtet der Privatisierung ist allerdings die Ausgabe von Postwertzeichen dem Bundesministerium der Finanzen vorbehalten (PostG § 43 Abs 1); jedenfalls nach Einführung des Euro lässt sich freilich auch dies nicht ohne weiteres für ein Geldsurrogat ins Feld führen. Immerhin handelt es sich aber bei der Ausgabe um eine hoheitliche Tätigkeit[12], für die § 807 nicht unmittelbar gelten kann.

5 So präzise diese Abgrenzungen theoretisch sind, so schwierig kann es freilich im Einzelfall sein, eine entsprechende Verpflichtungserklärung aus der Urkunde und den Umständen[13] zu ermitteln. Ein wichtiges Indiz ist der angestrebte Rationalisierungseffekt, der insbesondere bei massenhafter Ausgabe allein auf die Innehabung des Zeichens abstellt[14]. Damit sind sie zwar nicht unbedingt zum Umlauf **bestimmt**[15], aber jedenfalls wird er – wie bei jedem Inhaberpapier – als Möglichkeit einbezogen.

6 Eine weitere Unsicherheit kommt dadurch ins Spiel, dass in Frage gestellt wird, ob alle im Wirtschaftsleben anzutreffenden Papiere, die die Merkmale des § 807 erfüllen, nach ihrem verkehrstypischen Inhalt des gesteigerten Umlaufschutzes der §§ 793 ff bedürfen (insbesondere Einwendungsausschluss). Die herrschende Meinung entscheidet im Einzelfall nach der Verkehrsanschauung, inwieweit sich bestimmte Einwendungen dem Inhaber entgegenhalten lassen[16]. ZB hat man bei Theaterkarten zugelassen, dass einzelnen Personen (unliebsamer Theaterkritiker, belegt mit Theaterverbot) der Zutritt verwehrt wird[17]. Allerdings erscheint es insbesondere vor dem zeitgemäßen Hintergrund anonymer Erwerbsmöglichkeiten zweifelhaft, ob diese Fragestellung (Hausverbot, kein Abschlusszwang)[18] wirklich etwas mit dem abgeleiteten Erwerb[19] und dem damit verbundenen Einwendungsausschluss zu tun hat[20]. Letztlich wird es darum gehen, ob die mit Hausverbot belegte Person sich die Karte „erschlichen" hat, durch Erwerb von einem Dritten[21] oder auf andere Weise. Im Übrigen erscheint ohnehin zweifelhaft, ob überhaupt Papiere im Sinne von § 807 denkbar sind, bei denen kein gesteigerter Umlaufschutz angebracht erscheint[22].

pflichtet sich nicht, an den Inhaber zu zahlen, wenn er nicht auch durch Leistung an einen Nichtberechtigten befreit wird.

7 RGZ 105, 80, 82; KG JW 1926, 1472; Staud/Marburger Rz 6.

8 Verneinend MünchKomm/Hüffer Rz 5 u 9; anders Staud/Marburger Rz 6.

9 Pfeiffer NJW 1997, 1036.

10 Kohler ArchBürgR 10, 316; Staud/Marburger Rz 6; aM Lassaly JR 1929, 95; MünchKomm/Hüffer Rz 15.

11 Schmidt NJW 1998, 200 ff.

12 Anders Schmidt NJW 1998, 200 ff mit der Begründung, dass die Vorschrift verfassungswidrig sei (wegen Verstoß gegen GG Art 87 f).

13 Ob hierbei nur auf allgemeine Umstände oder auch auf die Umstände des Einzelfalls abzustellen ist, dürfte angesichts der typischen massenhaften Ausgabe wenig bedeutsam sein; dazu Staud/Marburger Rz 4 mweitNachw.

14 Staud/Marburger Rz 2.

15 Staud/Marburger Rz 4 sieht in der Bestimmung zum Umlauf dezidiert kein Merkmal der Papiere iSv § 807; ebenso MünchKomm/Hüffer Rz 9.

16 RGRK/Steffen Rz 8; Locher, Wertpapiere, 1947, § 13, 2 verlangt zusätzlich, dass die Marke oder Karte nach dem Willen des Ausstellers oder der Verkehrsanschauung für den **Umlauf bestimmt** sein muss (so auch Soergel[10] aaO).

17 Zum Theaterverbot als persönlichen Einwand gegen den eine Karte erwerbenden Kritiker vgl RGZ 133, 388 = JW 1932, 862 (mzustAnm Hoffmann); ebenfalls zustimmend Pal/Sprau Rz 3.

18 Dazu ausführlich Eidenmüller NJW 1991, 1439 ff.

19 Bei Direkterwerb stünde § 796 ohnehin nicht zur Debatte.

20 So allerdings Eidenmüller NJW 1991, 1439 ff.

21 Dann persönliche Einwendung gem § 796 Alternative 3; so im Ergebnis auch Eidenmüller NJW 1991, 1439, 1443.

22 Vgl oben Rz 5 zum wesentlichen Rationalisierungseffekt, insbesondere bei massenhafter Ausgabe.

4. **Einzelfälle**. – a) **Gutscheine**, wenn sie jeden Inhaber berechtigen, aber wegen ihrer Unvollständigkeit[23] nicht als Inhaberschuldverschreibung im Sinne des § 793 angesprochen werden können[24]. Ebenso einzuordnen sind Marken mit einem ähnlichen Verpflichtungsinhalt wie ein Gutschein[25]: **Biermarken, Bons, Essensmarken, Reisemarken**[26], **Reparaturscheine, Jetons, Rabattmarken**[27] und **Versicherungsmarken**[28]. 7

b) **Eintrittskarten** aller Art (Theater[29]-, Konzert- und Kinokarten; Karten für Museen und Sportveranstaltungen), sind in der Regel Papiere im Sinne des § 807, wenn sie nicht ausdrücklich an eine bestimmte Person oder einen geschlossenen Personenkreis gebunden sind (zB durch den Vermerk „nicht übertragbar"). Eine solche Bindung ergibt sich nicht ohne weiteres daraus, dass die Karten mit spezifischen Ermäßigungen verbunden sind (zB für Studenten oder Behinderte); dies führt nur dazu, dass bei ihrer Verwendung von dem jeweiligen Inhaber der zusätzliche Nachweis zu führen ist, zum begünstigten Personenkreis zu gehören. Der Erwerb von Eintrittskarten im Abonnement schließt die Einordnung als Urkunden im Sinne von § 807 nicht aus[30].

c) Bei **Fahrkarten** für Verkehrsmittel aller Art kommt es auf die hierfür geltenden Bedingungen an. Sie können **Rektazeichen** sein, wenn hieraus nur eine bestimmte Person berechtigt sein soll (zB im Falle personengebundener, dh nicht übertragbarer Wochen-, Monats- und Netzkarten sowie Flugschein[31]). Im Übrigen handelt es sich in der Regel um Inhaberzeichen im Sinne von § 807. Wenn es an der Personenbezogenheit fehlt, spricht der Ausschluss der Übertragbarkeit nicht gegen diese Einordnung; dies soll nämlich in der Regel nur klarstellen, dass die Leistung **insgesamt nur an einen Gläubiger** erbracht wird, gilt also erst, wenn die Leistung durch den Antritt der Reise teilweise in Anspruch genommen worden ist[32].

d) **Zins**- oder **Rentenscheine** (§§ 803 ff) können (ohne faksimilierte Unterschrift) als Papiere im Sinne von § 807 ausgegeben sein[33].

§ 808 Namenspapiere mit Inhaberklausel

(1) **Wird eine Urkunde, in welcher der Gläubiger benannt ist, mit der Bestimmung ausgegeben, dass die in der Urkunde versprochene Leistung an jeden Inhaber bewirkt werden kann, so wird der Schuldner durch die Leistung an den Inhaber der Urkunde befreit. Der Inhaber ist nicht berechtigt, die Leistung zu verlangen.**

(2) **Der Schuldner ist nur gegen Aushändigung der Urkunde zur Leistung verpflichtet. Ist die Urkunde abhanden gekommen oder vernichtet, so kann sie, wenn nicht ein anderes bestimmt ist, im Wege des Aufgebotsverfahrens für kraftlos erklärt werden. Die in § 802 für die Verjährung gegebenen Vorschriften finden Anwendung.**

23 Dazu RGSt 52, 98.
24 BGHZ 11, 274, 278; Düsseldorf NVwZ 1995, 827, 828; KG OLG 43, 88: Gutscheine eines Spielclubs; LG München VuR 1996, 65 f; AG Northeim NJW-RR 1989, 43; vgl auch RGSt 51, 410, 412; RG WarnR 23 Nr 11; ferner Ahrens BB 1996, 2477.
25 Zur Entwicklungsgutschrift bei Farbfilmen vgl BGH NJW 1969, 1024, 1025 (offengelassen).
26 Vgl BGHZ 11, 274, 280.
27 BFH NJW 1960, 982.
28 Staud/Marburger Rz 5.
29 Zum Theaterverbot als persönlichen Einwand gegen den eine Karte erwerbenden Kritiker vgl RGZ 133, 388 = JW 1932, 862 (mzustAnm Hoffmann).
30 AA Soergel[10] aaO mweitNachw aus der älteren Rspr; für die Beurteilung als Inhaberzeichen „im Einzelfall" MünchKomm/Hüffer Rz 15 u Staud/Marburger Rz 5.
31 BGH NJW 1974, 852.
32 RG EisenbE 22, 165; MünchKomm/Hüffer Rz 11 u 13; Staud/Marburger Rz 5.
33 MünchKomm/Hüffer Rz 12 u 15.

ÜBERSICHT

Schrifttum: Sprengel, Zur Rechtsnatur der Umschreibung einer Spareinlagenforderung, DR 1940, 309; ders, Zur Legitimationswirkung eines Sparkassenbuches bei vorzeitigen Abhebungen durch einen Nichtberechtigten, MDR 1961, 988 u 1965, 201; Mordhorst, Spareinlagen auf fremden Namen, MDR 1956, 4; Dunz, Legitimationswirkung des Sparbuchs – BGHZ 28, 368, JuS 1962, 139; Kolbenschlag, Die irrtümliche Gutschrift auf ein Sparkonto, WM 1962, 386; Lang, Kraftloserklärung von Sparbüchern durch die Sparkasse, Sparkasse 1966, 176; Kolbenschlag, Das Kennwort im Verhältnis zur Einschränkung der Legitimationswirkung des Sparkassenbuches durch die Rechtsprechung des BGH, Sparkasse 1967, 39; Laute, Zur Legitimationswirkung des Sparbuches bei vorzeitiger Auszahlung. BlGenW 1968, 392; Lüntersbusch, Die privatrechtlichen Auswirkungen des Gesetzes über das Kreditwesen auf Einlagen- und Kreditgeschäfte, 1968; Krautschneider, Die Legitimationswirkung des Sparbuchs, 1969; Oswald, Sparbuch auf den Namen eines Angehörigen, WM 1971, 578; Canaris, Inhaberschaft und Verfügungsbefugnis bei Banknoten, NJW 1973, 825; Schraepler, Bankrisiko bei Auszahlung ohne Sparbuch, NJW 1973, 1864; ders, Sparbuchvorlage – Zweck und Zweckverfehlung, ZKredW 1974, 224; Irsfeld, Rechtliche Bedeutung von Sparvertrag und Sparbuch, Diss München 1975; Liesecke, Das Bankguthaben in Gesetzgebung und Rechtsprechung, WM 1975, 214, 238 u 286; Pflug, Zur Legitimationswirkung des Sparbuchs, ZHR 140 (1976), 175; Schraepler, Entwertung des Sparbuchs?, NJW 1976, 233; Hueck/Canaris, Wertpapierrecht, 1986[12]; Welter, Aktuelle Rechtsfragen zum Sparbuch, WM 1987, 1117; Zöllner, Wertpapierrecht, 1987[14], Lange, Neue Bedingungen für den Sparverkehr – quo vadis?, BB 1993, 1677; Kaiser, Anforderungen der Rechnungslegungsverordnung an die Spareinlage, WM 1996, 141; Platz, Spareinlagen nach der RechnungslegungsVO, 1998[2]; Arendts/Teuber, Uralt-Sparbücher – Verjährung von Auszahlungsansprüchen und Beweiswert, MDR 2001, 546; Baumbach/Hefermehl, Wechsel- und Scheckgesetz, 2001[22], Gößmann, in: Schimansky/Bunte/Lwowski, Bankrechtshandbuch, 2001[2], §§ 70 u 71; Roth, Die Rechtsnatur des Sparbuchs nach neuem Recht, ÖBA 2001, 295 (zur Reform des Sparbuchs in Österreich unter Annäherung an die deutsche Rechtslage).

1 1. **Allgemeines**. Die in § 808 geregelten Urkunden sind **Rektapapiere** (Namenspapiere)[1] besonderer Art. Sie sind insofern mit Inhaberpapieren im Sinne des § 793 vergleichbar, als der Aussteller – anders als bei sonstigen Rektapapieren – befreiend an jeden Inhaber (daher „Namenspapier mit Inhaberklausel") leisten kann (Abs 1 Satz 1: Liberationswirkung)[2]. Allerdings hat der Inhaber anders als bei einem Inhaberpapier nicht allein durch die Vorlage der Urkunde das Recht, die Leistung zu verlangen (Abs 1 Satz 2), sondern er muss Gläubiger sein; daher die unglückliche Bezeichnung „hinkendes Inhaberpapier"[3]. Systematisch stehen die in § 808 geregelten Urkunden allerdings weniger den Inhaberpapieren, sondern den Legitimationspapieren[4] näher. Ein Unterschied zu diesen[5] besteht, neben der namentlichen Benennung eines Gläubigers[6], insofern, als der Aussteller ohne die Vorlage der Urkunde die Leistung verweigern kann (Abs 2 Satz 1)[7]. Deshalb

1 S Rz 6 vor § 793.
2 Dazu Rz 1 vor § 793; Welter WM 1987, 1117, 1118.
3 Vgl dazu Welter WM 1987, 1117, 1118.
4 Dazu Rz 1 vor § 793.
5 Mit diesem Unterschied sind im Gegensatz zu Legitimationspapieren bei Papieren iSv § 808 die Merkmale eines Wertpapiers iwS erfüllt; dazu Rz 2 vor § 793.
6 S dazu unten Rz 2.
7 Anders mit wohl verunglückter Formulierung BGH NJW-RR 1998, 1661 = WM 1998, 1623 = WuB I A 3 Nr 17 AGB-Sparkassen 1993 1.99 (Sonnenhol) im Gegensatz zur Inhaberschuldverschreibung sei der Besitz nicht Voraussetzung für den Anspruch. Jedenfalls für einen einredefreien Anspruch ist auch der Besitz am Sparbuch erforderlich.

werden Papiere im Sinne des § 808 „**qualifizierte Legitimationspapiere**" genannt[8]. Diese Bezeichnung verdeutlicht, dass die Übertragung der Forderung anders als bei Inhaberpapieren nicht nach sachenrechtlichen Grundsätzen, sondern durch Abtretung der Forderung gemäß §§ 398 ff geschieht. Für das Recht am Papier gilt § 952. Für Entstehen und Übertragung der verbrieften Forderung sind Ausstellung und Übergabe der Urkunde also nicht unmittelbar von Bedeutung, können aber für die Auslegung der zugrundeliegenden Abreden relevant sein[9].

Da der Aussteller ohne die Vorlage der Urkunde die Leistung verweigern kann (Abs 2 Satz 1), handelt es sich nach herrschender Meinung um **Wertpapiere im weiteren Sinn**[10]. Wird zusätzlich auf die Geltung von § 407 abgestellt[11], hängt die Einordnung davon ab, ob die Anwendung dieser Bestimmung ausgeschlossen ist. Insbesondere beim Sparbuch ist dies umstritten[12]. Wesentlich ist für die Einordnung der Papiere gem § 808 zudem, dass es ungeachtet der Verbriefung allein auf den Gläubiger und seine Forderung ankommt; die Ausstellung der Urkunde begründet – anders als bei der Inhaberschuldverschreibung – keine neue Forderung, sondern sie ist nur deklaratorisch[13]; eine Begebung als spezifisch wertpapierrechtlicher Verpflichtungstatbestand steht nicht zur Debatte[14]. Ebenso wie an der konstitutiven Wirkung fehlt es an einer abstrakten Verpflichtung, die für die Inhaberschuldverschreibung typisch ist.

2. **Benennung des Gläubigers**. Abs 1 Satz 1 hält als besonderes Merkmal dieser Papiere fest, 2
dass der **Gläubiger** der versprochenen Leistung in der Urkunde **benannt** ist (daher Rekta- oder Namenspapier). Nach allgemeiner Ansicht bedeutet dies allerdings nur, dass die Urkunde erkennen lässt, dass die fragliche Forderung unabhängig von der Inhaberschaft der Urkunde einem bestimmten und identifizierbaren Gläubiger zusteht (und nicht dem Inhaber)[15]. Dieses Erfordernis wird sogar erfüllt, wenn eine andere Person als die wirklich berechtigte in der Urkunde genannt ist. Dies führt insbesondere bei Spareinlagen zu Schwierigkeiten, den Gläubiger zu ermitteln[16].

3. **Inhaberklausel und Befreiungswirkung**. Die für ein Rektapapier untypische Inhaber- 3
klausel lässt es zu, unabhängig von der vorausgesetzten Forderungsberechtigung eines Gläubigers befreiend an jeden Inhaber zu zahlen. Diese **Befreiungswirkung** ist nach heutigem Verständnis in Abs 1 Satz 1 aE zu weit gefasst. Auch hier sind somit die zu § 793 aufgestellten Grundsätze (keine Befreiung bei Kenntnis)[17] als Mindeststandard zu beachten. Darüberhinaus ist aber zu berücksichtigen, dass der Aussteller eines Papiers gemäß § 808 nur aufgrund der Urkundenvorlage nicht zur Leistung verpflichtet ist[18]. Auf die Frage der leichten Beweisbarkeit der Nichtberechtigung kommt es somit hier nicht an. Ferner ist es schädlich, wenn der Aussteller sich bewusst der Einsicht von der Nichtberechtigung des Inhabers verschließt[19]. Allerdings muss sich die Bank nach § 278 sich nur die Kenntnis des **zuständigen Sachbearbeiters** zurechnen lassen[20]. Die Beurteilung bei grober Fahrlässigkeit ist streitig[21]. Eher unbestimmt ist dazu die auch in der neueren

8 Hess VGH WM 1991, 993, 994 = WuB I C 2 – 3.91 (Engelbracht).
9 Zur Frage, welche Bedeutung der Besitz am Sparbuch für die Bestimmung des Gläubigers der Spareinlage hat vgl unten Rz 9.
10 Rz 8 vor § 793.
11 Zur Geltung von § 407 als Negativmerkmal von Wertpapieren Kümpel WM 1983 Sonderbeil 6 S 8; vgl auch schon Raiser ZHR 101 (1935) 13, 36; Wieland, FestG für E Huber, 1919, S 5; aA Baumbach/Hefermehl, WertpapierR Rz 17, Hueck/Canaris, WertpapierR § 27 III 3 u MünchKomm/Hüffer § 793 Rz 12.
12 S unten Rz 22.
13 Vgl Hamm EWiR 1999, 313, (Klaas).
14 MünchKomm/Hüffer Rz 7.
15 Vgl RGRK/Steffen Rz 4 f; MünchKomm/Hüffer Rz 8; ferner H Krautschneider, Legitimationswirkung ..., 1969, S 29 f, allerdings noch weitergehend: Die in § 808 genannten Rechtsfolgen (insbes Legitimationswirkung) können auch eintreten, wenn ein Gläubiger überhaupt nicht genannt sei.
16 Vgl Rz 8.
17 S § 793 Rz 15; BGH NJW-RR 1999, 898 = VersR 1999, 700.
18 BGH NJW-RR 1999, 898 = VersR 1999, 700, mit dem Hinweis auf die Möglichkeit zur Hinterlegung gem § 372.
19 BGHZ 28, 368, 371; BayObLGZ 1967, 433, 442 = WM 1968, 259, 262 = NJW 1968, 600, 603; RGZ 86, 87; 89, 401, 403.
20 Karlsruhe WM 1995, 378: zu ScheckG Art. 21.
21 Düsseldorf NJW 1987, 654, 655; Köln VersR 1990 1338; Pal/Thomas Rz 7; Staud/Marburger Rz 24; Baumbach/Hefermehl, WertpapierR Rz 81:

Rechtsprechung wiederholte Aussage, dass keine Befreiung stattfindet, wenn der Aussteller die fehlende Berechtigung positiv kannte oder „sonst gegen Treu und Glauben die Leistung bewirkt hat"[22]. Im Wesentlichen geht es hier um die Frage, ob ein Irrtum des Ausstellers entschuldbar ist oder nicht, wobei die Umstände des Einzellfalls berücksichtigt werden[23]. Speziell für Sparbücher wird zum Teil ein erhöhter Sorgfaltsmaßstab angelegt[24], oder es werden besondere Sorgfaltspflichten angenommen[25]. Insofern kommt es aber nicht mehr auf eine Auslegung von § 808 an: nach Nummer 4 der Sonderbedingungen für den Sparverkehr der AGB der Banken[26] ist die Bank verpflichtet, wenn sie die Nichtberechtigung des Vorlegers kennt oder grobfahrlässig nicht kennt, die Legitimation des Vorlegers zu prüfen. Die Legitimationswirkung des Sparbuchs umfasst auch die Kündigungserklärung[27], aber nicht das einvernehmliche Absehen von der Kündigungsfrist.

4 4. **Beispiele**. Ob Urkunden Papiere im Sinne des § 808 sind, entscheidet sich danach, mit welchen Kautelen der Aussteller sich im Hinblick auf die Urkunde gegenüber dem Schuldner verpflichtet. Hierbei sind nicht nur die Erklärungen in der Urkunde selbst, sondern auch sonstige Vereinbarungen (insbesondere AGB), die verkehrstypische Auslegung sowie gegebenenfalls gesetzliche Vorgaben zu berücksichtigen. Mit dieser Maßgabe lassen sich als Papiere im Sinne § 808 einordnen: **Pfandhausscheine**[28]; **Versicherungsscheine mit Inhaberklausel**[29]; in der Regel auch **Seetransportversicherungspolicen**[30]; **Rabattmarkenbücher**[31]; **Fahrscheine**, die (wie zB Netzkarten uÄ) auf den Namen des Berechtigten lauten[32]; **Flugscheine**[33] und Lagerscheine, allerdings nur unter bestimmten Voraussetzungen[34]. Soweit herkömmlich **Sparbücher** zu den (wichtigsten) Papieren im Sinne von § 808 gezählt werden, hat sich die Rechtslage durch Änderung der zugrundelegenden aufsichtsrechtlichen Vorschriften kompliziert, aber grundsätzlich nicht geändert[35]. Die von den Kreditinstituten über die Hereinnahme von Verwahrstücken (in verschlossene Depots) ausgestellten **Empfangsbestätigungen** haben regelmäßig nur Quittungscharakter, können aber auch als qualifizierte Legitimationspapiere ausgestattet sein. Letzteres trifft in der Regel für die sog **Hinterlegungs- oder Depotscheine** zu, die von den Kreditinstituten bei der Hereinnahme von Wertpapieren in offene Depots ausgestellt werden[36]. Für die vor dem Inkrafttreten des Ges vom 16. April 1957 ausgegebenen **Anteilscheine der Kapitalanlagegesellschaften**[37], die teilweise Papiere gemäß § 808 waren, ist die Übergangsbestimmung in § 51 Abs 6 dieses Gesetzes zu beachten[38].

5 5. **Sparbücher**.[39] – a) **Allgemeines**. Die Feststellung, dass auf Sparbücher § 808 anwendbar ist, darf nicht dahin missverstanden werden, dass sie in ihren Merkmalen dieser Vorschrift nachgebildet sind oder gar „Papiere im Sinne von § 808 sind"[40]. Die Vorgaben für die Ausgestaltung von

grobe Fahrlässigkeit schadet; Hueck/Canaris, WertpapierR § 27 III 3, Analogie zu WG Art 40 Abs 3; zustimmend dagegen RGRK/Steffen Rz 45.

22 BGH NJW-RR 1999, 898 = VersR 1999, 700; so auch schon BGHZ 28, 368, 371.

23 Versicherungsunternehmen mit entsprechend zu schulenden Mitarbeitern als Aussteller; anwaltliche Geltendmachung durch den wahren Berechtigten mit zutreffendem Hinweis auf die Rechtslage etc; vgl BGH NJW-RR 1999, 898 = VersR 1999, 700.

24 MünchKomm/Hüffer Rz 15.

25 S dazu unten Rz 28.

26 Nr 2.5 Bedingungen für den Sparverkehr.

27 Nr 2.5 der Bedingungen für den Sparverkehr (Sparkassen); BGHZ 64, 278.

28 Pal/Thomas Rz 1; Erman/Hantl-Unthan Rz 6; BGHSt 27, 160, 163 = NJW 1977, 1352; RGZ 86, 86; Dresden JW 1922, 505, 507.

29 VVG § 4 Abs 1; RGZ 94, 26; 145, 322; Köln VersR 90, 1339; Hamm NJW-RR 1995, 1434; 99, 898: Auszahlung an Nichtberechtigten aus Rentenversicherung mit Todesfallkapital.

30 BGH NJW 1962, 1436 = MDR 1962, 719, 888 (mAnm Sieg).

31 RGZ 73, 107; vgl auch BFH NJW 1960, 982.

32 MünchKomm/Hüffer Rz 10.

33 BGHZ 62, 71 = BGH NJW 1974, 852, 853.

34 RGRK/Steffen Rz 89.

35 S unten Rz 6 f

36 RGZ 118, 34; T Heinsius/Horn/Than DepG, 1975, § 1 Rz 40; RGZ 118, 34, 38; Pal/Thomas § 808 Rz 3; G Opitz DepG, 1955, § 1 Bem 3 Bh.

37 S Rz 23 vor § 793.

38 Hierzu Geßler WM 1957 Sonderbeil 4 S 10, 28; v Caemmerer JZ 1958, 72.

39 Zur wirtschaftlichen Bedeutung von Spareinlagen ausführlich Deutsche Bundesbank Monatsbericht Mai 1997, 43 ff

40 So allerdings Platz, Spareinlagen nach der RechnungslegungsVO S 118.

Sparbüchern ergeben sich aus anderen Vorschriften und den einschlägigen AGB[41], die von den Bedürfnissen des Sparverkehrs auf Bank- und Kundenseite und auch von der überkommenen Praxis geprägt sind; wenn sich letztlich eine Übereinstimmung mit § 808 ergibt, ist dies ein Nebeneffekt[42]. Diese Feststellung gilt heute umso mehr, als die ursprünglichen strikten gesetzlichen Vorgaben mittlerweile weitgehend aufgelöst sind. Insofern sind ältere Aussagen auch mit Vorbehalt zu verstehen.

Als Kernaussage lässt sich auch noch heute aufrechterhalten: Sparbücher sind Urkunden über Forderungen[43] eines Einlegers gegenüber einem Kreditinstitut aus einem besonders qualifizierten Darlehensvertrag[44] und – anders als beim Girokonto – nicht aus unregelmäßiger Verwahrung. Die Frage ist allerdings, worin diese besondere Qualifizierung besteht und welchen Bezug sie zu § 808 hat. 6

Bis zur vierten KWG-Novelle von 1993[45] ergab sich die Qualifizierung aus KWG § 21 Abs 2 u 3, wonach als Spareinlagen nur Gelder angenommen werden durften, die der **Ansammlung oder Anlage von Vermögen**[46] dienen[47]. Zur Abgrenzung diente vor allem das Erfordernis, dass die Einlagen dem Kreditinstitut unbefristet und auf unbestimmte Dauer zur Verfügung stehen mussten. Vor allem um ihre Verwendung zum Zahlungsverkehr auszuschließen, setzte die Eröffnung eines Sparkontos gem KWG § 21 Abs 1 voraus, dass über die Forderung ein **Sparbuch** (oder Sparkarte, Sparschein)[48] als Urkunde ausgestellt wurde, das bei Verfügungen über die Einlage **vorzulegen** war (KWG § 21 Abs 4)[49]. Die vierte KWG-Novelle hat diese Bestimmungen aufgehoben, und zwar mit dem erklärten Ziel einer Liberalisierung[50]. Allerdings wurde die Ausgestaltung von Spareinlagen nicht völlig der Kreditwirtschaft überlassen. Eine gelockerte, aber immer noch bestimmende Vorgabe bildet seither[51] RechKredVO[52] § 21 Abs 4[53]. Geblieben oder sogar neu eingeführt sind als Merkmale der **längerfristigen Vermögensanlage nicht gewerblicher Anleger**: Ausstellung ei-

41 Bekanntmachung Nr 24/93 über die Anmeldung einer Empfehlung des Deutschen Sparkassen- und Giroverbandes zur Neufassung der Bedingungen für den Sparverkehr der angeschlossenen Sparkasseninstitute, Bundesanzeiger 61, 3042; Bekanntmachung Nr 25/93 über die Anmeldung einer Empfehlung des Bundesverbandes deutscher Banken zur Neufassung der Bedingungen für den Sparverkehr der angeschlossenen Banken, Bundesanzeiger 64, 3257; Bekanntmachung Nr 35/93 über die Anmeldung einer Empfehlung der Deutschen Volksbanken- und Raiffeisenbanken zur Neufassung der Sonderbedingungen für den Sparverkehr der angeschlossenen Mitgliedsinstitute, Bundesanzeiger 79, 3957; dazu ausführlich Gößmann, in: Bankrechts-Hb § 71 Rz 1 ff.

42 Vgl auch MünchKomm/Hüffer Rz 24, der allerdings davon ausgeht, dass das Sparbuch notwendig Rektapapier, aber die Liberationswirkung nicht zwingend sei. Das überzeugt umso weniger, nachdem die Vorlegungspflicht als gesetzliche Vorgabe entfallen ist (s u Rz 6).

43 Aus § 488; abweichend vom Girokonto nicht aus einem abstrakten Schuldanerkenntnis; Hamm EWiR 1999, 313, (Klaas); anders eher beiläufig BGH WM 1992, 1522 = WuB I B 2 Verfügungs- und Vertretungsbefugnis 1.93 (Harder mweit Nachw), allerdings zur Rspr betreffend Girokonten.

44 Gößmann, in: Bankrechts-Hb § 70 Rz 19 und § 71 Rz 24.

45 Zu den verschiedenen Stufen der vorhergehenden Deregulierung Platz, Spareinlagen nach der RechnungslegungsVO S 11; ferner Kümpel, Bank- und KapitalmarktR Rz 3.85.

46 Vgl dazu im Einzelnen Platz, Spareinlagen nach der RechnungslegungsVO S 26; ferner schon Celle WM 1986, 820 = WuB I C 2 – 3.86 (Hafke).

47 Vgl dazu Welter, WM 1987, 1117 ff.

48 Celle, WM 1986, 820 = WuB I 2 – 3.86 (Hafke); zum Loseblattsparbuch vgl Steuer Bankbetrieb 1972, 59 ff; zu weiteren Sonderformen G Herbst, Rechtsfragen beim Sparkassenbuch, 1991, S 26 ff.

49 Vgl Welter WM 1987, 1118 ff.

50 BT-Drucks 12/4976, 6; Kümpel, Bank- und KapitalmarktR Rz 3. 85; Gößmann BuB 2/176; Deutsche Bundesbank Monatsbericht Mai 1997, 43, 45; Kaiser WM 1996, 141 ff; Platz, Spareinlagen nach der RechnungslegungsVO S 12 f.

51 Zur Übergangsregelung vgl RechKredVO § 39; Platz, Spareinlagen nach der RechnungslegungsVO S 15.

52 VO über die Rechnungslegung der Kreditinstitute v 10. Februar 1992 (BGBl I, S 203), zul geänd durch VO v 11. 12. 1998 (BGBl I, S 3654).

53 Deutsche Bundesbank Monatsbericht Mai 1997, 43, 45; Gößmann BuB 2/176; zur Grundlage vgl HGB § 330 Abs 2 iVm Abs 1; zum Zustimmungsvorbehalt des Bundestages KWG § 11 Satz 4; Kaiser WM 1996, 141.

nes Sparbuchs[54] mit bestimmten Angaben[55], keine Bestimmung für den Zahlungsverkehr[56], Ausschluss von Kapitalgesellschaften und Handelsgesellschaften als Einleger (neu)[57], unbestimmte Dauer[58], dh (vertragliche)[59] Mindestkündigungsfrist von 3 Monaten[60] mit hieran gekoppelter Verfügungsbefugnis (Kündigungsfreibetrag, vertraglich einzuräumen[61]) von bis zu Euro 2 000 im Monat[62] (RechKredVO § 21 Abs 4 Satz 3)[63]. Anders als nach der Regelung im KWG sind nun die Bezeichnungen „Spareinlage" oder „Sparbuch" nicht mehr geschützt, können also für Einlagen jeder Art eingesetzt werden[64]. Seither lässt sich zwischen „echten" (oder „privilegierten")[65] und „unechten Spareinlagen" differenzieren[66].

7 Mit dem Wegfall der Vorlagepflicht auch für „echte Spareinlagen"[67] ist allerdings eigentlich ein notwendiges Merkmal der Papiere nach § 808 (Abs 2 Satz 1) und ihrer Einstufung als Wertpapier entfallen. Wenn Sparbücher nach wie vor Wertpapiere im Sinne von § 808 sind, folgt dies allein aus den Sparbedingungen, die noch die überkommene Vorlagepflicht vorsehen[68]. Sie ist allerdings ganz erheblich durch Selbstbedienungstechniken (insbesondere mit ec-card) durchbrochen, bei denen zwangsläufig die Vorlagepflicht entfallen muss[69].

54 Kaiser WM 1996, 141, 142; Platz, in: Bankrechts-Hb S 24 u 115: Gebunden, in Loseblattform oder in anderer Form, keine Sparkassenbriefe oder Sparkassenobligationen; Gößmann, in: Bankrechts-Hb § 70 Rz 15; vgl auch BT-Drucks 12/4876, 7 u zum folgenden BAKred-Schreiben v 13. 7. 1998.

55 Ausstellende Sparkasse, Benennung des Gläubigers, Kennzeichnung als Spareinlage, jeweiliger Kontostand, Raum für Eintragungen von Umsatzbewegungen; vgl BAKred-Schreiben v 13. 7. 1998; Kaiser WM 1996, 141, 142 u Platz, Spareinlagen nach der RechnungslegungsVO S 115; fakultative Angaben: Sperrvermerke, Kennworthinweise, Kündigungsvermerke, Bezeichnung des Sparkontos, Legitimationsklausel.

56 Vgl im Einzelnen Kaiser WM 1996, 141, 142; Platz, Spareinlagen nach der RechnungslegungsVO S 25; Gößmann, in: Bankrechts-Hb § 70 Rz 16: keine Verfügung durch Überweisung, Scheck, Lastschrift oder mittels Kreditkarte.

57 Im Einzelnen Kaiser WM 1996, 141, 143 f; Platz, Spareinlagen nach der RechnungslegungsVO S 31 f; Gößmann, in: Bankrechts-Hb § 70 Rz 17, auch zu den Ausnahmen für gemeinnützige, mildtätige und kirchliche Einrichtungen sowie im Falle von Sicherheiten gem BGB § 550 b oder HeimG § 14 Abs 4.

58 Zum Grenzfall der Kündigung unmittelbar nach Einzahlung, die zu einem Sparfestgeld führt, Kaiser WM 1996, 141, 142; Platz, Spareinlagen nach der RechnungslegungsVO S 50; zum entsprechenden Fall der „revolvierenden Kündigung" Kaiser WM 1996, 141, 142; Platz, Spareinlagen nach der RechnungslegungsVO S 53.

59 Mit Aufhebung der KWG-Sparverkehrvorschriften ist die Spareinlage mit gesetzlicher Kündigungsfrist entfallen; vgl Kaiser WM 1996, 141, 142; Platz, Spareinlagen nach der RechnungslegungsVO S 36 f; dort auch zum Wegfall der gesetzlichen Verpflichtung zur Vorschusszinsberechnung S 76 ff.

60 Gößmann, in: Bankrechts-Hb § 70 Rz 18; zum Wegfall der Kündigungssperrfrist nach § 22 KWG aF Platz, Spareinlagen nach der RechnungslegungsVO S 38, 50.

61 Anders als nach der KWG-Regelung, die einen gesetzlich begründeten Kündigungsfreibetrag vorsah.

62 Kalendermonat im Gegensatz zu 30 Zinstagen nach KWG; vgl Kaiser WM 1996, 141, 142; Platz, Spareinlagen nach der RechnungslegungsVO S 41.

63 Im Einzelnen Kaiser WM 1996, 141, 142; Platz, Spareinlagen nach der RechnungslegungsVO S 40; zur Finanzierung durch Darlehen Kümpel, Bank- und KapitalmarktR Rz 3. 92 u Celle I C 2 – 3.86 (Hafke).

64 Deutsche Bundesbank Monatsbericht Mai 1997, 43, 44.; Kümpel, Bank- und KapitalmarktR Rz 3. 88; Kaiser WM 1996, 141; Platz, Spareinlagen nach der RechnungslegungsVO S 18; Gößmann, in: Bankrechts-Hb § 70 Rz 10; ob die Merkmale nach der RechKredVO eingehalten sind, hat alleine Folgen für die Bilanzierung und damit verknüpft die Grundsatzauslastung und die noch existierende nationale Mindestreservehaltung (im Einzelnen aus der Sicht des Jahres 1997 Deutsche Bundesbank Monatsbericht Mai 1997, 43, 45 u aktuell Gößmann, in: Bankrechts-Hb § 70 Rz 11).

65 Gößmann, in: Bankrechts-Hb § 71 Rz 11.

66 Platz, Spareinlagen nach der RechnungslegungsVO S 18.

67 Kaiser WM 1996, 141, 145; Platz, Spareinlagen nach der RechnungslegungsVO S 117 f, wo allerdings doch mit Blick auf die Spareinlagendefinition der Rechnungslegungsverordnung von einem gewissen Vorlegungszwang ausgegangen wird (S 118); dort auch zum grundsätzlich weitergeltenden Hinterlegungsverbot, das im BAK-Schreiben vom 13. 7. 1998 angeführt ist.

68 Vgl etwa Nr 2.2 Satz 2 der Bedingungen für den Sparverkehr (Sparkassen) und Nr 1 Abs 3 Bedingungen für den Sparverkehr der privaten Kreditbanken.

69 Vgl Nr 7 Satz 2 der Bedingungen für den Sparverkehr (Sparkassen).

b) **Gläubiger des Sparguthabens**. Die immer wieder praktisch werdenden Schwierigkeiten bei der Bestimmung des Gläubigers beruhen ua[70] darauf, dass dieser Aspekt für das Kreditinstitut von nachrangiger Bedeutung ist[71] und dass verschiedene Anknüpfungen in Betracht kommen: Angabe (auch eines Dritten)[72] als Kontoinhaber im Kontoeröffnungsantrag und damit Kontoinhaberschaft[73], ausdrückliche formularmäßige Angabe, dass jemand anderes Gläubiger der Guthabenforderung[74] sein soll[75] (als Dritter insbesondere[76] im Sinne eines Vertrages zu Gunsten Dritter), sonstige ausdrückliche oder konkludente Erklärung, dass jemand anderes als der Kontoinhaber Gläubiger sein soll, zB Eintragung einer Person im Sparbuch sowie nicht zuletzt Innehabung des Sparbuchs. In der umfänglichen Rechtsprechung hierzu finden sich Festlegungen und Prioritäten, die nicht immer ein klares Bild ergeben[77]. Als Ausgangspunkt lässt sich festhalten: Der Gläubiger eines Sparguthabens bestimmt sich (im Gegensatz zur Berechtigung aus einem Sparbrief)[78] allein nach **vertragsrechtlichen** Regeln[79]. Entscheidend ist demnach, wer nach dem erkennbaren Willen des Kontoerrichtenden Berechtigter sein soll[80]. Maßgeblich sind also in erster Linie die Angaben im Kontoeröffnungsantrag[81]. 8

70 Eine gewisse Rolle dürfte auch spielen, dass bei Sparguthaben zu Gunsten Kinder und Enkel gewisse Unklarheiten durchaus willkommen sind, da sie bei Bedarf eine steuerlich günstige Lage darstellbar sein lassen (Kinder/Enkel als Berechtigte, die Zinsen wegen der Freibeträge ohne steuerliche Belastung vereinnahmen können; vgl BFH DB 1990, 1311 = BB 1990, 1462), während nach Eintritt der Volljährigkeit bei der Frage der Verfügungsbefugnis gegenüber der Bank ein anderer Standpunkt eingenommen werden kann; zu den Risiken von Konten zu Gunsten Minderjähriger, die bei Volljährigkeit eigene Vorstellungen entwickeln Celle WM 1994, 1069 = WuB I C 2 – 1.95 (Göbel); zu Unklarheiten hinsichtlich der Bedürftigkeit bei Sozialleistungen LSG Rheinland-Pfalz WM 1993, 837 = WuB I C 2 – 4.93 (Scharrenberg).

71 Die Bank kann grundsätzlich an den Inhaber des Sparbuchs befreiend leisten und das Sparbuch kann nicht debitorisch werden; vgl Münch KommHGB/Hadding/Häuser Bd 5 ZahlungsV Rz A 85; ferner: nach Kontoeröffnung kann der Inhaber ohnehin die Guthabenforderung ohne Beteiligung und Wissen des Kreditinstituts nach § 398 abtreten.

72 Vgl dazu Koblenz NJW 1989, 2545 = WM 1989, 565 = WuB I C 2 – 3.89 (Reiser); da es hier um die Stellung als Partner des Darlehensvertrages geht, kommt nicht § 328, sondern nur eine Vertretung in Betracht (mit entsprechender Vertretungsbefugnis oder mit Zustimmung des Dritten).

73 Dies bezeichnet denjenigen, der Vertragspartner des Darlehensverhältnisses mit der Bank ist; vgl MünchKommHGB/Häuser Bd 5 Rz 80; LG Kassel WM 1991, 1950 = WuB I C 3 – 2.92 (Gößmann); Schwintowski/Schäfer, BankR, 1997, § 3 Rz 48; Roth ÖBA 2001, 295, 298.

74 Zur damit gemeinten Unterscheidung zwischen Partner des Schuldverhältnisses im weiteren Sinne und Gläubigerstellung im Schuldverhältnis im engeren Sinne BGHZ 131, 60 = NJW 1996, 190 = WM 1995, 2094 = WuB I B 2 – 2.96 (Lange); MünchKommHGB/Häuser Bd 5 Rz A 80.

75 Vgl zur entsprechenden Formulargestaltung („Gläubiger der Spareinlage ist der Kontoinhaber" mit folgender Leerzeile „Nur ausfüllen, wenn der Kontoinhaber nicht Gläubiger sein soll) Nürnberg WM 1990, 928 = WuB I C 2 – 5.90 (v Rottenburg).

76 Zur Möglichkeit einer gleichzeitigen Abtretung Harder WuB IV A § 331 BGB 2.96.

77 Vgl auch die Übersicht bei Gößmann BuB 2/32.

78 BGHZ 21, 148, 150 = WM 1956, 1129, 1130; BGH WM 1965, 897; BGHZ 46, 198, 199 = WM 1966, 1244; BGH WM 1970, 712; BGH WM 1990, 536 = WuB I C 3 Sonderkonto 4.90 (Schröter); BGH WM 1972, 383; Köln WM 1995, 1956 = WuB IV A. § 331 BGB 2.96 (Harder); Celle WM 1994, 1069 = WuB I C 2 – 1.95 (Göbel); Hamm WM 1991, 984 WuB I C 2 – 2.91 (Denzer); Zweibrücken WM 1990, 754 = WuB I C 2 – 4.90 (Bales); deutlicher Koblenz NJW 1989, 2545 = WM 1989, 565 = WuB I C 2 – 3.89 (Reiser); Hamm WM 1987, 1128 = WuB I C 2 – 11.87 (Welter); Düsseldorf WM 1971, 151 f;.

79 S Rz 1; ferner Canaris NJW 1973, 825, 827.

80 BGHZ 21, 148, 150 = WM 1956, 1129, 1130; BGH WM 1965, 897; BGHZ 46, 198, 199 = WM 1966, 1244; BGH WM 1970, 712; BGH WM 1972, 383; BGH WM 1975, 1200; BGH WM 1990, 536 = WuB I C 3 Sonderkonto 4.90 (Schröter); BGH WM 1994, 731 = WuB I C 2 – 1.94 (Harder); Düsseldorf WM 1971, 151 f; Koblenz NJW 1989, 2545 = WM 1989, 565 = WuB I C 2 – 3.89 (Reiser); Zweibrücken WM 1990, 754 = WuB I C 2 – 4.90 (Bales); Celle WM 1994, 1069 = WuB I C 2 – 1.95 (Göbel); Köln WM 1995, 1956 = WuB IV A. § 331 BGB 2.96 (Harder).

81 Koblenz NJW 1989, 2545 = WM 1989, 565 = WuB I C 2 – 3.89 (Reiser); Nürnberg WM 1990, 928 = WuB I C 2 – 5.90 (v Rottenburg); speziell zu Gemeinschaftssparkonten und der Unterscheidung zwischen Und- und Oder-Konten BGH NJW 1991, 420 = WM 1990, 2067 = WuB I C 3 Sonderkonto 2.91 (Wolff)

9 Schwierig ist demgegenüber einzuschätzen, welche Bedeutung der Besitz am Sparbuch hat, der im Zuge der Eröffnung beim Kontoeröffnenden verbleibt oder einer anderen Person zukommt. Auf jeden Fall bietet dieser Umstand ein Indiz für einen rechtsgeschäftlichen Willen der Beteiligten, der bei unklaren Angaben zum Tragen kommt[82]. Im Übrigen wird der Besitz am Sparbuch in seiner Tragweite unterschiedlich eingeschätzt; das Spektrum reicht von der Möglichkeit dauerhafter Trennung zwischen Sparbuchbesitz und Gläubigerschaft[83] über die Vermutung zu Gunsten des Sparbuchbesitzers[84] bis hin zu dem Standpunkt, dass eine Gläubigerschaft ohne diesen Besitz nicht denkbar sei, so dass selbst eindeutige Angaben bei der Kontoeröffnung verdrängt würden[85].

10 Typisch sind die Fälle, in denen als Kontoinhaber und/oder Gläubiger ein Dritter benannt wird, dem aber das Sparbuch vorenthalten wird. Hier fällt es nicht immer leicht, den maßgeblichen erkennbaren Willen des Kontoeinrichtenden festzustellen. Man sollte im Ausgangspunkt danach unterscheiden, ob der Kontoeinrichtende gesetzlicher Vertreter des Dritten ist oder nicht. Trifft dies nicht zu und ist die Einbehaltung für das Kreditinstitut erkennbar, so ist die Benennung des Dritten grundsätzlich als Absicht zu verstehen, diesem das Guthaben zukünftig zuzuwenden: schenkweise unter Lebenden im Wege der Abtretung mit Übergabe des Sparbuchs, durch Vertrag zu Rechten Dritter oder durch Vermächtnis[86]. Typisch ist insofern die Benennung von Enkeln[87] oder Nichten und Neffen[88]. Anders verhält es sich, wenn der **gesetzliche Vertreter** das Sparbuch an sich nimmt. Hier liegt nicht nur ein anderer erkennbarer Wille nahe[89]; der gesetzliche Vertreter ist in der Regel als Fremdbesitzer zu beurteilen, der dem Minderjährigen den Besitz vermittelt[90]. Hieraus folgt nicht einmal ein Indiz gegen die Berechtigung des Minderjährigen, der als Kontoinhaber oder Gläubiger benannt ist[91]. Besonderheiten gelten bei der **Anlage vermögenswirksamer Leistungen** auf Sparkonten, da im Rahmen der Vermögensbildung nur der Arbeitnehmer Gläubiger sein darf[92].

11 c) **Verfügungen über die Sparbuchforderung** richten sich nach allgemeinen Regeln[93], also insbesondere den §§ 398 ff. Obwohl danach für die Übertragung die Übergabe des Sparbuchs irrelevant ist und das Sparbuch kein Wertpapier im eigentlichen Sinne, für das § 1006 gelten würde[94], deutet nach allgA die Übergabe des Sparbuchs auf eine Abtretung der Einlageforderung

82 Nürnberg WM 1990, 928 = WuB I C 2 – 5.90 (v Rottenburg).
83 BGH WM 1994, 731 = WuB I C 2 – 1.94 (Harder) mit der Annahme eines „lebenslangen schuldrechtlichen Besitzrechts in Bezug auf das Sparbuch" (dazu kritisch Harder, der den Besitz am Sparbuch maßgeblich sein lässt).
84 Hamm WM 1987, 1128 = WuB I C 2 – 11.87 (Welter); Köln WM 1995, 1956 = WuB IV A. § 331 BGB 2.96 (Harder); neuerdings BGH NJW 2005, 980.
85 Düsseldorf WM 1993, 835 = WuB I C 2 – 4.93 (Scharrenberg); entsprechend für den Fall einer Umschreibung ohne Verständigung des neuen Kontoinhabers und ohne Übergabe des Sparbuchs LSG Rheinland-Pfalz WM 1993, 837 = WuB I C 2 – 4.93 (Scharrenberg).
86 So im Ergebnis Köln WM 1995, 1956 = WuB IV A § 331 BGB 2.96 (Harder); mit fragwürdiger Begründung im Ergebnis auch Düsseldorf WM 1993, 835 = WuB I C 2 – 4.93 (Scharrenberg) sowie neuerdings BGH NJW 2005, 980.
87 BGHZ 46, 198, 201 = WM 1966, 1244; BGH NJW 1970, 1181, 1182; WM 1976, 320 f; Koblenz WM 1995, 1953 = WuB IV A § 331 BGB 2.96 (Harder) = NJW-RR 1995, 1074 = MDR 1995, 812; Köln WM 1995, 1956 = WuB IV A § 331 BGB 2.96 (Harder).
88 Köln WM 1995, 1954 = WuB IV A § 331 BGB 2.96 (Harder): Sparbrief.
89 Ausübung des elterlichen Sorgerechts gem § 1626; vgl MünchKommHGB/Häuser Bd 5 Rz A 86; ferner schon BFH WM 1977, 880 f.
90 MünchKommHGB/Häuser Bd 5 Rz A 81.
91 Celle WM 1994, 1069 = WuB I C 2 – 1.95 (Göbel); ähnlich schon Zweibrücken WM 1990, 754 = WuB I C 2 – 4.90 (Bales).
92 ArbG Dortmund BB 1970, 1397.
93 Zur **Abtretung** gemäß den §§ 398 ff s oben Rz 1 u 7.
94 BGH WM 1972, 383 und 701; WM 1973, 39, 41; vgl dort auch zur Wirkung eines Urteils auf Herausgabe eines Sparbuchs.

hin[95]. Im Einzelnen kommt es auf die **Auslegung** dieser (konkludenten) und etwaigen begleitenden Erklärungen an, wobei die Frage der Beweislast keine Rolle spielt[96].

Ein **Geschäft unter Lebenden**, durch das das fehlende Formerfordernis nach § 518 Abs 2 geheilt und die Anwendung von § 2301 ausgeschlossen wird, liegt auch dann vor, wenn die Abtretung mit Blick auf den Tod des bisherigen Inhabers aufschiebend bedingt oder befristet ist oder sich der bisherige Inhaber sich noch Verfügungen zu Lebzeiten vorbehält[97]. **12**

Die **Verpfändung** der Forderung bedarf der Anzeige nach § 1280[98]; die Bedeutung eines Sperrvermerks wurde bereits angesprochen[99]. Die „Verpfändung" des Sparbuchs allein kann nur als die Einräumung eines vertraglichen Zurückbehaltungsrechts angesehen werden[100], wie am Sparbuch auch selbstständig ein **Zurückbehaltungsrecht** begründet sein kann[101]. Die wegen Nichtbeachtung des § 1280 missglückte Verpfändung ist in die Einräumung eines Zurückbehaltungsrechts umzudeuten[102]. **13**

Für die **Pfändung** eines Sparkassenguthabens gelten die ZPO §§ 829 ff, insbesondere § 836 Abs 3[103]. Durch das Zahlungsverbot an den Drittschuldner (das Kreditinstitut) geht insoweit die Legitimationswirkung eines nicht dem Pfändungsgläubiger übergebenen Sparbuchs verloren. Das Kreditinstitut kann mit befreiender Wirkung in Höhe der gepfändeten Beträge also nur noch an den Pfändungsgläubiger zahlen; im Übrigen wird grundsätzlich die Legitimationswirkung des Sparbuchs für den Vorleger weitergelten[104]. Bei der Pfändung von prämienbegünstigten Sparguthaben gilt ein vertraglicher Kündigungsausschluss zu Lasten des Pfändungsgläubigers, der sich nicht auf die Möglichkeit einverständlicher vorzeitiger Rückzahlung berufen kann[105]. Wird ein Sparbuch für mehrere Gläubiger gepfändet, so richtet sich der Rang des Pfändungspfandrechts nach dem Zeitpunkt der Zustellung des Pfändungs und Überweisungsbeschlusses[106]. **14**

d) **Vertrag zu Rechten Dritter**. Von besonderer Bedeutung ist die Bestimmung des Berechtigten durch einen **Vertrag zu Gunsten Dritter auf den Todesfall** im Sinne des § 331[107]. Davon sind die Vollmacht über den Tod hinaus zu unterscheiden[108] und auch die Schenkung unter Lebenden, die auch mit Blick auf den Tod des bisherigen Inhabers bedingt oder befristet sein kann[109]. Nach hM liegt ein Rechtsübergang außerhalb des Nachlasses vor, für den die erbrechtlichen Formvorschriften nicht gelten[110]. In der jüngeren Rechtsprechung ist insofern sogar davon die Rede, dass mit dem Tod die sich aus dem Bezugsrecht ergebende **Anwartschaft** zu einem Bezugsrecht erstarke[111]. Wird für ein Sparguthaben eine Drittbegünstigung vorgesehen, kann sie auch ohne ausdrückliche Wiederholung für einen Sparbrief gelten, der aus Mitteln des Sparguthabens erworben wird, die (ebenso wie zwischenzeitlich die Zinsen) bei Einlösung auch wieder **15**

95 BGH WM 1962, 487; WM 1965, 897, 900; WM 1972, 383 u 701; vgl auch Köln WM 1995, 1956 = WuB IV A § 331 BGB 2.96 (Harder); nach LG München, WM 1976, 627 f soll das Kreditinstitut in der Lage sein, diese Vermutung durch entsprechende Sparbedingungen auszuschließen.
96 BGH NJW-RR 1989, 1282 = WM 1989, 1344 = WuB I C 2 – 4.89 (Reiser).
97 BGH NJW-RR 1989, 1282 = WM 1989, 1344 = WuB I C 2 – 4.89 (Reiser).
98 S § 1280 Rz 1 u 3.
99 S unten Rz 15.
100 RGZ 51, 83, 86; § 952 Rz 8.
101 KG OLG 26, 204.
102 RGZ 51, 83; über den geringen Wert eines Zurückbehaltungsrechts s § 1204 Rz 16.
103 Vgl Stöber, Forderungspfändung, 2002[13], Rz 332 ff.
104 So Fraeb ZBlFG 16, 600.
105 AG Augsburg WM 1976, 916; LG Karlsruhe MDR 1980, 765.
106 AG Berlin-Charlottenburg DGVZ 1992, 62.
107 BGH NJW 2004, 767; NJW 1993, 2171 = WM 1993, 1276; Köln WM 1995, 1954 = NJW-RR 1995, 1224 = WuB IV A § 331 BGB 2.96 (Harder); Frankfurt/M I c 2 – 12.87 (Hammen); ausführlich Muscheler WM 1994, 921, 921; Gößmann BuB 2/146 ff.
108 Düsseldorf WM 1983, 547 f; zur Unterscheidung vom Auszahlungsauftrag BGH WM 1983, 1355.
109 BGH NJW-RR 1989, 1282 = WM 1989, 1344 = WuB I C 2 – 4.89 (Reiser); vgl oben Rz 7.
110 RGZ 88, 137, 138; 106, 1; 128, 187; BGHZ 46, 198, 201 f = NJW 1967, 101 = WM 1966, 1244; 66, 8, 12 = NJW 1976, 749 = WM 1976, 320; BGH NJW 1975, 382 = WM 1975, 115; NJW 1984, 480 = WM 1983, 1356; BGH NJW 2004, 767; KG WM 1979, 928, 929; vgl aber BGH WM 1978, 895 zu landesrechtlichen Formerfordernissen für Verträge mit Sparkassen; anders aber Canaris, BankvertragsR Rz 210 mweitNachw.
111 BGH NJW-RR 1999, 898 = VersR 1999, 700.

dorthin zurückfließen sollten[112]. Bei einem Vertrag zu Rechten Dritter tritt der Erwerb zwar im Regelfall mit dem Tod des Kontoerrichtenden ein[113], aber auch ein anderer Zeitpunkt ist möglich (zB Volljährigkeit des Begünstigten). Auch eine Kombination beider Gestaltungen ist in der Rechtsprechung anerkannt: Der Dritte kann mit dem Tod des Kontoerrichtenden die Forderung erwerben, allerdings mit der Maßgabe eines Sperrvermerks, nach dem bis zu seiner Volljährigkeit keinerlei Verfügungen zulässig sind. Eine vorherige Auszahlung an den Begünstigten oder seinen gesetzlichen Vertreter ist selbst bei Vorlage des Sparbuchs unwirksam[114].

16 Allerdings bedarf insbesondere nach der Rechtsprechung die Zuwendung im **Valutaverhältnis** eines **Rechtsgrundes**[115]. Der somit erforderliche Schenkungsvertrag kommt nach der Rechtsprechung entweder durch Abrede mit dem Dritten oder jedenfalls dadurch zu Stande, dass das kontoführende Kreditinstitut als Bote des Kontoerrichtenden nach dem Tode (§§ 130 Abs 2, 153) dem Begünstigten das Schenkungsangebot übermittelt[116]. Auf den Zugang der Annahmeerklärung kann gemäß § 151 verzichtet werden; es soll auch ausreichen, wenn die Annahme der Bank gegenüber erklärt wird[117]. Mittlerweile sehen die Formulare mit Drittbegünstigungsklausel entsprechende Regelungen vor[118].

17 Nach der Rechtsprechung ist die fehlende Form gemäß § 518 Abs 2 geheilt, weil der Begünstigte die Forderung als Gegenstand der Schenkung mit dem Tode des Erblassers erwirbt[119].

18 Die Schwächen, die der im Übrigen praktisch vorteilhafte und beliebte Weg[120] über einen vom Kreditinstitut vermittelten Schenkungsvertrag mit sich bringt, werden deutlich, wenn die Möglichkeit des oder der Erben berücksichtigt wird, die Willenserklärung des Erblassers zu widerrufen (§ 130 Abs 1 Satz 2)[121]. Es kommt zu einem „Wettlauf" zwischen dem Erben, der widerrufen will, und dem Kreditinstitut als Boten des Erblassers[122]. Als Abhilfe wurde zunächst vorgeschlagen, dass der Schenkungsvertrag bereits durch vollmachtloses Insichgeschäft mit anschließender Genehmigung des Begünstigten zu Stande komme[123]. Solche Konstruktionen lassen jedoch eher den Ansatz der hM fragwürdig erscheinen, die in § 331 zunächst die Möglichkeit formfreier Verfügungen zu Lasten des Nachlasses anerkennt, dies dann aber durch das Erfordernis des Valutaverhältnisses wieder entscheidend abschwächt[124].

112 Köln WM 1996, 1365 = I C 2 – 6.96 (Holzhauer).

113 BGHZ 46, 198, 201 = WM 1966, 1244; BGH NJW 1970, 1181, 1182; BGHZ 66, 8 = WM 1976, 320 f; Koblenz WM 1995, 1953 = WuB IV A. § 331 BGB 2.96 (Harder) = NJW-RR 1995, 1074 = MDR 1995, 812; Köln MDR 1995, 1027, 1027; zum Erwerb von Todes wegen näher unten Rz 10.

114 BGH NJW 1976, 2211 = WM 1976, 1050 f; zum nicht ausreichenden Umfang der Legitimationswirkung in solchen Fällen vgl unten Rz 13 u 14.

115 BGHZ 41, 95, 97 = NJW 1964 1124 = WM 1964, 348; 46, 198, 201 f = NJW 1967, 101 = WM 1966, 1244; BGH NJW 1975, 382, 383 = WM 1975, 115, 116, BGHZ 66, 8, 12 = NJW 1976, 749 = WM 1976, 320; BGH NJW 1975, 382 = WM 1975, 115; NJW 1984, 480 = WM 1983, 1355; NJW 2004, 767; kritisch (vermächtnisähnliche Verfügung Harder FamRZ 1976, 418 ff u Grundzüge des Erbrechts, 1992[3], Rz 437 ff; ders, Zuwendungen unter Lebenden auf den Todesfall, 1968, S 154 ff, 164 ff sowie WuB IV A § 331 BGB 2.96; anders auch ursprünglich das RG: RGZ 80, 175; 88, 137; 98, 279, 106, 1 bis zu RGZ 128, 187).

116 BGH NJW 1965, 1913, 1914; BGHZ 46, 198, 203; BGHZ 66, 8, 13 = NJW 1976, 749, 750; BGH WM 1976, 1130, 1131; Hamm WM 1989, 562 = WuB I C 2 – 2.89 (Reiser); Koblenz WM 1995, 1953 = NJW-RR 1995, 1074 = MDR 1995, 812, 813.

117 Hamm WM 1989, 562, 564 = WuB I C 2 – 2.89 (Reiser).

118 Gößmann BuB 2/420.

119 BGHZ 46, 198, 203; BGH WM 1975, 115, 116 = NJW 1975, 382, 383; NJW 2004, 767; Köln WM 1995, 1954, 1955 = NJW-RR 1995, 1224; vgl auch § 518 Rz 10.

120 Vgl Liesecke WM 1975, 286, 290 f; ohne Beteiligung und Information des Dritten fällt es dem späteren Erblasser leichter, seine Dispositionen wieder zu ändern.

121 Vgl dazu BGH NJW 1975, 382, 384 = WM 1975, 115, 116; WM 1976, 1130, 1131 f.

122 Dazu näher Canaris, BankvertragsR Rz 214.

123 Bühler NJW 1976, 1727; Kümpel WM 1977, 1186, 1193; vgl auch Hager, Festschrift für v Caemmerer, 1978, S 125, 137.

124 Vgl Harder/Welter NJW 1977, 1139; kritisch wegen des Gesichtspunkts der Umgehung Liesecke WM 1975, 286, 292.

In neuerer Zeit sind manche Kreditinstitute dazu übergegangen, in ihren Formularen einen **Ausschluss des Widerrufsrechts** vorzusehen. Dies kann als Verpflichtung zur Nichtausübung des Widerrufsrechts[125] oder als Verzicht auf besagtes Recht gedeutet werden. Konstruktiv werden beide Wege als möglich angesehen, wobei die intendierte Rechtsfolge im ersten Fall über den Weg eines Schadensersatzanspruchs gegen die Erben erreicht wird, der aus der Verletzung der Pflicht zur Nichtausübung des Widerrufsrechts resultiere (§ 280)[126]. Im zweiten Fall soll sich aus der erbrechtlichen Universalsukzession ergeben, dass die Erben an den Widerrufsverzicht des Erblassers gebunden seien[127]. Eine Entscheidung des OLG Celle[128] hat Zweifel hervorgerufen, ob eine solche Vereinbarung wirksam ist[129]. In einem jüngeren Urteil des selben Gerichts ist dagegen die Wirksamkeit eines Widerrufsverzichts ausdrücklich anerkannt worden[130].

Eine Lösung dieses Problems könnte auch darin liegen, die Offerte des Erblassers durch Abbedingung des § 130 Abs 1 schon mit der Abgabe wirksam werden zu lassen. Die Vorverlegung der Wirksamkeit des Antrags wird als zulässig angesehen[131], sodass bei einem solchen Vorgehen die Erben nicht widerrufen können (§ 145)[132].

Eine andere Frage ist, ob die Bank die Zustimmung des Erben zur Ausführung des Rechtsgeschäfts abwarten oder durch Zuwarten den Widerspruch des Erben ermöglichen muss. Im Schrifttum wird gelegentlich aus dem Umstand, dass nach dem Tod des Erblassers der Bevollmächtigte die Erben vertritt, der Schluss gezogen, der Bevollmächtigte müsse nun auf die Interessen des Erben die gebotene Rücksicht nehmen und diese zumindest von der Vollmacht informieren und Weisungen abwarten[133]. Nach Ansicht der Rechtsprechung kommt es bei der postmortalen Vollmacht ausschließlich auf den Willen des Erblassers an, so dass keine Informationspflicht des Bevollmächtigten besteht[134].

Die nach den vorstehenden Grundsätzen ermittelte Berechtigung wird auch für die Entschei- **19**
dung der Frage zu Grunde gelegt, wem **Einkünfte aus Kapitalvermögen** steuerlich zugerechnet werden[135].

Gegen die Ermittlung des Berechtigten anhand des erkennbaren Parteiwillens ist der Einwand **20**
zu großer **Rechtsunsicherheit** anzutreffen. Insbesondere wird auf AO § 154 (Verbot der Einrichtung anonymer Konten) verwiesen[136]. Dagegen ist festzuhalten, dass die Schwierigkeiten bei der Ermittlung des Berechtigten vor allem auf die gesetzlich vorgesehene Möglichkeit zurückzuführen ist, Verträge mit sofortiger oder späterer Wirkung zu Rechten Dritter abzuschließen (§§ 328 ff). Auch ist das zivilrechtlich ohnehin nicht beachtliche steuerrechtliche Verbot anonymer Konten nicht berührt, wenn der Berechtigte auch anhand des erkennbaren Parteiwillens mit der ausreichenden Sicherheit zu ermitteln ist[137]. Allerdings ist nicht zu übersehen, dass die ver-

125 Begründet durch einen Vertrag zu Gunsten Dritter zwischen dem Kunden (als Versprechenden) und dem Kreditinstitut als Versprechensempfänger; vgl Muscheler WM 1994, 921, 938.

126 Muscheler WM 1994, 921, 938, allerdings mit der Einschränkung, dass schon der Erblasser die Verpflichtung auf sich nehmen müsse (keine Verpflichtung nur des Erben außerhalb letztwilliger Verfügungen).

127 BGH WM 1976, 1130, 1132; dazu ausführlich Muscheler WM 1994, 921, 935 (kritisch).

128 Celle WM 1993, 591 = WuB I C 2 – 2.93 (Hadding) (kritisch).

129 So Muscheler WM 1994, 921, 934 ff.

130 Celle WM 1996, 851 = WuB I C 2 – 3.96 (Hadding) zustimmend; ebenso schon Kümpel WM 1993, 825, 828; ders, Bank- und KapitalmarktR Rz 3.220 ff.

131 RGZ 108, 91; Soergel/Hefermehl § 130 Rz 7; MünchKomm/Förschler § 130 Rz 7; Pal/Heinrichs § 130 Rz 19.

132 So ausführlich Kümpel WM 1993, 825, 826.

133 Finger NJW 1969, 1624; Flume, AllgTeil, 1993[4], § 51 5.

134 BGH NJW 1969, 1245 = WM 1969, 702; NJW 1995, 250 = WM 1994, 2190 = JuS 1995, 264 (mAnm Emmerich).

135 BFH WM 1977, 880 f; vgl aber auch BFH WM 1977, 881: keine entsprechende Zurechnung, wenn faktisch nicht im Rahmen elterlicher Vermögenssorge verwaltet wird.

136 Vgl insbes Soergel[10] Rz 8.

137 Vgl Irsfeld, Diss München 1975, mweitNachw; zur Gewährleistung der Kontenwahrheit im Einzelnen Gößmann BuB 2/34 ff.

schiedenen Varianten bei Bestimmung des Berechtigten für den Laien schwer zu durchschauen sind, insbesondere wenn es darum geht, Geld von Kindern oder für Kinder anzulegen (nicht zuletzt auch wegen der steuerlichen Implikationen und des Risikos, dass bei Eintritt der Volljährigkeit das Kind entgegen den Wünschen der Eltern verfügen will). Nach dem OLG Celle gibt es aber keine grundsätzliche Verpflichtung der Kreditinstitute, Eltern im Hinblick darauf, dass jedes Kind einmal volljährig wird, über die unterscheidliche rechtliche Ausgestaltung bei der Anlage von Geldern auf einem Sparkonto oder beim Erwerb eines Sparbriefs auf den Namen eines Kindes ungefragt zu informieren[138].

21 d) **Guthaben und Beweisfragen**. Schreibt ein Kreditinstitut einen Betrag auf einem Sparkonto gut, so liegt darin kein Schuldanerkenntnis, wenn dies auf eine Bareinzahlung des Bankkunden zurückgeht[139]; die Buchung hat nur deklaratorische Bedeutung.[140] Mit guten Gründen lässt sich der Standpunkt vertreten, dass dies für Gutschriften aller Art[141] auf einem Sparkonto zutrifft[142]. In der höchstrichterlichen Rechtsprechung ist in diesem Zusammenhang[143] allerdings – eher beiläufig – von einem Anerkenntnis die Rede[144]. Jedenfalls ist es nach § 812 Abs 1 Satz 1 Alternative 1 kondizierbar, wenn der Rechtsgrund fehlt; der Forderung auf Auszahlung kann die Einrede gem § 821 entgegengesetzt werden[145].

22 Gerichte haben sich immer wieder damit zu befassen, dass um Guthaben gestritten wird, die aus Sicht des Kreditinstituts längst durch Auszahlung erledigt sind (vergessene Sparbücher)[146] Häufig liegt der Grund in möglichen Auszahlungen „aus Kulanz" ohne Vorlage des Sparbuchs und entsprechendem Nachtrag. Typisch sind insofern Streitigkeiten zwischen Erben und Kreditinstitut, das nach Ablauf der Aufbewahrungsfristen in Beweisnot gerät[147].

23 Als beweisrechtlicher Ausgangspunkt ist festzuhalten: Der Kunde trägt die Beweislast für die Höhe seiner Forderung, und er kann sich dazu des Sparbuchs als schlagkräftiges Beweismittel bedienen[148]. Sind die Eintragungen unterschrieben, erbringen sie nach ZPO § 416 den Beweis, dass

138 Celle WM 1994, 1069 = WuB I C 2 – 1.95 (Göbel)

139 Dies folgt schon daraus, dass unter dieser Voraussetzung selbst bei einem Girokonto nur von einer deklaratorischen Gutschrift ausgegangen wird; vgl MünchKommHGB/Häuser Bd 5 Rz B 237; Soergel/Häuser §§ 780, 781 Rz 54.

140 Soergel/Häuser §§ 780, 781 Rz 54 unter Hinweis auf BGHZ 74, 129 = WM 1979, 533.

141 ZB Einzahlungen durch Überweisung von einem Girokonto des Bankkunden oder eines Dritten; ferner Gutschrift von Zinsen und Erlösen sonstiger Anlagen des Bankkunden.

142 Hamm EWiR 1999, 313, (Klaas); das entspricht auch dem deklaratorischen Charakter der Verbriefung in einem Sparbuch (s oben Rz 1).

143 Konkret betreffend die Teilauflösung einer Festgeldanlage durch „Umbuchung" auf ein Sparkonto.

144 BGH WM 1992, 1522 = WuB I B 2 Verfügungs- und Vertretungsbefugnis 1.93 (Harder mweit Nachw): allerdings zu Rspr betreffend Girokonten, die insofern von Sparkonten abweichen.

145 BGH WM 1992, 1522 = WuB I B 2 Verfügungs- und Vertretungsbefugnis (Harder): echte Einrede, die geltend gemacht werden muss).

146 BGH NJW-RR 1989, 1518; BGHZ 151, 47 = NJW 2002, 2707; Hamm WM 1987, 1097 = WuB I C 2 – 10.87 (Welter); AG Köln WM 1986, 672 = WuB I C 2 – 1.86 (Welter); AG Miesbach WM 1986, 1020 = WuB I C 2 – 4.86 (Welter); AG Frankfurt/M NJW-RR 1988, 1007; Hamburg WM 1989, 1681 = WuB I C 2 – 1.90 (Goßmann); Frankfurt/M WM 1990, 496 = WuB I C 2 – 1.90 (Denzer); KG WM 1992, 979 = WuB I C 2 – 1.92 (Wolff); OVG Hamburg WM 1993, 744 = WuB I C 2 – 3.93 (Gramlich); AG Halle/Westf WM 1994, 978; AG Hamburg WM 1993, 1086 = WuB I C 2 – 5.93 (Scharrenberg); LG Oldenburg WM 1998, 1821 = WuB I C 2 – 3.99 (Harbeke); LG Berlin WM 1999, 1319 = WuB I C 2 – 4.99 (Frings); Köln WM 1999, 1166 = WuB I C 2 – 5.99 (Harbeke); zur bilanziellen und steuerlichen Behandlung sog unbewegter Konten BFH NJW 1996, 2886 = BFHE 180, 155 = WM 1996, 1721 = WuB I C 2 (Wischnewsky).

147 Vgl BGHZ 151, 47 = NJW 2002, 2707; LG München WM 1999, 2498 = WuB I C 2 – 1.00 (Batereau); Frankfurt/M WM 1990, 496 = WuB I C 2 – 1.90 (Denzer); LG Oldenburg WM 1998, 2821 = WuB I C 2 – 3.99 (Harbeke); LG Lübeck, WM 1996, 717 = WuB I C 2 – 4.96 (v Feldmann); LG Bonn WM 1995, 2139 = WuB I C 2 – 1.96 (v Feldmann).

148 BGH NJW-RR 1989, 1518; BGH WM 1982, 706, dort auch zur entsprechenden Anwendung des § 410; Frankfurt/M NJW-RR 1989, 1518: WM 1990 496 = WuB I C 2 – 1.90 (Denzer): außergerichtliches Geständnis der Bank; Köln, MDR 1995, 1027; LG Berlin WM 1999, 1319 = WuB I C 2 – 4.99 (Frings); Köln NJW-RR 2001, 188.

der Aussteller die in der Urkunde enthaltenen Erklärungen abgegeben hat[149]. Die Einzahlung ist damit also noch nicht bewiesen, allerdings führt eine Beweiswürdigung gem ZPO § 286 speziell bei Bankquittungen regelmäßig dazu, dass der entscheidende Richter auch davon überzeugt ist, dass der bestätigte Betrag tatsächlich eingezahlt worden ist[150]. Dasselbe Ergebnis liegt auch bei nicht unterschriebenen Eintragungen nahe, die nach ZPO § 286 frei zu würdigen sind[151].

Ist dagegen ein früherer Kontostand unstreitig oder bewiesen und macht das Kreditinstitut eine Auszahlung ohne Vorlage des Sparbuchs geltend, so trägt es insofern grundsätzlich[152] die Beweislast[153]. Auch wenn wegen des Zeitablaufs ein ungünstiger Ausgangspunkt besteht, ist dieser Beweis ausweislich der vorliegenden Rechtsprechung auf Grund der Umstände des Einzelfalls durchaus gelungen[154]. Zum Beispiel kann sich etwa bei Sparprämienverträgen anhand des Ablaufs eine anlagegerechte Auszahlung geradezu aufdrängen[155] oder es sprechen starke Anhaltspunkte dafür, dass das Guthaben im Zeitpunkt der Kontoauflösung nicht mehr bestand[156]. Die Eintragungen in den Handelsbüchern der Bank werden auf dieser Grundlage für maßgeblich gehalten, wenn die Frist für die Aufbewahrung von Auszahlungsquittungen abgelaufen ist[157]. Teilweise wird noch stärker auf den Ablauf von Aufbewahrungsfristen oder den Zeitablauf abgestellt: Nach dem Vorbild des OLG Bamberg in anderem Zusammenhang[158] sieht das LG München die Beweislast nur so lange beim Kreditinstitut, wie die gesetzliche Aufbewahrungsfrist andauert[159]. Es findet sich auch der pauschale Standpunkt, dass das Sparbuch grundsätzlich[160] nach einem längeren Zeitraum (17 Jahre) ohne Eintragungen nicht mehr geeignet sei, den **Beweis** für die Höhe der Darlehensforderung zu **erleichtern**[161]. 24

f) **Verjährung**. Die Fragestellung erledigt sich auch nicht durch eingetretene Verjährung, die im Gegenteil weitere Probleme aufwirft. Während für das **Kapital** nur die dreißigjährige Verjäh- 25

149 Hamm WM 1987, 1097 = WuB I C 2 – 10.87 Welter; WM 1987, 1117, 1121; BGHZ 151, 47 = NJW 2002, 2707.
150 Zum besonderen Beweiswert von Bankquittungen BGH WM 1988, 524 = WuB I D 6 – 1.88 (Reiser); weniger streng LG Ingolstadt WM 1996, 2145 = WuB I C 2 – 1.97 (Harbeke).
151 Hamm WM 1987, 1097 = WuB I C 2 – 10.87 (Welter); Welter WM 1987, 1117, 1121.
152 Eine Ausnahme nimmt BGH NJW-RR 1989, 1518 an, wenn „besondere Umstände" vorliegen; für die allerdings die tatrichterliche Würdigung maßgeblich ist; vgl BGHZ 151, 47 = NJW 2002, 2707.
153 Vgl dazu im Einzelnen Welter WM 1987, 1117, 1121 mweitNachw; LG Wuppertal VuR 1998, 333.
154 Vgl Hamburg WM 1989, 1681 = WuB I C 2 – 1.90 (Gößmann); KG WM 1992, 979 = WuB I C 2 – 1.92 (Wolff); LG Berlin WM 1999, 1319 = WuB I C 2 – 4.99 (Frings); OVG Hamburg WM 1993, 744 = WuB I C 2 – 3.93 (Gramlich); ebenso zur Variante, dass zwar nicht das Sparbuch, aber eine 25 Jahre alte Verpfändungsurkunde vorgelegt wird, die ein bestimmtes Guthaben ausweist Köln WM 1999, 1166 = WuB I C 2 – 5.99 (Harbeke); vgl auch zum Parallelfall eines Sparzertifikats LG Ingolstadt WM 1996, 2145 = WuB I C 2 – 1.97 (Harbeke); als Gegenbeispiel: Frankfurt/M WM 1990, 496 = WuB I C 2 – 1.90 (Denzer).
155 KG WM 1992, 979 = WuB I C 2 – 1.92 (Wolff); zum Sonderfall der Auszahlungsquittung eines Postamts OVG Hamburg WM 1993, 744 = WuB I C 2 – 3.93 (Gramlich).
156 Köln WM 1999, 1166 = WuB I C 2 – 5.99 (Harbeke).
157 LG Berlin WM 1999, 1319 = WuB I C 2 – 4.99 (Frings); zur Beweislastumkehr wegen Zeitablaufs schon BGH WM 1972, 281 ff; nun allerdings dezidiert gegen eine Umkehr der Beweislast nach Ablauf der handelsrechtlichen Aufbewahrungsfrist BGHZ 151, 47 = NJW 2002, 2707.
158 WM 1995, 918 = WuB IV A § 282 BGB 1.95 (Broß): Fall einer angeblich steckengebliebenen Überweisung.
159 LG München WM 1999, 2498 = WuB I C 2 – 1.00 (Batereau): das LG stellt allerdings als maßgeblich darauf ab, dass das betroffene Kreditinstitut ohne Vernichtung oder Entwertung der alten Sparbücher neue Loseblattsparbücher ausgegeben hatte; dezidiert anders nun BGHZ 151, 47 = NJW 2002, 2707.
160 Anders zB wenn der Inhaber im fraglichen Zeitraum aus Altersgründen nicht handlungsfähig war.
161 AG Hamburg WM 1993, 1086 = WuB I C 2 – 5.93 (Scharrenberg); AG Halle/West WM 1994, 978; AG Halle/West WM 1994, 978, allerdings nur als unterstützende Erwägung neben weiteren Indizien; zur bilanziellen und steuerlichen Behandlung sog unbewegter Konten BFH NJW 1996, 2886 = BFHE 180, 155 = WM 1996, 1721 = WuB I C 2 – (Wischnewsky).

rungsfrist infrage kam[162], stand hinsichtlich der **Zinsen** die vierjährige Frist gem § 197 aF zur Debatte. Diese Diskrepanz wurde als unbefriedigend empfunden und forderte zur Abhilfe heraus[163]. In jüngerer Zeit ist die Verjährung sogar noch weiter in den Hintergrund gerückt. Die Verjährungsfrist soll erst mit der Kündigung des Sparguthabens beginnen; § 199 aF sollte nicht anwendbar sein, da auch dem Kreditinstitut als Schuldner ein Kündigungsrecht[164] zustand (im entschiedenen Fall kraft Vereinbarung)[165]. Fraglich ist allerdings, wie sich diese Entscheidungen, die sich teilweise auf Spareinlagen mit vereinbarter längerer Kündigungsfrist beziehen, auf den Regelfall gesetzlicher Kündigungsfrist auswirken können. Insofern kommt es darauf an, ob sich die Kündigungsfrist nicht nur auf den Gläubiger, sondern auch auf das Kreditinstitut als Schuldner bezieht[166]. Allerdings konnte der Sparer **ohne Kündigung** bis zu 3 000 DM innerhalb eines Kalendermonats zurückfordern. Die Verjährung müsste also eigentlich Monat für Monat hinsichtlich weiterer DM 3 000 beginnen[167].

26 Zur Umstellung im Zuge der Währungsunion hat das VG Göttingen mit bedenklicher Begründung entschieden, dass für **DDR-Sparguthaben** die zweijährige Verjährungsfrist nach ZGB-DDR § 474 Abs 1 Nr 2 gilt und dass eingetretene Verjährung die Umstellung ausschließt[168].

27 Zur Verjährungsfrage hat die **Schuldrechtsreform** 2002 eine ganz neue Ausgangslage mit sich gebracht. Die regelmäßige Verjährungsfrist ist auf drei Jahre verkürzt worden (§ 195, Beginn gem § 199 Abs 1 mit Entstehung des Anspruchs und Kenntnis des Gläubigers von den Anspruchsgründen oder seiner grob fahrlässigen Unkenntnis). § 199 aF ist ersatzlos gestrichen worden. Insofern kommt in Betracht, dass der Verjährungsfrist von drei Jahren (!) hinsichtlich des ohne Kündigung auszahlbaren Betrages sogleich nach Vollzug der Einlage beginnt[169]. Damit erschiene das Verjährungsproblem in einem ganz anderen Licht, wäre insbesondere nicht mehr auf Uraltsparguthaben beschränkt. Sieht man den Sparvertrag als unregelmäßige Verwahrung gem § 700 Abs 1 Satz 2 iVm § 488 an[170], löst sich die Frage nach § 695 Satz 2 (Beginn der Verjährungsfrist erst mit Auszahlungsverlangen des Sparers). Geht man von einem Gelddarlehen gem § 488 aus, liegt eine analoge Anwendung nahe.

162 LG München WM 1999, 2498 = WuB I C 2 – 1.00 (Batereau); LG Bonn WM 1995, 2139 = WuB I C 2 – 1.96 (v Feldmann); gem § 199 beginnt die Verjährungsfrist mit der Kündigungsmöglichkeit des Sparers, jedenfalls soweit nicht die ohne Kündigung zu fordernden Beträge betroffen sind.

163 Vgl AG Köln WM 1986, 671 = WuB I C 2 – 1.86 (Welter): nach Gutschrift 30-jährige Frist; LG Kaiserslautern WM 1984, 1604: wegen unterbliebener Gutschrift Anspruch aus pVV mit 30-jähriger Verjährungsfrist; dazu im Einzelnen Welter WM 1987, 1117, 1122: keine Verdrängung spezieller Verjährungsfristen durch Verstoß gegen die Pflicht zur Buchung; Umwandlung des Zinsanspruchs in einen Kapitalanspruch auf Grund Abrede gem § 248 Abs 2 unabhängig von deklaratorischer Buchung; zustimmend BGHZ 151, 47 = NJW 2002, 2707.

164 Dieses Kündigungsrecht kann sich kraft besonderer Vereinbarung ergeben; vgl Schleswig WM 1998, 1578 = WuB I C 2 – 1.98 (van Gelder) oder es wird aus den Sonderbedingungen für den Sparverkehr abgeleitet, die allerdings nur allgemein von einer Kündigungsfrist von drei Monaten sprechen, ohne das Kreditinstitut ausdrücklich zu erwähnen.

165 BGHZ 151, 47 = NJW 2002, 2707; ferner schon LG Lübeck, WM 1996, 717 = WuB I C 2 – 4.96 (v Feldmann); (zustimmend mit ausführlicher Begründung); dagegen LG München WM 1999, 2498 = WuB I C 2 – 1.00 (Batereau); für das Institut, das von einem vor Jahrzehnten getilgten Guthaben ausgeht, aber insofern wegen des langen Zeitablaufs in Beweisnot gerät, muss die Erwägung in der Tat eigenartig erscheinen, es hätte kündigen können und sollen, um die Verjährungsfrist in Gang zu setzen.

166 Dies offenbar bejahend BGHZ 151, 47 = NJW 2002, 2707; vgl Nr 5 Abs 1 Sonderbedingungen für den Sparverkehr: Spareinlagen weisen eine Kündigungsfrist von 3 Monaten auf.

167 Dezidiert anders BGHZ 151, 47 = NJW 2002, 2707, allerdings ohne überzeugende Begründung (das maßgebliche Kündigungsrecht des Kreditinstituts werde dadurch nicht berührt; dieser Gesichtspunkt mag für die Anwendung des § 199 aF relevant sein, aber die Möglichkeit einer Auszahlung ohne Kündigung führt erst gar nicht dazu.

168 VG Göttingen WM 1996, 109 = WuB I C 2 – 2.96 Bankrecht (Welter).

169 Kenntnis des Gläubigers liegt vor.

170 Vgl dazu oben Rz 6.

g) **Befreiung des Schuldners**[171]. Die Befreiungswirkung einer Leistung an den nicht berechtigten Inhaber eines Sparbuchs unterliegt dem gleichen Meinungsstreit wie bei Papieren im Sinne des § 808 im Allgemeinen[172]. Darüber hinaus können sich jedoch aus der Geschäftsverbindung des Einlegers zu dem Kreditinstitut für dieses besondere Sorgfaltspflichten ergeben. Bei einem Verstoß gegen diese Pflichten wird eine Leistung an den Nichtberechtigten entweder als treuwidrig und mithin als unwirksam beurteilt[173] oder es wird dem Einleger ein Anspruch aus positiver Vertragsverletzung gewährt[174]. Nach den AGB (vgl etwa Nr 4 der Sonderbedingungen für den Sparverkehr der Banken[175]) ist eine **grobfahrlässige** Pflichtverletzung erheblich; im Ergebnis scheidet also eine Befreiung der Bank im Falle grober Fahrlässigkeit aus[176]. 28

aa) **Kennwort**. Eine besondere Rolle spielt in diesem Zusammenhang die Sicherheitsmaßnahme eines **Kennworts**[177]. Bei dem Verständnis des Kennworts als Sicherungsmaßnahme ist zu berücksichtigen, dass – auch im Interesse des Berechtigten – das Kreditinstitut nicht an der Auszahlung gehindert sein soll, wenn er das Kennwort vergessen hat oder seine Erben das Kennwort nicht kennen. Dies spricht dafür, in dem fehlenden Kennwort kein unüberwindliches Leistungshindernis zu sehen, das die Legitimationswirkung des Sparbuchs einschränken würde. Vielmehr muss das Kreditinstitut eine Auszahlung grundsätzlich von der Nennung des Kennwortes abhängig machen, und es ist andernfalls gehalten, die Berechtigung des Vorlegenden sorgfältig zu prüfen[178]. Wird das Kennwort nicht genannt, sollte bei verbleibenden Zweifeln der Betrag hinterlegt werden (§ 372)[179]. 29

Abzulehnen ist der in der älteren Rechtsprechung anzutreffende Standpunkt, das Kreditinstitut mache sich bei einer Abhebung schadensersatzpflichtig, anlässlich derer eine Belehrung des wahren Berechtigten erforderlich gewesen wäre, die die missbräuchliche Verwendung des Sparbuchs aufgedeckt hätte[180]. 30

bb) **Sperre und Sperrvermerke**. Eine **Sperre** zur Sicherung eines Dritten (wichtiges Beispiel: Sparguthaben als Mietkaution) geschieht am sichersten in der Weise, dass der Inhaber des Guthabens dieses durch Vereinbarung und Anzeige an das Kreditinstitut (§§ 1274, 1280) verpfändet[181]. Zusätzlich sollte noch das Verhältnis dieses Pfandrechts zum vorher begründeten und vorrangigen[182] AGB-Pfandrecht des Kreditinstituts[183] geklärt werden (zB im Sinne einer Abrede mit 31

171 Grundlage: Nr 2.5 der Bedingungen für den Sparverkehr (Sparkassen).
172 S Rz 3; zur anders gelagerten Frage eines Missbrauchs der Vertretungsbefugnis (Nachlasspfleger), die von Unregelmäßigkeiten begleitet ist Köln WM 1996, 1495 = WuB I C 2 – 3.87 (Fischer).
173 RGZ 89, 401, 403; RGRK/Steffen Rz 46.
174 Düsseldorf HRR 1938 Nr 1109: Zahlungsverbot des Berechtigten wurde innerhalb des Kreditinstitutes nicht weitergegeben; dazu BGHZ 28, 368, 371; ferner Celle NJW 1954 1809, 1811; vgl auch A Irsfeld, Rechtliche Bedeutung von Sparvertrag und Sparbuch, Diss München 1975, S 85 ff u Welter WM 1987, 1117, 1123.
175 Nr 2.5 der Bedingungen für den Sparverkehr (Sparkassen); Nr 1 Abs 4 der Bedingungen für den Sparverkehr, private Banken.
176 Platz, Spareinlagen nach der RechnungslegungsVO S 123; zu Unklarheiten über die Höhe der Forderung im Verhältnis zum Gläubiger und zum Anspruch auf Zinsen vgl LG Kaiserslautern WM 1984, 1604 f.
177 Dazu Kolbenschlag Sparkasse 1967, 39 ff.
178 Anders wohl W Schaarschmidt/Bickel, Legitimationsfragen im Sparkassengeschäft, 1980[7], S 59: Befreiung nur bei Leistung an den wahren Gläubiger; ebenso H Krautschneider, Die Legitimationswirkung des Sparbuchs, 1969, S 24 f; allgemein zur Unterscheidung zwischen der eingeschränkten Legitimationswirkung und zusätzlichen Prüfungspflichten RGRK/Steffen Rz 66 ff, der freilich den Vermerk in der Urkunde als Indiz für eine eingeschränkte Legitimationswirkung sieht.
179 Vgl Rz 41.
180 Celle NJW 1954, 1809, 1811 ; dazu ausführlich H Krautschneider, Die Legitimationswirtkung des Sparbuchs S 64 ff.
181 Canaris NJW 1973, 825, 829, BGH WM 1984, 799, 800 = NJW 1984, 1749; eine gleiche Wirkung hat die Sicherungsabtretung, die allerdings ohne die nach allgemeinen Vorschriften entbehrliche Anzeige das Risiko einer befreienden Zahlung mit sich bringt (unter Vorlage des Sparbuchs oder nach § 407; dazu oben Rz 28 u unten Rz 40).
182 Vgl §§ 1273 Abs 2, 1209.
183 Nr 14 der AGB-Banken.

der Bank, den Pfandgläubiger so zu stellen, als bestünde ihr Pfandrecht nicht[184]). Unter diesen Voraussetzungen hat die Übergabe des Sparbuchs an den Pfandgläubiger keine weitere konstitutive Bedeutung; Entsprechendes gilt für einen Sperrvermerk im Sparbuch. Diese Maßnahmen betreffen nur das Risiko, dass der Inhaber des Guthabens entgegen der Verpfändung[185] unter Vorlage des Sparbuchs Zahlung erlangt und (schuldbefreiend) erhält. Angesichts der Kenntnislage auf Seiten der Bank[186] ist dieses Risiko gering, lässt sich auf diesem Weg aber weiter minimieren oder ausschließen.

32 Eine schwierigere Rechtslage ergibt sich, wenn der Inhaber des Guthabens oder der zu sichernde Gläubiger **ohne** eine wirksame **Verpfändung** einen **Sperrvermerk** durchsetzt[187]. Auf keinen Fall ist damit eine dingliche Wirkung verbunden; insbesondere im Insolvenzverfahren des Inhabers ist der Dritte nicht geschützt. Sein Schutz beruht allein auf schuldrechtlicher Grundlage und ist vor allem durch AGB-Pfandrecht gefährdet. Das OLG Nürnberg geht davon aus[188], dass der zu sichernde Dritte (Vermieter bei Mietkaution), nach Treu und Glauben davon ausgehen kann, dass die Bank sich wegen des erteilten Sperrvermerks nicht auf ihr eigentlich vorgehendes AGB-Pfandrecht beruft[189]. Erst recht würde mit dieser Maßgabe ein Verstoß gegen Treu und Glauben anzunehmen sein, wenn die Bank an den Inhaber des Sparbuchs auszahlen würde. Dies entspricht der Linie in der höchstrichterlichen Rechtsprechung, die die Befreiungswirkung daran knüpft, dass die versprochene Leistung erbracht wird[190]. Für den häufigen Fall, dass der zu sichernde Dritte an der Abrede mit der Bank nicht beteiligt ist, geht das Schrifttum davon aus, dass der Dritte im Sinne eines Rechtes aus § 328 Abs 1 vom Kreditinstitut Unterlassung und Schadenersatz verlangen kann[191]. Da dem Kreditinstitut jedenfalls ein Leistungsverweigerungsrecht zusteht, ergibt sich für den Dritten auch auf dieser Grundlage ein gewisser Sicherungswert, der allerdings hinter einer Verpfändung zurückbleibt.

33 Dementsprechend sind auch **Sperrvermerke** gebräuchlich, nach denen die Leistung nur an den eingetragenen Inhaber oder dessen Erben nach der Legitimation zu erfolgen hat[192]. Entsprechendes gilt für die Angabe, dass eine Auszahlung vor einem bestimmten Termin nicht erfolgen dürfe[193]. Zwar kann auch ein solcher Vermerk als Zusatzvereinbarung einverständlich aufgehoben werden; für die Berechtigung hierzu gilt jedoch nicht die Legitimationswirkung des Sparbuchs[194]. Sie kann sogar (statt dem Berechtigten) dem Versprechensempfänger oder seinen Erben vorbehalten sein, wenn zB eine Forderung einem Enkel im Sinne von § 328 oder § 331 zusteht, über die vor dessen Volljährigkeit nicht verfügt werden soll[195]. Auch die Vorlage des Reisepasses des Berechtigten legitimiert den Inhaber des Sparbuches nicht, die Kontosperre aufzuheben[196].

34 Als Maßregel im Sinne des § 1667 kann den Eltern aufgegeben werden, ein Sparbuch über die Forderung ihres Kindes mit einem Sperrvermerk zu versehen[197].

184 Ein Rangrücktritt mit dinglicher Wirkung ist nicht möglich; vgl Canaris NJW 1973, 825 ff.
185 Vgl §§ 1281, 1282.
186 Durch Anzeige bei der Verpfändung, insofern kann die Lage bei der Abtretung anders sein.
187 Vgl den Fall Nürnberg WM 1998, 1968 = WuB I C 2 – 2.91 (Heemann); ferner BGH NJW 1984, 1749 = WM 1984, 799.
188 Allerdings zur Verpfändung auf bemerkenswerten Irrwegen; vgl dazu Anm Heemann WuB I C 2 – 2.91.
189 WM 1998, 1968 = WuB I C 2 – 2.91 (Heemann); anders Canaris NJW 1973, 825, 830 (zustimmend Heemann).
190 Vgl dazu unten Rz 37 u Kümpel, Bank- und KapitalmarktR Rz 3.96.
191 Bork NJW 1981, 905, 906; Kollhosser ZIP 1984, 389 ff; Canaris, BankvertragsR Rz 255, 260.
192 Vgl Schaarschmidt/Bickel, Legitimationsfragen im Sparkassengeschäft, 1980[7], S 59.
193 Dazu BGH NJW 1976, 2211, 2212 = WM 1976, 1050.
194 BGHZ 28, 368, 372 = NJW 1959, 622; 64, 278, 287; NJW 1957, 1507, 1509; BGH NJW 1976, 2211, 2212; vgl dazu oben Rz 16; zu Sonderbestimmungen über die Person des Antragsberechtigten Schaarschmidt/Bickel, Legitimationsfragen im Sparkassengeschäft S 60.
195 BGH NJW 1976, 2211, 2212.
196 BGH WM 1988, 1478 = EWiR 1988, 779 = NJW-RR 1988, 2100 = WuB I C 2 – 5.88 (Welter).
197 BayObLG WM 1976, 1203, 1205; vgl auch Celle WM 1988, 1741 = WuB I C 2 – 1.89 (Engau): Sperre bei Gebrechlichkeitspflegschaft.

Ein Sonderfall der Sperre liegt darin, dass der Inhaber eines Oder-Kontos[198] durch „Sperrung" Verfügungen des anderen Kontoinhabers verhindern will. Ob diese Befugnis allein aus der Gesamtgläubigerschaft[199] und der damit verbundenen alleinigen Verfügungsbefugnis folgt, hat die Rechtsprechung offen gelassen[200]. Auf jeden Fall soll aber das in der Kontoeröffnung gegenseitig eingeräumte Recht genügen, das Oder-Konto auf sich umschreiben zu lassen[201]. Die Wirkung tritt nach dieser Rechtsprechung aber jedenfalls erst ein, wenn das Kreditinstitut (pflichtgemäß) zustimmt. 35

Eine andere Bedeutung hat die „Sperre", die als organisatorische Maßnahme des Kreditinstituts dazu dienen soll, insbesondere nach einer Diebstahlmeldung des Kunden institutsweit zu verhindern, dass gegen Vorlage des Sparbuchs ausgezahlt wird. Sie berührt grundsätzlich die wertpapierrechtliche Legitimationswirkung nicht[202]. Mit der Annahme und Ausführung einer „Sperre" übernimmt das Kreditinstitut noch nicht das Risiko, unabhängig vom Verschulden keinesfalls befreit zu werden, insofern ist eine solche „Sperre" auch in zeitlicher Hinsicht zu unbestimmt[203]. Die Wirkung einer solchen „Sperre" besteht vielmehr darin, dass sich mit der Meldung des Kunden besondere Pflichten des Instituts ergeben, die bei Auszahlung an den Inhaber des Sparbuchs zumindest[204] zu grober Fahrlässigkeit[205] führen können, die eine Befreiung ausschließt[206]. Zu einer „Sperre" im eigentlichen Sinn kommt es in diesem Fall nur, wenn in ein solches Sparbuch bei Vorlage ein Sperrvermerk eingetragen wird (zB auf Grund landesrechtlicher Vorschrift)[207]. 36

cc) **Auszahlung entgegen gesetzlichen Kündigungsfristen**. Besondere Bedeutung hatte die Frage, ob und inwieweit die Legitimationswirkung des Sparbuchs auch Abhebungen umfasst, die **gesetzlichen Kündigungsfristen widersprechen**[208]. Hierauf beruhte die Rechtsprechung des BGH, nach der sich das **Kreditinstitut** durch **vorzeitige Leistungen** an **den Nichtberechtigten** ohne Beachtung der Kündigungsfristen nicht befreit, weil es sich nicht um die **versprochene** Leistung im Sinne des § 808 handele[209]. Noch weiter gehend hat der BGH den Versuch der Kreditinstitute vereitelt, durch vertragliche Regelung die Legitimationswirkung auch auf das Absehen von der gesetzlichen Kündigungsfrist zu erstrecken. Weil dies gegen KWG § 22 Abs 1 verstoße, sei eine solche Abrede gemäß § 134 nichtig[210]. Dieser Rechtsprechung ist durch die Abschaffung der KWG §§ 21–22a der Boden entzogen worden; allerdings ist die Legitimationsklausel in den 37

198 Zur Ausgleichungspflicht bei Auflösung eines Oder-Sparkontos Düsseldorf WM 1998, 550 = WuB I C 3 – 1.98 (Hertel).
199 Vgl Düsseldorf WM 1998, 550 = WuB I C 3 – 1.98 (Hertel).
200 BGH NJW 1991, 420 = WM 1990, 2067 = WuB I C 3 Sonderkonto 2.91 (Wolff).
201 BGH NJW 1991, 420 = WM 1990, 2067 = WuB I C 3 Sonderkonto 2.91 (Wolff).
202 Anders Gößmann BuB 2/219; Düsseldorf NJW 1987, 654; vgl Welter WM 1987, 1117, 1124; ebenso dann auch BGH WM 1988, 1478 = EWiR 1988, 779 = NJW-RR 1988, 2100 = WuB I C 2 – 5.88 (Welter mit näherer Kritik).
203 Vgl Welter WM 1987, 1117, 1124.
204 Von „Bösgläubigkeit" geht Gößmann BuB 2/219 aus, wobei er allerdings kurz davor annimmt, dass die Legitimationswirkung des Sparbuchs ohnehin entfallen sei; dann kommt es freilich auf „Bösgläubigkeit" sowieso nicht an.
205 Vgl oben Rz 3 u 28.
206 Welter WM 1987, 1117, 1124; LG Osnabrück WM 1987, 1160 = WuB I C 2 – 9.87 (Welter mit dem Hinweis auf die Parallele zur Schecksperre); AG Frankfurt/M WM 1990, 501 = WuB I C 2 – 2.90 (Bales).
207 Vgl im Einzelnen Welter WuB I C 2 – 5.88.
208 Vgl Welter WM 1987, 1117, 1123.
209 BGHZ 28, 368, 371; 42, 302, 304 = NJW 1965, 247; BGHZ 64, 278, 281 = NJW 1975, 1507, 1509; BGH NJW 1986, 2104, 2106: für Postsparbuch; BGH NJW 1991, 420 = WM 1990, 2067 = WuB I C 3 Sonderkonto 2.91 (Wolff); zustimmend Pflug ZHR 140 (1976), 175 ff u Baumbach/Hefermehl, WertpapierR Rz 88; aA Düsseldorf NJW 1987, 654 (obiter dictum); Hueck/Canaris, WertpapierR § 27 III 3; Thierfelder NJW 1959, 1071; Rötelmann NJW 1961, 1311; Sprengel MDR 1965, 261; Flume JZ 1965, 182; Herbst Spark 1965, 305; Canaris, BankvertragsR Rz 1187 mweitNachw.
210 BGHZ 64, 278, 281 = NJW 1975, 1507 = WM 1975, 733, 735; ebenso zu einer Abrede über den Verzicht auf Vorschusszinsen LG Ravensburg WM 1986, 1522; Welter WM 1987, 1117, 1124 mweitNachw.

Sparbedingungen[211] unverändert geblieben und damit nach wie vor auf fällige Zahlungen beschränkt[212].

Auch wenn diese Einschränkung entfiele: Für die Frage, ob eine versprochene Leistung im Sinne des § 808 vorliegt, hat der BGH ausdrücklich auch **vertraglich vereinbarte Kündigungsfristen für maßgeblich** erklärt[213]. Die Legaldefinition für Spareinlagen in RechKredV § 21 Abs 4 sieht eine vorzusehende vertragliche Mindestkündigungsfrist von drei Monaten vor. Nach Nr 2 Abs 3 der Sonderbedingungen für Sparkonten können auch bis zu 2 000 € **ohne Einhaltung der Kündigungsfrist** je **Kalendermonat**[214] zurückgefordert werden, sodass jedenfalls bis zu dieser Höhe die Kreditinstitute befreiend auch an Nichtberechtigte leisten können. Für weitere Beträge müsste die Legitimationsklausel entsprechend gefasst sein (nunmehr ohne Begrenzung gem § 134, freilich vorbehaltlich AGB-Kontrolle). Andererseits kann bei entsprechender Gestaltung des Kündigungserfordernisses (kein Kündigungsfreibetrag) diese Befreiungsmöglichkeit auch ganz entfallen[215].

Vereinbaren Bank und Kontoinhaber einen Ausschluss der Legitimationswirkung bei Abhebungen über einen bestimmten Monatsbetrag ohne vorausgegangene Kündigung, so ist umstritten, ob bei einer darüber hinausgehenden Abhebung insgesamt[216] oder nur im Hinblick auf den überschießenden Betrag[217] die Befreiung versagt wird.

38 Wenn man dem kundenfreundlichen Ansatz des BGH folgt, die Legitimationswirkung nach § 808 Abs 1 nur auf den Abruf der ursprünglich geschuldeten Leistung zu beschränken, sollte es den Kreditinstituten allerdings nicht von vornherein verwehrt werden, das **Risiko missbräuchlicher Verwendung** von Sparbüchern im Hinblick auf den Sockelbetrag auf den Kunden abzuwälzen[218]. Sachgerechte Grenzen, die insofern den berechtigten Interessen des Kunden Rechnung tragen, ergeben sich aus den Grenzen der Befreiungswirkung[219] oder aus dem AGBG.

39 dd) **Leistung an eine beschränkt geschäftsfähige oder geschäftsunfähige Person**. Bei der Leistung an eine beschränkt geschäftsfähige[220] oder **geschäftsunfähige Person** soll nach hM auch die Legitimationswirkung eingreifen[221].

40 ee) **Geltung von § 407**. Es ist umstritten, ob die Bank auch ohne Vorlage des Sparbuchs an Nichtberechtigte leisten kann. Hierbei geht es in erster Linie um den Fall, in dem das Kreditinstitut **ohne Vorlage des Sparbuchs** an den Altgläubiger zahlt, der seine Forderung (mit Übergabe des Sparbuchs) abgetreten hat. Das Institut wird befreit, wenn die Bank sich gegenüber dem

211 Nr 2.5 der Sparbedingungen (Sparkassen); AGB-Banken § 1 Abs 4.

212 Platz, Spareinlagen nach der RechnungslegungsVO S 121; in diesem Sinne auch Koblenz OLGR-Rep 1999, 286.

213 BGH WM 1975, 733, 735; vgl auch Kümpel, Bank- und KapitalmarktR Rz 3.97.

214 Also am Monatsende/Monatsanfang DM 6 000 innerhalb von zwei Bankarbeitstagen; vgl Platz, Spareinlagen nach der RechnungslegungsVO S 122.

215 Platz, Spareinlagen nach der RechnungslegungsVO S 122.

216 So noch zu KWG § 22 Abs 1 aF: Hamm NJW 1961, 1311 mweitNachw; LG Hildesheim, MDR 1967, 762; LG Essen WM 1987, 1452 = WuB I C 2. (Welter); BayObLGZ 1967, 433, 442 = WM 1968, 259, 262 = NJW 1968, 600, 603; LG Hamburg NJW 1983, 1860 = WM 1983, 577; LG München WM 1985 = WuB i C 2 – 1.85 (Welter); offenbar auch BGH NJW 1991, 420 = WM 1990, 2067 = WuB I C 3 Sonderkonto 2.91 (Wolff).

217 So noch zu KWG § 22 Abs 1 aF: BayObLGZ 1967, 433, 440 = NJW 1968, 600, 602 = WM 1968, 259, 261 Spark 1968, 276 (mAnm Herbst); LG Hildesheim MDR 1967, 762; LG Hamburg WM 1987, 9 = WuB I C 2 – 1.87 (Welter); Hamm WM 1989, 562 = WuB I C 2 – 2.89 (Reiser); RGRK/Steffen Rz 52; Welter WM 1987, 1117, 1124; nach Gößmann auch BGH WM 1986, 608 = WuB I C 2 – 2.87 (Gößmann).

218 Vgl dazu und zu weiteren rechtspolitischen Überlegungen Koller, Gutachten S 1466.

219 Vgl oben Rz 28.

220 Allgemein zu Rechtsfragen betreffend den minderjährigen Sparer Gößmann BuB 2/186.

221 Gößmann BuB 2/187; Dunz JuS 1962, 139; Westermann FamRZ1967, 645, 652; Krautschneider, Die Legitimation des Sparbuchs S 91 u 93; ferner BayObLGZ 1967, 433, 437 zu landesrechtlichen Regeln Düsseldorf WM 1971, 231, 233; anders Canaris, BankvertragsR Rz 1186; vgl auch § 793 Rz 15.

Berechtigen[222] auf § 407 berufen kann. Im Schrifttum ist versucht worden, die Frage anhand der wertpapierrechtlichen Qualifikation des Sparbuchs zu beantworten. Für das Sparbuch als Wertpapier im weiteren Sinne sei wegen dieser Einordnung die Anwendung von § 407 ausgeschlossen[223]. Dagegen war schon unter Geltung von KWG §§ 21, 22 einzuwenden, dass der hierzu angeführte Vorlegungszwang auf Grund dieser Bestimmungen nicht lückenlos und auch nicht im Verkehrsschutz begründet war, sondern darauf abzielte, den Missbrauch der Spareinlage zu Zwecken des Zahlungsverkehrs zu verhindern[224]. Überzeugender ist es, an die Erklärung des Ausstellers anzuknüpfen und danach zu entscheiden, ob sich hieraus eine Obliegenheit ableiten lässt, nur gegen Vorlage des Sparbuchs zu leisten, auf die sich ein Zessionar verlassen kann[225]. Solange ausdrücklich oder konkludent auf die gesetzliche Vorlagepflicht nach KWG § 21 aF verwiesen wurde, ließ sich dies mit gutem Grund verneinen[226], zumal umfängliche Ausnahmen von der Vorlagepflicht vorgesehen waren. Die heute gebräuchlichen Formulierungen[227], die nicht mehr auf einer gesetzlichen Vorlagepflicht beruhen und auch keine Ausnahmen vorsehen, deuten allerdings stark auf eine solche Obliegenheit hin[228]. Die Tragweite dieser Fragestellung ist freilich dadurch abgeschwächt, dass bei Nichtanwendung von § 407 die Auszahlung an den bisherigen Gläubiger einen Bereicherungsanspruch entstehen lässt, der durch das bei Kontoeröffnung begründete AGB-Pfandrecht gesichert ist. Dieses Pfandrecht muss sich auch der Zessionar entgegenhalten lassen[229].

Besteht **Ungewissheit über den wahren Gläubiger**, so kann nur durch Hinterlegung nach § 378[230] die Leistungspflicht erlöschen. Bei entsprechenden Zweifeln bietet die Liberationswirkung keine Abhilfe[231]. Jedoch ist das Kreditinstitut andererseits auch nicht zur Hinterlegung berechtigt, solange keine Ungewissheit über den Gläubiger besteht[232]. 41

h) **Vorbehalt für die Landesgesetzgebung**. EGBGB Art 99[233] sieht einen **Vorbehalt für die Landesgesetzgebung** betreffend die öffentlichen Sparkassen vor. § 808 ist davon allerdings ausdrücklich nicht berührt[234]. 42

6. **Aufgebot**. Papiere im Sinne von § 808 und damit insbesondere das Sparbuch sind als qualifiziertes Legitimationspapiere gem § 808 Abs 2 Satz 2 dem **Aufgebotsverfahren** zugänglich. Das 43

222 Er kann ansonsten die Forderung als Inhaber unter Vorlage des Sparbuchs geltend machen.
223 Vgl Zöllner, WertpapierR § 3 IV 2., S 20; Kümpel, Bank- und KapitalmarktR Rz 3. 103; ders WM 1983 Sonderbeil 6 S 11; unter Berufung auf die Wertpapiereigenschaft des Sparbuchs Hueck/Canaris, WertpapierR § 27 III 2; Canaris, BankvertragsR Rz 1183; Koller, Gutachten S 1464; ähnlich auch Irsfeld, Diss München 1975, S 46.
224 Welter WM 1987, 1117, 1119; Schraepler NJW 1973, 1864; Baumbach/Hefermehl, WertpapierR Rz 86; insofern anders MünchKomm/Hüffer Rz 24; anders nun aus österreichischer Sicht Roth ÖBA 2001, 295, 296.
225 Welter WM 1987, 1117, 1119; in diesem Sinne auch MünchKomm/Hüffer Rz 24.
226 Vgl Welter WM 1987, 1117, 1119 (allerdings abhängig von der einzelnen Formulierung); LG Augsburg WM 1983, 717, 718; LG Krefeld WM 1980, 351; Schraepler NJW 1973, 1864, 1865; vgl auch schon Sprengel DR 1943, 1209 u Reiß ZgesKredW 1963, 191; nach den jeweiligen Geschäftsbedingungen differenzierend Liesecke WM 1975, 286, 298 u wohl auch Hamm WM 1984, 801, 802 (mAnm Kümpel); anders Irsfeld, Diss München 1975; differenzierend unter Rückgriff auf die seinerzeit vorgesehenen Ausnahmen von der Vorlagepflicht Koller, Gutachten S 1465.
227 „Die Rückzahlung von Spareinlagen und die Auszahlung von Zinsen können nur gegen Vorlage des Sparkassenbuchs verlangt werden" (Bedingungen der Sparkassen für den Sparverkehr Nr 2.2); bei Auszahlungen ist das Sparbuch vorzulegen (Bedingungen der Banken für den Sparverkehr Nr 1 Abs 3).
228 AG Frankfurt/M NJW-RR 1999, 1007; vgl auch schon Hamm WM 1984, 801 (mAnm Kümpel: zustimmend); nach Ansicht von Gößmann, in: Bankrechts-Hb § 71 Rz 44 f soll sich dagegen an der Anwendbarkeit von § 407 nichts geändert haben; ebenso Gößmann BuB 2/204 unter Hinweis auf die nicht beabsichtigte Fungibilität des Sparguthabens.
229 Vgl im Einzelnen Kümpel WM 1981 Sonderbeil 1 S 15; Welter WM 1987, 1117, 1120; Baumbach/Hefermehl, WertpapierR Rz 86; anders wohl Koller, Gutachten S 1465.
230 Vgl dazu Köln WM 1996, 1365 = I C 2 – 6.96 (Holzhauer).
231 Vgl Rz 3.
232 Düsseldorf WM 1994, 2236.
233 Vgl Soergel/Hartmann EGBG Art 99 Rz 1.
234 Vgl Soergel/Hartmann EGBG Art 99 Rz 3.

Verfahren richtet sich grundsätzlich nach ZPO § 1023[235]. EGBGB Art 102 Abs 2 enthält einen Vorbehalt für die Landesgesetzgebung[236]. Die Parteien können jedoch auch jede andere Art der Kraftloserklärung vereinbaren[237]. Wird ohne Kraftloserklärung ein neues Sparbuch ausgestellt, kann hierfür ein Entgelt vereinbart werden[238].

44 Bei Abhandenkommen von **Versicherungsscheinen** gelten VVG § 3 Abs 2 und § 4.

45 Bei **Postsparbüchern** galt zunächst das besondere Aufgebotsverfahren gem Postsparkassenordnung[239] § 9 Abs 2 u 3. Es galt nicht ausschließlich[240], sondern ging dem gerichtlichen Aufgebotsverfahren nur vor, ohne es auszuschließen[241]. Die PostSpO wurde mit Wirkung zum 1. Juli 1991 durch PostVerfG § 65 Abs 1[242] aufgehoben, sodass heute kein besonderes Aufgebotsverfahren mehr für Postsparbücher besteht. Die Rechtsbeziehungen zwischen der Postbank und den Kunden sind rein privatrechtlich ausgestaltet. Hier nicht relevante Besonderheiten der Postbank bestehen zum Teil noch gem KWG § 64.

235 Vgl im Einzelnen Klein WuB IV C. § 8 AGBG 1.98 Bürgerliches Recht/AGBG.

236 S dazu RGRK/Steffen Rz 80; Koller, Gutachten S ferner Lang Spark 1966, 176 zur Kraftloserklärung von Sparkassenbüchern; Klein WuB IV C. § 8 AGBG 1.98 Bürgerliches Recht/AGBG sowie LG Lüneburg WM 1997, 416 = WuB I A 3. Nr 17 AGB-Sparkassen 1993 1.97 (Langbein).

237 Dazu Klein WuB IV C. § 8 AGBG 1.98 Bürgerliches Recht/AGBG.

238 BGH NJW-RR 1998, 1661 = WM 1998, 1623 = WuB I A 3 Nr 17 AGB-Sparkassen 1993 1.99 (Sonnenhol): keine Inhaltskontrolle gem § 8 AGB; vgl auch schon Celle WM 1998, 651 = WuB IC C. § 8 AGBG (C Klein) und LG Lüneburg WM 1997, 416 = WuB I A 3. Nr 17 AGB-Sparkassen 1993 (Langbein).

239 Vom 24. April 1986 (BGBl I, S 626) zuletzt geändert 22. März 1989 (BGBl I, S 546).

240 LG Hagen MDR 1948, 215 noch zur Postsparkassenordnung v 11. November 1938.

241 Kleinrahm MDR 1948, 216; Pal/Thomas § 808 Rz 8.

242 Vom 8. Juni 1989 (BGBl I, S 1026), zuletzt geändert am 24. Juni 1991 (BGBl I, S 1314), mittlerweile abgelöst durch Gesetz über die Regulierung der Telekommunikation und des Postwesens (PTRegO) vom 14. September 1994 (BGBl I, S 2325, 2371) mit Wirkung zum 1. 1. 1995).

Titel 25

Vorlegung von Sachen

§ 809 Besichtigung einer Sache

Wer gegen den Besitzer einer Sache einen Anspruch in Ansehung der Sache hat oder sich Gewissheit verschaffen will, ob ihm ein solcher Anspruch zusteht, kann, wenn die Besichtigung der Sache aus diesem Grunde für ihn von Interesse ist, verlangen, dass der Besitzer ihm die Sache zur Besichtigung vorlegt oder die Besichtigung gestattet.

Schrifttum: A Dierschke, Die Vorlegung von Sachen zur Besichtigung, 1901; E Siegel, Vorlegung von Urkunden im Prozeß, 1904; Starck, Beweislast bei der Klage auf Vorlegung, Recht 1913, 631; Hillig, § 809 BGB und seine Beziehungen zum Urheberrecht, JW 1916, 474; Leppin, Besichtigungsanspruch und Betriebsgeheimnis, GRUR 1984, 552, 695, 770; Grimme, Der Anspruch auf Einsichtnahme in (Vertrags-) Urkunden nach § 810 BGB, JA 1985, 320; Brandi-Dohrn, Probleme der Rechtsverwirklichung beim Schutz von Software, CR 1987, 835; Meyer-Dulheuer, Der Vorlegungsanspruch bei biotechnologischen Erfindungen, GRUR (Int) 1987, 14; Marshall, Der Besichtigungsanspruch, in: Festschr für A Preu, 1988, S 151; Schilken, Ansprüche auf Auskunft und Vorlegung von Sachen im materiellen Recht und im Verfahrensrecht, Jura 1988, 525; Derleder/Wosnitza, Auskunftspflichten der Banken beim Teilzahlungskredit, ZIP 1991, 901; Kiethe, Das Informationsrecht des ausscheidenden GmbH-Gesellschafters, DStR 1993, 1708; Bork, Effiziente Beweissicherung für den Urheberrechtsverletzungsprozeß, NJW 1997, 1665; Bürge, Der Kupolofen-Fall – zwischen Beweislastverteilung und Auskunftsanspruch, in: Festschr für G Lüke, 1997, S 7; Tillmann/Schreibauer, Die neueste BGH-Rechtsprechung zum Besichtigungsanspruch nach § 809 BGB, GRUR 2002, 1015; dies, Beweissicherung vor und im Patentverletzungsprozess, Festschr für Erdmann, 2002, S 901; Saß, Die Beschaffung von Informationen und Beweisen – Eine Untersuchung zum Anwendungsbereich der §§ 809, 810 BGB im Spannungsfeld zwischen Besichtigung- und Geheimhaltungsinteressen, 2002; Selke, Besichtigungsrecht des Grundpfandberechtigten, ZfIR 2003, 89.

Zum Schrifttum über das Recht auf **Einsicht in die Krankenunterlagen** und eine **ärztliche Dokumentationspflicht** s § 810 vor Rz 10.

1. **Allgemein zur Vorlegung von Sachen**. Wer einen Anspruch verfolgen und sich vorher vergewissern will, ob er ihm zusteht, hat häufig ein Interesse daran, Sachen, insbesondere Urkunden, zu besichtigen, die ein anderer im Besitz hat. Steht er zu dem Besitzer in einem besonderen Rechtsverhältnis, so gewähren ihm oft die für diese Rechtsverhältnisse geltenden Sonderbestimmungen einen entsprechenden Anspruch, zB die §§ 259, 260; 402, 410, 444, 716, 1799; HGB §§ 87c Abs 4, 118, 157, 166; GmbHG § 51a; AktG § 67 Abs 5. In anderen Fällen steht seinem Interesse der Anspruch des Besitzers entgegen, seine Rechtsverhältnisse vor fremden Einblicken zu schützen. Wieweit ausnahmsweise dieses Recht des Besitzers dem Interesse des Dritten weichen soll, ist in den §§ 809ff bestimmt. Sie enthalten eine **erschöpfende Aufzählung** derjenigen Fälle, in denen allgemein das Recht gewährt wird, unbewegliche oder bewegliche Sachen, insbesondere Urkunden, die sich im Besitz eines anderen befinden, zu besichtigen. Besondere Bestimmungen enthalten noch BGB §§ 867, 896, 1005, 1145. Neben diesen das Verhältnis zu Privatpersonen regelnden Vorschriften regeln das BGB und seine Nebengesetze noch häufig einen Anspruch auf Einsicht **öffentlicher Register**, Akten und öffentlich verwahrter Urkunden; s BGB §§ 79, 1563, 1953, 2010, 2081, 2146, 2228, 2264, 2384; ZPO §§ 299, 299a; HGB § 9; GBO §§ 12, 124; BeurkG § 51; ZVG §§ 42, 144; FGG §§ 34[1], 78; VwVfG § 29. Zur Vorlegungspflicht im Zivilprozess vgl ZPO §§ 422, 429[2]. 1

1 Vgl Schultzenstein ZZP 28 (1901), 229.

2 S § 810 Rz 1; Frankfurt/M WM 1980, 1246.

2 2. **Sache** ist im Sinne von § 90 zu verstehen (auch Sachgesamtheit). Darunter fällt zwar der Leichnam eines Menschen[3], aber nicht der Körper eines lebenden Menschen[4]. Daher ist aus § 809 **kein Anspruch auf ärztliche Untersuchung des Gegners** oder eines Zeugen, auch nicht ein solcher auf Entnahme einer **Blutprobe** bei einem Streit um die Ehelichkeit eines Kindes oder über die nichteheliche Vaterschaft herzuleiten[5]. Jetzt gilt für die letztgenannten Fälle ZPO § 372 a (s für den Strafprozess StPO § 81 a, § 81 c; für den Verwaltungsprozess VwGO § 98). Auch **Urkunden** können in Frage kommen, falls § 810 keine Grundlage bildet[6], ebenso Siegel, Tonbänder, Röntgenaufnahmen und Programmdisketten. Auf Computerprogramme sollte § 809 entsprechend angewandt werden (zB im Urheberrechtsprozess)[7]. § 809 begründet kein Durchsuchungsrecht in Geschäftsräumen des Schuldners (Kontrollbesuch einer Verwertungsgesellschaft)[8].

3 3. **Anspruch** (s § 194 Abs 1). Darunter können auch Vorkaufs-, Wiederkaufs- und Urheberrechte[9] sowie Ansprüche aus gewerblichen Schutzrechten einschließlich Patentrechten fallen[10]. Entsprechendes gilt für Gestaltungsrechte[11]. Der Anspruch richtet sich auch gegen den mittelbaren Besitzer, nicht aber gegen den Besitzdiener. Bei einer juristischen Person oder rechtsfähigen Personalgesellschaft (§ 14 Abs 2) richtet sich der Anspruch gegen diese[12]. Der Anspruch verjährt in der regelmäßigen Frist des § 195, die gem § 199 Abs 1 beginnt[13].

4 a) **In Ansehung der Sache** besteht ein Anspruch, wenn er sich unmittelbar auf die Sache, deren Bestand oder Beschaffenheit bezieht, auf Herausgabe braucht er nicht zu gehen[14]. Der durch eine Sache Geschädigte hat den Anspruch auf Vorlegung oder Gestattung der Besichtigung[15]. Nur der, dem in Ansehung der Sache selbst ein Anspruch gegen den Besitzer zusteht, kann Vorlegung verlangen, nicht der, dem ein Anspruch auf negative Feststellung des Anspruchs zusteht[16].

5 b) Vorlegung kann nur verlangt werden, um sich **Gewissheit zu verschaffen**; zB sind die Erben, die Veröffentlichung der Briefe ihres Erblassers kraft Urheberrechts verbieten können, befugt, die Vorlegung vom Empfänger zu fordern[17], aber nur insoweit, nicht auch, um sich den Inhalt der Briefe zu verschaffen und diesen zu veröffentlichen[18]. Der Anspruch steht auch dem aus einem Patent Berechtigten gegen den Besitzer einer tatsächlich oder vermeintlich das Patent verletzenden Sache zu, jedoch, falls Betriebsgeheimnisse in Betracht kommen, nur auf Besichtigung durch einen neutralen zur Verschwiegenheit verpflichteten Sachverständigen[19]; ebenso für Urheber[20].

6 4. Rechtliches oder vermögensrechtliches Interesse wird nicht verlangt[21], wohl aber ein **besonderes, ernstliches Interesse** an der Besichtigung. Der Verpächter eines Gutes hat dem Pächter gegenüber nicht ohne weiteres das Recht, alljährlich eine Besichtigung vorzunehmen[22]. Vorlegung einer **bekannten Urkunde**, um sie als Beweismittel zu benutzen, kann nicht verlangt

3 RGZ 16, 151; 54, 117; 71, 20; s auch LG Detmold FamRZ 1958, 280; München SeuffA 56 Nr 119: Anspruch auf Ausgrabung der Leiche des Erblassers. Im Strafprozess: StPO §§ 87 ff.
4 RG JW 1903, 26.
5 Zweibrücken HRR 1936 Nr 596.
6 RGZ 69, 401: Briefe eines Verstorbenen.
7 So Staud/Marburger Rz 3; nunmehr BGHZ 150, 377 betr Quellcode; KG NJW 2001, 233.
8 BGH NJW-RR 2004, 916 = GRUR 2004, 420. Zur Umsetzung von Art 7 der Richtlinie 2004/48/EG: Ahrens GRUR 2005, 837; McGuire GRUR (Int) 2005, 15.
9 BGH NJW-RR 2004, 916.
10 BGHZ 93, 191, 205.
11 Ebenso Enn/Lehmann § 218 I; aM Dierschke, Die Vorlegung von Sachen zur Besichtigung S 43 ff.
12 RGZ 83, 248: für AG; für Gesamthandgesellschaften (GbR, OHG, KG) s auch § 718 Rz 17 ff.
13 Zutreffend MünchKomm[4]/Hüffer Rz 15 mNachw; aA zB Karlsruhe NJW-RR 2002, 951; Staud/Marburger Rz 4 vor §§ 809–811.
14 Dierschke, Die Vorlegung von Sachen zur Besichtigung S 47.
15 RG LZ 1932, 605.
16 RG WarnR 1933 Nr 86 = HRR 1933 Nr 1466.
17 RGZ 69, 401.
18 Hillig JW 1916, 474.
19 Düsseldorf BB 1982, 1382 = MDR 1982, 671 (LS); München GRUR 1987, 33; BGHZ 93, 191, 208 = NJW-RR 1986, 480. Mit weitergehenden Einschränkungen, eingehend Leppin GRUR 1984, 558; krit aber Marshall, Festschr für A Preu S 153, 159 und Bork NJW 1997, 1665, 1670.
20 BGH NJW-RR 2002, 1617; Hamburg CR 2005, 558.
21 Dierschke, Die Vorlegung von Sachen zur Besichtigung S 50.
22 RG HRR 1927 Nr 1804 = WarnR 1927 Nr 142.

werden[23], ebensowenig um sich dadurch erst die Unterlagen für einen Anspruch zu verschaffen[24]. Der **Lizenzgeber** hat keinen Anspruch auf Vorlegung von Konstruktionszeichnungen des Lizenznehmers, aus denen er einen Anspruch auf Lizenzgebühr ableiten will[25].

5. **Vorlegen** bedeutet: der sinnlichen Wahrnehmung unmittelbar zugänglich machen[26]. Über- 7
sendung kann nicht verlangt werden[27], wohl aber, dass die Sache dem Berechtigten ausgehändigt wird[28], um sie eingehend zu untersuchen, ohne den Wert oder die Gebrauchstauglichkeit der Sache dauerhaft zu verändern[29]. **Zuziehung Sachverständiger**, Duldung der Vermessung eines Gebäudes kann der Zessionar eines Bauhandwerkers verlangen, wenn der Anspruch von dem Umfang der Arbeit abhängt[30]. Vorlegung eines Verzeichnisses der Sachen, auf die sich die Vorlegungspflicht bezieht, kann nicht verlangt werden[31]. Entgegen herrschender Auffassung in der Literatur[32] umfasst der Anspruch auf Vorlegung einer Sache bei Verdacht einer Patentverletzung den Ein- und Ausbau von Teilen und die Inbetriebnahme selbst dann nicht, wenn keine Schäden zu befürchten sind[33]. Über die besondere Verpflichtung des Mieters, die **Besichtigung der Wohnung** zu gestatten, s §§ 535–536 Rz 342 ff.

6. a) **Beweis** der Voraussetzungen ist nötig, Glaubhaftmachung genügt nicht[34]. Will der Kläger 8
sich nur Gewissheit verschaffen (§ 809 zweiter Fall), so genügt der Beweis der Wahrscheinlichkeit[35].

b) **Vollstreckung** eines Urteils aus § 809 erfolgt nicht nach ZPO § 883[36], sondern nach ZPO §§ 887, 888[37].

§ 810 Einsicht in Urkunden

Wer ein rechtliches Interesse daran hat, eine in fremdem Besitz befindliche Urkunde einzusehen, kann von dem Besitzer die Gestattung der Einsicht verlangen, wenn die Urkunde in seinem Interesse errichtet oder in der Urkunde ein zwischen ihm und einem anderen bestehendes Rechtsverhältnis beurkundet ist oder wenn die Urkunde Verhandlungen über ein Rechtsgeschäft enthält, die zwischen ihm und einem anderen oder zwischen einem von beiden und einem gemeinschaftlichen Vermittler gepflogen worden sind.

1. **Allgemeines**. § 810 regelt über § 809 hinausgehend den Anspruch auf Einsicht in Urkunden 1
für drei bestimmte Tatbestände. **Außerdem** kann nach § 242 ein **Auskunftsrecht** bestehen[1]. Eine **Ausdehnung des Einsichtsrechts auf weitere Tatbestände** ist nicht ausgeschlossen[2], doch wird dies mit Rücksicht auf die Interessen des Verpflichteten nur in besonderen Fällen zu bejahen sein[3].

23 Braunschweig OLG 27, 98.
24 RG Recht 1913 Nr 1448; BGHZ 93, 191, 205 (= Fn 19); 109, 260, 267: unzulässige Ausforschung.
25 KG GRUR 1919, 179; vgl auch § 810 Rz 2 u 8 ff.
26 RGZ 56, 66.
27 RG SoergRspr 1915 zu § 810 Nr 1.
28 Köln NJW-RR 1996, 382; BAG WM 1985, 765.
29 Frankfurt/M NJW-RR 1986, 819.
30 Stettin OLG 18, 47.
31 Dresden SächsArch 13, 423.
32 Vgl Bork NJW 1997, 1665, 1670 mzahlrNachw.
33 BGHZ 93, 191, 209 (= Fn 19) = JZ 1985, 1096, 1100 (mabl Anm Stürner/Stadler). Zum Umfang des Vorlegungsanspruchs bei biotechnologischen Erfindungen vgl Meyer-Dulheuer GRUR 1987, 14.
34 Dierschke, Die Vorlegung von Sachen zur Besichtigung S 61; Siegel, Vorlegung von Urkunden im Prozeß S 60; Schilken Jura 1988, 525, 530 f; umstr, hM.
35 Siegel, Vorlegung von Urkunden im Prozeß S 71.
36 So RG SeuffA 60 Nr 250; zuletzt Köln NJW-RR 1996, 382 u die wohl überwiegende Lit.
37 Kiel SeuffA 68 Nr 70; MünchKomm[4]/Hüffer Rz 17 mNachw.

1 OGHZ 4, 39 mNachw; BGHZ 14, 53, 59; 95, 274, 278. Zur Geschichte des § 810 eindringlich Bürge, Festschr für Lüke, 1997, S 7, 19 ff (anknüpfend an BGHZ 92, 143 = NJW 1985, 47 = JZ 1984, 1106 [mAnm Baumgärtel]).
2 S auch RGZ 165, 146 = DR 1941, 104 (mzustAnm Lindemann).
3 Vgl unten Rz 3.

Ein wichtiges Beispiel bildet das Recht auf Einsichtnahme in Krankenunterlagen als Nebenpflicht aus dem Behandlungsvertrag[4]. Wendet man § 810 auf technisch aufgezeichnete Erklärungen mit rechtsgeschäftlichem Charakter analog an[5], folgt aus dem Mitgliedschaftsrecht bzw der Treupflicht der AG gegenüber ihren Aktionären die Verpflichtung, dem Aktionär eine schriftliche Aufzeichnung der Teile der Tonbandaufzeichnung auszuhändigen, die seine Fragen und Beiträge sowie die darauf gegebenen Antworten mit Begründungen der Mitglieder des Vorstandes in der Hauptversammlung enthalten[6]. Für das **Prozessrecht** verweist ZPO § 422 auf die Vorschriften des bürgerlichen Rechts. Der Antragsteller muss bei der Urkunde nach deren Inhalt beteiligt sein; dass die Einsicht für ihn von Wert ist, genügt nicht[7]. Nur wer selbst ein solches Recht hat, kann Einsicht verlangen[8]. Nicht erforderlich ist, dass das beurkundete Rechtsverhältnis zwischen dem Anspruchsteller und dem Besitzer der Urkunde besteht[9]. Für die Form der Einsichtnahme, gegebenenfalls auch nur durch Sachverständigen, ist § 242 maßgebend.

2 2. **Rechtliches Interesse** fehlt, wenn der Antragsteller den Inhalt genau kennt oder wenn er sich erst durch die Vorlegung die Unterlagen für seine Rechtsverfolgung sammeln will[10]. **Nur derjenige hat ein rechtliches Interesse**, der der Urkunde zur Förderung, Erhaltung oder Verteidigung seiner rechtlich geschützten Verhältnisse bedarf[11]. Ob ein solches Interesse vorliegt, muss nach den Umständen des einzelnen Falles unter billiger Würdigung der beiderseitigen Interessen geprüft werden. Rechtliches Interesse besteht, wenn sich der Berechtigte wegen Verlustes seiner Vertragsurkunde wieder in den Kenntnisstand versetzen will, in dem er sich nach Vertragsabschluss bereits befunden hat, und sein Einsichtsverlangen nicht mutwillig oder missbräuchlich erscheint. Dieses Recht beschränkt sich nicht auf den Fall, dass dem Berechtigten das Vertragsexemplar ohne sein Verschulden abhanden gekommen ist[12]. Auch bei der gebotenen weiten Auslegung des § 810 ist ein schutzwürdiges rechtliches Interesse bei den Protokollen des Gläubigerbeirates im Vergleichsverfahren zu verneinen[13]. Führt eine Bucheinsicht voraussichtlich leichter und schneller zum Ziel, so kann dem Auskunftsberechtigten das Rechtsschutzinteresse für die Heranziehung des Schuldners zum Offenbarungseid fehlen[14]. Die Erbin eines Gesellschafters einer OHG, die nach dem Gesellschaftsvertrag abzufinden ist, kann **Einsicht in die Geschäftsbücher** verlangen[15]; ebenso der aus einer Gemeinschaftspraxis ausscheidende Gesellschafter einer GbR[16]. Dem Interesse eines am Gewinn einer Gesellschaft Beteiligten an der Einsicht steht das des Geschäftsherrn an der Geheimhaltung gegenüber; ist die Bilanz und Gewinnberechnung anerkannt und die Zahlung des Gewinnanteils ohne Vorbehalt angenommen, so ist in der Regel der Anspruch auf Einsicht ausgeschlossen, er kann nur innerhalb einer angemessenen Frist seit Vorlegung der Bilanz geltend gemacht werden[17]. Ein **gewinnbeteiligter Angestellter** kann Einsicht in die Handelsbücher und Papiere zur Nachprüfung der Bilanzangaben verlangen, aber nur, soweit nicht ein berechtigtes Interesse des Geschäftsherrn an der Geheimhaltung besteht[18]. Für den **Handelsvertreter** ist das Einsichtsrecht in HGB § 87c Abs 4 geregelt. Der Verkäufer einer Ware ist zur Einsicht des Kaufvertrags, der zwischen seinem Kommissionär und dem Käufer geschlossen ist, berechtigt[19].

4 Frankfurt/M MedR 1992, 161. Vgl näher Rz 10ff.
5 Vgl unten Rz 3.
6 BGH NJW 1994, 3094 = WM 1994, 1879; dazu Gehrlein WM 1994, 2054.
7 Posen OLG 4, 52.
8 RG WarnR 1933 Nr 86 = HRR 1933 Nr 1466.
9 BGHZ 55, 201, 203 = NJW 1971, 656.
10 RG Recht 1912 Nr 1604; SoergRspr 1914 zu § 810 Nr 1; vgl auch § 809 Rz 5.
11 Siegel, Vorlegung von Urkunden im Prozeß S 66; ebenso BGH LM Nr 3 und Nr 5 zu § 810 = MDR 1971, 574; BGH NJW 1981, 1733 = LM Nr 7 zu § 810.
12 BGH NJW-RR 1992, 1072 = WM 1992, 977.
13 BGH MDR 1971, 574 = LM Nr 5 zu § 810.
14 BGHZ 55, 201 = NJW 1971, 656; jetzt BGH EWiR 1998, 437 (dazu Hirtz).
15 OGHZ 4, 39; Hamm NJW-RR 1994, 934 = GmbHR 1994, 127.
16 Karlsruhe NZG 2001, 654.
17 RGZ 117, 332; Hamm NJW-RR 1994, 934 = GmbHR 1994, 127.
18 RAG JW 1934, 2181.
19 Dresden OLG 38, 117.

3. Unter **Urkunden** sind alle sinnlich wahrnehmbaren Verkörperungen eines Gedankens in dauernden Zeichen zu verstehen, sobald sie rechtsgeschäftlichen Charakter haben[20]. Hierzu gehören nur Urschriften, nicht Abschriften verloren gegangener Urkunden, die sich der Besitzer angefertigt hatte[21] oder deren Original ein Dritter besitzt[22]. Doch ist eine entsprechende Anwendung auf ähnlich liegende Fälle nicht ausgeschlossen. Bei einer Verpflichtung des Arbeitgebers gegenüber dem ausgeschiedenen Arbeitnehmer zur Auskunfterteilung ist ein **Anspruch auf Vorlage der Durchschrift** eines Auskunftschreibens gegeben[23]. Umstritten ist, ob die Vorschrift durch eine analoge Anwendung auf technisch aufgezeichnete rechtserhebliche Erklärungen zu erweitern ist[24]. Für eine Vorlagepflicht nach § 809 vgl § 809 Rz 1. 3

4. Der **Besitzer**, der für einen anderen verwahrt, kann sich nicht darauf berufen, dass die Erlaubnis seines Auftraggebers zur Vorlegung fehle, sondern muss diese Erlaubnis nachsuchen[25]. 4

5. **Gestattung der Einsicht** kann verlangt werden, nicht aber Einreichung eines Hypothekenbriefs beim Grundbuchamt[26]. Der Indossant eines Wechsels, der einen Teil des Wechselbetrags bezahlt hat, kann nicht vom Inhaber Aushändigung des Wechsels verlangen, um damit seinen Rückgriff gegen den Akzeptanten durchzuführen[27]. Der Kreditnehmer hat Anspruch auf Vorlage von Kreditunterlagen durch die Bank im Falle einer gerichtlichen Geltendmachung der Sittenwidrigkeit des Darlehensvertrages[28]. Mitnahme einzelner **Aufzeichnungen**, **nicht** aber Fertigung ganzer **Abschriften** ist gestattet[29]. Der Lizenzinhaber kann nur Einsicht in die Patenturkunden, nicht deren dauernden Besitz verlangen[30]. Durch **Vertreter** kann die Einsicht ausgeübt[31], und es können **Sachverständige** zugezogen werden, soweit nicht das Interesse des Besitzers an Geheimhaltung es verbietet[32]. **Wiederholte Einsicht** kann verlangt werden, solange der Besitzer nicht unverschuldetes Abhandenkommen beweist[33]. Das **Abhandenkommen** schließt Verurteilung nicht aus; es ist erst in der Zwangsvollstreckung geltend zu machen[34]. Für das Abhandenkommen haftet der Besitzer vom Eintritt des Verzugs an, und zwar für jedes Verschulden, vorher jedoch seit der Erhebung des Anspruchs nur für Vorsatz, noch früher gar nicht[35]. Der Absender eines **Telegramms** konnte bereits nach früherer privatrechtlicher Beurteilung nicht aufgrund des § 810 Vorlegung des Ursprungstelegramms mit den darauf gesetzten Dienstvermerken verlangen[36] (anders wohl nach Privatisierung der Post). 5

6. **In seinem Interesse errichtet** ist die Urkunde, wenn sie angefertigt ist, um (auch) ihm als **Beweismittel** zu dienen[37] oder seine **rechtlichen Beziehungen** zu fördern. Ein anderes Interesse genügt nicht[38]. Ausschließliches Interesse des Antragstellers ist nicht nötig[39]. Krankenunterlagen des Arztes sind Urkunden auch im Interesse der Patienten, nicht nur als Gedankenstütze des Arztes errichtet[40]. Dagegen muß ein Versicherer nicht ein von ihm in Auftrag gegebenes Scha- 6

20 Siegel, Vorlegung von Urkunden im Prozeß S 16.
21 Hamburg OLG 22, 351 umstr; aM Staud/Marburger Rz 7 mweitNachw.
22 München BayZ 1932, 363.
23 BGH NJW 1959, 2011 = LM Nr 45 zu § 1004; zum Anspruch auf Übersendung der Abschrift eines verloren gegangenen Anwaltschreibens vgl Kümmelmann AnwBl 1981, 427.
24 Verneinend MünchKomm/Hüffer Rz 3; bejahend Staud/Marburger Rz 8; offen lassend BGH NJW 1994, 3094 = WM 1994, 1879.
25 LG Berlin JW 1923, 90 (mkritAnm Friedländer).
26 Naumburg Recht 1908 Nr 2158.
27 Rilk JW 1936, 2044; aM Meyer JW 1936, 2043.
28 BGH NJW-RR 1992, 1072 = WM 1992, 977 = ZIP 1992, 938 u Derleder/Wosnitza ZIP 1990, 901.
29 Hamburg OLG 20, 228; BAG WM 1985, 765: kein Recht auf Abschriften von den nach BetrVG § 106 Abs 2 vorzulegenden Unterlagen; str; aM Staud/Marburger Rz 5.
30 Naumburg MuW 13, 164.
31 Breslau OLG 36, 129.
32 Posen OLG 8, 95; München GRUR 1987, 33; vgl § 716 Rz 5; zum Einsichtsrecht in Krankenunterlagen durch sachverständige Ärzte vgl Nüßgens, Festschr für Boujong, 1996, S 831, 844.
33 RG SoergRspr 1906 zu § 810 Nr 1.
34 Karlsruhe BadRspr 1908, 233.
35 Siegel, Vorlegung von Urkunden im Prozeß S 29.
36 München OLG 28, 314 = SeuffA 69 Nr 238.
37 RGZ 69, 405; BGH WM 1971, 565; Düsseldorf NJW-RR 1996, 1464.
38 KGJ 45 A 15.
39 RGZ 50, 337.
40 BGHZ 72, 132 = LM Nr 29 zu ZPO § 282; Peter, Das Recht auf Einsicht in die Krankenunterlagen, 1989, S 107 u unten Rz 10.

densgutachten dem Versicherungsnehmer vorlegen[41]. Interesse des **Gemeinschuldners** genügt für den Insolvenzverwalter[42]. Länge der Zeit oder andere Gründe können früheres Interesse beseitigen[43]. Eine Urkunde (hier: Liste veräußerter Gegenstände) kann auch dann im Interesse anderer errichtet sein, wenn deren Namen in der Urkunde nicht aufgeführt sind[44].

7 7. Das ganze **Rechtsverhältnis** braucht nicht beurkundet zu sein; es genügt jede rechtliche Beziehung der Beurkundung auf ein Rechtsverhältnis[45], zB rechtfertigt das Gewinnbeteiligungsverhältnis eines Angestellten oder eines ausgeschiedenen Gesellschafters seinen Anspruch auf Einsicht der Handelsbücher des Geschäftsherrn[46]. Ein Einsichtsrecht hat der persönlich haftende Gesellschafter oder Kommanditist, wenn konkrete Anhaltspunkte dafür vorhanden sind, dass der Abfindungsanspruch erheblich unter dem Beteiligungswert liegen könnte[47]. Für den **Handelsvertreter** ist das Recht auf Einsicht in HGB § 87 c Abs 4 gesetzlich geregelt. Ob das Rechtsverhältnis schon vorliegt, das Rechtsgeschäft ungültig ist, kann dahinstehen, wenn das rechtliche Interesse nur vorhanden ist[48]. Besteht ein Anspruch auf Beteiligung an der Provision eines Maklers, so kann Vorlage der Provisionsabrechnungen verlangt werden, die der Makler erhalten hat[49]. Einsicht in andere Urkunden kann nicht verlangt werden[50]. Einsicht der gesamten **Schiedsgerichtsakten** kann eine Partei nur verlangen, wenn sie dartut, dass ihr Interesse nicht durch Vorlegung des Schiedsspruchs und der Protokollabschriften, sondern nur durch Vorlegung der gesamten Akten befriedigt werden kann[51]. Der Arbeitnehmer kann vom Arbeitgeber in Lohnstreitigkeiten die Vorlegung der **Lohnbücher** verlangen[52]. Zum Einsichtsrecht des Arbeitnehmers in seine Personalakten vgl BetrVG § 83. Kommt es für die Zulässigkeit einer Aufrechnung auf den Zeitpunkt des Erwerbs von Geschäftsanteilen einer GmbH an, so steht dem beklagten Schuldner kein Recht auf Vorlegung der Erwerbsurkunde zu[53].

8 a) **Vorlegung der Geschäftsbücher** kann jedes Mitglied einer Gesellschaft – auch der stillen Gesellschaft nach HGB § 233 Abs 1 – verlangen[54]; vgl § 716 Rz 2. Entgegen zuvor BGHZ 14, 53 gilt für die GmbH GmbHG § 51 a Abs 1, wonach die Geschäftsführer jedem Gesellschafter auf Verlangen unverzüglich Auskunft über die Angelegenheiten der Gesellschaft geben und ihnen Einsicht in die Geschäftsunterlagen gestatten müssen[55]. Das Informationsverlangen ist nicht schon allein deshalb rechtsmissbräuchlich, weil sich der GmbH-Gesellschafter zum Ausscheiden aus der Gesellschaft verpflichtet hat[56]. Das Informationsrecht endet, wenn der Gesellschafter aus der Gesellschaft ausscheidet. Ihm bleibt dann das Einsichtsrecht nach § 810, wenn er Informationen für die Geltendmachung von Ansprüchen aus der Zeit vor seinem Ausscheiden benötigt[57]. Die **Erben** eines Gesellschafters[58] und die zur Einklagung von Ersatzansprüchen gegen Vorstand oder Aufsichtsrat einer Aktiengesellschaft bestellten besonderen Vertreter[59] können die Vorlegung verlangen. Zum Einsichtsrecht des Aktionärs in das Aktienbuch vgl AktG § 67 Abs 5. Vorlegung der

41 LG Berlin VersR 2003, 94.
42 Karlsruhe BadRspr 1908, 166.
43 Hamburg OLG 25, 30.
44 BGH LM Nr 2 zu § 810.
45 RGZ 56, 112.
46 RGZ 87, 10; 117, 332; BGH WM 1960, 432; 1963, 991.
47 BGH NJW 1989, 3272 = LM Nr 13 zu § 810; Hamm NJW-RR 1994, 933 = GmbHR 1994, 127. Zum Einsichtsrecht des aus einer Komplementär-GmbH ausgeschiedenen Gesellschafters BGH WM 1988, 1447 = ZIP 1988, 1175 = JuS 1989, 328 (mAnm K Schmidt). Zum Einsichtsrecht des GmbH-Gesellschafters vgl GmbHG § 51 a; eingehend Schwennicke WiB 1996, 168 u unten Rz 8.
48 Siegel, Vorlegung von Urkunden im Prozeß S 49, 62.
49 BGH LM Nr 3 zu § 810.
50 RGZ 135, 192; auch nicht, um Unterlagen für einen Schadensersatzanspruch zu erlangen.
51 Celle JW 1930, 766.
52 Hagemann ArbR 1930, 274.
53 RG Recht 1917 Nr 816.
54 Siegel, Vorlegung von Urkunden im Prozeß S 45.
55 Zu den Grenzen dieses Informationsrechts (Missbrauchsverbot, Informationsbedürfnis) BGHZ 135, 48, 50 = ZIP 1997, 978 u Küthe DStR 1993, 1708.
56 BayObLG ZIP 2000, 20 = DB 1999, 2404.
57 BGH MDR 1977, 820 = LM Nr 6 zu § 810; Schwennicke WiB 1996, 168; Frankfurt/M NJW-RR 1996, 871 = EWiR 1996, 123 (mablAnm Sernetz); Hamburg ZIP 2004, 1099 = NZG 2004, 715 (nach Beendigung einer stillen Gesellschaft).
58 Kiel OLG 16, 91.
59 RGZ 83, 248.

Geschäftsbücher eines Kaufmanns kann verlangen der Bürge wegen angeblicher Zahlung des Hauptschuldners[60], der Mitschuldner[61], der commis intéressé[62], der Handelsvertreter nach HGB § 87 c Abs 4, die geschiedene Frau eines mit ihr früher in Errungenschaftsgemeinschaft lebenden Kaufmanns[63], der Vorstand einer Aktiengesellschaft zur Widerlegung des Vorwurfs gesetzwidriger Geschäftsführung[64], ein Angestellter, wenn es sich darum handelt, Ansprüche gegen ihn oder zu seinen Gunsten zu ermitteln[65], nicht dagegen die Erben eines Bankkunden, dem stets ordnungsmäßig Kontoauszüge und Abrechnungen erteilt waren[66]. Vorlegung von **privaten Aufzeichnungen** kann nicht verlangt werden[67]; ebenso nicht von **Kassenbüchern**, die nur zum eigenen Gebrauch bestimmt sind[68] oder von Aufzeichnungen eines Vereins, die nur für den inneren Dienst bestimmt waren[69], weiter nicht von **Geschäftsbüchern eines Nichtkaufmanns**[70], von Handelsbüchern eines Nichtkaufmanns[71] oder von Beibüchern eines Gastwirts über den Bierbezug[72].

b) Einsicht der **Handakten** eines Rechtsanwalts der Gemeinschuldnerin durch den Insolvenzverwalter kann verlangt werden[73]. Da die Vorlegungspflicht nicht zu einer unzulässigen Ausforschung führen darf, greift § 810 nicht ein, wenn durch die Urkundeneinsicht Anhaltspunkte für ein pflichtwidriges Verhalten des Rechtsanwalts ermittelt werden sollen und die Einsichtnahme dadurch der Vorbereitung eines Regressverfahrens dient[74]. Jedenfalls muss der Antragsteller beim Verlangen wiederholter Einsicht die einzelnen Teile und Schriftstücke genau bezeichnen[75]. Der Anwalt kann Einsicht der bereits ausgehändigten Handakten, zB wegen eines Schadensersatzprozesses eines Dritten verlangen[76]. 9

c) **Einsicht in Krankenunterlagen; ärztliche Dokumentation.**

Schrifttum (sämtlich mzahlrNachw): Daniels, Die Ansprüche des Patienten hinsichtlich der Krankenunterlagen des Arztes, NJW 1976, 345; A Laufs, Arztrecht, 1978²; K Lenkaitis, Krankenunterlagen aus juristischer, insbesondere zivilrechtlicher Sicht, Diss Bochum, 1979; H Lilie, Ärztliche Dokumentation und Informationsrechte des Patienten, 1979; Deutsch, Das therapeutische Privileg des Arztes: Nichtaufklärung zugunsten des Patienten, NJW 1980, 1305; Schreiber, Einsichtsrecht in ärztliche Krankenunterlagen und Dokumentationspflicht des Arztes, NJW 1980, 630; Wasserburg, Die ärztliche Dokumentationspflicht im Interesse des Patienten, NJW 1980, 617; Deutsch, Neue Aufklärungsprobleme im Arztrecht, NJW 1982, 2585; Hohloch, Ärztliche Dokumentation und Patientenvertrauen, NJW 1982, 2577; Ahrens, Ärztliche Aufzeichnungen und Patienteninformation – Wegmarken des BGH, NJW 1983, 2609; Peter, Das Recht auf Einsicht in Krankenunterlagen, 1989; Rieger, Einsichtsrecht des Patienten in Krankenunterlagen, DMW 1990, 130; Nüßgens, Zur ärztlichen Dokumentationspflicht und zum Recht auf Einsicht in die Krankenunterlagen, in: Festschr für Boujong, 1996, S 831; Scheiwe, Informationsrechte von Patienten hinsichtlich der medizinischen und psychiatrischen Dokumentation, KritV 1998, 313; Bender, Das postmortale Einsichtsrecht in Krankenunterlagen, 1998; Gehrlein, Kein Anspruch des Patienten auf Ablichtung seiner Krankenunterlagen, NJW 2001, 2773; Bemmann, Die tierärztliche Dokumentationspflicht und das Einsichtsrecht in tierärztliche Behandlungsunterlagen, VersR 2005, 760; Hinne, Das Einsichtsrecht in Patientenakten, NJW 2005, 2270. Zur **Entwicklung des Arztrechts** vergleiche die regelmäßige Berichterstattung, etwa Laufs, Arzt, Patient und Recht am Ende des Jahrhunderts, NJW 1999, 1785; Spickhoff, NJW 2005, 1694.

aa) **Grundsätzlich.** In dem viel erörterten Streit um das Einsichtsrecht des Patienten in die 10
Krankenunterlagen ist eine grundsätzliche Klärung durch zwei Urteile des BGH v 23. November

60 RGZ 56, 112.
61 H Reichel, Schuldmitübernahme, 1909, S 478.
62 Dresden SächsArch 11, 745; Posen OLG 8, 95.
63 RGZ 50, 337.
64 RG LZ 1908 = BayZ 1908, 309.
65 BGH WM 1963, 990: auch Bilanzberichte.
66 RG Gruchot 49, 835.
67 RGZ 152, 213.
68 Braunschweig BraunschwZ 49, 127.
69 BayObLG Recht 1904 Nr 2376.
70 RG Recht 1903 Nr 3080.
71 Colmar Recht 1909 Nr 3764.
72 Dresden SächsArch 15, 263; aM für die Geschäftsbücher eines Metzgers: Karlsruhe BadRspr 1903, 256.
73 BGH ZIP 1990, 48. Vgl auch Bürge, Festschr für Lüke S 7, 13.
74 BGH ZIP 1990, 51; AG Charlottenburg NJW 1997, 1450.
75 RG Recht 1912 Nr 1604; vgl zu den Pflichten des Rechtsanwalts Rz 82 ff vor § 611 und § 675 Rz 3.
76 KG JW 1920, 1041. Zur Pflicht zur Herausgabe der Handakten s Weiss JR 1971, 356. Vgl auch § 667 Rz 10.

1982 erreicht[77]. In BGHZ 85, 327 hat der BGH ein Einsichtsrecht des Patienten in die ihn betreffenden Krankenunterlagen grundsätzlich bejaht, soweit sie Aufzeichnungen über objektive physische Befunde und Berichte über Behandlungsmaßnahmen enthalten. Zugleich hat der BGH auf die Entsch des BVerfG v 25. Juli 1979[78] hingewiesen, in der sich das BVerfG mit den Fragen der Beweislast, Beweiserleichterungen und Beweislastumkehr im Arzthaftungsprozess unter verfassungsrechtlichen Gesichtspunkten befasst hat. Ferner hat der BGH zu der Art und den Grenzen der Einsichtsgewährung, auch unter dem Gesichtspunkt des BundesdatenschutzG, Stellung genommen. In BGHZ 85, 339 hat der BGH, zugleich in Abgrenzung von der vorstehend zitierten Entscheidung, dargelegt, dass auch nach Abschluss einer (hier klinischen und anschließend ambulanten) psychiatrischen Behandlung selbst gegenüber einem inzwischen beschwerdefreien Patienten in der Regel keine grundsätzliche Verpflichtung zur Gewährung der Einsicht in die Krankenunterlagen besteht[79]. Andererseits kann sich der Anspruch aber auch auf den sensiblen Bereich nicht objektivierter Befunde erstrecken[80]. Maßgeblich ist eine in jedem Einzelfall abzuwägende Entscheidung zwischen den Grundrechtspositionen des Patienten (GG Art 1 Abs 1 iVm Art 2 Abs 2) und schützenswerten Interessen des Arztes, des Patienten selbst oder Dritter[81].

11 bb) **Im Einzelnen**. Trotz Beweiserleichterung für den Patienten bei Verletzung der ärztlichen Dokumentationspflicht trifft den Patienten die Darlegungs- und Beweislast, dass ein vom Arzt zu vertretender Fehler als Ursache des eingetretenen Schadens ernstlich in Betracht kommt[82]. Bei groben Behandlungsfehlern im Arzthaftungsprozess findet eine Beweislastumkehr statt[83]. Der Krankenhausträger hat auf Verlangen des Patienten Auskunft über Namen und ladungsfähige Anschrift der Ärzte zu erteilen, die den Patienten behandelt haben[84]. Einsicht in die Krankenunterlagen ist dadurch zu gewähren, dass der Arzt Photokopien der Krankenunterlagen fertigt oder fertigen lässt und diese mit schriftlicher Bestätigung der Vollständigkeit und Richtigkeit gegen Erstattung der Photokopierkosten dem Patienten aushändigt[85]. Ein Anspruch auf „Herausgabe“ der Originalunterlagen besteht nicht[86], ebenso nicht ein Anspruch auf maschinenschriftliche Abschrift[87] oder Zusendung[88]. Zur Offenlegung der Krankenunterlagen gegenüber **Angehörigen** des Patienten s BGH NJW 1983, 2627; AG Saarbrücken NJW-RR 2004, 1302. Kein Einsichtsrecht besteht hins eines für die Krankenversicherung erstatteten Gutachtens[89].

12 cc) Zum **Recht des Arztes auf Einsicht** in die von ihm angelegte **Patientenkartei** eines Krankenhauses s BGH LM Nr 1 zu LitUG § 11 = NJW 1952, 661.

13 dd) Zur Tragweite der **Schweigepflicht** bei der Herausgabe von Krankenblättern s Wiethaup JR 1954, 174. Den Kassenzahnarzt trifft gegenüber der kassenzahnärztlichen Vereinigung und der Krankenkasse eine ärztliche Schweigepflicht[90].

14 ee) Zur Frage, ob Ärzte zur Herausgabe oder Vorlage von **Röntgenaufnahmen** gegenüber ihren Patienten verpflichtet sind, vgl § 667 Rz 9 mNachw u München NJW 2001, 2806. Einem schwerhörigen Patienten ist das Untersuchungsergebnis ausnahmsweise schriftlich auszuhändigen[91].

77 BGHZ 85, 327 = NJW 1983, 328 u BGHZ 85, 339 = NJW 1983, 330 = JZ 1983, 307 (mAnm Wachsmuth/Schreiber), dazu auch Ahrens NJW 1983, 2609.
78 BVerfGE 52, 131 = NJW 1979, 1925, dazu krit Stürner NJW 1979, 2334.
79 Anknüpfend AG Saarbrücken NJW-RR 2004, 1302.
80 BGHZ 106, 146, 151 = NJW 1989, 764.
81 Übersicht bei Rieger DMW 1999, 130; krit Scheiwe KritV 1998, 313. Vgl zu den Grundlagen BVerfG NJW 1999, 1777.
82 BGH NJW 1983, 332; BGH NJW 1998, 1780 (Fortführung von BGHZ 132, 47, 49 = NJW 1996, 1589).
83 BGH NJW 1999, 860 = VersR 1999, 60.
84 Düsseldorf NJW 1984, 670.
85 Köln NJW 1981, 704; s aber auch zu den Grenzen des Einsichtsrechts oben Rz 10 u BGHZ 85, 327 (= Fn 77).
86 AG Hagen NJW-RR 1998, 262.
87 AG Essen NJW-RR 1998, 324.
88 LG Dortmund NJW-RR 2001, 2806.
89 Köln NJW 1983, 2641.
90 LSG Celle NJW 1980, 1352.
91 BVerfG NJW 2005, 1103; dazu Hinne NJW 2005, 2270.

d) Seine **Geschäftspapiere** braucht derjenige, der einem Vertrag zuwider bei einem Dritten gekauft hat, nicht vorzulegen[92]. Anspruch auf Vorlegung eines **Fusionsvertrags** hat die darauf sich berufende Partei der anderen gegenüber nur im Fall des ZPO § 142[93]. 15

e) Die Vorlegung von **Urkunden über Nachlassforderungen** kann jeder Miterbe von dem besitzenden Miterben verlangen[94]. Eine für Miterben gemeinschaftliche Urkunde ist ein Buch, in das ein Miterbe als Nachlassverwalter Eintragungen über Anteile und Ansprüche der Miterben gemacht hat[95]. Der **Pfändungsgläubiger** kann vom Drittschuldner nicht die Vorlegung der Urkunden über das zwischen dem Schuldner und Drittschuldner bestehende Rechtsverhältnis verlangen[96]. 16

f) **Einsicht in Behördenakten** kann jedenfalls insoweit nicht verlangt werden, als es sich um interne Behördenvorgänge handelt[97]. Zur Frage, ob die Post das **Ursprungstelegrammm** vorzulegen hat, vgl oben Rz 5 aE. Zur Vorlage von Verwaltungsakten im Zivilprozess s BVerwGE 30, 154. Einem Stipendiaten steht ein Auskunftsanspruch wegen über ihn geführter Personalakten gegen einen eingetragenen Verein als Stipendiengeber nicht zu[98]. 17

8. **Beweis der Voraussetzungen** ist erforderlich[99]. Der Antragsteller muss den objektiven Zusammenhang des konkreten Rechtsverhältnisses mit der Urkunde, ferner sein rechtliches Interesse darlegen und zu diesem Zweck den Inhalt der Urkunde genau bezeichnen[100]; er muss auch beweisen, dass der Gegner noch im Besitz der Urkunde ist[101]. 18

§ 811 Vorlegungsort, Gefahr und Kosten

(1) Die Vorlegung hat in den Fällen der §§ 809, 810 an dem Orte zu erfolgen, an welchem sich die vorzulegende Sache befindet. Jeder Teil kann die Vorlegung an einem anderen Orte verlangen, wenn ein wichtiger Grund vorliegt.

(2) Die Gefahr und die Kosten hat derjenige zu tragen, welcher die Vorlegung verlangt. Der Besitzer kann die Vorlegung verweigern, bis ihm der andere Teil die Kosten vorschießt und wegen der Gefahr Sicherheit leistet.

1. **Grundsatz**. Der Besitzer soll möglichst wenig behelligt werden; er soll vor Schaden geschützt werden. 1

2. **Ort** ist nicht der Raum, in dem sich die Sache befindet, sondern die Ortschaft, der geographische Ortsbezirk[1]. Die Staatsbehörde hat Protokollbücher von Genossenschaften in deren Geschäftsräumen einzusehen[2]. 2

3. **Wichtige Gründe** bilden sowohl subjektive Verhältnisse, zB Zerwürfnisse des Anwalts mit seiner Partei[3], wie objektive Umstände; Beispiel: Bei Besichtigung am Ort wäre die Preisgabe von Gewerbegeheimnissen zu befürchten[4]. Vgl § 716 Rz 11 ff. Ein wichtiger Grund kann auch vorliegen, wenn die Besichtigung ohne Beiziehung ortsfremder Sachverständiger nicht sinnvoll ist[5]. 3

92 Posen OLG 4, 52.
93 Colmar DJZ 1905, 80.
94 Bamberg OLG 2, 134.
95 RGZ 89, 1.
96 Hamburg SeuffA 61 Nr 233; Karlsruhe OLG 14, 185.
97 V Köhler NJW 1956, 1460; RG SeuffA 49 Nr 214; aM OVG Münster DÖV 1959, 391; für den Verwaltungsprozess vgl VwGO § 99.
98 BGH NJW 1981, 1733 = LM Nr 7 zu § 810.
99 Siegel, Vorlegung von Urkunden im Prozeß S 60, 65.
100 RG Gruchot 49, 835; Karlsruhe BadRspr 1910, 10; Jena Recht 1902 Nr 2675.
101 Starck Recht 1913, 631.

1 RGZ 67, 194; BGHZ 87, 104, 110.
2 KG SeuffBl 1912, 78.
3 KG JW 1920, 1041.
4 Dierschke, Die Vorlegung von Sachen zur Berichtigung S 18, 86.
5 MünchKomm/Hüffer Rz 3.

4 4. **Kostenvorschuss** und **Sicherheitsleistung** können nur verlangt werden, wenn voraussichtlich Kosten entstehen werden und ein Schaden zu befürchten ist[6]. § 811 Abs 2 Satz 2 ist entsprechend anwendbar, wenn ein Wohnungseigentümer Kopien aus den Verwaltungsunterlagen verlangt[7].

6 Bamberg OLG 2, 134.

7 BayObLG NJW-RR 2004, 1090, 1091.

Titel 26

Ungerechtfertigte Bereicherung

Vorbemerkungen*

ÜBERSICHT

Schrifttum: E Jung, Die Bereicherungsansprüche und der Mangel des rechtlichen Grundes, 1902; R v Mayr, Der Bereicherungsanspruch des deutschen bürgerlichen Rechts, 1903; Plessen, Die Grundlagen der modernen condictio, 1904; v Tuhr, Zur Lehre von der ungerechtfertigten Bereicherung, in: Festschr für Bekker, 1907, S 293; F Schulz, System der Rechte auf den Eingriffserwerb, AcP 105 (1909) 1; HA Fischer, Bereicherung und Schaden, in: Festschr für Zitelmann, 1913, 1; E Jung, Das Wesen des schuldrechtlichen Grundes, in: RGFestG III, 1929, S 143; E Nebenzahl, Das Erfordernis der unmittelbaren Vermögensverschiebung in der Lehre von der ungerechtfertigten Bereicherung, 1930; R Krawielicki, Unentgeltlichkeit im Bereicherungsrecht, JherJb 81 (1931), 257; W Wilburg, Die Lehre von der ungerechtfertigten Bereicherung nach österreichischem und deutschem Recht, 1934; R Krawielicki, Grundlagen des Bereicherungsanspruchs, 1936; E Barnstedt, Das Merkmal der Rechtsgrundlosigkeit in der ungerechtfertigten Bereicherung, 1940; G Boehmer, Grundlagen der Bürgerlichen Rechtsordnung II 2, 1952, S 6; v Lübtow, Beiträge zur Lehre von der condictio nach römischem und geltendem Recht, 1952; F Schwarz, Die Grundlage der condictio im klassischen römischen Recht, 1952; v Caemmerer, Bereicherungsausgleich bei Verpfändung fremder Sachen, in: Festschr für Lewald, 1953, S 443 = Ges Schriften I, 1968, 279; Georg H Maier, Irrtümliche Zahlung fremder Schulden, AcP 152 (1952/53), 97; v Caemmerer, Bereicherung und unerlaubte Handlung, in: Festschr für Rabel I, 1954, S 333 = Ges Schriften I, 1968, 209 (dazu das Referat von F Schwarz AcP 152 [1952/53], 452); ders, Leistungsrückgewähr bei gutgläubigem Erwerb, in: Festschr für Boehmer, 1954, S 145 = Ges Schriften I, 1968, 295; Kötter, Zur Rechtsnatur der Leistungskondiktion, AcP 153 (1954), 193; Heinrich Lehmann, Berücksichtigung der für den Erwerb einer fremden Sache gemachten Aufwendungen bei der Bereicherungshaftung, in: Festschr für Nipperdey, 1955, S 31; Mestmäcker, Eingriffserwerb und Rechtsverletzung in der ungerechtfertigten Bereicherung, JZ 1958, 521; Scheyhing, Leistungskondiktion und Bereicherung „in sonstiger Weise", AcP 157 (1958/59), 371; Berg, Bereicherung durch Leistung und in sonstiger Weise in den

* Das Konzept und die rechtliche Grundhaltung der Kommentierung, die der verehrte Fakultätskollege Univ-Professor Dr jur *Otto Mühl* als Autor und Bandredaktor in der 11. Auflage entwickelt hat, sind weithin beibehalten worden; ebenso die Hinweise auf ältere Rechtsprechung. Einen neuen Abschnitt bildet der „Bereicherungsausgleich im bargeldlosen Zahlungsverkehr" (§ 812 Rz 69 ff). Im übrigen ist hauptsächlich die Rechtsprechung des BGH aus etwa 20 Jahren nachgetragen worden.

Fällen des § 951 Abs 1 BGB, AcP 160 (1961), 505; Kleinheyer, Eingriffsbereicherung durch unbefugte Nutzung und Wertersatz, JZ 1961, 473; v Caemmerer, Bereicherungsansprüche und Drittbeziehungen, JZ 1962, 385 = Ges Schriften I, 1968, S 321; Grunsky, Bereicherungsansprüche bei rechtsgrundloser Verfügung eines Nichtberechtigten, JZ 1962, 207; Thomae, Tilgung fremder Schuld durch irrtümliche Eigenleistung, JZ 1962, 623; v Caemmerer, Irrtümliche Zahlung fremder Schulden, in: Festschr für Dölle I, S 135 = Ges Schriften I, 1968, S 336; Hubmann, Der Bereicherungsanspruch im Persönlichkeitsrecht, UFITA 29 (1963), 233; Rothoeft, Vermögensverlust und Bereicherungsausgleich, AcP 163 (1963), 215; Söllner, Der Bereicherungsanspruch wegen Nichteintritts des mit einer Leistung bezweckten Erfolges, AcP 163 (1963), 20; Wilburg, Zusammenspiel der Kräfte im Aufbau des Schuldrechts, AcP 163 (1963), 346; Zeiss, Leistung, Zuwendungszweck und Erfüllung, JZ 1963, 7; Berg, Bereicherungsanspruch bei Leistung an einen Dritten, JuS 1964, 137; Frotz, Zurückzahlung verlorener Baukostenzuschüsse nach Bereicherungsrecht, AcP 164 (1964), 309; H H Jakobs, Eingriffserwerb und Vermögensverschiebung in der Lehre von der ungerechtfertigten Bereicherung, 1964; Pikart, Die neue Rechtsprechung des BGH zur ungerechtfertigten Bereicherung, WM 1964, 1114; Zeiss, Der rechtliche Grund (§ 812) für Schuldanerkenntnisse und Sicherheitsleistungen, AcP 164 (1964), 50; ders, Leistungsverhältnisse und Insolvenzrisiko bei irrtümlicher Tilgung fremder Schulden, AcP 165 (1965), 332; Schindler, Die aufgedrängte Bereicherung beim Ersatz von Impensen, AcP 165 (1965), 499; Klauser, Aufwendungsersatz bei Neubauten und werterhöhende Verwendungen auf fremdem Grund und Boden, NJW 1965, 513; K Eichele, Irrtümliche Eigenleistung bei Bestehen fremder Schuld, Diss Mainz 1965; N Gräber, Bereicherung durch Leistung und in sonstiger Weise in § 812 BGB, Diss Köln 1965; B Kupisch, Die Versionsklage, 1965; Rother, Ungerechtfertigte Bereicherung bei wiederkehrenden Geldleistungen, AcP 166 (1966), 134; Baur/M Wolf, Bereicherungsansprüche bei irrtümlicher Leistung auf fremde Schuld – Das Wegnahmerecht des Nichtbesitzers, JuS 1966, 393; Manfred Wolf, Die aufgedrängte Bereicherung, JZ 1966, 467; A Brandi, Bereicherung aus fremdem Vertrag (Der Verzicht des BGB auf die Aufnahme der Versionsklage), Diss Münster 1966; G Hülsmann, Leistungskondiktion und Eingriffskondiktion in Dreiecksverhältnissen unter besonderer Berücksichtigung des § 951 BGB, Diss Köln 1966; H P Westermann, Die causa im französischen und deutschen Zivilrecht, 1967 (zit Die causa); W Lorenz, Das „Wahlrecht" des Putativschuldners bei irrtümlicher Zahlung fremder Schulden, in: Festschr 50 Jahre Institut für ausländisches u internationales Privat- u Wirtschaftsrecht der Univ Heidelberg (Rechtsvergleichung), 1967, S 267; ders, Zur Frage des bereicherungsrechtlichen „Durchgriffs" in Fällen des Doppelmangels, JZ 1968, 51; H P Westermann, Doppelmangel bei Bereicherungskette und Dreiecksverhältnis, JuS 1968, 17; Beuthien, Zuwendender und Leistender, JZ 1968, 323; Mühl, Zur Frage des Durchgriffs beim Doppelmangel im Bereicherungsrecht, NJW 1968, 1868; K Batsch, Vermögensverschiebung und Bereicherungsherausgabe in den Fällen des unbefugten Gebrauchens bzw sonstigen Nutzens von Gegenständen, 1968; W Lorenz, Gläubiger, Schuldner, Dritte und Bereicherungsausgleich, AcP 168 (1968), 286; ders, Bereicherungsrechtliche Drittbeziehungen, JuS 1968, 441; H Kunisch, Die Voraussetzungen für Bereicherungsansprüche in Dreiecksverhältnissen, 1968; Ehmann, Über den Begriff des rechtlichen Grundes iS des § 812 BGB, NJW 1969, 398; Rolf Schmitt, Die Subsidiarität der Bereicherungsansprüche, 1969; I Kurz, Der Besitz als möglicher Gegenstand der Eingriffskondiktion, 1969; Heimann-Trosien, Die ungerechtfertigte Bereicherung in der Rspr des BGH, WM 1969, 314; Pfister, Zum Bereicherungsanspruch im Dreiecksverhältnis bei Fehlen einer Anweisung, JR 1969, 47; Beuthien, Zweckerreichung und Zweckstörung im Schuldverhältnis, 1969, S 281 ff; Kellmann, Grundsätze der Gewinnhaftung, 1969; M Lieb, Die Ehegattenmitarbeit im Spannungsfeld zwischen Rechtsgeschäft, Bereicherungsausgleich und gesetzlichem Güterstand, 1970; A Flessner, Wegfall der Bereicherung, 1970; W Hadding, Der Bereicherungsausgleich beim Vertrag zu Rechten Dritter, 1970; Schwark, Bereicherungsansprüche bei Banküberweisungen, WM 1970, 1334; Kleinheyer, Rechtsgutsverwendung und Bereicherungsausgleich, JZ 1970, 471; Haines, Bereicherungsansprüche bei Warenzeichenverletzungen und unlauterem Wettbewerb, 1970; U Huber, Bereicherungsansprüche beim Bau auf fremdem Boden, JuS 1970, 342; Bruchhausen, Bereicherungsausgleich bei schuldloser Patentverletzung, in: Festschr für Wilde, 1970, S 23; Copau, Surrogationsansprüche und Bereicherungsrecht, 1971; Kellmann, Bereicherungsausgleich bei Nutzung fremder Rechtsgüter, NJW 1971, 862; D Rümker, Das Tatbestandsmerkmal „ohne rechtlichen Grund" im Bereich der Eingriffskondiktion, 1972; K Neef, Die Abwicklung der Bereicherungskette, Diss Köln 1972; Canaris, Einwendungsausschluß und Bereicherungsausgleich im Girovertragsrecht, BB 1972, 774; K Batsch, Bereicherungshaftung ohne Vermögensvermehrung, NJW 1972, 611; Möschel, Fehlerhafte Banküberweisung und Bereicherungsausgleich, JuS 1972, 297; H P Westermann, Bereicherungshaftung des Erwerbers gestohlener Sachen: Zur „Subsidiarität" der Eingriffskondiktion – BGHZ 55, 176, JuS 1972, 18; H Roth, Vorteil, Schaden und Wert im Bereicherungsrecht, in: Festschr für Küchenhoff, 1972, S 371; C Kaehler, Bereicherungsrecht und Vindikation, Allgemeine Prinzipien der Restitution, 1972; Canaris, Der Bereicherungsausgleich im Dreipersonenverhältnis, in: Festschr für Larenz, 1973, S 799; J Wilhelm, Rechtsverletzung und Vermögensentscheidung als Grundlagen und Grenzen des Anspruchs aus ungerechtfertigter Bereicherung, 1973; ders, Das Merkmal „auf Kosten" als notwendiges Kriterium der Leistungskondiktion, JuS 1973, 1; Willoweit, Voraussetzungen der Aufwendungskondiktion, in: Festschr für Wahl, 1973, S 285; Weitnauer, Die bewußte und zweckgerichtete Vermehrung fremden Vermögens, NJW 1974, 1729; G Welker, Bereicherungsausgleich wegen Zweckverfehlung?, 1974; S Engel, Der

Rückgriff des Scheinvaters wegen Unterhaltsleistungen, 1974; Fiedler, Abschied vom Leistungsbegriff?, JR 1975, 314; H Reeb, Grundprobleme des Bereicherungsrechts, 1975; Köndgen, Wandlungen im Bereicherungsrecht, in: Festschr für Esser, 1975, S 55; J Wilhelm, Die Zurechnung der Leistung bei Widerruf einer Anweisung, insbesondere eines Schecks, AcP 175 (1975), 304; Waltjen, Das Eigentümer-Besitzer-Verhältnis und Ansprüche aus ungerechtfertigter Bereicherung, AcP 175 (1975), 109; H Leser, Der Rücktritt vom Vertrag, 1975; Schlechtriem, Bereicherung aus fremdem Persönlichkeitsrecht, in: Festschr für Hefermehl, 1976, S 445; U Hagmann-Lauterbach, Der Zusammenhang zwischen dem finalen Leistungsbegriff im Bereicherungsrecht und den Erfüllungslehren, Diss Tübingen 1976; C Joerges, Bereicherungsrecht als Wirtschaftsrecht, 1977 (auch in AG 1976, 281); Wieling, Empfängerhorizont: Auslegung der Zweckbestimmung und Eigentumserwerb, JZ 1977, 291; Stathopoulos, Bereicherungsherausgabe oder Rückabwicklung im Bereicherungsrecht, in: Festg für Sontis, 1977, S 203; Putzo, Erfüllung mit Buchgeld und die Haftung der Beteiligten wegen ungerechtfertigter Bereicherung, 1977; Costede, Dogmatische und methodologische Überlegungen zum Verständnis des Bereicherungsrechts, 1977; Kupisch, Gesetzespositivismus im Bereicherungsrecht, 1978; H Müller-Laube, Die Empfangszuständigkeit im Zivilrecht, 1978; Weitnauer, Die Leistung, in: Festschr für v Caemmerer, 1978, S 255; König, Gewinnhaftung, in: Festschr für v Caemmerer, 1978, S 179; Wieling, Drittzahlung, Leistungsbegriff und fehlende Anweisung, JuS 1978, 801; Hadding, Kurze Übersicht: Zum Bereicherungsausgleich, JA 1978, 491; Pinger, Was leistet der Leistungsbegriff im Bereicherungsrecht, AcP 179 (1979), 301; Udo Meyer, Der Bereicherungsausgleich in Dreiecksverhältnissen, 1979; Kupisch, Bankanweisung und Bereicherungsausgleich, WM 1979, Sonderbeilage 3; Weitnauer, Zum Stand von Rechtsprechung und Lehre zur Leistungskondiktion, NJW 1979, 2008; Canaris, Der Bereicherungsausgleich im bargeldlosen Zahlungsverkehr, WM 1980, 354; Kupisch, Einheitliche Voraussetzungen des Bereicherungsanspruchs – ein Mißgriff des Gesetzgebers?, in: Festg für v Lübtow, 1980, S 501; Mühl, Wandlungen im Bereicherungsrecht und die Rechtsprechung des Bundesgerichtshofs, in: Festg für v Lübtow, 1980, S 547; P Emmerich, Paradigma und Regel, 1980; G Stierle, Der Bereicherungsausgleich bei fehlerhaften Banküberweisungen, 1980; Joachim Wolf, Der Stand der Bereicherungslehre und ihre Neubegründung, 1980; Canaris, Bankvertragsrecht, Bd I, 1988 (zit BankVR), aus Großkomm HGB, 3. Aufl Bd III/3; G Hassold, Zur Leistung im Dreipersonenverhältnis, 1981; Hadding, Die Verweisungen auf die Vorschriften über die Herausgabe einer ungerechtfertigten Bereicherung im BGB, in: Festschr für Mühl, 1981, S 225; Hüffer, Die Eingriffskondiktion, JuS 1981, 263; König, Ungerechtfertigte Bereicherung, in Gutachten und Vorschläge zur Überarbeitung des Schuldrechts, hrsg vom BJM, Bd II, 1981, S 1515 (zit BJM-Gutachten); W Lorenz, Der Bereicherungsausgleich im deutschen internationalen Privatrecht und in rechtsvergleichender Sicht, in: Festschr für Zweigert, 1981, S 199; Schnauder, Grundfragen zur Leistungskondiktion bei Drittbeziehungen, 1981; R Wittmann, Begriff und Funktionen der Geschäftsführung ohne Auftrag, 1981; Kupisch, „Normative Betrachtungsweise, als ob ..." – Zur dogmatischen Fiktion im Kondiktionsrecht, in: Festschr für Coing II, 1982, S 239; Lieb, Bereicherungsrechtliche Fragen bei Forderungspfändungen, ZIP 1982, 1153; Kupisch, Der Bereicherungsanspruch der Bank bei irrtümlicher Durchführung der widerrufenen Anweisung, ZIP 1983, 1412; Reuter/Martinek, Ungerechtfertigte Bereicherung, Handbuch des Schuldrechts Bd 4, 1983 (zit Reuter/Martinek, HBSchuldR); Flume, Die Zahlungszuwendung im Anweisungs-Dreiecksverhältnis und die Problematik der ungerechtfertigten Bereicherung, NJW 1984, 464; Mühl, Zum Bereicherungsausgleich im Drei-Personen-Verhältnis, WM 1984, 1141; Aus „Ungerechtfertigte Bereicherung, Grundlagen, Tendenzen, Perspektiven, Symposium zum Gedenken an D König", 1984 (zit Symposium König) die folgenden **Referate**: Hager, Entwicklungsstadien der bereicherungsrechtlichen Durchgriffshaftung S 151; W Lorenz, Inhalt und Umfang der Herausgabepflicht bei der Leistungskondiktion in rechtsvergleichender Sicht S 127; Schlechtriem, Güterschutz durch Eingriffskondiktionen S 57; Weitnauer, Zweck und Rechtsgrund der Leistung S 25. – Schlechtriem, Rechtsprechungsübersicht zum Bereicherungsrecht, seit 1978, JZ 1984, 509 u 555; JZ 1988, 854; JZ 1993, 24, 128, 185; Loewenheim/Winckler, Grundfälle zum Bereicherungsrecht, JuS 1984, 116, 278, 689 u 1985, 114; zusammengefasst in Loewenheim, Bereicherungsrecht, 2007[3]; Weitnauer, Zwischenbilanz im Bereicherungsrecht (zugleich Bespr von Reuter/Martinek, HBSchuldR), DB 1984, 2496; Delahaye, Die Bereicherungshaftung bei Schutzrechtsverletzungen, GRUR 1985, 856; Joost, Zuwendungen unter Ehegatten und Bereicherungsausgleich nach der Scheidung, JZ 1985, 10; Kupisch, Leistungskondiktion bei Zweckverfehlung, JZ 1985, 101 u 163; Schlechtriem, Prinzipien und Vielfalt: Zum gegenwärtigen Stand des deutschen Bereicherungsrechts, ZHR 149 (1985), 327; Beuthien/Hj Weber, Ungerechtfertigte Bereicherung und Geschäftsführung ohne Auftrag, 1987[2]; H Kaiser, Die Eingriffskondiktion bei Immaterialgüterrechts-, insbesondere Warenzeichenverletzungen, GRUR 1987, 501; Kupisch, Ungerechtfertigte Bereicherung. Geschichtliche Entwicklungen, 1987; ders, Der BGH und die Lehre vom subjektiven Rechtsgrund, NJW 1987, 2494; Thielmann, Gegen das Subsidiaritätsdogma im Bereicherungsrecht, AcP 187 (1987), 23; Koppensteiner/Kramer, Ungerechtfertigte Bereicherung, 1988[2]; Knütel, § 822 BGB und die Schwächen unentgeltlichen Erwerbs, NJW 1989, 2504; J Kohler, Die gestörte Rückabwicklung gescheiterter Austauschverträge, 1989; Reimer, Die aufgedrängte Bereicherung, 1990; Knüper, Moderne Bereicherungslehren, BB 1991, 1578; Martinek, Der Bereichungsausgleich bei veranlaßter Drittzahlung auf fremde nichtbestehende Schuld, JZ 1991, 395; Büsching, Der Anwendungsbereich der Eingriffskondiktion im Wettbewerbsrecht, 1992; A Weber, Der Bereicherungsanspruch nach irrtümlicher Eigenleistung auf fremde Schuld, 1992; H H Jakobs, Lucrum ex negotiatione. Kondiktionsrechtliche Gewinnhaftung in geschichtlicher Sicht, 1993; Mutter, Die unberechtigte Untervermietung und ihre bereicherungsrechtliche Behandlung, MDR 1993, 303; Stresemann, Bereicherungsrechtliche Rückabwicklung bei zu Unrecht vom Haftpflichtversicherer erbrachten Leistungen, 1993; Schnauder, Der Stand der Rechtsprechung zur Leistungskondiktion, JuS 1994, 537; Wesel, Bereicherungsrecht, NJW 1994, 2594; Canaris, Das Verhältnis der §§ 994ff BGB zur Aufwendungskondiktion nach § 812 BGB, JZ 1996, 344; Eidenmüller, Wertersatz für rechtsgrundlos erbrachte Bauleistungen, JZ 1996, 889; F Wallmann, Die Geltung des Subsidiaritätsgrundsatzes im Bereicherungsrecht, 1996; Enzinger, Die Eingriffskondiktion als Rechtsbehelf im gewerblichen Rechtsschutz, GRUR, 1997, 96; Kupisch, Rechtspositivismus im Bereicherungsrecht, JZ 1997, 213; Hadding, Schuldverhältnis, Forderung, rechtlicher Grund, in: Festschr für Koeschell, 1997, S 293; O Seiler, Der Bereicherungsausgleich im Überweisungsverkehr, 1998 (Bespr Schnauder WM 1999, 762); Kupisch, Die Bankgarantie auf erstes Anfordern im Dickicht des modernen Bereicherungsrechts – zum ungerechtfertigten Vorteil des Garantienehmers?, WM 1999, 2381; ders, Der Gedanke des „als ob". Zur wirtschaftlichen Betrachtungsweise bei der Anweisung, romanistisch und zivilistisch, in: Festschr für H H Seiler, 1999, S 431; H H Jakobs, Treuhänder als Nichtberechtigte, ZIP 1999, 733; B Ebert, Bereicherungsausgleich im Wettbewerbs- und Immaterialgüterrecht, 2001; ders, Das Recht auf den Eingriffserwerb ZIP 2002, 2296; Kümpel, Zum Bereicherungsausgleich bei fehlerhaften Banküberweisungen, WM 2001, 2273; J Kohler, Rücktrittsrechtliche Bereicherungshaftung, JZ 2002, 682; Medicus, Bürgerliches Recht, 2002[19], Rz 660ff; Ellger, Bereicherung durch Eingriff, 2002; Hadding, Bereicherungsausgleich bei Scheckzahlung, in: Festschr für Kümpel, 2003, S 167; St Lorenz, Bereicherungsrechtliche Drittbeziehungen, JuS 2003, 729, 839; Schall, Leistungskondiktion und „sonstige Kondiktion" auf der Grundlage des einheitlichen gesetzlichen Kondiktionsprinzips, 2003; Nobbe, Bereicherungsausgleich bei Zahlungen mittels Universalkreditkarte, in: Festschr für Hadding, 2004, S 1007; Kupisch, Condictio indebiti und Allgemeine Bereicherungsklage – Notizen zu einer Rechtsangleichung, in: Festschr für Kollhosser, Bd II, 2004, S 343; Solomon, Der Bereicherungsausgleich in Anweisungsfällen, 2004; Koziol, Bereicherungsansprüche bei Eingriffen in nicht entgeltsfähige Güter?, in: Festschr für Wiegand, 2005, § 449; Kupisch, Leistungsbereicherung „auf Kosten" des Bereicherungsgläubigers? Anmerkungen zur Gesetzgebungsgeschichte des § 812 Abs 1 Satz 1 BGB, in: Festschr für Heldrich, 2005, S 275; ders, Ungerechtfertigte Bereicherung und Europäisches Zivilgesetzbuch, in: Festschr für Wiegand, 2005, S 469; Wieling, Bereicherungsrecht, 2006[4]; v Olshausen, Der Rechtsschein im Dreipersonenverhältnis . . ., in: Festschr für Eisenhardt, 2007, S 277.

Weiteres Schrifttum: Zur **Rechtsvergleichung** s Schlechtriem, Restitution und Bereicherungsausgleich in Europa, Bd I, 2000; Bd II, 2001; zur **Versionsklage** s vor Rz 5; **zur öffentlich-rechtlichen Bereicherung** s vor Rz 17. Vgl im einzelnen die Hinweise bei §§ 812 ff.

I. Grundsätzliches

1 1. **Entstehungsgeschichte**. Bei der Abfassung des 1. Entwurfs des BGB wandte sich die Kommission gegen die Annahme einer allgemeinen Billigkeitsregelung, niemand dürfe sich mit dem Schaden eines Anderen bereichern; ebenso verwarf sie den der Versionsklage des PrALR zugrunde liegenden Grundsatz, dass derjenige, aus dessen Vermögen etwas in den Nutzen eines Anderen verwendet worden sei, dasselbe in Natur zurückzufordern oder eventuell für den Wert Vergütung zu beanspruchen berechtigt sei[1]. Die Bereicherungsansprüche wurden als persönliche Ansprüche auf Rückgängigmachung des eines Rechtsgrundes entbehrenden Erwerbes angesehen. Dabei ging man davon aus, dass der Mangel des rechtfertigenden Grundes auf verschiedene Umstände zurückzuführen sei, welche für die Klassifizierung der Bereicherungsansprüche maßgebend seien[2]. Dieser Aufbau unterschied sich grundlegend vom PrALR, das Leistungskondition und Klage aus nützlicher Verwendung, die sog Versionsklage[3], einander gegenüberstellte[4]. Jedoch enthielt auch der 1. Entwurf in § 748 einen allgemeinen Tatbestand der condictio sine causa, wonach ein Bereicherungsanspruch für denjenigen begründet sein sollte, aus dessen Vermögen nicht kraft seines Willens oder nicht kraft seines rechtsgültigen Willens ein Anderer berechtigt ist[5]. Dieser Tatbestand erfasste somit die dann in § 812 geregelte Bereicherung in sonstiger Weise[6] und kann zur

1 Motive II, S 829.
2 Motive II, S 829.
3 S dazu unten Rz 5.
4 Vgl v Mayr, Der Bereicherungsanspruch S 14; v Caemmerer, Festschr für Rabel I S 340; vgl unten Rz 2; zum österr Recht vgl Wilburg, Die Lehre von der ungerechtfertigten Bereicherung S 52.
5 Motive II, S 581.
6 Vgl auch v Caemmerer, Festschr für Rabel I S 342; Scheyhing AcP 157 (1958/59), 371, 373.

Verdeutlichung der einzelnen Typen der Bereicherungsansprüche, insbes zur Abgrenzung der Leistungskondiktion[7] herangezogen werden[8]. Unter dem Einfluss der Kritik, die vor allem *v Gierke* und *Lenel* übten, wurde im 2. Entwurf ein allgemeiner Bereicherungstatbestand geschaffen. Er ist dann in § 812 Gesetz geworden[9]. Seine Brauchbarkeit und Tragweite ist, wie der Streit um die Typologie der Bereicherungsansprüche zeigt, fragwürdig[10].

2. **Einheitlichkeit oder Typologie des Bereicherungsanspruchs**. – a) **Zur Frage der Einheitlichkeit**. Die Frage, ob den einzelnen Bereicherungsansprüchen ein **einheitliches Prinzip** zugrunde liegt, ist, wie auch die in Rz 1 geschilderte Entstehungsgeschichte ergibt, sehr umstritten. Für die Einheitlichkeit des Bereicherungsanspruchs haben sich schon früher ua *v Mayr*, Der Bereicherungsanspruch S 35, *Planck/Landois* Vorbem 2 a, *Enn/Lehmann* § 220 II ausgesprochen. Auch in der Rechtsprechung herrschte diese Auffassung mit unterschiedlicher Begründung vor. Die von *Stammler*[11] vertretene Ansicht, das Bereicherungsrecht sei ein Recht höherer Ordnung, das dem Ausgleich zwischen formellem und materiellem Recht diene[12], findet sich auch in RGZ 69, 245[13]. Als Billigkeitsrecht wird es in RGZ 147, 280 bezeichnet, während in anderen Entscheidungen auf die Bedeutung des Grundsatzes von Treu und Glauben hingewiesen wird[14]. **Gegen die Einheitlichkeit** des Bereicherungsanspruchs wandten sich insbesondere *Leonhard*[15] sowie *Wilburg*[16] und *v Caemmerer*[17], die das Hauptgewicht ihrer Untersuchungen auf eine Typenlehre bei den Fällen der Bereicherung in sonstiger Weise unter scharfer Trennung von den Leistungskondiktionen legten. Die **Unterscheidung** zwischen den **Leistungskondiktionen** und den einzelnen Fällen der **Bereicherung in sonstiger Weise** wirkt sich auf dem gesamten Gebiet des Bereicherungsrechts, zB bei der Frage des Mangels des rechtlichen Grundes, der Einheitlichkeit des Bereicherungsvorgangs, des Umfangs des Bereicherungsanspruchs, aus[18]. Die Betonung des Unterschieds hat zur schärferen Erfassung der Leistungskondiktionen[19] geführt. Im Bereich der Kondiktionen ohne Leistung ist insbesondere die wichtige Gruppe des **Eingriffserwerbs**[20] Gegenstand von Untersuchungen geworden[21]. Vgl dazu weiter unten b). Trotz Anerkennung des wesentlichen Unterschiedes zwischen Leistungskondiktionen und Kondiktionen ohne Leistung (Bereicherung in sonstiger Weise) meint *v Lübtow*[22], ihre Zusammengehörigkeit daraus herleiten zu können, dass sie nur Spielarten einer allgemeinen Ausgleichsordnung seien. Dieser Auffassung ist zuzustimmen, wenn sie darauf beruht, dass das Bereicherungsrecht nur eine **systematische Einheit im weiteren Sinn**, eine Stoffordnung nach Leitgesichtspunkten bildet[23]. Die Brauchbarkeit einer solchen einheitlichen Betrachtungsweise zeigt sich zB auch bei den Fragestellungen nach der Einheitlichkeit (Unmittelbarkeit) des Bereicherungsvorgangs[24] sowie nach dem Fehlen des rechtlichen Grundes[25]. Vgl zur Frage eines einheitlichen Prinzips: *Mühl*, Festg v Lübtow, 1980, S 550. 2

7 S Scheyhing AcP 157 (1958/59), 373.
8 Zum Teilentwurf von Franz von Kübel und der Mitwirkung Windscheids vgl Schubert ZRG RomAbt 92 (1975), 186. Zur Gesetzgebungsgeschichte s Kupisch, Festschr für Heldrich S 275 ff (gegenüber Schall aaO, 2003, S 1 f, 9 ff, 71 ff, 103 f); krit König, BJM-Gutachten S 1528, 1530, 1550; S Heine, Condictio sine datione, 2006.
9 Protokolle II, S 684; vgl v Mayr, Der Bereicherungsanspruch S 28.
10 S unten Rz 2 und 5.
11 Festg für Fitting, 1903, S 131.
12 S dagegen insbes Wilburg, Die Lehre von der ungerechtfertigten Bereicherung S 21; v Caemmerer, Festschr für Rabel I S 339.
13 Vgl auch RGZ 86, 343; 120, 297; 120, 347.
14 RGZ 135, 374; BGH LM Nr 33 zu § 812 = MDR 1958, 686; krit gegenüber den Begründungen in der Rspr insbes Jung, RGFestG III S 143, 155; v Caemmerer, Festschr für Rabel I S 338.
15 SchuldR II S 512.
16 Die Lehre von der ungerechtfertigten Bereicherung S 12, 22.
17 Festschr für Rabel I S 333.
18 Vgl dazu insbes § 812 Rz 36, 37, 140 f, 172 ff.
19 Vgl Kötter AcP 153 (1954), 193; Scheyhing AcP 157 (1958/59), 371; Flessner, Wegfall der Bereicherung S 23 ff; s auch § 812 Rz 1–3.
20 Vgl § 812 Rz 140 ff.
21 Vgl Fritz Schulz AcP 105 (1909), 1; Wilburg, Die Lehre von der ungerechtfertigten Bereicherung S 25; v Caemmerer, Festschr für Rabel I S 352; Jakobs, Eingriffserwerb und Vermögensverschiebung; Wilhelm, Rechtsverletzung und Vermögensentscheidung.
22 Beiträge zur Lehre von der condictio S 26.
23 Vgl Coing, Zur Geschichte des Privatrechtssystems, 1962, S 9, Frankfurter Universitätsreden Heft 17: Geschichte und Bedeutung des Systemgedankens in der Rechtswissenschaft.
24 Vgl § 812 Rz 38 f und 140 f.
25 Vgl § 812 Rz 172 ff.

Auch *Kupisch* ist der Ansicht, dass nur die Wahl zwischen der Unzulänglichkeit einer kasuistischen Normierung und der Unzulänglichkeit einer aussageschwachen Generalklausel bestanden habe, die Generalklausel aber der komplexen Wirklichkeit besser entgegenkomme, auch wenn sie in vielen Fällen tatbestandsmäßig ausfalle[26]. Diesem Gesichtspunkt ist auch zuzustimmen, soweit am „modernen" Leistungsbegriff Kritik geübt wird[27]. Bedenken gegen die Preisgabe des allgem Bereicherungsanspruchs werden ferner von *Stathopoulos* erhoben[28].

b) **Tendenzen** im **Schrifttum**. Die Hinweise im Rahmen des Kommentars haben sich auf die Frage zu beschränken, inwieweit ein einheitliches Prinzip den Bereicherungsansprüchen zugrunde gelegt wird und inwieweit von der Unterscheidung zwischen den Leistungskondiktionen und den Fällen der Bereicherung in sonstiger Weise[29] ausgegangen wird. Keine Zustimmung haben mit Recht solche Einheitsformeln gefunden, wie sie von *Kellmann*[30] sowie von *Kaehler*[31] unter dem Gesichtspunkt der Restitution entwickelt worden sind[32]. Bei *Wilhelm*[33] steht gleichfalls das Streben nach einem einheitlichen Prinzip der Bereicherungshaftung im Vordergrund. Den Gedanken, dass Vermögensbewegungen dem Vermögensherrn zuzurechnen sind, wenn sie auf seiner Vermögensentscheidung, seinem Einsatz eigenen Vermögens beruhen, hat *Wilhelm* der von *Flume* für § 818 Abs 3 entwickelten Theorie der vermögensmäßigen Entscheidung[34] entnommen[35]. In der Kritik wird die Brauchbarkeit dieses Gedankens für die Erfassung insbesondere auch der Dreiecksverhältnisse verneint, zumindest aber der Fortschritt gegenüber dem auch von der herrschenden Meinung verwendeten Gesichtspunkt der Zurechnung[36] bezweifelt[37]. Bei der Erfassung und systematischen Einordnung der **Eingriffskondiktion** ist der Fortschritt, den die von *Fritz Schulz*[38] entwickelte **Rechtswidrigkeitslehre** bedeutet hat, auch schon von *Wilburg*[39] gewürdigt worden. Die von *Wilburg* und *v Caemmerer* begründete **Lehre vom Zuweisungsgehalt** hat die Rechtswidrigkeitslehre inzwischen zurückgedrängt[40]. Auch der BGH legt sie seiner Rechtsprechung zugrunde[41]. Eine Fortentwicklung der Rechtswidrigkeitslehre bietet *Jakobs*, Eingriffserwerb[42].

3 Die §§ 812 ff dienen dem Ausgleich zwischen vorläufiger und endgültiger Wertverschiebung[43]. Der Anspruch auf **Schadensersatz** ist auf Ausgleich von Nachteilen gerichtet. Dagegen befasst sich das **Bereicherungsrecht** damit, ob der Bereicherte einen Vermögensvorteil endgültig be-

26 S Kupisch, Festg v Lübtow, 1980, S 545.
27 Vgl § 812 Rz 44.
28 Festg für Sontis, 1977 S 203, 234.
29 S auch vorstehend unter a).
30 Grundsätze der Gewinnhaftung. Rechtsvergleichender Beitrag zum Recht der ungerechtfertigten Bereicherung, 1969.
31 Bereicherungsrecht und Vindikation, Allgemeine Prinzipien der Restitution, 1972.
32 Vgl zu Kellmann: Köndgen, Festg für Esser S 56; Koppensteiner/Kramer, Ungerechtfertigte Bereicherung, 1988², S 27; Hagmann-Lauterbach, Diss Tübingen 1976, S 27; Joachim Wolf, Der Stand der Bereicherungslehre u ihre Neubegründung S 102; zu Kaehler: Köndgen, Festg für Esser S 75; Flessner RabelsZ 1974, 664; Wilhelm, Rechtsverletzung S 20; Joachim Wolf, Der Stand der Bereicherungslehre u ihre Neubegründung S 107; zustimmend zu Kaehler: Costede, Dogmatische und methodologische Überlegungen S 24, 41.
33 Rechtsverletzung; ders JuS 1973, 1.
34 S dazu § 818 Rz 58.
35 Vgl Wilhelm, Rechtsverletzung S 73.
36 Vgl § 812 Rz 43.
37 Vgl Köndgen, Festg für Esser S 62; Koppensteiner/Kramer, Ungerechtfertigte Bereicherung, 1988², S 40; Hagmann-Lauterbach, Diss Tübingen 1976, S 30; Putzo, Erfüllung mit Buchgeld und die Haftung der Beteiligten wegen ungerechtfertigter Bereicherung, 1977, S 188; Kupisch, Gesetzespositivismus S 45; Joachim Wolf, Der Stand der Bereicherungslehre u ihre Neubegründung S 111; Staud/Lorenz § 812 Rz 7; Hassold, Zur Leistung im Dreipersonenverhältnis S 93; P Emmerich, Paradigma und Regel S 120.
38 AcP 105 (1909), 1.
39 Die Lehre von der ungerechtfertigten Bereicherung S 25.
40 Vgl § 812 Rz 140 ff mNachw; Schlechtriem, Symposium König S 58.
41 Vgl zu BGHZ 82, 299, 306: § 812 Rz 141.
42 Krit dazu die Bespr von Bydlinski JurBl 1965, 598; ferner P Emmerich, Paradigma und Regel S 127; B Ebert (aaO Fn 46) S 70 ff. Zu den Ansichten von Canaris s § 812 Rz 44 und von Kupisch und Hassold s § 812 Rz 60.
43 Siber, SchuldR § 74 I.

halten darf[44]. Der Vorteil kann über den Schadensausgleich hinausgehen[45]. Dieser Gesichtspunkt ist vor allem beim Eingriffserwerb durch Nutzung fremder Immaterialgüterrechte von Bedeutung[46].

Für die wichtigste Gruppe der Kondiktion ohne Leistung, den **Eingriffserwerb** (Bereicherung zu fremdem Nutzen), ist der von *Wilburg*[47] herausgestellte Gesichtspunkt wesentlich, dass es sich um einen **Rechtsfortwirkungsanspruch** handelt, der aus dem Recht hervorwächst und durch die Nutzung oder Verwendung der Sache im Widerspruch zum Zuweisungsgehalt insbesondere des Eigentums gekennzeichnet ist[48]. Auf die Leistungskondiktion kann dieser Gesichtspunkt nicht übertragen werden[49]. 4

Die **Versionsklage** (Klage aus nützlicher Verwendung; actio de in rem verso). 5

Schrifttum: v Tuhr, Actio de in rem verso, 1895; M Wellspacher, Versio in rem, 1900; Pringsheim, Ersatz der früheren Klage aus nützlicher Verwendung durch die heutige Rechtsprechung, in: RGFestG III, 1929, S 114; H Niederländer, Die Bereicherungshaftung im klassischen römischen Recht, 1953; v Caemmerer, Bereicherung und unerlaubte Handlung, in: Festschr für Rabel I, 1954, S 369; Wilburg, Zusammenspiel der Kräfte im Aufbau des Schuldrechts, AcP 163 (1963), 346, 353; Kupisch, Die Versionsklage, 1965; Brandi, Bereicherung aus fremdem Vertrag (Der Verzicht des BGB auf die Aufnahme der Versionsklage), Diss Münster 1966.

Die Ursprünge der Versionsklage im römischen Recht betrafen Geschäfte, die ein Gläubiger mit Personen eingegangen war, die der Gewalt des pater familias unterworfen waren (Hauskinder, Sklaven). Eine unmittelbare Stellvertretung war unzulässig. Es bestand das Bedürfnis, die Haftung außer auf den Gewaltunterworfenen auch auf den Gewalthaber zu erstrecken, der etwas aus dem Geschäft zwischen Gläubiger und Gewaltunterworfenem erlangt hatte[50]. Nach der Rezeption wurde die Versionsklage im gemeinen Recht weiter ausgebildet[51] und als Klage wegen nützlicher Verwendung in PrALR § 262 I 13 und östABGB § 1041 übernommen. Damit hatte eine Rechtsfigur Anerkennung gefunden, bei der sich eine Vermögensverschiebung über eine Zwischenperson vollzog. Daraus ergibt sich der nahe Zusammenhang mit den Fällen der unmittelbaren Stellvertretung, der Geschäftsführung ohne Auftrag und der ungerechtfertigten Bereicherung. In das BGB wurde die Versionsklage nicht übernommen. Dies wurde teils mit einem fehlenden Bedürfnis, teils mit den Schwierigkeiten einer angemessenen Regelung (Gefahr eines äußerst verwickelten und unklaren Verhältnisses) begründet[52]. *Pringsheim* hat dem Gesetzgeber zum Vorwurf gemacht, dass durch die Nichtaufnahme der Versionsklage eine Lücke entstanden sei, die nun durch die Rechtsprechung auf Umwegen ausgefüllt werden müsse[53]. Gegen eine Ausweitung der Bereicherungshaftung, die einer Wiedereinführung der Versionsklage gleichkäme, haben sich insbesondere das RG und der BGH in ständiger Rechtsprechung unter Hinweis auf das Erfordernis der Unmittelbarkeit der Vermögensverschiebung gewandt[54]. So kann die Versionsklage gegen den aus einem Vertrag begünstigten Dritten als ein weiterer Typus der ungerechtfertigten Bereicherung bezeichnet werden[55], der im Streben nach einer klaren gesetzlichen Abgrenzung

44 Vgl auch § 818 Rz 11 zum Verhältnis zum Schadensersatz.
45 Vgl Wilburg, Die Lehre von der ungerechtfertigten Bereicherung S 23, 98.
46 Vgl hierzu eindringlich B Ebert, Bereicherungsausgleich im Wettbewerbs- und Immaterialgüterrecht, 2001, S 58 ff; ferner § 812 Rz 151 ff; vgl auch § 818 Rz 45.
47 Die Lehre von der ungerechtfertigten Bereicherung S 28, 114.
48 Vgl auch v Caemmerer, Festschr für Rabel S 352 ff; Scheyhing AcP 157 (1958/59), 381; Wilburg AcP 163 (1963), 348.
49 Vgl über die Bedeutung des Zuweisungsgehalts des Rechts insbesondere für den Umfang der Bereicherungshaftung bei Verletzung von Immaterialgüterrechten § 812 Rz 151 ff. Zum ganzen B Ebert (aaO Fn 46) S 142 ff, 169 ff.
50 S Niederländer, Bereicherungshaftung S 37 ff.
51 S dazu Kupisch, Die Versionsklage S 17 ff; Brandi, Diss Münster 1966, S 24 ff.
52 Motive II, S 871.
53 Vgl Pringsheim, RGFestG III S 117; s auch v Caemmerer, Festschr für Rabel I S 369; Brandi, Diss Münster 1966, S 122.
54 Vgl § 812 Rz 38; Wilburg, Die Lehre von der ungerechtfertigten Bereicherung S 108; Siber, SchuldR § 74 II 2.
55 So v Caemmerer, Festschr für Rabel I S 369.

nicht in das Gesetz aufgenommen worden ist, dessen dogmatischer Wert aber wegen der Notwendigkeit einer sicheren Unterscheidung von den oben erwähnten ähnlichen Rechtsgebilden bestehen geblieben ist[56].

II. Aufbau des Gesetzes

6 § 812 Abs 1 Satz 1 enthält die allgemeinen Haupttatbestände des Bereicherungsausgleichs[57]. § 812 Abs 1 Satz 2 regelt zwei Tatbestände besonderer Leistungskonditionen. Dem Fehlen des rechtlichen Grundes stellt § 813 die dauernde Einrede mit Ausnahme der Einrede der Verjährung gleich. § 814, der ebenso wie § 813 nur die Leistung zwecks Erfüllung einer nicht bestehenden Verbindlichkeit betrifft[58], schließt die Rückforderung in den dort aufgeführten Fällen aus. § 815 betrifft nur eine Untergruppe der Leistungskondiktion, für die der Bereicherungsanspruch aus § 812 Abs 1 Satz 2, 2. Fall in zwei Ausnahmefällen ausgeschlossen wird. § 816 regelt die Sonderfälle, in denen ein Nichtberechtigter dem Berechtigten gegenüber wirksam verfügt hat oder an ihn geleistet worden ist. § 817 befasst sich mit den Fällen, in denen die Leistung sowie auch die Annahme der Leistung vorwerfbar sind. Die Vorschrift enthält also einen weiteren Fall der Leistungskondiktion[59]. Die §§ 818–820 betreffen den Inhalt und Umfang der Herausgabepflicht und die Voraussetzungen einer gegenüber § 818 Abs 3 verschärften Haftung. § 821 regelt die Einrede der ungerechtfertigten Bereicherung sowie § 822, der ebenso wie § 816 Abs 1 Satz 2 eine Durchbrechung des Grundsatzes der Unmittelbarkeit enthält, die unentgeltliche Zuwendung seitens des Empfängers an einen Dritten.

III. Anwendungsbereich

7 1. **Rechtsfolgen- und Rechtsgrund-(Tatbestands-)verweisungen**. Die „Vorschriften über die Herausgabe einer ungerechtfertigten Bereicherung" sind in zahlreichen Fällen vom Gesetz ausdrücklich für **anwendbar erklärt**, so in den §§ 323 aF, 327 aF, 516 Abs 2 Satz 3, 527 f, 531, 543 Abs 2 aF, 547 Abs 1 Satz 2, 557 a aF, 628 aF, 682, 684, 852, 951, 977, 988, 993, 1301, 1390, 1434, 1457, 1487, 1973, 1989, 2021, 2196, 2287, 2329. Nach RGZ 81, 204; 139, 22 bilden jene Vorschriften die Grundlage für den Anspruch und die §§ 812 ff bestimmen nur seinen **Umfang**, nicht aber seine Voraussetzungen. Damit stellt sich die Frage nach dem **Anwendungsbereich der Rechtsfolgen-** und **der Rechtsgrundverweisungen** (letztere werden auch als Tatbestandsverweisungen bezeichnet). Der Frage, welche Tragweite den einzelnen Verweisungen im BGB zukommt, ist *Hadding* nachgegangen, der in seiner Untersuchung auch auf einen Hinweis bald nach der Entstehung des BGB aufmerksam gemacht hat, dass das Gesetz in seiner nivellierenden Ausdrucksweise die Verschiedenheit des einzelnen Falls, rein äußerlich betrachtet, nicht erkennen lasse[60]. Der Gesetzgeber mag wohl davon ausgegangen sein, dass allen Verweisungen die gleiche Reichweite zukommt[61]. Als Rechtsgrundverweisungen werden aber meistens die §§ 852 Satz 1 (früher Absatz 3) und § 951 Abs 1 Satz 1 angesehen[62]. Die Sachprobleme, die mit dieser Unterscheidung verknüpft sind, ergeben sich daraus, dass bei der Rechtsfolgenverweisung die verweisende Vorschrift die Anspruchsgrundlage bildet und nur wegen des Inhalts und des Umfangs der Herausgabepflicht auf die §§ 818–820 verwiesen wird. Dagegen bedarf es bei einer Rechtsgrundverweisung jeweils der Prüfung der Voraussetzungen des betreffenden Bereicherungsanspruchs sowie auch einer Berücksichtigung der Einwendungen aus den §§ 813 Abs 2, 815, 817 Satz 2[63]. Bei § 818 Abs 3 handelt es sich nur gesetzestechnisch um eine Einwendung, während es sich in systematischer Hinsicht um

56 Vgl zur Vermögensverschiebung auf dem Wege über eine Zwischenperson § 812 Rz 40 ff.
57 Vgl § 812 Rz 1 sowie den Überblick bei Hadding JA 1978, 491.
58 Vgl § 813 Rz 1.
59 Vgl auch § 812 Rz 2.
60 S Hadding, Festschr für Mühl S 225 ff, 251, wo v Mayr, Bereicherungsanspruch S 644 u 679 zitiert wird.
61 S Hadding, Festschr für Mühl S 251.
62 Nicht unstr; vgl unten Rz 8.
63 S Hadding, Festschr für Mühl S 252 ff.

eine Privilegierung des gutgläubigen Empfängers handelt, die einer einschränkenden Auslegung unterliegt[64]. Auf die Problematik, die sich bei einer Anwendung des § 818 Abs 3 im Rahmen der Abwicklung eines gegenseitigen Vertrages gem § 323 Abs 3 aF ergibt, hat *Hadding*[65] hingewiesen. Bei den Verweisungen in den Vorschriften über die Schenkung (s §§ 516, 527, 528, 531) bedürfen die unterschiedlichen gesetzlichen Wertungen der Beachtung[66]. § 682 dient dem Schutz des geschäftsunfähigen oder in der Geschäftsfähigkeit beschränkten Geschäftsführers[67] und § 684 dem Schutz des Geschäftsherrn vor unberechtigter (aufgedrängter) Bereicherung[68]. Auch wenn im Einklang mit der herrschenden Meinung bei § 684 eine Rechtsfolgenverweisung angenommen wird, stellt sich in Hinblick auf die vom RG bejahte Anwendbarkeit des § 817 Satz 2[69] die Frage, ob nicht alle anspruchshindernden Vorschriften anzuwenden wären[70]. Für eine diese Vorschriften einbeziehende „Abschnittsverweisung“ tritt *Hadding*[71] ein. Dagegen bestehen hinsichtlich des § 814 und des § 817 Satz 2 um so weniger Bedenken, als es sich bei diesen Vorschriften um Ausprägungen des Grundsatzes von Treu und Glauben und des Rechtsschutzprinzips handelt[72].

2. Bei **§ 852 Satz 1** (früher Abs 3) und **§ 951 Abs 1 Satz 1** handelt es sich nach hM um **Rechtsgrund-**, **nicht** nur **Rechtsfolgenverweisungen**. **§ 852 Satz 1** stellt nur klar, dass bei einer Konkurrenz mit einem Anspruch aus unerlaubter Handlung der Bereicherungsanspruch nicht der kurzen Verjährung gem früher § 852 Abs 1 (seit 1. 1. 2002: § 852 Satz 2) unterliegt[73]. Die Gegenmeinung wird vom RG[74] und dem BGH[75] vertreten. In BGHZ 71, 86, 100 wird hervorgehoben, dass für die Anspruchsvoraussetzungen der §§ 812 ff in § 852 Abs 3 (seit 1. 1. 2002: § 852 Satz 1) kein Raum sei. *Schlechtriem*[76] hält der Gegenmeinung vor, dass sie auf einen besonderen Bereicherungstatbestand der unerlaubten Handlung, der der Rechtswidrigkeitslehre entsprechen würde, hinausläuft[77]. **§ 951 Abs 1 Satz 1** regelt einen Sonderfall des Eingriffserwerbs wegen Verbrauchs fremden Gutes, gehört zu der nicht einheitlich geregelten Eingriffskondiktion[78] und hat nur eine Klarstellungsfunktion[79]. Auch wegen des Rechtsgrundes wird nach hM auf die §§ 812 ff verwiesen[80]. 8

3. **Andere Rechtsgebiete**. Der **Wechselbereicherungsanspruch** ist in WG Art 89 abschließend geregelt[81]. Dasselbe gilt für das **Scheckrecht** (ScheckG Art 58)[82]. Ferner enthalten bereicherungsrechtliche Regelungen **ZPO** § 717; **InsO** § 143; **ZVG** § 50; **AnfG** § 7; **GeschmMG** § 14; **UrhG** 1965 § 97; **VerlagsG** § 37. Für das Gebiet des **Arbeitsrechts** vgl zu Lohnüberzahlungen § 812 Rz 177 und § 818 Rz 50, 68; über Urlaubsentgelte bei dem Urlaubszweck widersprechender Erwerbstätigkeit § 812 Rz 207 aE; über Arbeitsleistungen in Erwartung einer Vergütung § 812 Rz 199, 207. 9

64 S § 818 Rz 52 ff, 57; König, BJM-Gutachten S 1539.
65 Festschr für Mühl S 228.
66 Vgl Hadding, Festschr für Mühl S 231 ff mNachw; zu § 531 als einem Sonderfall des § 812 Abs 1 Satz 2 Halbsatz 1 s auch § 531 Rz 2; BGH WM 2006, 56.
67 Vgl Klatt, Auftraglose Fremdgeschäftsführung durch Minderjährige, 2001.
68 Deshalb kein gesetzlicher Vergütungsanspruch des gewerblichen Erbensuchers (BGH NJW 2000, 72, 73; NJW-RR 2006, 656).
69 S § 684 Rz 2 mNachw.
70 Hadding, Festschr für Mühl S 242.
71 Festschr für Mühl S 265.
72 S § 814 Rz 1; § 817 Rz 10. Über § 852 Satz 1 und § 951 Abs 1 Satz 1 s unten Rz 8. Vgl auch zu den Verweisungsvorschriften eingehend Reuter/Martinek, HBSchuldR § 23.
73 Ebenso Planck/Greiff § 852 Bem 4; Siber, SchuldR § 76 V 2; Larenz/Canaris, SchuldR II/2 § 75 V; v Caemmerer, Festschr für Rabel I S 394.
74 JW 1935, 512.
75 BGHZ 71, 86, 98 = LM Nr 11 zu § 823 (Ag); s auch Soergel/Zeuner § 852 Rz 28.
76 Symposium König S 60.
77 S § 812 Rz 149.
78 S dazu § 812 Rz 139; König, BJM-Gutachten S 1551.
79 Vgl § 812 Rz 28, § 951 Rz 1; v Caemmerer, Festschr für Rabel I S 364; Baur/Stürner SachenR, 1999[17] § 53 C I 3.
80 RGZ 130, 310; BGHZ 17, 236; 35, 356; 40, 272; 41, 159; BGH LM Nr 14 zu § 812; Enn/Wolff/Raiser § 74 I; Berg AcP 160 (1961), 505; teilweise aM Westermann, SachenR § 54, 1; s dazu Baur/Wolf JuS 1966, 394; Sturm JZ 1956, 361; aM auch Hadding, Festschr für Mühl S 243, 260 von seinem in Rz 7 erwähnten Standpunkt aus, dass eine allgemeine Leistungskondiktion (§ 812 Abs 1 Satz 1 Fall 1) ohnehin § 951 Abs 1 Satz 1 vorgeht.
81 S BGHZ 3, 238, 244.
82 Vgl dazu BGH WM 1959, 1368.

IV. Konkurrenzfragen

10 1. **Allgemeines**. Der Bereicherungsausgleich findet nicht subsidiär statt, sondern steht selbständig neben anderen Ansprüchen[83]. Jedoch scheidet die Bereicherungshaftung aus, wenn ein **Anspruch des angeblichen Bereicherungsschuldners aus Vertrag** besteht, weil dann der rechtliche Grund nicht fehlt[84]. Eine abschließende Regelung enthält die **VOB** hinsichtlich des Ersatzes der Mängelbeseitigungskosten[85]. Dasselbe gilt für vertragliche Gewährleistungsansprüche[86]. Durch **§ 557 aF** wird ein über den vereinbarten Mietzins hinausgehender Bereicherungsanspruch des Vermieters nicht ausgeschlossen[87]. Dies gilt auch für die Vorenthaltung einer Apotheke nach Erlöschen des Pachtverhältnisses; der Bereicherungsanspruch wird nicht mit Rücksicht auf die Sonderregelung der §§ 987 ff ausgeschlossen, wenn der Verpächter zugleich Eigentümer ist[88]. Über das Verhältnis zwischen dem Bereicherungsanspruch wegen Nichteintritts des bezweckten Erfolgs (§ 812 Abs 1 Satz 2, 2. Fall) und Wegfall der **Geschäftsgrundlage** vgl § 812 Rz 198. Eine Bereicherungshaftung kommt nicht in Betracht, wenn der erlangte **Vorteil in der Rechtsordnung begründet** ist und dem Begünstigten endgültig verbleiben soll[89]. Daher ist auch gegenüber einem rechtskräftigen Urteil eine Bereicherungshaftung ausgeschlossen[90]. Über das Verhältnis zwischen einem Bereicherungsanspruch und einem Anspruch aus § 179 gegen den **Vertreter ohne Vertretungsmacht** vgl § 812 Rz 122. Mit Ansprüchen aus **unerlaubter Handlung** können Bereicherungsansprüche konkurrieren[91]. Geht der Kläger vom Anspruch aus Vertrag auf den Anspruch aus ungerechtfertigter Bereicherung über, so ist **Klagänderung** anzunehmen[92].

11 2. **Einzelfragen**. – a) Ob Bereicherungsansprüche neben Ansprüchen aus **Geschäftsführung ohne Auftrag** bestehen können, ist str[93]. Die Gegenmeinung verdient den Vorzug, weil §§ 677 ff eine eigenständige Ausgleichsordnung enthalten[94]. Dies ist für Ersatzansprüche bei Zahlung fremder Schulden und bei Verwendungen von Bedeutung[95].

12 b) Der Besitz kann Gegenstand einer Leistungskondiktion sein. Zum Verhältnis zwischen **Besitzschutzansprüchen** und Eingriffskondiktion vgl § 812 Rz 147.

13 c) Mit einem Anspruch auf Herausgabe gem **§ 985** kann ein Bereicherungsanspruch konkurrieren[96].

14 d) Sehr umstritten ist die Frage, inwieweit die Bereicherungshaftung durch die Regelung der **Nebenansprüche im Eigentümer-Besitzer-Verhältnis** (§§ 987 ff) ausgeschlossen wird. Die herrschende Meinung hat sich dafür ausgesprochen, dass die §§ 987 ff eine spezifische Sonderregelung enthalten, durch die die Bereicherungshaftung mit Ausnahme von § 816 Abs 1 Satz 1 ausgeschlossen wird[97].

15 e) Nach der in der Rechtsprechung früher vertretenen Ansicht wurde die Bereicherungshaftung durch die besondere gesetzliche Regelung des **Warenzeichen-**, **Patent-** und **Gebrauchsmusterrechts** ausgeschlossen. Der neueren Rechtsprechung und der im Schrifttum vorherrschenden Gegenmeinung ist zuzustimmen[98].

83 RGZ 48, 139; 168, 257; ebenso Planck/Landois Bem 5 vor § 812; Georgiades, Anspruchskonkurrenz S 194; aM v Mayr, Bereicherungsanspruch S 356.
84 RGZ 166, 65, 71; RG JW 1933, 1251 (mzustAnm Matthiessen).
85 BGH NJW 1966, 39 = LM Nr 68 zu § 812.
86 BGH NJW 1963, 806 = LM Nr 4 zu § 634.
87 BGHZ 44, 241 = NJW 1966, 248; s auch § 557 aF Rz 26.
88 BGH NJW 1968, 197; s dazu unten Rz 14.
89 Vgl § 812 Rz 172 ff, 212, 214 ff
90 Vgl § 812 Rz 218.
91 Vgl auch zur Tragweite des § 852 Satz 1: oben Rz 8.
92 S RG WarnR 1917 Nr 124; vgl auch Habscheid, Der Streitgegenstand im Zivilprozeß, 1956, S 208.
93 Dafür: v Caemmerer, Festschr für Rabel I S 361; Planck/Landois Vorbem 5.
94 So auch RGRK/Heymann-Trosien Rz 36 vor § 812; s auch § 812 Rz 166.
95 Vgl § 812 Rz 166 und 170.
96 Vgl § 985 Rz 25.
97 StRspr; vgl Rz 14 ff vor § 987 mNachw; aM ua A Georgiades, Anspruchskonkurrenz, 1968, S 199. Vgl auch oben Rz 10.
98 Vgl dazu neuerdings vor allem B Ebert, Bereicherungsausgleich im Wettbewerbs- und Immaterialgüterrecht, 2001, S 58 ff; § 812 Rz 151 ff.

f) Eine die §§ 812 ff ausschließende **Sonderregelung** enthalten **VVG** § 67[99] sowie FürsPflVO § 21 a[100]. Anstelle von FürsPflVO § 21 a ist **BSHG** § 90 und nunmehr SGB XII § 93 getreten. Kommt ein Übergang von Ersatz- oder Ausgleichsansprüchen nicht in Betracht, so steht VVG § 67 einem Bereicherungsanspruch nicht entgegen[101]. 16

V. Öffentlich-rechtliche Bereicherung

Schrifttum: Friedrichs, Ungerechtfertigte Bereicherung und öffentliches Recht, Recht 1912, 129; G Lassar, Der Erstattungsanspruch im Verwaltungs- und Finanzrecht, 1921; Meier-Branecke, Die Anwendbarkeit privatrechtlicher Normen im Verwaltungsrecht AöR NF 11 (1926), 230; W Skaupy, Die ungerechtfertigte Bereicherung im öffentlichen Recht, 1934; Tiedau, Die öffentlich-rechtliche Bereicherungsklage und ihre Geltendmachung im Rechtswege, MDR 1952, 330; Haueisen, Erstattungsansprüche im öffentlichen Recht, NJW 1954, 977; v Altrock, Der Erstattungsanspruch des öffentlichen Rechts, NJW 1954, 1634 (dazu Haueisen NJW 1955, 212); Graf und Höver, Überzahlungen im Bereich der Justizverwaltung, Rpfleger 1955, 89, 113; Haueisen, Wechselwirkungen zwischen Verwaltungsprozeßrecht und materiellem Verwaltungsrecht, NJW 1957, 169; Fees, Rückforderung zuviel gezahlter Versorgungsbezüge, ZBR 1959, 285; Kretschmer, Rückforderung zuviel gezahlter Dienst- und Versorgungsbezüge, ZBR 1959, 311; Burmeister, Zur Rückforderung zuviel gezahlter Dienst- und Versorgungsbezüge, ZBR 1960, 106; Erning, Zur Rückforderung überzahlter Versorgungsbezüge, RiA 1960, 323; Judeich, Erstattungsberechtigter und Gegenansprüche, DStZ 1960, 300; Neumann, Rückforderung zuviel gezahlter Dienst- und Versorgungsbezüge, NJW 1960, 659; Flume, Steuerwesen und Rechtsordnung, in: Festg für Smend, 1962, S 59; H Lehmann-Grube, Der Rückforderungsanspruch im Sozialrecht, 1962; H Kauffmann-Hieber, Rückforderung zuviel gezahlter Dienst- oder Versorgungsbezüge, 1968[3]; E Weber, Der Erstattungsanspruch, 1970; Wallerath, Das System der öffentlich-rechtlichen Erstattungsansprüche, DÖV 1972, 221; F Reppenhagen, Die Rückforderung zu Unrecht gewährter Leistungen in der gesetzlichen Kranken-, Unfall- und Rentenversicherung, Diss Berlin, 1974; C Wollschläger, Geschäftsführung ohne Auftrag im öffentlichen Recht und Erstattungsanspruch, 1977; F Kerschner, Bereicherung im öffentlichen Recht, 1983, W Lorenz, Verbindungslinien zwischen öffentlichrechtlichem Erstattungsanspruch und zivilrechtlichem Bereicherungsausgleich, in: Festschr für Lerche, 1993, S 929; H J Wolff/Bachof/Stober, Verwaltungsrecht I, 1994[10], § 55 Rz 19 ff.

1. **Allgemeines**. Das Institut der öffentlich-rechtlichen Bereicherung hat sich unter dem Einfluss der Fiskustheorie erst spät entwickelt[102], zumal die Erörterung vielfach mit der Frage des Rechtsweges vor den Zivilgerichten verknüpft wurde[103]. Die §§ 812 ff wurden unmittelbar oder entsprechend herangezogen. Seitdem sich jedoch der öffentlichrechtliche **Erstattungsanspruch** (grundlegend war das Werk von *Lassar*[104]) herausgebildet hat[105], steht die Frage im Vordergrund, ob die §§ 812 ff jedenfalls insoweit heranzuziehen sind, als sie allgemeine Rechtsgedanken enthalten[106]. Für den Erstattungsanspruch ist die Frage zu verneinen, denn für ihn sind besondere Grundsätze des Verwaltungsrechts maßgebend[107]. Dies schließt jedoch nicht aus, dass der Erstattungsanspruch einem allgemeinen Begriff der öffentlich-rechtlichen Bereicherung unterzuordnen ist, für den im Interesse der Einheit der Rechtsordnung der Gesichtspunkt maßgebend ist, dass eine Vermögensverschiebung rückgängig gemacht werden kann, die dem Begünstigten nicht verbleiben soll[108]. Jedenfalls ist davon auszugehen, dass mit dem Erstattungsanspruch, der im Ab- 17

99 BGHZ 32, 331 = LM Nr 15 zu VVG § 67 (mAnm Haidinger).

100 BGHZ 33, 243 = LM Nr 6 zu FürsPflVO § 21 a (mAnm Rietschel).

101 LG Köln NJW 1964, 1280 (mAnm Münzel): Stellung des aufgrund eines Teilungsabkommens in Anspruch genommenen Haftpflichtversicherers, wenn der Unfall des Versicherungsnehmers ein unabwendbares Ereignis war.

102 Vgl Skaupy, Die ungerechtfertigte Bereicherung im öffentlichen Recht S 14.

103 Vgl dazu unten Rz 18.

104 Der Erstattungsanspruch im Verwaltungs- und Finanzrecht, 1921.

105 Vgl zum Erstattungsanspruch unten Rz 20.

106 Vgl auch § 818 Rz 68.

107 Vgl unten Rz 20; ebenso Meier-Branecke AöR 50 (1926), 230; Forsthoff, VerwR § 9; Haueisen NJW 1954, 977; BVerwGE 4, 215 = Buchholz 436.31, Nr 2 zu VO über Tbc-Hilfe; BSGE 14, 59; 16, 151; aM Skaupy, Die ungerechtfertigte Bereicherung im öffentlichen Recht S 60; offen gelassen in BGHZ 32, 273 = LM Nr 10 zu PrEnteignungsG (mAnm Kreft).

108 Vgl auch Obermayer Anm NJW 1958, 1107 zu BVerwGE 6, 244, der sich dafür ausspricht, den öffentlich-rechtlichen Rückerstattungsanspruch als Oberbegriff dem öffentlich-rechtlichen Bereicherungsanspruch überzuordnen; zur Einheit

gabenrecht entwickelt worden ist, der Fragenbereich der öffentlich-rechtlichen Bereicherung nicht erschöpft ist[109]. Außerhalb des Erstattungsanspruchs kommen sowohl Leistungskondiktionen als auch Ansprüche wegen Bereicherung in sonstiger Weise, insbesondere bei Eingriffserwerb, in Betracht. Zur Frage der ungerechtfertigten Bereicherung im Enteignungsrecht vgl BGHZ 32, 273 = LM Nr 10 zu PrEnteignungsG (mAnm Kreft) und im Umlegungsverfahren vgl BVerwGE 10, 3: Mehrwertausgleich. Der Auffassung von *Weber*[110], dass die Bereicherung in sonstiger Weise im öffentlichen Recht keine Parallele hat, ist nicht zuzustimmen[111]. Außer der Eingriffskondiktion kommt insbes eine Rückgriffskondiktion in Gestalt des sog Abwälzungsanspruchs in Betracht[112].

18 2. **Rechtsweg**. – a) **Grundsätzlich** sind für Ansprüche aus öffentlich-rechtlicher Bereicherung die **Verwaltungsgerichte** zuständig (VwGO § 40). Über den Rechtsweg zu den **Sozialgerichten** vgl SGG § 51 und zu den **Finanzgerichten** FGO § 33[113]. Die **Zivilgerichte** sind für die Entscheidung öffentlich-rechtlicher Streitigkeiten zuständig, soweit eine besondere Zuweisung vorliegt[114]. Mit dieser Regelung hat auch die frühere Rechtsprechung des RG über die zivilrechtliche Einkleidung eines öffentlich-rechtlichen Streitgegenstandes seine praktische Bedeutung verloren. Das RG war in ständiger Rechtsprechung den Versuchen entgegengetreten, den Zivilrechtsweg dadurch zu erreichen, dass das öffentlich-rechtliche Klagebegehren, zB Rückzahlungen zu Unrecht gezahlter Steuern[115], in die Gestalt eines Bereicherungsanspruchs gekleidet wurde[116]. Leistungen, die ohne Rechtsgrund zur Erfüllung einer vermeintlichen öffentlich-rechtlichen Verpflichtung erbracht wurden, können aufgrund des **öffentlich-rechtlichen Erstattungsanspruchs** zurückgefordert werden[117].

19 b) **Im einzelnen**. Die Zivil- und Strafgerichte sind zuständig, soweit eine besondere Zuweisung vorliegt[118]. Dies ist durch die aufgrund von VwGO § 179 eingefügten EGGVG §§ 23 ff für die **Justizverwaltungsakte** geschehen[119]. Der Anspruch auf Rückerstattung eines zu Unrecht ausgezahlten **Geldbetrages gem WährG § 17** ist privatrechtlicher Natur[120]. Für den Bereicherungsanspruch aus einer **Haftung wegen Amtspflichtverletzung** ist der Rechtsweg zu den Zivilgerichten gegeben[121]. Ein privatrechtlicher Anspruch ist auch gegeben bei der **Zahlung von Steuern** aufgrund einer **Schuldübernahme**[122], Zahlung an den Steuerfiskus aufgrund unwirksamer Zession[123], oder wenn ein Dritter eine Steuerschuld, von der er irrigerweise annimmt, dass sie ihm vorgeht, **gem § 268 ablöst**[124]. Bei der Rückforderung von zu Unrecht gezahlten **Entschädigungen nach dem RLG** hat der BGH die Zuständigkeit der Zivilgerichte kraft Zuweisung angenommen[125]. In diesem Sinne ist die Frage in **BLG** § 62 geregelt. Hat ein Enteignungsunternehmer die Entschädigung vor unanfechtbarer oder rechtskräftiger Festsetzung zugunsten des Eigentümers hinterlegt und erstrebt er Herabsetzung der Entschädigung und Rückzahlung des zuviel Gezahlten, so finden die §§ 812 ff auch nicht entspr Anwendung, weil es sich um die Abwicklung eines dem öffentlichen Recht angehörenden Rechtsverhältnisses handelt[126].

20 3. **Der Erstattungsanspruch**[127]. – a) **Allgemeines**. Das Institut des Erstattungsanspruchs ist im Abgabenrecht entwickelt worden. Die entsprechende Anwendung der §§ 812 ff ist aus-

der Rechtsordnung vgl insbesondere Flume, Festg für Smend, 1962, S 59.

109 Vgl auch v Altrock NJW 1954, 1634.

110 Der Erstattungsanspruch S 22 ff.

111 So auch Wallerath DÖV 1972, 223.

112 S dazu unten Rz 22.

113 S dazu Redeker/v Oertzen VwGO, 2000[13], § 40 Rz 61 ff und Rz 66 ff.

114 S Redeker/v Oertzen VwGO § 40 Rz 41 ff.

115 RGZ 87, 114; 130, 319.

116 RGZ 83, 304; 144, 224, beide mNachw; s auch BGHZ 24, 302; Tiedau ZZP 64 (1951), 407.

117 Vgl unten Rz 20 ff.

118 Vgl dazu Redeker/v Oertzen VwGO § 40 Rz 41 ff.

119 Zum Begriff der Justizverwaltungsakte vgl Tietgen NJW 1956, 1129; Ule JZ 1958, 628; Ruscheweyh DVBl 1958, 686; Hamann DVBl 1959, 7; Stich DÖV 1960, 368; s auch Redeker/v Oertzen VwGO § 40 Rz 54.

120 BGH LM Nr 13 zu § 812.

121 OVG Berlin MDR 1961, 882.

122 RG HRR 1930 Nr 1542.

123 BGH NJW 1984, 982.

124 RGZ 150, 58.

125 BGHZ 8, 344.

126 BGHZ 32, 273.

127 Vgl außer dem oben vor Rz 17 angeführten Schrifttum Haueisen NJW 1955, 212; Schleeh

geschlossen[128]. Der Erstattungsanspruch ist in **VwVfG** des Bundes **§ 48 Abs 2 Sätze 5–8** und den entsprechenden Vorschriften der Gesetze der Länder geregelt worden. Über Ausnahmen und die subsidiäre Geltung des VwVfG vgl VwVfG §§ 1, 2. VwVfG § 48 betrifft die Rücknahme eines rechtswidrigen begünstigenden Verwaltungsaktes. VwVfG § 48 Abs 2 Sätze 1–4 regeln die Rücknahme eines rechtswidrigen Verwaltungsaktes, der eine einmalige oder laufende Geldleistung oder teilbare Sachleistung gewährt oder hierfür Voraussetzung ist. Entsprechend der Rechtsprechung des BVerwG bedarf es einer **Abwägung** des **Vertrauensschutzes** des Begünstigten mit dem **öffentlichen Interesse**[129]. Voraussetzung der Erstattungspflicht ist die Rücknahme des Verwaltungsaktes. Wegen des Umfangs der Erstattung wird in VwVfG § 48 Abs 2 Satz 5 ff auf die BGB §§ 812 ff verwiesen. Die Sonderregelung in VwVfG § 48 Abs 2 über die Berufung auf den Wegfall der Bereicherung stimmt mit BBG § 87 Abs 2 und BBesG § 12 Abs 2 überein[130].

b) **Zinsen**. Verzugszinsen können nicht beansprucht werden[131]. Ganz allgemein hat das BSG **21**
eine Verzinsungspflicht abgelehnt[132]. Im Steuerrecht wird sie in FGO § 111 verneint. Prozesszinsen sind in entsprechender Anwendung des einen allgemeinen Rechtsgedanken enthaltenden BGB § 291 zu entrichten. Bei einer Verpflichtungsklage tritt an die Stelle der Fälligkeit der Zeitpunkt, in dem der Berechtigte einen Anspruch auf Erlass eines den Staat sofort zur Zahlung verpflichtenden Verwaltungsaktes hatte[133].

c) **Der Abwälzungsanspruch**. Er entsteht dadurch, dass die zuständige Behörde Ausgaben **22**
erspart, weil eine unzuständige Behörde Leistungen dem Empfänger erbringt. Zwecks Erleichterung der Rückabwicklung findet der Ausgleich zwischen den beiden Behörden statt[134]. Von *Wollschläger*[135] wird der Anspruch als Rückgriffserstattungsanspruch bezeichnet[136]. Das BVerwG hat es als einen allgemeinen Rechtsgrundsatz des öffentlichen Rechts bezeichnet, dass eine öffentliche Leistung auszugleichen ist, wenn ein Sozialleistungsträger diese anstelle einer anderen, stärker oder allein verpflichteten Verwaltung erbracht hat[137]. Doch rechtfertigt dieser Grundsatz nach Ansicht des BVerwG[138] nicht einen Anspruch auf Erstattung gegen den Träger der Sozialhilfe wegen der Subsidiarität der Sozialhilfe und des Ausschlusses einer Hilfegewährung für vergangene Zeitabschnitte. Der Abwälzungsanspruch ist auch in der Rechtsprechung des BGH und des BSG anerkannt[139].

d) Die entsprechende Anwendung des **§ 818 Abs 3** wurde bei Gehaltszahlungen früher vom RG **23**
bejaht[140]. **BBG § 87 Abs 2** und ebenso **BBesG § 12 Abs 2** haben die entsprechende Anwendung der §§ 812 ff und damit auch des § 818 Abs 3 für die Rückzahlung zuviel gezahlter Dienst- und Versorgungsbezüge ausdrücklich vorgeschrieben. Der Kenntnis des Mangels des rechtlichen Grundes ist es gleichgestellt, wenn der Mangel so offensichtlich war, dass der Empfänger ihn hätte erkennen können. **Offensichtlich** ist der Mangel, wenn der Empfänger ihn nur deshalb nicht erkannt hat, weil er die im Verkehr erforderliche Sorgfalt in ungewöhnlich hohem Maße außer Acht gelassen hat[141]. Die Haftung nach Bereicherungsgrundsätzen gilt auch dann, wenn die Rückforderung von dem Dienstherrn bereits vor der gesetzlichen Neuregelung geltend gemacht worden ist[142]. In **VwVfG § 48 Abs 2 Satz 7** ist eine dem BBG § 87 Abs 2 und BBesG § 12 Abs 2 ent-

AöR 92 (1967), 74; T Rösslein, Der Folgenbeseitigungsanspruch, 1968, S 33 u 88.

128 Vgl oben Rz 17, ferner BVerwGE 4, 215; 6, 323; BVerwG DVBl 1959, 138 = NJW 1958, 1107 (mAnm Obermayer), in BVerwGE 6, 244 insoweit nicht abgedruckt; BSGE 14, 59; 16, 151.

129 Vgl BVerwGE 40, 212; s auch zur Rspr des BVerwG HJ Becker DÖV 1973, 379.

130 Vgl dazu unten Rz 23.

131 BVerwG NJW 1973, 1854.

132 BSGE 29, 44, 54.

133 BVerwG NJW 1973, 1854 mNachw. Vgl auch zur Verzinsung Weber, Der Erstattungsanspruch S 134 ff.

134 Vgl auch Wallerath DÖV 1972, 224.

135 Geschäftsführung ohne Auftrag im öffentlichen Recht u Erstattungsanspruch S 100.

136 S auch oben Rz 17.

137 BVerwGE 60, 236, 238.

138 E 60, 236, 238.

139 Vgl BGH NJW 1969, 2283 = LM Nr 1 zu RVO § 205; BSGE 16, 151, 156; 39, 137.

140 RGZ 83, 161.

141 Vgl BVerwGE 24, 148, 150; 40, 212, 217; BVerwG DÖV 1961, 904.

142 BGH LM Nr 2 zu nds BesG = MDR 1959, 109; BVerwG NJW 1961, 42. Zur Frage, wann die Überzahlung zu einer Werterhöhung im Ver-

sprechende Regelung für die Fälle getroffen worden, in denen gem VwVfG § 48 Abs 2 Satz 3 ein Vertrauensschutz ausdrücklich ausgeschlossen ist. In diesen Fällen kann sich der Erstattungspflichtige auf den Wegfall der Bereicherung nicht berufen, soweit er die Umstände kannte oder infolge grober Fahrlässigkeit nicht kannte. Vgl auch **SGB X §§ 45, 48, 50.** Über die Rechtsprechung zur Überzahlung von Dienst- und Versorgungsbezügen im Beamtenrecht s auch § 818 Rz 68 mNachw.

24 e) **Erbenhaftung**. Unter die Erblasserschulden im Sinne von § 1967 fällt auch ein Erstattungsanspruch, der dadurch entsteht, dass die Versorgungsbezüge für den folgenden Monat einem Ruhestandsbeamten schon vor Beginn dieses Zeitraums ausbezahlt wurden und dieser nach der Zahlung, aber vor Beginn des folgenden Monats starb, die Überzahlung also erst infolge des Todes des Ruhestandsbeamten eintrat[143].

25 f) **Einzelfälle**. Zur Rückforderung von **Subventionen** s BVerwGE 20, 295; BVerwG NJW 1977, 1838; vgl auch Münster NJW 1981, 2597: Rücknahme eines rechtswidrigen Subventionsbescheides; Weides, Widerruf und Rückforderung von Zuwendungen des Bundes und der Länder, NJW 1981, 841. Zur Rückforderung von Beträgen, die aufgrund der Gemeinschaftsregelung zu Unrecht als Beihilfen gezahlt wurden, s EuGH NJW 1984, 2024 = EuR 1984, 174 (mAnm Mattfeld); BGH WM 2004, 468, 469. Zur Rückforderung von **Ausbildungsförderungsbeträgen** s BVerwGE 49, 286; 57, 229. Zur Rückforderung von **Unterhaltsicherungsleistungen** s BVerwGE 49, 103. Zur Rückforderung von Leistungen nach **LAG** s BVerwGE 48, 133. Zur Rückzahlung von **Beamten- und Versorgungsbezügen** s § 818 Rz 68 mNachw. Zur Sonderregelung des Erstattungsanspruchs in § 32 Abs 1 KriegsopferfürsorgeVO v 27. August 1965 (BGBl I, S 1031) vgl BVerwG Buchholz 436.30: Nr 4 zu KFürsV § 32.

26 g) **Verjährung**. Zur entsprechenden Anwendung der bürgerlich-rechtlichen Vorschriften auf öffentlich-rechtliche Ansprüche s Rz 7 vor § 194; Meier-Branecke AöR 11 (1926), 230, 247. Ist ein Leistungsbescheid ergangen, so betrug die Verjährungsfrist in entsprechender Anwendung des BGB § 218 aF 30 Jahre[144]. Bei regelmäßig wiederkehrenden Leistungen aus einem Beamtenverhältnis war nach BGB § 197 aF von einer Verjährungsfrist von vier Jahren auszugehen[145]. Dagegen wurde bei dem Erstattungsanspruch gegen einen Beamten mit Rücksicht auf die selbständige Qualität des Anspruchs bislang eine Verjährungsfrist von 30 Jahren zugrunde gelegt[146]. Seit 1. 1. 2002 gelten nach hM[147] §§ 195, 199 nF; für den öffentlich-rechtlichen Herausgabeanspruch § 197 Abs 1 Nr 1 entsprechend.

§ 812 Herausgabeanspruch

(1) **Wer durch die Leistung eines anderen oder in sonstiger Weise auf dessen Kosten etwas ohne rechtlichen Grund erlangt, ist ihm zur Herausgabe verpflichtet. Diese Verpflichtung besteht auch dann, wenn der rechtliche Grund später wegfällt oder der mit einer Leistung nach dem Inhalt des Rechtsgeschäfts bezweckte Erfolg nicht eintritt.**

(2) **Als Leistung gilt auch die durch Vertrag erfolgte Anerkennung des Bestehens oder des Nichtbestehens eines Schuldverhältnisses.**

mögen geführt hat, vgl Neumann NJW 1960, 659, 660 mNachw.

143 BVerwGE 37, 314, 316. Vgl auch Weber, Der Erstattungsanspruch S 87 ff.

144 BVerwG ZBR 1975, 323.

145 BVerwGE 23, 166; 48, 279; BVerwG Buchholz 230 Nr 14 zu BRRG § 127.

146 BGHZ 32, 13, 15; BAG JZ 1973, 27; BVerwG Buchholz S 235 BBesG § 12 Nr 3. Vgl auch Dörr DÖV 1984, 12.

147 Pal/Heinrichs, 2007[66], § 195 Rz 20 mNachw.

ÜBERSICHT

Schrifttum: Außer dem vor den Vorbem vor § 812 angeführten Schrifttum s im einzelnen: Zu **Drei-Personen-Verhältnissen** vor Rz 40; zu **Scheckzahlung** vor Rz 54; zu **Giroüberweisung** vor Rz 55; zu **Lastschrifteinzug** vor Rz 56; zu **Stornorecht** vor Rz 114; zu **Eingriffskondiktion** vor Rz 140; zu **Zwangsvollstreckung** vor Rz 158; zu **Nichteintritt des bezweckten Erfolges** vor Rz 194.

A. Überblick

Der Fassung des § 812 lag das Bestreben zugrunde, ein einheitliches Prinzip des Be- 1
reicherungsanspruchs aufzustellen[1]. In **Abs 1 Satz 1** wird die allgemeine Leistungskondiktion,

1 Vgl zur Entstehungsgeschichte Rz 1 vor § 812.

nämlich die Herausgabepflicht bei Leistung ohne rechtlichen Grund[2] mit der Bereicherung in sonstiger Weise zusammengefasst, ohne dass die Verschiedenartigkeit dieser Kondiktionen in Erscheinung tritt. Insbesondere erweist sich die Zusammenfassung durch die Merkmale „auf dessen Kosten" und „Fehlen des rechtlichen Grundes" nicht als förderlich[3]. **Abs 1 Satz 2** regelt zwei besondere Tatbestände der Leistungskondiktion, in der 1. Alternative den späteren Wegfall des rechtlichen Grundes[4] und in der 2. Alternative die Rückforderung wegen Nichterfolgs[5]. **Absatz 2** betrifft nur die Leistungskondiktion und dient der Klarstellung, dass als Leistung auch die Anerkennung des Bestehens oder Nichtbestehens eines Schuldverhältnisses durch Vertrag anzusehen ist[6]. Aus dieser Zusammenfassung verschiedener Regelungen in § 812 als der Hauptvorschrift ergibt sich folgender **Aufbau**: An die Gegenüberstellung der **Leistungskondiktion**[7] und der **Nichtleistungskondiktion (Bereicherung in sonstiger Weise)**[8] mit ihren verschiedenen Tatbeständen, deren wichtigster der Eingriffserwerb ist, schließt sich die Darstellung zum Merkmal **„auf dessen Kosten erlangt"** an[9]. Sodann wird das **Fehlen des rechtlichen Grundes** getrennt für die einzelnen Ansprüche behandelt[10]. Der Vermögensmehrung ohne rechtlichen Grund stehen die Fälle gegenüber, in denen der **Vorteil in der Rechtsordnung begründet** ist und dem Begünstigten endgültig verbleiben soll[11]. Sodann werden Einzelheiten des Inhalts des Bereicherungsanspruchs erörtert[12]. Den Abschluss bilden Fragen der Beweislast[13].

B. Allgemeine Leistungskondiktion

ÜBERSICHT

2 S unten Rz 172 ff.
3 Vgl Wilburg, Die Lehre von der ungerechtfertigten Bereicherung S 12; v Caemmerer, Festschr für Rabel I S 337; aM Jung, RGFestG III S 128; auch Krawielicki, Grundlagen des Bereicherungsanspruchs S 2.
4 S unten Rz 189–193.
5 S unten Rz 194–210.
6 S unten Rz 7–21.
7 S Rz 22–25.
8 S Rz 2–32.
9 S Rz 36–171.
10 S Rz 172–213.
11 S Rz 214–222.
12 S Rz 223–234.
13 S Rz 234–239.

I. Grundsätzliches

In § 812 Abs 1 werden **drei Tatbestände** der Leistungskondiktion aufgeführt. Die Leistung ohne rechtlichen Grund (Abs 1 Satz 1) umfasst die Leistung auf eine Nichtschuld[14]. Abs 1 Satz 2 betrifft den Anspruch wegen späteren Wegfalls des rechtlichen Grundes[15] und wegen Nichteintritts des bezweckten Erfolgs[16]. Einen besonderen Tatbestand der Leistungskondiktion, den Bereicherungsanspruch wegen verwerflichen Empfanges, regelt § 817 Satz 1. **Nur für den Bereich der Leistungskondiktionen** gelten die §§ 812 Abs 2, 813–815, 817 Satz 2, 819 Abs 2, 820 und 821. Die §§ 813, 814 beziehen sich nur auf den Bereicherungsanspruch wegen Leistung auf eine Nichtschuld (condictio indebiti) und § 815 nur auf den Bereicherungsanspruch wegen Nichteintritts des bezweckten Erfolgs (§ 812 Abs 1 Satz 2, Fall 2). Die Leistungskondiktionen sind **Rückabwicklungsansprüche**, wenn die Leistung fehlgeschlagen oder ihr rechtlicher Grund entfallen ist[17]. Die Leistung steht somit in naher Beziehung zum Begriff des **Rechtsgrundes**[18]. Die Vermögensverschiebung bedarf eines Rechtsgrundes. Fehlt der Rechtsgrund, so kann die Zuwendung mittels einer Leistungskondiktion zurückgefordert werden. Die Leistungskondiktion beruht auf einem Mangel des Rechtsgrundes, denn die Endgültigkeit der Vermögensverschiebung hängt bei einer Leistung insbes davon ab, ob der Rechtsgrund zutrifft[19]. Fehlt der Rechtsgrund von vornherein oder fällt er nachträglich fort, so besteht der Anspruch auf Rückgängigmachung der Wertverschiebung. Leistungen auf Schuld, bei denen die Forderung von vornherein nicht besteht oder später weggefallen ist (§ 812 Abs 1 Satz 1, 1. Fall und Abs 1 Satz 2, 1. Fall), können den Leistungen zu einem anderen Zweck (ob rem; § 812 Abs 1 Satz 2, 2. Fall) gegenübergestellt werden[20]. Ein vorhandener Rechtsgrund rechtfertigt das **Behaltendürfen** der Leistung[21]. **Zum Verhältnis der Leistungskondiktion zur Eingriffskondiktion** vgl unten Rz 33. 2

II. Leistung

1. **Begriff**. – a) Die Leistung ist nach herrschender Meinung eine **zweckgerichtete Zuwendung**[22]. In der **Rechtsprechung** hat sich dieser Leistungsbegriff voll durchgesetzt. Der BGH hat insoweit auf seine ständige Rechtsprechung hingewiesen[23]. Im **Schrifttum** sind die Meinungen geteilt, wobei hier diejenigen Kritiker außer Betracht bleiben, die wie *Kellmann*, *Wilhelm*, *Kaehler*, einen anderen Ausgangspunkt gewählt haben, indem sie, untereinander unterschiedlich, von einem einheitlichen Prinzip im Bereicherungsrecht ausgehen[24]. In die Diskussion um den Leistungsbegriff werden vielfach andere Fragen einbezogen, die nur mittelbar mit ihm zusammenhängen und daher eine besondere Betrachtung erfordern. Hierzu gehören: – (1) Die Frage, ob es für den Geschäftszweck einer besonderen **Zweckvereinbarung** bedarf[25]. – (2) Der BGH verknüpft z Tl den Leistungsbegriff mit der **Lehre vom Empfängerhorizont**. Diese Lehre bildet eine besondere Ausgestaltung des Prinzips des Vertrauensschutzes. Ihr kommt nur im Rahmen der Drei-Personen-Verhältnisse Bedeutung zu[26]. – (3) Die radikale Kritik, die *Kupisch* am Leistungsbegriff der herrschenden Meinung übt, betrifft ebenfalls die Drei-Personen-Verhältnisse. 3

14 Vgl unten Rz 175 ff.
15 Vgl unten Rz 189 ff.
16 Vgl unten Rz 194 ff.
17 Vgl v Caemmerer, Festschr für Rabel I S 342; Scheyhing AcP 157 (1958/59), 376; Rothoeft AcP 163 (1963), 223; Esser/Weyers, SchuldR II 2 § 48 I.
18 Vgl dazu Kötter AcP 153 (1954), 193, 206.
19 Siber, SchuldR § 40 1 a, § 74 I; H P Westermann, Die causa S 13.
20 Vgl Medicus, SchuldR II § 126 II 2.
21 Vgl H P Westermann, Die causa S 15 ff; Koppensteiner/Kramer, Ungerechtfertigte Bereicherung S 27; Hagmann-Lauterbach, Diss Tübingen 1976, S 18.
22 Vgl zum Leistungsbegriff Kötter AcP 153 (1954), 193, 196; Scheyhing AcP 157 (1958/59), 371, 376; H P Westermann, Die causa S 183 ff; Koppensteiner/Kramer, Ungerechtfertigte Bereicherung § 4 I; Hagmann-Lauterbach, Diss Tübingen 1976, S 24; Staud/Lorenz § 812 Rz 4 ff.
23 BGHZ 58, 184, 188 u 72, 316 mNachw; s auch BGHZ 82, 28, 30 = NJW 1982, 173; BGHZ 87, 393 = NJW 1983, 2499.
24 Vgl Rz 2 vor § 812; s auch Mühl, Festg für v Lübtow, 1980, S 547, 551.
25 S unten Rz 4.
26 S dazu unten Rz 45.

Kupisch betrachtet entgegen der herrschenden Meinung das Rechtsverhältnis zwischen dem Angewiesenen und dem Anweisungsempfänger als Leistungsverhältnis[27]. – (4) Auch die Kritik, die *Canaris* mit dem von ihm geforderten „Abschied vom Leistungsbegriff" geübt hat, betrifft die Drei-Personen-Verhältnisse[28]. – (5) Schließlich bedarf der Zusammenhang zwischen dem Leistungsbegriff und der Erfüllungslehre einer besonderen Betrachtung[29]. Von **Bedeutung** ist der Leistungsbegriff vor allem für die Festlegung der Parteien bei der Leistungskondiktion[30], ferner für die Fragen, die bei dem Tatbestandsmerkmal „auf dessen Kosten erlangt" zu beantworten sind und früher mit dem Prinzip der Unmittelbarkeit erfasst wurden[31], sowie für das Verhältnis von Rechtsgrund und Zuwendungszweck[32]. Die meisten Fragen betreffen die Drei-Personen-Verhältnisse, insbesondere den in den letzten Jahrzehnten stark ausgeweiteten bargeldlosen Zahlungsverkehr[33]. Zur Bewältigung dieser Probleme hat der gekennzeichnete Leistungsbegriff sich als hilfreich erwiesen, so dass seine Entwicklung als ein Fortschritt bezeichnet werden kann[34]. Die Ansicht, dass der genannte Leistungsbegriff sich in der Praxis trotz der Randprobleme, die bei einigen Rechtsfiguren bestehen, bewährt hat, wird häufig hervorgehoben[35]. Positiv wird dieser Leistungsbegriff auch von *Weitnauer* beurteilt[36]. Dagegen wird der Begriff von *Lieb* als Irrweg bezeichnet[37]. Ablehnend äußern sich auch *Welker*[38] sowie *Joachim Wolf*[39].

4 b) Die **„Zwecksetzung"**, dh bei der Erfüllung von Forderungen die **Tilgungsbestimmung** des Schuldners oder sonst die **Rechtsgrundabrede** (vgl zB § 516 Abs 1), macht eine Zuwendung zu einer Leistung, und ihr Fehlen kann umgekehrt einer Zuwendung diesen Charakter nehmen. Die „Zwecksetzung" kann auch die von einem Dritten vollzogenen Zuwendungen als Leistungen eines Anderen qualifizieren[40]. Entscheidend für eine „Leistung" ist es, dass der Zuwendende seine bewusste Mehrung fremden Vermögens auf einen vorhandenen oder vermeintlichen „rechtlichen Grund" bezieht **(causa-Bezogenheit)**. Die Auffassung, dass eine **Zweck*vereinbarung*** erforderlich sei, vertritt insbesondere *Weitnauer* im Anschluss an *Kreß*[41]. Diese Ansicht ist abzulehnen[42]. Insbesondere ergibt sich auch aus BGHZ 50, 227 nicht, dass der BGH eine Zweck*vereinbarung* für erforderlich hält[43]. In diesem Zusammenhang stellt sich die Frage, ob jedenfalls die **einseitige „Zwecksetzung"** des Zuwendenden, dh seine Tilgungsbestimmung, als Rechtsgeschäft zu beurteilen ist. Die Frage hat Bedeutung im Falle der Geschäftsunfähigkeit, weil bei ihrer Bejahung eine Leistungskondiktion ausscheidet und nur eine Eingriffskondiktion in Betracht kommt[44]. Eine Bejahung ist unter dem Gesichtspunkt des Schutzes des Geschäftsunfähigen und des Minderjährigen nicht geboten[45]. Soweit die „Zwecksetzung" als eine geschäftsähnliche Handlung bewertet wird, ist jedenfalls bei tatsächlichen Leistungshandlungen eine Anwendung der §§ 104 ff zu verneinen[46].

27 S dazu unten Rz 60.
28 S dazu unten Rz 44.
29 S unten Rz 4.
30 S unten Rz 22.
31 S unten Rz 38.
32 S Rz 2.
33 S dazu unten Rz 50 ff.
34 S Esser/Weyers, SchuldR II 2 § 48 II.
35 S Medicus, BürgerlR § 26 II 3 Rz 665; im Ergebnis auch Pinger AcP 179 (1979), 301, 355; ähnlich Erman/Westermann Rz 10; Staud/Lorenz Rz 5.
36 Festschr für v Caemmerer S 255; auch NJW 1979, 2008; abw aber in der Annahme einer Zweckvereinbarung, s Rz 4.
37 MünchKomm/Lieb Rz 25.
38 Bereicherungsausgleich wegen Zweckverfehlung S 27.
39 Der Stand der Bereicherungslehre S 126, auf der Grundlage der Lehre von Ernst Wolf, auch S 164 ff zur Frage der Unmittelbarkeit im Drei-Personen-Verhältnis und S 83 krit zum Gedankengang Welkers.
40 Vgl Haymann JherJb 56 (1910), 86; zu den Drei-Personen-Verhältnissen Erman/Westermann Rz 12 u unten Rz 40 ff.
41 Vgl NJW 1974, 1729; Festschr für v Caemmerer S 255, 262; NJW 1979, 2008; Symposium König S 32; ferner Ehmann NJW 1969, 398 u 1833; ders, Die Gesamtschuld, 1972, S 164 ff; Stierle, Der Bereicherungsausgleich bei fehlerhaften Banküberweisungen S 13 ff.
42 So auch die hM; vgl Gernhuber, HBSchuldR Bd 3, § 5 II 7; Beuthien, Zweckerreichung und Zweckstörung S 289; Erman/Westermann Rz 13.
43 So auch Gernhuber, HBSchuldR Bd 3, § 5 II 2; aM Ehmann NJW 1969, 398; Stierle, Der Bereicherungsausgleich bei fehlerhaften Banküberweisungen S 15.
44 Vgl Scheyhing AcP 157 (1958/59), 386.
45 S auch Zeiß JZ 1963, 9; Reeb, Grundzüge S 17; H P Westermann, Die causa S 188 ff.
46 Beuthien, Zweckerreichung u Zweckstörung S 292; Gernhuber, HBSchuldR Bd 3, § 5 III 2.

Keine Leistung ist eine unbewusste Vermögensmehrung, zB wenn der Hausmeister versehentlich die Zentralheizung mit seinen eigenen Kohlen heizt[47].

2. **Leistungsbereicherung und Erfüllungslehre**. Für die Frage nach dem Verhältnis zwischen der Leistungskondiktion unter Zugrundelegung des gekennzeichneten Leistungsbegriffes[48] und den Lehren zur Erfüllung, insbesondere der von der herrschenden Meinung vertretenen Theorie der realen Leistungsbewirkung[49], hat besonderes Gewicht eine Bemerkung *Wieackers*. Unter Hinweis auf *Esser* meint *Wieacker*, dass der Leistungsbegriff des § 812 Abs 1 infolge seiner selbständigen dogmengeschichtlichen Tradition vom schuldrechtlichen Leistungsbegriff ferngehalten werden müsse[50]. In einer eingehenden Darstellung der Problematik hat *Beuthien* auf die Tragweite des Abstraktionsprinzips hingewiesen[51]. Dieses Prinzip schließt die Rechtsfolge aus, dass die Übereignung zB nach § 929 vom Dissens über den Geschäfts-(Erfüllungs-)zweck abhängig gemacht wird[52]. Dagegen meint *Stierle*[53] krit gegenüber *Beuthien*, dass das Abstraktionsprinzip überbetont werde. Dieser Ansicht ist nicht zuzustimmen. Vielmehr ist in Übereinstimmung mit *Beuthien*[54] davon auszugehen, dass die Mitteilung des Zuwendungszwecks (Tilgungsbestimmung) insoweit klarstellenden Charakter hat, als sie die Zuwendung zur „Leistung" erhebt, und zwar entweder im Zuwendungsverhältnis oder auch in einem anderen Verhältnis[55]. *Gernhuber*[56] meint zwar, dass die Theorie der realen Leistungsbewirkung als überholt bezeichnet werden müsse, erkennt aber selbst, dass diesen „theoretischen Dissonanzen" bisher keine praktische Bedeutung zukam. Dabei hebt er mit Recht hervor, dass sich der BGH aus der gebotenen Zurückhaltung bei rein theoretischen Streitigkeiten in seiner Rechtsprechung der Formel von „einer Leistung iSv § 812 Abs 1" bedient[57]. 5

3. **Gegenstand der Leistungskondiktion** ist alles, was der Empfänger durch die Leistung „erlangt" hat. Dies folgt aus der Qualität der Leistungskondiktion als eines Rückabwicklungsanspruchs[58]. Davon werden nicht nur Leistungsgegenstände rechtlicher und tatsächlicher Art erfasst, sondern auch **vorteilhafte Rechtsstellungen**, zB Anwartschaften[59]. Der Umfang der Kondiktion ist in § 818 geregelt[60]. Über die Fragen, die sich aus der Flugreise-Entscheidung in BGHZ 55, 128 ergeben haben, vgl § 818 Rz 32. Zur Rechtslage bei der **Mehrheit von Schuldnern**, insbesondere Gesellschaftern einer GbR s § 818 Rz 9 u 10. Im einzelnen: Die Leistung kann in der Hingabe an Zahlungs Statt für eine nicht bestehende Schuld[61], in der Genehmigung von Rechtsgeschäften[62] sowie auch in der **Hinterlegung** der Schuldsumme nach § 376 unter Verzicht auf Rücknahme[63] liegen. Ebenso zu beurteilen war nach früherem Recht die ehemännliche Zustimmung zu einem das eingebrachte Gut der Frau berührenden Geschäft[64]. Unter den Begriff der Leistung fallen auch Dienste[65], ferner ein abstraktes Schuldversprechen[66], ein **Wechselakzept**[67], der **Verzicht auf eine rechtliche Anwartschaft**, sofern ein sicherer Anspruch auf Erwerb eines Rechts besteht[68] sowie die **Auflassung**[69]. Die Aufgabe vermeintlich nicht bestehender oder nicht erweislicher Ansprüche kann eine Leistung sein[70]. Die Ausübung eines Vorkaufsrechts kann nicht zurückgefordert 6

47 S unten Rz 29.
48 S oben Rz 3, 4.
49 Vgl dazu Larenz, SchuldR I § 18 I; Gernhuber, HBSchuldR Bd 3, § 5 II 6 mweitNachw.
50 Festschr für Nipperdey I, 1965, S 785 Fn 5.
51 Zweckerreichung u Zweckstörung, 1969, S 282 ff.
52 Vgl Beuthien, Zweckerreichung u Zweckstörung S 287; s auch § 929 Rz 11.
53 Der Bereicherungsausgleich bei fehlerhaften Banküberweisungen S 50.
54 Zweckerreichung u Zweckstörung S 291,
55 Vgl Hadding, Festschr für Kroeschell, 1997, S 293, 298.
56 HBSchuldR Bd 3, § 5 II 6.
57 BGHZ 72, 246, 248 mNachw; auch BGH NJW 1977, 38 = LM Nr 20 zu § 607.
58 S oben Rz 2.
59 Vgl unten Rz 228.
60 Zum Aufbau dieser Vorschrift s § 818 Rz 1 ff. Über Zweifelsfragen hins Aufwendungen vgl § 818 Rz 17 u 43 ff.
61 BayObLG Recht 1902 Nr 323.
62 RGZ 110, 214.
63 RG HRR 1936 Nr 589; s auch Rz 228.
64 RG HRR 1932 Nr 1573.
65 Vgl unten Rz 218; s auch RG JW 1903 Beil Nr 15, S 142; RAG 16, 35: bewucherter Arbeiter.
66 RG HRR 1929 Nr 297.
67 Braunschweig JW 1936, 1387 (mkritAnm Ruth).
68 Königsberg DRiZR 1933 Nr 6; vgl unten Rz 228.
69 S unten Rz 229.
70 RAG JW 1934, 632.

werden[71]. Nach unrichtiger Abweisung der auf Eigentum gestützten Berichtigungsklage des Verkäufers bleibt ihm der Bereicherungsanspruch auf Rückauflassung[72]. Vorbehaltlose Erfüllung des unbegründeten Berichtigungsanspruchs kann den Bereicherungsanspruch rechtfertigen, auch wenn der Erfüllende sich seiner Verpflichtung nicht ganz sicher war[73].

III. Schuldanerkenntnis als Leistung (Absatz 2)

Schrifttum: R Krawielicki, Grundlagen des Bereicherungsanspruchs, 1936, § 4 S 10 ff; Zeiss, Der rechtliche Grund (§ 812) für Schuldanerkenntnisse und Sicherheitsleistungen, AcP 164 (1964), 50; F Kübler, Feststellung und Garantie, 1967; P Marburger, Das kausale Schuldanerkenntnis als einseitiger Feststellungsvertrag, 1971; F Ebel, Berichtigung, transactio, Vergleich, 1978.

Vgl auch die Schrifttumsangabe vor den Vorbem zu §§ 780, 781.

7 1. **Bedeutung**. – a) **Abstrakte Verträge**. Absatz 2 dient nach allgemeiner Meinung nur der Klarstellung[74]. Wie in den §§ 780, 781 ist auch in Absatz 2 dem Schuldanerkenntnis das **Schuldversprechen** gleichzustellen[75]. Absatz 2 bezieht sich grundsätzlich **nur auf abstrakte Verträge**, insbesondere auf die Fälle der §§ 780, 781, 397 Abs 2[76]. Die Behandlung einiger Abgrenzungsfragen steht dieser Ansicht nicht entgegen[77]. Der abstrakte Vertrag zeichnet sich durch inhaltliche und äußere Abstraktheit aus[78]. § 781 betrifft nur das schuldbegründende abstrakte Schuldanerkenntnis[79]. Den Gegensatz bildet das **kausale (deklaratorische) Schuldanerkenntnis**[80]. Grundsätzlich anderer Meinung ist *Kübler*, dessen Auffassung sich aber nicht durchgesetzt hat[81].

8 b) **Abgrenzungsfragen**. – aa) Wie bereits *Krawielicki*[82] hervorgehoben hat, können Vorgänge, die, isoliert betrachtet, nicht kondiktionsfähig sind, **durch Parteiwillen zu einem entfernteren, zweiten Rechtsgrund** in Bezug gesetzt werden, und auf diese Weise der Frage nach ihrer Kondiktion zugänglich werden. Diese Vorgänge werden von *Krawielicki* als **gewollt abstrakte Vermögensverschiebungen** bezeichnet[83]. Daher ist der **Rechtsprechung des RG über gegenseitige Verbindlichkeiten** zuzustimmen, die nicht Gegenstand eines Schuldanerkenntnisses im Sinne des § 781 und des § 812 Abs 2 sein können, sofern nicht über eine der beiden den Gegenstand eines gegenseitigen Vertrags bildenden Leistungen **auch noch ein selbständiges Schuldanerkenntnis** abgegeben wird[84]. Wird ein Anerkenntnis, durch das die Novation eines Anspruchs aus einem gegenseitigen Vertrag vereinbart ist, kondiziert, so bleibt es bei jenem Anspruch[85]. Nicht kondiziert werden kann ein Anerkenntnis, das **nur ein unselbständiger Bestandteil** eines kausalen, den Bestimmungsgrund in sich selbst tragenden Geschäfts, zB eines Erbauseinandersetzungsvertrages zwischen Miterben, ist[86].

71 RGZ 118, 5.
72 RG JW 1935, 2269.
73 RGZ 146, 355.
74 Vgl RGZ 108, 329 mHinweis auf die Entstehungsgeschichte.
75 AllgM; s §§ 780, 781 Rz 160.
76 S RG Recht 1918 Nr 54; HRR 1933 Nr 917; ebenso Staud/Lorenz Rz 11; Reuter/Martinek, HBSchuldR Bd 4, § 4 III 1; aM MünchKomm/Lieb Rz 317.
77 Dazu weiter unten; ebenso auch Erman/Westermann Rz 58.
78 Vgl Rz 3 vor § 780.
79 Vgl zum Begriff §§ 780, 781 Rz 12 und zu einzelnen Fallgruppen Rz 22 ff.
80 Vgl unten Rz 20; ferner §§ 780, 781 Rz 165 ff m Fallgruppen.
81 S dazu im einzelnen Rz 8 vor § 780.
82 Grundfragen des Bereicherungsanspruchs § 9 S 42 ff.
83 Vgl zu diesen Tatbeständen, bei denen der rechtliche Grund außerhalb des abstrakten Schuldverhältnisses liegt: Hadding, Festschr für Kroeschell, 1997, S 293, 304 ff. S schon RG HRR 1929 Nr 297 (auch für den Fall des § 334); Ebbecke Recht 1912, Sp 745, 749.
84 RGZ 108, 105; 109, 22; 154, 385; auch RG JW 1906, 463; 1928, 652; 1929, 247 (mzustAnm Oertmann); 1929, 247 (mzustAnm Matthiessen); vgl auch RGZ 116, 336: Schuldanerkenntnis, um Aufhebung der Wohnraumbeschlagnahme zu erreichen.
85 RG LZ 1928, 1472.
86 RGZ 108, 105; RG Recht 1916 Nr 671; aM Krückmann LZ 1928, 145; vgl dazu Manigk JW 1925, 242. Zur Rspr des RG zust auch Staud/Lorenz Rz 11; MünchKomm/Lieb Rz 317. Dagegen

bb) Zu der Gruppe der gewollt abstrakten Vermögensverschiebungen[87], bei denen also Vorgänge durch Parteiwillen zu einem zweiten Rechtsgrund in Bezug gesetzt sind, gehören auch die Fälle, in denen eine **Entlastungserklärung** abgegeben worden ist. Einen **Anerkennungsvertrag** enthält die **Entlastungserklärung** vor dem Vormundschaftsgericht[88], ferner das Anerkenntnis zur Erfüllung eines nach § 779 unwirksamen Vergleiches[89], ebenso die Entlastung eines Geschäftsführers[90]. Bedenken für das Aktienrecht im Hinblick auf AktG § 120 Abs 2 Satz 2 erheben RGRK/*Heymann-Trosien* Rz 113, den Unterschied zum bürgerlichen Recht betonend, MünchKomm/*Lieb* Rz 326. Zur GmbH s *K Schmidt* ZGR 1978, 425; zur Entlastung des Vorstands eines Vereins vgl § 27 Rz 24f. Als einseitige Erklärung, nicht als verpflichtendes Leistungsgeschäft wird die Entlastungserklärung von *Reuter/Martinek*[91] § 4 III 3 angesehen[92]. **9**

cc) Auch eine **Bürgschaft** kann als gewollt abstrakte Zuwendung in Bezug auf eine Verbindlichkeit als zweiten Rechtsgrund gesetzt werden[93]. Die in diesem Zusammenhang zitierte Entscheidung des RG in RGZ 118, 358 betrifft nicht eine zugrunde liegende Verpflichtung, sondern einen Fall des § 812 Abs 1 Satz 2, Fall 2: Bürgschaft in dem erwarteten Einverständnis des Unterlassens einer Strafverfolgung[94]. **10**

2. **Rechtsgrund**. Die früher herrschende Meinung betrachtete als kennzeichnend für das abstrakte Schuldanerkenntnis die Loslösung vom Grundgeschäft[95]. Demgegenüber hat *Zeiss*[96] darauf hingewiesen, dass entsprechend der Struktur der Sicherheitsleistungen Rechtsgrund nicht die zugrunde liegende Forderung, sondern die Verpflichtung zur Abgabe des Anerkenntnisses sei. Daraus folgt, dass, ebenso wie bei der Übertragung von Sicherheiten von drei Stufen, nämlich der zu sichernden Forderung, der Sicherungsabrede und der Bestellung der Sicherheit, zB Sicherungsübereignung und Sicherungsgrundschuld, auszugehen ist, auch bei dem Schuldanerkenntnis entsprechend drei Stufen zugrunde zu legen sind. Dem Grundgedanken dieser von *Zeiss* entwickelten Auffassung ist zuzustimmen[97]. Jedoch ist der Unterschied zu berücksichtigen, der darin besteht, dass es sich bei dem Sicherungsvertrag um ein stark in Rechtsprechung und Schrifttum ausgeformtes Rechtsinstitut mit beiderseitigen Rechten und Pflichten der Vertragspartner handelt[98]. Diese rechtliche Ausgestaltung entfällt bei der Vereinbarung der Abgabe eines Schuldanerkenntnisses. In der Regel wird davon auszugehen sein, dass diese Vereinbarung mit dem Grundgeschäft oder nachträglich in dessen Ergänzung getroffen wird. Aus dieser Verbundenheit ergibt sich im Falle der Nichtigkeit des Grundgeschäftes auch die Nichtigkeit der Abrede über die Abgabe des Schuldanerkenntnisses[99]. **11**

3. **Keine Leistung** im Sinne von Absatz 2 liegt vor und daher kann nicht kondiziert werden: Das **gerichtliche Anerkenntnis** gem ZPO § 307[100]. **12**

hat sich für die Zulässigkeit der Kondiktion der Kausalgeschäfte Krückmann LZ 1927, 753; 1928, 145 ausgesprochen; ebenso Zeiss AcP 164 (1964), 71.

87 S oben Rz 8.

88 RG JW 1902 Beil 255.

89 RGZ 61, 318.

90 RG Recht 1915 Nr 1527; vgl hierzu RG JW 1926, 2904 (mkritAnm Bing) = HRR 1926 Nr 2081: Die Entlastungserklärung kann nur ausnahmsweise aus dem Gesichtspunkt der ungerechtfertigten Bereicherung zurückgefordert werden, so wenn es sich um die Geltendmachung eines Anspruchs handelt, der aus den vorgelegten genehmigten Bilanzen nicht unmittelbar erkennbar war.

91 HBSchuldR Bd 4.

92 Vgl auch zur Verzichtswirkung eines Entlastungsbeschlusses BGHZ 24, 47, 54; BGH NJW 1969, 131 = LM Nr 4 zu § 35.

93 S Krawielicki, Grundfragen des Bereicherungsanspruchs § 32 II 2 Fn 559. Vgl dazu auch MünchKomm/Lieb Rz 316; Reuter/Martinek, HBSchuldR Bd 4, § 4 III 1.

94 S dazu unten Rz 204.

95 Vgl §§ 780, 781 Rz 160; Enn/Lehmann § 200 I 1 b.

96 AcP 164 (1964), 50, 71.

97 Ebenso Reuter/Martinek, HBSchuldR Bd 4, § 4 III 2; Staud/Lorenz Rz 15; MünchKomm/Lieb Rz 319ff.

98 Vgl § 930 Rz 29ff zur Sicherungsübereignung; § 1192 Rz 24ff zur Sicherungsgrundschuld, beide mNachw.

99 S zur Anwendung des § 139 oder des Wegfalls der Geschäftsgrundlage § 930 Rz 31; Reuter/Martinek, HBSchuldR Bd 4 (Fn 97); s ferner Canaris JuS 1971, 441, 446; Köhler WM 1977, 242, 247.

13 4. Das **konstitutive Anerkenntnis**, durch das der Anspruch **ohne Rücksicht darauf, ob er der wirklichen Rechtslage** entspricht, anerkannt wird, kann nicht nach Absatz 2 zurückgefordert werden[101]. Auf die ursprünglichen Rechtsbeziehungen kann nicht zurückgegriffen werden, und in diesen liegt nicht der Rechtsgrund für das Schuldanerkenntnis, wenn in dem Anerkenntnis auf Einwendungen jeder Art verzichtet ist[102] oder wenn ohne Rücksicht auf das Bestehen einer Forderung für die Zukunft eine klare Rechtslage geschaffen werden sollte[103]. Sowohl selbständige als auch bestätigende Schuldanerkenntnisse können den Sinn haben, etwa bestehende Einwendungen gegen die ursprüngliche Schuld schlechthin auszuschließen[104]. Trotz **Generalquittung** kann der Versicherte Zahlung der Versicherungssumme für beschädigte Gegenstände verlangen, wenn er die Quittung in der irrtümlichen Meinung abgegeben hat, die Gegenstände würden von der Immobilienversicherung bezahlt[105]. Auch der Gläubiger einer Provisionsforderung kann das in einer von ihm bei Zahlung eines bestimmten Betrages ausgestellten Generalquittung liegende negative Schuldanerkenntnis kondizieren, wenn sich herausstellt, dass die Provisionsforderung höher war[106]. Ein abstraktes Schuldversprechen kann kondiziert werden, auch wenn es einen neuen selbständigen Verpflichtungsgrund enthält, jedoch dann nicht, wenn der Tatbestand, aufgrund dessen kondiziert werden soll, bekannt war und ein sog Feststellungsvertrag vorliegt[107]. Anerkenntnisse von **Haftpflichtversicherern** sind in der Regel nicht als abstrakte Schuldanerkenntnisse aufzufassen[108]. Dasselbe gilt von Anerkenntnissen der Schuld oder Haftung im Anschluss an Unfälle, insbes im Straßenverkehr[109].

14 5. Dem Bereicherungsanspruch, mit dem ein unrichtiges Saldoanerkenntnis herausverlangt wird, steht nach **§ 814** nur die positive Kenntnis der Rechtslage entgegen, nicht aber die Unkenntnis, die auf grober Fahrlässigkeit beruht[110]. Auch betrifft § 814 nur den Fall der Leistung auf eine nicht bestehende Schuld, nicht den Fall, dass der mit der Leistung bezweckte Erfolg nicht eingetreten ist[111].

15 6. **Im einzelnen**. – a) **Eine unvollkommene Verbindlichkeit**, wie die im früheren Vergleichsverfahren erlassene Restschuld, kann die rechtliche Grundlage für einen selbständigen Schuldanerkenntnisvertrag nach § 781 in dem Sinne geben, dass ein solches Anerkenntnis nicht wegen Mangels des rechtlichen Grundes zurückgefordert werden kann[112]. § 762 gilt auch für in naher Beziehung zum Spielvertrag stehende Nebenverträge, setzt aber voraus, dass es sich um ein verbotenes Spiel handelt. Dies trifft auf ein Schuldanerkenntnis nicht zu, das im Zusammenhang mit dem Spiel an staatlich konzessionierten Spielbanken gegeben wurde[113]. Zur Beweislast für unberechtigte Gutschrift s unten Rz 21. Durch die Anerkennung des Saldos eines Girokontos entsteht keine klagbare Forderung, wenn in dem Saldo nur Gewinne aus Differenzgeschäften enthalten sind[114]. Die **Aufrechnung**, auch die in einem Saldoanerkenntnis enthaltene, die **gegen Forderungen aus nichtigen Börsentermingeschäften**[115] erfolgt war, kann kondiziert werden[116], sofern den Forderungen andere Einwendungen entgegenstanden[117]. Zur Behebung von Zweifeln ist in § 518 Abs 1 Satz 2 bestimmt, dass bei der **schenkweisen Begründung eines abstrakten**

100 RGZ 156, 70; Celle OLG 18, 57; Köln OLG 13, 150; Hamburg JW 1917, 820.
101 RG Recht 1915 Nr 2267; vgl KG JW 1928, 3001.
102 BGH WM 1963, 250; 1966, 1280.
103 BGH WM 1970, 1457; jedoch BAG DB 2005, 1388.
104 BGH WM 1976, 907.
105 Kiel OLG 20, 244.
106 RG LZ 1925, 1223.
107 Pietzker JW 1920, 486; vgl aber Fuchs JW 1919, 819; ferner zum Schadensfeststellungsvertrag BGH LM Nr 1 zu AVB § 13: KraftfVers.
108 Vgl §§ 780, 781 Rz 26 u 192.
109 S §§ 780, 781 Rz 24.
110 BGH WM 1972, 283; s auch § 814 Rz 3 u 7.
111 BGH WM 1972, 283; vgl auch § 814 Rz 1.
112 RGZ 160, 134.
113 BGH NJW 1974, 1821 = LM Nr 3 zu § 762; s auch § 762 Rz 7.
114 BGH NJW 1980, 390 = LM Nr 5 zu § 762.
115 Vgl nunmehr Sonderbedingungen für Termingeschäfte (Fassung 1999), abgedr in Bankrecht (Beck-Texte im dtv), 2005[33], Nr 44.
116 RG Gruchot 48, 117; vgl RGZ 132, 218 u § 762 Rz 3.
117 RG JW 1919, 568 (mkritAnm Nußbaum), ebenso Hunger JW 1919, 819; Pietzker JW 1920, 486; vgl auch Fuchs JW 1919, 819.

Schuldverhältnisses das Versprechen oder die Anerkennungserklärung der notariellen Form bedarf[118].

16 b) **Zurückgefordert** werden kann das **Anerkenntnis** einer Bank, dass eine bestimmte Summe auf das Konto dessen, dem sie eine Quittung ausgehändigt hat, eingezahlt sei[119]; ferner das Anerkenntnis des Vorrangs einer wegen Wuchers nichtigen Forderung[120] sowie auch das Anerkenntnis des Drittschuldners, wenn seine Schuld infolge Verzichts des Hauptschuldners nicht bestand[121]. Dasselbe gilt für das **Schuldanerkenntnis gegenüber dem Zessionar**, das in Unkenntnis früherer Abtretungen abgegeben ist[122]. Nach Ansicht des BGH kann in einer solchen Schuldbestätigung („Abtretungsannahme") ein abstraktes Schuldanerkenntnis liegen. Doch wird in der Regel ein bestätigendes Schuldanerkenntnis anzunehmen sein[123]. Ebenso ist zu beurteilen das **Einverständnis mit der Wandelung** gem § 465 aF[124] sowie uU auch für die Anerkennung eines in Wahrheit nicht bestehenden Erbrechts[125] und den Erlassvertrag bei mangelndem Rechtsgrund für den Erlass[126]. Gleichfalls so zu beurteilen ist das Anerkenntnis einer Pensionsberechtigung durch den Geschäftsherrn, wenn die Voraussetzungen hierfür nicht vorliegen[127], und das gegenseitige Anerkenntnis unter Miterben, dass keiner Erbsachen besitze[128]. Kann der mit einem abstrakten Schuldversprechen verfolgte Zweck (hier: Beschaffung eines Zwischenkredits für Dritten durch Empfänger des Schuldversprechens) nicht verwirklicht werden, so ist der Empfänger des Schuldversprechens ungerechtfertigt bereichert[129].

17 c) Die frühere gesetzliche Regelung des **Vaterschaftsanerkenntnisses** und die darauf beruhende Rechtsprechung haben durch das NEhelG ihre Bedeutung verloren[130]. Das unrichtige Vaterschaftsanerkenntnis kann nicht mehr kondiziert werden[131]. Die Beseitigung der Anerkennung der Vaterschaft ist in den §§ 1600 f, 1600 l abschließend geregelt[132]. Einem Bereicherungsanspruch des Scheinvaters gegen den wirklichen Vater ist durch den **Übergang des Unterhaltsanspruchs kraft Gesetzes** in § 1615 b die Grundlage entzogen[133]. Die zweifelhafte Frage, ob trotz der in § 1615 b angeordneten Legalzession dem **Scheinvater** gegen das Kind, dem er Unterhalt geleistet hat, ein Bereicherungsanspruch zusteht, hat der BGH in bejahendem Sinn entschieden[134]. Der BGH hat darauf hingewiesen, dass durch die angeordnete Legalzession die Entstehung des Bereicherungsanspruchs gegen das Kind im Grundsatz nach der gesetzlichen Konzeption nicht gehindert sei. Jedoch scheitert nach Ansicht des BGH der Anspruch bei Unterhaltsleistungen an ein vermögensloses Kind am Wegfall der Bereicherung gem § 818 Abs 3[135]. Dagegen hatte sich *Dieckmann*[136] wegen institutioneller Unverträglichkeit von condictio indebiti und Legalzession gewandt und für einen Ausschluss der Leistungskondiktion ausgesprochen. Umgekehrt hatte *Stolterfoth*[137] vorgeschlagen, dem Scheinvater ein Recht einzuräumen, die Legalzession mittels einer gestaltenden Erklärung abzulehnen[138]. Kritisch äußert sich zu diesen Vorschlägen *Engel*[139], der von einer Gesamtschuld ausgeht und sich im Falle der Erfüllung des Kondiktionsanspruchs durch das Kind für eine Rückzession des legalzedierten Anspruchs an das Kind gem § 426 Abs 2 ausspricht. Der BGH hat sich auf den Hinweis beschränkt, dass wegen Einkommens- und Vermögenslosigkeit ein Bereicherungsanspruch gegen das Kind nur

118 S auch § 518 Rz 2 u 3.
119 RG HoldhMSchr 1914, 152.
120 RG SoergRspr 1909 § 812 Nr 21.
121 Braunschweig OLG 22, 386.
122 RGZ 83, 184.
123 BGH NJW 1973, 2019 = LM Nr 11 zu § 404; s auch §§ 780, 781 Rz 34.
124 Grabner Gruchot 51, 524.
125 RG Recht 1918 Nr 55.
126 RG WarnR 1914 Nr 153; vgl auch RGZ 108, 105.
127 RAG LZ 1929, 1215.
128 RG Recht 1920 Nr 890.
129 BGH WM 1963, 666.
130 Vgl dazu Soergel Rz 1 ff vor § 1600 a.
131 Vgl zur früheren Rechtslage BGHZ 1, 181 sowie Soergel[10] aaO Rz 11.
132 Vgl die Erl zu diesen Vorschriften; ferner § 1600 a Rz 3; § 1600 b Rz 2.
133 Vgl dazu § 1615 b Rz 3.
134 S BGH NJW 1981, 2183 = LM Nr 150 zu § 812.
135 S auch § 818 Rz 66.
136 JuS 1969, 101 ff, 156 ff.
137 FamRZ 1971, 344.
138 Vgl auch den Hinweis von v Caemmerer, Festschr für Dölle S 148 Fn 39 auf ein Wahlrecht.
139 Der Rückgriff des Scheinvaters wegen Unterhaltsleistungen, 1974, S 66 ff, 93.

in Ausnahmefällen in Betracht kommen wird. Hat der Scheinvater Zahlungen an den Träger der Sozialhilfe geleistet, der dem Kind Hilfe gewährt und dessen Unterhaltsanspruch gem BSHG § 90 auf sich übergeleitet hat, so steht ihm nach erfolgreicher Anfechtung der Ehelichkeit ein Bereicherungsanspruch gegen diesen zu[140].

18 7. Ein aufgrund eines **Kontokorrentvertrages anerkannter Saldo**[141] kann kondiziert werden[142]; ebenso ein fälschliches negatives Schuldanerkenntnis (§ 397 Abs 2) des Überschussgläubigers, dass weitere als die in die Kontokorrentabrechnung aufgenommenen Forderungen nicht zu berücksichtigen sind[143]; ferner auch ein aufgrund einer Abrechnung abgegebenes Anerkenntnis[144] sowie das Anerkenntnis des im Saldo enthaltenen, in Wirklichkeit aber nicht geschuldeten Einzelpostens[145]. Die **Kondiktion** des Anerkenntnisses des jeweiligen **Saldos** einer **laufenden Rechnung** reicht nur bis zu demjenigen Saldo, der für die Parteien durch ein nach Treu und Glauben wirksames Anerkenntnis verbindlich geworden ist[146]. Die Kondiktion eines Saldoanerkenntnisses durch einen Angestellten, der einen Teil seiner Bezüge beim Geschäftsherrn hat stehen lassen, kann nach beliebig langer Zeit erfolgen[147]. Ein Saldoanerkenntnis kann zurückgefordert werden, wenn es unter Berücksichtigung der Geldentwertung nach Treu und Glauben ohne rechtlichen Grund erteilt ist[148]. Der Rückforderung steht auch die Geschäftsbedingung einer Bank, dass die Rechnungsauszüge als genehmigt gelten, wenn nicht binnen bestimmter Frist Einwendungen erhoben werden, nicht entgegen[149]. Das Beweisanerbieten, dass die anerkannte Schuld in den Handelsbüchern des Gegners nicht in der anerkannten Höhe eingetragen gewesen ist, genügt nicht, um die Rückforderung zu begründen[150]. Bei Unrichtigkeit eines einzelnen Postens besteht der Anspruch auf Herausgabe in der Berichtigung des Schuldanerkenntnisses[151]. Wird Zahlung eines Kontokorrentsaldos verlangt, ohne ein Anerkenntnis zu behaupten, so bedarf es der Substantiierung der zugrunde liegenden Ansprüche und Leistungen[152]. Zur Begrenzung des **Stornorechtes der Banken** durch ein Saldoanerkenntnis vgl Rz 116.

19 8. Ein **negatives Schuldanerkenntnis** kann nur zurückgefordert werden, wenn der Anerkennende von dem Nichtbestehen des Schuldverhältnisses überzeugt war[153]. Das Anerkenntnis ist nicht anfechtbar, wenn zugleich auf den Einwand verzichtet werden sollte, dass die Schuld noch nicht erwachsen sei[154]. Die Erklärung, mit der einmal erfolgten Zahlung sei die Sache erledigt, enthält keinen Verzicht auf das Rückforderungsrecht[155]. Nicht anfechtbar ist das Anerkenntnis ferner, wenn es in der Absicht geleistet ist, dass es bei der Leistung verbleiben sollte[156], oder wenn die Angelegenheit, aus der die Bereicherung gefordert wird, bei Abgabe des Anerkenntnisses bewusst ausgeschieden ist[157] oder wenn die Parteien durch die Anerkennung des Nichtbestehens zugleich auch die Rechtslage ändern wollten[158]. Letzteres gilt auch, wenn bei Erteilung einer **Ausgleichsquittung** ein Posten übersehen ist[159]. Auch eine Ausgleichsquittung enthält ein negatives

140 BGHZ 78, 201 = NJW 1981, 48; s dazu unten Rz 139.
141 Vgl dazu §§ 780, 781 Rz 67 ff.
142 RGZ 132, 218; OHGZ 2, 81 = NJW 1949, 667; BGHZ 51, 346 = NJW 1969, 879; BGHZ 72, 9, 12 = NJW 1978, 2149; BGH WM 1985, 936, 937 = NJW 1985, 3010 = ZIP 1985, 991; BGH WM 1985, 1098, 1099/1100; Rostock OLG-NL 2005, 241; MünchKommHGB/Hadding/Häuser, ZahlungsV Rz A 227 mNachw.
143 Vgl BGH WM 1999, 1499, 1500; BGH WM 1994, 2273 = NJW 1995, 320 = ZIP 1994, 1930.
144 RGZ 101, 122; vgl auch RG SoergRspr 1912 § 812 Nr 5 und § 782 Rz 15.
145 RGZ 114, 268; 117, 34.
146 RG LZ 1928, 1472; vgl RG JW 1928, 2905.
147 RG JW 1928, 2906.
148 RG JW 1928, 2358.
149 S BGH NJW 1968, 591 = LM Nr 79 zu § 812 zum stillschweigend abgegebenen unrichtigen Saldoanerkenntnis; ferner BGH WM 1971, 1498; zu AGB-Banken Nr 15 idF 1977 s Kümpel WM 1976, Sonderb 1 S 1, 11; Liesecke WM 1975, 238, 242.
150 RG Recht 1911 Nr 3902.
151 Braunschweig OLG 20, 245.
152 BGH WM 1983, 704.
153 RG Recht 1911 Nr 318; SeuffA 66 Nr 312; 83 Nr 181.
154 Jena Recht 1904 Nr 174.
155 RGZ 83, 110.
156 RG Recht 1904 Nr 2377.
157 RG Recht 1908 Nr 87.
158 RG JW 1910, 1002; 1911, 941.
159 Schulze LZ 1914, 846.

Anerkenntnis, das zurückgefordert werden kann, wenn der Aussteller irrtümlich glaubte, alles, was ihm zustand, empfangen zu haben[160].

9. **Nicht kondiziert** werden kann das nur kausale **schuldbestätigende (deklaratorische) Anerkenntnis**[161]. Ein im Rahmen eines gegenseitigen Vertrages erklärter **Verzicht** ist regelmäßig nicht als abstrakter Vertrag aufzufassen[162]. Auch bloße **Wissenserklärungen** und **Auskünfte** können nicht kondiziert werden[163]. 20

10. Die Anfechtung eines Schuldversprechens wegen Irrtums kann als Rückforderung nach Absatz 2 gelten[164]. Aus der **Rückforderung** des Anerkenntnisses ergibt sich nicht ohne weiteres auch ein Anspruch auf Rückforderung der geleisteten Zahlungen[165]. Übersteigt das Anerkenntnis den Betrag der richtigen Verrechnung nur **zum Teil**, so bestehen keine Bedenken, die Rückforderung auf diesen Teil zu beschränken[166]. Die Beweislast dafür, dass eine Gutschrift zu Unrecht erteilt ist, trifft die Bank[167]. 21

IV. Berechtigter und Verpflichteter bei der Leistungskondiktion; Leistungsverhältnis

1. Die Partner bei der Leistungskondiktion sind der Leistende sowie derjenige, dem die Zuwendung kraft einer Tilgungsbestimmung oder im Hinblick auf eine bloße Rechtsgrundabrede zukommen soll. Bei der Leistungskondiktion ergibt sich also die Person des Leistungsempfängers grundsätzlich aus dem vorhandenen oder vermeintlichen „rechtlichen Grund", im Hinblick auf den die Zuwendung stattfindet. Seit BGHZ 40, 272, 277 geht auch der BGH von dem Begriff der Leistung als einer bewussten und zweckgerichteten Mehrung fremden Vermögens aus[168]. Dabei ist die bewusste Mehrung fremden Vermögens die Zuwendung und ihre „Zweckgerichtetheit" die Bezogenheit auf einen vorhandenen oder vermeintlichen „rechtlichen Grund" **(causa-Bezogenheit)**. Das Tatbestandsmerkmal „auf dessen Kosten" ist ebenso wie die Frage der Unmittelbarkeit für die Leistungskondiktion ohne Bedeutung, weil sich der Anspruchsgegner aus dem Leistungsverhältnis ergibt[169]. Die **Person des Berechtigten** bestimmt sich somit danach, wer als Leistender anzusehen ist. Darüber entscheidet, ob der Leistende im eigenen Namen oder im Namen eines Dritten eine causabezogene Zuwendung vollzogen hat. Über eine Leistung unter Beteiligung Dritter vgl unten Rz 25. Bei Leistung durch den Vormund ist das Mündel der Berechtigte. Bei **mehreren Leistenden** richtet es sich nach der Art des bestehenden Gemeinschaftsverhältnisses, wer zur Rückforderung berechtigt ist[170]. Zur Frage, ob es auf die Vorstellung des Zuwendenden oder auf die Sicht des Zuwendungsempfängers ankommt, vgl unten Rz 45 zur Lehre vom Empfängerhorizont. 22

2. Bei der **Kritik** am gekennzeichneten Leistungsbegriff muss unterschieden werden zwischen den Auffassungen, die mit unterschiedlicher Begründung an der Einheitlichkeit des Bereicherungstatbestands festhalten und solchen, die lediglich aus rechtstechnischen Gründen diesen Leistungsbegriff für ungeeignet halten, wie zB *Canaris*, oder das Verhältnis zwischen Leistung und bloßer Zuwendung anders bestimmen, wie es von *Kupisch* vertreten wird. Schließlich wird vielfach die Meinung vertreten, dass zwar die Unterscheidung zwischen Leistungs- und Nichtleistungs-, insbesondere Eingriffskondiktion, grundsätzlich zu bejahen ist. Jedoch wird bei der Beurteilung der Leistungskondiktion die Heranziehung von Wertungen für erforderlich gehalten, auf 23

160 RAG DRiZR 1932 Nr 126; BAG BB 1977, 1400 mNachw; vgl auch § 611 Rz 153 mweitNachw.
161 Vgl JW 1916, 960; HRR Nr 288; Königsberg HRR 1942 Nr 571; Köln WM 1978, 385.
162 RG JW 1929, 247 (mzustAnm Matthiessen). Vgl dazu §§ 780, 781 Rz 165 ff u zu einzelnen Fallgruppen Rz 187 ff.
163 Vgl dazu Rz 12 vor §§ 780, 781.
164 BayObLG Recht 1919 Nr 1087.
165 RG JW 1928, 652 (mzustAnm Oertmann).
166 Ebenso Reuter/Martinek, HBSchuldR Bd 4, § 4 III 3.
167 BGH WM 1975, 556.
168 S Rz 3 mNachw.
169 Vgl Wilburg, Die Lehre von der ungerechtfertigten Bereicherung S 113; Kötter AcP 153 (1954), 201; s auch unten Rz 36.
170 Vgl § 818 Rz 8.

denen auch das Hauptgewicht der Kritik von *Canaris* liegt[171]. Allerdings ergibt sich dieses Erfordernis erst bei den Drei-Personen-Verhältnissen[172]. Bei Leistungsverhältnissen, an denen nur zwei Personen beteiligt sind, stellen sich diese Fragen nicht. Auch der BGH berücksichtigt in seiner neueren Rspr bei den Dreiecksfällen solche Wertungskriterien[173]. Zur Praktikabilität des Leistungsbegriffes s oben Rz 3 und unten Rz 44.

24 3. **Verpflichtet zur Herausgabe** ist bei den Leistungsverhältnissen, bei denen ein Dritter nicht beteiligt ist, der Partner des Leistungsverhältnisses, so bei offener Stellvertretung der Vertretene[174]. Beim Boten kommt es darauf an, ob er als solcher erkennbar auftritt. Ist dies nicht der Fall, so ergeben sich Fragen, die in den Bereich der Lehre vom Empfängerhorizont gehören[175]. Durch Leistung an den Prokuristen einer Firma in dieser Eigenschaft ist die Firma bereichert[176]. Hat der Inhaber der elterlichen Sorge Geld für die Minderjährigen entgegengenommen, so sind diese bereichert[177]. Durch Leistungen an einen **Treuhänder** ist in der Regel dieser und nicht der Treugeber bereichert[178]. Eine Firma als solche kann nicht bereichert werden, nur ihr Inhaber[179]. Die Stadt haftet aus ungerechtfertigter Bereicherung, wenn der Bürgermeister durch betrügerische Vorspiegelungen Geld erlangt und als ihr Vertreter in Empfang genommen hat[180]. Fällt eine verpfändete Forderung infolge Vertragsanfechtung weg, so ist durch die Zahlung an den Pfandgläubiger dieser, nicht der Vertragsgegner bereichert[181]. Bei **mehreren Empfängern** stellt sich die Frage einer gesamtschuldnerischen Haftung[182]. Keine Leistungskondiktion steht dem **Dieb** gegen den Erwerber der gestohlenen Jungbullen zu, wenn dieser durch Verarbeitung gem § 950 Eigentum erworben hat[183]. Entsprechendes gilt für den **Einbau von gestohlenem Baumaterial** s unten Rz 139 aE. Zum **Verhältnis von Leistungs- zur Eingriffskondiktion** s unten Rz 33 u 62.

V. Leistung unter Beteiligung Dritter

25 Die Leistung erfolgt in der Regel unmittelbar vom Zuwendenden an den Empfänger. Dabei können beide Beteiligte durch Vertreter oder Boten handeln[184]. Dritte können aber auch, ohne dass sie Vertreter oder Bote eines Partners sind, herangezogen werden, zB wenn der Schuldner **sich dieses Dritten bedient**, um die Zuwendung vornehmen zu lassen, oder auf Weisung des anderen Partners **an einen Dritten** leistet[185]. Im Unterschied zur Leistung aufgrund einer Anweisung trifft der Dritte bei **Drittleistungen** (§§ 267, 268) eine eigene Tilgungsbestimmung. Er leistet, um eine fremde Schuld zu tilgen[186]. Besonders gelagert sind die Fälle einer **irrtümlichen Zuwendung** einer von einem anderen geschuldeten Leistung, wobei der Irrtum bei dem Zuwendenden liegt (Fall des Putativschuldners)[187]. Die besondere Problematik dieser Fallgestaltung liegt in der vom BGH z Tl vertretenen Lehre vom **Empfängerhorizont**[188]. Davon zu unterscheiden sind die Fälle der Drittleistung auf eine nicht bestehende Schuld[189]. Schließlich sind in die Betrachtung der **Drei-Personen-Verhältnisse**[190] auch die Rückgriffsfälle einzubeziehen, in denen eine Mithaftung besteht wie zB bei der Gesamtschuld[191].

171 Vgl über die Heranziehung zusätzlicher Wertungen Larenz/Canaris SchuldR II/2 § 70 vor I; Esser/Weyers, SchuldR § 48 II; Medicus, BürgerlR § 27 I 2 Rz 667; U Meyer, Bereicherungsausgleich S 17.
172 S dazu unten Rz 40 ff.
173 Vgl Mühl, Festg für v Lübtow, 1980, S 547, 559 ff mNachw.
174 S aber zum vollmachtlosen Vertreter unten Rz 122.
175 S unten Rz 122.
176 RGZ 79, 285.
177 RGZ 81, 261.
178 BGH NJW 1961, 1461 = LM Nr 47 zu § 812; LG Köln WM 1983, 379: Zahlung auf Rechtsanwaltsanderkonto.
179 RG LZ 1922, 685 = SeuffA 77 Nr 192.
180 RG Recht 1925 Nr 29.
181 Haymann JRfPrV 1935, 84.
182 Vgl § 818 Rz 9 u 10; BGH WM 2004, 478, 480.
183 Vgl zu BGHZ 55, 176 = NJW 1971, 612 (mAnm Ehmann) – Jungbullen-Fall: H P Westermann JuS 1972, 18 sowie Larenz/Canaris, SchuldR II/2 § 70 III 2 b, auch krit zur Anm Ehmann; s ferner § 951 Rz 2.
184 S oben Rz 24.
185 Vgl unten Rz 50.
186 S unten Rz 131.
187 S unten Rz 128.
188 S Rz 45.
189 S Rz 131.
190 S unten Rz 40.

C. Allgemeine Nichtleistungskondiktion

ÜBERSICHT

I. Grundsätzliches

1. **Abgrenzung zur Bereicherung durch Leistung**. In „sonstiger Weise" ist etwas erlangt, wenn es **nicht durch eine Leistung** in das Vermögen gelangt ist, zB durch Vermischung oder andere Eingriffe des Bereicherten in fremde Rechte. Der Ausdruck „zufällige Verschiebung"[192] kennzeichnet diese Gruppe von Bereicherungsfällen nicht hinreichend. Je enger der Begriff der Leistung gefasst wird[193], desto größer ist die Zahl der Fälle, die der Bereicherung in sonstiger Weise zuzurechnen sind. Die Vermögensverschiebung kann auf tatsächlichen Vorgängen beruhen[194], ebenso aber auch auf einem **Verhalten des Bereicherten**. Ferner kann die Vermögensverschiebung auch **von dem Benachteiligten** selbst ausgehen, sofern sein Verhalten keine Leistung ist. Schließlich kann sie **auf einen Dritten** zurückgeführt werden, zB bei der Verfügung eines Nichtberechtigten[195]. 26

2. **Mangel des rechtlichen Grundes; Typenlehre**. Die einheitliche **Grundlage der Bereicherung in sonstiger Weise** wurde vielfach in dem Mangel des rechtlichen Grundes gesehen[196]. Diese Auffassung wird jetzt allgemein abgelehnt[197]. Seit der Untersuchung *Wilburgs* sind die Bestrebungen darauf gerichtet, die Bereicherung in sonstiger Weise selbständig zu bestimmen und ihre Typen genauer zu erfassen[198]. Auch Enn/*Lehmann*[199] betonen, dass die Zusammenfassung aller Fälle der Bereicherung in sonstiger Weise keinen Aufschluss über ihr Wesen gibt[200]. Von dem Standpunkt aus, dass ein Erwerb ohne Leistung des Benachteiligten ungerechtfertigt ist, wenn er einem anderen gebührt[201], ermöglicht allein eine **Typenlehre** die Beantwortung der Frage, wann im einzelnen Fall ein Rückforderungsrecht „wegen Fehlens eines konkreten Behaltungsrechts"[202] zu bejahen ist. Allerdings greifen einzelne Fallgruppen ineinander über[203]. Doch erweist sich die Unterscheidung solcher Zwischenformen doch als förderlich, weil die einzelnen Fallgruppen durch ihre typischen Schwerpunktfragen gekennzeichnet sind. So weist *Köndgen*[204] auf Schwierigkeiten bei 27

191 Vgl unten Rz 30, auch über die Regelung des Ausgleichs durch cessio legis.
192 So Enn/Lehmann § 220 II.
193 Vgl oben Rz 3.
194 Vgl unten Rz 31.
195 Vgl RGRK/Heimann-Trosien Rz 43 ff.
196 Vgl Jung, RGFestG III S 128; v Mayr, Der Bereicherungsanspruch S 428.
197 Wilburg, Die Lehre von der ungerechtfertigten Bereicherung S 12; v Caemmerer, Festschr für Rabel I S 337; Enn/Lehmann § 222 vor I; Scheyhing AcP 157 (1958/59), 380.
198 Vgl bereits Fritz Schulz AcP 105 (1909), 1; ferner insbesondere v Caemmerer, Festschr für Rabel I S 338, 352; gegenüber dessen differenzierender Typenlehre krit Scheyhing AcP 157 (1958/59), 380.
199 § 220 vor I.
200 Vgl auch Rz 2 vor § 812.
201 Vgl unten Rz 174, 211 ff.
202 V Lübtow, Beiträge zur Lehre von der condictio S 25.
203 Vgl auch v Caemmerer, Festschr für Rabel I S 365, 375.
204 Festg für Esser S 61.

der Einordnung der Verwendungskondiktion hin, wenn die Verwendungen in der bloßen Arbeitsleistung bestehen. Doch bedarf es nicht der Heranziehung der Zuweisungstheorie, wie *Köndgen* gegenüber *Wilhelm* feststellt. Erlangt sind die gewährten Gebrauchsvorteile oder Dienste[205], von *Köndgen* als das Arbeitsprodukt umschrieben. *Fikentscher*[206] ordnet die Verwendungen in die Rückgriffs-Kondiktionen ein, während *König*[207] vom Oberbegriff der Aufwendungskondiktion neben der Leistungs- und Eingriffskondiktion ausgehend die Rückgriffsfälle ihr unterordnet. Zu den typischen Problemen der Verwendungskondiktion gehören die Fragen des Umfangs des Ersatzes[208] und des Schutzes vor der aufgedrängten Bereicherung[209]. Bei den Rückgriffskondiktionen steht die Frage des Ausgleichs, die sich weitgehend durch cessio legis vollzieht, im Vordergrund[210]. Keine besondere Fallgruppe der Bereicherung in sonstiger Weise liegt bei den **in der Rechtsordnung begründeten Vorteilen** vor, bei denen der Erwerb endgültig sein soll[211].

II. Untergruppen (Übersicht)

28 1. Die wichtigste Gruppe bilden die Fälle des **Eingriffserwerbs**[212], in denen der Bereicherte auf fremde Sachen oder Rechte einwirkt, indem er fremdes Gut gebraucht oder nutzt, verbraucht oder verwertet[213]. Zum Eingriffserwerb rechnen in erster Linie die **besonderen Tatbestände des § 816**. Die Bereicherung widerspricht auch hier dem Zuweisungsgehalt des Eigentums[214]. Ferner liegen bei der **Verbindung**, **Vermischung** und **Verarbeitung** (§§ 946–950) Fälle des Eingriffserwerbs vor[215]. Sie sind insbesondere von den Fällen zu unterscheiden, in denen der aufgrund der Rechtsordnung begründete Erwerb endgültig sein soll[216]. Über Bauten auf fremdem Grundstück vgl unten Rz 139, 146. Vgl aber *Berg*[217], der die Verweisung in § 951 Abs 1 auch auf die Leistungskondiktion erstrecken will[218]. Weiterhin gehören zum Eingriffserwerb noch die Fälle der erfolgreichen, aber **fehlerhaften Zwangsvollstreckung**, zB wenn der Gläubiger bei seinem Schuldner die einem Dritten gehörige Sache pfänden und versteigern lässt[219]. Auch hier bedarf es der Unterscheidung von den Fällen, in denen der durch die Vollstreckung begründete Vorteil endgültig sein soll[220].

29 2. **Verwendungen auf fremdes Gut** werden in erster Linie durch die unmittelbare oder entsprechende Anwendung der Vorschriften über Geschäftsführung ohne Auftrag (§§ 1049, 2125, 601 Abs 2 Satz 1) oder aber durch die Bestimmungen über das Eigentümer-Besitzer-Verhältnis geregelt. Nur soweit diese Vorschriften nicht in Betracht kommen, ist das Bereicherungsrecht von Bedeutung, insbes für die Fälle der **aufgedrängten Bereicherung**[221]. Vgl auch das Beispiel, dass der Hausmeister versehentlich ihm gehöriges Heizmaterial für die Zentralheizung verwendet[222].

30 3. **Rückgriffsfälle**. Eine selbständige Fallgruppe innerhalb der Nichtleistungskondiktionen bilden die Rückgriffsfälle. Ihre Bedeutung wird zwar teilweise gering eingeschätzt oder überhaupt

205 S § 818 Rz 17.
206 SchuldR § 99 V 1; anders Fikentscher/Heinemann[10] § 103 II 4.
207 BJM-Gutachten S 1564.
208 S § 812 Rz 167 f.
209 S unten Rz 169.
210 Vgl unten Rz 170.
211 Vgl unten Rz 214 ff; v Caemmerer, Festschr für Rabel I S 363.
212 Vgl Rz 140 ff.
213 S v Caemmerer, Festschr für Rabel I S 352.
214 S Rz 142; v Caemmerer, Festschr für Rabel I S 353; Festschr für Lewald S 446. Vgl auch § 816 Rz 1.
215 S v Caemmerer, Festschr für Rabel I S 364.
216 Vgl unten Rz 214.
217 AcP 160 (1961), 505, 512.
218 Wie hier BGH LM Nr 14 zu § 812; Enn/Wolff/Raiser § 74 I 2; Baur/Stürner, SachenR, 1999[17], § 53 C II. Vgl § 951 Rz 1.
219 Vgl Rz 158 ff.
220 Vgl unten Rz 216 f.
221 Vgl unten Rz 166.
222 V Caemmerer, Festschr für Rabel I S 352: Eingriffserwerb; s dazu auch Kötter AcP 153 (1954), 198; Scheyhing AcP 157 (1958/59), 376, aM ist König, BJM-Gutachten S 1550, der eine Verwendungskondiktion annimmt.

in Zweifel gezogen[223]. Gleichwohl ist schon unter systematischen Gesichtspunkten diese Fallgruppe nicht so eng abzugrenzen[224].

Hervorzuheben ist neben den Fällen der **Zahlung fremder Schulden** gem § 267[225] die Gruppe der **Mithaftung für Schulden**. Weitgehend ist der Ausgleich in diesen Fällen durch **cessio legis** geregelt (vgl §§ 268, 426, 774, 1143, 1225, 1247; ferner VVG § 67; BBG § 87 a)[226]. Rückgriffsfragen sind in der Rechtsprechung vielfach durch Erweiterung des Anwendungsbereichs der Geschäftsführung ohne Auftrag geregelt worden. Der Ersatzanspruch erfüllt dann die Funktion eines Ausgleichsanspruchs[227]. Häufig erörtert ist der Fuldaer Dombrand-Fall[228]. Das RG hat den Anspruch des Baulastpflichtigen, der die abgebrannte Kirche wiederhergestellt hatte, gegen den fahrlässigen Urheber des Brandes, den aus unerlaubter Handlung die Wiederherstellungspflicht endgültig traf, wegen der Kosten, die dieser erspart hatte, bejaht. In der neueren Rechtsprechung des BGH tritt die Tendenz hervor, den Begriff der **Gesamtschuld** in einem weiten Sinn zu verstehen[229]. Der Ausgleich vollzieht sich dann nach § 426, während der Anwendungsbereich des § 812 ebenso zurücktritt wie die Regelung des **§ 255**, weil § 426 die speziellere Norm ist[230].

Bei der **Erfüllung der Unterhaltspflicht** ist in einer Reihe von Fällen der Übergang des Anspruchs gegen den in erster Linie Unterhaltspflichtigen auf den Leistenden gesetzlich geregelt (s §§ 1607 Abs 2, 1608 Satz 2). Soweit der Anspruch übergeht, scheiden Ansprüche aus §§ 677 ff oder aus §§ 812 ff aus[231]. Der familienrechtliche Ausgleichsanspruch eines Elternteils, der ein eheliches Kind allein unterhalten hat, gegen den ebenfalls unterhaltspflichtigen anderen Elternteil unterliegt den Schranken des § 1613 Abs 1. Dasselbe gilt für einen entspr Anspruch aus Geschäftsführung ohne Auftrag oder ungerechtfertigter Bereicherung[232]. Der **Unterhaltsanspruch des nichtehelichen Kindes** geht im Falle der **Unterhaltsgewährung** in den in § 1615 b geregelten Fällen auf andere Personen über. Zu den Ansprüchen des **Scheinvaters** vgl oben Rz 17.

Schließlich gehören zu den Rückgriffsfällen auch gewisse Zahlungen, die anlässlich von **Schadensteilungsabkommen** zwischen Versicherern geleistet werden. Bei diesen Abkommen handelt es sich um Rahmenvergleiche, durch die das Risiko einer gerichtlichen Klärung zweifelhafter Regressansprüche vermieden werden soll[233]. Durch die Leistungen werden eigene vertragliche Verbindlichkeiten aufgrund des Teilungsabkommens erfüllt[234]. Jedoch hat der Kfz-Haftpflichtversicherer, der aufgrund eines Teilungsabkommens an den Sozialversicherungsträger gezahlt hat, einen Bereicherungsanspruch gegen den Schädiger, wenn sein Versicherungsnehmer für den Unfall nicht zu haften hatte[235].

4. Weiterhin rechnet zur Bereicherung in sonstiger Weise der Erwerb durch einen **Naturvorgang**, zB das Weiden einer Herde auf fremder Wiese ohne Veranlassung des Eigentümers der Herde oder das Zufliegen oder Anschwemmen fremder Stoffe. 31

223 Vgl Koppensteiner/Kramer, Ungerechtfertigte Bereicherung S 113; MünchKomm/Lieb Rz 274; Medicus, BürgerlR § 35 IV 3 Rz 950 ff. Kaum ein eigenständiges Anwendungsgebiet sprechen ihr Esser/Weyers, SchuldR II 2 § 48 III 2 zu, weil zumindest Geschäftsführung ohne Auftrag gegeben sei (ähnlich Köndgen, FestG für Esser S 79 Fn 59).

224 Ebenso v Caemmerer, Festschr für Rabel I S 360; Scheyhing AcP 157 (1958/59), 380.

225 S unten Rz 170.

226 S auch die Zusammenstellung bei v Caemmerer, Festschr für Rabel I.

227 Vgl § 677 Rz 11 ff mNachw.

228 RGZ 82, 206; dazu v Caemmerer, Festschr für Rabel I S 362; zur Rspr des BGH s § 677 Rz 11 ff.

229 Seit BGHZ-GSZ – 43, 227 = LM Nr 25 zu § 426 (mAnm Rietschel); s dazu U Hillenkamp, Zur Lehre von der unechten Gesamtschuld, 1966, S 170.

230 S BGHZ 52, 39: Ansprüche gegen den Dieb und gegen den Nichtberechtigten, der die gestohlene Sache weiter veräußert hat; dazu § 816 Rz 34; vgl auch BGHZ 59, 97 zur Tragweite des § 255.

231 S § 1607 Rz 5, auch zum familienrechtlichen Ausgleichsanspruch zwischen den Eltern; str; s die Nachw dort.

232 BGH NJW 1984, 2158.

233 S dazu Prölss/Martin VVG[27] § 67 Rz 52–80.

234 Vgl BGH NJW 1969, 1380 = LM Nr 86 zu § 812.

235 BGH NJW 1969, 1380.

32 5. Schließlich enthält **§ 822** einen besonderen Tatbestand der Bereicherung, die nicht durch eine Leistung des Benachteiligten an den Dritten erfolgt. Dem Benachteiligten steht ein Bereicherungsanspruch gegenüber dem Dritten zu, dem der zunächst Bereicherte das Erlangte unentgeltlich zugewendet hat.

III. Zum Verhältnis zwischen Leistungs- und Nichtleistungskondiktion

33 1. **Allgemeines.** In Übereinstimmung mit der herrschenden Meinung in Rechtsprechung und Schrifttum ist davon auszugehen, dass der Unterscheidung zwischen Leistungs- und Nichtleistungskondiktion grundlegende Bedeutung zukommt[236]. Die Unterscheidung gilt für die Voraussetzungen und Rechtsfolgen dieser beiden Grundtatbestände des Bereicherungsrechts. Zugleich ergeben sich daraus Folgerungen für die Rangfolge (sog **Subsidiarität der Eingriffskondiktion**) sowie zum Verhältnis dieser beiden Anspruchsgrundlagen zueinander. Unter Zugrundelegung der herrschenden Meinung, die von *Medicus*[237] als die neuere „Trennungslehre" gekennzeichnet wird, handelt es sich um selbständige Anspruchsgrundlagen. Dagegen nehmen die Vertreter der Einheitlichkeit des Bereicherungsanspruchs an, dass durch die verschiedenen Fallgruppen nicht der einheitliche Grundtatbestand aufgelöst werde[238]. Materiellrechtliche Bedeutung kommt der Frage nicht zu[239]. Allenfalls können sich verfahrensrechtliche Fragen ergeben hins einer Hinweispflicht des Richters gem ZPO § 139 oder der Abgrenzung des Streitgegenstandes oder der Beweislast. Im Vordergrund steht die Frage der Rangfolge der Kondiktionen.

34 2. Ein **Vorrang der Leistungskondiktion** ist im Zweipersonenverhältnis eindeutig zu bejahen, wie sich bereits aus der Formulierung des § 812 Abs 1 Satz 1 ergibt. Dagegen ergeben sich bei den Drei-Personen-Verhältnissen[240] Zweifelsfragen, inwieweit durch den Vorrang der Leistungskondiktion die Eingriffskondiktion zurückgedrängt oder ausgeschlossen wird. Neben der Eingriffskondiktion spielen die anderen Nichtleistungskondiktionen, bei denen es sich nur um die Frage des Ausgleichs handelt[241], nicht aber einer Rechtsfortwirkung[242], eine geringere Rolle. Eine Schlüsselstellung nimmt der Begriff der Leistung ein[243]. Ansatzpunkt der Diskussion in neuerer Zeit bildet die Elektrogeräte-Entscheidung[244]. Der BGH hat ausgeführt, dass nach der neueren Lehre eine Eingriffskondiktion nur dann entstehen kann, wenn der Bereicherungsgegenstand dem Empfänger überhaupt nicht, also von niemandem, geleistet worden ist[245]. Für Gesetzeskonkurrenz nach dem Prinzip der Alternativität im Verhältnis zwischen Leistungs- und Eingriffskondiktion spricht sich *Rothoeft*[246] aus. Die Überlagerung der Eingriffskondiktion durch die Leistungskondiktion hat *H P Westermann*[247] behandelt und die Grenzen dieser Überlagerung vertieft[248]. *Westermann*[249] stellt insbesondere darauf ab, ob der Rechtsinhaber eine willentliche Zuwendung vollzogen hat und meint, dass im Grundsatz nur ein Leistungsverhältnis, an dem der Verlierende auch selbst teilhat, die Eingriffskondiktion überlagere. Hinsichtlich der Wertungen des Gesetzgebers verweist er auch auf die §§ 932, 935, die für die Einbaufälle von Bedeutung sind[250]. Zuzustimmen ist der Ablehnung der Eingriffskondiktion des Baustofflieferanten, die an dem vom Bauherrn mit dem Bauunter-

236 S auch zur Problematik der Einheitlichkeit des Bereicherungsanspruchs Rz 2 vor § 812 mNachw.
237 BürgerlR § 26 II 2 Rz 664.
238 Vgl Kellmann, Grundsätze der Gewinnhaftung S 106; Wilhelm, Rechtsverletzung S 107, 174. MünchKomm/Lieb Rz 22 spricht sich für die Form der Alternativität aus.
239 So auch Koppensteiner/Kramer, Ungerechtfertigte Bereicherung S 197.
240 Vgl dazu unten Rz 40 ff.
241 S oben Rz 29 u 30.
242 S oben Rz 28.
243 S dazu oben Rz 3.
244 BGHZ 40, 272, 278 = NJW 1964, 399 (mAnm Berg NJW 1964, 720) u Bespr Baur/Wolf JuS 1966, 393.
245 So auch Berg NJW 1964, 720 u AcP 160 (1961), 505, 516; Kötter AcP 153 (1954), 193, 208; Scheyhing AcP 157 (1958/59), 371, 383. Vgl dazu auch RGRK/Heimann-Trosien Rz 41 u den Hinweis auf die zugrunde liegenden Wertungen in der Bespr von Baur/Wolf JuS 1966, 397.
246 AcP 163 (1963), 215, 237.
247 Die causa S 223 ff.
248 JuS 1972, 18 (Bespr von BGHZ 55, 176: Jungbullen-Fall; dazu oben Rz 24 u § 951 Rz 2).
249 Die causa S 22.
250 Dazu auch U Huber JuS 1970, 343.

nehmer vereinbarten Abtretungsverbot gescheitert war[251]. Anders wäre bei dem Eigentümer abhanden gekommenen Baustoffen oder aber bei Bösgläubigkeit des Bauherrn zu entscheiden[252]. In Anbetracht der unterschiedlichen Fallgruppen, zu denen auch noch die gesetzlich geregelten Fälle des § 816 Abs 1 Satz 2 und des § 822 zu rechnen sind[253], kann der Grundsatz des Vorrangs der Leistungskondiktion nur als eine **Faustregel** hinsichtlich der *allgemeinen* Tatbestände in § 812 Abs 1 Satz 1 bezeichnet werden[254].

3. **Abgrenzungsfragen.** Der BGH[255] hat den Anspruch auf Erstattung der Flugkosten gegen den minderjährigen bösgläubigen blinden Passagier bejaht. Jedoch ist die Frage, ob es sich um eine Leistungs- oder um eine Eingriffskondiktion handelt, in den Gründen nicht klar zum Ausdruck gekommen[256]. Zweifel darüber, ob eine Leistungs- oder eine Nichtleistungskondiktion vorliegt, ergeben sich im Rahmen der Drei-Personen-Verhältnisse, zB, ob beim Durchgriff gegen den Empfänger bei der Anweisung im weiteren Sinn (wirksamer Widerruf eines Schecks) eine Eingriffs- oder eine Leistungskondiktion in Betracht kommt[257]. Vgl auch zur Stellung des Putativschuldners unten Rz 128–130. **35**

D. Auf dessen Kosten erlangt

ÜBERSICHT

251 BGHZ 56, 228: Saarbrücken-Fall; s dazu § 951 Rz 4 mNachw sowie Mühl, Festg für v Lübtow, 1980, S 560.
252 Zur entspr Anwendung des § 932 und des HGB § 366 unten Rz 139; § 951 Rz 4; sowie H P Westermann, Die causa S 23; U Huber JuS 1970, 346. Vgl auch den Verarbeitungs-Fall BGHZ 77, 274 = NJW 1980, 2245 bei Bösgläubigkeit des Erwerbers gem HGB § 366.
253 S § 816 Rz 37.
254 So Medicus, BürglR Rz 730; dazu Mühl, Festg für v Lübtow, 1980, S 560; dagegen Koppensteiner/Kramer, Ungerechtfertigte Bereicherung S 120.
255 BGHZ 55, 1128 – Flugreise.
256 Vgl dazu § 818 Rz 32.
257 Vgl Heimann-Trosien JR 1974, 286 Anm zu BGHZ 61, 289; s dazu unten Rz 62.

I. Allgemeines

1. **Entstehungsgeschichte und Auslegung**. Die generalklauselartige Formel „auf dessen Kosten" ist mit Recht als eine Schlüsselstelle des Bereicherungsrechts bezeichnet worden[258]. Der 1. Entwurf enthielt noch die Fassung, dass für denjenigen, „aus dessen Vermögen" ein anderer bereichert ist, ein Anspruch begründet sein sollte[259]. Die zweite Kommission hielt die Fassung für zu eng, weil dann die Fälle, in denen das Objekt der Bereicherung, ohne bereits in das Vermögen eines anderen übergegangen zu sein, dessen Vermögensstand berührt hätte, wie zB bei Ausschlagung einer Erbschaft, nicht erfasst würden[260]. Die in § 812 getroffene gesetzliche Regelung wurde dahin ausgelegt, dass der Bereicherung des einen ein Vermögensnachteil des anderen entsprechen müsse[261]. Auf diesem Wege bemühte sich die Rspr, das Unmittelbarkeitsprinzip näher zu umschreiben, mit dessen Hilfe eine Abgrenzung erreicht werden sollte[262]. Die Unbestimmtheit, die mit der Anwendung des Unmittelbarkeitsprinzips verbunden war, war Anlass für die Kritik von *Wilburg*[263]. Insbesondere für die Erfassung und klare Abgrenzung der Drei-Personen-Verhältnisse erwies sich das Unmittelbarkeitsprinzip als nicht ausreichend[264]. Das RG verwandte daher zunehmend den Begriff der Einheitlichkeit des Bereicherungsvorganges[265]. 36

2. **Im einzelnen**. Der BGH schloss sich in seiner älteren Rechtsprechung dem RG[266] an. Der Grundsatz, dass dem Vermögensverlust auf der einen Seite ein Vermögensgewinn auf der anderen Seite zu entsprechen habe, wurde aber durch die Formel ausgehöhlt, dass Verlust und Gewinn weder nach dem Gegenstand noch nach dem Umfang übereinzustimmen brauchten[267]. Nach 37

258 Koppensteiner/Kramer, Ungerechtfertigte Bereicherung S 29.
259 Vgl Motive II, S 851.
260 Protokolle II, S 685; s dazu RGZ 73, 173; 119, 352; Heck, SchuldR § 141, 5; Wilburg, Die Lehre von der ungerechtfertigten Bereicherung S 107.
261 Vgl v Mayr, Der Bereicherungsanspruch S 192 ff; Planck/Landois Bem I 2 mNachw.
262 S auch v Mayr, Der Bereicherungsanspruch S 207; Planck/Landois Bem I 2 c mNachw.
263 Die Lehre von der ungerechtfertigten Bereicherung S 108 ff.
264 S dazu König, BJM-Gutachen S 1578.
265 S unten Rz 37.
266 Vgl zB RGZ 121, 258, 263.
267 BGH LM Nr 25 zu § 812.

BGHZ 17, 236 genügt, jedenfalls in der Regel, die Identität des den Verlust des einen und den Gewinn des anderen vermittelnden Umstandes. Abweichend von dieser Rechtsprechung hat der BGH dann in BGHZ 20, 345, 355 den Standpunkt eingenommen, dass der Bereicherungsanspruch nicht eine Vermögensminderung im Vermögen des Benachteiligten, sondern einen grundlosen Vermögenszuwachs im Vermögen des Bereicherten ausgleichen solle[268]. Damit wich der BGH auch von der Auffassung ab, dass das Bereicherungsrecht nach Art des Schadensersatzrechts auf den Ausgleich eines erlittenen Schadens gerichtet sei[269]. In Anbetracht der geringen Aussagekraft solcher Formeln[270] ist der Fortschritt unverkennbar, den die Untersuchungen von *Wilburg* und *v Caemmerer* über die klare Unterscheidung der Leistungs- und der Nichtleistungskondiktion sowie über eine Typologie der einzelnen Fallgruppen bedeuten[271]. Seitdem ist es auch gelungen, die Drei-Personen-Verhältnisse systematisch einzuordnen[272]. Das gleiche gilt für die Erkenntnis, dass es sich bei der Eingriffskondiktion um einen Rechtsfortwirkungsanspruch handelt[273]. Verschiedentlich wird die Ansicht vertreten, dass das Merkmal „auf Kosten" auch unter Zugrundelegung des modernen Leistungsbegriffs für die Leistungskondiktion von Bedeutung sein könne[274]. Jedoch ist die Frage auch für die Anweisungsfälle zu verneinen. Die Heranziehung dieses Merkmals führt entweder zurück zu der überholten Schadenstheorie[275] oder zu der in der Rspr des RG entwickelten Rechtsfigur der unmittelbaren Leistung durch mittelbare Zuwendung[276]. Dagegen lässt sich die Auffassung vertreten, dass dem aus dem Merkmal „auf Kosten" abgeleiteten Unmittelbarkeitsprinzip eine gewisse Kontrollfunktion zukommt[277].

II. Unmittelbarkeitsprinzip

38 Die Frage, wer als Schuldner eines Bereicherungsanspruchs anzusehen ist, hat bereits die erste Kommission bei der Abfassung des BGB beschäftigt und in den Motiven Anlass zu der Bemerkung gegeben, dass der die Kondiktion begründende Tatbestand grundsätzlich ein unmittelbar zwischen dem Benachteiligten und dem Bereicherten eingetretener sei und gegen Dritte ein Kondiktionsanspruch nicht bestehe[278]. Hinzu kommt die ausdrückliche Ablehnung der Versionsklage[279]. Damit sollte eine Begrenzung der Bereicherungsansprüche erreicht werden[280]. Die Auffassung, dass § 812 die **Unmittelbarkeit der Vermögensverschiebung** voraussetze und es daran fehle, wenn der Übergang des Vermögens sich erst auf dem Wege über ein Rechtsgeschäft mit einem Dritten vollzogen habe, entsprach von vornherein der herrschenden Meinung[281]. In der Rechtsprechung des RG findet sich sowohl die Formulierung, dass zwischen der Vermögensminderung des einen und der Vermögensmehrung des anderen ein unmittelbarer ursächlicher Zusammenhang bestehen müsse[282], als auch, dass ein einheitlicher Vorgang auf der einen Seite den Vermögensvorteil, auf der anderen den Vermögensnachteil herbeigeführt haben müsse[283]. Das Prinzip der Unmittel-

268 Vgl dazu auch RGRK/Heimann-Trosien Rz 67, 68.
269 Zur Kritik der Schadenstheorie vgl auch Wilburg, Die Lehre von der ungerechtfertigten Bereicherung S 97; Heck, SchuldR § 141, 5; Jakobs, Eingriffserwerb S 61.
270 Vgl auch RG JW 1911, 401: Der Vorgang ist wirtschaftlich zu würdigen; RG Recht 1918 Nr 230: Irgendeine den Vermögensstand treffende Beeinträchtigung genügt.
271 Vgl dazu Mühl, Festg für v Lübtow, 1980, S 547 ff.
272 Vgl unten Rz 40.
273 Vgl Wilburg, Die Lehre von der ungerechtfertigten Bereicherung S 114; v Caemmerer, Festschr für Rabel I S 352; s dazu unten Rz 140.
274 Vgl Koppensteiner/Kramer, Die ungerechtfertigte Bereicherung S 30; Köndgen, Festg für Esser S 64; Pinger AcP 179 (1979), 312.
275 S dazu oben Rz 36.
276 S unten Rz 38.
277 S unten Rz 38.
278 Motive II, S 830.
279 Motive II, S 871; zur Versionsklage vgl Rz 5 vor § 812.
280 Über Dreiecksbeziehungen vgl unten Rz 40 ff.
281 Vgl RGZ 66, 77; 92, 77; v Mayr, Der Bereicherungsanspruch S 207; ferner die Übersicht bei Nebenzahl, Das Erfordernis der unmittelbaren Vermögensverschiebung S 13; Heck, SchuldR § 144 I, teilw krit; Siber, SchuldR § 74 II 2; Enn/Lehmann § 221 Fn 10 unter Aufgabe der früher von Enneccerus vertretenen Auffassung des Erfordernisses des Kausalzusammenhanges.
282 S RGZ 97, 61.
283 S RGZ 106, 393. Krit zum Begriff der Einheitlichkeit des Bereicherungsvorganges im

barkeit steht bei Bereicherungsketten einem Durchgriff entgegen[284]. Zur Frage des Durchgriffs bei Doppelmangel s unten Rz 83. Infolge des modernen Leistungsbegriffes bedarf es nicht mehr der Heranziehung des Unmittelbarkeitsprinzips. Dessen Bedeutung beschränkt sich auf die darin enthaltene Wertung[285]. Zur Bedeutung des Unmittelbarkeitsprinzips für die Eingriffskondiktion s unten Rz 140, 141.

III. Keine Bedeutung des Erfordernisses der Unmittelbarkeit bei der Leistungskondiktion

Seitdem die Erkenntnis des Unterschiedes zwischen der Leistungskondiktion und des Erlangens in sonstiger Weise sich durchgesetzt hat[286], ist der Streit um das Erfordernis der Unmittelbarkeit zurückgetreten[287]. Bei der Leistungskondiktion ergibt sich die Person des Bereicherungsschuldners aus dem Leistungsverhältnis[288]. Nur der Partner des Leistungsverhältnisses kann Bereicherungsschuldner sein[289]. Zur Leistungskondiktion im Rahmen der Drei-Personen-Verhältnisse s unten Rz 40 ff. 39

IV. Drei-Personen-Verhältnisse

Schrifttum: H Kunisch, Die Voraussetzungen für Bereicherungsansprüche in Dreiecksverhältnissen, 1968; Hadding, Der Bereicherungsausgleich beim Vertrag zu Rechten Dritter, 1970; Putzo, Erfüllung mit Buchgeld und die Haftung der Beteiligten wegen ungerechtfertigter Bereicherung, 1977; Kupisch, Gesetzespositivismus im Bereicherungsrecht, 1978; U Meyer, Der Bereicherungsausgleich in Dreiecksverhältnissen, 1979; G Stierle, Der Bereicherungsausgleich bei fehlerhaften Banküberweisungen, 1980; G Hassold, Zur Leistung im Dreipersonenverhältnis, 1981; Schnauder, Grundfragen zur Leistungskondiktion bei Drittbeziehungen, 1981; O Seiler, Der Bereicherungsausgleich im Überweisungsverkehr, 1998 (dazu Schnauder WM 1999, 762); Solomon, Der Bereicherungsausgleich in Anweisungsfällen, 2004. – **Aufsätze**: W Lorenz AcP 168 (1968), 286 u JuS 1968, 441; Schwark WM 1970, 1334; Canaris BB 1972, 774; Möschel JuS 1972, 297; Wilhelm JuS 1973, 1; Canaris, Festschr für Larenz S 799; Weitnauer NJW 1974, 1729; Wilhelm AcP 175 (1975), 304; Weitnauer, Festschr für v Caemmerer S 255; ders, NJW 1979, 2008; Kupisch WM 1979, Sonderbeilage Nr 3; Canaris WM 1980, 354; König, BJM-Gutachten II, 1981, S 577; Flume NJW 1984, 464; Mühl WM 1984, 1441; Weitnauer, Schlechtriem, W Lorenz, Hager: sämtlich Symposium König, 1984; Beuthien JuS 1987, 841; K Schreiber Jura 1986, 539; Kellmann JR 1988, 97; Krumm WM 1990, 1609; Flume NJW 1991, 252; Köndgen SZW/RSDA 1/96, 30; Nobbe WM 2001, Sonderbeil 4, S 24 ff; Kümpel WM 2001, 2273; Hadding, Festschr für Kümpel, 2003, S 167; St Lorenz, JuS 2003, 729, 839; Nobbe, Festschr für Hadding, 2004, S 1007; v Olshausen, Der Rechtsschein im Dreipersonenverhältnis . . ., in: Festschr für Eisenhardt, 2007, S 277.

1. **Grundsätzliches**. – a) **Die ältere Bereicherungslehre**. Über Dreiecksfälle enthält das BGB in den §§ 812 ff nur die beiden Vorschriften in § 816 Abs 1 Satz 2 und in § 822. Die ältere Lehre ging, da besondere Vorschriften fehlten, von der Generalklausel in § 812 aus und orientierte sich an der Entstehungsgeschichte. Insbesondere sollte einem Wiederaufleben der Versionsklage im gemeinen Recht entgegengewirkt werden[290]. Daraus wurde der Schluss gezogen, dass die Bereicherung sich unmittelbar und ohne Rechtsgrund vollziehen sowie auf eine Entreicherung zurückgehen müsse. Wegen der Unbestimmtheit des Begriffs der Unmittelbarkeit griff das RG auf 40

Hinblick auf die Gebrauchs- und Nutzungsfälle K Batsch, Vermögensverschiebung . . ., 1968, S 49 ff, 106, der gegenständliche Entsprechung verlangt.

284 S dazu Wilburg, Die Lehre von der ungerechtfertigten Bereicherung S 115; Koppensteiner/Kramer, Ungerechtfertigte Bereicherung S 33.

285 S dazu unten Rz 140.

286 Vgl oben Rz 26.

287 S Wilburg, Die Lehre von der ungerechtfertigten Bereicherung S 108; v Lübtow, Beiträge zur Lehre von der condictio S 11, 15; v Caemmerer, Festschr für Rabel I S 372: nur eine „Daumenregel"; Scheyhing AcP 157 (1958/59), 388.

288 Vgl oben Rz 22.

289 Wilburg, Die Lehre von der ungerechtfertigten Bereicherung S 113; v Caemmerer, Festschr für Rabel I S 372; Kötter AcP 153 (1954), 201; Larenz/Canaris SchuldR II/2 § 70 vor I.

290 Vgl Rz 5 vor § 812.

das Tatbestandsmerkmal „auf dessen Kosten" zurück und umschrieb dieses als Einheit des Gewinn und Verlust bringenden Umstandes[291]. Mit der Formel, dass die Unmittelbarkeit der Vermögensverschiebung nicht gegeben sei, wenn diese auf dem Umweg über das Vermögen eines Dritten durch ein Rechtsgeschäft mit dem Dritten zustande gekommen sei, der nicht als Vertreter, sondern im eigenen Namen gehandelt habe, trat das RG allen Bestrebungen, die Versionsklage wieder zu beleben, entgegen[292]. Insbes diente diese Formel der Abgrenzung bei Bereicherungsketten. Dagegen reichte diese Formel nicht aus, um die Anweisungsfälle sachgerecht zu beurteilen. Das RG ging auch in diesen Fällen von dem Begriff der Einheitlichkeit des Bereicherungsvorganges aus, unterschied aber zwischen Leistung und Zuwendung und prägte die Formel von der unmittelbaren Vermögensverschiebung durch mittelbare Zuwendungen[293]. Der BGH hatte diese Formel in seiner älteren Rechtsprechung übernommen[294].

41 b) **Die neuere Bereicherungslehre**. Die Rechtsentwicklung im Bereicherungsrecht ist in neuerer Zeit entscheidend beeinflusst worden durch die Untersuchungen von *Wilburg*[295] und *v Caemmerer*[296]. Für die Dreiecksfälle hat die scharfe Unterscheidung zwischen Leistungs- und Nichtleistungskondiktion den Blick für die Abgrenzung der einzelnen Fallgruppen wie auch für die Zusammenhänge wesentlich gefördert[297]. Der Einfluss *Wilburgs* und *v Caemmerers* auf die Praxis zeigt sich mit einer in der Sache begründeten zeitlichen Verschiebung in dem im Jahre 1960 einsetzenden **Wandel in der Rechtsprechung des BGH**. Zu erwähnen ist die Entscheidung v 24. 3. 1960[298]. Die Entscheidung betrifft einen Fall der mittelbaren Stellvertretung[299]. Der BGH verwendet zwar noch die vom RG geprägte Formel von der unmittelbaren Vermögensverschiebung durch mittelbare Zuwendung[300], hebt aber hervor, dass eine Leistungskondiktion nur bei einem Rechtsverhältnis in Betracht kommt, das unmittelbar zwischen dem Leistenden und dem Leistungsempfänger besteht. Ferner sind zwei weitere Entscheidungen hervorzuheben: Das Urteil v 5. 10. 1961[301], in dem der BGH zum modernen Leistungsbegriff noch nicht deutlich Stellung bezogen hat. Das Urteil bildet aber den Ausgangspunkt zu der erneuten Diskussion über die Stellung des Putativschuldners[302]. Das Urteil v 31. 10. 1963[303] hat den Wandel der Rechtsprechung auch in der Formulierung vollzogen. Wie auch *Heimann-Trosien* hervorhebt[304], hat der BGH das Merkmal der Unmittelbarkeit fallen gelassen und seiner Entscheidung den „modernen" Leistungsbegriff zugrunde gelegt[305]. Zugleich bildet das Urteil die Leitentscheidung für die umstrittene Lehre vom Empfängerhorizont[306]. Zur Fortführung der Rechtsprechung in den Anweisungsfällen s unten Rz 58 ff.

42 c) **Wirtschaftliche Gesichtspunkte**. Die Hinwendung der Rechtsprechung zum modernen Leistungsbegriff sowie zur scharfen Unterscheidung zwischen Leistungs- und Eingriffskondiktion ist auch auf Wandelungen der wirtschaftlichen Verhältnisse zurückzuführen. Die Rückabwick-

291 S Enn/Lehmann § 221 III; König, Festschr für v Caemmerer S 1578; vgl auch oben Rz 36 ff.
292 S die Nachw oben Rz 38; ferner RG WarnR 1917 Nr 116; 1921 Nr 91; dazu Pringsheim, RGFestG III S 116; Wilburg, Die Lehre von der ungerechtfertigten Bereicherung S 109, 116; v Lübtow, Beiträge zur Lehre von der condictio S 11; v Caemmerer, Festschr für Rabel I S 369.
293 S RGZ 130, 310 = JW 1931, 2724 (mzustAnm Walsmann), Enn/Lehmann § 221 III; Heck, SchuldR § 144 I 1.
294 BGHZ 5, 281; BGH LM Nr 1 zu § 313 = NJW 1952, 1171.
295 Die Lehre von der Bereicherung . . ., 1934.
296 Insbes Festschr für Rabel I, 1954, S 333.
297 Vgl auch zu ihrer Bedeutung für die Anweisung Putzo, Erfüllung mit Buchgeld und die Haftung der Beteiligten wegen ungerechtfertigter Bereicherung S 128.
298 JZ 1962, 404 = BB 1961, 1295; dazu mit eingehender Darstellung der Dreiecksfälle v Caemmerer JZ 1962, 385; s auch Kunisch, Die Voraussetzung für Bereicherungsansprüche in Dreiecksverhältnissen S 26.
299 Dazu unten Rz 122.
300 S oben Rz 40; krit dazu v Caemmerer JZ 1962, 385.
301 BGHZ 36, 30 = NJW 1961, 2251 (mAnm Berg NJW 1962, 101) = JZ 1962, 280 (mkritAnm Flume) = LM Nr 4 zu § 179 (mAnm Rietschel): Idealheim-Fall.
302 S unten Rz 128.
303 BGHZ 40, 272 = NJW 1964, 399 = LM Nr 18 zu § 951 (mAnm Rietschel), dazu Baur/Wolf JuS 1966, 393 u Anm Berg NJW 1964, 720: Elektrogeräte-Fall.
304 WM 1969, 314 ff, 318.
305 S auch oben Rz 5.
306 S dazu unten Rz 45.

lungsfunktion der Leistungskondiktion ist insbesondere bei den Dreiecksfällen von maßgeblicher Bedeutung, wobei die dahinterstehenden **Wertungskriterien** zu beachten sind[307]. *König* hat es als ein wichtiges Element der Ordnung des modernen Wirtschaftsverkehrs bezeichnet, dass Vergütungs- und Abwicklungsansprüche nur gegen den Vertragspartner zu richten sind und Dritte nicht hineingezogen werden sollen[308]. Nach *König* sind Arbeitsteilung, Anonymität des vertraglichen Verkehrs und typisierte Massengeschäfte als Hauptantriebskräfte der modernen Rechtsentwicklung anzusehen. Damit dient der moderne Leistungsbegriff auch den Bestrebungen nach Rationalisierung im bargeldlosen Zahlungsverkehr[309].

d) **Wertungskriterien.** Bei der Beurteilung der Dreiecksfälle, insbesondere im Bereich der 43
Anweisungen[310], spielen seit je Wertungen eine große Rolle. Aus der **Funktion der Leistungskondiktion** ergibt sich die Forderung, dass Ansprüche auf Erstattung und Rückabwicklung **gegen den Vertragspartner** zu richten sind. *König* hat darauf hingewiesen, dass die Rechtsprechung der letzten hundert Jahre über alle dogmatischen Formulierungen hinweg mit Stetigkeit an dieser Ordnung des rechtsgeschäftlichen Verkehrs festgehalten hat[311]. Dies dient, worauf *König* besonders hinweist, dem Verkehrsschutz sowie auch der angemessenen Verteilung des Insolvenzrisikos, indem bei Insolvenz des Vertragspartners nicht ein Dritter herangezogen werden kann. Diese Richtigkeitserwägungen stehen auch einem Durchgriff bei der mittelbaren Stellvertretung entgegen[312]. Besondere Fragen ergeben sich beim Doppelmangel[313] sowie bei der entsprechenden Anwendung des § 822 infolge der geringeren Schutzwürdigkeit des unentgeltlichen Erwerbs[314]. Weitere wertende Gesichtspunkte sind erst deutlich hervorgetreten, nachdem die Berufung auf das Bereicherungsrecht als ein Billigkeitsrecht in der Rechtsprechung des RG und der frühen Rechtsprechung des BGH entfallen war[315]. Eine wesentliche Erweiterung des Vertrauensschutzes ist die Folge der Empfängerhorizontlehre. Der BGH hat sie in BGHZ 40, 272 (Elektrogeräte-Fall) begründet und hat daran, dass es auf die Sicht des Empfängers ankommt, in ständiger Rechtsprechung festgehalten[316]. Die Bedeutung dieses über § 818 Abs 3 hinausgehenden Vertrauensschutzes zeigt sich in den Anweisungsfällen bei **Fehlerhaftigkeit des Deckungsverhältnisses**[317] sowie auch bei der Stellung des **Putativschuldners**[318]. Der BGH hat in einer Reihe von Fällen entscheidendes Gewicht darauf gelegt, ob der Empfänger die Fehlerhaftigkeit der Anweisung oder den Widerruf oder die Ungültigkeit des Schecks kannte[319]. *Canaris*[320] hat als die maßgeblichen Wertungskriterien der herrschenden Lehre die Erhaltung der Einwendungen im fehlerhaften Kausalverhältnis, den Schutz vor Einwendungen aus dem Rechtsverhältnis des Vertragspartners mit dem Dritten, die gerechte Verteilung des Insolvenzrisikos sowie die Ablehnung der Versionsklage bezeichnet. Nach seiner Ansicht findet der Einwendungsausschluss seine Grundlage im Gedanken der Risikoverteilung und der Zurechnung, und er dient dem Ziel eines dem Abstraktionsprinzip entspr Verkehrs- und Vertrauensschutzes[321]. Dabei ist zu berücksichtigen, dass das Abstraktionsprinzip im Sachenrecht dem Verkehrsschutz dient, während es sich hier um den Vertrauensschutz des Empfängers handelt[322]. In der **Rechtsprechung** des BGH stehen im Vordergrund die Gesichtspunkte der **Zurechnung** und **Veranlassung** sowie des **Vertrauens-**

307 Dazu unten Rz 43.
308 S König, BJM-Gutachten S 1579.
309 S dazu unten Rz 54–56; insbes Rz 69 ff.
310 S unten Rz 50 ff.
311 BJM-Gutachten S 1578.
312 S dazu unten Rz 122; vgl auch König, BJM-Gutachten S 1583.
313 S unten Rz 63.
314 S unten Rz 66.
315 Vgl die Nachw Rz 2 vor § 812 und Mühl, Festg für v Lübtow S 550.
316 Vgl BGHZ 87, 246, 249 = NJW 1983, 2501 – II. ZS; BGHZ 87, 393, 397 = NJW 1983, 2499 – VII. ZS. Vgl auch zu der umstrittenen Empfängerhorizontlehre unten Rz 45.
317 S unten Rz 70 ff (für Überweisung).
318 S unten Rz 128.
319 Vgl die Hinweise auf die Rspr in BGHZ 87, 393, 396 u in BGH NJW 1984, 2205.
320 Festschr für Larenz, 1973, S 799, 802.
321 Zur Kritik insbes hins einer Überbewertung oder unrichtigen Einordnung des Abstraktionsgrundsatzes vgl Medicus in der Bespr der Festschr für Larenz NJW 1974, S 538, 541; Weitnauer, Festschr für v Caemmerer S 255, 275.
322 Vgl Putzo, Erfüllung mit Buchgeld u die Haftung der Beteiligten wegen ungerechtfertigter Bereicherung S 137 ff; dazu Mühl, Festg für v Lübtow S 552.

schutzes. In BGHZ 61, 289[323] hat der BGH im Anschluss an *v Caemmerer* sich des Bildes bedient, dass der durch die Nichtbeachtung des Widerrufs der Bank unterlaufene Fehler im Deckungsverhältnis „wurzelt“[324]. Auf die fehlende Zurechnung hat der BGH in einem zum Lastschriftverfahren ergangenen Urteil abgestellt[325]. Begründet wird dies in dem zitierten Urteil des II. ZS damit, dass der Bankkunde die Zahlung nicht veranlasst habe. In BGHZ 87, 393[326] hat der VII. ZS die Zurechnung verneint, weil der Scheckinhaber wusste, dass es von vornherein an einer gültigen Anweisung fehlte. Jedenfalls wird der weite Begriff der Zurechnung unterschiedlich begründet, so dass *Medicus* die Frage aufgeworfen hat, wie sich die verschiedenen Wertungskriterien zueinander verhalten[327]. Die Frage, ob es auf die Veranlassung ankommt, hat Bedeutung für eine unmittelbare **Nichtleistungskondiktion** der Bank bei Fehlen einer Anweisung[328].

44 e) **Zur Kritik des „modernen“ Leistungsbegriffs in Dreiecksfällen**. Die Brauchbarkeit des Begriffs ist verschiedentlich bezweifelt oder sogar verneint worden. Abgelehnt wird der Leistungsbegriff von allen Vertretern einer Einheitslehre, wenn diese auch unterschiedlich begründet wird[329]. Die Ablehnung des Begriffs durch *Kupisch* ergibt sich aus seinem von der herrschenden Meinung abweichenden Leistungsbegriff[330]. Von *Lieb*[331] wird der moderne Leistungsbegriff als Irrweg bezeichnet. *Canaris* beruft sich zur Begründung seiner Kritik insbesondere auf einen Mangel der herrschenden Meinung an Übersichtlichkeit, auf die Zweifel hinsichtlich der Abgrenzung zwischen dem Leistenden und dem Zuwendenden sowie der Einordnung der angenommenen Anweisung und des Vertrages zugunsten Dritter[332]. Der Auffassung von *Canaris* ist entgegenzuhalten, dass sich Randprobleme, wie *König* mit Recht bemerkt hat[333], nicht mit einer einzigen Formel ganz erfassen und ordnen lassen. Dies gilt insbesondere auch für die angenommene Anweisung[334] und den Vertrag zugunsten Dritter[335]. Ob im Falle des Fehlens einer Anweisung der Bank gegen den Begünstigten eine Leistungskondiktion oder eine Nichtleistungskondiktion zusteht[336], soll, wie der BGH bisher festgestellt hatte, belanglos sein[337]. Zur Frage der **Kondiktion beim Doppelmangel** s unten Rz 63, 83 u § 818 Rz 60 mNachw. Gegen den modernen Leistungsbegriff kann auch nicht der Gesichtspunkt angeführt werden, dass sich mit seiner Hilfe nicht das Verhältnis von Leistungs- und Eingriffskondiktion lösen lasse[338]. Der BGH hat an der zu weit gefassten Formulierung in BGHZ 40, 272 offensichtlich nicht festgehalten[339]. Zusammenfassend ist somit festzustellen, dass dem in der Rechtsprechung des BGH verwendeten Leistungsbegriff, auch unter Berücksichtigung der vorstehend in Rz 42 angeführten wirtschaftlichen Gesichtspunkte, in Übereinstimmung mit einem großen Teil des Schrifttums zuzustimmen ist[340]. Nach *Pinger*[341] spricht trotz starker Zweifel an der Funktionstauglichkeit das Bedürfnis nach Kontinuität dafür, an dem modernen Leistungsbegriff festzuhalten. Demgegenüber ist hervor-

323 = NJW 1974, 39.
324 Ebenso in BGHZ 87, 246 = NJW 1983, 2501 u in BGHZ 89, 376 = NJW 1984, 1348 = JZ 1984, 627 (mAnm Canaris) = JR 1984, 420 (mAnm Rehbein); s auch BGH NJW 1984, 2205: Versehentliche unveränderte Ausführung eines geänderten Dauerauftrags.
325 BGHZ 69, 186 = NJW 1977, 2210.
326 = NJW 1983, 2499.
327 BürgerlR § 27 II 3 c Rz 677; s auch Canaris WM 1980, 354.
328 Vgl dazu unten Rz 80–82.
329 Vgl die Übersicht von J Wolf, Stand der Bereicherungslehre S 102 ff; insbes auch zu Kellmann, Kaehler, Wilhelm; ferner Picker NJW 1974, 1797; Costede, Dogmatische und methodologische Überlegungen S 12.
330 S dazu unten Rz 60.
331 MünchKomm/Lieb Rz 25.
332 S Canaris, Festschr für Larenz, 1973, S 799 ff; auch in WM 1980, 354, 367.
333 S oben Rz 42.
334 S unten Rz 67 f.
335 S unten Rz 124 ff.
336 Dazu Canaris, Festschr für Larenz, 1973, S 808; unten Rz 81.
337 BGHZ 87, 393, 398 = NJW 1983, 2499 mNachw; dazu unten Rz 62.
338 So aber Canaris, Festschr für Larenz, 1973, S 853.
339 Vgl dazu oben Rz 34 mNachw; zum Vorrang der Leistungskondiktion auch Fiedler JR 1975, 314.
340 S in diesem Sinne auch Larenz, SchuldR II § 68 I a; Esser/Weyers, SchuldR II § 48 II; Erman/Westermann Rz 10; Staud/Lorenz Rz 6; Medicus, BürgerlR § 27 II 6 Rz 686; Koppensteiner/Kramer, Ungerechtfertigte Bereicherung S 62; Hagemann-Lauterbach, Diss Tübingen 1976, S 39.
341 AcP 179 (1979), 301, 307.

zuheben, dass der Vorzug des modernen Leistungsbegriffs, der durch die Zweckbestimmung (genauer: Causa-Bezogenheit) die Beziehung der Vermögensverschiebung (genauer: Zuwendung) zu dem zugrunde liegenden schuldrechtlichen Geschäft (genauer: Forderung oder Erwerbsgrund als bestehender oder vermeintlicher „rechtlicher Grund") herstellt, gerade bei den Dreiecksfällen hervortritt. Auch können, wie schon bemerkt, die bei der Einordnung von Randfiguren auftretenden Fragen mit seiner Hilfe bewältigt werden[342]. Die Verknüpfung mit der „schuldrechtlichen Kausalbeziehung"[343] ist deshalb von besonderem Gewicht, weil bei den Dreiecksfällen die Fragen einer Rückabwicklung innerhalb der Kausalverhältnisse mit der Abwägung der behandelten Wertungskriterien[344] zusammenhängen. Vgl auch zur Unterscheidung von Leistung und Zuwendung unten Rz 59.

f) **Empfängerhorizont-Lehre**; **Vertrauensschutz**. – aa) **Entwicklung und Grenzen**. Beispiele aus der Rechtsprechung des RG für die Probleme des Vertrauensschutzes in Dreiecksbeziehungen bilden RGZ 98, 64 **(Bierkutscher-Fall)**[345] sowie die sog Einbaufälle[346]. Das RG hat in RGZ 98, 64 dem Umstand, dass der Bierkutscher das einem Dritten, seinem Auftraggeber, gehörige Fleisch im eigenen Namen veräußerte und den Kaufpreis von dem gutgläubigen Käufer einzog, mit Recht dadurch Rechnung getragen, dass der Käufer sich gegenüber der Kondiktion des Dritten wegen seiner Zahlung an den Bierkutscher auf § 818 Abs 3 berufen konnte. In den **Einbaufällen** hat das RG hervorgehoben, dass Ansprüche gegen den Bauherrn nicht den Bauhandwerkern, die Materialien für den Weiterbau geliefert haben, zustehen, sondern dem Bauunternehmen, in dessen Auftrag und für dessen Rechnung die Handwerker ihre Leistungen erbracht haben[347]. Der BGH hatte sich mehrfach mit Fallgestaltungen zu befassen, in denen zwischen dem Bauherrn einerseits und dem Handwerker oder dem Lieferanten von Geräten, die eingebaut wurden, ein Missverständnis darüber bestand, ob diese Leistungen im eigenen Namen oder, wie der Bauherr annahm, im Auftrage und für Rechnung seines Vertragspartners, des Bauunternehmers oder Architekten, erbracht wurden. Die **Leitentscheidung des BGH** zu dieser Problematik bildet BGHZ 40, 272[348]. Der BGH hob hervor, dass zum Schutze des Bauherrn darauf abgestellt werden müsse, als wessen **Leistung** sich die Zuwendung bei objektiver Betrachtungsweise in den Augen des Bauherrn darstelle. Weiterführend war die Formulierung des BGH[349], dass es nicht auf den inneren Willen des Leistenden, sondern auf die Erkennbarkeit der Person des Leistenden **aus der Sicht des Zuwendungsempfängers** ankommt. Damit hatte der BGH auch die Begründung für das vorangegangene Urteil in BGHZ 36, 30[350] nachgeliefert. *Flume* hat an dieser Entscheidung kritisiert, dass der BGH nicht auf die Stellung des Putativschuldners eingegangen ist[351] und nicht den Wegfall der Bereicherung gem § 818 Abs 3 berücksichtigt hat. Der BGH hat an seiner Ansicht, dass es darauf ankommt, als wessen Leistung sich die Zuwendung bei objektiver Betrachtungsweise aus der Sicht des Zuwendungsempfängers darstellt, in **ständiger Rechtsprechung** festgehalten[352]. Die mitunter gewählte verkürzte Formel, dass es auf die Sicht des Empfängers ankommt, ist als unpräzise kritisiert worden[353]. Doch hat der BGH auch die Grenzen des von ihm entwickelten Grundsatzes deutlich hervorgehoben. So hat der BGH in einem Fall, in dem der Lieferant von Dachteilen dem Bauherrn eine Auftragsbestätigung übersandt hatte, ausgeführt, dass der objektive Inhalt der Auftragsbe- 45

342 Vgl auch zu dem vom BGH in stRspr vertretenen Leistungsbegriff oben Rz 3 u Rz 22, jeweils mNachw.
343 So Köndgen, Festg für Esser S 65.
344 Rz 43.
345 Dazu Bespr Joerges JuS 1975, 514; ferner v Caemmerer, Festschr für Dölle S 161.
346 Dazu auch unten Rz 139.
347 S RGZ 130, 310 = JW 1931, 2724 (mzustAnm Walsmann); so auch noch BGH LM Nr 14 zu § 812.
348 = NJW 1964, 399 (mAnm Berg S 720) = LM Nr 18 zu § 951 (mAnm Rietschel), dazu Bespr Baur/Wolf JuS 1966, 393: Elektrogeräte-Fall.
349 BGHZ 40, 278.
350 = NJW 1961, 2251 (mAnm Berg) = LM Nr 4 zu § 179 (mAnm Rietschel) u JZ 1962, 280 (mkrit Anm Flume), dazu Bespr Berg JuS 1964, 137: Idealheim-Fall.
351 Vgl dazu unten Rz 128–130.
352 BGHZ 56, 228, 240; 58, 184, 188; 61, 289, 293; 72, 246, 249; ferner Fn 355.
353 S Stierle, Der Bereicherungsausgleich bei fehlerhaften Banküberweisungen S 35; vgl auch BGHZ 87, 393, 397. Grundsätzlich: v Olshausen, Festschr für Eisenhardt, 2007, S 277.

stätigung auch aus der Sicht des Bauherrn keinen Zweifel daran lässt, dass der Lieferant ihn als seinen Vertragspartner ansah und ihm die Ware liefern wollte[354]. Es kommt darauf an, wie eine vernünftige Person in der Lage des Empfängers die Zuwendung nach Treu und Glauben mit Rücksicht auf die Verkehrssitte verstehen musste und durfte[355].

46 bb) **Folgerungen aus der Anwendung der Empfängerhorizont-Lehre**. Die Bedeutung der Lehre für die Rechtsprechung ist außer in den in Rz 45 angeführten Einbaufällen vor allem in solchen Anweisungsfällen hervorgetreten, in denen eine Bank an den Empfänger gezahlt hatte, obwohl eine Anweisung überhaupt nicht vorlag, zB bei Irrtum der Bank, oder die Überweisung den Empfänger nicht betraf oder die Anweisung widerrufen oder aus anderen Gründen unwirksam war. Dabei ist der BGH von folgenden Grundsätzen ausgegangen[356]: – (1) Der Anweisende trifft mit der Erteilung der Anweisung eine sein Leistungsverhältnis mit dem Dritten, dem Zahlungsempfänger, betreffende Zweckbestimmung. – (2) Der Angewiesene, die Bank, erbringt mit der Zuwendung an den Anweisungsempfänger zunächst eine eigene Leistung an den Anweisenden und zugleich eine Leistung des Anweisenden an den Anweisungsempfänger[357]. – (3) Auf der Grundlage der Empfängerhorizont-Lehre kann die Zahlung der Bank an den Empfänger dem Kunden der Bank (dem Anweisenden) nicht zugerechnet werden, wenn der Empfänger wusste, dass eine gültige Anweisung fehlte. Aus der Rechtsprechung des BGH sind in diesem Zusammenhang folgende Entscheidungen anzuführen[358]: BGHZ 61, 289: widerrufener Scheck; BGHZ 66, 362: nicht unterschriebener Scheck; BGHZ 66, 372: Überweisung an falschen Empfänger; BGHZ 67, 75: Einlösung eines Wechsels durch die Bank nach Eröffnung des Konkursverfahrens über das Vermögen des Bankkunden, von der der Empfänger Kenntnis hat; BGHZ 87, 246 = NJW 1983, 2501: versehentliche Gutschrift nach Widerruf eines Überweisungsauftrages; BGHZ 87, 393 = NJW 1983, 2499: Überweisung an Empfänger nach Widerruf eines Überweisungsauftrages; BGHZ 89, 376 = NJW 1984, 1348: Widerruf eines Dauerauftrages; BGH NJW 1984, 2205: Änderung eines Dauerauftrages. Der BGH hat in allen diesen Fällen, wie auch die Hervorhebung in den Leitsätzen der Entscheidungen zeigt, maßgebliches Gewicht darauf gelegt, ob der Empfänger **Kenntnis** von den Mängeln gehabt hat, die dem Überweisungsauftrag anhafteten oder sogar wusste, dass kein solcher Auftrag vorlag. Ob es bei den letzteren Fallgestaltungen auf eine Kenntnis des Empfängers überhaupt ankommt oder unmittelbar ohne Rücksicht darauf ein **Rückforderungsrecht der Bank** gegen den Empfänger besteht, konnte der BGH offen lassen[359].

47 cc) **Zur Kritik an der Empfängerhorizont-Lehre**. Durch die Rechtsprechung des BGH wird ein „abstrakter Vertrauensschutz" neben dem konkreten Vertrauensschutz, den § 818 Abs 3 gewährt, geschaffen[360]. Das Insolvenzrisiko wird dadurch im Falle einer Insolvenz des Bauunternehmers oder Architekten auf den Bauherrn verlagert, obwohl seine Schutzwürdigkeit nicht zu verneinen ist[361]. Entgegen der Rechtsprechung des BGH ist Gewicht darauf zu legen, dass der Lieferant oder Handwerker sich mit seinem Auftraggeber auseinandersetzen, insbesondere vorher klarstellen muss, ob der Bauunternehmer oder Architekt im eigenen Namen oder aufgrund einer Vollmacht des Bauherrn handelt. Dem Schutz des Bauherrn dient § 818 Abs 3. Die Vorschrift ist zumindest entsprechend anwendbar bei Uneinbringlichkeit des Rückzahlungsanspruchs gegen den Bauunternehmer oder Architekten, an den der Bauherr gezahlt hat. Bei der Leistungskondiktion ist § 818 Abs 3 anzuwenden. Nur bei der Eingriffskondiktion, bei der der Gedanke der Rechtsfortwirkung maßgebend ist, kann sich der Schuldner nicht auf den Wegfall der Bereiche-

354 BGH WM 1978, 1053.
355 BGH NJW 2005, 60 = WM 2004, 478 = LMK 2004, 217 (St Lorenz) unter Hinweis auf BGHZ 105, 365, 369 = NJW 1989, 900; BGHZ 122, 46, 50 f; = WM 1993, 1150; BGH NJW 1999, 1393 = WM 1999, 484 = LM § 812 BGB Nr 263 (St Lorenz).
356 Zusammenfassend BGHZ 87, 393. Vgl näher Rz 74 ff.
357 Vgl zu den Rechtsverhältnissen zwischen den drei Beteiligten auch unten Rz 58 ff.
358 Zu ihrer Bedeutung für das Deckungsverhältnis s unten Rz 76 ff; 86; 98, 104 ff.
359 S dazu unten Rz 80–82.
360 S Canaris, Festschr für Larenz, 1973, S 824 ff.
361 S auch Medicus, BürgerlR § 27 II 7 c Rz 688.

rung berufen[362]. Über die Bedenken gegen einen besonderen bereicherungsrechtlichen Leistungsbegriff gegenüber der Erfüllungslehre s oben Rz 5. Für den Schutz des Empfängers bei Mängeln im Deckungsverhältnis wird auch auf eine unmittelbare oder entspr Anwendung des § 119 Abs 1 mit der Rechtsfolge aus § 122 hingewiesen[363]. Doch bedarf es dessen nicht, wenn im Einklang mit der Rspr des BGH die Gesichtspunkte der Veranlassung und der Zurechenbarkeit bei einem mit Fehlern behafteten Deckungsverhältnis berücksichtigt werden[364]. Im Ergebnis, wenn auch nicht in der Begründung, ist dieser Rechtsprechung zuzustimmen. Wendet man nämlich auf die (tatsächlich getroffene) Tilgungsbestimmung des Schuldners als geschäftsähnliche Handlung die Vorschriften über die Auslegung von Willenserklärungen (§§ 133, 157) entsprechend an, so kommt es in der Tat darauf an, wie der redliche Empfänger sie verstehen konnte, dh als wessen Leistung die empfangene Zuwendung zu betrachten war.

dd) **Zur Übertragung der Empfängerhorizont-Lehre in das Sachenrecht**. Der BGH hat **48**
seine als gefestigt bezeichnete Rechtsprechung, dass bei unterschiedlichen Vorstellungen über den Leistenden es darauf ankommt, als wessen Leistung sich die Zuwendung bei objektiver Betrachtungsweise aus der Sicht des Zuwendungsempfängers darstellt, auf einen Fall des gutgläubigen Erwerbs mittels eines „Geheiß"-Erwerbs übertragen[365]. Der BGH hat die Möglichkeit eines gutgläubigen Erwerbs bejaht, weil er es als schutzwürdig angesehen hat, wenn der Dritte aus der Sicht des Empfängers dem „Geheiß" des Veräußerers tatsächlich folgt. Diese Ansicht ist mit Recht auf allgemeine Ablehnung gestoßen, weil es für einen gutgläubigen Erwerb darauf ankommt, ob die Voraussetzungen objektiv vorliegen[366].

ee) **Die Beweislast für die Kenntnis des Empfängers vom Mangel der Anweisung**. Die **49**
Zahlung der Bank an den Empfänger kann aus dessen Sicht dem Anweisenden nicht zugerechnet werden, wenn der Empfänger bei Erhalt der Zuwendung Kenntnis von dem Mangel der Anweisung hatte. In diesem Fall steht der Bank ein unmittelbarer Bereicherungsanspruch gegen den Empfänger zu[367]. In dem vom BGH entschiedenen Fall hatte der Bankkunde (der Anweisende) Klage gegen die Bank erhoben, die mit dem Betrage ihrer Zahlung aufgerechnet hatte. Der BGH hat die Beweislast für die Kenntnis des Empfängers von dem Mangel als einer klagbegründenden Tatsache dem Kläger auferlegt und diese Kenntnis als Ausnahme von der Regel bewertet. Diese Verteilung der Beweislast entspricht dem Grundsatz, dass der Beweis von Negativem vermieden werden soll. Der gute Glaube ist etwas rein Negatives, nämlich das Nichtwissen von bestimmten Umständen[368]. Daher trifft im Verhältnis zum Empfänger die Bank, die den Bereicherungsanspruch geltend macht, die Beweislast, ohne dass es auf die Parteirolle im Prozess ankommt[369].

2. **Die Anweisung im weiteren Sinn**. – a) **Struktur der Anweisung**. – aa) Die Grundfigur **50**
der Anweisung ist im BGB als schriftliche Anweisung geregelt (§§ 783 ff). Wie aus § 783 zu entnehmen ist, liegt der gesetzlichen Regelung die Theorie der Doppelermächtigung zugrunde[370]. Bei der Entstehung des BGB wurde nur der schriftlichen Anweisung Bedeutung beigemessen. Daher wurde nur der Fall geregelt, dass entspr der „Gewohnheit des Geschäftslebens" der Anweisungsempfänger die Urkunde erhält[371]. Doch wurde darauf hingewiesen, dass durch die gesetzliche Regelung im Rahmen der Vertragsfreiheit anderen Formen wie der Aufforderung, die nur an den Angewiesenen gerichtet wird, sowie der mündlich erteilten Anweisung nicht die Wirksamkeit ab-

362 Vgl § 818 Rz 61, 95. Vgl auch zur Anwendung des § 818 Abs 3: Flume JZ 1962, 281; Medicus, BürglR Rz 688; Larenz, SchuldR II § 68 III e 2; Esser/Weyers § 48 III 6; U Meyer, Bereicherungsausgleich S 69 ff.

363 S Canaris, Festschr für Larenz, 1973, S 827; Wieling JZ 1977, 291.

364 S oben zu den Wertungskriterien Rz 43.

365 BGH NJW 1974, 1132 = LM Nr 106 zu § 812 (mBespr Lopau JuS 1975, 773); weitNachw s § 932 Rz 6.

366 Vgl außer den Nachw in § 932 Rz 6 noch U Meyer, Bereicherungsausgleich S 76; Köndgen, Festg für Esser S 72; Hassold, Zur Leistung im Dreipersonenverhältnis S 172.

367 Vgl Rz 81; s BGHZ 87, 393 = NJW 1983, 2499 (mAnm Lieb JZ 1983, 960) u dazu auch Kupisch ZIP 1983, 1412; Flume NJW 1984, 464.

368 Vgl Rosenberg, Die Beweislast[5] § 25 II 5.

369 Vgl Mühl WM 1984, 1441.

370 S Rz 3 vor § 783; Enn/Lehmann § 203 I 2; Planck/Landois Bem 2 vor § 783.

371 Vgl Motive II, S 557 ff.

gesprochen werden sollte. Als wesentlich für den Begriff der Anweisung wird in Motive II, S 557 die **Unabhängigkeit von dem Rechtsverhältnis**, welches den Veranlassungsgrund für die Anweisung bildet, hervorgehoben sowie darauf hingewiesen, dass die Anweisung nur ein Mittel bildet, um eine Leistung aus einem Grund und zu einem Zweck, welche außerhalb der Anweisung liegen, herbeizuführen. Damit ist die Funktion der die **Zahlung vermittelnden Bank** und der Inhalt des zwischen der Bank und dem Empfänger bestehenden Rechtsverhältnisses in allgemeiner Weise in die Kennzeichnung der Anweisung einbezogen worden. Wie *E Ulmer*[372] betont hat, ist die Zahlung der Bank vom Valutaverhältnis endgültig **abstrahiert**, und dies gilt ebenso auch für das Deckungsverhältnis. **Abstraktion** und **Einwendungsausschluss** haben somit Komplementärfunktion[373]. Aus der Ermächtigung des Empfängers ergibt sich nicht, wie auch in den Motiven betont wird, für ihn ein Forderungsrecht. Dazu bedarf es gem § 784 der Annahme.

51 bb) Die der im BGB geregelten Anweisung zugrunde liegende Struktur hat dazu geführt, in den Begriff einer „Anweisung im weiteren Sinn" Rechtsfiguren einzubeziehen, die ebenfalls dazu dienen, durch Einschaltung eines „Leistungsmittlers", zB der die Zahlung vermittelnden Bank[374], die Zuwendung herbeizuführen[375]. Kennzeichnend für alle diese Rechtsfiguren ist die Unterscheidung zwischen **drei Rechtsverhältnissen**: – (1) Das Verhältnis zwischen dem Anweisenden und dem Anweisungsempfänger, das **Valutaverhältnis**, in dem die causa-bezogene Zuwendung als „Wertbewegung" stattfinden soll[376]. – (2) Das Verhältnis zwischen dem Anweisenden und dem Angewiesenen, das **Deckungsverhältnis**, in dem der Angewiesene gegebenenfalls einen Anspruch auf eine Gegenleistung und einen Vorschuss als „Deckung" hat[377]. – (3) Das Verhältnis zwischen dem Angewiesenen und dem Anweisungsempfänger, der auch als der Begünstigte bezeichnet wird, das **Zuwendungsverhältnis** (Vollzugsverhältnis)[378]. Die Zuwendung wirkt sich durch die entspr Zweckbestimmungen (Tilgungsbestimmungen, Rechtsgrundbezogenheiten) auf die Kausalbeziehungen im Valuta- und im Deckungsverhältnis aus[379]. Sonderprobleme ergeben sich bei der angenommenen Anweisung sowie beim Vertrag zu Rechten Dritter wegen des Forderungsrechts des Dritten[380].

52 cc) **Weitere Fälle**. Als Tatbestände der „Anweisung im weiteren Sinn" sind außer der Anweisung im BGB insbes folgende Rechtsfiguren in die Betrachtung einbezogen worden: – (1) Die **abgekürzte Lieferung**; – (2) Die Zahlung durch **Scheck**; – (3) Die **Giroüberweisung**; – (4) Das **Lastschriftverfahren**. Die Anweisung wird als das „klassische" Beispiel bezeichnet[381], bei dem insbesondere die Fragen geprüft werden, die sich bei Mängeln im Valuta- oder im Deckungsverhältnis ergeben können. Beim gezogenen Wechsel und beim Akkreditiv ergeben sich zwar vielfach Parallelprobleme. Doch üben sie in erster Linie Kreditfunktionen aus, so dass sie nicht den Anweisungen im weiteren Sinn zugerechnet werden[382]. Die Zusammenfassung als „Anweisungen im weiteren Sinn" („Anweisungslagen") darf allerdings nicht ohne weiteres ein Argument für Einheitslösungen sein. Vielmehr sind gerade für die unterschiedlichen Arten des **bargeldlosen Zahlungsverkehr** sachlich gebotene **Differenzierungen** angebracht (vgl Rz 69 ff).

53 Zu (1): Die **abgekürzte Lieferung**. Aus der Lieferkette wird ein Dreieck, wenn Kaufverträge zwischen dem Großhändler und dem Einzelhändler sowie zwischen dem letzteren und einem Käufer vorliegen und der Einzelhändler den Großhändler anweist, die Ware aus seinem Lager unmittelbar an den Käufer zu liefern[383]. Der Käufer erhält den Besitz auf „Geheiß" des Einzelhändlers. Es liegt ein Eigentumserwerb gem § 929 unter Mitwirkung eines Dritten vor[384]. Der Weg der Ware ist ein anderer als es der Lieferkette entspricht, denn es liegen zwei Übereignungen im Wege des

372 Vgl AcP 126 (1926), 129, 155.
373 So Stierle, Bereicherungsausgleich S 46.
374 S oben Rz 50.
375 Vgl Rz 5 vor § 783; Planck/Landois Bem 2 vor § 783.
376 S dazu Rz 70 (für Überweisung).
377 S dazu Rz 71 (für Überweisung).
378 S dazu Rz 58.
379 Vgl unten Rz 58 zur sog Simultanleistung.
380 Vgl dazu unten Rz 67 und 124.
381 So U Meyer, Bereicherungsausgleich S 15.
382 S Stierle, Bereicherungsausgleich S 72.
383 Vgl dazu auch Meyer, Bereicherungsausgleich S 15; Medicus, BürgerlR § 27 II 2 Rz 671.
384 S § 929 Rz 8 mNachw; Baur/Stürner, SachenR § 51 C II 2; v Caemmerer JZ 1963, 586; Wieling JZ 1977, 291, 294.

Geheißerwerbs vor. Ein Durchgriff scheidet grundsätzlich aus. Ein Bereicherungsausgleich hat in dem jeweiligen fehlerhaften Kausalverhältnis stattzufinden[385]. Über die Ausnahmen von diesem Grundsatz s unten Rz 64 ff. Die Rechtsprechung hat diesen Standpunkt stets vertreten, wenn auch die Begründung seit der Überwindung der älteren Bereicherungslehre[386] gewechselt hat[387]. Auf der älteren Lehre beruht auch noch BGHZ 5, 281[388]. Die Auffassung, dass der Bereicherungsausgleich jeweils in dem fehlerhaften Kausalverhältnis stattzufinden hat, ist auch für die Frage, ob der Durchgriff bei einem Doppelmangel zuzulassen ist, von Bedeutung geworden[389]. Der BGH hat die Frage erstmals in BGHZ 48, 70[390] aufgeworfen, ohne sie zu entscheiden[391]. Der BGH befasst sich mit dem Doppelmangel in der „Bereicherungskette", obwohl es sich nach dem Sachverhalt um einen Dreiecksfall handelte. Doch wird sich jedenfalls idR der Unterschied zwischen abgekürzter Leistung und Bereicherungskette nicht auf die Bewertung auswirken[392].

Zu (2): **Die Zahlung durch Scheck**.

Schrifttum: Schnauder WM 1996, 1069; ders WM 1998, 1901. Vgl im übrigen statt aller zum Bereicherungsausgleich nach **Scheckeinlösung trotz Mängeln im Deckungsverhältnis**: MünchKommHGB (Band 5, 2001)/Häuser ZahlungsV Rz D 188–194; zum Bereicherungsausgleich im **Valutaverhältnis** aaO Rz D 365–367; zur ungerechtfertigten Bereicherung der **Inkassobank oder des Einreichers** aaO Rz D 425 f; Nobbe, in: Schimansky/Bunte/Lwowski (Hrsg), Bankrechts-Hdb, 2001², § 60 Rz 206–213, 255–257; § 61 Rz 86, 217, 227; Hadding, Festschr für Kümpel, 2003, S 167.

Bei der Scheckzahlung ist zu berücksichtigen, dass es sich um eine „echte" Anweisung iS der **54**
§§ 783 ff handelt (ScheckG Art 1 Nr 2). Der Empfänger erhält von ihr durch die Übergabe des Schecks Kenntnis[393]. Der Scheck bildet ein Zahlungsmittel im Rahmen des bargeldlosen Zahlungsverkehrs. Für die Beurteilung der Fragen des Bereicherungsausgleichs in den verschiedenen Rechtsverhältnissen wird auf die Einzelheiten in Rz 92–109 verwiesen.

Zu (3): **Die Giroüberweisung**.

Schrifttum: Möschel JuS 1972, 297; Liesecke WM 1975, 214; Putzo, Erfüllung mit Buchgeld und die Haftung der Beteiligten wegen ungerechtfertigter Bereicherung, 1977; Kupisch, Banküberweisung und Bereicherungsausgleich, WM 1979, Sonderbeilage Nr 3; G Stierle, Der Bereicherungsausgleich bei fehlerhaften Banküberweisungen, 1980; Hadding/Häuser, ZHR 145 (1981), 138; Häuser, Giroverhältnis, BJM-Gutachten Bd II, 1981, S 1317; Meyer-Cording, Korrektur von Fehlern im bargeldlosen Zahlungsverkehr durch Bereicherungsansprüche, in: Festschr für Pleyer, 1986, S 89; Flume, Banküberweisung und ungerechtfertigte Bereicherung, NJW 1987, 635; Hartlieb, Zum Bereicherungsausgleich bei irrtümlicher Überschreitung des Überweisungsauftrags durch die Bank, MDR 1987, 721; Canaris, BankvertragsR (1988) Rz 300 ff; Joost/Dikomey, Bereicherungsausgleich bei fehlgeleiteter Überweisung auf ein überschuldetes Konto des Gläubigers, JuS 1988, 104; Schnauder, Delikts- und bereicherungsrechtliche Haftung bei gefälschter Giroüberweisung, ZIP 1994, 1069; O Seiler, Der Bereicherungsausgleich im Überweisungsverkehr, 1997 (dazu Schnauder, WM 1999, 762); MünchKommHGB (Bd 5, 2001)/Häuser, ZahlungsV Rz B 21; B 285–333; Nobbe, Die Rechtsprechung des Bundesgerichtshofs zum Überweisungsverkehr, WM 2001, Sonderbeil 4, S 24 ff; Schimansky, in: Schimansky/Bunte/Lwowski (Hrsg), Bankrechts-Hdb, 2001², § 50 Rz 1–10; Kümpel WM 2001, 2273; Langenbucher, Festschr für Heldrich, 2005, S 285; sämtlich mweitNachw; zum Stornorecht der Kreditinstitute s unten Rz 114 ff. Zum Girogeschäft s auch § 675 Rz 78 ff; §§ 780, 781 Rz 50 ff mNachw.

Der bargeldlose Zahlungsverkehr, bei dem die Giroüberweisung vorherrscht, kann als Massen- **55**
vorgang nur mit Hilfe einer immer weiter fortschreitenden Automation bewältigt werden. Fehlerquellen sind insbesondere falsche Handhabung innerhalb des beauftragten Kreditinstitutes und technisches Versagen[394]. Mit den Rechtsfolgen solcher Fehler sind die Gerichte seit längerem in

385 Vgl oben Rz 43.
386 Dazu oben Rz 40 f.
387 Vgl König, BJM-Gutachten S 1582 mNachw.
388 = LM Nr 1 zu § 813 (Anm Ascher): Dampfkessel-Fall; dazu krit v Caemmerer JZ 1962, 385, 388; Lorenz AcP 168 (1968), 286.
389 Vgl unten Rz 63.
390 = NJW 1967, 1905.
391 S dazu W Lorenz JZ 1968, 51; Mühl NJW 1968, 1868; H P Westermann JuS 1968, 17.
392 So auch H P Westermann JuS 1968, 17; Medicus, BürgerlR § 27 II 2 Rz 672.
393 S BGHZ 61, 289 = NJW 1974, 39.
394 Vgl zum Girovertrag § 675 Rz 33 ff mNachw; zur Überweisung § 675 Rz 94 ff.

zunehmenden Maße befasst[395]. Haus- und Filialüberweisung stehen der außerbetrieblichen Überweisung gegenüber[396]. Bei näherem Zusehen steht das Recht der Geschäftsbesorgung (§ 675 Abs 1) im Vordergrund (vgl nunmehr §§ 676 a ff). Von der Wirkung der **Gutschrift** und dem Anspruch aus der Gutschrift ist der Anspruch auf Gutschrift, der sich aus dem Girovertrag ergibt, zu unterscheiden[397]. Durch die Giroüberweisung soll die Barzahlung ersetzt werden. Dem Interesse des Empfängers nach Verringerung der Risiken beim „Buchgeld" dient die Abstraktheit des Schuldversprechens, das in der Gutschrift enthalten ist und der damit verbundene Schutz vor Einwendungen aus den zugrunde liegenden Rechtsverhältnissen[398]. Die Gutschrift ist eine Leistung im Sinne von § 812 Abs 2[399]. Beim Einsatz von **Datenverarbeitungsanlagen**[400] wird für das **Wirksamwerden der Gutschrift** auf die Erkennbarkeit des Verpflichtungswillens des Kreditinstitutes, spätestens auf den Zeitpunkt der Gutschriftanzeige abzustellen sein[401]. Zum Fortschritt der automatischen Vermittlung bargeldloser Zahlungen s Häuser, BJM-Gutachten S 1357.

Zu (4): **Das Lastschriftverfahren.**

Schrifttum: Ott, Das Lastschriftverfahren unter besonderer Berücksichtigung des Bereicherungsausgleichs im Vergleich zum Scheck, JA 1992, 170; MünchKommHGB (Bd 5, 2001)/Hadding/Häuser, ZahlungsV Rz C 139–143; van Gelder, in: Schimansky/Bunte, Lwowski (Hrsg), Bankrechts-Hdb, 2001[2], § 58 Rz 191 mweitNachw; ders WM 2001, Sonderbeil Nr 7, S 18.

56 Das Lastschriftverfahren bildet eine weitere Art des bargeldlosen Zahlungsverkehrs und weist aus Gründen der Rationalisierung und Flexibilität Vorzüge gegenüber einer Überweisung mittels Dauerauftrag auf[402]. Dem Valutaverhältnis zwischen dem Zahlungspflichtigen und Zahlungsempfänger steht das Deckungsverhältnis zwischen dem Zahlungspflichtigen und seinem Kreditinstitut (Schuldnerbank) gegenüber. Als Inkassoverhältnis wird das Giroverhältnis zwischen dem Zahlungsempfänger und der ersten Inkassostelle (Gläubigerbank) bezeichnet[403]. Über Mängel in den verschiedenen Rechtsverhältnissen s unten Rz 85 ff. Zur Erfüllungswirkung s Bauer über den Zeitpunkt der Einlösung von Lastschriften und Schecks WM 1983, 198; Häuser WM 1991, 1; Nobbe/Ellenberger WM 2006, 1885, 1888 ff.

57 dd) **Abgrenzung der Anweisung von der Leistung auf fremde Schuld**. Bei der Anweisung nimmt der Angewiesene nur als Leistungsmittler die Zuwendung an den Empfänger vor. Dagegen wird bei der Leistung auf eine fremde Schuld (§ 267 Abs 1) von dem Dritten eine **eigene Tilgungsbestimmung** gesetzt[404]. Die weiteren Ausführungen des BGH[405] betreffen die gesetzliche Ausgestaltung des Leiharbeiterverhältnisses und sind für die Frage der Abgrenzung ohne Bedeutung[406]. Der Dritte bestimmt somit die Zweckrichtung, dh er trifft selbst die Tilgungsbestimmung

395 Vgl zum **Bereicherungsausgleich** unten Rz 70 ff, insbesondere Rz 76 ff zu den unterschiedlich zu beurteilenden **Fehlern**, die das **Deckungsverhältnis** betreffen können.

396 Vgl dazu Putzo, Erfüllung mit Buchgeld und die Haftung der Beteiligten S 35; Stierle, Der Bereicherungsausgleich bei fehlerhaften Banküberweisungen S 91; Canaris, BankvertragsR Rz 309 ff.

397 Vgl § 675 Rz 139–143; §§ 780, 781 Rz 50; Hadding/Häuser ZHR 145 (1981), 158; zur Erfüllungsproblematik s auch Häuser, BJM-Gutachten S 1358 mNachw.

398 S Putzo, Erfüllung mit Buchgeld und die Haftung der Beteiligten S 92; Stierle, Der Bereicherungsausgleich bei fehlerhaften Banküberweisungen S 59; Canaris, BankvertragsR Rz 410.

399 S oben Rz 7.

400 S zu den Folgen der Automation auch § 675 Rz 150.

401 Vgl §§ 780, 781 Rz 58; s auch Hadding/Häuser ZHR 145 (1981), S 161; Canaris, BankvertragsR Rz 420.

402 Vgl zu den beiden Arten, dem **Abbuchungsauftragsverfahren** und dem **Einzugsermächtigungsverfahren**, § 675 Rz 83 mNachw; ferner Hadding/Häuser, Rechtsfragen des Lastschriftverfahrens, RWS-Skript 103, 1981; Canaris, BankvertragsR Rz 391 ff; van Gelder, in: Bankrechts-Hdb[2], §§ 56 ff; MünchKommHGB/Hadding/Häuser ZahlungsV Rz C 1 ff.

403 S Hadding/Häuser, Rechtsfragen des Lastschriftverfahren S 8 auch zu den verschiedenen Giroverhältnissen; dazu auch Canaris, BankvertragsR Rz 424 ff.

404 Vgl BGHZ 75, 299 = NJW 1980, 452 mNachw; BGHZ 137, 89, 95 = NJW 1998, 377 = LM § 823 [Ae] BGB Nr 6 (Kullmann).

405 BGHZ 75, 303.

406 S dazu § 817 Rz 24.

oder legt die anderweitige Rechtsgrundbezogenheit fest. IdR will er einen Tilgungseffekt im Valutaverhältnis erzielen[407]. Doch kommt auch ein anderer Zweck in Betracht, zB die Verhinderung von Zwangsvollstreckungsmaßnahmen gegen den Schuldner[408]. Vgl im einzelnen zur Tilgung fremder Schulden unten Rz 131.

b) **Leistungsverhältnisse und Zuwendungsverhältnis.** – aa) **Grundsätzliches.** Bei der „Anweisung im weiteren Sinn" liegen zwei Leistungsverhältnisse vor – das **Valuta-** und das **Deckungsverhältnis** – sowie das **Zuwendungsverhältnis** (Vollzugsverhältnis) zwischen dem Angewiesenen als Leistungsmittler und dem Empfänger[409]. Die Brauchbarkeit des modernen Leistungsbegriffes für die Bewältigung der Dreiecksfallproblematik ist gegenüber der verschiedentlich geäußerten Kritik bereits hervorgehoben worden[410]. Als Schlüsselbegriff erweist sich der Begriff der **Simultanleistungen**. Mit diesem Begriff wurden von *E Ulmer* im Anschluss an *Stampe* die Leistungen bezeichnet, die dazu bestimmt sind, auf doppelte Kausalbeziehungen Einfluss zu üben[411]. Für das Leistungsverhältnis ist, wie der **BGH in ständiger Rechtsprechung** hervorhebt, die der Zuwendung gegebene **Zweckbestimmung** (Rechtsgrundbezogenheit) maßgebend[412]. Zugleich hat der BGH in ständiger Rechtsprechung hervorgehoben, dass sich der **Bereicherungsausgleich** in den Fällen kraft Anweisung grundsätzlich **innerhalb des jeweiligen Leistungsverhältnisses** vollzieht und dass dies aus dem bereicherungsrechtlichen Leistungsbegriff folgt, wie er in gefestigter Rechtsprechung angewandt wird[413]. Zu Wertungskriterien s oben Rz 43. 58

bb) **Begriff der Zuwendung.** Eine klare Abgrenzung der Begriffe Leistung und Zuwendung hat sich erst mit der Ausbildung des modernen bereicherungsrechtlichen Leistungsbegriffs durchgesetzt[414]. Vor allem im älteren Schrifttum wurden die Begriffe mit wechselndem Inhalt verwendet[415]. Unter **Zuwendung** ist die bewusste Mehrung fremden Vermögens zu verstehen. Zur **Leistung** wird die Zuwendung durch die Zweckbestimmung, dh die Rechtsgrundbezogenheit aufgrund Tilgungsbestimmung oder Hinweis auf einen bloßen Erwerbsgrund (zB bei Handgeschäften oder unvollkommenen Verbindlichkeiten)[416]. Vgl auch zur eindeutigen Bestimmung der Partner des Kausalverhältnisses und Begrenzung des Bereicherungsgegenstandes durch den präzisierten Leistungsbegriff: Hadding, Bereicherungsausgleich, 1970, S 2 mweitNachw. 59

cc) **Von der herrschenden Meinung abweichende Ansichten.** *Kupisch* verwirft den modernen Leistungsbegriff und betrachtet im Gegensatz zur herrschenden Meinung das von dieser als Zuwendungsverhältnis bewertete Verhältnis zwischen dem Angewiesenen und dem Empfänger als Leistungsverhältnis[417]. Zustimmend sind die Äußerungen von *Harder*[418], *v Reinersdorff*[419], und hinsichtlich des Ansatzes von *Lieb*[420]. Im übrigen überwiegen in den Stellungnahmen Zurückhaltung oder Kritik[421]. *Kupisch* geht von einer Regelungslücke aus, die im Wege der Analogie zu schließen 60

407 W Lorenz AcP 168 (1968), 286, 298.
408 S Hamm NJW 1971, 1810.
409 S oben Rz 51.
410 S Rz 44.
411 Vgl Eugen Ulmer AcP 126 (1926), 129, 143; Stierle, Der Bereicherungsausgleich bei fehlerhaften Banküberweisungen S 25; Hassold, Zur Leistung im Dreipersonenverhältnis S 16, 17; s auch Rz 7 vor § 783.
412 Vgl BGHZ 61, 289 = NJW 1974, 39; BGHZ 72, 246 = WM 1979, 74; BGHZ 82, 28 = NJW 1982, 173; BGHZ 87, 393 = NJW 1983, 2499; BGHZ 89, 376 = NJW 1984, 1348; BGH NJW 1977, 39 = LM Nr 20 zu § 607 = JZ 1976, 479 (mAnm Köndgen): Verstoß gegen das RBeratG bei Unfallfinanzierung; s auch zum RBeratG: § 817 Rz 24.
413 Vgl auch zum Begriff der Leistung oben Rz 3 ff und zur Empfängerhorizont-Lehre oben Rz 45 ff; s auch die zahlrNachw in BGH NJW 1984, 2205. Aus der neueren Rspr: BGHZ 147, 145 = NJW 2001, 1855 = LM § 140 BGB Nr 28 (Koller); BGHZ 147, 269 = NJW 2001, 2880 = LM § 812 BGB Nr 281 (St Lorenz); BGH NJW 2002, 2871 = § 812 BGB Nr 293 (Walker).
414 S oben Rz 3 ff.
415 Vgl Kötter AcP 153 (1954), 193, 198 mNachw.
416 So die hM; vgl oben Rz 3 sowie die stRspr des BGH zit oben Rz 58; Kötter AcP 153 (1954), 193, 198; Beuthien JZ 1968, 323; U Mayer, Bereicherungsausgleich S 18; Stierle, Bereicherungsausgleich bei fehlerhaften Banküberweisungen S 26.
417 Vgl Kupisch, Gesetzespositivismus; ders ergänzend Festg für v Lübtow, 1980, S 501 u Festschr für Coing II S 239.
418 JuS 1979, 76.
419 MDR 1981, 800.
420 MünchKomm/Lieb Rz 25.
421 Vgl Canaris WM 1980, 354, 370; Hassold, Dreipersonenverhältnis S 236; Medicus, BürgerlR

ist[422]. Gegenüber *Kupisch* ist zu berücksichtigen, dass die moderne technische und wirtschaftliche Entwicklung, insbesondere im bargeldlosen Zahlungsverkehr, immer mehr dazu geführt hat, dass sich die Massenvorgänge der Vermögensverschiebungen vom „Leistungsmittler" zum Empfänger im Wege der Automation vollziehen[423]. Die Tätigkeit zB des Kreditinstitutes beschränkt sich, abgesehen von der Prüfung der Rechtsbeziehungen im Deckungsverhältnis, gänzlich auf den technischen Ablauf. Mit diesen tatsächlichen Gegebenheiten ist es nicht vereinbar, diesen Vorgängen die Bewertung als Leistung im bereicherungsrechtlichen Sinn zukommen zu lassen. *Hassold* geht zwar in seiner Untersuchung des Drei-Personen-Verhältnisses von dem modernen bereicherungsrechtlichen Leistungsbegriff aus. Er entwickelt jedoch eine Durchgangstheorie oder Theorie der Leistungskette[424], indem er sich entgegen der Fiktionstheorie für einen realen Durchgangserwerb ausspricht[425]. Abgelehnt wird die Übertragung des Geheißerwerbs auf den Bereich außerhalb beweglicher Sachen von *Medicus*[426] und von *Pinger*[427]. Zur Kondiktion der Gutschriftforderung s Hassold[428] S 178 ff[429]. In diesem Kommentar wird die in Rz 58, 59 dargestellte herrschende Meinung zugrunde gelegt, ohne dass die Bedenken gegen die Ansichten von *Kupisch* und *Hassold* hier weiter vertieft werden können. Soweit in der Bereicherungslehre ein grundsätzlich anderer Ausgangspunkt zugrunde gelegt wird, wie von *Kellmann*, *Wilhelm*, *Kaehler*, *Costede*, vgl dazu die Hinweise in Rz 2 vor § 812.

61 dd) **Abgrenzungsfragen in der Rechtsprechung des BGH**. Zweifelsfragen, ob eine Leistung oder eine Zuwendung vorliegt[430] und im letzteren Fall eine Nichtleistungskondiktion bei Mängeln in einem Kausalverhältnis in Betracht kommt, haben sich mehrfach aufgrund der besonderen Fallgestaltung ergeben. Darauf beruht wohl der lange Zeit wiederholte Hinweis des BGH, dass sich bei der bereicherungsrechtlichen Bewertung von Dreiecksfällen jede schematische Lösung verbietet[431]. Der BGH hat sich hierfür auf eine Formulierung bezogen, die *v Caemmerer* gewählt hat, um eine Typologie der Bereicherungsfälle zu entwickeln[432]. Dies rechtfertigt es jedoch nicht, einer Einordnung in die Fallgruppen die in der Rechtsprechung bereits eine starke Ausformung erhalten haben, auszuweichen[433]. Der BGH hatte in **BGHZ 50, 227**[434] einen vom Regelfall der Anweisung abweichenden Sachverhalt zu beurteilen. Das klagende Kreditinstitut hatte den Bauherren ein Darlehen zugesagt, für das das Bauunternehmen die Mitschuld übernommen hatte. Das Kreditinstitut überwies entgegen der Weisung der Bauherren die Darlehenssumme nicht auf deren Konto, sondern auf das Konto des Bauunternehmens, wobei es sich selbst als Auftraggeber in dem Überweisungsformular angab und in der Spalte Verwendungszweck das Bauvorhaben der Bauherren anführte. Von den in Betracht kommenden Dreiecksfällen schied eine Anweisung ebenso wie die Leistung an einen Dritten aufgrund Ermächtigung (§§ 362 Abs 2, 185) und Zahlung einer fremden Schuld (§ 267) aus. Es ist *Lorenz*[435] darin zuzustimmen, dass dem Kreditinstitut der Anspruch auf Rückzahlung einer Nichtschuld, dagegen nicht, wie der BGH angenommen hat, wegen Zweckverfehlung zustand[436]. Mit einem **Vier-Personen-Verhältnis** hatte der BGH sich in einem Fall zu befassen, der eine **Unfallschadenfinanzierung** unter Einschaltung einer Unfallhilfe-

§ 27 II 6 Rz 686 a; Frank Peters AcP 179 (1979), 289; Pinger AcP 179 (1979), 301, 307; Prütting WM 1978, 859; Staud/Lorenz Rz 8; Stierle, Der Bereicherungsausgleich bei fehlerhaften Banküberweisungen S 28; Joachim Wolf, Stand der Bereicherungslehre S 87.

422 Vgl Kupisch, Gesetzespositivismus S 29 mHinw auf die Lösungen im römischen Recht und die Entstehung des BGB.

423 S oben Rz 55.

424 Zur Leistung im Dreipersonenverhältnis S 69, 320.

425 Insoweit krit Harder in der zust Bespr AcP 182 (1982), 372.

426 BürgerlR § 27 II 6 Rz 686 b.

427 Bespr NJW 1983, 157.

428 Zur Leistung im Dreipersonenverhältnis.

429 Noch ohne Stellungnahme zur Durchgangstheorie hins des bargeldlosen Zahlungsverkehrs Canaris WM 1980, 368 Fn 96 a.

430 Vgl Rz 59.

431 S BGHZ 87, 393 = NJW 1983, 2499 mweit Nachw; BGH NJW 1984, 2205.

432 JZ 1962, 385.

433 S Mühl, Festg für v Lübtow, 1980, S 554.

434 = NJW 1968, 1822 = JZ 1968, 148 (mAnm Lorenz): Junge Familie; s dazu auch Ehmann NJW 1969, 398; Pfister JR 1969, 47; U Meyer, Der Bereicherungsausgleich in Dreiecksverhältnissen S 88; Stierle, Der Bereicherungsausgleich bei fehlerhaften Banküberweisungen S 29; Kupisch, Gesetzespositivismus S 76.

435 JZ 1968, 148 (Anm).

436 AM Pfister JR 1969, 47.

gesellschaft zum Gegenstand hatte[437]. Der gesamte Kreditvertrag war wegen Verstoßes gegen das RBeratG nichtig. Der BGH ging davon aus, dass die Bank, die die Schecks eingelöst hatte, damit eine Leistung an die Unfallhilfegesellschaft erbracht hatte und dadurch zugleich eine Leistung der Gesellschaft an die Gläubiger des Unfallgeschädigten erfolgte, die sich tilgend auf dessen Schulden auswirkte. Da der Geschädigte die Bank nicht angewiesen hatte, im übrigen die maßgeblichen Rechtsverhältnisse nichtig waren, gelangte der BGH zu dem Ergebnis, dass die Auszahlung des Kreditbetrages an die Gesellschaft dem Geschädigten nicht als Leistung der Bank an einen von ihm bestimmten Dritten zugerechnet werden könne[438].

ee) Die Frage der **Abgrenzung zwischen Leistungs- und Nichtleistungskondiktion** stellt sich in den vom BGH mehrfach entschiedenen Fällen, in denen das Kreditinstitut den Widerruf einer Anweisung (Schecks) übersehen und den Betrag an den Empfänger überwiesen oder einen Scheck eingelöst und dabei übersehen hatte, dass der Scheck nicht unterschrieben war[439]. Der BGH hat einen unmittelbaren Anspruch des Kreditinstitutes gegen den Empfänger bejaht, wenn dieser den Widerruf kannte, oder wusste, dass der Scheck vom Aussteller nicht unterzeichnet war[440]. Damit hat der BGH dem Gesichtspunkt, dass ein Vertrauensschutz des Empfängers zu verneinen ist, den Vorrang vor anderen Wertungskriterien, wie dem Veranlassungsprinzip, eingeräumt[441]. Die Frage, ob dem Kreditinstitut in diesen Fällen eine Leistungs- oder eine Nichtleistungskondiktion zusteht, hat der BGH zunächst als im Ergebnis belanglos bezeichnet und daher offen gelassen[442]. Die Auffassung, dass es sich um ein besonders geartetes Leistungsverhältnis handele, hat *Heimann-Trosien*[443] damit begründet, dass der Angewiesene (Bank) zum Ausdruck bringe, er zahle aufgrund einer wirklichen Anweisung, und dass der Empfänger die Zuwendung in diesem Sinne entgegennehme[444]. Der Gegenmeinung, die überwiegend vertreten wird, ist zuzustimmen. Es handelt sich um eine **Nichtleistungskondiktion gegen den Empfänger**[445]. Die Auffassung von *Heimann-Trosien* läuft auf eine Fiktion hinaus, für die im Zeitalter der Automation im bargeldlosen Zahlungsverkehr[446] keine Grundlage gegeben ist. 62

c) **Allgemein zum Doppelmangel**. – aa) **Rechtsentwicklung**. Ist sowohl das Deckungs- als auch das Valutaverhältnis unwirksam, so stellt sich die Frage, ob dem Angewiesenen unmittelbar eine Kondiktion gegen den Empfänger zusteht oder ob der Bereicherungsausgleich sich in den Kausalverhältnissen zu vollziehen hat. Nach In-Kraft-Treten des BGB entschied sich die herrschende Meinung unter dem Einfluss der gemeinrechtlichen Lehre[447] für den unmittelbaren Durchgriff gegen den Empfänger. Doch erhoben sich vereinzelt Gegenstimmen[448]. Für den Durchgriff gegen den Empfänger wurden der Gesichtspunkt der Praktikabilität und die dem Schutzbedürfnis des Empfängers Rechnung tragende Regelung des § 818 Abs 3 angeführt[449]. Auf das Schutzbedürfnis des Angewiesenen und sein Interesse an einem unmittelbaren Anspruch gegen den Empfänger hatte bereits *Ulmer* hingewiesen[450]. Eine Wende bahnte sich an, als *v Caemme-* 63

437 BGH NJW 1977, 38 = LM Nr 20 zu § 607 = JZ 1976, 479 (mAnm Köndgen).

438 Vgl auch zur Frage der Simultanleistung und Drittzahlung außer Köndgen JZ 1976, 479 (Anm) u Stierle, Der Bereicherungsausgleich bei fehlerhaften Banküberweisungen S 26 auch Kupisch, Gesetzespositivismus S 88. Zur Drittleistung gem § 267 s auch unten Rz 131.

439 S BGHZ 61, 289 = NJW 1974, 39; BGHZ 66, 362 = NJW 1976, 1448; BGHZ 87, 393 = NJW 1983, 2499; BGHZ 89, 376 = NJW 1984, 1348; BGH NJW 1984, 2205.

440 Zur Beweislast für die Kenntnis s oben Rz 49.

441 Vgl dazu oben Rz 43.

442 BGHZ 87, 393 = NJW 1983, 2499. Vgl dazu Rz 105 f.

443 Anm JR 1974, 286 zu BGHZ 61, 289; s auch RGRK/Heimann-Trosien Rz 27.

444 Vgl auch Kupisch, Gesetzespositivismus S 68 ff u MünchKomm/Lieb Rz 58.

445 Ebenso Larenz, SchuldR II § 68 III d; Esser/Weyers, SchuldR II § 48 III 3; Staud/Lorenz Rz 51; Koppensteiner/Kramer, Ungerechtfertigte Bereicherung S 49; U Meyer, Der Bereicherungsausgleich in Dreiecksverhältnissen S 88; Canaris, Festschr für Larenz, 1973, S 824. Vgl nunmehr **BGH** NJW 2003, 582; WM 2004, 1230, 1233.

446 S oben Rz 55.

447 S dazu König, BJM-Gutachten S 1583 mNachw.

448 Vgl Krawielicki, Unentgeltlichkeit im Bereicherungsrecht, JherJb 81 (1931), 257, 312 mNachw.

449 S Enn/Lehmann § 221 III 1 b.

450 AcP 126 (1926), 162.

rer[451] in Weiterführung der Untersuchung *Wilburgs* sich gegen den unmittelbaren Durchgriff bei der Bereicherungskette wandte und darauf hinwies, dass aus systematischen Gründen sowie wegen der Einwendungen und des Insolvenzrisikos eine Lösung vorzuziehen sei, bei der jeder sich an seinen Vertragspartner zu halten habe[452]. Die positiven Äußerungen zum Durchgriff beim Doppelmangel in der Rechtsprechung des RG und der früheren Rechtsprechung des BGH bilden, worauf auch *v Caemmerer* hingewiesen hat, nur obiter dicta[453]. Der BGH hat die Bedenken gegen die Zulassung des Durchgriffs beim Doppelmangel hervorgehoben[454] und damit zugleich seine abweichende Ansicht gegenüber den Äußerungen in früheren Entscheidungen, die aber gleichfalls obiter dicta waren, zum Ausdruck gebracht[455]. Im Schrifttum hat sich der Wandel der Auffassungen durchgesetzt[456]. Neuere Äußerungen des BGH liegen nicht vor. Die praktische Bedeutung der Problematik ist gering[457]. Die **Zulässigkeit des Durchgriffs** beschränkt sich auf wenige **Ausnahmen**, wie den Fall der geschäftsunfähigen Zwischenperson und der entsprechenden Anwendung des § 822[458]. Mitunter wird die Frage des Durchgriffs beim Doppelmangel mit der Zulässigkeit des Durchgriffs bei fehlender Veranlassung verwechselt, zB beim Fehlen einer Anweisung, der Fälschung der Anweisung und der Geschäftsunfähigkeit des Anweisenden. Einen solchen Fall betrifft LG Bielefeld WM 1970, 1072[459]. Ebenso wie die Dreiecksverhältnisse sind die Leistungsketten zu beurteilen[460]. Beim Bereicherungsausgleich im Dreieck hat sich die Problematik auf die Frage verlagert, ob der Angewiesene nicht nur den Bereicherungsanspruch des Anweisenden kondizieren kann **(Kondiktion der Kondiktion)**, sondern ihm ein Anspruch auf Wertersatz zusteht[461].

64 Wenn auch der Bereicherungsausgleich sich grundsätzlich **innerhalb des jeweiligen Leistungsverhältnisses** zu vollziehen hat[462], so ist doch **bei bestimmten Fallgestaltungen eine Kondiktion dierekt gegen den Empfänger** zu bejahen. Das gilt namentlich bei nur scheinbar vorliegender Anweisung[463].

65 bb) Die **Geschäftsunfähigkeit der Zwischenperson** gehört zu den Fallgestaltungen, bei denen die herrschende Meinung sich stets für einen Durchgriff ausgesprochen hat[464]. Dabei bestehen keine Bedenken, Dreiecksverhältnisse mit Doppelmangel als **Bereicherungsketten** mit zwei Bereicherungsverhältnissen anzusehen[465]. Einen Fall der Bereicherungskette mit geschäftsunfähiger Zwischenperson betrifft RGZ 86, 343[466]. Der Wechselaussteller, der mit dem Geld, das ein Dritter dem geisteskranken Akzeptanten geliehen hat, den Wechsel bezahlt, wird dadurch von seiner eigenen Wechselverbindlichkeit befreit und deshalb auf Kosten des Darlehensgebers bereichert[467]. Der Geisteskranke, der mit geliehenem Geld zahlt, hat keinen Bereicherungsanspruch[468]. Gibt der Geisteskranke die gleiche Geldsumme, die er erhalten hat, an einen Dritten weiter, so steht nach *Heck*[469] und *Lehmann*[470] dem Geldgeber ein Bereicherungsanspruch gegen den Dritten nicht zu mit

451 Festschr für Rabel I S 372.
452 JZ 1962, 388.
453 Vgl RG JW 1932, 735; RG JW 1934, 2458 (mAnm Oertmann).
454 BGHZ 48, 70 = NJW 1967, 1905 (vgl dazu Lorenz JZ 1968, 51; H P Westermann JuS 1968, 17; Mühl NJW 1968, 1868).
455 S BGHZ 5, 281; BGH LM Nr 14 zu § 812. Vgl auch Soergel[10] Rz 59 mzahlrNachw.
456 Vgl Larenz, SchuldR II § 68 III b; Esser/Weyers, SchuldR II § 48 III 3 c; Medicus, BürgerlR § 27 II 1 b Rz 670; Schwark WM 1970, 1334; Möschel JuS 1972, 303; U Meyer, Der Bereicherungsausgleich in Dreiecksverhältnissen S 25; Stierle, Der Bereicherungsausgleich bei fehlerhaften Banküberweisungen S 123; Koppensteiner/Kramer, Ungerechtfertigte Bereicherung S 42.
457 König, BJM-Gutachten S 1583, der rechtsvergleichend auf die Zulässigkeit des Durchgriffs in anderen Rechtskreisen hinweist.
458 S unten Rz 65 u 66.
459 Dazu Schwark WM 1970, 1334.
460 Vgl dazu Staud/Lorenz Rz 54.
461 Vgl dazu § 818 Rz 60 mNachw.
462 S dazu oben Rz 58 und 63 mNachw.
463 BGHZ 147, 145 = NJW 2001, 1855 = LM § 140 BGB Nr 28 (Koller); BGH NJW 2003, 582 = LMK 2003, 23 (St Lorenz).
464 S auch zur Eingriffskondiktion unten Rz 140 ff.
465 S auch Staud/Lorenz Rz 54.
466 S dazu v Caemmerer JZ 1962, 388; Lorenz AcP 168 (1968), 303 u JZ 1968, 51; H P Westermann JuS 1968, 20; Mühl NJW 1968, 1868.
467 RG WarnR 1917 Nr 116.
468 Braunschweig OLG 34, 95.
469 SchuldR § 144 I 5.
470 Enn/Lehmann § 221 II 4.

Rücksicht auf das Schutzbedürfnis des Geisteskranken, dessen Vormund sonst nicht die Identität des weitergegebenen Geldes bestreiten könne[471]. Ist Saatgut an einen Geisteskranken geliefert worden, der es zur Aussaat auf dem Grundstück eines Dritten verwendet hat, so steht dem Lieferanten nach Rückgabe des Grundstücks ein Bereicherungsanspruch gegen den Dritten zu[472].

cc) Ferner ist der Durchgriff gegen den Empfänger zu bejahen, wenn das Deckungsverhältnis fehlerhaft ist und **im Valutaverhältnis eine unentgeltliche Zuwendung** vorliegt. Das RG hat diese Fallgestaltung dem Doppelmangel mit der Begründung gleichgestellt, dass entsprechend dem allgemeinen Rechtsgedanken, wie er den §§ 816 Abs 1 Satz 2, 822 zu entnehmen ist, der unentgeltliche Erwerb im Verhältnis zu den Interessen des Dritten weniger schutzwürdig ist[473]. *Wilburg*[474] hat die entsprechende Anwendung des § 822 als eine Ausnahme hervorgehoben, die dadurch gerechtfertigt ist, dass aus dem erlöschenden Bereicherungsanspruch gegen den Ersterwerber ein neuer gegen den Zweiterwerber entsteht. Der BGH hat den vom RG entwickelten Grundsatz, der der allgemeinen Meinung im Schrifttum entspricht, übernommen[475]. Allerdings rechtfertigte die Fallgestaltung nicht die Anwendung des vom RG entwickelten Grundsatzes, denn es handelte sich um die Überweisung eines **Mehrbetrages** infolge irrtümlicher Berechnung des angewiesenen Notars, also um einen Fall, der als Fehlen der Anweisung zu beurteilen ist[476]. 66

d) **Die angenommene Anweisung**. – aa) **Wirkung der Annahme**. Durch die **Annahme der Anweisung** verstärkt sich die Stellung des Empfängers der Anweisung (des Begünstigten), der einen eigenen Anspruch gegen den Angewiesenen im Gegensatz zur gewöhnlichen Anweisung erhält (vgl § 784 Abs 1 Halbsatz 1)[477]. Entscheidendes Gewicht wird aufgrund der modernen bereicherungsrechtlichen Lehre[478] bei der angenommenen Anweisung darauf gelegt, dass sie eine **Verstärkung der Stellung des Empfängers** aus dem Valutaverhältnis zum Anweisenden bezweckt[479]. Bei Berücksichtigung dieses Zwecks ist davon auszugehen, dass die Begründung eines Anspruchs durch die Annahme gegenüber dem Angewiesenen zwar im Gegensatz zu der gewöhnlichen Anweisung ein **Leistungsverhältnis**, nicht nur ein Zuwendungsverhältnis, begründet[480]. Darauf weist auch die Bezeichnung in den §§ 783 ff hin, die der Gesetzgeber – allerdings auf dem Standpunkt der früheren Lehre stehend – gewählt hat[481]. Wenn im Einklang mit der herrschenden Meinung von drei Leistungsverhältnissen auszugehen ist, so ändert sich gegenüber der gewöhnlichen Anweisung jedoch nichts daran, dass der Bereicherungsausgleich grundsätzlich im Valuta- und im Deckungsverhältnis stattfindet[482]. Im Hinblick auf die „Hilfsfunktion" der Annahme[483] ist von einer Abstufung der Leistungsverhältnisse auszugehen: Bei **Mängeln im Valuta- oder im Deckungsverhältnis** findet der Bereicherungsausgleich grundsätzlich in dem betreffenden Leistungsverhältnis, wie bei der gewöhnlichen Anweisung, statt. Dies gilt auch für den Doppelmangel[484]. Die bereicherungsrechtliche Unmaßgeblichkeit des Leistungsverhältnisses zwischen dem Angewiesenen und dem Anweisungsempfänger, dh die im Ergebnis festzustellende Bedeutungslosigkeit der Forderung des Anweisungsempfängers (§ 784 Abs 1 Halbsatz 1) als 67

471 AM Siber, SchuldR § 74 IV 1 Fn 29, dem zuzustimmen ist. Vgl auch v Lübtow, Beiträge zur Lehre von der condictio S 15.
472 RGZ 51, 80; s dazu v Caemmerer, Festschr für Rabel I S 373.
473 RG JW 1934, 2458 (m im Ergebnis zustAnm Oertmann).
474 Die Lehre von der ungerechtfertigten Bereicherung S 116.
475 BGHZ 88, 232 = NJW 1984, 483 = WM 1983, 1240 = JZ 1984, 188 (mAnm Lorenz) = JR 1984, 151 (mAnm Schubert mzahlrNachw aus dem Schrifttum); BGHZ 147, 269 = NJW 2001, 2880 = LM § 812 BGB Nr 281 (St Lorenz).
476 Vgl auch die Kritik von Lorenz JZ 1984, 188 (Anm); Flume NJW 1984, 464; Mühl WM 1984, 1441; dazu Bespr von Gottwald JuS 1984, 841).
477 Zur Struktur der Anweisung s oben Rz 50.
478 S oben Rz 41.
479 Vgl Larenz, SchuldR II § 68 III g; Medicus, BürgerlR § 27 II 3 Rz 679; Koppensteiner/Kramer, Ungerechtfertigte Bereicherung S 46; Staud/Lorenz § 812 Rz 56.
480 Vgl dazu oben Rz 51.
481 AM ist Stierle, Der Bereicherungsausgleich bei fehlerhaften Banküberweisungen S 57, der im Hinblick auf die erwähnte Funktion der Annahme auch hier nur eine Zuwendung annimmt.
482 Vgl dazu namentlich Staud/Lorenz § 812 Rz 56; auch Kötter AcP 153 (1954), 193, 221 f zur Leistung von zwei verschiedenen Personen.
483 S Reuter/Martinek, HBSchuldR Bd 4, S 486.
484 S oben Rz 63 ff, unten Rz 83.

„rechtlicher Grund", rechtfertigt sich durch den Umstand, dass diese Forderung aus der Annahme der Anweisung **abstrakt** ist. Das endgültige Behaltendürfen des Empfängers hängt daher von den außerhalb dieses Leistungsverhältnisses vorhandenen oder fehlenden rechtlichen Gründen im Deckungsverhältnis und/oder Valutaverhältnis ab (parallel bei §§ 780, 781[485]). Bei der angenommenen Anweisung spricht hierfür auch die Beschränkung der Einwendungen gem § 784 Abs 1 Halbsatz 2 sowie der Ausschluss des Widerrufsrechtes gem § 790.

68 bb) **Unwirksamkeit der Annahme**. Ist die **Annahme nichtig** oder wirksam **angefochten**, so kommt dem Gesichtspunkt maßgebliche Bedeutung zu, dass die Annahme die Stellung des Begünstigten verstärken sollte, dieser aber, wenn die Annahme entfällt, nicht schlechter als bei einer gewöhnlichen Anweisung gestellt werden darf. Diese Wertung rechtfertigt es, eine Leistungskondiktion des Angewiesenen gegen den Begünstigten zu verneinen[486].

69 3. **Insbesondere**: **Bereicherungsausgleich im bargeldlosen Zahlungsverkehr**. Der Bereicherungsausgleich bei Fehlern im bargeldlosen Zahlungsverkehr der drei „klassischen" Arten, nämlich Zahlung durch Überweisung, Scheck oder Lastschrifteinzug, ist bislang oft im Rahmen der Fälle einer „Anweisung im weiteren Sinne" erörtert worden[487]. Eine (abstrakte) „Anweisung" liegt allerdings rechtlich nur beim Scheck vor (ScheckG Art 1 Nr 2), während bei der Überweisung und der Lastschrift das Recht der Geschäftsbesorgung (§ 675 Abs 1) mit der konkretisierenden „Weisung" des Geschäftsherrn (§ 665) oder neuerdings der (kausale) Überweisungsvertrag (§ 676a Abs 1) maßgeblich ist. Angesichts der demnach in den Einzelheiten bestehenden Unterschiede und zur erhöhten Übersichtlichkeit erscheint es angezeigt, den Bereicherungsausgleich für die genannten Arten einer bargeldlosen Zahlung getrennt zu behandeln, zumal in der Rechtsprechung der vergangenen Jahre die durchaus verschiedenen Fälle bargeldloser Zahlungen zu § 812 im Vordergrund gestanden haben. Hinzu treten Mängel bei der Zahlung mittels Kreditkarte[488].

70 a) **Überweisungsverkehr**[489]. – aa) **Leistung des Überweisenden**. Ein Überweisungsvertrag (§ 676a Abs 1) wird in der Regel im Rahmen des Giroverhältnisses zwischen dem Kunden und dem Kreditinstitut geschlossen, weil der Überweisende eine bestehende Verbindlichkeit gegenüber dem Zahlungsempfänger tilgen will. Die Rechtsgrundbezogenheit der (mittelbaren) Zuwendung des Geldbetrags vonseiten des Überweisenden liegt also im Schuldverhältnis zwischen dem Überweisenden und dem Begünstigten **(Valutaverhältnis)**. Der Überweisende bewirkt zwecks bargeldloser Tilgung einer Geldschuld eine Leistung an den Begünstigten. Der „rechtliche Grund" ist hier die Forderung des Begünstigten gegen den Überweisenden. Als „rechtlicher Grund" der bargeldlosen Zahlung im Valutaverhältnis kommt aber auch eine bloße Unentgeltlichkeitsabrede (vgl § 516 Abs 1) oder eine sog unvollkommene Verbindlichkeit (vgl § 762 Abs 1 Satz 1 oder § 656 Abs 1) als Empfangsgrund in Betracht[490]. Die Leistung ist erbracht, sobald dem Begünstigten der Anspruch *aus* einer entsprechenden Gutschrift gegen sein Kreditinstitut (BGB § 780, HGB § 350) zusteht. Das erstbeauftragte Kreditinstitut leitet im Regelfall einer mehrgliedrigen (überbetrieblichen) Überweisung, wenn der Begünstigte seine Kontoverbindung (Giroverhältnis) zu einem anderen Kreditinstitut hat (§ 676a Abs 1 Satz 2), den Überweisungsauftrag weiter und verschafft dem zwischengeschalteten Kreditinstitut oder dem Kreditinstitut des Begünstigten die ent-

485 Vgl dazu Hadding, Festschr für Kroeschell, 1997, S 293, 304 ff.

486 Vgl auch Larenz, SchuldR II § 68 III g; Medicus, BürgerlR § 27 II 3 Rz 679; Hassold, Zur Leistung im Dreipersonenverhältnis S 222 ff, auch zu der besonderen Fallgestaltung, dass der Angewiesene nur aufgrund der Annahme bzw eines Akzeptes zahlt.

487 Vgl BGHZ 87, 246, 250 für die Überweisung; auch oben Rz 54–56; Soergel[10] aaO Rz 63–82.

488 S dazu unten Rz 110 ff.

489 Zur Literatur vgl bei Rz 55, insbes statt zahlreicher früherer Stellungnahmen: O Seiler, Der Bereicherungsausgleich im Überweisungsverkehr, 1998; Soergel/Häuser/Welter (1999) § 675 Rz 165–177; MünchKommHGB/Häuser (Bd 5 2001) ZahlungsV Rz B 285–333; Schimansky, in: Bankrechts-Hdb[2] § 50 Rz 1 ff; Nobbe WM 2001 Sonderbeil 4, S 24 ff jeweils mNachw.

490 Vgl Hadding, Feschschr für Kroeschell S 293, 301 ff.

sprechende Deckung durch Gutschrift. Mit dieser Zuwendung verfolgt das überweisende Kreditinstitut jedoch keinen „Zweck" im Verhältnis zu dem Begünstigten als Überweisungsempfänger. In diesem bloßen Zuwendungsverhältnis fehlt jegliche Tilgungsbestimmung des Kreditinstituts im Hinblick auf eine etwaige eigene Verbindlichkeit gegenüber dem Überweisungsempfänger oder eine sonstige Rechtsgrundbezogenheit im Verhältnis zu ihm. „Der zum Empfänger hergestellte Kontakt bleibt rein abwicklungstechnisch bedingt"[491]. Das erstbeauftragte Kreditinstitut, die etwa zwischengeschalteten Kreditinstitute (§ 676 d Abs 1) und auch das Kreditinstitut des Begünstigten (§ 676 f Satz 1) sind im Hinblick auf die Leistung des Überweisenden an den Begünstigten im Valutaverhältnis sämtlich nur **Leistungsmittler**. Sie bewirken im Ergebnis eine Zuwendung an den Begünstigten, aber im Umfang des Überweisungsbetrags keine eigene Geldleistung an ihn.

bb) **Leistung des überweisenden Kreditinstituts**. Wenngleich das vom Kunden mit der Überweisung beauftragte Kreditinstitut im Verhältnis zum Begünstigten *nicht* leistet[492], so führt es doch jede Überweisung aufgrund des Überweisungsvertrags (§ 676 a Abs 1) innerhalb des Giroverhältnisses zu seinem Kunden aus, dh rechtsgrundbezogen zur Erfüllung der Verpflichtung, die entsprechende Geschäftsbesorgung vorzunehmen. Die Leistung des überweisenden Kreditinstituts an den Kunden besteht demnach nicht in einer Zahlung, sondern in einer Geschäftsbesorgung, für die der Kunde als Gegenleistung in der Regel ein Entgelt schuldet **(Deckungsverhältnis)**. Der Belastung des Kundenkontos mit dem Überweisungsbetrag liegt der Anspruch des Kreditinstituts zunächst auf einen entsprechenden Vorschuss (§§ 675 Abs 1, 669) und nach Erfüllung der Überweisungspflicht der Anspruch auf entsprechenden Aufwendungsersatz (§§ 675 Abs 1, 670) zugrunde. Dieser Vorgang gehört aber nur zur Abwicklung der Geschäftsbesorgung und bildet nicht etwa die Gegenleistung des Kunden (Entgelt). Festzuhalten ist mithin, dass durch die **Geschäftsbesorgungsleistung** des überweisenden Kreditinstituts an den Kunden (Deckungsverhältnis) zugleich die Geldleistung des Kunden als (in der Regel) Schuldner an den Begünstigten als (in der Regel) Gläubiger (Valutaverhältnis) bewirkt wird. Deshalb wird oft von einer „Simultanleistung" des Kreditinstituts gesprochen. 71

cc) **Verhältnis des Begünstigten zu seinem Kreditinstitut**. Das Kreditinstitut des Begünstigten ist aus dem Giroverhältnis zu ihm verpflichtet, eingehende (bargeldlose) Zahlungen auf seinem Konto gutzuschreiben (§ 676 f Satz 1) und eine weitergeleitete Angabe zur Person des Überweisenden und zum Verwendungszweck mitzuteilen (§ 676 f Satz 2). Mit der Gutschrift als abstraktem Schuldversprechen (BGB § 780, HGB § 350) verschafft das Kreditinstitut dem Begünstigten eine bewusste Vermögensmehrung (Zuwendung). Hierfür hat das Kreditinstitut jedoch zuvor wegen seines geschäftsbesorgungsrechtlichen Aufwendungsersatzanspruchs (§§ 675 Abs 1, 670) die entsprechende Deckung in Gestalt einer Gutschrift von seiten des Kreditinstituts des Überweisenden oder des letzten zwischengeschalteten Kreditinstituts erhalten. Deshalb erbringt auch das Kreditinstitut des Begünstigten an ihn nur eine girovertragliche **Geschäftsbesorgungsleistung**, nicht aber eine Geldleistung. Mit der Gutschrift für den Begünstigten als Zuwendung wird nur die bargeldlose Geldleistung des Überweisenden an den Begünstigten vollzogen **(Vollzugsverhältnis)**. Im Hinblick auf diese Geldleistung – im Valutaverhältnis – bleibt das Kreditinstitut des Begünstigten ebenso wie das überweisende Kreditinstitut ein bloßer Leistungsmittler. Das Kreditinstitut des Begünstigten erhält den Überweisungsbetrag als Zahlstelle des Begünstigten. 72

dd) **Verhältnis zwischen den eingeschalteten Kreditinstituten**. Wenn nicht der weniger häufige Fall einer sog Haus- oder Filialüberweisung vorliegt, weil der Überweisende und der Begünstigte jeder ein Giroverhältnis zu *demselben* Kreditinstitut unterhalten (§ 676 a Abs 1 Satz 1), dann durchläuft die mehrgliedrige, überbetriebliche Überweisung ein oder mehrere Girover- 73

491 So treffend O Seiler, Der Bereicherungsausgleich im Überweisungsverkehr S 47.

492 Vgl oben Rz 70.

hältnisse zwischen dem überweisenden Kreditinstitut und dem Kreditinstitut des Begünstigten sowie gegebenenfalls über weitere zwischengeschaltete Kreditinstitute (§§ 676 a Abs 1 Satz 2, 676 d Abs 1): **Interbankenverhältnis**. Zwischen den eingeschalteten Kreditinstituten finden Geschäftsbesorgungsleistungen statt, nämlich die Weiterleitung des Überweisungsbetrags durch Zuwendung von Gutschriften als Deckung. Bezüglich der bargeldlosen Geldleistung des Überweisenden an den Begünstigten (Valutaverhältnis) sind auch alle zwischengeschalteten Kreditinstitute nur **Leistungsmittler**.

74 ee) **Bereicherungsrechtliche Folgerungen**. Die gekennzeichnete Ausgangslage bei der Überweisung ergibt, dass ein Bereicherungsausgleich, der sich in erster Linie an den **Leistungsverhältnissen** orientiert, entweder zwischen dem Überweisenden und dem Begünstigten stattfindet, wenn für die bargeldlose Geldleistung im **Valutaverhältnis** ein rechtlicher Grund fehlt, oder aber zwischen dem überweisenden Kreditinstitut und dem Überweisenden, wenn für die Geschäftsbesorgungsleistung im **Deckungsverhältnis** kein rechtlicher Grund vorhanden ist (§ 812 Abs 1 Satz 1 Fall 1). Lässt sich jedoch für die Zuwendung an den Begünstigten in Gestalt der Gutschrift mangels Rechtsgrundbezogenheit („Zweckgerichtetheit") weder im Valutaverhältnis noch im Deckungsverhältnis eine Leistung (Geldleistung/Geschäftsbesorgungsleistung) ausmachen, ist der Weg frei für eine unmittelbare **Nichtleistungskondiktion** des überweisenden Kreditinstituts gegen den Begünstigten (§ 812 Abs 1 Satz 1 Fall 2). Diese grundsätzliche Klarstellung ist für die einzelnen Tatbestände der Rechtsgrundlosigkeit näher zu erläutern.

75 ff) **Bereicherungsausgleich bei Mängeln im Valutaverhältnis**. Erweist sich allein die Geldleistung des Überweisenden an den Begünstigten als rechtsgrundlos, kann der Überweisende von dem Begünstigten die Herausgabe des Werts der erlangten Gutschrift wegen ungerechtfertigter Bereicherung verlangen (§ 812 Abs 1 Satz 1 Fall 1: allgemeine Leistungskondiktion, § 818 Abs 2)[493]. Der rechtliche Grund im Valutaverhältnis fehlt vor allem dann, wenn die vermeintlich zu tilgende Verbindlichkeit gegenüber dem Begünstigten nicht besteht (rechtshindernde oder rechtsvernichtende Einwendung: Nichtigkeitsgründe; Erlöschensgründe; zB Doppelzahlung; Irrtum des Überweisenden über den Gläubiger[494] oder die Höhe der Verbindlichkeit). Ist der Überweisungsvertrag (§ 676 a Abs 1) im Deckungsverhältnis seinerseits mangelfrei, findet sich kein Anlass, die eingeschalteten Kreditinstitute in irgendeiner Weise in den Bereicherungsausgleich einzubeziehen. Sie haben einwandfreie Geschäftsbesorgungsleistungen erbracht, die in den intakten Giroverhältnissen ihren rechtlichen Grund haben, und als bloße Leistungsmittler eine Zuwendung an den Begünstigten vollzogen, die sich im Valutaverhältnis als eine Geldleistung des Überweisenden ohne rechtlichen Grund herausgestellt hat. Es liegt insbesondere keine Drittleistung im Sinne des § 267 von seiten des überweisenden Kreditinstituts vor, weil dieses im Verhältnis zu dem Begünstigten keine eigene Tilgungsbestimmung trifft oder eine andere Rechtsgrundbezogenheit äußert[495]. Auch wenn das Girokonto des Begünstigten sich im Debet befindet, so dass der Überweisungsbetrag kraft Kontokorrentbindung tatsächlich dem Kreditinstitut des Begünstigten zugute kommt, eröffnet dies keinen Herausgabeanspruch des Überweisenden gegen das Kreditinstitut (zB bei Insolvenz des Begünstigten), wenn eben allein das Valutaverhältnis fehlerbehaftet war[496]. Ebensowenig kann hier das überweisende Kreditinstitut oder das Kreditinstitut des Begünstigten kondizieren. Bei fehlendem oder mangelbehaftetem Valutaverhältnis

493 Vgl BGHZ 111, 382, 385; auch BGH WM 2004, 1546, 1547 (mangelnde Unentgeltlichkeitsabrede zwischen Eltern und von ihnen vertretenen Kindern); O Seiler, Der Bereicherungsausgleich im Überweisungsverkehr S 57 mNachw in Fn 16.

494 Vgl BGH NJW 1987, 1825 = WM 1987, 530 = WuB I D 1.-5.87 (Hadding); dazu Pleyer EWiR 1987, 425; BGH NJW 2006, 503, 504 = WM 2006, 28; Hamm ZIP 1991, 364, 365; FG Baden-Württemberg WM 1993, 1279 = WuB I D 1.-1.94 (Harbeke); Dresden WM 2007, 1023; Heymann/Horn HGB² Anh § 372 Rz V/53.

495 Vgl BGHZ 67, 75, 79; Staud/Lorenz § 812 Rz 49; O Seiler, Der Bereicherungsausgleich im Überweisungsverkehr S 58; irrig KG NJW-RR 1992, 816, 817.

496 Vgl BGH NJW 1985, 2700; Oldenburg WM 1988, 1726; O Seiler, Der Bereicherungsausgleich im Überweisungsverkehr S 60.

findet der Bereicherungsausgleich mithin im Wege einer **allgemeinen Leistungskondiktion** (§ 812 Abs 1 Satz 1 Fall 1) des Überweisenden gegen den Begünstigten durch Wertersatz (§ 818 Abs 2) statt.

gg) **Bereicherungsausgleich bei Mängeln im Deckungsverhältnis**. Wenn bei der Überweisung von Mängeln im Deckungsverhältnis gesprochen wird, so umfasst dies unterschiedliche Tatbestände. Früher konnte eine Überweisung ohne rechtlichen Grund von dem erstbeauftragten Kreditinstitut ausgeführt worden sein, weil entweder das Giroverhältnis selbst keine entsprechende Verpflichtung ergab oder aber – bei wirksamem Giroverhältnis – nur der einzelne „Überweisungsauftrag" als geschäftsbesorgungsrechtliche Weisung (§§ 675, 665) fehlerbehaftet war. Seit dem Inkrafttreten des neuen Überweisungsrechts (§§ 676 a ff) auch im Inland ab 1. 1. 2002 kommt es darauf an, ob die entsprechende Verpflichtung des überweisenden Kreditinstituts aus einem wirksamen „Überweisungsvertrag" besteht (§ 676 a Abs 1 und 2)[497]. 76

(1) **Überweisung als Geschäftsbesorgungs*leistung***. Ein rechtlicher Grund für die von dem überweisenden Kreditinstitut ausgeführte Überweisung als Geschäftsbesorgungsleistung an den Kunden fehlt, wenn der Überweisungsvertrag zwischen den Beteiligten nicht wirksam geschlossen (zB Einigungsmangel, Nichtigkeitsgründe) oder von einem Beteiligten zuvor wirksam gekündigt worden war (§ 676 a Abs 3 oder 4). Da Überweisungen innerhalb der „Ausführungsfrist" (§ 676 a Abs 2 Satz 2) zu bewirken sind, besteht – trotz wirksamen Überweisungsvertrags – auch dann keine Überweisungspflicht des Kreditinstituts, solange die Ausführungsfrist noch gar nicht begonnen hat. Der Fristbeginn hängt nach § 676 a Abs 2 Satz 3 unter anderem davon ab, ob „ein zur Ausführung der Überweisung ausreichendes Guthaben vorhanden oder ein ausreichender Kredit eingeräumt ist". Fehlt diese „Deckung", hat das Kreditinstitut eine dennoch bewirkte Überweisung mangels bestehender Überweisungspflicht im Verhältnis zu dem Kunden ohne rechtlichen Grund ausgeführt[498]. Das gleiche gilt, wenn das Kreditinstitut übersehen hat, dass das Guthaben des Überweisenden gepfändet war[499]. In allen genannten Fällen hat das überweisende Kreditinstitut wegen der ohne Überweisungspflicht erbrachten Geschäftsbesorgungsleistung eine **allgemeine Leistungskondiktion** (§ 812 Abs 1 Satz 1 Fall 1) **gegen den Kunden**. Die Bereicherungsherausgabe ist auf den Wert der durch die Überweisung erlangten Befreiung von der Verbindlichkeit gegenüber dem Begünstigten im Valutaverhältnis gerichtet (§ 818 Abs 2). Ob das überweisende Kreditinstitut bei den gekennzeichneten Mängeln im Deckungsverhältnis sich ausnahmsweise an den Begünstigten halten kann, lässt sich allenfalls entsprechend § 822 für den Fall vertreten, in dem der Überweisende eine *unentgeltliche* Leistung im (wirksamen) Valutaverhältnis erbracht hat[500]. 77

(2) **Insbesondere**: **Überweisung trotz gekündigten Überweisungsvertrags**. Als ein spezifischer Mangel im Deckungsverhältnis ist bisher der rechtzeitige **Widerruf** des Überweisungsauftrags durch den Überweisenden erörtert worden[501]. Als eine geschäftsbesorgungsrechtliche Gegenweisung (§§ 675 Abs 1, 665) beseitigte ein rechtzeitiger Widerruf den Überweisungsauftrag und damit die Verpflichtung des erstbeauftragten Kreditinstituts zu der konkreten Geschäftsbesorgung aus dem Giroverhältnis. Wie sich der Bereicherungsausgleich in diesem Falle gestaltete, war umstritten[502]. Nunmehr kommt es darauf an, welche bereicherungsrechtlichen Auswirkungen die rechtzeitige **Kündigung** des Überweisungsvertrags durch einen Beteiligten 78

497 Allerdings wird das Kreditinstitut nach § 676 f Satz 1 auch durch den „Girovertrag" verpflichtet, „abgeschlossene Überweisungsverträge" zu Lasten des für den Kunden eingerichteten Kontos „abzuwickeln" (unkorrekte, redundante Gesetzgebung!). Vgl Heymann/Horn HGB² Anh § 372 Rz V/54; eingehend Häuser, Festschr für Horn, 2006, S 735 ff.

498 Vgl RGZ 60, 24; BGHZ 61, 289, 293 f; BGH WM 1969, 1447; O Seiler, Der Bereicherungsausgleich im Überweisungsverkehr S 82.

499 Wie Fn 495; vgl Schwintowski/Schäfer, BankR § 4 Rz 150. Vgl auch BGH ZIP 2005, 2056: Überweisung eines amtsenthobenen Notars.

500 Vgl MünchKommHGB/Häuser ZahlungsV Rz B 292.

501 Vgl näher O Seiler, Der Bereicherungsausgleich im Überweisungsverkehr S 187 ff.

502 Vgl statt aller O Seiler, Der Bereicherungsausgleich im Überweisungsverkehr S 199 ff mNachw.

(§ 676a Abs 3 oder Abs 4) bei einer trotzdem ausgeführten Überweisung hat. War der Überweisungsvertrag (§ 676 a Abs 1) bei Ausführung der Überweisung wirksam gekündigt (§ 676 a Abs 3 oder Abs 4), so bestand aufseiten des Kreditinstituts keine Überweisungspflicht mehr, so dass im Deckungsverhältnis zu dem Überweisenden kein „rechtlicher Grund" für die Geschäftsbesorgung vorhanden ist[503]. Fraglich bleibt allerdings, ob das überweisende Kreditinstitut die Geschäftsbesorgung an den Kunden „geleistet" hat. Bestand eine Verbindlichkeit des Überweisenden im Valutaverhältnis gegenüber dem Begünstigten und konnte der **Begünstigte in Unkenntnis der Kündigung** aus den Angaben zum Verwendungszweck der Gutschrift, die ihm mitgeteilt wurden (§ 676f Satz 2), eine diesbezügliche **Tilgungsbestimmung ersehen**, so hat das überweisende Kreditinstitut mit der dem Begünstigten zugewendeten Gutschrift aus dessen Sicht („Empfängerhorizont") mittelbar eine **Geldleistung des Überweisenden an den Begünstigten** herbeigeführt, die den Kunden des Kreditinstituts – trotz der Kündigung – von einer Verbindlichkeit gegenüber dem Begünstigten befreit hat. Diesen Vorteil hat der Kunde zugleich kraft (mittelbarer) Zuwendung im Deckungsverhältnis „erlangt". Die trotz der Kündigung ausgeführte Überweisung ist dann als **Geschäftsbesorgung auch eine „Leistung" des Kreditinstituts an seinen Kunden**, die mangels eines rechtlichen Grundes durch eine allgemeine Leistungskondiktion (§ 812 Abs 1 Satz 1 Fall 1) rückabzuwickeln ist. Eine unmittelbare Nichtleistungskondiktion des überweisenden Kreditinstituts gegen den Begünstigten (§ 812 Abs 1 Satz 1 Fall 2) ist hierdurch ausgeschlossen.

79 War hingegen die **Kündigung** des Überweisungsvertrags **dem Begünstigten** bei Erlangen der Gutschrift aus der gleichwohl durchgeführten Überweisung **bekannt**[504], so konnte er diese Gutschrift nicht als eine Leistung des Überweisenden an ihn betrachten („Empfängerhorizont"). Unter diesen Umständen hat auch das überweisende Kreditinstitut im Deckungsverhältnis keine Geschäftsbesorgungsleistung an den Kunden erbracht. Deshalb ist in diesem Fall eine unmittelbare **Nichtleistungskondiktion** des überweisenden Kreditinstituts gegen den Begünstigten (§ 812 Abs 1 Satz 1 Fall 2) gegeben[505]. Entscheidend ist also die Unkenntnis oder Kenntnis des Begünstigten von der Kündigung des Überweisungsvertrags, weil er dementsprechend bei bestehender Verbindlichkeit im Valutaverhältnis von einer Tilgungsbestimmung des Überweisenden ausgehen konnte oder eben nicht. Die ihm unmittelbar zugewendete Gutschrift ist dann entweder eine mittelbare Geldleistung des Überweisenden und zugleich eine Geschäftsbesorgungsleistung des überweisenden Kreditinstituts an seinen Kunden oder eben nicht. Das gleiche gilt bei einem beendeten oder geänderten Dauerauftrag[506].

80 (3) **Überweisung keine Geschäftsbesorgungs*leistung***. Den gekennzeichneten Mängeln im Deckungsverhältnis[507] stehen andere Tatbestände gegenüber, bei denen die Überweisung *nicht* als eine Geschäftsbesorgungsleistung des überweisenden Kreditinstituts an seinen Kunden beurteilt werden kann. Das hauptsächliche Beispiel ist die **Fälschung oder Verfälschung eines „Überweisungsauftrags"**[508]. Hat das überweisende Kreditinstitut eine Überweisung aufgrund eines gefälschten oder verfälschten „Überweisungsauftrags" ausgeführt, dh ohne überhaupt einen Überweisungsvertrag mit dem Kunden als Inhaber des benannten Kontos geschlossen zu haben, so fehlt mangels Überweisungspflicht sicherlich ein rechtlicher Grund im Deckungsverhältnis für diese Überweisung. Dies rechtfertigt aber noch keinen Bereicherungsanspruch des überweisenden

503 Vgl oben Rz 76.

504 Vgl entsprechend für den Widerruf den Fall BGHZ 87, 246, 250; Lieb JZ 1983, 960, 963; O Seiler, Der Bereicherungsausgleich im Überweisungsverkehr S 217.

505 Vgl O Seiler, Der Bereicherungsausgleich im Überweisungsverkehr S 218.

506 Vgl BGHZ 89, 376; dazu O Seiler, Der Bereicherungsausgleich im Überweisungsverkehr S 224 ff.

507 Vgl Rz 77, 78.

508 Vgl BGH NJW-RR 1990, 1200 = LM § 812 BGB Nr 213; BGH NJW 1994, 2356 = WM 1994, 1420; BGH NJW 2005, 3213 = WM 2005, 1564 = WuB I D 1.-3.5 (Sonnenhol) = ZIP 2005, 1448; dazu St Lorenz LMK 2005, II, 56; Haertlein EWiR 2005, 755; Köln WM 1997, 213 = WuB I D 1.-1.97 (Pönisch); dazu Reuter EWiR § 812 BGB 3/96, S 837; Zweibrücken WM 2006, 1102 = WuB I D 1-4.06 (Schimansky); Hamburg WM 2006, 2078 = WuB I D 1.-1.07 (Werner) im einzelnen O Seiler, Der Bereicherungsausgleich im Überweisungsverkehr S 86 ff.

Kreditinstituts gegen den Kunden, weil zweifelhaft ist, ob das Kreditinstitut mit der Geschäftsbesorgung eine „Leistung" an ihn erbracht hat. Das Kreditinstitut wollte zwar mit der Überweisung eine Geschäftsbesorgungsleistung an seinen Kunden erbringen, weil es die Fälschung oder Verfälschung nicht erkannt hat. Der Kunde, der in Wirklichkeit keinen Überweisungsvertrag mit seinem Kreditinstitut geschlossen hat, war jedoch im Verhältnis zu dem Begünstigten entweder gar nicht verpflichtet oder er hat jedenfalls keine Tilgungsbestimmung hinsichtlich einer etwaigen Verbindlichkeit getroffen. Deshalb ist der Kunde durch die Überweisung im Verhältnis zu dem Begünstigten nicht von einer Verbindlichkeit befreit worden. Wenn also der Kunde durch die gefälschte oder verfälschte Überweisung nicht „etwas erlangt" hat, ist ihm die Geschäftsbesorgung des überweisenden Kreditinstituts nicht zugute gekommen. Es ist mithin keine Zuwendung an ihn im Deckungsverhältnis bewirkt worden. Die Überweisung aufgrund eines gefälschten oder verfälschten „Überweisungsauftrags" kann daher im Ergebnis **nicht** als **„Leistung" einer Geschäftsbesorgung** des überweisenden Kreditinstituts an seinen Kunden qualifiziert werden, so dass eine allgemeine Leistungskondiktion gegen ihn (§ 812 Abs 1 Satz 1 Fall 1) entfällt. Dies entspricht dem Umstand, dass der Kunde den gefälschten oder verfälschten „Überweisungsauftrag" nicht zurechenbar veranlasst hat und deshalb von dem Kreditinstitut verlangen kann, dass die entsprechende Belastung seines Girokontos mangels Vorschuss- und Aufwendungsersatzanspruchs des Kreditinstituts rückgängig gemacht wird (§§ 675 Abs 1, 666: Erfüllungsanspruch aus dem Giroverhältnis auf zutreffende Buchungen).

Auch im Valutaverhältnis kann eine **„Leistung"** des Kunden an den Begünstigten **nicht** festgestellt werden. Denn der Kunde hat weder eine Zuwendung vorgenommen noch eine Tilgungsbestimmung getroffen (fehlende Rechtsgrundbezogenheit). Auf den sog Empfängerhorizont des Begünstigten kann es nur ankommen, wenn eine vom Schuldner *getroffene* Tilgungsbestimmung auszulegen ist (§§ 133, 157 entsprechend)[509]. Fehlt demnach bei einem gefälschten oder verfälschten „Überweisungsauftrag" sowohl im Deckungsverhältnis eine Geschäftsbesorgungsleistung des überweisenden Kreditinstituts an den wahren Kontoinhaber als auch eine Geldleistung des Kontoinhabers an den Begünstigten, so ist der Weg frei für eine **unmittelbare Nichtleistungskondiktion** des überweisenden Kreditinstituts gegen den Begünstigten (§ 812 Abs 1 Satz 1 Fall 2)[510]. Der rechtliche Schutz eines gutgläubigen Begünstigten richtet sich in ausreichendem Umfang nach § 818 Abs 3[511]. 81

(4) **Andere Tatbestände einer fehlenden Geschäftsbesorgungsleistung**. Als Mängel im Deckungsverhältnis kommen neben der Fälschung oder Verfälschung des „Überweisungsauftrags" folgende Tatbestände in Betracht: Fehlende oder beschränkte Geschäftsfähigkeit des Überweisenden[512], Abschluss des Überweisungsvertrags durch einen Vertreter ohne Vertretungsmacht[513], irrtümliche Annahme eines wirksamen Überweisungsvertrags[514], Überweisung eines zu hohen Betrags[515], Doppelbuchung[516], Falschbezeichnung des Empfängers[517]. Bei näherem Zusehen[518] ergibt sich für alle diese Fälle die gleiche bereicherungsrechtliche Lage wie bei einem ge- 82

509 Vgl dazu O Seiler, Der Bereicherungsausgleich im Überweisungsverkehr S 109 ff.

510 Vgl zutreffend BGH NJW 2005, 3213 (= Fn 508). Für „Phishing": Löhnig/M Würdinger WM 2007, 961, 963.

511 Vgl BGHZ 147, 145, 151 f = WM 2001, 954 = WuB I D 3.-5.01 (Hellner).

512 Vgl BGHZ 111, 382, 386 = NJW 1990, 3194 = WM 1990, 1531 = WuB IV A. § 812 BGB 2.90 (Köndgen); auch Celle NJW 1992, 3178; O Seiler, Der Bereicherungsausgleich im Überweisungsverkehr S 132 ff mNachw in Fn 190.

513 Vgl Düsseldorf WM 1993, 327 = WuB I D 3.-12.93 (Hein): Scheck; BGHZ 147, 145 = NJW 2001, 1855 = WM 2001, 954 = LM § 140 BGB Nr 28 (Koller); O Seiler, Der Bereicherungsausgleich im Überweisungsverkehr S 145 ff.

514 Vgl LG Stuttgart NJW 1994, 2626; O Seiler, Der Bereicherungsausgleich im Überweisungsverkehr S 154 ff.

515 Vgl BGH NJW 1987, 185; BGH WM 1984, 890; BGHZ 88, 232; O Seiler, Der Bereicherungsausgleich im Überweisungsverkehr S 163 ff.

516 Vgl München NJW-RR 1988, 1391; KG NJW-RR 1992, 816; Hamburg NJW 1983, 1499; Celle DB 1977, 2137; LG Köln WM 1983, 379; AG Neuss DB 1976, 2466; O Seiler, Der Bereicherungsausgleich im Überweisungsverkehr S 174 ff.

517 Vgl Koblenz WM 1987, 345; auch BGHZ 66, 372.

518 Vgl O Seiler, Der Bereicherungsausgleich im Überweisungsverkehr S 186.

fälschten oder verfälschten „Überweisungsauftrag“: Das überweisende Kreditinstitut hat zwar die Überweisung als Geschäftsbesorgung im Verhältnis zu dem Überweisenden „ohne rechtlichen Grund“ ausgeführt, nämlich ohne eine entsprechende Verpflichtung aus einem wirksamen Überweisungsvertrag. Der Überweisende hat jedoch durch die Überweisung nicht „etwas erlangt“, dh keine Zuwendung erhalten, insbesondere keine Befreiung von einer Verbindlichkeit im Valutaverhältnis. Deshalb liegt mangels Zuwendung im Deckungsverhältnis **keine „Leistung“ einer Geschäftsbesorgung** vonseiten des überweisenden Kreditinstituts an den Kunden vor. – Da auch im Valutaverhältnis **keine „Leistung“ des Kunden** stattfindet, weil es an einer wirksamen Tilgungsbestimmung fehlt, ist für sämtliche genannten Tatbestände wiederum die **unmittelbare Nichtleistungskondiktion** des überweisenden Kreditinstituts gegen den Begünstigten eröffnet (§ 812 Abs 1 Satz 1 Fall 2), gegebenenfalls begrenzt durch § 818 Abs 3.

83 hh) **Doppelmangel**. Der besondere Tatbestand eines sog Doppelmangels liegt vor, wenn sowohl zwischen dem Überweisenden und dem Begünstigten (Valutaverhältnis) als auch zwischen dem überweisenden Kreditinstitut und dem Überweisenden (Deckungsverhältnis) ein „rechtlicher Grund“ fehlt[519]. Die gleichwohl ausgeführte Überweisung mit der Gutschrift für den Begünstigten ist vor allem dann als eine (Geld-)**Leistung** des Überweisenden an ihn zu qualifizieren, wenn der Begünstigte nach den Umständen von einer Tilgungsbestimmung des Überweisenden ausgehen konnte. Da freilich diese Leistung im Valutaverhältnis rechtsgrundlos erbracht ist, hat der Überweisende eine allgemeine Leistungskondiktion gegen den Begünstigten hinsichtlich des Werts der Gutschrift (§§ 812 Abs 1 Satz 1 Fall 1, 818 Abs 2). Diese Leistungskondiktion im Valutaverhältnis hat der Überweisende mittelbar durch die entsprechende (Geschäftsbesorgungs-)Leistung des überweisenden Kreditinstituts „erlangt“. Bei einem sog Doppelmangel besteht die (mittelbare) Zuwendung im Deckungsverhältnis also nicht in einer Befreiung des Überweisenden von einer Verbindlichkeit im Valutaverhältnis, sondern in der erlangten allgemeinen Leistungskondiktion gegen den Begünstigten. Es kommt daher im Deckungsverhältnis für das überweisende Kreditinstitut gegenüber dem Überweisenden zu einer **„Kondiktion der Kondiktion“**. Nur dies genügt dem Vorrang der Rückabwicklung in den beiden Leistungsverhältnissen. Der Doppelmangel ergibt mithin **keine** unmittelbare **Nichtleistungskondiktion** des überweisenden Kreditinstituts gegen den Begünstigten[520].

84 b) **Lastschrifteinzug**[521]. – aa) **Ausgangslage**. Für die bargeldlose Zahlung durch Lastschrifteinzug bilden den Anstoß wiederum die vonseiten des Zahlungspflichtigen zu tilgenden Geldschulden gegenüber dem Zahlungsempfänger (Valutaverhältnis). Der Zahlungspflichtige kann seinem *Kreditinstitut* als Zahlstelle (Schuldnerbank) einen **Abbuchungsauftrag** zur Einlösung von insoweit durch das Kreditinstitut des Zahlungsempfängers als erste Inkassostelle (Gläubigerbank) vorgelegten Lastschriften erteilen. Dieser Abbuchungsauftrag ist eine Generalweisung im Rahmen des Giroverhältnisses (§§ 675 Abs 1, 665) zur Einlösung solcher Lastschriften mit entsprechendem Aufwendungsersatzanspruch der Zahlstelle (Deckungsverhältnis). Der Zahlungspflichtige kann aber auch dem *Zahlungsempfänger* eine **Einzugsermächtigung** erteilen. Die aufgrund einer solchen Einzugsermächtigung vom Zahlungsempfänger eingereichten Lastschriften (Inkassoverhältnis) werden von seinem Kreditinstitut als erste Inkassostelle der Zahlstelle vorgelegt und von dieser zunächst *ohne* eine geschäftsbesorgungsrechtliche Weisung des Zahlungspflichtigen eingelöst. Betrachtet der Zahlungspflichtige die Belastung seines Girokontos wegen einer Einzugsermächtigungslastschrift als im Valutaverhältnis berechtigt, wird er die Einlösung der Lastschrift geschäftsbesorgungsrechtlich **genehmigen** (§ 684 Satz 2). Andernfalls verweigert er die Genehmigung durch einen **Widerspruch** gegenüber der Zahlstelle, die sodann die Belastung des Kontos rückgängig zu machen hat und innerhalb von sechs Wochen Wieder-

519 S oben Rz 63–66.
520 Vgl BGH NJW 1989, 2879, 2881; Münch KommHGB/Häuser ZahlungsV Rz B 291; Hellner, Bankrecht u Bankpraxis Rz 6/208; Münch Komm/Lieb § 812 Rz 38; O Seiler, Der Bereicherungsausgleich im Überweisungsverkehr S 81; Heymann/Horn HGB² Anh § 372 Rz V/55.
521 Zur Literatur vgl bei Rz 56.

vergütung des Lastschriftbetrags von der ersten Inkassostelle erhält (Rücklastschrift). Wie bei der Überweisung sind die beim Lastschrifteinzug eingeschalteten Kreditinstitute im Hinblick auf die Geldleistung des Zahlungspflichtigen im Valutaverhältnis nur Leistungsmittler. Sie erbringen freilich im Inkassoverhältnis, im Interbankenverhältnis und im Deckungsverhältnis jeweils Geschäftsbesorgungsleistungen an ihre Kunden und untereinander im Rahmen der bestehenden Giroverhältnisse.

bb) **Bereicherungsausgleich beim Abbuchungsauftragsverfahren**[522]. – (1) **Mängel im** 85
Valutaverhältnis. Veranlasst der Zahlungsempfänger bei vom Zahlungspflichtigen erteilten Abbuchungsauftrag[523] einen Lastschrifteinzug, obwohl ihm insoweit keine Forderung oder kein anderer Erwerbsgrund im Valutaverhältnis zusteht, so bewirkt die Zahlstelle mit der Einlösung, durch die der Vorbehalt des Eingangs bei der Gutschrift vonseiten der ersten Inkassostelle für den Zahlungsempfänger entfällt, mittelbar eine Leistung des Zahlungspflichtigen im Valutaverhältnis. Zugleich hat die Zahlstelle die Geschäftsbesorgungsleistung an ihren Kunden mit „rechtlichem Grund" erbracht. Deshalb besteht hier allein eine allgemeine Leistungskondiktion des in Wirklichkeit nicht „Zahlungspflichtigen" gegen den Zahlungsempfänger (§§ 812 Abs 1 Satz 1 Fall 1, 818 Abs 2)[524]. Selbst bei Insolvenz des Zahlungsempfängers oder Gutschrift auf seinem debitorischen Konto zum Vorteil der ersten Inkassostelle kommt eine allgemeine Nichtleistungskondiktion des Zahlungspflichtigen gegen dieses Kreditinstitut ebensowenig in Betracht[525] wie eine solche Kondiktion der Zahlstelle gegen den Zahlungsempfänger (Vorrang der Leistungsverhältnisse)[526].

(2) **Mängel im Deckungsverhältnis**. Liegt der Mangel in der **Unwirksamkeit des Girover-** 86
trags oder im **fehlenden oder gepfändeten Guthaben** des Zahlungspflichtigen, so steht der Zahlstelle, die gleichwohl eine Lastschrift aufgrund eines Abbuchungsauftrags eingelöst hat, die **allgemeine Leistungskondiktion** gegen den Zahlungspflichtigen wegen der ohne rechtlichen Grund erbrachten Geschäftsbesorgung zu, die zur Befreiung des Zahlungspflichtigen von einer Verbindlichkeit im Valutaverhältnis geführt hat (§§ 812 Abs 1 Satz 1 Fall 1, 818 Abs 2)[527]. Hat hingegen die Zahlstelle die Lastschrift trotz (insoweit) **fehlenden Abbuchungsauftrags** eingelöst, so handelte sie sowohl „ohne rechtlichen Grund" als auch ohne eine entsprechende Tilgungsbestimmung des Zahlungspflichtigen; sie hat also nicht an ihn „geleistet". Auch im Valutaverhältnis kann hier mangels „zurechenbarer Veranlassung" der Zahlung[528] keine Leistung des Zahlungspflichtigen festgestellt werden; es hat hier nicht einmal eine Zuwendung (bewusste Mehrung fremden Vermögens) an den Zahlungsempfänger stattgefunden. Damit ist hier der Weg frei für eine **allgemeine Nichtleistungskondiktion** (§ 812 Abs 1 Satz 1 Fall 2) der Zahlstelle gegen den Zahlungsempfänger. Das gleiche gilt bei einer **Fälschung** (Verfälschung) des Abbuchungsauftrags oder der Erteilung durch einen **vollmachtlosen Vertreter**.

War ein erteilter Abbuchungsauftrag bei Einlösung einer Lastschrift von dem Zahlungs- 87
pflichtigen bereits **widerrufen** (geschäftsbesorgungsrechtliche Gegenweisung), so hat die Zahlstelle ihre Geschäftsbesorgung im Deckungsverhältnis ohne rechtlichen Grund erbracht. Ob sie damit an den Zahlungspflichtigen „geleistet" hat, hängt davon ab, ob die bargeldlose Zahlung im Valutaverhältnis ihrerseits dem Zahlungspflichtigen als eine „Leistung" zuzurechnen ist. Konnte der Zahlungsempfänger in Unkenntnis des Widerrufs nach den Umständen vom Fortbestand des Abbuchungsauftrags ausgehen, dann lag aus seiner Sicht eine wirksame Tilgungsbestimmung des

522 Vgl MünchKommHGB/Hadding/Häuser ZahlungsV Rz C 140–143.
523 S Rz 84.
524 Vgl BGHZ 69, 186, 188 f = WM 1977, 1196 = NJW 1977, 2210 = JR 1978, 326 (mAnm Olzen); im Ergebnis auch LG Oldenburg WM 1991, 1879, 1880 = WuB I D 2.-1.92 (Häuser); Naumburg OLG-NL 1996, 171.
525 Vgl van Gelder WM 2001 Sonderbeil 7 S 18.
526 Vgl BGHZ 69, 186, 189 (= Fn 524).
527 Vgl Hamm WM 1998, 1576 = WuB I D 2.-1.98 (Pesch); Reiser/Krepold, in: Hellner/Steuer, Bankrecht u Bankpraxis Rz 6/371.
528 Vgl BGHZ 69, 186, 190 (= Fn 524) für den Fall einer fehlenden Einzugsermächtigung. Bei von vornherein fehlendem Abbuchungsauftrag muss das gleiche gelten (ebenso van Gelder, in: Schimansky/Bunte/Lwowski, BankrechtsHdb § 58 Rz 191; aA MünchKomm/Lieb § 812 Rz 85).

Zahlungspflichtigen vor. Bei dieser Sachlage hat der Zahlungsempfänger die Gutschrift, für die der Vorbehalt des Eingangs von Deckung mit der Einlösung der Lastschrift weggefallen ist, durch eine „Leistung" des Zahlungspflichtigen erhalten. Der Bereicherungsausgleich findet dann im Deckungsverhältnis durch eine **allgemeine Leistungskondiktion der Zahlstelle gegen den Zahlungspflichtigen** statt (§§ 812 Abs 1 Satz 1 Fall 1, 818 Abs 2)[529]. Eine Nichtleistungskondiktion der Zahlstelle gegen den Zahlungsempfänger (§ 812 Abs 1 Satz 1 Fall 2) entfällt. Sie ist nur gegeben, wenn der Zahlungsempfänger die Gutschrift im Valutaverhältnis nicht als eine „Leistung" des Zahlungspflichtigen betrachten konnte, zB bei Kenntnis vom Widerruf des Abbuchungsauftrags.

88 (3) **Mängel im Interbankenverhältnis**. Ist im Abbuchungsauftragsverfahren eine Lastschrift schon durch Zahlung eingelöst, darf die Zahlstelle (Schuldnerbank) sie nicht mehr der ersten Inkassostelle (Gläubigerbank) zurückgeben (vgl LSA Abschn II Nr 3). Belastet die Zahlstelle gleichwohl das Konto der ersten Inkassostelle zurück, so ist sie „auf Kosten der Gläubigerbank um die ihr erteilte (Wieder-)Gutschrift ungerechtfertigt bereichert"[530]. Die Pflicht der Zahlstelle zur Rückvergütung ergibt sich allerdings schon aus dem Interbankenverhältnis als Giroverhältnis (Erfüllungsanspruch auf zutreffende Buchungen: §§ 675 Abs 1, 666 Fall 3). Die Beweislast dafür, dass die Lastschrift vor ihrer Rückgabe schon eingelöst war, trägt die Gläubigerbank als behaupteter Inhaber der Leistungskondiktion hinsichtlich der Wiedervergütung der Lastschrift „ohne rechtlichen Grund"[531].

89 cc) **Bereicherungsausgleich beim Einzugsermächtigungsverfahren**. – (1) **Vorrang der Widerspruchsmöglichkeit**. Mit Rücksicht auf die Möglichkeit des Widerspruchs des Zahlungspflichtigen gegen die Belastung seines Girokontos aufgrund der Einlösung einer Einzugsermächtigungslastschrift durch die Zahlstelle[532] hat der Bereicherungsausgleich beim Einzugsermächtigungsverfahren nur einen erheblich geringeren Anwendungsbereich als im Abbuchungsauftragsverfahren[533]. Der BGH[534] hat zum Zweck der Widerspruchsmöglichkeit ausgeführt, der angeblich „Zahlungspflichtige" müsse „in jedem Fall in der Lage sein, die Einziehung zu verhindern, wenn er entweder überhaupt keine Ermächtigung erteilt oder den Gläubiger zwar generell ermächtigt hat, aber den im Einzelfall zum Einzug gegebenen Lastschriftbetrag nicht schuldet". Dies verdeutlicht, dass mit Ausübung der Widerspruchsmöglichkeit gegenüber der Zahlstelle etwaigen Mängeln im Valutaverhältnis begegnet werden kann, wenn also keine Verbindlichkeit des „Zahlungspflichtigen" gegenüber dem Zahlungsempfänger besteht oder wenn der Zahlungspflichtige ihm keine oder insoweit keine Einzugsermächtigung erteilt hat[535]. Die durch den Lastschrifteinzug erhaltene Gutschrift für den Zahlungsempfänger ist hier zwar bei (insoweit) fehlender Forderung im Valutaverhältnis ohne rechtlichen Grund erlangt. Es fehlt aber mangels geschäftsbesorgungsrechtlicher Genehmigung (§ 684 Satz 2) der Lastschrifteinlösung eine entsprechende Tilgungsbestimmung des „Zahlungspflichtigen" und damit eine von ihm zurechenbar veranlasste Zahlung als „Leistung". Da der Widerspruch des Zahlungspflichtigen als Versagung der Genehmigung bewirkt, dass die Einlösung der Lastschrift durch die Zahlstelle als Geschäftsbesorgung auch im Deckungsverhältnis „ohne rechtlichen Grund" bleibt und nicht „geleistet" worden ist, wird erneut Raum geschaffen für eine unmittelbare **Nichtleistungskondiktion** der Zahlstelle gegen den Zahlungsempfänger (§ 812 Abs 1 Satz 1 Fall 2). Die Einzugsermächtigungslastschrift ist „auf Kosten" der Zahlstelle eingelöst worden, weil diese das Girokonto

529 Vgl van Gelder, in: Schimansky/Bunte/Lwowski, Bankrechts-Hdb § 58 Rz 37.

530 So BGHZ 79, 381, 384 = NJW 1981, 1669 = WM 1981, 450; dazu Terpitz NJW 1981, 1649; van Gelder, in: Schimansky/Bunte/Lwowski, Bankrechts-Hdb § 58 Rz 138 Fn 8; MünchKommHGB/Hadding/Häuser ZahlungsV Rz C 160.

531 Vgl BGH NJW 1983, 220, 221 = WM 1982, 1246, 1248; Hamm WM 1998, 1576 = WuB I D 2.-1.98 (Pesch).

532 S oben Rz 84.

533 Vgl van Gelder, in: Schimansky/Bunte/Lwowski, Bankrechts-Hdb § 58 Rz 193; Schwintowski/Schäfer, BankR § 4 Rz 253.

534 Vgl BGHZ 74, 300, 305 = NJW 1979, 1652 = WM 1979, 689.

535 Diese Tatbestände werden als „unberechtigte Lastschriften" zusammengefasst.

des Kunden infolge des Widerspruchs nicht endgültig belasten kann (kein Anspruch auf Aufwendungsersatz nach §§ 675 Abs 1, 670)[536]. Dem Bereicherungsausgleich zwischen der Zahlstelle und dem Zahlungsempfänger, der auf Zahlung in Höhe der Gutschrift gerichtet ist, stehen die bloßen *Geschäftsbesorgungsleistungen* im Interbankenverhältnis und im Inkassoverhältnis sowie ein etwaiger Schadenersatz*anspruch* der Zahlstelle gegen die erste Inkassostelle nicht entgegen[537].

Hat der Zahlungspflichtige der Einlösung von Einzugsermächtigungslastschriften nur widersprochen, weil er dazu von der Zahlstelle zu deren eigenem Vorteil aufgefordert wurde, so kann die Zahlstelle dem Zahlungsempfänger nach §§ 826, 830, 840 Abs 1 schadenersatzpflichtig sein[538]. War der Zahlungspflichtige hierbei Käufer von Waren unter verlängertem Eigentumsvorbehalt, so bewirkt sein Widerspruch, dass der durch Lastschrift ihm gegenüber einzuziehende Kaufpreis unbezahlt geblieben ist und dem Lieferanten deshalb noch die im Voraus abgetretenen Forderungen aus der Weiterveräußerung der Waren durch den Zahlungspflichtigen zustehen. Haben nun aber die Abnehmer der Waren die Kaufpreise an den Zahlungspflichtigen auf dessen Girokonto bei der Zahlstelle geleistet, so ist zu fragen, ob dem Lieferanten die besondere Nichtleistungskondiktion nach § 816 Abs 2 nur gegen den Zahlungspflichtigen oder unter den genannten Umständen auch gegen die Zahlstelle zusteht. Der BGH (VI. Zivilsenat)[539] hat dies mit den Vorinstanzen verneint. Das Kreditinstitut ist auch insoweit nur „Zahlstelle" des Weiterverkäufers (Zahlungspflichtigen), selbst wenn es durch die Verleitung des Zahlungspflichtigen zum Widerspruch gegen die Lastschriften des Lieferanten eigene Vorteile erstrebt. Für eine „Leistung" an die Zahlstelle fehlt von seiten der zahlenden Abnehmer wohl schon eine Zuwendung gerade an das Kreditinstitut, zumindest aber jegliche Tilgungsbestimmung der Abnehmer in dieser Richtung[540]. **90**

(2) **Verlust der Widerspruchsmöglichkeit**. Der Zahlungspflichtige kann von seiner Widerspruchsmöglichkeit keinen Gebrauch mehr machen, wenn er die Belastung seines Girokontos zB durch unbeanstandete Fortsetzung des bargeldlosen Zahlungsverkehrs oder durch Schweigen auf einen kontokorrentrechtlichen Quartalsabschluss vereinbarungsgemäß geschäftsbesorgungsrechtlich **genehmigt** hat[541]. Stellt sich nunmehr ein Mangel im Valutaverhältnis heraus (keine Verbindlichkeit und/oder [insoweit] keine Einzugsermächtigung des „Zahlungspflichtigen"), so ist zu beurteilen, ob der Zahlungspflichtige den Bereicherungsausgleich von der Zahlstelle oder von der Inkassostelle oder von dem Zahlungsempfänger verlangen kann. Da der Zahlungspflichtige die Belastung seines Kontos wegen der eingelösten Lastschrift genehmigt hat, ist bei mangelfreiem Giroverhältnis die Geschäftsbesorgung der Zahlstelle im Deckungsverhältnis an ihn mit rechtlichem Grund und entsprechender Tilgungsbestimmung zugewendet, dh „geleistet" worden. Deshalb entfällt hier ein Bereicherungsanspruch des „Zahlungspflichtigen" gegen die Zahlstelle. Ebensowenig kann die erste Inkassostelle von dem „Zahlungspflichtigen" bereicherungsrechtlich in Anspruch genommen werden. Sie hat ihre Geschäftsbesorgung nur an den Zahlungsempfänger geleistet; für den „Zahlungspflichtigen" ist sie wiederum allenfalls als ein bloßer Leistungsmittler aufgetreten[542]. Der Bereicherungsausgleich läuft demnach auf eine **Kondiktion des „Zahlungspflichtigen" im mangelhaften Valutaverhältnis** gegen den Zahlungsempfänger hinaus. Denn bei Verlust der Widerspruchsmöglichkeit durch geschäftsbesorgungsrechtliche Genehmigung der Lastschrifteinlösung ist der Zahlungspflichtige girovertraglich gegenüber der Zahlstelle gebunden. Konnte der Zahlungsempfänger hinsichtlich der Gutschrift des Lastschriftbetrags im **91**

536 Vgl BGHZ 69, 186, 190 (= Fn 524); s auch Hamm WM 1991, 670 = WuB I D 2.-2.91 (Sturm); dazu Schwintowski/Schäfer, BankR § 4 Rz 254 f.

537 BGH WM 2006, 1001 = WuB I D 2.-2.06 (Hadding).

538 BGHZ 101, 153 = NJW 1987, 2370 = WM 1987, 895 = WuB I D 2.–3.87 (Hadding) = ZIP 1987, 900; dazu EWiR 1987, 779 (Hüffer).

539 WM 2001, 1458 = WuB I B 4.-2.01 (Schaubacher).

540 Der Argumentation von Schaubacher WuB I B 4.-2.01 (unter III) kann daher nicht gefolgt werden. Vgl auch BGHZ 72, 316, 318 ff = WM 1979, 13.

541 Vgl BGH WM 2000, 1577, 1579; dementsprechend nunmehr geregelt in AGB-Banken Nr 7 Abs 3 (AGB-Sparkassen Nr 7 Abs 4; AGB-Postbank Nr 7 Abs 5).

542 Vgl BGHZ 69, 186, 190 (= Fn 524).

Valutaverhältnis aus seinem Blickwinkel vom Bestehen sowohl einer entsprechenden Forderung als auch einer hinreichenden Einzugsermächtigung ausgehen, erweist sich bei in Wirklichkeit fehlendem rechtlichen Grund der Rückgewähranspruch des „Zahlungspflichtigen" als allgemeine Leistungskondiktion (§ 812 Abs 1 Satz 1 Fall 1), sonst als Nichtleistungskondiktion (§ 812 Abs 1 Satz 1 Fall 2), weil der Zahlungsempfänger die Gutschrift „auf Kosten" des Zahlungspflichtigen durch eine bloße Zuwendung erlangt hat.

92 c) **Zahlung mittels Scheck**. – aa) **Leistung des Scheckausstellers**. Ein Scheck wird in der Regel ausgestellt und begeben, weil der Aussteller eine Verbindlichkeit gegenüber dem Schecknehmer tilgen will. Der Scheck wird nur erfüllungshalber begeben. Wird der Scheck jedoch von dem bezogenen Kreditinstitut bar eingelöst oder erhält der Schecknehmer von seinem mit dem Einzug beauftragten Kreditinstitut aufgrund bargeldloser Einlösung eine (vorbehaltlose) Gutschrift in Höhe der Schecksumme, so findet eine (mittelbare) Zuwendung des Geldbetrags durch den Scheckaussteller als Schuldner an den Schecknehmer als Gläubiger statt, bezogen auf den Rechtsgrund der bestehenden oder vermeintlichen Forderung. Der Scheckaussteller hat dann eine **Geldleistung** im **Valutaverhältnis** bewirkt. Der „rechtliche Grund" der bargeldlosen Zahlung mittels Scheck kann auch eine bloße Unentgeltlichkeitsabrede (vgl § 516 Abs 1) oder eine sog unvollkommene Verbindlichkeit (vgl § 762 Abs 1 Satz 1 oder § 656 Abs 1) sein. Im Hinblick auf die Geldleistung des Scheckausstellers an den Schecknehmer im Valutaverhältnis ist sowohl das bezogene und den Scheck einlösende Kreditinstitut als auch das etwa mit dem bargeldlosen Einzug beauftragte Kreditinstitut nur jeweils ein Leistungsmittler, denn die Kreditinstitute werden – was die Zuwendung im Valutaverhältnis angeht – *nicht* „rechtsgrundbezogen" tätig; sie treffen insoweit namentlich keine Tilgungsbestimmung. Von der bargeldlosen (mittelbaren) Geldleistung des Zahlenden an den Zahlungsempfänger im Valutaverhältnis ist auf einer *überlagernden Ebene* das hierfür eingesetzte Instrument des **Schecks** rechtlich zu trennen. Als eine (abstrakte) unbedingte **Anweisung** an das bezogene Kreditinstitut als Angewiesenen, eine bestimmte Geldsumme an den Schecknehmer oder dessen Rechtsnachfolger zu zahlen, verkörpert die Urkunde die **Ermächtigung** des berechtigten Scheckinhabers als **Anweisungsempfänger**, „die Leistung bei dem Angewiesenen im eigenen Namen zu erheben" (ScheckG Art 1 Nr 2, Nr 3; BGB § 783 *Halbsatz 1*). Die Begebung des Schecks (Aushändigung der Urkunde) an den Schecknehmer ergibt mithin für diesen auf der vom zugrundeliegenden Valutaverhältnis abstrakten wertpapierrechtlichen Ebene die Rechtsstellung eines Ermächtigten. Da der Scheck als Anweisung von dem bezogenen Kreditinstitut als Angewiesenem *nicht* angenommen werden kann (ScheckG Art 4; vgl demgegenüber BGB § 784, WechselG Art 28 Abs 1), erlangt der Schecknehmer aus der Begebung im Valutaverhältnis **keine** im Scheck verkörperte (abstrakte) **Forderung gegen das bezogene Kreditinstitut**. Dies bestätigt, dass dieses Kreditinstitut mit der Einlösung keine „Leistung" an den Scheckinhaber bewirkt.

93 bb) **Leistung des einlösenden Kreditinstituts**. Der Scheckaussteller ist im Rahmen des in der Regel bestehenden Giroverhältnisses zu dem bezogenen Kreditinstitut durch die **Scheckabrede** (ScheckG Art 3 Satz 1) berechtigt, über ein bei diesem Kreditinstitut vorhandenes Guthaben „mittels Scheck zu verfügen". Auf dieser schuldrechtlichen Ebene enthält die Begebung des Schecks die geschäftsbesorgungsrechtliche Weisung (§§ 675 Abs 1, 665) des Ausstellers an sein Kreditinstitut, den Scheck einzulösen. Die Weisung konkretisiert die mit der Scheckabrede begründete gattungsmäßige Pflicht des Kreditinstituts zu entsprechenden Werkleistungen (§§ 675 Abs 1, 631 Abs 1). Die weisungsgemäße Einlösung des Schecks als Geschäftsbesorgung geschieht im Hinblick auf diese konkretisierte Pflicht aus der Scheckabrede, dh rechtsgrundbezogen im Verhältnis zu dem Kunden als schuldrechtlich berechtigtem Scheckaussteller. Das den Scheck einlösende Kreditinstitut erbringt mithin eine **Geschäftsbesorgungsleistung** an den Aussteller, und zwar in der Regel gegen ein Entgelt **(Deckungsverhältnis)**. Wird das Girokonto des Ausstellers mit der Schecksumme belastet, handelt es sich um Aufwendungsersatz (§§ 675 Abs 1, 670). Von diesen Vorgängen ist rechtlich zu unterscheiden, dass der Scheck als Urkunde eine (ab-

strakte) unbedingte Anweisung verkörpert, die das bezogene Kreditinstitut ermächtigt, eine bestimmte Geldsumme für Rechnung des Anweisenden zu zahlen (ScheckG Art 1 Nr 2, Nr 3; BGB § 783 *Halbsatz 2*). Diese anweisungsrechtliche **Ermächtigung** auf der abstrakten wertpapierrechtlichen Ebene begründet ihrerseits keine Pflicht des bezogenen Kreditinstitut zur Einlösung des Schecks als Geschäftsbesorgung und erst recht keine Pflicht zur Zahlung an den die Urkunde vorlegenden Scheckinhaber.

cc) **Scheckeinzug durch das Kreditinstitut des Scheckinhabers**. Das vom Scheckinhaber 94
mit dem Scheckeinzug beauftragte Kreditinstitut erbringt diese **Geschäftsbesorgung** in der Regel im Rahmen des Giroverhältnisses zu seinem Kunden als „Leistung" an ihn **(Inkassoverhältnis)**. Die nach der Einlösung durch das bezogene Kreditinstitut bewirkte (vorbehaltlose) Gutschrift der Schecksumme durch das mit dem Einzug beauftragte Kreditinstitut als (unmittelbare) Zuwendung erhält freilich ihre Rechtsgrundbezogenheit für den Zahlungsempfänger im Valutaverhältnis, insbesondere durch eine Tilgungsbestimmung des Scheckausstellers[543]. Insoweit bleibt das Inkasso-Kreditinstitut bloße Zahlstelle des Scheckinhabers und Leistungsmittler des Scheckausstellers. Letzteres gilt auch für etwa beim Scheckeinzug eingeschaltete weitere Kreditinstitute.

dd) **Bereicherungsrechtliche Folgerungen**[544]. Die dargelegte rechtliche Situation bei der 95
bargeldlosen Zahlung mittels Scheck macht es für einen Bereicherungsausgleich zwischen den Beteiligten vor allem notwendig, zwischen Mängeln auf der schuldrechtlichen Ebene in den Leistungsverhältnissen (Valutaverhältnis/Deckungsverhältnis/Inkassoverhältnis/Interbankenverhältnis) und Mängeln auf der rechtlich davon zu trennenden wertpapierrechtlichen Ebene der im Scheck enthaltenen (abstrakten) Anweisung als doppelter Ermächtigung zu unterscheiden. In den genannten Schuldverhältnissen kommt es zunächst darauf an, ob der in Betracht gezogene Bereicherungsschuldner die mit der Einlösung des Schecks verbundene Zuwendung von Bargeld/Giralgeld oder die Zuwendung dieser Geschäftsbesorgung von dem Bereicherungsgläubiger „rechtsgrundbezogen" („zweckgerichtet") erlangt hat, also insbesondere kraft einer wirksamen Tilgungsbestimmung, dh durch eine **Leistung** dieses Beteiligten. Sodann ist entscheidend, ob dies ohne rechtlichen Grund geschehen ist. Unter den beschriebenen Voraussetzungen besteht in dem fraglichen Schuldverhältnis eine allgemeine Leistungskondiktion (§ 812 Abs 1 Satz 1 Fall 1). Nur wenn keine Leistungen festgestellt werden, kann für das einlösende Kreditinstitut eine (unmittelbare) **Nichtleistungskondiktion** gegen den Zahlungsempfänger (§ 812 Abs 1 Satz 1 Fall 2) gegeben sein. Demgegenüber finden in der wertpapierrechtlichen Ebene der im Scheck verkörperten (abstrakten) Anweisung keine „Leistungen" statt. Denn hier sind nur „Ermächtigungen" erteilt (vgl § 783). Freilich ist aus den Ermächtigungen des Scheckausstellers an den Schecknehmer und an das bezogene Kreditinstitut zu entnehmen, dass er als Geldschuldner im Valutaverhältnis eine entsprechende Tilgungsbestimmung trifft und das bezogene Kreditinstitut von einer entsprechenden geschäftsbesorgungsrechtlichen Weisung ausgehen kann, den Scheck einzulösen.

ee) **Bereicherungsausgleich im Valutaverhältnis**. Ist ein rechtlich einwandfrei ausgestellter 96
und begebener Scheck von dem bezogenen Kreditinstitut eingelöst worden, fehlt jedoch für die Zahlung an den Scheckinhaber als Geldleistung des Scheckausstellers im Valutaverhältnis ein „rechtlicher Grund" (Forderung oder bloßer Erwerbsgrund[545]), dann ist eine allgemeine **Leistungskondiktion** (§§ 812 Abs 1 Satz 1 Fall 1, 818 Abs 2) des Scheckausstellers gegen den Scheckinhaber gegeben, der die Schecksumme in bar oder als Gutschrift erlangt hat[546]. Die im rechtlich einwandfreien Scheck verkörperte anweisungsrechtliche Ermächtigung des Scheckin-

543 S oben Rz 92.
544 Zur Literatur vgl bei Rz 54.
545 S oben Rz 92.
546 BGH WM 1995, 1950, 1951 = WuB I D 3.-2.96 (Müller-Christmann) = ZIP 1995, 1745; BGH WM 1987, 663 = NJW-RR 1987, 937; Münch KommHGB/Häuser ZahlungsV Rz D 365 f; Nobbe, in: Schimansky/Bunte/Lwowski, Bankrechts-Hdb § 60 Rz 255; Schnauder WM 1996, 1069, 1073.

habers, im eigenen Namen die Schecksumme bei dem bezogenen Kreditinstitut als Angewiesenen zu erheben (ScheckG Art 1 Nr 2, Nr 3; BGB § 783 Halbsatz 1), bildet ihrerseits keinen „rechtlichen Grund" für ein Behaltendürfen des Geldbetrags, wenn das Valutaverhältnis insoweit einen Mangel aufweist.

97 Bestand hingegen die Geldforderung des Gläubigers im Valutaverhältnis, so ist fraglich, ob der durch Einlösung eines vom Schuldner ausgestellten Schecks zugeflossene Geldbetrag vom Schuldner „geleistet" worden ist, wenn der **Scheck** sich als **unwirksam** herausstellt, zB wegen formeller Mängel (sog Formungültigkeit: ScheckG Art 2 Abs 1). Denn bei einer rechtlich fehlerhaften Anweisung fehlt die Ermächtigung an den Schecknehmer und damit eine wirksame Tilgungsbestimmung des Schuldners für die (mittelbare) Zuwendung der Schecksumme im Valutaverhältnis. Dies führt dazu, dass die Einlösung des unwirksamen Schecks dem Aussteller nicht als „Leistung" an den Scheckinhaber im Valutaverhältnis zugerechnet werden kann[547]. Deshalb entfällt hier eine Leistungskondiktion nach § 812 Abs 1 Satz 1 Fall 1 im Valutaverhältnis. Ob eine Nichtleistungskondiktion des bezogenen Kreditinstituts gegen den Scheckinhaber in Betracht kommt (§ 812 Abs 1 Satz 1 Fall 2), hängt davon ab, ob die Einlösung des unwirksamen Schecks auch im Verhältnis zum Aussteller keine (Geschäftsbesorgungs-)„Leistung" ist[548].

98 ff) **Mängel in der schuldrechtlichen Ebene der Scheckabrede**. Die in der Einlösung des Schecks liegende **Geschäftsbesorgungsleistung** an den Aussteller[549] ist von dem bezogenen Kreditinstitut „ohne rechtlichen Grund" erbracht worden, wenn die **Scheckabrede** zwischen diesen Beteiligten sich als **unwirksam** erweist. Dann war das Kreditinstitut dem Aussteller schuldrechtlich nicht zur Einlösung des Schecks verpflichtet, selbst wenn im übrigen ein wirksames Giroverhältnis bestand[550]. Die ungerechtfertigte Bereicherung des Scheckausstellers liegt darin, dass er durch die Scheckeinlösung von seiner Geldschuld gegenüber dem Gläubiger (Schecknehmer) im Valutaverhältnis befreit worden ist. Die schuldbefreiende Wirkung der Zahlung mittels Scheck tritt trotz des Mangels der Scheckabrede im Deckungsverhältnis ein, weil der Aussteller mit der Begebung des formgültigen Schecks im Valutaverhältnis aus der Sicht des Gläubigers eine wirksame Tilgungsbestimmung für die Zuwendung der Schecksumme getroffen hat[551]. Bei unwirksamer Scheckabrede steht mithin dem Kreditinstitut, das als Bezogener einen Scheck eingelöst hat, eine allgemeine **Leistungskondiktion** gegen den Scheckaussteller zu, und zwar auf Wertersatz in Höhe der im Valutaverhältnis getilgten Geldschuld (§§ 812 Abs 1 Satz 1 Fall 1, 818 Abs 2)[552]. Das gleiche gilt, wenn das **Guthaben des Scheckausstellers gepfändet** war. Wurde der Scheck trotz fehlender Deckung nicht nur versehentlich, sondern in Kenntnis dieses Umstands eingelöst[553], so wird hierdurch in der Regel ein Dispositionskredit im Rahmen des Giroverhältnisses eingeräumt, der einen *vertraglichen* Anspruch auf Rückerstattung begründet. Ohne eine Kreditierung ergibt jedoch die Scheckeinlösung bei **fehlender oder uneinbringlicher Deckung** ebenfalls eine allgemeine Leistungskondiktion des Kreditinstituts gegen den Aussteller. Dieses Risiko trifft das den Scheck einlösende Kreditinstitut[554], so dass ein girovertraglicher Rückbelastungsanspruch gegen das mit dem Einzug beauftragte Kreditinstitut ebenso entfällt wie auch etwa eine Nichtleistungskondiktion gegen den Scheckinhaber, der die Schecksumme erhalten hat.

547 Vgl BGH NJW 1994, 2357, 2358 = WM 1994, 1420; BGHZ 111, 382, 386 = NJW 1990, 3194 = WM 1990, 1531; Düsseldorf WM 1993, 1327; MünchKommHGB/Häuser ZahlungsV Rz D 190; Nobbe, in: Schimansky/Bunte/Lwowski, Bankrechts-Hdb § 60 Rz 209; Martinek JZ 1991, 395, 398.
548 S unten Rz 100.
549 S oben Rz 93.
550 Vgl Nobbe, in: Schimansky/Bunte/Lwowski, Bankrechts-Hdb § 60 Rz 29.
551 Vgl Baumbach/Hefermehl WG und SchG, 2000[22], SchG Art 3 Rz 6.
552 MünchKommHGB/Häuser ZahlungsV Rz D 189.
553 Vgl die Berechtigung hierzu nach Scheckbedingungen 1995 Nr 4 Satz 1: „geduldete Kontoüberziehung" (vgl VerbrKrG § 5 Abs 2; seit 1. 1. 2002: § 493 Abs 2).
554 Vgl Häuser WM 1988, 1505.

gg) **Mängel in der wertpapierrechtlichen Ebene der Scheckausstellung**. Ist nur der Scheck selbst von rechtlichen Mängeln betroffen, so dass eine wirksame Anweisung fehlt[555], dann ändert dies nichts daran, dass in der schuldrechtlichen Ebene zwischen den Beteiligten durchaus Forderungen auf eine Geldzahlung oder eine Geschäftsbesorgung bestehen können, die jeweils als „rechtlicher Grund" wirksam sind. Fraglich ist allerdings, ob der mangelhaft ausgestellte Scheck mit den vermeintlichen Ermächtigungen noch eine hinreichende Weisung/Tilgungsbestimmung enthält, kraft derer die (mittelbaren) Zuwendungen, die durch die Einlösung des Schecks geschehen, als „Leistungen" unter den Beteiligten im Deckungsverhältnis und/oder im Valutaverhältnis zu beurteilen sind[556]. Als Mängel der scheckrechtlichen Anweisung kommen unterschiedliche Tatbestände in Betracht. 99

(1) **Formungültiger Scheck**. Beispielsweise ein nicht unterschriebener, nur mit einem Firmenstempel versehener **Scheck** ist **formungültig** (ScheckG Art 1 Nr 6, 2 Abs 1), so dass das bezogene Kreditinstitut im Deckungsverhältnis weder anweisungsrechtlich ermächtigt war noch eine wirksame geschäftsbesorgungsrechtliche Weisung erhalten hat, den Scheck einzulösen. Auch im Valutaverhältnis fehlt sowohl eine Ermächtigung als auch eine Tilgungsbestimmung, die dem Kontoinhaber/Scheck-„Aussteller" zurechenbar ist. Deshalb ist durch die Einlösung des formungültigen Schecks keine Geldleistung im Valutaverhältnis und keine Geschäftsbesorgungsleistung im Deckungsverhältnis erbracht worden. In dieser Situation ist der Weg frei für eine **Nichtleistungskondiktion** des einlösenden Kreditinstituts unmittelbar gegen den Scheckeinreicher als Empfänger der Schecksumme (§ 812 Abs 1 Satz 1 Fall 2)[557]. Denn ohne Anweisung und Weisung/Tilgungsbestimmung lässt sich die mit der Einlösung des formungültigen Schecks vollzogene Zuwendung des Kreditinstituts nicht auf die Bahnen der nur intendierten „Leistungsverhältnisse" umleiten. 100

(2) **Sog Empfängerhorizont**. Es besteht auch kein Anlass, die Nichtleistungskondiktion des bezogenen Kreditinstituts gegen den Empfänger[558] auf Fälle zu beschränken, in denen der Schecknehmer die Unwirksamkeit der Anweisung/Weisung/Tilgungsbestimmung *gekannt* hat (Bösgläubigkeit im Sinne des § 819 Abs 1)[559]. Denn auf den **„Empfängerhorizont"** kommt es erst an, wenn überhaupt eine Ermächtigung/Weisung/Tilgungsbestimmung vonseiten des Schuldners tatsächlich getroffen worden ist und nur unterschiedliche Vorstellungen bei dem Zuwendenden und dem Empfänger darüber bestehen, von wem an wen eine „Leistung" erbracht werden soll. Allein bei *dieser* Sachlage ist die zB vorhandene Tilgungsbestimmung des Schuldners als geschäftsähnliche Handlung aus dem Blickwinkel eines vernünftigen Empfängers auszulegen (§§ 133, 157 analog). Das gekennzeichnete Missverständnis zwischen Schuldner und Gläubiger kann aber von vornherein nicht auftreten, wenn bei unwirksamer Scheckausstellung gar keine Ermächtigungen auf der wertpapierrechtlichen Ebene sowie keine Weisung/Tilgungsbestimmung auf der schuldrechtlichen Ebene vorhanden sind. Hier wird mangels zurechenbarer Veranlassung der Scheckeinlösung sogar schwerlich eine Zuwendung im Valutaverhältnis vollzogen, jedenfalls aber keine „Leistung" von Geld bewirkt. Die bloßen Vorstellungen des Empfängers reichen allein nicht aus, ein Leistungsverhältnis zu schaffen[560]. 101

555 S oben Rz 97.

556 Vgl Nobbe, in: Schimansky/Bunte/Lwowski, Bankrechts-Hdb § 60 Rz 209.

557 Vgl im Ergebnis BGHZ 66, 362 = NJW 1976, 1448 = WM 1976, 1280 = LM Nr 120 zu § 812 (Girisch). Die Kondiktionsart hat der BGH seinerzeit noch offen gelassen. Zutreffend für eine Nichtleistungskondiktion der bezogenen Bank gegen den Empfänger bei wegen fehlender Währungsangabe ungültigen Schecks: Köln WM 1984, 728; zustimmend Nobbe, in: Schimansky/Bunte/Lwowski, Bankrechts-Hdb § 60 Rz 11; MünchKommHGB/Häuser ZahlungsV Rz D 191; Schnauder NJW 1999, 2841, 2842. Parallel für gefälschten Überweisungsauftrag BGH WM 1994, 1420, 1421 (s oben Rz 80).

558 S Rz 100.

559 Zutreffend Köln WM 1984, 728; Nobbe, in: Schimansky/Bunte/Lwowski, Bankrechts-Hdb § 60 Rz 211 m Fn 11; MünchKommHGB/Häuser ZahlungsV Rz D 190; Schnauder NJW 1999, 2841, 2842; fehlgehend Dresden WM 1999, 952.

560 Zum „Empfängerhorizont" im vorliegenden Zusammenhang namentlich Schnauder WM 1996, 1069, 1071; ders NJW 1999, 2841, 2844 f.

102 (3) **Andere Tatbestände einer unwirksamen Scheckausstellung**. Als Vorgänge, bei denen sich die Scheckausstellung als unwirksam erweist, kommen neben der Formungültigkeit[561] folgende Tatbestände in Betracht: Fälschung oder Verfälschung der Unterschrift oder des Urkundeninhalts[562], Geschäftsunfähigkeit des Ausstellers[563], Handeln als Vertreter ohne Vertretungsmacht[564], doppelte oder Zuvielzahlung. Für diese Fälle gilt bei Einlösung des Schecks hinsichtlich der ungerechtfertigten Bereicherung letztlich die gleiche Rechtslage wie bei Formungültigkeit: Das bezogene Kreditinstitut hat zwar die Einlösung als Geschäftsbesorgung im Verhältnis zum Aussteller „ohne rechtlichen Grund" vorgenommen, nämlich mangels einer wirksamen Weisung ohne Verpflichtung aus der Scheckabrede. Der Partner der Scheckabrede hat jedoch durch die Einlösung des Schecks nicht „etwas erlangt", insbesondere keine Befreiung von einer Verbindlichkeit im Valutaverhältnis. Ohne eine Zuwendung ist aber im Deckungsverhältnis **keine „Leistung" einer Geschäftsbesorgung** vonseiten des einlösenden Kreditinstituts an den Kunden gegeben. Im Valutaverhältnis fehlt infolge der unwirksamen Scheckausstellung eine Tilgungsbestimmung, so dass auch hier **keine „Leistung" des Kunden** an den Scheckinhaber stattgefunden hat. Für sämtliche genannten Tatbestände ist daher wiederum die **unmittelbare Nichtleistungskondiktion** des einlösenden Kreditinstituts gegen den Scheckinhaber eröffnet (§ 812 Abs 1 Satz 1 Fall 2)[565], gegebenenfalls begrenzt durch § 818 Abs 3. Ein weitergehender rechtlicher Schutz eines gutgläubigen Empfängers ist gesetzlich nicht vorgesehen (vgl § 819 Abs 1).

103 Ist der Scheckvertrag bei Einlösung des Schecks infolge Eröffnung des **Insolvenzverfahrens** über das Vermögen des Ausstellers beendet (InsO §§ 116, 115), hat das Kreditinstitut ebenfalls eine unmittelbare Nichtleistungskondiktion gegen den Scheckinhaber auf den Einlösungsbetrag (§ 812 Abs 1 Satz 1 Fall 2)[566].

104 hh) **Widerruf der Scheckanweisung**. Ein Widerruf der scheckrechtlichen Anweisung durch den Aussteller (SchG Art 32 Abs 1, BGB § 790: sog Schecksperre) lässt die anfänglichen Ermächtigungen des bezogenen Kreditinstituts und des Schecknehmers im nachhinein entfallen. Der auf der wertpapierrechtlichen Ebene wirksame Widerruf ist in aller Regel dahin auszulegen, dass der Scheckaussteller auch auf der schuldrechtlichen Ebene die geschäftsbesorgungungsrechtliche Weisung (§§ 675 Abs 1, 665) an das Kreditinstitut im Rahmen von Scheckabrede/Giroverhältnis im Sinne einer Gegenweisung widerruft (Deckungsverhältnis) sowie die in der Scheckbegebung an den Schecknehmer liegende Tilgungsbestimmung rückgängig machen will.

561 S oben Rz 100.

562 Vgl BGH WM 1990, 1280 = NJW-RR 1990, 1200; BGH NJW 1994, 2357, 2358 = WM 1994, 1420; Köln WM 1997, 213 = ZIP 1996, 1376, 1377; Naumburg WM 1998, 593, 595 = WuB I D 3.-5.98 (Harbeke); Baumbach/Hefermehl SchG Art 3 Rz 30; Nobbe, in: Schimansky/Bunte/Lwowski, Bankrechts-Hdb § 60 Rz 101, 209, 211; MünchKommHGB/Häuser ZahlungsV Rz D 190 f; Häublein ZBB 1998, 112 ff; Hadding Sparkasse 1986, 48, 52. Gefälschte oder verfälschte Schecks sind dem Kontoinhaber selbst unter wertpapierrechtlichen Rechtsscheinerwägungen nicht zurechenbar, so dass kein girovertragliches/scheckabredegemäßes Recht des einlösenden Kreditinstituts zur Belastung des Kundenkontos besteht (BGH NJW 1997, 1700 = WM 1997, 910, 911; vgl auch BGH NJW 1997, 2236, 2237).

563 Vgl BGHZ 111, 382, 386 = NJW 1990, 3194 = WM 1990, 1531; Baumbach/Hefermehl SchG Art 3 Rz 7; Nobbe, in: Schimansky/Bunte/Lwowski Bankrechts-Hdb § 60 Rz 80 ff; MünchKommHGB/Häuser ZahlungsV Rz D 191.

564 Vgl BGHZ 147, 145, 151 = NJW 2001, 1855 = WM 2001, 954 = WuB I D 3.–5.01 (Hellner); BGHZ 152, 307, 312 = WM 2003, 14; BGH WM 2004, 671 = WuB I D 3.–2.04 (Schnauder); Düsseldorf WM 1993, 1327 = WuB I D 3.-12.93 (Hein); dazu Rehbein EWiR § 812 BGB 4/93, 975; ferner Düsseldorf WM 1985, 411 = WuB I D 3.-1.85 (Hadding); KG WM 1977, 1236, 1237; im Ergebnis auch Celle WM 1976, 170 (ohne Festlegung der Kondiktionsart). In Düsseldorf WM 1985, 411 wird noch irrig auf die Kenntnis des Empfängers abgestellt (vgl Nobbe, in: Schimansky/Bunte/Lwowski, Bankrechts-Hdb § 60 Rz 211 Fn 1).

565 So zuletzt insbesondere BGH WM 2004, 671 = WuB I D 3.–2.04 (Schnauder).

566 Vgl BGHZ 67, 75 = NJW 1976, 1845 = WM 1976, 900 (für Wechsel bei Konkurs des Akzeptanten); auch LG Gera NJW-RR 2000, 937; Nobbe, in: Schimansky/Bunte/Lwowski, Bankrechts-Hdb § 60 Rz 175.

Trotz dieser erkennbaren Ausgangslage sind die bereicherungsrechtlichen Folgerungen, wenn das bezogene Kreditinstitut den Widerruf des Schecks übersieht und ihn einlöst, nach wie vor umstritten.

Der **BGH**[567] hat bisher die Rechtsansicht vertreten, dass *grundsätzlich* kein unmittelbarer Anspruch des Kreditinstituts gegen den Scheckeinreicher bestehe. Denn bis zu dem späteren Widerruf habe eine wirksame Anweisung vorgelegen. Aufgrund der durch die Aushändigung des Schecks bekannt gegebenen Tilgungsbestimmung („Zweckbestimmung") könne der Scheckeinreicher die Einlösung des Schecks als Leistung des Zahlungspflichtigen auf das Valutaverhältnis auffassen[568]. Der Bereicherungsausgleich sei deshalb nur in den durch die ursprünglich wirksame Anweisung festgelegten Leistungsverhältnissen vorzunehmen, so dass das Kreditinstitut bei einem übersehenen Scheckwiderruf sich nur an den Scheckaussteller halten könne. Nur wenn dem Zahlungsempfänger der Scheckwiderruf *bekannt* sei, stelle sich die Zahlung durch Einlösung ihm nicht mehr als „Leistung" des Anweisenden dar. Dann sei *ausnahmsweise* ein unmittelbarer Anspruch des Kreditinstituts gegen den Empfänger auf Herausgabe des Einlösungsbetrags möglich[569]. An dieser Argumentation überzeugt nicht, dass die Leistungsverhältnisse schon durch die Ausstellung und Begebung des Schecks offenbar endgültig festgelegt sein sollen[570]. Diese angebliche Unumkehrbarkeit trifft jedenfalls für die mit der Ermächtigung des bezogenen Kreditinstituts verbundene geschäftsbesorgungsrechtliche Weisung des Ausstellers im Deckungsverhältnis nicht zu. Sie wird durch die Gegenweisung in Gestalt des Widerrufs völlig beseitigt[571], so dass bei irrtümlicher Scheckeinlösung das Ausstellerkonto nicht mit der Schecksumme belastet werden kann. Bezweifeln lässt sich allenfalls, ob die mit der Ermächtigung des Schecknehmers im Valutaverhältnis zugegangene Tilgungsbestimmung als geschäftsähnliche Handlung im Hinblick auf § 130 Abs 1 Satz 2 analog noch einseitig widerrufbar ist[572]. 105

Stellungnahme. Entscheidend sollte folgende Erwägung sein: Während bei der Überweisung der Begünstigte erst *nach Abschluss des Zahlungsvorgangs* im Vollzugsverhältnis vonseiten seines Kreditinstituts mit dem „Verwendungszweck" die Tilgungsbestimmung des Überweisenden mitgeteilt erhält (vgl § 676f Satz 2), trifft der Scheckaussteller *schon durch die Scheckbegebung* mit Aushändigung der Urkunde unmittelbar gegenüber dem Schecknehmer eine ausdrückliche Tilgungsbestimmung. Der nur gegenüber dem bezogenen Kreditinstitut erklärte Widerruf des Schecks beseitigt zwar die in der Anweisung enthaltenen Ermächtigungen und die Weisung an das Kreditinstitut. Es verbleibt aber der mit der Scheckaushändigung *gegenüber dem Schecknehmer* geschaffene **Rechtsschein**, dass er weiterhin zur Erhebung der Schecksumme ermächtigt sei und die vom Scheckaussteller ihm gegenüber erklärte Tilgungsbestimmung fortbestehe[573]. Bei dieser Sachlage darf der unverschuldet auf den Rechtsschein vertrauende Scheckeinreicher davon ausgehen, dass das bezogene Kreditinstitut mit der Einlösung des Schecks eine bislang nicht widerrufene Anweisung/Weisung des Ausstellers befolge und die Zahlung auf die zugrunde liegende Forderung im Valutaverhältnis angerechnet werden soll. Dies macht es angemessen, den Aussteller mit dem Risiko zu belasten, dass sein Kreditinstitut den Widerruf übersieht oder vertragswidrig für unbeachtlich hält[574]. Von dem Aussteller kann erwartet werden, dass er den unmittelbar im Verhältnis 106

567 BGHZ 61, 289 = NJW 1974, 39 = WM 1973, 1373, 1374; BGHZ 87, 393 = NJW 1983, 2499 = WM 1983, 908 = JZ 1983, 958 (mAnm Lieb) = JR 1984, 242 (mAnm Rehbein.).

568 Vgl BGHZ 61, 289, 293f (= Fn 567).

569 Vgl BGHZ 87, 393, 397; in BGHZ 61, 289, 294 noch offen gelassen.

570 So ausdrücklich BGHZ 61, 289, 293 u BGHZ 87, 393, 397.

571 Vgl BGHZ 104, 374, 380 = NJW 1988, 3149 = WM 1988, 1325 = WuB I D 3.-15.88 (R Fischer).

572 Für manche ist dies Anlass, sogar bei Kenntnis des Scheckeinreichers von der Schecksperre eine unmittelbare Kondiktion des Kreditinstituts gegen ihn abzulehnen (vgl zB Heymann/Horn HGB^2 Anh § 372 Rz V/132 bei bestehendem Zahlungsanspruch; Canaris WM 1980, 354, 366).

573 Vgl Baumbach/Hefermehl SchG Art 32 Rz 6; MünchKomm/Lieb § 812 Rz 73; ders JZ 1983, 960, 962; Wilhelm AcP 175 (1975), 304, 348; Rehbein JR 1984 245, 246.

574 Vgl Nitsche, Festschr für Frotz, 1993, S 515, 522f.

zu dem Schecknehmer geschaffenen Rechtsschein einer fortdauernden Ermächtigung/Tilgungsbestimmung auf demselben Weg, dh erneut gegenüber dem Schecknehmer, wieder ausräumt. Unterlässt er dies, ist ihm die Einlösung des Schecks durch das bezogene Kreditinstitut als „Leistung" auf die Verbindlichkeit im Valutaverhältnis mit Erfüllungswirkung zuzurechnen. Allein mit dieser Begründung ist dem BGH[575] im Ergebnis zu folgen, den Bereicherungsausgleich hier grundsätzlich im Deckungsverhältnis zwischen dem bezogenen Kreditinstitut und dem Aussteller vorzunehmen, und zwar durch eine *Leistungskondiktion* (§§ 812 Abs 1 Satz 1 Fall 1, 818 Abs 2), weil dem Aussteller durch die Geschäftsbesorgung der Einlösung des Schecks die Befreiung von einer Verbindlichkeit im Valutaverhältnis „ohne rechtlichen Grund" zugewendet worden ist[576].

107 Der grundsätzliche Vorrang der Leistungsverhältnisse, der bei Widerruf eines Schecks (nur) gegenüber dem bezogenen Kreditinstitut im Hinblick auf den vom Aussteller gegenüber dem Schecknehmer geschaffenen Rechtsschein einer fortbestehenden Ermächtigung/Tilgungsbestimmung ausschlaggebend wird[577], ist in Frage gestellt, wenn der Schecknehmer sich nicht auf diesen Rechtsschein berufen kann. Das ist sicherlich dann der Fall, wenn der Scheckeinreicher von dem Widerruf des Ausstellers im Zeitpunkt der irrtümlichen Einlösung des Schecks **Kenntnis** hat. Insoweit ist dem BGH[578] auch hierin im Ergebnis zuzustimmen[579]. Freilich liegt es aufgrund der Regelung in §§ 170–173 nahe, dass darüber hinaus schon das **Kennenmüssen** des Widerrufs, dh die fahrlässige Unkenntnis (§ 173 iVm § 122 Abs 2), die Schutzwürdigkeit des Vertrauens auf den Rechtsschein einer „Leistung" im Valutaverhältnis, ausschließt[580]. Wenn mithin der Scheckeinreicher den Widerruf des Schecks im Zeitpunkt seiner Einlösung kannte oder kennen musste, entfällt sein schutzwürdiges Vertrauen auf eine „Leistung" des Ausstellers im Valutaverhältnis. Unter diesen Umständen ist der Zahlungsempfänger dem einlösenden Kreditinstitut unmittelbar aufgrund einer Nichtleistungskondiktion (§§ 812 Abs 1 Satz 1 Fall 2, 818 Abs 2) herausgabepflichtig[581].

108 ii) **Mängel im Interbankenverhältnis**. Hat das bezogene Kreditinstitut den Scheck durch bare oder bargeldlose Zahlung eingelöst (vgl SchG Art 34 Abs 1, 39 Abs 1 und 2), so steht ihm ab diesem Zeitpunkt der Anspruch gegen den Aussteller auf Ersatz des aufgewendeten Betrags zu (§§ 675 Abs 1, 670). Wird das mit dem Einzug beauftragte Kreditinstitut nach Einlösung des Schecks gleichwohl mit der Schecksumme vonseiten des bezogenen Kreditinstituts unberechtigt zurückbelastet, ist eine Nichtleistungskondiktion (§ 812 Abs 1 Satz 1 Fall 2) gegen das bezogene Kreditinstitut auf Wiedergutschrift der Schecksumme gegeben[582]. Diesen Anspruch hat das mit dem Einzug beauftragte Kreditinstitut an den Scheckeinreicher abzutreten, wenn es die unter dem Einlösungsvorbehalt stehende Gutschrift für ihn gemäß Nr 9 Abs 1 Satz 4 AGB-Banken/AGB-Sparkassen rückgängig gemacht hat.

109 kk) **Bereicherungsausgleich im Inkassoverhältnis**. Hat das mit dem Einzug des Schecks beauftragte Kreditinstitut (Inkassobank) dem Scheckeinreicher schon eine entsprechende Gutschrift unter Vorbehalt der Einlösung (§§ 780, 158 Abs 2) erteilt und die Disposition über das Guthaben gestattet, so liegt in einer Inanspruchnahme durch den Kunden in der Regel eine Krediteinräumung, die einen vertraglich begründeten Anspruch auf Rückerstattung (§ 607 Abs 1; seit

575 Vgl Fn 567.
576 Vgl Schnauder WM 1999, 762, 764.
577 S oben Rz 106.
578 Vgl BGHZ 87, 393, 397.
579 Ebenso Nobbe, in: Schimansky/Bunte/Lwowski, Bankrechts-Hdb § 60 Rz 213; Baumbach/Hefermehl SchG Art 32 Rz 7; Schwintowski/Schäfer, BankR § 4 Rz 315.
580 Vgl Köln NJW 1983, 1500, 1501; Münch KommHGB/Häuser ZahlungsV Rz D 194 aE; Koppensteiner/Kramer, Ungerechtfertigte Bereicherung § 6 IV 2 Fn 47; Wilhelm AcP 175 (1975), 304, 348.
581 AA Canaris WM 1980, 354, 366 f; ders, BankvertragsR Rz 739; Larenz/Canaris, SchuldR II/2 § 70 IV (S 231 f), der einen unmittelbaren Bereicherungsanspruch der einlösenden Bank gegen den Scheckeinreicher sogar bei dessen Kenntnis von dem Widerruf ablehnt, weil die Tilgungsbestimmung des Ausstellers nur einvernehmlich aufhebbar sei.
582 Vgl BGH WM 1997, 1194, 1196 f; ferner BGHZ 53, 199, 202; BGH WM 1987, 400, 401; LG Essen WM 1983, 1297, 1298 (mAnm Häuser); Häuser WM 1988, 1505 f.

1. 1. 2002: § 488 Abs 1 Satz 2) ergibt[583]. Dies kann jedoch nicht in jedem Fall angenommen werden[584]. Kommt ausnahmsweise keine vertragliche Einigung über eine Kreditgewährung zustande, hat bei Nichteinlösung des Schecks die Inkassobank wegen der Disposition des Scheckeinreichers über das aus der Gutschrift unter Vorbehalt hervorgehende Guthaben eine **Leistungskondiktion** (§§ 812 Abs 1 Satz 1 Fall 1, 818) gegen ihn[585]. § 814 steht nicht entgegen, weil die Leistung in der Erwartung erbracht wird, dass die entsprechende Verpflichtung noch entsteht. Der in Kenntnis der Nichteinlösung disponierende Kunde haftet gegebenenfalls gemäß §§ 819 Abs 1, 818 Abs 4.

d) **Zahlung mittels Kreditkarte**[586]. – aa) **Valutaverhältnis**. Hat zur Erfüllung einer Geldschuld die bargeldlose Zahlung von seiten des Karteninhabers an das Vertragsunternehmen des Kartenausgebers durch eine von diesem veranlasste Gutschrift im Überweisungsverkehr stattgefunden, so ist eine allgemeine Leistungskondiktion des Karteninhabers gegen das Vertragsunternehmen gegeben, wenn sich der Kaufvertrag oder Mietvertrag usw zwischen diesen Beteiligten aus irgendeinem Grund als nichtig oder unwirksam herausstellt (§§ 812 Abs 1 Satz 1 Fall 1, 818 Abs 2)[587]. In aller Regel wird dabei die Vorleistung des Vertragsunternehmens an den Karteninhaber zu berücksichtigen sein[588]. Das vom Kreditkartenunternehmen einbehaltene Disagio ergibt keine Entreicherung des Vertragsunternehmens (§ 818 Abs 3)[589]. Der Karteninhaber kann sich nicht etwa an das Kreditkartenunternehmen halten, das erfüllungshalber ein abstraktes Schuldversprechen (§ 780 Abs 1) gegenüber dem Vertragsunternehmen eingegangen war[590] und darauf mit der Zahlung des vom Karteninhaber geschuldeten Rechnungsbetrags abzüglich eines Disagios durch Überweisung eine eigene Geldleistung an das Vertragsunternehmen und zugleich eine Geschäftsbesorgungsleistung an den Karteninhaber[591] erbracht hat. 110

bb) **Deckungsverhältnis**. Mit der Ausgabe der Karte hat das Kreditkartenunternehmen es im Verhältnis zum Karteninhaber als Geschäftsbesorgungspflicht übernommen, Geldschulden des Karteninhabers gegenüber dem Vertragsunternehmen weisungsgemäß im Vollzugsverhältnis zu erfüllen (§§ 675 Abs 1, 631; 329)[592]. Sollte sich das Geschäftsbesorgungsverhältnis als unwirksam erweisen, werden freilich in der Regel die Voraussetzungen einer **berechtigten Geschäftsführung ohne Auftrag** (§§ 677, 683) gegeben sein. Entsprechendes gilt auch, wenn die geschäftsbesorgungsrechtliche Weisung des Karteninhabers, die in der Unterzeichnung des Belastungsbelegs oder einer anderweitig erteilten Order liegt, sich als unwirksam herausstellt[593]. Das Kreditkartenunternehmen hat hier gleichwohl dem Karteninhaber den Erhalt einer (Vor-) Leistung des Vertragsunternehmens ohne sofortige bare Zahlung ermöglicht, indem es das selbständige Schuldversprechen (§ 780) gegenüber dem Vertragsunternehmen eingegangen ist[594]. Trotz unwirksamer Weisung des Karteninhabers (vgl §§ 675 Abs 1, 665) hat der Kartenausgeber 111

583 Vgl aus der Rspr Bremen WM 1991, 1252 = WuB I D 3.-5.91 (Harbeke); Hamm WM 1995, 1441 = WuB I D 3.-9.95 (Pönisch); LG Stuttgart WM 1996, 1723 = WuB I D 3.-7.96 (Burghardt); Canaris, BankvertragsR Rz 746. Für Darlehen bei ausbleibender Deckung: Häuser WM 1988, 1505, 1507 f; Köndgen NJW 1996, 558, 566; Nobbe, in: Schimansky/Bunte/Lwowski, Bankrechts-Hdb § 61 Rz 37; Für ein Nebeneinander von vertraglichem und bereicherungsrechtlichem Rückzahlungsanspruch Horn, in: Wolf/Horn/Lindacher AGB-Ges § 23 Rz 682.

584 Vgl Bremen WM 1991, 1252 = WuB I D 3.-5.91 (Harbeke); Haertlein ZBB 1996, 368, 369, 373.

585 Vgl Haertlein ZBB 1996, 368, 376 f.

586 Vgl umfassend Nobbe, Bereicherungsausgleich bei Zahlungen mittels Universalkreditkarte, in: Festschr für Hadding, 2004, S 1007 ff.

587 Vgl Hammann, Die Universalkreditkarte – ein Mittel des bargeldlosen Zahlungsverkehrs, 1989, S 251; Freitag WM 2000, 2185, 2187; MünchKommHGB/Hadding (Bd 5, 2001) ZahlungsV Rz G 16; Nobbe (Fn 586) S 1007, 1016. Solange das Kreditkartenunternehmen noch nicht gezahlt hat, muß das Vertragsunternehmen ihm die Schuld aus § 780 erlassen (§ 397).

588 Vgl zur bereicherungsrechtlichen Abwicklung beiderseits erfüllter gegenseitiger Verträge § 818 Rz 81 ff.

589 Nobbe (Fn 586) S 1007, 1016.

590 So nunmehr BGH (XI. Zivilsenat) BGHZ 150, 286 = NJW 2002, 2234 = WM 2002, 1120; BGHZ 152, 75 = NJW 2002, 3698 = WM 2002, 2195; BGHZ 157, 256 = NJW-RR 2004, 481 = WM 2004, 426; BGH WM 2004, 1130.

591 Vgl Rz 71.

592 Vgl näher MünchKommHGB/Hadding ZahlungsV Rz G 31 ff. S auch Rz 136.

593 Hierbei handelt es sich nicht etwa um eine Einwendung aus dem Valutaverhältnis des Karteninhabers zum Vertragsunternehmen.

594 Vgl BGHZ 150, 286; 152, 75; 157, 256 (Fn 590).

auch hier den Anspruch auf Ersatz der Aufwendungen (§§ 683 Satz 1, 670), weil die Geschäftsbesorgung aus seiner Sicht dem Interesse und dem mutmaßlichen Willen des Karteninhabers entsprach. Die berechtigte Geschäftsführung ohne Auftrag bildet einen „rechtlichen Grund", der einen Anspruch wegen ungerechtfertigter Bereicherung ausschließt (vgl auch § 684 Satz 2). Die Rückabwicklung des Geschäfts ist gegebenenfalls allein im Valutaverhältnis zwischen dem Karteninhaber und dem Vertragsunternehmen durchzuführen. Anders liegen hingegen die Fälle eines dem Karteninhaber nicht zurechenbaren Missbrauchs der Kreditkarte durch einen Dritten. Hier fehlt überhaupt eine Weisung des Karteninhabers. Das Kreditkartenunternehmen/der Kartenausgeber hat keinen Anspruch gegen ihn auf Aufwendungsersatz (vgl § 676 h), so dass der Karteninhaber schon vertraglich die Rückgängigmachung der Belastung seines Girokontos verlangen kann (§§ 675 Abs 1, 666: Erfüllungsanspruch auf zutreffende Buchungen)[595].

112 cc) **Vollzugsverhältnis**. Aus der rechtlichen Einordnung der Zahlungszusage des Kreditkartenunternehmens als abstraktes Schuldversprechen (§ 780) ergibt sich, dass Einwendungen und Einreden aus dem Vollzugsverhältnis selbst, soweit sie nicht unmittelbar gerade die Entstehung oder den Bestand des abstrakten Schuldversprechens in Frage stellen, gegenüber der hierdurch übernommenen Zahlungspflicht aufgrund deren „rechtlicher Selbständigkeit" (Abstraktheit) grundsätzlich ausgeschlossen sind. Das Kreditkartenunternehmen muss hier darlegen und gegebenenfalls beweisen, dass zB der Rahmenvertrag mit dem Vertragsunternehmen etwa wegen eines Einigungsmangels (vgl §§ 154, 155) nicht zustande gekommen oder aus irgendeinem Grund unwirksam ist. Erst dann kann das Kreditkartenunternehmen, weil zugleich der rechtliche Grund des abstrakten Schuldversprechens fehlt, die Rücküberweisung eines geleisteten Betrags wegen ungerechtfertigter Bereicherung des Vertragsunternehmens verlangen (§ 812 Abs 1 Satz 1 Fall 1)[596]. Das gleiche gilt bei gefälschter Kreditkarte oder gefälschtem eingereichtem Belastungsbeleg; nicht jedoch bei mißbräuchlich verwendeter echter Kreditkarte oder nichtigem Valutaverhältnis[597].

113 Ein **Rückforderungsanspruch** des Kreditkartenunternehmens gegen das Vertragsunternehmen, weil der Karteninhaber den Aufwendungsersatz verweigert, kommt grundsätzlich nicht in Betracht. Entsprechende Vertragsklauseln sind nach § 307 unwirksam[598]. Nur *ausnahmsweise*, wenn das Vertragsunternehmen mit der Verweigerung der Rückerstattung einer auf das abstrakte Schuldversprechen empfangenen Zahlung **rechtsmissbräuchlich** handelt, weil das Fehlen eines Vergütungsanspruchs im Valutaverhältnis „zweifelsfrei und liquide beweisbar" ist, kann das Kreditkartenunternehmen bei wirksamem Rahmenvertrag eine schon geleistete Zahlung von dem Vertragsunternehmen zurückfordern. Der Anspruch ergibt sich dann jedenfalls nach § 812 Abs 1 Satz 2 Fall 1 wegen Wegfalls der Forderung aus dem abstrakten Schuldversprechen, das für diesen Fall als auflösend bedingt (§ 158 Abs 2) vereinbart auszulegen ist, oder nach § 813 Abs 1 Satz 1 iVm § 242[599].

e) **Stornorecht des Kreditinstituts.**

Schrifttum: Kolbenschlag WM 1970, 174; Möschel JuS 1972, 297, 304; Liesecke WM 1975, 238, 240; Kümpel WM 1976 Sonderbeil 1, 15; Putzo, Erfüllung mit Buchgeld, 1977, S 106; Otto/Stierle WM 1978, 530; Otto BB 1978, 987; Kümpel WM 1979, 378; G Stierle Bereicherungsausgleich bei fehlerhaften Banküberweisungen, 1980, S 174; J Berninghaus, Die Stornierungsbefugnis der Banken gemäß Ziff 4, Abs III AGB Banken, 1981; Blaurock NJW 1984, 1; Terpitz NJW 1984, 1330; R-M Jähn, BB 1985, 2285; Schönmann, Diss München 1990; Wallach, Die Befugnis der Banken zur Stornierung von Überweisungsgutschriften, 1992; M Arendts ZBB 1994, 303; O Seiler, Der Bereicherungsausgleich im Überweisungsverkehr unter Berücksichtigung des Zurückweisungsrechts des Gut-

595 Vgl zu einem „Doppelmangel" Nobbe (Fn 586) S 1007, 1023 f.

596 Wegen Verfehlung des Sicherungszwecks wenden Martinek/Oechsler, Bankrechts-Hdb² § 67 Rz 74, § 812 Abs 1 Satz 2 Fall 2 an; wie hier Nobbe (Fn 586) S 1007, 1017 f.

597 Nobbe (Fn 586) S 1007, 1019 f.

598 So BGHZ 150, 286; 157, 256 (Fn 590).

599 So BGHZ 150, 286 (Fn 590), im Anschluss an Hadding, in: Hadding/Nobbe (Hrsg), BankR 2000, 2000, S 51, 60 f.

schriftsempfängers und der Stornierungsbefugnis der Kreditinstitute, 1998, S 246–265; Kämmerer, Das Stornorecht, 1998; MünchKommHGB/Häuser ZahlungsV Rz B 266–284; Bunte, in: Schimansky/Bunte/Lwowski, Bankrechts-Hdb, 2001², § 13; Schimansky, daselbst § 47 Rz 32 b; Löhnig/M Würdinger WM 2007, 961, 962.

aa) **Funktion**. Aufgrund des in den AGB der Kreditinstitute festgelegten Stornorechts sind diese befugt, unter bestimmten Voraussetzungen einen Rückgewähranspruch gegen den Empfänger einer fehlerhaften Gutschrift im Wege der Selbsthilfe auf einfache Weise durchzusetzen[600]. Soweit das Kreditinstitut von diesem Weg der Selbsthilfe Gebrauch machen kann, ist es nicht darauf angewiesen, den Bereicherungsanspruch gerichtlich durchzusetzen. Grundlage des Stornorechts der Kreditinstitute ist der Girovertrag. Daher kann von einem Stornorecht nur Gebrauch gemacht werden, soweit vertragliche Rechtsverhältnisse vorliegen. Dies ist bei einer Hausüberweisung zwischen Bank und Empfänger oder Auftraggeber der Fall, ebenso bei der Kettenüberweisung zwischen den Banken, für die die AGB gelten, nicht aber im Verhältnis zwischen Überweisungsbank und Empfänger[601]. 114

bb) **Tragweite und Rechtsprechung**. Das Stornorecht wurde geschaffen, um den Kreditinstituten mittels einer einfachen Rückabwicklungsmethode die Beseitigung versehentlicher Buchungen zu ermöglichen, ohne auf die Zustimmung des Kontoinhabers angewiesen zu sein[602]. Diese Bankversehen können von unterschiedlicher Bedeutung sein. Soweit es sich um Schreib- und Rechenfehler handelt, hat die Stornierung nur **deklaratorische Bedeutung**. Anders sind die Fälle zu beurteilen, in denen von Anfang an ein entsprechender Überweisungsauftrag fehlt. Es handelt sich um die sog klassischen Irrtumsfälle der Doppelbuchung, der Zuvielbuchung und der Buchung für einen falschen Empfänger. Mit der Gutschrift erwirbt der Empfänger den Anspruch aus der Gutschrift, also aus einem abstrakten Schuldversprechen oder Schuldanerkenntnis, der allerdings der Nichtleistungskondiktion des Kreditinstitutes ausgesetzt ist[603]. Durch die Stornierung wird in diese Rechtsposition des Empfängers eingegriffen, ihr kommt also **konstitutive Bedeutung** zu. 115

Aus der **Rechtsprechung** sind drei Entscheidungen des BGH hervorzuheben (ferner Fn 602, 608). BGHZ 63, 87[604] betraf Berichtigungsbuchungen nach Eröffnung des Konkursverfahrens. Der BGH hat darauf hingewiesen, dass es sich um banktechnische Vorgänge zur Berichtigung interner Fehler handelte, die den Angestellten bei den Buchungen unterlaufen waren, und dass diese **Berichtigungsbuchungen** keine Auswirkungen auf die materielle Rechtslage hatten. In BGHZ 72, 9, 14 f[605] lag eine **Doppelbuchung** vor, weil die Bank die Bestätigung der fernschriftlichen Überweisung irrtümlich als neuen Auftrag aufgefasst hatte. Die Ausübung des Stornorechts scheiterte nach Ansicht des BGH nur daran, dass die irrtümliche Gutschrift in ein Saldoanerkenntnis eingegangen war, das Stornorecht aber eine Grenze an der Saldoanerkennung findet. In BGHZ 87, 246, 252[606] wurde das Stornorecht verneint, weil der Empfänger bei der Gutschrift von dem **Widerruf**, den die Bank übersehen hatte, keine Kenntnis hatte und deshalb nach der Rechtsprechung des BGH[607] ein Bereicherungsanspruch der Bank gegen den Empfänger zu verneinen war. Das Stornorecht setzt, wie der BGH in dieser Entscheidung hervorhebt, voraus, dass die Bank nach materiellem Recht einen Anspruch auf Rückzahlung des Betrages hat, dessen Gutschrift storniert werden soll. Hat die Bank die Gutschrift nicht versehentlich, sondern bewusst in Hinblick auf eine Schuldübernahme erteilt, so besteht kein Stornorecht[608]. 116

600 S BGHZ 87, 246 = NJW 1983, 2501 = WM 1983, 907.

601 S Möschel JuS 1972, 304; Stierle, Der Bereicherungsausgleich bei fehlerhaften Banküberweisungen S 174; wohl auch Canaris, BankvertragsR Rz 450, der für eine weite Auslegung der Stornoklausel eintritt.

602 S Möschel JuS 1972, 304; Putzo, Erfüllung mit Buchgeld S 111; Berninghaus, Die Stornierungsbefugnis der Banken S 15; Blaurock NJW 1984, 4.

603 Vgl oben Rz 82.

604 = NJW 1974, 2285.

605 = NJW 1978, 2149 = WM 1978, 998.

606 = NJW 1983, 2501 = WM 1983, 907.

607 S oben Rz 78.

117 cc) **Regelungen in AGB**. Das seit dem Jahre 1993 in Nr 8 AGB der Banken und Nr 8 AGB der Sparkassen geregelte Stornorecht der Kreditinstitute unterscheidet zwischen der **Stornobuchung** und einer **Berichtigungs- oder Korrekturbuchung**, je nachdem, ob die Belastungsbuchung vor oder nach einem Rechnungsabschluss vorgenommen wird. Mit der Stornobuchung können „fehlerhafte Gutschriften" rückgängig gemacht werden (zB „wegen einer falschen Kontonummer") – so Nr 8 Abs 1 AGB der Banken – oder „Gutschriften, die ohne einen verpflichtenden Auftrag gebucht werden" (zB „wegen Irrtums, Schreibfehlers oder Widerruf") – so Nr 8 Abs 1 AGB der Sparkassen[609]. Das Kreditinstitut kann auch dann stornieren, wenn die Gutschrift auf einem nichtigen, gefälschten, angefochtenen oder widerrufenen Überweisungsauftrag beruht, vorausgesetzt das Kreditinstitut kann von dem Empfänger den Verzicht auf die Rechte aus der Gutschrift als Bereicherungsherausgabe verlangen[610].

118 dd) **Stornierung im Debet**. Die Frage, ob die **Stornierung** einer Gutschrift zulässig ist, wenn der Kontoinhaber **im Debet** steht oder durch die Stornierung in das Debet gerät, wird zum Teil mit der Begründung verneint, dass die Stornierung einer Gutschrift nicht zu einer Haftung für den Passivsaldo führen kann[611]. Die Gegenmeinung, die insbesondere auf die Kontokorrentabrede sowie darauf hinweist, dass auch ein Bereicherungsanspruch der Bank vor dem nächsten Saldoanerkenntnis in das Kontokorrent eingestellt werden darf, verdient den Vorzug[612].

119 ee) **Beweislage**. Die Rechtslage des durch die Ausübung des Stornorechts betroffenen Empfängers ist dadurch verschlechtert, dass sich die Parteirollen umkehren. Dieser wird in die Rolle des Klägers gedrängt, in der er materiellrechtlich den Einwand des **Wegfalls der Bereicherung** gem § 818 Abs 3, der ihm durch die Stornierung zunächst abgeschnitten wurde, geltend machen kann. Dagegen verändert sich die **Beweislage** nicht zu seinen Ungunsten. Die Bank muss die Voraussetzungen für die Durchgriffshaftung beweisen. Insbesondere gilt dies auch für die Kenntnis des Empfängers von dem Widerruf, den die Bank übersehen hatte[613]. Da das Stornorecht mit dem kontokorrentmäßigen Rechnungsabschluss einschließlich Saldoanerkenntnis endet, macht das Kreditinstitut mit der **Berichtigungsbuchung/Korrekturbuchung**[614] die gegebenenfalls teilweise Rückforderung der Anerkenntnisse (vgl § 812 Abs 2)[615] oder die Bereicherungseinrede (§ 821) geltend. Widerspricht der Kontoinhaber, muss das Kreditinstitut klagen.

120 4. **Der finanzierte Abzahlungskauf**; **andere drittfinanzierte Rechtsgeschäfte**. – a) **Entwicklung**. Die Rechtsentwicklung bei drittfinanzierten Rechtsgeschäften hat gezeigt, dass das Abzahlungsrecht nur den Ausgangspunkt bildete, der zum Ausbau eines **umfassenden Schutzes des Kunden/Darlehensnehmens** bei allen drittfinanzierten Rechtsgeschäften geführt hat. Dies hat seinen gesetzlichen Niederschlag im VerbrKrG § 9 (seit 1. 1. 2002: §§ 358, 359) gefunden. Vgl auch zur Finanzierung von Ehevermittlungen, dienstvertraglichen Unternehmen und Unfallschäden Rz 122 ff vor § 607. Schließlich ist zu beachten, dass neben dem sozialpolitisch begründeten Schutz des Käufers im Abzahlungsrecht die Bedeutung anderer Verbotsnormen für die Unwirksamkeit drittfinanzierter Rechtsgeschäfte in der Rechtsprechung hervorgetreten ist, zB GewO § 56 Abs 1 Nr 6 sowie die Vorschriften des RBeratG[616].

608 BGH WM 1972, 283. Zur Pflicht zur Stornierung bei Mehrüberweisung s LG Berlin BB 1984, 497 (mAnm Evers).

609 Vgl auch BGH WM 1994, 1420 = NJW 1994, 2357; BGH WM 1990, 1280 = ZIP 1990, 1126; Frankfurt/M WM 1999, 1208 = WuB I D 1.-5.99 (van Gelder); zweifelhaft hingegen Hamm ZIP 1991, 364, 365.

610 So auch O Seiler, Der Bereicherungsausgleich im Überweisungsverkehr S 251 ff; MünchKomm HGB/Häuser ZahlungsV Rz B 272.

611 Liesecke WM 1975, 241; Canaris, BankvertragsR Rz 452.

612 S Stierle, Der Bereicherungsausgleich bei fehlerhaften Banküberweisungen S 198; Berninghaus, Die Stornierungsbefugnis der Banken S 152; Blaurock NJW 1984, 1, 7; Münch KommHGB/Häuser ZahlungsV Rz B 276. Vgl auch München WM 1971, 264, 265; Nürnberg WM 1977, 1336; KG KTS 1983, 447, 450; LG Berlin WM 1979, 322.

613 S oben Rz 79 u 49. Vgl auch BGHZ 72, 9 (= Fn 605); Blaurock NJW 1984, 1, 7.

614 S oben Rz 117.

615 Vgl BGH WM 1995, 362, 363; BGH WM 1992, 1522, 1523.

616 Vgl dazu die Nachw in § 817 Rz 24.

b) **Bereicherungsausgleich.** Beim **Bereicherungsausgleich** sind die Rechtsverhältnisse im Dreieck zwischen dem Finanzierungsinstitut, dem Käufer/Darlehensnehmer und dessen Geschäftspartner/Verkäufer zu betrachten. Bereicherungsausgleich und Einwendungsdurchgriff stehen in einer engen Beziehung[617]. Seit 1. 1. 2002 richtet sich die Rückabwicklung bei **verbundenen Geschäften** spezialgesetzlich nach §§ 357 f, 346; 359[618]. 121

5. Zahlt ein Dritter nur als **Bote**, **Vertreter** oder **Übermittler**, so ist er zur Zurückforderung nicht berechtigt[619]. Wird bei einer Zahlung der damit verbundene Zweck nicht angegeben und führt der Empfänger das Geld in Ausführung des vermeintlichen Willens des Leistenden dem Vermögen eines anderen zu, so ist nicht der Empfänger der Zahlung, sondern der andere auf Kosten des Zahlenden bereichert[620]. Bei offener Stellvertretung ist also der Vertretene unmittelbar bereichert. Dagegen vollzieht sich bei der **mittelbaren Stellvertretung** die Vermögensverschiebung unmittelbar zwischen dem Dritten und dem mittelbaren Stellvertreter[621]. Tilgt ein Bote mit einem Inhaberscheck des Verkäufers **eine eigene Schuld**, so liegt eine unmittelbare Vermögensverschiebung zwischen dem Boten und dem begünstigten Käufer vor[622]. Bei einem in der Zeit der Warenbewirtschaftung unter Verstoß gegen die Preisvorschriften erfolgten Verkauf durch die Einfuhr- und Vorratsstelle hat der BGH lediglich einen Anspruch der Käufer, die nur als Verteiler ohne Absatz- und Preisrisiko fungiert und den Überpreis auf ihre Abnehmer abgewälzt hatten, auf Befreiung von der Bereicherungsschuld anerkannt[623]. Zur Stellung des Putativschuldners s unten Rz 128. Leistet jemand aufgrund einer Vereinbarung mit dem **vollmachtslosen Vertreter**, so steht ihm ein Bereicherungsanspruch gegen den Empfänger zu; durch den Anspruch aus § 179 gegen den Vertreter ohne Vertretungsmacht wird der Bereicherungsanspruch nicht ausgeschlossen[624]. Jedoch entfällt ein Bereicherungsanspruch gegen den Vertretenen, wenn dieser aus Vertrag einen Anspruch gegen den Vertreter auf das von dem Dritten Geleistete hat und dem Vertreter zur Gegenleistung verpflichtet ist[625]. 122

6. Bei der **Übereignung an den, den es angeht**[626], ist der Erwerber unmittelbar bereichert[627]. Dies trifft allerdings nur für solche Fälle zu, in denen auch das schuldrechtliche Geschäft mit dem Erwerber als dem, den es angeht, zustande kommt. Dies wird jedoch nur in besonderen Ausnahmefällen angenommen werden können[628]. Die Versionsfälle betreffen Kreditgeschäfte, in denen es in der Regel dem Zuwendenden nicht gleichgültig ist, wer sein Geschäftspartner ist[629]. Bereits *Pringsheim*[630] wies darauf hin, dass die fehlende Regelung der Fälle der nützlichen Verwendung die Rechtsprechung zu Umwegen gezwungen hat, um den Bedürfnissen des Rechtslebens Rechnung zu tragen[631]. Dies hat zu den Bestrebungen geführt, den Anwendungsbereich der Regeln der offenen Stellvertretung auszudehnen[632]. Liegt ein solcher Fall nicht vor, so besteht das Leistungsverhältnis zwischen dem Zuwendenden und der Zwischenperson und es fehlt dann an der unmittelbaren Bereicherung des Erwerbers bei dem Geschäft für den, den es angeht. 123

617 Vgl zur Rechtslage vor dem In-Kraft-Treten des VerbrKrG am 1. 1. 1991: Soergel[11] Rz 88–91.
618 Pal[66]/Grüneberg § 358 Rz 19 ff.
619 RG WarnR 1917 Nr 116.
620 RG SeuffA 82 Nr 88.
621 Vgl auch zum Treuhänder oben Rz 24.
622 BGH WM 1965, 124.
623 BGHZ 36, 232 = LM Nr 52 zu § 812 (mAnm Werthauer) = JZ 1962, 538 (mAnm v Caemmerer).
624 RG JW 1919, 715 (mAnm Oertmann); Düsseldorf DR 1942, 800; dazu Pringsheim, RGFestG III S 116; v Lübtow, Beiträge zur Lehre von der condictio S 155; v Caemmerer, Festschr für Rabel I S 373.
625 BGHZ 36, 30 = NJW 1961, 2251 (mAnm Berg NJW 1962, 101) = JZ 1962, 280 (mkritAnm Flume) = LM Nr 4 zu § 179 (mAnm Rietschel): Idealheim. S oben Rz 41 bei Fn 301.
626 Vgl § 929 Rz 22, auch Rz 34 vor § 164.
627 V Lübtow, Beiträge zur Lehre von der condictio S 12.
628 Vgl Rz 36 vor § 164.
629 Vgl dazu auch Brandi, Diss Münster S 70.
630 RG FestG III, S 114.
631 Vgl auch zur Versionsklage Rz 5 vor § 812.
632 S dazu außer Pringsheim, RG FestG III S 114 auch Brandi, Diss Münster S 70.

7. **Der Vertrag zugunsten Dritter**

Schrifttum: Eugen Ulmer AcP 126 (1926), 129, 171; Heinrich Lange NJW 1965, 657; Werner Lorenz AcP 168 (1968), 288; ders JuS 1968, 441; Hadding, Der Bereicherungsausgleich beim Vertrag zu Rechten Dritter, 1970; Eike Schmidt JZ 1971, 601; F Peters AcP 173 (1973), 71; R Wetzel, Die bereicherungsrechtlichen Folgen eines mangelhaften Vertrages zu Rechten Dritter, Diss Tübingen 1975; W Bayer, Der Vertrag zugunsten Dritter, 1995, S 353–363. Für die Gegenwart statt aller: Staud/W Lorenz (1999) § 812 Rz 37–40.

124 a) **Grundsätzliches**. – aa) Nach § 328 Abs 1 ist es zulässig, dass aus einem zwischen dem Versprechenden (V) und dem Versprechensempfänger (VE) geschlossenen Vertrag (Verpflichtungsgeschäft) ein Dritter (D) „unmittelbar das Recht erwirbt, die Leistung zu fordern" (**Vertrag zu Rechten Dritter**, auch berechtigender/echter Vertrag zugunsten Dritter). Fehlt eine dahingehende „besondere Bestimmung, ist aus den Umständen, insbesondere aus dem Zwecke des Vertrags, zu entnehmen, ob der Dritte das Recht erwerben . . . soll" (§ 328 Abs 2). Ergibt sich, dass der Dritte nur Empfänger der Leistung des Versprechenden sein soll (vgl §§ 362 Abs 2, 185 Abs 1), liegt allein ein einfacher **Vertrag zugunsten Dritter** (auch ermächtigender/unechter Vertrag zugunsten Dritter) vor. Durch den Vertrag zu Rechten Dritter (§ 328 Abs 1) entsteht ein dreiseitiges Schuldverhältnis im weiteren Sinn[633]. Der am Vertragsschluss nicht beteiligte Dritte wird mangels Zurückweisung des Forderungserwerbs (vgl § 333) im Rahmen dieses Schuldverhältnisses der Gläubiger der Leistung, die V zugesagt hat. Im wichtigen Unterschied zu der angenommenen Anweisung (vgl oben Rz 67) ist die Forderung des D (§ 328 Abs 1) *nicht abstrakt*, sondern bildet den unmittelbaren rechtlichen Grund für die Leistung des V an seinen Gläubiger (D). Der VE ist nur im Zweifel nach § 335 ermächtigt, im eigenen Namen diese Leistung an D von V zu verlangen[634].

125 bb) Dem **Valutaverhältnis** zwischen VE und D steht das **Deckungsverhältnis** zwischen V und VE gegenüber[635], während für das Rechtsverhältnis zwischen V und D die Bezeichnung **Vollzugsverhältnis** vorgeschlagen wird[636]. In bereicherungsrechtlicher Hinsicht sind von Interesse die Fallgestaltungen, wenn das Valuta- oder das Deckungsverhältnis oder wenn beide Rechtsverhältnisse unwirksam sind (Doppelmangel). Durch die Zuwendung von V an D im Vollzugsverhältnis werden in allen drei Rechtsverhältnissen Leistungen erbracht (Simultanleistungen[637]). Ist VE der Schuldner des D, so wird durch die Leistung des V an D die Verpflichtung des VE gegenüber D erfüllt und zugleich die Verpflichtung, die V gegenüber dem D eingegangen ist[638]. Davon, dass eine Leistung an den D erbracht wird, geht auch die gesetzliche Regelung in den §§ 330, 331 aus[639].

126 b) **Rechtslage**. Während die Frage des Bereicherungsausgleichs bei Unwirksamkeit des Deckungsverhältnisses umstritten und nicht einheitlich zu beantworten ist, ergeben sich bei Unwirksamkeit des Valutaverhältnisses sowie beim Doppelmangel keine besonderen Fragen. Zum Stand der Meinungen und einer differenzierenden Lösung anhand des Tatbestandsmerkmals „etwas erlangt" (Nachteilsanrechnung bei D aus dem Valutaverhältnis) **vgl ie § 328 Rz 15–17**.

127 c) Bei einem einfachen (nur ermächtigenden) **Vertrag zugunsten Dritter** steht dem D kein Forderungsrecht gegen V zu. Der V ist nur ermächtigt, an den D zu leisten[640]. Ein Bereicherungsausgleich findet wie bei der Anweisung im Deckungs- oder im Valutaverhältnis statt[641].

633 Vgl Hadding, Festschr für Gernhuber, 1993, S 153, 165 ff.
634 Vgl dazu Hadding AcP 171 (1971), 403.
635 Vgl zu diesen Begriffen oben Rz 51.
636 Vgl Hadding, Der Bereicherungsausgleich beim Vertrag zu Rechten Dritter S 13.
637 Zum Begriff s oben Rz 58.
638 S auch Lorenz AcP 168 (1968), 291; Hadding, Der Bereicherungsausgleich beim Vertrag zu Rechten Dritter S 19, 101; Erman/Westermann Rz 33; krit, aber nicht zutreffend, dazu E Schmidt JZ 1971, 603.
639 S auch Hassold, Zur Leistung im Dreipersonenverhältnis S 245.
640 S auch § 328 Rz 68 f; Lorenz AcP 168 (1968), 294.
641 S dazu Lorenz AcP 168 (1968), 292.

8. **Stellung des Putativschuldners.** – a) Bei **irrtümlicher Erbringung einer von einem anderen oder gegenüber einem anderen geschuldeten Leistung** ist der Leistende bestrebt, eine **eigene Schuld, deren Bestehen** er irrigerweise überhaupt oder aber gegenüber dem Empfänger annimmt, zu erfüllen. Dadurch unterscheidet sich dieser Fall von der **Tilgung einer fremden Schuld** in der irrigen Annahme einer dazu bestehenden Verpflichtung[642]. Der Benachteiligte leistet etwas, was er nicht schuldete, und der Begünstigte erhält etwas, was er nicht fordern konnte[643]. Der Leistende kann von dem Empfänger Rückzahlung verlangen, dagegen besteht kein Bereicherungsanspruch gegenüber dem wirklichen Schuldner. Der Versicherer, der irrtümlich auf eine Schuld gezahlt hat, die einem anderen oblag, kann daher nur von dem Versicherten, nicht von dem anderen, dem wahren Schuldner, Erstattung verlangen[644]. Zahlung als Schuldner auf eine in Wahrheit einem Dritten zustehende Forderung (Irrtum über den Gläubiger) in gutem Glauben berechtigt den Zahlenden, sie vom Empfänger zurückzufordern[645] oder auch unmittelbar von einem Dritten, an den als vermeintlich neuen Gläubiger aufgrund einer Abtretung des Scheingläubigers geleistet worden war[646]. An der herrschenden Meinung hat eingehend *Georg H Maier*[647] Kritik geübt und sich für einen Regressanspruch des Putativschuldners ausgesprochen, wenn seine Leistung auch nur mittelbar zur Befreiung des Schuldners gedient hat[648]. In Weiterentwicklung der Gedankengänge von *Maier* und unter Hinweis auf das Beispiel der Tilgung von Nachlassverbindlichkeiten durch den vermeintlichen Erben mit eigenen Mitteln hat sich *v Caemmerer* für ein **Wahlrecht** des Zahlenden ausgesprochen[649]. Danach soll sich der Zahlende an den Empfänger halten oder aber die Leistung als Erfüllung gelten lassen können, so dass er beim Schuldner Rückgriff nehmen kann[650]. Der Zahlende hätte also wahlweise eine Leistungskondiktion gegen den Empfänger oder eine Rückgriffskondiktion. Bedenken gegen die Begründung des Wahlrechts erhebt *Thomä*[651]. Im „Idealheim"-Fall hat *Flume*[652] mit Recht krit hervorgehoben, dass zwischen Dreiecksbeziehung und irrtümlicher Leistung des Putativschuldners unterschieden werden müsse[653]. Für das Wahlrecht des Putativschuldners haben sich außer *Georg H Maier*, *Thomä*, *Flume* und *v Caemmerer* schon *Oertmann*[654] sowie *Ehmann*[655] und *König*[656] ausgesprochen. Im Schrifttum überwiegt mit Recht die Ablehnung des Wahlrechts[657]. Das Wahlrecht würde zu einer nicht gerechtfertigten Besserstellung des Putativschuldners insbesondere bei drohender oder eingetretener Insolvenz des Gläubigers und zur Beeinträchtigung der Interessen des Schuldners führen. Die Beschränkung des Wahlrechts auf eine ex nunc-Wirkung[658] ist auch wegen des damit verbundenen Mangels an Rechtsklarheit[659] abzulehnen. 128

b) Der **BGH**[660] hat beim Bereicherungsausgleich unter **mehreren Schädigern** es zugelassen, dass über die Höchstgrenzen der Schuld des einen Schädigers von diesem erbrachte Leistungen als für den anderen Schädiger erbracht gelten sollen. Der BGH hat dies damit begründet, dass dadurch das unbillige Ergebnis abgewandt wird, dass sich die großzügige Schadensregulierung des einen der beiden Schädiger als unverdientes Geschenk für den zweiten Schädiger auswirkt, der mit 129

642 Vgl unten Rz 131.
643 RGZ 44, 136, 143.
644 RG SeuffA 75 Nr 157.
645 Hamburg Recht 1909 Nr 2649.
646 BGH NJW 2006, 1731 = WM 2006, 1299 = VersR 2006, 802.
647 AcP 152 (1952/53), 97.
648 Vgl insbes Maier AcP 152 (1952/53), 100 zur Rechtslage bei Insolvenz des Gläubigers und Verjährung seines Anspruchs.
649 S v Caemmerer, Festschr Dölle I S 135, 153.
650 S auch Flume JZ 1962, 282 (Anm).
651 JZ 1962, 623; gegen ihn v Caemmerer, Festschr Dölle I S 151; vermittelnd Sinn NJW 1968, 1857.
652 JZ 1962, 281 (Anm zu BGHZ 36, 30). Vgl Rz 41 bei Fn 301.
653 Vgl auch Berg NJW 1962, 101 (Anm); v Caemmerer, Festschr Dölle I S 163.
654 AcP 82 (1894), 465.
655 NJW 1969, 403 und 1835.
656 BJM-Gutachten S 1568.
657 W Lorenz AcP 168 (1968), 286, 308; ders, Festschr Rechtsvergleichung S 267; Staud/Lorenz Rz 59; Erman/Westermann Rz 31; Münch Komm/Lieb Rz 76; Larenz, SchuldR[12] II § 68 III e; Medicus, BürgerlR § 35 IV 3 Rz 951; Meyer, Der Bereicherungsausgleich in Dreiecksverhältnissen S 100; Roth JZ 1972, 153.
658 So Wilhelm, Rechtsverletzung S 175, und ihm folgend Koppensteiner/Kramer, Ungerechtfertigte Bereicherung S 54.
659 So mit Recht Meyer, Der Bereicherungsausgleich in Dreiecksverhältnissen S 103.
660 NJW 1964, 1898 = LM Nr 18 zu StVG § 17.

seiner Leistung zurückgehalten hat. Unter Bezugnahme auf diese Entscheidung hat der BGH[661] hervorgehoben, dass, soweit die Voraussetzungen für eine Ausgleichung nach § 426 fehlen, bei Zuvielzahlung des einen Schädigers ein Bereicherungsanspruch gegen den anderen nicht grundsätzlich ausgeschlossen ist. Die Rechtsprechung des BGH betrifft somit nur ein Sonderproblem des Bereicherungsausgleichs unter Nebentätern. Folgerungen allgemeiner Art hat der BGH aus dieser Rechtsprechung nicht gezogen. Bei unerlaubter Arbeitnehmerüberlassung hat der BGH[662] die Frage offen gelassen, weil es in Hinblick auf die gesetzliche Regelung auf eine Tilgungsbestimmung des Dritten, der irrtümlich geleistet hat, nicht ankam.

130 c) Zu beachten ist der **Unterschied** zwischen dem hier behandelten Fall, dass sich beide, der Gläubiger und der Leistende, im Irrtum über die eigene Verpflichtung des Leistenden befinden, zB bei der Zahlung des Scheinerben auf eine Nachlassverbindlichkeit, und dem Irrtum des Gläubigers darüber, dass der Leistende für sich und nicht für einen Dritten seine Leistung erbringen will. *Larenz*[663] hebt daher mit Recht den Unterschied zwischen dem **beiderseitigen Irrtum über die Person des Schuldners** und dem **Anschein einer Drittleistung für den Empfänger** hervor. Bei der letzteren Fallgruppe wendet der BGH in ständiger Rechtsprechung die Empfängerhorizont-Lehre an[664]. Zum Bereicherungsanspruch des **Scheinvaters** vgl oben Rz 17. Überweist der Versicherungsträger nach dem Tode des Rentenberechtigten in Unkenntnis dieses Umstandes irrtümlich auf das von den Erben fortgeführte Bankkonto des Erblassers, so haften die Erben als Gesamtschuldner für die Rückzahlung[665].

131 9. **Leistung eines Dritten auf eine nicht bestehende Schuld**. Eine besondere Fallgruppe liegt vor, wenn jemand eine fremde Schuld tilgt, ohne dass er als Leistungsmittler aufgrund einer Anweisung tätig wird oder der Schuldner ihn dazu veranlasst hat, zB im Rahmen eines Auftrags[666]. Im Gegensatz zur Anweisung setzt der Dritte eine **eigene Tilgungsbestimmung**[667]. Wie sich aus **§ 267** ergibt, bedarf der Dritte zur Leistung an den Gläubiger nicht der Einwilligung des Schuldners. Doch steht dem Gläubiger ein Ablehnungsrecht zu, wenn der Schuldner widerspricht, falls nicht ein Fall des § 268 vorliegt. Dem Dritten steht eine Rückgriffskondiktion gegen den Schuldner zu, falls nicht ein gesetzlicher Forderungsübergang stattfindet. Ausgeschlossen ist die Kondiktion im Fall des Vorliegens einer Geschäftsführung ohne Auftrag[668]. Für den Bereich der Dreiecksfälle stellt sich die Frage, wie sich der **Bereicherungsausgleich** vollzieht, wenn der Dritte **auf eine nicht bestehende Schuld zahlt**, zB wenn diese niemals entstanden ist oder getilgt ist. Eine berechtigte Geschäftsführung ohne Auftrag kommt dann nicht in Betracht. In Hinblick darauf, dass der Dritte keinen eigenen Leistungszweck gegenüber dem Gläubiger verfolgt, vertrat *Esser* die Auffassung, dass dem Dritten nur ein Anspruch gegen den Schuldner, gerichtet auf Abtretung des Anspruchs des Schuldners gegen den Gläubiger, zustehe[669]. Die ganz überwiegende Meinung hat sich **für eine Kondiktion des Dritten gegen den Gläubiger** mit Recht ausgesprochen[670]. Ebenso wie beim Fehlen der Anweisung ist der Gesichtspunkt maßgeblich, dass der Scheinschuldner keine Veranlassung gegeben hat[671]. Kein bereicherungsrechtlicher Ausgleich ist zwischen dem ablösenden und dem abgelösten Grundschuldgläubiger zu vollziehen, wenn der vorrangige aufgrund der Ablösung (§§ 1192 Abs 1, 1150, 268) einen Übererlös erzielt[672].

661 NJW 1978, 2392 = LM Nr 46 zu § 426.
662 BGHZ 75, 299 = NJW 1980, 452.
663 SchuldR[12] II § 68 III e.
664 S dazu oben Rz 45.
665 BGHZ 71, 180 = NJW 1978, 1385.
666 S Beuthien JZ 1968, 326.
667 Vgl v Caemmerer JZ 1962, 386; Lorenz AcP 168 (1968), 298; Staud/Lorenz Rz 42; Meyer, Der Bereicherungsausgleich in Dreiecksverhältnissen S 139.
668 Vgl dazu die Übersicht oben Rz 30 sowie unten Rz 170 zur Rückgriffskondiktion.
669 Vgl Esser, SchuldR II 1971[4] § 102 I 2; ebenso Köndgen, FestG für Esser S 67 unter Hervorhebung der konstruktiven Richtigkeit; ferner E Schmidt JZ 1971, 606; Wieling JuS 1978, 803.
670 Vgl Esser/Weyers, SchuldR II § 48 III 4; Staud/Lorenz Rz 42; Meyer, Der Bereicherungsausgleich in Dreiecksverhältnissen S 144 mweit Nachw; Medicus, BürgerlR § 27 II 5 Rz 685 mit Hinweis auf die Wertungsgleichheit mit den Anweisungsfällen.
671 Vgl auch RGZ 60, 284, 287; BGH WM 1967, 483.
672 BGH WM 2005, 1271 = WuB I F 3.-4.05 (Rimmelspacher).

10. **Bürgschaft**. – a) Vorhandensein und Umfang der Hauptschuld sind aufgrund des Abhängigkeitsgrundsatzes für die Bürgschaft maßgebend[673]. Daher kann der Bürge sich gegenüber dem Gläubiger auf die Nichtigkeit der Hauptschuld berufen. Allerdings kann sich aus der Bürgschaft im Wege der Auslegung ergeben, dass diese sich auch auf die Bereicherungsschuld des Hauptschuldners erstreckt[674]. Hat der Bürge irrtümlich trotz Nichtigkeit der Hauptschuld gezahlt, so steht ihm ein Bereicherungsanspruch gegen den Gläubiger zu. Dies entspricht der allgM[675]. Zahlt eine bürgende Bank nach Inanspruchnahme aus der Bürgschaft an den Gläubiger auf dessen Konto bei einer anderen Bank, richtet sich ihr bereicherungsrechtlicher Rückforderungsanspruch gegen den Gläubiger, nicht gegen dessen Bank[676]. Nicht zuzustimmen ist *Canaris*[677], der sich für den Bereicherungsausgleich im Dreieck und somit für einen Anspruch des Hauptschuldners gegen den Gläubiger ausspricht. Der Bürge kann nach § 768 Abs 1 Satz 1 die dem Hauptschuldner zustehenden Einreden geltend machen. Ebenso kann er sich gegenüber dem Gläubiger auf Einreden und Einwendungen aus eigenem Recht berufen[678]. Von dem zwischen Gläubiger und Bürgen ansonsten bestehenden Rechtsverhältnis ist die Bürgschaft unabhängig[679]. Ein Rechtsverhältnis zwischen Bürgen und Hauptschuldner setzt die Bürgschaft nicht voraus[680]. Soweit ein solches Rechtsverhältnis besteht, kann der Bürge aus diesem keine Einwendungen gegen den Gläubiger herleiten[681]. **132**

b) Hat der Bürge auf eine überhaupt nicht oder nicht in diesem Umfang bestehende Bürgschaft an den Gläubiger geleistet, so hat er gegen diesen einen Bereicherungsanspruch; der Gläubiger kann sich nicht darauf berufen, er habe nur das erhalten, was er vom Schuldner zu fordern habe[682]. Wird ein Bürgschaftsversprechen für einen Kredit gegeben, um ein weiteres, nachrangiges Sicherungsmittel zu ermöglichen, so kann die Bürgschaft nicht gem § 812 Abs 1 Satz 2 Fall 1 nach Wegfall der nachrangigen Sicherheit zurückgefordert werden[683]. Ein Bürgschaftsversprechen kann dagegen nach § 812 Abs 1 Satz 2 Fall 2 zurückverlangt werden, wenn der mit der Leistung nach dem Inhalt des Rechtsgeschäfts bezweckte Erfolg nicht eintrat[684]. **133**

11. **Befreiende Schuldübernahme**. Dem Übernehmer steht ein Bereicherungsanspruch gegen den Empfänger als den vermeintlichen Gläubiger zu, wenn die **Schuld nicht bestand**, ohne Unterschied, ob die Schuldübernahme nach § 414 oder nach § 415 vereinbart ist. Bei **Unwirksamkeit** eines zwischen dem Gläubiger und dem Übernehmer gem § 414 geschlossenen **Übernahmevertrages** ist ebenfalls ein Bereicherungsanspruch gegen den Gläubiger gegeben. Dagegen können nach § 417 Abs 2 **Einwendungen** aus dem zugrunde liegenden Rechtsgeschäft mit dem früheren Schuldner, dem Deckungsverhältnis, dem Gläubiger nicht entgegengesetzt werden[685]. Auch bei Unwirksamkeit eines gem § 415 geschlossenen Übernahmevertrages besteht ein Bereicherungsanspruch des Übernehmers gegen den Gläubiger. In diesem Fall ist es str, ob die Unwirksamkeit des Grundgeschäfts sich gem § 139 auch auf die Übernahmeerklärung erstreckt[686]. Bei arglistiger Täuschung des Übernehmers durch den Schuldner stellt sich die Frage einer einschränkenden Wirkung der Anfechtung unter dem Gesichtspunkt eines Vertrauensschutzes des Gläubigers[687]. **134**

673 S § 767 Rz 1.
674 S § 765 Rz 6; § 767 Rz 4 mNachw.
675 Staud/Lorenz Rz 48; MünchKomm/Lieb Rz 128. Eingehend Koziol ZBB 1989, 16.
676 Vgl Hamm WM 2001, 1064.
677 Festschr für Larenz, 1973, S 837.
678 S § 768 Rz 12.
679 S Rz 8 vor § 765.
680 S Rz 10 vor § 765.
681 Vgl v Caemmerer JZ 1962, 386, der entspr den Rechtsgedanken des § 417 Abs 2 heranzieht; Lorenz AcP 168 (1968), 298.
682 S BGH NJW 1970, 134 = LM Nr 87 zu § 812; v Caemmerer, Festschr für Dölle I S 134, 143.
683 BGH NJW 1979, 646 = LM Nr 25 zu § 765.
684 RGZ 118, 358: Bürgschaft zu dem Zweck des Schutzes vor einer Disziplinarstrafe oder strafrechtlichen Verfolgung; s unten Rz 204.
685 Vgl auch v Caemmerer JZ 1962, 386.
686 Vgl dazu Erman/Westermann § 417 Rz 3 mNachw.
687 Vgl abl zu BGHZ 31, 321 Erman/Westermann § 417 Rz 4; Staud/Lorenz Rz 46.

135 12. **Schuldbeitritt**. Bestand die Forderung nicht, so steht dem Dritten, der aufgrund des Schuldbeitritts an den Empfänger, den scheinbaren Gläubiger, gezahlt hat, ein Bereicherungsanspruch gegen diesen zu. Dasselbe gilt im Falle der Unwirksamkeit des Schuldbeitritts. In BGHZ 72, 246[688] („Grundschuldzinsen-Fall") handelte es sich um eine gescheiterte Schuldübernahme. Der Grundstückskäufer, der in Anrechnung auf den Kaufpreis eine Grundschuld übernommen hatte, erhielt nicht die Genehmigung und trat vom Vertrag zurück. In der Zwischenzeit hatte der Käufer Zinsen auf die Grundschuld entrichtet. Dazu wäre er nach § 415 Abs 3 gegenüber dem Verkäufer verpflichtet gewesen. Jedoch war zwecks Verstärkung der Stellung des Verkäufers die Form eines zeitweiligen Schuldbeitritts mittels eines Vertrages zugunsten Dritter vereinbart worden. Mit Recht hat der BGH entschieden, dass der Bereicherungsausgleich im Deckungsverhältnis gegenüber dem Verkäufer zu vollziehen ist. Die Zweckrichtung, nach der der Schuldbeitritt nur eine Hilfsfunktion hatte, ist als maßgebend anzusehen, so dass der Ausgleich wie bei einer Erfüllungsübernahme[689] stattzufinden hat[690]. Anders wäre die Rechtslage zu beurteilen gewesen[691], wenn die Zahlung nur unter der Voraussetzung der Genehmigung der Schuldübernahme erfolgt wäre, weil dann die Voraussetzungen des § 812 Abs 1 Satz 2 Fall 2 erfüllt wären[692].

136 13. **Erfüllungsübernahme**. In diesem Fall sind die beiden Leistungsverhältnisse, nämlich das Deckungsverhältnis des Dritten zum Schuldner sowie das Valutaverhältnis des Gläubigers zum Schuldner, zu unterscheiden. Es besteht, worauf der BGH hingewiesen hat, die gleiche Rechtslage wie bei der Anweisung[693]. Ist die Erfüllungsübernahme unwirksam, so hat der Gläubiger zwar die Leistung erhalten, die der Schuldner ihm schuldete. Der Dritte hat wegen dieser Befreiung des Schuldners von seiner Verbindlichkeit nur einen Anspruch gegen diesen, also im Deckungsverhältnis. Allein der Weg ist maßgebend, den die Zahlung ohne die Abkürzung genommen hätte[694]. Anders beurteilt der BGH in der oben zitierten Entscheidung die bei einem **Teilungsabkommen** bestehende Verpflichtung des Haftpflichtversicherers. Der BGH nimmt eine eigene, selbständige, der Bürgschaft vergleichbare Verpflichtung an, so dass bei einer über die vereinbarte Haftungsgrenze hinausgehenden Leistung wie bei der Bürgschaft ein Rückforderungsrecht gegen den Gläubiger anzunehmen ist.

137 14. **Abtretung einer nicht bestehenden Forderung**. Die Frage, ob der Schuldner, der an den Zessionar als den Scheingläubiger geleistet hat, einen Bereicherungsanspruch gegen den Zessionar oder aber gegen den Zedenten geltend zu machen hat, ist umstritten und vom RG in ständiger Rechtsprechung mit Recht im ersteren Sinne entschieden worden[695]. Die zunächst zur Stellung des Schuldners ergangenen Entscheidungen des BGH[696] können nicht für die Gegenmeinung angeführt werden[697]. Der BGH hat hier den Tatbestand des § 812 verneint, weil infolge des Konkurses des Zedenten ein Abrechnungsverhältnis aufgrund von KO § 17 (jetzt InsO § 103) entstanden war. Sodann hat der BGH[698] in zwei Fällen den Bereicherungsherausgabeanspruch des Schuldners *gegen den Zessionar* bejaht. Freilich hat der BGH[699] in dem bekannten Feuerversicherungsfall sich grundsätzlich für die Kondiktion *gegen den Zedenten* entschieden. Dies entspricht der im Schrifttum verschieden begründeten Mehrheitsmeinung[700]. Diese Ansicht trifft nicht zu. Das Gesetz lässt den

688 = NJW 1979, 157.
689 S unten Rz 136.
690 Vgl auch dazu BGHZ 82, 28 = NJW 1982, 173.
691 BGHZ 72, 246, 249.
692 Vgl auch oben Rz 133 aE. Der Kritik von Weitnauer, NJW 1979, 2008, ist daher nicht zuzustimmen; gegen ihn zutreffend Canaris WM 1980, 370.
693 S BGH NJW 1970, 134 = LM Nr 87 zu § 812.
694 BGHZ 72, 246, 251 = NJW 1979, 157: Grundschuldzinsen-Fall; s dazu oben Rz 135.
695 Vgl außer RG JW 1938, 1329 = SeuffA 92 Nr 110 die von König, BJM-Gutachten S 1587 zit Rspr sowie die Analyse bei Staud/Lorenz § 812 Rz 41. Die einzige Ausnahme bildet die nicht weiter begründete Entscheidung des RG in LZ 1911, 61.
696 WM 1963, 964 = BB 1963, 1076; NJW 1963, 1869 = WM 1963, 750 = LM Nr 6 zu § 404.
697 So auch Dörner, Dynamische Relativität, 1985, S 330 Fn 11.
698 NJW 1989, 161; BGHZ 113, 62, 70.
699 BGHZ 105, 365; ebenso BGHZ 122, 46; BGH NJW 2005, 1369 = WM 2005, 759 = WuB IV A. § 812 BGB 4.05 (J Kohler); dazu St Lorenz LMK 2005, 84.
700 Vgl außer König, BJM-Gutachten S 1587; Staud/Lorenz Rz 41 mwNachw; Erman/Westermann Rz 36; MünchKomm/Lieb Rz 121 ff; Canaris, Festschr für Larenz, 1973, S 834, der

Gläubigerwechsel zu. Der Schuldner kann sich dagegen durch Ausschluss der Abtretung schützen und damit auch gegen das Insolvenzrisiko[701]. Der Schutz des Schuldners ist also kein geeignetes Argument, um die Gegenmeinung zu stützen[702]. Im Verhältnis zum Zedenten könnte der Schuldner sich auch auf § 818 Abs 3 berufen[703]. Schließlich trifft auch ein Vergleich mit dem Vertrag zugunsten Dritter nicht zu, denn es handelt sich nicht um Simultanleistungen, die der Schuldner hier erbringt[704], so dass auch der Hinweis auf eine Tilgungswirkung im Verhältnis zwischen Zedenten und Zessionar die Gegenmeinung nicht rechtfertigt[705]. Vor allem aber ist zu berücksichtigen, dass nicht das gegebenenfalls fortbestehende Schuldverhältnis im weiteren Sinne zwischen dem Schuldner und dem Zedenten einen „rechtlichen Grund" für die Leistung des Schuldners an den Zessionar enthält; vielmehr bildet allein die Forderung in der Person des Zessionars den „rechtlichen Grund" für diese Leistung[706]. Die Leistung als rechtsgrundbezogene Zuwendung des Schuldners (mit entsprechender Tilgungsbestimmung) findet deshalb allein an den Zessionar als tatsächlichen oder vermeintlichen Gläubiger statt[707]. Im Falle des sog **Scheinvaters** hat der BGH einen Bereicherungsanspruch nach Anfechtung der Ehelichkeit des Kindes gegen den Sozialhilfeträger, der dem Kind Hilfe gewährt und dessen Unterhaltsanspruch auf sich übergeleitet hat, bejaht[708]. Dabei hat der BGH einen Vergleich mit anderen Dreiecksfällen angestellt und als entscheidend für die Bejahung des Anspruchs gegen den Sozialhilfeträger angesehen, dass in Wirklichkeit ein bereicherungsrechtliches Dreieck nicht vorliegt, weil die Vermögenslage des Kindes sich durch die Zahlungen des Scheinvaters nicht irgendwie verändert hat.

15. **Fallgestaltungen des Bereicherungsausgleichs bei Forderungspfändung**. Dem Schutz des Schuldners und des Drittschuldners dienen § 408 Abs 2 iVm § 407 sowie ZPO § 836 Abs 2. Dabei ist zu berücksichtigen, dass die §§ 407, 408 bloße Schutzvorschriften zugunsten des Schuldners sind, dem es überlassen bleibt, ob er davon Gebrauch macht[709]. Der Schutz des ZPO § 836 Abs 2 betrifft nach dem Wortlaut zwar nur das Verhältnis des Drittschuldners zum Schuldner, gilt jedoch nach BGHZ 66, 394[710] auch im Verhältnis zum Pfändungsgläubiger des Schuldners[711]. Bei **§ 816 Abs 2** ist die Erweiterung des Anwendungsbereichs zu berücksichtigen, die sich daraus ergibt, dass nach der Rechtsprechung des BGH § 816 Abs 2 anwendbar ist, wenn die Leistung an den Nichtberechtigten **erst durch die Genehmigung** des Berechtigten wirksam wird[712]. Es ergeben sich somit unterschiedliche Fallgestaltungen je nachdem, ob nach dem Prioritätsgrundsatz einer Abtretung oder einem Pfändungs- und Überweisungsbeschluss der Vorrang gebührt[713] sowie ob ein Schuldnerschutz gem § 816 Abs 2 eingreift oder nicht. Hat der Drittschuldner, obwohl er Kenntnis von der Abtretung oder einem Pfändungs- und Überweisungsbeschluss erhalten hatte, (zB infolge eines Versehens) aufgrund eines später erlassenen Pfändungs- und Überweisungsbeschlusses an den nachrangigen Pfandgläubiger gezahlt, so steht ihm gegen diesen ein Bereicherungsanspruch zu, und er muss sich nicht an den Vollstreckungsschuldner halten[714]. Mit Recht sind von *Lieb*[715] und *Schubert*[716] Bedenken gegen die Ausführungen in BGHZ 82, 28, 32 zum mehrfachen Tilgungszweck 138

aber in Ausnahmefällen für den Durchgriff eintritt; Kupisch, Gestzespositivismus im Bereicherungsrecht S 84.

701 S Reuter/Martinek, HBSchuldR Bd 4, § 12 VI 2.

702 Ebenso Reuter/Martinek, HBSchuldR Bd 4, § 12 VI 2.

703 Vgl Köndgen, FestG für Esser S 66.

704 So auch Larenz, SchuldR[12] II § 68 III i.

705 Ebenso Reuter/Martinek, HBSchuldR Bd 4, § 12 VI 2.

706 Vgl allgemein Hadding, Festschr für Kroeschell, 1997, S 293, 303 f.

707 So im Ergebnis auch Dörner NJW 1990, 473 f; Bayer JuS 1990, 883; Fikentscher, SchuldR, 1997[9], Rz 1156; Gernhuber, BürgerlR, 1991[3], § 47 I 7; Schnauder, Grundfragen zur Leistungskondiktion bei Drittbeziehungen S 208; Schreiber Jura 1986, 542; Medicus, BürglR Rz 685 a und insbes neuerdings Flume AcP 1999 (1999), 18 ff.

708 BGHZ 78, 201 = NJW 1981, 48; s auch oben Rz 17.

709 S § 816 Rz 47 mNachw.

710 = NJW 1976, 1453.

711 Ebenso BGHZ 82, 28 = NJW 1982, 173.

712 S § 816 Rz 51 mNachw.

713 S auch § 816 Rz 47.

714 BGHZ 82, 28 = NJW 1982, 173 = JZ 1982, 285 (mAnm Schubert); dazu auch Lieb ZIP 1982, 1153; ebenso LG Bremen (mzustAnm Medicus NJW 1971, 1366); aM München NJW 1978, 1438. Vgl auch Joost WM 1981, 82 und zur Abtretung oben Rz 137 zu BGHZ 78, 201, 206.

715 ZIP 1982, 1153.

716 JZ 1982, 285 (Anm).

erhoben worden. Der Drittschuldner zahlt, wie schon *Medicus*[717] mit Recht hervorgehoben hat, auf seine im Pfändungs- und Überweisungsbeschluss genannte vermeintliche Verbindlichkeit[718]. Zahlt der Drittschuldner aufgrund eines unwirksamen Pfändungs- und Überweisungsbeschlusses die Kosten dieses Beschlusses, so ist der Gläubiger auf Kosten des Schuldners bereichert[719].

139 16. **Einbaufälle**. Der Einbau von Material sowie die Einfügung von Sachen, zB von Heizungsanlagen, bei der Errichtung des Hauses führt nach § 946 iVm §§ 93, 94 zum Eigentumserwerb des Grundstückseigentümers mit der Rechtsfolge, dass nach § 951 infolge der Verweisung die §§ 818 ff anzuwenden sind[720]. In diesem Zusammenhang ergibt sich vielfach ein Ineinandergreifen von Leistungs- und Eingriffskondiktion im **Dreieck** zwischen Bauherrn, Bauunternehmer sowie Handwerker oder Baustofflieferant[721]. Das RG hatte einen Bereicherungsanspruch des Bauhandwerkers, der aufgrund eines Vertrages mit dem Bauunternehmer tätig geworden war und einen Rechtsverlust gem §§ 946–950 erlitten hatte, gegen den Grundstückseigentümer verneint[722]. Dem Schutze des Bauherrn dient die vom BGH entwickelte **Empfängerhorizont-Lehre**[723]. Bei der Lieferung von **Baustoffen unter verlängertem Eigentumsvorbehalt** stellt sich, wenn diese Baustoffe unter Verletzung dieses Eigentumsvorbehalts, zB einem Abtretungsverbot, eingebaut wurden, die Frage eines Bereicherungsanspruchs des Lieferanten gegen den Grundstückseigentümer (den Bauherrn). Der BGH hat diesen Anspruch verneint, weil sich mit Rücksicht auf die doppelte Leistungsbeziehung jeder nur an seinen Vertragspartner halten könne[724]. Der Kritik an dieser Entscheidung ist nicht zuzustimmen[725]. Dagegen ist eine Eingriffskondiktion zu bejahen, wenn das **Baumaterial abhanden gekommen** war. Dies ergibt sich aus den Wertungen der §§ 932 ff, 935[726].

V. Eingriffskondiktion

Schrifttum: Schlechtriem, Bereicherung aus fremdem Persönlichkeitsrecht, in: Festschr für Hefermehl, 1976, S 445; Günther, Abermals: Mobiliarzwangsvollstreckung in schuldnerfremde Sachen und Bereicherungsrecht, AcP 178 (1978), 456; H P Westermann, Sonderprivatrechtliche Sozialmodelle, AcP 178 (1978), 150, 184; König, BJM-Gutachten, 1981, S 1515 ff, 1550: Eingriffskondiktion; Schlechtriem, Güterschutz durch Eingriffskondiktionen, in: Symposium König, 1984, S 57; Sack, Die Lizenzanalogie im System des Immaterialgüterrechts, in: Festschr für Hubmann, 1985, S 373; Gerlach, Ungerechtfertigte Zwangsvollstreckung und ungerechtfertigte Bereicherung, 1986; R Schurer, Der Schutzbereich der Eingriffskondiktion, Diss Tübingen, 2000; B Ebert, Bereicherungsausgleich im Wettbewerbs- und Immaterialgüterrecht, 2001; R Eller, Bereicherung durch Eingriff, 2002. S auch die Übersicht von Hüffer JuS 1981, 263.

Vgl im übrigen die Schrifttumsangaben vor den Vorbem zu § 812.

140 1. **Grundsätzliches**. – a) Unter den Nichtleistungskondiktionen nimmt die Eingriffskondiktion mit ihren Untergruppen wegen ihres weiten Anwendungsbereichs die wichtigste Stellung ein[727]. Die Unterscheidung zwischen Leistungskondiktion und Bereicherung in sonstiger Weise hat es ermöglicht, auch die Fälle des Eingriffserwerbs in ihren Voraussetzungen und unterschiedlichen Fallgruppen schärfer zu erfassen. Dazu diente die **Ablehnung der Schadenstheorie**[728] sowie des **Unmittelbarkeitsprinzips**, wie es früher zugrunde gelegt wurde[729]. Diese Entwicklung ist ebenso

717 NJW 1971, 1366 (Anm).
718 Zu einer Überzahlung des Drittschuldners an den Vollstreckungsgläubiger einer gepfändeten Forderung: BGH NJW 2002, 2871 = LM § 140 BGB Nr 28 (Walker).
719 Köln Recht 1927 Nr 1185 = LZ 1927, 926.
720 Vgl oben Rz Rz 7 f vor § 812.
721 Eingehend W Lorenz, Festschr für Serick, 1992, S 255.
722 Vgl oben Rz 34, 45 u § 951 Rz 2, beide mNachw.
723 Vgl zu den Leitentsch in BGHZ 36, 30 u 40, 272 oben Rz 45 ff u § 951 Rz 3.
724 BGHZ 56, 228, 240; s dazu § 951 Rz 4 mNachw.
725 So auch Reuter/Martinek, HBSchuldR Bd 4, § 12 II 2 abl zur Kritik von Wilhelm, Rechtsverletzung S 155.
726 S auch oben Rz 34; § 951 Rz 3.
727 Vgl dazu die Übersicht oben Rz 26 ff.
728 Vgl oben Rz 37.
729 Vgl oben Rz 38; s dazu auch unten Rz 141.

auch bei der Leistungskondiktion zu beobachten[730]. Die Zusammenhänge verdeutlichen, dass es trotz der vielfältigen Differenzierungen gerechtfertigt ist, von einer systematischen Einheit des Bereicherungsrechts in einem weiteren Sinn auszugehen[731]. Einen erheblichen Fortschritt brachte die **Rechtswidrigkeitslehre**, die *Fritz Schulz*[732] in einem „System der Rechte auf den Eingriffserwerb" entwickelt hat. Diese Lehre hat freilich Kritik gefunden[733], ist aber in neuerer Zeit auch fortentwickelt worden[734]. In der **Rechtsprechung** sowie überwiegend auch im Schrifttum wird gegenwärtig die von *Wilburg* und *v Caemmerer* begründete **Lehre vom Zuweisungsgehalt** vertreten[735]. Die durch den Eingriff in ein Rechtsgut entstehende Kondiktion leitet nach der Formulierung von *Wilburg* aaO ihre Existenz von dem Recht ab, das dieses Gut schützt, so dass sie als **Rechtsfortwirkungsanspruch** zu kennzeichnen ist[736]. Gegen die Rechtswidrigkeitslehre ist vor allem eingewandt worden, dass rechtswidriges Handeln nicht immer schon einen Bereicherungsanspruch auslöst[737]. Andererseits kann eine Eingriffskondiktion auch in Betracht kommen, wenn keine Rechtswidrigkeit vorliegt, zB bei Bereicherung durch Handeln des Entreicherten oder durch Naturvorgang[738].

b) Der **Lehre vom Zuweisungsgehalt** ist vorgeworfen worden, dass sie in ihrer generalklauselartigen Weite dem Tatbestandsmerkmal „auf Kosten" in § 812 entspricht. Dies trifft zwar zu, rechtfertigt aber wohl nicht schon die Ablehnung der Zuweisungslehre. Auch die Formel, die *v Caemmerer*[739] gewählt hat, dass es sich bei dem Eingriffserwerb um die Fälle handelt, in denen fremdes Gut gebraucht oder genutzt, verbraucht oder verwertet wird, bedarf wie alle Generalklauseln der **Konkretisierung**. Diese ist in der Typologie zu erblicken, die *v Caemmerer* entwickelt hat und in die die umfangreiche Rechtsprechung eingeordnet werden kann[740]. Ob der durch den Eingriff Begünstigte den Vorteil behalten darf, ist aufgrund des Zuweisungsgehalts der zugrundeliegenden Rechtsposition zu prüfen[741]. Damit hat auch das auf dem Tatbestandsmerkmal „auf Kosten" in § 812 beruhende **Unmittelbarkeitsprinzip**[742] eine entsprechende Umschreibung erhalten. Diesem Gesichtspunkt entspricht die Formulierung des **BGH**. Der **Verletzer** hat nach dem Grundsatz der Güterzuweisung das herauszugeben, was er durch rechtswidrigen Einbruch in eine fremde geschützte Rechtssphäre erzielt hat[743]. Der Zuweisungsgehalt der Rechtsposition ersetzt, wie der BGH hervorgehoben hat, das bei der Leistungskondiktion bestehende Erfordernis, dass das Erlangte aus einer Leistung des Bereicherungsgläubigers stammen müsse. Die Eingriffskondiktion richtet sich also gegen denjenigen, der den Eingriff vorgenommen und dadurch einen Vermögensvorteil erlangt hat und nicht gegen denjenigen, der nur die Vorteile eines Eingriffs genießt[744]. Dies gilt für den Regelfall. Doch kann der Eingriff auch auf dem Verhalten des 141

730 Vgl oben Rz 39.
731 Vgl Mühl, FestG für v Lübtow, 1980, S 547.
732 AcP 105 (1909), 1.
733 Vgl Wilburg, Die Lehre von der ungerechtfertigten Bereicherung S 26, 105; Enn/Lehmann § 222 Fn 1; Rümker, Das Tatbestandsmerkmal „ohne rechtlichen Grund" im Bereich der Eingriffskondiktion S 31 ff; Batsch, Vermögensverschiebung und Bereicherungsherausgabe S 86.
734 Vgl die Untersuchungen von Kellmann, Grundsätze der Gewinnhaftung, 1969, S 110 ff, und Wilhelm, Rechtsverletzung und Vermögensentscheidung . . ., 1973, S 90 ff (dazu krit Köndgen, FestG für Esser S 56), sowie von Jakobs, Eingriffserwerb und Vermögensverschiebung in der Lehre von der ungerechtfertigten Bereicherung, 1964; B Ebert (aaO 2001) S 70 ff; s auch Rz 2 vor § 812.
735 S Wilburg, Die Lehre von der ungerechtfertigten Bereicherung S 114; v Caemmerer, Ges Schriften I S 352; vgl auch schon Heck, SchuldR § 141, 5.
736 Im Schrifttum wird die Lehre vom Zuweisungsgehalt insbes auch vertreten von Larenz/Canaris, SchuldR II/2 § 69 I 1 b; Staud/Lorenz Rz 23; Erman/Westermann Rz 65; MünchKomm/Lieb Rz 207 ff; Koppensteiner/Kramer, Ungerechtfertigte Bereicherung S 89; Schlechtriem, SchuldR BT, 2003[6], Rz 661, 664 f.
737 Vgl auch unten Rz 155 zum Eingriff in den Gewerbebetrieb.
738 Vgl Medicus, BürgerlR Rz 708; s auch Rz 140 aE.
739 GesSchriften I S 352.
740 Vgl dazu unten Rz 144 ff.
741 Vgl Wilburg, Die Lehre von der ungerechtfertigten Bereicherung S 114 u AcP 163 (1963), 346, 348; s auch Mestmäcker JZ 1958, 521.
742 Vgl oben Rz 38.
743 BGHZ 82, 299, 306 = NJW 1982, 1154; s dazu auch § 818 Rz 45.
744 S H P Westermann, Die Causa S 222.

Benachteiligten oder eines Dritten beruhen[745]. Für die **Rechtswidrigkeit** des Eingriffserwerbs kommt es darauf an, ob der Eingriff im Widerspruch zur Güterzuordnung steht[746].

142 c) Ein **einheitlicher Aufbau der Eingriffskondiktion** ist im Gesetz nicht vorhanden. *König* hat es als einen folgenschweren Fehler bezeichnet[747], dass die zunächst vorgeschlagene einheitliche Vorschrift nicht in das BGB aufgenommen wurde. Geregelt wurden der Fall der Veräußerung in § 816 Abs 1 sowie die Fälle der Verbindung, Vermischung und Verarbeitung in den §§ 946 ff. Dagegen fällt der Verbrauch fremden Guts unter die Generalklausel in § 812 Abs 1 Satz 1 Fall 2. Für den **weiten Anwendungsbereich**, den die Eingriffskondiktion in der Rechtsprechung erhalten hat, ist die Erkenntnis wesentlich, dass sie dem **Güterschutz** dient und daher im Zusammenhang mit anderen diesem Zweck dienenden Vorschriften wie den Deliktsvorschriften, den §§ 987 ff und dem § 1004 betrachtet werden muss[748]. Zwangsläufig ergeben sich aus der Weite des Anwendungsbereichs Abgrenzungsfragen. Die Eingriffskondiktion erstreckt sich außer auf das Eigentum und die beschränkten dinglichen Rechte im BGB auch auf Aneignungs- und Anwartschaftsrechte sowie auf die Immaterialgüterrechte. Umstritten war, ob auch das Warenzeichenrecht und Auswirkungen des Persönlichkeitsrechts erfasst werden[749]. Die Frage ist mit Recht, und zwar beim Persönlichkeitsrecht im Hinblick auf wirtschaftliche Positionen, bejaht worden[750]. Eine erhebliche Ausdehnung hat **§ 816 Abs 1 und Abs 2** durch die Genehmigung unwirksamer Verfügungen und die Genehmigung von Leistungen an Nichtberechtigte erhalten[751]. Als historisch bedeutsamen und praktisch bis heute wichtigen Sonderfall hat *König*[752] den Rechtsschutz mittels der Eingriffskondiktion bei der **Zwangsvollstreckung in schuldnerfremde Sachen** bezeichnet[753]. Die Spannung, die zwischen dem Güterschutz und einem durch die Wirtschaftsordnung gesicherten Freiheitsbereich bestehen kann[754], hat dazu geführt, dass neben den Bedenken wegen der Einbeziehung des Warenzeichenrechts[755] und des Persönlichkeitsrechts die Rechtsprechung es abgelehnt hat, den eingerichteten und ausgeübten Gewerbebetrieb in den Schutzbereich einzubeziehen[756].

143 d) **Wertersatz**. Kann das Erlangte seiner Art nach nicht herausgegeben werden, so besteht nach § 818 Abs 2 ein Anspruch auf Wertersatz. Nach ständiger Rechtsprechung und der vorwiegenden Meinung im Schrifttum ist der **objektive Verkehrswert** zu ersetzen. Es besteht also **grundsätzlich keine Gewinnhaftung**[757]. Bei Verletzung gewerblicher Schutzrechte ist der Anspruch auf Zahlung einer angemessenen Lizenz zu begrenzen. Er erstreckt sich nicht auf Herausgabe des Verletzergewinns[758].

144 2. **Einzelne Fallgruppen**. – a) **Verbrauch von Sachen**. Eine besondere gesetzliche Regelung fehlt, daher fällt der Verbrauch unter die Generalklausel in § 812 Abs 1 Satz 1[759]. Ebenso zu beur-

745 S Rz 37. Vgl zum wechselseitig falschen Anschluss an die Stromnetze zweier Mieter infolge eines Installationsfehlers LG Aachen NJW 1984, 2421. Vgl auch unten Rz 147 zum **Besitz** als Gegenstand der Eingriffskondiktion.
746 Vgl unten Rz 211.
747 BJM-Gutachten S 1551.
748 S auch König, BJM-Gutachten S 1550; Schlechtriem, Symposium König S 57 ff.
749 Abl Mestmäcker JZ 1958, 521; bejahend Kleinheyer JZ 1970, 471.
750 Vgl König, BJM-Gutachten S 1550; Schlechtriem, Festschr für Hefermehl S 445 u Symposium König S 71; zur Rspr s unten Rz 154.
751 Vgl § 816 Rz 7 f u Rz 46.
752 BJM-Gutachten S 1552.
753 Vgl dazu unten Rz 158 ff.
754 Vgl H P Westermann AcP 178 (1978), 184, auch zu C Joerges, Bereicherungsrecht als Wirtschaftsrecht, 1977, S 26.
755 Vgl unten Rz 153.
756 Vgl unten Rz 155.
757 Vgl zu der str Frage BGHZ 82, 299, 307 mNachw = NJW 1982, 1154; ferner die Nachw in § 818 Rz 29. Zur Entwicklung der **Rechtsprechung zur Gewinnhaftung** bei rechtswidrig schuldhafter Verletzung fremder Immaterialgüterrechte und zur sog **dreifachen Schadensberechnung** s König, BJM-Gutachten S 1554 ff u Festschr für v Caemmerer S 179. Vgl auch § 818 Rz 29 u § 687 Rz 6, 16 f.
758 BGHZ 82, 299, 305 = NJW 1982, 1154; s dazu unten Rz 152.
759 S oben Rz 142. Beispiele: BGHZ 14, 7: Verbrauch von Benzin; BGHZ 32, 124, 130: Verbrauch von eingebrachtem Gut der Ehefrau. Zu BGHZ 55, 176: Jungbullen-Fall s oben Rz 24 sowie § 951 Rz 2, sämtlich mNachw.

teilen ist der Eingriff in eine rechtlich begründete **Anwartschaft**[760]. Anders sind bloße Chancen, Erwerbsaussichten zu beurteilen, die aber Gegenstand einer Leistungskondiktion bilden können[761]. Dem Eingriff in das Eigentum stehen gleich Eingriffe in die beschränkten dinglichen Rechte sowie in absolute Aneignungsrechte[762]. Vgl auch die in § 818 Rz 44 zitierte Rechtsprechung. **§ 816 Abs 1 Satz 1 und Absatz 2** sind Sonderfälle des Eingriffserwerbs[763].

b) **Verwendung fremder Sachen zu eigenem Nutzen**. Erlangt sind durch den Eingriff die **Gebrauchsvorteile**, während die früher herrschende Meinung die Ersparnis an Aufwendungen als erlangt ansah[764]. Über die Abgrenzung von **Gemeingebrauch** und **Sondernutzung** bei der Benutzung öffentlicher Sachen für Werbung, Parken u dgl s Rz 41 ff vor § 90 und Einl zum Sachenrecht Rz 55. Zur gewerblichen Nutzung fremden Eigentums durch Fotografieren und Vertrieb der Bilder vgl BGH NJW 1975, 778: „Tegeler Schloss" und BGH NJW 1989, 2251: „Friesenhaus" mit der fragwürdigen Differenzierung, ob das Grundstück betreten wurde[765]. Über **Einzelfälle** der Nutzung fremder Sachen vgl auch § 818 Rz 44 mNachw aus der Rechtsprechung. 145

Wer an eine halbscheidige **Grenzmauer anbaut**, erwirbt Miteigentum nach ideellen Bruchteilen[766]. Am Miteigentum ändert sich nichts bei freiwilligem Abbruch des einen Hauses mit dem Zweck, alsbald an Stelle des abgebrochenen Hauses ein neues an die Giebelmauer anzubauen[767]. Jedoch hat der Anbauende den Alleineigentümer zur Zeit des Anbaues für die dadurch zu Eigentum erworbene Hälfte der Mauer zu entschädigen[768]. Der Bereicherungsanspruch geht auf Ersatz des Wertes des übergebauten Mauerteils, nicht auf Ersatz der halben Baukosten[769]. Fälligkeit tritt bei Fertigstellung des Rohbaues ein[770]. Der Erstbauende, der die Kommunmauer kraft Vereinbarung übergebaut hat, hat keinen Bereicherungsanspruch, sondern nur sein Rechtsnachfolger im Zeitpunkt des Anbaus[771]. Jedem Miteigentümer steht das Benutzungs- und Fruchtziehungsrecht je zur Hälfte zu; jedem Nachbarn gebühren die Früchte, zB bei Vermietung der Mauer für Reklamezwecke, in der Richtung auf sein Grundstück zu[772]. Wenn durch Vertrag zwischen dem Bauenden und dem Eigentümer des Nachbargrundstücks die Anwendung des § 912 ausgeschlossen ist, kann bei Nichtigkeit des Vertrages nicht mittels einer Kondiktion der Besitz an der überbauten Grundstücksfläche zurückverlangt werden[773]. Kein Bereicherungsanspruch besteht bei Anbau an eine ganz auf fremdem Boden stehende Mauer[774]. Ein Anspruch aus § 812 für die mit der Benut-

760 Vgl L Raiser, Dingliche Anwartschaften, 1961, S 84; zum Begriff der Anwartschaft s Soergel, Einl z Sachenrecht Rz 25 ff.
761 Vgl v Caemmerer, GesSchriften I S 378. Zur Stellung des Empfängers der Auflassung bei Parzellenverwechslung RGZ 112, 260, 268; dazu Friedmann JW 1931, 1171; Wilburg, Die Lehre von der ungerechtfertigten Bereicherung S 114; Raiser, Dingliche Anwartschaften S 20.
762 S RG HRR 1925 Nr 1047: Abdeckereiprivileg.
763 S § 816 Rz 1; s auch RGZ-GSZ-163, 348, 353; BGHZ 14, 7.
764 S § 818 Rz 17 mNachw; auch zu BGHZ 55, 128, 133: Flugreise-E. Zu den Folgerungen, die sich aus der Flugreise-Entscheidung ergeben, vgl § 818 Rz 32. Zur Abgrenzung gegenüber der Lehre von den **faktischen Vertragsverhältnissen** vgl zur Parkplatz-Entscheidung in BGHZ 21, 319 § 818 Rz 21. Über Parken auf einem nicht im Gemeingebrauch stehenden Platz s BGHZ 20, 270.
765 Krit Schlechtriem JZ 1993, 190; s auch unten Rz 154 bei Fn 844.
766 So die überw M, insbes auch des BGH; vgl § 921 Rz 10 ff.
767 BGHZ 57, 245 = NJW 1972, 195.
768 BGHZ 27, 197, 203; 36, 46, 53; Düsseldorf RheinArch 109, 277 = JW 1912, 491; vgl § 921 Rz 21; Meisner/Stern/Hodes, NachbarR § 8 III 2; Becher BayZ 1915, 65, 84; auch Droste Gruchot 60, 251.
769 RG BayZ 1916, 156; hierzu Köln JW 1928, 2573: Ersatz des normalen Verkehrswertes, den die halbe Mauer zur Zeit des Anbaues hatte; ähnlich München BayZ 1930, 64; für den objektiven Wert im Zeitpunkt der Fertigstellung des Rohbaues auch Köln NJW 1961, 1820; Düsseldorf NJW 1962, 155; LG Aachen MDR 1967, 588; aM Hamburg HansGZ 1927 H 86: Ersatz der halben Kosten der Grenzmauer; ferner Darmstadt HessRspr 31, 60: Ersatz des Betrages, den eine neue Brandmauer den Bereicherten gekostet hätte.
770 Köln NJW 1957, 1323.
771 RG WarnR 1915 Nr 270 = BayZ 1915 Nr 270. Fragen des Bereicherungsausgleichs bei besonderer Ausgestaltung der Giebelmauer behandeln Köln NJW 1965, 2109; Düsseldorf NJW 1966, 2312 und MDR 1967, 840 – LS.
772 BGHZ 43, 127.
773 RG Recht 1924 Nr 456.
774 Köln JW 1933, 1422 (mzustAnm Meisner).

zung der Giebelmauer verbundenen Vermögensvorteile kommt nicht in Betracht, wenn Ersatz für verminderte Mieteinnahmen und für aufgewendete Unterfangungskosten begehrt wird[775].

146 **Einbaufälle** gehören zu den Fällen des Eingriffs in fremdes Eigentum durch Verbrauch. Ihre besondere Stellung ergibt sich daraus, dass bei ihnen das Ineinandergreifen von Leistungs- und Eingriffskondiktion und damit die Frage nach der Überlagerung der Eingriffs- durch die Leistungskondiktion im Vordergrund steht[776]. Insbes stellt sich die Frage des Bereicherungsausgleichs in dem **Dreieck** Materialeigentümer – Bauunternehmer – Bauherr = Grundstückseigentümer[777]. Die Bedeutung der Eingriffskondiktion beschränkt sich in solchen Dreiecksfällen auf die Fälle des abhanden gekommenen Baumaterials sowie des bösgläubigen Bauherren[778].

c) **Besitz.**

Schrifttum: A Wacke AcP 191 (1991), 1, 15 ff; F Klinkhammer, Der Besitz als Gegenstand des Bereicherungsanspruchs, 1997, S 21 ff.

147 Im Gegensatz zur Leistungskondiktion[779] kann die Frage, ob der Besitz Gegenstand einer Eingriffskondiktion sein kann, nur beantwortet werden, wenn klargestellt ist, inwieweit dem rechtmäßigen Besitz ein Zuweisungsgehalt zukommt. Der Besitzschutz dient dem Rechtsfrieden; insoweit ist ein Zuweisungsgehalt zweifelhaft[780]. Anders sind dagegen die Fälle zu beurteilen, in denen sich die Frage nach dem **Schutz des Rechts zum Besitz** stellt[781]. Der Schutz gegen Eingriffe durch die Eingriffskondiktion entspricht dem Deliktsschutz[782]. Nach BGHZ 46, 260 = NJW 1967, 622 scheitert die Eingriffskondiktion wegen Nichterfüllung eines schuldrechtlichen Vertrages, der auf Bestellung einer Grunddienstbarkeit gerichtet ist, infolge Veräußerung des zu belastenden Grundstücks hinsichtlich des erlangten Mehrerlöses an der fehlenden Unmittelbarkeit. Ebenso ist es zu beurteilen, wenn eine Werbegesellschaft einen Vertrag mit der Gemeinde über die ausschließliche Benutzung der Straßen für Werbezwecke geschlossen hat, ohne zumindest Mitbesitz zu erhalten, und der Inhaber eines Ausflugslokals ein Werbeschild aufstellt[783] oder wenn ein Energieversorgungsunternehmen zur Stromversorgung ohne Vertrag gemeindliche Wegegrundstücke nutzt[784].

148 d) **Untervermietung**. Der BGH hat die strittige Frage, ob bei unberechtigter Untervermietung der Mieter verpflichtet ist, den gezogenen Untermietzins dem Vermieter herauszugeben, verneint[785]. Ebenso hat der BGH die parallel liegende Problematik beurteilt, wenn bei einem dinglichen Wohnungsrecht gem § 1093 die Wohnung ohne Gestattung durch den Eigentümer einem Mieter überlassen wird[786]. Die beiden Fälle müssen übereinstimmend entgegen der Ansicht des BGH zugunsten des Vermieters bzw des Eigentümers entschieden werden. Beim dinglichen Wohnungsrecht handelt es sich um die unberechtigte Nutzung einer Sache, wie sie in der Rspr vielfach entschieden worden ist[787]. Ebenso müssen bei der unberechtigten Untervermietung die Grenzen des schuldrechtlich gesicherten Rechts zum Besitz des Mieters beachtet

775 BGHZ 68, 350 = NJW 1977, 1447.
776 Vgl oben Rz 34.
777 Vgl oben Rz 139 mNachw.
778 Vgl dazu vor allem U Huber JuS 1970, 343, 345; H P Westermann JuS 1972, 18, 23 in der Bespr von BGHZ 55, 176 – Jungbullen-Fall.
779 S dazu Rz 6.
780 Vgl insbes Raiser, Summum Ius Summa Iniuria, 1963, S 155; s dazu auch Rz 14 vor § 854 mweit Nachw; ferner Leonhard, SchuldR II 2 § 239.
781 Vgl BGH NJW 1987, 771, 772.
782 Vgl zum Deliktsschutz Medicus AcP 165 (1965), 115, 136. Für eine Eingriffskondiktion in diesem Umfang haben sich ausgesprochen v Caemmerer, GesSchriften I S 349; Isolde Kurz, Der Besitz als möglicher Gegenstand der Eingriffskondiktion, 1969, S 42 ff; D Rümker, Das Tatbestandsmerkmal „ohne rechtlichen Grund" im Bereich der Eingriffskondiktion, 1972, S 82; Baur/Stürner, SachenR, 1999[17], § 9 V 2; Koppensteiner/Kramer, Ungerechtfertigte Bereicherung S 90; Erman/Westermann Rz 72.
783 LG Bonn NJW 1977, 1823.
784 BGHZ 132, 198, 201 = JZ 1996, 1127 (mAnm G Kühne/B Scholtka).
785 BGH NJW 1964, 1853 = LM Nr 2a zu § 549; s auch § 549 Rz 22 mweitNachw. Dieser Entscheidung haben zugestimmt: Söllner JuS 1967, 449; Koppensteiner/Kramer, Ungerechtfertigte Bereicherung S 94.
786 BGHZ 59, 51 = NJW 1972, 1416 = JZ 1972, 628 (mkritAnm F Baur).
787 S oben Rz 145 und die Beispiele in § 818 Rz 44.

werden[788]. Nicht zutreffend ist die Begründung[789], dass der Vermieter dem Untermieter auch nicht den Besitz der Mietsache hätte verschaffen können. Die gezogenen Nutzungen sind herauszugeben[790]. Die Anwendung der allgem Eingriffskondiktion[791] ist, ebenso wie bei der Vermietung von Sachen § 816 Abs 1 S 1 anzuwenden ist[792], vorzuziehen[793].

e) Bei einer **unerlaubten Handlung** sind alle Teilnehmer auf Kosten des Verletzten bereichert, auch wenn einzelne erst durch Rechtsgeschäfte mit den anderen, nicht unmittelbar vom Verletzten, etwas erlangt haben[794]. Dasselbe gilt bei betrügerischem Verkauf unter Einschaltung eines gutgläubigen Dritten[795]. In diesem Fall kann der Grundsatz der Unmittelbarkeit nicht entgegenstehen. Es liegt ebenso wie bei dem Geisteskranken[796] eine gerechtfertigte Durchbrechung dieses Grundsatzes vor[797]. Die gleichen Gesichtspunkte wie bei der unerlaubten Handlung sprechen dafür, den Bereicherungsanspruch gegen einen Dritten zuzulassen, der einen zahlungsunfähigen **Strohmann** als Zwischenperson vorgeschoben hat[798]. Zur Stellung des **Treuhänders** vgl oben Rz 24. Sind die Voraussetzungen für einen Ausgleichsanspruch eines Schädigers (Nebentäters) gem § 426 nicht gegeben, so ist bei Zuvielzahlung des einen Schädigers ein Bereicherungsanspruch gegen den anderen nicht grundsätzlich ausgeschlossen[799]. Die unerlaubte Handlung bildet **nicht einen besonderen Tatbestand der Bereicherung**. Andernfalls würde sich als Rechtsfolge bei jedem Delikt ein Herausgabeanspruch ergeben[800]. Gleichwohl ist **dem BGH darin zuzustimmen**, dass es sich bei § 852 Abs 3 (seit 1. 1. 2002: Satz 1) um eine **Rechtsfolgenverweisung** handelt[801]. *Schlechtriem*[802] weist freilich darauf hin, dass die Rechtsprechung des RG und des BGH der auf *Fritz Schulz* zurückgehenden Rechtswidrigkeitslehre entspricht und im Gegensatz zur Lehre vom Zuweisungsgehalt steht[803]. 149

Zum Zusammenhang zwischen Eingriffskondiktion und **Glaubigeranfechtung** vgl § 818 Rz 12 mNachw.

f) **Dazwischentreten eines Geisteskranken**. Die Zuwendung an einen geschäftsunfähigen Zwischenmann ist keine Leistung, und dieser kann auch nicht an einen Dritten leisten[804]. Die Rechtsprechung bezweckt den Schutz des Lieferanten, indem sie eine Eingriffskondiktion gem § 951 gegen den Dritten bejaht[805]. Liefert der Kläger Saatgut an einen Geisteskranken, der es zur Aussaat auf dem Grundstück des Beklagten verwendet, so ist dieser nach Rückgabe des Grundstücks unmittelbar bereichert[806]. Ebenso wie bei einer unerlaubten Handlung[807] liegt eine gerechtfertigte Durchbrechung des Grundsatzes der Unmittelbarkeit vor. Ist der Nutzen auf dem Wege über den Geisteskranken einem Dritten zugefallen, so richtet sich der Bereicherungsan- 150

788 Vgl auch Rz 147.
789 Koppensteiner/Kramer, Ungerechtfertigte Bereicherung S 94.
790 Vgl § 818 Rz 22.
791 Diederichsen NJW 1964, 2296 (Anm).
792 Vgl § 816 Rz 19.
793 Ebenso MünchKomm/Lieb Rz 228. Für den Vorrang der mietrechtlichen Leistungsbeziehung außer Söllner (aaO Fn 785) auch Staud/Lorenz § 816 Rz 6. Baur JZ 1972, 628 (Anm) hat mit Recht darauf hingewiesen, dass nach der gesetzlichen Regelung in § 549 Abs 2 die Untervermietung nicht zu dem ursprünglichen „Zuweisungsgehalt" der Nutzungsbefugnis des Mieters gehört.
794 RG Recht 1913 Nr 849 = DJZ 1913, 530.
795 RG HRR 1936 Nr 258; dazu v Caemmerer, Ges Schriften I S 401.
796 Vgl unten Rz 150.
797 Ebenso v Caemmerer, GesSchriften I S 401.
798 Str; ebenso Hedemann, Festschr für Thon, 1911, S 63; Ewald Gruchot 65, 150; Siber, SchuldR § 74 II; vgl auch Nebenzahl, Beiträge zur Lehre von der condictio, 1930, S 25; aM Enn/Lehmann § 221 III 2; v Lübtow, Beiträge zur Lehre von der condictio S 156; v Caemmerer, GesSchriften I S 370; ferner BGH WM 1962, 1174; vgl im übrigen zum Strohmann Rz 48 vor § 164.
799 BGH NJW 1978, 2392 = LM Nr 46 zu § 426.
800 Von Caemmerer, GesSchriften I S 395.
801 So BGHZ 71, 86, 98 = Anm LM Nr 11 zu § 823 (Ag); im Anschluss an die Rspr des RG: Unberechtigte Verwarnung eines Patentinhabers; aM Soergel[12]/Zeuner § 852 Rz 28. Die Klarstellungsfunktion des § 852 Abs 3 hebt auch Seifert (NJW 1972, 1739 mweitNachw) hervor.
802 Symposium König S 60.
803 Vgl Rz 8 vor § 812. Vgl auch Hadding, Festschr für Mühl S 243.
804 Vgl auch H P Westermann, Die Causa S 199.
805 Vgl v Caemmerer, GesSchriften I S 373; vgl auch oben Rz 45, 139 zu den Dreiecksfällen.
806 RGZ 51, 80; vgl auch RGZ 86, 343, 347.
807 Vgl vorstehend Rz 149.

spruch unmittelbar gegen diesen[808]. Der Wechselaussteller, der mit dem Geld, das ein Dritter dem geisteskranken Akzeptanten geliehen hat, den Wechsel bezahlt, wird dadurch von seiner eigenen Wechselverbindlichkeit befreit und deshalb auf Kosten des Darlehensgebers bereichert[809]. Der Geisteskranke, der mit geliehenem Geld zahlt, hat keinen Bereicherungsanspruch[810], ebensowenig wenn in seinem Auftrag ein Dritter zahlt[811]. In dem Fall, in dem der Geisteskranke die gleiche Geldsumme, die er erhalten hat, an einen Dritten weitergibt, wird ein Bereicherungsanspruch des Geldgebers gegenüber dem Dritten mit Rücksicht auf das Schutzbedürfnis des Geisteskranken, dessen Vormund sonst nicht die Identität des weitergegebenen Geldes bestreiten könne, verneint[812]. Der letzteren Ansicht ist der Vorzug zu geben[813]. Diese Rechtsprechung entspricht der Berücksichtigung der Wertung des § 935 bei den Einbaufällen[814] und den Grundsätzen, von denen der BGH in BGHZ 55, 176: Jungbullen-Fall[815] ausgegangen ist.

g) **Immaterialgüterrecht.**

Schrifttum: B Ebert, Bereicherungsausgleich im Wettbewerbs- und Immaterialgüterrecht, 2001; R Ellger, Bereicherung durch Eingriff, 2002.

151 aa) Bei der Verwertung von **Urheberrechten** ist der Verletzer ungerechtfertigt bereichert[816]. Der Bereicherungsanspruch ist auf Zahlung einer angemessenen Vergütung gerichtet[817]. Soweit der BGH[818] auf die ersparten Urheberrechtsgebühren abgestellt hat, kann diesem Ersparnisgedanken nur die Bedeutung einer Faustregel zukommen. Erlangt sind die Gebrauchs- und Nutzungsvorteile[819]. In UrhG (1965) § 97 Abs 3 ist klargestellt, dass Ansprüche aus anderen gesetzlichen Vorschriften unberührt bleiben[820]. Zum Bereicherungsanspruch bei Verletzung eines Kunsturheberrechtes vgl RGZ 90, 137. Zu der Bemessung des Verkehrswertes des Erlangten (§ 818 Abs 2) vgl die Ausführungen in BGHZ 82, 299 = NJW 1982, 1154: Kunststoffhohlprofil II bei Benutzung eines Gebrauchsmusters.

152 bb) **Patent- und Gebrauchsmusterrechte**. Das RG hatte in ständiger Rechtsprechung unter dem Widerspruch des Schrifttums mit Rücksicht auf die erschöpfende gesetzliche Regelung einen Bereicherungsanspruch gegen den Verletzer abgelehnt[821]. Der BGH hat diesen Standpunkt unter Hinweis darauf aufgegeben, dass das Patent- und Gebrauchsmusterrecht die gewerbliche Nutzung allein dem Schutzrechtsinhaber zuweist und eine gewerbliche Nutzung ohne Einwilligung des Berechtigten rechtswidrig ist mit der Folge, dass ein Bereicherungsanspruch besteht[822]. Weiterhin hat der BGH entschieden, dass bei der Verletzung gewerblicher Schutzrechte der Wertersatz gem § 818 Abs 2 durch Zahlung einer angemessenen Lizenzgebühr zu leisten ist und die Herausgabe eines Verletzergewinns nicht in Betracht kommt; zugleich hat der BGH die Gegenansicht, wonach es auf den konkret-individuellen Wert des Erlangten ankommen soll, abgelehnt[823]. Ergänzend hat der BGH bei der Bemessung des Wertersatzes die im Schadensersatzrecht zur Schadensliquidation nach der **Methode der Lizenzanalogie** entwickelten Grundsätze angewandt, wonach der Verletzer sich so behandeln lassen muss, als habe er eine vertragliche Lizenz zu angemessenen

808 Versionsfall; vgl dazu Rz 5 vor § 812; s v Caemmerer, GesSchriften I S 373 u JZ 1962, 388.
809 RG WarnR 1917 Nr 116.
810 Braunschweig OLG 34, 95.
811 Stuttgart WürttJ 28, 152.
812 Heck SchuldR § 144 I 5; Enn/Lehmann § 221 III 4; aM Siber, SchuldR § 74 IV 1 Fn 29.
813 Vgl auch v Lübtow, Beiträge zur Lehre von der condictio S 15.
814 S oben Rz 139 u 146.
815 S die Nachw in Rz 139.
816 RGZ 121, 258 unter Aufgabe von RGZ 113, 413; BGHZ 5, 116, 123; 15, 338; BGH GRUR 1955, 447. Vgl auch die Darstellung der Rechtsentwicklung in BGHZ 68, 90, 98 = NJW 1977, 1194 sowie v Caemmerer, GesSchriften S 354; Gieseke GRUR 1958, 17.
817 Vgl BGHZ 56, 317, 322 = NJW 1971, 2023.
818 BGHZ 38, 356, 369 = NJW 1963, 651.
819 S § 818 Rz 20 u 45 mNachw.
820 BGHZ 56, 317, 320.
821 RGZ 121, 258; s dazu BGHZ 68, 90, 98 mNachw = NJW 1977, 1194; Haines, Bereicherungsansprüche . . . S 156 ff mweitNachw.
822 BGH GRUR 1977, 254: Kunststoffhohlprofil I (s dazu Ullmann GRUR 1975, 615); auch BGH NJW 1979, 101 = LM Nr 3 zu GG Art 85.
823 BGHZ 82, 299 = NJW 1982, 1154: Kunststoffhohlprofil II. Vgl dazu Ebert, Bereicherungsausgleich . . . S 169 iV mit S 161 ff

Bedingungen erworben. Nach Ansicht des BGH kann sich daraus ein Anspruch auf vorprozessuale Zinsen wie bei verzögerlicher Lizenzzahlung eines vertraglichen Lizenznehmers ergeben, ohne dass einer solchen **Zinspflicht** der Grundsatz entgegensteht, dass es auf den Zeitpunkt des Bereicherungseintritts für die Bemessung des Wertersatzes ankommt[824]. Bei der Bemessung der Schadensersatzlizenz im Wege der Lizenzanalogie können die Vorteile der Stellung des Verletzers gegenüber der Stellung eines Lizenznehmers lizenzerhöhend berücksichtigt werden[825]. Nach Ansicht des BGH rechtfertigt die Rechtsähnlichkeit der Schadensliquidation nach Lizenzgrundsätzen zu der Einforderung von Wertersatz keine Unterschiede in der Lizenzbemessung. Zur Frage der **Gewinnhaftung** vgl Ebert, Bereicherungsausgleich... S 177 ff, und oben Rz 143.

cc) **Markenrecht** (früher: **Warenzeichenrecht**). Das RG hatte einen Bereicherungsanspruch **153**
gegen den Verletzer abgelehnt[826]. Dagegen hatte sich die überwiegende Meinung im Schrifttum gewandt[827]. Der BGH[828] hatte die Frage offen gelassen. In BGHZ 68, 90, 98 mNachw hat der BGH auf die zitierte Entscheidung hingewiesen und dazu bemerkt, dass wegen der Natur dieses gewerblichen Schutzrechts, das dem Inhaber nur ein ausschließliches Recht zur Kennzeichnung von Waren zuweise, eine differenzierte Beurteilung des Bereicherungsgegenstandes geboten sein könne. Die zurückhaltende Rechtsprechung des RG trägt den Bedenken Rechnung, die *Mestmäcker*[829] sowie *L Raiser*[830] gegen die Erstreckung der Eingriffskondiktion erhoben haben. *Mestmäcker* hat hervorgehoben, dass dem Inhaber lediglich die unterscheidende Kennzeichnungskraft des geschützten Zeichens zugewiesen sei und WZG § 8 eine Übertragung des Warenzeichens ohne Unternehmen ausschließe, so dass nur eine schuldrechtliche Verpflichtung des Berechtigten zur Duldung des Zeichengebrauchs in Betracht komme. *Raiser* hat auf die rechtspolitischen Gefahren einer Monopolisierung von Gütern im wirtschaftlichen Bereich hingewiesen[831]. Im Gegensatz zu den Vertretern der Lehre vom Zuweisungsgehalt haben die Vertreter der Rechtswidrigkeitslehre keine Bedenken, eine Eingriffskondiktion zu bejahen[832]. Der Ausbau, den die Lehre vom Zuweisungsgehalt erfahren hat, insbesondere auch hinsichtlich besitzrechtlicher Positionen und Ausprägungen des allgemeinen Persönlichkeitsrechts[833], rechtfertigt es, einen Bereicherungsanspruch auch bei der Verletzung von Warenzeichen (Marken) zu bejahen[834]. Nachdem die allgem gehaltene Formulierung in BGHZ 82, 299, 306[835] auf eine Tendenz hindeutete, die Frage gleichfalls in bejahendem Sinne zu entscheiden, hat der BGH[836] diesen Schritt getan[837].

h) **Eingriff in das allgemeine Persönlichkeitsrecht**. Die Rechtsentwicklung hat zur Aner- **154**
kennung eines allgemeinen Persönlichkeitsrechts als einem sonstigen Recht im Sinne von § 823 Abs 1 geführt, dessen Konkretisierung durch die Ausformung von Fallgruppen Gegenstand einer

824 BGHZ 82, 299 = NJW 1982, 1154, auch unter Hinweis auf BGHZ 83, 310, dazu anschließend.
825 BGHZ 83, 310 = NJW 1982, 1151; BGHZ 77, 16 = NJW 1980, 2522; s auch die Anm Bruchhausen LM Nr 59 zu ZPO § 287 sowie insbes Sack, Festschr für Hubmann S 373.
826 RGZ 108, 1.
827 Vgl Enn/Lehmann § 221 II; v Caemmerer, Ges Schriften I S 399; Haines, Bereicherungsansprüche S 68 ff, 89, 152 ff.
828 NJW 1966, 823, teilw abgedr in BGHZ 44, 372.
829 JZ 1958, 521, 525.
830 Der Stand der Lehre vom subjektiven Recht im Deutschen Zivilrecht, JZ 1961, 465 = Die Aufgabe des Privatrechts, 1977, S 98, 106.
831 Vgl auch, zit oben Rz 134, Westermann und Weitnauer in ZHR 142 (1978), 402 in den Bespr von Joerges, Bereicherungsrecht und Wirtschaftsrecht; vgl auch Joerges ZHR 142 (1978), 71.
832 Vgl Jakobs, Eingriffserwerb S 103 ff; Haines, Bereicherungsansprüche S 108 ff; Wilhelm, Rechtsverletzung S 94; zur Kritik der Rechtswidrigkeitslehre s Schlechtriem, Festschr für Hefermehl S 445, 448.
833 S Rz 147 u 154.
834 Ebenso König, BJM-Gutachten S 1553; Schlechtriem, Symposium König S 71; Staud/Lorenz Rz 42 vor § 812; Erman/Westermann Rz 15 vor § 812; MünchKomm/Lieb Rz 219; Reuter/Martinek, HBSchuldR Bd 4, § 7 IV 2 e.
835 S dazu oben Rz 146.
836 Vgl BGHZ 99, 244, 246 ff.
837 Bejaht wird die Frage auch von Karlsruhe GRUR 1979, 473; Rümker, Das Tatbestandsmerkmal „ohne rechtlichen Grund" S 56. Zur Anwendung des § 687 Abs 2 und der drei Arten der Schadensberechnung bei schuldhafter Warenzeichenverletzung s § 687 Rz 7 u 9; zu BGHZ 44, 372 auch König, Festschr für v Caemmerer S 194.

umfangreichen Rechtsprechung ist[838]. Die Bejahung einer Eingriffskondiktion wegen unbefugten Eingriffs in eines der dem allgemeinen Persönlichkeitsrecht zuzurechnenden Schutzgüter hängt davon ab, inwieweit bei dem betreffenden Schutzgut ein Zuweisungsgehalt anzunehmen ist. Der BGH hat den Bereicherungsanspruch bei der Verletzung des Rechts eines Filmschauspielers am eigenen Bild bejaht[839]. Die dagegen von *Raiser* und *Mestmäcker* ebenso wie bei dem Warenzeichenrecht erhobenen Bedenken[840] haben sich nicht durchgesetzt. Die Grundsätze über die Verletzung des Persönlichkeitsrechts stehen bei der Verletzung des Rechts am eigenen Bild neben den KUG §§ 22 ff[841]. *Schlechtriem*[842] hat unter den Bereichen des Persönlichkeitsrechts das unbefugte Nutzen fremder Persönlichkeitsdetails, zu denen außer dem Bildnis insbes der Name und das Lebensschicksal gehören, zusammenfassend auch unter rechtsvergleichenden Gesichtspunkten behandelt und das Ausmaß der kommerziellen Verwertung hervorgehoben[843]. Zweifelhaft in der Einordnung und Beurteilung ist die gewerbliche Ausnutzung von Fotografien eines Privatgebäudes. Der BGH hat in dem Schloss Tegel-Fall einen Anspruch auf Unterlassung bejaht[844]. Der BGH hat als entscheidend die Sachherrschaft des Eigentümers mit Rücksicht darauf angesehen, dass das auf einem Privatgrundstück liegende Schloss nur fotografiert werden kann, wenn das Grundstück betreten wird. Doch dürfte mehr Gewicht noch darauf zu legen sein, dass es sich um ein Bauwerk Schinkels und die Wohnstätte der Familie v Humboldt und somit um Nachwirkungen des Persönlichkeitsrechts Verstorbener handelt, die eine Abwehr der kommerziellen Verwertung durch Ansichtskartenverkauf rechtfertigen. Diesem Gesichtspunkt sowie dem sich daraus ergebenden Erfordernis einer Differenzierung (entspr dem Warenzeichenrecht) wird in der Kritik *Küblers*[845] nicht Rechnung getragen.

155 i) Das **Recht am eingerichteten und ausgeübten Gewerbebetrieb** ist in der Rechtsprechung des RG und des BGH als sonstiges Recht im Sinne von § 823 Abs 1 anerkannt[846]. Geschützt wird nicht ein eigentumsähnliches Vermögensobjekt, sondern die Tätigkeit des Gewerbetreibenden[847]. Es handelt sich also um die Freiheit gewerblicher Tätigkeit und nicht um die Zuweisung eines Unternehmens. Daher ist der herrschenden Meinung, die eine Eingriffskondiktion ablehnt, zuzustimmen[848]. Auch der BGH hat die Voraussetzungen einer Eingriffskondiktion verneint, weil dem Gewerbetreibenden nicht ein bestimmter Tätigkeitsbereich mit festen Chancen und Erwerbserwartungen wie ein absolutes Recht zugewiesen sei und deshalb das Recht zur gewerblichen Tätigkeit, das Recht am Unternehmen und das Recht am eingerichteten und ausgeübten Gewerbebetrieb nicht als eine Rechtsposition mit einem Zuweisungsgehalt anzuerkennen sei[849].

838 Vgl im einzelnen § 823 Rz 70 ff mzahlrNachw. Zum Anspruch auf Unterlassung bei Verletzung des Persönlichkeitsrechts vgl § 1004 Rz 159 ff mNachw.

839 BGHZ 20, 345 = JZ 1956, 657 (mAnm Kleine).

840 S die Nachw oben Rz 153.

841 S auch § 823 Rz 79; vgl auch Wilburg, Die Lehre von der ungerechtfertigten Bereicherung S 44; Kleinheyer JZ 1970, 471, 476; Rümker, Das Tatbestandsmerkmal „ohne rechtlichen Grund" im Bereich der Eingriffskondiktion S 59.

842 Festschr für Hefermehl S 445, 449.

843 Vgl auch Schlechtriem, Symposium König S 71. Zum Recht am eigenen Bild vgl auch BGH NJW 1979, 2205 = LM Nr 142 zu § 812: Fußballtorwart. Zur unbefugten Benutzung eines fremden Namens zu Werbezwecken s BGHZ 81, 75 = NJW 1981, 2402.

844 BGH LM Nr 136 zu § 1004 = JZ 1975, 491 (mAnm F Baur) = NJW 1975, 778 (mAnm Schmieder S 1164) u dazu auch Pfister JZ 1976, 156; vgl auch § 1004 Rz 24. Auf den Zusammenhang zwischen dem Anspruch auf Unterlassung und der Eingriffskondiktion hat Baur hingewiesen (vgl auch Schlechtriem, Symposium König S 64). S schon oben Rz 145 bei Fn 765.

845 Festschr für F Baur S 51.

846 Vgl § 823 Rz 106 ff zum geschützten Tätigkeitsbereich; zum Anspruch auf Unterlassung s § 1004 Rz 170 ff.

847 S § 823 Rz 111.

848 S v Caemmerer, GesSchriften I S 399; Mestmäcker JZ 1958, 526; Raiser JZ 1961, 465; Rümker, Das Tatbestandsmerkmal „ohne rechtlichen Grund" im Bereich der Eingriffskondiktion S 59; Erman/Westermann Rz 70; MünchKomm/Lieb Rz 225; Schlechtriem, Symposium König S 74; aM Kleinheyer JZ 1970, 476; RGRK/Heimann-Trosien Rz 34 vor § 812; Staud/Lorenz Rz 45 vor § 812 allerdings differenzierend nur in solchen Fällen wie Boykott und herabsetzenden Werturteilen.

849 BGHZ 71, 86, 98 = NJW 1978, 1177: Schutzrechtsverwarnung.

k) **Wettbewerbsverstöße** kommen für eine Eingriffskondiktion nach bislang wohl noch herrschender Meinung nicht in Betracht. Sie sind Verstöße gegen Verhaltensnormen, wobei ihre Bedeutung als Eingriffe in ein einem anderen ausschließlich zugewiesenes Gut problematisch ist[850]. Zum Teil wird eine Unterscheidung getroffen, soweit es sich um individualbegünstigende Wettbewerbsvorschriften handelt[851]. Keine Bedeutung kommt in diesem Zusammenhang der verschiedentlich zitierten Entscheidung des BGH[852] zu, die eine Schadensersatzverpflichtung wegen schuldhafter sklavischer Nachahmung einer Wandsteckdose betrifft. Der BGH hatte zu der Frage Stellung zu nehmen, ob die Schadensberechnung nach der entgangenen Lizenz auch anzuwenden sei, wenn es sich nicht um eine Verletzung eines Immaterialgüterrechts, sondern um den Eingriff in eine Wettbewerbsposition handelt. Die Frage wurde bejaht. 156

l) **Schleichwerbung bei Veranstaltungen im Fernsehen**. Der Zuschauer ist bei Fernsehübertragungen, insbesondere von Sportveranstaltungen, häufig einer Schleichwerbung durch aufgestellte Werbetafeln ausgesetzt. Dabei kann davon ausgegangen werden, dass die Fernsehanstalten in die Verträge, die sie mit den Veranstaltern abschließen, eine entsprechende Gestattung der Werbesendungen durch die Veranstalter nicht aufnehmen, zumal dies mit den einschlägigen die Fernsehanstalten betreffenden Regelungen nicht vereinbar sein dürfte. Doch kann angenommen werden, dass den Fernsehanstalten insoweit zumindest faktisch eine Monopolstellung zukommt. Die Voraussetzungen einer Eingriffskondiktion der betreffenden Fernsehanstalt gegen die werbenden Firmen wird von *Pilger/Preusche*[853] bejaht. Doch spricht mehr dafür, entsprechend der Rechtslage bei unberechtigter Untervermietung[854] eine Eingriffskondiktion der Fernsehanstalt gegen den Veranstalter zu bejahen[855]. 157

3. **Zwangsvollstreckung in dem Schuldner nicht gehörende Gegenstände**.

Schrifttum: Oertmann AcP 96 (1905), 1; Lüke AcP 153 (1954), 533; v Gerkan MDR 1962, 785; Schmitz NJW 1962, 854; Schlosser ZZP 76 (1963), 73; Nicklisch, NJW 1966, 434; Gerhard Huber, Die Versteigerung gepfändeter Sachen, 1970; Harald Böhm, Ungerechtfertigte Zwangsvollstreckung und materiellrechtliche Ausgleichsansprüche, 1971; Bötticher ZZP 85 (1972), 14; Gloede MDR 1972, 291; Kaehler JZ 1972, 450; Gloede JR 1973, 99; Gaul, AcP 173 (1973), 323, 334; Günther AcP 178 (1978), 456; Gerlach, Ungerechtfertigte Zwangsvollstreckung und ungerechtfertigte Bereicherung, 1986; Nikolaon, Der Schutz des Eigentums an beweglichen Sachen Dritter bei Vollstreckungsversteigerungen, 1993.

a) Nach ständiger Rechtsprechung seit In-Kraft-Treten des BGB steht dem ehemaligen Eigentümer einer versteigerten, dem Schuldner nicht gehörigen Sache ein Bereicherungsanspruch gegen den Gläubiger zu. Dasselbe gilt für den vorgehenden Pfandgläubiger[856]. Überwiegend wird die **allgemeine Eingriffskondiktion** angewendet[857], während eine Minderheitsmeinung, die aber früher vorherrschte, § 816 Abs 1 S 1 heranzieht. Eine dritte Meinung lehnt einen Bereicherungs- 158

850 Vgl aber neuerdings umfassend B Ebert, Bereicherungsausgleich im Wettbewerbs- und Immaterialgüterrecht, 2001, S 58 ff; R Ellger, Bereicherung durch Eingriff, 2002; zuvor einerseits v Caemmerer, GesSchriften I S 396; Mestmäcker JZ 1958, 521, 525; Raiser JZ 1961, 465; Rümker, Das Tatbestandsmerkmal „ohne rechtlichen Grund" S 65; MünchKomm/Lieb Rz 222, 223 (differenzierend); andererseits Wilburg, Die Lehre von der ungerechtfertigten Bereicherung S 44; Staud/Lorenz Rz 44; Kleinheyer JZ 1970, 476.

851 S Haines, Bereicherungsansprüche S 93 ff zu den UWG aF §§ 14 ff; Mestmäcker JZ 1958, 521, 525; Rümker, Das Tatbestandsmerkmal „ohne rechtlichen Grund" S 69 zu UWG § 18; Koppensteiner/Kramer, Ungerechtfertigte Bereicherung § 9 I 4 d; MünchKomm/Lieb Rz 223. Verworfen wird diese Bemühung um eine Unterscheidung mit Recht von Reuter/Martinek HBSchuldR Bd 4, § 7 IV 2 f, deren Vorschlag, als Abgrenzungskriterium auf eine anerkannte marktfähige Verwendungsmöglichkeit abzustellen, aber aus Gründen der Rechtsklarheit und Praktikabilität kaum brauchbar ist. Vgl zum ganzen eindringlich B Ebert, Bereicherungsausgleich . . . S 58 ff.

852 BGHZ 57, 116 = NJW 1972, 102 (mAnm Haines S 482) = LM Nr 235 zu UWG § 1 (Anm v Gamm).

853 NJW 1974, 2308.

854 S dazu oben Rz 148.

855 Ebenso MünchKomm/Lieb Rz 231.

856 S RGZ 119, 265; BGHZ 82, 28 = NJW 1982, 173.

857 Seit RGZ 156, 395, dazu s weiter unten.

ausgleich ab und beschränkt den Rechtsschutz auf ZPO §§ 771 und 805[858]. Der herrschenden Meinung ist zuzustimmen; ebenso der BGH, der jedoch die Frage, ob § 812 oder § 816 die Anspruchsgrundlage bildet, weil für das Ergebnis unerheblich, offen gelassen hat[859].

159 b) Im BGB sind mehrfach Verfügungen im Wege der Zwangsvollstreckung der rechtsgeschäftlichen Verfügung gleichgestellt (vgl §§ 135, 161, 184, 353, 499, 883, 2115). In § 816 ist dies nicht geschehen. Jedoch wurde § 816 Abs 1 Satz 1 oft entsprechend angewandt, wenn auf Betreiben des Gläubigers die Zwangsvollstreckung in Gegenstände, die nicht dem Schuldner, sondern einem Dritten gehörten, durchgeführt und der Versteigerungserlös dem Gläubiger ausgehändigt worden war[860]. Infolge des Eigentumserwerbs im Wege der Versteigerung verlor der bisherige Eigentümer die Möglichkeit, sein Eigentum mittels der Drittwiderspruchsklage gem ZPO § 771 geltend zu machen. Jedoch gebührte ihm der durch die Versteigerung der Gegenstände erlangte Erlös. Bei **Grundstücken** geschah der Eigentumserwerb im Zwangsversteigerungsverfahren durch den Zuschlag gem ZVG § 90. Bei der **Versteigerung beweglicher Sachen** wandte das RG § 1244 iVm § 1233 Abs 2 entsprechend an, so dass der Ersteher, um Eigentümer zu werden, gutgläubig hinsichtlich des Pfandrechts sein musste. Jedoch wurde dabei nicht hinreichend berücksichtigt, dass die Versteigerung, ebenso wie schon die Pfändung, ein staatlicher Hoheitsakt ist[861]. Daraus ergibt sich, dass § 1244 nicht anwendbar ist. Der **Ersteher erwirbt Eigentum** an den versteigerten beweglichen Sachen mit der Ablieferung durch den Gerichtsvollzieher aufgrund eines staatlichen Hoheitsaktes. Aus dieser Erkenntnis hat das RG dann die Folgerung gezogen, dass der Gerichtsvollzieher nicht als privatrechtlicher Vertreter des Gläubigers, sondern kraft staatlicher Zwangsgewalt tätig wird und der Anspruch auf den Erlös, den der Gerichtsvollzieher dem Gläubiger ausgehändigt hat, nicht auf § 816 Abs 1 Satz 1, sondern auf § 812 Abs 1 Satz 1 Fall 2 beruht[862].

160 c) Das Eigentum an dem Erlös fällt in entsprechender Anwendung des § 1247 Satz 2 (Grundsatz der Surrogation) zunächst dem bisherigen Eigentümer der versteigerten Sache zu, geht jedoch mit der Auszahlung durch den Gerichtsvollzieher kraft der Hoheitsgewalt des Staates auf den Gläubiger über. Auch hierfür kommt es auf den guten Glauben des Gläubigers nicht an. Die Auszahlung des Erlöses folgt aus der Verstrickung, ist somit rein verfahrensrechtlich zu beurteilen und besagt nichts für die Frage, ob dem Gläubiger der Erlös nicht gebührt, er also ungerechtfertigt bereichert ist[863]. ZPO § 819 regelt nur die Gefahrtragung[864]. Der Gläubiger verliert nicht den Anspruch gegen den Vollstreckungsschuldner. Er kann sich auf einen **Wegfall der Bereicherung** nur berufen, wenn der Vollstreckungsschuldner nachträglich in Vermögensverfall gerät, und ist dann lediglich zur Abtretung der gegen diesen bestehenden Forderung verpflichtet[865]. Ein Anspruch gegen den Ersteher steht dem bisherigen Eigentümer der versteigerten Sachen dagegen nicht zu. Der Erwerb ist endgültig, wenn die Verwertung gesetzmäßig und wirksam war[866]. Der Gläubiger hat den Versteigerungserlös nicht ohne Rechtsgrund erlangt, wenn im Zeitpunkt der Versteigerung der Eigentumserwerb des Dritten nach dem AnfG anfechtbar war, selbst wenn inzwischen die Ausschlussfrist des AnfG § 12 abgelaufen ist[867]. Über die **Höhe** des Bereicherungsanspruchs, wenn bei der Zwangsversteigerung eines Grundstücks **fremde Gegenstände mitversteigert**

858 Vgl dazu Stein/Jonas/Münzberg ZPO, 2002[22] § 771 Rz 85–87 mNachw. Vgl auch die Übersicht über den Meinungsstand bei Günther AcP 178 (1978), 456, der für die dritte Meinung auch mit rechtsvergleichenden Hinweisen eintritt.

859 BGHZ 66, 150 = NJW 1976, 1090 = WM 1976, 470; s ferner BGHZ 100, 95, 98, wenn der Vollstreckungsgläubiger selbst die Sache ersteigert und der Erlös mit der titulierten Forderung verrechnet wurde.

860 Vgl RGZ 88, 351; s auch Planck/Landois § 816 Bem 7 b mzahlrNachw.

861 Vgl dazu E Schwinge, Der fehlerhafte Staatsakt im Mobiliarvollstreckungsrecht, 1930, S 105 ff.

862 RGZ 156, 395. Vgl zur Korrektur der fehlerhaften Verteilung des Erlöses in der Zwangsversteigerung aus der Rspr des BGH: BGHZ 4, 84, 88; BGHZ 35, 267, 272; BGHZ 39, 242; ferner BGH NJW 1981, 1601, 1602; LG Saarbrücken NJW-RR 1994, 1293: schuldnerfremdes Grundstück.

863 Vgl Stein/Jonas/Münzberg ZPO § 771 Bem VII 4 u § 819 Bem II 3; Lüke AcP 153 (1954), 538.

864 Vgl RGZ 43, 180.

865 Stettin HRR 1933 Nr 811; s auch § 818 Rz 75.

866 Vgl auch unten Rz 216, 217.

867 RGZ 162, 218; s auch Celle BB 1962, 1178 = KTS 1963, 50.

sind, vgl unten Rz 216. **Verzichtet** der bisherige Eigentümer auf seinen Bereicherungsanspruch gegen den Gläubiger, so verbleibt diesem der Erlös endgültig, und der Vollstreckungsschuldner ist wie bei der Zahlung fremder Schulden bereichert[868]. Neben dem Anspruch aus § 812 können dem bisherigen Eigentümer, wenn der Vollstreckungsgläubiger **bösgläubig** ist, Ansprüche aus **§§ 687 Abs 2, 823, 826** zustehen[869]. Verzögert der mit der Zwangsvollstreckung beauftragte Rechtsanwalt die Freigabe des Pfandgegenstandes, nachdem ein die Veräußerung hinderndes Recht glaubhaft gemacht ist, dann haftet der Gläubiger für den dem Dritten entstehenden Verzugsschaden ohne Entlastungsmöglichkeit[870].

d) Ebenso wie dem Eigentümer, der die Widerspruchsklage gemäß ZPO § 771 versäumt hat, 161
ein Bereicherungsanspruch gegen den Pfändungsgläubiger zusteht[871], haftet dieser, wenn er den Erlös in Empfang genommen hat, einem **älteren Pfandgläubiger**, der es unterlassen hat, sein Recht durch eine **Klage auf vorzugsweise Befriedigung aus dem Erlös** gem ZPO § 805 geltend zu machen[872]. Hat der Pfändungsgläubiger die **Pfandsache selbst ersteigert**, so erwirbt er mit der Übertragung durch den Gerichtsvollzieher das Eigentum an der Sache[873]. Jedoch bleibt die Forderung auf den Erlös gegen den Gläubiger bestehen[874]. Dasselbe gilt bei einem Erwerb gemäß ZPO § 825. Der Bereicherungsanspruch erstreckt sich nicht auf den ganzen Erlös, sondern lediglich auf den an den Vollstreckungsgläubiger **nach Abzug der Kosten abgelieferten Erlös**[875]. Die Bereicherung des Gläubigers besteht lediglich in dem vom Gerichtsvollzieher abgelieferten Betrag. Die Gegenmeinung beruft sich zu Unrecht darauf, dass die einem Dritten gezahlten Erwerbskosten nicht abzugsfähig seien. Es handelt sich nicht um die einem Dritten gewährte Gegenleistung, sondern um notwendige Aufwendungen, die im Vertrauen auf den Erwerb gemacht worden sind[876].

e) Auch dem **Vermieter** stehen Bereicherungsansprüche wegen Pfändung der eingebrachten 162
Sachen des Mieters zu[877], und zwar auch noch nach Ablieferung des Versteigerungserlöses an den Pfandgläubiger[878]. Ebenso besteht ein Bereicherungsanspruch, wenn durch die Versteigerung der dem Schuldner nicht gehörenden Sache ein **Anwartschaftsrecht** verloren geht[879]. Dasselbe gilt bei unzulässiger Veräußerung von Zubehör eines Grundstücks durch den **Insolvenzverwalter** für den Anspruch des **Absonderungsberechtigten** gegen die Konkursmasse[880] sowie des **Nießbrauchers** gegenüber dem Gläubiger, welcher die Miete pfänden lässt[881] und des **Zessionars der Mieten** gegen den Zwangsverwalter, der die schon vor Beschlagnahme des Grundstücks abgetretenen Mieten eingezogen hat, sofern nicht die Beträge gem ZVG §§ 155 ff inzwischen verwendet sind und deshalb nach § 818 Abs 3 keine Bereicherung mehr vorliegt[882]. Eine Bereicherung des Pfändungsgläubigers, der **ungeachtet des vorgehenden Pfandrechts** die Sache versteigert,

868 Vgl Rz 170 f.
869 Vgl RGZ 156, 395; v Mayr, Bereicherungsanspruch S 282.
870 BGHZ 58, 207 = NJW 1972, 1048 mNachw. Zum Schadensersatzanspruch wegen Eigentumsverletzung bei Pfändung des angeblichen Herausgabeanspruchs eines Schuldners gegen einen Dritten, wenn der Gläubiger nach Prüfung nicht rechtzeitig auf seine Rechte verzichtet s BGHZ 67, 378 = NJW 1977, 384. Nicht anwendbar ist statt § 823 der Haftungsmaßstab des § 990; so mit Recht krit Berg NJW 1972, 1675 (Anm) zu LG Berlin NJW 1972, 1675.
871 Vgl oben Rz 158.
872 AllgM; RGZ 119, 265; s zu RGZ 97, 34 unten Rz 162 bei Fn 883.
873 S Stuttgart Recht 1913 Nr 343; München HRR 1941 Nr 142; Hamburg MDR 1953, 103.
874 S Hamburg MDR 1953, 103; Lüke AcP 153 (1954), 538; Schmitz NJW 1962, 853; für den Fall der Verrechnung mit der titulierten Forderung BGHZ 100, 95, 98 ff.
875 BGHZ 66, 150 = NJW 1976, 1090 = MDR 1976, 657 (mablAnm A Blomeyer S 925); ebenso Lent Anm zu AG Soltau NJW 1955, 674; LG Lübeck MDR 1962, 477; wohl auch BGHZ 32, 240, 244.
876 Vgl § 818 Rz 73 ff; ebenso Lent NJW 1955, 674 (Anm); auch Nicklisch NJW 1966, 434, jedoch mit nicht zutr Hinweis auf ZPO § 788, denn es handelt sich nicht um notwendige Kosten der Zwangsvollstreckung; vgl Stein/Jonas/Münzberg ZPO § 788 Bem I 3.
877 Breslau Recht 1906 Nr 931; Frankfurt/M OLG 19, 154; Dresden SächsArch 1908, 339.
878 LG Breslau BreslauAK 1916, 45; aM LG Karlsruhe BadRspr 1916, 23; Sinzheimer LZ 1915, 887.
879 Celle MDR 1959, 930.
880 Kiel SchlHA 1931, 70.
881 Dresden OLG 9, 15.
882 RG LZ 1919, 146.

kann nur in Frage kommen, soweit er den Erlös ohne Rücksicht auf das Vorzugsrecht des vorgehenden Gläubigers erhalten hat[883]. Bei Einziehung einer verpfändeten Forderung hinsichtlich des Teiles, der nicht mehr zur Befriedigung des Gläubigers nötig ist, ist der Pfandgläubiger auf Kosten des Drittschuldners, nicht des Pfandschuldners bereichert[884].

163 f) Bei Versteigerung **fremden Zubehörs** kann dessen Eigentümer den Erlös fordern[885]. Der Eigentümer eines versteigerten Grundstücks kann Rückzahlung des auf eine **nichtige Grundschuld** ausgezahlten Teils des Versteigerungserlöses von dem formellen Gläubiger verlangen, auch wenn ein nacheingetragener Hypothekengläubiger ausgefallen ist[886]. Der Hypothekengläubiger, der irrtümlich zuwenig im Versteigerungstermin berechnet hat, kann auch vom Pfändungsgläubiger des Schuldners die Herausgabe des Erlöses verlangen[887]. Die Pfändung von Vieh eines Landgutes gibt dem Hypothekengläubiger einen Bereicherungsanspruch[888], anders, wenn der Konkursverwalter nicht beschlagnahmte Mietzinsen zur Konkursmasse zieht[889].

164 g) Wenn der im Wege der Prozesskostenhilfe beigeordnete **Rechtsanwalt** die **Kosten auf den Namen der Partei** festsetzen lässt, sie durch Vollstreckung in einem Dritten gehörige Gegenstände **beitreibt** und zur Deckung seiner Kosten zurückbehält, so ist die Partei, der Prozesskostenhilfe bewilligt wurde, auf Kosten des Dritten bereichert[890]. Zur **strafrechtlichen Einziehung**, die sich gegen den unbeteiligten Dritteigentümer richtet, vgl unten Rz 218. Auch bei der **Zwangsvollstreckung wegen einer Steuerforderung**, die in das Eigentum eines Dritten eingreift, besteht ein Anspruch auf Herausgabe des Erlöses gegen den Vollstreckungsgläubiger sowie möglicherweise ein Schadenersatzanspruch wegen Amtspflichtverletzung, **nicht** aber ein **Entschädigungsanspruch wegen enteignungsgleichen Eingriffs**[891].

165 h) Zur Stellung des Vollstreckungsschuldners und des Drittschuldners bei **unwirksamen Pfändungs- und Überweisungsbeschlüssen** sowie zum **Bereicherungsausgleich bei Forderungspfändungen** s oben Rz 138. Rechtsbehelfe, die den **Teilungsplan im Verteilungsverfahren** gem ZPO §§ 872 ff sowie die Versteigerung und Erlösverteilung im Zwangsversteigerungsverfahren und die Rechte der Insolvenzgläubiger im **Insolvenzverfahren** betreffen, stehen vielfach im Zusammenhang mit der Versäumung von Ausschluss- und sonstigen Fristen. Die Fragen werden daher in diesem Zusammenhang behandelt (s unten Rz 215 f, 219).

VI. Verwendungskondiktion

166 1. **Grundsätzliches**. Der Anwendungsbereich der Verwendungskondiktion ist schmal, insbesondere wenn die Rückgriffskondiktion nicht einbezogen, sondern als selbständige Kondiktionsart verstanden wird[892]. Aus dem Vorrang der Leistungskondiktion ergibt sich, dass zunächst geprüft werden muss, ob die betreffende Verwendung unter den Begriff der Leistung fällt[893]. Die Verwendungskondiktion betrifft Aufwendungen an Material und Arbeit auf fremde Sachen oder andere Vermögensgegenstände, die der Anspruchsberechtigte freiwillig vornimmt[894]. Darin liegt auch der Unterschied zur Eingriffskondiktion. Bei berechtigter **Geschäftsführung ohne Auftrag** ergibt sich der Verwendungsersatzanspruch aus den §§ 683, 670[895]. Bei unberechtigter Geschäftsführung ohne Auftrag enthält § 684 Satz 1 eine Verweisung auf die §§ 818 ff, bei der es allerdings streitig ist, ob eine derartige bloße Rechtsfolgenverweisung gegeben ist[896]. § 684 setzt voraus, dass ein

883 RGZ 97, 34.
884 Hamburg Recht 1922 Nr 1567.
885 Karlsruhe BadRpr 1931, 14; vgl unten Rz 216.
886 RG Recht 1915 Nr 1997; ähnlich KG HRR 1931 Nr 933.
887 RGZ 64, 194.
888 Kiel SchlHA 1905, 27.
889 RG JW 1903 Beil 101.
890 KG JW 1929, 3179 (mzustAnm Friedländer).
891 BGHZ 32, 240 = LM Nr 5 zu ZPO § 771 (mAnm Arndt).
892 S unten Rz 170 f; aM König, BJM-Gutachten S 1564 ff.
893 S dazu oben Rz 3.
894 S auch König, BJM-Gutachten S 1568.
895 S auch BGH NJW 1969, 1205 = LM Nr 24 zu § 683.
896 So § 684 Rz 2.

Fremdgeschäftsführungswille gegeben ist[897]. Bei irrtümlicher Eigengeschäftsführung finden nach § 687 Abs 1 die §§ 677–686 keine Anwendung. In Betracht kommt ein Anspruch aus den §§ 812 ff[898]. Der Anspruch auf Ersatz von Verwendungen ist bei zahlreichen Schuldverhältnissen besonders geregelt (vgl §§ 459, 539 Abs 1, 581 Abs 2, 601, 970, 1049, 1216, 2125). Für das Eigentümer-Besitzer-Verhältnis gilt die Sonderregelung in den §§ 994 ff[899], so dass Bereicherungsrecht nur anzuwenden ist, wenn jemand, der **nicht Besitzer** ist, Verwendungen macht. In der Regel wird eine Bereicherung nur in Betracht kommen, wenn der Begünstigte Aufwendungen erspart hat, die er sonst hätte machen müssen[900]. Die Zurückhaltung gegenüber der Annahme eines Bereicherungsanspruchs beruht auf der Erwägung, dass der Begünstigte gegen eine aufgedrängte Bereicherung zu schützen ist[901].

2. **Einzelfälle der Bereicherung**. Der **Ehemann** ist bereichert, wenn seine Frau das ihr von der Tochter zur Verwahrung übergebene Geld zur Führung des Haushalts und zur Anschaffung notwendiger Kindersachen verwendet[902]. Der **Vermieter** ist bereichert, wenn die Mieter des Hauses an die unzureichend besoldete Pförtnersfrau Zahlungen geleistet haben, um zu vermeiden, dass diese ihre Tätigkeit einstellt[903]. Der Gläubiger, der die vom Schuldner zur Erfüllung vorzunehmenden notwendigen **Anschaffungen** selbst bewirkt, kann Ersatz der Aufwendungen verlangen[904]. Wer, ohne öffentlich-rechtlich dazu verpflichtet zu sein, auf Befehl der Besatzungsmacht eine Brücke instandgesetzt hat, kann die dafür aufgewandten Kosten von dem für die Brücke Unterhaltspflichtigen verlangen[905]. Die politische **Gemeinde**, die für Ausbesserung einer Kirche Aufwendungen gemacht hat, obgleich ihr die Kirchenbaulast nicht obliegt, hat einen Bereicherungsanspruch gegen die Kirchengemeinde[906]. Eine Gemeinde kann die Kosten einer Wegstrecke, zu deren Bau sie nicht verpflichtet war, von der pflichtigen Gemeinde fordern[907]. Ist eine geschuldete Leistung vom Gläubiger zu bestimmen, geschieht dies jedoch erst nach Ausführung der Arbeiten, so schließt dies einen Bereicherungsanspruch nicht aus[908]. Eine Verwendungskondiktion ist gegeben, wenn ein Hauseigentümer wegen der auf sein Grundstück eindringenden Wurzeln städtischer Straßenbäume eine neue Abwasserleitung legen muss[909]. Zur **Leistung von Unterhalt durch Dritte** vgl oben Rz 30. **Aufwendungen des Bereicherten** aus Anlass der Bereicherung gehen nicht zu Lasten des Empfängers, sondern zu Lasten des Rückfordernden[910]. Von übernommenen Hypothekenschulden eines ohne Rechtsgrund erhaltenen Grundstücks ist der Bereicherte zu befreien[911]. Durch Zuweisung eines Erlösanteils als Ersatz für Aufwendungen im Zwangsverwaltungsverfahren wird der betreibende Gläubiger nicht grundlos bereichert[912], ebensowenig der Ersteher, wenn er als Zwangsverwalter zu Unrecht Mieten eingezogen und zur Grundstücksverbesserung verwendet hat[913]. Der **Anfechtungsgläubiger**, der die Veräußerung einer Sache anficht, erlangt durch Verwendungen auf die Sache zwar einen Vorteil ohne Rechtsgrund auf Kosten des Anfechtungsgegners; ob aber eine Vermögensvermehrung eintritt, ist erst nach dem Ausfall der Versteigerung festzustellen[914]. Der Verkäufer eines Grundstücks, der es später zurücknimmt, ist nicht durch Arbeiten bereichert, die der Käufer während seiner Besitzzeit 167

897 Ebenso Jakobs, Eingriffserwerb S 173 u AcP 167 (1967), 371; R Wittmann, Begriff und Funktionen der Geschäftsführung ohne Auftrag, 1981, S 96; aM Willoweit, Festschr für Wahl S 285, 288. Vgl zum Fremdgeschäftsführungswillen: Klatt, Auftragslose Fremdgeschäftsführung durch Minderjährige, 2001, S 36 ff.
898 S § 687 Rz 1.
899 Vgl BGHZ 87, 296, 301; s auch BGHZ 131, 220, 226; BGH NJW 1996, 52 = JZ 1996, 366 (mit Bestätigung von BGHZ 41, 157, 161; näher Canaris JZ 1996, 344; Staud/Lorenz Rz 42 ff vor §§ 812 ff; Rz 3 vor § 994.
900 Vgl auch v Caemmerer, GesSchriften I S 365: Frage der Verwendungen eine crux des Bereicherungsrechts.
901 Vgl unten Rz 169.
902 Braunschweig OLG 18, 49.
903 KG JW 1925, 2632.
904 RG SoergRspr 1912 § 812 Nr 11.
905 BGHZ 1, 57.
906 RGZ 102, 9.
907 Kiel SchlHA 1908, 17.
908 BGH LM Nr 33 zu § 812 = MDR 1958, 686.
909 Vgl BGHZ 97, 231, 234.
910 RG Recht 1910 Nr 2817.
911 RG JW 1914, 301.
912 RG Recht 1917 Nr 610.
913 Kiel SchlHA 1919, 39.
914 RG HRR 1929 Nr 655.

bestellt hat[915]. Zwischen dem Ersteher eines versteigerten Schiffes und demjenigen, der vor der Versteigerung Aufwendungen dafür gemacht hat, findet nicht eine unmittelbare Vermögensverschiebung statt[916]. Zum Ersatz ersparter Aufwendungen für die Erschließung einer Kiesgrube s BGH NJW 1979, 2034 = LM Nr 26 zu § 251.

168 3. **Verwendung fremder Arbeitskraft**. Wer einen Bauentwurf über den bestimmungsgemäßen Zweck hinaus verwendet, haftet aus ungerechtfertigter Bereicherung[917]. Wer Arbeitskräfte benutzt und dadurch Verwendungen erspart, ist als bereichert anzusehen und muss eine angemessene Vergütung zahlen[918]. Dies gilt auch für den, der über die Grenzen des billigen Ermessens die volle Arbeitskraft eines Angestellten in Anspruch nimmt[919]. Der Bereicherungsanspruch besteht nicht nur für Handarbeit, sondern zB auch für die Arbeit eines Architekten, der einen Plan ausgearbeitet hat, der nicht zur Ausführung gelangt ist[920]. Bezahlung von **Überstunden** kann der Arbeitnehmer aus dem Gesichtspunkt der ungerechtfertigten Bereicherung verlangen[921]. Ist ein Lehrvertrag auf länger als die tarifvertragliche **Höchstlehrzeit** geschlossen, so hat der Lehrling für die die Höchstdauer **überschreitende Zeit** den Bereicherungsanspruch auf tarifvertragliche Entlohnung[922]. Ist ein Anlernvertrag mangels Genehmigung unwirksam, so besteht ein Bereicherungsanspruch, auf den aber der Nutzen der tatsächlich erhaltenen Ausbildung anzurechnen ist[923]. Der Neffe, der jahrelang in der Gastwirtschaft des Onkels **unentgeltliche Dienste geleistet** hat, weil der Onkel ihm eine letztwillige Zuwendung in Aussicht gestellt hatte, kann, wenn er die Zuwendung nicht erhält, gegen den Erben einen Bereicherungsanspruch erheben[924] (vgl auch unten Rz 207 zur **Leistung von Diensten in Erwartung einer Vergütung** mNachw). Auch dem Stiefsohn, den der Stiefvater durch Zusage künftiger Überlassung des Hofes zur Mitarbeit auf dem Hof gegen Unterhaltsgewährung veranlasst hatte, steht ein Bereicherungsanspruch zu, wenn die Überlassung dann unterblieben war[925]. Über die Rechtslage nach früherem Recht, wenn eine Ehefrau im Geschäft des Ehemannes tätig war, vgl BGHZ 8, 249; zur jetzigen Regelung vgl §§ 1363 ff.

4. **Aufgedrängte Bereicherung**

Schrifttum: V Caemmerer, GesSchriften I S 365; Klauser NJW 1958, 47 u 1965, 513; Scheyhing AcP 157 (1958/59), 389; Schindler AcP 165 (1965), 499; Manfred Wolf JZ 1966, 467; Feiler Aufgedrängte Bereicherung bei den Verwendungen des Mieters und Pächters, 1968; G Haas AcP 176 (1976), 1; Reimer, Die aufgedrängte Bereicherung, 1990; F Wernecke, Abwehr und Ausgleich „aufgedrängter Bereicherungen" im Bürgerlichen Recht, 2004.

169 Die Wahrnehmung fremder Vermögensinteressen ohne Kenntnis des Begünstigten bedeutet ein Eindringen in einen fremden Interessenbereich und könnte, wenn ein Aufwendungsersatzanspruch allgemein bejaht würde, insbesondere bei wertsteigernden Verwendungen zu einer weitgehenden Ersatzpflicht führen, die sich für den Begünstigten sehr nachteilig auswirken könnte. Im angelsächsischen Rechtskreis wird eine solche Ersatzpflicht daher grundsätzlich abgelehnt[926]. Das BGB enthält keine einheitliche Stellungnahme. Dies hat eine Reihe von Zweifelsfragen zur Folge gehabt. Der Regelung der Geschäftsführung ohne Auftrag liegt die Unterscheidung zwischen berechtigter und unberechtigter Geschäftsführung zugrunde[927]. Bei der letzteren verweist § 684

915 Dresden SächsArch 1908, 472.
916 RGZ 97, 61.
917 Dresden SeuffA 73 Nr 51.
918 Vgl auch BGHZ 36, 321; 37, 258; 41, 282, s dazu § 818 Rz 17 ff, 50.
919 LAG Kiel DB 1957, 1232.
920 RG HRR 1936 Nr 461.
921 RAG ArbRspr 1929, 251; auch RAG JW 1932, 2644; vgl aber LAG Breslau DRiZR 1931 Nr 515.
922 RAG HRR 1932 Nr 1945.
923 LAG Düsseldorf RdJ 1959, 287.
924 RAG ArbRSamml 36, 287; vgl auch Koblenz NJW 1990, 126.
925 RAG ARS 22, 24; über formlose Hofübergabeverträge vgl Rz 21 f vor § 2274; § 125 Rz 39; s auch die Fälle BGHZ 108, 256, 263; Koblenz NJW 1990, 126.
926 S v Caemmerer, GesSchriften I S 365; Schindler AcP 165 (1965), 499, 513; R Wellmann, Der Aufwendungsersatz des Geschäftsführers ohne Auftrag in der Rspr der anglo-amerikanischen Gerichte, 1959, S 116 ff.
927 Vgl Rz 3 und 10 vor § 677.

Satz 1 auf die §§ 818 ff[928]. Im Eigentümer-Besitzer-Verhältnis wird zwischen notwendigen und nützlichen Verwendungen unterschieden (§§ 994, 996). Der redliche Besitzer wird bei nützlichen Verwendungen bevorzugt[929]. Die Hervorhebung der notwendigen Verwendungen sowie die Verweisung auf § 684 und damit auf das Bereicherungsrecht findet sich in einer Reihe von Vorschriften (vgl §§ 459, 539 Abs 1, 581 Abs 2, 601, 970, 1049, 1216, 2125). Verschiedentlich wird aus § 814 der Grundsatz abgeleitet, dass der bösgläubige Besitzer nicht den Ersatz von Verwendungen verlangen könne, die nicht notwendig gewesen seien[930]. § 814 betrifft jedoch nur einen bestimmten Fall der Leistungskondiktion, nämlich die Leistung auf eine Nichtschuld, und trägt dem Gesichtspunkt Rechnung, dass keine schutzwürdigen Interessen des Leistenden vorliegen[931]. Auf andere Unterarten der Leistungskondiktion oder sogar auf Fälle der Bereicherung in sonstiger Weise kann § 814 nicht angewandt werden. Jedoch ist den §§ 677 ff, insbesondere auch § 687 Abs 2, und dem § 996 der Grundsatz zu entnehmen, dass der bösgläubige Besitzer oder unechte Geschäftsführer dem Eigentümer keine Leistung aufdrängen kann[932]. In der Rechtsprechung sind vor allem folgende vier Wege eingeschlagen worden, um den **Eigentümer** vor einer aufgedrängten Bereicherung zu **schützen**. – (a) Einschränkung des Begriffs der Verwendungen, so dass die Umgestaltung und Errichtung von Gebäuden in der Regel nicht als Verwendung anzusehen ist. Diese Rechtsprechung des BGH führt zu einer nicht gerechtfertigten Aufspaltung des Begriffs der Verwendungen[933]. – (b) Ausschluss des § 951 Abs 1 gegenüber den §§ 994 ff, auch wenn eine werterhöhende Maßnahme des Besitzers keine Verwendung im Rechtssinne darstellt und deshalb kein Ersatzanspruch gem § 996 besteht[934]; über Bedenken gegen diese Ausschlusswirkung vgl § 951 Rz 11. – (c) Beschränkung des Ersatzanspruchs auf den wirklichen Nutzen vom Standpunkt des Bereicherten aus[935]. – (d) Wegnahmerecht anstatt Wertersatz. Der Eigentümer kann gem § 1004 Beseitigung verlangen und sich hierauf auch einredeweise gegenüber dem Wertersatzanspruch berufen[936]. Dieser Ansicht ist zuzustimmen[937]. Dagegen entnimmt *Baur*[938] den §§ 989, 990, dass der Eigentümer den redlichen unverklagten Eigenbesitzer nicht zur Wegnahme der Verwendung zwingen, sondern ihm nur das Bauwerk zum Abbruch zur Verfügung stellen kann. Der BGH wendet § 1000 Satz 2 entsprechend an; der Schuldner ist berechtigt, die Zahlung durch Gestattung der Wegnahme zu ersetzen[939]. Für den Fall, dass der Besitzer von seinem Wegnahmerecht wegen eines Abbruchverbotes keinen Gebrauch machen kann, hat der BGH ihm einen Anspruch gegen den Eigentümer auf angemessene Entschädigung zugesprochen[940]. Die Geltendmachung des Vergütungsanspruchs gem § 951 ist rechtsmissbräuchlich, wenn der Eigentümer Beseitigung des Gebäudes verlangt und der Kläger entgegen seiner Verpflichtung den Abbruch unterlässt[941]. **Kein Bereicherungsanspruch** besteht, wenn der vom Wohnungsamt zugewiesene **Mieter** Instandsetzungsarbeiten ausführt, auch dann nicht, wenn der Mieter infolge Widerrufs der Zuweisung die Wohnung alsbald räumen muss[942]. Ein Anspruch gegen den **Grundstückseigentümer** besteht, wenn die Gemeinde das Grundstück für Besatzungszwecke instandsetzen lässt, nur, soweit er dadurch wirklich etwas erspart[943]. Die **Ausbesserung** und Erneuerung einzelner Teile **eines be-**

928 Vgl dazu § 684 Rz 2.
929 Vgl § 996 Rz 1.
930 S Erman/Westermann § 814 Rz 1; Klauser NJW 1965, 515.
931 Vgl § 814 Rz 1.
932 S BGHZ 39, 196; Baur/Stürner, SachenR § 53 C III 2; Manfred Wolf JZ 1966, 467.
933 Vgl dazu § 994 Rz 2, 3; Klauser NJW 1965, 513.
934 BGHZ 41, 157; dazu Eichler JuS 1965, 479.
935 Vgl zu dieser Subjektivierung des Bereicherungsbegriffs zustimmend Westermann/Gursky, SachenR[6] § 54, 5; krit Wilburg AcP 163 (1963), 362; Schindler AcP 165 (1965), 499; s auch zur Wertberechnung bei Gebäuden und dem maßgeblichen Zeitpunkt § 818 Rz 35 u Klauser NJW 1965, 513.
936 S Martin Wolff, Der Bau auf fremdem Boden, 1900, S 66; Enn/Wolff/Raiser § 74 I 5; BGHZ 23, 61; Celle MDR 1954, 194.
937 Vgl § 951 Rz 12. Vgl auch BGH WM 1972, 389, wo aber die Frage des Wertersatzes wegen einer vertraglichen Regelung nicht entschieden worden ist.
938 AcP 160 (1961), 492.
939 BGHZ 23, 61.
940 BGHZ 41, 157; krit hierzu Hodes NJW 1964, 2382.
941 BGH NJW 1965, 816.
942 KG EA 1926, 524.
943 Neustadt MDR 1953, 230; zum Erstattungsanspruch wegen baulicher Maßnahmen auf Weisung der Besatzungsmacht s Soergel[10] Rz 23 vor § 812.

schädigten Schiffes enthält nicht ohne weiteres eine Bereicherung des Reeders[944], ebensowenig ist der Hauseigentümer durch bauliche **Verbesserung des Hauses** durch den Mieter notwendig bereichert[945], auch dann nicht, wenn er deshalb von einem späteren Mieter höhere Miete erhält[946]; ebensowenig dadurch, dass er von dem auf die Schönheitsreparaturen entfallenden Teil der gesetzlichen Miete keine Schönheitsreparaturen vorgenommen hat[947].

VII. Rückgriffskondiktion

170 1. **Grundsätzliches**. Der Rückgriffskondiktion, bei der streitig ist, ob sie überhaupt eine selbständige Kondiktionsart ist[948], kommt nur ein verhältnismäßig enger Anwendungsbereich zu[949]. Den Schwerpunkt bildet die **Tilgung fremder Forderungen gem § 267**[950]. Hinsichtlich des Anwendungsbereichs ist zu berücksichtigen, dass zahlreiche Rückgriffsfälle durch einen gesetzlichen Forderungsübergang geregelt sind[951]. Der **Abgrenzung** bedarf die Tilgung fremder Schulden gegenüber der Leistung aufgrund einer **Anweisung**[952] sowie gegenüber der Leistung des **Putativschuldners**, also dem Fall, in dem der Dritte sich irrtümlich selbst für den Schuldner hält[953]. Der Rückgriffskondiktion kommt nur eine **ergänzende Bedeutung zu**[954]. Ist der Dritte dem Schuldner gegenüber verpflichtet, die Leistung an den Gläubiger zu erbringen, so richtet sich die Abwicklung nach dem betreffenden Rechtsverhältnis, zB bei Auftrag, Schenkungsversprechen, Erfüllungsübernahme. Ist dies nicht der Fall oder ist die betreffende Verpflichtung unwirksam, so stellt sich die Frage, ob eine **Geschäftsführung ohne Auftrag** gegeben ist. Auch die berechtigte Geschäftsführung ohne Auftrag verdrängt die Rückgriffskondiktion[955]. Liegen diese Voraussetzungen nicht vor, so greift die Rückgriffskondiktion ein. Doch ist sie dem Umfang nach zum Schutz des Schuldners vor einer **aufgedrängten Bereicherung**[956] begrenzt. Der Dritte kann nicht mehr beanspruchen als im Falle einer Geschäftsführung ohne Auftrag[957]. Umstritten ist die Frage, wie es zu beurteilen ist, wenn der Dritte eine Zuwendung an den Empfänger in der **irrigen Annahme** vornimmt, dass diesem ein **Anspruch gegen den scheinbaren Schuldner** zusteht[958].

171 2. **§ 267**. a) **Voraussetzung** für die Anwendung des **§ 267** ist eine entsprechende **Tilgungsbestimmung des Dritten**. Nach ständiger Rechtsprechung muss der Dritte den Willen haben, die fremde Schuld zu tilgen und dies auch zum Ausdruck bringen[959]. Daraus folgt, dass bei einer Zuwendung infolge irrtümlicher Annahme einer Anweisung eine Tilgungswirkung gem § 267 zu verneinen ist[960]. Tilgt der Dritte durch seine Zahlung an den Gläubiger bewusst eine fremde Schuld, so erlischt mit der Hauptschuld auch die für sie gegebene Bürgschaft und der Dritte hat gegen den Bürgen keinen Bereicherungsanspruch[961]. In der Kritik, die die Begründung und nicht das Ergebnis des BGH betrifft, weist *v Olshausen* zutreffend darauf hin, dass kein Anlass besteht, dem Dritten auch den Zugriff auf schuldnerfremde Sicherheiten, die sich der Gläubiger ausbedungen hatte, zu ermöglichen. Keine Rückgriffskondiktion besteht beim Austausch von Kreditsicherheiten durch den neuen Sicherungsgeber[962]. Bei der Einlösung eines Wechsels durch den Aussteller ist davon auszugehen, dass ein Rückgriffsschuldner im Zweifel nur die eigene Schuld

944 Hamburg OLG 8, 88.
945 Stuttgart Recht 1916 Nr 1109.
946 Hamburg HansGZ 1921 B 269.
947 KG JW 1929, 3253.
948 Vgl Schlechtriem JZ 1984, 556.
949 Vgl Rz 30; Staud/Lorenz § 812 Rz 2.
950 Vgl Staud/Lorenz § 812 Rz 42.
951 Vgl die Nachw in Rz 30, dort auch zum Forderungsübergang des Unterhaltsanspruchs des nichtehelichen Kindes gem § 1615 b.
952 S oben Rz 50 f.
953 S oben Rz 128 ff, auch zur Frage des Wahlrechts.
954 S auch König, BJM-Gutachten S 1566.
955 S dazu oben Rz 166 zur Verwendungskondiktion; aM BGH LM Nr 5 zu § 814 = MDR 1976, 220 = WM 1975, 1235; LG Zweibrücken NJW-RR 1995, 917, 918.
956 S dazu oben Rz 169.
957 S König, BJM-Gutachten S 1566.
958 S dazu unten Rz 171.
959 S BGHZ 75, 299 = NJW 1980, 452 mNachw; eingehend BGHZ 113, 62, 68 ff; auch Koblenz NJW-RR 2005, 1491, 1492.
960 Vgl oben Rz 57, 131; 171.
961 BGH LM Nr 5 zu § 814 = MDR 1976, 220 (mkritAnm v Olshausen S 662) = WM 1975, 1235.
962 Koblenz NJW-RR 2005, 1491.

tilgt, die Wechselschuld des Akzeptanten also nicht erlischt[963]. Für die Frage, als wessen Leistung eine Zahlung anzusehen ist, kommt es unter Zugrundelegung der Empfängerhorizontlehre[964] darauf an, wie sich die Zuwendung bei objektiver Betrachtungsweise aus der Sicht des Zuwendungsempfängers darstellt[965]. In der Rechtsprechung des BGH ist das Bestreben erkennbar, den Anwendungsbereich der Rückgriffskondiktion auch auf die Fälle der sog **doppelten Tilgungsbestimmung** zu erstrecken, in denen also der Dritte die Leistung mindestens auch für den wahren Schuldner erbringen wollte[966]. Diese Rechtsprechung vermeidet mit Recht die Schwierigkeiten, die sich sonst bei der Ermittlung der (überwiegenden?) Willensrichtung des Dritten ergeben würden und dient auch dem berechtigten Schutz des Dritten. Zum Verhältnis der berechtigten und nichtberechtigten Geschäftsführung ohne Auftrag zur Rückgriffskondiktion vgl auch BGH WM 1976, 1056, 1059 = BB 1976, 1343.

b) **Leistung eines Dritten auf eine nicht bestehende Schuld**. Zum Problembereich der Dreiecksfälle gehört die strittige Frage, ob dem Dritten bei Nichtbestehen der Schuld eine Kondiktion gegen den Gläubiger zusteht. Diese Frage wird von der herrschenden Meinung bejaht[967]. § 814 betrifft lediglich den Bereicherungsanspruch wegen Leistung auf eine Nichtschuld. Daher findet die Vorschrift keine Anwendung bei der Zahlung eines Dritten gem § 267[968].

E. Fehlen des rechtlichen Grundes

ÜBERSICHT

963 RGZ 120, 206; BGH WM 1971, 857.
964 S dazu oben Rz 45 ff.
965 BGHZ 72, 246 = NJW 1979, 157; dazu oben Rz 45.
966 Vgl BGHZ 72, 246 = NJW 1979, 157; ferner BGHZ 70, 389, 397 = NJW 1978, 1875.
967 Vgl dazu oben Rz 131 mNachw.
968 S § 814 Rz 2.

I. Allgemeines

172 1. Die Frage, wann ein „etwas Erlangen" des rechtlichen Grundes entbehrt, lässt sich **nicht einheitlich** beantworten[969]. Allgemeine Formeln, zB dass eine Vermögensverschiebung ohne rechtlichen Grund eingetreten sei, wenn sie nach den übrigen Bestimmungen der Rechtsordnung unberechtigt sei[970] oder wenn sich die nach technisch geformtem Recht eingetretene Rechtsänderung in ihrem sachlichen Bestand als richtiges Recht nicht behaupten lasse[971], überdecken auch nur den Unterschied zwischen Leistungskondiktion und Bereicherung in sonstiger Weise[972]. Die Übertragung des Begriffs des rechtlichen Grundes von der Leistungskondiktion auf die Bereicherung in sonstiger Weise hat sich, wie die Untersuchung von *Wilburg* gezeigt hat, nicht als förderlich erwiesen[973]. Dies gilt auch von der Begriffsbestimmung, dass der **Rechtsgrund** ein Tatbestand ist, der zum **Behalten einer Vermögensverschiebung** berechtigt[974].

173 2. Die **Leistungskondiktion** ist ein Rückabwicklungsanspruch, der dem Leistenden zusteht, weil der Leistungsempfänger den durch die Leistung erlangten Vorteil **ohne Anspruch darauf oder ohne Erwerbsgrund/Empfangsgrund** erhalten hat[975]. Der Geschäftszweck, meistens die Erfüllung einer Verbindlichkeit, wird in allen diesen Fällen nicht erreicht[976]. Je nach dem Zeitpunkt, in dem das Fehlen des Rechtsgrundes festzustellen ist, kann zwischen der Rechtsgrundlosigkeit von Anfang an oder dem späteren Wegfall des rechtlichen Grundes unterschieden werden; hinzu tritt der Tatbestand, dass ein jenseits des rechtlichen Grunds mit der Leistung bezweckter Erfolg nicht eintritt[977]. So ergibt sich bei der Leistungskondiktion die Dreigliederung: Fehlen des Rechtsgrundes[978], Wegfall des Rechtsgrundes[979] und Nichteintritt des bezweckten Erfolges[980].

174 3. Bei der **Bereicherung in sonstiger Weise** bedarf es jeweils der Prüfung, ob das erlangte „etwas" oder sein Wert dem Begünstigten endgültig verbleiben soll[981]. Ob der Begünstigte den Erwerb behalten darf oder ob ein Rechtsfortwirkungsanspruch auf Herausgabe besteht, richtet sich nach dem Zweck des beeinträchtigten Rechts, dem Zuweisungsgehalt dieses Rechts[982]. Ob ein Erwerb ohne Leistung eines anderen dem Begünstigten verbleibt, hängt davon ab, ob er ihm gebührt[983].

II. Fehlen des rechtlichen Grundes bei der Bereicherung durch Leistung von Anfang an

175 1. **Grundsätzliches**. Zwei Tatbestände sind zu unterscheiden, die Leistung zur Tilgung einer nicht bestehenden Schuld **(condictio indebiti)**. Hierfür gelten ergänzend die **§§ 813, 814**[984]. Da-

969 Ebenso Enn/Lehmann § 222 vor I; Heck, SchuldR § 141, 6; Siber, SchuldR I S 2; aM insbes Krawielicki, Grundlagen des Bereicherungsanspruchs S 2 mNachw; Barnstedt, Das Merkmal der Rechtsgrundlosigkeit S 100.
970 Hartmann ArchBürgR 21 (1921), 224.
971 Stammler, Festg für Fitting, 1903, S 153; vgl auch v Mayr, Der Bereicherungsanspruch S 428; krit v Caemmerer, GesSchriften I S 339.
972 Vgl dazu oben Rz 1.
973 Vgl insbes Wilburg, Die Lehre von der ungerechtfertigten Bereicherung S 12 u dazu v Caemmerer, GesSchriften I S 337.
974 So Krawielicki, Grundlagen des Bereicherungsanspruchs S 3.
975 Vgl Hadding, Festschr für Kroeschell S 293, 297 ff.
976 Von Lübtow, Beiträge zur Lehre von der condictio S 26, H P Westermann, Die Causa S 201.
977 Vgl Fritz Schwarz, Die Grundlage der condictio, 1952, S 230; v Caemmerer, GesSchriften I S 342; auch Heck, SchuldR § 141, 8.
978 Unten Rz 175.
979 Unten Rz 189.
980 Unten Rz 194.
981 Unten Rz 211 und 214.
982 Vgl Wilburg, Die Lehre von der ungerechtfertigten Bereicherung S 27 ff.
983 S Larenz/Canaris, SchuldR II/2 § 67 III 2; vgl auch unten Rz 211 ff.
984 Vgl zur condictio indebiti unten Rz 176.

neben gibt es unterschiedliche Fälle, in denen das Grundgeschäft nichtig oder aus einem sonstigen Grunde unwirksam ist **(condictio sine causa)**, zB die Auflassung aufgrund eines formlos abgeschlossenen Grundstückskaufvertrages, Leistung an einen in der Geschäftsfähigkeit Beschränkten oder Geschäftsunfähigen, fehlendes Einverständnis über eine Leistung[985]. Die beiden Gruppen überschneiden sich teilweise[986]. Eine condictio indebiti liegt in allen Fällen vor, in denen der Bereicherungsanspruch darauf beruht, dass eine Leistung zwecks Erfüllung einer in Wirklichkeit nicht bestehenden Schuld erbracht worden ist[987]. Hierzu gehören auch Leistungen aufgrund eines formungültigen Rechtsgeschäfts, zB eines Erbschaftskaufs[988].

2. **Zahlung einer Nichtschuld**. – a) **Allgemeines**. Einer der wichtigsten Fälle, in denen der **176**
Rechtsgrund von Anfang an fehlt, liegt vor, wenn jemand **irrtümlich eine vermeintliche Schuld zahlt** oder eine Verpflichtung übernimmt[989]. Der Leistende muss sich selbst irrtümlich für den Schuldner halten und zahlen[990] im Unterschied zu dem Fall, in dem er sich dem Schuldner gegenüber irrtümlich zur Zahlung an den Gläubiger für verpflichtet hält[991] oder an einen Nichtgläubiger zahlt. Der Leistende hat nur in dem ersteren Fall einen Bereicherungsanspruch gegen den Gläubiger, nicht aber gegen den Schuldner[992]. **Verjährt die Forderung des Gläubigers** gegen den wirklichen Schuldner, so ist dieser nicht ohne Rechtsgrund bereichert, die durch die irrtümliche Zahlung eingetretene Bereicherung des Gläubigers jedoch weggefallen[993].

Das bloße Hingeben eines nicht geschuldeten Betrages begründet den Bereicherungsanspruch **177**
nicht; es muss dargelegt werden, im Hinblick auf welchen rechtlichen Grund[994] die Zuwendung gemacht ist[995]; vgl dazu oben Rz 4. **Zahlung einer Nichtschuld** liegt vor, wenn die Schuld überhaupt nicht besteht, dh entweder nicht entstanden war, zB Anzahlung auf nichtigen Grundstückskauf[996], oder durch Erfüllung, Aufrechnung oder Einwendung wieder weggefallen war; ferner wenn sie zwar bestand, aber **nicht zwischen den Personen**, unter denen das Erfüllungsgeschäft stattgefunden hat[997]; ebenso wenn sich später durch Klärung der Rechtslage herausstellt, dass sie nicht bestand[998]. Zur **Lohnüberzahlung** und Überzahlung der **Urlaubsvergütung** vgl § 611 Rz 225 f, 305 ff. Bei einer über den materiellrechtlichen Unterhaltsanspruch hinausgehenden einstweiligen Anordnung über Ehegattenunterhalt gem ZPO § 620 Satz 1 Nr 6 besteht wegen der Überzahlung ein Bereicherungsanspruch[999]. Eine Kondiktion ist auch zulässig, wenn zur Zeit der Leistung nach der Rechtsprechung des RG das Bestehen der Schuld anzunehmen war, eine spätere Entscheidung des RG es aber verneinte[1000]. Dem Nichtbestehen steht es nach **§ 813** gleich, wenn eine **dauernde Einrede** gegeben ist. § 813 enthält also eine Erweiterung der Fälle, in denen eine Leistung zurückgefordert werden kann. Eine Leistung aufgrund eines schwebend unwirksamen Rechtsgeschäftes (Verstoß gegen § 181) ist jedenfalls dann ohne rechtlichen Grund erfolgt, wenn sie in Unkenntnis des Schwebezustandes vorgenommen wurde[1001]. Vgl auch zur **vorzeitigen Erfüllung** betagter und bedingter Verbindlichkeiten § 813 Rz 13 u 14. Zur **Rückforderung eines Schuldanerkenntnisses** s Rz 7 ff. Fällt der Rechtsgrund infolge Aufhebung für die Zukunft fort, so gelten für die condictio indebiti auch die §§ 812 Abs 1 Satz 2, Fall 1, 815[1002].

985 Vgl unten Rz 184.
986 Vgl auch Enn/Lehmann § 222 I 1; H P Westermann, Die Causa S 202; RGRK/Heimann-Trosien Rz 75.
987 S Siber, SchuldR § 74 III 1 a.
988 S RGZ 170, 203, 207; mitunter werden diese Fälle nur bei der condictio sine causa aufgeführt.
989 RGZ 146, 355.
990 Vgl oben Rz 22, 128, 171.
991 Vgl dazu oben Rz 131.
992 RGZ 44, 143; 87, 246; 98, 64; RG JW 1914, 79; WarnR 1920 Nr 151; aM Georg H Maier AcP 152 (1952/53) 100; vgl im einzelnen oben Rz 131.
993 RGZ 70, 350; s dazu Georg H Maier AcP 152 (1952/53) 100. Nach RG Recht 1909 Nr 1479 = Gruchot 53, 998 kommt es darauf an, ob die Zahlung mehr wert war als die Forderung gegen den Schuldner (aM Josef WürttJ 26, 115).
994 Vgl Rz 173.
995 RGZ 49, 49.
996 RG WarnR 1936 Nr 38; s oben Rz 175.
997 Vgl v Mayr, Der Bereicherungsanspruch S 448.
998 RG HRR 1930 Nr 1316; auch KG JRfPrV 1936, 172 = DÖffVers 1936, 360; Entschädigung für Einbruchdiebstahl, der gar nicht vorlag.
999 BGH NJW 1984, 2095.
1000 Reichel JW 1931, 525.
1001 BGH NJW 1976, 104 = LM Nr 111 zu § 812 (Anm Merz) = JR 1976, 240 (Anm Jochem).
1002 Vgl Siber, SchuldR § 74 III 1 a.

178 b) **Einzelfälle zur Zahlung einer Nichtschuld**. Der **Testamentsvollstrecker** kann Wiederherstellung seines Verwaltungsrechts verlangen, wenn er einen Nachlassgegenstand entgegen dem Testament irrtümlich freigegeben hat[1003].

Leistet der **Versicherer** aufgrund einer Haftpflichtversicherung an den Verletzten, der den Versicherungsnehmer zu Unrecht in Anspruch genommen hat, so entstehen Bereicherungsansprüche des Versicherungsnehmers sowohl gegen den Verletzten als auch gegen den haftenden Schädiger. Beide Ansprüche gehen auf die Versicherungsgesellschaft über[1004].

Bezahlung eines nicht protestierten **Wechsels** durch den Aussteller oder Indossanten ist regelmäßig Zahlung einer Nichtschuld[1005].

179 Der **Absender einer Postanweisung**, der nichts eingezahlt hat, war bereichert, wenn die Post auszahlt[1006]. Auch der Empfänger **gefälschter Postanweisungen**, wenn er gegenüber dem Absender keine Ansprüche hatte[1007], sonst aber nicht[1008]. Vgl über **gefälschte Schecks** und **Überweisungen** oben Rz 80; 102. Zur Frage, ob die **Post** gegenüber dem Empfänger einer Postanweisung ein Klagerecht auf Rückzahlung hatte, falls der Absender die Anweisung rechtzeitig zurückgenommen, die Post aber doch **aus Versehen bezahlt** hatte, s nunmehr oben Rz 78. Überhaupt hatte sie einen Bereicherungsanspruch gegen den unbefugten Empfänger, wenn sie diesem die Sendung ausgehändigt und deshalb dem Absender Ersatz geleistet hat[1009].

180 Vorschüsse auf **Jahresgewinnanteile** einer GmbH sind zurückzuzahlen, wenn eine Gewinnverteilung nicht stattfindet[1010]. Der Anspruch aus GmbHG § 31 Abs 1 ist kein Bereicherungsanspruch[1011]. Der Rückforderungsanspruch gegen den Aktionär ist in AktG § 62 besonders geregelt. Die Neufassung im AktG 1965 trägt dem Gesichtspunkt Rechnung, dass es sich um einen Anspruch auf Rückgewährung verbotener Leistungen auf selbständiger aktienrechtlicher Grundlage handelt. Maßgebend ist der Grundsatz der Erhaltung des Grundkapitals.

181 Ein bei einer **Erbauseinandersetzung** zuviel gezahlter Betrag ist zurückzuzahlen[1012]. Ein **Wettgewinn**, der gezahlt ist, obwohl kein Wettvertrag zustande gekommen war, kann zurückverlangt werden[1013], ebenso die **Auszahlung als auf Masseschuld** statt auf Insolvenzforderung[1014] sowie die Befriedigung eines Massegläubigers trotz unzulänglicher Masse[1015]. Dasselbe gilt für die irrtümliche **Freigabe** gepfändeter Sachen durch den Pfandgläubiger[1016]. Zur Zahlung aufgrund eines **ungültigen Pfändungs- und Überweisungsbeschlusses** s oben Rz 138.

182 Das zwecks Erfüllung einer nicht bestehenden Verbindlichkeit Geleistete kann zurückgefordert werden, auch wenn eine andere Schuld von gleicher Höhe bestand, die aber der **Leistende nicht tilgen wollte**; der Beklagte kann nur aufrechnen[1017].

Auch eine Leistung, die in der Annahme erbracht worden ist, dass die bestehende Ungültigkeit der Verpflichtung demnächst behoben werde, kann zurückgefordert werden, selbst wenn der Leistende nicht in einem Rechtsirrtum war[1018].

Zahlung einer Nichtschuld liegt vor, wenn der Empfänger einer Schiffsware **mehr Fracht** bezahlt hat, als er nach dem im Konnossement angeführten Gewicht hätte zu zahlen brauchen[1019]. Ebenso wenn die Eisenbahn infolge Anwendung einer nicht zutreffenden Tarifstelle zuviel Fracht

1003 BGHZ 12, 100; 24, 106.
1004 RGZ 163, 21.
1005 Kiel SchlHA 1912, 109.
1006 Dresden OLG 8, 87; vgl dazu oben Rz 76.
1007 KG ZPVB 1911, 269.
1008 RGZ 60, 24; s oben Rz 76; aM Neugebauer PostArch 23, 443 u Bull AcP 136 (1932), 321; vgl hierzu Jung JherJb 70 (1921), 207: Keine Bereicherung des Empfängers, wenn der Vertrag zwischen Einzahler und der Post nichtig war.
1009 Scholz EisenbE 32, 248.
1010 RGZ 85, 43.
1011 RG DR 1942, 736.
1012 RG LZ 1918, 159.
1013 Hamburg HansGZ 1906 B 219.
1014 RGZ 60, 419; s auch unten Rz 182 aE.
1015 RGZ 61, 259.
1016 Dresden SeuffA 67 Nr 35.
1017 Stuttgart Recht 1913 Nr 1589; 1914 Nr 1095; s auch BGHZ 7, 123.
1018 RG Recht 1920 Nr 891.
1019 Hamburg HansGZ 1913 H 175.

erhebt[1020]. Eine condictio indebiti ist gegeben, wenn der Konkursverwalter an den Konkursgläubiger in der irrtümlichen Annahme einer Masseschuld[1021] oder an Massegläubiger in der irrtümlichen Annahme ausreichender Masse[1022] zahlt.

Der Kläger, dem einer von zwei vorläufig vollstreckbar verurteilten **Gesamtschuldnern** im eigenen Namen die Urteilssumme zahlt, erlangt diese Leistung nicht ohne Rechtsgrund und braucht dem andern Gesamtschuldner, wenn auf dessen Berufung die Klage abgewiesen ist, nicht die Hälfte zurückzuzahlen[1023]. Der Käufer von Waren, der entsprechend dem Vertrage die ihm von der Bank vorgelegten Wechsel gegen Aushändigung von Konossementen akzeptiert und eingelöst hat, kann von der Bank nicht Rückzahlung verlangen, weil nichts verladen war[1024]. Der **Verlust des Scheckregressanspruchs** durch Präjudizierung des Schecks und die dadurch eingetretene Bereicherung des Ausstellers tritt nicht ohne rechtlichen Grund ein, sondern ist eine gesetzlich gewollte Folge; der Scheckinhaber hat deshalb keinen Anspruch aus § 812[1025]. Nicht ohne Rechtsgrund zahlt derjenige, der sich zur Zeichnung und Einlösung eines Wechsels verpflichtet hatte, wenn die Zeichnung ungültig war[1026]. Hat der Schuldner an den alten Gläubiger **ohne Kenntnis der Abtretung gezahlt**, so dient dem Schutz des Schuldners § 407. Dem Zweck dieser **Schutzvorschrift** entspricht es, dass der Schuldner nicht gehalten ist, von ihr Gebrauch zu machen. Er kann die Leistung von dem Zedenten zurückfordern, zB um gegenüber dem Zessionar von der Möglichkeit einer Aufrechnung Gebrauch zu machen[1027]. Im **Voraus gezahlte Darlehnszinsen** können trotz vorbehaltloser Rückzahlung des Darlehens vor Fälligkeit nicht zurückverlangt werden[1028], wohl aber vorausbezahlter Jagdpachtzins, wenn der Vertrag mit dem Tode des Pächters erlischt[1029], ebenso vorausbezahlte Hypothekenzinsen, wenn im späteren Zwangsversteigerungsverfahren Bestehenbleiben der Hypothek zwischen Gläubiger und Ersteher vereinbart wird[1030]. 183

3. **Leistung aufgrund eines unwirksamen Geschäfts**. – a) **Allgemeines**. Ohne rechtlichen Grund ist ferner das erlangt, was aufgrund eines **nichtigen** oder **aufgehobenen** oder sonst **unwirksamen Geschäfts** und daher ohne Anspruch oder Erwerbs-/Empfangsgrund erlangt ist[1031], zB der Kaufpreis aus einem formnichtigen Grundstückskauf[1032], selbst wenn der Rückfordernde die Nichtigkeit kannte[1033]. Teilweise liegt eine Überschneidung mit der condictio indebiti vor[1034]. Ferner gehört hierher das mit Erfolg **angefochtene Rechtsgeschäft**[1035]. Zum **Vorrang der Abwicklung nach Vertragsrecht** s v Caemmerer, GesSchriften I S 342. Zur Abwicklung mittels Leistungskondiktion beim Scheitern des Vertrages s *Beuthien* Zweckerreichung, 1969, S 281 ff; *Leser*, Der Rücktritt vom Vertrag, 1975, S 107. Nach der Rechtsprechung des BGH haben vertragliche Ansprüche stets den Vorrang[1036]. 184

b) **Einzelfälle**. **Kondiktion der Auflassung**. Der Auflassungsempfänger erlangt durch die Auflassung eine vorteilhaftere Rechtsstellung, eine dingliche **Anwartschaft**[1037], die Gegenstand eines Bereicherungsanspruchs sein kann[1038]. Ist das Grundgeschäft wegen Nichteinhaltung der Form des **§ 311 b Abs 1** unwirksam, so besteht ein Bereicherungsanspruch aus § 812 Abs 1 Satz 1, es sei denn, dass dieser wegen Kenntnis der fehlenden Verbindlichkeit nach § 814 ausgeschlossen 185

1020 RGZ 107, 26.
1021 RGZ 60, 419.
1022 RGZ 121, 262.
1023 Zweibrücken OLG 34, 94.
1024 Hamburg HansGZ 1911 H 75, bestätigt vom RG HansGZ 1912 H 179.
1025 RG JW 1927, 1094 (mkritAnm Bernstein).
1026 RG JW 1906, 69.
1027 HM; RGZ 83, 184; BGH LM Nr 3 zu § 407; LG Wiesbaden NJW 1956, 186; aM Motive II, S 134; Hamburg Recht 1909 Nr 971. Vgl dazu oben Rz 137.
1028 KGBl 1915, 26.
1029 Colmar ElsLothZ 1914, 509.
1030 RG SoergRspr 1916 § 812 Nr 12.
1031 RGZ 78, 427; RG JW 1924, 1179.
1032 RGZ 115, 35; auch RG HRR 1929 Nr 196.
1033 Kiel OLG 3, 209; vgl auch § 814 Rz 10.
1034 Vgl oben Rz 175.
1035 Vgl v Mayr, Der Bereicherungsanspruch S 450; s auch unten Rz 189.
1036 BGHZ 47, 70; 44, 321; BGH WM 1971, 276; WM 1972, 888 = BB 1972, 1621.
1037 Vgl Raiser, Dingliche Anwartschaften, 1961, S 14, 34.
1038 RGZ 119, 163; § 925 Rz 43; s auch oben Rz 6.

ist[1039]. § 814 betrifft nur den Bereicherungsanspruch wegen Leistung auf eine Nichtschuld[1040]. Dies ist von Bedeutung, wenn die Auflassung zu dem Zweck vorgenommen wird, durch die sich anschließende Eintragung im Grundbuch die Heilung des formwidrigen Grundgeschäfts gem **§ 311 b Abs 1 S 2** herbeizuführen. Steht es fest, dass dieser mit der Auflassung bezweckte Erfolg fehlgeschlagen ist, so kommt nur ein Bereicherungsanspruch aus **§ 812 Abs 1 Satz 2 Fall 2** (condictio causa data causa non secuta[1041]) in Betracht[1042]. Zur unzulässigen Rechtsausübung bei Berufung auf Formmängel vgl § 125 Rz 35. Zum Inhalt des Bereicherungsanspruchs, wenn eine Auflassung kondiziert werden kann, vgl unten Rz 229. Kein Bereicherungsanspruch besteht, wenn auf ihn verzichtet ist, indem der Berechtigte sich verpflichtet, den Kaufvertrag wie einen gültigen zu erfüllen[1043]. Der Anspruch auf Kondiktion der Auflassung wird hinfällig, wenn im Laufe des Rechtsstreits die Eintragung vorgenommen wird[1044]. Bei Kenntnis der Formungültigkeit des Grundstückskaufvertrages ist ein Kondiktionsanspruch bis zur Eintragung begründet, wenn der der Auflassung zugrunde liegende Vertrag mit Recht wegen Irrtums oder Betrugs angefochten oder wenn mit Recht die Umwandlung des Vertrages verlangt ist[1045]. Ohne rechtlichen Grund erlangt ist die **Einräumung einer Wohnung**, wenn der sie erzwingende Verwaltungsakt nichtig war[1046]. Die Entscheidung hatte noch nicht die moderne Entwicklung des öffentlich-rechtlichen Folgenbeseitigungsanspruchs berücksichtigt[1047]. Die **Eigentumseintragung**, die **entgegen** einem gerichtlichen **Erwerbsverbot** vorgenommen ist, kann kondiziert werden[1048]. Ist eine **Ermächtigung** zur **Annahme einer Leistung** ohne Rechtsgrund erteilt, so kann der Ermächtigende das Erlangte vom Ermächtigten herausverlangen[1049].

186 c) Der rechtliche Grund fehlt, wenn das Rechtsgeschäft wegen **Verstoßes gegen das Gesetz oder die guten Sitten** nichtig ist[1050]. Zum Anwendungsbereich des § 817 Satz 1 und Satz 2 vgl § 817 Rz 3 ff u Rz 10 ff. Der **in der Geschäftsfähigkeit Beschränkte**, der aufgrund einer nichtigen Darlehensabrede die Valuta erhalten hat, ist verpflichtet, den Betrag herauszugeben[1051]. Der Zessionar eines nachträglich als **geschäftsunfähig** Erwiesenen muss die Versicherungssumme aus dessen Nachlass herauszahlen, gleichgültig, ob der Versicherungsvertrag zu Recht bestand oder nicht[1052]. Der **Lizenzgeber** hat die **Lizenzgebühr**, wenn der **Lizenzvertrag nichtig** ist, zurückzuzahlen[1053], zB weil die Erfindung für den gewerblichen Zweck vollkommen unbrauchbar ist[1054], nicht dagegen, solange der Lizenznehmer den Lizenzvertrag nicht mit Erfolg angefochten hat[1055]. **Zensurverbot** verpflichtet den Filmverleiher, die Lizenzgebühr zurückzuzahlen[1056]. Der **Makler** muss die vorschussweise gezahlte **Provision** beim Nichtzustandekommen des Geschäfts zurückzahlen, selbst wenn er seinem Untermakler einen Teil der Provision abgegeben hat[1057]. Sind bei Eröffnung des Anschlusskonkursverfahrens Zahlungen auf die **Vergleichsquote** nur an einen Teil gleichberechtigter Vergleichsgläubiger geleistet worden, so fehlt es wegen **Verstoßes gegen die Pflicht zur gleichmäßigen Befriedigung** an einem rechtlichen Grund[1058]. Ebenso ist die Bevorzugung eines Vergleichsgläubigers im Liquidationsvergleichsverfahren mit Treuhänderbestellung zu beurteilen[1059]. Der **Akzeptant** eines für eine **nichtige Börsenschuld ausgestellten**

1039 RGZ 108, 329; 133, 275; vgl auch § 311 b Abs 1 und zur Kenntnis von der fehlenden Verpflichtung § 814 Rz 3 ff.
1040 § 814 Rz 1.
1041 Vgl unten Rz 194 ff.
1042 RGZ 108, 329; 119, 163; RG JW 1928, 168 u 2444; vgl auch Singer WM 1983, 254 zu BGH NJW 1980, 451 = LM Nr 5 zu § 815.
1043 RG HRR 1929 Nr 292.
1044 RGZ 111, 98; vgl RG JW 1926, 987 (mAnm Endemann); BayObLGZ 24, 332; Dresden JW 1926, 838 (mkritAnm Hagelberg); vgl auch Großhof DJZ 1926, 584.
1045 RG JW 1925, 1751 (mzustAnm v Tuhr).
1046 LG Nürnberg NJW 1950, 263 (mablAnm Bettermann).
1047 Dazu § 1004 Rz 219 ff.
1048 RGZ 117, 287. Vgl zum Erwerbsverbot § 873 Rz 6; § 878 Rz 4.
1049 S Jahr JuS 1963, 397.
1050 Vgl § 134 Rz 29 ff; § 138 Rz 46 ff.
1051 Josef KGBl 1912, 75; Recht 1913, 769.
1052 RG JW 1913, 862.
1053 RGZ 78, 10; vgl RG SeuffA 86 Nr 25.
1054 München OLG 25, 34.
1055 RG Recht 1906 Nr 1763.
1056 Düsseldorf JW 1922, 1217 (mzustAnm Kisch u ablAnm Goldbaum).
1057 RG LZ 1920, 158; SeuffA 74 Nr 174.
1058 BGHZ 41, 98.
1059 BGHZ 71, 309 = NJW 1978, 1578.

Wechsels kann von dem Remittenten die Herausgabe des Wechsels und, falls er an einen Indossanten hat zahlen müssen, Rückzahlung verlangen[1060], selbst wenn der Wechsel mit seiner Zustimmung weitergegeben war[1061]. Auch die für eine nicht klagbare Differenzschuld gegebene Sicherheit kann zurückgefordert werden[1062]. Bei einem **nichtigen Versicherungsvertrag** muss der Versicherer alle Prämien zurückzahlen[1063]. Die **Abtretung** ohne zugrunde liegendes Rechtsgeschäft begründet die Rückforderung[1064], ebenso eine an sich gültige **Erbteilsübertragung**, wenn der Erbschaftskauf nicht beurkundet ist[1065]. Ein ohne Erfüllung der Form von GmbHG § 15 Abs 4 geschlossener Kaufvertrag über sämtliche **Geschäftsanteile einer GmbH** bleibt nichtig, wenn durch die spätere formgerechte Abtretung nur ein Teil der Geschäftsanteile übertragen wird; diese Teilerfüllung ist vom Erwerber ohne Rechtsgrund erlangt, so dass das Erlangte nach § 812 herauszugeben ist[1066]. Die Nichtgenehmigung der Veräußerung eines Anteils einer GmbH berechtigt den Käufer, den Kaufpreis zurückzufordern[1067]. Ebenso bei Verweigerung der vormundschaftsgerichtlichen Genehmigung zur Rückforderung der Anzahlung, wenn davon etwas ins Vermögen des Minderjährigen gelangt ist[1068]. Der **Krankenhausträger oder Heimträger** kann bei unwirksamer Vereinbarung über Wahl- oder Zusatzleistungen wegen des Schutzzwecks der einschlägigen Vorschriften keinen Wertersatz für die erbrachten Leistungen fordern[1069].

d) Ein Rechtsgrund fehlt, wenn die Leistung **aus einem anderen Grund angenommen** wird, **187**
zB bei Abtretung einer Hypothek zwecks Stellung einer Dienstkaution, während der Begünstigte Erfüllung der Schuld eines Dritten annahm[1070]; hier fehlt es an der Übereinstimmung hins des Zweckes der Zuwendung. Ferner liegt kein Rechtsgrund vor bei fehlender Einigung über die Unentgeltlichkeit bei einer **Handschenkung**[1071], auch wenn die mangelnde schuldrechtliche Vereinbarung über den Empfangsgrund mit dem Vollzug zusammenfällt[1072]. Zur Zahlung in **Unkenntnis einer Aufrechnungsmöglichkeit** vgl § 813 Rz 5.

4. **Dauerschuldverhältnis**. Die Rechtsentwicklung hat auf verschiedenen Gebieten zur Zu- **188**
rückdrängung des Bereicherungsrechts geführt. Hierzu gehören insbesondere das Recht der Personalgesellschaften und das Arbeitsrecht. Aus Gründen des Verkehrsschutzes ist die Berufung auf Nichtigkeit und Anfechtbarkeit von Willenserklärungen auch im Recht der Kapitalgesellschaften und Genossenschaft eingeschränkt[1073]. Zur **fehlerhaften Gesellschaft** s § 705 Rz 70 ff und zum **fehlerhaften Arbeitsverhältnis** § 611 Rz 39 ff.

III. Späterer Wegfall des rechtlichen Grundes (condictio ob causam finitam)

1. **Allgemeines**. Der rechtliche Grund ist nur dann im Sinne von § 812 Abs 1 Satz 2 Fall 1 **189**
weggefallen, wenn zunächst ein Anspruch oder Erwerbs-/Empfangsgrund vorhanden war, so dass der Geschäftszweck erreicht wurde, später jedoch nicht mehr besteht (Wegfall ohne Rückwirkung)[1074]. Daher ist hierher nicht der Fall zu rechnen, dass das Grundgeschäft, zu dessen Erfüllung geleistet wurde, **angefochten** wird; in diesem Fall **fehlt** infolge der Rückwirkung der Anfechtung der Rechtsgrund **von Anfang an**[1075]. Gesetzlich geregelt ist der Wegfall des Geschäfts-

1060 RGZ 51, 357.
1061 Hamburg OLG 20, 246.
1062 RG Recht 1923 Nr 1347.
1063 KG JRfPrV 1929, 15; LG I Berlin JRfPrV 1932, 31; LG III Berlin JRfPrV 1928, 249.
1064 RG Recht 1911 Nr 3078.
1065 RGZ 137, 171.
1066 RGZ 112, 236.
1067 RGZ 69, 134.
1068 RG JW 1913, 488.
1069 BGHZ 138, 91, 99 = NJW 1998, 1778; BGHZ 157, 87, 97 = NJW 2004, 684; BGH NJW 2005, 3633, 3635.
1070 RGZ 87, 36; vgl dazu auch H P Westermann, Die Causa S 211.
1071 RGZ 111, 151.
1072 Krawielicki, Grundlagen des Bereicherungsanspruchs S 50, der sich zutreffend für einen verpflichtungsfreien Rechtsgrund ausspricht.
1073 Vgl Rz 57 ff vor § 116.
1074 Ebenso Siber, SchuldR § 74 III 1 a; s auch v Mayr, Der Bereicherungsanspruch S 583.
1075 Ebenso Planck/Landois Bem I 3 a 3; Staud/Lorenz Rz 87; v Mayr, Der Bereicherungsanspruch S 450; aM RGRK/Heimann-Trosien Rz 82; vgl auch oben Rz 175.

zwecks bei der Draufgabe, wenn der Vertrag wieder aufgehoben wird, in § 337 Abs 2[1076]. Hierbei handelt es sich um keinen Bereicherungsanspruch[1077]. Weitere gesetzliche Rückabwicklungsregelungen finden sich in §§ 528, 531, 628[1078]. Unübersichtlichkeit über die zukünftige Entwicklung der Rechtsbeziehungen wird nur ausnahmsweise als Wegfall des Rechtsgrundes angesehen werden können[1079].

190 2. **Einzelfälle**. Der Rechtsgrund ist weggefallen bei **Ausfall der Bedingung**, wenn auf eine bedingte Forderung gezahlt ist[1080] oder wenn der Besitz einer Ware unter der Bedingung, dass der dafür verauslagte Kaufpreis erstattet werde, übertragen ist[1081]; ebenso bei vorausbezahltem Kaufpreis, wenn dem Verkäufer die Lieferung der Ware durch **Beschlagnahme** unmöglich geworden ist[1082]. **Lehnt** der **Insolvenzverwalter** die **Erfüllung eines Kaufvertrages** gem InsO § 103 **ab**, so steht dem Vertragsgegner des Gemeinschuldners ein Schadensersatzanspruch als Insolvenzforderung zu. Soweit die vom Gemeinschuldner schon erbrachten Teilleistungen diesen Schadensersatzanspruch übersteigen, kann der Insolvenzverwalter die Bereicherung wegen Wegfalls des Rechtsgrundes herausverlangen[1083].

191 Der **Mieter**, dem das Grundstück zum Einbau von Garagen überlassen, aber keine Baupflicht auferlegt ist, hat **bei vorzeitiger Vertragsbeendigung** wegen der auf dem Einbau beruhenden Werterhöhung des Grundstücks einen Bereicherungsanspruch[1084]. Dies gilt auch bei einem Ausschluss des Wegnahmerechtes[1085]. Über die **Rückzahlung verlorener Baukostenzuschüsse** vgl Rz 463 f vor § 535. Eine **Auszahlung**, die für den Fall einer Unterlassung verfallen sein soll, kann zurückgefordert werden, wenn der Verpflichtete die Umstände, auf die die Unterlassung zurückzuführen ist, nicht zu vertreten hat[1086].

192 Beim gesetzlichen Güterstand ist die Regelung des Zugewinnausgleichs zu beachten[1087]. Bei Zuwendungen während des gesetzlichen Güterstandes finden die Grundsätze über den Wegfall der Geschäftsgrundlage in der Regel keine Anwendung[1088]; vgl auch BGH[1089]. Bei **Gütertrennung** ist der BGH[1090] von einem familienrechtlichen Vertrag besonderer Art ausgegangen; nach Scheitern der Ehe kann ein **Ausgleichsanspruch wegen Wegfalls der Geschäftsgrundlage** gegeben sein. Damit ist die frühere Rspr über den Wegfall des Rechtsgrundes überholt[1091]. Zur Frage der Vergütung der Mitarbeit vgl § 1356 Rz 24 ff. Zum Anspruch wegen Zweckverfehlung s unten Rz 194 ff. Verneint hat der BGH § 812 Abs 1 Satz 2 Fall 1 beim Ausbau einer Wohnung im Haus der Schwiegermutter, wenn der Ehemann sich aus der ehelichen Gemeinschaft löst und auszieht, die Familie aber nach wie vor unentgeltlich wohnen bleibt[1092].

193 Bei **Wiedererlangung** einer gestohlenen Sache **nach Auszahlung der Versicherungssumme** kann der Versicherer seine Leistung zurückfordern[1093]. Der zur Zahlung Verurteilte, dessen Zahlungsbeweis als unschlüssig zurückgewiesen ist, kann die letzte Zahlung zurückfordern, wenn sich

1076 Vgl dazu F Schwarz, Die Grundlage der Condictio, 1952, S 269.
1077 S Soergel[10] § 337 Rz 2; aM Enn/Lehmann § 222 I 3.
1078 S dazu auch v Caemmerer, GesSchriften I S 342.
1079 BGH LM Nr 1 zu § 527 = NJW 1952, 620.
1080 RG SoergRspr 1915 § 362 Nr 1.
1081 RG Recht 1922 Nr 1399.
1082 RG WarnR 1921 Nr 117; vgl Dresden EisenbE 40, 96; in diesen Fällen griff bisher die gesetzliche Sonderregelung in § 323 Abs 3 mit Verweisung auf die §§ 818 ff ein.
1083 RGZ 135, 167; BGHZ 15, 335.
1084 RG GrundE 1933, 61.
1085 Vgl § 547 a Rz 12 mNachw.
1086 RGZ 95, 199.
1087 Vgl § 1371 ff.
1088 Vgl § 1372 Rz 7.
1089 BGHZ 82, 227 = NJW 1982, 1093, dazu zust Reinicke/Tiedtke WM 1982, 946; abl Kühne JR 1982, 237 (Anm).
1090 BGHZ 84, 361 = NJW 1982, 2236.
1091 BGH NJW 1968, 245 = LM Nr 78 zu § 812 = JZ 1968, 381 (mAnm Lorenz, der auf die Problematik der Anwendung des § 815 hinwies); krit zur Entsch des BGH Deubner u Kühne FamRZ 1968, 351 u 356.
1092 BGH NJW 1985, 313; vgl auch die Kritik von Joost JZ 1985, 10 mNachw aus der Rspr des BGH; zum Wegfall der Geschäftsgrundlage und zu § 812 Abs 1 Satz 2 Fall 2 unten Rz 198.
1093 RGZ 108, 110; ebenso Kappesser HansRZ 1926, 121.

eine **Doppelzahlung** herausstellt[1094]. Eine Leistung in der Erwartung, diese werde aufgrund einer Verfügung von Todes wegen beim Tod des Erwerbers dem Leistenden wieder zufallen, kann zurückgefordert werden, wenn die **letztwillige Verfügung nicht wirksam** wurde[1095]. Der Rechtsgrund ist **nicht** deshalb **weggefallen**, weil das zugrunde liegende Geschäft wegen **Gläubigerbenachteiligung** angefochten ist[1096]. Eine **nachträgliche Gesetzesänderung** gegenüber einer bis dahin gerechtfertigten Leistung bedeutet noch keinen Wegfall des rechtlichen Grundes[1097]. Bei Ersetzung des einem **Wechsel** ursprünglich zugrunde liegenden Kausalgeschäfts durch ein anderes kann der Schuldner die Wechselverpflichtung nur kondizieren, wenn er beweist, dass auch diese neue causa nicht mehr besteht[1098].

IV. Nichteintritt des bezweckten Erfolgs (condictio ob causam datorum oder causa data causa non secuta; condictio ob rem)

Aus dem Schrifttum vgl insbes Locher, Geschäftsgrundlage und Geschäftszweck, AcP 121 (1923), 1; Larenz, Geschäftsgrundlage und Vertragserfüllung, 1963³; v Caemmerer, GesSchriften I S 333, 346; Söllner, Der Bereicherungsanspruch wegen Nichteintritts des mit einer Leistung bezweckten Erfolges, AcP 163 (1963), 20; Zeiss AcP 164 (1964), 50; M Lieb, Die Ehegattenmitarbeit im Spannungsfeld zwischen Rechtsgeschäft, Bereicherungsausgleich und gesetzlichem Güterstand, 1970, insbes S 57 ff; Simshäuser, Windscheids Voraussetzungslehre rediviva, AcP 172 (1972), 19; G Welker, Bereicherungsausgleich wegen Zweckverfehlung?, 1974; Battes, Der erbrechtliche Verpflichtungsvertrag, AcP 178 (1978), 337, 372; Liebs, Bereicherungsanspruch wegen Mißerfolgs und Wegfall der Geschäftsgrundlage, JZ 1978, 697; Singer, Formnichtigkeit und Treu und Glauben, WM 1983, 254; Joost, Zuwendungen unter Ehegatten und Bereicherungsausgleich nach der Scheidung, JZ 1985, 10; Kupisch, Leistungskondiktion bei Zweckverfehlung, JZ 1985, 101 u 163; Willoweit, Störungen sekundärer Vertragszwecke, JuS 1988, 833; Martin Weber, Bereicherungsansprüche wegen enttäuschter Erwartung?, JZ 1989, 25; C M Lachner, Die condictio ob rem, Diss Würzburg 1996; Hensssler, Die condictio ob rem und die Störung sekundärer Vertragszwecke, in: Gedächtnisschr für Lüderitz, 2000, S 287. Vgl ferner Reuter/Martinek, Ungerechtfertigte Bereicherung, HBSchuldR Bd 4, § 5 III; Staud/Lorenz § 812 Rz 80, 105 ff.

1. **Grundsätzliches**. – a) Der Bereicherungsanspruch aus § 812 Abs 1 Satz 2 Fall 2 **setzt** 194
voraus, dass der mit dem Rechtsgeschäft bezweckte weitergehende Erfolg nicht eingetreten ist. Damit ist nach einer Formulierung von *Heck*[1099] die Erreichung des Erfolgs zur Schutzbedingung für den Erwerb erhoben worden. Der Anspruch ist von besonderer Bedeutung für folgende **Fallgruppen**: – (1) Austauschverträge, die mit einem weiteren Zweck verknüpft sind[1100]; – (2) Unentgeltliche Leistungen, die mit der Erwartung an ein bestimmtes Verhalten des Empfängers verbunden sind[1101] (Veranlassungsfälle); – (3) Vorleistungen im Hinblick auf ein in Aussicht genommenes Rechtsverhältnis[1102] (Vorleistungsfälle); – (4) Leistungen, die in bestimmter Weise verwendet werden sollen[1103] (Zweckverwendungsfälle). Die Zusammenstellung dieser unterschiedlichen, teilweise umstrittenen Fallgruppen entspricht den Zweifeln, die hins der gesetzlichen Regelung bereits aus der Entstehungsgeschichte des BGB bekannt sind[1104]. Aus dem klassischen römischen Recht stammt der Bereicherungsanspruch wegen Misserfolgs (condictio ob rem), dessen Zusammenhang mit der condictio causa data causa non secuta umstritten ist[1105]. Als eine Art Sammelkategorie in den Digesten wird die condictio causa data causa non secuta bezeichnet[1106].

1094 Düsseldorf JW 1916, 686 (mkritAnm Heinsheimer).
1095 BGH LM Nr 4 zu § 812.
1096 Dresden SächsOLG 34, 237.
1097 RGZ 126, 226.
1098 RGZ 124, 65.
1099 SchuldR § 141, 6.
1100 Vgl unten Rz 200.
1101 Vgl unten Rz 204.
1102 Vgl unten Rz 208.
1103 Vgl unten Rz 210.
1104 Vgl Motive II, S 842; dazu Simshäuser AcP 172 (1972), 31 ff.
1105 Zur Entstehungsgeschichte s Söllner AcP 163 (1963), 23; Simshäuser AcP 172 (1972), 24; gegen eine Trennung Liebs JZ 1978, 698, sämtlich mNachw.
1106 J G Wolf, Symposium König S 92. Vgl auch zu den unterschiedlichen Wurzeln der Bereicherungslehre der Pandektenwissenschaft Wieacker, Symposium König S 111. Nach Liebs JZ 1978, 697 S 698 sind im klassischen römischen Recht sieben Fallgruppen der condictio ob rem zu unterscheiden. Zur Bedeutung der Lehre Windscheids von der Voraussetzung für

195 b) Der Tatbestand der Kondiktion erfordert den Nichteintritt des nach dem **„Inhalt des Rechtsgeschäfts“** bezweckten Erfolgs. Unter dem Inhalt des Rechtsgeschäfts kann aus systematischen Gründen nicht die Gegenleistung verstanden werden. Vielmehr ist ein einschränkendes Verständnis dieses Begriffs erforderlich, weil der Anspruch sich mit der Regelung der **Leistungsstörungen** bei gegenseitigen Verträgen und der Rechtsfigur der **Geschäftsgrundlage**[1107] berührt. *V Caemmerer*[1108] hat den Anspruch daher als einen Fremdkörper im modernen Bereicherungsrecht, der aus der historischen Tradition zu verstehen sei, als ein „historisches Überbleibsel“ bezeichnet. Das Erfordernis einer scharfen Abgrenzung ergibt sich insbes daraus, dass die Zweckbestimmung **nicht** zur **Bedingung** erhoben, aber offenbar auch nicht nur **Geschäftsgrundlage** geblieben sein darf[1109]. Nach dem **Inhalt des Rechtsgeschäfts** ist ein **Erfolg** nur **bezweckt**, wenn dieser Gegenstand einer **Einigung der Beteiligten**, nicht aber Bestandteil des Vertrages bilden soll[1110]. Hierüber müssen beide Teile wenigstens stillschweigend einig sein[1111]. **Es genügt nicht**, dass der Leistende einen bestimmten Erfolg bezweckt und der Empfänger das gewusst hat, dass also der bezweckte Erfolg **nur Beweggrund** gewesen ist[1112]. Dagegen reicht es aus, wenn der Erfolgszweck aus dem gesamten Inhalt des Rechtsgeschäfts erhellt[1113], auch wenn jemand irrtümlich glaubt, zur Erreichung eines bestimmten Zwecks eine Leistung machen zu müssen. Ausdrückliche Vereinbarung ist nicht notwendig, **Stillschweigen genügt**. So, wenn der Wille des Leistenden, einen bestimmten Erfolg zu erreichen, aus der Sachlage sich ergibt und der andere Teil durch Annahme der Leistung zu erkennen gibt, dass er sich diesem Willen unterwirft[1114]. Es genügt also, wenn der Empfänger die Erwartung des Leistenden kennt und durch die Annahme zu verstehen gibt, dass er die Zweckbestimmung billigt[1115]. Dass der andere Teil sich zur Herbeiführung des Erfolges verpflichtet hat, ist nicht erforderlich[1116]. Nichterfüllung einer Voraussetzung ergibt keinen Bereicherungsanspruch[1117]. Über den Zweck muss objektiv und subjektiv anlässlich des Rechtsgeschäfts Einverständnis vorhanden sein. Eine bloße Hoffnung oder einseitige Erwartung genügt nicht[1118], mag sie auch durch die Erklärung des anderen erweckt sein[1119]. Der Parteiwille muss, wenn auch unvollkommen, zum Ausdruck gekommen sein[1120]. Es genügt, dass eine tatsächliche Einigung über den mit der Leistung bezweckten Erfolg zustande kommt; eine **rechtsgeschäftliche Bindung** würde zu einer Abwicklung **nach Vertragsrecht** führen[1121]. Widerspricht der Empfänger der Leistung nicht ausdrücklich, bringt er aber seinerseits einen anderen von ihm mit der Entgegennahme der Leistung bezweckten Erfolg zum Ausdruck, so reicht dies für den Bereicherungsanspruch gem § 812 Abs 1 Satz 2 Fall 2 nicht aus[1122].

196 c) Der **weitergehende Zweck der Leistung** besteht idR darin, dass ein bestimmtes Verhalten des Empfängers herbeigeführt werden soll. Doch kann den bezweckten Erfolg auch ein anderes Ereignis bilden, zB ein Verhalten Dritter[1123]. Ein Überblick lässt sich nur dadurch erreichen, dass bestimmte Fallgruppen gebildet werden. *Söllner*[1124] meint sogar – zu weitgehend –, dass sich der bezweckte Erfolg nur an Hand von Einzelfällen näher umschreiben lasse. Dadurch, dass ein be-

die Entstehung der Vorschrift vgl Simshäuser AcP 172 (1972), 19.

1107 S unten Rz 198.

1108 GesSchriften S 347.

1109 Vgl dazu RGZ 132, 238; BGH NJW 1966, 448 = LM Nr 49 a zu § 242 (Bb): Bürgschaft.

1110 BGH NJW 1992, 2690; NJW 2004, 512, 513 = WM 2004, 470; s schon BGHZ 44, 321 = NJW 1966, 540 = LM Nr 70 zu § 812 (Anm Rietschel), womit Unklarheiten in der früheren Rspr klargestellt wurden; s dazu Simshäuser AcP 172 (1972), 35 mNachw aus der Rspr des RG; vgl auch RGZ 66, 132; 106, 93; auch RG JW 1912, 35; WarnR 1916 Nr 225; 1917 Nr 112.

1111 RG SeuffA 78 Nr 124.

1112 RG SeuffA 78 Nr 124; auch RG JW 1917, 103; LZ 1925, 712; Celle Nds Rpfl 1959, 246.

1113 RG LZ 1912, 388.

1114 Ebbecke Recht 1912, 656.

1115 BGHZ 44, 321 (Fn 1110).

1116 BGHZ 44, 321 (= Fn 1110); RG Recht 1916 Nr 1289.

1117 RGZ 66, 132; ebenso RG SoergRspr 1915 § 812 Nr 17.

1118 RG BadRspr 1907, 37; SächsArch 1907, 379; BGH NJW-RR 1991, 1154; KG MDR 1984, 492.

1119 KG OLG 27, 144.

1120 Ebbecke Recht 1911, 750.

1121 BGHZ 44, 321 (= Fn 1110); BGH WM 1972, 288; BGH NJW 1992, 2690; s auch Celle MDR 1963, 84.

1122 BGH NJW 1973, 612 (mAnm Ehmann S 1035) = LM Nr 101 zu § 812.

1123 Vgl auch RGRK/Heimann-Trosien Rz 927; ebenso H P Westermann, Die Causa S 216.

1124 AcP 163 (1963), 31.

stimmtes Verhalten des Empfängers erwartet wird, unterscheidet sich dieser Bereicherungsanspruch von den Fällen, in denen die Leistung zwecks Erfüllung einer Schuld oder im Hinblick auf einen vermeintlichen Erwerbs-/Empfangsgrund geschieht und ein Anspruch wegen Fehlens des Rechtsgrundes in Betracht kommt[1125]. Ebensowenig sind hierher die Fälle zu rechnen, in denen der Zweck zum Gegenstand einer auflösenden Bedingung gemacht ist[1126]. Jeder Zweck genügt, auch eine Gefälligkeit, eine sittliche Pflicht oder eine Anstandsrücksicht[1127]. Der Zweck darf nicht darin bestehen, die Gegenleistung herbeizuführen. Die getäuschte Erwartung, dass eine vertragsmäßig zugesicherte Gegenleistung erfüllt werde, begründet keinen Anspruch wegen Nichteintritts des bezweckten Erfolgs[1128]. Auch der Umstand, dass der garantierte Erfolg nicht eintritt, begründet kein Rücktrittsrecht für den anderen Teil aus dem Gesichtspunkt der ungerechtfertigten Bereicherung[1129].

d) Der Anspruch **setzt voraus**, dass der **Nichteintritt** des bezweckten Erfolgs **endgültig** 197
feststeht; doch dürfen daran keine überspannten Anforderungen gestellt werden[1130]. Bis zum endgültigen Erfolgsausfall besteht eine Behaltensberechtigung, also liegt bis dahin der **Rechtsgrund** vor[1131]. Zur Verbindung der Zuwendung mit dem angestrebten Zweck s *H P Westermann*, Die causa S 216. Die Leistungskondiktion im materiellen Sinn[1132] hat ihre Grundlage in dem späteren Wegfall der Behaltensberechtigung, weil der bezweckte Erfolg endgültig ausbleibt[1133].

e) **Nichteintritt des bezweckten Erfolges und Geschäftsgrundlage.** § 812 Abs 1 Satz 2 198
Fall 2 betrifft im Gegensatz zur Geschäftsgrundlage einen Geschäftszweck, der „Inhalt des Rechtsgeschäfts" im Sinne des Einverständnisses über einen weitergehenden Zweck geworden ist. Bei vorausgesetzten Umständen, die einen wirksamen gegenseitigen Vertrag berühren, handelt es sich um die Geschäftsgrundlage. Grenzüberschreitungen sind in der Rechtsprechung vielfach zu beobachten, vor allem in der Zeit, bevor sich die Grundsätze über die Geschäftsgrundlage herausgebildet hatten[1134]. Sie treten insbesondere bei der Anwendung des § 812 Abs 1 Satz 2 Fall 2 auf **gegenseitige Verträge** in Erscheinung, soweit ein **über die Gegenleistung hinausgehender Erfolg** bezweckt ist. Es ist sehr umstritten, ob eine derartige **Zweckstaffelung** oder **Anstaffelung** zur Anwendung des § 812 Abs 1 Satz 2 Halbsatz 2 führt[1135]. Im Anschluss an *v Caemmerer*, Ges Schriften I S 346 sind unterschiedliche Bestrebungen in Rechtsprechung und Schrifttum hervorgetreten, den Anwendungsbereich dieser Leistungskondiktion einzuschränken. Jedoch haben sich Abgrenzungskriterien bisher wohl mit Recht nur durchgesetzt, soweit es sich um den **Vorrang des Vertrages** handelt. Vertragliche Ansprüche haben den Vorrang, auch soweit sie sich aus einer Vertragsergänzung oder aus der Anwendung der Lehre von der Geschäftsgrundlage ergeben[1136]. Das Versprechen, eine Verfügung von Todes wegen mit bestimmtem Inhalt zu errichten, kann Geschäftsgrundlage eines Rechtsgeschäfts sein[1137]. Es handelte sich um ein durch Bewirken der Leistung geheiltes Schenkungsversprechen. Eine im Hinblick auf § 2302 unzulässige Einschränkung der Testierfreiheit hat der BGH verneint sowie eine Anpassung an die durch Fortfall der Geschäftsgrundlage veränderten Verhältnisse für erforderlich gehalten[1138]. Der Vorteil der größeren richterlichen Gestaltungsfreiheit bei Anwendung der Geschäftsgrundlagen-Lehre ist gerade bei dem vom BGH entschiedenen Fall nicht zu verkennen. Andererseits hat *Liebs*[1139] auf die Gefahr einer Billigkeitsrechtsprechung nach den Bedürfnissen des Einzelfalles hingewiesen. Kritik

1125 S oben Rz 175.
1126 Vgl oben Rz 189: Fall der Bereicherung wegen Wegfalls des rechtlichen Grunds.
1127 RG JW 1917, 103; auch RGZ 165, 358.
1128 RGZ 108, 329; vgl zur Abgrenzung von den Rechten bei gegenseitigen Verträgen Rz 200.
1129 RG WarnR 1925 Nr 21.
1130 RG HRR 1928 Nr 2174.
1131 Vgl Welker, Bereicherungsausgleich wegen Zweckverfehlung? S 72; Erman/Westermann Rz 52.
1132 So Fikentscher, SchuldR, 1997^9, § 99 III 2.
1133 Welker, Bereicherungsausgleich wegen Zweckverfehlung? S 72.
1134 Vgl v Caemmerer, GesSchriften I S 346.
1135 Vgl unten Rz 200.
1136 Vgl BGH WM 1971, 276 u 1972, 888; NJW 1975, 726 = LM Nr 109 zu § 812 = JZ 1975, 330: Errichtung einer Minigolfanlage als Geschäftsgrundlage eines Grundstückskaufvertrages.
1137 BGH NJW 1977, 950 = LM Nr 6 zu § 2302.
1138 Vgl dazu auch Battes AcP 178 (1978), 372.
1139 JZ 1978, 697.

an der Zurückdrängung des Bereicherungsrechts äußert mit Recht auch *Joost*[1140]. Nach Ansicht von *Larenz/Canaris*[1141] und *Welker*[1142] eignen sich auch unter Berücksichtigung der einschränkenden Tendenz gerade die Fälle, in denen der Empfänger **zu einem bestimmten Verhalten** veranlasst werden soll, bei denen er sich rechtlich nicht verpflichten kann oder will, wie zB § 2302, für die Anwendung der Leistungskondiktion[1143]. Auch bei Verfehlung des Schenkungszwecks einer Zweckschenkung hat der BGH[1144] sich für die Anwendung des § 812 Abs 1 Satz 2 Fall 2 ausgesprochen, weil keine vertragliche Einigung über eine einklagbare Verpflichtung getroffen sei, die Zweckerreichung vielmehr nur Geschäftsgrundlage der Schenkungsabrede geblieben sei[1145]. Entsprechend hat der BGH[1146] die Rückforderbarkeit von Ausbildungskosten (Steuerberater) anerkannt, wenn der Mitarbeiter sich nicht in Sozietät verbindet. Umstritten sind auch weitere Fallgruppen, zB **Anzahlungen** auf unwirksame Austauschverträge, bei denen in der Rechtsprechung mit Recht § 812 Abs 1 Satz 2 Fall 2 angewandt wird[1147]. Ferner gehören hierher zB Leistungen zwecks **Vermeidung gerichtlicher Maßnahmen**[1148], Geschenke im Hinblick auf **geplante Eheschließung** und Beiträge im Rahmen der ehelichen Gemeinschaft[1149], Leistung von **Diensten** und Zahlung von Gratifikationen in bestimmter Erwartung[1150]. Werden Kredite für bestimmte Zwecke, zB für Investitionen, gegeben, so handelt es sich um Fälle der Geschäftsgrundlage[1151]. Schließt der kinderlose Bauer mit dem Stiefsohn einen Hofübergabevertrag ab, wird ihm nachträglich ein Sohn geboren, so handelt es sich um einen Fall des Wegfalls der subjektiven Geschäftsgrundlage und § 812 Abs 1 Satz 2 Fall 2 ist nicht anwendbar[1152]. Zusammenfassend lässt sich feststellen, dass im Hinblick auf den weiten Bereich und die Vielgestaltigkeit fehlgeschlagener Leistungen, dem § 812 Abs 1 Satz 2 Fall 2 auch weiterhin, soweit nicht der Vorrang der vertraglichen Regelung eingreift, eine Ventilfunktion zukommt[1153].

199 f) **Einwendungen** gegenüber der Leistungskondiktion sind in **§ 814** und in **§ 815** geregelt. Diese beiden Vorschriften betreffen einen verschiedenen Anwendungsbereich. Bei der condictio indebiti ist nach § 814 der Anspruch ausgeschlossen, wenn der Leistende Kenntnis von dem Nichtbestehen seiner Verpflichtung hatte. Für die condictio causa data causa non secuta gilt nicht § 814, sondern **§ 815**. In diesem Fall ist der Anspruch nur ausgeschlossen, wenn der Leistende Kenntnis von der Unmöglichkeit des Eintritts des Erfolgs hatte oder den Eintritt wider Treu und Glauben verhindert hat.

200 2. **Gegenseitige Verträge**. – a) Bei gegenseitigen Verträgen gibt die **Nichterfüllung** des einen Teils dem anderen grundsätzlich **keinen Bereicherungsanspruch**[1154]. Ein solcher Anspruch kommt nach herrschender Meinung wegen Nichteintritts des mit der Leistung bezweckten Erfolgs nur in Betracht, wenn nach dem Inhalt des Vertrages **über die Gegenleistung hinaus** ein weitergehender Erfolg bezweckt ist und als vereinbart gilt[1155]. Solche Vereinbarungen finden sich ins-

1140 JZ 1985, 10.
1141 SchuldR II/2 § 68 I 3 a.
1142 Bereicherungsausgleich wegen Zweckverfehlung? S 109.
1143 AM MünchKomm/Lieb Rz 168.
1144 NJW 1984, 233 = WM 1983, 1194.
1145 AM bei Zweckschenkungen und für Anwendung der Geschäftsgrundlagen-Lehre Staud/Lorenz Rz 108; MünchKomm/Lieb Rz 175.
1146 BGH NJW 2004, 512 = WM 2004, 470.
1147 S BGH MDR 1971, 737 = LM Nr 8 zu § 313; NJW 1976, 237 = LM Nr 112 zu § 812; NJW 1980, 451 = LM Nr 5 zu § 815 = WM 1980, 104 u dazu Singer WM 1983, 254 mNachw; ebenso MünchKomm/Lieb Rz 174; aM Larenz/Canaris, SchuldR II/2 § 68 I 3 d; Welker, Bereicherungsausgleich wegen Zweckverfehlung? S 102, die für Anwendung der condictio indebiti verbunden m einschränkender Auslegung des § 814 eintreten.
1148 S unten Rz 204.
1149 S unten Rz 205.
1150 S unten Rz 207.
1151 S v Caemmerer, GesSchriften I S 346; Larenz/Canaris, SchuldR II/2 § 68 I 3 d.
1152 So mit Recht Larenz/Canaris, SchuldR II/2 § 68 I 3 d gegen Celle MDR 1961, 687.
1153 So mit Recht Erman/Westermann Rz 50.
1154 RGZ 66, 132; ebenso RG BayZ 1923, 17; vgl RG LZ 1925, 712; DJZ 1927, 383; Recht 1929 Nr 1988.
1155 RGZ 106, 93; 132, 238; auch 129, 307; RG JW 1925, 1751 = HRR 1925 Nr 874; HRR 1925 Nr 1011; 1926 Nr 1498; 1927 Nr 799; 1930 Nr 107; BGH MDR 1952, 33, 34: Verlegung einer Schweinemastanstalt als Inhalt eines Nebenvertrages; ferner BGHZ 44, 321 (= Fn 1110); BGH NJW 1973, 612 = LM Nr 101 zu § 812; NJW 1979, 646 = LM Nr 25 zu § 765; BGHZ 108, 256, 265 f.

besondere bei einem aus entgeltlicher und unentgeltlicher Zuwendung gemischten Vertrag[1156]. Zur Art dieser Einigung s oben Rz 195. Die Rechtsprechung trägt der Vielfalt weiterer Zwecke Rechnung[1157]. In der Formulierung Zweckstaffelung[1158] oder „Anstaffelung" weiterer Zwecke[1159] kommt dies deutlich zum Ausdruck[1160]. Nicht zugestimmt wird den Bedenken von *Medicus*[1161] gegenüber BGHZ 44, 321. Die Errichtung des Gebäudes war eine Leistung an den das Eigentum am Gebäude erwerbenden Grundstückseigentümer, und es bestehen auch keine Bedenken, mit dieser Leistung eine Erbeinsetzung als weiteren Zweck zu verknüpfen. Die Anwendung der Geschäftsgrundlagen-Lehre würde gegenüber den in der Rspr entwickelten Fallgruppen der Leistungskondiktion wegen Misserfolgs keinen Vorteil bedeuten, zumal durch die Rechtsprechung des BGH der berechtigten Kritik hinsichtlich des Anwendungsbereichs der Geschäftsgrundlagen-Lehre im Hinblick auf den Vorrang der vertraglichen Regelung Rechnung getragen worden ist[1162].

b) **Einzelfälle**. Eine Vertragsleistung kann nicht nach § 812 deshalb zurückgefordert werden, 201
weil der **vorausgesetzte Erfolg** nicht eingetreten ist[1163]. Bei gegenseitigen Verträgen ist eine Rückforderung des Geleisteten nicht schon begründet, weil die Gegenleistung nicht erbracht ist, wohl aber, wenn diese unmöglich war oder geworden ist[1164]. Ist im Grundstückskaufvertrag dem Käufer unter Festsetzung einer Vertragsstrafe die Verpflichtung auferlegt, das Grundstück mit einem Wohnhaus zu bebauen, so ist die **Bebauungspflicht** ein Teil der Gegenleistung, und ein über die vereinbarte Gegenleistung hinausgehender Vertragszweck liegt nicht vor, so dass § 812 Abs 1 Satz 2 nicht anwendbar ist[1165]. Tritt eine Baugenossenschaft vom Verkauf eines Hauses an einen Genossen nach dessen Austritt wirksam zurück, weil seine Mitgliedschaft Geschäftsgrundlage war, so kann sie das Haus nach § 812 zurückfordern[1166].

Die Überlassung eines Grundstücks kann wegen **Nichterfüllung eines Leibrentenvertrages** nur zurückgefordert werden, wenn die Altersversorgung mit der Hingabe des Grundstücks bezweckt war und diese Zweckbestimmung einen wesentlichen Teil des Vertrages bilden sollte[1167]; ebenso bei Nichtgewährung eines Altenteils[1168].

Der **Verzicht** auf Rücknahme bei einer Hinterlegung kann kondiziert werden, wenn die Schuldbefreiung nicht eingetreten ist[1169]; ebenso eine zwecks **Beteiligung** als stiller Gesellschafter geleistete Einlage, wenn die Beteiligung nicht zustande kommt[1170]. Ebenso der Verzicht einer Frau auf Ansprüche aus einer gegen sie verübten Notzucht, wenn die Heirat, gegen deren Zusage der Verzicht abgegeben wurde, nicht stattfindet[1171]. Dasselbe gilt für als **Baugeld** gegebene Beträge, wenn Zwangsversteigerung erfolgt[1172], und die Zahlung für bei einer Bank als Zeichnungsstelle **gezeichnete ausländische Wertpapiere**, wenn deren Beschaffung unmöglich geworden ist[1173].

1156 RG HRR 1930 Nr 1607.
1157 Vgl auch Weitnauer, Festschr für v Caemmerer S 255, 261.
1158 S H P Westermann, Die Causa S 217.
1159 S H Ehmann, Gesamtschuld, 1972, S 171 ff.
1160 Zust auch Staud/Lorenz Rz 105 ff; Erman/Westermann Rz 51; MünchKomm/Lieb Rz 169; Liebs JZ 1978, 697; Simshäuser AcP 172 (1972), 19; Welker, Bereicherungsausgleich wegen Zweckverfehlung? S 113 m Einschränkungen. Abgelehnt wird die Rspr des RG und des BGH ua von Esser/Weyers, SchuldR II § 49 II; Söllner AcP 163 (1963), 43; Zeiß AcP 164 (1964), 65; Reuter/Martinek, HBSchuldR Bd 4, § 5 III 2 mit eingehender Begründung auch abl zur Zweckstaffelungs- und Anstaffelungstheorie sowie mweitNachw zum Streitstand.
1161 BürgerlR § 27 III 4 Rz 693.
1162 Vgl dazu oben Rz 198.
1163 Meyer Recht 1906, 174.
1164 RG JW 1936, 815 unter Hinweis auf den Zusammenhang zwischen § 812 u § 323.
1165 RG Recht 1925 Nr 2418.
1166 RGZ 147, 201: Fortbestehen der Mitgliedschaft als vorausgesetzter Erfolg.
1167 RGZ 106, 93.
1168 RG Gruchot 67, 176; s auch Hamburg MDR 1964, 414. Vgl auch Rz 4 vor § 759. Der Kritik von Söllner (AcP 163 [1963], 37) an dieser Rspr ist nicht zuzustimmen.
1169 Kiel SchlHA 1907, 135.
1170 RG Recht 1920 Nr 678; s auch BGH LM Nr 1 zu GmbHG § 11.
1171 RG Recht 1911 Nr 2152.
1172 RG Recht 1911 Nr 3455.
1173 RG JW 1928, 3110 (mkritAnm Ohse).

Ein Bereicherungsanspruch besteht, wenn eine mündlich verabredete **Nebenbedingung** nicht eingetreten ist[1174]; ebenso bei Vorrangeinräumung unter der erkennbaren Voraussetzung des Grundstücksverkaufs[1175]. Ein zu dem ganz bestimmten Zweck der Eigentumsübertragung eingeräumter Anspruch auf Herausgabe einer Sache kann kondiziert werden, wenn jener Zweck nicht erreichbar ist[1176]. Das Vermögen einer unselbständigen **Stiftung** kann zurückverlangt werden, wenn die bestimmungsgemäße Verwendung nicht mehr möglich ist[1177].

Die Erteilung der **Schankkonzession** an den Käufer eines Gasthofgrundstücks ist uU ein nach dem Inhalt des Rechtsgeschäfts bezweckter Erfolg[1178], so dass die Anzahlung aus dem Vertrag bei Nichterteilung der Konzession zurückgefordert werden kann[1179]. Bei Hingabe von Geld zur **Sanierung eines Unternehmens** gilt der Erfolg der Sanierung im Zweifel nicht als zum Inhalt des Rechtsgeschäfts gemacht[1180]. Jedoch ist die gleichmäßige Teilbefriedigung aller Vergleichsgläubiger der nach dem Sinn des Vergleichsverfahrens bezweckte Erfolg[1181]. Hat der **Geschäftsführer ohne Auftrag** die Leistung erkennbar in der Erwartung vorgenommen, der Geschäftsherr werde genehmigen, so kann er, falls dieser nicht genehmigt hat, von dem dritten Empfänger die Leistung zurückfordern[1182].

202 c) Die **Enteignung** ist kein Rechtsgeschäft, sondern geschieht hoheitlich und ohne Rücksicht darauf, ob der Zweck des durch sie begünstigten Unternehmens erreicht wird oder nicht[1183]. Der Enteignete kann daher das enteignete Grundstück wegen dessen Nichtbenutzung nicht nach § 812 Abs 1 Satz 2 Fall 2 zurückfordern[1184]. Zur Zweckgebundenheit einer Beorderungsverfügung s BGHZ 9, 295. Das BVerwG hat einen allgemeinen Rückgewähranspruch wegen verfehlter Zweckbindung verneint[1185]. Dagegen hat das BVerfG in diesem Fall[1186] aus der Eigentumsgarantie des GG Art 14 ein Rückerwerbsrecht des früheren Grundstückseigentümers bejaht, wenn der Zweck der Enteignung nicht verwirklicht wird[1187]. Dagegen kann in einem solchen Fall die öffentliche Hand nicht Rückgängigmachung des Kaufs wegen Fortfalls der Geschäftsgrundlage verlangen[1188].

203 d) Ist der Zweck ausdrücklich erklärt und kann der weitergehend erstrebte Erfolg des Rechtsgeschäfts nicht erreicht werden, weil er **ohnedies schon eintreten würde**, so kann die Bereicherung herausgegeben verlangt werden[1189].

204 3. **Veranlassungsfälle**. – a) **Allgemeines**. Die Fälle, in denen der Zweck der Leistung darin besteht, ein bestimmtes Verhalten des Empfängers oder eines Dritten herbeizuführen, sind vielgestaltig und nehmen einen breiten Raum ein[1190]. Eine **Bürgschaft**, die zu dem erkennbaren Zweck gegeben wurde, dem Schuldner weitere Kreditgewährung durch den Gläubiger zu verschaffen, **kann zurückgefordert werden**, wenn der Gläubiger keinen weiteren Kredit gewährt[1191]

1174 RG JW 1911, 540.
1175 RG Recht 1917 Nr 604.
1176 RGZ 98, 279; vgl Stuttgart LZ 1925, 666.
1177 RGZ 105, 305.
1178 Dresden AnnSächsOLG 37, 306.
1179 RG HRR 1927 Nr 799.
1180 Stuttgart WürttJ 28, 34; vgl ähnlich RG Sächs Arch 1916, 266.
1181 BGHZ 41, 98.
1182 Dresden SächsArch 1908, 465; ebenso Ebbecke Recht 1912, 657.
1183 Kiel SchlHA 1948, 193.
1184 RGZ 117, 43 = JW 1927, 1928 (mzustAnm Ruth S 2852); vgl auch BGHZ 3, 292. Vgl auch RGZ 132, 238: Veräußerung eines Grundstücks zum Zweck eines Festungsbaues, der dann nicht durchgeführt wird; hierzu krit Söllner AcP 163 (1963), 32; Welker, Bereicherungsausgleich wegen Zweckverfehlung? S 113.
1185 BVerwG 28, 184 = NJW 1968, 810.
1186 BVerfGE 38, 175 = NJW 1975, 37.
1187 Ebenso BGHZ 76, 365; 84, 1.
1188 BGHZ 71, 293. Zur ergänzenden Vertragsauslegung eines angesichts des drohenden Enteignungsverfahrens abgeschlossenen Kaufvertrages s BGHZ 84, 1 = NJW 1982, 2184; BGH NJW 1981, 219 = LM Nr 50 zu GG Art 14 (A). Über vorvertragliche Pflichten s BGH NJW 1981, 976 = LM Nr 7 zu § 276 (C b).
1189 RG JW 1903 Beil S 106.
1190 Vgl oben Rz 196. Zur Verfehlung des Schenkungszwecks einer Zweckschenkung s BGH NJW 1984, 233 = WM 1983, 1194 (dazu oben Rz 198). Vgl ferner: Köln NJW 1971, 1376: Handgeld für Berufsfußballspieler; Hamm NJW 1971, 1810: Verhinderung der Zwangsvollstreckung gegen Schuldner.
1191 RG JW 1911, 540.

oder wenn der erkennbar gemachte Zweck der Bürgschaft – Vermeidung der Insolvenz des Hauptschuldners – nicht eingetreten ist[1192]. Dasselbe gilt, wenn **Vermeidung strafrechtlicher oder disziplinarischer Verfolgung** Zweck der Bürgschaft war[1193]. Ebenso kann ein Akkordwechsel oder eine zur Herbeiführung eines **Akkords** erfolgte Zahlung zurückgefordert werden, wenn der Akkord nicht zustandekommt[1194]. Die Erstattung einer **Strafanzeige** berechtigt, die Löschung einer Hypothek zu verlangen, die unter der Bedingung gegeben wurde, dass eine Strafanzeige nicht erfolge[1195]. Die bloße Voraussetzung, dass eine Strafverfolgung verhindert werde, berechtigt nicht zur Rückforderung der für unterschlagene Beträge geleisteten Deckung[1196]. Dagegen kann die Erfüllung eines Schuldversprechens verweigert werden, wenn der mit dessen Abgabe bezweckte Erfolg – Unterlassen einer Strafanzeige – durch den Versprechensnehmer vereitelt wird[1197].

b) **Fälle mit familienrechtlichem Bezug**. Soweit Leistungen im Hinblick auf eine **geplante Eheschließung** oder den **Fortbestand einer Ehe** gewährt werden, hat die Rspr vielfach § 812 Abs 1 Satz 2 angewandt oder auch Wegfall der Geschäftsgrundlage[1198] angenommen, wenn die Erwartung fehlschlug[1199]. Ein Bereicherungsanspruch wegen Zweckverfehlung ist begründet, wenn jemand in Erwartung einer ihm in Aussicht gestellten Eheschließung unentgeltlich im Gewerbebetrieb des anderen mitarbeitet und es entgegen dieser Erwartung zur Trennung kommt[1200]. **Heiratsgut**, das unter der Voraussetzung und zum Zweck einer gültigen Ehe gegeben ist, kann zurückgefordert werden, wenn die Ehe wegen Formmangels nichtig ist[1201], ebenso eine **dem Verlobten** der Tochter **gewährte Beihilfe**, wenn das Verlöbnis in beiderseitigem Einverständnis gelöst wird[1202], oder auch von den Eltern/Schwiegereltern den Eheleuten oder einem von ihnen überlassene Grundstücke[1203]. Der Rückforderung unterliegen auch bei unwirksamem Verlöbnis Minderjähriger **Geschenke**, die unter der Bedingung der Eheschließung und zum Zweck der Ausstattung der demnächstigen Wohnung gegeben sind[1204], ferner ein von der Braut dem Bräutigam zu dem Zweck, als Ehewohnung zu dienen, verkauftes Haus, wenn die Ehe nicht zustande kommt[1205], sowie ein Haus, das vom Ehemann der Ehefrau zu dem Zweck, es der Familie zu erhalten, geschenkt ist, wenn die Ehe später geschieden wird[1206]. Eine **Zuwendung des Mannes an seine Ehefrau**, um diese zur Rückkehr zu ihm zu bewegen, kann zurückverlangt werden, wenn die Frau nicht zurückkehrt[1207], dagegen im Falle der Auflösung der Verlobung nicht Geschenke des Vaters der Braut an deren Verlobten[1208]. Hat der Ehemann ein Handelsgeschäft der Ehefrau übertragen, um es seinen Gläubigern zu entziehen, so ist der Bestand der Ehe Geschäftsgrundlage[1209]. Ein Anspruch wegen Zweckverfehlung nach Scheitern der Ehe kann die Rückforderung von Grundstücksmiteigentum begründen[1210]. Vgl dazu auch die **neuere Rechtsprechung des BGH** zum Zugewinnausgleich und bei Gütertrennung zum **Ausgleichsanspruch wegen Weg-** 205

1192 RG WarnR 1913 Nr 360; s auch BGH NJW 1966, 448 = LM Nr 49 a zu § 242 (Bb).
1193 RGZ 118, 338; BGH WM 1990, 819; s Rz 198.
1194 Dresden OLG 35, 4; Braunschweig OLG 34, 95.
1195 RG Recht 1902 Nr 1131.
1196 RG LZ 1923, 129; vgl RG SoergRspr 1908 zu § 812 Nr 5; vgl auch oben Rz 198.
1197 Zweibrücken MDR 1977, 227. Vgl auch Arens JuS 1971, 355 (Fallbespr).
1198 S dazu oben Rz 198.
1199 Vgl auch Köln FamRZ 1994, 1523, 1525: Rückforderung von Brautgeld nach Sitte der Roma: § 812 Abs 1 Satz 2 Fall 2.
1200 Stuttgart NJW 1977, 1779. Vgl auch zu dem Erfordernis einer auch stillschweigend möglichen tatsächlichen Willensübereinstimmung zwischen beiden Partnern über den verfolgten Zweck BGH NJW 1973, 612 = LM Nr 101 zu § 812 im Anschluss an BGHZ 44, 321 u dazu oben Rz 195.
1201 RG SeuffA 76 Nr 26.
1202 Dresden SächsArch 1921, 138; BGH FamRZ 2005, 1151 = NJW-RR 2005, 1089 (Abgrenzung von Verlobungsgeschenken und Beiträgen zu Lebenshaltungskosten).
1203 Vgl auch BGHZ 108, 256, 261 ff (Aufwendungen auf ein Grundstück in der Erwartung, die Ehefrau werde es erben).
1204 Kiel SchlHA 1921, 141.
1205 RG LZ 1925, 712.
1206 RG JW 1932, 1372.
1207 RG SeuffA 78 Nr 124; ebenso RG HRR 1931 Nr 1752; das gleiche zur nichtehelichen Lebensgemeinschaft Brandenburg NJW-RR 1997, 35. Vgl auch Karlsruhe FamRZ 1989, 866, 867.
1208 Kiel SchlHA 1924, 66; ähnlich LG Altona JW 1932, 1410.
1209 RGZ 169, 250.
1210 S § 1356 Rz 29 mNachw; BGH WM 1972, 564.

falls der Geschäftsgrundlage oben Rz 192. Vgl dort auch zum Ausbau einer Wohnung im Haus der Schwiegermutter, wenn der Ehemann auszieht, die Familie aber unentgeltlich wohnen bleibt, die Verneinung beider Fälle des § 812 Abs 1 Satz 2[1211]. Bei Übertragung der Miteigentumshälfte an einem Grundstück vor der Eheschließung hat der BGH für die Verneinung des Rückgewähranspruchs nach Scheitern der Ehe als maßgeblich angesehen, dass die Übertragung allein erfolgt sei, um die Zuneigung der Frau zurückzugewinnen[1212].

206 c) **Bau auf fremdem Boden**. In der Rechtsprechung betreffen unterschiedliche Fallgestaltungen Bauten auf einem fremden Grundstück auf der Grundlage einer formlosen Zusage, später Eigentümer dieses Grundstücks infolge Übereignung oder aufgrund einer Erbeinsetzung zu werden[1213]. Der Vorrang des Vertrages ist zu berücksichtigen[1214]. Enthält ein Vorvertrag lediglich einen Rahmen, so besteht nicht die Möglichkeit einer ergänzenden Vertragsauslegung, so dass der Bereicherungsanspruch wegen Zweckverfehlung in Betracht kommt[1215]. Den Bedenken, ob eine Leistungskondiktion vorliegt[1216], ist mit Recht *Klinkhammer*[1217] entgegengetreten. Der BGH[1218] hat diese außer von *Medicus* auch von *Söllner*[1219] erhobenen Bedenken zwar erwähnt, aber als nicht entscheidungserheblich offen gelassen. Der Grundstückskäufer, der in Erwartung der Auflassung das **Grundstück bebaut** hat, kann Erstattung der Aufwendungen aus ungerechtfertigter Bereicherung verlangen, wenn die Auflassung nicht mehr zu erwarten ist[1220].

207 d) Die **Leistung von Diensten in Erwartung eines Erfolgs** geschieht häufig ohne Vorliegen einer Rechtspflicht, sei es, dass der familiäre oder gesellschaftliche Bereich dabei überhaupt nicht verlassen wird, sei es, dass Vertragsverhandlungen scheitern oder eine Vereinbarung, zB wegen Formmangels, nicht wirksam zustande kommt. Soweit ein Vertrag vorliegt, aber mit der Leistung der Dienste ein über die Gegenleistung hinausgehender weiterer Erfolg bezweckt wird, ist die Frage strittig, ob eine condictio causa data causa non secuta in Betracht kommt[1221]. Liegt keine rechtsgeschäftliche Vereinbarung vor, so stellt sich die Frage, ob bei Bestehen einer besonderen, wenn auch unwirksamen Zusage oder lediglich schon wegen der Verfolgung eines bestimmten Zwecks ein **faktisches Arbeitsverhältnis** anzunehmen ist, aus dem sich ein Anspruch auf den üblichen Lohn ergibt, oder ob in diesen Fällen ein Bereicherungsanspruch wegen Nichteintritts des bezweckten Erfolgs besteht. Der Unterschied ist wegen der Anwendbarkeit des § 818 Abs 3 sowie auch deswegen von Bedeutung, weil sich die Bereicherung nach dem verschafften Nutzen richtet, der in der Regel allerdings dem angemessenen Entgelt entsprechen wird. Für die Annahme eines Bereicherungsanspruchs hat sich die Rechtsprechung vor allem bei der Leistung von Diensten in Erwartung der Adoption oder Gutsüberlassung oder letztwilligen Zuwendung[1222] ausgesprochen. Es kann dann – jedenfalls regelmäßig – eine angemessene Vergütung gefordert werden, wenn die **Erwartung** nicht eintrifft[1223]. Erwartung ist mehr als nur bloße Hoffnung[1224]. Ebenso ist die Mithilfe beim Aufbau eines Hauses in der Erwartung einer späteren Aufnahme in die Familien- und Wohngemeinschaft zu beurteilen[1225]. Der Anspruch besteht jedoch nur, wenn die Dienste unter dem dem Dienstherrn erkennbaren Vorbehalt der späteren Schadloshaltung geleistet sind[1226] und auch nicht, bevor festgestellt ist, dass der bezweckte Erfolg nicht eintritt[1227]. Gehen Vormund und der unentgeltlich tätig werdende Verpfleger davon aus, dass der Nachlass der hilfsbedürftigen

1211 BGH NJW 1985, 313.
1212 BGH WM 1983, 1087 = NJW 1983, 2933 = LM Nr 106 zu § 242 (B b).
1213 Vgl zu BGHZ 44, 321 u BGHZ 108, 256, 266 oben Rz 195. S ferner BGH MDR 1968, 911 = LM Nr 84 zu § 812; WM 1965, 795 = BB 1965, 1004.
1214 Vgl oben Rz 195.
1215 BGH WM 1967, 1250.
1216 S auch oben Rz 211 zu Medicus, BürgerlR Rz 693.
1217 DB 1972, 2385.
1218 NJW 1970, 136 = LM Nr 88 zu § 812.
1219 AcP 163 (1963), 30.
1220 RG DHausbZ 1929, 319; vgl auch BGH NJW 1961, 2205.
1221 Vgl oben Rz 198.
1222 Vgl auch die oben in Rz 205 angeführten Fälle; ferner BGHZ 44, 321 (= Fn 1110).
1223 RG JW 1903 Beil 142.
1224 S oben Rz 195.
1225 BGH AP Nr 1 zu § 812 = BB 1965, 1004 = WM 1965, 795.
1226 RG Recht 1911 Nr 2136; Jena OLG 39, 180.
1227 Kiel SchlHA 1907, 49; Kassel OLG 18, 275.

Person dem Verpfleger zufallen werde, so ist der Anspruch auf Rückforderung begründet, wenn die Voraussetzung irrig war[1228]. Beim **Ausbleiben einer** von einem Kranken für dessen Pflege versprochenen **letztwilligen Zuwendung** ist ein Bereicherungsanspruch gegen den Erben gegeben[1229]; ebenso bei Ungültigkeit einer für die Pflege gewährten Schenkung[1230]. Ein Anspruch aus § 812 Abs 1 Satz 2 Fall 2 kommt auch nur in Betracht, wenn Geschwister ohne vertragliche Vereinbarung einen Hof gemeinsam bewirtschaften, wegen der Störung der Harmonie unter den Geschwistern jedoch die weitere gemeinschaftliche Arbeit gefährdet ist und von einem Teil eingestellt wird[1231]. Im Gegensatz zu dieser Rechtsprechung wird die Auffassung vertreten[1232], dass sich der Anspruch auf Lohn in üblicher oder angemessener Höhe aus einem **faktischen Arbeitsverhältnis** ergebe. Sehr weitgehend wird in solchen Fällen vom **BAG** § 612 angewandt und angenommen, dass eine Vergütung als stillschweigend vereinbart gilt[1233]. Der verschiedentlich geäußerten Auffassung, der BGH habe sich der Rechtsprechung des BAG angeschlossen[1234] trifft in dieser Allgemeinheit nur für eine vereinzelte Entscheidung des BGH[1235] zu. Soweit Dienste aufgrund persönlicher Beziehungen geleistet worden sind, ist ein Entlohnungsanspruch, kein Bereicherungsanspruch, jedoch nur anzunehmen, wenn die Dienste bewusst in Anspruch genommen worden sind und mit einer Vergütungspflicht gerechnet werden musste[1236]. Die Rechtsprechung des BAG ist mit Recht als dogmatisch unhaltbar bezeichnet worden und führt auch wegen der bei Arbeitsverhältnissen geltenden kurzen zweijährigen Verjährungsfrist zu Schwierigkeiten[1237]. Auch die Fälle der formlosen Hofübergabe gehören zu den zweckverfehlenden Arbeitsleistungen[1238]. Zur Rückforderung von **Urlaubsentgelt** bei dem Urlaubszweck widersprechender Erwerbstätigkeit s § 611 Rz 305 f mNachw.

4. **Vorschüsse (Anzahlungen)**, die in der Erwartung eines bestimmten Verhaltens des Empfängers (zB Abschluss eines Vertrages oder Verzicht auf Kündigung) gezahlt worden sind, können bei Fehlschlagen der Erwartung zurückgefordert werden. Auch in diesen Fällen ist es jedoch erforderlich, dass die Erwartung nicht Gegenstand einer vertraglichen Vereinbarung geworden ist[1239]. Weiterhin bedarf es der Prüfung, ob überhaupt ein Vorschuss auf die Vergütung oder ein Darlehen vorliegt[1240]. Bei Vorschüssen, die der Abwerbung oder Kündigungserschwerung dienen, kann § 817 S 2 der Rückforderung entgegenstehen[1241]. Eine Rückforderung gem § 812 Abs 1 Satz 2 Fall 2 kommt auch bei **Gratifikationen** in Betracht, die ohne ausdrücklichen Vorbehalt dem Zweck dienen, den Arbeitnehmer an den Betrieb zu binden[1242]. **Provisionsvorschüsse** der Insertionsagenten sind zurückzuzahlen, soweit der Anzeigenpreis von den Bestellern nicht beitreibbar ist[1243]; nach Hamm NJW-RR 1994, 1306: condictio indebiti. Dasselbe gilt für einen Vorschuss auf künftigen Gewinnanteil[1244]. Der Geschäftsherr, der die Vorschüsse zurückverlangt, die angeblich durch unverdiente Provision nicht gedeckt sind, muss zur Klagebegründung eine genaue Abrechnung aufmachen[1245]. Die Ruckforderung von **Vorschüssen**, die mit Vorbehalt demnächstiger Abrechnung gegeben sind, ist unzulässig, solange der Kläger die ihm obliegende Abrechnung nicht **208**

1228 RG SächsArch 11, 469.
1229 RG SeuffA 70 Nr 149.
1230 RG Recht 1918 Nr 1152.
1231 Hamm NJW 1962, 2108 (mzutr Kritik Zeiss NJW 1963, 210).
1232 S Canaris BB 1967, 165.
1233 Vgl § 612 Rz 7 f; zu den Grenzen, die einer Auslegung von Willenserklärungen hier gesetzt sind, vgl Hanau AcP 165 (1965), 266.
1234 So RGRK/Heimann-Trosien Rz 93; Reuter/Martinek, HBSchuldR Bd 4, § 5 III 2 d.
1235 NJW 1965, 1224 = LM Nr 12 zu § 196, jedoch nicht für BGH NJW 1972, 429 = LM Nr 20 zu § 845; vgl dazu auch § 1619 Rz 9 mNachw.
1236 Vgl Wilburg AcP 163 (1963), 365 unter Hinweis auf die gefahrüberwälzende Kraft der wissentlich grundlosen Inanspruchnahme einer fremden Leistung; Bydlinski; Festschr für Wilburg S 45 u BAG AP Nr 23 zu § 612 (Anm); krit auch Mayer-Maly BAG AP Nr 22 zu § 612 (Anm).
1237 Vgl MünchKomm/Lieb Rz 170, 173.
1238 Vgl Kroeschell, Göttinger Festschr für das OLG Celle, 1961, S 105; Bydlinski, Festschr für Wilburg S 46; zur Rspr des BGH zu den Hofübergabefällen vgl § 125 Rz 39.
1239 Vgl oben Rz 195, 198.
1240 Vgl zur Abgrenzung Rz 27 vor § 607; § 614 Rz 5 mNachw; BAG AP Nr 1 zu § 614: Gehaltsvorschuss (mkritAnm Larenz).
1241 Vgl Söllner AcP 163 (1963), 38.
1242 S dazu Zeiss DB 1967, 1940.
1243 KG OLG 34, 97.
1244 RGZ 85, 43.
1245 Markus Recht 1902, 543.

vorlegt[1246]; ebenso die Rückforderung von Versicherungsprämien für die Zeit, für die der Versicherungsschutz tatsächlich gewährt ist, auch wenn der Versicherer eine übernommene anderweite Zusage, zB dem Versicherten Arbeit bei einem Versicherungsneubau zu verschaffen, nicht erfüllt[1247]. Ein vom Versicherer für mehrjährige Versicherungsdauer gewährter Rabatt kann zurückgefordert werden, wenn der versicherte Gegenstand veräußert wird und der Erwerber das Versicherungsverhältnis kündigt[1248]. Eine Leistung in der erkennbaren Annahme, dass dafür ein Gegenwert entrichtet wurde, berechtigt zur Rückforderung, wenn feststeht, dass der Empfänger zu einer Gegenleistung nicht verpflichtet ist[1249]. Eine Kaufpreisanzahlung kann zurückverlangt werden, wenn sie in der Erwartung des Abschlusses eines ordnungsmäßigen Vertrages geleistet wird[1250]. Dasselbe gilt bei einem **Schuldschein** über ein zugesagtes, aber nicht gewährtes Darlehen[1251]. Für **Wechsel**, die **für künftige Schuld** gegeben sind, aber gleichwohl in Umlauf gesetzt und von ihm eingelöst sind, kann der Wechselschuldner Ersatz fordern[1252]. Die **Kondiktion der Auflassung** aufgrund § 812 Abs 1 Satz 2 setzt den Nachweis voraus, dass der mit der Auflassung bezweckte Erfolg fehlgeschlagen ist, dass also die Auflassung nicht zur Eintragung oder trotz dieser nicht zur Heilung des Grundgeschäfts führen wird[1253]; an diesem Nachweis fehlt es, wenn durch die Erhebung des Kondiktionsanspruchs erst der Eintritt des bezweckten Erfolges vereitelt werden soll[1254]. Zur Rückerstattung von **Baukostenzuschüssen** vgl Rz 463 vor § 535; § 818 Rz 44.

209 5. **Sicherungsvereinbarung**. Entsteht die zu sichernde Forderung nicht, so stellt sich die Frage, auf welcher Rechtsgrundlage die bereits bestellte Sicherheit, zB bei Sicherungsübereignung oder Bestellung einer Sicherungsgrundschuld, zurückverlangt werden kann[1255]. Für einen Anspruch aus § 812 Abs 1 Satz 2 Fall 2 tritt *Welker*[1256] ein. Doch spricht in diesem Fall mehr dafür, den Rückgewähranspruch aus der Sicherungsabrede, ggf im Wege einer ergänzenden Vertragsauslegung, herzuleiten[1257].

210 6. **Verwendungsfälle**. Soll der Empfänger die Leistung in seinem Interesse in einem bestimmten Sinn verwenden, so wird meist eine Schenkung unter Auflage vorliegen. Zur Abgrenzung vgl § 525 Rz 3 über die Fälle, in denen ein Entgelt anzunehmen ist. Im Bereich der Leistungskondiktion kommt den Verwendungsfällen keine praktische Bedeutung zu[1258].

V. Fehlen des rechtlichen Grundes bei der Bereicherung in sonstiger Weise

211 1. **Allgemeines**. Die Frage nach dem Vorliegen eines rechtlichen Grundes ist bei der Abfassung des BGB in erster Linie aus der Sicht der Leistungskondiktion betrachtet worden[1259]. Es handelt sich nicht so sehr um die Frage nach dem Grund einer Rechtfertigung als nach dem Grund der Ungerechtfertigtheit. Die wichtigste Gruppe der Bereicherung in sonstiger Weise ist die des **Eingriffserwerbs**, bei der fremde Sachen gebraucht oder genutzt, verbraucht oder verwertet werden: unbefugte Inanspruchnahme fremden Gutes[1260]. Der Bereicherungsanspruch dient hier dem Gü-

1246 Braunschweig BraunschwZ 1903, 134.
1247 München LZ 1916, 895.
1248 AG Neubrandenburg VersuGeldw 1928 Nr 109 = RdK 1929, 153.
1249 RG Recht 1910 Nr 3489.
1250 BGH LM Nr 4 zu KWVO § 1 a = NJW 1952, 144 (in BGHZ 3, 381 insoweit nicht abgedruckt). Vgl die oben in Rz 209 zit Rspr u dazu Singer WM 1983, 254 sowie die dort zit abwM im Schrifttum.
1251 RG JW 1909, 415.
1252 RGZ 56, 317, 320 f.
1253 RG JW 1928, 2444; HRR 1931 Nr 1752; anders aber, wenn der um eine Anzahlung Bereicherte sich auf den Eintritt einer aufschiebenden Bedingung beruft, Hamburg MDR 1950, 744 (mAnm Krönig).
1254 RGZ 108, 329; 119, 163; ebenso RG Gruchot 72, 58.
1255 Vgl auch § 1192 Rz 42.
1256 Bereicherungsausgleich wegen Zweckverfehlung? S 95 ff; ebenso bei gültiger Sicherungsabrede Weber AcP 169 (1969), 237, 244.
1257 S auch § 930 Rz 50, 77.
1258 Ebenso Staud/Lorenz Rz 108.
1259 Vgl Wilburg, Die Lehre von der ungerechtfertigten Bereicherung S 12 ff.
1260 Vgl v Caemmerer, GesSchriften I S 352; Staud/Lorenz § 812 Rz 77.

terschutz. Er ist „der Preis für das entzogene dingliche Recht“[1261]. Das Fehlen des rechtlichen Grundes ergibt sich also daraus, dass der Eingriff im **Widerspruch zur Güterzuordnung** steht[1262], der Vorteil nur dem Rechtsinhaber gebührt[1263]. Allein darauf, nicht auf das rechtswidrige Handeln des Eingreifenden, kommt es an[1264]. Der BGH hat mit der Formulierung, dass es auf die von der Rechtsordnung missbilligte Verletzung einer solchen Rechtsposition ankommt, die nach dem Willen der Rechtsordnung einem Berechtigten zu dessen ausschließlicher Verfügung zugewiesen ist, die Lehre vom Zuweisungsgehalt übernommen[1265]. Die Problematik verlagert sich damit auf die Frage nach den geschützten Interessen, insbes ihren Umfang und die ihrem Inhaber ausschließlich zugewiesenen Befugnisse[1266].

2. Der Eingriffserwerb bedarf der Abgrenzung gegenüber den Fällen, in denen der **Erwerb** dem Begünstigten nach der Rechtsordnung **endgültig verbleiben** soll[1267]. Die **Rechtsänderungen** treten **kraft Gesetzes** ein und führen dann zu einem Erwerb, der – von der Möglichkeit einer Leistungskondiktion abgesehen – nicht als ungerechtfertigte Bereicherung herausgegeben verlangt werden kann[1268]. Der Entw I ging von dem richtigen Gesichtspunkt aus, dass die Fälle, in denen eine Kondiktion bei einem auf einer Vorschrift des Gesetzes beruhenden Rechtsverlust bzw einer Bereicherung begründet sei, in der Weise gesetzlich geregelt werden sollten, dass im Zweifel die Bereicherung „als eine des rechtfertigenden Grundes nicht entbehrende anzusehen“ sei[1269]. Dieser Auslegung aus der Entstehungsgeschichte ist zuzustimmen, weil die Frage nur aus der Einheit der Rechtsordnung beantwortet werden kann[1270]. Nach *v Caemmerer*[1271] wäre eine derartige Klarstellung wünschenswert gewesen. Keine Eingriffskondiktion ist bei der Einwirkung auf Sachen gegeben, um eine gegenwärtige Gefahr oder einen drohenden Schaden abzuwenden. Der Gesetzgeber hat diese Frage in § 904 geregelt[1272]. 212

3. Die Frage, in welchem **Umfang eine Bereicherung ungerechtfertigt** ist, kann nur aufgrund des Zuweisungsgehalts der einzelnen verletzten Rechte entschieden werden[1273]. Vor allem für den Bereich der absoluten Rechte bedarf es einer differenzierenden Lösung, um dem Konflikt der Interessen des Eingreifenden und des Rechtsinhabers gerecht zu werden[1274]. Dies gilt insbesondere auch für die Abgrenzung der Befugnisse des Eigentümers[1275]. Zu Rechtsschutz im Wettbewerbsrecht und bei immateriellen Rechtspositionen s Schlechtriem, Symposium König S 70 ff u oben Rz 151 ff; § 818 Rz 45. 213

F. In der Rechtsordnung begründete Vorteile

ÜBERSICHT

1261 Wilburg, Die Lehre von der ungerechtfertigten Bereicherung S 29.
1262 Von Caemmerer, GesSchriften I S 353.
1263 S Schlechtriem, Symposium König S 61.
1264 Vgl zur Rechtswidrigkeitslehre oben Rz 141.
1265 BGHZ 82, 299, 306 = NJW 1982, 1154; BGHZ 94, 160, 165; s auch oben Rz 142.
1266 S Schlechtriem, Symposium König S 61.
1267 Vgl unten Rz 214.
1268 Vgl v Caemmerer, GesSchriften I S 364 unter Hinweis auf die später gestrichene Vorschrift in § 748 Abs 2 des Entw I zum BGB.
1269 Vgl dazu Motive II, S 852. Nach Planck/Landois Bem I 3 b ist ein derartiger Erwerb im Zweifel als gerechtfertigt anzusehen.
1270 Vgl im einzelnen unten Rz 214 ff.
1271 GesSchriften I S 364.
1272 Vgl Schlechtriem, Symposium König S 65.
1273 Von Caemmerer, GesSchriften I S 353, 398.
1274 Vgl Mestmäcker JZ 1958, 521; Kleinheyer JZ 1961, 473.
1275 Vgl dazu Schlechtriem, Symposium König S 63 sowie die in § 818 Rz 44 zit Rspr; ferner oben Rz 145.

I. Allgemeines

214 Ein Bereicherungsanspruch aufgrund einer Bereicherung in sonstiger Weise[1276] ist in allen Fällen ausgeschlossen, in denen der Erwerb endgültig sein soll, der Entreicherte auch keinen Ausgleich, wie zB nach § 951 bei den §§ 946 ff, erhalten soll. Daher handelt es sich nicht um eine besondere Fallgruppe der Bereicherung in sonstiger Weise[1277]. Es kommt darauf an, ob die Güterlage **endgültig neu geordnet** werden soll[1278]. Bei diesen **Rechtsveränderungen kraft Gesetzes** scheidet die Anwendung des Bereicherungsrechts aus[1279]. Dagegen betrachtet der BGH diese Rechtswirkung unter dem Gesichtspunkt des rechtfertigenden Grundes[1280]. Doch hat der BGH auch die Formulierung gewählt, dass darauf abzustellen sei, ob das Gesetz mit der betr Vorschrift eine endgültige Neuordnung der Güterlage herbeiführen wolle, dh zugleich einen „Rechtsgrund für das Behaltendürfen" bereitstelle[1281]. Im Gegensatz zur Eingriffskondiktion kommt aber in diesen Fällen eine Leistungskondiktion in Betracht[1282]. Auch die Fälle eines gutgläubigen Erwerbs vom Nichteigentümer sind außerhalb vertraglicher Beziehungen endgültig. Wie *v Caemmerer*[1283] hervorhebt, ergeben Rechtsänderungen, die durch gutgläubigen Erwerb, Ersitzung, Verjährung, Pfandrückgabe, Ausschlagung eines Erwerbs (§§ 1953, 2180, 333), Nichtausübung einer Option u dgl eintreten, keine Bereicherung in sonstiger Weise.

II. Einzelfälle

215 1. **Versäumung von Rechten**. Untergang der Schuld durch **Fristablauf** ist keine rechtlose Bereicherung des Schuldners[1284]. Dasselbe gilt von dem durch eingetretene **Verjährung** erlangten Vorteil[1285]. Hat ein Ehegatte während der Dauer einer nichtigen Ehe dem anderen Unterhalt geleistet und ist dieser dadurch veranlasst worden, den Unterhaltsanspruch gegen seine Kinder nicht geltend zu machen, der infolgedessen für die Vergangenheit erloschen ist, so ist die Bereicherung der Kinder die Folge eines gesetzlichen Tatbestandes, an den das Gesetz einen Rechtsverlust anknüpft, der den endgültigen Verlust eines Vermögenswertes einschließen soll[1286]. Ebenso ist der Ablauf von **Ausschlussfristen** zu beurteilen[1287].

216 2. **Erwerb in der Zwangsversteigerung**. Der Erwerb durch **Zuschlagsbeschluss** ist endgültig, auch wenn er mit dem Gesetz nicht in Einklang steht[1288]. Dies hindert aber nicht die Geltendmachung eines Bereicherungsanspruchs gegen im Range Nachstehende[1289]. Hat der persönliche Schuldner bei einer im Zwangsversteigerungsverfahren bestehenbleibenden Grundschuld seine durch diese gesicherte persönliche Schuld nicht angemeldet (vgl ZVG § 53 Abs 2), so hat dies nicht den Verlust seiner Rechte zur Folge. Er kann zwar nicht mehr von dem Ersteher Befreiung von seiner Verbindlichkeit verlangen. Jedoch steht ihm, wenn er aus seiner persönlichen Schuld in Anspruch genommen wird, gegen den Ersteher ein Anspruch aus § 812 zu[1290]. Ist eine nicht vollvalutierte Grundschuld bestehen geblieben und hat der Gläubiger ihre Löschung schon gegen

1276 S oben Rz 211.
1277 Vgl oben Rz 26 f und 140 f.
1278 RG JW 1929, 2598.
1279 Ebenso v Caemmerer, GesSchriften I S 363; ders, Festschr für Boehmer S 152.
1280 S BGH LM Nr 25 zu § 812. Nach BGH NJW 1977, 48 = LM Nr 2 zu ZPO § 868 findet ein nach dieser Vorschrift sich vollziehender Rechtserwerb in dieser seine „innere Rechtfertigung".
1281 BGH NJW 1981, 1601 = LM Nr 10 zu ZVG § 91.
1282 Vgl auch unten Rz 221 zur Ersitzung.
1283 GesSchriften I S 380.
1284 RG SeuffA 75 Nr 157.
1285 BGHZ 33, 243, 247; RGZ 70, 350; auch Mayer BayZ 1918, 35.
1286 BGHZ 43, 1, 12.
1287 RG WarnR 1920 Nr 151.
1288 RGZ 59, 266; 69, 277; 129, 155; 138, 125.
1289 RGZ 153, 252.
1290 BGHZ 56, 22 = NJW 1971, 1750.

Zahlung ihres valutierten Teils durch den Ersteher bewilligt, so steht dem früheren Eigentümer gegen den Ersteher kein Anspruch hinsichtlich des Ausfalls zu, den er deshalb erlitten hat, weil er nach der Löschung der Grundschuld seinen Anspruch gegen den Grundschuldgläubiger auf Rückgewähr des nicht valutierten Teils der Grundschuld nicht mehr verwirklichen konnte[1291]. Trotz Versäumung der Frist zur Erhebung des **Widerspruchs gegen den Teilungsplan** (ZPO § 878) kann der Widersprechende von den Nachstehenden, denen der hinterlegte Betrag ausgezahlt ist, die Bereicherung herausgegeben verlangen[1292]. Stellt sich **nach der Verteilung des Erlöses** heraus, dass ein in das geringste Gebot aufgenommenes Wohnrecht, für das ein Ersatzbetrag bestimmt worden ist, nicht besteht, zB aus öffentlich-rechtlichen Gründen unwirksam ist, dann können die ausgefallenen Gläubiger den Ersatzbetrag im Prozesswege verlangen; der Anspruch ergibt sich unmittelbar aus den ZVG §§ 50, 51, nicht aus ungerechtfertigter Bereicherung[1293]. Der Ersteher eines Grundstücks, der aufgrund einer falschen Berechnung des Bargebots zuviel an Zinsen gezahlt hat, kann den überzahlten Betrag nach Verteilung des Erlöses nicht vom letztrangig befriedigten Grundpfandgläubiger herausgegeben verlangen. Hier bestand von Anfang an nur ein schuldrechtlicher Anspruch auf Rückgewähr gegen den früheren Grundstückseigentümer. In diesen Anspruch ist durch die Befriedigung des letztrangig gesicherten Grundpfandgläubigers nicht eingegriffen worden[1294]. Wenn der Eigentümer von **Zubehör**, dessen Eigentum durch Zuschlag erloschen ist, versäumt, den Anspruch auf Ersatz des Wertes aus dem Versteigerungserlös geltend zu machen, so ist der letztbefriedigte Hypothekengläubiger um den verhältnismäßigen Anteil am Versteigerungserlös bereichert[1295]. Über die Berechnung des dem Eigentümer mitversteigerter fremder Gegenstände an dem Versteigerungserlös gebührenden Anteils vgl RGZ 88, 351. Die unterlassene Anmeldung eines Rechts in der Zwangsversteigerung berechtigt nicht, die dadurch geschaffenen Rangrechte anzufechten[1296]. Hat ein Gläubiger sein aus dem Schiffsregister nicht ersichtliches Recht nicht spätestens im Versteigerungstermin vor der Aufforderung zur Abgabe von Geboten angemeldet und notfalls glaubhaft gemacht, so steht er bei der Verteilung des Erlöses den übrigen Rechten nach (ZVG §§ 162, 37 Nr 4, 110); dieser endgültige materielle Rangverlust durch Säumnis des Berechtigten tritt aber nur ein, wenn in der öffentlich bekanntgemachten Terminsbestimmung die Aufforderung gem ZVG § 37 Nr 4 enthalten war, aus dem Schiffsregister nicht ersichtliche Rechte anzumelden[1297]. Der Angestellte hat keinen Bereicherungsanspruch gegen den Ersteher des Grundstücks, wenn ihn der Verwalter fristlos entlassen hat[1298]. Ist durch das Unterlassen rechtzeitiger Anmeldung eines aus dem Grundbuch nicht ersichtlichen Rechts nach ZVG §§ 110, 37 Nr 4 die endgültige Zurücksetzung im Range eingetreten, so kann diese Rechtsfolge nicht nachträglich auf dem Wege über einen Bereicherungsanspruch beseitigt werden[1299].

3. **Fehlerhafte Zwangsvollstreckung**. Soweit der vollstreckende Gläubiger in die Rechte eines Dritten eingreift, handelt es sich um einen Fall des Eingriffserwerbs[1300]. Mängel des Vollstreckungsverfahrens schließen das Bereicherungsrecht in der Regel nicht aus. Die Vollstreckung ohne vollstreckungsfähigen Schuldtitel fällt unter § 812[1301]. Jedoch kann der Anspruch nicht geltend gemacht werden, solange das Vollstreckungsverfahren noch nicht beendigt ist und noch Einwendungen aus ZPO § 766 erhoben werden können[1302]. Dasselbe gilt für eine Vollstreckung trotz 217

1291 BGH NJW 1974, 2279 = LM Nr 107 zu § 812.
1292 RGZ 72, 344; 76, 379; 153, 252; RG WarnR 1914 Nr 76; HRR 1930 Nr 1448.
1293 BGH NJW 1966, 154 = LM Nr 1 zu ZVG § 50; str; aM ua Celle NJW 1958, 1543.
1294 BGHZ 68, 276 = LM Nr 124 zu § 812. Zum Anspruch des Erstehers und Hypothekengläubigers gegen den Darlehensschuldner bei einer aufgrund einer Erklärung gem ZVG § 91 Abs 2 bestehenbleibenden voll valutierten Darlehenshypothek, wenn diese bei der Erlösverteilung teilw ausfällt, s BGH NJW 1981, 1601 = LM Nr 10 zu ZVG § 91.
1295 RGZ 76, 212; RG HansRGZ 1934 B 415; ebenso Braunschweig DRiZR 1932 Nr 266.
1296 RG Recht 1910 Nr 757.
1297 BGHZ 35, 267: Versteigerung eines deutschen Schiffes in Schweden.
1298 Dresden SächsArch 1908, 468.
1299 RGZ 122, 61.
1300 Vgl dazu oben Rz 158 ff.
1301 RGZ 56, 70.
1302 Celle OLG 29, 190.

Stundung[1303]. Die Unterlassung der Rüge des Mangels im Vollstreckungsverfahren beseitigt den Anspruch nicht[1304]. Besteht aber die Schuld zu Recht, so gibt die mangelhafte Vollstreckung keinen Bereicherungsanspruch[1305]. Ebenso hat der Schuldner gegen den eine unpfändbare Forderung pfändenden Gläubiger keinen Bereicherungsanspruch, wenn der Drittschuldner gezahlt hat, solange der Pfändungsbeschluss noch nicht aufgehoben war[1306]. Ein Herausgabeanspruch gegen den Grundstückseigentümer besteht nicht, wenn das Urteil, das die Zwangsvollstreckung aus dem der Eintragung zugrunde liegenden Titel für unzulässig erklärt, in Unkenntnis der Tatsache ergangen ist, dass die Sicherungshypothek eingetragen war[1307].

218 4. Gegenüber einem **rechtskräftigen Urteil** besteht kein Bereicherungsanspruch[1308]. Auch das aufgrund eines rechtskräftigen Anerkenntnisurteils Beigetriebene kann nicht zurückgefordert werden, selbst wenn das Anerkenntnis irrtümlich abgegeben ist[1309]. Mit Rücksicht auf die Rechtskraft des Ausschlussurteils im Aufgebotsverfahren besteht kein Bereicherungsanspruch des mit seinem Eigentum ausgeschlossenen Grundstückseigentümers; § 927 will eine Neuordnung der Güterlage herbeiführen und führt zu einem ursprünglichen Rechtserwerb[1310]. Das über die Herausgabe der Bereicherung entscheidende Gericht ist an die rechtskräftige Feststellung der Verletzungshandlung hinsichtlich der Benutzung eines Gebrauchsmusters in einem vorausgegangenen Rechtsstreit der Parteien gebunden[1311]. Sind in einem Strafurteil Sachen, die einem Dritten gehören, eingezogen worden, so ist dieser Erwerb endgültig, und es besteht kein Bereicherungsanspruch[1312]. Dagegen ist die Rückforderung des aufgrund eines rechtskräftigen Urteils Geleisteten nicht ausgeschlossen, wenn das Urteil nicht dazu bestimmt war, endgültig zu entscheiden[1313]. Ein Nießbrauch, der aufgrund eines zur Bewilligung der Eintragung des Nießbrauchs verurteilenden rechtskräftigen Urteils eingetragen wird, ist nicht ohne Rechtsgrund erlangt[1314]. Soweit gem ZPO § 767 Einwendungen zugelassen sind, kann auf solche **neuen Tatsachen**, wenn bereits geleistet worden ist, eine Bereicherungsklage gestützt werden[1315]. Dagegen kommt eine **einstweilige Verfügung**, die lediglich ein prozessualer Rechtsbehelf ist, als Rechtsgrund im Sinne von § 812 nicht in Betracht[1316]. Eine andere Frage ist es, ob der Schuldner sich gegen ein rechtskräftiges Urteil nach **§ 826** wenden kann[1317]. Dies ist zu bejahen, wenn wegen der Rechtskraftwirkung des wegen eines sittenwidrigen Kreditvertrages erwirkten Titels nicht Rückforderung aus § 812, sondern Unzulässigkeit der Zwangsvollstreckung aus dem Titel verlangt werden kann[1318].

219 5. In der **Insolvenz**[1319] ist ein Insolvenzgläubiger nicht dadurch bereichert, dass die Anmeldung eines anderen versehentlich nicht berücksichtigt wird[1320]. Das vom Insolvenzverwalter dem letzten Hypothekengläubiger überlassene, von der Zwangsversteigerung ausgeschlossene Zubehör kann nicht herausgegeben verlangt werden[1321]. Irrtum des Insolvenzverwalters über die Eintragung in die Tabelle, die zur Tilgung als Masseschuld führt, begründet einen Bereicherungsanspruch[1322]; ebenso ein Irrtum über die Möglichkeit, alle Massegläubiger zu befriedigen[1323]. Anzahlungen vor Insolvenzeröffnung können vom Insolvenzverwalter bei Ablehnung der Erfüllung gem InsO § 103[1324] zurückverlangt werden, soweit ein Anspruch nicht wegen des Schadensersatzanspruchs

1303 Hamburg HansRGZ 1940 B 163.
1304 RG PucheltsZ 1905, 440.
1305 Stuttgart Recht 1909 Nr 667.
1306 RG SeuffA 70 Nr 206; WarnR 1915 Nr 106.
1307 BGH NJW 1977, 48 = LM Nr 2 zu ZPO § 868; zur Bedeutung von ZPO § 868 s auch RGZ 78, 398.
1308 RGZ 163, 289; RG SeuffA 88 Nr 140; BGH LM Nr 10 zu ZPO § 322 = NJW 1953, 745.
1309 KG OLG 18, 55; Celle OLG 17, 57.
1310 LG Koblenz NJW 1963, 254; s zu § 927 auch RGZ 76, 357.
1311 BGHZ 82, 299 = NJW 1982, 1154.
1312 S Vogel GoldtArch 1958, 33; ferner § 985 Rz 16.
1313 RG HansGZ 1905 B 99.
1314 RG SeuffA 79 Nr 227.
1315 BGH NJW 1984, 126 = WM 1983, 658. Vgl auch BGHZ 83, 278, 280: Neue Tatsachen.
1316 RG JW 1928, 712 (mzustAnm Philipp S 1055); BGH NJW 1984, 2095.
1317 Vgl § 826 Rz 229 ff.
1318 Düsseldorf NJW 1985, 153.
1319 Vgl Staud/Lorenz Rz 49 ff vor §§ 812 ff.
1320 Stuttgart OLG 11, 366.
1321 Braunschweig OLG 14, 333.
1322 RGZ 60, 419.
1323 RGZ 61, 259.
1324 RGZ 135, 167; BGHZ 15, 333.

des Vertragsgegners entfällt[1325]. Zur Ausschlussfrist im Verteilungsverfahren s InsO § 189 und im Einwendungsverfahren InsO § 194. Wird die vom Insolvenzverwalter anerkannte Forderung irrtümlich nicht in das Schlussverzeichnis aufgenommen und werden im Schlusstermin keine Einwendungen erhoben, so kann der Betrag, den die anderen Insolvenzgläubiger mehr erhalten haben, von diesen nicht herausgegeben verlangt werden[1326].

6. **Rangverhältnis gem § 879**. Kein Bereicherungsanspruch besteht, wenn jemand zu Unrecht **220**
(Verstoß gegen GBO §§ 17, 45) im Grundbuch eingetragen wird, selbst wenn er wusste, dass die andere Eintragungsbewilligung früher eingegangen war, oder wenn jemand infolge irrtümlicher Löschung der vorhergehenden Hypothek mit seinem Pfandrecht aufrückt oder bevorzugt befriedigt wird[1327]. Ist die Irrtumsanfechtung der Bewilligung der Löschung einer durch Zahlung Eigentümerhypothek gewordenen Hypothek durch den Eigentümer unbegründet, so hat dieser auch keinen Bereicherungsanspruch gegen den aufrückenden Hypothekengläubiger[1328].

7. Ob die **Ersitzung** dem Geschädigten einen Anspruch aus ungerechtfertigter Bereicherung **221**
gewährt, richtet sich danach, ob der anfängliche Besitzerwerb einen solchen Anspruch gewährt hätte[1329].

Der **Erwerb von Früchten** durch den redlichen Besitzer gem § 955 ist endgültig. Ein Bereicherungsanspruch ist daher nicht gegeben[1330].

Der **Erwerb einer Eigentümergrundschuld** gem § 1163 Abs 1 stellt lediglich den sachenrechtlichen Übergang der Grundschuld dar, besagt aber nichts für die Frage des endgültigen Erwerbs[1331].

8. Die **Verteilung des Vereinsvermögens** bei ordnungsmäßiger Liquidation begründet nach **222**
Ablauf des Sperrjahres für unbekannte Gläubiger, die sich verspätet melden, keinen Bereicherungsanspruch[1332]. Dasselbe gilt gem AktG § 272, GmbHG § 73, GenG § 90. GenG § 90 enthält einen gesetzlich anerkannten Rechtsgrund für den Empfang von Ausschüttungen; die Unkenntnis von Forderungen kann die Verteilung des Vermögens einer aufgelösten Genossenschaft in der Regel weder aufhalten noch hindern[1333].

G. Inhalt des Bereicherungsanspruchs

ÜBERSICHT

1325 Zum Anspruch auf Rückzahlung des vorausgezahlten Mietzinses bei einer Kündigung gem InsO § 109 Abs 1 vgl BGH LM Nr 34 zu § 812 = NJW 1958, 1582; LM Nr 8 zu § 818 Abs 2 = NJW 1959, 872.

1326 BGHZ 91, 198 = NJW 1984, 2154; im Ergebnis zust Weber JZ 1984, 1025 (Anm).

1327 RGZ 57, 277; 73, 173; BGHZ 21, 98.

1328 RGZ 88, 276. Vgl die Nachweise zu der sehr streitigen Frage in § 879 Rz 9 ff, wie hier Baur/Stürner, SachenR § 17 B I 2, Rz 16 ff.

1329 Str; RGZ 130, 69; Oertmann Recht 1910, 585; DJZ 1931, 1478; Enn/Lehmann § 222 III 1; Enn/Wolff/Raiser § 71 IV; Larenz, SchuldR II § 62 I b; v Caemmerer, Festschr für Boehmer S 152; ders, Festschr für Rabel I S 364; aM Haymann JW 1931, 1030; Mügel JW 1933, 1230; s § 937 Rz 7.

1330 Ebenso v Caemmerer, GesSchriften I S 364. Vgl § 955 Rz 2.

1331 BGH LM Nr 25 zu § 812.

1332 RGZ 124, 220 für die GmbH gegen RGZ 92, 77; vgl auch § 51 Rz 4.

1333 Vgl BGHZ 43, 51 = LM Nr 1 zu GenG § 90 (mAnm Fischer).

I. Allgemeines

223 1. Zur Herausgabe ist unter den in § 812 aufgeführten Voraussetzungen verpflichtet, wer **etwas erlangt** hat. Der Begriff des Erlangten wird auch in den §§ 816, 817, 822 verwandt. Jedoch hat sich das Verständnis dieses Begriffes gegenüber der Entstehungsgeschichte und der dadurch beeinflussten herrschenden Meinung in der Rechtsprechung später im Schrifttum teilweise gewandelt[1334]. Nach der bisher herrschenden Meinung auch in der Rechtsprechung des RG und des BGH kommt es auf eine **abstrakte Vermögensrechnung** an. Nach der vom RG begründeten Rechtsprechung waren bei der Prüfung, ob der Bereicherte etwas erlangt hat, die Gesamtheit des Erlangten einerseits und die dafür gegebenen Werte sowie die darauf ruhenden Lasten andererseits zu berücksichtigen[1335]. Die Gegenmeinung, die in erster Linie auf das konkret Erlangte abstellt, wurde durch *Wilburg* und *v Caemmerer* begründet. So lassen sich eine auf die reine Vermögensorientierung abstellende Ansicht[1336] und die Auffassung, die auf die Gegenstandsorientierung abstellt[1337], unterscheiden[1338]. Die Ausführungen des BGH[1339], wonach der Zuweisungsgehalt der Rechtsposition bei der Eingriffskondiktion das bei der Leistungskondiktion bestehende Erfordernis ersetzt, dass das Erlangte aus einer Leistung des Bereicherungsgläubigers stammen müsse[1340], lassen möglicherweise erkennen, dass der BGH bisweilen von der gegenstandsorientierten Auffassung ausgeht[1341]. Über die Folgerungen, die sich aus dieser Auffassung für die systematische Einordnung des **§ 818 Abs 3** ergeben, vgl § 818 Rz 52.

224 2. – a) Zum **wirtschaftlichen Bereicherungsbegriff** und zur vereinzelt vom BGH[1342] vertretenen Ansicht, dass eine schriftliche Ehrenerklärung, weil sie keinen Vermögenswert habe, nicht Gegenstand eines Bereicherungsanspruchs sein könne, vgl § 818 Rz 4.

b) Eine **Vorteilsausgleichung** findet **nicht** statt. Im Unterschied zum Schadensersatzrecht ist der Bereicherungsanspruch nur auf den Ausgleich einer ungerechtfertigten Vermögensmehrung, nicht einer Beeinträchtigung der Integrität des betroffenen Rechtsgutes gerichtet[1343]. Auch der Bereicherungsanspruch aufgrund eines Eingriffserwerbs[1344] ist kein Schadensersatz-, sondern ein Rechtsfortwirkungsanspruch[1345]. Daher scheidet eine Vorteilsausgleichung auch aus, wenn bei Verwertung eines fremden Immaterialgüterrechts eine erhebliche Absatzsteigerung eintritt[1346]. Demgegenüber ist eine **Nachteilsanrechnung** zu vollziehen, wenn man der Ansicht von der Vermögensorientierung[1347] folgt.

1334 Vgl auch dazu § 818 Rz 1, 4 mNachw; ferner Flessner, Wegfall der Bereicherung S 4 ff.

1335 RGZ 54, 137, 141 f; 60, 284; 170, 65; RG Gruch 53 (1909), 998, 1001; BGHZ 1, 75, 81; BGHZ 26, 349, 353 f; BGH LM Nr 6 zu § 818 Abs 3; weitNachw bei Flessner, Wegfall der Bereicherung S 12.

1336 Flume, Festschr für Niedermeyer S 103 ff, 147, auch NJW 1970, 1161; Jakobs, Eingriffserwerb S 61 ff; Wilhelm, Rechtsverletzung S 62 ff; zuletzt eindringlich Flume, 50 Jahre BGH, Festg aus der Wissenschaft, 2000, Bd I, S 525, 528 ff; Nobbe, Festschr für Hadding, 2004, S 1007, 1014. Vgl auch § 818 Rz 3 f u Fn 26.

1337 So außer Wilbug, v Caemmerer, auch Larenz/Canaris, SchuldR II/2 § 71 I 1.

1338 Vgl die Gegenüberstellung bei Reuter/Martinek, HBSchulR Bd 4, § 14 I 2.

1339 BGHZ 82, 299, 306 = NJW 1982, 1154; BGH NJW-RR 1986, 155.

1340 Vgl oben Rz 24.

1341 Nach Reuter/Martinek, HBSchuldR Bd 4, § 14 I 2: „Mischtheorie".

1342 NJW 1952, 417.

1343 HM; vgl Wilburg, Die Lehre von der ungerechtfertigten Bereicherung S 136; v Caemmerer, GesSchriften I S 354; aM Heck, SchuldR § 141, 5.

1344 Vgl oben Rz 141 ff.

1345 Vgl Wilburg, Die Lehre von der ungerechtfertigten Bereicherung S 49.

1346 Vgl zu dem von E Ulmer gebildeten Beispiel v Caemmerer, GesSchriften I S 354. Vgl zur Frage einer Differenzierung auch oben Rz 151 ff, sowie den Hinweis von Wilburg (AcP 163 [1963], 347, 350), dass Gewinnanteil und angemessenes Entgelt keinen inneren Gegensatz bilden.

1347 Vgl Fn 1336; Hadding, Bereicherungsausgleich beim Vertrag zu Rechten Dritter, 1970, S 81 ff.

c) **Leistungsort**[1348] ist der Wohnsitz des Schuldners[1349]. Waren, die aufgrund eines nichtigen Vertrages geliefert worden sind, sind in der Regel dort herauszugeben, wo sie sich befinden[1350]. Der **Gerichtsstand** des ZPO § 29 gilt nicht für die Bereicherungsklage[1351].

d) Die **Verzinsung** eines Bereicherungsanspruchs unter Kaufleuten erfolgt nicht nach HGB §§ 352, 353, weil für diesen Anspruch nicht das beiderseitige Handelsgeschäft den Rechtsgrund bildet[1352].

e) Über das für Bereicherungsansprüche **maßgebende Recht** vgl EGBGB Art 38 Anh I Rz 24–58 mzahlrNachw.

f) **Verjährung**. Der Bereicherungsanspruch verjährte bisher in 30 Jahren, auch wenn für das die Bereicherung begründende Geschäft eine kürzere Verjährung gilt[1353]; ab 1. 1. 2002 beträgt die Verjährungsfrist grundsätzlich drei Jahre (§§ 195, 199 Abs 1, Abs 4). Die Verjährungsfrist wird nicht dadurch berührt, dass der Bereicherungsanspruch tatbestandsmäßig mit einem Anspruch aus unerlaubter Handlung[1354] oder mit einem Anspruch aus GmbHG § 31 Abs 1 zusammenfällt[1355]. Tritt der Bereicherungsanspruch jedoch an die Stelle eines Anspruchs, der sich aus einem Geschäft des täglichen Lebens, zB aus Lieferung oder Arbeitsleistung, ergibt, so greift eine gegebenenfalls für diesen Anspruch bestehende **kürzere Verjährung** Platz[1356]. Der Beginn der Verjährungsfrist richtet sich nach den §§ 199 ff. Kürzere Verjährungsfristen sind in bestimmten Sonderfällen festgelegt (vgl zB § 1302). Die Verjährungsfrist des VVG § 12 gilt nicht für den Bereicherungsanspruch[1357]. Bereicherungsansprüche des Mieters wegen Aufbauleistungen unterliegen nicht der Verjährung gem § 558 aF[1358].

g) **Treu und Glauben**; **insbesondere Verwirkung**. Die Bereicherungsansprüche unterliegen allgemein dem Grundsatz von Treu und Glauben[1359] und insbesondere auch der Verwirkung, zB bei verzögerter Geltendmachung[1360]. Von Bedeutung für Bereicherungsansprüche bei formwidrig abgeschlossenen Verträgen sind die Grundsätze, die für die **Unzulässigkeit einer Berufung auf Nichtigkeit wegen Formmangels** gelten[1361]. **225**

II. Einzelfragen

1. Die folgenden Hinweise auf einzelne Fallgruppen dienen nur dem Überblick und bedürfen der Ergänzung durch die Berücksichtigung der Erl zu § 818. Ferner bedarf der **Unterschied** zwischen der **Leistungskondiktion**, die der Rückabwicklung dient[1362], sowie der **Eingriffskondiktion**, die zusammen mit anderen Vorschriften den Güterschutz bezweckt[1363], der Beachtung. Zum unterschiedlichen Inhalt der beiden Kondiktionen vgl *König*, BJM Gutachten S 1513 u 1550; ferner *Reuter/Martinek*, HBSchuldR Bd 4, § 14 II 1. Zur Haftung mehrerer Empfänger vgl oben Rz 24 sowie § 818 Rz 9 u 10 mNachw. **226**

2. Ist das **Leistungsgeschäft** eine schuldrechtliche Verfügung und ist diese wegen der Nichtigkeit des Grundgeschäfts **wirkungslos**, so besteht zu einer Ausgleichung kein Anlass, weil in diesem Falle keine Vermögensmehrung erfolgt ist. Insbesondere verbleibt bei einem beab- **227**

1348 Vgl § 269 Rz 2.
1349 RGZ 49, 421; vgl auch RGZ 74, 171.
1350 So RGZ 96, 345; näher dazu Döhmel, Der Leistungsort bei Rückabwicklung von Verträgen, 1997, S 173 ff: Grundsätzlich Wohnsitz oder Ort der gewerblichen Niederlassung des Schuldners.
1351 RG BayZ 1906, 15.
1352 RGZ 96, 53; RG DR 1941, 1294.
1353 RGZ 86, 96; 162, 218; BGHZ 32, 13.
1354 RG DJ 1938, 1598.
1355 RGZ 168, 292.
1356 RGZ 86, 96; BGHZ 72, 229, 234; vgl § 195 Rz 7; 196 Rz 3; Soergel[13] § 195 Rz 45 f.
1357 Vgl § 195 Rz 7; Soergel[13] § 195 Rz 49.
1358 S § 558 Rz 10 mNachw.
1359 S BGHZ 14, 7; BGH LM Nr 22 zu § 123 = MDR 1960, 920.
1360 RGZ 159, 99, 104; vgl allgemein zur Verwirkung Erl zu § 242.
1361 Vgl § 125 Rz 35.
1362 S oben Rz 2 ff, 6.
1363 S oben Rz 142.

sichtigten, aber **rechtsunwirksamen Erlass** einer Forderung die zu erlassende Forderung im Vermögen desjenigen, der den Erlass erklärt[1364]. Bei Bereicherungsansprüchen infolge **sittenwidriger Knebelungsverträge** können für den Saldo alte Verluste des sittenwidrig Gesicherten aus der jahrelangen Geschäftsverbindung nicht einbezogen werden[1365]. Auf **Pachtzahlungen** des Pächters aus nichtigem Pachtvertrag sind die von ihm gezogenen Nutzungen, verringert um die Unkosten, die dem Verpächter bei eigener Nutzung entstanden wären, anzurechnen[1366]. Auch bei **Rückgewähr eines Grundstücks** und der Gegenleistung im Falle der Nichtigkeit des Vertrages sind Vorteile und Nachteile gegeneinander abzuwägen[1367]. Bei **Nichtigkeit eines beiderseits erfüllten Kaufvertrages** besteht, wenn der Käufer die Ware versteigert hatte, die Bereicherung des Verkäufers in dem Überschuss des Kaufpreises über den vom Käufer erzielten Reinerlös[1368]. Ist ein unwirksam vereinbartes Erfolgshonorar an einen Rechtsanwalt gezahlt worden, kann nur der die gesetzlichen Gebühren übersteigende Betrag zurückgefordert werden[1369]. Bei einem **nichtigen Darlehen** sind gezahlte Zinsen nicht auf den Bereicherungsanspruch anzurechnen[1370].

228 3. Die **Erlangung vorteilhafter Rechtsstellungen** ist, auch wenn damit noch kein Rechtserwerb verbunden ist, ein Vermögensvorteil im Sinne des § 812[1371]. Die Kondiktion setzt den bereits erfolgten Eintritt einer Rechtsänderung nicht unbedingt voraus[1372]; ein solcher Vermögensvorteil ist die Erlangung einer Rechtsstellung, die die Verfügung über ein Grundstück gestattet[1373]. Hat ein Drittschuldner **zugunsten mehrerer Gläubiger hinterlegt**, so ist auch der Gläubiger, der in Wahrheit keine Forderung gegen den hinterlegenden Drittschuldner hat und sich einer solchen auch nie gerühmt hat, dem berechtigten Gläubiger gegenüber zur Einwilligung in die **Auszahlung** aus dem Gesichtspunkt der ungerechtfertigten Bereicherung **verpflichtet**[1374]. Ein Bereicherungsanspruch besteht auch, wenn wegen angeblicher Unrichtigkeit des Grundbuchs und eines deshalb bestehenden Berichtigungsanspruchs einem im Range nachstehenden Grundstücksrecht der Vorrang vor einer Vormerkung eingeräumt worden ist[1375]. Kondizierbar sind ferner irrtümliche Freigabe eines Gegenstandes durch Wiederherstellung des Verwaltungsrechts des Testamentsvollstreckers[1376], eine Genehmigung durch Widerruf[1377], auch der Verzicht auf die Schankerlaubnis zugunsten des anderen[1378], eine Entlastungserklärung zugunsten eines Vorstands[1379]. Zur Beurteilung formnichtiger Grundstückskaufverträge s oben Rz 185.

229 4. Bei **Kondiktion einer Auflassung** vor Eigentumseintragung[1380] kann nicht Rückauflassung, sondern nur Abgabe einer Erklärung, durch welche die erklärte Einigung über den Eigentumsübergang rückgängig gemacht wird, verlangt werden[1381]; bei **nichtiger Auflassung** kann der Veräußerer vom eingetragenen Erwerber Wiederverschaffung des buchmäßigen Eigentums und Einwilligung in die Grundbuchberichtigung verlangen[1382]. In der **Verurteilung zur Rückauflassung** liegt die Zuerkennung des Kondiktionsanspruchs[1383]. Dabei ist unerheblich, ob der Veräußerer seinerseits zu Unrecht oder zu Recht seine frühere Buchstellung erworben hat[1384]. Dass ein Grundstück, welches aufgrund eines nichtigen Vertrages veräußert ist, als Kirchhof benutzt worden ist, steht zwar der Herausgabe, nicht aber dem Anspruch auf Rückauflassung entgegen[1385]. Zur

1364 RG DR 1941, 1726.
1365 RGZ 139, 208 = JW 1933, 1112 (mteilwkrit Anm Oertmann).
1366 RGZ 141, 310 = JW 1933, 2122 (mzustAnm Legart). Vgl auch § 818 Rz 73.
1367 RG WarnR 1922 Nr 122.
1368 RGZ 94, 253. Vgl dazu § 818 Rz 81 ff.
1369 BGH WM 2004, 478.
1370 RG WarnR 1933 Nr 39.
1371 Vgl auch oben Rz 6, 144 f, 185.
1372 RGZ 108, 329; 171, 83; vgl auch RG Recht 1924 Nr 818 = LZ 1924, 292.
1373 RGZ 119, 332; RG JW 1926, 2571 (mkritAnm Hoeniger JW 1928, 2442); vgl aber Hamburg HansGZ 1926 B 30.
1374 BGH WM 1980, 1389; s auch oben Rz 6; KG JW 1938, 2812.
1375 RGZ 146, 355, 360.
1376 S Rz 178.
1377 RGZ 110, 214.
1378 RG Recht 1907 Nr 278 = Gruchot 51, 972; vgl aber auch Stuttgart JW 1933, 2530.
1379 S dazu § 27 Rz 24.
1380 Vgl dazu oben Rz 185.
1381 RGZ 108, 329; 111, 98.
1382 RGZ 112, 260; 119, 332; 137, 324; RG LZ 1924, 292; HRR 1928 Nr 2174.
1383 Vgl KG JW 1931, 3287.
1384 RG HRR 1928 Nr 1100; ähnlich RG JW 1931, 2723.
1385 RG Recht 1913 Nr 1450.

Herausgabe eines Erbteils gehört auch die Mitwirkung, dass der Kläger im Grundbuch als Miteigentümer zu seinem Anteil wieder eingetragen werde[1386].

5. Ein **Leistungsversprechen** kann nur zurückgefordert werden, wenn es das Schuldverhältnis 230
selbständig begründet[1387]. Dann kann seine Aufhebung gefordert und Erfüllung verweigert werden[1388]. Bei grundloser Hingabe von **Wertpapieren** zum Kurswert kann statt Rückgabe der Papiere Zahlung des entsprechenden Barbetrages nebst Zinsen verlangt werden[1389]. Eine in **fremder Valuta** erlangte Bereicherung ist in dieser Währung herauszugeben mit dem Wahlrecht des Schuldners nach § 244[1390]. Bei Verletzung eines **Urheberrechts** besteht die Bereicherung in dem Betrag, den der Erwerb des Rechts gekostet hätte[1391].

6. **Aufhebung einer Schuld** oder **Befreiung** von ihr ist ebenfalls Bereicherung[1392], ebenso Be- 231
freiung von einer Bürgschaft[1393]. An Stelle der inzwischen **gelöschten**, früher dem Beklagten übertragenen **Hypothek** kann Bestellung einer neuen Hypothek verlangt werden[1394]. Bei Bereicherung durch **Schuldbefreiung** ist eine neue, gleich hohe Schuld zu begründen, und falls sie dinglich gesichert war, wieder ebenso zu sichern[1395].

7. Der Verkäufer eines **Schecks**, der von ihm ausgestellt ist, haftet nicht aus ungerechtfertigter 232
Bereicherung, solange der Scheck noch im Umlauf ist und die Möglichkeit besteht, dass aus dem Scheck Regressansprüche gegen ihn geltend gemacht werden[1396]. Bei einer **Giroüberweisung** besteht die Vermögensmehrung zunächst nur in dem durch die Gutschrift entstandenen Guthaben[1397].

8. Die Frage, ob auch der **Besitz** Gegenstand einer Kondiktion sein kann, wird von der herr- 233
schenden Meinung uneingeschränkt bejaht[1398]. Zwischen Leistungs- und Eingriffskondiktion muss auch hier unterschieden werden[1399]. Für den Bereich der **Leistungskondiktion** ist die Kondiktion des Besitzes zu bejahen. Dabei bedarf es stets der Prüfung, ob der Besitz von dem früheren Besitzer unmittelbar erlangt ist. Dies ist in dem Streit um die ausschließliche Anwendung der §§ 987 ff von Bedeutung[1400]. Bei der **Eingriffskondiktion** muss die Zulässigkeit der Besitzkondiktion verneint werden, soweit sie zu einer Ausweitung des Besitzschutzes führen würde[1401]. Der bloße Besitz eines Schuldscheines ist nur ausnahmsweise eine Bereicherung[1402]; ebenso der Empfang einer Quittung nur, wenn sie rechtsgeschäftlichen Charakter hat[1403]; wohl aber stets der Empfang einer Anweisung oder eines Schecks[1404]. Dem Kläger, der den Besitz kondiziert, steht nicht deshalb, weil für ihn die Voraussetzungen einer Kondiktion der Auflassungserklärung gegeben sind[1405], der Einwand der Arglist zu[1406]. Gegen den mittelbaren Besitzer kann der den Besitz betreffende Bereicherungsanspruch nur gem § 870 auf Abtretung des gegen den unmittelbaren Besitzer zustehenden Herausgabeanspruches gerichtet werden[1407]; der beim Verkauf erzielte Erlös ist nicht Surrogat des mittelbaren Besitzes, sondern des Rechtes am Wertpapier[1408].

1386 RGZ 137, 171.
1387 Vgl oben Rz 7 ff.
1388 RG HRR 1929 Nr 297.
1389 RG LZ 1919, 245 = WarnR 1918 Nr 182.
1390 RG Recht 1924 Nr 817.
1391 KG GRUR 1929, 124; s auch Rz 151 ff.
1392 RG JW 1903 Beil 8; 1909, 137; 1915, 325; LZ 1925, 712; auch RG BayZ 1930, 374.
1393 S Rz 10 zu RGZ 118, 358; aM Zweibrücken Recht 1912 Nr 2938.
1394 RG Recht 1912 Nr 997.
1395 München OLG 25, 34.
1396 RGZ 112, 46.
1397 OGHZ 4, 81.
1398 Vgl RGZ 98, 131; 129, 307; RG Recht 1918 Nr 230; Hamburg OLG 14, 32; Braunschweig OLG 14, 33. Enn/Lehmann § 221 I 2.
1399 S Wilburg, Die Lehre von der ungerechtfertigten Bereicherung S 37, 50; v Caemmerer, GesSchriften I S 349, Baur/Stürner, SachenR, 1999[17], § 9 V 2.
1400 Vgl Blumberger DGWR 1941, 76; Westermann/Pinger, SachenR Bd I, 1990[6], § 31 III 1; zur ausschließlichen Anwendung der §§ 987 ff vgl Rz 14 ff vor § 987.
1401 S dazu oben Rz 147.
1402 Hedemann JherJb 48 (1904), 63.
1403 Breslau BreslauAK 1908, 42.
1404 Ebbecke Recht 1912, 749.
1405 Vgl oben Rz 229.
1406 RG JW 1925, 2238.
1407 RGZ 98, 131; dieser Ansicht kann aus den für den Anspruch aus § 985 geltenden Gründen nicht gefolgt werden; vgl § 985 Rz 13.
1408 RGZ 98, 131.

234 9. Über den Anspruch auf Ersatz von **Aufwendungen**, s § 818 Rz 17. Zur aufgedrängten Bereicherung vgl oben Rz 169, zur **Verwendung fremder Arbeitskraft** oben Rz 168. Zum Umfang des Bereicherungsanspruchs aus § 951 bei **Bauten auf fremdem Grundstück** vgl oben Rz 206 und § 951 Rz 16 und bei der **Verletzung von Immaterialgüterrechten** oben Rz 151 ff.

H. Beweislast

ÜBERSICHT

I. Allgemeines

235 1. Der Kläger hat die **Voraussetzungen des Bereicherungsanspruchs** zu beweisen. Es kommt somit darauf an, welchen Bereicherungsanspruch der Kläger im einzelnen Fall geltend macht. Beim Rückforderungsanspruch wegen **Leistung einer Nichtschuld** gem § 812 Abs 1 Satz 1 Fall 1[1409] hat der Kläger zu beweisen, er habe zur Erfüllung einer Verbindlichkeit geleistet und diese Verbindlichkeit bestehe nicht[1410]. Vgl auch unten Rz 237 zur Beweislast bei Zahlung einer Nichtschuld und Rz 238 zum Fehlen des rechtlichen Grundes. Wurde der vom Konto des Bereicherungsgläubigers abgebuchte Wechselbetrag einem Konto gutgeschrieben, das zur Zeit der Gutschrift auf den Namen des Bereicherungsschuldners lautete, so braucht der Gläubiger den Beweis, dass der Schuldner durch seine Leistung etwas erlangt hat, nicht zu erbringen. Aufgrund des Rechtsscheins, der durch ein auf einen bestimmten Namen eröffnetes Konto erzeugt wird, ist grundsätzlich davon auszugehen, dass derjenige, unter dessen Namen das Konto eingerichtet wurde und geführt wird, über das Kontoguthaben zu verfügen berechtigt ist. Dies gilt auch für den Fall des Strohmanns oder Treuhänders; für atypische Umstände, die ausschließlich im Verantwortungsbereich des Kontoinhabers liegen, trifft diesen die Beweislast[1411]. Handelt es sich um den Bereicherungsanspruch wegen **Nichteintritts des bezweckten Erfolges** gem § 812 Abs 1 Satz 2 Fall 2[1412], so muss der Gläubiger den Nichteintritt des Erfolgs beweisen[1413]. Da den Gläubiger auch die Beweislast für das Fehlen des rechtlichen Grundes trifft, muss er uU etwas **Negatives** beweisen nämlich, dass der Rechtsgrund nicht entstanden ist oder wieder weggefallen ist[1414].

236 2. Im Falle des **§ 814** hat der Empfänger zu beweisen, dass der Leistende das Nichtbestehen der Schuld gekannt hat[1415]. Nicht unter § 814 fällt eine Leistung, die zwar in Kenntnis der Nichtschuld, aber in der Erwartung erbracht wird, dass eine wirksame Verpflichtung später entsteht[1416].

II. Beweislast bei Zahlung einer Nichtschuld; Anerkenntnis

237 Bei Rückforderung der Zahlung einer Nichtschuld hat der Kläger zu beweisen, dass die zu erfüllende Verbindlichkeit nicht besteht[1417]; ebenso bei Rückforderung eines Schuldanerkenntnisses[1418]. Es bedarf einer eingehenden Darlegung bestimmter Tatsachen, welche den Schluss recht-

1409 S oben Rz 175 f.
1410 RGZ 133, 275; BGH NJW 1983, 1905.
1411 BGH NJW 1983, 626.
1412 S oben Rz 194.
1413 RG HRR 1931 Nr 1752.
1414 S Rz 238.
1415 Wacke AcP 191 (1991), 1, 8.
1416 Vgl § 814 Rz 9.
1417 RGZ 60, 419; 132, 386; auch RG JW 1908, 31; 1929, 33; WarnR 1917 Nr 221; RAG ArbRspr 1929, 279.
1418 RG WarnR 1930 Nr 205.

fertigen, dass die Schuld zur Zeit der Leistung nicht bestand[1419]. Die bloße Behauptung, einen Vermögenswert hingegeben zu haben, genügt nicht; Darlegung und Beweis des Bestimmungsgrundes für die Hingabe ist erforderlich[1420]. Gegenüber dem **Anerkenntnis einer Saldoschuld** aus einer Bilanz genügt nicht der Nachweis, dass die Bücher, aufgrund deren die Bilanz gezogen ist, unrichtig geführt seien, das Nichtbestehen des Schuldgrundverhältnisses ist nachzuweisen[1421]. Ebensowenig genügt Anfechtung des Anerkenntnisses eines Anspruchs aus unerlaubter Handlung, wenn nicht auch bewiesen wird, dass dieser Anspruch selbst in Höhe der gezahlten Beträge nicht bestanden hat[1422]. Nachweis des Irrtums ist nicht erforderlich[1423], ebenso bei einer Klage aus einem wegen Formmangels nichtigen Verkauf[1424], auch nicht bei Rückforderung eines Anerkenntnisses[1425]. Wer die Rückgabe eines **Schuldscheins** verlangt, muss beweisen, dass kein Darlehen gegeben ist, dass er auch aus einer behaupteten Schuldübernahme nichts schuldig geworden ist[1426].

III. Beweislast zum Fehlen des rechtlichen Grundes

Der Kläger, der vom befriedigten Hypothekengläubiger einen Betrag herausverlangt, muss beweisen, dass der Hypothek **kein** persönliches **Schuldverhältnis** zugrunde lag[1427], ebenso der Schuldner, der die Löschung verlangt, dass weder Darlehen noch ein anderes Schuldverhältnis der Hypothek zugrunde lag[1428]. Der Kläger, der die Auflassung wegen verspäteter Annahme des Verkaufsantrags kondiziert, hat nur die verspätete Annahme zu beweisen; der Beklagte ist dann beweispflichtig, dass der Kläger aus einem neuen Vertrag zur Auflassung verpflichtet sei[1429]. Wer aus einem Wechsel verklagt ist, muss beweisen, dass er den Wechsel dem Kläger ohne Rechtsgrund gegeben hat[1430]. Der Kläger muss die Wiederaufhebung des Geschäfts dartun, anders, falls aufgrund des Geschäfts selbst zurückgefordert wird, dann muss der Beklagte den Grund zum Behalten beweisen[1431]. Auch bei der **Vorbehaltszahlung** muss der Zahlende beweisen, dass der Gegner die Zahlung ohne Rechtsgrund erlangt hat[1432]. Es **genügt**, dass der Kläger beweist, dass **die vom Gegner behaupteten Rechtsgründe nicht bestehen**[1433]; dieser Beweis ist aber neben dem Beweis der Vermögensverschiebung ohne Rechtsgrund erforderlich[1434]. Es besteht bei der Leistungskondiktion eine sekundäre Darlegungslast des Bereicherungsschuldners hinsichtlich des rechtlichen Grundes[1435]; ebenso wenn er sich gegenüber einer Nichtleistungskondiktion auf eine Schenkung beruft[1436]. Ist bei einem **Wechselanspruch** nach Behauptung des Klägers an die Stelle des ursprünglichen Kausalgeschäfts ein anderes gesetzt worden, so wird der frühere Begebungsvertrag nunmehr auf den neuen Rechtsgrund bezogen, in dem das Innehaben des Wechsels seine Rechtfertigung findet. Der Wechselschuldner muss beweisen, dass auch der neue Rechtsgrund nicht mehr besteht[1437]. Der Anspruch aus dem Wechsel besteht so lange als abstrakter, bis ihm die Grundlage entzogen ist[1438]. Der Beklagte kann auch den vom Kläger geltend gemachten Rechtsgrund für die Vornahme der Leistung widerlegen[1439]. Beim Vergleichsanerkenntnis muss der Kläger die Unwirksamkeit des Vergleichs nach den §§ 779 oder 119, 123 beweisen[1440]. Wer von einem **Sparkassenbuch** eines anderen, das sich in seinem Besitz befindet, Beträge abhebt, muss beweisen, dass er dazu einen Rechtsgrund hatte (RG JW 1913, 30). 238

1419 Hamm Recht 1907 Nr 33.
1420 BayObLGZ 1915, 448.
1421 RG LZ 1916, 1556.
1422 Kiel SeuffA 71 Nr 249.
1423 RGZ 90, 314; RG JW 1905, 389; 1906, 351; Recht 1909 Nr 2248.
1424 RG HoldhMSchr 1906, 17.
1425 RG Recht 1913 Nr 2289.
1426 RG JW 1909, 415.
1427 RGZ 49, 300.
1428 RGZ 57, 320.
1429 RG HRR 1927 Nr 1390.
1430 RG HRR 1932 Nr 117.
1431 V Mayr, Der Bereicherungsanspruch S 367.
1432 Dresden SeuffA 66 Nr 207.
1433 RG Recht 1911 Nr 3077; WarnR 1917 Nr 221.
1434 BGH WM 2004, 225, 226.
1435 RG JW 1926, 2843 (mzustAnm Endemann u kritAnm Becker JW 1927, 983).
1436 BGH WM 2007, 462 = WuB IV A. § 812 BGB 3.07 (Hadding); BGH NJW 1999, 2887 = WM 1999, 2175; BGH ZEV 2003, 207.
1437 RGZ 124, 65.
1438 RG HRR 1932 Nr 117.
1439 RG SoergRspr 1921 § 821 Nr 18.
1440 RG SoergRspr 1908 zu § 812 Nr 19.

IV. Wegfall der Bereicherung

239 Beweispflichtig für den Wegfall gem § 818 Abs 3 ist derjenige, der sich darauf beruft[1441]. Den Einwand, dass er durch die ohne Rechtsgrund erlangten Sachen nicht bereichert sei, hat der Empfänger zu beweisen[1442].

§ 813 Erfüllung trotz Einrede

(1) **Das zum Zweck der Erfüllung einer Verbindlichkeit Geleistete kann auch dann zurückgefordert werden, wenn dem Anspruch eine Einrede entgegenstand, durch welche die Geltendmachung des Anspruchs dauernd ausgeschlossen wurde. Die Vorschrift des § 214 Abs. 2 bleibt unberührt.**

(2) **Wird eine betagte Verbindlichkeit vorzeitig erfüllt, so ist die Rückforderung ausgeschlossen; die Erstattung von Zwischenzinsen kann nicht verlangt werden.**

1 1. **Allgemeines**. § 813 ergänzt die Regelung des Bereicherungsanspruchs wegen Leistung auf eine Nichtschuld (condictio indebiti) in § 812 Abs 1 Satz 1 Fall 1[1]. Der Leistung auf eine Nichtschuld wird in § 813 der Fall gleichgestellt, dass der Anspruch zwar besteht, seine Geltendmachung jedoch durch eine dauernd bestehende (peremptorische) Einrede ausgeschlossen ist. Das Rückforderungsrecht wird also über den Bereich der Leistung auf eine Nichtschuld hinaus erweitert. § 813 Abs 1 Satz 1 bezieht sich nur auf die Leistungskondiktion, und zwar auf die **Leistung auf eine Nichtschuld**, nicht aber auf andere Untergruppen der Leistungskondiktion[2]. § 813 Abs 1 Satz 2 betrifft die Einrede der Verjährung, die gleichfalls eine peremptorische Einrede ist, und stellt klar, dass dem § 214 Abs 2 der Vorrang zukommt. Nach Absatz 2 ist der Bereicherungsanspruch bei einer noch nicht fälligen, aber erfüllten Verbindlichkeit ausgeschlossen[3]. Über die Erfüllung bedingter Verbindlichkeiten vgl unten Rz 14. Aus der Regelung in **§ 814** ergibt sich, dass auch die Erweiterung der condictio indebiti in § 813 der Einschränkung durch § 814 unterliegt. In den beiden in § 814 angeführten Ausnahmefällen[4] ist der Bereicherungsanspruch ausgeschlossen.

2 2. **Einreden, durch welche die Geltendmachung des Anspruchs dauernd ausgeschlossen ist** (peremptorische Einreden). – a) **Begriff**. Die peremptorischen Einreden, die allein nach § 813 zur Rückforderung berechtigen, stehen im Gegensatz zu den dilatorischen Einreden, durch die die Geltendmachung nur **vorübergehend ausgeschlossen** ist[5]. Zu den letzteren gehören zB die nur aufschiebenden Einreden. Sie bewirken nicht, dass die Schuld zu einer Nichtschuld wird[6]. Zum Leistungsverweigerungsrecht des Mieters, der Miete bis zur Höhe der Kostenmiete gezahlt hat auf der Grundlage einer Mieterhöhungserklärung des Vermieters, die nicht den Formvorschriften von WoBindG § 10 Abs 1 entsprach, s BGH NJW 1982, 1587 = WM 1981, 276. Zu den **peremptorischen Einreden** sind zu rechnen die §§ 821, 853, 1166, 1973, 1975, 1990, 2083, 2345. Zur Einrede der unzulässigen Rechtsausübung bzw aus Treu und Glauben s unten Rz 11.

3 b) **Einzelfragen**. – aa) Die peremptorische Einrede muss dem Schuldner bereits zur Zeit der Erfüllung zugestanden haben[7]. Erfüllung einer Verbindlichkeit ist auch die Leistung auf dingliche Ansprüche[8]. Unrichtige Angaben des Gläubigers bei der Erfüllung berechtigen den Schuldner nicht, das, was er wirklich schuldet, zurückzufordern[9].

1441 Vgl § 818 Rz 99 mNachw.
1442 RG SeuffA 60 Nr 168.

1 Vgl § 812 Rz 175 ff.
2 Vgl § 812 Rz 2.
3 Vgl unten Rz 13.
4 Vgl § 814 Rz 1.
5 S RGZ 68, 302; 139, 17; 144, 93; OGHZ 2, 81, 90; BGH LM Nr 6 zu § 404 = NJW 1963, 1869: Einrede des nicht erfüllten Vertrages u die des Bürgen aus § 770 Abs 2.
6 RGZ 62, 51.
7 RG SächsArch 1908, 266.
8 RG HRR 1934 Nr 861.
9 RG BayZ 1905, 510.

bb) Bei **irrtümlicher Aufrechnung** gegen eine Forderung, der eine peremptorische Einrede entgegensteht, ist die Rückforderung begründet[10]. So kann derjenige, der eine Forderung aus einem Differenzgeschäft durch Aufrechnung erfüllt hat, diese Erfüllung kondizieren, wenn jener Forderung, außer der Einrede des Spiels, andere zerstörende Einreden entgegenstanden[11]. 4

cc) Wer in Unkenntnis einer ihm zustehenden **Aufrechnungsmöglichkeit** gezahlt hat, hat **keinen Rückforderungsanspruch**[12]. Der Zahlende kann den in der Zahlung liegenden Verzicht auf das Aufrechnungsrecht wegen Irrtums anfechten, so dass dadurch sowohl Verzicht als auch Zahlung nichtig wird und infolgedessen ein Rückforderungsanspruch aus § 812 entsteht[13]. 5

dd) Das zur Befriedigung eines **verjährten Anspruchs** in Unkenntnis der Verjährung Geleistete kann nicht zurückgefordert werden[14]. Dadurch wird § 214 Abs 2 der Vorrang eingeräumt[15]. Der in § 214 Abs 2 normierte Ausschluss der Rückforderung des zur Befriedigung eines verjährten Anspruchs Geleisteten gilt jedoch nur, wenn der Schuldner die Leistung freiwillig erbracht hat; ist wegen einer verjährten Forderung vollstreckt worden, so steht dem Schuldner ein Rückforderungsanspruch zu. Dasselbe gilt für Zahlungen zur Vermeidung der Zwangsvollstreckung[16]. Aus Sinn und Zweck sowie der rechtlichen Ausgestaltung der Bürgschaft auf erstes Anfordern folgt aus § 157, dass § 214 Abs 2 im Verhältnis des Gläubigers zum Bürgen – wenn der Bürge sich auf Verjährung beruft und nur unter Vorbehalt zahlt – stillschweigend ausgeschlossen ist[17]. Entspr Regelungen wie in Abs 1 Satz 2 finden sich beim Ehemäklerlohn (§ 656) sowie bei Spiel und Wette (§ 762). Die Rückforderung ist nur insoweit ausgeschlossen, als es sich darum handelt, dass zur Erfüllung einer Naturalobligation (zum Begriff vgl Bem vor § 241) geleistet ist, nicht aber, wenn andere Einreden entgegenstehen[18]. 6

ee) Der **Auftraggeber** kann einen dem Beauftragten zugegangenen, von dessen vollmachtloser Ehefrau ihm ausgehändigten, auf Verlangen wieder an den Beauftragten herausgezahlten Betrag zurückfordern, vgl § 667[19]. 7

ff) Der Sohn, der nach der Volljährigkeit dem Gläubiger seines Vaters, dem dieser während der Minderjährigkeit einen Versicherungsschein des Sohnes verpfändet hatte, eine Quittung über die Versicherungssumme ausgestellt hat, kann vom Gläubiger die Versicherungssumme verlangen[20]. 8

gg) Die Beschränkungen der **Einrede des Käufers aus § 438 Abs 4 Satz 2 (bis 1. 1. 2002: § 478)** können durch Berufung auf § 813 nicht beseitigt werden[21]. Durch § 438 Abs 4 Satz 2 sollen die dem Käufer nachteiligen Folgen der Verjährungsfrist gem § 438 Abs 1 Nr 3 gemildert werden[22]. Der Käufer behält das Recht, die Zahlung des Kaufpreises zu verweigern, trotz Verjährung des Rechts zum Rücktritt oder zur Minderung, wenn die Mängelanzeige vorher zumindest abgesandt ist. Weitergehende Rechte als die Einrede zur Abwehr der Kaufpreisforderung sollen dem Käufer nach der Sonderregelung in § 438 nicht zustehen[23]. Deshalb kann der Käufer, der zwar rechtzeitig einen Mangel der Ware gerügt, aber nicht rechtzeitig Klage aus Rücktritt erhoben hat, den vorausgezahlten Kaufpreis nicht nach § 813 zurückfordern[24]. Mit dieser Auffassung ist eine Unterscheidung je nachdem, ob die Leistung vor oder nach den nach § 438 maßgeblichen Zeit- 9

10 RG Recht 1907 Nr 2530.
11 RG JW 1919, 568 (mkritAnm Nußbaum); vgl § 812 Rz 15.
12 RGZ 120, 280 = JW 1928, 1288 (mzustAnm Endemann); RGZ 144, 93 = JW 1934, 2037 (mkrit Anm Süß S 2129); hM.
13 Vgl auch Süß DJZ 1935, 466.
14 RGZ 144, 93.
15 S oben Rz 1.
16 BGH NJW 1993, 3318 = WM 1993, 2041; dazu WuB IV A. § 222 BGB 1.94 (mAnm Moritz); ZIP 1993, 1703; dazu EWiR 1993, 1163.
17 Hamm NJW-RR 1994, 1073 = WM 1995, 745; dazu WuB I E 5. Bankbürgschaft/-garantie 3.95 (mAnm Fritzsche).
18 S RG JW 1919, 568.
19 RGZ 72, 192.
20 Dresden SächsArch 12, 250.
21 Hamburg OLG 12, 266; Frankfurt/M Recht 1907 Nr 1027.
22 Vgl § 478 Rz 1.
23 RGZ 144, 93.
24 RGZ 128, 211 = JW 1930, 701 (mAnm Plum); RGZ 135, 340 = JW 1932, 1862 (mAnm Haymann).

punkten erfolgt ist, und eine Bejahung des Rückforderungsanspruchs im letzteren Fall nicht vereinbar[25]. Die außergerichtliche Weigerung der Leistung hat keine Wirkung[26].

9a Teilweise wird im Falle des **verbundenen Geschäfts gemäß §§ 358 Abs 3, 359 (bis 1. 1. 2002: § 9 Abs 1, 3 VerbrKrG)** der Rückforderungsdurchgriff nach Rücktritt des Verbrauchers unter Berufung auf § 813 Abs 1 Satz 1 befürwortet[27].

Verneinend die hM, da Rücktritt und Minderung den Kaufvertrag nur mit Wirkung für die Zukunft inhaltlich umgestalten und die Kondiktion das Bestehen der Einrede zum Zeitpunkt der Leistung voraussetzt[28].

Für den Fall der anfänglichen Nichtigkeit des Kaufvertrages findet § 813 Abs 1 Satz 1 unmittelbare Anwendung, da wegen des in § 359 normierten Einwendungsdurchgriffs auch die Forderung des Finanzinstituts dauernd einredebehaftet war[29].

10 hh) § 813 ist auch beim **Vertrag zugunsten eines Dritten** anwendbar, wenn dem Versprechenden nach § 334 die Einrede dem Dritten gegenüber zusteht[30]. Eine kontoführende Bank, die den Anspruch ihres Kunden auf das buchmäßige Guthaben mit der Bereicherungseinrede (§ 821) abwehren kann, kann dies auch gegenüber dem Sequester, der das Guthaben auf ein bei derselben Bank eröffnetes anderes Konto überwiesen hat, und nach Eröffnung des Insolvenzverfahrens gegenüber dem Verwalter[31].

11 ii) Zur **Einrede aus Treu und Glauben** gegenüber dem Hypothekengläubiger, wenn das Grundstück in der DDR lag und dort enteignet ist, s BGH LM Nr 19 zu § 242 (Cd) = MDR 1954, 286.

12 kk) Auf den Erstattungsanspruch aus **ZPO § 717 Abs 3** ist § 813 nicht anwendbar[32].

13 3. Die **Erfüllung betagter Verbindlichkeiten** kann nur nach Parteivereinbarung die Rückforderung begründen. Absatz 2 setzt aber voraus, dass die Leistung zum Zweck der Erfüllung erbracht ist[33]. Eine betagte Verbindlichkeit liegt nicht vor, wenn nicht die Fälligkeit, sondern auch das Entstehen der Forderung vom Eintritt des Termins abhängig ist[34]. Ist der Termin derart unbestimmt, dass er rechtlich als Bedingung anzusehen ist, oder bleibt der vorausgesetzte Termin überhaupt aus oder erfolgt die Leistung durch einen Geschäftsunfähigen oder in der Geschäftsfähigkeit Beschränkten, so ist die Rückforderung zulässig, ebenso bei vorzugsweiser Befriedigung einer nicht bevorrechtigten Forderung[35].

14 4. Die **Erfüllung einer aufschiebend bedingten Verbindlichkeit** vor Eintritt der Bedingung kann zurückgefordert werden[36], jedoch, wenn nachträglich die Bedingung eingetreten ist, nicht die ganze Leistung, sondern nur der Betrag, um den der Empfänger durch die vorzeitige Leistung bereichert ist[37]. Zum Wegfall des Rechtsgrundes bei Ausfall der Bedingung vgl § 812 Rz 190.

15 5. Zur **Beweislast** vgl § 812 Rz 235 ff und § 814 Rz 16.

25 AM Planck/Landois Anm 2 c; Hamburg LZ 1907, 234; Nürnberg Recht 1912 Nr 406.
26 Wendt AcP 103 (1908), 422.
27 Emmerich, in: v Westphalen/Emmerich/v Roltenburg VerbrkrG[2] § 9 Rz 184; für § 242 LG Braunschweig NJW 1994, 2701.
28 MünchKomm/Habersack VerbrkrG § 9 Rz 131; Coester, Verbraucherschutz bei drittfinanzierten Geschäften (§ 9 VerbrKrG), JURA 1992, 617, 624; Bruchner/Ott/Wagner-Wieduwilt VerbrKrG[2] § 9 Rz 108, 128; Bülow VerbrkrG § 9 Rz 59; Reinking/Niessen, Problemschwerpunkte im VerbrKrG, ZIP 1991, 634, 636; LG Bonn BB 1999, 1319; LG Hagen NJW-RR 1994, 1260; Frankfurt/M WM 2002, 1275 = EWiR 2001, 975.
29 HM: MünchKomm/Habersack VerbrkrG § 9 Rz 118; Emmerich, in: v Westphalen/Emmerich/v Rottenburg VerbrKrG § 9 Rz 170; Dresden ZIP 2000, 180 = EWiR 2000, 251 = JuS 2000, 602; aA Dauner-Lieb, Verbraucherschutz bei verbundenen Geschäften (§ 9 VerbrkrG), WM 1991 Sonderbeil 6 S 1, 29; Reinicke/Tiedtke, Zweifelsfragen bei der Anwendung des VerbrkrG, ZIP 1992, 217, 224.
30 RG JW 1915, 652; s auch BGHZ 5, 281 = LM Nr 1 zu § 813 (mAnm Ascher); dazu krit Lorenz AcP 168 (1968), 286. Vgl auch § 812 Rz 126.
31 BGH NJW 1995, 1484 = WM 1995, 352; dazu WuB VI B. § 106 KO 1.95 = ZIP 1995, 225; dazu EWiR 1995, 465.
32 RGZ 139, 17.
33 RG Recht 1909 Nr 260.
34 Vgl dazu § 163 Rz 5.
35 Von Mayr, Der Bereicherungsanspruch S 449.
36 RGZ 71, 316.
37 München OLG 2, 44.

§ 814 Kenntnis der Nichtschuld

Das zum Zwecke der Erfüllung einer Verbindlichkeit Geleistete kann nicht zurückgefordert werden, wenn der Leistende gewusst hat, dass er zur Leistung nicht verpflichtet war, oder wenn die Leistung einer sittlichen Pflicht oder einer auf den Anstand zu nehmenden Rücksicht entsprach.

1. **Allgemeines**. § 814 schließt in **zwei Ausnahmefällen** den Bereicherungsanspruch wegen **Leistung auf eine Nichtschuld** aus. Die 1. Alternative beruht auf dem Gesichtspunkt, dass es dem Leistenden grundsätzlich freisteht, auch eine nur vermeintlich bestehende Verbindlichkeit zu erfüllen. Leistet er trotz Kenntnis vom Nichtbestehen der Verbindlichkeit, so würde er sich zu seinem eigenen Verhalten in Widerspruch setzen, wenn er später das Geleistete wieder zurückverlangen könnte; die Vorschrift enthält also eine besondere Ausprägung des Grundsatzes von Treu und Glauben[1]. Daraus folgt, dass § 814 dann nicht anwendbar ist, wenn der Empfänger der Leistung nicht darauf vertrauen darf, das Empfangene behalten zu dürfen[2], oder der Ausschluss der Leistungskondiktion sich zu seinen Ungunsten auswirken würde[3]. Die Vorschrift betrifft ebenso wie § 813 **nur** den Fall des Bereicherungsanspruchs wegen **Leistung auf eine Nichtschuld** (condictio indebiti)[4], bezieht sich also nicht auf die Bereicherung in sonstiger Weise. Andere Untergruppen der Leistungskondiktion[5] werden durch § 814 nicht erfasst. Insbesondere ist nicht § 814, sondern § 815 anzuwenden, wenn es sich um einen Bereicherungsanspruch wegen Nichteintritts des bezweckten Erfolgs (§ 812 Abs 1 Satz 2 Fall 2; condictio causa data causa non secuta[6]) handelt (Leistung in der Erwartung, dass die Abwicklung eines Rechtsgeschäfts einen weitergehenden Erfolg herbeiführt)[7]. Dasselbe gilt für das Fehlen des rechtlichen Grundes von Anfang an[8] sowie für den Bereicherungsanspruch wegen verwerflichen Empfangs gem § 817[9]. Bei der condictio ob causam finitam (§ 812 Abs 1 Satz 2 Fall 1), bei der im Augenblick der Leistung die Verbindlichkeit noch besteht, später aber etwa wegen Eintritts einer auflösenden Bedingung weggefallen wäre, wenn sie nicht schon durch Leistung erloschen wäre, schließt § 814 die Rückforderung nicht aus, weil eine Verbindlichkeit im Zeitpunkt der Leistung noch bestand[10]. Bei einer Aktienzeichnung mit unzulässiger Zinsgarantie besteht kein Anspruch aus § 814[11]. Auch gegenüber Ansprüchen aus §§ 894, 895 ist § 814 nicht anwendbar[12]. Scheidet ein Bereicherungsanspruch des Gemeinschuldners wegen § 814 aus, ist auch dem Insolvenzverwalter ein solcher Anspruch versagt[13]. Liegen die Voraussetzungen des § 814 vor, so ist der **Bereicherungsanspruch ausgeschlossen**, ohne dass es einer ausdrücklichen Berufung auf § 814 bedarf[14]. Liegen die Voraussetzungen des § 814 nicht vor, kann der Bereicherungsanspruch gleichwohl ausgeschlossen sein, weil das Rückforderungsbegehren gegen Treu und Glauben verstößt[15]. Zur aufgedrängten Bereicherung vgl § 812 Rz 169. 1

2. **Voraussetzungen**. § 814 Fall 1 setzt voraus, dass **zur Erfüllung** einer **dem Leistenden gegenüber dem Bereicherten** vermeintlich bestehenden Verbindlichkeit **geleistet** ist; dem **zahlenden Dritten** kann der Schuldner keinen Einwand aus § 814 entgegensetzen[16]. Zum Zweck 2

1 BGHZ 73, 202 = NJW 1979, 763.
2 RGZ 147, 17; BGHZ 73, 202; BGH NJW 1999, 1024 = WM 1999, 26 = ZIP 1999, 241; BAGE 80, 144 = DB 1995, 2317.
3 Nürnberg NJW-RR 1991, 109 = ZIP 1990, 463.
4 BGH WM 1968, 1201; 1986, 1324; zur weiteren Anwendbarkeit des § 814 vgl § 812 Rz 178 ff.
5 Vgl § 812 Rz 2.
6 Vgl § 812 Rz 194 ff.
7 RGZ 53, 236; 71, 316; 98, 237; vgl unten Rz 10; ferner RGZ 129, 307; RG JW 1929, 247 (mzust Anm Matthiessen) = HRR 1929 Nr 94; WarnR 1931 Nr 6.
8 Dazu § 812 Rz 175.
9 RGZ 99, 161; RG Recht 1924 Nr 644; SeuffA 77 Nr 183 = WarnR 1923 Nr 7; München JW 1923, 1049 (mzustAnm Schultze).
10 BGHZ 111, 125, 130; vgl aber zum Problem der Anfechtbarkeit unten Rz 12.
11 RG JW 1915, 514.
12 RG JW 1928, 2437 = HRR 1928 Nr 1296.
13 BGHZ 113, 98; BGH LM Nr 9 zu § 814 = NJW 1991, 560 = WM 1991, 112 = ZIP 1991, 35.
14 RG BankArch 5, 118 = Recht 1906 Nr 547.
15 RGZ 144, 89; BGHZ 32, 273.
16 Vgl § 812 Rz 131; BGH WM 1968, 1201; MDR 1976, 220 = LM Nr 5 zu § 814 = WM 1975, 1235; Braunschweig OLG 43, 24.

der Erfüllung sind nicht geleistet zahlungshalber gegebene Wechselakzepte oder was für eine Spielschuld trotz Kenntnis der Ungültigkeit mit Rücksicht auf den kaufmännischen Anstand gegeben wurde[17]. Dagegen ist die Anerkennung einer Nachlassschuld zwecks Verrechnung auf den Erbteil zum Zweck der Erfüllung geleistet[18]. § 814 gilt nur bei **freiwilliger**, **endgültiger**, **vorbehaltloser Leistung**[19]. Die Vorschrift steht der Zurückforderung einer Leistung oder eines Anerkenntnisses nicht entgegen, wenn die Leistung oder das Anerkenntnis nicht freiwillig erfolgt ist[20]. Zur Zahlung unter Vorbehalt und unter Druck der Zwangsvollstreckung vgl unten Rz 13.

3 3. **Kenntnis der Nichtverpflichtung**. – a) **Kenntnis** liegt nur vor, wenn der Leistende positiv weiß, dass es sich um eine Nichtschuld handelt[21]. Für die Kenntnis ist der Zeitpunkt der Leistung maßgebend[22]. Kenntnis liegt nicht vor, wenn der Rückfordernde nur **Zweifel** am Bestehen der Verpflichtung zur Leistung hat[23]. Jedoch genügen bloße Zweifel für die Anwendung des § 814, wenn für den Empfänger erkennbar in der Absicht geleistet wurde, die Leistung auch für den Fall der Nichtschuld gegen sich gelten zu lassen[24].

4 b) Kenntnis der **Tatsachen**, welche von der Leistungspflicht befreien, genügt nicht. Der Leistende muss, um die Voraussetzungen des § 814 zu erfüllen, ihre rechtliche Bedeutung kennen[25]. Dagegen lassen die §§ 656 Abs 1 Satz 2, 762 Abs 1 Satz 2 die Kondiktion auch dann nicht zu, wenn sich der Leistende irrtümlich aus Spiel oder Wette für verpflichtet gehalten hat. Hat ein Schuldner aufgrund eines **Rentenurteils** in irrtümlicher Annahme der Verpflichtung Zahlung geleistet, so wird die Rückforderung durch § 814 nicht ausgeschlossen, auch wenn der Leistende alle tatsächlichen Umstände gekannt hat[26]. Rentenversicherungsträger können **irrtümlich** nach dem Tode des Rentenberechtigten **weitergezahlte Renten** auch dann zurückfordern, wenn der Empfänger der Zahlungen den Tod des Rentenberechtigten angezeigt hat[27].

5 c) **Kennenmüssen**, insbesondere grobe Fahrlässigkeit, steht der Kenntnis **nicht** gleich[28]. Ob der Irrtum des Leistenden ein Rechtsirrtum oder ein tatsächlicher Irrtum, ob er entschuldbar oder nicht entschuldbar war, ist unerheblich[29]. Auch ein Rechtsirrtum steht der Anwendbarkeit des § 814 entgegen[30].

6 d) **Einzelfälle zur Kenntnis**. Sie liegt vor bei Erfüllung nichtiger Börsentermingeschäfte[31], ebenso wenn jemand einen Wechsel trotz wechselmäßiger Ungültigkeit seiner Unterschrift einlöst[32] oder auf sein gefälschtes Akzept in Kenntnis der Fälschung zahlt[33] oder ohne Vollstreckung eine urteilsmäßige Rente weiterbezahlt, obwohl er weiß, dass der Gläubiger anderweitigen Verdienst hat[34]. Dasselbe gilt für den Mieter, der an den Nießbraucher zahlt, obwohl er die vorhergehende Abtretung der Mietzinsen kennt[35]. In Kenntnis der Nichtverpflichtung zahlt auch der Mieter, der die tatsächliche Wohnungsgröße exakt berechnet hat und trotzdem vorbehaltlos weiterhin den vollen Mietzins erbringt[36]. Ebenso zu beurteilen ist es, wenn eine Bank zugunsten des durch ein Akkreditiv Begünstigten, dem sie die Akkreditierung bestätigt hat, aus Entgegenkommen eine Gutschrift vornimmt, auf die er nach dem Bestätigungsschreiben kein Recht hat[37], ferner wenn jemand aufgrund mündlicher Abrede eine besonders vereinbarte Vergütung an einen Rechtsan-

17 Hamburg OLG 4, 235.
18 RG JW 1909, 361.
19 RGZ 147, 17; ähnlich RAG HRR 1935, Nr 490.
20 RG JW 1938, 1047.
21 RGZ 107, 7.
22 RG Recht 1918 Nr 231; BAG NJW 2005, 3082.
23 RGZ 59, 351; 72, 192; 112, 355; 154, 385; RG JW 1932, 3060; auch HansRGZ 1931 B 683; BGH WM 1973, 294; LG Köln VersR 1972, 337.
24 Vgl zur Frage des Verzichts unten Rz 8.
25 RGZ 97, 140; 146, 355; RG SeuffA 75 Nr 193; Recht 1922 Nr 431; BGHZ 113, 62, 70; BAG NJW 2005, 3082.
26 Düsseldorf DR 1940, 2263.
27 BGHZ 73, 202 = NJW 1979, 763.
28 RGZ 44, 136, 141; 154, 385, 396; RG HRR 1935 Nr 490; BGH LM Nr 19 zu § 242 (Cd) = MDR 1954, 286; WM 1972, 283 = BB 1972, 1163; Hamm WM 1975, 480.
29 RGZ 60, 419; RG Recht 1922 Nr 431.
30 Vgl zur Kondiktion von Anerkenntnissen RGZ 101, 122; OGHZ 2, 81.
31 RG JW 1908, 467; s auch JW 1904, 407.
32 RG JW 1906, 69.
33 Dresden SächsArch 1908, 475.
34 RG Recht 1913 Nr 1591.
35 KG OLG 27, 61.
36 LG Frankfurt/M WuM 1998, 492; LG Hamburg DWW 1990, 207.
37 RGZ 107, 7.

walt zahlt[38]. Der Arbeitgeber kann das über den Tariflohn Geleistete nicht zurückfordern, wenn übertarifliche Entlohnung im Tarifvertrag untersagt war und er gewusst hat, dass er infolge der Unabdingbarkeitsbestimmungen zur Mehrzahlung nicht verpflichtet war[39]. Kenntnis liegt auch vor, wenn der die Auflassungserklärung abgebende Eigentümer die Unwirksamkeit des ihr zugrunde liegenden Geschäfts gekannt und gewusst hat, dass er rechtlich zur Erteilung der Auflassung nicht verpflichtet war[40]; doch wird dieser Einwand nicht schon durch die Tatsache, dass Grundstücksveräußerungsgeschäft und Auflassung in derselben Urkunde beurkundet sind, begründet[41]. Ist im Grundstückskaufvertrag nicht der volle vereinbarte Kaufpreis beurkundet worden und der Vertrag daher als Scheingeschäft nichtig, hat der Verkäufer aber gleichwohl den gesamten vereinbarten Kaufpreis entgegengenommen, handelt er treuwidrig, wenn er die Rückgängigmachung der im Beurkundungstermin erklärten Auflassung verlangt, ohne für die Änderung seines Verkaufsentschlusses triftige Gründe darzulegen[42].

e) Ein **selbständiges Schuldversprechen** kann beim Vorliegen der Voraussetzungen des § 814 7
nicht kondiziert werden[43]. Ebenso ist eine Kondiktion nicht gegeben, wenn der Anerkennende bei Abgabe eines selbständigen Schuldanerkenntnisses gewusst hat, dass die zugrunde liegende Bürgschaftsschuld wegen Formmangels nichtig war[44]. Bei Ungültigkeit des Leistungsversprechens selbst wegen Formmangels kommt das Rückforderungsverbot des § 814 nicht in Betracht[45]. Auf das **Saldoanerkenntnis** aus einem Kontokorrentvertrag kann, wenn es nicht bestehende Schulden umfasst, auch § 814 Anwendung finden[46]. Hat der Kontoinhaber ein Saldoanerkenntnis durch fehlende rechtzeitige Geltendmachung von Einwendungen gegen einen Rechnungsabschluss in Kenntnis seiner Nichtschuld abgegeben, ist sein Bereicherungsanspruch gemäß § 814 ausgeschlossen[47]. Die Nichtigkeit eines nach § 125 nichtigen Verpflichtungsgeschäfts ist nicht mehr zu beachten, sobald das Geschäft allenthalben erfüllt ist[48], ebenso wenn ein wegen Drohung anfechtbarer Vertrag nach Aufhören der Zwangslage bestätigt ist[49]. Auch bei der Leistung aufgrund eines Schuldanerkenntnisses reichen Zweifel am Bestehen der Verpflichtung für die Anwendung des § 814 nicht aus[50].

f) Die Zahlung trotz bestehenden Zweifels kann einen **Verzicht** auf den Erstattungsanspruch 8
enthalten[51], so, wenn mit der Absicht gezahlt wird, es solle bei der Zahlung verbleiben, auch wenn die Schuld nicht besteht[52], oder wenn trotz der Zweifel jahrelang gezahlt ist[53]. Dabei kommt es auf die einschlägigen Verkehrskreise an, ob ein solcher Verzicht vorliegt[54]. Zur Leistung eines Kaufmanns an die Bank trotz Scheckfälschung s Hamm WM 1975, 480. Auch ohne genauere Kenntnis des Wegfalls der Schuld ist die Rückforderung ausgeschlossen, wenn dem Zahlenden der Sollbestand gleichgültig war und er aus ganz anderen Gründen zahlte[55]. Zahlt der Versicherer trotz fehlenden Nachweises der Anspruchsvoraussetzungen „ohne Anerkennung einer Leistungspflicht", um die Sache abzuschließen, kann er später das Gezahlte nicht zurückfordern[56]. Blieb die Behandlung mit Fremdspendersamen erfolglos, so hat die Frau keinen Anspruch auf Rückzahlung der Behandlungskosten, wenn sie durch die periodische Inanspruchnahme der Leistungen der Ärzte und durch die laufende Barzahlung der vereinbarten Teilbeträge zum Ausdruck gebracht

38 Colmar ElsLothZ 1907, 238.
39 Funke DRiZ 1926, 48.
40 RGZ 108, 329; 111, 98; RG JW 1928, 2444; RG Gruchot 72, 58.
41 RG HRR 1926 Nr 461.
42 Stuttgart RdL 1995, 152.
43 Kiel SchlHA 1920, 113.
44 RG Recht 1915 Nr 1780 = LZ 1915, 523.
45 RG SoergelRspr 1914 § 814 Nr 2.
46 OGHZ 2, 81; vgl auch oben Rz 2.
47 BGH WM 1998, 383.
48 Reichel AcP 104 (1909), 24.
49 RG SoergelRspr 1910 § 814 Nr 5.
50 BGH WM 1966, 1280; s auch oben Rz 3.
51 RGZ 56, 346; 71, 316; 112, 355; 154, 385.
52 RGZ 144, 89 = JW 1934, 1644 (mzustAnm Larenz); RG JW 1936, 2919; BGHZ 32, 273, 278.
53 RGZ 144, 89 (Fn 52); ebenso RG SeuffA 83 Nr 57 = WarnR 1929 Nr 35 hinsichtlich eines Anerkenntnisses.
54 RGZ 97, 140.
55 RG SoergelRspr 1912 § 814 Nr 1; ebenso für Schuldanerkenntnis Hamburg HansRGZ 1936 B 238.
56 LG Kaiserslautern VersR 1996, 702.

hat, dass sie unabhängig von der zivilrechtlichen Wirksamkeit des Vertrages das vereinbarte Entgelt zahlen wolle[57].

9 g) Hat der Leistende Kenntnis von der Nichtverbindlichkeit gehabt, jedoch **in der Erwartung geleistet**, das zB wegen Formmangels nichtige Geschäft werde doch abgewickelt werden, so handelt es sich nicht um eine Leistung zum Zweck der Erfüllung einer Verbindlichkeit, sondern um eine solche im Sinne des § 812 Abs 1 Satz 2 Fall 2, der **nicht unter § 814** fällt[58]. Keine Kenntnis der Nichtverpflichtung im Sinne von § 814 liegt vor, wenn der Käufer einen mündlichen Kauf trotz Kenntnis des Formmangels erfüllt, im Vertrauen darauf, dass der notarielle Vertrag abredegemäß abgeschlossen wird. Ein solcher Fall wird von § 814 nach dem mit dieser Vorschrift verfolgten Zweck nicht erfasst[59]. Trotz Kenntnis der Nichtverpflichtung ist die Rückforderung nicht ausgeschlossen, wenn der Leistende in der Erwartung der formlos zugesagten, dann aber ausgebliebenen Gegenleistung geleistet hat[60]. Maßgebend ist die Zeit der Vornahme der Leistung[61].

10 h) Leistet ein **Vertreter** des Schuldners, so kommt es auf dessen Kenntnis an[62]. Handelt der Vertreter auf Weisung des Vertretenen, so ist auf das Wissen der Person abzustellen, die die Weisung erteilt hat[63]. Bei mehreren Vertretern kommt es auf die Kenntnis des Leistenden an[64]. Die Kenntnis eines Mitarbeiters der Vertragsabteilung einer juristischen Person steht nicht der Kenntnis des die Zahlung veranlassenden Mitarbeiters gleich[65]. Die Kenntnis von Beamten, die eine Behörde nicht zu vertreten befugt sind, steht der Rückforderung nicht entgegen, ebensowenig die Rückzahlung an die Beamten[66]; entscheidend ist die Kenntnis des vertretungsberechtigten Beamten, der die Leistung bewirkt hat oder hat bewirken lassen[67]. Bei Zahlung aufgrund der Anweisungsunterschrift einer leitenden Persönlichkeit ist nur die Kenntnis des Angestellten maßgebend, auf dessen Prüfung jene ohne eigene Nachprüfung die Anweisung erteilt hat[68]. Zur Frage, wann der die Ehefrau vertretende Ehemann Kenntnis von der Unwirksamkeit eines Grundstückskaufvertrages hat, vgl RGZ 108, 329, 335. Vgl auch § 166 Rz 10 ff.

11 i) Bei Zahlung durch einen **Dritten** nach § 268 ist § 814 nicht schon deshalb anwendbar, weil der Dritte die Nichtschuld kannte[69].

12 k) **Kenntnis der Einwendungen** steht der Kenntnis der Nichtschuld gleich. § 814 bezieht sich aber nur auf den Fall, dass jemand leistet, obwohl er weiß, dass der Rechtsgrund im Augenblick der Leistung fehlt; daher ist § 814 nicht anzuwenden, wenn er weiß, dass der Rechtsgrund durch die im Belieben des Gegners stehende Anfechtung wegfallen kann. Weiß der Leistende, dass er selbst anfechten kann, so ist die Kondiktion, wenn er anficht, nach § 814 ausgeschlossen (§ 142 Abs 2)[70]. Kennt der Leistende eine Einwendung, eine andere jedoch nicht, so kann er kondizieren, falls kein Verzicht vorliegt[71]. Bestehen bei dem Leistenden nur **Zweifel über die Beweisbarkeit** einer Einwendung, so ist die Kondiktion nach § 814 ausgeschlossen[72].

57 AG Essen FamRZ 1992, 936.
58 RGZ 98, 237; RG Recht 1909 Nr 822; Düsseldorf OLGR 1993, 317 zum bereicherungsrechtlichen Rückforderungsanspruch hinsichtlich Maklerprovision bei deren Leistung wegen erwarteter Heilung eines formnichtigen Grundstückskaufvertrages; BGH NJW 1983, 1905 = WM 1983, 674 = ZIP 1983, 685: Leistung auf künftige Verpflichtung; vgl oben Rz 1.
59 BGHZ 73, 202 = NJW 1979, 783; BGH LM Nr 48 zu § 313 = MDR 1971, 737 = WM 1971, 1202; NJW 1976, 237 = LM Nr 112 zu § 812; NJW 1980, 451 = LM Nr 5 zu § 815; Kiel OLG 3, 209; Frankfurt/M Recht 1906 Nr 2580; KG SeuffA 57 Nr 120; Karlsruhe DJZ 1912, 1415; s auch § 812 Rz 199; dazu Singer WM 1983, 254.
60 Reichel AcP 104 (1909), 24 ff.
61 RG Recht 1918 Nr 231.
62 BGH WM 1962, 346; 1964, 87.
63 RGZ 95, 126, 129; BGH NJW 1999, 241 = LM Nr 10 zu § 814 = WM 1999, 642.
64 BAG BB 1961, 288.
65 Hamm WM 1996, 1928 = VersR 1996, 878.
66 RGZ 79, 285.
67 RG Recht 1918 Nr 231.
68 RGZ 95, 126; s aber auch BAG JZ 1961, 456 (mkritAnm Herschel).
69 RG Recht 1912 Nr 2231.
70 Vgl hierzu Süß JW 1937, 1959 zu RGZ 151, 361.
71 Vgl oben Rz 8; RG JW 1904, 39; ebenso zum gemeinen Recht RGZ 21, 195.
72 RGZ 59, 351.

4. **Zahlung unter Vorbehalt** (vgl dazu auch § 362) schließt § 814 aus[73]; jedoch werden die Folgen aus § 814 insoweit nicht ausgeschlossen, als die Leistung selbst, ihre die Schuld tilgende Wirkung und die Beweislast in betreff des Bereicherungsanspruchs dadurch nicht berührt werden[74]. Im Einzelfall kann der Vorbehalt jedoch auch die Bedeutung haben, dass der Empfänger im Rückforderungsstreit das Bestehen des Anspruchs, dh dass der Werklohnanspruch der Üblichkeit entspricht[75], zu beweisen hat. Als Vorbehalt genügt die Erklärung bei Leistung, der Anspruch sei nicht berechtigt[76]. Die Zahlung eines Vorschusses „ohne Anerkennung einer Rechtspflicht" ist nicht als Vorbehalt der Rückforderung anzusehen[77]. **Vorbehaltlose Mietzahlung** trotz Mängel der Wohnung rechtfertigt die Rückforderung, wenn der Mieter den Mangel dem Vermieter schon mitgeteilt hatte und zunächst in der Erwartung die volle Miete weiterbezahlt, dieser werde den Mangel demnächst abstellen[78]. Der Gläubiger kann Zahlung unter Vorbehalt nicht ablehnen, wenn der Leistende mit dem Vorbehalt sich nur gegen die Folgen aus § 814 sichern will[79]. Vorbehaltlose Zahlung, nachdem Zahlung unter Vorbehalt angeboten, dieser aber auf Verlangen des anderen Teils fallen gelassen ist, bedeutet regelmäßig Verzicht auf die von dem Vorbehalt umfassten Ansprüche und Rechte, sofern die Preisgabe des Vorbehalts nicht unter besonderen Umständen, zB unter einem starken Zwang, erklärt ist[80]. Da § 814 nur freiwillige Leistungen betrifft[81], schließt eine Zahlung unter dem Druck der Zwangsvollstreckung die Kondiktion nicht aus[82]. 13

5. **Sittliche oder Anstandspflicht.** – a) Ob der Leistende eine sittliche oder Anstandspflicht[83] erfüllen **wollte**, ist unerheblich[84]. Die Rückforderung ist auch dann ausgeschlossen, wenn der Leistende nur eine vermeintliche Rechtspflicht erfüllen wollte[85]. Die Erfüllung einer sittlichen oder Anstandspflicht kann auch durch Schuldanerkenntnis ohne die Form des Schenkungsversprechens versprochen werden[86]. § 814 ist auch anwendbar bei der Haftung eines Kommunalverbandes aus der für ein Bahnaktienunternehmen übernommenen Garantie[87]. 14

b) **Einzelfälle**. Es entspricht einer sittlichen Pflicht oder einer Anstandsrücksicht, wenn der Erbe ein nichtiges Vermächtnis erfüllt[88], anders wenn der Erblasser geisteskrank war[89]. Einer sittlichen Pflicht entspricht es auch, wenn der Gemeinschuldner über die Zwangsvergleichsquote hinaus zahlt[90], oder wenn der Ehemann gegen die Festsetzung des standesmäßigen Unterhalts seiner Frau durch einstweilige Verfügung keinen Widerspruch erhebt, obwohl sie nur den notdürftigen verlangen kann[91]. Dagegen besteht keine sittliche Pflicht oder Anstandsrücksicht für den Indossanten, einen vom Nachmann unrichtig protestierten Wechsel einzulösen[92], ebensowenig verbotene Termingeschäfte zu erfüllen[93], auch nach dem Börsengesetz[94], jedoch kann Zahlung auf verbotene Termingeschäfte nicht zurückgefordert werden, wenn später eine Verrechnung auf das abgewickelte Geschäft genehmigt ist[95]. Keiner sittlichen Pflicht entspricht die Erfüllung eines wegen Formmangels nichtigen Geschäftes[96] oder die Anerkennung der Vaterschaft eines unehelichen Kindes nach früherem Recht aufgrund der bloßen irrtümlichen Annahme des Vaters, das Kind sei 15

73 RG LZ 1908, 312.
74 RG WarnR 1914 Nr 240; Hamm WM 1996, 569 (zur Beweislast vgl unten Rz 16, auch zur Frage, ob der Gläubiger die Zahlung unter Vorbehalt annehmen muss).
75 BGHZ 86, 267; Düsseldorf NJW-RR 1989, 27 = DB 1988, 2249.
76 Karlsruhe WM 1997, 1049.
77 LG Hildesheim VersR 1955, 14; Koblenz NJW 1984, 134.
78 LG Düsseldorf WM 1987, 150; aA AG Schöneberg Grundeigentum 1997, 1535: ausdrücklicher Vorbehalt.
79 RG WarnR 1923/24 Nr 179.
80 RGZ 112, 355.
81 Vgl auch oben Rz 2.
82 RGZ 147, 17.
83 Vgl § 534 Rz 1 ff. Eingehend: Manchot, Die sittliche Pflicht im Sinne von § 814 Alternative 2 BGB – ein Tor zum rechtsfreien Raum?, 2002.
84 RGZ 78, 71.
85 RG Recht 1914 Nr 196.
86 Klingmüller ZHR 58 (1906), 186.
87 Marienwerder PosMSchr 1911, 34.
88 RG Recht 1910 Nr 3848.
89 RG SoergelRspr 1911 § 814 Nr 2, 3.
90 RGZ 78, 71; 160, 134; aM Leo JW 1914, 571: Es kommt auf die Umstände an, ob eine solche Pflicht vorlag.
91 RGZ 63, 38.
92 RGZ 48, 139.
93 RG HoldhMSchr 1904, 297.
94 RG Recht 1910 Nr 3172.
95 RG JW 1904, 407.
96 RG DJZ 1903, 31; Recht 1909 Nr 822.

von ihm erzeugt[97]. Gewährung von Unterhalt durch den unehelichen Vater entspricht einer sittlichen Pflicht, Rückforderung ist ausgeschlossen, auch wenn das Kind gesetzlich als ehelich gilt[98]. Die Rückforderung einer zu Unrecht gezahlten Teuerungszulage widerspricht nicht einer sittlichen Pflicht oder Anstandsrücksicht[99]. Entschuldungsbeihilfen für Beamte und deren Hinterbliebene entsprechen einer sittlichen Pflicht[100].

16 6. **Beweislast**. Der **Leistende** hat zu beweisen, dass die Schuld nicht besteht, der **Empfänger**, dass der Leistende das gewusst hat[101]. **Zweifel** darüber, ob das Verhalten des Klägers als **Verzicht** auf die Rückforderung aufzufassen ist, gehen zu Lasten des Beklagten[102]. Der **Empfänger** muss auch beweisen, wenn er behauptet, der Zweck der Leistung sei ein anderer, nicht Erfüllung gewesen[103]. Dass unter **Vorbehalt** gezahlt sei, hat der Zurückfordernde zu beweisen[104].

§ 815 Nichteintritt des Erfolgs

Die Rückforderung wegen Nichteintritts des mit einer Leistung bezweckten Erfolgs ist ausgeschlossen, wenn der Eintritt des Erfolgs von Anfang an unmöglich war und der Leistende dies gewusst hat oder wenn der Leistende den Eintritt des Erfolgs wider Treu und Glauben verhindert hat.

1 1. **Allgemeines**. § 815 regelt zwei Ausnahmefälle, in denen die Rückforderung ausgeschlossen ist. Die Vorschrift betrifft die in § 812 Abs 1 Satz 2 Fall 2 geregelte condictio causa data non secuta[1]. Doch ist § 815 auch bei Rückforderung **wegen späteren Wegfalls des rechtlichen Grundes** (condictio ob causam finitam[2]) anzuwenden[3]. Für eine Beschränkung der entsprechenden Anwendung des § 815 auf die zweite Alternative[4] bei der Kondiktion wegen Wegfalls des Rechtsgrundes besteht kein Anlass[5]. Bei Nichteintritt eines nur einseitig von einem Vertragsteil bezweckten Erfolges ist § 815 nicht anwendbar[6]. Eine an die Kindesmutter gezahlte Abfindungssumme kann nicht zurückgefordert werden, wenn der Geber weiß, dass das Abkommen mit dem Vormund unter vormundschaftsgerichtlicher Genehmigung zu schließen ist[7].

2 2. Die **Unmöglichkeit** muss eine dauernde sein, ohne dass es darauf ankommt, ob sie in tatsächlichen Verhältnissen oder in der Rechtslage begründet ist. Die Unmöglichkeit muss im Zeitpunkt der Leistung bestehen und der Leistende darf sich darüber nicht nur im Zweifel sein oder mit dem späteren Wegfall der Unmöglichkeit rechnen. Bei Zweifeln liegt uU ein Verzicht auf die Rückforderung vor[8]. § 815 ist nicht anzuwenden, wenn die Unmöglichkeit erst nach der Leistung eintritt, auch wenn der Leistende damit rechnete.

3 3. **Wider Treu und Glauben** verstößt es schon, wenn der Leistende ohne stichhaltigen Grund eine Handlung vorgenommen hat, die bewussterweise dazu angetan war, den Erfolg zu vereiteln; eine Absicht, den bezweckten Erfolg zu verhindern, ist nicht erforderlich[9]. Geschenke unter

97 RG JW 1910, 752; ebenso München BayZ 1927, 360.
98 RGZ 165, 358.
99 RG Recht 1920 Nr 2387.
100 LG III Berlin JW 1921, 590.
101 RGZ 60, 419; 90, 314; 146, 355; 154, 385; RG JW 1929, 33; ebenso A Wacke AcP 191 (1991), 1, 8.
102 RGZ 154, 385.
103 RGZ 133, 275 = JW 1932, 44 (mAnm Matthiessen).
104 RGZ 138, 122; ebenso Staud/Lorenz Rz 13; Erman/Westermann Rz 13; aM Planck/Landois Bem II a 4; Koenige LZ 1919, 401.

1 RG Recht 1907 Nr 279; vgl dazu § 812 Rz 194 ff.
2 Vgl dazu § 812 Rz 189 ff.
3 Ebenso Enn/Lehmann § 224 I 4 b; Planck/Landois Bem 3; aM beiläufig RG Gruchot 51, 972; ferner BGHZ 29, 171 = LM Nr 1 zu § 815 (mAnm Rietschel); BGH NJW 1968, 245 = JZ 1968, 381 (mAnm Lorenz); ders JZ 1959, 467; Staud/Lorenz Rz 3.
4 MünchKomm/Lieb § 815 Rz 2; Staud/Lorenz § 815 Rz 3.
5 S auch Planck/Landois Bem 3.
6 RG Recht 1915 Nr 1066.
7 Darmstadt HessRspr 1916, 209.
8 Vgl § 814 Rz 8.
9 RG Gruchot 67, 176.

Brautleuten können nach § 1301 nicht zurückgefordert werden, wenn der Schenkende die Eheschließung wider Treu und Glauben verhindert hat[10]. Die Weigerung, einen **formungültigen Vertrag** in bindender Form abzuschließen, verstößt nicht wider Treu und Glauben[11]. Anders ist es jedoch zu beurteilen, wenn sich bei einem Schwarzkauf der Käufer auf die Formnichtigkeit beruft, nachdem durch von ihm veranlasste fehlerhafte Umbauten das Grundstück wertlos geworden ist, es sei denn, dass der Verkäufer ihn über Mängel des Grundstücks arglistig getäuscht hatte[12]. Dagegen ist die Rückforderung nicht ausgeschlossen, weil die fehlgeschlagene Erwartung hinsichtlich einer bestimmten Bebaubarkeit des Grundstücks und der damit einhergehenden Finanzierungsmöglichkeit zum Anlass genommen wird, sich von dem formungültigen Vertrag loszusagen, wenn Einwirkungsmöglichkeiten, die zu einer Wertminderung des Grundstücks hätten führen können, nicht bestanden[13]. Die Geltendmachung eines Rückauflassungsanspruchs des Verkäufers ist treuwidrig, wenn er die Rückgängigmachung der Auflassung verlangt, ohne für die Änderung seines Verkaufsentschlusses triftige Gründe anzugeben. Die Begründung, die Übereignung des ererbten Grundstücks nicht mehr mit dem Gewissen vereinbaren zu können, reicht nicht aus[14]. Kein Verstoß gegen Treu und Glauben liegt vor bei der Rückforderung einer Einzahlung aufgrund einer formlosen Abtretung von Geschäftsanteilen einer GmbH, wenn zu der Zeit, als die notarielle Form erlangt wurde, die Übernahme der Anteile dem Übernehmer erhebliche Verluste gebracht hätte[15]. Vereitelung eines unsittlichen Erfolges verstößt nicht gegen Treu und Glauben[16]. Das Unterlassen eines Zahlungsvorschlags zwecks Abwendung einer Strafanzeige kann unter dem Gesichtspunkt einer treuwidrigen Verhinderung des Erfolgseintritts nach § 815 beachtlich sein[17]. Ob eine Verhinderung des Erfolges vorliegt, kann auf Auslegung des Parteiwillens beruhen[18]. Zur Frage, ob einer Brauerei, die auf dem Grundstück eines Kunden eine Gaststätte errichtet hat, entgegengehalten werden kann, sie habe den Eintritt des Erfolges wider Treu und Glauben verhindert, vgl BGH WM 1966, 194.

4. Die **Beweislast** dafür, dass in Verfolg eines bestimmten Zwecks geleistet ist, trifft den Rück- **4**
fordernden. Er muss aber auch das zur Begründung eines Anspruchs gehörende Nichteintreten des Erfolges beweisen. Das gilt auch von der Zurückforderung eines selbständigen Schuldversprechens[19]. Dagegen trifft den anderen die Beweislast für den die Rückforderung ausschließenden Ausnahmetatbestand des § 815[20]. Gegenüber der Rückforderung von Brautgeschenken gem § 1301 muss die Braut beweisen, dass der Bräutigam die Eheschließung wider Treu und Glauben verhindert hat[21]. Sind beide Verlobten schuldig, so entfallen nach § 815 die Ansprüche beider[22].

§ 816 Verfügung eines Nichtberechtigten

(1) Trifft ein Nichtberechtigter über einen Gegenstand eine Verfügung, die dem Berechtigten gegenüber wirksam ist, so ist er dem Berechtigten zur Herausgabe des durch die Verfügung Erlangten verpflichtet. Erfolgt die Verfügung unentgeltlich, so trifft die gleiche Verpflichtung denjenigen, welcher auf Grund der Verfügung unmittelbar einen rechtlichen Vorteil erlangt.

10 RG JW 1925, 2110 (mkritAnm Jacobi); BGHZ 45, 258 mNachw.
11 RGZ 72, 342.
12 BGH NJW 1980, 451 = LM Nr 5 zu § 815 = WM 1980, 104.
13 BGH WM 1999, 1886 = BGH LM Nr 7 zu § 815 = BB 1999, 2106.
14 Stuttgart RdL 1995, 152.
15 RG Recht 1909 Nr 822.
16 RGZ 78, 41, 48.
17 BGH NJW-RR 1990, 827 = WM 1990, 819 = ZIP 1990, 721 = BB 1990, 735.
18 RG SeuffA 78 Nr 124.
19 RGZ 116, 336: Schuldversprechen, um den rechtlich unmöglichen Verzicht eines Wohnungsamts auf künftige Beschlagnahme einer Wohnung herbeizuführen.
20 AM Cüppers DJZ 1905, 214: Zu einem bestimmten Zweck könne der nicht leisten, der die Unmöglichkeit des Erfolges kenne.
21 RG JW 1925, 2110; aM KG LZ 1922, 691.
22 Kiel JW 1931, 2252.

(2) **Wird an einen Nichtberechtigten eine Leistung bewirkt, die dem Berechtigten gegenüber wirksam ist, so ist der Nichtberechtigte dem Berechtigten zur Herausgabe des Geleisteten verpflichtet.**

ÜBERSICHT

Schrifttum: Vgl auch bei den Bem vor § 812; Kluckhohn, Über die Verpflichtung zur Herausgabe des beim Verkaufe einer fremden Sache erzielten Gewinnes, ArchBürgR 41 (1915), 171; Oertmann, Verfügungen ohne Rechtsgrund über fremde Sachen, Recht 1915, 510; Krawielicki, Unentgeltlichkeit im Bereicherungsrecht, JherJb 81 (1931), 257; G Boehmer, Grundlagen der Bürgerlichen Rechtsordnung II 2, 1952, 6ff; v Caemmerer, Bereicherungsausgleich bei Verpfändung fremder Sachen, in: Festschr für Lewald, 1953, S 443 = GesSchriften I, 1968, S 279; ders, Leistungsrückgewähr bei gutgläubigem Erwerb, in: Festschr für Boehmer, 1954, S 145 = GesSchriften I 1968, S 295; Wilckens, Ist der Rückgriff des Bestohlenen auf den Veräußerungserlös notwendig endgültiger Verzicht auf das Eigentum?, AcP 157 (1958/59), 399; Grunsky, Bereicherungsansprüche bei rechtsgrundloser Verfügung eines Nichtberechtigten, JZ 1962, 207; P Schlosser, Bereicherungsansprüche bei unentgeltlichen sowie rechtsgrundlosen Verfügungen eines Nichtberechtigten – BGHZ 37, 363, JuS 1963, 141; M Wolf, Der mittelbare Stellvertreter als nichtberechtigt Verfügender, JZ 1968, 414; Kellmann, Grundsätze der Gewinnhaftung, 1969; P Bosse, Das bereicherungsrechtliche Problem der rechtsgrundlosen Verfügung eines Nichtberechtigten (Einheitskondiktion – Doppelkondiktion), Diss Göttingen, 1971; Lopau, Surrogationsansprüche und Bereicherungsrecht, 1971; Gursky, Der Einfluß von Verwendungen auf die Erlösherausgabepflicht nach § 816 Abs 1 Satz 1 BGB, JR 1971, 361; W H Roth, Ist eine Genehmigung bei § 816 II BGB möglich?, JZ 1972, 150; Picker, Gutgläubiger Erwerb und Bereicherungsausgleich bei Leistungen im Dreipersonenverhältnis, NJW 1974, 1790; v Olshausen, Die kausalose wirksame Verfügung eines Nichtberechtigten in dessen Konkurs, MDR 1975, 969; Serick, Über die Subsidiarität der Sicht des Leistungsempfängers bei Leistungen im Sinne von § 816 Abs 2 BGB, in: Festschr für Möhring, 1975, S 115 = Serick, EV Bd IV, § 54 II; König, Gewinnhaftung, in: Festschr für v Caemmerer, 1978, S 179; Canaris, Verlängerter Eigentumsvorbehalt und Forderungseinzug durch Banken, NJW 1981, 248; R Wacker, Zur Dogmatik des § 816 I BGB, Diss Tübingen, 1981; Merle, Risiko und Schutz des Eigentümers bei Genehmigung der Verfügung eines Nichtberechtigten, AcP 183 (1983), 81; Schlechtriem, Güterschutz durch Eingriffskondiktionen, Symposium König, 1984, 57; Blaschczok, § 816 II BGB im Mehrpersonenverhältnis, JuS 1985, 88; Höhn, Die Beeinträchtigung von Rechten durch Verfügungen, 1986; Plambeck, Die Eingriffskondiktion in Kommissionsfällen, JuS 1987, 793; Kupisch, Befreiungswert und Verfügungswert. Zur Rechtsfolge des § 816 Abs 1 Satz 1 BGB, in: Festschr für Niederländer, 1991, S 305; H Roth, Gedanken zur Gewinnhaftung im Bürgerlichen Recht, in: Festschr für Niederländer, 1991, S 363; Siegmann, Zur bereicherungsrechtlichen Rückabwicklung der Einziehung veruntreuter Schecks über das Konto eines Dritten, NJW 1999, 1163.

1. **Allgemeines**. – a) **Bedeutung**. § 816 regelt drei verschiedene Tatbestände. Das Bereicherungsrecht dient dazu, eine Korrektur des weitgehenden Verkehrsschutzes bei gutgläubigem Erwerb herbeizuführen. Der gutgläubige Erwerb ist in der Rechtsordnung grundsätzlich als endgültiger Erwerb ausgestaltet, der keiner Kondiktion unterliegt[1]. § 816 Abs 1 Satz 1 und Abs 2 sind **Sondertatbestände des Eingriffserwerbs**[2]. Der praktische Wert der Vorschrift tritt hervor, wenn die Voraussetzungen für einen Anspruch aus unerlaubter Handlung oder unerlaubter Eigengeschäftsführung (§ 687 Abs 2) nicht nachgewiesen werden können. Ohne die gesetzliche Regelung in § 816 hätte dem Inhaber des Rechts eine allgemeine Eingriffskondiktion nicht zugestanden, weil der Nichtberechtigte das Erlangte durch (Gegen-)Leistung des Dritten erhalten hat[3]. Die Veräußerung einer Sache durch den Nichtberechtigten wird ihrem Verbrauch gleichgestellt[4]. Dem Abs 1 Satz 1 liegt der **Surrogationsgedanke** zugrunde[5]. Diese gesetzliche Lösung führt zu der streitigen Frage, was als Surrogat herauszugeben ist: nur der Wert der Sache oder auch ein darüber hinausgehender Gewinn[6]. Abs 1 Satz 2 enthält ebenso wie die §§ 822, 988 einen **geringeren Schutz des unentgeltlichen Erwerbs**. Denn der unentgeltliche Erwerb ist nicht in gleichem Maße schutzwürdig wie der entgeltliche[7]. Absatz 2 beruht ebenso wie Abs 1 Satz 1 auf der Erwägung, dass in ein fremdes Recht eingegriffen wird, indem an einen Nichtberechtigten geleistet wird und diese Leistung dem Berechtigten gegenüber wirksam ist. Die für die gesetzliche Regelung maßgeblichen Gesichtspunkte sind also der Eingriff in fremdes Eigentum, der mit Rücksicht auf die zahlreichen Vorschriften über den Verkehrsschutz zum schuldrechtlichen Ausgleich unter Heranziehung des Surrogationsgedankens führt. Dabei wird mitberücksichtigt, dass 1

1 Vgl § 812 Rz 214.
2 Vgl dazu Rz 2 vor § 812; § 812 Rz 140; v Caemmerer, Festschr für Rabel I, 1954, S 353, 355.
3 Vgl Kötter AcP 153 (1954), 193, 209.
4 Jung, RGFestG III, S 154; v Lübtow, Beiträge zur Lehre von der condictio nach römischem und nach geltendem Recht, 1952, S 60; v Caemmerer, Festschr für Lewald S 446 u Festschr für Boehmer S 153.
5 S Boehmer, Grundlagen II 2 S 26; v Caemmerer, Festschr für Lewald S 446.
6 Vgl unten Rz 29.
7 Vgl v Caemmerer, Festschr für Rabel I S 369; Larenz/Canaris, SchuldR II/2 § 69 II 2 a, IV 1 a.

der Verfügende die Gegenleistung nicht aus dem Vermögen des Berechtigten erhalten hat, vielmehr klar zwischen dem Rechtsverhältnis des Berechtigten zu dem Verfügenden sowie zwischen letzterem und dem Erwerber zu unterscheiden ist[8]. Daraus folgt auch, dass § 816 eine **Sonderregelung gegenüber § 812 Abs 1** enthält[9], also nicht subsidiär, sondern vorrangig eingreift. Zugleich ergibt sich daraus, dass sich die Auffassung, § 816 Abs 1 Satz 1 sei als eine Art notwendiger Ersatzregelung zu begreifen[10], nicht vertreten lässt[11]. Der Surrogationsgedanke kommt auch in der vom BGH gebrauchten Formel zum Ausdruck, dass der Anspruch auf Herausgabe des Erlangten gleichsam an die Stelle des Eigentumsherausgabeanspruchs nach § 985 trete[12].

2 b) Der **Empfang durch *Leistung* eines Dritten** und der zu ihm bestehende **Rechtsgrund** schließen in den Fällen des Abs 1 Satz 1 und Absatz 2 den Bereicherungsanspruch des Berechtigten nicht aus. Ein Rechtsverhältnis zu einem Dritten kann hier den Eingriffserwerb nicht rechtfertigen[13]. Daher rechtfertigt der Kaufvertrag mit dem Dieb nicht eine Verarbeitung durch den Erwerber[14].

3 c) **Konkurrenzfragen**. – aa) Als **Sonderregelung** des Eingriffserwerbs schließt § 816 den allgemeinen Tatbestand der Eingriffskondiktion in § 812 Abs 1 Satz 1 Fall 2 aus. Durch § 816 Abs 1 Satz 1 ist klargestellt, dass eine Eingriffskondiktion gegen den Erwerber bei entgeltlichen Geschäften ausgeschlossen ist, auch wenn das Entgelt niedriger als der Wert der Sache ist[15]. Der Ansicht von *Lopau*[16], dass dem Berechtigten wahlweise auch ein Wertersatzanspruch nach §§ 812 Abs 1, 818 Abs 2 zustehe, ist daher nicht zuzustimmen. Teilweise, aber zu Unrecht, wird dem § 816 nur eine Klarstellungsfunktion zugesprochen[17]. Zur Bedeutung des § 816 Abs 2 s unten Rz 46. Ob die Ansprüche aus § 816 Abs 1 Satz 1 und aus § 812 iVm § 818 Abs 2 zu unterschiedlichen Ergebnissen führen, hängt insbes davon ab, ob bei einem der Ansprüche die Herausgabe auch den Gewinn umfasst[18].

4 bb) Der Anspruch aus § 816 Abs 1 Satz 1 kann mit einem Anspruch aus **unerlaubter Eigengeschäftsführung ohne Auftrag** (§ 687 Abs 2) oder aus **unerlaubter Handlung** konkurrieren[19]. Durch die Sonderregelung des Eigentümer-(rechtswidriger)Besitzer-Verhältnisses in den §§ 987 ff wird § 816 nicht ausgeschlossen[20]. Ist bei unwirksamer Sicherungsübereignung über das Sicherungsgut zur Verwertung verfügt worden, ist der insolvenzrechtlich anfechtbare Erlöserwerb nicht nur nach InsO § 143 Abs 1 Satz 1 (früher KO § 37 Abs 1), sondern auch nach § 816 Abs 1 Satz 1 an die Masse auszukehren[21].

5 cc) **§ 817 Satz 2** bezieht sich nach Ansicht des BGH auf alle Bereicherungsansprüche und somit auch auf solche aus § 816[22]. Doch spricht für eine Verneinung der Frage entsprechend der Rechtsprechung des RG die systematische Unterscheidung zwischen Leistungs- und Eingriffskondiktionen[23].

8 Vgl Motive II, S 853.
9 S Rz 3.
10 So MünchKomm/Lieb Rz 2, 6, 12.
11 So auch die hM; s Erman/Westermann Rz 1; Staud/Lorenz Rz 1.
12 BGHZ 56, 131 (= Fn 39): Lederfall.
13 Vgl Wilburg, Die Lehre von der ungerechtfertigten Bereicherung S 48; v Caemmerer, Festschr für Rabel I S 382; aM RGZ 158, 315 = JW 1939, 39 (mzustAnm Lindemann).
14 BGHZ 56, 131; zur Möglichkeit der Genehmigung durch den Berechtigten s Rz 7.
15 S Rz 28.
16 Surrogationsansprüche und Bereicherungsrecht S 78 ff; gegen ihn auch Larenz, SchuldR II § 69 IVa; s auch Rz 27.
17 S H Reeb, Grundprobleme, 1975, S 71.
18 S unten Rz 29.
19 Vgl Rz 1.
20 Vgl Rz 6.
21 BGH NJW 1991, 2144 = WM 1991, 1273 = WuB I F 4.-7.92 Benckendorff = ZIP 1991, 807; dazu Serick BB 1996, 857.
22 BGH LM Nr 4 zu MRG 53 = NJW 1956, 338; ebenso v Caemmerer SJZ 1950, 650; aM RG JW 1910, 810; KG JW 1932, 957.
23 Nach BGH NJW 2003, 582, 584, ist § 817 Satz 2 nicht bei einer Bereicherung „in sonstiger Weise" (§ 812 Abs 1 Satz 1 Fall 2) anwendbar. Vgl auch § 817 Rz 10.

dd) Für das **Eigentümer-Besitzer-Verhältnis** enthalten die §§ 987 ff grundsätzlich eine die Vorschriften des Bereicherungsrechts ausschließende, erschöpfende Sonderregelung; jedoch wird die Anwendung des § 816 dadurch nicht berührt[24]; ist die Verfügung des Nichtberechtigten durch Genehmigung des Berechtigten wirksam geworden, so ist die Geltendmachung eines über den Bereicherungsanspruch hinausgehenden Schadensersatzanspruches aufgrund der §§ 989, 990 nicht ohne weiteres ausgeschlossen[25]. Mit der Genehmigung verzichtet der Berechtigte lediglich auf seinen Anspruch auf Herausgabe seines Eigentums gegen den besitzenden Dritten; im Verhältnis zum Verfügenden bleibt dessen Verfügung die eines Nichtberechtigten. Nur wenn die Genehmigung auch als Verzicht auf Schadensersatzansprüche anzusehen ist, entfallen Ansprüche aus den §§ 987 ff[26]. 6

2. **Die Genehmigung des Berechtigten**. – a) **Bedeutung der Genehmigung**. Führt die Verfügung nicht zu einem Erwerb des Rechtes, zB bei Veräußerung einer gestohlenen Sache (§ 935), so wird die Verfügung des Nichtberechtigten gem § 816 Abs 1 Satz 1 oder die Leistung an einen Nichtberechtigten gem § 816 Abs 2 doch gem § 185 Abs 2 Satz 1 durch die Genehmigung des Berechtigten wirksam. Auch dann ist nach herrschender Meinung in der Rechtsprechung und im neueren Schrifttum § 816 anzuwenden[27]. Die Verfügung bleibt die eines Nichtberechtigten. Sie wird infolge der Genehmigung nur so angesehen, als ob sie von Anfang an wirksam gewesen wäre. Der herrschenden Meinung wird zu Unrecht entgegengehalten, dass mit Rücksicht auf die in § 185 bestimmte Rückwirkung der Genehmigung die Verfügung eines Berechtigten vorliege, denn § 185 regelt nur die Rechtsfolge[28]. An der Rechtswidrigkeit der Verfügung ändert sich durch die Genehmigung nichts[29]. Die Genehmigung hat zwar nach § 184 rückwirkende Kraft. Dies betrifft jedoch nur die Rechtsfolgen und berührt die Widerrechtlichkeit im Zeitpunkt der Verfügung nicht[30]. Eine endgültige Verweigerung der Genehmigung liegt nicht vor, wenn zunächst Schadensersatz verlangt wird[31]. 7

b) **Schutz des Rechtsinhabers bei Genehmigung durch Klageerhebung**. Es stellt sich die Frage, welche Rechtswirkungen der Klage beizumessen sind, die auf Herausgabe des durch die Verfügung Erlangten gerichtet ist. Der BGH hat in einer Reihe von Entscheidungen, in denen nach dem Sachverhalt Zweifel hinsichtlich der Realisierung des Anspruchs offenbar nicht bestanden, in der Erhebung der Klage eine Genehmigung der Veräußerung erblickt[32]. Gegenüber dieser Ansicht, dass bereits in der Klageerhebung eine Genehmigung zu erblicken sei[33], ist darauf hingewiesen worden, dass damit eine Schlechterstellung des Rechtsinhabers verbunden sei, wenn der Erlös nicht beigetrieben werden könne. Dem Schutz des Rechtsinhabers ist dadurch Rechnung zu tragen, dass er **Herausgabe des Erlöses Zug um Zug gegen Erteilung der Genehmigung** verlangen kann[34]. Bedenken gegen eine Verurteilung Zug um Zug werden von *Deubner*[35] erhoben. 8

24 RGZ 163, 348, 353; BGHZ 14, 7; BGH LM Nr 15 zu § 812 = NJW 1953, 58; LM Nr 9/10 zu § 816 = NJW 1960, 860 (in BGHZ 32, 53 nur teilw abgedruckt); s Rz 15 vor § 987.

25 BGH NJW 1960, 860.

26 BGH NJW 1960, 860; s auch Raiser JZ 1961, 24 (Anm); vgl dazu aber auch die Nachweise aus dem Schrifttum unten Rz 7.

27 S die stRspr: RGZ 106, 44; 115, 31; BGH LM Nr 6 zu § 816 = NJW 1959, 668 (insofern in BGHZ 29, 157 nicht abgedruckt); LM Nr 9/10 zu § 816 = NJW 1960, 860 (in BGHZ 32, 53 insofern nicht abgedruckt); BGH vom 25. 11. 1993 – IX ZR 6/93 –; Enn/Lehmann § 225 I 3; § 196, 2; Larenz/Canaris, SchuldR II/2 § 69 II 1 c, II 3 d; Dölle, RGFestG III S 22, 33; v Caemmerer, Festschr für Rabel I S 390; aM v Mayr, Bereicherungsanspruch, 1903, S 317; Heck, SchuldR § 142, 9; Siber, SchuldR § 74 IV 1; Haymann JherJb 77 (1927), 276; LZ 1930, 681; JW 1931, 1172; Krawielicki JherJb 81 (1931), 258; vgl auch v Lübtow, Beiträge zur Lehre von der condictio S 60.

28 BGH LM Nr 9/10 zu § 816 = NJW 1960, 860 (in BGHZ 32, 53 nur teilw abgedruckt) = JZ 1961, 24 (mAnm Raiser); Larenz/Canaris, SchuldR II/2 § 69 II 1 c, II 3 d.

29 BGH WM 1976, 350.

30 S § 185 Rz 25; aM Ehlke WM 1979, 1022, der diese Unterscheidung nicht trifft.

31 S Rz 10.

32 BGH LM Nr 6 zu § 816; Nr 8 zu § 816 = NJW 68, 1326; Nr 27 zu § 816 = NJW 1972, 1197; zuletzt BGH vom 25. 11. 1993 – IX ZR 6/93 –.

33 So auch schon RGZ 106, 44.

34 Ebenso Dölle, RGFestG III S 22; Enn/Lehmann § 225 I 3, § 196, 2; Larenz/Canaris, SchuldR II/2 § 69 II 1 c, II 3 d.

35 MDR 1958, 197.

Allerdings wird der Besitzer, der von der Klage auf Herausgabe des Erlangten Kenntnis erhält, dann für ungewisse Zeit der verschärften Haftung nach §§ 987 ff ausgesetzt. Gegen die von *Wilckens*[36] erörterte Möglichkeit, dass der Eigentümer sich die Inanspruchnahme der Sache, wenn diese wieder auftauche, durch eine Genehmigung unter auflösender Bedingung offen halten solle[37], spricht der Gesichtspunkt der Rechtsklarheit. Eine **Genehmigung** setzt voraus, dass der Genehmigende sich der schwebenden Unwirksamkeit des Rechtsgeschäfts bewusst ist oder zumindest mit einer solchen Möglichkeit rechnete[38].

9 c) **Wahlrecht des Eigentümers einer gestohlenen Sache**. Dem Schutz des Eigentümers dient in diesem Fall die Möglichkeit, entweder die gestohlene Sache von dem Besitzer herauszuverlangen oder die Verfügung des Nichtberechtigten zu genehmigen und den Erlös zu beanspruchen, wobei es abweichend von der herrschenden Meinung bei § 184 hier nicht darauf ankommt, ob die Sache im Zeitpunkt der Genehmigungserklärung noch vorhanden oder auffindbar ist[39]. Für dieses Wahlrecht spricht sich der BGH aus, weil sonst der Schutz des Eigentümers unvollkommen wäre. In dem vom BGH entschiedenen Fall war das Eigentum an dem gestohlenen Leder infolge Verarbeitung untergegangen, so dass dem früheren Eigentümer auch ein Wahlrecht zwischen dem Anspruch nach § 951 gegen den Verarbeiter und nach § 816 gegen den Dieb zustand. Auf die Frage der Subsidiarität der Eingriffskondiktion[40] ist der BGH hier nicht eingegangen[41].

10 d) **Schadensersatz**. Verlangt der Bestohlene zunächst Schadensersatz, so ist darin nicht eine endgültige Verweigerung der Genehmigung zu der vom Dieb oder den Hehlern vorgenommenen Veräußerung zu erblicken; der Bestohlene hat dadurch also seinen Anspruch aus § 816 nicht verloren[42].

11 e) **Mehrfache Verfügungen (Kette)**. Verfügen mehrere hintereinander, so haftet derjenige, dessen Verfügung genehmigt wird, zB der Hehler oder der durch Erwerb vom Dieb in den Verdacht der Hehlerei Geratene[43]. Über Ansprüche gegen verschiedene Personen aus unterschiedlichen dem Eigentumsschutz dienenden Ansprüchen s unten Rz 33. Wird eine kleine Menge der gestohlenen Ware bei einem der vielen Abnehmer sichergestellt, so schließt dies nicht das Recht aus, die Veräußerung durch den Lieferanten im übrigen zu genehmigen[44].

12 f) **Zustimmung eines Nichtberechtigten zur Verfügung; mittelbare Stellvertretung**. Nach RGZ 137, 356 ist die bloße **Zustimmung** zur Rechtshandlung eines anderen nur dann eine eigene Verfügung, wenn ein Nichtberechtigter verfügt und der Berechtigte hierzu seine Zustimmung gibt. Hiergegen wird mit Recht von *Hoeniger*[45] geltend gemacht, dass zur Verfügung des Nichtberechtigten die Zustimmung eines anderen Nichtberechtigten hinzuzurechnen ist[46]. Während bei der offenen Stellvertretung der Vertretene grundsätzlich als der verfügende Nichtberechtigte anzusehen ist[47], stellt sich bei der mittelbaren Stellvertretung die Frage, ob nur der mittelbare Stellvertreter, bei der Verkaufskommission also der Kommissionär, oder ob der Kommittent oder aber beide als Verfügende anzusehen sind[48]. Ein Treuhänder als Vollrechtsinhaber verfügt auch dann als Berechtigter, wenn die Verfügung im Verhältnis zum Treugeber pflichtwidrig ist[49].

36 AcP 157 (1958/59), 399, 400.
37 Vgl zu den Bedenken hiergegen auch Wilckens AcP 157 (1958/59), 401.
38 Vgl § 182 Rz 7 mNachw, BGH DB 1960, 1212.
39 BGHZ 56, 131 = LM Nr 26 zu § 816 (mAnm Rietschel) = JR 1971, 375 (mAnm Zeiß): Lederfall.
40 Dazu allgemein § 812 Rz 33, 34.
41 Dazu Zeiß JR 1971, 375 (Anm).
42 BGH NJW 1968, 1326 = LM Nr 18 zu § 816.
43 S RGZ 115, 31, 34; BGHZ 29, 157.
44 BGH BB 1968, 690.
45 JW 1933, 1453 (Anm).
46 Ebenso Enn/Nipperdey § 204 II 4 Fn 35; Rabe JuS 1968, 211 mBespr von Hamburg MDR 1954, 356; zu BGHZ 47, 128: Veräußerung einer nicht dem Kommittenten gehörenden Sache durch den Verkaufskommissionär; vgl unten Rz 33.
47 Vgl auch unten Rz 26.
48 Vgl Rz 33.
49 BGH NJW 1999, 1026 = WM 1999, 23 = WuB IV A. § 822 BGB 1.99 (Schlechtriem) = ZIP 1999, 59 (mBespr HH Jakobs S 733).

3. **Keine Anwendung des § 281** (seit 1. 1. 2002: § 285). Die Frage, ob im Falle einer unwirksamen Verfügung eines Nichtberechtigten, zB wegen bösen Glaubens des Erwerbers oder im Falle des § 935, eine Verpflichtung zur Ersatzherausgabe nach § 281 (nunmehr § 285), also auf Herausgabe des Erlangten, besteht, ist strittig, aber mit der herrschenden Meinung zu verneinen[50]. Wie das RG wiederholt ausgeführt hat, füllt § 281 (nunmehr § 285) im Vertragsrecht eine für den Fall unvertretbarer Unmöglichkeit nicht geregelte Lücke aus. Das Schuldverhältnis wird trotz nachträglich eingetretener Unmöglichkeit nicht vernichtet, sondern äußert seine Wirkung in einer anderen Richtung. Als Ergänzungsvorschrift kann § 281 (nunmehr § 285) nach Ansicht des RG nicht auf den Erlös bei Veräußerung einer Ware übertragen werden[51]. 13

4. **Wirksame Verfügung eines Nichtberechtigten**. – a) **Nichtberechtigter**. Unter diesen Begriff fällt nur derjenige, der zur Verfügung nicht befugt ist[52]. Die begründete Anfechtung eines Kaufvertrages und des Vollzugsgeschäftes bewirkt, dass die Weiterveräußerung als die Verfügung eines Nichtberechtigten anzusehen ist[53]. Auch bei einem nach § 139 unwirksamen Kaufvertrag hat der Käufer bei Weiterveräußerung der gelieferten Waren als Nichtberechtigter verfügt[54]. Hat von mehreren angeblich **Mitberechtigten** nur einer die unbefugte Verfügung vorgenommen, so ist er allein bereichert[55]. Der **Zedent**, der eine künftige Forderung abgetreten hat, darf über diese nicht verfügen, auch wenn ihm die Einziehungsbefugnis belassen ist[56]. 14

b) Eine **Verfügung** liegt nur vor, wenn das in Rede stehende Rechtsgeschäft eine Änderung an einem Vermögensrecht unmittelbar bewirkt oder doch bezweckt[57]. Eine Verfügung kann auch über urheberrechtliche Befugnisse getroffen werden (keine Werknutzung)[58]. Die **Einwilligung** ist in dem Fall, in dem ein Berechtigter der Verfügung eines Nichtberechtigten zustimmt, als Verfügung anzusehen[59]. RGZ 152, 380, 383 betrifft die hier nicht einschlägige Frage der Zustimmung (Genehmigung) einzelner Miterben zur Verfügung von anderen Miterben[60]. **Keine Verfügung** liegt im **Verbrauch** von Sachen, zB von Benzin[61], ebensowenig in der Besitzüberlassung[62]. 15

c) **Wirksamkeit der Verfügung**. Als **wirksame Verfügungen** sind namentlich die Fälle anzusehen, in denen jemand durch die Vorschriften über den **gutgläubigen Erwerb** einen Rechtsverlust erleidet[63], insbesondere die §§ 892–894, 1138, 1155 ff, 1192, 1200, 932, 935, 936, 1032, 1207, 1208, 1262, 1272, 2366, 2368, 2370, ferner die §§ 135 Abs 2, 136, 161 Abs 3, 405, 2113 Abs 3. Bestimmungen über den Schutz des guten Glaubens finden sich auch in zahlreichen anderen Gesetzen; vgl zB HGB § 366, WG Art 16, ZPO § 325 Abs 2, InsO § 81 Abs 1 Satz 2. 16

d) **Entsprechende Anwendung des § 816 Abs 1**. – aa) Nach Ansicht des RG konnte der Hypothekengläubiger, wenn infolge der in der Veräußerung des Grundstücks liegenden Verfügung eine **gelöschte Hypothek** wegen des öffentlichen Glaubens des Grundbuchs gem AufwG §§ 20 ff nicht wieder eingetragen wird, einen Anspruch in entsprechender Anwendung des § 816 Abs 1 Satz 2 gegen den unentgeltlichen Erwerber des Grundstücks geltend machen[64]. 17

bb) § 816 Abs 1 Satz 1 ist auch anwendbar, wenn die Verfügung nicht aufgrund der Vorschriften über den gutgläubigen Erwerb oder infolge Genehmigung gem § 185 wirksam wird, sondern der 18

50 Ebenso Staud/Lorenz Rz 3.
51 RGZ 115, 31; 157, 40; vgl auch § 985 Rz 20 mNachw; aM Soergel[10]/Schmidt § 281 Rz 3.
52 S Jahr JuS 1963, 397.
53 RGZ 138, 45 = JW 1933, 42 (mzustAnm Kunkel).
54 BGHZ 112, 288 = NJW 1991, 105 = WM 1990, 2047.
55 RG Recht 1918 Nr 365.
56 RG WarnR 1932 Nr 162.
57 RGZ 119, 332, 337.
58 BGH NJW 1999, 1966 = GRUR 1999, 579 = WM 1999, 1583.
59 Vgl aber auch zu RGZ 137, 356 oben Rz 12.
60 Ebenso MünchKomm/Lieb Rz 14; aM Erman/Westermann Rz 4.
61 BGHZ 14, 7.
62 RGZ 124, 327; vgl auch Heck, SchuldR § 142, 9; v Lübtow, Beiträge zur Lehre von der condictio S 60; zur Kondiktion des Besitzes s § 812 Rz 147.
63 RG JW 1910, 810.
64 RGZ 119, 308 = JW 1928, 480 (mAnm Mügel u v d Trenck JW 1928, 1932); RG JW 1931, 578; aM Kiel SchlHA 1928, 116; Stettin LZ 1927, 655; Elsaß JW 1928, 2812.

Erwerber aufgrund **Ersitzung** Eigentümer wird[65]. Der BGH[66] hat die Frage offen gelassen. Die entsprechende Anwendung des § 816 trägt dem Gesichtspunkt Rechnung, dass die Verfügung letzten Endes zum wirksamen Erwerb den Anstoß gegeben hat. In der Geltendmachung des Anspruchs auf Herausgabe des Erlangten wird in der Regel die Genehmigung der Verfügung des Nichtberechtigten zu erblicken sein. Nach EGBGB Art 233 § 16 Abs 2 Satz 2 ist dem „besser Berechtigten" herauszugeben, was der Verfügende über ein als Erbe erworbenes Grundstück aus der Bodenreform aufgrund des Vertrags erlangt hat; ob es sich dabei um einen „an BGB § 816 Abs 1 Satz 1 angelehnten Bereicherungsanspruch" oder um die Herausgabe des Surrogats nach § 281 (seit 1. 1. 2002: § 285) handelt, hat der V. Zivilsenat des BGH[67] offen gelassen (Tendenz offenbar eher zu § 281; seit 1. 1. 2002: § 285).

19 cc) Die **Vermietung fremder Sachen** ist zwar keine Verfügung im Sinne von § 816[68], ebensowenig wie die mietweise Überlassung von Grundstücken[69]. Jedoch ist eine entsprechende Anwendung des § 816 Abs 1 Satz 1 zu bejahen[70]. *Larenz* weist mit Recht auf die Aneignung des Gebrauchswertes hin[71]. Für eine Mittellösung spricht sich *Kollhosser*[72] aus, wenn bei einem dinglichen Wohnrecht der Wohnberechtigte zu Unrecht vermietet. Nicht gerechtfertigt ist eine Beschränkung der analogen Anwendung des § 816 auf Fälle, in denen die §§ 987 ff nicht eingreifen[73]. Bei Ablehnung der analogen Anwendung des § 816 ist ein Bereicherungsanspruch jedenfalls aus § 812 aufgrund eines Eingriffserwerbs begründet[74]. Bei unberechtigter Untervermietung ist § 816 weder unmittelbar noch entsprechend anwendbar[75].

20 dd) **Einbaufälle**. Bei einem Rechtsverlust durch Einbau von Material gem § 946 ist ebenso wie bei Vermischung (§ 948) und Verarbeitung (§ 950) in § 951 eine Ausgleichsregelung durch Verweisung auf die §§ 812 ff getroffen worden. Hierbei handelt es sich nach herrschender Meinung um eine Tatbestandsverweisung[76]. Beim Einbau von Material, das einem Dritten gehört, sind die **§§ 932 ff entsprechend** bei einer Eingriffskondiktion anzuwenden mit der Folge, dass diese nur bei Bösgläubigkeit und im Fall des § 935 gegen den bereicherten Grundstückseigentümer durchgreift[77]. Der BGH hat dem entreicherten ursprünglichen Materialeigentümer ein Wahlrecht zugesprochen (bei Verarbeitung von Leder). Der ursprüngliche Eigentümer hat die Wahl zwischen dem Anspruch nach § 951 gegen den durch den Einbau Bereicherten und dem Anspruch nach § 816 gegenüber dem vorher unberechtigt über das Eigentum Verfügenden[78]. Dieser bei der Verarbeitung entwickelte Grundsatz ist auch auf den Einbau von Material anzuwenden. Es bestehen also, wenn die Voraussetzungen vorliegen, konkurrierende Ansprüche, die zu einer Gesamtschuld, zumindest zu einer entspr Anwendung der Vorschriften über die Gesamtschuld, führen[79].

21 ee) **Zwangsvollstreckung in dem Schuldner nicht gehörende Gegenstände**. Die Anwendung des § 816 entsprach bis zu RGZ 156, 395 der herrschenden Meinung. Zugrunde lag die erst in

65 Vgl Oertmann Recht 1910, Sp 585, 591 f; Mügel JW 1933, 1231; aM v Mayr, Der Bereicherungsanspruch S 317.
66 BGHZ 47, 128 (s dazu Rz 33).
67 WM 1998, 408 = WuB IV B. Art 233 § 16 EGBGB 1.98 (Eckert) = MDR 1998, 765.
68 RGZ 105, 408; LG Hagen NJW 1948, 341.
69 RGZ 106, 109.
70 Ebenso v Lübtow AcP 150 (1949), 252; Larenz, SchuldR II § 69 IV; Esser/Weyers, SchuldR II § 50 II 2; Diederichsen NJW 1964, 2296 (Anm); Koppensteiner/Kramer, Ungerechtfertigte Bereicherung S 107.
71 Vgl auch zur „quasidinglichen" Natur der Miete infolge des verstärkten Bestandsschutzes und der Regelung in § 571 Baur/Baur, SachenR § 2 I 1 a.
72 BB 1973, 820.
73 So Medicus, BürgerlR § 28 III Rz 717.
74 Vgl dazu § 812 Rz 141; v Caemmerer, Festschr für Rabel I S 358; Staud/Lorenz Rz 6; Münch Komm/Lieb Rz 16.
75 So mit ausführlicher Darstellung des Standes der Meinungen BGHZ 131, 297 = NJW 1996, 838 = WM 1996, 489 = LM Nr 18 zu § 549 (mAnm Sustmann). Vgl auch § 687 Rz 11 mNachw.
76 S § 951 Rz 1; vgl aber Hadding, Festschr für Mühl S 225, 260 ff: Der Vorrang einer allgemeinen Leistungskondiktion (§ 812 Abs 1 Satz 1, Alternative 1) ergibt sich schon systematisch, so dass auch § 951 als besondere Eingriffskondiktion nur eine sog Rechtsfolgenverweisung enthält.
77 Vgl § 951 Rz 4 mNachw; s auch zur Eingriffskondiktion § 812 Rz 140.
78 Vgl zu BGHZ 56, 131 oben Rz 9.
79 Ebenso Staud/Lorenz Rz 10; MünchKomm/Lieb Rz 17; Koppensteiner/Kramer, Ungerechtfertigte Bereicherung S 106.

der neueren Rechtsentwicklung im verneinenden Sinn geklärte Vorstellung vom Gerichtsvollzieher als Beauftragten des Gläubigers (s die Fassung des ZPO § 753 Abs 1). Nicht berücksichtigt wurde auch, dass Pfändung und Verwertung Hoheitsakte sind und Verfügungen im Wege der Zwangsvollstreckung in § 816 nicht wie in den §§ 135, 161, 184, 353, 499, 883 den rechtsgeschäftlichen Verfügungen gleichgestellt sind. Der Bereicherungsanspruch des früheren Rechtsinhabers gegen den Gläubiger ist als eine Eingriffskondiktion zu qualifizieren, die nach § 812 Abs 1 Satz 1, 2. Alt zu beurteilen ist[80].

e) **Einzelfragen**. – aa) **Untergang von Belastungen**. Ist ein Pfandrecht an Früchten infolge Veräußerung gem §§ 929, 936 untergegangen, so besteht ein Anspruch auf Herausgabe des Erlöses, und zwar bei noch nicht geernteten Früchten auch soweit erst ein Anwartschaftsrecht an einem Pfandrecht aufgrund des PachtkreditG bestand[81]. Wer sich aus einer an fremden Sachen bestellten Sicherheit befriedigt, ist um den ganzen Erlös bereichert[82]. Wird unbefugterweise über ein Vermieterpfandrecht durch eine dem Pfandgläubiger gegenüber gem §§ 929, 936 wirksame Veräußerung verfügt, so setzt sich das Vermieterpfandrecht mit seinem früheren Range an dem Erlös nach § 1247 Satz 2 fort[83]. 22

bb) **Belastung fremder Sachen**. Nach Ansicht des RG hatte der im Grundbuch eingetragene Nichteigentümer, der das Grundstück wirksam mit Hypotheken belastet hatte, die ihm von den Hypothekengläubigern gewährten Darlehen gem § 816 Abs 1 Satz 1 herauszugeben, wobei er allerdings Befreiung von der seine Bereicherung mindernden Rückzahlungsverpflichtung verlangen konnte[84]. Daran hat *v Caemmerer*[85] Kritik geübt. Er hat sich unter Einschränkung des Surrogationsgedankens für eine einschränkende Interpretation des § 816 Abs 1 Satz 1 ausgesprochen und darauf hingewiesen, dass die gezahlte Valuta als Gegenwert nur angesehen werden könne, wo das Pfandrecht der Mobilisierung des Grundstückswertes diene, zB bei der Veräußerung einer Grundschuld. Wer als Nichtberechtigter zugunsten eines Gutgläubigen über eine teilweise nicht valutierte und deshalb einredebehaftete Sicherungsgrundschuld verfügt, hat bei Zwangsversteigerung des Grundstücks den Erlös, der auf den nicht valutiert gewesenen Teil der Grundschuld entfällt, nach § 816 Abs 1 Satz 1 herauszugeben[86]. Die Bestellung eines Pfandes für den gutgläubigen Gläubiger ist selbst dann nicht eine unentgeltliche Zuwendung, wenn die Sicherheit nicht geschuldet war, und der sie bestellende Schuldner oder Dritte keinen Gegenwert dafür erhält[87]. Daher entfällt ein Anspruch nach § 816 Abs 1 Satz 2 (s zur **Bestellung dinglicher Sicherheiten** auch unten Rz 32). 23

cc) **Geheißerwerb**. Beim gutgläubigen Erwerb nach § 932 entspricht es seit langem einer gesicherten Auffassung in der Rechtslehre, dass einer Übergabe durch den Veräußerer an den Erwerber jede Erlangung des Besitzes gleichsteht, die auf Veranlassung des Veraußerers mittels eines Dritten stattfindet[88]. Der BGH hat diesen „Geheißerwerb" durch Heranziehung der Empfänger-Horizont-Lehre im Bereicherungsrecht ausgedehnt, indem der Glaube des Erwerbers daran, dass der Nichteigentümer als Geheißperson des Eigentümers tätig geworden sei, als ausreichend angesehen wurde[89]. Die Übernahme der Empfänger-Horizont-Lehre auf sachenrechtliche Fallgestaltungen ist auf starke, unterschiedlich begründete Kritik gestoßen[90]. Damit ist zugleich der Bereich der Fälle, in denen ein gutgläubiger Erwerb in Betracht kommt, erweitert und, wie auch in den kritischen Äußerungen hervorgehoben wurde, der Anwendungsbereich des 24

80 Vgl § 812 Rz 158.
81 BGHZ 41, 6.
82 Rostock SeuffA 67 Nr 80.
83 RGZ 119, 265, 269.
84 RGZ 158, 40, 47; ebenso MünchKomm/Lieb § 816 Rz 41.
85 Festschr für Lewald S 443, 445; s auch Kohler NJW 1991, 1999, 2001; Reuter JZ 1991, 872, 874.
86 BGH NJW 1997, 190 = WM 1996, 2197 = WuB I F 3.-1.97 (Wilhelm) = LM Nr 5 zu § 268 (mAnm Konzen).
87 RG WarnR 1933 Nr 158; zust v Caemmerer, Festschr für Lewald S 454.
88 S Wolff/Raiser § 69 II 2; Heck, SachenR § 59, 2; Baur/Baur, SachenR § 52 Rz 13.
89 BGH NJW 1974, 1132 = LM Nr 106 zu § 812: Hemden-Fall.
90 Vgl § 932 Rz 6 mNachw.

§ 816 Abs 1 entsprechend verringert worden, weil der Erwerber über die Waren dann nicht als Nichtberechtigter verfügt.

25 5. **Berechtigter** und damit **Gläubiger** des Bereicherungsanspruchs ist derjenige, der zu der ihm gegenüber wirksamen Verfügung befugt war[91]. Bei einer Verfügung über das aufgrund einer Forderung gezahlte Geld ist Berechtigter, wer zur Zeit der Erhebung des Betrages Gläubiger der Forderung war[92]. Steht einer Gemeinschaft von Miteigentümern ein Anspruch auf Herausgabe von Nutzungen nach § 816 zu, so kann jeder Miteigentümer entsprechend § 1011 Herausgabe an die gemeinschaftlich Berechtigten verlangen; bei einem Anspruch auf Geldzahlung gilt dies jedenfalls dann, wenn die Forderung wegen ihrer besonderen Art unteilbar ist; bei dem Anspruch auf Herausgabe der gezogenen Nutzungen handelt es sich um eine im Rechtssinn nicht teilbare Leistung[93]. Zur Umdeutung der Abtretung eines Anspruchs aus § 985 durch den Sicherungseigentümer in die Abtretung des Bereicherungsanspruchs aus § 816, wenn vor der Abtretung bereits ein Dritter das Eigentum gutgläubig erworben hatte, vgl Hamm MDR 1962, 985.

26 6. **Pflicht zur Herausgabe des Erlangten. Schuldner** des Bereicherungsanspruchs ist der Nichtberechtigte. Er hat das Erlangte herauszugeben. Zur praktischen Bedeutung dieses vom Verschulden nicht abhängigen Anspruchs und zur Anspruchskonkurrenz vgl oben Rz 1 und 3 ff. Der Anspruch richtet sich nur gegen den verfügenden Nichtberechtigten, bei offener Stellvertretung also grundsätzlich gegen den Vertretenen und nicht gegen den Stellvertreter[94].

27 7. **Pflicht zur Herausgabe des Erlangten.** – a) **Allgemeines.** Ebenso wie der Begriff des „Erlangten" ist die systematische Einordnung der Vorschrift streitig. Nicht zugestimmt werden kann der Ansicht, dass wegen Verwandtschaft beider Surrogationsfälle § 285 (bis 31. 12. 2001: § 281) und § 816 einander anzugleichen seien[95]. Die Heranziehung des Surrogationsgedankens beruht bei den beiden Vorschriften auf unterschiedlichen Gesichtspunkten, bei § 816 auf dem Schutz des Erwerbers bei der Verfügung Nichtberechtigter[96]. Maßgebend ist die Erwägung, dass § 816 eine Sonderregelung des Eingriffserwerbs enthält, der in Hinblick auf diesen Schutzgedanken den Rückgriff auf das Surrogat erfordert. Aus der Einordnung des Anspruchs in das Bereicherungsrecht folgt die Anwendung des **§ 818** insbesondere also des Absatzes 2 und des Absatzes 3. Daher hat auch für den Anspruch aus § 816 der Streit um den **objektiven und subjektiven Wertbegriff** Bedeutung[97]. Für die Anwendung des § 818 spricht auch der Gesichtspunkt, dass die Veräußerung einem Verbrauch der Sache gleichkommt[98]. Der Anspruch auf das Surrogat hat ferner Bedeutung für eine Ersatzaussonderung gem InsO § 48[99]. Der Zusammenhang zwischen § 816 Abs 1 Satz 1 und § 818 ergibt sich auch aus der Entstehungsgeschichte. Die 1. Kommission nahm davon Abstand, eine einheitliche Vorschrift über den Ausgleich bei unbefugtem Eingriff in fremdes Eigentum in das Sachenrecht einzufügen. Der später durch die Nichtleistungskondiktion in § 812 Abs 1 Satz 1 Alternative 2 erfasste Verbrauch fremden Gutes blieb ungeregelt. In den Entwurf aufgenommen wurden nur die beiden jetzt in § 816 Abs 1 Satz 1 und in § 951 enthaltenen Sondervorschriften[100]. Die Herausgabepflicht entfällt, wenn keine Bereicherung eingetreten ist[101].

28 b) **Erlös unter dem Verkehrswert.** Aus der Fassung des Abs 1 Satz 1 ergibt sich, dass lediglich das „Erlangte" herauszugeben ist. Erreicht der Veräußerungserlös nicht den Verkehrswert, so ist

91 RGZ 119, 332, 337.
92 RG JW 1911, 278.
93 BGH NJW 1953, 58 = LM Nr 15 zu § 812. Krit dazu Hadding, Festschr für Canaris, 2007.
94 BGH WM 1976, 350 = JuS 1976, 678.
95 So Lopau, Surrogationsansprüche und Bereicherungsrecht, 1971, S 24.
96 S oben Rz 1.
97 Vgl § 818 Rz 33.
98 S RGZ 163, 348, 353; Rz 15 vor § 987 mweit Nachw. Vgl auch zur Gleichstellung des Veräußerns mit dem Verbrauchen v Lübtow, Beiträge zur Lehre von der Condictio S 60; v Caemmerer, Festschr für Lewald S 446.
99 V Caemmerer, Festschr für Lewald S 447.
100 Vgl dazu Motive II, S 853; ferner König, Gutachten und Vorschläge zur Überarbeitung des Schuldrechts, hrsg v BMJ, Bd II, 1981, S 1551.
101 S Rz 29 aE.

der Anspruch nur auf die Abschöpfung dieses geringeren Erlöses gerichtet[102]. Weitergehende Ansprüche kommen aber in Betracht, wenn die Voraussetzungen der §§ 823, 987 ff, 687 Abs 2 erfüllt sind[103].

c) **Wertersatz, keine Gewinnhaftung**. Die Frage, ob der Nichtberechtigte auch einen über 29
den Wert der Sache hinausgehenden Preis, zB einen durch seine besondere Tüchtigkeit erzielten **Gewinn** herauszugeben hat, ist streitig. In der Rechtsprechung herrscht die Auffassung vor, dass auch der Gewinn herauszugeben ist[104]. In RGZ 138, 45[105] hat das RG die Frage, ob nach § 816 der volle Veräußerungserlös herauszugeben ist, unentschieden gelassen, weil es den Anspruch bereits aus § 687 Abs 2 für begründet ansah. Der gegenteiligen Ansicht, die dem Berechtigten nur einen Anspruch auf Wertersatz zuerkennt, ist zuzustimmen[106]. Daher ist beim Kauf eines Loses nur der verbrauchte Geldbetrag, nicht der Gewinn nach § 816 zu erstatten[107]. Allerdings kann der Begründung für einen auf Wertersatz beschränkten Anspruch nicht zugestimmt werden, dass der Verfügende Befreiung von der gegen ihn gerichteten Forderung aus dem zugrunde liegenden Kausalgeschäft erlangt habe, dadurch bereichert sei und nach § 818 Abs 2 Ersatz zu leisten habe[108]. Vielmehr ist von entscheidendem Gewicht der systematische Zusammenhang zwischen § 816 Abs 1 Satz 1 und § 818[109]. Ferner ist zu berücksichtigen, dass der Gesetzgeber von dem Normalfall ausging, dass der vom Nichtberechtigten erzielte Preis dem Wert der Sache entspricht[110]. Dieser Gedankengang lag bereits der Auffassung des RG vor dem In-Kraft-Treten des BGB zugrunde. Das RG hat daraus die **Vermutung** abgeleitet, dass der erzielte Kaufpreis dem wahren Sachwert entsprochen habe[111]. Dieser Vermutung entsprechend hat nach *Siber*[112] der Bereicherte zu beweisen, dass der frühere Berechtigte nicht den gleichen Gewinn gemacht hätte. Nach *v Caemmerer*[113] ist sogar bei Gegenständen, die keinen Marktpreis haben, der Prima-facie-Grundsatz anzuwenden. Der Unterschied zur Annahme einer Vermutung dürfte nicht erheblich sein. Abzüge vom Veräußerungspreis werden im Schrifttum mit unterschiedlicher Begründung vertreten. Auf das Verhältnis der Beitragswerte unter Berücksichtigung der Geschicklichkeit und der persönlichen Beziehungen des Veräußerers stellt *Wilburg*[114] ab. Nach *Esser/Weyers*[115] sind auch **wertsteigernde Aufwendungen** abzuziehen, während *Lorenz*[116] von der Stufenfolge der gesetzlichen Sanktionen ausgeht und *Westermann*[117] sich für Beachtung des subjektiven Wertbegriffs und eine interessengemäße Korrektur ausspricht. Für eine Verwendungskondiktion spricht sich auch *Medicus*[118] unter Hinweis auf das Färben des Stoffes aus[119]. Nach *Gursky*[120] ist der bei der Umwandlung der Vindikation in einen Erlösherausgabeanspruch eintretende Verlust eines dem Nichtberechtigten bisher nach §§ 994 ff zustehenden Verwendungsersatzanspruchs oder Wegnahmerechts als eine Minderung der Bereicherung gem § 818 Abs 3 anzusehen. Das Ergebnis, dass die Verwendungskondiktion in ihrem Umfang dem Anspruch aus §§ 994 ff entspricht, lässt sich auch durch sachgemäße Abgrenzung der Verwendungskondiktion gegenüber der aufgedrängten Bereiche-

102 S BGH NJW 1953, 58 = LM Nr 15 zu § 812; Siber, SchuldR § 75, 1; v Caemmerer, Festschr für Rabel I S 357.
103 S Rz 4 u 6.
104 RGZ 88, 351, 359; BGHZ 29, 157 = LM Nr 8 zu § 816 (mAnm Rietschel) = JR 1959, 461 (mabl Anm v Caemmerer); BGH WM 1975, 1179 = JuS 1976, 187.
105 = JW 1933, 42 (mzustAnm Kunkel).
106 Ebenso Siber, SchuldR § 75, 1 b; v Caemmerer, Festschr für Rabel I S 357; König, Festschr für v Caemmerer S 179, 186; Larenz/Canaris, SchuldR II/2 § 72 III 3.
107 Siber, SchuldR § 75, 1 b; v Caemmerer, Festschr für Lewald S 448; aM Enn/Lehmann § 225 I 1; H Jakobs, Eingriffserwerb, 1964, S 58: Das Erlangte ist herauszugeben; Koppensteiner NJW 1971, 1772; Koppensteiner/Kramer, Ungerechtfertigte Bereicherung S 129.
108 So Medicus, BürgerlR[19], 2002, § 28 IV Rz 723.
109 S Rz 27.
110 Vgl v Caemmerer, Festschr Rabel I S 357.
111 RGZ 25, 130, 138; vgl dazu König, Gutachten und Vorschläge zur Überarbeitung des Schuldrechts, hrsg v BJM, Bd II, 1981, S 1559; ders, Festschr für v Caemmerer S 186.
112 SchuldR § 75, 1.
113 Festschr für Lewald S 448.
114 Die Lehre von der ungerechtfertigten Bereicherung S 128, 132.
115 SchuldR II/2 § 50 II 2.
116 Staud/Lorenz Rz 25.
117 Erman/Westermann Rz 20.
118 BürgerlR Rz 724.
119 Beispiel anhand von BGHZ 29, 157.
120 JR 1971, 361.

rung erzielen[121]. Zur Berücksichtigung wirtschaftlicher Gesichtspunkte bei der Abgrenzung der Gewinnherausgabe vgl *Jakobs*, Eingriffserwerb und Vermögensverschiebung S 58. Nicht zuzustimmen ist der Ansicht des BGH, dass der Wortlaut des Absatzes 1 „eindeutig" sei und dass im Einzelfall eine Korrektur gem § 242 in Erwägung gezogen werden könne[122]. Mit dem Begriff des Erlangten darf nicht die Frage verknüpft werden, inwieweit der Bereicherte Verwendungen und ein an Dritte geleistetes Entgelt abziehen darf[123]. Die **Herausgabepflicht entfällt**, wenn **keine Bereicherung** vorliegt[124].

30 d) Die einem **Dritten gewährte Gegenleistung** kann nicht abgezogen werden[125]. Maßgebend ist der Gesichtspunkt, dass es sich um eine Ergänzung des Eigentumsschutzes anstelle der verlorengegangenen Vindikation handelt[126]. Dasselbe Ergebnis wird auch damit begründet, dass es Sache des Nichtberechtigten sei, sich wegen des Rechtsmangels (§§ 433 Abs 1 Satz 2, 435) an den Dritten, von dem er erworben habe, zu halten oder dass der von ihm erlittene Vertrauensschaden nicht auf den Berechtigten abgewälzt werden dürfe[127]. Der in der Rechtsprechung herrschenden Meinung liegt die gesetzliche Wertung in § 935 zugrunde; ihr ist zuzustimmen.

31 e) Da sich der Umfang der Herausgabepflicht nach § 818 richtet[128], ist auch diese Vorschrift dafür maßgebend, inwieweit **Aufwendungen abgesetzt** werden können[129].

32 f) **Belastungen**. Die Frage, ob der Erwerb eines Pfandrechts zur Sicherung eines Darlehens ein entgeltliches oder ein unentgeltliches Geschäft darstellt und daher Abs 1 Satz 1 oder Satz 2 im Falle eines gutgläubigen Erwerbs in Betracht kommt, hat auch Bedeutung für eine Ersatzaussonderung gem InsO § 48. Für die Frage der Entgeltlichkeit kommt es auf die Sicht des Erwerbers an[130]. Die Gegenleistung für das Darlehen bilden die Zinsen, nicht eine für die Rückerstattung bestellte Sicherheit. Anders ist es nur zu beurteilen, wenn ein Kapitalanlagegeschäft vorliegt, das sich rechtlich als Kauf einer Sicherheit darstellt[131]. Vgl auch unter Hervorhebung der Interessenlage *v Caemmerer*[132], der Sicherung der Forderung und Mobilisierung des Grundstückswerts gegenüberstellt. *Schütz*[133] weist darauf hin, dass Banken nicht daran denken, eine Sicherheit zu kaufen. Nach ständiger Rechtsprechung ist auch die Bestellung einer nicht geschuldeten Sicherheit ohne Leistung eines Gegenwertes nicht unentgeltlich erfolgt[134]. Zur Abtretung einer Hypothek erfüllungshalber zur Tilgung der Schuld eines Dritten vgl unten Rz 39.

33 g) **Stellung des Verkaufskommissionärs**. Bei Veräußerung einer nicht dem Kommittenten gehörenden Sache durch den Verkaufskommissionär kann bei wirksamer Veräußerung der frühere Eigentümer vom Kommissionär zwar die diesem verbliebene Provision, nicht aber den an den Kommittenten weitergeleiteten Erlös herausverlangen[135]. Der Grundsatz, dass der für den Erwerb aufgewandte Betrag vom Erlös nicht abgezogen werden darf, ist auf die Weiterleitung des Erlöses an den Kommittenten nicht anwendbar[136], wobei offen gelassen ist, ob der Kommissionär oder der Kommittent der Verfügende ist[137]. Der BGH, dem zuzustimmen ist[138], hat einen Wegfall der Bereicherung (§ 818 Abs 3) bejaht, soweit der Verkaufskommissionär den Erlös an den Kommitten-

121 Vgl auch Wieling AcP 169 (1969), 137, 151.
122 BGHZ 29, 157.
123 S Rz 30 u 31.
124 RGZ 158, 315; RG JW 1911, 152.
125 BGHZ 9, 333; v Caemmerer JR 1959, 461 (Anm zu BGHZ 29, 157); BGH NJW 1970, 2059 = LM Nr 16 zu § 818 Abs 3; aM Hamburg NJW 1951, 156 (mablAnm Liermann); vgl auch § 818 Rz 95.
126 S v Caemmerer, Festschr für Rabel I S 386.
127 Vgl Medicus, BürgerlR Rz 725; Esser/Weyers, SchuldR II 2 § 51 II 1 c; Rengier AcP 177 (1977), 418, 434.
128 S Rz 27.
129 S auch v Caemmerer, Festschr für Lewald S 447. Vgl auch oben Rz 29 und § 818 Rz 73.
130 S BGH LM Nr 4 zu § 816 = JZ 1954, 360 u dazu Rz 39 mNachw.
131 S RG JW 1937, 2765.
132 Festschr für Lewald S 448.
133 Zu Frankfurt/M NJW 1969, 327 (kritAnm); vgl auch Rz 30 vor § 607.
134 RG WarnR 1933 Nr 158 mNachw; dazu v Caemmerer, Festschr für Lewald S 454.
135 BGHZ 47, 128 = WM 1967, 394 = NJW 1967, 1022 = LM Nr 15 zu § 816 (mAnm Mormann).
136 BGHZ 47, 128 (Fn 135).
137 Vgl dazu oben Rz 12; ferner M Wolf JZ 1968, 414.
138 AA Larenz/Canaris, SchuldR II/2 § 69 II 1 e.

ten weitergeleitet hat. Nach der ablehnenden Ansicht von *M Wolf*[139] ist bei allgem Betrachtung der Rechtslage ein Wegfall der Bereicherung bei Herausgabe des Erlangten an den Auftraggeber zu verneinen. Vielmehr ist zu berücksichtigen, dass bei der mittelbaren Stellvertretung der Beauftragte bei Leistung an den Bereicherungsgläubiger einen Ersatzanspruch gegen den Auftraggeber hat[140]. Auch wird von *M Wolf* der Kommissionär allein als der Verfügende angesehen, weil es für den Anspruch aus Abs 1 Satz 1 auf das Auftreten im Rechtsverkehr ankomme[141]. Doch kann der Kommissionär nach Ansicht von *M Wolf* einen Wegfall der Bereicherung im Vermögen seines Auftraggebers geltend machen. Soweit ein Teil des Erlöses als Provision dem Kommissionär verblieben sei, beruhe dies auf seinem Rechtsverhältnis zum Kommittenten, so dass eine Herausgabepflicht entfalle[142]. Wird dagegen ein Wegfall der Bereicherung bei Herausgabe des Erlöses an den Kommittenten bejaht, so kommt ein Anspruch des Bereicherungsgläubigers gegen diesen nach § 822 in Betracht[143].

h) **Zur Frage der Anwendung des § 255**. Verlangt der bestohlene Eigentümer von dem Nichtberechtigten den Erlös heraus, den dieser durch Veräußerung erzielt hat, so kann dieser nicht Zug um Zug Abtretung der Schadensersatzansprüche gegen Dieb und Hehler verlangen[144]. Der BGH hat darauf hingewiesen, dass der Anspruch aus § 816 an die Stelle des Herausgabeanspruchs getreten sei, die Schadensersatzansprüche gegen die anderen Verpflichteten dagegen ihren Ursprung allein in deren zeitlich vorangegangenem Verhalten hätten, so wie einem Anspruch aus § 985 auch nur Forderungen aus den §§ 994 ff entgegengesetzt werden könnten. Kritisch bemerkt *v Caemmerer*, dass der Bestohlene zunächst einmal mehr erhält, als ihm gebührt, nämlich die von Dieb und Hehler gezahlten Schadensersatzbeträge, die diese vom bestohlenen Eigentümer zurückfordern müssten. In Wirklichkeit handele es sich nur um das Problem des Regresses unter den verschiedenen Haftenden. Der BGH hat dieser Kritik Rechnung getragen[145]. Ein Anspruch des Diebes aus § 255 gegenüber dem bestohlenen Eigentümer, dem er Schadensersatz geleistet hat, wurde verneint. Jedoch wurde insoweit eine Befreiung des Nichtberechtigten, der die gestohlene Sache weiterveräußert hat, angenommen. Die beiden Ansprüche aus unerlaubter Handlung und Bereicherung wurden trotz des verschiedenen Rechtsgrundes wie eine Gesamtschuld behandelt[146]. 34

i) Hat der Nichtberechtigte einen **Vorteil zugunsten eines Dritten** ausbedungen, so ist der Dritte zur Herausgabe verpflichtet[147]. 35

j) **Einzelfälle**. Der Schwarzkäufer, der eine Hypothek aufnimmt, verfügt als Nichtberechtigter über das Eigentum des Schwarzverkäufers und muss das Darlehen, das er durch die Verfügung erlangt hat, an den Schwarzverkäufer nach § 816 herausgeben[148], ebenso der Bucheigentümer, wenn er bei Bestellung der Hypothek gutgläubig war und die Hypothek vor Rechtshängigkeit der Berichtigungsklage des wirklichen Eigentümers bestellt wurde; beim Fehlen einer dieser Voraussetzungen ist er dem wirklichen Eigentümer schadensersatzpflichtig[149]. Hat der Mieter die Mietsache an einen gutgläubigen Käufer veräußert, ist der Verkauf aber wegen arglistiger Täuschung anfechtbar, so muss der Mieter den Vermieter zur Vornahme der Anfechtung ermächtigen[150]. Wer über Sachen, die dem Vermieterpfandrecht unterworfen sind, unbefugt verfügt, haftet aus § 816 Abs 1 Satz 1 auf den Erlös[151], ebenso derjenige, der Gutsinventar, das mit einem Pfandrecht auf- 36

139 Vgl dazu oben Rz 12; ferner M Wolf JZ 1968, 414.
140 Vgl auch § 667 Rz 8.
141 Ebenso Karlsruhe WM 2003, 584, 585.
142 Vgl auch Rabe JuS 1968, 215.
143 Vgl MünchKomm/Lieb Rz 38.
144 BGHZ 29, 157 = LM Nr 8 zu § 816 (mAnm Rietschel) = JZ 1959, 461 (mkritAnm v Caemmerer).
145 BGHZ 52, 39 = LM Nr 5 zu § 255 (mAnm Rietschel) = JZ 1969, 563 (mAnm Kühne).
146 Vgl zum Gesamtschuldausgleich unter Ablehnung eines Anspruchs aus § 255 auch BGHZ 59, 97 unter Hinweis auf BGHZ 52, 39 u dazu Dilcher JZ 1973, 199.
147 Ebbecke Recht 1912, 659 Fn 7.
148 Kaskel JW 1926, 786.
149 Hoche DRiZ 1928, 255.
150 Weimar JR 1934, 221.
151 RGZ 119, 265.

grund des PächterkreditG belastet ist, von dem Pächter erwirbt und an einen gutgläubigen Erwerber weiterveräußert[152].

37 8. **Die unentgeltliche Verfügung (Abs 1 Satz 2)**. – a) **Systematische Einordnung der Vorschrift**. Die Frage, ob Abs 1 Satz 1 einen Regel- oder Ausnahmetatbestand bildet, ist streitig. Das RG ging von dem Grundsatz der Unmittelbarkeit aus und hielt es daher für erforderlich, dass „die Vermögensverschiebung sich unmittelbar zwischen dem Kondiktionskläger und seinem Gegner" vollzogen haben müsse[153]. Die §§ 816, 822 wurden als Ausnahmen betrachtet[154]. *Jung*[155] hebt richtig hervor, dass sich die Stellungnahme des RG außer auf § 822 nur auf § 816 Abs 1 Satz 2, nicht aber auf Abs 1 Satz 1 und Absatz 2 bezogen haben könne. Dieser Auffassung liegt auch der Gesichtspunkt zugrunde, dass es sich um einen selbständigen Sonderfall der Rechtsvereitelung durch unentgeltlichen Erwerb handelt[156]. Sie verdient den Vorzug gegenüber der als Regel formulierten Ansicht, dass der Erwerber in sonstiger Weise unmittelbar bereichert sei und der Nichtleistungskondiktion ausgesetzt sei, da der frühere Eigentümer nicht geleistet habe[157]. Die Fortbildung des Bereicherungsrechts hat dazu geführt, dass für die Frage, in welchen Fällen von der Subsidiarität der Eingriffskondiktion auszugehen ist, andere Gesichtspunkte maßgebend sind[158]. Ist, jedenfalls in der Regel, vom Vorrang der Leistungskondiktion auszugehen, so ist es folgerichtig, § 816 Abs 1 Satz 2 als **Ausnahmevorschrift** anzusehen[159]. Praktische Bedeutung für die Anwendung des Abs 1 Satz 2 kommt der Streitfrage nicht zu[160]. Der Gesetzgeber hat die Nichtleistungskondiktion des früheren Eigentümers in Abs 1 Satz 2 geregelt, weil der unentgeltliche gutgläubige Erwerb im Verhältnis zum Verlierer nicht als (verkehrs)schutzwürdig anzusehen ist, so dass ebenso wie in den §§ 822, 988 eine Schlechterstellung gerechtfertigt ist[161]. Auf eine unentgeltliche Verfügung des Erben eines Begünstigten aus der Bodenreform in der DDR ist § 816 Abs 1 Satz 2 nicht entsprechend anwendbar[162]. Auch ohne eine ausdrückliche Vorschrift im ZGB-DDR ergab sich eine § 816 Abs 1 Satz 2 entsprechende Regelung „im Wege der erweiternden Auslegung des § 356 Abs 1 S 1 ZGB-DDR oder ... durch Analogie"[163].

38 b) Der **Begriff der Verfügung** ist ebenso weit wie in Abs 1 Satz 1 auszulegen[164]. Dies ist zB für die Beurteilung der Vermietung fremder Sachen von Bedeutung[165].

39 c) **Unentgeltlichkeit der Verfügung**. Bei der Auslegung des Begriffs der Unentgeltlichkeit ist von dem Gesetzeszweck auszugehen. Nach der Interessenwertung des Gesetzgebers ist das Interesse des gutgläubigen Erwerbers an einer vorteilhaften Rechtsposition hier nicht als schutzwürdig anzusehen[166]. Daher ist die Frage der Unentgeltlichkeit einseitig vom Standpunkt des Erwerbers aus zu beurteilen, so dass sie auch bei Leistung des Gegenwertes an einen Dritten zu verneinen ist[167]. Deshalb ist die Abtretung einer Hypothek erfüllungshalber zur Tilgung der Schuld eines Dritten, damit von einem Vorgehen gegen diesen Dritten Abstand genommen wird, keine unentgeltliche Verfügung[168]. Der Begriff der Unentgeltlichkeit meint grundsätzlich, dass eine Zuwendung freigebig stattfindet, kann aber im übrigen nur nach dem Zweck der jeweiligen Rechtsnorm bestimmt werden[169]. Bei § 816 ist Unentgeltlichkeit nicht deshalb schon zu bejahen, weil es an einer Gegenleistung an den Verfügenden fehlt[170]. Andererseits bedarf auch Abs 1 Satz 1 einer einschränkenden Aus-

152 Königsberg DRiZR 1931 Nr 735.
153 S § 812 Rz 38.
154 S RGZ 92, 77, 83; stRspr seit RGZ 66, 77, 80; ebenso Enn/Lehmann § 221 III.
155 RG-FestG III S 155.
156 S v Caemmerer, Festschr für Rabel I S 369.
157 Vgl Siber, SchuldR § 74 IV 1; Grunsky JZ 1962, 207; zum Meinungsstand s Haines, Bereicherungsansprüche bei Warenzeichenverletzungen und unlauterem Wettbewerb, 1970, S 45 m Nachw; Medicus, BürgerlR § 28 V 2 Rz 728.
158 Vgl § 812 Rz 33 ff.
159 Vgl auch BGHZ 36, 56, 60: „ausnahmsweise"; Larenz/Canaris, SchuldR II/2 § 69 II 2 a.
160 Ebenso Medicus, BürgerlR § 28 V 2 Rz 728; Welker, Diss Tübingen S 30.
161 Vgl auch BGHZ 81, 395 = NJW 1982, 830.
162 BGH WM 2000, 833 = FamRZ 2000, 743.
163 So BGH WM 2000, 320 = MDR 2000, 142.
164 Vgl oben Rz 15.
165 S Rz 19.
166 Vgl Krawielicki JherJb 81 (1931), 257 ff, 267.
167 Vgl RGZ 112, 361, 368; Krawielicki JherJb 81 (1931), 257 ff, 267; Siber, SchuldR § 74 IV 1.
168 BGH LM Nr 4 zu § 816 = JZ 1954, 360.
169 Vgl Rz 11 ff vor § 516; ebenso Staud/Lorenz Rz 28; aM MünchKomm/Lieb Rz 50.
170 Vgl insbes Krawielicki JherJb 81 (1931), 257 ff.

legung, wie sich bei der Bestellung von Pfandrechten zeigt[171]. Bei einer **gemischten Schenkung** stellt sich die Frage nach dem Inhalt des Herausgabeanspruchs. Bei dem Widerruf einer solchen Schenkung wird in der Rechtsprechung unterschieden. Herausgabe des Gegenstandes kann nur bei Überwiegen des unentgeltlichen Charakters des Geschäftes verlangt werden, während die geringere Gegenleistung zu erstatten ist[172]. Dagegen bejaht *Krawielicki*[173] vom Standpunkt der Einheitstheorie aus uneingeschränkt den Herausgabeanspruch gegen Ersatz der Gegenleistung[174]. Wird aufgrund eines Hofübergabevertrages verfügt, so liegt ein unentgeltlicher Erwerb im Sinne von Abs 1 Satz 2 vor, wenn der unentgeltliche Charakter der Zuwendung überwiegt[175]. Ist ein Dritter, zu dessen Gunsten ein Ehegatte über einen zum Gesamtgut gehörenden Gegenstand als Nichtberechtigter unentgeltlich verfügt hat (hier: Änderung des Bezugsberechtigten einer Lebensversicherung bei Gütergemeinschaft) nach § 1412 geschützt, so ist er nach § 816 Abs 1 Satz 2 zur Herausgabe des Erlangten verpflichtet[176]. Zur entsprechenden Anwendung des Abs 1 Satz 2 auf den Fall einer rechtsgrundlosen (nichtigen) unentgeltlichen Verfügung s unten Rz 40.

d) Im Falle eines **rechtsgrundlosen unentgeltlichen Erwerbs** stellt sich die Frage, ob Abs 1 Satz 2 entsprechend anzuwenden ist. Diese Frage ist, wenn somit die Übereignung wirksam, dagegen die zugrunde liegende Schenkung unwirksam ist, zu bejahen. Der Verlierer darf nicht schlechter als bei einer Wirksamkeit des Grundgeschäfts gestellt werden[177]. Der BGH[178] hatte allerdings § 816 Abs 1 Satz 2 entsprechend in einem Fall angewandt, in dem ein Angestellter Geld des Dienstherrn veruntreut und bei Spielbanken verspielt hatte, wobei ein Verstoß gegen die SpielbVO vorlag[179]. An der Ansicht, dass die Verfügung des Spielers unentgeltlich sei, weil sich die Erwartung zu gewinnen, nicht erfüllt habe, hat der BGH mit Recht nicht festgehalten[180] Die entsprechende Anwendung des Abs 1 Satz 2 bei Unwirksamkeit der Schenkung entspricht der gesetzlichen Interessenwertung, rechtfertigt aber noch nicht die Anwendung auf den auf einem nichtigen Spielvertrag beruhenden entgeltlichen Erwerb. Die an BGHZ 37, 363 geübte Kritik hat mit Recht darauf hingewiesen, dass der BGH zu dem Streit zwischen Doppelkondiktions- und Einheitskondiktionslehre[181] hätte Stellung nehmen müssen. Dagegen stand die Frage in BGHZ 47, 393 nicht zur Entscheidung, weil der BGH von einem gültigen Spielvertrag ausging, der wegen der eingeräumten Gewinnchance nicht als unentgeltlich beurteilt wurde. 40

e) Voraussetzung für die Anwendung des Abs 1 Satz 2 ist die **Unmittelbarkeit des Rechtserwerbs** aufgrund der Verfügung des Nichtberechtigten. Daher ist die Vorschrift nicht anwendbar, wenn der Verfügende das Erlangte einem Dritten unentgeltlich zuwendet[182]. Verbringt der Nichtberechtigte den Gegenwert des durch seine dem Berechtigten gegenüber wirksame Verfügung Erlangten zunächst in sein eigenes Vermögen, zB durch Gutschrift der veruntreuten eingelösten Schecks auf seinem Konto, und wendet er dieses Guthaben dann schenkweise einem Dritten zu, so kommt ein Anspruch gegen diesen Dritten nur aus § 822, nicht aber aus § 816 Abs 1 Satz 2 in Betracht[183]. 41

f) **Gutgläubiger Erwerb infolge der Verfügung eines Nichtberechtigten**. Der dem Abs 1 Satz 2 zugrundeliegende Rechtsgedanke[184] gebietet es, alle Fälle eines unentgeltlichen gutgläubigen Erwerbs zu erfassen. Dazu rechnet auch der Erwerb nicht durch, sondern **infolge** einer 42

171 S oben Rz 32 u dazu v Caemmerer, Festschr für Lewald S 449.
172 S § 531 Rz 2, 3 mNachw.
173 JherJb 81 (1931), 273.
174 Vgl auch zur Einheits- und Trennungstheorie § 516 Rz 21.
175 BGH WM 1964, 614.
176 BGH NJW 1984, 2156 (= Fn 188).
177 Vgl auch v Caemmerer, Festschr für Boehmer S 154; Staud/Lorenz Rz 18.
178 BGHZ 37, 363 = LM Nr 41 zu § 134 (mAnm Rietschel) = JZ 1963, 285 (mkritAnm Wiethölter; mkritBespr Schlosser JuS 1963, 141).
179 Zur Frage, ob bei Verstoß gegen die SpielbVO Nichtigkeit des Spielvertrages gem § 134 anzunehmen ist, vgl § 134 Rz 19.
180 BGHZ 47, 393 = LM Nr 16 zu § 816 (mAnm Rietschel).
181 S dazu unten Rz 43.
182 RG Recht 1913 Nr 342.
183 BGH NJW 1969, 605 = LM Nr 19 zu § 816 (s dazu Bespr Kornblum JuS 1970, 437).
184 S oben Rz 37.

Verfügung. Dies trifft zB auf die Schenkung eines Grundstücks durch den Eigentümer zu, wenn der Erwerb den Untergang einer versehentlich gelöschten Grundstücksbelastung zur Folge hat[185]. Der BGH hat unter Hervorhebung des Grundgedankens des § 816, Rechtsverschiebungen aufgrund eines gutgläubigen Erwerbs auszugleichen, auf die Anwendung des Abs 1 Satz 2 durch das RG in seiner Rechtsprechung zum AufwertungsG hingewiesen[186]. Nicht entschieden hat der BGH nach der Fallgestaltung die Frage, ob die Vorschriften über den gutgläubigen Erwerb überhaupt auf die Übertragung eines Grundstücks im Wege vorweggenommener Erbfolge unter Lebenden anzuwenden sind[187]. Hat ein Ehegatte bei Gütergemeinschaft über einen zum Gesamtgut gehörenden Gegenstand (zB Anspruch aus Versicherung) als Nichtberechtigter unentgeltlich verfügt (zB durch Änderung der Bezugsberechtigung), so ist der begünstigte Dritte auch dann, wenn er eigentlich nach § 1412 geschützt ist, doch zur Herausgabe des Erlangten verpflichtet[188].

43 g) **Einheits- oder Doppelkondiktion**. – aa) **Die Frage des Durchgriffs beim rechtsgrundlosen Erwerb**. Sehr streitig ist, ob dem unentgeltlichen Erwerb nach § 816 Abs 1 Satz 2 der **rechtsgrundlose Erwerb** gleichzustellen ist, wie es bei § 988 geschieht[189]. Von praktischer Bedeutung ist die Streitfrage insbesondere dafür, ob der Dritte hinsichtlich seiner Leistung an den Nichteigentümer geschützt wird. Nach der Doppelkondiktionslehre kann er, wenn der frühere Rechtsinhaber den Anspruch geltend macht, die Rückgabe von der Erstattung seiner Gegenleistung abhängig machen (§ 404)[190]. Der **Doppelkondiktionslehre**, die dem früheren Rechtsinhaber nur einen Anspruch gegen den Verfügenden und diesem gegen den Erwerber zuspricht[191], steht die **Einheitskondiktionslehre** gegenüber, nach der der frühere Rechtsinhaber sich unmittelbar an den Erwerber halten kann. *Boehmer*[192] unterscheidet je nach Verhalten des Verfügenden und billigt dem ursprünglichen Eigentümer den Bereicherungsanspruch zu, wenn der Verfügende treuwidrig gehandelt hat. Doch spricht die Schwierigkeit dieser Unterscheidung sowie der Gesichtspunkt, dass alle Fälle der Rückgängigmachung eines Veräußerungsgeschäfts gleichmäßig behandelt werden müssen, dafür, dass der Bereicherungsanspruch dem Verfügenden und nicht dem ursprünglichen Eigentümer zuzubilligen ist[193]. Der herrschenden Meinung, die den früheren Eigentümer auf den Anspruch gegen den nicht berechtigten Verfügenden beschränkt und damit der Abwicklung im Leistungsverhältnis zwischen dem Verfügenden und dem Erwerber den Vorrang zuweist, ist zuzustimmen. Die Gegenmeinung, die einen unmittelbaren Anspruch des früheren Eigentümers gegen den Erwerber bejaht, wird zum Teil auch auf eine Nichtleistungskondiktion (§ 812 Abs 1 Satz 1 Alternative 2) gestützt[194].

44 bb) **Folgerungen aus der Anwendung der Zweikondiktionenlehre**. Macht der frühere Eigentümer den ihm abgetretenen Bereicherungsanspruch des Nichtberechtigten gegen den Erwerber geltend, so stehen diesem die Einwendungen aus seinem Rechtsverhältnis zu dem Nichtberechtigten zu (§ 404). Kritisch ist der Zweikondiktionenlehre entgegengehalten worden, dass der Anspruch des früheren Eigentümers ausgeschlossen sei, wenn der Erwerber dem Nichtberechtigten die Ausschlussgründe aus den §§ 814, 815, 817 Satz 2 entgegenhalten könne[195]. Doch entfallen diese Bedenken, wenn die Vorschriften einschränkend dahin ausgelegt werden, dass sie sich nur auf Leistungen mit eigenen Mitteln beziehen[196]. *Canaris*[197] gelangt hinsichtlich dieser Ein-

185 BGHZ 81, 395 = NJW 1982, 761.
186 Vgl oben Rz 17.
187 S Hagen LM Nr 33 zu § 816 (Anm).
188 BGHZ 91, 288 = NJW 1984, 2156 = WM 1984, 1190 = LM Nr 37 zu § 816 (mAnm Henkel).
189 S RGZ 163, 348.
190 Dazu BGHZ 37, 363, wo die Streitfrage unentschieden geblieben ist; s oben Rz 40.
191 HM; vgl unten.
192 Grundlagen II 2, S 6ff m eingehenden Nachw zum Streitstand.
193 Von Caemmerer, Festschr für Boehmer S 145, 159; Enn/Lehmann § 225 I; Siber, SchuldR § 74 IV; Larenz/Canaris, SchuldR II/2 § 69 II 2 b, § 70 II 2 a; Esser/Weyers, SchuldR II 2 § 50 II 3; Raiser JZ 1961, 529.
194 Vgl Krawielicki JherJb 81 (1931), 320; Grunsky JZ 1962, 207; Bosse, Diss Göttingen, S 33 ff, auch krit zur Zuweisungslehre Wilburgs.
195 S Boehmer, Grundlagen II 2 S 18.
196 So Krawielicki JherJb 81 (1931), 257, 325, der aber dem früheren Eigentümer einen Anspruch aus § 812 zuspricht, s oben Rz 43 aE.
197 Festschr für Larenz, 1977, S 852.

wendungen zu dem gleichen Ergebnis durch die Annahme eines bereicherungsrechtlichen Einwendungsausschlusses kraft Risikozurechnung. Es handelt sich um Abgrenzungsfragen, durch die die grundsätzliche Bejahung der Zweikondiktionenlehre nicht in Frage gestellt wird[198]. Im Schrifttum wird überwiegend die Zweikondiktionenlehre vertreten, ohne hinsichtlich der Einwendungen zu unterscheiden[199]. Ist die vom Erwerber gutgläubig erworbene Sache bei diesem untergegangen, so haftet der Nichtberechtigte, der in der Regel bösgläubig sein wird, gem §§ 818, 819. Er kann sich somit nicht auf einen Wegfall der Bereicherung berufen[200]. Wird der Nichtberechtigte insolvent, so steht dem früheren Eigentümer entspr InsO § 48 ein Ersatzaussonderungsrecht zu[201]. Im Falle einer Insolvenz des Erwerbers spricht sich *Bosse* für einen Wertersatzanspruch des früheren Eigentümers gegen den Nichtberechtigten als wünschenswertes Ergebnis aus[202].

cc) **Rückfall des Eigentums**. Das Eigentum an der Sache, die gutgläubig erworben wurde, fällt nicht an den nichtberechtigt Verfügenden, sondern an den früheren Eigentümer zurück. Dieses Ergebnis ist zweifelsfrei und entspricht auch der allgemeinen Meinung. Zweifelhaft kann nur die konstruktive Begründung sein[203]. **45**

9. **Wirksame Leistung an einen Nichtberechtigten (§ 816 Abs 2)**. – a) **Bedeutung der Vorschrift**. Das Verhältnis des Absatzes 2 zu Abs 1 Satz 1 bedarf der Klarstellung, ebenso auch zur allgemeinen Eingriffskondiktion (§ 812 Abs 1 Satz 1 Alternative 2). Die Annahme einer Leistung erfordert nach herrschender Meinung nicht einen besonderen Erfüllungsvertrag (so die Theorie der realen Leistungsbewirkung)[204]. Daher verfügt der Empfänger nicht durch die Annahme der Leistung über die Forderung[205]. Der wahre Gläubiger erhält wegen des Eingriffs in seine Gläubigerstellung eine Nichtleistungskondiktion[206]. Gegenüber der Ansicht des BGH[207], dass Absatz 2 keine weitergehende Vorschrift enthält, sondern der Deutlichkeit halber nur ausspricht, was auch aus Absatz 1 folgen würde, hat *Roth*[208] mit Recht auf wesentliche Unterschiede zwischen beiden Vorschriften hingewiesen. Absatz 1 dient dem Verkehrsschutz und Absatz 2 dem Schuldnerschutz. Gegen die Ansicht von *Kornblum*[209], dass Absatz 2 überflüssig sei, weil die Vorschrift von dem Grundtatbestand der Eingriffskondiktion in § 812 Abs 1 Satz 1 umfasst werde, ist zutreffend einzuwenden[210], dass die Leistungskondiktion durch den gesetzlich geregelten Fall einer besonderen Eingriffskondiktion zurückgedrängt wird[211]. Nach Ansicht von *Lorenz*[212] kommt der Frage keine praktische Bedeutung zu. Durch die Leistung an den früheren Gläubiger erlischt die Verbindlichkeit des Schuldners. Daher entfällt eine Leistungskondiktion des Schuldners. An ihre Stelle tritt nach Absatz 2 die Eingriffskondiktion des neuen Gläubigers. Dasselbe gilt in den Fällen, in denen nicht ein Gläubigerwechsel stattgefunden hat, sondern durch Gesetz eine besondere Legitimationswirkung geschaffen worden ist wie zB bei Inhaberpapieren und Erbscheinen[213]. Unterschiede ergeben sich daraus, dass dem Schuldner bei einem Gläubigerwechsel gem §§ 407, 408 ein Wahlrecht nach herrschender Meinung zuzubilligen ist[214]. Tritt durch die Leistung an den falschen **46**

198 S auch v Caemmerer, Festschr für Boehmer S 145, 161; aM Bosse, Diss Göttingen, S 24.
199 S Erman/Westermann Rz 10; Staud/Lorenz Rz 21 mNachw.
200 V Caemmerer, Festschr für Boehmer S 162; Bosse, Diss Göttingen S 16.
201 S v Caemmerer, Festschr für Boehmer S 158; v Olshausen MDR 1975, 969; dieser auch zu den Gegenrechten des Erwerbers und zur Ablehnung einer Anwendung von KO § 17 (jetzt InsO § 103).
202 S Bosse, Diss Göttingen, S 24.
203 Vgl die Nachw in § 932 Rz 5; aM nur Wiegand JuS 1971, 62.
204 Vgl Larenz, SchuldR I, § 18 I; Erman/Westermann § 362 Rz 2 mNachw.
205 S auch Larenz, SchuldR II § 69 IV d; Roth JZ 1972, 150.
206 Hadding JZ 1966, 222; Larenz, SchuldR II § 69 IV d.
207 So BGH LM Nr 6 zu § 816.
208 JZ 1972, 150.
209 JZ 1965, 202.
210 Hadding JZ 1966, 222 insoweit zust Serick, EV IV § 54 II 3 b = Festschr für Möhring, 1975, S 127.
211 Ebenso StudKomm/Beuthien Bem 2.
212 Staud/Lorenz Rz 30.
213 Vgl Rz 47.
214 Vgl Rz 47.

Gläubiger die Befreiung von der Verbindlichkeit nicht ein, so stellt sich die Frage, ob diese Rechtsfolge durch eine Genehmigung des wirklichen Gläubigers herbeigeführt werden kann[215].

47 b) **Anwendungsbereich des Absatzes 2**. – aa) **Allgemeines**. Durch die Vorschrift werden alle Fälle erfasst, in denen der Leistende, obwohl er an einen Nichtberechtigten geleistet hat, befreit wird[216]. Der Schuldner wird also unter bestimmten Voraussetzungen in seinem Glauben geschützt, dass der Nichtberechtigte der wahre Gläubiger sei. Daran fehlt es zB, wenn er bei dem verlängerten Eigentumsvorbehalt die Leistung an eine Bank als die vom Vorbehaltskäufer angegebene Zahlstelle erbringt[217]. In Betracht kommen insbesondere die Fälle des **Schuldnerschutzes** bei fehlender Kenntnis von der Abtretung der Forderung (§§ 407, 408), eines Wechsels des Berechtigten bei Miete und Nießbrauch (§§ 566b, 567b, 1056) sowie die durch die §§ 412, 413 erfassten Fälle[218]. So gehört zu den Fällen des **gesetzlichen Forderungsüberganges** zB VVG § 67[219]. Zur Einziehung der Versicherungssumme durch den Versicherungsnehmer bei einer Insassen-Unfallversicherung s BGHZ 32, 44, 52. Hat die Besatzungsmacht dem Geschädigten eine Abfindung gezahlt, so ist entsprechend RVO § 1542 (gegenwärtig SGB X § 116) ein Forderungsübergang anzunehmen, soweit der Sozialversicherungsträger nach der RVO Leistungen zu gewähren hat[220]. Hat ein Träger der gesetzlichen Krankenversicherung über einen nach RVO § 1542 (gegenwärtig SGB X § 116) übergegangenen Ersatzanspruch mit dem Schädiger einen Abfindungsvergleich geschlossen, ist er nicht entsprechend § 816 Abs 2 verpflichtet, bei einem Wechsel des Geschädigten zu einer anderen Krankenkasse diese an dem Abfindungsbetrag zu beteiligen[221]. Hat das Arbeitsamt aus dem Arbeitslosengeld Beträge an den Sozialhilfeträger „abgezweigt" (SGB I § 48), obwohl ein Unterhaltsanspruch der Ehefrau inzwischen rechtskräftig versagt worden war, ist der Sozialhilfeträger nach § 816 Abs 2 zur Erstattung verpflichtet[222]. Zur Legitimationswirkung bei Inhaberpapieren, Sparbüchern und anderen qualifizierten Legitimationspapieren und Erbscheinen vgl §§ 793 Abs 1 Satz 2, 808 Abs 1 Satz 1, 2367, beim Besitz § 851 und bei der Grundbucheintragung § 893. Auszahlung einer Spareinlage durch die Bank in Unkenntnis der Abtretung an den Altgläubiger ohne Vorlage des Sparbuches hat keine befreiende Wirkung[223]. Die §§ 407, 408 sind nach herrschender Meinung bloße **Schutzvorschriften** zugunsten des leistenden Schuldners, dem es überlassen bleibt, ob er von dem ihm gewährten Schutz Gebrauch machen will[224]. Der Schuldner ist somit durch die Möglichkeit der Aufrechnung geschützt, wenn der wirkliche Gläubiger in die Insolvenz oder in Vermögensverfall geraten ist und der Schuldner eine aufrechnungsfähige Gegenforderung gegen ihn hat[225]. Zur entsprechenden Anwendung des § 407, wenn das Finanzamt in Unkenntnis der Einziehung der Versicherungssumme diese zum Teil auf die Erbschaftssteuer des nicht mehr begünstigten Angehörigen verrechnet, vgl BGH LM Nr 1 zu ErbStG = MDR 1963, 995. Der Zessionar der Mieten kann die vom Ersteher des Grundstücks in der Zwangsversteigerung eingezogenen Mieten nur verlangen, wenn die Mieter die Abtretung bei der Zahlung nicht gekannt haben[226]. Da der Anspruch auf Rückgewähr nicht valutierter Grundschulden auch nach einer Zwangsversteigerung den früheren Miteigentümern des Grundstücks gemeinschaftlich zusteht, hat der erwerbende Miteigentümer nichts auf Kosten des anderen erlangt[227]. Eine Leistung an die Zweitzessionarin, eine Bank, liegt auch dann vor, wenn diese den Forderungsbetrag lediglich „umgebucht" hat, dh dem Konto des Drittschuldners, dem sie die Abtretung angezeigt hatte, belastet und dem Konto des Zedenten gutgeschrieben hat[228]. Bei einer

215 Vgl Rz 51.
216 RGZ 92, 77, 83.
217 S Rz 53.
218 Vgl Bem zu diesen Vorschriften.
219 S Frankfurt/M VersR 1974, 155: Forderungsübergang auf den Kaskoversicherer.
220 BGHZ 12, 220, 230.
221 BGH NJW 1985, 2756 = VersR 1985, 1083; s auch BGHZ 106, 381 = NJW 1989, 2622: Sozialversicherungsträger und Versorgungsträger als Teilgläubiger.
222 BGH NJW 1993, 1788 = FamRZ 1993, 788.
223 Hamm MDR 1984, 400.
224 BGHZ 52, 150, 154; BGH LM Nr 3 zu § 407; RGZ 83, 184, 188.
225 S RGZ 83, 184, 188.
226 KG OLG 34, 99.
227 BGH WM 1990, 1253 = NJW-RR 1990, 1202.
228 BGH NJW 1974, 944 = LM Nr 28 zu § 816 = JR 1974, 424 (mAnm Berg); vgl auch dazu Rz 50.

Mehrheit von Gläubigern ist die entsprechende Anwendung der §§ 407, 408 in einer Reihe von Vorschriften geregelt (s §§ 720 Satz 2; 1473 Abs 2; 1497 Abs 2; 2019 Abs 2; 2111 Abs 1 Satz 2).

bb) Bei dem **Begriff der Leistung** im Sinne von § 816 Abs 2 ist nach *Serick*[229] zu berück- 48
sichtigen, dass der Gesetzgeber in § 407 dem einseitigen Schutzbedürfnis des Schuldners Rechnung getragen hat. Dieser ist unter der Voraussetzung geschützt, dass ihm der Gläubigerwechsel unbekannt geblieben ist. Daraus folgt, dass von der Zweckbestimmung des leistenden Schuldners auszugehen ist, der darauf vertraut, dass der einmal sein Gläubiger Gewordene auch sein Gläubiger geblieben ist. Der Leistungsbegriff soll hiernach bei § 816 Abs 2 anders als bei der Leistungskondiktion gem § 812 zu bestimmen sein, soweit dort die Empfängerhorizontlehre zugrunde gelegt wird. Die Bedenken gegen eine Aufspaltung des Leistungsbegriffes werden von *Serick* zurückgestellt. Sie entfallen, wenn ein einheitlicher Leistungsbegriff zugrunde gelegt wird[230].

cc) **Pfändungs- und Überweisungsbeschluss.** Bei der Einziehung einer vorher bereits an ei- 49
nen Dritten abgetretenen Forderung durch den Vollstreckungsgläubiger, dem die Forderung durch einen Pfändungs- und Überweisungsbeschluss überwiesen worden war, wurde von der früher herrschenden Meinung in Hinblick auf die dem Zessionar gegenüber gem §§ 407, 408 als wirksam geltende Leistung an den nicht berechtigten Vollstreckungsgläubiger ein Anspruch des Zessionars gegen diesen gem § 816 Abs 2 bejaht. Ebenso wurde bei der Pfändung einer als pfändbar angesehenen, tatsächlich aber unpfändbaren Lohnforderung ein Anspruch des Arbeitnehmers gegen den Vollstreckungsgläubiger, an den der Arbeitgeber geleistet hatte, angenommen[231]. Dagegen hat der BGH in einem Fall, der dem ersten vorstehend angeführten Beispiel entsprach, es offen gelassen, ob der Bereicherungsausgleich aus § 816 oder unmittelbar aus § 812 wegen Eingriffserwerbs herzuleiten sei. Allerdings hat er mit Recht darauf hingewiesen, dass bei der Zwangsvollstreckung in Forderungen zwar die Pfändung und Überweisung aufgrund eines staatlichen Hoheitsaktes erfolgt, die vom Gläubiger selbst besorgte Einziehung aber privatrechtlichen Verfügungscharakter hat[232]. Die Frage konnte der BGH offen lassen, weil der Abzug der Vollstreckungskosten gem § 818 Abs 3 bei beiden Anspruchsgrundlagen zu bejahen war[233]. Die gleiche Rechtslage wie bei Anwendung der §§ 407, 408 ergibt sich bei mehrfacher Pfändung einer Geldforderung dadurch, dass der BGH die Schutzvorschrift des ZPO § 836 Abs 2 auch im Verhältnis zum Vollstreckungsgläubiger angewandt hat[234]. Anders ist die Rechtslage zu beurteilen, wenn der Pfändungs- und Überweisungsbeschluss unwirksam ist, weil er eine vermeintliche Forderung gegen den Drittschuldner betrifft und wenn dieser an den Vollstreckungsgläubiger leistet. Dann ist der Vollstreckungsgläubiger als Leistungsempfänger und damit als Schuldner des Bereicherungsanspruchs anzusehen[235]. Nach OLG München[236] kann der Drittschuldner, der auf einen wirksamen Pfändungs- und Überweisungsbeschluss an den pfändenden Gläubiger trotz Bestehens einer vorrangigen Arrestpfändung leistet, von dem Gläubiger den gezahlten Betrag nicht herausverlangen. Mit der Anweisung im weiten Sinne, für die bei Fehlerhaftigkeit des Deckungsverhältnisses der Ausgleich in der Regel in diesem Verhältnis stattfindet (hier: Vollstreckungsschuldner-Drittschuldner), ist die Rechtslage nicht vergleichbar. Maßgebend ist hier allein die Rechtsbeziehung zum Vollstreckungsgläubiger[237]. Vgl auch zum Bereicherungsausgleich in Drei-Personenverhältnissen § 812 Rz 40ff.

229 Serick, EV IV § 54 II 3c mit Einschränkung auf den Schutzbereich der §§ 407, 408 in Ziff 4 = Festschr für Möhring, 1975, S 127.
230 Vgl § 812 Rz 3, 44; vgl auch Mühl, FestG für v Lübtow, 1980, S 547, 562.
231 Vgl Soergel[10] § 816 Rz 18; Planck/Landois § 816 Bem III, beide mNachw.
232 BGHZ 66, 150 = NJW 1976, 1090.
233 S auch Girisch LM Nr 116 zu § 812 (Anm).
234 BGHZ 66, 394 = NJW 1976, 1453 = LM § 776 ZPO Nr 1 (mAnm Merz) = JR 1976, 422 (mAnm Berg); dazu Bespr Denck JuS 1979, 408.
235 BGH NJW 1986, 2430 = WM 1986, 906 = WuB IV A. § 1287 BGB 1.86 (Stürner); LG Bremen NJW 1971, 1366 (mzustAnm Medicus); ebenso Canaris, Festschr für Larenz, 1973, S 836.
236 NJW 1978, 1438.
237 S eingeh Schlosser ZZP 76 (1963), 73, 79; Canaris, Festschr für Larenz S 836.

50 dd) Der Grundsatz, dass die für den Erwerb einer Sache erbrachte **Gegenleistung nicht abgezogen** werden darf, gilt ebenso wie für Absatz 1[238] auch für Absatz 2[239]. Daher kann sich bei einer Doppelabtretung der Zweitzessionar nicht dem Erstzessionar gegenüber darauf berufen, er habe durch die Einziehung der ihm zur Sicherheit für einen Kredit abgetretenen Forderung nur das erhalten, was der Zedent ihm schuldete[240].

51 c) **Genehmigung des Berechtigten**. Absatz 2 ist grundsätzlich auch anwendbar, wenn die Leistung an den Nichtberechtigten dem Berechtigten gegenüber erst **durch dessen Genehmigung wirksam** geworden ist, zB bei einer Doppelabtretung dadurch, dass der Erstzessionar die Zahlung des Schuldners an den Zweitzessionar genehmigt. Diese Genehmigung kann auch in der Erhebung einer Klage auf Zahlung liegen[241], nicht jedoch stets, zB bei Klage gegen einen insolventen Zahlungsempfänger aufgrund eines gefälschten Überweisungsauftrags[242]. Insoweit sind die gleichen Gesichtspunkte maßgebend wie bei Absatz 1[243]. Die Erfüllung durch Leistung an einen Dritten hat nach § 362 Abs 2 im Falle einer Genehmigung die Wirkung einer Tilgung[244]. Jedoch ist den mehrfach erhobenen Bedenken darin zuzustimmen, dass die Rechtsposition des Schuldners, sein „Wahlrecht“[245], ob er seine Zahlung von dem Leistungsempfänger zurückfordern will, Vorrang vor der Eingriffskondiktion des Berechtigten hat, durch dessen Genehmigung also nicht beeinträchtigt werden darf[246]. Ein Arrestpfandgläubiger ist auch ohne Erwirkung eines Überweisungsbeschlusses Berechtigter im Sinne des Absatzes 2, wenn er die an den Dritten mit Zustimmung des Forderungsgläubigers bewirkte Leistung nachträglich genehmigt[247]. Zur Genehmigung der Zahlung der dem Vermieter geschuldeten Nutzungsentschädigung wegen Vorenthaltung von Räumen durch den bisherigen Mieter an den neuen Mieter vgl BGHZ 85, 267 = NJW 1983, 446.

52 d) **Verlängerter Eigentumsvorbehalt**; **doppelte Abtretung**. – aa) Fragen eines Bereicherungsausgleichs gem Absatz 2 ergeben sich neben sachenrechtlichen Fragen, wenn der Verkäufer sich durch einen **verlängerten Eigentumsvorbehalt** sichert und der Vorbehaltskäufer **Bankkredit** in Anspruch nimmt, die Bank sich aber durch Abtretung der künftigen Kundenforderungen sichert[248]. Solche Fragen stellen sich insbesondere, wenn die **Globalzession** der künftigen Kundenforderungen an eine Bank wegen Sittenwidrigkeit nichtig ist[249]. Vgl zur Frage, ob Zahlungen der Erwerber von Eigentumswohnungen auf das Konto des Herstellers bei der den Bau finanzierenden Bank, die sich durch Grundschulden und Globalzession gesichert hat, der Bank oder dem Baustoffhändler zustehen, der den Hersteller unter verlängertem Eigentumsvorbehalt beliefert hat, auch BGH NJW 1983, 2502 = LM Nr 36 zu § 816. Liegt eine **stille Abtretung** vor, so umfasst die dem Schuldner vom Gläubiger erteilte Einziehungsermächtigung grundsätzlich nicht die Befugnis zur nochmaligen Abtretung der Forderung an einen Dritten, um weiteren Kredit zu erhalten oder um andere Schulden abzusichern bzw abzudecken[250]. Zur Bedeutung der Umbuchung auf ein anderes Konto der Bank s Rz 54. Zum Wegfall der Bereicherung infolge von geschäftlichen Dispositionen der Bank s Rz 57.

53 bb) In der Rechtsprechung des BGH kommt besondere Bedeutung der sog **Zahlstellenklausel** der Banken zu[251]. Bei der Zahlung eines Kunden des Vorbehaltskäufers auf das ihm angegebene

238 S Rz 30.
239 Vgl BGHZ 66, 150 = NJW 1976, 1090.
240 Vgl v Caemmerer, Festschr für Rabel S 382, krit zu der abw Entsch RGZ 158, 315.
241 Vgl BGH LM Nr 6 zu § 816; Nr 18 zu § 816 = NJW 1968, 1326; Nr 27 zu § 816 = NJW 1972, 1197, 1199; NJW 1974, 944, 945; BGHZ 85, 267, 272f; 106, 381, 390; s Körting JW 1934, 1329.
242 BGH WM 1990, 1280 = WuB I D 1.-5.90 (Menk) = NJW-RR 1990, 1200 = ZIP 1990, 1126.
243 Vgl oben Rz 7.
244 AllgM; aM Roth JZ 1972, 150.
245 S oben Rz 47.
246 S Weimar JR 1966, 461; Roth JZ 1972, 150; Serick, EV IV, § 54 II 3 a = Festschr für Möhring, 1975, S 125.
247 BGH DB 1958, 1153 = WM 1958, 1222.
248 Vgl zu den Konflikten zwischen Geldkredit- und Warenkreditgeber § 929 Rz 100ff.
249 Vgl zB BGH NJW-RR 1988, 1012; BGH NJW 1995, 1668 = WM 1995, 995 = WuB IV A. § 138 BGB 1.95 (Wittig) = ZIP 1995, 630; § 929 Rz 101ff.
250 BGHZ 32, 357 = LM Nr 11 zu § 185; BGHZ 66, 150 = NJW 1976, 1090.
251 S dazu auch Blaschczok JuS 1985, 88.

Konto bei der Bank bedarf es einer Unterscheidung, die für die Frage, ob § 816 Abs 2 eingreift, maßgebend ist. Es kommt darauf an, ob die Bank als Zahlstelle des Vorbehaltskäufers angegeben ist und der Kunde des Vorbehaltskäufers auf dieses Konto leistet, um seine Schuld zu tilgen oder ob der Kunde auf das Bankkonto mit Rücksicht darauf leistet, dass ihm gegenüber die Abtretung an die Bank offen gelegt wurde. Im letzteren Fall kommt, da die Abtretung der bereits vorher an den Vorbehaltsverkäufer abgetretenen Forderung unwirksam ist, dem Kunden der Schutz der §§ 407, 408 zugute mit der Folge, dass die Voraussetzungen des § 816 Abs 2 gegeben sind[252]. Dem Versuch einer Bank im Falle einer nichtigen Globalzession durch eine ausschließliche Zahlstellenklausel in Verbindung mit einer nichtigen schuldrechtlichen Teilverzichtsklausel[253] die ihr nachteiligen Rechtsfolgen des § 816 Abs 2 zu vermeiden, ist der BGH entgegengetreten. Der BGH[254] hat darauf hingewiesen, dass Dritte mit Zahlungen an die ihnen nur als Zahlstelle angegebene Bank ihres Gläubigers Leistungen an diesen bewirken, solange die Globalabtretung nicht bekannt gemacht wird. Da die Nichtigkeit der Globalzession auch die Zahlstellenklausel erfasst, muss sich die Bank nach Ansicht des BGH in entsprechender Anwendung des Absatzes 2 wie eine Leistungsempfängerin behandeln lassen. Hat eine Bank ein dem Käufer zwecks Tilgung einer bestimmten Kaufpreisschuld gewährtes Darlehen an einen Dritten in der Annahme ausgezahlt, dass er der Lieferant der Geräte sei, deren Kauf finanziert werden sollte, so kann der Lieferant, dem die Kaufpreisforderung aufgrund des verlängerten Eigentumsvorbehalts zusteht, Herausgabe des an den Dritten Geleisteten verlangen; zumindest in der Erhebung der Klage liegt die Genehmigung[255].

cc) Sind im Falle einer wirksamen Globalzession des Vorbehaltskäufers an eine Bank (Kl) dieser sowie auch dessen Abkäufer Kunden einer anderen Bank (Bekl) und erfolgt, nachdem der Vorbehaltskäufer eine Forderung nochmals an diese Bank (Bekl) abgetreten hatte, eine **Umbuchung**, indem ein Betrag dem Konto des Abkäufers belastet und dem Kreditkonto des Vorbehaltskäufers gutgeschrieben wurde, so hat die Bank (Bekl) den Betrag in der Form von Buchgeld erhalten und ist zur Herausgabe des Gegenwertes an die Erstzessionarin (Kl) verpflichtet[256]. **54**

dd) Ist der Vorbehaltskäufer ermächtigt worden, den Kaufpreis bei einer Weiterveräußerung einzuziehen, so ist er auch berechtigt, die Forderung aus dem Weiterverkauf nochmals im Rahmen **echter Factoring-Geschäfte** an einen Factor zu verkaufen und abzutreten[257]. Anders hat der BGH dagegen die Rechtslage beim **unechten Factoring** beurteilt, weil dieses nach Ansicht des BGH als ein Kreditgeschäft und der Factor daher als ein Geldkreditgeber anzusehen ist[258]. Im Rahmen eines unechten Factoring berechtigt die vom Vorbehaltskäufer erteilte Einzugsermächtigung nach Auffassung des BGH[259] nicht zum Verkauf und zur Abtretung; im Falle des Vorrangs einer Globalzession gelten die Grundsätze über die Kollision mit Eigentumsvorbehaltsrechten. Hat der Vorbehaltskäufer die Forderungen gegen seine Abnehmer im Voraus durch verlängerten Eigentumsvorbehalt an seinen Lieferanten abgetreten, so verstößt ein Kreditinstitut, das dem Vorbehaltskäufer, seinem Kunden, einen Wechseldiskontkredit gewährt und dessen Kundenwechsel diskontiert, dadurch grundsätzlich nicht gegen die Verpflichtung des Geldkreditgebers zur Rücksichtnahme auf die Interessen des Vorbehaltsverkäufers[260]. Der BGH hat darauf hingewiesen, dass der Vorbehaltsverkäufer durch entsprechende Vertragsgestaltung mit seinem Abnehmer (Beschränkung der Einzugsermächtigung, Erlösklauseln) sein Interesse wahren kann, was **55**

252 Vgl BGHZ 53, 139, 142, s auch BGHZ 26, 185; LG Kreuznach WM 1980, 1325.
253 S dazu § 929 Rz 102, 109.
254 BGHZ 72, 316, 320 = NJW 1979, 371, zum Schutz des Schuldners s auch Girisch LM Nr 31 zu § 816 (Anm).
255 BGH NJW 1972, 1197 = LM Nr 27 zu § 816.
256 BGH NJW 1974, 944 = LM Nr 28 zu § 816 = JR 1974, 424 (mAnm Berg).
257 BGHZ 72, 15 = NJW 1978, 1972; s auch BGHZ 69, 254.
258 BGHZ 82, 50 = NJW 1982, 164.
259 BGHZ 82, 50 = NJW 1982, 164; vgl auch § 929 Rz 104.
260 BGH NJW 1979, 1704 = LM Nr 32 zu § 816 (dazu krit Muscheler NJW 1981, 657).

ihm bei der uneingeschränkten Globalzession nicht möglich ist, und dass der Fall vergleichbar mit der Lage beim echten Factoring ist.

56 ee) Hat ein Baustofflieferant Baustoffe unter verlängertem Eigentumsvorbehalt an einen Bauunternehmer geliefert, der Bauarbeiten aufgrund eines mit einem **Abtretungsverbot** verknüpften Vertrages mit dem Bauherrn ausführt, so kann das Abtretungsverbot nicht mit dem gleichen Maß wie eine Globalzession gemessen und als grundsätzlich sittenwidrig angesehen werden. Mit Rücksicht auf dieses Abtretungsverbot ist der Baustofflieferant daher nicht Berechtigter im Sinne von § 816 Abs 2[261].

57 ff) **Wegfall der Bereicherung**. Die Bank kann auch in den Fällen des Eingriffserwerbs die sog „Erwerbskosten" abziehen (§ 818 Abs 3). Hierzu gehören außer der gezahlten Vermittlungsprovision und Umsatzsteuer auch die Kosten der Zwangsvollstreckung[262]. Dagegen können Gegenleistungen an einen Dritten für den Erwerb nicht abgezogen werden[263]. Ein Wegfall der Bereicherung liegt auch nicht vor, wenn die Bank den dem einen Kunden belasteten Betrag dem anderen Kunden gutgebracht und damit dessen Schuld vermindert oder ihm in Höhe dieses Betrags weiteren Kredit gewährt hat; anders wäre der Fall zu beurteilen, wenn der bis zu einer Höchstgrenze eingeräumte Kredit lediglich wieder aufgefüllt worden wäre[264].

58 10. **Beweislast**. Zu den anspruchsbegründenden Tatsachen, die der Kläger nach den allg Grundsätzen der Beweislast zu beweisen hat, gehören bei § 816 Abs 1 Satz 1 und Absatz 2 die Nichtberechtigung des Verfügenden bzw des Empfängers der Leistung, ferner die Wirksamkeit der Verfügung oder Bewirkung der Leistung dem Berechtigten gegenüber sowie der Gegenstand des durch die Verfügung Erlangten bzw die empfangene Leistung. Im Fall des Abs 1 Satz 2 ist zu beweisen, dass der unentgeltliche Vorteil unmittelbar durch die Verfügung des Nichtberechtigten erlangt ist[265]. Bei der Veräußerung unter Eigentumsvorbehalt ist die Regelung der Beweislast in § 1006 zu berücksichtigen[266]. Klagt ein früherer Besitzer, dem die Sache abhanden gekommen ist, gegen einen späteren Besitzer auf den durch die genehmigte Veräußerung erzielten Erlös, so muss gem § 1006 Abs 1 Satz 2, Abs 2 der spätere Besitzer beweisen, dass der frühere Besitzer sein Eigentum an der Sache trotz ihres Abhandenkommens verloren hat[267]. Hat der Vorbehaltskäufer die Waren einer Bank zur Sicherung übereignet, so endete mit diesem nach außen erkennbaren Vorgang der mittelbare Eigenbesitz des Vorbehaltsverkäufers[268]; der Vorbehaltsverkäufer kann sich der Bank gegenüber auch nicht auf § 1006 Abs 1 Satz 2 berufen[269].

§ 817 Verstoß gegen Gesetz und gute Sitten

War der Zweck einer Leistung in der Art bestimmt, dass der Empfänger durch die Annahme gegen ein gesetzliches Verbot oder gegen die guten Sitten verstoßen hat, so ist der Empfänger zur Herausgabe verpflichtet. Die Rückforderung ist ausgeschlossen, wenn dem Leistenden gleichfalls ein solcher Verstoß zur Last fällt, es sei denn, dass die Leistung in der Eingehung einer Verbindlichkeit bestand; das zur Erfüllung einer solchen Verbindlichkeit Geleistete kann nicht zurückgefordert werden.

261 BGHZ 51, 113 = NJW 1969, 415.
262 BGHZ 66, 150 = NJW 1976, 1090.
263 HM; s oben Rz 50.
264 S BGH NJW 1974, 944 = LM Nr 28 zu § 816 = JR 1974, 424 (mAnm Berg), auch zur Umbuchung oben Rz 54; vgl ferner zum Wegfall der Bereicherung § 818 Rz 73; § 929 Rz 108 mNachw.
265 Vgl auch oben Rz 41.
266 Vgl auch § 929 Rz 48.
267 BGH NJW 1995, 1292 = WM 1995, 534 = WuB VII A. § 398 ZPO 1.95 (Braun).
268 Vgl § 868 Rz 25; § 930 Rz 51; § 1006 Rz 9.
269 BGH JZ 1969, 433 = LM Nr 11 zu § 1006 = WM 1969, 656.

ÜBERSICHT

Schrifttum: Vgl auch bei den Vorbem vor § 812. Heck, Die Ausdehnung des § 817 S 2 auf alle Bereicherungsansprüche, AcP 124 (1925), 1; v Caemmerer, Preisverstöße und § 817 Satz 2 BGB, SJZ 1950, 646; Bufe, § 817 Satz 2 BGB, AcP 157 (1957/58), 215; Niederländer, Nemo Turpitudinem Suam Allegans Auditur. Ein Rechtsvergleichender Versuch, in: FestG für Gutzwiller, 1959, S 621; Fabricius, Einschränkung der Anwendung des § 817 S 2 BGB durch den Zweck des Verbotsgesetzes?, JZ 1963, 85; Prölss, Der Einwand der „unclean hands" im Bürgerlichen Recht sowie im Wettbewerbs- und Warenzeichenrecht, ZHR 132 (1969), 35; Seiler, § 817 S 2 BGB und das römische Recht, in: Festschr für Felgentraeger, 1969, S 379; F Rost, Probleme der Kondiktion wegen mißbilligter Leistungsannahme und ihres Ausschlusses bei gleichfalls mißbilligter Leistungshingabe – § 817 BGB, Diss Marburg 1972; Medicus, Vergütungspflicht des Bewucherten?, in: GedSchr für Dietz, 1973, S 61; H Honsell, Die Rückabwicklung sittenwidriger oder verbotener Geschäfte, 1974; R Kramer, Der Verstoß gegen ein gesetzliches Verbot und die Nichtigkeit von Rechtsgeschäften, Diss Mainz 1976; R Zimmermann, Richterliches Moderationsrecht oder Totalnichtigkeit?, 1979; Dauner, Der Kondiktionsausschluß gemäß § 817 Satz 2 BGB, JZ 1980, 495; Canaris, Der Bereicherungsausgleich bei sittenwidrigen Teilzahlungskrediten, WM 1981, 978; ders, Gesetzliches Verbot und Rechtsgeschäft, 1983; Reifner, Die Rückabwicklung sittenwidriger Ratenkreditverträge, JZ 1984, 637; Canaris, Gesamtunwirksamkeit und Teilgültigkeit rechtsgeschäftlicher Regelungen, in: Festschr für

Steindorff, 1990, S 519; Köhler, Schwarzarbeitsverträge: Wirksamkeit, Vergütung, Schadenersatz, JZ 1990, 466; Tiedtke, Die gegenseitigen Ansprüche des Schwarzarbeiters und des Auftraggebers, DB 1990, 2307; Hosbach, Rückabwicklung gescheiterter Titelkäufe, NJW 1996, 643; Weiler, Gekaufte Doktortitel – Rückabwicklung nach Geschäftsführung ohne Auftrag oder Bereicherungsrecht?, NJW 1997, 1053; H Honsell, § 817 S 2 BGB – eine „Drehkrankheit des Rechtsempfindens"?, in: Festschr für Seiler, 1999, S 473; Westermann, Die Bewährung des § 817 Satz 2 BGB, in: Festschr für Seiler, 1999, S 485; Weyer, Leistungskondiktion und Normzweck, WM 2002, 627; Wambach, Die bereicherungsrechtliche Rückabwicklung gesetzes- oder sittenwidriger Verträge, 2004; Armgardt, Der Kondiktionsausschluß des § 817 S 2 BGB im Licht der neuesten Rechtsprechung des BGH, NJW 2006, 2070.

I. Allgemeines

1 1. **Entstehungsgeschichte.** Die Vorschrift stammt aus dem römischen Recht und ist auf dem Weg über das gemeine Recht und die darauf aufbauenden Kodifikationen und Entwürfe des 19. Jahrhunderts in das BGB aufgenommen worden[1]. Die condictio ob turpem causam stand im Zusammenhang mit der condictio ob rem. Der rechtsgeschichtliche Zusammenhang ist häufig Gegenstand von Untersuchungen geworden. Dabei standen die Bemühungen im Vordergrund, mittels der historischen Methode Argumente bei der stark umstrittenen Auslegung der Vorschrift in den Meinungsstreit einzuführen[2]. Für den Meinungsstand im 19. Jahrhundert war es von wesentlichem Gewicht, dass der beschränkte Anwendungsbereich der condictio ob turpem causam als Sonderfall der condictio ob rem seine Grundlage verloren hatte[3]. Dieser Veränderung bei der condictio ob turpem causam trägt die Bemerkung in den Motiven II, S 849 Rechnung, dass die Kondiktion nicht auf den Fall beschränkt werden dürfe, wenn der Verstoß darin liege, dass die Leistung in Rücksicht auf einen künftigen Erfolg oder ein späteres Verhalten, also auf eine causa futura angenommen sei[4]. In den Beratungen der II. Kommission wurde der allgemeine Kondiktionstatbestand (später § 812) an die Spitze gestellt sowie die condictio ob turpem causam verselbständigt[5]. Aus dieser Entstehungsgeschichte hat *Heck*[6] die Folgerung gezogen, dass der Gesetzgeber die Anwendung der Ausschlussklausel des § 817 Satz 2 bei allen Bereicherungsansprüchen nicht gewollt habe. Wie die Entstehungsgeschichte zeigt, sind durch sie bereits eine Reihe der Schwerpunktfragen vorgegeben, die seit dem In-Kraft-Treten des BGB den Streit um die Auslegung des § 817 Satz 1 und Satz 2 beherrschen. Die in § 812 Abs 1 Satz 2 Fall 2 übernommene condictio ob rem wird als Fremdkörper im modernen Recht bewertet[7]. Durch die Anwendung der Ausschlussklausel des Satzes 2 auf die Ansprüche aus der Generalklausel des § 812 Abs 1 in der ständigen Rechtsprechung des RG und BGH hat diese eine erhebliche Bedeutung erhalten, die den gesamten Bereich der §§ 134, 138 berührt. Doch ist die teils ausdehnende, teils einschränkende Anwendung des Satzes 2 ebenso umstritten geblieben wie die Frage, auf welchen Grundgedanken die Vorschrift in Satz 2 zurückzuführen ist[8].

2 2. **Systematische Einordnung; Problemübersicht.** Die Entstehungsgeschichte[9] lässt deutlich erkennen, dass es auch den Mitgliedern der II. Kommission bei der Konzeption des Bereicherungsrechts mit einer an der Spitze stehenden Generalklausel und der verselbständigten Vorschrift des § 817 nicht möglich war zu erkennen, welche Zweifelsfragen sich insbesondere auch im Hinblick auf den stark erweiterten Anwendungsbereich der §§ 134, 138 ergeben würden. Der

1 Vgl Motive II, S 849 mNachw.
2 Vgl dazu Heck AcP 124 (1925), 1, 39 ff; Niederländer, FestG für Gutzwiller S 621; Seiler, Festschr für Felgentraeger S 379; Honsell, Rückabwicklung S 65 ff.
3 Vgl zum Funktionswandel der condictio ob rem Honsell, Rückabwicklung S 75 ff.
4 Krit dazu Honsell, Rückabwicklung S 36, 147.
5 Vgl Heck AcP 124 (1925), 49; Honsell, Rückabwicklung S 104, 105 auch zur Gleichsetzung von Rechtsgrund und Zweckbestimmung; ferner Staud/Lorenz Rz 1 u 2; Wambach, Die bereicherungsrechtliche Rübkabwicklung . . ., 2004, S 11–21.
6 S AcP 124 (1925), 53; dazu Honsell, Rückabwicklung S 108; anders die hM bei der Anwendung des Satzes 2, vgl unten Rz 13.
7 Vgl § 812 Rz 194.
8 Vgl dazu neuerdings Honsell, Festschr für Seiler S 473 u Westermann, Festschr für Seiler S 485, sowie unten Rz 11.
9 S Rz 1.

rechtshistorische Rückblick darf – so wertvoll er auch für das Verständnis der Zusammenhänge sein mag – nicht den Blick für die gegenwärtigen Rechtsprobleme verstellen, die sich zB bei den zahlreichen Verbotsnormen des öffentlichen Wirtschaftsrechts ergeben. Mit Recht hat daher auch *König*[10] in seinem Gutachten darauf hingewiesen, dass, wie eine Analyse der Judikatur und eine rechtsvergleichende Umschau zeigt, in der **Anwendung der Ausschlussklausel des Satzes 2 auf die anderen Leistungskondiktionen** ein berechtigter Kern steckt. Die Bemühungen der Rechtsprechung, gleichwohl zu einer Einschränkung der Tragweite der Ausschlussklausel des Satzes 2 zu gelangen[11], sind berechtigt, zwingen aber zu vielfachen, nicht immer einfach überschaubaren Differenzierungen. Als Ausdruck der in der Rechtsprechung bestehenden Unsicherheit ist die Bemerkung des BGH zu bewerten, dass der Gesichtspunkt der Gerechtigkeit bei Satz 2 bewusst unberücksichtigt bleibe[12]. In abgeschwächter Form hat der BGH formuliert, dass die dem Zivilrecht „an sich fremde Regelung (gemeint ist Satz 2) . . . nicht selten zu unbilligen Ergebnissen führen" könne[13]. Dennoch ist es der Rechtsprechung gelungen durch die teils ausdehnende, teils einschränkende Auslegung, zB bei dem Begriff der Leistung[14], zu sachgerechten Ergebnissen zu gelangen. Daher sind auch alle Bemühungen, wie sie *Honsell* unternommen hat, den Tatbestand des Satzes 2 unter Berufung auf die geschichtlichen Wurzeln einschränkend auszulegen[15], auf Widerspruch gestoßen[16]. Eine Grundlage, mit deren Hilfe die unterschiedlichen Wertungen erfasst werden können, bildet der Gesichtspunkt der Rechtsschutzversagung, durch den die früher herrschende Meinung vom Strafcharakter des Satzes 2 zurückgedrängt worden ist[17].

II. Voraussetzungen des Satzes 1

1. **Bedeutung**. Der in § 817 Satz 1 geregelte Bereicherungsanspruch wegen verwerflichen Empfanges ist ein Fall der **Leistungskondiktion**[18]. Die Vorschrift enthält eine **selbständige Regelung** dieses Bereicherungsanspruchs[19]. Die Selbständigkeit des Anspruchs zeigt sich zB darin, dass **§ 814** nur einem Anspruch aus § 812, nicht aber aus § 817 Satz 1 entgegensteht[20]. Nach § 817 Satz 1 kommt es nur darauf an, dass der **Empfang der Leistung** verwerflich ist. Dieser Bereicherungsanspruch ist daher insbesondere von Bedeutung, wenn die Voraussetzungen der §§ 134, 138 nicht erfüllt sind[21]. Es sind **drei Fälle** zu unterscheiden: Grundgeschäft und Leistungsgeschäft sind wirksam, dann kommt nur ein Anspruch aus § 817 Satz 1 in Betracht. Weiterhin kann das Grundgeschäft nach §§ 134, 138 nichtig, das Erfüllungsgeschäft jedoch wirksam sein. Dann ergibt sich die Frage, ob neben dem Anspruch aus § 817 Satz 1 ein solcher aus § 812 gegeben ist[22]. Schließlich kann außer dem Grundgeschäft ausnahmsweise auch das Erfüllungsgeschäft nichtig sein[23]. Die selbständige Bedeutung des Satzes 1 betrifft die erste Fallgruppe. Das RG hat hervorgehoben, dass die Vorschrift auch dort ergänzend eingreifen will, wo trotz der Gültigkeit des zugrunde liegenden Rechtsgeschäfts und der aus ihm erfolgenden Leistung die Annahme dieser Leistung gegen ein Verbot verstößt oder unsittlich ist[24]. Der Kritik von *Honsell*[25], es handele sich um einen nicht am Einzelfall erprobten, theoretischen Satz, daher sei Satz 1 überflüssig, weil stets die 3

10 Vgl König, Gutachten BJM Bd II, S 1542; s auch unten Rz 10ff.
11 S Rz 21ff.
12 BGHZ 8, 348, 373; BGH NJW-RR 1993, 1457 = WM 1993, 1765, 1768 = WuB IVA. § 817 BGB 1.94 (Köndgen); s auch Rz 11; dazu krit Erman/Westermann Rz 1.
13 BGHZ 39, 87, 91; 75, 299, 305.
14 S unten Rz 45.
15 Zuletzt Festschr für Seiler S 473, 478: Beschränkung auf Fälle der Deliktsanstiftung.
16 Vgl Larenz/Canaris, SchuldR II/2 § 68 III 3 a Fn 59: der lex lata nicht entsprechende Konzeption; Staud/Lorenz Rz 5; vorsichtig abwägend auch Erman/Westermann Rz 17.
17 Vgl unten Rz 11.
18 Vgl § 812 Rz 2.
19 Von Mayr, Der Bereicherungsanspruch, 1903, S 550: Heck AcP 124 (1925), 14.
20 RGZ 99, 161; BGH LM Nr 1 zu § 762 = MDR 1961, 494 = WM 1961, 538; s auch § 814 Rz 1.
21 Von Mayr, Der Bereicherungsanspruch S 554; dazu s weiter unten.
22 Vgl unten Rz 4.
23 Vgl § 138 Rz 51.
24 RGZ 96, 343, 345. Vgl auch LG Hanau NJW-RR 1999, 1142.
25 Rückabwicklung S 35. Ebenso E Wolf, SchuldR II, 1978, S 442f.

§§ 134, 138, 812 Abs 1 Satz 1 zum Zuge kämen, ist nicht zuzustimmen[26]. Jedoch trifft es zu, dass der Anwendungsbereich der Vorschrift nicht groß ist[27] und der Satz 1 daher an Bedeutung weit hinter Satz 2 zurücktritt. Zur Frage, ob bei Nichtigkeit auch des Erfüllungsgeschäfts (dritte Fallgruppe) eine Anspruchskonkurrenz mit dinglichen Ansprüchen anzunehmen ist, vgl unten Rz 5. Nach § 819 Abs 2 unterliegt der Empfänger einer verschärften Haftung.

4 2. Die **Anspruchskonkurrenz** zwischen § 812 Abs 1 Satz 1 Fall 1 und § 817 Satz 1 ist von praktischer Bedeutung, vor allem in den Fällen, in denen das Erfüllungsgeschäft von der Nichtigkeit des Grundgeschäfts nicht berührt wird und ein Anspruch nach § 812 Abs 1 Satz 1 Fall 1 wegen Kenntnis der Nichtschuld nach § 814 ausgeschlossen ist. Der Anspruch aus § 817 Satz 1 wird durch diese Einwendung nicht berührt (vgl oben Rz 3). Der „Zweck der Leistung" in § 817 Satz 1 sollte *nicht* als identisch mit dem in § 812 Abs 1 Satz 2 Fall 2 vorausgesetzten besonderen Zweck (außerhalb des rechtlichen Grundes) angesehen werden, sondern als „Geschäftszweck" der schuldrechtlichen Abrede (Tilgungsbestimmung oder Erwerbsgrund)[28].

5 3. Ist das Erfüllungsgeschäft ausnahmsweise nichtig[29], zB auch bei einem verbotenen Kompensationsgeschäft[30], so kann neben den §§ 812, 817 Satz 1 **auch ein dinglicher Anspruch** (§§ 894, 985) in Betracht kommen[31]. Liegt in dem verwerflichen Empfang zugleich eine **unerlaubte Handlung**, so kann auch ein Anspruch aus den §§ 823 ff gegeben sein. Zur Konkurrenz von Bereicherungsansprüchen und Ansprüchen aus unerlaubter Handlung vgl auch Rz 10 vor § 812.

6 4. **Anwendungsbereich des Satzes 1**. Die erste in Rz 3 angeführte Fallgruppe kann nicht sehr umfangreich sein, weil in den meisten Fällen das Grundgeschäft gem §§ 134, 138 nichtig sein wird (s dazu die zweite Fallgruppe). In diesem letzteren Fall kommt ein mit dem Anspruch aus Satz 1 konkurrierender Anspruch aus § 812 Abs 1 in Betracht[32]. Bereits in Motive II, S 849 wird mit dem Hinweis, dass auch die Fälle erfasst werden sollen, wenn die causa der Vergangenheit angehört[33], als Beispiel die Bezahlung von Diensten, für welche Bezahlung anzunehmen einer höheren Pflicht widerspricht, angeführt (vgl auch StGB § 331, Vorteilsannahme, früher einfache Beamtenbestechung). Das früher bestehende Konkurrenzproblem, wenn eine strafrechtliche Verfallerklärung erfolgte, ist durch die Gesetzesänderung (StGB § 73 Abs 1 Satz 2) behoben worden[34]. Nach Ansicht von *Honsell*[35] handelt es sich bei dem viel zitierten Beispiel der Vorteilsannahme um einen ganz singulären Fall. Dies trifft jedoch, wie die Rechtsprechung zeigt, nicht zu[36]. Die Auffassung von *Honsell* ist auch nur vertretbar, wenn, wie er vorschlägt[37], im Hinblick auf die rechtshistorische Entwicklung für Satz 1 wie auch für Satz 2 eine Begrenzung auf die causa futura vorgenommen wird. Dies ist mit der modernen Entwicklung seit In-Kraft-Treten des BGB nicht vereinbar[38]. Dabei ist es unerheblich, dass der Strafzweck, auf den sich die Motive II, S 849 berufen, gegenüber dem Gesichtspunkt der Rechtsschutzversagung[39] in den Hintergrund getreten ist. Vgl auch zu den subjektiven Voraussetzungen unten Rz 9, 31 u 36.

7 5. **Einzelfälle**. Außer dem Fall der Vorteilsannahme[40] kommen weitere Fälle in Betracht, in denen der Empfänger durch die Annahme gegen ein gesetzliches Verbot oder die guten Sitten verstößt, wenn auch meist ein beiderseitiger Verstoß vorliegen wird. So hat das RG[41] ausgeführt, dass bei der Zahlung von Schweigegeld ausnahmsweise nur die Annahme, nicht auch die Leistung

26 Ebenso Larenz/Canaris, SchuldR II/2 § 68 III 3 a, Fn 59. Vgl auch zu den unterschiedlichen Rechtsfolgen bei Verstößen gegen Verbotsgesetze § 134 Rz 29 ff.
27 Vgl Rz 6.
28 Vgl Wambach, Die bereicherungsrechtliche Rückabwicklung . . ., 2004, S 22 f.
29 Vgl oben Rz 3.
30 BGH LM Nr 3 zu KWVO § 1 a = NJW 1952, 60; s auch BGH NJW 1973, 613 = LM Nr 100 zu § 812.
31 Vgl § 985 Rz 25.
32 Vgl dazu Rz 4.
33 S Rz 1.
34 Vgl Medicus, BürgerlR § 27 III 5 Rz 695.
35 Rückabwicklung S 36.
36 Ebenso Canaris, Festschr für Steindorff S 519, 522 f; Staud/Lorenz Rz 6 ff.
37 S Honsell, Rückabwicklung S 36, 149.
38 S auch Rz 1.
39 S dazu Rz 8 u 11.
40 S Rz 6.
41 RGZ 58, 204. Ferner KG OLG 22, 193; München JW 1922, 128.

gegen die guten Sitten verstößt, wenn der Geber dadurch seine Angehörigen vor dem schweren Nachteil einer Verurteilung schützen will. Ebenso zu entscheiden ist in Fällen der Schutzgelderpressung. Je nach der Fallgestaltung kann auch bei anstößigen schenkweisen Zuwendungen ein Verstoß lediglich in der Annahme der Leistung liegen[42]. Verstößt der Vermieter durch Annahme einer Zahlung gegen eine Preisstoppregelung, so greift Satz 1, nicht aber Satz 2, ein, wenn der Mieter bei der Zahlung sich in einer Zwangslage befand, weil er Gefahr lief, den Wert der Einbauten zu verlieren[43] Jedoch ist nicht jede Leistung in einer Zwangslage geeignet, einen Verstoß des Leistenden gegen das Gesetz oder die guten Sitten auszuschließen[44]. Nur Satz 1 ist auch bei dem Schuldanerkenntnis der Ehefrau eines Darlehensnehmers bei einem nichtigen Spieldarlehen gegeben[45]; ebenso bei vorzeitiger Leistungsannahme unter Verstoß gegen Makler- und BauträgerVO § 3[46]. Einen Sonderfall enthält RGZ 89, 65: Das RG hat aufgrund einer Auslegung der gesetzlichen Vorschrift über kriegsbedingte Beschlagnahme des Vermögens feindlicher Ausländer nur in der Annahme der Leistung des Ausländers durch seine deutsche Verlobte einen Verstoß gegen ein gesetzliches Verbot erblickt. Soweit in der Annahme einer Kaution ein Verstoß gegen die guten Sitten zu erblicken ist, scheidet die Anwendung des Satzes 1 schon aufgrund der einschränkenden Auslegung des Begriffs der Leistung im Sinne von § 817 aus[47].

6. **Zweck des Satzes 1**. Nach der früher herrschenden Meinung wurde mit der Vorschrift ein 8
Strafzweck verfolgt. Der in der Annahme liegende Verstoß und die sich darin offenbarende Auflehnung gegen die guten Sitten oder die öffentlich Ordnung sollten getroffen werden[48]. Jedoch ist der Ansicht der Vorzug zu geben, die im Falle des § 817 Satz 1 das **Behalten** der Leistung als **unrechtmäßig** betrachtet[49]. Die Frage ist von Bedeutung dafür, welche Anforderungen in subjektiver Hinsicht an den Empfänger zu stellen sind[50], denn Strafe würde Vorwerfbarkeit voraussetzen.

7. **Subjektive Voraussetzungen**. Die Erfordernisse, die in subjektiver Hinsicht vorzuliegen 9
haben, hängen davon ab, welcher Zweck der Vorschrift beizumessen ist[51]. Wer die Auffassung vom Strafzweck vertritt, muss höhere Anforderungen stellen, wie es die ständige Rechtsprechung bei Anwendung des Satzes 2 verlangt. Bei Satz 1 ist die Rechtsprechung nicht einheitlich. In RGZ 72, 46, 49 wird die Frage, ob Verschulden bei dem Verstoß gegen ein gesetzliches Verbot vorausgesetzt wird, verneint, anders dagegen in RGZ 87, 65. Wird nicht auf einen Strafzweck, sondern darauf abgestellt, ob das Behalten der Leistung als unrechtmäßig anzusehen ist[52], so bildet das Vorliegen des Verschuldens nicht Voraussetzung für die Anwendung des Satzes 1. Es bedarf lediglich einer Kenntnis der Tatumstände[53]. Bei einem bewussten Verstoß greift die gesteigerte Haftung nach **§ 819 Abs 2** ein[54]. Aus der Ablehnung des Strafzwecks sind auch bei Satz 2 in subjektiver Hinsicht Folgerungen zu ziehen, wobei allerdings zwischen dem Verstoß gegen die guten Sitten und gegen ein gesetzliches Verbot zu unterscheiden ist[55]. Vgl im einzelnen zum Verstoß gegen ein gesetzliches Verbot Rz 30 ff u zum Verstoß gegen die guten Sitten Rz 35 ff.

42 Vgl RGZ 145, 152 (Grundstück für Zustimmung zur Ehescheidung); KG HRR 1933, 1830 (für Religionswechsel); RG WarnRspr 1913 Nr 183 (für Übertragung von Erziehungsrechten). Vgl näher Rz 33, 37.
43 KG JW 1938, 2144.
44 BGHZ 113, 98, 105; BGH NJW-RR 1993, 1457 = WM 1993, 1765: Auszahlung veruntreuter Gelder als angebliche Gewinne nach Aufdeckung der Straftat und Einleitung des Ermittlungsverfahrens. Vgl. auch AG Offenbach NJW-RR 1992, 1204 (zusätzlicher alleiniger Sittenverstoß durch Schmiergeldempfang).
45 BGH LM Nr 1 zu § 762 = WM 1961, 530 = MDR 1961, 494.
46 München NJW-RR 2001, 13; s auch Koblenz NJW-RR 1999, 671.
47 S dazu Rz 45.
48 Motive II, S 849; ebenso Planck/Landois Bem 1 a; Heck AcP 124 (1925), 17.
49 So Flume, AllgTeil II § 18, 10 a.
50 Vgl unten Rz 9.
51 Vgl Rz 8.
52 S Rz 8.
53 S Siber, SchuldR § 74 II 2 a S 429; Honsell, Rückabwicklung S 59.
54 Vgl § 819 Rz 15.
55 Vgl Rz 31 u 36.

III. Voraussetzungen des Satzes 2

10 1. **Bedeutung**. Sehr viel häufiger als die von Satz 1 erfassten Fälle eines einseitigen Verstoßes des Empfängers[56] sind die Fälle des beiderseitigen Verstoßes gegen die guten Sitten oder der Zuwiderhandlung gegen ein Verbotsgesetz. Je nach der Fallgestaltung kann der eine oder der andere Fall vorliegen, zB bei der Zahlung von Schweigegeld[57]. Die Verknüpfung von Satz 1 und Satz 2 durch „gleichfalls" könnte dem Wortsinn nach dafür sprechen, dass die Einwendung aus Satz 2 nur dem Anspruch aus Satz 1 gegenüber durchgreift[58]. Die herrschende Meinung wendet **Satz 2** jedoch **auch dann** an, wenn ein mit dem Anspruch aus Satz 1 **konkurrierender Anspruch aus § 812 Abs 1 Satz 1 Fall 1** vorliegt oder lediglich der Leistende verwerflich handelt[59]. Andernfalls wäre die Tragweite des Satzes 2 sehr gering, während sie bei Anwendung des § 812 infolge Nichtigkeit des Grundgeschäfts nach §§ 134, 138 sehr groß ist[60]. Auch *Honsell*[61], nach dessen Ansicht Satz 1 überflüssig ist[62], stimmt der herrschenden Meinung zu, allerdings unter wesentlicher Einschränkung des Satzes 2[63]. § 817 Satz 1 enthält eine **besondere Leistungskondiktion**. Dies ist auch für die Frage bedeutsam, ob Satz 2 Ansprüchen aus § 816 entgegengehalten werden kann[64]. Satz 2 ist vielfach als verfehlt bezeichnet worden, vor allem wegen des **Strafzweckes**, der nach der Entstehungsgeschichte der Vorschrift, auf die vielfach hingewiesen wird, zugrunde liegen soll[65]. Kritisch wurde auch von einem „systemfremden strafrechtlichen Einbruch in das Zivilrecht" gesprochen[66]. Das RG und der BGH in seiner älteren Rechtsprechung haben sich oft auf den Strafzweck berufen, in der neueren Rechtsprechung und im Schrifttum ist an seine Stelle der Gesichtspunkt der **Rechtsschutzverweigerung** in den Vordergrund getreten[67]. Das ungenaue Bild, das sich aus der Rechtsprechung über die Anwendung des Satzes 2 ergibt, wird noch dadurch unschärfer, dass teils mit Hilfe von Sondervorschriften, die den Satz 2 ausschließen, teils ohne gesetzliche Regelungen Bestrebungen bestehen, den Tatbestand des Satzes 2 oder auch nur seine Rechtsfolgen sachgerecht **einzuschränken**, so zB beim Wucher und der Verletzung von Preisvorschriften. Besonderes Gewicht kommt den Bestrebungen zu, den Tatbestand des Satzes 2 unter Berufung auf den Schutzzweck der Norm[68] oder mit Hilfe der Generalklausel über die Beachtung von Treu und Glauben aufzulockern[69]. Methodische Schwierigkeiten bereitet die Frage, ob von einer Rechtslücke ausgegangen werden kann oder ob eine Rechtsentwicklung contra legem vorliegt[70]. In Anbetracht der zahlreichen Auslegungsschwierigkeiten lässt sich Rechtsklarheit nur mit Hilfe der Bildung von Fallgruppen gewinnen. Dabei bietet der Gesichtspunkt der Rechtsschutzverweigerung eine nur begrenzte Hilfe[71]. Darin liegt wohl eine richterliche Rechtsfortbildung des Satzes 2, die sich insbes auch von der Entstehungsgeschichte gelöst hat[72].

11 2. **Grundgedanken des Satzes 2; Rechtsschutzversagung**. Satz 2 wird häufig als verfehlt bezeichnet[73]. Doch wird dieser Ansicht mit Recht entgegengehalten, dass die Vorschrift im Kern vernünftig ist[74]. Aus dem Bestreben, unbefriedigende Ergebnisse bei der Anwendung des Satzes 2 zu vermeiden, haben sich zahlreiche Auslegungsstreitigkeiten ergeben. Die Vorschrift wird auf

56 S Rz 7.
57 S Rz 7.
58 So vereinzelt vertreten, zB von Rost, Diss Marburg 1972, S 81 mNachw.
59 S Rz 13.
60 S zu den verschiedenen Fallgruppen oben Rz 3.
61 Rückabwicklung S 3 ff.
62 S Rz 3 (bei Fn 25).
63 S dazu unten Rz 21 ff.
64 S Rz 13 aE. Nach BGH NJW 2003, 582, 584, ist § 817 Satz 2 nicht bei einer Bereicherung „in sonstiger Weise" (§ 812 Abs 1 Satz 1 Fall 2) anwendbar.
65 S Rz 1; vgl dazu Enn/Lehmann § 226, 4; Heck AcP 124 (1925), 1, 18.
66 S Koppensteiner/Kramer, Ungerechtfertigte Bereicherung S 75.
67 Rz 11.
68 Vgl Rz 24.
69 Vgl Rz 22.
70 Vgl R Zimmermann, Richterliches Moderationsrecht oder Totalnichtigkeit?, 1979, S 177.
71 S Rz 11.
72 So zutreffend AG Wangen NJW 1976, 2135.
73 S Enn/Lehmann § 226, 4; Bufe AcP 157 (1958/59), 215; auch RGZ 151, 70: im Aufbau unbefriedigend.
74 Niederländer, FestG für Gutzwiller S 622; Flume, AllgTeil II § 18, 10 a; v Caemmerer SJZ 1950, 646; Raiser JZ 1951, 718; Prölss ZHR 132 (1969), 43; Canaris, Festschr für Steindorff, 1990, S 519, 524; s weiter unten.

vier verschiedene Grundgedanken zurückgeführt. Sie wurde als ein Fall der **Schuldkompensation** betrachtet[75]. Die Ansicht von *Heck*[76], dass Satz 2 nur auf einen Teil der Ansprüche aus § 812 anzuwenden sei, hat mit Recht keine Zustimmung gefunden[77]. Die einschränkende Anwendung des Satzes 2 wird teilweise damit begründet, dass die Vorschrift **Ausdruck des allgemeinen Rechtsgedankens von Treu und Glauben** sei und die Berufung auf Satz 2 nach den Umständen des Falles eine unzulässige Rechtsausübung darstellen könne[78]. Dies kann jedoch nur in Ausnahmefällen in Betracht kommen[79]. In einzelnen Vorschriften ist die Anwendung des Satzes 2 ausdrücklich ausgeschlossen. Ein allgemeiner Grundsatz kann daraus nicht hergeleitet werden[80]. Das RG hat dem Satz 2 **Strafcharakter** beigemessen[81]. Diese Ansicht führt zu einer Vermischung zivilrechtlicher und strafrechtlicher Gesichtspunkte, ohne dass sich nach dem Schutzzweck der einzelnen Vorschriften befriedigende Ergebnisse ermitteln lassen[82]. Hinzu kommt, dass eine Abwägung nach der Schwere des Verstoßes nicht vorgenommen werden kann[83]. Inzwischen hat sich die Ansicht durchgesetzt, dass für Satz 2 der Gesichtspunkt einer **Versagung des Rechtsschutzes** maßgeblich sei[84]. Die Vorteile, die die Lehre von der Rechtsschutzversagung bietet, sind in dem weiten Anwendungsbereich in Verbindung mit der größeren Flexibilität zu erblicken. Sie ermöglicht Differenzierungen und damit die **Bildung von Fallgruppen**, wie dies nach der Strafzwecktheorie nicht möglich ist. Auch kann von den verschärften subjektiven Voraussetzungen abgesehen werden, wie sie die sich auf die Strafzwecktheorie berufende Rechtsprechung verlangt. Die Rechtsschutzversagung beruht auf dem allgemeinen Gesichtspunkt, dass mit dem Makel der Gesetzwidrigkeit oder Sittenwidrigkeit behaftete Geschäfte nicht vor die Gerichte gebracht werden können[85]. Sie ist auf allgemeine Rechtsgrundsätze zurückzuführen, wie sie sich aus der Lehre vom Rechtsmissbrauch entwickelt haben[86]. Hierzu gehören zB die Grundsätze „Keine Berufung auf eigenes Unrecht"[87] und „venire contra factum proprium"[88] sowie der Einwand der „unclean hands"[89]. Der Gedanke der Rechtschutzversagung, dessen Inhalt dahingehend ausformuliert wird, demjenigen den gerichtlichen Schutz zu versagen, der sich selbst durch die Vornahme des gesetz- oder sittenwidrigen Geschäfts außerhalb der Rechtsordnung gestellt hat[90], ist indes ähnlichen Bedenken ausgesetzt wie die Strafzwecktheorie. Ebensowenig, wie einzusehen ist, dass im Fall zweier gleich verwerflich Handelnder nur den Vorleistenden die „Strafe" treffen soll, indem sein Rückforderungsanspruch nach Satz 2 ausgeschlossen ist, ist einzusehen, warum im Fall beiderseitigen Verstoßes gegen das Gesetz oder die guten Sitten nur dem Vorleistenden die gerichtliche Durchsetzbarkeit seiner Ansprüche auf Rückforderung des schon Geleisteten zu versagen sein soll, obwohl sich beide Vertragspartner außerhalb der Rechtsordnung bewegt haben.

Stellungnahme. Die von der Rechtsprechung in den neueren Entscheidungen wiederholt herausgestellte Überlegung, dass es für die Anwendung des Satzes 2 nicht auf materielle Gerechtigkeit ankomme[91], zwingt dazu, sich von dem Satz 2 beigemessenen Strafcharakter, der 11a

75 Vgl Heck AcP 124 (1925), 33.
76 AcP 124 (1925), 1 ff, 27.
77 Enn/Lehmann § 226 Fn 4; Niederländer, FestG für Gutzwiller S 622; Honsell, Rückabwicklung S 6; Bufe AcP 157 (1958/59), 233.
78 So RGZ 71, 432, 436; verneinend BGHZ 8, 348, 373; zweifelnd BGHZ 41, 341.
79 Vgl unten Rz 22.
80 Vgl unten Rz 17.
81 S RGZ 151, 70 mNachw; BGHZ 8, 348, 370; 39, 87, 91; über die Anforderungen, die sich daraus in subjektiver Hinsicht ergeben, vgl unten Rz 31 und 36.
82 Vgl dazu eingehend G Boehmer, Grundlagen der bürgerlichen Rechtsordnung I S 53 ff; s auch Rz 10.
83 S OGHZ 4, 57.
84 Bereits RGZ 63, 346; 73, 143; 99, 161; ferner OGHZ 4, 57; BGHZ 8, 348 = LM Nr 4 zu § 817 (mAnm Fischer); BGH LM Nr 4 zu MRG 53 = NJW 1956, 338; BGHZ 35, 103 = LM Nr 14 zu § 817 (mAnm Johannsen) = NJW 1961, 1458; BGHZ 44, 1, 6 = NJW 1965, 1585; Boehmer, Grundlagen I S 60; v Caemmerer SJZ 1950, 649; Raiser JZ 1951, 718; Esser/Weyers, SchuldR II 1 § 49, 1; Flume, AllgTeil II § 18, 10 a; BGH WM 1993, 2119 = WuB IV A. § 817 BGB 2.94 (Thode) = NJW 1994, 187.
85 S BGHZ 36, 395, 399.
86 Vgl dazu § 242 Rz 65 ff.
87 Riezler JherJb 89 (1941), 177, 204, 221; Raier JZ 1951, 718.
88 Niederländer, FestG für Gutzwiller S 622.
89 Riezler JherJb 89 (1941), 177, 271; Prölss ZHR 132 (1969), 35.
90 Vgl Canaris, Festschr für Steindorff S 519, 523.
91 BGHZ 75, 299, 305 = NJW 1980, 452 = WM 1980, 133; BGH NJW-RR 1993, 1457 = WM 1993, 1765

letztlich auch in der Theorie von der Rechtsschutzversagung seinen Ausdruck findet, zu lösen. Satz 2 ist vor dem Hintergrund zu sehen, dass der Rückforderungsausschluss die Vornahme sitten- oder gesetzwidriger Geschäfte verhindern soll. Dieses gesetzgeberische Ziel wird auch dadurch erreicht, dass man zB dem Empfänger von Treugeldern die Berufung auf § 817 Satz 2 versagt, weil der mit dem Geschäft verfolgte sittenwidrige Zweck noch erreicht werden kann[92]. Neben den Abschluss sitten- oder gesetzeswidriger Geschäfte tritt die Vornahme an sich erlaubter Handlungen, bei denen aber der beabsichtigte Leistungserfolg von der Rechtsordnung missbilligt wird[93]. Wendet man den Gedanken der Rechtsschutzversagung konsequent an, müsste auch hier dem Leistenden, der seine Gegenleistung noch nicht erhalten hat, die Rückforderung nach Satz 2 versagt sein. Damit würde jedoch die Durchführung und Aufrechterhaltung eines von der Rechtsordnung nicht gewollten Zustands erst ermöglicht. Unerheblich ist dabei, dass – anders als im Fall der Herausgabe empfangener Treugelder – die Leistung schon an denjenigen gelangt ist, dem sie letztlich wirtschaftlich zugute kommen soll, solange der mit der Leistung verfolgte sittenwidrige Zweck noch erreicht werden kann. Eine vergröbernde Betrachtung ist darin nicht zu sehen[94], denn § 817 Satz 2 kann nur vor dem Hintergrund seiner subjektiven Voraussetzungen verstanden werden. Nur wer sich bewusst gegen das Recht stellt, kann durch die Inkaufnahme materieller Ungerechtigkeit vom Abschluss sitten- oder gesetzeswidriger Geschäfte abgehalten werden. Diese Überlegung, die wohl auch der Theorie der Rechtsschutzversagung zugrunde liegt, kann aber nicht abschließend über die Anwendbarkeit des Satzes 2 im objektiven Interesse der gesetzgeberischen Absicht entscheiden. Dazu bedarf es einer differenzierteren Betrachtung, die sich auf der Linie neuerer Rechtsprechung[95] am **Normzweck der die Nichtigkeit auslösenden Regelung** orientiert[96]. Die Ablehnung der Lehre von der Rechtsschutzversagung durch *Honsell*[97] beruht auf seiner an der rechtsgeschichtlichen Herkunft orientierten engen Auslegung[98]. Über Rechtsqualität der Rechtsschutzversagung und die Rechtsfolgen s Rz 14.

12 3. **Zwingende Vorschrift**. Infolge des zwingenden Charakters des § 817 kann nicht auf die Einwendung aus Satz 2 Verzicht geleistet werden[99]. Ebensowenig, wie durch eine Abrede nach § 607 Abs 2 (aF) eine alte Schuld, die unter Satz 2 fällt, in eine neue Schuld umgeschaffen werden konnte[100], kann eine vertragliche Vereinbarung über die Rückgewähr einer schon geleisteten Zahlung den nach § 817 Satz 2 ausgeschlossenen Bereicherungsanspruch ersetzen[101]. Durch § 817 Satz 2 bleibt es ohne Rücksicht auf die materielle Rechtslage bei der tatsächlichen Lage, so wie sie durch das verwerfliche Handeln des Leistenden entstanden ist[102]. Aus diesem Grund können ausgekehrte Gelder, mit denen ein **Adoptionsvertrag** erkauft werden sollte, nicht von dem Empfänger, dem die ausgezahlten Beträge letztlich wirtschaftlich zugute kommen sollten, zurück-

= WuB IV A. § 817 BGB 1.94 (Köndgen); vgl auch Hamm OLGR 1994, 141 Oldenburg OLGR 1995, 23.

92 BGH NJW 1997, 47 = FamRZ 1996, 1533 = ZIP 1996, 2113 = MDR 1997, 164: Herausgabe empfangener Treugelder zum Erwerb eines Adelstitels; ein anderer vom BGH nicht gewählter Begründungsansatz liegt im Leistungsbegriff, wonach nur solche Gelder nicht zurückgefordert werden können, die endgültig in das Vermögen des Empfängers übergehen sollten.

93 BGH NJW-RR 1990, 750 = WM 1990, 799: Rückforderung eines zum Zweck eines Bordellbetriebes gewährten Darlehens.

94 So aber Westermann, Festschr für Seiler, 1999, S 485, 489.

95 Vgl BGHZ 75, 299, 306 (= Fn 91); 111, 308, 311 = NJW 1990, 2542; 118, 142, 150 (= Fn 122); 118, 182, 184 (=Fn 123); s dazu bei Fn 121 f.

96 Rz 12 ff. Für einen weiten Anwendungsbereich des Satzes 2 trotz Ablehnung eines einheitlichen Normzwecks Medicus, GedSchr für Dietz S 69; Erman/Westermann Rz 5. Demgegenüber befürwortet Wambach, Die bereicherungsrechtliche Rückabwicklung. . ., 2004, S 58 ff, dass das „Rechtsbewährungsinteresse“ bei einem Verstoß des Leistenden den Ausschluss der Rückforderung nur dann gebiete, wenn ihm ein zusätzlicher alleiniger Sittenverstoß gegenüber dem Empfänger anzulasten ist (entsprechend § 817 Satz 1 hinsichtlich der „Annahme“).

97 Rückabwicklung S 60.

98 S Rz 1.

99 BGH LM Nr 1 zu § 762 = WM 1961, 530; s auch OGHZ 4, 57, 60.

100 BGHZ 28, 164 = NJW 1958, 2111; § 607 Rz 254.

101 BGH NJW 1994, 187, 188 = WM 1993, 2119, 2120 (= Fn 84).

102 BGHZ 8, 348, 373; BGH NJW-RR 1993, 1457 = WM 1993, 1765 = WuB IV A. § 817 BGB 1.94 (Köndgen).

gefordert werden[103]. In einem Fall, in dem ein **Bankangestellter erhebliche Kundengelder veruntreut** und nach Aufdeckung der Veruntreuungen Beträge an einige Anleger nebst einem erzielten Gewinn ausgezahlt hatte, scheiterte die Rückforderung an § 817 Satz 2[104]. Dass der Vermögenszuwachs durch vorsätzliche Schädigung Dritter ermöglicht wurde, hindert den Rückforderungsausschluss nicht. Nur scheinbar im Widerspruch dazu steht die Entscheidung des BGH, die **Herausgabe empfangener Treugelder**, mit denen ein sittenwidriger Zweck verfolgt werden sollte, nicht an § 817 Satz 2 scheitern zu lassen. Der BGH bejaht einen Anspruch des Geschäftsherrn aus § 667 Fall 1[105], wenn die Mittel beim Beauftragten noch vorhanden oder nicht zu dem vorgesehenen Zweck verwendet worden sind[106]. Ebenso steht bei **Darlehen, die zu Spielzwecken gewährt sind**, Satz 2 einer Rückforderung nicht entgegen, wenn der Empfänger das Geld noch nicht verspielt hat oder wenn es ihm sogar möglich war, damit einen Gewinn zu erzielen. Hintergrund dieser Entscheidungen bildet die Überlegung, dass dann, wenn die Erreichung des von der Rechtsordnung missbilligten Zwecks noch möglich ist, für einen Rückforderungsausschluss jede Begründung fehlt. Ebenso wie beim Bordellkauf der Erwerber nicht nach § 817 Satz 2 die Herausgabe des empfangenen Grundstücks verweigern darf[107], weil ein von der Rechtsordnung missbilligter Zustand gleichsam legalisiert würde, soll der Rückforderungsausschluss nicht dazu führen, einen von der Rechtsordnung missbilligten Zustand erst zu ermöglichen. Gerechtfertigt erscheint ein solcher Ausschluss nur dann, wenn die Durchführung des missbilligten Zwecks von vornherein mit einem dem Darlehensgeber bekannten Risiko verbunden war, und sich dieses Risiko verwirklicht hat. Daher kann ein Spielerdarlehen nicht zurückverlangt werden, wenn der Darlehensnehmer **infolge von Spielverlusten** nicht mehr bereichert ist[108].

4. **Satz 2 findet auch Anwendung**, wenn der Anspruch sich **auf § 812** gründet, die Voraussetzungen des § 817 Satz 1 dagegen nicht gegeben sind. Dies ist für alle Fälle von Bedeutung, in denen zwar der **Leistende, nicht aber der Empfänger verwerflich handelt**[109]. Dem Leistenden kann dennoch ein Anspruch auf **Wertersatz** nach §§ 812 Abs 1 Satz 1, 818 Abs 2 zustehen, wenn ihm nicht bewusst war, dass er gegen ein gesetzliches Verbot verstieß. Der Anspruch richtet sich nach der Höhe der üblichen oder hilfsweise nach der angemessenen, vom Vertragspartner ersparten Vergütung[110]. Diese Abwicklung nach Bereicherungsrecht soll nicht demjenigen, der eine gesetzeswidrige Geschäftsbesorgung vornimmt, auf einem Umweg entgegen § 134 doch eine Vergütung verschaffen, sondern nur verhindern, dass der Empfänger der Leistungen daraus einen ungerechtfertigten Vorteil zieht[111]. Nur wenn sich der **Leistende** eines Verstoßes gegen das gesetzliche Verbot **bewusst** war, schließt § 817 Satz 2 eine Rückforderung aus. Dem steht der Fall gleich, dass sich der Leistende der Einsicht in den Gesetzesverstoß bewusst verschließt[112]. Bei einem Kreditvertrag, der gegen GewO § 56 Abs 1 Nr 6 verstößt, wird dies in der Regel angenommen, wenn der gewerbsmäßig handelnde Kreditvermittler die Verhandlungen geführt und an der Auszahlung der Darlehensvaluta beteiligt war. Der Darlehensgeber kann daher die Rückzahlung des Darlehensnettokapitals nur in Raten, in der vertraglich vereinbarten Zeit ohne Zinsansprüche bis 13

103 BGH NJW 1997, 47 (= Fn 92).
104 BGH NJW-RR 1993, 1457, 1459 = WM 1993, 1765, 1768 = WuB IV A. § 817 BGB 1.94 (Köndgen).
105 Nach der Rechtsprechung des BGH sind §§ 677 ff in derartigen Fällen grundsätzlich anwendbar, BGHZ 37, 258, 263; 101, 393, 399.
106 BGH NJW 1997, 47, 48 (= Fn 92); Stuttgart NJW 1996, 665, 666.
107 RGZ 71, 432; BGHZ 41, 341, 344; BGH NJW-RR 1990, 750 = WM 1990, 799 = WuB I E 1.-16.90 = ZIP 1990, 915; dazu EWiR 1990, 643.
108 BGH NJW 1995, 1152 = WM 1995, 566 = WuB IV A. § 817 BGB 1.95 = ZIP 1995, 453; dazu EWiR 1995, 443.
109 StRspr; RGZ 151, 70 mNachw; 161, 52; BGHZ 35, 103 = LM Nr 14 zu § 817 (Johannsen) = NJW 1961, 1485; BGH WM 1971, 875; Siber, SchuldR § 74 III; Enn/Lehmann § 226, 3; Larenz/Canaris, SchuldR II/2 § 69 III 3; einschränkend Honsell, Rückabwicklung S 137; aM insbes Heck AcP 124 (1925), 1.
110 BGHZ 50, 90, 92; BGH NJW 1996, 1954, 1957; BGH NJW 2000, 1560 = WM 2000, 1342 = WuB IV A. § 812 BGB 4.00; dazu EWiR 2000, 745.
111 BGHZ 77, 12, 18.
112 BGHZ 50, 90, 92; 75, 298, 305 = WuB IV A. § 817 BGB 1.90 (Sonnenhol: zustimmend); BGH NJW 1997, 2314 = WM 1997, 1212 = WuB IV A. § 138 BGB 1.98 (Moritz) = ZIP 1997, 1110; dazu EWiR 1997, 687.

zur Fälligkeit der einzelnen Raten verlangen[113]. Häufiger als der Fall des einseitigen Verstoßes sind die Fälle des **beiderseitigen Verstoßes** gegen die guten Sitten oder der Zuwiderhandlung gegen ein Verbotsgesetz. Im Fall des beiderseitigen Verstoßes gegen das **Schwarzarbeitgesetz** billigt der BGH[114] dem vorleistenden Schwarzarbeiter einen Anspruch auf Wertersatz seiner schon erbrachten Leistungen zu, obwohl er sich des Verstoßes bewusst gewesen ist und ihn auch gewollt hat. Neben die Überlegung, dass der Rückforderungsausschluss nicht dazu führen dürfe, einen von der Rechtsordnung missbilligten Zustand gleichsam zu legalisieren[115], tritt die Überzeugung, **Unbilligkeiten, die sich aus der Anwendung von § 817 Satz 2 ergeben, unter Rückgriff auf den Sinn und Zweck des in Frage stehenden Verbotsgesetzes auszugleichen**[116]. Im Gegenzug versagt das OLG Oldenburg dem Schwarzarbeiter, einen ohne die versprochene Gegenleistung erlangten Vorteil unentgeltlich zu behalten[117]. In BGH WM 1990, 1324 ging es um einen gemeinschaftlichen Betrug, der dazu führte, dass einem Mittäter die erschwindelte Darlehensvaluta zugute kam. Der BGH bejahte einen Freistellungsanspruch als Bereicherungsanspruch des anderen Beteiligten der Straftat gegen den Mittäter wegen seiner Verpflichtungen gegenüber dem Darlehensgeber. Dem Bereicherungsanspruch der Klägerin, die dem nicht mehr kreditwürdigen Beklagten durch den Ankauf zweier Wohnungen und einem dazu aufgenommenen Kredit Bargeld verschafft hatte, stand Satz 2 nicht entgegen. Satz 2 gelte nur für dasjenige, was aus dem vom Gesetz missbilligten Vorgehen geschuldet wird. Dagegen blieben Bereicherungsansprüche unberührt, die sich aus nicht zu beanstandenden Leistungen ergeben, selbst wenn sie demselben Rechtsverhältnis entstammen[118]. Trotz des missverständlichen Hinweises, dass es mit § 817 Satz 2 nicht zu vereinbaren sei, die Klägerin, die mit dem Geschäft keine eigenwirtschaftlichen Interessen verfolgt habe, mit den Folgen ihres Tuns zu belasten, handelt es sich nicht um die Überlegung, dass eine ungerechtfertigte Empfängerbegünstigung zur einschränkenden Auslegung des Satzes 2 zwingen kann. Im Mittelpunkt der Entscheidung steht der von der Rechtsprechung[119] entwickelte Grundsatz, dass es für die Anwendbarkeit des § 817 Satz 2 nicht genügt, wenn die vom Gesetz nicht missbilligte Zahlung aufgrund eines gegen § 134 oder § 138 verstoßenden Vertrages stattfindet[120]. Daraus kann jedoch nicht der allgemeine Grundsatz abgeleitet werden, dass der Verbleib einer auf sittenwidriger Grundlage erbrachten Leistung beim Empfänger mit dem Bereicherungsrecht als Billigkeitsrecht nicht zu vereinbaren sei[121]. Zurückhaltender verfährt der BGH in einem Urteil, in dem er einem **Abschlussprüfer**, der verbotswidrig an der Aufstellung des zu prüfenden Jahresabschlusses mitgewirkt hatte, einen Vergütungsanspruch weder unter dem Gesichtspunkt der Geschäftsführung ohne Auftrag noch nach Bereicherungsrecht zubilligt[122]. Die Ausnahmen, die zu einer einschränkenden Auslegung des § 817 Satz 2 bei der Schwarzarbeit geführt haben, könnten auf den Fall eines Verstoßes gegen HGB § 319 Abs 2 Nr 5 nicht angewendet werden. Auf dieser Rechtsprechungslinie versagte der BGH auch einem Verlag die Vergütung für eine gegen OWiG § 120 Abs 1 Nr 2 verstoßende **Kontaktanzeige**, in der Gelegenheit zu entgeltlichen sexuellen Handlungen angeboten wurde. Die von OWiG § 120 Abs 1 Nr 2 verfolgte gesetzgeberische Entscheidung, jede nach außen erkennbare Werbung für entgeltliche sexuelle Handlungen zu unterbinden, würde weitgehend unterlaufen, wollte man dem durch die Werbung gegen das Gesetz verstoßenden, vorleistenden Verlag einen bereicherungsrechtlichen Ausgleich auf Wertersatz nach

113 BGHZ 99, 333, 338; BGH NJW 1989, 3217 = WM 1989, 1083 = ZIP 1989, 972.

114 BGHZ 111, 308 = NJW 1990, 2542 (vgl auch Rz 22).

115 Rz 12.

116 Vgl namentlich Weyer WM 2002, 627. Auch die Kommission für europäisches Vertragsrecht sieht vor, bei der Rückabwicklung verbotsbedingt nichtiger Verträge sich am Normzweck der verletzten Regelung zu orientieren (vgl Zimmermann ZEuP 2001, 217, 219 f); Rz 11 a.

117 Oldenburg OLG-Rep 1995, 23.

118 BGH WM 1990, 1326 unter Bezugnahme auf BGHZ 75, 298, 305 (= Fn 91). Vgl auch Köln NJW-RR 2002, 1630 (Rückvergütung an Zahnarzt).

119 Vgl RGZ 144, 24; BGHZ 75, 299, 305 (= Fn 91).

120 Vgl Rz 9.

121 Hamm OLG-Rep 1994, 141; Oldenburg OLG-Rep 1995, 23.

122 BGHZ 118, 142 = NJW 1992, 2021 = WM 1992, 1148 = WuB IV D. § 319 HGB 1.92 = ZIP 1992, 833; dazu EWiR 1992, 799.

§§ 812, 818 Abs 2 zubilligen[123]. Zur streitigen Frage der Anwendung des Satzes 2 auf Ansprüche aus § 816 vgl § 816 Rz 5 u zur Frage der subjektiven Voraussetzungen vgl auch Rz 31.

5. § 817 Satz 2 enthält eine **Einwendung**. Die Voraussetzungen sind also von Amts wegen zu beachten. Die Vorschrift ist materiellrechtlicher, nicht verfahrensrechtlicher Art[124]. Dagegen wird in OGHZ 4, 57, 60 bemerkt, dass Satz 2 einen mehr verfahrensrechtlichen Charakter habe. Die Rechtsprechung des BGH ist nicht eindeutig. In BGHZ 28, 164 mweitNachw wird die Frage offen gelassen, jedoch das Vorliegen einer unvollkommenen Verbindlichkeit als nicht fernliegend bezeichnet[125]. Doch ist die Frage in der Rechtsprechung des BGH nicht geklärt, ob sich aus dem Gesichtspunkt der Rechtsschutzversagung die **Nichtigkeit oder** die **Unklagbarkeit** der Forderung ergibt[126]. Auch als unvollkommene Verbindlichkeit würde die Grundlage für eine Umschaffung in eine Darlehensschuld gem § 607 Abs 2 nicht gegeben sein[127]. Die Auffassung, dass bei anstößigen Geschäften ein Anspruch nicht entsteht, verdient den Vorzug[128]. In diesem Sinne sind die Worte „die Rückforderung ist ausgeschlossen" zu verstehen[129]. 14

6. Der **Rechtsnachfolger** des Leistenden muss sich die Einwendung gleichfalls entgegenhalten lassen[130]. 15

7. Dem pfändenden Gläubiger kann § 817 Satz 2 ebenso entgegengehalten werden[131] wie dem **Insolvenzverwalter**[132]. In der bisherigen Rechtsprechung des BGH, die auf eine Entscheidung des VII. Zivilsenats des RG[133] zurückgeht, ist die Auffassung vertreten worden, der Konkursverwalter (= Insolvenzverwalter) könne das vom Gemeinschuldner unter Sitten- oder Gesetzesverstoß Geleistete trotz § 817 Satz 2 zurückfordern. Maßgeblich war die Überlegung, dass der Konkursverwalter in Erfüllung einer ihm obliegenden gesetzlichen Pflicht die Interessen der Konkursgläubiger wahrnehme und ihm ein Verstoß gegen § 817 Satz 2 nicht zur Last gelegt werden könne. Für einen Rückforderungsausschluss gegen ihn bestehe daher aufgrund des Strafzwecks der Vorschrift kein innerer Grund. Im Gegenteil, es sei unbillig, dass der Empfänger der wider die guten Sitten erlangten Bereicherung durch deren Behalten auch gegenüber den Konkursgläubigern desjenigen geschützt sein solle, auf dessen Kosten die Bereicherung eingetreten sei. Dies war freilich ein Argument, das der BGH später in einer Entscheidung, in der ein Bankangestellter erhebliche Kundengelder veruntreut hatte, aufgegeben hat[134]. Wendet man den auch in der Rechtsprechung in den Vordergrund getretenen Gedanken der Rechtsschutzversagung auf diesen Fall an, lässt sich eine Rechtsprechungsänderung allerdings nicht überzeugend begründen. Aus denselben Gründen, wie in Rz 11 a dargelegt, besteht kein Bedürfnis, dem Konkursverwalter, der selbst nicht unter Sitten- oder Gesetzesverstoß geleistet hat, den Rechtsschutz vor den Gerichten zu versagen. Richtet man den Blick allein auf die Überlegung der Rechtschutzversagung, liegt die Verknüpfung zu einem persönlichen Verschulden nahe, die der mit § 817 Satz 2 verfolgten Intention des Gesetzgebers nicht gerecht wird[135]. Die Vorschrift gestattet dem Leistungsempfänger, den verwerflichen Erwerb zu behalten. Daran soll nun auch das wirtschaftliche Interesse der Kon- 16

123 BGHZ 118, 182, 184 = NJW 1992, 2557.
124 Ebenso v Caemmerer SJZ 1950, 649; Prölss ZHR 132 (1969), 43.
125 S dazu weiter unten.
126 Vgl zu den unterschiedlichen Formulierungen in der Rspr BGHZ 28, 164 mNachw = LM Nr 10 zu § 817 (mAnm Rietschel) = MDR 1959, 34 (mzustAnm Baumgärtel); BGHZ 106, 169, 175: „so wohl der Standpunkt der Rechtsprechung – aus einer natürlichen Verbindlichkeit wurde eine einklagbare").
127 S oben Rz 12.
128 Ebenso Prölss ZHR 132 (1969), 40.
129 So auch BGHZ 19, 205; vgl auch Wieacker, Zur rechtstheoretischen Präzisierung des § 242 BGB, 1956, S 33.
130 RGZ 48, 293, 297; 99, 161, 168; 111, 151, 155; vgl hierzu Wiener JZ 1926, 248; Löwenwarter JZ 1926, 1147.
131 BGH NJW-RR 1993, 1457 = WM 1993, 1765 = WuB IV A. § 817 BGB 1.94 (Köndgen).
132 BGHZ 106, 169, 171 = NJW 1989, 575 = WM 1989, 191 = WuB IV A. § 817 BGB 1.89 = ZIP 1989, 107; dazu EWiR 1989, 243, unter Aufgabe der früheren Rechtsprechung BGHZ 19, 338, 340 = NJW 1962, 483.
133 RGZ 99, 161, 166.
134 Vgl Rz 12 bei Fn 104.
135 Vgl Rz 11.

kursgläubiger nichts ändern, da die Rückabwicklung der Bereicherung sich **zugunsten** des Gemeinschuldners auswirken könne[136]. Der BGH ist damit dem wirtschaftlichen Argument einer unberechtigten Schlechterstellung der Konkursgläubiger durch den Rückforderungsausschluss nicht gefolgt[137], sondern stellt den Insolvenzverwalter so wie einen Dritten, dem er den Anspruch abgetreten hat[138]. Vor dem Hintergrund dieser Rechtsprechungsänderung ist klargestellt, dass einem Dritten, dem der Konkursverwalter den Anspruch abgetreten hat, der Einwand des § 817 Satz 2 entgegengesetzt werden kann, und zwar unabhängig davon, ob er redlich war.

17 8. Bei einer **Stellvertretung** muss sich der Vertretene auch das in der Person des Vertreters nach Satz 2 begründete Hindernis der Rechtsverfolgung entgegenhalten lassen[139]. Anders ist die Rechtslage wegen der Schutzbedürftigkeit des Vertretenen bei einem vom Geschäftsgegner erkannten Missbrauch der Vertretungsmacht zu beurteilen[140]. Der BGH hat die Anwendung des Satzes 2 mit Recht abgelehnt. Es handelte sich um die Schenkung eines Cranach-Gemäldes an die Tochter des NS-Protagonisten Göring zu deren Taufe im Jahr 1938. Dadurch wurden zwingende Grundsätze der Gemeindehaushaltsführung verletzt[141].

18 9. **Der mit der Leistung verfolgte unmittelbare Zweck**. Nach Satz 2 kommt es darauf an, dass dem Leistenden gleichfalls ein solcher Verstoß zur Last fällt, nämlich, dass der Leistende durch die Leistung gegen ein gesetzliches Verbot oder gegen die guten Sitten verstößt. Maßgebend ist der unmittelbar mit der Leistung verfolgte Zweck, während das Mitwirken unsittlicher Beweggründe nicht ausreicht[142]. Daher genügt es für die Anwendung des Satzes 2 nicht, wenn die Leistung aufgrund eines Vertrages geschieht, den die Parteien verschleiert haben, um Steuerbehörden oder sonstige Behörden zu täuschen[143]. **Sicherungsgeschäfte** dienen nicht unmittelbar dem verwerflichen Zweck und fallen daher nicht unter die Vorschrift des Satzes 2[144].

19 10. **Der für die Leistung maßgebende Zeitpunkt**. Kommt die verwerfliche Abrede erst nach der Leistung, zB der Hingabe von Geld als Anzahlung auf einen beabsichtigten Kaufvertrag zustande, so ist die Voraussetzung des Satzes 2 nicht erfüllt[145]. Daher lag die Zahlung eines Grundstückskaufpreises in verbotener Höhe zur Zeit des Preisstopps nicht vor, wenn eine Anzahlung geleistet wurde, aber noch offen stand, ob es zur Annahme des Kaufangebots überhaupt kommen werde[146].

20 11. Bei der Leistung eines **Geschäftsunfähigen** oder eines **beschränkt Geschäftsfähigen** ohne Zustimmung des gesetzlichen Vertreters kann wegen des Schutzes dieser Personengruppen der Rückforderung nicht der Einwand aus Satz 2 entgegengehalten werden[147]. Dagegen hat das RG unter Zugrundelegung der Strafzwecktheorie bei einem wegen Geistesschwäche Entmündigten die Heranziehung der Vorschriften über die Geschäftsfähigkeit abgelehnt und die Entscheidung auf eine analoge Anwendung des § 827 gestützt[148].

21 12. **Einschränkungen des Anwendungsbereichs der Satzes 2**. – a) **Grundsätzliches**. In ständiger Rechtsprechung vertritt der BGH die Ansicht, dass der als Ausnahmevorschrift verstandene Satz 2 einschränkend auszulegen und eine ausdehnende Auslegung abzulehnen ist[149]. Andererseits ist die Anwendung des Satzes 2 auf die Ansprüche aus § 812 von großer Bedeutung[150].

136 BGHZ 106, 169, 178 (= Fn 132); anders noch BGHZ 19, 338, 340: Rückfließen der Bereicherung.
137 Vgl auch BGH WM 1993, 1765 (= Fn 104): Anspruch des pfändenden Dritten auf Rückzahlung der von einem Kundengelder veruntreuenden Bankangestellten an Anleger ausgezahlten „Gewinnbeträge" scheitert an § 817 Satz 2.
138 Vgl BGH WM 1960, 767.
139 RGZ 100, 246, 250.
140 BGHZ 36, 395, 401.
141 Vgl auch Rz 28, 37.
142 RGZ 144, 24; BGH NJW 1995, 1152 = WM 1995, 566.
143 RGZ 144, 24 mNachw.
144 S unten Rz 45, 46.
145 BGH LM Nr 4 zu KWVO § 1 a = NJW 1952, 144 (in BGHZ 3, 381 insoweit nicht abgedr).
146 BGH WM 1965, 586.
147 Vgl Flume, AllgT II § 18, 10 g; Prölss ZHR 132 (1969), 60.
148 RGZ 105, 270.
149 S BGHZ 75, 299, 305 (= Fn 91) mNachw; BGH NJW 1997, 2381, 2383.
150 Vgl Rz 13.

Ob auch konkurrierende dingliche Ansprüche dem Einwand aus Satz 2 unterliegen, steht mit der Frage im Zusammenhang, welcher Zweck dem Satz 2 zugrunde liegt[151]. Bereits in der neueren Rechtsprechung des RG ist das Bestreben erkennbar, differenzierte Lösungen zu entwickeln. Der BGH hat diese Entwicklung verstärkt fortgesetzt. Von Bedeutung ist insbesondere auch seine Rechtsprechung, die auf den **Schutzzweck der Verbotsnorm** abstellt[152]. Auch die Beschränkung des Leistungsbegriffs auf **endgültige Vermögenszuwendungen** ist zu berücksichtigen[153]. In den Beiträgen der Rechtswissenschaft ist die gleiche Tendenz zu beobachten. Es liegen somit für den Bereich des Satzes 2 zahlreiche voneinander abweichende Auffassungen vor, die auch zu unterschiedlichen Begründungen und Ergebnissen geführt haben. Die Vorschrift wird daher vielfach als verfehlt[154], zumindest als reformbedürftig bezeichnet. Gleichwohl ist zu berücksichtigen, dass es der Rechtsprechung gelungen ist, trotz umstrittener Begründungen sachgemäße Lösungen zu entwickeln.

b) **Der Grundsatz von Treu und Glauben**. Die Bedeutung des Satzes 2 wird relativiert, wenn die Vorschrift nur als Ausdruck der allgemeinen Arglisteinrede betrachtet wird[155]. Gegen die Gefahr einer derartigen auf den Einzelfall abstellenden Auffassung haben sich in ständiger Rechtsprechung RG sowie OGH und BGH gewandt[156]. Daher scheidet auch eine Abwägung in entsprechender Anwendung des **§ 254** aus. Die abweichende Formulierung in RGZ 71, 432, dass Treu und Glauben und gute Sitten den gesamten Rechtsverkehr beherrschen, ist im Zusammenhang mit dem auf den konkreten Fall bezogenen Einwand des Rechtsmissbrauchs zu verstehen, wonach der Kläger zuviel verlangt, wenn er Befreiung von seiner Verbindlichkeit begehrt und das auf unsittliche Weise Erlangte nicht herausgeben, sondern unentgeltlich behalten will[157]. Zu einem weiteren Sonderfall des Zusammenhanges zwischen einem sittenwidrigen Vergleich und einem gültigen Erbvertrag s RG WarnR 1917 Nr 16[158]. Der BGH hat trotz Nichtigkeit eines gegen das **Verbot der Schwarzarbeit** verstoßenden Vertrages gem § 242 einen Anspruch auf Freistellung von den über den Festpreis hinausgehenden Forderungen der Materiallieferanten bejaht[159]. Dem durch den vorleistenden Schwarzarbeiter begünstigten Besteller hat der BGH[160] die Berufung auf Satz 2 versagt. Der vorleistende Schwarzarbeiter kann jedoch nur das verlangen, was er mit seinem Auftraggeber – in nichtiger Weise – als Entgelt vereinbart hatte abzüglich eines Abschlags insbes dafür, dass vertragliche Gewährleistungsansprüche wegen der Nichtigkeit des Vertrages von vornherein nicht gegeben sind. 22

c) **Nebenverträge**; **Nebenleistungen**. Dem Rückforderungsverbot des Satzes 2 unterliegen nur Leistungen, die gegen die guten Sitten oder gegen ein gesetzliches Verbot verstoßen. Sind in einem Vertrag mehrere Leistungen vereinbart oder entstammen mehrere Leistungen auch nur demselben tatsächlichen Verhältnis, so bedarf es bei jeder Leistung einer gesonderten Prüfung, ob ihr ein anstößiger Zweck zugrunde liegt[161]. Der Nebenvertrag teilt also nicht stets das rechtliche Schicksal des Hauptvertrages, es sei denn, er verstößt selbst gegen ein gesetzliches Verbot oder gegen die guten Sitten[162]. Selbst wenn diese Frage zu verneinen ist, kann sich die Nichtigkeit des Nebenvertrages auch noch aus § 139 ergeben[163]. Vgl auch die Nachweise über die Rechtsprechung, 23

151 Vgl oben Rz 11 zur Rechtsschutzversagung; ferner unten Rz 29.
152 S Rz 13 und 24.
153 S Rz 45.
154 E Wolf, SchuldR II, 1978, S 473/474.
155 So Enn/Lehmann § 226, 4; Hamburg NJW 1948, 625.
156 S RGZ 78, 282; RG LZ 1927, 844, OGHZ 4, 57, 61; BGHZ 8, 348, 373; 41, 341; die Frage offen lassend BGH WM 1965, 586; s auch Prölss ZHR 132 (1969), 44 u Honsell, Rückabwicklung S 41, beide mNachw.
157 Vgl auch zu den Bordellgeschäften unten Rz 43.
158 Dazu Honsell, Rückabwicklung S 41.
159 BGHZ 85, 39 = NJW 1983, 109; s auch unten Rz 24 zum Schutzzweck der Verbotsnorm.
160 BGHZ 111, 308 (= Fn 114). Vgl zust Köhler JZ 1990, 466; hingegen Tiedtke DB 1990, 2307; Staud/Lorenz Rz 10; MünchKomm/Lieb Rz 37 (kritisch).
161 RGZ 78, 41, 47; BGHZ 50, 90 = NJW 1968, 1329; BGHZ 75, 229 = NJW 1980, 452 = WM 1980, 133.
162 S auch BGH WM 1967, 229 = BB 1967, 1065.
163 BGH LM Nr 17 zu § 817 = NJW 1962, 1148.

wenn ein sittlich einwandfreies mit einem unsittlichen Geschäft zu einer Einheit verbunden ist unten Rz 44.

24 d) **Beschränkung im Hinblick auf den Schutzzweck der Verbotsnorm**. Im Bereich des öffentlichen Wirtschaftsrechts ist der Anwendungsbereich sowohl des § 134 als auch des § 817 Satz 2 stark eingeschränkt[164]. Vielfach würde der Rückforderungsausschluss im Widerspruch zum Zweck des Verbots, Leistung zu einem festgelegten Preis oder nur bei Bezugsberechtigung, stehen[165]. Zur Aufrechterhaltung des Rechtsgeschäfts zum **zulässigen Preis** bei **Umsatzgeschäften des täglichen Lebens und Wohnraummiete** § 134 Rz 62, 63; zum Ausschluss des § 817 Satz 2 auch §§ 535, 536 Rz 33 ff; ferner Kohte, Die Rechtsfolgen der Mietpreisüberhöhung NJW 1982, 2803, 2807; Sonnenschein/Weitemeyer NJW 1993, 2201. Vgl im einzelnen auch unten Rz 34 mNachw. Zur Ausschaltung des Satzes 2 bei Verstößen gegen das **Verbot der Schwarzarbeit** s § 134 Rz 55 mNachw sowie oben Rz 22 aE zu BGHZ 85, 39 = NJW 1983, 109; BGHZ 111, 308 und Rz 13. Bei einem **im Reisegewerbe verbotenerweise** abgeschlossenen oder vermittelten und daher nichtigen **Darlehensvertrag** besteht kein Anspruch gegen den Darlehensnehmer auf Rückzahlung im Hinblick auf den Schutzzweck von **GewO § 56 Abs 1 Nr 6**[166]. Zum Verbot **nicht genehmigter Arbeitsvermittlung** vgl die Nachweise in § 134 Rz 54 insbesondere zu BGHZ 46, 24; dazu auch *Rost*, Diss Marburg 1972, S 169. Hat bei der **unerlaubten Überlassung von Arbeitnehmern** der Verleiher als Dritter bei dem gesetzlich fingierten Arbeitsverhältnis zwischen Entleiher und Arbeitnehmer die letzteren entlohnt, so sind diese gegen eine Rückforderung des Verleihers geschützt; jedoch steht dieser Schutzzweck nicht dem Anspruch des Verleihers gegen den Entleiher wegen dessen ersparten Aufwendungen entgegen[167]. Die Entscheidung des BGH entspricht dem Grundsatz, den das RG aufgestellt hat, dass der unmittelbare mit der Leistung verfolgte Zweck anstößig sein muss[168]. Auch ist zu berücksichtigen, dass andernfalls Satz 2 hier auf eine Verwendungskondiktion, also eine Nichtleistungskondiktion, angewandt werden würde. Den von *Dauner*[169] erhobenen Bedenken kann daher nicht zugestimmt werden. Bei einem Verstoß gegen das **RBeratG** ergibt sich nach ständiger Rechtsprechung aus dem Schutzzweck der Verbotsvorschrift die Nichtigkeit des gesamten Geschäftsbesorgungsvertrages einschließlich eines Kreditvertrages[170]. Hinsichtlich des Kreditvertrages hat der BGH in diesem Fall die Voraussetzungen des Satzes 2 verneint[171]. Dem Leistenden kann jedoch ein Vergütungsanspruch als Bereicherungsanspruch zustehen, wenn ihm nicht bewusst war, gegen ein gesetzliches Verbot zu verstoßen[172]. Die vielfältigen Zwecke, die der Gesetzgeber mit Verbotsvorschriften verfolgt, stehen einer systematischen Erfassung und Aufgliederung im Wege. *Fabricius*[173] hat es unternommen, eine Aufgliederung nach dem jeweiligen Schutzzweck der Verbotsnorm vorzuschlagen. Die von ihm angeführten Beispiele wie der Schutz öffentlicher Interessen, der Schutz sozial Schwacher durch Arbeitnehmerschutzvorschriften oder Mietpreisvorschriften, Wettbewerbsregelungen im Güterfernverkehr, gesellschaftsrechtliche Vorschriften im Interesse der Gesellschaftsgläubiger bilden zwar einen brauchbaren Ansatz für eine Systematisierung. Allerdings handelt es sich bei dem Ausschluss des Rückforderungsverbotes des Satzes 2 in diesen Fällen nicht mehr um eine Auslegung, sondern um eine teleologische Reduktion, wie auch *Larenz/Canaris*[174] hervorheben. Der grundsätzlichen Ablehnung

164 Vgl zu den **Preis- und Bewirtschaftungsvorschriften** die Nachw in § 134 Rz 61 f.
165 Vgl auch v Caemmerer SJZ 1950, 646 mNachw; Flume, AllgTeil II § 17, 4 u § 18, 10 h.
166 BGHZ 71, 358, 365; BGH NJW 1979, 1597 = LM Nr 140 zu § 812; NJW 1983, 868 = LM Nr 104 zu § 134; NJW 1984, 229 = LM Nr 32 zu § 249 (Cb); s dazu auch U Hübner ZIP 1984, 1175; krit zur Rspr des BGH Hadding/Häuser WM 1984, 1413; zum Wegfall der Bereicherung s § 818 Rz 67.
167 BGHZ 75, 299 (= Fn 91).
168 Vgl oben Rz 18.
169 JZ 1980, 495, 500.
170 Vgl § 134 Rz 57 mNachw; ferner BGH LM Nr 32 zu RBeratG § 1 = MDR 1979, 38; BGH NJW 1996, 1954, 1955; BGH WM 1999, 2360, 2361.
171 S zur Nebenleistung oben Rz 23.
172 Vgl Rz 13; BGH NJW 2000, 740 = DStR 2000, 783 = WM 2000, 1342 = WuB IV A. § 812 BGB 4.00; dazu EWiR 2000, 745.
173 JZ 1963, 85.
174 SchuldR II/2 § 68 III 3 d.

des Vorschlages von *Fabricius* durch *Rost*[175] kann im Hinblick auch auf die vorstehend angeführte Entwicklung der Rechtsprechung nicht zugestimmt werden.

e) **Tatbestandsmäßige Beschränkung**. Nach der Ansicht von *Honsell*[176] soll sich Satz 2 nur auf Handlungen beziehen, die nicht in einer Sachleistung bestehen, wobei nach der Art des Verstoßes gegen die guten Sitten oder ein Verbot zu unterscheiden sei. Ferner sollen unter Satz 2 nicht Belohnungen für eine bereits begangene sitten- oder verbotswidrige Handlung fallen. Diesem Vorschlag einer tatbestandsmäßigen Begrenzung des Satzes 2, die vor allem auch im Hinblick auf die geschichtliche Entwicklung begründet wird, kann nicht zugestimmt werden[177]. Der Vorschlag ist mit den Bedürfnissen der Rechtsordnung, wie sie sich auch in der Entwicklung der Rechtsprechung widerspiegelt, nicht vereinbar[178]. 25

f) Nach einem Vorschlag von *Bufe*[179] ist Satz 2 **nicht bei einseitigen Vorleistungen** anzuwenden. Vielmehr soll durch diese Vorschrift nur das Reurecht bei beiderseits abgewickelten Verträgen ausgeschlossen werden. Der Vorschlag ist mit Recht auf einhellige Ablehnung gestoßen[180]. Der Schwarzhändler, der vorleistet, leistet auf eigene Gefahr[181]. Die Kritik von *Honsell*[182] trifft nicht zu. Ein „Unkundiger" wird nicht in eine „Falle des Preisrechts" gelockt, denn die Anwendung des Satzes 2 setzt voraus, dass auch die subjektiven Voraussetzungen vorliegen[183]. Daher ist auch der Kritik von *Honsell*[184] am RG im „Sacharinfall"[185], in dem der Kaufpreis vorweg gezahlt war, nicht zuzustimmen. Zur Prüfung der Frage eines Betruges hatte das RG offenbar keine Grundlage. 26

g) **Zur Frage der angemessenen Vergütung bei Wucher und sittenwidrigen Miet- und Pachtverhältnissen, Darlehen**. Bereits das RG[186] hatte nach Verneinung der Frage, ob das Rückforderungsrecht gem Satz 2 bei einem wucherischen oder gem § 138 Abs 1 sittenwidrigen Darlehen ausgeschlossen ist[187], auch die Frage aufgeworfen, ob zumindest ein Anspruch des Wucherers auf **Herausgabe der gezogenen Nutzungen** bestehe. Das RG[188] hat diese Frage mit der mehr konstruktiven Begründung verneint, dass eine Nutzungsherausgabe nicht in Betracht komme, solange dem Darlehensnehmer nach Satz 2 nicht die Kapitalnutzung entzogen werden dürfe. Ergänzend hat das RG auf die Bedeutung des Satzes 2 als einer Strafzweckvorschrift entsprechend seiner ständigen Rechtsprechung hingewiesen[189]. Der Bewucherte kann nach Ansicht des RG[190] das Kapital bei einem auf bestimmte Zeit vereinbarten Darlehen für diese Zeit, andernfalls mit Einhaltung der vereinbarten oder der gesetzlichen **Kündigungsfrist** behalten. Im Einzelfall können sich nach Ansicht des RG sogar **weitere Schutzmaßnahmen** ergeben, zB eine Rückzahlung in Teilbeträgen. Bei einer so weitgehenden Einschränkung des Satzes 2 im Wege einer richterlichen Rechtsfortbildung erscheint es, wenn dem Schutz des Bewucherten in dieser Weise Rechnung getragen wird, nicht unangemessen, auch einen Anspruch gegen den Bewucherten auf **angemessene Vergütung** zu bejahen[191]. Zu dem gleichen Ergebnis gelangt *Flume*[192] auf dem Weg über eine Nichtleistungskondiktion. Jedoch scheitert dieser Lösungsweg an der Subsidiarität gegenüber der Leistungskondiktion[193]. Von der Rspr[194] wird dies abgelehnt[195]. Das Argument der Rechtsprechung, der Wucherer könne sonst risikolos arbeiten, greift aber auch hier 27

175 Diss Marburg 1972, S 171 ff.
176 Rückabwicklung S 141 ff.
177 Vgl dazu oben Rz 1 und 2.
178 Ebenso Larenz/Canaris, SchuldR II/2 § 68 III 3 a.
179 AcP 157 (1958/59), 215.
180 S Niederländer, FestG für Gutzwiller S 623; Medicus, GedSchr für Dietz S 67; Honsell, Rückabwicklung S 39; Rost, Diss Marburg 1972, S 186.
181 Zutreffend Prölss ZHR 132 (1969), 556 mNachw.
182 Rückabwicklung S 25.
183 Vgl unten Rz 31.
184 Rückabwicklung S 2.
185 RGZ 105, 65.
186 RGZ (GSZ) 161, 52.
187 S dazu unten Rz 38.
188 RGZ 161, 52, 58.
189 S später.
190 RGZ 161, 52, 57, 58.
191 So Medicus, GedSchr für Dietz S 61; ders, BürgerlR § 27 III 5 Rz 700; zust Staud/Lorenz Rz 12; Canaris WM 1981, 978, 986.
192 AllgTeil II § 18, 10 f.
193 Ebenso Medicus, Gedschr für Dietz S 74; Staud/Lorenz Rz 12; s auch BGH NJW 2003, 582, 584; aM Zimmermann, Richterliches Moderationsrecht oder Totalnichtigkeit?, S 173.
194 BGH NJW 1962, 1148; NJW 1983, 2692, 2695; NJW 1992, 310, 311; Schleswig WiBer 1997, 914.
195 Vgl dazu schon Rz 11.

durch, ohne auf den Strafzweckcharakter der Vorschrift abstellen zu müssen. Dem Wertungswiderspruch, der sich daraus ergibt, dass der BGH im Falle einer wegen Sittenwidrigkeit nichtigen Bordellpacht einen Anspruch des Verpächters auf Zahlung des objektiven Sachwertes im Gegensatz zum sittenwidrig erzielten Gewinn nach §§ 987, 990 bejaht, kann allerdings nicht damit begegnet werden, dass Eigentum stärker geschützt sei als die Überlassung von Geld[196]. Das hieße zwischen einer Sachleistung oder Geldleistung zu unterscheiden, was sachlich nicht gerechtfertigt ist. Die Überlassung von Geld schränkt den Eigentümer in seiner wirtschaftlichen Nutzungsmacht über den hingegebenen Betrag genauso ein wie die Überlassung von Räumen zur entgeltlichen Nutzung. Der Wertsummengedanke ist hier nicht anwendbar. Der BGH ist entsprechend der herrschenden Meinung in der Rechtsprechung davon ausgegangen, dass grundsätzlich auf diesen Anspruch aus dem Eigentümer-(rechtswidriger)-Besitzer-Verhältnis § 817 Satz 2 nicht angewandt werden kann. Auf diesem Weg ist das gleiche Ergebnis erzielt worden wie bei der Bejahung einer angemessenen Verzinsung eines Wucherdarlehens. Deshalb bestand für den BGH auch gar kein Anlass, auf die Problematik der Konkurrenz zwischen den §§ 987 ff und §§ 812 ff einzugehen[197]. Nimmt man die hinter § 817 Satz 2 stehende gesetzgeberische Absicht ernst, ist der Rechtsgedanke des § 817 Satz 2 auch auf die Ansprüche aus §§ 987 ff anzuwenden. Deshalb kann der Pächter eines Bordellbetriebs die auf die Sache gemachten notwendigen Verwendungen nicht ersetzt verlangen, wenn sie der Durchführung und Aufrechterhaltung des sittenwidrigen Zwecks dienen[198]. Zwar ist es richtig, dass die Verwendungen keine Gegenleistung für die sittenwidrige Leistung des anderen Teils – hier die Verpachtung des Bordells – sind[199]; was aber soll gelten, wenn Verbesserungen (Einbau eines Whirlpools, eines Spiegelkabinetts) ihm als Maßnahmen vertraglich auferlegt waren[200]?

Ein Anspruch auf angemessene Vergütung kommt auch nach anderer Auffassung dann nicht in Betracht, wenn die Gewährung des Darlehens einem sittenwidrigen Zweck dient[201]. Dies ist zB bei einem Darlehen zu Spielzwecken der Fall, das der Inhaber eines Spielsalons mit Gewinnerzielungsabsicht gewährt, um zum weiteren Spiel anzureizen[202]. Zur Gewährung eines Darlehens aus sexuellen Motiven vgl unten Rz 42. Zum Anspruch des Vermieters, wenn nur gegen WiStG § 5 und nicht auch gegen BGB § 138 verstoßen worden ist, vgl Rz 34 aE.

28 13. Soweit wesentliche **allgemeine Rechtsgrundsätze** beeinträchtigt würden, muss Satz 2 zurücktreten, zB bei der Rückforderung wegen Verletzung von AktG § 57 (= AktG 1937 § 52) oder GmbHG § 30[203]. Der Erstattungsanspruch nach **GmbHG § 31** ist nach BGHZ 31, 258, 265 ein selbständiger Anspruch aus dem Gesellschaftsverhältnis, kein Bereicherungsanspruch, so dass schon deshalb auch Satz 2 nicht entgegensteht. Andererseits finden allgemeine Rechtsgrundsätze, wie sie zB bei der Personalgesellschaft für die fehlerhafte Gesellschaft entwickelt worden sind, in der Regel nicht Anwendung, wenn ein Verstoß gegen ein Verbotsgesetz oder gegen die guten Sitten vorliegt[204]. **EGBGB Art 30** ist eng auszulegen; die Zubilligung eines Bereicherungsanspruchs trotz eines der Leistung anhaftenden Makels, Verstoß gegen Devisenbestimmungen nach französischem Recht, verstößt nicht gegen EGBGB Art 30[205].

29 14. **Zur Anwendung des Satzes 2 auf dingliche Ansprüche und Ansprüche aus unerlaubter Handlung und Geschäftsführung ohne Auftrag**. Die Frage, ob § 817 Satz 2 auch **dingliche Ansprüche und solche aus unerlaubter Handlung** ausschließt, hat das RG ständig

196 BGHZ 63, 365 = NJW 1975, 638 = JZ 1975, 324 (mAnm Bassenge); krit Honsell JZ 1975, 439; Emmerich JuS 1975, 396.
197 S dazu Rz 14 ff vor § 987.
198 Vgl. dazu BGH 41, 341, 347 ff = LM Nr 21 zu § 817 (mAnm Mormann); Canaris, Festschr für Steindorff S 519, 528.
199 Canaris, Festschr für Steindorff S 519, 528.
200 So mit Recht Westermann, Festschr für Seiler S 485, 496.
201 S auch Rz 40.
202 Vgl BGH LM Nr 1 zu § 762 = MDR 1961, 494 = WM 1961, 530; RGZ 70, 1; Nürnberg MDR 1987, 669.
203 Vgl v Caemmerer SJZ 1950, 649; Prölss ZHR 132 (1969), 42.
204 Vgl dazu § 705 Rz 81 ff.
205 BGH NJW 1966, 730.

verneint[206]. Bereits *Heck*[207] hat darauf hingewiesen, dass diese Einschränkung gegenüber dinglichen Ansprüchen nicht durchgreifen könne, wenn das Erfüllungsgeschäft ausnahmsweise auch von der Sittenwidrigkeit erfasst wird und daher nichtig ist[208]. Die Unterscheidung zwischen Bereicherungsanspruch und dinglichem Anspruch rechtfertigt die Ansicht des RG und des BGH nicht, wenn man den Gesichtspunkt der Rechtsschutzverweigerung[209] berücksichtigt. *V Caemmerer* und *L Raiser* heben mit Recht hervor, dass allerdings nicht in allen Fällen § 817 Satz 2 dem dinglichen Anspruch aus § 985 entgegengehalten werden könne, zB nicht bei sittenwidriger Verpachtung, Verwahrung und Mietwucher[210]. Daher ist RGZ 101, 307 und BGH[211] im Ergebnis zuzustimmen[212]. Abgesehen davon, dass Satz 2 ausscheidet, wenn eine Leistung im Sinne dieser Vorschrift nicht gegeben ist, weil der Vermögensvorteil **nicht endgültig** in das Vermögen des Empfängers übergehen soll[213], muss auch dem Verhältnis zwischen § 138 und § 817 Satz 2 Rechnung getragen werden. Dem **§ 138** kann **das stärkere Gewicht** zukommen. Dies ist der Fall, wenn es darauf ankommt, die Folgen des sittenwidrigen Geschäfts zu beseitigen[214]. Ist dies jedoch nicht anzunehmen, dann muss bei Nichtigkeit des Grundgeschäfts und des Übereignungsgeschäfts wegen „Fehleridentität"[215] auch gegenüber dem dinglichen Anspruch aus § 985 der Einwand aus Satz 2 durchgreifen[216]. Demnach ist dem BGH darin zuzustimmen, dass bei Bejahung der Sittenwidrigkeit gemäß der neueren Rechtsprechung[217] bei einem Pachtvertrag über ein Bordell, verbunden mit einem Wiederaufbauvertrag § 817 Satz 2 dem Anspruch des Eigentümers und Verpächters auf Herausgabe gem § 985 nicht entgegensteht. Während der VIII. ZS des BGH in dieser Entscheidung auf die Gestaltung des Falles abstellt, hat der VII. ZS die Anwendung des § 817 Satz 2 auf Ansprüche aus **Geschäftsführung ohne Auftrag** allgemein abgelehnt[218]. Der Begründung des VII. ZS ist nicht zuzustimmen. Das Ergebnis ist aber bei grundsätzlicher Anwendung des § 817 Satz 2 schon deshalb zutreffend, weil es sich bei der Treuhand um eine Überlassung auf Zeit handelt[219]. Der BGH[220] hat seine Rechtsprechung über den Rückgriff auf die Geschäftsführung ohne Auftrag im Falle der Nichtigkeit des Auftrags wegen Verstoßes gegen ein gesetzliches Verbot oder die guten Sitten bestätigt. „Aufwendungen" aus einer gesetzeswidrigen Tätigkeit darf der Anspruchsteller nicht „den Umständen nach für erforderlich halten"; schon daher entfällt ein Vergütungsanspruch nach Maßgabe der §§ 683, 670 BGB[221]. Die Frage der Anwendbarkeit des Satzes 2 auf Ansprüche außerhalb des Bereicherungsrechts ist für die Gerichte in besonderem Maße in Zusammenhang mit der Rückabwicklung gescheiterter Titelkäufe aufgetreten[222]. Das OLG Stuttgart greift in einer Entscheidung, in der es um die Herausgabe empfangener Gelder zur Verschaffung eines „Dr. h.c." ging, auf die ihrerseits umstrittene Rechtsprechung des BGH zurück, wonach der Vollzug eines nichtigen Vertrages als Geschäftsführung ohne Auftrag angesehen wer-

206 RGZ 70, 1; 85, 293; 101, 307; RG LZ 1923, 565; 1924, 329; WarnR 1931 Nr 100; ebenso OGHZ 4, 57 u BGH LM Nr 1 zu § 817 = NJW 1951, 643 = JZ 1951, 716 (mkritAnm L Raiser); Becker NJW 1952, 53.

207 AcP 124 (1925), 1, 6.

208 Ebenso Boehmer, Grundlagen I S 52; v Caemmerer SJZ 1950, 650; Raiser JZ 1951, 718; Esser/Weyers, SchuldR II 2 § 49 IV 2; Bufe AcP 157 (1958/59), 230; LG Göttingen NdsRpfl 1948, 130; 1951, 86.

209 S oben Rz 11. Vgl auch Wambach, Die bereicherungsrechtliche Rückabwicklung. . ., 2004, S 86 ff.

210 Entspr der Rspr zum Wucherdarlehen s Rz 27.

211 BGHZ 41, 341, 344; 89, 316, 320 ff.

212 AM Raiser JZ 1951, 716 (Anm).

213 S Rz 45.

214 Vgl BGHZ 41, 341, 344; BGH NJW-RR 1990, 750 = WM 1990, 799 = WuB I E 1.-16.90 (Emmerich) = ZIP 1990, 915: dem Rückforderungsanspruch des Darlehensgebers eines zum Zwecke der Finanzierung eines Bordellbetriebes gewährten Darlehens kann Satz 2 nicht entgegengesetzt werden; dazu auch § 138 Rz 51, 84 f.

215 S dazu Baur/Stürner, SachenR § 5 IV 3.

216 Abw RGZ 145, 152; dazu Medicus, BürgerlR § 27 III 5 Rz 697; Larenz/Canaris, SchuldR II/2 § 68 IIIe.

217 BGHZ 63, 365 u dazu Rz 43.

218 BGHZ 39, 87 = LM Nr 18/19 zu § 817 (mAnm Rietschel): Treuhandvertrag, der wegen Verstoßes gegen Devisenbestimmungen nichtig war; ferner BGH WM 1967, 1217 = BB 1968, 147.

219 Vgl unten Rz 46.

220 WM 1967, 1217 = BB 1968, 147.

221 BGHZ 37, 258, 263 f; 65, 384, 389 f; 111, 308, 311; 118, 142, 150.

222 S Köln NJW-RR 1994, 1540 = VersR 1995, 108; Koblenz NJW 1996, 665; Stuttgart NJW 1996, 665; ferner unten bei Fn 333.

den kann[223]. Das OLG bejaht einen Anspruch aus §§ 683, 681 Satz 2, 667 gegen den Empfänger auf Herausgabe dessen, was dieser zur Ausführung des Auftrags erhalten habe. § 817 Satz 2 könne auf die Regeln der Geschäftsführung ohne Auftrag nicht angewendet werden[224] In einer späteren Entscheidung, in der es um einen Adoptionsvertrag zum Erwerb eines Adeltitels ging, der nach § 138 nichtig war, bestätigt der BGH diese Rechtsprechung und bejaht einen Anspruch auf Herausgabe der empfangenen Gelder nach §§ 683, 681 Satz 2, 667, ohne auf einen Rückforderungsausschluss nach § 817 Satz 2 einzugehen[225]. Nicht einheitlich ist die Frage zu beantworten, ob Satz 2 auch einem Anspruch aus **unerlaubter Handlung** entgegensteht. In der Rechtsprechung ist die Frage insbesondere bei betrügerischem Verhalten weitgehend verneint worden[226]. Das OLG Koblenz, das einen Fall zu entscheiden hatte, in dem der Kläger in dem guten Glauben, die Beteiligten könnten einen Doktortitel verschaffen, an diese die Summe von 45 000 DM zahlte, obwohl der Schwiegersohn die Dissertation schon angefertigt hatte, greift auf einen Anspruch aus §§ 823 Abs 2, StGB 263 und § 826 zurück, dem § 817 Satz 2 nicht entgegenstehe. Dass den Kläger dabei – entgegen der Auffassung des Gerichts – auch der Vorwurf sittenwidrigen Handelns trifft, fällt bei einem deliktsrechtlich relevanten Verhalten der Titelverschaffer nicht mehr ins Gewicht. Der Kläger erhält die bereits gezahlten 45 000 DM zurück. Der Ansicht, wer wie der Titelverschaffer in dem vom OLG Koblenz zu beurteilenden Fall einen anderen vorsätzlich und sittenwidrig geschädigt hat, könne sich grundsätzlich nicht darauf berufen, jener habe sich ebenfalls sittenwidrig verhalten und müsse sich daher den Einwand des § 817 Satz 2 entgegenhalten lassen, geht auf die Überlegung zurück, dass ein Anspruch aus §§ 823 Abs 2, StGB 263 und § 826 eine vorsätzliche Schädigungsabsicht voraussetzt, die es noch weniger als bei einem beiderseitigen Sittenverstoß zweier gleich verwerflich Handelnder rechtfertigt, dem Schädiger den Einwand des § 817 Satz 2 zugute kommen zu lassen. Dieser Ansicht ist nur zuzustimmen, soweit ein besonderer Unrechtsgehalt vorliegt, nicht aber bei Schwarzmarktgeschäften mit den für sie typischen betrügerischen Vorspiegelungen[227].

IV. Verstoß gegen ein gesetzliches Verbot

30 1. **Grundsätzliches**. Satz 1 setzt voraus, dass der Empfänger nach dem Zweck der Leistung gegen ein gesetzliches Verbot verstößt[228]. Satz 2 erfasst nach seinem Wortlaut den Fall, dass der Leistende ebenfalls gegen ein gesetzliches Verbot verstößt[229]. Der Ausschluss des Rückforderungsrechts gem Satz 2 greift nach herrschender Meinung auch dann ein, wenn **lediglich der Leistende** durch seine Leistung einen Gesetzesverstoß begeht[230]. Nicht jeder Verstoß gegen eine Verbotsvorschrift fällt unter § 817. Vielmehr bedarf es der Prüfung, ob der Anwendungsbereich nicht mit Rücksicht auf den **Schutzzweck der Verbotsnorm** eingeschränkt ist[231]. Der **unmittelbare Zweck** der Leistung muss ihre Annahme verbotswidrig machen[232]. Ob der Zweck erst bei der Leistung oder schon früher vereinbart wurde, ist unerheblich. Die Leistung muss nur unmittelbar diesem Zweck dienen. Dies ist bei Sicherungsgeschäften und sonstigen Vermögensvorteilen, die nicht endgültig in das Vermögen des Empfängers übergehen sollen, nicht der Fall. Vielmehr ist bei Satz 2 nach ständiger Rechtsprechung von einem **eingeschränkten Begriff der**

223 BGH NJW 1990, 314; NJW-RR 1993, 200; aA Köln (aaO Fn 222), das seine Entscheidung auf Bereicherungsrecht stützt und eine Rückzahlung aus § 817 Satz 1 unter Hinweis auf § 817 Satz 2 ablehnt; zustimmend Hospach NJW 1996, 643, 645.

224 Stuttgart NJW 1996, 665, 666; ebenso schon Stuttgart ZIP 1994, 200, 202: Anspruch des Bürgen gegen den Hauptschuldner aus Geschäftsführung ohne Auftrag, dem § 817 Satz 2 nicht entgegensteht.

225 BGH NJW 1997, 47 = FamRZ 1996, 1533 = ZIP 1996, 2113.

226 RGZ 85, 293; OGHZ 4, 57, 65; BGH NJW 1951, 643 = LM Nr 1 zu § 817 = JZ 1971, 716 (mAnm Raiser); BGH NJW 1992, 310, 311 = WM 1992, 151 = VersR 1992, 106; dazu EWiR 1992, 159 (Ackmann).

227 So mit Recht aber weitergehend v Caemmerer SJZ 1950, 646 mweitNachw zu der str Frage; aM OGHZ 4, 57, 65.

228 Vgl oben Rz 3.

229 Vgl Rz 10.

230 Vgl Rz 13.

231 Vgl Rz 24 mNachw.

232 Vgl Rz 18.

Leistung auszugehen[233]. Wird die verwerfliche Zweckvereinbarung **erst nach der Leistung** getroffen, so sind die Voraussetzungen des Satzes 2 nicht erfüllt[234]. Zu der Frage, ob **Nebenverträge** und **Nebenleistungen** ebenfalls unter Satz 2 fallen, vgl oben Rz 23. Über Preis- und Bewirtschaftungsvorschriften vgl oben Rz 24 u unten Rz 34. Ob das Verbot im BGB, in anderen privatrechtlichen Gesetzen oder im öffentlichen Recht seinen Grund hat, ist unerheblich, ebenso ob es irrtümlich oder mit Absicht in einzelnen Fällen selbst durch die staatlichen Behörden missachtet ist[235]. Gegen ein gesetzliches Verbot verstößt die Annahme von Vorteilen entgegen KO § 181 Satz 3 (= InsO § 226 Abs 3)[236]. Ein **Einfuhrverbot** ist kein Verkaufsverbot[237]. Darin, dass die Parteien eines Kaufvertrages mit der Möglichkeit einer behördlichen Beschlagnahme rechneten, liegt kein Verzicht auf Rückforderung der geleisteten Anzahlung[238].

2. **Subjektive Voraussetzungen**. – a) Die **Anforderungen, die an die subjektiven Voraussetzungen** zu stellen sind, sind in der Rechsprechung des RG schärfer geworden, je stärker der Strafzweckcharakter des § 817 betont wurde[239]. Das RG hat **Kenntnis von dem Verstoß** verlangt[240]. Bei stärkerer Berücksichtigung des Gesichtspunktes der Rechtsschutzverweigerung[241] ist es erforderlich, zwischen Gesetzes- und Sittenverstößen zu unterscheiden. Bei **Gesetzesverstößen** muss auch auf die allgemeine Bedeutung des Verbots abgestellt werden[242]. **Kennen oder Kennenmüssen des Verbots genügt**[243]. Nach *Esser/Weyers*[244] genügt der objektive Verstoß. Dagegen ist nach der Rechtsprechung des BGH[245] **Wissen und Wollen** erforderlich, wobei es genügt, dass dem Handelnden ein bewusstes Verschließen der Augen vor der Bewertung seines Tuns vorgeworfen werden kann (so in der Regel im Fall eines Verstoßes gegen GewO § 56 Abs 1 Nr 6[246]). 31

b) Rechneten beide Parteien zwar nicht bei dem Kaufabschluss, wohl aber bei der Restzahlung damit, dass der Kauf gegen eine Beschlagnahmeverordnung verstieß, so ist § 817 Satz 2 anwendbar[247]. Wer beschlagnahmte Ware in Kenntnis der Beschlagnahme kauft, kann den Kaufpreis nicht zurückverlangen[248], auch dann nicht, wenn der Verkäufer vom Staat Entschädigung erhalten hat[249]. Kenntnis des Verbots kann aber nicht angenommen werden, wenn Klarheit über seine Tragweite erst nach Vertragsschluss durch die Rechtsprechung geschaffen wird[250], ebensowenig wenn die Parteien ihre Abreden von einem Rechtskundigen haben beurkunden lassen und deshalb annehmen konnten, dass diese keinem Verbotsgesetz zuwiderliefen[251]. Bei einem wegen **Geistesschwäche Entmündigten** kommt es darauf an, ob ihm nach seinem Geisteszustand die verbotswidrige Handlung zugerechnet werden kann[252]. Beide Parteien verstoßen gegen ein gesetzliches Verbot beim Grundstückskaufvertrag, wenn die Parteien in beiderseitigem Einverständnis zwecks Umgehung der Genehmigungsvorschriften einen Landwirt als Käufer vorschieben, während in Wirklichkeit ein Nichtlandwirt der Käufer ist[253]. 32

233 Vgl unten Rz 45.
234 Vgl Rz 19.
235 Von Mayr, Bereicherungsanspruch S 558 ff.
236 RGZ 72, 46.
237 Jena JW 1920, 980 (mkritAnm Plum).
238 RGZ 95, 347.
239 Vgl oben Rz 11.
240 S RGZ 95, 347 gegen RGZ 72, 46; seitdem stRspr; s RGZ 151, 70; RG JW 1931, 1924 (mkritAnm H Lehmann); HRR 1932 Nr 482 mNachw; JW 1936, 2532 unter Hervorhebung des Unterschiedes zu § 138; ebenso LAG Bremen BB 1963, 271 bei rechtswidriger Urlaubsabgeltung.
241 S oben Rz 11 und Rz 11 a.
242 S H Lehmann zu RG JW 1931, 1924 (Anm).
243 Enn/Lehmann § 226, 2; ferner Kiel JW 1923, 1047 (mzustAnm Oertmann): Grob fahrlässiges Handeln gegen ein gesetzliches Verbot reicht aus.
244 SchuldR II 2 § 49 IV 3.
245 BGHZ 50, 90 = NJW 1968, 1329: Rechtsberater; BGH NJW 2000, 740 = WM 2000, 1342 = WuB IV A. § 812 BGB 4.00 (Henssler); BGHZ 75, 299 (= Fn 91); auch BGH WM 1967, 229.
246 Vgl BGH NJW 1993, 2108, 2109 = WM 1993, 1323, 1324 = WuB IV A. § 817 BGB 1.93 Blaschczok = ZIP 1993, 1068, 1069.
247 RGZ 100, 159.
248 RG JW 1923, 371.
249 RG Recht 1921 Nr 2375.
250 RG SeuffA 77 Nr 136, s auch oben Rz 19.
251 RGZ 132, 33; vgl auch RG JW 1931, 1924 u 3442: Abstand zwecks Abwendung des Vorkaufsrechtes eines Siedlungsunternehmens.
252 RGZ 105, 270.
253 RG JW 1928, 2455; HRR 1932 Nr 482.

33 3. **Einzelfälle**. In der Rechtsprechung des BGH wird unterschieden zwischen Rechtsgeschäften, deren **Vornahme verboten** ist, und solchen, bei denen der **Inhalt gegen das Gesetz** verstößt[254]. Wird nicht der Inhalt des Rechtsgeschäfts vom Gesetz missbilligt, sondern nur das Verhalten der Vertragschließenden, so setzt Nichtigkeit in der Regel einen Verstoß beider Parteien voraus[255]. Bei der Überschreitung der Grenzen einer erlaubten **Arbeitsvermittlung** hat der BGH lediglich einen Verstoß des Vermittlers angenommen und die Wirksamkeit des Vertrages bejaht[256]. Dagegen betrifft ein Verstoß gegen das **RBeratG** den Inhalt des Rechtsgeschäfts[257]. **Gewerberechtliche Verbote** richten sich in der Regel nur gegen die Art der Vornahme des Rechtsgeschäfts; anders sind aber Verstöße gegen GewO § 56 Abs 1 Nr 6 zu beurteilen; der Schutzzweck geht darüber hinaus und hat die Nichtigkeit des Rechtsgeschäfts zur Folge[258]. Ist ein Baubetreuungsvertrag wegen Verstoßes gegen das RBeratG nichtig, so hat der Architekt, der die Aufgaben der Baubetreuung wahrgenommen hat, die geleistete Vergütung zurückzuzahlen, jedoch kann er den Wert der von ihm erbrachten Leistungen ersetzt verlangen[259]. Bei einem Verstoß gegen GewO § 34c ist die Nichtigkeit des Baubetreuungsvertrages zu verneinen[260]. Die Frage, ob bei einem Verstoß gegen das **Koppelungsverbot** gem MRVerbG Art 10 § 3 die Regelung in § 817 anzuwenden ist[261], hat der BGH[262] offen gelassen. Der Zweck der Vorschrift, durch den Erwerb monopolartiger Stellungen mögliche Manipulierungen des Wettbewerbs zu verhindern[263], spricht für die Nichtigkeit der Vereinbarung und die Anwendung des § 817. In einer jüngeren Entscheidung des LG Kiel[264] wird eine einschränkende Anwendbarkeit des § 817 Satz 2 abgelehnt, so dass dem Vergütungsanspruch des Architekten Satz 2 mit Erfolg entgegengehalten werden kann. Sinn und Zweck des Gesetzes, durch den Erwerb monopolartiger Stellungen mögliche Manipulierungen des Wettbewerbs zwischen Architekten zu verhindern, gebiete nicht, Satz 2 einschränkend auszulegen. Bei Verstößen gegen **devisenrechtliche Vorschriften** ist das ganze Geschäft nichtig. Die Rückforderung der geleisteten Zahlung ist nach Satz 2 unzulässig[265]; anders ist es, wenn der Fordernde das Verbot nicht kannte[266]; über den **Auftrag** zum verbotenen **Erwerb von Devisen** vgl aber auch unten Rz 45. Ebenso steht der Rückforderung der Eigentumseintragung § 817 Satz 2 entgegen, wenn die Auflassung der Erfüllung eines gegen die Devisengesetzgebung verstoßenden Vertrages gedient hat und beide Parteien das gesetzliche Verbot der Zahlung in ausländischer Währung kannten[267]; überhaupt ist, wenn beide Parteien mit dem schuldrechtlichen Grundgeschäft gegen die Devisengesetzgebung verstoßen haben, ein Bereicherungsanspruch ausgeschlossen, wenn auch der Verstoß für den Bestand des dinglichen Erfüllungsgeschäfts belanglos ist[268]. Gesetzeswidrige Bankverträge über Sperrmarkguthaben sind nichtig. Einer Rückforderung steht Satz 2 entgegen[269]. Ebenso steht Satz 2 der Rückforderung bei Verstößen gegen ein **tarifliches Verbot** entgegen[270]. Zur Rückzahlungsklausel hinsichtlich der Weihnachtsgratifikation beim Ausscheiden des Arbeitnehmers vgl § 134 Rz 50 u § 611 Rz 196 mNachw. Bei einem Verstoß gegen das Vertragsspielerstatut durch Zahlung von Handgeld schließt Satz 2 die Rückforderung nicht aus, weil die Vereinssatzung insoweit nicht einem Gesetz gleichzusetzen ist[271].

254 Vgl BGHZ 46, 24 = NJW 1966, 1507; s auch § 134 Rz 16.
255 Vgl § 134 Rz 18 mNachw.
256 BGHZ 46, 24 = NJW 1966, 1507.
257 Vgl BGHZ 37, 258 = NJW 1962, 2010; BGHZ 50, 90, 92 = NJW 1968, 1329; BGH LM Nr 32 zu RBeratG § 1 = MDR 1979, 38; BGH NJW 1996, 1954, 1955; BGH WM 1999, 2360, 2361; Hamm NJW-RR 2006, 1494, 1495.
258 Vgl BGH NJW 1979, 1597 = LM Nr 140 zu § 812; BGH NJW 1993, 2108, 2109 = WM 1993, 1323, 1324; s auch zum Schutzzweck der Verbotsnorm oben Rz 24 mNachw.
259 BGHZ 70, 12 = NJW 1978, 322.
260 Vgl § 675 Rz 359, 364.
261 Vgl dazu § 675 Rz 374.
262 WM 1982, 97.
263 BGHZ 70, 262 mNachw.
264 LG Kiel NJW-RR 1995, 981, 982.
265 RG Recht 1923 Nr 30; Hamburg Recht 1921 Nr 470, 1279.
266 RGZ 104, 50; ebenso RG JW 1921, 1307 (mzust Anm v Tuhr).
267 RG JW 1927, 50; ebenso RG HRR 1926 Nr 1354; KG JW 1932, 957.
268 RG SeuffA 83 Nr 103 = LZ 1929, 559.
269 BGH WM 1960, 767.
270 BAG NJW 1957, 726 = AP Nr 1 zu § 817.
271 Köln NJW 1971, 1367.

4. Bei Verstößen gegen **Preis- und Bewirtschaftungsbestimmungen** ist das Grundgeschäft in der Regel nach § 134 nichtig. Nach *Flume*[272] ist in solchen Fällen § 817 nicht anzuwenden[273]. § 817 verweigert dem Leistenden, wenn er das Verbot kannte oder kennen musste, den Rechtsschutz für den Anspruch auf Rückgewähr. Derartige Geschäfte unternimmt jeder auf sein Risiko[274]. Sie verdienen keine gerichtliche Hilfe[275]. Eine Aushöhlung des § 817 Satz 2 ließ sich auch nicht durch Heranziehung von Sondervorschriften von beschränkter Bedeutung rechtfertigen, die **§ 817 Satz 2 ausdrücklich ausschlossen**, wie § 5 der VO v 7. 7. 1942[276], § 30 des 1. BMG, § 50 des 2. WoBauG[277]. Gegenwärtig ausdrücklich ausgeschlossen ist § 817 Satz 2 durch Wohnungsvermittlungs G § 5 Satz 1 Halbsatz 2 und war es durch GüterkraftverkehrsG § 23 Abs 2 Satz 4 (aF); vgl BGH NJW-RR 2001, 1044, 1046. Nur in besonderen Einzelfällen kann unter dem allgemeinen Gesichtspunkt von **Treu und Glauben** die Sonderregelung des § 817 ausgeschlossen werden[278], zB beim Kauf der Zimmereinrichtung durch einen Flüchtling vor der Währungsumstellung zu überhöhtem Preis[279]. Jedoch ist bei zeitgebundenen Preisvorschriften eine einschränkende Anwendung des § 817 erforderlich. Insoweit ist *Flume*[280] zuzustimmen. Dies kommt auch in der Rechtsprechung des BGH zum Ausdruck[281]. Eine **Aufrechterhaltung zum zulässigen Preis** ist geboten, wenn bewirtschaftete Ware an einen Bezugsberechtigten zum überhöhten Preis verkauft wird[282]. Dies gilt allgemein für **Umsatzgeschäfte des täglichen Lebens** und für die **Wohnraummiete**[283]. WiStG § 5 dient dem Schutz des Mieters. Der Mieter kann die von ihm gezahlte überhöhte Miete nach § 812 zurückverlangen, ohne dass § 817 Satz 2 entgegensteht[284]. Der BGH geht bei einer Mietpreisüberhöhung gem WiStG § 5 von einer Teilnichtigkeit der Mietpreisabrede aus und begrenzt die Teilnichtigkeit auf denjenigen Teil des überhöhten Mietzinses, der die sog Wesentlichkeitsgrenze übersteigt[285]. Zum Anspruch auf angemessene Vergütung beim Wucherdarlehen vgl Rz 29. Über Schwarzmarktdarlehen vgl unten Rz 38. 34

V. Verstoß gegen die guten Sitten

1. **Allgemeines**. Es gelten die gleichen allgemeinen Grundsätze wie beim Verstoß gegen ein gesetzliches Verbot[286]. Der **unmittelbare Zweck** muss die Leistung unsittlich machen, das bloße Mitwirken unsittlicher Beweggründe genügt nicht[287]. § 817 setzt nicht unter allen Umständen Nichtigkeit des zugrundeliegenden Rechtsgeschäfts wegen Verstoßes gegen die guten Sitten voraus[288]. Für die Anwendung des § 817 kommt es darauf an, ob das Geschäft nach seinem Leistungszweck unsittlich ist[289]. Das Rückforderungsrecht besteht nach Satz 1 ohne Rücksicht darauf, ob der Leistende bei der Leistung das Nichtbestehen einer Verpflichtung gekannt hat oder nicht[290]. 35

272 AllgTeil II, § 18, 10 h.
273 S dazu unten.
274 Insbesondere **Schwarzmarktgeschäfte**, vgl oben Rz 26.
275 Raiser JZ 1951, 718; v Caemmerer SJZ 1950, 646 mzahlrNachw zu der sehr str Frage.
276 Sie galt zuletzt nur noch für unbebaute Grundstücke; die VO ist durch BBauG § 186 aufgehoben worden.
277 Ebenso OGHZ 4, 57; BGHZ 8, 348 mNachw; Köln NJW 1961, 1472 (mkritAnm Kieninger S 2208); Bufe AcP 157 (1958/59), 236.
278 Ebenso Enn/Lehmann § 226, 4; offen gelassen in BGHZ 19, 205.
279 Daher im Ergebnis richtig Hamburg NJW 1947/48, 625.
280 S oben Rz 24.
281 Vgl BGH LM Nr 22 zu § 817 = NJW 1965, 1432: Zahlung auf einen erst abzuschließenden Kaufvertrag unter Verstoß gegen den Preisstopp; vgl auch zur Einschränkung des § 817 Satz 2 Fabricius JZ 1963, 85.
282 V Caemmerer SJZ 1950, 648.
283 Vgl die Nachw oben Rz 24.
284 S Kohte NJW 1982, 2803, 2807; s auch Stuttgart NJW 1981, 2365 = JR 1982, 96 (mAnm Zimmermann); LG Heidelberg ZMR 1976, 334.
285 BGHZ 89, 316 = NJW 1984, 722 mzahlrNachw; krit dazu Pakirnus ZMR 1984, 329; Canaris, Festschr für Steindorff S 519, 530: „halbseitige Teilnichtigkeit" des Mietvertrages.
286 Vgl oben Rz 30 auch zur Frage des maßgeblichen Zeitpunktes.
287 RGZ 144, 24.
288 RGZ 89, 65; 96, 343; 154, 99; RG JW 1914, 834; vgl § 138 Rz 35.
289 S auch RGZ 161, 52; BGH LM Nr 1 zu § 762 = MDR 1961, 494 = WM 1961, 530.
290 RGZ 97, 82; RG HRR 1930 Nr 1449; vgl auch oben Rz 9.

Zur Bedeutung des Satzes 2 oben Rz 10. Über Nebenverträge und Nebenvereinbarungen s oben Rz 23 und unten Rz 44.

36 2. **Subjektive Voraussetzungen**. Das **Bewusstsein der Sittenwidrigkeit** ist nicht erforderlich[291]. Dem RG folgte die herrschende Meinung[292]. Doch neigt das neuere Schrifttum, wie auch hier, vorwiegend zu einer der Rechtsprechung des RG entgegengesetzten Auffassung[293]. Sowohl beim Gesetzes- als auch beim Sittenverstoß wird das Erfordernis der Kenntnis abgelehnt von *Esser/Weyers*[294]. Das OLG Hamburg[295] lässt, wie hier, Kenntnis der Tatumstände genügen. Nach neuerer Rechtsprechung des BGH reicht es aus, dass die Parteien die Umstände, aus denen die Sittenwidrigkeit folgt, kannten, ohne den Schluss auf die Sittenwidrigkeit des Geschäfts zu ziehen[296]. Nach OLG Hamm[297] reicht es für das Bewusstsein der Sittenwidrigkeit nicht aus, dass sich die Parteien der Undurchsetzbarkeit etwaiger Ansprüche aus der gegen die guten Sitten verstoßenden Vereinbarung bewusst sind. Eine Abwägung nach dem beiderseitigen Grade des Verstoßes kommt nicht in Betracht[298]. Dies entspricht der Rspr des RG zur Ablehnung einer Verschuldensabwägung; s unten Rz 39.

37 3. **Einzelfälle**. Gegen die guten Sitten verstößt es, wenn der durch eine Straftat Geschädigte sich von dem Täter Vermögensvorteile über den Schaden hinaus gewähren lässt[299]. Dasselbe gilt für die Annahme eines Lohnes für das Bearbeiten des Vertragsgegners unter Missbrauch des erschlichenen Vertrauens[300] und für das Versprechen einer Vergütung an Angestellte (Schmiergeld)[301]. Auch die Einrechnung einer unverhältnismäßig hohen Entschädigung für die Nichteinlösung eines Wechsels in den Betrag eines neuen Wechsels ist sittenwidrig[302]. Ebenso war die Überlassung des eingebrachten Guts der Frau an den Mann als Entgelt dafür, dass er ihr gestattet, getrennt von ihm zu leben, zu beurteilen[303], ferner die Annahme von Geschenken aus **Mitteln**, die **durch ein Verbrechen** erlangt sind[304] oder die **Schenkung** eines Ehemannes an diejenige, mit der er **im ehewidrigen Verhältnis** steht, zwecks Belohnung für die geschlechtliche Hingabe[305]. Die Bezeichnung der Ehebrecherin als Bezugsberechtigte im **Lebensversicherungsvertrag** soll ohne Kenntnis des Versicherers von der Unsittlichkeit nichtig sein[306]. Eine Zuwendung des Mannes an die Frau, um deren **Zustimmung zur Ehescheidung** zu erlangen, ist sittenwidrig[307]. Doch wird in Hinblick auf die geänderte Gesetzeslage nur bei besonders überhöhten Zuwendungen die Sittenwidrigkeit zu bejahen sein[308]. Eine Spielvereinbarung über die Teilnahme an sog Schneeballsystemen, bei der angesichts des Vervielfältigungsfaktors in abschbarer Zeit keine neuen Mitspieler mehr geworben werden können, ist sittenwidrig und damit nichtig[309]. Nicht sittenwidrig ist die Annahme eines von dem Bräutigam geschenkten Grundstückes gegen die Verpflichtung, ihm bis zum Tode eine treue Pflegerin und Lebensgefährtin zu sein[310]. Ebensowenig ist eine reiche Zuwendung eines älteren Mannes an eine jugendliche Frau, um diese beim Eheversprechen festzuhalten, sittenwidrig[311], auch nicht Zuwendungen an den Schwiegersohn, die an Eingehung und

291 Ebenso RGZ 72, 46; aM die neuere Rspr des RG; vgl RGZ 151, 70 mNachw; RG JW 1931, 1924 (mkritAnm H Lehmann, der mit Recht betont, dass sich die Kenntnis der guten Sitten von selbst versteht); s auch H Siber, SchuldR § 74 III; Enn/Lehmann § 226, 2.
292 Vgl Planck/Landois Bem 1 a.
293 Staud/Lorenz Rz 21; Erman/Westermann Rz 13; einschränkend MünchKomm/Lieb Rz 40.
294 SchuldR II 2 § 49 IV 3.
295 MDR 1970, 47.
296 BGHZ 94, 268, 273; BGH WM 1988, 624, 625; BGH WM 1990 799, 801; BGH WM 1993, 1189, 1191.
297 NJW 1986, 781, 783.
298 S auch Hamburg MDR 1970, 47.
299 Kolmar OLG 10, 135.
300 Dresden Recht 1906 Nr 3027.
301 Vgl unten Rz 40.
302 RG SeuffA 63 Nr 147.
303 Breslau OLG 18, 59.
304 RGZ 48, 293. Vgl auch AG Naumburg NJW 2001, 2890: Annahme von Sterbegeld durch den Mörder.
305 RGZ 111, 151; vgl auch unten Rz 42.
306 RGZ 154, 99; aM RG JW 1934, 1409 (mkritAnm Hagen).
307 RGZ 145, 152.
308 Vgl § 138 Rz 217.
309 BGH NJW 1997, 2314 = WM 1997, 1212 = WuB IV A. § 138 BGB 1.98 = ZIP 1997, 1110; ebenso für „Schenkkreis" BGH NJW 2006, 45, 46 = WM 2006, 335; dazu Armgardt NJW 2006, 2070.
310 RG Recht 1908 Nr 3411.
311 RG JW 1917, 848.

Bestand der Ehe geknüpft werden[312]. Hingabe oder Annahme von Leistungen, die zur Erfüllung eines formnichtigen Vertrages bewirkt werden, sind nicht ohne weiteres sittenwidrig[313]. Wer im Auftrage der Polizei, um die Verschiebung von Banknoten zu verhüten, ein verbotenes Agiogeschäft mit jemandem abschließt, der dazu bereits entschlossen ist, verstößt nicht gegen die guten Sitten und kann seine Gegenleistung zurückfordern[314]. § 817 Satz 2 ist nach der Gestaltung des Falles nicht anwendbar, wenn eine Gemeinde während der Herrschaft des Nationalsozialismus eine Schenkung unter grober Verletzung der für die Haushaltsführung der Gemeinde bestehenden gesetzlichen Vorschriften macht[315]. Über Sittenwidrigkeit bei Verstößen gegen den Gleichbehandlungsgrundsatz bei gerichtlichen Zwangsvergleichen und bei heimlicher Bevorzugung bei außergerichtlichen Vergleichen vgl § 138 Rz 192, 193.

4. **Wucher**; **sittenwidriges Darlehen**. Der bewusst sittenwidrig handelnde **Wucherer** verstößt 38
auch durch seine eigene Leistung gegen die guten Sitten[316], er kann jedoch das gewährte Darlehen nach seiner Fälligkeit zurückverlangen, da seine Leistung nicht in der endgültigen Überlassung des Geldes, sondern **nur** in seiner **Überlassung auf bestimmte Zeit** bestanden hat[317]. Dies gilt nicht für einen Kaufmann, der aus einer Notlage heraus Darlehen unter wucherischen Bedingungen aufnimmt[318]. Dem **Zinsanspruch** des Wucherers steht nach herrschender Meinung § 817 Satz 2 entgegen[319]. **Darlehensverträge**, die zu einem **sittenwidrigen Zweck** abgeschlossen werden, sind nichtig[320], ebenso im Falle eines **Kreditwuchers**[321]. Auch bei Darlehen, die sittenwidrigen Zwecken dienen sollen, scheitert die Rückforderung des Darlehenskapitals nur dann an § 817 Satz 2, wenn die Zweckverfolgung von vornherein mit einem dem Darlehengeber bekannten Risiko verbunden war, dieses Risiko sich verwirklicht hat und der Darlehensnehmer deswegen nicht mehr bereichert ist[322]. Auch bei einem Wucherdarlehen muss der Darlehensnehmer die Darlehensvaluta zurückzahlen, ohne sich auf den Wegfall der Bereicherung berufen zu können[323]. Darlehen, die zur Finanzierung von **Schwarzmarktgeschäften** gegeben sind, können zurückgefordert werden[324]. Bei selbständigen Leistungen aufgrund äußerlich **selbständiger**, rechtlich als Einheit anzusehender **Verträge** ist die Anwendbarkeit des § 817 Satz 2 hinsichtlich jeder Leistung gesondert zu beurteilen[325]. Wer sich wucherische Vermögensvorteile hat versprechen lassen, handelt nicht mehr unsittlich, wenn er die Erfüllung zu einer Zeit annimmt, in der die Notlage nicht mehr besteht[326].

5. **Verstöße beider Parteien gegen die guten Sitten**. – a) **Allgemeines**. Über die Bedeu- 39
tung des Satzes 2 vgl oben Rz 10. Der **Grad des beiderseitigen Verschuldens** ist unerheblich[327]; anders ist es, wenn die Rückforderung auf Betrug durch Vorspiegelung der Volljährigkeit gestützt wird[328]. Zur Frage des Verschuldens vgl auch oben Rz 36; über Einschränkungen des Satzes 2 s Rz 21 ff.

312 RG SeuffA 76 Nr 26.
313 RG LZ 1932, 810 = WarnR 1932 Nr 100.
314 RG SeuffA 76 Nr 208 = WarnR 1921 Nr 58.
315 BGHZ 36, 395; vgl dazu auch oben Rz 17.
316 RGZ 151, 70.
317 Vgl unten Rz 45.
318 BGH LM Nr 12 zu § 817 = MDR 1960, 111.
319 RGZ 161, 52 abw von RGZ 151, 70; BGH LM Nr 17 zu § 817 = NJW 1962, 1148; BGH WM 1993, 1323; WM 1994, 63; WM 1995, 20, 22 mweitNachw.
320 Vgl Rz 27 u 42; ferner § 607 Rz 80 ff § 818 Rz 40 mNachw.
321 Vgl BGH NJW 1982, 2767 und wegen der Höhe der Kreditgebühren im einzelnen die Nachw in § 818 Rz 40; ferner § 607 Rz 92 ff.
322 S Rz 12; BGH NJW 1995, 1152 = WM 1995, 566.
323 Vgl auch § 819 Rz 11.
324 LG Lüneburg HannRpfl 1947, 49; aM Frankfurt/M NJW 1947/48, 144; LG Göttingen MDR 1951, 161 (mAnm v Caemmerer), die dem Darlehensgeber, der den verbotenen Verwendungszweck des Geldes gekannt und gebilligt hatte, den Rückforderungsanspruch versagen; ebenso Köln MDR 1957, 34.
325 BGH LM Nr 17 zu § 817 = NJW 1962, 1148. Gegen LG Göttingen MDR 1951, 161 ist v Caemmerer MDR 1951, 161 (Anm) unter Hinweis auf RGZ 161, 52.
326 RG Recht 1909 Nr 982.
327 RGZ 78, 282; vgl auch Jena JW 1920, 980 (mkrit Anm Plum); aM Bozi Gruchot 60, 95.
328 RGZ 70, 1.

40 b) **Einzelfälle**. Nimmt jemand für eine sittenwidrige Handlung eine Belohnung an, durch die der andere die bisherigen Dienste abkauft und sich des Stillschweigens für die spätere Zeit versichert, so handeln beide sittenwidrig[329]. Dasselbe gilt nach Gestaltung des Falles bei der Zahlung von **Schweigegeld** für die Unterlassung der Anzeige einer strafbaren Handlung[330]; anders ist es zu beurteilen, wenn die Zahlung durch Drohung erzwungen wird[331]. Sittenwidrig handeln beide Parteien auch bei Annahme und Hingabe von **Schmiergeldern**[332]. Ebenso zu beurteilen ist die Hingabe von Geld gegen Zusicherung der **Verschaffung eines Titels oder Ordens**[333]. Der **Hehler** kann von seinem Mitschuldigen keinen Schadensausgleich fordern[334]. Bei **Schiebergeschäften** verstoßen beide Parteien gegen die guten Sitten[335]; ebenso beim Kauf eines Radarwarngeräts für den Straßenverkehr[336]. Die Übervorteilung von Mitgesellschaftern bei der Vornahme von Falschbuchungen steht auch unter Berücksichtigung des Rechtsgedankens des § 817 der Ausschließung aus wichtigem Grunde nicht entgegen[337]. **Darlehen zu Zwecken des Spieles** können nicht zurückgefordert werden, wenn das Darlehen in Gewinnerzielungsabsicht der Fortsetzung des Spiels dienen sollte[338], auch nicht, wenn es von einem Spielklub aus den Spieleinnahmen mit hohen Zinsen zurückgezahlt werden soll[339], wohl aber gemäß §§ 823 Abs 2, 826, wenn der Empfänger das Spieldarlehen unter Vorspiegelung besonderer Sicherheit hinsichtlich der Rückzahlung vom Darlehensgeber erschwindelt hat[340]. Ein über ein zu Spielzwecken gegebenes Darlehen ausgestellter Wechsel oder ein schriftliches Schuldanerkenntnis darüber kann auch von dem Dritten, der die Urkunde in Kenntnis der Sachlage erhalten hat, zurückverlangt werden[341]. Auch wer einem anderen Wertpapiere gegen Gewährung eines Darlehens zu Spielzwecken überlässt, bewirkt eine Leistung im Sinne des § 817[342]. Aus einem der **Steuerhinterziehung** dienenden Bankgeschäft besteht kein Rückforderungsanspruch[343]. Zu einer sittenwidrigen, der **Steuerhinterziehung** dienenden Treuhandabrede vgl BGH WM 1972, 383 u dazu unten Rz 45.

41 c) **Fraudulose Geschäfte** fallen unter § 817, auch wenn sie zufolge ihres Sonderrechts nur anfechtbar sind[344]. Hat der Ehemann sein Erwerbsgeschäft auf die Ehefrau übertragen und sind die Voraussetzungen von AnfG § 3 Nr 1 gegeben, so steht § 817 Satz 2 der Rückforderung nicht in jedem Falle, sondern nur beim Vorliegen besonderer Umstände entgegen[345]. Auch nach Ansicht des BGH ist für die Anwendung des § 138 nur Raum, wenn die Handlung des Schuldners einen Verstoß gegen die guten Sitten ergibt, der schwerer wiegt als eine die Tatbestände des AnfG verwirklichende Handlung[346]. Wer einem anderen zum Zweck der Gläubigerbenachteiligung eine nicht valutierte Hypothek bestellt, kann später nicht die Löschung dieser Hypothek verlangen[347].

42 d) **Rechtsgeschäfte, die die Sexualsphäre betreffen**. Die frühere Rechtsprechung, nach der **Geschenke** für die Gewährung geschlechtlichen Umgangs ebenso wie auch **Darlehen** als sitten-

329 RG SächsArch 1911, 128.
330 RGZ 58, 204; BAG NJW 1968, 1647.
331 RG Recht 1908 Nr 3598 = Gruchot 53, 685.
332 KG OLG 20, 257; Köln ZMR 1977, 148; ebenso Reichel JW 1932, 1789; AG Offenbach NJW-RR 1992, 1204; vgl dazu auch § 611 Rz 151 u § 667 Rz 13.
333 RGZ 86, 98; auch RG JW 1919, 447; LZ 1922, 648; BAG NJW 1968, 1647; BGH NJW 1994, 187; Köln NJW-RR 1994, 1540 = VersR 1995, 108; Koblenz NJW 1996, 665; NJW 1999, 2904, 2905; Stuttgart NJW 1996, 665. Vgl dazu Hospach NJW 1996, 643; Weiler NJW 1997, 1053. S auch Rz 29.
334 Königsberg HRR 1934 Nr 253.
335 Köln JW 1920, 396.
336 BGH NJW 2005, 1490 = WM 2005, 1384 = DB 2005, 1680: Kein Anspruch des Käufers auf Rückabwicklung.
337 BGHZ 31, 295 = LM Nr 7 zu § 140 MGB (mAnm Fischer).
338 BGH LM Nr 1 zu § 762 = MDR 1961, 494 = WM 1961, 530; Marienwerder OLG 5, 107; Kiel SchlHA 1921, 193. Vgl auch Rz 12 m Fn 102 f.
339 RG LZ 1921, 450.
340 KG JW 1926, 1241.
341 RG HRR 1928 Nr 1102.
342 RG Recht 1918 Nr 1361.
343 RG JW 1935, 420; vgl auch § 138 Rz 200.
344 RG JW 1914, 834, 835; vgl auch RG WarnR 1920 Nr 103: Jedenfalls in einem besonders schwerwiegenden Fall absichtlicher Gläubigerbenachteiligung liegt ein gegen die guten Sitten verstoßendes Geschäft vor.
345 RG DR 1940, 451.
346 BGHZ 53, 174, 180 mNachw, vgl auch § 138 Rz 67 mNachw.
347 Köln HRR 1938 Nr 374; LG Breslau DJ 1938, 1316.

widrig angesehen wurden[348], kann in Hinblick auf die sexuelle Liberalisierung nicht mehr vertreten werden[349]. Es stellt sich die Frage, wie die Abgrenzung, insbesondere auch bei Übertriebenheiten und Auswüchsen auf sexuellem Gebiet[350], vorzunehmen ist. In der Rechtsprechung des BGH ist bereits seit längerer Zeit eine gewisse Lockerung zu beobachten. Nach Ansicht des BGH ist die Rückforderung eines Geschenks nicht schon deswegen ausgeschlossen, weil zwischen den Beteiligten ein Liebesverhältnis mit geschlechtlichen Beziehungen bestanden hat und weil das Geschenk auch im Hinblick auf die bisherigen Beziehungen und in der Annahme gemacht worden ist, dass diese weiterhin bestehen bleiben; für die Anwendung des Satzes 2 kommt es wesentlich auf die Art der Beziehungen und die mit der Schenkung verfolgten Zwecke an[351]. Doch hat der BGH hervorgehoben, dass eine ganz oder überwiegend unentgeltliche Zuwendung (hier: zinsloses Darlehen) bei ausschließlich sexuellen Motiven als sittenwidrig anzusehen ist[352]. Auch bei der Beurteilung finanzieller Zuwendungen eines verheirateten Mannes an seine Geliebte hat der BGH es als maßgeblich angesehen, ob ausschließlich sexuelle Motive vorlagen[353]. Nicht jedes Rechtsgeschäft, das einen Bezug zur Prostitution hat, ist schlichtweg sittenwidrig und damit nichtig. In der Rechtsprechung des BGH werden Bordellpachtverträge als wirksam angesehen, sofern sie nicht gegen StGB § 180 a verstoßen[354]. Nach ähnlichen Maßstäben beurteilt sich die Wirksamkeit von Miet- und Pachtverträgen mit Prostituierten oder von Gesellschaftsverträgen, die auf den Betrieb eines Bordells gerichtet sind[355]. Satz 2 gilt auch gegenüber einem Anspruch aus § 531; jedoch ist die Rückforderung eines Grundstücks wegen groben Undanks des Beschenkten nicht schon deswegen ausgeschlossen, weil beide Vertragsteile zusammenlebten und der Schenkende beabsichtigte, auf dem Grundstück für die beschenkte Geliebte ein Haus zu errichten, in dem er mit ihr in einem eheähnlichen Verhältnis leben wollte[356]. Ob ein der **nichtehelichen Mutter** vom Schwängerer gegebenes Schweigegeld zurückgefordert werden kann, hängt von dem Vertragszweck ab[357]; jedenfalls liegt beiderseitiger Verstoß gegen die guten Sitten vor, wenn die Mutter sich dafür verpflichtet, den Namen des Vaters nicht zu nennen und auf Unterhaltsansprüche zu verzichten[358]. Bei einem in die äußere Form eines Dienstvertrages gekleideten Vertrag, bei dem beiderseits nur ein **Konkubinat** bezweckt war, bestehen keine Bereicherungsansprüche[359]. Ein Vertrag, mit dem sich zwei Personen (hier: ein Ehepaar) zur Vorführung des Geschlechtsverkehrs auf der Bühne verpflichten, ist wegen Verstoßes gegen die guten Sitten nichtig[360]. Auch das BVerwG hat das Veranstalten der öffentlichen Vorführung des menschlichen Geschlechtsverkehrs sowie einer Peep-Show als den guten Sitten zuwiderlaufend beurteilt[361]. Zum Dirnenvertrag vgl § 138 Rz 175 mNachw. Aufgrund des Abstraktionsprinzips ist die Übereignung des Dirnenlohns nicht sittenwidrig und daher rechtsgültig[362]. Über Mietverträge mit Dirnen vgl § 138 Rz 212 mNachw.

e) **Bordellgeschäfte (Kauf, Miete, Pacht)**. Auch bei diesen Rechtsgeschäften hat sich die Frage nach den Auswirkungen gestellt, die sich aus der sexuellen Liberalisierung ergeben[363]. Jedoch hat die Rechtsentwicklung durch die Rechtsprechung bereits dazu geführt, dass schwerwiegende mit dem Gerechtigkeitsempfinden nicht im Einklang stehende Rechtsfolgen vermieden werden konnten. Einen der Leitgedanken hat der BGH ausdrücklich hervorgehoben. Die Heranziehung des Satzes 2 darf nicht zur Perpetuierung eines mit § 138 unvereinbaren Zustandes führen[364]. Nach der 43

348 Vgl Soergel[10] Rz 24 mNachw.
349 Vgl dazu Rother AcP 172 (1972), 498.
350 Vgl dazu aber auch Rother AcP 172 (1972), 498, 502.
351 BGHZ 35, 103, 108; 53, 369, 371: Würdigung aller Umstände.
352 BGH NJW 1984, 2150.
353 BGH NJW 1984, 797.
354 BGHZ 63, 365.
355 BGH NJW-RR 1988, 1379, 1380.
356 BGHZ 35, 103 = LM Nr 14 zu § 817 (mAnm Johannsen); s auch BGH MDR 1960, 384 = FamRZ 1960, 129 (mkritAnm Bosch).
357 Kolmar OLG 30, 343.
358 München JW 1922, 628.
359 RAG JW 1929, 1084.
360 BAG FamRZ 1976, 621 = AP Nr 34 zu § 138.
361 BVerwGE 64, 274 u 280 = NJW 1982, 664 u 665, abl zur Peep-Show-Entscheidung v Olshausen NJW 1982, 2221; s auch Hoerster JuS 1983, 93 u 647; gegen ihn Gronimus JuS 1985, 174 mweitNachw.
362 S Rother AcP 172 (1972), 498, 507.
363 Vgl Rother AcP 172 (1972), 498, 508; Honsell, Rückabwicklung S 7 ff.
364 BGHZ 63, 365, 369 = NJW 1975, 638 = JR 1975, 324 (mAnm Bassenge).

gefestigten Rechtsprechung des RG und des BGH sind **Leistungen** im Sinne des Satzes 2 nur solche Vermögensvorteile, die **endgültig** in das Vermögen des Empfängers übergehen[365]. Damit scheidet eine Anwendung des Satzes 2 bereits bei Bordellpacht- und -mietgeschäften von vornherein aus[366]. Zum Zurückbehaltungsrecht des Besitzers s BGH WM 1983, 393. Aus demselben Grund kommt auch eine Anwendung des Satzes 2 auf den **dinglichen Herausgabeanspruch** aus § 985 nicht in Betracht, ohne dass es der Begründung des BGH bedarf, dass Satz 2 eine Ausnahmevorschrift sei, die nicht auf andere Rechtsgebiete übertragen werden könne. Diese Begründung entbehrt der notwendigen Differenzierung[367]. Mit Rücksicht auf den engen Begriff der Leistung im Sinne des Satzes 2 entfällt auch eine Anwendung dieser Vorschrift auf die Gewährung von **Sicherheiten** wie zB Grundschulden oder die Gewährung von **Darlehen**[368]. Schwierigkeiten, die sich bei der Bestellung einer Restkaufgeldhypothek infolge Entstehung einer Eigentümergrundschuld ergeben, hat die Rechtsprechung durch Heranziehung des Grundsatzes von Treu und Glauben zu bewältigen gesucht[369]. Zu der weiteren Frage, ob bei einem sittenwidrigen Miet- oder Pachtverhältnis eine **Vergütung** in angemessener Höhe verlangt werden kann, vgl oben Rz 27. Die Übereignung eines Bordellgrundstückes ist im Hinblick auf das Abstraktionsprinzip wirksam. Einem Anspruch auf Rückübereignung steht Satz 2 entgegen[370]. Schwierigkeiten bereitet die vom RG nicht einheitlich entschiedene Frage, ob die dem Verkäufer bestellte Restkaufgeldhypothek nichtig oder wegen Nichtigkeit der Forderung eine Eigentümergrundschuld ist[371]. Um dem nicht einleuchtenden Ergebnis, dass Grundstück und Kaufpreis in einer Hand bleiben, zu begegnen, hat das RG in einzelnen Fällen mit der exceptio doli geholfen[372]. Der Verkäufer kann die für den Kauf bezahlten Vertragskosten nicht zurückfordern[373]. Überhaupt ist die Rückforderung der geleisteten Beträge aus einem Bordellkauf schlechthin ausgeschlossen[374], auch die Rückforderung der Eigentumseintragung[375]; es gibt überhaupt keine Rückforderung aus Verträgen, die zur Ermöglichung oder Fortsetzung des Bordellbetriebs geschlossen sind[376]. Der Vermieter kann das Bordellgrundstück auch vor Beendigung des Vertrags zurückfordern[377]. Der Rückforderung der an den Verpächter gezahlten Kaution kann Satz 2 nicht entgegengesetzt werden. Notwendige Verwendungen auf die Sache erhält der Pächter zurück, nicht aber solche, die gerade zur Ermöglichung oder Durchführung des Bordellbetriebs erforderlich waren[378].

44 f) **Zur Abgrenzung des Verstoßes gegen die guten Sitten bei Nebenverträgen und vereinbarten Nebenleistungen**. In der Rechtsprechung wird hervorgehoben, dass der unmittelbare Zweck der Leistung die Bewertung als sittenwidrig zur Folge haben muss[379]. Auch dieses Merkmal dient der Einschränkung des Anwendungsbereiches des Satzes 2 und hat dazu geführt, dass die Abgrenzung nicht verwerflicher Nebenverträge und Nebenleistungen Gegenstand zahlreicher Entscheidungen geworden ist[380]. Der **Leistungszweck** kann **bei mehreren in einem Rechtsgeschäft zusammengefassten Leistungen** verschieden sein[381]. Ist ein sittlich einwandfreies mit einem unsittlichen Geschäft zu einer Einheit verbunden, so kann die Erfüllung des ersteren zu-

365 S unten Rz 45.
366 S BGHZ 41, 341 = LM Nr 21 zu § 817 (mAnm Mormann); BGH WM 1969, 1083.
367 Vgl oben Rz 29.
368 S auch München MDR 1977, 228.
369 S weiter unten.
370 S auch zur Übereignung des Grundstücks oder Bestellung einer Grundschuld RGZ 73, 143; 78, 282; 109, 201; aM Kiel LZ 1920, 255 mNachw.
371 So RGZ 68, 97 gegen RGZ 63, 189.
372 RGZ 71, 432; 86, 191; s dazu Honsell, Rückabwicklung S 11 ff; ferner Siber, SchuldR § 74 III, der bei unvollständiger Erfüllung § 242 anwenden und § 817 Satz 2 auf die Fälle beschränken will, in denen beiderseits vollständig erfüllt ist oder wenn das Grundstück übereignet und eine nicht hinter seinem Wert zurückbleibende Gegenleistung erbracht ist (ähnlich für alle Vorausleistungen Bufe AcP 157 [1958/59], 215; s auch Flume, AllgTeil II § 18, 10 h).
373 Dresden OLG 18, 58.
374 Hamburg HansGZ 1910 B 148 = Recht 1910 Nr 3759.
375 RGZ 78, 281; ebenso Dresden OLG 39, 185; vgl Rostock SeuffA 79 Nr 178.
376 RG Recht 1916 Nr 1291 = LZ 1916, 689; RGZ 109, 201: Mobiliar; Hamburg OLG 2, 219 u Karlsruhe BadRpr 1911, 150: Mietvorauszahlung; Frankfurt/M Recht 1906 Nr 2828: Abschlags- und Zinszahlungen.
377 RG HansGZ 1911 B 113 = Recht 1911 Nr 720.
378 Vgl Rz 27.
379 S oben Rz 35.
380 Vgl oben Rz 23 mNachw.
381 RG Recht 1913 Nr 47.

rückgefordert werden[382]. Der Eigentümer eines Sparkassenbuches, der nicht zugleich der Pfandbesteller hinsichtlich der Guthabenforderung ist, kann es zurückfordern, auch wenn er wusste, dass es sich um ein unsittliches Geschäft – Miete für ein Bordell – handelte[383]. Die Nichtigkeit eines dem Gastwirtschaftskauf folgenden sog Kastellanvertrags berührt die Gültigkeit des Kaufes und die aus der vorzeitigen Erfüllung erwachsenen Ansprüche nicht[384]. Macht die Frau die **Eheschließung** von der Gewährung eines materiellen Vorteils abhängig, so handelt zwar sie, nicht aber der Ehemann unsittlich[385]. Die Gewährung besonderer Vorteile für **Abstimmung eines Aktionärs** in einer Hauptversammlung ist unsittlich. Die damit in Verbindung stehende Bezahlung gekaufter Aktien kann zurückgefordert werden[386]. Die Rückforderung des Kaufpreises und der geleisteten Zubußen gegenüber dem Emissionshause beim Verkauf von Interimsscheinen einer gesetzlich unzulässigen Gewerkschaft ist zulässig[387].

VI. Begriff der Leistung

1. Nach der gefestigten Rechtsprechung des RG in seinen neueren Entscheidungen sowie des **45**
BGH ist Satz 2 nicht anwendbar auf **Leistungen**, die nur zu einem **vorübergehenden Zweck** gemacht worden sind[388]. Im Schrifttum ist nur vereinzelt Kritik geäußert worden. *Niederländer*[389] hat mit rechtsvergleichenden Hinweisen die Auffassung vertreten, dass das Kriterium der „Übertragung zu vorübergehendem Zweck" zu allgemein gehalten sei und einer Aufgliederung nach Fallgruppen bedürfe. Diesen Bedenken könnte unter dem Gesichtspunkt der Rechtsschutzversagung[390] bei schwerwiegenden gemeinsam begangenen Delikten Rechnung getragen werden. Die Bedenken von *Honsell*[391], dass durch den eingeschränkten Leistungsbegriff nicht das Übel an der Wurzel erfasst werde, sind nicht begründet, wenn die Aufrechterhaltung der Rechtsgeschäfte zum angemessenen Preis bei Wohnraummiete und Geschäften des täglichen Bedarfs sowie die Bejahung eines Anspruchs auf angemessene Vergütung in den Fällen des Wuchers und der Bordellpacht berücksichtigt wird[392]. Das Schwergewicht der Rechtsprechung zum eingeschränkten Leistungsbegriff liegt beim Darlehen und dem weiten Bereich der eigennützigen und uneigennützigen Treuhandgeschäfte.

2. **Im einzelnen**. **Leistungen** im Sinne des Satzes 2 sind nur solche Vermögensvorteile, die **46**
endgültig in das Vermögen des Empfängers übergehen sollen[393] und unmittelbar aufgrund eines gegen das Gesetz verstoßenden Vertrags verschafft werden[394], nicht dagegen nur zu einem vorübergehenden Zweck gewährte Leistungen[395]. Daher ist die Rückforderung nicht nach Satz 2 ausgeschlossen bei der Bestellung von **Sicherheiten**[396]. Ebensowenig ist die Rückforderung ausgeschlossen, wenn der Empfänger den **Auftrag** hat, den empfangenen Betrag zum verbotenen Erwerb von **Devisen** zu verwenden[397]. Dasselbe gilt für den zur Weitergabe an eine Bank zwecks Behandlung als Akkreditiv ausgestellten Scheck[398] und die Leistungen aus einem mit einem nichtigen Kastellanvertrag verknüpften und gem § 139 nichtigen Darlehensvertrag[399]. Zum **Treuhandvertrag** vgl auch BGH WM 1972, 383; ferner WM 1967, 1217. Satz 2 gilt auch nicht bei der **Sicherungsübereignung** zwecks Gläubigerabwehr[400], auch nicht bei der Hypothekenbestellung

382 RGZ 78, 41.
383 Hamburg OLG 8, 423.
384 RG Recht 1908 Nr 1964 f.
385 RG Recht 1908 Nr 3412.
386 KG OLG 24, 142.
387 Augsburg LZ 1915, 564.
388 Vgl BGHZ 28, 255; 41, 341; BGH WM 1969, 1083 mweitNachw.
389 FestG für Gutzwiller S 621, 637.
390 S oben Rz 11.
391 Rückabwicklung S 23.
392 Vgl oben Rz 27 und 34.
393 RG LZ 1928, 1324.
394 RG JW 1921, 461; Köln JW 1928, 2477.
395 RG LZ 1923 Nr 283.
396 RGZ 67, 321; auch RG Recht 1923 Nr 1347; BGHZ 19, 205 = JR 1956, 296 (mzustAnm Blomeyer); vgl dazu aber auch Raiser JZ 1951, 719; zuletzt BVerfG WM 2004, 2481, 2482.
397 BGHZ 28, 255 = LM Nr 11 zu § 817 (mAnm Rietschel); s auch Niederländer, FestG für Gutzwiller S 621.
398 RG JW 1925, 1392.
399 Köln JW 1928, 2477.
400 RG Recht 1914 Nr 2349.

für eine Bordellkaufpreisforderung[401], ferner nicht bei Zahlung des Kaufpreises für Inventar eines gemieteten Bordells zur Sicherheit für den Anspruch des Vermieters auf Rückgewähr des Inventars[402], überhaupt nicht bei **Kautionsleistungen** für die Erfüllung eines unsittlichen Vertrages[403] und die Geldhingabe beim wucherischen Darlehen[404]. Zum **Wucherdarlehen** s auch oben Rz 38. **Verzicht** ist keine Leistung im Sinne des § 817[405], wohl aber der Verzicht des Versicherungsnehmers auf den Widerruf der einem Dritten eingeräumten Bezugsberechtigung[406]. Eine auf ein verbotenes Termingeschäft gezahlte Vorprämie kann zurückgefordert werden[407].

VII. Eingehung einer Verbindlichkeit

47 Als **Eingehung einer Verbindlichkeit** gilt das Anerkenntnis des § 781[408]. Die gegen das Gesetz oder gegen die guten Sitten verstoßende Verbindlichkeit ist, weil abstrakt, nicht nichtig, sondern kann nur zurückgefordert werden[409]. Die Bindung an ein Versprechen soll verhindert werden[410]. Entgegen der herrschenden Meinung spricht sich *Honsell*[411] für eine Nichtigkeit des abstrakten sittenwidrigen Verpflichtungsgeschäfts aus. Bei **Rückforderung eines Anerkenntnisses** kommt ein Ausschluss des Rückforderungsrechts nur im Falle des § 817 Satz 2, nicht im Falle des § 814 in Betracht[412]. Die Bestellung oder Abtretung einer Grundschuld ist nicht Eingehung einer Verbindlichkeit[413]. Die Hingabe eines Wechsels, den ein am unsittlichen Geschäft Beteiligter ausgestellt hat, ist Eingehung einer Verbindlichkeit[414] ebenso die Bestellung einer Hypothek[415]. Jedoch kann der Käufer, wenn er die Rückgabe des Hauses verweigert, nicht Befreiung von der Hypothek verlangen[416]; anders ist es, wenn der dritte Erwerber nur die Feststellung verlangt, dass dem ersten Verkäufer kein dinglicher Anspruch aus der vom zweiten Erwerber bestellten Hypothek zustehe[417]. Der Käufer, der für den Kaufpreis einen Scheck gegeben hat, kann, wenn der Verkäufer erfüllt hat, nicht Befreiung von seiner Verbindlichkeit aus dem Scheck verlangen[418]. Bei Nichtigkeit eines Bordelldarlehens kann der Darlehensnehmer die gegebenen Wechsel zurückfordern[419]. Wird ein Schuldversprechen, durch das eine alte Schuld in eine neue umgewandelt ist, gemäß § 817 zurückgefordert, so kann der Gläubiger regelmäßig die alte Forderung geltend machen[420].

VIII. Beweislast

48 Der Beklagte muss beweisen, dass dem Kläger gleichfalls ein Verstoß gegen ein Verbotsgesetz oder gegen die guten Sitten zur Last fällt[421]. Der Bereicherungsschuldner trägt also die Beweislast für das Vorliegen der Einwendung aus Satz 2. Hiervon enthält Satz 2 Halbsatz 2 eine Ausnahme für den Fall, dass die Verbindlichkeit erfüllt ist[422]. Der Beklagte trägt auch die Beweislast dafür, dass treuhänderisch überlassene Gelder bestimmungsgemäß verwendet worden sind[423].

401 RGZ 68, 97.
402 RG Recht 1916 Nr 1291; vgl dazu auch oben Rz 26.
403 BGH WM 1969, 1083; Kiel SeuffA 70 Nr 216.
404 RGZ 161, 52.
405 RG Recht 1909 Nr 1875; aM Jena SeuffA 67 Nr 193.
406 RG HRR 1935 Nr 1140.
407 RG Recht 1910 Nr 3173.
408 RGZ 64, 148.
409 Collatz JherJb 40 (1899), 141; Oertmann DJZ 1902, 105.
410 Planck/Landois Bem 7.
411 Rückabwicklung S 55.
412 RG Recht 1923 Nr 644; s oben Rz 3.
413 RGZ 73, 143.
414 BGH NJW 1994, 187 = WM 1993, 2119 = WuB IV A. § 817 BGB 2.94 (Thode) = ZIP 1993, 1706; dazu EWiR 1993, 1181; offen gelassen in RG JW 1921, 461.
415 RGZ 68, 97.
416 RGZ 71, 432.
417 RG JW 1912, 853.
418 KG OLG 39, 183.
419 Dresden SächsArch 1919, 85.
420 RG JW 1928, 3113.
421 RG JW 1925, 1392; LZ 1921, 377 = WarnR 1921 Nr 59.
422 Vgl auch Baumgärtel/Strieder, Beweislast I, 1991², § 817 Rz 3.
423 BGH NJW 1997, 47 = FamRZ 1996, 1533 = ZIP 1996, 2113.

§ 818 Umfang des Bereicherungsanspruchs

(1) Die Verpflichtung zur Herausgabe erstreckt sich auf die gezogenen Nutzungen sowie auf dasjenige, was der Empfänger auf Grund eines erlangten Rechts oder als Ersatz für die Zerstörung, Beschädigung oder Entziehung des erlangten Gegenstands erwirbt.

(2) Ist die Herausgabe wegen der Beschaffenheit des Erlangten nicht möglich oder ist der Empfänger aus einem anderen Grunde zur Herausgabe außerstande, so hat er den Wert zu ersetzen.

(3) Die Verpflichtung zur Herausgabe oder zum Ersatz des Wertes ist ausgeschlossen, soweit der Empfänger nicht mehr bereichert ist.

(4) Von dem Eintritt der Rechtshängigkeit an haftet der Empfänger nach den allgemeinen Vorschriften.

ÜBERSICHT

Schrifttum: Vgl auch das vor den Bem vor § 812 angeführte Schrifttum; insbes B o l z e , Der Anspruch auf Rückgabe aus einem nichtigen Geschäft, AcP 76 (1890), 233; d e r s , Zum Anspruch auf Rückgabe aus einem nichtigen Geschäft, AcP 82 (1894), 1; v T u h r, Zur Lehre von der ungerechtfertigten Bereicherung, in: Festschr für Bekker, 1907, S 291; H A F i s c h e r, Bereicherung und Schaden, in: Festschr für Zitelmann, 1913, S 1; W e i n t r a u d , Die Saldotheorie, 1931; F l u m e , Der Wegfall der Bereicherung in der Entwicklung vom römischen zum geltenden Recht, in: Festschr für Niedermeyer, 1953, S 103; H N i e d e r l ä n d e r,

Die Bereicherungshaftung im klassischen römischen Recht, 1953; v Caemmerer, Bereicherung und unerlaubte Handlung, in: Festschr für Rabel I, 1954, S 333; H Lehmann, Berücksichtigung der für den Erwerb einer fremden Sache gemachten Aufwendungen, in: Festschr für Nipperdey, 1955, S 31; H Leser, Von der Saldotheorie zum faktischen Synallagma, Diss Freiburg, 1956; H Jakobs, Eingriffserwerb und Vermögensverschiebung in der Lehre von der ungerechtfertigten Bereicherung, 1964; H Pawlowski, Rechtsgeschäftliche Folgen nichtiger Willenserklärungen, 1966; K Batsch, Vermögensverschiebung und Bereicherungsherausgabe, 1968; M Diesselhorst, Die Natur der Sache als außergesetzliche Rechtsquelle, verfolgt an der Rechtsprechung zur Saldotheorie, 1968; W Gerhardt, Die systematische Einordnung der Gläubigeranfechtung, 1969; Kellmann, Grundsätze der Gewinnhaftung, 1969; A Flessner, Wegfall der Bereicherung, 1970; Flume, Die Entreicherungsgefahr und die Gefahrtragung bei Rücktritt und Wandelung, NJW 1970, 1161; H Haines, Bereicherungsansprüche bei Warenzeichenverletzungen und unlauterem Wettbewerb, 1970; M Lieb, Die Ehegattenmitarbeit im Spannungsfeld zwischen Rechtsgeschäft, Bereicherungsausgleich und gesetzlichem Güterstand, 1970; Koppensteiner, Probleme des bereicherungsrechtlichen Wertersatzes, NJW 1971, 588 und 1769; Lopau, Surrogationsansprüche und Bereicherungsrecht, 1971; Gursky, Ersparnisgedanke und Reserveursache im Bereicherungsrecht, JR 1972, 279; H Ostendorf, Die Be- und Entreicherung beim ungerechtfertigten Verbrauch und Gebrauch von Gegenständen und Leistungen, Diss Kiel, 1972; Pinger, Wertersatz im Bereicherungsrecht, MDR 1972, 101 und 187; G Roth, Vorteil, Schaden und Wert im Bereicherungsrecht, in: Festschr für Küchenhoff, 1972, 371; Ballerstedt, Das Unternehmen als Gegenstand eines Bereicherungsanspruchs, in: Festschr für Schilling, 1973, S 290; v Caemmerer, „Mortuus redhibetur" – Bemerkungen zu den Urteilen BGHZ 53, 144 und 57, 137, in: Festschr für Larenz, 1973, S 621; Goetzke, Subjektiver Wertbegriff im Bereicherungsrecht?, AcP 173 (1973), 289; Hagen, Funktionale und dogmatische Zusammenhänge zwischen Schadens- und Bereicherungsrecht, in: Festschr für Larenz, 1973, S 867; H Ostendorf, Der Vermögensbegriff im Bereicherungs- und Schadensrecht, BB 1973, 822; Vouzikas, Zur Begründung der Saldotheorie nach deutschem und griechischem Recht, in: Xenion, Festschr für Zepos, Bd 2 1973, S 747; Wilhelm, Rechtsverletzung und Vermögensentscheidung als Grundlagen und Grenzen des Anspruchs aus ungerechtfertigter Bereicherung, 1973; H Leser, Der Rücktritt vom Vertrag, 1975; Schubert, Windscheid und das Bereicherungsrecht des 1. Entwurfs des BGB, ZRG Rom Abtl, 92 (1975), 186; H Koppensteiner/Kramer, Ungerechtfertigte Bereicherung, 1975; Rengier, Wegfall der Bereicherung, AcP 177 (1977), 418; G Törl, Die bereicherungsrechtliche Behandlung nicht-gegenständlicher Vermögensvorteile, Diss Köln, 1977; König, Gewinnhaftung, in: Festschr für v Caemmerer, 1978, S 179; Larenz, Zur Bedeutung des „Wertersatzes" im Bereicherungsrecht, in: Festschr für v Caemmerer, 1978, S 209; Beuthien, Das Rätsel Saldotheorie – Nachteilsanrechnung und Rückleistungssynallagma im Bereicherungsrecht, Jura 1979, 532; Ehlke, Zum bereicherungsrechtlichen Wertersatz (§ 818 II BGB), WM 1979, 1022; Brandner, Die Herausgabe von Verletzervorteilen im Patentrecht und im Recht gegen den unlauteren Wettbewerb, GRUR 1980, 359, 360 ff; König, Ungerechtfertigte Bereicherung, in: Gutachten und Vorschläge zur Überarbeitung des Schuldrechts, hrsg v BJM, Bd II, 1981, 1515; D Bremecker, Die Bereicherungsbeschränkung des § 818 Abs 3 BGB bei nichtigen gegenseitigen Verträgen, 1982; W Lorenz, Inhalt und Umfang der Herausgabepflicht bei der Leistungskondiktion in rechtsvergleichender Sicht, in: Symposion für König, 1984, S 127; Frieser, Der Bereicherungswegfall in Parallele zur hypothetischen Schadensentwicklung, 1987; Schwintowski, Das Unternehmen im Bereicherungsausgleich, JZ 1987, 588; P Huber, Wegfall der Bereicherung und Nutzen, 1988; Jürgen Kohler, Die gestörte Rückabwicklung gescheiterter Austauschverträge, 1989; Canaris, Die Gegenleistungskondiktion, in: Festschr für W Lorenz, 1991, 19; ders, Der Bereicherungsausgleich bei Bestellung einer Sicherheit an einer rechtsgrundlos erlangten oder einer fremden Sache, NJW 1991, 2513; H Roth, Gedanken zur Gewinnhaftung im bürgerlichen Recht, in: Festschr für Niederländer, 1991, 363; Canaris, Der Vorrang außerbereicherungsrechtlicher, insbesondere dinglicher Wertungen gegenüber der Saldotheorie und dem Subsidiaritätsdogma, JZ 1992, 1114; Schauhoff, Die Bereicherungshaftung wegen Nutzung rechtsgrundlos erlangten Geldes, 1992; Jakobs, lucrum ex negotiatione, 1993; Reuter, Die Belastung des Bereicherungsgegenstandes mit Sicherungsrechten – ein Beitrag zum Inhalt des Bereicherungsanspruchs, in: Festschr für Gernhuber, 1993, S 369; Flume, Die Saldotheorie und die Rechtsfigur der ungerechtfertigten Bereicherung, AcP 194 (1994) 427; ders, Aufwendungen und Erträge bei der Rückabwicklung nichtiger gegenseitiger Verträge als Problematik der Rechtsfigur der ungerechtfertigten Bereicherung, Gedächtnisschr Knobbe-Keuk, 1997, 111; Th Finkenauer, Das faktische Synallagma und die Lehre von der Gesamtabrechnung, JuS 1998, 986; R Kulms, Herausgaberegeln, Haftungsnormen und unentziehbare Rechte im Bereicherungsrecht, JZ 1998, 430; Thier, Grundprobleme der bereicherungsrechtlichen Rückabwicklung gegenseitiger Verträge, JuS 1999, 9; Wendehorst, Anspruch und Ausgleich, 1999; Flume, Die ungerechtfertigte Bereicherung – eine Rechtsfigur der Bereicherung, in: 50 Jahre Bundesgerichtshof, Bd I, 2000, 525; ders, Zur Anwendung der Saldotheorie im Fall der Nichtigkeit eines Grundstücks-Kaufvertrages nach § 138 Abs 1 BGB wegen verwerflicher Gesinnung des Käufers, ZIP 2001, 1621; ders, Die Rückabwicklung nichtiger Kaufverträge nach Bereicherungsrecht – Zur Saldotheorie und ihren „Ausnahmen", JZ 2002, 321; G Gruber, Bemessung von Bereicherungsansprüchen bei schwankendem Geldwert, in: Festschr für Schlechtriem, 2003, S 721; Th Finkenauer, Vindikation, Saldotheorie und Arglisteinwand, NJW 2004, 1704; Kiehnle, § 822 BGB und die „Saldotheorie", JA 2005, 737; Mossl e r, Bereicherung aus Leistung und Gegenleistung. Der nichtige gegenseitige Vertrag und die Insolvenz, 2006.

Schrifttum zur Flugreise-E in BGHZ 55, 128 s bei Rz 32; Schrifttum zur Anwendung des Absatzes 3 bei wegen arglistiger Täuschung angefochtenen Kaufverträgen bei Rz 89 Fn 615.

I. Allgemeines

1 1. **Bedeutung der Vorschrift**. Der Bereicherungsanspruch ist in erster Linie, wie es auch in den §§ 812 Abs 1, 816, 817, 822 ausdrücklich bestimmt ist, auf die **Herausgabe des Erlangten** gerichtet. Andererseits ergibt sich aber, wie bereits *H A Fischer* hervorgehoben hat[1], aus der Titelüberschrift und der in § 818 Abs 3 getroffenen Regelung, dass der Schuldner auf die **Bereicherung** haftet, also durch die Erfüllung seiner Verpflichtung nicht ärmer werden soll. Dies lässt sich nur durch einen Vergleich der gegenwärtigen Größe des Vermögens mit einer gedachten Größe und damit durch eine Differenzrechnung feststellen. In Hinblick auf die Bereicherung als einer „variablen Größe" bedarf § 812 nach der Ansicht von *Fischer* der Berichtigung. In diesem Sinne äußert sich gegenwärtig insbesondere *Flume*[2]. Den umgekehrten Standpunkt nimmt heute die wohl herrschende Meinung ein. Sie geht davon aus, dass der Schuldner primär auf den erlangten (konkreten) Gegenstand haftet und lediglich Veränderungen oder Verlust des Gegenstandes im Vermögen des Schuldners eine anhand des § 818 Abs 3 vorzunehmende Gesamtvermögensdifferenzberechnung erforderlich machen. Darin liegt eine Abwendung von den Gedankengängen, wie sie unter dem Einfluss der herrschenden Meinung im gemeinen Recht bei der Abfassung des BGB vorherrschten[3]. Der Bereicherungsschuldner haftet hiernach bei der Leistungskondiktion in erster Linie auf das Erlangte, den Leistungsgegenstand, sowie bei der Eingriffskondiktion auf die erlangten Nutzungen und sonstigen Vorteile[4]. Eine veränderte Funktion der Leistungs- und der Eingriffskondiktion ist erkennbar, die erstere ist auf Rückabwicklung der konkreten Leistung[5], die zweite auf den Ausgleich für den Eingriff gerichtet, während der Gesichtspunkt der Abschöpfung zurücktritt[6]. Damit hängt die veränderte Bewertung des § 818 Abs 3 zusammen, die zu unterschiedlichen Korrekturen dieser Vorschrift geführt hat[7]. Die Beschränkung auf den gleitenden Betrag der noch vorhandenen Bereicherung ist[8] eine ausnahmsweise eintretende **Begünstigung des gutgläubigen Empfängers**[9].

2 2. **Entstehungsgeschichte**[10]. In der 1. Kommission zur Ausarbeitung eines Entwurfs des BGB wirkte bis zum Jahr 1883 *Windscheid* mit, dessen starker Einfluss auf die Kommissionsarbeit bezeugt ist[11]. Zur Frage des Umfangs der Haftung bei der condictio indebiti lag der Kommission ein Teilentwurf vor, den *von Kübel* angefertigt hatte. Hierzu hatte *Windscheid* Gegenvorschläge gemacht, die *Schubert*[12] einander gegenübergestellt hat. Daraus geht hervor, dass *von Kübel* und *Windscheid* sich jedenfalls darüber einig waren, dass eine Haftung des Bereicherungsschuldners, wenn er gutgläubig war, auf die im Zeitpunkt der Rechtshängigkeit vorhandene Bereicherung beschränkt sein sollte. In der 2. Kommission war die Frage nochmals umstritten[13]. In den Pro-

1 Festschr für Zitelmann S 10.
2 Zuletzt in: 50 Jahre Bundesgerichtshof Bd I, 2000, S 525 ff: „Die ungerechtfertigte Bereicherung eine Rechtsfigur der Bereicherung" (S 528).
3 Vgl zur Entstehungsgeschichte Rz 2.
4 Vgl Rengier AcP 177 (1977), 431; U Meyer, Bereicherungsausgleich, 1979, S 29; Koppensteiner/Kramer, Ungerechtfertigte Bereicherung S 121; Larenz/Canaris, SchuldR II 2, 1994[13], § 71 I; MünchKomm/Lieb § 818 Rz 49 mNachw in Fn 152; sämtlich mNachw; s auch BGHZ 55, 128: „Flugreise".
5 S Leser, Rücktritt S 110.
6 Betont wird die „Abschöpfung" von Esser/Weyers, SchuldR II 2 § 51 II.
7 S unten Rz 52 ff.
8 Vgl v Caemmerer, Festschr für Rabel I S 368.
9 S dazu unten Rz 52.
10 Vgl dazu ausführlich Staud/W Lorenz § 818 Rz 1.
11 Vgl Schubert SZ (R) 92, 186 über die wiederholten Schreiben des Vorsitzenden, des Präsidenten des ROHG, wegen einer Verlängerung der Mitwirkung Windscheids.
12 Schubert SZ (R) 92, 203 ff.
13 Vgl dazu Planck/Landois Bem 5 a; Flessner, Wegfall der Bereicherung S 8.

tokollen[14] wird als Meinung der Mehrheit angeführt, dass das Rückforderungsrecht bei der Leistungskondiktion auf Gründen der Billigkeit beruhe. Die Billigkeit erfordere und gestatte aber nur einen Anspruch in einem Umfange, dass der gutgläubige Empfänger dadurch nicht geschädigt werde[15]. Zum Wegfall der Bereicherung sind die Bemerkungen in den Motiven II, S 837 für die Entwicklung der Rechtsprechung von Einfluss gewesen, dass bei der Prüfung, ob und in welchem Umfange eine Bereicherung vorhanden ist, auf die gesamte Vermögenslage des Empfängers Rücksicht zu nehmen ist, und dass der Empfänger zweifellos den Wegfall der Bereicherung dann und insoweit geltend machen kann, als durch das Geleistete, im Kausalzusammenhange mit dem Empfange und Haben des Geleisteten, sein Vermögen vermindert wurde. Der Gesichtspunkt der Billigkeit, der nach Ansicht *v Lübtows*[16] auf Gedankengänge in der griechischen Rechtsphilosophie zurückzuführen ist, hat im römischen Recht seinen Niederschlag in dem viel zitierten Ausspruch des *Pomponius*[17], gefunden, dass sich niemand mit dem Schaden eines anderen bereichern dürfe. Die Fortwirkung dieses Satzes von der Naturrechtslehre in die deutsche Pandektistik wird von *Flessner*[18] als möglich bezeichnet. Ob bereits die römische nachklassisch-byzantinische Jurisprudenz die Haftung auf die jeweilige Bereicherung als variable Größe unter Berufung auf die Billigkeit beschränkte oder ob es sich um eine Entwicklung handelt, die erst im gemeinen Recht, insbesondere unter dem Einfluss *Windscheids*, zur herrschenden Meinung wurde, ist umstritten[19]. *Flessner*[20] fasst das Ergebnis dahingehend zusammen, dass mit dem Bereicherungsdogma die Forderung nach strikter Kondiktionshaftung bei Geld und vertretbaren Sachen abgewehrt wurde und zugleich eine Erklärung dafür vorlag, dass der gutgläubige Empfänger einer Sache auch für vorsätzliche oder versehentliche Zerstörung nicht haftete. Die Auffassung, dass der Anspruch auf Bereicherung wie auch die Berücksichtigung ihres Wegfalls auf Billigkeitserwägungen zurückzuführen sei, wurde von *W Wilburg* in seiner grundlegenden Untersuchung aus dem Jahr 1934[21] kritisiert. Diese Kritik hat *v Caemmerer* fortgeführt und durch die Entwicklung einer Typologie der Bereicherungsansprüche vertieft und ergänzt[22]. In der neueren Rechtsprechung des BGH wird nur noch vereinzelt auf die Billigkeit zur Begründung hingewiesen[23].

3. **Aufbau der Vorschrift**. § 818 setzt voraus, dass ein Bereicherungsanspruch besteht, und befasst sich mit dem **Umfang der Herausgabepflicht**. Grundsätzlich ist also zwischen den Anspruchsvoraussetzungen, die in den §§ 812 Abs 1, 816, 817 Satz 1, 822 geregelt sind, und den Vorschriften über den Umfang des Bereicherungsanspruchs in den §§ 818–820 zu unterscheiden[24]. Allerdings schließt dies, wie der BGH in der „Flugreise-Entscheidung"[25] hervorgehoben hat, es nicht aus, die Grundsätze über den späteren Wegfall einer Bereicherung auch auf die Beurteilung zu übertragen, ob eine Bereicherung überhaupt eingetreten ist[26]. Die Regelung in § 818 *Absatz 1* geht davon aus, dass das **Erlangte** im Sinne von § 812 Abs 1 herauszugeben ist und erstreckt die Herausgabepflicht auf die gezogenen **Nutzungen** und die **Surrogate**[27]. Umstritten ist die Frage, was bei nichtgegenständlichen Vermögensvorteilen, zB Gebrauch, Verbrauch und rechtsgrundlos 3

14 Bd II S 706.
15 So auch Windscheid in der aus dieser Zeit stammenden 7. Aufl seines Pandektenlehrbuches, erschienen 1891, Bd 2 § 424 Fn 3.
16 Beiträge zur Lehre von der Condictio, 1952, S 22.
17 D 12, 6, 14; 50, 17, 206.
18 Wegfall der Bereicherung S 6.
19 Vgl dazu außer v Lübtow, Beiträge zur Lehre von der Condictio, u Flessner, Wegfall der Bereicherung S 7, insbes Niederländer, Bereicherungshaftung S 1 ff, 173; Flume, Festschr für Niedermeyer, 1953, S 103 ff, 147, alle mweitNachw.
20 Wegfall der Bereicherung S 7.
21 Die Lehre von der ungerechtfertigten Bereicherung nach österreichischem und deutschem Recht, S 141 ff.
22 Festschr für Rabel I S 333.
23 S Mühl, FestG für v Lübtow, 1980, S 547, 553 mNachw, zB BGH WM 1978, 708, 711.
24 Vgl dazu auch Batsch NJW 1972, 611; Gursky JR 1972, 279.
25 BGHZ 55, 128, 134; zuvor BGHZ 1, 75, 81 = NJW 1951, 270; BGHZ 9, 333, 335 = NJW 1953, 1020; BGH LM § 818 Abs 3 BGB Nr 7 = MDR 1957, 598.
26 So insbesondere Flume, Festschr für Niedermeyer, 1953, S 103, 153, 157, 164/165, 175; ders, 50 Jahre Bundesgerichtshof Bd I, 2000, S 525 ff; aber auch Rother AcP 166 (1966), 134; Hadding, Der Bereicherungsausgleich beim Vertrag zu Rechten Dritter, 1970, S 81 ff; Nobbe, Festschr für Hadding, 2004, S 1007, 1014 (bei Fn 42).
27 Vgl Rz 13 ff.

geleisteten Diensten, als das Erlangte anzusehen ist und ob auch eine Haftung auf den Gewinn besteht[28]. Nach § 818 *Absatz 2* ist **Wertersatz** zu leisten, wenn die Herausgabe des Erlangten, der Nutzungen oder der Surrogate nicht möglich ist[29]. § 818 *Absatz 3* regelt den **Wegfall der Bereicherung**. Der gutgläubige Empfänger wird gegenüber der **schärferen Haftung** nach §§ 818 *Absatz 4*, 819, 820 ausnahmsweise begünstigt[30]. Trotz der Vermutung des guten Glaubens ist Absatz 3 als **Ausnahme** anzusehen[31]. Der **regelmäßige Umfang der Haftung** ergibt sich aus §§ 818 Abs 1 und 2, 819, 820, so dass die **Beweislast** für den Wegfall der Bereicherung der Bereicherungsschuldner trägt[32]. Gegen das Regel-Ausnahme-Verhältnis wendet sich *Canaris*[33], der zwei nebeneinanderstehende unterschiedliche Haftungsprinzipien annimmt, aber sich doch für die Verteilung der Beweislast der herrschenden Meinung anschließt. Das Schwergewicht der Rechtsfortbildung liegt im Bereich des Absatzes 3 bei den Korrekturen der Saldo- und der Zweikondiktionentheorie unter Berücksichtigung einer Gefahrverteilung nach Risikosphären[34].

4 4. **Der am Vermögen des Empfängers orientierte Bereicherungsbegriff**. Aus der im gemeinen Recht herrschend gewordenen Lehre wurde in das BGB die Auffassung übernommen, dass für den Umfang der Bereicherung die **gesamte Vermögenslage des Bereicherten** zu berücksichtigen ist, die Bereicherung also nur den Überschuss, die „Resultate aus dem Zusammentreffen von Gewinn und Verlust" ergreift[35]. Für die Entwicklung der Rechtsprechung wurde grundlegend RGZ 54, 137. Das RG hob unter Hinweis auf eine vor 1900 ergangene Entscheidung hervor, dass, wenn die grundlose Leistung gleichzeitig einen Nachteil mit sich gebracht hat, nur insoweit als dieser Nachteil überwogen wird, eine wahre Bereicherung zurückbleibt[36]. Unter Hinweis auf diese Entscheidung hat *H A Fischer*[37] ausgeführt, dass es einer Differenzberechnung bedarf und die Bereicherung somit eine variable Größe ist. In der Rechtsprechung wurde daran festgehalten, dass der Bereicherungsbegriff wirtschaftlich zu verstehen ist, so dass es bei dem Erlangten oder dem an dessen Stelle tretenden Surrogat oder Wertersatz auf den wirtschaftlichen Gesamterfolg unter Berücksichtigung aller Vermögensveränderungen ankommt[38]. Daraus folgt, dass der Empfänger nicht mehr bereichert ist, wenn sein gesamtes Aktivvermögen den Betrag der Bereicherungssumme nicht mehr deckt oder das empfangene Geld wieder ausgeschieden[39] oder zu besonderen Zwecken verbraucht ist, die keine Ersparung von Ausgaben enthält[40]. Aus § 818 Abs 2 und 3 hat das RG als obersten Grundsatz der Bereicherungshaftung abgeleitet, dass die Herausgabepflicht des Bereicherten, abgesehen von den Fällen der §§ 818 Abs 4, 819, 820, keinesfalls zu einer Verminderung des Vermögens des Bereicherten über den Betrag der Bereicherung hinaus führen darf[41]. In der neueren Entwicklung der Lehre von der Bereicherung ist eine Abwendung von dem wirtschaftlichen Bereicherungsbegriff festzustellen. Auch hat sich ergeben, dass der ursächliche Zusammenhang nicht ausreicht, um eine Berücksichtigung von Nachteilen zu rechtfertigen[42]. Kennzeichnend für diese Entwicklung ist die allgemeine Ablehnung der Auffassung des BGH, dass die Abgabe einer schriftlichen Erklärung über den Widerruf ehrenkränkender Behauptungen nicht verlangt werden könne, weil sie keinen Vermögenswert habe und daher auch eine Vermögensverschiebung nicht vorliege[43].

5 5. **Sonderregelungen**. – a) Einen Unterfall der Eingriffskondiktion regelt **§ 951**. Die Vorschrift enthält nach ganz herrschender Meinung eine Tatbestandsverweisung auf die §§ 812 ff und

28 Vgl unten Rz 17 ff.
29 S unten Rz 30 ff.
30 S dazu Rz 52.
31 S v Caemmerer, Festschr für Rabel I S 368; BGHZ 55, 128, 135.
32 S unten Rz 99.
33 JZ 1971, 569.
34 Vgl unten Rz 58 ff.
35 Von Mayr, Bereicherungsanspruch, 1903, S 625 mNachw; s Motive II, S 837; vgl auch Flessner, Wegfall der Bereicherung S 10; Leser, Rücktritt S 108.
36 Vgl zu dieser Entscheidung auch unten Rz 85.
37 Festschr für Zitelmann S 9, 11. Vgl schon Rz 1.
38 RGZ 75, 361; RG Gruch 53 (1909), 998, 1001; BGHZ 1, 75.
39 RGZ 65, 292; BGH LM Nr 7 zu § 818 Abs 3 = MDR 1957, 598.
40 RGZ 68, 269; 72, 1.
41 RGZ 118, 185.
42 Vgl zum Begriff des Bereicherungsgegenstandes unten Rz 13 u zur Anwendung des Absatzes 3 unten Rz 52 ff.
43 NJW 1952, 417 = LM Nr 6 zu § 812.

damit auch auf § 818[44]. Zum Schutz des Bereicherten ist ein Anspruch auf Wiederherstellung gem § 951 Abs 1 Satz 2 ausgeschlossen[45]. Der Bereicherte benutzt die eingebauten Sachen als Eigentümer (§ 946) und nicht als Fremder. Die Nutzungen des fertiggestellten Bauwerks stehen dem Grundstückseigentümer zu[46]. Der Bereicherungsanspruch entsteht in der Regel mit der Fertigstellung des Gebäudes, wobei die dem Eigentümer durch ein Leihverhältnis mit dem Erbauer entgehenden Nutzungen abzuziehen sind[47]. Besteht ein Bereicherungsanspruch gem § 812 Abs 1 Satz 2 Halbsatz 2 (Nichteintritt des bezweckten Erfolges), so kommt es nach der Rechtsprechung des BGH auf das Ende des Schwebezustandes an[48]. Daraus wird in BGHZ 35, 356 die Folgerung gezogen, dass der Bereicherungsgläubiger während dieser Schwebezeit mit dem Wohnen auf dem Grundstück nicht einen fremden Wert nutzte; jedoch gilt dies nicht für den Teil des Ertrages, der auf den Grund und Boden entfällt[49]. Unter Außerachtlassung der unterschiedlichen Fallgestaltungen tritt *Koppensteiner*[50] für eine allgemeine Regel ein, dass mit dem Wertersatzanspruch auch die Nutzungen aus dem Gegenstand geltend gemacht werden können.

b) Nach §§ 528 Abs 1 Satz 2, 1973 Abs 2 Satz 2, 2329 Abs 2 besteht eine **Befugnis zur Abwendung** der **Herausgabepflicht** durch Zahlung des Wertes. Die Parteien können die Folgen der Herausgabepflicht auch durch Vertrag regeln[51]. Die Herausgabepflicht des mit einem Surrogat Zweitbeschenkten (§§ 528, 822) richtet sich grundsätzlich nach dem Inhalt der Pflicht des Erstbeschenkten zum Wertersatz (§ 818 Abs 2)[52]. **6**

c) Zur Frage, ob die Bereicherungshaftung durch die Regelung des **Eigentümer-Besitzer-Verhältnisses** (§§ 987 ff) ausgeschlossen wird, vgl Rz 14 ff vor § 987. **7**

6. **Gläubigermehrheit**. Ist jemand gegenüber mehreren Personen bereichert, so richtet es sich nach der Art der zwischen ihnen bestehenden Gläubigermehrheit, wer zur Rückforderung berechtigt ist[53]. Bei Teilgläubigerschaft (§ 420) sind Teile an die einzelnen Gläubiger herauszugeben. Bei Gesamtgläubigern (§ 428) kann das Erlangte an jeden nach Belieben des Bereicherungsschuldners ganz herausgegeben oder Wertersatz geleistet werden. Bei einer unteilbaren Leistung findet § 432 Anwendung. Es ist an alle Gläubiger gemeinsam zu leisten oder gem § 432 Abs 1 Satz 2 zu hinterlegen[54]. **8**

7. **Schuldnermehrheit**. – a) Die bereicherungsrechtliche Haftung ist im **Schrifttum** insbes umstritten, soweit es sich um die Bereicherung bei einer Personalgesellschaft, insbes GbR, handelt[55]. Auch die Rechtsprechung ist nicht einheitlich[56]. Die Unterschiede der einzelnen Fallgestaltungen bedürfen einer gesonderten Beurteilung. Hat ein Ehegatte sich in einem nach § 138 Abs 1 nichtigen Ratenkreditvertrag mitverpflichtet, so haftet er aus § 812 nur dann auf Rückzahlung, wenn er selbst um die ausgezahlten Kreditbeträge bereichert wurde[57]. Bei der Errichtung eines Bauwerks auf einem fremden Grundstück haften die Mitglieder einer schlichten Grundstücksgemeinschaft auf Wertersatz nicht als Gesamtschuldner in Höhe der Wertsteigerung des **9**

44 S § 951 Rz 1. Richtig verstanden verweist § 951 Abs 1 Satz 1 im Sinne einer Rechtsfolgenverweisung unmittelbar nur auf §§ 818–820; vgl Hadding, Festschr für Mühl S 225, 260 ff.
45 S § 951 Rz 15. Zur Berechnung der Höhe der Bereicherung beim Bau eines Gebäudes auf fremdem Grund und Boden s unten Rz 36 und § 951 Rz 16.
46 BGH NJW 1961, 452 = LM Nr 13 zu § 951 (V. ZS). BGHZ 35, 356, 362 = NJW 1961, 2205 (VII. ZS) weicht davon nicht ab.
47 BGH MDR 1963, 120 = LM Nr 17 zu § 951.
48 § 951 Rz 17.
49 S BGHZ 35, 356, 362; s auch BGH WM 1973, 71.
50 NJW 1971, 593.
51 RG JW 1912, 850; BGH WM 1970, 1142.
52 BGH NJW 2004, 1314 (mAnm St Lorenz LMK 2004, 98).
53 S Enn/Lehmann § 227 I 1 b; Planck/Landois § 818 Anm 1 e; Ebbecke Recht 1912, 747.
54 Vgl näher und zur Abgrenzung von der Bruchteilsgemeinschaft an einer Forderung: Hadding, Festschr für Canaris, 2007.
55 Vgl dazu Thielmann ZHR 136 (1972), 387; 137 (1973), 370; Flume, Festschr für Westermann, 1974, S 119 ff, 141; H P Westermann ZGR 1977, 552; sämtlich mweitNachw.
56 Vgl unten Rz 10.
57 BGH NJW 1982, 2433 (dazu krit Berkenbrock BB 1983, 278); Hamm NJW 1981, 877; s auch § 607 Rz 108.

gesamten Grundstücks, sondern jeder einzeln und nur in Höhe der Bereicherung seines Anteils[58]. Bei rechtswidriger Benutzung eines Photos zu Werbezwecken (vgl KunstUrhG § 22) durch mehrere haftet jeder nur für dasjenige, was er selbst auf Kosten des Abgebildeten erlangt hat[59]. Besonders gelagert ist auch der Fall[60], in dem bei Überweisung von Beträgen auf das Bankkonto der Vorgesellschaft einer GmbH entschieden wurde, dass nur die Vorgesellschaft, nicht ein einzelner Gründer, dem aus dem Bankkonto nichts zugeflossen ist, auf Rückerstattung haftet. Der BGH ging von einer in Vollzug gesetzten faktischen Gesellschaft aus und hielt eine Auseinandersetzung unter den Gesellschaftern für erforderlich. Zweifelsfragen betreffen insbesondere die Bereicherungshaftung der **Gesellschafter einer GbR** (§ 705). Dabei wird teilw zwischen dem Stadium vor und nach einer Liquidation unterschieden[61]. Umstritten ist auch, ob der Anspruch nur aus dem Gesamthandvermögen zu erfüllen ist oder ob auch die Gesellschafter persönlich – und zwar als Teilschuldner oder als Gesamtschuldner – haften. Vertreten wird auch eine analoge Anwendung von HGB § 128[62].

10 b) In der **Rechtsprechung** wurde die Frage der Bereicherungshaftung unterschiedlich beurteilt. Richtungweisend auch für die Rechtsprechung des BGH wurde RGZ 67, 260[63], wonach im Falle der Anfechtung eines Vertrages, durch den mehrere gemeinschaftlich sich verpflichtet haben, diese als Empfänger der teilbaren Vorleistung zu deren **Herausgabe als Gesamtschuldner** verpflichtet sind. Das RG hat dieses Ergebnis aus § 427 abgeleitet. Dieser Entscheidung ist im Ergebnis unter dem Gesichtspunkt des Schutzes des Gläubigers zuzustimmen[64]. Dagegen wurde in einer Reihe weiterer Entscheidungen die Auffassung vertreten, dass bei Ungültigkeit des Vertrages oder einer Leistung ohne Vertrag jeder nur auf das haftet, was er selbst erhalten hat[65]. Was von Gesamtschuldnern empfangen ist, braucht nicht schon deshalb als Gesamtschuld zurückgewährt werden[66]. Der **BGH** ist RGZ 67, 260 mit Recht gefolgt und hat in entsprechender Anwendung des § 427 eine gesamtschuldnerische Haftung bejaht[67]. Es handelte sich um einen Fall der **Inanspruchnahme der Gesellschafter** nach Auflösung einer GbR und Verteilung des Gesellschaftsvermögens. Nach Ansicht des BGH kann der in Anspruch genommene Gesellschafter einwenden, die Bereicherung sei bereits im Gesamthandvermögen, bei seinen Mitgesellschaftern oder bei ihm ganz oder teilweise weggefallen. Die Betonung des Gläubigerschutzes durch den BGH wird von *Reinhardt*[68] begrüßt, jedoch mit Kritik an der Berufung des BGH auf eine gesetzliche Wertung verbunden. Gegenüber dem BGH kritisch und stark differenzierend unter Hinweis auf das Wesen der Gesamthandschuld *H P Westermann*[69]. Ferner hat der BGH in Fortführung von BGHZ 61, 338 eine gesamtschuldnerische Haftung auch bei Fehlen eines Vertragsverhältnisses bejaht, wenn der Gläubiger die Leistung in der Erwartung erbringt, es werde ein wirksamer Ver-

58 BGH WM 1973, 71.
59 BGH NJW 1979, 2205, 2206.
60 BGH LM Nr 1 zu GmbHG § 11.
61 H P Westermann ZGR 1977, 552, 559.
62 S BGHZ 61, 338 = NJW 1974, 451 = JZ 1974, 766 (mAnm Reinhardt); s auch BGH NJW 1983, 1905, 1908 = WM 1983, 674; NJW 1985, 1828. Vgl auch zur Rspr unten Rz 10 sowie die Stellungnahme § 714 Rz 41–43 mNachw.
63 = JW 1908, 70; ebenso Braunschweig OLG 16, 379.
64 So auch Reinhardt JZ 1974, 768 (Anm); Flume, Festschr für Westermann S 141; Kowalski NJW 1991, 3183, 3188; krit Hoffmann NJW 1969, 724, 726; aM RGRK/Heimann-Trosien § 812 Rz 117.
65 RG JW 1909, 274; Recht 1919 Nr 249; RGZ 154, 65; vgl auch RG SeuffA 77 Nr 192, Hamburg NJW 1952, 938: Der Bereicherungsanspruch kann an sich keine Gesamtverbindlichkeit zum Gegenstand haben.
66 RG JW 1911, 401; aM Ebbecke Recht 1912, 747 für den Fall, dass mehrere Personen dieselbe unmittelbare Leistung erhalten haben.
67 BGHZ 61, 338 = NJW 1974, 451 = JZ 1974, 766 (m im Ergebnis zustAnm Reinhardt); zust auch Flume, Festschr für Westermann S 141 zu RGZ 67, 260; ebenso österr OHG SZ 66, 62 = EvBl 1993, 190.
68 JZ 1974, 766 (Anm).
69 ZGR 1977, 552 sowie Erman[11]/Westermann § 818 Rz 5. Für eine Anwendung des § 420 tritt Meincke DB 1974, 1001 ein.

trag später zustande kommen[70]. Seit der BGH[71] eine Haftung der Gesellschafter einer GbR analog HGB § 128 auch für *gesetzliche* Verbindlichkeiten annimmt, ist der Bereicherungsausgleich erneut umstr[72].

8. **Systematische Zusammenhänge**. – a) **Bereicherung und Schaden**. An die grundlegenden Ausführungen von *H A Fischer*[73] schließt sich die Untersuchung von *Hagen*[74] an. Anlass für *Fischers* vergleichende Betrachtung beider Rechtsgebiete war die Erkenntnis, dass Schaden und Bereicherung in ihrer juristischen Struktur manche Gemeinsamkeiten aufweisen. Die gleichen Fragen wie im Gebiet des Schadensrechts stellen sich auch für das Bereicherungsrecht. Doch meinte *Fischer*, dass die Antworten auch da vielfach abweichend ausfallen dürften, wo auf den ersten Blick eine Analogie am Platze zu sein scheine[75]. Dagegen vertritt *Hagen* die Auffassung, dass auch im Hinblick auf das Streben nach Rationalität wegen der Funktionsverwandtschaft beider Rechtsmaterien gleich gelagerte Probleme im Zweifel analog gelöst werden müssten. Daher tritt *Hagen* für eine Auslegungsregel im Sinne einer Vermutung für die Konformität der rechtlichen Wertungen für die dogmatische Lösung einander entsprechender Sachprobleme ein[76]. Bedenken bestehen gegen diesen Vorschlag schon mit Rücksicht darauf, dass nicht ohne weiteres, wie *Hagen* meint, von verwandten Funktionen innerhalb der gesetzlichen Ausgleichsordnung ausgegangen werden kann. Bei der Leistungskondiktion steht nach der Entwicklung, die die Bereicherungslehre genommen hat, die Rückabwicklungsfunktion, nicht die Ausgleichsfunktion, im Vordergrund[77]. Der einschränkenden Auslegung des § 818 Abs 3 liegen andere Wertungen zugrunde als dem Schadensrecht[78]. Die von *Fischer* näher behandelte Gesamtdifferenzhypothese[79] ist nach der hM in der Lit in ihrer Bedeutung für das Bereicherungsrecht zurückgetreten[80]. 11

b) **Bereicherung und Gläubigeranfechtung**. Die Frage, ob Zusammenhänge zwischen dem Bereicherungsanspruch und dem Rückgewähranspruch bei der Anfechtung eines Erwerbes wegen Gläubigerbenachteiligung bestehen, wird insbes in die Richtung gestellt, ob die Rückgewähransprüche als gesetzlich ausgestaltete Sonderregelungen des Eingriffserwerbes anzusehen sind. Von der herrschenden Meinung wird dies verneint[81]. Bejaht wird die Frage von *Gerhardt*[82]. Bei der typologischen Betrachtung der einzelnen bereicherungsrechtlichen Fallgruppen hat *v Caemmerer*[83] darauf hingewiesen, dass Freigebigkeiten und Weggabe in der Absicht der Gläubigerbenachteiligung als Verstoß gegen den Zuweisungsgedanken und damit als unberechtigtes Erlangen zum Schaden der Gläubiger anzusehen seien. In Anbetracht der gesetzlichen Ausgestaltung der Rückgewähransprüche im AnfG und in der InsO bezeichnet *v Caemmerer* den Streit um die bereicherungsrechtlichen Elemente der Anfechtungsansprüche als rein theoretisch. Nach seiner Ansicht ist der Zusammenhang aber für das Verständnis von Parallelproblemen wie der Herausgabe von Surrogaten und dem Anfechtungsgegenstand bei mittelbaren Zuwendungen von Bedeutung. 12

70 BGH NJW 1983, 1905 = WM 1983, 674; NJW 1985, 1828. Zur Haftung der Mitglieder einer aufgelösten Arbeitsgemeinschaft (Arge) bei Überzahlung des öffentlichen Auftraggebers, auch wenn die Überzahlung nur einem Gesellschafter durch dessen Manpulation zugeflossen ist: Hamburg BB 1984, 14 (mAnm Meinert).

71 BGHZ 146, 341, 358; 154, 88, 94 = NJW 2003, 1445 = WM 2003, 830 = WuB II J. § 705 BGB 4.03 (Wunderlich) = ZIP 2003, 664.

72 Vgl Hadding, Festschr für Th Raiser, 2005, S 133, 148 (mNachw in Fn 37).

73 Festschr für Zitelmann S 1 ff.

74 Zusammenhänge zwischen Schadens- und Bereicherungsrecht, in: Festschr für Larenz, 1973, S 867.

75 Festschr für Zitelmann S 5.

76 Festschr für Larenz S 868.

77 Oben Rz 1.

78 S dazu unten Rz 56 ff, 86.

79 Festschr für Zitelmann S 12.

80 S Rz 1.

81 BGHZ 15, 333, 337; 41, 98, 103; Baur/Stürner, ZwangsvollstrR, 1983[11], § 64 I 2 d; Wacke ZZP 83 (1970), 418.

82 Die systematische Einordnung der Gläubigeranfechtung, insbes S 162; ders auch ZZP 84 (1971), 395.

83 Festschr für Rabel I S 333, 367.

II. Absatz 1 (Herausgabe des Erlangten, der Nutzungen und der Surrogate)

13 1. **Übersicht**. Der Grundsatz, dass in erster Linie der konkrete Gegenstand vom Empfänger herauszugeben ist, kommt durch die Formulierung in Absatz 1, worauf sich die Herausgabepflicht „erstreckt", zum Ausdruck. Damit rechtfertigt sich die Einbeziehung der in den §§ 812, 816, 817, 822 getroffenen Vorschriften über die Herausgabe des Erlangten. Hervorgehoben wird das „Erlangte" ausdrücklich in dem Gesetzesvorschlag von *König* in § 1.4 Abs 1[84]. Dieser unterscheidet die „Rückforderung" bei der Leistungskondiktion von der „Herausgabe" bei der Eingriffskondiktion und trägt mit diesem Vorschlag den unterschiedlichen Funktionen nach dem Stande der Rechtsentwicklung in der Bereicherungslehre Rechnung[85]. Sind Nutzungen selbst Gegenstand der Leistung gewesen, so sind sie auch in erster Linie Gegenstand der Rückgabepflicht. Die Pflicht zur Herausgabe der gezogenen Nutzungen *neben* dem Erlangten bedurfte einer ausdrücklichen Regelung, weil sie sonst nicht erfasst worden wären. Die Vorschrift über die Herausgabe der Surrogate ist enger als andere Surrogationsvorschriften gefasst[86].

14 2. Das **Erlangte** ist herauszugeben. – a) **Jeder Vorteil**, gleichviel welcher Art er ist, ist herauszugeben[87]. Bei der Leistungskondiktion ist Gegenstand des Anspruchs alles, was der Leistende dem Empfänger verschaffen konnte und verschafft hat[88]. Dazu gehören nur solche Vorteile nicht, die nicht im Rahmen des Leistungszweckes liegen[89].

15 b) **Im einzelnen**. Eigentum, Besitz und Forderungen oder andere Rechte sind zurückzuübertragen (§§ 873 Abs 1, 925 Abs 1; 929 ff; 854 Abs 1; 398; 413) ebenso **vorteilhafte Rechtsstellungen**[90]. Anstelle einer auf den Empfänger übertragenen, inzwischen gelöschten Hypothek ist eine neue zu bestellen, und bei Schuldbefreiung ist eine neue Schuld zu begründen[91]. Verschiedene Lösungsmöglichkeiten bestehen bei der Hingabe einer unteilbaren Leistung an Zahlungs Statt zwecks Erfüllung einer nur zum Teil bestehenden Verbindlichkeit[92]. Zur Bereicherung durch Erwerb eines Grundstücks, wenn der Kaufpreis von einem Dritten an den Verkäufer gezahlt wird, um den Eigentumserwerb des Beschenkten unmittelbar herbeizuführen, vgl BGH NJW 1952, 1171 = LM Nr 1 zu § 313. Zum hinterlegten Geldbetrag s § 812 Rz 6 u 228.

16 c) **Belastung fremder Sachen**. Zur Herausgabe eines Grundstücks durch den Nichteigentümer nebst der aufgrund einer hypothekarischen Belastung gewährten Darlehensvaluta Zug um Zug gegen Freistellung von der Rückzahlungsverpflichtung[93]. Vgl auch zur Rückgabe der Bereicherung durch Beseitigung der Belastung v Caemmerer, Festschr für Lewald 1953, S 443, 451. Zum Umbau einer Gastwirtschaft s RG JW 1927, 1931 (in RGZ 117, 112 insoweit nicht abgedr), dazu § 994 Rz 3. Dem Schutz des Bereicherungsschuldners dient in diesen Fällen ein Freistellungsanspruch.

17 d) **Gebrauch und Verbrauch fremder Sachen**; **Empfang von Dienst- und Beförderungsleistungen**. – aa) Die früher herrschende Meinung ging davon aus, dass in den hier aufgeführten Fällen das Erlangte in der **Ersparnis der Aufwendungen**, die sonst erforderlich gewesen wären, zu erblicken sei[94]. Das neuere Schrifttum erblickt überwiegend das Erlangte in den erlangten **Gebrauchsvorteilen**, Diensten, Werkleistungen, Nutzungen selbst[95]. Der BGH hat sich in BGHZ 55, 128, 133[96] dieser Auffassung, allerdings in einer sehr zurückhaltenden Formulierung, ange-

84 S König, BJM-Gutachten II S 1522.
85 S dazu oben Rz 1.
86 S zB § 1638 Abs 2.
87 RGZ 151, 123.
88 S v Caemmerer, Festschr für Rabel I S 333, 350, 377.
89 S Wilburg, Die Lehre von der ungerechtfertigten Bereicherung S 124.
90 S § 812 Rz 228.
91 Vgl dazu die Nachw aus der Rspr in § 812 Rz 231.
92 S Planck/Landois Bem 1 f.
93 S RGZ 158, 40, 47 u dazu § 816 Rz 23.
94 Vgl aus der umfangreichen Rspr BGHZ 14, 7; 20, 270, 275; 20, 345, 354; 38, 356, 368; 55, 128, 131; RGZ 97, 310.
95 Vgl Larenz, SchuldR II § 70 I; ders, Festschr für v Caemmerer, 1978, S 209, 211; Batsch, Vermögensverschiebung und Bereicherungsherausgabe S 110; ders NJW 1972, 611, 613; Gursky JR 1972, 279; Koppensteiner/Kramer, Ungerechtfertigte Bereicherung S 128; sämtlich mweitNachw.
96 Dazu unten Rz 32.

schlossen. Der Wandel der Auffassungen, der sich sowohl auf die Leistungs- als auch auf die Eingriffskondiktion bezieht, beruht vor allem darauf, dass das Hauptgewicht auf die Rückabwicklungs- oder Ausgleichsfunktion gelegt wird. Der Gesichtspunkt der Abschöpfung und damit auch der Bereicherung als einer Vermögensdifferenz ist nach neuerer hM zurückgetreten[97]. Dagegen ist die Frage weiterhin umstritten, ob auf den **objektiven Wert** abzustellen ist oder ob auch eine Haftung für den **Gewinn** zu bejahen ist[98].

bb) Die bisher in der Rechtsprechung herrschende Meinung, die das Erlangte in der Aus- **18**
gabenersparnis erblickte, stand vor der Frage, wie dem **Erfordernis einer Vermögensmehrung** als der Voraussetzung jeglicher Bereicherung[99] Rechnung getragen werden konnte. In Natur können die nichtgegenständlichen Vorteile nicht herausgegeben werden. Die Rechtsprechung hatte sich bei der Berechnung der Vermögensdifferenz mit dem Einwand auseinanderzusetzen, dass eine Vermögensmehrung unter Umständen überhaupt nicht vorlag, wie es zB bei Luxusausgaben oder der Möglichkeit, den gleichen Erfolg auf billigere Art zu erzielen, der Fall sein konnte. Das RG hat diesen Einwand mit dem Hinweis abgewehrt, der Empfänger müsse es sich gefallen lassen, dass er an der selbst geschaffenen Lage festgehalten werde[100]. *Gursky*[101] spricht von einer „Normativierung des Ersparnisgedankens". Wird dagegen das Erlangte in dem in Anspruch genommenen Vermögensvorteil selbst erblickt[102], so kann, da die Herausgabe unmöglich ist, **Wertersatz gem Absatz 2** verlangt werden, *ohne* dass der Schuldner sich auf die fehlende Ersparnis berufen kann[103]. Zur Verwendung fremder Arbeitskraft s unten Rz 50.

cc) Ob bei einem **nichtgegenständlichen Vorteil** ein **Wegfall der Bereicherung** schon rein **19**
begrifflich nicht möglich ist, ist str[104]. Die Frage ist zu verneinen, denn es handelt sich nicht um den Wegfall des Erlangten dadurch, dass der Gebrauch oder die Nutzung dem Vermögen des Empfängers endgültig zugeflossen ist[105]. Vielmehr kommt es bei § 818 Abs 3 auf den Wegfall der *Bereicherung* an, der auch bei nichtgegenständlichen Leistungen eintreten kann[106]. Allerdings ist zu berücksichtigen, dass bei dem Gesichtspunkt einer Aufwandsersparnis durch Benutzung eigener Sachen oder einer billigeren Beschaffungsmöglichkeit nicht § 818 Abs 3 unmittelbar angewandt wird. Der Grundgedanke der Vorschrift wird derart auf den Fall angewandt, dass von vornherein keine Bereicherung vorliegt[107].

dd) Die herrschende Meinung stellt bei **nichtgegenständlichen Leistungen** auf die **erlang- 20**
ten Gebrauchs- oder Nutzungsvorteile ab. So hat der BGH[108] bei Nutzung eines leihweise überlassenen Betriebsgrundstücks über die vereinbarte Nutzungszeit hinaus den tatsächlich gezogenen Nutzungswert als herauszugebende Bereicherung zugesprochen, der sich nach dem objektiven Mietwert der Sache bemisst. Der bloße Besitz der Sache als Nutzungs*möglichkeit* des Bereicherungsschuldners reiche nicht aus. Den hiervon abw Auffassungen ist nicht zuzustimmen. Dies gilt von der Ansicht, dass es auf die Gebrauchs- oder Nutzungs*möglichkeit* ankommt[109]. Eben-

97 Vgl dazu oben Rz 1; s auch Lieb NJW 1971, 1289, 1291; Flessner S 101.
98 S unten Rz 33.
99 S dazu BGHZ 55, 128, 131.
100 RGZ 97, 310: Gleisanschluss-Fall; auch RG JW 1932, 1044; s auch Larenz, Festschr für v Caemmerer, 1978, S 213.
101 JR 1972, 279, 281.
102 S oben Rz 17.
103 S Larenz, Festschr für v Caemmerer S 214.
104 Bejahend: Mestmäcker JZ 1958, 521, 524; Kleinheyer JZ 1961, 471, 475; Batsch, Vermögensverschiebung und Bereicherungsherausgabe S 114; ders NJW 1972, 613; Beuthien RdA 1969, 167.
105 So aber Batsch, Vermögensverschiebung und Bereicherungsherausgabe S 114.
106 Ebenso Goetzke AcP 173 (1973), 318; Gursky JR 1972, 282; Pinger MDR 1972, 189; Törl, Diss Köln S 189; Erman/Westermann Rz 28; Lieb NJW 1971, 1292 vom abw Standpunkt aus, dass es auf das Erlangen der Nutzungsmöglichkeit ankommt.
107 So auch zutreffend Gursky JR 1972, 282. Vgl auch zu BGHZ 55, 128 unten Rz 32.
108 XII. Zivilsenat, NJW-RR 2000, 382 unter unnötiger Heranziehung von § 818 Abs 1.
109 So Lieb, Ehegattenmitarbeit S 96 ff; ders NJW 1971, 1289; s auch Ostendorf, Diss Kiel S 58; Törl, Diss Köln S 100 ff. Dagegen wenden sich auch insbes Haines, Bereicherungsansprüche S 38 ff; Batsch NJW 1972, 614; Gursky JZ 1972, 281; Canaris JZ 1971, 561; Koppensteiner/Kramer, Ungerechtfertigte Bereicherung S 126.

sowenig ist der Auffassung von *Jakobs*[110] zuzustimmen, dass erlangt die Eingriffsgegenstände seien und daher zB Herausgabe einer unter Verletzung eines fremden Patentrechts hergestellten Maschine verlangt werden könne[111]. Vgl auch unten Rz 45.

21 ee) Die Lehre von den **faktischen Vertragsverhältnissen** hatte bei der tatsächlichen Inanspruchnahme von Dienst- und Beförderungsleistungen hinsichtlich der Frage des Entgelts zu einer Zurückdrängung der bereicherungsrechtlichen Lösung geführt[112]. Für den Bereich der Daseinsfürsorge wurde die Lehre vom **sozialtypischen Verhalten** entwickelt, um damit die Probleme des modernen Massenverkehrs zu lösen. Inzwischen nimmt die Zahl der Kritiker, die diese Lehre ablehnen, zu[113]. *Larenz* bewertet das Gebrauchmachen von einer jedermann angebotenen Leistung, das sozial-typisch die Bedeutung der Annahme eines Vertragsangebots hat, als eine heute weit verbreitete Art der Teilnahme am Rechtsverkehr, auf die die Vorschriften über die Geschäftsfähigkeit anzuwenden sind[114]. Der Sache nach ablehnend hat sich der BGH auch in der Flugreise-Entscheidung[115] gegenüber Ansprüchen aus sozial-typischem Verhalten geäußert[116]. Die Bemerkung des BGH, dass die bislang noch bei der Personenbeförderung im Flugverkehr abgeschlossenen Rechtsgeschäfte nicht den besonderen Verhältnissen des modernen Massenverkehrs entsprächen, diente offensichtlich nur dazu, sich nicht ausdrücklich in einen Widerspruch zu der früheren Rspr des BGH zum sozial-typischen Verhalten zu setzen.

22 3. **Nutzungen**. – a) **Umfang der Herausgabepflicht**. Die **gezogenen Nutzungen** (zum Begriff: §§ 100, 99) unterliegen neben dem Erlangten und den Surrogaten nach Absatz 1 der Herausgabepflicht[117]. Dabei ist es unerheblich, ob auch der Gläubiger die Nutzungen gezogen hätte. Die § 818 Absätze 2, 3 und 4 sind auch auf die Nutzungen anzuwenden. Da durch Absatz 1 die *gezogenen* Nutzungen erfasst werden, tritt auch nur insoweit der Wertersatzanspruch gem Absatz 2 an die Stelle des Herausgabeanspruches[118]. Es ist kein Fall des § 818 Abs 1, wenn für einen nicht mehr herausgabefähigen Gegenstand der Wert (gemäß § 818 Abs 2) unter Zugrundelegung der erwirtschafteten Nutzungen berechnet wird[119]. Ferner sind auch die **aus dem Surrogat des Erlangten**[120] gezogenen Nutzungen herauszugeben[121]. In den Bereicherungsausgleich zwischen Leasingnehmer und Leasinggeber hinsichtlich gezahlter Leasingraten (s Rz 57) sind vom Leasingnehmer gezogene Nutzungen einzubeziehen[122]. Der Empfänger kann sich nach Absatz 3 auf den Wegfall der Bereicherung berufen[123]. Nach Beendigung eines vertraglichen Besitzrechts sind nicht nur die rückgewährpflichtigen Leistungen, sondern auch die Nutzungen und Verwendungen (nach der Saldotheorie) zu verrechnen[124]. Gegenüber dem Nutzungsherausgabeanspruch des Eigentümers hat der Besitzer den nicht herausgabepflichtigen Investitionsmehrwert der Immobilie zu beweisen[125]. Für den Ersatz von Nutzungen land- und forstwirtschaftlicher Flächen durch eine

110 Eingriffserwerb und Vermögensverschiebung S 72 ff.

111 Gegen Jakobs auch Koppensteiner NJW 1971, 1774; Koppensteiner/Kramer, Ungerechtfertigte Bereicherung S 128; s auch Haines, Bereicherungsansprüche S 139.

112 Vgl allgemein zu den faktischen Vertragsverhältnissen Rz 110 ff vor § 145; zum faktischen – mangelhaften – Arbeitsverhältnis s § 611 Rz 20 ff.

113 Vgl bereits Wieacker, Göttinger Festschr für OLG Celle, 1961, S 263 ff mit Kritik an der Parkplatz-Entscheidung in BGHZ 21, 319 und unter Hervorhebung der bereicherungsrechtlichen Lösung.

114 Vgl Larenz, AllgTeil, 1983[6], § 28 II; Larenz/M Wolf, Allg Teil, 2004[9], § 30 II.

115 NJW 1971, 609 (insoweit in BGHZ 55, 128 nicht abgedruckt).

116 Insoweit zust Canaris JZ 1971, 560 (Anm); s auch Goetzke AcP 173 (1973), 291; Törl, Diss Köln S 8. Vgl zur Flugreise-E unten Rz 32.

117 Neben dem Erlangten, soweit sie nicht selbst unter diesen Begriff fallen s oben Rz 13.

118 BGHZ 35, 356, 360 = NJW 1961, 2205 = LM Nr 11 zu § 818 Abs 2 (mAnm Rietschel); s auch BGH WM 1973, 71.

119 BGH ZIP 1991, 402, 405.

120 Vgl Rz 28.

121 S Planck/Landois Bem 2 b; Braunschweig OLG 18, 53; Staud/Lorenz Rz 15.

122 BGHZ 109, 139 = NJW 1990, 314 = WM 1990, 139 = WuB I J 2.-3.90 (von Westphalen); dort auch zur Darlegungs- und Beweislast.

123 S RGZ 151, 123, 127.

124 So BGH NJW 1995, 454 = WM 1995, 159 = JZ 1995, 572 (mAnm Wilhelm); BGH NJW 1995, 2627 = WM 1995, 1846 = JZ 1996, 151 (mAnm Medicus).

125 BGH NJW 1995, 2627 (= Fn 124).

LPG kommt es auf das Besitzrecht an[126]. Zum Ersatz der Fruchtgewinnungskosten s § 102. Hätte der Empfänger Nutzungen ziehen können, hat er dies aber unterlassen, so ergibt sich eine Ersatzpflicht nur in den Fällen der schärferen Haftung gem §§ 818 Abs 4, 819, 820[127]. Zum Verzugsschaden des Kreditnehmers s BGH WM 1983, 115. Durch die Pflicht zur Herausgabe der gezogenen Nutzungen unterscheidet sich die Haftung des Bereicherungsschuldners grundsätzlich von der **Haftung des Besitzers im Eigentümer-Besitzer-Verhältnis** gem §§ 987 ff. Der Grundsatz der Bevorzugung des Besitzers ergibt sich aus § 993[128].

b) Aus §§ 818, 819 folgt, dass für die Zeit vor dem Eintritt der Rechtshängigkeit oder vor Er- **23**
langung der Kenntnis vom Mangel des Rechtsgrundes die Bestimmungen über den **Schuldnerverzug** nicht anwendbar sind, sondern dass für das Maß des Herauszugebenden der Zeitpunkt der Klagezustellung entscheidend ist[129].

c) **Im einzelnen**. Nur gezogene Nutzungen der herauszuzahlenden Summe sind herauszuge- **24**
ben. Darauf, welchen **Gewinn** der Bereicherte mit seinem gesamten Geschäftskapital durch geschäftliche Maßnahmen, durch Spekulation oder dgl gemacht hat, kommt es nicht an[130]. Als solcher Gewinn kommt aber der einfache Umsatz des Erlangten in einer der Entwertung nicht oder nur in geringem Maße ausgesetzten Güterform nicht in Betracht[131]. Auch in RGZ 133, 283, 287 wird hervorgehoben, dass sich die Herausgabepflicht nicht auf den Gewinn erstreckt, der aus dem mit dem Geld rechtsgeschäftlich erworbenen Recht gezogen worden ist, ebensowenig auf die mit solchem Geld angeschafften Gegenstände selbst[132]. Versicherungsprämien sind nicht aufgrund des Versicherungsvertrages gezogene Nutzungen[133]. Für die bereicherungsrechtliche Rückabwicklung eines nicht zustande gekommenen Kaufvertrags ist der Wert der herauszugebenden, durch Gebrauch der Sache gezogenen Nutzungen nicht nach dem üblichen oder einem fiktiven Mietzins für eine gleichartige Sache zu ermitteln, sondern durch Schätzung der zeitanteiligen linearen Wertminderung im Vergleich zwischen tatsächlichem Gebrauch und voraussichtlicher Gesamtnutzungsdauer[134]. Hat der Gesellschafter einer GmbH statt einer Bareinlage Lizenzen eingebracht, so bemisst sich der Wertausgleich wegen unwirksamer verdeckter Sacheinlage nach einer angemessenen und üblichen Lizenzgebühr[135].

d) **Nutzungen eines Unternehmens**[136]. Die Schwierigkeit der Unterscheidung zwischen Ge- **25**
winn und Nutzungen (nach Abzug der Gewinnungskosten gem § 102) beruht, worauf *Ballerstedt*[137] hingewiesen hat, auf dem Fehlen zuverlässiger Maßstäbe bei der Einordnung von Erträgen oder Überschüssen. Ferner ist zwischen Anlagennutzung und Geschäftswertnutzung zu unterscheiden. Dies führt nach *Ballerstedt*[138] zu dem Ergebnis, dass dem Herausgabepflichtigen diejenigen Nettoerträge nach Abzug des den Bereicherungsgläubiger treffenden Abschreibungsaufwands gebühren, die weder Anlagennutzung noch Geschäftswertnutzung sind. Dem Herausgabepflichtigen soll demnach ein Gewinn verbleiben, der sich als Ausgleich seiner spezifisch unternehmerischen Leistung darstellt. Im Ergebnis, wenn auch ohne genaue Unterscheidung, trägt die Rechtsprechung des BGH diesem Gesichtspunkt Rechnung, indem zwischen dem *objektiven Ertragswert* des Betriebes, auch als „gegenständliches Produkt des Betriebes" umschrieben, und dem im wesentlichen auf den persönlichen Fähigkeiten und Leistungen des Herausgabepflichtigen be-

126 BGHZ 137, 128 = NJW 1998, 1707 = WM 1998, 95.
127 S RGZ 72, 152.
128 Zu den Ausnahmen von diesem Grundsatz und den Konkurrenzfragen vgl Rz 14 ff vor § 987; s auch unten Rz 77. Über den Vergleich der Vorschriften s RGZ 137, 206.
129 RGZ 93, 271; ähnlich RG SeuffA 86 Nr 4 = LZ 1932, 100.
130 RGZ 108, 120; RG HRR 1925 Nr 851; Hamburg Recht 1909 Nr 1123.
131 RG JW 1927, 1364.
132 RG HRR 1931 Nr 1752.
133 München LZ 1916, 895.
134 BGH NJW 1996, 250 = WM 1996, 176.
135 BGH NJW 1998, 1951 = WM 1998, 925 = DStR 1998, 732 (mAnm Goette).
136 Vgl dazu namentlich Schwintowski JZ 1987, 588; Larenz/Canaris, SchuldR II/2 § 72 II 3 c; Kulms JZ 1998, 430, 435; Staud/W Lorenz § 818 Rz 12; Schöne ZGR 2000, 86; Haarmann, Festschr für Kollhosser Bd II, 2004, S 157.
137 Festschr für Schilling, 1973, S 289, 294 ff.
138 Festschr für Schilling S 300.

ruhenden Gewinn unterschieden wird[139]. Zur gleichen Problematik bei der Herausgabe von Nutzungen eines Gewerbebetriebs im Eigentümer-Besitzer-Verhältnis vgl § 987 Rz 2 (auch zur entspr Anwendung des § 99 Abs 1). Der Anteil der beiden Faktoren am Betriebsgewinn ist gegebenenfalls nach ZPO § 287 zu ermitteln[140]. Wer einen Laden aufgrund eines nichtigen Mietvertrages benutzt, hat nicht den ganzen Geschäftsgewinn, sondern nur den objektiven Wert des Gebrauches zu ersetzen[141]. Nutzungen aus einem vom Bereicherungsschuldner erst eingerichteten Betrieb sind kein Ertrag der herauszugebenden Sache[142].

26 e) **Zinsen** können nur verlangt werden, soweit sie aus dem Kapital tatsächlich gezogen sind[143]. Ob der Bereicherte Zinsen hätte ziehen können, ist unerheblich[144]. Dagegen besteht eine Pflicht zur Leistung von Zinsen bei verschärfter Haftung, also von der Rechtshängigkeit an oder wenn der Empfänger den Mangel des rechtlichen Grundes vorher erfahren hat[145]. Liegen diese Voraussetzungen nicht vor, so muss der Kläger nach früherer Rechtsprechung beweisen, dass der Bereicherte den Geldbetrag nicht nutzlos hat liegen lassen, falls nicht anzunehmen ist, dass der Bereicherte Zinsen gezogen hat[146]. Die HGB §§ 352, 353 sind auf Verzinsung von Bereicherungsansprüchen nicht anwendbar[147]. In der Rechtsprechung wurde also bei Kapitalverwendungen, die einen bestimmten wirtschaftlichen Vorteil nach der Lebenserfahrung vermuten lassen, der übliche Zinssatz als Wert der Nutzungen angesetzt[148]. Damit bezweckt die Rechtsprechung eine **Beweiserleichterung** in den **erfahrungstypischen Fällen einer Kapitalnutzung**[149]. In RGZ 151, 123, 127 wird die übliche Vergütung für eine solche Kapitalnutzung in gewerblichen Betrieben hervorgehoben[150]. Nunmehr geht der BGH[151] davon aus, dass der Bereicherungsschuldner das erlangte Geld zur Tilgung von Schulden verwendet und sich dadurch Zinszahlungen erspart. Die auf diese Weise aus dem Geld gezogenen Nutzungen hat der Bereicherungsschuldner zu erstatten (§ 818 Abs 1). Ein Kreditinstitut ist zur Herausgabe von Nutzungen verpflichtet, sofern es den zugeflossenen Vermögenswert nutzen konnte[152]. Unrechtmäßig eingezogene Stempelbeträge hat der Staat in der Regel von der Rechtshängigkeit, nicht vom Tage der Zahlung an zu verzinsen[153], ebenso Steuern[154], falls nicht die Verzinsungspflicht nach § 819 Abs 1 schon früher eintritt[155]. Bei Unwirksamkeit eines Vergleiches können vom Tage der Zahlung der Vergleichssumme die gesetzlichen Zinsen beansprucht werden[156]. Die Beschränkung des Bereicherungsanspruchs auf die Hauptsache nebst Zinsen im Prozess enthält keinen **Verzicht** auf den weiteren die Nutzungen umfassenden Bereicherungsanspruch[157]. Der bereicherungsrechtliche Anspruch auf Herausgabe von Zinsnutzungen (§ 818 Abs 1) verjährt gemäß § 197 aF (seit 1. 1. 2002: §§ 195, 199 Abs 1)[158].

139 Vgl BGHZ 7, 208, 218 = NJW 1952, 1410: Fleischerei; BGH LM Nr 3 zu § 987: Realkonzessionsierte Apotheke; BGH LM Nr 7 zu § 818 Abs 2 = BB 1956, 18: Lichtspieltheater; BGHZ 63, 365, 368 = NJW 1975, 638: Bordell, dazu auch § 817 Rz 43; KG NJW-RR 1996, 431: Zahnarztpraxis.
140 BGH NJW 1978, 1578 = LM Nr 7 zu § 347.
141 RG Recht 1908 Nr 1792.
142 BGHZ 109, 179, 191.
143 BGHZ 115, 268, 270; BGH NJW 1997, 933 = WM 1997, 418 = WuB IV A. § 812 BGB 1.97 (Hönn).
144 RGZ 72, 152 = SoergelRspr 1911 zu § 818 Nr 4.
145 RGZ 54, 24; aM – Zinsen seit Empfang – RG LZ 1919, 245.
146 RGZ 53, 363, 371: Bankier; Hamm WM 1988, 1441, 1444.
147 So RG Recht 1924 Nr 817; DR 1941, 1294.
148 BGHZ 64, 322 mNachw = NJW 1975, 1510 = JR 1976, 64 (mAnm Kaehler); BGHZ 102, 41, 46 = NJW 1988, 258; BGH NJW 1997, 933 (= Fn 143).
149 Büttner BB 1970, 233.
150 S auch BGH WM 1983, 115.
151 V. Zivilsenat, BGHZ 138, 160, 163 ff = NJW 1998, 2354 = WM 1998, 1398 = JZ 1998, 955 (mzustAnm Schlechtriem).
152 XI. Zivilsenat, NJW 1998, 2529, 2530 = WM 1998, 1325 = WuB I G 7.-1.99 (Schwark); dazu H P Westermann, Festschr für Medicus, 1999, S 675; D Zimmer ZHR 162 (1998), 685; ebenso BGH ZIP 1999, 528.
153 RGZ 72, 152.
154 RG Recht 1913 Nr 2866.
155 RG JW 1915, 1198 (mAnm Lion S 1225).
156 RG Recht 1910 Nr 59.
157 Nürnberg BayZ 1914, 390.
158 BGH NJW 2000, 1637 = WM 2000, 811 = WuB IV A. § 197 BGB 2.00 (Irmen).

f) **Auskunftspflicht**. Wer nach Absatz 1 Nutzungen eines Grundstücks herauszugeben hat, ist nach § 260 auskunftspflichtig[159]. 27

4. **Surrogate**. – a) **Enger Begriff**. Die Surrogationsvorschrift in Absatz 1 umfasst dasjenige, was aufgrund eines erlangten Rechts sowie als Ersatz für die Zerstörung, Beschädigung oder Entziehung des erlangten Gegenstandes erworben wird. Aufgrund eines erlangten Rechts erworben ist dasjenige, was dieses Recht in bestimmungsgemäßer Ausübung repräsentiert[160]. Nicht geschuldet ist die Wiederherstellung, Instandsetzung oder Wiederbeschaffung (vgl § 818 Abs 2)[161]. Diese **engere Surrogationsregelung** erstreckt sich also ebenso wie in § 718 Abs 2 (anders zB in § 2019 Abs 1) nach zutr Ansicht **nicht auf das durch Rechtsgeschäft Erlangte**[162]. Die von *Koppensteiner*[163] vertretene, in erster Linie allerdings sich auf § 818 Abs 2 stützende Gegenansicht wird dreifach begründet mit der Risikoverteilung in Absatz 1 und 3, der Erstreckung auf das commodum ex negatione in § 281 aF (seit 1. 1. 2002: § 285) sowie der Regelung in § 816 Abs 1 Satz 1. Alle drei Gründe greifen, auch abgesehen von der dagegen sprechenden Entstehungsgeschichte, auf die *Larenz*[164] und *König*[165] hingewiesen haben, nicht durch. Aus der Risikoverteilung in Absatz 3 kann nichts für die hier streitige Frage hergeleitet werden. Wie auch in BGHZ 75, 203 hervorgehoben wird, enthält § 818 Abs 1 eine dem § 281 aF (seit 1. 1. 2002: § 285) vorgehende Sonderregelung. Außerdem müsste bei einem Tausch der rechtsgrundlos erlangten Sache der Bereicherungsgläubiger sich gegebenenfalls mit einer für ihn wertlosen Sache zufrieden geben. § 816 Abs 1 Satz 1 trägt den Besonderheiten des Verkehrsschutzes Rechnung[166] und ist schon deshalb, aber auch nach der Entstehungsgeschichte[167], nicht geeignet, als Argument für eine Auslegung der allgem Regelung in § 818 Abs 1 herangezogen zu werden. Auch bildet § 816 Abs 1 Satz 1 keine Grundlage für eine Gewinnhaftung[168]. Hat ein Dritter für den Schuldner ein Darlehensversprechen erfüllt (§ 267), so ist dessen Rückerstattungsanspruch (§ 607; seit 1. 1. 2002: § 488 Abs 1 Satz 2) kein Surrogat der Schuldbefreiung[169]. Zur Herausgabepflicht der Nutzungen von einem Surrogat s oben Rz 22. 28

b) **Einzelfragen**. Wird die Umwandlung einer AG in eine KG rückgängig gemacht, ist nach § 818 Abs 1 das Verwaltungsrecht des Testamentsvollstreckers an den Aktien wieder herzustellen[170]. Hat der Gesellschafter einer GmbH statt einer Bareinlage Lizenzen eingebracht, so bemisst sich der Wertausgleich wegen unwirksamer verdeckter Sacheinlage nach einer angemessenen und üblichen Lizenzgebühr[171]. Bei Lohnüberzahlung tritt *Neumann-Duesberg*[172] für ein Wahlrecht des Bereicherten zwischen Rückzahlung in Geld und Herausgabe des rechtsgeschäftlichen Surrogates bei sozialer Auslegung des § 818 Abs 1 ein. Dies würde jedoch zu einer Durchbrechung der gesetzlichen Regelung führen, die dem Bereicherungsschuldner durch § 818 Abs 3 Schutz gewährt. Aufgrund eines erlangten Rechts erworben sind nicht die Nutzungen, wohl aber der Erlös aus der Einziehung einer rechtsgrundlos erlangten Forderung oder der Verwertung eines rechtsgrundlos erlangten Pfandrechts, ferner als Ersatz für die Zerstörung, Beschädigung oder Entziehung, die Versicherungssumme beim Diebstahl von Schmuck[173]. Bei einer ohne wirksame Sicherungsabrede bestellten Grundschuld setzt sich nach ihrem Erlöschen in der Zwangsverstei- 29

159 RGZ 137, 206, 211 unter Aufgabe von RG JW 1912, 288; HRR 1928 Nr 1982.
160 Staud/W Lorenz § 818 Rz 17 m Ausführungen zur Entstehungsgeschichte und Rechtsvergleichung.
161 BGHZ 112, 376 = NJW 1991, 917 = WM 1991, 516; dazu Kohler und Canaris NJW 1991, 1999; 2513.
162 HM: RGZ 101, 389; BGHZ 24, 106; BGHZ 75, 203 = NJW 1980, 178 = JR 1980, 199 (mAnm Schubert); Staud/W Lorenz Rz 17; Erman/Westermann Rz 14; Larenz/Canaris, SchuldR II 2 § 72 I 1 c; Larenz, Festschr für v Caemmerer S 209.
163 NJW 1971, 1769, 1771, 1772; ebenso Münch Komm/Lieb Rz 26 für den Bereich der Eingriffskondiktion.
164 Festschr für v Caemmerer S 212.
165 BJM-Gutachten S 1544.
166 S § 816 Rz 1.
167 S Larenz, Festschr für v Caemmerer S 209.
168 S § 816 Rz 29; aM die dort zit Rspr des BGH.
169 BGHR BGB § 818 Abs 2 Schuldbefreiung 1 (T).
170 BGHZ 24, 106.
171 BGH NJW 1998, 1951 (= Fn 135).
172 FestG für Roehrbein, 1962, S 147.
173 LG Köln MDR 1965, 132.

gerung (ZVG § 91 Abs 1) der Bereicherungsanspruch am Erlös fort[174]. Der auf ein Lotterielos gefallene Gewinn unterliegt nur ausnahmsweise dann der Herausgabepflicht, wenn *das Los selbst* der konkrete Gegenstand der Bereicherung, das Erlangte, war[175].

III. Absatz 2 (Wertersatz)

30 1. **Allgemeines.** – a) **Übersicht.** Die Vorschrift über den Wertersatz in Absatz 2 ergänzt die in Absatz 1 getroffene Regelung für den Fall der Unmöglichkeit der Herausgabe des Erlangten[176]. Ob der Begriff des Wertersatzes entsprechend der herrschenden Meinung objektiv oder aber subjektiv zu verstehen ist, ist umstritten und hängt auch damit zusammen, inwieweit zur Auslegung des Absatzes 2 die in Absatz 3 getroffene Vorschrift über den Wegfall der Bereicherung heranzuziehen ist[177]. Ferner ist damit die Frage verknüpft, ob bei einem nichtgegenständlichen Vermögensvorteil eine Gewinnhaftung zu bejahen ist[178]. Nach herrschender Meinung, wie sie auch in der Flugreise-Entscheidung[179] zum Ausdruck gekommen ist[180], ist grundsätzlich zwischen dem Erlangten, dem Kondiktionsgegenstand, sowie dem Umfang der Bereicherung zu unterscheiden[181]. Damit wird zugleich die Frage entschieden, wie Absatz 2 einzuordnen ist[182]. Bezieht sich der Absatz 2 nur auf den in Absatz 1 geregelten Kondiktionsgegenstand, so besagt er für sich allein noch nichts über den Umfang der Bereicherungshaftung. Für diese kann es auf einen gleitenden Betrag ankommen je nachdem, welches Ergebnis sich aus der Anwendung des Absatzes 3 ergibt. Erst und auch nur im Rahmen des Absatzes 3 ist dann der Grundsatz von Bedeutung, dass die Herausgabepflicht des Bereicherten nicht zu einer Verminderung seines Vermögens über den Betrag der wirklichen Bereicherung hinaus führen darf[183]. Nur insoweit trifft es zu, dass abstrakt auf das Vermögen des Schuldners abzustellen ist[184]. Daher wird von **zwei unterschiedlichen Haftungsprinzipien** gesprochen, der bereicherungsunabhängigen Pflicht zur Herausgabe des Kondiktionsgegenstandes oder zum Wertersatz (§§ 812, 818 Abs 1 u 2 iVm §§ 818 Abs 4, 819, 820) sowie dem Anspruch auf den gleitenden Betrag der Bereicherung, der allerdings nur bei Gutgläubigkeit des Empfängers auf die vorhandene Bereicherung beschränkt ist (§ 818 Abs 3)[185].

31 b) **Verhältnis von § 818 Abs 2 zu Abs. 3.** Ausgangspunkt einer Betrachtung des Verhältnisses zwischen diesen beiden Vorschriften ist die Unterscheidung zwischen dem Erlangten, dem Kondiktionsgegenstand, an dessen Stelle im Falle des Absatzes 2 der Wertersatzanspruch tritt, sowie dem Umfang der Bereicherung. Der Kondiktionsgegenstand ist in den §§ 818 Abs 1 und 2 sowie in den §§ 818 Abs 4, 819, 820 geregelt[186]. Daraus ergibt sich für das **Verständnis des Absatzes 2**, der in Übereinstimmung mit der herrschenden Meinung in Rechtsprechung und Rechtslehre *rein objektiv* zu verstehen ist[187], dass dieser Vorschrift eine den Absatz 1 **ergänzende Funktion** zukommt. Diese kann auch als die mehr rechtstechnisch zu verstehende Umwandlung des Anspruchs auf das Erlangte in einen Wertfolgeanspruch gekennzeichnet werden[188]. Daher ist zunächst das Erlangte zu bestimmen und sodann unter den Voraussetzungen des Absatzes 2 dessen Wert zu ermitteln[189]. Da sich Absatz 2 nur auf den Kondiktionsgegenstand bezieht, besagt er noch nichts über den Umfang der Bereicherungshaftung[190]. § 818 Abs 3 enthält sodann eine Begünstigung des gutgläubigen Empfängers[191]. Die Formulierung des Absatzes 3 ist durch die Beweislast beeinflusst,

174 BGH NJW 1990, 392 mNachw.
175 S auch Siber, SchuldR § 75, 1 b; Schauhoff, Die Bereicherungshaftung ... 1992, S 146 und passim.
176 Zum Begriff der Unmöglichkeit s unten Rz 37.
177 S dazu unten Rz 31.
178 S dazu unten Rz 45.
179 BGHZ 55, 128.
180 S unten Rz 32.
181 S Rz 1 u 31.
182 S Rz 31.
183 S BGHZ 55, 128, 131 mNachw; dazu Rz 32.
184 S dazu Goetzke AcP 173 (1973), 309.
185 S dazu Canaris JZ 1971, 560, 562 (Anm); Teichmann JuS 1972, 247 (Bespr von BGHZ 55, 128), 249; Goetzke AcP 173 (1973), 289, 312.
186 S Rz 30.
187 S unten Rz 33.
188 S Pinger MDR 1972, 101, 102; Goetzke AcP 173 (1973), 289, 311; insoweit auch Koppensteiner NJW 1971, 588, 591.
189 BGHZ 82, 299, 306 = NJW 1982, 1154.
190 S Rz 30.
191 S unten Rz 52.

weil der gute Glaube vermutet wird[192]. Doch wird durch die in Absatz 3 getroffene Regelung nicht jeder gutgläubige Empfänger ohne Einschränkung begünstigt. Vielmehr besteht darüber Einigkeit, dass die Vorschrift einschränkend auszulegen ist, wenn auch über Begründung und Ergebnis unterschiedliche Ansichten vertreten werden[193]. Gegenüber der Ansicht von *Flume*[194], dass nach der Auffassung *v Caemmerers* § 819 zum Normalfall aufgewertet werde, hat *Goetzke*[195] darauf hingewiesen, dass nicht die Bösgläubigkeit Haftungsgrund ist, sondern dass der Anspruchsinhalt sich unabhängig von Gut- und Bösgläubigkeit aus dem rechtsgrundlosen Erlangthaben ergibt. Der in der Rechtsprechung vielfach angeführte „oberste Grundsatz des Bereicherungsrechts", dass die Herausgabepflicht des Bereicherten nicht zu einer Minderung seines Vermögens über den Betrag der wirklichen Bereicherung hinausführen darf[196], hat daher nur eine auf den Bereich des Absatzes 3 beschränkte Bedeutung. Für das Verhältnis zwischen Absatz 2 und Absatz 3 ist ferner von Bedeutung die früher in der Rechtsprechung des RG und des BGH zum Ausdruck gekommene herrschende Meinung, dass bei Gebrauchsvorteilen, Dienstleistungen u dergleichen das Erlangte in der Ersparnis der Aufwendungen zu erblicken sei[197]. Das RG[198] hat in dem viel besprochenen Gleisanschluss-Fall – allerdings unter Hervorhebung der Bösgläubigkeit des Bereicherten – die Formulierung gewählt, dass dieser nach unbefugter Benutzung des Gleises es sich gefallen lassen müsse, an der Sachlage, wie er selbst solche geschaffen habe, festgehalten zu werden. Damit war ihm die Berufung auf den Wegfall oder eine Minderung der Bereicherung gem Absatz 3 abgeschnitten[199]. Von dieser Auffassung ist die heute herrschende Meinung abgerückt[200]. Der **Wert des Gebrauchsvorteils** ist nach Absatz 2 zu ersetzen, ohne dass es auf den Gesichtspunkt der Ersparnis ankommt. Davon getrennt ist die Frage zu beurteilen, ob die Bereicherung gem Absatz 3 sich gemindert hat oder weggefallen ist[201]. Auch wer schuldlos ein fremdes Recht benutzt, zB ein Patent, hat den Betrag zu entrichten, der einem angemessenen Entgelt entspricht[202].

c) **Folgerungen aus der Flugreise-Entscheidung des BGH**[203]. Der BGH hatte zu der Frage des Anspruchs auf Erstattung der Flugkosten eines bösgläubigen blinden Passagiers Stellung zu nehmen. Dabei war davon auszugehen, dass die Maschine bei ihrem Flug nicht voll ausgebucht war, eine wirtschaftliche Beeinträchtigung der Fluggesellschaft durch das Mitfliegen des blinden Passagiers also nicht vorlag. Auf die Problematik eines gleichwohl zu bejahenden Anspruchs auf Schadensersatz aus unerlaubter Handlung[204] ist hier nicht einzugehen, auch nicht auf die Frage des Schutzes des Minderjährigen[205]. Der BGH ging bei der Beurteilung des Falles von dem Unterschied zwischen dem Erlangten, dem Kondiktionsgegenstand, und dem Umfang der Bereicherung aus, wie er der gegenwärtigen herrschenden Auffassung zugrunde liegt[206]. Mehrfach und nicht nur referierend spricht der BGH von Leistungen oder nicht rückgabefähigen Leistungen. Doch wird nicht deutlich, ob der BGH damit von einer Leistung im bereicherungsrechtlichen Sinne und damit von einer Leistungskondiktion oder aber von einer Eingriffskondiktion ausging, eine Frage, die möglicherweise für die Gestaltung des Minderjährigenschutzes von Bedeutung sein konnte[207]. Erlangt ist nach Ansicht des BGH[208] die nicht rückgabefähige Beförderung. Darin liegt 32

192 S v Caemmerer, Festschr für Rabel I S 368.
193 Vgl dazu unten Rz 56 ff.
194 NJW 1970, 1161, 1163.
195 AcP 173 (1973), 289, 312.
196 S BGHZ 55, 128, 131 mNachw.
197 S dazu oben Rz 17 ff.
198 RGZ 97, 310.
199 Vgl dazu oben Rz 19; s auch Jakobs, Eingriffserwerb und Vermögensverschiebung S 149; Goetzke AcP 173 (1973), 289, 303.
200 Vgl die Nachw oben in Rz 18, 19.
201 Vgl Rz 18; Larenz/Canaris, SchuldR II/2 § 72 III 2 d, 73 I 2 b.
202 S unten Rz 45.
203 BGHZ 55, 128 = NJW 1971, 609 = LM Nr 3 zu § 819 (mAnm Rietschel). Besprechungen der Entsch: Canaris JZ 1971, 560; Kellmann NJW 1971, 862; Lieb NJW 1971, 1289; Medicus FamRZ 1971, 250; Metzler MDR 1971, 633; Batsch NJW 1972, 611; Gursky JR 1972, 279; Pinger MDR 1972, 101; Roth, Festschr für Küchenhoff, 1972, S 371; Teichmann JuS 1972, 247; Goetzke AcP 173 (1973), 289, 314; A Rudolf ZLW 1973, 81.
204 S dazu Canaris JZ 1971, 560; Kellmann NJW 1971, 862; Medicus FamRZ 1971, 250; Teichmann JuS 1972, 247.
205 S dazu § 819 Rz 6.
206 S oben Rz 30, 31.
207 S § 819 Rz 6.
208 BGHZ 55, 128, 133.

die bedeutsame Abkehr von der bisherigen Rechtsprechung des RG und BGH, in der die Ersparnis der Aufwendungen als erlangt angesehen wurde[209]. In diesem Sinne wird die Entscheidung auch von *Canaris* und *Teichmann* verstanden, während *Lieb* und *Batsch* aus der Bemerkung des BGH über die Ersparnis von Aufwendungen für außergewöhnliche Dinge[210] den Schluss ziehen, dass der BGH an der bisherigen Rechtsprechung festgehalten hat. Jedoch spricht der gedankliche Zusammenhang der Ausführungen mehr für die erstere Auffassung. Wenn auch einige Ausführungen des BGH als widersprüchlich zu bezeichnen sind[211], so ist doch nicht zu übersehen, dass mit dieser Entscheidung die **Unterscheidung zwischen dem Erlangten** und dem **Umfang der Haftung** Eingang in die Rechtsprechung gefunden hat. Auch die Ausführungen in BGHZ 82, 299, 306, dass zunächst das Erlangte zu bestimmen und sodann gem § 818 Abs 2 dessen Wert zu ermitteln ist[212], können nur in dem Sinne verstanden werden, dass die Feststellung des Erlangten unabhängig von der Frage der Haftung zu klären ist. Ob bei der Heranziehung der §§ 818 Abs 4, 819 auf einen Fall, in dem eine Luxusaufwendung vorliegt und deshalb von vornherein keine Bereicherung gegeben ist, eine unmittelbare Anwendung dieser Vorschriften anzunehmen ist[213] oder, wofür mehr spricht, eine analoge Anwendung[214], kann, weil nicht von Bedeutung, hier dahingestellt bleiben. Bedenken bestehen gegen die Bemerkung des BGH, dass Ansprüche aus sozial-typischem Verhalten schon deshalb nicht in Betracht kämen, weil die besonderen Verhältnisse des modernen Massenverkehrs „bislang" bei der Personenbeförderung im Flugverkehr nicht gegeben seien.

33 2. **Wertersatz**. – a) **Voraussetzungen**. – aa) Nur Wertersatz kann verlangt werden, nicht Zahlung des durch die Weiterveräußerung erzielten Gewinns[215]. Auch Wiederverschaffung des inzwischen veräußerten Grundstücks kann nicht verlangt werden, denn der Bereicherte ist nicht verpflichtet, den veräußerten Gegenstand zurückzuerwerben[216]. Maßgebend ist der **gemeine Verkehrswert**[217]. Mit dieser Rechtsprechung stimmt die herrschende Meinung in der Rechtslehre überein[218]. Demgegenüber stellt die Gegenmeinung auf einen subjektiven Wertbegriff ab, der den individuellen Verhältnissen des Bereicherungsschuldners Rechnung trägt[219]. Dieser Ansicht ist insbesondere entgegengehalten worden, dass die Beschränkung auf den gleitenden Betrag gem Absatz 3 nicht zur Bestimmung des Wertersatzanspruches gem Absatz 2 herangezogen werden kann[220]. Zum Verhältnis des Absatzes 2 zu Absatz 3 s schon näher Rz 31. Darüber, dass eine Gewinnhaftung zu verneinen ist, s oben Rz 24. Unter Ablehnung des subjektiven Wertbegriffes spricht sich *Ehlke*[221] für eine individuelle Bestimmung des Wertes aus. Doch ist demgegenüber daran festzuhalten, dass der gemeine Wert, der **Marktwert**, zu ersetzen ist[222]. Zur Unmöglichkeit der Herausgabe des Grundstücks infolge Bebauung unten Rz 38.

209 Vgl oben Rz 17, 18.
210 BGHZ 55, 128, 134.
211 Vgl auch Goetzke AcP 173 (1973), 317.
212 S dazu oben Rz 31.
213 So Goetzke AcP 173 (1973), 289, 316.
214 So Canaris JZ 1971, 560, 562.
215 RGZ 86, 343; 101, 389; 133, 283, 287; 136, 136: hM; vgl aber auch RG Recht 1919 Nr 578: Die Bereicherung besteht in der noch vorhandenen Gegenleistung des Drittabnehmers.
216 RGZ 56, 383; BGH NJW 1981, 2687 = LM Nr 21 zu § 818 Abs 2.
217 RGZ 147, 396; BGHZ 5, 201; 10, 171, 180; 20, 270; 24, 106, 110; 75, 203 = NJW 1980, 178 = LM Nr 4 zu § 818 Abs 4 (mAnm Girisch); BGHZ 82, 299, 307 f = NJW 1982, 1154; BGHZ 99, 244, 248 f; 112, 288, 294 f; 117, 29, 31; 132, 198, 207; BGH LM Nr 22 zu § 123 = MDR 1960, 920; WM 1977, 260.
218 Larenz/Canaris, SchuldR II/2 § 72 III 2 d; Larenz, Festschr für v Caemmerer S 209 unter Hinweis auch auf die Entstehungsgeschichte; ebd König S 179 mHinw auf die Rechtsvergleichung; ders, Gutachten BJM II S 1544; Staud/Lorenz Rz 26; MünchKomm/Lieb Rz 34 ff; B Ebert, Bereicherungsausgleich im Wettbewerbs- und Immaterialgüterrecht, 2001, S 142 f, 169 f mit überzeugender Argumentation.
219 S Esser/Weyers, SchuldR II 2 § 51 I 3; Erman/Westermann Rz 17; Hagen, Festschr für Larenz, 1973, S 867, 883; Koppensteiner NJW 1971, 1769, 1770; Koppensteiner/Kramer, Ungerechtfertigte Bereicherung S 161 ff; nur für die Nichtleistungskondiktion auch H Reeb, Grundprobleme, 1975, S 96.
220 S v Caemmerer, Festschr für Rabel I S 368; vgl auch im einzelnen zur Kritik des subjektiven Wertbegriffes Goetzke AcP 173 (1973), 289.
221 WM 1979, 1022.
222 Vgl König, Gutachten BJM (= Fn 218).

bb) Beim **Bau eines Gebäudes** auf fremdem Grund und Boden ist der Betrag zu ersetzen, um den das Grundstück durch den Bau wertvoller geworden ist. Die Höhe des Wertersatzes bemisst sich nach objektiven Gesichtspunkten[223]. Beim Anbau an eine **Grenzmauer** ist der halbe Wert der Grenzmauer zur Zeit des Anbaus zu ersetzen[224]. Ein Anspruch auf Wertersatz entfällt bei Bauten, die der Mieter auf dem Mietgrundstück errichtet hat, wenn der Mietvertrag im Wege der ergänzenden Vertragsauslegung dahin auszulegen ist, dass der Vermieter bei einer vorzeitigen grundlosen Vertragsauflösung durch den Mieter keine Entschädigung zu zahlen braucht[225]. 34

b) **Der für die Wertberechnung maßgebliche Zeitpunkt**. – aa) Nach ständiger Rechtsprechung des RG, der der BGH gefolgt ist, ist der Zeitpunkt der „grundlosen" **Erlangung des Wertes** entscheidend[226]. Deshalb kann der Verkäufer, wenn der Käufer die zurückzugebende Sache veräußert hat, nur deren Wert zur Zeit der Übertragung verlangen[227]. Für die Rückzahlung einer in **ausländischer Währung** geleisteten Anzahlung kommt es auf den Zeitpunkt des Verkaufs der empfangenen ausländischen Banknoten an[228]. Dagegen stellt *Heinrich Lange* auf den Zeitpunkt der Entstehung der Wertersatzpflicht, wenn der Empfänger also zur Herausgabe außerstande ist, ab[229]. Die Frage des Zeitpunktes ist von besonderer Bedeutung auch bei Bauten auf fremdem Grundstück[230]. Teilweise wird für die Wertersatzpflicht auf den Zeitpunkt der Leistung lediglich in den Fällen abgestellt, in denen, wie bei Dienstleistungen, Gebrauchsüberlassungsfällen und ähnlichen Fällen, die Unmöglichkeit der Rückgabe von vornherein gegeben ist[231]. In den anderen Fällen soll der Zeitpunkt der Entstehung der Wertersatzpflicht maßgebend sein. Nach anderer Meinung kommt es stets auf diesen Zeitpunkt an[232]. Wird die gegenständliche Herausgabe des Erlangten erst nach Entstehung des Bereicherungsanspruchs unmöglich, soll für die Bestimmung des zu ersetzenden Werts der Zeitpunkt maßgeblich sein, in dem die Unmöglichkeit eingetreten ist[233]. Keinesfalls kommt der Zeitpunkt der letzten mündlichen Verhandlung in Betracht[234]. Diese Ansicht ist mit § 818 Abs 4 nicht vereinbar[235]. Der in der Rechtsprechung herrschenden Meinung ist zuzustimmen, zumal weder aus dem „zentralen Grundgedanken" des Absatzes 3[236] noch unter dem Gesichtspunkt der Gewinnhaftung eine abweichende Meinung begründet werden kann. Es bleibt allein fraglich der im Schrifttum mehrfach besprochene Fall der nachträglichen Steigerung des Verkehrswertes bei späterer Weiterveräußerung einer rechtsgrundlos geleisteten Sache. Hierzu wird von *Lorenz*[237] darauf hingewiesen, dass der gesteigerte Verkehrswert sich nicht mit dem Veräußerungserlös zu decken braucht, auf den ein Anspruch vom Bereicherungsgläubiger nicht erhoben werden kann[238]. Dieser Ansicht ist zwar für den besonders gelagerten Fall zuzustimmen. Doch ist die praktische Bedeutung dieses Falles gering, weil andere Ansprüche, wie §§ 823 Abs 1, 687 Abs 2, nach der Gestaltung des Falles in der Regel einen weiterreichenden Umfang haben werden[239]. 35

bb) Beim **Bau auf fremdem Grundstück** ist für die Höhe des Wertersatzanspruchs, der als einheitlicher Anspruch die Wertsteigerung auf der Grundlage des gemeinen Verkehrswertes um- 36

223 Vgl im einzelnen § 951 Rz 16 mNachw.
224 Vgl § 921 Rz 21 mNachw.
225 BGH WM 1970, 1142.
226 RGZ 101, 389; 119, 323, 336; BGHZ 5, 197, 200; 82, 299, 310; BGH NJW 1963, 1299 = LM Nr 2 zu MSchG § 30.
227 RGZ 101, 389; BGHZ 5, 197; vgl auch RG JW 1925, 465.
228 Augsburg BayZ 1925, 81.
229 NJW 1951, 687; gegen ihn ausdrücklich BGHZ 5, 197, 200.
230 S unten Rz 36.
231 MünchKomm/Lieb Rz 45; König, Gutachten BJM II S 1544.
232 Erman/Westermann Rz 21; Furtner MDR 1961, 649; Pinger MDR 1972, 187; Koppensteiner NJW 1971, 591.
233 So nunmehr BGH WM 2006, 1829 = DB 2006, 1890 (in Abgrenzung zur Rspr in Fn 226).
234 So aber Jakobs, Eingriffserwerb und Vermögensverschiebung S 142; Esser/Weyers, SchuldR II 2 § 51 I 3; Koppensteiner/Kramer, Ungerechtfertigte Bereicherung S 181; MünchKomm/Lieb Rz 47: für Bauten auf fremdem Grundstück; teilw auch Koppensteiner NJW 1971, 591.
235 Ebenso Erman/Westermann Rz 21.
236 So aber Esser/Weyers, SchuldR II 2 § 51 I 3.
237 Staud/Lorenz Rz 31.
238 S oben Rz 33; auch RGZ 101, 389, 391.
239 S auch RGZ 101, 389, 391.

fasst[240], grundsätzlich der **Zeitpunkt der Fertigstellung** maßgebend[241]. Dies beruht auf der Erwägung, dass in diesem Zeitpunkt der Grundstückswert um den gesteigerten Ertragswert erhöht ist[242]. Ausnahmen von diesem Grundsatz bestehen nach der Rechtsprechung: Bei einem Wechsel des Vermieters ist Bereicherungsschuldner der neue Vermieter, der das Grundstück vorzeitig zurückerhält und dadurch früher in den Genuß des durch Investitionen des Mieters erhöhten Ertragswerts gelangt[243]; außerdem insbesondere in den Fällen, in denen der Grundstückseigentümer dem Entreicherten eine spätere Übereignung des Grundstücks zugesagt, sein Versprechen sodann aber nicht gehalten hatte. Bei einem solchen Anspruch wegen Nichteintritts des mit der Leistung bezweckten Erfolges (§ 812 Abs 1 Satz 2, Fall 2) ist der Zeitpunkt maßgebend, in dem feststeht, dass der bezweckte Erfolg nicht eintritt[244]. Ebenso hat der BGH[245] für die Wertermittlung auf den Zeitpunkt abgestellt, in dem eine Auflassung endgültig verweigert wurde, weil auch in diesem Fall ebenso wie bei einem Anspruch aus § 812 Abs 1 Satz 2, Fall 2 zunächst ein Schwebezustand bestand.

37 c) **Unmöglichkeit der Herausgabe**. – aa) Der Anspruch auf Wertersatz nach Absatz 2 **setzt voraus**, dass die **Herausgabe unmöglich** oder der Empfänger aus einem anderen Grunde **zur Herausgabe außerstande ist**. Der Unmöglichkeit wird also das Unvermögen des Bereicherten gleichgestellt. Unmöglichkeit liegt nach der Art der Vermögensmehrung, zB bei der Leistung von Diensten, vor[246]. Dem Nichtvorhandensein einer Sache steht es gleich, wenn sie tatsächlich nicht auffindbar ist[247]. Sind bei einem nach § 139 unwirksamen Kaufvertrag die gelieferten Waren teilweise weiterveräußert, findet die Rückabwicklung auf der Basis des Verkehrswertes statt (keine Korrektur aus Billigkeit)[248]. Zum Rückerwerb einer veräußerten Sache ist der Bereicherte nicht verpflichtet[249]. Bei einem Gesamtpreis ist der herauszugebende Gegenstand entsprechend § 471 aF zu berechnen[250]. Eine Gemeinde, die mit Zustimmung des Eigentümers, aber ohne Enteignung und ohne rechtsgültigen Kaufvertrag ein Grundstück zu einem öffentlichen Weg verwendet, ist zum Wertersatz verpflichtet[251]. Ermöglicht der Marktmechanismus nicht, dass mit der Herausgabe eines Unternehmens, das in ein anderes Unternehmen verschmolzen war, die Kunden wieder zu dem Bereicherungsgläubiger wechseln, so wird Wertersatz für den Kundenstamm geschuldet[252]. Wertersatz ist auch zu leisten, wenn nicht zu erwarten ist, dass bei der Rückübertragung einer Steuerberaterpraxis die Kunden den Wechsel mitvollziehen[253].

38 bb) Ist infolge Bebauung oder aus einem anderen Grund die **Rückgabe des Grundstücks unmöglich**, so kann der Grundstücksverkäufer bei nichtigem Kaufvertrag Wertersatz verlangen[254]. Jedoch macht der **Umbau** eines Hausgrundstücks die Rückgabe nicht unmöglich[255]. Auch bei dem Umbau eines Gastwirtschaftsgebäudes zu einem Logierhaus nebst Betriebserweiterung hat das RG[256] die Frage, ob das Grundstück nicht herausgegeben werden kann, verneint. Maßgebend sind wirtschaftliche Erwägungen und der Gedanke der Zumutbarkeit, so dass es nicht

240 S § 951 Rz 16; BGH WM 1963, 1066; 1973, 71.
241 S auch BGH (Fn 240); ferner BGH NJW 1985, 313; vgl auch BGH WM 1996, 2159 = LM DDR-ZGB § 68 Nr 8.
242 S auch Larenz/Canaris, SchuldR II/2 § 72 III 5 d.
243 BGH NJW-RR 2006, 294 = WM 2006, 645 (in Fortführung von BGH WM 1996, 1265 und NJW-RR 2001, 727).
244 BGHZ 35, 356 = NJW 1961, 2205 = LM Nr 11 zu § 818 Abs 2 (mAnm Rietschel); BGH WM 1973, 71 mweitNachw.
245 BGH NJW 1970, 136 = LM Nr 88 zu § 812. Vgl auch oben Rz 5.
246 S unten Rz 43.
247 Ebbecke Recht 1912, 654 Fn 2; BGH NJW 2000, 1560 = LM § 134 Nr 168 (St Lorenz); aber auch Hamm NJW-RR 2006, 1494, 1495.
248 BGHZ 112, 288 = NJW 1991, 105 = WM 1990, 2047.
249 Vgl oben Rz 33.
250 RGZ 75, 361.
251 RG Recht 1907 Nr 578.
252 BGH ZIP 1991, 402 = GRUR 1991, 396.
253 BGH WM 2006, 1829 = DB 2006, 1890; BGH NJW 2002, 1340.
254 RGZ 133, 293 = JW 1931, 3271 (mteilwzustAnm Lehmann); auch RGZ 169, 65, 76; BGH NJW-RR 1993, 198 = WM 1992, 1916; s auch BGH NJW 2001, 3184, 3186 = LM § 276 (Hb) Nr 85.
255 RG LZ 1932, 1481.
256 RGZ 117, 112.

auf die Aufrechterhaltung des allgem Funktionszusammenhanges, sondern auf das Wertverhältnis zwischen dem Grundstück und den errichteten Gebäuden ankommt[257]/[258].

d) **Einzelfälle**. – aa) War der Anspruch auf **Herausgabe des Besitzes** gegen den unmittelbaren Besitzer gerichtet (condictio possessionis), so kann nicht Herausgabe des beim Verkauf der Sache erzielten Erlöses verlangt werden[259]. Der Anspruch erstreckt sich lediglich auf die Gebrauchsvorteile. Die Schwierigkeit der Wertermittlung wird bereits in den Motiven II, S 831 hervorgehoben. Ist bei der Versteigerung einer schuldnerfremden (sicherungsübereigneten) Sache der Erlös mit der titulierten Forderung des Vollstreckungsgläubigers verrechnet worden, so hat er den Wert seiner Befreiung von der Barzahlungspflicht gem ZPO § 817 Abs 4 Satz 1 dem Eigentümer zu ersetzen[260]. 39

bb) **Nichtige Darlehensverträge**. Teilzahlungs- und Ratenkreditverträge über hochverzinsliche Darlehen werden an den Grundsätzen für wucherähnliche Rechtsgeschäfte nach § 138 Abs 1 gemessen. Die Sittenwidrigkeit ist nach dem Zeitpunkt der Vornahme des Rechtsgeschäfts zu beurteilen. Bei der Gesamtwürdigung aller Umstände und damit auch bei dem Konditionenvergleich der Kreditinstitute sind die dem Darlehensnehmer aufgebürdeten Kosten der für ihn aufgenommenen **Restschuldversicherung** mit zu berücksichtigen[261]. In die Gesamtwürdigung sind auch überhöhte **Restschuldversicherungsprämien** einzubeziehen[262]. Bei Nichtigkeit des Darlehensvertrages kann der Darlehensgeber einen Teil der Restschuldversicherungsprämie verlangen, da der Darlehensnehmer Versicherungsschutz und damit einen Vermögensvorteil erlangt hat, dessen Wert er gem § 818 Abs 2 ersetzen muss. Nach Ansicht des BGH umfasst die Versicherung in der Regel auch die bereicherungsrechtlichen Ansprüche des Darlehensgebers gegen den Darlehensnehmer. Dieser Wert ist jedoch nicht mit der vollen Versicherungsprämie gleichzusetzen[263]. Gem ZPO § 287 wird der Wert vom BGH mit der Hälfte der angemessenen – nicht überhöhten – Restschuldversicherungsprämie angesetzt. Im Anschluss an die bisherige Rechtsprechung hat der BGH die Anwendung des § 817 Satz 2 auf den Zinsanspruch bejaht[264]. 40

Liegt ein **finanzierter Abzahlungskauf** vor[265], so ist der Darlehensnehmer bereichert, soweit er durch Zahlungen des Darlehensgebers an den Verkäufer von seiner Verbindlichkeit aus dem Kaufvertrag, der wirksam zustande gekommen ist, befreit worden ist. Doch entfällt ein Bereicherungsanspruch, soweit dem Darlehensnehmer entspr den Regeln des **Einwendungsdurchgriffs** beim finanzierten Abzahlungskauf eine Inanspruchnahme des Verkäufers nicht zuzumuten ist[266]. Vgl auch den Hinweis des BGH auf einen Schadensersatzanspruch des Darlehensnehmers wegen Verletzung einer Aufklärungspflicht sowie auf einen Wegfall der Bereicherung. 41

cc) **Wertersatz von Nutzungen**. Hat der Bereicherungsschuldner den Kaufpreis, den er herauszugeben hat, in einem landwirtschaftlichen Betrieb investiert, der erhebliche Erträge abgeworfen hat, so kommt es darauf an, ob diese Investitionen mit zu den Erträgen beigetragen haben. Die Nutzungen sind bei Betriebsinvestitionen in der Regel der hierdurch erzielte Ertrag oder die hierdurch erlangten Einsparungen, deren Höhe gem ZPO § 287 zu schätzen ist[267]. Diese Vorteile 42

257 BGH NJW 1981, 2687 = LM Nr 21 zu § 818 Abs 2 unter ausdrücklichem Hinweis auf RGZ 133, 293; vgl dazu Linke JR 1982, 91.

258 Bestätigt in BGH WM 1987, 1533 = NJW-RR 1988, 584; fortgeführt in BGHZ 107, 156, 159 f = NJW 1989, 2122 = WM 1989, 1100; BGHZ 140, 275 = NJW 1999, 1626 = LM Nr 7 zu § 531 (mAnm Teichmann) = WM 1999, 1071 = WuB IV A. § 531 BGB 1.00 (H P Westermann); dazu EWiR 1999, 1107 (Kollhosser): Rückforderung des Geschenkes Zug um Zug gegen Wertausgleich des entgeltlichen Teils der gemischten Schenkung.

259 RGZ 98, 131, 135; 115, 31, 34; BGH NJW 1953, 58 = LM Nr 15 zu § 812.

260 BGHZ 100, 95 = NJW 1987, 1880 = WM 1987, 539 = WuB I F 5-4.87 (Lwowski).

261 BGHZ 80, 153, 167 = NJW 1981, 1206. Vgl zur Frage der Sittenwidrigkeit § 607 Rz 92 ff.

262 BGH NJW 1983, 1420 = WM 1983, 115.

263 Gegen Canaris WM 1981, 978, 984.

264 Zur gegenteiligen Ansicht s § 817 Rz 27.

265 Vgl § 812 Rz 120 f.

266 BGH NJW 1980, 2301 = LM Nr 30 zu § 138 (Bc); s dazu auch U Hübner ZIP 1984, 1175, 1181; ferner § 607 Rz 180 ff.

267 Zur Rspr, dass sich ein bestimmter wirtschaftlicher Vorteil nach der Lebenserfahrung vermuten lässt, s oben Rz 26.

werden durch den Verschleiß oder den Abgang der angeschafften Betriebseinrichtungen nicht berührt[268]. Bei Nutzung eines leihweise überlassenen Betriebsgrundstücks über die vereinbarte Nutzungszeit hinaus ist bei tatsächlicher Nutzung als Wert der objektive Mietwert der Sache zu ersetzen[269]. Ist erlangtes Geld zur Tilgung von Schulden verwandt worden, hat der Bereicherungsschuldner die dadurch ersparten Zinszahlungen als Gebrauchsvorteile in ihrem Wert herauszugeben[270]. Herauszugeben sind auch als Nutzungen (§ 818 Abs 1) die Gewinne aus einer herauszugebenden Steuerberaterpraxis bis die Herausgabe unmöglich geworden ist, soweit die Gewinne nicht auf den persönlichen Fähigkeiten und Leistungen des Bereicherungsschuldners beruhen[271].

43 dd) **Gebrauch fremder Sachen**; **Inanspruchnahme von Beförderungsleistungen**. Wie bereits erwähnt[272], ist entgegen der früher herrschenden Meinung, insbesondere auch in der Rechtsprechung, das Erlangte nicht in der Ersparnis von Aufwendungen, sondern in dem Gebrauchsvorteil selbst und der Beförderung zu erblicken. Der Wert dieser Vorteile ist zu ersetzen[273]. Darüber, dass es nicht auf die Nutzungs*möglichkeit* oder auf den Verwendungserfolg ankommt, s oben Rz 20.

44 **Einzelfälle**. Die durch unberechtigte Ausnützung einer **Fabrikanlage** herbeigeführte Bereicherung besteht in dem Pachtwert der Anlage für die in Frage kommende Zeit[274]; bei einem **Droschkenhalteplatz** in dem Betrag, den der Benutzer erspart hat[275]. Entsprechend ist die unbefugte Benutzung einer **Gleisanlage** zu beurteilen[276]. Zur Berechnung der Nutzungsvergütung bei Rückabwicklung eines **Autokaufes** entsprechend dem Wertverlust oder der Vergütung nach dem jeweiligen Fahrzeugwert s Hamm VersR 1981, 388; Frankfurt/M aM BB 1981, 1853[277]. Bei nichtigem **Jagdpachtvertrag** ist der Verpächter um den Betrag bereichert, der den für die Zeit der Jagdausübung durch den Pächter angemessenen Pachtzins übersteigt[278]. Bei **verlorenen Baukostenzuschüssen** richtet sich der Anspruch auf die vorzeitig dem Vermieter zugefallene bessere Verwertung in Gestalt einer laufenden Zahlung[279]. Gegenüber der Rechtsprechung des BGH weisen *Frotz*[280] und *Wunner*[281] zutr darauf hin, dass Gegenstand der Kondiktion der nicht abgewohnte Baukostenzuschuss ist. Wer infolge Trockenlegung seines Brunnens durch **Bergbau** Wasser aus größerer Entfernung heranschaffen muss, kann Ersatz des Wertes dieser Verrichtung verlangen[282]. Der **Fischereiberechtigte** kann von dem, der unbefugt fischt, nur Ersatz des Wertes der ihm entzogenen Aneignungsmöglichkeit verlangen[283]. Der Grundstücksnachbar kann bei unbefugter Ableitung des seiner alleinigen Verfügungsgewalt unterliegenden **Grundwassers** den Verkehrswert der Benutzung verlangen, den der Benützer erspart hat[284]. **Untergrundspeicherung** von Rohöl auf fremdem Grundstück ohne Gestattung des Eigentümers verpflichtet zur Zahlung einer angemessenen Vergütung[285]. Bei ungerechtfertigter **Wasserentnahme** aus einer fremden Quelle ist der Wert, den das Wasser für den Entnehmenden gehabt hat, zu ersetzen[286]. Bei unbefugter **Stromentnahme** sind die von dem Energieversorgungsunternehmen angebotenen Tarife für den Wertersatz maßgeblich (übliche und angemessene Vergütung)[287]. Hat ein Energieversorgungsunternehmen zur Stromversorgung Wege und Straßen der Gemeinde ohne Konzessionsvertrag

268 BGHZ 64, 322 = NJW 1975, 1510 = JR 1976, 64 (mAnm Kaehler).
269 BGH NJW-RR 2000, 382.
270 BGHZ 138, 160 (= Fn 151).
271 BGH WM 2006, 1829 = DB 2006, 1890.
272 Oben Rz 17.
273 Zur Berechnung der Gebrauchsvorteile beim Neuwagenkauf s Reinking DAR 1983, 310; vgl ferner Klimke DAR 1984, 69. Vgl auch die Nachw in Rz 44.
274 RGZ 97, 245.
275 BGHZ 20, 270.
276 RGZ 97, 310; auch RG JW 1932, 1044.
277 S auch Rz 43.
278 Köln JW 1928, 2476.
279 BGHZ 29, 289, 299; s auch BGH NJW 1985, 313; ferner Rz 463 ff vor § 535.
280 AcP 164 (1964), 328.
281 NJW 1966, 2285.
282 Hamm OLG 34, 98.
283 Kiel SchlHA 1918, 171.
284 BayObLG NJW 1965, 973.
285 BGH MDR 1981, 566 = LM Nr 7 zu § 905.
286 RG LZ 1932, 469.
287 BGHZ 117, 29 = NJW 1992, 1383 = WM 1992, 964.

genutzt, ist der Verkehrswert nach der KonzessionsabgabenVO zu bestimmen[288]. Für Befreiung von einer Schuld, die nicht neu begründet werden kann, ist der Wert der Befreiung zu ersetzen[289]. Kann eine Löschungsbewilligung zurückgefordert werden, so ist die gelöschte Hypothek wieder einzutragen[290]; ist aber über die freigewordene Rangstelle schon verfügt, so kann nur Wertersatz gefordert werden[291]. Steht der Anspruch auf Rückgewähr nicht valutierter Grundschulden weiterhin den früheren Miteigentümern zu, kann von dem jetzigen Alleineigentümer kein Bereicherungsausgleich verlangt werden[292]. Der die eigene Wohnung weiterbenutzende Gemeinschuldner schuldet eine Nutzungsentschädigung an die Insolvenzmasse[293]. Hat ein Kreditvermittler einen Scheck zur Ausführung eines Treuhandauftrags erhalten, hat er bei zweckwidriger Einziehung des Schecks den Scheckbetrag herauszugeben[294]. Beseitigt ein Grundstückseigentümer anstelle des Störers die Beeinträchtigung, kann er Kosten und Aufwendungen erstattet verlangen[295].

ee) **Unbefugte Nutzung fremder Immaterialgüter**[296]. Für die Zahlung einer Vergütung in Höhe der Lizenzgebühr bei schuldlosem, objektiv rechtswidrigem Eingriff in ein fremdes **Patent** hat sich *v Caemmerer*[297] ausgesprochen[298]. Der BGH hat sich in Abweichung von der ständigen Rechtsprechung des RG bei den technischen Immaterialgüterrechten dieser Auffassung bei rechtswidriger Benutzung eines **Gebrauchsmusters** angeschlossen[299]. Nicht entschieden wurde in diesem die Ersatzpflicht feststellenden Urteil die Frage nach dem **Umfang** der Bereicherungshaftung. *König*[300] hat sich in einer rechtsvergleichenden Untersuchung gegen eine Gewinnhaftung und für **Ersatz des objektiven Werts** des durch Leistung oder Eingriff Erlangten gem § 818 Abs 2 ausgesprochen[301]. Für **Warenzeichen** hat der BGH[302] die genannte Rechtsprechung übernommen, so dass Wertersatz für den Gebrauch in Höhe der angemessenen und üblichen Lizenzgebühr zu zahlen ist; die Herausgabe des Verletzergewinns kommt jedoch nicht in Betracht; auch kann uU gem Absatz 2 nach den Grundsätzen der Lizenzanalogie ein Anspruch auf Zahlung „aufgelaufener Zinsen" gerechtfertigt sein[303]. Bei unwirksamem Lizenzvertrag ist nach der Rechtsprechung[304] die Saldotheorie heranzuziehen. Auch wird eine Unterscheidung zwischen Eingriffskondiktion (Gewinnhaftung) und Leistungskondiktion (Wertersatz) befürwortet[305]. Über die Pflicht zur Zahlung der ersparten Urheberrechtsgebühren bei **fehlender Erlaubnis des Urhebers** s BGHZ 38, 356, 369; 56, 317, 322. Auch bei einer Verletzung des **Persönlichkeitsrechts** ist ein Anspruch auf Wertersatz zu bejahen[306]. Bejaht wird der Anspruch auch von *Schlechtriem*[307]. 45

288 BGHZ 132, 198 = NJW 1996, 3409 = WM 1996, 1497 = JZ 1996, 1127 (mAnm Kühne); dazu Becker RdE 1996, 225.
289 RG JW 1903 Beil 8.
290 RG HRR 1934 Nr 379.
291 RG HRR 1933 Nr 1316.
292 BGH WM 1990, 1253 = NJW-RR 1990, 1202.
293 Düsseldorf KTS 1984, 135 (noch zur KO).
294 BGH WM 1987, 663 = WuB IV A. § 812 BGB 1.87 (Engau) = NJW-RR 1987, 937.
295 BGHZ 97, 231 = NJW 1986, 2640 (mAnm Gursky JZ 1992, 312).
296 Vgl umfassend B Ebert, Bereicherungsausgleich im Wettbewerbs- und Immaterialgüterrecht, 2001; auch § 812 Rz 151 ff.
297 Festschr für Rabel I S 357.
298 Vgl auch zu dem „quasi-contraktlichen" Ansatz Goetzke AcP 173 (1973), 304.
299 BGHZ 68, 90 mzahlrNachw = NJW 1977, 1194 = GRUR 1977, 250 (mAnm Müller-Börner).
300 Festschr für v Caemmerer S 179.
301 Ebenso Schlechtriem, Festschr für Hefermehl, 1976, S 445, 458; B Ebert (aaO Fn 296) S 142 f; 169 f.
302 BGHZ 99, 244 = NJW 1987, 2869 = GRUR 1987, 520; ebenso zuvor BGHZ 44, 372, 380 als Schadenersatz.
303 BGHZ 82, 299 = NJW 1982, 1154 = GRUR 1982, 301 (mAnm Pietzker); s auch BGH NJW-RR 1992, 872 = GRUR 1992, 599 (wirtschaftliche Bedeutung der Erfindung und zweckmäßige Abrechnungsgrundlage).
304 BGH GRUR 1997, 781, 783; GRUR 1998, 838, 840 = WM 1998, 1736 = NJW-RR 1998, 1502; GRUR 2000, 685 = WRP 2000, 766. Vgl dazu eingehend B Ebert (aaO Fn 296) S 145 ff.
305 Törl, Diss Köln S 141, 176.
306 S BGHZ 20, 345 = JZ 1956, 657 (mAnm Kleine); s dazu § 812 Rz 154.
307 Festschr für Hefermehl S 445 mrechtsvergleich Hinw u S 458 ff zur Problematik des Umfangs der Herausgabepflicht. Vgl auch die Nachw in § 687 Rz 17.

46 ff) Bei **Handelsgut** ist die Bereicherung in der Regel gleich dem Kaufpreis[308]. Auf Herausgabe eines **Warengeschäfts** kann nicht geklagt werden, wenn die Waren ganz oder teilweise veräußert sind; nur Wertersatz ist gegeben[309]. Bei Prüfung der gesamten Vermögenslage sind auch Forderungen zu berücksichtigen, die infolge der Bereicherung erloschen oder an die Stelle hingegebenen Geldes getreten sind. Sie sind nach ihrem wirklichen Wert zu schätzen[310].

47 gg) § 818 Abs 2 bezieht sich auch auf **vertretbare Sachen**, auch **Geld** und Banknoten[311]; deshalb muss derjenige, der ausländisches **Geld** ohne rechtlichen Grund erlangt und es verbraucht hat, nur den entsprechenden Wert in deutschem Gelde herausgeben[312].

48 hh) Ist die Nichtehelichkeit des Kindes rechtskräftig festgestellt (§ 1599), so ist die **Unterhaltspflicht des Scheinvaters** rückwirkend weggefallen, und es steht ihm ein Rückforderungsanspruch zu. Sind die Geldmittel bestimmungsgemäß verbraucht, so ergibt sich ein Anspruch aus § 818 Abs 2, wenn aufgrund der Unterhaltsleistungen Aufwendungen aus eigenen Einkünften oder aus eigenem Vermögen erspart worden sind[313]. Hat der Sozialhilfeträger den Schenkungsrückforderungsanspruch wegen Notbedarfs (§ 528 Abs 1) auf sich übergeleitet, so kann sich der Beschenkte von dem Anspruch auf Wertersatz in Höhe vorgestreckter Unterhaltsleistungen nicht durch Rückgabe des Geschenks (hier: Grundstück) an den Schenker befreien[314].

49 ii) Ist **Geld** herauszugeben, so erstreckt sich die Herausgabepflicht nicht auf den Gewinn, den der Empfänger aus der Verwendung des Geldes gezogen hat[315], wohl aber ist Wertersatz für die genossene **Kapitalnutzung** bei Unwirksamkeit eines Darlehensvertrages zu gewähren[316]. Zum Anspruch auf vorprozessuale („aufgelaufene") Zinsen bei Verletzung gewerblicher Schutzrechte s Rz 45.

Der Wert einer **Rente**, die im Hinblick auf einen nichtigen Erbverzicht für den Verzichtenden bei einer Versicherung erwirkt war, ist gleich dem Betrag des dafür eingezahlten Kapitals[317].

50 jj) Bei **Verwendung fremder Arbeitskraft** ist die für die Leistung von Diensten nach der Höhe übliche oder, mangels einer solchen, angemessene Vergütung zu entrichten[318]. Bei Arbeitsleistung für den Hausbau des Bruders ist vom objektiven Wert in Höhe der Aufwendungen auszugehen, die für eine Ersatzkraft hätten gezahlt werden müssen[319]. Bei fehlerhaften Arbeitsverhältnissen führt die Anwendung der Grundsätze über das faktische Arbeitsverhältnis je nach den Umständen zu einem anderen Ergebnis, als es bei der Zugrundelegung der §§ 812 ff der Fall wäre[320]. Bei nichtigen Verträgen wird häufig die vereinbarte Gegenleistung den Maßstab für den Wertersatz bilden[321]. Übersteigt die gezahlte Vergütung die angemessene, so ist sie nach § 812 zurückzuzahlen[322]. Bei einem wegen arglistiger Täuschung angefochtenen Vertrag hat der BGH den Anspruch gem § 242 auf das Höchstmaß der vertraglich vereinbarten Leistung begrenzt[323]. Die an

308 RG SoergelRspr 1911 zu § 818 Nr 3.
309 RG LZ 1923, 24.
310 RG JW 1912, 788.
311 Augsburg BayZ 1925, 81.
312 RG JW 1927, 980.
313 BGH NJW 1981, 2183 = LM Nr 150 zu § 812, auch zum Bereicherungswegfall bei Unterhaltsleistungen an ein vermögensloses Kind; vgl Rz 66.
314 BGHZ 125, 283 = NJW 1994, 1655 = WM 1994, 1303. Vgl aber auch BGH NJW 2004, 1314 (mAnm St Lorenz LMK 2004, 98): Befreiungsrecht des Zweitbeschenkten durch Herausgabe.
315 RGZ 133, 283.
316 S oben Rz 27.
317 Dresden SächsArch 1912, 338.
318 BGHZ 36, 321, 323; 37, 258, 264; 50, 90, 91; 55, 128, 130; 70, 12, 17 f; BGH NJW-RR 1992, 1110, 1115; NJW 2000, 1560 = WM 2000, 1342 = WuB IV A. § 812 BGB 4.00 (Henssler); s auch BGHZ 53, 152: Vereinbarte Vergütung; BGH NJW 1984, 1456: Übliche Vergütung bei formnichtigem Arbeitnehmerüberlassungsvertrag; BGHZ 140, 275, 283 (= Fn 258): Gem ZPO 287 zu ermittelnder fiktiver Arbeitslohn als Verwendung.
319 BGH NJW-RR 1986, 155.
320 S BGHZ 41, 282 = LM Nr 16 zu AktG § 75 (mAnm Fischer): Fehlerhafter Anstellungsvertrag eines Vorstandsmitglieds; krit dazu Lieb, Ehegattenmitarbeit S 88.
321 Für Schwarzarbeit mit erheblichen Abschlägen BGHZ 111, 308 = NJW 1990, 2542 = WM 1990, 1669; dazu Tiedtke DB 1990, 2307. S auch RAG JW 1930, 3010; KG OLG 36, 57.
322 S BGHZ 41, 282 (= Fn 320).
323 BGH MDR 1960, 920 = JZ 1960, 603 = LM Nr 22 zu § 123.

§ 612 anknüpfende und diese Vorschrift fortbildende Rechtsprechung des BAG[324] hat vielfach Kritik hervorgerufen[325]. Gegen den Vorschlag von *Canaris*[326], einen Ausgleichsanspruch aufgrund eines faktischen Arbeitsverhältnisses anzunehmen, richtet sich die Kritik von *Lieb*[327]. Unter dem Gesichtspunkt der Rechtsfortwirkung hat sich *Wilburg*[328] für einen bereicherungsunabhängigen Vergütungsanspruch ausgesprochen. Auf seinen Ausführungen baut *Hanau* auf[329]. Das neuere bereicherungsrechtliche Schrifttum legt mehr Gewicht auf die bereicherungsrechtliche Lösung[330]. Erlangt hat der Arbeitgeber die Arbeitsleistung, nicht eine Ersparnis an Lohnkosten oder einen Arbeitserfolg[331]. Ein Wegfall der Bereicherung kommt bei Arbeitsleistungen, die der Arbeitgeber sich zunutze gemacht hat, nicht in Betracht[332]. Ein Kaufmann, der einem anderen Kapital beschafft, kann von ihm trotz Unwirksamkeit des Provisionsversprechens als Ersatz des Wertes seiner Vermittlertätigkeit den ortsüblichen Mäklerlohn fordern[333]. § 452 aF ist auf den Bereicherungsanspruch, mit dem Wertersatz verlangt wird, nicht entspr anwendbar[334]. Hat der Unternehmer wegen Nichtigkeit des Vertrages Anspruch auf **Wertersatz**, so ist der objektive Wert des Werkes maßgebend, mag er auch durch einen auf Anordnungen des Bestellers beruhenden Mangel beeinträchtigt sein[335].

e) **Beweislast**. Der Bereicherungsschuldner hat die Unmöglichkeit der Herausgabe und der 51
Bereicherungsgläubiger die Höhe des von ihm geltend gemachten Wertersatzes zu beweisen. Der Bereicherungsschuldner genügt seiner Beweislast, wenn er die auf eine Weiterübereignung gerichteten Erklärungen nachweist; die Nichternstlichkeit der Veräußerung hat der Bereicherungsgläubiger zu beweisen[336]. Ist die Herausgabe von Grundschulden wegen Weiterveräußerung des Grundstücks unmöglich, muss der Kläger, um Wertersatz verlangen zu können, sich dieses Vorbringen des Beklagten zumindest hilfsweise zu eigen machen[337]. Die Vermutung des § 1006 und damit auch gem Absatz 2 zugunsten des früheren Besitzers findet bei dem Anspruch auf Wertersatz Anwendung, wenn die Sache nicht mehr herausgegeben werden kann[338].

IV. Absatz 3 (Wegfall der Bereicherung)

1. **Allgemeines**. – a) **In systematischer Hinsicht** haben sich bei Absatz 3 die Gewichte ver- 52
schoben, die dieser Vorschrift als einem Grundprinzip des Bereicherungsrechts beigemessen wurden. Zwar hat der BGH auch noch in neueren Entscheidungen es als einen allgemein anerkannten obersten Grundsatz des Bereicherungsrechts bezeichnet, dass die Herausgabepflicht des Bereicherten keinesfalls zu einer Verminderung seines Vermögens über den Betrag der wirklichen Bereicherung hinaus führen darf[339]. Jedoch hat der BGH auch in dieser Entscheidung[340] unter Hinweis auf *v Caemmerer* und *Larenz* hervorgehoben, dass die ausnahmsweise Beschränkung auf den gleitenden Betrag der noch vorhandenen Bereicherung nach § 818 Abs 3 nur den „gutgläubigen"

324 S dazu Soergel/Kraft § 612 Rz 8 u 9 mNachw, zB LAG Düsseldorf DB 1990, 222.
325 Beuthien RdA 1969, 161 ff; Lieb, Ehegattenmitarbeit S 71 ff; Bydlinski, Festschr für Wilburg, 1965, S 45 ff; dazu Lieb, Ehegattenmitarbeit S 76.
326 BB 1967, 165.
327 Ehegattenmitarbeit S 81 ff.
328 AcP 163 (1963), 346.
329 AcP 165 (1965), 220. Vgl zu Wilburg auch Lieb, Ehegattenmitarbeit S 57; Törl, Diss Köln S 15; zu Hanau s Lieb aaO S 66; Törl aaO S 18.
330 Vgl Beuthien RdA 1969, 161; Lieb, Ehegattenmitarbeit S 93 ff; MünchKomm/Lieb Rz 36; Staud/Lorenz Rz 26; Erman/Westermann Rz 24; s oben Rz 21.
331 S Beuthien RdA 1969, 161, 164; Lieb, Ehegattenmitarbeit S 93; Larenz/Canaris, SchuldR II/2 § 72 III 1 b.
332 Beuthien RdA 1969, 161, 167; Lieb, Ehegattenmitarbeit S 97. Vgl zu den einzelnen Fragen auch Fenn FamRZ 1968, 297; Flessner, Wegfall der Bereicherung S 95; P Kässer, Der fehlerhafte Arbeitsvertrag, 1979, S 87 ff.
333 RGZ 122, 229, 232.
334 RG Recht 1916 Nr 1292.
335 RGZ 147, 396.
336 BGH NJW 1988, 2597 = WM 1988, 1415 = JZ 1989, 41 (mAnm Honsell).
337 BGHR BGB § 818 Abs 2 Grundpfandrecht 1 (T).
338 Vgl § 1006 Rz 2; ebenso Planck/Landois Bem 4.
339 BGHZ 55, 128, 131: Flugreise, dazu auch oben Rz 32.
340 BGHZ 55, 128, 135.

Empfänger begünstigen soll. Aus dieser veränderten Bewertung des Absatzes 3[341] folgt zugleich, dass manche in der mehr zurückliegenden Rechtsprechung insbesondere des RG aufgestellten Grundsätze nicht mehr dem heutigen Erkenntnisstand entsprechen. Da Absatz 3 als eine **ausnahmsweise Begünstigung des gutgläubigen Empfängers** angesehen wird, hat sich das Regel-Ausnahmeverhältnis gegenüber der früheren Betrachtungsweise umgekehrt[342]. Dieser Entwicklung muss zB bei folgenden vom RG aufgestellten Grundsätzen Rechnung getragen werden. Nach Ansicht des RG ergab sich aus Absatz 2 und 3, dass die Herausgabepflicht des Bereicherten, sofern nicht die erschwerenden Umstände gem Absatz 4, §§ 819, 820 vorliegen, nicht zu einer Verminderung des Vermögens des Bereicherten über den Betrag der Bereicherung hinaus führen darf[343]. Auch ist die Haftung des Bereicherten *von Anfang an* auf die ohne Rechtsgrund eingetretene Vermögensvermehrung beschränkt[344]. Die Bewertung des Absatzes 3 ist auch für das Verhältnis zu Absatz 2 im Hinblick auf die Frage von Bedeutung, ob der Wertersatz gem Absatz 2 nach objektiven oder nach subjektiven Gesichtspunkten bemessen werden soll[345]. Zur entsprechenden Anwendung des Absatzes 3 auf den Fall, dass eine **Bereicherung von vornherein nicht** gegeben oder gemindert ist, vgl unten Rz 54.

53 b) Die Frage, ob die Bereicherung weggefallen ist, wird in der Rechtsprechung nach **wirtschaftlichen Gesichtspunkten** beurteilt[346]. Der Vergleich des gesamten Vermögensstandes vor der Vermögensmehrung mit demjenigen im Zeitpunkt der Herausgabe oder der erschwerenden Umstände gem Absatz 4, §§ 819, 820 entscheidet[347]. Der Empfänger ist nicht mehr bereichert, wenn sein gesamtes Aktivvermögen den Betrag der Bereicherungssumme nicht mehr deckt oder das empfangene **Geld** wieder ausgeschieden[348] oder zu besonderen Zwecken verbraucht ist, ohne dass dies eine Ersparung von Ausgaben enthält[349]. Wirtschaftliche Gesichtspunkte dienen insbesondere zur Abgrenzung der Vorteile und Nachteile, zB von Verwendungen[350], die bei der Ermittlung des Vermögensstandes berücksichtigt werden sollen. Wirtschaftliche Gesichtspunkte werden in der Rechtsprechung auch zugrunde gelegt, wenn der Empfänger zwar eine **Ersatzforderung** erlangt hat, diese aber **uneinbringlich** ist[351]. Ist die Durchsetzbarkeit des Anspruchs zweifelhaft, so erfüllt der Empfänger seine Herausgabepflicht durch eine Abtretung dieses Anspruchs[352].

Zu berücksichtigen ist, dass die Saldotheorie in der Rechtsprechung nicht nur bei der Abwicklung gegenseitiger Verträge[353], sondern auch bei der bereicherungsmindernden Anrechnung von Verwendungen angewandt wird[354].

54 c) Absatz 3 findet **entsprechende Anwendung**, wenn die Bereicherung nicht nachträglich weggefallen, sondern **nicht erst eingetreten** ist. Dies trifft zB zu bei Aufwendungen, die mit dem Empfang der Sache zusammenhängen und bereicherungsmindernd geltend gemacht werden können[355]. In BGHZ 55, 128, 134 hat der BGH die für den späteren Wegfall der Bereicherung aufgestellten Grundsätze bei gleicher Interessenlage auf die Beurteilung übertragen, ob eine Bereicherung überhaupt eingetreten ist[356].

341 S dazu oben Rz 1 ff, auch zur Entstehungsgeschichte.
342 Vgl oben Rz 3.
343 RGZ 118, 185; BGHZ 1, 75, 81; 9, 333 = LM Nr 3 zu § 816 (mAnm Ascher).
344 RGZ 163, 348, 360.
345 Vgl oben Rz 33.
346 Vgl dazu auch oben Rz 4.
347 Vgl § 812 Rz 37; Flume, Festschr für Niedermeyer, 1953, S 103 ff; v Caemmerer, Festschr für Rabel I S 384; kritisch gegenüber der Formulierung, dass der Bereicherungsbegriff wirtschaftlicher Natur sei, Flume aaO S 148.
348 RGZ 65, 292; BGH LM Nr 7 zu § 818 Abs 3 = MDR 1957, 598.
349 RGZ 68, 269; 72, 1.
350 Vgl unten Rz 73 ff.
351 BGHZ 72, 9, 13; BGH NJW 1980, 2301 = LM Nr 30 zu § 138 (Bc); BGH GRUR 1988, 606 = NJW 1989, 453; s auch unten Rz 66.
352 RGZ 86, 343, 349; BGHZ 72, 9, 13.
353 S unten Rz 81 ff.
354 S BGHZ 1, 75, 81.
355 Vgl unten Rz 73; s auch Koppensteiner/Kramer, Ungerechtfertigte Bereicherung S 139.
356 Vgl oben Rz 32.

d) Die Frage, ob Absatz 3 einen **allgemeinen Rechtsgedanken** zum Ausdruck bringe, wurde insbesondere vom RG bei der Entscheidung über öffentlich-rechtliche Bereicherungsansprüche bejaht[357]. Für den **öffentlich-rechtlichen Erstattungsanspruch**[358] ist vor allem der Grundsatz des Vertrauensschutzes wesentlich[359]. Dieser Grundsatz liegt auch der Beurteilung der Frage zugrunde, welche Nachteile den Umfang der Bereicherung beschränken und sich somit zugunsten des Bereicherten, der auf die Vermögensverschiebung vertraut hat, auswirken[360]. Gegenüber der körperschaftsrechtlichen Pflicht zur Rückzahlung von unter Verstoß gegen GenG § 90 Abs 1 empfangenen Leistungen kann sich der Schuldner nicht auf § 818 Abs 3 berufen[361]. **55**

2. **Anwendungsbereich des Absatzes 3**. – a) Für den **Begriff des Wegfalls der Bereicherung** kommt es in erster Linie darauf an, ob die Sache, die konkreter Bereicherungsgegenstand war, untergegangen ist und ob an ihre Stelle ein Surrogat oder ein Wertersatzanspruch getreten ist[362]. **Teilweise Unmöglichkeit** schließt die Rückgabe in Natur nicht aus[363]. Besteht ein Anspruch des Bereicherungsgläubigers, so stellt sich die Frage, inwieweit der Empfänger sich darauf berufen kann, dass ihn vermögensmäßige Nachteile getroffen haben. Hierbei kommen unterschiedliche Fallgestaltungen, wie **unvorteilhafte Vermögensdispositionen** oder Verwendungen, in Betracht[364]. Ein Sonderproblem betrifft die **Abwicklung** gegenseitiger nichtiger Verträge, weil die Frage der Verknüpfung von Leistung und Gegenleistung zu berücksichtigen ist[365]. Sollen vermögensmäßige Nachteile berücksichtigt werden, so bedarf es einer Betrachtung aller mit dem Vorgang in Zusammenhang stehenden Vor- und Nachteile unter dem Gesichtspunkt, ob sich eine Vermögensdifferenz zu Ungunsten des Empfängers ergibt[366]. Die Berücksichtigung solcher Nachteile bevorzugt den gutgläubigen Empfänger, den allerdings die **Beweislast** für den Wegfall trifft[367]. **56**

Die Frage des Wegfalls der Bereicherung, wenn der Empfänger durch den Empfang zu Ausgaben oder Vermögensminderungen veranlasst worden war, welche er vermieden haben würde, falls er die Leistung nicht empfangen hätte, wurde bereits in den Motiven II, S 838 als zweifelhaft und bestritten bezeichnet. Sehr zurückhaltend wird bemerkt, dass der Entwurf in dieser Richtung keine Entscheidung gibt. Anschließend wird hervorgehoben, dass, sofern der Kausalzusammenhang feststeht, derartige Ausgaben oder Vermögensminderungen den Wegfall der ursprünglichen Bereicherung zur Folge hätten, im übrigen die Entscheidung der Wissenschaft und Praxis überlassen sei. Nach der auf diesen Bemerkungen in den Motiven aufbauenden ständigen Rechtsprechung des RG, der sich der BGH angeschlossen hat, sind alle Nachteile, die der Bereicherte erlitten hat, anrechnungsfähig, wenn sie im **adäquaten ursächlichen Zusammenhang** mit denjenigen Tatsachen stehen, die den Bereicherungsanspruch begründen[368]. Unter dem Eindruck der Kritik im Schrifttum[369] hat der BGH sich zurückhaltender unter Anführung der abweichenden Meinung geäußert, jedoch nach den jeweiligen Fallgestaltungen nicht abschließend Stellung genommen[370]. Obwohl der BGH[371] die unterschiedlichen Begründungen ausdrücklich offen lässt, ist die Entscheidung als eine Abweichung von der bislang ständigen Rechtsprechung zu beurteilen[372]. Im Falle einer nichtigen Globalzession hatte der Schuldner an die Bank als Zessio- **57**

357 Vgl RGZ 83, 161; 107, 189; RG JW 1929, 3379; vgl auch Flume, Festschr für Niedermeyer S 158.
358 Vgl dazu Rz 20 ff vor § 812.
359 Vgl unten Rz 57.
360 Vgl Wilburg, Die Lehre von der ungerechtfertigten Bereicherung S 122, 143; Flume, Festschr für Niedermeyer S 152; Larenz/Canaris, SchuldR II/2 § 73 I 1 b.
361 BGHZ 141, 372 = NJW 1999, 2524 = WM 1999, 1503 = WuB II D. § 82 GenG 1.99 (Klaus Müller) = BB 1999, 1623 (mAnm Henze).
362 Dazu oben Rz 28 u Rz 33.
363 S Planck/Landois Bem 4 h; zur Unmöglichkeit infolge Bebauung eines Grundstücks s oben Rz 38.
364 S unten Rz 71 ff.
365 Vgl unten Rz 81 ff.
366 S auch v Caemmerer, Festschr für Rabel I S 384.
367 S unten Rz 99.
368 RGZ 106, 4; 141, 310; 170, 65; RG Gruch 53 (1909), 998, 1001; BGHZ 1, 75, 81; BGH LM Nr 2, Nr 6 sowie Nr 7 zu § 818 Abs 3 = MDR 1957, 598.
369 S dazu unten.
370 S BGH WM 1970, 1421; 1980, 1428 = NJW 1981, 277.
371 BGHZ 56, 173 = NJW 1971, 1311.
372 S dazu auch § 929 Rz 101.

narin gezahlt und diese daraufhin dem Zedenten weiteren Kredit eingeräumt, den die Bank wegen des Konkurses (heute: Insolvenz) des Zedenten verloren hat. Der BGH hat einen Wegfall der Bereicherung mit Rücksicht darauf abgelehnt, dass das Risiko der Kredithingabe auf der nach § 138 nichtigen Sicherungszession beruht habe. Mit Recht hat der BGH hier das Vertrauen der Bank als nicht schutzwürdig angesehen[373]. Das gleiche gilt für die Entscheidung BGHZ 109, 139[374], nach der bei der bereicherungsrechtlichen Herausgabe von Leasingraten der Leasinggeber nicht seine Vertragskosten, insbes den an den Lieferanten gezahlten Kaufpreis, bereicherungsmindernd geltend machen kann. Entgegen der herrschenden Meinung in der Rechtsprechung ist der **Grundsatz des Vertrauensschutzes** anzuwenden. Nur solche Nachteile können abgezogen werden, die der Bereicherte im (berechtigten) **Vertrauen auf die Endgültigkeit des Erwerbs** gemacht hat[375]. Mitberücksichtigt wird der Grundsatz des Vertrauensschutzes von *Lorenz*[376]. Von praktischer Bedeutung ist der Grundsatz vor allem bei Schäden, die durch das Erlangte im Vermögen des Bereicherten herbeigeführt werden. Solche Schäden sind *nicht* zu berücksichtigen[377]. Über weitere Bestrebungen, den Absatz 3 einzuschränken, s Rz 58.

58 b) **Vorschläge zur Einschränkung des Begriffs des Wegfalls der Bereicherung**[378]. Wie oben[379] bemerkt, sind die Äußerungen in den Motiven über die Berücksichtigung von Ausgaben und Vermögensminderungen sehr zurückhaltend. Gegenüber der Heranziehung des adäquaten Ursachenzusammenhanges in der Rechtsprechung[380] hat bereits *Wilburg*[381] kritisch bemerkt, dass eine derartige mechanische Anschauung nicht eine Begründung dafür sei, dass beliebige aus Anlass des Erwerbs entstandene Schäden anzurechnen seien. Soweit *Wilburg* außer auf das Vertrauen auf die Unwiderruflichkeit des Erwerbs hinsichtlich Schäden[382] besonderes Gewicht auf das Veranlassungsprinzip gelegt hat[383], ist ihm entgegengehalten worden, dass die Veranlassung kein hinreichendes Zurechnungskriterium sei[384]. Die Vorteile und Schwächen der von *Flume* entwickelten **Theorie der vermögensmäßigen Entscheidung**[385] sind häufig behandelt worden[386]. Der Theorie von *Flume* folgt *J Wilhelm*[387]. In der Kritik wird hervorgehoben, dass der Vorschlag auf eine Zweikondiktionentheorie ohne den beiseitegeschobenen § 818 Abs 3 hinausläuft, im Widerspruch zur gesetzlichen Wertung in § 350 aF steht und mit dem Schwergewicht bei der Rückabwicklung gegenseitiger Verträge die Kriterien der Zurechenbarkeit zu starr an die Wirkungen des nichtigen Vertrages bindet[388]. Verbunden mit der Anwendung von allgemeinen Haftungsformeln werden Gesichtspunkte des Schadensersatzrechts von *Flessner*[389] sowie der Regelung von Vertrauensschäden in den §§ 122, 179 Abs 2, 307, 309 aF von *Rengier*[390] als **Zurechnungskriterien** herangezogen. Dabei konnte *Rengier* auf *v Tuhr*[391] verweisen, der bei der Leistungskondiktion auf die ge-

373 Ebenso Rengier AcP 177 (1977), 443; nur im Ergebnis zust Serick, EV IV § 54 III 5 b; nicht zutreffend ist die Kritik von Olschewski NJW 1971, 2307 (Anm).
374 = NJW 1990, 314 = WM 1990, 25 = WuB I J 2.-3.90 (v Westphalen).
375 Ebenso Larenz/Canaris, SchuldR II/2 § 73 I 1 b; Esser/Weyers, SchuldR II 2 § 51 II 1; Erman/Westermann Rz 32; dagegen abl, weil nach seiner Meinung zu wenig aussagekräftig Flessner, Wegfall der Bereicherung S 121; MünchKomm/Lieb Rz 62.
376 Staud/Lorenz Rz 38.
377 Vgl unten Rz 79.
378 Vgl insbes die Übersichten bei Flessner, Wegfall der Bereicherung S 26 ff; Rengier AcP 177 (1977), 418, 423 ff; Bremecker, Bereicherungsbeschränkung S 45 ff.
379 Rz 57.
380 S die Nachw oben Rz 57.
381 Die Lehre von der ungerechtfertigten Bereicherung S 143.
382 AaO S 153.
383 AaO S 147.
384 S Flume, Festschr für Niedermeyer S 151; Rengier AcP 177 (1977), 424.
385 S Flume, Festschr für Niedermeyer S 103, auch NJW 1970, 1161; AcP 194 (1994), 427; Gedächtnisschr Knobbe-Keuk, 1997, S 111; ZIP 2001, 1621; JZ 2002, 321.
386 Vgl Flessner, Wegfall der Bereicherung S 30; Pawlowski, Rechtsgeschäftliche Folgen S 65; Diesselhorst, Die Natur der Sache S 57; Rengier AcP 177 (1977), 425.
387 Rechtsverletzung und Vermögensentscheidung, 1973, S 62 ff.
388 Vgl A Blomeyer AcP 154 (1955), 527 ff; Diesselhorst, Die Natur der Sache S 57 f; Leser, Rücktritt vom Vertrag S 15; Rengier AcP 177 (1977), 418, 426; Staud/Lorenz Rz 42; MünchKomm/Lieb Rz 62.
389 Wegfall der Bereicherung S 103 ff.
390 AcP 177 (1977), 418, 430 ff.
391 Festschr für Bekker, 1907, S 291 ff; Flessner, Wegfall der Bereicherung S 26; Rengier AcP 177 (1977), 418, 423.

setzliche Wertung in § 122 hingewiesen hatte. Ergänzend schlägt Rengier[392] vor, § 818 Abs 3 auf den Wegfall des Erlangten zu beschränken und einen selbständigen Anspruch auf Ersatz der Vertrauensschäden zu gewähren. Diesen Vorschlägen ist nicht zuzustimmen, weil mit dem Schadensersatzrecht Gesichtspunkte des Verschuldens in das Bereicherungsrecht hineingetragen werden, die diesem nach seiner Struktur fremd sind[393]. Die doch nur punktuelle Heranziehung des Schadensersatzrechts dient nicht der Rechtsklarheit und damit auch nicht der Rechtssicherheit[394]. Die von *Rengier* ferner vorgeschlagene Trennung des Wegfalls der Bereicherung von der Geltendmachung der Vertrauensschäden ist prozessökonomisch nicht sinnvoll, weil der Vorteil der Saldierung verloren geht.

c) **Der Vertrauensgrundsatz und die Aufgliederung in Fallgruppen**. Wie oben[395] bemerkt, 59
ist abweichend von der in der Rechtsprechung herrschenden Meinung für die Abzugsfähigkeit von Ausgaben und sonstigen Vermögensminderungen außer dem Ursachenzusammenhang Voraussetzung, dass der Empfänger auf die **Rechtsbeständigkeit des Erwerbs vertraut** hat[396]. Die gegen die Weite dieser Haftungsformel erhobenen Bedenken[397] sind nicht gerechtfertigt, wie die vorliegende Judikatur erkennen lässt. Mit Recht hat daher auch *König*[398] unter Hinweis auf eine achtzigjährige Judikatur, eine breite literarische Diskussion und die rechtsvergleichende Anschauung eine Konkretisierung des Vertrauensgrundsatzes in seinen Gesetzesvorschlag aufgenommen. Auch die von *König* vorgeschlagene Ausnahmeregelung, wenn der Leistende das Vertrauen nicht veranlasst hat oder ihm die Veranlassung nicht zuzurechnen ist, entspricht der gegenwärtigen Rechtslage. Die Gliederung in Fallgruppen[399] wie Wegfall der Bereicherung, unvorteilhafte Verwendung, Berücksichtigung von Nachteilen, Aufwendungen, bildet kein starres Gerüst, sondern dient der Hervorhebung der wesentlichen Gesichtspunkte, die für eine Abzugsfähigkeit von Ausgaben und Vermögensminderungen sonstiger Art in Betracht kommen.

d) **Die Problematik der Kondiktion der Kondiktion beim Doppelmangel in Drei-** 60
ecksverhältnissen. Im Anschluss an die durch BGHZ 48, 70 veranlasste Diskussion geht die herrschende Meinung von dem Grundsatz aus, dass auch bei einem Doppelmangel die Abwicklung in dem jeweiligen fehlerhaften Leistungsverhältnis zu vollziehen ist[400]. Wird daraus die Folgerung gezogen, dass der Angewiesene den Bereicherungsanspruch des Anweisenden gegen den Empfänger kondizieren kann, ihm also nicht der Durchgriff gegen diesen zustehen soll, wie es die früher herrschende Meinung annahm, so trifft den Angewiesenen das doppelte Einwendungs- und Insolvenzrisiko[401]. Mit unterschiedlicher Begründung wird vielfach ein **Anspruch** des Angewiesenen gegen den Anweisenden **auf Wertersatz** bejaht[402]. Der Sache nach liegt eine Einschränkung des § 818 Abs 3 vor[403]. Gegen die Vorstellung eines einredeunabhängigen Wertersatzes wenden sich *Koppensteiner/Kramer*[404]. Für die Bejahung eines Anspruchs auf Wertersatz gegen den Anweisenden spricht der Gesichtspunkt, dass dieser zugunsten des Empfängers disponiert und dadurch seinem Vermögen den wirtschaftlichen Wert zugeführt hat[405]. Einer Einschränkung bedarf der Grundsatz, dass dem Angewiesenen ein Anspruch auf Wertersatz gegen den Anweisenden zusteht, jedoch für den Fall, dass die mit diesem Grundsatz verbundene Risikozuweisung an den

392 AcP 177 (1977), 431.
393 S auch Koppensteiner/Kramer, Ungerechtfertigte Bereicherung S 122; aM Schnitzler JZ 1972, 270.
394 Ebenso Staud/Lorenz Rz 42.
395 In Rz 57.
396 S auch die Nachw oben Rz 57.
397 S oben Rz 57 mNachw.
398 Gutachten BJM II S 1522, 1545.
399 Vgl unten Rz 65 ff.
400 Vgl § 812 Rz 83.
401 Vgl auch zu BGHZ 48, 70: Westermann JuS 1968, 17; Lorenz JZ 1968, 53; anders aber Staud/Lorenz § 812 Rz 55.
402 Canaris, Festschr für Larenz, 1973, S 799, 811 ff; ders, BankvertragsR Rz 430: Rechtsfortbildung; s auch Staud/Lorenz § 812 Rz 55; Westermann JuS 1968, 17; U Meyer, Bereicherungsausgleich S 51; J Wilhelm, Rechtsverletzung S 122: Leistungsgegenstand; ebenso Stierle Der Bereicherungsausgleich bei fehlerhaften Banküberweisungen S 211.
403 So auch Pinger AcP 179 (1979), 301, 319.
404 Ungerechtfertigte Bereicherung S 41.
405 Vgl Köndgen, FestG für Esser, 1975, S 74; abw Putzo, Erfüllung mit Buchgeld und Haftung der Beteiligten wegen ungerechtfertigter Bereicherung, 1977, S 221 ff, der für eine differenzierende Lösung eintritt.

Anweisenden dem Schutzzweck der den Bereicherungsausgleich veranlassenden Nichtigkeitsnorm widerspricht, zB bei Geschäftsunfähigkeit des Anweisenden[406].

61 e) Der **Unterschied zwischen Leistungs- und Eingriffskondiktion** ist insbesondere von Bedeutung für die Frage, ob die für den Erwerb der Sache einem Dritten erbrachte Leistung abgezogen werden kann[407]. Diese Frage ist für den Bereich der Eingriffskondiktion zu verneinen[408]. Der Bereicherungsschuldner wird hier nicht in seinem Vertrauen auf die Beständigkeit des Erwerbs geschützt[409]. Dagegen wird auch eine Aufteilung unter dem Gesichtspunkt des Veranlassungsprinzips vertreten[410]. Dieser Gesichtspunkt kommt aber nicht in Betracht, soweit die gesetzliche Wertung in § 935 zu beachten ist. Daher kann bei der Verarbeitung oder dem Einbau gestohlener Sachen der Erwerbspreis nicht abgezogen werden[411]. Dagegen können **sonstige Erwerbskosten** wie Kosten der Zwangsvollstreckung, Vermittlungsprovisionen, Umsatzsteuer auch bei der Eingriffskondiktion abgezogen werden[412]. Zur Stellung des **Putativschuldners** und zur Empfängerhorizontlehre s § 812 Rz 128, 45. Über **Verwendungen** s unten Rz 73. Auf einen Wegfall der Bereicherung kann sich im Wege des **Einwendungsdurchgriffs** der Darlehensnehmer bei Nichtigkeit des Darlehensvertrages gegenüber dem Darlehensgeber (Bank), dem wegen Befreiung von der Verbindlichkeit aus dem Kaufvertrag ein Bereicherungsanspruch zusteht, berufen, wenn die Durchsetzbarkeit der Ansprüche aus dem Kaufvertrag zweifelhaft ist oder wenn diese sich als wertlos herausstellen[413].

62 f) Leistet jemand aufgrund einer Vereinbarung mit dem **vollmachtlosen Vertreter**, so steht ihm ein Bereicherungsanspruch gegen den Empfänger zu, der durch den Anspruch aus § 179 gegen den Vertreter nicht ausgeschlossen wird[414]. Streitig ist die vom BGH[415] bejahte Frage, ob ein Bereicherungsanspruch gegen den Vertretenen entfällt, wenn dieser aus Vertrag einen Anspruch gegen den Vertreter auf das von dem Dritten Geleistete hat und dem Vertreter zur Gegenleistung verpflichtet ist[416].

63 g) **Aus welchem Grunde** die **Bereicherung weggefallen** ist, ist gleichgültig[417]. Über die Berücksichtigung von Nachteilen vgl unten Rz 65 ff. Ebenso ist es unerheblich, ob dies mit oder ohne Zutun des Bereicherten geschehen ist[418]. Die Voraussetzungen des Absatzes 3 sind also unabhängig von einem Verschulden, wie sich auch aus dem Unterschied zu den §§ 818 Abs 4, 819, 820 ergibt[419]. Der Bereicherte hat also für die von ihm **verschuldete Verschlechterung** nicht ohne weiteres aufzukommen[420], sondern nur, wenn die verschärfte Haftung aus § 819 eintritt[421]. **§ 254** ist auf Bereicherungsansprüche nicht anwendbar[422]. Der Bereicherte kann sich aber auf den Wegfall der Bereicherung nicht berufen, wenn er den Rechtsgrund für die ihm zugeflossenen Leistungen durch eine ausschließlich der Wahrnehmung eigener Belange dienende Handlung selbst beseitigt hat[423].

406 So mit Recht Medicus, BürgerlR § 27 II 2 Rz 673; zust Larenz, SchuldR II § 68 III b; Canaris, BankvertragsR Rz 430.
407 Vgl dazu Strutz NJW 1968, 141.
408 Vgl unten Rz 95.
409 S auch Rengier AcP 177 (1977), 418, 434.
410 Wilburg, Die Lehre von der ungerechtfertigten Bereicherung S 149; Flessner, Wegfall der Bereicherung S 114; Ostendorf, Diss Kiel 1972, S 149.
411 Vgl auch BGHZ 55, 176 u dazu Westermann JuS 1972, 18; BGHZ 56, 228, 240; Erman/Westermann Rz 40; zum Einbau gestohlenen Materials s auch § 951 Rz 2.
412 S BGHZ 66, 150 = NJW 1976, 1091; BGH NJW 1970, 2059 = LM Nr 16 zu § 818 Abs 3; aM Rengier AcP 177 (1977), 418, 436.
413 BGH NJW 1980, 2301 = LM Nr 30 zu § 138 (B c); vgl oben Rz 41.
414 RG JW 1919, 715 (mAnm Oertmann); Düsseldorf DR 1942, 800; dazu Pringsheim, RG FestG III, 1929, S 116; v Lübtow, Beiträge zur Lehre von der Condictio, 1952, S 155; v Caemmerer, Festschr für Rabel I S 373.
415 BGHZ 36, 30; 40, 272.
416 Vgl § 179 Rz 25 mNachw.
417 RGZ 65, 292.
418 RG WarnR 1917 Nr 140.
419 So auch Koppensteiner/Kramer, Ungerechtfertigte Bereicherung S 122.
420 RG SeuffA 86 Nr 4 = LZ 1932, 100.
421 RG WarnR 1919 Nr 196.
422 BGHZ 14, 7; 37, 363, 370.
423 RGZ 170, 65; vgl auch Flume, Festschr für Niedermeyer S 151.

3. Der **Wegfall der Bereicherung** ist nicht nur auf eine Einrede des Beklagten, sondern als **rechtsvernichtende Einwendung von Amts wegen** zu berücksichtigen[424]. Soweit sich Geldforderungen gegenüberstehen, findet ein Ausgleich durch **Saldierung** statt. Besteht ein Anspruch auf Herausgabe oder Berichtigung des Grundbuchs, so wird Zug um Zug gegen Zahlung des dem Bereicherungsschuldner zustehenden Geldbetrages verurteilt[425]. Jedoch verschaffen die Aufwendungen dem Bereicherten, jedenfalls solange das Erlangte nicht herauszugeben ist, keinen selbständigen Erstattungsanspruch, sondern mindern nur seine Bereicherung[426]. **64**

4. **Wegfall der Bereicherung infolge Untergangs** (Verbrauchs) **des Erlangten**. – a) Die Bereicherung ist nur dann **weggefallen**, wenn der Kondiktionsgegenstand untergegangen ist und weder ein Surrogat (Absatz 1) noch ein Wertersatzanspruch (Absatz 2) besteht. Hat der Bereicherte **Geld** erhalten, so kommt es aufgrund einer wirtschaftlichen Betrachtungsweise[427] darauf an, ob mit dem Vermögen auch die Bereicherung verschwunden ist. Dies ist der Fall, wenn das Gesamtvermögen die Höhe der Bereicherungsforderung nicht mehr decken würde[428]. Ebenso wäre es zu beurteilen, wenn der dem Vermögen des Bereicherten zugeführte Geldbetrag wieder ausgeschieden ist[429]. Das ist jedoch nicht der Fall, wenn das Geld für Baukosten eingesetzt worden ist und das Grundstück des Empfängers dadurch einen Wertzuwachs erfahren hat, der in den Versteigerungserlös eingeflossen ist[430]. Ist einem Vertreter Geld übergeben worden und hat er dieses unterschlagen, so ist die Bereicherung des Vertretenen bis auf den diesem verbliebenen Ersatzanspruch gegen den Vertreter weggefallen[431]. Die Bereicherung des Ehemannes ist weggefallen, wenn die Ehefrau mit Kontovollmacht ohne Wissen des Ehemannes die auf dessen Bankkonto überwiesene Darlehenssumme abgehoben hat, nachdem sie zuvor den Darlehensantrag in ihrem sowie im Namen ihres Ehemannes ohne dessen Vollmacht unterzeichnet hatte[432]. Hat der Empfänger Vorschüsse für Kriegslieferungen in seinem Werk investiert, ist dieses durch Kriegseinwirkung und Demontage völlig vernichtet und sind ihm auch sonst keine realisierbaren Vermögenswerte verblieben, so ist die Bereicherung weggefallen[433]. Ebenso liegt Wegfall der Bereicherung vor, wenn eine Gutschrift im Fall einer steckengebliebenen Ost-West-Überweisung wertlos geworden war[434] oder im Ausland infolge Kriegsgesetzgebung in ihrer wirtschaftlichen Wirkung beschränkt worden war[435]. Zur Ersparnis eigener Aufwendungen durch den Bereicherten s unten Rz 67. **65**

b) Ist die **Durchsetzbarkeit eines Anspruchs zweifelhaft** oder ist der **Anspruch wertlos**, so entfällt die Bereicherung oder sie ist weggefallen. Bei **Unterhaltsleistungen** des **Scheinvaters**[436] an ein vermögensloses Kind ist Bereicherungswegfall anzunehmen[437]. Bei einem Unterhaltsgläubiger, der vermögenslos ist und in beengten Verhältnissen lebt, wird eine Ersparnis anderweitiger Mittel in der Regel ausscheiden, so dass ein Wegfall der Bereicherung anzunehmen ist[438]. Ist eine Gutschrift irrtümlich erfolgt, über den Betrag verfügt worden und die in diesem Zusammenhang entstandene **Ersatzforderung uneinbringlich**, so ist die Bereicherung weggefallen[439]. Der Sicherheitszessionar, der die eingegangene Forderung zur Deckung seiner Ansprüche verwendet hat, ist nicht mehr bereichert, wenn seine Ansprüche jetzt uneinbringlich wären[440]. Ist das Empfangene an einen Dritten weitergegeben, der zur Zeit zahlungsunfähig ist, so kann nur Abtretung der Forderung des Empfängers gegen den Dritten verlangt werden[441]. Die **66**

424 RGZ 83, 159; 94, 253; 105, 29; 106, 4.
425 RGZ 133, 283; BGH NJW 1973, 613 = LM Nr 100 zu § 812. S auch BGH WM 2004, 1346.
426 RG HRR 1933 Nr 997.
427 S dazu oben Rz 4.
428 BGH NJW 1958, 1725 = LM Nr 30 zu § 134; RGZ 68, 269 = JW 1908, 403.
429 RGZ 68, 269 (= Fn 428).
430 BGHR BGB § 818 Abs 3 Entreicherung 2 (T).
431 RG HRR 1933 Nr 1843; s auch RGZ 65, 292, 298.
432 Hamm NJW 1981, 993.
433 BGH MDR 1957, 598 = LM Nr 7 zu § 818 Abs 3.
434 OGHZ 1, 298.
435 RGZ 120, 297.
436 Vgl dazu § 812 Rz 17.
437 BGH NJW 1981, 2183 = LM Nr 150 zu § 812; auch BGHZ 78, 201.
438 BGH NJW 1984, 2095.
439 BGHZ 72, 9 = NJW 1978, 2149; vgl auch oben Rz 53.
440 RG Recht 1911 Nr 321.
441 RGZ 86, 343, 349; BGHZ 72, 9, 13; Augsburg SeuffA 70 Nr 150.

Bereicherung des zweimal befriedigten Gläubigers fällt nicht dadurch weg, dass er die Summe einmal an einen nicht zur Empfangnahme befugten Beamten gezahlt hat und dieser das Geld unterschlägt[442]. Zum Wegfall der Bereicherung beim **Einwendungsdurchgriff**, wenn der **finanzierte Abzahlungskauf** mit einem nichtigen Darlehensvertrag verbunden ist, vgl oben Rz 41 zu BGH NJW 1980, 2301 = LM Nr 30 zu § 138 [B c]. Vgl ferner bei einem wegen Verstoßes gegen **GewO § 56 Abs 1 Nr 6** nichtigen Darlehensgeschäft BGH NJW 1979, 1597 = LM Nr 140 zu § 812[443]. Ist bei einem **verlängerten** EV die Bank als Zweitzessionarin durch Zahlung des Schuldners ungerechtfertigt bereichert, so kommt ein Wegfall der Bereicherung in Betracht, wenn die Bank eine Vermögenseinbuße erlitten hat, nachdem der Zedent den **Kredit erneut** bis zur eingeräumten Höchstgrenze in Anspruch genommen hatte[444]. Anders ist die Rechtslage bei einer nichtigen Globalzession zu beurteilen[445].

67 c) **Zur Frage der Ersparnis eigener Ausgaben; Tilgung eigener Schulden**[446]. Der Empfänger von Geld oder anderen verbrauchbaren Sachen ist nur dann nicht mehr bereichert, wenn er sonst entsprechendes Geld oder derartige Sachen nicht verbraucht oder benutzt hätte[447]. Die Bereicherung wird also nicht durch jeden Verbrauch der empfangenen Leistung beseitigt oder gemindert[448]. Kein Wegfall ist gegeben, wenn der Empfänger damit Ausgaben bestritten hat, die er auch so gehabt hätte, gleichgültig, ob es notwendige, gesetzliche oder willkürliche waren. Anders nur, wenn er mit Rücksicht auf den Empfang Ausgaben gemacht hat, die er sonst nicht gemacht hätte[449], zB eine spontane Urlaubsreise[450]. Verwendung zur **Tilgung eigener Schuld** hebt die Bereicherung nicht auf[451]; ebenso die Verwendung zur rechtsgrundlosen Tilgung fremder Schulden[452]. Doch ergibt die vom RG[453] in Bezug genommene Entscheidung des RG in JW 1935, 505, dass das RG damit auf die ständige Rechtsprechung verwiesen hat, wonach es als eine wertbeständige Anlage des Papiermarkgeldes bewertet wurde, wenn dieses vor weiterer Entwertung zur Bezahlung von Schulden oder zur Bestreitung notwendiger Bedürfnisse verwandt worden ist. Damit hat das RG dem Schuldner aufgrund besonderer Umstände das **Entwertungsrisiko** auferlegt. Umgekehrt hat der BGH entschieden, dass nach dem Schutzzweck der Verbotsnorm von GewO § 56 Abs 1 Nr 6 der Gläubiger das Entwertungsrisiko zu tragen hat. Der BGH hat den Einwendungsdurchgriff[454] damit begründet, dass die Bank als Darlehensgeberin den Empfänger durch das verbotenerweise vermittelte Darlehen erst dazu bestimmt habe, das alsbald gescheiterte Vertragswerk, den einheitlichen Kauf- und Produktionsvertrag, in Vollzug zu setzen[455]. Bei Verbrauch für eine bessere Lebenshaltung liegt Wegfall der Bereicherung vor[456]. Sind hingegen mit zuviel erhaltenem Unterhalt Schulden getilgt worden, so kann der Empfänger sich trotz bleibenden Vermögensvorteils auf einen Wegfall der Bereicherung berufen, wenn auch bei geringerem Unterhalt unter Einschränkung des Lebensstandards gleich hohe Zahlungen auf die Schulden geleistet worden wären[457]. Zur Frage, ob die Tilgung von Schulden mittels überzahlter Dienstbezüge den Wegfall der Bereicherung herbeiführt, s unten Rz 68.

68 d) **Überzahlung von Dienst- und Versorgungsbezügen; Rentenleistungen**. Nach BBG § 87 Abs 1 Satz 2 und den entsprechenden landesrechtlichen Vorschriften sowie nach BBesG § 12 Abs 2 Satz 1 idF 1975 finden auf die Rückforderung zuviel gezahlter Dienst- und Versorgungsbezüge die

442 Breslau OLG 23, 55.
443 Vgl § 817 Rz 24 mweitNachw.
444 BGHZ 26, 185, 195; s dazu § 929 Rz 101.
445 Vgl oben Rz 57 zu BGHZ 56, 173.
446 Vgl auch zur Ersparnis von Aufwendungen oben Rz 17.
447 Lassen ArchBürgR 40 (1914), 286.
448 München OLG 38, 126.
449 Ebbecke Recht 1912, 748.
450 Deshalb ist zu § 818 Abs 3 salopp von „Mallorca-Einwand" die Rede.
451 RGZ 107, 189; RG JW 1936, 717 (LS); vgl aber auch RG Recht 1921 Nr 2174.
452 BGH NJW 1996, 926 = WM 1996, 932 = ZIP 1996, 336; dazu Martinek EWiR 1996, 257.
453 JW 1936, 717 im (LS).
454 S dazu auch oben Rz 41.
455 BGH NJW 1979, 1597 = LM Nr 140 zu § 812.
456 Vgl Neumann-Duesberg, FestG für Roehrbein S 147.
457 BGHZ 118, 383 = NJW 1992, 2415 = WM 1992, 1959 = WuB IV A. § 818 BGB 1.93 (Herm Lange) = FamRZ 1992, 1152.

§§ 812 ff entspr Anwendung[458]. Nach Abs 2 Satz 2 beider Vorschriften steht es der Kenntnis des Mangels des rechtlichen Grundes der Zahlung gleich, wenn der Mangel so offensichtlich war, dass der Empfänger ihn hätte erkennen müssen[459]. Eine umfangreiche Rechtsprechung des BVerwG hatte sich insbesondere zu der Frage entwickelt, unter welchen Voraussetzungen der Grundsatz des **Vertrauensschutzes** einem Anspruch auf Erstattung von Überzahlungen entgegensteht. Der Gesetzgeber hat den vom BVerwG entwickelten Grundsatz von der Schutzwürdigkeit als Maßstab für die Rücknahme eines rechtswidrigen begünstigenden Verwaltungsaktes und deren Begrenzung durch Vertrauensschutz in VwVfG § 48 Abs 2 übernommen[460]. Der Vertrauensschutz betrifft somit die Frage der Zulässigkeit der Rücknahme des begünstigenden Bescheides und damit die Rechtsgrundlage des Anspruchs, der Wegfall der Bereicherung dagegen die Abwicklung des Anspruchs[461]. Das RG hatte bei der Überzahlung von Beamtengehältern und Pensionen in ständiger Rechtsprechung eine entsprechende Anwendung der §§ 812 ff bejaht, solange noch keine gesetzliche Regelung vorlag, und angenommen, wenn das Gehalt seinem Zweck, den Unterhalt zu sichern, entsprechend für eine bessere Lebenshaltung verwendet worden war, die Bereicherung weggefallen war[462]. Der Wegfall war auch in diesem Fall von Amts wegen zu berücksichtigen[463]. BGH und BVerwG haben diese Rechtsprechung fortgeführt[464]. Maßgebend für die Frage des **Wegfalls** sind wirtschaftliche Erwägungen; nicht nur Luxusausgaben, sondern auch eine verhältnismäßig geringfügige Verbesserung der allgemeinen Lebenshaltung führt den Wegfall herbei[465]. Dies gilt aber nicht für eine Rückforderung während des laufenden Monats[466]. Auch eine steuerliche Mehrbelastung kann den Wegfall der Bereicherung herbeiführen[467]. Schuldtilgung hat für sich allein nicht den Wegfall der Bereicherung zur Folge[468]. Führt die Überzahlung jedoch nur dazu, dass der Beamte seine Lebenshaltung in Anpassung an den ihm infolge der Überzahlung nach Schuldtilgung verbleibenden höheren Restbetrag weniger einschränkt, so ist auch dann die Bereicherung als weggefallen anzusehen[469]. Bei geringfügigen Überzahlungen wird in der Verwaltungspraxis vielfach ein offenbarer Wegfall der Bereicherung unterstellt[470]. Bei bleibenden Ersparnissen ist dagegen ein Wegfall nicht anzunehmen[471]. Dagegen kann sich der Beamte nicht auf einen Wegfall der Bereicherung berufen, wenn er die Überzahlung der Dienstbezüge durch fahrlässige Pflichtverletzung, zB falsche Angaben über das Einkommen eines minderjährigen Kindes aus einem Lehrverhältnis oder Verletzung der Anzeigepflicht hinsichtlich einer Erhöhung des Einkommens, herbeigeführt hat[472]. Auch ein in ärmlichen Verhältnissen Lebender, der seine Ausgaben nach den Einnahmen richten muss, wird **durch größere Einnahmen regelmäßig nicht bereichert**[473]. Hat ein Beamter die überzahlten Beträge dazu verwendet, um sich Gegenstände von geringem Wert anzuschaffen, so trifft ihn uU keine Verpflichtung, diese Gegenstände zu veräußern, um einen Teil-Wertersatz zu ermöglichen[474]. Nach BBG § 87 Abs 2 Satz 3 und BBesG § 12 Abs 2 Satz 3 kann von der Rückforderung aus Billigkeitsgründen abgesehen werden. Sind nach der Satzung einer Zusatzversorgungskasse Beträge, die aufgrund von Erhöhungen der gesetzlichen Rente zuviel gezahlt wurden, stets zurückzuzahlen, so gilt dies auch bei einer fehlerhaften EDV-Eingabe durch die Versorgungskasse[475]. Zu SGB VI § 118 Abs 3 ist umstritten[476], ob für nach dem

458 Vgl auch Rz 23 vor § 812.
459 Vgl auch zur verschärften Haftung Rz 23 vor § 812.
460 Vgl dazu Rz 23 vor § 812.
461 BVerwGE 8, 261 = Buchholz 232: § 87 BBG Nr 1.
462 RGZ 83, 161; RG JW 1919, 323.
463 RGZ 83, 159; s auch oben Rz 64.
464 BGH LM Nr 2 zu Nieders BesG = MDR 1959, 109 = ZBR 1959, 18; BVerwGE 13, 107 = Buchholz 232: § 87 BBG Nr 7.
465 BGH LM Nr 2 zu Nieders BesG (= Fn 464); BVerwGE 13, 107.
466 VGH Mannheim DÖD 1976, 175.
467 S unten Rz 72.
468 BAG NJW 2005, 3082 = NZA 2005, 814.
469 BVerwGE 15, 15 = Buchholz 273, 2: § 53 LBG Berlin Nr 1 = DVBl 1963, 180.
470 BVerwGE 13, 107, 111 = Buchholz § 87 BBG Nr 7.
471 BVerwGE 13, 107, 111 (= Fn 470).
472 BVerwGE 17, 286 = Buchholz 232: § 87 BBG Nr 4; s auch BVerwG Buchholz 232: § 87 BBG Nr 13.
473 Karlsruhe BadRpr 1922, 85.
474 BGH MDR 1959, 109 = LM Nr 2 zu Nieders BesG = ZBR 1959, 18.
475 BGH NJW-RR 1998, 1425 = VersR 1998, 477.
476 Vgl LSG Hamburg WM 2006, 131 gegenüber SG Köln WM 2006, 134; dazu Schimansky WuB I D 1.-2.06.

Tod noch überwiesene **Rentenleistungen** von dem Kreditinstitut bei einem debitorischen Konto zurückgefordert werden können, wenn nach der Gutschrift berechtigte Dritte verfügt haben.

69 e) **Kein Wegfall der Bereicherung**. Dadurch, dass der Beklagte gegen ein auf Herausgabe der Bereicherung lautendes Urteil ein Rechtsmittel einlegt und zur Abwendung der Zwangsvollstreckung den Urteilsbetrag hinterlegt, fällt seine Bereicherung nicht fort[477]. Nicht anwendbar ist Absatz 3, wenn eine Vereinbarung darüber getroffen ist, dass Lohnüberzahlungen zurückgewährt werden müssen[478]. Bei einem sittenwidrigen Darlehen wird der Empfänger von der Rückzahlungspflicht hinsichtlich des Nettodarlehensbetrags (nach zinsfreier Kapitalnutzung für die vereinbarte Zeit) selbst bei späterem Wegfall der Bereicherung nicht nach § 818 Abs 3 frei, weil er weiß, dass er das Darlehenskapital nicht auf Dauer behalten kann (vgl § 819 Abs 1)[479].

70 f) Hat der Empfänger die Sache **schenkweise** übereignet, so ist er nicht mehr bereichert (vgl § 822), ebensowenig der Beschenkte, der die Sache auf Geheiß des Schenkers weiterverschenkt hat[480]. Dasselbe gilt, wenn der Verkäufer den Betrag des Kaufpreises, bevor sich die Nichtigkeit des Kaufvertrages herausgestellt hat, einem gutgläubigen Dritten geschenkt hat[481].

71 5. **Unvorteilhafte Verwendung** unberechtigt empfangener Gelder schließt die Rückforderung nicht aus[482], ebensowenig wenn der Empfänger von Schulden, die seinen Gesamtvermögensbestand belasteten, befreit wird[483], mag er auch vermögenslos und deshalb ohne die Bereicherung zur **Schuldentilgung** außerstande gewesen sein[484]. Ist eine Versicherungsleistung zunächst nicht auf das vereinbarte Bankkonto gutgeschrieben worden, hat dort aber ein Debet verringert, so ist die teilweise Befreiung des Kontoinhabers von einer Verbindlichkeit eine fortbestehende Bereicherung (kein Wegfall gem § 818 Abs 3)[485]. Zur Schuldtilgung bei überzahlten Dienst- und Versorgungsbezügen s oben Rz 68. Unter dem Begriff der unvorteilhaften Verwendung können insbesondere unterschiedliche Fallgestaltungen bei der **Weitergabe von Vermögenswerten** an Dritte zusammengefasst werden, zB bei Verteilung unberechtigt eingezogener Urheberrechtsvergütungen, die grundsätzlich herauszugeben wären, falls nicht die Rückforderung von den scheinbar Berechtigten uneinbringlich ist[486], so dass nur die Abtretung der zweifelhaften Rückforderungsansprüche verlangt werden kann[487]; ferner die Auszahlung eines Darlehens an einen Dritten bei Nichtigkeit des Darlehensvertrages[488]. Allerdings kann sich ein **Darlehensnehmer** nach der in der Rechtsprechung herrschenden Meinung nicht auf einen Wegfall der Bereicherung infolge Weitergabe des Geldes an einen Dritten berufen. Zu seinen Lasten ist § 819 entspr anzuwenden, weil ihm bewusst war, dass er das Geld nicht dauernd behalten durfte, sondern das Kapital nach Ablauf der vorgesehenen Darlehensdauer erstatten muss[489]. Der für eine nicht bestehende Scheckforderung an einen Dritten gezahlte Kaufpreis kann von dem diskontierenden Kreditinstitut gegenüber der Inanspruchnahme des Scheckausstellers nicht bereicherungsmindernd in Ansatz gebracht werden[490]. Dagegen kann sich eine Ehefrau, die das ihr Zugewendete bestimmungsgemäß zur Befriedigung von Gläubigern ihres Ehemannes verwendet hat, im Falle der Gutgläubigkeit darauf

477 RG JW 1925, 2599.
478 BAG NJW 1964, 1241.
479 BGH NJW 1995, 1152 = WM 1995, 566 = WuB IV A. § 817 BGB 1.95 (Becker-Eberhard).
480 Dresden SächsArch 1908, 480. Vgl zur Herausgabepflicht des Zweitbeschenkten BGH NJW 2004, 1314 (mAnm St Lorenz LMK 2004, 98).
481 Löhlein DJZ 1929, 1474.
482 RG Recht 1909 Nr 822.
483 RG Recht 1925 Nr 29; BAG NJW 2005, 3082 = NZA 2005, 814.
484 RG JW 1936, 717; s dazu oben Rz 67 mweit Nachw.
485 BGH NJW 1985, 2700 = WM 1985, 826 = JZ 1985, 756 (mBespr Schnauder JZ 1987, 68); Kupisch NJW 1987, 2494.
486 Rz 53.
487 BGH NJW 1989, 453 = GRUR 1988, 606. Vgl auch Rz 66.
488 Vgl auch zum Einwendungsdurchgriff oben Rz 41; dazu Canaris, BankvertragsR Rz 1320 u WM 1981, 982.
489 RGZ 151, 123, 127; BGH WM 1969, 857; NJW 1995, 1152 (= Fn 479); WM 2004, 1230, 1233; BGH Hamm ZIP 1981, 56; s auch § 819 Rz 11.
490 BGH NJW 1995, 3315 = WM 1995, 1950 = WuB I D 3.-2.96 (Müller-Christmann); Bespr Schnauder WM 1996, 1069.

berufen, dass sie nicht mehr bereichert ist[491]. Ein **Makler** kann beim Scheitern des Geschäfts hinsichtlich der Vergütung, die er aus der vorschussweise erhaltenen Provision seinem Untermakler gezahlt hat, nicht geltend machen, dass er insoweit nicht mehr bereichert sei[492]. Der BGH ist der Auffassung des RG, dass derartige **Provisionszahlungen** grundsätzlich in Abzug zu bringen sind, gefolgt[493]. Jedoch hat der BGH[494] diese Rechtsprechung als zweifelhaft bezeichnet, weil ein ursächlicher Zusammenhang mit der Belastung durch die Provisionspflicht nicht anzunehmen sei, wenn diese durch ein Scheitern des Maklervertrages nicht berührt werde. Doch hat der BGH diese Frage nach der Gestaltung des Falles nicht entschieden. Der **Kommissionär** ist nicht mehr bereichert, der aufgrund eines ungültigen Börsentermingeschäfts vom Kommittenten auf Rückgabe des Geleisteten in Anspruch genommen wird, das Empfangene aber an seinen Vertragsgegner weitergegeben hat[495]. Hat ein gutgläubiger Verkaufskommissionär den **Erlös** abzüglich der Provision dem Kommittenten, der nicht Eigentümer war, **ausgezahlt**, so kann der frühere Eigentümer diesen weitergeleiteten Teil des Erlöses nicht vom Kommissionär herausverlangen[496].

6. **Berücksichtigung von Nachteilen**. Zur Anrechnungsfähigkeit aller Nachteile, die der Bereicherte erlitten hat, wenn sie im **adäquaten ursächlichen Zusammenhang** mit denjenigen Tatsachen stehen, die den Bereicherungsanspruch begründen[497]. Zur Bedeutung von **Provisionszahlungen** an Untermakler oder Handelsvertreter s oben Rz 71. Hat der Erbauer einer halbscheidigen **Giebelmauer** die Mauer dicker als erforderlich ausgeführt und hat der später anbauende Nachbar hierdurch einen Verlust an Nutzfläche erlitten, so ist seine Bereicherung entsprechend gemindert[498]. Zur Frage des Wegfalls der Bereicherung, wenn eine Bank bei einer **nichtigen Globalzession** nach Einzug von Bauforderungen, die dem Baustoffhändler aufgrund eines verlängerten EV zustanden, dem Bauunternehmer weiteren (verlorenen) Kredit eingeräumt hat, s zu BGHZ 56, 173 oben Rz 57. Eine endgültige **steuerliche Mehrbelastung** ist zu berücksichtigen[499]. Hatte der Schuldner infolge der rechtsgrundlosen Zahlung also eine erhöhte Einkommensteuer zu zahlen, die er nicht zurückerhalten kann, so mindert sich insoweit die Bereicherung[500]. Dasselbe gilt für eine stärkere Lohnsteuerbelastung infolge überhöhter Dienst- oder Versorgungsbezüge[501]; jedoch sind die verschiedenen steuerrechtlichen Möglichkeiten, eine Rückzahlung infolge Minderung der Steuerpflicht zu erwirken, zu berücksichtigen[502]. Soweit Lohnsteuer einbehalten und an das Finanzamt abgeführt ist, geschah dies für den bereicherten Steuerschuldner, der daher in Höhe der Bruttobezüge bereichert ist[503]. 72

7. **Verwendungen**. – a) Der Grundsatz, dass die Herausgabepflicht des gutgläubigen Empfängers sich auf die bei Eintritt der Rechtshängigkeit noch vorhandene Bereicherung beschränkt[504], hat zur Folge, dass bereicherungsmindernd die auf den herauszugebenden Gegenstand gemachten Verwendungen zu berücksichtigen sind, zB die Kosten der Fruchtziehung[505]. Hierunter fallen auch die **unmittelbar durch den Erwerb** verursachten Unkosten, wie zB Fracht-, Makler-, Stempelkosten[506]. Die Aufwendungen sind zu ersetzen, auch wenn sie **nicht notwendig** oder **nützlich** waren[507]. Notwendige Aufwendungen sind auch dann zu ersetzen, wenn sie erst nach Eintritt der Rechtshängigkeit des Herausgabeanspruches gemacht sind[508]. Dem Ver- 73

491 RGZ 92, 227. Vgl ferner Koblenz DRZ 1949, 112 (mzustAnm Lehmann).
492 RG LZ 1920, 158.
493 BGH WM 1978, 708 mNachw.
494 NJW 1981, 277 = WM 1980, 1428.
495 RGZ 138, 122.
496 BGHZ 47, 128; krit dazu M Wolf JZ 1968, 414; vgl § 816 Rz 33.
497 Vgl die oben Rz 57 zit Rspr sowie auch die Kritik an dieser Rspr.
498 BGHZ 27, 197; Düsseldorf MDR 1967, 840 (LS).
499 RGZ 170, 65.
500 S auch Flume, Festschr für Niedermeyer, 1953, S 156.
501 Vgl dazu oben Rz 68.
502 S BVerwGE 24, 92 = Buchholz 238.41 § 49 SVG Nr 1; BVerwGE 25, 97 = Buchholz 232: § 87 BBG Nr 28.
503 BVerwGE 24, 92.
504 S Motive II, S 840; RGZ 72, 1, 3.
505 BGH NJW 1983, 1905, 1907.
506 RGZ 72, 1; RG DNotV 1933, 66; HRR 1933 Nr 997: Aufwendungen zwecks Einlösung verpfändeter Schmucksachen.
507 RG WarnR 1919 Nr 196. Vgl dazu auch Wieling AcP 169 (1969), 135, 151; Gursky JR 1971, 361, 364.
508 RG Recht 1929 Nr 752.

käufer einer schwer verkäuflichen Ware sind die Aufwendungen zwecks Herbeiführung eines anderweiten Verkaufs zu ersetzen[509]. **Nicht** zu berücksichtigen sind die Aufwendungen zwecks **Erwerbs von einem Dritten**[510]. Soweit dem Empfänger **Nutzungen** verblieben sind, muss er sich diese auf seine Verwendungen anrechnen lassen[511]. Dagegen steht ihm ein selbständiger Anspruch auf Ersatz aller Verwendungen nicht zu.

74 b) Bei der Rückforderung der Schenkung einer Gutshälfte ist der Empfänger insoweit nicht mehr bereichert, als er Aufwendungen auf das Gut gemacht hat, die er ohne die Schenkung nicht gemacht hätte[512]. Über Aufwendungen für eine Bebauung bei der Rückabwicklung der Schenkung einer Grundstückshälfte s BGH NJW 1980, 1789. Bei vorzeitiger Auflösung der **Wirtschaftspacht** kann die Bereicherung des Verpächters, die in der vorzeitigen Erlangung der Nutzung wertsteigernder Einbauten des Pächters besteht, gemindert sein durch die Einbuße an Pachtzins[513] oder auch ganz weggefallen sein, wenn er die Bauten beseitigt[514]; dagegen ist es ohne Bedeutung, dass der Verpächter Kredit in Anspruch nehmen muss, um den Wert herausgeben zu können[515]. Hat der Verpächter wegen Unwirksamkeit des Pachtvertrages den für das Inventar empfangenen Kaufpreis nach den §§ 812 ff zurückzuzahlen, so verringert sich seine Bereicherung um die Vermögensminderung, die ihm dadurch erwachsen ist, dass der Pächter die Nutzungen des Pachtlandes gezogen und nach § 993 nicht herausgegeben hat[516]. Der **Bankkunde**, dem aufgrund eines gefälschten Abschreibezettels ein Betrag gutgebracht und der dadurch veranlasst ist, dem Betrüger Schmucksachen und bares Geld auszuhändigen, ist in Höhe des Wertes dieser Leistungen nicht mehr bereichert[517].

75 c) Die ungerechtfertigte Bereicherung des Gläubigers, der **fremde Sachen versteigert** hat, fällt nicht dadurch weg, dass er Wechsel und Sicherheit aufgegeben hat[518], ebensowenig die Bereicherung des gutgläubigen **Erbschaftsbesitzers** deshalb, weil er mit einem Teil der Erbschaft die Kosten des Vorprozesses, in dem der Nichtbestand seines Erbrechts festgestellt wurde, beglichen hat[519]. Der **Empfänger eines Versteigerungserlöses**[520] ist nicht mehr bereichert, wenn er den Erlös zur Tilgung von Schulden des Empfangsberechtigten verwendet hat und seine Forderung gegen diesen vollwertig war, während sein nunmehriger Anspruch gegen den Schuldner wertlos ist[521], ebenso der **pfändende Gläubiger**, wenn er seine Forderung mit dem Pfandrecht entgeltlich an einen Dritten abgetreten und der Gerichtsvollzieher an diesen den Erlös der fremden Sachen gezahlt hat[522]. Der vorrangige Gläubiger, der Vorwegbefriedigung erlangt hat, braucht sich auf seinen Bereicherungsanspruch nicht die dem nachrangigen Gläubiger entstandenen Vollstreckungskosten anrechnen zu lassen[523]. Der nachrangige Vollstreckungsgläubiger, der die eingezogenen Beträge herauszugeben hat, kann die ihm durch den Pfändungs- und Überweisungsbeschluss entstandenen Zwangsvollstreckungskosten abziehen[524]. Gegenüber einem Sohne, der seinem Vater auf dem Hofe **Dienste in Erwartung der Übergabe des Hofes** ohne Barentgelt geleistet hat und nach der Übergabe des Hofes an einen anderen Bereicherungsansprüche erhebt, kann der Vater, der nur ein Altenteil erhält, unter Umständen den Wegfall der Bereicherung geltend machen[525]. Hat der Bereicherte zur Erlangung der Bereicherung einen anderen Gegenstand aufgegeben, so wird die Bereicherung nicht hinfällig, wenn er sich diesen Gegenstand wieder verschaffen kann[526]. Zur Frage, ob der Empfänger sich darauf berufen kann, dass er durch die An-

509 RG Recht 1908 Nr 233.
510 Vgl Rz 95.
511 Motive II, S 840.
512 RG LZ 1924, 86.
513 RG JW 1933, 692.
514 RG SeuffA 88 Nr 49.
515 RG HRR 1933 Nr 1311.
516 RGZ 141, 310.
517 Hamburg LZ 1924, 137; vgl hierzu auch Dresden SeuffA 77 Nr 182.
518 Dresden SächsArch 1908, 481.
519 Kiel LZ 1917, 888.
520 Vgl auch zur Zwangsvollstreckung in Gegenstände, die dem Schuldner nicht gehören, § 812 Rz 158 ff.
521 RG Recht 1911 Nr 321; Stettin HRR 1933 Nr 811.
522 RG JW 1911, 941.
523 LG Stade MDR 1963, 925.
524 BGHZ 66, 150 = NJW 1976, 1090.
525 Königsberg HRR 1939 Nr 1172.
526 Kiel Recht 1905 Nr 2544.

nahme der Leistung eine **Forderung gegen einen Dritten** hat **verjähren** oder eine Ausschlussfrist hat verstreichen lassen, vgl § 812 Rz 128.

d) Der **Käufer**, der auf Kosten eines Dritten dadurch bereichert ist, dass dieser in der Annahme, der Verkäufer habe das Geschäft vermittelt, die Ware geliefert hat, ist nicht mehr bereichert, wenn er den Kaufpreis **gutgläubig an den Verkäufer** zahlt[527]. Der BGH hat diese Fallgestaltung unter dem Gesichtspunkt der Empfängerhorizontlehre gewürdigt[528]. 76

e) **Aufwendungen**, die der Bereicherte ohne Rücksicht auf die vertragsmäßigen, wegen Formmangels nichtigen Abmachungen **im eigenen Interesse** gemacht hat[529], kann er von der herauszugebenden Anzahlung nicht abziehen[530], also nicht die Kosten eines Beweissicherungsverfahrens[531] oder Ausgaben, die nach Eintritt der Rechtshängigkeit aus eigenem Entschluss und ohne Einverständnis der Gegenseite gemacht sind[532] oder die Kosten des Rechtsstreits, in dem der Bereicherungsschuldner unterlegen ist[533]. Nicht abzugsfähig sind auch bei Rückabwicklung eines formnichtigen Grundstückskaufs[534] die Kosten der Eintragung einer Auflassungsvormerkung oder der Finanzierung des Kaufpreises[535]. Verluste aus Verkäufen, die der durch eine Anzahlung Bereicherte nicht infolge der Vertragsaufhebung, sondern bereits vorher unter Verletzung der Lieferungspflicht vorgenommen hat, sind nicht zu berücksichtigen[536]. Bei irrtümlicher Zahlung der Teil-Kaskoversicherungssumme kann sich der Bereicherte nicht darauf berufen, dass das Geld für die Reparatur ausgegeben sei, die nicht wirtschaftlich gewesen sei und nicht erfolgt sein würde, wenn die Versicherungssumme nicht gezahlt worden wäre[537]. Die Bereicherung des **Versicherers**, der bei nichtigem Lebensversicherungsvertrag die Prämien zurückzahlen muss, ist auch insoweit nicht weggefallen, als sie in den Risikoprämienfonds geflossen oder als Verwaltungskostenbeitrag verbucht ist[538]. Demgegenüber ist der Anspruch nach § 988 auf Herausgabe von Nutzungen gem § 818 Abs 3 durch Aufwendungen beschränkt, die der Besitzer auf die Sache gemacht hat, solange er sein fehlendes Besitzrecht nicht gekannt hat, und zwar unabhängig davon, ob es sich um Verwendung iS der §§ 994 ff handelte[539]. 77

f) Das Problem der **aufgedrängten Bereicherung** ergibt sich bei Verwendungen auf eine fremde Sache. Es handelt sich um einen Eingriff in eine fremde Vermögenssphäre. Dem Schutz des Begünstigten ist durch eine Abgrenzung der Verwendungskondiktion Rechnung zu tragen[540]. Von *Larenz/Canaris*[541] wird die Problematik unter dem Gesichtspunkt einer Beschränkung der Bereicherung gem § 818 Abs 3 behandelt, indem nicht auf die Wertsteigerung des Vermögens, sondern auf den konkreten Nutzen abgestellt wird. 78

8. **Schäden**, die der Bereicherte durch das Erlangte erlitten hat, sind nicht abzugsfähig, zB wenn das Tier, um das der Empfänger bereichert ist, sein Vieh ansteckt, der Hund einen Teppich zerbeißt[542]. 79

527 RGZ 98, 64; vgl hierzu Josef LZ 1925, 354.
528 Vgl § 812 Rz 45.
529 Vgl auch oben Rz 57.
530 RG Recht 1909 Nr 45.
531 RG Recht 1919 Nr 420.
532 RG DR 1939, 634 = HRR 1939 Nr 680.
533 BGH WM 1965, 1022.
534 Nach der Saldotheorie, Rz 82.
535 BGHZ 116, 251 = NJW 1992, 1037 = WM 1992, 664 = WuB IV A. § 818 BGB 2.92 (Medicus) = JZ 1992, 1131 (mBespr Canaris S 1114); ebenso BGH NJW-RR 1992, 589.
536 RG SeuffA 80 Nr 83.
537 München VersR 1963, 378.
538 LG III Berlin JRfPrV 1928, 249.
539 BGHZ 137, 314 = NJW 1998, 989 = WM 1998, 409 = WuB IV A. § 988 BGB 1.98 (Medicus) = JZ 1998, 685 (mAnm Gursky); ebenso BGH NJW 1998, 1709 = WM 1998, 1360 = ZIP 1998, 927 mit der Einschränkung „wo übergeordnete Gesichtspunkte des Gesetzes berührt werden" (hier: Zustimmungsvorbehalt der Bundesanstalt für vereinigungsbedingte Sonderaufgaben).
540 Vgl § 812 Rz 166; 169.
541 SchuldR II/2 § 70 II.
542 Vgl zum Beispiel des indebite gegebenen Hundes, der den Teppich beschädigt, auch schon v Tuhr, Festschr für Bekker I, 1907, S 309; ebenso Flume, Festschr für Niedermeyer, 1953, S 155; aM RG JW 1911, 40; 1912, 690; 1918, 132.

80 9. Die **Gefahr der Übermittlung** des zur Begleichung eines Bereicherungsanspruchs übersandten Geldbetrages trägt der Gläubiger[543]. Der **Verlust des Geldes** auf dem Transport führt daher zum Wegfall der Bereicherung[544]. Der Bereicherte kann Erstattung der **Transportkosten** Zug um Zug gegen Herausgabe des Erlangten verlangen.

10. **Berücksichtigung der Gegenleistung.**

Schrifttum: Aus dem vor § 818 zit Schrifttum s insbes Bremecker, Die Bereicherungsbeschränkung . . ., 1982; v Caemmerer, Festschr für Rabel I, S 333; ders, Festschr für Larenz, 1973, S 621; Diesselhorst, Die Natur der Sache als außergesetzliche Rechtsquelle . . ., 1968; Flessner, Wegfall der Bereicherung; Flume, Festschr für Niedermeyer S 103; Larenz/Canaris, SchuldR II/2 § 73 III; Leser, Diss Freiburg 1956; ders, Rücktritt vom Vertrag, 1975; Pawlowski, Rechtsgeschäftliche Folgen . . .; Rengier AcP 177 (1977), 418; Beuthien, Jura 1979, 532; Flume, AcP 194 (1994) 427; ders, Gedächtnisschr für Knobbe-Keuk, 1997, 111; ders, ZIP 2001, 1621; ders, JZ 2002, 321; Wendehorst, Anspruch und Ausgleich, 1999, S 233 ff; Mossler, Bereicherung aus Leistung und Gegenleistung, 2006. Zu der durch BGHZ 53, 144 und BGHZ 57, 137 hins der Anfechtung wegen arglistiger Täuschung ausgelösten Diskussion vgl die Schrifttumsangaben unten Rz 89.

81 a) **Allgemeines**. Bei der Abwicklung gegenseitiger Verträge ging die Rechtsprechung ebenfalls von einem wirtschaftlichen Begriff der Bereicherung aus[545]. Die **Zweikondiktionentheorie**, nach der sich die Bereicherungsansprüche der Vertragspartner selbständig gegenüberstehen[546], wurde vom RG abgelehnt[547]. Die Zweikondiktionentheorie wird heute ebenso wie die Saldotheorie nur mit starken Korrekturen, vor allem durch **Berücksichtigung von Risikosphären** vertreten[548]. Das RG entwickelte die **Saldotheorie**[549]. Nach dieser Theorie stellt sich die Bereicherung als die Vermögensdifferenz dar, die sich aus der Berücksichtigung aller mit der Vermögensverschiebung zusammenhängenden Vor- und Nachteile, insbesondere nach Absetzung der Gegenleistung, ergibt[550]. Der BGH vertritt gleichfalls die Saldotheorie[551]. Dagegen besteht nach der **Zweikondiktionentheorie** kein Zusammenhang zwischen den sich gegenüberstehenden selbständigen Bereicherungsansprüchen. Sind die beiderseitigen Leistungen gleichartig, so kann aufgerechnet werden. Andernfalls kommt hiernach nur ein **Zurückhaltungsrecht** in Betracht. Ist bei einem Teil die Leistung durch Zufall untergegangen, so kann dieser den Bereicherungsanspruch gegen den anderen, der leer ausgeht, dennoch geltend machen. Jeder trägt das **Risiko** dafür, dass er das Geleistete zurückerhält. Zur Gefahrtragung bei der Saldotheorie s unten Rz 84. Auch die Saldotheorie wird nur mit Korrekturen heute vertreten[552]. Daher führt die Bemerkung des BGH[553], dass die Saldotheorie die folgerichtige Anwendung des in § 818 Abs 3 zum Ausdruck gekommenen Rechtsgedankens auf gegenseitige Verträge ist, nicht weiter[554].

82 b) **Bereicherungsausgleich durch Saldierung**; **ungleichartige Leistungen**. Eine Abrechnung kann auch nach der Saldotheorie nur bei gleichartigen Leistungen stattfinden. Bei **ungleichartigen Leistungen** hat der Bereicherungskläger die ungleichartige Gegenleistung schon

543 Vgl § 812 Rz 224 (unter c).
544 AM Braunschweig MDR 1947, 290 (mkritAnm Sieveking).
545 Vgl oben Rz 4.
546 Insbes vertreten von Oertmann und v Tuhr.
547 Vgl über die Vertreter der Zweikondiktionentheorie die Nachw bei Bremecker, Bereicherungsbeschränkung S 27.
548 Vgl Erman/Westermann Rz 44; MünchKomm/Lieb Rz 98 ff; StudKomm BGB/Beuthien Bem 5; Jura 1979, 532; wohl auch Koppensteiner/Kramer, Ungerechtfertigte Bereicherung S 183 ff.
549 Vgl dazu G Weintraud, Die Saldotheorie, 1931; Leser, Diss Freiburg 1956; Diesselhorst, Saldotheorie S 40 f, zur neueren Dogmengeschichte; Bremecker, Die Bereicherungsbeschränkung S 28 ff.
550 RGZ 54, 137; 94, 253; 105, 29; 139, 208; 141, 310; RG JW 1910, 283; Recht 1911 Nr 2137; JW 1915, 918; JW 1931, 529 (mzustAnm Oertmann); dazu Diesselhorst, Saldotheorie S 52.
551 BGHZ 1, 75 = LM Nr 1 zu § 818 Abs 3 (mAnm Wilde) = JZ 1951, 333 (mteilwkritAnm Coing); BGHZ 9, 333 = LM Nr 3 zu § 816 (mAnm Ascher); BGH LM Nr 6 u 7 zu § 818 Abs 3 = MDR 1957, 598; stRspr, vgl etwa BGH NJW 1999, 1181 = WM 1999, 925 = DB 1999, 845.
552 Vgl unten Rz 86 ff sowie Staud/Lorenz Rz 41 ff.
553 BGHZ 57, 137, 150.
554 S dazu auch Th Honsell JZ 1980, 802.

im **Klageantrag** derart zu berücksichtigen, dass er deren Rückgewähr Zug um Zug anbietet[555]. Der Bereicherungsbeklagte ist also nicht darauf angewiesen, insoweit ein Zurückbehaltungsrecht geltend zu machen[556]. Dagegen hatte das RG im Falle einer arglistigen Täuschung unter Anwendung der Zweikondiktionentheorie[557] es bei ungleichartigen Leistungen dem Beklagten auferlegt, seinen Gegenanspruch einredeweise geltend zu machen, um eine Zug-um-Zug-Verurteilung zu erreichen[558]. Bei der Saldierung sind auch **Nutzungen** und **Verwendungen** mit einzubeziehen[559]. Das RG[560] hat dann die Problematik der Berücksichtigung der Nutzungen im Eigentümer-Besitzer-Verhältnis durch entsprechende Anwendung des § 988 gelöst[561]. **Gläubiger** ist **nur derjenige Beteiligte**, für den sich ein Überschuss ergibt; nur ihm steht ein Bereicherungsanspruch zu[562].

c) **Saldotheorie und Vindikation**. Das RG unterschied zwischen dinglichen und schuld- **83**
rechtlichen Ansprüchen und wandte die Saldotheorie nur bei den letzteren Ansprüchen an[563]. Doch schloss diese Unterscheidung die Anwendung der Saldotheorie nicht aus, wenn an die Stelle des dinglichen ein schuldrechtlicher Anspruch getreten war, zB bei Veräußerung einer fremden Sache ein Anspruch aus § 816 Abs 1[564] oder aufgrund der §§ 951, 812[565]. Jedoch rechtfertigt eine unterschiedliche Bewertung der schuldrechtlichen und der dinglichen Ansprüche ihrem „Wesen" nach die Ablehnung der Einbeziehung nicht[566]. Auch *v Caemmerer* hat darauf hingewiesen, dass die Berufung auf die „Stärke der Vindikation" fragwürdig sei und als Begründung nicht genüge[567]. Dies gilt jedenfalls, wie auch *v Caemmerer* hervorhebt, für die Art der schuldrechtlichen Abwicklung inter partes. Daher ist der Ansicht von *Leser*[568], dass der Eigentumsherausgabeanspruch in die Bindung durch faktisches Synallagma und damit in die Abwicklung einzubeziehen sei, zuzustimmen[569]. Nicht zutreffend ist zur Begründung der Gegenmeinung ein Hinweis auf den Abstraktionsgrundsatz[570].

d) **Bedeutung der Saldotheorie**. Sie ermöglicht, wenn die beiderseits empfangenen **84**
Leistungen (vor allem bei Wertersatzpflicht) gleichartig sind, die Abwicklung des Vertrages in einem einzigen Anspruch, ohne dass es einer Aufrechnung bedarf[571]. Ferner **begünstigt** sie den Bereicherten über die in Absatz 3 getroffene Regelung hinaus für den Fall, dass die Gegenleistung, die der Bereicherungsgläubiger empfangen hat, untergeht. Der Bereicherungsgläubiger trägt die **Gefahr** dafür, dass die von ihm hingegebene Leistung zurückgewährt werden kann, also nicht ersatzlos weggefallen ist. Kann er das Empfangene nicht zurückgeben, so erhält er auch nicht die von ihm erbrachte Leistung zurück. Der Bereicherungsgläubiger trägt somit nicht nur das **„Leistungsrisiko"**, dass beim Empfänger die Bereicherung wegfällt, sondern auch das Risiko für

555 BGH WM 1995, 159 (unter II.3. mNachw); BGH NJW 1999, 1181 (= Fn 551).
556 BGH LM Nr 11 zu § 818 Abs 3 = NJW 1963, 1870. Vgl auch RGZ 137, 324, 337: Rückgewähr von Grundstücken Zug und Zug gegen Befriedigung wegen Leistungen in Geld. S auch BGH NJW 1973, 613 = LM Nr 100 zu § 812.
557 S dazu unten Rz 89.
558 RG JW 1936, 1950.
559 S RGZ 141, 310; BGHZ 109, 139 = NJW 1990, 314 = WM 1990, 139 = WuB I J 2.-3.90 (von Westphalen); BGHZ 145, 52 = NJW 2000, 3562 = WM 2000, 2107 = WuB IV A. § 812 BGB 2.01 (Ehmann) = LM Nr 50 zu § 818 Abs 3; BGHZ 146, 298 = NJW 2001, 1127 = LM § 138 [D] BGB Nr 3/4 (St Lorenz); BGH NJW-RR 2004, 229 (m Anm St Lorenz LMK 2004, 48); Leser, Diss Freiburg S 101, Diesselhorst, Saldotheorie S 101; Finkenauer NJW 2004, 1704.
560 RGZ-GZS-163, 348.
561 S Rz 15 vor § 987.
562 BGH NJW 1963, 1870 = LM Nr 11 zu § 818 Abs 3 mNachw.
563 RGZ 137, 324, 336.
564 S auch Leser, Diss Freiburg S 107; dagegen Flume, Festschr für Niedermeyer S 164.
565 S auch RGZ 133, 293 zur Anwendung des § 818 Abs 2 mit Hinweis auf § 951 Abs 1 im Falle der Unmöglichkeit der Herausgabe eines Grundstücks infolge Bebauung. Vgl Enn/Lehmann § 227 III 3.
566 Vgl auch zum dinglichen Anspruch Enn/Wolff/Raiser § 84 VI; Baur/Baur, SachenR § 2 I 1.
567 Festschr für Rabel I S 387.
568 Diss Freiburg S 107.
569 So auch bei einem Anspruch aus § 894 Frankfurt/M JW 1929, 791 (mit allerdings ablAnm de Boor) u dazu Leser Diss Freiburg S 125; Diesselhorst, Saldotheorie S 64. Im Sinne dieser Rechtsansicht nunmehr auch BGH JZ 1996, 151 (mAnm Medicus S 153); NJW-RR 2004, 229 (mAnm St Lorenz LMK 2004, 48); zu diesem Urteil: Finkenauer NJW 2004, 1704.
570 So aber Bremecker S 60.
571 S oben Rz 82.

die empfangene Leistung, also das **„Gegenleistungsrisiko“**[572]. Damit wird § 818 Abs 3 ausgeschaltet, nach *v Caemmerer*[573] das Hauptgewicht der Saldotheorie, denn der Gläubiger, der seine Leistung zurückverlangt, wird im Unterschied zur Zweikondiktionentheorie daran gehindert, sich hinsichtlich der seinerseits empfangenen Leistung auf den Wegfall der Bereicherung zu berufen[574]. Über **insolvenzrechtliche Folgerungen** aus der Anwendung des KO § 17 (nunmehr InsO § 103) s *Leser*, Diss Freiburg S 83; *v Caemmerer*, Festschr für Larenz, 1973, S 636; *Mossler*, Bereicherung aus Leistung und Gegenleistung, 2006.

85 e) **Grundlage und Anwendungsbereich der Saldotheorie**. Die Problematik der Abwicklung eines vollzogenen nichtigen gegenseitigen Vertrages hat, wenn sie überhaupt behandelt wurde, jedenfalls in den Protokollen und den Motiven zum BGB keine Darstellung gefunden[575]. In den Motiven II S 838 wird auf das Erfordernis des Kausalzusammenhanges hingewiesen und im übrigen die Abgrenzung der Wissenschaft und Praxis überlassen. Als „Vater der Saldotheorie“[576] ist *Bolze*, zuletzt Senatspräsident beim RG, anzusehen, der sich mehrfach literarisch mit dem Problem befasst hatte[577]. Die **Leitentscheidung des RG**[578] wird vielfach bei der Gruppe der Fälle von arglistiger Täuschung angeführt. Es handelte sich um die Anfechtung eines Grundstückskaufes wegen Irrtums und Betrugs. Da das RG revisionsrechtliche Bedenken gegen die Feststellung der arglistigen Täuschung hatte, war es genötigt, unter Außerachtlassung der sonst bei einer arglistigen Täuschung angewandten Zweikondiktionentheorie[579] auf die Rechtsfolgen eines nichtigen Vertrages einzugehen und gelangte auf diesem Wege zur Anwendung der Saldotheorie[580]. Das RG und teilweise auch das Schrifttum haben zur Rechtfertigung der Saldotheorie sich in Anlehnung an die Motive zum BGB auf die Billigkeit berufen sowie auch auf einen Begriff der Bereicherung als Überschuss-Saldo gestützt[581]. Wenn die Billigkeit auch als „Verlegenheitstitulatur“[582] oder auch als „Leerformel“[583] bezeichnet worden ist, so steht gleichwohl nichts im Wege, die kontinuierliche Rechtsprechung des RG und BGH über einen Zeitraum von 100 Jahren als **richterliche Rechtsfortbildung** zu bewerten[584]. Das RG hat mit Recht berücksichtigt, dass die uneingeschränkte Anwendung des Absatzes 3 bei vollzogenen nichtigen gegenseitigen Verträgen mit einer gerechten Wertung der beiderseitigen Interessen nicht vereinbar wäre[585]. Der Auffassung, dass die **Grundlage der Saldotheorie** in dem **faktischen** (*Larenz*: fortwirkenden) **Synallagma** zu erblicken ist[586], ist zuzustimmen[587]. Die grundsätzliche Anerkennung der Saldotheorie schließt es nicht aus, dass die Grenzen ihres Anwendungsbereichs festgelegt werden müssen[588]. In der Rechtsprechung des RG bildeten sich bereits **drei Fallgruppen** aus, bei denen die Saldotheorie **nicht** zum Zuge und damit praktisch die Zweikondiktionentheorie zur Anwendung kam. Es handelt sich um die Fälle, in denen beim Vertragsschluss Personen beteiligt waren, die **geschäftsunfähig** oder **beschränkt geschäftsfähig** waren[589], um die Behandlung von **Anzahlungen**[590] sowie um die **Stellung des Betrogenen**, der das Geschäft we-

572 Vgl Leser, Diss Freiburg S 12 ff; ders, Rücktritt S 112.
573 Festschr für Larenz I, 1973, S 635.
574 S auch Bremecker, Die Bereicherungsbeschränkung S 66.
575 Zu einzelnen Abänderungsanträgen s Protokolle II, S 702 ff.
576 So König, Gutachten BJM S 1546.
577 Vgl auch die Hinw auf Bolze von H A Fischer, Festschr für Zitelmann, 1913, S 6, 54.
578 RGZ 54, 137.
579 S dazu unten Rz 89.
580 Vgl RGZ 54, 137; H A Fischer, Festschr für Zitelmann S 9; Leser, Diss Freiburg S 137; Dieselhorst, Saldotheorie S 24.
581 Vgl zur Bereicherung als Differenzbegriff die Nachw bei Planck/Landois Bem 5 e; krit dazu Leser, Diss Freiburg S 17; Bremecker, Die Bereicherungsbeschränkung S 32.
582 Wieacker, Gesetz und Richterkunst, 1958, S 16.
583 H A Fischer, Festschr für Zitelmann S 7.
584 So auch Larenz, SchuldR II § 70 III; Dieselhorst, Saldotheorie S 244.
585 Vgl RG Recht 1910 Nr 2817: „Auf die gesamte Situation des Bereicherten ist in concreto Rücksicht zu nehmen“.
586 S v Caemmerer, Festschr für Rabel I S 384; ders, Festschr für Larenz, 1973, S 634 ff; Leser, Diss Freiburg S 11 ff; ders, Rücktritt S 110.
587 Ebenso wohl auch Esser/Weyers, SchuldR II 2 § 51 II 2; s auch zur Rückabwicklung nichtiger Verträge Pawlowski, Rechtsgeschäftliche Folgen . . . S 39 ff.
588 Ebenso das gesamte Schrifttum, soweit es von der Saldotheorie ausgeht; s auch Staud/Lorenz Rz 41.
589 S Rz 87.
590 S Rz 88.

gen arglistiger Täuschung angefochten hat[591]. Sodann ergibt sich ein besonderes Problem bei der Frage der **analogen Anwendung des § 350** aF beim Untergang durch Zufall[592]. Zum Verhältnis von Vidikation und Saldotheorie s oben Rz 83.

f) **Kritik und Einschränkungen der Saldotheorie**. – aa) **Allgemeines**. Sowohl die Saldotheorie als auch die Zweikondiktionentheorie werden heute nur mit Korrekturen vertreten, die zu einer gewissen Annäherung der Ergebnisse führen können. Unter dem Gesichtspunkt der Rechtsklarheit und damit der Rechtssicherheit sowie der Praktikabilität verdient die Saldotheorie in der Ausprägung, wie sie auf die Lehre vom faktischen Synallagma gegründet wird, den Vorzug[593]. Bedenken bestehen daher gegen die Ansichten, die Elemente des Schadensersatzrechts, auch des Vertrauensschadens, in das Bereicherungsrecht einbeziehen oder besonderes Gewicht dem nicht hinreichend abgrenzbaren Veranlassungsprinzip beimessen[594]. Diese Bedenken bestehen auch gegenüber Lösungsvorschlägen, die sich auf den Grundsatz des „venire contra factum proprium“ stützen[595]. Von *Flume*[596] wird die Saldotheorie verworfen, weil er von dem Gedanken ausgehend, dass der Bereicherungsanspruch im heutigen Recht am Vermögen des Bereicherten orientiert ist, den **Erwerber das Risiko** tragen lässt, dass er aufgrund seiner eigenen Entscheidung statt des Vermögenswerts seiner Gegenleistung die ihm zu erbringende Leistung haben will. Nach *Flume* ist für die Ermittlung der Bereicherung abstrakt vom Vermögen des Empfängers, nicht von dem Schicksal der einzelnen Sache, auszugehen. Für die Berücksichtigung der Vermögensminderung kommt es nicht auf den adäquaten Kausalzusammenhang, sondern auf die vermögensmäßige Entscheidung des Bereicherungsschuldners an. Beim nichtigen gegenseitigen Vertrag muss der Bereicherungsschuldner die Folgen seiner Entscheidung tragen, dass er statt des Vermögenswertes seiner Gegenleistung die ihm zu erbringende Leistung haben will[597]. In der Entscheidung über die Gegenleistung liegt nach *Flume* der maßgebliche Kontakt zu dem Vermögen des Erwerbers. Auf einen Wegfall des Empfangenen unter dem Wert der vereinbarten Gegenleistung kann sich der Erwerber nicht berufen. Damit entfällt die unterschiedliche Beurteilung der Fälle, in denen die Gegenleistung noch nicht erbracht ist[598]. *A Blomeyer*[599] hat mit Recht hervorgehoben, dass das praktische Ergebnis der Theorie *Flumes* die Anwendung der Zweikondiktionentheorie unter Fortfall des § 818 Abs 3 sei. Doch trifft für bestimmte Schäden der Grundgedanke *Flumes* zu, dass der Schuldner das Risiko seiner Entscheidung nicht auf den Gläubiger überwälzen darf[600]. Nach Ansicht von *Diesselhorst*[601] genügt die Saldotheorie nicht, um die in der Rechtsprechung gefundenen Ergebnisse zu rechtfertigen. Er tritt für eine weitgehende Differenzierung sowie Korrektur der Regelung in § 818 Abs 3 dahingehend ein, dass der gutgläubige Bereicherungsschuldner bei Verstoß gegen die Sorgfalt in eigenen Angelegenheiten bis zur Höhe der von ihm eingesetzten Gegenleistung für eine Bereicherungsminderung haften soll. In Hinblick auf die erwähnten Gesichtspunkte der Rechtsklarheit und Praktikabilität bestehen auch gegenüber der Auffassung von *Diesselhorst* Bedenken wegen einer starken Differenzierung nach Risikosphären und einer Heranziehung des „venire contra factum proprium“[602]. In gleicher Weise 86

591 S Rz 89.
592 S unten Rz 94.
593 S oben Rz 85.
594 Vgl auch zu den Ansichten von Wilburg, Flessner, Rengier die Übersichten von Flessner, Wegfall der Bereicherung S 28 ff; Rengier AcP 177 (1977), 424 ff; Bremecker, Die Bereicherungsbeschränkung S 85 ff.
595 S zu Wieling AcP 169 (1969), 137 u JuS 1973, 397, krit Bremecker, Die Bereicherungsbeschränkung S 100.
596 Festschr für Niedermeyer S 103 ff, 148, 164.
597 Flume, Festschr für Niedermeyer S 165.
598 Zustimmend Enn/Lehmann § 227 III 7; teilw auch H Lehmann, Festschr für Nipperdey, 1955, S 31; krit Leser, Diss Freiburg S 42; Diesselhorst, Saldotheorie S 57; Flessner, Wegfall der Bereicherung S 30; Rengier AcP 177 (1977), 425; Bremecker, Die Bereicherungsbeschränkung S 86.
599 AcP 154 (1955), 527, 539.
600 S oben Rz 79 sowie unten Rz 89 zu den Fällen der arglistigen Täuschung.
601 Saldotheorie S 203.
602 S auch krit Bremecker, Die Bereicherungsbeschränkung S 96.

bestehen die Bedenken gegenüber der Anwendung der Zweikondiktionentheorie verknüpft mit einer Korrektur nach Risikosphären durch *Lieb*[603].

87 bb) Mit Rücksicht auf den **Schutz des Minderjährigen und des Geschäftsunfähigen** scheidet nach allgemeiner Meinung bei Beteiligung solcher Personen die Anwendung der Saldotheorie aus, so dass die Zweikondiktionentheorie zugrunde zu legen ist. Der nicht voll geschäftsfähige Partner eines deswegen unwirksamen gegenseitigen Vertrags muss sich also auf seinen Bereicherungsanspruch auf Herausgabe des Geleisteten nicht den Wert der nicht mehr vorhandenen Gegenleistung anrechnen lassen[604].

88 cc) **Nicht anwendbar** ist die Saldotheorie bei **Vorleistungen**. Geht die Ware beim Käufer, der noch nicht gezahlt hat, unter, so erhält der Verkäufer nichts. Dagegen kann er den Kaufpreis behalten, wenn dieser schon bezahlt worden war. Dieser Unterschied der Ergebnisse ist zwar kritisiert worden, ergibt sich aber schon daraus, dass bei Vorleistungen eine synallagmatische Verknüpfung von Leistung und Gegenleistung nicht vorliegt[605]. Wer vorleistet, trägt dafür das Risiko[606]. Gegen die von *Wieling*[607] auch für diese Fälle vertretene Anwendung der Saldotheorie wendet sich mit Recht *Medicus*[608]. Nicht zuzustimmen ist auch der Ansicht von *Pawlowski*[609], dass der einseitig erfüllte Vertrag nicht anders als der beiderseitig erfüllte Vertrag zu behandeln sei, weil der Vorleistende nur das Risiko der Vermögenslosigkeit seines Geschäftspartners zu tragen habe[610].

89 dd) **Anfechtung wegen arglistiger Täuschung**. Das RG hat in ständiger Rechtsprechung dem Betrogenen, der das Geschäft angefochten hat, die Befugnis zugesprochen, seine Leistung ohne Abzug zurückzufordern, und es dem Gegner damit überlassen, seine eigenen Bereicherungsansprüche selbst geltend zu machen[611]. Die Rechtsprechung des RG bedeutete praktisch eine Anwendung der Zweikondiktionentheorie. Der BGH hat aber klargestellt, dass der Beklagte aufgrund dieser Rechtsprechung wegen der Geltendmachung seiner Gegenansprüche nicht auf einen neuen Rechtsstreit zu verweisen ist. Vielmehr sollte nach der Interpretation des BGH dem betrogenen Kläger nur die Erleichterung verschafft werden, dass er nicht von vornherein schon von sich aus die Abgleichung der beiderseitigen Vorteile vorzunehmen braucht. Er kann dies dem Gegner überlassen und dadurch die mit der Anwendung der unbeschränkten Saldotheorie verbundene erhebliche Erschwerung vermeiden[612]. Ergänzend hat der BGH[613] darauf hingewiesen, dass das RG einen Bereicherungsanspruch gegen den Täuschenden auch in den Fällen zuerkannt hat, in denen nach der Saldotheorie kein „Überschuss" und damit keine Bereicherung vorhanden war. Zwei viel diskutierte Entscheidungen des **BGH**[614] betreffen die betrogenen Käufer von Gebraucht-Kraftwagen, die den Kaufvertrag wegen arglistiger Täuschung angefochten haben. Sie unterscheiden sich im Sachverhalt dadurch, dass im ersten Fall der Wagen bei Benutzung ohne

603 MünchKomm/Lieb, § 818 Rz 98 ff (ähnlich Erman/Westermann Rz 44).
604 BGHZ 126, 105 = NJW 1994, 2021 = WM 1994, 1392 mNachw der Lit unter Abgrenzung zu BGH NJW 1988, 3011; letztere E aufgegeben in BGH WM 2000, 2190 = WuB IV A. § 818 BGB 2.01 (Ehmann) = ZIP 2000, 2028. Vgl näher Klatt, Auftraglose Fremdgeschäftsführung durch Minderjährige, 2001, S 142 f.
605 S BGH LM Nr 2 zu § 818 Abs 3; s auch BGH LM Nr 6 zu § 818 Abs 3.
606 Im Ergebnis ebenso Larenz, SchuldR II § 70 III; Esser/Weyers, SchuldR II 2 § 51 II 2; Koppensteiner/Kramer, Ungerechtfertigte Bereicherung S 191.
607 AcP 169 (1969), 137, 150.
608 BürgerlR § 12 II 3 Rz 226.
609 Rechtsgeschäftliche Folgen S 73 (ebenso Bremecker, Die Bereicherungsbeschränkung S 47).
610 Zu der zit Rspr des BGH s auch Leser, Diss Freiburg S 165; Flume, Festschr für Niedermeyer S 162.
611 RGZ 59, 92; 94, 309; RG HRR 1934 Nr 860; JW 1936, 1950; vgl zu dieser Rspr auch die Nachw von Leser, Diss Freiburg S 131 ff; zu RGZ 54, 137 s oben Rz 85.
612 So BGH NJW 1964, 39 = LM Nr 12 zu § 818 Abs 3.
613 BGHZ 53, 144.
614 BGHZ 53, 144 = NJW 1970, 656; BGHZ 57, 137, 150 = NJW 1972, 36.

Verschulden des Käufers beschädigt und im zweiten Fall der Wagen durch einen vom Käufer verschuldeten Unfall zerstört wurde[615].

Diesen beiden Entscheidungen des BGH ist **nicht zuzustimmen**. Das Risiko einer unver- 90
schuldeten Beschädigung des Kraftwagens im Straßenverkehr kann der Käufer nicht im Wege einer Anfechtung wegen arglistiger Täuschung auf den Verkäufer überwälzen. Dies folgt aus dem von *Flume* entwickelten Grundsatz der vermögensmäßigen Entscheidung des Schuldners[616] und ergibt sich auch aus dem Grundgedanken des § 351 aF[617]. Soweit der BGH[618] zu Lasten des Verkäufers die Bestimmung des § 819 Abs 1 herangezogen hat, kann dem BGH ebensowenig gefolgt werden wie auch in der Anwendung des § 242. Die Anwendung dieser Vorschrift anstelle des § 254 ändert nichts daran, dass es sich bei der Abwägung des Verschuldens um eine Einbeziehung von Elementen des Schadensersatzrechts in das Bereicherungsrecht handelt[619]. § 819 Abs 1 betrifft lediglich die Stellung des bösgläubig Entreicherten. Ein Grundsatz, dass die Saldotheorie auszuscheiden hat, wenn eine der Parteien verschärft haftet, kann, wie *Honsell*[620] mit Recht hervorhebt, aus § 819 Abs 1 nicht hergeleitet werden. Dem BGH[621] kann daher auch nicht zugestimmt werden, soweit er seine Auffassung damit begründet hat, dass der Verkäufer nicht mehr als bereichert anzusehen sei, soweit ihm der Käufer bei der Rückabwicklung die Sache nicht in ihrem ursprünglichen Zustand bieten könne, im Falle des § 819 Abs 1 dem Verkäufer aber die Berufung auf den Wegfall abgeschnitten sei[622]. Im übrigen ist der BGH, wie er selbst bemerkt[623], auch von der Rechtsprechung des RG abgewichen[624]. In BGHZ 72, 252 = NJW 1979, 160 hat der BGH die Grundgedanken seiner Entscheidung in BGHZ 57, 137 auf den Fall einer Anfechtung eines Kaufvertrages über einen Kraftwagen wegen Irrtums übertragen. Die Entwertung war erst nach Rechtshängigkeit des Rückgewährungsanspruchs (s § 818 Abs 4) eingetreten. Kritisch zur Begründung des Urteils auch *Tiedtke* DB 1979, 1261. Neuerdings geht der BGH offensichtlich allgemein davon aus, dass bei jeglicher Abwicklung eines nichtigen gegenseitigen Vertrags, also auch bei der Nichtigkeit infolge der Anfechtung wegen einer arglistigen Täuschung „die beiderseitigen Vermögensverschiebungen (grundsätzlich) keine eigenständigen Herausgabeansprüche" begründen[625]. Keine Anwendung findet die Saldotheorie nach Ansicht des BGH zum Nachteil des durch ein wucherähnliches Geschäft (§ 138 Abs 1) benachteiligten Beteiligten[626].

ee) **Aufgliederung in vier Fallgruppen**. Bei der Beurteilung der unterschiedlichen Fall- 91
gestaltungen, bei denen die Anwendung oder zumindest die Einschränkung der Saldotheorie umstritten ist, kommt besondere Bedeutung der Frage einer systematischen Harmonisierung zu. In diese Betrachtung sind außer den §§ 323 ff aF (seit 1. 1. 2002: § 326) die Regelung der Gefahrverteilung (§ 446) sowie die Vorschriften über den Rücktritt (§§ 346 ff) einzubeziehen. Im Anschluss an *v Caemmerer*[627] ist eine Aufgliederung in vier Fallgruppen zugrunde zu legen. Keine besonderen Probleme ergeben sich bei der **Fallgruppe (1)**, wenn der Untergang oder die Verschlechterung des Kaufgegenstandes auf einen Sachmangel zurückzuführen ist[628]. Das Risiko trägt der Verkäufer, der den Kaufpreis herauszugeben hat, ohne eine gleichwertige Ware zurück-

615 Vgl dazu – vorwiegend krit – Bremecker, Die Bereicherungsbeschränkung S 49; v Caemmerer, Festschr für Larenz, 1973, S 621; Diesselhorst JZ 1970, 418; Flessner NJW 1972, 1777; Flume NJW 1970, 1161; Herr NJW 1972, 250; Honsell MDR 1970, 717; ders NJW 1973, 350; Huber JuS 1972, 439; Kühne JR 1972, 112; Leser, Rücktritt S 115; Lieb NJW 1971, 1289; ders JZ 1972, 444; Medicus, BürgerlR § 12 II 3 Rz 231 ff; Weitnauer NJW 1970, 637.

616 S oben Rz 86.

617 S dazu unten Rz 92.

618 BGHZ 57, 137 (= Fn 614).

619 S dazu oben Rz 86.

620 NJW 1973, 351.

621 BGHZ 72, 252 = NJW 1979, 160.

622 S dazu auch Huber JuS 1972, 443.

623 BGHZ 72, 252, 255.

624 S RGZ 139, 208, 213; dazu Leser, Diss Freiburg S 115.

625 Vgl BGH NJW 2000, 3064 = WM 2000, 2107 = WuB IV A. § 812 BGB 2.01 (krit Ehmann) = ZIP 2000, 1582 = BB 2000, 1803.

626 BGH NJW 2001, 1127 = LM § 138 (D) BGB Nr 3/4 (mkritAnm St Lorenz).

627 Festschr für Larenz, 1973, S 621, 627.

628 Hauptbeispiel ist der Käse-Fall in RGZ 94, 253.

zuerhalten[629]. Ebenso hat der BGH bei einem mangelhaften Mähdrescher entschieden, bei dem sich die Wertminderung aus Mängeln der Maschine ergab[630].

92 Die **Fallgruppe (4)** betrifft den vom Käufer verschuldeten Untergang der gekauften Sache, wie es dem Sachverhalt in BGHZ 57, 137 entspricht[631]. Entsprechend dem Grundgedanken des **§ 351 aF** (seit 1. 1. 2002: § 323 Abs 6) trifft das Risiko den Käufer, so dass diesem aufgrund der Saldotheorie kein Rückgewähranspruch gegen den Verkäufer zusteht[632]. Die arglistige Täuschung hat demnach außer Betracht zu bleiben. Auch findet entgegen BGHZ 57, 137 keine „Schuldkompensation" statt[633].

93 Bei der **Fallgruppe (3)** stellt sich die Frage nach der Verteilung des Risikos, wenn die Unmöglichkeit einer unversehrten Rückgabe der Kaufsache auf ein Verhalten des Käufers oder seiner Leute zurückzuführen ist. Verschulden ist nicht Voraussetzung. Für eine entsprechende Anwendung der §§ 351, 352 aF tritt *v Caemmerer*[634] ein. Wie schon oben[635] bemerkt, kann der Käufer das Risiko der Benutzung der Straße mit dem Kraftwagen nicht auf den Verkäufer abwälzen[636]. Entgegen BGHZ 53, 144 kann der Käufer nach der Saldotheorie nur den Teil des Kaufpreises zurückfordern, um den er den wahren Wert des Wagens überzahlt hat[637].

94 Bei der **Fallgruppe (2)** stellt sich die Frage, wie der Untergang oder die Verschlechterung der Sache durch **Zufall** zu beurteilen ist. Nach der Saldotheorie und entsprechend dem Grundgedanken des § 323 aF und der Gefahrverteilung in § 446 hätte der Käufer das Risiko zu tragen. Dagegen spricht sich *v Caemmerer*[638] mit Rücksicht auf eine analoge Anwendung des **§ 350 aF** sowie des Einheitlichen Kaufgesetzes dafür aus, dass der Verkäufer das Risiko zu tragen hat, allerdings mit der Bemerkung „leider"[639]. Der Ansicht *v Caemmerers* kann bei dieser Fallgruppe nicht zugestimmt werden, ohne dass ein Anlass besteht, sich mit dem umstrittenen Prinzip, das dem § 350 aF zugrunde liegt, zu befassen[640]. Die gerechte Interessenwertung durch die Saldotheorie muss hier den Vorrang vor dem Bestreben nach einer Harmonisierung der Systematik haben[641]. Jedenfalls ist der durch den BGH[642] entschiedene Fall nicht in die Fallgruppe (2), sondern (3) einzuordnen. Die Fälle der arglistigen Täuschung sind entgegen der vom RG begründeten Rechtsprechung in die vorstehende Aufgliederung einzuordnen.

95 11. Nur die dem Bereicherungsgläubiger, nicht die **einem Dritten gewährte Gegenleistung** kann abgezogen werden[643]. Daher kann der Erwerber einer abhanden gekommenen Sache, der durch Verarbeitung Eigentümer geworden ist, gegenüber dem Bereicherungsanspruch des früheren Eigentümers nicht den von ihm für die Sache gezahlten Kaufpreis abziehen[644]; das gleiche gilt beim Verbrauch einer fremden Sache[645]. Ursächlicher Zusammenhang liegt allerdings auch vor, wenn die Gegenleistung einem Dritten gewährt wird. Gleichwohl ist die Unterscheidung gerechtfertigt. Bei der Bereicherung in sonstiger Weise tritt der Bereicherungsanspruch an die Stelle des Eigentumsherausgabeanspruchs[646], dem ein Zurückbehaltungsrecht wegen des an einen Drit-

629 S v Caemmerer, Festschr für Larenz S 638; Leser, Rücktritt S 121 unter Heranziehung des Grundgedankens des § 324 aF.
630 BGHZ 78, 216 = NJW 1981, 224.
631 Dazu oben Rz 89.
632 S v Caemmerer, Festschr für Larenz S 638; Leser, Rücktritt S 119 unter Heranziehung des Grundgedankens des § 325 aF mHinw aaO S 120; Bremecker, Die Bereicherungsbeschränkung S 92.
633 So mit Recht Larenz, SchuldR II § 70 III.
634 Festschr für Larenz S 632.
635 Rz 89.
636 S Leser, Rücktritt S 119; Huber JuS 1972, 444, beide mNachw.
637 S v Caemmerer, Festschr für Larenz S 639.
638 Festschr für Larenz S 638.
639 Ebenso Staud/Lorenz Rz 44.
640 Vgl dazu auch die rechtsvergleichenden Hinw bei v Caemmerer, Festschr für Larenz S 630 sowie den Hinweis darauf, dass den Käufer die Beweislast für das Nichtverschulden trifft.
641 Ebenso Leser, Rücktritt S 121.
642 BGHZ 53, 144.
643 So auch v Caemmerer, Festschr für Rabel I S 385.
644 RGZ 106, 4.
645 BGHZ 14, 7 = LM Nr 5 zu § 818 Abs 3 (mAnm Johannsen); dazu krit H Lehmann JZ 1954, 700 u Festschr für Nipperdey S 31; Flume, Festschr für Niedermeyer S 172; s auch Strutz NJW 1968, 141. Vgl auch BGHZ 55, 176, 179.
646 S § 812 Rz 140: Rechtsfortwirkungsanspruch.

ten gezahlten Kaufpreises nicht entgegenstehen würde[647]. Bei der Leistungskondiktion entspricht die Unterscheidung dem Gesichtspunkt, dass es sich um die Abwicklung eines faktischen Synallagma handelt[648]. Auch von dem die Saldotheorie ablehnenden Standpunkt *Flumes* aus[649] scheidet ein Abzug der an einen Dritten gewährten Gegenleistung aus[650]. Nur scheinbar weicht er von der ständigen Rechtsprechung des RG und BGH in BGHZ 1, 75 ab (Käufer verlangte Rückzahlung des vorweg gezahlten Kaufpreises, nachdem die während des Krieges eingeführte Auslandsware auf dem Wege vom Gruppeneinführer zum Gruppenverteiler, dem Verkäufer, verlorengegangen war). Der BGH hat den Wegfall der Bereicherung des Gruppenverteilers infolge Zahlung des Kaufpreises an den Gruppeneinführer anerkannt. Der BGH betont zutreffend, dass der Bereicherte sich nicht auf seine Verpflichtungen aus dem Deckungskauf berufen kann[651]. Der Bereicherte war zwar nicht Kommissionär, hatte aber infolge des öffentlich-rechtlichen Einschlags bei bewirtschafteten Sachen mehr die Funktion einer Durchgangsstelle[652]. Die Frage, ob ein Leistungsverhältnis aus der Sicht des Zuwendungsempfängers zu beurteilen ist, betrifft den Vertrauensschutz, nicht den Wegfall der Bereicherung[653]. Der Stellung eines **Verkaufskommissionärs**, der eine dem Kommittenten nicht gehörende Sache wirksam veräußert hat, ist der BGH dadurch gerecht geworden, dass der Kommissionär sich auf die Weiterleitung des Verkaufserlöses an den Kommittenten berufen kann[654].

Der Kondiktionsbeklagte kann nicht zum **Ausgleich seiner Gegenleistung** auf einen ihm gegen einen Dritten erwachsenden Bereicherungsanspruch verwiesen werden[655]. Ein Geisteskranker hatte ein Grundstück gekauft, das auf seine Anweisung der Verkäufer unmittelbar einem Dritten, dem Abkäufer des Geisteskranken, übereignet hatte. Auf die Klage des Geisteskranken verurteilte das RG den Verkäufer nur zur Abtretung seines Bereicherungsanspruchs gegen den Abkäufer. Gegenüber einem Anspruch auf Herausgabe des Grundstücks seitens des Verkäufers hätte sich der Abkäufer auf die dem Geisteskranken erbrachte Gegenleistung berufen können[656]. Zur Stellung des Geisteskranken vgl § 812 Rz 65. Das Ergebnis, zu dem das RG in RGZ 86, 343 gelangte, bedeutete zugleich einen **Schutz des Geisteskranken**, von dem der Verkäufer Rückübereignung des Grundstücks hätte verlangen können[657]. 96

12. Zu der Bedeutung der **Währungsumstellung** für den Umfang der Bereicherung vgl BGHZ 7, 252 mNachw. 97

V. Absatz 4 (Verschärfung der Haftung ab Rechtshängigkeit)

Absatz 4 bestimmt, dass die Rechtshängigkeit eine Verschärfung der Haftung herbeiführt. Dieser Zustand tritt also nicht schon mit Schuldnerverzug, sondern gem Absatz 4 erst mit der Rechtshängigkeit, außerdem auch unter den Voraussetzungen der §§ 819, 820, ein. Für den Empfänger überzahlter Unterhaltsleistungen tritt jedoch die Haftungsverschärfung nicht schon mit der Rechtshängigkeit der Klage auf Feststellung, dass die Unterhaltspflicht nicht besteht[658], oder mit der Rechtshängigkeit der Abänderungsklage (ZPO § 323 Abs 1) ein[659], sondern erst mit der Rechtshängigkeit der Klage auf Herausgabe des Erlangten oder auf Leistung von Wertersatz. Der 98

647 Vgl v Caemmerer, Festschr für Rabel I S 386.
648 S oben Rz 85.
649 Vgl oben Rz 86.
650 S Flume, Festschr für Niedermeyer S 172.
651 Vgl krit Coing JZ 1951, 335; Flume, Festschr für Niedermeyer S 162.
652 Die Besonderheit des Falles betont auch BGH LM Nr 2 zu § 818 Abs 3.
653 Vgl dazu § 812 Rz 45 ff.
654 BGHZ 47, 128 = LM Nr 15 zu § 816 (mAnm Mormann); vgl auch § 816 Rz 33.
655 RGZ 86, 343.
656 S RGZ 86, 343, 348; vgl auch Leser, Diss Freiburg S 150.
657 Vgl auch zum Schutz des Geschäftsunfähigen unter Ablehnung der Saldotheorie Flume, Festschr für Niedermeyer S 163.
658 BGHZ 93, 183; zuvor BGH FamRZ 1983, 355; FamRZ 1984, 767; bestätigt in BGHZ 118, 383 = NJW 1992, 2415 = FamRZ 1992, 1152; BGHZ 143, 65 = NJW 2000, 740 = FamRZ 2000, 751.
659 BGH NJW 1986, 2057 = FamRZ 1986, 793 = JZ 1986, 863; BGH NJW 1998, 2433 = FamRZ 1998, 951.

Bereicherte haftet wegen Verzuges verschärft nicht vor Eintritt der Rechtshängigkeit, soweit nicht die Voraussetzungen des § 819 Abs 1 vorliegen[660]. Zu den **allgemeinen Bestimmungen** gehört außer den §§ 291, 292 auch § 286 (bisher § 285)[661]. Daher hat der Empfänger gem §§ 292, 987 Abs 2 nicht nur die tatsächlich gezogenen Nutzungen herauszugeben, sondern auch Nutzungen zu ersetzen, die er schuldhaft nicht gezogen hat. Nach §§ 292, 989 richtet sich die Verpflichtung zum Schadenersatz. Steht fest, dass der Bereicherungsschuldner für die Unmöglichkeit der Herausgabe nach §§ 818 Abs 4, 819 Abs 1, 292 Abs 1, 989 einzustehen hat, war § 283 aF anwendbar[662]. War der Darlehensgeber oder sein Vermittler sich des Gesetzesverstoßes (BGB § 134; GewO §§ 55, 56 Abs 1 Nr 6) bewusst oder hat er sich der Einsicht leichtfertig verschlossen, ist das Darlehensnettokapital nur in Raten in der vereinbarten Zeitabfolge zurückzuzahlen, und sind die Raten erst ab Fälligkeit gem §§ 819 Abs 1, 818 Abs 4, 291, 246 mit 4 % zu verzinsen[663]. Auch **§ 285** (bisher § 283) gehört zu den allgemeinen Vorschriften, die anzuwenden sind, so dass über § 818 Abs 1 hinaus[664] die rechtsgeschäftlichen Surrogate von der Herausgabepflicht umfasst sind[665]. Ferner war auch **§ 279** (seit 1. 1. 2002 aufgehoben) anzuwenden[666]. Der insbesondere mit der Entstehungsgeschichte begründeten ablehnenden Meinung von *Schubert*[667] ist nicht zuzustimmen. Vom Eintritt der Rechtshängigkeit, dh Beginn des Prozesses, in dem Herausgabe der Bereicherung verlangt wird[668], bzw von dem in § 819 bestimmten Zeitpunkt an kann nachträgliches Erlöschen der Haftung durch **Wegfall der Bereicherung** nur in Frage kommen, wenn sich dies aus allgemeinen Vorschriften (vgl §§ 291, 292) ergibt[669]. Die Berufung auf den Wegfall der Bereicherung ist also nicht schlechthin ausgeschlossen[670]. In Betracht kommt insbesondere ein Wegfall der Bereicherung ohne Verschulden des Bereicherten[671]; so im Falle des § 275 Abs 1[672]. In der Regel werden die Voraussetzungen des Verzuges vorliegen, so dass **§ 287** anzuwenden ist[673]. Eine spätere Vermögensminderung durch Geldentwertung kommt nicht in Betracht[674]. Absatz 4 ist auch anwendbar, wenn der Anspruch nur **hilfsweise** geltend gemacht war[675]. Zur Bedeutung einer Entwertung der Kaufsache nach Eintritt der Rechtshängigkeit im Rahmen des Absatzes 3 s zu BGHZ 72, 252 oben Rz 90.

VI. Beweislast

99 **Beweispflichtig** für den **Wegfall** ist derjenige, der sich darauf beruft[676]. Jedoch ist es Sache des Klägers, zu beweisen, dass der Beklagte noch im Zeitpunkt der Rechtshängigkeit bereichert war[677]. Eine GmbH, die aus einer vor ihrer Eintragung ins Handelsregister entstandenen ungerechtfertigten Bereicherung verklagt ist, muss beweisen, dass sie nicht mehr bereichert ist[678]. Der in der Geschäftsfähigkeit Beschränkte und der Vormund eines Geisteskranken, der Geld aus seinem Bankguthaben erhalten hat, hat den Fortfall der Bereicherung zu beweisen[679]. Dasselbe gilt für den Geschäftsunfähigen, der ohne Genehmigung des gesetzlichen Vertreters ein Darlehen er-

660 RGZ 110, 430, 435.
661 RG JW 1925, 465 (mzustAnm Locher).
662 BGH NJW 2000, 1031 = WM 2000, 1064 = ZIP 2000, 460; dazu Löwisch EWiR 2000, 711.
663 BGH NJW 1989, 3217 = WM 1989, 1083 = WuB I E 1.-1.90 (Ringseisen).
664 S oben Rz 28.
665 BGHZ 75, 203 = NJW 1980, 178; s auch Larenz, Festschr für v Caemmerer S 209, 221.
666 BGHZ 83, 293, 298 mNachw zu der str Frage = NJW 1982, 1585; dazu krit Wilhelm AcP 183 (1983), 1; Häsemeyer JuS 1984, 176.
667 JR 1982, 463 (Anm).
668 Breslau BreslauAK 1932, 150.
669 RG SeuffA 81 Nr 128; s auch RG JW 1918, 133 (mAnm Mendelsohn-Bartholdy); RG HRR 1938 Nr 511; aber auch DR 1939, 634.
670 Vgl auch BVerwGE 11, 283, 288; 18, 72, 76; 25, 291, 297.
671 S auch RG HRR 1933 Nr 1843.
672 S Larenz/Canaris, SchuldR II/2 § 73 I 1 a.
673 S auch BGHZ 83, 293, 299 (= Fn 666).
674 RG JW 1927, 980.
675 RGZ 117, 112 = JW 1927, 1931 (mzustAnm Lemberg).
676 RGZ 65, 292; RG JW 1915, 711; 1928, 3244; BGHZ 109, 139, 148 (= Fn 559); BGH NJW 1999, 1181 (= Fn 551).
677 BGH LM Nr 30 zu § 134 = NJW 1958, 1725 gegen RGZ 68, 270; RG JW 1917, 465.
678 RGZ 87, 246.
679 RG JW 1917, 465; Josef KGBl 1923, 75; aM KG OLG 22, 356.

halten hat[680]. Ebenso muss die Ehefrau, die Postanweisungsbeträge für ihren Ehemann in Empfang genommen hat, beweisen, dass sie das Geld an ihren Ehemann abgeliefert hat und deshalb nicht mehr bereichert ist[681]. Der Empfänger muss beweisen, dass der Wert gar nicht in sein Vermögen gekommen oder später wieder weggefallen ist[682]. Wenn einem Arbeitnehmer zuviel Lohn gezahlt ist, kann er sich nicht ohne weiteres darauf berufen, es sei nach der Lebenserfahrung anzunehmen, dass er den zuviel erhaltenen Lohn für seinen täglichen Lebensunterhalt mitverbraucht habe; er muss vielmehr die dafür sprechenden besonderen Umstände dartun[683]. Kosten der Fruchtziehung sind bereicherungsmindernde Vermögensnachteile. Der Schuldner ist für eine derartige Minderung der Bereicherung darlegungs- und beweispflichtig[684].

§ 819 Verschärfte Haftung bei Kenntnis und bei Gesetzes- oder Sittenverstoß

(1) **Kennt der Empfänger den Mangel des rechtlichen Grundes bei dem Empfang oder erfährt er ihn später, so ist er von dem Empfang oder der Erlangung der Kenntnis an zur Herausgabe verpflichtet, wie wenn der Anspruch auf Herausgabe zu dieser Zeit rechtshängig geworden wäre.**

(2) **Verstößt der Empfänger durch die Annahme der Leistung gegen ein gesetzliches Verbot oder gegen die guten Sitten, so ist er von dem Empfang der Leistung an in der gleichen Weise verpflichtet.**

1. **Allgemeines**. – a) § 819 Abs 1 und 2 regeln **zwei Fälle der schärferen Haftung** durch 1
Verweisung auf § 818 Abs 4[1]. Zwei weitere Fälle der schärferen Haftung enthält § 820 Abs 1 Sätze 1 und 2. Die Kenntnis des Empfängers gem § 819 Abs 1 begründet allein nicht die Herausgabepflicht, sondern steigert nur den Umfang einer anderweitig bestehenden Verpflichtung[2]. § 819 fingiert nur die Rechtshängigkeit, nicht ein Vertretenmüssen und rechtfertigt somit nicht ohne weiteres die Anwendung der Verzugsvorschriften[3]. Der Bereicherungsschuldner kann sich zunächst auf den Wegfall der Bereicherung (§ 818 Abs 3) berufen. Die schärfere Haftung nach § 819 Abs 1 greift nur ein, wenn bis auf die fingierte Rechtshängigkeit **alle Voraussetzungen** der allgemeinen Bereicherungsvorschriften tatsächlich gegeben sind[4].

b) Zur Konkurrenz mit Ansprüchen aus **unerlaubter Handlung** vgl Rz 10 vor § 812. Streitig 2
ist das Verhältnis zwischen einer Berufung auf den Wegfall der Bereicherung, wenn der durch die **Fehlbuchung einer Bank** begünstigte Kunde keine Kenntnis vom Mangel des Rechtsgrundes hatte, und einem Anspruch der Bank wegen Verletzung der dem Kunden obliegenden Prüfungspflicht. Der Kunde hat aufgrund des Girovertrages die Pflicht, die Bankmitteilungen auf ihre Richtigkeit hin zu überprüfen[5]. Bei fahrlässiger Verletzung dieser Prüfungspflicht wäre der Kunde der Bank gegenüber schadenersatzpflichtig, so dass er sich nicht auf einen Wegfall der Bereicherung berufen könnte. Dagegen wäre ihm gegenüber einem Anspruch aus § 812 die Berufung auf den Wegfall der Bereicherung nur im Fall der verschärften Haftung gem § 819 Abs 1, also bei Kenntnis des Mangels des Rechtsgrundes, abgeschnitten. Der BGH hat die Ansicht von *Canaris*[6], dass die **bereicherungsrechtliche Schutzgrenze** nicht mittels der positiven Vertragsverletzung unterlaufen werden dürfe, abgelehnt[7]. Nach Ansicht des BGH ergibt sich aus der girovertraglichen

680 Dresden JW 1921, 175 (mzustAnm Partsch).
681 LG Düsseldorf VR 24, 238.
682 Karlsruhe BadRspr 1913, 149; ebenso Ebbecke Recht 1912, 748.
683 RAG ArbRspr 1931, 334; aM ArbG Hamburg DRiZR 1927 Nr 803.
684 BGH NJW 1983, 1905, 1907.

1 S § 818 Rz 98; die Begünstigung des Bereicherten gem § 818 Abs 3 ist als Ausnahme anzusehen, vgl § 818 Rz 52.
2 RGZ 69, 245.
3 OGHZ 4, 81.
4 RG JW 1925, 465 (mzustAnm Locher); HRR 1931 Nr 1519; OGHZ 4, 81. Zum Verschulden als Voraussetzung des Verzuges s BGH WM 1973, 560 zu den §§ 994 ff; s auch BGHZ 35, 356 zu einem Fall des § 812 Abs 1 Satz 2 Fall 2.
5 Vgl § 675 Rz 72.
6 BankvertragsR, 1981[2], Rz 435.
7 BGHZ 72, 9, 14 = NJW 1978, 2149.

Rechtsbeziehung eine **Kontrollpflicht des Kunden**, wenn diese Pflicht des Kunden auch vorsichtig zu bemessen ist und nicht überspannt werden darf. In der Regel wird eine Haftung nur bei grober Fahrlässigkeit zu bejahen sein, wobei auch noch ein Mitverschulden der Bank gem § 254 zu berücksichtigen ist[8]. Ebenso hat das BAG für arbeitsrechtliche Rückzahlungsansprüche entschieden, wenn die Überzahlungen nur durch Pflichtverletzung des Arbeitnehmers ausgelöst worden sind[9].

3 c) Die **Aufrechnung** gegen Ansprüche aus § 819 ist nur mit Schadenersatzansprüchen aus vorsätzlicher unerlaubter Handlung des Gegners zulässig[10]. Zur Anwendbarkeit des § 393 vgl RGZ 167, 257.

4 d) Ob § 819 anwendbar ist, darf nicht dem Betragsverfahren überlassen werden[11].

5 2. **Absatz 1**. – a) **Kenntnis**. – aa) Absatz 1 enthält iVm § 818 eine Sonderregel, die aus sich selbst auszulegen ist; sie stellt nur auf die Kenntnis ab[12]. **Kennenmüssen** genügt nicht[13], auch nicht Zweifel an dem Fortfall des rechtlichen Grundes[14]. Der Gegenmeinung, die grobe Fahrlässigkeit bei der Eingriffskondiktion genügen lassen will[15], ist nicht zuzustimmen. Der Hinweis auf die Entstehungsgeschichte, die sich auf eine Äußerung zur Leistungskondiktion beschränkt, rechtfertigt nicht die Abweichung von der gesetzlichen Regelung (allgM). Kenntnis vom Mangel des rechtlichen Grundes hat jedoch auch, wer die für diesen Mangel maßgebenden Tatsachen kennt und sich der Einsicht in die Nichtigkeit des Verpflichtungsgeschäfts bewusst verschließt[16]. Kenntnis des Mangels des Rechtsgrundes setzt **Kenntnis der Tatsachen und der Rechtsfolgen** voraus[17]. Bei der Anfechtung ist entsprechende Kenntnis der die Anfechtung rechtfertigenden Tatsachen sowie auch der Rechtsfolgen erforderlich[18]. Wegen der Beweisschwierigkeiten besteht die – jedoch abzulehnende – Tendenz, aufgrund einer objektiven Betrachtungsweise lediglich auf die Kenntnis der tatsächlichen Umstände abzustellen[19]. Doch sind bei der Beweiswürdigung an die Schlussfolgerung aus den Indizien auf die Kenntnis der Rechtsfolge keine allzu hohen Anforderungen zu stellen[20]. Zur irrtümlichen doppelten Auszahlung einer Überweisung an den Begünstigten s LG Wiesbaden WM 1982, 526. Doch kann die Unaufmerksamkeit eines Bankkunden gegenüber einer fehlerhaften Gutschrift auch eine fahrlässige Verletzung der Pflichten aus dem Girovertrag sein[21]. Zur Gutgläubigkeit eines Arbeitnehmers, wenn er Lohnüberzahlungen wegen der über längere Zeit in unterschiedlicher Höhe ausgezahlten Beträge nicht erkennen konnte, vgl ArbG Kiel DB 1971, 2120. Zur Frage der Gutgläubigkeit bei überzahltem Unterhalt s BGHZ 118, 383 = NJW 1992, 2415 = WM 1992, 1959; dazu WuB IV A. § 818 BGB 1.93 = FamRZ 1992, 1152; BGH NJW 1998, 2433 = FamRZ 1998, 951 und Rz 11. Im Beamtenrecht ist die Sonderregelung in BBG § 87 Abs 2 Satz 2 und den entsprechenden Landesrechten sowie in BBesG § 12 Abs 2 Satz 2 zu beachten, wonach es der Kenntnis des Mangels des rechtlichen Grundes der Zahlung gleichsteht, wenn der Mangel so offensichtlich war, dass der Empfänger ihn hätte erkennen müssen[22].

8 Vgl auch München WM 1971, 265; KG WM 1980, 254; Liesecke WM 1975, 238, 241.
9 BAGE 64, 266 = NZA 1990, 776 = DB 1990, 2123 = VersR 1990, 1137.
10 RG JW 1932, 1724; vgl auch Dresden OLG 21, 194.
11 RG Recht 1910 Nr 1094.
12 RGZ 144, 199, 205; RG JW 1932, 1724; 1937, 610.
13 RGZ 72, 152; KG WarnR 1918 Nr 224; HRR 1928 Nr 1411.
14 RG Recht 1926 Nr 246.
15 So Wilhelm, Rechtsverletzung S 188; Koppensteiner/Kramer, Ungerechtfertigte Bereicherung S 150.
16 BGHZ 133, 246 = NJW 1996, 2652 = WM 1996, 1504; dazu WuB IV A. § 819 BGB 1.97 = ZIP 1996, 1382.
17 RGZ 93, 227, 230; BGHZ 72, 9, 14 = NJW 1978, 2149; BGHZ 73, 202, 206 = NJW 1979, 763.
18 BGHZ 57, 137, 151; BGH WM 1973, 560 unter Bezugnahme auf RGZ 93, 227. Vgl auch zur Unterscheidung von Tatsachen und Rechtsfolgen Mayer-Maly, Festschr für Heinrich Lange, 1970, S 291, 301.
19 Hamm NJW 1977, 1824; zust K Schreiber JuS 1978, 230; Hamm NJW-RR 1987, 882.
20 S auch Mayer-Maly, Festschr für Heinrich Lange, 1970, S 291, 301 u Schreiber JuS 1978, 230.
21 BGHZ 72, 9, 15 = NJW 1978, 2149; s oben Rz 2.
22 Vgl aus der Rspr BVerwGE 32, 228; BVerwG NVwZ 1985, 907 = Buchholz 310 § 137 VwGO Nr 125.

bb) Nach Absatz 1 haftet, wer sich durch Verschweigen seiner **Minderjährigkeit** oder Entmündigung wegen Verschwendung oder durch die Vorspiegelung, er sei Offiziersanwärter, ein Darlehen verschafft[23]. Auf die Kenntnis des Vormundes wird in RG JW 1917, 465 abgestellt. Der BGH hat in der Flugreise-Entscheidung[24], ohne die Frage abschließend zu entscheiden, die Ansicht vertreten, dass der **Schutz des Minderjährigen seine Grenze** im Recht der unerlaubten Handlungen finde, so dass die verschärfte Haftung gem § 819 eingreife, soweit dieser sich das Erlangte durch eine vorsätzliche unerlaubte Handlung verschafft habe. Dieser Auffassung ist zuzustimmen, auch soweit eine Leistungskondiktion in Betracht kommt. Abgesehen von dieser Fallgestaltung ist es sachgemäß, bei der **Leistungskondiktion** auf die **Kenntnis des gesetzlichen Vertreters** und bei der **Eingriffskondiktion** stets auf die **Kenntnis des Minderjährigen** abzustellen[25]. Allerdings wird, wie die Flugreise-Entscheidung gezeigt hat[26], bei dieser Unterscheidung mehr auf eine typologische als auf eine begriffliche Betrachtungsweise Gewicht zu legen sein[27]. Auf die Kenntnis des gesetzlichen Vertreters stellen ab MünchKomm/*Lieb* Rz 7; *Medicus* FamRZ 1971, 250; *ders*, BürgerlR § 8 III Rz 176; *Batsch* NJW 1972, 611, 614. Auch bei der **Kraftfahrzeugvermietung an Minderjährige** bei Unwirksamkeit des Mietvertrages ist von der vorstehenden Unterscheidung auszugehen[28]. Gegen eine Vergütungspflicht wegen des Schutzzwecks des Minderjährigenrechts *Medicus*, BürgerlR § 23 VI Rz 602. Vgl dazu auch § 818 Rz 32. Verweigert der gesetzliche Vertreter die Genehmigung eines vom Minderjährigen geschlossenen Mietvertrages und **benutzt** dieser anschließend in **Kenntnis des gesetzlichen Vertreters** die Mietsache, so haftet der Minderjährige auf Herausgabe des ohne Rechtsgrund Erlangten nach § 819[29]. Nach BGHZ 83, 293[30] ist **§ 166** zumindest entsprechend im Rahmen des § 819 Abs 1 anwendbar. Der BGH hatte einen Fall zu entscheiden, in dem die Ehefrau nicht nur Kontovollmacht hatte, sondern ihr auch von dem Ehemann sämtliche Geldgeschäfte überlassen waren. § 166 Abs 1 ist im Rahmen von § 819 Abs 1 ebenfalls auch dann entsprechend anwendbar, wenn einem anderen ohne Vollmachtserteilung die tatsächliche Möglichkeit eingeräumt wird, Rechte aus einem bestehenden Vertragsverhältnis selbständig wahrzunehmen[31]. 6

cc) Kenntnis des **Geschäftsunfähigen** vom Mangel des rechtlichen Grundes ohne geflissentliches Verschweigen genügt nicht; entscheidend ist Kenntnis des **gesetzlichen Vertreters**[32]. 7

dd) Für die Kenntnis einer **juristischen Person** vom Mangel des rechtlichen Grundes genügt Kenntnis eines von mehreren ihrer Gesamtvertreter[33]. Die **Gemeinde** haftet, wenn ihr verfassungsmäßiger Vertreter mit gefälschter Vollmacht Geld aufnimmt und für sich verbraucht[34]. 8

ee) Bei Zahlung des Kaufpreises an den **Vormund** Minderjähriger: Vor der Genehmigung des Vormundschaftsgerichts ist § 819 nicht anwendbar[35]. 9

23 KG OLG 20, 249; vgl auch Lassen ArchBürgR 40 (1914), 286: § 819 gilt in gewissem Umfang auch für Minderjährige, doch sind die §§ 828, 829 analog anwendbar; bedenklich Düsseldorf NJW-RR 1991, 1027: 17-jähriger Empfängerin von Barunterhalt wurde analog § 828 Abs 2 die verschärfte Haftung auferlegt; ebenso Enn/Lehmann § 227 V 1; s auch Diesselhorst, Saldotheorie S 196; vgl auch zu den Problemen des Minderjährigenschutzes Weimar MDR 1968, 378; 1969, 728.

24 BGHZ 55, 128 (s dazu § 818 Rz 32).

25 Vgl dazu eingehend Klatt, Auftraglose Fremdgeschäftsführung durch Minderjährige, 2001, S 143 ff.

26 S dazu § 818 Rz 32.

27 S auch Larenz, SchuldR II § 70 IV; Erman/Westermann Rz 6; Teichmann JuS 1972, 247, 250; Kellmann NJW 1971, 862, 865; zweifelnd Canaris JZ 1971, 560, 562; einschränkend Staud/Lorenz Rz 10.

28 AM: Bereicherungsansprüche wegen des Minderjährigenschutzes allgemein verneinend Hamm NJW 1966, 2357, ohne die entspr Anwendung des § 988 zu beachten; abl Batsch NJW 1969, 1743; gegen ihn Gursky NJW 1969, 2183; s ferner Pawlowski JuS 1967, 302.

29 BGH WM 1977, 200 = LM Nr 5 zu § 819.

30 = NJW 1982, 1585; Köln NJW 1998, 2909 = WM 1998, 1327; Karlsruhe WM 1996, 198 = ZIP 1995, 1748 = EWiR 1995, 1173 (s dazu § 818 Rz 98).

31 BGH ZIP 2000, 1291.

32 RG JW 1917, 465; s dazu oben Rz 6.

33 RG HRR 1928 Nr 1412.

34 Kiel SchlHA 1934, 37.

35 RGZ 81, 261.

10 ff) Eine **Mahnung** kann Verzugszinsen nur begründen, wenn sie dem Bereicherten die Kenntnis des mangelnden rechtlichen Grundes verschafft[36].

11 b) **Zeitpunkt der Kenntnis**. Für die schärfere Haftung gem § 819 kommt es auf den **Zeitpunkt** an, in dem die Kenntnis erlangt wird. Dieser Zeitpunkt muss daher genau festgestellt werden[37]. Zur nachträglichen Erlangung der Kenntnis s unten Rz 13. Beim **Wucherdarlehen**[38] ist dem Empfänger bekannt, dass er das Kapital nicht dauernd behalten darf. Für die Anwendung des § 819 genügt die Kenntnis davon, dass das **Kapital irgendwann zurückgezahlt** werden muss, ohne dass es auch der Kenntnis der sich aus § 138 ergebenden Rechtsfolgen bedarf. Der Empfänger des Darlehens muss sich daher so behandeln lassen, als ob er den Mangel des rechtlichen Grundes kennt[39]. Bei **Kenntnis des Leistenden** vom Mangel des Rechtsgrundes ist § 819 nicht anwendbar[40], ebensowenig wenn der **Empfänger** gewusst oder angenommen hat – wofür er beweispflichtig ist –, dass der Leistende selbst den Mangel des Rechtsgrundes kennt[41], wohl aber, wenn er weiß, der Empfang werde mit Eintritt eines bestimmten Ereignisses rechtsungültig werden[42]. Ein Unterhaltsgläubiger ist nicht bereits ab Erhebung der Abänderungsklage bösgläubig, sondern erst ab Rechtshängigkeit der Klage auf Herausgabe des Erlangten (§ 812) oder auf Wertersatz (§ 818 Abs 2). Ein anderes Ergebnis würde den in § 818 Abs 4 zum Ausdruck kommenden Schutz des Bereicherungsempfängers unterlaufen, wonach die verschärfte Haftung nicht an die Rechtshängigkeit eines beliebigen Prozesses, sondern den auf Herausgabe des überzahlten Unterhalts aus § 812 anknüpft. Auch eine verschärfte Haftung nach der in Betracht kommenden zweiten Alternative des § 820 greift nicht ein[43].

12 c) Bei **anfechtbaren Rechtsgeschäften** steht nach § 142 Abs 2 die **Kenntnis der Anfechtbarkeit** der Kenntnis des Mangels des rechtlichen Grundes gleich, wenn die Anfechtung erfolgt[44]. Jedoch entfällt die strengere Haftung aus § 819, wenn der Leistende den Mangel des Rechtsgrundes – die Anfechtbarkeit des Rechtsgeschäfts – kennt oder wenn der Empfänger eine solche Kenntnis bei ihm annimmt. Diese Annahme ist erst denkbar, wenn der Empfänger selbst von dem Mangel weiß. Dagegen muss sich die Kenntnis des Leistenden auf den Zeitpunkt der Leistung beziehen[45]. Im Falle des Schenkungswiderrufs ist maßgeblicher Zeitpunkt für die Kenntnis der Zugang des Widerrufs und nicht analog § 142 Abs 2 der Zeitpunkt der Vornahme des Rechtsgeschäfts[46].

13 d) **Nachträgliche Erlangung der Kenntnis** führt die schärfere Haftung **von diesem Zeitpunkt** an herbei (Abs 1 Satz 1 Alternative 2). Die Voraussetzungen sind nicht gegeben, wenn der Empfänger innerlich den Entschluss fasst, mit dem Empfangenen so zu verfahren, dass der nach dem Inhalt des Rechtsgeschäfts mit der Leistung bezweckte Erfolg vereitelt wird[47]. Hat der Schuldner in Unkenntnis der Zession mit einer Forderung gegen den Zedenten aufgerechnet und macht er später von § 407 keinen Gebrauch, so hat der Bereicherungsschuldner vom Zugang der Aufrechnungserklärung an Kenntnis vom Mangel des Rechtsgrundes[48].

14 e) **Einzelfälle**. Bei Verkauf einer unterschlagenen Sache in wertbeständiger Valuta muss der Verkäufer in dieser Valuta Ersatz aus dem Gesichtspunkt ungerechtfertigter Bereicherung leisten; der Anspruch ist als mit Empfang der Valuta rechtshängig geworden anzusehen[49]. Bei Rückforderung des Kaufpreises wegen Nichtigkeit des Kaufvertrages tritt die Haftung aus Absatz 1 nur ein, wenn der Empfänger die Nichtigkeit des Vertrags gekannt hat, jedoch nicht, wenn er nur die die Nichtigkeit begründenden Tatsachen gekannt hat[50]; der Käufer, der die Sache weiterveräußert

36 RG WarnR 1935 Nr 33.
37 RG JW 1928, 2444.
38 S dazu § 817 Rz 38.
39 BGHZ 83, 293 = NJW 1982, 1585; BGH WM 1969, 857; RGZ 151, 123, 127; vgl auch § 818 Rz 71.
40 Dresden OLG 38, 128.
41 RGZ 137, 171; 151, 361; RG JW 1937, 1959.
42 Königsberg JW 1919, 517.
43 S dazu § 820 Rz 4.
44 Vgl BGHZ 57, 137, 151.
45 RGZ 151, 361 unter Klarstellung von RGZ 137, 171.
46 BGHZ 140, 275 = NJW 1999, 1626 = WM 1999, 1071; dazu WuB IV A. § 531 BGB 1.00 = ZIP 1999, 659; dazu EWiR 1999, 1107.
47 RG JW 1938, 1025.
48 BGH LM Nr 3 zu § 407.
49 Hamburg HansGZ 1923 B 67.
50 RG WarnR 1927 Nr 91; s auch oben Rz 5.

hat, muss den Wert, den sie hatte, als er von der Nichtigkeit des Vertrages Kenntnis erlangte, nebst Zinsen dem Verkäufer erstatten[51]. Aus Absatz 1 haftet der Empfänger des Kaufpreises auch dann, wenn er selbst den Vertrag anficht und von Anfang an mit der Rückzahlung rechnen musste[52]. Wer vom Vertrag zurücktritt, kann sich nicht darauf berufen, ihm sei die Wirkung bis zur gerichtlichen Entscheidung zweifelhaft gewesen[53]. Der Empfänger wird von der Haftung aus Absatz 1 **nicht dadurch befreit**, dass er bereits im Vertrauen auf die Rechtsbeständigkeit des Empfanges ein anderes Geschäft abgeschlossen hat, das zum Verlust des Empfangenen führen konnte; nur wenn schon bei Erlangung der Kenntnis der spätere Verlust als notwendig und unausbleiblich anzusehen war, kann unter Umständen Befreiung eintreten[54]. Für die verschärfte Haftung nach § 819 reicht noch nicht aus, dass die uneingeschränkte Fortgeltung der ursprünglich im Prozessvergleich festgelegten Unterhaltshöhe in Frage gestellt war[55].

3. Nach **Absatz 2** haftet, wer aus § 817 zur Herausgabe verpflichtet ist, zB wer sich auf erdichtete Rechnungen bezahlen lässt, auch wenn er glaubt, dass die Gegenleistung dafür von anderer Seite erfolgen werde[56], ebenso wer einen irrtümlich bezahlten Betrag arglistig annimmt[57] oder wer für Börsentermingeschäfte Wechsel annimmt[58]. Der nach § 819 Abs 2 zur Rückauflassung verurteilte Bereicherungsschuldner haftet verschärft und ist daher – anders als im Fall der Herausgabe eines zwischenzeitlich mit zwei Grundschulden belasteten Grundstücks[59] – zur Freistellung von während seiner Besitzzeit eingetragenen Grundpfandrechten verpflichtet[60]. Der Verstoß muss im Zeitpunkt der Annahme vorliegen. Der Empfänger muss in diesem Zeitpunkt von dem Verstoß Kenntnis haben. **Nachträgliche Erlangung der Kenntnis** genügt, anders als bei Absatz 1, nicht[61]. Doch wird in solchen Fällen meist der Tatbestand des § 819 Abs 1 Fall 2[62] gegeben sein[63]. Liegt auch ein Verstoß gegen das Gesetz oder gegen die guten Sitten des Leistenden vor, so greift § 819 Abs 2 nicht ein, soweit nach § 817 Satz 2 die Rückforderung ausgeschlossen ist. Anders ist es zu beurteilen, wenn, wie es im Grundstückspreisrecht der Fall war, § 817 Satz 2 nicht anzuwenden ist. Dann besteht die Haftung nach § 819 Abs 2 auch bei bewusstem Verstoß beider Parteien[64]. Ein Kanzleiübertragungsvertrag verstößt auch dann gegen § 134 in Verbindung mit StGB § 203 Abs 1 Nr 3, wenn der Veräußerer nach der Übergabe der Kanzlei als freier Mitarbeiter des Erwerbers tätig ist. Ist die Rückabwicklung des Vertrages nicht nach § 817 Satz 2 ausgeschlossen, haften beide Vertragsparteien gemäß § 819 Abs 2 analog[65]. **15**

4. **Beweispflichtig** für das Vorliegen der Voraussetzungen der strengeren Haftung ist der Kläger[66]. Dagegen trifft den Empfänger die Beweislast für die Kenntnis des Leistenden vom Mangel des Rechtsgrundes[67]. Im Falle des Absatzes 2 hat der Kläger die Voraussetzungen des § 817 Satz 1 zu beweisen[68]. **16**

§ 820 Verschärfte Haftung bei ungewissem Erfolgseintritt

(1) War mit der Leistung ein Erfolg bezweckt, dessen Eintritt nach dem Inhalt des Rechtsgeschäfts als ungewiss angesehen wurde, so ist der Empfänger, falls der Erfolg nicht eintritt, zur Herausgabe so verpflichtet, wie wenn der Anspruch auf Herausgabe zur

51 RG LZ 1932, 100.
52 RG JW 1932, 1724; vgl oben Rz 12.
53 RG DNotV 1933, 66.
54 RG JW 1928, 2444 (mzustAnm Werner); ähnlich RG JW 1932, 1724.
55 BGH NJW 1998, 2433 = FamRZ 1998, 951; Zweibrücken FamRZ 1995, 175 = NJW-RR 1995, 841; BGHZ 143, 65 = NJW 2000, 740 = FamRZ 2000, 751.
56 Hamburg OLG 20, 248.
57 Hamburg OLG 20, 250.
58 Hamburg OLG 20, 246.
59 BGHZ 112, 376 = NJW 1991, 917 = WM 1991, 516.
60 Hamm OLGZ 1994, 55.
61 Str; aM Esser/Weyers, SchuldR II 2, § 51 III 1; Koppensteiner/Kramer, Ungerechtfertigte Bereicherung S 154.
62 S Rz 13.
63 S auch Staud/Lorenz Rz 13.
64 BGH LM Nr 30 zu § 134 = NJW 1958, 1725.
65 München NJW 2000, 2592.
66 RGZ 72, 152.
67 S oben Rz 11 aE.
68 RG JW 1905, 391.

Zeit des Empfangs rechtshängig geworden wäre. Das Gleiche gilt, wenn die Leistung aus einem Rechtsgrund, dessen Wegfall nach dem Inhalt des Rechtsgeschäfts als möglich angesehen wurde, erfolgt ist und der Rechtsgrund wegfällt.

(2) **Zinsen hat der Empfänger erst von dem Zeitpunkt an zu entrichten, in welchem er erfährt, dass der Erfolg nicht eingetreten oder dass der Rechtsgrund weggefallen ist; zur Herausgabe von Nutzungen ist er insoweit nicht verpflichtet, als er zu dieser Zeit nicht mehr bereichert ist.**

1 1. **Allgemeines.** Abs 1 Satz 1 betrifft Fälle der Bereicherung wegen Nichteintritts des bezweckten Erfolges[1], Satz 2 Fälle der Bereicherung wegen späteren Wegfalls des rechtfertigenden Grundes[2]. In objektiver Hinsicht setzt Satz 1 Ungewissheit des mit der Leistung bezweckten Erfolges und Satz 2 die Möglichkeit des Wegfalls des Rechtsgrundes voraus. In beiden Fällen müssen sich die Parteien, also beide Beteiligte, über die Unsicherheit im klaren gewesen sein. Zur entsprechenden Anwendung des § 820 auf die Leistung unter Vorbehalt vgl unten Rz 3. § 820 Abs 1 gehört ebenso wie § 819 Abs 1 und 2 und § 818 Abs 4 zu den Vorschriften, die eine schärfere Haftung des Bereicherungsschuldners bestimmen.

2 2. Der **Erfolg** ist immer dann **als ungewiss anzusehen**, wenn er nach dem Inhalt des Geschäfts erst in der Zukunft eintreten kann und soll, wobei nicht zum Vertragsinhalt gewordene Umstände nicht in Betracht kommen[3]. Jedoch genügt nicht eine als entfernt angesehene Möglichkeit, dass alles anders kommen könne[4]. Die strengere Haftung des § 820 setzt ein gültiges Geschäft voraus[5]. Sie tritt nicht schon dann ein, wenn die Vertragsparteien den Eintritt des Erfolgs für sicher halten, sondern nur, wenn sie sich der Möglichkeit des Nichteintritts bewusst sind[6], so wenn die Parteien den Vertrag von der Genehmigung eines Dritten abhängig gemacht haben und sich deshalb der Möglichkeit, dass die Genehmigung versagt werden könne, bewusst gewesen sind[7], ebenso wenn beim Grundstückskauf die Parteien mit der Möglichkeit gerechnet haben, dass die Genehmigung der Behörde versagt werden könnte[8]. Zur Anwendung des § 820 aufgrund der Rechtsfolgenverweisung in § 323 Abs 3 aF, wenn beide Parteien beim Kaufvertragsabschluss damit rechneten, dass eine von ihnen nicht zu vertretende Unmöglichkeit der Leistung des Verkäufers eintreten könne s BGH NJW 1975, 1510 mNachw[9]. Zu weitgehend ist *Meincke*[10] der Ansicht, dass die Vorleistung im Rahmen des gegenseitigen Vertrages stets vorläufig sei.

3 3. Auf die Fälle einer **Leistung unter Vorbehalt** ist § 820 entsprechend anzuwenden[11]. – Verschärfte Haftung ist bereits ab Zeitpunkt des Empfangs gegeben – nicht erst mit Erhebung der Klage auf Rückforderung[12]. Die Rückzahlung von Provisionsvorschüssen richtet sich nach Absatz 1[13], ebenso die Verpflichtung zur Rückzahlung des vorbehaltlich späterer Nachprüfung festgesetzten Gehalts, wenn die vorläufige Festsetzung irrig war[14]; doch kann der Angestellte sich bei verzögerter Nachprüfung auf Wegfall der Bereicherung berufen[15]. Vgl auch BVerwGE 11, 283, sowie zu Überzahlungen von unter Vorbehalt gezahlten Dienst- und Versorgungsbezügen BVerwGE 21, 119; auch BVerwGE 25, 261 zum gesetzlichen Vorbehalt.

§ 820 Abs 1 Satz 2 ist im Falle eines Prozessvergleichs, der die gesetzliche Unterhaltspflicht lediglich modifiziert, weder unmittelbar, noch entsprechend anwendbar[16].

1 S § 812 Rz 194.
2 S § 812 Rz 189.
3 RG JW 1931, 529 (m im Ergebnis zustAnm Oertmann); RG JW 1938, 1025.
4 BGH LM Nr 1 zu § 820 = JZ 1961, 699.
5 RG JW 1931, 529; aM Oertmann JW 1931, 529.
6 RG HRR 1933 Nr 1843; aM Planck DJZ 1906, 23.
7 RG WarnR 1923 Nr 47.
8 RG JW 1927, 38 = HRR 1927 Nr 6.
9 Insoweit nicht in BGHZ 64, 322 abgedruckt.
10 AcP 171 (1971), 19, 39.
11 BGH NJW 1989, 161 = WM 1988, 1494, 1496; vgl auch Zweibrücken NJW-RR 1995, 841 = FamRZ 1995, 175.
12 Pal/Sprau Rz 7.
13 LArbG Dresden DRiZR 1930 Nr 604.
14 RAG ArbRspr 1931, 334.
15 RAG 13, 125 = JW 1934, 55.
16 Offen gelassen in BGHZ 118, 393; jetzt BGHZ 143, 65 = NJW 2000, 740 = FamRZ 2000, 751; BGH NJW 1998, 2433 = FamRZ 1998, 951.

4 4. Die verschärfte Haftung des Bereicherten nach § 820 hat denselben **Umfang**, wie wenn er zur Zeit des Empfanges der Leistung in Verzug geraten wäre[17]. Auch gegenüber der verschärften Haftung des § 820 kann der **Wegfall der Bereicherung** geltend gemacht werden, sofern nicht § 818 Abs 4 entgegensteht[18]. Dies gilt jedoch nicht, wenn der Wegfall dadurch verursacht wurde, dass der erhaltene Betrag zur Bezahlung von Schulden verwendet ist, die erst erwuchsen, weil der Bereicherte die Zahlung, um die er bereichert wurde, einforderte und erhielt[19], oder dass der Betrag zum Ankauf eines Grundstücks verwendet und dieses mit Verlust verkauft ist[20] oder dass der Bevollmächtigte des Empfängers den an ihn gezahlten Betrag unterschlagen hat[21]. Eine Anzahlung auf ein zu kaufendes Haus kann beim Nichtzustandekommen des Kaufvertrags zurückgefordert werden[22]. Hat der Leistende den Bereicherten veranlasst, das Erlangte an einen zahlungsunfähigen Dritten weiterzugeben, so kann das Verlangen auf Rückgabe der Leistung gem § 820 missbräuchlich sein[23].

5 5. Die Sonderregelung in **Absatz 2** beschränkt die Haftung für Zinsen und Nutzungen. Für **Nutzungen** gilt die gewöhnliche Haftung aus § 818, solange nicht der Empfänger von dem endgültigen Wegfall Kenntnis erlangt[24].

§ 821 Einrede der Bereicherung

Wer ohne rechtlichen Grund eine Verbindlichkeit eingeht, kann die Erfüllung auch dann verweigern, wenn der Anspruch auf Befreiung von der Verbindlichkeit verjährt ist.

1 1. Neben dem Anspruch auf Befreiung, der nach allgemeinen Grundsätzen verjährt, bleibt die Einrede gegen die Klage auf Erfüllung der ohne Rechtsgrund eingegangenen Verbindlichkeit auch nach der Verjährung des Anspruchs auf Befreiung wie in § 853 erhalten[1]. Die häufigsten Anwendungsfälle findet § 821 in irrtümlich geleisteten Zahlungen der Banken. Das in der Kontogutschrift liegende Schuldanerkenntnis kann die Bank kondizieren (§ 812 Abs 2). Zur Bereicherungseinrede einer Bank gegenüber einer von ihr erteilten Kontogutschrift[2]; Dritten aus dem Versprechen berechtigten Personen kann die Einrede nicht entgegengesetzt werden[3], wohl aber gegenüber dem Zessionar eines selbständigen Schuldversprechens[4]; ebenso kann die angewiesene Bank, die ein vermeintliches Guthaben des Schuldners auf ein anderes bei ihr neu eröffnetes Konto überträgt, die im Verhältnis zum Schuldner begründete Bereicherungseinrede auch dem Sequester entgegenhalten[5]. § 821 bezieht sich **nur** auf das **abstrakte Schuldversprechen** und **Schuldanerkenntnis** und hat nur praktische Bedeutung, wenn eine Hypothek oder ein Pfandrecht bestellt war und die Verjährungseinrede versagt[6]. Wer für eine Nichtschuld einen Wechsel ausgestellt hat, hat den Befreiungsanspruch gegen den Empfänger[7]. Der Befreiungsanspruch erübrigt sich aber gegenüber dem Anerkenntnis des Schuldners im Kontokorrentverkehr, da § 821 eine echte Einrede gibt[8].

2 2. **Beweislast.** Der Wechselschuldner trägt für die Einrede gem § 821 auch dann die Beweislast, wenn feststeht, dass der Wechsel zunächst ohne Rechtsgrund begeben worden ist, der Gläubiger

17 RG HRR 1926 Nr 1690.
18 RG HRR 1933 Nr 1008, 1843; vgl § 818 Rz 98.
19 RG Recht 1926 Nr 1354.
20 Stuttgart WürttZ 1930 SprBeil 12.
21 Rostock DRiZR 1933 Nr 378.
22 Stuttgart WürttZ 1922 SprBeil 138.
23 BGH LM Nr 1 zu § 820 = JZ 1961, 699.
24 RG Recht 1911 Nr 3310.

1 Flechtheim Gruchot 44, 94.
2 BGH WM 1991, 1152 = NJW 1991, 2140 = ZIP 1991, 859.
3 S Hellwig, Anspruch und Klagerecht, 1900, S 14 ff.
4 RGZ 86, 301.
5 BGH NJW 1995, 1484 = WM 1995, 352; dazu WuB IV A. § 813 BGB 1.95 = ZIP 1995, 225; dazu EWiR 1995, 465.
6 Schreiber Gruchot 53, 298.
7 RG LZ 1932, 1368.
8 RG JW 1936, 917; BGH WM 1991, 1152; WM 1992, 1522.

aber schlüssig behauptet hat, er habe sich mit dem Schuldner nachträglich über ein Grundgeschäft geeinigt[9].

§ 822 Herausgabepflicht Dritter

Wendet der Empfänger das Erlangte unentgeltlich einem Dritten zu, so ist, soweit infolgedessen die Verpflichtung des Empfängers zur Herausgabe der Bereicherung ausgeschlossen ist, der Dritte zur Herausgabe verpflichtet, wie wenn er die Zuwendung von dem Gläubiger ohne rechtlichen Grund erhalten hätte.

1 1. **Allgemeines**. § 822 enthält nach hM[1] eine eigenständige Anspruchsgrundlage (besondere Nichtleistungskondiktion) und beruht ebenso wie § 816 Abs 1 Satz 2 auf der Erwägung, dass der unentgeltliche Erwerb nicht in dem gleichen Maße schutzwürdig ist wie der entgeltliche. Schon das RG[2] hat bei einem aufgrund einer Anweisung entstandenen Dreiecksverhältnis einen unmittelbaren Bereicherungsanspruch des Angewiesenen gegen den Zuwendungsempfänger in analoger Anwendung der §§ 816, 822 bejaht, wenn es im Deckungsverhältnis am Rechtsgrund fehlt und im Valutaverhältnis die Leistung unentgeltlich bewirkt ist, da dort, wo es sich um den vermögensrechtlichen Ausgleich einer durch einen Rechtsgrund nicht geschützten Rechtsänderung handelt, die Interessen des unentgeltlich Bedachten zurücktreten müssen. Der Bereicherungsanspruch richtet sich gegen den Dritten, wie wenn er der ursprüngliche Bereicherungsschuldner wäre. Die §§ 818 und 819 gelten daher auch für den Dritten.

2 2. **Voraussetzungen**. – a) § 822 **gilt nicht**, wenn eine entgeltliche Zuwendung vorliegt, das **Grundgeschäft aber nichtig** ist. Die **unentgeltliche Zuwendung** muss objektiv vorliegen; Schenkungsabsicht ist nicht erforderlich[3]. Der Ehemann, der in das Vermögen seiner Frau Geld verwendet, tut es unentgeltlich[4]. Der Anwendung von § 822 auf Zuwendungen, die ein Ehegatte an den anderen weitergegeben hat, steht nicht entgegen, dass Zuwendungen im Verhältnis der Ehegatten zueinander grundsätzlich nach güterrechtlichen Regeln abzuwickeln wären[5]. Eine solche güterrechtliche Abwicklung betrifft nur den Ausgleich zwischen den Ehegatten, nicht auch darüber hinaus das Verhältnis zu Dritten[6]. **Erlangt** hat der Empfänger alles, was nach § 818 herauszugeben ist, also auch Nutzungen und Surrogate[7], nicht aber einen nur mittelbar erlangten Vorteil[8]. Daher ist § 822 nicht anwendbar, wenn der Nichtberechtigte den Gegenwert des durch seine dem Berechtigten gegenüber wirksame Verfügung Erlangten zunächst in sein eigenes Vermögen verbringt und erst hieraus einem Dritten unentgeltlich etwas zuwendet[9]. § 822 gilt also nur, wenn der Nichtberechtigte das durch die Verfügung Erlangte unentgeltlich einem Dritten zuwendet[10].

3 b) Außerdem setzt § 822 voraus, dass der erste Empfänger infolge der Zuwendung wegen **Wegfalls der Bereicherung** nicht mehr haftet[11]. Der Dritte ist also zur Herausgabe nicht verpflichtet, wenn der Empfänger nach § 819 weiterhaftet[12]. Daher besteht ein Anspruch gegen den Zweitempfänger nur, wenn der Erstempfänger aus Rechtsgründen nicht haftet; dass dieser zah-

9 Bestätigt RGZ 124, 65; Saarbrücken OLG-Rep 1998, 310.

1 Nach F Bockholdt, Die Haftung des unentgeltlichen Erwerbers gemäß § 822 BGB, 2004, soll die Vorschrift eine „gesetzliche Schuldüberleitung" regeln. Vgl schon Knütel NJW 1989, 2504.
2 JW 1934, 2458.
3 Buhmann BayZ 1914, 223.
4 RG JW 1929, 2594 (mzustAnm Janson).
5 BGHZ 82, 227; BGHZ 115, 132.
6 BGHZ 142, 300 = NJW 2000, 134 = WM 1999, 2414 = FamRZ 2000, 84.
7 BGH NJW 2004, 1314 mNachw (mAnm St Lorenz LMK 2004, 58).
8 So Naumburg Recht 1902 Nr 1998. Vgl aber nunmehr BGH NJW 2004, 1314 (= Fn 7).
9 BGH NJW 1969, 605 = LM Nr 19 zu § 816 (mBespr Kornblum JuS 1970, 437); Celle WM 1986, 36.
10 RGZ 98, 131, 136.
11 RGZ 73, 173; RG Recht 1913 Nr 344.
12 KG OLG 26, 61; BGH NJW-RR 1995, 130, 132 mweitNachw.

lungsunfähig ist und deshalb ein Anspruch gegen ihn nicht zu verwirklichen ist, genügt nicht[13]. Die herrschende Meinung im Schrifttum stimmt mit dem BGH überein[14]. Zur Einschränkung des § 818 Abs 3 bei unentgeltlicher Weitergabe des Erlangten vgl eingehend *Kiehnle* JA 2005, 737 ff.

3. **Einzelfälle**. Wenn derjenige, dem eine Hypothek schenkungsweise übertragen ist, diese schenkungsweise löschen lässt, so ist der Schuldner nach § 822 zur Zahlung des Hypothekenbetrages an den Berechtigten verpflichtet[15]. Wer unentgeltlich vom ungerechtfertigt bereicherten Wechselgläubiger die Wechselforderung indossiert erhält, dem kann aus seiner Person die Einrede der unentgeltlichen Bereicherung entgegengehalten werden[16]. Ist die Rückgabepflicht des Beschenkten dadurch entfallen, dass er den geschenkten Gegenstand unentgeltlich einem Dritten zugewendet hat, so trifft die Herausgabepflicht gemäß § 822 den Dritten[17]. Ist die Verpflichtung des Beschenkten zur Herausgabe des Geschenks ausgeschlossen, weil er damit eine Sache erworben und sie seinerseits unentgeltlich einem Dritten zugewendet hat, so haftet der Dritte (als Zweitbeschenkter) nicht auf Herausgabe der Sache, sondern auf Wertersatz gemäß § 818 Abs 2 (wie der Erstbeschenkte), kann sich aber durch Herausgabe der Sache befreien[18]. 4

13 BGH NJW 1969, 605 (= Fn 9); bestätigt in BGH NJW 1999, 1026 = WM 1999, 23; dazu WuB IV A. § 822 BGB 1.99 (Schlechtriem) = ZIP 1999, 59 = BB 1999, 868; BGHZ 142, 300 = NJW 2000, 134 (mAnm St Lorenz LM § 822 Nr 5); BGH NJW-RR 1995, 130; dazu krit Kornblum JuS 1970, 437, 440, der auch auf AnfG § 3 und KO § 32 (jetzt InsO § 134) hinweist; ferner eingehend H H Jakobs ZIP 1999, 733.

14 S Planck/Landois Bem 4; Staud/Lorenz Rz 10; Erman/Westermann Rz 4; aM Canaris, Festschr für Larenz, 1973, S 799, 833; MünchKomm/Lieb Rz 6.

15 Kiel SchlHA 1928, 115.

16 Adler ZHR 65 (1909), 141, 170 ff.

17 BGHZ 106, 354 = NJW 1989, 1478 = WM 1989, 759 = ZIP 1989, 517.

18 So BGH NJW 2004, 1314 (mAnm St Lorenz LMK 2004, 98).

Stichwortverzeichnis

Die erste, fettgedruckte Zahl nach dem Stichwort bezeichnet den Paragraphen des Gesetzes, die alsdann nach dem Komma folgende Zahl die Bemerkung (Randziffer). Im Übrigen bedeuten: Anh = Anhang, B = Begriff, Einl = Einleitung, Vorb/Vor = Vorbemerkung.
Die Umlaute ä, ö und ü werden wie a, o und u angesehen, sie stehen also nicht als ae, oe, ue hinter ad, od und ud.

A

B

G

H

I

O

P

Q

R

T